THE ROYAL HORTICULTURAL SOCIETY

DUMONT'S GROSSE GARTEN-ENZYKLOPÄDIE

THE ROYAL HORTICULTURAL SOCIETY

DUMONT'S GROSSE GARTEN-ENZYKLOPÄDIE

Herausgegeben von

CHRISTOPHER BRICKELL

Mit einem Vorwort von

Professor Dr. Rolf Röber, Weihenstephan

DUMONT BUCHVERLAG KÖLN

Layout
Gillian Shaw, Gillian Andrews, Johnny Pau, Vicky Short, Chris Walker

Illustrationen
Karen Cochrane, Simmone End, Will Giles, Vanessa Luff, Sandra Pond, John Woodcock
(mit Andrew Farmer, Aziz Khan, Liz Peperall, Barbara Walker, Ann Winterbotham)

Bildrecherchen
Sue Mennell, assistiert von Ginny Fitzgerald

Aus dem Englischen übertragen von
Mag. Stefanie Hutter, Innsbruck
Charlotte Breitfeld, Botanikerin, Oberaudorf; Prof. Dr. Gerhard Bünemann, Hannover
Almut Carstens, Berlin; Dr. Dietrich Dähne, Waldesch; Gerda Geng, Daisendorf; Dr. Emmi Hecht, Weihenstephan
Prof. Dr. Helmut Jacob, Geisenheim; Prof. Hans Kohstall, Osnabrück; Dr. Ursula Kraxner, Weihenstephan
Prof. Dr. Wolf- Dietrich Naumann, Hannover; Dr. Karl-Georg Schwarz, Geisenheim; Heidi Zeller, St. Johann

Fachliche Beratung:
Dipl. Ing. Andreas Bärtels, Göttingen
Prof. Dr. Dietrich Fritz, Weihenstephan
Michael Ogorevc, Gartenbauingenieur, Ljubljana
Prof. Dr. Rolf Röber, Weihenstephan

Editorische Betreuung der deutschen Ausgabe:
Dr. Ernö Zeltner

Endredaktion und Register:
Redaktionsbüro Gaile & Partner, Wiesbaden

Wir bedanken uns besonders bei den Belegschaften der Royal Horticultural Society
in Wisley Garden, Surrey, und Vincent Square, London

Die Deutsche Bibliothek – CIP-Einheitsaufnahme
DuMont's Große Garten-Enzyklopädie / The Royal
Horticultural Society. Hrsg. von Christopher Brickell. Mit
einem Vorw. von Rolf Röber. [Aus dem Engl. übertr. von
Stefanie Hutter ... Ed. Betr. der dt. Ausg.: Ernö Zeltner]. – Dt.
Erstausg. – Köln : DuMont, 1994
Einheitssacht.: Encyclopedia of gardening <dt.>
ISBN 3–7701–3268–8
NE: Brickell, Christopher [Hrsg.]; Hutter, Stefanie [Übers.]; Royal
Horticultural Society; EST

Deutsche Erstausgabe

Ein Dorling-Kindersley-Buch
Originaltitel: Encyclopedia of Gardening. The Definitive Practical Guide to Gardening Techniques,
Planning and Maintainance, and to Growing Flowering Plants, Fruits and Vegetables

Satz: Fotosatz Froitzheim, Bonn
Printed in Great Britain

ISBN 3-7701-3268-8

Vorwort

Die Begeisterung fürs Gärtnern als Freizeitbeschäftigung hat in den letzten Jahren stetig zugenommen – und in gleichem Maße ist der Bedarf an praktischer Information über Gartengestaltung und -pflege gewachsen.

Die britische ROYAL HORTICULTURAL SOCIETY hat den Wunsch und aufgrund ihrer Statuten auch die Pflicht, »das Interesse an allen Bereichen der gärtnerischen Praxis und Theorie nach Kräften zu fördern«. Einen Teil ihrer Aktivitäten verwendet sie von jeher darauf, durch anspruchsvolle und fundierte Publikationen die Kenntnisse vieler Leser über den Garten stetig zu vertiefen.

Die hier vorgelegte Große Garten-Enzyklopädie trägt den Wünschen vieler Gärtner und Gartenbesitzer nach praktischem Wissen über Pflanzen und ihre Pflege Rechnung. Auf klare, einleuchtende Weise wird mit aller Kompetenz dargestellt, wie man Blütenpflanzen, Obst und Gemüse pflanzt, pflegt und vermehrt. Der Garten verlangt aber nicht nur praktisches Wissen, sondern auch eine ästhetisch befriedigende, den jeweiligen Gegebenheiten angemessene Gestaltung. So finden sich neben detaillierten Beschreibungen und Bildfolgen auch Hinweise für eine optisch befriedigende Anlage.

Ein Schwerpunkt dieses gewichtigen Bandes ist aber auch die praktische Gartentechnik als Voraussetzung für die Kultur von Pflanzen. Zahlreiche Fachautoren vermitteln profundes Wissen über ihr Spezialgebiet, anhand von 3300 Fotos und 330 Zeichnungen sind alle beschriebenen Fakten einleuchtend illustriert.

Die Enzyklopädie ist so aufgebaut, daß zunächst die großen Gruppen der Zier- und Nutzpflanzen in logischer Folge behandelt werden; dann schließen sich Kapitel über Boden und Klima, Pflanzenschäden, Gartenwerkzeuge und bauliche Maßnahmen im Garten an. Jedes Pflanzenkapitel ist so gegliedert, daß nacheinander Bodenbearbeitung, Pflanzung, laufende Pflege und – wo notwendig – Pflanzenschnitt sowie Vermehrung beschrieben werden. Natürlich spielt auch die Plazierung und Gruppierung der Pflanzen im Garten eine Rolle.

Ein Buch dieser Größenordnung setzt ein Team von Spezialisten für die verschiedenen Arbeitsabläufe voraus – Autoren, Redakteure, Grafiker, Fotografen u.v.a. – und verlangt außer Fachkenntnissen auch die ständige Bereitschaft zur Kooperation.

Wie bei einem riesigen Puzzle muß ein Stück ins andere greifen, damit ein sinnvolles Ganzes daraus wird. Geduld und akribische Sorgfalt aller haben zusammen mit dem Engagement der Chefredaktion unter Jane Aspden wahrlich reiche Früchte getragen.

Die Enzyklopädie ist nicht nur professionellen Gärtnern zugedacht, sondern allen, die mit mehr oder weniger Begeisterung ihren Garten bestellen, damit er noch schöner wird, die Pflanzen darin noch besser gedeihen und sie selbst in ihren Mußestunden noch mehr Freude finden .

Christopher Brickell
Generaldirektor der Royal Horticultural Society
London 1992

Der Garten und die Pflanze im Hause haben bei der Bevölkerung in der zurückliegenden Zeit stark an Bedeutung gewonnen. Für viele Menschen ist der Garten gleichgesetzt mit Entspannung, Ruhe und Erholung, aber auch mit sinnvollem schöpferischem Tun. Die Beschäftigung mit Pflanzen wird zum Erlebnis. Andererseits vermögen Pflanzen in Wohnung, Balkon und Wintergarten ein Stück Natur zu vermitteln, das wir selbst ständig beobachten und pflegen können. Den fertigen, vollendeten Garten gibt es nämlich nicht. Die Pflanzen im Garten präsentieren sich nicht nur je nach Jahreszeit in unterschiedlichem Zustand.

Durch gewissenhafte und vollständige Information über alle Bereiche – von der Vermehrung über die Anzucht bis zur Haltung der Pflanzen in Haus und Garten – vermitteln die kompetenten Autoren ein sehr positives Bild von den Möglichkeiten gärtnerischen Tuns. Auch die Beschreibungen, natürlich mit ausgezeichneten Bildern, u.a. der Krankheiten und Schädlinge und was dagegen zu tun ist, kommen nicht zu kurz. Vorgestellt werden die ständig wiederkehrenden Arbeiten im Garten und an den Pflanzen, die das ganze Jahr notwendig sind. Zahlreiche Ratschläge mit wertvollen Tips und sogar Hintergrundinformationen vervollständigen die informativen Darstellungen und Bilder. Berichtet wird im ersten Teil über die Gartenanlage und die Gestaltungsmöglichkeiten mit Pflanzen, die als Schmuckbaum, Kletter- und Schlingpflanze, Rosen, Stauden, Beet- und Balkonpflanze, Steingarten- und Alpenpflanze, Zwiebel-, und Knollenpflanze, Wasserpflanze, Kakteen und Sukkulenten, Rasen, Kräuter- und Gemüsepflanzen, Obstbaum und für alle möglichen Lebensbereiche Verwendung finden können.

Der zweite Teil ist der Gartenpflege gewidmet. Hier werden Werkzeuge und Ausrüstung, Gewächshäuser und Frühbeete, Oberflächenbearbeitung und -gestaltung, klimatische Verhältnisse, Boden, Erden und Dünger, Pflanzenvermehrung, Krankheiten und Schädlinge, Grundzüge der Botanik und eine Jahresübersicht notwendiger Gartenarbeiten behandelt. Selbst auf die Qualität der Produkte aus dem Garten, Obst und Gemüse, wird eingegangen. Besondere Bereiche der Pflanzenpflege, wie z.B. die Hydrokultur, die Innenraumbegrünung oder das Treibgemüse kommen nicht zu kurz. Natürlich werden auch die Möglichkeiten der Schädlingsbekämpfung dargestellt.

Über 3300 Fotos und mehr als 330 Zeichnungen illustrieren das Werk und veranschaulichen die Beschreibungen ganz vortrefflich. Man tut allerdings gut daran, vorab die Anleitungen zur Benutzung des Buches zu lesen, denn die Gliederung wird in jedem Abschnitt beibehalten. Den englischen Originaltitel dieses Buches »Encyclopedia of Gardening« einfach mit Enzyklopädie des Gärtnerns zu übersetzen, wäre, wenngleich typisch englisch, eine schlichte Untertreibung.

Die Pflanzen als Lebewesen zu begreifen und sich an ihnen in ihrer Vielfaltigkeit, sei es einzeln oder vergesellschaftet mit anderen Pflanzen, zu erfreuen gelingt dieser Enzyklopädie hervorragend. Anfänger und professionelle Gärtner finden Information und Anregung, Anreiz zum Probieren oder einfach Freude an den schönen Fotos und Zeichnungen. Die gute Gliederung, verbunden mit der Vielzahl von äußerst wertvollen Hinweisen, die einfach und übersichtlich gegeben werden, stellen eine wahre Freude für alle Garten- und Pflanzenfreunde dar.

Ich hoffe, daß Leser und Betrachter Freude an diesem Werk haben und daß Nutzen und Schönheit ihrer Gärten und Pflanzen mit der Verarbeitung des Gelesenen zunehmen mögen.

Zur deutschen Ausgabe
Weihenstephan, im Frühjahr 1994

Prof. Dr. Rolf Röber
Leiter des Instituts für Zierpflanzenbau
an der Staatl. Versuchsanstalt für Gartenbau
Fachhochschule Weihenstephan

INHALT

VORWORT DER AUFBAU DIESES BUCHES 8

Teil 1: Anlage des Gartens

— 1 —

PLANUNG UND GESTALTUNG DES GARTENS 12

— 2 —

ZIERBÄUME 32
Zwergkoniferen 38
Formschnitt 52
Hecken 60

— 3 —

ZIERSTRÄUCHER 63
Fuchsien 92

— 4 —

KLETTERPFLANZEN 94
Clematis 108

— 5 —

DER ROSENGARTEN 116

— 6 —

STAUDEN 137
Gräser, Bambus, Binsen, Riedgräser 144
Schwertlilien 146
Bodendecker 150
Chrysanthemen 152
Farne 158
Nelken 160
Wild- und Wiesenblumen 169
Pelargonien 170

— 7 —

EINJÄHRIGE UND ZWEIJÄHRIGE 172
Wohlriechende Wicke 178

— 8 —

DER STEINGARTEN 189
Alpinhäuser und Kästen 214

— 9 —

ZWIEBEL- UND KNOLLENPFLANZEN 217
Tulpen und Narzissen 224
Dahlien 226
Lilien 243

— 10 —

DER WASSERGARTEN 244
Seerosen 248
Anlegen von Teichen und Wasserläufen 250

— 11 —

KAKTEEN UND SUKKULENTEN 262

— 12 —

DER RASEN 276

— 13 —

DER KRÄUTERGARTEN 291

— 14 —

DER GEMÜSEGARTEN 303

— 15 —

DER OBSTGARTEN 359

— 16 —

ZIMMERPFLANZEN 430
Bromelien 436
Orchideen 442

Teil 2: Pflege des Gartens

— 1 —

WERKZEUG UND GARTENZUBEHÖR 458

— 2 —

GEWÄCHSHÄUSER UND FRÜHBEETKÄSTEN 474

— 3 —

BAULICHE ELEMENTE UND BELÄGE 492

— 4 —

KLIMA UND GARTEN 514

Frost- und Windschutz 520

— 5 —

DER BODEN UND SEINE DÜNGUNG 522

— 6 —

GRUNDLAGEN DER VERMEHRUNG 535

— 7 —

PFLANZENSCHÄDEN 545

— 8 —

GRUNDLAGEN DER BOTANIK 578

GARTENKALENDER 581

GLOSSAR 585

REGISTER 591

DANKSAGUNGEN 648

Tom Wright *Planung und Gestaltung des Gartens*

Jim Gardiner *Zierbäume, Zwergkoniferen, Formschnitt, Hecken, Ziersträucher*

John Wright *Fuchsien*

Caroline Boisset *Kletterpflanzen*

Raymond Evison *Clematis*

Michael Gibson *Der Rosengarten*

Roy Cheek *Stauden* (mit **Graham Rice**), *Bodendecker*

Mervyn Feesey *Gräser, Bambus, Binsen, Riedgräser*

Jack Elliott *Schwertlilien, Zwiebel- und Knollenpflanzen, Tulpen und Narzissen*

Larry Barlow *Chrysanthemen*

Hazel Key *Farne, Pelargonien*

John Galbally *Nelken*

Arthur Hellyer *Einjährige und Zweijährige*

Bill Maishman *Wohlriechende Wicke*

Kath Dryden und **Christopher Grey-Wilson** *Der Steingarten* (mit **John Warwick**), *Alpinhäuser und Kästen*

Roger Aylett *Dahlien*

Bill Baker *Lilien*

Peter Robinson *Der Wassergarten, Seerosen, Anlegen von Teichen und Wasserläufen*

Clive Innes *Kakteen und andere Sukkulenten, Bromelien*

John Hacker *Der Rasen*

Deni Bown *Der Kräutergarten*

Joy Larkcom *Der Gemüsegarten*

George Gilbert *Der Obstgarten*

Don Tindall *Beerenobst, Südfrüchte*

Deenagh Goold-Adams *Zimmerpflanzen, Hydrokultur* (mit **Arthur Hayward-Costa**)

Alec Bristow *Orchideen*

Peter McHoy *Werkzeug und Gartenzubehör, Gewächshäuser und Frühbeetkästen, Bauliche Elemente und Beläge*

Michael Pollock *Klima und Garten*

Trevor Cole *Frost- und Windschutz*

Tony Kendle *Der Boden und seine Düngung*

Keith Loach *Grundlagen der Vermehrung, Grundlagen der Botanik*

Pippa Greenwood und **Andrew Halstead** *Pflanzenschäden, Unkräuter* (mit **David Pycraft**)

Der Aufbau dieses Buches

Die Garten-Enzyklopädie der *Königlichen Gartenbaugesellschaft* ist ein perfektes Nachschlagewerk. Sie informiert über Anlage und Planung eines attraktiven Gartens und stellt zahlreiche Gartenbaumethoden für die Kultur von Zier- und Nutzpflanzen vor.

Der Text ist für Anfänger und erfahrene Gärtner gleichermaßen gedacht und überreich mit Farbfotos und Zeichnungen illustriert; man findet farbige Gestaltungsvorschläge, Bepflanzungspläne und Hinweise zur Gartentechnik. Pflanzenlisten erleichtern die Auswahl der Pflanzen und das rasche Auffinden von Pflegehinweisen.

Teil 1: Anlage des Gartens bietet umfassende Informationen über die Gestaltung des Gartens und alle Aspekte von Kultur und Pflege, darunter auch Schnitt und Vermehrung. **Teil 2: Pflege des Gartens** hilft bei der Auswahl von Geräten und Materialien, liefert praktische Anweisungen für bauliche Maßnahmen und behandelt die Pflanzen im Hinblick auf ihr Umfeld.

Ein Glossar und ein umfassendes Register helfen zum besseren Verständnis dieses Buches.

Pflanzennamen

Pflanzen werden meist mit ihren botanischen Namen genannt. Bei einigen Pflanzen, etwa Gemüse, Obst und Kräutern, wurde jedoch der deutsche Name vorgezogen. Die botanischen Namen dieser Pflanzen finden Sie im Register, das die deutschen und botanischen Namen aller in diesem Buch erwähnten Pflanzen enthält.

Teil 1: Anlage des Gartens

Hier finden Sie alles, was Sie für die Auswahl und erfolgreiche Kultur von Pflanzen wissen müssen. Jedes Kapitel ist entweder einer eigenen Gruppe von Pflanzen – z.B. Zierbäume oder Kletterpflanzen – oder einem Gartenthema wie dem Kräutergarten oder Wassergarten gewidmet.

Alle Kapitel sind ähnlich aufgebaut, so daß der Leser in der Lage ist, alle Informationen rasch aufzufinden. Jedes Kapitel enthält einen Abschnitt über Gestaltung (mit der jeweiligen Pflanzengruppe) sowie über Bodenvorbereitung und Pflanzung, laufende Pflege, Vermehrung und ggf. Schnitt und Erziehung. In manchen Kapiteln gibt es auch spezielle Abschnitte zum jeweiligen Thema: beim Kräutergarten etwa ein Verzeichnis der beliebtesten Kräuter, beim Rasen einen Abschnitt über die Anlage des Rasens.

Die Kapitel über Gemüse und Obst beginnen mit einem allgemeinen Teil, der Techniken beschreibt, die für alle Gemüse- oder Obstarten gleich sind. Es folgen Beschreibungen der einzelnen Gemüse- und Obstarten, die in Gruppen zusammengefaßt sind (z.B. »Blatt- und Salatgemüse«, »Baumfrüchte«, »Beerenobst«). Innerhalb dieser Gruppen sind die Pflanzen nach dem botanischen Namen geordnet.

Kapitelaufbau

Abschnitte
Alle Kapitel sind in Abschnitte über »Gestaltung«, »Bodenvorbereitung und Pflanzung«, »Erziehung und Schnitt«, »Laufende Pflege« und »Vermehrung« unterteilt. Die Überschriften stehen am Beginn des Abschnitts und oben auf der Seite.

Kolumnentitel
Übersichtliche Kolumnentitel erleichtern das Auffinden des gewünschten Abschnitts. In der Kopfzeile der linken Seite erscheint die Kapitelüberschrift; in der auf der rechten die Überschrift des Abschnitts.

Kapitelüberschrift
Sie gibt an, welche Pflanzengruppe oder welches Gartenthema in einem Kapitel behandelt wird. Es folgt eine kurze Einleitung mit Wissenswertem über die Pflanzengruppe.

Themenschwerpunkte

Teil I der Enzyklopädie enthält einige Themenschwerpunkte über spezielle Pflanzengruppen oder interessante Aspekte, z.B. Pelargonien, Formschnitt oder Alpinhäuser und Kästen. Weil sie von besonderem Interesse sind, werden solche Themen als Schwerpunkte genauer behandelt, als dies im laufenden Text möglich wäre. Informiert wird über spezielle Methoden für eine Pflanzengruppe u.a.; unter dem Schwerpunkt Farne finden Sie etwa eine Anleitung zur Aufzucht junger Pflanzen aus Sporen, unter Orchideen Informationen über die Kultur und Vermehrung dieser Pflanzen.

Die Schwerpunktthemen werden bei inhaltlich nah verwandten Kapiteln behandelt: So ist der Schwerpunkt Clematis Teil des Kapitels Kletterpflanzen, jener über Wohlriechende Wicke Teil des Kapitels Einjährige und Zweijährige. Alle Themenschwerpunkte sind im Inhaltsverzeichnis angeführt.

Rahmen
Durch die Umrahmung hebt sich das Schwerpunktthema vom Kapitel ab und ist leicht zu finden.

Pflanzenporträts
Sie zeigen, welche Pflanzen unter dem jeweiligen Schwerpunkt behandelt werden.

Pflanzvorschlag
Text und Fotos zeigen, wie Pflanzen angeordnet werden könnten.

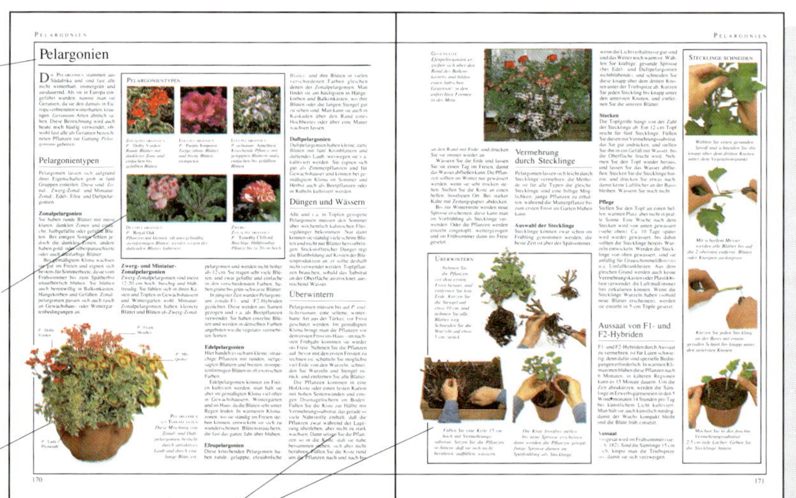

Techniken
Spezielle Techniken zum Themenschwerpunkt werden im Text und in Bildfolgen erklärt.

ELEMENTE EINER SEITE

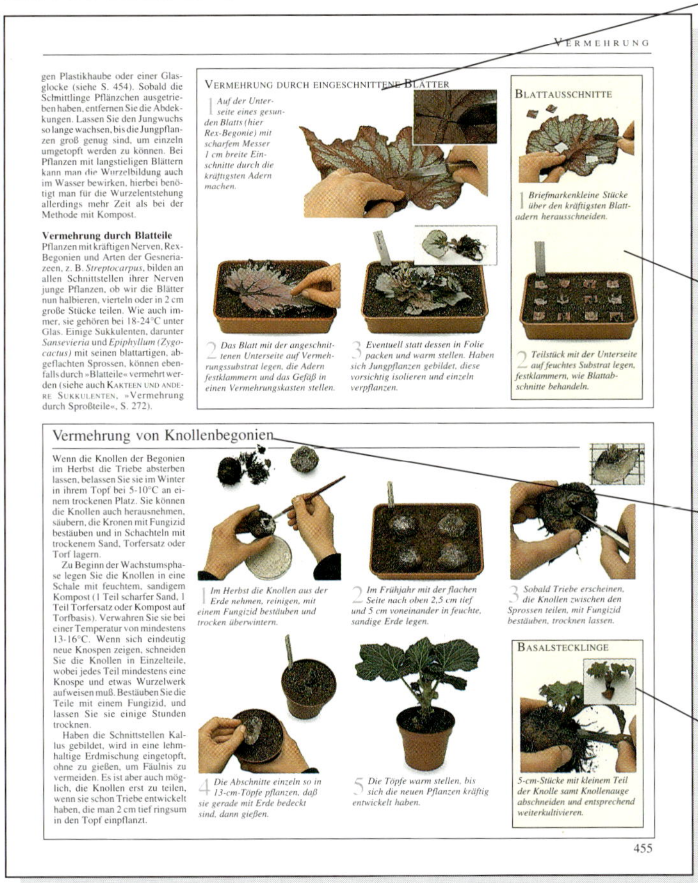

VERMEHRUNG

gen Plastikhaube oder einer Glasglocke (siehe S. 454). Sobald die Schnittlinge Pflänzchen ausgetrieben haben, entfernen Sie die Abdeckungen. Lassen Sie den Jungwuchs so lange wachsen, bis die Jungpflanzen groß genug sind, um einzeln umgetopft werden zu können. Bei Pflanzen mit langstieligen Blättern kann man die Wurzelbildung auch im Wasser bewirken, hierbei benötigt man für die Wurzelentstehung allerdings mehr Zeit als bei der Methode mit Kompost.

Vermehrung durch Blatteile
Pflanzen mit kräftigen Nerven, Rex-Begonien und Arten der Gesneriazeen, z. B. *Streptocarpus*, bilden an allen Schnittstellen ihrer Nerven junge Pflanzen, ob wir die Blätter nun halbieren, vierteln oder in 2 cm große Stücke teilen. Wie auch immer, sie gehören bei 18-24°C unter Glas. Einige Sukkulenten, darunter *Sansevieria* und *Epiphyllum (Zygocactus)* mit seinen blattartigen, abgeflachten Sprossen, können ebenfalls durch »Blatteile« vermehrt werden (siehe auch KAKTEEN UND ANDERE SUKKULENTEN, »Vermehrung durch Sproßteile«, S. 272).

VERMEHRUNG DURCH EINGESCHNITTENE BLÄTTER

1 Auf der Unterseite eines gesunden Blatts (hier Rex-Begonie) mit scharfem Messer 1 cm breite Einschnitte durch die kräftigsten Adern machen.

2 Das Blatt mit der angeschnittenen Unterseite auf Vermehrungssubstrat legen, die Adern festklammern und das Gefäß in einen Vermehrungskasten stellen.

3 Eventuell statt dessen in Folie packen und warm stellen. Haben sich Jungpflanzen gebildet, diese vorsichtig isolieren und einzeln verpflanzen.

BLATTAUSSCHNITTE

1 Briefmarkenkleine Stücke über den kräftigsten Blattadern herausschneiden.

2 Teilstück mit der Unterseite auf feuchtes Substrat legen, festklammern, wie Blattabschnitte behandeln.

Vermehrung von Knollenbegonien

Wenn die Knollen der Begonien im Herbst die Triebe absterben lassen, belassen Sie sie im Winter in ihrem Topf bei 5-10°C an einem trockenen Platz. Sie können die Knollen auch herausnehmen, säubern, die Kronen mit Fungizid bestäuben und in Schachteln mit trockenem Sand, Torfersatz oder Torf lagern.

Zu Beginn der Wachstumsphase legen Sie die Knollen in eine Schale mit feuchtem, sandigem Kompost (1 Teil scharfer Sand, 1 Teil Torfersatz oder Kompost auf Torfbasis). Verwahren Sie sie bei einer Temperatur von mindestens 13-16°C. Wenn sich eindeutig neue Knospen zeigen, schneiden Sie die Knollen in Einzelteile, wobei jedes Teil mindestens eine Knospe und etwas Wurzelwerk aufweisen muß. Bestäuben Sie die Teile mit einem Fungizid, und lassen Sie sie einige Stunden trocknen.

Haben die Schnittstellen Kallus gebildet, wird in eine lehmhaltige Erdmischung eingetopft, ohne zu gießen, um Fäulnis zu vermeiden. Es ist aber auch möglich, die Knollen erst zu teilen, wenn sie schon Triebe entwickelt haben, die man 2 cm tief ringsum in den Topf einpflanzt.

1 Im Herbst die Knollen aus der Erde nehmen, reinigen, mit einem Fungizid bestäuben und trocken überwintern.

2 Im Frühjahr mit der flachen Seite nach oben 2,5 cm tief und 5 cm voneinander in feuchte, sandige Erde legen.

3 Sobald Triebe erscheinen, die Knollen zwischen den Sprossen teilen, mit Fungizid bestäuben, trocknen lassen.

4 Die Abschnitte einzeln so in 13-cm-Töpfe pflanzen, daß sie gerade mit Erde bedeckt sind, dann gießen.

5 Die Töpfe warm stellen, bis sich die neuen Pflanzen kräftig entwickelt haben.

BASALSTECKLINGE

5-cm-Stücke mit kleinem Teil der Knolle samt Knollenauge abschneiden und entsprechend weiterkultivieren.

455

BILDFOLGEN
Step-by-Step-Fotos zeigen in leicht verständlichen Schritten den Ablauf eines Vorgangs. Die Bildfolgen haben Überschriften und erklärende Bildtexte zu jedem Schritt.

ALTERNATIVEN
Ein oder mehrere Fotos auf farbigem Untergrund in einer Reihe stellen eine Alternativmethode vor.

TEXTKASTEN
Ein Kasten besteht aus Text und Bildern und bezieht sich auf eine bestimmte Pflanze oder Technik, die im fortlaufenden Text nicht behandelt wird.

NEBENBILDER
Nebenbilder bringen eine Nahaufnahme eines Details oder zeigen den vorhergehenden oder folgenden Schritt im einzelnen.

ZEICHNUNGEN ZU SCHNITT UND ERZIEHUNG

PFLANZENVERZEICHNISSE
Die eigens zusammengestellten Pflanzen sind mit Anmerkungen und Schlüssel versehen.

BESCHREIBUNG
Der Bildtext enthält allgemeine Anweisungen.

ZEICHNUNG
Die Zeichnung zeigt, wie weit der Rückschnitt im Verhältnis zur ganzen Pflanze erfolgen soll. Mit Grau werden Pflanzenteile markiert, die wegzuschneiden sind. Die grünen und braunen Teile zeigen die Pflanze nach Schnitt und Erziehung.

SCHNITTSTELLEN UND PFEILE
Die roten Zeichen geben an, wo geschnitten wird. Die hellgrünen Teile stellen die Triebe vor der Erziehung dar, die roten Pfeile zeigen, wo sie befestigt werden.

ERGÄNZUNGSBILDER
Sie sind Fotos von Teilen der Zeichnung und zeigen ein Symptom oder eine Schnittstelle. Die Linien verweisen auf die entsprechende Stelle in der Zeichnung. Die Bildtexte geben genau an, was zu tun ist.

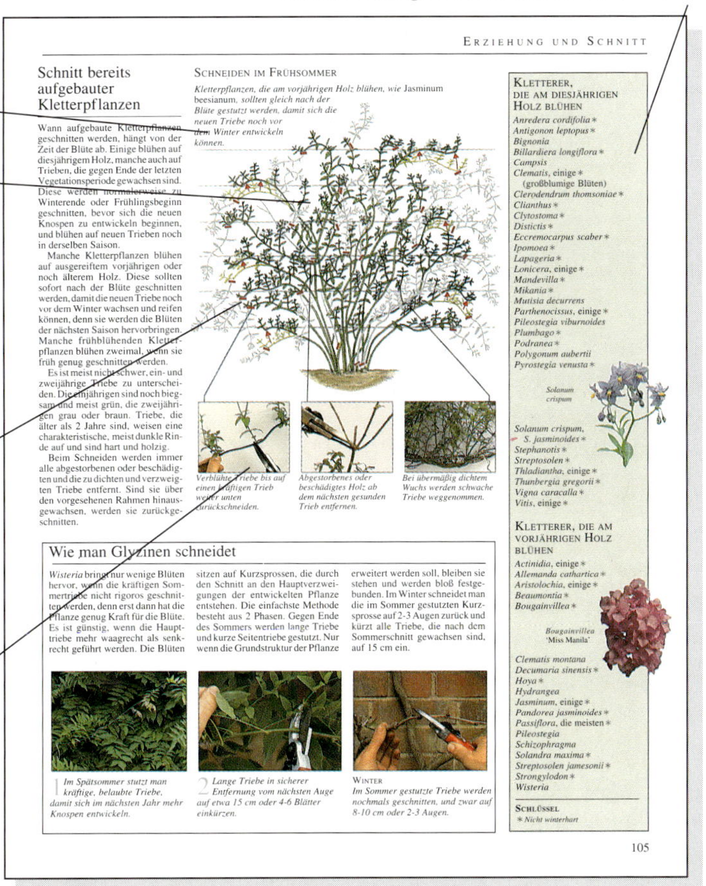

ERZIEHUNG UND SCHNITT

Schnitt bereits aufgebauter Kletterpflanzen

Wann aufgebaute Kletterpflanzen geschnitten werden, hängt von der Zeit der Blüte ab. Einige blühen auf diesjährigem Holz, manche auch auf Trieben, die gegen Ende der letzten Vegetationsperiode gewachsen sind. Diese werden normalerweise zu Winterende oder Frühlingsbeginn geschnitten, bevor sich die neuen Knospen zu entwickeln beginnen, und blühen auf neuen Trieben noch in derselben Saison.

Manche Kletterpflanzen blühen auf ausgereiftem vorjährigen oder noch älterem Holz. Diese sollten sofort nach der Blüte geschnitten werden, damit die neuen Triebe noch vor dem Winter wachsen und reifen können, denn sie werden die Blüten der nächsten Saison hervorbringen. Manche frühblühenden Kletterpflanzen blühen zweimal, wenn sie früh genug geschnitten werden.

Es ist meist nicht schwer, ein- und zweijährige Triebe zu unterscheiden. Die einjährigen sind noch biegsam und meist grün, die zweijährigen grau oder braun. Triebe, die älter als 2 Jahre sind, weisen eine charakteristische, meist dunkle Rinde auf und sind hart und holzig.

Beim Schneiden werden immer alle abgestorbenen oder beschädigten und die zu dichten und verzweigten Triebe entfernt. Sind sie über den vorgesehenen Rahmen hinausgewachsen, werden sie zurückgeschnitten.

SCHNEIDEN IM FRÜHSOMMER

Kletterpflanzen, die am vorjährigen Holz blühen, wie Jasminum beesianum, *sollten gleich nach der Blüte gestutzt werden, damit sich die neuen Triebe noch vor dem Winter entwickeln können.*

Verblühte Triebe bis auf einen kräftigen Trieb weiter unten zurückschneiden.

Abgestorbenes oder beschädigtes Holz ab dem nächsten gesunden Trieb entfernen.

Bei übermäßig dichtem Wuchs werden schwache Triebe weggenommen.

Wie man Glyzinen schneidet

Wisteria bringt nur wenige Blüten hervor, wenn die kräftigen Sommertriebe nicht rigoros geschnitten werden, denn erst dann hat die Pflanze genug Kraft für die Blüte. Es ist günstig, wenn die Haupttriebe mehr waagrecht als senkrecht geführt werden. Die Blüten sitzen auf Kurzsprossen, die durch den Schnitt an den Hauptverzweigungen der entwickelten Pflanze entstehen. Die einfachste Methode besteht aus 2 Phasen. Gegen Ende des Sommers werden lange Triebe und kurze Seitentriebe gestutzt. Nur wenn die Grundstruktur der Pflanze erweitert werden soll, bleiben sie stehen und werden bloß festgebunden. Im Winter schneidet man die im Sommer gestutzten Kurzsprosse auf 2-3 Augen zurück und kürzt alle Triebe, die nach dem Sommerschnitt gewachsen sind, auf 15 cm ein.

1 Im Spätsommer stutzt man kräftige, belaubte Triebe, damit sich im nächsten Jahr mehr Knospen entwickeln.

2 Lange Triebe in sicherer Entfernung vom nächsten Auge auf etwa 15 cm oder 4-6 Blätter einkürzen.

WINTER
Im Sommer gestutzte Triebe werden nochmals geschnitten, und zwar auf 8-10 cm oder 2-3 Augen.

KLETTERER, DIE AM DIESJÄHRIGEN HOLZ BLÜHEN
Anredera cordifolia *
Antigonon leptopus *
Bignonia
Billardiera longiflora *
Campsis
Clematis, einige * (großblumige Blüten)
Clerodendrum thomsoniae *
Clianthus *
Clytostoma *
Distictis *
Eccremocarpus scaber *
Ipomoea *
Lapageria *
Lonicera, einige *
Mandevilla *
Mikania *
Mutisia decurrens
Parthenocissus, einige *
Pileostegia viburnoides
Plumbago *
Podranea *
Polygonum aubertii
Pyrostegia venusta *

Solanum crispum

Solanum crispum, S. jasminoides *
Stephanotis *
Streptosolen *
Thladiantha, einige *
Thunbergia gregorii *
Vigna caracalla *
Vitis, einige *

KLETTERER, DIE AM VORJÄHRIGEN HOLZ BLÜHEN
Actinidia, einige *
Allemanda cathartica *
Aristolochia, einige *
Beaumontia *
Bougainvillea *

Bougainvillea 'Miss Manila'

Clematis montana
Decumaria sinensis *
Hoya *
Hydrangea
Jasminum, einige *
Pandorea jasminoides *
Passiflora, die meisten *
Pileostegia
Schizophragma
Solandra maxima *
Streptosolen jamesonii *
Strongylodon *
Wisteria

SCHLÜSSEL
* *Nicht winterhart*

105

Planung des Gartens

Anregungen und praktische Hinweise für die Gartengestaltung finden Sie in einfachen Schritten im Kapitel PLANUNG UND GESTALTUNG DES GARTENS erklärt. Es enthält auch Ideen und Ratschläge für Pflanzengruppierung und Gartenstile.

Aufschluß über die Einbeziehung bestimmter Pflanzen in Ihren Garten erhalten Sie zu Beginn jedes einzelnen Kapitels. Hier finden Sie spezielle Vorschläge und Pflanzpläne sowie Anregungen für eine reizvolle Kombination verschiedener Pflanzen. Jeder Garten ist auf seine Weise einmalig, und in vielen gibt es Problemzonen, wie z.B. exponierte oder trockene und schattige Bereiche. Dafür finden sich in den umfassenden Verzeichnissen jedes Kapitels viele Vorschläge. Die Pflanzenlisten in den Abschnitten über Bodenvorbereitung und Pflanzung nennen Gewächse, die bestimmte Bodentypen bevorzugen.

Kultur und Pflege des Gartens

Das Buch enthält auch Ratschläge für die Kultur und Pflege der Pflanzen, von einfachen Routinearbeiten wie Unkrautbekämpfung und Wässern bis zu komplizierteren Techniken des Gartenbaus.

Wie Sie solche Ratschläge finden?
Allgemeines über Techniken für eine bestimmte Pflanzengruppe finden Sie im entsprechenden Abschnitt jedes Kapitels; zum Schnitt von Rosen schlagen Sie z.B. unter »Schnitt und Erziehung« im Kapitel DER ROSENGARTEN nach.

Auch innerhalb einer Gruppe haben nicht alle Pflanzen dieselben Bedürfnisse. Deshalb finden Sie Informationen über eine spezielle Technik im jeweiligen Abschnitt. Die Pflanzung von »belaubten« Schneeglöckchen wird beispielsweise unter ZWIEBEL- UND KNOLLENPFLANZEN im Abschnitt »Bodenvorbereitung und Pflanzung« behandelt. Im Zweifelsfalle ziehen Sie das Register zu Rate.

Wie Sie Informationen über eine Pflanze oder Pflanzengruppe finden?
Am Beginn jedes Kapitels wird kurz beschrieben, welche Pflanzen behandelt werden; unter ZWIEBEL- UND KNOLLENPFLANZEN werden z.B. auch Pflanzen mit Rhizomen erfaßt.

Allgemeines über eine größere Pflanzengruppe finden Sie im entsprechenden Kapitel oder Schwerpunktthema. Bei speziellen Fragen zu einer bestimmten Pflanze ziehen Sie das Register zu Rate.

Querverweise

Diese verweisen auf nähere Informationen über ein Thema. Verwiesen wird sowohl auf den Text als auch auf Bilder. Ein Querverweis auf ein ganzes Kapitel ist in Großbuchstaben gedruckt, z.B.: siehe DER WASSERGARTEN, S. 224-261; ein Verweis auf einen Abschnitt oder Unterabschnitt eines Kapitels steht in Anführungszeichen, z.B.: siehe »Laufende Pflege«, S. 72-74. Außerdem gibt es Verweise auf Kästen.

Teil 2: Pflege des Gartens

Im zweiten Teil der Enzyklopädie finden sich Kapitel über die technische Ausstattung des Gartens und seines Umfelds – die ergänzende Hintergrundinformation zu Teil 1.

Ausstattung

Richtlinien für die Auswahl und Verwendung von Geräten und Werkzeugen finden sich im Kapitel über Gartenwerkzeuge. Das Kapitel über Gewächshäuser und Frühbeetkästen hilft bei Auswahl und Einrichtung sowie optimaler Nutzung des vorhandenen Raums. Es gibt probate Ratschläge über die zu schaffenden Bedingungen. Das Kapitel über Bauliche Elemente und Beläge befaßt sich mit der Errichtung von Mauern, Pergolen, Hochbeeten u.v.m. und zeigt die ganze Bandbreite der verfügbaren Materialien.

Bedingungen im Garten

Sie wirken sich unmittelbar auf die Gesundheit und Wüchsigkeit der Pflanzen aus. Das Kapitel über Boden und Dünger beschäftigt sich mit der Kultivierung und Verbesserung des Bodens, das über Klima und Garten mit den Auswirkungen des Klimas auf Pflanzen und der optimalen Nutzung des jeweiligen Mikroklimas.

Grundlagen der Vermehrung

Hier finden Sie Grundlegendes über die Vermehrung und Erklärungen dafür, daß bestimmte Pflanzen ganz gezielt durch spezielle Methoden vermehrt werden.

Pflanzenschäden

Dieses Kapitel hilft, die Ursachen von Problemen im Garten (Schädlinge, Krankheiten, Störungen, Unkräuter) aufzudecken und gibt Anleitungen zur Bekämpfung. Ausgegangen wird dabei von Symptomen, jedem Pflanzenteil ist ein Abschnitt gewidmet.

Grundlegendes

Das Kapitel über Grundlagen der Botanik erklärt kurz und knapp den Aufbau der Pflanze, um dem Leser das Prinzip der in diesem Buch erläuterten Methoden verständlich zu machen.

Das Glossar liefert kurze Definitionen für Fachausdrücke, die in der Enzyklopädie verwendet werden. Ein Gartenkalender zeigt auf den ersten Blick, was wann im Garten zu machen ist. Die Abfolge ist die gleiche wie in Teil 1 des Buches, so daß Näheres im entsprechenden Kapitel nachgeschlagen werden kann.

Ein umfassendes Register erleichtert dem Leser das Auffinden von Pflanzen oder Techniken. Man findet hier sowohl die botanischen als auch die deutschen Pflanzennamen. Kursiv gesetzte Seitenzahlen weisen auf Bilder hin.

Gartenausstattung und Bauten

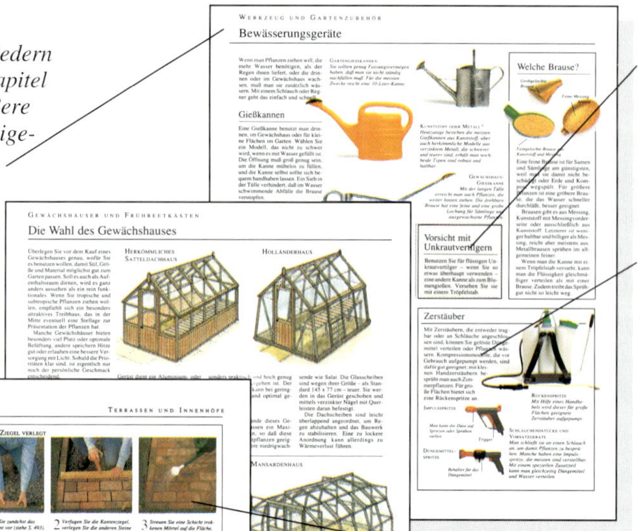

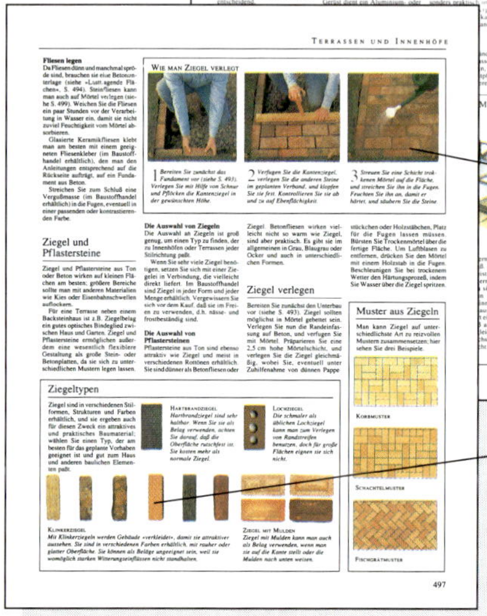

Abschnitte
Wie in Teil 1 gliedern sich auch die Kapitel in Teil 2 in größere Abschnitte mit eigener Überschrift.

Warnende Hinweise
Kästen auf grauem Untergrund weisen auf Vorsichtsmaßnahmen bei der Verwendung von Werkzeugen oder Chemikalien hin.

Gerätesortiment
In den jeweiligen Kapiteln finden sich Abbildungen von Geräten, die zeigen, was alles angeboten wird.

Bildfolgen
Step-by-step-Fotos zeigen jeden Schritt und werden von ausführlichen Bildtexten erläutert.

Materialangebot
In entsprechenden Abschnitten zeigen Fotoreihen, welche Materialien für ein bestimmtes Projekt zur Verfügung stehen.

Pflanzenschäden

Hauptüberschrift
Sie gibt an, welcher Pflanzenteil am stärksten befallen ist. Ein Problem der Pflanzenwurzeln kann auch unter »Blattprobleme« erscheinen, wenn die Symptome an den Blättern zu erkennen sind.

Unterzeile
Sie nennt das wichtigste Symptom. Probleme mit ähnlichen Symptomen werden hier zusammengefaßt.

Stichwort
Hier wird der Name des Schädlings, der Krankheit oder der Störung genannt.

Text
Im Text werden bei jedem Eintrag die am häufigsten befallenen Pflanzen, die auffälligsten Symptome, die Ursache und Ratschläge für die Bekämpfung angeführt. Darunter fallen sowohl organische als auch chemische Mittel sowie Vorbeugungsmaßnahmen. Am Ende des Abschnitts findet sich eine Liste der erwähnten Chemikalien.

Ohrwürmer

Befallene Pflanzen: Sträucher, Stauden, einjährige Pflanzen, v.a. Dahlien, Chrysanthemen, Clematis. **Schadbild:** Befressene junge Blätter im Sommer. Weitere Schadbilder siehe S. 561. **Ursache:** Der Ohrwurm (*Forficula auricularia*), gelbbraunes, 15 mm langes Insekt mit einer gebogenen Zange. Frißt nachts! **Bekämpfung:** Zwischen gefährdeten Pflanzen plaziert man Blumentöpfe, an Stöcken befestigt und mit dem offenen Teil nach unten, und füllt sie mit Holzwolle; Ohrwürmer suchen dort tagsüber Schutz und können dann entfernt werden. Auf Obstbäumen jagen sie nachts Blattläuse, und im Blumentopfversteck sind sie vor Vögeln sicher.

Ohrwürmer

Befressenes Blatt

Symptom
Das Foto zeigt den Schädling und den Schaden, den er anrichtet.

Querverweise
Wenn Sie die Ursache für die aufgetretenen Symptome nicht finden, ziehen Sie die Einträge in den grauen Kästen am Seitenende zu Rate.

TEIL 1

ANLAGE DES GARTENS

Wie man seinen Garten anlegt, Pflanzen auswählt, kultiviert, vermehrt und sie nach praktischen und ästhetischen Gesichtspunkten anordnet

1

Planung und Gestaltung des Gartens

Manche der *schönsten Gärten sehen so aus, als seien sie überhaupt nicht gestaltet worden, sondern von selbst entstanden – üppig, in scheinbar ungekünstelter Harmonie aus Farben, Strukturen und Formen gewirkt. Das kann sich jedoch als Illusion erweisen, denn die Kletterrosen-Kaskade oder der über den Weg wuchernde Lavendelstrauch sind oft zu gleichen Teilen gärtnerischer Vorsorge wie der Natur zu verdanken. Ob sich ein gelungenes Design nun zwanglos und heiter-chaotisch oder elegant und formell präsentiert, meistens ist es das Resultat sorgfältiger Planung. Zwischen einem Garten, in dem Pflanzen und bauliche Elemente wahllos zusammengestellt wurden, und einem, der so angelegt wurde, daß sämtliche Komponenten sich zu einem stimmigen und reizvollen Gesamtbild zusammenfügen, besteht ein großer Unterschied. Planung ist der Schlüssel zu einer Gartengestaltung, die Stilgefühl und Sinn für Proportionen verrät, die Umgebung harmonisch einbezieht und – wichtiger noch – ein Ort der Entspannung, eine Wohltat für die Sinne und Balsam für den Geist ist.*

Der Garten wird geplant

Bei der Neu- oder Umgestaltung eines Gartens gilt es, etwas zu schaffen, das den persönlichen Bedürfnissen und Neigungen seiner zukünftigen Benutzer entspricht. Dabei ist in vieler Hinsicht dasselbe zu bedenken wie bei der Einrichtung eines Hauses: Die drei wesentlichen Faktoren sind die Gegebenheiten des Grundstücks, die vorgesehene Funktion des Gartens und der persönliche Geschmack. Eine Rolle spielen natürlich auch Größe, Stil und Alter des Hauses oder Gartens.

Anders als das Haus ist der Garten nichts Statisches – nicht einmal von einer Woche zur nächsten; die stetige Veränderung macht sogar sein eigentliches Wesen aus. Manche Pflanzen wirken zu einer bestimmten Jahreszeit spektakulär und sind dann wieder ganz unauffällig. Ein ständiger Gestaltungsprozeß ist notwendig, um stets das Beste aus einem Garten zu machen.

Warum ist Planung so wichtig? Obwohl sich vieles Schöne am Garten aus unvorhergesehenen Effekten ergibt, ist gründliche Planung unerläßlich, um eine harmonische Wirkung zu erzielen. Man bewahrt sich vor kostspieligen Irrtümern, wenn man die Grundzüge eines Gartens auf dem Papier festlegt, bevor man Veränderungen vornimmt. Sicher, im Detail läßt sich später variieren, aber der Standort von

Zwanglose Fülle
Der Charme dieses Gartens ist eher gründlicher Planung als dem Zufall zu verdanken. Ein einfacher, gepflasterter Weg lenkt den Blick auf die umliegenden Wiesen. Rosa- und Violett-Töne überwiegen, werden aber durch leuchtende Einsprengsel in Rot, Gelb und Weiß aufgelockert.

AUSGEWOGENHEIT DER GESTALTERISCHEN ELEMENTE
Die geometrischen Formen der geschnittenen Hecke und die klassische Eleganz der Skulptur sind eine gute Ergänzung für den großen runden Teich, der dezent mit Schwertlilien und Seerosen bepflanzt wurde.

Terrassen, Mauern und Bäumen sollte im voraus bestimmt werden. Planen Sie den Garten als Ganzes, statt ihn aus verschiedenen Teilen zusammenzustückeln; so sind die einzelnen Elemente nicht nur für sich, sondern auch in ihrer Gesamtwirkung interessant.

Bei der vernünftigen Planung des Gartens sollte sich das Funktionelle und Wünschenswerte mit dem Realistischen verbinden. Es wird wohl von Ihrem Budget und dem Entwurf abhängen, welche Arbeiten Sie, wenn überhaupt, selbst übernehmen. Das Säen und Pflanzen oder auch die Anlage des Rasens können Sie möglicherweise allein besorgen, aber Planierarbeiten oder der Bau von Mauern, die Anlage von Terrassen und Teichen erfordern Geschick und Erfahrung. Da Fehler teuer werden können, ist es besser, einen Fachmann hinzuzuziehen, wenn Sie keine einschlägige Sachkenntnis haben (siehe auch BAULICHE ELEMENTE UND BELÄGE, S. 492-513). Überlegen Sie außerdem, ob Sie nach Fertigstellung des Gartens Hilfe bei seiner Instandhaltung brauchen. Man kann einen Garten durchaus auch so planen, daß er relativ pflegeleicht ist.

Einen vorhandenen Garten umgestalten

Öfter als mit einer Neuanlage hat man es mit der Umgestaltung eines existierenden Gartens zu tun, und für den Wunsch nach Veränderung gibt es Gründe genug.

Nach einem Umzug möchten Sie vielleicht den vorhandenen Garten Ihren persönlichen Vorlieben anpassen. Eventuell soll auch neuen Bedürfnissen Rechnung getragen werden und z.B. eine Spielecke oder ein Gemüsebeet oder ein lauschiger Winkel hinzukommen. Braucht ein Garten sehr viel Pflege, kann es erforderlich werden, ihn so umzugestalten, daß er weniger Arbeit macht. Es ist auch möglich, daß ein verwilderter oder vernachlässigter Garten instand gesetzt werden muß, um sein ursprüngliches Aussehen wiederherzustellen (siehe auch »Restaurieren alter und historischer Gärten«, S. 31).

Erste Überlegungen

Lassen Sie sich nicht zur Eile verleiten: Angesichts eines Dschungels aus überhängenden Ästen, struppigen Sträuchern und Unkraut mag es am einfachsten erscheinen, den ganzen Garten umzugraben und neu anzulegen, aber es ist besser, mit Bedacht vorzugehen. Vielleicht ist in dem Durcheinander noch etwas Interessantes verborgen. Mit ein paar älteren Gewächsen kann man außerdem einen Rahmen für die Neubepflanzung abstecken und verhindern, daß der Garten unfertig wirkt.

Entwickeln Sie Ihre Ideen für die Umgestaltung allmählich, damit Sie das Beste aus den gegebenen Elementen machen können. Wenn möglich, sollte der Garten ein volles Jahr in seinem alten Zustand belassen werden. Notieren Sie sich in dieser Zeit, welche Pflanzen erhaltenswert sind, etwa eine hohe Hekke als Windschutz oder ein Strauch, der eine langweilige Ecke im Winterhalbjahr mit seinen bunten Beeren aufhellt.

In dieser Anfangsperiode können Kübelpflanzen, Sommerblumen und schnell wachsende einjährige Kletterer an Gittern und Spalieren den Garten zusätzlich beleben. Routi-

EIN GARTEN NACH IHREN BEDÜRFNISSEN

PFLEGELEICHTE ANLAGE
Der Plattenbelag erleichtert die Pflege von Rasen und Rabatten, die dicht mit Sträuchern, kleinen Bäumen und Bodendeckern bepflanzt sind.

ARBEITSAUFWENDIGE GESTALTUNG
Hier gibt es eine größere Vielfalt von Gewächsen, darunter Obst, Gemüse, Kübel- und Kletterpflanzen, die alle das ganze Jahr hindurch regelmäßige Pflege und Zuwendung beanspruchen.

nearbeiten wie das Ausschneiden trockener und beschädigter Zweige aus Bäumen und Sträuchern, Rasenmähen, Unkrautzupfen und Heckenpflege sollten wie üblich ausgeführt werden, um den Garten in Ordnung zu halten.

FORMALER OFFENER GARTEN
Durch die hohe Hecke, die diesen Garten rahmt, wird er zu einem friedlichen, intimen Ort. Eine dekorative Bank ist Blickfang und bietet zugleich die Möglichkeit, sich an den rosa und weißen Blüten der dicht mit stark duftendem Ziertabak (Nicotiana), *weißer* Buddleja *und stattlicher* Cleome *bepflanzten Rabatten zu erfreuen.*

Die Neugestaltung eines Gartens

Einen neuen Garten auf der »grünen Wiese« (also dort, wo zuvor noch kein Garten war) anzulegen, mag zwar schwierig sein, ist aber auch eine spannende Herausforderung. Da nicht soviel Vorhandenes zu berücksichtigen ist, kann man der Phantasie freien Lauf lassen. Allerdings ist es wichtig, den Garten auch im Hinblick auf seine Umgebung zu gestalten und Faktoren wie Bodenbeschaffenheit und Klima in Rechnung zu stellen.

Die Art des Gartens

Der Stil eines Gartens muß den persönlichen Wünschen entsprechen: Dem einen soll er hauptsächlich als Nutzgarten dienen, der andere wünscht sich vor allem einen angenehmen Aufenthaltsort. Im folgenden sind die wichtigsten Gartentypen beschrieben. Natürlich kann man auch Elemente von zwei oder drei Typen kombinieren und so etwas ganz Neues, einen sehr persönlichen Garten schaffen.

Der Garten für die ganze Familie umfaßt gewöhnlich einen Bereich, in dem Kinder spielen können, Platz für Blumen, Obst und Gemüse sowie eine Terrasse oder auch einen Innenhof.

Der Bauerngarten ist normalerweise zwanglos gestaltet und enthält auch seltene und interessante Pflanzen, manchmal ein Stück Wildgarten, einen Teich oder ähnliches. Seine Pflege erfordert schon einigen gärtnerischen Sachverstand.

Das Wohnzimmer im Freien umfaßt meist eine Terrasse, niedrige Mauern, Stufen, vielleicht einen Teich und eventuell sehr viele Kübelpflanzen, aber kaum Beete und selten einen Rasen. Dieser Gartentyp ist recht pflegeleicht. Er bietet sich besonders für kleine Gärten in der Stadt an.

Der offene Garten liegt häufig an einem Hang, erfordert wenig Pflege, ist ideal zum Ausspannen und bietet eine schöne Aussicht auf die umliegende Landschaft. Manchmal ist er terrassenförmig angelegt und hat auch Platz für Obst und Gemüse.

Der stille Winkel ist ein Garten, in dem man sich mit einer Pergola oder Laube und zahlreichen Kletterpflanzen gegen unerwünschte Blicke oder eine häßliche Aussicht abschirmt.

Die Planskizze

Im ersten Planungsstadium ist es hilfreich, eine grobe Skizze des Gartens und der wichtigsten Elemente, die er enthalten soll, anzufertigen. Zeichnen Sie den Standort des Hauses ein, und legen Sie dann in etwa den Platz für Beete, Rabatten, Rasen, Terrasse und sonstige Bereiche fest. Lassen Sie auch Raum für praktische Dinge wie den Komposthaufen oder den Geräteschuppen, am besten in einiger Entfernung vom Haus oder zumindest so, daß der Blick nicht gleich darauf fällt.

STÄDTISCHER INNENHOF
Große Platten aus diagonal zusammengesetzten Hölzern bilden hier eine originelle, gestufte Terrasse. Die Pflanzen wurden aufgrund ihrer Pflegefreundlichkeit und des reizvollen Blattwerks gewählt.

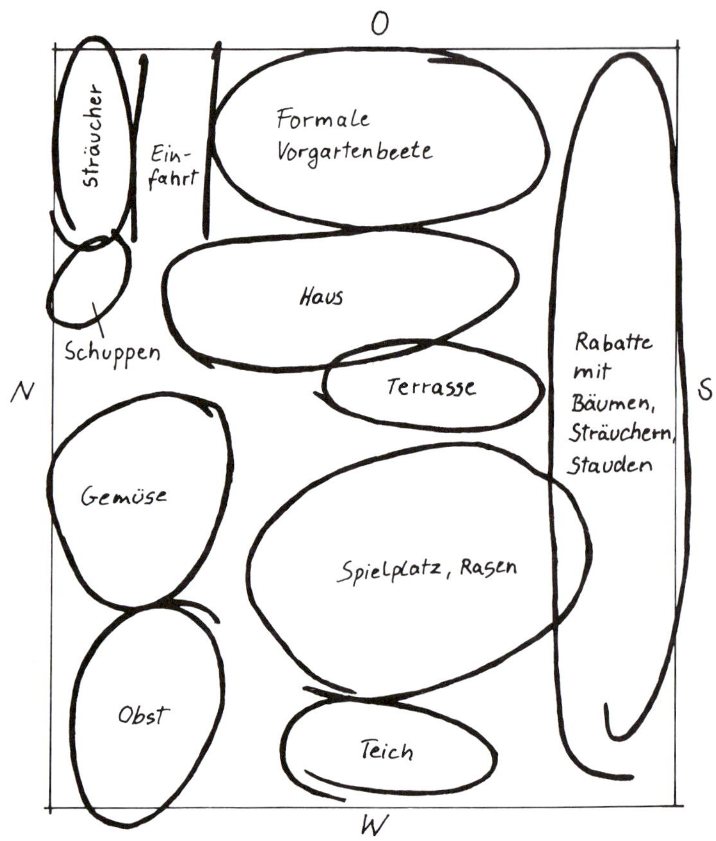

EIN PLAN DES GARTENS UND SEINER BESTANDTEILE
Fertigen Sie eine einfache Skizze mit allen Elementen an, die Sie in Ihrem Garten haben wollen, indem Sie annäherungsweise deren Position innerhalb der Grundstücksgrenzen andeuten.

Die Beschaffenheit des Grundstücks

Verschaffen Sie sich nun zunächst Informationen über das Grundstück. Gute Vorbereitung zahlt sich aus. Kenntnisse über Klima und Bodentypus sind von unschätzbarem Wert, wenn Sie später Entscheidungen über Entwässerung, Windschutz, die zu pflanzenden Gewächse und ihren Standort treffen.

Klimabedingungen

Bringen Sie die örtlichen Durchschnittswerte für Niederschläge, Temperaturen und Sonnenstunden in Erfahrung sowie etwaige klimatische Besonderheiten wie Frostsenken. Auch die geographische Lage kann wichtig sein: Auf einem über 150-200 m hohen Berg ist es möglicherweise mehrere Grade kälter als an einem niedriggelegenen Ort in der Nähe, und die Wachstumsperiode fängt später an. In Stadtgärten ist es gewöhnlich wärmer und geschützter als auf dem Land. Gärten am Meer sind zwar salzhaltigen Winden, dafür aber geringeren Klimaschwankungen als im Binnenland ausgesetzt.

Auch das Mikroklima sollten Sie unter die Lupe nehmen: Notieren Sie, welche Teile des Gartens zu welchen Jahres- und Tageszeiten jeweils am meisten Sonne und Schatten bekommen. Der Schatten eines Laubbaums ist zum Beispiel im Spätfrühling und Sommer dichter als im übrigen Jahr.

Manche Ecken des Gartens liegen geschützt, andere müssen gegen den Wind abgeschirmt werden, wenn man sie voll nutzen will. Sind einzelne Stellen feucht oder trocken, warm oder kalt, so ist das nichts Negatives, aber entscheidend für die Art der Bepflanzung. Versuchen Sie, die verschiedenen Mikroklimata im Garten auszunutzen, indem Sie Gewächse pflanzen, die unter den gegebenen Bedingungen gedeihen, statt Pflanzen zu wählen, die dafür ungeeignet sind (siehe auch »Mikroklima«, S. 519).

Boden

Falls nicht gerade ein Garten mit Platten- oder Kiesbelag geplant ist, müssen Typ, Struktur und Säure-(pH-)gehalt des Bodens ermittelt werden; er kann tonig, lehmig, leicht und sandig, kalkhaltig, anmoorig oder sauer sein. All das beeinflußt die Entwässerung, die Möglichkeiten der Bepflanzung und die Bewältigung einiger Gartenarbeiten.

In Baumschulen erhält man Vorrichtungen zum Messen des pH-Werts, aber schon das Vorhandensein bestimmter Pflanzen kann Anhaltspunkte geben: Rhododendron, blaue Hortensien, Heidekraut und Farn gedeihen gewöhnlich gut auf saurem Boden. Weiteres unter »Bodenacidität und -alkalität«, S. 523.

WIE MAN SICH DEN ÖRTLICHEN GEGEBENHEITEN ANPASST
In diesem am Wasser gelegenen Garten dienen hohe Bäume als Windschutz, ohne die Aussicht zu verdecken. Niedrig wachsenden Pflanzen wie Eupatorium *und* Tagetes *macht der Wind nichts aus, und die flexiblen Halme des* Miscanthus *bewegen sich in der Brise hin und her, ohne Schaden zu nehmen.*

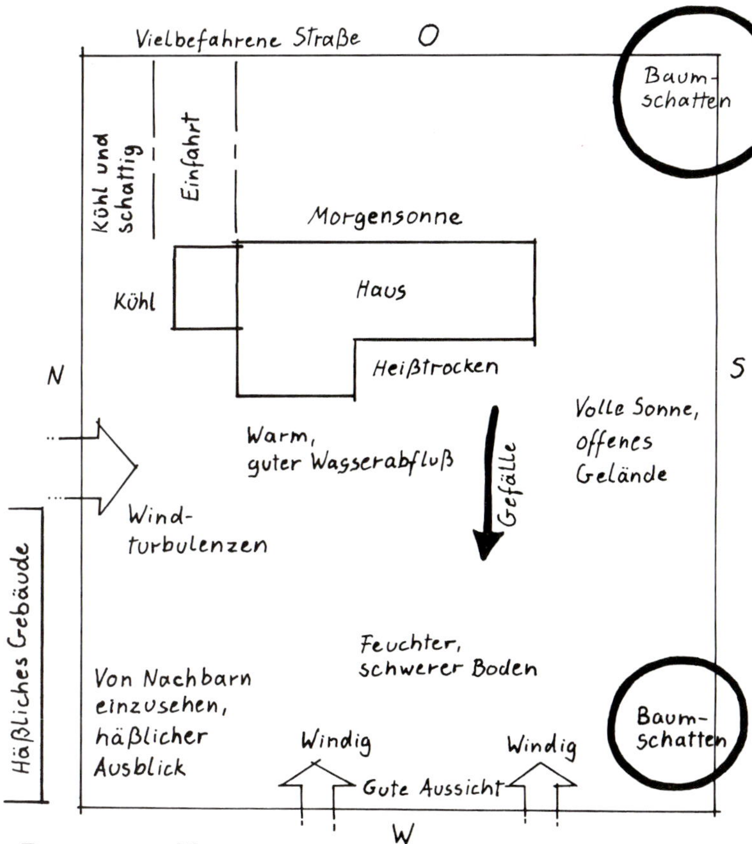

ERFASSUNG DES MIKROKLIMAS
Gestalten Sie das Grundstück seiner Beschaffenheit entsprechend – an der feuchtesten Stelle des Gartens ein Teich, an der wärmsten Pflanzen, die die Sonne lieben.

WENN ES FEUCHT UND SCHATTIG IST
Ein feuchtes, schattiges Gelände wie hier ist ideal für Gewächse wie diese blaugrünen und panaschierten Funkien und die wunderschöne, leuchtendblaue Iris sibirica.

Die Lage des Gartens
Planen Sie einen Garten immer im Kontext mit seiner unmittelbaren Umgebung. Er kann in einer Reihenhaus- oder Vorortsiedlung mit schönen und häßlichen Ausblicken liegen oder auf einer Anhöhe mit wunderbarer Aussicht, die jedoch stark dem Wind ausgesetzt ist.

In dem nun folgenden detaillierten Plan sollten die Ausblicke, die vorherrschende Windrichtung und Hinweise auf eventuell erforderlichen zusätzlichen Wind- oder Sichtschutz notiert werden. Auch störender Lärm stellt möglicherweise ein Problem dar; dagegen helfen dichte Nadelbaumbepflanzungen oder Erdwälle. Ebenso effektiv kann auch das ablenkende Geräusch eines plätschernden Springbrunnens oder Wasserfalls sein.

Die Pflege des Gartens

Alle Gärten benötigen Pflege und Aufmerksamkeit, auch wenn sie zwanglos gestaltet oder naturbelassen sind. Seien Sie bei der Planung realistisch, was Ihren Zeit- und Energieaufwand anbelangt; soll er minimal sein, so entscheiden Sie sich für einen Gartentyp, der kein ständiges Mähen, Hacken, Jäten und Säubern verlangt, um immer gleich reizvoll zu wirken.

Schätzen Sie ab, was Sie an Zeit und Hilfe zur Verfügung haben oder sich leisten können, und richten Sie die Gartengestaltung danach aus. In manchen Zeiten – im Frühjahr und Frühsommer zum Beispiel – ist besonders viel zu tun und eventuell Hilfe erforderlich.

Der Garten als Teil der Landschaft
Dieser leicht erhöht liegende Garten bietet ungestörte Ausblicke in die Landschaft ringsum. Ein niedriger Zaun erlaubt freie Sicht, und der gewundene Pfad und die schlanke Konifere nehmen optisch die Linien des sich dahinschlängelnden Flusses und des hohen Baumes dahinter auf.

Pflegeleichter Garten
Bauliche Elemente, Bäume und Sträucher bilden hier den Rahmen für die weitere Bepflanzung.

Was man kurz- und längerfristig erreicht

Pflanzen wachsen unterschiedlich schnell, so daß manche Teile eines Gartens in voller Reife stehen, während andere noch unentwickelt wirken. Bäume sind normalerweise die größten und langlebigsten Gewächse, aber auch hier gibt es Gattungen, die zehnmal länger als andere leben: Eichen *(Quercus)* werden über 200 Jahre alt, Zierkirschen *(Prunus)* und Birken *(Betula)* dagegen nur 50 bis 60. Im allgemeinen gilt, daß die Lebensdauer eines Baumes oder Strauchs um so kürzer ist, je schneller er wächst.

Bei Stauden ist die Lebenserwartung zwar nicht so unterschiedlich, aber bestimmte Arten, etwa Pfingstrosen *(Paeonia)* und *Acanthus*, werden recht alt, andere, z.B. Rittersporn und Phlox, sind kurzlebig.

Mit baulichen Elementen wie Plattenwegen, Pergolen oder Mauern erzielt man gleich bestimmte Effekte; Rollrasen wirkt sofort ansehnlich, länger dauert es jedoch, wenn man das Gras aussät. Einige krautige Pflanzen sowie manche Sträucher und Hecken erreichen in fünf Jahren ihre volle Größe. Geduldige Gärtner planen vielleicht sogar über zehn Jahre hinaus und mischen langsamwachsende mit schnellwüchsigen, aber kurzlebigeren Pflanzen.

Kurz- und langfristige Effekte
Schnellwüchsige Stauden, zur farblichen Auflockerung durchmischt mit Einjährigen, können in kurzer Zeit den Eindruck bunter Üppigkeit erzeugen, langfristig jedoch ziemlich arbeitsaufwendig sein (rechts). Ein stärker gegliedertes Design, dessen Gerüst Bäume, Sträucher und gestutzte Hecken bilden, braucht länger, um sich in seiner ganzen Pracht zu entfalten (rechts außen).

Ein Plan für die Anlage

Nachdem Bodentyp und klimatische Bedingungen ermittelt sind, sollte man das Gelände genau untersuchen. Entscheiden Sie, ob Sie vorhandene Elemente und Pflanzen in den neuen Garten übernehmen wollen, und messen Sie das Grundstück aus.

Wie man natürliche Gegebenheiten nutzt

Versuchen Sie stets, die natürlichen Gegebenheiten des Grundstücks in die Gestaltung einzubeziehen. Böschungen oder Erhebungen können sich gut für die Anlage von Terrassen, Mauern, Stufenbeeten, Wasserläufen oder Steingärten eignen und einen schönen Blick auf den Garten bieten. Mit bodendekkenden Waldpflanzen und Zwiebelgewächsen lassen sich an schattigen Hängen dekorative farbige Akzente setzen.

Feuchtbereiche sind die ideale Heimat für zahlreiche Sumpfpflanzen, die an diesen sonst schwer (und kostspielig) zu entwässernden Stellen prächtig gedeihen. Handelt es sich um einen größeren Bereich, ist vielleicht sogar Platz für Weiden *(Salix)* und Erlen *(Alnus)*, die man mit Etagenprimeln *(Primula)*, Sumpfdotterblumen und anderen Sumpfpflanzen umgeben kann (siehe auch Gestaltung eines Wassergartens, »Sumpfgärten«, S. 245). Unter Umständen ist es sinnvoller, größere Mengen Schutt oder Unterboden, die von Aushub- oder Bauarbeiten übriggeblieben sind, zur Anlage eines Felsen- oder Steingartens zu nutzen, statt sie unterzugraben und mit Mutterboden aufzufüllen. Hier finden Pflanzen eine gute Heimat, die kargen, trockenen Boden mögen. Der Vorteil von Stein- und Felsengärten besteht darin, daß sie später oft nur minimale Pflege erfordern (siehe auch Der Steingarten, »Geröllbeete«, S. 192).

Vorhandene Elemente erfassen

Listen Sie alle Bäume, Sträucher, Hecken und Stauden auf und identifizieren Sie sie, wenn möglich. Notieren Sie ihren Zustand sowie den des Rasens, und stellen Sie fest, wieviel ausgeschnitten und instand gesetzt werden muß. Schätzen Sie dann die gegenwärtige und endgültige Größe der Bäume und Sträucher ab.

Erfassen Sie auf einer zweiten Liste alle architektonischen und sonstigen strukturierenden Elemente, beispielsweise Terrassen, Mauern, Wege, Treibhäuser, Teiche und Pergolen. Verzeichnen Sie das Material, aus dem sie bestehen, ihren Zustand und ihr Aussehen. Das hilft später bei der Entscheidung, welche Pflanzen umgesetzt oder entfernt und welche baulichen Elemente beibehalten oder verändert werden sollen.

Das Beste aus den Gegebenheiten machen
Durch die zwanglose Bepflanzung der steilen, felsigen Hänge werden natürliche Gegebenheiten des Geländes wirkungsvoll in den Garten integriert.

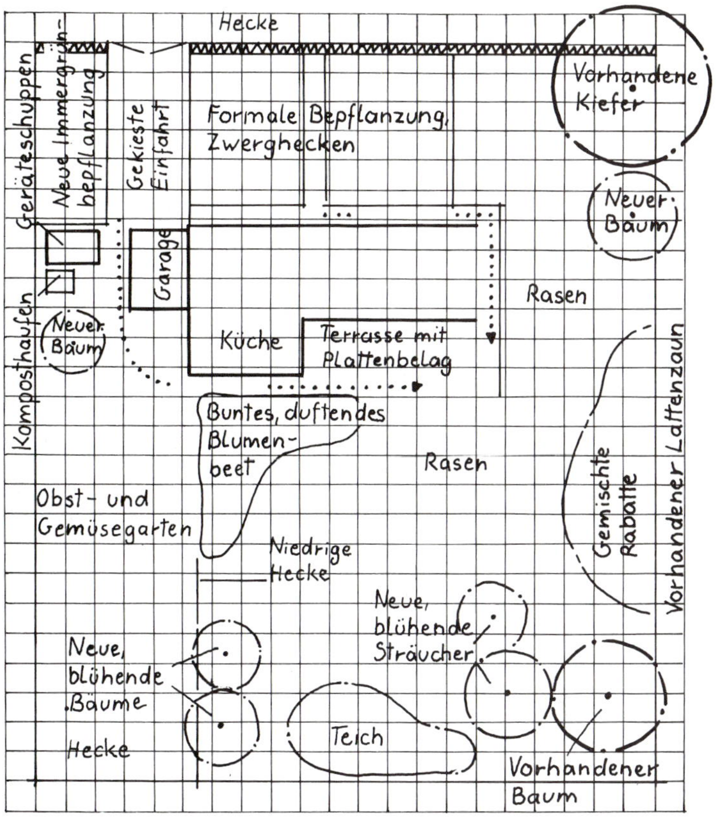

Die massstabsgerechte Skizze
Markieren Sie auf einer maßstabsgetreuen Skizze des Gartens die Grenzen sowie bestehende bauliche und andere Elemente, die Sie erhalten wollen, bevor Sie dann einfügen, was Sie Neues planen.

Maßstabsgerecht planen

Wenn Sie mehr als eine paar kleine Änderungen beabsichtigen, zeichnen Sie das Grundstück maßstabsgetreu auf, und fertigen Sie dann mehrere Entwürfe an. So erhalten Sie, auch wenn Stil und Proportionen jeweils ganz unterschiedlich sind, eine realistische Basis für die Gestaltung des Gartens.

Das Grundstück vermessen

Messen Sie zunächst mit einem extralangen Bandmaß die Grenzlinien. Ist das Grundstück unregelmäßig geformt, teilen Sie es in kleine Abschnitte auf, und messen Sie jeden Abschnitt einzeln. Sie können dafür auch einen Vermessungstechniker hinzuziehen. Möglicherweise existiert bereits ein Lageplan des Grundstücks, der aber ungenau sein kann und vielleicht nur den Grenzverlauf und den Standort des Hauses verzeichnet.

Gefälle berücksichtigen

Etwaige Gefälle, die das Grundstück aufweist, sollten Sie in Ihrem Plan markieren, um Ihren Neuentwurf danach ausrichten zu können. Steile Hänge erfordern womöglich eine Terrassierung oder den Bau von Stützmauern. Eine leichte Neigung des Geländes vom Haus ist praktisch, weil dann das Wasser von der Terrasse oder dem Rasen am Haus gut abfließt.

Den ersten Grundriß erstellen

Die maßstabsgetreue Wiedergabe des Grundstücks auf Papier soll den Grenzverlauf markieren und alle Elemente enthalten, die Sie aus dem bestehenden Garten übernehmen wollen, etwa Bäume, Sträucher, Wege und Mauern. Fertigen Sie auf Pauspapier verschiedene Entwürfe an, und legen Sie sie zum Vergleich auf diesen Grundriß, so daß Sie ihn bei möglichen Änderungen von Details nicht immer wieder von neuem zeichnen müssen.

Tragen Sie alles ein, was Ihnen wesentlich erscheint, aber nehmen Sie sich nicht zuviel vor, sonst wird der Entwurf leicht unharmonisch. Sehen Sie nicht zu viele bauliche Elemente oder hohe Bäume vor, die auf einem relativ kleinen Gelände übermächtig wirken könnten.

Die Stilfrage

Die stilistischen Möglichkeiten sind so zahlreich, daß jeder Garten einzigartig wirken kann; entscheidend ist sicher der persönliche Geschmack. Manche Menschen ziehen einen weiträumigen, andere einen stärker aufgeteilten, lauschigeren Garten vor. Einzelne Bereiche können symmetrisch oder ganz ungezwungen angelegt werden. Gerade oder gewundene Linien ergeben völlig verschiedene Effekte.

Unabhängig vom Stil gibt es einige gestalterische Grundsätze, die man beachten sollte. Ausgewogenheit und Harmonie sind sehr wichtig: Versuchen Sie, Elemente so miteinander zu verbinden, daß sie ein zusammenhängendes Ganzes ergeben. Auch Größen und Proportionen sind zu berücksichtigen; das ist bei einem Garten, der ja etwas Lebendiges ist, recht schwierig, da die Pflanzen sich im Laufe der Zeit verändern. Denken Sie an ihre endgültige Höhe, Ausbreitung, Wachstumsart und -geschwindigkeit, bevor Sie sie in Ihren Entwurf aufnehmen. Setzen Sie sie auch zu Mauern und Wegen in Beziehung (siehe auch »Höhen- und Größenverhältnisse«, S. 22).

Bestimmte Punkte oder Objekte – z. B. Skulptur oder eine große Vase – kann man zum Blickfang machen. Das probiert man am besten vor Ort aus, bevor sie mit in den Plan eingezeichnet werden. Wenn der Platz dann endgültig festgelegt werden soll, sind eventuell noch Änderungen notwendig.

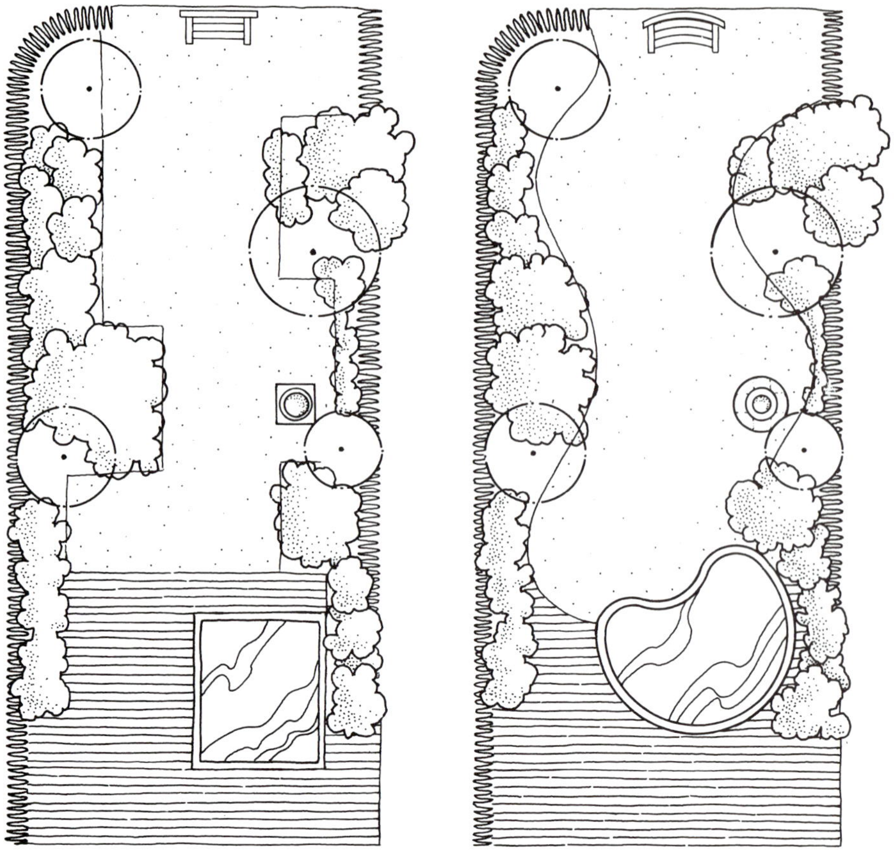

FORMEN UND STIL FESTLEGEN
Auf demselben Grundstück und mit den gleichen Pflanzen wurden hier zwei stilistisch völlig unterschiedliche Gärten gestaltet. Der erste (rechts) ist in seinen Grundzügen geradlinig und wirkt dadurch regelmäßig und formell. Die einzelnen Elemente sind klar voneinander abgehoben. Im Gegensatz dazu ist der Garten rechts außen in fließenden Linien angelegt, die ihn viel zwangloser erscheinen lassen.

Perspektive und Proportionen

Ein Garten kann kürzer und breiter oder länger und schmaler erscheinen, wenn man mit Perspektive und Proportionen spielt.

Länger wirkt der Garten, wenn Sie eine Längsachse anlegen und sie dann betonen. Pflanzen Sie im Vordergrund hohe Gewächse, die entlang der Achse immer niedriger werden, vielleicht mit einem einzelnen Exemplar ganz am Ende, das aber nicht zu groß sein darf. Man kann die Perspektivwirkung auch extrem verstärken (siehe unten).

Einen langen, schmalen Garten quer zu unterteilen, lockert das Ganze auf und lädt zu Entdeckungen ein. Die Art der Unterteilung sollte man ganz individuell wählen: Ein Spalier mit seitlichem Durchgang stellt eine deutliche Trennung dar, eine Randbepflanzung, die über die Längsachse wuchert, einen sanfteren Einschnitt.

Auch Farben haben unterschiedliche Tiefenwirkung: Warme, leuchtende Töne rücken stärker heran, kühle und blassere dagegen treten scheinbar zurück.

Wie man das Auge betrügt

Ein Garten läßt sich so gestalten, daß sich seine Form und Proportionen optisch verändern. Im ersten Entwurf rechts ist der Krug ganz hinten ebenso groß wie der im Vordergrund, während beim Garten in der Mitte der Krug hinten kleiner ist, wodurch der Garten länger aussieht, als er tatsächlich ist. Die Verstärkung der gegebenen Perspektive bewirkt diesen Eindruck, der durch weitere Elemente noch gesteigert wird: Der Weg wird zum Ende hin schmaler, immer kleinere Bäume lenken den Blick in die Ferne, und selbst die Hecke wurde hinten kürzer geschnitten, was die optische Täuschung noch verstärkt. Der Garten ganz rechts dagegen erscheint durch verschiedene Querunterteilungen kürzer und breiter.

NORMALE PERSPEKTIVE
Hier bleiben Größe und Perspektive des Gartens optisch unverändert.

VERSTÄRKTE PERSPEKTIVE
Weg und Bäume sind im Hintergrund schmaler bzw. niedriger.

QUERUNTERTEILUNGEN
Sie lassen einen langen, schmalen Garten kürzer erscheinen.

Den endgültigen Plan zeichnen

Jetzt können Sie sämtliche Elemente des Puzzles zum endgültigen Plan zusammenfassen. Übertragen Sie ihn sorgfältig und maßstabsgetreu mit Zahlen oder Symbolen für die einzelnen Komponenten auf Millimeterpapier. Legen Sie präzise die Ausbreitung von Bäumen und Sträuchern fest, um sicherzustellen, daß wirklich genug Platz dafür vorhanden ist.

Gezeichnete Pläne sind manchmal allerdings unzureichend. Deshalb sollten Sie, bevor Sie an Ort und Stelle endgültige Vorbereitungen treffen, die einzelnen Bereiche des Grundstücks mit Pflöcken und Schnur abstecken. Fast immer erweist es sich in diesem Stadium als notwendig, vor Ort Korrekturen vorzunehmen. Wenn Größe und Proportionen dann optimal harmonieren, können Sie sie in Ihren Plan übertragen.

Markieren Sie im Hauptplan nur die Umrisse von Beeten und Rabatten. Wie Sie sie bepflanzen wollen, sollten Sie auf einem Detailplan in größerem Maßstab festhalten (siehe S. 20). Nur gerüstbildende Gehölze und Solitäre müssen präzise eingetragen werden.

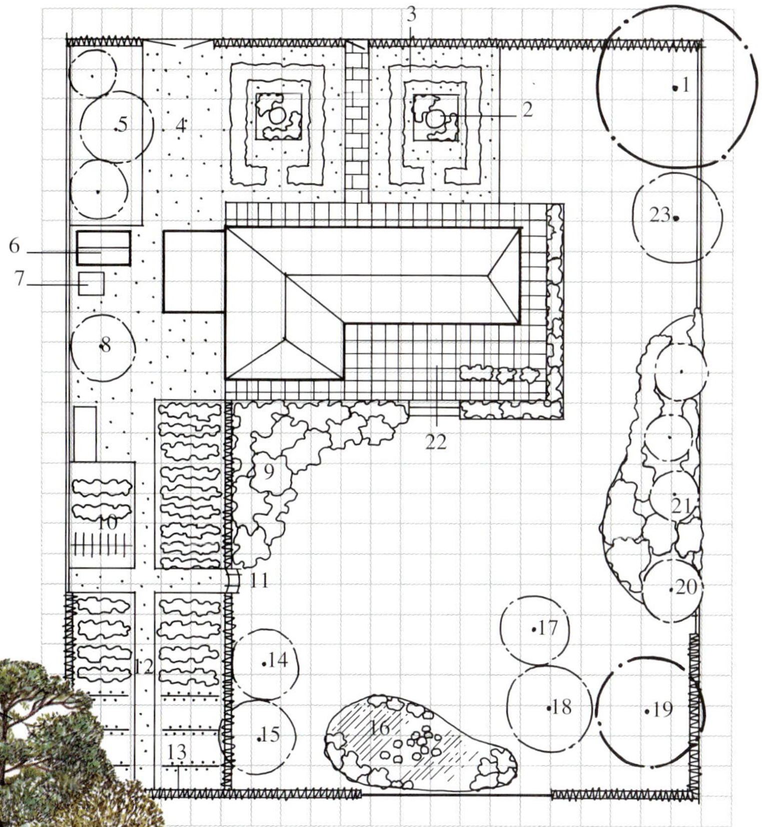

Der fertige Garten

Der endgültige Entwurf (rechts) wird maßstabsgerecht skizziert und jedes Element deutlich verzeichnet; der fertige Garten (unten) ist den natürlichen Gegebenheiten des Geländes gut angepaßt, wobei auch praktische Erwägungen berücksichtigt wurden.

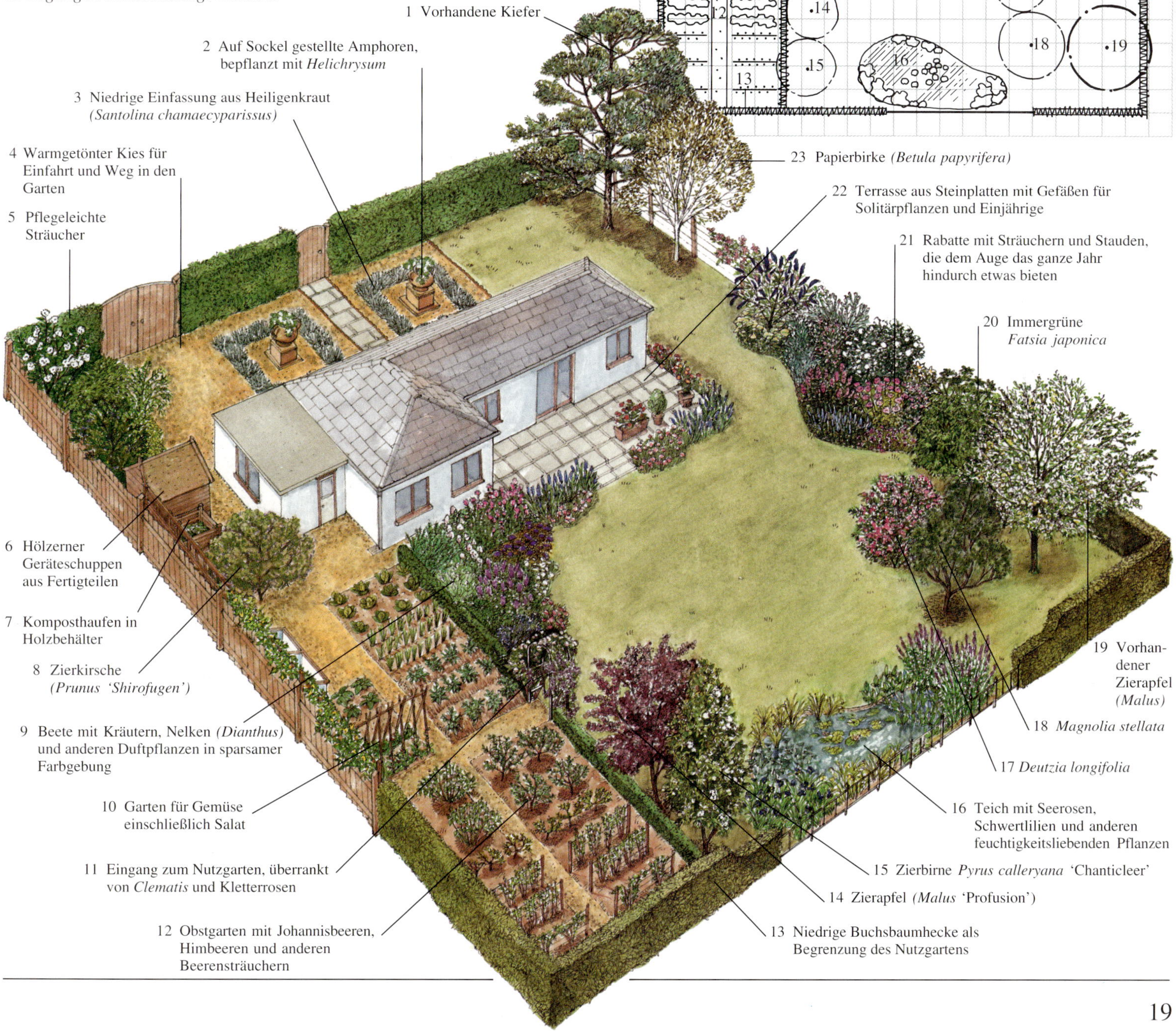

Bepflanzungspläne

Wenn die Gartengestaltung in ihren Grundzügen festliegt, können detailliertere Pläne folgen, nämlich die genaue Auswahl der Pflanzen und ihres Standorts. Welche der vorhandenen Gewächse Sie behalten möchten, haben Sie bei der ersten Begutachtung des Grundstücks bereits entschieden. Sind darunter Bäume, Sträucher oder Hecken in schlechtem Zustand, sollten Sie sie jetzt ausschneiden und düngen.

Pflanzpläne zeichnet man am besten in größerem Maßstab auf. Es müssen keine Kunstwerke sein - fertigen Sie eine einfache Skizze an, die außer den Gewächsen auch die unmittelbar benachbarten Elemente enthält, zum Beispiel einen Schuppen, an dem Kletterpflanzen emporranken sollen.

Planen Sie für jede Pflanze so viel Platz ein, daß sie sich während ihres Wachstums genügend ausbreiten kann. Bei Bäumen und Sträuchern ist das besonders wichtig, weil sie sozusagen das permanente »Gerüst« des Gartens bilden (siehe auch »Grundsätzliches zur Bepflanzung«, S. 21-26).

Die gemischte Rabatte

Dieser Detailplan einer Rabatte zeigt, wie man mit nur wenigen Farben eine harmonische Wirkung erzielt. Mit Sträuchern wird der Rahmen abgesteckt, den Stauden dann ausfüllen und damit für ein ausgewogenes Bild sorgen.

Die Arbeit planen

Stellen Sie sich, bevor Sie mit dem Graben und Pflanzen beginnen, einen Zeitplan auf: Führen Sie die Arbeiten so aus, daß die zeitaufwendigsten Tätigkeiten, etwa der Bau einer Veranda oder die Errichtung einer Mauer, zuerst erfolgen.

Das Säen, Pflanzen, Umpflanzen oder Rasenauslegen sollte zu einer für die Gewächse günstigen Zeit erledigt werden – Herbst, Winter oder Frühjahr sind wohl am besten geeignet; Bauarbeiten nimmt man sich besser für den Sommer oder Herbst vor, wenn sie nicht so sehr durch schlechtes Wetter beeinträchtigt werden. Gestalten Sie dann den Rest Ihres Zeitplans entsprechend.

Arbeitsplan

Vorhandene bauliche Elemente können Sie, falls das Wetter es erlaubt, zu jeder Jahreszeit reparieren oder erneuern.

Vorhandene Pflanzen, die Sie behalten wollen, sollten Sie während der Bauarbeiten schützen, unerwünschte entfernen, solche, die anderswo hinkommen sollen, im Winter ausgraben und umpflanzen oder sie vorübergehend drinnen unterbringen.

Vorhandenen Rasen, bei dem nur Form oder Position verändert werden, sollte man ausstechen und so schnell wie möglich neu verlegen (siehe »Rasen umsetzen«, S. 283). Auch während der Bauarbeiten sollte er vorübergehend entfernt werden. Die beste Zeit dafür ist im Frühjahr oder Frühherbst; im Winter läßt sich Rasen drei bis vier Wochen problemlos lagern, bevor man ihn neu verlegt (siehe Der Rasen, »Lagerung«, S. 282).

Bauarbeiten sollten möglichst erledigt sein, bevor man mit dem Säen oder Pflanzen beginnt. Überprüfen Sie zuvor Lage und Verlauf von Rohrleitungen und Kabeln (Gas, Wasser usw.), damit Sie sie nicht beschädigen.

Bodenarbeiten Entfernen Sie Bauschutt und Gestrüpp. Ist die Erde zu fest geworden, graben Sie sie tief um (siehe »Das einfache Umgraben«, S. 525, und »Zwei Spatenstich tief umgraben«, S. 526). Frühling oder Frühsommer sind dafür die beste Zeit, weil der Boden dann eine Weile brachliegen und Unkraut entfernt werden kann (siehe »Unkräuter«, S. 573-577). Reißen Sie auch Pflanzenstrünke oder Wurzeln aus, da sie von schädlichen Pilzen befallen sein können (siehe S. 565). Kurz vor der Bepflanzung oder ein paar Wochen früher müssen Sie eventuell noch Humus aufschütten, Steine entfernen, düngen und harken.

Die Neubepflanzung und Neuanlage von Rasen sollte im Herbst geschehen, ist aber auch im Frühjahr möglich. Legen Sie Beete und Rabatten entsprechend den Detailplänen an. Verlegen oder säen Sie den Rasen nach Bedarf, wenn Sie den Boden für die Rasenfläche entsprechend vorbereitet haben. Pflanzen, die bisher einen provisorischen Standort hatten, erhalten jetzt ihren endgültigen Platz.

Grundsätzliches zur Bepflanzung

PFLANZEN sind die wichtigsten Elemente eines Gartens und entscheidend für seinen Stil und Charakter, seine Düfte und die von Monat zu Monat, von Jahr zu Jahr wechselnde Wirkung. Sie eröffnen dem Gärtner eine ungeheure Vielfalt an Gestaltungsmöglichkeiten.

Einige moderne Gartenarchitekten bevorzugen das Konzept des »Wohnzimmers im Freien« mit zahlreichen baulichen Elementen wie Mauern, Wegen, Platten- oder Kiesbelag und Terrassen. Sie können durch Pflanzen auf interessante Weise aufgelockert werden, die von vornherein als Teil des Ganzen geplant und nicht nur als kosmetische Einzelheiten hinzugefügt werden sollten.

In den meisten Gärten herrscht entweder ein ausgewogenes Verhältnis zwischen Pflanzen und baulichen Einrichtungen, oder die ersteren dominieren, und letztere werden nur zur Akzentuierung oder aus rein praktischen Gründen eingesetzt.

Der Bepflanzungsplan

Es gibt unzählige Möglichkeiten, Zierpflanzen miteinander zu kombinieren, und Tausende von Gewächsen, die sich für die Gartengestaltung eignen. Besonders schwer fällt die Entscheidung in einem kleinen Garten, denn je weniger Pflanzen man einbeziehen kann, desto interessanter muß jede einzelne wirken – ob nun durch Blüten, Laub, Form, reizvolle Früchte, Zweige oder Rinde. Auf Pflanzen, die prächtig aussehen, aber nur kurze Zeit attraktiv sind, sollte man lieber verzichten.

Die Entscheidung für ein bestimmtes Thema oder Konzept ist eine gute Basis für die Auswahl und Zusammenstellung der Pflanzen. Im folgenden einige Beispiele.

Formale Bepflanzung

Dieser Gartentyp folgt mit seinen präzise geschnittenen Sträuchern und Hecken einem schlichten, symmetrischen Konzept. Er kann Parterres oder Flechtmusterbeete enthalten, deren Bepflanzung jeweils gut aufeinander abgestimmt ist und sich in Farben, Formen und Strukturen zurückhaltend präsentiert (siehe auch »Formale Gärten«, S. 29, »Flechtgärten« und »Parterres«, S. 31). Gestaltung und Pflege dieses Typs erfordern Genauigkeit und Sorgfalt. Handelt es sich um einen großen Garten, sollte man vielleicht nur einen Teil so anlegen.

Rahmenpflanzung

Diese Form ist häufig in großen Gärten zu finden, eignet sich aber auch für kleinere Grundstücke. Mit Hecken, Zäunen oder Mauern wird ein klar definierter Rahmen geschaffen; der Raum dazwischen ist gewöhnlich durch ein Netzwerk von Wegen gegliedert, an dem sich die Bepflanzung orientiert. Das Design wirkt strukturiert und geordnet, läßt jedoch Platz für sehr unterschiedliche Pflanzenarrangements.

Oft bestimmt eine gemeinsame Eigenschaft die Zusammenstellung: Duftpflanzen und Kräuter oder alte Rosen, Nelken und Veilchen. Effektvoll kann auch eine beschränkte Farbpalette sein oder eine Bepflanzung, die im Frühjahr oder Winter am interessantesten wirkt.

Mit »Rahmenpflanzung« bezeichnet man auch den Hintergrund oder die Umrandung, die ein spezielles Objekt, eine Pflanzengruppe, einen einzelnen Baum oder Strauch oder eine Aussicht hervorheben soll. So könnten sauber gestutzte Sträucher oder hohe Koniferen als lebende Torpfosten eine Treppe oder den Beginn eines Weges säumen. Reizvolle, überraschende Ausblicke in einen anderen Teil des Gartens oder die Umgebung lassen sich mit »Fenstern« in einer Hecke oder Einfriedung betonen.

Freie und gemischte Bepflanzung

Dieser Stil gibt einem mehr Freiheit und erlaubt natürlicheres Wachstum als die formale oder Rahmenpflanzung. Er wirkt auf charmante Weise unstrukturiert und kann eine breite Pflanzenpalette in sich vereinen. Ausgewogenheit und Uniformität sind eher nebensächlich; insgesamt sollte der Eindruck von Fülle und Harmonie vorherrschen. Diese Gärten sind nicht leicht zu pflegen und oft von mutigen Gärtnern angelegt, die genügend Zeit und Neigung haben, sich den verschiedenen Pflanzen zu widmen.

RAHMENPFLANZUNG
Die geometrische Anlage, die durch die geraden Wege und die niedrigen Buchsbaumhecken (Buxus sempervirens) *vorgegeben ist, bildet den Rahmen für eine recht gemischte Bepflanzung aus Stauden und Sträuchern. Durch die zurückhaltende Farbgebung entsteht ein Eindruck von Ruhe, den auch die leuchtenden Weiß- und Gelb-Tupfer nicht stören, die sich gut von dem überwiegend dunkelgrünen Hintergrund abheben.*

FREIE BEPFLANZUNG
Dieser farbenprächtige Garten vermittelt ein Gefühl von Spontaneität und Fülle. Das kühle Blau von Edeldistel (Eryngium) *und Glockenblume kontrastiert mit dem Gelb und Orange von Sonnenbraut und Taglilie.*

Hintergründe

Die Begrenzungen eines Gartens und etwaige Trennelemente darin beeinflussen durch ihr Material, ihre Größe und ihre Bauweise das Gesamtbild. Außerdem können Hekken, Mauern und Zäune auch als Hintergrund für Pflanzen, Sitzgelegenheiten oder Skulpturen dienen. Versuchen Sie, passende Strukturen, Farben und Stile zu finden: Eine gestutze Eibenhecke ist die ideale Einfassung für eine klassische Skulptur, ein Lärchenzaun sähe weniger gut aus.

Hecken

Hecken sind nicht nur zur Begrenzung und Unterteilung eines Gartens da, sondern geben auch einen attraktiven Hintergrund ab. Weiße oder sehr helle Blüten und Blätter heben sich zum Beispiel besonders gut von dem dunklen Grün einer dichten Hecke aus Zypressen *(Cupressus)* oder Eiben *(Taxus baccata)* ab. Auch Bänke, Amphoren und Statuen kommen in einer halbrunden Hecke gut zur Geltung.

Immergrüne Hecken sind eine ideale Kulisse für Stauden- und Sommerblumenrabatten sowie Solitärgewächse. Wenn sie jedoch sehr fasrige, weitreichende Wurzeln haben, lassen sie für andere Pflanzen eventuell nicht genug Feuchtigkeit und Nährstoffe. Besonders dicht sollten sie sein, wenn sie den Hintergrund eines dekorativen Elements bilden.

Blühende oder beerentragende Sträucher wie Rosen oder Feuerdorn können ebenfalls als optische Begrenzung oder Unterteilung dienen. Sie werden meist nicht so dicht wie traditionelle Hecken.

Hecken brauchen mehrere Jahre, um sich voll zu entwickeln, und erfordern mehr Arbeitsaufwand als Mauern oder Zäune, wirken aber ungleich interessanter. Außerdem sind sie meist langlebig und somit oft eine dauerhaftere Einrichtung als Zäune (siehe auch HECKEN, S. 60-62).

Mauern

Stein- oder Ziegelmauern sind zwar teure, aber für einen Garten bestens geeignete Begrenzungen und bieten viel Platz für eine »vertikale« Bepflanzung. Von ihrer Höhe und Position hängt es ab, was an oder auf ihnen wachsen kann. So ist es zum Beispiel wichtig, ob sie nach Norden oder Süden weisen

Achten Sie bei der Auswahl von Kletterpflanzen auch darauf, daß die Farbe ihrer Blüten und Blätter mit der der Mauer harmoniert. Zu roten

PFLANZEN ALS KULISSE
Hier rankt an einer Ziegelsteinmauer eine prachtvolle lila Clematis, *die sich als lebender Baldachin über der dekorativen Gartenbank wölbt.*

oder auch ockerfarbenen Backsteinmauern passen Grün, Dunkelrot, Lila und Weiß, an grauen oder weißen Mauern kommen Rosa, Gelb, Rot und Blau gut zur Geltung.

Gold- oder silberpanaschierte Efeuarten *(Hedera)* sind die idealen Aufheller für düstere Mauern, die allerdings in gutem Zustand sein sollten, da die Luftwurzeln häufig den Mörtel lockern (siehe auch KLETTERPFLANZEN, S. 94-115).

Auch ohne Pflanzenschmuck können manche Mauern – etwa wenn sie alt und leicht verwittert sind –, sehr attraktiv wirken, so daß es sich möglicherweise empfiehlt, einen Teil davon gar nicht überranken zu lassen.

Zäune

Wo sofort eine Begrenzung benötigt wird, sind Zäune vielleicht die beste Lösung. Ihre Installation ist meist relativ preiswert und einfach. Ihre Höhe und Form können den Charakter eines Gartens mitbestimmen oder betonen. Jägerzäune passen zu einem zwanglos gestalteten Garten, ein weißer Lattenzaun ist hübsch zur Einfriedung eines Bauerngartens, und schmiedeeiserne Gitter harmonieren mit einem eleganten Stadtgarten. Rein funktionelle Zäune läßt man am besten von Kletterpflanzen überwuchern.

Spaliere

Ein Spalier kann an einem Zaun oder einer Mauer als Pflanzenstütze dienen; ist es stabil genug und gut befestigt, läßt es sich auch allein verwenden. Das empfiehlt sich vor allem, wenn ein trennendes Element gewünscht wird, das nicht völlig gegen Licht oder eine reizvolle Aussicht abschirmt. Noch dekorativer können Spaliere mit farbigem Anstrich aussehen.

Höhen- und Größenverhältnisse

Berücksichtigen Sie in Ihrem Bepflanzungsplan Höhe und Ausbreitung einer Pflanze, und zwar sowohl in bezug auf andere Pflanzen als auch auf die Größe des gesamten Grundstücks. Eine riesige Roßkastanie *(Aesculus)* etwa würde in einem kleinen Garten übermächtig erscheinen; eine Eberesche *(Sorbus aucuparia)* ist von ihren Proportionen her besser dafür geeignet.

Die Wirkung einer Pflanzengruppe hängt oft von harmonischen Größenverhältnissen ab. Eine Zusammenstellung aus vielen verschiedenen Gewächsen sehr unterschiedlicher Höhe kann einfach nur planlos wirken. Andererseits sollte aber auch für eine gewisse Abwechslung gesorgt sein. Selbst in kleinen Teilbereichen, etwa einem Felsengarten, lassen sich Zwergsträucher so mit bodendeckenden, Polster und Teppiche bildenden Steingartenpflanzen kombinieren, daß sich daraus eine interessante Vielfalt von Größen und Formen mit dennoch ausgewogenen Proportionen ergibt. Mit größeren Pflanzen zusammen werden diese Gewächse leicht übersehen.

Rabatten mit Stauden und Sträuchern sind häufig so angelegt, daß die höchsten Pflanzen hinten und die niedrigsten vorn stehen. Weniger langweilig wirkt es jedoch, wenn das Gleichmaß an ein oder zwei Stellen durchbrochen wird, indem man eine große Pflanze mitten hinein plaziert, die allerdings nicht ganz den Blick auf das Dahinterliegende verstellen sollte. Ein schlanker Baum, etwa eine Säuleneibe *(Taxus baccata* 'Fastigiata'), oder ein Gewächs mit filigranem Laubwerk wie der Fenchel *(Foeniculum vulgare)* bieten sich dazu an.

Strukturierende Pflanzen

Einige Pflanzen wirken fast wie Skulpturen – entweder aufgrund ihrer Wuchsform, ihrer Blätter, Stengel, Blüten oder ihres Stammes. In Form und Wirkung können sie so unterschiedlich sein wie der breit

STRUKTUR UND VOLUMEN
Dieser Garten setzt sich mit seinen unterschiedlich strukturierten Sträuchern und Koniferen aus abstrakten Formen zusammen.

hingestreckte Kriechwacholder *(Juniperus communis* 'Prostrata') und die imposanten Blütenähren und geschwungenen, distelähnlichen Blätter des *Acanthus spinosus*.

Eine strukturierende Pflanze wird oft einzeln präsentiert, ist aber auch als Element eines Teilbereichs wirkungsvoll. Plaziert man sie etwa ans Ende einer Rabatte, bildet sie einen deutlichen Abschluß, während zwei solcher Pflanzen dekorativer Rahmen für einen Weg oder Eingang sind. Sie eignen sich hervorragend als optisches Bindeglied zwischen Haus und Garten – ihre plastischen, aber bewegten Formen schlagen eine Brücke zwischen »toten« Materialien und lebenden Gewächsen. Einige prägnant geformte Pflanzen in einem ansonsten zwanglosen Design schaffen Kristallisationspunkte und Kontraste.

Ordnen Sie Laubgehölze und krautige Pflanzen so an, daß sie in den verschiedenen Jahreszeiten eine ähnliche Funktion übernehmen. So könnte, neben *Gunnera magellanica* plaziert, ein Hartriegel mit seinen roten Trieben *(Cornus alba)* den Blick auf sich ziehen, nachdem die *Gunnera* ihre auffälligen Blätter abgeworfen hat.

DIE NATUR IMITIEREN
Feuchtigkeitsliebende Pflanzen wie Etagenprimeln und die weißblühende Graslilie wirken an dieser Uferböschung ganz natürlich.

Solitärpflanzen

Pflanzen mit besonders schöner Form oder sehr attraktiven Blüten, Blättern, Früchten oder Trieben plaziert man am besten so, daß sie als Einzelexemplare zur Geltung kommen. Sie sollten vom Haus, der Terrasse oder dem Rasen aus gut zu sehen sein. In großen Gärten kann man sie, um die Wirkung noch zu verstärken, zu dritt oder viert gruppieren. Manche Pflanzen lassen sich auch durch dekorative Gefäße hervorheben.

EINZELPFLANZE
Form, Blattwerk und Blütenrispen machen diese Yucca gloriosa *zur idealen Solitärpflanze.*

Pflanzen in Gruppen

Einen ungewöhnlichen und harmonischen Effekt erzielt man, besonders bei kleinen Gewächsen, wenn man dieselbe Art in Gruppen oder Reihen anpflanzt. Damit wird der Eindruck von Zufälligkeit vermieden, der aus der »punktuellen« Plazierung vieler Einzelpflanzen entstehen kann. Vor allem aus der Entfernung tritt eine solche Gruppe optisch stärker hervor, auch in ihrer Farbwirkung. Am besten und ungezwungensten sehen meist Gruppen mit einer ungeraden Zahl von Pflanzen aus, also drei, fünf oder sieben.

Pflanzengruppen mit vielfarbigem Blattwerk oder anderen auffälligen Merkmalen können außerdem auch als zwanglose Trennelemente dienen.

Naturgemäße Pflanzengemeinschaften

Die Zusammenstellung der Pflanzen ist ein wichtiger Teil der Gartengestaltung. Es gibt viele bekannte und bewährte Farb-, Struktur- und Formenkombinationen, aber auch immer noch zahlreiche unerprobte Möglichkeiten.

Behalten Sie dabei im Auge, welche Pflanzen in der Natur zusammen wachsen, und wählen Sie die Gruppierung und die einzelnen Gewächse entsprechend aus. Natürliche Pflanzengemeinschaften nachzubilden, hat zwei große Vorteile. Man kann davon ausgehen, daß sie den jeweiligen Bodenverhältnissen, dem Klima und Mikroklima optimal angepaßt sind und auch in den verschiedenen Lagen und Gruppierungen gut miteinander harmonieren. Welche Pflanzen wo gedeihen, wird noch von anderen Faktoren beeinflußt. Auf Kalkboden zum Beispiel siedeln sich Sträucher und Bäume an, während Wiesenpflanzen eingehen.

Monokulturen kommen in der Natur selten vor; manche Böden und Standorte weisen sogar eine erstaunliche Pflanzenvielfalt auf. Auf einem ganz kleinen Gelände existieren gelegentlich mehrere Vegetationsebenen. Die oberste Ebene bilden die Bäume; darunter finden sich Sträucher und manchmal Kletterpflanzen, den Boden bedecken krautige Pflanzen und Zwiebelgewächse (siehe auch »Pflanzen auf mehreren Ebenen«, S. 26). Diese Form der Bepflanzung ist mit einheimischen wie mit exotischen Arten leicht zu kopieren.

Naturnahe Gärten enthalten überwiegend heimische Flora, um Vögel und Insekten anzulocken, aber die Einbeziehung einiger geeigneter Exoten ist auch hier möglich und kann, besonders im Herbst und Winter, zu einem interessanteren Gesamtbild verhelfen.

Umriß und Form

Der umsichtige Gärtner berücksichtigt bei der Zusammenstellung von Pflanzen auch ihre Formen und Umrisse. Jedes Gewächs hat von Natur aus eine spezifische Form, die sich im Laufe seiner Entwicklung verändern kann. Durch Beschneiden läßt sie sich zusätzlich beeinflussen. Bei Weiden *(Salix)* erreicht man damit zum Beispiel das Austreiben farbiger Sprosse im Winter. Das Aussehen junger Pflanzen gibt nicht unbedingt verläßliche Hinweise auf ihre spätere Form, deshalb empfiehlt es sich, ausgewachsenere Exemplare in Gärten oder Parks in Augenschein zu nehmen.

Die Möglichkeiten, Pflanzen mit unterschiedlichen Formen zu kombinieren, sind endlos. Achten Sie bei der Zusammenstellung von Pflanzen außer auf ihre Blüten, Blätter und sonstigen Teile immer auch auf die Wuchsform. Bei Solitärpflanzen ist das ebenfalls wichtig.

KONTRASTIERENDE FORMEN
Pflanzen mit unterschiedlich geformtem Laub verbinden sich hier zu einem interessanten, aber ausgewogenen Design. Das spitz aufragende Grün der Iris laevigata *'Variegata' hebt sich wirkungsvoll von den großen, runden Blättern einer* Hosta *'Buckshaw Blue' und dem waagrecht vorgestreckten Laub des* Heracleum mantegezzianum *ab.*

Viele Sträucher und Stauden haben eine abgerundete Silhouette, zu der andere Formen einen guten Kontrast bilden – etwa der säulenartige Umriß eines Baums oder der kriechende Wuchs einer bodendeckenden Pflanze. Vor Sträucher, deren Zweige unten kahl sind, kann man niedrige, buschige Gewächse plazieren, die die unansehnliche Basis verbergen.

Viele krautige Pflanzen und Zwiebelblumen haben Laubwerk und Blüten mit sehr auffälligen Formen; wenn diese im Winter abgefallen sind, wirken sie langweilig. Das Problem läßt sich dadurch lösen, daß man zum Beispiel ein immergrünes Gewächs danebensetzt (siehe auch »Wirkung auf Dauer«, S. 25).

GEGEN DIE REGELN
Eigentlich beißt sich das Rot des Rhododendron mit den rosa Lupinen (Lupinus) *und dem Riesenklatschmohn* (Papaver), *aber auch diese Regel läßt sich wirkungsvoll durchbrechen.*

Farbe

Den stärksten, manchmal aber recht flüchtigen Farbeffekt erzielen die meisten Pflanzen mit ihren Blüten, die alle möglichen Töne und Schattierungen annehmen können. Auch Blattwerk ist häufig dekorativ, und bei vielen Gewächsen sind Triebe, Rinde, Beeren oder Fruchtstände so attraktiv, daß sie auch noch im Herbst und Winter reizvoll wirken. Farbe ist oft eine Frage des persönlichen Geschmacks, aber es gibt einige generelle Richtlinien, die man befolgen kann. Das Farbspektrum läßt sich in zwei Bereiche teilen – die Blau- und die Gelbpalette. Die Blaupalette umfaßt kalte Weißtöne, alle Schattierungen von Blaurot, Magenta, Karmesin, Blau und Lila. Zur Gelbpalette gehören Cremeweiß, Elfenbein, Lachsrosa, Scharlachrot, Orange und Gelb.

Farbmischungen aus beiden Paletten harmonieren im allgemeinen besser als solche innerhalb einer Palette. Die Rosa- und Rottöne des Blau-Bereichs können nebeneinander unruhig wirken, Blau und Gelb dagegen passen zusammen. Allerdings gibt es Ausnahmen; Blau und Mauve etwa lassen sich meist gut kombinieren. Oft ist es empfehlenswert, sich bei der Farbauswahl zu beschränken, um einen harmonischen Effekt zu erzielen. Bei sehr vielen verschiedenen Farben wirkt das Ganze oft diffus und überladen.

Auch das Licht ist ein wichtiger Faktor: In Gegenden, wo es sanft und eher bläulich ist, sollte man sich für Pastellfarben wie Blaßrosa, Flieder und Blaugrau entscheiden; in hellerem Licht und bei strahlendem Sonnenschein mediterraner Landschaften dagegen kommen leuchtende Farben besser zur Geltung als blasse, die hier oft verblichen wirken. Andererseits läßt sich eine schattige Gartenecke mit Lachsrosa-, Orange-, Rot- und Gelbtönen beleben, und ein in der Sonne brütender Innenhof erscheint kühler, wenn man die Farben Grau, Blau und Weiß verwendet.

Außerdem ziehen leuchtende Farben den Blick auf sich, während weiche Blau- und Grautöne optisch in den Hintergrund treten. Diesen Effekt kann man nutzen, indem man zum Beispiel rote Rosen ganz vorn und blau-grüne Gräser ganz hinten im Garten anpflanzt und ihn damit scheinbar vergrößert (siehe dazu auch »Perspektive und Proportionen«, S. 18).

Struktur

Hier spielt das Blattwerk die wichtigste Rolle, aber auch Früchte und Rinde sowie die Silhouette einer Pflanze mögen in dieser Hinsicht interessant sein. Berücksichtigen Sie bei der Zusammenstellung von Pflanzen, wie ihre unterschiedlichen Strukturen sich ergänzen können, und kombinieren Sie z. B. das Spitzenmuster von Farnwedeln mit den gerippten Blättern der Funkie.

WENIGE FARBEN
Mit der Beschränkung auf wenige Farben werden Ruhe und Harmonie erzeugt, obwohl die Anordnung der Pflanzen sehr zwanglos wirkt.

WIRKUNG DES LICHTS
Starke Sonne bringt intensive Farben, hier von Lavendel (Lavandula) *und Oleander, zum Leuchten; sanftere Töne könnten verblichen wirken.*

Strukturelle Kontraste
Die fadenförmigen Zweige der Chamaecyparis pisifera *'Filifera' stehen in auffälligem Kontrast zu den fleischigen Blättern der* Euphorbia characias *ssp.* wulfenii.

Wirkung auf Dauer

Viele Gärten erreichen ihren Höhepunkt im Sommer und wirken danach eher trist. Sinnvoller ist eine Bepflanzung, in der Bäume, Sträucher und Hecken einen Rahmen vorgeben, innerhalb dessen krautige Pflanzen und Zwiebelblumen in den einzelnen Jahreszeiten ihre wechselnden Farben und Formen präsentieren.

Frühling

Mit vielerlei Zwiebelpflanzen, zuerst Schneeglöckchen *(Galanthus)*, dann Krokus und Narzissen, kann man schon früh im Jahr Farbe in den Garten bringen; viele davon, etwa Tulpen, blühen bis in den Sommer hinein. Bodendecker sind eine gute Ergänzung. Im Frühjahr blühende Kletterpflanzen wie die *Clematis armandii*, die an einem Laubbaum emporranken, setzen schon Farbakzente, während der Baum seine ersten Blätter bekommt.

Sommer

Die meisten krautigen Pflanzen sind im Sommer am schönsten, wenn sie mit ihrer Artenvielfalt einen bunten Blütenteppich zaubern. Stauden, Ein- und Zweijährige, etwa Klatschmohn *(Papaver)* und Duftwicken *(Lathyrus odoratus)*, sorgen für zusätzliche Fülle und Farbenpracht inmitten der anderen Pflanzen. Manche Zwiebelgewächse wie *Eremurus* oder Blumenlauch *(Allium)* verlieren ihre Blätter bereits vor der Blüte, deshalb ist es vorteilhafter, sie hinter Spätblüher mit viel Laub zu pflanzen.

Herbst

Jetzt präsentieren sich die herbstblühenden Zwiebelblumen gemeinsam mit den beerentragenden Sträuchern und Zwergkoniferen in ihrem Schmuck. Bei vielen Bäumen und Sträuchern mit reizvollem Blattwerk, etwa einigen japanischen Ahornarten *(Acer palmatum* und *A. japonicum)*, wirkt das bunte Laub um diese Zeit besonders spektakulär.

Winter

Obgleich der Winter im Garten als tote Zeit gilt, haben viele Pflanzen jetzt attraktive Blätter, Blüten, Zweige aufzuweisen. Falls genügend Platz ist, kann man einen vom Haus einzusehenden Bereich speziell für sie einrichten. Bäume und Sträucher mit dekorativer Rinde, zum Beispiel das glänzende Mahagoni von *Prunus serrula*, steuern interes-

Winterliche Effekte
*Die rot- und gelbleuchtenden Triebe des Hartriegels (*Cornus alba *'Sibirica' und* C. stolonifera *'Flaviramea') kommen im Winter schön zur Geltung.*

Frühling
Die stolzen Blüten der bunten und gestreiften Tulpen sorgen in dieser Rabatte im Frühling für Farbenpracht, die durch die zarten blauen Vergißmeinnicht (Myosotis) *noch ergänzt wird.*

Sommer
Eine alte Gartenrose steht im Sommer in voller Blüte. Ihr leuchtendes Rot paßt gut zu den Rosa-, Violett- und Blautönen. Verschiedene Stauden, Blumenlauch (Allium), *winterharte Storchschnabel und Schwertlilien füllen die restlichen Lücken.*

Herbst
Der Zierkohl setzt mit seinen attraktiven rosa-grünen Blättern einen gedämpften Farbakzent, während das goldgelbe Laub der Rose die Rabatte aufhellt. Das gestrichene Spalier und die Euphorbia *werden jetzt deutlicher sichtbar.*

Winter
Wenn die Stauden verblüht sind, kommt das Gerüst des Gartens zum Vorschein – die kahlen Stiele der Rose, die ausgeprägte Kegelform der Stechpalme (Ilex), *die vom Frost verfärbte* Euphorbia *und der dekorative Bogen des Spaliers.*

sante Farben und Strukturen bei. Immergrüne Bodendecker oder winterblühendes Heidekraut können einer Rabatte im Winter als farbige Einfassung dienen.

Pflanzen auf mehreren Ebenen

Mit diesem Bepflanzungsprinzip erreicht man Kontinuität und Ausgewogenheit in Farbe, Form und Struktur. Es ist der Natur abgeschaut, wo oft Pflanzen sehr dicht beieinander wachsen, die unterschiedliche Lebenszyklen haben, so daß sie kaum um Feuchtigkeit, Nahrung und Licht konkurrieren müssen. Ein gutes Beispiel ist der Glockenhyazinthenwald, in dem die Glockenhyazinthen bereits verblüht sind, wenn Farnkraut, Brombeeren und Fingerhut zur Blüte gelangen. Diese Mischbepflanzung läßt sich mit Kulturpflanzen kopieren; so könnten weißstämmige Birken *(Betula)* das Baumdach bilden, in dessen lichtem Schatten japanischer Ahorn *(Acer)* und Hartriegel *(Cornus)* gedeihen, darunter Funkien oder Farne, die man, da sie erst im späten Frühjahr austreiben, mit Frühlingszwiebeln unterpflanzt.

Im kleinen kann man dasselbe Prinzip anwenden, indem man einzelne Sträucher mit Bodendeckern umpflanzt. Bäume mit dichtem Laub, etwa Buchen *(Fagus)*, oder immergrüne Gehölze wie Stechpalmen *(Ilex)* werfen oft dunkle Schatten, oder ihre Zweige reichen bis zum Boden und erschweren so den Pflanzen unter sich das Wachstum.

Platz lassen

Lassen Sie in Ihrem Entwurf ausreichend Raum zwischen den einzelnen Pflanzen, damit sie sich voll entwickeln können, sonst müssen sie womöglich schon bald ausgedünnt werden. Es gibt allerdings Fälle, in denen mit einer engen Bepflanzung bestimmte Effekte erzielt werden sollen, etwa in einem Flechtmusterbeet.

Der Abstand zwischen den Pflanzen hängt auch vom Boden, den Klimabedingungen und dem Entwicklungsstand der Arten oder Sorten ab. Junge Pflanzen sind preiswerter als ausgewachsene Exemplare derselben Art oder Sorte, aber es kann mehrere Jahre dauern, bis die Bepflanzung ihre endgültige Gestalt annimmt. Welche Wahl man trifft, wird sicher vom Budget mitbestimmt, das man für die Gestaltung des Gartens hat, und auch von persönlichen Vorlieben.

Generell gilt, daß mit dichter Bepflanzung und der Verwendung schnellwüchsiger Pflanzen kurzfristig gute Effekte zu erzielen sind, man jedoch längerfristig mit einem größeren Arbeitsaufwand zu rechnen hat. Eine Mischung aus schnell und langsam wachsenden Pflanzen ist am sinnvollsten; dabei können farbenfrohe Einjährige und Zwiebelgewächse zeitweilig »Lückenbüsser« spielen, während sich die anderen Pflanzen zu ihrer vollen Reife entfalten.

KÜBELPFLANZEN IN GRUPPEN
Kübelpflanzen in Gruppen zu arrangieren, kann sehr wirkungsvoll sein; hier sind sie der Größe nach angeordnet – vom Oleander ganz hinten bis zur Schleifenblume (Iberis) *im Vordergrund – und schlagen so eine Brücke zwischen Haus und Garten.*

PFLANZEN AUF MEHREREN EBENEN
Unter dem lichten Blätterdach einer Robinia pseudoacacia *'Frisia' gedeihen zahlreiche Pflanzen; Fingerhut* (Digitalis) *und* Crambe cordifolia *beeinträchtigen das Wachstum der noch kleineren Stauden nicht.*

Pflanzen in Kübeln und Trögen

Platz für bepflanzte Gefäße im Garten findet sich vor allem auf Terrassen, Innenhöfen und Stufen, wo sie als attraktiver Blickfang und zur Auflockerung dienen. Einzeln können sie die Wirkung einer besonders schönen Pflanze zur Geltung bringen, paarweise eine Aussicht oder einen Treppenabsatz einrahmen, in kleinen Gruppen eine Verbindung zwischen Haus, Terrasse und Garten herstellen.

Die meisten Pflanzen lassen sich in Gefäßen ziehen: Beet- oder Zwiebelblumen zum Beispiel, aber auch kleine Sträucher, Laub- und Nadelgehölze. Selbst Kletterer können von Kübeln aus eine Mauer emporranken.

Besonders interessant ist die Anlage eines Wassergartens in einem großen Kübel oder Trog. Sein Vorteil ist, daß man ihn genau dort plazieren kann, wo man die beste Aussicht darauf hat.

Dekorative Pflanzgefäße sind in zahlreichen Formen und Größen erhältlich. Sie sollten von Material und Charakter her sowohl zum Haus als auch zur Bepflanzung passen. Für einen gestutzten Buchsbaum *(Buxus)* wäre zum Beispiel ein eleganter Steintrog die ideale Ergänzung, ein Holztrog dagegen weniger geeignet.

Der Stil des Gartens

PRINZIPIELL sind die Gestaltungsmöglichkeiten für einen Garten zwar unendlich, aber in der Praxis orientieren sich Gärtner schon seit Jahrhunderten an der Natur und an klassischen Vorbildern. Durch die Verknüpfung verschiedener Elemente entsteht dann ein ganz eigener Stil.

Man kann auch mehrere Stile miteinander kombinieren, indem man den Garten mit dekorativen Hecken oder Spalieren in kleinere »Räume« aufteilt. Auch auf einem weniger großen Gelände lassen sich mit stilistischen Kontrasten interessante Akzente setzen: Für ein modernes, gemauertes Becken etwa könnten traditionelle Kletterrosen und bunte Einjährige ein reizvoller Rahmen sein. Planen Sie die Verbindung oder das Nebeneinander verschiedener Stile jedoch sorgfältig, um Mißklänge zu vermeiden. Oft gelingt das am besten mit Rahmenpflanzung (siehe S. 21).

BAUERNGARTEN
Der Zaun mit den rankenden Feuerbohnen hat praktische wie dekorative Funktionen. Die Wigwams dienen als Klettergerüste für Duftwicken (Lathyrus odoratus)*, die sich gut als Schnittblumen verwenden lassen.*

Zwanglos gestaltete naturnahe Gärten

Dieser Gartenstil impliziert, wie sein Name schon sagt, daß er keinem ausgeprägt symmetrischen, starren oder geordneten Muster folgt; typisch sind eher fließende Linien, eine lockere, unregelmäßige Bepflanzung und sanft geschwungene Formen. Beete und Rabatten, die, wie in einem Bauerngarten, vor Blumen überquellen, passen hierher ebensogut wie eine Szenerie mit einfachen Wildpflanzen.

Das Konzept eines Naturgartens besteht darin, heimische Pflanzen – mit einigen lenkenden Eingriffen – in Verbänden wachsen zu lassen, wie sie in der Natur vorkommen. Einen Garten einfach sich selbst zu überlassen, ist nicht dasselbe. Ein gewisses Maß an Pflege ist notwendig, damit er nicht vernachlässigt, sondern auf angenehme Weise natürlich und zwanglos wirkt. Nutzen Sie die Gegebenheiten des Grundstücks so weit wie möglich, ob Sie nun einen Waldgarten, eine Blumenwiese oder ein Heim für vielerelei Getier gestalten wollen.

Bauerngärten

Bauerngärten waren früher in erster Linie Nutzgärten, in denen Obstbäume, Gemüse, Kräuter, Blumen und Sträucher auf sehr engem Raum nebeneinanderstanden. Rasen gab es kaum. Meist gliederten Wege aus gestampfter Erde den Garten, die mit Steinen, Ziegeln, Muscheln oder Blumenpolstern, etwa Stiefmütterchen *(Viola* x *wittrokkiana)*, eingefaßt waren. Eine Fülle von oft duftenden Pflanzen wurde hier gezogen – alte Rosen türmten sich über Kohlköpfen, weiße Lilien *(Lilium candidum)* standen neben orangefarbenen Ringelblumen*(Calendula)*, Malven *(Alcea rosea)* und Sonnenblumen *(Helianthus annuus)* rahmten den Hauseingang.

Ein traditioneller Bauerngarten ist zwar nicht schwer anzulegen, aber er erfordert erhebliche Pflege, und die meisten seiner typischen Pflanzen sind im Herbst und Winter wenig interessant. Viele Grundideen lassen sich jedoch gut für den heutigen Garten verwerten; so schafft man mit einzelnen charakteristischen Elementen einen Hauch von ländlicher Atmosphäre.

Mit Ziegeln oder Kopfstein gepflasterte oder kiesbestreute Wege sind optisch reizvoll, praktisch und passen ins Bild, ein Saum aus Lavendel *(Lavandula)* liefert duftende Blüten, die sich auch trocknen lassen, und immergrünes Blattwerk. Ein rustikaler Holzbogen ist das ideale Klettergerüst für Rosen oder Geißblatt *(Lonicera)*; von Pfingstrosen*(Paeonia)*, Lupinen*(Lupinus)*, Goldlack*(Cheiranthus)* und Nelken *(Dianthus)* überquellende Rabatten vermitteln das Gefühl üppiger Fülle.

Waldgärten

Der Waldgarten sollte ein friedlicher, geschützter Ort sein, der aus einer natürlichen Baumgruppe, unterpflanzt mit passenden Sträuchern, krautigen Pflanzen und Zwiebelgewächsen, besteht. Geeignet sind z.B. Eichen *(Quercus)*, Weißbirken *(Betula pendula)* und Wildkirschen *(Prunus avium)*, in deren lichtem Schatten mehr Pflanzen gedeihen als unter Nadelgehölzen oder anderen Bäumen mit dichtem Blätterdach (siehe auch »Pflanzen auf mehreren Ebenen«, S. 26).

Winterharte Alpenveilchen und Waldhyazinthen *(Hyacinthoides non-scriptus)* können, in Reihen angepflanzt, den Waldgarten als bunte Bänder beleben, dekorative Waldnessel (z. B. *Lamium maculatum*) als Bodendecker dienen. Auf feuchtem Gelände, etwa neben einem Bach, gedeihen Primeln *(Primula vulgaris)* und Farn, der Fingerhut *(Digitalis)* dagegen schätzt den trockenen, schattigen Standort unter einem Blätterdach. Sträucher wie Rhododendron und japanischer Ahorn *(Acer)* wachsen gut auf schattigem Waldboden, und da sie außerdem einen Übergang zwischen den kleineren Zwiebelpflanzen und Stauden und den hohen Bäumen schaffen, tragen sie mit zu einem ausgewogenen, interessanten Gesamteindruck bei.

Schnellwüchsige Gehölze wie Erlen *(Alnus)* und Weiden *(Salix)* bilden rasch ein Laubdach, dessen Schatten aber für viele Waldpflanzen bald zu dunkel werden kann. Deshalb sind die langsamer wachsende Gemeine Kiefer *(Pinus sylvestris)*, Roteiche *(Quercus rubra)* oder Vogelkirsche *(Prunus avium)* eher zu empfehlen.

EIN NATURNAHER GARTEN
Hier gedeihen wildwachsende Spezies wie Weidenröschen (Epilobium) *und Goldfelberich* (Lysimachia punctata)*. Der Teich mit Schilf und anderen Pflanzen macht aus diesem Ort ein Paradies für Tiere.*

Falls das Gelände teilweise bewaldet ist, kann es sich als notwendig erweisen, einzelne Bereiche zu roden oder Äste zu entfernen. Steht dichteres Gehölz am Rande des Grundstücks, sollte man es als Windschutz dort belassen und höchstens etwas zurückschneiden.

Wenn man sehr viel Platz hat, kann man einen Waldgarten ganz neu anlegen, aber das erfordert viel Geduld; ein richtiger Wald braucht Jahre zu seiner vollen Entwicklung. Man benötigt dafür ein mindestens 1000 m^2 großes Gelände. Ist es kleiner, läßt sich mit Gruppen von Birken *(Betula)*, Ahorn *(Acer)* oder anderen Bäumen mit lichtem Blattwerk genug Schatten für Waldpflanzen wie *Anemone nemorosa, Trillium* oder Schneeglöckchen *(Galanthus)* erzeugen.

Legt man ein Waldstück auf freiem Gelände an, sollte man rings um die Bäume zunächst nichts anderes anpflanzen, damit sie sich die ersten ein oder zwei Jahre ungestört entwickeln können.

Die Gartenwege kann man mit lockerem Material wie Rindenschnitzeln, Tannennadeln oder, falls das Grundstück feucht ist, mit heimischem Kies belegen. Für einen zwanglos gestalteten Garten wie diesen sind natürlich gewundene Pfade, die weder sehr breit (außer zu Instandhaltungszwecken) noch auffällig sein dürfen, am geeignetsten. Gerade, gepflegte Wege wirken hier unpassend.

SCHATTIGES WALDSTÜCK
Das schattenspendende Dach der Laubbäume bietet günstige Lebensbedingungen für zahlreiche Pflanzen und Zuflucht an heißen Sommertagen.

Naturnahe Gärten

In vielen Gegenden ist die natürliche Heimat von Pflanzen und Tieren bedroht, deshalb ist es ein reizvoller Gedanke, im Garten für sie eine Zuflucht zu schaffen. Jeder Garten mit vielfältigem Bewuchs wird Vögel und sonstige Tiere anlocken, aber bestimmte Pflanzenverbände bieten besonders gute Lebensräume für verschiedene Tierarten.

Das wichtigste Ziel eines solchen Gartens ist es, für Unterschlupf und Nahrung zu sorgen. Vögel nisten zum Beispiel gern in Weißdornhekken *(Crataegus)*, beerentragende Bäume und Sträucher liefern ihnen im Winter ausreichend Nahrung. Ein Teich lockt die unterschiedlichsten Tierarten an, etwa Vögel, Frösche, Wassermolche, Libellen und andere Insekten.

Wiesen

Wiesen und Weiden mit zahlreichen Wildblumen waren auf dem Lande einst selbstverständlich, sind aber immer seltener geworden. Dementsprechend ist das Interesse an einer Blumenwiese im Garten gestiegen. Wenn man sie anlegt, ist es wichtig, Pflanzen zu wählen, die für das Gelände geeignet sind, und sie so zu plazieren und zu pflegen, daß sie gut zur Geltung kommen. Eine Blumenwiese wächst auch auf relativ schlechtem Boden, weil einige der schönsten Wiesenpflanzen hier besser gedeihen als in nahrhafter, gedüngter Gartenerde.

Viele Wiesenblumen sind Mehrjährige, aber sie sind nur dann wirklich ausdauernd, wenn sie den richtigen Standort haben.

Gelegentlich werden Samenmischungen für »einjährige Feldpflanzen« angeboten, die jedoch nicht immer geeignet sind, da sie zum Gedeihen einen wie Ackerboden regelmäßig bestellten Boden benötigen (siehe auch WILD- UND WIESENBLUMEN, S. 169).

Wassergärten

Wasser im Garten hat seinen besonderen Reiz: Ein mit verschiedenen Wasserpflanzen besetzter Teich strahlt Ruhe aus, ein Bach dagegen erfreut mit Geplätscher und Bewegung. Wenn Sie ein Gewässer in Ihren Garten einbeziehen, sollte es zu dessen Gesamterscheinung und zum Haus passen.

Für einen formalen Garten ist meist ein klar umgrenztes, symmetrisch gestaltetes Becken das Richtige. Durch einen Springbrunnen oder einen gleichmäßig terrassierten Wasserfall könnte es noch interessanter wirken. Zu einer zwanglosen Anlage paßt eher ein unregelmäßig geformter Teich mit sanft geschwungenen Rändern, die man am besten mit feuchtigkeitsliebenden Pflanzen und schönen Steinen verdeckt; ein solcher Wassergarten sollte dann in einem sorgfältig bepflanzten Sumpfbeet auslaufen.

Ist genügend Platz vorhanden, kann ein über Steine oder Kiesel in den Teich geführter Wasserlauf eine reizvolle Ergänzung sein. Man sollte dazu heimische Steine oder Schiefer verwenden, die sich gut in die umgebende Landschaft einfügen und die man vielleicht aus einem nahen Steinbruch beziehen kann (zur weiteren Gestaltung siehe auch DER WASSERGARTEN, S. 244-257.)

WASSER IM GARTEN
Dieser stille Teich ist Mittelpunkt eines Gartenbereichs, den eine gestutzte Hecke von dem strenger gestalteten Teil trennt. Das Wasser ist mit seiner spiegelnden Oberfläche allein schon reizvoll, sein Ufer der ideale Standort für feuchtigkeitsliebende Pflanzen wie Funkien und Rodgersia.

Terrassen und Innenhöfe

Bepflanzte Terrassen oder ähnliche bauliche Elemente mit festem Belag sind oft ideal in Städten, wo meist wenig Platz für einen Garten und Rasen schwer anzulegen und zu pflegen ist. Trotzdem kann schon auf kleinstem Raum ein hübscher Garten entstehen, wenn man ein schlichtes Design wählt und nicht allzu viele verschiedene Elemente verwendet.

Auf einer Terrasse kann man nicht nur bei schönem Wetter draußen sitzen und zwanglose Mahlzeiten genießen, sondern auch alle möglichen Pflanzen, darunter Kräuter, kleine Bäume, Sträucher und Rosen, in Pflanzgefäßen präsentieren. Auf ringsum angelegten Beeten lassen sich Klettergewächse ziehen, die mit ihren Ranken das starre Gemäuer auflockern. Achten Sie darauf, daß die verwendeten Materialien zum Stil und Charakter des Hauses passen.

Behalten Sie beim Bau einer Terrasse oder von Sitzplätzen im Garten im Auge, welche Stellen zu den verschiedenen Tageszeiten in der Sonne oder im Schatten liegen. Abhängig von der Dichte des Laubwerks und dem wechselnden Einfall des Sonnenlichts verändert sich im Laufe des Jahres auch der Schatten, den ein Baum oder benachbartes Gebäude wirft.

Ein Spalier, das im Sommer mit dekorativen Schlingern, Wein oder auch Feuerbohnen bewachsen ist, bietet Wind- und Sichtschutz. Bäume in Kübeln dienen als bewegliche Abschirmung demselben Zweck. Noch lauschiger wird es durch eine Pergola oder Laube, die außerdem ein dekoratives Klettergerüst für duftende und farbenprächtige Geißblattarten *(Lonicera)*, Rosen und *Clematis* ist.

Bei Höhenunterschieden kann man einen engen Raum effektiver nutzen und Treppen mit Kübelpflanzen oder am Geländer hochrankenden Kletterern betonen. Ist der Sitzplatz von oben einzusehen, so gestalten Sie ihn auch im Hinblick auf diesen Blickwinkel, der bei mosaikartiger Anlage besonders reizvoll sein kann.

Künstliches Licht ist in einem Innenhof oder auf einer Terrasse oft ebenso praktisch wie attraktiv. Man kann es zum Beispiel so einsetzen, daß der Schatten eines Baums oder einer Skulptur auf eine Mauer fällt, daß es eine auffällige Pflanze plastisch hervorhebt oder in einem Wasserbecken die sprühenden Tropfen eines Springbrunnens oder seine Oberfläche illuminiert.

DACHTERRASSE
In Holztrögen angelegte Beete und große Tontöpfe wurden mit Sträuchern, Bodendeckern und bunten Einjährigen wie der kupferblättrigen Begonie bepflanzt, um diese Dachterrasse zu beleben. Das quadratisch unterteilte Spalier nimmt die Form der Sprossenfenster auf und wird so zum Bindeglied zwischen drinnen und draußen.

LAUSCHIGER INNENHOF
Tisch und Bank, gerahmt von gestutzten hochstämmigen Weiden (Salix repens *var.* argentea) *und Laubpflanzen, sind hier ein eleganter Blickfang.*

Dachgärten und Balkone

Für Dachgärten oder Balkone gelten ähnliche Überlegungen wie für eine Terrasse, nur sind sie Sonne und Wind noch mehr ausgesetzt. Eine pflegeleichte Gestaltung und Bepflanzung werden hier Priorität haben, und auch das Gewicht der Pflanzgefäße kann ein Problem sein; falls sie nicht zu schwer sein dürfen, bieten sich Kunststoffbehälter anstelle von Ton- oder Steintrögen an. Auch für den Belag sollte man statt schwerer Steinplatten leichte Materialien wählen.

Stabile Spaliere oder Stellwände gewähren auf einem Dachgarten Windschutz für Pflanzen und Menschen, können allerdings auch die Aussicht verdecken. Aus Sicherheitsgründen sollten sie sehr gut befestigt werden.

Balkone sind meistens geschützter als Dachgärten und lassen sich außerdem nach oben hin abschirmen. Nutzen Sie den verfügbaren Platz optimal, indem Sie auf zusätzliche Borde an der Hauswand Kletterpflanzen in Kübeln stellen oder an dekorativen Spalieren Schlinger ranken lassen (siehe »Pflanzen in Kübeln und Trögen«, S. 26).

Formale Gärten

Ein formaler Garten kann aus einem schlichten, durch ein einzelnes Beet akzentuierten Rasen oder kunstvoll gestalteten Parterres bestehen. Wichtig sind jedoch immer Eleganz, Ausgewogenheit und stimmige Proportionen und oft eine sehr graphische, symmetrische Gestaltung. Zu den charakteristischen Elementen zählen ein kurzgehaltener Rasen, sauber geschnittene Hecken und Sträucher, gerade Wege, durch niedrige Hecken oder Randbepflanzung betonte Abgrenzungen, gerahmte Ausblicke, in leuchtenden Farben hervortretende Beete und gelegentlich Parterres und Flechtgärten.

Formale Gärten erfordern großen und regelmäßigen Arbeitsaufwand. Je präziser das Design, desto deutlicher machen sich Mängel bei der Pflege bemerkbar.

Klassische und italienische Gärten

Für die Gärten von Palästen und Villen des 17. und 18. Jahrhunderts in Italien und Frankreich waren die antiken Gärten Griechenlands und Roms Vorbilder. Meist handelte es sich um eine symmetrische Anlage, die sich stark an den Proportionen und Maßen des Gebäudes orientierte, das sie umschloß oder schmükkend ergänzte.

Italienische Gärten liegen oft auf hügeligem, terrassenförmig gestaltetem Gelände, wo Treppen zu schattigen Wegen, Springbrunnen, Wasserfällen und Kanälen führen. Im heißen Mittelmeerklima ist die kühlende Wirkung des Wassers und der Alleen mit den – meist immergrünen – Baumdächern besonders angenehm. Die Parterres auf den einzelnen Terrassen enthalten buchsbaumgesäumte Blumenbeete und symmetrisch plazierte, zu Obelisken oder Pyramiden gestutzte Sträucher. Farblich dominieren das Dunkelgrün der Pflanzen, die blassen Töne von Stein und Kies und das »silbrige« Wasser. Weitere typische Elemente sind Skulpturen, Balustraden und Amphoren oder Krüge mit Zitrus- und anderen Ziergewächsen. Vieles davon läßt sich in zeitgenössische

Gärten einbeziehen, so daß der Eindruck von Eleganz und vornehmer Ruhe entsteht. Selbst auf kleinem Raum können Ausgewogenheit, gute Proportionen und Harmonie eines klassischen Gartens wirkungsvoll nachvollzogen werden.

Orientalische Einflüsse

In China ist die Gartengestaltung eine über 3000 Jahre alte Kunst. Gelehrte und Philosophen legten Gärten vor allem als friedliche Orte der Stille für Kontemplation und Meditation an. Mit ihren traditionellen, symbolträchtigen Elementen spiegeln sie Chinas herrliche Landschaft mit Bergen, Felsen, Wasserfällen, grünen Tälern und Seen wider, manchmal in kleinstem Maßstab. Gewundene oder im Zickzack verlaufende Pfade bieten immer wieder andere Aussichten, steil gewölbte Brücken ermöglichen den Anblick von Fischen oder Reflexe auf der Wasseroberfläche. Oft waren die Mauern dieser verschwiegenen Gärten mit Ausschnitten versehen, durch die der Betrachter wie durch ein Schlüsselloch den Blick über die umliegende Landschaft schweifen lassen konnte.

Die Pflanzen wurden mit großer Zurückhaltung plaziert, da jedem Baum oder Strauch im Garten eine bestimmte Bedeutung zukam. Obwohl China eine besonders vielfältige natürliche Flora besitzt, ist in traditionellen chinesischen Gärten nur eine relativ kleine Bandbreite an Gewächsen zu finden; das liegt hauptsächlich daran, daß Künstler, Dichter und Gelehrte, nicht aber Botaniker oder Gärtner sie kreierten.

FORMSTRENGES DESIGN
Dieser Garten strahlt trotz seiner strengen Symmetrie eine angenehme Ruhe aus und ist ein gutes Beispiel für kunstvoll gezähmte Natur.

Japanische Gärten existieren seit rund 1200 Jahren, und sie sind von den Hügeln, Seen und Inseln Japans inspiriert. Im Unterschied zu den chinesischen Anlagen werden sie üppiger mit sorgsam beschnittenen Zwergbäumen und Sträuchern bepflanzt, enthalten symbolisch angeordnete formvollendete Steine, geharkten Kies oder Sand als Einfassung erhabener »Inseln« und Steinlaternen. Im Laufe der Zeit haben sich drei Typen herausgebildet. Der erste ist eine ebene, geharkte Sand- oder Kiesfläche mit einem aufragenden oder liegenden Stein und einem Bambus; der zweite besteht aus trockenen Wasserläufen mit Hügeln und Steinen darin und ähnelt eher einer chinesischen Komposition; der dritte ist der sogenannte Teegarten, der eine komplette Hügellandschaft mit Wasserfall, Nadelgehölzen und anderen Bäumen, Felsen und einen See umfaßt.

Bauwerke wie Teehäuser, Pavillons oder Tempel sind ein wesentliches Merkmal chinesischer und japanischer Gärten.

Es ist zwar schwierig, einen orientalischen Garten genau zu reproduzieren, aber einige seiner Grundprinzipien, wie Ausgewogenheit, Klarheit, Sinnbildlichkeit und Ruhe, lassen sich wirkungsvoll auch auf den modernen Garten anwenden. Der phantasievolle Einsatz von schön geformten Steinen und bewegtem Wasser kann zur Gestaltung auch der kleinsten Anlage und zu einem geradezu bildhauerischen Umgang mit der Landschaft inspirieren.

Formale Beete

Mit ihrer streng nach Farben gruppierten Bepflanzung haben formale Beete gegenüber zwangloser gestalteten an Beliebtheit verloren, obwohl sie sehr reizvoll wirken können. Oft stehen sogar Blumen in äußerst gewagten Farbzusammenstellungen, die den Gesamteindruck jedoch nicht beeinträchtigen dürfen, nebeneinander. Versuchen Sie, sich bei der Auswahl der Pflanzen auf zwei oder drei Sorten oder Farben zu beschränken und daraus ein formales Muster zu komponieren, das ins Auge fällt und gleichzeitig leicht zu pflegen ist (siehe auch EINJÄHRIGE UND ZWEIJÄHRIGE, »Formelle Beetanlagen«, S. 174).

Viele der üblicherweise verwendeten Pflanzen sind einjährig oder halb-winterhart und daher kostspielig in der Anschaffung, lassen sich aber meist auch aus Samen oder Ablegern ziehen. Zwiebelblumen, Stauden und einige Sträucher können das Bild abrunden.

Die Kunst des Figurenschnitts

Seit über 2000 Jahren wird in Gärten die Kunst des Figurenschnitts praktiziert: Mit Zeit, Geduld und den geeigneten Pflanzen kann man »lebende Skulpturen« schaffen, ohne daß dazu allzuviel Geschicklichkeit erforderlich wäre.

Oft wird die Figurenschnittkunst in formalen Gärten eingesetzt. Sauber gestutzte Säulen, Pyramiden oder Spiralen akzentuieren die Symmetrie und die Proportionen eines Gartendesigns. Schon ein einziges Exemplar stellt einen Blickfang dar. Mehrere beschnittene Bäume oder

KLASSISCHE ELEGANZ
Die Treppe mit Einfassung, sparsame Verwendung von Farben und die sorgfältig plazierten und beschnittenen immergrünen Gewächse zeigen, wie sich klassischer Stil in einem modernen Garten präsentieren kann. Die Gestaltung der Stufen und die Kombination verschiedener Materialien tragen mit dazu bei, die Strenge des Designs zu mildern.

JAPANISCHER STIL
Das stille Gewässer, die gewundenen Pfade, der sparsame Umgang mit Farbe sowie die halb verdeckten Ausblicke auf einzelne Elemente des Gartens sind typisch für Atmosphäre und Stil vieler fernöstlicher Anlagen.

Sträucher können als optische Eckpfeiler des Gartens, als Hintergrund für eine zwanglosere Bepflanzung oder als Rahmen für eine Gartenplastik dienen.

Einfache geometrische Formen wie Kugeln oder Kegel passen in einen klassischen oder formalen Garten am besten. Vögel und andere Tiere oder gar Schachfiguren eignen sich, abhängig vom Stil, sowohl für den formalen als auch für den zwanglos gestalteten Garten, da sie ihm eine lebhafte, witzige Note verleihen, würden in einem Naturgarten jedoch fehl am Platz wirken.

Bei der Bepflanzung wählt man am besten immergrüne, dicht und langsam wachsende Gehölze: Eibe *(Taxus baccata)* und Buchsbaum *(Buxus)* sind ideal. Auch Efeu *(Hedera)* kann man beschneiden und in bestimmten Formen an Gerüsten hochranken lassen (siehe dazu auch FORMSCHNITT, S. 52f.).

GARTEN MIT BESCHNITTENEN GEWÄCHSEN
Die durch Schnitt zu hohen Spiralen, Würfeln und Kugeln geformten Sträucher wirken in diesem Garten wie Skulpturen und betonen seine Symmetrie.

Flechtgärten

Sie waren im 16. Jahrhundert besonders beliebt als besondere Blickfänge in Schloßparks und repräsentativen Gärten großer Villen und Palais. Flechtgärten hatten die abstrakte Form ineinander verflochtener Bänder. Farbiger Sand oder Kies und Pflanzen wurden von niedrigen Hecken gerahmt. Oft spiegelten sich darin die verschlungenen Muster von Stickereien und Stuckarbeiten wider, wie sie damals in Mode waren.

Im Detail kommen Flechtgärten am besten von oben zur Geltung, deshalb sollten sie von einer höhergelegenen Terrasse oder einem Fenster eingesehen werden können. Natürlich kommen solche Anlagen nur dort in Frage, wo ausreichend Platz zur Verfügung steht, so daß man für die Betrachtung den nötigen Abstand hat.

Ist das Grundstück eben und gut drainiert, so sind die Muster nicht schwierig anzulegen und ziemlich pflegeleicht. Sie sollten einfach gehalten sein, sonst wird die Gesamtwirkung beeinträchtigt und der Arbeitsaufwand größer. Für die Bepflanzung eignen sich Zwergformen von Buchsbaum, Edelgamander *(Teucrium chamaedrys)* und Heiligenkraut *(Santolina chamaecyparissus)*. Plaziert man dazwischen statt farbigem Sand oder Kies Gewächse, sollte man Pflanzen wählen, die in Größe und Aussehen passen, etwa Hauswurz *(Sempervivum)*. Unkraut muß mit der Hand gezupft werden, da Unkrautvertilger die Wurzeln der Hecken schädigen würden.

Parterres

Parterres werden oft mit Flechtgärten verwechselt, sind aber größer und bestehen aus mehr oder weniger flächigen, gleichmäßig bepflanzten Blumenbeeten, die sich zu dekorativen Mustern zusammensetzen. Diese Muster sind häufig sehr kompliziert; es können Blüten, schneckenartige oder symbolische Formen sein. Gesäumt sind sie gewöhnlich von niedrigen Buchsbaumhecken, im Innern befinden sich unterschiedlich gefärbte Kiesel, bunte Blumen oder Pflanzen in gedämpften Pastelltönen. Auch immergrüne, zu sauberen Pyramiden oder Kugeln geschnittene Sträucher und gestutzte Eiben und Buchsbäume kommen vor.

PARTERRES
Die kunstvoll und dekorativ gestaltete Anlage mit den niedrigen Buchsbaumhecken als Einfassung für rosa und rote Dahlien ist in ihrer Adrettheit und präzisen Gestaltung einem klassischen Parterre nachempfunden.

Parterres waren im viktorianischen England besonders populär, vor allem in Stadtgärten und Parks, wo sie sich mit üppiger Blumenpracht präsentierten.

Ein Parterre in einem modernen Garten sollte von der Größe her unbedingt zum Haus oder der angrenzenden Terrasse passen.

Abgesenkte Gärten

Schon kleine Höhenunterschiede im Garten können interessant wirken. Durch Absenkung eines Teilbereichs kommt eine neue Dimension ins Spiel.

In traditionellen Gärten waren die abgesenkten Flächen meist quadratisch oder rechteckig, von Mauern umschlossen und von grasbewachsenen oder gepflasterten Wegen umlaufen, so daß man sie von oben einsehen konnte. Bei der Gestaltung beschränkte man sich auf einfache geometrische Formen. Symmetrisch angelegte Blumenbeete wurden durch Pfade unterteilt, in deren Zentrum gelegentlich ein Springbrunnen oder eine Sonnenuhr dominierte.

Da abgesenkte Gärten besonders geschützt liegen, haben sie meist etwas Lauschiges und Friedliches, das überaus angenehm und reizvoll ist. Kräuter, Rosen und eine Vielzahl von Beetpflanzen – sowohl Einjährige als auch Stauden – eignen sich gut für die Bepflanzung solcher Gärten.

Restaurieren alter und historischer Gärten

Je nach Größe, Zustand und Charakter eines alten Gartens kann der Arbeitsaufwand bei seiner Restaurierung ganz unterschiedlich sein. Versuchen Sie nicht nur die Beschaffenheit des Grundstücks und seiner wichtigsten Elemente zu bestimmen (siehe »Die Beschaffenheit des Grundstücks«, S. 15), sondern auch etwas über die Geschichte des Gartens herauszufinden.

Wenn man den Garten ein ganzes Jahr lang beobachtet, ist es leichter, eine Vorstellung von seiner früheren Gestalt zu gewinnen und zu erkennen, welche Pflanzen zurückgeschnitten oder instand gesetzt und welche entfernt werden sollten. Indem man Wege, Treppen und andere bauliche Elemente von Wildwuchs befreit, erhält man ein noch besseres Bild von der ursprünglichen Anlage und den einzelnen Komponenten, die bei einer Restaurierung zu berücksichtigen sind. Möglicherweise haben auch seltene alte Pflanzen überlebt. Alte Bäume lassen sich durch sorgfältige Behandlung eventuell erhalten, sollten aber, wenn sie krank sind oder eine Gefahr darstellen, herausgenommen (siehe »Umsägen eines Baumes«, S. 45) und gegebenenfalls ersetzt werden.

Hecken muß man manchmal stark zurückschneiden (siehe HECKEN, S. 60-62). Wenn von einem alten Flechtgarten oder Parterre nur vernachlässigte Buchsbaumhecken übriggeblieben sind, die auf einen Verjüngungsschnitt oft nicht positiv reagieren, ist es häufig besser, sie durch neue zu ersetzen.

Auch Rasenflächen, die Teil des ursprünglichen Gartens waren, können, obgleich vor 100 oder mehr Jahren angelegt, womöglich restauriert werden, indem man sie planiert, düngt und richtig mäht (siehe »Erneuerung eines vernachlässigten Rasens«, S. 289).

2

Zierbäume

Es gibt kein anderes Gewächs, in dem Beständigkeit und die Verbindung zur weiten Landschaft so sehr zum Ausdruck kommen. Jeder Garten gewinnt durch Bäume an Höhe, Struktur und Gestalt; die klare Silhouette des Baumes ist ein reizvoller Gegensatz zu den weicheren Linien anderer Pflanzen. Bäume unterscheiden sich in Form und Gestalt, aber auch in Farbe, Laub, Blüten und Rinde wesentlich voneinander; jeder hat seinen eigenen Reiz und entfaltet im Garten eine ganz besondere Wirkung. Man kann Bäume auf ganz verschiedene Weise einsetzen: In einer lockeren Anlage wirkt eine von Zwiebelpflanzen umrahmte Gruppe aus Haseln und Sandbirken wunderschön, während in einem formalen Garten eine Reihe Blutbuchen oder eine Flechthecke aus Linden angemessen erscheint. Manche Bäume aber – z. B. Magnolien mit ihren exquisiten Blüten – stehen am besten allein.

Gartengestaltung mit Bäumen

Zierbäume werden wegen der Schönheit ihrer Blüten, Rinde oder Früchte und kaum als Obstbäume oder Nutzholz gepflanzt. Viele Obstbäume tragen jedoch wundervolle Blüten, und manche Zierbäume, wie der Zierapfel *(Malus)*, liefern eine Menge Früchte. Schwierig ist auch die Unterscheidung zwischen Bäumen und Sträuchern; erstere haben gewöhnlich, aber nicht immer, nur einen Stamm, letztere, wie etwa der Flieder *(Syringa)*, mehrere Stämme, können aber mitunter Baumgröße erreichen.

Auswahl

Bäume sind im allgemeinen die größten, teuersten und langlebigsten Gartengewächse, daher trifft man mit der Auswahl und Standortwahl folgenschwere Entscheidungen. Je weniger Bäume in einem Garten Platz haben, desto sorgfältiger muß ausgewählt werden; in einem Garten mit nur einem einzigen Baum steht und fällt die gesamte Planung mit diesem.

Dabei spielen Erscheinung und Charakteristika des Baumes eine große Rolle, Bodenbeschaffenheit, Klima, Lage, maximale Höhe, Ausbreitung und Wachstumsgeschwindigkeit sind aber nicht weniger wichtig. Hat man sich für einen Baum entschieden, ist die Standortwahl der nächste Planungsschritt (siehe »Standortwahl«, S. 39). In Gartencentern findet man eine begrenzte Auswahl der beliebtesten Zierbäume; Baumschulen haben ein breiteres Angebot, das oft auch über Versand erhältlich ist.

Die Wuchshöhe reicht von etwa 1 m bei den Zwergkoniferen bis zu stolzen 90 m beim Mammutbaum *(Sequoia)*, die Wachstumsgeschwindigkeit von 2,5 cm pro Jahr oder weniger bei Zwergkoniferen bis zu 1 m und mehr bei manchen Pappeln *(Populus)*.

Ein junger Baum im Gartencenter läßt kaum Rückschlüsse auf seine spätere Größe zu, manche Arten, besonders bei den Koniferen, haben sowohl winzige als auch riesengroße Formen. Wählen Sie Sorten mit großer Sorgfalt aus, und überzeugen Sie sich, wenn man Ihnen Alternativen anbietet, ob auch sie den Zweck erfüllen.

Bäume im Garten
Das architektonische Element Baum verleiht einem Garten Struktur und stellt einen dauerhaften Gestaltungsaspekt dar. In einem großen Garten kann eine Gruppe aus mehreren Bäumen durch Form und Farbe wirken, wie dieses lockere Arrangement aus Ahorn (Acer) *und anderen laubabwerfenden Bäumen.*

Bäume als Gestaltungselemente

Wie andere große Landschaftselemente erzeugen auch Bäume einen starken optischen Eindruck. Sie schaffen einen dauerhaften Rahmen, in dem sich andere, kurzlebige Elemente abwechseln.

Bäume können als lebende Skulpturen eingesetzt werden (siehe »Solitär im Blickpunkt«, S. 33): In diesem Fall unterstreicht ein

ABGESCHLOSSENHEIT
Die wogenden Wedel der Palmen schließen hier den Sitzbereich ab und verleihen ihm zugleich einen gefälligen Rahmen. Sie bilden einen üppiggrünen, kühlen, nicht zu starren Paravent.

SOLITÄR
Besonders attraktive oder wohlgeformte Bäume stehen am besten allein und werden so zum Blickfang. Dieser Zweigriffige Weißdorn (Crataegus laevigata) *zeigt sich von allen Seiten in voller Blütenpracht und bildet den Eckpunkt der Anlage.*

einfacher, kontrastierender Hintergrund die Wirkung. Ein Baum mit blassem Laub macht sich gut vor einer dunkelgrünen Eibenhecke *(Taxus baccata)*, während sich kahle Zweige im Winter schön von einer weißen Mauer abheben.

Als strukturelle Elemente definieren oder umschließen Bäume einen Raum. Eine Reihe oder formlose Gruppe von Bäumen kann eine Grundstücksgrenze kennzeichnen, verschiedene Gartenabschnitte trennen oder einen Weg betonen. Ein Baumpaar bildet die Umrahmung einer schönen Aussicht oder einen lebenden Torbogen.

Form und Gestalt
Form und Gestalt eines Baumes sind ebenso wichtig wie seine Größe – in bezug auf Stimmung und Stil sowie aus räumlichen Erwägungen. Zierkirschen *(Prunus)* etwa sind klein und reizvoll, Zedern *(Cedrus)* dagegen groß und beeindruckend. Die meisten Bäume können elegant oder locker wirken, je nach Planung und Umfeld.

Der Geschlitztblättrige Essigbaum *(Rhus typhina)* z. B. hat eine starke architektonische Wirkung und ist ideal für moderne, gepflasterte Gärten, während die gebogenen Blätter vieler Palmen üppiges Grün in einen Hof oder Wintergarten bringen. Ebereschen *(Sorbus aucuparia)* und Stechpalmen *(Ilex)* sind typisch für ländliche Gärten in England; der Japanische Fächerahorn *(Acer palmatum)* und die Korkenzieherweide *(Salix matsudana* 'Tortuosa'*)* eignen sich für orientalische Gärten; einheimische Arten sind ideal für naturbelassene Gärten.

Schmale, aufrechte Bäume wie *Malus tschonoskii* eignen sich für kleine Gärten, machen aber einen formellen, beinahe künstlichen Eindruck; kugelige oder breitkronige wirken ungezwungener, halten aber mehr Sonne und Regen ab, wodurch die Unterpflanzung schwierig wird, während unregelmäßige, offenkronige Bäume natürlicher wirken. Kegel- oder pyramidenförmige Bäume gleichen Skulpturen, hängende Formen sind weich in der Silhouette.

Bedenken Sie, wie lange es dauert, bis der Baum seine charakteristische Form erlangt – in manchen Fällen Jahrzehnte.

Die Zierkirsche *Prunus* 'Kanzan' z. B. wirkt in den ersten Jahren eher steif und hat eigenartig gewinkelte Äste; nach zehn Jahren beginnen sich die Äste zu biegen, und nach 30 Jahren hat der Baum eine hübsche runde Krone.

Wo der Platz es zuläßt, können Gegensätze dynamisch erscheinen, aber zu viele verschiedene Formen wirken oft wirr und zufällig.

Solitär im Blickpunkt

Ein Solitär steht allein und kann daher ohne Konkurrenz von anderen Bäumen seine volle natürliche Schönheit entfalten. Je nach Klima sind Trauerweide (*Salix* x *sepulcralis*

FORMEN

BREITKRONIG
Prunus americana

PYRAMIDENFÖRMIG
Carpinus betulus 'Fastigiata' (Weißbuche)

KEGELFÖRMIG
Pseudotsuga menziesii var. *glauca* (Blaue Douglasfichte)

HÄNGEND
Salix caprea 'Kilmarnock' (Salweide)

KUGELIG
Malus 'Magdeburgensis' (Zierapfel)

GEBOGEN
Archontophoenix alexandrae (Alexanderpalme)

SÄULENFÖRMIG
Acer rubrum 'Columnare' (Zierahorn)

LAUBFARBE UND STRUKTUR
Die Herbstfarbe dieses Laubbaums kontrastiert mit einer blaugrünen Konifere – ein Gegensatz in Form, Farbe und Struktur.

'Chrysocoma'), Blumenhartriegel *(Cornus florida)*, verschiedene Zierkirschen *(Prunus)*, Magnolien, aber durchaus auch Koniferen beliebte Solitäre.

Wählen Sie einen Baum in geeigneter Größe – zu kleine Solitäre verlieren sich in großen Gärten, mächtige wirken auf beengtem Raum erdrückend.

BLÜTENFARBEN
Die Blüten der Magnolia campbellii *var.* mollicomata *heben sich deutlich von den kahlen Zweigen ab.*

Solitäre stehen, besonders in eleganten Gärten, mitten im Rasen. Mehr an die Seite gerückt, beleben sie den Garten und lockern die Planung auf, geben aber auch den Blick auf den ganzen Garten frei. Andere Möglichkeiten, Solitäre zu pflanzen, gibt es im Eingangsbereich, aber auch am Fuß oder Kopf einer Treppe zur Betonung des Übergangs zwischen zwei Ebenen. Kies oder Bodendecker wie Efeu *(Hedera)* oder Immergrün *(Vinca)* am Fuß eines Solitärs sind ein ergänzender Hintergrund. In gemischten Rabatten können Pflanzen in diversen Farben und Formen um einen Baum angelegt werden. Ein Solitär kann sich in einem Gartenteich spiegeln oder von einer Skulptur oder einer weißen Gartenbank kontrastiert oder ergänzt werden.

Gruppierung

Wenn es der Platz zuläßt, kann man drei oder mehr Bäume derselben oder verschiedener Arten zusammenstellen. Eine Baumgruppe umrahmt eine Aussicht beinahe wie ein Vorhang, viel nachhaltiger als ein einzelner Baum. Gruppen großer Bäume, z. B. Eichen *(Quercus)* oder Buchen *(Fagus)*, sind besonders gewichtige Akzente, wie sie etwa der große englische Landschaftsgärtner des 18. Jahrhunderts, Capability Brown, einsetzte. In wärmeren Klimazonen können Gruppen hoher Palmen mit kahlen Stämmen ebenso eindrucksvoll sein, ob sie von Rasen oder von niedrigwachsenden Sträuchern umgeben sind.

In einem kleineren Rahmen kann eine Gruppe laubabwerfender Bäume mit hellem Laub, wie die Espe oder Zitterpappel *(Populus tremula)* und auch Ahorn *(Acer)*, das Herzstück eines Miniaturwaldes sein. Licht- und Schattenflecken und der von Blättern bedeckte Boden sind ideal für Blaustern *(Scilla sibirica)*, Narzissen und Kissenprimeln *(Primula vulgaris)*.

Weniger formelle Baumgruppen brauchen weniger Platz, als sich aus der maximalen Ausbreitung der einzelnen Kronen ergibt. Dadurch kann zwar hoher, schmaler oder asymmetrischer Wuchs entstehen, aber das bringt wiederum eine willkommene Auflockerung, besonders wenn sich die verwobenen Zweige wie Ornamente gegen den Himmel abheben.

Interessante Aspekte

Obwohl man an Bäumen meistens die architektonische Wirkung schätzt, haben sie durchaus auch andere interessante Aspekte, wie Blüten, Laub, Beeren und Rinde.

Blätter

Die Blätter sind durch ihre Masse sowie die lange Zeit der Belaubung bei weitem der interessanteste Aspekt des Baums. Ihre Vielfalt in Form, Größe und Farbe ist unendlich groß und reicht von den zarten, goldenen, farnähnlichen Blättern der *Gleditsia triacanthos* 'Sunburst' bis zu den riesigen, reichstrukturierten Blättern von *Phoenix*. Die Oberflächenstruktur beeinflußt die Lichtreflexion, glänzende Blätter wirken heller. Die Krone kann mehr oder weniger dicht und lichtdurchlässig sein, was für die Unterpflanzung von Bedeutung ist.

Buntes oder panaschiertes Laub, so das rötlich-purpurne von *Cercis canadensis* 'Forest Pansy' oder das weißgeränderte von *Acer negundo* 'Variegatum', kontrastiert schön mit grünblättrigen Bäumen.

Blüten

Die Blüten eines Baumes, ob bescheiden oder üppig, sind zwar vergänglich, aber eindrucksvoll. Im Herbst, Winter und in der ersten Frühlingshälfte, wenn andere Pflanzen noch unscheinbar sind, haben sie ihre große Zeit.

Die Blütenfarbe sollte bei der Gesamtplanung berücksichtigt werden. Blasse Blüten heben sich von dunklen Blättern ab, dunkle Blüten wirken gut vor einem hellen Hintergrund. Läßt man Kletterpflanzen, wie Waldreben oder Rosen, an einem ausgereiften Baum hochwachsen, kann man damit die Zeit der Blüte verlängern.

Die Blüten verströmen oft auch einen angenehmen Duft, der vom zarten Winterparfum der *Acacia dealbata* zum berauschenden Sommerduft des Pagodenbaums oder

INTERESSANTE RINDE UND ÄSTE
Das auffallend weiße Skelett dieser Himalayabirke (Betula utilis *var.* jacquemontii) *läßt trübe Wintertage heller werden; die außergewöhnliche Silhouette des Baums zieht das ganze Jahr die Blicke auf sich.*

Frangipani *(Plumeria rubra* var. *acutifolia)* reicht. Duftende Blüten brauchen ein geschütztes Plätzchen; liegt dieses in der Nähe eines Weges oder Innenhofes, kommen Sie in den vollen Genuß des Duftes.

Früchte und Beeren

Früchte und Beeren können die Blüten oft noch in ihrer Schönheit übertreffen: etwa die hellroten, erdbeerähnlichen Früchte des *Arbutus* und die gelben Zieräpfel von *Malus* 'Golden Hornet' oder die formschönen Früchte der Magnolien. In warmen Klimazonen können etwa Zitronen- und Feigenbäume mit attraktiven Früchten geradezu überladen sein.

Manche Bäume, wie Stechpalmen *(Ilex)*, tragen nur Früchte, wenn weibliche und männliche Exemplare nebeneinander stehen, andere erst nach der Reife oder unter bestimmten klimatischen Bedingungen. Einige Beeren, etwa die der Eberesche *(Sorbus aucuparia)*, wirken auf Vögel überaus anziehend; wählen Sie vielleicht Bäume mit weniger verlockenden Früchten.

Rinde und Äste

Farbe und Struktur der Rinde können besonders im Winter interessant sein. *Prunus serrula* glänzt seidig-kupferrot, *Betula utilis* var. *jacquemontii* hat eine gespenstisch weiße Rinde und der exotische *Eucalyptus niphophila* grüne, graue und cremeweiße Flecken wie eine Python.

Die Weide *Salix alba* 'Britzensis' zieren scharlach-orangerote junge Äste, die auffallend leuchten, wenn das Licht von hinten kommt, die Goldweide *(S.a.* var. *vitellina)* leuchtend gelbe Schößlinge. Diese raschwachsenden Bäume sollten regelmäßig geschnitten werden, damit sie viele starkfarbige junge Schößlinge hervorbringen. Manche Bäume bekommen erst nach der Reife eine auffällige Rinde, andere leuchten in jungen Jahren.

Im Jahreslauf

Gehölze, deren Erscheinungsbild sich im Laufe der Jahreszeiten ändert, beleben einen Garten. Mit sorgfältiger Planung kann man die Abfolge von Laub, Blüten, Früchten und Beeren vor dem bleibenden Hintergrund von Ästen und Rinde steuern. Pflanzt man etwa einen Judasbaum *(Cercis siliquastrum)* für den Frühling, *Catalpa bignonioides* für den Sommer, *Hamamelis virginiana* für den Herbst und *Prunus subhirtella* 'Autumnalis' für den Winter, lösen sich diese in der Blüte ab, und das Hauptgewicht verlagert sich im Wechsel der Jahreszeiten. Manche Bäume machen durch immergrüne Belaubung oder ihre besonders interessante Form das ganze Jahr über Freude.

Laubabwerfende Bäume haben hier das größte Repertoire, besonders im Frühling, wenn viele Zierkirschen *(Prunus)* voll wundervoller Blüten sind, und im Herbst, wenn das Laub vieler Ahornbäume *(Acer)* in kräftigen Farben leuchtet. Immergrüne Bäume dagegen bieten eher Beständigkeit als Abwechslung. Eine Kombination von laubabwerfenden und immergrünen Bäumen wirkt im Jahreslauf besonders dynamisch.

Frühling und Sommer

Im Frühling werden die kahlen Zweige der laubabwerfenden Bäume durch junge Blätter und Blütenknospen belebt. Manche – wie die silbrige *Sorbus aria* 'Lutescens' – haben attraktive junge Blätter. Ist der Baum erst voll belaubt, bekommt er seine charakteristische Form. Er bringt Farbe und Struktur und – Schatten.

Im späten Frühjahr und Sommer lockern Blüten, von den hängenden gelben Ketten des Goldregens *(Laburnum)* bis zu den aufrechten, cremeweißen oder rosaroten Kerzen der Roßkastanie *(Aesculus)*, als farbiger Blickfang die dichte Blättermasse auf.

Herbst und Winter

Im Herbst, wenn die meisten krautigen Pflanzen absterben, sind Blätter, die erst alle Schattierungen von Gelb annehmen, dann orange, rot und schließlich braun werden, und Früchte oder Beeren als bunte Farbkleckse besonders willkommen. Bei einigen Gattungen der Rosengewächse, besonders bei *Cotoneaster*, *Crataegus*, *Malus* und *Sorbus*, finden sich Arten, Sorten und Hybriden, die im Herbst besonders schön sind; in manchen Fällen bleiben die Früchte den ganzen Winter am Baum.

Der Winter gilt vielen als tote Saison, aber gerade dann kommen viele Bäume erst richtig zur Geltung, da es im Garten kaum Konkurrenz gibt, und jetzt werden auch Gerüst und Silhouette eines Baumes sichtbar. Farbe und Form von Koniferen und breitblättrigen immergrünen Bäumen können den eher »harten« Effekt benachbarter laubabwerfender Bäume ergänzen und mildern, gemusterte, strukturierte oder sich abschälende Rinde ist ein zusätzlicher Aspekt. Das Laub mancher Koniferen, wie z. B. Formen der Japanischen Zeder *(Cryptomeria japonica)*, nimmt im Winter einen attraktiven rotbraunen Farbton an.

BÄUME MIT DEKORATIVER RINDE

Acer capillipes

Eucalyptus dalrympleana

Betula utilis var. *jacquemontii*

Acer griseum

Acer pensylvanicum

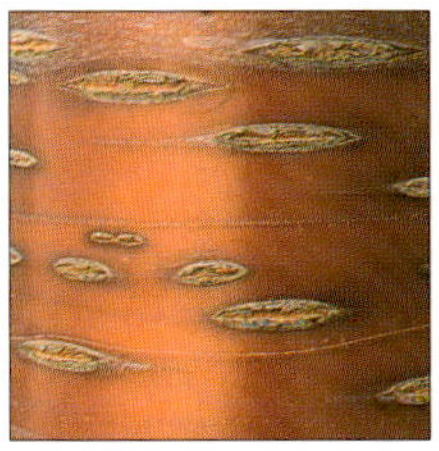

Prunus serrula

Bäume für kleine Gärten

Für kleine Gärten sind Bäume mit einer Höhe von maximal 6 m am besten geeignet. Vielleicht ist nur Platz für einen Baum da (siehe »Solitär im Blickpunkt«, S. 33), dann sind Bäume zu empfehlen, die nicht nur in einer Jahreszeit gut wirken. Ein Japanischer Kirschapfel *(Malus floribunda)* bringt beispielsweise massenhaft scharlachrote Knospen hervor, danach blaßrosa oder weiße Blüten und schließlich kleine, rote oder gelbe Früchte an sich neigenden Ästen.

Wie ein laubabwerfender Baum ohne Laub aussieht, ist in einem kleinen Garten wichtig, denn er kann jedes Jahr sechs Monate lang kahl

BAUM FÜR EINEN KLEINEN GARTEN
Diese in der Statur bescheidene Robinia pseudoacacia *'Frisia' paßt gut in einen kleinen Garten. Die luftigen Blätter hellen die graue Steinmauer auf und werfen wenig Schatten; darunter können andere Pflanzen wachsen.*

und von jedem zum Garten weisenden Fenster aus zu sehen sein.

Bäume mit vielen Dornen oder Stacheln, wie Weißdorn *(Crataegus)* oder Stechpalme *(Ilex)*, sind für kleine Gärten weniger geeignet, da sie den Zugang auf allen Seiten erschweren; Linden *(Tilia)* sollten wiederum nicht über einen Sitzplatz ragen, da sie klebrigen Honigtau absondern. Für eine Unterpflanzung ist ein tiefwurzelnder Baum mit lichter Blätterkrone geeignet.

Bäume für Flechthecken

Flechthecken sind sehr formale Elemente, sie leben v. a. von der Einheitlichkeit der Bäume und von räumlichen Effekten. Je länger und gerader eine Flechthecke ist, desto mehr beeinflussen ihr Rhythmus und Schatten die Landschaft. Die Bäume sollten das Auge auf einen markanten Punkt hinführen, z. B. über eine Auffahrt zum Haus. Langlebige Waldbäume wie Buche *(Fagus)* und Roßkastanie *(Aesculus)* bilden klassische Flechthecken, die kräftigen Formen der Koniferen sind in modernen Anlagen allerdings wirkungsvoller.

Es gibt auch weniger formale Flechthecken, etwa wenn man Bäume bogenförmig über einen Pfad zieht. Die Anordnung ist dann nicht so streng, und die Bäume stehen nicht wie Zinnsoldaten. *Sorbus aria* und der immergrüne Chinesische Liguster *(Ligustrum lucidum)* eignen sich z. B. sehr gut für kleine Gärten.

ELEGANTE FLECHTHECKE
Die Lindenflechthecke führt das Auge des Betrachters zu den Bögen im Hintergrund und verbindet den Garten mit der Landschaft.

Wirkungsvolle Erziehung
Flechthecken wirken elegant und formal. Die seitlichen Äste werden dabei so erzogen, daß sie sich in parallelen, horizontalen Linien berühren, der übrige Wuchs wird zurückgeschnitten oder zu einem dichten Schirm verwoben.

Beim Entwipfeln wird die gesamte Krone regelmäßig bis auf kurze Stümpfe zurückgeschnitten, die dann viele dünne Zweige hervorbringen und einen dichten Laubball bilden. Die Wirkung ist streng, mitunter fast künstlich und hat sich in Städten bewährt, wo die Krone zuviel Schatten wirft oder den Verkehr behindern würde. Manche Weiden *(Salix)* werden oft entwipfelt oder gekappt (bis zum Boden zurückgeschnitten), damit sie junge, farbige Schößlinge hervorbringen. Gekappte Bäume passen in eine natürliche Anlage oder an ein Teichufer.

Bäume als Sicht- und Lärmschutz

Baumpflanzungen können Gebäude und Straßen abschirmen und Schutz vor Lärm, Wind und Frost bieten. Viele meinen, eine einzelne Reihe von raschwachsenden Pyramidenpappeln (*Populus nigra* 'Italica') würde schnell unschöne Bauten verbergen, aber ihre Größe und fingerähnliche Form betont eher, statt zu kaschieren. Lockere Gruppen aus laubabwerfenden und immergrünen Bäumen wirken natürlicher und erfüllen diesen Zweck besser.

Eine große Baumpflanzung bremst den Wind und schützt besser vor Windschäden als eine feste Barriere, die oft zu Wirbeln an der dem Wind abgekehrten Seite führt. Ein Schutzgürtel oder eine Gruppe von Bäumen kann besonders im Frühling empfindliche Pflanzen vor Frost bewahren.

Kübelpflanzung

Durch Pflanzung in große Behälter werden die gestalterischen Möglichkeiten von Bäumen stark erweitert. Dachgärten, Höfe oder Innenhöfe bepflanzt man am schnellsten mit mehreren Bäumen in Kübeln, denn das gibt der Anlage auch noch Höhe und Struktur.

Bäume in großen Behältern können einen gepflasterten Eingang umrahmen oder eine breite Treppe flankieren; in solchen Fällen wirkt ein Formschnitt besonders gut (siehe »Formschnitt«, S. 52-53). Auch empfindliche Gehölze lassen sich in Kübel pflanzen; sie verbringen den Sommer im Freien und werden bei kühleren Temperaturen an einen frostfreien Platz gebracht. Einjährige und frostempfindliche Pflanzen, wie Petunien, Fuchsien oder Kapuzinerkresse (*Tropaeolum*), können als farbliche Bereicherung mit in den Behälter gesetzt werden.

Bäume in Kübeln sind langlebig, Sie sollten daher ein stabiles dekoratives Gefäß wählen. Es gibt viele verschiedene Materialien, wie einfache oder verzierte Terrakotta, Stein oder Holz. Wenn die Behälter auch im Winter draußen bleiben sollen, müssen sie frostsicher sein.

REIZVOLLER GARTENWEG
Blühende Kirschen wölben sich über diesem zwanglosen Gartenweg und verleihen dem Garten Höhe und Struktur; eine willkommene Ergänzung dieser eigenwilligen Anlage. Der Blütenbogen lenkt im Frühling von der Rabatte ab, die dann aber nach der Baumblüte im Mittelpunkt stehen wird.

BÄUME IN PFLANZGEFÄSSEN
*Kleine Bäume in Gefäßen bringen Form und Farbe in einen Innenhof, auf eine Terrasse oder einen Balkon. Hier bildet eine dezente Pflasterung den Hintergrund für diesen auffallenden Zierahorn (*Acer palmatum *'Dissectum Atropurpureum').*

Verzeichnis der Bäume

EXPONIERTE STANDORTE

Bäume für exponierte oder windige Standorte; mit ♣ markierte nicht für Küstenbereiche

Acer pseudoplatanus
Betula pendula ♣, *B. pubescens* ♣
Crataegus x *lavallei*, *C. monogyna*
Fraxinus excelsior
Laburnum (Arten und Sorten)
Picea abies ♣, *P. sitchensis* ♣
Pinus contorta, *P. nigra*, *P. sylvestris*
Quercus robur
Salix alba
Sorbus aria, *S. aucuparia* (u.Sorten)

LUFTVERSCHMUTZUNG

Industriefeste Bäume

Acer platanoides (und Sorten), *A. pseudoplatanus* (und Sorten), *A. saccharinum* (und Sorten)
Aesculus hippocastanum
Alnus cordata, *A. glutinosa*
Betula pendula
Carpinus betulus (und Sorten)
Catalpa bignonioides
Corylus colurna
Crataegus
Fraxinus
Ginkgo biloba
Ilex x *altaclerensis*
Magnolia grandiflora
Malus
Populus
Pyrus
Robinia

Pyrus calleryana 'Chanticleer'

Salix
Sophora japonica
Sorbus aria, *S. aucuparia*, *S. intermedia*
Taxus baccata, *T.* x *media*

SCHÖN IM WINTER

Dekorative Blüten

Acacia dealbata ❄
Magnolia campbellii (und Formen)
Prunus mume, *P. subhirtella* 'Autumnalis', *P. s.* 'Autumnalis Rosea'

Goldfarbenes Laub

Chamaecyparis lawsoniana 'Lanei', *C. l.* 'Stewartii', *C. l.* 'Winston Churchill'
x *Cupressocyparis leylandii* 'Castlewellan Gold'
Cupressus macrocarpa 'Goldcrest'
Juniperus chinensis 'Aurea'
Pinus sylvestris 'Aurea'
Thuja plicata 'Zebrina'

Graues Laub

Cedrus atlantica f. *glauca*
Chamaecyparis lawsoniana 'Pembury Blue'
Cupressus glabra 'Pyramidalis'
Eucalyptus coccifera ❄, *E. pauciflora*
Tsuga mertensiana f. *argentea*

Dekorative Rinde

Acer capillipes, *A. davidii*, *A. griseum*, *A. grosseri* var. *hersii*, *A. palmatum* 'Senkaki', *A. pensylvanicum* (und Formen), *A.* 'Silver Vein'
Arbutus x *andrachnoides*, *A. menziesii*
Betula albo-sinensis var. *septentrionalis*, *B.* 'Jermyns', *B. pendula*, *B. utilis* var. *jacquemontii*
Eucalyptus dalrympleana, *E. niphophila*, *E. pauciflora*
Myrtus luma
Pinus bungeana
Prunus maackii 'Amber Beauty', *P. serrula*
Salix acutifolia 'Blue Streak', *S. alba* 'Britzensis', *S. daphnoides*, *S.* x *sepulcralis* 'Erythroflexuosa'
Stewartia pseudocamellia

SCHÖN ÜBER MEHRERE JAHRESZEITEN

Ganzjährig

Acacia dealbata ❄
Arbutus x *andrachnoides*, *A. menziesii*
Betula albo-sinensis var. *septentrionalis*, *B. ermanii*, *B.* 'Jermyns', *B. utilis* var. *jacquemontii*
Eucalyptus ficifolia ❄
Ilex x *altaclerensis* 'Golden King'
Magnolia grandiflora

Winter/Frühling

Acer negundo

Frühling/Herbst

Amelanchier lamarckii
Crataegus x *lavallei* 'Carrierei'
Malus 'Crittenden', *M.* 'Golden Hornet'
Prunus 'Okame', *P. sargentii*
Sorbus scalaris

Sommer/Herbst

Catalpa bignonioides
Cladrastis lutea
Cornus kousa, *C. k.* var. *chinensis*
Eucryphia glutinosa
Fagus sylvatica 'Dawyck Gold'
Liriodendron tulipifera
Stewartia pseudocamellia
Tilia tomentosa 'Petiolaris'

Herbst/Winter

Acer capillipes, *A. davidii*, *A. griseum*, *A. palmatum* 'Senkaki', *A. pensylvanicum* 'Erythrocladum'
Stewartia pseudocamellia

BÄUME FÜR KÜBEL

Acacia dealbata ❄
Chamaedorea ❄
Chamaerops humilis ❄
Citrus medica ❄
Cordyline australis ❄
Cupressus macrocarpa 'Goldcrest', *C. sempervirens*
Ficus benjamina ❄
Howeia ❄

Ficus benjamina 'Variegata'

Jacaranda mimosifolia ❄
Juniperus scopulorum 'Skyrocket'
Lagerstroemia indica ❄
Laurus nobilis
Olea europaea
Phoenix ❄
Prunus 'Amanogawa', *P.* 'Kiku-shidare'
Rhapis ❄
Sabal ❄
Taxus baccata 'Standishii'
Washingtonia ❄

BÄUME FÜR KLEINE GÄRTEN

Mit ♠ markierte werden 6 m und höher

Acer capillipes, *A. griseum* ♠, *A. palmatum*, *A. p.* 'Senkaki', *A.* 'Silver Vein'
Amelanchier lamarckii
Arbutus x *andrachnoides*
Betula albo-sinensis var. *septentrionalis* ♠, *B. ermanii* ♠, *B. pendula* ♠, *B. p.* 'Dalecarlica' ♠, *B. utilis* var. *jacquemontii* ♠
Catalpa bignonioides 'Aurea'
Cercidiphyllum japonicum ♠
Cercis siliquastrum
Cinnamomum ❄
Cornus kousa
Crataegus laevigata 'Paul's Scarlet', *C.* x *lavallei* 'Carrierei'
Eucalyptus niphophila ♠
Eucryphia x *nymansensis* 'Nymansay' ♠
Fagus sylvatica 'Dawyck Gold' ♠
Gleditsia triacanthos 'Sunburst' ♠
Grevillea robusta ❄ ♠
Laburnum x *watereri* 'Vossii'
Magnolia 'Elizabeth', *M.* x *loebneri* 'Merrill', *M. salicifolia*
Malus 'Dartmouth', *M. floribunda*, *M.* 'Golden Hornet', *M. tschonoskii* ♠
Melia azedarach
Phoenix dactylifera ❄ ♠
Pinus halepensis ♠
Prunus – viele, einschl. *P.* 'Okame', *P.* 'Pandora', *P.* 'Spire', *P. subhirtella*, *P.* x *yedoensis*
Pyrus calleryana 'Chanticleer', *P. salicifolia* 'Pendula'
Robinia pseudoacacia 'Frisia' ♠
Sorbus aria (einige Formen), *S. aucuparia* (einige Formen), *S. cashmiriana*, *S. commixta* 'Embley', *S. vilmorinii*
Stewartia pseudocamellia
Vitex agnus-castus

BÄUME FÜR EINZELSTELLUNG

Abies magnifica, *A. procera*
Acer pensylvanicum, *A. pseudoplatanus*, *A. rubrum*
Aesculus hippocastanum
Alnus cordata
Betula 'Jermyns', *B. pendula* 'Dalecarlica'
Cedrus
Eucalyptus coccifera ❄, *E. dalrympleana*
Fraxinus oxycarpa 'Raywood'
Liquidambar styraciflua

Liriodendron tulipifera

Liriodendron tulipifera
Livistona ❄
Magnolia campbellii, *M. c.* 'Charles Raffill'
Nothofagus procera
Nyssa sylvatica
Phoenix ❄
Picea breweriana, *P. omorika*
Pinus nigra, *P. radiata*, *P. sylvestris*, *P. wallichiana*
Platanus x *hispanica*
Roystonea ❄
Salix x *sepulcralis* 'Chrysocoma'
Sequoiadendron giganteum
Tilia 'Petiolaris', *T. platyphyllos*
Tsuga heterophylla
Zelkova carpinifolia

SCHLÜSSEL

❄ *Nicht winterhart*

Zwergkoniferen

DIE PFLEGELEICHTEN Zwergkoniferen passen besonders gut in einen kleinen, modernen Garten, und zwar sowohl in Beeten als auch in Kübeln. Ihre Farbpalette reicht von kräftigem Gold über leuchtendes Grün bis zu blassem Blau und Silber, die Formen von kugeligen über pyramidenförmigen bis zu schlanken, spitzen Bäumchen. Sie unterscheiden sich im Habitus, können kriechend, kuppelförmig, aufrecht oder hängend sein, die Blattstruktur variiert von weich und flaumig bis dicht und stachlig. Bei sorgfältiger Planung bietet diese Vielfalt an Farbe, Form und Struktur das ganze Jahr über reizvolle Aspekte. Näheres über Pflanzung, Pflege und Vermehrung, siehe S. 39-43.

Auswahl

Steht nur wenig Platz zur Verfügung, muß man genau auf den Unterschied zwischen echten, langsam wachsenden Arten und Sorten und den sogenannten »Zwergkoniferen«, die bloß langsamer wachsende Varianten großer Bäume sind, achten. Junge Koniferen sind oft sehr schwer einzuordnen, da sich die Blätter der jungen Pflanze zum Teil beträchtlich von jenen der erwachsenen unterscheiden. Prüfen Sie, ob die ausgewählten Pflanzen korrekt beschriftet sind, damit sie nicht allzu bald über den ihnen zugedachten Platz hinauswachsen; im Zweifelsfall beim Händler nachfragen.

Gestaltung mit Zwergkoniferen

Zwergkoniferen eignen sich für viele Stellen im Garten. Sie können einzeln oder als Gruppe einen Farbakzent setzen. Man kann mit ihnen Pflanzungen ergänzen oder sie als Bodendecker nutzen. Steingärten, Heidegärten und Tröge sind ebenfalls für Zwergkoniferen geeignet.

ATTRAKTIVE KOMBINATIONEN
Zwergkoniferen werden am vorteilhaftesten durch Heidekraut ergänzt, das das ganze Jahr über bunte Farbflecken liefert.

VERSCHIEDENE ZWERGKONIFEREN

***Thuja orientalis* 'Aurea Nana'**

***Pinus sylvestris* 'Gold Coin'**

***Juniperus squamata* 'Blue Star'**

***Thuja occidentalis* 'Caespitosa'**

***Juniperus scopulorum* 'Skyrocket'**

***Picea pungens* 'Montgomery'**

***Chamaecyparis obtusa* 'Nana Aurea'**

Solitäre

Einige langsamwachsende Koniferen eignen sich auch als Solitäre. Ausgebreitete Formen etwa mildern harte, kantige Landschaftselemente, säulenförmige Exemplare setzen Akzente.

Pflanzengruppen

Wenn der Platz es erlaubt, kann eine größere Gruppe von Zwergkoniferen überaus attraktiv sein. Die breite Farbpalette kann auch zur Betonung einzelner Bereiche zu verschiedenen Jahreszeiten dienen; Blau- und Silbertöne sind an kühlen Wintertagen am schönsten, Gold- und Grüntöne wirken im Frühling am besten. Steile Abhänge und Ufer, die oft schwer zu bepflanzen sind, werden durch kriechende Koniferen zu besonderen Landschaftselementen. Sobald die Pflanzen aufgebaut sind, lassen sich diese oft problematischen Bereiche gut pflegen.

Kombination mit anderen Pflanzen

Zwergkoniferen sind gut mit anderen, im Charakter ähnlichen Pflanzen zu kombinieren und oft Bestandteil von Heidegärten, da sie die Saison verlängern und in Farbe und Form einen Kontrast zu den vorherrschenden Blatt- und Farbvarianten bei Sorten von *Calluna*, *Daboecia* und *Erica* bilden. Auch Kombinationen mit *Cytisus*, *Genista*, *Cistus* und den kleineren Zwergmispeln sind möglich.

Steingärten

Zwergkoniferen geben einem Steingarten Beständigkeit und bilden den Rahmen für andere Pflanzen. Dabei kann die gesamte Palette von Farben, Strukturen und Formen ausgenützt werden, man sollte aber keine Gehölze wählen, die zu groß oder dominierend werden. Kleinere Arten und Sorten, wie beispielsweise *Juniperus communis* 'Compressa', sind ideal für diese Miniaturlandschaften in kompakten erhöhten Beeten, Trögen u. a. Behältern.

Bodendecker

Viele Zwergkoniferen lassen als Bodendecker kein Unkraut aufkommen, da sie entweder dichte Matten bilden, wie *Juniperus horizontalis* und seine Sorten, oder höher wachsen, sich ausbreiten und dabei alles Licht abhalten. Mit einigen Pfitzeriana-Sorten des Chinesischen Wacholders lassen sich Lichtschächte oder Betonplatten besonders gut kaschieren.

SOLITÄR
Taxus baccata *'Aurea' mit seinen ganzjährig goldenen Blättern ist ein idealer Blickfang.*

Bodenvorbereitung und Pflanzung

NACH DER Pflanzung bleibt ein Baum jahrzehntelang, vielleicht sogar jahrhundertelang an seinem Platz, daher ist es wichtig, daß er die bestmöglichen Wachstumsbedingungen vorfindet. Klima, Bodentyp, Lichtverhältnisse und Lage beeinflussen das Wachstum und sollten daher bei der Standortwahl berücksichtigt werden. Sorgfältige Vorbereitung und Pflanzung ebenso wie Pflege fördern Aufbau und Entwicklung eines Baumes entscheidend.

AUSWAHL VON BÄUMEN IN CONTAINERN

GUTES EXEMPLAR

Gleichmäßiges Astsystem

Stark verdichtete Wurzeln

GUTES EXEMPLAR

Gut aufgebautes Wurzelsystem

SCHLECHT

OHNE WURZELBALLEN

GUTES EXEMPLAR

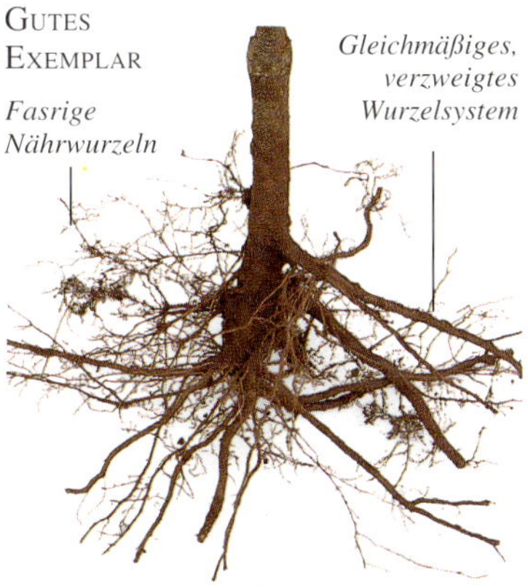

Fasrige Nährwurzeln

Gleichmäßiges, verzweigtes Wurzelsystem

SCHLECHT

Ungleichmäßige, einseitige Wurzeln

SCHLECHT

Stark verschlungene Wurzeln

MIT WURZELBALLEN

GUTES EXEMPLAR

X CUPRESSOCYPARIS LEYLANDII

Fester Wurzelballen mit intakter Hülle

Klima

Bei der Auswahl eines Baumes ist darauf zu achten, daß Temperaturen, Niederschlagsmenge und Feuchtigkeit des Standorts dem Baum zusagen. Auch lokale Gegebenheiten, wie etwa starker Wind auf exponierten Hanglagen, müssen berücksichtigt werden. Auch innerhalb der einzelnen Arten sind einige Sorten für bestimmte Bedingungen mehr, andere weniger geeignet, d. h. die eine Pflanze gedeiht vielleicht prächtig, die andere nicht. So schwankt die tolerierte Tiefsttemperatur bei Sorten der *Magnolia grandiflora* zwischen –12°C und 6°C.

In Gebieten mit Frühjahrsfrösten wählt man am besten Bäume, die erst spät Blätter hervorbringen, da junge Blätter frostempfindlich sind. In kalten Gebieten können nicht völlig winterharte Bäume zwar im Freien gepflanzt werden, sie brauchen aber einen geschützten Platz und im Winter Frostschutz (siehe FROST- UND WINDSCHUTZ, S. 520-521). Empfindliche oder tropische Arten müssen bei gemäßigtem Klima abgedeckt werden, oder man pflanzt sie in Kübeln und bringt sie über den Winter ins Haus.

In Gebieten mit einer jährlichen Niederschlagsmenge von weniger als 250 mm wachsen Bäume selten gut, die meisten brauchen mindestens die vierfache Menge. Bäume müssen kaum gewässert werden, außer wenn sie frisch gepflanzt sind, da sie durch Regen genug Wasser bekommen und in manchen Gebieten bei starkem Nebel auch über die Blätter Feuchtigkeit aufnehmen.

Standortwahl

Suchen Sie vor dem Anpflanzen den bestmöglichen Standort im Garten, denn das Mikroklima kann von einem Abschnitt zum anderen stark variieren. Der gewählte Standort sollte so hell und geschützt sein, wie es dem Baum entspricht. Viele großblättrige Bäume gedeihen gut an einem halbschattigen Platz, aber nicht an einer exponierten Stelle, wo das Laub starkem Wind und praller Sonne ausgesetzt ist.

In Küstengebieten ist ein geschützter Standort besonders wichtig, da Laub und Knospen durch Gischt und salzige Winde (selbst Kilometer vom Ufer entfernt) Schaden nehmen können. Manche Bäume vertragen jedoch die Bedingungen an der Küste (siehe »Verzeichnis der Bäume«, S. 37) und können auch als Windschutz für andere Gewächse dienen.

Bei Bäumen, die an einen Abhang gepflanzt werden, ist zu bedenken, daß empfindliche Gehölze in der Mitte des Hanges, wo es gewöhnlich wärmer und geschützter ist, besser gedeihen als ganz oben oder unten (siehe auch »Frostsenken und Frostschäden«, S. 515).

Bäume sollten nicht zu nahe an Mauern oder Gebäude gesetzt werden, da junge Pflanzen im »Regenschatten« unter Licht- und Feuchtigkeitsmangel leiden können. Außerdem können die kräftigen Faserwurzeln mancher Bäume, z.B. Pappeln *(Populus)* und Weiden *(Salix)*, Abflüsse und Fundament beschädigen. Empfindliche Arten sollten aber nahe an eine warme Mauer gepflanzt werden, sie können von der Wärmeabstrahlung profitieren und werden dadurch in Gebieten gedeihen, wo dies sonst nicht möglich wäre.

Bei der Standortwahl müssen auch über- und unterirdische Kabel und Leitungen berücksichtigt werden, die entweder das Wachstum des Baumes behindern oder von diesem beschädigt werden können.

Auswahl eines Baumes

Bäume sind in Containern, mit oder ohne Wurzelballen erhältlich (Koniferen und Palmen gibt es allerdings normalerweise nicht ohne Wurzelballen). Man kann Bäume in verschiedenen Größen und Reifestadien kaufen, vom Sämling bis zum halbausgewachsenen Baum. Junge Bäume gewöhnen sich im allgemeinen schneller als ältere, letztere erfüllen unsere Erwartungen früher, sind aber teurer. Wofür Sie sich auch entscheiden, achten Sie darauf, daß der oberirdische Teil gesund und kräftig ist und daß die Wurzeln keine Anzeichen von Schädlingen, Krankheit oder Beschädigung aufweisen. Ast- und Wurzelsystem sollten gut entwickelt und gleichmäßig sein.

Bäume in Containern

Containerpflanzen sind beinahe überall erhältlich und können das ganze Jahr über gekauft und gepflanzt werden; sie sind meist teurer als wurzelnackte oder Ballenpflanzen vergleichbarer Größe. Bäume, die sich nach dem Einsetzen nur schwer gewöhnen, wie Magnolien und Eukalyptus, kauft man am besten im Container, da die Wurzeln dann weniger beschädigt werden. Auch exotische und seltene Bäume werden normalerweise in Containern angeboten.

Wenn Sie einen Baum ausgewählt haben, ziehen Sie ihn nach Möglichkeit aus dem Behälter, damit Sie die Wurzeln sehen; kaufen Sie keine festsitzenden Pflanzen mit dicht gedrängten Wurzeln oder solche, bei denen schon dicke Wurzeln durch den Topfboden wachsen. Solche Bäume entwickeln sich meist nicht gut und können, da das Wurzelsystem instabil und schlecht verankert ist, später leicht entwurzelt werden. Auch wenn die Erde beim Herausziehen nicht am Wurzelballen haftet, sollten Sie die Pflanze nicht kaufen, da das Wurzelsystem nicht ausreichend entwickelt ist. Achten Sie darauf, ob der Container groß genug war: Als Richtlinie sollte der Durchmesser mindestens ein Sechstel der Baumhöhe betragen. Ein hoher Baum in einem kleinen Container wird ziemlich sicher festsitzen.

Auch das Substrat ist wichtig: Mit Gartenerde als Substrat entwickelt sich die Containerpflanze später besser als mit anderen Substraten, da sie sich nach dem Anpflanzen leichter an den Boden anpassen kann.

Wurzelnackte Bäume

Wurzelnackt angebotene Bäume (meistens laubabwerfende) werden im Freiland gezogen und dann praktisch ohne Erde an den Wurzeln herausgenommen. Man kauft sie immer während ihrer Ruheperiode, vorzugsweise im Herbst oder im Vorfrühling; belaubte Pflanzen überstehen das Umpflanzen selten. Esche *(Fraxinus)*, Pappel *(Populus)* und viele Angehörige der Rosaceae, wie z.B. Zieräpfel *(Malus)*, werden oft wurzelnackt angeboten.

Der gewählte Baum sollte rundum gut entwickelte und gleichmäßige Wurzeln haben. Wenn die Pflanze mehrere kleine Wurzeln mit 2-5 mm Durchmesser hat, weist das darauf hin, daß sie etwa jährlich unterschnitten wurde, um kräftigen Wuchs und die Ausbildung eines gesunden Wurzelsystems zu fördern. Untersuchen Sie die Wurzeln sorgfältig, ob sie auch keine Anzeichen von Beschädigung, Krankheit oder Austrocknung durch Wind aufweisen. Kaufen Sie keine Bäume, bei denen die Wurzeln alle auf eine Seite zeigen, da diese sich nicht gut entwickeln.

Bäume mit Wurzelballen

Auch diese Bäume werden im Freiland gezogen, aber wenn sie aus

Abstützen

Da es eine oder mehrere Wachstumsperioden dauert, bis das Wurzelsystem eines neu gepflanzten Baumes fest im Boden verankert ist, muß man die Pflanze anfangs vielleicht gegen starke Winde abstützen. Der Pfahl muß ca. 60 cm in die Erde getrieben werden, damit er stabil ist. Nach zwei oder drei Jahren sollte der Baum soweit aufgebaut sein, daß der Pfahl entfernt werden kann.

Üblicherweise verwendet man einen hohen, senkrechten Pfahl auf der Seite der Hauptwindrichtung, der gerade bis unterhalb der Krone reicht. Ist der Pfahl niedriger, kann sich der Baum jedoch im Wind bewegen.

Bei Bäumen mit biegsamen Stämmen, wie Zieräpfeln, verwendet man im ersten Jahr einen hohen Pfahl, den man im zweiten Jahr kürzt, im dritten entfernt.

Bei Pflanzen in Containern oder mit Wurzelballen hat sich ein kurzer, schräger Pfahl gegen die Hauptwindrichtung bewährt, der nach dem Anpflanzen noch in den Boden getrieben werden kann, ohne daß die Wurzeln beschädigt werden. Oder man treibt zwei oder drei senkrechte Pfähle gleichmäßig verteilt rund um den Wurzelbereich in die Erde. In windigen Lagen oder für Bäume mit mehr als 4 m Höhe gibt man zwei senkrechte Pfähle als Stütze zu beiden Seiten des Wurzelballens in den Boden. Große Bäume werden oft durch an Pfählen befestigte Seile gesichert. Man sollte die Seile aber mit weißem Klebeband kennzeichnen, damit niemand darüber stolpert.

HOHER PFAHL
Vor dem Pflanzen wird ein hoher Pfahl in den Boden getrieben. Der Baum wird mit zwei gepolsterten Baumbändern mit Schnalle und Abstandhalter gesichert.

NIEDRIGER PFAHL
Ein niedriger Pfahl läßt dem Baumstamm ein wenig Bewegungsfreiheit; er sollte nur 50 cm aus dem Boden herausragen.

SCHRÄGER PFAHL
Ein niedriger, schräger Pfahl kann auch nach der Pflanzung in einem Winkel von 45° gegen die Hauptwindrichtung in den Boden getrieben werden.

ZWEI PFÄHLE
Zwei Pfähle werden zu beiden Seiten des Baumes in den Boden getrieben und mit stabilen Gummibändern am Baum befestigt.

HALTESEILE
Eine besonders starke Stütze sind Halteseile an niedrigen Pfählen, die sich in einem Winkel von 45° vom Baum wegneigen. Die Seile werden gleichmäßig verteilt und mit Ringschrauben und Drahtseilklemmen (siehe Nebenbild ganz rechts) befestigt. Wo das Seil den Baum berührt, muß es mit Schläuchen schützend gepolstert werden (siehe Nebenbild rechts oben).

Baumbänder

Baumbänder sollen sicher und langlebig sein und trotz zunehmendem Umfang des Baumes nicht in die Rinde einschneiden. Damit die Stütze nicht an der Rinde reibt und sie beschädigt, verwendet man einen Abstandhalter oder ein gepolstertes Band in Form einer Acht, das am Pfahl angenagelt wird. Bei zwei oder drei Pfählen werden diese am Baum mit stabilen Gummi- oder Plastikbändern befestigt. Für einen großen, durch Seile gestützten Baum verwendet man am besten mehrfache Draht- oder Kunststoffseile.

BAND MIT ABSTANDHALTER
Das Band wird durch den Abstandhalter, um den Baum und wieder durch den Abstandhalter geführt; das gespannte Band darf die Rinde nicht beschädigen.

GUMMIBAND
Ein Gummi- oder Plastikband ohne Schnalle wird am Pfahl angenagelt, damit die Rinde nicht durch Reibung beschädigt wird.

dem Boden genommen werden, werden die Wurzeln und die sie umhüllende Erde in Leinen oder in ein Netz gepackt, damit der Wurzelballen nicht zerfällt oder austrocknet. Laubabwerfende Bäume mit mehr als 4 m Höhe und viele immergrüne Bäume, besonders Koniferen und Palmen mit mehr als 1,5 m Höhe, werden oft so angeboten.

Bäume mit Wurzelballen werden während der Ruheperiode gekauft, also im Herbst oder im Vorfrühling; es sind dieselben Punkte zu beachten wie bei wurzelnackten und Containerpflanzen.

Sämlinge und Schößlinge

Bis zu einem Jahr alte Sämlinge sind normalerweise nur in speziellen Baumschulen erhältlich. Verpflanzte Sämlinge sind maximal vier Jahre und mindestens einmal verpflanzt. Die robusten Pflanzen sind 60-120 cm hoch. Alter und Behandlung werden von der Baumschule oft folgendermaßen angegeben: »1+1« bezeichnet einen Sämling, der nach einem Jahr im Saatbeet für eine weitere Saison umgepflanzt wurde; »1 u 1« bedeutet, daß der Baum nach einem Jahr unterschnitten wurde (siehe »Wurzelnackte Bäume«, S. 40) und für ein weiteres Jahr am selben Standort blieb.

Schößlinge sind einzelne peitschenartige Sämlinge, die je nach Höhe verkauft werden; sie sind wenigstens 1-2 m hoch und wurden mindestens einmal verpflanzt.

Heister

Diese geradegewachsenen, baumartigen Gehölze ohne Krone sind bis unten beastet und gut bewurzelt. Sie wurden mindestens einmal verpflanzt und sind 1-2 m hoch (Staffelung von jeweils 50 cm).

EINSCHLAGEN
Wenn sich das Anpflanzen verzögert, wird der Baum eingeschlagen: Man hebt eine kleine Grube aus und setzt den Baum schräg hinein, damit der Stamm abgestützt ist. Wurzeln und Basis locker mit feuchter Erde bedekken, denn sie dürfen nicht austrocknen.

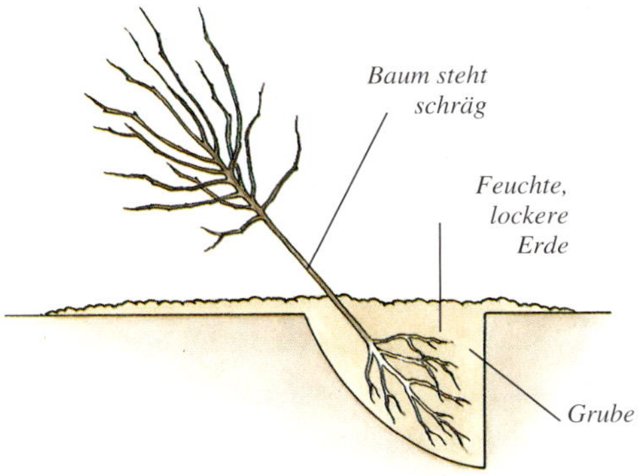

Hochstämme und Solitärbäume

Hochstämme sind 2,5-3 m hoch und wurden mindestens zweimal verpflanzt; sie sind so aufgeputzt (die Seitentriebe weggeschnitten) worden, daß sich bis in eine Höhe von etwa 2 m über dem Boden ein einziger Stamm ohne Seitenäste ausbildet. Hochstämme mit Mittelleittrieb sind den Heistern ähnlich, haben aber ein deutliches Stammstück an der Basis, während Bäume mit Hohlkrone so geschnitten werden, daß in der Mitte eine Art Trichter entsteht. Halbstämme sind Bäume mit einer Höhe von 2 m und 1,2-1,5 Stammhöhe, einzelne Hochstämme erreichen auch 3,5 m. Solitärbäume, wie große Hochstämme mit einer Höhe von 5 m, und halbausgewachsene Bäume mit einer Höhe von 5-12 m sind nur in speziellen Baumschulen erhältlich.

Pflanzzeit

Containerpflanzen können zu jeder Jahreszeit gepflanzt werden, nur nicht in Trocken- oder Frostperioden, während laubabwerfende, wurzelnackte Bäume von der zweiten Herbst- bis zur ersten Frühlingshälfte (außerhalb der Frostperioden) gepflanzt werden sollten. Winterharte immergrüne und winterharte laubabwerfende Bäume mit fleischigen Wurzeln werden mitten im Herbst oder in der zweiten Frühlingshälfte gepflanzt, halbwinterharte Bäume mitten im Frühling. Ballenpflanzen setzt man am besten in der ersten Herbst- oder der zweiten Frühlingshälfte, laubabwerfende bei mildem Klima auch im Winter.

Bodenvorbereitung

Ein bereits vorbereiteter Boden kann sich setzen; außerdem wird die Zeit zwischen Kauf und Pflanzung verkürzt. Der Boden sollte gut durchlässig sein, andernfalls muß er vor dem Anpflanzen verbessert werden (siehe »Die Drainage verbessern«, S. 529). Entfernen Sie alle anderen Pflanzen aus dem Pflanzbereich, damit sie dem Baum nicht Nährstoffe und Wasser entziehen, und holländern Sie den Boden. Dabei wird in die untere Furche organisches Material eingearbeitet (siehe »Holländern«, S. 526).

Die meisten Bäume benötigen 50-100 cm Bodentiefe, damit sie zufriedenstellend gedeihen. Manche wachsen auch auf 15 cm Boden, sind aber dann weniger robust und anfälliger für Trockenheit.

BÄUME FÜR SAURE BÖDEN

Abies
Arbutus menziesii
Cercidiphyllum japonicum
Cornus nuttallii
Cryptomeria
Embothrium coccineum
Fagus grandifolia
Magnolia acuminata, *M. campbellii* (und Sorten)

Magnolia campbellii

Michelia ❄
Oxydendrum arboreum
Picea (die meisten Arten)
Pseudolarix amabilis
Pseudotsuga
Rhodoleia championii ❄
Sciadopitys verticillata
Stewartia
Styrax japonica
Tsuga heterophylla

BÄUME FÜR STARK ALKALISCHE BÖDEN

Acer campestre, *A. lobelii*, *A. negundo* (und Sorten), *A. platanoides* (und Sorten)
Aesculus
Carpinus betulus
Cedrus libani
Cercis siliquastrum
Chamaecyparis lawsoniana (und Sorten)
Crataegus
x *Cupressocyparis leylandii* (und Sorten)
Cupressus glabra
Fagus sylvatica (und Sorten)
Fraxinus excelsior, *F. ornus*
Juniperus
Malus
Morus nigra
Ostrya carpinifolia
Phillyrea latifolia
Pinus nigra
Populus alba
Prunus avium 'Plena', *P. sargentii*

Prunus sargentii

Pyrus
Robinia (Arten und Sorten)
Sorbus aria (und Sorten)
Taxus baccata (und Sorten)
Thuja
Tilia tomentosa

SCHLÜSSEL
❄ *Nicht winterhart*

Pflanzung

Sind alle Vorbereitungen getroffen, wird das Pflanzloch gegraben; es sollte zwei- bis viermal so breit sein wie der Wurzelballen, je nachdem ob es sich um eine Container-, Ballen- oder wurzelnackte Pflanze handelt. Wird das Loch schon vorher gegraben, muß es bis zum Anpflanzen wieder locker mit Erde gefüllt werden, damit der Boden nicht »auskühlt«. Mischen Sie die ausgehobene Erde mit gut verrottetem organischem Material und, bei Frühjahrspflanzungen, mit etwa 110 g Langzeitdünger. Lockern Sie mit einer Grabgabel die Seitenwände und den Boden auf, damit sich die Wurzeln leichter ausbreiten können; das ist bei schweren Böden besonders wichtig. Wenn Sie nur einen Stützpfahl verwenden, wird dieser vor dem Pflanzen neben dem Mittelpunkt des Pflanzenlochs in den Boden getrieben (siehe auch »Abstützen«, S. 40).

Containerpflanzen

Zuerst muß die Erde im Container gut durchfeuchtet werden. Dann wird der Container entfernt, notfalls aufgeschnitten, ohne daß die Wurzeln beschädigt werden. Zupfen Sie mit den Fingern oder mit einer Gabel vorsichtig die Wurzeln heraus, damit sie leichter mit dem Boden verwachsen; das ist bei festsitzenden Pflanzen besonders wichtig. Sind Wurzeln beschädigt, werden sie nun mit einer Gartenschere glattgeschnitten. Überprüfen Sie die Pflanztiefe: Wird ein Baum zu tief gepflanzt, erhalten die Wurzeln nicht genügend Sauerstoff, und die Pflanze wächst langsamer oder stirbt ab; wird der Baum zu flach gepflanzt, können die Wurzeln austrocknen. Setzen Sie den Baum

Bäume für sandige Böden

Abies grandis
Acacia dealbata ❄
Acer negundo (und Sorten)
Agonis flexuosa ❄
Banksia serrata ❄
Betula pendula (und Sorten)
Castanea sativa
Celtis australis
Cercis siliquastrum
Cupressus glabra
Eucalyptus ficifolia ❄
Gleditsia triacanthos
Juniperus
Larix decidua
Melia azedarach
Nothofagus obliqua
Phoenix canariensis ❄
Pinus pinaster, P. radiata
Quercus ilex
Schinus molle ❄
Tabebuia chrysotricha ❄
Thuja occidentalis (und Sorten)

Tabebuia chrysotricha

Bäume für lehmige Böden

Acer platanoides (und Sorten)
Castanospermum australe ❄
Crataegus laevigata (und Sorten)
Fraxinus
Juglans nigra
Malus

Malus 'Cowichan'

Metasequoia glyptostroboides
Populus
Pterocarya fraxinifolia
Pyrus calleryana 'Chanticleer'
Quercus palustris, Q. robur
Salix
Taxodium distichum

Schlüssel
❄ *Nicht winterhart*

Pflanzvorgang bei Containerpflanzen

1 Kennzeichnen Sie den Bereich, wo das Loch gegraben werden soll – etwa 3- oder 4mal den Durchmesser des Wurzelballens. Entfernen Sie Gras oder Unkraut, und graben Sie ein Loch in etwa 1 1/2 mal der Tiefe des Wurzelballens.

2 Lockern Sie die Seitenwände, und mischen Sie den Aushub mit verrottetem organischem Material.

3 Ein Stützpfahl wird auf der dem Wind zugewandten Seite neben dem Mittelpunkt eingeschlagen. Geben Sie bis zu 20% der Erdmischung in die Grube.

4 Neigen Sie den Baum zur Seite, und lassen Sie ihn aus dem Topf gleiten. Ziehen Sie die Wurzeln vorsichtig heraus, ohne den Ballen zu beschädigen.

5 Setzen Sie den Baum neben den Stützpfahl, legen Sie die Wurzeln auseinander. Überprüfen Sie die Pflanztiefe, und entfernen oder fügen Sie noch etwas Erde zu.

6 Füllen Sie das Pflanzloch mit der Erdmischung, die Sie nach und nach andrücken; schließlich mit der Gabel etwas auflockern und gut wässern.

7 Schneiden Sie beschädigte Äste, lange Seitentriebe und die unteren Seitenzweige zurück. Tragen Sie eine 5-7 cm dicke Mulchschicht auf.

in das Loch, und suchen Sie die Bodenmarke – eine dunkle Stelle nahe der Basis, die angibt, wie tief der Baum in der Baumschule gestanden hat. Legen Sie neben dem Stamm ein Bambusstäbchen über das Loch, und entfernen Sie oder fügen Sie Erde zu, bis die Bodenmarke das Stäbchen erreicht.

Füllen Sie das Loch wieder mit Erde, und drücken Sie diese gut an, damit keine Lufteinschlüsse entstehen; Vorsicht bei lehmigen Böden, zu festes Andrücken läßt den Boden zu dicht und wasserundurchlässig werden. Bei sandigen Böden leitet ein flacher Graben rund um den Baum mehr Wasser zu den Wurzeln. Ein kleiner Wall rund um den Stamm läßt bei Lehmböden das Wasser vom Wurzelballen wegfließen.

Schneiden Sie den oberirdischen Teil des Gehölzes ein wenig zurück, damit das Verhältnis zum Wurzelsystem ausgewogen ist (siehe »Erziehungsschnitt«, S. 48), befestigen Sie den Baum dann mit einem oder mehreren Bändern (siehe »Baumbänder, S. 41) an der Stütze. Wässern Sie gründlich und tragen Sie im gesamten Durchwurzelungsradius eine dicke Mulchschicht auf.

Ballenlose Bäume

Das Pflanzloch muß so groß sein, daß die Wurzeln darin ausgebreitet werden können; schneiden Sie beschädigte Wurzeln zurück. Ein einzelner Stützpfahl wird neben der Mitte der Pflanzgrube in den Boden getrieben, die Wurzeln des Baumes werden rund um ihn ausgebreitet. Sorgen Sie durch leichtes Schütteln des Stammes dafür, daß sich die Erde um die Wurzeln setzt. Drücken Sie die Erde beim Auffüllen öfter an, ohne dabei die Wurzeln zu beschädigen. Zuletzt wird der Baum gründlich gegossen und der Bereich mit einer Mulchschicht abgedeckt.

Ballenpflanzen

Mit Ballenpflanzen verfährt man ähnlich wie mit Containerpflanzen. Das Pflanzloch sollte jedoch zweimal, bei schweren, lehmigen Böden dreimal so groß wie der Wurzelballen sein. Setzen Sie den Baum in der richtigen Höhe in das Loch, und entfernen Sie das Leinen oder Netz vom Wurzelballen. Ein schräger Pfahl oder zwei Pfähle werden nun in den Boden gegeben; sie sollten fest am Wurzelballen anliegen, ohne ihn zu durchbohren.

Bei schweren, lehmigen Böden kann man die Wasserdurchlässigkeit verbessern, wenn die obere Fläche des Wurzelballens etwas über der Erdoberfläche bleibt; dieser freiliegende Teil wird dann mit 5-7 cm krümeliger Erde abgedeckt, um den Stamm läßt man einen Spalt von 2,5-5 cm frei. Gründlich wässern und mulchen.

Pflege junger Pflanzen

In den ersten zwei oder drei Jahren müssen Bäume reichlich gewässert werden, besonders bei Trockenheit. Andernfalls kann die Entwicklung beeinträchtigt werden oder der Baum sogar absterben. Halten Sie das Umfeld frei von Unkraut und Gras, und düngen und mulchen Sie regelmäßig.

PFLANZVORGANG BEI BALLENPFLANZEN

1 Heben Sie ein Pflanzloch mit dem 2- bis 3fachen Durchmesser des Wurzelballens aus. Mischen Sie die ausgehobene Erde mit verrottetem organischem Material, und setzen Sie den Baum in das Loch.

2 Neigen Sie den Baum zur Seite, und rollen Sie die Hülle unter dem Ballen auf, dann neigen Sie den Baum zur anderen Seite und ziehen die Hülle vorsichtig weg. Das Pflanzloch zuwerfen, die Erde antreten und gut wässern.

Geschützter Stamm

In vielen Regionen müssen junge Bäume vor Hasen u. a. Tieren, die die Rinde beschädigen, geschützt werden. Der Baum wird entweder durch einen mit mehrere Bambusstäbchen oder Pfähle befestigten Maschendraht umgeben oder mit einem Stammschoner. In Gartencentern sind mehrere Formen erhältlich, z. B. spiralförmige Wickelschoner aus flexiblem oder extrastarkem Kunststoff oder aus Maschendraht. Stammschoner aus abbaubarem Kunststoff gibt es in Höhen zwischen 60 cm und 2 m.

In exponierten Lagen, etwa auf Berghängen, können sich junge Gehölze leichter behaupten, wenn sie noch zusätzlich geschützt werden; es gibt Stammschoner aus abbaubarem Kunststoff in einer Höhe von bis zu 1,2 m und einem Durchmesser von 8 bis 15 cm.

A B C D

Gepflanzte Bäume schützt man vor Tieren mit einem durch Bambusstäbe im Boden befestigten Maschendraht (A), einem starren Kunststoffschoner (B), einem extrastarken Gummi- oder Kunststoffschoner (C) oder einem spiralförmigen Wickelschoner aus Kunststoff (D).

Pflanzvorgang bei Kübelpflanzen

Bäume sind ausgezeichnete Kübelpflanzen für Innenhöfe.

Der Behälter sollte einen Durchmesser von einem Sechstel bis zu einem Viertel der Höhe des Baumes und eine Tiefe von mindestens eineinhalbmal dem Wurzelballen haben. Dadurch wird die Bodentemperatur annähernd konstant gehalten und Feuchtigkeit gespeichert, die Wurzeln können sich gut entwickeln. Ohne Abzugslöcher würde Staunässe entstehen.

Vorbereitung des Pflanzgefäßes

Soll ein alter Kübel wiederverwendet werden, muß er mit Wasser gründlich gesäubert werden. Alle Löcher werden mit Topfscherben abgedeckt, darüber gibt man eine 2,5 cm dicke Schicht aus grobem Kies. Darauf kommt mit Langzeitdünger angereicherte Pflanzerde auf Lehmbasis. Für einen Hochstamm muß vor dem Pflanzen ein Stützpfahl in die Erde gegeben werden.

Pflanzung

Bereiten Sie den Baum vor und überprüfen Sie die Pflanztiefe, wie bei den Containerpflanzen beschrieben (S. 42). Die Erde wird nach dem Pflanzen gut angedrückt. Eine 2,5-4 cm dicke Schicht aus Mulch oder Kies verhindert, daß die Erde austrocknet und hart wird. Gründlich wässern, bei kalkfliehenden Arten mit weichem oder Regenwasser. Stellen Sie den Kübel auf Ziegel oder Blöcke, damit das Wasser frei abfließen kann.

Geben Sie die Stütze in die Erde und pflanzen Sie das Bäumchen so, daß die Bodenmarke etwa 4-5 cm unter dem Topfrand ist.

Laufende Pflege

WIEVIEL Pflege ein Baum braucht, hängt von Art, Mikroklima, Bodentyp und Standort ab. Die meisten Bäume müssen gewässert und gedüngt werden und brauchen in den ersten Jahren ein sauberes, unkrautfreies Umfeld; Kübelpflanzen brauchen regelmäßig eine Kopfdüngung und sollten von Zeit zu Zeit umgetopft werden.

Wässern

Die meisten Bäume brauchen zum Wachsen reichlich Wasser, besonders bei leichten, sandigen Böden, oder in den ersten zwei oder drei Jahren nach der Pflanzung. Als Richtwert gelten etwa 50-75 l/m² pro Baum in der Woche bei trockenem Wetter während der Wachstumsperiode. Sobald sie aufgebaut sind, müssen die meisten jungen Bäume nur noch bei anhaltender Trockenheit künstlich bewässert werden.

Düngen

Alle Bäume profitieren von einer Düngung, besonders wenn der Boden nährstoffarm ist und der Baum erst vor wenigen Jahren gepflanzt wurde. Ältere Bäume müssen nur selten gedüngt werden. Bäume mit interessanten Blüten und Früchten brauchen mehr Kali- und Phosphatdünger, solche mit interessantem Laub mehr Stickstoff.

Organische Dünger wie gut verrotteter Mist oder Kompost werden im Herbst oder in einer frostfreien Periode während der Ruhezeit als 5-8 cm dicke Schicht rund um den Baum aufgetragen, am Stamm läßt man ein wenig Erde frei. Bei jungen Bäumen wird bis an den Außenrand der Krone gemulcht; bei größeren Bäumen reicht eine Fläche von 3-4 m Durchmesser.

Mineraldünger werden gewöhnlich im Frühling gegeben. Verteilen Sie den Dünger in einer Dosierung von 50g/m² um die Basis, oder mischen Sie ihn mit Kompost, und füllen Sie die Mischung in kleine Löcher in einem Abstand von 2 m am Außenrand der Krone. Oder tragen Sie einen Flüssigdünger rund um den Baum auf.

Auf Grasflächen gepflanzte Bäume müssen jährlich gedüngt werden, wenn sie nicht gut gedeihen. Das Gras zwischen dem Stamm und dem Außenrand der Krone entfernt man mit der Hand, dann wird eine nährstoffreiche Mulchschicht aufgetragen.

Mulchen

Eine Mulchschicht unterdrückt Unkraut, hält extreme Temperaturen von den Wurzeln fern und reduziert den Feuchtigkeitsverlust an der Bodenoberfläche. Im allgemeinen wird organisches Material, wie etwa Rindenmulch, verwendet, da es auch hübsch aussieht. Schwarze Kunststoffolie ist ebenfalls geeignet, verwenden Sie aber niemals farblose Folie, da die Hitze dann rasch auf den Boden übertragen wird und Oberflächenwurzeln schädigen kann. Nährstoffreicher Mulch wird normalerweise nur dann verwendet, wenn ein Baum gedüngt werden soll. Mulch wird am besten im Frühling aufgetragen, man kann aber, wenn der Boden feucht ist, auch zu anderen Zeiten mulchen, allerdings nicht bei Frost. Die Mulchschicht sollte 35-40 cm über den Wurzelbereich des Baumes hinausreichen und jährlich, bei jungen Bäumen alle zwei Jahre, erneuert werden.

Unkraut

Der Bereich unter der Baumkrone sollte frei von Unkraut und Gras gehalten werden, damit den Faserwurzeln nicht Wasser und Nährstoffe entzogen werden.

Wächst ein Baum zu schnell, hilft ein wenig Gras rund um den Baum,

Pflege von Kübelpflanzen

Kübelpflanzen müssen im allgemeinen öfter gewässert und gedüngt werden als andere, da das wenige Substrat auch nur geringe Wasser- und Nährstoffmengen speichern kann. Bei heißem, trockenem Wetter müssen sie mindestens zweimal täglich gegossen werden. Decken Sie die Erde jährlich mit einer Mulchschicht aus Rindenschnitzeln oder ähnlichem Material ab, damit sie feucht bleibt. Geben Sie außerdem jeden Frühling vor Beginn der Wachstumsperiode eine Kopfdüngung. Dabei wird ein Teil des alten Substrats durch frisches, mit Dünger angereichertes ersetzt. Gleichzeitig werden abgestorbene, beschädigte, schwache oder wuchernde Triebe zurückgeschnitten und der Baum verjüngt, um den gesunden, kräftigen Wuchs zu fördern.

Alle drei bis fünf Jahre wird der Baum umgetopft, entweder ins gleiche Gefäß oder in ein größeres. Man nimmt den Baum vorsichtig aus dem Topf und zieht die Wurzeln heraus. Große Wurzeln werden um bis zu einem Drittel gekürzt. Ein trockenes Wurzelsystem muß gründlich gewässert werden, dann wird der Baum in frische Erde gesetzt (siehe »Pflanzvorgang bei Kübelpflanzen«, S. 43). Verwendet man denselben Topf noch einmal, muß er vorher gründlich ausgewaschen werden.

KOPFDÜNGUNG

1 *Mit einer Spatel oder mit der Hand werden Mulch und die oberen 5 cm Erde entfernt.*

2 *Der Topf wird mit frischer, mit Langzeitdünger vermischter Erde aufgefüllt. Gut wässern und mulchen.*

UMTOPFEN

1 *Legen Sie das Bäumchen vorsichtig auf die Seite, und holen Sie es aus dem Topf, indem Sie auf den Topfboden klopfen, eine Hand hält dabei Stamm und Wurzelballen. Entfernen Sie Dünger oder Mulchschicht.*

2 *Arbeiten Sie die Wurzeln mit einer Handgabel vorsichtig heraus; ein Teil des alten Substrats wird vom Ballen entfernt. Lange Wurzeln kürzen.*

3 *Setzen Sie den Baum so ein, daß die frische Erdmischung bis zur Bodenmarke reicht. Mit den Fingern andrücken, wässern und mulchen.*

WILDLINGE ENTFERNEN

Mit der Gartenschere wird der Wildling nahe am Stamm abgeschnitten, dann geht man noch mit einem Messer über die Schnittstelle; jeder Nachtrieb wird sofort weggerieben.

WASSERTRIEBE ENTFERNEN

Wassertriebe, die durch die Rinde oder am Rand einer Schnittwunde wachsen, werden mit der Gartenschere entfernt.

das Wachstum einzubremsen, da es ihm Wasser und Nährstoffe entzieht.

Unkrautvertilgungsmittel sollten rund um Bäume nur im äußersten Fall eingesetzt werden, auch wenn sie die Wurzeln nicht angreifen. Durch eine Mulchschicht wird Unkrautvertilgung allerdings weitgehend überflüssig. Näheres über Unkräuter finden Sie im Kapitel »Unkraut«, S. 573-577.

Wildlinge und Wassertriebe

Bäume entwickeln oft unmittelbar unter der Veredelungsstelle oder direkt aus den Wurzeln Wildlinge. Diese können bei veredelten Gehölzen sehr schnell wachsen, so daß die als Unterlage dienende Art nach wenigen Jahren die aufgepfropfte Sorte dominiert.

Besonders starkwüchsige Bäume oder solche mit Wurzeln nahe der Bodenoberfläche, wie Pappeln *(Populus)* und Zierkirschen *(Prunus)*, bilden Wurzelsprosse, wenn das Wurzelsystem beschädigt wurde. Diese können zur Vermehrung verwendet werden, wirken auf Rasenflächen oder Gartenpfaden aber eher störend.

Der Wildling muß möglichst nahe am Ausgangspunkt abgeschnitten oder abgerissen werden, notfalls gräbt man bis zu der Stelle, wo er entspringt. Bei manchen Gattungen, wie z. B. *Prunus*, kann man die Schnittstelle auf den Wurzeln mit Ammoniumsulphamat bestreichen, das ein neuerliches Austreiben meist verhindert und dem Baum in kleinen Mengen nicht schadet.

Wassertriebe wachsen oft an Schnittwunden direkt aus dem Stamm. Sie werden sofort bei Erscheinen mit den Fingern oder dem Daumen weggerieben oder bis zum Ausgangspunkt abgeschnitten und, wenn sie nachwachsen, weggerieben.

Frost und Wind

Bäume können durch starken Wind oder strengen Frost geschädigt werden, sie benötigen daher etwa in exponierten Lagen Windschutz. Dabei kann es sich um künstlichen, wie Zäune, oder natürlichen Windschutz, wie Hecken (siehe auch »Windschutz«, S. 519), handeln.

Der Boden rund um einen neugepflanzten Baum kann vom Frost angehoben werden; in diesem Fall muß er nach dem Auftauen wieder angetreten werden, damit die Wurzeln nicht austrocknen (siehe auch WIND- UND FROSTSCHUTZ, S. 520-521).

Probleme

Mangelndes Wachstum ist ein Anzeichen dafür, daß mit dem Baum etwas nicht stimmt. Untersuchen Sie den Baum auf Schädlinge oder Krankheiten, und stellen Sie fest, ob er nicht zu tief gesetzt wurde, oder ob Wurzeln oder Triebe Schäden aufweisen, denn auch das sind Ursachen für schwaches Wachstum und Absterben.

Häufige Schädlinge sind Blattläuse (S. 550) und Rote Spinnmilben (S. 550), während der Hallimasch (S. 569) den meisten Schaden anrichtet; er befällt verschiedene Bäume, die dann oft absterben. Um das Risiko möglichst gering zu halten, sollen die Bäume entsprechend gedüngt und gepflegt und auch das Umfeld sorgfältig von Unkraut und jedweder Verunreinigung freigehalten werden.

Umsägen eines Baumes

Bäume können zu jeder Jahreszeit gefällt werden; dies ist jedoch nicht ungefährlich und erfordert etwas Geschick: Ist der Baum höher als 5 m, sollte man sich an einen Fachmann wenden. Überprüfen Sie, ob der Baum nicht zu einer geschützten Art gehört und ob Sie rechtmäßiger Besitzer sind, falls er an einer Grundstücksgrenze steht.

In der Fallrichtung muß genug Platz und im rechten Winkel dazu ein Fluchtweg frei sein, damit man notfalls ausweichen kann.

Ein Baum wird normalerweise in Etappen umgesägt. Zuerst entfernt man abschnittweise größere Äste (siehe auch »Entfernen eines Astes«, S. 47), dann wird der Stamm umgesägt, indem man auf der Seite, auf die der Baum fallen soll, zuerst einen kleinen Keil herausschneidet und dann auf der gegenüberliegenden Seite schneidet. Der Baum kann in die vorgesehene Richtung gedrückt werden. Wird ein großer Baum gefällt, legt man Seile um den Stamm, die den Fall leiten.

Der Stumpf wird am besten entfernt. Ist das nicht möglich, kann er mit Chemikalien behandelt werden; läßt man ihn verrotten, kann er von Hallimasch befallen werden (S. 569), der sich dann ausbreitet. Graben Sie den Stumpf und alle größeren Wurzeln mit einem Spaten aus. Hartnäckige Wurzeln sollten mit einer Axt gelöst werden. Ein großer Stumpf muß vielleicht von einem Fachmann mit speziellen Werkzeugen entfernt werden.

1 Machen Sie auf der Seite, auf die der Baum fallen soll, einen schrägen Schnitt, etwa ein Drittel des Stammdurchmessers tief und 1 m über dem Boden.

2 Schneiden Sie einen Keil heraus, indem Sie waagrecht bis ans Ende des Schrägschnitts sägen. Entfernen Sie den Keil; so fällt der Baum wie gewünscht.

3 An der gegenüberliegenden Seite wird der Schnitt nun knapp über dem keilförmigen Einschnitt angesetzt. Wenn der Baum zu fallen beginnt, drücken Sie ihn in die Fallrichtung.

4 Entfernen Sie den Stumpf, indem Sie einen breiten Graben ausheben, die Wurzeln mit einer Gabel oder einem Spaten lockern und den Stumpf herauswinden oder ausgraben.

Umsetzen eines Baumes

Der Baum sollte auf das Umsetzen bereits ein Jahr vorher vorbereitet werden. Wenn der Baum schon älter ist, erweist sich das Umsetzen als schwierig; ist er bereits höher als 2,5 m, kann er sich an seinen neuen Platz vielleicht nur schwer anpassen. Große Bäume sollten besser von Fachleuten umgesetzt werden.

Vorbereitung

Ein Jahr vor dem Umsetzen wird im Frühherbst, wenn der Boden noch warm ist und die Baumwurzeln noch wachsen, der optimale Durchmesser für den Wurzelballen – etwa ein Drittel der Baumhöhe – gekennzeichnet. Man gräbt am Außenrand dieses Bereiches einen 30 cm breiten, 60 cm tiefen Graben und vermischt die ausgehobene Erde mit reichlich gut verrottetem Mulch.

Mit einem scharfen Spaten untergräbt man den Wurzelballen, um möglichst alle großen Wurzeln zu lösen. Dadurch wird das Wachstum der Faserwurzeln angeregt, und der Baum wird sich nach dem Umsetzen gut entwickeln und besser wachsen. Dann wird die Mischung aus Erde und organischem Material zurück in den Graben geworfen.

Herausheben des Baumes

Im darauffolgenden Herbst wird der Baum umgesetzt (siehe »Pflanzzeit«, S. 41), dabei bindet man zuerst die Äste an den Stamm, um sie zu schonen und um rund um den Baum mehr Bewegungsfreiheit zu erhalten. Graben Sie nun am Außenrand des im Vorjahr ausgehobenen Grabens wieder einen mit ähnlichen Maßen, und entfernen Sie mit einer Gabel nach und nach überschüssige Erde, bis der Wurzelballen eine handliche Größe und ein annehmbares Gewicht hat; achten Sie dabei auf die Faserwurzeln. Dann werden die Wurzeln an der Unterseite des Wurzelballens durchgeschnitten, damit dieser vom Boden getrennt ist. Der Ballen wird sicher in Leinen oder Kunststoff verpackt; dadurch wird er vor dem Austrocknen geschützt, während der Baum aus dem Loch genommen und an seinen neuen Platz gebracht wird.

Einpflanzen

Nun kann der Baum eingepflanzt werden (siehe »Pflanzvorgang bei Ballenpflanzen«, S. 43). Er muß mit Stricken gesichert, gründlich gewässert und gemulcht werden.

UMSETZEN EINES JUNGEN BAUMES

1 Bereiten Sie den Baum bereits ein Jahr vorher vor. Beim Umsetzen werden zuerst die Äste an den Stamm gebunden, damit sie nicht beschädigt werden. Dann wird rund um den Baum am äußeren Rand des Wurzelballens ein Graben von 30 cm Breite und 60 cm Tiefe gegraben.

2 Entfernen Sie mit einer Gabel vorsichtig die Erde vom Wurzelballen, und zwar so, daß die Wurzeln nicht beschädigt werden.

3 Untergraben Sie den Wurzelballen, und schneiden Sie die aus dem Ballen herausragenden Wurzeln zurück.

4 Legen Sie Kunststoffolie aus, neigen Sie den Baum zur Seite, und schieben Sie die Folie unter den angehobenen Ballen.

5 Neigen Sie den Baum vorsichtig zur anderen Seite, und ziehen Sie die Folie unter dem Ballen durch; der Ballen sollte nun mitten auf der Folie stehen.

6 Ziehen Sie die Folie um den Ballen hoch, und packen Sie ihn rundherum ein. Binden Sie sie fest, damit der Ballen beim Transport nicht beschädigt wird.

7 Neigen Sie den Baum zur Seite, und schieben Sie zwei Latten als eine Art Rampe darunter. Fassen Sie den Baum am Strick, und ziehen Sie ihn hoch.

8 Bringen Sie den Baum an den neuen Standort. Halten Sie ihn am Strick fest, senken Sie ihn in das Loch, entfernen Sie die Folie (Schritt 4 und 5 in umgekehrter Reihenfolge). Zupfen Sie das Unkraut aus dem Wurzelballen, pflanzen Sie den Baum bis zur Bodenmarke ein.

9 Befestigen Sie den neugepflanzten Baum mit Seilen an den Stützen. Wässern Sie ihn, und geben Sie eine 10 cm dicke Mulchschicht auf das umgebende Erdreich, um es feucht zu halten und Unkraut fernzuhalten.

Schnitt und Erziehung

Sachgemässer Schnitt und korrekte Erziehung halten einen Baum gesund und kräftig, regulieren seine Form und Größe und verbessern in manchen Fällen auch die optische Wirkung. Bei jungen Bäumen ist der Erziehungsschnitt wichtig, damit sie ein kräftiges, gleichmäßiges Astgerüst entwickeln; danach müssen die meisten Bäume nur noch sparsam geschnitten werden.

Wann wird geschnitten
Die meisten laubabwerfenden Bäume werden am besten während der Ruheperiode im Spätherbst oder Winter geschnitten; man kann sie auch zu anderen Zeiten schneiden, nicht jedoch im Spätwinter oder Vorfrühling, da viele dann »bluten« (Saft verlieren). Ahorn *(Acer)*, Roßkastanie *(Aesculus)*, Birke, Walnuß und Kirsche *(Prunus)* bluten stark, sogar gegen Ende der Ruheperiode; sie werden im Hochsommer geschnitten. Immergrüne müssen kaum geschnitten werden, im Spätsommer werden bloß abgestorbene oder kranke Äste entfernt.

Grundprinzipien des Schnittes

Zuerst werden abgestorbenes, krankes oder beschädigtes Holz und schwache oder wuchernde Sprosse entfernt. Dann begutachtet man das verbliebene Astgerüst und überlegt, welche Äste zurückgeschnitten oder entfernt werden sollen, damit der Wuchs gleichmäßig wird. Stören Sie durch den Schnitt nicht die natürliche Wuchsart eines Baumes, wenn Sie nicht eine bestimmte Form erzielen wollen, wie bei Spalierpflanzen. Ein starker Rückschnitt löst kräftiges Wachstum aus, ein vorsichtiger Schnitt schwaches.

Der Rückschnitt muß exakt erfolgen, damit der Schaden für den Baum gering bleibt. Beim Schneiden eines Triebes wird knapp über einem gesunden Auge, Augenpaar oder über Seitensprossen, die in die gewünschte Wuchsrichtung zeigen, angesetzt. Wird zu dichter Wuchs ausgedünnt, schneidet man bis auf ein Auge oder einen Sproß, der nach außen wächst, damit sich neue Triebe nicht berühren. Schneiden Sie weder zu weit vom Auge – so entsteht ein Stummel, der zum Ansatzpunkt für Krankheiten wird – noch zu nahe, da das Auge verletzt werden kann.

Bei Bäumen mit gegenständigen Augen wird der Schnitt mit einer scharfen Gartenschere gerade und direkt über einem Augenpaar angesetzt; bei Bäumen mit wechselständigen Augen macht man 3-5 mm über einem Auge einen schrägen Schnitt, der an der gegenüberliegenden Seite auf gleicher Höhe mit einem Auge abschließt.

Wird ein Ast ganz entfernt, schneidet man knapp außerhalb des Astringes. An dieser Stelle wird der Kallus gebildet, der dann die Wunde bedeckt. Schneiden Sie niemals genau am Stamm, denn dadurch wird die natürliche Schutzzone des Baumes geschädigt und dieser anfälliger für Krankheiten. Der Astring kann bei abgestorbenen Ästen ein Stück in den Ast hineinreichen, aber es muß dennoch neben dem Astring geschnitten werden.

Wo wird geschnitten

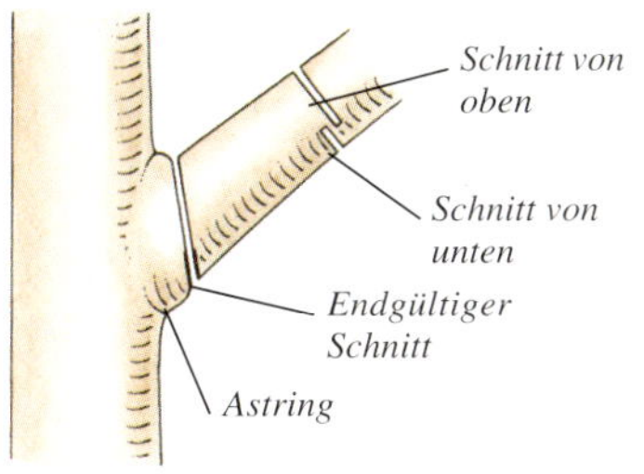

Wird ein Ast entfernt, darf der Astring nicht beschädigt werden; zuerst nimmt man mit 2 Schnitten das größte Gewicht weg, dann wird der Stummel abgeschnitten.

Schnitt an einem Trieb

Wechselständige Augen
Der Schnitt wird glatt und schräg knapp über einem gesunden, nach außen weisenden Auge angesetzt.

Gegenständige Augen
Der Schnitt wird glatt und gerade unmittelbar über einem kräftigen Augenpaar angesetzt.

Entfernen eines Astes

Entfernt man Äste mit weniger als 2,5 cm Durchmesser, reicht ein Schnitt mit einer Baum- oder Gartenschere. Bei dickeren Ästen wird zuerst das größte Gewicht entfernt: Der Ast wird in mindestens 30 cm Entfernung vom Stamm von unten eingeschnitten, dann ein Stück weiter außen von oben durchgesägt.

Nun entfernt man den verbliebenen Stummel, indem man ihn knapp außerhalb des Astringes von unten einschneidet, dann von oben durchschneidet. Wenn Sie Schwierigkeiten haben, den Astring zu finden, schneiden Sie den Stummel in geringer Entfernung vom Stamm ab, die Schnittfläche sollte sich nach außen vom Stamm wegneigen.

Ist der Winkel zwischen Ast und Stamm sehr spitz, kann man den Stummel vielleicht einfacher von unten als von oben absägen. Verzichten Sie auf Wundverschlußmittel, da die Beschleunigung des Heilungsprozesses fraglich ist.

Absägen eines Astes

1 *Der Ast wird mit der Säge 30 cm vom Stamm entfernt von unten um ein Viertel seines Durchmessers eingeschnitten. So kann die Rinde nicht einreißen.*

2 *Der zweite Schnitt wird um 2,5 cm weiter außen angesetzt, der Ast wird von oben ganz durchgesägt. Der sich schließende Einschnitt erleichtert das Sägen.*

3 *Mit zwei weiteren Schnitten wird der verbliebene Stummel entfernt. Zuerst macht man einen kleinen Einschnitt von unten knapp außerhalb des Astringes.*

4 *Der letzte Schnitt erfolgt knapp außerhalb des Astringes. Der Ast wird glatt bis zum Einschnitt an der Unterseite durchgesägt.*

Erziehungsschnitt

Junge Bäume profitieren von einem Erziehungsschnitt, weil sie dadurch ein kräftiges, ausgewogenes und gleichmäßiges Astgerüst entwickeln können. Man kann damit auch die künftige Gestalt des wachsenden Baumes bestimmen: So kann ein junger Baum durch Schnitt in mehreren Jahren zu einem Hochstamm oder an einer Wand zu einem Spalierbaum erzogen werden. Der Schnitt hängt sowohl vom gewählten Baumtyp als auch von der gewünschten Form ab. Man sollte auch beim Erziehungsschnitt darauf achten, daß die natürliche Wuchsart des Baumes nicht zerstört wird.

Bei jungen tropischen Bäumen ist der Schnitt besonders wichtig, da diese sehr rasch wachsen und der Umfang von Stamm und Ästen sehr schnell zunimmt; wenn sie in den ersten Jahren nach der Pflanzung korrekt geschnitten werden, kann man sie später natürlich wachsen lassen. Die meisten anderen Immergrüne entwickeln sich dagegen beinahe von selbst zu wohlgeformten Exemplaren; das Schneiden beschränkt sich gewöhnlich auf das Entfernen abgestorbener, beschädigter oder sich überkreuzender Triebe und störender Seitenäste.

Der Erziehungsschnitt bei Gartenzierbäumen hängt vom gekauften oder benötigten Baumtyp ab. Heister sind junge Bäume mit einem einzigen Mittelleittrieb und Seitenästen auf der ganzen Stammlänge. Ein Hochstamm mit Mittelleittrieb hat im unteren Teil des Stammes keine Seitenäste, beim Hochstamm mit Hohlkrone wurde außerdem zur Förderung von kräftigen Seitenästen der Mittelleittrieb entfernt.

Heister

Bei Heistern kann durch den Erziehungsschnitt entweder die natürliche Form betont oder zu einem Hochstamm erzogen werden. Diese Veränderung geschieht mitunter auch natürlich. Obwohl viele Heister die unteren Äste behalten, sterben diese bei manchen Arten ab, und der Baum wird zu einem Hochstamm mit Mittelleittrieb; andere Bäume verlieren auch den dominierenden Mittelleittrieb und werden zu Hochstämmen mit Hohlkrone. Anfangs ist der Erziehungsschnitt einfach, unabhängig vom späteren Habitus des Baumes. Zuerst werden alle Konkurrenztriebe entfernt, so daß nur ein Leittrieb bleibt. Dann entfernt man alle schwachen und störenden Seitenäste, damit das Astgerüst gleichmäßig um den Stamm verteilt und ausgewogen ist.

Schnitt und Erziehung bei jungen Bäumen

Heister

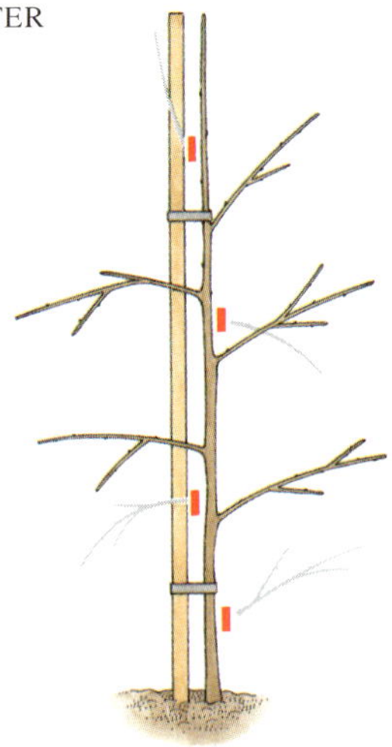

Entfernen Sie zu dichte oder überkreuzte Triebe, dann nehmen Sie kleine, dünne oder störende Seitenzweige heraus, damit das Astgerüst ausgewogen ist.

Hochstamm mit Mittelleittrieb

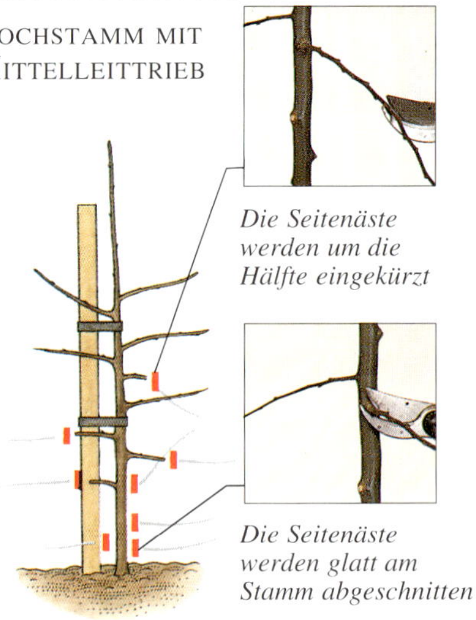

1. Jahr
Unten werden die Seitenäste bis auf den Stamm zurückgeschnitten, im mittleren Drittel um die Hälfte eingekürzt. Schwache Leittriebe entfernt man ganz.

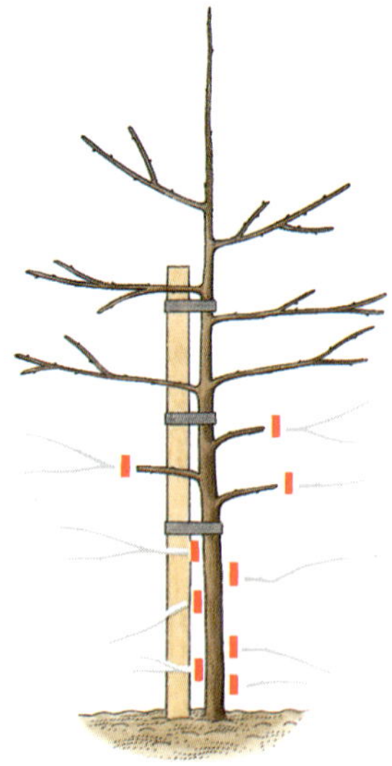

2. und 3. Jahr
Die untersten Seitenäste werden vollständig entfernt, die Seitenäste im mittleren Drittel um die Hälfte gekürzt.

Hochstamm mit Hohlkrone

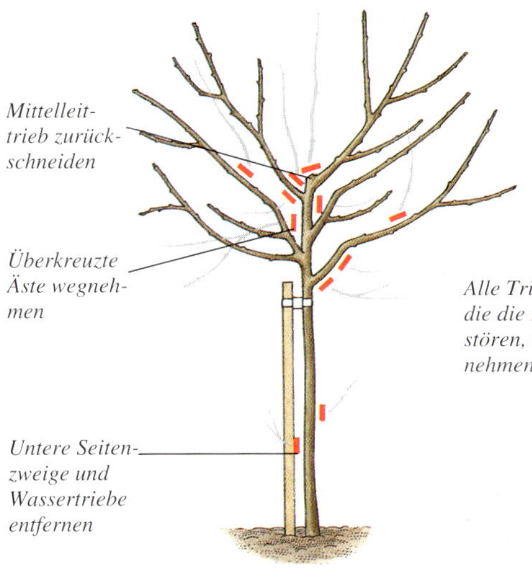

Äste und Triebe im unteren Drittel entfernen. Leittrieb bis auf ein gesundes Auge oder einen Sproß zurückschneiden.

Hängender Baum

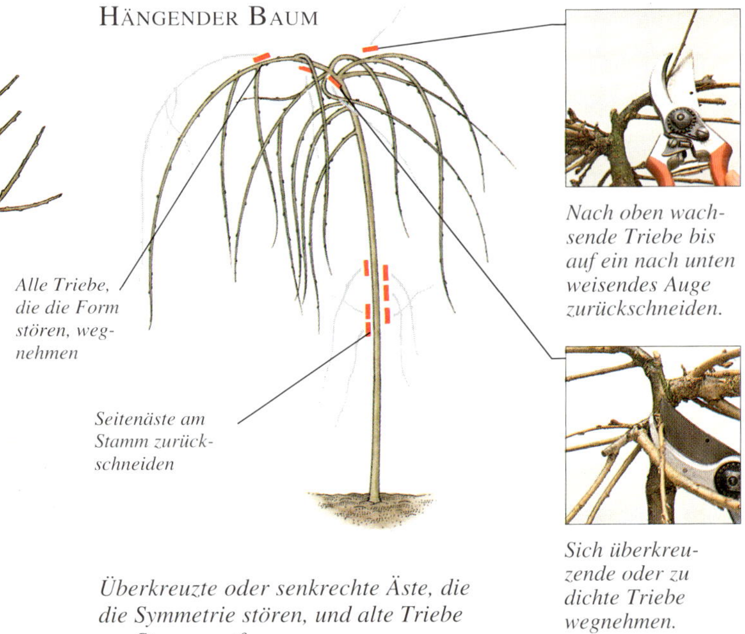

Überkreuzte oder senkrechte Äste, die die Symmetrie stören, und alte Triebe am Stamm entfernen.

Hochstämme mit Mittelleittrieb

Heister können in zwei oder drei Jahren durch Schnitt zu Hochstämmen erzogen werden; oft verwendet man dazu eine Technik, die dem Stamm auch mehr Nahrung zuführt und ihn dicker und kräftiger werden läßt.

Erst werden alle Konkurrenzleittriebe oder schwachen Seitenzweige entfernt. Dann werden im unteren Drittel des Baumes alle Seitenäste bis auf den Stamm zurückgeschnitten; im mittleren Drittel kürzt man die Seitenäste um die Hälfte ein; im oberen Drittel wird nicht geschnitten, es werden nur jene kräftigen, senkrechten Triebe entfernt, die zu Konkurrenzleittrieben werden könnten.

Im Spätherbst oder zu Winterbeginn werden die gestutzten Seitenäste glatt am Stamm abgeschnitten. Dieser Vorgang wird in den folgenden zwei oder drei Jahren wiederholt, bis ein Baum mit etwa 1,8 m Stammhöhe entsteht.

Hochstämme mit Hohlkrone

Ein Hochstamm mit Hohlkrone wird anfangs genauso erzogen wie ein Hochstamm mit Mittelleittrieb, bis die gewünschte Stammhöhe erreicht ist. In der zweiten Herbsthälfte wird dann der Leittrieb bis auf ein kräftiges, gesundes Auge oder einen Trieb zurückgeschnitten, so daß ein Gerüst aus vier oder fünf geeigneten, kräftigen Ästen entsteht. In diesem Stadium werden auch überkreuzte oder zu dichte Seitenäste entfernt sowie jene, die das Gleichgewicht des Astgerüstes stören.

In den nächsten Jahren wird der Baum nur soviel geschnitten, daß die ausgewogene Hohlkrone erhalten und in der Mitte offen bleibt; kräftige senkrechte Triebe, die sich zu neuen Leittrieben entwickeln können, und Seitenzweige im unteren Teil des Stammes werden entfernt.

Hängende Hochstämme
Ein hängender Hochstamm entsteht, wenn man einen oder zwei Edelreiser einer hängenden Sorte auf eine Unterlage mit einer Stammhöhe von etwa 1,8 m aufpfropft. Dieses »hochstämmige Veredeln« wird häufig bei Obstbäumen angewendet (siehe »Hochstämmiges Veredeln«, S. 383), aber auch bei der Gemeinen Esche (*Fraxinus excelsior* 'Pendula'), der Salweide (*Salix caprea* 'Pendula') und bei vielen anderen hängenden Zierbäumen. Junge, hängende Zweige entwickeln sich, sobald die Edelreiser angewachsen sind.

Der Schnitt beschränkt sich idealerweise auf das Entfernen von überkreuzten und senkrechten Ästen und von solchen, die die Symmetrie des Astgerüstes stören. Nach oben wachsende Triebe werden zwar gewöhnlich entfernt, einige halbaufrecht wachsende Triebe kann man jedoch belassen, da sie sich oft später nach unten neigen und so mehrere Schichten von hängenden Ästen entstehen. Zeigen sich am Stamm Triebe, muß man sie sofort wegreiben oder ausgeizen.

Spalier- und Fächerbäume
Bei Spalier- und Fächerformen erhält ein junger Baum durch Schnitt und Erziehung über mehrere Jahre hinweg ein attraktives, symmetrisches Astsystem in nur einer Ebene. Diese Technik wird gelegentlich bei Zierbäumen verwendet, die an Zäunen oder Mauern wachsen, meist aber bei Obstbäumen (siehe S. 382).

Schnitt bei etablierten laubabwerfenden Bäumen

Sobald ein laubabwerfender Baum gut etabliert ist, muß er nur noch sparsam geschnitten werden. Bei ausgereiften Bäumen überläßt man einen starken Schnitt am besten einem Fachmann oder Baumchirurgen, da die Arbeit sowohl Fachwissen erfordert, als auch gefährlich ist und Fehler den Baum ruinieren können.

Viele Bäume mit Hohlkrone werden mit der Zeit in der Mitte zu dicht, so daß die mittleren Äste nur noch wenig Luft und Licht bekommen. Nach innen wachsende Triebe und alle Äste, die die Ausgewogenheit des Astgerüstes stören, werden entfernt.

Wenn ein Baum zu groß für seinen Standort ist, sollten Sie nicht versuchen, sein Wachstum zu bremsen, indem Sie Jahr für Jahr alle neuen Triebe zurückschneiden; mit solchen »Haarschneidemethoden« erhalten Sie eine unansehnliche, dichte Traube von Trieben, die das natürliche Erscheinungsbild zerstört und weniger Blüten und Früchte trägt. Korrekt wäre es, so vorzugehen wie beim Verjüngen eines alten Baumes (siehe S. 50).

Nach einem rigorosen Schnitt, oder nachdem große Äste entfernt worden sind, bringen Bäume oft viele epikormische oder Wassertriebe hervor; diese müssen sofort weggerieben oder abgeschnitten werden (siehe S. 45).

Wurde der Mittelleittrieb beschädigt, wählt man einen kräftigen Trieb nahe am oberen Ende des Stammes und erzieht ihn senkrecht als Ersatz für den Leittrieb. Binden Sie den gewählten Trieb an einem am Stamm befestigten Bambusstäbchen fest und entfernen Sie mögliche Konkurrenztriebe. Sobald der Trieb kräftig genug ist und dominiert, kann das Stäbchen entfernt werden.

Entwickelt ein Baum zwei oder mehr Konkurrenztriebe, werden alle bis auf den stärksten entfernt. Die stark spitzwinkelige Gabelung zwischen Konkurrenzleittrieben ist ein struktureller Schwachpunkt, an dem der Baum von einem starken Wind gespalten werden kann.

Auf jungen Bäumen mit Hohlkrone können kräftige aufrecht wachsende Sprosse entstehen. Beläßt man diese, werden sie schnell zu Konkurrenzleittrieben, daher ist es wichtig, sie so bald wie möglich zu entfernen.

ENTFERNEN EINES KONKURRENZLEITTRIEBES

Schneiden Sie den Konkurrenztrieb mit einer Garten- oder Astschere am Ausgangspunkt glatt ab, ohne den verbleibenden Leittrieb zu beschädigen.

Schnitt bei eingewachsenen immergrünen Bäumen

Breitblättrige Immergrüne müssen sparsam geschnitten werden. Wenn ein gut entwickelter Leittrieb vorhanden ist und alle störenden Seitenäste in der Jugend entfernt wurden, muß nur mehr abgestorbenes, krankes Holz entfernt werden.

Eingewachsene Koniferen benötigen nur noch einen Erhaltungsschnitt, wenn sie nicht als Hecke gezogen werden (siehe »Hecken«, S. 60-62). Bei manchen Kiefern *(Pinus)*, Tannen *(Abies)* und Fichten *(Picea)* kann die Terminalknospe am Leittrieb absterben; in diesem Fall wird der am besten geeignete Seitenast als Ersatzleittrieb herangezogen, und alle aufrechten Konkurrenztriebe werden entfernt.

Wurzelschnitt
Wächst ein Baum sehr rasch und bringt er dabei nur wenig Blüten oder Früchte hervor, kann ein Wurzelschnitt das Wachstum bremsen und die Bildung von mehr Blüten und Früchten anregen.

Zu Frühlingsbeginn wird am äußeren Rand des Kronenumfangs ein Graben ausgehoben. Dann schneidet man mit einer Astschere oder Säge die dicken Wurzeln bis zum Innenrand des Grabens durch. Faserwurzeln sollen am Innenrand des Grabens erhalten bleiben; der Graben wird zugeworfen und die Erde angetreten. Näheres finden Sie im Kapitel DER OBSTGARTEN, »Wurzelschnitt«, S. 370. In manchen Fällen muß der Baum nachher mit Pfählen oder Seilen abgestützt werden, wenn er nicht stabil genug ist (siehe »Abstützen«, S. 40, »Pflege von Kübelpflanzen«, S. 44).

HERANZIEHEN EINES NEUEN LEITTRIEBES

Ein beschädigter Leittrieb wird ersetzt, indem man einen kräftigen Trieb senkrecht erzieht. Befestigen Sie am Stamm ein Bambusstäbchen, und binden Sie den Trieb daran fest. Entfernen Sie den alten Leittrieb. Sobald der neue dominiert, kann man den Stab wegnehmen.

Schnitt bei Kübelpflanzen

Bäume in Pflanzkübeln sollten jährlich nach den gleichen Grundregeln wie die übrigen Bäume geschnitten werden, damit ein kräftiges, ausgewogenes Astgerüst entsteht.

Kappen und Entwipfeln

Unter Kappen versteht man das regelmäßige Schneiden eines Baumes bis auf den Boden zur Förderung von kräftigen Trieben an der Basis. Entwipfeln ist das Zurückschneiden eines Baumes auf den Stamm oder ein Astgerüst zur Förderung von kräftigen Trieben auf dieser Ebene. Früher verwendete man beide Methoden, um Brennholz oder biegsame Zweige für das Korbflechten und für Zäune zu erhalten.

KAPPEN EINES BAUMES

Durch Kappen kann man die Größe eines Baumes beschränken; die Blätter wachsen, farbige Triebe

werden deutlicher sichtbar. Alle Triebe werden bis auf 7 cm zurückgeschnitten; schneiden Sie nicht in die verdickte, holzige Basis des Gehölzes.

Kappen
Bäume werden im Spätwinter oder im Vorfrühling gekappt; manche Weiden, die wegen ihrer farbigen Triebe gezogen werden, kann man auch zur Frühjahrsmitte schneiden, kurz bevor oder unmittelbar nachdem die Knospen neu austreiben. Alle Triebe werden bis auf die Basis zurückgeschnitten, das verdickte Holz an der Basis wird nicht geschnitten, da der neue Wuchs hier gebildet wird.

Entwipfeln
Man pflanzt einen jungen Hochstamm mit Hohlkrone (siehe S. 48) und läßt den Stamm etwa 2 m hoch werden, dann werden die Äste im Spätwinter oder Vorfrühling bis auf 2,5-5 cm vom Stamm zurückgeschnitten. Dadurch wird sich am oberen Ende des Stammes eine Masse von Schößlingen bilden. Diese Schößlinge schneidet man jährlich (oder jedes zweite Jahr) zurück, um das Wachstum junger Schößlinge am vergrößerten Kopfende des Stammes anzuregen. Zu dichter Wuchs wird ausgedünnt. Schößlinge, die sich am Stamm zeigen, müssen entfernt werden.

Soll der Baum ein Gerüst von Hauptästen aufweisen, läßt man in der gewünschten Höhe ein ausgewogenes Astsystem entstehen. Im Spätwinter oder Vorfrühling werden die Äste auf etwa 2 m gekürzt.

BÄUME ZUM KAPPEN UND ENTWIPFELN

Acer pensylvanicum 'Erythrocladum'
Corylus avellana 'Contorta'↓
Eucalyptus dalrympleana, *E. globulus* ❄ ↓, *E. gunnii* ↓, *E. pauciflora*

Populus candicans 'Aurora'

Populus x *canadensis* 'Serotina Aurea', *P. candicans* 'Aurora'
Salix acutifolia 'Blue Streak', *S. alba* 'Britzensis', *S. a.* var. *sericea*, *S. a.* var. *vitellina*, *S. daphnoides* 'Aglaia', *S. irrorata* ↓, *S.* x *sepulcralis* 'Erythroflexuosa'
Tilia platyphyllos (Sorten)
Toona sinensis 'Flamingo'

SCHLÜSSEL
❄ *Nicht winterhart*
↓ *Nur kappen*

SCHNEIDEN EINES ETABLIERTEN, ENTWIPFELTEN BAUMES

Die Schößlinge werden alle 1-2 Jahre im Spätwinter oder Vorfrühling bis auf 1-2 cm vom Kopf des Stammes oder Hauptastes zurückgeschnitten. So wird die Produktion neuer Schößlinge im Frühling angeregt. Das Holz der neuen Triebe, wie hier Salix alba *var.* vitellina, *ist intensiv gefärbt.*

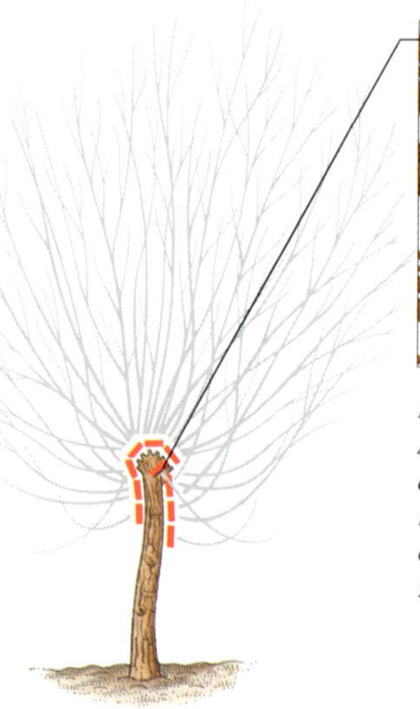

Mit einer Garten- oder Astschere werden die alten Triebe bis auf die Basis zurückgeschnitten, ohne den verdickten Kopf zu beschädigen.

Die daraus resultierenden Sekundärtriebe schneidet man je nach Art alle 2-5 Jahre, bis der Baum die gewünschte Form angenommen hat. Danach wird er jählich oder alle 2 Jahre geschnitten und eventuell ausgelichtet. Sind mehrere verdickte Triebenden nebeneinander, müssen einige gänzlich entfernt werden.

Verjüngung alter Bäume

Bäume, die zu groß geworden sind oder vernachlässigt wurden, sollte man entweder entfernen und durch neue ersetzen oder verjüngen, damit sie wieder gesund und kräftig werden. Das Verjüngen erfordert einiges an Sorgfalt und Fachwissen; Sie sollten daher den Rat eines erfahrenen Baumchirurgen suchen. In manchen Fällen kann der Baum zu alt sein, mitunter kann das Verjüngen sogar gefährlich werden, dann sollte man den Baum besser ersetzen.

Verjüngen ist zu jeder Jahreszeit möglich, außer zu Beginn der neuen Wachstumsperiode im Frühling; bei den meisten Bäumen, besonders bei solchen, die viel Saft produzieren, wie Roßkastanie *(Aesculus)* und Birke *(Betula)*, ist die beste Zeit jedoch im Spätherbst oder Frühwinter. Zierkirschen schneidet man im Frühsommer, um die Anfälligkeit für die Bleiglanzkrankheit zu reduzieren (siehe S. 551).

Zuerst wird das abgestorbene, kranke oder beschädigte Holz entfernt. Dann nimmt man alle überkreuzten, zu dichten oder das Gleichgewicht störenden Äste weg. Eine starke Verjüngung betreibt man besser über zwei bis drei Jahre, damit sich der Baum immer wieder erholen kann, denn ein drastischer Schnitt kann einen Baum stark schwächen oder sogar zum Absterben bringen. Müssen große Äste entfernt werden, geschieht dies stückweise (siehe »Absägen eines Astes«, S. 47).

Nach dem Verjüngen trägt man unter der Krone eine Mulchschicht aus gut verrottetem Mist auf und düngt den Bereich zwei oder drei Jahre lang im Frühling. Starker Rückschnitt führt u. U. zur Bildung zahlreicher Seitensprosse; sie müssen ausgedünnt werden, damit die Struktur ausgewogen bleibt. Wildlinge und Wassertriebe entfernt man sofort (siehe S. 45).

Verjüngen falsch geschnittener Bäume
Bäume, bei denen jährlich alle neuen Triebe zurückgeschnitten wurden, bringen in jeder Saison eine dichte Masse von Schößlingen auf knorrigen Ästen hervor. Zur Korrektur werden zuerst die knorrigen Strünke an den Hauptästen ausgedünnt. Entfernen Sie fast alle jungen Schößlinge auf den verbleibenden Strünken, und belassen Sie nur einen oder zwei, die um etwa ein Drittel eingekürzt werden; wiederholen Sie diesen Vorgang über drei oder vier Jahre, bis der Habitus des Baumes natürlicher geworden ist.

Baumchirurgen
Für das Schneiden, Verjüngen oder Entfernen großer Bäume sollte man einen qualifizierten Baumchirurgen zu Rate ziehen. Bei Gartenbauschulen oder Obstbaumzüchtervereinen erhalten Sie wahrscheinlich eine entsprechende Liste.

VERJÜNGUNG EINES BAUMES

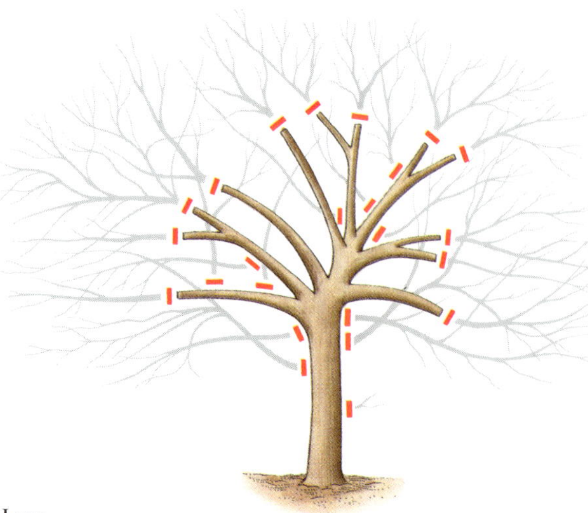

1. JAHR
Entfernen Sie abgestorbenes, krankes und beschädigtes Holz sowie alle Zweige, die sich verkreuzen, aneinander reiben oder das Gleichgewicht stören.

2. UND 3. JAHR
Im darauffolgenden Jahr werden die Triebe aus dem ersten Schnitt ausgedünnt und die Wassertriebe entfernt. Eventuell im folgenden Jahr wiederholen.

Flechthecken

Flechthecken bestehen aus in einer oder mehreren Reihen gepflanzter Bäume, deren Äste horizontal erzogen werden, bis sie sich verbinden und eine formelle, belaubte »Wand« bilden (siehe »Bäume für Flechthecken«, S. 36). Hainbuchen *(Carpinus)* und Linden eignen sich ausgezeichnet für Flechthecken, da sie sehr präzise geschnitten werden können und mit ihnen innerhalb einiger Jahre die gewünschte schubladkastenartige Form zu erreichen ist. Ideal sind junge Bäume mit biegsamen Trieben.

Vorbereitung des Gerüstes

Bis die Bäume aufgebaut sind, sollten sie an einem Gerüst erzogen werden. Schlagen Sie zuerst in gleichmäßigen Abständen in einer Reihe für jeden Baum einen 2,5-3 m hohen, stabilen Pfahl ein. Er wird etwa 60–100 cm in den Boden getrieben und sollte dann noch bis zur gewünschten untersten Asthöhe reichen – mindestens 2 m, wenn man darunter durchgehen will. Befestigen Sie daran ein Gerüst aus Holzlatten und Bambusstäben, um die Gesamthöhe zu erreichen.

Erste Phase der Erziehung

Pflanzen Sie im Spätherbst oder Frühwinter neben jedem Pfahl einen jungen Baum. Die Bäume sollten so hoch sein, daß ihre Seitenäste am Gerüst festgemacht werden können. Alle Seitenzweige unter der ersten Querlatte werden zurückgeschnitten, Sublaterale, die nur schwer eingebunden werden können, nimmt man weg. Der Leittrieb kann, wenn er lang genug ist, horizontal eingebunden werden.

Weitere Erziehung

Spät im darauffolgenden Sommer werden freie Äste am Gerüst festgemacht und lange Seitentriebe zurückgeschnitten. Sublaterale, die im rechten Winkel zu den Ästen wachsen, können an den Bambusstäben befestigt werden. Die schubladkastenartige Wirkung wird in den folgenden Jahren verstärkt, indem man die Äste einbindet und Seitentriebe zurückschneidet, um die Bildung neuer Schößlinge anzuregen.

Sobald die Flechthecke aufgebaut ist und die Äste miteinander verbunden sind, kann das Gerüst weggenommen werden. Sorgen Sie für einen gesunden, dichten Wuchs, indem Sie abgestorbenes, beschädigtes oder krankes Holz und stark nach außen wachsende Seitentriebe entfernen; junge Schößlinge an Hauptästen werden sofort weggerieben.

DIE GRUNDSTRUKTUR

1. JAHR

Schlagen Sie eine Reihe von Pfählen im Abstand von 2,5-3 m in den Boden. Befestigen Sie daran senkrecht starke Latten, und bringen Sie auf diesen Querlatten im Abstand von ca. 60 cm an. Pflanzen Sie neben jedem Pfahl einen jungen Hochstamm oder Heister.

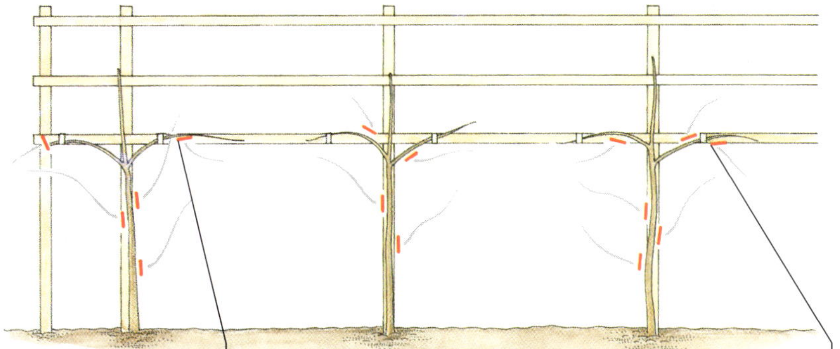

Seitentriebe werden locker an die Querlatten herangeführt und festgemacht.

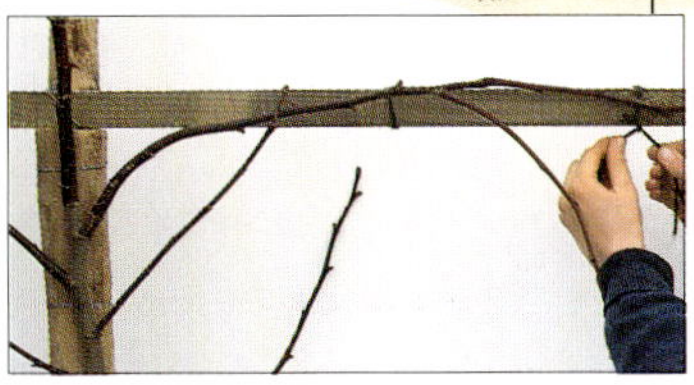

Was sich schwer einbinden läßt, wird weggenommen wie alle Seitenzweige unterhalb der ersten Querlatte.

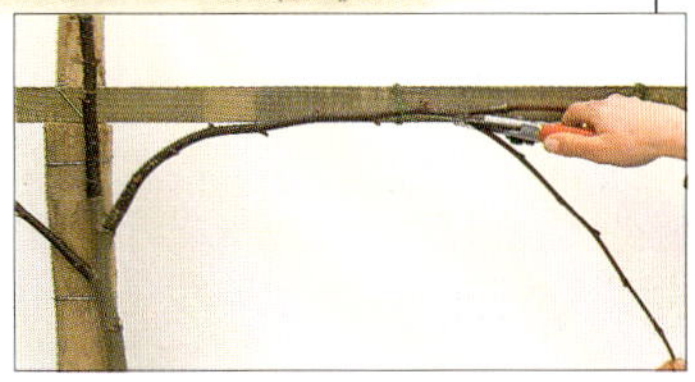

2. JAHR

Spät im darauffolgenden Sommer bindet man freie Äste an kahlen Stellen fest und schneidet lange Seitentriebe bis auf zwei oder drei Augen zurück, um die Bildung neuer Seitensprosse anzuregen.

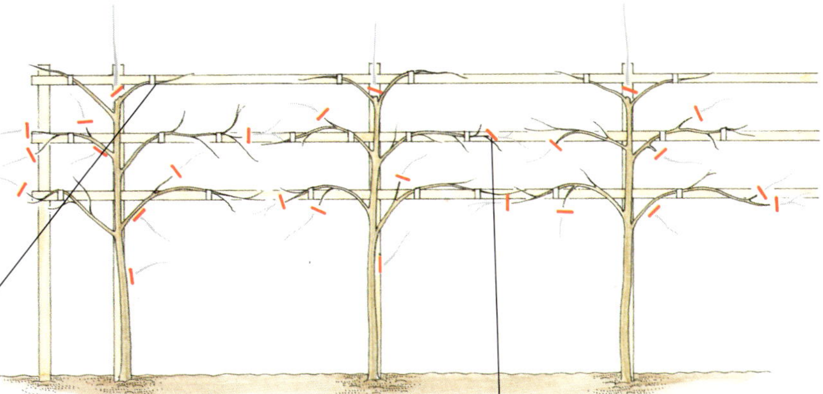

Sobald der Leittrieb lang genug ist, wird er an die oberste Querlatte herangeführt und festgemacht.

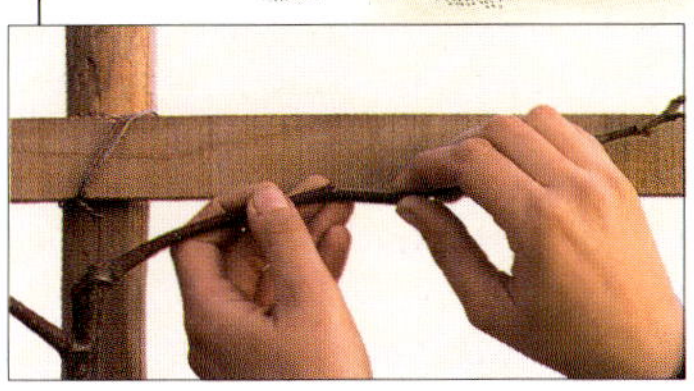

Schneiden Sie Seitenäste bis auf einen kräften Trieb zurück, um das Wachstum weiterer Triebe anzuregen.

JÄHRLICHE PFLEGEMASSNAHMEN

Entfernen Sie störende Triebe, um die Wirkung der Flechthecke zu wahren, und schneiden Sie Seitentriebe zurück, um jungen Wuchs und die Ausbildung eines dichten Astgerüstes zu fördern.

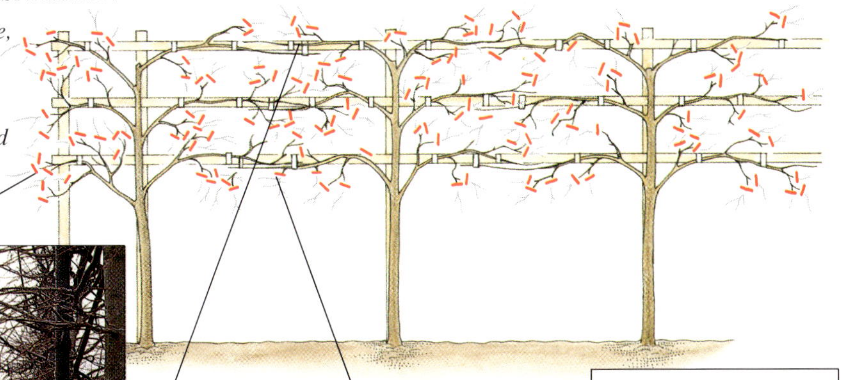

Entfernen Sie störende, vom Gerüst wegstrebende Triebe, um den sauberen, gepflegten Eindruck zu erhalten.

Neue Triebe werden weiterhin auf dem Gerüst festgemacht, überprüfen und erneuern Sie alte Befestigungsbänder.

Kürzen Sie lange, wegstehende Seitentriebe, um die Bildung weiterer Seitensprosse innerhalb der Heckenstruktur anzuregen.

SOMMERSCHNITT

Freie Triebe festmachen, lange Seitentriebe auf 2-3 Augen kürzen. Vom Gerüst wegwachsende Triebe bis auf ein geeignetes Auge oder einen Schößling zurückschneiden.

Formschnitt

DER Formschnitt ist eine Gartenkunst, die sich bereits bei den Römern großer Beliebtheit erfreute. Bäume und Sträucher werden zu attraktiven, auffallend unnatürlichen Formen geschnitten und erzogen. Neben den traditionellen geometrischen und architektonischen Formen findet man sogar Vögel, Tiere und ungewöhnliche bis exzentrische Gestalten wie riesige Schachfiguren und selbst Eisenbahnzüge in Originalgröße.

Gestaltung durch Formschnitt

Mit verschiedenen Stilrichtungen des Formierens lassen sich unterschiedliche Effekte erzielen. Phantasievolle Skulpturen verleihen einer Anlage eine persönliche, oft heitere oder bizarre Note. Geometrische Formen, wie Kegel, Obeliske und Säulen, sind betont strukturierende Elemente. Sie bereichern einen strengen Garten, aber auch eine naturnahe Anlage, in der sie im Kontrast zu einer lockeren Bepflanzung stehen.

In manchen Gärten wird man vielleicht nur dem oberen Teil der Hecke einen Formschnitt verpassen, z. B. in Form von einem oder mehreren Vögeln, Kugeln oder Würfeln. Formieren kann auch bei Kübelpflanzen wirkungsvoll sein; mit einer einzelnen Pflanze schafft man einen Blickfang, zwei flankieren einen Eingang, mehrere säumen einen Weg.

EINFACHE ELEGANZ
Diese elegante Spiralenform ergänzt die klassische Skulptur perfekt; das quadratische Gefäß korrespondiert mit dem Sockel.

FÜR DEN FORMSCHNITT GEEIGNETE PFLANZEN

Taxus baccata (Eibe)

Buxus sempervirens (Buchsbaum)

***Ilex aquifolium* 'Crispa Aurea Picta'** (Stechpalme)

Laurus nobilis (Lorbeerbaum)

Ligustrum ovalifolium (Rainweide oder Liguster)

***Hedera helix* 'Ivalace'** (Efeu)

Pflanzen für Formschnitt

Geeignet sind Pflanzen mit dichtem, biegsamem Wuchs, kleinen Blättern und rascher Regenerationsfähigkeit nach dem Schnitt. Immergrüne wie Eibe *(Taxus baccata)*, Buchsbaum *(Buxus)* und *Lonicera nitida* sind bei gemäßigtem Klima ideal. *Cupressus sempervirens* kann zu geometrischen Formen erzogen werden, gedeiht aber nur in warmen Klimazonen. Lorbeerbaum *(Laurus nobilis)*, Stechpalme *(Ilex)* u. a. Immergrüne eignen sich ebenfalls, lassen sich aber schwerer erziehen.

Efeu *(Hedera)* ist sehr anpassungsfähig und wächst gut an einem Gerüst hoch; oder man nimmt mehrere Stecklinge von einer bestehenden Pflanze und läßt sie an einem mit Moos gepolsterten Gerüst hochwachsen.

Formieren

Die meisten Formen erzielt man am leichtesten mit Hilfe eines Gerüstes, nur einfache Formen sollte man nach Augenmaß schneiden.

Einfache Formen

Bei jungen Pflanzen wählt man zunächst den Trieb oder die Triebe aus, die das Herzstück bilden sollen; es kann sich um einen oder mehrere Schößlinge handeln, die dann erweitert werden. Die einfachste Form ist ein Kegel, für diesen braucht man nur eine Schneidehilfe aus Bambusstäben. Für andere Formen wird ein Gerüst aus feinem Maschendraht oder einzelnen Drähten an Stützen im Boden nahe den Haupttrieben befestigt. Die Triebe werden am Drahtgerüst festgemacht und die Schößlinge eingekürzt, damit sie die Form ausfüllen.

Lücken werden durch neue Schößlinge geschlossen, bis die Triebe das gesamte Gerüst umschließen.

EFEU AUF EINEM GERÜST

Eine 1 cm dicke Moosschicht wird zwischen zwei Lagen feinem Maschendraht befestigt und in die gewünschte Form gebracht. An diesem Gerüst wird der Efeu hochgezogen.

Komplizierte Formen

Für komplizierte Formen benötigt man ein Grundgerüst aus stabilem Material, etwa aus starkem Zaundraht. Für exaktere Formierung kann daran feiner Maschendraht befestigt werden. Auch Bambus kann sich als nützlich erweisen. Die Schößlinge bindet man am besten mit geteertem Faden fest, der im Laufe der Zeit verrottet.

EINFACHER FORMSCHNITT

1 *Soll eine Pflanze (Buchsbaum) eine geometrische Form erhalten, schneidet man sie zuerst nach Augenmaß.*

2 *Im nächsten Jahr bastelt man sich eine Schneidehilfe aus Bambus, stülpt sie über die Pflanze und schneidet diese in Form.*

3 *Hat die Pflanze die gewünschte Form, wird sie jedes Jahr mit der Schere gestutzt, damit die Konturen erhalten bleiben.*

GEFORMTER VOGEL
Traditionelle Formen erfreuen sich noch immer großer Beliebtheit. Dieser grüne Vogel sitzt auf seinem Nest und überblickt den Garten.

Triebe erziehen

Die in das Gerüst eingebundenen jungen Triebe wachsen rasch. Es gibt daher in jeder Wachstumssaison viele neue Schößlinge, die befestigt werden müssen. Das macht man am besten, solange sie jung und biegsam sind; überprüfen Sie dabei ältere Befestigungen auf Risse, Reibung oder Behinderung des Wachstums.

Wenn Sie Stützpfähle verwenden, sehen Sie nach, ob sie noch festsitzen oder ob sie gesprungen, abgebrochen oder verbogen sind. Nicht mehr ganz intakte werden durch neue ersetzt.

Schneiden

Der Formschnitt erfordert viel präzisere Schneidearbeit als ein normaler Heckenschnitt. Nehmen Sie sich viel Zeit, um die Zweige in Form zu bringen. Schneiden Sie nie zu viel an einer Stelle, denn dadurch kann die Symmetrie der Form für den Rest der Saison verlorengehen.

Auch wer ein gutes Auge hat, sollte Wasserwaage, Senkblei u. a. Hilfsmittel verwenden, um einen genauen Schnitt zu bekommen. Man schneidet immer von oben nach unten, von innen nach außen und aus Gründen der Symmetrie an beiden Seiten gleichzeitig.

Runde Formen sind leichter zu schneiden und zu erhalten als eckige und können oft sogar nach Augenmaß geschnitten werden. Für eine Kugel schneidet man zuerst den oberen Teil der Pflanze und zieht dann senkrecht rund um die ganze Pflanze eine ringförmige Einkerbung. Im rechten Winkel dazu folgt ein weiterer Ring, so daß schließlich vier getrennte Abschnitte zu schneiden sind.

Geometrische Formen mit präzisen, geraden Flächen und gewinkelten oder eckigen Kanten sind schwierig zu erzielen und zu erhalten, klare Formen erfordern mutiges, präzises Schneiden. Für solche geometrischen Formen verwendet man am besten an Bambusstäben befestigte Schneidehilfen.

Wann wird geschnitten

Eine fertige Form muß während der Wachstumsperiode oft beschnitten werden. Wie häufig, hängt vom Wachstumstempo der Pflanze ab. Eine komplizierte geometrische Form aus Buchsbaum muß etwa alle vier bis sechs Wochen geschnitten werden, in jedem Fall, sobald störender Jungwuchs durchkommt.

ARCHITEKTONISCHE FORMEN
Diese komplizierten, eindrucksvollen Baumgestalten müssen häufig geschnitten werden; ihre Form ist dem Strahl des Springbrunnens nachempfunden.

Braucht das Erscheinungsbild nicht das ganze Jahr über perfekt zu sein, reichen – je nach verwendeter Pflanze – u. U. auch zwei Schnitte pro Wachstumssaison. Eiben müssen nur einmal im Jahr geschnitten werden, Buchsbaum (je nach Sorte) meist zweimal und *Lonicera nitida* dreimal.

Schneiden Sie Pflanzen zur entsprechenden Jahreszeit. Büsche dürfen nicht später als im Frühherbst geschnitten werden, da die dabei angeregten jungen Schößlinge reifen müssen, damit sie die winterlichen Temperaturen überstehen. In warmen Bereichen, wo die Wachstumsperiode fast nicht unterbrochen wird, muß das ganze Jahr über regelmäßig geschnitten werden.

Pflege

Unkrautbekämpfung, Wässern und Mulchen erfolgt genauso wie bei freiwachsenden Sträuchern (siehe S. 72). Wichtig ist, daß zwei- oder dreimal pro Wachstumsperiode ein ausgewogener Dünger in einer Dosis von 60g/m² gegeben wird.

Winterpflege

In schneereichen Gebieten kann man mit einem Netz verhindern, daß Äste unter der Schneelast brechen. Man entfernt den Schnee von waagrechten Flächen, damit das Gerüst nicht beschädigt wird.

Instandhaltung und Verjüngung

Wurde ein Leittrieb, ein Ast oder ein ganzer Bereich der Pflanze beschädigt, wird er mit einer Gartenschere glatt zurückgeschnitten. Nachbartriebe werden an die freie Stelle herangeführt und festgemacht.

Wurde die Pflanze einige Jahre nicht geschnitten, sollte durch regelmäßiges Schneiden die Form in einer Saison wiederhergestellt werden. Hat die Pflanze die Form ganz verloren, muß im ersten Frühling ein starker Rückschnitt zur Wiederherstellung der Konturen erfolgen, in den Jahren darauf dann die Feinarbeit.

Das Laub mancher Immergrüner kann Frostschäden erleiden und absterben. Es wird zwar im Frühling rasch von jungem Wuchs überdeckt, unansehnliche Stellen sollten aber zurückgeschnitten werden.

SCHNITT KOMPLIZIERTER FORMEN

1 *Ein Gerüst für große Pflanzen muß stabil sein, da es jahrelang gebraucht wird. Eine junge Pflanze (hier eine Eibe) schneidet man so, daß sie innerhalb des Rahmens bleibt.*

2 *Wenn die Pflanze wächst und den Rahmen füllt, wird sie entlang der Konturen einmal im Jahr geschnitten; zur Anregung eines buschigen Wuchses werden die Schößlinge ausgegeizt.*

3 *Die reife Pflanze bildet einen dichten Busch und bedeckt das Gerüst. Sie muß regelmäßig geschnitten werden, damit die Konturen exakt erhalten bleiben.*

Vermehrung

BÄUME können durch Stecklinge, Samen, Absenker oder Veredeln vermehrt werden. Stecklinge sind wahrscheinlich die häufigste Vermehrungsmethode, sie ist ziemlich einfach und geht relativ schnell, während die Aufzucht aus Samen oder Absenkern zwar einfach ist, aber viel Zeit braucht. Ans Veredeln wagen sich Hobbygärtner selten, da es beträchtliches Fachwissen erfordert.

Arten können aus Samen vermehrt werden, aber Hybriden und Sorten sind selten echt. Vegetative Vermehrungsmethoden wie Stecklinge, Absenker und Veredeln können sowohl für Hybriden und Sorten als auch für Arten verwendet werden; das Material muß aber sorgfältig ausgewählt werden, damit der Erfolg entsprechend ist.

Steckhölzer

Viele laubabwerfende Bäume können durch Steckhölzer vermehrt werden. Der Boden wird im Frühherbst, solange er noch warm ist, für die Steckhölzer vorbereitet. Steckhölzer können ins Freie oder bei Bäumen, die schwer wurzeln, in einen Kalten Kasten gegeben werden, wo sie günstigere Bedingungen vorfinden.

Steckhölzer von leicht wurzelnden Bäumen wie Weiden *(Salix)* können sofort in eine Furche eingeschlagen werden, schwerer zu bewurzelnde, wie etwa *Metasequoia*, sollten in Sand eingeschlagen und erst zeitig im nächsten Frühjahr in eine Furche gegeben werden. Die Furche sollte jedenfalls schmal sein und eine senkrechte Seite haben, damit die Steckhölzer während der Bewurzelung aufrecht stehen bleiben. Die Tiefe der Furche hängt vom gewünschten Pflanzentyp ab: Für Gehölze mit mehreren Stämmen muß sie 2,5 cm weniger als die Länge des Steckholzes, für Gehölze mit einem einzigen Stamm genau die Länge betragen, so daß das oberste Auge gerade eben bedeckt ist und die anderen Augen wegen Lichtmangels nicht austreiben.

Die besten Resultate erzielt man in krümeliger, gut durchlässiger Erde; bei schweren Lehmböden muß man an der Basis etwas groben Sand zugeben. Die Furchen sollten im Freien 30–40 cm, im Kalten Kasten etwa 10 cm auseinander liegen.

Vorbereiten und Einschlagen der Steckhölzer

Steckhölzer nimmt man unmittelbar nach dem Laubabwurf ab: Wählen Sie kräftige Schößlinge von diesjährigem Holz, und schneiden Sie unmittelbar über einem Auge oder Augenpaar an der Ansatzstelle am vorjährigen Holz. Die Steckhölzer werden gekürzt wie gezeigt. Man schlägt sie an der senkrechten Seite der Furche ein und bedeckt sie mit Erde. Die Erde wird vorsichtig festgedrückt und gewässert.

Bei schwer wurzelnden Arten werden die Steckhölzer zu kleinen Bündeln gebunden und den Winter über in einem Kalten Kasten in Sand eingeschlagen (siehe S. 544).

SCHWER WURZELNDE STECKHÖLZER

1 *Bei schwer wurzelnden Arten (hier* Metasequoia*) werden die Steckhölzer gebündelt. Die Enden taucht man in Bewurzelungshormon.*

2 *Man schlägt die Bündel in Sand ein und überwintert sie in einem Kalten Kasten. Im Frühling gibt man sie einzeln in eine Furche im Freien.*

RASCH WURZELNDE STECKHÖLZER

1 *Stechen Sie den Spaten senkrecht in den Boden und drücken ihn dann leicht nach vorn, so entsteht eine ca. 19 cm tiefe, auf einer Seite flache Furche.*

2 *Wählen Sie kräftige Triebe mit gesunden Augen (rechts), auf keinen Fall weiche, beschädigte Triebe (links). Schneiden Sie dicht über einem Auge 30 cm vom Trieb.*

3 *Entfernen Sie alle Blätter. Die Steckhölzer werden auf 20 cm eingekürzt. Über dem vorgesehenen obersten Auge schneidet man schräg, unter dem untersten gerade.*

4 *Geben Sie die Steckhölzer im Abstand von 10-15 cm und in der richtigen Tiefe in die Furche, je nachdem, ob ein- oder mehrstämmige Gehölze entstehen sollen.*

PFLANZTIEFE

MEHRSTÄMMIGE GEHÖLZE
Hier sollten 2,5-3 cm des Steckholzes aus der Erde herausragen.

EINSTÄMMIGE GEHÖLZE
Das oberste Auge des Steckholzes sollte knapp unter der Bodenoberfläche sein.

5 *Treten Sie den Boden rund um die Steckhölzer an, rechen Sie die Oberfläche glatt, und beschriften Sie die Steckhölzer. Jede weitere Furche sollte 30-38 cm entfernt sein.*

6 *Im folgenden Herbst werden die bewurzelten Steckhölzer aufgenommen, einzeln in Töpfe oder an ihren endgültigen Standort im Freien gesetzt.*

Pflege
Bis zum Herbst sollten die Steckhölzer gut bewurzelt sein und können einzeln ins Freie oder in Gefäße gesetzt werden. Wenn sie in einem Kalten Kasten eingeschlagen wurden, müssen sie im Frühling abgehärtet werden, bevor man sie ins Freie gibt; im folgenden Frühling werden sie eingetopft oder an ihren endgültigen Standort gegeben.

Stecklinge von halbausgereiften Trieben

Diese Stecklinge werden im Spätsommer oder Herbst von beinahe reifen Trieben genommen (siehe auch »Ziersträucher«, »Halbausgereifte Stecklinge«, S. 84).

Auswahl der Stecklinge
Bereiten Sie in einem geschlossenen Anzuchtkasten bei 21° C oder im Kalten Kasten geeignetes Bewurzelungssubstrat vor. Dieses sollte zu gleichen Teilen aus grobem Sand und Torfersatz oder Torf (siehe auch »Standardisierte Stecklingserde«, S. 534) bestehen. Mit einem scharfen Messer werden aus gesunden Seitentrieben Stecklinge mit einem Stückchen reifen Holzes vom Haupttrieb mit Keil geschnitten. Oder man nimmt 10-15 cm lange Stecklinge von Leittrieben oder Seitensprossen und kürzt sie unmittelbar unter einem Auge mit einer Gartenschere oder einem scharfen Messer.

Bei Koniferen müssen die Stecklinge von für die Mutterpflanze typischen Leit- oder Seitentrieben genommen werden, da sich die Triebe oft beträchtlich unterscheiden. Bei langsam wachsenden (Zwerg-) Koniferen ist die sorgfältige Auswahl wichtig; manche Pflanzen schlagen zurück oder bringen untypische Triebe hervor; nehmen Sie nur Triebe, die typisch für die Pflanze sind, die Sie erhalten möchten.

Vorbereiten und Einschlagen der Stecklinge
Bei beiden Stecklingsarten werden das unterste Blattpaar und ein Drittel oder die Hälfte der übrigen Blätter entfernt, damit der Feuchtigkeitsverlust gering bleibt; weiche Triebspitzen müssen ausgeknipst werden. Damit die Stecklinge leichter wurzeln, ritzt man sie mit der Messerspitze über 2,5 cm an gegenüberliegenden Stellen zweimal senkrecht bis zur Basis ein. Oder Sie machen an der Seite jedes Stecklings einen längeren Schnitt mit einem Messer und entfernen auch ein Stückchen Rinde. In jedem Fall werden Basis und Schnittwunde in Bewurzelungshormon getaucht.

Unter Verwendung eines Pflanzholzes werden die Stecklinge nun mit dem unteren Drittel in das Bewurzelungssubstrat gegeben; der Abstand muß so groß sein, daß die Luft rundum zirkulieren kann. Jetzt muß man das Substrat festdrücken.

Pflege
Die Stecklinge müssen regelmäßig überprüft und gerade soviel gewässert werden, daß sie nicht austrocknen. Abfallende Blätter sind sofort zu entfernen, da sie verrotten und dabei Krankheiten auf die Stecklinge übertragen können. Bei Frost sollte der Kalte Kasten mit Sackleinen oder ähnlichem Stoff isoliert werden.

In einem Anzuchtkasten mit Bodenheizung sollten die Stecklinge bis zum Vorfrühling bewurzelt sein. Im Kalten Kasten bleiben die Stecklinge gewöhnlich bis zum folgenden Herbst; günstiger ist es, sie noch einen zweiten Winter im Kasten zu lassen und dann im Frühling einzutopfen.

Im Sommer werden die Stecklinge regelmäßig mit Wasser besprüht, damit sie nicht austrocknen, Schädlinge und Krankheiten müssen möglichst früh erkannt und bekämpft werden. Durch starkes direktes Sonnenlicht können die Stecklinge versengt werden; ein Anstrich mit Schattierfarbe oder ein anderes schattenspendendes Material kann Abhilfe schaffen (siehe S. 484). Sobald die Stecklinge Wurzeln getrieben haben, werden sie vorsichtig mit einer Gabel hochgehoben und in einzelne Töpfe gesetzt.

Bevor man sie ins Freie gibt, müssen sie abgehärtet werden (siehe S. 543). Im Kalten Kasten können Sie bewurzelte Stecklinge abhärten, indem Sie die Abdeckung zuerst für kurze, dann für längere Zeit abnehmen. Verwenden Sie Flüssigdünger und setzen Sie die Stecklinge in Töpfe oder ins Freie.

Stecklinge von krautigen Trieben

Krautige Stecklinge werden im Frühling von den rasch wachsenden Spitzen neuer Schößlinge genommen. Sie wurzeln sehr leicht und welken allerdings auch schnell, daher müssen sie rasch vorbereitet und bald nach dem Abtrennen von der Mutterpflanze eingeschlagen werden.

Vorbereiten und Einschlagen der Stecklinge
Bevor man die Stecklinge im Frühjahr abnimmt, füllt man Gefäße mit geeigneter Pflanzerde und drückt diese bis knapp unter den Rand fest. Die Stecklinge werden mit einer Gartenschere oder einem Messer an den Spitzen des jungen Wuchses geschnitten, und zwar unmittelbar über einem Auge oder Blattansatz. Um den Feuchtigkeitsverlust gering zu halten, werden sie sofort nach dem Schneiden in Wasser getaucht oder in einen durchscheinenden Plastikbeutel gegeben, den man verschließt. Selbst der geringste Wasserverlust behindert die Entwicklung neuer Wurzeln.

Die Stecklinge werden nun mit einem scharfen Messer unmittelbar unter dem Blattansatz auf 6 cm eingekürzt. Entfernen Sie die unteren Blätter und tauchen Sie jeden Steckling mit der Basis in Bewurzelungshormon. Geben Sie die Stecklinge in die vorbereiteten Töpfe, beschriften Sie sie und gießen Sie mit einer verdünnten Fungizidlösung.

Für eine rasche Bewurzelung stellt man die Gefäße in einen Sprühnebel-Vermehrungskasten oder einen geschlossenen Anzuchtkasten bei 21-24°C, möglichst mit Bodenheizung. Nach dem Bewurzeln werden die Stecklinge allmählich abgehärtet und dann sorgfältig in einzelne Töpfe gesetzt.

Vorbereiten eines halbausgereiften Stecklings

Schneiden Sie einen 10-15 cm langen Sproß von einem Leit- oder Seitentrieb, kürzen Sie ihn unter einem Auge. Entfernen Sie die unteren Blätter (hier Chamaecyparis*). Knipsen Sie die weiche Triebspitze aus. Ritzen Sie den Steckling an der Seite 2,5 cm lang ein, tauchen Sie die Wunde in Bewurzelungshormon.*

Bäume für Stecklingsvermehrung

Steckhölzer
Cordyline ❄
Ficus ❄
Metasequoia glyptostroboides
Morus
Platanus
Populus
Salix

Morus alba 'Laciniata'

Halbausgereifte Stecklinge
Austrocedrus ▽
Calocedrus ▽
Chamaecyparis ▽
Cinnamomum ❄ ▽
x *Cupressocyparis* ▽
Cupressus ▽
Distylium racemosum ▽
Drimys winteri
Eucryphia

Eucryphia x *nymansensis* 'Nymansay'

Grevillea ❄
Ilex
Juniperus ▽
Ligustrum lucidum
Magnolia grandiflora ▽
Metrosideros excelsa ❄,
M. robusta ❄,
M. umbellata ❄
Michelia ❄ ▽
Nothofagus dombeyi
Podocarpus, einige ❄, ▽
Prunus lusitanica
Quercus ilex ▽,
Q. myrsinifolia ▽,
Q. semecarpifolia ▽
Thuja ▽
Thujopsis ▽
Trochodendron aralioides ▽
Tsuga ▽
Weinmannia ❄

Krautige Stecklinge
Acer cappadocicum
Betula
Catalpa
Celtis occidentalis
Cotinus coggygria
Eucryphia lucida
Ginkgo biloba
Halesia
Koelreuteria paniculata
Lagerstroemia, einige ❄
Liquidambar styraciflua
Metasequoia glyptostroboides
Prunus
Ulmus

Schlüssel
❄ *Nicht winterhart*
▽ *Stecklinge mit Keil*

Aufzucht aus Samen

Baumarten können aus Samen gezogen werden, da die Sämlinge gewöhnlich die Eigenschaften der Mutterpflanze aufweisen; Hybriden und Sorten sind selten echt. Die Aufzucht eines Baumes aus Samen ist relativ einfach, aber langwierig.

Vorbereiten des Samens

Bei manchen Samen muß zuerst die schützende Hülle entfernt werden. Die Hülle geflügelter Samen kann zwischen Zeigefinger und Daumen abgerieben werden. Manche Zapfen zerfallen von selbst, die Schuppen können dann getrennt werden. Geben Sie Kiefern- und Fichtenzapfen in einen Papierbeutel und an einen warmen, trockenen Platz, bis sich die Schuppen öffnen und den Samen in den Beutel abgeben.

Bei Früchten und Beeren hängt die Methode von der Samengröße und der Art des Fruchtfleisches ab. Große Früchte, z.B. des Zierapfels *(Malus)*, schneidet man auf und entnimmt die Samen. Kleinere Früchte, wie bei *Sorbus*, werden mehrere Tage in warmes Wasser gelegt; lebensfähiger Samen sinkt zum Boden. Man entfernt das Fruchtfleisch und weicht den Samen ein, bis er sich herausnehmen läßt.

Lagerung

Nach der Gewinnung wird der Samen eventuell getrocknet und in einem verschlossenen und beschrifteten Plastikbeutel gelagert. Soll er innerhalb weniger Tage ausgesät werden, kann man ihn bei Raumtemperatur lagern; für längere Lagerung empfiehlt sich das oberste Fach des Kühlschranks.

Brechen der Keimruhe

Manche Samen haben eine natürliche Ruheperiode, die das Keimen unter ungünstigen, für den Sämling gefährlichen klimatischen Bedingungen verhindert. In vielen Fällen kann die Keimruhe auch künstlich gebrochen werden, entweder durch Entfernen der Samenhülle oder durch Kälteeinwirkung.

FLEISCHIGE SAMEN REINIGEN

1 *Sammeln Sie den Samen ab; legen Sie ihn für 1-2 Tage in warmes Wasser. Sobald die fleischige Hülle weich wird und platzt, gießen Sie das Wasser weg.*

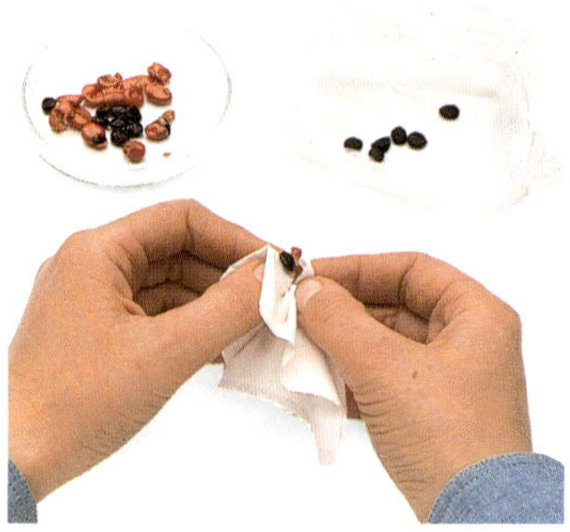

2 *Entfernen Sie die Hülle, tupfen Sie den Samen trocken. Säen Sie den Samen frisch oder lagern Sie ihn maximal einige Wochen eingepackt im Kühlschrank.*

Samenritzung

Samen mit einer undurchdringlichen Hülle werden vor dem Säen angeritzt, damit sie keimen können: Große Samen mit einer besonders harten Hülle, wie bei der Eiche *(Quercus)*, können mit einem scharfen Messer eingekerbt werden, oder man feilt ein Stück ab, damit Feuchtigkeit eindringen kann. Kleine Samen, die sich nur schwer einkerben lassen, z. B. von Kiefern, schüttelt man in einem mit Sandpapier ausgelegten oder teilweise mit scharfkantigem Kies gefüllten Gefäß, oder man bearbeitet sie einzeln mit Schmirgelpapier. Samen aus Hülsen (z. B. *Gleditsia* und *Robinia*) weicht man einfach 24 Stunden in einem Gefäß mit 3 Teilen heißem Wasser auf 1 Teil Samen ein.

Stratifizierung

Die Keimruhe bei Bäumen aus gemäßigten Klimazonen wird gewöhnlich durch Abkühlen oder »Stratifizieren« gebrochen. Der Samen wird entweder im Winter im Freien ausgesät und natürlich abgekühlt oder besser künstlich durch Lagerung im Kühlschrank stratifiziert.

Für die Lagerung im Kühlschrank wird der Samen zuerst mit angefeuchtetem Vermiculit, Torfersatz oder Torf vermischt. Er kommt in einem Plastikbeutel in den Kühlschrank. Überprüfen Sie den Samen regelmäßig im geschlossenen Beutel – er sollte beim ersten Anzeichen der Keimung ausgesät werden.

Die Dauer des Stratifizierens ist sehr unterschiedlich: Als Richtwert nimmt man bei vielen laubabwerfenden Arten 6–8 Wochen bei 0,5–1°C, während Koniferen nur etwa 3 Wochen brauchen. Manche Samen keimen erst, wenn sie ausgesät wurden und die Kältebehandlung vorüber ist. In solchen Fällen sät man zu verschiedenen Zeitpunkten jeweils einige Samen aus – etwa nach 4, 8 und 12 Wochen –, damit wenigstens einige wenige Samen keimen.

Aussaat in Gefäßen

Alle Arbeitsflächen und Gefäße müssen vor der Aussaat gründlich gesäubert werden. Zuerst füllt man Töpfe, Pflanz- oder Saatschalen bis zum Rand mit Saaterde.

Große Samen oder solche, die Sämlinge mit langen Pfahlwurzeln hervorbringen, wie die Eiche *(Quercus)*, sollten mit einem Abstand von 8 cm in tiefen Saatschalen oder in einzelnen, 10 cm tiefen Töpfen ausgesät werden. Sie werden mit einem Brettchen in die lockere Anzuchterde gedrückt und in Samenkornhöhe mit Substrat bedeckt, das man bis auf 5 mm unter den Rand andrückt (siehe S. 57).

Sehr große Samen wie z.B. die der Roßkastanie *(Aesculus)*, werden einzeln in 10-15-cm-Töpfe gesät. Man drückt den Samen so in das gefestigte Substrat, daß nur der oberste Teil freiliegt. Kleine Samen, wie bei *Sorbus*, können entweder gleichmäßig verteilt oder, wenn sie groß genug sind, einzeln in vorbereitete Töpfe oder Saatschalen mit gefestigter Anzuchterde gedrückt werden. Sie werden dann mit einer hauchdünnen Schicht aus gesiebter Anzuchterde und mit 5 mm feinem Kies bedeckt.

Nach der Aussaat werden alle Samen von oben gründlich gewässert und beschriftet. Stellen Sie die Gefäße in einen Kalten Kasten oder, im Gewächshaus, in einen geschlossenen Vermehrungskasten unter eine Glasscheibe. Für gemäßigte Arten sind 12-15°C, für warmgemäßigte tropische Arten 21°C ideal zur Anregung der Keimung. Sobald die Samen gekeimt haben, werden sie regelmäßig mit Fungizid besprüht, um der Umfallkrankheit (siehe S. 564) vorzubeugen.

AUSSAAT IN GEFÄSSE

1 *Feiner Samen (hier* Sorbus*) wird auf festgedrückter Saaterde verteilt; man hält die Hand knapp über dem Gefäß, damit die Samen nicht wegspringen.*

2 *Halten Sie ein Sieb mit Saaterde über die Pflanzschale und klopfen Sie leicht ans Sieb, bis die Samen in Samenkornhöhe mit Erde bedeckt sind.*

3 *Bedecken Sie die Saat 5 mm dick mit Grit, beschriften Sie die Schale und wässern Sie mit einer feinen Brause.*

4 *Sobald die Sämlinge groß genug sind, werden Sie in einzelne Töpfe pikiert, ohne daß die zarten Stengel oder Wurzeln beschädigt werden.*

AUSSAAT GROSSER SAMEN

1 *Große Samen und solche von Bäumen mit langen Pfahlwurzeln drückt man in einzelne Töpfe mit lockerem Substrat und bedeckt sie mit Erde.*

2 *In tiefen Töpfen kann sich die Pfahlwurzel (siehe Nebenbild) jedes Sämlings (hier* Quercus*) gut entwickeln.*

Pikieren
Sind die Sämlinge so groß, daß man sie an den Keimblättern fassen kann, werden sie pikiert, damit sie mehr Platz zum Wachsen haben. Dazu lockert man die Erde zuerst durch leichtes Klopfen an den Seiten des Gefäßes, dann hebt man die Sämlinge heraus und setzt sie einzeln in Töpfe. Oder man nimmt Sämlinge samt Erde aus dem Gefäß, damit sie ohne große Beeinträchtigung der Wurzeln getrennt werden können. Nach dem Umsetzen drückt man das Substrat um die Sämlinge an und glättet die Oberfläche, indem man den Topf leicht gegen die Arbeitsfläche stößt.

Pflege
Die Sämlinge werden gewässert und beschriftet und vor direktem Sonnenlicht geschützt; die Temperatur sollte, bis die Pflänzchen aufgebaut sind, ähnlich der Keimtemperatur sein. Danach härtet man sie über einige Wochen allmählich ab, gibt dabei regelmäßig Dünger und besprüht sie mit Fungizid. Wässern Sie nicht zuviel, aber lassen Sie die Erde nicht austrocknen. Sobald die Sämlinge abgehärtet sind und keine Frostgefahr mehr besteht, werden sie ins Freie gesetzt.

Aussaat im Freien
Sollen viele Sämlinge gezogen werden, kann man auch in Saatbeeten im Freien säen; bei dieser Methode benötigen die Sämlinge weniger Aufmerksamkeit und können ungehinderter wachsen als in Gefäßen, aber man muß ein spezielles Beet vorbereiten. Das sollte nach Möglichkeit einige Monate vor der Aussaat geschehen. Das Beet wird spatentief umgegraben (siehe »Umgraben«, S. 525), dabei arbeitet man organisches Material und etwas groben Kies unter. Halten Sie das Beet frei von Unkraut.

Vor dem Säen recht man die Erde fein krümelig, dann streut man die kleinen Samen breitwürfig oder legt größere einzeln aus (zur Saattiefe siehe »Aussaat in Gefäßen«, S. 56). Man geht leicht mit dem Rechen darüber und trägt gleichmäßig eine 0,5–1 cm dicke Kiesschicht auf, dann wird alles mit einem Brettchen festgedrückt. Sollte der Boden trocken sein, wird er gewässert; schließlich beschriftet man das Beet.

In exponierten Lagen brauchen die Sämlinge einen Windschutz (siehe S. 521) oder wachsende Folie (siehe S. 490). Bei einem korrekten Abstand zwischen den Samen sollten keine Krankheiten auftreten, und die Sämlinge können 12 Monate bis zum Pikieren stehen bleiben. Gewässert wird nach Bedarf, und man achte auf Befall durch Schädlinge.

Absenken und Abmoosen

Sowohl Hybriden und Sorten als auch Arten können durch Absenken vermehrt werden. Diese Vermehrungsmethode kommt bei manchen Pflanzen natürlich vor, wenn ein niedrigwachsender Trieb von selbst im Boden Wurzeln schlägt; ist dies der Fall, kann der Trieb von der Mutterpflanze abgetrennt und weitergezogen werden. Bei Bäumen ohne niedrigwachsende Triebe kann man auf Abmoosen zurückgreifen, dabei bleibt der Trieb in der Luft.

Der Vorteil des Absenkens besteht im geringen Arbeitsaufwand. Es ist jedoch eine langsame Methode, da die Pflanze bereits ein Jahr vorher vorbereitet werden muß und der Trieb dann mindestens ein Jahr zum Wurzeln braucht.

ABSENKEN

Schneiden Sie 30-45 cm unter der Triebspitze eine 5 cm lange Zunge oder einen schmalen Rindenring heraus.
Behandeln Sie die Wunde mit Bewurzelungshormon, und stecken Sie den Trieb in einer flachen Vertiefung fest. Stützen Sie ihn mit einem Stab, und füllen Sie die Vertiefung.

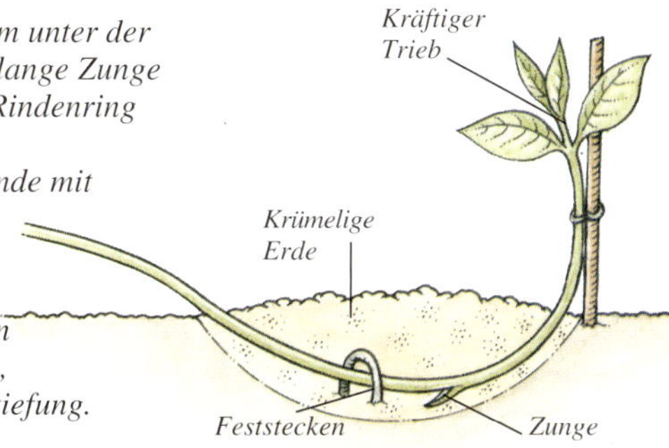

Absenken
Dabei wird ein Trieb im Boden festgesteckt und, sobald er Wurzeln hat, von der Mutterpflanze getrennt (siehe auch »Vermehrung von Sträuchern durch Absenken«, S. 88).

Bereiten Sie die Mutterpflanze ein Jahr vor dem Absenken vor: Im Spätwinter oder Vorfrühling schneiden Sie einen niedrigwachsenden Ast zurück, um neuen, jungen Wuchs anzuregen, der leicht wurzelt. Im Vorfrühling des folgenden Jahres wählen Sie einen kräftigen Schößling und ritzen ihn 30-45 cm von der Spitze entfernt leicht ein. Tragen Sie etwas Bewurzelungshormon auf die Wunde auf, damit sie leichter wurzelt. Geben Sie reichlich Blatthumus oder anderes organisches Material und scharfen Kies in den Boden, wo der Trieb aufliegt, stekken Sie diesen in einer flachen Vertiefung fest und stützen Sie ihn mit einem senkrechten Bambusstab ab.

Werfen Sie die Vertiefung zu und drücken Sie die Erde an, die Triebspitze soll herausragen; dann wässern Sie gründlich und schützen den Trieb gegebenenfalls durch Maschendraht vor Kaninchen und anderen Tieren. Nach etwa 12 Monaten sehen Sie nach, ob der Trieb sich bewurzelt hat; ist dies der Fall, wird er von der Mutterpflanze getrennt und ins Freie oder in Töpfe umgesetzt; hat er noch keine Wurzeln, versucht man es nach einem Monat wieder.

Abmoosen
Das Prinzip ist das gleiche wie beim Absenken, nur daß der Sproß über der Erde wurzelt und nicht darin (siehe auch S. 89). Im Frühling wählen Sie einen Trieb, der im Vorjahr gereift ist, und entfernen 30-45 cm unter der Spitze alle Blätter. Schneiden Sie entweder 20-30 cm unter der Spitze eine 5 cm lange Zunge oder einen 6-8 mm breiten Ring in die Rinde; die Wunde wird mit Bewurzelungshormon behandelt.

Packen Sie den Trieb mit feuchtem Bewurzelungssubstrat ein und schließen Sie ihn ab. Dazu schneiden Sie von einem Plastikbeutel den Boden weg, ziehen den Beutel über die Schnittstelle und befestigen ihn am unteren Ende mit einem Bindfaden oder Klebeband. Feuchten Sie gut belüftetes Bewurzelungssubstrat (wie Sphagnum oder eine Mischung aus Torf und Perlit) an und bringen Sie es unter die Zunge; umhüllen Sie den Trieb mit Substrat, und verschließen Sie den Plastikbeutel auch am oberen Ende.

Hat sich der Trieb bis zum nächsten Frühling bewurzelt, wird er von der Mutterpflanze getrennt und, nach Entfernen des Plastikbeutels, eingetopft; hat er noch keine Wurzeln, wartet man noch ein Jahr.

SAMEN, DIE STRATIFIZIERT WERDEN

Acer
Betula
Carya
Fagus
Sorbus

DURCH ABSENKER VERMEHRTE BÄUME

Absenken
Cercidiphyllum
Chionanthus retusus
Corylus
Davidia
Dipteronia
Eucryphia
Halesia
Hoheria lyallii
Laurus
Magnolia campbellii,
M. grandiflora,
M. hypoleuca

Magnolia hypoleuca

Abmoosen
Ficus ❄
Magnolia campbellii,
M. grandiflora

SCHLÜSSEL
❄ *Nicht winterhart*

Veredeln

Veredelte Pflanzen etablieren sich rasch, da sie bereits ein entwickeltes Wurzelsystem haben. Ein Teil eines Triebes (Edelreis) von der zu vermehrenden Pflanze wird mit der passenden Unterlage einer anderen Pflanze verbunden. Die Unterlage kann eine gewünschte Wuchseigenschaft auf die entstehende Pflanze übertragen. Praktizierte Veredlungsmethoden sind: seitliches Anplatten, Spanveredlung, Keilpfropfen, Kopulation und Kopulation mit Gegenzungen. Unterlage und Edelreis müssen zusammenpassen.

Seitliches Anplatten

Das ist die häufigste Veredlungsmethode bei Zierbäumen; das Edelreis ist ein einjähriger Trieb, der seitlich mit einer vorbereiteten Unterlage verbunden wird. Sie wird meist im Spätwinter durchgeführt.

Vorbereitet wird die Unterlage schon ein Jahr vorher, indem Sie ein- oder zweijährige Sämlinge im Herbst einzeln eintopfen und in ein offenes Treibbeet geben. Etwa 3 Wochen vor der Veredlung werden sie zur vorsichtigen Anregung des Wachstums in ein kühles Gewächshaus gebracht. Sie müssen trocken gehalten werden, besonders bei »blutenden« Bäumen wie Birken *(Betula)* und Koniferen.

Als Edelreiser schneiden Sie kräftige einjährige Triebe vom zu vermehrenden Baum; sie sollten nach Möglichkeit einen ähnlichen Durchmesser haben wie die Unterlage. Sie werden knapp über einem Augenpaar auf 15-25 cm eingekürzt und bis zur Veredlung in einem Plastikbeutel im Kühlschrank aufbewahrt. Der oberirdische Teil der Unterlage wird entweder auf 5-7 cm zurückgeschnitten, oder man beläßt ein wenig davon oberhalb der Veredlungsstelle und schneidet später abschnittweise zurück.

Jeweils eine Unterlage und ein Edelreis werden passend zugeschnitten. Unterlage und Edelreis müssen sofort nach dem Schnitt verbunden werden; jedes Austrocknen erschwert die Verbindung. Ist das Edelreis schmaler als die Unterlage, muß wenigstens auf einer Seite das Kambium des Edelreises auf dem der Unterlage aufliegen. Verbinden Sie die Veredlungsstelle mit Veredlungsband aus durchsichtigem Plastik, Bast oder Gummifaden, und dann bestreichen Sie alle äußeren Schnittstellen mit Baumwachs, um den Feuchtigkeitsverlust gering zu halten.

Bäume, die veredelt werden können

Spanveredlung
Crataegus
Laburnum
Magnolia
Malus
Prunus
Pyrus
Sorbus

Aesculus indica 'Sydney Pearce'

Keilpfropfen
Aesculus
Catalpa
Cercis
Fagus

Seitliches Anplatten
Abies
Acer
Betula
Carpinus
Cedrus
Cupressus
Fagus
Fraxinus
Ginkgo
Gleditsia
Larix
Magnolia
Picea
Pinus
Prunus
Robinia
Sorbus

Robinia pseudoacacia 'Frisia'

Kopulation mit Gegenzungen
Fraxinus
Gleditsia
Robinia

Vermehrung durch seitliches Anplatten

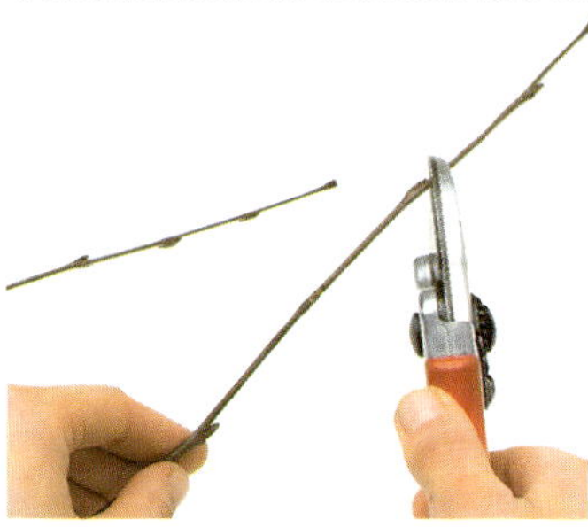

1 Kürzen Sie das Edelreis über einem Auge oder Augenpaar bis auf 15-25 cm ein. Legen Sie es bis zum Veredeln in einem Plastikbeutel in den Kühlschrank.

2 Machen Sie mit einem scharfen Messer in die Unterlage etwa 2,5 cm vom oberen Ende eine Kerbe.

3 Dann schneiden Sie von weiter oben bis zum ersten Einschnitt schräg und leicht nach innen gerichtet und entfernen den so entstandenen Span.

4 Nun führen Sie vom ersten Einschnitt gerade nach oben einen Schnitt, so daß auf einer Seite eine gerade Schnittfläche entsteht (Nebenbild).

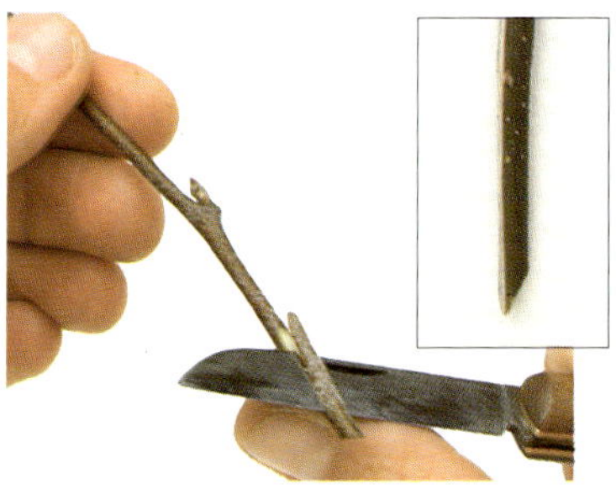

5 Machen Sie am Edelreis einen flachen, leicht schrägen, 2,5 cm langen Schnitt; dann schneiden Sie an der gegenüberliegenden Seite kurz und schräg ein (Nebenbild).

6 Legen Sie die Schnittstellen von Unterlage und Edelreis aneinander (siehe Nebenbild). Umwickeln Sie die Veredlungsstelle von oben nach unten mit Veredlungsband.

7 Bestreichen Sie die äußeren Schnittstellen an Unterlage und Edelreis mit Baumwachs; wurde das Edelreis zurückgeschnitten, auch diese Schnittfläche bestreichen.

8 Einige Wochen nach der Veredlung sind an den Augen des Edelreises erste Anzeichen von Wachstum zu sehen. Entfernen Sie die Wurzelschößlinge von der Unterlage, sie schwächen das Edelreis.

Spanveredlung

Die Methode wird v. a. bei Obstbäumen angewendet, aber auch bei Rosengewächsen, z. B. bei Zieräpfeln *(Malus)*. Bei der Spanveredlung weist das Edelreis ein Auge auf, aus dem sich der neue Wuchs entwickelt, und die veredelte Pflanze wird nicht eingetopft, sondern bleibt im Freien.

Als Unterlagen zieht man im Winter im Freien ein- oder zweijährige Sämlinge oder Steckhölzer. Im Hochsommer werden auf den unteren 45 cm des Stammes alle Seitenzweige entfernt. Als Edelreiser wählt man vegetative (nichtblühende) Schößlinge aus reifem, diesjährigem Holz mit ähnlichem Durchmesser wie die Unterlage.

Dann werden Unterlage und Edelreis vorbereitet und verbunden (siehe unten). Eine erfolgreiche Veredlung sollte innerhalb weniger Wochen anwachsen; dann kann der Verband entfernt werden, und das Auge beginnt anzuschwellen.

Keilpfropfen

Diese Veredlungsmethode ähnelt dem seitlichen Anplatten, nur daß das Edelreis oben auf die Unterlage aufgepfropft wird. Mitten im Winter werden einige Triebe vom vorjährigen Holz der zu vermehrenden Pflanze geschnitten und eingeschlagen. Als Unterlage werden im Spätwinter oder Vorfrühling einjährige Sämlinge oder raschwüchsige Pflanzen aufgenommen, gesäubert und auf 5 cm über den Wurzeln zurückgeschnitten. Schneiden Sie jede Unterlage in der Mitte 2,5–3 cm lang ein. Die Basis des Edelreises wird nun keilförmig zugeschnitten und oben in den Spalt der Unterlage gesteckt; am Edelreis sollte das obere Ende des Schnittes freibleiben. Die veredelte Pflanze erhält einen Verband und wird eingetopft, zur weiteren Pflege verfahren Sie wie unten beschrieben (siehe auch ZIERSTRÄUCHER, »Keilpfropfen«, S. 91).

Weitere Pflege

Laubabwerfende Bäume gibt man in ein Gewächshaus bei 10° C, Koniferen, breitblättrige Immergrüne und im Sommer veredelte Bäume in ein feuchtes, geschlossenes Treibbeet bei 15° C.

Die Veredlung sollte innerhalb von wenigen Wochen anwachsen, das Edelreis neu austreiben. Wurzelschößlinge unterhalb der Veredlungsstelle werden ausgeknipst, da diese aus der Unterlage kommen. Nach 6–10 Wochen werden die veredelten Pflanzen abgehärtet. Schneiden Sie den oberirdischen Teil der Unterlage bis auf 10 cm von der Veredlungsstelle zurück, wenn dies nicht bereits vor der Veredlung geschehen ist.

Machen Sie das austreibende Auge am oberirdischen Teil der Unterlage fest, damit der neue Trieb gerade wächst. Im Hochsommer wird die Unterlage bis auf die Veredlungsstelle zurückgeschnitten und der neue Trieb mit Bambus abgestützt. Oder man schneidet die Unterlage bereits im Spätfrühjahr bis knapp über der Veredlungsstelle zurück. Sobald die veredelten Bäume kräftig zu wachsen beginnen, werden sie umgetopft oder gleich im Freien eingesetzt.

VERMEHRUNG DURCH SPANVEREDLUNG

1 Schneiden Sie als Edelreis (hier Malus*), einen langen, rasch wachsenden Trieb aus dem reifen, diesjährigen Holz. Er sollte gut entwickelte Augen aufweisen und etwa bleistiftstark sein.*

2 Entfernen Sie weiches Holz und alle Blätter an der Sproßspitze.

3 Mit einem scharfen Messer machen Sie 2 cm unter einem gesunden Auge den ersten Schnitt ca. 5 mm tief und im Winkel von 45°.

4 Setzen Sie etwa 4 cm über dem ersten einen zweiten Schnitt an. Führen Sie ihn bis zum ersten Schnitt, ohne das Auge zu beschädigen.

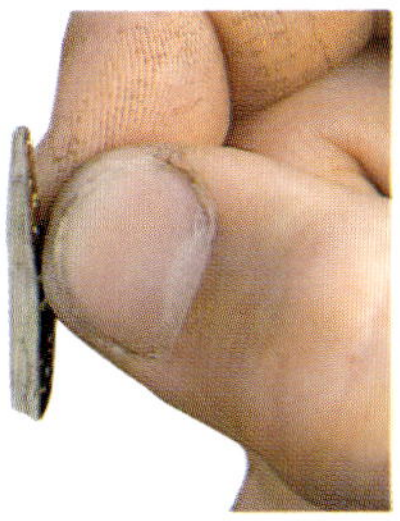

5 Nehmen Sie den Augen-Chip heraus, halten Sie ihn am Auge, damit das Kambium sauber bleibt. In einen sauberen Plastikbeutel geben, damit er nicht austrocknet.

6 An der Unterlage werden auf den unteren 30 cm des Stammes alle Triebe und Blätter entfernt; dazu nimmt man die Unterlage zwischen die Beine.

7 Machen Sie an der Unterlage ebenfalls zwei Einschnitte, passend zu denen am Edelreis, so daß dieses mit dem Chip verbunden werden kann. Entfernen Sie den entstandenen Span, ohne die Schnittfläche am Trieb zu berühren (siehe Nebenbild).

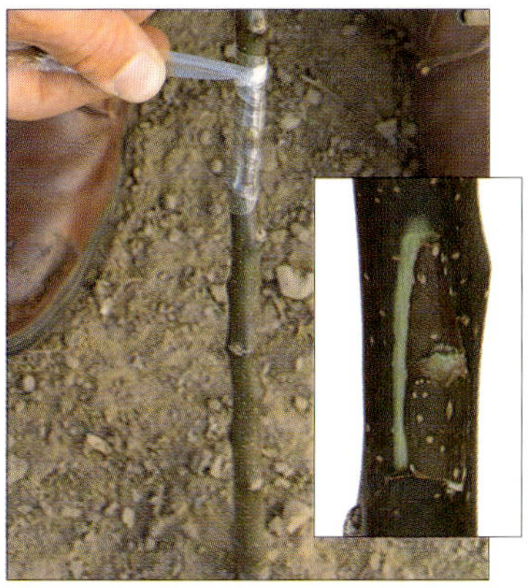

8 Geben Sie den Augen-Chip in die »Lippe« der Unterlage, so daß das Kambium an Edelreis und Unterlage möglichst genau aufeinanderliegt (siehe Nebenbild). Umwickeln Sie die Verbindung eng mit Veredlungsband. Wenn die Veredlung anwächst, beginnt das Auge anzuschwellen; Band entfernen.

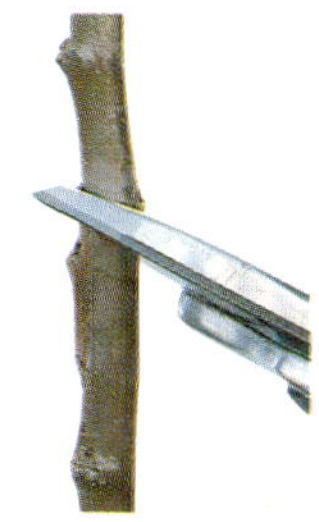

9 Die Unterlage über der Veredlungsstelle zurückschneiden; aus dem Auge wächst der Leittrieb.

Hecken

SOWOHL geformte als auch freiwachsende Hecken können Struktur und Charakter eines Gartens prägen, haben aber auch eine praktische Bedeutung.

Praktische Verwendung

Die meisten Hecken dienen als Begrenzung, Wind-, Sonnen- oder Sichtschutz. Das Nützliche läßt sich aber mit dem Schönen durchaus verbinden.

Schutz

Hecken sind ein ausgezeichneter Windschutz, denn sie bremsen starke Luftströmungen ab und mildern ihre Auswirkungen, da sie nicht wie Mauern oder Zäune Turbulenzen verursachen. Die Durchlässigkeit einer Hecke ist je nach Art und Jahreszeit verschieden; eine dichtgeschnittene, immergrüne Eibenhecke *(Taxus baccata)* ist z. B. im Winter deutlich weniger durchlässig als eine laubabwerfende Buchenhecke *(Fagus sylvatica)*. Man hat errechnet, daß bei einer idealen Durchlässigkeit von 50 Prozent eine 1,5-m-Hecke die Windgeschwindigkeit in 7,5 m Entfernung von der Hecke um 50 Prozent reduziert, in einer Entfernung von 15 m um 25 Prozent und in 30 m Abstand um 10 Prozent. Diese Schutzwirkung ist ein großer Vorteil, v. a. in windigen Lagen, wo sogar winterharte Pflanzen von starken Winden in Mitleidenschaft gezogen werden.

GANZJÄHRIG FARBE
Kontrastierende Farbtöne in einer Hecke aus x Cupressocyparis-leylandii-*Sorten.*

Lärmschutz

Äußerst wirkungsvoll ist z. B. eine grüne »Umweltbarriere« mit festem Boden im Innern. Die Korbweide *(Salix viminalis)* wird waagrecht durch senkrechte Stützen geflochten, und im Innern häuft man Erde zu einem Wall auf. Die Korbweide wurzelt in diesem Wall und wird oben und an der Seite in regelmäßigen Abständen bis auf das Flechtwerk zurückgeschnitten.

Zierhecken

Für Hecken eignen sich viele in Form, Größe, Struktur und Farbe unterschiedliche, laubabwerfende oder immergrüne, geformte oder freiwachsende, Blüten oder Früchte tragende Pflanzen. Mischt man immergrüne mit schönblühenden laubabwerfenden Arten, entsteht gleichsam ein lebendes Mosaik.

Geformte Hecken

Eiben *(Taxus baccata)* geben ausgezeichnete Hecken ab, wenn sie 6–10 Jahre Zeit zum Aufbau haben. Niedrige geformte Hecken sieht man häufig in Parterres und Barockgärten. Dafür werden gerne verschiedene Formen des Buchsbaums *(Buxus sempervirens)*, besonders 'Suffruticosa', sowie *Santolina* und *Lonicera nitida* verwendet. Mosaikhecken bestehen aus verschiedenen Gehölzen und bieten das ganze Jahr über reizvolle optische Effekte. Zu den am besten geeigneten Arten gehören *Taxus baccata, Ilex aquifolium, Carpinus betulus* und *Fagus sylvatica.*

Die verwendeten Arten müssen ungefähr gleich schnell wachsen, damit nicht raschwüchsige Arten dominieren.

PFLANZEN FÜR FREIWACHSENDE HECKEN

***Pyracantha* 'Golden Charmer'**

Fuchsia magellanica

***Escallonia* 'Langleyensis'**

***Ilex aquifolium* 'Madame Briot'**

***Rosa* 'Roseraie de l'Hay'**

***Garrya elliptica* 'James Roof'**

GEFORMTE UND GESCHNITTENE HECKEN

HECKENPFLANZEN	PFLANZ-ABSTAND	ANGEMESSENE HÖHE	GÜNSTIGE ZEIT FÜR SCHNITT	REAKTION AUF SCHNITT
IMMERGRÜN				
Buxus sempervirens (Buchs)	30 cm	30–60 cm	Zwei-, dreimal in der Vegetationsper.	Ja
Chamaecyparis lawsoniana (Lawson-Zypresse) – Zwergformen	60 cm	1,2–2,5 m, auch höher	Zweimal im Frühling und Frühherbst	Nein
× *Cupressocyparis leylandii* (Bastardzypresse)	75 cm	2–4 m, aber bis 6 m	Zwei-, dreimal in der Vegetationsper.	Nein
Escallonia	45 cm	1,2–2,5 m	Gleich nach der Blüte	Ja
Ilex aquifolium (Stechpalme) und Sorten	45 cm	2–4 m	Im späten Sommer	Ja
Lavandula (Lavendel)	30 cm	45–90 cm	Im Frühjahr nach der Blüte	Nein
Ligustrum (Liguster)	30 cm	1,5–3 m	Zwei-, dreimal in der Vegetationsper.	Ja
Lonicera nitida	30 cm	1–1,2 m	Zwei-, dreimal in der Vegetationsper.	Ja
Taxus baccata (Eibe)	60 cm	1,2–4 m, aber bis 6 m	Zweimal, im Sommer und Herbst	Ja
Thuja plicata 'Fastigiata'	60 cm	1,5–3 m	Im Frühling und Frühherbst	Nein
LAUBABWERFENDE				
Berberis thunbergii	45 cm	60 cm–1,2 m	Einmal im Sommer	Ja
Carpinus betulus (Hainbuche)	45–60 cm	1,5–6 m	Einmal, Mitte- bis Spätsommer	Ja
Crataegus monogyna (Feuerdorn)	30–45 cm	1,5–3 m	Zweimal, im Sommer und Herbst	Ja
Fagus sylvatica (Buche)	30–60 cm	1,2–6 m	Einmal im Spätsommer	Ja

Freiwachsende Hecken
Freiwachsende Hecken passen zwar nicht in strenge, formale Anlagen, können aber sehr dekorativ und als Wind- und Sichtschutz höchst wirkungsvoll sein. Viele der verwendeten Pflanzen tragen auch attraktive Blüten oder Früchte.

Beziehen Sie die verschiedenen Farben des Hintergrunds sorgfältig in die Gesamtplanung mit ein. Gerne verwendet werden *Cotoneaster lacteus, Berberis sargentiana* oder *Forsythia*; auch Strauchrosen-Hybriden und -Arten ergeben schöne freiwachsende Hecken. Viele starkwüchsige Bambusarten eignen sich in Bereichen mit sehr feuchtem Boden und starken Winden.

FORMALE ELEGANZ
Die symmetrische Anlage aus verschieden hohen Hecken in Grüntönen umrahmt den Weg und lenkt die Aufmerksamkeit auf die Skulptur.

Auswahl der Pflanzen

Bei der Auswahl einer Heckenpflanze sind die spätere Wuchshöhe, Ausbreitung und Aufbaugeschwindigkeit zu berücksichtigen; auch muß die gewählte Art im gegebenen Klima winterhart und für den Boden des Gartens geeignet sein. Pflanzen für geformte Hecken sollen einen dichten Wuchs haben und starken Schnitt vertragen. Für freiwachsende Hecken mit interessanten Blüten oder Beeren wählt man sich Pflanzen aus, die nur einmal im Jahr geschnitten werden. Ihr Schnitt muß zur richtigen Jahreszeit erfolgen, da andernfalls die Blüten und Früchte der nächsten Saison beeinträchtigt werden können. Ob man immergrüne oder laubabwerfende Arten verwendet, ist Geschmackssache; doch sollte man bedenken, daß Immergrüne und Koniferen das ganze Jahr guten Windschutz bieten.

Bodenvorbereitung und Pflanzung

Hecken sind ein dauernder Bestandteil des Gartens. Daher ist es wichtig, daß der Standort vor der Pflanzung gründlich vorbereitet wird und daß die Hecke in jedem Frühling eine Kopfdüngung mit einem ausgewogenen Dünger sowie eine neue Mulchschicht erhält. Die Bodenvorbereitung und die Pflanzung erfolgen wie bei Bäumen und Sträuchern (siehe S. 39-43, 69-71). Der vorbereitete Standort soll etwa 60-90 cm breit sein.

Bei den meisten Heckenpflanzen sollte der Abstand 30-60 cm betragen – siehe untenstehende Tabelle. Soll die Hecke mehr als 90 cm breit sein, pflanzt man versetzt in zwei Reihen mit 90 cm Abstand zwischen den Pflanzen und 45 cm Abstand zwischen den Reihen. Bei Zwerghecken, Parterres und in Barockgärten sollten die Pflanzen mit 10–15 cm Abstand stehen.

Schnitt und Erziehung

Der anfängliche Schnitt einer geformten Hecke ist ausschlaggebend für das gleichmäßige Wachstum in der gesamten Höhe. Der Schnitt muß in den ersten zwei bis drei Jahren äußerst sorgfältig erfolgen.

Erstes Schneiden und Formen
Die meisten laubabwerfenden Pflanzen, v. a. solche mit buschigem Wuchs und tiefstehenden Ästen, müssen bei der Pflanzung um ein Drittel zurückgeschnitten werden;

FREIWACHSENDE UND BLÜHENDE HECKEN

HECKENPFLANZEN	ZIERWERT	PFLANZ-ABSTAND	ANGEMESSENE HÖHE	SCHNITTERMIN
IMMERGRÜNE				
Berberis darwinii	Gelbe Blüten, purpurne Beeren	45 cm	1,5–2,5 m	Sofort nach der Blüte
Cotoneaster lacteus	Weiße Blüten, rote Früchte	45–60 cm	1,5–2,2 m	Nach dem Fruchten
Escallonia	Weiße, rote oder rosa Blüten	45 cm	1,2–2,5 m	Sofort nach der Blüte
Garrya elliptica	Graue, grüne, rote, gelbe Kätzchen	45 cm	1,5–2,2 m	Sofort nach der Blüte
Ilex aquifolium	Weiße Blüten, Beeren	45–60 cm	2–4 m	Im Spätsommer
Lavandula	Purpurne Blüten, graues Laub	30 cm	0,6–1 m	Nach der Blüte
Pyracantha	Weiße Blüten, rote Beeren	60 cm	2–3 m	Zum Schnitt siehe S. 81
LAUBABWERFENDE				
Berberis thunbergii	Blaßgelbe Blüten, rote Früchte, rotes Herbstlaub	30–38 cm	1–1,2 m	Nach der Blüte, falls man sie unter Kontrolle halten will
Crataegus monogyna	Duftende weiße Blüten, rote Früchte	45–60 cm	3 m+	Im Winter überzählige, starke Triebe entfernen
Corylus avellana	Gelbe Kätzchen	45–60 cm	2–5 m	Nach der Blüte
Forsythia × intermedia 'Spectabilis'	Gelbe Blüten	45 cm	1,5–2,2 m	Nach der Blüte altes Holz entfernen
Fuchsia magellanica	Blaue/rote Blüten, schw. Beeren	30–45 cm	0,6–1,5 m	Im Frühling altes Holz entf.
Potentilla fruticosa	Hellgelbe Blüten	30–45 cm	0,6–1,2 m	Im Frühling
Prunus spinosa Sorten	Blaßrosa oder weiße Blüten, rote und purpurne Blätter	45–60 cm	2,5–4 m	Im Winter einzelne starke Triebe entfernen
Rosa 'Nevada'	Duftende cremefarbene Blüten	60 cm	1,5–2 m	Im Frühling dünne Schübe
Rosa 'Roseraie de l'Hay'	Duftende karminrote Blüten	45 cm	1,5 m	Im Frühling dünne Schübe entfernen
Ribes sanguineum 'King Edward VII'	Tiefrosa Blüten	30–45 cm	1,5–2 m	Nach der Blüte überzählige Triebe entfernen

EIN- ODER ZWEIREIHIGE PFLANZUNG

EINREIHIG
Heckenpflanzen werden meist in einer Reihe im Abstand von 30-60 cm gesetzt.

ZWEIREIHIG
Für dichtere, breitere Hecken setzt man die Pflanzen in 90 cm Abstand versetzt in 2 Reihen.

ERZIEHUNGSSCHNITT

VOR DEM SCHNITT
Leit- und Seitentriebe sind frei gewachsen; die Hecke benötigt einen Erziehungsschnitt.

NACH DEM SCHNITT
Seitentriebe werden um die Hälfte, Leittriebe auf passende Höhe zurückgeschnitten, das regt zu buschigem Wuchs an.

FORMEN EINER HECKE

1 *Spannen Sie eine Schnur straff und gerade zwischen 2 aufrechten Pfählen als Schneidehilfe am höchsten Punkt der Hecke, schneiden Sie entsprechend.*

2 *Machen Sie sich eine Schablone in gewünschter Form. Schneiden Sie die Hecke der Linie der Schablone folgend, die sie jeweils um ein Stückchen weiterschieben.*

3 *Sobald Sie am Ende der Hecke angekommen sind, entfernen Sie die Schablone, Pfähle und Schnur. Stutzen Sie nun das Ende der Hecke sauber.*

auch starke Seitenäste werden um ein Drittel eingekürzt. Im zweiten Winter werden sie nochmals um ein Drittel zurückgeschnitten.

Starkwüchsige Pflanzen und solche mit aufrechtem Habitus, wie Rainweide *(Ligustrum)* und Weißdorn *(Crataegus)*, können geformt, werden indem man sie im Spätfrühjahr auf 15-30 cm zurückschneidet und die Seitenäste am Ende des Sommers ein weiteres Mal stutzt. Im zweiten Winter oder im Frühling darauf wird nochmals sorgfältig zurückgeschnitten, dabei entfernt man rundum zumindest die Hälfte des vorjährigen Wuchses.

Bereits in diesem frühen Stadium sollten die Seiten mehr oder weniger schräg, mit der größten Breite an der Basis, geschnitten werden. Eine Hecke mit oben abgeflachter A-Form oder einer sanft gerundeten Spitze ist weniger empfindlich für Schnee und starken Wind. Von einer konischen Hecke fällt der Schnee leichter ab; starke Winde werden von den schrägen Seitenflächen abgelenkt.

Man schneidet an einer Kante oder einer gespannten Schnur entlang. Auch bei niedrigen Hecken ist es wichtig, eine Schneidehilfe zu verwenden, da Unregelmäßigkeiten genauso störend sind wie in Augenhöhe. Sobald Höhe und Schrägung der Seitenflächen erreicht sind, muß die Hecke in den nachfolgenden Jahren nur noch so viel gestutzt werden, daß die Form erhalten bleibt.

Koniferen und Immergrüne werden sehr häufig für Hecken verwendet. In den meisten Fällen werden in den ersten Jahren nur die Seitenäste zurückgeschnitten, besonders im entscheidenden zweiten Jahr, während man beim Apikaltrieb (Zweigspitzen) mit dem Schnitt wartet, bis die gewünschte Höhe erreicht ist.

HECKENFORMEN

Hecken sollten oben schmaler sein, so sind sie starkem Wind und Schnee weniger ausgesetzt. In Gebieten mit starkem Schneefall müssen Hecken oben spitz zulaufen, damit kein Schnee darauf liegen bleibt.

HAINBUCHE

EIBE

Pflege der Hecke

Eine geformte Hecke muß regelmäßig gestutzt werden, damit die Form erhalten bleibt; in den meisten Fällen wird die Hecke zweimal jährlich geschnitten (siehe »Geformte und geschnittene Hecken«, S. 60). Nehmen Sie beim Schneiden eine gerade Kante oder eine Schnur zu Hilfe.

Auch freiwachsende Hecken müssen regelmäßig in Form gebracht werden. Blüten oder Früchte tragende Hecken dürfen nur zu bestimmten Zeiten geschnitten werden (siehe »Freiwachsende und blühende Hecken«, S. 61). Schneiden Sie freiwachsende Hecken und solche mit großen, immergrünen Blättern nach Möglichkeit mit einer Gartenschere, damit die Blätter nicht angeschnitten und unansehnlich werden.

Verjüngung

Manche Arten, etwa Hainbuche *(Carpinus betulus)*, Geißblatt *(Lonicera)* und Eibe *(Taxus baccata)*, lassen sich gut verjüngen, auch wenn die Hecke vernachlässigt war. Laubabwerfende Hecken werden am besten im Winter, immergrüne zur Frühjahrsmitte verjüngt.

HECKENSCHNITT

HECKENSCHERE
Damit die Hecke oben gleichmäßig wird, hält man die Klingen der Schere immer parallel zum Verlauf der Hecke.

ELEKTRISCHE HECKENSCHERE
Das Blatt der elektrischen Heckenschere wird parallel zur Hecke geführt, man verwendet eine Stufe mit weitausladender Schneidbewegung.

VERJÜNGUNG EINER WUCHERNDEN HECKE

Auf einer Seite dieser laubabwerfenden Hecke werden die Triebe bis zum Stamm zurückgeschnitten, die andere Seite wird wie üblich gestutzt (rechts). Im nächsten Jahr, wenn die Pflanze stark gewachsen ist, schneidet man die andere Seite bis auf den Stamm zurück (ganz rechts).

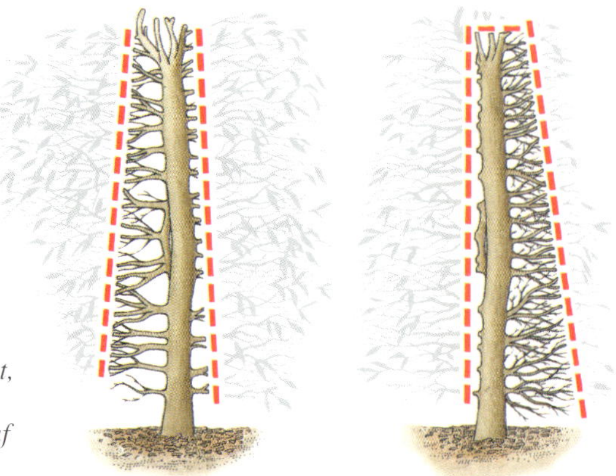

3

ZIERSTRÄUCHER

IN ALLEN GÄRTEN *werden Strauchgehölze wegen ihrer gestalterischen Wirkung und ihrer Langlebigkeit geschätzt, sie bilden das Grundgerüst eines Gartens. Einer gemischten Rabatte geben sie Substanz und Dauerhaftigkeit und gleichen so die Vergänglichkeit der krautigen Pflanzen aus. Eine Kombination von verschiedenen immergrünen und laubabwerfenden Sträuchern ist das ganze Jahr über dekorativ und braucht außerdem relativ wenig Pflege. Sträucher gibt es in den verschiedensten Formen, Größen und Gestalten: Die Skala reicht von den glänzenden, gefächerten Blättern von* Fatsia japonica *und den stark duftenden Blütenrispen des weißen oder violetten Flieders bis zu den perlartigen Beeren des Feuerdorns oder den weißen Trieben von* Rubus biflorus.

Gestaltung mit Sträuchern

STRÄUCHER sind Gehölze, die im Gegensatz zu den Bäumen schon an der Basis eine Vielzahl von Trieben hervorbringen. Die Unterscheidung zwischen Sträuchern und Bäumen ist jedoch nicht immer eindeutig, da einige Sträucher auch hochstämmig erzogen werden und weil Bäume mehrstämmig wachsen können. Auch der Größenunterschied ist kein klares Kriterium, denn es gibt Sträucher, die größer werden als manche Bäume.

Ob der Begriff »Strauch« nun eng oder weit gefaßt wird, er bezeichnet eine enorme Auswahl von Pflanzen, die für Gärten jeder Größe und Stilrichtung geeignet sind. Aus allen Teilen der Welt wurden Arten eingeführt, aus denen zahllose attraktive Sorten und Hybriden hervorgegangen sind.

NATURNAHE ANLAGE
In diesem Garten liefert die natürlich wirkende Strauchgruppe aus einer panaschierten Stechpalme (Ilex aquifolium), *dem feurigen* Euonymus alatus *und dem hohen* Aesculus parviflora *wirkungsvolle Kontraste in Form und Farbe.*

Auswahl der Sträucher

Sträucher sind in einem Garten aus mehreren Gründen unentbehrlich; sie verleihen einer Anlage in erster Linie Form, Struktur und Substanz und bilden das Grundgerüst. Aber sie haben natürlich nicht nur funktionellen Charakter, sie sind auch auf vielfältige Weise dekorativ, bringen duftende oder bunte Blüten, immergrünes oder panaschiertes Laub, attraktive Früchte und farbenprächtige oder besonders wohlgeformte Triebe hervor.

Diese Attribute beeinflussen die Auswahl natürlich, doch auch die rein praktischen Überlegungen sollten nicht vernachlässigt werden.

Wichtig ist, ob der Strauch unter den gegebenen Wachstumsbedingungen gedeiht (siehe »Der geeignete Standort« S. 64), aber auch Wuchsgeschwindigkeit, Habitus, Höhe und Ausbreitung sind entscheidend für Auswahl und Standort.

Form und Größe
Sträucher gibt es von den »Zwergen«, z.B. dem mattenbildenden *Penstemon newberryi* mit einer Höhe von 15-20 cm, bis zu 5-6 m bei einigen hübschen, immergrünen Rhododendren.

Sie unterscheiden sich auch sehr in Form und Habitus, es gibt gerundete, gebogene und senkrechte Formen. *Yucca gloriosa* z.B. hat kräftige Büschel schwertförmiger Blätter und aufrechte Blütenrispen, sie gehört zu den Arten, die schon wegen ihrer Form gepflanzt werden. Sich stark ausbreitende Gehölze wie *Chaenomeles japonica* sollten besser an einer Mauer hochgezogen werden.

Sträucher als Planungselemente

Bei der Auswahl von Sträuchern müssen Sie berücksichtigen, wie diese zu anderen Pflanzen oder zu vorhandenen Strukturelementen passen. Sollen sie einen Teil des Grundgerüsts bilden, sind Sträucher mit klaren, ausdrucksstarken Silhouetten am besten geeignet – z.B. die ausgebreitete, wogende Form von *Juniperus squamata* 'Blue Carpet' oder die auffallend aufrechte Form von *Mahonia* x *media*. Betrachten Sie die Sträucher auch als abstrakte geometrischen Formen, die eingesetzt werden, um ein ausgewogenes Bild von kontrastierenden und sich ergänzenden Formen zu ergeben.

Grundbepflanzung
Sträucher verbinden oft als Grundbepflanzung das Haus mit dem Garten, stellen einen Übergang zu den weichen Formen von Rabatten und Rasen dar.

Diese Art der Pflanzung kommt z.B. an einem Hauseingang besonders gut zur Geltung: etwa wenn Gruppen oder Reihen von Sträuchern die Auffahrt oder den Weg zum Haus flankieren, oder wenn ein gewundener Pfad zur Eingangstür von einem abgerundeten, lockeren Beet begrenzt wird. Die Pflanzung sollte das Gebäude in Stil, Dimension und Farbe ergänzen. Immergrüne Sträucher sind aufgrund der bleibenden Wirkung sehr beliebt, aber v.a. bei naturnahen Anlagen sorgt die Kombination mit laubabwerfenden Gehölzen für Abwechslung.

Der geeignete Standort

Damit Sträucher gedeihen und Ihnen lange Freude bereiten, müssen Sie bei der Anschaffung Pflanzen auswählen, die mit den Bedingungen in Ihrem Garten gut zurechtkommen. Auch im kleinen Garten können die Wachstumsbedingungen stark variieren. Die Auswahl an Sträuchern ist so groß, daß es keinen Grund gibt, sich für Pflanzen zu entscheiden, denen der Standort nur bedingt zusagt.

Bodentypen

Wichtigstes Kriterium ist der Bodentyp; der Boden kann in vielen Fällen verbessert und die Zahl der in Frage kommenden Pflanzen damit vergrößert werden. Besonders wichtig ist es, schwere Böden durchlässiger zu machen und dafür zu sorgen, daß leichte Böden die Feuchtigkeit besser speichern, damit der übermäßig saure oder basische Charakter des Bodens nicht zum Problem wird.

Für eine erfolgreiche Bepflanzung muß die besondere Eigenart des Bodens berücksichtigt werden. Es gibt auch für extreme Bedingungen geeignete Pflanzen: Hartriegel *(Cornus)* und Weide *(Salix)* z.B. mögen feuchte Böden, während Ginster *(Cytisus/Genista)*, Lavendel *(Lavandula)* und *Phlomis* auf gut durchlässigen Böden gedeihen. Rhododendren und andere Erika-Gewächse brauchen im allgemeinen saure Böden; aber es gibt auch viele Sträucher, die auf basischen Böden wachsen, wie *Deutzia, Hypericum* und *Philadelphus.*

Lage und Mikroklima

Auch ob die Pflanze Sonne oder Schatten bevorzugt, sollten Sie berücksichtigen. Sonnenanbeter wie *Cistus* werden unansehnlich, wenn sie keine volle Sonne bekommen, andere Sträucher tolerieren oder bevorzugen etwas Schatten. Letztere sind oft ideal für Stadtgärten, wo sie es nicht mit dem durch Baumkronen gefilterten Licht, sondern mit dem scharfen Gegensatz von praller Sonne und tiefem Schatten der Nachbargebäude zu tun haben.

Beachtet werden muß auch, ob der Strauch winterhart ist. Temperaturbereich, Seehöhe, Windschutz, Lage und Entfernung vom Meer beeinflussen die Auswahl. Das Meer gleicht zwar die Temperaturen aus, die salzigen Winde können aber Pflanzen in küstennahen Gärten schädigen. Nicht eindeutig winterharte Pflanzen werden vielleicht eine Pflanzung im offenen Garten nicht überstehen, doch an einer schützenden Mauer gedeihen.

DIE RICHTIGEN BEDINGUNGEN
Etwas Schatten von den überhängenden Baumkronen und saurer Boden sind ideal für diese Rhododendren. Durch die Kombination nicht harmonierender Farbtöne entsteht hier eine aufregende Farbsymphonie.

STRÄUCHER FÜR SAURE BÖDEN

***Rhododendron* 'Homebush'**

***Camellia* x *williamsii* 'Donation'**

***Erica* x *williamsii* 'P.D. Williams'**

Eucryphia milliganii

Gaultheria shallon

Vaccinium parvifolium

Rhododendron wardii

***Pernettya mucronata* 'Wintertime'**

Zenobia pulverulenta

Im Jahresablauf

Bei der Auswahl von Sträuchern müssen Sie auch das Erscheinungsbild im Wechsel der Jahreszeiten berücksichtigen, immergrünes Laub etwa ist immer interessant, die sommerliche Blütenpracht dagegen vergänglich. Einen Strauch mit kurzer Blütezeit setzt man am besten neben einen, der kurz danach blüht, um Abwechslung und Kontinuität zu erzielen.

Frühjahr

Die hervorbrechenden Blätter und Blüten der Frühjahrsblüher bringen schon früh im Jahr Farbe und Leben in den Garten. Eine Kombination, etwa aus der frühen *Salix hastata* 'Wehrhahnii' mit ihren silbergrauen Kätzchen an dunkelroten Trieben und duftenden, weißrosa Blütentrauben von *Daphne* x *burkwoodii* 'Somerset', die im Spätfrühling blüht, ist das ganze Frühjahr lang attraktiv.

Sommer

Die Auswahl an sommerblühenden Sträuchern ist riesengroß, aber auch diese kombiniert man so, daß sie sich abwechseln. Prachtexemplare wie *Potentilla* 'Elizabeth' und *Syringa microphylla* 'Superba' sind zu Recht häufig anzutreffen, ihre Blütezeit erstreckt sich vom Spätfrühling bis in den Frühherbst.

Herbst

In dieser Jahreszeit tritt das atemberaubend farbenprächtige Laub vieler Sträucher in den Vordergrund. Dazu gehören *Euonymus alatus* mit seinen leuchtendroten Blättern und verschiedene Sorten von *Cotinus coggygria* mit gelbem, rotem oder purpurfarbenem Laub. Farbige Beeren, wie die gelben Büschel von *Pyracantha* 'Golden Dome' oder die leuchtendroten Früchte von *Cotoneaster* 'Cornubia', machen sich ebenfalls sehr gut.

Winter

Sträucher sind im winterlichen Garten einfach unentbehrlich. Am wichtigsten ist wohl das immergrüne Laub, das farbliche und strukturelle Akzente setzt. Auch Blüten spielen eine Rolle, von der architektonischen *Mahonia japonica* mit ihren nickenden gelben Doldenrispen bis zu den spinnenähnlichen roten Blüten von *Hamamelis* x *intermedia* 'Diane' oder duftenden Sträuchern wie *Viburnum* x *bodnantense*. Sträucher mit auffallenden Trieben, etwa *Cornus stolonifera* 'Flaviramea' mit grüngelben Schößlingen, sind relativ selten.

Strauchrabatten

Eine der schönsten Möglichkeiten, Sträucher in einem Garten zu pflanzen, ist eine Rabatte. Aus den vielen Pflanzen, die zu Boden, Klima und Standort passen, wählt man jene aus, die sich im Jahresablauf abwechseln. Ziel ist eine ausgewogene Anlage, in der Form, Höhe und Ausbreitung jedes Strauchs sowie seine Verwandlung im Lau-

VORSCHLAG FÜR EINE STAUDENRABATTE
Dieser Plan sieht einige Pflanzen vor, die aufgrund ihres Laubs, ihrer Form, Blüten und Beeren im Herbst und im Winter attraktiv sind. Pflanzen mit unterschiedlichem Habitus ergeben in Kombination eine ausgewogene Anlage mit belebenden Kontrasten.

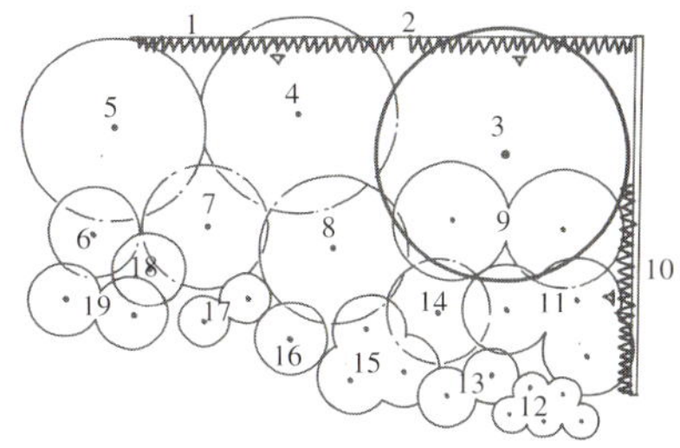

1 *Pyracantha coccinea*
2 *Pyracantha* 'Mohave'
3 *Hamamelis mollis*
4 *Garrya elliptica* 'James Roof'
5 *Viburnum* x *bodnantense*
6 *Perovskia atriplicifolia* 'Blue Spire'
7 *Daphne bholua*
8 *Viburnum tinus* 'Eve Price'
9 *Euonymus fortunei* 'Silver Queen'
10 *Jasminum nudiflorum*
11 *Daphne mezereum*
12 *Erica carnea* 'Vivellii'
13 *Ceratostigma willmottianum*
14 *Lonicera fragrantissima*
15 *Sarcococca confusa*
16 *Cotoneaster* 'Autumn Fire'
17 *Caryopteris* x *clandonensis* 'Arthur Simmonds'
18 *Skimmia japonica* 'Fragrans'
19 *Skimmia japonica* ssp. *reevesiana*

fe der Jahreszeiten berücksichtigt sind. Die Pflanzung kann fast zur Gänze auf einer Mischung von Laubfarben und -strukturen beruhen, aber auch andere Merkmale können eine Rolle spielen. Kombinieren Sie z.B. hübsch geformte Sträucher und solche mit bunten Beeren oder Trieben, damit die Attraktion des Sträucherangebots durch die Jahreszeiten erhalten bleibt.

Widerstehen Sie der Versuchung, nur schön blühende Sträucher zu pflanzen, auch die prächtigsten Blüten sind vergänglich. Durch überlegte Auswahl können Sie jedoch eine lange Abfolge von Blüten erreichen.

Manche Sträucher sind langlebig, andere reifen rasch und vergehen. Bei der Planung einer Rabatte sollten die langlebigen mehr Platz erhalten, damit sie nicht später ausgedünnt oder drastisch beschnitten werden müssen. Auch raschwachsende Sträucher können in eine Rabatte gesetzt werden, müssen aber ausgedünnt werden, sobald sie die Grundpflanzen verdrängen.

Stauden, Einjährige und andere Pflanzen kann man vorübergehend dazusetzen, so daß die Strauchrabatte für kurze Zeit einer gemischten Rabatte gleicht. Dichte Bepflanzung, auch mit Bodendeckern, läßt weniger Unkraut aufkommen, obwohl gegen Unkraut und Feuchtigkeitsverlust eher eine Mulchschicht zu empfehlen wäre, zumindest bis die Pflanzen aufgebaut sind.

TON IN TON
Die Beschränkung auf wenige Farben, dominiert von Gelb, Gold und Hellgrün, läßt diese Rabatte aus immergrünen und laubabwerfenden Sträuchern sonnig und freundlich erscheinen.

Gemischte Rabatten

In der gemischten Rabatte wird ein Grundgerüst aus Sträuchern mit verschiedenen krautigen Pflanzen kombiniert. Der Vorteil liegt darin, daß die Sträucher fast das ganze Jahr über ansehnlich sind und einen Hintergrund für das Nacheinander anderer Pflanzen bilden. Da die Sträucher der Rabatte bereits Höhe und Struktur verleihen, kann hier auf hohe Stauden verzichtet werden.

Eine gemischte Rabatte kann den Gegebenheiten angepaßt werden. Liegt sie neben einer Mauer, können im Hintergrund an der Mauer hochgezogene und andere Sträucher sowie Kletterpflanzen kombiniert werden, andere Pflanzen werden in lockeren Nischen im Vordergrund zwischen die Sträucher gesetzt. Ist die Rabatte inselartig angelegt, werden Sträucher normalerweise in die Mitte gesetzt und von Gruppen anderer Pflanzen eingerahmt.

Bei einer gemischten Rabatte kann die Pflege mitunter schwieriger sein als bei Strauchrabatten, da die Pflanzen unterschiedliche Bedürfnisse haben. Sie ist jedoch eine der reizvollsten Möglichkeiten, die Besonderheiten vieler verschiedener Pflanzengruppen zu kombinieren.

Solitärsträucher

Besonders attraktive Sträucher – mit ungewöhnlicher Form, exquisiten Blüten oder auffallendem Laub – stehen am besten allein, damit sie von verschiedenen Blickwinkeln immer zu sehen sind.

Geeignete Sträucher

Ein Solitärstrauch fällt immer auf, deshalb muß sein Erscheinungsbild der Stellung auch gerecht werden. Geeignet sind v.a. Sträucher mit wohlgeformten Silhouetten, wie die symmetrische Pyramidenform von *Picea glauca* var. *albertiana* 'Conica', obwohl auch ein blühender Strauch wie *Camellia japonica* 'Mathotiana' einen sehr interessanten Blickfang abgibt.

Damit der Strauch seiner Position gerecht wird, muß seine Attraktivität auch von längerer Dauer sein. In einem großen Garten reicht eine spektakuläre, aber kurze Blütenpracht. Dominiert ein Strauch jedoch in einem kleinen Garten, muß er dies das ganze Jahr über durch schöne Form und Farbenpracht rechtfertigen.

Standort für einen Solitär
Ein Solitärstrauch muß so plaziert werden, daß seine Größe mit seiner Position im Garten in Einklang ist und in einem ausgewogenen Verhältnis zum Gesamtbild steht. Der beste Standort soll vom wichtigsten Fenster des Hauses aus zu sehen sein oder am Schnittpunkt zweier Aussichten liegen. Der Hintergrund ist so wichtig wie der Strauch selbst; die beste Ergänzung ist gewöhnlich einheitlich in Farbe und Struktur, etwa eine immergrüne Hecke oder Rasen. Man kann auch alternative Standorte versuchen, in Kombination mit anderen Elementen, wie einer Wasserfläche. Vor der Pflanzung sollten die Dimensionen ungefähr abgeschätzt werden, indem man den Strauch durch zusammengenagelte Latten in Höhe und Breite darstellt.

SOLITÄRSTRAUCH
Im Spätfrühling und Frühsommer sind die ausgebreiteten Zweige von Viburnum plicatum *'Mariesii' reich mit Blüten bedeckt; die ungewöhnliche Form läßt die Pflanze ganzjährig interessant erscheinen.*

An einer Mauer

Eine warme, schützende Mauer ist ein erstklassiger Platz für eine Rabatte; er wird vielleicht zur Trokkenheit neigen, doch wenn man die Pflanzen gut gießt, sind die Bedingungen ideal für Sträucher, die sonst vielleicht nicht winterhart wären.

Eine Stützmauer ist auch die beste Lösung für biegsame Gehölze wie *Forsythia suspensa*, die sich ohne Stütze zu einem Gestrüpp entwickeln. Bei manchen Sträuchern kommen ihre Besonderheiten so am besten zur Geltung, etwa die orangefarbenen oder roten Beeren des Feuerdorns. Manche winterharten Sträucher, wie *Chaenomeles*, könnten zwar auch frei stehen, sie wirken aber an einer Mauer sehr gut und beleben den schlichten Hintergrund.

EINE MAUER ALS STÜTZE
Läßt man einen Strauch wie den Feuerdorn an einer Mauer hochwachsen, kommen die schönen roten Beeren noch besser zur Geltung.

Manchmal müssen die Sträucher nicht einmal erzogen werden: Die Myrte *(Myrtus)* setzt man einfach an den Fuß einer Mauer, wo sie von deren Wärme und Schutz profitiert.

Zwergsträucher und Bodendecker

Pflanzt man niedrige Sträucher wie *Hebe* oder *Daphne blagayana* in Hochbeete oder Behälter, kann man sie aus der Nähe genießen und gibt so dem Pflanzschema Struktur und Dauer. Auch am Boden wachsend sind diese Sträucher sehr interessant; *Helianthemum*-Sorten und verschiedene bunte Eriken *(Calluna, Daboecia und Erica)* hellen den Vordergrund einer gemischten Rabatte auf oder sie mildern die harten Kanten eines Gartenweges.

Manche werden zu einem attraktiven Teppich, der einen passenden Hintergrund für andere Pflanzen bildet. Die relativ schnell wachsenden können als Bodendecker eingesetzt werden (siehe S. 150-151). Bodendeckende Sträucher eignen sich hervorragend für steile, schwer zu bepflanzende Böschungen; Sträucher wie *Mahonia repens* und *Euonymus fortunei*-Sorten wachsen sogar unmittelbar im Schatten von Bäumen.

Laub

Substanz erhält ein Garten nicht zuletzt durch das Laub, v.a. immergrüne Sträucher sorgen das ganze Jahr über für Kontinuität. Auch sind die Blätter der laubabwerfenden Sträucher – vom ersten Wachstum im Frühling bis zum Herbstlaub – länger schön als die meisten Blüten.

Farbe
Mit Laubfarben, von den unzähligen Grüntönen bis Silber-, Grau-, Rot- und Purpurfarben sowie Gelb, Gold und den panaschierten Formen, läßt sich eine starke Wirkung erzielen. Die kräftigsten Blattfarben, wie das Gelb von *Choisya ternata* 'Sundance', das Rot der jungen Triebe bei *Pieris* oder das weiß gefleckte Grün von *Euonymus fortunei* 'Silver Queen' können wie Blütenfarben eingesetzt werden.

Form und Struktur
Das Laub der Sträucher hat noch allerlei andere schmückende Eigenschaften. Große oder charakteristisch geformte Blätter wie bei *Fatsia japonica* sind besonders eindrucksvoll; auch kontrastierende Blattoberflächen, wie weich-glänzend und pelzig-matt, machen sich sehr gut.

Blüten

Sträucher blühen in einer unglaublichen Vielfalt, von den winzigen, erbsenförmigen Blütchen vieler Ginster bis zu den großen, schweren Rispen des Flieders.

BUNTER BODENDECKER
Solche weichen Farbflecke schaffen Sie mit Sträuchern in harmonischen und kontrastierenden Farbtönen. Hier eine dichte Decke aus Heidekraut.

Form und Farbe
Sträucher tragen Blüten in allen Farben und Schattierungen; allein die Rosatöne reichen vom blassen Rosaweiß der *Syringa yunnanensis* bis zum Scharlachrot von *Rhododendron* 'Hinodegiri'.

In manchen Fällen wirkt allein schon die Masse der Blüten, wie bei den dichten blauen Büscheln von *Ceanothus* oder den Doldenrispen aus gelben Blütensternen bei den Forsythien, während bei anderen Sträuchern – etwa bei den kurzlebigen, aber exquisiten Blüten der *Strauchpäonie* – die Schönheit der einzelnen Blüten besticht.

In einem großen Garten spielt es keine Rolle, wenn eine Pflanze nur kurz brilliert; im kleinen Garten kann das ein Nachteil sein, Sie sollten also auch das Erscheinungsbild einer Pflanze in Betracht ziehen, wenn die Blütezeit sehr kurz ist.

Duft
Der Reiz mancher Blüten liegt allein in Farbe und Aussehen, duftende Blüten verleihen dem Garten einen zusätzlichen Reiz. Die Blüten können auffällig wirken und zugleich köstlich duften, wie bei vielen *Philadelphus*-Arten, oder etwas unauffälliger sein, wie die winzigen Blüten von *Sarcococca*, die mitten im Winter ihren Duft verströmen.

DUFTENDE BLÜTEN
Duftende Sträucher pflanzt man am besten in Sitzplatznähe, neben einen Pfad oder im Innenhof, damit man sie aus der Nähe genießen kann. Diesem süßduftenden Carpenteria californica *kommen Wärme und Schutz der Mauer sehr zugute.*

Orangefarbene und rote Beeren findet man häufig, aber es gibt auch andere Farben – vom Gelb des *Cotoneaster* 'Rothschildianus' bis zum hübschen Rosa von *Pernettya mucronata* 'Seashell'.

Bedenken Sie, daß bei manchen Sträuchern männliche und weibliche Blüten an verschiedenen Pflanzen sitzen. Um reichlich Früchte zu erhalten, müssen Sie dann männliche und weibliche Exemplare nahe zueinander pflanzen.

Beeren

Beerentragende Sträucher bringen vom Spätsommer bis in den Winter hinein Farbe in den Garten und lokken Vögel an. An immergrünen Sträuchern, wie dem Feuerdorn, heben sich die leuchtenden Beeren auffallend schön vom grünen Laub ab, während sie bei laubabwerfenden Sträuchern wie *Viburnum opulus* vor einem ständig wechselnden Hintergrund aus buntem Herbstlaub später an kahlen Zweigen prangen.

Rinde und Zweige

Im Winter können auch kahle Zweige eindrucksvoll erscheinen. Sie wirken wie fragile Plastiken, die manchmal farbenprächtig sind, wie zum Beispiel der Hartriegel *(Cornus)*, manchmal mit hübschen weißlichen Blüten überzogen, wie bei *Salix irrorata*.

Stellen Sie einige gleichartige Sträucher zusammen, um die Wirkung der Zweige zu vervielfachen, oder pflanzen Sie ein besonders hübsches Exemplar als Solitär vor einem schlichten Hintergrund. Stellen Sie sich die leuchtendroten Triebe von *Cornus alba* 'Sibirica' vor einer weißen oder das kalkweiße Skelett von *Rubus biflorus* vor einer dunklen Mauer vor.

Viele Sträucher mit hübschen Trieben müssen regelmäßig geschnitten werden, weil das junge Holz am schönsten ist (siehe auch »Gekappte und entwipfelte Sträucher«, S. 79).

DEKORATIVE ZWEIGE
Die rote Rinde dieser Hartriegel-Gruppe (Cornus alba) *ist ein leuchtender Farbklecks inmitten eines Teppichs aus panaschiertem* Euonymus fortunei.

Sträucher als Kübelpflanzen

Viele Sträucher können, wenn sie regelmäßig gegossen werden, problemlos in Kübeln und Kästen stehen und vielseitige, schmückende Gestaltungselemente sein. Solche Pflanzenskulpturen heben sich mit ihren kräftigen Formen und durch ihre einrahmende Wirkung von anderen Gewächsen ab. Ein immergrüner Strauch oder eine Zwergkonifere kann übers ganze Jahr als Herzstück in einem Trog oder Kübel stehen; im Frühling läßt es sich gut durch Zwiebelpflanzen, im Sommer durch farbenprächtige Einjährige ergänzen.

Sträucher in Pflanzbehältern sind v.a. in kleinen, gepflasterten Gärten unentbehrlich – egal ob als Einzelexemplare oder in abwechslungsreicher Kombination mit anderen Pflanzen. In größeren Gärten kann ein einzelner Strauch in einem hübschen Ton- oder Keramikgefäß einen schöneren Blickfang abgeben als etwa eine Skulptur. Sträucher in Gefäßen bringen eine gewisse Strenge in eine Anlage, ob sie einen Treppenaufgang oder einen Torbogen flankieren oder als Teil eines größeren Ensembles eine symmetrische Struktur bilden oder einen Weg säumen.

Auswahl der Pflanzen
Am besten eignen sich Pflanzen, die lange etwas bieten. Dazu gehören immergrüne Kamelien und Rhododendren, die auch nach der Blüte noch attraktiv sind. Interessantes Laub findet man bei der Zwergfächerpalme, *Chamaerops humilis*, mit ihren riesigen, glänzenden Fächern und bei Koniferen, die es in vielen verschiedenen Farben und Formen gibt.

Bei den Laubabwerfenden verändert sich das Laub zwischen Frühling und Herbst, und beim Japanischen Fächerahorn *(Acer palmatum)* bleibt nach dem Fall der Blätter ein dichtes Netz von zarten Zweigen zurück. Sträucher wie *Spiraea japonica* 'Goldflame' mit ihren auffallenden Blättern und den rosa Blütenköpfen wirken in einem hübschen Behälter besonders gut.

Praktische Vorteile
Der Vorteil der Pflanzgefäße liegt darin, daß nichtwinterharte Pflanzen wie *Nerium oleander* und Palmen dem Garten im Sommer eine südliche oder subtropische Atmosphäre verleihen und im Winter an einen geschützten Platz gebracht werden können.

Auf diese Weise kann man auch Sträucher pflanzen, die z. B. den Boden im offenen Garten nicht vertragen: So können Kamelien und Rhododendren in Pflanztrögen auch in Gebieten mit stark kalkhaltigem Boden gedeihen, wenn sie kalkfreies Wasser und Heide- bzw. kalkfreie Erde bekommen.

IN PFLANZGEFÄSSEN
Der Oleander bringt Farbe in einen gepflasterten Teil des Gartens.

Verzeichnis der Sträucher

Exponierte Standorte

Sträucher für exponierte oder windige Standorte; mit ❧ markierte nicht für Küstenbereich

Arctostaphylos uva-ursi ❧
Bupleurum fruticosum
Calluna vulgaris (und Sorten)
Cassinia fulvida
Cistus, einige ❄
Cordyline ❄
Cotoneaster (Zwergformen), *C. horizontalis*
Elaeagnus commutata
Erica carnea (und Sorten) ❧
Escallonia
Euonymus fortunei (und Sorten)
Fuchsia magellanica (und Sorten)

Fuchsia magellanica

Gaultheria shallon ❧
Genista, einige ❄
Griselinia, einige ❄
Halimodendron halodendron
Hebe, einige ❄
Hippophäe rhamnoides
Ilex aquifolium
Lavatera
Olearia, einige ❄
Ozothamnus, einige ❄
Phormium
Prunus spinosa ❧
Pyracantha
Rhamnus alaternus
Rhododendron ponticum ❧
Salix
Senecio, einige ❄
Spartium
Spiraea
Tamarix
Ulex
Yucca, einige ❄

Geschützte Standorte

Sträucher, die geschützte Standorte bevorzugen

Abelia floribunda ❄
Abutilon, einige ❄
Acer palmatum (und Sorten)
Ardisia ❄
Banksia ❄
Beschorneria ❄
Bouvardia ❄
Brachyglottis ❄
Citrus ❄
Coprosma ❄
Datura ❄
Dendromecon rigida ❄
Euryops pectinatus ❄
Musa basjoo ❄
Nerium ❄
Rhododendron maddenii

Sträucher vor Wänden

Abelia, einige ❄
Abutilon, einige ❄
Acacia dealbata ❄
Azara, einige ❄
Buddleja crispa
Callistemon, einige ❄
Camellia, einige ❄
Ceanothus, einige ❄
Cestrum, einige ❄
Chaenomeles
Colquhounia
Daphne bholua
Fremontodendron
Itea ilicifolia
Pyracantha
Solanum crispum 'Glasnevin', *S. jasminoides* ❄

Luftverschmutzung

Industriefeste Sträucher

Aucuba
Berberis
Buddleja davidii
Camellia japonica (und Sorten)
Cornus stolonifera
Cotoneaster
Elaeagnus
Euonymus japonicus
Fatsia japonica
Fuchsia magellanica (und Sorten)
Garrya
Ilex x *altaclerensis*, *I. aquifolium*
Leycesteria, einige ❄
Ligustrum
Lonicera pileata
Magnolia grandiflora
Mahonia aquifolium
Philadelphus
Phillyrea
Salix
Spiraea
Viburnum

Trockener Schatten

Sträucher für trockenen Schatten

Aucuba
Cornus canadensis
Daphne laureola
Euonymus fortunei, *E. japonicus*
Fatsia japonica
Hedera, einige ❄
Ilex aquifolium
Pachysandra

Feuchter Schatten

Sträucher für feuchtschattige Standorte

Aucuba
Buxus sempervirens
Camellia japonica
Cornus canadensis
Daphne laureola
Euonymus fortunei, *E. japonicus*
Fatsia japonica

Sarcococca hookeriana var. *digyna*

Ilex aquifolium
Lonicera pileata
Mahonia aquifolium
Osmanthus, einige ❄
Rubus tricolor
Sarcococca
Skimmia
Vinca

Schön über mehrere Jahreszeiten

Ganzjährig

Acacia baileyana ❄
Ardisia japonica ❄
Convolvulus cneorum
Elaeagnus x *ebbingei* 'Gilt Edge'
Euryops acraeus
Lavandula stoechas
Ozothamnus ledifolius

Winter/Frühling

Berberis temolaica
Corylus avellana 'Contorta'
Salix irrorata

Frühling/Sommer

Calycanthus occidentalis
Pieris 'Forest Flame'

Frühling/Herbst

Cornus 'Eddie's White Wonder'

Sommer/Herbst

Citrus 'Meyer's Lemon' ❄
Cornus mas 'Variegata'
Cotinus coggygria 'Flame'
Cotoneaster conspicuus
Dipelta yunnanensis
Hydrangea quercifolia 'Snowflake'
Lonicera korolkowii
Myrtus communis var. *tarentina*

Myrtus communis

Neillia thibetica
Phlomis chrysophylla
Pyracantha
Rosa 'Dagmar Hastrup', *R. moyesii* 'Geranium'

Herbst/Winter

Arbutus unedo
Berberis temolaica
Cornus mas 'Variegata'

Duftende Blüten

Abeliophyllum distichum
Buddleja alternifolia
Camellia sasanqua
Choisya 'Aztec Pearl', *C. ternata*
Clethra alnifolia 'Paniculata'
Colletia armata 'Rosea'
Cytisus battandieri
Daphne cneorum, *D. odora*
Elaeagnus
Erica lusitanica
Hamamelis mollis 'Pallida'
Lonicera x *purpusii* 'Winter Beauty', *L. standishii*
Luculia gratissima ❄
Magnolia sieboldii, *M.* x *thompsoniana*
Mahonia japonica
Osmanthus delavayi
Philadelphus (viele)
Pittosporum tobira
Rhododendron auriculatum, *R. edgeworthii* ❄, *R.* 'Fragrantissima' ❄, *R.*, Ghent-Hybriden, *R.*, Loderi-Gruppe, *R. luteum*, *R. occidentale* (und Hybriden), *R.* 'Polar Bear', *R.*, Rustica-Hybriden, *R. viscosum*
Sarcococca
Viburnum (viele)

Rhododendron luteum

Duftendes Laub

Caryopteris
Prostanthera ❄
Ruta graveolens
Santolina
Skimmia x *confusa*

Strukturierende Sträucher

Agave ❄
Aralia elata 'Aureo-variegata'
Chamaerops ❄
Cocos ❄
Cordyline ❄
Cycas revoluta ❄
Dracaena ❄
Eriobotrya japonica
Howea ❄
Jubaea ❄
Pandanus ❄
Phoenix ❄
Phormium
Sabal ❄
Yucca, einige ❄

Schlüssel

❄ *Nicht winterhart*

Bodenvorbereitung und Pflanzung

EINE große Zahl von Sträuchern kann in den meisten Gärten gepflanzt werden, auch wenn die Bodenbedingungen nicht optimal sind. Ideal wäre nährstoffreicher, durchlässiger, aber feuchtigkeitsspeichernder Lehmboden. Verbessert man die Drainage nasser Böden oder durch Zugabe von Humus die Struktur und Speicherfähigkeit trockener Böden, vergrößert sich die Zahl der in Frage kommenden Sträucher beträchtlich. Auch der pH-Wert des Bodens ist ein entscheidender Faktor, der zu beeinflussen ist.

Auswahl von Sträuchern

Sträucher können direkt in Gartencentern, Baumschulen und sogar Supermärkten gekauft werden. Bei manchen Baumschulen sind Sträucher auch über Versand erhältlich; sie werden normalerweise während ihrer Ruheperiode verschickt. Man kann sie in Containern oder mit und ohne Wurzelballen kaufen.

Die Sträucher sollten genau beschriftet, intakt und frei von Krankheiten und Schädlingen sein. Beim Kauf muß man die Pflanzen gründlich inspizieren und ein Exemplar auswählen, das gleichmäßig verteilte Äste nahe der Basis oder, bei Hochstämmen, über dem unbeasteten Stamm in der gewünschten Höhe aufweist. Die warme und trockene Luft eines Supermarktes bekommt Sträuchern nicht gut. Ein seriöser Händler gibt ein Jahr Garantie und ersetzt den Strauch, wenn er nicht arttypisch ist oder trotz sachgemäßer Pflege im ersten Jahr eingeht.

Auswahl eines Strauchs

Containerpflanzen

Gutes Exemplar

Kräftiger, ausgewogener oberirdischer Teil

Gut entwickelte Faserwurzeln

PROSTANTHERA CUNEATA

Schlechtes Exemplar

Wenige dünne Triebe als Anzeichen für wenig neuen Wuchs

Sitzt fest

Pflanzensanierung

Ziehen Sie festsitzende Wurzeln heraus, und schneiden Sie sehr lange oder schadhafte zurück

Gutes Exemplar

Gut entwickelte, gleichmäßige Triebe

Gesunder, kräftiger Wuchs ohne Anzeichen von Schäden oder Krankheit

VIBURNUM FARRERI

Ballenpflanze

Umhüllung intakt, nicht gerissen oder beschädigt

Der Wurzelballen sollte fest sein

Containerpflanzen
Sträucher werden heute meist in Containern angeboten, es kann sich dabei um Töpfe oder auch Plastikbeutel handeln. Die meisten dieser Sträucher wurden von Anfang an in Containern gezogen. Manche wurden im Freiland gezogen und vor dem Verkauf eingetopft, damit sie länger haltbar sind. Sie sind schwer zu unterscheiden, obwohl echte Containerpflanzen meist ein besseres Wurzelsystem aufweisen.

Lassen Sie den Strauch nach Möglichkeit aus dem Container herausgleiten; die Wurzeln sollten gesunde, weiße Spitzen haben, und die meiste Topferde sollte an den Wurzeln haften bleiben, wenn sie gut entwickelt sind. Kaufen Sie keine Sträucher mit schlecht entwickelten Wurzeln oder solche, die im Topf festsitzen (bei denen die Wurzeln aus dem Container herausragen), da sie selten gut gedeihen.

Ein wesentlicher Vorteil von Containerpflanzen besteht darin, daß man sie praktisch zu jeder Zeit kaufen und pflanzen kann, außer wenn extreme Temperaturen oder Trockenheit herrschen. Sie können problemlos im Winter gepflanzt werden, zu anderen Jahreszeiten werden sie sich vielleicht langsamer etablieren, wenn sie nicht bereits ein gut entwickeltes Wurzelsystem haben.

Wurzelnackte Sträucher
Leicht zu vermehrende laubabwerfende Sträucher werden mitunter während der Ruheperiode aus dem Boden gehoben und mit nackten Wurzeln verkauft. Sie sind von Herbst bis Frühjahr erhältlich. Damit sie nicht austrocknen, werden sie bis zum Verkauf im Boden eingeschlagen. Überprüfen Sie vor dem Kauf, ob die Pflanze ein gleichmäßig entwickeltes Wurzelsystem mit vielen Faserwurzeln hat.

Ballenpflanzen
Diese Sträucher sind gewöhnlich im Herbst oder Vorfrühling erhältlich; sie wurden im Freiland gezogen und dann mit Erde um die Wurzeln aus dem Boden gehoben und mit einem Ballentuch umwickelt. Koniferen werden oft so angeboten. Überprüfen Sie stets, ob die Umhüllung des Ballens intakt ist.

Sträucher für sandige Böden

Berberis empetrifolia
Calluna vulgaris (und Sorten)
Ceanothus thyrsiflorus (und Formen)
Cistus x *cyprius*

Cistus x *cyprius*

Cytisus scoparius (und Formen)
Erica arborea var. *alpina*, *E. cinerea* (und Sorten)
Fuchsia magellanica (und Sorten)
Genista tinctoria
Hakea lissosperma
Halimodendron halodendron
Helianthemum
Helichrysum, einige ❄
Lavandula, einige ❄
Olearia, einige ❄
Ozothamnus, einige ❄
Phlomis
Phormium
Rosa pimpinellifolia
Spartium junceum
Tamarix
Ulex europaeus

Sträucher für lehmige Böden

Amelanchier
Aralia 💧
Aronia arbutifolia 💧
Aucuba
Berberis 💧

Chaenomeles x *superba* 'Nicoline'

Chaenomeles x *superba* 💧
Citrus ❄
Clethra alnifolia 💧
Cornus alba 'Sibirica' 💧
Cotoneaster 💧
Forsythia
Garrya
Hippophäe
Kalmia latifolia
Lonicera, einige ❄
Mahonia x *media*-Gruppe 💧
Philadelphus
Pyracantha
Rosa
Salix caprea 💧
Taxus
Tetrapanax papyriferus ❄
Viburnum opulus 💧

SCHLÜSSEL
❄ *Nicht winterhart*
💧 *Vertragen schwere, nasse Böden*

Pflanzzeit

Herbst und Frühjahr sind die Pflanzzeiten für Sträucher mit und ohne Wurzelballen. Wird im Herbst gepflanzt, kann sich das Wurzelsystem entwickeln, solange der Boden warm ist, und der Strauch sollte noch vor der sommerlichen Trockenperiode kräftig zu wachsen beginnen.

Die Pflanzung kann auch bei mildem Winterwetter erfolgen, wenn der Boden frostfrei ist.

Größter Nachteil einer Pflanzung im Frühjahr ist, daß sich der oberirdische Teil wahrscheinlich rascher entwickeln wird als der unterirdische und daß die Pflanze daher in einer frühen Trockenperiode gewässert werden muß.

Bodenvorbereitung

Die beste Zeit für die Bodenvorbereitung ist der Spätsommer oder Herbst. Entfernen Sie zuerst alles Unkraut, v.a. das ausdauernde (siehe »Unkräuter«, S. 573-577). Holländern Sie (siehe S. 526), und arbeiten Sie dabei eine 8-10 cm dicke Schicht gut verrottetes organisches Material in die Unterschicht ein. Ist dies nicht möglich, arbeiten Sie viel organisches Material in die oberen 30-45 cm des Bodens. Geben Sie eventuell Dünger zu.

Wie wird gepflanzt

Die Pflanzgrube muß so groß sein, daß der ganze Wurzelballen gut darin Platz findet. Bei Container- oder Ballenpflanzen sollte sie einen doppelt so großen Durchmesser haben wie der Wurzelballen, bei Lehmböden einen dreimal so großen. Wurzelnackte Sträucher benötigen eine Grube, in der die Wurzeln gut ausgebreitet werden können und der Strauch genauso tief steht wie vorher im Container oder Freiland; man erkennt die Stelle an der Bodenmarke, einer dunklen Markierung am Grund des Stammes. Man kontrolliert das, indem man eine Latte über das Pflanzloch legt. Wie ein eingetopfter Strauch behandelt wird, hängt vom Wurzelsystem ab. Fällt die Erde beim Herausnehmen aus dem Topf vom Wurzelballen ab, wird der Strauch wie ein wurzelnackter gepflanzt, bleibt die Erde am Ballen, wie eine Containerpflanze. Entfernen Sie das Ballentuch erst in der Pflanzgrube vom Wurzelballen. Beim Zuwerfen der Grube wird die wurzelnackte Pflanze leicht senkrecht geschüttelt, damit sich die Erde setzen kann. Der Boden wird nach und nach angedrückt, nur Lehmböden dürfen nicht zu stark angetreten werden.

Um die Drainage von Lehmböden zu verbessern, wird der Strauch etwas über der Bodenoberfläche gepflanzt und der etwas frei liegende Wurzelballen bis zur Bodenmarke angehäufelt. Bei sandigen Böden pflanzt man den Strauch in eine leichte Vertiefung, um Wasser zu den Wurzeln hinzuführen. Wässern und mulchen Sie.

PFLANZUNG AN EINER MAUER

1 Graben Sie in 22 cm Abstand zur Mauer ein Pflanzloch. Pflanzen Sie den Strauch (hier Feuerdorn) ein, und befestigen Sie den Stab an einem Draht.

2 Treten Sie die Erde an. Befestigen Sie am Stützstab und am Draht waagrechte Stäbe, damit auch die Seitentriebe gestützt und angebunden werden können (Nebenbild).

PFLANZUNG EINES IM CONTAINER GEZOGENEN STRAUCHS

1 Graben Sie das Loch in doppelter Größe des Wurzelballens. Mischen Sie den Aushub mit organischem Material. Lockern Sie den Grund.

2 Fassen Sie den Strauch mit einer Hand am Grund des Stammes, und lassen Sie ihn aus dem Topf gleiten. Setzen Sie ihn in die vorbereitete Grube.

3 Legen Sie eine Latte über das Loch, und prüfen Sie, ob die Pflanztiefe dieselbe ist wie zuvor. Regulieren Sie die Pflanztiefe, indem Sie Erde entfernen oder zugeben.

4 Werfen Sie die Mischung aus Erde und organischem Material zurück in die Grube, und drücken Sie sie an, damit keine Lufteinschlüsse entstehen.

5 Sobald das Loch zugefüllt ist, wird die Erde rund um die Pflanze vorsichtig angetreten oder angedrückt.

6 Schneiden Sie krankes oder beschädigtes Holz bis auf gesunden Wuchs und einwärts oder über Kreuz wachsende Triebe bis auf einen nach außen gerichteten Sproß oder ein Auge zurück. Entfernen Sie sehr lange, schwache oder dünne Triebe, auch solche, die die Ausgewogenheit des Astgerüstes stören.

7 Wässern Sie gründlich; tragen Sie in einem Umkreis von 30-45 cm eine 5-7 cm dicke Mulchschicht aus verrottetem Kompost oder Rindenmulch auf.

Pflanzung an einer Mauer
Manche Sträucher können an Drähten an einer Mauer oder einem Zaun hochgezogen werden. Sie werden wie freistehende Sträucher und mit mindestens 20 cm Abstand von der Mauer gepflanzt, damit die Wurzeln nicht im Regenschatten sind, und zur Mauer hingeneigt. Stamm und die wichtigsten Seitentriebe werden mit Bambusstäben gestützt, die wiederum an Drähten befestigt werden (siehe S. 80).

Abstützen

Normalerweise müssen Sträucher nicht abgestützt werden, wenn es sich nicht um große Exemplare mit schlecht entwickelten Wurzeln oder um Hochstämme handelt. Erstere sollten erst gar nicht gekauft werden, müssen aber im ersten und eventuell im zweiten Jahr ziemlich sicher gestützt werden, bis sich die Wurzeln ausbreiten und die Pflanze stabiler wird.

Bis knapp über der Bodenoberfläche beastete Sträucher werden am besten mit Schnüren gestützt, die man an drei gleichmäßig um die Pflanze verteilten, etwa 1 m vom Strauch entfernten Pfählen befestigt. Damit die Rinde nicht beschädigt wird, überzieht man die Schnüre mit Gummi, wo sie die Äste berühren (siehe auch ZIERBÄUME, »Abstützen«, S. 40).

Für einen Hochstamm gibt man den Pfahl vor der Pflanzung in das Pflanzloch, damit die Wurzeln nicht beschädigt werden. Der Stützpfahl sollte knapp unter den ersten Ästen enden. Um Reibung zu verhindern, wird der Stamm mit einem Baumband mit Abstandhalter oder mit einem anderen Band in Form einer Acht an der Stütze befestigt.

ABSTÜTZEN EINES HOCHSTAMMES

1 Schlagen Sie neben der Mitte des Pflanzlochs einen Pfahl in den Boden; er sollte bis knapp unter die Seitenäste reichen. Daneben pflanzen Sie den Strauch.

2 Stimmt die Pflanztiefe, wird zugeworfen und eine feuchtigkeitsspeichernde Rinne um den Strauch gezogen. Stamm mit Baumband befestigen (Nebenbild).

So schützt man neugepflanzte Sträucher

Ohne Schutz können neugepflanzte Sträucher schnell unter Trockenheit oder Kälte leiden. Empfindlich sind breitblättrige Immergrüne und Koniferen in exponierten Lagen. Eine Wand aus Leinen oder ein Netz nehmen kalten Winden viel von ihrer Wirkung. Stellen Sie auf der windzugewandten Seite 30 cm vom Strauch entfernt einen stabilen Holzrahmen auf; bespannen Sie ihn mit Leinen oder mit einem Netz, das an allen Seiten mindestens 30 cm über den Strauch hinausreichen sollte. Eine andere Möglichkeit besteht darin, den Strauch mit Antitranspirations-Spray zu besprühen, damit er nicht so schnell austrocknet. Tragen Sie an der Ober- und Unterseite der Blätter einen dünnen Film auf.

Auch eine Mulchschicht am Grund des Strauches schützt die Wurzeln vor Bodenfrost. Die Mulchschicht trägt man am besten bei mildem Wetter auf, wenn der Boden einigermaßen warm und feucht ist.

In schneereichen Gebieten können besonders empfindliche immergrüne Sträucher zusätzlichen Schutz benötigen. Stülpen Sie ein Art Käfig aus Holz und feinem Maschendraht über die Pflanze, und entfernen Sie große Schneemengen sofort. Halbharte oder nicht winterharte Sträucher erfordern intensivere Maßnahmen (siehe »Wind- und Frostschutz«, S. 520-521).

Wenn Sie die Verkleidung im Frühjahr entfernen, achten Sie auf Schädlinge, die vom winterlichen Schutz profitiert haben könnten.

Pflanzung in Kübel und Tröge

In Gefäßen pflanzt man Sträucher hauptsächlich im Spätsommer oder Herbst, aber Containerpflanzen können fast jederzeit in einen Topf oder Kübel umgesetzt werden.

Wählen Sie einen Topf in der richtigen Größe. Wird ein Strauch umgesetzt, sollte der neue Topf mindestens 5 cm mehr Durchmesser und Tiefe haben als der alte. Gebrauchte Töpfe müssen gründlich gesäubert werden.

Schwere Gefäße gibt man vor der Pflanzung an ihren Platz. Stellen Sie Kübel auf Ziegel, damit das Wasser frei abfließen kann. Legen Sie Topfscherben über die Drainagelöcher, und geben Sie eine 2,5 cm hohe Drainageschicht, zum Beispiel aus grobem Kies, in den Topf.

Pflanzerde auf Lehmbasis ist der auf Torfbasis vorzuziehen, da letztere nur wenige Nährstoffe enthält. Sträucher bleiben gewöhnlich jahrelang in ihrem Topf, und Erde auf Torfbasis müßte oft gedüngt werden; sie trocknet auch schneller aus. Verwenden Sie für Rhododendren und andere kalkfliehende Pflanzen saures Substrat, das übrigens bei Hortensien für die schöne Blaufärbung der Blüten sorgt. Die Erde sollte auf der Höhe der Bodenmarke abschließen.

Bei Bepflanzung von Gefäßen läßt man einen 4 cm hohen Rand zum Gießen und Mulchen.

STRÄUCHER FÜR SAURE BÖDEN

Andromeda
Arbutus (die meisten Arten)
Arctostaphylos, einige ❄ (einige Arten)
Calluna
Camellia, einige ❄

Camellia x *williamsii* 'Wilber Foss'

Clethra, einige ❄
Cornus canadensis
Corylopsis (viele Arten)
Desfontainia spinosa
Enkianthus
Erica (die meisten Arten)
Fothergilla
Hakea, einige ❄
Hamamelis
Kalmia
Leucothöe
Magnolia (einige Arten)
Menziesia
Pernettya
Philesia magellanica ❄
Pieris
Rhododendron, einige ❄ (die meisten Arten)
Styrax officinalis
Telopea speciosissima ❄
Vaccinium
Zenobia pulverulenta

STRÄUCHER FÜR STARK ALKALISCHE BÖDEN

Aucuba japonica (und Sorten)
Berberis darwinii
Buddleja davidii (und Sorten)
Buxus
Ceanothus impressus
Chamaerops ❄
Choisya ternata
Cistus, einige ❄
Cotoneaster (alle)
Cytisus, einige ❄
Deutzia
Euonymus
Forsythia
Hebe, einige ❄
Hibiscus, einige ❄
Hypericum, einige ❄
Ligustrum
Lonicera, einige ❄
Nerium oleander ❄

Philadelphus 'Dame Blanche'

Philadelphus
Phlomis fruticosa
Potentilla (alle strauchigen Arten)
Rosa rugosa
Rosmarinus
Syringa
Viburnum tinus
Vitex agnus-castus
Yucca aloifolia ❄

SCHLÜSSEL
❄ *Nicht winterhart*

Laufende Pflege

DIE FOLGENDEN Pflegeanweisungen gelten allgemein, obwohl nicht alle Sträucher die gleichen Bedürfnisse haben.

Wässern

Eingewachsene Pflanzen müssen nur bei anhaltender Trockenheit gewässert werden, junge Sträucher dagegen regelmäßig. Durchfeuchten Sie beim Gießen gründlich den Boden rund um den Strauch. Gießen Sie nicht oft und wenig, weil dadurch das Wurzelwachstum an der Bodenoberfläche angeregt wird. Flache Wurzeln lassen den Strauch anfällig für Trockenheit werden. Die beste Gießzeit ist der Abend, wenn die Verdunstung am geringsten ist.

Düngen und Mulchen

Die meisten Sträucher profitieren von der regelmäßigen Anwendung organischer oder anorganischer Dünger. Eine Mulchschicht aus gut verrottetem, lockerem Mist hält die Feuchtigkeit im Boden und verbessert eventuell durch Nährstoffe die Wuchskraft. Sie hält extreme Temperaturen von den Wurzeln fern und ist gut gegen Unkraut.

Dünger

Sträucher erhalten, besonders wenn sie regelmäßig zurückgeschnitten werden, Langzeitdünger, und zwar am besten im Frühjahr. Manche dieser Dünger geben ihre Nährstoffe nur dann ab, wenn die Temperaturen hoch genug sind, daß die Pflanze sie auch aufnehmen kann. Die Standarddosis ist 60 g/m².

Schnelldünger in Pulverform sind nützlich, um im Frühling rasches Wachstum zu fördern. Flüssigdünger sollten für bereits wachsende Sträucher verwendet werden.

Dünger in Körner- oder Pulverform sollten etwas über die oberirdische Reichweite des Strauches hinaus in den Boden eingearbeitet werden. Bei Sträuchern mit vielen Oberflächenwurzeln läßt man den Dünger natürlich oder durch Gießen in den Boden eindringen, damit die Wurzeln nicht beschädigt werden. Dünger können den pH-Wert des Bodens verändern.

Mulchen
Bei neugepflanzten Sträuchern wird die Mulchschicht etwa 25 cm über den Wurzelbereich hinaus aufgetragen. Bei etablierten Pflanzen sollte die Mulchschicht 15-30 cm über den oberirdischen Teil hinausreichen. Eine Mulchschicht aus Mist, Rinden- oder Holzschnitzeln sollte 5-10 cm hoch sein, aber nicht bis an den Stamm reichen. Tragen Sie niemals bei kaltem Wetter oder trockenem Boden eine Mulchschicht auf.

Unkraut

Unkraut entzieht der Pflanze Nährstoffe und Feuchtigkeit, daher muß es vor der Pflanzung sorgfältig entfernt werden. Bei neugepflanzten Bodendeckern muß das Unkraut solange bekämpft werden, bis dichter Wuchs entsteht und die Konkurrenz unterdrückt. Näheres unter »Unkraut«, S. 573-577.

Wildlinge

Manche veredelten Sträucher, etwa Rhododendren, bringen gerne Wildlinge hervor, das sind Sprosse, die unterhalb der Veredlungsstelle aus dem Stamm oder den Wurzeln wachsen. Wildlinge werden so schnell wie möglich mit Daumen und Zeigefinger weggerieben; sind sie schon zu groß, werden sie direkt am Ansatz abgeschnitten. Durch Ausreißen entfernt man schlafende Knospen, muß dabei aber achtgeben, daß Stamm oder Wurzeln nicht beschädigt werden.

Zurückschlagen und Mutationen

Viele panaschierte Sträucher werden aus grünblättrigen Pflanzen mit mutierten Zweigen vermehrt. Mitunter schlagen einige Zweige der panaschierten Sträucher zum ursprünglichen Laub der Mutterpflanze zurück oder mutieren zu uni cremefarbenen oder gelben Blättern. Da diese Zweige gewöhnlich starkwüchsig sind, verdrängen sie mit der Zeit die Zweige mit panaschierten Blättern; sie sollten daher abgeschnitten werden.

Entfernen verblühter Blütenköpfe

Bei manchen Sträuchern, etwa Rhododendren, Flieder (*Syringa*) und *Kalmia*, sollten die verblühten Blütenköpfe möglichst rasch entfernt werden, und zwar bevor sie Samen ansetzen.

Dadurch steht mehr Energie für das Wachstum zur Verfügung, und die Pflanze wird in der folgenden Saison schöner blühen; die Gesundheit der Pflanze wird dadurch nicht beeinflußt.

Damit die Holzknospen nicht beschädigt werden, entfernt man die welken Blütenköpfe sofort mit Daumen und Zeigefinger an der Ansatzstelle. Die meisten Köpfchen lassen sich auf diese Weise schön abnehmen, und die Stummel sollten dann mit der Gartenschere weggeschnitten werden.

VERWELKTE BLÜTENSTÄNDE ENTFERNEN

Bevor sich die neuen Knospen entwickeln, werden alle verwelkten Blütenköpfe des Rhododendrons ausgebrochen. Jungen Wuchs nicht beschädigen.

WILDLINGE ENTFERNEN

SAUBER ENTFERNEN
Reißen oder schneiden Sie den Wildling (hier Hamamelis*) am Ansatz ab; danach wird die Wunde glattgeschnitten (Nebenbild).*

ERKENNEN
Den Wildling erkennt man meist an den Blättern: links ein normaler oberirdischer Trieb; rechts ein Wurzelschößling.

NICHT PANASCHIERTE UND ZURÜCKSCHLAGENDE SPROSSE

NICHT PANASCHIERTER SPROSS
Bei panaschierten Sträuchern (hier Euonymus fortunei *'Emerald'n Gold') alle einfarbigen Schößlinge zurückschneiden.*

ZURÜCKSCHLAGENDE SPROSSE
Zurückschlagende Sprosse (hier E. f. *'Emerald Gaiety') bis auf einen Haupttrieb, notfalls den gesamten Trieb zurückschneiden.*

Pflege von Sträuchern in Kübeln

Sträucher in Gefäßen benötigen mehr Aufmerksamkeit und Pflege als Freilandpflanzen, da ihnen weniger Feuchtigkeit und Nährstoffe zur Verfügung stehen.

Wässern

Auch in niederschlagsreichen Zeiten muß das Substrat mindestens ein-, zweimal pro Woche überprüft werden, da das Blätterdach möglicherweise Regen vom Substrat abhält. Bei windigem Wetter brauchen die Pflanzen mehr Wasser, da rasch Feuchtigkeitsverlust eintreten kann.

Wie schnell die Erde austrocknet, hängt auch vom Gefäß ab – bei Terrakottatöpfen schneller als bei Holz- oder Plastikkübeln. Beim Gießen wird die Erde gründlich durchfeuchtet, bis Wasser aus den Drainagelöchern im Boden abzufließen beginnt.

Düngen

Geben Sie vom Beginn der Wachstumsperiode im Vorfrühling bis zum Hochsommer zwei- oder dreimal einen ausgewogenen, schnellwirkenden Flüssigdünger.

Umtopfen und Kopfdüngung

Bis der Strauch ausgewachsen ist, muß er jährlich oder alle zwei Jahre im Frühling umgetopft werden. Später werden nur noch die obersten 5-10 cm des Substrats entfernt und durch frische, mit Langzeitdünger vermischte Erde ersetzt. Sträucher mit Oberflächenwurzeln könnten dabei beschädigt werden; in dem Fall nimmt man die Pflanze vorsichtig aus dem Topf und ersetzt die unterste Erdschicht durch eine kleinere Menge angereicherten Substrats. Sind die Wurzeln stark verwachsen, sollten sie beim Umtopfen zurückgeschnitten werden.

KOPFDÜNGUNG

1 Wird der Strauch (hier Rhododendron) nicht umgetopft, benötigt er jährlich eine Kopfdüngung. Entfernen Sie die obersten 5-10 cm des Substrats.

2 Füllen Sie bis zur gleichen Höhe wie zuvor mit frischer Erde auf. Tragen Sie eventuell eine Mulchschicht aus Rindenschnitzeln oder Kies auf.

UMTOPFEN

1 Gedeiht ein Strauch (hier Cestrum elegans*) nicht so recht oder wirkt er unharmonisch oder zu groß für den Behälter, so wird er vom Umtopfen sicher profitieren.*

2 Legen Sie den Strauch vorsichtig auf die Seite; stützen Sie ihn mit einer Hand an den Stämmen ab, und ziehen Sie ihn behutsam aus dem Behälter. Lösen Sie den Wurzelballen vom Topf.

3 Sind die Wurzeln verwachsen, holt man sie vorsichtig heraus und entfernt die oberste Erdschicht. Man schneidet ein Viertel der nicht fasrigen Wurzeln um zwei Drittel zurück.

4 Legen Sie Topfscherben über die Drainagelöcher, bedekken Sie sie mit Substrat. Setzen Sie die Pflanze ein, legen Sie die Wurzeln auseinander.

5 Geben Sie noch Erde dazu, drücken Sie sie immer wieder an, bis die Pflanze so tief in der Erde steht wie im alten Topf.

6 Lassen Sie einen 2,5-5 cm breiten Rand zum Gießen und für eine Kopfdüngung frei. Entfernen Sie abgestorbenen, dünnen oder beschädigten Wuchs und alle Stummel abgebrochener Triebe (siehe Nebenbild). Schneiden Sie die Pflanze eventuell zurecht, damit ein ausgewogenes Gerüst entsteht.

Umpflanzen eines älteren Strauchs

Die sorgfältige Auswahl des Strauches und seines Standortes sollte ein Umpflanzen überflüssig machen, manchmal ist es aber dennoch wünschenswert oder unvermeidlich.

Wann wird umgesetzt

Die meisten jungen Sträucher können während der Ruheperiode wurzelnackt gehoben werden. Eingewachsene Sträucher mit großem Wurzelsystem sollte man vor dem Umpflanzen mit einem Erdballen um die Wurzeln herausheben. Dafür ist der Herbst die beste Jahreszeit.

Mit Wurzelballen

Am günstigsten für das Gehölz ist es, den Strauch mit Wurzelballen umzusetzen, damit die Wurzeln möglichst wenig darunter leiden. Bereiten Sie vor dem Heben des Strauchs den neuen Standort vor.

Ziehen Sie knapp außerhalb der Reichweite einen Graben um den Strauch. Holzige Wurzeln werden durchgeschnitten, Faserwurzeln sollen intakt bleiben. Lockern Sie mit einer Gabel den Boden um den Wurzelballen und verkleinern Sie den Ballen ein wenig. Trennen Sie mit einem Spaten die Wurzeln vom Boden, holzige Pfahlwurzeln werden durchgeschnitten.

Sobald der Wurzelballen gelöst ist, ziehen Sie ein Ballentuch darunter, indem Sie den Strauch jeweils vorsichtig zur Seite neigen, ohne den Ballen zu beschädigen. Binden Sie das Tuch fest um den Ballen, heben Sie den Strauch aus der Grube, und setzen Sie ihn um.

Der Strauch muß nun genauso behandelt werden wie ein neugepflanzter.

Probleme bei Sträuchern

Unter guten Wachstumsbedingungen und sorgfältiger Pflege sind Pflanzen kaum anfällig für Schädlinge und Krankheiten.

Verletzungen

Ausgefranste Schnittwunden, ungeeignete Schnittstellen oder ein Rückschnitt zur falschen Jahreszeit können Pilzerkrankungen verursachen, die mitunter sogar zum Absterben des Strauchs führen. Eine mechanische Verwundung der Rinde, der Triebe oder der Wurzeln ist ein weiterer Ansatzpunkt für Krankheiten.

Schädlinge und Krankheiten

Mit zunehmendem Alter verlieren Sträucher an Vitalität und werden anfälliger für Schädlinge und Krankheiten. Alte oder kranke Sträucher, die kümmern, sind nur selten zu retten und sollten ersetzt werden.

Die häufigsten Schädlinge und Krankheiten bei Sträuchern sind Blattläuse (S. 550), Rote Spinnmilbe (S. 550), Feuerbrand (S. 553), Hallimasch (S. 569), Stammfäule (S. 558) und Mehltau (S. 550). Achten Sie auf erste Anzeichen von Befall, wie Streifen und veränderte Laubfärbung, welke Blätter u.a.

Hygienemaßnahmen lassen Schädlingen und Krankheiten nur wenig Chancen. Entfernen Sie abgestorbenes und krankes Holz, verbrennen Sie alle kranken Pflanzenteile, und halten Sie den Boden unter dem Strauch frei von Abfällen.

Wind und Frost

Bei der Auswahl der Sträucher und des Standortes müssen sowohl die Wetterverhältnisse der Gegend als auch das Kleinklima des Gartens in Betracht gezogen werden; es ist jedoch fast unmöglich, Pflanzen vor ungewöhnlichen Temperaturextremen oder starken Winden ganz abzuschirmen.

Es gibt viele winterharte Sträucher, und die meisten Gartenbesitzer greifen lieber auf diese zurück, als mit weniger winterharten Sträuchern ein Risiko einzugehen. Gehölze, die in der jeweiligen Gegend gerade noch winterhart sind, müssen unbedingt vor Wind und Frost geschützt werden (S. 520-521).

Sträucher in Pflanzgefäßen reagieren empfindlicher auf extreme Wetterlagen als Freilandpflanzen. Fällt die Temperatur nur selten unter den Gefrierpunkt, können die meisten winterharten Sträucher in Gefäßen draußen überwintern (außer solche mit empfindlichen Wurzeln). In kälteren Gebieten sollten sie jedoch in einen Raum mit etwa 7-13°C oder, je nach Art, auch höherer Temperatur gebracht werden.

Umpflanzen eines Strauchs

1 Ziehen Sie mit einem Spaten einen Kreis um die Reichweite des Strauchs (hier Ilex aquifolium *'Golden Milkboy'). Binden Sie eventuell sehr lange Triebe fest, oder packen Sie den ganzen Strauch in ein Tuch, um die Triebe zu schützen.*

2 Heben Sie um diesen Kreis einen Graben aus, und lockern Sie den Boden um den Wurzelballen. Achten Sie auf die Faserwurzeln.

3 Streifen Sie mit der Gabel noch Erde vom Wurzelballen, damit er kleiner und leichter wird.

4 Lösen Sie den Wurzelballen mit einem Spaten vom Boden, holzige Wurzeln müssen eventuell durchtrennt werden.

5 Rollen Sie ein Ballentuch aus. Neigen Sie den Strauch auf eine Seite, und ziehen Sie das Tuch unter den Ballen. Wiederholen Sie den Vorgang auf der anderen Seite.

6 Wickeln Sie das Tuch um den Wurzelballen, und binden Sie es fest. Heben Sie den Strauch aus der Grube, und bringen Sie ihn an den neuen Standort.

7 Entfernen Sie das Ballentuch, und geben Sie den Strauch ins vorbereitete Pflanzloch. Er sollte so tief stehen wie vorher. Treten Sie die Erde an, wässern Sie.

Schnitt und Erziehung

MANCHE Sträucher werden beinahe ohne Schnitt und Erziehung zu attraktiven Pflanzen. Viele Sträucher müssen jedoch geschnitten und erzogen werden, damit ihre Schönheit voll zur Geltung kommt.

Sinn und Möglichkeiten

Ein Grunderfordernis ist der Erziehungsschnitt, der kräftigen und wohlgeformten Wuchs erst möglich macht. Viele Sträucher müssen regelmäßig geschnitten werden, damit sie schön blühen, Früchte tragen und Laub oder Triebe gut zur Geltung kommen. Der Zeitpunkt des Rückschnitts ist oft entscheidend und hängt vom Wuchs und von der gewünschten Wirkung ab.

Auch vernachlässigte und verwachsene Gehölze können durch Schnitt wieder gesunde, hübsche Pflanzen werden. Ob ein Strauch noch zu retten ist, muß von Fall zu Fall entschieden werden.

Formschnitt oder Hecken erfordern auch nach dem Erziehungsschnitt regelmäßigen Schnitt. Näheres dazu unter »Formschnitt«, S. 52-53, und »Hecken«, S. 60-62.

Die meisten freiwachsenden Sträucher müssen nicht erzogen werden. Sträucher, die an einer Stütze wachsen, sollten sowohl geschnitten als auch erzogen werden, damit sich ein ausgewogenes Astgerüst entwickelt.

Grundsätze von Schnitt und Erziehung

Durch den Schnitt wird normalerweise das Wachstum angeregt. Ein Terminalsproß dominiert oft und unterdrückt auf chemischem Wege das Wachstum der darunterliegenden Augen und Sprosse. Werden beim Schnitt die Triebenden entfernt, greift man in diesen Regelmechanismus ein und regt damit die Entwicklung der unteren Sprosse oder Knospen an.

Starker oder leichter Schnitt
Ein starker Schnitt regt das Wachstum stärker an als ein leichter; das ist zu bedenken, wenn ein ungleichmäßiger Strauch zurechtgeschnitten wird. Durch starkes Zurückschneiden regt man kräftigen Wuchs oft noch an. Schneiden Sie also schwachen Wuchs stark und starken Wuchs nur leicht zurück.

Wie wird geschnitten
Schnittwunden sind Angriffspunkte für Krankheiten. Glatte Schnitte an der richtigen Stelle und mit scharfen Werkzeugen senken das Risiko.

WO WIRD GESCHNITTEN

GEGENSTÄNDIGE SPROSSE
Bei gegenständigen Augen ein gerader, glatter Schnitt knapp über einem Augen- oder Sproßpaar.

WECHSELSTÄNDIGE SPROSSE
Bei wechselständigen Augen knapp über einem Auge oder Sproß ein schräger, glatter Schnitt.

SCHRÄGER SCHNITT
Der unterste Punkt des Schnittes sollte gegenüber der Basis des Auges liegen, der oberste knapp über dem Auge.

Triebe mit wechsel- oder wirtelständigen Knospen sollten knapp über einem in die gewünschte Wuchsrichtung zeigenden Auge geschnitten werden – etwa über einem nach außen weisenden Auge, das keinen überkreuzenden Sproß hervorbringen wird. Der Schnitt wird schräg und gegenüber einer gesunden Holzknospe angesetzt und endet knapp über der Knospe. Erfolgt der Schnitt zu knapp, kann die Knospe absterben; erfolgt er zu weit weg, kann der Trieb selbst absterben.

Bei Sträuchern mit gegenständigen Augen wird gerade und knapp über einem gesunden Augenpaar geschnitten. Beide Augen werden austreiben und ein verzweigtes Astsystem hervorbringen.

Früher wurde oft der Gebrauch von Wundverschlußmitteln für Schnittwunden empfohlen, aber neue Forschungsergebnisse haben gezeigt, daß sie nicht unbedingt vor Krankheiten schützen, diese mitunter sogar begünstigen.

Der Schnitt alleine sorgt noch nicht für kräftigen Wuchs. Verjüngte oder regelmäßig zurückgeschnittene Sträucher profitieren von einer Düngung und einer Mulchschicht. Geben Sie zu Beginn der Wachstumsperiode Allzweckdünger in einer Dosierung von 120 g/m², und tragen Sie im Frühling, wenn der Boden schon erwärmt ist, eine 5-10 cm dicke Mulchschicht aus gut verrottetem organischem Material auf.

Erziehung
Das Wachstum der unteren Augen oder Sprosse kann auch durch Erziehung beeinflußt werden. Läßt man einen Trieb nach oben wachsen, wachsen die unteren Sprosse gewöhnlich nur wenig. An waagrecht erzogenen Trieben wachsen die unteren Sprosse meist besser. Werden die Äste eher waagrecht erzogen, kann der Strauch dadurch bedeutend mehr Blüten und Früchte tragen. Bei an Mauern gezogenen Sträuchern sollte immer wieder der junge Wuchs an den Stützen festgemacht werden, denn gereifte und verholzte Triebe sind weitaus weniger biegsam.

Erziehungsschnitt

Der Erziehungsschnitt soll bewirken, daß der Strauch sich seinem natürlichen Habitus gemäß entwikkeln kann. Wie stark geschnitten werden muß, hängt sehr vom Typ des Strauches und von der Qualität der Pflanze ab. Beim Kauf sollten Sie sich für robuste Exemplare mit gleichmäßigen Ästen entscheiden.

Immergrüne Sträucher benötigen im allgemeinen nur wenig Erziehung. Übermäßiger Wuchs, der zu einer einseitigen, unausgewogenen Form führt, sollte zur Frühlingsmitte nach der Pflanzung leicht geschnitten werden.

ERZIEHUNGSSCHNITT
Nach der Pflanzung eines jungen Strauchs (hier Philadelphus*) werden alle abgestorbenen, schadhaften und schwachen Triebe sowie sich überkreuzende und zu dichte Triebe entfernt, damit ein im Zentrum offenes, ausgewogenes Gerüst entsteht.*

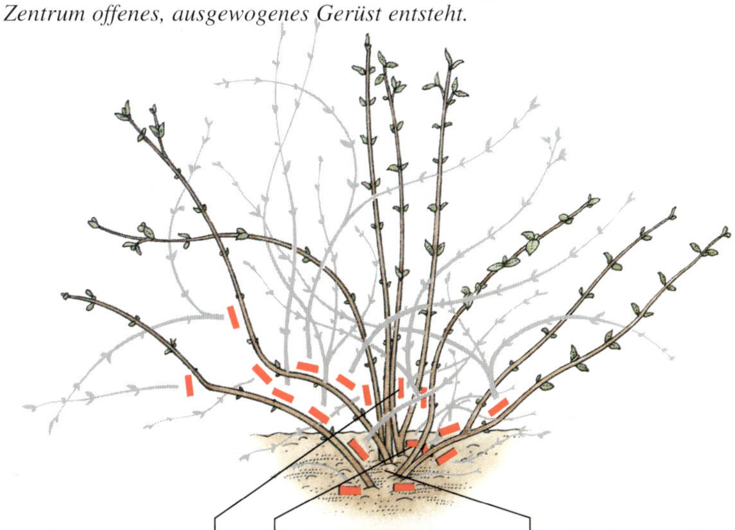

Zu dichte Sprosse bis auf ein nach außen weisendes Auge oder den Grund zurückschneiden.

Entfernen Sie schwache oder lange und sehr dünne Triebe bis auf den Grund.

Entfernen Sie auch störende Triebe, damit der Strauch ein gleichmäßiges, wohlgeformtes Astgerüst erhält.

Laubabwerfende Sträucher für sparsamen Schnitt

Amelanchier
Aronia
Buddleja globosa
Caragana
Chimonanthus
Clethra ❄ (laubabwerfende Arten)
Cornus alternifolia 'Argentea'
Corokia, einige ❄
Corylopsis

Daphne mezereum

Daphne (laubabw. Arten)
Decaisnea
Disanthus
Enkianthus
Eucryphia (laubabw. Arten)
Fothergilla
Hamamelis
Hoheria (laubabwerfende Arten)
Lindera, einige ❄
Poncirus
Ptelea
Pterostyrax
Rhamnus (laubabw. Arten)
Viburnum (laubabw. Arten)

Laubabwerfende Sträucher für Frühjahrsschnitt

Abutilon, einige ❄
Aloysia
Buddleja davidii
Caryopteris x *clandonensis*
Ceanothus 'Autumnal Blue', *C.* 'Gloire de Versailles'
Ceratostigma willmottianum
Colquhounia
Cotinus
Datura ❄
Forsythia
Fuchsia (winterharte Sorten)
Hibiscus syriacus
Hydrangea
Hypericum, einige ❄
Indigofera
Lavatera

Lavatera assurgentiflora

Leycesteria, einige ❄
Perovskia
Prunus triloba
Salvia, einige ❄
Sorbaria
Spiraea douglasii, *S. japonica*
Tamarix ramosissima
Zauschneria

Schlüssel
❄ *Nicht winterhart*

Laubabwerfende Sträucher benötigen viel eher einen Erziehungsschnitt als immergrüne. Er sollte in der Ruheperiode, also zwischen Herbstmitte und Frühjahrsmitte, oder nach der Pflanzung erfolgen.

Die folgenden Richtlinien gelten für die meisten laubabwerfenden Sträucher. Stört ein besonders raschwachsender Sproß das Grundgerüst, sollte er nur leicht geschnitten werden. Weist der Strauch kein gleichmäßiges Astgerüst auf, wird er stark zurückgeschnitten, um ein kräftiges Wachstum zu fördern.

Bei den meisten Sträuchern müssen dünne und überkreuzte Zweige, die die Ordnung des Astgerüstes stören, entfernt werden. Eine Ausnahme bilden einige langsamwachsende, laubabwerfende Sträucher, besonders der Japanische Ahorn. Das Wachstum vieler Ahorn-Sorten verläuft ziemlich kompliziert und kann durch diese Art des Schnittes leicht verdorben werden.

Manchmal bringt ein scheinbar schönes Exemplar im Verhältnis zu den Wurzeln zuviel oberirdischen Wuchs hervor. Verringert man die Anzahl der Triebe um bis zu einem Drittel, und kürzt man die verbliebenen auch noch um ein Drittel ein, wird die Pflanze stabiler.

Sparsamer Schnitt bei laubabwerfenden Sträuchern

Sofort nach der Blüte werden abgestorbenes Holz, schwache Triebe und zu dichter Wuchs entfernt, damit das ausgewogene, im Zentrum offene Gerüst bei Sträuchern wie Hamamelis *erhalten bleibt.*

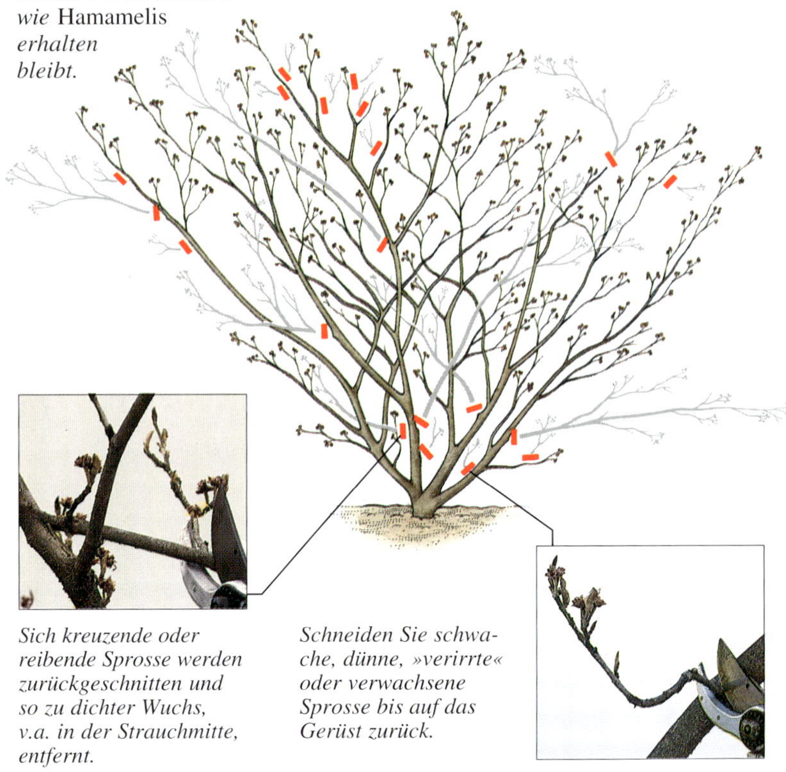

Sich kreuzende oder reibende Sprosse werden zurückgeschnitten und so zu dichter Wuchs, v.a. in der Strauchmitte, entfernt.

Schneiden Sie schwache, dünne, »verirrte« oder verwachsene Sprosse bis auf das Gerüst zurück.

Laubabwerfende Sträucher

Diese können in vier Gruppen unterteilt werden: solche, die nur einen sparsamen Schnitt benötigen; solche, die im Frühjahr geschnitten werden und gewöhnlich am diesjährigen Holz blühen; solche, die nach der Blüte im Sommer geschnitten werden und meist am vorjährigen Holz blühen; und solche, die Wurzelschößlinge treiben.

Sparsamer Schnitt
Sträucher, die nicht regelmäßig kräftigen Wuchs an der Basis oder an den unteren Ästen hervorbringen, müssen nur wenig geschnitten werden; hier sollten v.a. abgestorbenes, krankes Holz und, unmittelbar nach

Sträucher, die im Frühling geschnitten werden

Sträucher (hier Spiraea*), die am diesjährigen Holz blühen, sollten im Frühjahr geschnitten werden, um das Wachstum neuer, blütentragender Triebe anzuregen.*

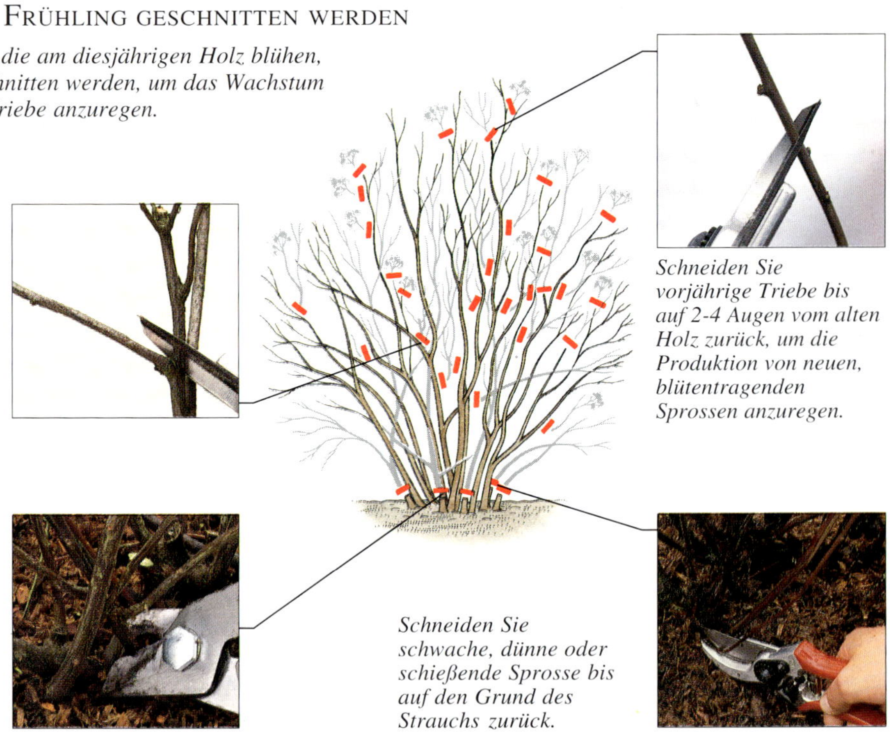

Schneiden Sie abgestorbene oder beschädigte Triebe bis auf den gesunden Wuchs, wenn nötig sogar bis auf den Grund des Strauchs zurück.

Schneiden Sie vorjährige Triebe bis auf 2-4 Augen vom alten Holz zurück, um die Produktion von neuen, blütentragenden Sprossen anzuregen.

Mit einer Astschere werden einige Haupttriebe bis auf den Grund zurückgeschnitten, damit das Gerüst offen bleibt.

Schneiden Sie schwache, dünne oder schießende Sprosse bis auf den Grund des Strauchs zurück.

der Blüte, über Kreuz wachsende oder schwache Triebe entfernt werden. Viele benötigen vielleicht einen Erziehungsschnitt. Gedüngt und gemulcht wird im Frühjahr. Der Japanische Ahorn und andere Sträucher, die im Frühjahr stark bluten würden, sollten in der zweiten Sommerhälfte geschnitten werden, wenn sie am wenigsten Saft führen.

Frühjahrsschnitt
Ohne Schnitt entwickeln sich laubabwerfende Sträucher, die am diesjährigen Holz blühen, leicht zu einem Dickicht, die Blüte leidet. Werden sie im Frühjahr geschnitten, bringen sie gewöhnlich kräftige Sprosse hervor, die im Sommer oder Frühherbst Blüten tragen. Kürzen Sie die abgeblühten Triebe auch im Herbst, um dadurch Windbruch vorzubeugen.

Manche großen Sträucher, wie der laubabwerfende *Ceanothus*, entwickeln ein holziges Gerüst. Im ersten Frühjahr werden die Haupttriebe weniger rasch wachsender Sträucher leicht gestutzt, im zweiten Frühjahr wird der vorjährige Wuchs um die Hälfte eingekürzt. Im Spätwinter oder Vorfrühling der folgenden Jahre wird radikal bis auf 1 bis 3 Augenpaare am vorjährigen Holz zurückgeschnitten.

Schneiden Sie das Astgerüst auf unterschiedliche Höhen zurück, damit sich überall Blüten bilden. Bei reifen Pflanzen werden beim jährlichen Schnitt einige der ältesten Äste entfernt, damit der Wuchs nicht zu dicht wird.

Manche Halbsträucher, z.B. *Perovskia*, entwickeln eine holzige Basis, so daß sie radikal bis auf ein 15-30 cm hohes Gerüst zurückgeschnitten werden können. Das vorjährige Holz wird jährlich im Frühjahr bis auf 1 bis 2 Augen zurückgeschnitten.

Einige Sträucher, die im Spätwinter oder Vorfrühling am vorjährigen Holz blühen, wie z.B. *Prunus triloba*, werden am besten im Frühjahr nach der Blüte geschnitten. Im ersten Frühjahr nach der Pflanzung werden die Haupttriebe etwa um die Hälfte eingekürzt, damit sich das Grundgerüst ausbildet. In den folgenden Jahren wird nach der Blüte der gesamte Wuchs bis auf 2 bis 3 Augen vom Hauptgerüst zurückgeschnitten.

In Gebieten, wo das jährliche Wachstum aufgrund von kühlen Sommern eingeschränkt ist, wird nur ein Drittel der Sprosse fast bis auf den Grund zurückgeschnitten, die übrigen auf 15-30 cm.

Bei allen Sträuchern dieser Gruppe wird unmittelbar nach dem Schnitt gedüngt.

Schnitt bei *Buddleja davidii*

Die starkwüchsige *Buddleja davidii* benötigt einen radikaleren Erziehungsschnitt als die meisten anderen am neuen Holz blühenden Sträucher. Im Hintergrund einer Rabatte, wo eine hohe Pflanze stehen sollte, wird sie bis auf ein Gerüst von 90-120 cm Höhe zurückgeschnitten, an anderen Standorten oft bis auf 60 cm Höhe.

Im ersten Frühling nach der Pflanzung werden die Haupttriebe um die Hälfte bis zu Dreivierteln gekürzt, und zwar oberhalb eines Sprossen- oder Augenpaares. Außer den Haupttrieben wird aller Wuchs entfernt. In der ersten Frühlingshälfte der folgenden Jahre wird der vorjährige Wuchs zurückgeschnitten und neuer Wuchs von der Basis eingekürzt.

Mit einer Astschere werden einige holzige Seitentriebe entfernt, damit der Wuchs nicht zu dicht wird und ein ausgewogenes Gerüst entsteht.

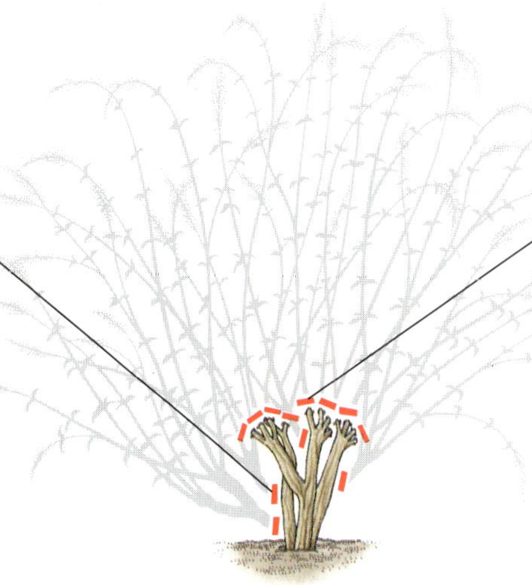

Mit einer Gartenschere alle Hauptsprosse, die im Vorjahr geblüht haben, bis auf 1-3 Knospen vom alten Holz zurückschneiden.

Hortensien

Hortensien können (mit Ausnahme der kletternden Arten) in drei Gruppen eingeteilt werden.

Die erste Gruppe (z.B. *H. paniculata*) blüht ab dem Hochsommer am diesjährigen Holz, diese Pflanzen sollten so behandelt werden wie andere Sträucher mit starkem Frühjahrsschnitt.

Im Vorfrühling des ersten Jahres nach der Pflanzung beläßt man nur 2 oder 3 kräftige Triebe und schneidet diese auf ein Paar gesunder Augen etwa 45 cm über dem Boden zurück. Ist der Standort exponiert und lassen die Temperaturen im Sommer das Holz nicht so stark reifen, daß es kalte Winter verträgt, wird die Pflanze fast bis auf den Boden zurückgeschnitten. Tragen Sie schnellwirkenden Dünger (120 g/m^2) und eine 10 cm dicke Mulchschicht im Umkreis von 60 cm um den Strauch auf. Im Vorfrühling der folgenden Jahre wird der vorjährige Wuchs bis auf 1 oder 2 kräftige Knospenpaare zurückgeschnitten, dann wird gedüngt und gemulcht.

Die zweite Gruppe *(H. macrophylla)* umfaßt die ballförmigen sogen. Mophead- und Lacecap-Hortensien mit flachen Blütenständen; sie blühen ebenfalls ab dem Hochsommer, aber an Sprossen des vorjährigen Wachstums. Junge Pflanzen werden im Vorfrühling leicht geschnitten, dabei entfernt man dünnen Wuchs und alte Blütenköpfe. Sobald die Pflanze aufgebaut und etwa 3 bis 4 Jahre alt ist, wird jährlich im Frühling ein Teil des ältesten Holzes weggenommen. Schneiden Sie mehr als drei Jahre alte Triebe ab, und kürzen Sie die anderen Triebe, die in der vorigen Saison geblüht haben, bis auf ein Augenpaar 15-30 cm vom Boden.

Andere Arten wie *H. aspera* bilden eine dritte Gruppe, die nur einen sparsamen Schnitt im Frühling benötigt.

Im Frühling abgeblühte Triebe sowie beschädigten Wuchs entfernen und einen Teil des alten Holzes ausdünnen.

Abgestorbenes Holz bis auf gesunden Wuchs, falls nötig, bis auf den Grund zurückschneiden.

Entfernen Sie Abgeblühtes mit geradem Schnitt über einem Paar kräftiger Holzknospen.

Sträucher, die im Sommer nach der Blüte geschnitten werden

Viele laubabwerfende Sträucher, die im Frühjahr Blüten bilden, blühen am Wuchs der letzten Wachstumsperiode. Manchmal, wie z.B. bei *Chaenomeles* und Forsythien, bilden sich die Blüten am vorjährigen Holz. Andere Sträucher tragen die Blüten an kurzen Seitensprossen des vorjährigen Holzes – z.B. *Deutzia*, *Philadelphus* und *Weigela*.

Ohne regelmäßigen Schnitt zur Anregung von kräftigen, jungen Trieben von der Basis bringen zahlreiche Sträucher dieser Gruppe viele dünne Zweige hervor und werden kopflastig, Anzahl und Schönheit der Blüten leiden darunter. Durch das Entfernen verblühter Blütenköpfe kann man verhindern, daß der Strauch zuviel Kraft für die Samenproduktion verbraucht.

Bei der Pflanzung eines Strauches dieser Gruppe schneiden Sie schwachen oder beschädigten Wuchs ab und kürzen die Haupttriebe bis auf ein gesundes Auge oder Augenpaar ein, damit ein kräftiges Astgerüst entsteht. Bringt der Strauch im ersten Jahr Blüten hervor, wird sofort nach der Blüte nochmals geschnitten. Schneiden Sie abgeblühte Sprosse bis auf ein kräftiges Auge oder Augenpaar zurück, und entfernen Sie dünnen Wuchs. Danach wird rund um den Strauch Dünger eingearbeitet und gemulcht.

Derselbe Vorgang wird jährlich unmittelbar nach der Blüte wiederholt. Abgeblühtes Holz sollte zwar bis auf die kräftigsten Augen zurückgeschnitten werden, es kommt aber auch darauf an, eine ausgewogene Form zu erhalten. Nach dem Schnitt wird immer gedüngt und gemulcht.

Mit zunehmender Reife benötigen die Pflanzen vielleicht einen stärkeren Schnitt zur Anregung des Wachstums. Nach dem 3. Jahr kann bis zu einem Fünftel der ältesten Triebe jährlich bis auf 5-8 cm über dem Boden zurückgeschnitten werden.

Andere Sträucher dieser Gruppe, besonders frei stehende, also nicht an Mauern wachsende, müssen nur sehr sparsam geschnitten werden. *Chaenomeles* z.B. neigt von Natur aus zur Bildung unzähliger sich überkreuzender Seitenzweige, und reife Exemplare müssen kaum geschnitten werden. Ein Schnitt der Kurztriebe vermag jedoch die Blütenproduktion anzuregen (siehe S. 378); reduzieren Sie Kurztriebe und Seitensprosse im Hochsommer auf drei bis fünf Blätter.

Besondere Vorsicht ist beim Schnitt von Sträuchern wie Flieder *(Syringa)*, die während der Blüte wachsen, geboten. Die unter den Blüten gebildeten neuen Sprosse können beim Entfernen der alten Blütenköpfe leicht beschädigt werden.

Sträucher, die man im Sommer nach der Blüte schneidet

Buddleja alternifolia
Calycanthus
Chaenomeles
Cotoneaster (laubabwerfende Arten)
Deutzia
Dipelta
Exochorda
Holodiscus discolor
Jasminum humile
Kolkwitzia
Magnolia x *soulangeana*, *M. stellata*

Neillia thibetica

Neillia
Philadelphus
Photinia villosa
Rhododendron (laubabw. Arten)
Ribes sanguineum
Rubus deliciosus, *R.* 'Tridel'
Spiraea x *arguta*, *S. prunifolia*, *S. thunbergii*
Stephanandra
Syringa
Weigela

Sträucher mit unterirdischen Ausläufern

Einige Sträucher mit schönen Blüten tragen diese am vorjährigen Holz, bringen aber den meisten jungen Wuchs an der Basis hervor. Diese Sträucher breiten sich durch unterirdische Ausläufer aus und müssen anders geschnitten werden als solche mit einem ausdauernden holzigen Gerüst.

Nach der Pflanzung wird schwacher Wuchs entfernt, kräftige Triebe werden aber mit Seitensprossen belassen. Im folgenden Jahr sofort nach der Blüte schwache, abgestorbene oder beschädigte Triebe entfernt und abgeblühte Triebe radikal bis auf ein kräftiges Auge oder Augenpaar zurückgeschnitten.

Ab dem dritten Jahr werden jährlich ein Viertel bis die Hälfte aller abgeblühten Triebe bis auf 5-8 cm über dem Boden, andere um etwa die Hälfte auf kräftige Ersatztriebe zurückgeschnitten. Nach dem Schnitt wird gedüngt und gemulcht.

Sommerschnitt bei Sträuchern

Bei Weigela *z.B. werden nach der Blüte abgeblühte Sprosse zurückgeschnitten und abgestorbene und dünne Triebe entfernt. Auch einige alte Haupttriebe nimmt man heraus.*

Mit einer Gartenschere wird abgestorbenes Holz bis auf gesunden Wuchs zurückgeschnitten.

Nehmen Sie bis zu einem Fünftel des ältesten Holzes bis auf 5-8 cm über dem Boden heraus.

VORHER

Schneiden Sie sehr schwache, dünne oder sparrige Triebe bis knapp über dem Boden zurück.

NACHHER

Entfernen Sie schwache und sich kreuzende Triebe für einen in der Mitte offenen, ausgewogenen Strauch.

Schnitt eines laubabwerfenden Strauchs

Nach der Blüte werden bei laubabwerfenden Sträuchern mit unterirdischen Ausläufern (hier Kerria*) alle abgeblühten Triebe zurückgeschnitten, die meisten um die Hälfte, die restlichen fast bis auf den Grund. Entfernen Sie schwachen, abgestorbenen oder beschädigten Wuchs.*

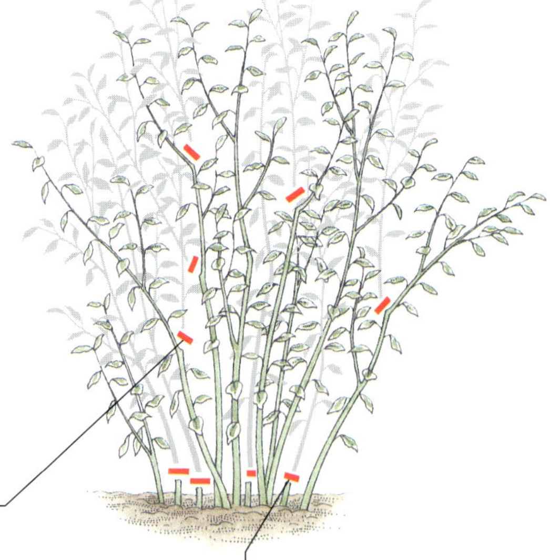

Schneiden Sie die abgeblühten Triebe um etwa die Hälfte bis auf die starkwüchsigen jungen Sprosse zurück.

Schneiden Sie bis zu 50 Prozent der abgeblühten Triebe bis auf 5-8 cm über dem Boden zurück; dasselbe gilt für abgestorbene oder beschädigte Triebe.

Gekappte und entwipfelte Sträucher

Einige laubabwerfende Sträucher mit interessanten Trieben oder Blättern müssen im Frühjahr stark zurückgeschnitten werden. Die meisten dieser Sträucher blühen an vorjährigen Trieben, aber die Blüten werden in diesem Fall den interessanteren Trieben oder Blättern geopfert. Beim Kappen werden Sträucher und Bäume regelmäßig fast bis auf den Grund zurückgeschnitten. Beim Entwipfeln wird die Pflanze jedes Jahr auf ein aus einem oder mehreren Stämmen bestehendes Grundgerüst zurückgeschnitten.

Durch Kappen erhält man regelmäßig jungen Wuchs, der auffallender gefärbt ist als das alte Holz und im Winter sehr gut wirkt. Bei Sträuchern mit interessanten Blättern entstehen durch den starken Rückschnitt größere Blätter. Schneiden Sie bei starkwüchsigen Sträuchern vor Beginn der Wachstumsperiode in der ersten Frühlingshälfte alle Triebe bis auf 5-8 cm über dem Grund zurück. Um einen streng einheitlichen Effekt zu vermeiden, kann man die Schnitthöhe variieren. Weniger raschwüchsige Sträucher sollen weniger stark zurückgeschnitten werden, indem man nur etwa ein Drittel bis die Hälfte der Triebe kappt. Tragen Sie anschließend einen schnellwirkenden Dünger und eine großzügige Mulchschicht im Umkreis von 60 cm um den Strauch auf.

Sträucher, die durch Erziehung einen oder mehrere unbeastete Stämme haben, werden jährlich auf dieses Gerüst zurückgeschnitten – oder entwipfelt. Im ersten Jahr soll durch den Schnitt das Gerüst geschaffen werden; nach der Pflanzung, vor Beginn der Wachstumsperiode im Frühjahr, wird die junge Pflanze durch Schnitt zu einem Viertel- oder Halbstamm mit 30-90 cm Stammhöhe geformt. Wenn mehr Platz zur Verfügung steht und die Pflanze größer werden soll, können es auch drei, fünf oder sieben Stämme sein. Tragen Sie wie nach dem Kappen rund um den Stamm (oder die Stämme) einen schnellwirkenden Dünger und eine Mulchschicht auf.

Während der ersten Wachstumsperiode wird die Anzahl der Sprosse unterhalb der Schnittstelle auf vier oder fünf beschränkt, alle überflüssigen und weit unten am Stamm entspringenden werden weggerieben. Wiederholen Sie diesen Vorgang über ein oder zwei Jahre; so kann der Stamm dicker werden und dem Gewicht des Überbaus standhalten. Im Frühjahr des zweiten Jahres und aller folgenden kürzen Sie die vorjährigen Triebe bis auf ein Auge 5-8 cm über dem Grundgerüst ein (siehe oben, »Entwipfeln eines Eukalyptus«). Soll die Pflanze größer werden, schneiden Sie nur die Hälfte oder ein Drittel der Triebe zurück. Düngen und mulchen Sie.

ENTWIPFELN EINES EUKALYPTUS

Zur Ausbildung eines Grundgerüsts wird der junge Strauch auf einen oder mehrere Stämme zurückgeschnitten (unten). Im Frühjahr der folgenden Jahre wird der vorjährige Wuchs entweder auf 5-8 cm vom Grundgerüst oder bis auf den Boden zurückgenommen; Eukalyptus regeneriert sich auch von der Basis (rechts).

Immergrüne Sträucher

Zur Frühjahrsmitte wird das abgestorbene Holz bis auf den Ansatz des neuen Wuchses entfernt, und neue Triebe werden ausgedünnt, wenn sie sich überkreuzen oder zu dicht sind. Gibt ein Strauch bis zur Frühjahrsmitte kein Lebenszeichen, kerben Sie die Rinde ein, um zu sehen, ob darunter grünes Holz ist.

Sträucher bis 90 cm
Niedrigwachsende immergrüne Sträucher können in zwei Gruppen mit unterschiedlichen Schnittechniken eingeteilt werden. Die erste Gruppe umfaßt einige relativ kurzlebige Sträucher mit üppiger Blüte, wenn sie jährlich gestutzt werden und nicht überreif sind. Dazu gehören Lavendel *(Lavandula)*, Zypressenkraut *(Santolina chamaecyparissus)* und die meisten Heiden (*Calluna, Daboecia* und *Erica*, aber nicht Baumheide). Diese Sträucher sollten am besten etwa alle zehn Jahre erneuert werden. Auch Pflanzen, die mehrere Jahre nicht geschnitten wurden, sollten erneuert werden, da sie lang und schwach werden, nur selten blühen oder sich regenerieren.

Zur Frühjahrsmitte werden mit einer Ast- oder Gartenschere an neugepflanzten Sträuchern schwache Triebe oder blühende Sprosse entfernt. Auf diese Weise wird der neue Wuchs aus Basalsprossen in der Mitte der Pflanze gebildet. In den Folgejahren werden jeweils zur Frühjahrsmitte alte Blütenköpfe und abgestorbene, kranke oder schadhafte Sprosse entfernt. In sehr kalten Gebieten besteht jedoch das Risiko, daß die Pflanze abstirbt, wenn die Blütenköpfe im Herbst entfernt wurden, daher erfolgt der Schnitt gewöhnlich zur Frühjahrsmitte. Tragen Sie nach dem Schnitt einen Langzeitdünger in der Dosierung von 60 g/m^2 und eine 5 cm dicke Mulchschicht auf.

Langsamwachsende Sträucher müssen weniger stark zurückgeschnitten werden als die erste Gruppe; hier werden zur Frühjahrsmitte hauptsächlich abgestorbene, kranke oder schadhafte Triebe entfernt. Abgeblühte Blütenköpfe müssen nicht entfernt werden.

Sträucher bis 3 m Höhe
Sobald sich ein ausgewogenes Gerüst herausgebildet hat, müssen die

SCHÖNE WINTERLICHE TRIEBE DURCH KAPPEN

Sträucher mit farbigen Trieben (hier eine Cornus stolonifera-*Sorte) schneidet man vor Beginn der neuen Wachstumsperiode bis auf 5-8 cm von der Basis zurück (siehe Nebenbild). Um das Wachstum zu fördern, düngen und mulchen Sie. Durch das Kappen bringt die Pflanze neue, kräftige Triebe hervor, die intensiv grün sind.*

STRÄUCHER ZUM KAPPEN UND ENTWIPFELN

Kappen
Cornus alba 'Aurea',
C. a. 'Elegantissima',
C. a. 'Flaviramea',
C. a. 'Kesselringii',
C. a. 'Sibirica',
C. a. 'Spaethii',
C. a. 'Variegata'

Corylus maxima 'Purpurea'

Corylus maxima 'Purpurea'
Cotinus coggygria,
C. 'Grace'
Hydrangea paniculata 'Floribunda',
H. p. 'Grandiflora',
H. p. 'Unique'
Rubus biflorus,
R. cockburnianus,
R. thibetanus
Salix alba 'Britzensis',
S. daphnoides,
S. irrorata
Sambucus racemosa 'Plumosa Aurea'

Entwipfeln
Cornus stolonifera
Eucalyptus, einige ❄
Salix acutifolia

SCHLÜSSEL
❄ *Nicht winterhart*

meisten mittelhohen immergrünen Sträucher kaum noch geschnitten werden. Dies gilt für *Berberis darwinii, Escallonia, Hibiscus rosa-sinensis* und viele Rhododendren.

Zur Frühjahrsmitte, kurz bevor die Wachstumsperiode beginnt, werden schwache, überkreuzte und die Symmetrie störende Sprosse entfernt. Düngen und mulchen Sie. In der Folge wird nur noch geschnitten, wenn Triebe zu dünn sind, der Strauch zu groß wird oder geformt werden soll. Entfernen Sie die betreffenden Äste ganz oder teilweise.

Winter- und Frühjahrsblüher wie *Berberis darwinii* und *Viburnum tinus* sollten unmittelbar nach der Blüte geschnitten werden. Bei Sträuchern, die ab der zweiten Sommerhälfte blühen, wie *Escallonia*, werden zu Beginn der Wachstumsperiode zur Frühjahrsmitte altes Holz oder im Spätsommer abgeblühte Triebe entfernt. Im Spätsommer geschnittene Sträucher sollten erst im darauffolgenden Frühjahr gedüngt und gemulcht werden, da zarte Jungtriebe im Winter leicht durch Fröste Schaden nehmen.

Immergrüne Sträucher mit mehr als 3 m Höhe

Große Rhododendren u.a. hohe Immergrüne werden nur sparsam geschnitten, aber eventuell als junge Pflanzen geformt, damit sich ein ausgewogenes Gerüst ausbildet. Schneiden Sie die jungen Pflanzen zur Frühjahrsmitte oder gleich nach der Blüte.

Durch den Schnitt soll ein offener, buschiger Strauch mit gleichmäßigen Ästen entstehen. Schwache und sich überkreuzende Triebe werden entfernt; düngen und mulchen Sie anschließend. Der regelmäßige Schnitt beschränkt sich auf das Herausnehmen von abgestorbenem, schadhaftem und krankem Holz. Manche großen Immergrüne, wie Kirschlorbeer *(Prunus laurocerasus)*, eignen sich auch für Hecken (siehe S. 60-62).

Immergrüne Sträucher, die starken Schnitt vertragen

Aucuba
Berberis darwinii
Buxus
Choisya ternata
Citrus ❄
Escallonia 'Donard Seedling'
Euonymus fortunei, *E. japonicus*
Hibiscus rosa-sinensis ❄
Ilex x *altaclerensis*, *I. aquifolium*
Ligustrum japonicum
Lonicera nitida, *L. pileata*
Nerium oleander ❄
Phillyrea
Prunus laurocerasus, *P. lusitanica*
Rhododendron ponticum, *R. triflorum*, *R. augustinii*
Santolina
Sarcococca humilis
Taxus
Viburnum tinus

Schlüssel
❄ *Nicht winterhart*

Palmen

Palmen werden sparsam oder gar nicht geschnitten; man entfernt nur abgestorbene Blätter.

Die palmenähnliche Keulenlilie *(Cordyline)* muß nur nach Frostschaden geschnitten werden, oder wenn ein buschiges, mehrstämmiges Exemplar gewünscht wird. Sobald die Pflanze neu treibt, werden beschädigte Zweige bis knapp über die neuen Sprosse zurückgeschnitten. Düngen und mulchen Sie. Um ein mehrstämmiges Exemplar zu erhalten, entfernt man im Frühling vor Beginn der Wachstumsperiode den Wachstumspunkt, düngt und mulcht.

An Mauern gezogene Sträucher

Es gibt drei Gründe, ein Gehölz an einer Mauer hochzuziehen. Erstens sind manche Sträucher in Gebieten mit Frostneigung im offenen Garten nicht winterhart, gedeihen aber an einer warmen, schützenden Mauer. Zweitens kann man an einer Mauer Sträucher, auch winterharte wie den Feuerdorn, unterbringen, für die nirgends mehr Platz ist. Drittens haben manche Sträucher (z.B. *Cestrum elegans*) eine Neigung zum Klettern und benötigen eine Stütze.

Gehölze an Mauern müssen von Anfang an erzogen und entsprechend geschnitten werden, damit sie kompakt und formschön wirken und regelmäßig viele blühende Sprosse hervorbringen. Sie benötigen ein Gerüst, in das die Triebe eingebunden werden können. Dafür eignen sich Spaliere, Maschendraht oder waagrechte Drähte in gleichmäßigen Abständen, wie sie bei Obstbäumen verwendet werden (siehe S. 364). Winterharte Sträucher werden im Herbst, nicht winterharte im Frühling gepflanzt.

Die Empfehlungen für den Schnitt freistehender Sträucher gelten auch für an der Mauer gezogene, Erziehung und Erziehungsschnitt sind aber aufwendiger. Es ist entscheidend, daß Sprosse laufend angebunden und Sublaterale, die von der Mauer weg wachsen, zurückgeschnitten werden.

Erziehung und Erziehungsschnitt

Während der ersten Wachstumsperiode wird aus Leittrieb und Seitenästen ein Grundgerüst geformt; alle nach außen wachsenden Seitentriebe werden zurückgeschnitten, damit sich nahe am Grundgerüst kurze Seitentriebe entwickeln. Entfernen Sie Seitentriebe, die zur Mauer bzw. zum Zaun hin oder in die falsche Richtung nach außen wachsen, vollständig. Die gewählte Fläche sollte von einem senkrechten »Laubteppich« bedeckt werden.

Erhaltungsschnitt

Ab der zweiten Wachstumsperiode sollten sich blühende Seitentriebe entwickeln. Nach der Blüte werden die abgeblühten Sprosse auf 7-19 cm vom Grundgerüst zurückgeschnitten. Das regt die Bildung neuer blütentragender Seitentriebe für die nächste Saison an. Sprosse für das Grundgerüst werden weiter eingebunden, nach außen weisende Seitentriebe zurückgeschnitten und nach innen oder in eine falsche Richtung wachsende Sprosse entfernt. Schneiden Sie diese Sträucher niemals nach dem Hochsommer, da dies die nächste Blüte beeinträchtigen kann; bei *Ceanothus* u.a. bedingt harten immergrünen Sträuchern, die frostempfindlichen, zarten Wuchs hervorbringen würden, ist das besonders wichtig. Düngen und mulchen Sie jährlich im Frühjahr, damit die Pflanze kräftig und gesund bleibt.

Sträucher mit attraktiven Blüten und Früchten oder Beeren, wie der Feuerdorn, werden anders geschnitten. Die abgeblühten Triebe werden nicht zurückgeschnitten, damit sich an ihnen Früchte entwickeln können. Stutzen Sie, sobald sich Früch-

Schnitt bei immergrünen Sträuchern

Bei immergrünen Sträuchern (hier Prunus lusitanica*) werden nach der Blüte schadhaftes oder abgestorbenes Holz entfernt und abgeblühte oder dünne Triebe zurückgeschnitten.*

Abgeblühte Triebe werden bis zum Ansatz zurückgeschnitten, übermäßig dichte und sich kreuzende Sprosse herausgenommen.

Schneiden Sie störende Triebe bis auf geeignete, gesunde, nach außen wachsende Sprosse zurück.

Entfernen Sie abgestorbenes oder beschädigtes Holz bis auf gesunden Wuchs oder, wenn nötig, sogar bis auf den Grund.

ERZIEHUNG EINES JUNGEN STRAUCHS AN EINER WAND

Im ersten Jahr erhält der Strauch (hier Feuerdorn) durch Schnitt ein ausgewogenes Gerüst, Hauptäste werden eingebunden. In den folgenden Jahren wird neuer Wuchs im Frühjahr festgemacht; im Hochsommer schneidet man nach innen oder außen wachsende Sprosse zurück, so entsteht ein senkrechter »Teppich«; entfernen Sie abgestorbene oder dünne Triebe ganz.

Mit einer Gartenschere werden schwache, dünne Triebe sowie abgestorbenes oder beschädigtes Holz entfernt.

Nach außen wachsende Triebe werden im Hochsommer bis auf 7-10 cm vom Gerüst zurückgeschnitten.

Kontrollieren und erneuern Sie mangelhafte Befestigungen, indem Sie das Band zu einer Acht legen und den Trieb wieder an den Draht binden.

SCHNITT EINES STRAUCHS AN EINER WAND

Bei ausgereiften Pflanzen (hier Feuerdorn) wird durch den Schnitt die Harmonie des Astgerüstes erhalten, bei beerentragenden Sträuchern werden die Beeren freigelegt. Im Spätsommer entfernt man nach außen wachsende Sprosse und schneidet abgeblühte Sprosse zurück, damit dichter Wuchs gefördert wird.

Schneiden Sie junge Sprosse auf 2-3 Blätter vom Ansatz zurück, damit die Beeren mehr Sonne zum Reifen haben.

Im Spätsommer werden die Befestigungen überprüft und eventuell ersetzt; im Frühjahr macht man neue Sprosse fest.

Mit einer Baumschere wird schadhaftes oder abgestorbenes Holz bis auf gesundes Wachs zurückgeschnitten.

te zeigen, Seitentriebe bis auf zwei bis drei Blätter vom Ansatz, damit die Früchte mehr Licht haben und gut reifen. Alte Fruchtdolden können im Frühjahr weggenommen werden, wenn die Pflanze neu treibt.

Sommer- und Herbstblüher, darunter einige *Ceanothus*, sollten wie bereits beschrieben erzogen werden; der Schnitt richtet sich danach, ob sie am vorjährigen oder am diesjährigen Holz blühen. Bei manchen nur bedingt harten oder nicht winterharten Sträuchern, z.B. bei *Ceanothus*, läßt sich das alte Holz nur schwer abnehmen, ein Verjüngen vernachlässigter Sträucher ist daher schwierig.

Kriechende Sträucher

Die gewundenen Sprosse dieser Gehölze müssen sorgfältig erzogen werden. Bei manchen, die im Spätsommer an End- oder kurzen Seitensprossen blühen, wie dem halbharten *Cestrum elegans*, können die abgeblühten Triebe im Frühjahr gänzlich weg- oder bis auf starke, tiefstehende Seitentriebe zurückgeschnitten werden. Andere blühen im Sommer v.a. an Seitentrieben, die man nach der Blüte auf 7-10 cm zurückschneidet; die Pflanze bringt dann oft Sublaterale hervor, die noch in derselben Saison blühen. Diese Seitentriebe werden im Frühjahr erneut auf 7-10 cm zurückgeschnitten und blühen im Sommer.

Fächererziehung bei Ziersträuchern

Einige wenige Sträucher, wie etwa Zierpfirsiche, können wie Obstbäume zu Fächern erzogen werden. Im ersten Frühling nach der Pflanzung wird die Pflanze auf 40-45 cm über der Veredlungsstelle zurückgeschnitten, so daß drei oder vier kräftige Sprosse bleiben. Diese Sprosse werden an Bambusstäbe gebunden, die an waagrechten Drähten befestigt sind. Gegen Ende der Wachstumsperiode wird bei drei kräftigen Sprossen der mittlere entfernt; sind vier Sprosse stehengeblieben, werden sie fächerartig verteilt. Im Winter kürzt man alle Triebe um die Hälfte ein.

In der folgenden Wachstumsperiode wählt man an jedem Trieb zwei oder vier neue Sprosse; diese befestigt man wieder an Stäben. Im Hochsommer werden alle anderen Sprosse entfernt. Im dritten Jahr wird nach der Blüte das Grundgerüst um ein Viertel bis ein Drittel zurückgeschnitten. Binden Sie 2 oder 3 neue Sprosse jedes Haupttriebs an. Sind Lücken im Fächer entstanden, werden benachbarte Triebe nach der Blüte um ein Drittel zurückgeschnitten, um neuen Wuchs anzuregen. Alle anderen Zweige werden auf 5-8 cm gekürzt (siehe auch S. 393).

SCHNITT BEI CEANOTHUS

Gleich nach der Blüte werden neue Sprosse des Frühjahrsblühers auf 2–3 Blätter zurückgeschnitten. Machen Sie neue Sprosse fest, und schneiden Sie nach außen wachsende zurück, damit die Pflanze nahe an Wand oder Zaun wächst.

EIN STRAUCH ALS FÄCHER

Dieser Prunus mume *'Beni-shi-dare' wurde wie ein Obstspalier zu einem Fächer mit gleichmäßigem Astgerüst erzogen.*

Erziehung und Schnitt hochstämmiger Sträucher

Einige Sträucher, z.B. Fuchsien und *Buddleja alternifolia*, können sich zu Hochstämmen entwickeln. Die Stammhöhe hängt von der Wüchsigkeit der Pflanze und von der gewünschten Wirkung ab (über hochstämmige Fuchsien siehe S. 93; zum Schnitt von Stammrosen S. 128).

Um einen Strauch wie *Buddleja alternifolia* hochstämmig zu erziehen, macht man einen kräftigen Trieb in der ersten Wachstumsperiode an einem Bambusstab fest. Alle Seitensprosse werden auf zwei bis drei Blätter gekürzt, nur einige an der Triebspitze entspringende läßt man wachsen. Es werden auch weiterhin alle Seitensprosse ausgeknipst. Hat der Stamm die gewünschte Höhe erreicht, stoppt man das Wachstum des Endtriebes, damit sich eine Krone bildet. Im Vorfrühling des nächsten Jahres werden die Kronenäste auf etwa 15 cm eingekürzt. An jedem beläßt man zwei oder drei junge Sprosse. Düngen und mulchen Sie. In der Folge verfahren Sie so wie bei anderen im Sommer nach der Blüte geschnittenen Sträuchern (siehe S. 78).

Wurzelschnitt

Bei starkwüchsigen Sträuchern wird mitunter durch einen Wurzelschnitt der oberirdische Wuchs gebremst oder die Blüte angeregt; veredelte Exemplare, die zwar reichlich Blätter aber nur wenige Blüten oder Früchte hervorbringen, profitieren meist vom Wurzelschnitt.

Im Vorfrühling wird rund um den Strauch knapp außerhalb der oberirdischen Reichweite ein Graben mit 30-60 cm Tiefe ausgehoben. Dicke, holzige Wurzeln werden mit einer Astschere oder Säge durchgetrennt; man kürzt sie ungefähr auf den halben Radius des Grabens. Faserwurzeln werden nicht gekappt. Nach dem Zuwerfen wird innerhalb des Grabens gemulcht.

Ein Wurzelschnitt findet auch bei Sträuchern in Kübeln Anwendung und erfolgt am besten beim Umtopfen. Kürzen Sie bei einem Fünftel der holzigen Wurzeln um ein Viertel, und schneiden Sie andere zurück, so daß sie leicht im Gefäß Platz finden. Topfen Sie den Strauch in frischer Komposterde mit Langzeitdünger neu ein, und wässern Sie gründlich.

Verjüngung

Alte, wirre oder ausgewachsene Sträucher können manchmal durch ausgiebiges Schneiden verjüngt werden. Das funktioniert hauptsächlich bei Sträuchern, die an der Basis jungen Wuchs hervorbringen. Es hat keinen Sinn, einen schwerkranken Strauch retten zu wollen. Manche Sträucher vertragen keinen radikalen Rückschnitt; sollten Sie im speziellen Fall nicht ganz sicher sein, verteilen Sie den starken Rückschnitt auf zwei oder drei Jahre. Laubabwerfende Sträucher wie der Flieder werden nach der Blüte oder während der Ruhezeit verjüngt; bei Immergrünen, wie z. B. *Viburnum tinus*, wartet man bis zur Frühlingsmitte.

Verjüngen alter oder ausgewachsener Sträucher

Nehmen Sie alle schwachen und sich kreuzenden Triebe weg, und kürzen Sie Hauptäste auf 30-45 cm über dem Boden, so daß ein gut ausgewogenes Gerüst bleibt. Tragen Sie rund um den Strauch Langzeitdünger in einer Dosierung von 120 g/m² und eine 5-10 cm dicke Mulchschicht auf. Wässern Sie den ganzen Sommer über gründlich.

Während der nächsten Wachstumsperiode können unterhalb der Schnittstellen an den Hauptästen viele Sprosse entstehen. Von diesen beläßt man an jedem Ast nur zwei bis vier kräftige, damit sich ein neues Astgerüst bildet. Bei laubabwerfenden Sträuchern werden während der Ruheperiode überflüssige Sprosse entfernt. Bei immergrünen geschieht dies zur Frühjahrsmitte.

In der nächsten Wachstumsperiode können dort, wo die Sprosse geschnitten wurden, Sekundärtriebe entstehen, diese werden am besten weggerieben.

Verjüngung in Raten

Man kann den Schnitt auch auf 2-3 Jahre verteilen. Laubabwerfende Sträucher werden nach der Blüte, immergrüne zur Frühjahrsmitte geschnitten. Die Hälfte der ältesten Triebe wird bis auf 5-8 cm über dem Boden gekürzt. Die übrigen Triebe schneidet man um die Hälfte bis auf jeweils einen neuen, kräftigen Ersatztrieb zurück. Geben Sie Langzeitdünger, wässern und mulchen Sie. Ein Jahr später wird das bei den restlichen Trieben wiederholt.

LANGSAME VERJÜNGUNG

Laubabwerfende Sträucher werden nach der Blüte, immergrüne zur Frühjahrsmitte verjüngt. Ein Drittel bis die Hälfte der ältesten Hauptäste (hier Philadelphus*) wird fast bis zum Boden zurückgeschnitten, abgestorbene oder dünne Triebe werden entfernt. In den nächsten zwei bis drei Jahren folgen die übrigen alten Äste.*

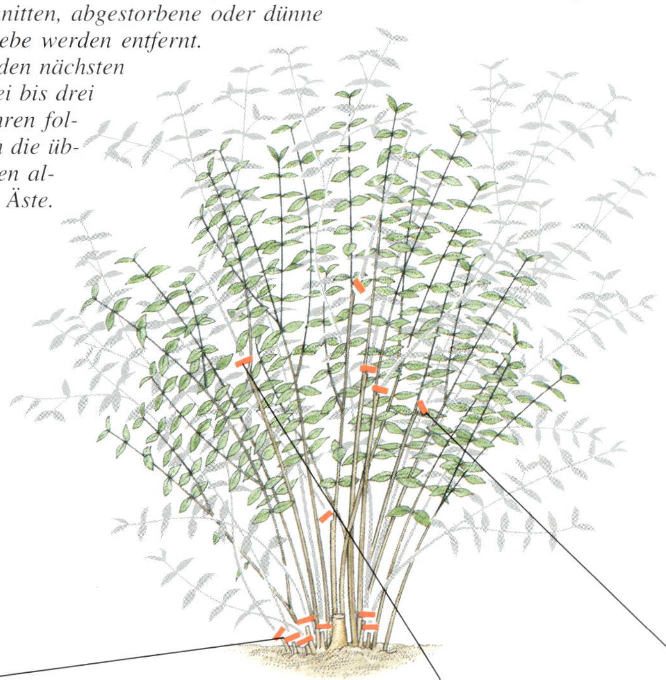

Ca. die Hälfte der Triebe wird auf 5-8 cm über dem Boden zurückgenommen. Entfernen Sie die ältesten Triebe und solche, die die Form stören.

Ältere Triebe werden um die Hälfte bis auf neue, kräftige Sprosse eingekürzt, dünner Wuchs und abgestorbenes Holz entfernt.

Schneiden Sie sich kreuzende, reibende oder zu dichte Triebe auf ein Auge oder einen Trieb zurück, der nicht kreuzen kann.

RADIKALE VERJÜNGUNG

Ein laubabwerfender Strauch, der an der Basis neu treibt (hier Flieder), kann während der Ruheperiode verjüngt werden, ein immergrüner zur Frühjahrsmitte. Alle Hauptäste werden bis auf 30-45 cm über dem Boden zurückgeschnitten. Wildlinge werden ganz entfernt.

Vermehrung

Es gibt viele Vermehrungsmethoden für Sträucher – mit Stecklingen, durch Aussaat, Absenken, Teilung und Veredlung.

Stecklinge von krautigen Trieben

Diese Methode ist für viele laubabwerfende Sträucher günstig. Die krautigen Stecklinge werden im Frühjahr von raschwachsenden Sproßspitzen genommen, wenn diese 6-8 cm lang sind. Diese Stecklinge sind an der Basis weich und wurzeln leichter als die von reiferem Holz.

Vorbereiten der Stecklinge

Schneiden Sie die Stecklinge früh am Morgen. Wählen Sie gesunde, biegsame Sprosse, und packen Sie sie in einen durchsichtigen Plastikbeutel. Bereiten Sie die Stecklinge gleich nach dem Schneiden vor: Man kürzt sie knapp unter einem Knoten und entfernt die unteren Blätter. Verwenden Sie ein Vermehrungssubstrat aus je einem Teil Torf und grobem Sand. Nachdem die Stecklinge in das Substrat gesetzt wurden, wässert man, trägt Fungizid auf, beschriftet und gibt sie in einen Sprühnebel-Vermehrungskasten oder ein Vermehrungsbeet.

Pflege

Krautige Stecklinge welken bei Feuchtigkeitsmangel sehr rasch, daher ist die Pflege sehr wichtig; entfernen Sie möglichst täglich abgefallene Blätter, und besprühen Sie die Stecklinge jede Woche mit Fungizid. Sobald sie Wurzeln haben, werden sie abgehärtet und in einzelne Töpfe gesetzt oder auch im Pflanzgefäß gelassen. Wenn sie im Vermehrungssubstrat bleiben, werden sie während des Wachstums alle zwei Wochen gedüngt und im nächsten Frühjahr eingetopft.

Stecklinge von noch grünem Holz

Fast alle Sträucher, die durch Stecklinge von krautigen Trieben vermehrt werden können, sind auch durch Stecklinge mit noch grünem Holz zu vermehren. Diese nimmt man entweder als Knotenstecklinge oder als Rißlinge (siehe S. 85) von kräftigen Sprossen, und zwar im Spätfrühling, wenn sie fest und an der Basis ein wenig holzig sind. Verfahren Sie wie bei krautigen Stecklingen, auch das Substrat ist das gleiche.

Schneiden Sie die unteren Blätter ab, und entfernen Sie die weichen Spitzen, wenn die Stecklinge mehr als 8-10 cm lang sind. Bei einem Knotensteckling macht man mit einer scharfen Klinge direkt unter dem Knoten einen geraden Schnitt. Bei einem Rißling wird der Fortsatz abgeschnitten. Die Stecklinge werden in Bewurzelungshormon getaucht und in das Substrat gesteckt. Wässern Sie mit Fungizidlösung, und stellen Sie die Stecklinge in einen Sprühnebel-Vermehrungskasten. Entfernen Sie abgefallene Blätter täglich, und geben Sie einmal die Woche Fungizid.

Die bewurzelten Stecklinge werden abgehärtet und umgesetzt oder im Pflanzgefäß gelassen. In dem Fall müssen sie während der Wachstumsperiode regelmäßig gedüngt und im nächsten Frühjahr umgesetzt werden.

STECKLINGE VON NOCH GRÜNEM HOLZ

Sie werden im Spätfrühling abgenommen und vorbereitet (hier Philadelphus*), wenn das Wachstum langsamer wird und die jungen Triebe fester sind.*

Halbausgereifte Stecklinge

Viele immergrüne und einige laubabwerfende Sträucher können durch

VERMEHRUNG DURCH KRAUTIGE STECKLINGE

1 *Im Frühling werden junge, nicht blühende Sprosse (hier* Hydrangea macrophylla*) mit 3-5 Blattpaaren geschnitten, in einen durchscheinenden Plastikbeutel gegeben und bis zur Vorbereitung vor Sonne geschützt.*

2 *Kürzen Sie jeden Steckling mit einem geraden Schnitt knapp unter einem Knoten (siehe Nebenbild) auf 8-10 cm. Entfernen Sie die unteren Blätter.*

3 *Geben Sie die Stecklinge in vorbereitete Töpfe mit Vermehrungssubstrat, so daß die Blätter sich nicht berühren.*

4 *Gießen Sie mit Fungizidlösung, beschriften Sie die Stecklinge, und stellen Sie sie in einen Vermehrungskasten bei 18-21°C.*

5 *Sobald die Stecklinge Wurzeln haben, werden sie abgehärtet, aus dem Topf genommen und vorsichtig auseinandergezogen.*

6 *Nun werden die Pflänzchen einzeln getopft und angedrückt. Wässern und beschriften Sie die Stecklinge, und geben Sie sie an einen sonnengeschützten Platz, bis sie gut aufgebaut sind.*

VERMEHRUNG DURCH KRAUTIGE STECKLINGE UND GRÜNES HOLZ

Abelia, einige ❄
Abutilon, einige ❄
Aloysia, einige ❄ ❦
Boronia ❄
Calluna
Caryopteris
Ceanothus, einige ❄ (laubabw. A.)
Ceratostigma, einige ❄ ❦
Cestrum ❄ ❦
Cotoneaster (laubabw. Arten)
Cytisus, einige ❄
Daboecia
Daphne x *burkwoodii*
Enkianthus
Erica
Forsythia
Fuchsia, einige ❄
Genista, einige
Halesia
Hydrangea ❦
Kolkwitzia
Lagerstroemia ❄
Lantana ❄ ❦
Lavatera ❦
Nandina
Perovskia
Philadelphus
Potentilla
Viburnum (laubabwerfende Arten)

SCHLÜSSEL
❄ *Nicht winterhart*
❦ *Nur durch krautige Stecklinge*

VERMEHRUNG DURCH HALBAUSGEREIFTE STECKLINGE

1 In der zweiten Sommerhälfte werden gesunde Sprosse vom diesjährigen Holz ausgewählt. Man trennt sie knapp über einem Knoten von der Mutterpflanze ab (hier Ilex *x* altaclerensis *'*Golden King*'). Sie sollten halb ausgereift, also an der Spitze noch weich, an der Basis fest sein.*

2 Schneiden Sie die Seitensprosse ab. Kürzen Sie jeden der Seitensprosse knapp unter einem Knoten auf 10–15 cm.

3 Entfernen Sie bei jedem Steckling die weiche Spitze und das unterste Blattpaar glatt am Ansatz.

4 Regen Sie durch eine »Wunde« die Bewurzelung an: Schneiden Sie ein 2,5-4 cm langes Stück Rinde von der Seite der Basis.

5 Tauchen Sie jeden Steckling in Bewurzelungshormon, und geben Sie ihn ins Substrat eines Vermehrungskastens oder in Töpfen in einen Kalten Kasten.

6 Nehmen Sie die Stecklinge vorsichtig heraus, sobald sie gut bewurzelt sind, und pflanzen Sie sie einzeln ein. Vor dem Eintopfen oder Auspflanzen müssen sie allmählich abgehärtet werden.

Stecklinge von halbausgereiftem Holz vermehrt werden.

Geeignete Stecklinge

Die Stecklinge werden normalerweise zwischen dem Hoch- und Spätsommer, manchmal auch im Frühherbst genommen. Wählen Sie Sprosse von diesjährigem Wuchs, die an der Basis fest und holzig, an der Spitze aber noch weich sind. Sie sollten nicht so biegsam wie krautige Stecklinge sein. Bei manchen Sträuchern wird diese Vermehrungsmethode etwas abgewandelt, z.B. bei Achsel- und Blattaugenstecklingen.

Vorbereiten des Bewurzelungssubstrates

Bevor man die Stecklinge von der Mutterpflanze abnimmt, werden Gefäße in entsprechender Größe oder ein Vermehrungskasten (mit Bodenheizung) mit einem geeigneten Bewurzelungssubstrat gefüllt: Verwenden Sie feine Kiefernrinde oder eine Mischung aus Torf und entweder feinem Kies oder Perlit zu gleichen Teilen.

Vorbereiten der Stecklinge

Stecklinge können als Rißlinge (S. 85) oder als Knotenstecklinge genommen werden. Rißlinge sollten 5-7 cm lang sein, der Fortsatz an der Basis wird gekürzt; Knotenstecklinge sollten 10-15 cm lang sein und mit einem scharfen Messer knapp unter einem Knoten von Leit- oder Seitentrieben geschnitten werden.

Entfernen Sie bei Knotenstecklingen und Rißlingen die weiche Spitze und das unterste Blattpaar, bei großblättrigen Pflanzen werden die verbliebenen Blätter um die Hälfte verkleinert, damit der Feuchtigkeitsverlust reduziert wird.

Die Basis der Stecklinge kann auch an einer Seite leicht angeritzt werden; bei schwer wurzelnden Pflanzen sollte der Einschnitt etwas tiefer sein, so daß auch ein Stück Rinde entfernt wird.

Eintopfen

Die Stecklinge werden mit der Basis (und der angeritzten Stelle) in Bewurzelungshormon getaucht und dann mit Hilfe eine Pflanzholzes ins vorbereitete Substrat gesteckt – entweder direkt im Vermehrungskasten oder in Töpfen.

Der Abstand sollte etwa 8-10 cm betragen, damit die Blätter sich nicht überlappen (Gefahr einer Pilzinfektion). Drücken Sie das Substrat um die Stecklinge an. Beschriften Sie die Gefäße und wässern Sie gründlich mit Fungizidlösung, um der Umfallkrankheit vorzubeugen.

Die richtige Temperatur

Stecklinge werden in ihren Gefäßen in einem Kalten Kasten oder Treibhaus überwintert. Im Vermehrungskasten sollte die Bodentemperatur stets 21°C betragen.

Pflege

Überprüfen Sie die Stecklinge den Winter über regelmäßig, und entfernen Sie abgefallene Blätter. Wässern Sie, sobald das Substrat erste Anzeichen von Austrocknung zeigt (z.B. Einlaufen am Gefäßrand). Werden die Stecklinge im Kalten Kasten überwintert, muß dieser vielleicht abgedeckt werden, um die Stecklinge vor möglichen Frostschäden zu schützen.

In einem Kalten Kasten oder ungeheizten Treibhaus werden die Stecklinge wahrscheinlich noch eine zweite Wachstumsperiode für die Bewurzelung brauchen. Halten Sie den Kasten immer geschlossen, wenn das Wetter nicht sehr mild ist. Das Glas sollte sauber und frei von Kondenswasser gehalten werden, da die hohe Luftfeuchtigkeit im Inneren ideale Bedingungen für Pilzinfektionen bietet. Im Spätfrühling und Frühsommer kann die Abdeckung gelegentlich abgenommen werden, um die bewurzelten Stecklinge abzuhärten. Die Stecklinge müssen durch Schattierung vor direkter Sonne geschützt werden.

Während der ganzen Wachstumsperiode erhalten alle halbausgereiften Stecklinge alle zwei Wochen Flüssigdünger. Kontrollieren Sie die Pflanzen regelmäßig, und entfernen Sie schwächliche oder kränkliche Stecklinge.

Umsetzen

Im Vermehrungskasten überwinterte Stecklinge sollten bis zum Vorfrühling Wurzeln haben, da die Bodenwärme die Entwicklung der Wurzeln beschleunigt. Es dürfen nur Stecklinge mit kräftig wachsenden Wurzeln umgesetzt werden. Sie werden vorsichtig aus dem Gefäß genommen, getrennt und entweder eingetopft oder ins Freie gesetzt und beschriftet. Wenn Stecklinge statt Wurzeln Kallus gebildet haben, wird ein Teil davon weggekratzt, um die Bewurzelung anzuregen, und die Stecklinge werden danach wieder ins Substrat gesteckt.

Gut entwickelte Stecklinge aus dem Kalten Kasten können im Herbst ins Freie gesetzt oder aber auch bis zum Frühling an einen geschützten Standort oder wieder in den Kalten Kasten gegeben werden. Dann werden sie getopft oder ins Freie gesetzt.

Rißlinge

Rißlinge können vom grünen, halbausgereiften oder ausgereiften Holz genommen werden und sind kräftige Seitensprosse vom diesjährigen Wuchs. Jeder Steckling wird mit einem kleinen Keil alten Holzes an der Basis abgerissen, darin sind die den Bewurzelungsvorgang fördernden Wachstumshormone konzentriert.

Rißlinge eignen sich besonders gut für zahlreiche immergrüne Sträucher wie *Pieris*, einige Azaleen, für laubabwerfende Sträucher mit markigen oder hohlen Trieben, z. B. *Berberis* und *Sambucus*, und für Sträucher mit Trieben aus grünem Holz wie Ginster *(Cytisus/Genista)*.

Wählen Sie gesunde, für die Mutterpflanze typische Seitensprosse. Ziehen Sie den Sproß vorsichtig vom Hauptast weg, so daß ein kleiner Streifen Rinde von der Mutterpflanze mit abreißt. Reißen Sie die Rinde der Mutterpflanze nicht auf. Kürzen Sie den Rindenstreifen mit einer scharfen Klinge, und verfahren Sie wie bei Stecklingen von noch grünem Holz (S. 83), bei halbausgereiften (S. 84) oder bei Steckhölzern (siehe rechts unten), je nach Reife des gewählten Triebes.

1 *Reißen Sie gesunde, diesjährige Seitensprosse (*Prunus laurocerasus *'Schipkaensis') mit einem kleinen Rindenstreifen ab.*

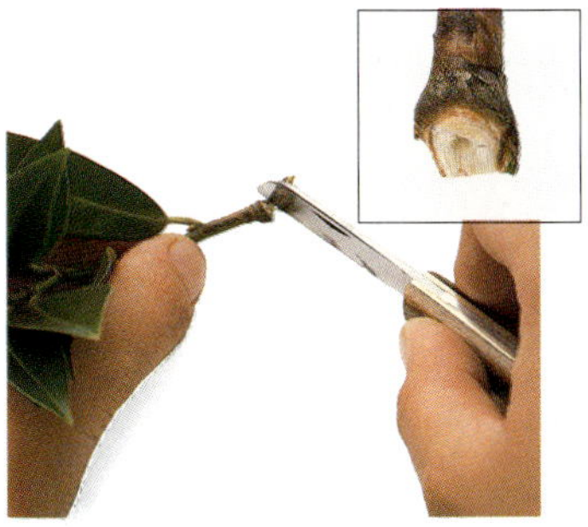

2 *Schneiden Sie den Rindenstreifen an der Basis mit einem scharfen Messer weg, bevor Sie den Steckling in das Substrat stecken.*

Achselstecklinge

Ein Achselsteckling wird von halbausgereiften Trieben genommen und ist ein reifer Sproß von diesjährigem Wuchs mit vorjährigem Holz an der Basis, das an einen Hammer erinnert. Achselstecklinge werden oft zur Vermehrung von Sträuchern mit markigen oder hohlen Trieben verwendet, da altes Holz für Pilze weniger anfällig ist.

Im Spätsommer nimmt man einen Trieb vom vorjährigen Holz der Mutterpflanze und schneidet ihn in Stücke mit je einem diesjährigen Seitensproß. Hat der »Hammer« mehr als 5 mm Durchmesser, wird er der Länge nach geteilt.

Blattaugenstecklinge

Ein Blattaugensteckling wird von halbausgereiften Trieben genommen und besteht aus einem kurzen Triebstück mit einem Blatt und einem Blattauge. Im Vergleich zu Triebstecklingen wird hier mit dem Pflanzenmaterial weit sparsamer umgegangen. Diese Methode ist bei Kamelien die gebräuchlichste.

Im Spätsommer oder Frühherbst nimmt man einen kräftigen, diesjährigen Sproß mit gesunden Blättern und gut entwickelten Augen. Der Trieb wird mit einem scharfen Messer mit einem Schnitt über jedem Blatt und etwa 2 cm unter dem Blattstiel geteilt.

Blattaugenstecklinge müssen nicht mit Bewurzelungshormon behandelt werden, aber eine angeritzte Stelle an der Basis beschleunigt die Bewurzelung. Stecken Sie sie in Behälter mit Vermehrungssubstrat, und verfahren Sie wie bei halbausgereiften Stecklingen (siehe S. 84).

Um im Kalten oder Vermehrungskasten Platz zu sparen, werden große Blätter eingerollt und mit einem Gummiband zusammengehalten; steckt man in der Mitte der Rolle noch ein Stäbchen durch, wird das Blatt gestützt und fester verankert. Halbieren Sie zusammengesetzte Blätter bei Sträuchern wie *Mahonia*.

Steckhölzer

Viele laubabwerfende und immergrüne Sträucher können durch Steckhölzerlinge vermehrt werden. Nehmen Sie von Herbstmitte bis Frühwinter vollausgereifte Triebe von diesjährigem Holz. Bei laubabwerfenden Sträuchern werden sie kurz nach dem Laubfall abgenommen.

Vorbereiten der Erde

Die Steckhölzer läßt man am besten in einem vorbereiteten Vermehrungsbeet oder im Kalten Kasten

ACHSELSTECKLINGE

Nehmen Sie einen vorjährigen Trieb ab, und teilen Sie ihn jeweils über und 2,5 cm unter einem Seitensproß. Kürzen Sie den Steckling auf 10-12 cm ein, und entfernen Sie die unteren Blätter.

VERMEHRUNG DURCH BLATTAUGENSTECKLINGE

1 *Wählen Sie halbausgereifte Sprosse (hier* Camellia japonica*) aus. Machen Sie einen geraden Schnitt 2 cm unter jedem Blatt und knapp darüber.*

2 *Entfernen Sie an der Basis der Stecklinge ein 5 mm großes Rindenstück (siehe Nebenbild). Stecken Sie sie so in das Substrat, daß die Blattachseln knapp über der Oberfläche sind.*

STRÄUCHER, DIE DURCH HALBAUSGEREIFTE STECKLINGE VERMEHRT WERDEN

Andromeda
Arctostaphylos
Aucuba ▽
Azara, einige ❄,▽
Berberis, einige ❄,▽
Boronia ❄,▽
Brachyglottis ❄
Bruckenthalia
Bupleurum ▽
Callistemon ❄,▽
Camellia, einige ❄
Cantua ❄,▽
Carmichaelia, einige ❄,▽
Carpenteria ▽
Cassinia ▽
Cassiope ▽
Ceanothus, einige ❄,▽
Colletia ▽
Coprosma ❄,▽
Corokia, einige ❄,▽

Cotoneaster 'Firebird'

Cotoneaster ▽
Cytisus, einige ❄,▽
Daphne
Deutzia
Drimys
Elaeagnus ▽
Escallonia ▽
Garrya ▽
Gordonia ❄,▽
Grevillea ❄,▽
Griselinia, einige ❄,▽
Hibiscus rosa-sinensis ❄
Ilex, einige ❄
Itea ilicifolia ▽
Lavandula, einige ❄
Leptospermum, einige ❄,▽
Leucothöe ▽
Magnolia grandiflora ▽
Mahonia
Nerium ❄,▽
Olearia, einige ❄,▽

Olearia phlogopappa

Philadelphus
Photinia ▽
Pieris ▽
Pittosporum, einige ❄
Pyracantha
Prunus (immergrüne Arten) ▽
Rhododendron ▽
Skimmia ▽
Viburnum
Weigela

SCHLÜSSEL
❄ *Nicht winterhart*
▽ *Mit Keil*

STRÄUCHER, DIE DURCH STECKHÖLZER VERMEHRT WERDEN

Atriplex halimus
Aucuba japonica
Buddleja
Buxus
Cornus alba, C. stolonifera
Cotoneaster x *watereri*
Deutzia x *elegantissima* 'Rosealind', *D. longifolia, D.* x *rosea, D. scabra*
Forsythia
Hypericum x *moserianum*
Ligustrum ovalifolium
Philadelphus

Deutzia longifolia 'Veitchii'

Ribes
Rosa rugosa
Rubus
Ruta graveolens
Salix
Sambucus
Spiraea
Symphoricarpos
Tamarix
Viburnum (laubabwerfende Arten)
Weigela

bewurzeln, man kann sie aber auch in ein Beet im Freien geben.

Das Beet wird im Spätsommer oder Frühherbst vorbereitet; zunächst muß der Boden locker sein, dann gräbt man eine flache, 12-15 cm tiefe Furche. Um die Bewurzelung zu fördern, gibt man unten eine 2,5-5 cm dicke Lage aus grobem Sand hinein; das ist vor allem bei schweren Böden wichtig. Zwischen den Furchen sollte jeweils 38 cm Abstand sein.

Vorbereiten der Steckhölzer

Steckholz sollte etwa Bleistiftstärke haben und am Ansatz von diesjährigem an vorjährigem Holz geschnitten werden.

Es wird auf 15 cm gekürzt, dabei wird oben und unten knapp über bzw. unter einem Auge oder Augenpaar geschnitten, bei Immergrünen über und unter einem Blatt. Bei markigen Trieben sind Rißlinge vorzuziehen (siehe S. 85). Entfernen Sie bei Steckhölzern von Immergrünen auf den unteren zwei Dritteln alle Blätter, und halbieren Sie große Blätter. Anschließend behandeln Sie den Schnitt an der Basis mit Bewurzelungshormon. Durch das Entfernen eines Rindenstückchens an der Basis kann die Bewurzelung auch bei heiklen Pflanzen gefördert werden.

Geben Sie die Steckhölzer in Vermehrungssubstrat oder an die senkrechte Seite der vorbereiteten Furche, im Freien mit 15 cm, im Kalten Kasten mit 10 cm Abstand. 2,5-5 cm sollten von den Steckhölzern herausstehen. Füllen Sie die Furche, und drücken Sie die Erde an.

Pflege

Wird der Boden vom Frost gehoben, muß man ihn rund um die Steckhölzer wieder andrücken. Halten Sie das Beet während der Wachstumsperiode frei von Unkraut und schön feucht. Im Kalten Kasten wurzeln die Steckhölzer bis zum nächsten Frühling. Sie werden vor dem Eintopfen oder Auspflanzen abgehärtet. Im Freien bewurzelte Stecklinge werden erst im nächsten Herbst an ihren endgültigen Platz gesetzt.

Wurzelschnittlinge

Heben Sie eine junge Pflanze während der Ruheperiode, und befreien Sie die Wurzeln von der Erde. Ist dies nicht möglich, legen Sie nur einen Teil des Wurzelsystems frei. Schneiden Sie junge Wurzeln – von 5 mm Durchmesser oder mehr – nahe am Ansatz ab. Halten Sie sie feucht.

Vorbereiten der Schnittlinge

Entfernen Sie fasrige Seitenwurzeln. Machen Sie an einer intakten Wurzel an dem Ende, mit dem sie von der Pflanze abgetrennt wurde, einen geraden Schnitt. Am anderen Ende machen Sie einen schrägen Schnitt. Die Schnittlinge sollten 5-15 cm lang sein, man kann also aus einer Wurzel mehrere schneiden. Je kälter das Umfeld bei der Bewurzelung und je dünner die Wurzel, desto länger muß der Schnittling sein; im Freien bewurzelte Schnittlinge müssen 10 cm lang sein. Bestäuben Sie jeden Schnittling mit Fungizid.

Stecken der Schnittlinge

Füllen Sie Gefäße, in denen mehrere Schnittlinge Platz finden, mit Vermehrungssubstrat. Drücken Sie dieses leicht an, und stecken Sie die Schnittlinge senkrecht mit der schrägen Fläche nach unten 5 cm tief hinein. Drücken Sie das Substrat so an, daß das gerade Ende jedes Stecklings noch sichtbar ist. Geben Sie 3 mm feinen Kies oder Grit darüber, und wässern Sie. Die Feuchtigkeit reicht sicherlich, bis die Pflanze sprießt, da zuviel Feuchtigkeit den Schnittling nur verrotten läßt.

Pflege

Im Freien wurzeln die Schnittlinge innerhalb von zehn Wochen, im Kalten Kasten oder kühlen Treibhaus in acht. Hinter Glas bringen die Schnittlinge bei 18-24°C in vier bis sechs Wochen Sprosse hervor. Wurzelschnittlinge von raschwachsenden Sträuchern sollten sofort nach der Bewurzelung eingetopft werden. Andere können weitere 12 Monate im Bewurzelungsgefäß bleiben; geben Sie ein- oder zweimal pro Monat Flüssigdünger. Dann werden die Pflanzen einzeln eingetopft oder in Anzuchtbeete gesetzt.

Aufzucht aus Samen

Sträucher aus Samen zu ziehen ist eine einfache und ökonomische Methode. Bei Gattungen, deren Arten leicht Hybriden hervorbringen, sollten Sie nur Samen aus kontrollierter Bestäubung verwenden.

Ernten und Säubern der Samen

Sammeln Sie die reifen Samenkapseln oder Früchte der Pflanze. Nehmen Sie den Samen heraus, und säubern und trocknen Sie ihn vor der Aussaat oder Lagerung. Flei-

VERMEHRUNG DURCH STECKHÖLZER

1 *Wählen Sie für die Steckhölzer kräftige, gesunde, ausgereifte Triebe von diesjährigem Wuchs (siehe Nebenbild, rechts); meiden Sie schwache, dünne Triebe (Mitte) und älteres Holz (rechts).*

2 *Entfernen Sie das weiche Holz an der Spitze und bei Laubabwerfenden die Blätter. Teilen Sie den Trieb in 15-cm-Stücke, und tauchen Sie die Basis in Bewurzelungshormon.*

3 *Stecken Sie die Stecklinge in Töpfe mit Vermehrungssubstrat, so daß ungefähr 2,5-5 cm herausragen. Töpfe beschriften und in einen Kalten Kasten stellen.*

SAMEN AUS BEEREN

1 *Zerdrücken Sie die Beeren zwischen Daumen und Zeigefinger, und entfernen Sie das meiste Fleisch. Reiben Sie die Samen in warmem Wasser ab.*

2 *Trocknen Sie die Samen mit Küchenkrepp, und geben Sie sie mit etwas grobem Sand in einen durchsichtigen Plastikbeutel, der bis zur Aussaat im Kühlschrank aufbewahrt wird.*

schige Früchte werden in warmem Wasser eingeweicht oder zerdrückt, so daß sich der Samen leichter herausnehmen läßt. Bei feinen Samen sammelt man die ganzen Kapseln, am besten, wenn sie schon braun sind. Geben Sie die Kapseln in eine Papiertüte, und lagern Sie sie bei Raumtemperatur, bis sie aufplatzen.

Lagerung des Saatgutes

Wie lange Samen keimfähig bleibt, hängt von der Art und von den Lagerbedingungen ab. Ölige Samen halten sich nicht lange und sollten bald gesät werden. Man kann die Keimfähigkeit des Samens durch Lagerung bei 3-5°C verlängern.

Brechen der Keimruhe

Bei Samen mancher Sträucher gibt es eine Art Ruhezustand, der die Keimung unter ungünstigen Bedingungen verhindert. Diese Keimruhe kann aber durch Samenritzung oder Stratifikation (siehe auch S. 535) gebrochen werden.

Damit Luft und Feuchtigkeit in große, hartschalige Samen, z.B. von Pfingstrosen, eindringen können, ritzt oder feilt man die Samenschale vor der Aussaat an. Sind die Samen zu klein, können sie mit Glaspapier abgerieben werden. Bei manchen Samen wird die Keimung durch Quellen in kaltem oder heißem Wasser gefördert. Dabei wird die Samenschale weicher und läßt Wasser eindringen, so daß der Keimvorgang beginnen kann.

Samen, die eine Kälteperiode brauchen, werden stratifiziert. Gleich nach der Ernte legt man Topfscherben in einen Behälter mit Drainagelöchern und streut die Samen zwischen zwei Lagen aus Sand-Torf-Gemisch. Das Gefäß wird im Freien bis zum Rand eingegraben oder in einen Kalten Kasten gestellt.

Wenn im nächsten Frühjahr schon einige Samen gekeimt haben, nimmt man diese heraus und sät sie aus. Bei manchen winterharten Sträuchern muß man den Samen noch in den Kühlschrank geben.

Der Kühlschrank ist bei winterharten Pflanzen die verläßlichere Methode. Mischen Sie den Samen mit feuchtem Vermikulit, Torfersatz oder Torf, und geben Sie ihn in einem Plastikbeutel in den Kühlschrank. Die Kühlzeit ist von Art zu Art verschieden, die Samen werden herausgenommen und ausgesät, sobald sie gekeimt haben.

Aussaat in Gefäßen

Gesät wird meistens im Herbst; bei Samen mancher nicht winterharter, in gemäßigtem Klima unter Glas gekeimter Sträucher im Frühling. Reinigen Sie alle Gefäße, Werkzeuge und Arbeitsflächen. Verwenden Sie Einheitssaaterde, bei kalkfliehenden Pflanzen saure Erde.

Große Samen werden einzeln ausgesät. Füllen Sie eine Schale mit reichlich Substrat, das sie leicht andrücken, bevor Sie den Überschuß entfernen. Drücken Sie es noch einmal mit einem Andrückbrett an, so daß der Schalenrand 1 cm übersteht. Säen Sie die Samen im Abstand von 5 cm, und drücken Sie sie gleichmäßig in die Erde. Geben Sie eine 5 mm dicke Schicht gesiebter Erde und eine 5 mm dicke Schicht sauberen Kies darüber. Beschriften und datieren Sie jedes Gefäß, und wässern Sie. Auch viele mittelgroße Samen können so gesät werden, aber der Rand sollte dann nur 5-8 mm hoch sein. Bedecken Sie den Samen mit gesiebter Erde und 5 mm Grit. Schützen Sie die Sämlinge mit einem Drahtnetz vor Insekten. Bei der Aussaat sehr kleiner Samen wird die Erde bis auf 5 mm unter den Gefäßrand angedrückt. Wässern Sie das Substrat vor der Aussaat, dann verstreuen Sie den Samen gleichmäßig an der Oberfläche. Der Samen wird nicht bedeckt und nicht von oben gewässert.

Nach der Aussaat stellt man die Gefäße in einen Vermehrungskasten, ein Treibhaus oder einen Kalten Kasten. Gemäßigte Arten benötigen eine Temperatur von 12-15°C, während warm-gemäßigte und tropische Arten 21°C verlangen. Für eine Frühlingsaussaat unter Glas sind 12-15°C angebracht. Überprüfen Sie die Gefäße regelmäßig, und wässern Sie bei Bedarf.

Pikieren

Sobald sie groß genug sind, werden die Sämlinge pikiert. Klopfen Sie seitlich an den Behälter, um die Erde zu lockern, oder Sie nehmen die Sämlinge mit der Erde heraus und trennen Sie sie, möglichst ohne die Wurzeln zu beschädigen.

Füllen Sie saubere Töpfe oder Saatschalen gestrichen voll mit Vermehrungserde, ohne sie anzudrükken. Machen Sie mit einem Pikierstab ein Loch in das Substrat, und stecken Sie den Sämling hinein. Verteilen Sie die Erde, indem Sie an den oberen Rand des Gefäßes klopfen, und drücken Sie sie an, dann wässern und beschriften Sie. Bis die Sämlinge aufgebaut sind, müssen sie vor direkter Sonne geschützt werden und benötigen eine ähnliche Temperatur wie zum Keimen.

Aussaat im Freien

Saatbeete im Freien eignen sich eher für große Mengen Saatgut, das keine ständige Pflege braucht. Bereiten Sie das Beet sechs Monate bis ein Jahr vor der Aussaat vor.

Im Herbst wird der Boden fein krümelig geharkt. Säen Sie in Reihen mit 45 cm Abstand, große oder mittelgroße Samen einzeln im Abstand von 10-15 cm, feiner Samen wird dünn ausgestreut.

Große und mittelgroße Samen werden 0,5-1 cm hoch bedeckt, feine Samen gar nicht. Geben Sie eine 0,5-1 cm dicke Kiesschicht über das Saatbeet. Drücken Sie den Kies mit einem Brettchen etwas an, und beschriften Sie die Reihen.

Pflege nach Aussaat im Freien

Schützen Sie die Sämlinge mit einem halbdurchlässigen Netz vor Wind und mit einer durchscheinenden Folie vor Frost. Wenn der Saatabstand stimmt, sollten keine Krankheiten auftreten, Grüne Blattläuse (siehe »Blattläuse«, S. 550), Spinnmilben (S. 550) und Mäuse (S. 566) können aber zum Problem werden.

Wenn sie genug Platz haben, können die Sämlinge bis zum Herbst im Saatbeet bleiben; danach sollten sie entweder eingetopft oder in ein eigenes Anzuchtbeet gesetzt werden.

AUSSAAT IN GEFÄSSEN

1 *Säen Sie den Samen gleichmäßig in einer vorbereiteten Schale aus, indem Sie ihn von einem gefalteten Blatt Papier klopfen.*

2 *Bedecken Sie den Samen mit einer dünnen Erdschicht, und geben Sie 5 mm Grit darüber. Gefäß beschriften und zum Keimen in einen Kalten Kasten stellen.*

3 *Wenn die Sämlinge groß genug sind, werden sie pikiert; man hebt sie vorsichtig mit einem Pikierspaten heraus und hält sie sanft an den Blättern.*

4 *Man setzt die Sämlinge in einzelne Töpfe oder jeweils 3 in einen 13-cm-Topf. Sobald sich das zweite Blattpaar gebildet hat, werden sie einzeln eingetopft.*

SAMEN, DIE BEHANDELT WERDEN MÜSSEN

Stratifizieren
Amelanchier
Cotoneaster
Euonymus
Hippophäe
Viburnum (einige Arten)

Anritzen
Camellia, einige ❄
Paeonia

Quellen
Arbutus
Camellia, einige ❄
Caragana
Coronilla, einige ❄
Cytisus, einige ❄
Pittosporum, einige ❄

Frisch aussäen
Acer palmatum
Daphne
Kalmia
Rhododendron, einige ❄

SCHLÜSSEL
❄ *Nicht winterhart*

Sträucher, die durch Absenker vermehrt werden

Andromeda
Aucuba
Carpenteria
Cassiope
Chaenomeles
Chionanthus
Corylopsis
Daphne blagayana
Disanthus
Elaeagnus commutata
Epigaea
Erica
Fothergilla
Gaultheria forrestii ❄
Illicium, einige ❄
Kalmia
Laurus
Magnolia
Osmanthus, einige ❄
Rhododendron, einige ❄
Skimmia
Stachyurus, einige ❄
Syringa
Vaccinium corymbosum

Kalmia latifolia

Schlüssel
❄ *Nicht winterhart*

Vermehrung durch Ablegen und Absenken

Bei dieser Art der Vermehrung wird ein Trieb zur Bewurzelung gebracht, bevor man ihn von der Mutterpflanze abtrennt. Versenken und Abrisse nach Anhäufeln sind Variationen dieser Technik.

Absenken

Etwa 12 Monate vorher wird im Herbst oder Frühling ein niedrigwachsender Ast der Mutterpflanze zurückgeschnitten, damit er kräftige Sprosse treibt. Zwischen dem nächsten Spätherbst und Vorfrühling wird der Boden rund um den Trieb bearbeitet, bis er krümelig ist. Bei schweren Böden werden Sand und Humus zugegeben.

Man beläßt nur die Blätter an der Spitze des gewählten Sprosses und entfernt alle Seitensprosse. Nun drückt man den Trieb so zu Boden, daß er etwa 20-30 cm hinter der Spitze aufliegt, und kennzeichnet die Stelle. An der Stelle gräbt man eine flache Mulde oder Furche. Ritzen Sie den Trieb, wo er aufliegt (ca. 30 cm hinter der Spitze) durch einen schrägen Schnitt oder durch Ringe an, und bestäuben Sie die Stelle mit Bewurzelungshormon. Stecken Sie den Trieb mit einer gebogenen Drahtgabel im Boden fest; die Triebspitze zeigt nach oben und wird mit einem Holzstab gestützt. Werfen Sie die Mulde zu, und drücken Sie die Erde an, die Triebspitze bleibt frei. Der Bereich um den Absenker ist während der Wachstumsperiode feucht zu halten. Bis zum Herbst sollte der Absenker Wurzeln haben.

Wenn das Wurzelsystem im nächsten Frühling gut ausgebildet ist, kann der Absenker von der Mutterpflanze getrennt und eingetopft oder ausgepflanzt werden. Hat er noch keine oder nur wenige Wurzeln, bleibt er für eine weitere Wachstumsperiode an seinem Platz.

Abmoosen

Diese Methode eignet sich v. a. für Sträucher, deren Äste sich schwer zu Boden drücken lassen.

Im Frühling wählt man einen kräftigen, einjährigen, reifen Trieb und entfernt oben Seitensprosse und Blätter. Der Trieb erhält eine schräge Schnittwunde, die man mit Bewurzelungshormon bestäubt.

Schneiden Sie von einem etwa 22 x 18 cm großen Plastikbeutel den Boden ab. Ziehen Sie den Beutel über den Trieb wie einen Ärmel, und verschließen Sie das der Spitze abgewandte Ende, indem Sie den Beutel mit Isolierband, Bast oder Schnur fest um den Ast binden.

Feuchten Sie gut belüftetes Bewurzelungssubstrat aus Sphagnum oder einer Mischung aus Perlit und Torf zu gleichen Teilen gut an. Geben Sie das feuchte Substrat rund um die Schnittfläche in den Beutel, und verschließen Sie auch das obere Ende. Der Beutel bleibt für ein ganzes Jahr an seinem Platz.

Wenn der Trieb im nächsten Frühjahr Wurzeln hat, wird er unmittelbar darunter abgetrennt. Nehmen Sie den Beutel ab, und ziehen Sie die Wurzeln heraus. Schneiden Sie jungen Wuchs bis auf ein Blatt oder Auge nahe am alten Holz zurück. Topfen Sie das Pflänzchen je nach Art in Einheits- oder saure Topferde ein. Sie beschriften es und stellen es in ein kühles Treibhaus oder einen Kalten Kasten, bis es gut aufgebaut ist. Wenn sich nur wenige (oder keine) Wurzeln gebildet haben, zieht man den Beutel wieder darüber und wartet noch einige Monate.

Absenken der Spitzen

Einige Sträucher, v.a. Arten und Sorten der Gattung *Rubus*, wurzeln leicht an den Triebspitzen und können auf diese Weise vermehrt werden. Im Frühling wählt man einen kräftigen, einjährigen Trieb und knipst den Wachstumspunkt aus, um die Bildung von Seitensprossen zu fördern. Im Spätfrühling wird der Boden rund um den Trieb gelockert. Arbeiten Sie in schweren Boden organisches Material und Sand ein.

Im Hochsommer, wenn die Triebspitze etwas fester geworden ist, drückt man sie zu Boden und markiert die Stelle. Dort gräbt man eine 7-10 cm tiefe Furche – zur Mutterpflanze hin ansteigend. Die Triebspitze wird mit einer Drahtgabel nahe der tiefsten Stelle der Furche festgesteckt. Werfen Sie die Furche zu. Antreten und wässern.

Bis zum Spätherbst sollten sich gut bewurzelte Pflanzen entwickelt haben. Sie werden dort abgetrennt, wo der gebogene Trieb die Mulde berührt. Die bewurzelten Absenker werden aufgenommen und getopft oder ausgepflanzt (siehe S. 411).

Versenken

Bei dieser Methode wird die Pflanze fast eingegraben. Man verwendet sie für Zwergsträucher, wenn die Mutterpflanze sparrig wird.

Während der Ruheperiode werden bei Pflanzen mit dichtstehenden Trieben die Äste ausgedünnt,

Vermehrung durch Absenken

1 *Wählen Sie einen jungen, biegsamen, niedrigwachsenden Trieb. Drücken Sie ihn zu Boden, und markieren Sie die Stelle 22-30 cm hinter der Spitze.*

2 *An dieser Stelle graben Sie eine etwa 8 cm tiefe Mulde in den vorbereiteten Boden, die zur Mutterpflanze hin leicht ansteigt.*

3 *Entfernen Sie am Trieb Seitensprosse und Blätter. Wo der Trieb aufliegt, schneiden Sie an der Unterseite eine Zunge in die Rinde.*

4 *Tragen Sie auf die »Wunde« Bewurzelungshormon auf. Stecken Sie den Trieb mit einer kleinen Drahtgabel so im Boden fest, daß die Schnittwunde aufliegt.*

5 *Biegen Sie die Triebspitze vorsichtig nach oben, und befestigen Sie sie an einem Stab. Füllen Sie die Mulde mit Erde, die Sie ein wenig andrücken, und wässern Sie.*

6 *Nach der Bewurzelung (siehe Nebenbild) wird der Trieb aufgenommen und nahe an den jungen Wurzeln von der Mutterpflanze getrennt, eingetopft oder ausgepflanzt.*

ABMOOSEN BEI STRÄUCHERN

1 Wählen Sie einen gesunden, waagrechten, vorjährigen Trieb. Entfernen Sie auf 22-30 cm alle Blätter und Seitensprosse.

2 Ziehen Sie einen Plastikbeutel über den Trieb; verschließen Sie das untere Ende mit einem Klebeband.

3 Machen Sie einen 4 cm langen, diagonalen Schnitt in der Wuchsrichtung, vom Strauch weg, 5 mm ins Holz. Tragen Sie Bewurzelungshormon auf.

4 Feuchten Sie eine 2 Handvoll Sphagnum an, und drücken Sie es vorsichtig aus. Öffnen Sie den Schnitt, und füllen Sie ihn mit dem Messerrücken mit Sphagnum.

5 Ziehen Sie den Plastikbeutel wieder über den Schnitt. Füllen Sie ihn sorgfältig rund um den Trieb mit feuchtem Sphagnum.

6 Füllen Sie den Beutel bis 5 cm von der Öffnung. Verschließen und befestigen Sie ihn sorgfältig mit Klebeband.

7 Die Plastikhülle fördert so die Bewurzelung. Sie bleibt mindestens eine Wachstumsperiode lang an ihrem Platz, damit sich neue Wurzeln entwickeln können.

8 Sobald sich Wurzeln gebildet haben, wird der Beutel entfernt und der junge Strauch (hier Rhododendron) unter den Wurzeln abgetrennt, getopft oder ausgepflanzt.

ABRISSE NACH ANHÄUFELN

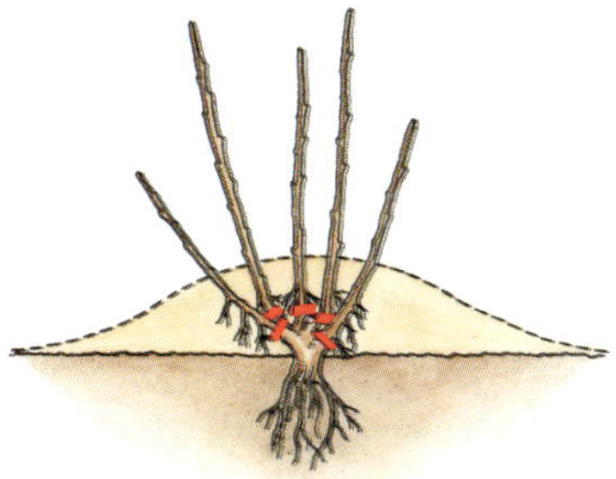

Die jüngeren Sprosse mit durchlässiger Erde anhäufeln. Nach der Bewurzelung im Herbst abtrennen und topfen.

damit die übrigen Triebe guten Bodenkontakt haben und schnell wurzeln. Vor Beginn der Wachstumsperiode, wenn es keine starken Fröste mehr gibt, gräbt man eine Grube, in der die ganze Pflanze Platz hat, so daß nur die Astspitzen sichtbar sind; schwerem Boden fügt man feinen Kies und organisches Material zu.

Holen Sie die Pflanze mit Wurzelballen aus dem Boden, und »versenken« Sie sie in der vorbereiteten Grube. Hüllen Sie alle Triebe mit Erde ein, nur 2,5-5 cm Spitzen sollten herausschauen. Die Erde wird angedrückt und die Pflanze beschriftet. Den Sommer über muß der Boden feucht sein; im Herbst entfernt man vorsichtig die Erde, um zu sehen, ob sich Wurzeln gebildet haben. Bewurzelte Sprosse werden abgetrennt, getopft oder ausgepflanzt.

Abrisse nach Anhäufeln

Mit dieser Methode werden besonders Unterlagen für Obstbäume gezogen, sie kann aber auch zur Vermehrung von laubabwerfenden Ziersträuchern, z.B. Hartriegel oder Flieder, aus nicht veredelten Pflanzen verwendet werden.

Pflanzen Sie im Frühling einen bewurzelten Absenker, Ableger oder eine andere junge Pflanze. Im nächsten Frühjahr wird der Stamm bis auf 8 cm über dem Boden zurückgeschnitten und ein ausgewogener Dünger (120 g/m^2) gegeben. Sobald sich 15 cm lange Sprosse gebildet haben, werden sie mit krümeliger Erde und organischem Material angehäufelt und bedeckt. Schwerem Boden gibt man groben Sand zu. Wenn die Sprosse wachsen, wird immer weiter angehäufelt, bis jeder Sproß ca. 20 cm hoch mit Erde umhüllt ist. Bei Trockenheit muß der Boden feuchtgehalten werden.

Im Herbst entfernt man kurz nach dem Laubfall mit einer Gabel vorsichtig die Erde bis zum Grund, so daß die bewurzelten Sprosse freiliegen. Sie werden abgetrennt und eingetopft oder ausgepflanzt. Bei regelmäßiger Düngung kann dieselbe Pflanze jedes Jahr zur Vermehrung angehäufelt werden.

STRÄUCHER, DIE DURCH ABMOOSEN VERMEHRT WERDEN

Citrus ❄
Ficus, einige ❄
Hamamelis
Kalmia latifolia
Magnolia
Rhododendron, einige ❄

STRÄUCHER, DIE DURCH ABRISSE VERMEHRT WERDEN

Amelanchier
Cotinus coggygria (und Sorten)
Hydrangea arborescens,
H. paniculata
Prunus glandulosa
Ribes
Salix
Stephanandra

Ribes sanguineum

SCHLÜSSEL
❄ *Nicht winterhart*

Waagrechtes Ablegen

Diese Vermehrungsmethode ist eine Variante des Anhäufelns und eignet sich für Sträucher wie Hartriegel.

Im Frühling pflanzt man einen bewurzelten Absenker, Ableger oder eine junge Pflanze, beschriftet sie und läßt sie eine Saison weiterwachsen. Während der Ruheperiode wird die Pflanze bis auf 8 cm über dem Boden zurückgeschnitten. Im nächsten Frühling gibt man einen ausgewogenen Dünger (60-120 g/m^2).

Im folgenden Herbst schneidet man alle Triebe bis auf die zehn besten weg; die Spitzen dieser Triebe werden gleichmäßig gekürzt. Mit U-förmigen Drahtklammern steckt man die Triebe rund um die Mutterpflanze einzeln im Boden fest. Alle Augen an einem Trieb sollten im Frühjahr gleichmäßig austreiben.

Sobald die neuen Sprosse an den festgesteckten Trieben 5-8 cm lang sind, werden die Klammern entfernt, und der Boden um die Mutterpflanze wird gelockert; man arbeitet ausgewogenen Dünger (60-120 g/m^2) ein. Die Triebe werden wieder gleichmäßig verteilt und jeweils in eine 5 cm tiefe Furche versenkt. Jeder Trieb wird festgesteckt und so mit Erde bedeckt, daß die Sproßspitzen freiliegen. Häufeln Sie alle neuen Sprosse immer wieder an, bis sie 15 cm hoch bedeckt sind; 5-8 cm der Sprosse sollen stets frei sein. Bei Trockenheit wässern.

Nach dem Laubfall nehmen Sie mit einer Gabel vorsichtig die Erde rund um die neuen Sprosse weg, bis die waagrechten Triebe freiliegen. Trennen Sie diese glatt von der Mutterpflanze ab. Schneiden Sie die Triebe durch, um die bewurzelten Pflänzchen abzutrennen. Diese werden eingetopft oder ausgepflanzt und beschriftet.

Teilen

Teilung ist eine Methode, Sträucher, die unterirdische Ausläufer produzieren, zu vermehren.

Vor Beginn der Wachstumsperiode im Frühling wird die Pflanze aufgenommen und der Wurzelballen geteilt; legen Sie Stücke mit kräftigen Sprossen und gut entwikkelten Wurzeln beiseite. Schneiden Sie alle beschädigten Wurzeln zurück, und kürzen Sie den oberirdischen Teil um ein Drittel bis die Hälfte, um den Feuchtigkeitsverlust zu reduzieren. Pflanzen Sie die Teilstücke im Freien, und wässern Sie bei Trockenheit. Sie können auch einfach eine Wurzel mit Bodentrieben von der Mutterpflanze abtrennen und auspflanzen.

Bei einigen Sträuchern, z.B. *Rhus*, kann die Produktion von Ausläufern gefördert werden, wenn man im Sommer oder Herbst rund um die Mutterpflanze tief umgräbt. Dabei werden die Wurzeln verletzt und die Adventivknospen im Frühling zur Bildung von Ausläufern angeregt. Diese bewurzelten Ausläufer können ausgepflanzt werden.

Veredeln

Bei dieser Methode werden zwei Pflanzen zu einer verbunden. Der oberirdische Teil, das Edelreis, stammt von der zu vermehrenden Pflanze, das Wurzelsystem oder die Unterlage von einer anderen. Unterlage und Edelreis müssen zusammenpassen, sie gehören meist zur gleichen Art.

Veredeln ist eine wichtige Methode für schwer wurzelnde oder nicht art- oder sortenecht zu vermehrende Sträucher. Durch die Wahl der Unterlage können Wüchsigkeit und Widerstandskraft verbessert werden, manchmal auch die ursprüngliche Wuchsart. Unter allen Varianten dieser Methode werden meist drei verwendet: Sattelpfropfen, seitliches Anplatten und Keilpfropfen. In allen Fällen müssen Unterlage und Edelreis sofort nach dem Schneiden verbunden und die Schnittflächen sauber gehalten werden.

Sattelpfropfen

Diese Methode wird v.a. bei immergrünen Rhododendron-Arten und -Sorten verwendet, dabei dient meist *Rhododendron ponticum* als Unterlage. Im Spätwinter oder Vorfrühling bringt man etwa einen Monat vor der Veredlung die Unterlage ins Treibhaus (10-12°C).

Im Spätwinter oder Vorfrühling wird das Material für das Edelreis vorbereitet. Edelreiser sollten 5-13 cm lang sein und von kräftigen, nicht blühenden, einjährigen Sprossen der zu vermehrenden Pflanze stammen. Gibt es nur Sprosse mit Blütenknospen, werden diese ausgeknipst. Die Reiser werden beschriftet und in einem Plastikbeutel im Kühlschrank aufbewahrt.

Wählen Sie eine Unterlage mit geraden Trieben und von Bleistiftstärke, und schneiden Sie sie mit einem geraden Schnitt mit einer Gartenschere bis auf 5 cm vom Boden zurück. Dann machen Sie mit einem Messer an der Unterlage zwei schräge Schnitte nach oben, so daß ein umgekehrtes V entsteht. Machen Sie auch am Edelreis die entsprechenden Schnitte, damit die Basis – der Sattel – gut in die Spitze der Unterlage paßt.

Unterlage und Edelreis müssen genau aufeinanderliegen und werden mit durchsichtigem Veredlungsband verbunden. Halbieren Sie große Blätter, damit der Feuchtigkeitsverlust nicht so groß ist. Die veredelte Pflanze wird beschriftet, in einen Vermehrungskasten gestellt und vor direktem Sonnenlicht geschützt. Achten Sie auf gleichbleibende Feuchtigkeit und Sauberkeit, und besprühen Sie die Pflanze einmal in der Woche mit Fungizidlösung. Die Teile verbinden sich in etwa vier bis fünf Wochen.

Sobald das Edelreis zu wachsen beginnt, wird das Band entfernt und die Pflanze allmählich abgehärtet – indem man den Vermehrungskasten jeden Tag etwas länger offen läßt. Bleibt die veredelte Pflanze für eine Saison im ursprünglichen Topf, wird einmal im Monat Flüssigdünger beigegeben.

Seitliches Anplatten

Diese Methode wird für verschiedene immergrüne und laubabwerfende Sträucher verwendet und meist im Winter durchgeführt; laubabwerfende Sträucher wie *Hamamelis* können aber auch im Sommer veredelt werden.

Als Unterlage wählt man ein- bis dreijährige Sämlinge, die zu der zu vermehrenden Pflanze passen. Die Triebe sollten etwa bleistiftstark sein. Drei Wochen vor der Veredlung werden die Unterlagen ins Treibhaus gebracht. Wässern Sie sparsam, damit die Ruheperiode nicht zu früh unterbrochen wird, da zuviel aufsteigender Saft die Veredlung behindern kann. Für eine Veredlung im Sommer nimmt man zweijährige Sämlinge als Unterlage und hält sie einen Monat lang ziemlich trocken.

Bei Sommer- und Winterveredlung werden Unterlage und Edelreis auf dieselbe Weise verbunden. Kurz vor der Veredlung wählt man kräftige, einjährige Sprosse mit etwas reifem Holz als Edelreiser. Sie sollten etwa so dick wie die jeweilige Unterlage sein. Kommt es zu einer Verzögerung, werden die Reiser beschriftet und bis zum Gebrauch in einem Plastikbeutel im Kühlschrank aufbewahrt.

Bei der Veredlung wird das Edelreis zunächst auf 15-20 cm gekürzt, bei Magnolien auf 10-12 cm. Ma-

---

WURZELSCHÖSSLINGE TREIBENDE STRÄUCHER, DIE GETEILT WERDEN

Amelanchier canadensis
Andromeda
Aronia
Aster albescens
Berberis buxifolia
Buxus sempervirens
Cassiope hypnoides
Ceratostigma plumbaginoides
Clerodendrum bungei
Cornus alba,
C. canadensis,
C. stolonifera

Cornus canadensis

Danäe racemosa
Diervilla lonicera
Erica
Euonymus fortunei
Gaultheria, einige ❄
Itea virginica
Kerria
Mahonia repens
Menziesia ciliicalyx
Paxistima
Pernettya
Polygala, einige ❄
Rhus, einige ❄
Ruscus aculeatus
Sarcococca
Spiraea japonica (Sorten)

SCHLÜSSEL
❄ *Nicht winterhart*

VERMEHRUNG DURCH UNTERIRDISCHE AUSLÄUFER

1 *Heben Sie eine Wurzel an, ohne die Mutterpflanze zu beschädigen. Prüfen Sie, ob die Ausläufer Faserwurzeln haben.*

2 *Trennen Sie die lange Wurzel mit den Ausläufern nahe an der Mutterpflanze ab. Treten Sie die Erde anschließend wieder an.*

3 *Schneiden Sie die Hauptwurzel bis auf die Faserwurzeln zurück, und teilen Sie die Ausläufer. Den oberirdischen Teil kürzen Sie um etwa die Hälfte.*

4 *Geben Sie die Pflänzchen in vorbereitete Pflanzlöcher im Freien. Drücken Sie den Boden rundum an, und wässern Sie (hier* Gaultheria shallon*).*

SATTELPFROPFEN

1 Wählen Sie kräftige, nicht blühende Sprosse vom vorjährigen Wuchs der zu vermehrenden Pflanze (hier ein Rhododendron) als Edelreiser.

2 Schneiden Sie eine Unterlage mit etwa der gleichen Stärke wie das Edelreis auf 5 cm über dem Grund zurück.

3 Schneiden Sie die Unterlage mit einem scharfen Messer so zu, daß durch zwei nach oben abgeschrägte Schnitte an der Spitze ein leicht abgerundetes, verkehrtes V entsteht.

4 Machen Sie die entsprechenden Schnitte am Edelreis (siehe Nebenbild), und kürzen Sie es auf 5-13 cm.

5 Setzen Sie das Edelreis (siehe Nebenbild) auf die Unterlage. Ist das Edelreis zu dünn, muß die Kambiumschicht zumindest auf einer Seite auf der Unterlage aufliegen.

6 Binden Sie das Edelreis mit Veredlungsband fest. Halbieren Sie sehr große Blätter, und geben Sie die Pflanze anschließend in einen Vermehrungskasten.

STRÄUCHER, DIE VEREDELT WERDEN KÖNNEN

Sattelpfropfen
Rhododendron, einige ❄ (viele Hybriden und Arten)

Seitliches Anplatten
Acer palmatum (Sorten)
Aralia elata 'Aureovariegata'
Arbutus unedo (Sorten)
Camellia reticulata, *C. sasanqua*
Caragana arborescens
Cotoneaster 'Hybridus Pendulus'
Daphne bholua, *D. petraea*
Hamamelis
Magnolia
Pittosporum eugenioides 'Variegatum' ❄
Prunus glandulosa
Rhaphiolepis

Hibiscus sinosyriacus 'Lilac Queen'

Keilpfropfen
Caragana arborescens 'Walker'
Daphne arbuscula
Hibiscus, einige ❄
Syringa

SCHLÜSSEL
❄ *Nicht winterhart*

chen Sie an der Basis des Edelreises auf einer Seite einen schrägen, 2,5-4 cm langen Schnitt und auf der anderen einen kleinen, keilförmigen Einschnitt.

Kürzen Sie den Stamm der Unterlage auf etwa 30 cm. Machen Sie zwei Schnitte, die 8 cm über dem Grund ansetzen, so daß nach dem Herausnehmen des Spans der Schnitt zu dem am Edelreis paßt.

Fügen Sie Unterlage und Edelreis zusammen, so daß die Kambiumschichten aufeinanderliegen; sind Edelreis und Unterlage unterschiedlich dick, müssen die Kambiumschichten zumindest auf einer Seite aufliegen. Verbinden Sie sie fest mit Veredlungsband. Die Pflanze wird beschriftet, in einen Vermehrungskasten (10-15°C) gegeben, regelmäßig gewässert und einmal wöchentlich mit Fungizid besprüht.

Die Veredlung sollte in vier bis fünf Wochen anwachsen. Dann wird die Pflanze über vier Wochen abgehärtet, aus dem Kasten genommen und ins kühle Treibhaus gebracht.

Wenn das Edelreis zu wachsen beginnt, wird der Stamm der Unterlage oberhalb der Veredlung allmählich zurückgeschnitten; bis zum Ende der ersten Wachstumsperiode sollte alles entfernt sein. Während der ersten Wachstumsperiode wird das Veredlungsband entfernt und durch Raphiaband ersetzt.

Nach einer Sommerveredlung schneidet man die Unterlage vor Beginn der nächsten Wachstumsperiode im Frühling zurück. Ersetzen Sie das ursprüngliche Band durch ein schmaleres um die Veredlungsstelle, da sich die Verbindung zwischen Unterlage und Reis relativ leicht löst. Stützen Sie den Leittrieb nach dem Eintopfen mit einem Bambusstab ab (siehe auch S. 58).

Keilpfropfen

Keil- oder Spaltpfropfen ist eine vergleichsweise einfache Vermehrungsmethode. Mitten im Winter nimmt man kräftige, einjährige Triebe als Edelreiser. Man gibt sie in einen beschrifteten Plastikbeutel und lagert sie im Kühlschrank, um die Entwicklung zu verzögern.

Ebenfalls zur Wintermitte wählt man einjährige Sämlinge von passenden Sträuchern als Unterlage. Unterlage und Edelreis sollten etwa Bleistiftstärke haben. Die Triebe schneidet man etwa 2,5 cm über der Wurzel waagrecht ab. Mit einem scharfen Messer macht man in der Mitte des Stamms einen etwa 2,5 cm tiefen, senkrechten Schnitt. Nehmen Sie ein Edelreis mit gesunden Augen und dem Durchmesser der Unterlage, kürzen Sie es mit waagrechtem Schnitt knapp über und 15 cm unter einem gesunden Auge. Für den Keil machen Sie auf beiden Seiten des Edelreises einen 2,5-4 cm langen, zur Mitte der Basis gerichteten Schnitt.

Stecken Sie das Edelreis in den Einschnitt der gewaschenen Unterlage. Ist es dünner als diese, muß es an einer Seite genau mit ihr abschließen. Verbinden Sie mit Veredlungsband und versiegeln Sie das Edelreis oben. Geben Sie die veredelten Pflanzen in Töpfe oder in eine Saatschale. Sie werden beschriftet und kommen in einen Vermehrungskasten bei 10-15°C.

Die Verbindung zwischen Unterlage und Edelreis sollte innerhalb von 5 oder 6 Wochen anwachsen. Sobald beide fest verbunden sind, wird das Band entfernt. Die Pflanzen in Saatschalen werden nun eingetopft und allmählich abgehärtet. Vor dem Auspflanzen beläßt man sie noch für ein ganzes Jahr in einem Kalten Kasten.

KEILPFROPFEN

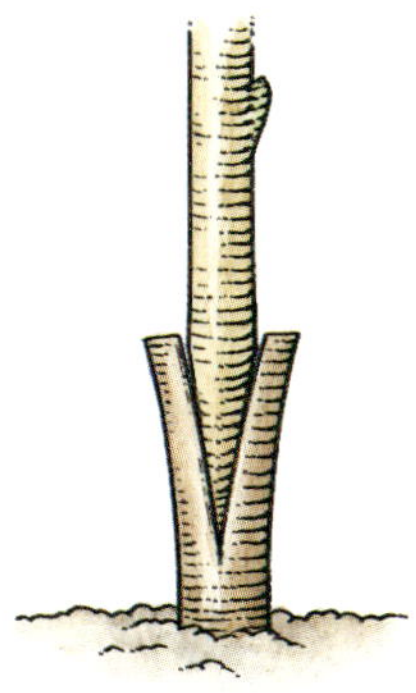

Machen Sie einen senkrechten Schnitt in die Unterlage. Die Basis des Edelreises wird V-förmig zugeschnitten und in die Unterlage gesteckt. Binden Sie die beiden zusammen, und topfen Sie ein.

Fuchsien

FUCHSIEN sind anpassungsfähig; es gibt zahllose Formen, die Palette reicht von zierlichen Röhrenblüten bis zu gefüllten zweifarbigen Blüten mit zurückgeschlagenen Sepalen. Alle Arten und Sorten können in Sommerbeete, Töpfe oder Kübel gesetzt werden. Solche mit aufrechtem Wuchs können zu Hochstämmchen erzogen werden, während hängende oder kriechende Sorten in Hängekörben und Fensterkästen hübsch aussehen.

Vermehrung

Fuchsien lassen sich leicht durch Stecklinge vermehren, diese Pflanzen sind den aus Samen aufgezogenen meist überlegen. Stecklinge können zu jeder Jahreszeit genommen werden, wenn es geeignete, nicht blühende Sprosse gibt. Nimmt man sie im Vorfrühling, hat man bis zum Spätsommer blühende Pflanzen; nimmt man sie im Spätsommer, können die Pflänzchen in einem Gewächshaus überwintern und werden im Spätfrühling blühen. Auch Sproßspitzen bewurzeln.

Die Aufzucht aus Wurzelschnittlingen dauert lange und hat nur Sinn, wenn die Krone einer Pflanze durch Frost abgestorben ist (S. 86).

Krautige Stecklinge

Schneiden Sie ein Triebstück mit der Spitze und drei gesunden Blattpaaren unter einem Knoten ab. Entfernen Sie die beiden unteren Blattpaare, verfahren Sie wie bei anderen Sträuchern.

Für mehrere Stecklinge wird ein Sproß in Stücke geteilt, jedes mit einem Blattpaar und etwa 1 cm Stengel darunter und darüber. Diese können in einzelne Blattstecklinge geteilt werden, wenn das Auge in der Blattachsel intakt ist. Bei Bodenwärme wurzeln die Stecklinge rascher, besonders zu Jahresbeginn. Halten Sie die Umgebung feucht, die Luft sollte aber frei zirkulieren, damit die Stecklinge nicht der Umfallkrankheit zum Opfer fallen.

Nach der Bewurzelung werden sie in 6-cm-Töpfe mit Torf-Komposterde (2:1) gesetzt und erhalten einmal wöchentlich stickstoffreichen Flüssigdünger. (Anfangs keine phosphat- und kalireichen Dünger!)

Setzen Sie die Pflanzen in 13-cm-Töpfe, sobald die Wurzeln den Rand des Erdballens erreichen. Verwenden Sie ein gut abzugsfähiges Substrat auf Torfbasis. Ausgepflanzt wird nach dem letzten Frost.

STECKLINGE

SPROSS-STECKLING

Der Sproß wird über und unter den unteren Blättern abgeschnitten

KOPFSTECKLING

BLATTSTECKLING

Der Trieb wird der Länge nach geteilt, so daß nur ein Blatt verbleibt.

Stecklinge können zu jeder Jahreszeit genommen werden: beim Ausknipsen der Wachstumsspitzen oder von Blättern.

WINTERHARTE UND NICHT WINTERHARTE FUCHSIEN

***F.* 'Celia Smedley'**
Aufrechter Wuchs. Kann zum Hochstämmchen erzogen werden. Halbhart.

***F.* 'Lady Thumb'**
Hängender Wuchs. Kann als Fußstamm erzogen werden. Winterhart.

***F.* 'Thalia'**
Aufrechter Wuchs. Geeignet für Sommerbeete. Frostempfindlich.

***F.* 'Estelle Marie'**
Aufrechter Wuchs. Geeignet für Sommerbeete. Halbhart.

***F.* 'White Ann'**
Aufrechter Wuchs. Kann als Hochstämmchen erzogen werden.

F. fulgens
Aufrechter Wuchs. Eßbare, saure Früchte. Frostempfindlich.

Erziehung

Fuchsien werden meist zu Büschen oder Hochstämmchen erzogen. Fächer und Spaliere zieht man wie bei Obstbäumen (siehe S. 382, und »Pfirsiche«, S. 393).

Buschfuchsien

Mit der Erziehung wird begonnen, sobald sich drei Blattpaare entwickelt haben. Für einen Busch wird die Wachstumsspitze ausgeknipst, um das Wachstum von zwei bis vier Seitensprossen anzuregen. Sobald diese zwei Blattpaare hervorgebracht haben, wird die Spitze wieder ausgeknipst. So erhält die Pflan-

FUCHSIEN-ERZIEHUNG ZU EINEM BUSCH

1 Wenn der Steckling drei Blattpaare hat, wird der Wachstumspunkt ausgeknipst. Dadurch wird weiter unten die Bildung von Seitensprossen angeregt.

2 Nach einigen Wochen, wenn sich Seitensprosse entwickelt haben, wird an jedem Seitensproß das oberste Blattpaar ausgeknipst, um die weitere Verzweigung zu fördern.

3 Entfernen Sie weiterhin die Wachstumspunkte der neuen Seitensprosse.

4 Beenden Sie das Ausknipsen, sobald die Pflanze eine symmetrische Form mit gleichmäßig verteilten Trieben hat. Hängende Pflanzen müssen eventuell gestützt werden.

ERZIEHUNG ZUM HOCHSTÄMMCHEN

1 *Sobald der Steckling etwa 15 cm hoch ist, werden alle Seitensprosse in den Blattachseln ausgeknipst.*

2 *Fahren Sie mit dem Ausknipsen fort, so daß ein langer gerader Stamm entsteht. Befestigen Sie die Pflanze an einem Stab.*

3 *Sobald die Pflanze die gewünschte Höhe hat, wartet man, bis sich 3 weitere Blattpaare gebildet haben, und knipst die Wachstumsspitze aus.*

4 *Knipsen Sie die Spitze der Seitensprosse am oberen Stammende ebenfalls aus, damit sie sich verzweigen.*

5 *Sobald die Krone voll ist, fallen die Blätter am Stamm von selbst ab oder werden vorsichtig entfernt.*

ze schon bald die gewünschte buschige Form.

Das Ausknipsen erhöht die Zahl der Blüten, verzögert andererseits aber die Blütezeit.

Hochstämmige Fuchsien

Für ein Hochstämmchen läßt man die Spitze der jungen Pflanzen wachsen und wartet auf die ersten Seitensprosse. Man knipst alle Seitensprosse aus, entfernt aber nicht die Blätter am Stamm. Stützen Sie den Stamm mit einem Bambusstab.

So verfahren Sie, bis die gewünschte Stammhöhe erreicht ist. Folgende Stammhöhen werden anerkannt: »Fußstamm« unter 25 cm Stammhöhe; »Viertelstamm« 25-40 cm; »Halbstamm« 45-75 cm; »Hochstamm« 75-100 cm. Warten Sie, bis sich noch ein Blattpaar entwickelt, dann knipsen Sie die Spitze aus; danach verfährt man ebenso wie bei den Buschfuchsien.

Ein Hochstamm braucht ca. 18 Monate, ein Viertelstamm oder Fußstamm ca. 6 Monate.

Fuchsien als Topfpflanzen

Fuchsien gedeihen gut in Töpfen und Hängekörben und blühen bei guter Pflege von kurz nach der Pflanzung bis zu den ersten Frösten. Der Standort sollte für einen Teil des Tages schattig sein. Setzen Sie nur eine Sorte in den Behälter, da die Sorten unterschiedlich schnell wachsen. Auch eine Kombination mit anderen Pflanzen macht sich gut.

Pflanzung

Für einen 24-cm-Korb oder Halbkorb benötigen Sie mindestens drei gute Pflanzen, für einen 30-cm-Korb mindestens vier und für einen größeren mehr. Für kriechende Formen wählt man junge Pflanzen, die mehrmals ausgeknipst wurden.

Verwenden Sie Einheitserde oder eine handelsübliche Pflanzerde, die Langzeitdünger enthält, damit nicht so oft gedüngt werden muß.

Laufende Pflege

Wässern Sie ausreichend, so daß der Boden feucht, aber nicht naß ist – in Hängekörben mindestens einmal täglich, in Kunststofftöpfen alle paar Tage. Vermeiden Sie Staunässe in Übertöpfen.

HÄNGEKORB ODER AMPEL

Legen Sie einen Korb mit Sphagnum aus, und füllen Sie ihn mit Pflanzerde. Geben Sie einen kleinen Topf Kies in die Mitte, so daß er oben mit der Erde abschließt; so wird das Wasser gleichmäßig verteilt. Pflanzen Sie rundherum kleine Fuchsien.

Fuchsien in Hängekörben profitieren von einer Düngung mit ausgewogenem Dünger im Spätsommer. Winterharte Gartenfuchsien benötigen im Frühjahr nach dem Schnitt und den Sommer über einen Allzweckdünger oder Knochenmehl. Reife Pflanzen müssen nicht regelmäßig gedüngt werden, geben Sie aber zu Beginn der Blüte kalireichen Flüssigdünger.

Blattrandkäfer (S. 549), Grüne Blattläuse (siehe »Blattläuse«, S. 550), Weiße Fliegen (S. 550), Spinnmilben (S. 550) und Grauschimmel/Botrytis (S. 550) können zum Problem werden. Beim ersten Anzeichen von Rost (S. 552) müssen die infizierten Blätter entfernt werden; man besprüht die Pflanze notfalls mit einem systemischen Fungizid.

Überwintern

Fuchsien sind robuster als man glaubt, oft können Beetpflanzen auch im Winter an ihrem Platz bleiben, obwohl es sich empfiehlt, zur Sicherheit im Frühherbst Stecklinge zu nehmen. Hochstämmchen sollten im Winter immer ins Haus gebracht werden.

Winterharte Fuchsien

Ist der Herbst sehr kalt, wird die Krone der Fuchsien mit einer Mulchschicht aus Stroh, Farn oder Rinde sorgfältig abgedeckt. Auch wenn die Triebe durch den Frost teilweise absterben, werden die Pflanzen aus der Krone neu austreiben. Geschnitten wird erst nach Beginn der Wachstumsperiode im Frühling, und zwar bis auf den Grund.

Nicht winterharte Fuchsien

Im Spätherbst werden frostempfindliche Fuchsien in einen kühlen, hellen Raum gebracht. Sinkt die Temperatur nicht unter 8°C, besteht die Möglichkeit, daß die Pflanzen im Winter weiterblühen.

Beetpflanzen werden aufgenommen und getopft. Entfernen Sie die grünen Spitzen und Blätter und halten Sie die Pflanzen über den Winter im Ruhezustand – nicht ganz trokken und so kühl wie möglich.

Im Frühling wird die Erde von den Wurzeln entfernt, die Pflanzen werden in etwas kleinere Töpfe gesetzt und radikal zurückgeschnitten. Wässern Sie, und fördern Sie jungen Wuchs durch vorsichtiges Besprühen des Holzes.

ÜBERWINTERN EINER WINTERHARTEN FUCHSIE

Winterharte Fuchsien bleiben im Winter an ihrem Platz. In sehr kalten Gegenden wird die Basis mit Farn abgedeckt; auch die kahlen Äste sind ein gewisser Frostschutz. Im Frühling werden sie auf kräftige, junge Augen nahe der Basis zurückgeschnitten.

4

Kletterpflanzen

Krautige und verholzte *Kletterer gehören zu den vielseitigsten Pflanzengruppen; sie bieten ungeahnte Möglichkeiten für die Gestaltung eines Gartens. Ob man sie nun an der Hauswand oder an freistehenden Pergolen hochwachsen läßt – Kletterpflanzen sind ein wirkungsvolles vertikales Gestaltungselement. Ohne Stütze breiten sie sich stark seitlich aus, bringen Farbe, Struktur sowie ein horizontales Element ins Gesamtbild, und manche erweisen sich als nützliche Bodendecker, die kein Unkraut aufkommen lassen. Wenn man sie an anderen großen Pflanzen hochwachsen läßt, kann man damit deren Saison verlängern oder vielleicht verschiedene Farb- und Strukturelemente der Gartengestaltung verbinden. Ihr besonderer Vorzug liegt darin, daß sie unansehnliche Zäune, Mauern, Baumstümpfe u.ä. kaschieren. Viele beliebte Kletterpflanzen bringen außerdem auch noch Blüten hervor, die ihren Duft im ganzen Garten verströmen.*

Gartengestaltung mit Kletterpflanzen

Durch Kletterpflanzen kann jeder Garten – unabhängig von Größe und Lage – verschönert werden. Arten wie *Lapageria* und die Passionsblume (*Passiflora*) etwa werden in erster Linie wegen der Schönheit ihrer Blüten gepflanzt; andere – z.B. *Lonicera periclymenum* – sind wegen ihres Duftes beliebt. An vielen schätzt man die hübschen Blätter, die bei immergrünen Pflanzen das ganze Jahr über erfreuen oder sich im Herbst bunt verfärben, wie bei *Parthenocissus* und *Vitis coignetiae*. Auch wenn Kletterpflanzen die Blätter verlieren, beleben sie mit ihrem oft eleganten Wuchs und ihren architektonischen Effekten die winterlich-karge Gartenlandschaft. Zahlreiche Kletterer tragen Früchte oder Beeren, die nicht nur für den Gartenbesitzer, sondern auch für die Tierwelt interessant sind.

In der freien Natur bedienen sich Kletterpflanzen verschiedener Techniken, um sich mit Hilfe einer Wirtspflanze Zugang zum Licht zu verschaffen. Im Garten kann dasselbe auch mit natürlichen oder auch mit künstlichen Stützen, die der gewählten Pflanze entsprechen, erreicht werden.

Blütenbekränzter Eingang
In diesem eleganten Hof werden die Torbögen schön durch Bougainvillea *verbunden. Die auffallenden, violettrosa Hochblätter harmonieren gut mit der besonnten Stützmauer. In frostgeschützten Gärten ist dies eine der am schnellsten wachsenden und schönsten Kletterpflanzen.*

Kletterformen und Stützen

Manche Kletterpflanzen sind Selbstklimmer. Sie halten sich mit Luftwurzeln (Haftwurzeln), wie der Efeu, oder mit Haftscheiben, wie der Wilde Wein (*Parthenocissus quinquefolia*), an der Stütze fest. Dabei ist jede Oberfläche günstig, die Halt bietet, auch Mauern und Baumstämme. Eine zusätzliche Hilfe, etwa durch Bambusstäbchen, Schnüre oder Draht, ist nur so lange nötig, bis die Pflanze sicheren Halt gefunden hat. Kletterpflanzen mit Luftwurzeln eignen sich v.a. als Bodendecker.

Windende Arten schlingen ihre Triebe spiralförmig um Stützen – je nach ihren anatomischen und morphologischen Eigenschaften können sie links- oder rechtswindend sein. *Lonicera periclymenum* und *Manettia inflata* sind z.B. rechtswindend, *Ceropegia sandersonii* und *Wisteria sinensis* linkswindend. Alle windenden Arten benötigen ständig eine Stütze – in Form eines Spaliers, Gitters oder Drahtes. Sie können auch am Stamm oder an den Ästen einer robusten Stützpflanze hochgezogen werden.

Manche Kletterpflanzen, wie die Waldrebe *(Clematis)*, halten sich mit Hilfe ihrer Blattstiele an der Stütze fest. Andere zählen zu den rankenden Pflanzen und schlingen sich mit Hilfe von berührungsempfindlichen Ranken um die Stütze. Bei diesen

GARTENGESTALTUNG
Die Umrahmung mit Humulus lupulus *'Aureus' rückt diese Skulptur noch besser ins Blickfeld. Die frischen, hellgrünen Blätter haben einen ganz eigenen Charme.*

Ranken handelt es sich oft um modifizierte Blätter oder Blättchen, wie bei *Bignonia capreolata* und bei der Wohlriechenden Wicke (*Lathyrus odoratus*); um Blattachseltriebe, wie bei *Passiflora*; oder um Endtriebe, wie beim Wein. Bei *Parthenocissus* bilden die Ranken an den Spitzen Haftscheiben aus, sobald sie mit einer Stütze in Berührung kommen.

Höherwachsende Kletterpflanzen, wie *Bougainvillea* und Winterjasmin, haben lange, gebogene Zweige, die sich nur wenig an der Stütze festhalten. Diese Pflanzen müssen an einem Gitter oder Spalier festgebunden werden. Etwas lockerer wirken sie, wenn man sie frei über eine Mauer oder einen Wall wachsen läßt.

Manche Pflanzen, u.a. Kletterrosen und manche *Rubus*-Arten, sind mit hakigen Stacheln versehen, mit denen sie an anderen Pflanzen hochranken können.

Der geeignete Standort

Einige Kletterpflanzen wollen einen sonnigen Standort, aber mit den Wurzeln im Schatten stehen; manche benötigen insgesamt einen kühleren Platz. Wieder andere bevorzugen zwar Sonne, kommen aber auch im Schatten gut zurecht – *Parthenocissus* und *Schizophragma* sind nur zwei Beispiele dafür.

Empfindliche Kletterpflanzen brauchen bei kühlem Klima unter Umständen eine schützende, südseitig gelegene Mauer. Es gibt jedoch zahlreiche winterharte Kletterpflanzen, die auch ohne Schutz auskommen können.

Sonniger oder geschützter Standort

In mildem Klima (z.B. in Weinbaugegenden) finden empfindliche Kletterer oder sogar exotische Pflanzen an einer schützenden Mauer den geeigneten Lebensraum. Durch die von der Mauer reflektierten Sonnenstrahlen reift das Holz, und die Pflanze kann der Kälte besser standhalten.

Die Mauer bietet sogar Schutz bei Minusgraden. Wenn während der Blütezeit noch gelegentlich Frost auftreten kann, sollten solche Kletterpflanzen nicht an einen Standort gepflanzt werden, wo die Blütenknospen der frühen Morgensonne ausgesetzt sind, da ihnen zu schnelle Erwärmung schadet. Krautige Pflanzen und Zwiebelgewächse mit Vorliebe für Sonne können am Fuß der Kletterpflanze den Wurzeln etwas Kühlung verschaffen.

Kühle oder exponierte Standorte

Für schattige, nordseitig gelegene Mauern und für Plätze, die kalten Winden ausgesetzt sind, eignen sich kräftige, winterharte Kletterer wie das Geißblatt und Efeuarten. An schattigen Standorten sind grüne Efeuarten vorzuziehen; Arten mit panaschiertem Laub brauchen mehr Licht und sind frostempfindlicher.

Kletterpflanzen an Mauern, Häusern und Zäunen

Kletterpflanzen, die an einer Mauer oder einem Haus hochwachsen, verändern das Erscheinungsbild stark, ganz gleich ob sie ihre Stütze nur ergänzen oder verbergen. Viele bringen Farbe ins Gesamtbild, andere geben der Anlage einen sanft-diffusen, gedämpften Hintergrund. Die meisten Gebäude lassen sich durch die weichere Silhouette einer Kletterpflanze verschönern. Mauern und Zäune wirken dekorativer, wenn sie einen Umhang aus Blüten und Blättern erhalten.

Gesteigerte Wirkung

Bevor Sie etwas anpflanzen, sollten Sie überlegen, wo die architektonischen Vorzüge des Gebäudes liegen, damit Sie diese Punkte durch Pflanzen noch betonen können. Ein schönes Haus kommt durch Kletterpflanzen mit optischen Effekten, etwa mit schöngeformten oder farbigen Blättern oder mit auffallenden Blüten, noch besser zur Geltung. *Actinidia kolomikta* z.B. ist mit ihren rosaroten oder weißen Blattspitzen und den kelchförmigen Blüten im Sommer eine der spektakulärsten Kletterpflanzen.

Auch ein weniger ansprechendes Gebäude kann durch Kletterer an Reiz gewinnen. Kahle Mauerflächen werden durch Pflanzengruppen aufgelockert, stark hervortretende vertikale oder horizontale Elemente können betont oder kaschiert werden. Schmale, nach oben strebende Pflanzungen lassen einen Bau höher erscheinen, als er ist. Andererseits wirkt durch Pflanzung in die Breite, die nicht über das erste Stockwerk hinausreicht, ein hohes, schmales Gebäude harmonischer. Am besten eignen sich für diesen Zweck die meisten Efeuarten und andere selbstklimmende Wurzelkletterer, z.B. die Kletterhortensie und *Schizophragma integrifolium*; sie bilden ein üppiges Blätterkleid, das dann durch Schnitt in Form gebracht werden kann.

In einer aufgelockerten Anlage kann die Kombination verschiedener kräftiger Kletterpflanzen eine duftende Blütenpracht ergeben: Die dunkelgrünen Blätter und weißen Blüten von *Clematis armandii* zusammen mit den starkduftenden roten und gelben Blüten von *Lonicera x americana* lassen sich gut mit Kletterrosen kombinieren oder auch mit der einjährigen Wohlriechenden Wicke. Diese Zusammenstellung macht sich an einem Fenster besonders gut, dort kommen Blüten und Duft am besten zur Geltung.

DEZENTER SICHTSCHUTZ
Waldrebe und gelbe Kletterrosen winden sich um Drähte und bieten über eine lange Saison eine interessante Farbkombination.

Kletterpflanzen zum Kaschieren

Hinter starkwachsenden Kletterpflanzen lassen sich unansehnliche Schuppen, Mauern oder Zäune schnell verbergen. Wählen Sie Pflanzen wie *Clematis montana* mit ihren vielen cremefarbenen Blüten im Spätfrühling, oder Russischen Wein *(Fallopia aubertii)*, der rasch eine dichte Hülle bildet, die im Spätsommer mit Rispen von winzigen Blüten übersät ist. Sowohl *F. aubertii* als auch *F. baldschuanica* sind für schnelles Wachstum bekannt – ihr Standort erfordert sorgfältige Planung, da sie auch Nachbarpflanzen überwuchern. Sie müssen regelmäßig zurückgeschnitten werden.

Für eine ganzjährige Begrünung wählt man am besten Efeu. Oder man kombiniert immergrüne und laubabwerfende Pflanzen; die feingliedrigen, immergrünen Blätter von *Clematis cirrhosa* etwa bilden im Sommer den perfekten Hintergrund für die zartrosa Blüten der Kletterrose 'New Dawn'.

Kletterpflanzen an Pergolen und Säulen

An Pergolen, Säulen und ähnlichen Einrichtungen sind Kletterpflanzen von allen Seiten sichtbar, außerdem stellen sie eine strukturelle Bereicherung des Gartens dar. Sie können einem sonst ebenen Garten zu einer zusätzlichen Dimension verhelfen. Je nach verwendetem Material wirken sie streng und elegant oder verspielt und rustikal. Attraktive Pergolen und Säulen wird man vielleicht nur teilweise mit Pflanzen bedecken. Sie müssen aber stabil und haltbar genug sein, um das Gewicht von Zweigen und Blättern über lange Zeit zu tragen.

Pergolen

Mit Kletterpflanzen bewachsene Pergolen oder Lauben schaffen schattige Plätzchen im Garten, wo man ein wenig Stille und Abgeschiedenheit finden kann. Wählen Sie Pflanzen, die sich zu der Tages- oder Jahreszeit von ihrer besten Seite zeigen, da die Laube am häufigsten benützt wird.

Für eine Laube, in der man oft an Sommerabenden sitzt, empfehlen sich z.B. Echter Jasmin *(Jasminum officinale), Lonicera periclymenum* 'Graham Thomas' oder die Kletterrose 'Mme Alfred Carrière', die alle wundervoll duftende Blüten in zarten Farben haben und sich in der Dämmerung besonders gut machen. Als sommerlicher Sonnenschutz eignen sich großblättrige Kletterer wie die Weinarten *Vitis coignetiae* (mit schönen Herbstfarben) oder *V. vinifera* 'Purpurea', deren junge, bordeauxrote Blätter später eine dunkle Purpurfarbe annehmen. Auch die Blütenpracht der Weißblühenden Glyzine, *Wisteria sinensis* 'Alba', ergibt einen sommerlichen »Baldachin«. Die Blüten dieser Pflanze kommen gut zur Geltung, wenn man sie auf Pergolen über Gartenwegen hochwachsen läßt. Achten Sie darauf, daß die Sparren hoch genug angebracht sind, damit man sich nicht bücken muß, um den Blüten auszuweichen.

Für winterliches Grün sorgen immergrüne Pflanzen wie Efeu, bei mildem Klima die zarte *Lardizabala biternata*. Oder man nimmt laubabwerfende Pflanzen wie den Baumwürger, *Celastrus*, oder *Wisteria*, deren dunkle, kahle Zweige im Winter ein wunderschönes Formenspiel zeigen.

BEPFLANZTE PERGOLA Wisteria sinensis *'Alba' ist die ideale Bepflanzung für eine Pergola über einem Gartenweg. Im Frühsommer trägt sie massenhaft duftende weiße Blütentrauben, die in genau der richtigen Höhe ihren angenehmen Duft verströmen.*

Säulen

Will man eine Hecke mit einem vertikalen Element versehen, läßt man am besten Waldreben oder *Passiflora*-Arten an einer Säule hochwachsen. Eine solche Säule kann auch eine Achse oder einen markanten Punkt betonen, vielleicht eine Ecke oder den Übergang zu einer anderen Ebene. Mehrere Säulen hinter einem Blumenbeet oder an einem Weg können auch mit Seil- oder Kettengirlanden verbunden werden, an denen Kletterpflanzen entlangwachsen.

Für eine einzelne immergrüne Kletterpflanze oder für den vorübergehenden Gebrauch bietet ein stabiler, mit einem Netz umwickelter Pfosten ausreichend Stütze. Für laubabwerfende Pflanzen lohnt sich die Anschaffung eines Spalierobelisken oder einer Spaliersäule, da die Stütze im Winter sichtbar ist.

NATÜRLICHE STÜTZE *Die scharlachroten Blüten von* Tropaeolum speciosum *kommen vor dem üppigen, dunkelgrünen Hintergrund der Eibenhecke (*Taxus baccata*) noch besser zur Geltung.*

PFLANZENKOMBINATION
Die herzförmigen Blätter von Vitis coignetiae *stehen in Form und Struktur in auffallendem Kontrast zu* Euonymus fortunei *'Silver Queen'.*

Andere Pflanzen als Stützpflanzen

In der Natur wachsen viele Kletterpflanzen an anderen Gewächsen hoch; und das läßt sich auch im Garten nachvollziehen – allerdings dürfen die Kletterpflanzen die Wirtspflanzen nicht beeinträchtigen. Farbkombinationen sollten vorher überlegt werden, und man muß an Blüten, Blätter und Früchte denken; die Kletterpflanze kann Ergänzung oder Kontrast zur Stützpflanze sein oder auch die Saison verlängern.

Für Sträucher eignen sich *Clematis-viticella*-Hybriden und großblättrige Arten der Waldrebe, die jedes Jahr zurückgeschnitten werden. Sträucher sind aber auch eine gute Stütze für die meisten einjährigen Kletterpflanzen und für *Tropaeolum speciosum* mit den feurigroten Blüten.

An Bäumen ergeben kräftige Arten wie *Ampelopsis brevipedunculata* var. *maximowiczii oder Schizophragma hydrangeoides* wunderschöne Kombinationen von Laub, Früchten und Blüten. Oder versuchen Sie, die Blütenkaskaden der Kletterrose *Rosa filipes* 'Kiftsgate' mit den weißen oder rosa Zweigen von *Clematis montana* zu mischen. Beide Arten haben kräftige Triebe, die sich rasch an den Ästen eines Baumes hochwinden.

BODENDECKER
Die *Clematis-viticella*-Sorten 'Abundance' und 'Etoile Violette' ergeben einen wahren Blütenteppich über dem winterblühendem Heidekraut (*Erica*).

Kletterpflanzen als Bodendecker

Viele Kletterpflanzen, v.a. solche mit Luftwurzeln oder raschwachsende, kriechende Arten, bilden ohne Stützen üppige Bodendecker. Sie machen sich gut, wenn sie sich auf einem Abhang ausbreiten oder über eine Mauer wachsen.

Kletterpflanzen mit Haftscheiben, wie der Wilde Wein, und Wurzelkletterer eignen sich als Bodendekker sehr gut zur Unkrautbekämpfung. Ihr Standort muß allerdings gut überlegt werden, denn sie nutzen jede Pflanze in Reichweite als Stütze und überwuchern sie. Um dieses Risiko zu vermeiden, sollten Sie eine weniger schnell wachsende Art wählen oder andere Pflanzen umsetzen, damit die Kletterpflanze freie Bahn hat.

Auch windende Kletterpflanzen können als Bodendecker eingesetzt werden, vorausgesetzt die Triebe werden gleichmäßig verteilt; falls nötig, können die Triebe auch mit Drahtklammern festgemacht werden. Die großen, leuchtenden Blüten der *Clematis* 'Ernest Markham' und C. 'Jackmanii' wirken ausgezeichnet als Bodendecker, ebenso die blaugrünen Blätter und scharlachroten Blüten von *Tropaeolum speciosum*.

Bunte Kletterpflanzen

In der Sonne fallen leuchtende oder kräftige Farben, die mehr Licht absorbieren, stärker auf als zarte Farben. Letztere wiederum wirken zwar bei hellem Sonnenschein blaß, können aber eine schattige Ecke beleben; in Gartenabschnitten, wo man sich vorwiegend abends aufhält, wirken sie besonders gut.

Bei der Auswahl einer Kletterpflanze sollten Sie die Farbwirkung unbedingt in Betracht ziehen. Wenn schon die Mauer oder Stütze hell leuchtet, sind bei den Pflanzen gedämpfte Farben erwünscht – außer Sie wollen einen besonders starken Farbeffekt erzielen.

Farbkombinationen

Die Kombination verschiedener Kletterpflanzen bringt eine zusätzliche farbliche Dimension. Mit Hilfe von Kletterpflanzen lassen sich auch verschiedene Farbkomponenten eines Pflanzenschemas gut verbinden, durch Komplementärfarben erreicht man prächtige Farbeffekte, durch verwandte Farbtöne sanfteHarmonie.

Farbige Blüten

Blühende Kletterpflanzen gibt es in allen Tönen des Farbspektrums, vom dunklen Violett der *Clematis viticella* 'Etoile Violette' über das leuchtende Scharlachrot der Trompetenblume *(Campsis radicans)* bis zum zarten Cremeweiß der *Araujia sericifera*. Viele Kletterpflanzen stammen allerdings aus den Tropen und sind in gemäßigten Klimazonen nicht unbedingt winterhart.

Kletterpflanzen mit leuchtenden Blüten sind besonders auffallend, ihr Standort muß daher gut überlegt werden, damit sie nicht zu sehr dominieren. Kletterer mit zarteren Farben, wie die rosafarbene *Clematis montana* 'Elizabeth' oder die blaßviolette *Codonopsis convolvulacea*, eignen sich besser für Pflanzenarrangements in gedämpften Farben.

Bunte Blätter und Früchte

Auch mit Blättern lassen sich schöne Farbeffekte erzielen, da die Farbe des Blattes einen ruhigen Kontrast zur kräftig gefärbten Blüte darstellt. Die Blätter des gelbblättrigen Hopfens, *Humulus lupulus* 'Aureus', wirken vor dunklem Hintergrund beinahe golden. Noch auffallender ist *Actinidia kolomikta* mit creme- und rosafarben gesprenkelten Blättern. Panaschierte Efeuarten sind genauso wirkungsvoll und außerdem immergrün, und man freut sich das ganze Jahr an ihnen.

Andere Kletterpflanzen tragen Früchte, die zumindest genauso bunt sind wie ihre Blüten; erwähnenswert sind hier v.a. die Früchte der *Akebia quinata* (purpurfarben), der leicht frostempfindlichen *Billardiera longiflora* (blaurot oder weiß) und vom Baumwürger *Celastrus orbiculatus* (grün, dann schwarz, platzen auf und zeigen ein gelbes Inneres mit roten Samen).

KOMPLEMENTÄRFARBEN
Eine alte Steinmauer ist der natürliche Hintergrund für Kletterpflanzen. Diese hier ist mit einem unauffälligen Drahtgitter versehen, an dem sich Waldrebe und goldblättriger Humulus lupulus *'Aureus' hochwinden.*

BUNTES LAUB
Actinidia kolomikta *ist ein laubabwerfender Kletterer mit höchst ungewöhnlichen und dekorativen Blättern, deren Spitzen häufig in Rosa oder Weiß getaucht sind. Im Sommer trägt er auch kleine, kelchförmige, duftende weiße Blüten.*

EINJÄHRIGE KLETTERER
Dolichos lablap *ist ein raschwachsender und daher beliebter sommerlicher Sichtschutz. Dieser riesige, knorrige alte Baum bietet sich den Zweigen mit ihren erbsenförmigen rosa und purpurfarbenen Blüten als Stütze dar.*

Zu jeder Jahreszeit Saison

Die Bepflanzung läßt sich auch so planen, daß verschiedene Kletterer sich im Laufe der Jahreszeiten ablösen, sei es nun in ein und derselben Gartenpartie oder in verschiedenen Teilen des Gartens.

Frühling und Sommer
Zahlreiche Kletterpflanzen zeigen sich im Frühling und im Sommer von ihrer besten Seite. Die frühblühende *Clematis macropetala* und die im Hochsommer in voller Blüte stehende *Lonicera periclymenum* 'Serotina' sind eine reizvolle Kombination. Die Blüten der Waldrebe hinterlassen flaumige, silbrige Samenstände, die die Wirkung der duftenden Blüten des Geißblattes noch unterstreichen.

Herbstfarben
Die Blätter mancher Kletterer leuchten in den üppigsten Herbstfarben; die stark strukturierten, mitunter gekräuselten Blätter der Jungfernrebe *Parthenocissus tricuspidata* sind vielleicht die spektakulärsten, sie werden scharlachrot, karmesinrot und schließlich weinrot.

HERBSTLAUB
Die scharlachroten Blätter von Parthenocissus tricuspidata *und das rötliche Laub von* Vitis coignetiae *leuchten in den schönsten Herbstfarben.*

Winter
Es gibt nur wenige Kletterpflanzen, die im Winter blühen, und sie sind meist nicht winterhart; eine Ausnahme bildet der Winterjasmin *(Jasminum nudiflorum)*, der auch auf einer nordseitigen Mauer zarte gelbe Blüten hervorbringt. Der etwas empfindliche *J. polyanthum* trägt in geschützter Lage üppige Blüten.

Auch immergrüne Pflanzen mit ungewöhnlichem Laub sind im Winter interessant. Efeu ist hier am vielseitigsten, da die meisten Arten winterhart sind. Manche haben panaschierte Blätter, wie *Hedera helix* 'Buttercup'. Bei anderen sind die Blätter interessant geformt – etwa vogelfußartig bei *H. helix* 'Pedata' oder mit kammartig gebogenen Rändern bei 'Parsley Crested'.

Duftende Kletterer

Besonders ansprechend sind duftende Kletterpflanzen, wie die tropische *Beaumontia grandiflora* und die Wohlriechende Wicke. Um den Duft richtig genießen zu können, sollte man die Wicke neben einen Eingang oder ein Fenster, in einer Rabatte immer an den Rand setzen.

Manche verströmen ihren Duft nur zu einer bestimmten Tageszeit; Jasminarten duften nachts stärker, daher eignen sie sich v.a. für Lauben, Terrassen oder Innenhöfe, in denen man sich abends aufhält.

Einjährige Kletterer

Mit einjährigen Kletterpflanzen und solchen, die in kaltgemäßigten Klimazonen einjährig gezogen werden, wie *Eccremocarpus scaber* und *Pueraria lobata*, lassen sich zwischendurch Effekte erzielen. Sie bringen Abwechslung in die Bepflanzung, da man jedes Jahr eine andere wählen kann. Sie können auch Leerräume in einer Rabatte auffüllen, bis andere Pflanzen richtig entwickelt sind.

Kletterpflanzen in Pflanzgefäßen

Kletterpflanzen in Gefäßen können ebensogut an Mauern hochgezogen werden wie im Boden verwurzelte; ist eine Stütze am Behälter befestigt, ist die Pflanze mobil. Manche niedrigwachsenden Kletterer, wie *Clematis macropetala*, brauchen nicht unbedingt eine Stütze – wenn man sie in hohe Gefäße pflanzt, hängen die Triebe graziös herab. Auch Efeu eignet sich für diese Art der Pflanzung, muß aber regelmäßig zurückgeschnitten werden, sobald er gut aufgebaut ist.

In Gärten mit wenig Platz kann man starkwachsende Kletterer, etwa *Bougainvillea* und *Wisteria*-Arten, auch in Behälter pflanzen. So bleibt das Wachstum beschränkt; allerdings müssen sie stark zurückgeschnitten und regelmäßig umgetopft werden, damit sie gesund bleiben.

Ideale Kübelpflanzen sind die nicht ganz winterharten Kletterer, die im Winter Schutz benötigen, wie *Hardenbergia comptoniana* und *Senecio macroglossus* 'Variegatus'. Sobald im Herbst Fröste drohen, stellt man den Behälter bis zum Frühling in einen geschlossenen Raum oder ein geheiztes Gewächshaus.

Verzeichnis der Kletterpflanzen

WÄNDE ZUR NORDSEITE

Für Nordwände geeignete Kletterpflanzen

Agapetes ❄ (einige Arten)
Akebia quinata
Allemanda cathartica ❄
Aristolochia elegans ❄
Berberidopsis corallina
Cissus ❄
Clematis, einige ❄
Clerodendrum thomsoniae ❄
Clytostoma callistegioides ❄
Codonopsis convolvulacea
Dioscorea discolor ❄
Epipremnum ❄
Hardenbergia ❄
Hedera, einige ❄
Hoya ❄
Humulus lupulus
Hydrangea anomala subsp. *petiolaris*
Kadsura japonica
Lapageria rosea ❄
Lathyrus latifolius
Lonicera x *americana*, *L.* x *brownii*, *L.* x *heckrottii*, *L. sempervirens*, *L.* x *tellmanniana*
Mitraria coccinea ❄
Monstera deliciosa ❄
Parthenocissus, einige ❄
Philodendron ❄
Pileostegia viburnoides
Stigmaphyllon ciliatum ❄
Syngonium podophyllum ❄
Tetrastigma voinierianum ❄
Tropaeolum speciosum
Vitis coignetiae

LUFTVERSCHMUTZUNG

Kletterer für schadstoffreiche Luft

Campsis radicans
Clematis, einige ❄
Fallopia, syn. *Polygonum*

Clematis 'Elsa Späth'

Hedera, einige ❄
Hydrangea anomala subsp. *petiolaris*
Parthenocissus, einige ❄
Vitis, einige ❄

SCHATTEN

Kletterer, die Schatten vertragen

Asteranthera ovata
Euonymus fortunei und Varietäten
Fallopia, syn. *Polygonum*
Humulus lupulus
Parthenocissus tricuspidata
Strongylodon macrobotrys ❄

DUFTENDE BLÜTEN

Anredera cordifolia ❄
Beaumontia grandiflora ❄
Clematis armandii, *C. montana*
Hoya australis ❄, *H. carnosa* ❄
Jasminum officinale, *J. polyanthum* ❄
Lathyrus odoratus
Lonicera-Arten (nicht *L. sempervirens* or *L.* x *tellmanniana*), einige ❄
Quisqualis indica ❄
Solandra maxima ❄

Stephanotis floribunda

Stephanotis floribunda ❄
Trachelospermum
Wisteria

FÜR PFLANZGEFÄSSE GEEIGNET

Asarina erubescens ❄
Bougainvillea ❄ (starker Rückschn.)
Cissus ❄ (einige Arten)
Clematis alpina, *C. macropetala*
Dioscorea discolor ❄
Epipremnum ❄
Gynura aurantiaca ❄
Hardenbergia ❄
Hedera helix
Jasminum officinale, *J. polyanthum* ❄
Lapageria rosea ❄
Monstera deliciosa ❄
Philodendron ❄ (einige Arten)
Senecio macroglossus 'Variegatus' ❄
Stephanotis floribunda ❄
Streptosolen jamesonii ❄
Syngonium ❄ (einige Arten)
Tetrastigma voinierianum ❄
Thunbergia alata ❄
Wisteria (starker Rückschnitt)

IMMERGRÜNE KLETTERER

Allemanda ❄
Anemopaegma ❄
Anredera ❄
Araujia ❄
Argyreia ❄
Asteranthera
Beaumontia ❄
Berberidopsis
Calceolaria pavonii ❄
Calochone ❄
Cissus ❄
Clerodendrum splendens ❄, *C. thomsoniae* ❄
Clytostoma ❄
Combretum grandiflorum ❄
Decumaria sinensis ❄
Dioscorea discolor ❄
Distictis ❄
Epipremnum ❄
Gynura ❄
Hardenbergia ❄
Hedera, einige ❄
Hibbertia scandens ❄
Holboellia ❄
Hoya ❄
Jacquemontia ❄
Kennedia ❄
Lapageria ❄
Lardizabala ❄
Macfadyena ❄
Mandevilla ❄
Merremia ❄
Monstera ❄
Mussaenda ❄
Mutisia, einige ❄
Pandorea ❄
Pileostegia
Podranea ❄
Pyrostegia ❄
Rhoicissus ❄
Semele ❄
Senecio confusus ❄, *S. macroglossus* ❄, *S. mikanioides* ❄, *S. tamoides* ❄
Solandra ❄
Stauntonia
Stephanotis ❄
Stigmaphyllon ❄
Strongylodon ❄
Syngonium ❄
Tecomanthe ❄
Tecomaria ❄
Tetrastigma ❄
Trachelospermum
Wattakaka

KLETTERER, DIE SICH MIT ANDEREN PFLANZEN VERTRAGEN

Bomarea caldasii ❄
Bougainvillea ❄

Bomarea caldasii

Celastrus
Clematis, einige ❄
Codonopsis convolvulacea
Humulus lupulus
Lonicera, einige ❄
Mutisia, einige ❄
Tropaeolum peregrinum ❄, *T. speciosum*
Vitis coignetiae
Wisteria sinensis

EILIGE KLETTERER

Allemanda cathartica ❄
Ampelopsis
Anredera cordifolia ❄
Antigonon leptopus ❄
Aristolochia elegans ❄
Clematis, einige ❄
Clytostoma callistegioides ❄
Cobaea scandens ❄

Cobaea scandens f. *alba*

Epipremnum aureum ❄
Fallopia, syn. *Polygonum*
Humulus lupulus
Kennedia rubicunda ❄
Macfadyena unguis-cati ❄
Passiflora caerulea ❄, *P. manicata* ❄
Periploca
Philodendron scandens ❄
Plumbago auriculata ❄
Pyrostegia venusta ❄
Quisqualis indica ❄
Stigmaphyllon ciliatum ❄
Strongylodon macrobotrys ❄
Thladiantha dubia
Vitis vinifera

EINJÄHRIGE KLETTERER

Asarina erubescens ❄
Convolvulus tricolor
Eccremocarpus scaber ❄
Ipomoea ❄ (einige Arten)
Lablab purpureus ❄
Lathyrus odoratus
Mikania scandens ❄
Quisqualis indica ❄
Thunbergia alata ❄
Tropaeolum peregrinum ❄

KRAUTIGE KLETTERER

Bomarea caldasii ❄
Canarina canariensis ❄
Codonopsis convolvulacea
Humulus lupulus
Lathyrus grandiflorus, *L. latifolius*
Thladiantha dubia
Tropaeolum speciosum, *T. tricolorum* ❄, *T. tuberosum* ❄

KLETTERER ALS BODENDECKER

Asteranthera
Clematis, einige ❄
Hedera, einige ❄
Kennedia ❄
Parthenocissus
Pileostegia
Plumbago auriculata ❄
Tecomaria ❄
Trachelospermum

SCHLÜSSEL
❄ *Nicht winterhart*

Bodenvorbereitung und Pflanzung

Unter günstigen Bedingungen hat man an Kletterpflanzen lange Freude, daher sollte man darauf achten, daß der Boden den Wünschen der Pflanze entspricht. Kletterer gedeihen selten an übermäßig feuchten oder trockenen Plätzen. Manche, wie *Agapetes* und *Mitraria*, vertragen keine alkalischen Böden; andere, wie die Waldrebe, gedeihen gut auf alkalischen Böden, aber auch auf anderen, wenn sie nicht extrem sauer sind. Viele Kletterer wachsen schnell und brauchen viele Nährstoffe. Daher sollte der Boden gut gelockert und gedüngt werden (siehe S. 530-531).

Wichtig ist auch die richtige Auswahl der Stützen, sie sollten hoch, breit und stabil genug sein.

Stützen

Am häufigsten werden Holz- oder Kunststoffspaliere, Draht- oder Kunststoffgitter und Drähte (normalerweise mit Kunststoff ummantelt) verwendet, die zwischen Ringschrauben oder rostfreie Nägel gespannt werden. Eine Schnur oder ein verstärkender Draht sind für einjährige oder krautige Kletterer ausreichend, wenn die Stütze jährlich erneuert wird.

Starkwüchsige Kletterpflanzen

Actinidia chinensis
Akebia quinata
Beaumontia grandiflora ❄
Bougainvillea ❄
Cissus ❄
Clematis montana
Distictis buccinatoria ❄

Distictis buccinatoria

Fallopia aubertii
Ipomoea horsfalliae ❄
Mandevilla ❄
Parthenocissus quinquefolia,
P. tricuspidata
Passiflora, die meisten ❄
Petrea volubilis ❄
Solandra maxima ❄
Solanum wendlandii ❄
Tetrastigma voinierianum ❄
Vitis coignetiae
Wisteria sinensis

Schlüssel
❄ *Nicht winterhart*

Achten Sie darauf, daß vor dem Anpflanzen alle Stützen an der vorgesehenen Stelle befestigt sind. Verwenden Sie keine U-förmigen Metallklammern, um die Pflanze an der Stütze festzumachen: Die raschwachsenden Triebe können durch die Klammer abgeschnürt werden.

Wählen Sie eine Stütze, deren Größe und Stabilität der Kletterpflanzenform entspricht. Ist sie zu schwach, wird sie schnell überwachsen und bricht zusammen. Ein Spalier ist die beste Stütze für alle windenden Arten, ist aber auch für höherwachsende Arten zu verwenden, wenn sie festgebunden werden. Drähte oder Gitter eignen sich für rankende Kletterer.

An eine nur vorübergehend installierte Stütze pflanzt man entweder krautige Kletterer (z.B. *Lathyrus grandiflorus* und *L. latifolus*, die Staudenwicke) oder solche, die jedes Jahr bis auf den Boden zurückgeschnitten werden (spätblühende *Clematis-viticella*-Hybriden und -Sorten) oder einjährige Kletterer wie *Ipomoea hederacea*. Bei flachen, freistehenden Spalieren oder Säulen ist zu bedenken, daß Kletterpflanzen immer zum Licht streben und nur auf einer Seite der Stütze Blüten tragen.

Spalier und Gitter
Damit die Luft frei zirkulieren kann, wird das Spalier oder das Gitter mit einem kleinen Abstand von der Mauer oder vom Zaun und etwa 30 cm über dem Boden angebracht.

An allen Mauern müssen von Zeit zu Zeit Erhaltungsarbeiten vorgenommen werden. Befestigen Sie Spalier und Gitter daher möglichst oben mit Haken und unten mit Scharnieren oder Haken. Die Pflanze kann so von der Mauer weggeklappt oder abgenommen werden, während an der Mauer gearbeitet wird.

Drähte
Drähte können waagrecht oder senkrecht zwischen Ringschrauben oder rostfreien Nägeln gespannt werden. Wie die Spaliere sollten auch Drähte 5 cm Abstand von der Mauer haben, und sie müssen straff gespannt sein, damit sie nicht durchhängen; ziehen Sie die Ringschrauben entweder von Zeit zu Zeit mit einer Zange nach, oder bringen Sie in Abständen von etwa 2 m Spannschlösser an. Die Drähte sollten 30-45 cm voneinander entfernt sein, der unterste (oder das untere Ende von senkrechten Drähten) 30 cm über dem Boden.

Kletterformen

Schling- und Kletterpflanzen halten sich auf verschiedene Weise an ihrer Stütze fest. Viele haben Haftwurzeln, die sich auch ohne Stütze gut an senkrechten Flächen fest anklammern. Andere halten sich mit windenden Ranken, mit Sproßteilen oder Blattorganen fest. Die *Bougainvillea* entwickelt nur lange Ranken, die unbedingt aufgebunden werden müssen.

Haftwurzeln
Efeu ist ein Selbstklimmer.

Blattranken
Die Waldrebe klettert mit Hilfe der Blattranken.

Sprossranken
Die Passionsblume hält sich mit Sproßranken fest.

Windende Schlingpflanzen
Die Akebie windet sich mit den Sproßspitzen spiralförmig um die Stütze.

Befestigung eines Spaliers

Zuerst werden senkrechte, ca. 5 cm dicke Holzleisten an Mauer und Spalier angebracht. Durch diesen Abstand zwischen Spalier und Mauer kann die Luft zirkulieren. Das Spalier wird fest an die Leisten geschraubt (rechts); das erschwert allerdings den Zugang zur Mauer. Mit Hilfe von Haken und Scharnieren (unten) lassen sich Pflanze und Stütze wegklappen. Mit Haken oben und unten kann das Spalier ganz abgenommen werden.

Holzleisten
Spaliere an dicken Holzleisten befestigen.

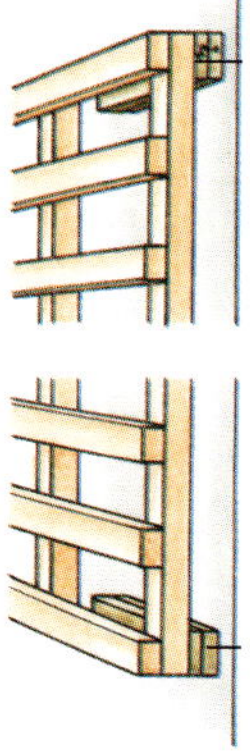

Oben mit Haken und Ringschraube befestigt.

Unten mit Scharnier.

Haken und Scharniere
Im Hinblick auf Arbeiten an der Mauer bringt man an Mauer und Spalier Leisten an. Das Spalier wird unten mit Scharnieren, oben mit Haken gehalten.

WORAUF MAN BEIM KAUF ACHTEN MUSS

Der Kauf von Kletterpflanzen

Kletterpflanzen werden meistens in Töpfen angeboten, manche (darunter Kletterrosen) vielleicht auch mit freiliegenden Wurzeln. Wählen Sie gesunde Pflanzen mit gleichmäßigen, kräftigen Trieben, und meiden Sie Exemplare, die von Schädlingen oder Krankheiten befallen sein könnten. Pflanzen ohne Ballen sollten viele gesunde, gut entwickelte Faserwurzeln in einem ausgewogenen Verhältnis zum oberirdischen Teil der Pflanze haben. Bei Pflanzen in Töpfen sollten an der Unterseite des Topfes die Spitzen der jungen Wurzeln sichtbar sein, nur dann ist die Pflanze gut verwurzelt. Nehmen Sie keine Pflanzen, deren Wurzeln fest um den Wurzelballen geschlungen sind oder durch die Löcher im Topfboden wachsen – das Ergebnis ist selten befriedigend.

Pflanzung im Freien

Nicht völlig winterharte Kletterer (wie *Solanum crispum* und *S. jasminoides*) werden im Frühling gepflanzt, damit sie vor dem Winter bereits gut aufgebaut sind. Immergrüne und krautige Kletterer entwickeln sich schneller, wenn sie im Frühling gepflanzt werden, denn da beginnt sich der Boden zu erwärmen, aber man kann sie an einem geschützten Platz oder bei mildem Klima auch im Herbst setzen. Alle anderen Kletterpflanzen in Containern können im Frühling, Herbst oder zu einer anderen Jahreszeit gepflanzt werden, solange der Boden nicht gefroren oder zu naß ist. Die Pflanzung während einer sommerlichen Trockenperiode ist nicht günstig, oder man muß die Pflanze täglich gießen, solange die Trockenheit anhält.

Kletterpflanzen in Töpfen und Schalen

Die Kletterpflanze sollte in dem gewählten Behälter zumindest 2 Vegetationsperioden lang Platz haben. Töpfe aus Beton oder Ton sind stabiler als solche aus Kunststoff. Flache Töpfe sind ungeeignet. Wenn der Kletterer den Winter über im Freien bleibt, muß der Topf frostsicher sein.

Das Substrat sollte feuchtigkeitsspeichernd, aber auch durchlässig sein, wie etwa Topferde auf Lehmbasis oder eine Mischung aus 2 Teilen Torf und 1 Teil Sand. Etwas Langzeitdünger wird untergemischt.

Es gibt für Pflanzgefäße auch Spaliere, die unten zwei »Beine« haben. Sie sollten vor der Pflanze in den Topf gestellt werden, damit die Wurzeln später nicht beschädigt werden. Das Spalier wird oben zur Sicherung an der Mauer oder am Zaun festgebunden.

1 *Unten in den Topf gibt man Tonscherben, damit das Wasser abfließt; dann stellt man das Spalier in den Topf und füllt mit Erde auf.*

2 *Die Kletterpflanze wird so tief, wie sie im vorigen Behälter gestanden hat, gesetzt. Erde einfüllen, dabei einen Gießrand von 5 cm lassen.*

3 *Die Haupttriebe werden am Spalier festgebunden, dann sollte man die Pflanze gründlich angießen.*

KLETTERER FÜR SANDIGE BÖDEN

Adlumia fungosa
Anredera cordifolia ❄
Asarina ❄
Bomarea andimarcana ❄
Ceropegia ❄ (nur Arten)
Clianthus puniceus ❄
Ercilla volubilis
Gloriosa superba ❄
Ipomoea ❄
Kennedia rubicunda ❄

Kennedia rubicunda

Merremia tuberosa ❄
Mutisia oligodon
Parthenocissus, einige ❄
Passiflora, die meisten ❄ (einige Arten)
Periploca graeca
Petrea volubilis ❄
Solanum wendlandii ❄
Streptosolen jamesonii ❄

KLETTERER FÜR LEHMIGE BÖDEN

Aristolochia durior
Campsis
Celastrus scandens
Clematis, einige ❄ (die meisten)
Distictis ❄
Euonymus fortunei 'Silver Queen'
Hedera, einige ❄
Humulus lupulus 'Aureus'
Hydrangea anomala subsp. *petiolaris*
Lathyrus latifolius
Lonicera, einige ❄

Parthenocissus tricuspidata 'Loweii'

Parthenocissus, einige ❄
Passiflora, die meisten ❄
Vitis coignetiae
Wisteria

KLETTERE FÜR SAURE BÖDEN

Agapetes ❄ (verschiedene Arten)
Asteranthera ovata ❄
Beaumontia grandiflora ❄
Berberidopsis corallina
Billardiera ❄ (nur Arten)
Kennedia ❄
Lapageria rosea ❄
Lardizabala biternata ❄
Mitraria coccinea ❄
Mutisia, einige ❄ (einige Arten)

SCHLÜSSEL
❄ *Nicht winterhart*

Standortwahl

Mauern und feste Zäune halten Regen ab, daher sollten die Pflanzen in mindestens 45 cm Abstand davon gesetzt werden. So erhalten sie genügend Regenwasser und müssen nicht mehr gegossen werden. Eine Säule oder ein freistehendes Spalier hält kaum Regen ab, daher reicht hier ein Abstand von 20-30 cm.

Wachsen Kletterer an einer Stützpflanze hoch, entziehen sie dieser Nahrung und Feuchtigkeit; die Wurzeln der Kletterpflanze sollten daher so weit wie möglich von jenen der Stützpflanze entfernt sein. Ist die Stützpflanze tief verwurzelt und der Boden ausreichend tief, kann der Kletterer näher an die Stützpflanze gesetzt werden. Hat die Stützpflanze viele Rhizome oder wurzelt sie flach, sollten Sie den Kletterer etwa 45 cm entfernt von den Hauptwurzeln setzen. Ein an der Stützpflanze befestigtes Bambusstäbchen hinter den Haupttrieben der Kletterpflanze dient als Führung.

Bodenvorbereitung

Entfernen Sie alles Unkraut aus dem Pflanzbereich und arbeiten Sie reichlich organisches Material in den Boden ein. Dadurch werden Speicherfähigkeit und Fruchtbarkeit der sandigen Böden verbessert und schwere Lehmböden gelockert. Arbeiten Sie mit einer Gabel etwas Langzeitdünger (50-85 g/m^2) unter.

Das Pflanzloch muß im Durchmesser mindestens doppelt so groß sein wie der Topf, in dem der Kletterer gezogen wurde, damit sich die Wurzeln ungehindert ausbreiten können; soll die Kletterpflanze an einem Strauch oder Baum hochwachsen, ist das schwierig. Auch in diesem Fall sollte das Loch aber groß genug sein, um für Wurzelballen und Wurzeln Platz zu bieten.

Kletterer für alkaline Böden

Actinidia kolomikta
Akebia quinata
Ampelopsis brevipedunculata
Asarina antirrhiniflora
Campsis x *tagliabuana* 'Mme Galen'
Celastrus scandens
Clematis, einige ❄ (Sorten)
Eccremocarpus scaber ❄
Fallopia aubertii, *F. baldschuanica*
Hedera, einige ❄
Hydrangea anomala subsp. *petiolaris*

Lathyrus grandiflorus

Jasminum officinale, *J. polyanthum* ❄
Lathyrus grandiflorus, *L. latifolius*
Lonicera, einige ❄ (einige Arten)
Parthenocissus tricuspidata
Passiflora caerulea ❄
Schizophragma integrifolium
Solanum crispum
Trachelospermum jasminoides
Vitis, einige ❄
Wisteria sinensis

Schlüssel
❄ *Nicht winterhart*

Wie wird gepflanzt

Bevor man die Pflanze aus dem Topf nimmt, muß die Erde gut durchfeuchtet sein – tauchen Sie den Topf mit dem Wurzelballen in Wasser, und lassen Sie ihn anschließend mindestens eine Stunde lang abtropfen. Entfernen Sie die oberste Schicht Erde, die Unkrautsamen enthalten könnte, und drehen Sie den Topf vorsichtig um, halten Sie dabei die herausgleitende Pflanze fest. Im Topf haftende Wurzeln müssen sanft herausgezogen werden. Abgestorbene, beschädigte oder herausragende Wurzeln sollten bis zum Wurzelballen zurückgeschnitten werden.

Der Ballen muß mit der umgebenden Erde auf gleicher Höhe abschließen. Es ist allerdings ratsam, z.B. die Waldrebe tiefer zu setzen (siehe »Pflanzung einer Waldrebe«, S. 109). Veredelte Kletterer (wie die meisten Glyzinen) sollten mit der Veredlungsstelle 5 cm unter die Bodenoberfläche kommen. Dadurch wurzelt das Pfropfreis selbst, und Wurzelsprosse sind seltener. Näheres über das Anpflanzen von Kletterern mit freiliegenden Wurzeln finden Sie im Kapitel »Wie pflanzt man Strauchrosen«, S. 123.

Füllen Sie das Pflanzloch mit Erde, treten Sie sie rund um die Pflanze leicht an, und gießen Sie kräftig. Stecken Sie Bambusstäbchen, die an der Stütze festgemacht werden, in die Erde. Die Haupttriebe werden aufgefächert und einzeln an den Stäbchen und der Stütze (wenn sie so weit reichen) festgebunden. Durch zu straffes Festmachen kann man die Triebe beschädigen. Entfernen Sie beschädigte oder abgestorbene, schneiden Sie widerspenstige Triebe zurück.

Rankende Arten halten sich bald an der Stütze fest, aber die Triebe sollten dennoch lose angebunden werden, bis die Pflanze selbst Halt findet. Windende Arten schlingen ihre Triebe rasch in ihrer natürlichen Richtung (links oder rechts herum) um die Stütze, sollten anfangs aber auch angebunden werden. Bei Spreizklimmern, die sich nicht selbst festhalten, werden die Triebe in bestimmten Abständen festgebunden. Siehe auch S. 106.

Wässern und Mulchen

Wässern Sie den neugepflanzten Kletterer gründlich, danach muß der Boden in einem Umkreis von etwa 60 cm um die Pflanze mit einer 5-7 cm dicken Mulchschicht bedeckt werden. Das hält die Feuchtigkeit im Boden und erleichtert der Pflanze das Einwurzeln. Außerdem verhindert die Mulchschicht das Aufkommen von Unkraut, das der jungen Pflanze Nährstoffe und Feuchtigkeit entziehen könnte.

Eine Mauer als Stütze

1 *Zuerst die Stütze befestigen. Dann gräbt man in etwa 45 cm Abstand von der Mauer ein Loch, lockert den Grund und gibt Kompost dazu.*

2 *Der Wurzelballen wird gewässert, die Pflanze schräg ins Loch gestellt. Dann prüft man mit einem Stab die Pflanzhöhe. Die Wurzeln von der Mauer wegführen.*

3 *Man füllt das Loch auf und drückt die Erde so an, daß zwischen den Wurzeln keine Lufteinschlüsse entstehen und die Pflanze guten Halt findet.*

4 *Die Triebe werden aufgefächert, man wählt 4-5 kräftige aus. Nun steckt man Stäbe in den Boden und befestigt sie am Draht. Die Triebe anbinden.*

5 *Schwache, beschädigte oder widerspenstige Triebe werden bis auf den Ansatz zurückgeschnitten. Damit ist der Rahmen vorgegeben.*

6 *Die Pflanze (hier* Jasminum mesnyi*) wird gründlich gewässert und der Boden rundum mit einer Mulchschicht abgedeckt; so bleibt er feucht, und es kann kein Unkraut aufkommen.*

Laufende Pflege

Für gesundes Wachstum müssen Kletterpflanzen jährlich gedüngt, die Wurzeln stets feucht gehalten werden. Kletterpflanzen in Pflanzgefäßen brauchen regelmäßig frische Erde oder sollten umgesetzt werden; auch das Gießen ist wichtig. Wenn man verwelkte Blüten regelmäßig entfernt, kann die Blütezeit verlängert werden. Die Pflanzen müssen gegen Schädlinge, Krankheiten, manche auch gegen Frost geschützt werden.

Düngen

Düngen Sie Kletterpflanzen in den ersten beiden Jahren im Frühling mit etwa 50-85 g eines ausgewogenen Düngers. Danach geben Sie am besten einmal jährlich Langzeitdünger in der empfohlenen Dosierung.

Gießen

Bei anhaltender Trockenheit muß man Kletterpflanzen einmal wöchentlich gießen. Der Wurzelbereich sollte durchfeuchtet und mit einer Mulchschicht abgedeckt werden, damit er nicht austrocknet.

Verblühtes entfernen

Entfernen Sie verwelkte Blüten, damit die Pflanze anstelle von Früchten oder Samen neue Blüten hervorbringt. Sind Früchte und Samen dekorativ, nehmen Sie nur ein Viertel bis ein Drittel der verblühten Triebe weg. Das reicht, um die Blütezeit zu verlängern. Binden Sie neue Triebe an, solange sie biegsam sind, und schneiden Sie wuchernde Pflanzen nach Bedarf zurück.

Schädlinge und Krankheiten

Achten Sie auf erste Anzeichen von Schädlingsbefall oder Krankheiten, und behandeln Sie betroffene Pflanzen (siehe S. 545–577).

Empfindliche Kletterer

Im Winter oder bei Frostgefahr müssen empfindliche Kletterer geschützt werden, und zwar der oberirdische Teil und die Wurzeln.

Rückschnitt

Wächst ein Kletterer über den ihm zugedachten Platz hinaus (hier Hedera colchica *'Sulphur Heart'), wird er zurückgeschnitten (ungleichmäßiger Schnitt wirkt natürlicher).*

Kletterpflanzen in Pflanzbehältern und ihre Pflege

In Trockenperioden müssen die Kletterpflanzen ein- bis zweimal täglich gegossen werden. Bei Frostgefahr können sie nach drinnen gebracht oder an einer geschützten Stelle im Garten eingegraben werden. Die Kletterpflanze verbraucht in einem Jahr so ziemlich alle im Substrat enthaltenen Nährstoffe. Die oberste Schicht (Erde und ev. Mulch) sollte daher jährlich erneuert werden. Beim Gießen wandern die frischen Nährstoffe allmählich in darunterliegende Erdschichten ein. Bis auf wenige langsamwachsende müssen Kletterer alle 3-4 Jahre in ein größeres Gefäß mit frischer Erde gesetzt werden. Frühjahrsblüher sollten im Herbst umgetopft werden, alle anderen im Herbst oder Frühling.

Erneuern der obersten Erdschicht

1 Im Frühling oder Sommer wird die oberste, etwa 2,5-5 cm dicke Erdschicht entfernt und weggeworfen. Achtung auf Oberflächenwurzeln der Kletterpflanze und ihrer Nachbarn.

2 Die obere Erdschicht wird durch eine frische ersetzt, die auch etwas Langzeitdünger enthält. Leicht andrücken, damit keine Lufteinschlüsse entstehen. Die Erdschicht sollte so hoch sein wie zuvor. Gründlich gießen.

3 Während der Sommermonate wird die Erde mit einer leichten, eventuell sogar dekorativen Mulchschicht aus Kokos- oder Rindenschnitzeln abgedeckt.

Umtopfen der Kletterer

1 Kletterpflanzen in Gefäßen (wie dieser panaschierte Efeu) müssen alle 3-4 Jahre umgetopft werden, damit sie nicht festwachsen (siehe nebenstehende Abbildung). Die Erde gut wässern, dann den Wurzelballen vorsichtig aus dem Gefäß gleiten lassen.

2 Wurzeln herausziehen und die dickeren um etwa ein Drittel kürzen. Die Faserwurzeln sollen intakt und möglichst mit Erde umhüllt bleiben.

3 Den oberirdischen Teil um ein Drittel kürzen, abgestorbene oder beschädigte Triebe entfernen. Die Pflanze wird in frische, feuchte Erde gesetzt, in die oberen 2,5-5 cm kommt Langzeitdünger.

4 Die Pflanze sollte so tief gesetzt werden, wie sie vorher stand. Man steckt ein Dreieck aus Bambusstäbchen in die Erde und bindet die Haupttriebe daran locker fest.

Erziehung und Schnitt

IN DEN ERSTEN Jahren wird die Pflanze zurückgeschnitten, damit sie sich besser entwickelt, gesund und kräftig wird und schön an der Stütze hochwächst. Dabei sollten einige kräftige Haupttriebe waagrecht und senkrecht über die Stütze geführt werden. In diesem vorgegebenen Rahmen kann sich die Pflanze entfalten.

Manche Kletterer, z.B. Schlingknöterich *(Fallopia aubertii)* und Bucharischer Schlingknöterich *(F. baldschuanica)*, bringen zusätzlich massenhaft kleine Triebe hervor; sie müssen am Anfang regelmäßig festgebunden werden, damit die gewünschte Form erzielt wird. Oft ist die Erziehung starkwachsender Kletterer nach dem ersten Jahr bereits schwierig, man läßt sie dann am besten frei wachsen; sie müssen nur dann gebremst werden, wenn sie über den vorgesehenen Raum hinauswachsen.

Grundprinzipien

Häufiges Schneiden ist bei fast allen voll entwickelten Kletterpflanzen unerläßlich. Ohne konsequenten Schnitt bringt die Pflanze weniger Blüten hervor und kann Nachbarpflanzen, Dächer, Abflüsse und Mauerwerk überwuchern. Ideale Ergebnisse erzielt man nur, wenn man die Pflanze regelmäßig schneidet und das Wachstum lenkt.

Wo geschnitten wird

Die Triebe sollten 2-3 mm über einem Auge abgeschnitten werden. Wählen Sie ein Auge, das in die Richtung zeigt, in die der neue Trieb wachsen soll. Wenn sich dieser dann entwickelt, kann er als Ergänzung oder als Ersatz für einen alten Trieb eingebunden werden.

Geschnitten wird sauber und mit einer scharfen Gartenschere. Die Schnittstelle soll sich leicht vom Auge wegneigen, damit sich nicht Wasser um das Auge sammelt und Infektionen begünstigt. Wichtig ist v.a. die Schnittstelle: Schneidet man zu knapp am Auge, kann dieses beschädigt werden; schneidet man zu weit vom Auge, entsteht ein Stummel, der bald abstirbt und zum Angriffspunkt für Krankheiten wird.

Das richtige Werkzeug

Das beste Schneidewerkzeug ist meistens eine scharfe Gartenschere. Auch eine Astschere kann sich als nützlich erweisen, v.a. bei dickeren Trieben; sind viele abgestorbene oder schwache Triebe zu entfernen, kann man sogar eine Heckenschere verwenden (siehe S. 107).

Formschnitt und Erziehung

Die Erziehung beschränkt sich darauf, daß man die stärksten Triebe festbindet, um ein gewisses Gleichgewicht zu erzielen. Während der Wachstumsperiode müssen die noch weichen Ranken oder Sprosse vorsichtig geführt werden, damit sie Halt an der Stütze finden; dies hat zu geschehen, solange sie noch biegsam sind und das Holz nicht zu sehr ausgereift ist. Härtere Triebe können meist nicht mehr in die gewünschte Position gebracht werden, ohne Schaden zu nehmen.

Im darauffolgenden Jahr werden, sobald die ärgste Frostgefahr vorbei ist, Seitentriebe bis zu einem geeigneten Auge nahe am Haupttrieb zurückgeschnitten und an der Stütze festgebunden. Aus diesen werden in der folgenden Saison mehrere kräftige Leittriebe wachsen, die die Grundstruktur für die Entwicklung der Pflanze bilden. Mit ihnen verfährt man dann ebenso.

Im Jahr darauf wird jeder Trieb, möglichst auch der Leittrieb, bis auf ein Auge zurückgeschnitten, das in die Richtung zeigt, in die der Trieb wachsen soll. Dadurch entwickeln sich kräftige Schößlinge, mit denen sich die Grundstruktur erweitern läßt. Alle Triebe werden sorgfältig festgebunden, alle anderen Schößlinge bis auf zwei Augen vom nächsten Trieb eingekürzt.

FRÜHJAHRSSCHNITT

Kletterpflanzen, die an diesjährigen Trieben blühen, wie hier Solanum crispum, *werden am Ende des Winters oder im Vorfrühling geschnitten.*

Zu dichte Stellen ausdünnen, sich kreuzende Triebe und schwächere Konkurrenztriebe entfernen.

Abgestorbene oder frostgeschädigte Schößlinge und Triebe werden bis ins gesunde Holz zurückgeschnitten.

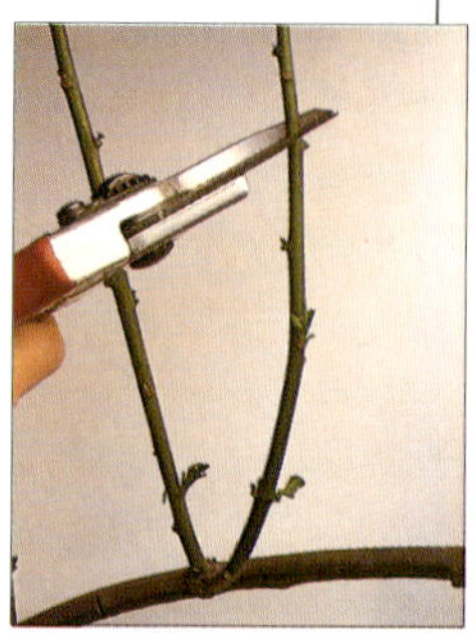

Zugunsten der Blüte Seitentriebe mit einem schrägen Schnitt knapp über einem Auge bis auf 5-6 kräftige, gesunde Augen einkürzen.

FORM- UND ERZIEHUNGSSCHNITT

Damit die Kletterpflanze einen gesunden und kräftigen Aufbau erhält, muß bereits am Ende des ersten Winters oder im Vorfrühling der erste Schnitt erfolgen. Hier handelt es sich um Jasminum nudiflorum.

Sich kreuzende Triebe werden entfernt. Man verwendet eine scharfe Gartenschere und schneidet knapp oberhalb eines gesunden Auges.

Um neue, gesunde Triebe zu fördern, sollten Seitentriebe bis auf ein geeignetes Auge zurückgeschnitten werden.

Zu dichte Stellen im Innern werden ausgedünnt.

Alle Seitentriebe werden gut an der Stütze festgebunden.

Schnitt bereits aufgebauter Kletterpflanzen

Wann aufgebaute Kletterpflanzen geschnitten werden, hängt von der Zeit der Blüte ab. Einige blühen auf diesjährigem Holz, manche auch auf Trieben, die gegen Ende der letzten Vegetationsperiode gewachsen sind. Diese werden normalerweise zu Winterende oder Frühlingsbeginn geschnitten, bevor sich die neuen Knospen zu entwickeln beginnen, und blühen auf neuen Trieben noch in derselben Saison.

Manche Kletterpflanzen blühen auf ausgereiftem vorjährigen oder noch älterem Holz. Diese sollten sofort nach der Blüte geschnitten werden, damit die neuen Triebe noch vor dem Winter wachsen und reifen können, denn sie werden die Blüten der nächsten Saison hervorbringen. Manche frühblühenden Kletterpflanzen blühen zweimal, wenn sie früh genug geschnitten werden.

Es ist meist nicht schwer, ein- und zweijährige Triebe zu unterscheiden. Die einjährigen sind noch biegsam und meist grün, die zweijährigen grau oder braun. Triebe, die älter als 2 Jahre sind, weisen eine charakteristische, meist dunkle Rinde auf und sind hart und holzig.

Beim Schneiden werden immer alle abgestorbenen oder beschädigten und die zu dichten und verzweigten Triebe entfernt. Sind sie über den vorgesehenen Rahmen hinausgewachsen, werden sie zurückgeschnitten.

SCHNEIDEN IM FRÜHSOMMER

Kletterpflanzen, die am vorjährigen Holz blühen, wie Jasminum beesianum, *sollten gleich nach der Blüte gestutzt werden, damit sich die neuen Triebe noch vor dem Winter entwickeln können.*

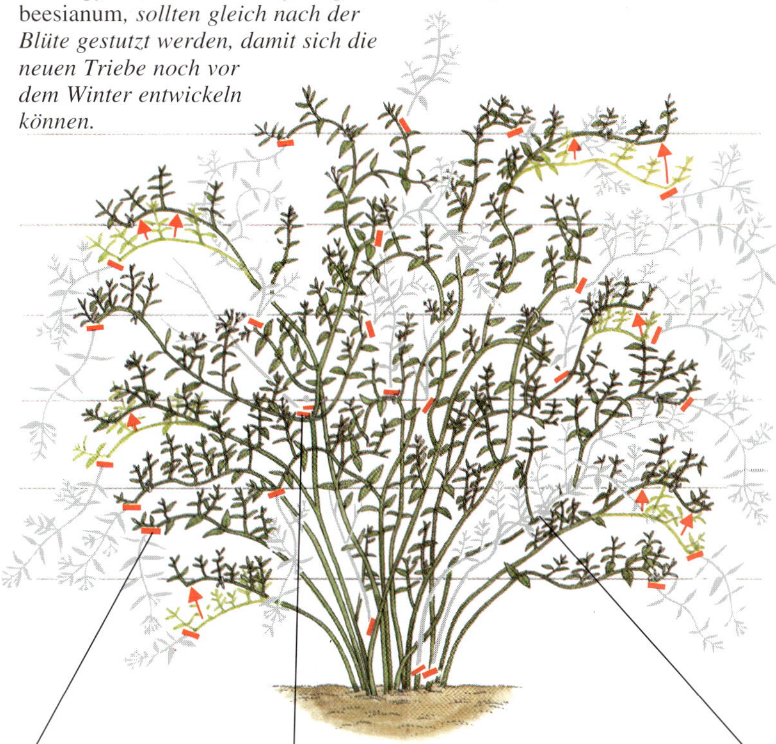

Verblühte Triebe bis auf einen kräftigen Trieb weiter unten zurückschneiden.

Abgestorbenes oder beschädigtes Holz ab dem nächsten gesunden Trieb entfernen.

Bei übermäßig dichtem Wuchs werden schwache Triebe weggenommen.

KLETTERER, DIE AM DIESJÄHRIGEN HOLZ BLÜHEN

Anredera cordifolia ❄
Antigonon leptopus ❄
Bignonia
Billardiera longiflora ❄
Campsis
Clematis, einige ❄ (großblumige Blüten)
Clerodendrum thomsoniae ❄
Clianthus ❄
Clytostoma ❄
Distictis ❄
Eccremocarpus scaber ❄
Ipomoea ❄
Lapageria ❄
Lonicera, einige ❄
Mandevilla ❄
Mikania ❄
Mutisia decurrens
Parthenocissus, einige ❄
Pileostegia viburnoides
Plumbago ❄
Podranea ❄
Polygonum aubertii
Pyrostegia venusta ❄

Solanum crispum

Solanum crispum, *S. jasminoides* ❄
Stephanotis ❄
Streptosolen ❄
Thladiantha, einige ❄
Thunbergia gregorii ❄
Vigna caracalla ❄
Vitis, einige ❄

KLETTERER, DIE AM VORJÄHRIGEN HOLZ BLÜHEN

Actinidia, einige ❄
Allemanda cathartica ❄
Aristolochia, einige ❄
Beaumontia ❄
Bougainvillea ❄

Bougainvillea 'Miss Manila'

Clematis montana
Decumaria sinensis ❄
Hoya ❄
Hydrangea
Jasminum, einige ❄
Pandorea jasminoides ❄
Passiflora, die meisten ❄
Pileostegia
Schizophragma
Solandra maxima ❄
Streptosolen jamesonii ❄
Strongylodon ❄
Wisteria

SCHLÜSSEL
❄ *Nicht winterhart*

Wie man Glyzinen schneidet

Wisteria bringt nur wenige Blüten hervor, wenn die kräftigen Sommertriebe nicht rigoros geschnitten werden, denn erst dann hat die Pflanze genug Kraft für die Blüte. Es ist günstig, wenn die Haupttriebe mehr waagrecht als senkrecht geführt werden. Die Blüten sitzen auf Kurzsprossen, die durch den Schnitt an den Hauptverzweigungen der entwickelten Pflanze entstehen. Die einfachste Methode besteht aus 2 Phasen. Gegen Ende des Sommers werden lange Triebe und kurze Seitentriebe gestutzt. Nur wenn die Grundstruktur der Pflanze erweitert werden soll, bleiben sie stehen und werden bloß festgebunden. Im Winter schneidet man die im Sommer gestutzten Kurzsprosse auf 2-3 Augen zurück und kürzt alle Triebe, die nach dem Sommerschnitt gewachsen sind, auf 15 cm ein.

1 *Im Spätsommer stutzt man kräftige, belaubte Triebe, damit sich im nächsten Jahr mehr Knospen entwickeln.*

2 *Lange Triebe in sicherer Entfernung vom nächsten Auge auf etwa 15 cm oder 4-6 Blätter einkürzen.*

WINTER
Im Sommer gestutzte Triebe werden nochmals geschnitten, und zwar auf 8-10 cm oder 2-3 Augen.

Schnitt im Frühwinter

Wird im Frühwinter geschnitten, ist die Grundstruktur der Pflanze gut sichtbar, und neue Triebe können gut eingebunden werden. Hier handelt es sich um Schisandra glaucescens.

Zu dicht wachsende Triebe ausdünnen, schwache und sich kreuzende Schößlinge entfernen.

Abgestorbenes Holz wird nötigenfalls bis zur Basis entfernt.

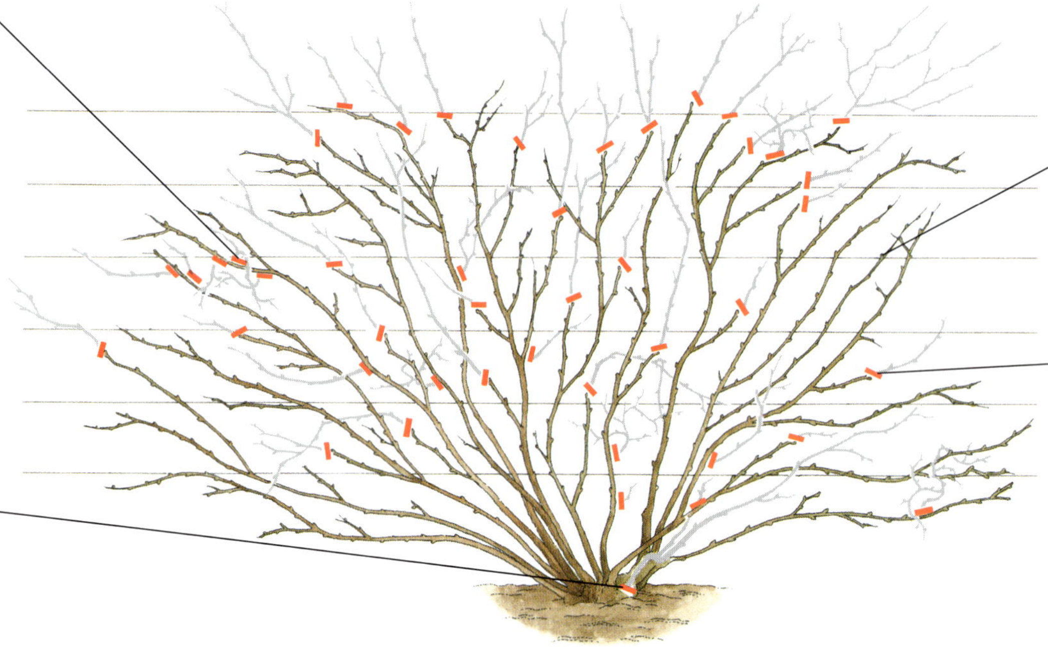

Neue Triebe werden so eingebunden, daß eine ausgewogene Struktur entsteht.

Zur Förderung der Blüte werden alle Seitentriebe auf etwa 5 Augen eingekürzt.

Immergrüne Kletterer
Immergrüne Kletterpflanzen werden zu Frühlingsbeginn geschnitten, wenn keine Frostgefahr mehr besteht und die Pflanzen neu auszutreiben beginnen. Immergrüne Kletterer mit interessanten Blüten und Blättern blühen am vorjährigen Holz, werden also erst nach der Blüte geschnitten. In beiden Fällen entfernt man abgestorbene oder beschädigte Triebe und bringt andere in die gewünschte Form.

Schnitt zu Winterbeginn
Kletterpflanzen, die in der letzten Wachstumsperiode bereits mindestens einmal zurückgenommen worden sind, können im Winter nochmals geschnitten werden (Abbildung oben). Das hat sich v.a. bei laubabwerfenden Gehölzen bewährt, deren Struktur durch die kahlen Zweige besser sichtbar wird. Ausgereiftes Holz, das die nächsten Blüten hervorbringen soll, darf nicht entfernt werden. Eine im Winter geschnittene Pflanze kann bei anhaltend mildem Wetter zu treiben beginnen. Die jungen Triebe werden dann oft noch vom Frost beschädigt und im Frühling geschnitten.

Zierwein *(Vitis)* wird am besten zu Winterbeginn geschnitten, wenn die Pflanze ruht und weniger leicht Saft verliert.

Werden die Triebe im Frühling geschnitten, wenn der Saft hochsteigt, »blutet« sie stark; der Saftfluß ist schwer zu stillen. (Schnitt der Weinrebe siehe S. 402-406.)

Erziehung aufgebauter Kletterer

Kletterpflanzen, die sich mit Luftwurzeln selbst festhalten, müssen nur in den ersten Jahren, solange die Luftwurzeln der Pflanze noch nicht genügend Halt geben, befestigt werden. Bei allen anderen macht man die Triebe jährlich fest, damit die Pflanze so die gewünschte Form erhält.

Wählen Sie während der Wachstumsperiode die kräftigsten neuen Triebe aus, und binden Sie sie in die Grundstruktur der Pflanze ein, bevor sie holzig werden. Behalten Sie dabei die Platzverhältnisse im Auge, und lassen Sie die Leittriebe gerade

Schneiden der Drillingsblume

Bougainvillea ist eine starkwachsende Kletterpflanze, die mit oder ohne Schnitt blüht. Um das Wachstum in Grenzen zu halten, sollte sie in der zweiten Winterhälfte oder zu Frühlingsbeginn gestutzt werden. Seitensprosse, die nicht zur Grundstruktur gehören, werden bis auf einige Zentimeter vom Ansatz eingekürzt.

1 *Widerspenstige Seitensprosse bis auf 2,5-5 cm von den Haupttrieben kürzen.*

2 *Der Schnitt erfolgt glatt und nah bei einem gesunden Auge. Die Augen treiben bald neu aus.*

Kletterer an Pergolen und Säulen

Damit eine Pergola oder eine Säule gleichmäßig bewachsen wird, macht man die Haupttriebe während der Wachstumsperiode fest; sie werden dabei so verteilt, daß an der Stütze keine Lücken entstehen. Um die Blüte zu fördern, senkt man die Triebe und legt die Seitensprosse bei rankenden Arten gleichmäßig um die Stütze, wobei darauf zu achten ist, daß die Sprosse ihrer natürlichen Wuchsrichtung folgen – rechts- oder linksherum.

Nach der Blüte entfernt man abgestorbene oder kranke Triebe und stutzt auch die Haupt- und Leittriebe. Dadurch wird das Breitenwachstum im folgenden Jahr gefördert.

1 *Verirrte Seitensprosse in ihrer natürlichen Wuchsrichtung um die Stütze führen.*

2 *Im Spätsommer alle Leittriebe um ein Drittel kürzen, um das Breitenwachstum zu fördern.*

wachsen, bis sie die erforderliche Höhe erreicht haben. Heften Sie alle Triebe in regelmäßigen Abständen mit Kunststoff- oder Weinrebenbändern an der Stütze fest. Die Befestigung sollte stark genug sein, damit sich die Triebe bei starkem Wind nicht losreißen und an der Stütze reiben; das Wachstum der Triebe sollte aber nicht eingeschränkt sein. Da sie im Laufe der Zeit dicker werden, lockert man die Binder ab und zu etwas.

Verjüngung alter oder vernachlässigter Kletterer

Die meisten Kletterer vertragen einen Schnitt bis auf die Basis oder die Grundstruktur, eine bereits geschwächte Pflanze aber möglicherweise nicht. In diesem Fall ist es ratsam, die Pflanze allmählich über 2-3 Jahre zu schneiden und dabei jährlich zu düngen.

Wird eine Pflanze ganz zurückgeschnitten, kürzt man alle Triebe zu Frühlingsbeginn auf 30-60 cm über dem Boden ein. Um neues Austreiben zu fördern, verwendet man einen schnell wirkenden, ausgewogenen Dünger in einer Dosierung von 50-85 g/m². Der Wurzelbereich wird gut gewässert und mit einer Mulchschicht abgedeckt. Alle jungen Triebe sind wie bei neugepflanzten Kletterern zu befestigen.

Die Erneuerung über einen Zeitraum von 2-3 Jahren (siehe unten) ist schwieriger, da die Triebe oft miteinander verwachsen. Im Frühling wird das Gestrüpp so weit wie möglich entfernt, dann schneidet man einen von zwei Haupttrieben bis auf die Basis zurück. Die abgeschnittenen Teile werden vorsichtig aus dem Gewirr herausgelöst. Danach entfernt man auch beschädigte Triebe und schwache, dünne Sprosse, da sie kaum schöne Blüten tragen werden, ebenso abgestorbenes Holz. Die Pflanze wird gedüngt, gewässert und gemulcht wie beim scharfen Rückschnitt. Junge Basaltriebe werden festgemacht, so daß keine Lücken entstehen, dürfen aber nicht mit alten Trieben verwachsen. Im nächsten Frühjahr wiederholt man den Vorgang und düngt, wässert und mulcht die Pflanze.

Schnitt beim Geißblatt *(Lonicera)*

Kletternde Geißblatt-Arten müssen kaum geschnitten werden, um üppig zu blühen, neigen aber dazu, sich zu einem Dickicht aus wirren Trieben mit Blättern und Blüten am oberen Ende zu entwickeln, wenn sie vernachlässigt werden. Ist die Pflanze erst einmal in diesem Zustand, sollte man sie in der ersten Frühlingshälfte, zu Beginn der neuen Wachstumsperiode, scharf zurückschneiden. Es werden bald wieder neue Triebe entstehen, und diese sollten gleichmäßig festgemacht werden.

In manchen Fällen kann die Pflanze auch erneuert werden, indem man tote oder beschädigte Triebe unter dem jungen Wuchs entfernt. Mit der Heckenschere geht das besonders gut.

SCHARFER VERJÜNGUNGSSCHNITT
Ist die Pflanze stark verwuchert, werden alle Triebe mit der Astschere auf 30-60 cm über dem Boden zurückgeschnitten.

ALTERNATIVE METHODE
Ist kein so starker Rückschnitt erforderlich, entfernt man das abgestorbene Holz unter dem neuen Wuchs.

VERNACHLÄSSIGTE KLETTERER VERJÜNGEN

Vernachlässigte Kletterpflanzen (hier Celastrus orbiculatus*) können durch scharfen Rückschnitt im Frühling über 2 oder 3 Wuchsperioden verjüngt werden.*

Man entfernt so viel vom Gestrüpp wie möglich.

Schwache, stark verzweigte oder beschädigte Triebe werden weggenommen, nur starke bleiben stehen.

Mit einer Astschere wird etwa ein Drittel bis die Hälfte der Triebe bis zur Basis zurückgeschnitten, die kräftigen läßt man stehen.

Abgestorbenes oder krankes Holz entfernen. Es wird mit einer scharfen Astschere bis auf ein gesundes Auge zurückgeschnitten.

KLETTERER, DIE GANZ ZURÜCKGESCHNITTEN WERDEN

Allemanda cathartica ❄
Anredera cordifolia ❄
Antigonon leptopus ❄
Aristolochia, einige ❄
Campsis x *tagliabuana*
Clematis, einige ❄ (die meisten)
Clerodendrum thomsoniae ❄
Clytostoma callistegioides ❄
Distictis buccinatoria ❄
Lonicera, einige ❄ (die meisten)
Macfadyena unguis-cati ❄
Manettia cordifolia ❄, *M. inflata* ❄

Passiflora x *caponii* 'John Innes'

Passiflora, die meisten ❄
Petrea volubilis ❄
Polygonum aubertii
Pyrostegia venusta ❄
Quisqualis indica ❄
Solandra maxima ❄
Solanum, einige ❄
Stigmaphyllon ciliatum ❄
Strongylodon macrobotrys ❄
Thunbergia ❄

SCHLÜSSEL
❄ *Nicht winterhart*

Clematis

DIE WALDREBE *(Clematis)* eignet sich für beinahe jede Lage und jedes Klima. Von allen Kletterpflanzen hat sie die längste Blütezeit, es gibt fast keinen Monat, in dem nicht einige Arten oder Hybriden blühen. Viele tragen nach der Blüte noch schöne, silbrige Fruchtstände. Die Arten unterscheiden sich im Habitus, die Bandbreite reicht dabei von den krautigen Pflanzen wie *Clematis integrifolia* und der horstbildenden *C. recta* bis zu ausgebreitet wachsenden Halbsträuchern wie *C.* x *jouiniana* und den besser bekannten Kletterern. Waldreben bringen auch eine große Vielfalt an Blütenfarben und -formen hervor, von den zarten, elfenbeinfarbenen Blütentrauben der *C. rehderiana* und den exotischen, goldfarbenen Blütenlaternen der *C. tangutica* bis zu den einfachen, aber farbenprächtigen Blüten von *C. viticella* und ihrer vielen Hybriden oder den kompakteren Formen der sehr großblumigen *C.* '*Proteus*' oder *C.* '*Vyvyan Penell*'.

Standort

Die Waldrebe ist für die verschiedensten Gartensituationen geeignet. Die kräftigen frühlingsblühenden Arten und Sorten sind ideal zum Kaschieren unansehnlicher Gebäude, Zäune und Mauern.

Weniger rasch wachsende Arten können an Spalieren und Pergolen hochgezogen werden oder in Kaskaden von der Terrasse hängen; zartere Arten breiten sich am Boden aus, wo ihre Blüten am besten zur Geltung kommen.

Manche Arten der *Clematis* wachsen gut in Kübeln und können in Innenhöfen oder – das gilt für empfindliche Arten – unter Glas stehen. Andere machen sich gut auf Stützpflanzen, etwa auf Bäumen, Kletterpflanzen und robusten Sträuchern.

CLEMATIS

GRUPPE 1

C. montana var. *rubens*

***C. alpina* 'Frances Rivis'**

***C. macropetala* 'Markham's Pink'**

GRUPPE 2

***C.* 'The President'**

***C.* 'Henryi'**

***C.* 'Nelly Moser'**

GRUPPE 3

***C.* 'Ernest Markham'**

***C.* 'Jackmanii'**

***C. viticella* 'Mme Julia Correvon'**

Clematis-Gruppen

Die Waldreben lassen sich aufgrund von Blütezeit und Habitus in 3 Gruppen einteilen.

Gruppe 1 umfaßt frühblühende Arten und Sorten, wie *alpina*, *macropetala* und *montana*, die direkt an den reifen vorjährigen Trieben blühen. Zu Gruppe 2 gehören die frühen, großblumigen Sorten auf kurzen, diesjährigen Trieben, die aus dem reifen vorjährigen Holz hervorgehen. Gruppe 3 bilden spätblühende Arten, späte, großblumige Sorten und krautige Waldreben, die an diesjährigen Trieben blühen.

Frühblühende Arten und Sorten

Diese ein wenig empfindlichen frühblühenden, immergrünen Arten und Formen stammen aus Regionen mit warmem Klima und benötigen daher in kalten Gebieten Schutz. Am ehesten winterhart unter den immergrünen Arten sind die kräftige *Clematis armandii* und die kleinere *C. cirrhosa*. Beide gedeihen am besten in Süd- oder Südwestlage und lassen sich gut mit anderen an einer Mauer hochwachsenden Pflanzen kombinieren.

Die Alpina- und Macropetala-Gruppen vertragen sehr niedrige Temperaturen; als Stützpflanzen eignen sich an einer Mauer hochgezogene Bäume oder Sträucher. Kletterrosen u.a. Sträucher, die jährlich zurückgeschnitten werden müssen, können nicht als Stütze verwendet werden, da diese Waldreben kaum geschnitten werden. Sie eignen sich für exponierte Lagen, wie etwa eine Nordost-Ecke des Hauses, aber auch als Kübelpflanzen in Innenhöfen, und wachsen an jeder Stütze.

Die Montana-Gruppe ist winterhart und raschwachsend, die Pflanzen werden 7-12 m hoch. Sie begrünen Mauern und Lauben und wirken gut auf alten Koniferen oder Obstbäumen, können mit ihrem raschen, dichten Wuchs aber das Laub von immergrünen Pflanzen schädigen.

Frühe, großblumige Sorten

Diese Sorten sind völlig winterhart und werden 2,5-4 m hoch. Die kompakteren Sorten wie *C.*'Edith', die normalerweise als erste zu blühen beginnen, sind ideale Kübelpflanzen. Gefüllte und halbgefüllte Sorten und solche, die im Hochsommer blühen, wachsen mit ihren großen Blüten am besten an den Zweigen anderer Bäume oder Sträucher an einer Mauer hoch, wo die Blüten vor starkem Wind oder Regen geschützt sind. Hellere Sorten mit rosa oder malvenfarbenen Blüten pflanzt man am besten in leichten Schatten, weil ihre zarten Blüten eine dunkle Mauer aufhellen und nicht gebleicht werden. Tiefe Rot- und Purpurfarben gehören in sonnige Lagen, da sich durch die Wärme die Farben besser entwickeln.

Spätblühende Arten und Sorten

Zu dieser Gruppe gehören die späten, großblumigen Sorten wie *C.*'Jackmanii', die kleinblumige *C. viticella* und ihre Sorten und eine Vielzahl von Arten und Formen, u.a. auch krautige Waldreben. *C.* 'Jackmanii' wirken am besten auf Kletterrosen, Strauchrosen und den meisten mittelhohen Sträuchern, ganz gleich, ob sie immergrün oder laubabwerfend sind, frei stehen oder an einer Mauer wachsen. Besonders *C. viticella*-Hybriden gedeihen gut auf Bodendeckern wie dem sommer- oder winterblühenden Heidekraut (*Calluna*, *Daboecia* und *Erica*).

Weiter gehören in diese Gruppe *C.* x *jouiniana*, ein idealer Bodendecker, und *C. texensis* samt Hybriden, die mit den winzigen, tulpenartigen Blüten vor einem Hintergrund aus niedrigem Immergrün sehr gut wirken. Starkwachsende Waldreben wie *C. orientalis* und *C. tangutica* brauchen eine große Mauer oder einen höheren Baum, wo sie sich frei entfalten können, und wo ihre vielen Blüten und flauschigen Samenstände gut zur Geltung kommen. Krautige Arten wie *C. heracleifolia* var. *davidiana* klettern nicht und sollten in eine gemischte Rabatte gesetzt werden; *C. integrifolia* z.B. verträgt sich gut mit den Blütenbüscheln der Strauchrosen.

Bodenvorbereitung und Pflanzung

Für starkwachsende Waldreben muß das Spalier oder die Pergola stabil und in gutem Zustand sein. Auch wenn alte Bäume als Stütze dienen, können nur kräftige Äste das oft beträchtliche Gewicht tragen. Bei anderen Stützpflanzen kommt es darauf an, eine ebenso stark wachsende Art zu wählen, damit der Wirt nicht überwuchert wird. Achten Sie auch darauf, daß Stützpflanze und Waldrebe, was den Schnitt anbelangt, zusammenpassen.

Die meisten kletternden Arten gedeihen im Halbschatten oder Schatten, auf jeden Fall braucht der Wurzelbereich kühlen Schatten. Sie können entweder mit niedrigen Sträuchern umgeben oder an die schattige Seite der Stützpflanze oder Mauer gesetzt werden. Krautige Arten gedeihen auch in sonniger Lage. Für den Innenhof setzt man die Waldrebe in einen Trog von 45 cm Durchmesser und 45 cm Tiefe.

Die meisten Arten der Waldrebe wachsen in jedem nährstoffreichen, frischen und gut durchlässigen Boden, v.a. wenn er neutral oder leicht alkalisch ist. Immergrüne Arten und solche wie *C. tangutica* und *C. orientalis* gedeihen nicht in Böden, die den Winter über naß sind, da ihre feinen, fasrigen Wurzeln leicht faulen können.

Die Pflanzung der Waldrebe erfolgt auf die gleiche Weise wie bei anderen Kletterpflanzen (siehe »Bodenvorbereitung und Pflanzung«, S. 100-102), allerdings setzt man sie etwa 5 cm tiefer, damit die aufveredelte Sorte zur Bildung eigener Wurzeln angeregt wird. Falls die Triebe beschädigt werden, kann die Pflanze neu austreiben.

Pflege

Neugepflanzte Waldreben müssen gründlich gewässert werden, bis sie gut eingewachsen sind, kletternde und krautige Arten mulcht man jährlich im Frühjahr mit Gartenerde oder gut verrottetem Kompost.

Junge Pflanzenteile sind zu Frühlingsbeginn sehr anfällig für Schnecken (S. 548). Waldreben werden häufig von Blattläusen (S. 550) befallen, spätblühende, großblumige Sorten auch vom Echten Mehltau (S. 550). Die von einem Pilz verursachte Welkekrankheit gefährdet neugepflanzte großblumige Waldreben (S. 569).

PFLANZUNG EINER CLEMATIS

Waldreben werden 5 cm tiefer gesetzt als bei der Anzucht. So bilden sich unterirdische Augen aus, und die Pflanze wird leichter mit der Welkekrankheit fertig.

Schnitt und Erziehung

Jede *Clematis*-Gruppe wird anders geschnitten; informieren Sie sich daher vor dem Schneiden, denn bei falschem Schnitt entfernen Sie u.U. blühendes Holz.

Erster Schnitt und Erziehungsschnitt bei allen Gruppen
Waldreben halten sich mit Hilfe der zu Ranken umgebildeten Blattstiele fest. Sie müssen so erzogen werden, daß sie die Stütze erreichen, frische Triebe sind im Frühling und Sommer zu befestigen. Man bindet sie unmittelbar unter einem Knoten (oder einer Blattachselknospe) an, die Triebe werden gleichmäßig auf der Stütze angeordnet, damit genug Platz für junge Sprosse bleibt. Waldreben müssen besonders am Anfang sorgfältig geschnitten und erzogen werden, sonst entwickeln sich oft 1-2 Triebe von 15-18 m Länge und dichtem Wuchs am oberen Ende, aber die Basis bleibt kahl. Um das zu vermeiden, sollten alle neugepflanzten Waldrebenarten im ersten Frühling scharf zurückgeschnitten werden.

Hat die Pflanze nicht schon an der Basis 3-4 Triebe, schneidet man alle bis auf ein Paar starke, gesunde Blattknospen etwa 30 cm über dem Boden zurück. Entwickeln sich zu Frühlingsbeginn nicht mindestens 3-4 neue Triebe, werden alle neuen Sprosse wieder auf 15 cm, knapp über einem Paar kräftiger Blattknospen, zurückgeschnitten.

Gruppe 1
Viele dieser starkwachsenden Waldreben müssen selten oder gar nicht geschnitten werden, besonders wenn sie bereits nach dem Anpflanzen stark eingekürzt wurden. Will man die Größe beschränken oder muß zu dichter Wuchs ausgedünnt werden, sollte dies nach der Blüte geschehen. Auch abgestorbene, schwache oder beschädigte Triebe können dann entfernt werden. Im Spätsommer und Herbst kommen neue Triebe, die im nächsten Frühling Blüten tragen. Im Herbst wird übermäßiger Wuchs gestutzt, und man befestigt die Triebe; doch bilden sich dadurch

GRUPPE 1 – FRÜHBLÜHENDE ARTEN

C. alpina und Sorten
C. armandii und Sorten
C. cirrhosa

Clematis armandii

C. macropetala und Sorten
C. montana und Sorten
C. montana var. *grandiflora*
C. montana var. *rubens*

Der Blütenstiel wächst direkt am reifen vorjährigen Holz

SCHNITT – GRUPPE 1 CLEMATIS

Bei Gruppe 1 tragen die reifen Triebe die Blüten der nächsten Saison, geschnitten wird daher nach der Blüte und nur bei übermäßigem Wuchs.

Zu dichter oder übermäßiger Wuchs wird ausgedünnt oder entfernt, dabei schneidet man bis zum Ansatz.

Beschädigte Triebe bis zu einem Paar gesunder Augen oder bis auf den Ansatz zurückschneiden.

KONTRASTFARBEN
Waldreben lassen sich ausgezeichnet mit anderen Pflanzen kombinieren, sie ergeben mit einer Reihe von Stützpflanzen ungewöhnliche Effekte. Hier stellen die hellen Blütenkronblätter der Clematis viticella *'Venosa Violacea' einen faszinierenden Kontrast zum Grün der Stützpflanze* Juniperus sabina *var.* tamariscifolia *dar.*

weniger Blüten. *C. armandii*, die massenhaft Blüten hervorbringt, kann jährlich ausgedünnt werden, damit sie nicht zu dicht wird; schneiden Sie sofort nach der Blüte bis auf geeignete junge Triebe zurück.

Gruppe 2
Die einzelnen, großen Blüten sitzen auf Trieben von 15-60 cm Länge, die am vorjährigen Holz wachsen. Diese Pflanzen werden zu Frühlingsbeginn geschnitten, bevor die Pflanze wieder zu treiben beginnt.

Alle abgestorbenen, schwachen oder schadhaften Triebe werden entfernt, gesunde Triebe knapp über einem Paar kräftiger Blattknospen geschnitten. Aus diesen Knospen entstehen dann die ersten Blüten. Diese Gruppe kann im Spätsommer auch eine zweite Blüte hervorbringen.

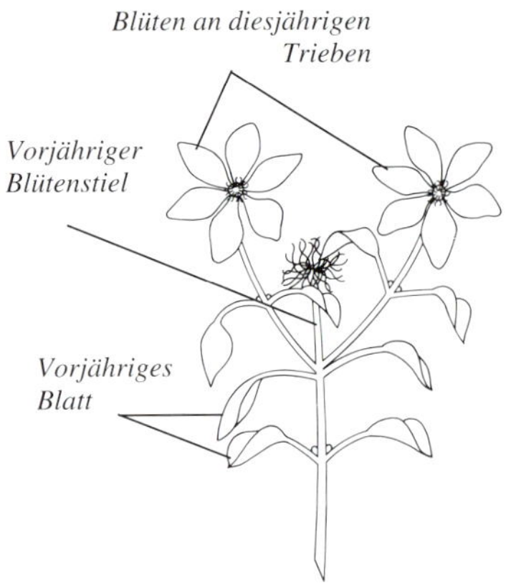

SCHNITT – GRUPPE 2 CLEMATIS

Waldreben der Gruppe 2 blühen an diesjährigen Trieben, werden also zu Frühlingsbeginn geschnitten.

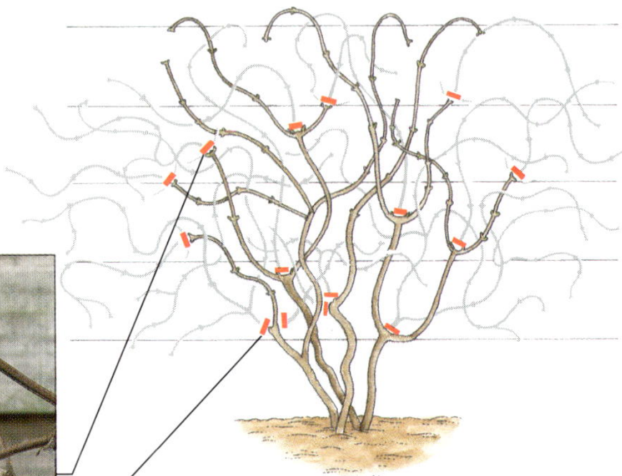

Alte Triebe bis auf ein Paar kräftige Augen zurückschneiden, aus denen sich die ersten Blüten entwickeln.

Bevor die Pflanze neu austreibt, werden alle beschädigten Triebe bis zum Ansatz oder sogar bis zum Boden zurückgeschnitten.

Gruppe 3
Die Blüten dieser Gruppe sitzen an Trieben des diesjährigen Holzes. Geschnitten wird zu Frühlingsbeginn, bevor die Pflanze neu treibt. Alle vorjährigen Triebe werden bis auf ein Paar kräftige Blattknospen knapp über der Basis (15-30 cm über dem Boden) zurückgeschnitten, neue Triebe an der Stütze befestigt. Vorsicht mit den weichen und leicht brechenden neuen Trieben! Sie sollten gleichmäßig verteilt und befestigt werden.

Auch Waldreben, die an Stützpflanzen oder auf Bodendeckern, z.B. Heidekraut, wachsen, brauchen einen Schnitt. Im Spätherbst wird übermäßiger Wuchs glatt entfernt, damit Pflanze und Wirt weniger anfällig für Windschäden sind. Bei winterblühendem Heidekraut sollte die Waldrebe im Spätherbst bis auf 30 cm eingekürzt werden, bevor das Heidekraut zu blühen beginnt.

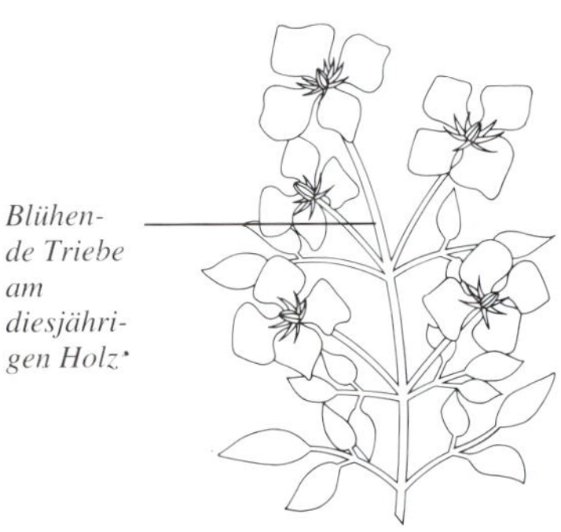

SCHNITT – GRUPPE 3 CLEMATIS

Waldreben der Gruppe 3 blühen an diesjährigen Trieben, werden daher im Vorfrühling geschnitten, ehe die Pflanze treibt.

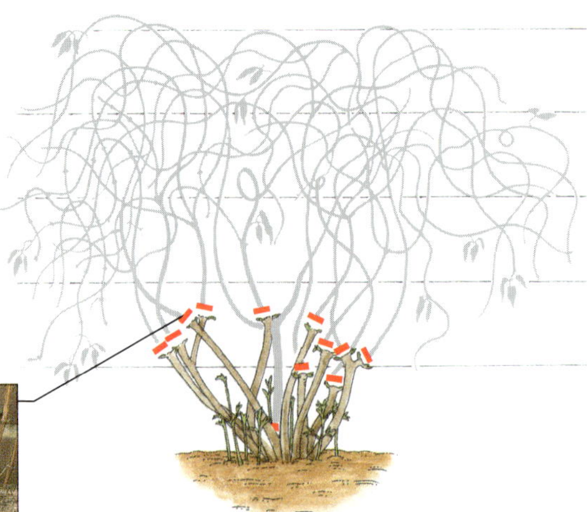

Geschnitten wird knapp über dem untersten Paar kräftiger Augen an jedem Trieb – d.h. etwa 15-30 cm über dem Boden. Der Schnitt erfolgt gerade und mit einer scharfen Gartenschere, damit die Augen nicht beschädigt werden.

Vermehrung

Waldrebenarten können durch Aussaat im Herbst und Überwinterung im kalten Gewächshaus oder Kalten Kasten vermehrt werden. Sorten vermehrt man nicht durch Samen, sondern durch krautige oder halbreife Stecklinge (siehe S. 538-9) oder durch Absenker (siehe S. 537); Teilung (siehe S. 451) oder Stammstecklinge (siehe S. 166) kommen bei krautigen Pflanzen in Frage.

Bei krautigen und halbreifen Stecklingen wird vorzugsweise zwischen zwei Knoten geschnitten. Man schneidet den Steckling im Frühling knapp über einem Knoten und kürzt ihn dann bis 2,5-5 cm unter dem Knoten ein. Eines der beiden Blätter wird in 1 cm Abstand vom Knoten entfernt, das verbliebene Blatt um die Hälfte beschnitten und der Trieb über dem Knoten auf etwa 1 cm gekürzt.

SCHNITT ZWISCHEN DEN KNOTEN

5 cm lange Stecklinge werden knapp über und 3,5 cm unter dem Knoten geschnitten. Je ein Blatt wird entfernt.

GRUPPE 2 – FRÜHE GROSSBLUMIGE SORTEN

C. 'Barbara Jackman'
C. 'Carnaby'
C. 'Daniel Deronda'

Clematis 'Vyvyan Pennell'

C. 'Duchess of Edinburgh'
C. 'Elsa Späth'
C. 'General Sikorski'
C. 'Henryi'
C. 'Lasurstern'
C. 'Marie Boisselot', syn. *C.* 'Mme Le Coultre'
C. 'Mrs N. Thompson'
C. 'Nelly Moser'
C. 'Niobe'
C. 'The President'
C. 'Vyvyan Pennell'

GRUPPE 3 – SPÄTBLÜHENDE ARTEN UND SORTEN

C. 'Comtesse de Bouchaud'
C. 'Duchess of Albany'
C. 'Ernest Markham'

Clematis 'Perle d'Azure'

C. florida und Sorten
C. 'Gipsy Queen'
C. 'Hagley Hybrid'
C. 'Jackmanii'
C. 'Lady Betty Balfour'
C. 'Perle d'Azure'
C. tangutica und Sorten
C. 'Ville de Lyon'
C. viticella und Sorten

Vermehrung

KLETTERPFLANZEN können durch Aussaat, Steckhölzer oder Wurzelschnittlinge oder durch Absenker vermehrt werden, *Wisteria* auch durch Veredeln (siehe S. 58).

Aussaat ist die billigste Methode; sie empfiehlt sich bei einjährigen und bei krautigen Kletterern. Bei Hybriden und Sorten ist allerdings die vegetative Vermehrung, z.B. durch Stecklinge, anzuraten. Verholzende Pflanzen können Jahre brauchen, bis sie blühen.

Vermehrung durch krautige Triebstecklinge oder solche aus halbreifem Holz ist bei fast allen Kletterern möglich und bei einigen Sorten die beste Methode. Vermehrung durch Steckhölzer praktiziert man normalerweise nur bei Wein (*Vitis*); Wurzelschnittlinge werden bei einigen wenigen Pflanzen verwendet, z.B. bei *Celastrus*. Manche Kletterer vermehren sich selbst durch Ausläufer. Braucht man nur wenige Pflanzen, erweisen sich Absenker als eine einfache und auch sichere Vermehrungsmethode für Kletterpflanzen, bei denen Stecklinge problematisch sind.

Vermehrung durch Aussaat

Die meisten Arten bringen keimfähigen Samen hervor. Bei nicht ganz winterharten Pflanzen ist ein langer, heißer Sommer vonnöten, damit der Samen ausreift. Bei einhäusigen Pflanzen, wie *Actinidia chinensis* und *Celastrus*, müssen Pflanzen beiderlei Geschlechts ziemlich nah zusammengesetzt werden, damit eine Befruchtung erfolgen kann.

Das Geschlecht eines Sämlings läßt sich erst feststellen, wenn er zu blühen beginnt. Bei manchen Pflanzen, wie der *Actinidia chinensis*, sind aber vegetativ vermehrte männliche und weibliche Klone erhältlich. Näheres über Aussaat und Pflanzung von einjährigen Kletterpflanzen finden Sie im Kapitel »EIN- UND ZWEIJÄHRIGE«, S. 180-186.

Vorbereitung des Samens

Bei manchen Kletterpflanzen muß der Samen vor der Aussaat in Wasser eingeweicht werden: bei *Hardenbergia* und *Lathyrus* sollte der Samen 24 Stunden im Wasser liegen, bei *Lapageria* 48 Stunden. Bei Samen mit harter Außenschicht muß oft der Ruhezustand durch Kälte unterbrochen werden, was man am einfachsten erreicht, indem man sie für 6-8 Wochen in den Kühlschrank legt (Näheres siehe »Kältestratifizierung«, S. 536).

Aussaat

Bei Verwendung von Tontöpfen müssen zuerst die Drainagelöcher mit Tonscherben abgedeckt werden, dann wird das Gefäß mit standardisiertem Vermehrungssubstrat gefüllt. Man drückt das Substrat mit einem Brettchen leicht an, damit keine Hohlräume bleiben. Größerer Samen wird gleichmäßig verteilt, leicht in die Saaterde gedrückt und dann mit einer samenkornhohen Schicht aus gesiebter Erde, vermischt mit grobkörnigem Sand, bedeckt. Winzige Samenkörner werden mit feinem trockenen Sand vermischt, damit sie gleichmäßig und dünn gesät werden können; sie müssen nicht mehr mit Erde bedeckt werden.

Beschriften Sie den Topf und wässern Sie mit einer feinen Brause. Legen Sie eine durchsichtige Kunststoffolie oder eine Glasplatte über das Gefäß.

Die Samen mancher Kletterer, wie *Mutisia* und *Thladiantha*, benötigen in kühlem Klima künstliche Wärme zum Keimen und sollten daher in einen heizbaren Vermehrungskasten (13-16°C) gegeben werden. Die einjährige *Cobaea* wird im Spätwinter an einen beheizten Platz gesät, damit die junge Pflanze bereits gut aufgebaut ist, wenn sie ins Freie kommt. Die meisten anderen Samen benötigen ein warmes Plätzchen ohne direkte Sonne. Winterharte Kletterer keimen am besten bei kühlen Temperaturen; stellen Sie Vermehrungstopf oder -schale in einen Kalten Kasten im Freien.

Pikieren

Sobald Sämlinge erscheinen, wird die Glas- oder Kunststoffabdeckung entfernt. Und wenn sich das erste Blättchenpaar gebildet hat, werden die Sämlinge in kleine Töpfe pikiert. Bei sehr kleinen Sämlingen verwendet man einen Multitopf und setzt die Pflänzchen in Reihen im Abstand von etwa einer Blattbreite.

Kontrollieren Sie öfter den Topfboden; sobald sich Wurzeln durch die Löcher schieben, werden die Sämlinge umgetopft. Bei kühlen Temperaturen gekeimte Sämlinge sollten nun abgedeckt und an einen wärmeren Platz gebracht werden.

Auspflanzen

Sämlinge werden ausgepflanzt, wenn sie gut aufgebaut sind. Raschwachsende einjährige und mehrjährige Kletterer kommen bereits an ihren endgültigen Platz. Wenn noch Frostgefahr besteht und die Kletterpflanze nicht völlig winterhart ist, wird sie entweder durch ein Glas geschützt oder erst gepflanzt, wenn die Frostgefahr vorbei ist.

Langsamwachsende Kletterer müssen jedesmal umgetopft werden, wenn die Wurzeln durch die Löcher im Topfboden wachsen. In der ersten Saison setzt man sie an eine geschützte Stelle oder in ein Frühbeet. Die Pflanze sollte jedenfalls durch Bambusstäbchen gestützt werden. Bei Topfpflanzen ist die Erde feucht zu halten.

AUSSAAT

1 *Samen wird von reifen Pflanzen geerntet (hier* Clematis*) – er ist leicht herauszuziehen. Die »Schwänzchen« müssen nicht entfernt werden.*

2 *Dünn in einem vorbereiteten Gefäß mit feuchtem, mit Kies gemischtem Vermehrungssubstrat aussäen.*

3 *Mit einer dünnen Schicht aus Erde und Kies bedecken, eine Kiesschicht darübergeben und beschriften. Ins Freie in ein Sandbeet oder einen Kasten setzen.*

4 *Nach dem Keimen pikieren: Ein Klümpchen lockern, herausheben und die Sämlinge einzeln einpflanzen, dabei vorsichtig an den Blättern halten.*

5 *Wenn die Sämlinge das erste Laubblattpaar entwickelt haben, werden sie einzeln in feuchte Topferde gesetzt. Beschriften und in einen Kalten Kasten stellen.*

6 *Weiterwachsen lassen, bis die Sämlinge gut aufgebaut sind. Dann können sie an ihren endgültigen Platz gesetzt werden.*

Vermehrung durch krautige Stecklinge

Das weiche Holz ist der jüngste Teil eines Triebes und immer an der Spit-

KLETTERER, DIE DURCH KRAUTIGE STECKLINGE VERMEHRT WERDEN

Allemanda ❄
Anemopaegma ❄
Anredera cordifolia ❄
Antigonon ❄
Asarina ❄
Bignonia
Ceropegia ❄
Clematis, einige ❄

Allemanda cathartica 'Hendersonii'

Clerodendrum, einige ❄
Clitoria ❄
Codonopsis
Convolvulus, einige ❄
Cryptostegia ❄
Distictis ❄
Hedera, einige ❄
Hibbertia ❄
Hydrangea
Ipomoea ❄
Lonicera, einige ❄
Manettia ❄
Mikania ❄
Parthenocissus, einige ❄
Periploca
Schisandra
Schizophragma

Senecio macroglossus 'Variegatus'

Senecio, einige ❄
Solanum, einige ❄
Sollya ❄
Streptosolen ❄
Thladiantha, einige ❄
Thunbergia ❄
Tropaeolum, einige ❄
Wisteria

VERMEHRUNG DURCH HALBAUSGEREIFTE STECKLINGE

Actinidia, einige ❄
Agapetes ❄
Akebia
Ampelopsis
Anemopaegma ❄
Araujia ❄
Aristolochia, einige ❄
Asteranthera
Beaumontia ❄
Berberidopsis
Berchemia
Billardiera ❄
Bougainvillea ❄
Campsis
Celastrus
Cissus ❄

SCHLÜSSEL
❄ *Nicht winterhart*

ze. Krautige Stecklinge werden im Frühsommer kurz nach Beginn der neuen Wachstumsperiode geschnitten, bevor die Triebe hart werden. Füllen Sie ein Gefäß fast bis zum Rand mit feuchtem Vermehrungssubstrat, und drücken Sie an.

Stecklinge schneiden
Man schneidet von den Trieben etwa 15 cm lange Stücke, der Schnitt erfolgt immer über einem Blattansatz oder Knoten. Dann wird die Basis bis unmittelbar unter einem Knoten gekürzt. (Die Waldrebe bildet eine Ausnahme: Der Schnitt erfolgt zwischen den Knoten mit einem kleinen Triebstück unter dem Knoten; siehe »Vermehrung«, S. 110).

Krautige Stecklinge reagieren sehr empfindlich auf Feuchtigkeitsverlust, sie müssen daher sofort in einen durchsichtigen Plastikbeutel gegeben werden.

Vorbereitung der Stecklinge
Entfernen Sie die Blätter am unteren Drittel des Triebes mit einem scharfen Messer, und tauchen Sie die Basis jedes Stecklings in ein Fungizidpulver, damit er nicht zu faulen beginnt. Krautige Stecklinge wurzeln leicht und müssen nicht mit Bewurzelungshormon behandelt werden. Geben Sie die Stecklinge so in die Erde, daß sich das jeweils unterste Blattpaar gerade über der Oberfläche befindet.

Beschriften Sie die Stecklinge, und besprühen Sie sie dann mit Wasser. Sie können sie nun in einen Anzuchtkasten geben, mit einer Glasplatte oder mit Folie abdecken. Die Stecklinge sollten genügend Licht haben und dürfen nicht austrocknen.

Topfen
Stecklinge brauchen etwa 4-8 Wochen zum Bewurzeln, beim Geißblatt (*Lonicera*) dauert es vielleicht länger. Sie werden dann in Einheitserde auf Lehmbasis getopft. Man kann auch eine Mischung aus 2 Teilen Torf und 1 Teil Sand verwenden; da diese keine Nährstoffe enthält, muß alle zwei Wochen Flüssig- oder Blattdünger zugegeben werden.

Stecklinge, die man zu Frühlingsbeginn schneidet, können im Herbst gepflanzt werden; später geschnittene sollten geschützt überwintert und erst im nächsten Frühling, wenn kein Frost mehr droht, gepflanzt werden. Bei kühlem Klima werden alle empfindlichen Stecklinge an einem frostfreien Platz überwintert, im Frühling langsam abgehärtet und erst ins Freie gesetzt, wenn die Frostgefahr gebannt ist.

Vermehrung durch halbreife Stecklinge

Von Hochsommer bis Frühherbst können halbreife Stecklinge geschnitten werden. Füllen Sie ein Gefäß mit feuchtem Vermehrungssubstrat wie bei den krautigen Stecklingen. Nehmen Sie etwa 10 - 15 cm lange Stücke von noch nicht ganz ausgereiftem Holz, schneiden Sie

VERMEHRUNG DURCH KRAUTIGE STECKLINGE

1 *Man füllt einen 12-cm-Topf ganz mit feuchter Einheitserde und drückt das Substrat leicht an.*

2 *Etwa 15 cm lange Stücke von gesunden weichen Triebspitzen (hier* Solanum crispum*) schneiden und sofort in einen Plastikbeutel geben, damit sie nicht austrocknen.*

3 *Jeden Steckling auf etwa 10 cm kürzen, der Schnitt erfolgt gerade und knapp unter einem Blattansatz. Die unteren Blätter am Ansatz gerade abschneiden.*

4 *Jeden Steckling in Fungizid tauchen. 2 oder 3 Stecklinge werden so eingetopft, daß die untersten Blätter über der Erde sind; sie dürfen sich nicht berühren.*

5 *Die Stecklinge fein mit Wasser besprühen, beschriften und in einen Vermehrungskasten oder in Plastikbeutel geben (mit Luft gefüllt, damit sie nicht aufliegen).*

6 *Nach dem Wurzeln wird jeder Steckling in einen eigenen Topf gesetzt und durch feines Besprühen feucht gehalten.*

Vermehrung durch halbreife Stecklinge

10-15 cm lange Stücke von gesundem, jungen Holz werden knapp unter einem Knoten abgeschnitten. Manche Stecklinge nimmt man mit einem kleinen Rindenkeil an der Basis ab (s. Abbildung). Sie werden vor Verwendung gekürzt.

Vermehrung durch Steckhölzer

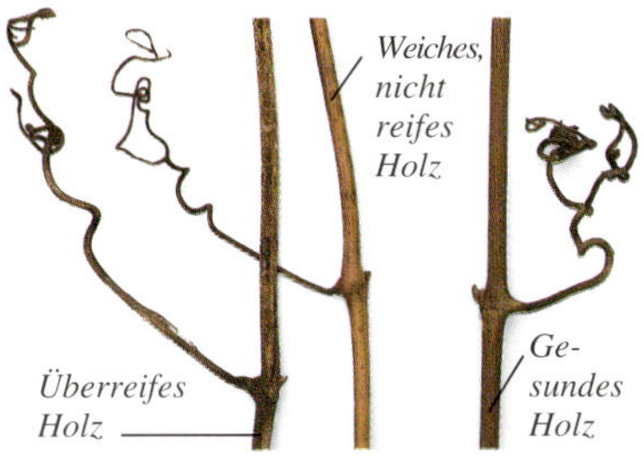

1 Ein gesunder Trieb wird vom diesjährigen Holz direkt über einem Auge abgeschnitten. Überreifes ist ebenso wie junges Holz ungeeignet.

2 Ranken und Seitensprosse werden entfernt. Der Trieb wird mit je einem schrägen Schnitt über dem Auge und einem geraden an der Basis zerteilt.

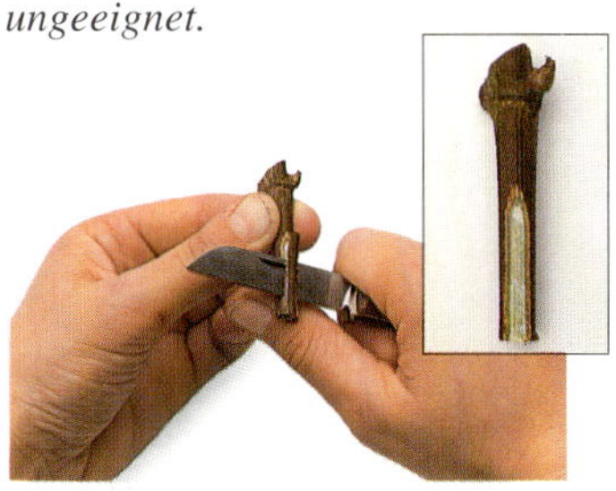

3 Mit einem glatten senkrechten Schnitt wird die äußere Schicht entfernt und das Kambium freigelegt (Nebenbild).

4 Die Steckhölzer so in die Erde geben, daß die obersten Augen noch über der Oberfläche sind. Beschriften, wässern und in den Kalten Kasten stellen.

5 Sind die Steckhölzer gut bewurzelt, werden sie einzeln getopft. Man läßt sie weiterwachsen, stützt sie eventuell ab und pflanzt sie dann aus.

über einem Blattansatz oder Knoten. Dann wird die Basis bis zu einem Knoten zurückgeschnitten.

Sie können den gewählten Sproß auch bei der Ansatzstelle an der Mutterpflanze abschneiden. Manche Stecklinge wurzeln besser, wenn sie mit einem »Keil« abgenommen werden; indem man den Sproß vorsichtig von der Mutterpflanze abreißt, bleibt an dem Sproß ein kleines, keilförmiges Rindenstück. Dieser Keil wird entfernt und die Basis mit Bewurzelungshormon behandelt, bevor man den Steckling in die Erde gibt und beschriftet. Der Topf sollte in einen Vermehrungskasten gestellt werden. Halbreife Stecklinge brauchen meist 8-12 Wochen oder auch länger, bis sie wurzeln.

Dann werden sie in Einheitserde umgetopft und, sobald sie sich erholt haben, in einen Kalten Kasten gegeben. Die eingewurzelten Stecklinge sollten bis zum Frühjahr abgehärtet werden und kommen dann an ihren endgültigen Platz.

Vermehrung durch Steckhölzer

Steckhölzer nimmt man im Herbst und frühen Winter von gesunden Trieben, die während der Wachstumsperiode verholzt sind. Mit einer Gartenschere schneidet man ein Triebstück genau über einem Auge ab. Zunächst werden alle Seitensprosse entfernt, dann teilt man den Trieb in 5-8 cm lange Stücke, dabei wird oben über einem Auge schräg und an der Basis gerade geschnitten. Es können auch längere Steckhölzer mit zwei oder mehr Augen verwendet werden.

Um die Bewurzelung zu fördern, wird an der Basis jedes Teilstücks mit einem scharfen Messer ein kleiner Holzsplitter herausgenommen. Eine Behandlung dieser Wunde mit Bewurzelungshormon kann bei schwer wurzelnden Kletterern helfen, ist aber nicht immer nötig.

Vorbereitung

Füllen Sie einen Topf fast bis zum Rand mit durchlässigem Vermehrungssubstrat (gemischt mit etwas Sand), und feuchten Sie dieses gut an. Setzen Sie die Steckhölzer am Topfrand in etwa 5 cm Entfernung voneinander ein. Sie sollen zu 2/3 unter der Erde sein, so daß nur die obersten Augen herausschauen. Die Erde andrücken, wässern, den Topf beschriften und über den Winter in einen Kalten Kasten stellen. Sie können die Steckhölzer auch direkt in einen Kalten Kasten oder in eine Furche an einer geschützten Stelle im Garten setzen (siehe S. 54). Steckhölzer von nicht ganz winterharten Pflanzen sollten an einem frostfreien Platz überwintert werden. Sie brauchen mitunter mehrere Monate zur Bewurzelung, können aber meist bis zur Mitte des darauffolgenden Frühlings ein- oder umgetopft werden. Man setzt sie entweder in Einheitserde oder an einen geschützten Platz im Garten, bevor man sie im darauffolgenden Herbst an ihren endgültigen Platz pflanzt.

Vermehrung durch halbausgereifte Stecklinge (Forts.)

Clematis, einige ❄
Clianthus ❄
Clytostoma ❄
Decumaria ❄
Dioscorea ❄
Distictis ❄
Ercilla
Euonymus
Fallopia, syn. *Polygonum*
Hardenbergia ❄
Hedera, einige ❄
Hoya ❄
Jacquemontia ❄
Jasminum, einige ❄
Kennedia ❄
Lonicera, einige ❄
Macfadyena ❄

Mandevilla x amabilis

Mandevilla ❄
Manettia ❄
Mitraria ❄
Mutisia, einige ❄
Paederia
Pandorea ❄
Passiflora, die meisten ❄
Petrea ❄
Pileostegia
Plumbago ❄
Podranea ❄
Pyrostegia ❄
Quisqualis ❄
Sarmienta ❄
Schisandra
Schizophragma
Senecio, einige ❄
Solandra ❄
Solanum, einige ❄
Stauntonia
Stephanotis ❄
Stigmaphyllon ❄
Strongylodon ❄
Tecoma ❄
Tecomanthe ❄
Tecomaria ❄
Thunbergia ❄
Trachelospermum
Tripterygium
Wattakaka

Kletterer, die durch Steckhölzer vermehrt werden

Actinidia kolomikta
Bougainvillea ❄
Lonicera, einige ❄
Parthenocissus, einige ❄
Vitis, einige ❄

Actinidia kolomikta

Schlüssel
❄ *Nicht winterhart*

Wurzelschnittlinge

Einige Kletterer, etwa *Celastrus* und *Solanum*, können durch Wurzelschnittlinge vermehrt werden, die spät im Winter oder zu Frühlingsbeginn geschnitten werden.

Schneiden
Graben Sie etwa 45-60 cm von der Basis der Pflanze entfernt ein Loch, und legen Sie ca. 1 cm dicke Wurzeln frei; diese sind am besten geeignet. Schneiden Sie 20-30 cm lange Wurzelstücke ab, je nachdem, wieviele sie brauchen. Der Schnitt wird oben gerade und an der Basis schräg angesetzt. Geben Sie den Schnittling in einen Plastikbeutel, damit er nicht austrocknet.

Vorbereitung
Das Wurzelstück wird gewaschen und in kleinere Stücke geteilt, dabei werden die fasrigen Seitenwurzeln entfernt. Der Schnitt erfolgt oben gerade und an der Basis schräg. Setzen Sie die Schnittlinge mit der Schräge nach unten in einen mit Vermehrungssubstrat aus Torf und Sand im Verhältnis 1:1 gefüllten Topf. Der Abstand sollte etwa 7 cm sein, die Spitzen dürfen nur knapp herausschauen. Streuen Sie eine 1 cm dicke Sandschicht darüber. Die Erde wird nun gut angefeuchtet, der Topf beschriftet und in einen Kalten Kasten oder Vermehrungskasten gestellt. Die Erde feucht halten.

Abhärten und Umtopfen
Im Frühjahr erscheinen oben an den Spitzen der Schnittlinge Augen. Im Frühsommer werden die jungen Pflanzen einzeln eingetopft und langsam abgehärtet. Geben Sie von Zeit zu Zeit Flüssig- oder Blattdünger, und stützen Sie die Pflanzen ab. Im darauffolgenden Herbst können sie an ihren Platz gesetzt werden.

VERMEHRUNG DURCH WURZELSCHNITTLINGE

1 *Man gräbt in einiger Entfernung von der Pflanzenbasis vorsichtig zu den Wurzeln hin und legt Wurzeln frei.*

2 *Mit einer Gartenschere werden Wurzelstücke abgeschnitten. Sie sollten etwa 1 cm dick und mindestens 10 cm lang sein.*

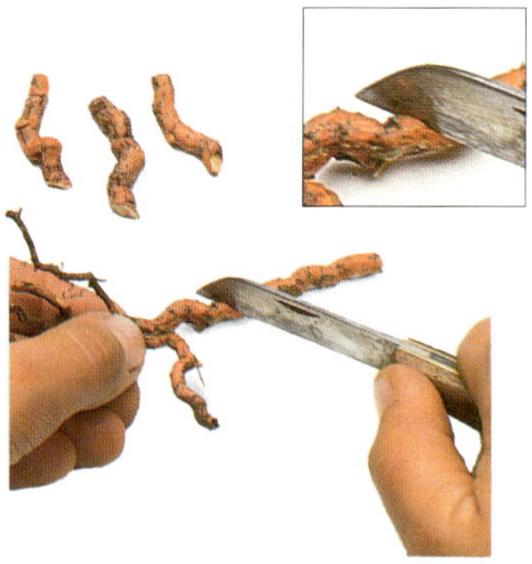

3 *Sie werden gewaschen und in 4-5 cm lange Stücke geteilt, der Schnitt erfolgt oben gerade und an der Basis schräg (s. Bild).*

4 *Jeder Wurzelschnittling wird senkrecht in einen Topf gesteckt, so daß die Spitzen gerade über der Oberfläche sind.*

5 *Nun kommt eine 1 cm dicke Sandschicht darüber. Wässern, beschriften und in einen Kalten Kasten stellen.*

6 *Sobald die Schnittlinge gut bewurzelt und die jungen Triebe etwa 2,5-5 cm hoch sind, werden sie in Töpfe vereinzelt.*

Vermehrung durch Ausläufer

Viele Kletterpflanzen produzieren Ausläufer, die bei Kontakt mit dem Boden selbst wurzeln. Im Herbst oder frühen Frühjahr wählen Sie einen gesunden, gut bewurzelten Ausläufer mit frischem jungen Wuchs. Er wird vorsichtig angehoben und von der Mutterpflanze getrennt. Dann stutzt man den Sproß so zurück, daß nur der Teil oder die Teile des Triebes bleiben, die junge Wurzeln oder entstehende Augen aufweisen. In der Nähe der Wurzeln werden alle Blätter entfernt. Die bewurzelten Ausläufer werden einzeln in Vermehrungssubstrat (Torf und Sand zu gleichen Teilen) eingesetzt und gut gewässert. Ausläufer mit kräftigen Wurzeln und Sprossen können auch sofort an ihren endgültigen Platz gepflanzt werden.

VERMEHRUNG DURCH AUSLÄUFER

1 *Ein bewurzelter Ausläufer wird vorsichtig mit einer Gabel angehoben.*

2 *Den Sproß mit einer Schere von der Mutterpflanze (hier* Efeu*) trennen; zwischen den Knoten schneiden.*

3 *Man teilt den Trieb in mehrere Stücke mit gesundem Wurzelsystem und kräftigem jungen Wuchs. Die unteren Blätter werden entfernt.*

4 *Jedes dieser Stücke in einen Topf mit Vermehrungssubstrat oder an seinen endgültigen Platz pflanzen.*

Absenken

Kletterpflanzen mit langen Trieben können oft durch Absenken vermehrt werden, wenn sie nicht selbst wurzeln. Dabei wird ein Sproß eingeritzt und so in einen Erdspalt gelegt, daß die Sproßspitze wieder herausschaut; dadurch beginnt er an einem Knoten zu wurzeln und bringt eine junge Pflanze hervor.

Viele im Frühling abgesenkte Kletterer entwickeln bis zum Herbst ein kräftiges Wurzelsystem, sie können dann von der Mutterpflanze getrennt werden. *Akebia, Campsis* und *Vitis* sollten im Winter abgesenkt werden, da sie zu sehr »bluten«, wenn die Triebe im Frühling eingeritzt werden, und daher schwerer wurzeln.

Bodenvorbereitung
Ist der Boden nährstoffarm, sollte mindestens einen Monat vor dem Absenken Kompost eingearbeitet werden. Oder Sie füllen einen Topf mit Vermehrungssubstrat und geben ihn dort in die Erde, wo abgesenkt werden soll.

Vorbereiten des Absenkers
Wählen Sie einen gesunden, kräftigen Sproß oder Trieb ohne Blüten, der lang genug ist, um am Boden entlangzuwachsen. Entfernen Sie Blätter und Seitensprosse auf den letzten 30 cm des Triebes.

Biegen Sie den Trieb vorsichtig zu Boden, und ritzen Sie ihn an der Unterseite nahe einem Knoten mit scharfem Messer schräg bis zur Mitte ein. Bei den meisten Kletterern sollte der Schnitt mit Bewurzelungshormon behandelt werden, bei raschwachsenden Kletterern wie *Wisteria* ist dies nicht nötig.

Stecken Sie den Trieb mit einem oder mehreren Drahtklammern gut im Boden fest, und geben Sie etwa 8 cm Erde darüber. Binden Sie die Spitze des Absenkers an eine Stütze, damit er aufrecht bleibt.

Abtrennen
Wenn sich neue Triebe und Wurzeln gebildet haben, kann der Absenker von der Mutterpflanze getrennt und eingetopft oder ausgepflanzt werden. Vor dem Pflanzen wird der alte Trieb eingekürzt, die junge Pflanze muß abgestützt werden. Wird der Absenker in einen Topf gesetzt, sollte er in einem Kalten Kasten überwintern. Geben Sie im Frühling und Sommer regelmäßig Blatt- oder Flüssigdünger. Falls nötig, wird die Pflanze umgetopft, bevor man sie abhärtet und im darauffolgenden Herbst an ihren endgültigen Platz pflanzt.

VERMEHRUNG DURCH ABSENKER

1 *Man wählt einen jungen, tiefwachsenden Sproß (*Akebia quinata*) und entfernt die Blätter vom letzten Triebstück.*

2 *Die Unterseite des Triebs wird schräg eingeschnitten, so daß in der Mitte des Triebstückes eine »Zunge« entsteht.*

3 *Mit einem Pinsel frisches Bewurzelungspulver auftragen (Nebenbild), überschüssiges Pulver vorsichtig abklopfen.*

4 *Der Trieb wird mit Drahtklammern festgesteckt. Darüber kommen bis zu 8 cm Erde.*

5 *Im folgenden Herbst wird der Absenker dicht bei der Mutterpflanze abgetrennt und mit einer Gabel angehoben, der alte Trieb zurückgeschnitten.*

6 *Den Absenker in einen 12-cm-Topf mit Einheitserde oder an seinen endgültigen Platz pflanzen, wässern und beschriften.*

Wellenförmiges Absenken

Ein langer Trieb wird auf den Boden gelegt, Blätter und Seitentriebe werden entfernt. Nahe bei mehreren Knoten einschneiden, dazwischen sollte mindestens ein Auge liegen. Bewurzelungshormon auftragen, und die eingeschnittenen Stellen feststecken. Die Pflänzchen werden im Herbst getrennt, wenn aus jedem Einschnitt Wurzeln hervorgegangen sind. Der alte Trieb wird entfernt, der Absenker gepflanzt und gestützt.

Mehrere junge Pflanzen werden bogenförmig eingesteckt und festgesteckt (Nebenbild).

VERMEHRUNG DURCH ABSENKER

Selbstabsenker
Asteranthera
Celastrus
Ficus pumila ❄
Hedera, einige ❄

Hedera helix 'Atropurpurea'

Hoya ❄
Hydrangea
Mitraria ❄
Monstera deliciosa ❄
Parthenocissus, einige ❄
Periploca
Philodendron ❄
Scindapsus ❄
Tecomaria ❄
Trachelospermum
Tripterygium
Vigna ❄

Einfache Absenker
Actinidia, einige ❄
Akebia
Beaumontia ❄
Cissus ❄
Ercilla
Humulus
Lapageria ❄

Lonicera x *americana*

Lonicera, einige ❄
Mandevilla
Monstera ❄
Mucuna ❄
Mutisia, einige ❄
Passiflora, die meisten ❄
Pileostegia
Podranea ❄
Schizophragma
Solanum, einige ❄
Strongylodon ❄
Tecomanthe ❄
Thunbergia ❄
Vitis amurensis, V. coignetiae
Wisteria

Wellenförmige Absenker
Ampelopsis
Campsis
Celastrus
Clematis, einige ❄
Fallopia, syn. *Polygonum*
Holboellia ❄
Kennedia ❄

Parthenocissus tricuspidata

Parthenocissus, einige ❄
Sarmienta ❄
Schisandra

SCHLÜSSEL
❄ *Nicht winterhart*

5

Der Rosengarten

Schon in der Antike wurde die Rose wegen der betörenden Schönheit ihrer Blüten von Gärtnern und Poeten als Königin der Blumen verherrlicht. In der »Familie« der Rosen gibt es eine enorme Vielfalt an Farben, Formen und Düften, von der einfachen Reinheit einer Wildrose bis zum zarten, pastelligen Zauber einer alten Gartenrose oder den prachtvollen modernen Hybriden. Wenige Pflanzen sind in Habitus, Belaubung und Form so vielgestaltig wie die Rose. Die filigrane Zartheit einer winzigen Topfrose kann genauso entzücken wie die wogende Blütenmasse einer riesigen Schlingrose. Ob die Rose in einem eleganten Garten als Solitär steht oder ob sie eine gemischte Bepflanzung in ihrer Vielfalt bereichert, sie ist einfach Sinnbild für den Zauber eines Sommergartens.

Gestaltung mit Rosen

Ob Sie sich für den graziösen Wuchs, den Duft oder das hübsche Laub von alten Gartenrosen oder für die lange Blühzeit und die auffallenden Blüten moderner Gartenrosen entscheiden, bei der Vielfalt, die Rosen bieten, kann man für fast jeden Teil des Gartens etwas Geeignetes finden; Rosen passen zu jedem Stil und jeder gestalterischen Laune, zum strengen klassischen Garten ebenso wie zu einem Garten der lockeren Fülle. Rosen sind sehr anpassungsfähig und wachsen in den unterschiedlichsten Regionen der Welt. Am besten gedeihen sie in warmen, gemäßigten Klimazonen, manche kommen auch gut mit kühlem Klima zurecht. In warmen Bereichen blühen sie das ganze Jahr.

Auswahl

Es gibt eine verwirrende Zahl von Rosensorten, und die Liste wird jährlich länger. Bevor Sie eine Entscheidung treffen, sollten Sie mehrere Gärten besuchen und möglichst viele Rosen sehen, die sich ganz unterschiedlichen Bedingungen anpassen müssen. Nach einiger Zeit können Sie Wuchs, endgültige Höhe, Wüchsigkeit, Duft, Entwicklung der Blüten bei starker Sonne, Dauer der Blüte und sonstige Eigenschaften einer guten Rose bewerten.

Die meisten Rosenbetriebe geben jährlich Verzeichnisse mit ihrem Sortenangebot und den Neueinführungen (samt Verwendungszweck) heraus. Diese Kataloge, die man beziehen kann, geben dem Rosenliebhaber Informationen zum aktuellen Stand des klassischen Angebots und über die Züchtungsarbeit der jeweiligen Rosenschule.

Zauber der Welt von gestern
Die offenen Blüten und der ausgebreitete Wuchs der alten Gartenrosen, u.a. 'Constance Spry', 'Céleste' und 'Cerise Bouquet', verschmelzen mit den zartfarbenen Stauden zu lockerer Üppigkeit. Im dichtgesäumten Grasweg spürt man den berauschenden Rosenduft besonders intensiv.

Duft

Der Rosenduft wird seit jeher gepriesen; die meisten alten Gartenrosen und einige moderne Rosen haben ganz verschiedenartige, reizvolle Duftnoten: je nach Art und Sorte ein Hauch von Gewürznelken, Moschus, Honig, Zitrone, sogar Tee, und natürlich der »echte Rosenduft«. Rosenduft läßt sich nur schwer beschreiben, da Charakter und Intensität je nach Tageszeit, Luftfeuchtigkeit und Blütenalter unterschiedlich und auch vom Geruchsempfinden des Gärtners abhängig sind; für manche duftet eine bestimmte Sorte, für andere nicht.

Bei vielen Rosen muß man ganz nahe herangehen, um den Duft wahrzunehmen; man pflanzt sie also am besten neben eine Tür oder ein Fenster, durch die der Duft an Sommerabenden ins Haus strömt, in einen Innenhof, neben einen Weg oder an ein geschütztes Plätzchen im Garten. Andere Rosen, v. a. an Bäumen hochkletternde Schlingrosen, verströmen ihren Duft großzügig im ganzen Garten.

Blütenfarbe

Moderne Rosen gibt es praktisch in allen Farben des Spektrums, von zarten Pastellfarben bis zu leuchtenden Rot- und Gelbtönen. Die blaue Rose bleibt Legende, obwohl für manche Sorten die Bezeichnung »blau« verwendet wird, z. B. für 'Mainzer Fastnacht'; sie ist aber tatsächlich blaßlila. Bei den alten Gartenrosen gibt es alle Schattierungen, von Weiß über das zarteste Rosarot, Dunkelrosa, Blutrot und Violett bis Purpur; viele sind mit Rosa/Weiß oder Purpur/Weiß durchzogen.

Die meisten Rosen vertragen sich gut miteinander und mit anderen Pflanzen, aber die Kombination zu vieler leuchtender Farben, z. B. Zinnoberrot mit Kirschrot, ergibt einen Mißklang. Pflanzen Sie weiße oder sanft pastellfarbene Rosen zwischen kräftig leuchtende, um einen farblichen Ausgleich zu schaffen.

Blütenformen

In der riesigen »Familie« der Rose gibt es eine Vielfalt der Blütenformen, die von den einfachen Blüten der Wildrose bis zu den elegant gerollten Blüten der modernen Rose und den zarten Blütenköpfen vieler alter Gartenrosen reicht. Nachfolgend sind die wichtigsten Blütenformen in »Perfektion« beschrieben (die sie oft noch vor der völligen Öffnung erreichen). Die Blüten können einfach (4-7 Kronblätter), halbgefüllt (8-14 Kronblätter), gefüllt (15-20) oder dichtgefüllt (mehr als 30) sein.

Laubfarbe

Manche Gruppen von Rosen haben nicht nur schöne Blüten, sondern sind durch farbiges Laub länger attraktiv anzusehen. Alba-Rosen und viele Wildrosen (siehe unten) haben interessantes Laub, z. B. sanftes Graugrün oder intensives, glänzendes Blaugrün, das auch außerhalb der Blütezeit sehr gut wirkt. Das hellgrüne Laub der Kartoffelrose hat interessante Runzeln, als Heckenrose gibt sie einen guten Hintergrund für andere Pflanzen ab. Manche Wildrosen haben gedämpft bläulich-purpurne Blätter, z. B. *Rosa glauca*, andere, etwa *R. virginiana*, leuchten im Herbst in den Farben eines Sonnenunterganges.

BLÜTENFORMEN

Flach *Offen, meist einfach oder halbgefüllt, mit fast flachen Kronblättern.*

Schalenförmig *Offen, einfach bis dichtgefüllt, Kronblätter nach außen gewölbt.*

Spitzknospig *Halbgefüllte bis dichtgefüllte »großblumige« Form mit hoher, dichter Mitte.*

Krugförmig *Gewölbte, flachspitzige, »großblumige« Form, halb- bis dichtgefüllt.*

Rundlich *Gefüllt oder dichtgefüllt, Kronblätter, gleich groß und überlappend, bilden eine Schale.*

Rosettenförmig *Eher flach, gefüllt bis dichtgefüllt, viele leicht überlappende Kronblätter unterschiedlicher Größe.*

Vierfach-Rosette *Eher flach, gefüllt oder dichtgefüllt, mit wirren, ungleichmäßigen Kronblättern in vierteiliger Anordnung.*

Pomponförmig *Klein, rundlich, gefüllt oder dichtgefüllt, mit zahlreichen kleinen Kronblättern; Blüten meist in Büscheln.*

Einteilung der Rosen

Es gibt ca. 100 natürliche Wildrosen und viele natürliche, wildwachsende Hybriden, aber nach 2000 Jahren Rosenkultur geht die Anzahl der Sorten in die Tausende. Nachdem man sie jahrhundertelang eher zufällig gekreuzt hatte, bis die Fremdbestäubung erforscht war und die Eltern aufgezeichnet wurden, ist ihre Abstammung heute so gemischt, daß sie nicht mehr präzise zugeordnet werden können.

Die Übergänge zwischen den Gruppen sind fließend; die Blüten der büschelblütigen Rose wurden z.B. durch Kreuzung mit Großblumigen vergrößert. Ebenso wurden Miniatur-Buschrosen mit Großblumigen gekreuzt, woraus die relativ neuen Zwergbuschrosen entstanden, deren Form zwischen denen der Eltern liegt.

Benennung der Rosengruppen
1979 entschied die »World Federation of Rose Societies«, daß althergebrachte Bezeichnungen wie »Teehybriden« und »Floribunda« durch die vielen Züchtungen ihre Bedeutung verloren hatten, und führte eine neue, leicht verständliche Einteilung zur Unterscheidung der Gruppen ein.

Diese Einteilung wird von fast allen Züchtern und Rosen-Gesellschaften anerkannt. Die neue Einteilung behält die meisten traditionellen Gruppenbezeichnungen bei. Zwei der wichtigsten Änderungen sind die Bezeichnung »Großblumige« für »Teehybriden« und »Büschelblütige« für »Floribunda«. 1987 beschloß die World Federation die Bezeichnung »Zwergbuschrosen« für »Patio-Rosen«. Folgend sind die Hauptgruppen zusammengestellt, die alten Bezeichnungen stehen in Klammern.

Moderne Gartenrosen
Sie werden nach Habitus geordnet.
Großblumige Buschrosen (Teehybriden) Aufrechte, remontierende Sträucher, nur eine große Blüte oder ein kleines Büschel an einem Trieb, Blüte im Sommer–Herbst.
Büschelblütige Buschrosen (Floribundarosen) Aufrechte, remontierende Sträucher, blühen ausdauernder als Großblumige; kleinere Blüten in großen Dolden oder Doldenrispen im Sommer–Herbst.
Zwergbuschrosen (Patio-Rosen) Ähnlich den Büschelblütigen, aber mit adrett-zierlichem Habitus.
Miniatur-Buschrosen Winziges Gegenstück zu den großen Blüten und Blütenbüscheln der Großblumigen und Büschelblütigen.
Bodendecker-Rosen Niedrigwachsende, kriechende oder ausgebreitete Rosen; manche blühen im Sommer, remontierende im Sommer–Herbst.
Kletterrosen Kletternde Rosen mit langen, kräftigen Trieben und großen, einzelnen Blüten oder kleinen Blütenbüscheln. Manche blühen nur im Sommer, die meisten sind remontierend und blühen im Sommer–Herbst. Zu den Kletterrosen gehört auch eine kleine Gruppe (z. B. 'Albertine'), die im Habitus zwischen Kletter- und Schlingrose liegt. Sie wurden ursprünglich zu den Schlingrosen gezählt, gehören aber zu den Kletterern.
Schlingrosen Wüchsige, kletternde Rosen mit langen, biegsamen Trieben, die hauptsächlich im Frühsommer kleine Blüten in großen Büscheln tragen.
Strauchrosen Eine formenreiche Gruppe, die nicht näher einzuteilen ist; sie reicht von niedrigen, kugeligen Sorten bis zu stark ausgebreiteten Büschen und riesigen Sträuchern mit Blütenbüscheln.

Alte Gartenrosen
Alba-Rosen Große, freiverzweigte Rosen mit Blütenbüscheln im Hochsommer und üppigem Laub.
Bourbon-Rosen Starkwüchsige, offene, ganz oder teilweise remontierende Rosen mit duftenden, gefüllten Blüten, oft in Büscheln zu dreien, im Sommer–Herbst.
Chinarosen Kleine bis mittelgroße Sträucher von zierlichem Wuchs mit kleinen, gefüllten Blüten im Sommer–Herbst.
Damaszenerrosen Offene Sträucher mit lockeren Büscheln starkduftender Blüten, hauptsächlich im Sommer.
Gallica-Rosen Dichte Sträucher mit starkfarbigen Blüten, oft in Büscheln zu dreien, im Sommer.
Moschushybriden Wüchsige, remontierende Sträucher mit üppiger Belaubung und duftenden, meist gefüllten Blüten in Rispen im Sommer–Herbst.
Immerblühende Hybriden Wüchsige, manchmal remontierende Rosen, Blüten einzeln oder zu dreien im Sommer–Herbst.
Moosrosen Oft lockere Sträucher, Triebe und Kelch moosig behaart; Blüten im Sommer.
Noisette-Rosen Remontierende, kletternde Rosen mit großen Blütenbüscheln, leicht würzigem Duft, blühen im Sommer–Herbst.
Portland-Rosen Aufrechte, dichte und weniger wüchsige, aber stärker remontierende Version der Bourbon-Rose.
Provence-Rosen (Centifolien) Lockere, stachlige Sträucher mit duftenden Blüten im Sommer.
Sempervirens-Rosen Halbimmergrüne, kletternde Rosen mit zahlreichen Blüten im Sommer.
Teerosen Remontierende Sträucher und Kletterer mit lockeren, gefüllten Blüten, würziger Duft.

Wildrosen
Wildrosen und ihre Hybriden sind meist große, wogende Sträucher, Blüten einzeln, mit 5 Kronblättern, Blütezeit durchgehend von Frühling bis Hochsommer.

ANLAGE EINES ELEGANTEN ROSENGARTENS

Hier herrschen Symmetrie und Ordnung, klare Linien und Farben dominieren in geometrischer Einfachheit. In dieser vornehmen Zurückhaltung läßt sich die klassische Schönheit der Rose genießen. Eine Eibenhecke umschließt eine Masse von Buschrosen in blassen und kräftigen Gold- und Weißtönen, diese sind wiederum auf eine graziöse hängende Rose in der Mitte ausgerichtet. Rote Stammrosen liefern einen starken farblichen und formalen Kontrast und verleihen der Anlage Höhe.

1 Eibe (*Taxus baccata*)
2 *Rosa* 'Golden Showers'
3 *R.* 'Suffolk'
4 *R.* 'Friesia'
5 *R.* 'Amber Queen'
6 *R.* 'Harkuun'
7 *R.* 'Margaret Merril'
8 *R.* 'Swany'

Hagebutten und Stacheln
Rugosa-Rosen mit einfachen oder halbgefüllten Blüten entwickeln am Ende der Blütezeit hübsche hellrote Hagebutten. Auch einige Wildrosen, wie *R. moyesii* und ihre Hybriden, tragen im Herbst Hagebutten in den Farben von Gelb/Orange bis zu dunklem Purpur.

R. omeiensis f. *pteracantha* hat riesige, flache Stacheln, die sich anfangs rubinrot färben.

Anlegen eines Rosengartens

Ein weicher, grüner Rasen ist ideal als Hintergrund für ein Rosenbeet, aber die dezenten Grau- und Honigtöne einer Pflasterung können ebenso gut wirken. Ein verhaltener Backsteinweg kann reizvoll von Rosen gesäumt werden, v. a. von solchen in blassen, zarten Farbtönen. Kies sieht zwar gut aus, kann aber pflegeintensiv werden, wenn Unkraut durchkommt oder die Steinchen sich im Garten verteilen.

Ein Rosenbeet läßt sich auch mit anderen Pflanzen umrahmen. Die traditionelle Buchsbaumhecke ergibt eine elegante Abgrenzung, andere Pflanzen wirken etwas lockerer, besonders solche mit graugrünem oder silbergrauem Laub. Geeignet sind *Anaphalis nubigena* mit ihren wolligen, lanzettförmigen Blättern oder kleinere Formen des Lavendels sowie die Katzenminze *(Nepeta)*, wenn sie sich über den Weg ausbreiten kann. Viele dezente *Geranium*-Arten und -Sorten, v. a. solche mit blauen Blüten, machen sich gut, und sogar Miniatur-Buschrosen in Kontrast- oder Komplementärfarben können an die Sonnenseite eines Beetes gesetzt werden.

Elegante Rosengärten

Die beliebteste Art der Rosenpflanzung ist ein Rosengarten, in dem die Beetform der Eleganz der Rosen entspricht und auf diese Weise ihrer Schönheit huldigt. Im allgemeinen dienen in Farbblöcken angeordnete Büschelblütige (Polyantharosen) oder Großblumige (Edelrosen) und Stammrosen als dauerhafte Beetpflanzen. Der aufrechte, eher steife Wuchs vieler Rosen macht den Charme des Beetes aus und verträgt nicht so gut die Mischung mit anderen Pflanzen, obwohl Rosen schön unterpflanzt werden können.

Rosenbeete sind in den verschiedensten Größen und Formen möglich: quadratisch, rechteckig, dreieckig oder rund; am Rand eines Weges oder einer Auffahrt können sie ein schmales Band bilden. Bevor Sie Rosenbeete anlegen, sollten Sie sie auf Papier skizzieren und verschiedene Formen und Gestaltungen ausprobieren, um für den gewählten Standort die optimale Lösung zu finden. Machen Sie die Beete nur so breit, daß die einzelnen Rosen beim Besprühen, Mulchen und Schneiden gut erreichbar sind.

Bei mehreren Rosensorten in einem Beet sollten Sie mindestens 5-6 derselben Sorte zu einer Gruppe zusammensetzen, um kräftige Farbflecke zu erhalten, denn nicht alle Sorten blühen genau zur selben Zeit. Eine Pflanzung in Varianten einer Grundfarbe, z. B. blasses und kräftiges Rosa mit etwas Weiß, wirkt harmonisch und besser als ein Farbengewirr.

Beim Pflanzen müssen Sie auch bedenken, daß die verschiedenen Sorten unterschiedlich hoch werden. Für ein freistehendes Beet sollten alle Sorten mehr oder weniger gleich hoch sein. Liegt das Rosenbeet vor einer Mauer oder Hecke, ist es besser, wenn die Rosen im Vordergrund niedriger sind.

Stammrosen können jedem Beet Höhe verleihen. Ein Hochstamm in der Mitte eines runden Beetes, das der Form der Rosen entspricht, schafft den Eindruck von Grazie und Symmetrie, während mehrere Hochstämme im Abstand von etwa 1,5 m in der Mitte eines langgezogenen Beetes für schöne Auflockerung sorgen.

Lockere Bepflanzung

Der Charme der Rosen kann für verschiedene lockere Pflanzschemata genützt werden, v. a. für Stauden und Sträucher. Aus der Vielzahl von Strauch-, Miniatur-, Kletter- und Bodendeckerrosen in den vielfältigen, heute erhältlichen Wuchsformen läßt sich für praktisch jeden Standort die geeignete Rose finden.

Rosen vertragen sich gut mit anderen Pflanzen; Miniatur-Buschrosen z. B. verleihen einem Steingarten mit hauptsächlich Frühjahrsblühern auch im Sommer Farbe und Höhe, eine Bodendecker-Rose kann eine Böschung mit duftenden Blüten überziehen.

Die Meinung, daß Rosen nicht mit anderen Pflanzen gemischt werden dürfen, stammt wahrscheinlich aus der Zeit, als die beliebtesten Rosensorten groß und plump waren und nicht gut in Beete im Stil des ausgehenden letzten Jahrhunderts paßten. Rosen wuchsen in eigenen, von Mauern umgebenen Gärten und dienten nur als Schnittblumen fürs Haus. Inzwischen ist man längst zur Überzeugung gekommen, daß Rosen keineswegs für sich zu stehen brauchen.

Rosen und Stauden
Bepflanzt man ein Beet oder eine Rabatte mit Rosen und Stauden, kommt die Schönheit der Rosen so richtig zur Geltung; während ihrer Ruhezeit dominieren die Stauden.

Die Wuchsform vieler Strauchrosen, z. B. der leichten, duftigen Chinarosen oder der lockeren, offenen Damaszenerrosen, paßt ideal zum ungezwungenen Reichtum einer naturnahen Pflanzung und verleiht ihr Höhe und Struktur.

Ein gedämpfter Blüten- oder Blätterteppich, oder z. B. ein Schleier aus den winzigen, weißen Blüten von *Crambe cordifolia*, ist die beste Ergänzung für die auffälligen Sommerblüten der Rosen. Für die übrige Zeit des Jahres verlängern kräftiger blühende Pflanzen oder solche mit immergrünem Laub die Saison und verbergen die kahlen Rosen.

Es gibt viele Pflanzen, die die Wirkung der Rosen unterstreichen. Die hohen Ähren von *Digitalis purpurea*, die weiße Königslilie oder weiße und rosa Lilien kontrastieren stark in Wuchsart und Blütenform, wenn sie eine Pflanzung aus üppigen alten Gartenrosen durchsetzen.

Rosen und andere Sträucher
Strauch- wie auch Wildrosen können gut mit anderen Sträuchern kombiniert werden, solange die Rosen genug Sonne erhalten. Sie tragen oft den ganzen Sommer lang massenhaft schöne, duftende Blüten, die sich vom Laub eines frühjahrsblühenden Strauches gut abheben. Viele solcher Rosen haben in milden Regionen fast immergrünes Laub und im Herbst farbige Hagebutten. Kleinere Strauchrosen sowie Gallica-, die meisten Damaszener-, Portland-Rosen und viele moderne Sorten ähnlicher Gestalt geben für jede Strauchpflanzung einen ausgezeichneten Vordergrund ab.

Rosen mit langen Zweigen, wie die großzügig blühende 'Scharlachglut' oder 'Complicata', können mit ihren rosa Blüten an einem immergrünen Strauch hochklettern und ihm mehr Leben verleihen. Schlingrosen können mit ihren Blüten das Laub eines Baumes schmücken oder einen abgestorbenen Baum geradezu spektakulär erscheinen lassen.

Besonders attraktiv sind die sanften Farben alter Rosen, kombiniert man sie mit Halbsträuchern mit graugrünen Blättern und blauen Blüten, z. B. *Caryopteris* x *clandonensis*, den ätherischen Wedeln von *Perovskia atriplicifolia*, bestimmten *Hebe*-Sorten und vielen Lavendeln.

NATÜRLICH LOCKERER STIL
In dieser gemischten Rabatte in kühlen Blau-Weiß-Tönen decken große Rosen, z. B. 'Penelope' (vorn), die dahinterliegenden Mauern mit einer duftenden Masse aus Sommerfarben zu und bilden zugleich einen wirksamen Hintergrund für die hohen Ähren von Campanula *und* Delphinium.

Unterpflanzung eines Rosenbeetes

Die Schönheit eines Rosenbeetes kann durch niedrige, flachwurzelnde Pflanzen noch unterstrichen und über die Rosenblüte hinaus verlängert werden. Viele verschiedene Pflanzen können den Boden überziehen und in Farbe, Struktur und Form einen Kontrast zu den Rosen bilden. Veilchen sind äußerst beliebt: Die weißen, zartblauen und malvenfarbenen Sorten ergänzen die Rosen gut. Solche Bodendecker erschweren aber das Mulchen.

Setzt man andere Pflanzen zwischen die Rosen, muß man deren endgültige Höhe beachten und sie so plazieren, daß sie sich nicht gegenseitig oder die Rosen verdecken, wenn sie ausgewachsen sind. Auch die gelbgrüne *Alchemilla mollis*, die rosa und weißen Blütenköpfe von *Armeria maritima* und ausgebreitete, winterharte *Geranium*-Arten machen sich unter Rosen sehr gut.

Blumenzwiebeln lassen kahle Rosenbeete im Frühjahr freundlicher erscheinen: Versuchen Sie eine Bepflanzung mit blauer oder weißer *Chionodoxa*, mit Narzissen, Schneeglöckchen und der weißen, sternförmigen *Tulipa turkestanica*, um Farbflecken zu erhalten. Das einzige Problem ist das absterbende Laub, das unordentlich wirkt und das die Pflege des Beets erschweren kann. Auch duftende immergrüne Kräuter lassen sich gut mit Rosen kombinieren: Versuchen Sie Heiligenkraut *(Santolina chamaecyparissus)*, diverse Thymian- oder Salbeiarten – entweder die Küchenkräuter oder solche mit panaschierten Blättern. Vor dem silbernen Laub von ausdauernden Pflanzen, wie den farnartigen *Artemisia gnaphalodes* und *A. frigida* machen sich Rosen immer gut.

BLÜTEN UND BLÄTTER
Die Rosenblüten leuchten wie Juwelen vor den eleganten graugrünen Blättern der Kräuter und den warmen Goldtönen des Kiesweges.

Terrassen

An einem steilen Hang kann man mit Hilfe von Terrassen eine schwer zu bepflanzende Stelle in ein Schmuckkästchen verwandeln. Die horizontale Ausrichtung ermöglicht eine Bepflanzung, und die Rosen erhalten auch genügend Feuchtigkeit, so daß aufregende Abstufungen in Höhe und Perspektive entstehen können. Für die Terrassenmauern verwendet man am besten alte Ziegel oder Steine. Das Terrassenbeet kann mit Buschrosen bepflanzt werden, die Stützmauern mit Schling- oder Bodendeckerrosen, die ganze Blütenvorhänge bilden. Für kleinere Terrassenbeete eignen sich auch Miniatur-Buschrosen.

Schönheit und Duft der winzigen Blüten lassen sich besser genießen, wenn die Beete etwas höher liegen. Für Miniatur-Buschrosen sollte das Beet 45-60 cm breit sein. Setzen Sie in das oberste Terrassenbeet als Blickfang hochstämmige Miniatur-Buschrosen, und lassen Sie kleinere Exemplare oder zierliche Bodendecker-Rosen über die Mauern wachsen. Solche Terrassen sind ausgezeichnete Umrahmungen für einen tiefer liegenden Rosengarten.

Solitärpflanzung

Eine Rose in Einzelstellung ergibt einen hübschen Solitär, der im Rasen oder an einem Schnittpunkt im Garten stehen kann, wenn die Rose

EINSAMER ZAUBER
Die Hochstammrose 'Little White Pet' als Akzent und Blickfang.

ein besonderes Exemplar ihres Typs ist; bei einem Solitär fällt jeder kleine Mangel auf. Auch hängende Stammrosen können in Einzelstellung reizvoll sein. Sie entstehen, wenn man schlingende Sorten auf einen 1,5-2 m hohen Stamm aufpfropft, so daß ihre langen, biegsamen, sommers mit Blüten übersäten Triebe herabhängen. Sie blühen oft nur für eine gewisse Zeit, wenn man für die Veredlung nicht eine remontierende Bodendecker-Rose wählt.

Kletterrosen als Hochstämmchen bringen zwar den ganzen Sommer über reichlich Blüten hervor, ihre eher steifen Triebe bilden aber nicht so schöne Fontänen wie ein hängendes Hochstämmchen.

DUFTENDE ABGESCHIEDENHEIT
Diese reife Schlingrose in voller Blüte verwandelt die Gartenlaube in ein heimeliges, aber doch luftiges Plätzchen. Der Blütenvorhang erfüllt die schattige Laube mit Rosenduft und macht sie zu einem grünen Zufluchtsort, von dem man die Aussicht auf den Garten genießt.

Viele größere Strauchrosen sind mit ihrem graziös wogenden Wuchs, dem üppigen Laub und ihrer Blütenfülle natürliche Solitäre für größere Gärten. 'Nevada' z. B. erreicht 2 x 2 m und mehr und ist im Frühsommer und nochmals im Spätsommer mit großen, cremefarbenen Blüten übersät. Bei anderen Rosen, v. a. bei Wildrosen und ihren Hybriden, gibt es keine zweite Blüte.

Wenn in einem kleinen Garten nur wenige Blütenpflanzen Platz finden, entscheiden Sie sich für remontierende Rosen, die sich durch stetes Blühen im Sommer bis in den Herbst auszeichnen, z. B. die starkduftende 'Roseraie de l'Haÿ'. Kleinere Strauchrosen, wie 'Chinatown' mit den goldenen, rosa geränderten Blütenmassen und 'Sally Holmes' mit ihren großen, weißen, über dem Laub getragenen Blütenbüscheln, sind für eine Einzelstellung vielleicht zu klein, sehen aber in Gruppen zu dreien sehr hübsch aus.

Mauern, Lauben und Pergolen

Die meisten Schling- und Kletterrosen sind sehr wüchsig und bringen im Hochsommer eine große Blütenfülle hervor. Sie überziehen Lauben, Mauern, Zäune mit einem Blütenkleid und verleihen der sommerlichen Gartenpracht Höhe. Wählen Sie auf jeden Fall eine Rose, deren endgültige Höhe ausreicht, um den vorgesehenen Bereich zu bedecken, die aber nicht darüber hinauswächst.

Schling- und Kletterrosen können an mit Kunststoff überzogenen Metallauben, Tunnels, Bögen und dreibeinigen Pfeilern, hochgezogen werden. Metallstützen mögen zu Anfang zwar nicht so attraktiv sein wie rustikale Holzstützen, sie halten aber länger und werden von den Rosen zugedeckt, sobald diese gut aufgebaut sind. Bögen aus Holz beginnen auch bei regelmäßiger Pflege schließlich im Boden zu verrotten.

Andere Kletterpflanzen, wie *Clematis* oder an der Wand gezogene Sträucher, können durch die Rosen wachsen und deren Blüten ergänzen oder die Blütezeit verlängern; hübsch wirken v. a. Kletterer mit blauen Blüten. Auch einige wüchsige Strauchrosen, besonders Bourbon-Rosen, sind ausgezeichnete Kletterer für einen Pfeiler oder eine kleine Wand.

SCHMÜCKENDER BOGEN
Die altmodischen, leuchtendrosa Blüten der Rosa *'Bantry Bay' umschlingen einen Holzbogen und rahmen den Ausblick reizvoll ein.*

Schlingrosen

Schlingrosen haben biegsamere Triebe als Kletterrosen, ihre vielen blühenden Sprosse lassen sich daher leichter an Pergolen, Bögen und Spalieren entlangziehen. An Mauern sind sie aber aufgrund der schlechten Luftzirkulation anfällig für Mehltau.

Wählen Sie für eine lange Pergola eine wüchsige, weiße Schlingrose mit kleinen Blüten, z. B. 'Bobby James', aber bedenken Sie, daß diese 10 m oder länger werden kann und für eine kleine Stütze zu groß ist.

Eine malerische Wirkung erzielen Sie, wenn Sie Rosen an zwischen Stützen ausgespannten Ketten oder Seilen entlangführen, so daß schöne Blütengirlanden entstehen.

Kletterrosen

Die steiferen Triebe der Kletterrosen lassen sich leichter zurückschneiden als die der Schlingrose und zieren oft Mauern und Zäune. Viele der Kletterrosen machen sich auch an Pfeilern oder freistehend gut. Die rosafarbene 'Aloha' duftet wunderbar, ihr Wuchs ist aber für einen Bogen zu steif und steil, an den Stützpfeilern einer hohen Pergola wirkt sie dagegen sehr hübsch.

Die remontierende Bourbon-Rose 'Zéphirine Drouhin' mit ihren rosa Blüten erfreut sich größter Beliebtheit für Bögen und Pergolen, da sie die einzige duftende und stachellose Kletterrose ist.

Rosenhecken

Bei überlegter Auswahl können Rosen attraktive, farbenprächtige Pflanzen für freiwachsende Hecken sein. Einige, z. B. *R. rugosa* und ihre Hybriden, lassen sich durch entsprechenden Schnitt im Winter bis zu einem gewissen Grad formen und können zu dichten Hecken werden, ohne ihren natürlichen Habitus zu verlieren. Es gibt keine völlig immergrüne Rose, daher bieten Rosenhecken auch keinen ganzjährigen Sichtschutz.

Moschushybriden, wie die aprikosenfarbene 'Buff Beauty', werden zu einer dicken, stacheligen, bis 2 m hohen Wand, die den ganzen Sommer mit duftenden Blüten be-

HERBSTTÖNE
Die scharlachroten Hagebutten dieser Wildrose kontrastieren lebhaft mit dem vergilbenden Laub.

HÜBSCHE HECKEN
Rosa gallica *'Versicolor', bekannter als* Rosa mundi, *gehört zu den ältesten erhältlichen Rosen und hat ungewöhnliche, gestreifte Kronblätter. Sie entwickelt sich zu einer attraktiven Hecke und verwandelt sich im Sommer in ein farbenprächtiges Blütenband. Hier bildet die Hecke einen hübschen Kontrast in Höhe und Perspektive zu den hohen Blütenähren der Stockrosen* (Alcea). *Die dunkelrosa Blüten der Heckenrose schlagen zur Mutterpflanze,* R. gallica *var.* officinalis, *zurück.*

BEWEGLICHE PRACHT
Die exquisiten blaßrosa Blüten der Miniatur-Rose 'Surrey' heben sich elegant von der einfachen Form des Terrakottatopfes ab, der hier auf einer niedrigen Mauer am Rande einer Terrasse steht.

deckt ist, sofern ihr unberechenbarer Wuchs durch Erziehung an waagrecht gespannten Schnüren gezähmt wird. Soll die Rosenhecke einen Weg säumen, wählt man aufrechte Sorten; andere könnten mit der Zeit den Weg versperren.

Für einen kleinen Garten ist eine Hecke aus hohen Buschrosen vorzuziehen. Diese Pflanzen sind meist aufrecht und wenig verzweigt, und Sorten wie die apricot-gelbe 'Anne Harkness' bilden, wenn man sie versetzt pflanzt, rasch eine hübsche, etwa 1,2 m hohe Wand (siehe »Pflanzabstand für Rosenhecken«, S. 123). Einige kleinere alte Gartenrosen, z.B. 'Charles de Mills', haben hübsches Laub und bilden ähnlich hohe Hecken, blühen aber nur im Hochsommer.

Zwei Gartenabschnitte lassen sich wunderschön abgrenzen, wenn man Kletter- oder Schlingrosen an offenen Holzrahmen in der gewünschten Höhe hochwachsen läßt. Es gibt auch fertige Holzspaliere zu kaufen; sie sollten robust sein, da sie für mehrere Jahre ein beträchtliches Gewicht tragen müssen.

Bodendecker-Rosen

Einige niedrigwachsende Rosen breiten sich rasch aus und bilden einen dichten Blütenteppich. Sie können die Umrandung für eine ländlich-rustikale Rabatte bilden, unansehnliche Stellen, z. B. Schachtabdeckungen, kaschieren oder über eine steile, schwer zu bepflanzende Böschung kriechen.

Einige neuere Sorten, z. B. 'Red Bells', erfüllen ihren Zweck zwar ganz gut, sind mit einer Höhe von 1-1,2 m aber für echte Bodendecker zu hoch und remontieren nicht. Für wenig Platz eignen sich z. B. 'Rosy Cushion' oder die nach englischen Grafschaften benannten Sorten.

Für einen tieferliegenden Rosengarten mit niedrigen Mauern haben Rosen wie 'Heideröslein Nozomi' oder 'Raubritter' die richtige, niedrige, ausgebreitete Wuchsform; wenn man sie oben auf die Mauer setzt, ergießen sich die Blütenfontänen über diese hinab.

Auf die Entwicklung von Bodendecker-Rosen wurde großes Augenmerk gelegt, aber einige der angebotenen Sorten sind in Wirklichkeit niedrige, ausgebreitete Büsche. Sie sind selten dicht genug, um Unkraut wirksam zu unterdrücken, und wenn sie im Winter ihre Blätter verlieren, hat das Unkraut genug Luft und Licht zum Keimen.

Rosen als Topfpflanzen

In Innenhöfen, die meist gepflastert sind und keine Beete haben, sind die Sommerfarben und der Duft der Rosen von unschätzbarem Wert. Viele verschiedene Pflanzgefäße sind dafür geeignet, nur muß der Standort zumindest für einen halben Tag Sonne haben. Wählen Sie buschige und kompakte moderne Sorten, da die kahlen Stiele langer Rosen nicht sehr schön aussehen. Wenn mehrere Rosen in einen Topf gesetzt werden, sollte dieser so groß sein, daß die einzelnen Rosen Platz zum Wachsen haben.

Sogar starkwüchsige Kletterrosen können an einer Wand in Trögen oder Halbfässern gepflanzt werden. Man erzieht sie wie andere Kletterrosensorten auch, muß sie jedoch regelmäßig düngen, da die Nährstoffe im Topf bald aufgebraucht sind (und Rosen sich nur schwer umtopfen lassen).

Miniatur-Buschrosen sind ideal für Fensterkästen, Wannen, Tröge und große Kübel, ob allein oder mit anderen Pflanzen zusammen. Versuchen Sie es mit Sorten wie 'Baby Maskerade', deren zahlreiche Blüten zuerst gelb, dann rosa und zuletzt rosarot werden, der leuchtend orangenen 'Fire Princess' oder mit Zwergbuschrosen, wie der zart apricot-pfirsichfarbenen 'Sweet Dream'. Besonders gut sehen sie in einem Pflanztrog aus, der in eine niedrige Mauer am Rande eines Innenhofes oder einer Terrasse eingebaut ist. Sogar ein alter Spülstein kann mit Miniatur-Buschrosen bepflanzt werden, wenn er mindestens 20-25 cm tief ist, damit die Wurzeln der Rosen wachsen können.

Pflanzgefäße mit Rosen findet man aber nicht nur in Innenhöfen. Sie bringen auch Farbe in andere gepflasterte Bereiche, z. B. ins Zentrum eines Kräutergartens, an den Rand eines Schwimmbeckens oder in einen Dachgarten.

BLÜTENTEPPICH
Die Bodendecker-Rose 'Max Graf' überzieht hier die kahle Erdfläche mit einer zierlichen hellrosa Blütenfülle.

Bodenvorbereitung und Pflanzung

DIE ROSENKULTUR im Garten ist einfach, solange die Grundvoraussetzungen gegeben sind. Rosen sind relativ langlebige Blütenpflanzen, es lohnt sich also, Zeit und Energie für die Auswahl der geeigneten Sorten und die korrekte Pflanzung aufzuwenden.

Standort und Lage

Alle Rosen brauchen einen sonnigen, windgeschützten Standort mit guter Luftzirkulation und fruchtbarem Boden. Sie gedeihen nicht im tiefen Schatten von Bäumen, wenn sie zu dicht an anderen Pflanzen stehen oder wenn der Boden »rosenmüde« (siehe rechts) oder staunaß ist. Die meisten Standorte können den Erfordernissen angepaßt werden, etwa durch Windschutz oder durch die Drainage schwerer, nasser Böden (siehe »DER BODEN UND SEINE DÜNGUNG«, »Verbesserte Drainage«, S. 529). Durch eine Pflanzung in geeigneten Boden in höhergelegten Beeten oder in Töpfen werden Bodenprobleme umgangen.

Prüfen Sie den Standort, bevor Sie sich für eine Rosensorte entscheiden: Das Angebot ist so vielfältig, daß es Pflanzen für die unterschiedlichsten Bedingungen gibt. Die meisten modernen Rosen gedeihen nicht auf Kalkböden, aber fast alle alten Gartenrosen wachsen auch auf alkalischem Grund, wenn sie bei der Pflanzung reichlich organisches Material erhalten und gemulcht werden. *Rosa rugosa* und *R. pimpinellifolia* mögen sandige Böden. Dies gilt nur allgemein, da sogar bei modernen Rosen große Unterschiede zwischen den Sorten und ihren Ansprüchen bestehen können; so leiden 'Grandpa Dickson' und 'Alpine Sunset' unter schlechtem Boden, 'Elina', 'Mariandel' u.a. gedeihen jedoch, wenn sie Nährstoffe und Wasser erhalten. Manchmal hilft die Unterlage: *R. canina* etwa toleriert schwere Böden, gedeiht dort oft sogar gut.

Bodenqualität

Rosen wachsen in den meisten Böden, bevorzugen aber leicht saure bis neutrale Bedingungen, einen pH-Wert von etwa 6,5. Im Zweifelsfall kann man den pH-Wert des Bodens vorher messen. Ideal ist ein frischer, durchlässiger Boden. Entfernen Sie bei der Bodenvorbereitung prinzipiell das Wurzelunkraut, damit es den jungen Rosen nicht Licht, Feuchtigkeit und Nährstoffe entzieht.

Bodenverbesserung

Die Drainage von Lehmböden, die Wasserhaltekapazität leichter, sandiger Böden und der pH-Wert alkalischer Böden können durch die reichliche Zugabe von organischem Material verbessert werden. Ist bei Kalkböden die Krume sehr dünn, wird sie bei der Pflanzung ca. 60 cm tief ausgehoben und der Boden teilweise durch zusätzliches organisches Material ersetzt. Näheres über pH-Wert und Bodenvorbereitung lesen Sie unter »Kultivieren des Bodens«, S. 524-527. Bereiten Sie den Boden möglichst etwa 3 Monate vor der Pflanzung vor, damit er sich setzen kann.

Rosenmüde Böden

In einem Beet, wo mehr als zwei Jahre lang Rosen kultiviert wurden, wachsen neue Rosen nicht gut, sie fallen fast immer der »Rosenmüdigkeit« (siehe »Rosenmüdigkeit«, S. 569) zum Opfer: Offensichtlich sind die feinen Faserwurzeln der jungen Pflanzen anfälliger als die älteren, härteren Wurzeln der bereits länger im Beet befindlichen Rosen.

Sollen in einem vorhandenen Beet nur wenige Rosen ersetzt werden, gräbt man ein ca. 50 cm tiefes und 60 cm breites Loch und tauscht die Erde aus. Für ein ganzes Rosenbeet ist diese Prozedur zu umständlich, man wählt besser einen anderen Standort. Auch der Anbau von *Tagetes* wirkt sich recht günstig aus.

WORAN ERKENNT MAN GESUNDE ROSEN

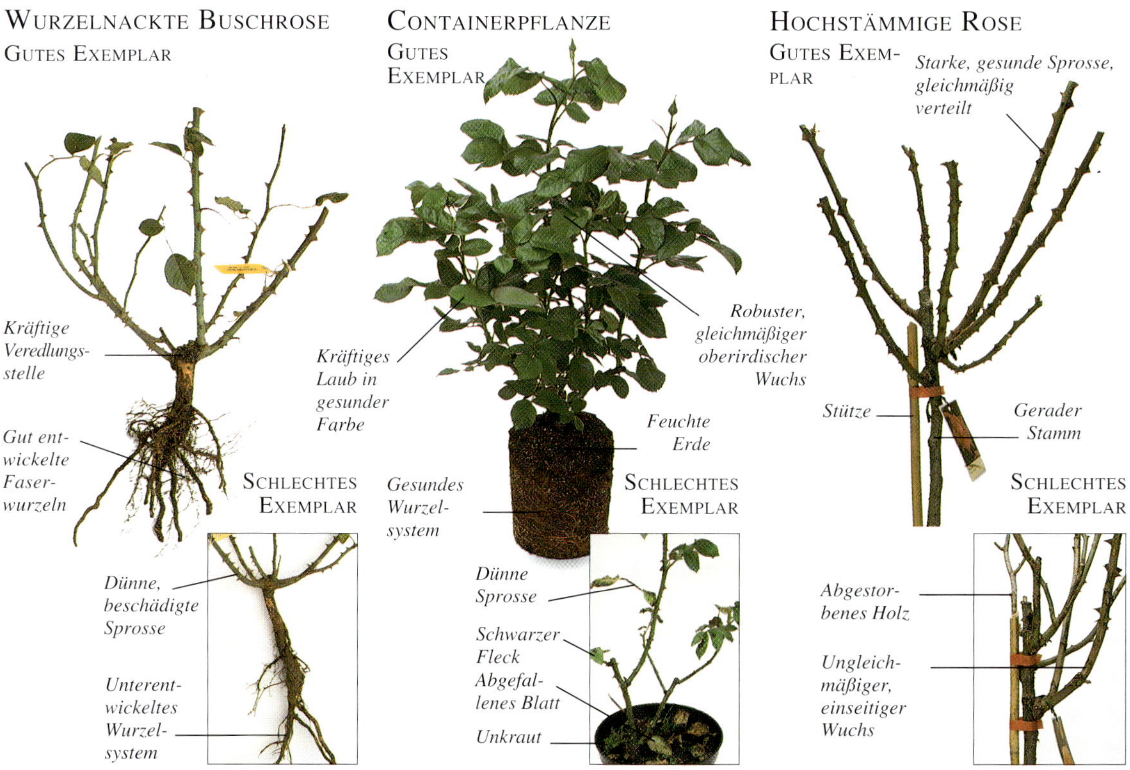

Auswahl der Rosen

Wo und wie Rosen gekauft werden, hängt bis zu einem gewissen Grad von der gewünschten Sorte ab. Alte Rosen gibt es meist nur bei speziellen Züchtern, eventuell über Versand. Dabei ist zu bedenken, daß Abbildungen im Katalog die Blütenfarbe nicht immer genau wiedergeben und daß die Qualität der Pflanze nicht vorher überprüft werden kann.

In England wird generell *R.* 'Laxa' als Unterlage verwendet, da sie relativ wenig Wildlinge hervorbringt und auf den meisten Böden gut gedeiht; bei uns verwendet man auch *R. canina*, *R. multiflora* und gezüchtete Wildformen. Wer seine Rosen selbst durch Okulation vermehren möchte, kann auch eine Unterlage kaufen (siehe auch »Kreuzung«, S. 134-135).

Wurzelnackte Rosen

Versandhäuser, Supermärkte und auch Baumschulen bieten Rosen wurzelnackt an, manchmal in Plastikverpackung. Die wurzelnackten Rosen befinden sich in der Ruheperiode, und an ihren Wurzeln haftet fast keine Erde. Solange die Wurzeln nicht unterwegs ausgetrocknet sind und die Rosen sofort gepflanzt werden, sollten sie sich bestens entwickeln.

In der Gärtnerei können Sie die Rose vor dem Kauf sorgfältig untersuchen. Bei zu hoher Raumtemperatur trocknet sie entweder aus oder bringt vorzeitig bleiche, dünne Sprosse hervor, die nach der Pflanzung absterben. Kaufen Sie solche Rosen nicht!

Containerpflanzen

Rosen in Containern können jederzeit gepflanzt werden, außer bei langer Trockenheit und Bodenfrost. Manche Gartencenter und Händler schneiden die Wurzeln unverkaufter Wurzelnackter zurück und setzen diese in Container; vor dem Kauf einer Containerpflanze sollten Sie daher feststellen, ob diese nicht erst vor kurzem eingetopft wurde, indem Sie die Pflanze am stärksten Sproß halten und vorsichtig schütteln. Bewegt sich die Rose in der Erde, ist sie nicht fest verwurzelt und wurde wahrscheinlich nicht im Container gezogen.

Firmen, die in erster Linie auf rasche, problemlose Produktion Wert legen, wählen Rosen so aus, daß sie in die üblichen Behälter pas-

PFLANZABSTÄNDE FÜR ROSENHECKEN

HOHE HECKENROSEN
Setzen Sie die Rosen in eine Reihe und in 1-1,2 m Abstand, so daß sich die Triebe der reifen Pflanzen zu einer dichten Wand verbinden.

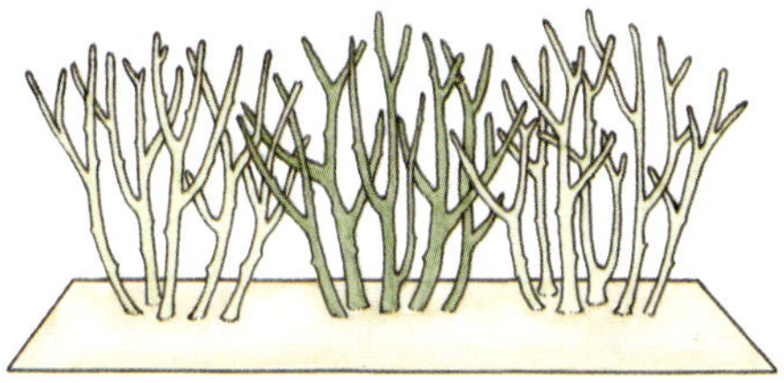

MODERNE BUSCHROSEN
Für eine dichtere Hecke pflanzt man die Rosen in 2 versetzten Reihen mit 45-60 cm Abstand.

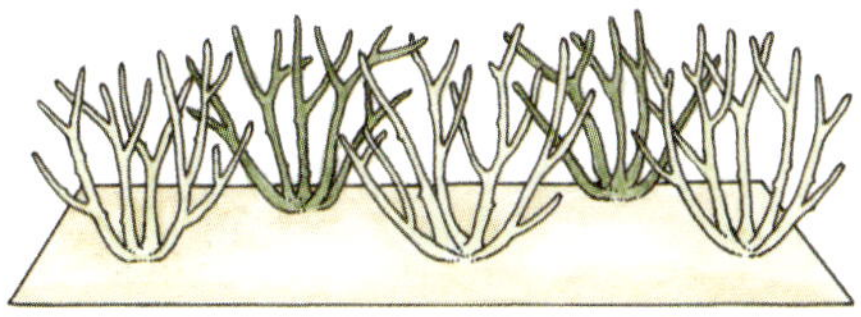

sen, und nicht jeweils die größten und besten Exemplare. Wenn sie gesund sind und keine schwachen, dünnen Triebe haben, ist gegen diese Rosen nichts einzuwenden, sie werden wie Wurzelnackte behandelt.

Auswahl gesunder Rosen
Sowohl wurzelnackte Rosen als auch Containerpflanzen sollten mindestens 2-3 kräftige Triebe und ein gesundes Wurzelsystem haben, das in ausgewogenem Verhältnis zum oberirdischen Teil steht. Die Blätter von Containerpflanzen müssen kräftig sein. Bei Kletterrosen ist wichtig, daß die Triebe gesund und mindestens 30 cm lang sind. Eine Stammrose sollte gleichmäßigen Wuchs haben, da sie meist von allen Seiten zu sehen ist; ideal ist ein gerader oder allenfalls leicht gekrümmter Stamm.

Vor der Pflanzung

Beachtet man jetzt einige wichtige Grundregeln – korrekte Pflanzabstände und -tiefen, Schonung der Wurzeln und eventuell eine geeignete Stütze –, so wird die spätere Pflege kaum Probleme bereiten. Der Boden sollte beim Pflanzen nicht zu naß und natürlich nicht gefroren sein.

Wann pflanzt man wurzelnackte Rosen?
Wurzelnackte Rosen werden am besten nach Eintritt ihrer Ruheperiode, also im Spätherbst oder Frühwinter, gepflanzt, damit der Schock nicht so groß ist. In Gebieten mit kalten Wintern wartet man besser bis zum Vorfrühling. Pflanzen Sie die Rosen möglichst bald nach dem Kauf. Kommt es zu einer Verzögerung, etwa aufgrund des Wetters, schlägt man sie am besten ein (siehe »ZIERBÄUME«, »Einschlagen«, S. 41). Sie können die Rosen auch an einen kühlen, frostgeschützten Ort geben und die Wurzeln feuchthalten.

Wann pflanzt man Containerrosen?
Man kann sie bei günstigem Wetter zu jeder Jahreszeit pflanzen. Im Gegensatz zu wurzelnackten können Containerrosen in ihren Behältern 3 Wochen oder länger bis zur Pflanzung im Freien bleiben, wenn sie ausreichend gewässert werden. Auch wenn sie winterhart sind, sollten sie nicht langen Frösten ausgesetzt sein, da die Wurzeln im Behälter bei großer Kälte Schaden nehmen können.

Pflanzabstand für Beetrosen
Der Pflanzabstand bei Beetrosen hängt von der Wuchsart ab. Ein zu geringer Abstand erschwert das Mulchen, Besprühen und Schneiden und behindert die Luftzirkulation, was die Ausbreitung von Mehltau und Sternrußtau fördert. Hohe, aufrechte Sorten brauchen weniger Platz als lockere, sich ausbreitende Pflanzen und vertragen daher eine engere Pflanzung. Setzen Sie die Büsche im Abstand von 45-60 cm voneinander und ca. 30 cm vom Rand des Rosenbeets.

Sollen moderne Rosen oder sehr große Wildrosen unterpflanzt werden, brauchen sie mehr Abstand, etwa 75-120 cm, – je nach ihrer endgültigen Größe und Wuchsart. Miniatur-Buschrosen sollten etwa 30 cm voneinander stehen.

Pflanzabstand für Heckenrosen
Bei Heckenrosen hängt die Pflanzung von der Größe und Wuchsart der gewählten Sorte ab. Für gleichmäßig dichten Wuchs pflanzt man hohe Heckenrosen wie 'Penelope' und 'Golden Wings', die bis 1,2 m breit werden können, in einer Reihe, moderne Buschrosen wie 'Alexander' in zwei versetzten Reihen.

Wie pflanzt man eine Buschrose

Die erste Phase ist die Vorbereitung der Pflanze. Sind die Wurzeln einer wurzelnackten Pflanze trocken, taucht man sie für 1-2 Stunden in einen Eimer Wasser, bis sie gründlich durchfeuchtet sind. Containerrosen gibt man in einen Kübel Wasser, bis die Oberfläche der Topferde feucht wird. Ist der Wurzelballen in Leinen oder Plastik gehüllt, wird dieses vorsichtig aufgeschnitten. Entfernen Sie die lose Erde, lockern Sie die Wurzeln vorsichtig und schneiden Sie beschädigte und kranke Wurzeln oder Triebe zurück; bei wurzelnackten Rosen werden alle Knospen, Hagebutten und die meisten Blätter entfernt. Das Pflanzloch sollte so breit sein, daß die Wurzeln oder der Wurzelballen gut Platz finden, und so tief, daß die Veredlungsstelle ca. 2,5 cm, bei Miniatur-Buschrosen 1 cm, unter der Bodenoberfläche liegt. Die Veredlungsstelle ist eine Verdickung an der Basis der Triebe, wo die Sorte auf die Unterlage veredelt wurde.

Geben Sie eine Mischung aus Gartenerde, Bodenaushub und ein wenig Knochenmehl ins Pflanzloch. Setzen Sie die Rose in die Mitte und überprüfen Sie die Pflanztiefe. Weisen die Wurzeln einer wurzelnackten Pflanze alle in eine Richtung, setzt man die Rose näher an den Rand des Pflanzloches und fächert die Wurzeln soweit wie möglich auf. Dann wirft man das Loch wieder zu und schüttelt die Pflanze vorsichtig, damit sich der Boden rund um die Wurzeln setzen kann.

Treten Sie den Boden gut, aber nicht übermäßig an; besonders schwere Böden können sich leicht verdichten. Achten Sie dabei auf die Sprosse. Beschriften Sie die Pflanze und wässern Sie gut, gemulcht wird aber erst im nächsten Frühjahr.

PFLANZEN EINER WURZELNACKTEN BUSCHROSE

1 *Entfernen Sie kranken und schadhaften Wuchs. Nehmen Sie sich überkreuzende Sprosse und dünne Triebe an der Basis weg, so wird die Form ausgewogen. Kürzen Sie dicke Wurzeln.*

2 *Graben Sie im vorbereiteten Beet das Pflanzloch, und arbeiten Sie mit einer Gabel einen Eimer Kompost und eine Handvoll Knochenmehl oder ausgewogenen Dünger ein.*

3 *Setzen Sie die Rose in die Mitte des Pflanzlochs und verteilen Sie die Wurzeln gleichmäßig. Überprüfen Sie, ob die Veredlungsstelle 2,5 cm unter der Bodenoberfläche liegen wird.*

4 *Werfen Sie das Loch zu und drücken Sie dabei immer wieder die Erde an, damit es nicht zu Lufteinschlüssen kommt. Treten Sie den Boden leicht an, rechen Sie glatt und wässern Sie gründlich.*

WIE PFLANZT MAN EINE KLETTERROSE?

1 *Setzen Sie die Rose ins Pflanzloch, so daß sie in einem Winkel von 45° zur Mauer geneigt ist und die Sprosse den untersten Stützdraht erreichen. Prüfen Sie mit einem Stab die Pflanztiefe.*

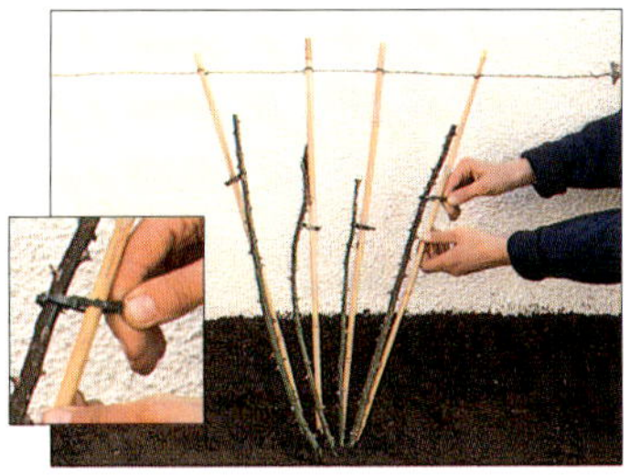

2 *Leiten Sie die kürzeren Sprosse an Bambusstäben zum Draht hin. Befestigen Sie alle Sprosse an Stäben oder Drähten.*

Kletter- oder Schlingrosen pflanzen

Für Kletterrosen spannt man an Mauern oder Zäunen waagrechte Drähte im Abstand von 45 cm und befestigt sie mit konischen Ringschrauben oder starken Nägeln. In harte Mauern dübelt man die Ringschrauben am besten ein. Die Drähte sollten 6-7 cm von der Mauer entfernt sein, damit die Luft zirkulieren kann und keine Krankheiten auftreten. Schlingrosen sind biegsamer als Kletterrosen, sie können daher auch an einem mit Scharnieren gehaltenen Spalier gezogen werden; dieses läßt sich von der Mauer wegklappen und verhindert, daß die Rose bei Arbeiten an der Mauer Schaden nimmt.

In der Nähe der Mauer ist der Boden oft trocken, da er im Regenschatten liegt und auch die Mauer Feuchtigkeit aus dem Boden aufnimmt. Pflanzen Sie also etwa 45 cm von der Mauer entfernt, dort ist der Boden schon weniger trocken, und auch das Wasser aus der Dachrinne tropft nicht auf die Rosen.

Bereiten Sie Boden und Pflanzloch vor und schneiden Sie die Rose wie eine Buschrose. Lehnen Sie die Pflanze im 45°-Winkel gegen die Mauer, und fächern Sie die Wurzeln zum feuchten Boden hin auf. Befestigen Sie die Sprosse eventuell an Stäben, die in einiger Entfernung von den Wurzeln in den Boden gesteckt werden. Nachdem das Loch wie bei der Buschrose zugeworfen und angetreten wurde, heftet man die Sprosse mit Kunststoff- oder Leinenbändern oder mit Rosenbändern an die Stützdrähte. Die Bänder dürfen nicht zu fest angezogen werden, damit die Sprosse wachsen können.

Die Haupttriebe des Kletterers werden erst zu Beginn der nächsten Wachstumsperiode leicht zurückgeschnitten. Es kann nun 1-2 Jahre dauern, bis die Rose zu klettern beginnt. Erleichtern Sie der Pflanze den Aufbau, indem Sie die Wurzeln im ersten Jahr gründlich wässern und andere Pflanzen fernhalten.

Schlingrosen an Bäumen

Eine Rose, die z. B. an einem Baum hochwachsen soll, wird auf der dem Wind zugewandten Seite gepflanzt, damit die jungen Triebe vom Wind eher zum Baum hin als von ihm weg getrieben werden. Graben Sie das Pflanzloch in mindestens 1 m Entfernung vom Baum, damit die Rose mehr Regen abkriegt. Führen Sie alle neuen Triebe an Bambusstäben, die Sie am Baum befestigen und hinter der Rose in den Boden stecken, zum Baum hin. Bei Pflanzung an der Grundstücksgrenze ist zu beachten, daß die Blüten immer zum stärksten Lichteinfall hin wachsen.

Pflanzen einer Stammrose

Die meisten Züchter verwenden als Unterlage für Stammrosen Sorten von *Rosa canina*, man nennt sie auch Edelcanina. Damit sich wenig Wildlinge entwickeln, sollte die Rose nie tiefer stehen, als die Bodenmarke angibt: Eine tiefere Pflanzung fördert Wildlinge.

Eine Stammrose muß gestützt werden, und zwar auf der Seite der vorherrschenden Windrichtung. Streichen Sie die ganze Stütze mit einem für Pflanzen ungiftigen Holzschutzmittel, und lassen Sie sie trocknen. Stecken Sie die Stütze noch vor der Rose knapp neben der Mitte fest in das Pflanzloch, damit nicht die Wurzeln beschädigt und Wildlinge gefördert werden. Setzen Sie die Rose neben die Stütze; diese muß gerade bis zu den untersten Zweigen reichen und eventuell gekürzt werden. Überprüfen Sie mit einem Stab oder Rechenstiel, ob die Bodenmarke auf gleicher Höhe mit der Bodenoberfläche liegt.

Das Loch wird zugeworfen und angetreten wie bei Buschrosen. Befestigen Sie den Stamm mit zwei Rosenbändern am Stützpfahl, aber ziehen Sie diese erst fest, wenn sich der Boden gesetzt hat.

WIE PFLANZT MAN EINE STAMMROSE

1 *Setzen Sie die Stütze so, daß der Rosenstamm in der Mitte steht. Treiben Sie sie so weit in den Boden, daß sie unter den ersten Zweigen endet.*

2 *Überprüfen Sie mit Hilfe eines Stabs die Pflanztiefe. Die Bodenmarke sollte auf Höhe der Bodenoberfläche liegen. Das Loch wird zugeworfen und angetreten.*

3 *Befestigen Sie die Rose mit Rosenbändern (siehe Nebenbild) knapp unter den Zweigen und auf halber Höhe an der Stütze. Entfernen Sie schwache und sich überkreuzende Triebe.*

Rosen als Topfpflanzen

Für Buschrosen sollte der Topf mindestens 30-45, für Miniatur-Rosen 25-35 cm tief sein, damit die Wurzeln wachsen können. Geben Sie Topfscherben über die Drainagelöcher und füllen Sie den Topf mit Einheitserde auf Lehmbasis. Pflanzen Sie die Rosen wie Buschrosen (siehe S. 123) in der richtigen Tiefe und im richtigen Abstand.

Laufende Pflege

NUR BEI regelmäßiger Pflege wird man kräftige, gegen Schädlinge und Krankheiten widerstandsfähige Rosen bekommen. Doch die Zeit, die man für Düngen, Wässern, Mulchen und allgemeine Pflege aufwendet, wird durch die Schönheit der Pflanze reichlich abgegolten.

Düngen

Rosen brauchen viele Nährstoffe, sie laugen mit der Zeit auch ein gut vorbereitetes, nährstoffreiches Beet aus. Wichtige Mineralsalze werden, v. a. bei leichten Böden, rasch vom Regen ausgewaschen. Rosen brauchen regelmäßig ausgewogenen Dünger mit den wichtigsten Nährstoffen (Stickstoff, Phosphate, Kalium) und Spurenelementen. Im Handel sind geeignete Rosendünger erhältlich, meist als Pulver oder Granulat. Wie man Mangelerscheinungen behandelt, lesen Sie unter PFLANZENSCHÄDEN, S. 545-577.

Nach dem Frühjahrsschnitt verteilt man auf dem feuchten Boden eine kleine Handvoll oder 25-50 g Volldünger oder Mehrnährstoffdünger um jede Rose. Er wird leicht eingearbeitet, die Stämme bleiben frei. Der Vorgang wird etwa einen Monat nach Sommermitte wiederholt, wenn die Rosen eine zweite Blüte hervorbringen. Tragen Sie später keinen Volldünger mehr auf, da später neuer Wuchs frostgefährdet ist. Eine Düngung mit Sulfat und Kali in einer Dosis von 75 g/m² im Frühherbst beschleunigt die Reife später Triebe und schützt sie so.

Eine Blattdüngung wird meist nur bei Ausstellungsrosen vorgenommen, damit sie besonders große Blüten und Blätter bekommen. Sie hilft jedoch auch bei anhaltender Trokkenheit oder bei kalkhaltigen Böden: In beiden Fällen können die Rosen über die Wurzeln nur schwer Nährstoffe aufnehmen.

Düngung bei Topfpflanzen
In Töpfen sind die Nährstoffe des Substrates rasch aufgebraucht. Gleichen Sie diesen Verlust durch jährliche Flüssigdüngung mit einer ausgewogenen Mischung und durch ein oder zwei Blattdüngungen während der Wachstumsphase aus, damit die Pflanze wüchsig bleibt.

Wässern

Für gesundes Wachstum brauchen Rosen, v. a. neugepflanzte, reichlich Wasser. Häufiges, leichtes Gießen ist ungünstig, weil das Wasser nicht in tiefere Bodenschichten vordringt; durchfeuchten Sie lieber den Boden rund um die Wurzeln mit einem großen Eimer Wasser.

Rosen haben tiefliegende Wurzeln und blühen sogar in langen, trockenen Sommern und bei großer Trockenheit, wenn sie gut aufgebaut sind. Unter solchen Bedingungen sind die Blüten kleiner und öffnen sich schneller. Die Kronblätter können leicht von der Sonne versengt werden. Während der Blütezeit dürfen die Rosen nicht bei starker Sonneneinstrahlung gewässert werden, da dies den Blüten schadet. Topfrosen werden jeden zweiten Tag, bei besonders heißem und trokkenem Wetter jeden Tag gegossen.

Was macht man mit Wildlingen

Wildlinge entspringen unterhalb der Veredlungsstelle direkt von der Unterlage, auf die die Sorte veredelt wurde. Sie sind meist dünner und heller als die anderen Triebe, oft haben die Stacheln eine andere Form oder Farbe, die Blätter können sieben oder mehr Fiedern haben.

Entfernen Sie Wildlinge möglichst schnell, um zu verhindern, daß sie der Pflanze Energie entziehen. Manche Unterlagen neigen mehr zu Wildlingen als andere, v.a. wenn sie nicht in korrekter Tiefe gepflanzt wurden. Auch eine Schädigung der Wurzeln durch Frost, Harken oder Stützpfähle regt die Produktion von Wildlingen an. Reißen Sie den Wildling aus: Dadurch werden ruhende Augen am Ansatzpunkt an der Wurzel entfernt. Das Abschneiden des Wildlings entspricht einem Rückschnitt und fördert nur das Wachstum. In Fällen, in denen der Wildling unter der Rose entspringt und beim Ausreißen die Rose beschädigt oder hochgehoben würde, muß er abgeschnitten werden.

Auch Sprosse am Stamm einer Stammrose sind Wildlinge, da der Stamm zur Unterlage gehört. Sie haben meist die für *Rosa-rugosa*-Unterlagen typischen dunkelgrünen Blätter und müssen abgebrochen oder mit einem Messer glatt abgeschnitten werden.

ENTFERNEN EINES WILDLINGS BEI EINER STAMMROSE
Reißen Sie alle Wildlinge am Rosenstamm aus, ohne die Rinde einzureißen.

ENTFERNEN EINES WILDLINGS BEI EINER BUSCHROSE

1 *Legen Sie vorsichtig Wurzelhals und Wurzeln etwas frei. Überprüfen Sie, ob der verdächtige Sproß unterhalb der Veredlungsstelle entspringt.*

2 *Schützen Sie Ihre Hand mit einem Handschuh, und reißen Sie den Wildling aus. Werfen Sie das Loch zu, und drücken Sie die Erde leicht an.*

WILDLINGSWACHSTUM

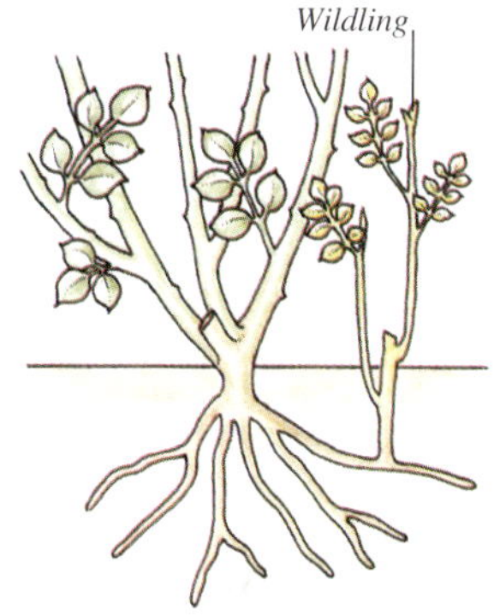

Der Wildling (rechts) wächst direkt aus der Unterlage. Wird er nur bis zum Boden zurückgeschnitten, treibt er neu aus und entzieht der Rose Energie.

Unkraut entfernen

Dabei darf man an der Basis der Rosen nicht zu tief in den Boden vordringen, damit die Wurzeln nicht beschädigt werden. Einjährige Unkräuter werden mit der Hand oder vorsichtig mit der Harke entfernt (siehe PFLANZENSCHÄDEN, »Unkraut«, S. 573 ff.). Auch eine Mulchschicht (siehe unten) oder eine Unterpflanzung mit flachwurzelnden Bodendeckern hilft gegen Unkraut.

Hygiene

Durch abgefallene Blätter, Schnitt- u. a. Abfälle von befallenen Pflanzen, breiten sich Krankheiten aus. Entfernen Sie solche Pflanzenteile regelmäßig; sie werden nach Möglichkeit verbrannt und kommen nicht auf den Komposthaufen, da die Krankheitserreger überleben und andere Pflanzen befallen können.

Mulchen

Eine 6-8 cm dicke Mulchschicht, die im Vorfrühling nach Schnitt und Düngung aufgetragen wird, unterdrückt Unkraut, hält die Feuchtigkeit im Boden und sichert gleichmäßige Temperatur. Gut verrotteter Mist ist ideal, da er viele wertvolle Nährstoffe enthält, aber auch Rindenschnitzel können verwendet werden. Näheres unter BODEN UND DÜNGER, »Kopfdüngung und Mulchen«, S. 532.

Verwelkte Blütenköpfe

Verwelkte Blütenköpfe werden entfernt, um die rasche Entwicklung neuer, junger Triebe und weiterer Blüten über die ganze Blütezeit zu fördern.

Bei manchen Rosen bilden sich Hagebutten und entziehen der Rose Lebenskraft; entfernen Sie abgestorbene Blütenköpfe regelmäßig, wenn Sie keinen Wert auf hübsche Hagebutten legen. Im Herbst werden die verwelkten Blüten nicht mehr entfernt, um nicht die Entwicklung von neuem, frostgefährdetem Wuchs zu fördern.

Wie man verwelkte Blütenköpfe entfernt

1 BÜSCHELBLÜTIGE
Entfernen Sie zuerst die Blüte in der Mitte der Dolde, um die anderen Knospen zum Blühen anzuregen.

2 *Wenn alle Blüten verwelkt sind, wird die ganze Dolde bis auf eine sich entwickelnde Knospe oder einen fertigen Sproß entfernt.*

GROSSBLUMIGE
Triebe mit verwelkten Blüten werden bis auf eine Knospe oder einen fertigen Sproß entfernt.

Rosen umsetzen

Rosen vertragen das Umsetzen im allgemeinen gut, aber je länger sie stehen, desto schwerer werden sie sich etablieren. Bei 3-4 Jahre alten Rosen ist das Umsetzen noch kein Problem, aber pflanzen Sie sie nicht in ein ehemaliges Rosenbeet (siehe »Rosenmüde Böden«, S. 122). Die Wurzeln älterer Rosen sind dick und tiefliegend, sie haben auch weniger von den für den Neuaufbau so wichtigen Faserwurzeln.

Grundsätzlich wird eine Rose nur während der Ruhezeit und in ein gut vorbereitetes Beet umgesetzt. Zuerst wird der Boden gelockert, indem man in einem Umkreis von mindestens 25 cm um den Wurzelballen mit einem Spaten einsticht. Mit einer Gabel heben Sie die Pflanze, möglichst mit Erdballen und ohne die Wurzeln zu beschädigen, hoch; verwenden Sie bei leichten Böden einen Spaten, damit nicht zuviel Erde von den Wurzeln abfällt. Entfernen Sie grobe Wurzeln, und wickeln Sie den Wurzelballen in Plastik oder Leinen, damit er nicht austrocknet, bevor Sie die Rose an den neuen Standort bringen. Wässern Sie sofort nach dem Einpflanzen und dann regelmäßig, bis die Pflanze etabliert ist.

Blindtriebe

Blindtriebe sind Triebe ohne endständige Blütenknospe. Sie entziehen der Pflanze ebenso Energie wie Wildlinge (siehe »Was macht man mit Wildlingen?«, S. 125) und werden sofort zurückgeschnitten.

Schneiden Sie den Blindtrieb etwa um die Hälfte auf ein nach außen weisendes Auge zurück. Ist kein Auge vorhanden, entfernen Sie den Trieb.

Herbstschnitt

Starke Winterwinde können die Wurzeln der Rose lockern und sie anfällig für Frostschäden machen. Kürzen Sie daher die hohen Büschelblütigen und Großblumigen im Herbst ein.

Winterschutz

In milden Klimabereichen müssen Rosen nur in sehr kalten Wintern geschützt werden. Bei schweren Böden kann die verdichtete Erde rund um die Basis der Pflanze eine Art Rinne bilden, in der sich Wasser sammelt und gefriert. Beim Gefrieren aber dehnt sich das Wasser aus und gefährdet die Veredlungsstelle – den empfindlichsten Teil.

In extremen Klimazonen kann ein strenger Winter ungeschützten Rosen den Tod bringen; überlebende Pflanzen müssen sich jedes Jahr völlig neu aufbauen und haben nur eine sehr kurze Blütezeit.

Büschelblütige und Großblumige können etwa eine Woche lang Temperaturen bis zu –10° oder –12°C vertragen, wenn die Krone angehäufelt wurde. Bei Stammrosen wird die Krone mit Stroh oder Farnkraut behängt, das man locker festbindet. Bei stärkerem Frost ist mehr Schutz erforderlich, oder man wählt Rosen, die extrem niedrige Temperaturen vertragen. Zwischen –15° und –20°C sind Bourbon-, China- und Provence-Rosen, *Rosa californica* und *R. wichuraiana* noch winterhart. Alba-, Damaszener- oder Gallica-Rosen sowie einige Wildrosen, wie *R. foetida* und *R. palustris*, aber v.a. *R. virginiana*, *R. blanda*, *R. canina*, *R. glauca* und *R. rugosa* überleben noch niedrigere Temperaturen. Mehr über Frostschutz unter »Wind- und Frostschutz«, S. 520-521.

Rückschnitt im Herbst

VORHER
In der zweiten Herbsthälfte werden über 75 cm hohe Büschelblütige und Großblumige (links) gekürzt, um Windschaden zu vermeiden.

NACHHER
Kürzen Sie die ganze Rose auf die Hälfte bis ein Drittel ihrer Höhe ein, alle Triebe werden über einem Auge geschnitten.

Schädlinge und Krankheiten

Blattläuse (S. 550), Sternrußtau (siehe »Blattflecken durch Bakterien«, S. 552), Absterben (S. 569), Echter Mehltau (S. 550) und Rost sind relativ häufig; zur Vorbeugung können die Rosen besprüht werden. Überprüfen Sie die Pflanzen regelmäßig.

Schnitt und Erziehung

Geschnitten werden Rosen, damit alte, schwache Triebe möglichst rasch durch neue, gesunde ersetzt werden und Form und Blüte sich optimal entwickeln können. Durch Erziehung an einer Stütze wird die Entwicklung blühender Seitentriebe angeregt und junger Wuchs in die vorgesehene Richtung geleitet. Wie stark geschnitten wird, hängt vom Typ ab; einige Grundprinzipien gelten jedoch für alle Rosen.

Grundprinzipien des Rosenschnitts

Eine scharfe Gartenschere von guter Qualität ist unentbehrlich; auch eine Astschere mit langen Griffen und eine feine Säge sind bei knorrigen, holzigen Stümpfen und dickeren Trieben sehr nützlich. Tragen Sie beim Schneiden Handschuhe!

Wie wird geschnitten
Geschnitten wird immer schräg, glatt und über einem Auge, das in die Richtung weist, in die der neue Trieb wachsen soll. Das ist meistens nach außen, bei einer lockeren, sich ausbreitenden Rose mit dünner Mitte vielleicht auch nach innen. Ist kein ruhendes Auge vorhanden, wird auf die entsprechende Höhe zurückgeschnitten, Stummel werden später entfernt.

Abgestorbene und absterbende Triebe werden immer bis auf gesundes, weißes Mark entfernt, notfalls auch bis auf den Grund. Nehmen Sie überkreuzte Sprosse, die die Haupttriebe behindern könnten, und dünnen Wuchs (z. B. streichholzstarke Zweige mit nur ein oder zwei Blättern) weg. So konzentriert die Pflanze ihre Energie auf wüchsige, produktive Triebe; die verbesserte Luftzirkulation beugt Krankheiten vor.

Für große Wunden ist ein Wundverschlußmittel zu empfehlen, damit keine Krankheitssporen und saugenden Schädlinge eindringen. Es gibt jedoch keine Garantie dafür, daß das Verschlußmittel hilft. Wurde korrekt geschnitten, bildet sich eine natürliche Schutzschicht, und ein Anstrich erübrigt sich.

Wann wird geschnitten
Geschnitten wird, während die Pflanze ganz oder teilweise ruht, also zwischen dem Laubfall im Herbst und dem Neutrieb im Frühjahr. Manchmal muß auch eine im Wachsen begriffene Rose geschnitten werden, was aber das Wachstum stark hemmt. Schneiden Sie nie bei Frost, da das Auge unterhalb des Schnitts beschädigt werden und der Sproß absterben könnte. Nach einem strengen Winter werden frostgeschädigte Triebe im Frühjahr bis auf ein gesundes Auge zurückgeschnitten; sind die Winter immer hart, schneidet man im Frühjahr sofort nach Entfernen des Winterschutzes zurück. In warmen Klimabereichen, wo die Rosen beinahe ohne Unterbrechung blühen, wird während der kühleren Monate geschnitten, um künstlich eine Ruheperiode einzuleiten.

Der richtige Schnitt

Setzen Sie die dünne Klinge der Gartenschere knapp über dem Auge an. Der Schnitt darf nicht zu weit vom Auge entfernt sein, weil durch den Stummel Krankheiten eindringen können. In diesem Fall muß der Sproß so weit zurückgeschnitten werden, daß nur gesundes Holz zurückbleibt.

Schnitt einer neugepflanzten Buschrose

Die neugepflanzte Buschrose wird auf ca. 8 cm über dem Grund zurückgeschnitten. Schneiden Sie auf nach außen weisende Augen, und entfernen Sie frostgeschädigten Wuchs.

Schnitt bei neugepflanzten Rosen

Fast alle neugepflanzten Rosen müssen streng zurückgeschnitten werden, damit sich kräftige Sprosse und Wurzeln entwickeln. Kletterpflanzen bilden eine Ausnahme – sie benötigen im ersten Jahr nur einen leichten, kosmetischen Schnitt, bei dem schwache, abgestorbene oder beschädigte Triebe entfernt werden. Nehmen Sie bei Stammrosen alle schwachen, abgestorbenen oder sich kreuzenden Triebe weg. Ist der Boden nährstoffarm, sind ein weniger starker Schnitt und eine regelmäßige Düngung anzuraten.

Wie schneidet man grossblumige Buschrosen

Die Rose wird im Herbst oder Frühling ziemlich streng zurückgeschnitten, indem man blühfaules Holz entfernt und die Haupttriebe kürzt, so daß ein kräftiges, ausgewogenes Gerüst entsteht.

Entfernen Sie sich kreuzenden, zu dichten und dünnen Wuchs.

Entfernen Sie abgestorbenes und beschädigtes oder krankes Holz.

Schneiden Sie die Haupttriebe auf 20-25 cm über dem Boden zurück.

Schnitt bei modernen Gartenbuschrosen

Moderne Rosen blühen an diesjährigen Trieben, sie werden daher stark zurückgeschnitten, um die Produktion von kräftigen, neuen Sprossen und vielen Blüten anzuregen.

Großblumige
Nehmen Sie abgestorbene, kranke oder dünne Sprosse ganz weg. Schneiden Sie mit einer langen Astschere alte Stümpfe ab, die zwar gesund sind, aber nach dem Schnitt keine schönen Triebe mehr hervorgebracht haben; sie werden dies auch in der kommenden Saison nicht tun.

Dünnen Sie in der Mitte des Busches schwache oder sich kreuzende Triebe aus, so daß ein ausgewogenes Gerüst entsteht und die Luft gut zirkulieren kann. Bei enggepflanzten Beetrosen ist ein gleichmäßiges Gerüst nicht so wichtig wie bei Solitären, die von allen Seiten betrachtet werden. In gemäßigten Klimazonen werden die Haupttriebe anschließend aus optischen Gründen auf etwa 20-25 cm eingekürzt, bei sehr mildem Klima kann man sie weniger stark zurückschneiden.

Büschelblütige (Polyantharosen und verwandte Gruppen)

Bei diesem Rosentyp wird wie bei Großblumigen (siehe S. 127) das blühfaule Holz entfernt. Kürzen Sie bei kleineren Sorten die Seitentriebe um etwa ein Drittel, bei höherwachsenden, wie z. B. 'Fred Loads', um zwei Drittel. Schneiden Sie die Haupttriebe auf 30-38 cm, bei höheren Sorten um etwa ein Drittel ihrer Länge zurück. Schneiden Sie nicht noch stärker, wenn die Rosen nicht für eine Ausstellung gedacht sind, da dies die Anzahl der Blüten in der nächsten Saison vermindert.

Zwergbuschrosen

Zwergbuschrosen sind kleinere Büschelblütige, sie werden im Herbst oder Frühling nach den gleichen Richtlinien geschnitten.

Miniatur-Buschrosen

Für den Schnitt von Miniatur-Buschrosen gibt es zwei Methoden. Die einfachere erfordert nur ein Minimum an Aufwand: Man entfernt abgestorbene Triebe, dünnt bei Sorten, die sehr dünnen, starkverzweigten Wuchs produzieren, gelegentlich aus und kürzt starkwüchsige Triebe, die das Gleichgewicht stören.

Bei der zweiten Methode werden die Pflanzen wie Miniatur-Großblumige oder -Büschelblütige behandelt. Entfernen Sie alle Triebe bis auf die stärksten, und schneiden Sie diese um etwa ein Drittel zurück. Diese Methode hat sich bei aus den USA und Großbritannien eingeführten Sorten, die sich nur schwer an die neuen Bedingungen gewöhnen, bewährt. Solche Pflanzen profitieren von der anregenden Wirkung eines strengen Schnitts und produzieren dann kräftigen, jungen Wuchs.

WIE SCHNEIDET MAN BÜSCHELBLÜTIGE BUSCHROSEN

Im Herbst oder Frühling nimmt man blühfaules Holz weg und schneidet die Seitensprosse. Die Haupttriebe werden im Verhältnis zur Höhe der Sorte gekürzt.

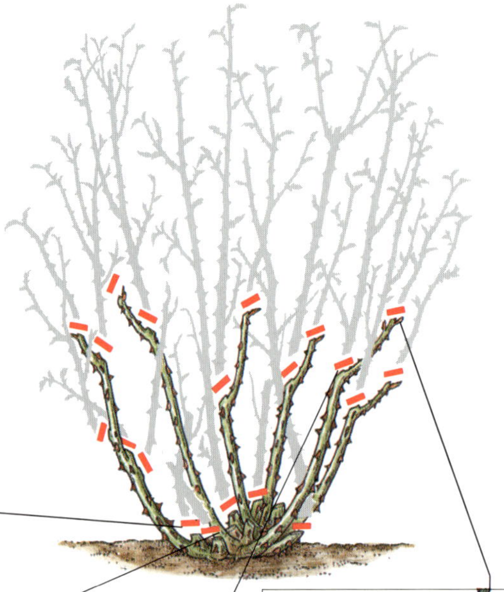

Entfernen Sie sich kreuzende, dichte und dünne, starkverzweigte Triebe.

Nehmen Sie totes und krankes Holz bis zum gesunden Auge heraus.

Kürzen Sie die Haupttriebe auf 30-40 cm über dem Boden.

Kürzen Sie die Seitensprosse über einem Auge um ein bis zwei Drittel.

Schnitt bei Stammrosen

Für die Mehrzahl der Stammrosen werden Großblumige, Büschelblütige oder kleine Strauchrosen auf einen geraden, unverzweigten Stamm von etwa 1-1,25 m Höhe veredelt. Geschnitten wird jeweils wie bei Großblumigen, Floribunda- oder Strauchrosen. Man kürzt die Triebe um ein Drittel, so daß alle etwa gleich lang sind. Wichtig ist v. a., daß die Krone ausgewogen ist und von allen Seiten hübsch aussieht. Die Triebe einer ungleichmäßigen Krone werden auf der dichteren Seite weniger stark geschnitten, damit sie nicht soviel neuen Wuchs produzieren.

Hängende Stammrosen

Hängende Stammrosen erhält man, wenn man kleinblumige Schlingrosensorten auf besonders hohe (ca. 1,5 m) Stämme veredelt. Die biegsamen Triebe haben eine hängende Form und müssen nur wenig geschnitten werden: Entfernen Sie altes, abgeblühtes Holz, wenn die Blüten verwelkt sind, so daß der diesjährige Wuchs intakt bleibt.

Strauch- und alte Gartenrosen

Obwohl sich moderne und alte Gartenstrauchrosen im Habitus stark unterscheiden, blühen die meisten, und auch die Wildrosen, an mindestens zweijährigem Holz. Sie sollten nur vorsichtig geschnitten werden, damit das blühende Holz intakt bleibt. Viele blühen jahrelang auch ohne Eingriff schön, wenn sie sich natürlich entwickeln können. Nur abgestorbenes, beschädigtes, krankes oder schwaches Holz muß entfernt werden, damit die Rose gesund bleibt. Abgesehen davon kann ein leichter Schnitt Anzahl und Qualität der Blüten verbessern.

Remontierende Strauchrosen benötigen jeden Winter einen leichten Verjüngungsschnitt, bei dem einige ältere Haupttriebe bis auf den Grund zurückgeschnitten werden. Das regt die Produktion neuer, kräftiger Basaltriebe an, die im folgenden Sommer blühen werden. Über einen Zeitraum von 4 Jahren werden alle Triebe ersetzt, und bei regelmäßiger Düngung bleibt der Strauch so viele Jahre lang gesund und blüht fleißig. Bei nicht remontierenden Rosen wird sofort nach der Blüte geschnitten.

WIE SCHNEIDET MAN MINIATUR-BUSCHROSEN

VORHER
Miniatur-Buschrosen bringen oft massenhaft dünne, starkverzweigte Triebe hervor (links). Die Ausgewogenheit dieser Pflanze wird durch starkwüchsige Triebe von der Basis gestört.

NACHHER
Der dünne, verzweigte Wuchs und abgestorbenes Holz wurden entfernt, starkwüchsige Triebe um die Hälfte gekürzt (unten).

WIE SCHNEIDET MAN STAMMROSEN

VORHER
Eine Stammrose wird im Frühjahr geschnitten, damit die Krone nicht zu groß wird und ausgewogen und blühfreudig bleibt.

NACHHER
Abgestorbenes und schadhaftes Holz und sich überkreuzende Triebe wurden entfernt. Die Haupttriebe wurden auf 20-25 cm, alle Seitensprosse um etwa ein Drittel gekürzt.

SCHNITT EINER GALLICA-ROSE

Während der Blütezeit wird der Wuchs immer wieder ausgedünnt, um die Pflanze gesund zu erhalten. Beim jährlichen Rückschnitt nach der Blüte werden Seitensprosse, blühfaules Holz und als Wuchsanreiz ältere Triebe weggenommen.

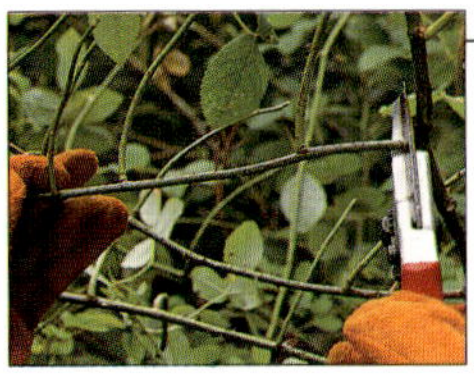

Dünnen Sie dichten Wuchs regelmäßig aus; verwelkte Blüten bis auf den Haupttrieb entfernen.

Bei reifen Rosen werden bis zu einem Viertel der alten Triebe an der Basis weggenommen.

Kürzen Sie Seitensprosse, aber nicht die Hauptsprosse, um etwa zwei Drittel. Entfernen Sie abgestorbenes, krankes und schwaches Holz.

SCHNITT BEI ALBA-, PROVENCE-, DAMASZENER- UND MOOSROSEN

Nach der Blüte werden Haupt- und Seitentriebe zurückgeschnitten. Im Spätsommer müssen gelegentlich noch überlange Triebe gekürzt werden.

Kürzen Sie alte, holzige Haupttriebe um ein Viertel bis ein Drittel.

SPÄTSOMMER

Kürzen Sie überlange Triebe, die im Wind umherschwanken, um etwa ein Drittel.

Kürzen Sie Seitensprosse auf etwa zwei Drittel ihrer Länge.

Gallica-Rosen
Viele Gallica-Rosen produzieren ein Gewirr von Trieben, das regelmäßig ausgedünnt werden sollte. Nach der Blüte kürzt man die Seitentriebe und entfernt abgestorbenes und krankes Holz. Hecken werden nur vorsichtig geschnitten, um die Form zu erhalten. Respektieren Sie die natürliche Gestalt der Pflanze, und versuchen Sie nicht, diese zu formen, weil dabei viele Seitentriebe entfernt werden, die im nächsten Jahr Blüten tragen sollen.

Wildrosen
Den Reiz dieser Rosen machen die gewölbten Triebe aus, die ab dem zweiten Jahr auf ihrer ganzen Länge oft an kurzen Seitentrieben Blüten tragen. Damit ein ausgewogenes Gerüst kräftiger Triebe entsteht, ist ein Erziehungsschnitt nötig. Danach muß nurmehr abgestorbenes und krankes Holz entfernt werden; wird die Pflanze zu dicht, oder bringt sie nur wenig Blüten hervor, wird sie wie nicht remontierende Strauchrosen verjüngt.

Ein strenger Rückschnitt regt das vegetative Wachstum an, bringt aber vor dem zweiten Jahr nur wenige Blüten hervor, wenn überhaupt. Ein einseitiger Busch wird nach der Blüte geformt, alle überlangen Sprosse gekürzt.

Alba-, Provence-, Damaszener- und Moosrosen
Nach der Blüte werden Haupt- und Seitentriebe gekürzt. Zum Sommerende schneidet man überlange Triebe zurück, die dem Wind zu viel Angriffsfläche bieten und dadurch auch die Wurzeln gefährden.

Schnitt bei Bodendecker-Rosen

Es handelt sich meist um niedrig- und ausgebreitet wachsende moderne Strauchrosen, die wie solche verjüngt werden. Manche haben einen kriechenden Wuchs, meist Verwandte der *Rosa wichuraiana*, und wurzeln immer wieder. Man schneidet sie, wenn sie zu groß sind.

Schneiden Sie die Triebe innerhalb der vorgesehenen Ausbreitung über einem nach oben zeigenden Auge zurück.

Bourbon-Rosen und Immerblühende Hybriden
Diese Rosen sind meist remontierend und werden mit allen Hybriden der *Rosa rugosa* im Vorfrühling wie Großblumige (siehe S. 127), allerdings sparsamer, geschnitten.

Rosen feststecken

Bourbon-Rosen und Immerblühende Hybriden bringen lange, unansehnliche Sprosse hervor, die nur an der Spitze blühen. Mit dieser ein wenig zeitaufwendigen Methode kann die Blütenproduktion verbessert werden. Die Triebe werden nicht im Spätsommer oder Herbst zurückgeschnitten, sondern vorsichtig nach unten gebogen, ohne daß sie abbrechen, und am Boden festgesteckt. Man kann die Spitzen auch an Haken im Boden, an zwischen Haken ausgespannten Drähten oder an einem Drahtrahmen festbinden. Die Seitensprosse an den festgesteckten Trieben werden auf 10-15 cm gekürzt.

Der Effekt ist ähnlich wie bei der waagrechten Erziehung von Kletter- und Schlingrosen (siehe S. 130), in der nächsten Saison entsteht ein kleiner Hügel aus vielen blühenden Seitensprossen.

Man wählt lange, nicht blühende Sprosse und schneidet die weichen Spitzen ab. Sie werden vorsichtig zu Boden gebogen und mit Drahthaken im Boden befestigt.

Kletter- und Schlingrosen

Sie müssen kaum geschnitten, aber regelmäßig erzogen werden. Weder Kletter- noch Schlingrosen kommen ohne Stütze aus, und bei falscher Erziehung blühen sie weniger und werden an der Basis kahl. Einige Buschrosen, die lange Sprosse in ungünstigen Winkeln hervorbringen, wie z. B. Moschushybriden, können ebenfalls schön an Mauern, Zäunen u. a. Stützen erzogen werden.

SCHNITT UND ERZIEHUNG EINER KLETTERROSE

In den ersten beiden Jahren wird nur unproduktiver Wuchs entfernt. Ab dem dritten Jahr wird im Herbst nach der Blüte zurückgeschnitten.

Kürzen Sie Seitensprosse über einem nach außen weisenden Auge um zwei Drittel oder etwa 15 cm.

Neue Sprosse werden an waagrechte Drähte im Abstand von 15-20 cm angeheftet: Sie sollten sich nicht überkreuzen.

Entfernen Sie kranken, abgestorbenen oder dünnen Wuchs bis aufs gesunde Holz oder den Haupttrieb.

Kletterrosen

Im ersten und, wenn sie nicht zu stark gewachsen sind, im zweiten Jahr werden Kletterrosen nicht zurückgeschnitten, man entfernt nur abgestorbenen, kranken und schwachen Wuchs. Kletternde Buschrosensports (Rosen mit der Bezeichnung »Kletternde« vor dem Sortennamen, z. B. 'Climbing Shot Silk') dürfen in den ersten beiden Jahren nicht geschnitten werden.

Sobald die neuen Sprosse bis zur Stütze reichen, wird mit der Erziehung begonnen; man führt sie an waagrechten Stützen seitwärts, um die Blüte zu fördern. Ist das nicht möglich, etwa zwischen einer Tür und einem Fenster, wählt man eine Sorte, die zwischen einem hohen Strauch und einer Kletterrose liegt. Diese blühen oft schön von der Basis an ohne spezielle Erziehung: z. B. 'Golden Showers', 'Joseph's Coat' und einige besonders wüchsige Bourbon-Rosen.

Viele Kletterrosen blühen jahrelang schön, auch wenn nur abgestorbener, kranker oder stark verzweigter Wuchs entfernt wird. Geschnitten wird im Herbst nach der Blüte. Die starken Haupttriebe beläßt man, wenn sie nicht über den vorgesehenen Raum hinauswachsen. Ansonsten werden nur die Seitentriebe gekürzt. Die diesjährigen Triebe befestigt man an der Stütze, solange sie noch biegsam sind.

Wird die Kletterrose an der Basis kahl, muß sie verjüngt werden. Schneiden Sie ein oder zwei ältere Haupttriebe auf etwa 30 cm über dem Grund zurück, damit sie durch neue ersetzt werden. Wiederholen Sie diesen Vorgang eventuell in den folgenden Jahren, damit die Basis schön buschig bleibt.

Schlingrosen

Wie Kletterrosen blühen auch viele Schlingrosen ein paar Jahre lang ohne einen Erziehungsschnitt recht schön. Da sie an der Basis deutlich mehr Triebe hervorbringen als Kletterer, sollten sie aber doch sorgfältig erzogen werden, damit sie nicht wild verwachsen; schlechte Luftzirkulation würde die Pflanzen anfällig für Krankheiten machen.

Schlingrosen schneidet man im Spätsommer. In den ersten 2 Jahren werden nur die Seitensprosse um etwa 7 cm auf einen kräftigen Sproß zurückgeschnitten, abgestorbenes und krankes Holz wird entfernt. Später schneidet man die Rose zur Erhaltung des Grundgerüstes stärker. Machen Sie alle Sprosse von der Stütze los, und breiten Sie sie auf dem Boden aus. Schneiden Sie nicht mehr als ein Viertel bis ein Drittel der ältesten, schwachwüchsigen Sprosse bis auf den Grund zurück, damit die neuen Sprosse und einige ältere, noch wüchsige wieder zu einem ausgewogenen Grundgerüst erzogen werden können.

Entfernen Sie noch nicht ausgereifte Sproßspitzen, und schneiden Sie alle Seitensprosse zurück. Erziehen Sie die Sprosse möglichst waagrecht, damit sich an den Hauptsprossen viele neue, kurze Seitensprosse mit Blüten entwickeln.

SCHNITT UND ERZIEHUNG EINER REIFEN SCHLINGROSE

Nach den ersten beiden Jahren wird im Spätsommer nach der Blüte abgestorbenes, krankes und schwaches Holz entfernt. Befestigen Sie neue Sprosse.

Kürzen Sie Seitensprosse auf 2-4 gesunde Augen oder Sprosse.

Schneiden Sie alte, schwachwüchsige Triebe mit einer Astschere bis auf den Boden zurück.

Befestigen Sie alle Triebe möglichst waagrecht an den Drähten. Machen Sie lose Drähte fest.

Erziehung an Bögen, Pergolen, Pfeilern und Bäumen

Kletter- und Schlingrosen können an Pfeilern, Bögen und Pergolen hochgeführt werden. Leiten Sie die Haupttriebe um die senkrechten Teile der Stütze, damit sich unterhalb blühende Triebe bilden. Erziehen Sie die Triebe in ihrer natürlichen Wuchsrichtung, bevor sie hart werden. Das ist bei den steifen, beinahe starren Trieben von Kletterern unerläßlich. Sie werden mit Bindfaden oder Plastikrosenbändern befestigt; diese können beim Schnitt gelöst oder für dickere Triebe gelockert werden. Sobald die Haupttriebe das obere Ende der Stütze erreichen, wird das Wachstum durch Schnitt gebremst.

Zu viele überlange Seitensprosse verderben das Erscheinungsbild einer Rose, man kann aber leicht Abhilfe schaffen, indem man die Seitensprosse im Frühjahr auf 3-4 Augen oder um 15 cm kürzt.

Vermehrung

Rosen werden auf 3 Arten vermehrt: durch Stecklinge und Steckhölzer, durch Veredeln und aus Samen. Stecklinge sind die einfachste Methode, dauern aber am längsten: bei Miniatur-Buschrosen etwa 3 Jahre, bis die neue Pflanze etabliert ist. Zum Veredeln braucht man entwickelte Unterlagen, die Pflanzen werden aber meist kräftiger und wüchsiger. Viele Wildrosen *(z. B. Rosa glauca)* lassen sich leicht aus Samen vermehren. Durch eine Kreuzung von Hybriden mit anderen Hybriden, manchmal mit Arten, erhält man neue Sorten.

Steckhölzer

Die meisten Rosen lassen sich durch Steckhölzer vermehren, v. a. einige Sorten, die mit Wildrosen nahe verwandt sind, z. B. Schlingrosen. Steckhölzer von Miniatur-Buschrosen wurzeln besonders schnell und leicht, Großblumige mit komplizierter Abstammung dagegen nicht; es gibt sie daher meist nur mit Unterlage.

Ein Vorteil der durch Steckhölzer vermehrten Rosen besteht darin, daß sie keine fremden Wurzeln haben und daher keine Wildlinge hervorbringen. Nachteile sind bei manchen Sorten eine geringere Wüchsigkeit (bei Miniatur-Buschrosen oft wünschenswert) und v. a. bei Wildrosen die Neigung, in den ersten Jahren wüchsige, aber nicht blühende Triebe hervorzubringen.

In vielen Klimazonen sind Steckhölzer die sicherste Methode; die Bewurzelung gelingt allerdings nicht immer. Deshalb sollte man gleich mehrere Steckhölzer nehmen.

Vorbereiten der Steckhölzer
Man nimmt die Steckhölzer im Frühherbst von diesjährigen Trieben, entfernt alte Blütenköpfe von dem Trieb und gibt ihn in einen durchsichtigen Plastikbeutel, damit er nicht austrocknet. Zur Vorbereitung werden die Blätter entfernt und die Steckhölzer auf ca. 20 cm eingekürzt. Wenn man die Stacheln abbricht, ist das Steckholz leichter zu handhaben. Befeuchten Sie die Basis jedes Steckholzes, tauchen Sie sie in Bewurzelungshormon, und klopfen Sie überschüssiges Pulver ab.

Bei Miniatur-Buschrosen müssen die Steckhölzer nur etwa 5-10 cm lang sein.

Vorbereiten des Beetes
Die Steckhölzer kommen in ein Beet im Freien, sollten aber vor Mittagssonne geschützt sein. Graben Sie das Beet um, festigen und rechen Sie die Oberfläche, bis sie gleichmäßig ist.

Stecken
Machen Sie mit dem Pflanzholz eine Reihe tiefer Pflanzlöcher, und lassen Sie zur Verbesserung der Drainage ein wenig groben Sand in jedes Loch rieseln. Oder ziehen Sie eine schmale Furche in gleicher Tiefe und geben unten Sand hinein. Bei leichten Sandböden sticht man nur den Spaten senkrecht in den Boden, zieht ihn entlang der vorgesehenen Linie und erweitert die Furche durch Vor- und Rückwärtsbewegen des Spatens.

Stecken Sie die Steckhölzer senkrecht in die Löcher oder die Furche, so daß nur ein Drittel herausschaut. Die Abstände sollten so groß sein, daß die Steckhölzer nach der Bewurzelung einzeln gehoben werden können, ohne die Wurzeln der Nachbarpflanzen zu beschädigen. Drükken Sie den Boden rund um die Steckhölzer an, und wässern Sie. Bei Trockenheit muß auch später gewässert werden; wenn die Wurzeln vom Frost gelockert wurden, wird der Boden wieder angedrückt.

Steckhölzer werden zur Bewurzelung auch in tiefe Töpfe mit leichter, sandiger Erde gesteckt. Geben Sie diese an einem schattigen Platz im Garten in den Boden oder in Sand, und wässern Sie bei Bedarf. Für Steckhölzer von Miniatur-Buschrosen ist ein Kalter Kasten oder ein kühles Treibhaus besser geeignet.

Entwicklung der Steckhölzer
Im Herbst bildet sich an der Basis jedes Stecklings ein Kallus, aus dem im Frühjahr die Wurzeln hervorgehen. Nach der Bewurzelung sollten sich die jungen Pflanzen rasch entwickeln; bilden sich im Sommer Blütenknospen, müssen sie entfernt werden, damit die Pflanze ihre Energie auf neue Triebe konzentriert. Wenn die jungen Rosen im folgenden Herbst groß genug sind, etwa 23-30 cm, werden sie an ihren endgültigen Standort gesetzt.

Stecklinge von halbausgereiften Trieben

In Gebieten mit strengen Wintern sind halbausgereifte Stecklinge Steckhölzern vorzuziehen. Nach der Blüte im Spätsommer nimmt man reife, aber noch grüne Seitentriebe. Man schneidet über einem Auge ca. 15 cm lange Stücke ab und entfernt die weichen Spitzen. Die ca. 10 cm langen Stecklinge werden vorbereitet wie Steckhölzer. Geben Sie die Stecklinge in tiefe Töpfe mit sandigem Substrat (Torf und Sand zu gleichen Teilen). Ziehen Sie Plastikbeutel über die Töpfe, oder stellen Sie sie an einem kühlen, frostfreien Ort in einen Vermehrungskasten, damit Feuchtigkeit erhalten bleibt. Im Frühling setzt man die bewurzelten Stecklinge in ein Anzuchtbeet.

Wie vermehrt man Rosen durch Steckhölzer

1 Nehmen Sie einen gesunden, gut ausgereiften, etwa bleistiftstarken Trieb, der im Sommer geblüht hat und etwa 30-60 cm lang ist. Schneiden Sie ihn mit einem schrägen Schnitt über einem nach außen weisenden Auge ab. Entfernen Sie die Blätter und die weiche Spitze.

2 Teilen Sie den Trieb mit schrägem Schnitt über dem obersten Auge und mit geradem unter dem untersten in 23-cm-Stücke, die Sie in Bewurzelungshormon tauchen.

3 Machen Sie eine Reihe Pflanzlöcher in einer Tiefe und einem Abstand von 15 cm. Bei schweren Böden kommt 2,5 cm hoch Sand in jedes Loch.

4 Stecken Sie in jedes Loch ein Steckholz: Es muß den Boden des Loches erreichen und etwa 15 cm unter der Erde sein. Drücken Sie die Erde an, wässern und beschriften Sie.

5 Nach einem Jahr hebt man die bewurzelten Steckhölzer vorsichtig mit einer Gabel, pflanzt sie in ein Beet oder läßt sie im Kalten Kasten weiterwachsen.

OKULIEREN EINER ROSE

1 Wählen Sie einen ca. 30 cm langen abgeblühten Trieb mit 3-4 Augen. Schneiden Sie ihn mit schrägem Schnitt über einem nach außen weisenden Auge ab.

2 Halten Sie das Edelreis so, daß das Auge nach unten zeigt. Setzen Sie 5 mm von einem Auge an. Lösen Sie das Auge mit einem 2,5 cm langen Fortsatz heraus.

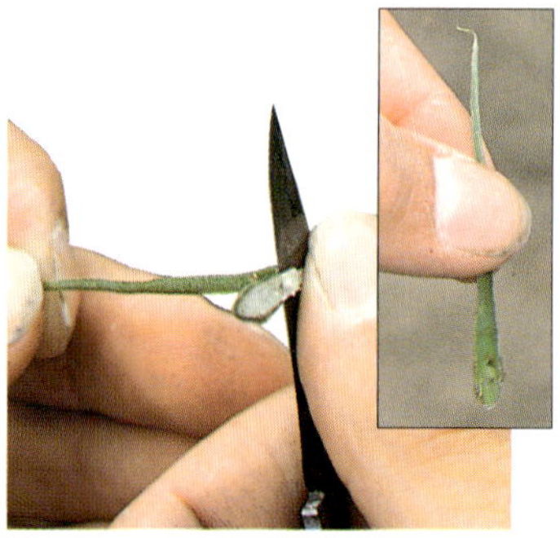

3 Halten Sie das Auge zwischen Daumen und Zeigefinger am Fortsatz, ziehen Sie vorsichtig das grobe, holzige Material hinter dem Auge ab.

4 Entfernen Sie mit der stumpfen Seite des Messers die Stacheln am Stamm der Unterlage, säubern Sie einen etwa 4 cm langen Abschnitt.

5 Machen Sie einen T-förmigen Einschnitt in die Rinde, waagrecht ca. 5 mm, senkrecht etwa 2 cm lang.

6 Heben Sie mit der Messerspitze die eingeschnittene Rinde ab, und legen Sie das weiße Kambium frei.

7 Nehmen Sie das Auge am Fortsatz, und schieben Sie es hinter die abgehobene Rinde in die Unterlage, und zwar so weit, daß es knapp unter dem Querbalken des »T« liegt und festsitzt.

8 Schneiden Sie mit einem Messer vorsichtig entlang des Querbalkens den aus dem »T« herausragenden Fortsatz weg. Versuchen Sie dabei, das Holz unter der Rinde nicht zu beschädigen.

9 Legen Sie einen Gummiverschluß fest um die Veredlungsstelle, und stecken Sie ihn an der gegenüberliegenden Seite fest. Dadurch werden Unterlage und Auge zusammengehalten.

STAMMROSEN
Schieben Sie drei Augen in die Unterlage ein (links). Schneiden Sie die Unterlage im Frühling knapp über den neuen Trieben ab (rechts).

BUSCHROSEN
Beim Okulieren von Buschrosen werden nur 1 oder 2 gleichmäßig verteilte Augen in die Unterlage eingesetzt (siehe Nebenbild). Im Frühling wird die Unterlage knapp über den neuen Trieben abgeschnitten.

Okulieren

Beim Okulieren wird Pflanzenmaterial von zwei verschiedenen Rosen verbunden, um die Stärken beider Pflanzen zu vereinen. Ein ruhendes Auge vom oberirdischen Teil einer Pflanze, die meist wegen ihrer Schönheit gewählt wurde, wird knapp über den Wurzeln der Unterlage, meist einer Rosenart oder eines Klons von besonderer Wüchsigkeit und Winterhärte, unter die Rinde geschoben. Je nach Klima- und Bodenverhältnissen oder für eine besonders starkwüchsige Pflanze stehen verschiedene Unterlagen zur Auswahl.

Auswahl einer geeigneten Unterlage
Viele Unterlagen kommen mit den verschiedensten Bedingungen zurecht: Die winterharte, wüchsige *Rosa multiflora* findet häufig Verwendung, v. a. bei kalten Wintern; sie eignet sich auch für schlechtere Böden. *R. canina* ist winterhart und in Gegenden mit strengen Wintern oder schweren Böden sehr beliebt, treibt aber viele Wildlinge; der scharlachrote Kletterer 'Dr. Huey' wird bevorzugt als Unterlage verwendet, wenn die Ruheperiode kurz ist. Der ausgewählte Klon 'Laxa' hat in den Baumschulen mittlerweile die meisten anderen Unterlagen verdrängt, da er sich für fast alle Böden und Klimabedingungen gut verwenden läßt, beinahe keine Stacheln hat, leicht zu okulieren ist und selten Wildlinge treibt. Baumschulen und Händler können jeweils die passenden Unterlagen empfehlen.

Auch wilde Heckenrosen lassen sich als Unterlage verwenden, aber die Qualität ist sehr unterschiedlich.

Pflanzen der Unterlage
Setzen Sie die Unterlagen mit 30 cm Pflanzabstand und 75 cm Reihenabstand im Herbst in ein Anzuchtbeet. Bei Buschrosen werden die Augen dort eingeschoben, wo Stämme und Wurzeln aufeinandertreffen, also am Wurzelhals; eine Pflanzung im 45°-Winkel erleichtert daher die Okulation, wobei die Wurzeln genau bis zur Bodenoberfläche reichen. Häufeln Sie den Wurzelhals an, damit die Rinde dort, wo das Auge eingeschoben wird, weich und feucht bleibt. Unterlagen für eine Stammrose müssen ca. 2 m hoch werden; damit ein gerader, kahler Stamm entsteht, werden alle Augen noch vor der Entwicklung weggenommen.

Wann wird okuliert
Okuliert wird in der zweiten Sommerhälfte, am besten bei kühlem, feuchtem Wetter, wenn die Luft nicht

zu trocken ist. Falls das Wetter in den Monaten vorher sehr trocken ist, müssen die Unterlagen regelmäßig und gründlich gewässert werden. Hat die Pflanze nicht genug Saft, trocknet das Holz aus und kann geschädigt werden, wenn für das Okulieren die Rinde abgehoben wird. Die Okulation muß zügig erfolgen, damit nicht Auge und Unterlage austrocknen.

Man kann ein Okuliermesser verwenden (siehe »Gartenmesser«, S. 463), aber auch ein gewöhnliches Gartenmesser. Alle Messer müssen peinlich sauber und scharf sein.

Auswahl des Edelreises
Schneiden Sie das Edelreis von ausgereiften Trieben mit gut ausgebildeten schlafenden Augen in der Blattachsel. Entfernen Sie Blätter und Blattstiele; oder belassen Sie die Stiele, um das Auge beim Okulieren leichter halten zu können. Geben Sie das Edelreis in einen Plastikbeutel, damit es nicht austrocknet.

Vorbereitung des Auges
Halten Sie das Edelreis verkehrt, und lösen Sie mit dem Okuliermesser das Auge mit einem dünnen Fortsatz knapp über der Basis heraus. Sie erhalten ein etwa 2,5 cm langes Stück Rinde mit einem Auge. Entfernen Sie den kleinen Marksplitter hinter dem Auge. Wurde es zu tief vom Trieb geschnitten, wird es dabei leicht verletzt. Die Basis des Auges sollte als kleiner Kreis sichtbar werden.

Vorbereiten der Unterlage
Bei Buschrosen entfernt man die Erde am Wurzelhals, dann nimmt man die Stacheln weg und säubert den Wurzelhals. Mit der Klinge des Okuliermessers schneidet man ein »T« in den Wurzelhals; der Schnitt sollte durch die Rinde, aber nicht in das Holz dringen.

Okuliervorgang
Heben Sie mit der stumpfen Seite der Klinge vorsichtig die eingeschnittene Rinde ab, ohne die Rinde oder das darunterliegende Holz zu beschädigen. Schieben Sie das Auge vorsichtig in das »T«, so daß es nach oben zeigt. Entfernen Sie, was vom Fortsatz noch sichtbar ist, und gegebenenfalls den Blattstiel. Stabilisieren Sie das Auge mit feuchtem Raphiabast (in sicherer Entfernung vom Auge knoten) oder mit einem speziellen Gummiverschluß; auch die gelöste Rinde muß wegen des Feuchtigkeitsverlustes gut abschließen. Der Gummiverschluß läßt sich leicht anbringen und behindert das Wachstum des Auges nicht, da er bald verrottet. Manchmal sollte man zwei Augen an gegenüberliegenden Seiten in die Unterlage einschieben, damit sich schneller ausgewogene Triebe entwickeln; dies wird in der Baumschule meistens nur bei Stammrosen gemacht.

Zurückschneiden der Unterlage
Wächst die Veredlung an, schwillt das Auge bald an und treibt bis zum nächsten Frühling aus. Noch bevor sich ein Trieb entwickelt, wird die Unterlage »abgeworfen«. Muß der Trieb gestützt werden, befestigt man ihn an einem Bambusstab.

Okulieren einer Stammrose
Bei einer hochstämmigen Unterlage wird die Okulation in der gewünschten Höhe, meist in etwa 1,2 m durchgeführt; hängende Hochstämme werden gewöhnlich in ca. 1,5 m Höhe okuliert. Schieben Sie rund um den Stamm zwei oder drei Augen hinter die Rinde, damit eine ausgewogene Krone entsteht. Bei *Rosa canina* als Unterlage werden die Augen nahe am Stamm in gleichmäßig verteilte Seitentriebe eingeschoben. Bei *R. rugosa* ist es üblich, 3 Augen höhenversetzt um den Stamm zu verteilen.

Vermehrung durch Absenker

Jede Rose mit langen, biegsamen Trieben, die sich im Boden feststekken lassen, kann durch Absenken vermehrt werden.

Im Spätsommer nach der Blüte nimmt man einen Trieb von gesundem, reifem Holz und entfernt auf einem Stück die Blätter. Arbeiten Sie dort, wo der Trieb den Boden berührt, Torf in die Erde ein, und stecken Sie den Trieb in der vorbereiteten Erde fest, damit er wurzelt. Im nächsten Frühling wird der bewurzelte Absenker knapp hinter den Wurzeln von der Mutterpflanze getrennt und zum Weiterwachsen an seinen endgültigen Standort gesetzt.

Schling- und Kletterrosen eignen sich bestens zum Absenken; wenn sie allerdings in einem schmalen Beet entlang einer Mauer stehen, wird vielleicht nicht genug Platz sein, um einen Trieb im Boden festzustecken, v.a. wenn rundherum andere Pflanzen stehen. Auch viele Strauchrosen, wie Damaszener-, Provence-, Bourbon- und die meisten Alba- und Wildrosen, können durch Absenken vermehrt werden, weil sie eine lockere Wuchsart haben und an der Basis meist mehr Platz ist, um einzelne Triebe festzustecken. Moderne Strauchrosen wie 'Chinatown', die eigentlich hohe Büschelblütige sind, haben ziemlich steife Triebe, die für das Absenken waagrecht erzogen werden müssen, solange sie jung und biegsam sind. Sorten von Bodendekker-Rosen eignen sich bestens für diese Vermehrungsart. Bei manchen, z. B. 'Heidekönigin' oder 'Immensee', wurzeln die Triebe von selbst im Boden; sie werden einfach von der Mutterpflanze getrennt und ausgepflanzt. In den meisten Gärten stehen jedoch moderne Büschelblütige oder Großblumige, deren Wuchs für das Absenken zu steif und aufrecht ist; sie sollten durch Stecklinge vermehrt werden. Nur einige wenige, die locker und ausgebreitet wachsen, wie z. B. 'Europeana', kann man durch Absenken vermehren.

Rosen absenken

1 *Schneiden Sie einen langen, reifen, aber biegsamen Trieb an der Unterseite 2,5 cm lang ein. Bestäuben Sie den Schnitt mit Bewurzelungshormon und spreizen Sie ihn mit einem Streichholz auf (siehe Nebenbild).*

2 *Geben Sie den Trieb in eine kleine Vertiefung im vorbereiteten Boden, und stecken Sie ihn mit einer Drahtklammer fest. Bedecken Sie ihn mit Erde, die Sie andrücken, und befestigen Sie die Triebspitze an einem kurzen Stab.*

Vermehrung durch Wurzelausläufer

Wenn eine Rose nicht auf einer Unterlage aus fremden Wurzeln wächst, kann sie leicht durch bewurzelte Ausläufer vermehrt werden. Manche aus Samen gezogene Arten und durch Stecklinge vermehrte Rosen bringen Ausläufer hervor. In der Ruheperiode werden die bewurzelten Ausläufer oder Triebe von der Mutterpflanze getrennt und entweder in ein Anzuchtbeet oder an ihren endgültigen Standort gesetzt. Bei tiefgepflanzten, veredelten Strauchrosen bewurzeln sich manchmal Triebe der veredelten Sorte. Behandeln Sie diese wie bewurzelte Ausläufer.

Rosen mit vielen Ausläufern, z. B. Sorten der *Rosa pimpinellifolia*, *R. rugosa* und einiger Gallica-Rosen, können auf diese Weise vermehrt werden.

Vermehrung aus Samen

Wildrosen sind im Gegensatz zu Sorten selbstfertil und können wie

Vermehren durch Wurzelausläufer

1 *Im Spätherbst oder Vorfrühling wählen Sie einen gut entwickelten Ausläufer, legen die Basis frei und trennen ihn mit möglichst vielen Wurzeln von der Mutterpflanze.*

2 *Bereiten Sie ein passendes Loch vor. Pflanzen Sie den Ausläufer, gießen Sie und drücken Sie die Erde sofort an. Kürzen Sie die Triebe auf 23-30 cm.*

ROSENAUFZUCHT AUS SAMEN

1 *Öffnen Sie eine reife Hagebutte von der Mutterpflanze mit einem sauberen, scharfen Messer. Holen Sie mit dem Messerrücken die Samen heraus.*

2 *Geben Sie die Samen in einen Plastikbeutel mit Torf, und lagern Sie ihn 2-3 Tage bei Raumtemperatur. Danach kommt er für 3-4 Wochen in den Kühlschrank.*

3 *Man sät die Samen einzeln auf sandiges Substrat (1 Teil Sand : 1 Teil Torfersatz), gibt feinen Kies darüber, beschriftet und stellt sie in den Kalten Kasten.*

4 *Sobald die Sämlinge das erste echte Blattpaar hervorgebracht haben, werden sie einzeln in 5-cm-Töpfe mit Topferde auf Lehmbasis gesetzt.*

andere Sträucher aus Samen aufgezogen werden. Rosensamen ist zwar gewöhnlich nicht im Handel erhältlich, kann aber von reifen Rosen im Garten gewonnen werden. Kreuzungen lassen sich nicht echt aus Samen aufziehen, sie werden meist durch Veredeln vermehrt.

Gewinnung und Aussaat des Samens

Im Herbst wird der Samen aus den reifen Hagebutten genommen und stratifiziert (siehe S. 535). Der Samen muß bei allen Wildrosen vorher stratifiziert werden – dabei werden natürliche Temperaturschwankungen simuliert.

Man sät den Samen in Saatschalen oder einzelne Töpfe, die mindestens 6 cm tief sein müssen. In einer Saatschale brauchen die Samen einen Abstand von mindestens 5 cm voneinander und werden in Samenkornhöhe mit Sand bedeckt. Stellen Sie die Saatschalen zum Schutz vor Mäusen und anderen Tieren in einen Kalten Kasten. Die Keimung kann bis zu einem Jahr dauern. Setzen Sie die Sämlinge in einzelne Töpfe, sobald sich die ersten endgültigen Blätter gebildet haben; das erste Blattpaar (die Keimblätter) ist oval und gar kein typisches Rosenblatt. Die Sämlinge müssen mit Vorsicht behandelt werden, da sie in dieser Entwicklungsphase sehr empfindlich sind.

Die jungen Sämlinge bleiben im Kalten Kasten, bis sie sich in den Töpfen etabliert haben. Dann werden sie tagsüber aus dem Kasten genommen und abgehärtet. Sobald die Sämlinge akklimatisiert sind, können sie im Freien bleiben; sie werden bei Bedarf umgetopft, bis sie groß genug zum Auspflanzen sind.

Kreuzung

Neue Rosensorten erhält man durch Kreuzung, das ist Fremdbestäubung einer Sorte oder Art mit einer anderen. Der neue Samen wird ausgesät und aufgezogen. Die entstehende Rose soll die günstigen Eigenschaften beider Elternpflanzen vereinen.

Auswahl der Elternpflanzen

Die Abstammung der meisten Rosen ist gemischt, das Ergebnis der Kreuzung läßt sich daher nicht voraussagen; die Chancen, eine hochwertige Sorte mit ausgeprägten Eigenschaften zu erhalten, sind gering. Für die Züchtung muß man die genetischen Eigenschaften der Elternpflanzen, besonders ihre Chromosomenzahl und -struktur kennen.

Die Chromosomen sind jene Bestandteile der Zellen, die über die Gene die Vererbung von Eigenschaften bestimmen. Es gibt Rosen mit verschiedenen Chromosomenzahlen, aber die Gesamtzahl pro Zelle ist meist immer ein Vielfaches von 7. Die meisten Wildrosen haben 14 (diploid), 28 (tetraploid), 42 (hexaploid) oder 56 (octoploid) Chromosomen. Bei der Kreuzung zweier Rosen verbinden sich die entsprechenden Chromosomen der Elternpflanzen zu Paaren, verschmelzen und zählen im neuen Chromosomensatz der Sorte als ein Chromosom. Die meisten Gartenrosen sind tetraploid, zwei tetraploide Rosen ergeben zusammen wieder eine tetraploide. Aus einer diploiden (14) und einer tetraploiden (28) Rose entsteht eine neue mit 7+14=21, also eine triploide

WIE KREUZT MAN ROSEN

VORBEREITEN DER MUTTERPFLANZE

1 *Wählen Sie eine makellose Blüte (hier 'Princess Michael of Kent') mit noch nicht ganz geöffneten Kronblättern, die daher noch nicht befruchtet sein kann.*

2 *Entfernen Sie die Kronblätter von außen nach innen. Dringen Sie immer weiter zur Mitte vor, ohne die freigelegten Narben zu beschädigen.*

3 *Mit einer Pinzette entfernen Sie rund um die Narben alle Staubblätter und alle Überreste von Staub- oder Kronblättern.*

4 *Überprüfen Sie mit einer Lupe, ob auch keine Staub- oder Kronblatteilchen zurückgeblieben sind. Sie könnten verrotten und die Hagebutte mit Pilzen infizieren.*

5 *Drehen Sie eine Papiertüte (siehe Nebenbild). Biegen Sie die Kronblätter zurück, stülpen Sie die Tüte über die Blüte, und befestigen Sie sie am Stiel.*

EINE ANDERE MÖGLICHKEIT
Geben Sie einen sauberen Plastikbeutel über die Blüte und befestigen Sie ihn. So ist die Blüte vor Befruchtung durch Insekten geschützt.

Rose. Aufgrund der ungleichen Chromosomenzahl bleiben sieben Chromosomen bei der Verschmelzung frei. Triploide Rosen sind oft steril und können kaum zur Züchtung verwendet werden.

Alle bekannten Chromosomenzahlen von Rosen findet man in der neuesten Ausgabe von *Modern Roses* (»American Rose Society« für die »International Registration Authority for Roses«). Hier kann man sich auch über den Stammbaum vieler Rosen informieren.

Die Vererbung ist nicht der einzige Faktor, der bei der Auswahl der Elternpflanzen zu berücksichtigen ist. Manche Hybriden eignen sich als Vaterpflanzen, aber nicht als Mutterpflanzen, und umgekehrt. Andere sind völlig oder beinahe unfruchtbar, und bei Rosen mit sehr vielen Kronblättern, wie etwa Provence-Rosen, wurde ein Teil der Staubblätter durch Kronblätter ersetzt, es gibt also wenig Pollen für eine Kreuzung. Die Kreuzung einer nicht remontierenden Rose mit einer remontierenden ist problematisch, wenn die neue remontierend sein soll, da die erste Tochtergeneration in diesem Fall nie remontierend ist. Um remontierende Nachkommen zu erhalten, ist mindestens eine weitere Kreuzung nötig.

Ein kompliziertes Thema wurde hier sehr vereinfacht dargestellt; man braucht zur Rosenzucht eine Menge Glück. Auch wenn man sie wissenschaftlich betreibt, ist das Ergebnis nicht vorherzusagen. Im allgemeinen wählt man als Elternpflanzen die gesündesten Sorten und beginnt mit der wahrscheinlich einfachsten Kreuzung, der zwischen zwei Sorten von Büschelblütigen.

Wachstumsbedingungen

Außer bei frostfreiem Klima gibt man Topfrosen immer in ein Treibhaus, da dort Temperatur, Feuchtigkeit, Schädlingsbefall und Krankheiten besser unter Kontrolle zu halten sind und die Hagebutten besser ausreifen. Sorgfältige Aufzeichnungen sind unerläßlich: Nach der Kreuzung werden alle Blüten mit Datum und Namen beider Elternpflanzen beschriftet, die Mutterpflanze kommt zuerst, z. B. 'Anne Harkness' x 'Memento'.

Vorbereitung der Mutterpflanze

Wählen Sie eine Blüte der Mutterpflanze, die sich bereits zu öffnen beginnt, aber noch nicht soweit geöffnet ist, daß Insekten die Staubblätter erreichen und mit fremden Pollen hätten befruchten können. Entfernen Sie vorsichtig Kron- und Staubblätter (Kastration), und überprüfen Sie, ob auch kein Gewebe zurückgeblieben ist, das später in der Hagebutte verrottet. Geben Sie eine Papiertüte oder einen Plastikbeutel über die Blüte und lassen Sie die Narbe ein oder zwei Tage reifen.

Vorbereitung der Vaterpflanze

Schneiden Sie eine Blüte von der Vaterpflanze, die in etwa demselben Stadium ist wie jene von der Mutterpflanze. Stellen Sie diese Blüte in eine Vase mit Wasser, und schützen Sie sie vor Insekten, bis die Staubbeutel, meist am Tag nach dem Schnitt, die winzigen, orangegelben Pollenkörner entlassen. Die Narben der Mutterpflanze sondern eine klebrige Flüssigkeit ab zum Zeichen dafür, daß sie nun den Pollen aufnehmen können. Entfernen Sie die Kronblätter von der Vaterpflanze, der Staubbeutel bleibt unberührt.

Befruchtung der Mutterpflanze

Entfernen Sie die schützende Abdeckung, und streichen Sie mit den Staubblättern der Vaterpflanze über die Narben der Mutterpflanze; durch das klebrige Sekret bleibt der Pollen an den Narben haften. Decken Sie die befruchtete Blüte wieder ab, und beschriften Sie sie.

Sie können auch die Staubbeutel der Vaterpflanze abschneiden, in einen kleinen Behälter – etwa eine Pillendose – geben, mit dem Namen der Rose beschriften und an einem kühlen, trockenen Platz lagern, bis die entlassenen Pollenkörner zu sehen sind. Mit einem feinen Pinsel übertragen Sie nun den Pollen von der Dose auf die Narben der Mutterpflanze. Werden verschiedene Rosen gekreuzt, muß der Pinsel jedesmal gründlich gesäubert werden, am besten mit Methyl- oder Wundalkohol.

War die Kreuzung nicht erfolgreich, wird die junge Hagebutte bald runzlig. Bei gelungener Kreuzung beginnen sich die Kelchblätter zu heben, und die Hagebutte schwillt an; nun entfernt man die schützende Abdeckung.

Die Hagebutte wird weiter anschwellen; sie braucht, je nach Klima, etwa zweieinhalb Monate zum Reifen. Während der Reifung verfärbt sich die grüne Hagebutte rot, gelb oder auch braun, je nach Rose.

Ernte und Aussaat

Nehmen Sie die reife Hagebutte ab, und holen Sie vorsichtig den Samen heraus. Säen Sie den Samen aus (siehe »Gewinnung und Aussaat des Samens«, S. 134). Nach der Kreuzung muß der Samen jedoch nicht stratifiziert, er kann direkt ausgesät werden.

Auswahl

Die Sämlinge blühen meist noch im ersten Jahr – in einem Treibhaus oft schon wenige Wochen nach der Keimung –, aber mehr oder weniger typische Blüten der neuen Sorte entwickeln sich erst im zweiten Jahr; nun kann man entscheiden, ob man die Sorte weiterentwickelt.

Vielversprechende neue Sämlinge können auf Unterlagen veredelt werden (siehe »Okulieren«, S. 132), sobald der Stamm etwa 5 mm dick ist. Diese Phase ist aber sogar für erfahrene Züchter noch schwierig, da die Schwächen einer Kreuzung oft erst nach jahrelangen Versuchen erkannt werden.

Vorbereiten der Vaterpflanze

6 *Wählen Sie eine noch nicht ganz geöffnete, makellose Blüte (hier 'Elina'). Schneiden Sie den Stiel der Blüte schräg über einem Auge ab.*

7 *Stellen Sie die Blüte in einem Raum, wo sie vor Insekten geschützt ist, ins Wasser, bis sie sich öffnet (meist über Nacht).*

8 *Wenn die Blüte geöffnet ist und die Staubbeutel platzen, entfernt man alle Kronblätter.*

9 *Die freiliegenden Staubbeutel entlassen nun die winzigen Pollenkörner.*

Befruchtung der Mutterpflanze

10 *Man nimmt die Abdeckung von der Mutterpflanze, streicht mit den Staubbeuteln der Vaterpflanze über deren Narben. Der Pollen bleibt daran kleben.*

11 *Geben Sie die schützende Tüte wieder über die Mutterpflanze und befestigen Sie sie. Beschriften Sie die Rose (Namen der Mutter- und Vaterpflanze).*

Ausstellungsrosen

DIE TEILNAHME an einer kleinen Blumenausstellung kann ein schönes Erlebnis sein. Höhere Wettbewerbsstufen erfordern allerdings mehr Zeit und Einsatz, als ein Hobbygärtner aufbringen kann und will.

Die Ausstellungsvorschriften sind von Land zu Land verschieden und hängen von den Regeln der einzelnen Rosenzüchterverbände ab. Sowohl die Aussteller als auch die Juroren müssen die Vorschriften genau kennen.

Rosen für Ausstellungen kultivieren

Kultivieren Sie mehrere Büsche derselben Sorte, damit Sie viele Blüten zur Auswahl haben. Manche Buschrosen machen sich im Garten ebenso gut wie auf dem Ausstellungstisch, wenn sie gut gepflegt sind und das Laub frei von Krankheiten ist. Schneiden Sie die Rose stark zurück, damit sie nur wenige kräftige Sprosse mit 8-9 Blüten pro Saison hervorbringt, aus denen für die Ausstellung geeignete ausgewählt werden. Zusätzlicher Dünger fördert die Wüchsigkeit. Um ausstellungsreife Blüten zu erhalten, kann man die Rose abknospen, d. h., man entfernt die neuen Nebenknospen, damit sich die Mittelknospe besser entwickelt. Wird bei Büschelblütigen die mittlere Blütenknospe entfernt, öffnen sich alle anderen Knospen etwa gleichzeitig.

Manche Blüten können durch Regen Schaden nehmen. Ausstellungsvorschriften gestatten daher die Verwendung von schützenden, an Bambusstäben befestigten Plastikkegeln, sog. »Chinesischen Hüten«, für einzelne Blüten.

ROSEN ABKNOSPEN

GROSSBLUMIGE ROSEN
Sobald die Nebenknospen groß genug sind, werden sie entfernt, nur die Mittelknospe beläßt man.

BÜSCHELBLÜTIGE ROSEN
Für eine einheitliche Blütezeit entfernt man von jeder kleineren Rispe der Dolde die Mittelknospe.

CHINESISCHE HÜTE

Um eine Blüte vor Regen zu schützen, steckt man eine Stütze mit »Chinesischem Hut« neben den Rosenstiel und bindet die Rose daran fest.

Auswahl der Blüten

Die Zeiteinteilung spielt dabei eine wichtige Rolle. Die Blüten einer großblumigen Buschrose z.B. sollten für die Bewertung nur zu drei Vierteln geöffnet sein, bei einer büschelblütigen Buschrose wiederum müssen möglichst alle Blüten der Rispe geöffnet, die Staubblätter aber dürfen noch nicht schwarz sein. Wichtig ist, daß die Blüten eine für die Sorte durchschnittliche Größe haben. Auch schönes, gesundes Laub ist wichtig.

Vorbereitung für die Ausstellung

Wer zum ersten Mal an einer Ausstellung teilnimmt, beschränkt sich besser auf höchstens 3 Klassen. Schneiden Sie am Abend vor der Ausstellung etwa doppelt so viele Rosen, wie benötigt werden, mit mindestens 30 cm langen Stielen. Entfernen Sie die unteren Blätter und Stacheln, und stellen Sie die Rosen bis zu den Blüten in einen Eimer mit kaltem Wasser. Sie sollten über Nacht kühl stehen.

Lassen Sie sich nicht entmutigen, wenn Ihre Blüten unter Witterungseinflüssen leiden. Den anderen Ausstellern ergeht es ebenso.

Arrangieren der Rosen

Holen Sie sich vom Ausstellungsbüro Anmeldekarten für Ihre Klassen, und bringen Sie die Rosen sofort zum Ausstellungstisch. Verwenden Sie möglichst einfache Gefäße. Das Arrangement der Blüten erfordert meist mehr Zeit, als man glaubt.

Arrangieren Sie die Rosen symmetrisch, eine größere Blüte fällt vorne weniger auf. Die Blüten sollen nahe beisammenstehen, sich aber nicht berühren; für eine gute Farbmischung gibt es manchmal Extrapunkte. Schneiden Sie bei Büschelblütigen verwelkte Blüten ab, wenn nicht ein Stiel oder eine Lücke zurückbleibt. Entfernen Sie mit einem Pinsel Insekten und Staubflecken, und saugen Sie mit Watte eventuelle Spuren von Insektizid auf. Bei großen Blüten können Kronblätter vorsichtig in die korrekte Position gebracht werden. Verändern Sie nicht zuviel, da dies einen Punktverlust zur Folge haben kann. Falls es erlaubt ist, können Sie die Stiele mit Draht stützen. Beim Arrangieren der Blüten muß man sich genau an die Regeln halten (z. B. »Je eine Blüte von drei Sorten einer großblumigen Buschrose in einer Vase«); jede Abweichung wird negativ bewertet. Stellen Sie die Karten mit Klasse und Sorten vor die Vase. Füllen Sie die Vase mit Wasser.

BLÜTEN VON HOCHSTÄMMEN FÜR AUSSTELLUNGEN

GROSSBLUMIGE 'VALERIE MARGARET'

BÜSCHELBLÜTIGE 'HANNAH GORDON'

AUSRÜSTUNGSGEGENSTÄNDE FÜR DIE AUSSTELLUNG

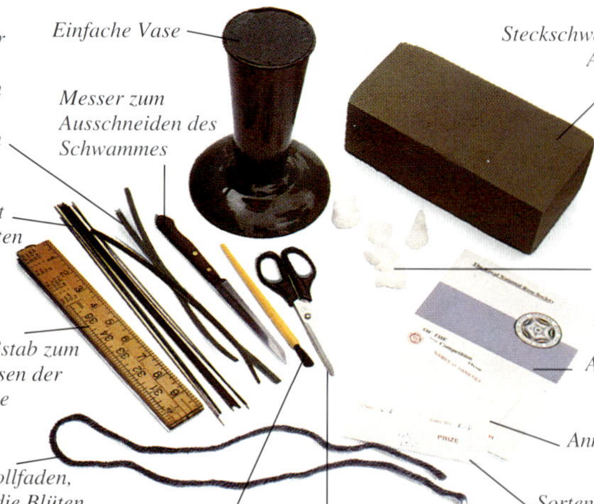

6

STAUDEN

STAUDEN ERFREUEN SICH *besonderer Beliebtheit, denn es gibt sie in allen Farben des Regenbogens, in einer unvorstellbaren Zahl von Formen und Strukturen und mit zarten bis betäubenden Düften. Ihre Vielfalt läßt sie für Gärten jeder Art und Größe geeignet erscheinen, ihre Verläßlichkeit empfiehlt sie als immerwährende Quelle der Freude. Für viele Menschen ist eine vollerblühte Staudenrabatte der Inbegriff eines schönen Gartens, aber Stauden machen sich auch gut in gemischten Rabatten, zwischen Sträuchern, Einjährigen, Zwiebel- und Knollenpflanzen oder sogar Obstbäumen und Gemüse, als Bodendecker oder Topfpflanzen. Ihre Blüten haben für jeden Geschmack etwas zu bieten, von den zarten* Gypsophila *bis zu den üppigen Pfingstrosen und der Pracht des Rittersporns. Die Laubformen reichen von den zarten Wedeln vieler Farne bis zu den Schirmblättern mancher* Gunnera-*Arten. Stauden bringen selbst in einen winzigen Garten Farbe und Abwechslung, in einem großen liefern sie die reizvollsten Details.*

Gestaltung mit Stauden

STAUDEN sind mindestens zwei jährige, nichtverholzte Pflanzen. Die meisten sind krautig; der oberirdische Wuchs stirbt im Herbst ab, bei manchen jedoch nur bis auf die Basis, von wo sie im Frühjahr neu austreiben. Einige, z.B. *Helleborus niger*, sind immergrün und im Winter wertvoll. Die meisten Stauden präsentieren sich im Sommer am schönsten, aber manche, wie *Liriope muscari* und *Iris unguicularis*, blühen im Herbst und Winter, während *Helleborus orientalis* den Frühling einleitet.

Auswahl der Stauden

Stauden gibt es in einer weit größeren Vielfalt von Formen, Farben, Strukturen und Düften als irgendeine andere Pflanzengruppe. Man schätzt v.a. die Blüten, doch viele haben auch interessante Blätter: Da sind z.B. die gerippten, am Rand gerollten Blätter der Funkien, die schwertförmigen der Iris oder die zartgefiederten Blätter des Fenchels *(Foeniculum vulgare)*. Im allgemeinen ist das Laub länger interessant als die Blüten, Stauden mit hübschen Blättern haben daher eine längere Saison, was v.a. in einem kleinen Garten wichtig ist. Die Höhe der Stauden variiert zwischen dem kriechenden *Lamium maculatum* mit nur 10-15 cm und dem imposanten Pampasgras *(Cortaderia selloana)* mit 2,5 m oder mehr. Niedrigwachsende, bodendeckende Stauden sind ideal für den Vordergrund einer Rabatte oder für Topfpflanzung, während hohe Gewächse besser allein oder im Hintergrund einer Rabatte stehen, wo sie dem Pflanzschema Höhe und Struktur verleihen.

Manche Stauden, z.B. viele Nelken und süßduftende Levkojen, werden ihres Duftes wegen gepflanzt, am besten in Hochbeeten oder Fensterkästen. Andere, z.B. *Sedum spectabile*, einige Arten des Goldlacks *(Cheiranthus)* und viele Kräuter, ziehen mit ihren Blüten Bienen und Schmetterlinge an. Wie bei allen Pflanzen muß man auch bei der Auswahl von Stauden darauf achten, daß sie für die gegebenen Verhältnisse, Boden, Mikroklima und Lage, geeignet sind. Am richtigen Standort gedeihen die Pflanzen viel eher und erfordern weniger Pflege als solche, die mit einem ungeeigneten Standort kämpfen müssen (siehe auch »Lage und Standort«, S. 147).

Staudenrabatten

Am häufigsten werden Stauden in Rabatten gepflanzt, die sich seit dem ausgehenden 19. Jahrhundert großer Beliebtheit erfreuen. Eine traditionelle Staudenrabatte war rechteckig und von grünem Rasen umrahmt. Sie bestand aus im Sommer und Frühherbst blühenden Stauden, die der Höhe nach angeordnet waren; die kleinsten standen vorn, die größten im Hintergrund. Zu den typischen Pflanzen gehörten Sommermargeriten *(Chrysanthemum* x *superbum)*, Skabiosen und Flammenblumen, die wegen ihrer schönen Farben häufig

STAUDENRABATTE
Intensive Farben wie die der Kniphofia, *der gelben* Achillea *und der* Echinacea purpurea *heben sich vom silbergrauen Laub der* Senecio-*Sorten ab; niedrige, rundliche Formen stehen im Kontrast zu hohen, aufrechten.*

ELEGANTE RABATTEN
In diesem formalen Garten werden die breiten, geraden Rabatten durch einen traditionellen Grasweg getrennt. Die Pflanzen sind der Höhe nach angeordnet – Sedum spectabile *im Vordergrund –, damit alles gut zu sehen ist. Die Bepflanzung ist zwar nicht streng spiegelbildlich, einige Pflanzen finden sich jedoch in beiden Rabatten und ergeben ein Bild der Ausgewogenheit.*

in ländlichen Gärten anzutreffen waren, aber auch *Hemerocallis* und *Agapanthus*, die eine klassische Rabatte noch eleganter erscheinen ließen.

Früher wurde, je nach Größe und Stil des Gartens, eine einzelne Rabatte vor einer Mauer, Hecke oder einem Zaun plaziert, zwei Rabatten vielleicht neben einem Weg, wo Farbenpracht und Duft unmittelbar erlebbar wurden. Moderne Staudenrabatten geben sich meist etwas bescheidener als ihre viktorianischen Vorfahren, aber sie machen sich zum Teil dieselben Ideen zunutze. Traditionelle Eleganz erreicht man durch ein Arrangement mit großen, eigenständigen Gruppen eines einzigen Pflanzentyps. Soll die Wirkung zwangloser, fließender sein, läßt man die Pflanzengruppen ineinander übergehen. So entstehen reizvolle Farbflecke mit weniger scharfer Abgrenzung.

Soll die Rabatte über lange Zeit interessant sein, weil nur wenig Platz für eine Bepflanzung vorhanden ist, können die Stauden mit Sträuchern und Zwiebelblumen kombiniert werden (siehe »Gemischte Rabatten«, rechts). In einem großen Garten aber kann man sicher reine Staudenrabatten anlegen und an anderer Stelle Pflanzen mit interessantem Winter- und Frühlingsaspekt einplanen, um die Kontinuität zu wahren. Rabatten mit krautigen Stauden sind im Sommer, wenn man sich am meisten im Garten aufhält, wirklich ein prachtvoller Anblick, zu anderen Jahreszeiten aber oft weniger attraktiv. Überlegen Sie deshalb, ob der Genuß der üppigen, aber relativ kurzlebigen Schönheit die lange Ruheperiode von einer Saison zur nächsten wettmacht (siehe auch »Beete und Rabatten anlegen«, S. 139).

Inseln

Im Gegensatz zu Rabatten sind von Rasen oder Pflasterung umgebene Inseln von allen Seiten zu sehen; die Pflanzung sollte daher von verschiedenen Blickwinkeln gut wirken. In Inselbeeten finden sich häufig Pflanzen von robustem, kompaktem oder Zwergwuchs, die nicht gestützt werden müssen. Ebenso wie Rabatten sind auch Beete, die nur aus krautigen Pflanzen bestehen, im Sommer am schönsten; die Wirkung kann durch eine Kombination mit verschiedenen Zwiebelpflanzen und vielleicht einigen Sträuchern verlängert werden.

Geometrische, runde, quadratische oder rechteckige Inseln passen in einen formalen Garten; in einem weniger strengen oder bei leicht welligem Gelände machen sich Beete mit sanft gerundeten Konturen besser. Vermeiden Sie komplizierte Formen und enge Kurven, sie sind schwer zu pflegen und lenken von den Pflanzen ab. Höhergelegte Inseln machen sich in gepflasterten Gärten gut und bieten vielen Stauden, die u.U. mit schlechtem oder staunassem Boden zu kämpfen haben, bessere Bedingungen. Die Höhe erleichtert die Pflege, das Bücken entfällt, was v.a. für behinderte oder ältere Gartenbesitzer wichtig ist.

Gemischte Rabatten

Wie der Name sagt, bestehen gemischte Rabatten aus verschiedensten Pflanzen, kleinen Bäumen, Sträuchern, Kletterern, Zwiebel- und Knollengewächsen, Ein- und Zweijährigen sowie Stauden. Sie sind die beste Möglichkeit, ganzjährig phantasievolle Pflanzenkombinationen zu verwirklichen. Im Gegensatz zu rein krautigen Rabatten können gut geplante, gemischte Pflanzschemata auch vom Herbst bis zum Frühling schön aussehen.

DAS GANZE JAHR ÜBER EINE BUNTE INSEL

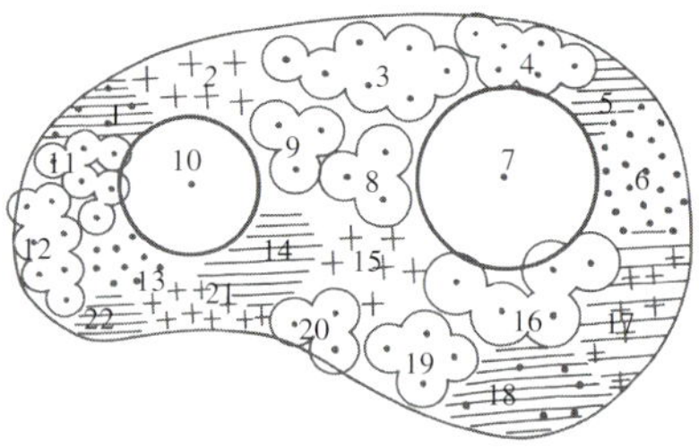

Dieses gemischte Inselbeet, hier vorgestellt im Frühling, besteht aus Stauden sowie Zwiebel- und Knollengewächsen, die vom Vorfrühling bis in den Herbst Farbe in den Garten bringen. Durch hohe Pflanzen in der Mitte erhält das Beet eine zusätzliche Dimension und eine verstärkte Wirkung.

1 *Lamium maculatum* 'White Nancy', dazwischen *Scilla siberica* 'Atrocoerulea'
2 *Iris foetidissima* 'Variegata'
3 *Pulmonaria saccharata*
4 *Heuchera cylindrica* 'Greenfinch'
5 *Galanthus* 'Atkinsii'
6 *Festuca glauca*
7 *Phormium tenax* 'Sundowner'
8 *Anaphalis margaritacea*, syn. *A. yedoensis*
9 *Limonium latifolium* 'Blue Cloud'
10 *Acanthus mollis*
11 *Heuchera* 'Palace Purple'
12 *Euphorbia amygdaloides* ssp. *robbiae*
13 *Oenothera tetragona* 'Fireworks'
14 *Narcissus* 'February Gold'
15 *Libertia grandiflora*
16 *Bergenia* 'Ballawley'
17 *Ophiopogon planiscapus* 'Nigrescens', dazwischen *Galanthus* 'Magnet'
18 *Sedum spectabile* 'Brilliant', dazwischen *Crocus tommasinianus*
19 *Lamium maculatum* 'Roseum'
20 *Achillea* 'Moonshine'
21 *Iberis sempervirens* 'Snowflake'
22 *Chionodoxa forbesii*, syn. *C. luciliae hort.*

GEMISCHTE RABATTEN
Die bunten Tulpen sind im Frühjahr schön, während Sträucher wie Spiraea *mit den goldenen Blättern und die massige* Euphorbia characias *ssp.* wulfenii *vom Frühling bis in den Herbst Farbe und Form bringen, so daß die Rabatte weit über die sommerliche Blütenpracht der winterharten* Geranium*-Arten und der anderen Stauden hinaus attraktiv ist.*

FÜLLE DER FORMEN UND FARBEN
Pflanzengruppen sind besonders eindrucksvoll. Die gerundeten Blätter der Ligularia *kontrastieren gut mit den Schwertern der roten* Crocosmia.

Wieviel Platz man jedem Pflanzentyp einräumt, ist Geschmackssache. Eine gemischte Rabatte, die v.a. aus Stauden und wenigen nicht krautigen Pflanzen besteht, erfordert meist mehr Pflege als eine mit vielen Sträuchern und einzelnen Stauden. Eine abwechslungsreiche, ganzjährig schöne Mischung erreicht man, wenn ein Drittel bis die Hälfte der Pflanzen Sträucher sind, darunter einige Immergrüne.

Für eine neugepflanzte gemischte Rabatte benötigt man viele Zwiebelblumen, Ein- und Zweijährige, um die Löcher zwischen Sträuchern und Stauden zu füllen; erst wenn letztere aufgebaut sind und ihre volle Größe erreichen, verschwinden die Löcher nach und nach.

Beete und Rabatten anlegen

Für die Planung einer Rabatte oder einer Insel gelten ähnliche Prinzipien. Mit Variablen wie Höhe, Struktur, Abfolge, Form und Farbe lassen sich bestimmte Effekte erzielen. Das Pflanzschema wird sicherlich von Ihrem persönlichen Geschmack geprägt sein, aber einige Grundregeln müssen Sie dabei doch immer beachten.

Die Grundregeln

Staudenrabatten können in verschiedenen Stilrichtungen entworfen werden und Charakter und Grundton des Gartens bestimmen. Einer formalen Pflanzung verleihen gerade Rabatten mit begrenzter Farbpalette ein wohlgeordnetes Aussehen, in einem weniger strengen Garten ergänzen unregelmäßige oder runde Formen die Gesamtanlage auf zwanglose Weise.

Rabatten und Beete gibt es in den verschiedensten Größen, im allgemeinen sollten sie aber um so größer sein, je ausgedehnter die Gartenanlage ist. Größe und Form müssen mit dem Haus und benachbarten Einrichtungen, z.B. einem Innenhof, abgestimmt werden. Grundsätzlich sollte ein Beet oder eine Rabatte mindestens 1,5 m breit sein, damit es wirkt und eine ausgewogene Abstufung entsteht.

Bei der Auswahl der Pflanzen und der räumlichen Einteilung müssen Sie berücksichtigen, daß die Pflanzen sich je nach Wuchsgeschwindigkeit im Laufe ihrer Entwicklung ausbreiten. Wenn Sie Containerpflanzen verwenden, können Sie das Schema vor der Pflanzung ausprobieren und notfalls korrigieren.

Höhe

Im allgemeinen setzt man hohe Pflanzen in den Hintergrund einer nach vorne ausgerichteten Rabatte und stuft bis zu den niedrigsten im Vordergrund ab, damit mehrere Ebenen entstehen und keine Pflanze verdeckt wird. In einer Insel stehen die höchsten Pflanzen in der Mitte, die kleinsten am Rand.

Solch strenge Regelmäßigkeit mag in vielen Gärten nicht angebracht sein, ein Anflug von Anarchie kann eine Planung beleben. Einige hohe Pflanzen weiter vorn nehmen einer Rabatte die eintönige Wirkung, wenn sie nicht zu stark ausgebreitet sind; betrachtet man die Rabatte vorwiegend von der Seite, läßt sich ein Welleneffekt erzielen, indem man die Positionen der höchsten und niedrigsten Pflanzen variiert.

Im allgemeinen gilt, je breiter das Beet oder die Rabatte, desto höher können die Pflanzen sein; sehr hohe Pflanzen in einer schmalen Rabatte nehmen sich oft merkwürdig aus, da der jähe Abfall von den höchsten zu den niedrigsten störend wirkt.

Pflanzung in Gruppen

Die stärkste Wirkung erzielt man, wenn man kleine und mittelgroße Pflanzen desselben Typs in Gruppen zusammensetzt, statt Einzelexemplare zu pflanzen. Durch Gruppen in ungerader Zahl, in denen die Pflanzen eher zufällig als linear angeordnet sind, entsteht ein fließender, natürlicher Effekt. Je kleiner die Pflanze, desto größer sollte die Gruppe sein: *Bergenia*-Arten und -Hybriden sehen z.B. zu dritt gut aus, *Saxifraga* x *urbium* pflanzt man in Gruppen von sieben oder mehr. Die riesige *Gunnera manicata* ist jedoch auffallend genug, um ebenso wie mittelgroße und große Sträucher in einer gemischten Rabatte einzeln gepflanzt zu werden (siehe »Einzelstellung«, S.142).

Pflanzen mit scharfen Konturen, wie *Kniphofia caulescens* mit ihren

FARBGRUPPEN
Die scharlachrote Rosa moyesii *und das gelbe* Thalictrum flavum *setzen einen Kontrapunkt zum Purpur von* Salvia nemorosa *und Katzenminze.*

HARMONISCHE STRUKTUREN
Durch die Kombination von duftigen, fedrigen Blüten, z.B. von Astilben, Lythrum virgatum, Filipendula palmata, *und der hohen, gelben* Ligularia stenocephala *entsteht eine hübsche Struktur.*

KONTRASTIERENDE FORMEN
In dieser Gruppe von Grünpflanzen wirken die unterschiedlichen Formen und Strukturen. Das eindrucksvolle, gezähnte Laub von Rheum palmatum *im Hintergrund bildet einen Kontrast zu den herzförmigen Blättern von* Ligularia dentata *und dem hängenden Ziergras.*

aufrechten, röhrenförmigen Blüten, sind in kleineren Gruppen hübscher als weniger auffallende Arten wie die zarte *Aster ericoides*. Versuchen Sie auch, Gruppen von unterschiedlicher Größe zu pflanzen.

Formen

Bei den Stauden gibt es viele verschiedene Formen und Silhouetten, von aufrecht, gerundet, gewölbt bis waagrecht ausgebreitet. Stellen Sie Pflanzengruppen mit kontrastierenden Formen einander gegenüber, dann entsteht eine Abfolge von Momentaufnahmen. Die schlanken Ähren des Rittersporns oder von *Eremurus* wirken beispielsweise wie riesige, bunte Ausrufezeichen, wenn sie sich von den überquellenden Kissen der *Gypsophila paniculata* oder *Crambe cordifolia* abheben.

Manche Pflanzen haben selbst zwei kontrastierende Ebenen: Ein schönes Beispiel ist *Rheum palmatum* 'Atrosanguineum', bei dem sich über der waagrechten, bis 90 cm hohen Ebene von pupurroten Blättern Rispen von winzigen, rauchrosa Blüten erheben.

Struktur

Blüten und Stämme geben einem Pflanzschema zwar Struktur, die größte Wirkung aber hat das Laub. Sogar aus einiger Entfernung vermittelt es Kontraste und Harmonien. Die zierlichen Blätter von *Coreopsis verticillata* oder die Laubhärchen von *Argyranthemum* 'Chelsea Girl' wirken zerbrechlich zart, die Blätter von *Hosta sieboldiana* var. *elegans* mächtig und stark. Auch die Blattoberflächen beeinflussen die Struktur, ob sie nun matt und wächsern sind wie bei *Sedum spectabile*, glänzend lederartig wie bei *Bergenia purpurascens* oder wollig-filzig wie bei *Lychnis coronaria*.

Die Gegenüberstellung von Pflanzengruppen mit kontrastierenden Strukturen ist ebenfalls interessant; die flaumigen, gefältelten Blätter von *Alchemilla mollis* wären z.B. ein guter Kontrast zu den stacheligen Stielen und gezähnten Blättern von *Eryngium*.

Bodendeckende Stauden wie winterharte *Geranium*-Arten und -Sorten und *Ajuga reptans* erweisen sich als geeigneter niedriger Hintergrund für andere Pflanzen oder für Lücken in einer Bepflanzung (siehe BODENDECKER, S. 150-151).

Farbe

Die Farbe wird in Staudenrabatten und -beeten je nach Geschmack üp-

RABATTE AN KÜHLEM STANDORT

Ruhige Blau-, Grün- und Weißtöne verbinden sich zu einem ausgeglichenen Schema, das sich besonders für die Kühle eines halbschattigen, feuchten Standortes eignet.

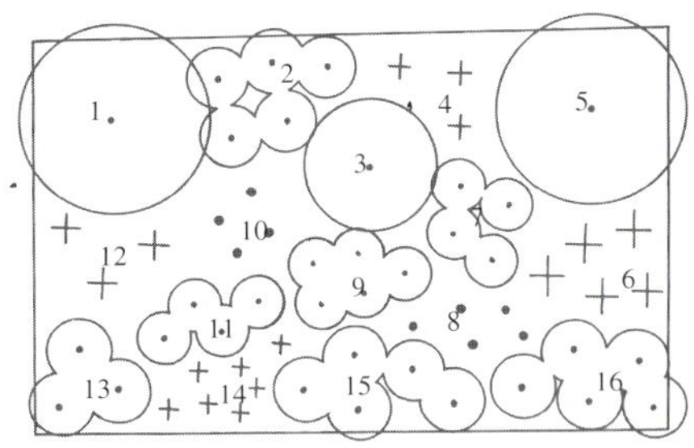

1 *Yucca flaccida* 'Ivory'
2 *Aster turbinellus*
3 *Ferula communis*
4 *Veronica virginica* f. *alba*
5 *Cynara cardunculus*
6 *Iris sibirica*
7 *Amsonia tabernaemontana*, syn. *A. salicifolia*
8 *Aster thomsonii* 'Nanus'
9 *Dicentra spectabilis* f. *alba*
10 *Tradescantia* 'Osprey'
11 *Astrantia major* var. *involucrata*
12 *Eryngium x oliverianum*
13 *Tiarella cordifolia*
14 *Veronica* 'Crater Lake Blue'
15 *Alchemilla mollis*
16 *Platycodon grandiflorus*

RABATTE AN SONNIGEM STANDORT

Helle Farben, lebhafte Rot- und Gelbtöne fallen an einem heißen, sonnigen Standort ganz besonders ins Auge.

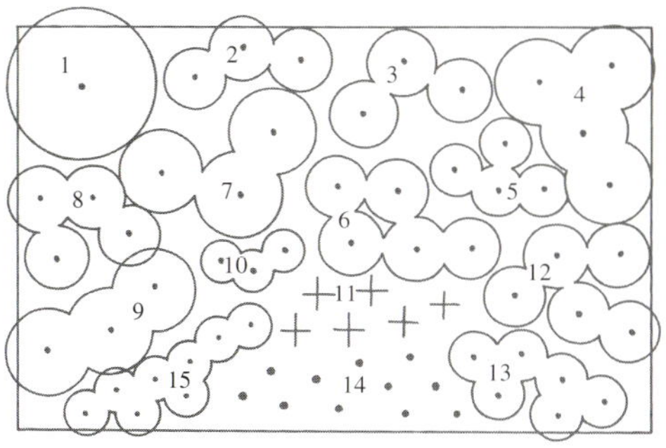

1 *Kniphofia caulescens*
2 *Salvia fulgens*
3 *Euryops pectinatus*
4 *Canna indica*
5 *Mimulus aurantiacus*
6 *Penstemon* 'Garnet'
7 *Hedychium gardnerianum*
8 *Cosmos atrosanguineus*
9 *x Venidio-arctotis* 'Apricot'
10 Gelbe Form der *Calceolaria*, Bikini-Serie
11 *Iris* 'Early Light'
12 *Osteospermum* 'Buttermilk'
13 *Hemerocallis* 'Stella d'Oro'
14 *Gazania uniflora*
15 *Verbena peruviana*

pig-großzügig oder gedämpft-zurückhaltend eingesetzt. Ein Pflanzschema kann auf einer einzigen Farbe basieren, wie der berühmte weiße Garten von Sissinghurst in der englischen Grafschaft Kent, oder auf bestimmten Farbtönen, z.B. verschiedenen Schattierungen von Rosa und Rot, Creme und Gelb, Blau und Purpur. Etwas gewagter und kontrastreicher ist die Kombination von leuchtendem Rot und Blau oder Gelb und Purpur. Mehrfarbige Anlagen ermöglichen sehr verschiedene Effekte, je nachdem, ob sie auf Pastellfarben oder kräftige Farben beschränkt sind oder beide vereinen.

Mit Weiß läßt sich relativ leicht ein einfarbiges Pflanzschema planen, da viele Pflanzen weiße Blüten oder silbergraues Laub haben; die Wirkung sollte aber durch andere zarte Farben gemildert werden. Weiß und Zartrosa, Creme und Grau sind für eine schattige Rabatte oder vor dunklem Hintergrund (z.B. einer Eibenhecke) unentbehrlich. Diese Farben können auch einen ruhigen Bereich zwischen kräftigen oder nicht harmonierenden Farbtönen schaffen.

Im Gegensatz dazu wirken »heiße« Farben im hellen Sonnenlicht am besten. Goldgelb schafft eine warme Atmosphäre und ist v.a. im Frühling und Herbst willkommen. Ein oder zwei kontrastierende Farbtupfer beleben ein farblich sonst einheitliches Pflanzschema.

Bei der Planung eines Farbschemas sollte man die Farbe des Laubs ebenso in Betracht ziehen wie die der Blüten. Die weiß oder cremefarben panaschierten Blätter von Pflanzen wie *Hosta crispula* sind eine Bereicherung für ein weißes Schema, das goldene Laub von *Filipendula ulmaria* 'Aurea' für ein gelbes.

BLEIBENDE SCHÖNHEIT *Die üppigen braunen Fruchtstände von* Sedum spectabile *sind, wenn man sie über den Spätherbst und Winter stehen läßt, noch lange nach dem Absterben der sukkulenten Blätter reizvoll.*

Im allgemeinen eignen sich goldene Laubfarben am besten für Sonne, weiße für leichten Schatten; durch starke, trockene Hitze können gelbe Blätter jedoch versengt werden. Pflanzen mit silbernem und grauem Laub gedeihen oft gut in heißen, sonnigen Beeten und sind ein Gegengewicht zu den »heißen« Farben von Stauden wie Astern, *Gaillardia* und *Cosmos*.

Im Wechsel der Jahreszeiten

Eine gemischte Rabatte läßt sich so planen, daß sich verschiedene Farbschemata im Laufe der Jahreszeiten abwechseln. Eine helle und freundliche Frühlingspflanzung könnte etwa vom Gelb der Primeln *(Primula vulgaris)* und von *Doronicum* und vom Blaßblau der *Iris* und *Pulmonaria* dominiert und von Traubenhyazinthen und Narzissen durchsetzt werden. Der Sommer bringt eine breitere Palette mit sich, vielleicht einen freudigen Ausbruch leuchtender Farben durch die lebhaften Töne exotischer, subtropischer Pflanzen in Kombination mit feineren Schattierungen und dem üppigen, warmen Rosa und Rot der Rosen. Die Saison der Stauden endet mit den feurigen und intensiven Herbstfarben von Chrysanthemen, Dahlien, Sonnenblumen, *Rudbeckia* und *Kniphofia*.

Bei der Planung eines Beetes oder einer Rabatte müssen die Blütezeiten der einzelnen Pflanzen koordiniert werden, so daß sie ineinander übergehen und verwelkte Blüten hinter der erwachenden Schönheit der Nachbarpflanzen zurücktreten. Ein gelungenes Pflanzschema erfordert einiges an Überlegung; aber Fehler können leicht korrigiert werden, wenn man »störende« Gewächse umsetzt, solange sie jung sind.

Manchmal kann die Wirkung einer bestimmten Pflanze oder Pflanzengruppe verlängert werden, wenn man in der Nachbarschaft eine ähnliche ansiedelt. So können die tiefblauen Blütenähren von *Delphinium* 'Blue Nile' etwa von *Aconitum carmichaelii* var. *wilsonii* abgelöst werden, die sogar das gelbe Laub des Rittersporns verbirgt.

Versuchen Sie, früh absterbende Stauden wie Lupinen möglichst hinter Pflanzen wie *Physostegia*, die sich erst später entwickeln, zu setzen, damit störende Lücken oder welkende Blätter verdeckt werden.

In gemischten Rabatten sind Zwiebelpflanzen besonders im Spätwinter und Frühling, wenn die Stauden zu wachsen beginnen, eine farbliche Bereicherung. Sobald die Blüte der Zwiebeln vorüber ist, werden ihre welken Blätter wiederum von den Stauden verdeckt. So geben z.B. die purpur-schwarzen Blätter der immergrünen *Ophiopogon planiscapus* 'Nigrescens' oder die zart purpur-grünen Blätter von *Viola labradorica* 'Purpurea' einen geeigneten Hintergrund für Schneeglöckchen ab und sind noch schön, wenn die Schneeglöckchenzeit vorbei ist.

Im Sommer erreichen die Stauden ihren Höhepunkt, ihre volle,

INFORMELLER STIL
Wuchernde Pflanzen, wie das rosafarbene Helianthum, *mildern die harten Kanten der Steinstufen in einem ländlichen Garten, während die panaschierte* Hosta *'Thomas Hogg' und die gewölbte, goldfarbene* Carex elata *'Bowles' Golden' interessante Strukturen liefern.*

üppige Wirkung; aber sobald sie im Herbst abzusterben beginnen, sind Sträucher unentbehrlich, da sie Form Struktur und Farbe liefern. Auch laubabwerfende Sträucher mit attraktivem Herbstlaub (z.B. *Cotinus*) und solche mit leuchtenden Beeren (wie der Feuerdorn) lenken von den Stauden und ihrem absterbenden Laub ab.

Es gibt nur wenige Stauden, die auch im Winter schön sind, aber einige, wie *Bergenia* und viele Christrosen *(Helleborus)*, mildern die massive Wirkung der Sträucher und kontrastieren eindrucksvoll mit einem immergrünen oder laubabwerfenden Strauch.

Ländliche Gärten

Ein traditioneller ländlicher Garten beherbergt viele verschiedene Pflanzen – Kräuter, Rosen, Kletterer, Einjährige, Obst und Gemüse sowie Stauden. Früher züchteten die Leute auf dem Land ihre Pflanzen selbst und hatten zauberhafte Stauden wie Stiefmütterchen *(Viola* x *wittrokkiana)*, Aurikel *(Primula auricula)* und duftende Nelken.

Typische Pflanzen sind Pfingstrosen *(Paeonia)*, Lupinen und Rittersporn, ausnehmend gut passen Wildblumen mit ihren duftenden, gefüllten, besonders großen oder ungewöhnlich gefärbten Blüten. Oft werden »altmodische« Pflanzen bevorzugt, sie können aber zur Abwechslung mit modernen Formen und Sorten kombiniert werden.

Stauden in Waldgärten

Ein Laubwald bietet Schutz, etwas Schatten und humusreichen Boden, der für viele Stauden geeignet ist. Ein kleiner Birkenhain oder laubabwerfende Bäume mit hellen Blättern sind oft ideal für schattenliebende Pflanzen; plazieren Sie die Stauden so, daß ihnen die Baumwurzeln nicht zuviel Nahrung entziehen.

Setzen Sie die Pflanzen in Gruppen vom gleichen Typ, die an den Rändern ineinander übergehen, oder in größeren Einheiten, die im Verhältnis zur Gesamtanlage stehen. Farne gedeihen in Waldgärten besonders gut und haben in größeren Gruppen auch gestalterische Wirkung.

Zu den reizvollsten Stauden gehören die kleinen Waldblumen, die den Frühling ankündigen. Schneeglöckchen, Primeln, Buschwindröschen *(Anemone nemorosa)* und *Ranunculus ficaria* bringen Farbe und Frische in den noch kahlen Waldgarten. Sie werden am besten mit Zwiebelblumen des Waldes und schattenliebenden Sträuchern kombiniert.

Auf kühlem, trockenem Waldboden wachsen bodendeckende Stauden wie das duftende Maiglöckchen *(Convallaria majalis)*, das Salomonssiegel *(Polygonatum)* mit seinen hängenden, perlweißen Blüten und das Lungenkraut *(Pulmonaria)* mit hübsch gezeichneten Blättern.

Einzelstellung

Auf einer großen Rasen- oder Kiesfläche können stattliche Stauden mit interessantem Laub oder schönen Formen, z.B. *Acanthus spinosus*, sehr effektvoll in Einzelstellung gepflanzt werden. In einem kleineren Garten sollte eine von niedrigen Bodendeckern umgebene Staude in Einzelstellung einen besonderen Punkt markieren, etwa wenn eine Rabatte in einen Rasen oder eine gepflasterte Fläche hineinragt oder wenn in einer Ecke zwei Rabatten zusammentreffen. Die hervortretenden, schwertähnlichen Blätter und die gewölbten, feuerroten Blütenstiele von *Crocosmia* 'Lucifer' z.B. sehen geradezu spektakulär aus, wenn sie sich aus einem silbrigen »See« von Ziertaubnesseln (*Lamium maculatum* 'White Nancy' oder 'Beacon Silver') erheben.

Immergrüne Stauden wie *Phormium tenax* sind übers ganze Jahr schön, ungeschnitten wirken die hohen, zarten Blätter des Pampasgrases *(Cortaderia selloana)* im Herbst und Winter besonders dekorativ. Andere Stauden, deren Schönheit weniger lang anhält, können aufgrund ihrer Form, der Blüten oder ihres Laubs in Einzelstellung ebenfalls spektakulär aussehen. Und im Herbst lenkt man von der absterbenden Pflanze für die Dauer der Ruheperiode etwa durch einen Strauch in einem Pflanzgefäß ab.

Ein einfacher Hintergrund, z.B. eine Hecke, eine Mauer oder ein Stück Rasen, eignet sich für Pflanzen in Einzelstellung am besten, damit nichts ihre Wirkung schmälert (siehe auch GARTENPLANUNG, »Solitäre«, S. 23).

TOPFSTAUDEN
Dieser einfache, nicht mehr ganz neue und saubere Terrakottatopf paßt perfekt zur goldenen Hakonechloa macra *'Aureola'.*

Stauden als Topfpflanzen

Stauden erfreuen sich in gepflasterten Innenhöfen, Höfen, auf Balkonen oder Dachgärten ebenso großer Beliebtheit wie in Beeten und Rabatten. Als Topfpflanzen kann man auch solche wählen, die im Winter nach drinnen gebracht werden müssen oder die den Bodentyp im Garten nicht vertragen. Die Töpfe sehen meist besser aus, wenn sie in Gruppen und nicht über den ganzen Garten verstreut stehen, außerdem profitieren die Pflanzen vom günstigen Mikroklima, das durch die Nachbarpflanzen entsteht.

Immergrüne Topfstauden, wie z.B. *Bergenia purpurascens* und *Liriope muscari* sind das ganze Jahr über schön, aber krautige Stauden plaziert man besser neben einem immergrünen Strauch, der die Saison verlängert.

In Einzelstellung

Mehrere Stauden eines Typs in einem großen Kübel übernehmen in einem gepflasterten Bereich die Rolle eines Solitärs. Solche mit interessanten Blättern oder Blüten, z.B. *Agapanthus* und *Hosta sieboldiana*, sehen in großen Töpfen besonders hübsch aus und können jahrelang darin weiterwachsen.

Gemischte Pflanzung

In großen Pflanzgefäßen kann man auch verschiedene Staudentypen kombinieren, z.B. die bodendeckende *Stachys byzantina* 'Silver Carpet', *Bergenia*-Arten und -Sorten mit glänzenden, runden Blättern und die burgunderrote *Euphorbia amygdaloides* 'Purpurea'. Die Kombination einzelner Pflanzen verschiedenen Typs kann aber auch unvorteilhaft und problematisch sein, da die wüchsigeren Pflanzen die schwächeren bald überwuchern.

Verzeichnis der Stauden

EXPONIERTE STANDORTE

Stauden für exponierte oder windige Standorte; mit ❧ markierte im Küstenbereich ungeeignet

Agapanthus, einige ❄
Anaphalis
Anemone hupehensis ❧
Artemisia absinthium
Centaurea dealbata, C. hypoleuca
Centranthus ruber
Eryngium variifolium
Euphorbia characias
Festuca glauca
Kniphofia caulescens
Lavatera maritima, L. thuringiaca
Limonium latifolium
Phlomis russeliana
Phormium cookianum, P. tenax
Sedum spectabile, S. telephium
Stachys byzantina
Yucca filamentosa, Y. flaccida

LUFTVERSCHMUTZUNG

Stauden, die belastete Luft vertragen

Aconitum napellus
Aquilegia vulgaris
Bergenia cordifolia
Dicentra eximia, D. formosa
Euphorbia amygdaloides
Geranium endressii
Helleborus niger, H. orientalis
Hemerocallis
Heuchera
Hosta
Iris
Lamium
Leucanthemum x *superbum*
Libertia grandiflora
Polemonium
Polygonatum, einige ❄
Pulmonaria

Rudbeckia laciniata 'Goldquelle'

Rudbeckia
Sedum spectabile, S. telephium
Sisyrinchium striatum
Smilacina racemosa
Symphytum
Thalictrum
Tiarella
Veronica gentianoides, V. spicata

TROCKENER SCHATTEN

Stauden für trockenen Schatten

Acanthus mollis
Aconitum carmichaelii, A. napellus
Anemone hupehensis, A. x *hybrida*
Aquilegia vulgaris
Dicentra
Digitalis grandiflora, D. lutea
Epimedium
Euphorbia amygdaloides
Geranium, einige ❄
Helleborus foetidus, H. orientalis
Iris foetidissima
Luzula sylvatica 'Marginata'
Ophiopogon, einige ❄
Saxifraga umbrosa, S. x *urbium*
Symphytum grandiflorum
Tellima grandiflora 'Purpurea'
Vinca minor
Viola labradorica, V. odorata

FEUCHTER SCHATTEN

Stauden für feuchten Schatten

Astilbe simplicifolia
Astrantia major
Bergenia
Brunnera macrophylla
Convallaria majalis
Gentiana asclepiadea

Hemerocallis 'Marion Vaughn'

Hemerocallis
Hosta
Kirengeshoma palmata
Ligularia przewalskii
Peltiphyllum peltatum
Platycodon
Polygonum bistorta 'Superba'
Primula bulleyana, P. florindae, P. japonica, P. pulverulenta
Rodgersia aesculifolia, R. pinnata
Thalictrum
Trillium grandiflorum, T. sessile

SCHÖN IM WINTER

Dekorative Blüten

Bergenia 'Ballawley', *B. cordifolia*
Doronicum
Euphorbia amygdaloides ssp. *robbiae, E. characias*
Helleborus argutifolius, H. niger
Iris unguicularis
Pulmonaria
Ranunculus ficaria

Dekoratives Laub

Arum italicum 'Marmoratum'
Bergenia 'Ballawley', *B. cordifolia*
Euphorbia amygdaloides subsp. *robbiae, E. characias*
Festuca glauca
Helleborus argutifolius
Heuchera 'Palace Purple'
Iris foetidissima 'Variegata'
Lamium maculatum 'Chequers'
Liriope muscari 'Variegata'
Ophiopogon planiscapus 'Nigrescens'
Phormium (Sorten)
Stachys byzantina 'Silver Carpet'
Tiarella polyphylla
Vinca (panaschierte Sorten)

DUFTENDE BLÜTEN

Centranthus ruber
Convallaria majalis
Cosmos atrosanguineus ❄
Dianthus 'Brympton Red', *D.* 'Old Clove Red'
Dictamnus albus
Dracocephalum moldavicum
Filipendula ulmaria
Galium odoratum
Hosta plantaginea var. *grandiflora*
Iris graminea
Oenothera odorata
Paeonia lactiflora
Petasites fragrans
Phlox paniculata
Viola odorata 'Czar'

FÜR SCHNITTBLUMEN

Alstroemeria
Aquilegia
Aster, einige ❄
Astrantia
Centaurea
Cephalaria
Delphinium, einige ❄
Dicentra
Doronicum
Erigeron
Gypsophila
Helenium
Helleborus, einige ❄
Kniphofia, einige ❄
Monarda
Paeonia
Phlox, einige ❄
Primula, einige ❄
Rudbeckia
Scabiosa
Solidago
Stokesia
Veronica

FÜR TROCKENBLUMEN

Acanthus spinosus
Achillea
Alchemilla mollis
Anaphalis
Aruncus dioicus
Astilbe
Catananche
Cynara
Echinops bannaticus, E. ritro
Limonium, einige ❄
Phlomis russeliana
Rodgersia
Sedum spectabile, S. telephium
Solidago

DEKORATIVE SAMENSTÄNDE

Acanthus
Eryngium
Festuca glauca
Iris foetidissima
Lunaria rediviva
Papaver orientale
Physalis alkekengi
Typha

STRUKTURIERENDE PFLANZEN

Acanthus hungaricus, A. mollis
Angelica archangelica
Arundo donax 'Variegata' ❄
Bergenia 'Ballawley'
Cortaderia selloana
Crambe cordifolia
Cynara cardunculus, C. scolymus
Foeniculum vulgare
Gunnera manicata
Helleborus argutifolius
Heracleum (kann wuchern)
Hosta sieboldiana var. *elegans*
Ligularia dentata 'Othello'
Lysichiton americanus
Melianthus major ❄
Miscanthus sinensis
Phormium tenax
Rheum palmatum 'Atrosanguineum'
Rodgersia

SCHNELLWACHSENDE STAUDEN

Artemisia lactiflora
Aruncus sylvester
Arundo donax 'Macrophylla' ❄
Campanula lactiflora
Centaurea macrocephala
Cephalaria gigantea
Crambe cordifolia

Cynara cardunculus

Cynara cardunculus, C. scolymus
Euphorbia characias
Ferula communis
Filipendula rubra
Galega x *hartlandii*
Gunnera manicata
Helianthus
Kniphofia caulescens, K. uvaria
Lavatera cachemiriana, L. maritima
Ligularia stenocephala
Macleaya cordata
Malva alcea var. *fastigiata, M. moschata, M. sylvestris*
Miscanthus
Phormium tenax
Rheum palmatum 'Atrosanguineum'
Romneya coulteri
Rudbeckia laciniata 'Goldquelle'
Salvia confertiflora ❄, *S. sclarea* var. *turkestanica, S. uliginosa* ❄
Silphium perfoliatum
Solidago canadensis
Thalictrum flavum

SCHLÜSSEL
❄ *Nicht winterhart*

Gräser, Bambus, Binsen und Riedgräser

DIESE eleganten Pflanzen gibt es in den verschiedensten Formen und mit unterschiedlichsten Strukturen. Sie sind mit ihren gebogenen oder aufrechten Stengeln, fedrigen Blütenständen und pastelligen Früchten ungewöhnlich schön, ob sie nun in Gruppen, einzeln oder in Rabatten stehen. Gräser werden oft mit anderen, ähnlichen Zierpflanzen verwechselt, z.B. mit Binsen und Riedgräsern; diese gehören aber zu anderen Familien.

Die Familie der Gräser

Echte Gräser (Familie der *Gramineae*) haben fast immer runde, hohle, knotig gegliederte Stengel: Ein gutes Beispiel ist der krautige Bambus (Unterfamilie *Bambusoideae*) mit seinen eindeutig holzigen, hohlen Stengeln. Die zweizeiligen Blätter der Gräser entspringen in einer Scheide, die sich entweder spaltet oder umbiegt. Die Blüten stehen in Rispen, Trauben oder Ähren.

Gräser

Gräser gibt es in den verschiedensten Farben und Formen. Die strukturierenden höheren Gräser sehen in einer krautigen Rabatte hübsch aus, während niedrige gut einen kontrastierenden Vordergrund für ein Beet bilden können. Wählen Sie für diesen Zweck jedoch nicht wüchsige, kriechende Gräser wie *Phalaris arundinacea* var. *picta*, da diese schwächere Nachbarpflanzen meist ersticken. Horstgräser sind pflegeleichter, denn sie bauen sich langsam aus der Mitte auf. Manche eignen sich für gepflasterte Bereiche, z.B *Molinia caerulea* ssp. *caerulea* 'Variegata'; für ein sonniges Plätzchen im Innenhof wählen Sie *Helictotrichon sempervirens* mit seinen schlanken, blauen Blättern, die steif und aufrecht ausstrahlen. Für den Rasen wären *Cortaderia*-Arten mit hohen, überhängenden Blüten im Sommer oder *Miscanthus* mit noch zarteren Blütenständen zu empfehlen. Im Uferbereich spiegeln sich Arten wie *Glyceria aquatica* 'Variegata' wunderschön im Wasser.

Die meisten Gräser mögen volle Sonne, einen freien Standort und durchlässigen, aber feuchtigkeitsspeichernden Boden. Sehr nahrhafter Boden fördert das Laub auf Kosten der Blüten. Einige, vor allem hohe Arten brauchen feuchten Boden und gedeihen gut an Flußufern.

ZIERGRÄSER
Die zarten Farben und fedrigen Blütenstände vieler Gräser (Formen von Cortaderia selloana *und* Miscanthus*) erstrahlen in zwangloser Schönheit.*

Gräser trocknen

Mit Trockengräsern lassen sich Räume wunderschön dekorieren. Die klaren Formen und neutralen Farben wirken für sich und auch zusammen mit bunten, getrockneten Blumen. Man schneidet die Gräser, sobald die Blütenstände gut entwickelt, aber noch nicht geöffnet sind, stellt sie nicht zu eng in eine Vase und läßt sie an einem kühlen Platz trocknen.

Schneiden Sie das Gras, hier Miscanthus sinensis *'Silberfeder', kurz vor der Blüte (Nebenbild oben). Nach wenigen Wochen werden die Blütenstände locker und flaumig (Nebenbild unten).*

Bambus

Der immergrüne Bambus bietet sich mit seinen holzigen Stengeln, dem hübschen, zarten Laub und den interessanten Konturen für eine Einzelstellung geradezu an. Einige Arten blühen regelmäßig, die meisten aber viele Jahre nicht.

Bambus benötigt Platz, da er bis zu 4 m hoch und 6 m breit wird, und das oft ziemlich rasch. Die Halme reifen in etwa drei Jahren, nur bei *Phyllostachys nigra* erreichen die glänzenden, ebenholzschwarzen Stengel im zweiten Jahr ihre volle Schönheit.

Bambus wächst, sobald er eingewachsen ist, in den meisten Böden sehr gut und eignet sich für Hecken oder in milden, windreichen Gegenden als Windschutz. Es gibt viele tropische Arten, aber etliche sind auch bei gemäßigtem Klima winterhart.

Binsen und Riedgräser

Riedgräser (Familie *Cyperaceae*) haben dreikantige, feste, nicht hohle Stengel. Die Blätter umfassen den Stengel eng, an jeder Seite entspringen drei: Sie sind im Querschnitt gefältelt und nicht leicht zu spalten oder umzubiegen.

Die Familie *Juncaceae* umfaßt zwei Kulturgattungen, *Juncus* und *Luzula*, die meist als Binsen bezeichnet werden. Bei *Juncus* sind die Blätter markgefüllt und im Querschnitt zylindrisch; bei *Luzula* sind sie flach und am Rand oft behaart.

Hainsimsen *(Luzula)* machen sich am besten als Bodendecker in Waldgebieten. Einige Riedgräser, z.B. *Carex elata* 'Aurea', bringen mit ihrem goldenen oder panaschierten Laub auch hübsche Farbkontraste in eine Rabatte. Hainsimsen gedeihen im Halbschatten, tolerieren aber auch einen freien Standort. Riedgräser findet man meist an feuchten Standorten, sie kommen aber auch mit trockenen Bedingungen gut zurecht; eine Ausnahme bilden nur feuchtigkeitsliebende Arten wie *Carex acuta* und *C. riparia*.

EINZELSTELLUNG
Die stattliche Form und die grazilen Blütenrispen des Pampasgrases (Cortaderia selloana) *eignen sich gut für Einzelstellung.*

DIE AUSBREITUNG DES BAMBUS BESCHRÄNKEN

1 *Ziehen Sie um die Basis des Horstes einen ca. 20 cm breiten, 30 cm tiefen Graben, der tiefer ist als die Wurzeln.*

2 *Geben Sie eine Abgrenzung, z.B. aus starrem Kunststoff, in den Graben. Werfen Sie ihn zu, und drücken Sie die Erde an.*

Laufende Pflege

Im allgemeinen benötigen Ziergräser wenig Pflege, solange sie an einem geeigneten Standort stehen. Binsen und Riedgräser werden meist wie Gräser behandelt.

Bodenvorbereitung

Zur Verbesserung der Feuchtigkeitsspeicherung arbeitet man in trockene Böden organisches oder faserreiches, aber nicht nährstoffreiches Material ein. In milden, niederschlagsreichen Gegenden benötigen Gräser aus subtropischen oder sehr trockenen Gebieten durchlässigen, tiefen, sandigen Boden.

Durch eine Schicht Kies um die Wurzelkrone herum verteilt sich die Feuchtigkeit besser, die sonst zusammen mit Frost vielen Pflanzen aus wärmeren Gebieten oder größeren Höhen gefährlich werden kann. Eine Düngung ist selten nötig, aber ein wenig Kalziumsilikat macht die Bambustriebe elastisch.

RÜCKSCHNITT BEI PAMPASGRAS

Im Vorfrühling schneidet man abgestorbene Blätter und Halme bis in den neuen Wuchs zurück (Nebenbild). Verwenden Sie dazu eine Heckenschere. (Handschuhe!)

Zurückschneiden

Bei einjährigen Gräsern werden nach der Blüte die Ähren entfernt, um eine Selbstbefruchtung zu vermeiden; bei Stauden entfernt man sie nicht, da die Pergamentfarben der trockenen Blütenstände oft gerade im Winter ihren Reiz ausmachen. Sobald die Gräser welken und unansehnlich werden, entfernt man alten, unschönen Wuchs. Im Vorfrühling wird die Pflanze bis auf den Grund zurückgeschnitten, damit sich kräftiges Laub entwickelt. Gräser aus warmen Klimazonen werden im Frühjahr zurückgeschnitten, da das alte Laub die Wurzelkrone im Winter vor Frost schützt.

Pampasgras *(Cortaderia selloana)* und *Miscanthus*-Arten können mit der Sense oder Heckenschere geschnitten werden. Bei mildem Klima erfolgt der Schnitt im Herbst, in kälteren Regionen im Frühjahr. Beim Umgang mit Pampasgras sollten Sie feste Handschuhe tragen, da die gesägten Blattränder messerscharf sind.

Winterharter Bambus kann gelegentlich Frostschaden erleiden, erholt sich aber im Frühling meist schnell wieder, wenn es genug regnet. Im Gegensatz zu anderen Bambusarten werden ein oder zwei Zwergarten, z.B. *Pleioblastus viridistriatus*, am schönsten, wenn man sie jährlich auf 15 cm über dem Grund zurückschneidet, um frisches, junges Laub zu fördern.

Wachstum beschränken

Die Wurzeln des Bambus sind oft extrem hart, wüchsig und schwer zu entfernen. Etablierte Horste können in ihrem Wachstum beschränkt werden, indem man um den Horst einen spatentiefen Graben zieht, die Wurzeln zurückschneidet und mit einer Barriere umgibt.

Vermehrung

Ausdauernde Gräser können aus Samen (siehe S. 162) oder durch Teilung vermehrt werden. Einjährige werden durch Samen vermehrt, den man je nach gewünschter Blütezeit im Frühjahr oder Herbst sät.

Samen

Der Samen wird gewonnen, wenn er ganz ausgereift ist, d.h. wenn der Blütenstand trocken und locker ist und der Samen sich leicht aus der Ähre ziehen läßt. Eine Aussaat in kleine Töpfe oder in den Multitopf erleichtert das schonende Umtopfen der jungen Pflänzchen. Wird der Samen sofort nach der Reifung gesät, keimt er rasch.

Teilung

Horstbildende Gräser lassen sich leicht durch Teilung im Frühling oder Herbst vermehren. Die Teilung im Frühjahr, wenn der neue Wuchs sichtbar wird, ist beliebter, da die Pflanzen sich dann besser gewöhnen.

Bei Arten mit Rhizomen nimmt man den Horst auf und schneidet das Rhizom in Stücke, von denen jedes mindestens eine Triebknospe hat. Vorsicht mit den fürs Anwachsen wichtigen feinen Wurzeln! Setzen Sie die Teile einzeln in Töpfe mit durchlässigem Substrat, die Rhizome sollten so hoch bedeckt sein wie zuvor. Halten Sie sie kühl und feucht, bei gutem Licht, aber geschützt vor starker Sonne, bis die jungen Pflanzen eingewachsen sind (S. 164).

Bambus umsetzen

Die beste Zeit für Teilung und Umsetzen ist bei Bambus das Frühjahr, wenn die Pflanze austreibt. Warten Sie, bis Regen angesagt ist: Wenn das Laub trocken und welk wird, was sehr rasch geschieht, kann die Pflanze nur schwer überleben. Besprühen Sie geteilte Pflanzen regelmäßig mit Wasser, bis sie eingewachsen sind.

SAMEN GEWINNEN

Wenn der Blütenstand der einjährigen Gräser ganz locker ist, zieht man den reifen Samen aus jeder Ähre.

BAMBUS DURCH RHIZOMTEILUNG VERMEHREN

1 *Legen Sie um den Horst die äußeren Rhizome mit neuen Sprossen frei. Trennen Sie sie von der Mutterpflanze.*

2 *Schneiden Sie die Rhizome, jedes mit mindestens einem Sproß, in Stücke. Bestäuben Sie die Schnittflächen mit Fungizid (s. Nebenbild).*

3 *Topfen Sie so ein, daß das Rhizom knapp unter der Oberfläche ist und die Sprosse freiliegen; andrücken, wässern.*

GRÄSER DURCH TEILUNG VERMEHREN

Schneiden Sie das Laub auf 15-20 cm zurück. Nehmen Sie den Horst auf, und teilen Sie ihn. Setzen Sie jedes Stück in 15-cm-Töpfe mit sandigem Substrat.

Schwertlilien

Zur Gattung *Iris* gehören einige der schönsten Blütenpflanzen. Die komplizierten Blüten gibt es in den verschiedensten Farben und in satin- und samtähnlichen Strukturen. Die Arten wählt man, je nach Standort, für Wald- und Steingärten, Ufer- und Moorlandschaften oder krautige Rabatten.

Pflege und Vermehrung

Die Arten lassen sich im Herbst oder Frühling durch Absenker oder Rhizomteilung, im Herbst durch Samen (Sorten nur durch Teilung) vermehren (siehe S. 155, 234).

Rhizomiris

Bei dieser Irisgruppe sind die Wurzelstöcke Rhizome, die schwertförmigen Blätter sind in einem grundständigen Fächer angeordnet. Botanisch unterscheidet man noch mehrere Untergattungen und Serien, hier genügt eine Einteilung in Bart-, Kamm- und Bartlose Iris.

Bartiris

Das Kennzeichen dieser Irisgruppe ist ein »Bart« aus zahlreichen Härchen entlang der Mitte der Hängeblätter; dazu gehören die bekanntesten Schwertlilien unserer Gärten, viele Sorten und Hybriden, von denen die meisten im Frühsommer blühen. Sie eignen sich für Stauden- und gemischte Rabatten und gedeihen gut auf nährstoffreichem, durchlässigem, alkalischem Boden in der Sonne; viele vertragen auch weniger gute Böden, etwas Schatten.

Die **Oncocyclus-Iris** ist in Gegenden mit wenig Niederschlag im Sommer beheimatet und muß in Klimazonen mit viel Regen im Sommer geschützt werden. Sie hat große, schöne, mitunter bizarre Blüten, ist aber ziemlich anspruchsvoll und schwer zu kultivieren. Sie benötigt fruchtbaren, durchlässigen Boden, Sonne und eine trockene Ruheperiode nach der Blüte. Als Topfpflanze braucht sie nährstoffreiches, durchlässiges, vorzugsweise alkalisches Substrat. Umgetopft wird vor Beginn der neuen Wachstumsperiode im Frühling. Sobald das Laub nach der Blüte abstirbt, wird bis zum Frühling nicht mehr gewässert.

Die **Regelia-Iris** hat gebärtete Dom- und Hängeblätter, ist der Oncocyclus-Iris verwandt und braucht ähnliche Kulturbedingungen, ist aber leichter zu ziehen. Manche Arten, z.B. *I. hoogiana*, können im Freien gezogen werden, wenn der Boden durchlässig und der Standort heiß und trocken ist. Die Regeliocyclus-Gruppe ist leichter im Freien zu ziehen.

RHIZOM- UND ZWIEBELIRIS

***I.* 'Bold Print'** (Bartiris)

***I.* 'Carnaby'** (Bartiris)

I. innominata (Pazifikküsten-Gr.)

***I.* 'Geisha Gown'** (Japanische Iris)

I. bucharica (Juno-Gruppe)

***I.* 'Joyce'** (Reticulata-Gruppe)

Kammiris

Sie hat anstelle des Bartes einen hahnenkammähnlichen Mittelstreifen. Die **Evansia-Iris** findet man meist auf feuchtem Waldboden. Größere Arten, z.B. *I. confusa* und *I. japonica*, sind nicht ganz winterhart und benötigen einen geschützten Standort mit humosem Boden, bei warmem Klima auch etwas Schatten. Kleinere Arten, z.B. *I. cristata* und *I. gracilipes*, lassen sich ideal in Torfinseln im schattigen Steingarten pflanzen.

Bartlose Iris

Diese Irisgruppe weist gewöhnlich keine Bärte, sehr wohl aber Kämme auf. Die meisten benötigen die gleichen Kulturbedingungen wie die Bartiris, einige ziehen schwerere Böden vor.

Iris der Pazifikküste. Diese Gruppe umfaßt *I. innominata* und *I. tenax* und eignet sich gut für Schnittblumen. Es gibt zahlreiche üppig blühende Hybriden, die bestens auf humosen, sauren Böden bei kühlerem Klima in der Sonne, bei wärmerem im Schatten gedeihen. Andere aus Gruppen mit ähnlichen Kulturbedingungen sind: *I. missouriensis*, die alkalische Böden verträgt; *I. verna* und *I. prismatica*; *I. setosa*, die mehr Sonne toleriert.

Wasserschwertlilien sind elegante Pflanzen, die an Teichufern, in Moorgärten oder in nährstoffreichen, dauerfeuchten Böden gedeihen. Dazu gehören *I. laevigata*, *I. pseudacorus*, *I. ensata*, *I. fulva*, *I. versicolor* und *I.* 'Fulvala'. Alle diese Irisarten benötigen ähnliche, feuchte Bedingungen, sind aber mitunter schwer zu etablieren.

Sibirische Schwertlilien haben schlanke Blätter und wunderschön geformte, zart gezeichnete Blüten. Zu dieser Gruppe gehören *I. chrysographes*, *I. clarkei*, *I. forrestii* und *I. sibirica*. Sie sind leicht in Rabatten mit nährstoffreichem Boden zu ziehen und eignen sich für sehr feuchte Uferzonen. Als Schnittblumen halten sich gut.

Die **Spuria-Iris** hat schmale, schilfähnliche Blätter und elegante Blüten. Zu dieser Gruppe gehören *I. orientalis*, *I. graminea* und *I. spuria*; sie eignen sich für sonnige, krautige Rabatten auf durchlässigen Böden und vertragen trockene Bedingungen besser als die Sibirischen Schwertlilien.

Zwiebeliris

Die Speicherorgane dieser Iris sind Zwiebeln, manchmal mit dicken, fleischigen Wurzeln.

Reticulata-Iris

Winterharte Zwergzwiebeln, die früh blühen. Sie bevorzugen einen sonnigen Standort auf durchlässigem, saurem oder alkalischem Boden, können auch in Töpfen in einem Zwiebelkasten gezogen werden.

Juno-Iris

Die Juno-Iris benötigt ähnliche Bedingungen wie die Oncocyclus-Iris und ist ebenfalls schwer zu kultivieren. Wüchsige Arten, z.B. *I. bucharica* und *I. magnifica* gedeihen gut an warmen Standorten im Freien.

Xiphium-Iris

Dazu gehören die leuchtenden Holländischen, Englischen und Spanischen Iris, die oft für Schnittblumen gezogen werden. Jeder alkalische, durchlässige Boden mit voller Sonne ist geeignet. In kalten Gebieten werden die Zwiebeln im Herbst aufgenommen, frostfrei überwintert und im Frühling wieder eingepflanzt.

ZWANGLOSE ELEGANZ
Die Blüten der Sibirischen Schwertlilien (blau und weiß) und der I. pseudacorus *(gelb) ziehen am Ufer dieses Gartenteiches die Blicke auf sich.*

Bodenvorbereitung und Pflanzung

Die krautigen Stauden stammen aus Gebieten mit den verschiedensten Klima- und Bodenbedingungen; ob der geplante Standort also nun geschützt oder exponiert, fruchtbar oder steinig ist, es gibt immer Pflanzen, die dort gut gedeihen. Die gewählten Pflanzen sollten sich unter den gegebenen Bedingungen wohlfühlen, nicht damit zu kämpfen haben.

Standort und Lage

Wenn man Pflanzen auswählt, müssen Klima, Lage und Bodentyp sowie Licht, also Sonne und Schatten, ebenso die Exponiertheit des Standorts zu verschiedenen Tages- und Jahreszeiten berücksichtigt werden. So spenden laubabwerfende Bäume im Spätfrühling und Sommer mit ihrem dichten Blätterdach den kühlsten Schatten.

In verschiedenen Bereichen des Gartens können die Bedingungen unterschiedlich sein: Eine nach Süden gerichtete Rabatte wäre z.B. ideal für sonnenliebende Pflanzen wie den Mauerpfeffer, während ein nach Norden gerichteter Standort oder einer unter einem Baum für schattenliebende Pflanzen wie Funkien besser geeignet ist, sofern sie feuchtgehalten werden können.

Neben einer Mauer, Hecke oder einem Zaun ist der Boden wegen des Regenschattens meist ziemlich trocken, der Standort aber auch warm und geschützt und daher vielleicht für nicht ganz winterharte Pflanzen geeignet.

Verbesserte Bedingungen

Besonders in kleinen Gärten muß man u.U. die Bedingungen verbessern und Verhältnisse schaffen, die vielen Pflanzen entsprechen. Schwere, staunasse Böden können trockengelegt oder die Pflanzen in Hochbeete oder Tröge gesetzt werden, während leichte Böden durch zusätzliches organisches Material profitieren. Der Schatten von Bäumen kann durch maßvollen Schnitt lichter werden, Sträucher und Hekken und können gut als Windschutz dienen (siehe auch WIND- UND FROSTSCHUTZ, S. 520-521, und HECKEN, S. 60-62).

Bodenvorbereitung

Für die meisten Stauden ist nährstoffreicher, durchlässiger, aber feuchtigkeitsspeichernder Lehmboden ideal. Ermitteln Sie den pH-Wert mit einem handelsüblichen Meßset, da dieser bei der Auswahl der Pflanzen mit berücksichtigt werden muß. Auch die Durchlässigkeit des Bodens muß überprüft werden; ist er bei Regenwetter staunaß, müssen Abflußmöglichkeiten geschaffen werden (siehe BODEN UND DÜNGER, »Drainage«, S. 529).

Unkraut entfernen

Vor der Pflanzung sollten alle Unkräuter entfernt werden, da dies speziell bei ausdauernden Unkräutern nur noch schwer möglich ist, wenn die anderen Pflanzen bereits eingewachsen sind. Viele Unkräuter kann man schon bei der Bodenvorbereitung im Winter mit der Gabel ausziehen.

Während der ersten Wachstumsperiode entfernt man verbliebene ausdauernde Unkräuter vorsichtig mit einer Gabel, sobald sie erscheinen, ohne die frischgepflanzten Stauden zu beschädigen. Einjährige Unkräuter zupft man unmittelbar vor der Pflanzung heraus.

Verbesserung der Bodenstruktur und Fruchtbarkeit

Alle Böden lassen sich durch die Zugabe von Humus oder gut verrottetem organischem Material, wie Mist oder Kompost, verbessern; dadurch wird die Speicherfähigkeit von leichten, stark durchlässigen Böden erhöht und die Struktur von schweren Tonböden gelockert. Auch die Fruchtbarkeit wird verbessert. Einige Wochen vor der Pflanzung arbeitet man eine 5-10 cm dicke Schicht gut verrottetes organisches Material in die oberste Bodenschicht ein. Bis zur Pflanzung muß sich der Boden noch setzen. Bei nährstoffreichen, humosen Böden werden Stauden bei der Pflanzung nicht gedüngt, wohl aber in späteren Jahren (siehe S. 155).

STAUDEN AUSWÄHLEN

GUTES EXEMPLAR

SCHLECHTES EXEMPLAR

Auswahl der Pflanzen

Stauden werden meist als Containerpflanzen angeboten, während der Ruheperiode manchmal auch wurzelnackt. Bei der Auswahl entscheiden Sie sich für kräftige Exemplare ohne absterbende oder verfärbte Blätter, die auf Nährstoffmangel hinweisen. Zu Beginn der Wachstumsperiode sollten Sie beim Kauf auf kräftige, neue Sprosse achten.

Einzelne einjährige Unkräuter lassen sich leicht aus dem Substrat entfernen, aber kaufen Sie keine Containerpflanzen mit ausdauernden Unkräutern, Moos oder Lebermoos auf der Topferde. Sie sind oft ein Hinweis darauf, daß die Pflanze schon zu lange im Container ist und zu wenig Nährstoffe hat oder daß das Substrat wenig durchlässig ist und die Wurzeln der Pflanze möglicherweise verfault oder z.T. schon abgestorben sind.

Nehmen Sie die Pflanze, wenn es geht, aus dem Container und schauen Sie die Wurzeln an: Kaufen Sie keine Pflanze mit eng verschlungenen oder großen, durch die Drainagelöcher wachsenden Wurzeln. Die Wurzeln sollten jedoch so gut entwickelt sein, daß das meiste Substrat daran haften bleibt, wenn die Pflanze aus dem Container genommen wird. Bei Pflanzen in Plastikbeuteln können die Wurzeln ertastet werden.

Wurzelnackte Pflanzen müssen ein kräftiges, nicht ausgetrocknetes Wurzelsystem haben, die jungen Triebe dürfen nicht welken. Sie sind sofort nach dem Kauf einzupflanzen und bis dahin durch eine Plastikhülle oder nasses Zeitungspapier vor Feuchtigkeitsverlust zu schützen.

Teilung großer Pflanzen

Wählen Sie bei Pflanzen mit Faserwurzeln lieber große Exemplare mit vielen gesunden Trieben, die vor der Pflanzung geteilt werden können, als viele kleinere, billigere Pflanzen. Teilen Sie die Pflanze so, daß jedes Stück ein eigenes Wurzelsystem und möglichst viel Erde um die Wurzeln hat (siehe S. 164).

Pflanzzeit

Containerpflanzen lassen sich das ganze Jahr über pflanzen, sofern der

TEILUNG GROSSER PFLANZEN

1 *Beim Kauf leicht teilbarer Stauden wählt man große Exemplare mit kräftigen Trieben* (Aster tongolensis).

2 *Teilen Sie die Pflanze vorsichtig in Stücke mit eigenen Wurzeln. Um die Wurzeln muß reichlich Erde bleiben.*

STAUDEN FÜR SANDIGE BÖDEN

Acanthus spinosus
Achillea
Alchemilla
Armeria
Asphodeline lutea
Centranthus ruber
Dianthus, einige ❄

Echinops ritro 'Veitch's Blue'

Echinops ritro 'Veitch's Blue'
Eryngium tripartitum
Gaillardia x *grandifl.* (Sorten)
Globularia
Limonium latifolium
Nepeta x *faassenii*
Origanum vulgare 'Aureum'
Papaver orientale
Romneya coulteri
Sedum, einige ❄
Sempervivum
Sisyrinchium, einige ❄

STAUDEN FÜR LEHMIGE BÖDEN

Aruncus dioicus
Astilbe
Butomus 💧
Caltha 💧
Cardamine pratensis
Dodecatheon
Eomecon
Filipendula ulmaria 'Aurea'
Gunnera manicata 💧
Hemerocallis
Hosta
Houttuynia
Lobelia cardinalis, L. fulgens ❄
Lysichiton 💧
Lysimachia, einige ❄
Lythrum
Mimulus guttatus 💧
Myosotis scorpioides 💧
Peltiphyllum peltatum
Phormium
Polygonum
Pontederia 💧

Primula bulleyana

Primula bulleyana, P. florindae, P. rosea
Ranunculus ficaria, R. flammula 💧
Rheum
Rodgersia
Sagittaria, einige ❄
Scrophularia auriculata
Trollius

SCHLÜSSEL
❄ *Nicht winterhart*
💧 *Verträgt feuchte Böden*

Boden bearbeitet werden kann, aber Frühjahr und Herbst sind am günstigsten. Bei Herbstpflanzung können sich die Pflanzen vor dem Winter noch eingewöhnen, solange die Bodenwärme das Wurzelwachstum fördert und der Boden nicht austrocknet.

Bei kaltem Klima ist eine Frühjahrspflanzung für nicht völlig winterharte Stauden oder solche, die keine Nässe mögen, z.B. *Kniphofia, Schizostylis, Lobelia cardinalis* und *Scabiosa caucasica*, besser. So können sie sich vor ihrem ersten Winter gut entwickeln.

Wurzelnackte Exemplare werden generell im Frühjahr oder Herbst gepflanzt, einige, z.B. Funkien, lassen sich auch während der Wachstumsperiode gut umsetzen.

Pflanzung von Stauden

Stauden müssen in vorbereiteten Boden und in der richtigen Tiefe gepflanzt werden (siehe unten): Solche mit leicht verrottender Basis werden etwas höher über der Bodenoberfläche gepflanzt, damit das überschüssige Wasser abfließt.

Containerpflanzen
Zunächst gräbt man das Pflanzloch, dann wird die Pflanze gründlich gewässert und ohne Beschädigung der Wurzeln aus dem Container genommen. Damit sie leichter anwächst, lockert man den Wurzelbal-

CONTAINERSTAUDEN EINPFLANZEN

1 *Graben Sie im Beet ein Pflanzloch, 1 ¹/₂ mal so breit und tief wie der Wurzelballen.*

2 *Durchfeuchten Sie das Substrat, bevor Sie die Pflanze (hier eine Aster) aus dem Topf gleiten lassen.*

3 *Entfernen Sie die obersten 3 cm Erde und damit Unkräuter und Unkrautsamen. Zupfen Sie die Wurzeln seitlich und am Ballen vorsichtig heraus.*

4 *Achten Sie darauf, daß die Wurzelkrone in der richtigen Höhe ist; füllen Sie das Loch um die Wurzeln, drücken Sie die Erde an und wässern Sie gründlich.*

Pflanztiefe

Die meisten Stauden werden so tief gepflanzt, wie sie im Topf gestanden haben; einige wachsen besser, wenn sie höher oder tiefer stehen. Manche ziehen einen hochgelegenen, durchlässigen Standort vor, andere einen tieferen und feuchteren.

ASTER

AUF BODENNIVEAU
Die Mehrzahl der Stauden wird so gepflanzt, daß sich die Wurzelkrone auf Bodenniveau befindet.

SISYRINCHIUM STRIATUM 'AUNT MAY'

HÖHERE PFLANZUNG
Pflanzen, die an der Basis leicht faulen, und leicht zurückschlagende panaschierte Pflanzen werden etwas über Bodenniveau gepflanzt.

HOSTA

VERTIEFTE PFLANZUNG
Feuchtigkeitsliebende Stauden werden mit der Wurzelkrone etwa 2 cm unter Bodenniveau gepflanzt.

POLYGONATUM

TIEFE PFLANZUNG
Stauden mit verdickten Wurzelsystemen werden mit dem Wurzelanlauf 10 cm unter Bodenniveau gepflanzt.

len vorsichtig an den Seiten und unten, indem man die Wurzeln mit den Fingern oder einer kleinen Gabel herauszupft. Setzen Sie die Pflanze in der richtigen Tiefe ins Pflanzloch, füllen Sie die Erde auf und drücken Sie sie an. Dann lockern Sie die Bodenoberfläche mit einer Gabel und wässern gründlich.

Wurzelnackte Pflanzen

Wurzelnackte Stauden pflanzt man unmittelbar nach dem Kauf, damit sie nicht austrocknen. Bereiten Sie das Loch wie für Containerpflanzen vor: die Wurzeln gleichmäßig auseinanderlegen, Pflanztiefe überprüfen, beim Andrücken Erde zwischen den Wurzeln verteilen. Gründlich wässern.

Umsetzen von Sämlingen nach Selbstaussaat

Einige Stauden, z. B. Akelei und Fingerhut, bringen durch Selbstaussaat Sämlinge hervor, die dann in ein Anzuchtbeet oder an einen anderen Standort umgesetzt werden.

Bevor man die Sämlinge aufnimmt, werden Pflanzlöcher vorbereitet, in denen die Pflanzen genügend Platz für ihre Entwicklung haben. Dann wird jeder Sämling vorsichtig mit einem Pflanzenheber aufgenommen, wobei möglichst viel Erde um die Wurzeln bleiben soll, und eingepflanzt. Drücken Sie die Erde gut an, und wässern Sie gründlich. Schützen Sie die Pflanzen vor starker Sonne, und gießen Sie regelmäßig, bis sie etabliert sind.

Torfbeete und Hochbeete

Sie werden in Gärten mit alkalischem Boden für Pflanzen angelegt, die nur in saurem Substrat gedeihen, und auch dort, wo Beete mit schweren Tonböden durchlässiger werden sollen. Pflanzen für saure Böden setzt man am besten in ein Hochbeet mit kalkfreier Heideerde (siehe auch DER STEINGARTEN, S. 192-193).

Für Hochbeete können verschiedene Materialien verwendet werden, z.B. Holz, Ziegel oder Steine (siehe auch BAULICHE ELEMENTE UND BELÄGE, »Hochbeete«, S. 507). Zuunterst kommt eine Schicht aus grobem Drainagematerial (etwa Ziegelbrocken) – idealerweise bis zu einem Drittel der Beethöhe. Geben Sie darüber eine Schicht faserreiches Material, und füllen Sie vor der Pflanzung mit Humus auf.

Pflanzgefäße

In Töpfen gepflanzte Stauden sehen nicht nur gut aus, Pflanzbehälter bieten sich auch für Gewächse an, die im Garten nicht gut gedeihen, weil sie zu empfindlich sind und der Bodentyp nicht entspricht.

Sollen mehrere Pflanzen in einem Topf stehen, müssen sie ähnliche Kulturbedingungen haben. Der Topf soll so tief und breit sein, daß sich die Wurzeln der Pflanzen gut entwickeln können. Überlegen Sie, wie die ausgewachsenen Pflanzen im Verhältnis zum Topf aussehen werden. Bei hohen Pflanzen in tiefen, schmalen Töpfen oder bei kleinen Pflanzen in großen, breiten würden die Proportionen nicht stimmen.

SÄMLINGE UMSETZEN

Sämlinge mit Erde um die Wurzeln hochnehmen; dann einpflanzen und wässern.

Pflanzen in Töpfen

Schwere Gefäße, wie Steinurnen, Metalltröge, hölzerne Halbfässer oder große Terrakottatöpfe, gibt man an ihren Platz, bevor man sie mit Erde füllt und bepflanzt, da der Transport nachher mühsam wäre; Kunststoffgefäße sind leichter, aber auch weniger stabil und können vom Wind umgeworfen werden. Stellen Sie den Topf auf Blöcke oder Ziegel, damit das Wasser abfließen kann.

Achten Sie darauf, daß der Topf Drainagelöcher hat, damit keine Staunässe entsteht. Decken Sie die Löcher mit einer dicken Schicht Topfscherben ab, und geben Sie faserreiches Material, z.B. Torf, umgedrehte Rasenziegel oder Kokosfaser, darüber; so kann das Wasser gut abfließen, ohne die Erde zu versauern oder wegzuwaschen.

Fast jede Topferde ist geeignet, manche Gewächse brauchen allerdings saures Substrat. Die meisten Pflanzen kommen mit präparierter Einheitserde und etwas Langzeitdünger zurecht; solche, die mehr Durchlässigkeit brauchen (wie *Sedum* und *Achillea*), ziehen mit feinem Kies gemischte Erde vor.

Vor der Bepflanzung teilen Sie den Platz so ein, daß jedes Gewächs genügend Entwicklungsraum hat. Gepflanzt wird wie bei Stauden im Freien, die Pflanzen sind gut zu wässern, bis sie eingewachsen sind.

1 *Die Anordnung der Pflanzen im Topf wird festgelegt, bevor man sie aus dem Container nimmt. Dann pflanzt man, drückt die Erde an und wässert.*

2 *Einige Monate später sind die Pflanzen gewachsen und präsentieren sich in schönster Ausgewogenheit.*

STAUDEN FÜR SAURE BÖDEN

Anigozanthos manglesii ❄
Cypripedium reginae
Darlingtonia

Anigozanthos manglesii

Drosera, einige ❄
Nepenthes ❄
Pinguicula, einige ❄
Sarracenia flava ❄
Trillium
Uvularia

STAUDEN FÜR STARK ALKALISCHE BÖDEN

Acanthus spinosus
Achillea filipendulina 'Golden Plate'
Aconitum
Anchusa
Anemone hupehensis, *A.* x *hybrida*
Anthyllis
Bergenia
Berkheya, einige ❄
Brunnera
Campanula lactiflora
Catananche
Centranthus
Clematis heracleifolia, *C. recta*
Coronilla varia
Corydalis lutea
Dianthus
Doronicum
Eremurus
Eryngium, einige ❄
Galega
Geranium pratense
Gypsophila paniculata
Helenium
Helleborus, einige ❄
Heuchera
Kniphofia, einige ❄
Linaria purpurea
Linum narbonense
Lychnis chalcedonica
Paeonia
Salvia nemorosa
Saponaria
Scabiosa caucasica 'Clive Greaves'

Scabiosa caucasica 'Clive Greaves'

Sidalcea
Stachys, einige ❄
Verbascum
Veronica spicata

SCHLÜSSEL
❄ *Nicht winterhart*

Bodendecker

Böden mit einem Teppich aus Blüten und Blättern zu bedekken, ist eine ziemlich neue Art der Pflanzung; sie dient v.a. der Unkrautbekämpfung bei Zierpflanzen. Viele Bodendecker sind jedoch durchaus dekorativ, sie liefern hübsche Farbflecken und strukturelle Kontraste, verbinden aber auch größere Pflanzen mit anderen Elementen im Garten.

Bodendecker lassen, sobald sie gut eingewachsen sind, kaum noch Unkrautsämlinge aufkommen, da sie ihnen sowohl Licht als auch Wasser und Nährstoffe entziehen. In der freien Natur ist dies eine oft zu beobachtende Erscheinung; und man kann die Natur im Garten nachahmen und so einen attraktiven Gesamteindruck erreichen, wobei man sich auch noch die Pflege erheblich erleichtert.

Auswahl von Bodendeckern

Wählen Sie wüchsige, attraktive Pflanzen, die den vorgesehenen Platz rasch mit dichtem Wuchs bedecken, ohne zu sehr zu wuchern. Diese sollten ausdauernd sein und wie Immergrüne nicht absterben oder im Frühjahr rasch wieder austreiben.

Einjährige und Zweijährige eignen sich bestenfalls als »Lückenbüßer«, solange die Bodendecker noch nicht herangewachsen sind. Auch winterharte Pflanzen, die bei frostfreiem Klima gute Bodendecker bilden können, sind bei kaltem Klima nur von vorübergehendem Wert.

Der gewählte Bodendecker sollte dem Standort entsprechen, also etwa für nasse oder trockene, schattige oder sonnige Lagen geeignet sein. Auch muß er pflegeleicht sein und nur einen Schnitt und eine Düngung jährlich erfordern. Wählen Sie langlebige Pflanzen, die fünf bis zehn Jahre gesund bleiben. Und suchen Sie Arten, Sorten und Formen aus, deren Laub, Blüten und Früchte interessant und attraktiv sind.

Verwendung und Vorteile von Bodendeckern

Bodendecker erleichtern nicht nur die Unkrautbekämpfung, sie verringern auch die Wasserverdunstung auf exponierten, stark durchlässigen Böden. Eine dichte Pflanzung aus trockenheitsresistenten Immergrünen, z.B. *Cistus* x *corbariensis* oder dem rosablühenden *C.* x *skanbergii*, den meisten Rosmarin- und Lavendelsorten, hält den Boden kühl und schattig, das langsam verrottende abgefallene Laub wird zu einer Mulchschicht.

Steile Böschungen, auf die Regen- und Winderosion wirken, können mit Bodendeckern wie *Juniperus squamata* 'Blue Carpet', *Cotoneaster dammeri* oder *Hypericum calycinum* bepflanzt werden. Niedrig ausgebreiteter Wuchs, immergrünes Laub, kräftige Ausläufer und bewurzelte Absenker zeichnen einen stabilen Bodendecker aus, der die Erosion verringert.

In offenen Gärten können strauchige, immergrüne Bodendecker niedrige Begrenzungen bilden. Sie fangen auch Abfall auf, den der Wind verbläst.

In einem naturnahen Garten werden Bodendecker zum Anziehungspunkt für Bienen und Schmetterlinge: Der Bläuling etwa legt seine Eier auf den dichten, niedrigen Laubteppich von *Lotus corniculatus* 'Plenus'; niedrige, kriechende Thymianarten, z.B. *Thymus praecox* und seine Sorten, sind für Bienen äußerst anziehend.

Pflanzenkombinationen

Bodendeckerpflanzen können in ihren verschiedenen Farben und Formen kombiniert werden und interessante Gartenelemente bilden oder eine hübsche Verbindung zwischen anderen Elementen der Anlage schaffen.

Hintergrund für Zwiebel- und Knollengewächse

Ein niedriger Pflanzenteppich kann einen pflegeleichten Hintergrund für Zwiebelgewächse abgeben und muß im Gegensatz zu Gras nicht gemäht werden, wenn das Laub der Zwiebeln welkt. Die dunkelgrünen Blätter und purpurroten Blüten von *Vinca minor* 'Atropurpurea' passen hervorragend zu weißen Narzissen, z.B. *Narcissus* 'Portrush' oder 'Thalia'. Ebenso ist *Lysimachia nummularia* 'Aurea' ein guter Hintergrund für Krokusse, etwa den weißen 'Snow Bunting' oder den gelbkupferfarbenen 'Zwanenburg Bronze'.

Dekoration mit Bodendeckern

Durch die Kombination von niedrigen Bodendeckerpflanzen unterschiedlicher Farbe und Blattgröße entsteht eine Art Fleckerlteppich. So heben sich etwa die langen, glänzenden Blätter und blauen Blüten von *Ajuga reptans* 'Atropupurea' deutlich von den matten, herzförmigen Blättern der *Tiarella cordifolia* ab. Beide bilden im Frühling einen hübschen Kontrast zum rötlichen *Epimedium* x *rubrum*. Pflanzen Sie niemals langsamwachsende Pflan-

DEKORATIVE BODENDECKER

***Hosta fortunei* 'Aurea Marginata'**
Pflanzabstand 30-45 cm

***Houttuynia cordata* 'Chamaeleon'**
Pflanzabstand 30-45 cm

***Lamium maculatum* 'Beacon Silver'**
Pflanzabstand 20-30 cm

Tanacetum densum
Pflanzabstand 15-20 cm

Tiarella cordifolia
Pflanzabstand 30 cm

***Epimedium* x *youngianum* 'Niveum'**
Pflanzabstand 30 cm

***Erica carnea* 'December Red'**
Pflanzabstand 30 cm

***Vinca major* 'Variegata'**
Pflanzabstand 60 cm

Cotoneaster horizontalis
Pflanzabstand 1 m

TEPPICH MIT STRUKTUR
Der wüchsige Zwergwacholder Juniperus squamata *'Blue Carpet' bildet einen breiten, farblich und in der Struktur interessanten Teppich.*

zen mit kleinen Blättern neben großblättrige, raschwachsende Arten; sie würden diese überwuchern.

Farbige Ecken
Mit Bodendeckern, die auch im Schatten gedeihen, lassen sich dunkle Ecken aufhellen: Nützen Sie den Gegensatz zwischen dem leuchtenden, tiefroten Winterlaub von *Bergenia* 'Ballawley' und den derben, cremeweiß geränderten Blättern von *Symphytum* x *uplandicum* 'Variegatum'. Zusätzlichen Kontrast liefern die kleinen, golden-panaschierten, dunkelgrünen Blätter von *Euonymus fortunei* 'Gold Spot'.

Ein zweites Blätterdach
Nicht alle Bodendecker sind niedrig; auch viele höhere Sträucher lassen kein Unkraut aufkommen. Sträucher bilden v. a. ein hübsches zweites Blätterdach auf halber Höhe unter Bäumen. *Cotoneaster conspicuus* mit seinen hellen, scharlachroten Beeren, *Prunus laurocerasus* 'Otto Luyken' mit seinen glänzenden, dunkelgrünen Blättern und *Fatsia japonica* 'Variegata' mit ihren tiefgelappten, weißgeränderten Blättern sind gute Bodendecker und auch im Winter optisch interessant.

PFLANZUNG UNTER SCHWARZER PLASTIKFOLIE

1 *Drücken Sie die Folienränder mit dem Spaten in den Boden, und schneiden Sie kreuzförmige Schlitze. (Nebenbild)*

2 *Pflanzen mit mehreren Sprossen (hier* Bergenia*) kann man teilen, jedes Teil muß gesunde Augen und Wurzeln haben.*

3 *Setzen Sie in jeden Folieneinschnitt eine Pflanze. Drücken Sie die Erde um die Wurzeln gut an, und wässern Sie.*

4 *Bedecken Sie die Plastikfolie mit einer mindestens 5 cm dicken, auch farblich passenden Mulchschicht.*

Pflanzung

Wichtig ist, daß der Boden gründlich vorbereitet wird; alles Unkraut muß vor der Pflanzung entfernt werden, besonders kriechende, ausdauernde Unkräuter, die später unter den sich ausbreitenden Bodendeckern nur schwer wegzubekommen sind. Dies kann mit der Hand oder mit Hilfe von Plastikfolie erfolgen. Man kann das Wachstum der Bodendecker auch durch bestimmte Pflanzmethoden anregen: Halten Sie die für die Art oder Sorte empfohlenen Pflanzabstände ein, und decken Sie den Boden mit einer lockeren Mulchschicht ab; setzen Sie die Pflanzen im richtigen Abstand unter eine schwarze Plastikfolie; oder pflanzen Sie sie enger als üblich, damit rasch eine dichte Decke entsteht.

Bei den meisten Pflanzen liegt der empfohlene Pflanzabstand knapp unter der ungefähren Ausbreitung der ausgewachsenen Pflanze. Die Anzahl der benötigten Pflanzen können Sie errechnen, indem Sie den zu bepflanzenden Bereich durch die Gesamtausbreitung der gewählten Pflanze teilen. Soll eine Fläche von 8 m^2 im Abstand von 60 cm mit Bergenien bepflanzt werden, benötigen Sie demnach etwa 30 Pflanzen.

Welche Methode Sie wählen, wird vom Typ und vom Preis der Pflanzen, von Klima- und Bodenbedingungen abhängen und auch davon, wie lange Sie auf den gewünschten Effekt warten wollen. Rasch wachsende Pflanzen bilden unter günstigen Bedingungen und bei Einhaltung des Pflanzabstandes meist in zwei, drei Jahren eine dichte Decke.

Das Wachstum wird zwar von vielen Faktoren beeinflußt, aber wenn Pflanzen nur in zwei Drittel des normalen Pflanzabstandes stehen, sollten sie im allgemeinen nach eineinhalb bis zwei Jahren deckend sein. Dafür sind natürlich mehr Pflanzen nötig, aber manche können vermehrt werden, indem man Stecklinge eng an ihren endgültigen Standort setzt.

Vermehrung durch Stecklinge

Manche Bodendecker, wie z.B. *Euonymus fortunei, Hypericum calycinum* und Efeu *(Hedera)* können durch verholzte Stecklinge vermehrt werden, die man durch die Löcher einer schwarzen Plastikfolie sofort an den endgültigen Standort setzt.

Im Herbst, wenn der Boden noch warm und feucht ist, nimmt man etwa 15-20 cm lange Stecklinge und entfernt die Blätter auf den unteren zwei Dritteln des Triebes. Machen Sie mit einem Pflanzholz Löcher in die Folie, geben Sie die Stecklinge so hinein, daß sie zu zwei Dritteln in der Erde sind. Wenn sich rasch eine dichte Decke bilden soll, halbiert man den Pflanzabstand. Normalerweise wurzeln die Stecklinge schnell, und die Pflänzchen entwikkeln sich im Frühling rasch, wenn sie nicht durch Unkraut geschwächt werden.

Rückschnitt

Die meisten Bodendecker müssen nur sparsam oder gar nicht geschnitten werden, doch manche Sträucher werden durch einen gelegentlichen Schnitt kompakter. Entfernen Sie bei krautigen Pflanzen abgestorbene Blätter. Einige Pflanzen erfordern mehr Aufmerksamkeit. *Vinca*-Arten und -Sorten bringen oft lange, dünne Sprosse hervor. Diese werden im Spätwinter oder Vorfrühling mit der Gartenschere fast bis auf den Grund zurückgeschnitten. Die Lücken werden bald von neuen Sprossen geschlossen.

Santolina wird oft nach ein, zwei Jahren lockerer; man schneidet jedes Jahr ein Drittel zurück.

Mulchen bei Bodendeckern

Wenn Bodendeckerpflänzchen im korrekten Abstand gesetzt wurden, sind die Zwischenräume unter ihnen anfangs leer. Man sollte die Lücken mit einer Mulchschicht abdecken.

So bleibt einerseits der Boden feucht, und andererseits kommen Unkräuter nicht auf. Eine lockere Mulchschicht, zum Beispiel aus Rindenschnitzeln, erfüllt den Zweck bestens. Diese Schicht sollte mindestens 5 cm dick aufgetragen werden.

Der Boden zwischen den jungen Pflanzen (Erica carnea) *bleibt unter der Mulchschicht feucht.*

RÜCKSCHNITT

SANTOLINA
Buschige Bodendecker werden bis auf die verholzten Triebe, wo der neue Wuchs entspringt, zurückgeschnitten.

HYPERICUM CALYCINUM
Im Frühling werden die Triebe stark zurückgeschnitten.

Chrysanthemen

Die üppigen Farben und Formen ihrer langlebigen Blüten machen die variantenreichen Chrysanthemen zu besonders beliebten Garten- und Schnittblumen.

Einteilung der Chrysanthemen

Gartenchrysanthemen sind Hybriden komplizierter Kreuzungen zwischen einigen ostasiatischen Arten. Durch diese Kreuzungen haben sich verschiedene Blütenformen entwickelt. Sie werden nach Art und Stellung der Kronblätter und Einzelblüten sowie nach der Blütezeit eingeteilt. Chrysanthemen bilden in der Natur mehrere Blütenköpfe auf einem Stiel, die sogenannten Doldenrispen. »Abknospen« bedeutet, daß bei Doldenrispen in einem frühen Stadium die Nebenknospen entfernt werden, wodurch eine einzige Terminalknospe bleibt, die ein größeres Blütenköpfchen hervorbringt.

Frühblühende Chrysanthemen blühen vom Spätsommer bis zum Frühherbst und stehen im Freien. Spätblühende Chrysanthemen werden während des Sommers im Freien in Töpfen gezogen und dann in ein Treibhaus gebracht, wo sie vom Herbst bis zum Spätwinter blühen. Früh- und spätblühende Chrysanthemen werden ähnlich behandelt.

DOLDENRISPEN
Wenn man die Nebensprosse mit je einem Blütenköpfchen an den Seitentrieben beläßt, bilden sich Doldenrispen (hier C.'Wendy').

Frühblühende Chrysanthemen

Frühblühende Sorten werden im guten Fachhandel bestellt und im Frühjahr geliefert. Um die gewünschte Blütenfarbe zu erhalten, sollte man die Pflanzen während der Blüte gesehen haben oder aus einem illustrierten Katalog auswählen.

Sobald die Pflanzen im Garten eingewachsen sind, sollte man wüchsige Exemplare mit schönen, gesunden Blüten kennzeichnen, damit sie für die Stecklingsvermehrung herangezogen werden können.

Bodenvorbereitung und Pflanzung

Frühblühende Chrysanthemen benötigen einen ziemlich sonnigen, geschützten Standort. Sie bevorzugen durchlässigen, leicht sauren Boden mit einem pH-Wert von 6,5. Die meisten Böden sollten im Spätherbst oder Frühwinter unter Einarbeitung von reichlich organischem Material vorbereitet werden. Bei leichten Böden geschieht dies erst im Vorfrühling, das organische Material wird im Sommer aufgetragen.

Vor der Pflanzung im Spätfrühling gibt man 1,2 m lange Bambusstäbe im Abstand von 45 cm (für hohe Sorten längere) in den Boden. Pflanzen Sie neben jeden Stab eine Chrysantheme, die Wurzeln werden mit einer dünnen Erdschicht bedeckt. Befestigen Sie den Stengel jeder Pflanze an einem Stab, und wässern Sie gründlich.

Entspitzen

Bald nach der Pflanzung (den genauen Zeitpunkt entnehmen Sie einer Fachpublikation) müssen die Chrysanthemen »entspitzt« werden, um die Bildung von Seitentrieben anzuregen, die schließlich Blüten tragen werden.

Sobald die Seitentriebe etwa 8 cm lang sind, werden sie auf die erforderliche Zahl reduziert: Bei Sorten mit Doldenrispen sollten vier Seitentriebe pro Haupttrieb ausreichen, nach dem Abknospen sind vier bis sechs erforderlich.

Etwa ein Monat nach dem Entspitzen sollte ausgewogener Dünger in einer Dosierung von 70 g/m² eingearbeitet werden. Wiederholen

Blütenformen bei Chrysanthemen

EINWÄRTSGEBOGEN
C. 'Alison Kirk'
Dichtgefülltes Köpfchen mit einwärtsgebogenen Kronblättern, die die Krone dicht schließen.

STARK ZURÜCKGEBOGEN
C. 'Primrose West Bromwich'
Dichtgefülltes Köpfchen mit bis zum Stiel hinunter gebogenen Kronblättern.

ZURÜCKGEBOGEN
C. 'Rose Yvonne Arnaud'
Blütenköpfchen mit teilweise nach außen gebogenen Kronblättern.

MITTEL (REGELMÄSSIG)
C. 'Skater's Waltz'
Dichtgefülltes Köpfchen mit lockeren Kronblättern in Rosettenform.

MITTEL (UNREGELMÄSSIG)
C. 'Green Satin'
Dichtgefülltes Köpfchen mit unregelmäßigen Kronblättern in Rosettenform.

ANEMONENBLÜTIG
C. 'Pennine Oriel'
Einfaches Köpfchen mit erhöhter Scheibe und flachen, gelegentlich löffelförmigen Kronblättern.

POMPON
C. 'Maria'
Dichtgefüllte Blütenköpfchen in Pomponform der frühblühenden Gärtner-Chrysantheme.

EINFACH
C. 'Rytorch'
Köpfchen mit gelber Scheibe und fünfzeiligen Scheibenblüten mit flachen Kronblättern.

LÖFFELFÖRMIG
C. 'Pennine Jewel'
Einfaches Köpfchen mit röhrenförmigen Scheibenblüten. Die Kronblätter erweitern sich löffelförmig.

CHRYSANTHEMEN ENTKNOSPEN
An jedem Seitentrieb (hier C. 'Hazy Days') werden die Blütenknospen bis auf eine entfernt; diese wird eine große, einzelne Blüte hervorbringen.

Sie diese Düngung nach einem Monat. Entfernen Sie sofort alle Nebensprosse an den Seitentrieben, damit die Pflanze ihre ganze Energie auf diese konzentriert.

Entknospen
7–8 Wochen nach dem Entspitzen stutzt man die Seitentriebe, um die gewünschte Größe und Verteilung der Blüten zu erhalten. An jedem Seitentrieb sollte eine von Nebensprossen umgebene Haupt- oder Apikalknospe sichtbar sein.

Soll jeder Stengel nur eine Blüte tragen, werden alle Nebensprosse am Seitentrieb entfernt. So kann sich die Apikalknospe ungehindert entwickeln, und jeder Seitentrieb trägt nur eine Blüte. Für eine Doldenrispe mit kleinen, gleichmäßigen Blütenköpfchen entfernt man nur die Apikalknospe; so können sich die Nebensprosse entwickeln.

Laufende Pflege
Wässern Sie regelmäßig, und geben Sie im Abstand von einer Woche bis 10 Tagen ausgewogenen Flüssigdünger. Kurz bevor die Blüten Farbe annehmen, hören Sie mit dem Düngen auf, damit diese nicht weich und anfällig werden.

ENTKNOSPEN

Für Einzelblüten knipst man Nebenknospen um jede Apikalknospe aus, sobald sie winzige Stiele haben.

ÜBERWINTERN

1 *Nach der Blüte Stengel zurückschneiden, die Pflanze aufnehmen, die Wurzeln waschen, sparrige Wurzeln entfernen; der Ballen sollte etwa Tennisballgröße haben.*

2 *Eine 10 cm hohe Kiste mit Papier auslegen, die Pflanzen auf eine 2,5 cm dicke, feuchte Erdschicht setzen; auffüllen und andrücken; die Kiste an einen kühlen, hellen Platz stellen.*

ENTSPITZEN UND ENTFERNEN VON SEITENTRIEBEN

ENTSPITZEN
Ist der Steckling 15-20 cm hoch, wird oben 1 cm ausgeknipst.

SEITENTRIEBE ENTFERNEN
Nach 2 Monaten bis auf 3-4, gleichmäßig verteilte Seitensprosse alle anderen entfernen.

Überwintern
Frühblühende Chrysanthemen können bei mildem, frostfreiem Klima im Boden überwintern, die Stiele werden erst im Frühjahr zurückgeschnitten. Bei gemäßigtem Klima werden die Pflanzen besser herausgenommen und geschützt aufbewahrt. Zwischen Blüte und den ersten Frösten schneidet man die Stengel auf etwa 22 cm zurück und entfernt alle Sprosse.

Nehmen Sie die Pflanzen auf, waschen Sie die Wurzeln, und schlagen Sie sie zu sechs oder acht in einer flachen Kiste mit lehmiger Topferde ein. Die Erde sollte leicht feucht sein, und die Wurzeln dürfen nicht zu tief stehen. Verzichten Sie auf das Angießen: Halten Sie die Pflanzen beinahe trocken, damit sie nicht verrotten. Beschriften Sie die Pflanzen, und geben Sie die Kiste für zwei Monate in einen frostgeschützten Kalten Kasten oder in ein kühles Gewächshaus.

Zur Wintermitte bringen Sie die Kiste in ein Gewächshaus, wässern und halten die Temperatur auf etwa 7°C. Bald zeigen sich junge Sprosse.

Stecklinge
Stecklinge nimmt man vier bis sechs Wochen, nachdem neue Sprosse erschienen sind; die Mutterpflanze wird weggeworfen. Als Stecklinge wählt man engstehende, grundständige Sprosse mit weichem, aber festem Wuchs und nimmt sie mit einem Messer oder mit den Fingern ab. Sie werden knapp unter einem Knoten auf etwa 4 cm gekürzt. Tauchen Sie jeden Steckling mit der Basis in Bewurzelungshormon, stekken Sie ihn in Vermehrungserde, und stellen Sie die Töpfe in einen Vermehrungskasten, nach Möglichkeit mit 10°C Bodenwärme. Die Stecklinge bewurzeln sich in zwei, drei Wochen (siehe auch »Vermehrung durch grundständige Stecklinge«, S. 166).

Weitere Pflege
Sobald die Stecklinge bewurzelt sind, gibt man sie für ca. eine Woche aus dem Vermehrungskasten an eine kühlere Stelle, dann werden sie zu sechs oder acht in Töpfe oder Kisten mit lehmiger Pflanzerde gesetzt. Bei nur wenigen Stecklingen kann einzeln eingetopft werden. Gießen Sie die Pflänzchen gut ein, halten Sie sie aber dann für einige Woche bei frostfreien Bedingungen eher trocken. Auf Schädlinge und Krankheiten achten, die entsprechend behandelt werden müssen (vgl. PFLANZENSCHÄDEN, S.545-577). Nach etwa einem Monat kommen die Pflanzen in einen Kalten Kasten und werden allmählich abgehärtet; sie müssen vor strengen Frösten geschützt und gut belüftet werden.

Spätblühende Chrysanthemen

Zimmer- oder »späte« Chrysanthemen werden in Töpfen gezogen, die Erfordernisse sind aber ähnlich wie bei den frühblühenden.

Pflanzung
Die Pflanzen werden im Spätfrühling in lehmige Pflanzerde getopft und wie frühblühende Sorten gestützt. Die Stützen sollten an gespannten Drähten befestigt sein, damit sie der Wind nicht umwirft. Geben Sie die Töpfe den Sommer über an einen sonnigen, geschützten Standort im Freien. Wässern Sie gründlich, und lassen Sie die Erde nie ganz austrocknen.

Entspitzen und Entknospen
Die Pflanzen werden zur Sommermitte entspitzt und bringen nach etwa 10-12 Wochen Blütenknospen hervor. Wie bei frühblühenden

SPÄTBLÜHENDE DOLDENRISPE
Bei Zimmerchrysanthemen mit Doldenrispen (hier C. 'Win') läßt man 6–7 Blütenköpfe pro Stengel.

Chrysanthemen entfernt man nun Nebenknospen und Nebensprosse.

Laufende Pflege
Im Frühherbst gibt man die Töpfe in ein kühles Gewächshaus bei etwa 10°C. Düngen Sie weiter mit einem ausgewogenen Flüssigdünger, bis die Blüten allmählich Farbe anzunehmen beginnen.

Überwintern
Schneiden Sie die Pflanzen nach der Blüte auf etwa 22 cm zurück. Sie müssen nicht aufgenommen werden, sondern kommen nur für etwa einen Monat mit den Töpfen in ein kaltes Gewächshaus oder einen Kasten bei etwa 5°C und gutem Licht. Danach wird bei etwa 7°C das Wachstum gefördert, damit die Pflanzen Sprosse für Stecklinge im Spätwinter, etwa 4-6 Wochen später, hervorbringen.

Stecklinge
Die Stecklinge werden wie bei frühblühenden Chrysanthemen genommen und in einem Vermehrungskasten bewurzelt. Stecklinge von spätblühenden Sorten mit Doldenrispen müssen sich nicht vor dem Frühsommer bewurzeln.

Nach der Bewurzelung verfährt man wie bei frühblühenden Sorten. Im Spätfrühling, wenn die Wurzeln den Topf ausfüllen, werden die Pflanzen in den endgültigen Topf gesetzt.

Einwärtsgebogene und einfache Formen benötigen 24-cm-Töpfe, mittel- und zurückgebogene Formen 25-cm-Töpfe. Verwenden Sie lehmiges Substrat mit Langzeitdünger. Hohe Sorten und solche mit großen Blütenköpfen müssen vor dem Umtopfen abgestützt werden.

Blüten für die Ausstellung

Im Freien müssen Ausstellungsblumen vor Wind und Wetter geschützt werden. Weiße und gelbe Blüten können gut mit speziellen, fettabweisenden Beuteln in verschiedenen Größen abgedeckt werden. Besprühen oder bestäuben Sie die Blüten vorher mit einem Schädlingsbekämpfungsmittel. Die entwickelten Blüten sind schwer, daher müssen die Stengel gestützt werden.

Andersfarbige und v. a. große, zurückgebogene Blüten, Doldenrispen und Blumenreihen sollten besser durch spezielle Vorrichtungen geschützt werden, etwa ein kleines Treibhaus ohne Seitenverglasung.

Die Blütezeit von Zimmersorten kann durch künstliches Licht oder Abdunkeln reguliert werden. Die Knospenbildung (sie erfordert etwa 10 Stunden konstante Dunkelheit) kann durch Abdunkeln beschleunigt oder durch künstliches Licht auf später verschoben werden.

Spätblühende Ausstellungschrysanthemen mit Doldenrispen können 3 Wochen lang längerer Dunkelheit ausgesetzt werden, damit die Knospen zur gewünschten Zeit erscheinen. Dazu wird das Treibhaus für mindestens 14 Stunden pro Nacht komplett abgedunkelt.

Vorbereitungen für die Ausstellung
Ausstellungsblüten werden geschnitten, wenn sie ganz oder fast ganz offen sind; dann taucht man die Stengel sofort für 24 Stunden tief ins Wasser. Ausstellungsklassen gibt es meist für Doldenrispen mit einer, drei oder fünf Blumen in einer Vase. Eine einzelne Blüte wird zuoberst und in die Mitte gestellt und mit Papier aufrecht gehalten. Bei einer Dreiergruppe stehen entweder zwei Blüten hinten und die dritte vorn und etwas tiefer oder eine hinten und zwei vorn und etwas tiefer. Bei fünf Blüten stehen immer drei Blütenköpfe in einem Bogen hinten und zwei etwas tiefer davor.

AUSSTELLUNGSBLÜTEN SCHÜTZEN

1 *Wenn sich die Blüten gerade erst öffnen, stülpt man für 7-10 Tage über jede einen 15 x 15 cm großen Folieneutel.*

2 *Bis dahin sollte die Blüte gerade Farbe annehmen. Ersetzen Sie den Beutel durch einen 30 x 33 cm großen.*

AUSSTELLUNGSBLÜTEN

EINWÄRTSGEBOGEN

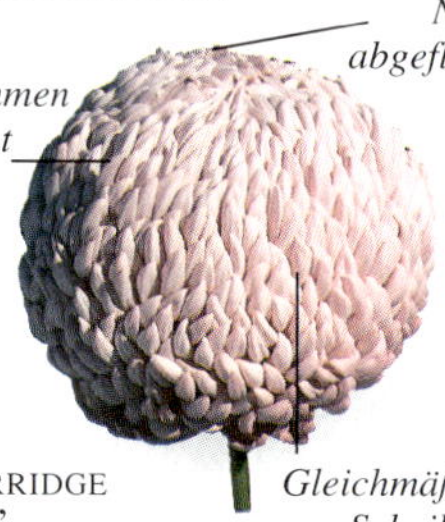

C. 'DORRIDGE DREAM'

NACH AUSSEN GEBOGEN

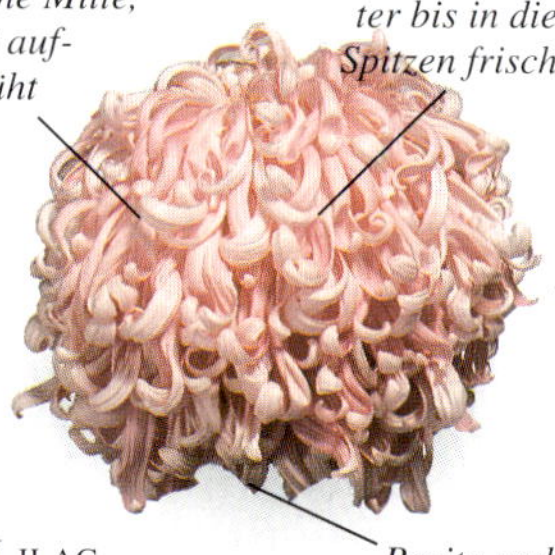

C. 'LILAC PRINCE'

DOLDENRISPE
Bei künstlich geregeltem Tageslicht sollten spätblühende Chrysanthemen mit Doldenrispen zumindest 12 Blütenköpfe pro Stengel hervorbringen.

C. 'RYFLASH'

BLUMENREIHEN SCHÜTZEN

Basteln Sie aus Holzstützen und Plastikdach ein »Gewächshaus« mit offenen Seiten, es sollte am First ca. 2,2 m, an der Dachtraufe 2 m hoch sein. Durch die Neigung kann der Regen abfließen, daher muß der Boden um die Pflanzen feuchtgehalten werden.

C. 'MORNING STAR'

SCHMUCKCHRYSANTHEMEN
Diese Zwergpflanzen bringen massenhaft Einzelblüten mit etwa 2,5 cm Durchmesser hervor. Das ganze Hügelchen ist mit den gelben Blütenköpfchen übersät.

Laufende Pflege

DIE MEISTEN Stauden erfordern nur wenig Pflege, müssen aber während der ganzen Wachstumsperiode schön und gesund erhalten werden. Man muß sie gelegentlich wässer und düngen, das Umfeld sollte unkrautfrei gehalten werden. Außerdem bringen viele Stauden mehr Triebe und Blüten hervor, wenn verwelkte Blütenköpfe entfernt oder die Pflanzen zurückgeschnitten werden; eine Teilung von Zeit zu Zeit macht die Pflanze wieder wüchsig. Hohe, zarte Stauden oder solche mit schweren Blüten müssen gestützt werden.

Wässern

Wieviel Wasser eine Pflanze benötigt, hängt von Standort, Klima und der jeweiligen Art ab; unter günstigen Bedingungen müssen Stauden nur wenig oder gar nicht gewässert werden. Bei anhaltender Trockenheit während der Wachstumsperiode sollte zusätzlich gewässert werden, um den Turgor (Saftdruck) zu erhalten. Welkt oder stirbt die Pflanze wegen Wassermangels ab, wird sie sich wahrscheinlich nach dem nächsten starken Regen erholen oder bis zur nächsten Saison ruhen. Junge Pflanzen brauchen reichlich Wasser, um sich zu etablieren, sollten aber nicht mehr gewässert werden, wenn sie gut wachsen, außer bei sehr trokkenem Wetter. Gewässert wird am besten abends.

Düngen

Wurde der Boden vor der Pflanzung gut vorbereitet, benötigen die meisten Stauden nur einmal jährlich eine Oberflächendüngung mit Knochenmehl, vorzugsweise im Vorfrühling nach einem Regen.

Bei Trockenheit wird zuerst der Boden gründlich gewässert und dann erst der Dünger eingearbeitet. Der Dünger darf die Blätter nicht berühren, er würde sie verbrennen.

Pflanzen mit attraktivem Laub, z.B. *Rheum* und Funkien, profitieren von einer gelegentlichen Flüssigdüngung während der Wachstumsperiode. Wächst eine Pflanze nicht richtig, obwohl der Standort stimmt, untersuchen Sie sie sorgfältig auf Krankheits- oder Schädlingsbefall und behandeln sie entsprechend. Vorzeitig vergilbendes Laub ist oft ein Anzeichen für schlechte Drainage oder Nährstoffmangel. Bessert sich der Zustand der Pflanze nicht durch Drainage oder Düngung, sollte man eine Bodenprobe untersuchen lassen (S. 530-531).

Mulchen

Jährliches Mulchen mit organischem Material, z.B. Pilzkompost oder Rindenschnitzeln, unterdrückt Unkraut, reduziert den Feuchtigkeitsverlust des Bodens und verbessert die Bodenstruktur. Der Mulch wird im Frühling oder Herbst auf den feuchten Boden als 2,5-5 cm dicke Schicht rund um die Wurzelkrone der Pflanzen aufgetragen (siehe S. 532).

Unkrautbekämpfung

Halten Sie Beete und Rabatten ständig frei von Unkraut, das den Zierpflanzen Feuchtigkeit und Nährstoffe entzieht. Einjährige Unkräuter lassen sich zum Teil durch eine Unterpflanzung mit Bodendeckern (siehe BODENDECKER, S. 150-151) oder durch eine Mulchschicht im Frühling bekämpfen. Unkrautsämlinge aus Samen, die der Wind verbläst oder die im Boden ruhten, werden manuell entfernt.

Wenn gleich nach der Bepflanzung ausdauernde Unkräuter auftreten, entfernt man sie sorgfältig mit einer Gabel. Systemische Unkrautbekämpfungsmittel können in dieser Phase kaum gesprüht werden, da sie nur wirken, wenn die Unkräuter voll im Wachsen begriffen sind, meistens, wenn sie zu blühen beginnen. Zu diesem Zeitpunkt ist es aber fast unvermeidlich, daß gleichzeitig auch die Zierpflanzen etwas abbekommen.

Wenn die Wurzeln eines ausdauernden Unkrautes mit denen einer Rabattenpflanze verwachsen sind, gräbt man diese im Vorfrühling aus, wäscht die Wurzeln und entfernt das Unkraut. Dann wird die Rabattenpflanze wieder eingesetzt.

Rund um Stauden wird nicht gehackt, da sonst Oberflächenwurzeln und neue Sprosse beschädigt werden (siehe PROBLEME MIT PFLANZEN, »Unkraut«, S.573-577).

Die Blüte fördern

Manche Stauden können während des Wachstums auf zweifache Weise zurückgeschnitten werden, um die Zahl und Größe der Blüten zu verbessern oder die Blütezeit zu verlängern.

Ausdünnen
Die meisten krautigen Pflanzen bringen im Frühling zahlreiche Sprosse hervor, einige davon sind aber oft ziemlich dünn; wenn diese schwachen Sprosse in einer frühen Wachstumsphase entfernt werden, produziert die Pflanze in der Folge meist weniger, aber kräftigere Sprosse mit größeren Blüten. Sobald die Pflanze etwa ein Drittel bis ein Viertel ihrer Endhöhe erreicht hat, werden die schwächsten Sprosse ausgeknipst oder zurückgeschnitten. Dieses Ausdünnen kann mit gutem Erfolg z.B. bei Rittersporn, Flammenblumen und Astern angewendet werden.

MULCHEN

Entfernen Sie das Unkraut, und tragen Sie eine 2,5-5 cm dicke Mulchschicht auf den feuchten Boden auf; achten Sie auf die Sprosse der Pfingstrosen.

Entspitzen
Bei Stauden, die viele Seitensprosse treiben, z.B. *Helenium*- und *Rudbeckia*-Arten und -Sorten, kann die Zahl der Blüten durch »Entspitzen«, also durch Entfernen der Wachstumsspitze an jedem Trieb, erhöht werden; so wird auch der Wuchs kräftiger, die Pflanze nicht zu hoch und nicht sparrig. Man entspitzt im allgemeinen, wenn die Pflanze etwa ein Drittel der Endhöhe erreicht hat; an jedem Trieb werden etwa 2,5-5 cm von jedem Sproß mit den Fingern ausgeknipst oder mit der Gartenschere bis knapp über einem Knoten zurückgeschnitten. Das fördert die Entwicklung der Augen in den obersten Blattachseln des Sprosses. Die Pflanzen einer Gruppe können mit einigen Tagen Abstand entspitzt und die Blütezeit somit insgesamt verlängert werden. (Weitere Informationen dazu siehe auch unter DAHLIEN, »Entspitzen und Entknospen«, S. 226.)

Entfernen verwelkter Blütenköpfe
Sofern Sie nicht dekorative Früchte erhalten möchten oder den Samen für die Anzucht benötigen, werden die Blüten entfernt, wenn sie zu welken beginnen. So kann die Pflanze weitere blühende Seitensprosse austreiben und länger blühen.

Bei einigen Stauden, z.B. Rittersporn und Lupinen, können die alten Stengel bis auf den Ansatz zurückgeschnitten werden, sobald die

STAUDEN AUSDÜNNEN UND ENTSPITZEN

AUSDÜNNEN
Haben sie ca. ein Drittel ihrer Endhöhe erreicht, werden junge Sprosse (hier Phlox) ausgedünnt. Entfernen Sie von 3 Sprossen jeweils einen bis auf den Grund.

ENTSPITZEN
Wenn die Sprosse (hier bei einer Aster) ein Drittel der Endhöhe erreicht haben, werden die obersten 2,5-5 cm entfernt, um buschigen Wuchs zu fördern.

VERLÄNGERN DER BLÜTE DURCH RÜCKSCHNITT

RITTERSPORN
Sobald nach der Blüte neue Basalsprosse zu sehen sind, alte Triebe zurückschneiden.

PHLOX
Die Mitte der Blütenköpfchen entfernen, sobald sie welken; das stärkt die Seitensprosse.

ersten Blüten verwelkt sind, damit neue Sprosse später eine zweite Blüte hervorbringen.

Rückschnitt

Strauchige Stauden, z.B. Strauchmargeriten oder Strauchige Wucherblumen *(Argyranthemum frutescens)* sollten jährlich im Vorfrühling geschnitten werden: Schneiden Sie die Haupttriebe zurück, so daß die Pflanze etwa auf halbe Größe reduziert wird. Dabei werden starkverzweigte, blühfaule Sprosse entfernt und die kräftigen gefördert, die den ganzen Sommer und Herbst über Blüten hervorbringen.

Herbstschnitt
Sobald die Stauden im Herbst zu blühen aufhören, werden die Sprosse bis auf den Ansatz zurückgeschnitten und alle abgestorbenen oder welken Stengel oder Blätter sowie alles Unkraut entfernt, damit Beete und Rabatten ordentlich aussehen. Den oberirdischen Teil nicht völlig winterharter Pflanzen kann man jedoch über den Winter belassen, damit die Wurzelkrone vor Frost geschützt ist; der abgestorbene oberirdische Wuchs wird im Frühjahr entfernt. Bei manchen ausdauernden Pflanzen, z.B. bei *Sedum spectabile* und vielen Gräsern, sind Laub oder Blütenköpfe auch nach dem Absterben noch schön.

Umsetzen eingewachsener Stauden

Die meisten Stauden lassen ein Umsetzen problemlos zu. Sie sollten nach Möglichkeit im Spätherbst während der Ruheperiode oder vor Beginn des Wachstums im Frühling umgesetzt werden. Pflanzen, die Kälte und Nässe nicht mögen, zum Beispiel *Kniphofia*, sowie nicht völlig winterharte Stauden sollten im Frühling umgesetzt werden, wenn der Boden schon warm ist und raschen Wuchs begünstigt.

Einige langlebige Pflanzen, vor allem Pfingstrosen *(Paeonia)* und Christrosen *(Helleborus)*, reagieren empfindlich auf jede Störung und brauchen nach dem Umsetzen zwei Jahre oder mehr, bis sie sich erholt haben. Sie sollten nur aufgenommen werden, wenn es für die Vermehrung notwendig ist.

RÜCKSCHNITT IM HERBST

Im Herbst schneidet man abgestorbene Triebe (hier Rudbeckia*) bis auf den Grund zurück.*

Abstützen

Hohe, zarte Stauden benötigen v.a. an windigen Standorten Stützen. Geben Sie diese zu Beginn der Saison in den Boden, da es später schwieriger ist und die Pflanzen leicht beschädigt werden. Stecken Sie die Stützen tief genug, dann können sie angehoben werden, wenn die Pflanzen wachsen.

Für Rittersporn u.a. hohe, einstielige Stauden verwendet man Bambusstäbe, die zwei Drittel der Endhöhe des Stengels haben: stecken Sie die Stäbe nahe der Basis jedes Sprosses fest in den Boden, ohne die Wurzeln zu beschädigen. Befestigen Sie den Stengel mit Fäden in Form einer Acht. Für mehrstielige Pflanzen nimmt man besser mehrere Stäbe, die man kreisförmig um die Pflanze einschlägt. Legen Sie in einem und in zwei Drittel der Höhe der Pflanze Laschen um die Stäbe. Für horstbildende Pflanzen, wie z.B. Pfingstrosen, gibt es auch sog. Ring- oder Gelenkstützen; sie lassen sich aus starkem Maschendraht und Stäben auch selbst basteln. Die Triebe wachsen durch die Stütze und verdecken sie schließlich.

Folgende Stützmethoden sind ziemlich unauffällig. Stecken Sie dünne Haselreiser neben den jungen Sprossen in den Boden, und biegen Sie sie im rechten Winkel nach innen, so daß ein richtiger »Käfig« entsteht, der von der wachsenden Pflanze bald zugedeckt wird. Oder Sie geben eine stabile Stütze in die Mitte einer Pflanzengruppe und spannen zu jedem Stengel Bänder nach außen.

RINGSTÜTZE
Niedrige, horstbildende Pflanzen (z.B. Pfingstrosen) stützt man ab und hebt nach und nach die Stütze.

GELENKSTÜTZEN
Für höhere Pflanzen (z.B. Astern) steckt man Gelenkstützen in den Boden und hebt sie allmählich an.

BAMBUSSTAB
Einstielige Pflanzen stützt man, sobald sie ca. 20 cm hoch sind. Den Stengel locker anbinden.

KREIS VON STÄBEN
Um schwachstielige Pflanzen (hier Centaurea*) führt man eine Schnur und schlingt sie um die Stäbe.*

Bereiten Sie den neuen Standort wie für die Pflanzung vor, graben Sie ein Pflanzloch in der entsprechenden Größe. Nehmen Sie die Pflanze mit möglichst viel Erde um den Wurzelballen auf. Sie läßt sich in dieser Phase am besten teilen (siehe unten, »Aufnehmen und Teilen«).

Entfernen Sie Unkräuter und pflanzen Sie die Teilstücke wie Containerstauden (siehe »Pflanzung von Stauden«, S. 148); Andrücken und Wässern nicht vergessen!

Umsetzen während der Wachstumsperiode
Manchmal muß eine Pflanze während der Wachstumsperiode umgesetzt werden; bei reifen Pflanzen kann das in dieser sensiblen Phase problematisch sein. Damit die Belastung für die Pflanze möglichst gering ist, taucht man sie nach dem Aufnehmen für mehrere Stunden in einen Eimer Wasser.

Dann wird der oberirdische Wuchs auf 8-12 cm über dem Grund zurückgeschnitten und die Pflanze in gute Pflanzerde eingetopft. Bringen Sie die Pflanze an einen kühlen, schattigen Platz, und besprühen Sie sie täglich ein wenig, bis sich gesunder, junger Wuchs zeigt; erst dann wird sie am neuen, vorbereiteten Standort eingepflanzt.

Einschlagen
Stauden können über den Winter ausgegraben und eingeschlagen werden, das gilt auch für den Fall, wenn sich die Neupflanzung verzögert – zum Beispiel wegen Umzugs. Die Pflanzen sollten während der Ruheperiode aufgenommen werden und vorsichtig in Kisten mit feuchtem Kompost, Erde oder Rindenmulch eingeschlagen werden, damit sie nicht austrocknen. Man gibt sie an einen kühlen, frostfreien Ort.

Aufnehmen und Teilen

Beet- oder Rabattenstauden sollten nach Möglichkeit alle 3-5 Jahre aufgenommen, geteilt und neu gepflanzt werden. Raschwachsende, wüchsige Arten, v.a. mattenbildende wie *Ajuga* und *Stachys*, teilt man am besten noch öfter. Pflanzen, die holzig werden und in der Mitte absterben oder zu dicht geworden sind und weniger blühen als im vorausgegangenen Jahr, müssen geteilt werden.

Nach dem Aufnehmen können auch Unkräuter entfernt, umgegraben und eventuell gut verrottetes organisches Material oder Dünger eingearbeitet werden. Durch Teilung wird eine Pflanze verjüngt, gesund erhalten und übermäßiges Wachstum gebremst.

Im Spätherbst oder Vorfrühling nimmt man die Pflanze auf, ohne die Wurzeln zu beschädigen, und teilt sie in Stücke, die man vorsichtig von der Mutterpflanze löst. Die alte, holzige Mitte wirft man weg; jedes Teilstück muß mehrere gesunde, junge Sprosse und ein eigenes Wurzelsystem aufweisen (siehe auch »Stauden teilen«, S. 164). Dann wird der alte Standort eventuell umgegraben, und die Teilstücke werden mit so viel Abstand neu gepflanzt, daß sie sich gut entwickeln können.

Schädlinge und Krankheiten

Stauden sind bei geeignetem Boden meist nicht sehr anfällig für Pilze, Insekten u. a. Schädlinge. Schäden durch Schnecken (S. 548), Blattläuse (S. 550), Blasenfüße und bei bestimmten Pflanzen (z.B. Sorten von *Aster novi-belgii*), Echten und Falschen Mehltau (S. 550) kommen vor, sind aber selten besorgniserregend. Während der Wachstumsperiode überprüft man die Pflanzen ständig auf Anzeichen von Pilzbefall und behandelt sie notfalls.

VORÜBERGEHENDES EINSCHLAGEN VON PFLANZEN

Die Gewächse werden während der Ruheperiode aufgenommen und in eine Kiste, die zur Hälfte mit feuchter Rinde oder Torf gefüllt ist, gesteckt. Auch über die Wurzeln gibt man Rinde oder Erde, damit sie nicht austrocknen.

Stauden als Topfpflanzen

Topfpflanzen brauchen mehr Pflege als Freilandpflanzen, ihr Wasser- und Nährstoffvorrat ist begrenzt. Die Erde darf während der Wachstumsperiode nicht austrocknen: Bei heißem, trockenem Wetter muß täglich gewässert werden; die Wurzeln sollten feucht, aber nicht naß sein. Das Wasser muß aus dem Topf abfließen können.

Eine Mulchschicht reduziert die Wasserverdunstung und unterdrückt auch das Unkraut; organischer Mulch, z.B. Rindenschnitzel, wird beim Teilen oder Umsetzen der Pflanzen ausgewechselt.

Alle 1-2 Jahre werden die Pflanzen im Frühling oder Herbst geteilt und die kräftigsten Teilstücke in frisches Substrat gesetzt, da die Nährstoffe rasch verbraucht und die Töpfe zu klein werden. Wird derselbe Topf wiederverwendet, muß er gründlich gereinigt werden; oder man verwendet einen neuen, größeren Topf (siehe »Pflanzung in Töpfen«, S. 149). Bei strauchigen Stauden werden die Wurzeln vor dem Einpflanzen um etwa ein Viertel zurückgeschnitten.

In kalten Gegenden bringt man teilwinterharte und nicht winterharte Pflanzen im Herbst ins Haus (siehe WIND- UND FROSTSCHUTZ, S. 520-521).

1 *Im Vorfrühling oder Herbst werden Topfstauden durch Ausdünnen und durch Erneuern des Substrats verjüngt.*

2 *Die Pflanzen werden aufgenommen, getrennt und von der alten Erde befreit. Die Hälfte der alten Erde wirft man weg.*

3 *Füllen Sie den Topf bis 10 cm unterm Rand mit frischer Erde. Teilen Sie große Pflanzen, und arrangieren Sie sie neu.*

4 *Bepflanzen Sie den Topf, geben Sie noch frisches Substrat um die Pflanzen, und drücken Sie diese mit den Fingern an.*

5 *Schließlich gibt man eine Kopfdüngung und reichlich Wasser, bis die Erde gut feucht ist und Wasser aus den Abzugslöchern läuft. Bei den Pflanzen hier handelt sich um* Bergenia-*Sorten,* Pachysandra terminalis *und eine Funkie (während der Ruheperiode).*

Farne

FARNE sind beliebte Grünpflanzen und geben einem Haus oder Garten Struktur und Atmosphäre; besonders schön wirken sie an einem Wasserlauf oder in feuchten, schattigen Ecken.

Kultivierung

Winterharte Farne eignen sich für den Garten, nicht winterharte, tropische Farne werden am besten in einem Wintergarten oder als Zimmerpflanzen gezogen.

Winterharte Farne

Die meisten Farne sind leicht zu kultivieren und mögen schattige, feuchte Bedingungen. Sie sind robust und erfordern, sobald sie eingewachsen sind, nur ein Minimum an Pflege. Farne bevorzugen neutrale bis alkalische Böden, nur *Thelypteris oreopteris* und alle *Blechnum-* und *Cryptogramma*-Arten benötigen sauren Boden. Die meisten Arten kommen mit gut gelockertem, normalem Gartenboden zurecht.

Containerpflanzen können jederzeit gepflanzt, müssen aber bei trockenem Wetter regelmäßig gewässert werden, bis sie sich an ihrem Platz etabliert haben. Alle Farne brauchen einen schattigen Standort; einige Gattungen, wie z.B. *Dryopteris*, tolerieren trockene, aber schattige Bedingungen, doch die meisten benötigen feuchten Boden.

Viele Wedel, z.B. von *Athyrium, Cryptogramma* und *Osmunda*, sterben beim allerersten Frost ab, doch einige wie *Dryopteris* behalten die Wedel bis in den Winter hinein. Die alten Wedel schützen die Wurzelkrone der Pflanze bis zum Vorfrühling, sollten aber entfernt werden, sobald sich die jungen Wedel zu entfalten beginnen. Alle Arten und Sorten von *Asplenium, Cyrtomium, Polystichum* und *Polypodium* eignen sich gut für kalte Treibhäuser; sie gedeihen unter Glas sogar bei ausgesprochen kaltem Wetter ohne künstliche Wärme prächtig.

FELSSPALTE
Die lanzenförmigen Wedel des halbimmergrünen Ceterach officinarum *heben sich gut vom schattenspendenden Felsen ab.*

Nicht winterharte tropischeFarne

Nicht winterharte Farne machen sich in Töpfen oder Hängekörben ausgezeichnet in Gewächshäusern oder Wintergärten. Manche sind auch gute Zimmerpflanzen. Die meisten benötigen eine Mindesttemperatur von 10-15°C, mögen aber keine heißen, trockenen Bedingungen und sollten vor direktem Sonnenlicht geschützt werden; ein nordseitiger Standort in einem Kiesbeet, das bei heißem Wetter gekühlt werden kann, ist ideal.

Nicht winterharte Farne werden meist in sehr kleinen Töpfen verkauft und sollten dann in 13-cm- oder 15-cm-Töpfe mit erdfreiem Substrat gesetzt werden. Dazu verwendet man 3 Teile Pflanzsubstrat auf Torfersatz- oder Torfbasis und 2 Teile groben Sand oder mittelgroben Perlit. Geben Sie jedem Liter Substrat eine Tasse Holzkohlengranulat und Granulat- oder Pulverdünger bei.

Der Wurzelballen sollte nie völlig austrocknen; stellen Sie den Topf in einen wasserdichten Übertopf mit einer 3 cm dicken, stets feuchten Sandschicht. Farne, v.a. *Adiantum*-Arten, wollen nicht besprüht oder übermäßig gewässert werden, und *Nephrolepis*, der wahrscheinlich pflegeleichteste Zimmerfarn, sollte erst gewässert werden, wenn er fast trocken steht. Düngen Sie gelegentlich mit Flüssigdünger für Zimmerpflanzen.

GEWÄSSERRAND
Matteuccia *gedeiht prächtig an einem feuchten Wasserlauf und bildet in Form und Struktur einen eindrucksvollen Gegensatz zur* Rodgersia *vorn.*

Vermehrung

Farne werden hauptsächlich durch Sporen vermehrt, manchmal auch

VERMEHRUNG DURCH BRUTKNOSPEN

1 *Wählen Sie einen Wedel, den die Brutknospen bereits nach unten ziehen. Aus ihnen können winzige grüne Wedel entspringen. Schneiden Sie den Wedel (hier* Asplenium bulbiferum*) ab.*

2 *Stecken Sie den Wedel im Substrat fest. Die Rippen müssen flach aufliegen.*

3 *Wässern Sie die Schale; ziehen Sie einen Plastikbeutel darüber, den Sie verschließen. An einen warmen Platz stellen, bis die Brutknospen wurzeln.*

4 *Entfernen Sie die Drahthaken, und heben Sie jede Brutknospe mit einem Pikierspaten oder Messer heraus; schneiden Sie sie, wenn nötig, vom Wedel ab.*

5 *Jede der bewurzelten Brutknospen kommt in einen 5-cm-Topf mit feuchtem, erdfreiem Substrat. Halten Sie sie warm, hell und feucht.*

durch Teilung oder, bei manchen Arten, durch Brutknospen.

Brutknospen

Asplenium bulbiferum und einige winterharte *Polystichum*-Arten bringen an ihren Wedeln Brutknospen oder kleine Pflänzchen hervor. Sie können zur Vermehrung herangezogen werden, indem man den Abschnitt des Wedels mit den Brutknospen auf eine Schale mit Vermehrungssubstrat legt und feststeckt. Aus den Brutknospen werden bald bewurzelte Pflänzchen, die man trennt und eintopft.

Sporen

Farne tragen weder Blüten noch Samen, ihre Vermehrung ist einmalig. An den Unterseiten der Wedel sitzen winzige Kapseln (Sporangien), die große Mengen feiner Sporen entlassen; sie werden auf feuchtem Substrat ausgesät und bringen kleine Vorkeime (Prothallien) hervor. Jeder Vorkeim hat männliche und weibliche Organe: Das männliche Organ (Antheridium) erzeugt Spermatozoidzellen, die über die Oberflächenfeuchtigkeit des Vorkeims zur »Eizelle« im weiblichen Organ (Archegonium) gelangen und diese befruchten. Nach der Befruchtung bildet sich eine Zygote, die schließlich zu einem winzigen, neuen Farn wird. So schließt sich der Kreislauf.

Die Aufzucht aus Sporen kann von der Aussaat der Sporen bis zum Auspflanzen der reifen Farne 18 bis 24 Monate dauern. Nehmen Sie Wedel von der Mutterpflanze, die ihre Sporen sehr bald abgeben werden. Reife Sporangien sind dicklich, ihre Farbe ist von Art zu Art verschieden; viele sind dunkelbraun, manche blaugrau, andere orange. Unreife Sporangien sind flach und grün oder blaßgelb. Wenn die Sporangien dunkelbraun und derb sind, haben sie die Sporen wahrscheinlich bereits abgegeben. Legen Sie die Wedel auf ein sauberes Blatt Papier in einem warmen Raum. Nach etwa einem Tag fallen die Sporen als brauner Staub auf das Papier.

Füllen Sie einen 6-cm-Topf mit Vermehrungssubstrat, das Sie an der Oberfläche andrücken und glätten. Die Erde wird sterilisiert, indem man den Topf mit Küchenkrepp abdeckt und kochendes Wasser drübergießt, bis es aus den Abzugslöchern läuft. Nach dem Abkühlen entfernt man den Küchenkrepp und sät die Sporen sehr dünn an der Oberfläche aus. Decken Sie den Topf ab, oder stellen Sie ihn in einen Vermehrungskasten, und geben Sie diesen an einen warmen, hellen Platz ohne direktes Sonnenlicht. Mit abgekochtem, lauwarmem Wasser regelmäßig fein besprühen.

Entfernen Sie die Abdeckung, wenn der Topf mit grünem, samtigem »Moos« überzogen ist.

Je nach Art dauert es 6-12 Wochen, bis die jungen Vorkeime die Oberfläche überziehen. Sie werden pikiert, indem man kleine »Moosteilchen« heraushebt. Man verteilt sie mit der grünen Seite oben gleichmäßig an der Oberfläche von Töpfen mit sterilisierter Vermehrungserde, drückt sie hinein und besprüht sie mit abgekochtem, lauem Wasser. Decken Sie die Töpfe mit Frischhaltefolie ab, oder geben Sie sie zurück in den Vermehrungskasten. Die Vorkeime werden täglich mit lauwarmem Wasser besprüht, bis sich winzige Pflänzchen entwickeln. Sobald sie groß genug sind, werden sie einzeln in Töpfe mit Torf gesetzt, bis sie die Größe zum Auspflanzen haben.

FORMALE PFLANZUNG
Die saubere, waagrechte Linie des goldenen Buchsbaumes wird reizvoll von den Federfächern der Matteuccia struthiopteris *überragt.*

VERMEHRUNG DURCH SPOREN

1 *Untersuchen Sie die Unterseiten der Wedel auf Sporangien, die sehr bald ihre Sporen verlieren. Schneiden Sie den gewählten Wedel mit einem scharfen Messer ab, und legen Sie ihn auf sauberes, weißes Papier, wo er seine Sporen abgibt. Die Pflanze hier ist* Adiantum fritzluthii.

NOCH NICHT GEEIGNET

GEEIGNET

NICHT MEHR GEEIGNET

2 *Säen Sie die Sporen in einen Topf mit sterilisiertem Substrat, indem Sie sie vom Papier abklopfen. Der Topf wird mit Folie abgedeckt oder in den Vermehrungskasten gestellt.*

3 *Sprühen Sie zweimal wöchentlich, bis das Substrat mit »Moos« überzogen ist. Heben Sie kleine Klümpchen heraus.*

4 *Die Klümpchen werden zerteilt und sanft in sterilisiertes Substrat gedrückt, besprüht und wieder in den Vermehrungskasten gegeben.*

5 *Wenn blattähnliche Pflänzchen erscheinen, setzt man diese in Saatschalen mit feuchtem Substrat. Sobald sich Wedel entwickeln, wird umgetopft.*

Nelken

NELKEN gehören zur Gattung *Dianthus*. Sie haben attraktive, meist duftende Blüten und graugrünes, immergrünes Laub. Man teilt sie nach Wuchsart, Blütenform und Winterhärte ein: Die aufrechten, buschigen Rabattennelken und die niedrigen, ausgebreiteten Federnelken sind blühfreudig und winterhart. Moderne Federnelken sind remontierend und wüchsiger als alte Sorten.

Immerblühende Nelken sind im Habitus den Rabattennelken ähnlich, aber nicht winterhart; bei geeigneten Bedingungen blühen sie das ganze Jahr über. Die Blüten können einfarbig, zwei- oder mehrfarbig oder in einer Kontrastfarbe gerändert sein (Picotee-Blüten). Alle Nelken sind elegante und langlebige Schnittblumen. Im Freien kultivierte Rabattennelken produzieren drei Jahre lang immer mehr Blumen. Schneiden Sie Blumen mit sieben Knoten am Stiel, damit sich weiter unten kräftige Seitensprosse entwickeln.

Nelken ziehen

Rabatten- und Federnelken bevorzugen einen sonnigen, luftigen Standort mit gut durchlässigem Boden und einem pH-Wert von 6-8, aber sie wachsen beinahe überall, außer in nassen oder schattigen Bereichen. Immerblühende Nelken müssen in einem Gewächshaus gezogen werden und blühen bei einer Mindesttemperatur von 10-12°C; bei 5°C tragen sie im Winter nur wenige Blüten.

Entfernen Sie im Winter alle abgestorbenen Blätter und Abfallreste rund um die Pflanzen, und drücken Sie junge Pflanzen, die der Frost gehoben hat, wieder an.

Rabattennelken

Man kauft sie am besten bei einem Spezialisten im Herbst oder Frühling als bewurzelte Absenker. Diese gewöhnen sich meist besser als Containerpflanzen, v.a. wenn sie im Herbst im Freien gepflanzt werden.

Zur Vorbereitung des Beetes wird im Herbst umgegraben und humusbildendes Material zugegeben; im nächsten Frühjahr arbeitet man mit der Gabel einen ausgewogenen Dünger in vom Hersteller empfohlener Dosierung ein. Die jungen Pflanzen werden gewässert und mit 38-45 cm Abstand in die feuchte Erde gesetzt. Drücken Sie rundum an, so daß die untersten Blätter knapp über der Bodenoberfläche stehen. Hohe Pflanzen stützt man mit Reisig oder Bambus. Gießen Sie in den ersten Monaten nach der Pflanzung reichlich, sobald die Pflanzen eingewachsen sind, nur noch bei trockenem Wetter. Rabattennelken sind von Natur aus buschig und müssen nicht ausgeknipst werden. Ein Jahr alte Pflanzen muß man nicht entknospen, falls sie ohne besondere Absicht kultiviert werden; doch würde dies die Qualität der Blüten gewiß verbessern. Wenn die Knospen groß genug sind, ergreift man den brüchigen Stengel an den Knoten am Ansatz des Knospenstieles und entfernt die Knospe durch seitliches Wegziehen. Für größere Blüten beläßt man bei zwei Jahre alten Pflanzen 2-3 Knospen pro Stengel, bei drei Jahre alten nur die Kronenknospen.

Federnelken

Federnelken gibt es als Topfpflanzen oder als bewurzelte Stecklinge im Frühjahr. Sie werden wie Rabattennelken gepflanzt, jedoch mit 20-30 cm Abstand.

Bei der Aufzucht von modernen, remontierenden Federnelken aus Stecklingen werden die Triebspitzen der jungen Pflanzen bis auf 5-6 Blattpaare ausgeknipst, um buschigen Wuchs zu fördern. Alte Federnelken müssen meist nicht ausgeknipst werden.

Immerblühende Nelken

Man kauft sie am besten im Frühling oder Frühsommer als bewurzelte Stecklinge oder Topfpflanzen. Bei bewurzelten Stecklingen entfernt man 1-2 Wochen nach dem Eintopfen die Triebspitze (»Ausbrechen«), um Achseltriebe zu fördern; die Pflanze wird dann als »ausgebrochen« bezeichnet. Solche Pflanzen mit 3-5 Seitensprossen sind im Frühling erhältlich und können in 15-cm-Töpfe mit Pflanzerde auf Torfersatzbasis eingetopft werden. Wässern Sie gründlich, und stützen Sie sie mit 1m hohen Bambusstäben ab.

Einen Monat nach dem Eintopfen werden einige Seitensprosse entspitzt, um Wachstum und Blüte zu fördern. Die Knospen werden über sieben Tage entfernt, damit der Kelch (die grüne Hülle um die Kronblätter) nicht platzt. Man beläßt nur die Hauptknospe und legt um diese ein Kelchband. Bei verzweigten Formen wird nur die Hauptknospe entfernt.

Wässern Sie nur, wenn die Erde austrocknet, und zwar möglichst früh am Morgen. Geben Sie ausgewogenen Flüssigdünger im Abstand von vierzehn Tagen, im Hochsommer wöchentlich, damit Sie schöne Blüten erhalten. Im Spätherbst steigt man für robustes Laub auf monatliche, kalireiche Düngung um, die man den ganzen Winter über fortsetzt.

Im Frühling werden ein Jahr alte Pflanzen in 20-cm-Töpfe umgesetzt. Dann bestäubt man die Oberfläche mit einem Teelöffel Kalksteinmehl, damit das Substrat durch das ständige Wässern nicht sauer wird. Einen Monat später wird wieder gedüngt, wie während der Wachstumsperiode üblich.

ENTKNOSPEN

Um große Blüten bei immerblühenden Nelken zu bekommen, stützt man den Stengel mit einer Hand und knipst alle Knospen bis auf die Hauptknospe aus (links). Für verzweigte Sorten knipst man an jedem Stengel die Hauptknospe aus, sobald sie sich färbt (rechts).

NELKEN STÜTZEN

IMMERBLÜHENDE NELKEN *Befestigen Sie Drahtringe an einem Bambusstab, um die geschützt gezogenen Nelken zu stützen (hier* Dianthus *'Manon').*

RABATTENNELKEN *Geben Sie einen Bambusstab als Stütze in die Mitte der Pflanze (hier* Dianthus *'Richard Pollak'). Befestigen Sie die Stengel mit Band am Stab.*

ENTSPITZEN UND AUSBRECHEN

1 *Ca. zwei Wochen nach dem Eintopfen werden beim bewurzelten Steckling einer immerblühenden Nelke die obersten 3-4 von 8 oder 9 Blattpaaren ausgeknipst.*

2 *Etwa einen Monat später werden die Spitzen einiger Seitensprosse ebenso bis auf 5-6 Knoten ausgebrochen (siehe Nebenbild).*

Schädlinge und Krankheiten

Gartennelken sind sehr anfällig für Raupen (S. 549), Blattläuse (S. 550), Blasenfüße (S. 560), Blattflecken durch Pilze (S. 552) und Rost (S. 552). Im Gewächshaus ist auf Blattläuse, Rote Spinnmilben (S. 550) und Blasenfüße zu achten; Pilze sollte man im Winter eher mit Räucher- und Staubinsektiziden und -fungiziden als mit Sprays bekämpfen.

Vermehrung

Nelken sind nur 2-3 Jahre schön, daher ist die Vermehrung zur Erhaltung des Bestandes wichtig. Feder- und immerblühende Nelken vermehrt man am besten durch Stecklinge, Rabattennelken durch Absenker. Alle Nelken *(Dianthus)* können aus Samen gezogen werden (siehe S. 162), sind aber bis auf wenige Arten nicht echt. Aus Samen gezogene Pflanzen blühen meist im ersten Jahr, tragen im zweiten schöne Blüten und lassen dann nach.

Ausstellungspflanzen wirft man normalerweise nach einem Jahr weg, da die Blüten in den folgenden Jahren weniger attraktiv sind. Wertvolle Pflanzen vermehrt man vorher.

Stecklinge

Bei Federnelken nimmt man die Stecklinge im Sommer. Wählen Sie gesunde Sprosse mit 4-5 Blattpaaren, brechen Sie sie glatt ab und entfernen Sie das unterste Blattpaar knapp unter einem Knoten. Geben Sie die Stecklinge in ca. 4 cm Abstand in Saatschalen oder Töpfe mit sauberem, grobem Sand

STECKLINGE VORBEREITEN

Man wählt nichtblühende Sprosse mit engen Knoten, entfernt das unterste Blattpaar und kürzt sie glatt ein. Auch Stecklinge mit gebogenem Stengel sind lebensfähig.

ABSENKEN BEI RABATTENNELKEN

1 Lockern Sie den Boden um die Pflanze ca. 7 cm tief, geben Sie feuchten Torf und groben Sand zu gleichen Teilen dazu, drücken Sie das Substrat an. Wählen Sie einige nicht blühende Seitensprosse und entfernen Sie alle bis auf die obersten 4-5 Blattpaare am Sproß.

2 Durchstechen Sie jeden Stengel mit einem kleinen, scharfen Messer knapp unter dem Knoten des untersten Blattpaares. Schneiden Sie durch den nächsten Knoten hinunter, und führen Sie die Klinge seitlich darunter, so daß eine Zunge entsteht (s. Nebenbild).

3 Geben Sie die Zunge vorsichtig in die vorbereitete Erde, und stecken Sie sie fest. Der Bereich wird durch leichtes Besprühen feucht gehalten. Nach 5-6 Wochen werden die bewurzelten Absenker abgetrennt und aufgenommen, eingetopft oder ausgepflanzt.

oder einer Mischung aus Torf und Sand oder Perlit zu gleichen Teilen; die Blätter müssen über dem Substrat stehen.

Stellen Sie die Gefäße an einem hellen Platz in einen Vermehrungskasten, und besprühen Sie sie während der ersten 2 Wochen täglich fein. Nach 3-4 Wochen sollten die Stecklinge bewurzelt sein; sie kommen nun einzeln in 5-cm-Töpfe mit Einheitserde und in einen Kalten Kasten oder ein Treibhaus.

Bei immerblühenden Nelken können jederzeit Stecklinge genommen werden, wenn sie 20°C Bodenwärme erhalten. Wählen Sie kräftige Achselsprosse, die sich nach dem Schneiden der Blumen entwickelt haben, und verfahren Sie wie bei Federnelken. Tauchen Sie jeden Steckling mit der Basis in Wasser und in Bewurzelungshormon, und stecken Sie ihn in Saatschalen oder Töpfe mit Vermehrungssubstrat. Alles weitere wie bei Federnelken.

Absenken

Bei Rabattennelken werden die ein Jahr alten Pflanzen nach der Blüte durch Absenken vermehrt. Ritzen Sie den Stengel nicht blühender Seitensprosse an, damit sich Wurzeln bilden; stecken Sie den Trieb im vorbereiteten Boden fest. Stützen Sie eventuell die Spitze des abgesenkten Sprosses, so daß sie fast senkrecht steht und der Schlitz im Boden ganz offen bleibt; dadurch wird auch vermieden, daß sich später verbogene Triebe bilden. Wenn die Sprosse bewurzelt sind, werden sie von der Mutterpflanze getrennt und in ein vorbereitetes Beet gesetzt, um im nächsten Jahr zu blühen.

Bei Ausstellungspflanzen in Töpfen entfernt man einen etwa 2,5 cm breiten und 8 cm tiefen Ring von Substrat an der Oberfläche rund um die Pflanze und ersetzt ihn durch Torf und Sand zu gleichen Teilen, dann werden die Pflanzen am Topfrand abgesenkt. Sobald die Pflanzen Wurzeln haben, setzt man sie im Herbst einzeln in 5-cm-Töpfe mit Aussaaterde auf Torfbasis.

Wenn die Wurzeln den Topfrand erreichen, topft man in 15-cm-Töpfe um, so daß die Oberfläche des Wurzelballens eben mit der Substratoberfläche abschließt und die untersten Blätter über dem Substrat stehen. Drücken Sie das Substrat auf etwa 2,5 cm unter dem Topfrand an. Alternativ können Sie auch zwei Stecklinge in einen 20-cm-Topf setzen. Stützen Sie sie mit 1 m hohen Stäben ab, und wässern Sie gründlich; später wird nur gewässert, wenn die Erde auszutrocknen beginnt.

Ausstellungsblumen

Nelken werden seit Jahrhunderten für Ausstellungen gezogen. Feder- und immerblühende Nelken kultiviert man, wie unter »Nelken ziehen« (gegenüberliegende Seite) beschrieben.

Nur Rabattennelken gibt man zum Schutz der empfindlichen Blüten meist in ein helles, luftiges Gewächshaus. Im Sommer muß es gut belüftet sein und leicht beschattet sein und häufig mit Wasser fein besprüht werden.

KELCHBÄNDER

Wenn die Knospe Farbe annimmt, zieht man einen weichen Drahtring oder ein Gummiband darüber, damit sie nicht platzt und die Blüte unordentlich aussieht.

BLUMEN FÜR AUSSTELLUNGEN

Eine schöne Blüte besitzt alle Charakteristika ihrer Klasse, zeigt aber keine Spuren von Schädlingen oder Krankheiten. Zurückgelassene Kelchbänder oder geplatzte Kelche können zur Disqualifikation führen.

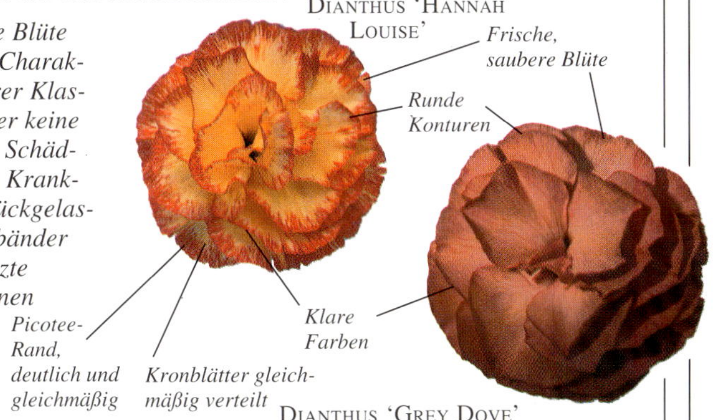

Vermehrung

Staudensamen, die spezielle Behandlung brauchen

Stratifizieren
Aconitum
Adonis amurensis
Campanula, einige ❄
Meconopsis
Primula, einige ❄

Anritzen
Anthyllis
Baptisia
Galega
Lupinus

Lupinus 'Schloßfrau'

Frisch aussäen
Meconopsis
Primula, einige ❄

Quellen
Arum, einige ❄
Baptisia
Euphorbia, einige ❄

Stauden aus Samen, die nach zwei Jahren blühen

Alchemilla
Anemone
Aquilegia
Aster, einige ❄
Astrantia
Campanula, einige ❄
Catananche
Centaurea
Cuphea ❄
Delphinium
Gaura
Gazania ❄
Linaria
Lobelia, einige ❄
Lychnis
Malva

Meconopsis grandis 'Branklyn'

Meconopsis
Osteospermum, einige ❄
Papaver
Polemonium
Primula, einige ❄
Salvia, einige ❄ (nicht strauchige Arten)
Scabiosa
Sidalcea
Silene, einige ❄
Verbascum

Schlüssel
❄ *Nicht winterhart*

Krautige Stauden können auf verschiedene Weise vermehrt werden. Die Aufzucht aus Samen ist ideal, wenn viele junge Pflanzen benötigt werden. Für diese Methode braucht man keine große Erfahrung, aber sie eignet sich eher für Arten als für Sorten.

Viele Stauden lassen sich einfach aufnehmen und teilen, andere sind besser durch Samen oder vegetative Methoden, wie Stecklinge oder seltener Veredlung, zu vermehren. Mit Namen bezeichnete Sorten sollten nur vegetativ vermehrt werden.

Samen

Die Aufzucht aus Samen ist eine einfache und billige Vermehrungsmethode für viele Stauden, aber mit Ausnahme sehr bekannter Sorten (z.B. *Aquilegia* 'Crimson Star') sind diese häufig nicht sortenecht. Die meisten Arten variieren in Habitus und Blütenfarbe. Wenn Sie den Samen selbst abnehmen, sollten Sie ihn daher immer von den Pflanzen mit den schönsten Blüh- und Wuchseigenschaften nehmen.

Der Samen frühblühender Stauden reift im Früh- bis Hochsommer an der Pflanze und keimt gewöhnlich schnell, wenn er sofort nach der Reifung gesät wird; die jungen Pflanzen können gut im Freien oder in einem Kalten Kasten überwintern. Bei den meisten Stauden wird der Samen jedoch sofort nach der Abnahme im Herbst gesät, damit er im nächsten Vorfrühling keimt. Wenn Samen bei kühlen, trockenen Bedingungen gelagert wird, keimt er meist auch nach der Aussaat im Frühling gut.

Der Samen von krautigen Pflanzen wie Pfingst- *(Paeonia)* und Christrosen *(Helleborus)* hat eine ziemlich lange Keimruhe, wenn diese nicht zur Einleitung der Keimung künstlich oder natürlich gebrochen wird. Manche benötigen Kälte oder Licht, andere haben harte Schalen, die vor der Aussaat erst angeritzt oder eingeweicht werden müssen (siehe auch Grundlagen der Vermehrung, »Wie die Keimruhe gebrochen wird«, S. 535).

Samen vorbehandeln

Samen, bei denen die Keimruhe durch Kälte gebrochen wird, werden entweder im Herbst oder Winter im Freien ausgesät (siehe auch »Samen, die Kälte benötigen«, S. 163) oder vor der Aussaat im Frühling für einige Wochen in den Kühlschrank gegeben. Die Keimruhe kann bei vielen Gattungen, z.B. *Aconitum, Adonis, Campanula* und *Primula*, auf diese Weise gebrochen werden. Die Samen einiger Pflanzen, wie etwa *Gentiana asclepiadea*, brauchen zur Keimung Licht.

Anritzen und Einweichen

Einige Stauden, v.a. Angehörige der Familie der Leguminosen, haben hartschalige Samen, die rasches, gleichmäßiges Keimen erschweren. Sie werden unmittelbar vor der Aussaat angeritzt, indem man sie mit Sandpapier abreibt oder mit einer scharfen Klinge einschneidet, damit sie Wasser aufnehmen und eine Keimung möglich wird.

Bei vielen Samen können die harten Schalen auch in heißem, aber nicht kochendem Wasser 12-24 Stunden eingeweicht werden; dadurch nehmen sie Wasser auf und beginnen zu keimen.

Einweichen eignet sich für verschiedene Stauden, z.B. *Arum*, *Baptisia* und *Euphorbia*. Nach dem Einweichen sollte der Samen sofort gesät werden.

Doppelte Keimruhe

Samen von Pfingstrosen und *Trillium* benötigen gewöhnlich zwei Kältephasen, damit die Keimung von Wurzeln und Sprossen ausgelöst wird. Die Wurzeln beginnen sich während der ersten Saison zu entwickeln, aber Sprosse erscheinen erst, wenn die Samen eine zweite Kältephase durchgemacht haben, meist im nächsten Winter. Säen Sie die Samen im Herbst wie üblich in entsprechenden Gefäßen aus.

Aussaat in Gefäßen

Wenn man nicht eine große Zahl von Pflanzen benötigt, ist die Aussaat in Gefäßen am einfachsten. In einer Kunststoffschale lassen sich 200-300 Samen unterbringen, in einem großen quadratischen Topf bis zu 50. Quadratische Töpfe können aneinandergereiht werden und bieten mehr Platz für Substrat als runde Töpfe vom gleichen Durchmesser.

Sowohl bei Saatschalen als auch Töpfen gibt man zuunterst eine Drainageschicht aus Topfscherben oder Kies, darüber geeignetes Vermehrungssubstrat. Lehmige Erden werden oft solchen auf Torfbasis vorgezogen, wenn die jungen Sämlinge nach der Keimung für längere Zeit dort bleiben sollen. Drücken Sie die Erde an den Rändern sanft an, glätten Sie die Oberfläche ein wenig, und drücken Sie sie mit einem Brettchen auf 1 cm unter dem Rand an.

Aussaat

Die Samen werden immer dünn ausgesät – in einem Abstand von etwa 0,5 cm; zu dichte Aussaat führt oft zu schwachen Pflänzchen, die zur Umfallkrankheit (siehe S. 564) neigen. Feine Samen und solche, die zur Keimung Licht benötigen, z.B. einige Enziane *(Gentiana)*, werden gar nicht oder nur mit einer dünnen Schicht feiner,

Samen abnehmen

Den Samen sofort nach der Reife abnehmen: Schütteln Sie ihn aus der Frucht, oder binden Sie Bündel von Früchten, die Sie in Papierbeutel geben und verkehrt aufhängen; so fallen die Samen in den Beutel. Der Samen muß für die Lagerung in sauberen, beschrifteten (Pflanzennamen, Abnahmedatum) Papierbeuteln ganz trocken sein.

Nehmen Sie die reifen Früchte ab (hier von Meconopsis*), wenn sie braun geworden sind. Schütteln Sie den Samen aus jeder Frucht auf ein Stück Papier, und lagern Sie ihn bis zur Aussaat an einem kühlen, trockenen Platz.*

gesiebter Erde bedeckt und vorsichtig mit einem Brettchen angedrückt.

Pflege

Die Gefäße werden mit dem Pflanzennamen und Datum der Aussaat versehen und mit feiner Brause gewässert, ohne daß die Samen ausgeschwemmt werden. Man kann die Gefäße auch, v.a. wenn es sich um feinen Samen handelt, für kurze Zeit in eine Schüssel oder Schale mit Wasser stellen, bis die Erde gründlich feucht ist; so wird der Samen nicht ausgeschwemmt. Zur Verringerung der Verdunstung deckt man die Gefäße mit Glas oder Plastik ab und gibt sie in einen Kalten Kasten oder ein Treibhaus. Bei sonnigem Wetter sorgt man mit Zeitungspapier oder einem Netz für ein wenig Schatten. Sobald die Samen keimen, wird die Abdeckung entfernt.

In einem Sandbeet im Garten

Sollen die Gefäße im Herbst und Winter draußen bleiben, damit die Keimruhe gebrochen wird, bedeckt man die ausgesäten Samen mit Kies. So werden sie bei Regen nicht ausgeschwemmt und bis zu einem gewissen Grad vor Moos und Lebermoos geschützt. Gegen Nager oder Vögel gibt man feinmaschigen Draht über die Gefäße.

Stecken Sie die Töpfe bis an den Rand in ein offenes Sandbeet, das gleichmäßige, stabile Keimbedingungen bietet. Sobald die Keimung eingetreten ist und Sämlinge erscheinen, gibt man die Gefäße in einen Kalten Kasten und verfährt wie bei geschützt gezogenen Sämlingen.

Pikieren

Sobald die Sämlinge groß genug sind, also wenn sich das erste oder zweite endgültige Blattpaar gebildet hat, können sie pikiert werden. Man gibt entweder je 30-40 in eine Saatschale oder setzt sie einzeln in Töpfe, vor allem Sämlinge mit empfindlichen Wurzeln. Oder man gibt sie in unterteilte Saatschalen (Multitöpfe). Ein Substrat auf Lehmbasis sollte man verwenden.

Wässern Sie gründlich und geben Sie die beschrifteten Sämlinge in einen Kalten Kasten oder ein kühles Treibhaus, bis sie gut entwickelt sind. Dann können sie einzeln eingetopft oder, wenn sie bereits groß genug sind, an ihren endgültigen Standort im Freien gesetzt werden.

Aufzucht aus Samen

1 *Füllen Sie einen 12-cm-Topf mit Vermehrungserde. Drücken Sie diese auf etwa 1 cm unter dem Rand an.*

2 *Streuen Sie die Samen (hier* Chrysanthemum *x* superbum*) mit einem gefalteten Stück Papier dünn über die Oberfläche.*

3 *Bedecken Sie die Samen mit einer dünnen Schicht feiner, gesiebter Topferde. Beschriften und behutsam wässern.*

4 *Legen Sie eine Glasplatte oder Folie über den Topf. Stellen Sie den Topf in einen Kalten Kasten, bis die Sämlinge zwei Blattpaare haben.*

5 *Pikieren Sie die Sämlinge; Torftöpfe (Nebenbild) erlauben sofortige Auspflanzung. Fassen Sie die Sämlinge an den Blättern, nicht an den Stengeln.*

6 *Sobald die Sämlinge Pflänzchen mit einem guten Wurzelsystem geworden sind, werden sie ausgepflanzt oder getopft.*

Samen, die Kälte benötigen

1 *Säen Sie die Samen im Herbst dünn in Anzuchterde aus, bedecken Sie sie mit einer Schicht feiner Erde und feinem Kies.*

2 *Beschriften Sie die Töpfe (Pflanzenname, Datum der Aussaat) und wässern Sie gründlich. Dann geben Sie die Töpfe bis zum Rand in ein offenes Sandbeet im Freien, um die Keimung zu fördern.*

Aussaat im Freien

Falls man eine große Zahl von Pflanzen benötigt, ist die Aussaat im Freien einfacher. Bereiten Sie ein Stück fruchtbaren, nährstoffreichen Boden vor, indem Sie das Unkraut entfernen und die Erde feinkrümelig rechen. Ziehen Sie entlang einer Schnur oder eines geraden Bretts eine Saatrille.

Ihre Tiefe hängt von der Größe des Samens ab: Für kleine Samen braucht man etwa 0,5 cm Tiefe, für große 1 cm. Falls die Sämlinge früh umgesetzt werden, zieht man die Rillen im Abstand von 10-15 cm; sollen sie in der Reihe weiterwachsen, brauchen sie 15-22 cm Abstand. Kleine Samen werden dünn mit 0,5 cm Abstand ausgesät, große Samen, z.B. von Pfingstrosen, mit 2,5 cm oder mehr.

Nach der Aussaat zieht man mit dem Rechen ein wenig Erde über die Rillen und beschriftet jede Rille mit dem Pflanzennamen und dem Datum der Aussaat. Wässern Sie vorsichtig, damit die Erde nicht weggespült wird. (Näheres unter Einjährige und Zweijährige, »Rillensaat«, S. 181).

Stauden teilen

Diese Methode eignet sich für die Vermehrung von Stauden, die einen ausgebreiteten Wurzelstock haben und viele grundständige Sprosse hervorbringen. Die Pflanze wird dabei nicht nur vermehrt, sondern meist auch verjüngt und wüchsig erhalten (siehe auch »Aufnehmen und Teilen«, S. 157).

Manche Pflanzen werden einfach mit der Hand oder mit zwei verkehrt aneinandergelegten Gabeln auseinandergezogen; für solche mit fleischigen Wurzeln verwendet man ein Messer oder einen Spaten.

Wann wird geteilt

Die meisten Pflanzen sollten während der Ruheperiode geteilt werden, also zwischen Spätherbst und Vorfrühling, aber nicht bei extrem kaltem, nassem oder trockenem Wetter. Bei Stauden mit fleischigen Wurzeln wartet man mit der Teilung am besten das Ende der Ruheperiode im Frühling ab. Dann beginnen die Knospen auszutreiben und zeigen an, wo die Pflanze am wüchsigsten ist und wo sie am besten geteilt wird.

Vorbereitung

Zuerst wird der Boden rund um die Pflanze gelockert, ohne die Wurzeln zu beschädigen; dann hebt man diese mit einer Gabel vorsichtig heraus, schüttelt die lose Erde ab und entfernt abgestorbene Blätter und Triebe; so kann man die optimalen Teilungspunkte besser erkennen. Dabei wird auch sichtbar, welche Teile gesund sind und verwendet werden und welche alt und unproduktiv sind, also wegkommen.

Spülen Sie die meiste Erde von den fleischigen Wurzeln und der Wurzelkrone, damit alle Augen deutlich zu sehen sind und bei der Teilung nicht versehentlich beschädigt werden.

Pflanzen mit Faserwurzeln

Stechen Sie zwei Gabeln verkehrt aneinandergelegt in die Mitte der Pflanze, so daß die Zinken nah beisammen sind und die Griffe auseinanderstehen; bewegen Sie die Griffe vorsichtig vor und zurück, damit die Zinken die Pflanze langsam auseinanderziehen und teilen. Wiederholen Sie diesen Vorgang mit jedem Teilstück, so daß Sie noch mehr Teile erhalten, von denen jeder junge Sprosse aufweist.

Pflanzen mit holzigen Ballen oder dicken, festen Wurzeln sollten mit einem Spaten oder einem scharfen Messer geteilt werden; an jedem Stück müssen mindestens zwei Holzknospen oder Sprosse sein. Die alte, schwache, oft holzige Pflanzenmitte werfen Sie weg; Abschnitte mit wüchsigen, jungen Sprossen und gesunden Wurzeln finden sich meist am Außenrand der Pflanze.

Stauden mit lockerer, ausgebreiteter Wurzelkrone und zahlreichen Sprossen, z.B. Astern, lassen sich leicht mit der Hand oder mit zwei Gabeln auseinanderreißen. Trennen Sie einfach einzelne Triebe am Rand der Wurzelkrone ab, damit jeder Teil ein eigenes Wurzelsystem hat.

Pflanzen mit fleischigen Wurzeln

Pflanzen mit massigen, beinahe festen, fleischigen Wurzeln, z.B. *Rheum*, müssen vielleicht mit einem Spaten geteilt werden, da die Teilung mit zwei Gabeln schwierig ist. Nachdem die Pflanze von Erde befreit und die Knospen deutlich sichtbar sind, durchtrennt man sie mit einem Spaten, so daß jedes Teilstück mindestens zwei Knospen aufweist. Dann schneidet man die Stücke mit einem Messer zurecht und entfernt altes, verholztes Material und beschädigte oder verrottende Wurzeln.

Pflanzen mit verschlungenen Wurzelkronen, z.B. *Arthropodium* oder Horstgräser, lassen sich auch mit zwei Gabeln teilen.

Einpflanzen und Pflege

Nach der Teilung werden alle Schnittflächen mit geeignetem Fungizid bestäubt (siehe GRUNDLAGEN DER VERMEHRUNG, »Wie bilden sich Wurzeln?«, S. 538). Pflanzen Sie die Teilstücke sobald wie möglich. Wichtig ist, daß sie nicht austrocknen. Wenn es also zu einer Verzögerung von einigen Stunden kommt, taucht man die Pflanzen kurz ins Wasser und bewahrt sie bis zur Pflanzung in einem verschlossenen Plastikbeutel auf.

Falls große Teilstücke gleich eingepflanzt werden, bringen sie eventuell noch in der gleichen Saison Blüten hervor, nur die Stengel sind oft kürzer als bei besser entwickelten Pflanzen. Kleine Teilstücke läßt man für eine Saison im Anzuchtbeet oder

Funkien teilen

Große Funkien mit harten Wurzelstöcken werden mit dem Spaten geteilt. Jedes Stück muß mehrere Knospen aufweisen, beschädigte Teile werden mit einem Messer entfernt. Funkien mit lockereren, fleischigen Wurzelstöcken können mit der Hand geteilt werden; jedes Stück braucht mindestens ein Auge oder einen Sproß.

HARTE, FASRIGE WURZELN
Teilen Sie die Wurzelkrone mit dem Spaten; die Teilstücke brauchen mehrere Knospen.

LOCKERE, FLEISCHIGE WURZELN
Kleine Pflanzen und solche mit lockerem Wurzelstock teilt man mit der Hand.

STAUDEN DURCH TEILUNG VERMEHREN

1 *Nehmen Sie die zu teilende Pflanze auf, wobei Sie mit der Gabel in einiger Entfernung vom Wurzelballen einstechen, damit die Wurzeln nicht beschädigt werden. Entfernen Sie überschüssige Erde. Die Pflanze hier ist* Helianthus.

2 *Pflanzen mit holziger Mitte werden mit einem Spaten durchtrennt.*

3 *Zerlegen Sie die Pflanze in kleinere Stücke, verwenden Sie nur gesunde, kräftige Teile mit jungen Sprossen.*

4 *Schneiden Sie den alten oberirdischen Wuchs zurück, pflanzen Sie die Teile so tief wie die Pflanze vorher stand. Andrücken, wässern.*

EINE ANDERE METHODE

Krautige Pflanzen mit Faserwurzeln (hier Hemerocallis*) trennt man mit 2 verkehrt aneinandergelegten Gabeln.*

in Töpfen, damit sie sich entwickeln können. Im allgemeinen werden die Teilstücke so tief gepflanzt, wie die Mutterpflanze gestanden hat, nur solche, die an der Basis anfällig für Verrottung sind, setzt man etwas über die Bodenoberfläche (siehe auch »Pflanztiefe«, S. 148).

Bei der Neupflanzung müssen die Wurzeln im Pflanzloch gut ausgebreitet und die Erde angedrückt werden. Frisch gepflanzte Teilstücke sind gut zu wässern; achten Sie darauf, daß die Wurzeln nicht ausgewaschen und freigelegt werden.

Triebstecklinge

Diese Vermehrungsmethode wird meist für krautige Stauden, die schwer zu teilen sind, und für Sorten, die bei der Aufzucht aus Samen nicht sortenecht sind, verwendet. Die Stecklinge können während der Wachstumsperiode jederzeit, wenn geeignete Sprosse vorhanden sind, abgenommen werden.

Wählen Sie kräftige Triebspitzen ohne Blütenknospen, meiden Sie dünne, schwache oder beschädigte. Wenn es vor dem Stecken zu einer

Teilung von Pflanzen mit Rhizomen

Bei Pflanzen mit dicken Rhizomen (z.B. *Bergenia* und Rhizomiris) wird der Ballen mit der Hand in Stücke zerteilt, dann schneidet man die Rhizome in Teile mit mindestens einer Knospe. Bambus hat harte Wurzelstöcke mit einer dichten Masse von kurzen oder mit langen, ausgebreiteten Rhizomen; erstere werden mit dem Spaten oder zwei Gabeln geteilt; letztere schneidet man mit der Gartenschere in Stücke, von denen jedes drei Knoten haben sollte (siehe auch GRÄSER, BAMBUS, BINSEN UND RIEDGRÄSER, S. 145).

1 Heben Sie die zu teilende Pflanze (Schwertlilie), stechen Sie mit der Gabel seitlich von den Rhizomen ein.

2 Schütteln Sie die lose Erde von den Wurzeln. Teilen Sie den Ballen mit den Händen in passende Stücke.

3 Alte Rhizome kommen weg; lösen Sie die jungen Rhizome vom Wurzelballen, und schneiden Sie die Enden glatt ab.

4 Schnittflächen mit Fungizid bestäuben; lange Wurzeln um ein Drittel kürzen und die Blätter zum Schutz vor Wind auf ca. 15 cm lange Keile zurückschneiden.

5 Pflanzen Sie die Rhizome mit ca. 12 cm Abstand bis zur Hälfte unter die Erde, Blätter und Knospen stehen aufrecht. Erde andrücken, wässern.

Pfingstrosen teilen

Pfingstrosen lassen sich nur schwer umsetzen und gewöhnen sich sehr langsam ein. Die Pflanzen werden am besten aufgenommen und geteilt, wenn die schwellenden, roten Augen bereits deutlich sichtbar sind. Schneiden Sie die Wurzelkrone in Stücke mit je einigen Augen, ohne die fleischigen Wurzeln zu beschädigen.

1 Nehmen Sie die Pflanze im Vorfrühling auf, sobald gesunde Augen an der Wurzelkrone sind. Schneiden Sie sie in Stücke mit mehreren Augen.

2 Bestäuben Sie alle Schnittflächen mit Fungizid, um Infektionen und Verrotten vorzubeugen.

3 Pflanzen Sie die Teilstücke mit ca. 20 cm Abstand. Die Augen sollten knapp über der Oberfläche zu sehen sein. Drücken Sie den Boden gut an.

STAUDEN, DIE GETEILT WERDEN KÖNNEN

Achillea
Aconitum
Adenophora
Anemone hupehensis
Arum, einige ❄
Aster, einige ❄
Astilbe
Astrantia
Bergenia

Aster novae-angliae 'Harrington's Pink'

Buphthalmum
Campanula, einige ❄
Centaurea dealbata
Clematis (krautige)
Coreopsis verticillata
Crambe cordifolia
Doronicum
Epilobium
Galega
Geranium, einige ❄
Helenium
Helianthus
Helleborus orientalis

Helleborus orientalis

Hemerocallis
Heuchera
Hosta
Iris (mit Rhizomen)
Kniphofia, einige ❄
Liatris
Lobelia cardinalis, L. fulgens ❄
Lychnis
Lysimachia
Lythrum
Nepeta
Oenothera fruticosa
Ophiopogon, einige ❄
Paeonia
Phormium
Physostegia
Polemonium
Pulmonaria
Rheum
Rudbeckia
Salvia nemorosa, S. pratensis
Saponaria
Scabiosa caucasica
Schizostylis
Sedum spectabile
Sidalcea
Smilacina
Solidago
Stachys byzantina
Symphytum
Tanacetum coccineum
Thalictrum
Tradescantia x *andersoniana*
Trollius
Veronica

SCHLÜSSEL
❄ *Nicht winterhart*

Stauden durch Kopfstecklinge vermehren

1 *Nehmen Sie ca. 8-12 cm lange Stecklinge von den weichen Spitzen kräftiger, gesunder Sprosse. Die Pflanze hier ist eine* Penstemon-*Sorte.*

2 *Kürzen Sie jeden Steckling am unteren Ende mit einem geraden Schnitt knapp unter einem Knoten auf 5-7 cm. Entfernen Sie die unteren Blattpaare.*

3 *Man gibt Stecklinge am Rand eines 15-cm-Topfes in Vermehrungssubstrat und wässert, zieht einen Plastikbeutel darüber, von Stäbchen hochgehalten.*

4 *Sobald die Stecklinge Wurzeln haben, nimmt man sie vorsichtig auf und setzt sie einzeln in 10-cm-Töpfe.*

Stauden, die durch Stecklinge vermehrt werden können

Triebstecklinge
Anisodontea ❄
Arctotis ❄
Argyranthemum ❄
Calceolaria integrifolia ❄
Cuphea ❄
Dianthus, einige ❄
Diascia
Epilobium canum
Erysimum
Euryops, einige ❄
Felicia, einige ❄
Gazania ❄
Helichrysum petiolare ❄
Lavatera
Lotus berthelotii ❄
Malvastrum ❄
Mimulus aurantiacus ❄
Oenothera missouriensis
Osteospermum, einige ❄

Osteospermum 'Buttermilk'

Parahebe
Pelargonium ❄
Penstemon, einige ❄
Phygelius
Salvia, einige ❄
Scrophularia auriculata
Sphaeralcea ❄
Trifolium pratense
Verbena ❄
Viola, einige ❄

Basalstecklinge
Anthemis tinctoria
Chrysanthemum, einige ❄
Delphinium, einige ❄
Lupinus
Monarda

Anthemis tinctoria 'E.C. Buxton'

Schlüssel
❄ *Nicht winterhart*

Verzögerung kommt, bewahrt man die Stecklinge in einem verschlossenen Plastikbeutel auf, damit sie nicht austrocknen.

Vorbereiten und Stecken

Die Stecklinge werden mit einer Gartenschere oder einem scharfen Messer knapp über einem Knoten abgetrennt. Man kürzt sie bis auf knapp unter einem Knoten und entfernt die Blätter vom untersten Drittel jedes Stecklings. Geben Sie die Stecklinge in vorbereitete Töpfe oder Schalen mit geeignetem Vermehrungssubstrat, das Sie mit den Fingern andrücken. Lassen Sie zwischen den Stecklingen genügend Platz, so daß sich die Blätter nicht berühren und die Luft frei zirkulieren kann. So kann sich die Umfallkrankheit weniger leicht ausbreiten (siehe S. 564).

Pflege

Wässern Sie die Stecklinge mit einer feinen Brause, und behandeln Sie sie mit Fungizid, um die Infektions- und Verrottungsgefahr zu senken. Stecklinge brauchen viel Feuchtigkeit, damit sie nicht welken, sie sollten also möglichst in einen einfachen oder einen Sprühnebel-Vermehrungskasten gegeben werden. Man kann sie aber auch mit einem Plastikzelt abdecken, das mit Bambusstäben oder Drahtschlaufen gestützt wird, damit das Plastik die Blätter nicht berührt und durch Kondenswasser Pilzinfektionen begünstigt.

Bei heißem Wetter schützt man Stecklinge durch Zeitungspapier, mit im Handel erhältlichen Netzen oder halbtransparentem Material vor Sonne, damit die Blätter nicht versengt werden oder welken. Der Sonnenschutz wird möglichst bald entfernt, damit die Stecklinge genügend Licht haben.

Sehen Sie täglich nach den Stecklingen, entfernen Sie abgefallene und abgestorbene Blätter sowie infizierte Pflanzenteile. Halten Sie die Erde stets feucht, aber nicht naß.

Nach 2-3 Wochen sollten die Stecklinge Wurzeln haben und in einzelne Töpfe gesetzt werden. Gesunde Stecklinge, die noch keine Wurzeln hervorgebracht haben, werden bis zur Bewurzelung weitergepflegt.

Basalstecklinge

Diese Art von Stecklingen eignet sich für einige krautige Pflanzen, die im Frühling an der Basis eine Masse von neuen Sprossen hervorbringen. Bei Pflanzen wie Lupinen und Rittersporn, deren Stengel später hohl oder markig werden, oder bei solchen mit weichem Gewebe können zur Frühjahrsmitte kurze grundständige Stecklinge von kräftigen Sprossen genommen werden.

Die zu vermehrenden Pflanzen können auch aufgenommen und in Töpfen oder Schalen in ein warmes Gewächshaus gebracht werden, wo sich die Basaltriebe früher bilden als im Freien. Dann werden die Stecklinge zur Bewurzelung gebracht, und

Vermehrung durch grundständige Stecklinge

1 *Stecklinge werden mit etwas Basisholz abgenommen, wenn die Sprosse (hier* Chrysanthemum*) 3,5-5 cm hoch sind.*

2 *Entfernen Sie bei den Stecklingen die untersten Blätter, und kürzen Sie das untere Ende mit geradem Schnitt.*

3 *Die Stecklinge kommen in einen Topf mit feuchtem Vermehrungssubstrat und zur Förderung der Bewurzelung in einen Vermehrungskasten.*

4 *Sobald die Stecklinge Wurzeln haben werden sie einzeln getopft, wobei möglichst viel Erde um die Wurzeln bleiben soll.*

die jungen Pflanzen entwickeln sich früher. Danach kommt die vermehrte Pflanze wieder in den Garten.

Vorbereiten und Stecken
Wählen Sie kräftige, robuste Sprosse, deren erste Blätter sich eben entfaltet haben, und trennen Sie diese mit einem scharfen Messer möglichst nahe an der Basis ab; der Steckling sollte ein Stück holziges Gewebe aufweisen. Hohle oder beschädigte Sprossen sind ungeeignet.

Entfernen Sie die unteren Blätter, tauchen Sie die Stecklinge in Bewurzelungshormon, und stecken Sie sie in Vermehrungssubstrat, entweder einzeln oder zu mehreren in einen Topf oder in Saatschalen. Drücken Sie die Erde an, und wässern Sie gründlich; lassen Sie das Wasser abfließen, bevor Sie die Gefäße in einen Kalten Kasten oder Vermehrungskasten stellen. Sie können die Gefäße auch mit durchscheinenden Plastikbeuteln abdekken, die Sie mit fest in die Erde gesteckten Drahtschlaufen stützen. Schützen Sie die Stecklinge vor direkter Sonne, damit die Blätter nicht welken.

Pflege
Sehen Sie alle paar Tage nach den Stecklingen, und entfernen Sie abgestorbenes oder verrottendes Laub sofort, damit sich die Fäulnis nicht ausbreitet. Halten Sie die Erde feucht, nicht naß, und wischen Sie überschüssiges Wasser und Kondenswasser von der Glas- oder Plastikabdeckung. Die Stecklinge sollten sich innerhalb eines Monats bewurzeln und können dann einzeln in Töpfe mit Lehm, Sand und Torf zu gleichen Teilen gesetzt werden.

Wurzelschnittlinge

Diese Vermehrungsmethode eignet sich für Stauden mit dicken, fleischigen Wurzeln, z.B. *Verbascum* und *Papaver-orientale*-Sorten. Es ist die einzige Möglichkeit, bei von Älchen befallenen Sorten der Flammenblume gesunde, junge Pflanzen zu ziehen. Da die Älchen nur den oberirdischen Teil der Flammenblume befallen, erhält man durch Wurzelschnittlinge gesunde, älchenfreie Pflanzen. Die Methode wird nicht bei panaschierten Sorten der Flammenblume angewendet, weil sonst Pflanzen mit einfarbigen Blättern entstehen.

Achten Sie darauf, daß die Pflanze beim Schneiden der Wurzelschnittlinge möglichst wenig beschädigt wird, und pflanzen Sie sie sofort wieder ein. Wurzelschnittlinge werden am besten während der Ruheperiode genommen, also meist im Winter.

Vorbereitung
Nehmen Sie eine kräftige, gesunde Pflanze auf, und waschen Sie die Erde ab, damit die Wurzeln gut sichtbar werden. Wählen Sie junge, möglichst dicke Wurzeln, da sie bessere Pflanzen ergeben als schwache oder alte, knorrige und verholzte. Trennen Sie die jungen Wurzeln nahe an der Krone ab, und pflanzen Sie die Mutterpflanze wieder ein.

Bei Pflanzen mit dicken Wurzeln, z.B. *Acanthus, Anchusa, Romneya* und *Verbascum* wählt man etwa bleistiftstarke Wurzeln und schneidet sie in 5-10 cm lange Stücke. Bei Stauden mit dünnen Wurzeln schneidet man 7-12 cm lange Stücke, damit die Schnittlinge genügend Nährstoffe zur Entwicklung erhalten.

Jedes Teilstück wird oben an der Basis der Pflanze gerade und unten (bei der Wurzelspitze) schräg abgeschnitten; so können die Schnittlinge auch leicht mit dem richtigen Ende nach oben gesteckt werden. Die Sprosse entwickeln sich am oberen Ende des Schnittlings, die Wurzeln am unteren. Entfernen Sie vor dem Stecken alle Faserwurzeln.

Stecken
Die Schnittlinge werden mit Fungizid bestäubt, damit sie nicht verrotten. Dann steckt man sie senkrecht, mit dem geraden Schnitt oben in Töpfe oder Schalen mit Vermehrungssubstrat, die etwa eineinhalb mal so hoch wie die Schnittlinge sind; die oberen Enden sollten mit der Oberfläche abschließen. Die Töpfe werden mit einer dünnen Schicht aus feinem Sand oder Kies bedeckt, beschriftet und in einen Vermehrungs- oder Kalten Kasten gestellt. Gewässert wird erst, wenn sich Wurzeln entwickeln. Sobald junge Sprosse erscheinen, werden die Pflänzchen einzeln eingetopft.

Bei Pflanzen mit dünneren Wurzeln, wie z.B. *Anemone hupehensis, A.* x *hybrida, Campanula*, Flammenblume und *Primula denticulata*, verfährt man oft anders, da die Wurzeln zu dünn sind, um senkrecht gesteckt zu werden. Man legt die Schnittlinge flach auf Töpfe oder Schalen mit angedrückter Erde und gibt noch Erde darüber. Dann werden sie wie andere Wurzelschnittlinge behandelt.

Veredeln

Beim Veredeln denkt man zwar in erster Linie an Bäume und Sträu-

STAUDEN DURCH WURZELSCHNITTLINGE VERMEHREN

1 Die Pflanze (hier Acanthus*) wird in der Ruheperiode aufgenommen und gewaschen. Trennen Sie bleistiftstarke Wurzeln ab.*

2 Schneiden Sie die Wurzeln in 5–10 cm lange Stücke. Machen Sie am oberen Ende der Schnittlinge einen geraden, am unteren einen schrägen Schnitt (siehe Nebenbild).

3 Stecken Sie die Schnittlinge in feuchtes Vermehrungssubstrat, und drücken Sie sie an. Das obere Ende sollte mit der Oberfläche abschließen.

4 Die Töpfe werden mit grobem Kies bedeckt, beschriftet und zur Bewurzelung in einen Kalten Kasten gestellt.

5 Sobald die Schnittlinge Sprosse hervorbringen, werden sie einzeln in Töpfe mit lehmiger Topferde gesetzt. Wässern und beschriften (siehe Nebenbild).

ALTERNATIVE FÜR DÜNNE WURZELN

Legen Sie die Schnittlinge auf feuchte, angedrückte Erde. Geben Sie Erde darüber, und drücken Sie leicht an.

STAUDEN, DIE DURCH WURZELSCHNITTLINGE VERMEHRT WERDEN KÖNNEN

Acanthus
Anchusa azurea
Anemone hupehensis, A. x *hybr.*
Arnebia
Campanula, einige ❄
Catananche caerulea
Echinops
Erodium, einige ❄
Eryngium, einige ❄
Gaillardia
Geranium, einige ❄
Gypsophila
Limonium latifolium
Mertensia
Morisia
Papaver orientale
Phlox decussata, P. subulata
Primula denticulata
Pulsatilla vulgaris
Romneya
Trollius
Verbascum

Catananche caerulea 'Major'

SCHLÜSSEL
❄ *Nicht winterhart*

cher, einige *Gypsophila-paniculata*-Sorten, z.B. 'Flamingo' und 'Bristol Fairy', werden jedoch auch durch Veredeln vermehrt. Ihre Stecklinge bewurzeln sich nämlich nur schwer, daher ist Veredeln die einzige verläßliche Vermehrungsmethode, die auch kräftige, wüchsige Pflanzen hervorbringt.

Pflanzen für Edelreiser
Die zu vermehrende Sorte wird im Herbst aufgenommen, eingetopft und in ein kühles Gewächshaus gestellt. Dadurch bringt sie früher als üblich kräftige, junge Sprosse hervor – nämlich in der zweiten Winterhälfte, der optimalen Zeit zum Veredeln.

Vorbereiten der Unterlagen
Als Unterlage verwendet man 1-2 Jahre alte *Gypsophila-paniculata*-Sämlinge; diese werden in der zweiten Winterhälfte aufgenommen und vorbereitet. Die Wurzeln sollten bleistiftstark und 7-10 cm lang sein und werden oben gerade und an der Basis schräg abgeschnitten.

Alle kleinen Nebenwurzeln werden zurückgeschnitten, Faserwurzeln nimmt man weg. Dann macht man oben in die Unterlage einen kleinen, etwa 1 cm tiefen, senkrechten Schnitt. Die Wurzeln kommen in einen verschlossenen Plastikbeutel, damit sie nicht austrocknen, während die Reiser vorbereitet werden. Ausgetrocknete Schnittflächen könnten das Anwachsen der Veredlung verhindern.

Auswahl und Vorbereitung der Reiser
Als Edelreiser wählt man starke, junge Sprosse von 3-7 cm Länge, die man von der Basis der Pflanze abtrennt. Die unteren Enden werden keilförmig zugeschnitten.

Unterlage und Edelreis verbinden
Zuerst macht man in die Unterlage oben einen kleinen, senkrechten Schnitt von etwa 1 cm Länge. Man setzt sie in einen Topf mit Vermehrungssubstrat. Dann steckt man das Edelreis hinein und schneidet es u.U. noch zurecht, damit das untere Ende gut in die vorbereitete Unterlage paßt. Binden Sie Unterlage und Reis mit Plastik- oder Raphiaband fest zusammen.

Die Pflanzen können auch nach der Veredlung eingetopft werden. In jedem Fall wird gründlich gewässert, dann läßt man das Wasser abfließen. Stellen Sie die veredelten Pflanzen in einen einfachen oder einen Sprühnebel-Vermehrungskasten, vorzugsweise mit Bodenwärme, oder ziehen Sie einen mit Bambus oder Draht gestützten Plastikbeutel darüber; der Beutel darf die Blätter nicht berühren, da Kondenswasser im Inneren die Pflanze verrotten läßt. Befestigen Sie den Beutel mit einem Gummiband am Topf.

Pflege
Sehen Sie regelmäßig nach den Pflanzen, damit die Erde nicht austrocknet. Wässern Sie eventuell von unten, indem Sie die Töpfe in Schalen mit Wasser stellen; oder entfernen Sie die Plastikbeutel und besprühen Sie die Pflanzen.

Die Veredlung sollte ziemlich bald anwachsen, neue Wurzeln bilden sich in ca. 4-6 Wochen; die veredelten Pflanzen werden dann aus dem Vermehrungskasten oder Plastikbeutel genommen und bei kühlen, frostfreien Bedingungen gehalten, bis sich neue Sprosse entwickeln. Sobald die veredelten Pflanzen jungen Wuchs zeigen und die Veredlungen angewachsen sind, nimmt man das Band ab. Gut entwickelte Pflanzen werden in Einheitserde eingetopft und in ein kühles Treibhaus oder einen Kalten Kasten gegeben. Im Frühsommer kommen sie entweder ins Anzuchtbeet oder an ihren endgültigen Platz im Garten.

VERMEHRUNG DURCH VEREDLUNG

1 Zuerst wird die Unterlage gewählt und vorbereitet. Schneiden Sie ein etwa 1 cm dickes und 9 cm langes Stück von einer geraden, gesunden Wurzel der Mutterpflanze (hier Gypsophila paniculata*).*

2 Entfernen Sie alle Faserwurzeln, und schneiden Sie Nebenwurzeln auf 1 cm zurück. Machen Sie oben einen geraden, unten einen schrägen Schnitt.

3 Mit einem scharfen Messer schneiden Sie die Unterlage oben etwa 1 cm senkrecht ein.

4 Als Edelreis wählen Sie einen kräftigen, etwa 3-4 mm dicken und 3-7 cm langen Sproß. Das untere Ende wird keilförmig zugeschnitten, so daß es in den Einschnitt an der Unterlage paßt.

5 Geben Sie die Unterlage in einen 5-cm-Topf mit Vermehrungssubstrat, und drücken Sie sie an. Stecken Sie das Edelreis mit dem unteren Ende in den Einschnitt der Unterlage.

6 Umwickeln Sie die Veredlungsstelle gut mit Plastikband oder Raphiabast. Beschriften, wässern.

7 Ziehen Sie einen mit Bambusstäbchen gestützten Plastikbeutel über die Pflanze, ohne daß diese berührt wird. Bis die Veredlung anwächst und junger Wuchs erscheint, braucht die Pflanze helle, warme Bedingungen.

Wild- und Wiesenblumen

WILDBLUMEN werden oft kultiviert, um die Arten vor dem Aussterben zu bewahren, wenn der natürliche Lebensraum bedroht ist; dieser Lebensraum kann zwar nicht neu geschaffen werden, aber schon eine kleine Pflanzung von Wildblumen trägt über kurz oder lang vielleicht zu deren Rettung bei. Viele verschiedene (oft nützliche) Insekten und andere Tiere werden davon bestimmt angelockt.

Wildblumen sind oft ideal für Gartenabschnitte, die auf herkömmliche Weise nur schwer zu bepflanzen sind, weil sie zu exponiert, zu steil abfallend, zu trocken sind oder weil der Boden zu karg ist.

Wildblumen

Zu den unterschiedlichen Habitaten der Wildblumen gehören Wiesen und Grasflächen mit vielen Blumen (siehe S. 279), Alpenwiesen, Kornfelder, Feuchtgebiete und Wälder (siehe S. 27). Wenn ein Bereich mit Wildblumen geplant wird, muß man bei der Standortwahl Klima, Bodentyp und -durchlässigkeit, Sonne, Schatten und Windschutz berücksichtigen. Welche Pflanzen gedeihen und natürlich wirken, hängt von den vorherrschenden Bedingungen ab.

Ein offener, sonniger Standort mit gut durchlässigem Boden ist ideal für eine Wiese mit Feldskabiosen *(Knautia arvensis)* und Echtem Labkraut *(Galium verum)* oder ein Kornfeld mit Mohn *(Papaver)* und Kornblumen *(Centaurea cyanus)*. Ein stärker exponierter Standort eignet sich vielleicht für einė Alpenwiese mit kurzem Gras und niedrigwachsenden Pflanzen wie Enzian *(Gentiana acaulis)* und Bergtroddelblume *(Soldanella montana)*, die unter Wind nicht leiden. Feuchter oder staunasser Boden läßt sich mit Pflanzen wie Mädesüß *(Filipendula ulmaria)* in einen Sumpfgarten (siehe S. 245) verwandeln.

Studieren Sie die für die Landschaft typische Flora, um zu sehen, welche Arten wachsen, aber nehmen Sie niemals wildwachsende Pflanzen. Wenn sie sich gut in den Stil des Gartens einfügen, kann man auch nichteinheimische Pflanzen mit ähnlichen Kulturbedingungen einbeziehen.

Im Wechsel der Jahreszeiten

Je nach Standort und Pflanzenwahl können interessante Aspekte für bestimmte Jahreszeiten oder für eine längere Zeitspanne geplant werden. In Waldhabitaten gibt es beispielsweise mehr Frühlingsblüher, weil das Blätterdach im Frühjahr mehr Licht durchläßt als später. Wiesen sind im Sommer am schönsten, aber auch lange attraktiv, z.B. durch Narzissen *(Narcissus pseudonarcissus)* im Frühjahr bis zu den Herbstzeitlosen und herbstblühenden Krokussen *(Colchicum autumnale, Crocus speciosus)*.

WILDBLUMENRABATTE
Ein Garten voller üppig blühender Blumen sieht nicht nur schön aus, sondern liefert auch reichlich Nektar für Bienen und Schmetterlinge.

BLÜTENPFLANZEN FÜR VERSCHIEDENE BIOTOPE

Leucanthemum vulgare (Wiese)

Geranium pratense (Wiese)

***Chelidonium majus* 'Flore Pleno'** (Wald und Hecke)

Caltha palustris (Sumpf)

***Galanthus nivalis* 'Flore Pleno'** (Wald und Wiese)

Erythronium dens-canis (Wald und Almwiese)

Anlegen einer Blumenwiese

Blumenwiesen sollten möglichst auf nährstoffarmem Boden angelegt werden; wählen Sie einige Gräser, wie Strauß- *(Agrostis)* und Schwingelgras *(Festuca)*, die die Blütenpflanzen nicht überwuchern. Zu den typischen Wiesenblumen zählen Stauden wie Kuckucksblume *(Lychnis flos-cuculi)* und Knäuelglockenblume *(Campanula glomerata)*.

Aussaat und Pflanzung

Entfernen Sie möglichst die wüchsigen, ausdauernden Unkräuter wie Ampfer *(Rumex)* und Löwenzahn. Nehmen Sie Rasen und Bodenkrume, die Sie anderswo verwenden können, weg. Arbeiten Sie den Boden feinkrümelig durch, festigen Sie ihn durch Antreten oder Walzen, und rechen Sie ihn leicht. Das Saatgut wird (zur gleichmäßigen Verteilung mit Sand vermischt) im Frühherbst oder aber im Frühling mit 4 g/m^2, wenn vom Händler nicht anders angegeben, ausgesät.

Sollen Wildblumen in bestehenden Grasflächen, z.B. Obstgärten, angesiedelt werden, wird der Boden über ein, zwei Jahre durch regelmäßiges Mähen und Entfernen des Schnittguts abgemagert. Dann entfernt man mit dem Handspaten Rasenstücke und setzt Pflanzen ein.

Pflege

Im ersten Jahr hält man das Gras etwa 5-8 cm hoch und entfernt das Schnittgut, um die Bodenfruchtbarkeit gering zu halten; Unkräuter werden einzeln bekämpft. Erwarten Sie für das erste Jahr noch keine Blumen. In den folgenden Jahren werden die Bereiche mit Blumen auf 8 cm geschnitten, sobald sich die Blumen ausgesamt haben.

Süßduftende Hesperis matronalis, *Nahrung für die Raupen des Aurorafalters, siedeln sich gern auf feuchten Böden an.*

Pelargonien

DIE PELARGONIEN stammen aus Südafrika und sind fast alle nicht winterhart, immergrün und ausdauernd. Als sie in Europa eingeführt wurden, nannte man sie Geranien, da sie den damals in Europa verbreiteten winterharten, krautigen *Geranium*-Arten ähnlich sahen. Diese Bezeichnung wird auch heute noch häufig verwendet, obwohl fast alle als Geranien bezeichneten Pflanzen zur Gattung *Pelargonium* gehören.

Pelargonientypen

Pelargonien lassen sich aufgrund ihrer Eigenschaften grob in fünf Gruppen einteilen. Diese sind: Zonal-, Zwerg-Zonal- und Miniatur-Zonal-, Edel-, Efeu- und Duftpelargonien.

Zonalpelargonien
Sie haben runde Blätter mit meist klaren, dunklen Zonen und einfache, halbgefüllte oder gefüllte Blüten. Bei einigen Sorten fehlen jedoch die dunklen Zonen, andere haben gold- oder silberpanaschierte oder auch dreifarbige Blätter.

Bei gemäßigtem Klima wachsen sie gut im Freien und eignen sich bestens für Sommerbeete, da sie vom Frühsommer bis zum Spätherbst unaufhörlich blühen. Sie blühen auch bereitwillig in Balkonkästen, Hängekörben und Gefäßen. Zonalpelargonien passen sich auch rasch an Gewächshaus- oder Wintergartenbedingungen an.

PELARGONIENTYPEN

ZONALPELARGONIEN
P. 'Dolly Varden'
Runde Blätter mit dunklerer Zone und einfachen bis gefüllten Blüten.

EDELPELARGONIEN
P. 'Purple Emperor'
Tiefgezähnte Blätter und breite Blütentrompeten.

EFEUPELARGONIEN
P. peltatum 'Amethyst'
Kriechende Pflanze mit gelappten Blättern und einfachen bis gefüllten Blüten.

DUFTPELARGONIEN
P. 'Royal Oak'
Pflanzen mit kleinen, oft unregelmäßig sternförmigen Blüten; werden wegen der duftenden Blätter kultiviert.

ZWERG-ZONALPELARGONIEN
P. 'Timothy Clifford'
Buschige, blühfreudige Pflanze bis zu 20 cm hoch.

Zwerg- und Miniatur-Zonalpelargonien
Zwerg-Zonalpelargonien sind meist 12-20 cm hoch, buschig und blühfreudig. Sie fühlen sich in ihren Kästen und Töpfen in Gewächshäusern und Wintergärten wohl. Miniatur-Zonalpelargonien haben kleinere Blätter und Blüten als Zwerg-Zonalpelargonien und werden nicht höher als 12 cm. Sie tragen sehr viele Blüten, und zwar gefüllte und einfache in den verschiedensten Farben, haben grüne bis grün-schwarze Blätter.

In jüngster Zeit wurden Pelargonium zonale-F1- und -F2-Hybriden gezüchtet. Diese werden aus Samen gezogen und v.a. als Beetpflanzen verwendet. Sie haben einzelne Blüten und werden in denselben Farben angeboten wie die vegetativ vermehrten Sorten.

Edelpelargonien
Hier handelt es sich um kleine, strauchige Pflanzen mit runden, tiefgesägten Blättern und breiten, trompetenförmigen Blüten in oft exotischen Farben.

Edelpelargonien können im Freien kultiviert werden, man hält sie aber im gemäßigten Klima viel öfter in Gewächshäusern, Wintergärten und im Haus, da die Blüten sehr unter Regen leiden. In wärmeren Klimazonen, wo sie ständig im Freien stehen können, entwickeln sie sich zu wunderschönen Blütensträuchern, die fast das ganze Jahr über blühen.

Efeupelargonien
Diese kriechenden Pelargonien haben runde, gelappte, efeuähnliche Blätter, und ihre Blüten in vielen verschiedenen Farben gleichen denen der Zonalpelargonien. Man findet sie am häufigsten in Hängekörben und Balkonkästen, wo ihre Blüten oder die langen Stengel gut zu sehen sind. Man kann sie auch in Kaskaden über den Rand eines Hochbeetes oder über eine Mauer wachsen lassen.

Duftpelargonien
Duftpelargonien haben kleine, zarte Blüten mit fünf Kronblättern und duftendes Laub, weswegen sie v.a. kultiviert werden. Sie eignen sich gut als Zimmerpflanzen und für Gewächshäuser und können bei gemäßigtem Klima im Sommer und Herbst auch als Beetpflanzen oder in Kübeln kultiviert werden.

Düngen und Wässern

Alle und v.a. in Töpfen gezogene Pelargonien müssen den Sommer über wöchentlich kalireichen Flüssigdünger bekommen. Nur dann können sie ständig viele schöne Blüten und nicht nur Blätter hervorbringen. Stickstoffreicher Dünger regt die Blattbildung auf Kosten der Blütenproduktion an, er sollte deshalb nicht verwendet werden. Topfpflanzen brauchen, sobald das Substrat an der Oberfläche austrocknet, ausreichend Wasser.

Überwintern

Pelargonien müssen bis auf *P. endlicherianum*, eine seltene, winterharte Art aus der Türkei, vor Frost geschützt werden. Im gemäßigten Klima bringt man die Pflanzen vor dem ersten Frost ins Haus – im nächsten Frühjahr kommen sie wieder ins Freie. Nehmen Sie die Pflanzen auf, bevor mit den ersten Frösten zu rechnen ist, schütteln Sie möglichst viel Erde von den Wurzeln, schneiden Sie Wurzeln und Stengel zurück, und entfernen Sie alle Blätter.

Die Pflanzen kommen in eine Holzkiste oder einen festen Karton mit hohen Seitenwänden und einigen Drainagelöchern im Boden. Füllen Sie die Kiste zur Hälfte mit Vermehrungssubstrat, das gerade so viele Nährstoffe enthält, daß die Pflanzen zwar während der Lagerung überleben, aber nicht zu stark wachsen. Dann setzen Sie die Pflanzen so in die Kiste, daß sie nahe beisammen stehen, sich aber nicht berühren. Füllen Sie die Kiste rund um die Pflanzen nach und nach bis

PELARGONIEN ALS TOPFPFLANZEN
Diese Mischung von Zonal- und Duftpelargonien besticht durch attraktives Laub und durch eine lange Blütezeit.

GEGENSÄTZE
Efeupelargonien ergießen sich über den Rand des Balkonkastens und bilden einen hübschen Gegensatz zu den aufrechten Formen in der Mitte.

an den Rand mit Erde, und drücken Sie sie immer wieder an.

Wässern Sie die Erde und lassen Sie sie einen Tag im Freien, damit das Wasser abfließen kann. Die Pflanzen sollten im Winter nur gewässert werden, wenn sie sehr trocken stehen. Stellen Sie die Kiste an einen hellen, frostfreien Ort. Bei starker Kälte mit Zeitungspapier abdecken.

Bis zur Wintermitte werden neue Sprosse erscheinen; diese kann man im Vorfrühling als Stecklinge verwenden. Oder die Pflanzen werden einzeln eingetopft, weitergezogen und im Frühsommer dann ins Freie gesetzt.

Vermehrung durch Stecklinge

Pelargonien lassen sich leicht durch Stecklinge vermehren, die Methode ist für alle Typen die gleiche. Stecklinge sind eine billige Möglichkeit, junge Pflanzen zu erhalten, während die Mutterpflanze bis zum ersten Frost im Garten blühen kann.

Auswahl der Stecklinge
Stecklinge können zwar schon im Frühling genommen werden, die beste Zeit ist aber der Spätsommer, wenn die Lichtverhältnisse gut sind und das Wetter noch warm ist. Wählen Sie kräftige, gesunde Sprosse (bei Edel- und Duftpelargonien nichtblühende), und schneiden Sie diese knapp über dem dritten Knoten unter der Triebspitze ab. Kürzen Sie jeden Steckling bis knapp unter den untersten Knoten, und entfernen Sie die unteren Blätter.

Stecken
Die Topfgröße hängt von der Zahl der Stecklinge ab: Ein 12-cm-Topf reicht für fünf Stecklinge. Füllen Sie diesen mit Vermehrungssubstrat, das Sie gut andrücken, und stellen Sie ihn in ein Gefäß mit Wasser, bis die Oberfläche feucht wird. Nehmen Sie den Topf wieder heraus, und lassen Sie das Wasser abfließen. Stecken Sie die Stecklinge hinein, und drücken Sie etwas nach, damit keine Luftlöcher an der Basis bleiben. Wässern Sie noch nicht.

Pflege
Stellen Sie den Topf an einen hellen, warmen Platz, aber nicht in praller Sonne. Eine Woche nach dem Stecken wird von unten gewässert (siehe oben). Ca. 10 Tage später wird wieder gewässert, bis dahin sollten die Stecklinge bereits Wurzeln entwickeln. Werden die Stecklinge von oben gewässert, sind sie anfällig für Grauschimmel/*Botrytis* u.a. Umfallkrankheiten. Aus dem gleichen Grund werden auch keine Vermehrungskästen oder Plastikfolien verwendet; die Luft muß immer frei zirkulieren können. Wenn die Stecklinge Wurzeln haben (sobald neue Blätter erscheinen), werden sie einzeln in 5-cm-Töpfe gesetzt.

Aussaat von F1- und F2-Hybriden

F1- und F2-Hybriden durch Aussaat zu vermehren, ist für Laien schwierig, denn dafür sind spezielle Bedingungen erforderlich. In warmen Klimazonen blühen diese Pflanzen nach 6 Monaten, in kälteren Regionen kann es 15 Monate dauern. Um die Zeit abzukürzen, werden die Sämlinge in Erwerbsgärtnereien in den 5 Wintermonaten 14 Stunden pro Tag bei künstlichem Licht kultiviert. Man hält sie auch künstlich niedrig, damit der Wuchs kompakt bleibt und die Blüte früh einsetzt.

Aussaat
Ausgesät wird im Frühsommer (siehe S. 182). Sind die Sämlinge 15 cm hoch, knipst man die Triebspitze aus, damit sie sich verzweigen.

ÜBERWINTERN

1 *Nehmen Sie die Pflanzen vor dem ersten Frost heraus, und entfernen Sie lose Erde. Kürzen Sie die Stengel auf etwa 10 cm, und nehmen Sie alle Blätter weg. Schneiden Sie die Wurzeln auf etwa 5 cm zurück.*

2 *Füllen Sie eine Kiste 15 cm hoch mit Vermehrungssubstrat. Setzen Sie die Pflanzen so hinein, daß sie sich nicht berühren; auffüllen, wässern.*

3 *Die Kiste frostfrei stellen, bis neue Sprosse erscheinen, dann werden die Pflanzen getopft. Junge Sprosse dienen im Spätfrühling als Stecklinge.*

STECKLINGE SCHNEIDEN

1 *Wählen Sie einen gesunden Sproß und schneiden Sie ihn knapp über dem dritten Knoten unter dem Vegetationspunkt.*

2 *Mit scharfem Messer werden alle Blätter bis auf die 2 obersten entfernt. Blüten oder Knospen ausknipsen.*

3 *Kürzen Sie jeden Steckling an der Basis mit einem geraden Schnitt bis knapp unter den untersten Knoten.*

4 *Machen Sie in das feuchte Vermehrungssubstrat 2,5 cm tiefe Löcher. Geben Sie die Stecklinge hinein.*

7

Einjährige und Zweijährige

Ein- und Zweijährige kultiviert man meist, um schnell und preiswert Farbe in den Garten zu bringen. Dabei übersieht man oft, wie mannigfaltig diese Pflanzen in Laub, Duft, Struktur und Habitus sind. Ihre Verwendung ist so vielfältig wie ihr Aussehen: Sie bringen in wenigen Monaten Leben in den Garten oder schmücken als Schnitt- oder Trockenblumen die Wohnung. Im Garten kann man mit wechselnden Farbeffekten experimentieren. Die Pflanzen sind zwar kurzlebig, doch blühen manche über viele Wochen oder sogar Monate. Mit ihrem Farbenreichtum lassen sich die verschiedensten Muster schaffen, die nacheinander blühen. Ein- und Zweijährige findet man meist in Beeten oder Pflanzgefäßen; einige Arten mit kriechender oder kletternder Wuchsform aber wirken besonders eindrucksvoll, wenn sie an einer Stütze hochwachsen oder sich über eine Böschung ausbreiten.

Gestaltung mit Ein- und Zweijährigen

Einjährige oder Annuellen sind Pflanzen, deren Lebenszyklus, von der Keimung über die Samenproduktion bis zum Absterben, in einem Jahr vollendet ist. Einjährige, die Frost vertragen, nennt man winterhart; sind sie kälteempfindlich, werden sie als halbhart bezeichnet und müssen unter Glas gezogen werden, man kann sie erst nach dem letzten Frost auspflanzen.

Zweijährige brauchen meist zwei Wachstumsperioden; in der ersten Saison bringen sie nur Blätter hervor, sie überwintern und blühen im folgenden Jahr.

Viele nicht winterharte Stauden sind ein- oder zweijährig kultiviert, wüchsiger und blühfreudiger.

Einjährige Sommerblüher
Auf diesem kleinen Raum entfalten die lebhaften Farben des Fleißigen Lieschens, die hübschen Blütenbüschel von Schizanthus, *die lockere Fülle von* Lobelia *und die Petunien ihre üppige Pracht. Pelargonien und Fuchsien sind eine zusätzliche Bereicherung.*

Einjährige Rabatten

Rabatten oder Beete mit Einjährigen wirken sehr farbenfroh. Die rasch erblühende Farbenpracht ist in einem neuangelegten Garten ideal, hat aber auch im schon eingewachsenen Garten ihren Platz. Man kann in einer Saison verschiedene Pflanzen einsetzen und Abwechslung in die Gestaltung bringen.

Farbeffekte
Rabatten mit Einjährigen wirken oft am besten, wenn die Farbpalette beschränkt ist – leuchtende Orange- und Rottöne, gedämpftes Pink und Purpur, weiche Schattierungen von Blau und Malvenfarben. Legen Sie die Pflanzung als großzügigen Farbfleck an, und wählen Sie für Übergänge harmonische Farbtöne. Grau, Grün und Weiß bilden einen ruhigen Gegenpol zu kräftigem Rot und Blau. Viele Annuellen, z. B. Löwenmaul *(Antirrhinum)*, Stiefmütterchen *(Viola x wittrockiana)* und Petunien, gibt es in verschiedenen Farben, so daß sich für jede Farbpalette die passende findet. Ein Beet voll weißer Blüten wirkt sehr frisch, und grünes Laub nimmt ihm die Kühle.

Form und Struktur
Bei der Gestaltung von Rabatten spielen Blattstruktur und Habitus der Pflanzen eine ebenso wichtige Rolle wie die Farbe. Setzen Sie Pflanzen mit kontrastierenden Blatt- oder Blütenstrukturen in Gruppen nebeneinander. So kommen die

SOMMERLICHER BLÜTENFLOR
Diese farbenfrohen halbharten und winterharten Einjährigen heben sich gut von den gedämpften Tönen der alten Mauer im Hintergrund ab.

Gegensätze gut zur Geltung. Form und Struktur werden bei Einjährigen nicht immer beachtet, machen aber viel vom Charakter einer Pflanzung aus, von den zarten Blüten der *Nigella* oder den auffallenden Ähren der *Salvia* bis zur zwanglos ausgebreiteten Sumpfblume *(Limnanthes douglasii)*.

Von besonderer Wirkung ist zum Beispiel der Ziermais (*Zea mays* 'Japonica Multicolor') mit seinen panaschierten Blättern, den fedrigen Blütentroddeln und den Kolben mit verschiedenfarbigen Samen.

Auch eine Vielfalt an Formen und Größen macht ein Schema interessant. Wählen Sie etwa aus den gänseblümchenähnlichen Formen von *Gaillardia*, den goldgelben Scheiben der Sonnenblumen *(Helianthus annuus)*, den großen Glocken der Petunien, den fedrigen Blüten von *Celosia cristata* oder den winzigen Pompons der Gänseblümchen.

Anordnung der Pflanzen

Die meisten Einjährigen sehen in größeren Gruppen einer Sorte am besten aus. Einzelne Pflanzen wirken leicht verloren und beeinträchtigen die Struktur einer Pflanzung. Säen Sie die Blumen unregelmäßig aus, damit die Wirkung der ineinanderwachsenden Farbenpracht zur Blütezeit ähnlich ist wie bei einer etablierten Staudenrabatte.

Form und Größe der Gruppen sollte unterschiedlich sein, damit ein natürlicher, fließender Eindruck entsteht.

Wenn die Rabatte meist aus einer Richtung betrachtet wird, etwa von einem Weg oder von der Wiese aus, oder ein Zaun oder eine Hecke den Hintergrund bildet, werden die Pflanzen der Höhe nach abgestuft. Die höchsten, z. B. Stockrosen *(Alcea)*, *Amaranthus* und Sonnenblumen, stehen hinten, niedrigwachsende Arten wie *Ageratum*, Duftsteinrich *(Lobularia maritima)* und *Phlox drummondii* breiten sich vorne aus. Bei mittelhohen Pflanzen sollte die Höhe der Pflanzengruppen leicht variieren. So erzielt man eine lockere Wellenwirkung.

Kombinieren Sie Pflanzen, die unter ähnlichen Bedingungen gedeihen. So vertragen sich etwa Arten und Sorten von *Nicotiana* gut mit den niedrigwachsenden, kompakten Formen des Fleißigen Lieschens *(Impatiens)*, da beide meist kühle, schattige Standorte vorziehen.

Blattpflanzen

Mehrere Einjährige werden v. a. wegen ihres Laubs kultiviert, das einen Ausgleich oder Kontrast zu leuchtenden Blüten schafft und eine Rabatte in ihrer Struktur bereichert. *Senecio maritima* mit seinen silbergrauen Blättern läßt sich leicht aus Samen ziehen. Er wird zwar, da halbhart, einjährig gezogen, ist aber eine Staude, die bei entsprechendem Frostschutz durchaus ein paar Jahre überdauert.

Einige Rizinuspflanzen *(Ricinus communis)* – auch eine Staude, die bei kühlerem Klima als halbharte Einjährige gedeiht – ziehen mit ihren grünen oder purpur-bronzefarbenen Blättern die Blicke auf sich. Die buschigen, hellgrünen, zypressenähnlichen Säulen der einjährigen *Kochia scoparia* f. *trichophylla* bilden einen guten Kontrast zu einem bunten Pflanzschema, während einige Sorten von *Coleus* Laub in Rot und Purpur, Gelb und Grün haben. Andere farbige Blattpflanzen sind 'Ruby Chard' (Sorte der *Beta vulgaris*) mit ihren leuchtendroten Stengeln und der Zierkohl (*Brassica-oleracea*-Formen) mit dem niedrigwachsenden Laub in gedämpftem Rosa, Grün und Weiß.

Blütezeit

Planen Sie die Pflanzung so, daß die Blütezeiten der Einjährigen möglichst zusammenfallen, damit das Schema keine Lücken aufweist. Soll die Anlage schön sein, nimmt man Einjährige, die nacheinander blühen; bei bestimmten Farbkombinationen ist darauf zu achten, daß die Pflanzen zur selben Zeit blühen.

Im Frühling blühen Goldlack *(Cheiranthus)*, Vergißmeinnicht *(Myosotis)*, Stiefmütterchen *(Viola x wittrockiana)*, Primeln *(Primula vulgaris)* und Garten-Himmelsschlüssel (Primula-Elatior-Hybriden). Im Sommer und Frühherbst ist die Auswahl weit größer und bietet viel Spielraum für Kombinationen.

Petunien gibt es in sehr vielen Farben. Wählen Sie unter den kontrastreichen gestreiften, hellen einfarbigen und sanft schattierten Blüten, und setzen Sie sie einzeln oder in Kombinationen ein. Entscheiden Sie sich für nicht regenempfindliche Hybriden.

RABATTE MIT EINJÄHRIGEN

Mit Einjährigen, Zweijährigen u. a. kurzlebigen Pflanzen läßt sich eine ganze Rabatte gestalten. Hier wurden die unterschiedlichen Wuchsformen, zum Beispiel der kletternden Cobaea scandens *und des ausgebreiteten Duftsteinrichs* (Lobularia maritima) *im Vordergrund, gut plaziert. Das formschöne Laub von* Ricinus communis *steht bewußt in Kontrast zu den zwangloseren Blütenformen.*

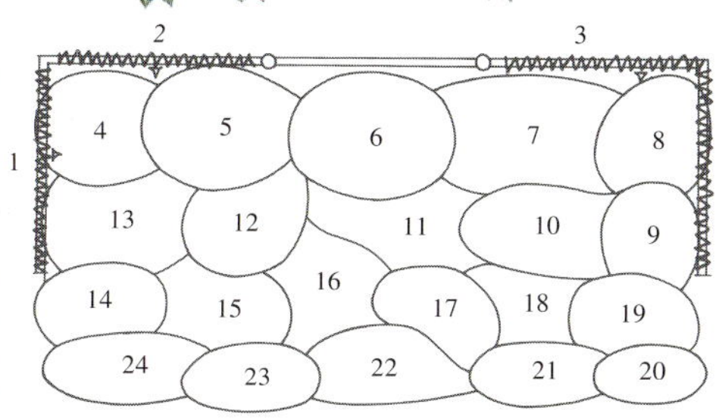

1 *Tropaeolum majus*
2 *Eccremocarpus scaber*
3 *Cobaea scandens*
4 *Chrysanthemum* 'Primrose Gem'
5 *Digitalis purpurea* f. *alba*
6 *Ricinus communis*
7 *Lavatera trimestris* 'Mont Blanc'
8 *Centaurea cyanus*
9 *Tagetes patula* 'Naughty Marietta'
10 *Salvia farinacea*
11 *Nicotiana alata* 'Lime Green'
12 *Nigella damascena* 'Miss Jekyll'
13 *Calendula* 'Orange King'
14 *Arctotis stoechadifolia* var. *grandis*
15 *Gypsophila* 'Covent Garden White'
16 *Rudbeckia* 'Marmalade'
17 *Echium* 'Blue Bedder'
18 *Eschscholzia* 'Monarch Art Shades'
19 *Dimorphotheca*, Sunshine-Hybriden
20 *Lobularia maritima* 'Snow Crystal'
21 *Lobelia* 'Kristallpalast'
22 *Convolvulus* 'Royal Ensign'
23 *Tagetes* 'Golden Gem'
24 *Ageratum* 'Blue Danube'

FORMEN
Die grüne Einrahmung wird von leuchtenden, einfarbigen Flächen aus scharlachroten Pelargonien und goldgelben Ringelblumen ausgefüllt.

GEMISCHTE RABATTE
Zwischen Stauden ein Blütenteppich aus Ein- und Zweijährigen. Die hohen, gelben zweijährigen Verbascum, *goldene Sonnenblumen und Ringelblumen werden von blauen Kornblumen und rosa* Cosmos *durchsetzt.*

Auch *Tagetes* gibt es in vielen Farben, von Cremeweiß bis Orange und Mahagonirot; die Blütenköpfchen variieren von der einfachen Gänseblümchenform der *Tagetes signata* bis zu den großen Kugelformen der afrikanischen Sorten. *Tagetes patula* haben einfache und gefüllte Blütenköpfchen in üppigem Braun- oder Mahagonirot.

Formenstrenge Beetanlagen
Mit den vielen verschiedenen Farben, Formen und Größen und durch den einheitlichen Wuchs vieler moderner Sorten der Einjährigen läßt sich ein Schema planen, das vom Frühling bis zum Herbst attraktiv ist. Einer der großen Vorzüge der Annuellen ist die Farbintensität, die sich mit einer einzigen niedrigwachsenden, reichblühenden Sorte erzielen läßt, wenn die Pflanzen sich in einem Beet zu einem dichten Gewebe verbinden. Ein scharlachroter Teppich aus Pelargonien oder *Salvia splendens* etwa hebt sich lebhaft vom frischen, grünen Rasen ab. Mit Mustern aus Einjährigen in verschiedenen Farben erzielt man eine ähnlich starke Wirkung.

Durch den dichten Wuchs und ihre Dauerblüte sind viele Einjährige für komplizierte Muster geradezu ideal. Es gibt sie in mittleren und Zwergsorten. Mit Pflanzen kann man Farbe in ein Schema bringen, das von Ziegeln, Kies oder anderen Materialien umrandet wird.

Einjährige eignen sich ausgezeichnet für Barockgärten und Parterres, in denen niedrige immergrüne Pflanzen, z. B. Buchsbaum, Thymian oder Lavendel zu bleibenden Konturen gestutzt werden. Sorgen Sie für farbliche Abwechslung zwischen den Jahreszeiten: Eine Winterpflanzung mit Stiefmütterchen etwa bleibt bis in den Frühling und wird dann vielleicht von einer Sommerpflanzung mit Zwergzinnien abgelöst.

Bei ein- und zweijährigen sowie anderen nicht ausdauernden Pflanzen lassen sich auch kontrastierende Farben und Formen gestalterisch einsetzen. Eine einfarbige Umrahmung aus niedrigen, kissenbildenden Pflanzen markiert Grenzen und umschließt die Füllpflanzen. Weiß wirkt als Rand frisch und klar – Gänseblümchen *(Bellis perennis)* im Frühling, Duftsteinrich *(Lobularia maritima)* oder weiße Lobelien im Sommer. Die Füllpflanzen können eine lockere Form haben, wie z. B. das Löwenmaul *(Antirrhinum)*.

Gemischte Rabatten

Eine gemischte Rabatte aus Sträuchern, Stauden, Zwiebel- und Knollengewächsen und Einjährigen ist für jeden Garten eine Zier. So verschiedenartige Pflanzen bieten die größtmögliche Vielfalt in Farbe, Struktur, Blütezeit und Gestaltung. Ein- und Zweijährige verdienen einen Platz in einem dauerhaften Pflanzschema, wo sie jedes Jahr gesät werden oder sich selbst aussäen. Bei Selbstaussaat werden sie eine ungekünstelte Wir-

ANNUELLEN IN GEMISCHTEN RABATTEN

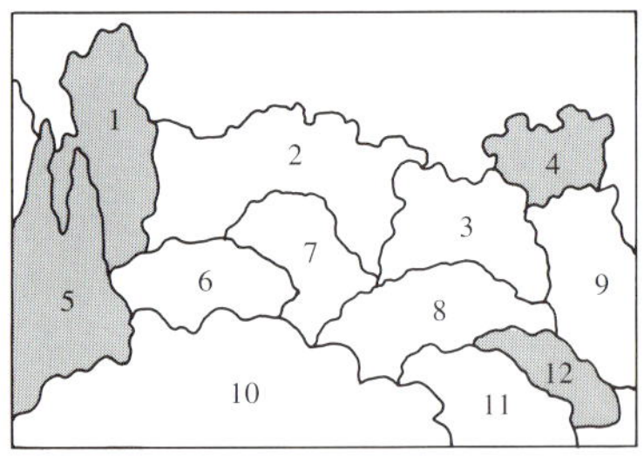

1 *Onopordum acanthium*
2 *Papaver orientale*
3 *Paeonia* 'Sarah Bernhardt'
4 *Papaver somniferum*
5 *Digitalis purpurea* (Sorten)
6 *Bergenia cordifolia* 'Purpurea'
7 *Monarda didyma* 'Croftway Pink'
8 *Ornithogalum narbonense*
9 *Dianthus* 'Mrs Sinkins'
10 *Allium giganteum*
11 *Dicentra formosa*
12 *Viola tricolor*

In diesem Beet stehen Einjährige (graue Flächen im Diagramm) zwischen Stauden und Zwiebelblumen, um Lücken zu füllen und die Anlage durch prachtvoll leuchtende Farbflecken den ganzen Sommer lang zu beleben. Das auffallende, silbergraue Onopordum acanthium *und die hohen, purpurnen und weißen Ähren des Fingerhuts überragen stolz die ineinanderwachsenden Stauden. Der Schlafmohn setzt leuchtendrote Akzente, und im Vordergrund wächst das zarte Wilde Stiefmütterchen in den Weg hinein. Das Rosa-Purpur des Stiefmütterchens ergänzt das Rosa der Pfingstrose* ('Sarah Bernhardt'), *das kräftige Purpur des Fingerhuts und die Blüten der Indianernessel, so daß ein schönes, ausgewogenes Pflanzschema entsteht.*

kung und reichlich Blüten hervorbringen, die an traditionelle ländliche Gärten erinnert, wo Blumen, Salat und Gemüse ungezwungen beisammenstehen.

In Kombination mit Stauden und Sträuchern wirken Ein- und Zweijährige als farbliche Höhepunkte in eingewachsenen Rabatten. Die Effekte reichen von einer fröhlichen Mischung aus *Clarkia*, *Cosmos*, *Eschscholzia* und Klatschmohn *(Papaver rhoeas)* bis zu einer Kombination aus sorgfältig abgestimmten Farbtönen. So setzen etwa blühende Einjährige wie karmesinrote *Amaranthus caudatus* und *Nicotiana alata* oder scharlachrote Begonien, Pelargonien und *Verbena*-Sorten Glanzlichter in einer »roten« Rabatte mit einer Umrahmung aus purpurnem Laub.

Durch Selbstaussaat werden Ein- und Zweijährige leicht zu einem Dauerelement in einer gemischten Rabatte, das die Pflanzung einheitlicher und zugleich weniger berechenbar macht. Ein zarter frühsommerlicher Farbschleier aus *Nigella damascena* füllt Lücken und verbindet andere Blüten mit den jungen Blättern später blühender Pflanzen. Die turmähnlichen Stiele mancher Zweijähriger, wie *Verbascum* und Fingerhut *(Digitalis)*, bringen ländliche Zwanglosigkeit in eine sauber strukturierte Rabatte.

Architektonische Wirkung
Hübsche Blätter, auffallende Blütenformen und besondere Wuchseigenschaften lassen manche Pflanzen stärker hervortreten als andere. Ein- oder Zweijährige mit architektonischer Wirkung sind die Angelpunkte einer gemischten Rabatte und bereichern die Komposition. Diese Pflanzen wirken am stärksten, wenn sie benachbarte Gewächse ergänzen und nicht dominieren. Die großen, dünnen, grauen Blätter und hohen, weitverzweigten Blütenstiele von *Onopordum acanthium* ragen z. B. wie Skulpturen aus der Mitte einer Rabatte mit anderen silberbelaubten Pflanzen. Die Blütenähren des Fingerhut der Excelsior-Serie und des Einjährigen Rittersporns erheben sich graziös über alle Nachbarn. Auch wohlgeformte Blüten, wie die von *Cleome*, ziehen die Blikke auf sich.

Pflanzen mit interessantem Laub wirken ebenfalls strukturierend. Großen Rabatten verleihen die grünen oder purpurfarbenen, gefingerten Blätter der Rizinuspflanze *(Ricinus communis)* oder die auffallenden Blätter des Zierkohls (*Brassica-oleracea*-Formen) eine besonders interessante Struktur.

Hängende Einjährige
Durch die hängende Form, die hübschen Blätter und die langlebigen, attraktiven, gefüllten Blüten ist diese einjährige Kapuzinerkresse, 'Hermine Grasshof', *auch ein leuchtender Blickfang, wenn sie alleine steht.*

Ein- und Zweijährige als Füllpflanzen

Da Ein- und Zweijährige rasch wachsen und ohne großen Aufwand zu kultivieren sind, lassen sich mit ihnen gut Lücken füllen, die zwischen noch nicht herangewachsenen Stauden und neugepflanzten Sträuchern entstehen, oder wenn andere Pflanzen nicht gedeihen. Zum Saisonende bepflanzt man dieselben Lücken mit Goldlack *(Cheiranthus)*, der schönes Winterlaub liefert und im Frühjahr blüht. Mehrfarbige Blütenteppiche aus winterblühenden Stiefmütterchen *(Viola* x *wittrokkiana)*, Garten-Kissenprimeln *(Primula vulgaris)* oder Garten-Himmelsschlüsseln können mit frühjahrsblühenden Zwiebelblumen wie Narzissen, Hyazinthen oder spätblühenden Tulpen durchsetzt sein.

Bis die Alpenpflanzen etabliert sind, lassen sich auch im Steingarten Lücken mit Einjährigen füllen, die dieselben Bedingungen mögen. Damit die zarten, kleinen alpinen Gewächse nicht untergehen, sollten Sie jedoch Einjährige wählen, die sich gut einfügen, z. B. *Viola tricolor*, *Lobelia erinus* und *Portulaca*.

Einjährige Bodendecker
Das Fleißige Lieschen bildet im kühlen Schatten von Bäumen und Sträuchern einen kontrastierenden, leuchtenden Blütenteppich.

Ein- und Zweijährige als Bodendecker

Manche Ein- und Zweijährigen können als kurzlebige Bodendecker eingesetzt werden und kahle Flächen mit Farbe überziehen. Es gibt Annuellen für Sonne und Schatten, für magere und fette Böden. Einfarbige Sorten wie Sommersteinbrech *(Lobularia maritima)* oder einjährige Schleifenblumen *(Iberis)* bilden an sonnigen Standorten eine dichte Decke, das Fleißige Lieschen *(Impatiens)* an schattigen, wo der üppige Wuchs und die vielen Blüten den Boden rasch überziehen. Mehr Struktur und Farbe bringen Klatschmohn oder *Eschscholzia* ins Bild; beide breiten sich rasch aus. Raschwachsende Bodendecker sind auch Sorten von *Convolvulus tricolor* in Blau, Purpur oder Rosa oder Kapuzinerkresse in Rot, Orange und Gelb, manche mit panaschierten Blättern.

Kletterer

Raschwachsende Ein- und Zweijährige können ein Stück Mauer oder Zäune schnell in einen Vorhang aus Blüten und Blättern verwandeln und damit Intimität schaffen oder häßliche Wände kaschieren. Viele Einjährige haben sowohl hübsches Laub als auch schöne Blüten, einige, z. B. die Wohlriechende Wicke *(Lathyrus odoratus)*, duften außerdem noch (siehe »Wohlriechende Wicke«, S. 178-179).

Pflanzen mit kletterndem oder hängendem Wuchs sind v. a. auf begrenztem Raum, z. B. in Innenhöfen, auf Balkonen, wichtig, weil sie dort die kahlen Flächen bekleiden. Viele einjährige Kletterer können in Töpfen gezogen werden und sind daher ideal für neue Gärten und zum Kaschieren unansehnlicher Ecken.

Üppige Kletterpflanzen, die sich um Bögen, Pergolen u. a. Vorrichtungen schlingen, z. B. *Ipomoea* und schlingende Sorten der Kapuzinerkresse oder halbharte Stauden wie *Cobaea scandens* mit ihren großen, glockenförmigen, purpurnen oder grünweißen Blüten, liefern in Kombination mit den ausdauernden Kletterern im Sommer eine reiche Blütenpracht. Für eine rasche Wirkung wählen Sie *Thunbergia alata* oder *Rhodochiton atrosanguineum*, eine faszinierende Pflanze mit purpurfarbenen Röhrenblüten in kastanienbraunen Kelchen.

Kletternde Einjährige sehen auch hübsch aus, wenn sie durch andere Pflanzen, zum Beispiel, Efeu oder Koniferen, wachsen. Wählen Sie das schlingende, einjährige *Tropaeolum peregrinum* mit seinen blaßgrünen, breit gelappten Blättern und hellgelben, gefransten Blüten oder den halbharten *Eccremocarpus scaber*, einen Ranker mit langer Blütezeit und Trauben von gelb-, orange- oder rotleuchtenden Röhrenblüten zwischen kleinen Blättern. Für eine dichte Bewachsung pflanzt man Feuerbohnen *(Phasaeolus coccineus)*, die zarte, scharlachrote Blüten und außerdem noch eßbare Hülsen haben.

Einjährige in Töpfen

Ob Topf, Wanne oder Balkonkasten, jedes Pflanzgefäß und die darin gezogenen Pflanzen ziehen im Garten die Blicke auf sich. Einjährige F1- und F2-Hybriden haben gleichmäßige Wuchseigenschaften und konstante Blütenfarben, sind also für langlebige Arrangements ideal. Die meisten Einjährigen eignen sich für Pflanzgefäße, entweder allein oder als Ergänzung zu anderen Gewächsen.

Form, Stil und Material des Gefäßes können einen optischen Zweck erfüllen oder sich der Pflanzung unterordnen. Ein wohlgeformter Krug oder ein hübscher Steintrog erhalten vielleicht nur einen Schleier aus zartem Laub, während man ein eher funktionelles Gefäß unter hängenden Blättern und Blüten verschwinden läßt.

Größere Bandbreite

Bei der Auswahl von Pflanzen für Gefäße oder Innenhöfe ist das Sortiment größer als fürs Freiland. Da ihr Standort meist durch Mauern oder Wände geschützt wird, gedeihen hier auch Pflanzen, die für einen exponierten Platz im selben Klimabereich zu empfindlich wären. Überlegen Sie vor der Auswahl der Pflanzen, wieviel Sonne bzw. Schatten ein Standort bietet und ob er dem Wind ausgesetzt ist.

Harmonie im Fensterkasten
Begonien und Stiefmütterchen vereint mit hängenden Lobelia, *Efeu und* Lysimachia nummularia *zu einer Komposition in Creme, Blau und Grün.*

Senkrechte Pflanzung
Hängekörbe und Fensterkästen beleben eine kahle Wand. Hängende Efeupelargonien verbinden sich mit aufrechten, buschigen Einjährigen zu einem dichten, farbigen Blütenflor.

Es gibt Einjährige für alle Jahreszeiten. Im Frühling und Frühsommer bringen Stiefmütterchen, Garten-Kissenprimeln und Garten-Himmelsschlüssel an geschützten Stellen Farbe in den Garten. Innenhöfe sind ideal für Petunien, Gazanien, Zinnien und das Fleißige Lieschen *(Impatiens)*, die den ganzen Sommer über bunt leuchten.

Sortenwahl

Sorten mit kompaktem Habitus sind besonders geeignet, da sie nicht so windempfindlich sind und keine Stütze benötigen. Wählen Sie eher mittelhohe und Zwergsorten des Löwenmauls sowie Zwerg- oder vielblütige Beetpelargonien. Efeupelargonien haben eine lange Blütezeit, können aus Samen gezogen und wie halbharte Einjährige kultiviert werden, während neue Hybriden, deren Habitus zwischen hängend und buschig liegt, z. B. die Sensation-, Breakaway-, und Multibloom-Serien, speziell für die Vermehrung aus Samen gezüchtet wurden und ideale Topfpflanzen sind.

Gazanien wachsen gut in Hängekörben und Töpfen an vollbesonnten Plätzen. Heliotrop macht sich gut in der Nähe des Hauses, etwa neben dem Eingang. Auch an Levkojen schätzt man Schönheit und Duft, im Sommer empfiehlt sich die Busch-Levkoje 'Großblumige Prachtmischung', im Herbst und Frühling die Brompton-Serie.

Hängekörbe und Balkonkästen

Pflanzen mit hängendem Wuchs sind ideal für Balkonkästen und Hängekörbe, die Fülle von Laub und Blüten läßt sich wirkungsvoll einsetzen. Zu den verläßlichsten Pflanzen gehören hier die sich ausbreitenden Petunien, die hängende *Lobelia erinus* (Cascade-Serie) und *Verbena* x *hybrida*-Sorten, die es in vielen Farben gibt, u. a. in klarem Rot, Scharlachrot, Purpur und Weiß. Hängende und niedrigwachsende F1- und F2-Pelargonien sind ebenfalls zu empfehlen (siehe »Pelargonien«, S. 170-171).

Einjährige als Schnitt- und Trockenblumen

Viele Annuellen sind ausgezeichnete Schnittblumen fürs Haus. Wenn genügend Platz vorhanden ist, lohnt es sich, auch Schnittblumen zu ziehen. Sie können entweder in einer Rabatte oder in einem eigenen Bereich gesät werden. Höhere Sorten sind besonders geeignet, z. B. Löwenmaul, Kornblumen *(Centaurea cyanus)*, Levkojen oder *Gypsophila*. Die Wohlriechende Wicke *(Lathyrus odoratus)* liefert reizvolle Schnittblumen, die das ganze Haus mit ihrem Duft erfüllen; wenn die Blumen regelmäßig geschnitten werden, blüht die Pflanze viele Wochen lang. Auch der einjährige Rittersporn *(Consolida)* ist eine schöne Schnitt- oder Trockenblume.

Viele Annuellen können getrocknet werden und schmücken dann das ganze Jahr über das Haus; dazu gehören *Helichrysum*, *Limonium* und *Amaranthus caudatus*. Andere, z. B. Silberlinge *(Lunaria)* und *Nigella* haben dekorative Fruchtstände. Einjährige Gräser, wie *Panicum capillare*, werden ebenfalls wegen ihrer Fruchtstände kultiviert.

Verzeichnis der Ein- und Zweijährigen

EXPONIERTE STANDORTE

Ein- und Zweijährige für exponierte und windige Standorte

Borago officinalis
Calendula
Centaurea cyanus
Cheiranthus
Chrysanthemum carinatum, *C. coronarium*, *C. segetum*
Clarkia
Dianthus barbatus, *D. chinensis*
Echium vulgare
Eschscholzia
Glaucium flavum
Iberis amara, *I. umbellata*
Lavatera trimestris
Limnanthes
Linum grandiflorum
Lobularia maritima
Lunaria
Malcolmia
Malope trifida
Oenothera biennis
Papaver rhoeas, *P. somniferum*
Petunia ❄
Rudbeckia hirta (Hybriden)

Rudbeckia hirta

Salvia horminum
Tagetes tenuifolia ❄
Vaccaria hispanica

TROCKENER SCHATTEN

Ein- und Zweijährige für trockenen Schatten

Digitalis purpurea
Matthiola bicornis

FEUCHTER SCHATTEN

Ein- und Zweijährige für feuchten Schatten

Impatiens walleriana ❄
Matthiola bicornis
Mimulus – Saatmischungen inbegr.: *M.*, Calypso-Serie ❄ *M.*, Malibu-Serie ❄
Oenothera biennis
Primula vulgaris
Viola x *wittrockiana*

DUFTENDE BLÜTEN

Centaurea moschata
Dianthus, Riesen-Chabaud-Nelken *D. chinensis*
Exacum affine ❄
Heliotropium, einige ❄
Humea elegans ❄
Lathyrus odoratus
Lobularia maritima
Matthiola, Brompton Serie, *M.*, 'Großblumige Prachtmischung'
Nicotiana alata ❄, *N.* x *sanderae* ❄ (einige Sorten)
Primula, einige ❄
Reseda odorata
Viola x *wittrockiana*

FÜR SCHNITTBLUMEN

Agrostemma githago 'Milas'
Antirrhinum ❄ (hohe Sorten)
Calendula
Callistephus ❄ (hohe Sorten)
Centaurea cyanus
Cheiranthus cheiri
Chrysanthemum carinatum ❄, *C. coronarium*, *C. segetum*
Consolida ambigua
Coreopsis-Serien
Cosmos ❄
Dianthus barbatus, *D.*, Riesen-Chabaud-Nelken, *D.*, Knight-Serie
Gaillardia pulchella
Gilia capitata
Gomphrena globosa ❄
Gypsophila elegans
Helianthus annuus, *H.*, 'Herbstschönheit'
Helipterum ❄
Lathyrus odoratus
Limonium sinuatum ❄
Lunaria annua
Matthiola, Brompton-Serie, *M.*, 'Großbl. Prachtmischung' *M. incana*,
Moluccella laevis ❄
Nigella damascena
Papaver nudicaule, *P.*, Summer-Breeze-Serie
Psylliostachys suworowii ❄
Rudbeckia hirta (Hybriden)
Salvia horminum
Xeranthemum annuum ❄
Zinnia ❄

FÜR TROCKENBLUMEN

Ageratum ❄
Amaranthus ❄
Avena sterilis
Briza maxima, *B. minor*
Calendula
Celosia ❄
Centaurea cyanus
Clarkia
Consolida ambigua
Gomphrena globosa ❄
Helipterum ❄
Hordeum jubatum
Lagurus ovatus
Limonium sinuatum ❄
Lonas ❄
Moluccella laevis ❄
Nigella
Panicum violaceum
Pennisetum villosum
Salvia horminum
Setaria glauca ❄
Stipa pennata

STRUKTURIERENDE PFLANZEN

Alcea rosea, syn. *Althaea rosea*
Amaranthus caudatus ❄, *A. tricolor* ❄
Brassica oleracea 'Cabbage Cherry Sundae' (F1), *B.o.* 'Kale Red and White Peacock' (F1)
Cleome hassleriana ❄
Digitalis purpurea
Helianthus annuus

Helianthus annuus

Kochia scoparia f. *trichophylla* ❄
Onopordum acanthium
Ricinus communis ❄
Salvia sclarea var. *turkestanica*
Silybum marianum
Verbascum bombyciferum, *V. densiflorum*
Zea mays 'Gracillima Variegata' ❄, *Z. m.* 'Harlekin' ❄

HÄNGEPFLANZEN FÜR PFLANZGEFÄSSE

Ageratum ❄
Arctotis stoechadifolia ❄
Begonia semperflorens ❄, *B.* 'Non-Stop' ❄
Bidens ferulifolia ❄
Brachycome iberidifolia
Convolvulus tricolor
Gazania ❄
Heliotropium, einige ❄
Impatiens walleriana ❄
Lobelia erinus ❄
Osteospermum 'Starshine' (und andere Mischungen) ❄
Pelargonium 'Breakaway' ❄, *P.* 'Multibloom' ❄, *P.* 'Sensation' ❄, *P.* 'Summer-Showers-Mischung' ❄ (und andere F1- & F2-Serien)
Petunia ❄
Senecio ❄
Tropaeolum majus (halbhängende Sorten), *T. m.* 'Empress of India', *T. m.*, Gleam-Serie, *T. m.*, Whirlybird-Serie
Verbena x *hybrida*
Viola x *wittrockiana*

EINJÄHRIGE KLETTERPFLANZEN

s. Verzeichnis S. 99

TOPFPFLANZEN

Einjährige für aus Samen gezogene Topfpflanzen

Antirrhinum, einige ❄
Begonia semperflorens ❄
Campanula pyramidalis ❄
Capsicum ❄ (dek. Fruchtsorten)
Centaurea moschata
Coleus ❄
Exacum affine ❄
Humea elegans ❄
Impatiens walleriana ❄ (hohe S.)
Osteospermum ❄
Pelargonium ❄ (F1- & F2-Hybriden)
Petunia ❄
Primula malacoides ❄, *P. obconica* ❄, *P. sinensis* ❄
Psylliostachys suworowii ❄
Salpiglossis ❄
Schizanthus ❄
Senecio x *hybridus* ❄ (Sorten)
Thunbergia alata ❄
Torenia fournieri ❄
Trachelium caeruleum ❄
Trachymene coerulea, syn. *Didiscus coeruleus* ❄

STAUDEN, DIE EINJÄHRIG GEZOGEN WERDEN KÖNNEN

Antirrhinum, einige ❄
Argemone mexicana ❄

Antirrhinum majus, Princess-Serie

Begonia semperflorens ❄
Browallia speciosa ❄
Cobaea scandens ❄
Coleus ❄
Coreopsis, Early-Sunrise-Serie
Eccremocarpus scaber ❄
Gazania ❄
Gomphrena globosa ❄
Heliotropium arborescens ❄
Hesperis matronalis
Impatiens walleriana ❄
Mimulus, Malibu-Serie ❄ (und andere Saatmischungen)
Nierembergia rivularis ❄
Pelargonium ❄ (alle F1- & F2-Saatmischungen)
Ricinus communis ❄
Salvia farinacea ❄, *S. splendens* ❄
Senecio cineraria ❄
Verbena x *hybrida* ❄

SCHLÜSSEL
❄ *Nicht winterhart*

Wohlriechende Wicke

Die Wohlriechende Wicke (*Lathyrus odoratus*) wurde wegen ihrer schönen Blüten, ihres wunderbaren Duftes und ihrer langen Blütezeit zur »Königin der Einjährigen« gekürt. An einem Zeltgerüst, Pfeiler oder an Stäben hochgezogen, entfaltet sie eine langlebige Farbenpracht.

Wickensorten

Am bekanntesten sind die Spencer- und Grandiflora-Sorten, die mit ihren Blattranken an Stützen hochklettern. Die sehr großblumigen Spencer-Sorten werden 2-3 m hoch; Grandiflora-Sorten haben kleinere, »altmodische« Blüten, duften aber stärker. Halbhohe Sorten werden bis 90 cm hoch; Zwergformen wachsen gut in Kästen.

ALTMODISCHE WICKE

Die altmodische Duftwicke ist den Platterbsen-Arten näher verwandt als die meisten modernen Sorten. Sie hat zartfarbene, starkduftende Blüten.

ZWERGWICKE

Diese Wohlriechende Wicke wird etwa 90 cm hoch und benötigt kaum eine Stütze. Sie ist ideal für bunte Rabatten oder die Pflanzung in Trögen.

Aufzucht aus Samen

Bei mildem Klima wird zur Herbstmitte gesät, bei strengeren Wintern im Spätwinter oder Vorfrühling. Der Ablauf ist der gleiche. Schützen Sie die Sämlinge vor Mäusen.

Die Farbe des Samens variiert zwischen blaß fleischfarben und schwarz. Um die Keimung zu erleichtern, ritzt man dunklere Samen mit einem scharfen Messer an und entfernt ein kleines Stück Schale gegenüber dem Auge. Die Samen der Wohlriechenden Wicke werden nicht eingeweicht, da sie leicht verrotten. Behandeln Sie sie mit etwas Saatgutfungizid.

Säen Sie in Saatschalen, Töpfen (1, 2 oder 3 Samen pro Topf) oder in speziellen Wickentöpfen mit 5 cm Durchmesser und 15 cm Tiefe; verwenden Sie durchlässiges Substrat oder Fichtensägemehl.

Dunkle Samen keimen in ziemlich feuchtem Substrat, für helle Samen darf das Substrat nur wenig feucht sein. Decken Sie die Töpfe mit Glas ab, und halten Sie die Temperatur bei etwa 15°C.

Bei Saatschalen muß pikiert und einzeln eingetopft werden, sobald die Pflanzen 3,5 cm hoch sind. Füllen Sie 5-cm-Töpfe oder Wickentöpfe mit ähnlichem Substrat wie für die Aussaat. Knipsen Sie die Wurzelspitzen weg, und topfen Sie die Pflanzen ein.

Nach Herbstaussaat werden die Triebspitzen abgezwickt, sobald die Pflanzen 10 cm hoch sind. Im Frühling gesäte Sämlinge werden entspitzt, sobald sich das erste Blattpaar zeigt.

Überwintern nach Herbstaussaat

Lassen Sie den Kalten Kasten häufig offen, auch bei leichtem Frost, um die Pflanzen abzuhärten. Bei Temperaturen unter –2°C wird der Kasten geschlossen und mit einer Matte zugedeckt. Sorgen Sie auch bei Regen für gute Belüftung. Achten Sie auf Blattläuse (S. 550); im Spätwinter geben Sie verdünnten Flüssigdünger.

Abhärten nach Frühlingsaussaat

Hier ist mehr Vorsicht geboten, da die Pflanzen kleiner und empfindlicher sind als nach der Herbstaussaat. Sorgen Sie für gute Belüftung, verschließen Sie den Kalten Kasten aber bei Frostgefahr, decken Sie ihn u.U. mit einer Matte ab.

BUSCHWICKE

ERBSENREISER

Die Wohlriechende Wicke wird meist mit Erbsenreisern gestützt. Stecken Sie die Reiser beim Auspflanzen in den Boden, und lehnen Sie sie zur Mitte, damit sie fester stehen.

DRAHTRINGE

Buschwicken können an Drahtringen, die mit mehreren Stäben befestigt wurden, hochgezogen werden. Die Pflanzen wachsen durch die Ringe und hüllen sie ein.

»WIGWAM«

Auch eine Zeltstütze aus oben zusammengehaltenen Stäben ist stabil. Ein Sämling neben jedem Stab ergibt gewöhnlich schon eine dichte Blütenmasse.

Pflanzung

Die Wohlriechende Wicke gedeiht an sonnigen, offenen Standorten mit durchlässigem, humusreichem Boden (siehe »Bodenstruktur und Wassergehalt«, S. 526). Drei Wochen vor der Pflanzung arbeitet man mit dem Rechen gut abgestimmten Dünger in einer Dosierung von gut 85 g/m^2 ein. Der Boden wird am besten im Herbst geholländert (siehe »Holländern«, S. 525). Geben Sie in die untere Schicht gut verrotteten Stallmist.

Nach Herbstaussaat wird zur Frühjahrsmitte, nach Frühlingsaussaat im Spätfrühling ausgepflanzt. Setzen Sie die Pflanzen im Abstand von 25 cm jeweils hinter die Stütze; der unterste Sproß soll auf Bodenniveau sein. Wässern Sie bei Trokkenheit und sobald Blütenknospen erscheinen. Geben Sie ab dem Hochsommer zwei-, dreimal in vierzehntägigen Abständen Flüssigdünger.

Buschwicke

Man läßt der Wohlriechenden Wikke meist ihre natürliche buschige Wuchsform und stützt die Pflanzen mit Reisern, Bambusstäben, Spa-

Kordonerziehung

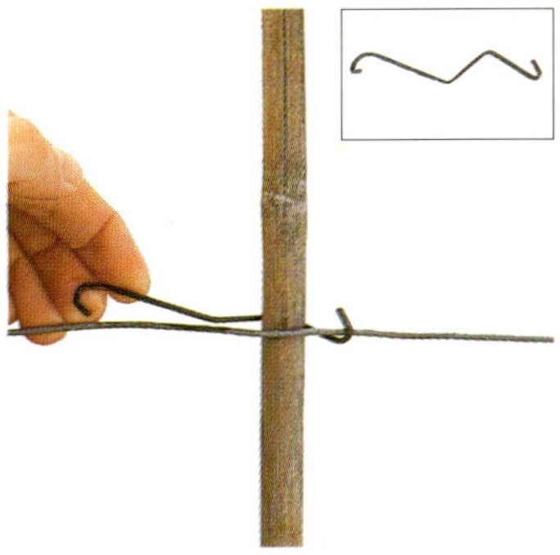

1 Sobald die Drähte gespannt sind, gibt man 2,2 m hohe Stäbe alle 25 cm entlang der Reihe in den Boden, lehnt sie leicht gegen die Drähte und befestigt sie mit V-Klammern.

2 Etwa 2 Wochen nach der Pflanzung wählt man die kräftigsten Sprosse jeder Pflanze und befestigt sie mit einem Drahtring locker unter einem Blattknoten am Stab.

3 Gleichzeitig werden alle anderen Seitensprosse abgeschnitten, damit die Pflanze ihre Kraft auf den Hauptsproß konzentriert.

4 Knipsen Sie weiterhin alle Seitensprosse, Ranken und alle Blütenstiele mit weniger als 4 Knospen aus.

lieren oder Maschendraht. Stäbe und Reiser können kreisförmig, in Reihen oder in Zeltform angeordnet werden. Eine Doppelreihe von Reisern und Stäben muß gut befestigt werden, am besten mit einem Pfahl an jedem Ende und einem Spanndraht. Befestigen Sie junge Pflanzen mit Drahtringen locker an der Stütze; danach müssen sie kaum noch gesichert werden. Seitensprosse läßt man wachsen, sie bringen an kurzen Stielen mehr Blüten.

Kordons

Bei Kordonerziehung bringt die Wohlriechende Wicke prächtige Blüten hervor, daher wird diese Methode meist von Ausstellern verwendet.

Stützen

An beide Enden einer Reihe kommt ein Pfahl mit einem 45 cm langen Querstück obenauf – etwa 2 m über dem Boden. Ziehen Sie zwischen die Querstücke zwei parallele Drähte. Lehnen Sie 2,2 m lange Stäbe im Abstand von 25 cm leicht gegen die Drähte, und befestigen Sie sie mit V-Klammern. Die Reihen sollten in Nord-Süd-Richtung angelegt werden, damit die Pflanzen gleichmäßig viel Sonne erhalten.

Erziehung

Geben Sie der Pflanze zwei Wochen Zeit, sich zu entwickeln. Knipsen Sie dann die schwächeren Sprosse aus. Ziehen Sie den Sproß an einem Holzstab hoch, und befestigen Sie ihn an jedem Knoten. Entfernen Sie Seitensprosse, Ranken und Blütenstiele mit weniger als vier Knospen. Bei plötzlichem Wetterumschwung können Knospen abfallen.

Absenker

Sobald die Pflanzen den obersten Draht erreicht haben, werden sie losgebunden und an einem neuen Bambusstab in der Reihe hochgezogen. Dafür wählt man einen warmen Tag, wenn nicht zuviel Saft in den Pflanzen steigt. Sie wachsen und blühen dann noch einige Wochen.

Absenken bei Kordons

1 Sobald die Wicke eine Höhe von 1,2-1,5 m oder das obere Ende der Stützstäbe erreicht, kann abgesenkt werden. Dadurch hat sie mehr Platz zum Wachsen und Blühen.

2 Binden Sie die Pflanzen vorsichtig los, und legen Sie sie der Länge nach auf den Boden. Doppelreihen werden nacheinander abgesenkt.

3 Befestigen Sie die Sproßspitze in etwa 30 cm Höhe an einem neuen, weiter entfernten Stab. Wiederholen Sie den Vorgang mit allen Pflanzen.

4 Senken Sie nun eventuell auch die zweite Reihe ab. Diese Methode regt neuen Wuchs an, der wieder Blüten hervorbringt.

Aussaat und Pflanzung

EIN- UND ZWEIJÄHRIGE FÜR SANDIGE BÖDEN

Anchusa capensis
Argemone mexicana ❄
Brachycome iberidifolia
Calendula officinalis
Centaurea cyanus
Chrysanthemum segetum
Clarkia amoena
Coreopsis tinctoria
Eschscholzia californica
Glaucium flavum
Helichrysum bracteatum ❄
Impatiens, einige ❄
Lavatera trimestris
Limnanthes douglasii
Limonium sinuatum ❄
Linaria maroccana
Lobularia maritima
Mentzelia lindleyi
Oenothera biennis

Papaver rhoeas, Shirley-Serie

Papaver rhoeas, Shirley-Serie, *P. somniferum*
Portulaca grandiflora ❄
Rudbeckia hirta
Schizanthus ❄
Tagetes ❄
Tropaeolum majus
Verbascum bombyciferum
Verbena x *hybrida* ❄

EIN- UND ZWEIJÄHRIGE FÜR STARK ALKALISCHE BÖDEN

Ageratum houstonianum ❄
Antirrhinum majus ❄
Calendula officinalis
Callistephus chinensis ❄
Cheiranthus cheiri
Cosmos
Dianthus, einige ❄
Gomphrena globosa ❄
Humea elegans ❄
Lavatera trimestris

Lavatera trimestris 'Silver Cup'

Limonium sinuatum ❄
Lobularia maritima
Matthiola, Brompton-Serie, *M. incana*
Salvia horminum
Tagetes ❄
Tropaeolum, einige ❄
Ursinia anthemoides ❄
Xeranthemum annuum ❄
Zinnia ❄

SCHLÜSSEL
❄ *Nicht winterhart*

Ein- und Zweijährige lassen sich sehr leicht aus Samen ziehen. Sie sind in Gärtnereien oder Gartencentern auch als Sämlinge oder Jungpflanzen erhältlich und bringen sofort Farbe in eine Rabatte oder ein Pflanzgefäß.

Kauf des Saatguts

Kaufen Sie immer frisches, kühl gelagertes Saatgut. Die Haltbarkeit der Samen ist von Art zu Art unterschiedlich; während z. B. Hülsenfrüchtler bei kühler, trockener Lagerung einige Jahre aufbewahrt werden können, beginnen andere Samen nach einem Jahr zu verderben, besonders bei feuchtwarmen Bedingungen. In verschweißter Folie halten Samen einige Jahre (nicht bei geöffneter Packung).

Von vielen Einjährigen und auch von einigen Zweijährigen gibt es F1- und F2-Hybridsamen; sie bringen echte, wüchsige Pflanzen mit einheitlichen Wuchs- und Blüheigenschaften. Das ist für den Gärtner wichtig, der auf Einheitlichkeit Wert legt, ansonsten erzielt man jedoch mit Qualitätssamen aus natürlicher Bestäubung ähnlich gute Ergebnisse und obendrein ein wenig Abwechslung.

Pilliertes und präpariertes Saatgut

Die Samen können mit einer schützenden Hüllmasse überzogen sein und eine gleichmäßige Pillenform haben. So lassen sie sich leichter einzeln und in korrekten Abständen aussäen und müssen nicht ausgedünnt werden. Die Pillen sind zwar teurer, man benötigt aber weniger Saatgut. Nach der Aussaat ist gründlich zu wässern, damit die zur Keimung nötige Feuchtigkeit die Samenschale so schnell wie möglich durchdringt. Pilliertes Saatgut gibt es im allgemeinen nur für F1- und F2-Hybriden.

Präparierte Samen sind vorbehandelt, so daß sofort nach der Aussaat die Keimung einsetzt. Das ist v. a. bei Arten und Sorten, die schwer keimen, hilfreich.

Saatbänder und Saatgele

Saatbänder sind papierähnliche, lösliche Streifen, auf denen die Samen in gleichmäßigem Abstand haften. Man legt sie in die Saatrille und gibt eine dünne Erdschicht darüber. Auch Gele sind zur Aussaat erhältlich – das Saatgut ist mit einer Paste vermischt und kann gleichmäßig verteilt werden. Die Mischung wird in eine vorbereitete Saatrille gedrückt. Sie darf nicht austrocknen.

Harte und halbharte Ein- und Zweijährige

Annuellen vollenden ihren Lebenszyklus in einem Jahr, Zweijährige in zwei. In der Gartenpraxis werden Ein- und Zweijährige in winterharte und halbharte eingeteilt. Die winterharten Einjährigen sind nicht frostempfindlich und können früh im Freien gesät werden. Halbharte vertragen nur ein gewisses Maß an Kälte; bei Temperaturen unter dem Gefrierpunkt nehmen sie Schaden. Sie benötigen zur Keimung frostfreie Bedingungen und Temperaturen zwischen 13 und 21 °C.

Winterharte Zweijährige sollten vor dem Hochsommer gesät werden, damit sie bis zum Winter gut aufgebaut sind. Halbharte Zweijährige überwintern in einem kühlen Gewächshaus oder einem isolierten Kalten Kasten.

Kleine Sämlinge

Manche schwer keimenden Samen werden auch im Keimlingsstadium angeboten – sobald die Schale geplatzt ist und Wurzeln und Keimblätter erscheinen. Die Samen sind meist in Agar-Agar gesät und werden in verschweißten Plastikbehältern versandt. Gesunde Sämlinge sollten frische, feuchte Wurzeln und Keimblätter haben; nehmen Sie keine Sämlinge, die blaßgrüne Blätter haben oder zu dicht stehen. Agar-Agar enthält Nährstoffe und Feuchtigkeit für einige Tage, aber die keimenden Samen sollten so rasch wie möglich geeignete Wachstumsbedingungen erhalten, damit die Sämlinge genug Licht bekommen.

Sortensämlinge kauft man, sobald sie das erste endgültige Blattpaar hervorgebracht haben und pikiert werden können (siehe S. 183). Das hat sich bei Pflanzen mit sehr kleinen Samen, z. B. Begonien, bewährt, bei denen die Keimung in vielen Fällen ein Problem darstellt. Sie werden in kleinen Plastikbehältern verschickt, damit sie frisch bleiben. Wenn sie binnen 24 Stunden nach Erhalt auf 4-5 cm Abstand gepflanzt werden, entwickeln sie sich meist ebensogut wie selbstgekeimte Samen. Es gibt gut aufgebaute, kleine Sämlinge in Erdklümpchen, die einzeln in Töpfe oder in Multitöpfe gesetzt werden. Sie sollten in einem ungeheizten Gewächshaus oder Kasten oder auf einem sonnigen Fensterbrett gezogen werden, bis sie groß genug zum Auspflanzen sind. Sie sind billiger als Beetpflanzen.

SAMEN UND SÄMLINGE KAUFEN

Aussaat

Wann und wo Ein- und Zweijährige gesät werden, hängt davon ab, wann sie blühen sollen und welche Temperatur sie zum Keimen benötigen.

Winterharte Einjährige

Säen Sie winterharte Einjährige dort, wo sie blühen sollen, sobald der Boden sich im Frühling auf mindestens 7 °C erwärmt hat. Wenn sie bis zum Hochsommer zeitlich versetzt ausgesät werden, hat man eine lange Blütezeit.

Manche winterharten Einjährigen, z. B. Schleifenblume *(Iberis)*, Ringelblume *(Calendula)* und Mohn *(Papaver)*, bringen, wenn sie im Herbst direkt ausgesät werden, kleine Pflanzen, die gut im Freien überwintern können und im Spätfrühling oder Frühsommer blühen.

Die Samen winterharter Einjähriger können auch in Töpfe oder Saatschalen gesät und entweder im Spätherbst an ihren endgültigen Platz gesetzt oder in einem Kalten Kasten überwintert und im Frühling ausgepflanzt werden. Das hat sich bei Tonböden bewährt, die sich im Frühling nur langsam erwärmen.

Winterharte Zweijährige

Die meisten winterharten Zweijährigen können vom Spätfrühling bis zum Hochsommer im Freien gesät werden. Der ideale Zeitpunkt hängt von der Pflanze ab: Vergißmeinnicht wachsen rasch, sollten also erst im Hochsommer gesät werden,

EINJÄHRIGE FÜR DIREKTSAAT

Agrostemma
Anchusa capensis
Borago officinalis
Centaurea cyanus, C. moschata
Clarkia
Collinsia bicolor
Consolida ambigua
Cynoglossum amabile
Eschscholzia californica

Eschscholzia californica

Gilia capitata
Gypsophila elegans
Limnanthes douglasii
Linaria maroccana
Linum grandiflorum
Malcolmia maritima
Malope trifida
Mentzelia lindleyi
Papaver rhoeas, P. somniferum
Phacelia campanularia
Scabiosa atropurpurea
Silene coeli-rosa

Marienglockenblumen aber bereits im Spätfrühling, da sie sich langsamer entwickeln.

Die jungen Pflanzen können im Herbst oder, wenn sie nicht zu dicht stehen, im nächsten Frühjahr an ihren Platz gesetzt werden. Eine verfrühte Blüte vor dem Winter schwächt die Frühjahrsblüte, daher werden Blütenknospen der ersten Saison ausgeknipst.

Halbharte Ein- und Zweijährige
In kalten Gebieten werden halbharte Einjährige im Frühling bei Temperaturen zwischen 13 und 21 °C, je nach Gattung, in Gefäßen ausgesät. Halbharte Zweijährige können unter gleichen Bedingungen im Hochsommer gesät werden. Bei wärmerem Klima sät man halbharte Ein- und Zweijährige sofort ins Freie, sobald die Bodentemperatur den für die Keimung optimalen Wert erreicht hat.

Frostempfindliche Stauden, z. B. das Fleißige Lieschen *(Impatiens)*, Gazanien und einige *Lobelia*-Arten, können ebenso wie halbharte Einjährige aus Samen gezogen werden. Andere empfindliche Stauden (wie *Argyranthemum* und *Osteospermum*) werden wie halbharte Zweijährige behandelt: im Herbst durch Stecklinge vermehrt, frostfrei überwintert und im Spätfrühling ausgepflanzt, damit sie den ganzen Sommer blühen (siehe STAUDEN, »Kopfstecklinge«, S. 166).

Aussaat im Freien

Für die Aussaat im Freien gibt es zwei Methoden: Breitsaat und Rillensaat. Bei beiden wird zunächst das Saatbeet vorbereitet. Graben Sie den Boden spatentief um, und rechen Sie ihn. Der Boden sollte nicht zu nährstoffreich sein, damit das Blattwachstum nicht auf Kosten der Blüte gefördert wird. Bei mageren Böden arbeitet man jedoch vor der Aussaat mit dem Rechen ausgewogenen Dünger in einer Dosierung von 70 g/m^2 ein (siehe »Bodennährstoffe und Dünger«, S. 530-531).

Vor der Aussaat macht man sich einen Plan für die Rabatte, in dem jede Sorte eingezeichnet wird; weniger sonnige Bereiche sind für schattenverträgliche Pflanzen reserviert. Markieren Sie vor der Aussaat den jeder Sorte zugedachten Platz, um zu überprüfen, ob die Pflanzen in Farbe, Höhe und Wuchsform ausgewogen sind.

Breitsaat
Breitsaat eignet sich für Einjährige mit Pfahlwurzeln, z. B. *Clarkia*, *Gypsophila* und Mohn *(Papaver)*, die sich nur ungern umsetzen lassen. Streuen Sie den Samen dünn und gleichmäßig über die Oberfläche des vorbereiteten Saatbeetes aus, und gehen Sie leicht mit dem Rechen darüber. Beschriften Sie, und wässern Sie den Bereich mit einer feinen Brause.

Rillensaat
In Reihen gesäte Samen ergeben gerade Reihen von Sämlingen mit gleichmäßigen Abständen, die dadurch leicht von ungleich verteilten Unkrautsämlingen zu unterscheiden sind. Die Sämlinge stehen nur anfangs wie Zinnsoldaten, nach dem Ausdünnen bildet sich eine dichte, lockere Pflanzung.

Ziehen Sie mit der Ecke eines Rechens flache Rillen im Abstand von 8-15 cm, je nach Größe der ausgewachsenen Pflanze. Säen Sie den Samen dünn aus, indem Sie ihn

MARKIEREN EINER RABATTE MIT ANNUELLEN

1 *Ziehen Sie vor der Aussaat mit Sand oder mit einem Stock Linien im Boden zwischen die verschiedenen Pflanzbereiche.*

2 *Die Sämlinge scheinen anfangs vereinzelt zu stehen, füllen aber den Raum aus, sobald sie größer sind.*

RILLENSAAT

1 *Ziehen Sie an einer gespannten Schnur mit der Hacke eine etwa 2,5 cm tiefe Rille.*

2 *Nehmen Sie die Samen in die Hand, und streuen Sie jeweils mehrere gleichmäßig in die Rille.*

ALTERNATIVE

Pillierte Samen werden einzeln auf den Grund der Rille gelegt.

3 *Rechen Sie die Rille zu, ohne daß die Samen herausfallen. Beschriften Sie die Reihe, und wässern Sie mit feiner Brause.*

BREITSAAT

1 *Rechen Sie den Boden fein krümelig. Streuen Sie den Samen dünn über den vorbereiteten Bereich aus.*

2 *Gehen Sie jeweils im rechten Winkel mehrmals leicht mit dem Rechen darüber, so daß die Samen nicht leiden.*

SELBSTAUSSÄENDE EIN- UND ZWEIJÄHRIGE

Ein- und Zweijährige, die sich (echt oder mit geringen Abweichungen) selbst aussäen

Agrostemma
Angelica archangelica
Antirrhinum majus
Borago officinalis
Calendula officinalis
Centaurea cyanus
Chrysanthemum segetum
Clarkia amoena
Collinsia bicolor
Digitalis purpurea
Eschscholzia californica
Hesperis matronalis
Limnanthes douglasii
Linaria maroccana
Lobularia maritima
Lunaria annua
Malcolmia
Myosotis
Nigella damascena
Oenothera biennis
Omphalodes linifolia
Onopordum acanthium,
O. arabicum
Papaver rhoeas, P. somniferum
Platystemon californicus
Silene armeria
Silybum marianum

Tanacetum parthenium

Tanacetum parthenium
Tropaeolum majus
Vaccaria hispanica
Verbascum
Viola (viele Arten)

AUSDÜNNEN

EINZELNE SÄMLINGE
Drücken Sie die Erde zu beiden Seiten des verbleibenden Sämlings an (hier Consolida ambigua*), während Sie die übrigen herausziehen. Wässern.*

GRUPPEN VON SÄMLINGEN
Nehmen Sie ein paar Sämlinge (hier Bartnelke, Dianthus barbatus*), die wieder eingepflanzt werden, mit reichlich Erde um die Wurzeln. Drücken Sie die verbleibenden an.*

gleichmäßig entlang jeder Rille in der korrekten Tiefe ausstreuen oder auslegen, ziehen Sie dann die Rille vorsichtig zu. Beschriften Sie die Reihen, und wässern Sie gründlich mit einer feinen Brause.

Ausdünnen

Damit die Sämlinge nicht zu dicht stehen, muß meist ausgedünnt werden. Das geschieht am besten bei feuchtem Boden und mildem Wetter und zwar so, daß die kräftigeren Sämlinge stehenbleiben und der Abstand möglichst gleichmäßig ist. Damit die verbleibenden Sämlinge keinen Schaden nehmen, drückt man den Boden beim Herausziehen eines Sämlings rundum mit den Fingern an.

Wenn die Sämlinge sehr dicht stehen, hebt man sie in Klümpchen mit reichlich Erde um die Wurzeln heraus; die verbleibenden Sämlinge sollten möglichst nicht darunter leiden.

Einige Zweijährige, z. B. Vergißmeinnicht *(Myosotis)* und Silberling *(Lunaria)*, keimen leicht und müssen nach Direktaussaat entsprechend ausgedünnt werden – Vergißmeinnicht z.B. auf 15 cm, Silberling auf 30 cm.

Mit den übrigen Sämlingen kann man Flächen, die durch unregelmäßige Aussaat oder Keimung kahl geblieben sind, oder andere Gartenbereiche bepflanzen. Umgesetzt werden die kräftigsten von den ausgedünnten Pflänzchen, sie werden im entsprechenden Abstand gepflanzt und ein wenig gewässert, damit sich die Wurzeln setzen.

Sämlinge schützen und abstützen

Hohe Einjährige oder solche mit schwachen Stielen benötigen Stützen. Stecken Sie rund um die Pflänzchen Erbsenreiser oder dünne Zweige in den Boden; die Stütze sollte etwas niedriger sein als die ausgewachsene Pflanze, dann ist sie später nicht mehr zu sehen. Solche Stützen schützen die Sämlinge auch vor Nagetieren und Vögeln.

Oder Sie spannen Maschendraht (mit 2,5 cm Maschengröße) über das Saatbeet und knicken ihn an den Enden um, damit er nicht auf den Sämlingen aufliegt. Stabilisieren Sie den Draht mit Stöcken oder Drahtklammern am Boden. Die Pflanzen wachsen durch den Maschendraht und decken ihn allmählich zu.

STÜTZENDE ZWEIGE
Stecken Sie Erbsenreiser oder dünne Zweige in den Boden. Hohe Einjährige (hier der Rittersporn, Consolida ambigua*) verbergen die Stützen nach und nach.*

DRAHT ALS SCHUTZ UND STÜTZE
Umgeben Sie die Sämlinge (hier Eschscholzia*) mit einem »Käfig« aus Maschendraht. Dieser schützt die Sämlinge zugleich während des Wachstums.*

Viele Ein- und Zweijährige verstreuen ihre Samen großzügig, so daß oft ein dichter Pulk von Sämlingen entsteht; dieser muß sorgfältig auf die entsprechenden Abstände ausgedünnt werden, damit die verbleibenden Pflänzchen nicht konkurrieren.

Aussaat in Töpfen oder Schalen

Halbharte Einjährige werden meist in Gefäßen ausgesät, damit sie sich geschützt entwickeln können, und erst als junge Pflanzen bei günstigen Bedingungen ausgepflanzt. Winterharte Einjährige können in Gefäßen im Freien gesät und dann als Sämlinge an ihren endgültigen Standort gesetzt werden, sobald genug Platz ist.

Für die Aussaat eignen sich Töpfe, Pflanzschalen und Saatschalen, je nach Anzahl der Samen und Platzbedarf der Pflanzen. Für Sämlinge, die sich ungern umsetzen lassen, gibt es Torftöpfe, sie können samt dem Topf ohne Beeinträchtigung der Wurzeln ausgepflanzt werden.

Säen

Füllen Sie das Gefäß bis zum Rand mit Aussaaterde, und drücken Sie diese rundum leicht mit den Fingern an, damit keine Luftlöcher zurückbleiben. Damit sich das Substrat setzt, klopft man mit dem Topf gegen eine harte Fläche und drückt das Substrat vorsichtig gleichmäßig bis unter den Gefäßrand an. Wässern Sie mit feiner Brause, und lassen Sie das Wasser ca. 1 Stunde abfließen.

Säen Sie die Samen dünn an der Oberfläche aus, indem Sie sie gleichmäßig aus der Tüte oder von einem Stück Papier klopfen. Große oder pillierte Samen können einzeln in Saatschalen gesät werden. Sehr kleine Samen vermischt man besser vorher mit der gleichen Menge feinem Sand; sie sind dann gleichmäßiger verteilt.

Bedecken Sie die Samen etwa in Samenkornhöhe mit gesiebter Aussaaterde, und wässern Sie nur leicht, um die Samen oder die Oberfläche des Substrates nicht zu beeinträchtigen. Mehlfeine Samen, z. B. von Begonien, bleiben unbedeckt und werden von unten gewässert: Man stellt das Gefäß ganz ins Wasser, bis die Oberfläche des Substrats feucht wird. Bleibt der Samen aber zu lange naß, könnte er noch vor der Keimung verrotten oder anfällig für Sämlingskrankheiten werden (siehe »Umfallkrankheit«, S. 564). Um genügend Feuchtigkeit zu halten, legt man eine Glas-

AUSSAAT IN SCHALEN

1 *Füllen Sie die Saatschale mit Aussaaterde, die Sie mit einem Brettchen auf 1 cm unter den Rand andrücken.*

2 *Streuen Sie die Samen dünn und gleichmäßig direkt über der Oberfläche des Substrats aus.*

3 *Sieben Sie eine Schicht feuchter Erde in etwa Samenkornhöhe über die Samen. Wässern Sie leicht.*

4 *Legen Sie eine Glasscheibe oder durchsichtige Folie über die Schale, um die Feuchtigkeit zu halten.*

5 *Schützen Sie die Schale mit einem feinen Netz vor direktem Sonnenlicht. Entfernen Sie Glas und Netz, sobald die Keimung einsetzt.*

AUSSAAT IN TORFTÖPFEN

Füllen Sie einen 5-cm-Torftopf bis auf 1 cm unter den Rand mit Aussaaterde. Legen Sie 3 Samenkörner auf die Oberfläche, die Sie dünn mit Erde bedecken und wässern. Nach der Keimung kann auf 2 Keimlinge ausgedünnt werden. Sobald die jungen Pflanzen gut entwickelt sind, werden sie mit dem Topf ausgepflanzt.

platte oder durchsichtige Folie über das Gefäß; sie darf das Substrat nicht berühren.

Stellen Sie das Gefäß in einen Vermehrungskasten oder ein Gewächshaus, und schützen Sie es mit einem feinen Netz oder mit Zeitungspapier vor direkter Sonne. Sobald die Keimung einsetzt, wird die Abdeckung entfernt. Sorgen Sie für gutes Licht und ausreichend Feuchtigkeit, bis die Sämlinge pikiert werden.

Pikieren

In Saatschalen gezogene Sämlinge müssen in größere Gefäße umgesetzt werden, bevor sie zu dicht stehen, sich gegenseitig Platz und Licht wegnehmen, schwach und überständig bleiben. Der Vorgang wird als Pikieren bezeichnet. Er ermöglicht eine Weiterentwicklung der Sämlinge bis zum Auspflanzen.

Füllen Sie die neuen Gefäße mit lehmhaltiger Topferde, und entfernen Sie Lufteinschlüsse durch sanftes Andrücken. Kleine Töpfe mit bis zu 5 cm Durchmesser oder unterteilte Kunststoffschalen sind ideal für einzelne Sämlinge; in größeren Töpfen finden mehrere Pflanzen Platz.

Beim Pikieren klopft man mit dem Pflanzgefäß zunächst gegen eine Tischplatte, um das Substrat zu lockern und den Wurzelballen intakt aus dem Gefäß zu bekommen. Dann faßt man jedes Pflänzchen vorsichtig an den kleinen Keimblättern, damit Laub, Stiel und Triebspitzen nicht beschädigt werden, und lokkert es mit einem Pikierholz oder anderem Werkzeug. Achten Sie auf die Wurzeln. Heben Sie jede Pflanze vorsichtig mit etwas feuchter Erde um die Wurzeln heraus.

Machen Sie mit einem Pflanzholz im Abstand von 4-5 cm Löcher ins Substrat, und setzen Sie in jedes Loch einen Sämling. Alle Wurzeln müssen bedeckt sein, dann wird jeder Sämling vorsichtig angedrückt und das Substrat glattgestrichen.

Besondere Erfordernisse

Einige Samen brauchen für die Keimung besondere Bedingungen. Die Begonie, *Coleus* und das Fleißige Lieschen benötigen Licht und ziehen eine konstante Temperatur von 21°C vor. Primeln bevorzugen Licht, brauchen aber Temperaturen unter 20°C. Einige Samen, u. a. *Phacelia*, Stiefmütterchen (*Viola x wittrokkiana*) u. a. *Viola*, sollten im Dunkeln keimen. Die Samen von *Thunbergia alata* und Pelargonien benötigen für die Keimung 21-24°C; Pelargoniensamen werden vor der Aussaat angeritzt (siehe »Anritzen und Einweichen«, S. 162). Manche Samen sind bereits vorgeritzt erhältlich. Samen von *Moluccella* keimen nur schwer, wenn sie nicht stratifiziert wurden: man gibt die Pflanzschale für einige Wochen in den Kühlschrank und hält sie dann für weitere zwei bis drei Wochen bei 18-21°C.

IN EINE SAATSCHALE PIKIEREN

1 *Sobald die Sämlinge (hier Tagetes) groß genug sind, lockert man durch Aufstoßen der Schale das Substrat auf.*

2 *Trennen Sie die Sämlinge vorsichtig, fassen Sie sie dabei an den Keimblättern. Es sollte viel Substrat um die Wurzeln bleiben.*

3 *Setzen Sie die Sämlinge einzeln in die Saatschale. Drücken Sie die Erde rundum mit den Fingern an, und wässern Sie.*

Einjährige als Topfpflanzen

Viele Annuellen sind ausgezeichnete Topfpflanzen. Die jungen Sämlinge werden in unterteilte Schalen oder in Töpfe pikiert und, wenn die Wurzeln das Gefäß füllen, einzeln in Töpfe mit lehmiger Erde gesetzt. Die Topfgröße ist je nach Art oder Sorte und Zeit der Aussaat verschieden. Im Sommer gesäte Pflanzen kommen über den Winter in 10-cm-Töpfe und erst später in den endgültigen Topf – entweder 12 oder 20 cm oder noch größer für Gruppen von 3 oder 5 Pflanzen. Im Frühling gesäte Einjährige kommen gleich in den endgültigen Topf.

Viele Einjährige (hier Schizanthus*) entfalten ihre Farbenpracht im Frühling in einem kühlen Gewächshaus.*

Wässern Sie jeden Behälter beim Füllen mit einer feinen Brause, damit sich die Erde um die Wurzeln setzt. Sorgen Sie für mehr Feuchtigkeit, indem Sie die Gefäße für einige Tage mit durchsichtigem Plastik abdecken, während sich die Sämlinge eingewöhnen. Das Plastik darf aber nicht die Blätter berühren. Für die weitere Entwicklung benötigen die Sämlinge dieselben Bedingungen wie vorher.

Wenn die Sämlinge schon groß genug zum Auspflanzen sind, dies aber durch späten Frost nicht möglich ist, müssen sie in ein größeres Gefäß umgetopft werden, damit Wachstum und weiteres Gedeihen nicht gefährdet sind. Einzeln oder in Abständen gesäte Samen müssen nicht pikiert und können vor dem Auspflanzen abgehärtet werden.

Abhärten

Alle halbharten Einjährigen, die unter Glas oder ähnlich geschützten Bedingungen gezogen wurden, müssen sich vor dem Auspflanzen langsam an die Konditionen im Freien anpassen. Sie sollten ohne plötzliche Veränderung der Bedingungen abgehärtet werden, damit sie immer weniger von künstlicher Wärme und Schutz abhängig sind.

Ein Treibhaus oder Kalter Kasten erleichert das Abhärten. 6-7 Wochen bevor die Sämlinge ausgepflanzt werden, bringt man sie für etwa 1 Woche in einen kühleren Teil des Treibhauses. Dann kommen sie in einen geschlossenen Kalten Kasten; steigern Sie die Belüftung langsam, wenn das Wetter besser wird, und nehmen Sie die Fensterauflage in den letzten Tagen ganz weg, falls nicht gerade Frost angesagt ist.

Achten Sie darauf, daß der Temperaturwechsel nicht zu groß ist oder zu rasch stattfindet: Die Pflanzen könnten sonst das Wachstum einstellen oder gelbe Blätter bekommen. Ein Maximum-Minimum-Thermometer im Kasten zeigt die täglichen Tiefst- und Höchsttemperaturen an, die Wettervorhersage weist auf Änderungen hin.

Weitere nützliche Vorrichtungen sind verglaste Kästen, deren Abdekkungen bei günstigen Bedingungen abgenommen werden können, wachsende Folien oder Folientunnel, die je nach Bedarf auf- oder abgebaut werden. Die jungen Pflanzen können auch an geschützte Stellen im Freien gebracht und mit Plastik oder ähnlichem auf provisorischen Holzgerüsten abgedeckt werden (meist nur nachts erforderlich). Wenn das Wetter schön ist, sollte die Abdekkung tagsüber abgenommen werden, damit die Pflanzen immer genügend Licht und Luft erhalten.

Auspflanzen

Halbharte Sämlinge werden ausgepflanzt, wenn die Frostgefahr vorüber ist. Das ist bei empfindlicheren Pflanzen, wie Begonien und *Salvia splendens,* besonders wichtig. Manche halbharten Einjährigen tolerieren, wenn sie abgehärtet wurden, kühles, aber frostfreies Wetter für kurze Zeit.

Vor dem Auspflanzen wird das Beet vorbereitet (siehe »Aussaat im Freien«, S. 181), dann wässert man die jungen Pflanzen gründlich und läßt das Wasser etwa eine Stunde abfließen. Um die Pflanze aus dem Topf zu nehmen, drehen Sie diesen um und stützen die Pflanze mit den Fingern am Stiel. Klopfen Sie mit dem Rand gegen eine Kante, um den Wurzelballen zu lockern. Unterteilte Saatschalen brechen Sie auseinander, um jeden Sämling mit intakten Wurzeln herauszubekommen.

Sind die Schalen nicht unterteilt, ergreift man sie fest mit beiden Händen und klopft mit einer Seite fest gegen den Boden, um das Substrat zu lockern. Dann läßt man den Inhalt in einem Stück vorsichtig herausgleiten. Trennen Sie die einzelnen Pflanzen mit den Fingern und versuchen Sie, möglichst viel Erde an den Wurzeln zu belassen. Oder heben Sie jede Pflanze vorsichtig mit dem Pflanzholz heraus, dabei die Wurzeln nicht beschädigen.

Machen Sie ein Loch, in dem der Wurzelballen leicht Platz findet. Der

AUSPFLANZEN IM FREIEN

1 Aus den einzelnen Saatschalen nehmen Sie die Sämlinge (hier Tagetes*) vorsichtig mit dem Wurzelballen heraus.*

2 Machen Sie für jede Pflanze ein Loch, in dem der Ballen leicht Platz findet, und setzen Sie die Pflanze so tief, wie sie vorher stand.

3 Bedecken Sie die Wurzeln wieder mit Erde, und drücken Sie sie an, damit keine Luftlöcher entstehen. Wässern Sie den Bereich.

ABHÄRTEN

FOLIENTUNNEL
Geben Sie halbharte Einjährige (hier Tagetes*) in einen Folientunnel. Zur Belüftung Seiten anheben.*

KALTER KASTEN
Sämlinge können auch in einen Kalten Kasten gegeben werden, der für immer längere Perioden offen bleibt.

ERSTES JAHR

Zweijährige wie die Marienglockenblume bringen im ersten Jahr nur Blätter hervor. Blüten entwickeln sich im nächsten Sommer.

KAUF VON EINJÄHRIGEN

BEETPFLANZEN

GUTES EXEMPLAR

Kompakter, kräftiger Wuchs

Gesunde, grüne Blätter

PETUNIEN

SCHLECHTES EXEMPLAR

Dünne, kahle Stiele

Abgestorbene Blätter

TOPFPFLANZEN

GUTES EXEMPLAR

Buschiger, robuster Wuchs

Gesunde Knospen bilden sich

Feuchtes Substrat

FLEISSIGES LIESCHEN (IMPATIENS-SORTE)

SCHLECHTES EXEMPLAR

Gelbe, verfärbte Blätter

Abstand muß so groß sein, daß die Blätter der herangewachsenen Pflanzen sich gerade berühren. Pflanzabstände liegen meist zwischen 15 und 45 cm, je nach Habitus der Pflanzen.

Prüfen Sie, ob die Pflänzchen genauso hoch stehen wie vorher im Anzuchtgefäß, und drücken Sie die Erde rund um die Wurzelkrone an, ohne sie zu sehr zu verdichten. Lokkern Sie nach der Pflanzung die Bodenoberfläche zwischen den Pflanzen vorsichtig mit einer Gabel. Gießen Sie mit feiner Brause, damit die Erde nicht von den Wurzeln gewaschen wird.

Entspitzen oder Ausknipsen

Manche junge Pflanzen müssen während ihrer Entwicklung entspitzt oder ausgeknipst werden, damit sie Seitensprosse entwickeln und schön buschig werden. Pflanzen mit kräftigen Endtrieben, wie Löwenmaul *(Antirrhinum)* oder Levkojen *(Matthiola)*, werden nicht entspitzt, da diese Triebe die größten Blütenähren tragen und im Sommer von selbst Seitentriebe mit neuen Blüten hervorbringen.

Beim Entspitzen wird die Triebspitze der jungen Pflanze entfernt. Auch bei natürlich verzweigten Einjährigen kann dies nötig werden, wenn einige Pflanzen im Beet stärkere Sprosse hervorbringen als andere. Sofern gleichmäßiger Wuchs erwünscht ist, werden hohe Pflanzen entspitzt, wenn sie 5-6 Knoten haben, indem man jeden langen Sproß auf die entsprechende Höhe kürzt.

Entspitzen verzögert den Blütenansatz und muß unterbleiben, wenn frühe Blüte gewünscht wird.

Beetpflanzen

Hat man kein Gewächshaus oder zu wenig Zeit zur Verfügung, um halbharte Einjährige aus Samen zu ziehen, kann man Ein- und Zweijährige als Jungpflanzen kaufen und direkt in Beete, Rabatten oder Gefäße auspflanzen. Allerdings ist Saatgut für viele Einjährige nur als Mischung erhältlich; Erwerbsgärtner können die Farben einzeln beziehen, was die Auswahl für die Planung eines Beetes natürlich viel größer macht.

Qualität von Beetpflanzen richtig einschätzen

Die besten Resultate erzielt man mit robusten Jungpflanzen, die gleichmäßige, stark gegliederte Sprosse und gesunde Blätter haben. Die Pflanzen sollten ein gut entwickeltes Wurzelsystem aufweisen, dürfen

Pflanzung in Gefäßen

Um Pflanzgefäße schnell zu bepflanzen, nimmt man Ein- oder Zweijährige, die in Töpfen gezogen wurden. Sie blühen die ganze Saison hindurch, ohne zu groß für den Behälter zu werden. Planen Sie ihre Anordnung sorgfältig: hängende Pflanzen an die Seite oder im Vordergrund, höhere dahinter oder in die Mitte.

Legen Sie Topfscherben über die Abzugslöcher, und füllen Sie das Pflanzgefäß mit lehmiger Pflanzerde. Wässern Sie die Pflanzen vor der Pflanzung gründlich. Nehmen Sie sie einzeln aus dem Topf, lockern Sie vorsichtig die Wurzeln, und setzen Sie sie ins neue Gefäß. Drücken Sie die Erde um jede Pflanze an, wässern Sie.

1 *Die Pflanzen werden gründlich gewässert. Überlegen Sie vor dem Pflanzen, wie sie anzuordnen sind. Hier wurden Begonien,* Lobelia *und Fleißiges Lieschen verwendet.*

2 *Füllen Sie das Gefäß zur Hälfte oder zu zwei Dritteln mit feuchtem Substrat. Kehren Sie den Topf um, stützen Sie die Pflanze ab, und lassen Sie den Wurzelballen herausgleiten. Machen Sie vorsichtig die Wurzeln etwas frei.*

3 *In eine Vertiefung des Substrats setzen Sie die Pflanze so hinein, daß die Wurzelkrone 1 cm unter dem Gefäßrand ist.*

4 *Setzen Sie auch die anderen Pflanzen ein, drücken Sie vorsichtig rundherum an, v. a. an den Seiten und in den Ecken. Geben Sie eventuell noch feuchtes Substrat dazu, streichen Sie die Oberfläche glatt, wässern Sie gründlich.*

aber nicht im Topf festsitzen oder stark verschlungene, dichtgedrängte Wurzeln haben. Kaufen Sie keine Pflanzen in ausgetrocknetem Substrat oder mit gelben Blättern, da diese zwar weiterwachsen, sich aber oft nicht gut entwickeln und weniger Blüten hervorbringen.

Halbharte Beetpflanzen sind in verschiedenen Entwicklungsstadien erhältlich, und zwar oft lange bevor sie bedenkenlos ausgepflanzt werden können. Überlegen Sie, ob Sie die Pflanze notfalls auch geschützt unter geeigneten Bedingungen weiterziehen können. Wenn direkt ins Freie gepflanzt werden soll, müssen die Pflanzen abgehärtet worden sein. Die Sämlinge sollen sich langsam akklimatisieren, bis die Frostgefahr vorüber ist.

Pflanzen und Abstützen einjähriger Kletterer

Kletternde Einjährige sollten so gepflanzt werden, daß sie einen Strauch oder Zaun als Stütze haben. Sollen windende Einjährige durch einen Strauch wachsen, setzt man sie an dessen Außenrand auf die sonnigste Seite und führt die Haupttriebe mit einem Stab zur Stützpflanze.

Soll der Kletterer an einer Mauer hochwachsen, braucht er eine Kletterhilfe, die seiner Wuchsform entspricht; gepflanzt wird in 30 cm Abstand von der Stütze. Windende Kletterer kann man auch an einer Zeltkonstruktion aus mehreren Stäben hochziehen; stecken Sie die Stäbe fest in den Boden, und pflanzen Sie knapp außerhalb; dann macht man die Sämlinge an den Stäben fest.

AUSPFLANZEN KLETTERNDER EINJÄHRIGER

NEBEN EINER STÜTZPFLANZE
Windende Einjährige wie Ipomoea *werden in 20 cm Entfernung vom Stamm der Stützpflanze gepflanzt.*

GESTÜTZT DURCH STÄBE
Hier stützen drei Bambusstäbe windende Einjährige (Thunbergia alata). *Machen Sie an jedem Stab einen Sämling locker fest.*

Pflanzen nach Muster

Bevor Sie mit dem Anpflanzen beginnen, legen Sie der Reihe nach alle Beetpflanzen bereit. Stellen Sie die Pflanzen noch im Behälter auf ihren späteren Platz, und prüfen Sie, ob die Bepflanzung eventuell zu dicht oder lückenhaft sein wird. Jetzt kann der Plan noch geändert werden – nach dem Anpflanzen ist es zu spät. Halten Sie einige Pflanzen in Reserve, falls welche absterben.

1 *Markieren Sie das ganze Muster vor dem Pflanzen. Arbeiten Sie von der Mitte nach außen oder von hinten nach vorne. Knien Sie dabei auf einem Brett oder Kniekissen, damit der Boden nicht verdichtet wird, was das Versickern erschwert.*

2 *Pflanzen Sie die Sämlinge vorsichtig, mit möglichst wenigen Handgriffen. Drücken Sie die Erde rundherum an. Stellen Sie immer ganze Abschnitte fertig.*

3 *Wenn ein Abschnitt fertig ist, entfernen Sie beschädigte, ungleichmäßige oder sparrige Sprosse, damit die Pflanzengruppen kompakter wirken.*

4 *Wässern Sie gründlich und abschnittweise, damit die zuerst gepflanzten Sämlinge nicht austrocknen, während Sie an den anderen arbeiten.*

5 *Die Sämlinge brauchen, bis sie gut aufgebaut sind, gleichmäßige Feuchtigkeit. Entfernen Sie verfärbte oder beschädigte Blätter, die störend wirken könnten, und ersetzen Sie Pflanzen, die nicht gedeihen.*

Laufende Pflege

Einjährige benötigen im allgemeinen wenig Pflege, da sie ziemlich kurzlebig sind. Topfpflanzen müssen jedoch bei Trockenheit regelmäßig gewässert werden, und zur Verlängerung der Blüte entfernt man verwelkte Blütenköpfe. Hohe Annuellen werden gestützt, damit sie nicht unter dem Druck des Windes oder ihrem eigenen Gewicht umfallen. Sobald das Laub nach der Blüte oder am Ende der Saison abzusterben beginnt, entfernt man die Pflanzen.

Abstützen kletternder Einjähriger

Kletterer an Mauern oder Zäunen (hier Eccremocarpus scaber*) werden mit Draht oder einem Spalier gestützt. Binden Sie die Triebe fest, solange sie biegsam sind.*

Abstützen hoher Einjähriger

Für hohe Einjährige wie Salpiglossis *steckt man rundherum Holzstäbe ins Substrat und spannt eine Schnur. Die wachsenden Pflanzen verbergen schließlich die Stäbe.*

Wässern, Düngen, Unkrautbekämpfung

Im Freien gepflanzte, junge Ein- und Zweijährige sollten regelmäßig gründlich mit dem Sprenger oder einer Gießkanne gewässert werden. Sobald die Pflanzen aufgebaut sind, wird nur mehr bei anhaltender Trokkenheit gewässert.

Wenn der Boden gut vorbereitet wurde, müssen Einjährige kaum gedüngt werden. Bei magerem Boden kann Flüssigdünger gegeben werden, sobald sich Blütenknospen entwickeln. Zweijährige profitieren zwar von gelegentlichen Düngergaben, aber nur Ausstellungsexemplare müssen regelmäßig gedüngt werden. Zu nährstoffreiche Böden fördern den vegetativen Wuchs auf Kosten der Blüte.

Halten Sie Ein- und Zweijährige frei von Unkraut, das ihnen Licht, Wasser und Nährstoffe entzieht. Zupfen Sie Unkräuter aus, solange sie klein sind; ebenso verfahren Sie mit selbstausgesäten Sämlingen, wenn diese nicht benötigt werden oder zu zahlreich erscheinen.

Einjährige als Schnitt- und Trockenblumen

Schnitt- oder Trockenblumen von vielen Ein- oder Zweijährigen sind sehr dekorativ. »Strohblumen«, wie *Xeranthemum*, *Helipterum* und *Limonium*, werden geschnitten, wenn sie halb geöffnet sind, und dann an einem gut belüfteten Platz aufgehängt. Die Blüten von *Helichrysum* schneidet man, bevor sie Farbe annehmen, damit sie nach dem Trocknen die Form behalten. Schnittblumen erntet man, sobald die Knospen Farbe annehmen. Tauchen Sie Isländischen Mohn *(Papaver nudicaule)* mit den Stielenden in kochendes Wasser.

1 *Schneiden Sie Trockenblumen (hier Meerlavendel,* Limonium sinuatum*), wenn die Köpfe sich zu öffnen beginnen. Machen Sie einen leicht schrägen Schnitt möglichst nahe der Basis.*

2 *Viele Strohblumen werden mit weicher Schnur zu Sträußen gebunden und zum Trocknen umgekehrt aufgehängt. Nach dem Trocknen können überschüssige Triebe abgeschnitten werden.*

Stützen

Viele Ein- und Zweijährige haben schlanke Stiele, die gestützt werden sollten. Für Pflanzen mit einer Endhöhe bis 1 m eignen sich buschige Zweige oder Haselreiser. Wenn die Pflanzen nur wenige Zentimeter hoch sind, steckt man die Reiser rundherum, so daß die Pflanzen daran hochwachsen und sie bald verbergen.

Hohe Einjährige in Pflanzgefäßen können durch eine Konstruktion aus weicher Schnur und einigen Bambusstäben gestützt werden – auch diese Stütze wird bald überwachsen. Sehr hohe Pflanzen wie Stockrosen *(Alcea)* oder Sonnenblumen *(Helianthus)* stützt man am besten einzeln. Stecken Sie dort einen Stab in den Boden, wo er möglichst wenig zu sehen ist, und befestigen Sie den Stiel der Pflanze daran.

Einige nicht windende Spreizklimmer müssen an der Stütze festgebunden werden. Machen Sie die Leittriebe von Zeit zu Zeit mit weicher Schnur fest, um die Form der Pflanze zu erhalten.

Pflege von Topfpflanzen

Pflanzen in Fensterkästen, Hängekörben u. a. Pflanzgefäßen brauchen wenig Pflege; man wässert sie reichlich und entfernt von Zeit zu Zeit verwelkte Blütenköpfe. Prüfen Sie täglich, bei feuchtem wie auch bei trokkenem Wetter, ob das Substrat feucht (nicht staunaß) ist.

Wenn eine Pflanze aufgehört hat zu blühen, nimmt man sie aus dem Gefäß, ohne die anderen Pflanzen zu beschädigen, und ersetzt sie durch eine späterblühende. Winterharte Zweijährige können im Freien überwintern; wenn die Pflanzen frostempfindlich sind, bringt man die Töpfe ins Haus.

1 *Entfernen Sie verwelkte Blütenköpfe, damit die Pflanzen gut aussehen. Wenn sie nicht mehr blühen, nimmt man sie heraus, ohne die Wurzeln der übrigen Pflanzen zu beschädigen.*

2 *Geben Sie frisches, feuchtes Substrat zu, und setzen Sie neue Pflanzen oder Zwiebeln in die Lücken. Drücken Sie die Erde leicht an, wässern Sie die neuen Pflanzen gründlich.*

VERWELKTE BLÜTENKÖPFE

Zur Verlängerung der Blütezeit welke Blütenköpfe am Stielansatz abschneiden. Die Pflanzen (hier Stiefmütterchen) werden noch einige Zeit weiterblühen.

Welke Blütenköpfe

Die Blütezeit einer Pflanze kann verlängert werden, wenn man welkende Blütenköpfe sofort entfernt; dann setzt die Pflanze keinen Samen an, und ihre Kraft kommt den neuen Blüten zugute. Brechen Sie welke Blüten zwischen Daumen und Zeigefinger glatt ab; für härtere Stiele verwendet man besser eine Schere.

Die Blütenköpfe läßt man stehen, wenn Früchte oder Fruchtstände besonderen Zierwert haben, z. B. bei Silberling *(Lunaria)*, *Hibiscus trionium* und Ziermais *(Zea mays)*, oder wenn man Wert auf Samen legt.

Es gibt Ein- und Zweijährige, z. B. Mohn *(Papaver)*, die keine Blüten mehr hervorbringen, wenn man die verwelkten Blütenköpfe entfernt.

Samen ernten

Bei vielen Einjährigen können leicht Samen für die Aussaat im nächsten Jahr geerntet werden. Das hat jedoch meist nur bei Pflanzen Sinn, die echt sind, wie z. B. *Nigella* oder Silberlinge, denn die meisten Gartensorten bringen bei der Aufzucht aus Samen Pflanzen mit anderen Blüh- beziehungsweise Wuchseigenschaften hervor.

Bei Pflanzen mit weniger schönen Blüten werden diese nach dem Verblühen entfernt, damit sich keine Samen bilden, denn aus solchen Samen bekommt man selten Pflanzen mit guten Blüheigenschaften.

Durch Selbstaussaat erhält man oft Sämlinge mit verschiedenen Eigenschaften und von unterschiedlicher Qualität; sie können aber durchaus akzeptabel sein. Bestimmte Sorten von *Eschscholzia,* Fingerhut *(Digitalis)* der Excelsior-Serie, Duftsteinrich *(Lobularia maritima)*, Ringelblume *(Calendula)*, Vergißmeinnicht *(Myosotis)* und v. a. Ein- und Zweijährigen unterscheiden sich von ihren Eltern meist in der Blütenfarbe und anderen Eigenschaften.

Sobald die Samenkapseln braun werden und zu platzen beginnen, werden sie abgeschnitten und in mit Papier ausgelegte Schalen gegeben, die man zum Trocknen an einen warmen, sonnigen Platz bringt. Holen Sie die Samen aus den Kapseln, und entfernen Sie Abfälle. Die Samen werden verpackt, beschriftet und bis zur Aussaat kühl und trokken gelagert.

Saubere Beete

Im Herbst nach der Blüte werden alle absterbenden Pflanzen entfernt und, nachdem man die benötigten Samen abgenommen hat, kompostiert. Kranke Pflanzen verbrennt man, damit sich die Infektion nicht im Garten ausbreitet. Ein- oder zweijährig kultivierte Stauden, wie Stiefmütterchen *(Viola x wittrockiana)* und Gartenhimmelsschlüssel, können an anderer Stelle, wo sie noch einige Jahre gedeihen, neu eingepflanzt werden. Andere, z. B. Goldlack *(Cheiranthus)* und Löwenmaul *(Antirrhinum)*, wachsen nach dem ersten Jahr selten gut, werden also meist weggeworfen.

Empfindliche Stauden wie Begonien und Fleißige Lieschen können im Spätsommer aufgenommen und eingetopft werden, damit sie im Haus, Wintergarten oder Treibhaus weiterblühen. Stockrosen und andere kurzlebige Stauden lassen sich im Herbst zurückschneiden und halten manchmal noch längere Zeit, obwohl Qualität und Wüchsigkeit nachlassen. Behalten Sie einige neue F1- und F2-Pelargonien, die in einem frostgeschützten Gewächshaus oder Wintergarten meist überleben, und im folgenden Jahr nochmals blühen. Auch *Eccremocarpus scaber* hält sich an geschützten Stellen im Freien mehrere Jahre.

HERBSTPUTZ

Wenn die Annuellen nicht mehr blühen, lockert man mit einer Gabel den Boden um die Wurzeln, holt alte Pflanzen heraus und kompostiert oder verbrennt sie.

Schädlinge und Krankheiten

Sämlinge und ausgewachsene Ein- und Zweijährige werden häufig von Schnecken (S. 548), Blattläusen (S. 550) und Raupen (S. 549) befallen, aber auch Rost (S. 552 und 557) u. a. Pilzinfektionen (siehe »Blattflecken durch Pilze«, S. 552) setzen ihnen zu.

Zur Vorbeugung oder Eindämmung können Fungizide eingesetzt werden, doch meist bleibt nichts anderes übrig, als stark befallene Pflanzen auszureißen und zu verbrennen. Unter Glas gezogene junge Sämlinge können der Umfallkrankheit (S. 568) zum Opfer fallen – Bodenerreger lassen die Pflanze verfaulen und umfallen.

ZURÜCKSCHNEIDEN KURZLEBIGER STAUDEN

1 Nicht alle Fruchtstände reifen gleichzeitig. Um Selbstaussaat zu verhindern, entfernt man abgeblühte Stiele, bevor die Samen reif sind.

2 Kurzlebige Stauden wie Stockrosen blühen oft mehrere Jahre, wenn man sie sofort nach der Blüte zurückschneidet.

3 Schneiden Sie jeden Stiel vorsichtig an der Basis ab, ohne den neuen, diesjährigen Wuchs dabei zu beschädigen.

SAMEN

1 Samen erntet man, indem man die Kapseln oder Fruchtstände (hier Nigella*) zunächst auf Lösch- oder Zeitungspapier trocknen läßt, bis sich die Samen lösen.*

2 Aus dem getrockneten Fruchtstand schüttelt man die Samen heraus und trennt sie vom Abfall. Sie werden in einer beschrifteten Tüte trocken und kühl gelagert.

8

Der Steingarten

Einige der schönsten Gartenpflanzen wachsen wild in den Gebirgszügen dieser Erde, und sie haben sich gut an eine unglaubliche Vielfalt spezieller Habitate angepaßt. Diese reichen von alpinen Felsnischen bis zu lockeren Geröllhalden, vom kargen, kurzen Rasen hochgelegener Almen bis zu den üppigen Wiesen in geringeren Höhen. Durch Alpen- und Steingartenpflanzen wird ein Garten um viele attraktive Arten bereichert, die trotz züchterischer Glanzleistung noch den Zauber von Wildblumen besitzen. Sie haben oft ungewöhnlich große oder eine Fülle reizvoller Blüten in einer einzigartigen Palette klarer Edelsteinfarben. Manche von ihnen haben sich an sehr spezifische Verhältnisse angepaßt und verlangen selbst erfahrenen Gärtnern einiges ab; aber viele sind anspruchslos und geduldig und wachsen problemlos am vorbereiteten Standort im offenen Garten; je günstigere Kulturbedingungen man ihnen schafft, desto reicher wird man belohnt.

Gestaltung eines Steingartens

Alpenpflanzen sind Gewächse, die in großen Höhen über der Baumgrenze zu finden sind, aber die Bezeichnung wird oft für alle niedrigwachsenden Steingartenpflanzen verwendet, darunter viele Zwiebel- und Knollengewächse, die in relativ geringen Höhen gedeihen. Ihr kleiner, zarter Wuchs macht sie geeignet für eine Zusammenstellung in Gruppen mit leuchtenden Farben.

Echte Alpenpflanzen

Alpenpflanzen können laubabwerfend oder immergrün und holzig sein, krautig oder aus Zwiebeln, Stengelknollen oder Knollen wachsen – einjährige Alpenpflanzen gibt es nur wenige. Sie sind winterhart, angepaßt an ein Überleben unter extremen Bedingungen und kompakt, selten über 15 cm hoch. Der kriechende Wuchs macht sie in ihrer natürlichen Umgebung widerstandsfähiger gegen Wind und schwere Schneelasten.

In alpinen Lagen haben die Pflanzen während der Vegetationsperiode starken Sonnenschein und ständig frischen Luftzug. Durch Kissen- oder Mattenbildung und durch die kleinen, fleischigen, behaarten oder ledrigen Blätter sind sie vor hohem Wasserverlust durch Wind und Sonnenschein geschützt. Das Edelweiß *(Leontopodium)* z. B. ist ganz mit wolligen Härchen bedeckt, die die Feuchtigkeit bewahren, während die Blätter der Hauswurz *(Sempervivum)* fleischig sind und Wasser speichern.

Die meisten Alpenpflanzen vertragen zwar extreme Temperaturen, nicht aber dauernde Nässe an den Wurzeln im Winter oder warme, feuchte Sommer. In ihrer natürlichen Heimat ist die Bodenschicht oft dünn und nährstoffarm, mit wenig organischem Material, aber sehr gut durchlässig. Zur Aufnahme von Nährstoffen und Feuchtigkeit entwickeln die Pflanzen ein stark ausgebreitetes Wurzelsystem.

Ein reiches Sortiment
Dieser sanft abfallende Steingarten enthält die verschiedensten Alpenpflanzen, von den niedrigen Dianthus *und Steinbrech vorn bis zu den Zwergsträuchern* Genista lydia, Helianthemum *und* Potentilla *im Hintergrund.*

Steingartenpflanzen

Steingartenpflanzen sind also langsam wachsende, relativ kleine Pflanzen, die sich für das Alpinum im eigenen Garten eignen. Dazu gehören Zwergbäume und -sträucher, die sich als Hintergrund anbieten, und v. a. Pflanzen, die nicht unbedingt aus Gebirgslagen stammen. Manche, wie *Armeria maritima*, sind an der Küste beheimatet, und viele Miniaturzwiebeln und -knollen auf sonnigen Hügeln des Mittelmeerraums. Auch sie brauchen durchlässige Böden und lassen sich daher bestens mit Alpenpflanzen kombinieren.

Da viele echte Alpenpflanzen im Frühling und Frühsommer blühen, sind Steingartenpflanzen v. a. wertvoll, wenn sie später blühen und die Saison verlängern.

Alpen- und Steingartenpflanzen im Garten

Die geringe Größe der Alpenpflanzen läßt sie für den räumlich begrenzten modernen Garten besonders geeignet erscheinen. Wenige andere Pflanzentypen wachsen so kompakt und adrett; das ermöglicht, viele verschiedene Arten und Hybriden auf relativ kleinem Raum zu kultivieren.

IM OFFENEN GARTEN
Die blaßrosa Blütenfülle von Daphne *x* burkwoodii *'Somerset' ergießt sich über den Rand einer gemischten Rabatte und bis in die Nachbarpflanzen.*

Für den Garten geeignete Pflanzen
Viele Arten und auch ihre etwas auffälligeren Sorten sind anspruchslos und leicht im Garten zu halten. Es gibt sie in verschiedensten Wuchsformen, von winzigen, kissenbildenden Pflanzen bis zu ausgebreiteten, kuppelförmigen oder mattenbildenden Formen; einige unkomplizierte Alpenpflanzen blühen üppig bis weit in den Sommer hinein. Die niedrigwachsenden Sorten von *Aubrieta*, Flammenblume und *Veronica* bilden während der Blüte Matten von klarer, heller Farbe. Ihr zwangloser, ausgebreiteter Wuchs mildert harte Beetränder.

Spezielle Alpenpflanzen
Andere Gattungen, z. B. *Androsace*, Sektion *Aretia*, und der dichte Kissen bildende Steinbrech, benötigen besondere Bedingungen, v. a. extrem durchlässige Böden und Schutz vor übermäßiger Nässe im Winter. Die meisten brauchen auch viel Sonne, die Wurzeln müssen aber kühl stehen; Arten aus tiefergelegenen Wäldern bevorzugen oft gefleckten Schatten und mitunter feuchten, sauren Boden.

Die kräftigen Farben und unterschiedlichen Formen vieler spezieller Pflanzen lassen sich aber sehr wohl in einen Garten einbringen, sofern der Boden durchlässig und ein geeigneter Standort vorhanden ist. Diese Voraussetzungen lassen sich am ehesten erfüllen, wenn man den Steingarten unter Verwendung von sandigem, durchlässigem Substrat und Kompost erhöht anlegt.

Bei manchen Alpenpflanzen müssen die Wurzeln kühl stehen und geschützt sein; Steingärten und Nischen in Stein- oder Backsteinmauern sind ideale Plätze für solche Pflanzen, hier kommen sie in einer natürlich wirkenden Umgebung auch am besten zur Geltung. In mehr formalen Anlagen oder Gärten, wo der Raum begrenzt ist, sind Hochbeete oder Tröge und Becken interessante Alternativen, v. a. wenn die Behälter andere, schon bestehende Vorrichtungen ergänzen. Freistehende Tröge und Kübel bringen Farbe in verschiedene Ebenen des Gartens und auf befestigte Flächen wie Innenhöfe und Wege.

Der Steingarten

Ein sonniger, süd- oder südwestseitiger Hang ist der ideale Platz für einen Steingarten. Ein gut angelegter Steingarten ahmt natürliche Gesteinsformationen nach und wirkt dadurch äußerst attraktiv. Er nähert sich so weit wie möglich dem natürlichen Lebensraum der Alpenpflanzen an, schafft Bedingungen, in denen sie gut gedeihen – der Boden unter den Steinen ist feucht und kühl, aber durchlässig, genau so, wie sie es mögen.

Planung eines Steingartens
Gute Wirkung erzielt man, wenn man den Steingarten so groß wie möglich anlegt. Am besten wählen Sie einen natürlich abfallenden, offenen, gut durchlässigen Standort. Besonders ansprechend ist eine Abfolge von Felsbrocken mit kleinen Wasserläufen und eventuell sogar mit einem »Wasserauge«.

Die meisten Steingartenpflanzen mögen sonnige Lagen, solche, die Schatten vorziehen, können in Nischen an der Nordseite von Felsbrocken gesetzt werden. Durch wohlüberlegte Verteilung der Steine bei der Anlage (siehe S. 199) erhält man viele unterschiedliche Pflanzbereiche und Nischen, die verschiedensten Ansprüchen genügen.

Auswahl der Pflanzen
Einige Alpenpflanzen, z. B. *Gentiana verna* mit ihren tiefblauen Blüten im Frühjahr, ziehen tiefe Nischen mit durchlässigem, sandigem Boden vor, während sich mattenbildende, etwa *Polygonum affine* 'Donald Lowndes', auf breiteren Terrassen zwischen schieferartigem Schichtgestein wohlfühlen. Sowohl Lewisia-Cotyledon-Hybriden als auch *Saxifraga* 'Tumbling Waters' mit ihren weißen Blütenkaskaden über den kalküberzogenen Blättern gedeihen am besten in schmalen, senkrechten Felsspalten.

Das Pflanzschema sollte möglichst viel Abwechslung zwischen den Jahreszeiten bieten. Alpine Knollengewächse wie *Crocus laevi-*

LEUCHTENDE SOMMERFARBEN
Die leuchtendroten Blütenkaskaden von Sedum spurium *und* Helianthemum *fallen über den Felsen und heben sich stark von den graugrünen Trieben und Blättern von* Dianthus *und* Hebe pinguifolia *'Pagei' dahinter ab. Das hellgrüne Laub als Umrahmung setzt einen hellen, aber kühlen Kontrapunkt.*

Ein Steingarten auf mehreren Ebenen

Im Spätfrühling liefert eine Kombination von Alpen- und Steingartenpflanzen eine Augenweide an Farben und Formen. Einige immergrüne Zwergsträucher und frühblühende Zwiebel- und Knollengewächse zwischen den Steinen verlängern die Saison.

1 *Draba rigida*
2 *Anchusa caespitosa*
3 *Saponaria* x *olivana*
4 *Morisia monanthos*
5 *Dianthus alpinus*
6 *Androsace carnea*
7 *Gentiana verna*
8 *Celmisia walkeri*
9 *Pulsatilla vulgaris*
10 *Saxifraga* 'Southside Seedling'
11 *Berberis* x *stenophylla* 'Corallina Compacta'
12 *Linum perenne*
13 *Physoplexis comosa*
14 *Helianthemum* 'Wisley Primrose'
15 *Parahebe catarractae*
16 *Helianthemum* 'Wisley Pink'
17 *Armeria juniperifolia*
18 *Chiastophyllum oppositifolium*
19 *Aquilegia alpina*
20 *Anthyllis montana*
21 *Crocus* 'Cream Beauty'
22 *Euryops acraeus*
23 *Iris* 'Joyce'
24 *Viola* 'Haslemere'
25 *Picea mariana* 'Nana'
26 *Narcissus minor*
27 *Diascia rigescens*
28 *Cyclamen coum* subsp. *coum* und *coum* 'Album'
29 *Galanthus nivalis* 'Scharlockii'
30 *Narcissus* 'Tête-à-tête'
31 *Juniperus communis* 'Compressa'
32 *Hebe canterburiensis*
33 *Campanula cochleariifolia*
34 *Phlox douglasii* 'Crackerjack'
35 *Origanum* 'Kent Beauty'
36 *Daphne cneorum*
37 *Phlox* 'Camla'
38 *Androsace lanuginosa*
39 *Gypsophila cerastioides*
40 *Crocus dalmaticus*
41 *Aubrieta* 'Joy'
42 *Aethionema grandiflorum*
43 *Euphorbia myrsinites*
44 *Iberis sempervirens*

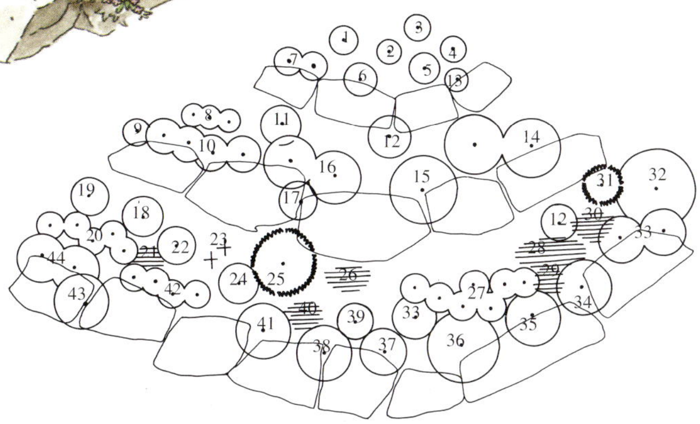

gatus 'Fontenayi' und *Iris histrioides* 'Major' beleben den Garten im Winter oder Vorfrühling, *Cyclamen hederifolium* und *Sternbergia lutea* im Herbst. Ganzjährige Wirkung erhält man durch einige Immergrüne wie die zwergige *Chamaecyparis obtusa* 'Nana Pyramidalis', *Juniperus communis* 'Compressa' und Zwergsträucher.

Arten mit auffallenden Blättern oder Trieben und verschiedenen Höhen und Formen verleihen der Anlage Struktur. Gegensätzliche Blattstrukturen sind oft besonders wirkungsvoll: Fleischige, rosettenbildende Pflanzen heben sich z. B. stark von den zarten, fedrigen Blättern und Blüten einiger *Pulsatilla*-Arten ab; eine Kombination von ausgebreiteten, kissenbildenden und kriechenden Alpenpflanzen mit Zwerggehölzen ist optisch sehr interessant. Die schwertförmigen, silbernen Blätter von *Celmisia coriacea* sind ein wirkungsvoller Kontrast zu mattenbildenden Pflanzen wie *Polygala calcarea* 'Bulle's Variety' mit ihren tiefblauen Blüten im Spätfrühling und Frühsommer.

Ein farbiger Blütenteppich
Die kräftigen Farben und unterschiedlichen Formen der Alpenpflanzen mischen sich mit den immergrünen Sträuchern und Zwergkoniferen, die den Rahmen dieses Steingartens bilden.

TORFBEET

Alpenpflanzen, die sauren Boden und feuchte Waldbedingungen mögen, setzt man am besten in ein spezielles Torfbeet. Dieses sollte zum Teil beschattet sein, also eventuell neben (aber nicht unter) einem Baum mit hellem Laub liegen, damit die Pflanzen einige Stunden am Tag auch etwas Sonne abbekommen.

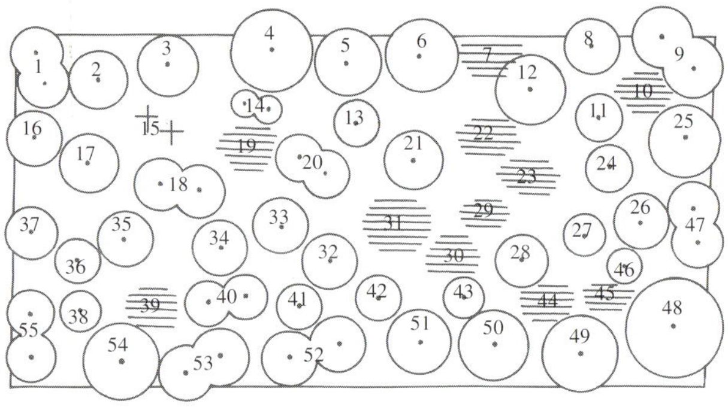

1 *Cyathodes colensoi*
2 *Hacquetia epipactis*
3 *Arctostaphylos uva-ursi* 'Point Reyes'
4 *Rhododendron* 'Curlew'
5 *Anemone nemorosa* 'Robinsoniana'
6 *Trillium grandiflorum*
7 *Erythronium* 'Pagoda'
8 *Betula nana*
9 *Dryas octopetala*
10 *Narcissus bulbocodium* ssp. *bulbocodium*
11 *Jeffersonia dubia*
12 *Phlox* 'Chatahoochee'
13 *Dodecatheon* 'Red Wings'
14 *Dicentra cucullaria*
15 *Celmisia coriacea*
16 *Phlox divaricata* ssp. *laphamii*
17 *Trillium erectum*
18 *Gentiana septemfida*
19 *Erythronium hendersonii*
20 *Phyllodoce empetriformis*
21 *Daphne arbuscula*
22 *Lilium mackliniae*
23 *Erythronium oregonum*
24 *Gentiana acaulis*
25 *Salix reticulata*
26 *Salix* x *boydii*
27 *Polygala chamaebuxus*
28 *Phyllodoce caerulea*
29 *Galanthus nivalis* 'Lutescens'
30 *Nomocharis pardanthina*
31 *Erythronium* 'White Beauty'
32 *Anemonella thalictroides*
33 *Cassiope* 'Edinburgh'
34 *Rhodohypoxis* 'Douglas'
35 *Anemone* x *lipsiensis*
36 *Hepatica nobilis* var. *japonica*
37 *Cassiope lycopodioides*
38 *Trillium rivale*
39 *Scilla siberica* 'Atrocaerulea'
40 *Polygonatum hookeri*
41 *Corydalis solida* 'George Baker'
42 *Rhodothamnus chamaecistus*
43 *Rhodohypoxis* 'Margaret Rose'
44 *Narcissus cyclamineus*
45 *Cyclamen purpurascens*
46 *Calceolaria* 'Walter Shrimpton'
47 *Saxifraga oppositifolia*
48 *Linnaea borealis*
49 *Gentiana sino-ornata*
50 *Vaccinium vitis-idaea* 'Minus'
51 *Andromeda polifolia* 'Compacta'
52 *Gaultheria cuneata*
53 *Polygala chamaebuxus* var. *grandiflora*
54 *Phlox stolonifera* 'Ariane'
55 *Lithodora diffusa* 'Heavenly Blue'

Geröllformationen

Auf Berghängen entsteht durch die natürliche Verwitterung aus Fels ein Geröll aus kleinen, zerbrochenen Felsstücken und Steinen. In dieser Steinlandschaft sind viele Pflanzen beheimatet, deren Wurzeln während der Wachstumsperiode viel Feuchtigkeit benötigen, die aber am besten durch eine scheinbar trockene, etwa 15 cm dicke Steinschicht an der Oberfläche gedeihen. Zu diesen gehören die schönsten unter den Alpenpflanzen, die ein paar zusätzliche Pflegemaßnahmen reichlich lohnen.

Geröllbeete

Mit einem Geröllbeet kann der natürliche Lebensraum dieser Pflanzen nachgeahmt werden. Es handelt sich dabei um ein tiefes, leicht abfallendes Beet aus losen Felsbrokken verschiedener Größe mit geeigneter Komposterde (siehe S. 200). Geröllbeete können auch an flachen Stellen angelegt werden, die man etwas anhebt, um die Drainage zu fördern, wodurch eigentlich eine Sonderform des Hochbeets entsteht (siehe S. 193). Hier wachsen gewöhnlich Pflanzen mit dichtem Laub, die niedrige Matten oder Kissen bilden und reichlich kleine, leuchtende Blüten tragen, so daß das Laub beinahe verschwindet. Ein neutraler Hintergrund ist geradezu ideal für den Struktur- und Farbenreichtum dieser Steingartenpflanzen.

Spezielle Pflanzenarten, z. B. *Vitaliana primuliflora, Anchusa caespitosa* und *Myosotis alpestris*, gedeihen gut in Geröllbeeten. Auch andere, leichter zu kultivierende Steingartenpflanzen kommen mit den Bedingungen in einem Geröllbeet zurecht. Manche Arten, z. B. *Achillea clavennae* und *Artemisia glacialis*, werden vor allem wegen ihres silbernen Laubs kultiviert, das einen interessanten Kontrast zu kräftigeren Farben liefert. Andere Pflanzen, darunter *Androsace carnea* ssp. *laggeri* mit ihren rosa Blütenmassen im Frühsommer, vermehren sich durch Selbstaussaat. Auch die winzigen, blauen Blütenglocken von *Campanula cochleariifolia* breiten sich im Garten aus, können aber schließlich lästig werden, weil sie weniger robuste Arten verdrängen.

Einplanen eines Geröllbeets

Wenn der Platz es erlaubt, können ein oder mehrere Geröllbeete in einem Steingarten eingeplant werden, wodurch eine einheitliche Anlage mit verschiedensten Bedingungen entsteht. Gut macht es sich, wenn große Felsbrocken, die von Geröll gesäumt werden, den Hintergrund bilden.

Oder das Geröll ist Teil des Steingartens und beherbergt spezialisierte Pflanzen, die an der Wurzelkrone besonders durchlässigen Boden benötigen. *Dianthus haematocalyx* z. B. ist eine kissenbildende Nelke, deren tiefrosa Kronblätter an der Unterseite beige sind; sie profitiert von einer Schicht aus losen, trockenen Steinen.

Ein Geröllbeet wirkt besser, wenn man darin einige größere Felsbrokken plaziert. Die Pflanzen können diese säumen oder überwachsen und so allzu scharfe Konturen mildern.

Torfbeete

Alpenpflanzen, die sauren Boden oder Waldbedingungen benötigen, sind in einem Steingarten nicht immer leicht unterzubringen. Säureliebende Pflanzen wie *Arctostaphylos, Cassiope*, Enzian und die meisten *Vaccinium*-Arten gedeihen nur bei niedrigem pH-Wert, Waldpflanzen ziehen feucht-schattige Bedingungen und laubbedeckten, humusreichen Boden vor. Durch spezielle Torfbeete kann man feuchte, saure Wachstumsbedingungen schaffen; wenn sie auch noch im leichten Schatten liegen, hat man beinahe Waldbedingungen und kann noch weitaus mehr Pflanzen ziehen.

Standort und Material

Torfbeete können eigene Elemente sein oder an einen Steingarten anschließen. Ideale Bedingungen dafür findet man an der schattigen, nach Norden gerichteten Seite. Ein Torfbeet darf nicht unter Bäumen angelegt werden, da das heruntertropfende Regenwasser die Pflanzen verrotten läßt. Der Standort sollte am besten für einen Teil des Tages in der Sonne liegen.

Saures Substrat für Torfbeete wurde meist aus Sphagnumtorf hergestellt, das einen niedrigen pH-Wert hat, gut belüftet ist und ausgezeichnet Wasser speichert. Angesichts wachsender Sorge um die Erhaltung der Torfbestände sollten Lauberde oder Kokosfasern, die ähnliche Eigenschaften haben, die Alternative sein.

Hochbeete

Hochbeete kommen dem begrenzten Raum kleiner Gärten entgegen. In großen Gärten sind schmale Hochbeete wunderbare Begrenzungen. Die elegante Wirkung von Hochbeeten verträgt sich gut mit der Gestaltung und Anlage vieler moderner Gärten; in Gegenden, wo geeignetes Felsmaterial nicht leicht zu bekommen oder allzu teuer ist, kann ein Hochbeet ein guter Ersatz für einen Steingarten sein.

Da die Drainage in Hochbeeten völlig unabhängig von der Qualität des Bodens darunter ist, erweisen sich solche Anlagen v. a. in Gärten mit wenig durchlässigen Böden (wie nassem, schwerem Ton) als nützlich, wo andernfalls keine Alpenpflanzen kultiviert werden könnten. Außerdem kann ein Hochbeet so angelegt werden, daß spezielle Arten im Winter durch eine Abdekkung den dringend benötigten Schutz vor übermäßiger Nässe erhalten, ohne daß die Luftzirkulation um die Pflanzen behindert wird.

Für Hochbeete können verschiedene Materialien verwendet werden, z. B. die traditionellen Backsteine oder hölzerne Eisenbahnschwellen. Näheres finden Sie dazu im Kapitel BAULICHE ELEMENTE UND BELÄGE, »Erhöhte Beete«, S. 507.

Bepflanzung eines Hochbeets
Große Hochbeete können in Einzelbereiche gegliedert werden, für die man unterschiedliches Substrat verwendet, um die Erfordernisse einzelner Pflanzengruppen zu erfüllen. An der Oberfläche kann man einige Felsbrocken plazieren, um strukturelle Kontraste und senkrechte Nischen und Spalten zu schaffen, die von manchen Pflanzen benötigt werden.

Rechteckige Hochbeete bieten mehrere Möglichkeiten, so daß Pflanzen mit unterschiedlichen Bedürfnissen jeweils in Nischen an der Sonnen- oder Schattenseite gesetzt werden können. Auch die Begrenzungsmauern können Nischen für Pflanzen aufweisen.

Wählen Sie Pflanzen, die sich z. B. mit der Blüte im Wechsel der Jahreszeiten ablösen. Über den dichten, immergrünen Rosetten von *Haberlea rhodopensis* erscheinen im Frühjahr Rispen von Trichterblüten, die im Sommer von *Aquilegia flabellata*, einer horstbildenden Alpenpflanze mit zartblauen Blütenglocken, die geriffelte Kronblätter und einen kurzen Sporn aufweisen, abgelöst werden. Beide Gewächse mögen Halbschatten und sind so klein, daß sie gut in ein Hochbeet gesetzt werden können.

Für eine sonnige Lage wählt man *Dianthus*-Arten, wie etwa *D. alpinus* und *D.* 'Bombadier', *Erinus alpinus* 'Dr. Haenele' läßt man dabei über die Stützmauer wachsen.

Mauern

Gartenmauern können in ausgezeichnete Standorte für Alpen- und Steingartenpflanzen verwandelt werden. Auch die Stützmauern von Hochbeeten und gestuften Hängen kann man auf diese Weise gestalten. Lassen Sie bei der Errichtung möglichst Vertiefungen, Spalten oder Ritzen zwischen den Steinen, die später bepflanzt werden.

Auswahl der Pflanzen
Am besten eignen sich polster- oder mattenbildende Gewächse wie

NIEDRIGES HOCHBEET
Hier säumt ein Alpinbeet einen Steinpfad. An den Pflanzen entlang gleitet der Blick über den Weg bis zum Rasen im Hintergrund.

TROCKENMAUER
Die Fugen einer Trockenmauer bieten ideale Bedingungen für kriechende und sich ausbreitende Pflanzen, da die Drainage zwischen den Steinen gut ist und die Wurzeln kühl stehen.

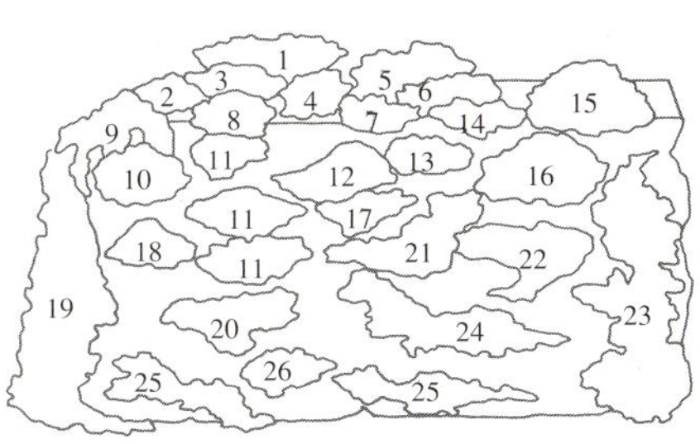

1 *Genista sagittalis*
2 *Anacyclus depressus*
3 *Helichrysum selago*
4 *Linum flavum*
5 *Chrysanthemum hosmariense*
6 *Onosma albo-roseum*
7 *Campanula* 'Birch-Hybride'
8 *Achillea x kellereri*
9 *Saxifraga* 'Tumbling Waters'
10 *Penstemon newberryi* f. *humilior*
11 *Erinus alpinus*
12 *Gypsophila repens* 'Dorothy Teacher'
13 *Armeria juniperifolia*
14 *Sedum kamtschaticum* 'Variegatum'
15 *Tanacetum argenteum*
16 *Acantholimon glumaceum*
17 *Sedum spathulifolium* 'Cape Blanco'
18 *Erodium corsicum*
19 *Polygonum vacciniifolium*
20 *Arenaria purpurascens*
21 *Tropaeolum polyphyllum*
22 *Arenaria montana*
23 *Saponaria ocymoides*
24 *Jovibarba hirta*
25 *Sedum acre*
26 *Sedum obtusatum*

Acantholimon glumaceum, das immergrüne Kissen bildet, die im Sommer von rosa Blüten überzogen sind, oder *Dianthus deltoides* u. a. Alpennelken. Pflanzen, die an der Basis leicht rotten, wie z. B. *Lewisia*- und *Ramonda*-Arten, lassen sich gut in Mauern kultivieren, da die Kühle und bessere Drainage in den Spalten den Wurzeln entgegenkommt. Die kriechende, halbimmergrüne *Asarina procumbens* mit ihren cremeweißen Blüten und die strauchige *Penstemon newberryi* f. *humilior* tragen an sanft gebogenen Trieben einen reichen Blütenflor und eignen sich ebenfalls gut für Mauern.

Trockenmauern
Trockenmauern bieten genügend Platz für das Wurzelsystem vieler Steingartenpflanzen und haben eine gute Drainage. Freistehende, einfache oder doppelte Trockenmauern können begrenzen oder teilen und sind bei sorgfältiger Wahl der Pflanzen sehr attraktiv.

Die ausgezeichnete Drainage im oberen Teil der Trockenmauer ist ideal für mattenbildende Pflanzen, wie z. B. *Gypsophila repens* oder *Saponaria ocymoides*, die beide in schönen Kaskaden über den Rand fallen. Die adretten, ausgebreiteten Rosetten des kalküberzogenen Steinbrechs und der Hauswurz *(Sempervivum)* können in passenden Abständen oben auf die Mauer gesetzt werden. Die beiden senkrechten Mauerflächen bieten Platz für vielerlei Pflanzen.

Tröge und Becken

Alte Futtertröge und Tränken aus Stein geben hübsche Gefäße für Steingartenpflanzen ab; leider sind sie rar und teuer. Aus Stein oder Kunststuff gefertigte Tröge und mit diesem Material beschichtete Bekken (siehe S. 202) sind jedoch preiswerte Alternativen. Tröge und Bekken können in Höfen und Innenhöfen oder auf Terrassen und Kiesflächen aufgestellt werden.

Tröge bepflanzen
Die kleinsten Alpenpflanzen sind oft die kompliziertesten. Verwenden Sie *Antennaria dioica* 'Minima' u. a. kompakte Alpen- und Steingartenpflanzen. Durch umsichtige Auswahl wird eine Kombination von Zwerg- und langsamwachsenden Arten zum Miniatur-Steingarten.

Wählen Sie einige kleine Koniferen, z. B. *Chamaecyparis obtusa* 'Nana Pyramidalis' oder *Juniperus communis* 'Compressa', und Zwergbäume wie *Ulmus parvifolia* 'Geisha' als Umrahmumg, für die Mitte und den Vordergrund etwa *Campanula zoysii, Dianthus alpinus* oder *D. microlepis*. Miniatursträucher verleihen der Pflanzung während des ganzen Jahres zusätzlich wirkungsvolle Kontraste in Form und Farbe.

TRÖGE MIT ALPENPFLANZEN
Schön arrangierte Gruppe von Pflanztrögen, in denen sowohl Zwergbäume und -sträucher als auch kleinere Alpenpflanzen Platz finden.

Andere Pflanzgefäße

Wo Pflanzbehälter so beschaffen sind, daß sie fixe Einrichtungen des Gartens wie Mauern, Wege usw. ergänzen, sind sie verbindende Elemente für die Gesamtanlage. In Behältern kann man auch im kleinen Garten Alpenpflanzen kultivieren, die Treppen oder Wege flankieren.

Auswahl der Pflanzen
Pflanzgefäße eignen sich v. a. für Miniaturarten, sie bieten Pflanzen wie der winzigen *Primula scotica* mit ihren purpurfarbenen Blüten einen Standort, an dem sie gut zur Geltung kommen und nicht von Nachbarpflanzen überwuchert werden. In einer Gruppe von mehreren Gefäßen kann man jeweils Pflanzen, die unter ähnlichen Bedingungen gedeihen, zusammenfassen. Eine lange Blütezeit im Steingarten erreicht man, wenn man niedrigwachsende, mattenbildende Pflanzen wie *Raoulia australis* und *Globularia cordifolia* mit im Spätwinter blühenden Zwergzwiebeln, z. B. *Narcissus asturiensis* oder *Iris reticulata*, kombiniert.

Auswahl des Pflanzgefäßes
Für Steingartenpflanzen gibt es eine Vielzahl von hübschen Behältern. Achten Sie v. a. auf gute Drainage. Wenn Sie dann noch das richtige Substrat verwenden und die Pflanzen regelmäßig wässern und pflegen, können Sie beinah jedes Gefäß verwenden. Große Blumentöpfe und Terrakottawannen eignen sich für kleine Gruppen winzigster Alpenpflanzen, besonders für solche, die über den Topfrand hängen, wie *Silene schafta*. Kleine Gefäße sind ideal für kompakte, langsamwachsende Pflanzen wie *Androsace chamaejasme* und *Sempervivum arachnoideum*, die mehrere Jahre schön sind, bis ihnen der Topf zu klein wird.

Ein alter Schornsteinaufsatz ist wunderschön, wenn er mit *Sedum*- oder *Sempervivum*-Arten bepflanzt wird. Und sogar ein Fensterkasten kann Alpenpflanzen aufnehmen.

Das Alpinhaus

In der freien Natur werden Alpenpflanzen während der winterlichen Ruheperiode meist von einer tiefen Schneedecke vor zu viel Wasser, kalten, austrocknenden Winden und strengen Frösten geschützt; die Temperaturen unter der Schneedecke bewegen sich um den oder knapp unter dem Gefrierpunkt. In tiefergelegenen Gärten sind die Bedingungen ganz anders, und empfindlichere Alpenpflanzen müssen durch Glas geschützt werden.

Eine einfache Abdeckung mag für manche Pflanzen ausreichen, aber in einem speziellen Gewächs- oder Alpinhaus (siehe GEWÄCHSHÄUSER UND FRÜHBEETKÄSTEN, »Alpinhaus«, S. 477) können weitaus mehr Pflanzen kultiviert werden, und dort kann sich der Hobbygärtner auch an empfindliche Gewächse wagen.

Verwendung eines Alpinhauses
Das Alpinhaus beherbergt meist eine große Zahl besonderer Alpenpflanzen unter sorgfältig geregelten Bedingungen. Die Blütezeit läßt sich im Alpinhaus bis in die frühen Wintermonate hinein verlängern, wenn im Garten nur mehr wenig Farbe zu finden ist. Der Frühling ist noch weitaus interessanter, denn dann blühen die meisten echten Alpenpflanzen. Wenn auch Zwergsträucher, Zwiebeln und Knollen, Koniferen und Farne dazugesetzt werden, ist dem Auge das ganze Jahr über etwas geboten.

Obwohl das Alpinhaus v. a. für Pflanzen gedacht ist, die nicht im offenen Garten kultiviert werden können, ist es auch für viele weniger anspruchsvolle Alpenpflanzen und sogar für robuste Pflanzen, die auch Regen und Fröste im Vorfrühling vertragen können, der ideale Lebensraum (siehe auch ALPINHÄUSER UND KÄSTEN, S. 214-216).

EIN UNGEWÖHNLICHES PFLANZGEFÄSS
Für Steingarten- und Alpenpflanzen können die verschiedensten Arten von Pflanzgefäßen verwendet werden. Hier ist ein Teil eines ausgehöhlten Baumstumpfes mit Sedum spathulifolium *'Cape Blanco' bepflanzt; es wird wegen seiner kleinen Büschel von winzigen gelben Blüten über den silbrig-grünen Blattrosetten besonders geschätzt.*

Verzeichnis der Steingartenpflanzen

Exponierte Standorte

Steingartenpflanzen für exponierte oder windige Standorte

Antennaria dioica
Campanula portenschlagiana
Carlina acaulis
Chiastophyllum oppositifolium
Crepis incana
Dryas octopetala
Erigeron karvinskianus
Eryngium, einige ❄, ⛰
Euphorbia myrsinites
Hebe, einige ❄, ⛰
Helianthemum
Limonium bellidifolium
Pterocephalus perennis
Sedum, einige ❄, ⛰
Sempervivum
Silene vulgaris subsp. *maritima*
Veronica spicata

Luftverschmutzung

Industriefeste Steingartenpflanzen

Aubrieta
Aurinia saxatilis
Campanula garganica, *C. poscharskyana*
Erinus alpinus
Euphorbia, einige ❄, ⛰
Sedum, einige ❄, ⛰
Sempervivum

Trockener Schatten

Steingartenpflanzen für trockenen Schatten

Ajuga pyramidalis, *A. reptans*
Dianthus carthusianorum, *D. deltoides*
Diascia cordata, *D.* 'Ruby Field'
Erodium guttatum
Genista sagittalis
Gypsophila dubia, *G. repens*
Helleborus, einige ❄
Lamium maculatum
Saponaria ocymoides
Waldsteinia ternata

Waldsteinia ternata

Feuchter Schatten

Steingartenpflanzen, die feuchten Schatten vertragen

Adonis amurensis
Cassiope
Cyclamen hederifolium, *C. purpurascens*
Daphne blagayana
Galax aphylla
Hepatica nobilis, *H. transsilvanica*
Hylomecon japonicum
Iris cristata
Meconopsis cambrica
Primula, einige ❄ (viele Arten und Sorten)
Sanguinaria canadensis
Shortia uniflora
Stylophorum diphyllum
Trillium

Geröllgarten

Acantholimon glumaceum
Aethionema pulchellum, *A.* 'Warley Rose'
Alyssum montanum

Androsace lanuginosa

Androsace lanuginosa, *A. sarmentosa*, *A. sempervivoides*
Dianthus alpinus, *D. anatolicus*, *D. echinacea*
Erinus alpinus
Gypsophila aretioides
Hutchinsia alpina
Linaria alpina
Papaver burseri, *P. miyabeanum*, *P. rhaeticum*
Sempervivum
Silene acaulis
Viola cornuta 'Minor', *V. jooi*

Spalten zwischen Steinen

Aubrieta deltoidea (viele Sorten)
Aurinia saxatilis
Campanula cochleariifolia, *C. portenschlagiana*
Erinus alpinus
Erodium chamaedryoides
Geranium sanguineum var. *striatum*
Globularia cordifolia
Mentha requienii
Onosma albo-roseum, *O. echioides*
Pratia pedunculata
Scabiosa graminifolia
Thymus, einige ❄

Mauerspalten

Antirrhinum glutinosum, *A. molle*
Aurinia saxatilis 'Citrina'
Campanula portenschlagiana
Erinus alpinus
Globularia cordifolia
Haberlea rhodopensis (Schatten)
Lewisia, Cotyledon-Hybriden, *L. tweedyi*
Onosma taurica
Polemonium pulcherrimum
Ramonda myconi (Schatten)
Saxifraga callosa, *S. cochlearis*, *S. longifolia*, *S. paniculata*
Silene vulgaris subsp. *maritima* 'Flore Pleno'

Trogbepflanzung

Anchusa caespitosa
Androsace (kleine Arten und Sorten)
Antennaria dioica 'Minima'
Arenaria purpurascens
Asperula suberosa
Dianthus alpinus, *D. freynii*, *D. glacialis*
Dryas octopetala 'Minor'
Edraianthus pumilio
Gentiana saxosa, *G. verna* var. *angulosa*
Helianthemum oelandicum
Linum suffruticosum subsp. *salsoloides* 'Nanum'
Myosotis rupicola
Omphalodes luciliae ❄
Oxalis enneaphylla
Paraquilegia anemonoides
Petrophytum hendersonii
Phlox subulata
Primula farinosa, *P. marginata*

Saxifraga sancta

Saxifraga, einige ❄ (viele Arten und Sorten)
Sedum cauticola
Soldanella alpina, *S. montana*
Thymus serpyllum 'Minus'
Vitaliana primuliflora

Tuffsteinbepflanzung

Androsace (kleine Arten und Sorten)
Campanula piperi, *C. zoysii*
Draba mollissima, *D. polytricha*
Edraianthus pumilio
Paraquilegia anemonoides
Physoplexis comosa
Potentilla nitida
Saxifraga, einige ❄ (v. a. Subsektion Kabschia)
Viola cazorlensis, *V. delphinantha*

Erhöhte Beete

Aethionema 'Warley Rose'
Androsace
Antirrhinum molle, *A. sempervirens*
Aquilegia discolor, *A. flabellata*
Armeria juniperifolia
Bolax gummifera
Callianthemum anemonoides
Campanula raineri, *C. zoysii*
Daphne arbuscula, *D. cneorum*, *D. petraea* 'Grandiflora'
Dianthus, einige ❄
Draba bryoides, *D. polytricha*
Edraianthus dinaricus, *E. graminifolius*
Erinacea anthyllis
Gentiana acaulis, *G. verna* var. *angulosa*
Globularia meridionalis, *G. repens*
Haberlea rhodopensis
Leontopodium alpinum, *L. nivale*
Lewisia (einige Arten und Hybriden)
Origanum (einige Arten und Hybriden)
Oxalis adenophylla, *O. enneaphylla*, *O.* 'Ione Hecker'
Papaver burseri, *P. miyabeanum*
Paraquilegia anemonoides
Primula auricula, *P. marginata*
Ramonda myconi
Saxifraga cotyledon, *S. longifolia*, *S. paniculata*, *S.* 'Tumbling Waters'
Sempervivum
Silene acaulis
Verbascum 'Letitia'

Zwerggehölze

Berberis x *stenophylla* 'Corallina Compacta'
Betula nana
Chamaecyparis obtusa 'Intermedia'
Cryptomeria japonica 'Vilmoriniana'
Daphne cneorum, *D. retusa*, *D. sericea*
Dorycnium hirsutum
Erinacea anthyllis
Euryops acraeus
Genista delphinensis
Hebe buchananii 'Minor'
Helichrysum coralloides

Helichrysum coralloides

Ilex crenata 'Mariesii'
Juniperus communis 'Compressa'
Picea abies 'Clanbrassiliana', *P. a.* 'Gregoryana', *P. glauca* var. *albertiana* 'Conica'
Potentilla 'Nana Argentea'
Salix x *boydii*
Sorbus reducta
Thymus membranaceus

Schlüssel
❄ *Nicht winterhart*
⛰ *Arten nur für Steingarten*

Anlage, Bodenvorbereitung und Pflanzung

ALPENPFLANZEN können im Garten auf verschiedene Weise kultiviert werden. Ein Steingarten ist wahrscheinlich die gängigste, nimmt aber viel Platz ein. Für kleinere Anlagen sind auch Geröll-, Hoch- und Torfbeete sowie die Spalten einer Trockenmauer bestens geeignet. Wo der Raum begrenzt ist, kann man mit Trögen, Becken u. a. Pflanzgefäßen eine hübsche Wirkung erzielen.

STEINGARTENPFLANZEN FÜR SAURE BÖDEN

Arctostaphylos alpinus
Cassiope
Corydalis cashmeriana,
C. flexuosa
Cyananthus
Epigaea repens
Galax urceolata
Gentiana sino-ornata
Glaucidium palmatum
Haberlea rhodopensis
Kalmia angustifolia,
K. polifolia 'Microphylla'
Leiophyllum buxifolium
Leucopogon fraseri
Leucothoe keiskei
Linnaea borealis
Lithodora diffusa
Menziesia ciliicalyx
Mitchella repens
Epigaea gaultherioides
Ourisia caespitosa,
O. coccinea, *O.* 'Loch Ewe'
Paris polyphylla
Pernettya

Phyllodoce caerulea

Phyllodoce caerulea
P. glanduliflora,
P. nipponica
Pieris nana
Polygala chamaebuxus,
P. vayredae
Primula boothii,
P. edgeworthii,
P. gracilipes,
P. sonchifolia
Pyrola rotundifolia
Rhododendron (Zwergarten und -sorten)
Sanguinaria canadensis 'Multiplex'
Shortia soldanelloides
Soldanella villosa
Tanakaea radicans
Vaccinium delavayi,
V. myrtillus, *V. uliginosum*

Pflanzenkauf

Der Steingarten ist als ganzjährig interessante Pflanzung zu betrachten, sofern die Pflanzen sorgfältig gewählt wurden.

Vor dem Kauf sollten Sie sich gründlich informieren, welche Pflanzen für einen bestimmten Standort in Bezug auf Klima, Boden und Lage in Frage kommen. Sehen Sie sich gut eingewachsene Steingärten in Parks und Botanischen Gärten und in Spezialgärtnereien an, um Vor- und Nachteile verschiedener Pflanzen abzuwägen. Habitus, Laubfarbe, Früchte, Triebe und Wuchsform sind oft genauso wichtig wie die Blüten.

Wo kauft man Pflanzen
Pflanzen kann man von den verschiedensten Anbietern beziehen, etwa von Gartencentern oder speziellen Gärtnereien. Nichtspezialisierte Blumenhandlungen oder Kaufhäuser bieten oft nur eine begrenzte Auswahl an bunten Sorten und leicht zu kultivierenden Arten an; diese können sich stark ausbreiten und zartere Pflanzen im Steingarten bald überwuchern.

Ein spezialisierter Gärtner kann Sie bei der Auswahl der Pflanzen für einen bestimmten Standort beraten und hat oft auch Schaubeete mit ausgewachsenen Pflanzen. So bekommt man einen Eindruck von der endgültigen Höhe, Ausbreitung und Wuchsform der Pflanzen, und das ist bei der Planung eine große Hilfe.

Ein spezialisierter Züchter bietet weitaus mehr und interessantere Pflanzen an und kann auch genaue Ratschläge für die Kultur dieser Gewächse geben – was v. a. am Anfang sehr hilfreich ist. Steigt die Nachfrage nach bestimmten seltenen Pflanzen, werden sie oft auch im Handel angeboten. Solche Pflanzen mögen zwar hübsch aussehen, sind aber oft teuer und schwer zu kultivieren. Sie sollten besser Spezialisten vorbehalten bleiben und sind für den durchschnittlichen Steingarten meist nicht geeignet. Diese Gewächse können eine lohnende Herausforderung sein, aber nur, wenn man sich vorher über die Kultur eingehend informiert hat.

Auswahl von Alpenpflanzen
Wählen Sie Pflanzen mit gesundem, kompaktem Laub und ohne Anzeichen von Schädlings- oder Krankheitsbefall und Wassermangel. Kaufen Sie keine Pflanzen mit gelbem oder schwachem Wuchs; er deutet darauf hin, daß sie zu wenig Licht hatten. Der Name der Pflanze sowie nähere Informationen über Blütezeit und Kulturerfordernisse sollten auf dem Kärtchen stehen. Die Pflanzen dürfen nicht im Topf festsitzen, und die Wurzeln sollten entweder gar nicht oder nur ganz wenig durch die Löcher im Topfboden zu sehen sein. Kaufen Sie keine Pflanzen, die an der Oberfläche wurzeln, da diese ziemlich sicher festsitzen.

Der oberirdische Wuchs einer Pflanze kann noch einige Zeit gesund aussehen, selbst wenn das Wurzelsystem beschädigt wurde oder sogar schon abgestorben ist; lassen Sie die Pflanze also aus dem Topf gleiten, und untersuchen Sie sorgfältig den Wurzelballen.

Oft sind auch große Exemplare erhältlich, wenn diese aber nicht fachgerecht weiterkultiviert und sorgfältig gewässert werden, etablieren sie sich u. U. langsamer als kleine, wüchsige Pflanzen. Die Pflanzen sollten frei von Unkraut sein. Vor der Pflanzung entfernt man vorsichtig Kies oder Substrat an der Oberfläche, damit keine Unkrautsamen zurückbleiben. Unkräuter wie das Liegende Mastkraut (*Sagina procumbens*) und das Vielstengelige Schaumkraut (*Cardamine hirsuta*) sind nur schwer wegzubekommen.

Für Steingärten werden mitunter Pflanzen angeboten, die übermäßig viel Samen produzieren, z. B. Zierlauch (*Allium*). Seien Sie bei der Auswahl der Pflanzen vorsichtig, meiden Sie solche Problempflanzen.

ALPENPFLANZEN AUSWÄHLEN

GUTES EXEMPLAR

SCHLECHTES EXEMPLAR

Anlage eines Steingartens oder Geröllbeets

Der geeignete Standort ist bei der Anlage eines Steingartens oder Geröllbeets entscheidend, da Alpenpflanzen nur bei viel Licht und gut durchlässigem Boden gedeihen. Steingarten oder Geröllbeet müssen auch in den Garten passen. Bevor Sie mit der Anlage beginnen, sollten Sie sich eine Skizze vom Ganzen machen, um das Verhältnis zu anderen

ANLEGEN EINES STEINGARTENS

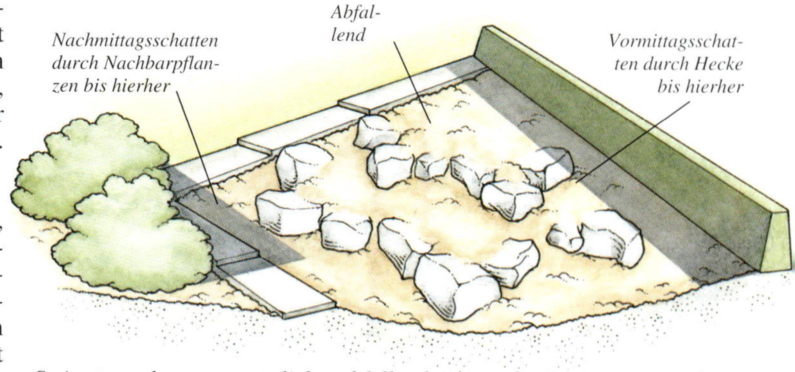

Steingärten legt man möglichst abfallend an, um die Drainage zu verbessern. Wählen Sie einen offenen, vollbesonnten Standort in einigem Abstand von den Wurzeln und überhängenden Ästen von Gehölzen.

Gartenelementen einschätzen zu können. Ein Geröllbeet kann Teil eines Steingartens oder eigenständiges Gartenelement sein.

Wahl des Standortes

Wählen Sie einen offenen, sonnigen Standort, der nicht im Schatten von überhängenden Baumästen liegt; von den Bäumen tropft der Regen auf die Pflanzen darunter, im Herbst werfen sie ihr Laub ab, unter dem die Pflanzen ersticken oder verrotten. Die Baumwurzeln entziehen den Pflanzen Feuchtigkeit und Nährstoffe. Frostlagen oder exponierte Stellen mit kalten, austrocknenden Winden eignen sich auch nicht für Steingärten oder Geröllbeete.

Abfallendes Gelände ist ideal für einen Steingarten; dort funktioniert der Wasserabzug, die künstlich eingebrachten Felsbrocken wirken natürlicher und schaffen Nischen und Lagen für die Pflanzen. Ebene Standorte bringen Probleme mit sich – hier sind eher Geröllbeete (siehe S. 201) oder Hochbeete (siehe S. 204) zu empfehlen.

Ein gewisser Eindruck von Weite entsteht, wenn man den Steingarten oder das Geröllbeet so anlegt, daß der Blick darüber hinweg in die Ferne schweifen kann. In einem kleinen, abgeschlossenen Garten kann ein Zaun oder eine Mauer hinter dem Steingarten durch geeignete Kletterpflanzen kaschiert werden. Wasserstellen oder Wasserläufe sollten bereits im Planungsstadium vorgesehen werden. In einem großen Steingarten erleichtern Wege oder Trittsteine Zugang und Pflege.

Ein natürlicher Eindruck

Steingarten oder Geröllbeet werden am besten in einem eher zwanglosen Bereich des Gartens angelegt, etwa an einem Abhang, bei einer Terrasse oder als natürliche Fortsetzung einer Strauchgruppe. Grenzen Steingarten oder Geröllbeet an ein Rasenstück, ist darauf zu achten, daß beim Mähen keine Probleme entstehen. Neben einer Staudenrabatte, einem Blumenbeet oder anderen, eher geometrisch bepflanzten Bereichen, wie einem Gemüsebeet oder einer Obstpflanzung, wirkt ein Steingarten weniger gut. Ist der ganze Garten eher formenstreng angelegt, sollten Alpenpflanzen besser in einem rechteckigen Hochbeet kultiviert werden.

Natürliche Schichten

Sedimentgesteine wie Kalkstein haben von Natur aus deutlich erkennbare Schichten. Solche Steine lassen sich für die Verwendung in Steingärten leicht entlang der Linien spalten.

In der Natur verlaufen die Schichten bei Sedimentgestein immer in derselben Richtung; die Steine müssen daher auch im Steingarten so angeordnet werden, damit sie natürlich wirken.

NATÜRLICHE SCHICHTUNG

Auswahl der Steine

Verwenden Sie für den Steingarten nach Möglichkeit Steine aus der Umgebung; sie harmonieren besser mit der Landschaft, und die Transportkosten sind geringer. Es gibt natürlich Regionen, wo Steine in der Umgebung eher selten oder für den Steingarten ungeeignet sind.

Verwenden Sie keine zu weichen, rasch verwitternden Steine wie Schiefer oder Kreide oder hartes, optisch uninteressantes Erstarrungsgestein wie Basalt oder Granit.

Kauf der Steine

Wenn möglich besuchen Sie einen Steinbruch, und wählen Sie selbst geeignete Felsbrocken aus. Achten Sie darauf, daß die gelieferten Steine dann nicht zu groß sind, um von der Stelle bewegt zu werden. Wählen Sie Brocken in verschiedenen Größen, so läßt sich leichter eine natürliche Wirkung erzielen. Auch Gartencenter bieten verschiedene Steine an.

Sandstein

Am besten eignen sich verschiedene Sandsteine, bei denen die natürlichen Schichten deutlich zu sehen sind. Ein großer Vorteil des Schichtgesteins liegt darin, daß es sich leicht zerkleinern läßt.

Kalkstein

Einige Gesteinsarten, z. B. ausgewaschener Kalkstein, sind in ihrer natürlichen Umgebung bereits bedroht und sollten aus Gründen des Naturschutzes nicht verwendet werden. Gelegentlich wird alter, vor langer Zeit gebrochener, verwitterter Kalkstein gebraucht angeboten. Frisch gebrochenen Kalkstein oder Gestein, das aus seiner natürlichen Umgebung oder aus Steinmauern genommen wurde, sollten Sie nicht kaufen.

Kalktuff

Kalktuff ist ein poröses Kalkgestein, das sich z. B. an Mineralquellen abgelagert hat. Die zahlreichen Lufteinschlüsse machen es zu einem leichten, gut verwendbaren Stein. An seiner weichen Oberfläche können für die Pflanzen Vertiefungen ausgehöhlt oder gebohrt werden. Er bietet ideale Bedingungen für Pflanzen, die eine gute Drainage benötigen, ist aber selten und teuer.

Gesteinsarten

Kalktuff eignet sich bestens für Steingärten, da die Pflanzen in dem weichen, porösen Stein in Vertiefungen an der Oberfläche und in Spalten zwischen den Steinen wachsen können. Auch verwitterter Sandstein wirkt natürlich, ebenso Kalkstein (wenn man ihn gebraucht bekommt).

KALKTUFF

SANDSTEIN

KALKSTEIN

STEINGARTENPFLANZEN FÜR SANDIGE BÖDEN

Acaena caesiiglauca,
A. microphylla
Achillea x *kellereri*
Aethionema 'Warley Rose'
Arabis ferdinandi-coburgi 'Variegata'
Arenaria montana
Armeria juniperifolia
Artemisia schmidtiana 'Nana'
Ballota pseudodictamnus
Cytisus x *beanii*
Dianthus carthusianorum,
D. deltoides
Erodium guttatum
Gypsophila repens
Helianthemum
Iberis saxatilis

Lewisia, Cotyledon-Hybriden

Lewisia, Cotyledon-Hybriden
Linum suffruticosum
Onosma echioides, *O. taurica*
Phlox bifida
Saponaria ocymoides
Sedum, einige ❄
Sempervivum

STEINGARTENPFLANZEN FÜR STARK ALKALISCHE BÖDEN

Aethionema
Alyssum
Anemone magellanica
Aubrieta
Campanula, einige ❄
Chrysanthemum hosmariense
Dianthus, einige ❄
Draba
Erysimum helveticum
Geranium farreri
Gypsophila repens
Helianthemum
Leontopodium alpinum
Linaria alpina

Origanum 'Kent Beauty'

Origanum
Papaver burseri,
P. miyabeanum
Pulsatilla
Saponaria ocymoides
Saxifraga, einige ❄
Sedum, einige ❄ (nur Arten)
Sempervivum (nur Arten)
Silene schafta
Thymus caespititius

SCHLÜSSEL
❄ *Nicht winterhart*

WIE MAN DEN STANDORT VORBEREITET UND DIE STEINE AUSLEGT

1 Bedecken Sie den gewählten Standort mit einer 15 cm dicken Schicht grobem Schutt, so daß eine Erhebung entsteht und für bessere Drainage gesorgt ist.

2 Belegen Sie die Erhebung mit umgedrehten Rasenziegeln, damit die Erde nicht in den Schutt hineingewaschen wird.

3 Markieren Sie vor dem Auflegen der Steine mit Pflöcken und einer Schnur, wie die Steine in etwa liegen sollen.

4 Heben Sie mit einem Spaten für größere Felsbrocken Gruben aus, damit diese festsitzen.

5 Bringen Sie große Steine mittels Brecheisen in Position. Verkeilen Sie die Brocken mit kleineren Steinen.

6 Füllen Sie den Raum unter und zwischen den Steinen mit Gartenerde auf, damit die Steine eingebettet sind.

7 Plazieren Sie alle Felsbrokken auf diese Weise. Treten Sie die Erde um die Steine an (siehe Nebenbild), damit keine Lufteinschlüsse entstehen.

8 Wenn alle Steine liegen, gibt man noch so viel Erde zu, daß alle bis zu einem Drittel ihrer Höhe eingegraben und völlig stabil sind. Lockern Sie den Boden zwischen den Steinen etwas, damit er sich nicht verdichtet.

9 Verteilen Sie an der Oberfläche und um die Steine das vorbereitete Substrat. Verwenden Sie eine Mischung aus Lehm, Gartenerde oder Blatthumus und scharfem Sand oder Kies zu gleichen Teilen.

10 Der fertige Steingarten sollte so natürlich wie möglich wirken. Die Steinblöcke selbst können bei geschickter Anordnung verschiedene Pflanzräume bilden.

Vorbereiten des Standorts

Machen Sie sich niemals bei nassem Boden an die Vorbereitung eines Steingartens; die schweren Felsbrokken verdichten den Boden und schädigen seine Struktur. Das wirkt sich auch auf die Drainage aus und führt zu Problemen beim Einwachsen und bei der Entwicklung der Pflanzen. An grasbewachsenen Stellen werden die Rasenziegel sorgfältig herausgeschnitten und für später beiseite gelegt.

Unkrautbekämpfung

Entfernen Sie im vorgesehenen Bereich alle ausdauernden Unkräuter und, wenn Bäume oder Sträucher in der Nähe sind, alle Wildlinge. Ausdauernde Unkräuter sind später aus dem eingewachsenen Steingarten nur schwer wegzubekommen, sie müssen also unbedingt in dieser Arbeitsphase ausgegraben werden. Je sorgfältiger Sie jetzt verfahren, desto weniger Mühe und Pflege verlangt Ihr Steingarten später.

Drainage

Wählen Sie einen gut durchlässigen Standort, besonders wenn er flach ist, und bauen Sie eventuell einen oder mehrere Abflüsse ein (siehe auch »Die Drainage verbessern«, S. 529). Das ist bei schweren Tonböden ganz besonders wichtig. Graben Sie nicht einfach tiefe Löcher – denn darin sammelt sich das Wasser, wenn sie nicht an einen Abfluß angeschlossen sind. Wird der Steingarten erhöht angelegt, ist die Drainage gewöhnlich besser. An natürlich abfallenden Stellen ist die Drainage selten ein Problem, hier braucht man oft nur am tiefsten Punkt einen Schottergraben.

Ist der Boden gut durchlässig, gräbt man um und entfernt die ausdauernden Unkräuter. Dann wird vorsichtig angetreten, damit der Boden später nicht mehr absinkt; lockern Sie die Oberfläche mit einer Grabgabel.

Anlage eines Steingartens

Um sich den fertigen Steingarten besser vorstellen zu können, fertigen Sie mit Styropor- oder Steinbröckchen, die für die späteren »Felsbrokken« stehen, ein Modell an. Nehmen Sie verschieden große Steine, und legen Sie diese in mehreren Ebenen auf; verbinden Sie sie etwa durch Gruppen von kleineren Steinen oder durch kleine Geröllflächen. Ein großer Steingarten hat mehrere Felsgruppen, die durch Schottergräben oder Geröll verbunden werden und eventuell auch durch einige Wasserläufe. Die gewünschte Form kann am Standort mit einem Schlauch markiert werden. Streben Sie eine natürliche Wirkung an, indem Sie die natürliche Gesteinsschichtung beachten und Miniaturklippen und -täler einrichten. Ziehen Sie bei der Planung der Bepflanzung die Wüchsigkeit und Endausbreitung der Gewächse in Betracht. Sobald Sie mit dem Entwurf zufrieden sind, kann die Arbeit beginnen.

Der Untergrund

Tragen Sie eine 15 cm dicke Schicht aus grobem Schutt, Ziegelbrocken, Steinen, Schotter oder Kies auf. Geben Sie darüber, soweit vorhanden, umgedrehte Rasenziegel; ohne die Drainage zu beeinträchtigen, verhindern diese, daß die Erde aus dem Steingarten die gut durchlässige Unterschicht verstopft. Wenn Sie keine Rasenziegel zur Verfügung haben, verwenden Sie Polypropylenfolie, in die Sie in regelmäßigen Abständen Löcher stechen.

Für die oberste Schicht des Steingartens besorgen Sie sich nährstoffreiche Erde, oder Sie nehmen sie von einer anderen Stelle im Garten – sie sollte möglichst unkrautfrei sein. Der Raum zwischen den Steinen, wo die Pflanzen stehen werden, wird mit speziell präpariertem, gut durchlässigem Substrat (siehe S. 200) gefüllt.

Auflegen der Steine

Steinbrocken sind rauh und schwer, tragen Sie also Handschuhe und feste Schuhe. Transportieren Sie große Steine auf Rollen, und lassen Sie die Lieferung so nahe wie möglich an den gewählten Standort bringen. Um große Felsbrocken an ihren Platz zu bewegen, brauchen Sie vielleicht einen Flaschenzug und als Hebel ein Brecheisen. Markieren Sie die Position größerer Steine vorher, um unnötige Arbeit zu vermeiden.

Wählen Sie zunächst die größeren Brocken für die Schwerpunkte aus, um die die einzelnen Gruppen angelegt werden. Alle kleineren sollten nach dem größten Stein ausgerichtet sein, so daß die Schichten in der gewünschten Richtung möglichst naturgetreu verlaufen.

Dann werden die Gruppen durch andere große Steine erweitert. Verwenden Sie soviel Steinmaterial, daß die Anlage realistisch aussieht, daß aber auch noch Platz für Pflanzen bleibt. Wenn Sie Schichtgestein verwenden, müssen alle Linien in derselben Richtung und im selben Winkel verlaufen.

In den schmalen Spalten zwischen zwei anliegenden Steinen gedeihen verschiedenste Pflanzen. Wo der Platz es erlaubt, bietet ein sorgfältig geplanter, gestufter Steingarten viele geeignete, breite Pflanznischen zwischen den Steinen.

Graben Sie die Steine bis zu einem Drittel ihrer Höhe ein, und neigen Sie sie ein wenig nach hinten. Das erhöht die Stabilität und läßt das Regenwasser vom Stein eher ins Beet als auf die Pflanzen davor abfließen. Stellen Sie sich auf die Steine, um die Stabilität zu überprüfen. Wenn die Steine liegen, werden die Pflanzbereiche mit Substrat aufgefüllt und gefestigt.

Bepflanzung während des Anlegens

Alpenpflanzen, die einen kühlen, gut durchlässigen Hohlraum vorziehen, werden schon während des Baus zwischen zwei Lagen von Steinen gesetzt. Plazieren Sie die Pflanzen neben einen bereits stabilisierten Stein, und geben Sie Substrat um die Wurzeln. Schützen Sie die Pflanzen mit Lattenstücken, wenn der nächste Stein aufgelegt wird und eine Pflanznische entsteht. Dann können die Latten weggenommen und der zweite Stein stabilisiert werden. Geben Sie noch Substrat um die Pflanzen, füllen Sie zwischen den Steinen mit Erde auf, und tragen Sie die abschließende Schicht auf.

1 *Setzen Sie die Pflanzen an einen festsitzenden Stein. Die Kronen zeigen nach außen, die Wurzeln sind an der Seitenfläche des Steins. Drücken Sie etwas Substrat an.*

2 *Legen Sie Lattenstücke zwischen die Pflanzen, damit diese beim Auflegen des zweiten Steins auf keinen Fall zerdrückt werden.*

3 *Sobald der zweite Stein liegt, werden die Latten entfernt. Machen Sie auch den zweiten Stein im Boden fest, so daß er stabil ruht.*

4 *Füllen Sie nährstoffreiche Erde um die Steine, bis zu einem Drittel ihrer Höhe. Um die Wurzeln der Pflanzen kommt vorbereitetes Substrat, das man sanft andrückt.*

5 *Die oberste Schicht besteht aus 2,5 cm feinem Kies, um die Drainage zu verbessern und um der Anlage ein natürliches Aussehen zu geben.*

Böden für Steingärten und Geröllbeete

In der Natur besteht der »Boden« für viele Alpen- und Steingartenpflanzen aus Felsbruch und Kies, meist mit humosem Schutt angereichert, der Feuchtigkeit speichert. Dieses Substrat ist extrem durchlässig; die Erde im Steingarten oder Geröllbeet sollte ihm möglichst ähnlich sein.

Normale Gartenböden können durch Zugabe von Torfersatz (oder Torf) und Kies bis zu einem gewissen Grad für die Kultur von Steingarten- und Alpenpflanzen präpariert werden, aber bei nässeempfindlichen Pflanzen, wie sie in Geröllbeeten gezogen werden, benötigt man große Mengen Kies, um eine gute Drainage zu gewährleisten.

Standardmischung

Eine Erdmischung aus 1 Teil leichter, ungedüngter Rasenerde, 1 Teil vorher angefeuchtetem Torf und 1 Teil kiesigem Sand oder Mergel eignet sich für die meisten Steingartenpflanzen. Das humusreiche Material speichert Feuchtigkeit, Sand oder Kies garantieren die Durchlässigkeit.

Geröllmischung

Geröllpflanzen benötigen ein besonders durchlässiges Substrat. Die Mischung besteht aus den gleichen Bestandteilen wie die Standardmischung nur in einem anderen Verhältnis: 3 Teile grober Kies (kein Sand) oder Steinsplitt statt einem. Für noch bessere Durchlässigkeit wird der Steinanteil weiter erhöht. In trockenen Gebieten muß er vielleicht auf 2 Teile reduziert werden; Sie können auch eine mehr Feuchtigkeit speichernde Mischung aus 2 Teilen Lehm, 2 Teilen Blatthumus, 1 Teil grobem Sand und 4 Teilen Steinsplitt verwenden.

Spezialmischung

Einige besondere Alpenpflanzen, wie die winzigen, kissenbildenden *Androsace*-Arten und der Steinbrech, benötigen ein extrem durchlässiges Substrat. Diese Pflanzen sind meist in großen Höhen beheimatet, wo die Böden sehr wenig Nährstoffe enthalten. Verwenden Sie für sie eine Mischung aus 2 oder 3 Teilen Splitt oder Kies auf 1 Teil Lehm oder Blatthumus (oder Torf).

Pflanzen für sauren Boden

Für Pflanzen, die auf sauren Boden angewiesen sind, verwenden Sie eine Mischung aus 4 Teilen kalkfreiem Blatthumus, Torf, Rindenkompost oder Farnkraut mit 1 Teil grobem Sand. Ist der Boden jedoch von Natur aus alkalisch, bringen Nischen mit saurem Substrat nur vorübergehenden Erfolg, da unweigerlich Kalk eingeschwemmt wird, was die Pflanzen nicht überleben. Die bessere Lösung für solche Pflanzen ist ein Torfbeet (siehe S. 206).

Bepflanzung des Steingartens

Steingartenpflanzen werden fast immer als Topfpflanzen angeboten und können ganzjährig gepflanzt werden; ein Anpflanzen bei nassem oder gefrorenem Boden, bei großer Hitze oder Trockenheit ist jedoch nicht zu empfehlen.

Wässern Sie alle Pflanzen vorher gründlich, und lassen Sie das Wasser abfließen. Stellen Sie die Pflanzen in den Töpfen an die ihnen zugedachten Stellen, um die Wirkung zu überprüfen. Änderungen des Plans können nur in dieser Phase erfolgen. Korrigieren Sie die Pflanzabstände mit Rücksicht auf wüchsige und raschwachsende Pflanzen. Lassen Sie jede Pflanze vorsichtig aus dem Topf gleiten, und entfernen Sie Unkräuter aus dem Substrat. Untersuchen Sie Wurzeln und oberirdische Teile der Pflanzen auf Schädlinge und Krankheiten, und behandeln Sie diese vor dem Anpflanzen (siehe PFLANZENSCHÄDEN, S. 545-577).

Machen Sie mit einem Handspaten oder einer Handgabel ein Pflanzloch, in dem die Wurzeln Platz finden. Lockern Sie den Wurzelballen, setzen Sie die Pflanze ins Loch, und

DER STEINGARTEN WIRD BEPFLANZT

1 Bevor Sie anfangen, alle Pflanzen gründlich wässern; dann das Wasser abfließen lassen. Noch einmal die Planung überprüfen: Alle Pflanzen werden in ihren Töpfen auf das Beet gestellt, und auch ihre endgültige Höhe und Ausbreitung wird berücksichtigt.

2 Nun nehmen Sie jede Pflanze aus ihrem Topf und lockern die Wurzelballen, damit sich die Wurzeln ausbreiten. Entfernen Sie vor dem Pflanzen alles Unkraut.

3 Machen Sie mit einem Handspaten ein Loch, in dem der Wurzelballen Platz findet. Setzen Sie die Pflanze hinein, und beschriften Sie sie.

4 Geben Sie Substrat an die Pflanzen, und drücken Sie es sanft an, damit keine Lufteinschlüsse entstehen.

5 Bedecken Sie das Substrat mit einer Schicht Kies, auch um die Wurzelkrone der Pflanzen.

6 Verfahren Sie auf diese Weise, bis der ganze Steingarten bepflanzt ist. Der gesamte Bereich wird gut mit Kies abgedeckt; wässern Sie gründlich.

DER FERTIGE STEINGARTEN *Die Pflanzen werden bald zu wachsen beginnen und die Anlage in einen attraktiven, vollendeten Steingarten verwandeln.*

DAS GERÖLLBEET WIRD BEPFLANZT

Topfpflanzen tun sich in Geröllbeeten oft etwas schwer. Beim Pflanzen wird das meiste Substrat von den Wurzeln entfernt; die Wurzeln breitet man in der Geröllmischung vorsichtig aus. Bis der neue Wuchs erscheint, wird gründlich gewässert.

drücken Sie das Substrat an. Die Wurzelkrone sollte sich knapp über dem Substrat befinden, so daß noch Platz für eine Deckschicht aus Kies oder Splitt bleibt.

Wenn alle Pflanzen im Boden sind, wird gründlich gewässert. Halten Sie sie gut feucht, bis sie sich eingewöhnt haben und zu wachsen beginnen. Folgt auf die Pflanzung Trokkenheit, wird etwa einmal wöchentlich gewässert, bis die Wurzeln das umliegende Substrat durchdrungen haben. Später muß nur noch bei Trokkenheit gewässert werden.

Spalten bepflanzen

Alpen- und Steingartenpflanzen etablieren sich manchmal nur schwer in Spalten und erfordern zusätzliche Maßnahmen. Sie sollten, wenn das eben möglich ist, schon beim Anlegen des Steingartens gepflanzt werden. Im schon bestehenden Steingarten muß mit einem kleinen Werkzeug, etwa einem Handspaten, ein Pflanzloch in den Spalten vorbereitet werden. Wählen Sie junge Stecklinge mit einem kräftigen Wurzelsystem. Bei Topfpflanzen müßten Wurzelballen und oberirdischer Teil vor der Pflanzung entsprechend zurückgeschnitten werden.

Senken Sie einen kleinen Stein in den Spalt und geben Sie etwas Substrat darauf, in das Sie nun mit Hilfe eines Handspatens die Pflanze setzen, so daß sie nach außen weist. Geben Sie noch Substrat zu, und drükken Sie es an; legen Sie auch oben auf den Wurzelballen als zusätzliche Stütze einen kleinen Stein.

Weitere Pflege

Schützen Sie die jungen Alpenpflanzen mit dünnem Maschendraht vor Vögeln. Drücken Sie lose Pflanzen regelmäßig an, geben Sie notfalls etwas Substrat zu. Beschriften Sie die Pflanzen, oder bewahren Sie Ihren Plan mit den Pflanzennamen auf; vermerken Sie alle Änderungen.

Einrichtung eines Geröllbeets

Bereiten Sie den Standort ähnlich wie für einen Steingarten vor, eventuell auch mit künstlicher Drainage (siehe auch »Die Drainage verbessern«, S. 529). An Hängen ist die Durchlässigkeit des Bodens von vornherein gut, flache Geröllbeete sollten wie Hochbeete durch niedrige Mauern oder Holzklötze abgestützt werden (siehe S. 204).

Ein Geröllbeet sollte 30-40 cm tief sein; etwa die Hälfte besteht aus grobem Schutt, wie bei Steingärten, die obere Schicht aus Geröllmischung (siehe S. 200). Markieren Sie den Bereich mit einer Schnur. Das Gras muß entfernt werden. Verteilen Sie den Schutt und belegen Sie ihn mit dünngeschnittenen, umgedrehten Rasenziegeln oder mit einer Polypropylenfolie, die in regelmäßigen Abständen durchlöchert wird. Den Abschluß bildet eine 15-20 cm dicke Geröllmischung, die vorsichtig angetreten wird. Wässern Sie gründlich, und lassen Sie das Beet sich setzen, füllen Sie dann die eingesunkenen Stellen mit Geröllmischung auf und lockern Sie die Oberfläche mit einer Gabel.

Bepflanzen eines Geröllbeets

Pflanzen etablieren sich im Geröllbeet mitunter schwerer als in einem Steingarten, da das durchlässige Substrat leicht austrocknet, ehe die Pflanzen eingewachsen sind. Sorgfältiges Anpflanzen und gewissenhaftes Wässern sind entscheidend.

Der Großteil des Substrats (v. a. bei Torf) wird vorsichtig von den Wurzeln geschüttelt. Halten Sie die nackten Wurzeln feucht. Setzen Sie die Pflanze ins Pflanzloch, breiten Sie ihre Wurzeln aus und füllen Sie sorgfältig mit Geröllmischung auf. Den Abschluß bildet Steinsplitt. Dann wird sofort gründlich gewässert.

Die Geröllmischung ist stark durchlässig, daher müssen die jungen Pflanzen regelmäßig gewässert werden, bis sie eingewachsen sind.

Abschlußschicht für Steingarten und Geröllbeet

Wenn das Anpflanzen abgeschlossen ist, können Steingärten und Geröllbeete eine abschließende Schicht aus Steinsplitt oder Kies erhalten. Das Material sollte zum verwendeten Gestein passen.

Diese Abschlußschicht bietet zahlreiche Vorteile: Sie wirkt natürlich, ist attraktiv und fügt sich besser zwischen die Steine ein als nackte Erde. Außerdem bewirkt sie eine gute Drainage an der Wurzelkrone der Pflanzen, unterdrückt Unkraut, hält Feuchtigkeit und schützt die Bodenoberfläche vor Verdichtung.

Die Schicht sollte beim Steingarten mindestens 2,5 cm, beim Geröllbeet 2-15 cm dick sein, je nach Bepflanzung; für die meisten Geröllbeete reichen 2-3 cm.

BEPFLANZEN EINER SENKRECHTEN SPALTE

1 *Säubern Sie die Felsspalte mit einem Pikierspatel oder Löffel von alter Erde und Abfällen. Geben Sie unten in den Spalt einen kleinen Stein.*

2 *Darüber kommt eine 2,5 cm dicke Schicht aus Pflanzerde, grobem Kies und Blatthumus. Setzen Sie die Wurzeln der Pflanze hinein (hier* Campanula*).*

3 *Bedecken Sie die Wurzeln mit einer weiteren 2,5 cm dicken Schicht Substrat. Die Pflanze wird oben von einem dem Felsbrocken zugeneigten Steinchen gehalten.*

4 *Setzen Sie weitere Gewächse im Abstand von ca. 10 cm. Bedecken Sie die Wurzeln der letzten Pflanze mit Substrat, und wässern Sie die Spalte.*

Tröge, Becken und andere Gefäße

Alpen- und Steingartenpflanzen sehen in Trögen und Becken gut aus; die meisten Pflanzgefäße sind geeignet, sofern sie eine gute Drainage aufweisen und frostsicher sind. Entscheiden Sie sich noch vor der Bepflanzung für den endgültigen Standort, denn ein gefülltes Pflanzgefäß ist nur schwer zu transportieren. In Tröge können Sie auch kleinere Felsbrocken hineingeben, um eine Art Mini-Steingarten zu schaffen; das muß jedoch vor dem Anpflanzen geschehen. Wählen Sie Pflanzen mit ähnlichen Wuchseigenschaften, und besorgen Sie geeignetes Substrat.

Verschiedenartige Gefäße

Früher wurden alte Futtertröge und Tränken aus Stein für die Kultivierung von Alpen- und Steingartenpflanzen verwendet; leider sind solche Behälter inzwischen teuer und rar. Man verwendet häufig glasierte Becken mit Kunsttuff-Beschichtung, ebenso große Ton- und Terrakotta-Töpfe und -Wannen. Alle sollten Drainagelöcher haben, damit das Wasser aus dem Substrat abfließen kann. Zusätzliche Drainagelöcher brauchen einen Durchmesser von mindestens 2,5 cm; ist der Boden des Gefäßes nicht flach, kommt das Loch an den tiefsten Punkt.

Tiefe, glasierte Becken mit flachem Boden sehen wie Steingefäße aus, wenn sie mit Kunsttuff überzogen sind. Das Becken muß vor der Beschichtung sauber und trocken sein, dann wird die Oberfläche mit einem Fliesen- oder Glasschneider keilförmig eingekerbt, damit der Kunsttuff besser daran haften bleibt. Zur Verbesserung kann die Oberfläche vor dem Auftragen mit einem Bindemittel bestrichen werden.

Kunsttuff wird aus 1-2 Teilen gesiebtem Torfmoos, 1 Teil grobem Sand oder feinem Kies und 1 Teil Zement hergestellt. Gießen Sie so viel Wasser zu, daß eine dicke Paste entsteht. Tragen Sie diese an der Außenseite des Beckens und auch innen auf, weit unter den späteren Rand des Substrates. Tragen Sie den Kunsttuff mit der Hand (tragen Sie Handschuhe!) etwa 1-2 cm dick auf; rauhen Sie die Oberfläche etwas auf, damit sie wie Stein aussieht. Sobald der Kunsttuff ganz trocken ist (in etwa einer Woche), wird die Oberfläche mit einer Drahtbürste geschrubbt und mit einer schwachen Lösung Kaliumpermanganat – etwa 3 Teelöffel auf 1 Liter Wasser – oder Jauche bestrichen, um durch die Bildung von Algen, Moos und Flechten ein naturgetreues Aussehen zu fördern.

Glasiertes Becken mit Kunsttuff-Beschichtung

Hübsch für Alpenpflanzen: mit Kunsttuff beschichtetes Becken

Kunsttuff-Tröge

Tröge können u. U. auch ganz aus Kunsttuff gefertigt werden. Die Mischung ist dieselbe wie zum Überzug, nur mit 3 Teilen Sand oder Kies.

Nun benötigen Sie zwei Holzkisten, die so ineinander passen, daß dazwischen ein Hohlraum von ca. 5-7 cm bleibt. Stellen Sie die größere Kiste auf Blöcke, damit sie nachher leicht hochgenommen werden kann; gießen Sie den Boden der größeren Kiste mit zwei Lagen Kunsttuff aus, zwischen die Lagen und parallel zu den senkrechten Wänden kommt starker Maschendraht. Drücken Sie für die Drainagelöcher dicke Dübel in den Kunsttuff. Setzen Sie die kleinere Kiste in die große, dazwischen kommt Maschendraht, und gießen Sie den Zwischenraum aus; achten Sie darauf, daß keine Lufteinschlüsse entstehen.

Ist der Zwischenraum ausgefüllt, gibt man eine Plastikabdeckung über den Trog und wartet eine Woche, bis sich die Mischung an frostgeschütztem Platz gesetzt hat. Sobald sie fest geworden ist, werden Kisten und Dübel entfernt.

Herstellung eines Kunsttuff-Trogs

1 Sie benötigen 2 Kisten, eine etwas größer als die andere. Die Oberfläche der Kisten wird mit Öl bestrichen, damit der Kunsttuff nicht klebt.

2 Bedecken Sie den Boden der größeren Kiste 2,5 cm hoch mit Kunsttuff, und legen Sie ihn und die Seiten der Kiste mit verstärkendem Maschendraht aus. Nun kommt die zweite Schicht Kunsttuff darüber.

3 Drücken Sie mehrere dicke Holzdübel durch Draht und Kunsttuff, damit am Trogboden Drainagelöcher entstehen.

4 Setzen Sie die kleinere Kiste auf den Kunsttuff, so daß der Maschendraht an der Seite zwischen den Kisten liegt. Füllen Sie den Zwischenraum mit Kunsttuff, den Sie feststampfen.

5 Decken Sie den Kunsttuff oben mit Plastikfolie ab, bis sich die Mischung gesetzt hat (in ca. 1 Woche). Beschweren Sie die Folie, und schützen Sie den Trog vor Frost.

6 Sobald der Kunsttuff fest ist, wird die äußere Kiste entfernt. Wenn der Kunsttuff an der Kiste haftet, muß diese vorsichtig mit Hammer und Meißel zerlegt werden.

7 Der Kunsttuff ist jetzt an der Oberfläche glatt; eine natürlichere Wirkung ergibt sich, wenn man den Trog außen mit einer Drahtbürste aufrauht.

8 Entfernen Sie auch die Innenkiste – notfalls mit Hammer und Meißel. Um das Bewachsen mit Moos und Flechten zu fördern, außen mit Jauche bestreichen.

Der passende Standort
Ein offener, zumindest teilweise besonnter Standort ist für die meisten Pflanzen ideal. Meiden Sie, falls es sich nicht um besonders robuste Pflanzen handelt, zugige Stellen oder auch den Rasen, dessen Pflege sonst beträchtlich erschwert wird; an abfallenden Stellen fehlt die Stabilität. Der bepflanzte Trog sollte in der Nähe eines Wasseranschlusses aufgestellt werden.

Wenn Pflanzgefäße etwas erhöht (bis zu 45 cm) aufgestellt werden, rücken die Pflanzen besser ins Blickfeld, und das Wasser kann leichter abfließen. Stein- oder Ziegelpfeiler an den Ecken sind stabile Stützen. Sie müssen das Gewicht des Gefäßes tragen können, ohne zu kippen, und dürfen die Drainagelöcher nicht verschließen. Becken mit nur einem Drainageloch sollten etwas schräg stehen, damit überschüssiges Wasser abfließen kann.

Einsatz von Stein und Kalktuff
In Tröge und Becken lassen sich praktisch alle Gesteinsarten einsetzen. Die Pflanzung bekommt dadurch Höhe, und es gibt außerdem Platz für mehr Substrat. Wenige große Steine sind wirkungsvoller als viele kleine. Auch Nischen und Spalten in den Steinen können Pflanzen aufnehmen, v. a. harter Kalktuff. Daß er so leicht ist und für Pflanzlöcher gut ausgehöhlt werden kann, macht ihn für diesen Zweck geradezu ideal.

Gleichgültig, welcher Stein verwendet wird, er muß zu einem Drittel bis zur Hälfte im Substrat eingebettet sein, damit er auch wirklich festsitzt.

Auffüllen des Gefäßes
Die meisten Steingartenpflanzen gedeihen in Einheitserde, vorzugsweise mit Zusätzen zur Verbesserung der Drainage. Etwa ein Drittel des Volumens sollte aus 6-9 mm Steinsplitt bestehen, mischen Sie auch etwas Langzeitdünger unter. Pflanzen, die Boden mit saurer Reaktion benötigen, müssen kalkfreies Substrat mit Zusatz von Granit- oder Sandsteinsplitt haben. Decken Sie die Drainagelöcher mit Topfscherben ab, und füllen Sie das Gefäß zu einem Viertel bis Drittel mit Kies oder Steinsplitt. Darüber kommt eine Schicht aus faserreichem Torf. Füllen Sie mit angefeuchtetem Substrat auf, und drükken Sie es vorsichtig an.

Nun kommen Steine oder Kalktuff auf das Substrat, die beim Auffüllen eingebettet werden. Dazwischen sollten Spalten entstehen, die schattige und sonnige Standorte für verschiedene Pflanzen bieten. Wässern Sie gründlich, und lassen Sie das Wasser vor dem Anpflanzen abfließen.

Pflanzung
Wählen Sie kompakte, niedrigwachsende Pflanzen, die ihre Nachbarn nicht überwuchern und auch nicht zu viele Nährstoffe verbrauchen. Pflanzen Sie nicht zu viele, zu dicht stehende Pflanzen setzen Sie sofort um (siehe S. 208).

Stellen Sie Topfpflanzen noch in den Töpfen probeweise aufs Substrat. Machen Sie Pflanzlöcher, holen Sie die Pflanzen vorsichtig aus den Töpfen, lockern Sie den Wurzelballen, und setzen Sie die Gewächse in die Löcher, füllen Sie mit Substrat auf, und drücken Sie es an. Dann gründlich wässern. Die Drainage wird durch eine abschließende Schicht aus Steinsplitt oder Kies verbessert.

Pflanzung in Kalktuff
Machen Sie in den Kalktuff mit einem Bohrer oder mit Hammer und Meißel im Abstand von 10-12 cm Pflanzlöcher von ca. 2,5 cm Durchmesser und 5-7 cm Tiefe, die bei senkrechten oder schrägen Flächen im Winkel von 30°-45°, bei waagrechten Flächen senkrecht stehen. Durchfeuchten Sie den Tuff, und geben Sie in jedes Loch etwas groben Sand und Substrat. Nehmen Sie junge, bewurzelte Stecklinge oder kleine Pflanzen, die sich leicht etablieren. Setzen Sie die gewaschenen Wurzeln mit einem kleinen Pflanzholz in die Löcher, die Sie dann bis oben mit Substrat bestreuen. Die Wurzelkrone muß eingebettet sein und darf nicht über den Boden ragen. Drükken Sie an, und befestigen Sie die Pflanzen rundum mit Tuffstückchen. Wässern Sie gründlich, und halten Sie den Tuff feucht, bis die Pflanzen eingewachsen sind.

BEPFLANZEN EINES TROGS MIT ALPENPFLANZEN

1 *In Kalktuff bohrt man zunächst Löcher mit 2,5 cm Breite, 7 cm Tiefe und ca. 10 cm Abstand. Tauchen Sie den Tuff über Nacht in Wasser.*

2 *Belegen Sie den Boden des Trogs mit Maschendraht, decken Sie die Löcher ab, und geben Sie 7-10 cm groben Kies darüber.*

3 *Füllen Sie den Trog teilweise mit kiesigem, feuchtem Substrat, das Sie andrükken. Setzen Sie den Tuffbrocken fast bis zur Hälfte ins Substrat.*

4 *Geben Sie Substrat zu, auch in die Pflanzlöcher, und drücken Sie gut an, so daß etwa 5 cm Rand für die Deckschicht und zum Wässern bleiben.*

5 *Vor dem Einsetzen werden die Wurzeln gewaschen. Dann streut man Substrat in die Löcher, drückt es an und legt Steinchen um die Pflanzen.*

6 *Jetzt setzen Sie die übrigen Pflanzen in Töpfen auf das Substrat, um Arrangement und Pflanzabstände zu prüfen. Dann wird gepflanzt und gut gewässert.*

7 *Wässern Sie das ganze Substrat gründlich, und geben Sie als Abschluß 2,5-5 cm groben Kies oder Steinsplitt darüber.*

DER FERTIGE TROG

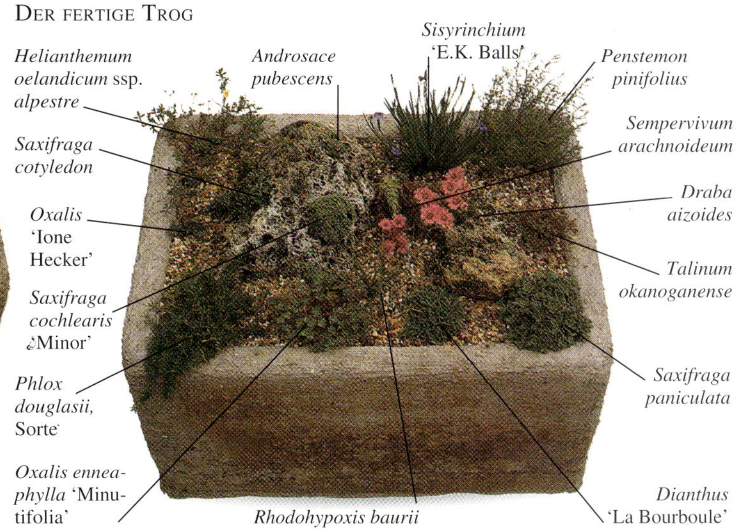

Mauern

Alpen- und Steingartenpflanzen können gut in den Spalten einer Trockenmauer wachsen, also auch in Stützmauern von Hochbeeten und Hängen. Kriechende Pflanzen machen sich dort besonders gut (siehe »Trockenmauern«, S. 506).

Die Bepflanzung einer Mauer plant man möglichst schon vor ihrem Bau. Am besten läßt man in bestimmten Abständen Nischen für die Bepflanzung.

Die Pflanzen können auch schon während des Baus der Mauer gesetzt werden. Sie gedeihen dann meist besser, da sie in der für sie günstigsten Höhe plaziert werden können und die Wurzeln guten Kontakt zum Erdreich hinter der Mauer haben. Auch ist es leichter, Lufteinschlüsse im Substrat zu beseitigen und die Wurzeln anzudrücken.

Die Bepflanzung einer vorhandenen Mauer ist natürlich ebenfalls möglich; hier muß jedoch vorher ein Teil der Erde mit einem Handspaten oder einem Löffel entfernt werden. Nehmen Sie junge Pflanzen oder bewurzelte Stecklinge, die gut in den Spalt passen.

Errichtung einer stützenden Trockenmauer

FUNDAMENT
Einen ca. 40 cm tiefen Graben füllen Sie 25 cm hoch mit Schotter, obenauf kommt ein robuster Stein.

STEINE AUFSCHICHTEN
Die Steine neigen sich nach innen und unten, so sind sie stabiler, und das Wasser fließt ins Substrat ab.

AUFFÜLLEN ZWISCHEN DEN STEINEN
Während des Bauens füllt man zwischen die Steine Substrat aus Lehm, Laubhumus, Sand oder Kies.

Mit Substrat auffüllen
Die Spalten werden mit Substrat aufgefüllt: 3 Teile Lehm, 2 Teile grober, faserreicher Torf und 1-2 Teile grober Sand. Pflanzen, die in der Mauer selbst wachsen sollen, benötigen zusätzlich Kies, Sand oder Steinsplitt.

Anpflanzen
Wählen Sie Pflanzen, die unter den kargen Bedingungen in der Mauer gut gedeihen. Verwenden Sie Sämlinge oder kleine, bewurzelte Stecklinge, die in die Spalten passen. Entfernen Sie altes Substrat von den Wurzeln, und setzen Sie diese mit Hilfe eines kleinen Pflanzholzes ins Pflanzloch. Zwängen Sie die Wurzeln nicht in zu enge Öffnungen, darunter leidet die Pflanze. Streuen Sie frisches, feuchtes Substrat darüber, und vermeiden Sie Luftlöcher durch Andrücken. Pflanzen und Substrat können eventuell durch kleine Steine um die Wurzelkrone stabilisiert werden.

Wässern Sie gründlich vom oberen Ende der Mauer aus, und besprühen Sie die Pflanzen regelmäßig, bis sie etabliert sind. Nach einigen Tagen werden eingesunkene Stellen mit Substrat aufgefüllt. Sehen Sie regelmäßig nach den Pflanzen und drücken Sie die losen fest.

Bepflanzen einer Trockenmauer

1 *Bei einer schon bestehenden Mauer prüft man zunächst, ob in den Spalten genügend Substrat ist, damit die Pflanzen Halt finden.*

2 *Sämlinge oder kleine, bewurzelte Stecklinge setzt man seitlich an den Stein; mit einer Spatel die Wurzeln in den Spalt einführen (hier* Sempervivum*).*

3 *Betten Sie die Pflanze in Substrat ein, bis sie Halt gefunden hat. Drücken Sie das Substrat mit den Fingern an.*

4 *Für größere Pflanzen holt man Substrat aus der Spalte, führt die Wurzeln hinein und gibt wieder Substrat zu, wobei man die Pflanzen festhält.*

5 *Nach dem Pflanzen wird vom oberen Ende der Mauer oder mit Sprühnebel gewässert. Halten Sie die Pflanzen feucht, bis sie eingewachsen sind; drücken Sie lose Pflanzen immer wieder an. Außer* Sempervivum *wurden 2 Steinbrech gepflanzt.*

Hochbeete

Viele verschiedene Alpenpflanzen können in Hochbeeten kultiviert werden; in den Beeten selbst oder in den Spalten der stützenden Trockenmauer. Das Beet sollte so gestaltet werden, daß es zu Haus und Garten paßt. Je nach Wahl der Pflanzen kann das Beet in der Sonne oder im Schatten liegen. Es wird mit gut durchlässigem Substrat gefüllt (siehe S. 200). Die Pflanzen können im Winter eventuell mit Glas- oder Plastikabdeckungen geschützt werden.

Standort
Für die meisten Alpen- und Steingartenpflanzen sollte das Hochbeet an einem offenen, sonnigen Standort und nicht im Schatten überhängender Baumkronen oder benachbarter Gebäude und Zäune liegen; im Schatten gedeihen nur ausgesprochene Waldpflanzen sowie Gewächse, die kühlen Schatten lieben.

Liegt das Hochbeet im Rasen, wird das Mähen durch eine Begrenzung aus Pflaster- oder Ziegelsteinen knapp unter der Grasnarbe erleichtert. Hochbeete für alte oder behinderte Menschen müssen mit dem Rollstuhl gut zu erreichen sein; Höhe und Breite des Beetes sollten das Betrachten und auch aktive Pflanzenpflege möglich machen.

Wo die Gestaltung eines Geröllbeets am Boden wegen schlechter Drainage nicht möglich ist, kann man es auch auf einem Hochbeet anlegen.

Material und Gestaltung

Hochbeete können aus Stein, Ziegeln, alten Eisenbahnschwellen u. a. geeigneten Materialien errichtet werden. Steine haben ihren Preis; neue oder gebrauchte Ziegel und Eisenbahnschwellen sind preiswerter zu haben und leichter zu verarbeiten.

Das Beet kann in jeder beliebigen Form angelegt werden, sollte aber mit der Gesamtanlage des Gartens harmonieren. Am häufigsten findet man rechteckige Beete. Ideal ist eine Höhe von 60-75 cm, aber auch ein gestuftes Beet sieht gut aus und ist bei begrenztem Platz eher zu empfehlen. Die Breite sollte für eine leichte Pflege nicht über 1,5 m betragen – die Mitte muß in Armeslänge liegen, damit von allen Seiten Unkraut gejätet werden kann.

Große Beete brauchen meist ein Bewässerungssystem; verlegen Sie Wasseranschlüsse, bevor das Beet mit Substrat gefüllt wird.

Bau des Hochbeets

Die Stützmauern eines Hochbeets stehen senkrecht; einfache Ziegelstärke reicht meist aus. Sie werden wie normale Mauern auch mit Mörtel gebaut, nur sollten in Abständen Spalten für die Bepflanzung ausgespart bleiben. An der Basis braucht man Öffnungen für die Drainage.

Hochbeete können auch durch Steinmauern gestützt werden. Trokkenmauern müssen wegen besserer Stabilität leicht nach innen geneigt sein (siehe »Trockenmauern«, S. 506). Die Errichtung einer Steinmauer ist ziemlich zeitaufwendig, da jeder Stein sorgfältig gewählt und plaziert werden muß. Hier bleiben zwischen den Steinen große Spalten für Alpenpflanzen. Bei Eisenbahnschwellen ist eine Bepflanzung von Spalten nicht möglich.

Erde für Hochbeete

Verwenden Sie eine Mischung aus 3 Teilen Lehm (oder guter Gartenerde), 2 Teilen grobem Torf oder saurem Laubhumus oder Gartenkompost und 1-2 Teilen Kies oder grobem Sand. Für Pflanzen, die saures Substrat verlangen, verwendet man kalkfreien Lehm und Kies. Bei einem Pflanzensortiment mit unterschiedlichen Bodenbedürfnissen wird ein großes Beet mit Hilfe von Plastikfolie in Abschnitte geteilt und mit entsprechender Erde gefüllt.

Vorbereitung des Hochbeets

Füllen Sie das untere Drittel mit grobem Kies, Steinen oder Schutt, und geben Sie eine Schicht umgedrehte Rasenziegel darüber oder faserreichen Torf, damit sich das Drainagematerial nicht verstopft. Füllen Sie das Beet mit vorbereitetem Substrat, das auch gut in die Ecken verteilt und wiederholt angedrückt werden muß. Geben Sie Langzeitdünger zu. Da sich jedes Beet etwas setzt, läßt man es nach gründlichem Wässern 2-3 Wochen liegen. Eingesunkene Stellen werden vor dem Pflanzen mit Substrat aufgefüllt.

Felsbröckchen verschönern das Hochbeet noch und geben ihm das Aussehen eines Mini-Steingartens. Setzen Sie verschieden große Steine ins Substrat, um auch für besondere Pflanzen geeignete Standorte zu schaffen. Eine Gruppe von Steinen wirkt besser als überall verstreute Bröckchen.

Bepflanzung

Machen Sie sich einen Plan, oder stellen Sie die Pflanzen zuerst zur Probe auf das Beet, um das Arrangement zu begutachten. Zwergkoniferen und kleine Sträucher, horst- und polsterbildende Alpenpflanzen, kriechende Gewächse an den Rändern und einige kleine Zwiebeln und Knollen sind ideal. Stellen Sie Ihr Sortiment so zusammen, daß es ganzjährig etwas bietet. Pflanzen Sie wie im Steingarten; Spalten in der Stützmauer können wie bei Trockenmauern bepflanzt werden.

Nach dem Pflanzen gibt man als Abschluß, passend zu den Steinen, groben Kies darüber. Verteilen Sie eine 1 cm dicke Schicht um die Pflanzen und unter die Wurzelkronen. Das sieht hübsch aus, unterdrückt das Unkraut und reduziert die Verdunstung. Wässern Sie regelmäßig, bis die Pflanzen eingewachsen sind.

Winterschutz

Viele Alpenpflanzen leiden unter übermäßiger Feuchtigkeit im Winter, auch in einem gut durchlässigen Hochbeet. Sie können mit Glas- oder Kunststoffabdeckungen geschützt werden. Beschweren Sie diese mit Ziegeln oder einem Drahtgestell, und befestigen Sie sie gegen den Wind.

Abdeckungen werden im Spätherbst aufgelegt und im Frühjahr entfernt. Soll das ganze Beet bedeckt sein, fertigt man ein Holzgestell mit Glas oder Kunststoffolie an. Die Luft muß um die Pflanzen frei zirkulieren können, die Überdachung bleibt daher an den Seiten offen.

Hochbeet mit Alpenpflanzen

Im Hochbeet können verschiedenste Alpenpflanzen kultiviert werden, sowohl im Beet selbst als auch in den Fugen und Spalten der Stützmauern. Die Felsbrocken schaffen sonnige und schattige Standorte für unterschiedliche Ansprüche.

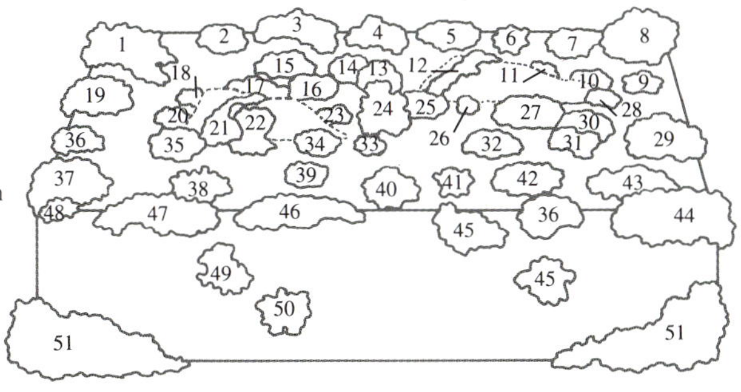

1 *Androsace lanuginosa*
2 *Saponaria* x *olivana*
3 *Origanum* 'Kent Beauty'
4 *Cytisus ardoinii*
5 *Daphne petraea* 'Grandiflora'
6 *Anchusa caespitosa*
7 *Globularia meridionalis*
8 *Penstemon pinifolius*
9 *Dianthus alpinus*
10 *Androsace carnea* ssp. *laggeri*
11 *Edraianthus serpyllifolius*
12 *Saxifraga scardica*
13 *Helichrysum selago*
14 *Morisia monanthos*
15 *Anacyclus depressus*
16 *Erinacea pungens*
17 *Saxifraga* 'Southside Seedling'
18 *Saxifraga burseriana*
19 *Phlox* 'Camla'
20 *Androsace pyrenaica*
21 *Saxifraga grisebachii* 'Wisley Variety'
22 *Parnassia palustris*
23 *Draba rigida*
24 *Euryops acraeus*
25 *Dianthus* 'La Bourboule'
26 *Androsace carnea*
27 *Daphne arbuscula*
28 *Bolax gummifera*
29 *Penstemon newberryi* f. *humilior*
30 *Dianthus pavonius*
31 *Gentiana verna*
32 *Sagina boydii*
33 *Saxifraga* 'Jenkinsiae'
34 *Saxifraga oppositifolia*
35 *Corydalis solida* 'Transsylvanica'
36 *Cyananthus microphyllus*
37 *Phlox stolonifera* 'Ariane'
38 *Soldanella alpina*
39 *Ranunculus alpestris*
40 *Calceolaria* 'Walter Shrimpton'
41 *Gentiana saxosa*
42 *Edraianthus pumilio*
43 *Vitaliana primuliflora*
44 *Daphne cneorum*
45 Lewisia-Cotyledon-Hybriden
46 *Raoulia australis*
47 *Phlox bifida*
48 *Androsace villosa*
49 *Lewisia* 'George Henley'
50 *Ramonda myconi*
51 *Arenaria balearica*

ANLEGEN EINES TORFBEETES

1 Der Standort sollte frei von ausdauernden Unkräutern sein; einjährige entfernen. Markieren Sie die Konturen, legen Sie 75 cm breite »Stufen« an.

2 Ziehen Sie einen flachen Graben, und errichten Sie mit den vorher eingeweichten Torfziegeln eine Mauer. Die aufgestellten Torfziegel sind leicht nach innen geneigt.

3 Füllen Sie die Terrassen bis oben mit 2 Teilen Torf, 2 Teilen saurer Erde (mit Langzeitdünger) und 1 Teil kalkfreiem, grobem Sand oder Kies.

ALTERNATIVE

Verlegen Sie die Torfziegel waagrecht. Stechen Sie Holzstäbe durch die Ziegel, die Halt bieten.

4 Wenn die Terrassen gefüllt sind, muß sich das Torfbeet einige Tage setzen. Halten Sie den Torf in dieser Zeit feucht, und füllen Sie vor dem Anpflanzen noch Substrat auf.

DAS FERTIGE BEET
Bepflanzen Sie das Beet mit Steingartenpflanzen für sauren Boden und kompakten, langsamwachsenden Sträuchern. Halten Sie den Torf feucht, v.a. im ersten Jahr. Den Abschluß bilden Rindenschnitzel, die Feuchtigkeit halten und Unkraut unterdrücken.

Torfbeete

Torfbeete bieten ideale Bedingungen für viele auf saurem Boden wachsende Waldpflanzen. In Gärten mit alkalischem Boden sollten Torfbeete mit Plastik oder Butylkautschuk isoliert werden, damit kein Kalk eindringen kann.

Behalten Sie bei der Auswahl der Standorte die Bedürfnisse der Pflanzen im Auge, und legen Sie die Beete so an, daß sie sich gut in den Garten einfügen. Sie müssen nicht reinen Torf verwenden, es gibt auch schon sauren Torfersatz. Pflanzen können, je nachdem, wo sie besser wirken, an der Beetoberfläche oder in Mauerspalten wachsen.

Standort

Wählen Sie einen besonnten, leicht schattigen Standort ohne direkte Sonne. Am besten eignet sich ein Platz neben einem Steingarten, an einem Hang oder neben einem Gebäude. Ein voll besonntes Torfbeet verliert rasch Feuchtigkeit und muß häufig gewässert werden. Der dichte Schatten eines Baumes ist ungünstig, seine Wurzeln verbrauchen Feuchtigkeit und Nährstoffe. Standorte mit Staunässe und Frostlagen sind zu meiden.

Material und Gestaltung

Die Mauern des Beetes können aus Torfziegeln errichtet werden, allerdings sind diese heute aufgrund der gefährdeten Torfbestände rar. Andere geeignete Materialien sind Holzklötze und Eisenbahnschwellen.

An einem Hang läßt sich das Beet terrassenartig anlegen. Die Stufen können gerade oder gewunden sein, sollten aber natürlich wirken. In flachem Gelände werden Torfbeete ähnlich wie Hochbeete mit Stützmauern errichtet.

Errichtung des Beetes

Markieren Sie die Form des Beetes mit Hilfe einer Schnur. Kalkhaltige Böden werden mit einer festen Kunststoffolie oder Butylkautschuk abgedeckt, damit kein Kalk aus dem Boden ins Beet einwandern kann. Häufen Sie die Erde unter der Abdeckung ein wenig auf, damit überschüssiges Wasser abfließen kann, und geben Sie zuoberst eine Sandschicht, damit die Abdeckung nicht durch Steine beschädigt wird. Ziehen Sie einen Graben ums Beet, und stecken Sie die Ränder der Folie hinein.

Torfziegel weicht man in Wasser ein und läßt sie abtropfen. Für Terrassen an einem Hang werden die Torfziegel, Eisenbahnschwellen oder aufrechten Holzklötze in Stufen angeordnet. Sie müssen gut im Boden sitzen, damit sie stabil sind; füllen Sie mit saurem Substrat auf.

Für ein Beet mit Stützmauer setzt man die erste Lage Torfziegel, Schwellen oder Klötze in einen etwa 7 cm tiefen Graben am Außenrand. Die inneren Kanten sollten etwas tiefer liegen als die äußeren. So neigt sich die Mauer etwas nach innen und wird stabiler. Alle weiteren Reihen (maximal 3) legt man versetzt darauf, so daß die Torfziegel jeweils in der Mitte des darunterliegenden zusammenstoßen.

Die Ziegel müssen eng aneinander liegen; zur Stabilisierung steckt man immer wieder zugespitzte Bambus- oder Holzstäbchen hinein. Zwischen den Torfziegeln kann man Fugen für die Bepflanzung mit geeigneten Gewächsen frei lassen.

Auffüllen der Torfbeete

Geeignetes Substrat besteht aus 2 Teilen Torfmoos, 2 Teilen saurem, faserreichem Lehm (möglichst sterilisiert und mit Düngerzugabe) und 1 Teil kalkfreiem Sand oder Kies. Statt Torf sind auch Kokosfaser, gut verrotteter, gesiebter Gartenkompost und Laubhumus geeignet, sofern sie reichlich Feuchtigkeit speichern. Prüfen Sie den pH-Wert aller verwendeten Materialien, und verwenden Sie keine, die annähernd oder mehr als 7 haben, denn dann sind sie alkalisch.

Füllen Sie das Beet mit dem Substrat, und treten Sie es leicht an. Wässern Sie gründlich, und lassen Sie das Substrat sich mehrere Tage setzen. Vor dem Pflanzen werden eingesunkene Stellen mit Substrat aufgefüllt.

Pflanzen

Fertigen Sie einen genauen Plan an, oder stellen Sie die Töpfe mit den Pflanzen probeweise auf das Substrat. Plazieren Sie kriechende Gewächse in Mauerspalten und kleine Sträucher als Schwerpunkte im Beet selbst. Kriechende Sträucher und Arten kaschieren den Stoß zwischen den Torfziegeln.

Gepflanzt wird wie im Steingarten (siehe S. 200), Mauerspalten werden wie Trockenmauern bepflanzt (siehe S. 204). Drücken Sie alle Pflanzen an, und wässern Sie gründlich. Den Abschluß bildet eine Schicht Rindenschnitzel; während der ersten Saison ist regelmäßig zu wässern.

Laufende Pflege

AUCH WENN Alpen- und Steingartenpflanzen einmal eingewachsen sind, brauchen sie regelmäßige Pflege. Beete und Pflanzbehälter müssen sauber und unkrautfrei sein. Die Pflanzen brauchen zwar keinen nährstoffreichen Boden, sollten aber ab und zu gedüngt und, sobald die Erde austrocknet, gewässert werden. Eine Deckschicht verbessert die Drainage um die Wurzelkronen, unterdrückt Unkraut und reduziert den Feuchtigkeitsverlust. Es ist von Vorteil, Alpen- und Steingartenpflanzen regelmäßig zu stutzen und abgestorbenes Holz, Blätter und Blüten zu entfernen. Sobald Pflanzen in Gefäßen zu dicht stehen, wird umgepflanzt. Überprüfen Sie die Pflanzen öfter auf Anzeichen von Schädlings- oder Krankheitsbefall, und ergreifen Sie, wenn nötig, entsprechende Maßnahmen. Bei kaltem oder nassem Wetter brauchen manche Schutz.

Unkrautbekämpfung

Wenn in sterilisiertem Substrat gepflanzt wurde, sollte zumindest in den ersten Jahren kaum Unkraut auftreten. Versuchen Sie immer, dieses sofort zu entfernen, nicht erst, wenn es blüht und Samen ansetzt. Haben sich ausdauernde Unkräuter festgesetzt, sind sie schwer zu beseitigen. Im Extremfall kann man das Laub mit einem translozierenden Mittel bestreichen, das in die Wurzeln wandert und diese abtötet. Näheres unter PFLANZENSCHÄDEN, »Unkrautbekämpfung«, S. 573. Verwenden Sie zum Jäten einen dreizinkigen Handgrubber, um den Boden um junge Pflanzen zu lockern und zu belüften.

Düngen

Neugepflanzte Bereiche müssen gewöhnlich einige Jahre nicht gedüngt werden, wenn das Substrat richtig vorbereitet und mit Langzeitdünger angereichert wurde. Nach einiger Zeit kann das Wachstum der Pflanzen nachlassen. Hier hilft Knochenmehl, das man in Kombination mit Langzeitdünger im Frühling um die Pflanzen einarbeitet. Oder man entfernt die Deckschicht und etwa 1 cm des Substrats, um es durch frisches und neuen Kies zu ersetzen.

Deckschicht

Welche Deckschicht für Steingartenpflanzen gebraucht wird, hängt von den Pflanzen ab, doch sie muß auch zu den Steinen passen. Bei bepflanzten Trögen, Becken und Hochbeeten paßt man die Deckschicht auch den Gefäßen oder der Stützmauer an. Meist eignen sich grober Kies oder Steinsplitt, aber Kalksplitt darf z. B. nie bei kalkfliehenden Pflanzen benutzt werden. In einem Torfbeet ergänzt eine Deckschicht aus Rindenschnitzeln die Pflanzung.

Erneuern der Deckschicht
Die Deckschicht muß gelegentlich erneuert werden, da Kies und Splitt allmählich weggewaschen werden und Rinde zerfällt und sich mit der Erde mischt. Achten Sie während der ganzen Saison auf kahle Stellen, und füllen Sie bei Bedarf auf. Im Herbst bedarf die Deckschicht besonderer Aufmerksamkeit, damit der Boden im Winter bedeckt ist und nicht durch Niederschläge verdichtet wird. Im Frühling wird kontrolliert und bei Bedarf aufgefüllt. Gleichzeitig kann man auch Langzeitdünger auftragen.

Wässern

In Steingärten und Geröllbeeten wurzeln etablierte Pflanzen tief und werden durch den Regen meist ausreichend mit Wasser versorgt. Bei Trockenheit sollte jedoch gut gewässert werden. Wässern Sie nicht bei ausgesprochen frostigem Wetter oder während der größten Hitze: Frühmorgens oder spätabends ist die beste Zeit; wirksamer ist, ab und zu gründlich zu wässern als häufig nur leicht. Ist die Erde in einer Tiefe von 3-5 cm trocken, wässern Sie, bis das Wasser voll bis zu den Wurzelspitzen durchdringt. In einem durchschnittlichen Sommer ist dies nur 2-3 mal nötig, in sehr trockenen Sommern häufiger.

UNKRAUTJÄTEN

Bei jungen Pflanzen wird mit einem dreizinkigen Kleinrechen gejätet, um die Erde zu lockern und zu belüften. Die Deckschicht wird vorher entfernt und anschließend erneuert.

ERNEUERN DER DECKSCHICHT

1 Entfernen Sie die alte Deckschicht und etwas Erde (siehe Nebenbild). Geben Sie rund um die Pflanzen frisches Substrat.

2 Bedecken Sie das Beet mit einer frischen Schicht Splitt, geben Sie dabei auch etwas um und unter die Wurzelkrone der Pflanzen.

Wässern in Pflanzbehältern, Hochbeeten und unter Abdeckungen
Alpen- und Steingartenpflanzen in Hochbeeten, Becken und Trögen, in Kästen und Alpinhäusern müssen öfter gewässert werden, da hier die Erde rascher austrocknet als im Steingarten oder im Geröllbeet. Wenn man spezielle Pflanzen kultiviert, sollte man besser von Hand wässern, damit jede Pflanze die richtige Wassermenge erhält. Auch in Töpfen in Alpinhäusern und Kästen gezogene Pflanzen sollten einzeln gewässert werden. Stehen die Töpfe in Kies oder Steinsplitt, wird in wie auch um die Töpfe herum gewässert. Manche Alpenpflanzen haben ein wasserempfindliches Laub und wollen nicht von oben gewässert werden; in diesem Fall müßte es ausreichen, wenn der umgebende Kies oder Steinsplitt regelmäßig gründlich gewässert wird.

Stutzen und Schneiden

Schneiden Sie Alpen- und Steingartenpflanzen regelmäßig zurück, um die natürliche, kompakte Form und gesundes Wachstum zu erhalten und die Ausbreitung unter Kontrolle zu halten.

Rückschnitt verholzter Pflanzen
Damit Steingartensträucher und -stauden gesund bleiben, muß abgestorbener, kranker oder beschädigter Wuchs entfernt werden. Überprüfen Sie die Pflanzen regelmäßig, und schneiden Sie immer glatt und mit einer Garten- oder scharfen Schere.

Radikaler Rückschnitt ist nicht erforderlich, da die meisten Zwergsträucher langsam wachsen und viele Jahre mit ihrem Platz auskommen. Versuchen Sie, durch den Schnitt die natürliche Form der Pflanze zu erhalten, v. a. bei Zwergkoniferen.

Abgestorbene Blüten und Blätter entfernen
Entfernen Sie regelmäßig mit einem scharfen Messer oder einer Schere abgestorbene Blüten und verwelkte Blätter sowie unerwünschte Fruchtstände, damit die Pflanze kräftig bleibt.

ABGESTORBENER WUCHS

Wenn im Frühjahr die Frostgefahr vorüber ist, werden abgestorbene Pflanzenteile mit einer scharfen Schere bis auf gesunden Wuchs zurückgeschnitten.

ABGESTORBENE ROSETTEN

1 Bei Gewächsen wie dem Steinbrech schneidet man abgestorbene Rosetten mit dem Messer heraus, ohne die übrigen Pflanzenteile zu beschädigen.

2 Freiliegende Erde wird abgedeckt, damit kein Unkraut durch die Lücken dringt, bis neuer Wuchs nachkommt.

ERNEUERN EINES ALPINEN BEETES

1 Pflanzen, die sich rasch ausbreiten (hier Paronychia kapela *ssp.* chionaea*), würden ihre Nachbarn bald überwuchern. Sie werden im Frühling zurückgeschnitten.*

2 Graben oder reißen Sie Büschel von wuchernden Pflanzen aus. Sparrige Pflanzen zurückschneiden, damit Nachbarpflanzen Platz genug haben.

3 Tragen Sie ausgewogenen Dünger auf, und geben Sie eine frische Deckschicht auf die Erde um die Pflanzen.

Nehmen Sie bei kleinen Alpenpflanzen von Hand oder mit einer Pinzette abgestorbene Blätter und Blüten weg. Schneiden Sie bei Pflanzen wie dem Steinbrech vorsichtig abgestorbene Rosetten heraus; reißen Sie diese nicht ab, dabei lösen sich auch gesunde. V. a. *Helianthemum*-Arten und Sorten müssen jährlich nach der Blüte mit der Heckenschere geschnitten werden; dabei werden die Triebe um die Hälfte gekürzt, um neuen Wuchs für die Blüte im nächsten Jahr zu fördern. Gattungen wie *Arabis, Aubrieta* und *Aurinia* profitieren ebenfalls von einem radikalen Rückschnitt (nach der Blüte), der sie kompakt und blühfreudig hält. Manche Pflanzen blühen ein zweites Mal, wenn sie vor dem Samenansatz geschnitten werden.

Wuchernde Pflanzen

Übermäßig wüchsige und alte, sparrige Pflanzen, die die benachbarten Pflanzen zu überwuchern drohen, werden im Vorfrühling zurückgeschnitten. Dabei können mattenbildende Pflanzen mit der Hand ausgerissen werden, während man andere mit einer kleinen Gabel heraushebt. Stützen Sie die umliegenden Pflanzen vorher ab, und drücken Sie sie wieder gut an, wenn sie unabsichtlich hochgehoben wurden. Entfernen oder stutzen Sie auch manche Pflanzen, um für die verbleibenden genug freien Raum zu schaffen, damit diese weiterhin ungehindert wachsen können. Radikal zurückgeschnittene Pflanzen erhalten eine ausgewogene Kopfdüngung, die neuen Wuchs fördert.

Bepflanzen eines Trogs mit Alpenpflanzen

Pflanzen in Behältern müssen umgesetzt werden, wenn die Nährstoffe aufgebraucht sind. Wässern Sie gründlich, bevor Sie die Pflanzen herausnehmen. Ersetzen Sie das alte durch ein geeignetes, mit Langzeitdünger angereichertes. Wurzeln und oberirdische Teile sind zu stutzen, bevor neu gepflanzt wird; berücksichtigen Sie die endgültige Größe der Pflanzen; den Abschluß bildet Kies.

Winterschutz

Pflanzen in Trögen, Becken oder Hochbeeten sowie einige Alpenzwiebeln müssen vor der Winternässe geschützt werden. Dazu dienen eine einfache, abgestützte Glasscheibe, ein offener Folientunnel oder, für große Bereiche, eine Kastenauflage, die nach oben Schutz bieten, ohne die Luftzirkulation zu behindern. Alle Abdeckungen müssen gut befestigt und beschwert werden. Einigen Kälteschutz bietet auch eine Lage Fichten- oder Kiefernzweige über den Pflanzen.

Schädlinge und Krankheiten

Alpen- und Steingartenpflanzen sind nicht allzu anfällig, auf einige häufiger auftretende Schädlinge und Krankheiten ist dennoch zu achten. Meist reichen gute Pflege und Vorsorge für hygienische Verhältnisse, um Probleme in den Griff zu bekommen. Blattläuse (S. 550) können auftreten, wenn man Steingartenpflanzen in zu nährstoffreichem Boden kultiviert, der weichen, dünnen Wuchs fördert.

Eine grobe Deckschicht um die Pflanzen hält meist auch Schnecken fern; eine gelegentliche Kontrolle ist trotzdem nötig, v. a. bei besonderen Alpenpflanzen, wie z. B. bei *Campanula zoysii*, die anfällig für Schnecken sind. Bekämpfen Sie auch Insekten wie Ameisen (S. 570), die unter kissenbildenden Pflanzen den Boden aushöhlen. Schützen Sie neugepflanzte Gewächse durch Maschendraht vor Vögeln.

Pilzkrankheiten etablieren sich rasch in Alpinhäusern und Kästen (siehe S. 214-216).

RÜCKSCHNITT NACH DER BLÜTE

1 Nach der Blüte werden die Triebe um die Hälfte gekürzt (hier Helianthemum*), um neuen Wuchs zu fördern.*

2 Die Pflanzen bleiben kompakt und bringen im folgenden Jahr zahlreiche Blüten hervor.

Vermehrung

VIELE Steingartenpflanzen können aus Samen vermehrt werden, manche sind allerdings steril und produzieren keinen Samen. Außerdem sind durch Samen vermehrte Sorten selten echt. Deshalb eignen sich andere Methoden besser.

Samen

Aufzucht aus Samen ist die beste Methode, um große Mengen von Pflanzen zu erhalten. Da viele Alpenpflanzen im Vorfrühling blühen, gibt es oft bereits im Hochsommer reifen Samen, der sofort gesät werden kann. Die Keimung setzt gewöhnlich rasch ein, so daß man noch vor dem Winter kräftige Sämlinge hat. Im Herbst gesäte Samen bleiben oft bis zum Frühling in der Keimruhe; wenn sie keimen, müssen die Sämlinge im Kasten überwintern. Oft wäre es besser, den Samen über den Winter zu lagern und erst im Vorfrühling zu säen, nur kurzlebige Samen sollten sofort nach der Reifung gesät werden.

Ernte und Lagerung des Samens
Ernten Sie den Samen, sobald die Fruchtstände reif sind. Nehmen Sie diese noch von der Pflanze ab, und geben Sie sie zum Trocknen in Papier- (nicht Plastik-)Tüten. Lagern Sie den Samen an einem kühlen, trockenen, gut belüfteten Ort. Die meisten Alpenpflanzen haben Samenkapseln, die man zwischen den Fingern zerreibt, um den Samen herauszuholen. Alle fleischigen Früchte müssen zerdrückt und dann auf Papier getrocknet werden. Trennen Sie die Samen durch Sieben oder Auslesen von den Abfällen. Geben Sie sie in verschlossene, beschriftete Tüten und lagern Sie diese in einem luftdichten Behälter an einem kühlen Ort.

Vorbehandlung
Hartschalige Samen erfordern eine spezielle Behandlung, damit sie Wasser aufnehmen. Sie werden mit einem scharfen Messer angeritzt oder mit Sandpapier abgeschürft. In manchen Fällen wird die Wasseraufnahme beschleunigt, wenn man die Samen für 12-24 Stunden einweicht.

Bei hartschaligen Samen von verholzten Steingartenpflanzen reicht Anritzen noch nicht; sie müssen auch der Kälte ausgesetzt (stratifiziert) werden. Lagern Sie die Samen in Kisten mit feuchtem Sand im Winter 2-3 Monate im Freien, und säen Sie im Frühling; oder Sie säen die Samen in Töpfe mit Vermehrungserde, die Sie in verschlossenen Plastikbeuteln für mehrere Wochen in den Gefrier- oder Kühlschrank geben und dann bis zur Keimung im Freien einschlagen. Manche Samen, z. B. Pfingstrosen, benötigen zur Keimung abwechselnd Wärme- und Kälteperioden.

Aussaat
Nehmen Sie saubere Ton- oder Plastiktöpfe, und legen Sie Topfscherben über die Drainagelöcher. Als Substrat eignet sich eine Mischung aus Torf und Perlit oder aus lehmhaltiger Vermehrungserde und Perlit oder grobem Sand, jeweils zu gleichen Teilen. Füllen Sie die Töpfe, und drücken Sie das Substrat an. Streuen Sie kleine Samen dünn und gleichmäßig auf, große Samen legen Sie einzeln aus; darüber kommt jeweils Substrat in Samenkornhöhe. Feiner Samen wird vor der Aussaat mit feinem Sand vermischt und nicht mit Substrat bedeckt.

Nach der Aussaat werden alle außer den feinen Samen mit einer 5-10 mm dicken Schicht aus Grit oder grobem Sand bedeckt, um Moos und Leberblümchen fernzuhalten und die Samen bei starkem Regen oder beim Wässern zu schützen. Beschriften Sie die Töpfe, und stellen Sie sie bis zur halben Höhe ins Wasser, bis die Oberfläche des Substrates feucht wird. Halten Sie das Substrat stets feucht.

Keimung
Wie rasch die Keimung einsetzt, hängt von der Art und vom Alter der Samen sowie vom Zeitpunkt der Aussaat ab. Bei manchen dauert es Monate oder sogar Jahre.

Ein kühler, geschützter Standort im Freien ist bei den meisten Alpenpflanzen ideal. Schlagen Sie die Töpfe in feuchten Sand ein, um die Temperatur gleichmäßig zu halten und das Wässern zu reduzieren. Sobald Sämlinge erscheinen, kommen die Töpfe in einen Kalten Kasten. Die Keimung kann im Frühling durch mäßige Wärme beschleunigt werden, die Samen dürfen aber keinen hohen Temperaturen ausgesetzt werden.

Pikieren und Eintopfen
Die Sämlinge werden pikiert, sobald sie 5-10 mm hoch sind und 2 richtige Blätter haben. Klopfen Sie das Substrat heraus, und trennen Sie die Sämlinge. Fassen Sie sie an den Blättern oder Keimblättern, damit Stiele und Wurzeln nicht beschädigt werden. Setzen Sie die Sämlinge einzeln in kleine Ton- oder Kunststofftöpfe oder in unterteilte Saatschalen mit lehmiger Topferde, vermischt mit der gleichen Menge Kies. Füllen Sie das Gefäß, lassen Sie das Substrat sich setzen, und machen Sie Löcher für die Wurzeln. Setzen Sie die Sämlinge hinein und füllen Sie diese mit Substrat auf. Dann drücken Sie es leicht an.

Den Abschluß bildet eine 5-10 mm dicke Kiesschicht. Wässern Sie gründlich mit einer feinen Brause, und stellen Sie die Behälter an einen leicht schattigen Ort, bis die Sämlinge aufgebaut sind. Wässern Sie bei Bedarf. Sobald die Wurzeln sichtbar werden, wird umgetopft.

PFLANZENSAMEN, DER FRISCH GESÄT WERDEN MUSS

Anemone
Codonopsis
Corydalis
Cyclamen (alpine Arten)
Dodecatheon
Hepatica
Meconopsis
Primula (alpine Arten)
Pulsatilla
Ranunculus (alpine Arten)

AUSSAAT DER SAMEN

1 Füllen Sie einen Topf mit Vermehrungssubstrat und Gartensand (1:1). Drücken Sie die Oberfläche vorsichtig an, um Luftlöcher zu verstopfen.

2 Kleine Samen (hier Lewisia*) werden gleichmäßig über die Oberfläche verstreut. Größere Samen legt man einzeln aus.*

3 Bedecken Sie die Samen mit einer dünnen Schicht Substrat und abschließend mit Grit, der die Samen schützt und Moos fernhält. Wässern und beschriften.

4 Pikieren Sie, sobald die Sämlinge 2 richtige Blätter (siehe Nebenbild) haben. Heben Sie die Sämlinge an den Blättern heraus.

5 Füllen Sie Töpfe mit lehmiger Topferde und Grit (1:1). Topfen Sie die Sämlinge einzeln ein und drücken Sie diese mit einem Pflanzholz an.

6 Geben Sie Grit darüber, wässern Sie, und stellen Sie die Sämlinge in leichten Schatten. Sobald die Wurzeln den Topf füllen, wird umgetopft.

STEINGARTENPFLANZEN, DIE DURCH STECKLINGE VERMEHRT WERDEN

Krautige (Frühjahr)
Adenophora
Anchusa caespitosa
Anthemis
Asyneuma
Aubrieta (Arten und Sorten),
Campanula, einige ❄ (Arten und Sorten)

Aubrieta deltoidea 'Argenteo-variegata'

Cassiope
Daphne jasminea
Dianthus, einige ❄
Dionysia
Draba
Eriogonum ovalifolium
Eriophyllum lanatum
Gypsophila aretioides, *G. repens*
Penstemon, einige ❄
Polygala, einige ❄
Primula (alpine Arten)
Phlox, einige ❄ (Arten und Sorten)
Silene acaulis
Viola, einige ❄ (Arten und Sorten)

Viola 'Jackanapes'

Krautige (Sommer)
Aubrieta (Arten und Sorten)
Aurinia
Cassiope
Erodium, einige ❄
Geranium, einige ❄

Halbausgereifte
Cassiope
Claytonia
Clematis alpina, *C. x cartmanii* 'Joe'
Convolvulus boissieri, *C. sabatius*
Daphne
Diascia
Erica, einige ❄
Erinacea anthyllis
Hebe, einige ❄ (Arten und Sorten)
Helianthemum

Helianthemum 'Fire Dragon'

SCHLÜSSEL
❄ *Nicht winterhart*

Stecklinge von krautigen Trieben oder noch grünem Holz

Stecklinge von krautigen Trieben nimmt man von den nichtblühenden Blattsprossen einer Pflanze während des aktiven Wachstums, meist im Frühling. Stecklinge von noch grünem Holz nimmt man im Frühsommer, wenn das Wachstum bereits langsamer ist; sie sind zwar etwas härter als krautige Stecklinge, werden aber genauso behandelt.

Schneiden der Stecklinge

Die Stecklinge werden frühmorgens geschnitten, wenn der Wasserdruck in den Sprossen am höchsten ist. Als krautige Stecklinge nimmt man junge, weiche Sprosse, die noch nicht holzig oder hart werden; Stecklinge von noch grünem Holz können an der Basis schon hart zu werden beginnen. Die Stecklinge sollten etwa 2,5-7 cm lang sein und mit einem scharfen Messer geschnitten werden. Man gibt sie in einen Plastikbeutel.

Stecken

Kürzen Sie die Basis jedes Stecklings mit einem scharfen Messer knapp unter einem Knoten, und entfernen Sie die unteren Blätter. Weiche Sproßspitzen werden ausgeknipst, besonders wenn sie zu welken beginnen. Füllen Sie Töpfe mit Vermehrungssubstrat, und machen Sie mit einem Pflanzholz Löcher für die Stecklinge. Setzen Sie sie bis zur halben Länge in die Erde, so daß sich die untersten Blätter knapp über der Oberfläche befinden.

Die Stecklinge werden beschriftet und mit Fungizidlösung gegossen, dann kommen sie in einen geschlossenen Vermehrungskasten mit mäßiger Bodenwärme. Die Stecklinge benötigen gutes Licht, aber keine direkte Sonne; dadurch würden Luft- und Bodentemperatur zu stark ansteigen und die Stecklinge welken. Abgestorbene und kranke Stecklinge entfernt man mit einer Pinzette.

Eintopfen

Wässern Sie die bewurzelten Stecklinge gründlich, und lassen Sie sie aus dem Topf gleiten. Nun werden sie getrennt und einzeln in einem Substrat aus Topferde und Kies (1:1) eingetopft. Darüber kommt 1 cm Kies. Die Stecklinge werden gründlich gewässert und kommen wieder in den Vermehrungskasten, geschützt vor direkter Sonne. Wässern Sie regelmäßig. Sobald sich junger Wuchs zeigt, gibt man die Stecklinge in einen Kalten Kasten und härtet sie vor dem Auspflanzen vorsichtig ab.

Halbausgereifte und verholzte Stecklinge

Halbausgereifte Stecklinge nimmt man im Hoch- bis Spätsommer von nichtblühenden diesjährigen. Verholzte Stecklinge schneidet man von immergrünen Pflanzen im Spätsommer und Herbst, sobald das Holz voll ausgereift ist.

Schneiden der Stecklinge

Die Stecklinge sind, je nach Pflanze, zwischen 1 und 4 cm lang oder länger. Sie werden mit einem scharfen Messer oder einer Gartenschere von der Mutterpflanze getrennt. Schneiden Sie glatt unter einem Knoten, und entfernen Sie den weichen Wuchs an der Spitze. Nehmen Sie die unteren Blätter ab, und tauchen Sie die Enden in Bewurzelungshormon. Oder Sie nehmen Ansatzstecklinge und schneiden den kleinen Span mit einem scharfen Messer glatt.

Eintopfen

Kleine Stecklinge wurzeln am besten in Töpfen mit Vermehrungserde und 1 cm Deckschicht aus feinem Sand. Machen Sie Löcher in den Sand, und setzen Sie die Stecklinge bis zu einem Drittel oder bis zur Hälfte ihrer Länge hinein. Beschriften Sie, gießen Sie mit Fungizid, und geben Sie die Stecklinge im Vermehrungskasten in ein kühles Gewächshaus. Achten Sie auf Krankheiten. Wässern Sie sparsam, und geben Sie verdünnten Flüssigdünger, sobald das Wachstum einsetzt.

Eine große Zahl von Stecklingen kann in einen Kalten Kasten mit Bodendrainage gesteckt werden. Gehen Sie mit einer Gabel über den Boden, und fügen Sie eine Mischung aus 1 Teil Torfersatz (oder Torf) und 1 Teil Kies zu; darüber kommen 2,5 cm Sand. Nach dem Stecken wässert man und schließt den Kasten. Bei mildem Wetter wird er geöffnet.

Im nächsten Frühling werden die bewurzelten Stecklinge in Topferde und Kies (1:1) umgetopft oder eingetopft oder, wenn die Frostgefahr vorüber ist, in ein Anzuchtbeet gesetzt. Wässern Sie gründlich.

Die wachsenden Stecklinge werden weiter feuchtgehalten und vor direkter Sonne geschützt. Geben Sie in der Wachstumsperiode Flüssigdünger. Im Herbst kommen die Stecklinge an ihren endgültigen Platz.

STECKLINGE VON KRAUTIGEN TRIEBEN

1 *Wählen Sie im Frühling junge, nichtblühende Sprosse, und schneiden Sie 2,5-7 cm lange Stecklinge. Geben Sie sie in einen Plastikbeutel.*

2 *Schneiden Sie die Basis, die unteren Blätter und die weichen Spitzen (Nebenbild) ab. Setzen Sie die Stecklinge in Töpfe mit feuchtem Substrat.*

3 *Wässern und beschriften Sie. Geben Sie den Topf in einen verschlossenen Plastikbeutel bei gutem Licht, aber ohne Sonne.*

4 *Die bewurzelten Stecklinge werden einzeln getopft (nur an den Blättern anfassen). Darüber kommt eine Deckschicht.*

Blattstecklinge

Diese Methode eignet sich für alle Pflanzen mit fleischigen Blättern, wie *Haberlea, Ramonda* und *Sedum*.

Trennen Sie mit einem scharfen Messer gesunde, kräftige und relativ junge Blätter an ihrem Ansatz am Trieb ab. Füllen Sie Töpfe mit einer Mischung aus Vermehrungserde und Sand zu gleichen Teilen; stecken Sie die Blätter im 45°-Winkel hinein, so daß sie vom Substrat gehalten werden. Umhüllen Sie jeden Topf mit einem Plastikbeutel; junge Pflänzchen werden einzeln eingetopft.

Grundständige Stecklinge

Manche Pflanzen, z.B. *Primula marginata* und deren Sorten, können durch grundständige Stecklinge vermehrt werden. Diese nimmt man von jungen grundständigen Sprossen knapp über der Bodenoberfläche.

Verwenden Sie gut durchlässiges Vermehrungssubstrat; füllen Sie die Töpfe damit, und drücken Sie es an.

Kürzen Sie die Basis jedes Stecklings durch einen Schnitt unter einem Knoten. Der Steckling darf an der Basis nicht hohl sein. Entfernen Sie die unteren Blätter, tauchen Sie ihn in Bewurzelungshormon.

Stecken Sie jeden Sproß bis zu einem Drittel oder bis zur Hälfte in das Substrat, so daß die Blätter darüber stehen. Wässern Sie gründlich, und stellen Sie die Töpfe in einen schattigen Vermehrungskasten oder einen Kalten Kasten. Die Bewurzelung erfolgt in 3-6 Wochen, danach können die Stecklinge eingetopft oder in ein Anzuchtbeet gesetzt werden.

GRUNDSTÄNDIGE STECKLINGE

Primula marginata

Im Frühling nimmt man 5-7 cm lange Stecklinge mit jungen Blättern und kurzem Stiel, kürzt die Basis, entfernt die unteren Blätter und setzt sie ein.

Auswahl von Stecklingen

Als Stecklinge wählt man kräftige, gesunde Triebe oder Blätter ohne Anzeichen von Schädlings- oder Krankheitsbefall. Man nimmt nichtblühende, wachsende Triebe. Mit Ausnahme der grundständigen Stecklinge verwendet man keine Stecklinge von der Pflanzenbasis, da sie oft der schwächste Teil ist. Nehmen Sie auch nicht alle Stecklinge an derselben Stelle der Mutterpflanze ab.

Die Stecklinge kommen gleich nach dem Schneiden in einen Plastikbeutel, damit sie nicht austrocknen. Die meisten wurzeln leicht, wenn man sie in Töpfe mit Vermehrungssubstrat und Grit steckt. Oder man verwendet einfach Gartensand. Achten Sie auf die angegebene Stecktiefe.

HALBREIF (Phlox) *Wählen Sie im Hoch- bis Spätsommer härter werdende (nicht holzige) Sprosse. Schneiden Sie 3-cm-Stücke ab, die Sie auf 1 cm kürzen.*

NOCH GRÜNES HOLZ (Erodium) *Nehmen Sie im Frühsommer Stecklinge von den Spitzen neuer Sprosse. Schneiden Sie 2,5-7 cm lange Stücke, die Sie auf etwa 1 cm kürzen.*

ROSETTE (Saxifraga) *Wählen Sie im Sommer junge Rosetten, schneiden Sie sie ca. 1 cm unter den Blättern ab. Kürzen Sie sie glatt und waagrecht an der Basis.*

VERHOLZT (Dryas) *Schneiden Sie im Spätsommer bis Herbst ca. 2,5 cm lange Stecklinge von jungen Sprossen. Kürzen Sie sie auf ca. 1 cm unter dem Blattansatz.*

BLATT (Sedum) *Schneiden Sie während der Wachstumsperiode einzelne reife, intakte Blätter. Kürzen Sie sie glatt und waagrecht an der Basis.*

STEINGARTENPFLANZEN, DIE DURCH STECKLINGE VERMEHRT WERDEN (FORTS.)

Halbausgereifte (Forts.)
Helichrysum selago
Lepidium nanum
Lewisia
Linum arboreum

Polygala chamaebuxus

Lithodora diffusa
Origanum amanum, O. rotundifolium
Parahebe catarractae
Phlox 'Chatahoochee', *P. subulata* (und Sorten)
Polygala
Rhododendron (Arten und Sorten)
Veronica

Dryas octopetala

Ausgereiftes Holz
Dryas
Juniperus communis 'Compressa'
Rosa
Salix

Rosetten
Androsace
Armeria juniperifolia
Azorella trifurcata
Bolax gummifera
Draba
Helichrysum milfordiae
Jovibarba
Saxifraga, einige ❄ (Arten und Sorten)
Sempervivum (Arten und Sorten)

Sempervivum tectorum

Blätter
Haberlea
Jancaea, syn. *Jankaea*
Lewisia (Arten und Hybriden)
Primula gracilipes
Ramonda
Sedum, einige ❄

SCHLÜSSEL
❄ *Nicht winterhart*

Teilung

Viele Alpen- und Steingartenpflanzen lassen sich gut durch Teilung vermehren, in manchen Fällen ist Teilung sogar die einzige Möglichkeit, etwa wenn die Pflanze kaum Samen produziert oder steril ist.

Geeignet ist diese Methode v. a. für mattenbildende Arten, die massenhaft Faserwurzeln produzieren, und für horstbildende Pflanzen mit Büscheln von Sprossen, die sich leicht trennen lassen.

Steingartenpflanzen, die durch »Irische« Stecklinge vermehrt werden

Achillea ageratifolia
Arenaria montana,
A. purpurascens
Gentiana acaulis, *G. verna*
Primula auricula (und Sorten),
P. marginata (und Sorten)
Silene
Veronica peduncularis
Viola cornuta (und Sorten)

Vermehrung durch Teilung

Achillea ageratifolia
Alchemilla alpina,
A. ellenbeckii
Allium sikkimense
Antennaria dioica
Arenaria montana
Artemisia schmidtiana 'Nana'
Campanula carpatica,
C. cochleariifolia
Chiastophyllum oppositifolium

Gentiana sino-ornata

Gentiana acaulis,
G. sino-ornata
Primula allionii
Sagina subulata 'Aurea'
Viola cornuta

Vermehrung durch Wurzelschnittlinge

Anacyclus depressus
Carduncellus rhaponticoides
Centaurea pindicola
Gentiana lutea
Meconopsis delavayi
Morisia monanthos
Papaver lateritium
Phlox mesoleuca
Primula denticulata
Pulsatilla
Roscoea cautleoides
Weldenia candida ❄

Schlüssel
❄ *Nicht winterhart*

Einige der horstbildenden Pflanzen neigen dazu, in der Mitte abzusterben. Sie können durch Teilung verjüngt werden, wenn man nur die jüngsten, wüchsigen Stücke neu pflanzt.

Wann wird geteilt
Die meisten Pflanzen werden am besten im Vorfrühling geteilt, wenn das Wachstum gerade einsetzt, nicht bei kaltem, frostigem Wetter oder bei gefrorenem oder staunassem Boden. Auch im Frühherbst kann geteilt werden, wodurch sich neue Wurzeln bilden, solange der Boden noch warm ist. Ist ein strenger Winter zu erwarten, ist eine Frühjahrsteilung vorzuziehen, damit die Pflanze eine ganze Wachstumsperiode zum Aufbau hat. Einige Pflanzen, z. B. Primeln und *Meconopsis*, sollten sofort nach der Blüte geteilt werden, wenn kräftiges, vegetatives Wachstum einsetzt. Sie müssen nach der Neupflanzung und danach so lange, bis sie völlig etabliert sind, gut gewässert werden.

Wie wird geteilt
Nehmen Sie die Pflanzen auf, und schütteln Sie die Erde ab. Große Horste werden mit zwei verkehrt aneinandergelegten Gabeln in der Mitte geteilt. Die beiden Hälften zieht man mit der Hand auseinander oder teilt sie mit einem Messer in kleinere Stücke mit gesunden Wurzeln und Augen. Der ältere, holzige Mittelteil der Pflanze sollte weggeworfen werden. Wenn die Teile nicht sofort neugepflanzt oder eingetopft werden, packt man sie in Plastikbeutel oder feuchtes Leinen und lagert sie schattig. Die meisten winterharten Pflanzen können sofort an ihren endgültigen Standort gesetzt werden. Wenn die Pflanzen wertvoll oder die Teilstücke sehr klein sind, ist es sicherer, sie vor dem Auspflanzen einzutopfen und in einen Kalten Kasten zu geben, bis sie angewachsen sind. Nehmen Sie 1 Teil magere, lehmige Topferde und 1 Teil Kies oder eine kalkfreie Mischung für Pflanzen, die sauren Boden verlangen. Bei einer Neupflanzung im offenen Garten muß das Pflanzloch so groß sein, daß die Wurzeln darin ausgebreitet werden können. Drükken Sie das Substrat an, und wässern Sie gründlich. Halten Sie den Boden feucht, bis die Pflanzen etabliert sind.

»Irische« Stecklinge

1 Bewurzelte Sprosse werden an der Pflanzenbasis (hier Veronica*) gehoben, abgetrennt, Seitensprosse und sparrige Wurzeln entfernt.*

2 Der Steckling kommt in mit Grit vermischtes Substrat. Drücken Sie es an, wässern Sie, und geben Sie eine Deckschicht darüber.

Vermehrung durch Teilung

1 Pflanzen mit Faserwurzeln (hier Gentiana acaulis*) können geteilt und neu gepflanzt werden. Heben Sie einen Horst, und schütteln Sie die Erde ab.*

2 Lockern Sie die Wurzeln mit 2 aneinandergelegten Gabeln, und teilen Sie den Horst – notfalls mit einem Messer – in Stücke.

3 Die Pflanzen sollten ein gutes Wurzelsystem haben. Setzen Sie sie gleich an den endgültigen Standort, drücken Sie rundherum die Wurzeln an. Geben Sie eine Deckschicht um die Pflanzen, und wässern Sie gut.

»Irische« Stecklinge

Hierbei handelt es sich um bewurzelte Seitentriebe. Sie finden sich bei Thymian u. a. kriechenden Steingartenpflanzen. Die Methode eignet sich v. a. für Pflanzen mit verholzten Wurzeln, die sich schwer teilen lassen, oder für solche, die natürlich Ableger oder Ausläufer hervorbringen.

Bevor man die Stecklinge nimmt, legt man die Basis der Mutterpflanze frei, schneidet mit einem scharfen Messer bewurzelte Stücke von der Pflanze ab und topft sie in magere, lehmige Pflanzerde und Kies. Man kann sie auch an einen kühlen, geschützten Ort im Garten setzen, bis sie gut aufgebaut sind.

Wurzelschnittlinge

Einige wenige Alpen- und Steingartenpflanzen lassen sich durch Wurzelschnittlinge vermehren. Nehmen Sie diese von den gesündesten Wurzeln, und zwar im Spätherbst oder Winter.

Auswahl der Schnittlinge

Nehmen Sie eine kräftige Pflanze auf. Wählen Sie junge, wüchsige Wurzeln, und trennen Sie diese von der Mutterpflanze ab. Die Schnittlinge sollten ca. 5 cm lang sein. Schneiden Sie die Wurzeln oben gerade, unten schräg ab. Waschen Sie die Schnittlinge in kaltem Wasser; die Mutterpflanze wird sofort wieder eingepflanzt oder weggeworfen.

Stecken der Schnittlinge

Verwenden Sie mindestens 10 cm hohe Töpfe. Legen Sie Topfscherben über die Drainagelöcher, und geben Sie darüber 2,5 cm magere, lehmige Pflanzerde. Füllen Sie die Töpfe mit gewaschenem Sand, und drücken Sie ihn an. Machen Sie an jedem Topfrand mehrere Pflanzlöcher. Stecken Sie die Schnittlinge in die Löcher, so daß die geraden Enden oben sind. Dünne, zähe Schnittlinge können flach auf das Substrat gelegt werden. Geben Sie feinen Kies darüber. Die Töpfe werden beschriftet, gewässert und in einen Vermehrungskasten gestellt. Schließen Sie den Kasten bei kaltem Wetter; während der übrigen Zeit sollte die Luft frei zirkulieren können.

Wässern Sie, sobald neuer Wuchs erscheint. Wenn die jungen Sprosse kräftig wachsen, klopft man sie vorsichtig aus dem Topf, um die Wurzeln zu überprüfen, und topft sie ein.

VERMEHRUNG DURCH WURZELSCHNITTLINGE

1 *Im Spätherbst oder Winter wird eine gesunde Pflanze (hier* Primula denticulata*) mit gut entwickeltem Wurzelsystem vorsichtig mit einer kleinen Gabel aufgenommen.*

2 *Waschen Sie die Wurzeln, und wählen Sie dicke, gesunde für die Schnittlinge aus. Schneiden Sie diese mit einem scharfen Messer nahe an der Wurzelkrone ab.*

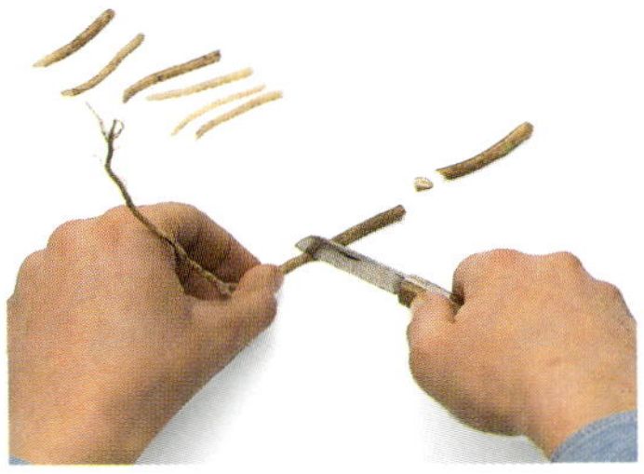

3 *Schneiden Sie 5 cm lange Schnittlinge mit einem geraden Schnitt am dickeren Ende und einem schrägen am unteren Ende zu.*

4 *Geben Sie eine Schicht Substrat in den Topf und darüber fast bis an den Rand groben Sand. Stecken Sie die Schnittlinge so, daß die geraden Enden mit dem Substrat abschließen.*

5 *Bedecken Sie den Sand 1 cm hoch mit Grit. Wässern, beschriften und stellen Sie die Töpfe in den Vermehrungskasten oder ins Gewächshaus.*

Eintopfen bewurzelter Schnittlinge

Lassen Sie die Schnittlinge aus dem Topf gleiten, und trennen Sie sie vorsichtig. Topfen Sie sie einzeln in magerer, lehmiger Pflanzerde und Sand (1:1) ein. Statt Sand kann man auch eine Mischung aus Torf und Sand verwenden. Darüber kommt 1 cm grober Sand oder Kies. Die Töpfe werden gewässert und vor direkter Sonne geschützt ins Freie gestellt. Warten Sie, bis die Pflanzen aufgebaut sind, wässern Sie bei Bedarf.

Rosetten ausschneiden

Raschwachsende oder rosettenbildende Pflanzen, z. B. *Primula denticulata*, können zur Wintermitte direkt durch Wurzelschnittlinge vermehrt werden, indem man die Rosetten mit einem scharfen Messer ausschneidet und so den Wurzelstock freilegt. Wählen Sie kräftig wachsende Rosetten, und bestäuben Sie die Wurzelansätze mit einem Fungizid, um der *Botrytis* (siehe S. 557) vorzubeugen; geben Sie eine dünne Schicht groben Gartensand darüber.

Bald erscheinen auf jeder Wurzel Sprosse. Wenn diese etwa 2,5-5 cm hoch sind, können sie aufgenommen werden. Trennen Sie die Büschel mit der Hand oder mit einem Messer in einzelne Pflanzen mit gesunden, wüchsigen Sprossen und Wurzeln.

Topfen Sie die jungen Pflanzen in eine Mischung aus Topferde und Gartensand zu gleichen Teilen ein. Wässern Sie gründlich, und geben Sie die Töpfe an einen schattigen Ort im Freien. Halten Sie die Pflanzen feucht, und pflanzen Sie aus, sobald die Wurzeln den Topf füllen.

ROSETTEN AUSSCHNEIDEN

1 *Schneiden Sie mit dem Messer die lebende Wurzelkrone rosettenbildender Pflanzen (hier* Primula denticulata*) aus, so daß die Wurzeln sichtbar werden (siehe Nebenbild).*

2 *Bestäuben Sie die freiliegenden Wurzeln mit Fungizidpulver (Nebenbild), um Schimmel und Pilzen vorzubeugen. Geben Sie ein wenig groben Gartensand darüber.*

3 *Sobald die Wurzeln neue Sprosse hervorbringen, wird das ganze Büschel mit einer kleinen Gabel gehoben, ohne die jungen Wurzeln zu beschädigen.*

4 *Teilen Sie das Büschel in einzelne Pflanzen mit je einem Sproß und gut entwickelten Wurzeln. Topfen Sie diese in Pflanzerde und Sand (1:1).*

Alpinhäuser und Kästen

Einige Alpenpflanzen aus großen Höhen wachsen zwar gut im Garten, die meisten gedeihen aber viel besser, wenn sie geschützt kultiviert werden. Viele Alpenpflanzen blühen im Spätwinter und Vorfrühling, und ihre zarten Blüten sind im Freien durch rauhe Witterung, Schnecken oder Vögel gefährdet. Im Alpinhaus kann eine größere Vielzahl an Steingartenpflanzen kultiviert werden – in Töpfen, am Boden oder in Bankbeeten.

Verwendung eines Alpinhauses

Ein Alpinhaus ist ein ungeheiztes Gewächshaus, meist mit Bankbeeten, für Kultur und Präsentation von Alpen- und Steingartenpflanzen. Oft

Verwendung eines Alpinhauses
Ein Teil dient der Aufzucht von Jungpflanzen; die Tischbeete ruhen auf Backsteinsäulen.

wird die eine Hälfte des Hauses für die Kultur, die andere für die Präsentation verwendet. Oder die Pflanzen werden in Kalten Kästen gezogen und zur Präsentation vorübergehend ins Alpinhaus gebracht, wenn sie in voller Pracht stehen.

Präsentation der Pflanzen

Für die Präsentation können die Pflanzen in Töpfen aufgestellt oder, wie es meist geschieht, bis zum Rand in Sand eingeschlagen werden. In diesem Fall hält man die Wurzeln kühl und feucht und vermeidet Temperaturschwankungen. Die Bewässerung der Pflanzen – sie sollten nicht von oben gegossen werden – wird erleichtert. Spezielle Präsentationsbeete sind ebenfalls eine Überlegung wert. Legen Sie im Alpinhaus Mini-Steingärten an, entweder in Hüfthöhe, wenn die Bänke das Gewicht tragen können, oder am Boden. Dort können Sie einige Dauerbewohner ansiedeln und dazwischen Bereiche aus Sand oder sandigem Substrat anlegen, wo je nach Jahreszeit verschiedene Pflanzen eingeschlagen werden. Eine weitere Bereicherung sind bepflanzte Felsbrocken von leichtem Kalktuff.

Standort für ein Alpinhaus

Wählen Sie eine feste, waagrechte Stelle, die möglichst nicht im Schatten von Bäumen, Zäunen, Mauern und hohen Gebäuden liegt. Nord-Süd-Ausrichtung wäre ideal, aber auch jeder offene, sonnige Standort ist geeignet. Meiden Sie Kaltluftsenken und exponierte, windige Lagen. Versuchen Sie, das Alpinhaus harmonisch in den Garten einzugliedern, es vielleicht sogar zu einem besonderen Blickpunkt der Anlage zu machen. Näheres über Treibhäuser, Belüftung, Schattierung und Bankbeete finden Sie unter Gewächshäuser und Frühbeetkästen, S. 483, 484 und 487.

Präsentation
Im Alpinhaus können die verschiedensten Steingartenpflanzen in Töpfen gezogen und in erhöhten Sandbeeten präsentiert werden.

Verwendung von Frühbeetkästen

Solche Kästen sollten neben dem Alpinhaus angelegt werden, als eine Art »Notunterkunft«, so daß dort einige besondere Pflanzen vor extremer Witterung geschützt oder nichtblühende Pflanzen aufbewahrt werden können. Dies hat sich v. a. bei Zwiebeln und Knollen bewährt, die während der Ruheperiode trocken stehen wollen, oder bei Pflanzen, die keine heißen, sommerlichen Temperaturen vertragen. Kästen haben ein Fenster, das zur Belüftung geöffnet werden kann; gut geeignet ist ein Frühbeetkasten mit »Holländerfenster«; der Fachhandel bietet verschiedene Modelle an. Die Fensterauflagen können im Sommer abgenommen werden, wenn keine ruhenden Zwiebeln oder Knollen im Kasten sind. Pflanzen, die keine direkte Sonne vertragen, kann man durch eine Abdeckung schützen (siehe Gewächshäuser und Frühbeetkästen, »Baumwoll- und Kunststoffabdeckungen«, S. 484). Töpfe werden im Kasten meist in gewaschenem Bausand über einer Schuttschicht zur Verbesserung der Drainage eingeschlagen.

Pflege von Alpenpflanzen und Zwergzwiebeln nach der Blüte

Alpenpflanzen drinnen
Alpenpflanzen, die nach der Blüte korrekt gewässert werden müssen (hier Dionysia*-Art), schlägt man unter einem schützenden Dach in Sand ein.*

Alpenpflanzen draussen
Alpenpflanzen, denen auch wechselhaftes Sommerwetter nicht schadet (z.B. Steinbrech), werden nach der Blüte im offenen Kalten Kasten eingeschlagen.

Zwergzwiebeln drinnen
Abgeblühte Zwergzwiebeln (hier Iris*) können unter einem Tisch in Sand eingeschlagen und so trocken gehalten werden.*

Schutz blühender Alpenpflanzen
Alpenpflanzen, die zu blühen beginnen, können in Kästen im Freien gezogen und dann in einem Alpinhaus präsentiert werden.

Alpenpflanzen in Töpfen

Werden Alpenpflanzen in einzelnen Töpfen kultiviert, können beim Substrat, beim Wässern und Düngen individuelle Bedürfnisse berücksichtigt werden.

Kunststoff- und Tontöpfe
Kunststofftöpfe eignen sich zwar für die Kultur von Alpenpflanzen und halten auch die Feuchtigkeit, Tontöpfe sehen aber besser aus – was besonders für Ausstellungen von Bedeutung ist. In Kunststofftöpfen trocknet das Substrat langsamer aus als in Tontöpfen, wässern Sie also nicht übermäßig. Alle Töpfe müssen vorher gereinigt und sterilisiert werden: Dazu eignen sich Desinfektionsmittel auf der Basis von Natronbleichlauge, nicht auf Teerbasis.

Substrat
Alle Alpenpflanzen benötigen ein gut durchlässiges Substrat und profitieren von einer Lage Topfscherben am Boden des Tontopfs, bei Kunststofftöpfen nimmt man Kies; auch feuchtigkeitsliebende Pflanzen vertragen keine Staunässe.

Die meisten Arten gedeihen gut in einer Mischung aus lehmiger Topferde und Kies zu gleichen Teilen. Pflanzen, die in hochalpinen Geröllhalden und Felsspalten beheimatet sind, wie *Androsace*-Arten der Sektion *Aretia* und andere polsterbildende Pflanzen, benötigen ein magereres und durchlässigeres Substrat, wenn sie ihre natürliche Wuchsform nicht verlieren sollen. Durch nährstoffreiches Substrat werden die Gewächse weich und geil und damit anfällig für Schädlinge und Krankheiten. Nehmen Sie für diese Pflanzen eine Mischung aus bis zu 3 Teilen Kies auf 1 Teil lehmiger Erde. Gewöhnen Sie bereits die Jungpflanzen an diese »magere Mischung«.

Arten aus Waldgebieten oder humosen Stellen in felsigen Gegenden, wie z. B. *Haberlea* und *Ramonda*, mögen gut durchlässiges Substrat mit reichlich organischem Material. Für diese eignet sich eine Mischung aus 1 Teil lehmiger Erde und Kies mit 2 Teilen Blatthumus, Torfersatz oder Torf. Berücksichtigen Sie bei der Auswahl des Substrats die individuellen Bedürfnisse der einzelnen Pflanzen, achten Sie darauf, daß bei kalkfliehenden Pflanzen alle Bestandteile kalkfrei sind.

Deckschicht
Nach dem Bepflanzen deckt man die Töpfe mit einer Schicht Steinsplitt ab; das sieht gut aus, verbessert die Drainage um die Wurzelkrone und hält Moos und Leberblümchen fern. Auch die Deckschicht muß den richtigen pH-Wert haben, Kalksteinsplitt eignet sich z. B. für kalkliebende, Granitkies für kalkfliehende Pflanzen.

Einige kleine, kissenbildende Alpenpflanzen reagieren sehr empfindlich auf Wasser um den Pflanzenhals; sie erhalten eine Deckschicht aus Kies.

Umtopfen
Wird die Pflanze zu groß für den Topf, setzt man sie in einen etwas größeren, möglichst ohne den Wurzelballen zu beschädigen. Krautige und strauchige Pflanzen topft man im Frühjahr und Sommer während der Zeit des stärksten Wachstums um, Zwiebeln und Knollen während der Ruheperiode. Gepflanzt wird genauso tief wie im alten Topf, das frische Substrat wird angedrückt und erhält eine neue Deckschicht. Dann wässern Sie gut, indem Sie den Topf mindestens 2,5-5 cm ins Wasser stellen, bis die Oberfläche feucht ist. Nehmen Sie den Topf dann heraus, damit die Wurzeln nicht verrotten.

Erhöhte Beete

Die Beete können sich auf Bodenniveau oder in bis zu 1 m Höhe befin-

UMTOPFEN EINES STEINBRECHS

1 Hier ist zu sehen, wie Steinbrechwurzeln durch die Drainagelöcher im Topfboden wachsen. Die Pflanze sitzt fest und muß umgetopft werden.

2 Wählen Sie den neuen Topf eine Nummer größer als den alten, und verbessern Sie die Drainage mit Scherben und Kies am Topfboden.

3 Legen Sie Topfscherben sorgfältig über das Drainageloch, und geben Sie eine Schicht Kies darüber.

4 Lockern Sie durch leichtes Klopfen auf den Topfboden den Wurzelballen; zupfen Sie die Wurzeln heraus, damit junge Wurzeln wachsen können.

5 Geben Sie auf die Kiesschicht etwas Substrat; setzen Sie die Pflanze so hinein, daß der »Hals« genauso hoch steht wie im alten Topf, und füllen Sie mit Substrat auf.

6 Bedecken Sie die Oberfläche mit Kies, auch rund um den Pflanzenhals, damit die Drainage funktioniert.

7 Stellen Sie den Topf in eine Schüssel mit Wasser, bis die Oberfläche des Substrats und der Kies feucht werden.

8 Stellen Sie den Topf in einem Kalten Kasten auf Sand, wo das überschüssige Wasser abfließen kann und die Wurzeln nicht verrotten.

9 Nun können Sie die umgetopfte Pflanze in einem Kalten Kasten oder einem Beet in Sand einschlagen.

WELKES LAUB ENTFERNEN

Entfernen Sie bei Alpenpflanzen wie dieser Campanula pilosa *regelmäßig die verwelkten Blätter mit einer Pinzette.*

den. In einem erhöhten Beet können die Pflanzen besser betrachtet und leichter gepflegt werden; das ist v. a. für ältere oder behinderte Menschen eine Erleichterung. Die Beete müssen einen guten Abfluß haben und stabil gebaut sein, damit sie das Gewicht des Beetes aushalten (siehe auch GEWÄCHSHÄUSER UND FRÜHBEETKÄSTEN, »Erhöhte Beete«, S. 486).

Das Substrat sollte aus 3 Teilen Lehm (oder guter Gartenerde), 2 Teilen faserreichem Torf und 2 Teilen grobem Sand oder Kies bestehen. Mit kleineren Felsbrocken läßt sich das Beet in einen Mini-Steingarten verwandeln. Kalktuff eignet sich vorzüglich, da er leicht und feuchtigkeitsspeichernd ist und auch selbst bepflanzt werden kann. Bepflanzen Sie das Beet, meiden Sie aber wuchernde und stark aussäende Gewächse; lassen Sie Stellen frei, wo je nach Jahreszeit Topfpflanzen eingeschlagen werden können.

Laufende Pflege

Alpenpflanzen brauchen ganz spezielle Kulturbedingungen, erfordern also viel Pflege. Regelmäßig umgetopfte Pflanzen müssen kaum gedüngt werden; verwendet man überhaupt Dünger, so muß er auf jeden Fall stickstoffarm sein – zuviel Stickstoff führt nämlich zu untypisch weichem, geilem Wuchs.

Belüftung

Mindestens 25 Prozent der Glasfläche müssen der Belüftung dienen, denn die Luftzirkulation ist lebenswichtig für die Pflanzen. Im Frühling und Sommer können Klappen und Türen offen stehen, außer bei Wind und Regen. Verschließen Sie Klappen und Türen mit einem feinen Gitter gegen Vögel und Katzen. Bei starkem Regen oder Wind werden die Klappen auf der Wetterseite geschlossen, damit Laub und Blüten nicht geschädigt werden. Bei Sturm müssen alle Klappen und Türen geschlossen sein.

Im Winter werden die Klappen ganz geöffnet (nicht bei Wind, Regen oder Schneefall) und vor Einbruch der Dunkelheit geschlossen, damit noch etwas Tageswärme im Raum bleibt. Bei sehr kaltem Wetter läßt man die Temperatur im Treibhaus vor dem Lüften ganz allmählich ansteigen; an sonnigen Tagen öffnet man die Klappen jedoch möglichst früh, damit die Temperatur nicht zu rasch ansteigt. Bei feuchtem, nebligem Wetter läßt man das Haus geschlossen, um die kalte, feuchte Luft fernzuhalten, und sorgt mit Hilfe eines Ventilators für Luftzirkulation.

Temperatur

Von Spätfrühling bis Herbst muß bei Sonne schattiert werden, damit empfindlicher, junger Wuchs nicht versengt wird und die Temperatur nicht zu sehr ansteigt. Zu starke Schattierung verursacht aber Lichtmangel. Bei sehr heißem Wetter wird der Boden des Gewächshauses abgespritzt, um die Temperatur zu senken und die Luftfeuchtigkeit hoch zu halten; abends können die Pflanzen vorsichtig mit kaltem Wasser besprüht werden. Damit die Töpfe nicht auffrieren, wird bei strenger Kälte geheizt; eine Heizung, die wenig Abgase produziert und Feuchtigkeit abgibt, wäre ideal (siehe GEWÄCHSHÄUSER UND FRÜHBEETKÄSTEN, »Heizung«, S. 482).

Hygiene

Entfernen Sie regelmäßig abgestorbenes Laub und verwelkte Blüten, um die Gefahr von Pilzbefall zu verringern. Achten Sie auf Schädlinge und Krankheiten, und behandeln Sie befallene Pflanzen sofort (siehe PFLANZENSCHÄDEN, S. 545-77). Halten Sie das Glas stets sauber, um die Krankheitsgefahr minimal zu halten und maximalen Lichteinfall zu gewährleisten.

Wässern

Wässern Sie während der Saison regelmäßig, v. a. an sonnigen Frühlings- und Sommertagen, an denen der Wasserverlust groß ist. Wenn die Pflanzen austrocknen, stellen sie das Wachstum ein, und Blütenknospen schrumpfen. Töpfe auf Tischen oder Stellagen werden von oben gewässert, ohne daß man die Blätter benetzt. Eingeschlagene Töpfe beziehen die Feuchtigkeit aus dem Sand rundherum, müssen aber bei anhaltender Hitze zusätzlich gewässert werden. Bei Pflanzen mit empfindlichem Laub wird der Sand zwischen den Töpfen gewässert. Wenn der Herbst naht, brauchen die Pflanzen weniger Wasser, da sie in die Ruheperiode eintreten. Im Winter sind Alpenpflanzen trocken, aber nicht staubtrocken zu halten.

Winterpflege

Eine Schönwetterperiode im Spätwinter ist eine gute Gelegenheit, die Pflanzen in einen Kasten zu bringen, und das Treibhaus zu reinigen (siehe GEWÄCHSHÄUSER UND FRÜHBEETKÄSTEN, »Laufende Pflege«, S. 491). Reinigen und ergänzen Sie den Sand oder Kies auf den Beeten, und erneuern Sie die Beschriftungen, bevor Sie die Töpfe wieder ins Gewächshaus bringen.

Ausstellung

Alpenpflanzen für eine Ausstellung müssen in bestmöglichem Zustand sein. Aber selbst die schönste Pflanze kommt nicht an, wenn der Topf nicht peinlich sauber oder die Deckschicht zu dünn ist und Spuren von Algen aufweist. Beseitigen Sie alle Spuren von Unkraut, Schädlingen und Krankheiten. Tontöpfe werden mit einer Drahtbürste oder einem festen Schwamm geschrubbt. Oder man setzt die Pflanze mit ihrem Topf in einen größeren, neuen Topf und deckt den inneren Rand mit Kies ab. Ersetzen Sie die Deckschicht jeweils durch Material, das dem natürlichen Lebensraum der Pflanze entspricht, und beschriften Sie neu. Stützen Sie hohe Pflanzen mit einem Dreifuß oder mit Bambusstäben. Wässern Sie am Tag vor der Ausstellung gut, und lassen Sie vor dem Transport das Wasser abfließen. Halten Sie Deckmaterial bereit.

TRANSPORT

Beim Transport werden weniger robuste Pflanzen (hier Fritillaria uvavulpis*) an einem Dreifuß aus Holz oder Bambusstäbchen festgebunden.*

PFLANZEN FÜR DIE AUSSTELLUNG VORBEREITEN

1 *Schrubben Sie die Außenseite der Tontöpfe mit einem rauhen Schwamm oder einer Drahtbürste. Es sollten keine Algen oder Kalkränder zu sehen sein.*

2 *Ergänzen Sie die Deckschicht; bei dieser* Dionysia aretioides *ist es grober Kies. Je nach Pflanze können Steinsplitt, Grit oder Kiefernnadeln verwendet werden.*

3 *Fertigen Sie neue, gut beschriftete Schildchen an. Stellen Sie die Töpfe vorsichtig in eine Schale, und füllen Sie sie mit Zeitungspapier aus.*

9

Zwiebel- und Knollenpflanzen

Von den goldenen Osterglocken, *die den Frühling einläuten, bis zu den Zyklamen, Vorboten des Herbstes, kündigen Zwiebel- und Knollenpflanzen mit ihrer Blütenpracht jeweils den Wechsel der Jahreszeiten an. Einige haben hübsche Blätter, andere werden wegen des Duftes geschätzt, aber es sind v.a. die Blüten, die sie im Garten unentbehrlich machen. Es gibt sie in den verschiedensten Farben und Formen, von leuchtenden Primärfarben bis zu zarten Pastelltönen, von der hohen Gladiolenähre bis zu den zarten Glöckchen der kleinsten Kaiserkrone. Sie bringen Leben in dauerhafte Pflanzungen, ob sie nun in einem formalen Beet leuchtende Muster bilden, eine gemischte Rabatte um feine Details bereichern, ein fröhlicher Farbfleck in einem Pflanzgefäß sind oder aus Rasenflächen leuchten.*

Gestaltung mit Zwiebel- und Knollenpflanzen

Zwiebeln in einer gemischten Rabatte
In den pupurrosa Köpfchen von Allium sphaerocephalon *wiederholt sich das Farbschema der gemischten Rabatte; inmitten der Stauden setzen sie einen Akzent in Farbe und Form.*

Die üppige, manchmal duftende Schönheit der Zwiebel- und Knollenpflanzen macht jeden Garten attraktiver. Am beliebtesten sind die winterharten Exemplare, z.B. Krokusse, Zyklamen, Narzissen, Hyazinthen und Tulpen, die es in einer unglaublichen Vielfalt gibt. Auch viele nicht winterharte Zwiebeln und Knollen verdienen einen Platz im Garten, etwa die Sternchen der *Ixia*, die lockeren Ähren von *Sparaxis* oder die feurige *Tigridia*.

Charakteristisch für Zwiebeln und Knollen ist, daß sie nur eine Jahreszeit lang schön sind und für den Rest des Jahres ruhen. Durch sorgfältige Planung kann dies zum Vorzug werden; sie sind, wenn sie blühen, unentbehrlich für Rabatten, naturnahe Wiesen oder Pflanzgefäße.

In vielen Gärten können sich Zwiebeln und Knollen von Jahr zu Jahr natürlich vermehren, während das absterbende Laub von krautigen Pflanzen oder Sträuchern, die sie ablösen, verborgen wird. Viele, u.a. die beliebten Krokusse, Narzissen und Schneeglöckchen, vermehren sich an den meisten Standorten rasch. Sie können nach der Blüte auch aufgenommen und jedes Jahr neu gepflanzt werden; so schafft man Platz für andere Pflanzen, was v.a. in kleinen Gärten wichtig ist.

Jahreszeiten

Saison der Zwiebel- und Knollengewächse ist von Vorfrühling bis Frühsommer; viele blühen aber auch zu anderen Zeiten. Wenn die meisten anderen Pflanzen ruhen, bringt man mit frühen Zwiebel- und Knollengewächsen wie der rosa *Cyclamen coum*, der tiefblauen *Iris histrioides* 'Major' und weißen Schneeglöckchen Farbe in den noch winterlichen Garten; Blüten fürs Haus erhält man durch Frühtreiben. Sommer- oder herbstblühende Zwiebeln und Knollen sind oft größer und haben interessantere Formen und Farben als Frühlingsblüher.

Wo pflanzt man Zwiebel- und Knollengewächse

Sie sind leicht zu kultivieren, wenn der Boden so durchlässig ist, daß sie gut wachsen und blühen können. Es gibt zahlreiche Sorten und Arten, die in allen Lagen, außer im tiefen Schatten, gut wachsen.

Viele sind im Mittelmeerklima beheimatet, mögen sonnige Standorte und ziehen heiße, trockene Sommer vor; doch eine Vielzahl von Zwiebeln und Knollen gedeiht bestens in Gegenden mit Regen im Sommer.

Solche, die in Wäldern zu Hause sind, wachsen in feuchtem, leichtem Schatten. Andere, als sonnenliebend beschrieben, fühlen sich auch im leichten Schatten eines Strauches oder einer Mauer wohl. Die meisten winterharten Zyklamen vertragen sogar trockenen Schatten. Zwiebel- und Knollengewächse mit weißen oder blassen Blüten scheinen bei dämmrigem Licht beinahe zu leuchten, sehen also an schattigen Standorten gut aus.

In jedem Fall wirken Zwiebeln und Knollen in Gruppen der gleichen Art am besten, ob sie nun Seite an Seite mit anderen Pflanzen stehen oder einen leuchtenden Farbfleck in Beet oder Rasen bilden.

Typen von Zwiebelgewächsen

ZWIEBEL *Hyacinthoides hispanica*

ZWIEBELKNOLLE *Gladiolus* 'Perky'

In diesem Buch sind mit dem Begriff »Zwiebelgewächse« auch Pflanzen mit Zwiebelknollen, Knollen oder Rhizomen gemeint. »Zwiebelknolle«, »Knolle« und »Rhizom« werden aber durchwegs nur in ihrer eigentlichen Bedeutung verwendet. Bei allen Zwiebelgewächsen ist ein Teil der Pflanze zum Speicherorgan verdickt, das das Gewächs während der Ruheperiode bzw. bei ungünstigen Bedingungen am Leben erhält.

Zwiebeln
Zwiebeln bestehen aus fleischigen Blättern oder Niederblättern, die häufig schuppenartig in konzentrischen Kreisen über dem Zwiebelkuchen angeordnet sind. Die äußeren Schalen bilden oft eine trockene, schützende Haut (Tunica), z.B. bei Narzissen, Reticulata-Iris und Tulpen. Einige Lilien und *Fritillaria*-Arten haben getrennte Schalen und keine Tunica. Juno-Iris haben unter der Zwiebel verdickte Speicherwurzeln.

Zwiebelknollen
Zwiebelknollen werden aus der verdickten Stengelbasis jedes Jahr neu gebildet. Man findet sie z.B. bei Krokussen, Gladiolen, *Romulea* und *Watsonia*; gewöhnlich wird aus den Niederblättern des Vorjahres eine Tunica gebildet. Bei den Liliengewächsen und verwandten Familien findet man sie in Gattungen wie *Brodiaea* und *Colchicum*.

KNOLLE *Dahlia* 'Monk Marc'

RHIZOM *Iris* 'White City'

Knollen
Der Begriff bezeichnet bei den verschiedensten Pflanzen verdickte, oft unregelmäßig geformte, Nährstoffe speichernde Stengel oder Wurzeln und wird oft fälschlich gebraucht, z.B. für die knolligen Wurzeln – eigentlich Rhizome – von *Anemone blanda* und die langen, dünnen Rhizome von *A. nemorosa* (beide sind hier der Einfachheit halber als »Zwiebelgewächse« geführt). Echte Knollen findet man bei *Corydalis*, einigen Orchideen, z.B. *Dactylorrhiza*, Alpenveilchen-Arten und Pflanzen wie *Ranunculus asiaticus*.

Rhizome
Rhizome sind verdickte, mehr oder weniger waagrechte, unterirdische Stengel, die bei *Iridaceae*, v.a. bei *Iris*, und *Liliaceae*, vorkommen.

Formale Beete

Zwiebel- und Knollengewächse sind eine Bereicherung für formal gestaltete Beete. Frühjahrsblüher können in großen Gruppen in Beeten stehen, die später mit Einjährigen bepflanzt werden, da sie während ihrer Ruheperiode aufgenommen werden. Klassische Beetpflanzen sind aufgrund ihrer markanten Formen Hyazinthen und Tulpen; im allgemeinen passen die großen, auffallenden Formen von Hybriden gut in klassisch angelegte Beete im Garten. Pflanzen Sie in Farbblöcken von je einem Pflanzentyp oder in gemischten Gruppen, die zu verschiedenen Zeiten blühen und daher den ganzen Frühling über Farbe bringen. Bepflanzen Sie das Beet nur mit Zwiebel- und Knollengewächsen oder kombinieren Sie mit Blumen in Komplementär- oder Kontrastfarben, z.B. tiefblauen Vergißmeinnicht oder feurigem Goldlack.

Auch sommer- und herbstblühende Zwiebel- und Knollengewächse eignen sich für wohlgestaltete Pflanzungen: *Galtonia* mit ihren eleganten, weißen oder grünen Ähren, oder die kompakteren Gladiolen-Sorten, v.a. die Primulinus- und Butterfly-Gruppen, sehen in großen, von purpurblauen Veilchen oder ähnlichen niedrigen Bodendeckern begrenzten Farbblöcken eindrucksvoll aus. Die Headbourne-Hybriden von *Agapanthus* mit ihren blauen oder weißen Blüten lassen sich gut mit *Nerine bowdenii* kombinieren.

TULPENPARADE
In üppiger Fülle stehen die Tulpen in diesen formalen Beeten. Die kräftig leuchtenden, kontrastierenden Farbgruppen bilden einen eindrucksvollen Gegensatz zur wohlgeordneten Ruhe des Gartens. Weiße Tulpen zwischen den kräftigen Farbtönen sorgen dafür, daß die Farbmischung nicht zu grell wird.

Gemischte Stauden- und Strauchrabatten

Zwiebel- und Knollengewächse bringen in eine langlebige Rabatte für eine Jahreszeit lebhafte Farbvariationen. Sie können sich in lockeren Gruppen in das Schema einfügen oder als Farbflecken die Blicke auf sich ziehen. Pflanzen wie *Crinum* x *powellii* mit ihren riesigen rosa oder weißen Trompeten durchbrechen eine gleichmäßige Rabatte mit ihrer herausragenden Größe und Form. Lassen Sie einige Zwiebeln und Knollen durch niedrige Bodendecker wachsen, so daß die Blüten über einem Blätterteppich zu schweben scheinen. Für eine zwanglose Rabatte wählt man Wildarten, großblumige Hybriden wären hier fehl am Platz.

Gemischte Frühjahrspflanzung
In gemischten Rabatten verlängern Zwiebel- und Knollengewächse die Blütezeit und bringen frische, helle Farben vom Spätwinter bis zum Frühsommer. Ehe die Stauden und laubabwerfenden Sträucher in der Rabatte zu wachsen beginnen, wird der vordere Rand mit kleinen Narzissenarten, blaß- oder dunkelblauen *Iris reticulata*, Schneeglöckchen und den goldenen Bechern des Winterlings *(Eranthis hyemalis)* belebt.

Frühblühende Sträucher wie *Corylopsis*, Forsythien und *Hamamelis* ergänzt man durch einen Sternchenteppich von rosa und blauer *Anemone blanda*, *Chionodoxa* und *Scilla bifolia* oder durch blaßgelbe Gruppen von leichter zu vermehrenden Zwergnarzissenarten und -hybriden.

Im späteren Frühling ist die Auswahl weit größer, und zwanglose Gruppen von hohen Narzissen, *Fritillaria*-Arten oder Tulpen bilden

Zwiebelgewächse in einer gemischten Rabatte

In dieser Rabatte wurden verschiedene Zwiebelgewächse zwischen Sträucher und krautige Stauden gesetzt, so daß sich Bild und Stimmung jeweils mit der Jahreszeit ändern.

Die Rabatte im Frühjahr
Die Sträucher und Stauden beginnen gerade zu wachsen, die Zwiebelgewächse brillieren. Lockere Gruppen von Narzissen und Tulpen füllen den vorderen Rand der Rabatte mit frischen, klaren Farben.

Die Rabatte im Sommer
In der blühenden Rabatte ragen hohe Zwiebelgewächse aus der Grundbepflanzung heraus und bilden hübsche Kontraste zur übrigen Vegetation in Höhe und Form. Der Farbenreichtum, die mannigfaltigen Blütenformen von Allium, Crinum *sowie* Galtonia *und Lilien lassen die sommerliche Rabatte üppiger wirken.*

1 *Campanula lactiflora* 'Prichard's Variety'
2 *Prunus glandulosa* 'Alba Plena'
3 *Echinacea purpurea* 'Robert Bloom'
4 *Crinum* × *powellii*
5 *Lilium regale*
6 *Galtonia candicans*
7 *Lilium* 'Bright Star'
8 *Allium giganteum*
9 *Tulipa* 'White Triumphator'
10 *Aster frikartii* 'Mönch'
11 *Fritillaria imperialis* 'Lutea'
12 *Knautia macedonica*
13 *Agapanthus* 'Dorothy Palmer'
14 *Tulipa* 'West Point'
15 *Salvia nemorosa* 'Mainacht'
16 *Narcissus* 'Actaea'
17 *Euphorbia polychroma*
18 *Osteospermum jucundum*
19 *Narcissus* 'Thalia'
20 *Viola* 'Haslemere'
21 *Narcissus* 'Hawera'
22 *Geranium* 'Johnson's Blue'
23 *Diascia vigilis*

ein hohes Element zwischen den Sträuchern und den Stauden.

Gemischte Sommer- und Herbstpflanzung

Zwiebel- und Knollengewächse verschönern jeden Sommergarten. Die im Sommer und Herbst blühenden werden oft als weniger eindrucksvoll betrachtet, sind aber hoch und robust genug, um sich zwischen den blühenden Stauden zu behaupten, und kommen auch in faszinierenden Farben und Formen vor.

Zu Beginn der Jahreszeit wählen Sie etwa *Camassia leichtlinii* 'Alba' mit ihren cremeweißen, federleichten Blüten, lebhafte Gladiolen, *Triteleia laxa* mit lockeren blauen Blütenbüscheln oder auch die scharlachroten Kelche von *Tulipa sprengeri.* Darauf folgen im Hoch- bis Spätsommer die riesigen purpurfarbenen Kugeln von *Allium aflatunense*, die gebogenen Rispen der leuchtendroten oder -gelben *Crocosmia*, sonnenliebende Lilien und später dann die schlanken rosa, roten oder weißen Ähren von *Schizostylis*. In wärmeren Lagen bringen grünlich-weiße *Eucomis* mit ihren ananasähnlichen Blütenköpfen einen Hauch von Exotik in eine Rabatte.

Im Herbst schließen sich die duftenden, rosa Blütentrompeten von *Amaryllis belladonna*, die leuchtendgelben Trichterblüten von *Sternbergia lutea* oder *S. sicula* und die blauen bis weißen Formen der herbstblühenden Krokusse an.

Naturnahe Pflanzungen

Viele Zwiebelgewächse vermehren sich, wenn man sie ungestört wachsen läßt, rasch zu einem prachtvollen Blütenflor. Durch solche naturnahen Pflanzungen kann man auch Gartenabschnitte verschönern, die gar nicht für Blütenpflanzen gedacht sind. Wildarten, die zartere Formen und Farben haben als viele Sorten, wirken in lockeren Gruppen sehr natürlich.

Kombination mit Solitären

Zwiebelgewächse gedeihen prächtig unter Solitären mit tiefliegenden Wurzeln und leichtem, laubabwerfendem Blätterdach. Wählen Sie v.a. frühjahrs- und herbstblühende Zwiebelgewächse, die attraktive Bodendecker bilden, wenn das Blätterkleid nicht zu dicht ist. Im Frühjahr ist der Boden unter einem Baum oder Strauch feucht und sonnig, ideal für Anemonen, Krokusse, Narzissen oder *Scilla*. Winterharte herbstblühende Alpenveilchen mit silbrigem Laub und gefältelten Kronblättern vertragen im Sommer trockene Bedingungen und genießen etwas Schatten.

Blüten von Zwiebelgewächsen können einen Baum zusätzlich aufwerten. In weißen Zwiebelblumen spiegeln sich die Blüten der Zierkirsche wider, in den strengen Krokussen die Kelchblüten der Magnolien und in Pflanzen mit hängenden Blüten die Trauerform eines Baums.

Unter neugepflanzten Gehölzen setzt man besser Zwergsorten, da sich z.B. Narzissen rasch vermehren und viele Nährstoffe verbrauchen.

Waldpflanzungen

Die natürliche Schönheit einer Gruppe von Laubbäumen wird durch große Farbflecken aus Zwiebelgewächsen unterstrichen. Viele von ihnen mischen sich bereitwillig unter andere Waldpflanzen wie Farne, Christrosen und Primeln.

Die Zwiebeln sollten einander in der Blüte ablösen, in Form und Höhe kontrastieren und ein Farbschema variieren. Schneeglöckchen und Alpenveilchen-Arten in Rosa und Purpur lassen sich gut kombinieren, große Gruppen von *Scilla* und *Chionodoxa* bringen Blautöne ein. Blausternchen *(Hyacinthoides hispanica)* oder viele wüchsige Traubenhyazinthen *(Muscari)* werden zum Blütenteppich in Blau, Rosa und Weiß, durchsetzt von winzigen weißen Maiglöckchen. Hasenglöckchen *(Hyacinthoides non-scriptus)* sollten nur alleine gepflanzt werden, da sie andere Pflanzen bald überwuchern.

Graspflanzung

Zwiebel- und Knollengewächse können Böschungen, Rasenabschnitte oder eine ganze Wiese in einen fröhlichen Teppich von Frühlings- und Herbstfarben verwandeln, der von Jahr zu Jahr dichter wird. Nur robuste Wildarten nehmen es allerdings mit dem Gras auf. Größere Zwiebelgewächse sehen dazwischengepflanzt besser aus, da das welkende Laub kaschiert wird.

Grasflächen, die vom Frühling an gemäht werden, bepflanzt man mit frühblühenden Zwiebeln und Knollen, damit die Blätter noch vorher absterben. Später blühende, z.B. Erdorchideen *(Dactylorrhiza)*, können mit Gras und Wildblumen in »Wiesen« wachsen, die erst im Hoch- bis Spätsommer geschnitten werden. Herbstblüher beginnen meist vor Ende der Schnittzeit zu wachsen und zu blühen, das Gras darf daher nach dem Spätsommer nicht mehr geschnitten werden. Oder man setzt die Zwiebeln in unregelmäßige, aber fest umgrenzte Bereiche, so daß rundum gemäht werden kann.

Die Wahl fällt bei Grasflächen meist auf Narzissen, und sehr viele von ihnen – v.a. robustere Arten und Hybriden – sind auch gut geeignet. Viele Krokusse wachsen gut in Gras, wo sie einigermaßen vor Mäusen und Eichhörnchen geschützt sind. Besonders zierlich wirken die hängenden Glöckchen der Sommerknotenblume *(Leucojum aestivum)* und der Schachbrettblume *(Fritillaria meleagris)*, die der kleinste Lufthauch erzittern läßt.

Wo das Gras weniger wüchsig ist, v.a. im Halbschatten, gefällt es dem purpurnen *Crocus tommasinianus*, *Chionodoxa*-Arten, einigen Narzissen-Arten (z.B. *Narcissus cyclamineus*), *Scilla*-Arten und Schneeglöck-

FRÖHLICHE FARBTUPFER
Die lockeren Tulpengruppen bringen leuchtende Farben in diese gemischte Rabatte und heben sich reizvoll von den weichen Formen der Stauden ab.

WALDZAUBER
Winterharte Cyclamen coum *und Krokusse in kräftigen und zarten Rosa-, Lila- und Violett-Tönen bilden einen farbigen Rahmen für die kahlen Bäume.*

NATURNAHE PFLANZUNG
Die Blütensterne des herbstblühenden Colchicum byzantinum *durchdringen die Decke der Grünpflanzen. Das dunkelgrüne, samtige Moos am Fuß des Baumes ist ein perfekter Hintergrund für die leuchtenden, purpurrosa Blüten.*

FRÜHJAHRSPRACHT
Die Krokusse stehen in voller Blüte und übersäen den Rasen mit leuchtendem Rosa, Purpur und Orange. Sie wurden in großen Gruppen in je einem Farbton gepflanzt und gehen im Hintergrund in ein einziges Farbenmeer über. Die dazwischengesetzten weißen Farbtupfer sind Schneeglöckchen.

chen. Wird der Randbereich eines Gartens mit Zwiebel- und Knollengewächsen besiedelt, ergibt sich ein harmonischer Übergang zur Landschaft rundum.

Zwiebelgewächse und Alpenpflanzen

Setzt man Zwiebelgewächse in einen Steingarten, Trog oder ein Torfbeet, verlängern sie die Blütezeit, denn die meisten Alpenpflanzen blühen im Spätfrühling. Der aufrechte Wuchs und die speerähnlichen Blätter der Zwiebeln bilden einen hübschen Kontrast zu niedrigen oder ausgebreiteten Alpenpflanzen und sorgen für Formenvielfalt. Wählen Sie Zwergzwiebeln mit zierlichen Blüten und lassen Sie einige zwischen den Alpenpflanzen wachsen, um diese optisch anzuheben. Mattenbildende Alpenpflanzen, die die Bodennährstoffe um die Zwiebeln aufbrauchen, sind weniger günstig.

ALPENGARTEN
Die länglichen Blütenglöckchen von Fritillaria acmopetala *kommen im kleinen Rahmen eines Alpengartens am besten zur Geltung.*

Im Steingarten

Viele kleinere Zwiebeln, v.a. die temperamentvolleren Wildarten, die gut durchlässigen Boden benötigen, gedeihen prächtig in sonnigen oder teilschattigen Steingärten. Zwergzwiebeln sehen in Felsnischen oder auf der abdeckenden Gritschicht, die die zarten Blüten auch bei Schlechtwetter vor Schlamm schützt, gut aus. Sehr kleine Alpenpflanzen sollte man nicht mit hohen Zwiebel- und Knollengewächsen kombinieren.

Zwiebeln und Knollen in Trögen

Alte Steintröge sind ein hübscher Rahmen für eine Kombination von Zwergzwiebeln und kleineren Alpenpflanzen. Die Zwiebeln profitieren vom kiesigen, gut durchlässigen Substrat und können gut gewässert werden.

Um die Proportionen zu wahren, wählt man die kleinsten Arten und ihre weniger robusten Hybriden; sich rasch vermehrende Gewächse überwuchern die Alpinpflanzen. Pflanzen Sie etwa kleinere *Fritillaria*-Arten mit ihren bezaubernden Blüten, z.B. die purpurbraune und gelbe *F. michailovsky*i oder die karierte, grüne *F. whittallii*.

Rhodohypoxis eignen sich gut für Tröge, sie bringen fast den ganzen Sommer über rosa, rote oder weiße Blütensterne hervor. Halten Sie die Pflanzen während der Wachstumsperiode feucht, und geben Sie gelegentlich Flüssigdünger. Die Gattung *Cyclamen* umfaßt einige Arten, die sich für Frühlings- und Herbstpflanzung in Trögen eignen; die Farbtöne reichen von Weiß bis Purpurrosa.

Im Torfbeet

Terrassen, Torfziegel-»Mauern« und das Substrat aus Blatthumus und Torfersatz oder Torf bieten im Torfbeet perfekte Bedingungen für kleinere »Wald«-Zwiebeln und -Knollen, allein oder in Kombination mit Erika und Alpenpflanzen. Wählen Sie z.B. *Corydalis ambigua* mit ihren hübschen purpurblauen Blüten oder *Scoliopus bigelovii* mit orchideenähnlichen Blüten. Die Auswahl wird auch vom Sonneneinfall beeinflußt.

Zwiebel- und Knollengewächse für Wassergärten

Einige dieser Pflanzen gedeihen in feuchten, wenig durchlässigen Böden. Ihre kräftigen Farben und Formen spiegeln sich reizvoll im Wasser; bunte Pflanzengruppen stehen in schönem Kontrast zur glänzenden Wasserfläche. An Teichrändern gedeihen einige hübsche Rhizomiris und *Zantedeschia aethiopica* mit ihren großen, weißen Hüllbättern über den breiten, pfeilförmigen Blättern. Sowohl die Schachbrettblume als auch *Leucojum aestivum* sind in feuchten Wiesen zu Hause, eignen sich also für feuchte Standorte in Beeten oder an Teichrändern.

Weitere Zwiebel- und Knollenpflanzen für Wassergärten sind die purpurrote *Iris ensata* und *Dierama pendulum* mit ihren zauberstabähnlichen Blütenähren; beide mögen gut durchlässigen, feuchten Boden.

Zwiebel- und Knollengewächse in Pflanzgefäßen

In Töpfen, Fensterkästen u.a. Behältern sorgen diese Gewächse für Abwechslung und langen Flor. Durch sorgfältige Auswahl läßt sich die Blütezeit vom Frühling und Sommer bis in den Spätwinter ausdehnen. Pflanzen Sie in jedes Gefäß nur eine Art oder Sorte, damit die Wirkung einheitlich ist, und fassen Sie die Gefäße zu Gruppen zusammen.

Stellen Sie Töpfe mit duftenden Zwiebelgewächsen (z.B. Hyazinthen oder Tazetta-Narzissen) neben den Hauseingang. Die Töpfe der Frühjahrsblüher können später für Sommerblüher verwendet werden: Sobald die Zwiebeln welken, werden sie aufgenommen, in den Garten gesetzt (oder gelagert) und durch Einjährige oder nicht winterharte Stauden ersetzt.

LILIEN IN TÖPFEN
Größere Zwiebelgewächse passen gut in Pflanzgefäße. Hier stehen Lilium regale *im Zentrum der Gruppe. Die Pflanzen sind so angeordnet, daß durch die unterschiedliche Höhe und Größe der Blick nach oben geführt wird. Die weißen Blütentrompeten verbinden sich mit den ebenfalls weißen Pelargonien und den Terrakottatöpfen zu einem harmonischen Arrangement vor dem Hintergrund der Steinmauer und der Grünpflanzen.*

Größere Pflanzen sind auffallend genug, um allein zu stehen. Rosa oder weiße Formen von hohen Lilien wirken gut. Jede *Agapanthus*-Art oder -Kreuzung hat eine lange Blütezeit. Oder man setzt mehrere Pflanzen unterschiedlicher Höhe und Farbe in ein großes Gefäß im Innenhof.

Fensterkästen

Für Fensterkästen wählt man Pflanzen, die der Größe des Gefäßes entsprechen. Durch Pflanzung in mehreren Ebenen läßt sich begrenzter Raum gut nützen; die Zwiebelgewächse dringen durch die darüberliegende Pflanzung an die Oberfläche und sorgen für hübsche Kontraste. Eine Kombination mit winterblühenden Stiefmütterchen *(Viola* x *wittrockiana)* und Efeu, gefolgt von hängenden Stauden und Einjährigen, sorgt für eine lange Farbenpracht.

Geschützt gezogene Zwiebel- und Knollengewächse

Unter einem schützenden Dach können auch seltene Arten kultiviert werden. In gemäßigten oder kalten Klimazonen lassen sich so nicht winterharte Zwiebel- und Knollengewächse ziehen, die im ungeschützten Garten nicht überleben würden. In Gebieten mit Sommerregen ist dies die einfachste Möglichkeit, Wildarten zu kultivieren, die während der Sommerruhe trocken stehen müssen. Zwiebelgewächse werden in Töpfen, Gewächshausbeeten oder Kästen gezogen. So lassen sich die Bedingungen steuern und die individuellen Bedürfnisse verschiedenster Pflanzen berücksichtigen, sei es eine sommerliche Trockenperiode oder Schutz vor übermäßiger Winternässe, Kälte oder Frost.

Topfkultur

In Töpfen können für jede Pflanze passende Kulturbedingungen geschaffen werden, auch für ein paar seltene Zwiebelgewächse. Die Töpfe lassen sich bei Bedarf leicht von draußen in einen Kasten oder ein Gewächshaus bringen oder vom Gewächshaus in den Wintergarten, wenn sie in voller Blüte stehen.

Topfkultur in einem ungeheizten Gewächshaus ist auch bei Pflanzen möglich, die im gemäßigten Klima gerade noch winterhart sind. Viele stammen aus Südafrika und Südamerika, und sie weisen eine große Vielfalt von aufregend gefärbten Blüten auf, z.B. *Watsonia* mit ihren dichten Ähren in Dunkelrosa und Rot. Für nicht winterharte Zwiebeln und Knollen wie *Gloriosa* oder die winterblühende *Veltheimia* ist ein frostgeschütztes Kleingewächshaus unerläßlich. Überwintern Sie Begonien, *Canna* oder *Crinum*, die nicht winterhart sind, im Kalthaus, und bringen Sie sie in den Garten, wenn sie voll erblühen.

Im Schatten und in entsprechendem Substrat können kleine »Waldarten« gezogen werden, z.B. *Trillium rivale* mit seinen zartgefleckten rosa oder weißen Blüten, oder nicht winterharte Erdorchideen wie die reichblühenden *Calanthe*-Arten.

Wer ein Alpinhaus besitzt, kann in Töpfen auch kleine Frühlingszwiebeln und -knollen ziehen, um Farbtupfer und etwas Höhe hineinzubringen. Dafür eignen sich die eisweiße *Narcissus cantabricus* oder die leuchtendblaue *Tecophilaea cyanocrocus*.

Gewächshausbeete

Natürlicher wirken nicht winterharte Zwiebeln und Knollen, wenn man sie direkt in vorbereitete Gewächshausbeete setzt. Sie können in einem gemischten Beet mit anderen Pflanzen stehen, die im Sommer, während der Ruhezeit der Zwiebeln, blühen. Wählen Sie dafür Pflanzen, die die Trockenperiode der Zwiebeln und Knollen mitmachen können oder die in Plastiktöpfe eingeschlagen werden, damit das Gießwasser nicht bis zu den Zwiebeln vordringt.

Wärmeliebende Pflanzen wie *Osteospermum* oder Gazanien u.a. Pflanzen mit silbrigem Laub kommen dafür in Frage; sie können zu Sommerende, wenn die Zwiebeln zu wachsen beginnen, entfernt oder zurückgeschnitten werden. Spätblühende *Brodiaea, Calochortus* und *Triteleia* verlängern die Blütezeit noch mehr: Sie werden in Gruppen zusammengefaßt und getrennt gewässert. Sommerblühende Zwiebeln und Knollen wie *Eucomis*, einige *Gladiolus* und nicht winterharte *Nerine*-Arten brauchen nicht mit anderen Pflanzen kombiniert zu werden.

Zwiebelkästen und Hochbeete

Unter »Zwiebelkasten« versteht man meist ein Hochbeet, in dem nur Zwiebel- und Knollengewächse gezogen werden; es wird während der natürlichen Ruheperiode im Sommer und zum Schutz vor zuviel Regen im Winter mit einem kalten Kasten abgedeckt, damit die Zwiebeln nicht verrotten. Auch in Sand eingeschlagene Töpfe mit Zwiebelgewächsen können mit einem Ka-

Zwiebelgewächse für Schnittblumen

Viele Zwiebelpflanzen eignen sich als Schnittblumen fürs Haus, da ihre wohlgeformten, oft einzelnen Blüten an langen Stielen sie für Blumenarrangements besonders geeignet machen. Einige erfüllen den Raum mit kräftigem Duft, viele sind langlebig, wenn sie geschnitten werden, bevor die Blüten ganz ausgereift sind. Narzissen z. B. sind so wüchsig, daß nach dem Schneiden nicht einmal eine Lücke im Garten zurückbleibt. Oder man widmet einen eigenen Gartenabschnitt den Schnittblumen. Gladiolen sind ebenfalls beliebte Schnittblumen.

Die schönen, intensiv duftenden Freesien sind die einzigen nicht oder halb winterharten Zwiebelgewächse, die zur Verwendung als Schnittblumen geschützt gezogen werden. Sie haben eine lange Blütezeit im Winter, sind im Topf aber etwas sparrig und müssen gestützt werden, lassen sich im Haus also am besten als Schnittblumen verwenden.

Schizostylis coccinea **'Sunrise'**

Crocosmia **'Lucifer'**

Narcissus **'Cheerfulness'**

Dahlia **'Early Bird'**

Freesia **'Everett'**

Gladiolus **'Tesoro'**

Zantedeschia aethiopica **'Crowborough'**

Nerine bowdenii

Alstroemeria**, Ligtu-Hybriden**

Tulipa **'Clara Butt'**

Allium giganteum

Lilium **'Enchantment'**

sten geschützt werden. Zwiebelkästen sind die beste Alternative zum Alpinhaus, wenn nicht winterharte oder anspruchsvolle Arten ohne beengende Töpfe gezogen werden sollen; sie werden von ambitionierten Hobbygärtnern verwendet und eignen sich für die meisten Zwiebelgewächse, die keinen Sommerregen vertragen, wie »Wald«- und Hochgebirgsarten. Einige Krokus-, Narzissen-, *Fritillaria*- und Tulpenarten, Juno- und Reticulata-Iris und die anspruchsvolleren *Brodiaea*- und *Zigadenus*-Arten gedeihen bei gemäßigtem Klima im Freien nicht so gut; sie überleben oft nur, wenn sie während der Ruheperiode durch Zwiebelkästen vor zuviel Feuchtigkeit geschützt werden.

Treiberei

Vortreiben in Töpfen ist eine gute Möglichkeit, schon im Winter und Vorfrühling duftende und farbige Zwiebelgewächse fürs Haus zu bekommen. Man hält sie zunächst einige Monate an einem kühlen, dunklen Ort und bringt sie dann ins Licht, um die Blüte frühzeitig herbeizuführen. *Hippeastrum* mit seinen riesigen Blüten, duftende Hyazinthen und Narzissen sind dafür geeignet. Einige winterharte Zwiebeln, z.B. Krokusse, verlieren ihre Blüten, wenn sie zu rasch treiben. Eine sanftere Methode ist, sie in Töpfen zu ziehen und 1-2 Wochen vor der Blütezeit ins Haus zu bringen, wo die Wärme die Blüte auslöst.

Verzeichnis der Zwiebel- und Knollenpflanzen

Exponierte Standorte

Zwiebeln und Knollen für exponierte, windige Standorte

Anemone
Chionodoxa
Colchicum
Crocus
Cyclamen, einige ❄
Fritillaria (Zwergformen)
Galanthus
Ipheion
Iris reticulata (Sorten)
Muscari, einige ❄
Narcissus (Zwergformen und Sorten)
Ornithogalum, einige ❄
Oxalis, einige ❄

Oxalis depressa

Scilla, einige ❄
Sternbergia lutea
Triteleia
Tulipa (Zwergformen)

Mauer als Schutz

Zwiebeln und Knollen, die den Schutz einer Mauer bevorzugen

Agapanthus, einige ❄ (die meisten A.)
Alstroemeria (ausgenommen Ligtu-Hybriden)
Amaryllis belladonna
Anomatheca laxa
Belamcanda chinensis
Bloomeria crocea
Eucomis
Fritillaria persica
Gladiolus ❄ (empfindliche Arten)
Gynandriris sisyrinchium
Habranthus, einige ❄ (einige Arten)
Hippeastrum advenum
Ixia ❄
Lycoris squamigera
Moraea spathulata
Nerine bowdenii
Scilla peruviana
Sparaxis ❄
Sternbergia lutea, *S. sicula*
Tulbaghia, einige ❄
Watsonia ❄
Zephyranthes candida

Trockener Schatten

Anemone nemorosa
Arum italicum 'Pictum'
Cyclamen coum, *C. hederifolium*, *C. repandum*
Galanthus nivalis (Formen)
Hyacinthoides non-scriptus
Ranunculus ficaria (Sorten)

Feuchter Schatten

Anemone apennina, *A. blanda*, *A. ranunculoides*
Arisaema, einige ❄ (die meisten Arten)
Arum italicum
Cardiocrinum
Corydalis (einige Arten)
Eranthis
Erythronium
Fritillaria camtschatcensis, *F. cirrhosa*, *F. roylei*
Galanthus
Ipheion uniflorum
Leucojum aestivum, *L. vernum*
Lilium (einige Arten)

Lilium hansonii

Narcissus cyclamineus, *N. triandrus*
Nomocharis
Notholirion
Scilla bifolia
Trillium
Tulipa sylvestris

Schnittblumen

Agapanthus, einige ❄
Allium (einige Arten)
Alstroemeria (höhere Arten u. Sorten)
Amaryllis belladonna
Anemone, De-Caen-Serie, *A.*, St.-Brigid-Serie
Camassia
Clivia ❄
Crinum, einige ❄
Crocosmia
Cyrtanthus purpureus ❄
Dierama, einige ❄
Freesia ❄
Galtonia
Gladiolus, einige ❄
Iris, Holländ. Hybriden, *I. latifolia*, *I. xiphium*
Ixia ❄
Lilium
Narcissus
Nerine, einige ❄
Ornithogalum, einige ❄ (hohe Arten)
Ranunculus asiaticus ❄ (Formen)
Sparaxis ❄
Tulipa
Watsonia ❄
Zantedeschia, einige ❄

Strukturierende Pflanzen

Allium christophii, *A. giganteum*
Canna ❄
Cardiocrinum giganteum
Crinum x *powellii*
Fritillaria imperialis
Lilium (die meisten Arten u. Sorten)

Steingarten

Zwiebeln und Knollen für den Steingarten

Albuca humilis ❄
Allium (Zwergformen)
Anemone (einige Arten)
Bellevalia (einige Arten)
Brodiaea (niedrigste Arten)
Bulbocodium vernum
Colchicum (niedrige Arten)
Corydalis (einige Arten)
Crocus
Cyclamen (winterharte Arten)
Fritillaria (viele Arten)
Gagea, einige ❄ (einige Arten)
Galanthus
Ipheion
Iris (Zwergformen)
Leucojum (einige Arten)
Merendera
Muscari, einige ❄ (nicht wuchernde)
Narcissus (Zwergformen u. Hybriden)
Ornithogalum, einige ❄ (Zwergformen)
Oxalis, einige ❄ (einige Arten)
Puschkinia
Rhodohypoxis
Romulea, einige ❄ (einige Arten)
Scilla, einige ❄
Sternbergia lutea, *S. sicula*
Tulipa (Zwergformen)
Zephyranthes candida
Zigadenus

Für das Alpinhaus

Albuca ❄
Anemone (einige Arten)
Anomatheca
Arum, einige ❄ (einige Arten)
Babiana ❄
Bellevalia
Biarum
Bongardia chrysogonum
Bulbocodium vernum
Calochortus
Colchicum (niedrige Arten)
Crocus
Cyclamen, einige ❄
Fritillaria (die meisten Arten)
Gagea, einige ❄
Galanthus
Habranthus, einige ❄
Hippeastrum, einige ❄ (Zwergf.)

Moraea huttonii

Iris (Zwergformen)
Leontice
Leucocoryne ❄
Leucojum (einige Arten)
Merendera
Moraea, einige ❄ (einige Arten)
Muscari, einige ❄ (einige Arten)
Narcissus (Zwergformen)
Ornithogalum, einige ❄ (Zwergf.)
Oxalis, einige ❄ (einige Arten)
Pancratium, einige ❄
Pinellia
Rhodohypoxis
Romulea, einige ❄
Scilla, einige ❄
Sternbergia
Tecophilaea
Tulipa (Zwergformen)
Zephyranthes, einige ❄
Zigadenus

Schlüssel
❄ *Nicht winterhart*

Tulpen und Narzissen

Tulpen und Narzissen sind nach wie vor sehr beliebt, da sie den Garten im Frühling mit leuchtenden Farbflecken verschönern. Zusammen in einer gemischten Rabatte kultiviert, verlängern sie die Blütezeit: Einige Narzissen blühen bereits sehr früh, viele Tulpen bis weit in den Spätfrühling hinein. Tulpen eignen sich gut für Beete und Rabatten, Narzissen v.a. für naturnahe Rasenflächen. Zwergformen sind ideal für Steingärten und Pflanzgefäße, wo man sie aus der Nähe genießen kann.

Tulpen

Diese vielfältige Gattung wird gärtnerisch nach Blütenformen in 15 Klassen eingeteilt, die man nach Blütezeit und Verwendung im Garten zusammenfassen kann.

Frühe Tulpen

Einfache Frühe Tulpen haben klassische Kelchblüten, manche mit gestreiften, überhauchten oder geränderten Kronblättern. Gefüllte Frühe Tulpen haben langlebige, schalenförmige Blüten, die oft in verwandten Farbtönen gesprenkelt oder gerändert sind. Sie werden als Schnittblumen, für Beete oder Rabattenränder verwendet, aber auch als Topfpflanzen im Haus. In lockeren Arrangements kontrastiert die elegante Form gut mit ausgebreiteten oder kriechenden Pflanzen.

Mittelfrühe Tulpen

Hierher gehören die Triumph-Tulpen mit einfachen, konischen Blüten und die Darwin-Hybriden mit den üppigen, intensiv gefärbten Blüten, oft mit glänzendem Fleck an der Basis und dunklen, samtigen Staubbeuteln. Beide Typen sind robust.

Späte Tulpen

Dazu gehören die graziösen Lilienblütigen Tulpen, die extravaganten Papagei-Tulpen, die grünlichen Viridiflora-Tulpen und die gestreiften, fedrigen Rembrandt-Tulpen. Gefüllte Späte Tulpen passen in ländliche Gärten. Alle eignen sich für lockere Pflanzungen mit dunkelgrünen oder grauen Bodendeckern.

Zwergformen und Hybriden

Die kompakten Kaufmanniana-Hybriden bringen jedes Jahr zu Frühlingsbeginn leuchtende Blüten hervor, während die höheren Fosteriana- und Greigii-Tulpen meist später blühen. Viele haben hübsch gezeichnete Blätter. Die Zwergformen sind ideal für Gefäße, Hochbeete und Steingärten. *Tulipa sprengeri* und *T. sylvestris* vertragen etwas Schatten.

Kultur und Vermehrung

Die meisten Tulpen lieben nährstoffreichen, durchlässigen, humosen Boden in besonnten, geschützten Lagen; bei guten Bedingungen kommen robuste Sorten jedes Jahr neu. Viele sind jedoch als einjährige Beetpflanzen zu betrachten.

Die Pflanzen blühen im zweiten Jahr meist nicht mehr schön, können aber binnen zwei Jahren nochmals

Frühlingsrabatte mit Tulpen
Die kräftigen Stengel und zarten Blütenbecher der Tulpen bringen Leben, Farbe, Struktur und Höhe in diese lockere Rabatte.

In Pflanzgefässen
Wirkungsvoll präsentiert sich hier die Tulpe 'West Point' im Topf.

Einteilung der Tulpen

Tulpen gibt es in unzählig vielen variantenreichen Blütenformen, vom aufrechten Kelch der einfachen Tulpen bis zu den gefransten, gedrehten Kronblättern der Papagei-Tulpen und den großen, schweren Blüten der gefüllten Späten Tulpen. Man findet sie in fast allen Farben, außer Blau, vom reinsten Weiß bis zu dunkelstem Purpur und allen Gelb- und Rottönen dazwischen. Viele Zwergtulpen sind charakteristisch durch hübsch gezeichnetes Laub.

Einfache

***Tulipa* 'Dawnglow'**
Darwin-Hybride

***T.* 'Queen of Night'**
Einfache, späte

***T.* 'Spring Green'**
Viridiflora-Tulpe

***T.* 'Greuze'**
Einfache, späte

Gefüllte und Papagei-Tulpen

***T.* 'Peach Blossom'**
Gefüllte, frühe

***T.* 'Estella Rijnfeld'**
Papagei-Tulpe

Zwergformen und Hybriden

T. tarda
Zwergform

***T.* 'Dreamboat'**
Greigii-Hybr.

***T.* 'Giuseppe Verdi'**
Kaufmanniana-Hybr.

VERLÄNGERTE BLÜTEZEIT
Diese Kombination von Tulpen und Narzissen entfaltet ihre Blütenpracht vom Vorfrühling bis weit in den Sommer hinein.

Blühgröße erreichen, wenn sie im Herbst neu gepflanzt werden.

Zwergtulpen ziehen offene, kiesige, vollbesonnte Böden vor; sie werden nur neu gepflanzt, wenn sie zu dicht stehen. Vermehrt wird durch Ableger (S. 237), bei Arten durch Samen (S. 238). Tulpen sind anfällig für Tulpenfeuer (S. 553) u. a. Zwiebelkrankheiten (S. 236).

Narzissen

Narzissen sind unkomplizierte Zwiebelgewächse, die man wegen ihrer fröhlichen Frühjahrsblüten schätzt. Unter gärtnerischem Gesichtspunkt werden sie nach Blütenformen in 12 Klassen eingeteilt.

Narzissen in Pflanzgefäßen

Viele Narzissen können in Töpfen gezogen werden, wenn diese so tief sind, daß die Zwiebeln in 1½ facher Höhe bedeckt sind. Tazetta-Narzissen haben bis zu 12 duftende Blüten pro Stengel, sie werden oft unter Glas oder in Töpfen gezogen, wo sie von Spätherbst bis Frühling blühen. Die starkduftenden Jonquillen-Narzissen sind ebenfalls gute Topfpflanzen fürs Haus. Kleine Arten, z.B. *N. cantabricus* und *N. romieuxii*, bringen im Alpinhaus früh Blüten hervor und können dann ins Haus gebracht werden.

Narzissen im Garten

Narzissen werden in Frühlingsbeeten und gemischten Rabatten geschätzt und sind in naturnahen Gärten beinahe unentbehrlich: Sie müssen in Rabatten und Grasflächen nicht aufgenommen werden. Sogar winzige Arten wie *N. cyclamineus* und *N. minor* gedeihen im Rasen. Zwergnarzissen sind ideal für Steingärten und Hochbeete; *N. romieuxii, N.* 'Tête-à-tête' und *N.* 'February Gold', blühen sehr früh.

Kultur und Vermehrung

Narzissen gedeihen fast überall, ziehen aber gut durchlässigen, feuchten, leicht alkalischen Boden vor. Sie mögen Sonne oder gefilterten Schatten. Pflanzen Sie die Zwiebeln im Spätsommer/Frühherbst 12-15 cm tief. In naturnahen Grasflächen wird das Laub frühestens 4-6 Wochen nach der Blüte geschnitten. In Töpfen benötigen Zwiebeln kühle Bedingungen und viel frische Luft. Bei Temperaturen über 7-10°C schlägt die Blüte meist fehl. Stellen Sie die Töpfe nach der Pflanzung in einen Kalten Kasten, und bringen Sie sie nach etwa 12-16 Wochen in ein Kalthaus. Sobald sich Blütenknospen gebildet haben, kann die Blüte durch eine leichte Temperaturerhöhung (nicht über 13°C) beschleunigt werden.

Vermehrt wird durch Ableger (S. 237) oder Abschnitte (S. 241); neue Hybriden und Arten können auch aus Samen gezogen werden (S. 238). Narzissen sind anfällig für Älchen und Zwiebelfliege (S. 567).

NATÜRLICHE GRASFLÄCHE MIT NARZISSEN
In diesem naturnahen Garten bringen Narzissen Farbe und Leben in die Wiese unter dem schattenspendenden Baum.

Einteilung der Narzissen

Narzissen gibt es in vielen verschiedenen Formen, von den winzigen Cyclamineus-Hybriden mit den zurückgeschlagenen Kronblättern bis zu den hohen Trompetennarzissen und den auffälligen gefüllten Formen. Moderne Formen sind spaltkronige und Halskrausen-Narzissen. Neben den typischen leuchtendgelben Blüten gibt es Sorten mit blaß-buttergelben Blüten oder weißen Blütenkranzblättern und feurig-orangefarbenen Kronen.

ZWERGFORMEN UND HYBRIDEN

Narcissus triandrus
Zwergform

N. romieuxii
Zwergform

***N.* 'Jumblie'**
Cyclamineus-Hybr.

***N.* 'Pride of Cornwall'**
Tazetta-Gruppe

EINFACHE

***N.* 'Passionale'**
Großkronige

***N.* 'Fortune'**
Großkronige

***N.* 'Ambergate'**
Großkronige

GEFÜLLTE

***N.* 'Irene Copeland'**
Gefüllte

***N.* 'Tahiti'**
Gefüllte

Dahlien

DAHLIEN blühen vom Hochsommer bis zu den ersten Herbstfrösten und bringen für viele Monate Farbe in den Garten. Sie sind nicht winterhart; sie wachsen in allen nährstoffreichen und gut durchlässigen Böden und sind ausgezeichnete Rabattenpflanzen.

Wenn Dahlien als Schnittblumen gedacht sind, werden sie am besten in speziellen Beeten in Reihen gepflanzt. Zwergförmige Beetdahlien, die meist einjährig aus Samen gezogen werden (siehe EINJÄHRIGE UND ZWEIJÄHRIGE, »Aussaat in Töpfen und Schalen«, S. 182), eignen sich auch für Topfpflanzung. Die Kronblätter der Dahlienblüten können verschiedenste Formen und Farben annehmen, von Weiß über sattes Gelb und Rosa, Rot bis Purpur.

Dahlien werden nach Größe und Form der Blüten eingeteilt. Schmuck- und Kaktusdahlien werden weiter nach Blütengröße unterteilt: Miniatur bis 115 mm; klein 116-170 mm, mittel 170-220 mm; groß 220-260 mm; sehr groß über 260 mm.

DAHLIENBLÜTEN

EINFACH
Dahlia *'Yellow Hammer'. 8-10 breite Blumenblätter stehen um eine flache Blütenscheibe.*

ANEMONENBLÜTIG
D. *'Comet'. Dichtgefülltes Köpfchen mit einem oder mehreren Ringen flacher Blumenblätter um eine Gruppe kürzerer Röhrenblüten.*

HALSKRAUSENDAHLIE
D. *'Easter Sunday'. Eine gelbe Scheibe wird von einer »Halskrause« aus kleineren Blütenblättern und äußeren Blütenblättern umrahmt.*

SEEROSENDAHLIE
D. *'Vicky Crutchfield'. Köpfchen mit großen, nach innen gerollten Blütenblättern, die wie Seerosen aussehen.*

SCHMUCKDAHLIE
D. *'Frank Hornsey'. Dichtgefüllt, mit breiten, am Ende abgerundeten, längs sanft einwärts gerollten, flachen und leicht gedrehten Blütenblättern.*

BALLDAHLIE
D. *'Wootton Cupid'. Gefüllte, kugelige Köpfchen mit spiralig angeordneten Blütenblättern, die über die Hälfte ihrer Länge eingerollt sind.*

POMPONDAHLIE
D. *'Small World'. Ähnlich den Balldahlien, aber mit 5 cm Durchmesser und stärker gerundeten Blütenblättern, die über die Hälfte sind.*

KAKTUSDAHLIE
D. *'Majestic Kerkrade'. Dichtgefüllt, mit schmalen, spitzen, nach hinten gerollten oder gekrausten, geraden oder einwärtsgebogenen Blütenblättern.*

SEMIKAKTUSDAHLIE
D. *'So Dainty'. Dichtgefüllte Blüten mit spitzen, gerade oder einwärtsgebogenen, unten breiten, nach hinten zusammengerollten Blütenblättern.*

Kultur

Dahlien gedeihen in gut durchlässigem, nährstoffreichem Boden mit einem pH-Wert um 7. Bereiten Sie den Boden im Spätherbst vor. Dahlien brauchen reichlich Nährstoffe, arbeiten Sie deshalb Stallmist oder Gartenkompost in den Boden ein; geben Sie Knochenmehl (125 g/m^2) bei, und lassen Sie das Beet grob umgegraben, damit der Boden auffriert.

KNOLLEN PFLANZEN

Geben Sie eine 1 m hohe Stütze ins Pflanzloch. Bedecken Sie die Knolle; die Basis des neuen Triebs soll 2,5-5 cm unter der Oberfläche sein.

Wo und wann wird gepflanzt
Dahlien können als ruhende Knollen, als bewurzelte Stecklinge von Knollen oder nach Topfkultur gepflanzt werden. Belaubte Pflanzen sind oft wüchsiger und Knollen vorzuziehen. Ruhende Knollen können 6 Wochen vor dem letzten Frost direkt gepflanzt werden, belaubte Pflanzen erst, wenn die Frostgefahr sicher vorüber ist.

Wählen Sie einen offenen, geschützten, nicht beschatteten Standort. Unmittelbar vor der Pflanzung arbeitet man Blut-, Fisch- und Knochenmehl (125 g/m^2) gründlich in den Boden ein. Befestigen Sie die jungen Pflanzen immer wieder an ihrer Stütze.

Pflanzung nach Topfkultur
In Töpfen gezogene Dahlien müssen mit Holzstäben in entsprechenden Abständen gestützt werden. 120-150 cm hohe Pflanzen brauchen 60-90 cm, 90-120 cm hohe 60 cm Abstand. Wässern Sie die Pflanzen in den Töpfen, und lassen Sie das Wasser abfließen. Beim Pflanzen darf der Wurzelballen nicht beschädigt werden; drücken Sie sanft an, so daß am Stengelgrund eine kleine Senke bleibt. Wässern Sie gründlich. Bis zum Spätherbst wird sich eine Knolle entwikkeln; diese kann aufgenommen und bis zur Neupflanzung im Frühjahr gelagert werden.

AUSWAHL DER PFLANZEN

Bei Topfkultur oder bewurzelten Stecklingen wählt man junge Pflanzen mit kräftigen Wurzeln und gesundem Laub.

Knollen
Ruhende Knollen können ca. 6 Wochen vor dem erwarteten letzten Frost direkt in die Rabatte gesetzt werden. Der Boden wird wie für Topfkultur vorbereitet. Machen Sie ein 22 cm breites und 15 cm tiefes Pflanzloch, setzen Sie die Knolle hinein, und bedecken Sie sie. Markieren Sie die Position unmittelbar zu seiten der Knolle mit einem beschrifteten Hölzchen; Sie wissen dann beim Anbringen der Stütze genau, wo die Knolle liegt. Es dauert ca. 6 Wochen, bis die Knolle einen oberirdischen Trieb hervorbringt.

Bewurzelte Stecklinge
Durch die Kultur aufgebauter Knollen in Kalten Kästen oder Gewächshäusern erhält man Stecklinge (siehe »Vermehrung«, S. 227). Die bewurzelten Stecklinge werden gepflanzt, wenn die Frostgefahr vorüber ist. Während die Pflanze treibt, wird mäßig gewässert; um die Feuchte zu halten, trägt man eine 30-35 cm dikke Mulchschicht aus gut verrottetem Kompost oder Stallmist auf. Die Pflanzenbasis bleibt frei, um keine Stengelfäule auszulösen. Falls Grasschnitt kompostiert wurde, darf er nicht mit einem selektiven Herbizid behandelt worden sein.

Entspitzen und Abknospen
Sobald die Dahlien ca. 35 cm hoch sind, werden sie entspitzt, um Seiten-

ENTSPITZEN

1 *Sobald die Pflanze ca. 40 cm hoch ist, den Mitteltrieb ausknipsen, um die Bildung von Seitensprossen zu fördern.*

2 *Wenn sie 6-8 Seitensprosse hat, entfernt man das oberste Augenpaar und bindet die Stengel an die Stützen.*

sprosse anzuregen. Bilden Sie mit 2 weiteren Stäben eine dreieckige Stütze, an der Sie die Sprosse in Abständen von 15 cm befestigen.

Wie viele Sprosse man beläßt, hängt von der Größe der Blüten ab. Für große Blüten darf jede Pflanze nur 4-6, für mittelgroße und kleine 7-10 Sprosse haben. Um erstklassige Blüten zu erhalten, entfernt man die Augenpaare in den Blattachseln unter der Terminalknospe. Nehmen Sie mindestens 2 Paare dieser Nebenknospen weg, für sehr große Blüten 3.

ABKNOSPEN

Knipsen Sie an jungen Pflanzen die Nebenknospen unter der Terminalknospe aus; so entwickelt sich die verbleibende Knospe zu einer größeren Blüte.

Sommerdüngung
4-6 Wochen nach der Pflanzung gibt man stickstoff- und kalireichen Dünger, und zwar gekörnten, oder wöchentlich Flüssigdünger. Während sich die Blütenknospen bilden, sorgen Flüssigdünger mit Kalizusätzen für kräftige Stengel und schöne Blütenfarbe, v.a. bei rosa und lila Blüten.

Die Entwicklung der Knollen im Spätsommer und Frühherbst wird durch die kürzer werdenden Tage ausgelöst. Während dieser Phase geben Sie abwechselnd schwefelsaures Kali und Superphosphat in der vom Hersteller empfohlenen Dosierung. Achten Sie darauf, daß nichts auf Blätter und Stengel kommt.

Krankheiten und Schädlinge
Dahlien werden v.a. von Blattläusen (S. 550), Blasenfüßen (S. 551), roter Spinnmilbe (S. 550) und Ohrwürmern (S. 548) befallen. Diese können durch regelmäßiges Sprühen bekämpft werden. Verbrennen Sie alle virusinfizierten Pflanzen.

Aufnehmen und Lagern der Knollen

Sobald das Laub von den ersten Herbstfrösten schwarz wird, kürzt man die Stengel auf ca. 15 cm. Die Knollen werden vorsichtig aufgenommen, gesäubert, feine Wurzeln abgeschnitten und die Knollen mit Fungizid behandelt. Man lagert sie einige Wochen verkehrt herum, damit keine Feuchtigkeit in Stengeln und Blättern bleibt.

Die Knollen werden beschriftet und in Kisten mit Vermikulit, Kokos o. ä. an einem kühlen, frostfreien Ort überwintert. Sehen Sie im Winter öfters nach den Knollen; Mehltau oder Fäulnis werden mit scharfem Messer ausgeschnitten und die Schnittflächen mit Schwefel bestäubt.

AUFNEHMEN UND ÜBERWINTERN

1 *Kürzen Sie die Stengel auf 15 cm. Lockern Sie den Boden, nehmen Sie die Knollen heraus, entfernen Sie die Erde.*

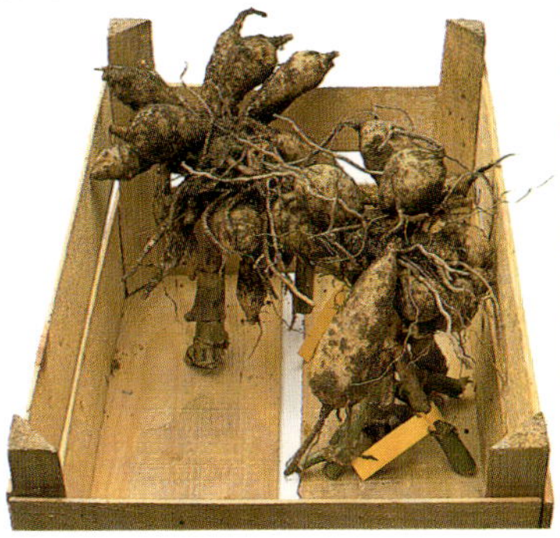

2 *Lagern Sie die Knollen drei Wochen an einem frostfreien Platz verkehrt herum, damit die Stengel austrocknen.*

3 *Wenn die Stengel trocken sind, kommen die Knollen an einen kühlen, frostfreien Ort, man bedeckt sie mit Rindenschnitzeln; sie bleiben bis zum Frühling trocken.*

Vermehrung

Ausgewachsene Knollen teilt man im Frühling. Man läßt sie erst in einem Kalten Kasten oder Gewächshaus antreiben; dann werden sie vorsichtig auf eine Schale mit Substrat gedrückt, mit Wasser besprüht und warm und feucht gehalten. Sobald Augen erscheinen, teilt man die Knolle mit einem scharfen Messer, wobei jedes Teil mindestens ein Stengelstück haben muß. Jedes Teil wird einzeln in Einheitserde eingetopft.

Eine andere Methode ist Frühtreiben bei 15-18°C im Spätwinter. Sobald die Sprosse 7,5 cm lang sind, nimmt man grundständige Stecklinge, kürzt sie an einem Knoten und läßt sie in einem Vermehrungskasten mit Bodenwärme bewurzeln. Sie werden unter Glas weiterkultiviert und vor dem Auspflanzen langsam abgehärtet.

Präsentation

Schneiden Sie die Blumen mit einem scharfen Messer morgens oder abends; die Länge des Stengels muß in einem Verhältnis zur Größe der Blüte stehen. Ausstellungsblumen müssen gut entwickelt sein.

GRUNDSTÄNDIGE STECKLINGE

1 *Im Spätwinter gibt man die Knollen ins Gewächshaus. Stecklinge nimmt man, wenn die Triebe 2-3 Blattpaare haben.*

2 *Man schneidet den Sproß mit einem kleinen »Schild« von der Knolle ab und entfernt an jedem Steckling die untersten Blätter.*

3 *Im Topf kommen die Stecklinge zum Bewurzeln in den Vermehrungskasten oder Plastikbeutel. Später wird vereinzelt.*

Bodenvorbereitung und Pflanzung

DIE MEISTEN Zwiebel- und Knollengewächse ziehen sich nach der Pflanzung für lange Zeit zurück und benötigen relativ wenig Pflege. Gesunde Zwiebeln und Knollen, eine gute Bodenvorbereitung und richtige Pflanzung sind jedoch entscheidend für eine erfolgreiche Kultur.

Kauf von Pflanzen

Zwiebeln und Knollen werden in ganz unterschiedlicher Qualität und Größe angeboten, müssen also vor dem Kauf gründlich untersucht werden. Verschiedene Typen sind zu verschiedenen Zeiten erhältlich und sollten immer dann gekauft werden, wenn sie frisch sind. Wählen Sie Gewächse, die sich für den Standort eignen: Die meisten ziehen Sonne vor, manche auch Schatten, andere fühlen sich auf naturnahen Rasenflächen wohl.

Naturschutz
Der Schutz wilder Zwiebel- und Knollengewächse ist sehr wichtig, der Import ist daher streng geregelt. Fragen Sie nach, ob die angebotenen Zwiebeln aus einer Kultur oder aus natürlichen Beständen stammen.

Trockene Zwiebeln und Knollen
Zwiebeln und Knollen werden meist während ihrer Ruheperiode verkauft. Kaufen Sie sie möglichst früh, noch bevor sie austreiben; viele Narzissen bringen z.B. bereits im Spätsommer Wurzeln hervor, die meisten anderen Frühjahrsblüher treiben im Frühherbst aus. Herbstblühende Krokusse, *Colchicum*-Arten und -Hybriden profitieren von einer frühen Pflanzung; spezialisierte Züchter bieten sie im Hochsommer an.

Alle Herbstblüher kauft und pflanzt man am besten im Hochsommer. Zwiebeln und Knollen verlieren durch lange Lagerung an Qualität, die Wachstumsperiode verkürzt sich, die Blüte läßt länger auf sich warten; kaufen und pflanzen Sie sie also, sobald sie erhältlich sind. Einige trokkene Zwiebeln und Knollen, deren Wachstum im Sommer einsetzt, z.B. *Galtonia*, Gladiolen und *Tigridia* gibt es bereits im Frühling.

Kaufen Sie nur gesunde, feste Zwiebeln und Knollen mit kräftigen Vegetationspunkten ohne weiche oder kranke Teile oder Anzeichen von Insektenfraß. Auffallend kleine sowie Brutzwiebeln und -knollen bringen in der ersten Saison noch keine Blüten hervor.

Juno-Iris haben unter der Zwiebel bleibende Speicherwurzeln; fehlen diese, kann sich die Pflanze nicht gut entwickeln. Bei Tulpen muß die Tunica intakt sein, da sie sonst krankheitsanfällig sind.

Feuchte Zwiebeln und Knollen
Die meisten Zwiebeln und Knollen wollen trocken gelagert werden, einige aber bevorzugen leicht feuchtes Material, etwa Rinde oder Torfersatz. Das trifft v.a. für einige schattenliebende Arten zu, z.B. *Erythronium*, *Anemone nemorosa* und *Trillium*, die man meist in feuchten Wäldern findet.

Bei Alpenveilchen wählt man Knollen mit Faserwurzeln, die in feuchte Rinde eingeschlagen sind oder in Töpfen wurzeln. Alpenveilchen mit gesunden Wurzeln etablieren sich weitaus besser als trockene Knollen.

Topfkultur
Von Züchtern und Gartencentern werden auch bereits im Wachstum begriffene, oft sogar blühende Zwiebelgewächse angeboten. Es sind meist welche, die während der Ruheperiode nicht zu verkaufen waren und deshalb eingetopft wurden. Sie wachsen gut und können sofort gepflanzt werden. Vorsicht mit den Wurzeln! Besser läßt man sie im Topf und pflanzt sie erst nach dem Einzug als trockene Zwiebeln oder Knollen. Sie sind teurer als trockene Zwiebeln oder Knollen.

AUSWAHL DER ZWIEBELN

GUTE EXEMPLARE

TULPE

HYAZINTHE

NARZISSE (EINFACH)

NARZISSE (MIT DOPPELNASE)

SCHLECHTE EXEMPLARE

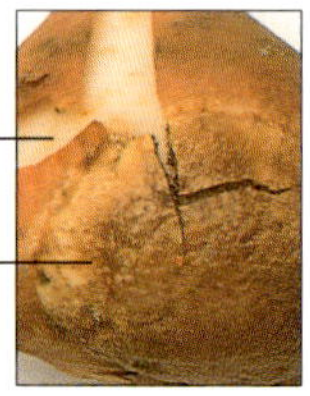

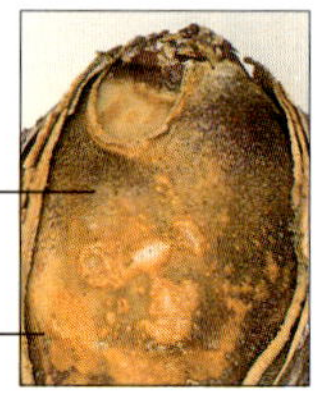

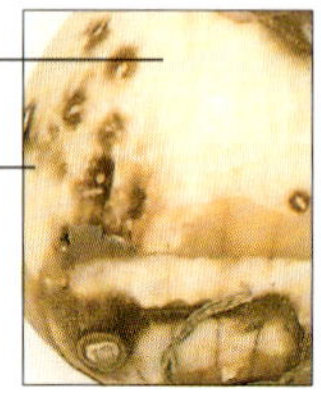

AUSWAHL GESUNDER KNOLLEN

ANEMONE RANUNCULOIDES

CYCLAMEN HEDERIFOLIUM

ERYTHRONIUM OREGONUM

IRIS AUCHERI (JUNO-GRUPPE)

CORYDALIS SOLIDA

Schneeglöckchen mit Grün

Schneeglöckchen kauft man möglichst »belaubt« gleich nach der Blüte, wenn die Blätter an den Spitzen gelb zu werden beginnen. Trockene Zwiebeln sind zwar billiger, etablieren sich aber oft nicht gut. Spezialisten bieten belaubte Schneeglöckchen, in Büscheln oder in feuchtes Material (Rinde) verpackt, an.

Was der Bodentyp ausmacht

Zwiebel- und Knollenpflanzen gedeihen in den verschiedensten Bodentypen, Lebensräumen und Klimazonen auf der ganzen Erde; die natürlichen Lebensbedingungen beschreiben die Kulturerfordernisse. Die meisten winterharten Zwiebelpflanzen sind im Mittelmeerraum beheimatet, sie lieben warme, sonnige Standorte, gut durchlässige Böden, die sich im Frühling rasch erwärmen und im Sommer trocknen. Manche Arten vertragen schwere Böden, die während der Wachstumsperiode feucht, im Sommer aber ganz trokken sind. Ist der Boden mäßig fruchtbar und humos, vermehren sich viele Zwiebelgewächse von Jahr zu Jahr durch Aussaat oder vegetativ. Die meisten ziehen fast neutrale oder leicht alkalische Böden vor.

Entscheidend ist die Drainage, da viele Zwiebeln während der Ruheperiode in nassen, schlecht belüfteten Böden verrotten. Nur einige wenige findet man an Flüssen oder in Feuchtgebieten, die auch im Sommer nicht austrocknen.

Leichte Böden

Sandige oder leichte Böden erwärmen sich im Frühling rasch und sind gut durchlässig, oft aber arm an Humus und Nährstoffen. Arbeiten Sie vor der Pflanzung gut verrotteten Gartenkompost oder Stallmist ein, und geben Sie im Vorfrühling eine ausgewogene Kopfdüngung in der vom Hersteller empfohlenen Dosierung. Mist muß unterhalb der Pflanzhöhe von Zwiebeln und Knollen sein, um Krankheiten oder chemische Verletzungen zu vermeiden. Frischer Mist wird mindestens 3 Monate vor der Pflanzung eingearbeitet. Die meisten nährstoffreichen Sand- und Lehmböden profitieren von zusätzlichem organischem Material, eine eigentliche Düngung ist aber im ersten Jahr nicht erforderlich. In Steingärten müssen die obersten 30 cm zu mindestens einem Drittel aus Kies bestehen, da die meisten Zwergzwiebeln eine gute Drainage benötigen.

Schwere Böden

Bei schweren Tonböden muß die Drainage meist mit viel Aufwand verbessert werden; in wenig durchlässigen Böden legt man für die Kultur von Zwiebelpflanzen tunlichst ein Drainagesystem an. Im gesamten Pflanzbereich arbeitet man mindestens 1½-2 Eimer groben Sand oder Kies pro m^2 ein, um eine Wirkung zu erzielen. Auch große Mengen gut verrotteten organischen Materials verbessern die Struktur und die Drainage (Näheres unter »Bodenstruktur und Wassergehalt«, S. 526).

Schattige Bereiche

Schattenliebende Zwiebeln und Knollen findet man meist in Waldgebieten, aber sie gedeihen auch an anderen schattigen Plätzen, wenn der Boden entsprechend vorbereitet wurde: Er muß nährstoffreich, humos und feuchtigkeitsspeichernd sein. Arbeiten Sie vor der Pflanzung Laubhumus oder anderes organisches Material wie gut verrotteten Mist oder Gartenkompost ein. Säureliebende »Wald«-Zwiebeln gedeihen im Torfgarten, wo der Boden mindestens zur Hälfte aus Laubhumus, Torfersatz oder Torf besteht.

Pflanzzeit

Trockene Zwiebeln und Knollen sollten bald nach dem Kauf gepflanzt werden. Wenn Sie überwintert wurden, pflanzt man sie gegen Ende der Ruheperiode, bevor das Wachstum einsetzt. In Töpfen gezogene Zwiebelpflanzen können jederzeit gepflanzt werden oder aber im Topf bleiben und nach dem Einzug wie trockene Zwiebeln und Knollen behandelt werden. Sommerblüher, auch solche, die geschützt im Spätsommer blühen, und belaubte Zwiebeln werden in der ersten Frühlingshälfte gepflanzt.

Pflanzung im Freien

Zwiebeln und Knollen setzt man am besten zu mehreren in ein Loch; man kann sie aber auch einzeln setzen. Der Pflanzbereich sollte nicht mit symmetrischen Rändern angelegt werden, weil das unnatürlich wirkt.

Im Steingarten entfernt man vor der Pflanzung die Deckschicht und erneuert sie anschließend.

Pflanztiefe und -abstände

Zwiebeln und Knollen werden in der zwei- bis dreifachen Dicke ihres Volumens mit Erde bedeckt und 2-3 Zwiebelbreiten voneinander entfernt gesetzt. Machen Sie ein Loch, arbeiten Sie mit der Gabel Knochenmehl in den Boden, und setzen Sie die Zwiebeln oder Knollen hinein. Bisweilen ist schwer zu erkennen, wo »oben« ist, v.a. bei wurzellosen Alpenveilchenknollen. Die Knolle ist oben meist flacher als unten, manchmal konkav. *Corydalis*-Knollen sind fast rund, lassen aber oben meist erste Anzeichen des Triebs erkennen. Im Zweifelsfall setzt man die Zwiebel oder Knolle quer ein.

Zerkrümeln Sie die Erde beim Zuwerfen. Drücken Sie sie leicht an, damit keine Lufteinschlüsse bleiben.

Belaubte Zwiebeln

Manchmal müssen Zwiebeln und Knollen belaubt gepflanzt werden, z.B. wenn man sie umsetzt, der Platz beschränkt ist und man sie jedes Jahr aufnimmt; Schneeglöckchen werden häufig so angeboten.

Machen Sie mit einem Pflanzholz auf dem Gelände Löcher, in denen die Wurzeln Platz finden, und setzen Sie jede Zwiebel so hoch, wie sie vorher gestanden hat. Das erkennt man daran, daß die unterirdische Blattbasis im Gegensatz zum oberirdischen Wuchs gelblich-grün ist. Wässern Sie nach der Pflanzung.

Nach Topfkultur

In Töpfen gezogene Zwiebeln und Knollen können nach dem Einziehen trocken gepflanzt werden. Das Pflanzloch muß so groß sein wie der ganze Topf war, damit die Pflanze nicht leidet. Sitzen die Pflanzen im Topf fest, zupft man die Wurzeln vor

Richtige Pflanztiefe

Die Pflanztiefe hängt von der Größe der Zwiebel ab. Als Richtwert gilt die Zwiebeldicke, und zwar jeweils die 2-3fache.

Zwiebeln im Freien pflanzen

1 Graben Sie ein großes Pflanzloch, und pflanzen Sie die Zwiebeln mit dem Vegetationspunkt oben; Pflanztiefe und -abstand: zweifache Zwiebeldicke.

2 Sind die Zwiebeln gelegt, füllt man mit der Hand vorsichtig das Loch auf, ohne die Tulpenzwiebeln zu verrücken.

3 Drücken Sie die Erde im Pflanzbereich mit einem Rechen fest, treten Sie nicht darauf, sonst werden die Vegetationspunkte beschädigt.

Zwiebeln einzeln pflanzen

Setzen Sie jede Zwiebel in der richtigen Tiefe in ein eigenes Loch. Schieben Sie die Erde darüber, und drücken sie Sie vorsichtig an.

Belaubt pflanzen

Setzen Sie die Zwiebeln (hier Schneeglöckchen) in ein Loch, das groß genug für die Wurzeln ist und in dem die Pflanze gleich hoch steht wie zuvor.

Einpflanzen bewurzelter Alpenveilchen

1 Wählen Sie einen Standort mit reichlich Humus, oder arbeiten Sie ins Pflanzloch organisches Material ein, damit die Wurzeln nach der Pflanzung in den Boden vordringen können. Der Boden muß sich dann 1-2 Tage setzen; das Pflanzloch soll so groß sein, daß die Wurzeln unter der Knolle ausgebreitet werden können.

2 Pflanzen Sie die Knolle so, daß sie an der Bodenoberfläche gerade sichtbar ist. Füllen Sie mit Erde auf, ohne die Wurzeln zu beschädigen.

3 Drücken Sie die Erde um die Knolle vorsichtig mit den Fingern an, der Vegetationspunkt bleibt frei und wird locker mit Mulch bedeckt.

der Pflanzung an der Basis vorsichtig heraus, damit sie besser anwachsen. Zwiebeln in Torfsubstrat brauchen im Winter unbedingt eine Abdeckung. Torf wirkt nämlich wie ein Schwamm, und die ruhenden Bulben würden in dem staunassen Substrat verrotten, wenn sie nicht vor Niederschlägen geschützt wären.

Bewurzelte Knollen

Einige »Wald«-Arten, z.B. Alpenveilchen, pflanzt man, wenn sie bereits Wurzeln hervorbringen, und nicht trocken, da sie sich dann rascher eingewöhnen und bereits in der ersten Saison blühen; trockene Knollen sind weniger günstig. Bei bewurzelten Knollen ist auch das Oben und Unten leichter zu unterscheiden. Arbeiten Sie vor der Pflanzung reichlich Laubhumus oder gut verrottetes organisches Material in den Boden, damit die »Wald«-Knollen die feuchten, humosen Bedingungen erhalten, die sie benötigen.

Pflanztiefe und -abstand

Tiefe und Abstand errechnet man bei Knollen so wie bei Zwiebeln (S. 229), die Wurzeln benötigen aber zusätzlich Platz.

Alpenveilchen wachsen in der Natur nahe an der Oberfläche; wenn die Knollen zu tief gesetzt werden, blühen sie nicht. Die Spitzen müssen ungefähr auf Bodenniveau sein. Sie können auch enger stehen als andere Zwiebeln und Knollen, aber mindestens im Abstand ihrer eigenen Breite.

Pflanzung

Knollen werden einzeln oder in Gruppen gepflanzt. Wichtig ist, daß das Pflanzloch so tief und so groß ist, daß die Wurzeln gut Platz finden. Sie werden auseinandergelegt, damit die Pflanze rascher anwächst. Werfen Sie das Pflanzloch zu, und drücken Sie die Erde an.

Beim Alpenveilchen können die Knollenspitzen freiliegen oder mit einer lockeren Mulchschicht bedeckt werden. Verwenden Sie Laubhumus, oder, wenn bereits eine Kopfdüngung aufgetragen wurde, groben Grit.

Naturnahe Grasflächen

Werden Zwiebeln in Grasflächen gepflanzt, schneidet man diese möglichst kurz. Eine lockere Verteilung wirkt natürlicher als eine Pflanzung in Reihen; streuen Sie die Zwiebeln über die ausgewählte Fläche aus, und pflanzen Sie sie, wo sie hinfallen, aber mit mindestens einer Zwiebelbreite Abstand. Machen Sie die Pflanzlöcher mit

Grosse Zwiebeln in die Wiese pflanzen

1 Säubern Sie die Zwiebeln (hier Narzissen) von losen, äußeren Hüllen und alten Wurzeln. Verstreuen Sie sie locker über den Pflanzbereich, aber mit mindestens einer Zwiebelbreite Abstand.

2 Heben Sie mit einem Zwiebelpflanzer ein rundes, etwa 10-15 cm tiefes Pflanzloch in der Wiese aus.

3 Mischen Sie Knochenmehl mit Aushub, und geben Sie davon etwas in jedes Loch; setzen Sie eine Zwiebel mit dem Vegetationspunkt nach oben hinein.

4 Zerkrümeln Sie den unteren Teil des Aushubs über der Zwiebel, bis sie mit loser Erde bedeckt ist. Setzen Sie das verbleibende Grasstück obenauf.

5 Drücken Sie die Grasabdeckung vorsichtig an, ohne den Vegetationspunkt der Zwiebel zu beschädigen. Füllen Sie alle Hohlräume mit Erde.

KLEINE ZWIEBELN IN DIE WIESE PFLANZEN

1 Schneiden Sie mit einem Spaten ein »H« in die Wiese. Stechen Sie den Spaten dabei ganz in den Boden ein.

2 Trennen Sie die Grasdecke ab, und schlagen Sie sie zurück, um den Boden freizulegen. Achten Sie darauf, daß die Decke nicht bricht oder reißt.

3 Lockern Sie den Boden mit einer Handgabel mindestens 7 cm tief, und mischen Sie etwa 15 g Knochenmehl pro m^2 unter.

4 Drücken Sie die Brutknöllchen (hier Krokusse) in den Boden, ohne die Vegetationspunkte zu beschädigen. Verteilen Sie sie locker, aber mit 2,5 cm Abstand.

5 Lockern Sie die Erde an der Unterseite der Grasdecke mit einer Handgabel, damit die Krokusse leicht durch das Gras wachsen können.

6 Legen Sie die Grasdecke wieder auf, ohne die Knöllchen zu verschieben oder das Gras zu beschädigen. Drücken Sie die Ränder gut an.

KLEINE ZWIEBELN MIT DER GABEL PFLANZEN

1 Stechen Sie die Gabel in der richtigen Tiefe in das Gras, bewegen Sie sie vor und zurück, um die Löcher zu weiten.

2 Mischen Sie etwas Knochenmehl mit ein wenig Erde. Geben Sie davon mit einem Pikierspaten oder Löffel in jedes Pflanzloch.

3 In jedes Loch kommt eine Knolle mit dem Vegetationspunkt nach oben. Bedecken Sie alle Knöllchen in doppelter Zwiebeldicke mit Erde.

ZWIEBELN IM GRAS

Allium moly
Anemone apennina,
A. blanda (und Sorten),
A. pavonina
Camassia
Chionodoxa forbesii
Colchicum autumnale,
C. speciosum

Crocus pulchellus

Crocus biflorus,
C. chrysanthus,
C. flavus,
C. nudiflorus,
C. ochroleucus,
C. pulchellus, *C. speciosus*,
C. tommasinianus
Dactylorrhiza fuchsii,
D. maculata
Eranthis hyemalis
Erythronium dens-canis,
E. revolutum,
E. 'White Beauty'
Fritillaria meleagris,
F. pyrenaica
Galanthus caucasicus,
G. elwesii, *G. nivalis*
Gladiolus communis ssp. *byzantinus*
Hyacinthoides hispanica
Leucojum aestivum,
L. vernum
Muscari, einige ❄

Narcissus 'Fortune'

Narcissus (darunter zwergförmige u. große Arten)
N. bulbocodium,
N. cyclamineus, *N. nanus*,
N. obvallaris, *N. poeticus*,
N. pseudonarcissus,
N. pumilus, *N. triandrus*
Ornithogalum nutans
Puschkinia scilloides
Scilla bifolia, *S. siberica*
Tulipa sprengeri

SCHLÜSSEL
❄ *Nicht winterhart*

einem Zwiebelpflanzer; mit diesem praktischen Gerät kann man 10-15 cm tiefe Stücke aus dem Rasen ausstechen, was besonders bei großen Zwiebeln die Pflanzung wesentlich erleichtert.

Achten Sie darauf, daß die Löcher die richtige Tiefe haben und die Zwiebeln nicht verkehrt herum im Boden stecken; legen Sie die Grasdecke auf.

Große Gruppen von kleinen Zwiebeln im Gras

Sollen viele kleine Zwiebeln gepflanzt werden, z.B. Krokusse, ist es einfacher, einen ganzen Rasenziegel herauszuheben und die Zwiebeln darunter zu pflanzen. Lockern Sie den verdichteten Boden an der abgedeckten Stelle; arbeiten Sie mit der Gabel etwas von einem ausgewogenen Dünger oder Knochenmehl ein. Verteilen Sie die Zwiebeln locker mit mindestens einer Zwiebelbreite Abstand. Legen Sie den Rasenziegel wieder über die Zwiebeln, und drücken Sie mit dem Rücken eines Rechens vorsichtig an.

Oder Sie stechen mit einer grobzinkigen Gabel Löcher in den Rasen und vergrößern diese durch Hin- und Herbewegen der Gabel, bis die Zwiebeln leicht Platz finden. Stechen Sie die Zinken bis zur dreifachen Zwiebeldicke tief ein (bei Krokussen ca. 7 cm). Verfahren Sie im gesamten Pflanzbereich so, daß lauter kreuz- und querverlaufende, natürlich wirkende Linien entstehen. Mischen Sie etwas Knochenmehl mit Erde, und geben Sie es vor der Pflanzung in jedes Loch, bedecken Sie schließlich den ganzen Bereich mit vorbereiteter Erde.

Zwiebeln, die eine Ruhephase brauchen

Anemone biflora,
A. tschernjaewii
Bellevalia (einige Arten)
Bongardia

Calochortus luteus

Calochortus (alle Arten)
Colchicum (die meisten Arten)
Corydalis (die meisten Arten)
Crocus (die meisten Arten)
Cyclamen, einige ❄ (einige Arten)
Gladiolus, einige ❄
Iris, Onocyclus-Gruppe
Leontice
Leucocoryne ❄
Merendera (die meisten Arten)
Moraea ❄ (im Winter wachsend)
Narcissus atlanticus,
N. cantabricus, *N. marvieri*,
N. romieuxii, *N. rupicola*,
N. watieri ❄
Pancratium, einige ❄
Ranunculus asiaticus ❄

Narcissus watieri

Romulea, einige ❄ (nur Arten)
Tecophilaea cyanocrocus
Tigridia ❄

Schlüssel
❄ *Nicht winterhart*

Wie pflanzt man Zwiebeln in Töpfe

1 *Pflanzen Sie die Zwiebeln (hier Narzissen) zwei zwiebeldick tief und mit einer Zwiebelbreite Abstand.*

2 *Bedecken Sie sie bis 1 cm unter den Rand mit Substrat. Darüber kommt eine Gritschicht (Nebenbild).*

Tontöpfe vorbereiten

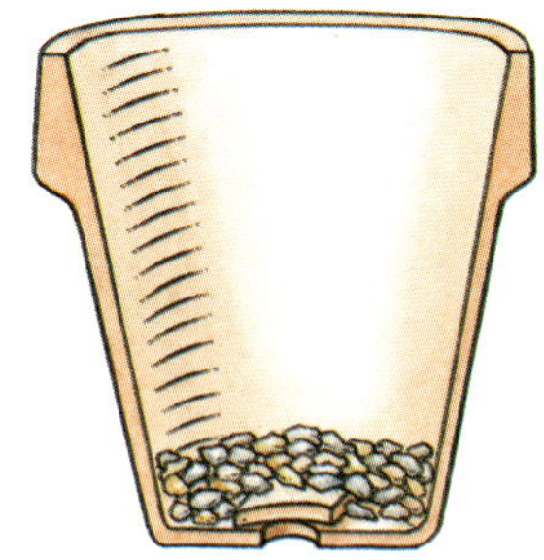

Bei einem Tontopf legt man vor der Pflanzung Topfscherben über das Abzugsloch und füllt dann das Substrat hinein.

Substrat für Zwiebeln unter Glas

Ein gutes, humoses und durchlässiges Substrat für Zwiebelkästen und Gewächshausbeete ist folgende Mischung: 3 Teile Torf, 3 Teile grober Grit und 4 Teile Lehm; geben Sie dazu noch Basisdünger oder Knochenmehl in einer Dosis von 25 g/5 l und (außer bei kalkfliehenden Pflanzen) Gartenkalk in einer Dosis von 25 g/18 l.

Die Mischung muß für ein mindestens 30 cm tiefes Beet mit einer etwa 5 cm dicken Schicht aus verrottetem Gartenkompost oder Mist reichen.

Dieses Substrat eignet sich für die meisten Zwiebelgewächse in Töpfen und anderen Gefäßen. Wenn Sie eine handelsübliche Topferde verwenden, mischen Sie Grit oder groben Sand – mindestens ein Drittel der Menge – unter, da diese Erden oft für Zwiebelgewächse zu wenig durchlässig sind.

»Wald«-Arten in Töpfen u.a. Gefäßen benötigen gut durchlässiges Substrat mit zusätzlichem, nährstoffreichem organischem Material, z.B. eine Mischung aus 3 Teilen Laubhumus, 2 Teilen Lehm und 1 Teil Grit.

Pflanzung in Töpfen unter Glas

Die maßgeschneiderten Bedingungen unter einem schützenden Dach sind für die meisten Zwiebel- und Knollengewächse in Töpfen bestens geeignet. Die Pflanzen erhalten das geeignete Substrat und können der Jahreszeit entsprechend behhandelt werden, z.B. durch eine sommerliche Trockenperiode, reduziertes Wässern im Winter oder Einschlag in ein Beet.

Auch wenn direkt in ein Gewächshausbeet oder einen Zwiebelkasten gepflanzt wird, lassen sich die Bedingungen gut regeln; die Pflanzmethode ist dieselbe wie bei Pflanzungen im Freien (siehe S. 229).

Ton- oder Kunststofftöpfe
Zwiebeln und Knollen können sowohl in Ton- als auch in Kunststofftöpfe gepflanzt werden. Tontöpfe sind für Zwiebeln, die keine übermäßige Feuchtigkeit vertragen, besser geeignet, da das Substrat nach dem Wässern schneller abtrocknet als in Kunststofftöpfen. Bei letzteren, die ihren Zweck ebenfalls erfüllen, wenn sie mit durchlässigem Substrat gefüllt werden, wässern Sie weniger oft als bei Tontöpfen. Pflanzen, die feuchte Bedingungen benötigen, z.B. »Wald«-Zwiebeln, schätzen die gespeicherte Feuchtigkeit im Kunststofftopf.

Bei Tontöpfen legt man Topfscherben über das Drainageloch; das erübrigt sich bei Kunststofftöpfen, wenn das Substrat gut durchlässig ist. Gibt man ein Stück gelochtes Zink über die Drainagelöcher, können keine Würmer eindringen.

Pflanzung in Töpfen
Zwiebeln und Knollen werden in Töpfen genauso tief gepflanzt wie im Freien. Das ist bei größeren Zwiebeln vielleicht nicht möglich; doch muß dann jede Zwiebel zumindest 2,5 cm feuchtes Substrat unter sich haben. Zwiebeln in Blühgröße werden 1 Zwiebelbreite voneinander entfernt gesetzt. Pflanzt man größere Zwiebeln und kleine Brutzwiebeln zusammen, legt man die in Blühgröße weiter auseinander und verteilt dazwischen die kleinen Brutzwiebeln.

Bedecken Sie die Zwiebeln so mit Substrat, daß unter dem Topfrand noch Platz für eine Deckschicht bleibt; drücken Sie die Erde gut an. Darüber kommt eine dicke Schicht Gartenkies, die das Austrocknen verzögert und gut aussieht. Beschriften Sie mit Namen, Datum und Bezugsquelle. Gewässert wird nur, wenn das Substrat fast trocken ist. Sobald das Wurzelwachstum einsetzt, wird wieder gewässert.

Pflanzkörbe

In abgedeckten Beeten werden Zwiebeln oft in Gitterkörbe gepflanzt, so können verschiedene Zwiebeltypen nahe beisammen stehen, ohne sich im Wurzelwachstum gegenseitig einzuschränken. Die Zwiebeln werden in die Körbe gesetzt und beschriftet, dann schlägt man sie in einem Zwiebelbeet mit dem gleichen Substrat wie im Korb ein. Die Körbe können später aufgenommen werden, ohne daß Nachbarpflanzen beeinträchtigt werden. Zwiebeln notfalls auch durch Tontafeln im Boden trennen.

Pflanzung in Gitterkörben
Die bepflanzten Körbe werden bis zum Rand in einem Zwiebelbeet eingeschlagen; sie sollen gerade mit Substrat bedeckt sein. Platzsparend ist eine versetzte Anordnung.

EINSCHLAG FÜR ZWIEBELN

Schlagen Sie die Töpfe bis zum Rand in einem Sandbeet oder im Kalten Kasten ein. Das Substrat darf nicht austrocknen.

Töpfe einschlagen
Nach der Pflanzung gibt man die Töpfe in einen Kalten Kasten oder ein Kalthaus. In Töpfen sind Zwiebeln frostempfindlicher als im Gartenboden; in einem strengen Winter können die Töpfe auch in einem ungeheizten Gewächshaus einfrieren. Schlagen Sie sie daher in ein Beet mit grobem Sand oder Grit ein, der mit so viel Torf vermischt wird, daß der Kies nicht ins Loch rieselt, wenn man den Topf herausnimmt. Oder sorgen Sie bei großer Kälte für minimale Beheizung. Ein Sommereinschlag ist bei Tontöpfen wichtiger, aber als Schutz gegen zu große Wärme auch bei Kunststofftöpfen zu empfehlen.

Hübsche Pflanzgefäße

Zwiebeln können in Wannen, Tröge u.a. hübsche Gefäße gepflanzt werden, wenn diese sauber sind und genügend Abzugslöcher haben. Geben Sie ins Gefäß eine etwa 3 cm dicke Drainageschicht aus Topfscherben oder ähnlichem. Stellen Sie das Gefäß erhöht auf, z.B. auf Ziegel oder spezielle »Topffüße«. So kann sich unten kein Wasser sammeln; das schützt Terrakottatöpfe auch noch vor Frostschäden.

Passen Sie das Substrat den Erfordernissen der jeweiligen Pflanzen an – es kann lehmig, reich an Laubhumus oder kiesig sein; wichtig ist die Durchlässigkeit, damit keine Staunässe entsteht. Pflanztiefe und -abstände sind dieselben wie bei anderen Töpfen (siehe S. 232). Drücken Sie die Zwiebeln nicht zu stark ins Substrat, dadurch verdichtet sich die Erde unter den Wurzeln und behindert das Wachstum.

ZEITLICHE ABFOLGE

Um die Blütezeit auszudehnen, wählt man verschiedene Zwiebelgewächse, die nacheinander blühen, und setzt sie gemeinsam in ein Gefäß. Früh- und spätblühende Zwiebeln werden schichtweise, jeweils in der doppelten Zwiebeldicke, in lockeres, feuchtes Substrat plaziert. Eine lockere Verteilung der Zwiebelgewächse wirkt zwangloser und natürlicher als strenge Reihen.

Zwiebeltreiberei

Manche Zwiebeln können in Schalen gesetzt und künstlich dunkel gehalten werden, damit sie früher blühen. Zimmerpflanzen setzt man am besten gleich in hübsche Schalen und bringt sie ins Haus, wenn sie blühen. Man stellt die Töpfe in einen kühlen Raum, in dem die Temperaturen nur leicht über denen im Gewächshaus oder Kasten, wo sie gezogen wurden, liegen. Bei höheren Temperaturen wachsen die Blütenstiele zu rasch und sehen unnatürlich aus, auch halten die Blüten nicht so lange. Bringen Sie die Pflanzen wieder ins Gewächshaus oder in den Zwiebelkasten, sobald die Blüten welken.

Hyazinthen
Frühtreiben ist vor allem bei Hyazinthen beliebt. Man kann bereits präparierte Zwiebeln kaufen, die bei richtiger Behandlung bis zur Wintermitte blühen.

Kaufen Sie die Hyazinthenzwiebeln im Frühherbst, und setzen Sie sie in Schalen mit gut angefeuchtetem, faserreichem Substrat. Plazieren Sie sie so, daß sie sich nicht berühren und die Spitzen aus dem Substrat herausragen.

Dann werden die Zwiebeln kühl und dunkel gestellt, zum Beispiel in einen geschlossenen Schrank in einem kühlen Raum. Hier entwickeln sich die Blütenstiele vor den Blättern, und das Wurzelsystem baut sich gut auf. Halten Sie das Substrat nur ganz wenig feucht, indem Sie vorsichtig zwischen den Zwiebeln wässern, wenn es auszutrocknen beginnt.

Lassen Sie die Schalen etwa 8 Wochen oder so lange, bis die neuen Triebe 4-5 cm hoch sind, im Dunkeln; die zwischen den gelbgrünen Blattspitzen sichtbar werdenden Blütenknospen sollten gerade ein wenig Farbe annehmen.

In dem Stadium bringt man die Hyazinthen ins Tageslicht (kein Sonnenlicht). Holen Sie sie aber nicht früher aus dem Dunkel, an das sie gewöhnt sind, denn sonst wachsen die Blätter zu schnell und verdecken die Blüten. Die Blätter nehmen im Licht allmählich ihre natürliche grüne Farbe an, während die Pflanzen weiterwachsen und zu blühen beginnen.

Narzissen
Viele Narzissen, zum Beispiel *Narcissus* 'Paper White', können wie Hyazinthen in faserreichem Substrat gezogen werden. Sie brauchen jedoch mehr Licht und sollten deshalb auf ein sonniges Fensterbrett gestellt werden, sobald oberirdische Triebe erscheinen. Stimmt der Lichteinfall nicht, werden die Narzissen zu hoch und müssen entsprechend gestützt werden.

Hippeastrum
Großblumige *Hippeastrum*-Hybriden sind als Zimmerpflanzen sehr beliebt. Sie werden im Handel oft gleich mit geeignetem Substrat angeboten, können in Töpfe gesetzt werden und in einem warmen, hellen Raum bleiben, bis die Blüte vorüber ist. *Hippeastrum*-Hybriden überdauern die Jahre leichter, wenn sie die meiste Zeit über in einem Gewächshaus stehen und nur zur Blüte ins Haus kommen.

HYAZINTHENTREIBEREI IN TÖPFEN

1 Geben Sie feuchtes Substrat unten ins Gefäß, und setzen Sie die Zwiebeln ein. Dann füllen Sie bis zu den Kronen auf. Stellen Sie das Gefäß an einen kühlen, dunklen Platz.

2 Sobald zwischen den hellen Blättern Blütenähren erscheinen, bringt man das Gefäß in helles, indirektes Licht.

Hyazinthentreiberei in Gläsern

Für die Hyazinthentreiberei gibt es Spezialgläser, bei denen der Zwiebelkuchen genau über der Wasseroberfläche liegt. Setzen Sie die Zwiebel hinein, stellen Sie das Glas in einen kühlen Raum (keine direkte Sonne), und halten Sie den Wasserstand stets knapp unter der Zwiebel. Sie wird rasch Wurzeln hervorbringen.

Wenn die Blütenknospen Farbe annehmen, kommt die bewurzelte Hyazinthe in einen warmen, hellen Raum, wo sich die blühenden Triebe entwickeln. Nach der Blüte wirft man die Zwiebel weg, da sie im nächsten Jahr kaum mehr schön sein wird.

Füllen Sie die Gläser bis zum »Hals« mit Wasser, die Zwiebel muß knapp über der Wasseroberfläche sein. Achten Sie auf den Wasserstand.

Laufende Pflege

WENN die Bedingungen stimmen, verlangen Zwiebel- und Knollengewächse nicht viel Pflege. Falls sie nicht schön blühen, stehen sie wahrscheinlich zu dicht. Dem ist durch Teilung und Neupflanzung leicht abzuhelfen. Zwiebelgewächse sind nicht besonders anfällig für Krankheiten, befallene Pflanzen müssen aber sofort behandelt werden.

Zwiebelgewächse in der Wiese

Zwiebeln auf naturnahen Grasflächen erfordern nicht soviel Aufmerksamkeit wie an anderen Standorten, nur der Zeitpunkt des Mähens ist wichtig. Durch regelmäßiges Entfernen verwelkter Blütenköpfe und seltenes Düngen bleiben die Zwiebeln gesund und vermehren sich stetig über Jahre.

Düngen

Zwiebeln in der Blumenwiese dürfen nicht regelmäßig gedüngt werden, v.a. nicht mit stickstoffreichem Dünger, denn der fördert den Graswuchs auf Kosten der Zwiebeln. Ist eine Düngung nötig (etwa weil Narzissen nicht schön blühen), nimmt man kalibetonten Dünger, um die Blütenproduktion anzuregen.

Verwelkte Blütenköpfe

Durch regelmäßiges Entfernen verwelkter Blütenköpfe verlängert man die Blütezeit; die Pflanze wird wüchsig erhalten, da sie keine unnötige

Abgeblühte Zwiebelgewächse in Grasflächen

Wenn die Blätter von Zwiebelgewächsen (hier Narzissen) gelb werden, schneiden Sie die Pflanzen beim Mähen mit der Heckenschere bis auf den Boden zurück.

Energie für die Samenproduktion aufwendet. Nach der Blüte werden die Stengel unter den Fruchtständen abgeknipst. Will man Samenkapseln ernten, läßt man einige an der Pflanze reifen und schneidet die Stengel nach der Ernte bis auf den Boden ab.

Wann wird gemäht

Bei frühblühenden Zwiebelgewächsen, z.B. Narzissen, wird das Gras frühestens 6 Wochen nach der Blüte, oder wenn das Laub gelb zu werden beginnt, geschnitten. Bei selbstaussäenden Zwiebeln mäht man erst, wenn die Samenkapseln den Samen abgegeben haben – meist etwa 3 Wochen nachdem die Blätter abzusterben beginnen.

Herbstblühende Zwiebelgewächse wie *Colchicum* treiben vor Ende der Mähperiode aus. Sobald die ersten Blätter oder Sproßspitzen erscheinen, müssen die Messer des Mähers so weit nach oben gestellt werden, daß diese verschont bleiben; notfalls stellt man das Mähen ein.

In einer Wildblumenwiese mit spätblühenden Zwiebelgewächsen wartet man mit dem Mähen bis zum Hoch- oder Spätsommer, wenn das Laub abgestorben ist.

Zwiebelgewächse in Rabatten und Waldstücken

Wieviel Pflege Zwiebel- und Knollengewächse in einer gemischten Rabatte oder unter Baumbestand erfordern, hängt davon ab, ob sie dauernd oder nur vorübergehend dort angesiedelt werden. Dauernde Pflanzungen brauchen wenig Pflege, solange die Pflanzen nicht zu dicht stehen, andernfalls müssen sie aufgenommen und geteilt werden (siehe S. 235).

Ein gut vorbereiteter Boden muß im ersten Jahr nicht gedüngt werden, aber in den folgenden Jahren sorgen 1-2 Gaben von stickstoffarmem, kalibetontem Dünger, der die Blüte fördert (siehe DER BODEN UND SEINE DÜNGUNG, »Bodennährstoffe und Düngemittel«, S. 530), für schönere Pflanzen.

Die Pflanzen brauchen während der Wachstumsperiode reichlich Feuchtigkeit, v.a. unter Bäumen. Bei anhaltender früher Trockenheit muß eventuell gewässert werden. Verwelkte Blütenköpfe regelmäßig entfernen.

Kurzlebige Pflanzungen entsprechen dem ersten Jahr einer dauernden Pflanzung. Am Ende der Wachstumsperiode werden Zwiebeln und Knollen aufgenommen und überwintert (siehe S. 235).

Stützen

Hohe Zwiebelgewächse mit schwachen Stengeln muß man stützen, sobald sie so hoch sind, daß man ein Band herumlegen kann; sie werden nochmals angeheftet, wenn sie ihre endgültige Höhe fast erreicht haben und bald blühen. Bei Gruppenpflanzungen setzt man die Bambusstäbe an die Innenseite der Stengel, wo sie von den wachsenden Pflanzen kaschiert werden. Stecken Sie die Stützen so, daß die Zwiebeln oder Knollen nicht geschädigt werden.

1 *Befestigen Sie hohe Pflanzen mit nur einem Stengel, z.B. Gladiolen, sobald sie 15 cm hoch sind, mit einer Schnur oder mit Raphiabast an einem Stab.*

2 *Sobald sich Blütenknospen bilden, macht man den Stengel knapp darunter am Stab fest, damit er nicht bricht, wenn die Knospen aufblühen.*

Zwiebelgewächse in Gruppen

Bei Pflanzen, die in Gruppen stehen, z.B. Lilien, steckt man Stäbe in die Mitte und bindet die umliegenden Stengel mit Achterschlaufen an ihnen fest, damit die Stengel sich nicht an den Stäben reiben.

Blütenstengel kappen

Braucht man den Samen nicht zur Vermehrung, werden die abgestorbenen Blütenstengel der Zwiebelgewächse (hier Allium*) bis auf den Boden zurückgeschnitten.*

Ernte des Samens

Die Samenkapseln (hier Fritillaria*) entfernt man erst, wenn sie braun werden und platzen. Der reife Samen kann dann für Aussaat oder Lagerung geerntet werden.*

Zu dicht stehende Zwiebeln werden geteilt

1 Sobald im Freien gepflanzte Zwiebelgewächse zu dicht stehen, nimmt man das gesamte Bündel vorsichtig mit einer Gabel auf, wenn die Blätter welken.

2 Teilen Sie das Bündel (hier Nerine) zunächst in kleinere Klümpchen, dann in einzelne Zwiebeln. Entfernen Sie kranke oder abgestorbene Pflanzenteile.

3 Kränkliche Zwiebeln werfen Sie weg, die gesunden reinigen Sie. Die lose Außenschale wird als Vorbereitung für die Neupflanzung entfernt.

Abgestorbene Blätter
Wenn die Zwiebelgewächse in der Rabatte abgeblüht sind, läßt man die Blätter einziehen, bevor man sie entfernt. Sorgen Sie nicht für »Ordnung«, indem Sie die noch grünen Blätter zusammenbinden; das behindert die Photosynthese, die Zwiebel kann weniger Energie für die nächste Wachstumsperiode speichern.

Aufnehmen und Teilen
Wenn die Pflanzen weniger üppig blühen als in früheren Jahren, liegt das meist daran, daß sie zu dicht stehen. Das fällt kaum auf, wenn die Zwiebeln nicht, wie bei *Nerine*, an der Oberfläche sichtbar werden.

Nehmen Sie zu dichte Gruppen während der Ruheperiode auf, bevor das Wurzelwachstum einsetzt. Trennen Sie die einzelnen Zwiebeln, und pflanzen Sie sie in Gruppen neu. Stecken Sie sie einzeln 2-3 Zwiebelgrößen tief und 2-3 Zwiebelbreiten entfernt voneinander. Kleine Ableger oder Brutzwiebeln setzt man zwischen blühgroße Zwiebeln oder in Töpfe bzw. in ein »Anzuchtbeet« in einem Kasten oder im Garten, wie bei zweijährigen Sämlingen (siehe »Pflege der Sämlinge«, S. 238).

Stellt man beim Aufnehmen fest, daß die Zwiebeln nicht zu dicht standen, aber doch nicht mehr gut aussehen, untersucht man sie auf Krankheiten und Schädlinge (siehe S. 236). Ist kein Grund ersichtlich, setzt man sie an einen neuen Platz mit gut durchlässigem, nährstoffreichem Boden und viel Licht oder in Töpfen in einen Kalten Kasten oder ins Gewächshaus.

Trocknen und Überwintern
Vorübergehend in Beete oder Rabatten gesetzte Zwiebeln bleiben an ihrem Platz, bis das Laub gelb wird. Dann werden sie aufgenommen und gereinigt, auf einer Schale zum Trocknen ausgelegt und in Papiertüten (nicht Plastik!) bis zur nächsten Saison trocken gelagert. Wenn man Anzeichen von Krankheiten entdeckt, bestäubt man sie mit Fungizid. Oder man nimmt die Pflanzen kurz nach der Blüte oder wenn das Laub abstirbt, auf und setzt sie an einen anderen Platz im Garten, wo sie in Ruhe einziehen können.

Kleine Zwiebeln im Steingarten und Hochbeet

Zwergzwiebeln in Hochbeeten oder Steingärten werden genauso behandelt wie Zwiebeln in Rabatten. Viele seltenere Gewächse vermehren sich jedoch langsam und stehen erst nach Jahren zu dicht. Halten Sie sie während der Wachstumsperiode ausreichend feucht, und geben Sie kalibetonten, stickstoffarmen Dünger.

Wenn Samen benötigt wird, erntet man die reifen Samenkapseln; abgestorbene Blätter werden entfernt, damit das Beet ordentlich aussieht.

In Gefäßen im Freien

Zwiebel- und Knollengewächse in Gefäßen dürfen während des Wachstums nicht austrocknen und müssen regelmäßig kalibetonten Dünger haben, der die Blütenproduktion anregt. Bei Frühlingsblühern warten Sie, bis das Laub eingezogen ist, nehmen sie dann auf und lagern die gereinigten Zwiebeln oder Knollen während des Sommers kühl und trocken. Im Frühherbst werden sie in einem Gefäß mit frischem Substrat neu gepflanzt, damit sie im nächsten Frühling blühen. Wird das Pflanzgefäß im Sommer gebraucht, setzt man die noch grünen Pflanzen in ein Beet und läßt sie dort einziehen.

Frühlingsblühende Arten (Krokusse, Narzissen und Hyazinthen) können auch direkt in den Garten gesetzt werden. Sommerblüher werden kühl und trocken überwintert und im Frühjahr neu gepflanzt.

Einige Zwiebel- und Knollengewächse, z.B. Lilien, wachsen nicht gut, wenn man sie nach der Blüte völlig austrocknen läßt. Schlagen Sie sie für die Ruheperiode in den Töpfen an einem schattigen Ort ein.

In Kästen und Hochbeeten

In Kästen oder unter Abdeckungen werden Zwiebel- und Knollengewächse ähnlich behandelt wie in Rabatten (siehe S. 234), nur brauchen sie mehr Wasser und Dünger. Nehmen Sie die Abdeckungen während der Wachstumsperiode vom

Aufnehmen, Trocknen und Lagern

1 Sobald die Blätter gelb werden, ca. 1 Monat nach der Blüte, nimmt man die Zwiebeln (hier Tulpen) vorsichtig auf und setzt sie in beschriftete Gefäße, um sie nicht zu verwechseln.

2 Reinigen Sie die Zwiebeln von Erde, und entfernen Sie lose Außenschalen. Zupfen Sie absterbende Blätter vorsichtig ab. Sortieren Sie kranke oder beschädigte Zwiebeln aus.

3 Legen Sie die Zwiebeln über Nacht zum Trocknen aus, ohne daß sie sich berühren. Bestäuben Sie sie mit Fungizid, und lagern Sie sie in sauberen, beschrifteten Papierbeuteln.

Hochbeet oder Kasten, außer bei extrem kaltem oder nassem Wetter. Wässern Sie bei Trockenheit.

Zwiebeln sind wüchsiger, wenn sie gedüngt werden, sobald die Nährstoffe im Substrat verbraucht sind. Streuen Sie gekörnten Dünger an der Oberfläche, wenn das Wachstum einsetzt, oder geben Sie alle 2-3 Wochen Flüssigdünger. In der zweiten Hälfte der Wachstumsperiode gibt man kalibetonten, stickstoffarmen Dünger.

Topfpflanzen unter Glas

Gewächse, die warme, trockene Sommer benötigen und ihre Wachstumsperiode im Winter und Frühjahr haben, gedeihen gut in ungeheizten oder kühlen Gewächshäusern, wo Düngung, Wässern und Trockenzeit gesteuert werden können. Zwischen dem Einziehen der Blätter und dem Beginn der natürlichen Wachstumsperiode im Spätsommer oder Frühherbst hält man sie trocken.

Während der Wachstumsperiode werden die Töpfe gründlich durchfeuchtet, sobald sie fast trocken sind, dürfen aber v.a. im Winter nicht zu viel gewässert werden. Bis zur Blüte wird während der Wachstumsperiode zusätzlich gewässert, danach reduziert, bis die Blätter absterben. Einige winterharte Zwiebelgewächse, z.B. Krokusse des Gebirges und »Wald«-Zwiebeln, dürfen nicht ganz austrocknen; halten Sie das Substrat im Sommer leicht feucht.

Zwiebelgewächse wie *Galtonia* müssen regelmäßig gewässert werden, damit sie im Sommer weiterwachsen; sie dürfen dann in ihrer Ruhezeit im Winter austrocknen.

Erneuern des Substrats

Durch Erneuern der obersten Erdschicht im Topf erhalten die Zwiebeln und Knollen wieder Nährstoffe für ein Jahr. Bevor das Wachstum einsetzt, kratzt man vorsichtig das alte Substrat weg und legt die Zwiebeln oben frei. Wenn sie gesund sind und nicht zu dicht stehen, bedeckt man sie mit frischem, feuchtem Substrat derselben Art wie im Topf. Zu dicht stehende Zwiebeln werden getrennt und eingetopft, wenn sie winterhart sind, ausgepflanzt.

Umtopfen

Zwiebeln und Knollen können oft jahrelang im selben Topf bleiben, bis sie zu dicht stehen und umgetopft werden müssen – man erkennt das am Nachlassen der Blüte und an kränkelnden Blättern. Am Ende der Ruheperiode werden die Zwiebeln umgesetzt, damit sie austreiben. Größere Zwiebeln topft man einzeln ins gleiche Substrat wie beim ersten Mal (siehe »Pflanzung in Töpfen unter Glas«, S. 232). Kleine Zwiebeln oder Brutzwiebeln setzen Sie zwischen große, oder Sie topfen sie extra ein.

Nichtwinterharte Zwiebeln mit Ruheperiode im Winter werden im Vorfrühling umgetopft, wenn das Wachstum einsetzt.

Düngung

Bleiben die Gewächse über Jahre im selben Topf, müssen sie während der ganzen Wachstumsperiode bei jedem zweiten Wässern kalibetonten, stickstoffarmen Flüssigdünger bekommen. Eine Düngung ist nicht nötig, wenn die Zwiebeln oder Knollen jährlich umgetopft werden.

Pflege nach Frühtreiben

Nach dem Frühtreiben stellt man Zwiebelgewächse je nach Bedürfnissen auf ein schattiges Fensterbrett oder in einen kühlen, hellen Raum. Wenn die Blütenknospen gut gebildet sind, vertragen die Pflanzen etwas mehr Wärme. Drehen Sie die Schale immer wieder, wenn die Triebe zum Licht wachsen, und halten Sie das Substrat feucht. Nach dem Frühtreiben sind die Zwiebeln meist in schlechtem Zustand und können weggeworfen oder in den Garten gesetzt werden, wo sie frühestens nach 2 Jahren wieder zu ihrer natürlichen Zeit blühen.

Hippeastrum-Hybriden können nach dem Frühtreiben in gutem Zustand erhalten werden, wenn man sie jedes Jahr nach der Blüte in nährstoffreiches, gut durchlässiges Substrat im selben Topf umsetzt. Zwischen Frühherbst und Wintermitte wird nicht gewässert, zu dicht stehende werden umgetopft.

Probleme mit Zwiebeln und Knollen

Gelegentlich bleibt bei Zwiebel- und Knollengewächsen die Blüte aus. Bei älteren Pflanzungen liegt das oft daran, daß sie zu dicht stehen, sie sollten aufgenommen und einzeln in frische Erde gepflanzt werden. Auch Wassermangel während der Wachstumsperiode kann die Ursache sein.

Kommen neugepflanzte Zwiebeln nicht zum Blühen, waren sie vielleicht nicht richtig gelagert oder noch nicht ganz reif. *Iris danfordiae, Fritillaria*-Arten wie *F. recurva* und *F. thunbergii* und einige andere Zwiebeln blühen auch in der Natur unregelmäßig. Graben Sie solche Zwiebeln nicht aus, wenn sie nicht krank aussehen oder zu dicht stehen; sie können wieder blühen, wenn man sie in Ruhe läßt. Manchmal hilft es, die Zwiebeln tiefer zu pflanzen, da sie dann nicht so viele Brutzwiebeln bilden.

Schädlinge und Krankheiten

Achten Sie während der Wachstumsperiode auf Anzeichen von Schädlingen und Krankheiten, und behandeln Sie diese sofort. Ruhende Zwiebeln werden beim Anpflanzen, Umtopfen oder Vermehren untersucht, stark befallene vernichtet.

Zwiebeln und Knollen neigen v.a. zu Fäulnis und Pilzkrankheiten, z.B. zur Tintenkrankheit (S. 567), die besonders für Reticulata-Iris gefährlich ist. Narzissen sind anfällig für Narzissenfliege (siehe »Zwiebelfliege«, S. 567).

UMTOPFEN ZU DICHT STEHENDER ZWIEBELN

1 *Nehmen Sie einen Teil des Substrats aus dem Topf, und untersuchen Sie die Zwiebeln (hier Narzissen). Stehen diese zu dicht, werden sie umgetopft.*

2 *Stürzen Sie den Topfinhalt vorsichtig heraus, und nehmen Sie die Zwiebeln aus dem Substrat. Abgestorbene, von Krankheiten oder Schädlingen befallene Zwiebeln wegwerfen.*

3 *Zerlegen Sie Zwiebelpaare oder -klümpchen mit großen Ablegern durch vorsichtiges Auseinanderziehen in einzelne Zwiebeln.*

4 *Suchen Sie die gesunden Zwiebeln aus, reinigen Sie sie, und entfernen Sie lose Außenschalen. Bestäuben Sie die Zwiebeln mit Fungizid in Pulverform.*

5 *Setzen Sie die Zwiebeln in einen Topf mit frischem, feuchtem Substrat. Pflanztiefe ist die doppelte Zwiebeldicke, Abstand mindestens eine Zwiebelbreite.*

Vermehrung

Viele Zwiebelgewächse vermehren sich natürlich durch Ableger oder Brutzwiebeln, die man von der Mutterpflanze abtrennen kann. Zwiebeln und Knollen, die sich nur schwer teilen lassen, kann man in Stücke schneiden. Andere werden vegetativ vermehrt, etwa durch Zwiebelschuppen oder durch Aushöhlen. Durch Aussaat erhält man rasch große Bestände, die aber erst nach mehreren Jahren blühen.

Teilung

Während der Wachstumsperiode vermehren sich viele Zwiebeln, indem sie innerhalb der Tunica der Mutterzwiebel Ableger bilden. Trennen Sie diese jedes oder jedes zweite Jahr ab, und topfen Sie sie einzeln ein. Beläßt man sie, stehen die Pflanzen bald zu dicht und brauchen länger, bis sie Blühgröße erreichen. *Allium*-Arten bringen viele kleine Ableger hervor, Narzissen und Tulpen größere und weniger.

Andere Zwiebelgewächse bilden Brutzwiebeln in den Blattachseln, z.B. Lilien *(Lilium)* und einige *Calochortus*-Arten, oder an der Zwiebelbasis; beide sind zur Vermehrung geeignet.

Vermehrung durch Ableger
Einige Zwiebelgewächse, z.B. *Crinum*, kann man aufnehmen und teilen. Trennen Sie die Ableger vorsichtig von der Mutterpflanze ab, oder schneiden Sie den Zwiebelkuchen am Ansatzpunkt durch. Entfernen Sie lose Teile und Erde, die Schnittflächen bestäuben Sie mit Fungizid.

Größere Zwiebeln oder Knollen setzt man im richtigen Abstand im Garten ein; kleinere Ableger werden einzeln eingetopft oder mehrere in einen größeren Topf oder eine tiefe Schale gegeben. Man läßt sie 1-2 Jahre in einem kühlen Treibhaus wachsen und pflanzt sie dann im Garten aus.

Vermehrung durch Brutzwiebeln
Aus Brutzwiebeln oder -knollen gezogene Pflanzen blühen meist 1-2 Jahre früher als aus Samen gezogene. Beim Umtopfen nimmt man die Brutzwiebeln von der Mutterzwiebel ab und setzt sie in Reihen in Schalen. Verwenden Sie gut durchlässige Vermehrungserde mit etwas Langzeitdünger. Die Abstände sind die gleichen wie bei der Aussaat (siehe »Aussaat«, S. 238); Sie werden mit 2,5 cm Substrat bedeckt, beschriftet und in einen beschatteten Teil des Gartens gebracht. Halten Sie das Substrat feucht; Tontöpfe schlägt man ein, um sie feucht zu halten. Verfahren Sie weiter wie bei Samen (siehe S. 238). Oberirdische Brutzwiebeln werden abgenommen und ebenso behandelt (siehe LILIEN, »Vermehrung durch oberirdische Brutzwiebeln«, S. 243).

Brutknöllchen bei Gladiolen
Gladiolen bilden häufig kleine Brutknöllchen an der Basis der Knolle. Nehmen Sie diese ab, und verfahren Sie wie bei Brutzwiebeln. Oder pflanzen Sie sie reihenweise in nährstoffreichen, durchlässigen Boden in einen Zwiebelkasten oder ein Anzuchtbeet. Dort können sie 2-3 Jahre bleiben, bis sie blühen, dann aufgenommen und an den endgültigen Platz gesetzt werden.

Vermehrung durch Ableger

1 *Im Frühling nimmt man die Pflanzen (hier* Crinum*) mit einer Gabel auf, schüttelt die Erde von den Wurzeln und zieht den Ballen auseinander.*

2 *Nun sucht man eine große Zwiebel mit mehreren gut entwickelten Ablegern aus, entfernt die Erde und trennt die Ableger ab – ohne daß Wurzeln verlorengehen.*

3 *Die Ableger steckt man in 15-cm-Töpfe mit feuchtem, sandigem Substrat und bedeckt mit ca. 2,5 cm Substrat; beschriften und wässern.*

Gladiolen durch Brutknöllchen vermehren

1 *Wenn die Blüte vorüber ist und das Laub abstirbt, nimmt man die Knolle mit einer kleinen Gabel auf. An der Knollenbasis sollten sich Brutknöllchen gebildet haben. Überwintern Sie die Knolle an einem kühlen, trockenen Platz.*

2 *Im Spätwinter oder Vorfrühling nimmt man die Brutknöllchen ab; sie sollten sich leicht von der Knolle lösen.*

3 *Füllen Sie eine Schale zur Hälfte mit feuchtem, kiesigem Substrat. Setzen Sie die Knöllchen mit 2,5 cm Abstand aufrecht hinein.*

Zwiebeln und Knollen, die man teilen kann

Ableger
Allium (einige Arten)
Alstroemeria
Arum, einige ❄
Crinum, einige ❄
Crocus
Galanthus
Iris, Juno-Gruppe,
I., Reticulata-Gruppe (einige Arten)
Leucojum
Lilium
Muscari, einige ❄ (einige Arten)
Narcissus
Nerine, einige ❄
Ornithogalum, einige ❄
Tulipa

Gladiolus 'Deliverance'

Brutzwiebeln
Allium (einige Arten)
Fritillaria acmopetala, *F. crassifolia*, *F. pudica*, *F. recurva*, *F. thunbergii*
Iris, Reticulata-Gruppe (Arten)
Muscari, einige ❄ (einige Arten)

Brutknollen
Gladiolus (Arten und Hybriden)

Schlüssel
❄ *Nicht winterhart*

Aufzucht aus Samen

Bei dieser Vermehrungsmethode erhält man viele neue Gewächse, die zunächst frei von Viren sind (ausgenommen solche, die durch Samen übertragen werden); bei der Teilung werden Krankheiten von der Mutterpflanze übertragen.

Bei der Aufzucht aus Samen brauchen die meisten Pflanzen 3-5 Jahre bis zur Blühgröße. Einige wenige, z.B. *Cardiocrinum*, sterben nach der Blüte ab, der Samen kann aber geerntet und jährlich gesät werden, so daß man doch in jeder Wachstumsperiode gesunde, blühende Pflanzen bekommt.

Samen ernten

Die meisten Zwiebel- und Knollengewächse tragen den Samen an den alten Blütenstengeln, nur manche, v.a. Krokusse und Reticulata-Iris, bringen knapp über dem Grund Kapseln hervor, die schwer zu sehen sind.

Beobachten Sie die reifenden Kapseln, denn sie samen sich oft sehr rasch aus. Nehmen Sie sie ab, sobald sie braun werden und zu platzen beginnen. Holen Sie den Samen möglichst bald heraus. Manche Knollengewächse, z.B. *Corydalis*, geben den Samen ab, wenn die Kapseln noch grün sind. Lassen Sie den Samen ohne künstliche Wärme trocknen, und lagern Sie ihn bis zur Aussaat in Papiertüten an einem kühlen, trockenen, luftigen Ort (keine Plastikbeutel verwenden).

Wann wird gesät

Die folgende Methode eignet sich für die meisten winterharten Frühjahrsblüher, z.B. *Fritillaria*, Narzissen und Tulpen. Die beste Zeit ist der Frühherbst, aber säen Sie gleich, wenn Sie den Samen früher erhalten. Die Keimung sollte im Vorfrühling einsetzen.

Vermehrungserde für Zwiebeln und Knollen

Verwenden Sie handelsübliche, lehmige Vermehrungserde mit einem Viertel grobem Sand, wenn die Mischung nicht sandig ist. Ein geeignetes lehmiges Substrat erhält man aus 2 Teilen sterilem Lehm, 1 Teil Torfersatz und 1½ Teilen grobem Sand oder Saatperlit mit je 25 g Superphosphat und Kalk auf 18 Liter. Auch handelsübliches Substrat mit Torfersatz kann verwendet werden, enthält aber nur Nährstoffe für ein Jahr.

Aussaat

Man kann Ton- oder Kunststofftöpfe verwenden, in letzteren bleibt die Erde besser feucht. Bei Tontöpfen gibt man für die Drainage Topfscherben hinein. Füllen Sie den Topf mit Substrat, drücken Sie es an, und säen Sie den Samen dünn an der Oberfläche aus. Bei großen, flachen Samen, etwa von *Fritillaria* oder Tulpen, beträgt der Abstand eine Samenkornbreite, bei kleineren, runden etwa 5 mm. Bedecken Sie die Samen leicht mit gesiebtem Substrat, und geben Sie darüber reichlich groben Kies oder Aquariumkies. Beschriften Sie die Töpfe (Pflanzennamen, Bezugsquelle, Datum). Stellen Sie sie an einen schattigen Platz im Garten, oder schlagen Sie sie in einem Kalten Kasten in Sand ein, um sie feucht zu halten.

Pflege der Sämlinge

Nach der Keimung bringt man die Töpfe in volles Licht in einen Kalten Kasten oder ins Gewächshaus. Halten Sie die Sämlinge feucht, bis sie einzuziehen beginnen, hören Sie dann auf zu wässern. Bei Gewächsen, die während der Ruheperiode im Sommer auch in der Natur nicht trockenstehen, wie z.B. bestimmte Gebirgskrokusse, werden die Sämlinge leicht feucht gehalten. Mit dem Wässern beginnt man im Frühherbst wieder, sobald neuer Wuchs erscheint, und fährt fort, bis dieser abstirbt.

Die meisten Zwiebel- und Knollengewächse werden erst nach 2 Vegetationsperioden umgetopft,

EINJÄHRIGE SÄMLINGE

Am Ende der Wachstumsperiode sind einjährige Sämlinge (hier Fritillaria*) oft zu wenig wüchsig zum Umtopfen. Lassen Sie das Laub einziehen. Nicht mehr wässern.*

wenn sie nicht sehr rasch wachsen. In der ersten Saison muß nicht gedüngt werden, regelmäßiges Düngen in der zweiten läßt die Zwiebeln oder Knollen größer werden. Verwenden Sie handelsüblichen Flüssigdünger für Tomaten, aber mit doppelter Verdünnung.

Umtopfen

Nach 2 Wachstumsperioden können die Sämlinge starkwüchsiger Pflanzen in für reife Zwiebelgewächse empfohlenes Substrat getopft werden. Wenn das Laub gegen Ende der Ruheperiode eingezogen ist, leert man den Topf aus, holt die jungen Zwiebeln/Knollen heraus, reinigt sie, und topft sie in frischem, feuchtem Substrat ein, um das Wachstum anzuregen. Wenn sie 2-3 Jahre im Topf bleiben, sind sie groß genug, um sich im Freien gut zu etablieren.

Nicht umgetopfte Sämlinge

Die Sämlinge können auch im Topf weiterkultiviert und dann mit dem Substrat ausgepflanzt werden, damit das Wurzelsystem nicht leidet. Setzen Sie die einjährigen Sämlinge mit dem gesamten Topfinhalt in einen etwas größeren Topf, und düngen Sie während der zweiten Wachstumsperiode regelmäßig. Wenn die jungen Zwiebeln/Knollen gegen Ende der zweiten Saison groß genug sind, wird der gesamte Topfinhalt in den Garten gesetzt. Düngen Sie nach der Pflanzung nochmals, um die Blüte nicht zu verzögern. Zu kleine Exemplare bleiben im Topf und werden noch ein Jahr lang regelmäßig gedüngt.

»Wald«-Arten

Viele schattenliebende Zwiebel- und Knollenpflanzen wachsen am besten, wenn das Substrat Laubhumus enthält. Für die Aussaat verwendet man Substrat aus 1 Teil Laubhumus,

VERMEHRUNG DURCH SAMEN

1 *Füllen Sie den Topf mit einer Mischung aus Vermehrungserde und einem Viertel grobem Sand. Drücken Sie das Substrat mit einem Stampfer gut an.*

2 *Säen Sie den Samen gleichmäßig aus der Tüte aus, die Sie knapp über das Substrat halten, damit der Samen (hier* Fritillaria*) nicht herausspringt.*

3 *Jetzt streuen Sie mit einem Sieb eine dünne Schicht Substrat gleichmäßig über die Samen. Sie sollten bedeckt und nicht mehr zu sehen sein.*

4 *Darüber kommt eine mindestens 1 cm dicke Schicht aus grobem Grit, ohne Substrat und Samen zu beeinträchtigen.*

5 *Stellen Sie den beschrifteten Topf an einen schattigen Platz im Freien. Schlagen Sie ihn eventuell in feuchtem Sand ein.*

EINTOPFEN DER SÄMLINGE

1 *Klopfen Sie den Topfinhalt vorsichtig heraus; einige Zwiebeln (hier* Fritillaria*) sind zu sehen. Nehmen Sie alle Zwiebeln aus dem Substrat.*

2 *Setzen Sie die jungen Zwiebeln zweimal so tief wie sie dick sind und mit einer Zwiebelbreite Abstand in einen Topf mit frischem, kiesigem Substrat.*

1 Teil Torf, 1 Teil sterilisiertem Lehm und 1½ Teilen grobem Gartensand oder Saatperlit.

Viele dieser Gewächse, z.B. *Erythronium* und *Trillium*, wachsen langsam. Es ist besser, den gesamten Inhalt der Saatschale mit den Sämlingen nach 2-3 Jahren in ein gut vorbereitetes Torfbeet zu geben, als jahrelang immer wieder umzutopfen.

ZWEIJÄHRIGE SÄMLINGE

Die Sämlinge (hier Calochortus tolmiei*) können nach 2 Jahren ungleich groß sein, sollten sich aber dennoch gut entwickeln.*

Alpenveilchen

Der Samen winterharter Alpenveilchen keimt am besten, wenn er sofort nach der Reife im Hochsommer gesät wird. Der Samen wird vor der Aussaat 24 Stunden eingeweicht.

Die Sämlinge wachsen im ersten Jahr meist stark, und die jungen Knollen können dann in Sämlingssubstrat umgetopft werden (siehe gegenüber), möglichst noch während des Wachstums. Geben Sie auf 3 Teile Substrat 1 Teil Laubhumus, um das Wachstum zu fördern. Die Knollen entwickeln sich gut, wenn mehrere in eine Schale gepflanzt werden. Legen Sie die Wurzeln auseinander, und decken Sie die Oberfläche mit Kies ab.

Geben Sie die Schalen für das zweite Jahr in einen beschatteten Kalten Kasten. Im Frühling des dritten Jahres werden die Knollen einzeln in gleichartigem Substrat eingetopft, bis sie Blühgröße erreichen. Im Spätsommer setzt man sie in den Garten.

Lilien aus Samen aufziehen

Säen Sie den Samen in etwa 10 cm tiefe Töpfe mit Torf oder Vermehrungserde auf Lehm- oder Torfbasis, sobald sie reif sind (im Spätsommer oder Frühherbst). Säen Sie den Samen dünn, dann muß nicht pikiert werden, geben Sie feinen Kies darüber, und stellen Sie die Töpfe anschließend in einen Kalten Kasten oder in ein Kalthaus.

Bei manchen Lilien setzt die Keimung 2 bis 6 Wochen nach der Aussaat ein. Andere brauchen Monate. Liliensamen keimen auf verschiedene Weise. Bei hypogäischen Lilien beginnt die Wurzelbildung sofort; die Blattbildung setzt erst nach einer Kälteperiode ein. Bei epigäischen Lilien setzt die Keimung meist ziemlich rasch ein, Wurzeln und Sprosse entwickeln sich fast gleichzeitig.

ALPENVEILCHENSAMEN

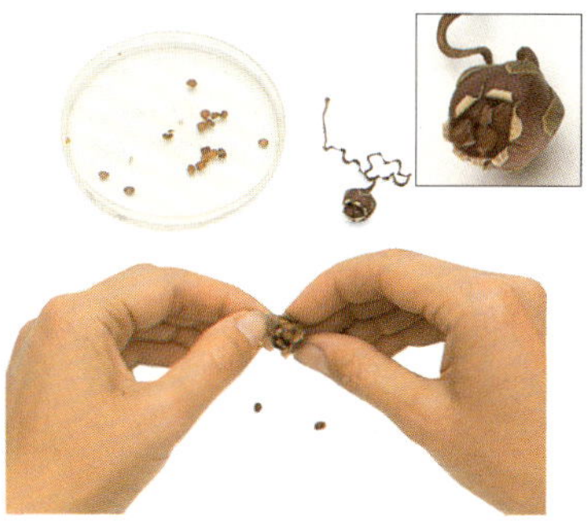

Die platzenden Samenkapseln erntet man im Frühsommer. Die Samen werden herausgeschüttelt und über Nacht in kaltem Wasser eingeweicht.

AUSPFLANZEN VON »WALDZWIEBELN«

1 *Pflanzen Sie »Wald«-Arten aus, ohne die jungen Zwiebeln zu trennen. Nehmen Sie 2 Jahre alte Zwiebeln (hier* Erythronium*) mit dem Substrat aus dem Topf.*

2 *Pflanzen Sie Zwiebeln und Substrat mindestens 2,5 cm unter die Oberfläche. Drücken Sie die Erde an, beschriften und wässern Sie etwas.*

Überwintern Sie die Töpfe in einem Kalten Kasten oder geschützt im Freien, und bringen Sie sie im Frühjahr ins Kalthaus. Werfen Sie die Töpfe nicht weg, wenn nach einem Jahr keine Sämlinge erscheinen; die Keimung kann bis zu 2 Jahre dauern.

Während der ersten Wachstumsperiode nach der Keimung bleiben die Sämlinge im Topf und erhalten regelmäßig Flüssigdünger. Oder man pikiert sie, sobald sie zwei echte Blätter haben, in lehmige Topferde. Bis die Sämlinge groß genug sind, um sie im Garten auspflanzen zu können, werden sie regelmäßig umgetopft oder in ein Anzuchtbeet gesetzt. Dieser Vorgang dauert, je nach Art, 1-3 Jahre.

Nichtwinterharte Zwiebelpflanzen

Säen Sie nichtwinterharte Zwiebelpflanzen wie oben beschrieben; schlagen Sie die Töpfe in Zwiebelkästen oder abgedeckten Beeten ein, damit die Temperatur nicht unter 0°C sinkt. Nichtwinterharte Arten, z.B. *Hippeastrum*, keimen mit Bodenwärme und bei einer konstanten Temperatur von 21°C leichter.

Wenn nicht feststeht, unter welchen Bedingungen eine Pflanze keimt, aber genügend Samen vorhanden ist, sät man eine Hälfte mit Bodenwärme, die andere bei normaler Gewächshaustemperatur. Wird durch die Wärme in 6-8 Wochen keine Keimung ausgelöst, bringt man die Töpfe an einen kühleren Ort. Einige Gattungen, etwa *Alstroemeria*, keimen rasch, wenn auf eine Wärmeperiode Kälte folgt.

Fleischige Samen, etwa der *Amaryllis*, werden frisch, direkt aus der grünen Samenkapsel gesät. Bleibt der Samen in der Kapsel, keimt er dort und kann dann herausgenommen und normal gesät werden. Kultivieren Sie die Sämlinge weiter (siehe »Pflege der Sämlinge«, S. 238). Bei manchen Gattungen, z.B. einigen *Hippeastrum*-Arten, wachsen die Sämlinge länger als eine Wachstumsperiode; halten Sie sie feucht, vielleicht wachsen sie ohne Ruheperiode bis zur Blüte.

Samen mit unregelmäßiger Keimung

Die Samen einiger Zwiebelgewächse, z.B. Juno-Iris, keimen unregelmäßig, manchmal erst nach Jahren. Wenn nach 2 Jahren nur wenige Sämlinge erschienen sind, topft man den gesamten Topfinhalt um; spätkeimende Sämlinge erscheinen oft ca. 1 Jahr später.

Keimung in Plastikbeuteln

Der Samen mancher Gattungen keimt in Plastikbeuteln besser als in Töpfen; darauf greift man häufig bei Lilien zurück; es funktioniert aber bei den meisten Zwiebelgewächsen mit großen Samen, z.B. *Fritillaria*, Tulpen und nichtwinterharten Arten wie *Hippeastrum*.

Mischen Sie den Samen mit der drei- bis vierfachen Menge Torf, Vermikulit oder Perlit. Das Medium sollte auf Druck kein Wasser abgeben. Fügen Sie etwas Fungizid zu, geben Sie die Mischung in Plastikbeutel, die Sie verschließen und beschriften.

Bei Samen, die von einer Wärmeperiode zu Beginn profitieren, z.B. kleineren *Hippeastrum*-Arten, bewahrt man die Beutel bei ca. 21°C auf. Nach der Keimung werden die Sämlinge in Töpfe oder Schalen mit gut durchlässiger Vermehrungserde pikiert und an einen kühleren Ort gebracht. Wenn der Samen nach 6-8 Wochen nicht gekeimt hat, gibt man die Beutel in einen Kalten Kasten oder in ein Kalthaus, bis die Keimung einsetzt.

LILIEN DURCH ZWIEBELSCHUPPEN VERMEHREN

1 Säubern Sie die Zwiebel; entfernen Sie beschädigte Außenschuppen. Brechen Sie etwa 6 gesunde Schuppen möglichst nahe am Zwiebelkuchen ab.

2 Geben Sie etwas Fungizid in Pulverform zu den Schuppen in einen Plastikbeutel. Schütteln Sie den Inhalt, bis alle Schuppen mit Fungizid bedeckt sind.

3 Entfernen Sie das überschüssige Fungizid, und geben Sie die Schuppen in einen zweiten Beutel mit einer Mischung aus Torf und Perlit zu gleichen Teilen.

4 Blasen Sie den Beutel auf, verschließen und beschriften Sie ihn. Er kommt an einen warmen, dunklen Ort bei 21°C.

5 Wenn sich an den Schuppen kleine Brutzwiebeln entwikkeln, entfernt man die Schuppen, falls sie weich sind. Fleischige, feste Schuppen bleiben dran.

6 Setzen Sie die Brutzwiebeln einzeln oder in Gruppen in Töpfe, mehrere in eine Schale. Sie werden mit Kies bedeckt, beschriftet und an einen hellen Platz gestellt.

7 Im nächsten Frühjahr härtet man die jungen Zwiebeln in einem Kalten Kasten ab.

8 Im Herbst werden die größeren Pflanzen aus dem Topf genommen und getrennt. Man kann sie in Töpfe oder an ihren endgültigen Platz pflanzen.

Vermehrung durch Zwiebelschuppen

Sie ist eine wichtige Vermehrungsmethode bei Lilien, kann aber auch für andere Gattungen mit aus Schuppen zusammengesetzten Zwiebeln angewandt werden, z.B. bei einigen *Fritillaria*-Arten. Die Zwiebeln der meisten Lilien bestehen aus Schuppen, die konzentrisch vom Zwiebelkuchen ausgehen. Wenn man diese Schuppen nahe am Zwiebelkuchen mit einem kleinen Stück vom Kuchengewebe von der Mutterzwiebel abtrennt, bringen sie an der Basis Brutzwiebeln hervor.

Nehmen Sie die Schuppen im Spätsommer oder Frühherbst ab. Heben Sie die ruhende Zwiebel heraus, und entfernen Sie ein paar Schuppen. Man braucht meist nur wenige, so daß die Mutterzwiebel wieder eingepflanzt werden und in der nächsten Saison blühen kann. Werden viele junge Pflanzen benötigt, nimmt man alle Schuppen der Zwiebel. Man kann auch einige Schuppen von der Mutterzwiebel abbrechen, ohne sie aufzunehmen.

Verwenden Sie nur gesunde, dicke Schuppen. Bei wenigen Schuppen bestäubt man diese mit Fungizid und gibt sie mit feuchtem Torfersatz und Perlit oder Vermikulit in einen Plastikbeutel. Bewahren Sie den verschlossenen Beutel etwa 3 Monate an einem warmen, dunklen Ort bei ca. 21°C auf. Geben Sie ihn dann für 6-8 Wochen an einen kalten Platz (z.B. Kühlschrank), damit sich Brutzwiebeln entwickeln. Sobald dies der Fall ist, füllt man einige Töpfe mit gut durchlässiger Topferde und setzt die Schuppen mit den Brutzwiebeln daran hinein, so daß die oberen Enden der Schuppen knapp unter der Oberfläche sind.

Bringen Sie die Töpfe bei heißem Wetter in einen beschatteten Kalten Kasten oder ein Kalthaus. Im Sommer werden die Töpfe winterharter Zwiebeln in einem Kasten oder an einem geschützten Platz im Garten eingeschlagen. Am Ende der ersten Wachstumsperiode trennt man die Brutzwiebeln ab und topft sie einzeln in gut durchlässiges Substrat für reife Zwiebeln. Sie bleiben bis zum Frühjahr im Kalten Kasten und werden

VERMEHRUNG DURCH DOPPELSCHUPPEN

1 Entfernen Sie die Außenschuppen der Zwiebel (hier Narzisse). Schneiden Sie mit einem Messer Wurzeln und Nase ab, ohne den Zwiebelkuchen zu beschädigen.

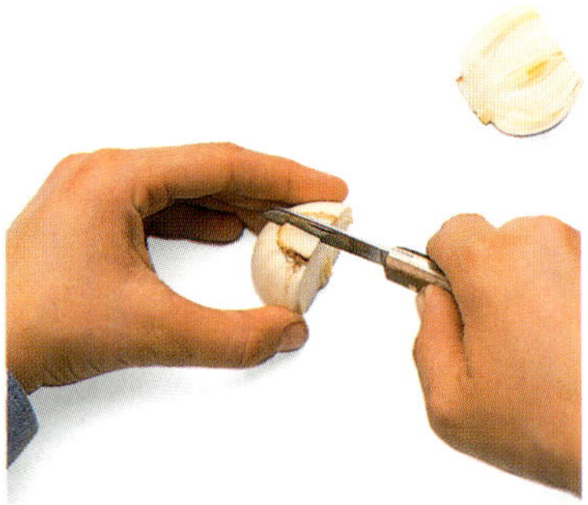

2 Drehen Sie die Zwiebel, und schneiden Sie sie senkrecht in mehrere kleine Stücke mit jeweils einem Stück Zwiebelkuchen.

3 Teilen Sie die Stücke in Schuppenpaare, indem sie die Schalen entfernen. Mit dem Skalpell schneiden Sie jedes Paar samt einem Stück Zwiebelkuchen ab (siehe Nebenbild).

dann in ein Pflanzgefäß oder an ihren Platz im Garten gesetzt.

Oder setzen Sie die mit Fungizid bestäubten Schuppen in Schalen mit einer Mischung aus 2 Teilen feuchtem Vermikulit, Perlit oder Torfersatz und 1 Teil grobem Sand. Halten Sie sie 2 Monate feucht und schattig, möglichst in einem warmen Gewächshaus bei ca. 21°C. Im Frühling gibt man sie zur Förderung des Blattwachstums an einen kühlen Ort; danach können die Brutzwiebeln einzeln eingetopft und nach einem weiteren Jahr ausgepflanzt werden.

Vermehrung durch Doppelschuppen
Damit erhält man einen Bestand von Pflanzen wie Narzissen, Hyazinthen und Schneeglöckchen. Schneiden Sie die Zwiebeln in Schuppenpaare, von denen jedes ein kleines Stück Zwiebelkuchen an der Basis hat. Hände und Messer müssen peinlich sauber sein, damit keine Krankheit die Schuppen befällt. Die mit Fungizid bestäubten Doppelschuppen werden genauso behandelt wie einfache Zwiebelschuppen.

Zwiebeln durch Abschnitte vermehren

1 *Wenn das Laub abgestorben ist, nimmt man die ruhenden Zwiebeln auf, wählt ein gesundes Exemplar (hier* Hippeastrum*) aus und entfernt Spitze und Wurzeln (nicht in den Zwiebelkuchen schneiden).*

2 *Dann legt man die Zwiebel mit dem Zwiebelkuchen nach oben auf eine saubere Arbeitsfläche. Mit einem scharfen Messer vorsichtig in 2 Hälften schneiden.*

3 *Halbieren Sie die Stücke nochmals, so daß der Zwiebelkuchen gleichmäßig auf die Segmente verteilt wird.*

4 *Wiederholen Sie den Vorgang, bis die Zwiebel in 16 Abschnitte geteilt ist. Geben Sie diese für 10-15 Minuten in ein Fungizid. Von Zeit zu Zeit schütteln und die Flüssigkeit abgießen.*

5 *Füllen Sie Plastikbeutel zur Hälfte mit 11 Teilen Vermikulit und 1 Teil Wasser. Geben Sie in jeden mehrere Abschnitte. Die Beutel verschließen und an einem warmen, dunklen Platz lagern.*

6 *Wenn am Zwiebelkuchen der Abschnitte Brutzwiebeln erscheinen, setzt man die Abschnitte einzeln in 6-cm-Töpfe mit Topferde und stellt sie an einen geschützten Platz.*

Vermehrung durch Teilstücke

Diese Methode wird von Hobbygärtnern selten verwendet, ist aber nützlich, wenn Pflanzen sich nur schwer teilen lassen oder kaum Samen ansetzen. Gegen Ende der Ruheperiode schneidet man einen Teil des Zwiebelkuchens durch oder die gesamte Zwiebel in Stücke.

Abschnitte
Viele Zwiebeln und Knollen können gegen Ende der Ruheperiode, z.B. im Frühherbst, vermehrt werden, indem man sie in »Abschnitte« schneidet. Dies ist eine raschere Vermehrungsmethode für Zwiebeln, die nur langsam Ableger hervorbringen; man kann damit auch Bestände neuer Sorten heranziehen. Große Zwiebeln, z.B. Narzissen oder *Hippeastrum*, lassen sich gut in bis zu 16 Abschnitte teilen, kleinere Narzissen- u. a. Zwiebeln, z.B. Schneeglöckchen, meist in 4 bis 8.

Vermehrung durch Teilstücke

1 *Schneiden Sie eine große, gesunde Knolle mit einem sauberen Messer in 2 oder 3 Stücke mit mindestens einem Vegetationspunkt. Geben Sie Fungizid auf die Schnittflächen.*

2 *Stellen Sie die Teile für 48 Stunden warm und trocken, bis sich auf den Schnittflächen Kallus bildet (siehe Nebenbild). Setzen Sie sie einzeln in Töpfe mit gut durchlässigem Substrat.*

Durch sorgfältige Hygiene muß man vermeiden, daß an den Schnittflächen Krankheitserreger in die Abschnitte eindringen. Tragen Sie Handschuhe, denn manche Menschen sind gegen Zwiebelsaft allergisch. Die Zwiebeln werden mit Methylalkohol gereinigt und sterilisiert, damit sie nicht verrotten. Schneiden Sie sie auf einer sauberen Fläche mit einem mit Methylalkohol sterilisierten Messer. Tauchen Sie die Abschnitte dann in Fungizid, oder bestäuben Sie die Schnittflächen mit Schwefelblüte.

Lagern Sie die Abschnitte in Plastikbeuteln mit Vermikulit und reichlich Luft 12 Wochen im Dunkeln. Mit einer Temperatur von 20-25°C erzielt man bei den meisten Gattungen gute Ergebnisse. Trennen Sie die jungen Brutzwiebeln von den Abschnitten ab, und setzen Sie sie in Schalen mit gut durchlässiger Topferde. Sie erreichen meist in 2-3 Jahren Blühgröße.

Zwiebeln und Knollen, die durch Abschnitte vermehrt werden

Erythronium
Fritillaria
Galanthus
Hippeastrum, einige ❄ (Arten, Hybriden)
Hyacinthus
Iris
Narcissus
Nerine, einige ❄
Scilla, einige ❄
Sternbergia

Hippeastrum 'Striped'

Schlüssel
❄ *Nicht winterhart*

Teilstücke von Zwiebeln und Knollen mit Vegetationspunkten
Manche Alpenveilchenarten haben oben an den Knollen mehrere Vegetationspunkte, ebenso die Zwiebelknollen verschiedener Gattungen wie *Crocosmia* und *Gladiolus*. Solche Knollen und Zwiebelknollen werden in Teilstücke mit je einem Vegetationspunkt geschnitten.

Geben Sie unten in 5-cm-Töpfe Topfscherben für gute Drainage, und füllen Sie sie fast ganz mit gut durchlässiger Topferde. Bestäuben Sie die

Teile mit Fungizid, und stecken Sie sie einzeln mit der Spitze oben in die Erde. Bedecken Sie sie mit Substrat. Die Töpfe werden mit Grit abgedeckt, beschriftet und in ein Kalthaus gebracht, bis das Wachstum einsetzt. Halten Sie die Erde bis dahin feucht.

Die Pflanzen werden in einem hellen Kalten Kasten, geschützt vor Sommersonne, weiterkultiviert. Wässern Sie sorgfältig; lassen Sie die wachsenden jungen Pflanzen nicht austrocknen. Pflanzen Sie sie im nächsten Herbst aus.

Einschneiden
Schneiden Sie den Zwiebelkuchen mit einem scharfen Messer etwa 0,5 cm tief ein; die Anzahl der Schnitte hängt von der Größe der Zwiebel ab. Bestäuben Sie die Schnittflächen mit Fungizid. Geben Sie die Zwiebel in einem Plastikbeutel mit feuchtem Perlit oder Vermikulit und etwas Fungizid an einen warmen Ort.

Durch die Einschnitte bilden sich am Zwiebelkuchen Brutzwiebeln, und man setzt die Zwiebel verkehrt in Substrat aus 1 Teil Torfersatz und 1 Teil Perlit oder grobem Sand. Die Brutzwiebeln entwickeln sich über der alten Zwiebel. 1 Jahr später trennt man sie vorsichtig ab und kultiviert sie in Schalen in einem Kalthaus weiter.

Hyazinthen aushöhlen

Diese Vermehrungsmethode wird in der Erwerbsgärtnerei praktiziert. Dabei wird die Mitte des Zwiebelkuchens ausgehöhlt, die Schnittfläche mit Fungizid bestäubt und die Zwiebel verkehrt unter warmen, dunklen Bedingungen gehalten. Dadurch bilden sich an der Schnittfläche zahlreiche kleine Brutzwiebeln, die man abtrennt und wie andere Brutzwiebeln weiterkultiviert.

Grundständige Stecklinge

Die Sprosse einiger Knollen können im Spätwinter als grundständige Stecklinge verwendet werden – junge Sprosse mit einem Stück von der Knolle, aus dem sich neue Wurzeln entwickeln. Man gibt die Stecklinge zur Bewurzelung in eine Schale mit feuchtem Substrat und topft sie dann ein. Die bewurzelten Stecklinge bleiben im warmen Gewächshaus, bis die Frostgefahr vorüber ist. Sie werden dann in einem Kalten Kasten abgehärtet und im Frühsommer ausgepflanzt. Knollenbegonien und Gloxinien vermehrt man so.

HYAZINTHEN DURCH AUSHÖHLEN VERMEHREN

1 *Höhlen Sie mit einem sauberen Teelöffel oder Messer das Innere des Zwiebelkuchens aus, der Rand bleibt intakt.*

2 *Tauchen Sie die Schnittflächen in Fungizid, und legen Sie die Zwiebeln mit der Schnittfläche oben auf eine Schale mit Sand, die in einen Trockenschrank kommt.*

3 *Halten Sie den Sand gerade feucht. Sobald sich am Schnittflächenrand Brutzwiebeln bilden, trennt man sie ab und topft sie ein.*

Aushöhlen und Einkerben bei *Trillium*

Trillium-Rhizome können im Spätsommer nach dem Einzug auf unterschiedliche Weise geschnitten und verwendet werden.

Eine Methode, bei der die Pflanze nicht aufgenommen wird, besteht darin, daß man die Rhizome oben freilegt und mit einem flachen Schnitt am Vegetationspunkt jeweils leicht einkerbt. Bestäuben Sie die Schnitte mit Fungizid, und geben Sie über die Rhizome eine Schicht aus Torfersatz und grobem Sand (1:1) oder aus leichter, gut durchlässiger Erde. An den Schnitten sollten sich kleine Rhizome bilden, die dann groß genug zur Vermehrung werden.

Oder man nimmt die Rhizome auf und höhlt den Vegetationspunkt aus – der Schnitt sollte konkav sein, damit kein weiches, leicht verrottendes Gewebe zurückbleibt. Bestäuben Sie ihn mit Fungizid, und pflanzen Sie die Rhizome wieder ein. An der ausgehöhlten Spitze bilden sich kleine Rhizome.

Ein Jahr später legt man die Rhizome frei, nimmt die jungen ab und kultiviert sie wie junge Sämlinge in Töpfen weiter.

TRILLIUM DURCH EINKERBEN VERMEHREN

1 *Legen Sie das Rhizom vorsichtig frei. Kerben Sie es mit einem scharfen, sauberen Messer knapp unter dem Vegetationspunkt flach ein (Nebenbild).*

2 *Bestäuben Sie den Schnitt mit einem sauberen, weichen Pinsel mit Fungizid in Pulverform.*

3 *Bedecken Sie das Rhizom so hoch wie zuvor mit einer Mischung aus Torfersatz und grobem Sand (1:1). Drücken Sie das Substrat mit den Fingern an.*

4 *Ein Jahr später entfernt man die Bodenkrume, legt die Rhizome frei und nimmt junge Rhizome ab, die man einzeln eintopft und weiterkultiviert.*

AUSSCHNEIDEN DER VEGETATIONSPUNKTE

1 *Schneiden Sie den Vegetationspunkt des Rhizoms konkav mit einem scharfen Messer ganz aus.*

2 *Bestäuben Sie die Schnittfläche mit Fungizid. Bedecken Sie das Rhizom mit Erde, und drücken Sie sie leicht an.*

Lilien

LILIEN gehören zu den elegantesten Sommerblumen – ihre hohen, schlanken Stengel tragen Blüten in überwältigender Vielfalt an Farben und Formen. Die Auswahl ist sehr groß – über 80 Lilienarten und Tausende Hybriden.

Einteilung

Lilien werden nach Ursprung, Eltern und Blüten in 9 verschiedene Sektionen eingeteilt.
Sekt. I: Hybriden asiat. Arten, z.B. *L. cernuum* und *L. davidii*
Sekt. II: Hybriden von *L. martagon* und *L. hansonii*
Sekt. III: Hybriden von *L. candidum* und *L. chalcedonicum*
Sekt. IV: Hybriden amerikanischer Wildlilien
Sekt. V: Hybriden von *L. longiflorum* und *L. formosanum*
Sekt. VI: (Aurelianense-Hybriden) Trompetenlilien und *L. henryi*-Kreuzungen
Sekt. VII: (Orient-Hybriden) von japanischen Wildlilien
Sekt. VIII: alle anderen Hybriden
Sekt. IX: alle anderen Arten und Sorten

Wo wachsen Lilien

Lilien eignen sich bestens für Rabatten unter Gehölzen und lassen sich gut mit Rosen kombinieren. Einige kleinere Lilien bringen Sommerfarben in den Steingarten, wenn die meisten Alpenpflanzen schon verblüht sind. Lilien kommen einzeln in Pflanzgefäßen auf Terrassen und in Innenhöfen gut zur Geltung. Lilien der Sektion V sind nicht winterhart, aber ausgezeichnete Topfpflanzen für Kalthaus und Wintergarten.

Pflanzung und Pflege

Kaufen Sie immer frische Zwiebeln, die Sie sofort pflanzen. Nehmen Sie keine verschrumpelten Zwiebeln. Lilien gedeihen in den unterschiedlichsten Böden. Sektion III bevorzugt alkalische Böden und volle Sonne; Sektion VII benötigt kalkfreien Boden oder Heideerde in Gefäßen; Sektion-IV-Hybriden fühlen sich bei feuchten »Wald«-Bedingungen wohl. Lilien werden im Herbst in gut vorbereiteter, durchlässiger Erde in der zweieinhalbfachen Zwiebelhöhe gepflanzt; bei *L. candidum* muß die Erdschicht über der Zwiebel nur 2,5 cm dick sein, gepflanzt wird im Spätsommer. Die Pflege ist ähnlich wie bei den meisten anderen Zwiebeln; stützen Sie die Pflanzen gut ab, damit die Stengel nicht brechen.

Vermehrung

Lilien lassen sich leicht durch Brutzwiebeln, Schuppen, Samen oder bei *L. pardalinum* und Sektion-IV-Hybriden durch Teilung vermehren. Verwenden Sie gesunde Bestände.

Ober- und unterirdische Brutzwiebeln
Arten wie *L. lancifolium*, *L. bulbiferum* und ihre Hybriden bringen in den Blattachseln und am Grund des alten Blütenstengels Brutzwiebeln hervor. Diese werden abgenommen, eingetopft und weiterkultiviert. Im folgenden Herbst pflanzt man entweder die ganze Schale voll junger Zwiebeln aus oder topft sie einzeln ein.

Samen, Schuppen und Teilung
Durch Aussaat erhält man auf langsamem Wege wüchsige, virusfreie Zwiebeln (siehe „Lilien aus Samen aufziehen", S. 239); Lilien der Sektion V lassen sich so gut vermehren.

Formen von Lilienblüten

Lilium martagon (duftende, nickende Türkenbundlilie)

L. bulbiferum* var. *croceum (kelchförmig)

L. monadelphum (duftende Trompeten)

***L.* 'Connecticut King'** (aufrechte, schalenförmige Blüten)

L. regale (duftende Trompetenblüten)

L. chalcedonicum (duftende Türkenbundlilie)

Schädlinge und Krankheiten

Lilien sind anfällig für verschiedene durch Blattläuse übertragene Viren (S. 553). Sichtbare Symptome sind gefleckte und verkrüppelte Blätter. *L. lancifolium* und einige ihrer Hybriden zeigen keine Symptome. In feuchten Lagen mit wenig Luftzirkulation kann Botrytis (S. 550) zum Problem werden. Lilienhähnchen (S. 548) fressen Triebe und Blüten.

Vermehrung durch oberirdische Brutzwiebeln

1 *Sobald die Brutzwiebeln im Spätsommer reif werden und sich lösen, pflückt man sie vorsichtig aus den Blattachseln der Lilienstengel.*

2 *Drücken Sie die Brutzwiebeln in Schalen mit feuchter, lehmiger Erde. Darüber kommt Grit. Der Topf wird beschriftet (Nebenbild) und in einen Kalten Kasten gestellt, bis sich junge Zwiebeln entwickeln.*

Vermehrung durch unterirdische Brutzwiebeln

1 *Nach der Blüte nimmt man die Zwiebel oder auch nur den Stengelansatz auf, pflückt die Brutzwiebeln und pflanzt die Zwiebel wieder ein.*

2 *Pflanzen Sie die Brutzwiebeln in doppelter Zwiebelhöhe in 12-cm-Töpfe mit feuchter, lehmiger Topferde. Sie werden mit Grit bedeckt und bis zum Frühling in einen Kalten Kasten gestellt.*

10

Der Wassergarten

Wasser ist in jedem Garten eine Attraktion; ob es sich um einen Teich mit Wasserlilien und Goldfischen handelt, ein Bächlein, das zwischen Farnen dahinplätschert, oder um einen einfachen Tümpel, in dem sich die Silhouette einer Irisgruppe spiegelt, es gibt für jeden Geschmack eine Möglichkeit. Selbst der kleinste, stillste Hof wird durch einen sprudelnden Wasserlauf und funkelnde Lichtreflexe zu neuem Leben erweckt. Mit einem Wassergarten schafft man Lebensraum für verschiedene Pflanzen und Tiere, z. B. Molche, Frösche, Libellen, vielleicht sogar für Wasservögel. Wasser kann beruhigend oder anregend wirken: Stehendes Wasser schätzt man wegen der Spiegelungen und der Ruhe, fließendes Wasser bringt – ob als klassischer Brunnen oder als Wasserfall – belebendes Plätschern und einen Hauch von Kühle in den Garten.

Gestaltung eines Wassergartens

Wasser bringt wie kein anderes Element äußerst ansprechende, ständig wechselnde Reflexe, Geräusche und Bewegung in den Garten. Sogar in gefrorenem Zustand sorgt die Oberfläche für interessante Farben und Strukturen. Teiche erfreuen sich größter Beliebtheit, aber es gibt auch andere Möglichkeiten: etwa einen Mini-Wasserfall, Springbrunnen oder Wasserlauf.

Im Wassergarten wachsen Pflanzen, die sonst nirgendwo kultiviert werden können, vom schwimmenden Froschbiß *(Hydrocharis morsus-ranae)* und den Wasserhyazinthen *(Eichhornia crassipes)* bis zur *Primula candelabra* im Sumpfgarten.

Bei der Planung müssen Größe und Stil des Gartens in Betracht gezogen werden. Ist er groß und locker angelegt, macht sich vielleicht ein gewundener Wasserlauf gut, für einen abgeschlossenen Stadtgarten ist ein eleganter, etwas erhöht angelegter Teich angemessen. Auch für Familien mit Kindern hat Wasser im Garten seinen Reiz – z. B. in Form eines kleinen Brunnens, in dem das Wasser über Steine fließt und dann zurückgeführt wird.

Ein naturnaher Wassergarten
In diesem großen, naturnah angelegten Garten schafft ein sich sanft dahinschlängelnder Wasserlauf ein malerisches Bild. Rosa Rhododendron-Wolken bringen Struktur und Farbe, gelbe Iris pseudacorus, *Farne und Binsen am Ufer bilden den Übergang zwischen Wasser und Garten.*

Anlage eines Teiches

Nützen Sie die reflektierende Wirkung des Wassers, und legen Sie den Teich so an, daß sich z. B. ein Solitär oder eine Skulptur darin spiegelt. Mit einer reflektierenden Folie läßt sich ausprobieren, welche Spiegelungen von wichtigen Standpunkten wie Haus und Innenhof aus zu sehen sind. Ein offener, sonniger Standort ohne überhängende Zweige bietet die besten Voraussetzungen für die Kultur der meisten Wasserpflanzen.

Wird der Teich in einem Hochwassergebiet angelegt, ist darauf zu achten, daß kein Kunstdünger oder Schädlingsbekämpfungsmittel von angrenzenden landwirtschaftlichen Flächen oder Gemüsegärten eingeschwemmt wird. Leiten Sie überschüssiges Wasser in einen geeigneten Überlauf. Ein hoher Grundwasserspiegel könnte zum Problem werden, wenn in niederschlagsreichen Zeiten der Wasserdruck von unten die Folie verschiebt.

Legen Sie einen Teich nicht in exponierten oder Frostlagen an; dort können nur bestimmte Pflanzen gezogen werden, und eventuell ist Winterschutz nötig.

Natürliche Teiche

In einem zwanglos angelegten Garten wirkt ein natürlicher, tiefliegender Teich gut. Er hat meist eine unregelmäßige Form und wird von natürlichen Materialien wie Gras oder Stein begrenzt bzw. mit dem Garten verbunden. Die Wasseroberfläche ist dabei jedoch nur ein Gestaltungselement: Durch Ufer- und

EIN ELEGANTER TEICH
Seerosen geben diesem Teich Eleganz und Farbe. Eine Sonnenuhr verbindet die lockere Bepflanzung mit der strengen Uferbegrenzung.

Sumpfpflanzen kann man die Konturen mildern oder verbergen, und so eine harmonische Wirkung erreichen.

Fragen Sie sich wie bei der Bepflanzung einer Rabatte oder eines Beetes, ob sich die Farben, Strukturen und Formen harmonisch oder in wirkungsvollem Kontrast verbinden werden.

Streng gestaltete Teiche

Anders als der natürliche Teich wirkt eine streng formale Anlage weitaus markanter. Sie kann erhöht oder tiefer liegen, mit einem Teich von geometrischer Form. In der Regel wird ein kleinerer Teil der Fläche bepflanzt als bei natürlichen Teichen, aber einige Pflanzen mit schwimmenden Blättern und Blüten gibt es auch hier; strukturierende Pflanzen wie größere Farne neben dem Wasser sorgen für hübsche Spiegelungen. Ein Springbrunnen oder ein Wasserspeier können dazu die perfekte Ergänzung sein.

Der Rand wird nicht kaschiert, sondern zu einem wichtigen Element beim erhöhten Teich, etwa durch eine attraktive Pflasterung, die breit genug zum Sitzen ist; diese Form eignet sich gut für ältere oder behinderte Menschen.

Häufig werden solche Teiche als besondere Blickpunkte angelegt, etwa an der Wegachse, oder so, daß sie vom Haus aus zu sehen sind.

Springbrunnen

Stil und Größe eines Brunnens müssen mit dem Teich und der Gesamtanlage des Gartens in Einklang stehen. Sie dienen fast immer als Blickfang, bringen Höhe und Bewegung ins Bild, sorgen für Geräusch, Bewegung und interessante Lichtreflexe. Schön wirkt ein Springbrunnen auch am Abend, wenn er beleuchtet wird.

Ein kleiner Brunnen, bei dem das Wasser über Steine in ein kleines, unterirdisches Becken plätschert, wirkt weniger elegant als ein klassischer Springbrunnen, eignet sich aber v. a. für einen Garten, in dem Kinder spielen.

Brunnen sind nicht nur hübsch, sie haben auch einen praktischen Nutzen: Das Wasser nimmt in der Luft Sauerstoff auf, der den Zierfischen zugute kommt. Da die meisten Wasserpflanzen nur in ruhigem Wasser gedeihen, sollten sie nicht zu nahe am Brunnen stehen.

Wasserspeier

Springbrunnen oder Wasserfall sind heute für den Durchschnittsgarten wohl zu groß, Wasserspeier dagegen liefern angenehm plätscherndes Wasser für den Miniaturgarten oder Wintergarten. Es gibt sie in vielen Stilen und Formen, vom klassischen Löwenkopf oder Fabelwesen über einem Teich bis hin zum einfachen Bambusrohr, aus dem das Wasser über Steine perlt.

Der Wasserspeier wird meist an einer Mauer befestigt und das Wasser mit einer Pumpe, wie man sie für Wasserläufe verwendet, durch ein Rohr aus einem Behälter hinter dem Speier durchs »Maul« gepumpt.

Wasserläufe und Wasserfälle

In wenigen Gärten findet man einen natürlichen Wasserlauf oder Wasserfall; man kann sie aber künstlich anlegen und in einen Teich oder unterirdischen Behälter münden lassen. Mit einem Wasserfall kann man Niveauunterschiede im Garten nutzen. Er verbindet verschiedene Gartenabschnitte und schafft zugleich Spannung zwischen den verschiedenen Ebenen.

In einem naturnahen Garten wirkt ein Wasserlauf besonders gut, wenn er von Felsbrocken oder Steinen und Pflanzen wie Farnen und Iris gesäumt wird. Zierpflanzen mit großen Blättern, z. B. *Rheum palmatum*, sind hier nützlich, wenn der künstliche Wasserlauf mit Hilfe von Folien oder Fertigteilen angelegt wurde, da sie die Ränder kaschieren.

Sumpfgärten und heimische Tierwelt

In einer natürlichen Anlage ist ein Sumpfbecken ein attraktives und unkonventionelles Element. Es liegt meist neben einem Teich und bildet einen langsamen, natürlichen Übergang von Wasserpflanzen zu feuchtigkeitsliebenden Pflanzen und bietet ideale Bedingungen für die heimische Tierwelt.

TRADITIONELLER WASSERSPEIER
Ein Wasserspeier wirkt auch im kleinen Garten gut. Zu ihm passen die gedämpften Farben des Steins.

Sumpfgärten

Staunassen Boden in ein Sumpfbecken zu verwandeln, ist sicher günstiger, als mit aufwendigen Drainagen gegen die Natur anzukämpfen. Der Boden neben einem künstlich angelegten Teich ist selten feucht genug für Sumpfpflanzen, mit einer unterirdischen Folie kann man aber problemlos ausreichend Feuchtigkeit im Boden halten.

Sumpfbecken bringen auch im Spätsommer, wenn viele andere Pflanzen sichtlich unter der Trockenheit leiden, frischen Wuchs in den Garten; die meisten Sumpf-

WASSERLAUF
Terrassenartige Wehre aus dicken Steinplatten lassen das Wasser in einen gepflasterten Teich stürzen. Überhängende Pflanzen wie Efeu (Hedera), *Japanischer Fächerahorn* (Acer palmatum) *und Primeln lockern die starren Linien des Steins auf, der schlängelnde Wasserlauf gibt dem Bild besonderen Charme.*

VERBINDUNG ZWISCHEN TEICH UND GARTEN
Zackige Felsstücke bilden die funktionelle und doch schöne Umrandung. Steingartenpflanzen sorgen für die farbliche Verbindung zum Garten.

pflanzen sterben jedoch nach Frösten ab und sind daher im Winter nicht sehr interessant.

Tierwelt
Wasser im Garten erhöht die Vielfalt der Tierarten in einer natürlichen Anlage, bietet Lebensraum für Wasservögel, Frösche, Molche und vielerlei Insekten. Beschränkt sich die Bepflanzung auf heimische Arten, ist sie anziehender für die Tierwelt, viele heimische Pflanzen breiten sich jedoch stark aus; einige exotische Zierpflanzen lassen den Teich oft sehr hübsch erscheinen. Natürliche Teiche mit schlammigem Grund und flach abfallenden Rändern, die mit flachen Steinen besetzt sind, bieten ideale Bedingungen für Amphibien.

Mobile Wassergärten

In einem kleinen Garten oder Innenhof, wo größere Baumaßnahmen unmöglich sind, kann man einen Wassergarten auch in einem passenden Behälter, z. B. in einem versiegelten und ausgekleideten Halbfaß, anlegen.

So ein Gefäß eignet sich jedoch nur für einige wenige Pflanzen; Fische können darin allerdings im Winter nicht überleben. Ein Metallbehälter muß mit Gummifarbe oder -auskleidung überzogen werden, da er sonst für Zierfische und Pflanzen gefährlich sein kann.

TEICH IM BEHÄLTER
Dieser beschichtete Metallkessel bietet Platz für ein oder zwei Miniatur-Seerosen, z. B. Nymphaea pygmaea 'Helvola'.

Pflanzen für den Wassergarten

Die Bepflanzung ist das A und O jedes Wassergartens. Üppige Blätter und Blüten bringen Leben in den Teich und schaffen den Übergang zum übrigen Garten, einige Pflanzen halten das Wasser klar und sind ideal für Fische.

Viele Pflanzen eignen sich für den Wassergarten, angefangen bei denen, die im tiefen Wasser gedeihen, bis zu Gewächsen, die nur ein wenig feuchten Boden um die Wurzelspitzen benötigen. Meist werden Wasserpflanzen in 6 Kategorien unterteilt: sauerstoffbildende Pflanzen, Tiefwasserpflanzen, Schwimmpflanzen, Uferpflanzen, Sumpfpflanzen und feuchtigkeitsliebende Pflanzen.

Sauerstoffbildende Pflanzen
Lagarosiphon major und *Myriophyllum*-Arten sind Beispiele für sauerstoffbildende Gewächse: raschwachsende Unterwasserpflanzen, die das Wasser sauber halten und mit Sauerstoff versorgen. Bei sonnigem Wetter können Unterwasseralgen einen neuangelegten Teich innerhalb von 1-2 Wochen grün werden lassen. Sauerstoffbildende Pflanzen verbrauchen jedoch ebenfalls gelöste Mineralsalze und hungern die Algen aus – das Wasser wird wieder klar. Sauerstoffbildende Pflanzen sind v.a. wichtig, wenn Zierfische eingesetzt werden sollen.

Tiefwasserpflanzen
Sie gedeihen in einer Tiefe von 30-90 cm. Zu dieser Kategorie zählen etwa *Aponogeton* und *Hydrocleys* oder die große Gruppe der Seerosen (*Nymphaea*; siehe S. 248-249). Die schwimmenden Blätter sind attraktiv und entziehen den Algen das Licht.

Schwimmpflanzen
Schwimmpflanzen, wie *Trapa natans* und *Azolla caroliniana*, haben eine ähnliche Funktion wie Tiefwasserpflanzen, besonders während der Aufbauphase. Sie dürfen jedoch nicht zu viel von der Wasseroberfläche bedecken, denn auch die sauerstoffbildenden Pflanzen brauchen Licht.

Uferpflanzen
Uferpflanzen wachsen an Teichrändern im flachen Wasser, meist in einer Tiefe von 7-15 cm. Viele dieser Pflanzen sind hübsch, z. B. *Iris laevigata* 'Variegata' mit ihren fächerartigen, grün-weiß gestreiften Blättern und lavendelblauen Blüten; sie sind zur Auflockerung der Konturen eines naturnah angelegten Teiches unentbehrlich. Uferpflanzen bieten Wasservögeln und vielen Kleintieren Unterschlupf. Einige, wie z. B. *Mentha aquatica* und *Veronica beccabunga,* liefern auch Sauerstoff.

Sumpfpflanzen
Sumpfpflanzen wie *Lysichiton* oder einige *Caltha*-Arten gedeihen in staunassem Boden und vertragen auch eine gelegentliche Überflutung. In Katalogen werden als Sumpfpflanzen oft Gewächse angeboten, die in feuchten oder nassen Böden wachsen, aber keine Staunässe vertragen; achten Sie darauf, daß den bestellten Pflanzen stehendes Wasser um die Wurzeln nicht schadet.

Feuchtigkeitsliebende Pflanzen
Die meisten gedeihen in Böden, die sehr feucht, aber nicht staunaß sind. Dazu gehören viele krautige Stauden, z. B. *Astilbe*, *Ligularia* und *Primula florindae*. Sie vertragen sich alle gut mit Uferpflanzen an natürlichen Teichen, wo sie ideale Bedingungen vorfinden.

Pflanzenkombinationen
Die Mischung von Pflanzen verschiedener Höhe und Wuchsart bietet optisch reizvolle Abwechslung. Es gelten die gleichen Prinzipien wie für die Bepflanzung anderer Gartenabschnitte, so daß sich eine Vielfalt von Formen (siehe auch »Grundsätzliches zur Bepflanzung«, S. 21-26) ergibt. Die tellerähnlichen Blätter von *Gunnera manicata* können sich z. B. über die schwertähnlichen Blätter von *Acorus calamus* erheben. Pflanzen am Teichrand dienen als Hintergrund für Schwimm- oder Uferpflanzen, Seerosen *(Nymphaea alba)* mit ihren reinweißen Blüten wirken reizvoll vor einer Straußfarn-Gruppe *(Matteuccia struthiopteris)*.

Pflanzen mit kontrastierenden Farben und Strukturen können spektakuläre Kombinationen abgeben. So bilden etwa die aufrechten, scharlachroten Blütenähren von *Lobelia cardinalis* einen schönen Kontrast zu den herzförmigen, blaugrauen Blättern von *Hosta sieboldiana*.

Legen Sie die Pflanzung so an, daß sie das ganze Jahr über etwas bietet. Immergrüne Laubpflanzen

SUMPFGARTEN
Der sumpfige Rand eines Teichs ist ideal für Primula bulleyana *und* Iris laevigata. Phormium tenax *setzt einen gestalterischen Akzent.*

wie *Bergenia* an den Teichrändern sorgen für Kontinuität in Form und Farbe, andere Pflanzen dagegen – von den goldenen Blüten der Sumpfdotterblume *(Caltha palustris)* im Frühjahr bis zum sommerlichen Sumpfvergißmeinnicht *(Myosotis scorpioides)* mit den zarten blauen Blüten – für Abwechslung zwischen den Jahreszeiten.

Fische

Die meisten Zierfische vertragen sich zwar mit Wasserpflanzen, das Einsetzen größerer Exemplare erfordert aber spezielle Maßnahmen. Sauerstoffbildende Pflanzen produzieren nur bei Tageslicht Sauerstoff, Fische können also in warmen Nächten unter Sauerstoffmangel leiden; ein Springbrunnen schafft da leicht Abhilfe.

Bedenken Sie, daß z. B. große Koikarpfen den Wurzeln der Seerosen und anderer Tiefwasserpflanzen gefährlich werden können; decken Sie die Erde über den Wurzeln mit Steinen ab. Ein Teich für diesen Fisch muß mindestens 1 m tief sein und senkrechte Seitenwände haben, die über der Wasseroberfläche vorspringen. Goldfische und Orfen sind leichter zu halten; letztere sind ideale Zierfische, die sich in flachem Wasser wohlfühlen und von Insektenlarven ernähren. Für den natürlichen Teich sind heimische Arten wie Schleichen geeignet und weniger gefährlich für Kaulquappenpopulationen.

Verzeichnis der Wasserpflanzen

UFERPFLANZEN
(15 cm Wassertiefe)

Acorus gramineus,
A. g. 'Variegatus'
Alisma parviflora
Calla palustris

Calla palustris

Caltha leptosepala,
C. palustris, C. p. 'Alba',
C. p. 'Flore Plena'
Carex elata 'Aurea',
C. pendula, C. riparia
Colocasia esculenta ❄
Cotula coronopifolia
Cyperus 'Haspan',
C. involucratus ❄, *C. longus*
Damasonium alisma
Decodon verticillatus
Eriophorum angustifolium,
E. latifolium
Houttuynia cordata,
H. c. 'Chamaeleon' (syn. *H. c.* 'Variegata'), *H. c.* 'Plena'
Hydrocleys nymphoides ❄
Iris laevigata, I. versicolor

Hydrocleys nymphoides

Juncus effusus, J. e. f. *spiralis,*
J. e. 'Vittatus', *J. ensifolius*
Lobelia paludosa
Lysichiton americanus,
L. camtschatcensis
Mentha aquatica
Mimulus cardinalis,
M. cupreus, M. guttatus,
M. ringens
Myosotis scorpioides,
M. s. 'Mermaid'
Peltandra alba
Polygonum amphibium
Sagittaria latifolia, S. sagittifolia,
S. s. 'Flore Pleno'
Sparganium minimum
Typha minima
Zizania aquatica ❄

UFERPFLANZEN
(30 cm Wassertiefe)

Acorus calamus,
A. c. 'Variegatus'
Alisma lanceolatum,
A. plantago-aquatica
Butomus umbellatus
Cyperus papyrus ❄
Glyceria maxima 'Variegata'
Hottonia palustris
Iris pseudacorus
Nelumbo lutea ❄, *N. nucifera* 'Alba Grandiflora' ❄, *N. n.* 'Alba Striata' ❄, *N. n.* 'Rosa Plena' ❄
Phragmites australis,
P. a. 'Variegata'
Pontederia cordata, P. lanceolata
Ranunculus lingua 'Grandiflora'
Saururus cernuus
Scirpus lacustris,
S. l. ssp. *tabernaemontani* 'Albescens', *S. l.* ssp. *t.* 'Zebrinus'
Sparganium erectum,
syn. *S. ramosum*
Thalia dealbata ❄, *T. geniculata* ❄
Typha angustifolia, T. latifolia 'Variegata', *T. stenophylla,*
syn. *T. laxmannii*
Zantedeschia aethiopica 'Crowborough'

FÜR TIEFES WASSER

Aponogeton distachyos
Euryale ferox ❄
Nuphar advena, N. lutea
Nymphaea, einige ❄ (die meisten Arten)
Nymphoides indica, N. peltata
Orontium aquaticum
Victoria amazonica, V. regia

UNTERWASSERPFLANZEN

Callitriche hermaphroditica,
syn. *C. autumnalis*
Ceratophyllum demersum
Ceratopteris thalictroides ❄
Egeria densa ❄
Fontinalis antipyretica
Hydrocleys parviflora ❄
Lagarosiphon major,
syn. *Elodea crispa*
Myriophyllum aquaticum,
syn. *M. proserpinacoides* ❄
Potamogeton crispus
Preslia cervina
Tillaea recurva

SCHWIMMPFLANZEN

Azolla caroliniana ❄, *A. filiculoides*
Ceratopteris pteroides ❄
Eichhornia azurea, E. crassipes ❄
Hydrocharis morsus-ranae
Lemna trisulca
Limnanthemum lacunosum
Limnobium spongia,
L. stoloniferum
Phyllanthus fluitans
Pistia stratiotes ❄

Pistia stratiotes

Riccia fluitans
Salvinia auriculata ❄, *S. natans* ❄
Stratiotes aloides
Trapa natans
Utricularia minor, U. vulgaris
Wolffia arrhiza ❄

SUMPF- UND FEUCHTIGKEITSLIEBENDE PFLANZEN

Alnus glutinosa, A. incana
Anemone rivularis
Aruncus dioicus 'Kneiffii'
Arundo donax 'Variegata'
Astilbe × *arendsii, A. chinensis,*
A. simplicifolia
Astilboides tabularis
Cardamine pratensis
Cimicifuga americana,
C. racemosa
Cornus alba
Eupatorium purpureum
Euphorbia palustris
Filipendula rubra, F. ulmaria
Gunnera chilensis, G. manicata
Hemerocallis (die meisten Arten)
Hosta (die meisten Arten)
Iris ensata, I. sibirica
Leucojum aestivum
Ligularia clivorum, L. przewalskii
Lobelia cardinalis, L. fulgens ❄
Lythrum salicaria
Osmunda regalis
Parnassia palustris
Peltiphyllum peltatum
Phalaris arundinacea
Phragmites communis
Polygonum amplexicaule,
P. bistorta, P. campanulatum
Primula alpicola, P. denticulata,
P. florindae, P. helodoxa,
P. japonica, P. pulverulenta,
P. rosea, P. secundiflora,
P. sikkimensis
Rheum alexandrae, R. palmatum,
R. p. 'Atrosanguineum'
Rodgersia aesculifolia, R. pinnata,
R. podophylla
Salix alba, S. babylonica,
S. daphnoides, S. matsudana 'Tortuosa'
Scrophularia auriculata 'Variegata'
Senecio smithii
Taxodium distichum
Trollius x *cultorum,*
T. europaeus,
T. ledebourii

Trollius europaeus

ALS AQUARIENPFLANZEN GEEIGNET

Alternanthera philoxeroides ❄
Anubias barteri ❄
Aponogeton crispus ❄,
A. madagascariensis ❄
Bacopa monnieri
Cabomba caroliniana ❄
Cryptocoryne ciliata ❄
Echinodorus bleheri ❄, *E. maior* ❄
Hemigraphis alternata ❄
Hygrophila polysperma ❄
Ludwigia arcuata ❄
Luronium natans
Myriophyllum hippuroides ❄
Potamogeton crispus
Salvinia natans ❄
Utricularia exoleta ❄, *U. vulgaris*
Vallisneria gigantea ❄

SCHLÜSSEL
❄ *Nicht winterhart*

Seerosen

DIE ELEGANTEN Blütenschalen und üppigen Blätter der Seerosen *(Nymphaea)* sind für jeden Garten eine Zier, ob er eher ländlich-natürlich oder streng und formal angelegt ist. Die Blütenformen variieren von offenen Sternen bis zu schalenförmigen Pfingstrosenblüten, die Farben von reinem Weiß oder Creme bis zu klaren Rot-, Gelb- oder sogar Blautönen. Manche haben kontrastierende, dunkle, purpurgrüne Blätter, andere geflecktes Laub. Einige Arten bringen starkduftende Blüten hervor, die in einem erhöhten Teich am besten zur Geltung kommen.

Die meisten Seerosen blühen bei Tageslicht, einige tropische Sorten wie 'Missouri' und 'Red Flare' jedoch in der Abenddämmerung – durch Beleuchtung erzielt man hier schöne Effekte. Solche Seerosen sind in tropischen und subtropischen Klimazonen beheimatet und können im gemäßigten Klima im Wintergarten oder in heißen Sommern im Freien kultiviert werden.

Wasserlilien benötigen täglich mehrere Stunden volle Sonne, sonst bringen sie massenhaft Blätter, aber nur wenige Blüten hervor; sie sollten also in einem offenen, sonnigen Abschnitt des Teiches gezogen werden. Ruhiges Wasser bekommt ihnen am besten, sie fühlen sich daher nur in sicherer Entfernung von einem Springbrunnen oder Wasserfall wohl. Tropische Arten wachsen meist schneller als winterharte und brauchen hohe Lichtintensität, reichlich Nahrung und eine Wassertemperatur von mindestens 20°C.

Seerosen sind dekorativ und wirken mit ihren ausgebreiteten Blättern der Algenbildung entgegen.

WINTERHARTE UND TROPISCHE SEEROSEN

***Nymphaea* 'Attraction'**

***N. pygmaea* 'Helvola'**

***N.* 'Fire Crest'**

***N. marliacea* 'Chromatella'**

***N.* 'American Star'**

***N.* 'Blue Beauty'**

***N.* 'Escarboucle'**

***N.* 'Virginalis'**

***N. marliacea* 'Carnea'**

Pflege und Kultur

Die meisten Seerosen haben dicke, fast senkrechte Knollen mit Faserwurzeln an der Unterseite; Sorten von *Nymphaea odorata* und *N. tuberosa* haben lange, fleischige Rhizome, die in Bodennähe waagrecht wachsen.

Pflanzung

Gepflanzt wird zwischen Spätfrühling und Spätsommer, damit die Pflanzen bis zum Winter gut aufgebaut sind; tropische Seerosen pflanzt man erst aus, wenn die Frostgefahr vorüber ist.

Pflanzen Sie in 30-35 cm breite, 15-20 cm tiefe Gefäße, je nach Größe und Wüchsigkeit der Sorte, oder in 30-45 cm tiefe, 45-60 cm breite Unterwasserbeete. Schneiden Sie lange Wurzeln zurück, und entfernen Sie alte oder beschädigte Blätter und Blütenknospen. Durch die alten Blätter erhält die Pflanze mehr Auftrieb und kann schlecht Fuß fassen. Die alten werden rasch durch neue Blätter ersetzt. Geben Sie bei tropischen Seerosen ein Säckchen Langzeitdünger dazu.

Wenn das Pflanzgefäß nicht zu schwer ist, wird gründlich gewässert, bevor man es in den Teich gibt, so daß eingelaufene Erde noch ausgeglichen werden kann. Versenken Sie den Korb mit Schnüren wie bei Tiefwasserpflanzen (siehe S. 257).

In einem neuangelegten Teich können die Gefäße am Grund aufgestellt werden, bevor er gefüllt wird. Geben Sie zunächst nur 8-15 cm Wasser darüber; stellen Sie die Gefäße eventuell auf Blöcke, damit die Wasserhöhe stimmt. Im Laufe des Wachstums der Pflanzen senkt man das Gefäß weiter ab, bis es schließlich auf dem Grund steht. Tropische Seerosen können sofort in ihrer endgültigen Tiefe gesetzt werden.

Düngen

Seerosen profitieren meist von einer mäßigen Düngung; geben Sie während der Wachstumsperiode etwa alle 6 Wochen ein Säckchen Langzeitdünger ins Substrat. Dieses gibt langsam kleine Mengen von Nährstoffen ab, ohne das Wasser zu verfärben oder Algen zu fördern.

PFLANZEN EINER SEEROSE MIT KNOLLE

1 *Kürzen Sie mit einer Gartenschere oder einem Messer die beschädigten oder überlangen Wurzeln bis 5 cm über der Knolle.*

2 *Entfernen Sie abgestorbene und beschädigte Blätter. Lassen Sie junge Blätter und Blütenknospen stehen.*

3 *Das Gefäß wird ausgekleidet und z.T. mit feuchter Erde gefüllt. Setzen Sie die Knolle so, daß die Krone 4 cm vom Rand entfernt ist.*

4 *Bedecken Sie die Knolle gut mit Erde, wobei die Krone 4 cm über der Oberfläche sein sollte.*

EIN SCHWIMMENDER GARTEN
Die scharfen, geraden Linien des Holzsteges kontrastieren gut mit den Blattellern und bunten Blüten einer Insel aus Seerosen.

VERMEHRUNG DURCH AUGENSTECKLINGE

1 *Die Pflanze wird aus dem Gefäß genommen und gewaschen. Mit einem scharfen Messer schneidet man starkwüchsige Augen glatt an der Knolle ab.*

2 *Füllen Sie 10-cm-Töpfe mit speziellem Substrat, drücken Sie es an, und drücken Sie einen Steckling in die Erdoberfläche. Darüber kommt Grit.*

3 *Tauchen Sie die Töpfe in Wasser, und stellen Sie sie in einen Kalten Kasten; im Frühling wird ausgepflanzt.*

Teilung
Um gesundes Wachstum zu erhalten, werden Seerosen geteilt, sobald die Blätter zu dicht sind oder das Gefäß für die Wurzeln zu klein wird. Schneiden Sie von der Krone Stücke mit je einem jungen, kräftigen Sproß und etwa 15 cm von der Knolle ab, und pflanzen Sie diese in frische Erde. Die alte Krone wirft man fort.

Vermehrung

Viele Seerosen mit Knollen werden durch Augenstecklinge vermehrt; bei solchen mit Rhizomen teilt man den Wurzelstock (siehe S. 260). Manche können aus Samen gezogen oder durch Ableger vermehrt werden.

Augenstecklinge
Manche Seerosen mit Knollen bringen Seitensprosse (»Augen«) hervor, die zur Vermehrung herangezogen werden können. Man schneidet die Augen von den Wurzeln, bestäubt sie mit Holzkohle oder Schwefel und drückt dann jeden Steckling in einen vorbereiteten Topf. Dann kommt eine Deckschicht darüber, und man taucht die Töpfe ins Wasser; danach bringt man sie ins Gewächshaus oder in einen Kalten Kasten bei 15-18°C. Die wachsenden Pflanzen werden umgetopft, der Wasserstand wird langsam erhöht, bis man sie im nächsten Frühling schließlich in den Teich setzt.

Samen
Mit Ausnahme von *N. odorata* und *N. tetragona* setzen winterharte Seerosen kaum Samen an, nicht winterharte oder tropische dagegen große Mengen. Bevor man den Samen abnimmt, umhüllt man die Kapseln mit einem Musselinsäckchen. Winterharter Samen wird sofort gesät, bei tropischen Arten wird er gewaschen, getrocknet und in Beuteln bei Raumtemperatur gelagert. Säen Sie den Samen noch an den gallertartigen Blasen gleichmäßig in Schalen mit Vermehrungssubstrat. Bestreuen Sie ihn mit Erde, wässern Sie, und geben Sie die Schalen in einen Behälter, wo sie zu 2,5-5 cm mit Wasser bedeckt sind. Winterharte Seerosen benötigen zur Keimung mindestens 13°C, tropische 23-27°C.

Sobald die Sämlinge groß genug sind, werden sie vorsichtig aufgenommen, abgespült und in Schalen gesetzt, die 5-7,5 cm unter Wasser sind. Später topft man sie in 6-cm-Töpfe um, die 8-10 cm tief stehen.

Nach dem Überwintern bringen die Knollen junge Pflanzen hervor, die man abtrennt und umtopft.

Ableger
Einige Tagblüher unter den tropischen Seerosen produzieren Ableger, die sich oft noch am Blatt der Mutterpflanze ausbilden und blühen. Sie können aber auch in flache Unterwasserschalen umgesetzt werden und bei einer Temperatur von 15-18°C weiterwachsen.

Aquarien

Kleine, tropische Unterwasserpflanzen kann man gut unter den geregelten Bedingungen eines Aquariums ziehen. Sie sehen dort hübsch aus und bieten den Fischen Unterschlupf. Wählen Sie kleine Schwarmfische, die die Pflanzen nicht auffressen oder beschädigen. Auch eine »Landschaft« aus Fels und Holz macht sich gut.

Das chemische Gleichgewicht im Wasser wird durch die angemessene Lichtmenge, Temperatur, Besatz und durch organisches Material erhalten. Aquarien dürfen nicht zu nahe an einem sonnigen Fenster stehen, da hohe Lichtintensität Algenbildung fördert. Für den Boden nehmen Sie kalkfreien, gewaschenen Sand oder Kies, die Schicht sollte vorn 8 cm dick sein und nach hinten auf 10-12,5 cm ansteigen.

Wird das Wasser durch thermostatgesteuerte Heizdrähte im Sand auf 23-26°C aufgeheizt, können verschiedenste Pflanzen kultiviert werden. 12 Stunden am Tag ist künstliche Beleuchtung nötig; spezielle Leuchtstoffröhren senden das nötige UV-Licht aus. Um das Wasser klar zu halten, wird es durch Filter gepumpt.

SÜSSWASSERAQUARIUM
Dieses Aquarium ist ideal für Baldellia ranunculoides *mit aufrechten, ovalen Blättern und die fedrige* Hygrophila difformis*; tropische Fische sorgen für Farbe und Bewegung.*

Anlegen von Teichen und Wasserläufen

FRÜHER wurden künstliche Teiche aus schweren Materialien wie Stein, Beton oder Ziegeln gebaut. Seit es Kunststoffe und Glasfaser gibt, ist das Anlegen eines Teiches, auch in natürlichen Formen, einfacher geworden.

Passende Form, Größe und Materialien für den Teich hängen vom übrigen Garten ab, von der vorherrschenden Bauweise und vom Budget. Teichfolien erlauben alle möglichen Formen und Größen und wirken sehr natürlich, da der Rand leicht zu kaschieren und das Material selbst ziemlich unauffällig ist; sie sind für große Teiche am besten geeignet. Fertigteiche sind leichter anzulegen, es gibt aber nur bestimmte Modelle. Sie eignen sich für kleine Teiche, größere sind schwer zu handhaben und ganz große gar nicht erhältlich. Hartes Material wie Beton ist sehr haltbar, Bau und Abdichtung sind aber schwierig und langwierig.

Es gibt mehrere Methoden zur Errichtung von Wasserläufen. Teichfolien sind vielseitig und für die natürliche Gestaltung gut geeignet. Wo es mehr auf Haltbarkeit ankommt, oder wo mehrere kleine Wasserfälle geplant sind, empfehlen sich vorgefertigte Teile. Folien und Fertigelemente lassen sich auch kombinieren.

Teichfolien

Die meisten Gartenteiche werden heute mit wasserdichten Folien aus synthetischem Kautschuk oder Kunststoff angelegt. Es gibt diese Folien in verschiedenen Größen, sie können auf jede Teichform zugeschnitten werden. Überlegen Sie vor dem Kauf Standort und Größe des Teiches: Markieren Sie die gewünschte Form mit Schnur und Haken, um die Wirkung zu prüfen. **Butyl-Kautschuk** wird am häufigsten für Teichfolien verwendet. Er ist stärker als Polyäthylen oder PVC und hat eine Lebensdauer von 40-50 Jahren, allerdings ist er teurer. Das feste, biegsame Material reißt nicht und wird auch nicht durch UV-Licht, Bakterien und extreme Temperaturen angegriffen. Für einen natürlichen Teich nimmt man, v. a. wenn ein Teil in der Sonne liegt, am besten Butyl-Kautschuk erster Qualität von 7 mm Dicke. **PVC**-Folien sind einigermaßen stark und reißfest, und man bekommt manchmal 10 Jahre Garantie darauf. Sie werden von Frost oder Pilzen nicht angegriffen, können aber mit der Zeit in der Sonne hart und brüchig werden. Diese Folien sind meist auf einer Seite blau oder schwarz; man legt sie so, daß ihre dunklere Seite oben ist, da sie dann mehr Licht und Wärme absorbieren und besser aussehen. **Polyäthylen** ist das billigste Folienmaterial; es reißt leicht und wird bei ständiger Sonneneinstrahlung brüchig. Wenn es vor Licht und Beschädigung geschützt werden kann, ist es eine kostengünstige Alternative. Es eignet sich gut für Sumpfgärten, wo die Folie ja von einer Erdschicht bedeckt ist.

Ausmessen der Folie

Messen Sie zunächst die größte Länge, Breite und Tiefe des Teiches, um die Größe der Folie zu errechnen. Dazu multipliziert man die Teichbreite plus doppelte Tiefe mit der Länge plus doppelte Tiefe. Rechnen Sie bei Breite und Länge noch jeweils 15 cm Rand dazu, damit kein Wasser übertritt. Für einen Teich von 2 x 2,5 m und 60 cm Tiefe braucht man demnach 3,5 x 4 m Folie.

Bau des Teiches

Breiten Sie die Folie zunächst aus, möglichst in der Sonne, da sie durch die Wärme geschmeidig wird. Markieren Sie die gewünschte Form am Standort mit Schnur und Haken oder mit einem Schlauch, machen Sie dann innerhalb der Markierung eine Rille. Heben Sie die Erde etwa 25 cm tief aus, die Seiten sollten in einem Winkel von 20° von der Senkrechten nach innen abfallen, damit sie nicht ausgewaschen werden; auch läßt sich die Folie so leichter anbringen. Im Winter kann sich das gefrierende Wasser ausdehnen, ohne tatsächlichen Schaden anzurichten.

Lassen Sie für Uferpflanzen einen 25 cm breiten Sockel stehen, und graben Sie dann leicht abfallend weiter, bis die gewünschte Tiefe – meist 50-60 cm – erreicht ist. Überprüfen Sie mit Hilfe einer Latte und der Wasserwaage in Breite und Länge, ob der Teichrand rundum auf gleicher Höhe ist. Das ist wichtig, da das Wasser sonst über den Rand tritt. Für Randsteine hebt man rundum einen 5 cm tiefen, 30 cm breiten Graben aus.

Sobald das Erdreich ausgehoben ist, entfernt man Wurzeln und scharfe Steine und stampft den Boden fest. Um die Folie zu schützen und zu polstern, gibt man eine Schicht

TEICHFOLIE

1 Markieren Sie mit einer Schnur und hölzernen Haken die gewünschte Teichform, und beginnen Sie, die Grube auszuheben. Legen Sie ca. 25 cm breite und tiefe Sockel für die Uferbepflanzung an.

2 Überprüfen Sie mit einer Latte und einer Wasserwaage, ob die Grube waagrecht ist. Entfernen Sie alle Wurzeln und Steine, die die Folie beschädigen könnten.

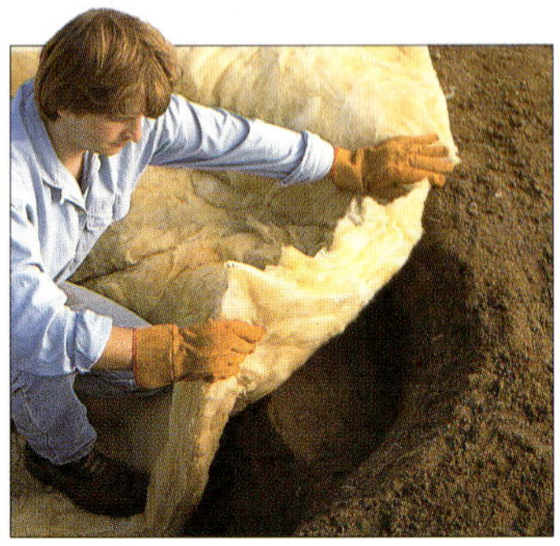

3 Legen Sie Boden und Seiten mit Glaswolle aus, sie dient als Polsterung für die Folie. Schneiden Sie die Glaswolle gerade mit dem Teichrand ab.

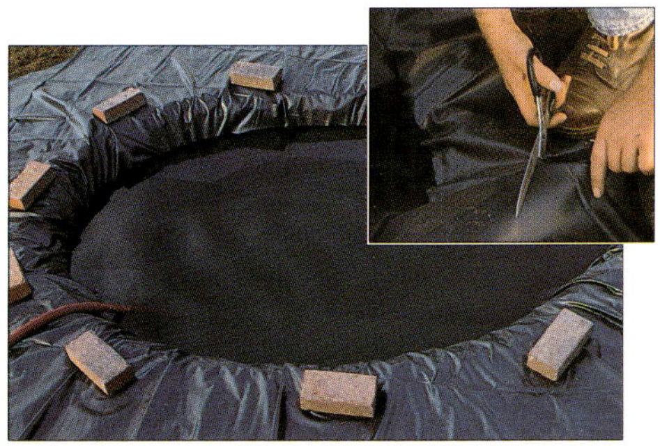

4 Breiten Sie die Folie über die Grube, und beschweren Sie die Ränder. Füllen Sie den Teich langsam mit Wasser, ziehen Sie die Folie an den Rändern glatt. Überstände bis auf 15 cm abschneiden.

5 Bedecken Sie den Rand mit Steinen auf Mörtel. Überprüfen Sie, ob die Steine waagrecht liegen, und stampfen Sie sie fest.

6 Die Randsteine sollten ca. 5 cm in den Teich hineinragen, damit die Folie nicht zu sehen ist. Es darf auf keinen Fall Mörtel in den Teich fallen, sonst muß er wieder geleert werden.

Polyester oder Glaswolle oder 2,5 cm feuchten Sand zuunterst. Erstere wären vorzuziehen, da sie fest und haltbar sind; Sand kann sich mit der Zeit verschieben, so daß Teile der Folie durch übersehene Steine beschädigt werden könnten.

Breiten Sie die Folie über die Mulde, so daß sie mittig auf dem Grund aufliegt und an den Rändern etwas vorsteht. Beschweren Sie sie rundum, bevor Sie den Teich langsam mit Wasser füllen. Durch das Gewicht des Wassers dehnt sich die Folie und schmiegt sich von selbst in die Konturen des Teiches. Wird mehr Folie benötigt, hebt man einige der beschwerenden Steine und zieht die Folienränder mit Falten an der Seite gerade.

Sobald der Teich gefüllt ist, entfernt man die übrigen Steine und überprüft nochmals, ob der Rand überall auf gleicher Höhe ist; wenn nicht, muß Erde zugegeben oder weggenommen werden. Schneiden Sie überschüssige Folie bis auf einen 15 cm breiten Rand rundum ab; dieser Rand kann unter Felsen, Grasziegeln oder mit Mörtel befestigten Pflastersteinen verborgen werden. Die Steine sollten in den Teich hineinragen, damit die Folie nicht zu sehen ist. Achten Sie darauf, daß kein Mörtel in den Teich fällt.

Pflanzbeete

Wüchsige Wasserpflanzen sollten in einem großen Teich in dauernde Beete oder Gefäße wie Betonrohre oder halbe Mülltonnen gesetzt werden. In diesen Beeten können sich die Wurzeln gut ausbreiten, und hohe Pflanzen werden nicht vom Wind vertragen. Beete können auf den Ufersockeln oder auf dem Teichgrund angelegt werden.

Bevor der Teich gefüllt wird, können Stützmauern aus Ziegeln und Mörtel oder aus Bausteinen auf die Folie gesetzt werden, wobei diese mit einem zusätzlichen Streifen Folie geschützt wird. Für das Substrat sollten Sie mindestens 25 cm Breite und Tiefe vorsehen. Tragen Sie vor der Bepflanzung des Beetes ein spezielles Dichtungsmittel auf. Bei einem betonierten Teich können die Pflanzbeete gleich mit errichtet werden.

Vorgefertigte Gartenteiche

Am einfachsten sind vorgefertigte Teiche aus Glasfaser oder Hartkunststoff anzulegen. Es gibt sie in vielen Formen, oft sogar mit Sockeln für Uferpflanzen. Glasfaserteiche sind teurer als solche aus Kunststoff, aber auch härter und witterungsbeständiger, sie halten mindestens 10 Jahre.

Vorgefertigte Teichformen

Vorgefertigte Gartenteiche aus Glasfaser oder Hartkunststoff gibt es in vielen Größen und Formen. Die meisten haben auch einen Sockel für Uferpflanzen.

Anlegen

Machen Sie den Standort so eben wie möglich. Symmetrische Teiche stellt man einfach umgekehrt auf und markiert die Konturen mit Haken und Schnur. Asymmetrische stellt man am besten so auf Stapel von Ziegelsteinen, daß sie stabil und gerade stehen, und markiert die Konturen mit langen Stäben, die man senkrecht in den Boden steckt, und mit einer Schnur.

Man gräbt die Mulde bis in Höhe des Sockels für die Uferpflanzen. Die Bodenkrume kann im Garten verwendet werden, der Unterboden wird zum Auffüllen gebraucht. Setzen Sie den Fertigteich in das Loch, und drücken Sie ihn fest, so daß ein Abdruck der Form zurückbleibt. Heben Sie die Form heraus, und graben Sie den mittleren Teil, wie er vom Boden der Form markiert wurde; rechnen Sie rundum etwa 5 cm zusätzlich für eine Polsterung.

Entfernen Sie alle Steine, Baumwurzeln u. ä. aus dem Loch, stampfen Sie den Boden fest, und legen Sie ihn mit einer 5 cm dicken Schicht Polyester, Glaswolle oder feuchtem Sand aus. Setzen Sie die Beckenform hinein, und achten Sie darauf, daß sie waagrecht steht.

Überprüfen Sie, ob die Form fest in der Ummantelung sitzt, und füllen Sie etwa 10 cm Wasser ein. Schütten Sie um die Form ebenfalls 10 cm hoch Sand oder gesiebte Erde auf, die sie fest unter den Sockel drücken; es dürfen keine Freiräume bleiben, der Teich muß vollkommen waagrecht sein. Wiederholen Sie diesen Vorgang, Wasser einfüllen, mit Erde auffüllen, waagrechte Ausrichtung prüfen, bis das Becken voll ist. Zuletzt die Erde um den Teich andrükken und die Ränder mit Pflastersteinen auf Mörtel oder mit Rasenziegeln kaschieren.

Gartenteiche aus Beton

Die Starrheit des Betons ist bei formstrengen Teichen ein Vorteil. Für

Ein vorgefertigter Teich

1 Stellen Sie die Teichform so auf Ziegel, daß sie gerade steht, und markieren Sie die Form mit Bambusstäben rundum an den Rändern. Spannen Sie eine Schnur um die Stäbe, um die genauen Umrisse zu erhalten.

2 Graben Sie die Grube 5 cm tiefer als die Form, möglichst genau nach den Umrissen des Sockels und des Bodens.

3 Legen Sie eine Holzlatte der Breite nach über die Grube, und messen Sie, ob die Tiefe stimmt; überprüfen Sie mit der Wasserwaage, ob der Untergrund gerade und eben ist.

4 Entfernen Sie Wurzeln und Steine, und kleiden Sie die Grube mit einer 5 cm dicken Sandschicht aus. Stellen Sie die Form hinein, und überprüfen Sie mit der Wasserwaage, ob sie waagrecht steht.

5 Füllen Sie sie 10 cm hoch mit Wasser. Schütten Sie außen ebenfalls 10 cm gesiebte Erde oder Sand auf. Stampfen Sie diese fest. Füllen Sie dann weiter auf.

die Errichtung benötigt man jedoch mehr Geschick und Fachwissen als bei Folienteichen.

In Gegenden mit langen, strengen Frösten sollten die Wände nach außen in einem Winkel von 30-45° ansteigen; so wird die Gefahr des Reißens reduziert, das gefrierende Wasser kann sich nach oben und außen ausdehnen. In gleichgroßen Teichen mit senkrechten Wänden ist der Tiefwasserbereich größer, was für den Fischbesatz wichtig sein kann. Der Bau ist mühsamer als bei ansteigenden Wänden, da der nasse Beton mit einer Holzverschalung gestützt werden muß, bis er ausgehärtet ist.

Der Bau

Für die Grube muß man bei einem Betonteich zu allen Abmessungen noch 15 cm für die Betonschicht dazurechnen; wird ein Sockel für Uferpflanzen benötigt (siehe »Teichfolien«, »Bau des Teiches«, S. 250). Legen Sie das Loch mit Kunststofffolie der Stärke 500 aus, und geben Sie darüber eine 5 cm dicke Betonschicht. Zur Verstärkung legt man ein galvanisiertes Armierungsgitter darüber und bedeckt es mit einer zweiten 5 cm dicken Betonschicht. Wenn der Beton etwas abgebunden hat, rauht man die Oberfläche an den Rändern 15 cm breit auf, damit die Seitenwände festsitzen.

Nach etwa 48 Stunden, wenn der Boden trocken ist, errichtet man 10 cm von den Seiten einwärts eine senkrechte, an den Ecken verspreizte Holzverschalung und durchfeuchtet sie gründlich. Dann schiebt man ein Stück galvanisiertes Armierungsgitter zwischen Verschalung und Seitenwand und gießt den Beton hinein. Wird ein abgeteilter Ufersockel benötigt, muß diese Verschalung höher sein (siehe unten). Die Verschalung wird erst nach etwa 2 Tagen abgenommen, wenn der Beton abgebunden hat. Für den Ufersockel wiederholt man diesen Vorgang in beiden Phasen, zunächst Boden, dann Seiten. Heben Sie rund um den Teichrand einen 8 cm tiefen Streifen aus, und geben Sie als Unterlage für die Randpflasterung Schotter hinein.

Tragen Sie nach einigen Tagen ein Dichtungsmittel auf, damit nicht für Pflanzen und Fische gefährlicher Kalk aus dem Beton ins Wasser gelangt. Füllen Sie den Teich, und überprüfen Sie den pH-Wert des Wassers mit einem Meßset. Ist er annähernd neutral (pH-Wert 7), können Pflanzen angesiedelt werden, nach weiteren 2 Wochen auch Fische. Ist er alkalisch, kann das am harten Leitungswasser oder am schlechten Dichtungsmittel liegen. Warten Sie mit der Pflanzung von Seerosen und Uferpflanzen noch einige Wochen, bis sich der pH-Wert allmählich neutralisiert. Sauerstoffbildende und Schwimmpflanzen vertragen meist alkalisches Wasser, können daher früher angesiedelt werden.

Erhöhte Teiche

Die Wände eines erhöhten Teiches müssen dem Wasserdruck standhalten können; holen Sie eventuell den Rat eines Fachmannes ein. Sie sind frostempfindlicher als eingelassene, die Mindesttiefe für Fische beträgt 60 cm.

Errichtung

Ein erhöhter Teich wird am besten aus Doppelwänden, ähnlich den Hohlmauern beim Hausbau, errichtet. Die äußere Mauer kann aus Mauersteinen oder Ziegeln bestehen, die innere, verdeckte, aus billigeren Steinen. Die beiden Mauern dürfen nur so weit auseinander sein, daß sie mit herkömmlichen Mauerbändern verbunden werden können. Die innere Mauer wird mit Folie ausgekleidet.

Markieren Sie die gewünschte Form, und errichten Sie ein 10-15 cm tiefes und 40 cm breites Betonfundament (siehe »Errichtung eines Betonfundaments«, S. 504) für die Mauern. Gehen Sie mit einem Rechen über den Grund, entfernen Sie scharfe Steine, und bedecken Sie den Grund mit feinem Sand oder Polyester. Errichten Sie die seitlichen Doppelmauern, die Sie in bestimmten Abständen mit Mauerbändern verbinden.

Erhöhter Teich

Für diesen modernen erhöhten Teich wurden breite Pflastersteine verwendet, so daß der Rand auch zum Sitzen einlädt. Der angrenzende Innenhof ist aus gestalterischen Gründen mit denselben Steinen gepflastert.

Auskleiden eines erhöhten Teiches

Die Folie sollte so angebracht werden, daß über dem Wasser an der Innenseite des Teichs nur die dekorative Stein- oder Ziegelmauer sichtbar ist. Dafür braucht man mehr Folie (etwa 1 m in Breite und Länge). Bevor man die beiden oberen Steinreihen auflegt, gibt man die Folie in den Teich und führt sie über die innere Mauer bis in den Hohlraum der Doppelmauer. Dann legt man die obersten Steinreihen auf und fixiert damit die Folie; die überstehenden Folienstücke werden hinter den beiden Reihen nach oben und unter die Mauerkappe geführt. Am Wasserrand ist keine Folie zu sehen, es gibt auch keine weißen Kalkränder auf schwarzer Folie, wenn der Wasserstand im Sommer fällt; es kann aber kein Wasser durch die Steine austreten. Schneiden Sie die überschüssige Folie ab, und legen Sie die Kappensteine auf die Doppelmauer.

Anlegen eines Wasserlaufs mit Folie

Man kann einen Wasserlauf bei geringer Neigung in Schlangenlinien, bei steilerem Gelände über mehrere Stufen in einen Teich rinnen lassen. Markieren Sie den Verlauf sowie Position und Höhe der Stufen. Verwenden Sie für eine natürliche Wirkung eine Teichfolie.

Wird das Wasser von einer Pumpe getrieben, muß die Quelle – meist ein Teich – genug Wasser enthalten, damit sich durch An- und Ausschalten der Pumpe der Wasserstand nicht zu sehr ändert. Unauffällig wäre ein unterirdischer, mit Folie ausgeklei-

Errichtung eines Betonteiches mit senkrechten Wänden

Errichtung des Teiches

Legen Sie die Kunststoffolie aus. Errichten Sie den Teich in Etappen. Beginnen Sie mit dem Boden, legen Sie zwischen 2 Schichten Beton Armierungsgitter. Bringen Sie nach dem Setzen eine senkrechte, an den Ecken verspreizte Schalung an, setzen Sie zwischen Schalung und Außenwand Armierungsgitter, und gießen Sie den Beton ein. Wiederholen Sie den Vorgang für den Ufersockel.

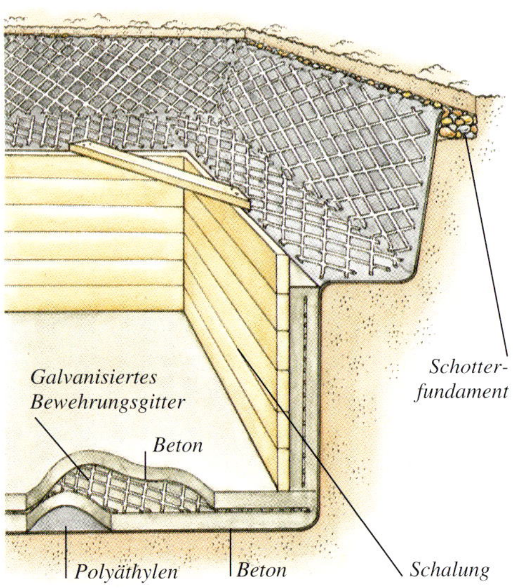

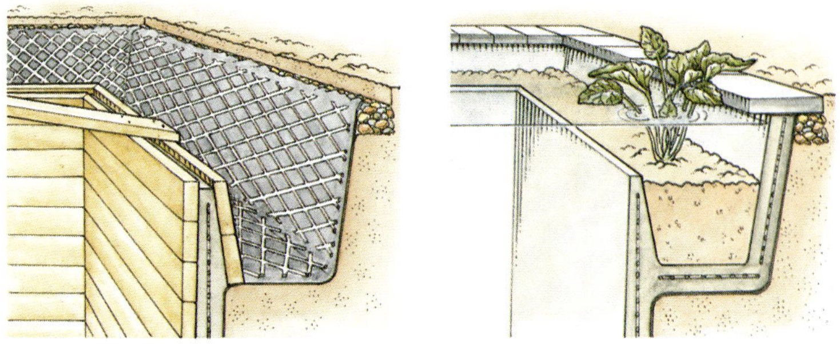

Errichtung eines abgeteilten Ufersockels

Ein abgeteilter Ufersockel kann direkt bepflanzt werden. Verfahren Sie wie zuvor, machen Sie die senkrechte Verschalung so hoch, daß zumindest 25 cm Erde Platz haben (links). Betonieren Sie den Boden des Sockels und dann seine Außenwand. Nach dem Setzen kommen die Randsteine, sie sollen 5 cm über das Wasser ragen. Tragen Sie Dichtungsmittel auf, und füllen Sie den Sockel mit Erde. Bepflanzen Sie ihn, und füllen Sie den Teich mit Wasser.

deter kleiner Teich. Decken Sie den Teich mit einem stabilen Gitter und mit einer Steinschicht ab; das Wasser läuft zwischen den Steinen hindurch in den Wasserlauf.

Außer der Folie benötigen Sie noch nicht-porösen Stein zum Kaschieren der Ränder und zur Errichtung der Wasserfälle, Kiesel oder kleine Pflastersteine machen sich gut auf dem Grund des Wasserlaufs.

Wieviel Folie wird benötigt

Das hängt vom Verlauf, der Größe und den Niveauunterschieden im Wasserlauf ab. Verläuft er relativ gerade, reicht ein Stück Folie in der maximalen Breite plus der doppelten Tiefe mal der Länge des Wasserlaufes unter Berücksichtigung des Niveauunterschiedes zwischen oberem und unterem Ende, dazu kommen noch ca. 15 cm an jedem Ende als überlappende Verbindung mit dem oberen und unteren Teich. Einen gewundenen Wasserlauf legt man am besten mit mehreren Folienstücken an, die sich jeweils um 15 cm überlappen müssen.

Bau der Anlage

Legen Sie zwischen der Wasserquelle und dem unteren Teich eine Böschung an, die etwas größer ist als der geplante Wasserlauf. Markieren Sie dessen Umrisse in der Erde. Beginnen Sie unten, Stufen in die Böschung zu machen, so daß kleine Wasserfälle entstehen; die flacheren Teile – die »Tritte« der Stufen – sollten leicht gegen die Fließrichtung abfallen, damit sie auch mit Wasser bedeckt sind, wenn die Wasserversorgung abgedreht ist. Graben Sie am höchsten Punkt für den oberen Wasserbehälter eine Grube von mindestens 60 cm Seitenlänge und 40 cm Tiefe. Entfernen Sie mit einem Rechen Steine vom Grund und drücken Sie die Erde mit der Rückseite des Spatens fest. Breiten Sie über den Wasserlauf eine Lage Polyester oder ähnliches. Dann kann die Folie angebracht werden; für die Seitenwände sind auf jeder Seite etwa 30 cm zu rechnen. Ist der Wasserlauf aus mehreren Folienstücken zusammengesetzt, müssen sie sich überlappen, wobei das obere Stück so auf dem unteren aufliegen muß, daß das Wasser von der Nahtstelle wegfließen kann. Eine Stufe oder eine abfallende Stelle sind dafür bestens geeignet. Legen Sie neben dem Wasserlauf einen Graben für das Rohr an, durch das das Wasser vom unteren in den oberen Teich gepumpt wird (siehe »Wasserlauf mit Kreislauf«, S. 254).

Bauen Sie aus Steinen die Stufen und die Seitenwände des Wasserlaufes, so daß die Anlage auch optisch eine schöne Erscheinung ist. Heben Sie die Folie hinter den Steinen an, und füllen Sie bis knapp über den Wasserspiegel Erde auf. Soll der Rand bepflanzt werden, setzt man die Pflanzen in die Erde hinter die Steine. Die Steine werden zur Sicherheit mit Mörtel aus wasserfestem Zement befestigt.

Wasserlauf aus Fertigteilen

Die vorgefertigten Teile können auf verschiedene Weise zusammengesetzt werden, so daß auch verschieden hohe Wasserfälle entstehen. Ineinandergreifende Teile bewegen sich kaum, sollte der Boden darunter einmal nachgeben. Zum Aufbau werden zwei Leute gebraucht, da bei der Höheneinstellung oft eine Seite angehoben und mit Sand aufgefüllt werden muß.

Markieren Sie den gewünschten Verlauf mit einer Schnur, und graben Sie einen Wasserlauf in der Größe der Teile mit etwas Zugabe für eine Sandschicht. Arbeiten Sie von unten nach oben, das unterste Teil sollte in den Teich vorspringen und waagrecht sein. Nehmen Sie es wieder weg, und schrauben Sie für den Anstieg des Wasserfalls ein Stück Blech an. Nahtstellen werden wasserdicht, wenn man die Schrauben mit Silikon

Wasserlauf aus Teichfolie

1 Legen Sie eine Böschung an, und markieren Sie die Form des Wasserlaufes. Formen Sie, unten beginnend, Stufen und den oberen Teich.

2 Verdichten Sie die Erde mit der Rückseite eines Spatens. Entfernen Sie Steine, und polstern Sie den Wasserlauf mit Polyester, das Sie passend zuschneiden.

3 Bringen Sie die Folie an, so daß das untere Ende in den Teich hineinreicht. Schneiden Sie sie zu, seitlich sollen 30 cm überstehen, und drücken Sie sie in die Konturen.

4 Legen Sie von unten nach oben Steine für die Stufen auf. Damit kein Wasser übertritt, zieht man die Folienränder bis hinter die Steine und füllt mit Erde auf.

5 Bilden Sie bis oben hin aus Steinen und Kieseln Wasserfälle und Seitenwände. Die Seitenwände müssen so steil sein, daß kein Wasser übertritt.

6 Setzen Sie Pflanzen in die Spalten zwischen den Steinen, um den Rand aufzulockern. Graben Sie daneben ein Wasserrohr ein, das in den oberen Teich hineinreicht.

7 Kaschieren Sie das Ende des Rohrs geschickt mit Kieseln. Zum Abschluß geben Sie eine 2,5 cm dicke Kiesschicht über die Ränder des Wasserlaufes, damit er natürlich wirkt. Überprüfen Sie Fließgeschwindigkeit und Wirkung. Korrigieren Sie die Lage der Steine eventuell, bevor Sie sie mit Zement stabilisieren.

abdichtet. Legen Sie das Teil wieder auf, und sorgen Sie durch Zugeben oder Wegnehmen von Sand dafür, daß es waagrecht steht. Sobald das erste Bauteil eingerichtet wurde, kann die Stabilität durch etwas Wasser erhöht werden.

Alle weiteren Teile und der obere Teich werden ebenso angeschraubt. Jedes Teil wird, sobald es angeschraubt und eingerichtet ist, teilweise mit Wasser gefüllt und außenherum mit Sand gesichert wie zuvor. Kaschieren Sie die Ränder mit Steinen und Pflanzen.

Wasserkreislauf

Um einen Wasserkreislauf zwischen dem oberen Behälter und dem unteren Teich herzustellen, verbindet man sie mit einem Schlauch und einer Pumpe. Der Schlauch kann tief in den oberen Teich hineingesteckt werden, damit er nicht zu sehen ist; in diesem Fall sollte ein Rückschlagventil angebracht werden. Oder das Schlauchende bleibt über der Wasseroberfläche und wird am Teichrand mit einem vorstehenden Stein verdeckt. Legen Sie den Schlauch in einen Graben neben dem Wasserlauf, und decken Sie ihn mit Steinchen zu.

Pumpen und Filter

Für den Garten gibt es 2 Arten von Pumpen: Oberflächen- und Unterwasserpumpen. Für die meisten Anlagen mit Brunnen oder Wasserlauf reicht eine Unterwasserpumpe. Nur größere Anlagen erfordern meist eine Oberflächenpumpe, die in einer eigenen, belüfteten Kammer untergebracht wird. Eine Unterwasserpumpe stellt man auf Ziegel, so daß keine Abfälle eingesaugt werden.

Für einen Wasserkreislauf in einem Wasserlauf schließt man einen Schlauch an eine Pumpe, die das Wasser in den oberen Teich befördert (siehe Zeichnung). Verwenden Sie für Pumpen und andere elektrische Einrichtungen jeweils nur zugelassene, wasserdichte Leitungen. Bei der Installation sollte in jedem Falle ein Fachmann zu Rate gezogen werden!

Filter sind im Normalfall nicht von Nöten. Wenn man allerdings viele Fische im Teich hat oder wenn sich Unterwasserpflanzen nur schwer ansiedeln lassen, sind eventuell Filter erforderlich. Es gibt solche, die auf die Ansaugvorrichtung der Unterwasserpumpe montiert werden, für größere Anlagen ist es in der Regel jedoch besser, einen biologischen Filter zu installieren.

WASSERLAUF MIT KREISLAUF

Stellen Sie auf dem Teichgrund eine Unterwasserpumpe auf übereinandergestapelte Blöcke. Führen Sie einen Schlauch von der Pumpe durch einen 25 cm tiefen, 7 cm breiten Graben neben dem Wasserlauf in den oberen Teich.

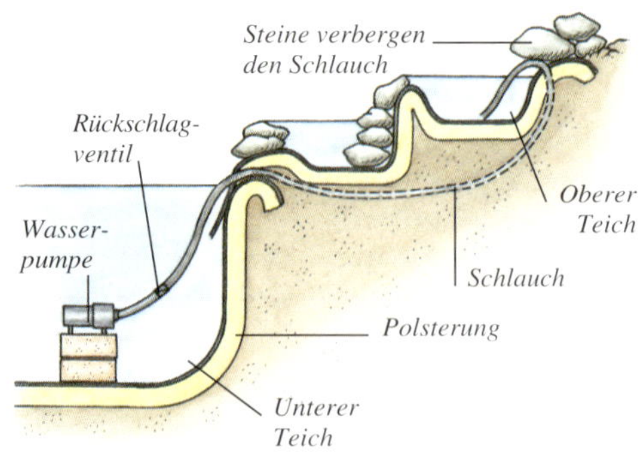

WASSERLAUF AUS FERTIGTEILEN

1. Markieren Sie den Umfang, bereiten Sie den unteren Teich vor, und heben Sie einen Graben in der Größe der Bauteile, mit etwas Zugabe für eine waagrechte Sandschicht darunter, aus.

2 Geben Sie über den Grund eine 1 cm dicke Schicht aus scharfem Sand, legen Sie das erste Teil auf, so daß es in den Teich hineinragt. Richten Sie es waagrecht ein, und sichern Sie es gut mit Sand.

3 Nehmen Sie das Teil weg, und schrauben Sie ein Stück Blech an. Dichten Sie die Nähte ab, legen Sie das Teil wieder auf, und richten Sie es waagrecht ein. Füllen Sie Sand hinter das Blech.

4 Bereiten Sie den Boden des oberen Teiches vor, bedecken Sie ihn mit Sand. Schrauben Sie das obere Ende des Bleches an, und dichten Sie die Nähte ab. Füllen Sie unten mit Sand auf.

5 Bringen Sie im unteren Teich eine Unterwasserpumpe an, und führen Sie einen Schlauch in einem Graben neben dem Wasserlauf zum oberen Teich.

6 Füllen Sie den Graben mit Erde. Werfen Sie den Rauhputz an. Legen Sie an den Rändern des Wasserlaufes und des Teiches Steine auf, die auch die Aus- und Eintrittsstellen des Schlauchs verdecken.

7 Setzen Sie vielleicht auch unter den Vorsprung des untersten Teiles Steine, die den Teichrand verbergen. Die Ränder werden durch Pflanzen belebt. Manche Fertigteile haben bereits Sockel für Uferpflanzen. Füllen Sie den oberen Teich, und schalten Sie die Pumpe ein.

Bepflanzung und Besatz

DIE MEISTEN Pflanzen werden als Zierpflanzen gezogen, einige helfen aber auch gegen Algen und erhalten so die Wasserqualität (siehe »Pflanzen für den Wassergarten, S. 246). Es gibt vielerlei Pflanzgefäße, die praktisch bei der Pflanzung sind und die Pflege einfach machen.

Auswahl von Wasserpflanzen

Wählen Sie saubere, frische, wüchsige Exemplare in Gefäßen ohne Algen und Wasserlinsen *(Wolffia)*. Achten Sie darauf, daß die Blattunterseiten frei von Schneckenspuren und Wellhornschneckeneiern sind, und daß im Laub keine Schraubenalgen sind. Vakuumverpackte Pflanzen müssen kräftig und grün sein; wenn sie schwächlich und matt wirken, gedeihen sie nicht.

Beziehen Sie Ihr Pflanzmaterial aus dem Fachhandel. Der etwas höhere Preis lohnt sich, da die Pflanzen sauber und frei von Krankheiten sind und in einem Anzuchtbeet vermehrt wurden.

An sauerstoffbildenden Pflanzen für einen neuen Teich rechnet man pro Quadratmeter Wasseroberfläche mindestens 5 Bündel. Die Pflanzen werden meist in Bündeln von unbewurzelten, ca. 25 cm langen Stecklingen angeboten und sollten unten mit einem Stück Blei beschwert werden – für den Fall nämlich, daß sie sich nach der Pflanzung lockern.

Da sauerstoffbildende Pflanzen extrem leicht austrocknen, sollten sie – falls das Einsetzen nicht sofort erfolgen kann – bis zur Pflanzung im Teich in einem Plastikbeutel feucht gehalten oder in Wasser getaucht werden.

PFLANZEN FÜR DEN WASSERGARTEN AUSWÄHLEN

UFERPFLANZE GUTES EXEMPLAR

SCHLECHTES EXEMPLAR

SAUERSTOFFBILDEND GUTES EXEMPLAR

SCHLECHTES EXEMPLAR

SCHWIMMPFLANZE GUTES EXEMPLAR

SCHLECHTES EXEMPLAR

PFLANZKÖRBE

Pflanzkörbe gibt es in vielen Größen für unterschiedliche Pflanzen. Alle, die kein sehr feines Gitter haben, müssen ausgekleidet werden.

STANDARDGITTER

FEINES GITTER

Gefäße und Pflanzbeete

Die einfachste Methode, Wasserpflanzen zu kultivieren, sind spezielle Pflanzkörbe. Diese erleichtern das Aufnehmen und Teilen oder Wiedereinsetzen der Pflanzen.

Handelsübliche Pflanzgefäße
Gefäße für Wasserpflanzen haben breite, flache Böden, damit sie gut im Wasser stehen, was v.a. bei hohen Uferpflanzen auf schmalen Sockeln wichtig ist. Durch die Gitterwände können Wasser und Gase im Boden zirkulieren. Die meisten Körbe sollten mit feinmaschigem Polypropylen oder Leinen ausgelegt werden, damit keine Erde austritt, es gibt aber auch Gefäße mit feinem Gitter, die keine Folie brauchen.

Körbe und Gefäße gibt es in verschiedenen Größen von 25 cm Durchmesser und 10 Liter Fassungsvermögen, etwa für mittelgroße Seerosen, bis zu 4 cm Durchmesser und 50 ml Fassungsvermögen für Aquarienpflanzen. Für wüchsige Seerosen sind auch größere, runde Wannen ohne Gitterwände erhältlich.

Direkte Pflanzung in Beete
In Naturteichen können Wasserpflanzen direkt in den Boden auf dem Grund des Teiches und auf dem Ufersockel gepflanzt werden. Das ist jedoch für die meisten Teiche nicht ratsam, da sich wüchsige Arten rasch ausbreiten und langsamer wachsende Nachbarn überwuchern. Nachträgliches Entfernen oder Ausdünnen kann schwierig sein.

Nischen und Beete
Eine gute Lösung ist, während des Baus Pflanznischen oder Beete auf dem Grund und an den Rändern des Teiches anzulegen, die sich vor dem Füllen des Teiches leicht bepflanzen lassen (siehe auch »Pflanzbeete«, S. 251). Damit erzielt man eine natürliche Wirkung und kann doch die Ausbreitung der Pflanze beschränken.

Pflanzung

Einige Tage vor der Pflanzung wird der Teich gefüllt, damit sich die Wassertemperatur an die Lufttemperatur angleicht und das Wasser »reift«. In dieser Phase siedeln sich Mikroorganismen an, die Verunreinigungen im Wasser verteilen und für Pflanzen, Fische u.a. Lebewesen günstige Lebensbedingungen schaffen.

Im Gegensatz zu den meisten anderen Pflanzen werden Wasserpflanzen während der Wachstumsperiode gepflanzt, vorzugsweise zwischen Spätfrühling und Hochsommer, wenn die Wassertemperatur hoch und mit viel Sonnenlicht zu rechnen ist. Wird erst im Spätsommer oder Frühherbst gepflanzt, haben die Pflanzen wenig Zeit, sich aufzubauen, bevor sie wieder absterben. Seerosen müssen vor dem Winter Nährstoffe speichern, um zu überleben und im nächsten Jahr gut zu gedeihen.

Pflanzsubstrat
Wasserpflanzen mögen gute Gartenerde, v. a. schweren Lehm; verwenden Sie keine frisch gedüngte Erde. Sieben Sie loses organisches Material aus, da dieses verrottet oder oben schwimmt, wenn der Pflanzkorb versenkt wird.

Verwenden Sie nicht die handelsüblichen Substrate für Landpflanzen; sie enthalten nicht nur Torf, der leicht schwimmt, sondern auch Düngerzusätze, die Algen fördern (siehe S. 258). Mischen Sie die Erde für einen großen Pflanzkorb mit einer Handvoll grobem Knochenmehl – mehr Düngung ist nicht erforderlich. Wenn Sie nicht sicher sind, ob die Gartenerde geeignet ist, verwenden Sie spezielles Wasserpflanzensubstrat vom Fachhändler.

Pflanztiefe
Die ideale Pflanztiefe hängt vom Pflanzentyp ab und kann auch in-

nerhalb einer Gruppe variieren. Sie wird von der Erdoberfläche in Korb oder Nische bis zur Wasseroberfläche gemessen (siehe rechts).

Wichtig ist, daß nicht zu tief gepflanzt wird: Wenn die Pflanzen zu wenig Licht für die Photosynthese erhalten, sterben sie ab. Bei jungen Pflanzen muß das Gefäß vielleicht zunächst auf Ziegel gestellt werden, damit die Pflanzen nicht ganz unter Wasser sind. Im Laufe des Wachstums senkt man den Korb dann bis in die entsprechende Pflanztiefe ab.

Feuchtigkeitsliebende und Sumpfpflanzen

Der Bereich neben einem Naturteich ist ideal für feuchtigkeitsliebende und Sumpfpflanzen, durch spezielle Beete kann man aber auch neben einem künstlich angelegten Teich geeignete Bedingungen schaffen.

Markieren Sie die Pflanzbeete, heben Sie etwa 45 cm Erde aus und entfernen Sie die Wurzeln ausdauernder Unkräuter. Lassen Sie die Ränder ansteigen. Legen Sie Teichfolie in das Loch, so daß der Folienrand knapp unter der Bodenoberfläche endet. Einige wüchsige feuchtigkeitsliebende Pflanzen vertragen zwar gesättigten Boden, die meisten gedeihen aber besser, wenn die Folie einige Löcher hat, durch die das Wasser aus dem Beet sickern kann. Diese leichte Wasserbewegung durch den Boden verhindert auch ein Stagnieren. Die Drainagelöcher decken Sie mit Kies ab, damit die Erde sie nicht verstopft.

Im Sommer kann das Wässern mit einem im Beet versenkten, durchlöcherten Rohr geschehen. Das Rohr wird am unteren Ende verschlossen und mit Kies abgedeckt, damit sich die Löcher nicht verstopfen. Schließen Sie das Rohr an einen Schlauch an, der über der Bodenoberfläche bleiben sollte.

Füllen Sie das Beet wieder mit Erde, und geben Sie eine tiefe Mulchschicht aus grob gesiebtem, organischem Material darüber, um die Feuchtigkeit zu halten.

Bepflanzt wird im Frühling wie bei normalem Boden, nur sollte das Beet anschließend gründlich durchweicht werden. Pflanzen, die solche feuchten Bedingungen mögen, wachsen stark; wuchernde Arten isoliert man am besten in versenkte Behälter, damit sie nicht andere Pflanzen verdrängen.

PFLANZTIEFE

*Pflanzen Sie jede Art in der korrekten Tiefe, die von der Substrat- bis zur Wasseroberfläche gemessen wird. Bei jungen Seerosen (*Nymphaea*) stellt man die Körbe auf Ziegel und senkt sie ab, wenn die Pflanze wächst.*

Uferpflanzen

Mit diesen Gewächsen, die meist hübsche Blüten oder Blätter haben, werden Teichränder bepflanzt, so daß die Wurzeln in seichtem Wasser stehen. Zierteiche haben oft einen Sockel für Uferpflanzen, die entweder direkt darauf oder in Körbe oder Nischen gesetzt werden (siehe auch »Pflanzbeete«, S. 251).

Die meisten Uferpflanzen benötigen etwa 8-15 cm Wasser über der Krone; manchmal müssen Pflanzkörbe angehoben werden, damit die Pflanzen zum Aufbau die günstigste Tiefe haben. Wüchsige Arten werden in 30 cm Wasser gepflanzt oder tiefer, entweder auf einem tieferen Sockel oder ein Stück vom Rand entfernt auf dem Grund.

Bei der Pflanzung von Uferpflanzen sind Wuchshöhe, Ausbreitung und Wuchsgeschwindigkeit zu berücksichtigen. Setzen Sie besonders rasch wachsende einzeln in Gefäße, damit sie nicht langsamere ersticken. Gefäße müssen immer genügend Platz für die Entwicklung der Wurzeln bieten; die meisten Uferpflanzen benötigen ein Gefäß mit ca. 25 cm Durchmesser. Setzen Sie die Uferpflanzen in vorbereitete Gefäße oder Pflanzbeete mit Lehm, und geben Sie Rollsplitt darüber; stellen Sie das Gefäß auf den Ufersockel oder auf den Teichgrund, so daß die Pflanze die geeignete Wassertiefe erhält.

Tiefwasserpflanzen

Auch sie pflanzt man am besten in Unterwasserbehältern oder Beeten. Die meisten müssen zunächst in eher seichtes Wasser gesetzt werden, so daß die Blätter an der Wasseroberfläche schwimmen und Licht für die Photosynthese aufnehmen können.

In Beeten und in freistehenden Gefäßen müssen die Pflanzen gut im Boden verankert sein, da sie sonst durch den Auftrieb leicht vertragen werden. Pflanzen Sie immer in feuchte Erde, und wässern Sie die Gefäße gut, bevor Sie sie in den Teich tauchen. Eine 2,5 cm hohe Deckschicht aus feinem Kies oder Rollsplitt verhindert, daß Erde ausgeschwemmt wird und das Wasser trübt, und daß Fische die Wurzeln schädigen.

Beim Eintauchen der Gefäße in tiefes Wasser fädelt man eine Schnur durch die Seiten, so daß Halteschlaufen entstehen, mit de-

SUMPFPFLANZEN

1 *Graben Sie im vorbereiteten Beet ein Pflanzloch, das dem gesamten Wurzelballen in Breite und Tiefe Platz bietet.*

2 *Stützen Sie die Pflanze (hier* Caltha palustris*) mit einer Hand ab, und ziehen Sie den Wurzelballen vorsichtig aus dem Topf.*

3 *Setzen Sie die Pflanze in der richtigen Tiefe ins Loch; sie sollte so tief stehen wie im Topf.*

4 *Drücken Sie die Erde um die Krone kräftig mit den Händen an. Durchfeuchten Sie den gesamten Bereich gut.*

Schwimmpflanzen

Bei einer Neubepflanzung sollte man auch einige Schwimmpflanzen vorsehen, um Algenwuchs zu unterdrücken. Wenn dann Zierpflanzen aufgebaut sind, entfernt man einige Schwimmpflanzen. Über einen großen Teich spannt man zum Herausholen der Pflanzen eine Schnur. Wasserlinsen sind besonders hartnäckig, wählen Sie weniger wüchsige Arten.

Schwimmpflanzen sind nicht verankert, da ihre Wurzeln die Nährstoffe direkt aus dem Wasser aufnehmen. Die Plazierung spielt also keine Rolle.

Setzen Sie Schwimmpflanzen (hier Stratiotes aloides*) auf die Wasseroberfläche; sie vermehren sich bei warmem Wetter rapide und liefern den gewünschten Schatten.*

Sauerstoffbildende Pflanzen

Sauerstoffbildende Pflanzen sind bei der Bepflanzung eines neuen Teiches ganz wichtig. Man macht sich ihre reinigende Wirkung zunutze; auch fördern sie die Gesundheit der Fische.

Lassen Sie die Pflanzen nach dem Kauf bis zur Pflanzung im Wasser. Sie dürfen auch während des Pflanzvorgangs nicht länger als unbedingt nötig an der Luft sein.

Wieviel Sauerstoff gebildet wird, hängt von der Pflanzenart, von der Jahreszeit und vom pH-Wert des Wassers ab, nehmen Sie also 4-5 verschiedene Arten, damit das ganze Jahr über ausreichend Sauerstoff zur Verfügung steht. Pflanzen Sie in jedes Gefäß nur eine Art, damit wüchsigere Pflanzen nicht weniger wüchsige verdrängen.

Bereiten Sie den Korb vor, und machen Sie Pflanzlöcher in die Erde, setzen Sie Bündel von Stecklingen in die Löcher, und drücken Sie sie an. Bedecken Sie die Erde mit etwas Grit, wässern Sie gründlich, und setzen Sie den Korb auf den Boden des Teichs in eine Tiefe von 45-60 cm.

1 *Füllen Sie einen ausgekleideten Korb mit feuchter Erde, drücken Sie sie an, und setzen Sie die Stecklinge (hier* Lagarosiphon major*) bündelweise in die Pflanzlöcher.*

2 *Drücken Sie an. Schneiden Sie überschüssiges Sackleinen ab, decken Sie mit 1-2,5 cm Grit ab, und senken Sie den Korb auf den Teichgrund.*

nen man den Korb leichter plazieren und langsam auf den Grund absenken kann.

Fischbesatz

Wie Wasserpflanzen setzt man auch Fische am besten während der warmen Jahreszeit in den Teich ein. Bei kühlen Temperaturen machen sie eine Art Ruheperiode durch und sind streßanfälliger. Warten Sie nach der Pflanzung mit dem Fischbesatz mindestens 2 Wochen, damit sich die Pflanzenwurzeln aufbauen können.

Wenn keine Filter vorgesehen sind, kann ein übermäßiger Fischbesatz Algen fördern, die von überschüssigen Abfallstoffen leben. Nehmen Sie als Richtlinie die Körperlänge des ausgewachsenen Fisches; maximal 50 cm pro m^2 Wasseroberfläche oder 5 cm pro 1000 cm^2 Wasseroberfläche.

Es ist ratsam, den Fischbesatz in 2 Etappen mit 8-10 Wochen Pause vorzunehmen. Dadurch können sich die Bakterien, die sich von den Abfallprodukten der Fische ernähren, ausreichend vermehren, um den Abfall zu beseitigen. Werden zu viele Fische gleichzeitig angesiedelt, führt das zu Wasserverschmutzung und Sauerstoffmangel. Vorübergehende Erleichterung bringt ein Springbrunnen oder Wasserfall, der das Wasser auch nachts in Bewegung hält.

Fische erhält man meist in Plastikbeuteln mit etwas Wasser und Sauerstoff. Setzen Sie die Fische nicht sofort in den Teich: sie reagieren empfindlich auf plötzliche Temperaturschwankungen; das Wasser im Teich ist wahrscheinlich kälter als das im Beutel. Lassen Sie den Beutel ungeöffnet im Wasser treiben, bis sich die Wassertemperatur im Beutel an die im Teich angleicht. Bei sonnigem Wetter wird der Beutel mit Zeitungspapier beschattet. Bevor man den Fisch herausholt, gibt man langsam ein wenig Teichwasser in den Beutel.

Andere Wasserlebewesen

Außer Fischen können zur Wasserreinigung auch andere Wasserlebewesen im Teich angesiedelt werden. Sumpfdeckelschnecken werden oft genau für diesen Zweck angeboten. Gewöhnliche Teichschnecken fressen Seerosenblätter und sind eher eine Belastung. Teichmuscheln eignen sich gut zur Wasserreinigung, sie räumen auf, wenn die Zierfische überfüttert sind. Muscheln benötigen tiefes Wasser, das auch im Hochsommer kühl bleibt.

TIEFWASSER- UND UFERPFLANZEN

1 *Wählen Sie einen Pflanzkorb, in dem die Pflanzenwurzeln Platz finden, und legen Sie ihn mit Sackleinen aus.*

2 *Füllen Sie den Korb etwa 5 cm hoch mit schwerem, feuchtem Lehm. Setzen Sie die Pflanze (hier* Aponogeton distachyos*) in die Mitte.*

3 *Füllen Sie bis 1 cm unter den Rand mit Lehm auf, den Sie zwecks guter Verankerung fest andrücken.*

4 *Darüber kommt eine 2,5 cm dicke Deckschicht aus gewaschenem Kies oder Rollsplitt.*

5 *Schneiden Sie mit einer Schere das überschüssige Leinen ab. Befestigen Sie an gegenüberliegenden Seiten am Korbrand »Halteschlaufen«.*

6 *Senken Sie den Korb mit Hilfe der Schlaufen langsam auf Ziegelsteine oder auf den Ufersockel. Entfernen Sie die Schlaufen.*

FISCHE ANSIEDELN

Setzen Sie den ungeöffneten Beutel ins Wasser, damit die Wassertemperaturen sich angleichen. Lassen Sie Teichwasser in den Beutel fließen, bevor Sie den Fisch freilassen.

Laufende Pflege

Solide Bauweise, geeigneter Standort und Gleichgewicht zwischen Wasser, Bepflanzung und Fischbesatz lassen nicht allzuviele Probleme auftreten; gelegentlich können aber Ausbesserungsarbeiten erforderlich sein. Auch Algen und Unkräuter müssen ferngehalten werden, viele Pflanzen profitieren von einer regelmäßigen Teilung.

Ausbesserungsarbeiten

Plötzlicher oder konstanter Wasserverlust deutet meist auf eine undichte Stelle hin. Der Teich muß geleert und untersucht werden. Bringen Sie Fische und Pflanzen in einem geeigneten Gefäß unter.

Teiche können mit elektrischer Pumpe oder durch Absaugen geleert werden. Überprüfen Sie, ob das Wasser nicht an der tiefsten Stelle über den Rand fließt. Bei einem Wasserlauf schalten Sie die Pumpe ab, und beobachten den Wasserstand im unteren Teich: Ist er konstant, befindet sich das Loch im Wasserlauf.

Reparatur einer Teichfolie

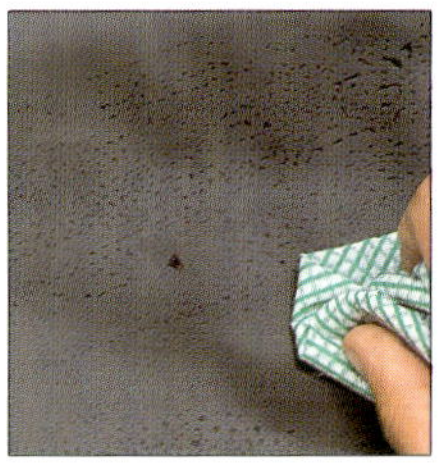

1 *Die schadhafte Stelle wird getrocknet und mit Methylalkohol gereinigt.*

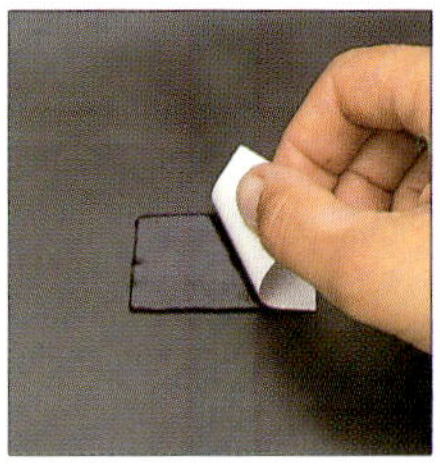

2 *Auf den Riß kommt ein doppelseitig klebendes Dichtungsband, das man etwas antrocknen läßt.*

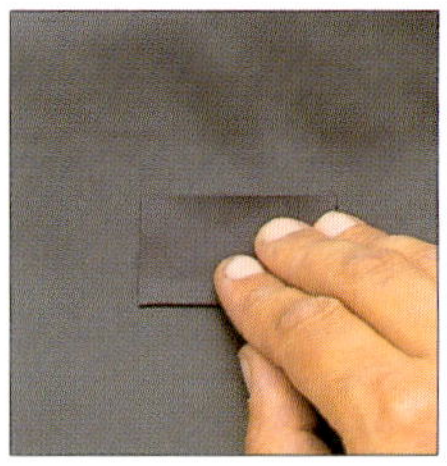

3 *Nun drückt man ein Stück zurechtgeschnittene Folie fest gegen das Klebeband.*

Risse in einem Betonteich ausbessern

1 *Ein feiner Riß wird mit Hammer und Meißel etwas erweitert.*

2 *Dann säubert man den gesamten Bereich mit einer Drahtbürste.*

3 *Den Riß mit einem handelsüblichen Dichtungsmittel verspachteln. Trocknen lassen.*

4 *Damit keine Giftstoffe ins Wasser gelangen, gibt man das Dichtungsmittel »für Teiche« darüber.*

Teichfolien

Bei gesenktem Wasserstand im Teich kann auch ein Teil der Folie am Rand unter die Wasseroberfläche gerutscht sein. Am einfachsten läßt sich Butylfolie mit doppelseitigem Klebeband aus dem Fachhandel reparieren. Damit klebt man einfach ein weiteres Stück Butylfolie über das Loch. Nach einer Stunde kann der Teich wieder gefüllt werden.

Vorgefertigte Teiche und Teile

Wird ein Teich oder Wasserlauf nicht gut abgestützt oder der Untergrund nicht gefestigt, können unter dem Gewicht des Wassers Risse entstehen. Ausgebessert werden sie mit einem Glasfaser-Reparaturset, wie man es für Autokarosserien und Schiffsrümpfe verwendet. Lassen Sie die Masse gut trocknen, da sie in flüssigem Zustand giftig sein könnte. Vor dem Füllen überprüfen Sie, ob der Boden des Beckens gut eingebettet und die Erde an den Seiten so fest ist, daß sie dem Wasserdruck standhält.

Betonteiche

Lecks entstehen meist durch Risse, die durch Frost oder Absinken verursacht sind. Prüfen Sie den Teich, da Wasser auch durch Haarrisse austreten kann. Ein feiner Riß muß zunächst meist etwas vergrößert und von losem Material gesäubert werden, bevor man ihn mit Mörtel abdichtet. Bestreichen Sie den trockenen Mörtel mit Dichtungsmittel.

Wasserqualität

Wenn sich zwischen Pflanzen und Tieren ein Gleichgewicht eingestellt hat, wird das Wasser von selbst klar bleiben. Nehmen Fische oder Pflanzen überhand, oder kommt in kurzer Zeit zuviel Leitungs- oder Regenwasser hinzu, kann das Gleichgewicht gestört werden, was zum Auftreten von harmlosen, aber unansehnlichen Algen führt.

Algen

Algen benötigen zum Überleben Sonne, Kohlendioxid und gelöste Mineralsalze. Reduzieren Sie die Lichtmenge, indem Sie 50-70 Prozent der Wasseroberfläche mit den schwimmenden Blättern von Seerosen, Tiefwasser- und Schwimmpflanzen zuwachsen lassen. Sauerstoffbildende Pflanzen absorbieren Mineralstoffe und Kohlendioxid und tragen ebenfalls zur Reduktion der Algen bei. Achten Sie außerdem darauf, das organische Material im Teich gering zu halten, indem Sie abgestorbene und verrottende Blätter und Blüten regelmäßig entfernen.

In einem neu bepflanzten oder frisch gereinigten Teich kann das Wasser sich durch Algen grün färben. Dieses Problem erledigt sich meist innerhalb kurzer Zeit von selbst.

Bleibt das Wasser trotz entsprechender Bestände an Oberflächen- und Unterwasserpflanzen trüb, muß vielleicht ein Algizid eingesetzt oder, bei sehr saurem Wasser, der pH-Wert geändert werden; letzteres sollte langsam erfolgen, indem man wöchentlich kleine Mengen gemahlenen Kalkstein zugibt, bis das Wasser neutral ist. Bei einem Teich mit einer Oberfläche von 4 m^2 oder weniger dürfen nie mehr als 110 g gemahlener Kalkstein auf einmal gegeben werden.

Schraubenalgen

In Teichen mit an sich klarem Wasser findet man gelegentlich Schraubenalgen *(Spirogyra)*, eine fädige Algenform; ohne Gegenmaßnahmen ersticken sie andere Pflanzen und engen die Bewegungsfreiheit der Fische ein. Man entfernt sie regelmäßig, indem man sie um einen Stock wickelt oder mit einem Gartenrechen heraushebt; im Extremfall set-

Algen entfernen

Führen Sie drehend einen Stock in die Schraubenalgen (Spirogyra). *Die Algen wickeln sich herum und können herausgezogen werden.*

Ausdünnen einer sauerstoffbildenden Pflanze

1 Übermäßig gewachsene Unterwasserpflanzen dünnen Sie im Frühjahr oder Herbst mit einem Rechen aus, oder Sie nehmen die Pflanzen auf und schneiden sie mit einem scharfen Messer zurück.

2 Ausdünnen verhindert, daß sauerstoffbildende Pflanzen zu dicht werden. Entfernen Sie jedoch nicht zu viel, sonst erhält die Oberfläche zu viel Licht, und die Algen vermehren sich. Sauerstoffbildende Pflanzen dünnt man am besten nur wenig, aber häufig aus.

zen Sie ein Algizid ein. Entfernen Sie das abgestorbene Material rasch, da verrottende Teile den Sauerstoffgehalt des Wassers reduzieren.

Teichreinigung
Wenn das Wasser von abfallenden Blättern freigehalten wird und man die Pflanzen regelmäßig stutzt, genügt es, wenn das verrottende Material alle paar Jahre vom Grund entfernt wird.

Pflege der Pflanzen

Wasserpflanzen benötigen nicht viel Pflege, durch Teilen und Umsetzen in bestimmten Zeitabständen bleiben sie gesund. Sie sind so wüchsig, daß sie eher gebremst werden müssen, nur einige Seerosensorten benötigen eine Düngung (siehe S. 248).

Ausdünnen und Teilen
Pflanzen, die zu groß geworden sind, werden im Spätfrühling oder Frühherbst ausgedünnt oder geteilt. Topfpflanzen werden aufgenommen und überprüft, wenn die Wurzeln festsitzen, muß die Pflanze geteilt werden. Engstehende und dicke Wurzeln werden getrennt. Pflanzen Sie die Teilstücke einzeln.

Nach der ersten Wachstumsperiode können sauerstoffbildende Unterwasserpflanzen zu groß und mit Unkraut überwachsen sein. In einem kleinen Teich lassen sie sich leicht ausdünnen; bei größeren Teichen holt man übermäßigen Wuchs mit dem Rechen heraus. Oder man hebt das Pflanzgefäß aus dem Teich und schneidet die Pflanzen um ein Drittel oder die Hälfte zurück. Dünnen Sie nicht alle Pflanzen gleichzeitig radikal aus, da durch plötzliche Änderungen des chemischen Gleichgewichts Algen gefördert werden.

Herbstarbeit

Im Herbst kommt es v. a. darauf an, das Wasser von verrottenden Pflanzenteilen freizuhalten. Absterbendes Laub wird regelmäßig entfernt und übermäßiger Wuchs bei Unterwasserpflanzen zurückgeschnitten. Stehen in der Nähe laubabwerfende Gehölze, bedeckt man die Wasseroberfläche mit einem Plastiknetz, das fallende Blätter auffängt.

In kalten Gebieten holt man nicht winterharte Pflanzen aus dem Teich und überwintert sie in einem Kübel mit Wasser an einem frostfreien Ort. Bei wuchernden Pflanzen entfernen Sie die reifen Fruchtstände, damit sie nicht aussäen. Vergessen Sie nicht,

Treibender Ball

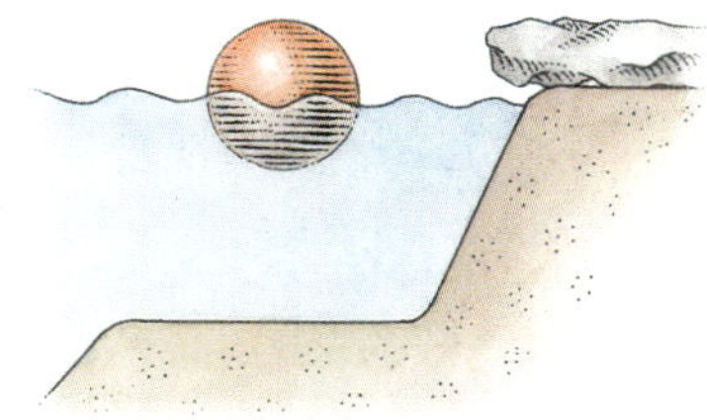

Im Winter kommt ein Ball ins Wasser. Sobald es friert, gießt man heißes Wasser über den Ball, entfernt ihn und deckt das Loch mit einem Sack ab. Wenn es taut, wird der Sack wieder durch den Ball ersetzt.

Pumpen werden aus dem Teich genommen und gereinigt, schadhafte Teile ersetzt; die Pumpe kommt bis zum Frühling an einen trockenen Platz.

Winterpflege

Bildet sich im Winter eine Eisdecke, kann das von zerfallenden Pflanzenteilen freigesetzte Methangas eingeschlossen werden, was den Fischen häufig den Tod bringt. Durch die Ausdehnung des Eises wird Druck auf die Seiten eines Betonteiches ausgeübt, der häufig zu Rissen führt. Wird ein kleiner Bereich eisfrei gehalten, können Risse vermieden werden, und das Methangas kann entweichen. Lassen Sie entweder einen Ball an der Oberfläche treiben, oder verwenden Sie ein elektrisches Heizelement. Dieses strahlt gerade so viel Wärme ab, daß ein kleiner Bereich eisfrei bleibt.

Schädlinge und Krankheiten

In einem Teich mit Fischbesatz werden Schädlinge selten zum Problem, da die Fische die Insektenlarven auffressen. Befallene Pflanzen können mit der Hand oder mit einem Schlauch abgewaschen werden; Insektizide sind für Wassergärten ungeeignet und für Fische hochgiftig. Im Spätsommer werden die über dem Wasser befindlichen Teile von Seerosen u. a. Wasserpflanzen oft von Blattläusen (S. 550) befallen, die Verfärbung und Verrotten verursachen. Spülen Sie diese mit einem Wasserstrahl weg.

Pilzerkrankungen erkennt man an der frühzeitigen Gelbfärbung oder am Fleckigwerden der Blätter. Wenn die Symptome nicht verschwinden, sollte man die Pflanze in einem eigenen Behälter mit Kupferfungizid behandeln.

Umtopfen einer Uferpflanze

1 Topfpflanzen sitzen früher oder später fest in ihrem Gefäß und müssen ausgedünnt werden. Dringen die Wurzeln bereits durch die Gefäßwände, wird geteilt und umgetopft (hier Iris pseudacorus*).*

2 Nehmen Sie die Pflanze aus dem Topf, und teilen Sie sie, zupfen Sie die Wurzeln heraus. Sehr dicht stehende Wurzeln kann man mit kleinen, verkehrt aneinandergelegten Gabeln trennen.

3 Setzen Sie die Teile in eigene Töpfe mit feuchter Erde. Wässern Sie und geben Sie Grit darüber, dann kommen sie in den Teich. Überschüssiges Leinen abschneiden.

Vermehrung

DIE MEISTEN Wasserpflanzen, v. a. Uferpflanzen, werden durch Teilung vermehrt. Je nach Pflanzentyp werden auch andere Methoden verwendet: Viele sauerstoffbildende Unterwasserpflanzen und einige kriechende Uferpflanzen vermehrt man z. B. durch Stecklinge, einige Schwimmpflanzen bringen Ausläufer, Adventivpflanzen oder Winterknospen hervor. Feuchtigkeitsliebende Arten am Teichrand und einige Wasserpflanzen können aus Samen oder durch Teilung vermehrt werden.

Das Schneiden der Stecklinge und die Teilung erfolgen am besten im Frühjahr oder Frühsommer, da hohe Temperaturen und langes Tageslicht gute Wachstumsbedingungen schaffen.

WASSERPFLANZEN, DIE DURCH GRÜNSTECKLINGE VERMEHRT WERDEN

Bacopa monnieri
Cabomba caroliniana ❄
Callitriche hermaphroditica
Ceratophyllum demersum
Decodon verticillatus
Egeria densa ❄
Hydrilla verticillata
Hydrocleys parviflora ❄
Hygrophila polysperma ❄
Lagarosiphon major
Limnophila heterophylla
Ludwigia arcuata
Myriophyllum, einige ❄
Potamogeton crispus
Tillaea recurva
Trapa natans

WASSERPFLANZEN, DIE GETEILT WERDEN KÖNNEN

Knollen
Aponogeton distachyos
Colocasia esculenta ❄
Nelumbo nucifera ❄
Zantedeschia, einige ❄

Wurzelstöcke
Acorus calamus
Butomus umbellatus
Calla palustris
Caltha palustris

Caltha palustris 'Flore Pleno'

Cryptocoryne ciliata ❄
Damasonium alisma
Decodon verticillatus
Eriophorum angustifolium

SCHLÜSSEL
❄ *Nicht winterhart*

Teilung

Eine große Zahl von Uferpflanzen läßt sich leicht durch Teilung vermehren. Die Methode hängt im einzelnen vom Wurzelsystem und von den Wuchseigenschaften der Pflanze ab. Näheres unter »Stauden teilen«, S. 164.

Pflanzen mit kriechenden oder Faserwurzeln

Bei Pflanzen mit kriechenden oder langen Faserwurzeln, z.B. *Typha latifolia*, wird der Wurzelstock einfach mit den Händen auseinandergerissen; stehen die Wurzeln zu dicht, nimmt man 2 Gabeln zu Hilfe.

Jedes Teilstück muß einen Vegetationspunkt (einen horizontalen Endtrieb) aufweisen. Schneiden Sie die alten, braunen Wurzeln und abgestorbene Blätter ab. Stutzen Sie die neuen Wurzeln, bevor Sie die Teilstücke einzeln in Gefäße setzen. Glätten Sie die Erde um die Basis der Triebe und drücken Sie sie etwas an, bevor eine Deckschicht aus Kies darüber kommt. Stellen Sie das Gefäß etwa 5-8 cm unter Wasser.

Butomus umbellatus kann geteilt oder auch durch Brutzwiebeln aus den Blattachseln vermehrt werden. Diese nimmt man ab und kultiviert sie einzeln weiter (siehe »Lilien«, »Vermehrung durch oberirdische Brutzwiebeln«, S. 243).

Rhizompflanzen

Bei Pflanzen mit starken Rhizomen, wie Iris, reißt man die Wurzelmasse auseinander und teilt die Stücke mit einem scharfen Messer, so daß jeder Abschnitt zumindest eine Knospe und junge Wurzeln aufweist. Schneiden Sie lange Wurzeln weg, und stutzen Sie eventuell das Laub. Schneiden Sie das Laub nicht bis unter die Wasseroberfläche zurück, da die Schnittfläche verrotten könnte.

Setzen Sie die Teilstücke in ein geeignetes Gefäß, drücken Sie die Erde um die Wurzeln an, aber lassen Sie das Rhizom beinahe frei liegen. Geben Sie eine Deckschicht aus Kies darüber, und tauchen Sie das Gefäß in den Teich, so daß die Wurzeln 5-8 cm hoch mit Wasser bedeckt sind.

Rhizompflanzen mit kriechenden Trieben an der Oberfläche, z.B. *Calla palustris*, können aufgenommen und in Stücke geteilt werden, von denen jedes eine Knospe enthält. Pflanzen Sie die Stücke einzeln wie bei anderen Rhizompflanzen.

STECKLINGE VON KRAUTIGEN TRIEBEN

1 *Schneiden Sie im Frühling und Sommer gesunde junge Triebe ab (hier* Myriophyllum*). Binden Sie diese mit Draht zu Bündeln von drei bis sechs 10-15 cm langen Stecklingen.*

2 *Machen Sie mit einem Pflanzholz Löcher in die in einem mit Sackleinen ausgekleideten Pflanzkorb vorbereitete Erde. Setzen Sie die Bündel 5 cm tief hinein.*

TEILUNG FASRIGER WURZELSTÖCKE

Nehmen Sie die Pflanze aus dem Gefäß oder aus dem Boden. Ziehen Sie die Wurzelmasse mit 2 verkehrt aneinandergelegten Gabeln auseinander. Wiederholen Sie den Vorgang; die Teilstücke werden gestutzt und gepflanzt (hier Acorus calamus*).*

RHIZOMPFLANZEN TEILEN

1 *Nehmen Sie die Pflanze (hier* Acorus calamus*) auf. Teilen Sie die Wurzelmasse mit den Händen. Jeder Teil sollte ein gutes Wurzelsystem und mehrere gesunde Sprosse aufweisen.*

2 *Kürzen Sie mit einem scharfen Messer lange Wurzeln und das Laub um etwa ein Drittel bis die Hälfte ihrer ursprünglichen Länge.*

3 *Legen Sie einen Korb mit Sackleinen aus, und füllen Sie feuchte Erde ein. Setzen Sie die Teilstücke so hinein, daß über dem Rhizom nur eine dünne Erdschicht liegt.*

Stecklinge

Die meisten sauerstoffbildenden Unterwasserpflanzen können im Frühling oder Sommer durch Stecklinge von krautigen Trieben vermehrt werden; dadurch wird auch das Wachstum der Pflanze beschränkt. Raschwachsende, z. B. *Elodea canadensis* und *Potamogeton crispus*, sollten regelmäßig durch Jungpflanzen ersetzt werden.

Schneiden Sie als Stecklinge gesunde, junge Triebe, die Sie einzeln oder in Bündeln zu sechst in Töpfe oder Schalen mit Lehm unter Wasser stecken. Die Stecklinge einiger kriechender Uferpflanzen, z. B. *Menta aquatica* und Wasservergißmeinnicht (*Myosotis scorpioides*), sollten einzeln gesteckt werden. Die Stecklinge etablieren sich rasch und können nach 2-3 Wochen eingetopft und ausgepflanzt werden.

Auch einige Wasserlilien mit Knollen werden durch Stecklinge vermehrt, allerdings mit einer anderen Methode (siehe »Augenstecklinge«, S. 249).

Ausläufer und Adventivpflanzen

Viele der wuchernden Schwimmpflanzen in tropischen Seen und Flüssen vermehren sich durch Ausläufer oder Tochterpflanzen an langen Adventivtrieben. Wasserhyazinthen (*Eichhornia crassipes*) und *Pistia stratiotes* bevölkern auf diese Weise große Wasserflächen. In seichtem Wasser wurzeln die jungen Pflanzen rasch im nährstoffreichen Schlamm am Grund und produzieren noch mehr Ausläufer. Die Tochterpflanzen können einfach abgebrochen und an die Wasseroberfläche gesetzt werden, wo sie weiterwachsen.

Eine Zwergform des Echten Papyrus, *Cyperus papyrus* ›Nanus‹, bildet im Blütenköpfchen Tochterpflanzen. Wird dieses nach unten gebogen und in einen Topf mit Erde und Wasser getaucht, wurzeln die Pflänzchen und wachsen; sie werden abgetrennt und einzeln eingetopft.

Winterknospen

Einige Wasserpflanzen, z. B. *Hydrocharis morsus-ranae*, bringen sog. Winterknospen hervor, die von der Mutterpflanze getrennt am Teichgrund überwintern. Im Frühling steigen sie an die Oberfläche und entwickeln sich zu neuen Pflanzen.

Die Winterknospen von *Hottonia palustris* entwickeln sich im Frühjahr im Schlamm, ohne an die Oberfläche zu steigen. Man kommt schwer an sie heran und wartet daher besser, bis sich junge Pflanzen bilden, die man aufnimmt und an ihren neuen Standort setzt.

Die Winterknospen können auch im Herbst abgenommen und in einer mit 15 cm Wasser bedeckten Saatschale mit Lehm überwintert werden. Sobald die Knospen im Frühjahr an die Oberfläche treiben, topft man sie in mit Lehm gefüllte Gefäße.

AUSLÄUFER ODER ADVENTIVPFLANZEN

1 *Einige Schwimmpflanzen (hier* Eichhornia crassipes*) bilden Ausläufer. Im Frühjahr bricht man den Trieb ab, der den Ausläufer mit der Mutterpflanze verbindet.*

2 *Setzen Sie den Ausläufer direkt auf die Wasseroberfläche, stützen Sie ihn vorsichtig mit einer Hand, bis er aufrecht treibt.*

Aussaat

Die meisten feuchtigkeitsliebenden sowie einige Wasserpflanzen, z. B. *Aponogeton distachyos, Euryale ferox, Orontium aquaticum, Trapa natans* und tropische Seerosen (siehe »Winterharte und tropische Seerosen«, S. 248) können aus im Sommer oder Herbst abgenommenen, reifen Samen gezogen werden.

Lagern Sie die Samen bis zur Aussaat kühl und feucht. Bei getrockneten Samen verzögert sich die Keimung, und selbst die Keimfähigkeit kann beeinträchtigt sein. Wasserpflanzensamen sollten ganz oder teilweise unter Wasser zur Keimung gebracht werden. Füllen Sie zunächst Saatschalen mit Substrat für Wasserpflanzen oder mit durch ein 7-mm-Sieb gestrichenem Gartenlehm. Das Substrat darf keinen Dünger enthalten, denn er begünstigt Algen, die die keimenden Sämlinge ersticken.

Säen Sie die Samen an der Oberfläche des Substrats aus, und bedecken Sie sie mit einer dünnen Schicht feinem Kies; geben Sie die Schale in einen großen, wasserdichten Behälter, z.B. eine Plastikschüssel oder ein Aquarium. Füllen Sie den Behälter mit Wasser, bis die Schale gerade bedeckt ist, und stellen Sie ihn auf eine teilbeschattete Treibhausbank oder eine helle Fensterbank bei einer Temperatur von mindestens 18°C. Die Samen sollten im Frühling keimen.

Sobald das erste endgültige Blattpaar erscheint, werden die Sämlinge einzeln in Töpfe pikiert und bleiben für ein weiteres Jahr unter Wasser im Treibhaus. Sobald sich das Wasser im Frühling erwärmt, setzen Sie sie in den Teich.

WASSERPFLANZEN, DIE GETEILT WERDEN (FORTS.)

Wurzelstöcke (Forts.)
Lysichiton
Mentha aquatica
Menyanthes trifoliata
Myosotis scorpioides
Nuphar lutea
Peltiphyllum peltatum
Pontederia cordata
Ranunculus lingua
Sagittaria sagittifolia
Saururus cernuus
Thalia dealbata ❄
Typha latifolia

Lysichiton camtschatcensis

Ausläufer
Eichhornia crassipes ❄
Hydrocharis morsus-ranae
Limnanthemum lacunosum
Limnobium stoloniferum
Marsilea quadrifolia
Pistia stratiotes ❄
Sagittaria graminea,
S. sagittifolia 'Flore Pleno'
Salvinia auriculata ❄,
S. natans ❄
Stratiotes aloides

Salvinia auriculata

Adventivpflanzen
Aponogeton undulatus ❄
Azolla caroliniana ❄
Baldellia ranunculoides
Ceratopteris cornuta ❄
Eichhornia crassipes ❄
Hottonia palustris
Nuphar advena
Nymphaea, einige ❄
Utricularia exoleta ❄
Wolffia arrhiza ❄

SCHLÜSSEL
❄ *Nicht winterhart*

AUSSAAT

1 *Säen Sie die Samen gleichmäßig von einem Blatt Papier in eine Schale mit angedrücktem Wasserpflanzensubstrat oder gesiebtem Gartenlehm.*

2 *Geben Sie eine dünne Schicht feinen Kies darüber, und stellen Sie die Schale in eine große Plastikschüssel.*

3 *Füllen Sie langsam Wasser in die Schüssel, bis die Schale bedeckt ist. Geben Sie sie zur Keimung an einen hellen Ort mit mindestens 18°C.*

11

Kakteen und andere Sukkulenten

Kakteen und andere Sukkulenten zeigen eine Vielzahl an Wuchsgrößen und -formen, eine Fülle an Farbigkeit und Struktur des Pflanzenkörpers. Einige haben abgerundete, glatte Oberflächen, während andere gebogene oder gerade, oft farbige Stacheln aufweisen oder mit seidigen Haaren bedeckt sind. Ihre Körperformen reichen von symmetrischen Rosetten bei Echeveria *bis zum hockerförmigen, kugeligen* Echinocactus *und den in Rippen gefalteten Säulen und Kandelabern einiger Wüstenkakteen. Viele Arten blühen nur kurz mit großen und strahligen Blumenkronen; andere bringen über längere Zeit eine Fülle von prachtvollen Blüten hervor. In gemäßigten Klimaten müssen die meisten Sukkulenten im Gewächshaus oder als Zimmerpflanzen kultiviert werden, härtere wachsen auch in Gärten zu Prachtexemplaren heran. In wärmeren Zonen können Freiland-Wüstengärten angelegt werden. Ob Sukkulenten als Einzelexemplare gehalten oder zu Gruppen mit kontrastierenden Formen zusammengestellt werden, die Mannigfaltigkeit und ihre Toleranz gegenüber Trockenheit machen sie in jedem Fall ideal für die Bepflanzung von Gefäßen.*

Gestalten mit Kakteen und anderen Sukkulenten

Viele Kakteen leben in den Wüstenregionen der südlichen USA und von Mexiko, wo Niederschläge nur spärlich und mit Unterbrechungen fallen und große Temperaturgegensätze herrschen. Demgegenüber entstammen einige der blühwilligsten Kakteen den warmen, feuchten Regenwäldern Mittel- und Südamerikas. Diese Pflanzen sind meist epiphytisch, d.h., sie wachsen auf anderen Pflanzen; sie klettern an »Stützpflanzen« hoch oder leben ohne Verbindung zum Erdreich in Astgabeln von Bäumen.

Die anderen Sukkulenten bewohnen weit größere Lebensräume, und sie zeigen ganz unterschiedliche Charakteristika. Zu ihren natürlichen Standorten gehören die halbtrockenen Regionen von Mittelamerika, Afrika und Australien. Sie sind aber auch in gemäßigten und kalten Klimazonen von Asien und den nördlichen Teilen Europas und Amerikas beheimatet.

Merkmale von Sukkulenten

Kakteen u.a. Sukkulenten sind Meister der Anpassung; kleinere Blätter oder Abwurf der Blätter bei sehr trockener Witterung ermöglichen ihnen, durch reduzierte Transpiration Wasser zu sparen. Als wichtigstes Charakteristikum ist allen das wasserspeichernde, fleischige Gewebe in den Sprossen, Blättern oder Wurzeln gemeinsam. Dieses Gewebe macht es möglich, daß sukkulente Pflanzen lange Trockenperioden überstehen.

Kakteen sind leicht von anderen Sukkulenten durch die Areolen zu unterscheiden; das sind polsterartige Auswüchse an den Sprossen, aus denen sich Stacheln, Haare, Blüten und Seitensprosse entwickeln.

Sukkulente Pflanzen können in 3 Gruppen unterteilt werden, je nachdem in welchem Teil der Pflanze das wasserspeichernde Gewebe zu finden ist. Einige Gattungen, darunter *Euphorbia*, sind in mehr als einer dieser Gruppen mit Arten vertreten.

Die meisten Kakteen sind Stammsukkulenten, zu denen auch einige Angehörige der Gattungen Asclepiadaceae und Euphorbiaceae gehören. Andere wiederum sind Blattsukkulenten, zu denen *Aloe*, *Echeveria*, *Lithops* und *Sedum* gerechnet werden. Pflanzen der dritten Gruppe sind als caudiciforme Sukkulenten bekannt, sie haben das wasserspeichernde Gewebe in angeschwollenen Wurzelstöcken (dem Caudex), obwohl dieses sich oft in den Sproß hinein ausdehnt, wie bei *Adenium obesum*. Die meisten Pflanzen, die zu dieser Gruppe gehören, findet man in den Familien Apocynaceae, Cucurbitaceae und Convolvulaceae.

Ein eindrucksvolles Arrangement
Ensemble aus prächtigen Sukkulenten: Euphorbia canariensis, *die sich hinter* Agave americana *'Variegata' und* A. attenuata *auftürmt.*

VIELFALT DER FORMEN
Die kräftigen Blätter der Agave americana *(Mitte) stehen in reizvollem Kontrast zu den orangenen Blütenständen einer* Aloe-*Art (links) und zu den kriechenden Trieben einer blaugrauen* Senecio-*Sorte.*

Die Form als Gestaltungselement

Die unterschiedlichen Formen und Wuchseigenschaften von Kakteen u.a. sukkulenten Pflanzen werden eingesetzt, um verschiedene Effekte zu erzielen. Große Säulen, z. B. *Cleistocactus strausii*, betonen senkrechte Linien, die ihrerseits mit Vordergrund-Bepflanzungen von kleineren, kugeligen Formen wie *Echinocactus grusonii* oder den blattartigen Flachsprossen einiger *Opuntia*-Arten kontrastieren.

Verschiedene Arten haben einen kriechenden Wuchs und fügen so ein horizontales Gestaltungselement hinzu. *Carpobrotus edulis*, aber auch *Lampranthus*- und *Ruschia*-Arten, bilden dichte Rasenteppiche und sind damit ausgezeichnete Bodendecker. Hängend wachsende sukkulente Pflanzen, z.B. *Ceropegia woodii* und *Schlumbergera*- und *Rhipsalis*-Arten, ergeben Kaskaden schmaler Sprosse oder Blätter, welche am besten in Hängekörben zur Wirkung kommen. Kletternde Klimmer, z.B. *Selenicereus*-Arten, betonen die Höhe bei Mischbepflanzungen, benötigen aber ein Rankgitter oder einen Ast. In frostfreiem Klima sind die gegliederten und kletternden Sproße von *Hylocereus*-Arten am wirkungsvollsten, wenn sie sich über Mauern ausbreiten können.

HARTE UND MÄSSIG HARTE SUKKULENTEN

Beschorneria yuccoides (mäßig hart)

Maihuenia poeppigii (hart)

***Sedum spectabile* 'Brillant'** (hart)

Agave filifera (mäßig hart)

Opuntia humifusa (hart)

Sempervivum montanum (hart)

BLÜHENDE SUKKULENTEN

Ferocactus setispinus

Oroya neoperuviana

Parodia chrysacanthion

Strombocactus disciformis

Lithops pseudotruncatella* var. *pulmonuncula

Rebutia muscula

Blühende Kakteen und andere Sukkulenten

Sukkulenten bringen oft bezaubernde Blüten hervor und dies regelmäßig, wenn sie einmal die Blühreife erlangt haben, was je nach Art schon nach einem, aber auch erst nach 40 Jahren der Fall sein kann.

Die meisten Sukkulenten sind Tagblüher mit individueller Blühdauer, manchmal über mehrere Tage. Einige epiphytische Kakteen sind Winterblüher, deren Blüten in ihrer Aufeinanderfolge über längere Zeit erfreuen. Andere Arten blühen nur kurz, manchmal öffnen sich die Blüten bald nach Sonnenuntergang und schließen sich wieder nachts. Viele der großen, säulenförmigen Kakteen bilden Blütenknospen, die sich während der ersten Nachtstunden entfalten und im Morgengrauen verwelken.

Die Blüten sind im Verhältnis zur Pflanze oft außerordentlich groß; ihr Farbenspiel umfaßt meist die warmen Bereiche des Spektrums, viele Gelbtöne, ein leuchtendes Scharlachrot, ein lebhaftes Karminrot. Gattungen aus der Familie der Mittagsblumengewächse und eine Reihe von Epiphyten haben duftende Blüten.

Einige Arten speziell der Agavaceae sind monokarpisch: Sie sterben nach dem Blühen und Ansetzen von Samen ab. Kleine Tochterpflanzen werden dabei oft um die blühende Rosette gebildet – sie blühen dann in den folgenden Jahren.

Gestaltung im Freiland

Bei sorgfältiger Auswahl kann man attraktive Arrangements von Kakteen u.a. Sukkulenten auch im Freien gestalten, sogar unter relativ kühlen Bedingungen. Nur wenige Sukkulenten tolerieren jedoch zuviel an Feuchtigkeit. Sogar die harten Arten benötigen eine gute Drainage – sie wachsen gut in erhöhten Beeten, wo überschüssiges Wasser frei weglaufen kann. Zu diesen Harten gehören *Opuntia humifusa*, *Sedum* und *Sempervivum*, zusammen mit einigen Arten der *Crassula* und von *Umbilicus*. Bei funktionierender Drainage und guter Abhärtung im Sommer widerstehen eine Anzahl von Wüstenkakteen, v.a. einige *Opuntia*-, aber auch *Lampranthus*-Arten, überraschend niedrige Temperaturen – doch niemals, wenn zur Kälte noch Nässe kommt.

In milden Gebieten mit wenig Frost erhöht sich die Zahl der geeigneten Sukkulenten und schließt dann die auffälligen Rosetten der *Agave americana* und ihrer Kulturarten, *A. filifera* und *Beschorneria yuccoides* ein. Mäßig harte Arten brauchen einen durchlässigen Standort mit Schutz durch eine sonnige Mauer als Standortverbesserung. Wo Temperaturen kaum unter 7-10°C fallen, gibt es wenig Einschränkungen bei der Auswahl.

Mischpflanzungen
Wenn man nichtsukkulente und sukkulente Pflanzen zusammenpflanzt,

muß man Gewächse auswählen, die ähnliche Ansprüche an Licht, Bodentyp und Wasserversorgung stellen. In frostfreien Gärten sind entsprechende Nichtsukkulente u.a. *Fuchsia*, Oleander *(Nerium)*, *Gazania*, und *Rehmannia*-Arten – alle bringen zusätzliche Farbe und Abwechslung. Zwiebeln und Rhizome, wie die von *Clivia, Cyrtanthus* und *Sprekelia*-Arten, sind ebenfalls gut für Mischpflanzungen geeignet. Für kühlere Regionen empfehlen sich einjährige Pflanzen.

Wüstengärten
In trockenen Klimazonen, wo die Temperaturen selten unter 10°C fallen, kann man mit dem gesamten Sortiment von Sukkulenten einen äußerst interessanten Wüstengarten gestalten. Wenn der Unterböden besonders schwer ist, sollte die Pflanzensammlung auf Hochbeeten wachsen, die guten Wasserabzug gewährleisten.

Nehmen Sie kleinere Arten für die Beetvorderseite, damit deren zarte Schönheit nicht von größeren Gewächsen verdeckt wird. Bieten Sie polsterbildenen Pflanzen, z.B. *Echeveria*, *Haworthia* und *Mammillaria*-Arten, genügend Platz, damit sie sich entfalten können. Diese niedrigen, rasen- und gruppenbildenden Arten blühen zu verschiedenen Zeiten von Frühjahr bis Herbst und bringen so Farbe während der wärmeren Monate.

Für Hintergrundpflanzungen sind aufrecht wachsende Gewächse ideal, z.B. der große, einsäulige *Cephalocereus senilis*, der sich verzweigende *Cleistocactus strausii* oder die hoch aufragende, baumförmige *Euphorbia candelabrum*.

EINDRUCKSVOLLER WÜSTENGARTEN
Die dichtverzweigten Euphorbia candelabrum *bilden das Gegengewicht zu den kugeligen und säulenförmigen Kakteen ringsum.*

Gefäße fürs Freiland

Die meisten Kakteen und Sukkulenten haben flachlaufende Wurzeln und akzeptieren eine Kultur in Behältern. Wählen Sie Gefäße aus, die Form und Gestalt der Pflanzen betonen – eine weite, flache Schale z.B. bietet sich naturgemäß für niedrigwachsende und kriechende Arten an, während Sukkulenten mit strengerer Form viel besser für große Gefäße geeignet sind.

Tröge sind v.a. brauchbar, um phantasiereiche Kombinationen mit Pflanzen verschiedener Größe zusammenzustellen. Hängekörbe empfehlen sich für kriechende, rankende und herabhängende Arten.

Pflanzenauswahl und Standort
In kühlen Regionen, in denen die Temperatur selten unter 0°C fällt, gedeihen viele Arten im Freien, wenn sie etwas erhöht stehen, so daß der Wasserüberschuß abfließen kann. Eine geschützte Stelle, wie sie eine Ecke in einem überdachten Innenhof oder auf einem entsprechenden Balkon bietet, wäre ideal. Dort können die Pflanzen auch besser vor Regen geschützt werden.

Die beblätterten Formen von *Sedum* und die hübschen Rosetten von *Sempervivum* sind gut geeignet, um einen Kontrast zwischen belaubten Formen einerseits und leuchtenden Blüten von *Lewisia*-Arten und -Sorten andererseits zu erzielen.

Des weiteren ergeben Arten wie *Agave parryi* mit symmetrischen Rosetten aus rundlichen, graugrünen Blättern oder *Opuntia polyacantha* mit leuchtendgelben Blüten einen Blickfang.

In wärmeren Klimazonen sind die Möglichkeiten, Kakteen u.a. Sukkulenten in Containern im Freien zu halten, weitaus größer. Gruppieren Sie in großen Töpfen Pflanzen, die zu verschiedenen Jahreszeiten blühen und auffallende Blätter haben; die purpurblättrige *Aeonium arboreum* 'Schwarzkopf', *Aloe barbadensis* mit gelben Blüten und die rotblühende *Crassula falcata* ergeben interessante Arrangements.

Wo die Temperaturen selten unter 13°C fallen, können mit vielen Zwergkakteen, wie Arten und Sorten von *Gymnocalycium, Mammillaria* und *Rebutia*, faszinierende Anordnungen von Pflanzenformen und Strukturen in Schalen und Trögen im Garten erzielt werden.

Gestaltung in Innenräumen

Die geschützte Umgebung eines Gewächshauses oder Wintergartens, die eine fast lückenlose Kontrolle des Lichts, der Temperatur, der Feuchtigkeit und des Wassers erlaubt, ist ideal für ein Sortiment von Kakteen u.a. Sukkulenten. Die meisten Pflanzen, die sich für eine Freilandkultur in warmen Klimazonen empfehlen, gedeihen unter einem Dach auch in kühleren Regionen. Haben sich diese Pflanzen ohne menschliches Zutun selber geholfen, unter harten, trockenen Um-

GEMISCHTE PFLANZUNG
Die zierlichen Rosetten und nickenden Blüten der Echeveria *kontrastieren mit den riemenförmigen Blättern von* Agave filifera, *die hier den Blickfang bildet.*

BEHÄLTER FÜR DRAUSSEN
Diese Zusammenstellung von hohen, ausgebreiteten und hängenden Kakteen und anderen Sukkulenten ist auf einem Balkon zwar ungewöhnlich, aber äußerst dekorativ.

DAS BEET IM GEWÄCHSHAUS
Die hellen Blätter der Agave americana *'Variegata' und zahllose Rosetten von* Orostachys chanetii *im Mittelpunkt eines Gewächshausbeets.*

weltbedingungen in der Wildnis zu überleben, so macht sie ihre Zähigkeit auch geeignet für die warmen, trockenen Gegebenheiten in zentralbeheizten Häusern – also an Plätzen, an denen andere Pflanzen eingehen.

Ihr Abwechslungsreichtum sowie die wundervollen Blüten machen diese Pflanzen übers ganze Jahr interessant. Da die verschiedenen Arten an ganz unterschiedliche Situationen angepaßt sind, gibt es auch für alle speziellen Standorte im Haus eine passende Pflanzenauswahl.

Die richtigen Bedingungen

Die meisten Kakteen und Sukkulenten braucht viel Licht, ausreichend Wärme und gute Belüftung zum Gedeihen, obwohl einige Arten, v.a. beblätterte, im Sommer vor direkter Besonnung geschützt werden müssen, um Blattverbrennungen zu vermeiden.

Darüber hinaus benötigt eine wichtige Gruppe der Sukkulenten unbedingt Schatten oder zumindest abgeschwächtes Licht: nämlich die Epiphyten, die aus den feuchten, schattigen Regenwäldern Mittel- und Südamerikas kommen.

Epiphytische Pflanzen sind die blühwilligsten unter den Sukkulenten; sie können deshalb deutliche Farbtupfer setzen und selbst schattige Ecken in Haus oder Garten beleben. Bekannteste Vertreter dieser Gruppe sind der Weihnachtskaktus *(Schlumbergera bridgesii)*, *Rhipsalidopsis gaertneri* und *R. rosea*, die herrlichen Hybriden, entstanden aus Kreuzungen von *Epiphyllum*-Arten mit Arten von *Echinopsis, Heliocereus, Hylocereus* und *Nopalxochia*. Diese Züchtungen bringen wundervolle und manchmal auch duftende Blüten im Frühjahr und Sommer hervor, in Farben von Reinweiß, über Creme, Gelb und Orange bis Purpurrot.

Pflanzen für Gewächshaus und Wintergarten

In einem Gewächshaus oder Wintergarten können die Pflanzen in Töpfen oder frei in Beeten wachsen, entweder in Boden- oder in Bank- bzw. Tischhöhe. Das freie Auspflanzen in Beeten ermöglicht auch die Haltung größerwachsender Arten und sogar die Anlage eines Miniatur-Wüstengartens.

Während des Wachstums brauchen viele Arten aus wärmeren Ländern viel Licht, eine völlig trockene Atmosphäre und eine Temperatur von 18°C. Nur so entwickeln sie sich optimal und blühen auch. Solche Voraussetzungen sind leichter unter Glas als im Zimmer zu erreichen. Kakteen wachsen und blühen deshalb im Gewächshaus gut.

Einige Sukkulenten, z.B. *Rhipsalis*-Arten, erfordern hohe Luftfeuchtigkeit (80 %), um zu gedeihen, und fast immer entwickeln sie sich hervorragend in Wintergärten.

Ausgesprochen wohl fühlen sich dort auch Pflanzen, die viel Platz brauchen, um zu gedeihen und zu blühen; z.B. kletternde Selenicereen (allen voran die Königin der Nacht, *Selenicereus grandiflorus*) und mehrere *Hylocereus*-Arten, die sich alle einen hellen Standort ohne pralle Sonne wünschen.

Erstellt man einen Pflanzplan für ein Gewächshaus oder einen Wintergarten, sollte man nur Gruppen mit ähnlichen Ansprüchen kombinieren, das erleichtert die Pflege.

Topfpflanzen fürs Zimmer

Wenn warme, helle und zugluftfreie Bedingungen gegeben sind, gedeihen viele Sukkulenten auch als getopfte Zimmerpflanzen. Verwenden Sie kleine Töpfe für Einzelpflanzen oder große Schalen für ein ganzes Sortiment. Tragen Sie Handschuhe, wenn Sie mit stacheligen Pflanzen umgehen, weil diese schmerzhafte Verletzungen verursachen können.

Schalen-Gärten

Bepflanzt mit verschiedenen Arten, die die gleichen Ansprüche stellen, sind Schalen-Gärten gut geeignet, um sukkulente Pflanzen im Zimmer zu pflegen. Eine oder zwei Pflanzen mit aufrechtem Wuchs, z.B. junge Exemplare von *Cephalocereus, Cleistocactus u.a.* Säulenkakteen, ergeben den Blickfang. Alternativ kann auch eine Blattsukkulente dominieren. Füllen Sie den restlichen Platz in der Schale mit kleineren Pflanzen, *Echeveria* oder *Lithops*. Reichblühende Kugelkakteen sind ebenfalls eine gute Wahl für den Schalen-Garten.

HÄNGEKORB
Kaskaden von zierlichen Trieben und Blüten der Kalanchoe manginii *vor einer Hauswand.*

Hängekörbe und Ampeln

Sukkulenten in Hängekörben ergeben farbenfrohe Arrangements im Zimmer oder Wintergarten. Hängende Kakteen wie *Aporocactus flagelliformis* und rankende sukkulente Pflanzen wie *Kalanchoe, Rhipsalidopsis gaertneri* und *Schlumbergera*-Arten und -Sorten sind dafür bestens geeignet, da sie attraktiv über den Rand des Körbchens herabwachsen. Auch *Sedum morganianum* u.a. halbhängende Arten machen sich gut in Hängekörben.

Bepflanzen Sie Ampeln mit nur einer Art, oder kombinieren Sie mehrere Arten zu einem harmonischen, aber in Gestalt und Struktur abwechslungsreichen Arrangement. Im allgemeinen erfordert eine nichtepiphytische Bepflanzung helles Licht, eine epiphytische dagegen Halbschatten.

ARRANGEMENT IM GEWÄCHSHAUS
Farbenschönheit und Vielfalt der Formen in einer Zusammenstellung von Crassula, Echeveria, Echinocactus, Mammilaria*-Arten u.a. für eine Bank im Gewächshaus.*

Verzeichnis der Kakteen und anderen Sukkulenten

FEUCHTE BEDINGUNGEN

Feuchtigkeitstolerante Sukkulenten

Crithmum maritimum
Salicornia europaea
Suaeda fruticosa, S. maritima
Umbilicus intermedius, U. rupestris

SCHATTEN

Schattenverträgliche Sukkulenten

Lewisia, Cotyledon-Hybriden, *L. leeana*
Orostachys chanetii ❄, *O. spinosus* ❄
Rhodiola crassipes
Sedum dasyphyllum, S. montanum, S. rosulatum, S. sediforme, S. spectabile, S. ternatum, S. villosum
Sempervivum arachnoideum, S. ruthenicum

SCHALEN UND TRÖGE

Sonne

Adenium obesum ❄
Aeonium arboreum ❄, *A. nobile* ❄
Agave filifera ❄, *A. stricta* ❄, *A. victoriae-reginae* ❄
Aloe humilis ❄, *A. longistyla* ❄, *A. rauhii* ❄
Astrophytum myriostigma ❄, *A. ornatum* ❄
Cephalocereus senilis ❄
Cereus forbesii ❄, *C. peruvianus* ❄
Cleistocactus strausii ❄
Cotyledon teretifolia ❄, *C. undulata* ❄
Crassula falcata ❄, *C. ovata* ❄, *C. rupestris* ❄, *C. socialis* ❄
Echeveria agavoides ❄, *E. derenbergii* ❄, *E. pilosa* ❄
Echinocactus grusonii ❄
Echinocereus blanckii ❄, *E. pentalophus* ❄

Echinocereus pentalophus

Echinopsis eyriesii ❄, *E. multiplex* ❄, *E. oxygona* ❄
Espostoa lanata ❄
Euphorbia flanaganii, E. milii ❄, *E. obesa* ❄
Faucaria felina ❄
Ferocactus acanthodes ❄, *F. latispinus* ❄
Gasteria batesiana ❄, *G. liliputana* ❄
Glottiphyllum linguiforme ❄
Gymnocalycium baldianum ❄, *G. gibbosum* ❄, *G. mihanovichii* ❄
Haworthia cooperi ❄, *H. limifolia* ❄, *H. reinwardtii* ❄
Jatropha podagrica
Kalanchoe blossfeldiana ❄
Lithops bella ❄, *L. dorotheae* ❄
Lobivia densispina ❄, *L. jajoiana* ❄, *L. pentlandii* ❄, *L. silvestri* ❄
Mammillaria bocasana ❄, *M. compressa* ❄, *M. gracilis* ❄, *M. hahniana* ❄, *M. mystax* ❄, *M. rhodantha* ❄, *M. spinosissima* ❄, *M. zeilmanniana* ❄
Opuntia microdasys ❄
Orbea variegata
Pachypodium geayi ❄, *P. lameri* ❄
Parodia leninghausii ❄, *P. mutabilis* ❄
Rebutia albiflora ❄, *R. aureiflora* ❄, *R. heliosa* ❄, *R. marsoneri* ❄, *R. minuscula* ❄, *R. senilis* ❄
Sansevieria trifasciata 'Hahnii' ❄, *S. t.* 'Laurentii' ❄
Sulcorebutia glomeriseta ❄, *S. steinbachii* ❄
Thelocactus bicolor ❄, *T. nidulans* ❄

Thelocactus bicolor

Trichocereus pachanoi ❄, *T. pasacana* ❄, *T. spachianus* ❄

Teilschatten

Epiphyllum oxypetalum ❄ (und Hybriden)
Hoya australis ❄, *H. carnosa* ❄
Rhipsalidopsis gaertneri ❄, *R. rosea* ❄
Schlumbergera bridgesii ❄, *S. truncata* ❄ (und Hybriden)

HÄNGEKÖRBE

Aporocactus flagelliformis ❄
Ceropegia haygarthii ❄, *C. woodii* ❄
Epiphyllum oxypetalum ❄ (und Hybriden)
Hatiora salicornioides ❄
Hoya bella ❄, *H. linearis* ❄, *H. polyneura* ❄
Kalanchoe jongsmanii ❄, *K. manginii* ❄, *K. pumila* ❄
Rhipsalidopsis gaertneri ❄, *R. rosea* ❄
Rhipsalis cereuscula ❄, *R. mesembryanthemoides* ❄, *R. pachyptera* ❄
Schlumbergera bridgesii ❄, *S. truncata* ❄ (und Hybriden)
Sedum morganianum ❄

SUKKULENTEN, DIE TEMPERATUREN BIS 0°C VERTRAGEN

Agave americana ❄, *A. lophantha* ❄, *A. parryi* ❄, *A. utahensis* ❄
Echinocereus viridiflorus ❄
Lobivia silvestri ❄
Opuntia humifusa, O. hystricina ❄
Sedum anglicum ❄, *S. cyaneum* ❄, *S. dasyphyllum, S. formsanum* ❄, *S. hispanicum* ❄, *S. lanceolatum* ❄, *S. rupestre* ❄, *S. spectabile*
Sempervivum (die meisten Arten)
Umbilicus ❄ (nur Arten)

SUKKULENTEN, DIE TEMPERATUREN BIS 7°C VERTRAGEN

Agave attenuata ❄, *A. parviflora* ❄
Aloe arborescens ❄, *A. aristata* ❄, *A. barbadensis* ❄, *A. brevifolia* ❄, *A. distans* ❄, *A. spinosissima* ❄, *A. variegata* ❄
Bulbine frutescens ❄, *B. latifolia* ❄, *B. mesembryanthemoides* ❄
Caralluma europaea ❄
Carpobrotus acinaciformis ❄, *C. edulis* ❄
Cereus chalybaeus ❄, *C. jamacaru* ❄ (u.a. säulenförm. Arten)
Conicosia communis ❄, *C. muirii* ❄
Crassula sarcocaulis ❄, *C. sarmentosa* ❄
Echeveria cuspidata ❄, *E. elegans* ❄, *E. gibbiflora* ❄, *E. pubescens* ❄
Echinocereus chloranthus ❄, *E. enneacanthus* ❄, *E. pentalophus* ❄
Gasteria angulata ❄, *G. distichia* ❄, *G. verrucosa* ❄, *K. tubiflora* ❄

Kalanchoe tubiflora

Kalanchoe marmorata ❄
Lampranthus falcatus ❄, *L. multiradiatus* ❄
Lewisia, Cotyledon-Hybriden ❄
Lobivia silvestri ❄
Maihuenia poeppigii ❄
Opuntia exaltata ❄, *O. fragilis* ❄, *O. polyacantha* ❄, *O. rastera* ❄, *O. robusta* ❄, *O. subulata* ❄
Orostachys chanetii ❄, *O. spinosus* ❄
Pelargonium acetosum ❄, *P. echinatum* ❄, *P. tetragonum* ❄
Rosularia modesta ❄
Senecio haworthii ❄, *S. macroglossus* ❄

BLÜHENDE KAKTEEN

Tagblüher

Aporocactus flagelliformis ❄
Astrophytum myriostigma ❄

Astrophytum myriostigma

Echinocereus engelmannii ❄, *E. triglochidiatus* ❄, *E. viereckii* ❄
Echinopsis aurea ❄, *E. kermesina* ❄, *E. multiplex* ❄
Epicactus ❄
Gymnocalycium bruchii ❄
Hatiora salicornioides ❄
Heliocereus speciosus var. *superbus* ❄
Lobivia famatimensis ❄, *L. silvestri* ❄
Mammillaria blossfeldiana ❄, *M. bocasana* ❄, *M. hahniana* ❄, *M. microcarpa* ❄, *M. nana* ❄, *M. spinosissima* ❄, *M. zeilmanniana* ❄
Matucana aureiflora ❄
Nopalxochia phyllanthoides ❄
Opuntia lanceolata ❄, *O. paraguayensis* ❄
Parodia brevihamata ❄, *P. graessneri* ❄, *P. haselbergii* ❄, *P. leninghausii* ❄, *P. mammulosa* ❄, *P. mutabilis* ❄
Rebutia aureiflora ❄, *R. marsoneri* ❄, *R. senilis* ❄
Rhipsalidopsis gaertneri ❄, *R. rosea* ❄
Schlumbergera x *buckleyi* ❄, *S. truncata* ❄, *S. t.* var. *delicata* ❄
Sulcorebutia glomeriseta ❄
Thelocactus bicolor ❄
Weingartia lanata ❄

Nachtblüher

Cephalocereus senilis ❄
Cryptocereus anthonyanus ❄
Echinopsis eyriesii ❄
Epiphyllum cartagense ❄
Eriocereus bonplandii ❄
Espostoa lanata ❄, *E. melanostele* ❄
Haageocereus acranthus ❄, *H. setosus* ❄, *H. versicolor* ❄
Harrisia gracilis ❄
Hylocereus ocamponis ❄
Pachycereus pringlei ❄
Selenicereus grandiflorus ❄, *S. macdonaldiae* ❄
Setiechinopsis mirabilis ❄
Trichocereus fulvilanus ❄, *T. spachianus* ❄, *T. terscheckii* ❄

SCHLÜSSEL
❄ *Nicht winterhart*

Bodenaufbereitung und Bepflanzung

DIE MEISTEN Kakteen u.a. Sukkulenten wachsen in der Natur entweder unter Wüsten- oder unter Dschungel-Bedingungen, aber sie treten im Freiland auch noch in kühleren Klimaten auf. Ob im Zimmer oder unter freiem Himmel kultiviert, ein speziell aufbereiteter, wasserdurchlässiger Boden oder ein entsprechendes Substrat sind so unerläßlich wie ein sonniger Platz.

Sukkulenten kaufen

Wenn Sie Sukkulenten kaufen, wählen Sie nur gesunde Pflanzen, die Neuzuwachs zeigen oder Blütenknospen ausbilden. Kaufen Sie keine beschädigten oder geschrumpften Exemplare oder solche mit stumpf aussehenden, vertrockneten oder weichen Rippen. Auch Pflanzen, die aus ihren Töpfen herauswachsen, lohnen den Kauf nicht.

KAKTEEN UND SUKKULENTEN AUSWÄHLEN

GUTES EXEMPLAR

REBUTTA-ARTEN

SCHLECHTES EXEMPLAR

GUTES EXEMPLAR

CRASSULA OVATA

SCHLECHTES EXEMPLAR

Kakteen halten

Die meisten Kakteen haben scharfe Stacheln. Wenn Sie sie verrücken oder umpflanzen wollen, sollten Sie Handschuhe tragen.

Beim Umgang mit Kakteen wie dem Ferocactus *legen Sie einen Ring aus starkem Papier um die Pflanze.*

Hochbeet oder Wüstengarten

Sukkulenten erfordern guten Wasserabzug, weshalb sie vorteilhaft in ein Beet gepflanzt werden können, das mindestens 25 cm über dem Boden angelegt ist. Um gute Drainage zu gewährleisten, böschen Sie das ganze Beet leicht ab.

Bringen Sie unten eine Schicht Kies ein, und wählen Sie einen hellen, sonnigen Platz.

HOCHBEETKONSTRUKTION

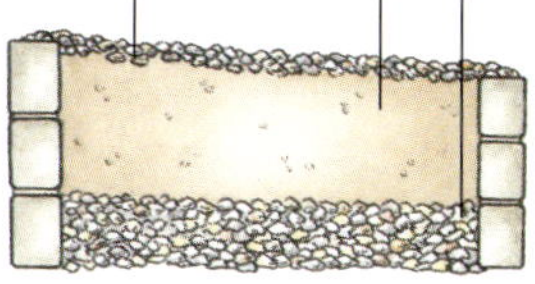

Ein Hochbeet besteht aus einer Kiesschicht und durchlässigem Substrat

Herstellung der Erd- und Substratmischung

Sukkulenten gedeihen in gewöhnlicher Gartenerde nicht, weil diese nicht wasserdurchlässig genug ist; sie muß durch ein sorgfältig zusammengestelltes Substrat ersetzt oder ergänzt werden. Guter Gartenlehm, der einen pH-Wert von 4-5,5 hat, ist die Basis eines selbstgemischten Substrats. Er muß jedoch sterilisiert werden, um eventuell vorhandene Unkrautsamen oder Schaderreger abzutöten und Krankheiten auszuschalten.

Zur Bereitung des Substrats mischen Sie 2 Teile Gartenlehm mit 1 Teil Torfersatz oder fein zerhacktem Sphagnum, 1 Teil scharfem Sand oder gewaschenem Feinkies und langsam wirkendem Dünger.

Wenn der Gartenlehm alkalisch reagiert, verwenden Sie ein auf Lehm basierendes Fertigsubstrat, das Sie mit scharfem Sand oder Feinkies (Verhältnis 3:1) mischen.

Pflanzen ins Beet setzen

Wässern Sie die Pflanze, und holen Sie sie vorsichtig aus dem Topf. Kontrollieren Sie den Wurzelballen auf Krankheiten oder Schädlingsbefall. Machen Sie ein Loch in passender Größe, und plazieren Sie die Pflanze so, daß sie auf der gleichen Höhe im neuen Substrat steht wie in ihrem alten Gefäß. Dann füllen Sie um die Wurzeln herum mit genügend Substrat auf und drücken es sorgfältig an. Der Sproß soll sicher stehen, und die Blätter müssen über dem Boden sein.

Bedecken Sie die Substratoberfläche mit Kies, um die Pflanzen vor übermäßiger Feuchtigkeit zu schützen und die Verdunstung zu verringern. Lassen Sie die Pflanzen sich setzen, und wässern Sie zunächst behutsam, dann nur wenig stärker, bis die Pflanzen eingewurzelt sind und Neuwuchs erscheint.

PFLANZUNG IM FREILAND

1 Um eine Sukkulente (hier Espostoa lanata*) umzupflanzen, feuchten Sie die Topferde an und graben in dem durchlässigen Boden ein Pflanzloch, in das der ganze Wurzelballen hineinpaßt. Die Pflanze braucht genügend Platz für weitere Entwicklung und Abstand von den Nachbarpflanzen.*

2 Sie nehmen den Kaktus aus dem Topf und setzen ihn so tief ein, wie er vorher gestanden hat. Rund herum andrücken.

3 Den Boden mit einer Schicht Grit (5 mm) bestreuen. Erst nach 2-3 Tagen wässern, wenn der Boden sich gesetzt hat.

Sukkulenten in Gefäßen

Eine Sammlung von Sukkulenten in Töpfen, Schalen oder Trögen ergibt einen attraktiven Blickfang im Innenhof oder auf dem Fensterbrett.

Aufbereitung des Substrats

Das verwendete Substrat sollte wasserdurchlässig und leicht sauer (pH-Wert 4-5,5) sein. Mischen Sie 1 Teil Sand oder Feinkies mit 3 Teilen einer Erde auf Lehmbasis oder mit 2 Teilen lehmfreier Erde.

Ein stärker saures Substrat braucht man für epiphytische Sukkulenten, aber auch für bestimmte *Hoya*-Arten und solche Kakteen, die aus Waldgebieten stammen, etwa *Rhipsalis* und *Schlumbergera*. Mischen Sie 1 Teil Humus (z.B. Torf-Ersatz, Sphagnum-Torf oder Lauberde) mit 2 Teilen Einheitserde. Durchlässigkeit wird durch Sand- oder Kieszusatz erreicht.

Wahl der Pflanzbehälter

Sowohl Ton- als auch Plastikgefäße sind für die Haltung von Sukkulenten geeignet. In Plastiktöpfen hält die Erde die Feuchtigkeit länger als in Tontöpfen. Tontöpfe ermöglichen dagegen eine bessere Durchlüftung des Wurzelbereichs.

Wählen Sie Gefäße, die ein oder mehrere Abzugslöcher im Boden haben, damit das Wasser schnell abläuft. Die Topfgröße hängt von der Größe der Pflanze ab. Normalerweise sind wenigstens 10 cm Tiefe erforderlich; für Arten mit Knollenwurzeln, ist eine Topftiefe von mindestens 15 cm nötig.

Das Bepflanzen von Gefäßen

Alle Gefäße müssen gewaschen werden, um Infektionen zu vermeiden. Bringen Sie eine Lage Drainagematerial (gewaschenen Kies oder Steinbröckchen) ein, etwa bis zu einem Drittel der Gefäßtiefe; große Tröge, aber auch tiefe, glocken- oder vasenförmige Gefäße brauchen für eine ausreichend wirksame Drainage eine mindestens 8 cm starke Bodenschicht aus Kies. Füllen Sie das Gefäß dann mit Substrat bis auf einen 1 cm hohen Gießrand.

Schütteln Sie die Pflanze vorsichtig aus dem alten Topf und entfernen Sie die Oberflächen-Abdekkung. Dann halten Sie die Sukkulente so in das neue Gefäß, daß die Oberkante des Wurzelballens sich in der gleichen Höhe im Substrat befindet wie im vorigen Topf. Drükken Sie die Pflanze in der neuen Erdmischung an und bedecken Sie die Oberfläche mit grobem Kies oder mit grobem Sand.

Wenn Sie mehrere Kakteen oder andere Sukkulenten in ein Gefäß pflanzen wollen, ordnen Sie die Pflanzen so an, daß diese genügend Raum zur Entwicklung haben. Dekorative Felsstücke und Kiesel lassen die Komposition natürlicher erscheinen.

Die Pflanzen müssen sich einige Tage setzen, bevor sie gegossen werden. Routinemäßig (siehe S. 269) soll das Gießen erst erfolgen, wenn die Pflanzen gut eingewurzelt sind.

Hängekörbe

Um ein attraktives Arrangement zu erhalten, sollten Sie hängend wachsende sukkulente Arten in einem Hängekorb kultivieren. Versichern Sie sich, daß der Korb sauber ist. Drahtkörbe sollten mit einer Lage Sphagnum-Moos ausgefüttert werden. Legen Sie keinesfalls den Korb mit Plastikfolie aus, da dies den Wasserabfluß behindert. Wenn Sie ein Ampelgefäß verwenden, das eine festsitzende Drainage-Einlage hat, geben Sie darauf eine Schicht kleinkörnigen Kies anstelle des Sphagnum-Mooses. Füllen Sie den Korb mit geeignetem Topfsubstrat, ohne die Moos- oder Kieselschicht zu beeinträchtigen. Dann setzen Sie die Pflanzen ein. Überfüllen Sie den Korb nicht; die geeignetsten Arten haben ein natürliches Ausbreitungsbestreben oder wollen überhängen.

EINE SCHALE BEPFLANZEN

1 *Günstig ist eine Gruppe von Pflanzen, die ähnliche Bedürfnisse haben. Wässern Sie die Topferde, stellen Sie die Töpfe in die Schale, die größeren nach hinten.*

2 *Unten in die Schale kommt eine Schicht (5 cm) Drainagematerial – Kies oder Topfscherben –, darüber die Pflanzerde (1 Teil scharfer Sand, 3 Teile Pflanzerde auf Lehmbasis).*

3 *Pflanzen aus den Töpfen nehmen, einsetzen und mit Pflanzerde auffüllen.*

4 *Eine Schicht Feinkies (5 mm) auf die Oberfläche streuen.*

EINEN HÄNGEKORB BEPFLANZEN

1 *Den Drahtkorb mit feuchtem Sphagnum-Moos auskleiden. Die Schicht soll zusammengepreßt 3 cm dick sein.*

2 *Den Korb fast bis zum Rand mit 1 Teil scharfem Sand und 3 Teilen Pflanzerde auf Lehmbasis füllen. In der Mitte eine Vertiefung machen.*

3 *Die Pflanze (hier* Schlumbergera*) einsetzen, die Wurzeln ausbreiten und mit Erde auffüllen, damit es um die Wurzeln keine Hohlräume gibt.*

4 *Der Hängekorb wird erst 2-3 Tage nach der Pflanzung zum ersten Mal gewässert.*

Allgemeine Pflege

KAKTEEN UND Sukkulenten brauchen nicht viel Pflege, aber pflanzengerechte Temperatur, Luftzufuhr und Licht sind für gutes Gedeihen unerläßlich. Geben Sie Nahrung und Wasser entsprechend dem Bedarf der jeweiligen Art, und achten Sie auf Anzeichen von Krankheiten oder Schaderregern.

Die richtige Umgebung

Plazieren Sie Sukkulenten ihren Pflegebedürfnissen entsprechend. Die meisten Arten brauchen volle Sonne, einige wollen Halbschatten. Das Maximum an Tagestemperatur im Frühjahr und Sommer sollte 27-30°C, die Nachttemperatur 13-19°C sein. Während der Ruhezeit werden die meisten Pflanzen bei mindestens 7-10°C gehalten, obwohl Arten aus den Tropen und Äquatorialgebieten eine wärmere Umgebung mit mindestens 13-19°C verlangen.

Luftzufuhr

Gute Belüftung ist lebensnotwendig, doch vertragen Sukkulenten keinesfalls Zugluft. Für Pflanzen im Gewächshaus müssen Schattierungen installiert oder spezielle Schattierungsfarben auf der Glas-Außenseite aufgebracht werden, wenn die Lüftung alleine nicht ausreicht, um die Temperatur unter 27-30°C zu halten. Bei heißem Wetter können die Gewächshausgänge auch mit Wasser bespritzt werden, damit die Temperatur sinkt.

Gießen und Düngen

Gießen Sie nur, wenn die Pflanzen aktiv sind, also wachsen (nicht in der Ruheperiode!). Bei den meisten Sukkulenten ist dies im Sommer, aber Epiphyten und Sukkulenten aus Waldregionen blühen prinzipiell zwischen spätem Herbst und frühem Frühjahr. In der Ruhezeit muß lediglich bei hohen Temperaturen gegossen werden und auch dann nur so wenig, daß eine totale Dürre verhindert wird.

Gießen

Während der Vegetationszeit durchfeuchten Sie das Substrat gründlich mit lauwarmem Wasser und gießen dann erst wieder knapp vor dem Austrocknen. Sorgen Sie dafür, daß überschüssiges Naß bei freiwachsenden Pflanzen durch drainierte Böden schnell abgeleitet wird.

Wenn Sie zur falschen Zeit gießen, besteht für die Pflanzen die Gefahr, daß sie Verbrennungen erleiden, wenn sie nach dem wässern in voller Sonne, immer noch mit Wassertropfen bedeckt, stehen.

Sie können Topfpflanzen auch wässern, indem Sie die Gefäße in seichte Wassertröge stellen. So kann das Wasser das Substrat von unten durchdringen, ohne Stämme oder Blätter zu benetzen. Nehmen Sie die Gefäße aus dem Trog, sobald die Oberfläche des Substrates feucht erscheint.

Epiphytische Pflanzen und solche, die Schatten benötigen, sollten feucht, aber nicht naß stehen.

Düngen

Während der Wachstumszeit düngt man Kakteen und Sukkulenten, um sie gesund und kräftig zu halten und das Blühen zu fördern. Eine Reihe von geeigneten Düngern steht zur Verfügung; ein standardisierter Flüssigdünger, der alle Hauptnährstoffe enthält, ist am besten geeignet. Die Anwendung sollte nach der Gebrauchsanweisung des Herstellers in vierwöchigen Intervallen erfolgen. Wenden Sie niemals Dünger an, wenn eine Pflanze im Ruhezustand oder das Substrat trocken ist, da dies Schäden an Stämmen und Blattwerk verursachen kann.

Hygiene

Sukkulenten brauchen gelegentlich eine »Dusche«, da sich Staub auf den Blättern oder zwischen den Stacheln ansammelt. Während der Wachstumszeit können Zimmerpflanzen mit Wasser besprüht werden; im Gewächshaus oder im Garten müssen Sukkulenten sorgfältig abgespritzt werden, dürfen dabei nicht in direkter Sonne stehen.

Schädlinge und Krankheiten

Die häufigsten Schaderreger sind Wolläuse, Schildläuse, Rote Spinnen, Wurzelläuse, Trauermücken.

Krankheiten sind selten, obwohl schlechte Pflegebedingungen oder ein Übermaß an Stickstoff im Boden die Schwarzfäule fördern können. Bedroht sind v.a. epiphytische Kakteen und *Stapelia*-Arten. Wenn absehbar ist, daß eine Pflanze als Folge einer Infektion verlorengeht, können allenfalls noch gesunde Sprosse oder Sproßabschnitte als Stecklinge verwendet werden.

Umpflanzen

Sukkulenten sollten umgepflanzt werden, sobald die Wurzeln beginnen, durch die Abzugslöcher zu wachsen, d.h. bei schnellwachsenden alle 2-3, bei langsamwachsenden Arten alle 3-4 Jahre. Bevor umgetopft wird, muß die Pflanze gewässert werden.

Die Pflanze wird vorsichtig aus ihrem ursprünglichen Topf genommen. Untersuchen Sie die Wurzeln und achten Sie auf Anzeichen von Krankheitserregern oder Krankheiten, und behandeln Sie sie, falls nötig. Schneiden Sie alle vertrockneten oder abgestorbenen Wurzeln ab, und bestäuben Sie sie mit Fungiziden. Der neue Topf wird nur eine Nummer größer als der alte gewählt. Die Pflanztiefe muß auf jeden Fall die gleiche bleiben.

SUKKULENTEN UMTOPFEN

1 *Wenn eine Sukkulente (hier* Aloe arborescens*) aus ihrem Topf herauswächst, wird sie in ein größeres Gefäß umgesetzt. Vor dem Herausnehmen die Erde im Topf gut anfeuchten.*

2 *Vorsichtig werden zusammengepreßte oder verschlungene Wurzeln gelockert.*

3 *In den neuen Topf Tonscherben und etwas Pflanzerde geben, die Pflanze genauso tief setzen, wie sie vorher gestanden hat.*

4 *Sorgfältig rundherum mit Substrat auffüllen. Zwischendurch andrücken, damit es keine Lufteinschlüsse zwischen den Wurzeln gibt. Gewässert wird erst, wenn die Pflanze eingewachsen ist.*

Vermehrung

KAKTEEN u.a. Sukkulenten können über Samen, Blatt- und Sproßstecklinge, durch Teilung und Pfropfung vermehrt werden. Teilen und Stecklingsvermehrung sind am einfachsten. Die Aufzucht von Pflanzen aus Samen ist langsam und schwierig, man kann aber neue Hybriden durch Handbestäubung aufziehen. Gepfropft wird bei seltenen Arten und Hybriden sowie bei langsamwachsenden Sukkulenten.

VERMEHRUNG ÜBER SAMEN

1 *Unten in den Topf kommen Topfscherben, dann eine Schicht grober Kies (1 cm) mit etwas Holzkohlegranulat.*

2 *Den Topf bis 1 cm unter den Rand mit feuchtem Substrat füllen, andrücken; die feinen Samen gleichmäßig aussäen.*

3 *Mit einer Sprühflasche leicht wässern; die Erde darf aber nicht naß sein.*

4 *Zum Schluß eine dünne Schicht sterilisierten, scharfen Feinsand darüberstreuen.*

5 *Beschriften und einen Plastikbeutel über den Topf ziehen. Bei mindestens 21°C an einen teilschattigen Platz stellen.*

GROSSE SAMEN

Jedes Samenkorn doppelt so tief, wie es groß ist, ins Substrat drücken (Samenabstand etwa 1 cm), damit die Sämlinge Platz haben.

Pflanzenvermehrung über Samen

Die Samen variieren stark in Aussehen und Größe und stellen spezielle Anforderungen. Manche feinen Samen keimen langsam, einige der größeren haben eine dicke Samenhülle (z.B. *Opuntia*-Arten) und einige wenige keimen nur, wenn sie stratifiziert, d.h. für 48 Stunden in einen Kühlschrank gelegt werden.

Aussaat
Die Samen werden in der Zeit zwischen Winterausgang und spätem Frühjahr unter einer Glas- oder Folienabdeckung ausgesät. Geben Sie eine Lage groben Kies, gemischt mit etwas Holzkohlegranulat, auf den Boden der Aussaatschale.

Füllen Sie das Gefäß fast bis zum Rand mit Aussaaterde.

Die feinen Samen werden gleichmäßig auf der Oberfläche verteilt. Wässern Sie leicht und bedecken Sie die Samen mit einer dünnen Schicht aus sterilisiertem, scharfem Feinsand oder einem Sand-Kies-Gemisch. Größere Samen sollten in das Aussaatsubstrat gedrückt (Abstand!) und dann mit grobem Sand oder Feinkies bedeckt werden. Töpfe oder Schalen kommen in lauwarmes Wasser, bis die Substratoberfläche feucht ist. Überschüssige Feuchtigkeit muß ablaufen. Geben Sie die Töpfe in einen Vermehrungskasten (21°C), oder stülpen Sie über die Aussaattöpfe durchsichtige Plastiktüten. Halten Sie die Samen unter Teilschatten.

Pflege der Sämlinge
Wenn die Sämlinge aufgelaufen sind, entfernen Sie die Plastikabdeckung und sorgen für zusätzliche Luftzufuhr. Besprühen Sie die Sämlinge mit Fungiziden gegen die Umfallkrankheit. Halten Sie die Temperatur nach wie vor bei 21°C, sorgen Sie für Licht und Luft.

Pikieren
Sind die Sämlinge nach 6-12 Monaten groß genug, daß sie ohne Schaden gehandhabt werden können, pikieren Sie sie einzeln in 6er Töpfe. Bereiten Sie den Topf mit einer Drainageschicht aus Steinbröckchen vor, füllen Sie bis auf einen Gießrand mit feuchtem Substrat auf.

SÄMLINGE PIKIEREN

1 *Wenn die Sämlinge groß genug sind, eine Gruppe herausnehmen; Wurzeln nicht beschädigen.*

2 *Die Gruppe in Einzelpflanzen teilen, soviel Erdreich wie möglich um die Wurzeln lassen (siehe Nebenbild).*

3 *Jeden Sämling in einen Topf mit 3 Teilen Kakteenerde und 1 Teil scharfem Sand setzen. Kein Substrat auf die Pflänzchen bringen.*

4 *Zum Schluß eine 5 mm dicke Schicht Feinkies aufstreuen, beschriften. Erst nach 3-4 Tagen wässern.*

Trennen Sie die Sämlinge vorsichtig. Pikieren Sie einzeln und decken Sie sie mit einer dünnen Lage Feinkies ab. Etikettieren Sie dann jeden Topf. Die jungen Pflanzen brauchen eine Minimumtemperatur von 15°C. Nach wenigen Tagen kann gegossen werden, erst sparsam, dann reichlicher, nach 3 Wochen normal.

Vermehrung durch Blattstecklinge

1 *Ein gesundes Blatt wird vorsichtig von der Elternpflanze abgenommen; aber so abtrennen, daß ein Sproßstückchen daran verbleibt.*

2 *Am Blatt soll sich innerhalb von 1-2 Tagen etwas Kallus bilden (siehe Nebenbild). Einen Topf mit Torf und Sand (1:1) füllen; Steckling einsetzen.*

3 *Mit etwas Feinkies oder Splitt abdecken und beschriften. Wenn sich nach 2 Wochen neues Wachstum zeigt (siehe Nebenbild), wird der bewurzelte Steckling in Substrat auf Lehmbasis umgetopft.*

Blattstecklinge

Eine Reihe sukkulenter Pflanzen, z.B. Arten von *Crassula* und *Echeveria*, können mit Blattstecklingen vermehrt werden. Diese sollten im Frühjahr oder Frühsommer von den Elternpflanzen genommen werden, wenn sie im vollen Wachstum sind. Wählen Sie fleischige, gut entwikkelte Blätter aus, und trennen Sie sie mit einem scharfen Messer ab, oder ziehen Sie sie sanft nach unten, wobei gewährleistet sein muß, daß ein kleines Stück des Sprosses an der Basis des Blattes verbleibt. Geben Sie die Stecklinge nun auf ein sauberes Stück Papier, das im Halbschatten bei 10°C ausgelegt werden muß.

Nach 1-2 Tagen haben die Stecklinge einen wahrnehmbaren Kallus gebildet. Füllen Sie Töpfe bis zum Gießrand zu gleichen Teilen mit Torf und scharfem Kies oder Sand. Jeder Steckling sollte so im Topf stehen, daß der Sproß des Blattes gerade auf der Oberfläche des Substrats verbleibt. Bringen Sie weiteres Substrat um den Steckling herum mit den Fingern ein.

Bedecken Sie die Oberfläche mit einer dünnen Kies- oder Splittschicht, das hilft, die Stecklinge in der richtigen Position zu fixieren. Etikettieren Sie den Topf, und stellen Sie ihn halbschattig; die Temperatur sollte gleichmäßig 21°C betragen. Halten Sie die jungen Stecklinge täglich mit lauwarmem Wasser feucht. Verwenden Sie dazu einen Zerstäuber.

Die Bewurzelung erfolgt meist innerhalb von Tagen. Ungefähr 2 Wochen, nachdem Wachstum erkennbar ist, verpflanzen Sie die bewurzelten Stecklinge in passende Töpfe mit standardisierter Einheitserde auf Lehmbasis.

Hybriden-Produktion

Wenn man eine Sammlung verschiedener Kakteen hat, kann es zur Kreuzbestäubung kommen, indem Blütenpollen einer Art oder Sorte auf eine andere gelangen. So entstehen Hybriden. Manchmal sind solche Hybriden besser als die Ausgangspflanzen und sollten deshalb weitervermehrt werden. Meist ist das aber nicht der Fall. Um Pflanzen mit den erwünschten Eigenschaften heranzuziehen, muß man den Bestäubungsprozeß genau beobachten. Kontrollierte Bestäubung ermöglicht, Pflanzen derselben Art mit Charakteristika der Elternpflanzen zu bekommen oder gezielt Kreuzungen verschiedener Arten zu produzieren.

Will man neue Hybriden heranziehen, wählt man gute Elternpflanzen (meist Arten derselben Gattung), um die besten Eigenschaften beider (z.B. Blattform oder Blütenfarbe) zu kombinieren. Um eine Bestäubung durch Insekten zu verhindern, bindet man, kurz bevor die Narbe rezeptiv wird oder die Antheren aufspringen, eine kleine Papiertüte über die Blüten, die man braucht. Dann bringt man den Pollen von den Staubbeuteln der einen Elternpflanze auf die Narben der zweiten und benützt dazu einen kleinen, weichen Pinsel. Danach wird die handbestäubte Blüte wieder abgeschirmt.

Viele Kakteen u.a. Sukkulenten sind nicht selbstfruchtbar, und eine Kreuzbestäubung ist notwendig. Ist eine Art aber mit sich selbst fruchtbar, sollte man die Blüten abdecken, um eine Kreuzbestäubung durch Insekten zu verhindern. Ein leichtes Klopfen auf die Papiertüte genügt meist, um den Pollen auf die Narben der Blüten zu bringen.

Sobald die grünen Früchte rot, weich und fleischig werden, geben sie den Samen frei. Wenn nicht, schlitzt man die Frucht auf und läßt sie 2-3 Tage an einem warmen Platz liegen, damit das Fruchtfleisch trocknet. Dann wäscht man den Samen, entfernt alle Fruchtfleischreste und trocknet den Samen auf Löschpapier.

Um Hybridsamen (hier von einer Schlumbergera*) zu erzeugen, bringt man mit einem feinen Pinsel den Pollen von den Staubbeuteln einer Elternpflanze auf die Narben des andern Elternteils.*

Sukkulenten, die man mit Blattstecklingen vermehrt

Adromischus cooperi ❄,
A. festivus ❄
Aeonium arboreum ❄
Begonia incana ❄, *B. venosa* ❄
Cotyledon ladismithiensis ❄,
C. undulata ❄
Crassula ovata ❄, *C. perfoliata* ❄
Dudleya ingens ❄, *D. rigida* ❄
Echeveria agavoides ❄,
E. elegans ❄
Fenestraria aurantiaca ❄
Gasteria batesiana ❄
Glottiphyllum linguiforme ❄
Graptopetalum amethystinum ❄
Haworthia attenuata ❄,
H. planifolia ❄
Hoya australis ❄, *H. carnosa* ❄
Kalanchoe beharensis ❄,
K. tomentosa ❄
Lenophyllum pusillum ❄,
L. texanum ❄
Orostachys chanetii

Pachyphytum oviferum

Othonna dentata
Pachyphytum oviferum ❄,
P. viride ❄
Peperomia dolabriformis ❄
Sedum hintonii,
S. sempervivoides ❄
Senecio fulgens ❄, *S. jacobsenii* ❄
Streptocarpus saxorum ❄
Thompsonella platyphylla ❄
Umbilicus chloranthus ❄
Xerosicyos danguyi ❄

Schlüssel
❄ *Nicht winterhart*

VERMEHRUNG DURCH SPROSSSTECKLINGE ODER SPROSSABSCHNITTE

Adromischus ❄
Aeonium ❄
Aporocactus ❄
Bergerocactus ❄
Caralluma ❄
Cephalocereus ❄
Cereus ❄
Ceropegia ❄
Cleistocactus ❄
Cotyledon ❄
Crassula ❄
Echeveria ❄
Epiphyllum ❄
Euphorbia, einige ❄
Greenovia ❄
Heliocereus ❄
Huernia ❄
Kalanchoe ❄

Kalanchoe 'Wendy'

Nopalxochia ❄
Opuntia, einige ❄
Oreocereus ❄
Oscularia ❄
Pachycereus ❄
Pachyphytum ❄
Pedilanthus ❄
Pelargonium ❄
Pereskia ❄
Rhipsalis ❄
Ruschia ❄
Sarcocaulon ❄
Schlumbergera ❄
Sedum, einige ❄ (einige Arten)
Selenicereus ❄
Senecio, einige ❄
Stapelia ❄

SCHLÜSSEL
❄ *Nicht winterhart*

Sproßstecklinge und Sproßabschnitte

Sproßstecklinge können zur Vermehrung vieler Arten von Sukkulenten, einschließlich *Euphorbia, Stapelia* und den meisten Säulenkakteen, verwendet werden. Nehmen Sie Stecklinge von Anfang bis Mitte des Frühjahrs. Die Menge und Art des Sproßmaterials hängt von der Pflanze ab. Einige Kakteen, z.B. *Opuntia*, haben rundliche, in Glieder unterteilte Sprosse, die zur Vermehrung mit einem scharfen Messer an einer Glied-Einschnürung oder an der Basis abgetrennt werden. Bei Pflanzen mit blattartigen Trieben, z.B. bei *Epiphyllum*, wird ein Schnitt durch den Sproß gemacht, um ein kurzes Stück zu gewinnen. Eine Entstellung der Pflanzen wird vermieden, wenn man einen kompletten Trieb an dem Punkt entfernt, wo er am Hauptsproß angewachsen ist. Er wird als Ganzes oder in mehrere Teile zerschnitten verwendet. Die meisten Säulenkakteen und einige Arten von *Euphorbia* werden über Sproßabschnitte vermehrt.

Bei allen *Euphorbien* und einigen Asclepiadaceen tritt an der Schnittstelle ein milchiger Saft aus. Sie werden für wenige Sekunden in lauwarmes Wasser getaucht. Der Schnitt an den Elternpflanzen kann geschlossen werden, indem man ein feuchtes Tuch gegen die Wunde preßt. Vermeiden Sie, daß der Milchsaft auf Ihre Haut gelangt.

Lassen Sie die Sproßstecklinge für ca. 48 Stunden an einem warmen Platz ruhen, um Kallusbildung zu ermöglichen. Erst dann werden sie in passendes Substrat getopft.

SPROSSSTECKLINGE

1 *Machen Sie bei einem gesunden, kräftigen Sproß (hier* Kalanchoe 'Wendy'*) einen geraden Schnitt, und trennen Sie den Sproß nah an der Basis ab.*

2 *Schneiden Sie den Sproß auf 1 cm Länge ab. Das untere Blattpaar wird entfernt.*

3 *Setzen Sie jeden Steckling in ein Substrat aus Torf und scharfem Kies oder Sand (1:1). Die Blätter sollten gerade über dem Substrat sein.*

Verpflanzen der Stecklinge
Entweder wird ein Sproßsteckling mitten in einen vorbereiteten Topf gepflanzt, oder man setzt mehrere kleine zum Rand des Gefäßes hin. Die Stecklinge sollten so gesetzt werden, daß sie aufrecht stehen, aber nicht so tief, daß die Basis fault, bevor sie bewurzelt sind. Bei Sproßstecklingen von Sukkulenten, die echte Blätter haben, z.B. *Pereskia*-Arten, müssen die unteren Blätter entfernt werden, ehe gepflanzt wird. Nebeln Sie gelegentlich mit lauwarmem Wasser, aber gießen Sie nicht zu stark, da dies Fäulnis hervorruft. Die Bewurzelung erfolgt normalerweise nach ca. 2 Wochen.

VERMEHREN MIT GLIEDABSCHNITTEN

1 *Trennen Sie ein Glied durch einen glatten Schnitt an der Glied-Einschnürung ab, und legen Sie es für 48 Stunden an einen warmen, trockenen Platz, damit sich Kallus bilden kann.*

2 *Setzen Sie den Abschnitt in einen Topf mit Torf und scharfem Kies oder Sand (1:1) und beschriften Sie. Sobald er bewurzelt ist, kommt er in standardisierte Einheitserde.*

Vermehrung durch Sproßabschnitte

Viele Kakteen u. a. Sukkulenten können besser aus kleinen Sproßabschnitten als aus dem ganzen Sproß vermehrt werden. Je nach Art sollten sie 5-10 cm lang sein. Bei Säulenkakteen nimmt man einen Sproßabschnitt (unten), der an passender Stelle abgeschnitten wird; bei Kakteen mit blattartigen Sprossen schneidet man den Sproß in Stücke (rechts).

BLATTFÖRMIGER SPROSSABSCHNITT
Man schneidet einen Sproß (hier Epiphyllum*) in Abschnitte.*

SÄULENFÖRMIGER SPROSSABSCHNITT
Abschnitte von einem Säulenkaktus werden wie Sproßstecklinge behandelt.

SPROSSABSCHNITT EINSETZEN

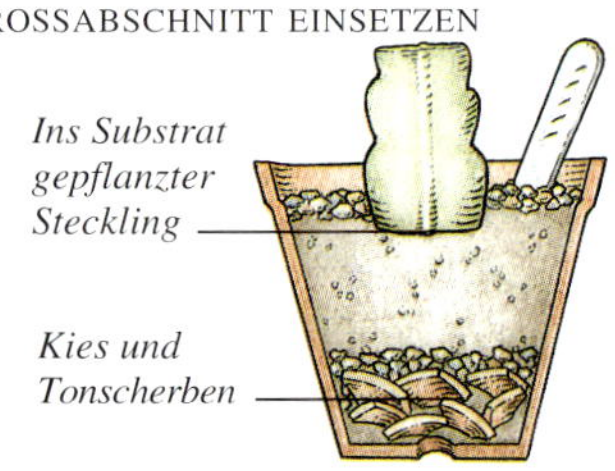

Ausläufer und Ableger abtrennen

Viele polsterbildende Kakteen u.a. Sukkulenten, z.B. *Conophytum, Mammillaria* und *Sedum*, können durch Tochterpflanzen vermehrt werden.

Polsterbildende Arten

Die oberste Substratschicht rund um die Elternpflanzen wird weggekratzt; die Basis der Tochterpflanzen liegt dann frei, und sie können einzeln oder zu mehreren von der Mutterpflanze mit einem scharfen Messer abgenommen werden. Behandeln Sie jede Verletzung der Ableger mit einem Fungizid, lassen Sie sie 2-3 Tage abtrocknen, damit sich Kallus bilden kann. Topfen Sie die unbeschädigten Ableger anschließend ein. Wurzellose Ableger sollten in ein Substrat aus feinem Torf und Sand gesetzt werden. Wenn die Ableger bereits entwickelte Wurzeln haben, wird Standard-Topferde verwendet. Nehmen Sie entsprechend große Gefäße mit einer Lage Steinbröckchen am Boden. Setzen Sie die Ableger einzeln, und gießen Sie sie leicht an.

Die getopften Ableger werden für 2 Wochen halbschattig bei 15°C gehalten und nach der ersten Woche wieder gegossen. Wenn neues Wachstum erkennbar ist, sollten die Pflanzen in Standard-Topferde gepflanzt werden. Normal gießen.

Tochterknollen

Einige Sukkulenten mit Wurzelknollen, z.B. *Ceropegia*, bilden kleine Tochterknollen rund um die Hauptknolle der Mutterpflanze aus. Sie können abgetrennt werden und wachsen zu neuen Pflanzen heran. Während der Ruhezeit wird etwas Erde entfernt, um die Tochterknollen aufzudecken und sie mit einem sauberen, scharfen Messer von der Mutterpflanze zu trennen. Die Schnittflächen der Tochterknollen werden mit Fungizid behandelt und die Kallusbildung abgewartet. Setzen Sie jede Tochterknolle in einen sauberen Topf, der eine Mischung aus gleichen Teilen Torf und scharfem Sand enthält.

Wenn die Tochterknollen Wurzeln haben, werden sie direkt in ein Standard-Topfsubstrat gesetzt. Stellen Sie den Topf halbschattig, und halten Sie die Temperatur bei 18°C. Regelmäßig befeuchten. Wenn nach 3-4 Tagen neues Wachstum erkennbar ist, wird normal gegossen. Sobald die jungen Pflanzen eingewurzelt sind, werden sie umgetopft.

Abtrennen von polsterbildenden Arten

1 *Die obere Erdschicht um den Ableger vorsichtig entfernen, mit glattem Schnitt durch die Basis abnehmen und Kallusbildung abwarten (Nebenbild).*

2 *Den Ableger in eine Substratmischung aus grobem Sand und Torf (im Verhältnis 1:1) knapp unter die Oberfläche des Substrats setzen.*

3 *5 mm feinen Kies aufstreuen, beschriften, halbschattig stellen. Nach 3-4 Tagen gießen.*

4 *Sobald neues Wachstum sichtbar wird, in Einheitserde umtopfen, mit Kies bestreuen.*

Abtrennen von Tochterknollen

1 *Etwas Substrat um die Hauptknolle entfernen, Tochterknollen abtrennen. Herausheben, ohne die Wurzeln zu beschädigen (siehe Nebenbild).*

2 *Schnittstellen mit Fungizid behandeln, Kallusbildung abwarten. Tochterknollen mit Wurzeln sofort in Pflanzerde setzen, andere in eine Torf-Sand-Mischung (1:1).*

3 *Mit einer Splittschicht (3 mm) bestreuen, den Topf beschriften; erst nach einigen Tagen gießen.*

Sukkulenten, die man mit Ablegern und Ausläufern vermehrt

Agave, einige ❄
Aloe ❄
Aloinopsis ❄
Caralluma ❄
Carruanthus ❄
Conophytum ❄
Copiapoa ❄
Coryphantha ❄
Crassula ❄
Dactylopsis ❄
Delosperma ❄
Dinteranthus ❄
Dracophilus ❄
Duvalia ❄
Ebracteola ❄
Echidnopsis ❄
Echinocereus ❄
Echinopsis ❄
Epithelantha ❄
Erepsia ❄
Escobaria ❄
Faucaria ❄
Gasteria ❄
Glottiphyllum ❄
Greenovia ❄
Gymnocalycium ❄
Haworthia ❄
Huernia ❄
Juttadinteria ❄

Lithops karasmontana

Lithops karasmontana ❄
Lobivia ❄
Mammillaria ❄
Meyerophytum ❄
Mitrophyllum ❄
Orbea ❄
Orostachys ❄
Parodia ❄
Pleiospilos ❄
Pterocactus ❄
Pygmaeocereus ❄
Rebutia ❄
Rhombophyllum ❄
Sarcozona ❄
Sedum, einige ❄
Semnanthe ❄
Sempervivum
Stapelia ❄
Stomatium ❄
Sulcorebutia ❄
Tephrocactus ❄
Thelocactus ❄ (einige Arten)
Weingartia ❄
Wigginsia vorwerkiana ❄

Wigginsia vorwerkiana

Schlüssel
❄ *Nicht winterhart*

SUKKULENTEN, DURCH TEILEN DER WURZELSTÖCKE ZU VERMEHREN

Agave, einige ❄
Aloe ❄
Argyroderma ❄
Caralluma ❄

Aloe variegata

Carpobrotus ❄
Delosperma ❄
Duvalia ❄
Faucaria ❄
Fenestraria ❄
Frithia ❄
Glottiphyllum ❄
Gymnocalycium ❄
Huernia ❄
Mammillaria ❄
Rebutia ❄
Ruschia ❄
Stapelia ❄
Sansevieria ❄
Sulcorebutia ❄
Titanopsis ❄

SCHLÜSSEL
❄ *Nicht winterhart*

Wurzelstöcke teilen

Viele Arten sind leicht durch Teilung zu vermehren. Für einige Sorten von *Sansevieria* ist das sicher die beste Methode, um die Varietät zu erhalten. Teilen Sie polsterbildende Kakteen u.a. Sukkulenten zu Beginn der Vegetationsperiode. Heben Sie die ganze Pflanze aus dem Topf, und ziehen Sie sie vorsichtig auseinander, oder schneiden Sie den Wurzelstock in kleinere Stücke, jedes mit einer gesunden Knospe oder einem Sproß und gut entwickelten Wurzeln. Behandeln Sie alle Schnittflächen mit Fungiziden, und topfen Sie jedes Teil in Standard-Topferde. Danach wird etikettiert, gegossen und an einen halbschattigen Platz gestellt.

Alternativ können Sie auch ein Stück des Wurzelstockes wegschneiden und behutsam mit einer Gabel lösen, ohne die Pflanze auszutopfen. Die Schnittfläche wird mit Fungizid bestäubt; beim Eintopfen wird wie bei Tochterknollen verfahren. Füllen Sie alle Zwischenräume um die Mutterpflanze herum wieder mit Einheitserde und gießen Sie leicht an.

TEILEN VON WURZELSTÖCKEN

1 *Die Pflanze (hier* Sansevieria trifasciata*) herausheben und mit glatten Schnitten durch den Wurzelstock teilen.*

2 *Altes, verholztes Material und beschädigte Wurzeln entfernen und jeden Abschnitt neu eintopfen.*

Pfropfen

Eine Reihe von Sukkulenten, v.a. einige der Familie Asclepiadaceae, brauchen wurzelecht gezogen lange bis zur Blühreife. Durch Pfropfen auf bewährte und verwandte Arten sind sie schneller reif und können in relativ kurzer Zeit Blüten ausbilden. Während der Wachstumszeit wird das Spitzenstück der gewünschten Pflanze auf die Unterlage aus einer robusteren Art gepfropft. Das kann auf 3 verschiedene Arten geschehen:

SPALTPFROPFEN

1 *Unterlage durch Abtrennen der Spitze vorbereiten; mit scharfem, sauberem Messer einen glatten Schnitt machen.*

2 *Einen ca. 2 cm tiefen V-förmigen Spalt (siehe Nebenbild) in die Unterlage machen.*

3 *Wählen Sie einen Pfröpfling von der Mutterpflanze (hier* Schlumbergera*) und schneiden sie ihn glatt mit scharfem Messer ab.*

4 *Das untere Ende des Pfröpflings wird flach keilförmig geschnitten, damit es in den Spalt der Unterlage paßt.*

5 *Den Pfröpfling mit dem Keil in den Spalt der Unterlage stecken (siehe Nebenbild), so daß sie eng aneinanderliegen.*

6 *Um den Pfröpfling zu stabilisieren, einen Kaktusstachel durch die Pfropfstelle stecken.*

ALTERNATIVE METHODE
Die Pfropfstelle nicht zu fest mit Bast umwickeln.

Spaltpfropfen

Epiphytische Kakteen werden oft durch Spalt- oder Keilpfropfung vermehrt, um aufrechte oder baumartige Pflanzen zu erzielen. Nehmen Sie *Pereskiopsis* oder *Selenicereus* als Unterlagen, sie sind kräftig ohne übermäßiges Wachstum.

Um die Unterlagen anzuziehen, nehmen Sie Sproßstecklinge der ausgewählten Pflanzen. Wenn sie bewurzelt sind und neues Wachstum erkennbar ist, sind sie geeignet zum Pfropfen. Schneiden Sie die Spitze weg und machen Sie 2 schräge, nach unten gerichtete Schnitte oben am Unterlagensproß, wodurch ein enger, vertikaler, V-förmiger Schlitz (ca. 2 cm tief) entsteht.

Wählen Sie einen gesunden Sproß der Pfröpflingspflanze aus und präparieren Sie ihn durch Zuschneiden so, daß das untere Ende keilförmig aussieht, passend zum Spalt der Unterlage. Setzen Sie den präparierten Pfröpflingskeil in den Spalt, so daß die Schnittflächen eng anliegen. Sichern Sie Unterlage und Pfröpfling fest in der Position mittels eines horizontal durch die Veredlung gestochenen Kaktusstachels, oder umbinden Sie die Stelle mit Bast.

Stellen Sie die gepfropfte Pflanze halbschattig bei etwa 21°C auf. Unterlage und Reis sollten innerhalb weniger Tage verwachsen sein; dann wird der Stachel oder der Bast entfernt und jedes Stichloch mit Fungiziden bestäubt. Wenn sich neues Wachstum zeigt, wird wie bei eingewurzelten Pflanzen gegossen und gedüngt.

Kopulieren

Dieses Pfropfen in einer Ebene wird angewendet bei kammförmigen Arten, d. h. bei Sukkulenten mit Reihen von Haarbüscheln oder weichen Borsten. Geeignet als Unterlagen sind *Echinopsis, Harrisia, Hylocereus* und *Trichocereus*.

Machen Sie einen glatten, horizontalen Schnitt in der erforderlichen Höhe durch den Sproß der Unterlage. Dann entfernen Sie die Rippen am Rand mit einem scharfen Messer (um eine abgeschrägte Kante zu erzielen), ebenso alle Stacheln in der Nähe des Schnittes. Der Pfröpfling wird in ähnlicher Weise präpariert und mit seiner Basis auf die Schnittfläche der Unterlage aufgesetzt. Spannen Sie Gummibänder über die Spitze des Pfröpflings und unter dem Topfboden durch, um zu fixieren. Die elastischen Bänder sollen nicht zu fest anliegen.

Stellen Sie die Pfropfungen an einen hellen Platz, aber nicht in volle Sonne. Halten Sie das Substrat nur gerade feucht, bis Pfröpfling und Unterlage verwachsen sind (meist in 1-2 Wochen). Danach können die elastischen Bänder entfernt werden. Nun wird wie bei anderen eingewurzelten Pflanzen gegossen und gedüngt.

Wenn Asclepiadaceen gepfropft werden, nimmt man die fleischigen Knollen von *Ceropegia* oder die robusten Sprosse von *Stapelia* als Unterlagen. V. a. die erstgenannten ergeben ausgezeichnete Unterlagen für einige Asclepiadaceen, die sonst nur schwer zu vermehren wären.

Seitliches Anplatten

Dieses Seitenpfropfen wird eingesetzt, wenn der Pfröpfling für die Unterlage zu schmal ist. Präparieren Sie die Unterlage durch schräges Abschneiden der Spitze. Dann wird die Basis des Pfröpflings so eng wie möglich in Verbindung mit der Unterlage gebracht und durch einen Stachel fixiert .

KOPULIEREN

1 *Die Spitze der Unterlage mit scharfem Messer abschneiden, um eine glatte Oberfläche zu bekommen.*

2 *Dann die Rippen am Rand entfernen, damit die Kante abgeschrägt ist; Schnittfläche nicht berühren.*

3 *Pfröpfling an der Basis abschneiden, Kanten so beschneiden, daß er genau auf die Unterlage paßt.*

4 *Pfröpfling auf die Unterlage setzen und locker mit Gummiband befestigen. Mit dem Namen des Pfröpflings beschriften.*

5 *Den Topf an einen hellen Platz bei mindestens 16°C stellen. Band entfernen, wenn sich Wachstum zeigt.*

ANPLATTEN

Ist der Pfröpfling zu schmal, wird durch seitliches Anplatten gepfropft. Machen Sie je einen Schrägschnitt an Unterlage und Pfröpfling, legen Sie die Schnittflächen aufeinander und befestigen Sie sie mit einem Kaktusstachel. Heller Stand bei mindestens 16 °C.

SUKKULENTEN, DIE GEPFROPFT WERDEN

Kopulieren

Alluaudiopsis ❄
Astrophytum ❄
Austrocactus ❄
Aztekium ❄
Blossfeldia ❄
Buiningia ❄
Discocactus ❄
Duvalia ❄
Edithcolea ❄
Epithelantha ❄
Frailea ❄
Gymnocalycium mihanovichii (und Sorten) ❄

Gymnocalycium mihanovichii 'Red Head'

Hoodia ❄
Lobivia silvestri ❄
Lophophora ❄
Luckhoffia ❄
Maihuenia ❄
Mammillaria ❄
Mila ❄
Nopalxochia ❄
Notocactus ❄
Orbea ❄
Parodia ❄
Pediocactus ❄
Pelecyphora ❄
Pseudolithos ❄
Pygmaeocereus ❄
Sulcorebutia ❄
Tavaresia ❄
Trichocaulon ❄
Turbinicarpus ❄
Uebelmannia ❄

Aporocactus flagelliformis

Anplatten

Aporocactus flagelliformis ❄
Cryptocereus ❄
Disocactus ❄
Lepismium ❄ (flachstämmige Arten)
Rhipsalidopsis ❄
Rhipsalis ❄ (Arten mit abgerundetem oder geripptem Stamm)
Weberocereus ❄ (Arten mit abgerundetem Stamm)
Wilcoxia ❄

Schlumbergera 'Gold Charm'

Spaltpfropfen

Hatiora ❄
Rhipsalidopsis ❄
Schlumbergera ❄
Strophocactus ❄
Wittiocereus ❄

SCHLÜSSEL

❄ *Nicht winterhart*

12

Der Rasen

Vom samtigen, grünen Rasenteppich im traditionellen Ziergarten bis zur scharf gemähten Rasendecke eines Sportplatzes oder der Wiese unter Obstbäumen – es gibt die verschiedensten Erscheinungsformen von grasbedeckten Flächen. Ob man ihn nun als Zierelement, als Umrahmung für bunte Beete und Rabatten, als Spielfläche für Kinder oder als grünen Tummelplatz für die Familie betrachtet, der Rasen ist ein zugleich nützlicher und attraktiver Teil des Gartens. Seit Jahrhunderten legt man Grasflächen an, weil sie gut aussehen, angenehm weich und doch trittfest sind und kurz geschnitten werden können, ohne Schaden zu nehmen. Ein Rasen ist nicht nur zum Gehen da, er spielt im Garten eine prägende Rolle, ergänzt die Pflanzung, mildert kantige Oberflächen, trennt und betont markante Punkte und fügt die vielfältigen Elemente eines Gartens zu einer Einheit.

Anlegen eines Rasens

Ein gesunder, gepflegter Rasen sieht gut aus und bietet Raum zum Spiel und zur Erholung. Für manche Gartenbesitzer ist der Rasen in erster Linie eine Zierde, für andere steht die Strapazierfähigkeit im Vordergrund. Abgesehen von solchen Zier- und Gebrauchsrasen findet man Gras auch in anderer Funktion, etwa als Sport- oder Spielrasen, in Obst- und »Naturgärten«, auf breiten Wegen und sanft abfallenden Böschungen. Ein Rasen kann auch aus einigen breitblättrigen Pflanzen angelegt werden; er sollte dann aber als Zierrasen betrachtet werden, an dem man sich freut und den man wenig benützt, da diese Pflanzen weniger trittfest sind als robustes Gras (siehe »Rasen aus anderen Pflanzen«, S. 279).

Typ, Form und Lage des Rasens müssen so geplant werden, daß er sich gut in den Garten einfügt – unter Berücksichtigung anderer Pflanzen, Gestaltungselemente und der Gesamtplanung – und ein harmonisches, einheitliches Schema entsteht.

Gras

Am häufigsten verwendet man Gräser für den Rasen, weil sie trittfest und meist auch das ganze Jahr über schön sind. Sie können mehrfach kurzgeschnitten werden, ohne Schaden zu nehmen; der Vegetationspunkt befindet sich beim Gras an der Pflanzenbasis.

Gemähte Rasen
Gemähte Grasflächen sind meist Zier-, Gebrauchs- oder Sportrasen. Ein Zierrasen bester Qualität ist dann angebracht, wenn es v. a. auf das Erscheinungsbild ankommt; er ist bis zu einem gewissen Grad trittfest, verlangt aber intensive Pflege, damit die ursprüngliche Qualität erhalten bleibt. Soll das Gras trittfester sein – etwa für einen Spielplatz – ist Gebrauchsrasen vorzuziehen; dieser soll zwar auch gut aussehen, darf aber kleine Schönheitsfehler haben und erfordert weniger Pflege.

Sportplätze, etwa für Fußball oder Tennis, müssen besonders trittfest sein und werden deshalb sehr kurz geschnitten.

Hohes Gras und Grasflächen
Ungemähtes Gras, speziell eine Blumenwiese, sieht in einem naturnahen oder Obstgarten hübsch aus, hohes Gras eignet sich jedoch nicht für einen Gebrauchsrasen. Es braucht aber nur wenig Pflege, ist also vielleicht auf Abhängen oder Uferböschungen angebracht, wo das Mähen schwierig ist. Grasflächen mit vielen Blumen findet man auf nährstoffarmen Böden, sie eignen sich also für Gartenabschnitte, wo sonst kaum etwas wächst.

In naturnahen Gärten sehen verwilderte Zwiebelpflanzen, z. B. Narzissen, in Grasflächen besonders freundlich aus. Man setzt sie am besten in bereits aufgebautes mittelho-

Ein formal angelegter Rasen
Dieser scharf geschnittene, gleichmäßige Zierrasenteppich ist ein einheitlicher grüner Rahmen für die elegant komponierten Blumeninseln aus weißem Agapanthus, *silbergrauem* Senecio *u. a. ergänzenden Pflanzen; er bringt die aparte Form der Gartenbank und die Pflanzkübel mit Margeriten eindrucksvoll zur Geltung.*

Strukturelle Kontraste
Durch unterschiedliche Schnitthöhen entstehen geometrische Muster, die eine Rasenfläche definieren oder strukturell interessant machen.

hes oder langes Gras, das nicht zu häufig gemäht werden muß, z. B. auf einer Böschung (siehe auch Zwiebel- und Knollengewächse, »Graspflanzung«, S. 220).

Langes und kurzes Gras
Verschiedene Gräser in einzelnen Gartenabschnitten oder unterschiedliche Schnitthöhen schaffen getrennte Bereiche und strukturelle Kontraste. Der kurzgemähte Pfad durch eine Blumenwiese hebt sich z. B. in Höhe, Farbe und Struktur ab und lädt zum Spazieren ein.

Planen Sie für große Gärten die Anlage eines kleinen, kurzgehaltenen Zierrasens neben dem Haus, wo seine Schönheit gut zur Geltung kommt; ein Pfad oder einige Stufen können dann zum weiter entfernten Gebrauchsrasen führen, und eine Wiese mit hohem Gras und Wildblumen findet sich vielleicht am anderen Ende des Gartens. Eine solche Mischung ist praktisch und attraktiv, sie liefert gegensätzliche, einander ergänzende Bereiche mit Zier-, Spiel- und naturnahem Rasen; auch das Mähen wird so erleichtert, da ein Teil des Gartens nur selten gemäht werden muß.

Form und Lage

Der Rasen ist oft der größte zusammenhängende Bereich eines Gartens, daher müssen Form und Position sorgfältig geplant werden. Berücksichtigen Sie praktische und ästhetische Belange, damit der Rasen gerne benützt wird, leicht zu pflegen ist und sich harmonisch in den Garten einfügt.

Form
Die Form des Rasens kann dem Stil des Gartens angepaßt sein oder ihn insgesamt prägen. Eine symmetrische Anlage mit geometrischer, von geraden Wegen gesäumter Rasenfläche eignet sich für einen streng formalen Garten. Im kleinen Garten wirkt oft eine einfache Form, z. B. ein Kreis, viel besser; sie kann sich etwa in einem runden Teich oder gepflasterten Bereich und in Gefäßen mit Zierpflanzen wiederholen.

Eine gewundene, unregelmäßige Rasenfläche schafft durch die farbliche Einheit fließende Übergänge zwischen verschiedenen Gartenbereichen. Weite Bögen unterstreichen die Wirkung einer Rabatte und lenken den Blick des Betrachters auf architektonische Elemente, z. B. eine Solitärpflanze oder einen Brunnen. Vermeiden Sie aber übertrieben geschwungene Ränder und bizarre Ecklösungen, die von den Pflanzen ablenken und das Mähen erschweren.

Zwanglose Wirkung
Die kühn geschwungenen Ränder des Rasens setzen sich weiter hinten im Kiespfad und in dem Streifen aus goldblättrigen Pflanzen der Rabatte fort.

Wenn der Platz es erlaubt, sind mehrere Rasenflächen wirkungsvoller als nur eine: Zwei oder mehrere Rasenstücke in ähnlicher oder kontrastierender Form können etwa durch Pfade oder Bogengänge verbunden werden. Ist das weiter entfernte nur teilweise zu sehen, wird es zu einem geheimnisvollen Reflex des nähergelegenen.

Gestaltungsfunktion
Abgesehen von seiner eigenen Attraktivität kann der Rasen auch die Wirkung anderer Pflanzen und Elemente beeinflussen. Einheitliche Grasflächen schaffen eine natürliche Verbindung zwischen unterschiedlichen Elementen und führen das Auge von einem Gartenabschnitt zum anderen. Eine Skulptur oder eine Solitärpflanze kommt im Rasen am stärksten zur Geltung, da die einheitliche Farbfläche sie von anderen, ablenkenden Elementen trennt. In einem großen Rasen können 1-2 Blumenbeete oder Bäume sehr wirkungsvoll aussehen, wenn sie das einheitliche Grün auflockern; zu viele Gehölze allerdings würden nicht nur die Pflege erschweren, sondern die Wirkung wäre auch unharmonisch und überladen.

Vor der einheitlichen Struktur und Farbe des Rasens treten andere Pflanzen besonders stark hervor. Die glatte Fläche dient als Hintergrund für strukturierende Pflanzen – die markante Silhouette eines säulenförmigen Baumes, die starke Ausbreitung eines niederliegenden Strauches – und für die vielfältigen Formen, Farben und Strukturen einer gemischten Rabatte.

Zugangswege
Schmale Grasstreifen werden meist sehr strapaziert und sind schwer zu mähen; Wege mit weniger als 1 m Breite sind daher unpraktisch. Führt ein häufig benützter Weg über den Rasen, z. B. der Zugang zum Schuppen, kann die ungleichmäßige Belastung durch einen befestigten Pfad oder durch Trittsteine vermieden werden.

Zumindest eine Seite des Rasens sollte nach Möglichkeit frei zugänglich sein; gibt es nur 1-2 schmale Zugangsstellen, nimmt das Gras an diesen leicht Schaden.

Ränder
Eine Begrenzung aus Steinen oder Ziegeln unterstreicht die Form des Rasens und der Rabatten und hat auch praktische Vorteile. Der Rasen kann bis an den Rand gemäht werden, andere Pflanzen werden dabei nicht beschädigt. Niederliegende oder hängende Pflanzen können sich über den Rand ausbreiten und diesen

Graswege
Der scharf gemähte Grasweg gibt den Blick auf die angrenzenden Pflanzungen frei; der breite, gerade Weg steht im Kontrast zur lockeren Pflanzung aus Narzissen und Sträuchern und weist Besuchern den Weg.

auflockern, ohne dem Gras darunter das Licht zu nehmen. Außerdem bietet die Umrandung Platz für Ziergefäße, die als Blickfang dienen oder den Niveauunterschied betonen. Man kann am Rand des Rasens auch einen schmalen, unbepflanzten »Mähstreifen« anlegen, wenn der Rasen beispielsweise an eine Mauer oder einen Zaun grenzt; so ist es möglich, bis an den Rand zu mähen.

ZIER- ODER GEBRAUCHSRASEN?

Gräser unterscheiden sich in Aussehen, Wuchstempo und Strapazierfähigkeit: Zierrasen (rechts) hat eine feine Struktur; Gebrauchsrasen (rechts außen) ist der bessere »Familienrasen«.

ZIERRASEN

GEBRAUCHSRASEN

Klimatische Bedingungen

Rasengräser werden gewöhnlich nach ihrer Temperaturverträglichkeit in 2 Gruppen eingeteilt: in solche die v. a. in gemäßigtem Klima, also bei Temperaturen von 15-24°C, gedeihen, und solche, die in subtropischem oder tropischem Klima, also bei Temperaturen von 26-35°C, wachsen.

In unserem gemäßigten Klima werden gewöhnlich keine Gräser für subtropisches oder tropisches Klima verwendet – obgleich manche ganz gut gedeihen würden –, da sie während der winterlichen Ruheperiode braun werden.

Gräser für gemäßigtes Klima
Gräser für gemäßigtes Klima werden in Mitteleuropa, Großbritannien, Nordeuropa u. a. Gebieten mit ähnlichem Klima (siehe »Klimazonen«, S. 514) meist für Rasen verwendet. Am häufigsten findet man in gemäßigten Klimazonen Straußgras *(Agrostis)*, Schwingel *(Festuca)*, Rispengras *(Poa)* und Deutsches Weidelgras *(Lolium perenne)*.

Straußgräser sind niedrigwachsend und äußerst schnittverträglich. Schwingel sind feinblättrig und können kurz geschnitten werden; sie sind ziemlich trittfest, einige Arten gedeihen auch auf schlechten Böden. Rispengräser sind trittfester, können aber nicht kurz gemäht werden und haben mitunter ziemlich grobe Blätter. Weidelgras ist besonders trittfest und gedeiht auf den meisten Böden, auch auf schwerem Ton, aber es ist grob strukturiert und läßt sich ungern kurz schneiden. Auch einjähriges Rispengras *(Poa annua)* findet sich in vielen Rasen, wird aber oft als Unkraut angesehen, da es rasch Samen ansetzt und zwischen den feinblättrigen Gräsern gröbere Flecken bildet.

Diese Gräser werden meist in abgestimmten Mischungen von mehreren Arten gesät, wenngleich die Wiesenrispe *(Poa pratensis)* in gemäßigten Zonen auch allein verwendet werden kann. Wird nur eine einzige Art gesät, mischt man gewöhnlich mehrere Sorten, um die Krankheitsanfälligkeit des Rasens zu verringern und die Farbe zu verbessern (siehe auch »Wahl der richtigen Sorten«, S. 279).

Gräser für warmes Klima
Diese Gräser kommen aus tropischen und subtropischen Gebieten, etwa aus Südamerika, Afrika und Asien, besonders Südchina, und sind in unserem rauheren mitteleuropäischen Klima für Rasen kaum geeignet. Sie werden hier der Vollständigkeit halber behandelt.

In warmen Klimazonen werden für Rasen und andere intensiv genutzte Flächen meist die verschiedenen Arten und Sorten des Bermudagrases *(Cynodon dactylon)*, des St. Augustine-Grases *(Stenotaphrum secundatum)* und des Zoysia-Grases *(Zoysia)* verwendet.

Zu den Bermudagräsern gehören das gemeine Bermudagras *(Cynodon dactylon)*, das Afrikanische Bermudagras *(C. transvaalensis)*, Bradley-Bermudagras *(C. incompletus* var. *hirsutus)* und Magennis-Bermudagras *(C.* x *magennisii)*.

Drei verschiedene Arten von Zoysia-Gras eignen sich für Rasen: Japanisches Rasengras *(Zoysia japonica)*, Manila-Gras oder Japanisches Teppichgras *(Z. matrella)* und Mascarene-Gras *(Z. tenuifolia)*. Zoysia-Gras wächst besonders gut in klimatischen Bereichen mit sehr warmen Sommern und kühlen Wintern.

Gräser für warmes Klima werden meist einzeln gesät, da sie sich aufgrund ihres stark kriechenden Wuchses nicht gut mit anderen mischen. Beigemischte Gräser bilden oft unansehnliche Flecken. Die Gräser für warmes Klima machen schon bei Temperaturen unter 10°C eine Ruheperiode durch und verlieren die Farbe, was natürlich zum Problem wird, wenn die Bedingungen nur im Sommer ideal sind. In solchen Gebieten werden im Herbst Gräser für gemäßigtes Klima, zum Beispiel Weidelgräser und Schwingel, aufgesät, damit der Rasen auch im Winter die Farbe behält.

Das richtige Gras

Vor der Auswahl des Saatguts oder Rollrasens sind optische Erscheinung, Strapazierfähigkeit und Pflegebedürfnisse des Rasens gegeneinander abzuwägen. Es gibt viele verschiedene Grasmischungen, von denen sich einige besonders gut für stark strapazierte Flächen eignen, während andere vielleicht eine besonders schöne Farbe und Struktur bieten. Das Saatgut sollte aber auch den gegebenen Bedingungen entsprechen, also dem Bodentyp, der Durchlässigkeit des Bodens und dem Lichteinfall.

Zierrasen
Wo es vor allem auf die Schönheit ankommt und eine starke Belastung des Rasens nicht zu erwarten ist, legt man einen Zierrasen aus Grasarten mit hübscher, einheitlicher Struktur und Farbe an. Ein solcher Rasen erfordert die intensivste Pflege.

Gemäßigtes Klima Für Spitzenqualität eignet sich am besten eine bewährte Grasmischung aus feinblättrigen Strauß- und Schwingelgräsern. Dazu werden die Gräser *Agrostis tenuis* und *A. castellana* mit *Festuca rubra* var. *commutata* und *F. rubra* var. *rubra* gemischt.

SPIELBEREICHE
Für den Rasen im Spielbereich braucht man eine besonders trittfeste Grasmischung, damit er nicht fleckig oder völlig abgetreten wird.

Warmes Klima Einige Sorten des gemeinen Bermudagrases eignen sich gut für Zierrasen, manche Formen vertragen Hitze, Trockenheit und starke Belastung. Auch Zoysia-Gräser bilden langsamwachsende Rasen von bester Qualität.

Gebrauchsrasen
Ein Rasen, der in erster Linie als Spielwiese für Kinder oder als Tummelplatz für Spiel und Spaß der Familie gedacht ist, sollte besonders trittfest sein, aber doch eine schöne, gleichmäßige Fläche bilden; für diesen Zweck geeignete Gräser sind in Struktur und Farbe nicht so vollkommen wie die im Zierrasen.

Gemäßigtes Klima Trittfeste Rasen bestehen v. a. aus dem Deutschen Weidelgras; es wird meist mit Rotschwingel *(Festuca rubra* var. *rubra)*, Wiesenrispe und Straußgräsern *(Agrostis tenuis, A. castellana)* gemischt.

Warmes Klima Bermudagräser (siehe »Zierrasen«, links) sind für die meisten Gebrauchsrasen ausreichend strapazierfähig, müssen aber häufig gemäht werden. St. Augustine-Gras hat eine weniger feine Struktur, ist aber auch geeignet, speziell für schattige Bereiche. Für einen pflegeleichten Rasen wählt man Gräser wie *Paspalum notatum*, *Axonopus* oder *Eremochloa ophiuroides*. Diese müssen nicht so oft gemäht werden, bilden aber aufgrund ihrer grob strukturierten Blätter keine ganz gleichmäßige Fläche.

Spiel- und Sportbereiche
Bereiche, die für Ballspiele oder Sport gedacht sind, müssen aus besonders trittfesten Arten und Sorten angelegt werden. Außerdem müssen Sportrasen kurzen Schnitt vertragen und

eine möglichst ebene Oberfläche haben, die einem Ball wenig Reibungsfläche bietet.

Gemäßigtes Klima Eine Mischung aus Strauß- und Schwingelgräsern wie für Zierrasen (siehe S. 278) ist auch einigermaßen trittfest und eignet sich etwa für Krocket-Rasen und Golfgrün; durch extreme Beanspruchung wird das Gras aber stark geschädigt. Soll die Fläche strapazierfähiger sein, z. B. für Tennis, entscheidet man sich besser für eine Mischung mit Deutschem Weidelgras (siehe auch »Gebrauchsrasen«, S. 278).

Warmes Klima Die Bermudagräser bilden eine ziemlich strapazierfähige, gleichmäßige Fläche. Einige Sorten sind trittfester als andere, achten Sie also darauf, daß Sie eine für Spielflächen empfohlene Grasmischung auswählen.

Grasflächen mit vielen Blumen
Für eine Blumenwiese verwendet man prinzipiell einheimische Grasarten: sie gedeihen nicht nur besser, sie wirken auch nicht künstlich und damit fehl am Platz (siehe auch »Wild- und Wiesenblumen«, S. 169). Gewöhnlich besteht eine reichblühende Saatgutmischung aus langsam wachsenden Gräsern und verschiedenen einheimischen, breitblättrigen, blühenden Arten. Welche Arten gesät werden, hängt vom Klima, vom Bodentyp, von der Bodenfeuchtigkeit und Lage ab; manche mögen sehr trockene, andere gut durchlässige Böden, wieder andere gedeihen eher auf sumpfigem Gelände.

Gemäßigtes Klima Meist werden Strauß- und Schwingelgräser verwendet, als rasch wachsender Bodendekker für den Anfang kann ein kurzlebiges Gras, z. B. Welsches Weidelgras *(Lolium multiflorum)* dazugegeben werden. Durch das Mähen stirbt das Welsche Weidelgras innerhalb von 2 Jahren ab, und es bleiben nur die feinblättrigen Gräser und breitblättrigen Blumen zurück. Einige Arten brauchen zum Keimen eine Kälteperiode, sie erscheinen vielleicht im ersten Jahr nach der Aussaat noch nicht.

Warmes Klima Wo Gräser für warmes Klima wachsen, findet man selten Blumenwiesen: Diese Gräser sind so wüchsig, daß sie die meisten Blumen ersticken.

Problemzonen
Für problematische Stellen, z. B. schattige, nasse oder trockene Bereiche, wählt man eine Grasmischung, die auf diese Bedingungen abgestimmt ist. In Extremfällen sind Bodendeckerpflanzen (siehe »Bodendecker«, S. 150-151) wahrscheinlich besser geeignet.

Gemäßigtes Klima In nassem Schatten wird Gras nicht leicht einen dichten Teppich bilden. Einige Arten vertragen kühl-nasse Bedingungen besser als andere: Hainrispengras *(Poa nemoralis)* wird oft zusammen mit dem Gemeinen Rispengras *(P. trivialis)* gesät, obwohl keines von beiden besonders schnitt- oder trittverträglich ist. Auch Schwingelgräser können beigegeben werden, da sie unter diesen Bedingungen relativ gut wachsen und eine geringere Schnitthöhe vertragen. Wiesenlischgras *(Phleum pratensis* ssp. *bertolonii)* wird manchmal in feuchten, nicht zu schattigen Lagen anstelle von Deutschem Weidelgras verwendet.

In sehr trockenen Gebieten verwendet man Gräser, die ursprünglich in Trockenzonen beheimatet sind, z. B. Quecken wie *Agropyron smithii*, die auf den großen Ebenen Nordamerikas natürlich vorkommen, oder *A. cristatum*. Quecken bilden im allgemeinen Rasen mittlerer bis geringer Qualität; in Rasen, die höher als 2,5 cm sind, kann *Agropyron repens* zum Unkraut werden.

Warmes Klima Für schattige Bereiche ist St. Augustine-Gras geeignet; es verträgt auch Salz und eignet sich deshalb für Gärten an der Küste. Es ist gröber als die verschiedenen Formen des Bermuda- und Zoysia-Grases und wird meist nur dort verwendet, wo feinere Arten nicht gedeihen.

Wahl der richtigen Sorten

Viele neuere Grassorten wurden speziell auf gleichmäßige Farbe, geringe Krankheitsanfälligkeit, Trittfestigkeit und kompakten Wuchs gezüchtet. Achten Sie beim Kauf des Saatguts also darauf, daß die Mischung nicht nur die richtigen Arten (wie *Festuca rubra* var. *commutata*), sondern auch eine neue Sortenzüchtung enthält. Jährlich werden neue Sorten herausgebracht, erkundigen Sie sich, welche Sorten sich am besten für die speziellen Bedingungen Ihres Rasens eignen. Die Grasmischung sollte keine landwirtschaftlichen Sorten enthalten; diese werden für Weiden auf kräftiges, senkrechtes Blattwachstum gezüchtet, müssen häufig gemäht werden und bilden nicht immer einen einheitlichen Rasenteppich.

BLUMEN IM GRAS
Zu diesem locker angelegten Obstgarten paßt die farbige Blumenwiese mit hellgelbem Hahnenfuß und den verwilderten Tulpen.

Rasen aus anderen Pflanzen

Rasen werden zwar meist aus Gras angelegt, mitunter verwendet man aber auch andere immergrüne Arten, etwa die Römische Kamille *(Chamaemelum nobile)*, *Cotula*-Arten und *Dichondra micrantha*. Im Gegensatz zu Gräsern sind diese Bodendecker einer ständigen starken Beanspruchung nicht gewachsen; sie können nur für Zierrasen verwendet werden. Auch bilden sie u. U. ein schönes Fleckchen Grün in einem Innenhof, die lebende Umrahmung eines Brunnens, erhöhten Teiches oder einer Skulptur.

Zertretene Kamillenblätter geben einen süßen, apfelähnlichen Duft ab, Kamille ist aber nicht sehr trittfest; der nichtblühende Klon *'Treneague'* ist von niedriger Wuchsart und gut für Rasen geeignet. *Cotula*, die Laugenblume, ist mit ihren farnähnlichen Blättern trittfester, da sie einen dicken Teppich aus kriechenden Trieben bildet; sie gedeiht auch unter feuchten Bedingungen. *Dichondra* ist für wärmere Gebiete geeignet, sie verträgt keine Temperaturen unter –4°C.

Werden verschiedene niedrige, mattenbildende Pflanzen kombiniert, entsteht eine Art Tapisserie. Dazu verwendet man am besten Pflanzen mit ähnlicher Wuchsgeschwindigkeit, z. B. verschiedene kriechende Thymiane (diverse Sorten von *Thymus praecox* var. *arcticus*). Wie alle Rasen aus anderen Pflanzen sind auch solche Tapisserien keine Gebrauchsrasen.

RASEN AUS KAMILLE
Ein ausgebreitetes Polster aus Kamille setzt einen weichen Akzent in einem Kräutergarten oder Innenhof und mildert die Wirkung der kantigen Kiesumrahmung und die Strenge der Sonnenuhr.

Bodenvorbereitung

DAS GEHEIMNIS eines schönen, gepflegten Rasens ist immer der sorgfältig vorbereitete Standort. Das mag langwierig und teuer scheinen, auf lange Sicht ist es aber einfacher und billiger, den Standort vorher sachgerecht vorzubereiten, als später Probleme zu beseitigen. Das Grundlegende ist für alle Standorte gleich, Art und Weise von Drainage, Bodenverbesserung und Bewässerung hängen jedoch vom jeweiligen Standort und Klima ab.

Säubern des Standortes

Der Standort muß sorgfältig von großen Steinen und Geröll gereinigt werden, alle Pflanzen, auch Baumstümpfe oder Wurzeln, sind wegzuräumen. Ist bereits ein Rasen vorhanden, der aber nicht mehr zu erneuern ist, entfernt man auch diesen (siehe auch »Erneuern eines vernachlässigten Rasens«, S. 289).

Unkrautvernichtung

Widmen Sie ausdauernden Unkräutern mit unterirdischen Rhizomen oder tiefen Pfahlwurzeln, wie Quecke, Löwenzahn, Ampfer und der Großen Brennessel, besonderes Augenmerk, denn diese regenerieren sich rasch aus kleinen Wurzel- oder Rhizomstücken. Man sollte diese Unkräuter sorgfältig ausgraben. Im Extremfall besprüht man den Boden vor der Kultivierung mit einem systemischen Unkrautbekämpfungsmittel und läßt die Blätter völlig absterben, bevor man sie abharkt. Wenn der Rasen sich aufgebaut hat, können breitblättrige Unkräuter zwar auch noch mit selektiven Mitteln bekämpft werden, sinnvoller ist es dagegen – falls man sich für diesen Weg entscheidet – die Unkrautbekämpfungsmittel vor der Aussaat einzusetzen.

Einjährige Unkräuter wie der Weiße Gänsefuß *(Chenopodium album)* und das Hirtentäschel *(Capsella bursa-pastoris)* können durch häufiges Mähen bekämpft werden. Besser ist es jedoch, auch einjährige Unkräuter schon bei den Vorbereitungsarbeiten zu entfernen.

Vorbereiten des Bodens

Der ideale Boden für einen Rasen ist gut durchlässiger, sandiger Lehm mit mindestens 20 cm, am besten 30 cm Dicke über gut strukturiertem, durchlässigem Unterboden. Unter diesen Bedingungen wurzelt das Gras tief und erhält aus dem Boden reichlich Wasser und Nährstoffe.

Auch andere Böden eignen sich natürlich, nur müssen sie, wenn die Durchlässigkeit gering ist und der Rasen stark strapaziert wird, verbessert werden. Ist die Humusschicht sehr flach und nährstoffarm, sollte sie mit frischem Humus angereichert werden; dieser kann aus anderen Gartenabschnitten stammen oder gekauft sein, was bei großen Flächen allerdings teuer wird.

Hat der Boden von Natur aus einen hohen Sandanteil und ist zu durchlässig, muß gut verrottetes organisches Material eingearbeitet werden, damit Nährstoffe und Wasser im Boden bleiben (siehe »Bodenstruktur und Wassergehalt«, S. 526). Geben Sie jedoch nicht zuviel davon, da organisches Material rasch verrottet und zusammenfällt, wodurch der Boden einsinken und die Oberfläche uneben werden kann.

Der gesäuberte Standort wird mit einer Motorfräse oder dem Spaten umgegraben (dabei entfernt man große Steine, die zum Vorschein kommen); dann recht man die Erde fein krümelig. Das erleichtert das anschließende Planieren, verringert die Verdichtung und verbessert so die Bodenstruktur. Bei schweren Tonböden kann durch die Motorfräse eine verdichtete Schicht unter der Bodenoberfläche entstehen, die die Drainage behindert; brechen Sie diese gegebenenfalls mit einer Unterbodenfräse oder durch Holländern auf (Näheres dazu unter »Bodenbearbeitung«, S. 524-527).

Drainage

Rasen auf gut durchlässigen Böden oder in Gebieten mit wenig Regen brauchen im allgemeinen keine Drainage. Bei schweren Tonböden kann die Durchlässigkeit verbessert werden, indem man beim Holländern auf 1 Teil Erde etwa 2 Teile Sand zugibt, was aber teuer und mühsam ist. In nicht durchlässigen Böden installiert man während der Vorbereitungsarbeiten zur Rasenanlage ein Drainagesystem.

Die beste Drainage für Rasen sind Rohre in einem Graben, der mit Kies aufgefüllt wird. Wie tief und in welchem Abstand die Rohre liegen müssen, hängt vom Bodentyp und der örtlichen Regenmenge ab. Für die meisten lehmigen Böden mit mäßig viel Regen benötigt man alle 5-8 m ein Rohr. Bei schweren Tonböden oder in Gebieten mit viel Regen müssen die Abstände kleiner sein (siehe auch DER BODEN UND SEINE DÜNGUNG, »Die Drainage verbessern«, S. 529).

Der richtige pH-Wert

Für einen neuen Rasen muß der pH-Wert selten verändert werden, wenn der Boden nicht vorher ausgelaugt wurde. Die meisten Gräser wachsen gut bei einem pH-Wert von 5,5-7. Feine Schwingel- und Straußgräser gedeihen bei 5,5-6,5 am besten. Deutsches Weidelgras, Rispengras und viele Gräser für warmes Klima bevorzugen dagegen einen pH-Wert von 6-7 (Meßsets sind heutzutage in Gartencentern erhältlich).

In einen sehr sauren Boden (pH-Wert unter 5) arbeitet man mit der Fräse oder mit dem Spaten Kalk ein – die genaue Menge hängt vom Säuregrad (siehe »Kalkdüngung«, S. 531) ab. Tragen Sie dann nach etwa einer Woche Dünger auf. Sobald der Rasen aufgebaut ist, kann noch einmal Kalk gegeben werden, allerdings nur in kleinen Mengen; notfalls wird im Jahr darauf nochmals gekalkt. In schwierigen Fällen ziehen Sie einen Fachmann hinzu oder konsultieren eine Beratungsstelle.

PLANIEREN DES BODENS

1 *Drücken Sie die Erde v.a. an den Rändern gut mit dem Rücken eines Rechens fest. Bringen Sie an einigen Pflöcken im gleichen Abstand von oben Markierungen an. Am Rand neben dem Pflaster muß die Markierung an den Pflöcken auf Höhe der Oberfläche sein.*

2 *Schlagen Sie parallel zum Rand in ca. 1 m Entfernung eine zweite Reihe ein. Prüfen Sie mit der Wasserwaage, ob die Höhe der Pflöcke gleich ist.*

3 *Verfahren Sie weiter so, bis ein Raster aus gleich hohen Pflöcken entsteht. Rechen Sie den Boden glatt, bis er überall mit dem oberen Ende der Markierungen abschließt; füllen Sie Vertiefungen mit Mutterboden. Dann werden die Pflöcke entfernt.*

SO WIRD GENAU PLANIERT

Legen Sie ein Raster aus markierten Pflökken an, und schlagen Sie sie alle gleich tief ein. Nun wird bis an die Markierungen an den Pflöcken Erde zugegeben oder weggenommen.

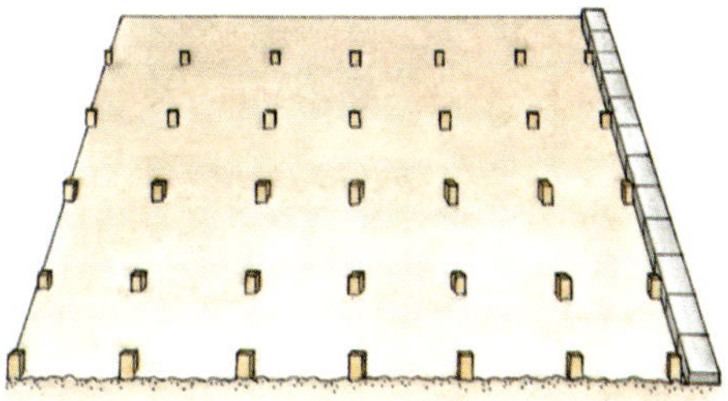

Planieren

Hat ein Garten nur leichte Wellen und viel Mutterboden, können diese durch Glattziehen der Erde zwischen Erhebungen und Vertiefungen planiert werden, wobei immer wieder angedrückt wird. Der Boden muß zwar nicht völlig eben sein, Wellen und Senken werden aber beim Mähen zum Problem. In manchen Fällen – etwa für einen Spiel- oder Wohnrasen – reicht Planieren nach Augenschein. Wenn aber eine vollkommen waagrechte Fläche benötigt wird, z.B. für einen eleganten Zierrasen, muß exakt gearbeitet werden.

Genaues Planieren

Der gleichgezogene Boden wird fein planiert, indem man mehrere Pflöcke gleich tief einschlägt, so daß eine Art Raster entsteht.

Beginnen Sie an einer geraden Kante, etwa einem Weg, oder spannen Sie eine Schnur straff aus. Markieren Sie mehrere gleiche Pflöcke im gleichen Abstand vom oberen Ende. Schlagen Sie von der geraden Kante aus die Pflöcke in regelmäßigen Abständen in den Boden, so daß die Markierungen in der gewünschten Rasenhöhe oder ca. 2 cm darunter sind. Es folgt eine zweite und noch weitere Reihen, bis die ganze Fläche von einem Raster aus Pflöcken überzogen ist.

Überprüfen Sie mit einer Wasserwaage – und mit Hilfe eines Bretts, falls die Waage zu kurz ist –, ob die Pflöcke alle gleich hoch sind. Ziehen Sie die Erde glatt, bis sie an jedem Pflock mit der Markierung abschließt.

Unterboden Planieren

Ist der Boden sehr uneben oder der Mutterboden sehr dünn, muß zunächst der Unterboden planiert werden. Dazu entfernt man den Mutterboden, gräbt den Unterboden mit der Motorfräse oder einem Spaten um, recht, planiert und drückt den Boden grob an, bevor man wieder eine mindestens 20-30 cm dicke Schicht Mutterboden darübergibt. Damit die aufgefüllten Bereiche nicht später einsinken, werden sie wiederholt angedrückt.

Eine leichte Neigung

Fällt der Rasen vom Haus oder Innenhof weg leicht ab, ist die Drainage besser und das Wasser fließt vom Fundament weg. Hier geht man ähnlich vor wie beim Planieren, nur wird jede Reihe Pflöcke jeweils weiter oben oder unten markiert, damit ein abfallendes Raster entsteht. Für ein Gefälle von 1 Prozent werden die Markierungen beispielsweise an jeder Reihe Pflöcke um $^1/_{100}$ des Reihenabstandes tiefer angebracht. Fällt der Rasen zum Haus hin ab, muß ein Abfluß angebracht werden.

EIN GEFÄLLE ANLEGEN

Markieren Sie die Pflöcke jede Reihe in anderer Höhe, so daß das gewünschte Gefälle entsteht (siehe links). Wie beim Planieren legt man mit einer Wasserwaage ein Raster an und recht die Erde bis an die Markierungen glatt.

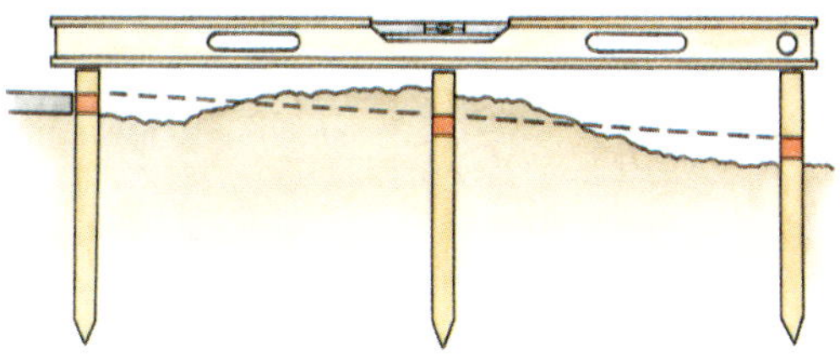

ANLEGEN EINES ABFLUSSES

Der Abfluß kommt an den tiefsten Punkt der vom Haus weg abfallenden Fläche. Heben Sie einen Graben aus, legen Sie ein Drainagerohr hinein, und decken Sie mit Schotter, Mutterboden und Rasen ab.

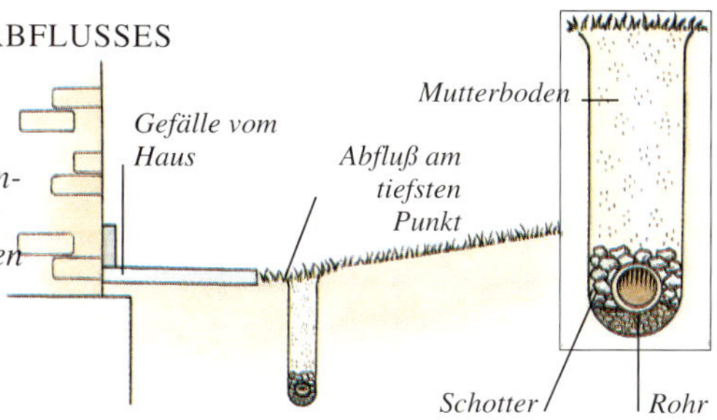

Letzte Vorbereitungen

Sobald Drainage und Planierung abgeschlossen sind, kann nun die Oberfläche vorbereitet werden.

Andrücken und Rechen

Treten Sie die gesamte Fläche gleichmäßig an, so daß keine weichen Stellen zurückbleiben, die später einsinken und dazu führen, daß der Rasen beim Mähen abgezogen wird. Oft muß die Fläche bis zu dreimal angetreten werden, bis der Boden genügend gefestigt ist; treten Sie aber nicht zu fest an und niemals bei nassem Boden, sonst kommt es zur Verdichtung des Untergrunds. Auch der gefestigte Boden kann sich noch 1-2 Jahre lang setzen und kleine Vertiefungen entstehen lassen. Die können mit gesiebtem Sand ausgeglichen werden (siehe S. 288).

Rechen Sie die Oberfläche nach dem Andrücken fein krümelig. Der Boden soll ganz eben sein und keine Buckel oder Vertiefungen haben. Soll ausgesät werden, müssen alle Steine mit mehr als 1 cm Durchmesser beim Rechen entfernt werden; für einen Rollrasen brauchen nur Steine mit mehr als 2,5 cm Durchmesser aufgenommen zu werden.

Warten Sie etwa 3-4 Wochen, ob Unkräuter keimen; diese werden sorgfältig entfernt, ohne den glattgezogenen Boden zu beeinträchtigen.

Düngen

Wenige Tage vor dem Ausbringen des Grassamens wird auf die vorbereitete Fläche Dünger aufgetragen. Für gesundes Wachstum sollte er Stickstoff (N), Phosphor (P) und Kalium (K) enthalten, wobei Phosphor in der Aufbauphase des Rasens am wichtigsten ist. Man rechnet 150-200 g Dünger pro m² Rasen.

VORBEREITEN DER FLÄCHE

1 *Treten Sie die Fläche gleichmäßig an. Wiederholen Sie den Vorgang, bis der ganze Bereich gut gefestigt ist.*

2 *Rechen Sie die Erde fein krümelig, und lassen Sie die Unkräuter keimen. Entfernen Sie die aufgekommenen Unkräuter, ohne daß Wurzeln zurückbleiben.*

3 *Gekörnten Mischdünger mit dem Rechen leicht in die Oberfläche einarbeiten. Warten Sie mit dem Ausbringen des Saatgutes oder Rollrasens einige Tage.*

Anlegen eines Rasens

Es gibt verschiedene Methoden, einen Rasen anzulegen. Bei Gräsern für gemäßigtes Klima hat der Gartenbesitzer die Wahl zwischen Aussaat und Rollrasen; bei Gräsern für subtropische und tropische Gebiete bieten sich vor allem auch vegetative Vermehrungsmethoden an.

Aussaat ist meist die billigste Methode, es kann aber immerhin ein Jahr dauern, bis der Rasen strapazierfähig ist. Vegetative Methoden dauern länger und sind teurer. Rollrasen ist zwar teurer, sieht aber sofort hübsch aus und ist schon nach 2-3 Monaten strapazierfähig; Rollrasen ist auch zu empfehlen, wenn Haustiere vorhanden sind, unter denen die noch nicht aufgebauten Grassämlinge leiden könnten.

Anlegen eines Rollrasens

1 Verlegen Sie die erste Reihe an einer geraden Kante (z. B. eines Innenhofs oder Wegs). Stoßen Sie jede Sode genau auf die andere.

2 Legen Sie ein Brett auf die erste Reihe, auf dem Sie dann knien können. Legen Sie die nächste Reihe versetzt, wie beim Mauern von Ziegeln, auf. Verlegen Sie den ganzen Rasen auf diese Weise.

3 Stampfen Sie jede Rasensode mit dem Rechenrücken fest, damit keine Lufteinschlüsse bleiben. Oder gehen Sie mit einer leichten Walze darüber.

4 Tragen Sie eine leichte Deckschicht aus gesiebtem, sandigem Lehm auf, die Sie mit dem Besen gut einarbeiten, so daß keine Spalten bleiben.

5 Ist nicht mit Regen zu rechnen, werden die Rasensoden gut gewässert. Halten Sie sie feucht, bis sie im Mutterboden wurzeln.

Rollrasen

Es gibt verschiedene Arten von Rollrasen; welche Sie wählen, hängt v.a. vom Standort, vom Zweck des Rasens und von den finanziellen Möglichkeiten ab. Kaufen Sie Rollrasen immer in einem guten Gartencenter oder beim Hersteller.

Prüfen Sie den Rasen vor dem Kauf genau, damit er in gutem Zustand ist (siehe »Das richtige Gras«, S. 278) und die Erde aus durchlässigem Lehm und nicht aus schwerem Ton besteht. Kontrollieren Sie ihn auf Unkräuter, Schädlinge und Krankheiten oder auf übermäßig viel Filz (das organische Material aus zerfallendem Gras, Ausläufern und Rhizomen, das sich an der Erdoberfläche sammelt); es sollte aber so viel organisches Material vorhanden sein, daß der Rasen zusammengehalten wird.

Spezieller Rollrasen
Spezieller Rollrasen ist fast überall erhältlich und enthält unterschiedliche Gräser für verschiedene Zwekke. Er wird aus den neuesten Grassorten gezogen und gegen Unkräuter und Krankheiten behandelt. Im gut sortierten Fachhandel gibt es auch Rollrasen, der garantiert frei von Einjährigem Rispengras ist; er hat jedoch seinen Preis. Wenn Sie einen speziellen Rollrasen in größerer Menge benötigen und 18 Monate warten können, bis er gezogen und geerntet ist, können Sie ihn nach Ihren Wünschen kultivieren lassen, was aber ziemlich teuer wird.

Wiesenrasen
Wiesenrasen wird meist in der Landwirtschaft verwendet und ist daher weniger fein strukturiert; er wurde entweder vor kurzem gesät oder auf einem lang bestehenden Feld kultiviert. Er ist meist der billigste Rollrasen, da er grobe, wüchsige landwirtschaftliche Gräser und breitblättrige Unkräuter wie Gänseblümchen enthält. Die Qualität kann jedoch stark schwanken. Wurden Unkräuter selektiv bekämpft, wird der Rasen als präparierter Wiesenrasen bezeichnet. Wiesenrasen sehen zwar gröber aus und müssen häufiger gemäht werden, eignen sich aber als Gebrauchs- oder Familienrasen.

See- und Marschrasen
See- und Marschrasen galt einst als feinster Rasen überhaupt und enthält feine Schwingel- und Straußgräser. Er wächst oft in Flußmündungen mit Schlamm- und Tonablagerungen und weist daher häufig eine Schlammschicht auf, die die Durchlässigkeit und damit letztendlich die Strapazierfähigkeit deutlich einschränkt. Spezieller Rollrasen mit neuen Sorten dieser feinen Gräser ist daher vorzuziehen, denn er ist meist auf besserem Boden gezogen.

Größen
Rollrasen gibt es in verschiedenen Größen und Formen. Hochwertiger Rasen wird oft in 30-cm-Quadraten, weniger hochwertiger in Stücken zu 90 x 30 cm angeboten. Große Rasenschulen bieten Rasen jeder Qualität in 1 m² großen Stücken an.

Lagerung
Rollrasen wird am besten am selben Tag aufgenommen und neu verlegt. Ist das nicht möglich, legt man den Rasen auf Pflastersteine im Schatten und hält ihn feucht; bei heißem Wetter trocknet er sehr rasch aus.

Lagerung der Rasensoden

Verlegen Sie den Rasen so rasch wie möglich; wenn die Soden gelagert werden müssen, legt man sie flach – mit dem Gras oben – auseinander, damit sie genug Licht haben, und hält sie feucht.

Verlegen des Rollrasens

Rollrasen kann fast jederzeit verlegt werden, nur nicht bei anhaltend extremen Temperaturen. Wählen Sie den Tag möglichst so, daß es am nächsten oder übernächsten Tag regnet. Rollrasen wird auf feuchtem, aber nicht nassem Grund verlegt, damit er rasch wurzelt.

Beginnen Sie am Rand, und legen Sie die erste Reihe Rasensoden gerade auf. Rechen Sie, auf einem Brett auf den Soden stehend, die Erde für die zweite Reihe. Verlegen Sie die zweite Reihe versetzt, wie beim Mauern mit Ziegeln.

Schließen Sie eine Reihe nicht mit einem kleinen Sodensegment am Rand ab, da dieses leicht beschädigt wird oder austrocknet. Legen Sie besser eine ganze Sode an den Rand, und füllen Sie die Lücke davor mit einem Teilstück. Fahren Sie so fort, bis die ganze Fläche ausgelegt ist.

RASEN AUFNEHMEN UND NEU VERLEGEN

1 Schneiden Sie den Rasen in Streifen: schlagen Sie 30 cm vom Rand 2 kurze Holzstäbe in einiger Entfernung in den Rasen, und legen Sie ein Brett daran. Schneiden Sie auf dem Brett stehend an dessen Kante entlang.

2 Schneiden Sie jeden Streifen in etwa 45 cm lange Stücke, unterschneiden Sie die Soden ca. 2,5 cm tief. Stapeln Sie sie Gras auf Gras, Erde auf Erde auf einem Stück Plastikfolie.

3 Beschneiden Sie die aufgenommenen Soden auf die gleiche Stärke: legen Sie jede Sode verkehrt in die Spezialkiste, und schneiden Sie die Erde in der entsprechenden Höhe ab. Verlegen Sie die Soden neu.

Ränder

Wenn Sie mit dem Verlegen fertig sind, werden die Ränder geformt. Für eine Rundung legen Sie einen Schlauch oder eine Schnur in der gewünschten Form auf und schneiden knapp innerhalb. Für eine gerade Kante spannen Sie eine Schnur zwischen Pflöcken aus. An diese Richtschnur legen Sie ein Brett und schneiden mit dem halbmondförmigen oder elektrischen Kantenstecher daran entlang. Verschieben Sie das Brett entlang der Schnur, bis der gesamte Rand geschnitten ist.

Pflege

Stampfen Sie die Soden mit dem Rechenrücken fest, oder gehen Sie mit einer leichten Walze darüber, damit zwischen Erde und Rasen keine Lufteinschlüsse bleiben. Bei feuchten Bedingungen darf nicht gewalzt werden, bis das Gras verwurzelt und verwachsen ist. Arbeiten Sie eine leichte Deckschicht (siehe S. 288) zwischen die Soden, damit sich die Wurzeln ausbreiten.

Lassen Sie den Rasen nicht austrocknen, bevor das Gras gut verwurzelt ist. Wässern Sie immer so gründlich, daß das Wasser bis in den Unterboden vordringt, damit die Soden bei heißem oder trockenem Wetter nicht schrumpfen und Spalten entstehen.

Rasen umsetzen

Manchmal muß eine Rasenfläche aufgenommen und neu verlegt werden. Sie sollte dazu in gleich große Stücke geschnitten werden, die sich beim Neuverlegen leicht zusammensetzen lassen.

Abschneiden

Schneiden Sie den Rasen zunächst entlang eines Brettes mit einem Kantenstecher in 30 cm breite Streifen. Verschieben Sie das Brett für den nächsten Streifen jeweils um 30 cm. Schneiden Sie dann im rechten Winkel dazu 45 cm große Stücke. Man kann sich auch eine Maschine leihen, die den Rasen in passender Größe schneidet und aufnimmt.

Aufnehmen

Trennen Sie die Rasensoden mit einem Spaten vorsichtig von Unterboden und Wurzeln. Entfernen Sie neben der ersten Sode ein keilförmiges Rasenstück, und stechen Sie mit dem Spaten unter den Rasen ein, ohne den Rand zu beschädigen. Unterschneiden Sie jede Sode 2,5-3 cm tief. Stapeln Sie die Soden jeweils Gras auf Gras und Erde auf Erde auf einer harten Fläche.

Beschneiden

Die Rasensoden werden mit einer extra angefertigten, flachen »Kiste« in der Größe der Soden auf die gleiche Stärke beschnitten. Die Kiste bleibt an einer kurzen Seite offen, die anderen Oberkanten werden mit einem glatten Metallband versehen. Legen Sie jede Sode verkehrt in die Kiste, und schneiden Sie mit einer scharfen Klinge überschüssige Erde an der Oberkante der Kiste ab.

FORMEN DES RANDES

GERUNDET
Markieren Sie die gewünschte Form, und schneiden Sie, auf einem Brett stehend, knapp innerhalb der Markierung.

GERADE
Spannen Sie an der gewünschten Kante eine Schnur, und legen Sie ein Brett an. Schneiden Sie an dessen Kante entlang.

Rasen aus anderen Pflanzen

Für einen neuen Rasen aus breitblättrigen Arten, z.B. Kamille, wird der Boden wie für Gräser vorbereitet und auch Dünger eingearbeitet. Setzen Sie Topfpflanzen, bewurzelte Stecklinge, Teilstücke oder Sämlinge mit 15-30 cm Abstand. Man kann sie auch enger oder weiter auseinander setzen – je enger sie stehen, desto schneller bilden sie einen Rasen. Halten Sie den Rasen bei Trokkenheit gut feucht. Sobald die Fläche bedeckt ist und sich ein Schnitt als notwendig erweist, wird mit einem Sichelmäher oder einem Nylonfadentrimmer gemäht. Bei Kamille verwendet man am besten die nicht blühende Sorte 'Treneague', die niedrig wächst. Blühende Formen können aus Samen gezogen werden, müssen aber häufiger geschnitten werden, und die abgestorbenen Blüten sind nicht gerade besonders schön.

1 Setzen Sie bewurzelte Stecklinge oder Teilstücke (hier Kamille) 15-30 cm entfernt in die vorbereitete Erde. Halten Sie den Bereich feucht und unkrautfrei.

2 Wenn sich nach einigen Wochen ein Rasen gebildet hat, wird er leicht mit einem Nylonfadentrimmer oder dem Sichelmäher geschnitten.

Aussaat

Gras wird am besten bei warmem, feuchtem Wetter gesät, damit es rasch keimt und wächst: dafür ist meist der Frühherbst am besten. Auch das Frühjahr eignet sich, allerdings ist der Boden dann kälter als im Herbst und die Konkurrenz durch Unkraut größer. Ist eine Bewässerung möglich, kann auch im Sommer gesät werden, die jungen Grassämlinge leiden jedoch unter der Hitze und können welken oder sogar absterben.

Saatmengen

Die Saatmengen sind je nach Mischung oder Art (siehe Tabelle, unten) verschieden. Man kann zwar für Faktoren wie Vogelfraß eine gewisse Reserve einrechnen, sollte aber keinesfalls deutlich mehr oder weniger säen als angegeben. Wird zu dünn gesät, erhalten Unkräuter mehr Platz und der Rasenaufbau dauert länger. Zu dichtes Säen ist noch problematischer, da die Bedingungen für die Sämlinge zu feucht werden. Dadurch wird die Umfallkrankheit (S. 568) begünstigt, die den jungen Rasen in sehr kurzer Zeit schädigt, v.a. bei warmem, feuchtem Wetter (siehe auch »Rasenprobleme«, S. 571-572).

Säen

Das Saatgut kann entweder von Hand oder, schneller und gleichmäßiger, mechanisch, d.h. mit einem Säwagen, ausgebracht werden. Die erforderliche Saatgutmenge erhalten Sie, indem Sie die Größe der Saatfläche (in Quadratmeter) mit der empfohlenen Saatmenge (pro Quadratmeter) multiplizieren. Vor dem Säen wird der Behälter geschüttelt und das Saatgut gründlich vermischt, damit sich kleine Samen nicht am Boden absetzen und die Verteilung der Grastypen ungleichmäßig wird.

Mechanisches Säen

Dies ist die beste Methode, Grassamen über eine größere Fläche auszusäen. Wiegen Sie die korrekte Menge Saatgut aus, und halbieren Sie sie. Eine gleichmäßige Verteilung erreicht man, indem man die eine Hälfte in eine Richtung und die andere quer dazu aussät. Für eine scharfe Rasenkante legt man Streifen von Plastikfolie oder Leinen an den Rand und führt den Säwagen noch knapp darüber; dadurch wird auch vermieden, daß die Verteilung durch das Absetzen am Rand ungleichmäßig wird.

Aussaat von Hand

Man teilt die Fläche zunächst mit einer Schnur und Stäben in kleine, gleichgroße Abschnitte; das erleichtert eine gleichmäßige Verteilung der Samen. Wiegen Sie für jeden Abschnitt die korrekte Menge Saatgut aus, und halbieren Sie sie. Füllen Sie diese halbe Menge in einen Meßbecher, der das Messen für die nachfolgenden Abschnitte erleichert. Gehen Sie abschnittweise vor, streuen Sie die halbe Menge in eine Richtung, die andere Hälfte quer dazu, bevor Sie mit dem nächsten Abschnitt beginnen.

Pflege

Gehen Sie nach der Aussaat leicht mit der Harke über die Fläche. Wenn kein Regen vorhergesagt ist, muß die Fläche beregnet werden. Die Keimung erfolgt in 1-2 Wochen, je nach Grasart, Boden- und Lufttemperatur und Feuchtigkeit. Schützen Sie die Samen mit einem Netz oder mit Reisig vor Vögeln, bis die Sämlinge aufgebaut sind. Wässern Sie bei trockenem Wetter regelmäßig, da junges Gras sehr empfindlich auf Trockenheit reagiert. Sobald Sämlinge erscheinen, kann die Fläche vorsichtig mit einer leichten Walze (100 kg) gefestigt werden, dies ist aber nicht unbedingt notwendig.

Mähen

Sobald das Gras ca. 5 cm hoch ist, wird es auf 2,5 cm geschnitten. Verwenden Sie für die ersten 2-3 Mal einen Sichelmäher, da die empfindlichen jungen Blätter von einem Spindelmäher mit Walze ausgerissen werden könnten. Anschließend wird das Schnittgut sorgfältig abgeharkt und entfernt. Wurde im Spätsommer oder Frühherbst gesät, wird eventuell bis in den Spätherbst gemäht, um eine Höhe von 2,5 cm zu halten. Im folgenden Frühjahr reduziert man allmählich die Schnitthöhe auf das gewünschte Maß, je nach verwendetem Gras (siehe dazu »Schnitthäufigkeit und -höhe«, S. 285). Junges Gras kann durch vorzeitige Belastung geschädigt werden, versuchen Sie, den Rasen während der ersten vollen Wachstumsperiode möglichst wenig zu betreten.

ANLEGEN EINES RASENS DURCH AUSSAAT

1 *Bei mechanischer Aussaat wird die Hälfte des Saatguts in einer Richtung, die andere Hälfte quer dazu ausgebracht. Einen scharfen Rand erhält man durch eine Plastikfolie.*

ALTERNATIVE
Wird von Hand gesät, teilt man die Fläche in gleiche Abschnitte. Man streut das Saatgut gleichmäßig, die Hälfte in eine Richtung, die andere quer dazu.

2 *Nach dem Säen geht man leicht mit dem Rechen über die Fläche. Bei Trockenheit wird die Keimung durch regelmäßiges Wässern gefördert.*

3 *Die Grassämlinge erscheinen nach etwa 7-14 Tagen. Sobald das Gras ca. 5 cm hoch ist, wird es mit einem Sichelmäher auf 2,5 cm geschnitten.*

Vegetative Vermehrung

Rasen für warmes Klima sowie das Weiße Straußgras bringen wüchsige Ausläufer und Rhizome hervor und können auch vegetativ, etwa durch Ausläufer, vermehrt werden.

Die beste Zeit für diese Methoden ist der Spätfrühling oder Frühsommer, der Standort wird wie für die Aussaat vorbereitet. Es dauert etwa zwei Monate, bis die Ausläufer wurzeln und bis sie sich gleichmäßig verteilt haben. Wie Sämlinge müssen auch sie unbedingt regelmäßig gewässert werden.

Die Ausläufer werden genau nach Anleitung gleichmäßig über den ganzen Boden verteilt, mit leichter, sandiger Erde abgedeckt, gewalzt und gewässert. Ausläufer und Rhizome können auch in 2,5-5 cm tiefe Löcher, die jeweils einen Abstand von 8-15 cm haben oder in Furchen gesetzt, gut angedrückt und gewässert werden. Oder man pflanzt kleinere Rasenstücke im Abstand von 25-45 cm.

SAATMENGEN

MISCHUNGEN	g/m^2	(oz/sq yd)
Schwingel und Sumpfgras	25–30	(3/4–7/8)
Ausdauerndes Engl. Raigras und andere Arten	35–40	(1–1 1/8)
Blumenreiche Mischungen (je nach Mischung)	2,5–5	(1/16–1/8)
EINZELNE ARTEN		
Straußgras *(Agrostis)*	8–10	(1/4–5/16)
Teppichgras *(Axonopus)*	8–12	(1/4–3/8)
Bermudagras *(Cynodon dactylon)*	5–8	(1/8–1/4)
Eremochloa ophiuroides	1,5–2,5	(1/24–1/16)
Rotschwingel *(Festuca rubra* var. *rubra)*	15–25	(1/2–3/4)
Deutsches Weidelgras *(Lolium perenne)*	20–40	(5/8–1 1/8)
Bahiagras *(Paspalum notatum)*	30–40	(7/8–1 1/8)
Wiesenrispe *(Poa pratensis)*	10–15	(5/16–1/2)

Laufende Pflege

SOBALD der Rasen gut aufgebaut ist, beginnt die regelmäßige Pflege, damit er gesund und schön bleibt. Der Zeitaufwand hängt von der Größe und vom Typ des Rasens ab sowie von Standort und Klima. Die häufigsten Aufgaben sind das Mähen und das Wässern; die ganzjährige Pflege umfaßt aber auch Düngen, Mulchen, Belüften und ggf. die Bekämpfung von Moos, Unkraut, Schädlingen und Krankheiten. Für große Rasenflächen verwendet man mechanische oder Motorgeräte (siehe dazu »Geräte zur Rasenpflege«, S. 466-467).

Mähen

Regelmäßiges Mähen macht nicht bloß das Spazierengehen auf dem Rasen angenehmer, es läßt den Rasen auch dichter, gesund, schön und gleichmäßig werden. Am häufigsten muß bei warmen, feuchten Bedingungen im Früh- und Spätsommer gemäht werden; bei Trockenheit wird am besten gar nicht oder nur mit großer Schnitthöhe gemäht. Vermeiden Sie, bei nassem oder gar frostigem Wetter zu mähen: das nasse Gras verstopft den Mäher, der Mäher beginnt zu rutschen, und Mähen bei Frost schadet dem Gras. Ein feiner Rasen wird vorher mit einem Besen »gebürstet«, damit er sich aufrichtet und der Schnitt sauberer wird. Morgendliches Bürsten entfernt auch den Tau und trocknet die Oberfläche, was das Mähen erheblich erleichtert.

Rasenmäher

Ein Spindelmäher oder ein Sichelmäher (auch Luftkissengeräte) eignet sich für die meisten Rasen. Ein Spindelmäher mit Walze läßt den Rasen am feinsten werden und hinterläßt Streifen, aber auch mit einem Sichelmäher erzielt man bei einem Gebrauchsrasen völlig zufriedenstellende Ergebnisse. Welchen Mäher man wählt, hängt davon ab, wie groß der Rasen ist, und wie fein er sein muß (Näheres unter »Rasenmäher«, S. 465).

TAU ABBÜRSTEN

Um vor dem Mähen übermäßige Feuchtigkeit zu entfernen und das Gras aufzurichten, kehrt man den Tau ab; über große Flächen zieht man ein Stück Leinen.

Schnitthäufigkeit und -höhe

Wie häufig und wie kurz gemäht wird, hängt von mehreren Faktoren ab, etwa von den Grastypen, der Verwendung des Rasens und von der Jahreszeit, aber grundsätzlich heißt es, lieber häufig und wenig. Versuchen Sie, nie mehr als ein Drittel des Blattwuchses auf einmal zu schneiden. Wird das Gras nur sporadisch, dafür aber radikal geschnitten, erholt es sich nach jedem Mähen nur schwer, und die Qualität des Rasens läßt merklich nach. Häufiges Mähen ist im Sommer erforderlich, wenn das Gras rasch wächst; im Frühjahr und Herbst wird seltener gemäht, im Winter müssen, wenn überhaupt, vielleicht nur einmal die Spitzen geschnitten werden.

Zierrasen lassen sich auf bis zu 0,5 cm schneiden, müssen aber häufig gemäht werden – im Sommer alle 2-3 Tage – damit sie schön bleiben. Gebrauchsrasen läßt man etwas höher werden, da die Gräser nicht so schnittverträglich sind; dadurch ist die Oberfläche auch stärkerer Beanspruchung gewachsen.

Nicht alle Rasenflächen müssen gleich hoch geschnitten werden. Versuchen Sie, dem Garten durch 2-3 unterschiedliche Schnitthöhen in verschiedenen Bereichen Struktur und Abwechslung zu geben. Aus praktischen Gründen schneidet man die am häufigsten betretene oder benützte Fläche auf 1-2,5 cm. Wird das Gras in dieser Höhe gehalten, ist die Oberfläche widerstandsfähiger. Unter Bäumen wird weniger häufig – alle 1-2 Wochen im Sommer – und auf 5-10 cm gemäht. Blumenwiesen läßt man 10 cm hoch oder höher; sie müssen nicht öfter als dreimal im Jahr geschnitten werden, und das erst, nachdem die blühenden Arten im Hochsommer den Samen abgegeben haben (siehe WILD- UND WIESENBLUMEN, S. 169). Durch das seltene Mähen fallen entsprechend mehr Schnittgut und Abfall an, die anschließend abgeharkt und entfernt werden müssen.

STREIFEN MÄHEN

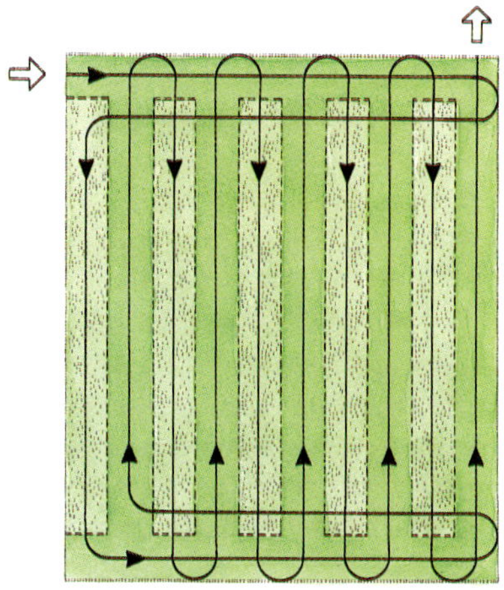

REGELMÄSSIGE FORM
Mähen Sie zunächst an jedem Ende des Rasenstücks einen Wendestreifen und dann in leicht überlappenden Streifen auf und ab.

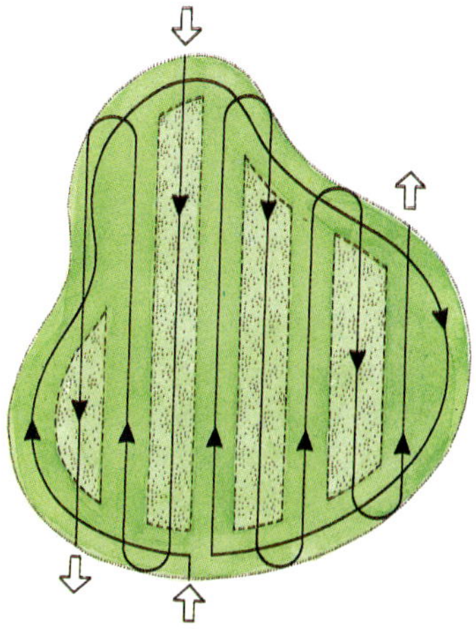

UNREGELMÄSSIGE FORM
Mähen Sie erst am Rand entlang, dann in der Mitte gerade hinunter. Mähen Sie zunächst eine Hälfte hin und zurück, dann die andere.

Streifen

Für die klassischen Streifen im Rasen sorgt ein Rasenmäher mit Walze. Ist der Rasen quadratisch oder rechteckig, mäht man als »Wendefläche« zunächst einen breiten Streifen an jedem Ende. Danach mäht man in geraden Streifen auf und ab, die sich leicht überlappen sollten, damit kein Gras stehenbleibt.

Hat der Rasen eine unregelmäßige Form, mäht man zuerst einmal am Rand entlang. Dann beginnt man in der Mitte des einen Endes und mäht gerade hinunter zum anderen Ende, indem man dort irgendein Objekt anvisiert und den Mäher darauf ausrichtet. Mähen Sie die eine Hälfte des Rasens in geraden Streifen hin und zurück, beginnen Sie dann für die zweite Hälfte wieder in der Mitte.

Sportrasen mähen

Rasenflächen für Ballspiele und andere Sportarten werden jedesmal in eine andere Richtung gemäht, damit das Gras nicht auf eine Seite wächst und den Lauf des Balles beeinflußt.

Schnittgut

Für feine Zierrasen verwendet man Mäher mit Fangvorrichtung, oder man harkt das Schnittgut nach dem Mähen ab und gibt es lagenweise auf den Komposthaufen. Durch das Entfernen des Schnittgutes kann man Regenwürmer fernhalten und die Ausbreitung von Einjährigem Rispengras und Unkräutern wie Ehrenpreis einschränken. Es verhindert oft auch die Verfilzung und hält den Rasen dadurch feiner.

SCHNITTHÄUFIGKEIT UND -HÖHE

WINTER

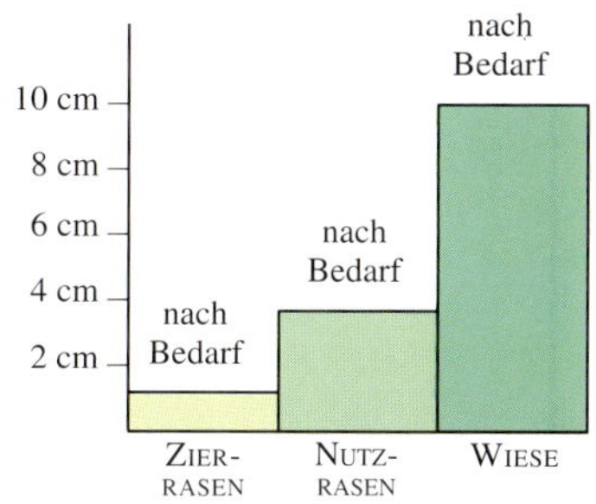

FRÜHJAHR/HERBST

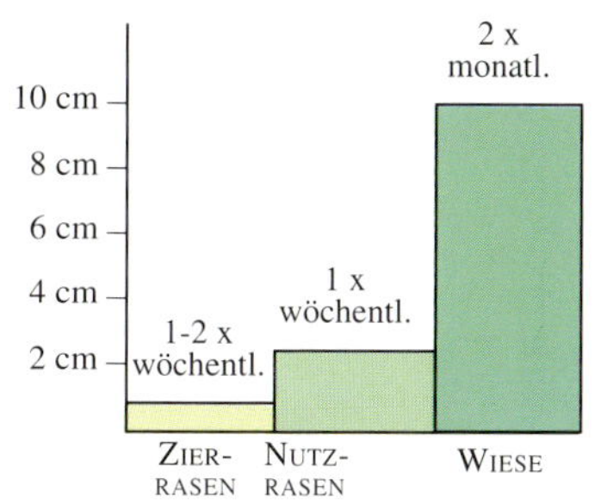

SOMMER

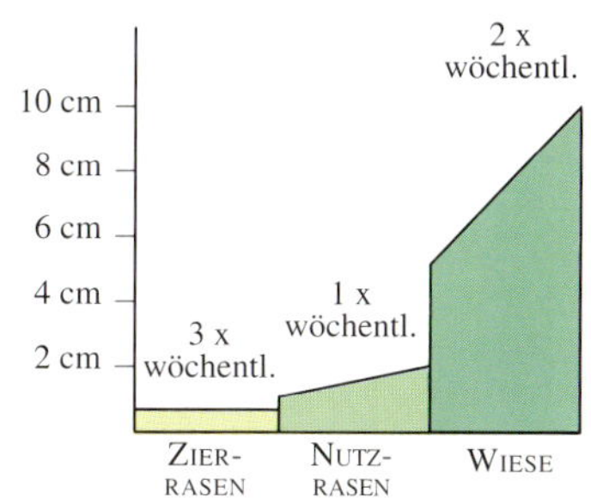

Gebrauchsrasen mit Regenwürmern profitieren von einer dünnen Schicht Schnittgut, da dieses von den Regenwürmern verarbeitet wird und dem Boden Nährstoffe zuführt. Der Großteil des Schnittguts sollte jedoch abgeharkt werden, denn größere Mengen schädigen, wenn sie verrotten, den Rasen. Meist ist es besser, das Schnittgut zu entfernen und die Nährstoffe durch Düngen zuzuführen.

Abgefallene Blätter entfernen
Im Herbst und Winter werden alle abgefallenen Blätter entfernt; eine Laubdecke auf dem Rasen verringert die Verdunstung, und die zurückbleibende Feuchtigkeit begünstigt Rasenkrankheiten.

Kantenschnitt
Zur Vollendung des Mähvorgangs werden die Rasenkanten mit einer langen Kantenschere, einem mechanischen Kantenstecher oder einem Nylonfadentrimmer mit verstellbarem Kopf für Senkrechtschnitt (siehe »Geräte zur Rasenpflege«, S. 466-467) geschnitten. Unregelmäßige Rasenkanten werden 1-2 mal jährlich mit dem Kantenstecher und einem geraden Brett neu geschnitten; bei großen Rasenflächen ist es rationeller, eine Kantenschneidemaschine zu verwenden.

FALLENDES LAUB

Alle Blätter und anderen Abfälle werden mit einem Reisig- oder Laubbesen vom Rasen gekehrt. Für große Rasen lohnt sich ein mechanischer Laubkehrer.

Wässern

Aufgebautes Gras wird meist sehr gut mit Trockenheit fertig, verringert aber das Wachstum und wird im Extremfall nach einiger Zeit braun. Um Wachstum und Farbe zu erhalten, muß der Rasen bei großer Trockenheit gewässert werden, am besten frühmorgens oder abends, wenn die Verdunstung am geringsten ist.

Gesprengt wird, sobald sich der niedergetretene Rasen nicht mehr aufrichtet und »Fußabdrücke« entstehen. Es ist wichtig, daß der Rasen genügend Wasser erhält; der Boden sollte nach dem Wässern bis in eine Tiefe von 10-15 cm durchfeuchtet sein. Flaches Wässern fördert die Wurzelbildung nahe der Oberfläche und läßt den Rasen für Trockenheit anfällig werden. Graben Sie ein kleines Loch, und prüfen Sie, ob die Feuchtigkeit tief genug vorgedrungen ist; notieren Sie als Richtlinie, wie lange der Rasen bewässert werden mußte. Es gibt auch Feuchtigkeitsmesser, die, wenn man sie in den Boden steckt, die Feuchtigkeit aufzeichnen.

Schwere, schlecht drainierte Böden dürfen nicht zuviel Wasser erhalten, damit die Sauerstoff- und Mineralstoffaufnahme der Graswurzeln nicht eingeschränkt wird. Wenn nach starkem Regen oder Wässern auf dem Rasen Pfützen entstehen, muß die Drainage verbessert werden (siehe »Die Drainage verbessern«, S. 529).

Grasflächen, die regelmäßig gewässert werden müssen, erhalten am besten ein unterirdisches Beregnungssystem. Sobald man das Wasser aufdreht, werden die Beregnungsdüsen vom Wasserdruck über die Bodenoberfläche gehoben und geben Wasser ab. Nach dem Abdrehen verschwinden sie wieder unter der Oberfläche. Solche Systeme können auch automatisiert werden, sind aber natürlich viel teurer als ein Rasensprenger oder der Gartenschlauch, die für die meisten Gärten vollkommen ausreichen (siehe »Bewässerungsgeräte«, S. 468-469).

Düngen

Wie alle anderen Pflanzen benötigen auch Gräser zum Wachsen Nährstoffe, eine regelmäßige Düngergabe hält den Rasen daher wüchsig und gesund. Viele der notwendigen Nährstoffe sind reichlich im Boden vorhanden, nur 4 – Stickstoff (N), Phosphor (P), Kalium (K) und Eisen (Fe) – müssen zugesetzt werden. Am häufigsten wird Stickstoff gegeben, denn er ist für das durch das Mähen angeregte Wachstum unentbehrlich. Stickstoffmangel läßt das Gras meist gelbgrün und weniger wüchsig werden.

Dünger sind die einfachste und gebräuchlichste Methode, den Rasen mit Nährstoffen zu versorgen; es gibt sowohl organische als auch mineralische Dünger (siehe »Bodennährstoffe und Düngemittel«, S. 530-531). Wieviel Dünger genau benötigt wird, hängt davon ab, wie rasch das Wasser aus dem Boden abfließt, wieviel Regen oder Wasser der Rasen erhält, ob das Schnittgut entfernt wird und aus welchen Grastypen er besteht. Bei schweren, nährstoffreichen Tonböden und bei geringen Niederschlagsmengen oder wenig Bewässerung muß nur leicht gedüngt werden. Leichte, gründlich gewässerte Sandböden, deren Nährstoffe rasch ausgeschwemmt werden, brauchen dagegen größere Düngermengen.

Düngerarten und Bestandteile
Für die meisten Rasenflächen reichen 2 Düngergaben pro Jahr (siehe Tabelle, gegenüber). Geben Sie zu Sommerbeginn eine Frühjahrs/Sommerdüngung und eine Herbst/Winterdüngung nach Abschluß der Routinepflege im Frühherbst. Beide enthalten Stickstoff, Phosphor und Kalium, aber in einem unterschiedlichen Verhältnis, denn eine späte Stickstoffgabe fördert weichen, üppigen Wuchs und begünstigt Krankheiten wie Schneeschimmel-Flekken (S. 571). Wählen Sie einen der Dünger mit Kurzzeit- und Langzeit-Stickstoffkomponente; dadurch wird der Rasen innerhalb von 2-3 Tagen »grüner« und bleibt es mehrere Wochen lang.

Eisen (Fe) ist in Rasensand enthalten, den man zur Moosbekämpfung verwendet. Auch einige Volldünger enthalten Eisen; es macht den Rasen dunkler und läßt ihn grüner erscheinen, ohne das Wachstum anzuregen. Das ist besonders im Herbst wichtig, wenn das Gras an Farbe verliert, übermäßiger Wuchs aber nicht mehr erwünscht ist.

Anwendung des Düngers
Dünger muß gleichmäßig verteilt werden, damit das Gras nicht unterschiedlich stark wächst, stellen-

RASENKANTEN SCHNEIDEN

MASCHINELL
Die Rasenkante wird von Zeit zu Zeit nachgeschnitten, damit der Rasen seine Form behält. Für große Rasenflächen verwendet man eine Kantenschneidemaschine: Schneideklinge richtig einstellen; vorwärts schieben.

KANTENTRIMMEN
Das über den Rand hängende Gras trimmen Sie nach dem Mähen mit einer langen Kantenschere; oder Sie verwenden einen Nylonfadentrimmer.

KANTENSCHNEIDEN VON HAND
Wird die Kante von Hand geschnitten, führt man den Halbmond-Kantenstecher gerade an einem Brett entlang.

FEUCHTIGKEITSAUFNAHME

Bei flachem Wässern wird der Rasen für Trockenheit anfällig (rechts); geben Sie so viel Wasser, daß der Boden bis in eine Tiefe von 10-15 cm Feuchtigkeit aufnimmt (ganz rechts).

WIE WIRD DÜNGER AUSGEBRACHT

Wiegen Sie die korrekte Düngermenge für die betreffende Fläche aus, und teilen Sie sie. Bringen Sie die eine Hälfte in einer Richtung, in angrenzenden (nicht überlappenden) Streifen aus. Tragen Sie die zweite Hälfte quer dazu auf. Schließen Sie den Streuwagen beim Wenden am Ende jedes Streifens.

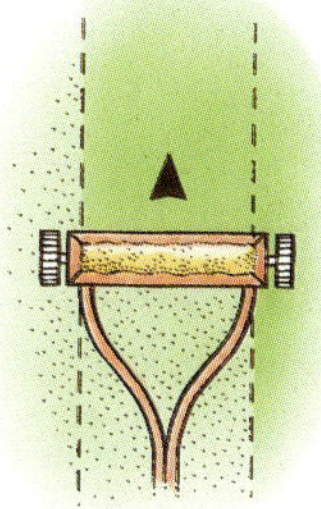

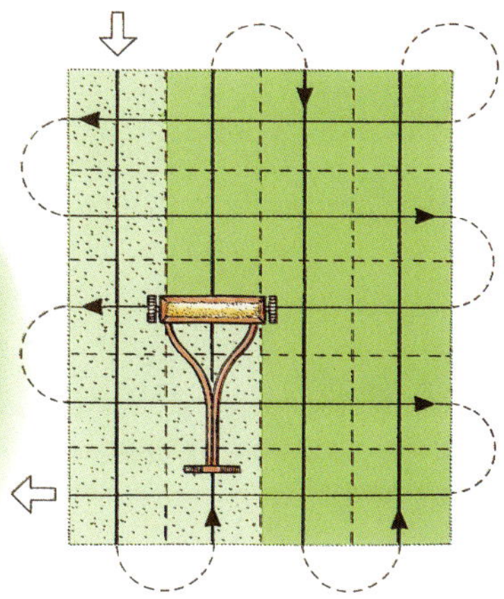

weise geschädigt wird oder sogar abstirbt. Jede ungleichmäßige Düngergabe ist spätestens nach einer Woche deutlich zu sehen, eine zu hohe Dosis hinterläßt kahle Flekken. Dünger kann zwar von Hand gestreut werden, leichter und gleichmäßiger ist er aber mit entsprechendem Gerät auszubringen; das einfachste ist ein Streuwagen. Er wird, wie beim Mähen, hin- und zurückgeschoben, nur daß die Streifen sich nicht überlappen, sondern berühren. Für eine gleichmäßige Verteilung halbiert man die Düngermenge und trägt die eine Hälfte in einer Richtung, die andere quer dazu auf.

Über eine größere Fläche kann der Dünger mit einem Düngerstreuer verteilt werden. Um das Risiko einer ungleichmäßigen Verteilung zu reduzieren, stellt man das Gerät auf die halbe Dosis ein und fährt mit der halben Streubreite Abstand auf und ab. Beträgt die Streubreite z. B. 2 m, wird in Abständen von 1 m gestreut. Die Geräte anschließend gründlich säubern, da der Dünger Metallteile angreift.

Vor dem Einsatz muß der Streuer auf die richtige Streumenge eingestellt werden. Dazu markiert man auf einer trockenen, ebenen Fläche einen Bereich von etwa 4 m^2. Stellen Sie den Streuer auf mittlere Stärke, und füllen Sie ihn zu einem Viertel. Verteilen Sie den Dünger mit dem Streuer möglichst gleichmäßig über den markierten Bereich wie über einen Rasen, kehren Sie dann den Dünger in diesem Bereich zusammen, und wiegen Sie ihn ab. Teilen Sie das Gewicht durch die Fläche, in diesem Fall 4 m^2, um die Düngermenge in Gramm pro m^2 zu erhalten. Stellen Sie den Streuer entsprechend ein, und überprüfen Sie die Streumenge nochmals im markierten Bereich. Verfahren Sie so, bis die Menge stimmt.

UNGLEICHE VERTEILUNG

Achten Sie auf eine gleichmäßige Verteilung des Düngers, damit der Rasen nicht fleckig oder partiell geschädigt wird.

Pflege im Jahreslauf

Zusätzlich zu den Routineaufgaben wie Mähen und Wässern ist auch eine regelmäßige Pflege erforderlich, die den Rasen gesund hält und das Risiko eines schweren Schädlings- oder Krankheitsbefalls senkt (siehe Tabelle, unten). Diese Pflege umfaßt Lüften (mit Entfernen des Filzes und Vertikutieren), Düngen und die Bekämpfung von Unkraut, Moos, Schädlingen und Krankheiten (siehe »Rasenunkräuter«, S. 290, und »Schädlinge und Krankheiten«, S. 290).

Wichtig für die Gesundheit des Rasens sind auch eine Mulchschicht sowie das regelmäßige Abharken oder Abbürsten der Blätter und anderer Abfälle (siehe »Abgefallene Blätter entfernen«, S. 286). Arbeiten, die mindestens einmal jährlich erforderlich werden, sind Neuschneiden ungleichmäßiger Kanten und Reparieren beschädigter oder abgenützter Stellen durch Neuverlegen oder Neuaussaat (siehe »Rasenschäden reparieren«, S. 289). Im Winter, wenn der Rasen nicht mehr soviel Aufmerksamkeit benötigt, ist Zeit, sich um Werkzeug und Geräte zu kümmern. Kanten sind zu schärfen, Werkzeuge zu ölen, der Mäher zum Service zu bringen, damit er für den ersten Schnitt in der neuen Saison wieder in Höchstform ist.

Lüften des Rasens

Auch das Lüften des Rasens ist wichtig, es fördert die tiefe Wurzelbildung und den Aufbau des Rasens und reduziert die Bodenverdichtung. Außerdem wird dabei Filz entfernt, das organische Material aus zerfallenden Grashalmen, Rhizomen und Ausläufern, das sich an der Bodenoberfläche ansammelt. Filz bis zu 1 cm Dicke ist günstig, da er die Verdunstung reduziert und den Rasen bei Beanspruchung schützt. Zuviel davon verhindert aber, daß das Wasser in den Boden eindringt, saugt sich selbst voll und stört die Drainage. Mit dem Entfernen des Filzes wird auch neuer Graswuchs angeregt, so daß die Rasendecke wieder gesund und wüchsig wird.

Es gibt mehrere Methoden, den Boden zu lüften und den Filz zu entfernen. Dazu gehören Vertikutieren, Vertikutieren mit Messerschneiden, mit Hohllöffel, mit der Nagelwalze oder der Grabgabel. Diese Arbeit macht man nicht bei trockenem Wetter, da der Rasen dadurch leicht geschädigt wird. Die günstigste Zeit ist der Herbst, weil sich das Gras bei feuchtwarmer Witterung rasch von dieser Behandlung erholt. Bei jeder Belüftungsmethode muß

PFLEGE IM JAHRESLAUF

PFLEGEARBEITEN	ANFANG-MITTE FRÜHJAHR	MITTE-ENDE FRÜHJAHR	ANFANG-MITTE SOMMER	MITTE-ENDE SOMMER	ANFANG-MITTE HERBST	MITTE-ENDE HERBST	WINTER
Mähen	Walzen, falls die Grasnarbe sich durch Frost gehoben hat	Wöchentl. Mähen. Justieren des Mähers auf Sommerschnitt	1-3 x wöchentl. mähen (nach Bedarf)	1-3 x wöchentl. mähen (bei Trockenheit Schnitthöhe anheben)	Schnitthöhe anheben, wenn Wachstum nachläßt	Rasenmäher auf Winterschnitt einstellen	Spitzen schneiden (nach Bedarf)
Wässern		In trockenen Regionen erforderlich	Wässern nach Bedarf	Gut wässern bei Trockenheit	Gelegentlich wässern bei Trockenheit		
Düngen		Frühjahrsdünger	Sommerdünger		Herbstdünger		
Lüften und Vertikutieren		Leichtes Vertikutieren		Beanspruchte Bereiche mit Messerschneiden und Nagelwalze	Lüften und vertikutieren mit Hohllöffel	Lüften (wenn nicht schon Anfang Herbst)	
Unkraut und Moos		Rasensand zur Moosbekämpfung	Unkrautvernichter	Unkrautvernichter (wenn nicht schon Anfang Sommer)	Unkrautvernichter. Rasensand gegen Moos		
Wiesenwürmer, Schädlinge und Krankheiten		Mittel gegen Wiesenwürmer			Mittel gegen Wiesenwürmer, Pestizide, Fungizide		
Andere Arbeiten	Kanten beschneiden. Div. Schäden reparieren				Absanden nach der Herbstrenovierung	Herbstlaub entfernen	Restliches Laub entfernen. Werkzeuge warten

VERTIKUTIEREN

MASCHINELL
Für große Rasenflächen verwendet man einen mechanischen Vertikutierer oder eine Maschine, die gehandhabt wird wie ein Rasenmäher.

VON HAND
Ziehen Sie den Fächerbesen kräftig über den Rasen, so daß Filz und abgestorbenes Moos entfernt werden. Die Zinken müssen gut bis in die Bodenoberfläche vordringen.

der Rasen zunächst auf die übliche Sommerhöhe gemäht werden. Nach der Behandlung trägt man stickstoffarmen Dünger auf und versucht, den Rasen 1-2 Wochen nicht zu betreten, damit er sich erholt.

Vertikutieren

Mit dieser Methode lockert man den Rasenfilz auf und belüftet den Rasen, was sehr wichtig ist, da die Bodenorganismen, die den Filz abbauen, Luft benötigen, um zu überleben. Bei kleinen Flächen kann das Vertikutieren von Hand erfolgen, indem man den Rasen mit einem Draht- oder Fächerbesen kräftig bürstet. Das ist jedoch eine harte und nicht sehr effektive Arbeit, man leiht sich also besser einen Vertikutierer oder eine Maschine. Um möglichst viel Filz zu entfernen, wird in 2 Richtungen im 30°-Winkel vertikutiert. Moos muß vor dem Vertikutieren bekämpft werden, damit es sich nicht in andere Rasenabschnitte ausbreitet (siehe »Moos«, S. 290).

Vertikutieren mit Messerschneiden

Dafür wird eine spezielle Maschine verwendet, bei der flache, messerähnliche Klingen 8-10 cm tief in den Boden eindringen. Diese Klingen schneiden Schlitze in den Filz, durch die Luft bis zu den Wurzeln gelangen kann, und fördern so dichten, gesunden Wuchs.

Vertikutieren mit Hohllöffel

Dabei wird in einem Arbeitsgang der Filz entfernt, der Boden gelüftet und die Verdichtung reduziert. Das Gerät sticht Stücke von Gras, Filz und Boden aus und hinterläßt im ganzen Rasen, im Abstand von ca. 10 cm, Löcher. Entfernen Sie das ausgestochene Material, und füllen Sie die Löcher mit einer Sandmischung, damit sie sich nicht verschließen und weiterhin Luft und Wasser in den Rasen eindringen können. Diese Behandlung dauert meist länger als Vertikutieren mit Messerschneiden oder Nagelwalze, da auch Erde entfernt und nicht nur gelöchert wird.

Vertikutieren mit der Nagelwalze

Mit diesem Verfahren fördert man die Luftzufuhr in den Boden, unterstützt das Wurzelwachstum und verringert die Bodenverdichtung. Verwenden Sie dazu ein mechanisches oder Handgerät, für kleine Flächen reicht auch die Grabgabel. Die Zinken sollten leicht nach hinten geneigt sein, damit der Rasen vorsichtig gehoben und nicht zerrissen wird.

Absanden

Sofort nach der Herbstarbeit wird, möglichst an einem trockenen Tag, abgesandet. Dadurch wird Filz abgebaut, der Rasen offen gehalten und gelüftet, die Oberfläche geebnet, und die durch den Hohllöffel entstandenen Löcher werden gefüllt. Für die meisten Rasen eignet sich eine sandige Mischung aus 6 Teilen mittelfeinem Sand, 3 Teilen gesiebter Erde und 1 Teil Torfersatz, Torf oder Laubhumus. Die Mischung wird nach dem Vertikutieren in einer Dosierung von 1 kg/m² aufge-

LÜFTEN

MASCHINELLES LÜFTEN
Verwenden Sie für großeFlächen ein mechanisches Gerät oder eine Maschine; die Bahnen sollten leicht überlappen.

MIT MESSERKLINGEN
Dazu bedarf es einer speziellen Maschine, die Luft in den Boden eindringen läßt; schieben Sie das Gerät über den ganzen Rasen.

HOHLLÖFFEL
Bearbeiten Sie mit dem Spezialwerkzeug systematisch den ganzen Rasen; dabei werden 0,5-2 cm dicke Gras- und Erdstücke ausgestochen.

GRABGABEL
Kleine Flächen werden mit der Grabgabel bearbeitet; stechen Sie die Gabel ein und drücken Sie sie etwas nach hinten, damit Luft eindringen kann.

ABSANDEN

1 *Mischen Sie mittelfeinen Sand mit Mutterboden und Torfersatz, Torf oder Laubhumus. Streichen Sie die Mischung durch ein 5-mm-Sieb.*

2 *Wiegen Sie die korrekte Menge für den Rasen aus, und wählen Sie zum Auftragen einen trockenen Tag. Für große Flächen verwendet man einen Streuwagen.*

ALTERNATIVE
Kleine Flächen können von Hand abgesandet werden; verteilen Sie die Mischung mit einer Schaufel gleichmäßig über den Rasen.

3 *Arbeiten Sie den Sand mit dem Nivellierrahmen oder einem Besen ein, achten Sie auf gleichen Druck und damit gleichmäßige Verteilung, und wässern Sie gründlich.*

tragen, wurde der Boden vertikutiert und mit dem Hohllöffel bearbeitet, in einer Dosis von 3 kg/m^2.

Damit das Gras nicht unter dem Sand erstickt, wird er mit einem Nivellierrahmen aus Metall oder einem Besen über die Oberfläche verteilt. Mit diesem Gerät lassen sich auch kleine Unebenheiten ausgleichen.

Walzen

Walzen ist zwar nicht unbedingt notwendig, im Frühling trägt es aber dazu bei, daß sich die Oberfläche nach der Herbstarbeit und nach Frostaufbrüchen wieder setzt und eben wird. Dazu verwendet man eine Walze oder einen Spindelmäher; bei letzterem müssen die Messer angehoben werden. Bei schweren Böden kann das Walzen zur Verdichtung führen.

Erneuern eines vernachlässigten Rasens

Ein vernachlässigter, fleckiger Rasen kann in den meisten Fällen erneuert werden; wenn jedoch Moos und Unkraut vorherrschen, ist es oft besser, den alten Rasen zu entfernen und ihn neu anzulegen. Mit der Erneuerung wird am besten im Frühjahr begonnen, da das Gras in der warmen Jahreszeit gut wächst und bis zum Ende der Saison aufgebaut sein sollte.

Die Erneuerung umfaßt verschiedene Prozeduren. Zunächst wird das Gras im Vorfrühling mit einem Sichelmäher auf 5 cm geschnitten und das Schnittgut entfernt. Nach einer Woche wird nochmals gemäht, aber diesmal mit einem Spindelmäher mit maximaler Schnitthöhe. Reduzieren Sie über die nächsten Wochen langsam die Schnitthöhe auf das korrekte Maß. In dieser Phase erhält der Rasen flüssigen oder gekörnten Dünger, 2 Wochen später kommt ein Unkrautbekämpfungsmittel zum Einsatz. Kahle oder ungleichmäßige Stellen können nach 1-2 Wochen neu eingesät werden. Zu Herbstbeginn wird der Rasen gelüftet, abgesandet und erhält eine Herbstdüngung.

Rasenschäden reparieren

Ist eine Rasenstelle beschädigt oder fleckig geworden, etwa durch ungleichmäßige Belastung, kann sie repariert werden, indem man den betroffenen Teil ersetzt oder neu einsät. Der neue Rasen sollte vom gleichen Typ sein wie der alte; kennt man den nicht, nimmt man ein Stück Rasen von einer weniger exponierten Stelle des Gartens und ersetzt damit die beschädigte Stelle.

Reparieren einer schadhaften Kante

Ein Rasenkante, die nur an 1-2 kleinen Stellen beschädigt ist, läßt sich leicht reparieren. Mit einem Halbmond-Kantenstecher und einem kurzen Brett wird ein kleiner Teil des Rasens um die beschädigte Kante ausgestochen. Unterschneiden Sie das Rasenstück mit einem Spaten, und schieben Sie es nach außen, bis die schadhafte Stelle außerhalb der Rasenfläche liegt. Schneiden Sie das beschädigte Stück in einer Linie mit der bestehenden Rasenkante ab. Dadurch entsteht im Rasen eine Lücke, deren Boden vorsichtig mit der Gabel gelockert und mit Dünger verbessert wird. Dann kann man sie neu mit Rasen belegen oder mit frischer Erde auffüllen und eine entsprechende Grassamenmischung neu einsäen. Oder heben Sie das ausgeschnittene Rasenstück heraus und drehen Sie es um, so daß die schadhafte Stelle innerhalb der Rasenfläche liegt. Sie wird neu belegt oder eingesät; der neue Rasen darf aber nicht höher sein als der alte.

Reparieren einer schadhaften Stelle

Eine schadhafte Stelle innerhalb des Rasens wird ausgeschnitten und aufgenommen. Lockern Sie den Boden mit der Gabel, düngen Sie eventuell,

DAS REPARIEREN EINER SCHADHAFTEN KANTE

1 Markieren Sie mit Holzstäbchen und Schnur ein Rechteck um die schadhafte Stelle; schneiden Sie es mit einem Kantenstecher aus.

2 Unterschneiden Sie das Rasenstück vorsichtig mit einem Spaten, und schieben Sie es nach außen bis über die Rasenkante hinaus.

3 Legen Sie ein Brett auf die Rasenkante, und schneiden Sie daran entlang das schadhafte Rasenstück wieder mit der übrigen Kante bündig.

4 Schneiden Sie für die entstandene Lücke eine neue Rasensode zu, und setzen Sie sie ein; die Größe sollte genau stimmen.

5 Korrigieren Sie eventuell die Bodenhöhe unter der neuen Sode, indem Sie Erde zugeben oder wegnehmen, bis die neue Sode gleich hoch liegt.

6 Sobald das Niveau stimmt, wird die neue Sode mit dem Rechenrücken oder einer mittelschweren Walze fest angedrückt.

7 Sanden Sie die ausgebesserte Stelle leicht ab, besonders an den Nahtstellen, und wässern Sie gründlich.

ALTERNATIVE

1 Schneiden Sie das schadhafte Randstück aus. Drehen Sie es um, so daß der beschädigte Teil im Rasen liegt, und drücken Sie es fest.

2 Streuen Sie sandigen Lehm darüber, so daß die schadhafte Stelle so hoch ist wie der übrige Rasen, säen Sie neu ein, und wässern Sie gründlich.

REPARIEREN EINER SCHADHAFTEN STELLE

1 Schneiden Sie mit Halbmond-Kantenstecher und Brett die schadhafte Stelle aus, unterschneiden Sie sie mit dem Spaten, und entfernen Sie sie.

2 Lockern Sie die freigelegte Erde leicht mit der Gabel, und tragen Sie eventuell flüssigen oder gekörnten Dünger auf.

3 Treten Sie die Erde vorsichtig an, und drücken Sie die Oberfläche gleichmäßig fest.

4 Legen Sie eine neue Rasensode auf die Lücke, und schneiden Sie sie mit dem Kantenstecher genau zu.

5 Prüfen Sie die Paßform der neuen Sode; korrigieren Sie eventuell die Bodenhöhe unter der Rasendecke. Drücken Sie die Sode an, und wässern Sie gut.

und drücken Sie in wieder leicht an. Legen Sie eine neue Rasensode auf die freie Stelle, passen Sie die Bodenhöhe darunter an, bis die neue Sode gleich hoch mit dem übrigen Rasen ist, und drücken Sie sie fest. Die reparierte Stelle wird abgesandet und gut gewässert.

Unebenheiten ausgleichen
Zunächst schneidet man den Rasen im betroffenen Bereich kreuzförmig ein und schlägt die Rasendecke zurück. Lockern Sie bei einer Vertiefung den Boden darunter mit einer Gabel, geben Sie Mutterboden zu, und drücken Sie ihn leicht an. Bei einem Buckel im Rasen entfernen Sie Erde, bis die Oberfläche eben ist, und drücken den Boden etwas an. Legen Sie die Rasendecke wieder auf, und drücken Sie sie mit dem Rechenrücken fest, sanden Sie ab und wässern Sie.

Für größere Bereiche müssen vielleicht Rasenteile ganz abgenommen, der Unterboden ausgeglichen (siehe »Planieren«, S. 280-281) und der Rasen sorgfältig wieder an seinen alten Platz gelegt werden.

Rasenunkräuter

Manche Unkräuter wie Ehrenpreis und Gänseblümchen sehen in einem Gebrauchsrasen zwar hübsch aus, werden aber in scharfgemähten Zierrasen meist als Unkraut betrachtet. Viele breitblättrige Unkräuter überleben das regelmäßige Mähen; zu viele aber schaden dem Gras und sollten auch in einem Gebrauchsrasen bekämpft werden. Ein Mähen ohne Fangvorrichtung kann sogar zur Ausbreitung gewisser Unkräuter, die aus kleinen Triebstücken neu wurzeln, beitragen. Auf kleinen Rasenflächen können Gänseblümchen und Wegerich von Hand entfernt werden, auf größeren Flächen könnte ein Rasendünger mit Unkrautvernichter erforderlich sein.

Moos
Moos ist fast immer unerwünscht, findet sich aber aus verschiedenen Gründen – z. B. Bodenverdichtung, geringe Durchlässigkeit und Fruchtbarkeit, zu wenig Licht, zu scharfes Mähen oder extremer pH-Wert – in vielen Rasen. Es kann trotz bester Rasenpflege zum Problem werden. Bei gelegentlichem Moosbefall greift man zu Rasensand und entfernt das Moos durch Vertikutieren (siehe S. 288). Tritt das Problem immer wieder auf, muß die Ursache gefunden und beseitigt werden; das kann durch Verbessern der Bodenbelüftung, Drainage und Bodenqualität, bei leichten Böden durch eine feuchtigkeitsspeichernde Mulchschicht erfolgen. Eine konsequente, ganzjährige Pflege sollte das Problem eindämmen (siehe PFLANZENSCHÄDEN, S. 576-577).

Schädlinge und Krankheiten

Von Gartenbesitzern mit Zierrasen werden Regenwürmer oft bekämpft, obwohl diese den Boden auflockern und belüften: ihre Exkremente sind nämlich ideale Keimstätten für Unkrautsamen.

Krankheiten, etwa braune Flecken (siehe »Dürreschäden«, S. 571), Fleckenkrankheit, Hexenringe, Schneeschimmel-Flecken und Rostpilze treten besonders in Regionen mit heißem, feuchtem Klima auf. Zur Behandlung von Schädlingen und Krankheiten siehe »Rasenschäden«, S. 571-572.

AUSGLEICHEN EINER VERTIEFUNG ODER ERHEBUNG

1 Schneiden Sie die unebene Stelle mit dem Halbmond-Kantenstecher kreuzförmig ein; das Kreuz sollte etwas über den betroffenen Bereich hinausgehen.

2 Schlagen Sie die aufgeschnittene Rasendecke vorsichtig zurück, ohne sie durch abruptes Reißen zu brechen.

3 Füllen Sie eine Vertiefung mit gutem, sandigem Mutterboden; nehmen Sie von einer Erhebung Erde weg, bis die Oberfläche ganz eben ist.

4 Legen Sie die Rasendecke wieder auf, und prüfen Sie, ob die Fläche eben ist. Wenn die Höhe stimmt, andrücken, absanden und wässern.

13

DER KRÄUTERGARTEN

*K*RÄUTER SIND FÜR JEDEN GARTEN *eine Bereicherung, ob sie allein als Zierpflanzen stehen, zusammen mit anderen Pflanzen in einer Rabatte oder in den geordneten Reihen eines Gemüsegartens. Sie werden von jeher wegen ihrer kulinarischen, kosmetischen und heilenden Wirkung geschätzt, sind aber auch dekorative Gartenpflanzen. Nur wenige haben auffallende Blüten, viele dagegen hübsches Laub, und fast alle duften herrlich – von der frischen Zitrusnote der Melisse bis zum Anisaroma des Fenchel und dem süßen Apfelduft der Kamille. Der starke Duft ist betörend, und die Blüten voller Nektar ziehen Bienen und Schmetterlinge an. Das friedliche Summen zahlloser Insekten läßt den Kräutergarten zu einer wirklichen Oase werden.*

Gestaltung mit Kräutern

EINE KRÄUTERPFLANZUNG vereint die Schönheit eines Blumengartens mit den Vorzügen des Nutzgartens. Unter Kräutern versteht man alle Heil- und Würzpflanzen, also eine Vielzahl unterschiedlicher Gewächse – Einjährige, Stauden, Sträucher, Bäume – und keineswegs nur krautige Pflanzen.

Traditionell werden Kräuter zum Würzen und Konservieren von Nahrungsmitteln verwendet und außerdem für die Herstellung von Arzneien und Kosmetika. Auch der ästhetische Wert der Kräuter wurde und wird bis heute geschätzt, ebenso wie ihr praktischer Nutzen.

ZWANGLOSE ANORDNUNG
Eine reiche Vielfalt von Kräutern erfüllt hier den Garten mit Düften, Farben und kontrastierenden Strukturen. Diesem Kräutergarten verleihen geformte Zwerghecken Struktur, kräftige Farbflecken wie der goldene Majoran heben sich deutlich von dem zwanglos angeordneten fedrigen Fenchel und den niedrigen Erdbeeren ab.

Kräuter im Haus

Frische und getrocknete Kräuter sind zwar überall erhältlich, sie stehen aber denen aus dem eigenen Garten in Aroma und Geschmack um einiges nach. Genießen Sie den Duft im Haus und im Garten, indem Sie frische Kräuter einem Blumenarrangement beigeben oder getrocknete für einen Dufttopf oder ein Kräuterkissen verwenden. Auf der ganzen Welt verbessert und belebt man durch Kräuter andere Nahrungsmittel und fast alle Gerichte. Kräuter sind auch für ihre heilende und kosmetische Wirkung bekannt: Seit Jahrtausenden werden sie für Arzneien und Schönheitsprodukte verwendet.

Kulinarischer Gebrauch

Frisch geerntete Kräuter sind ein wesentlicher Bestandteil vieler klassischer Gerichte, z.B. Tomatensalat mit Basilikum, Grüne Sauce mit vielen Frühlingskräutern oder Kerbelsuppe. In manchen Fällen können die Blüten als eßbare Dekoration verwendet werden: Borretsch, Schnittlauch, Holunder und Ringelblume sind einfach zu kultivieren und tragen auch hübsche Blüten. Stiele, etwa der Engelwurz zum Kandieren, oder Zweige, z.B. des Rosmarins zum Grillen, lassen sich ebenfalls leicht heranziehen, im Handel sind sie kaum erhältlich. Aromatische Samen oder Gewürze werden zwar angeboten, doch sind sie leicht und preiswert selbst zu ziehen.

Aus manchen Kräutern, z.B. Zitronenmelisse und Pfefferminze, kann man Kräutertees aufbrühen, die eine gute Alternative zum schwarzen Tee und Kaffee darstellen, da sie weder Gerbstoffe noch Koffein enthalten. Die meisten Kräutertees werden aus getrockneten Blättern, Blüten oder Samen, manche auch aus frischen Blättern hergestellt.

Heilkräuter

In vielen Teilen der Welt sind Heilkräuter weit verbreitet, finden sich in Kräutergärten Mittel gegen alle möglichen Leiden; Minze wirkt z.B. leicht schmerzstillend und stark antiseptisch und hilft bei Verdauungsproblemen. Kräuter werden von der pharmazeutischen Industrie auch zu Arzneimitteln verarbeitet. Im allgemeinen ist davon abzuraten, Kräuter ohne Fachwissen oder Anleitung als Arzneimittel einzusetzen.

Kosmetika und Düfte

Zahlreiche Kräuter wirken wohltuend auf Haut und Haar und sind in Schönheitsprodukten enthalten: Rosmarin, Kamille und Minze werden für Shampoos und Festiger verwendet, Thymian für antiseptische Mundspülungen, Ringelblume und Holunder für Hautlotionen.

In Duftkugeln und Kräutersäckchen sind aromatische Kräuter das ganze Jahr über zu genießen. Auch bei der Parfumherstellung werden Kräuter eingesetzt; Öle und Essenzen selbst herzustellen ist jedoch meist zu kompliziert.

Kräuter im Garten

Bei den meisten Kräutern werden noch heute die Wildarten kultiviert, es gibt aber auch schon allerlei Sorten mit anderen Wuchsformen oder Blatt- und Blütenfarben. Diese Vielfalt macht sie als dekorative Gartenpflanzen interessanter, während Duft u.a. Eigenschaften denen der Wildarten meist ähnlich, wenn auch nicht ebenbürtig sind.

Der Reiz der Kräuter liegt v.a. in ihrem Duft, der im Gegensatz zu anderen Pflanzen meist vom Laub und nicht von den Blüten verströmt wird. Werden die Blätter erhitzt oder zerdrückt, geben sie ätherische Öle ab: An einem sonnigen Tag ist die Luft deshalb von Kräuterduft erfüllt.

Einige Kräuter blühen in leuchtenden Farben, die effektvoll eingesetzt werden können: zum Beispiel die orangefarbene Ringelblume als Kontrast zum bronzefarbenen Fenchel (*Foeniculum vulgare* 'Purpureum') oder der leuchtendblaue Borretsch mit silbergrauem Wermut.

Manchen Kräutern sagt man eine wohltuende Wirkung auf andere Pflanzen nach: Einige stechend riechende Pflanzen wie die Eberraute schrecken, zerdrückt oder überbrüht, Insekten ab, während die Römische Kamille im Garten Wüchsigkeit und Gesundheit benachbarter Pflanzen verbessern soll.

Wo kultiviert man Kräuter

Wie andere Pflanzen gedeihen auch Kräuter am besten, wenn die Bedingungen ihrem natürlichen Lebensraum ähnlich sind. Viele Kräuter kommen aus dem Mittelmeerraum und mögen deshalb viel Sonne und gut durchlässigen Boden.

Manche Kräuter vertragen feuchte, teilschattige Standorte, solange sie nicht staunaß oder tiefschattig sind. Die meisten panaschierten und goldfarbenen Sorten gedeihen gut in leichtem Schatten. Apfelminze (*Mentha suaveolens* 'Variegata') und goldene Formen der Zitronenmelisse (*Melissa officinalis*) sowie die Sommermargerite (*Tanacetum parthenium*) behalten ihre Farbe am besten an einem Standort, der Morgen- oder Abendsonne hat und über Mittag schattig ist.

Kräuter können auf verschiedene Weise gezogen werden, persönliche Vorlieben und praktische Überlegungen spielen hier eine Rolle. Ein eigener, hübsch gestalteter Kräutergarten ist attraktiv und nimmt nicht viel Platz in Anspruch, ein Beet oder einige Töpfe mit Küchenkräutern hat man aber meist lieber in der Nähe der Küche. Manche Kräuter sind so schön, daß man sie mit anderen Pflanzen in eine Rabatte setzen kann, andere siedelt man besser im Gemüsegarten an. Küchenkräuter sollten immer in sicherer Entfernung von Haustieren oder befahrenen Straßen gezogen werden.

Kräutergärten

Wenn Platz vorhanden ist, lohnt sich die Anlage eines eigenen Kräutergartens, in dem viele verschiedene Kräuter zusammen ihre Wirkung und ihren Duft entfalten. Berücksichtigt man die Besonderheit jeder Pflanze, findet man viele Möglichkeiten, ähnliche oder kontrastierende Farben zu einem interessanten Muster zu verbinden. Das sieht nicht nur sehr gut aus, sondern erleichtert auch die Ernte. Traditionelle Kräutergärten werden von niedrigen Buchsbaumhekken (*Buxus sempervirens*) umgeben, aber auch eine weniger strenge Umrahmung aus Ysop (*Hyssopus officinalis*) oder Lavendel (*Lavandula*) erfüllt ihren Zweck.

Beete und Rabatten

Kräuter können auch zusammen mit reinen Zierpflanzen gezogen werden, v.a. wenn kein Platz für einen Kräutergarten vorhanden ist oder wenn die Kräuter selbst schöne Rabattenpflanzen sind, wie etwa Indianernessel (*Monarda didyma*) und Raute (*Ruta graveolens*). Graublättrige Arten machen sich in einer silberfarbenen Rabatte ebenso gut wie im Kontrast zu Blau-, Purpur- oder Rosatönen, z.B. des rotblühenden Salbei (*Salvia officinalis* 'Purpurascens').

Stattliche und strukturierende Pflanzen sind wertvolle Blickfänge oder ein schöner Hintergrund für die Rabatte. Füllen Sie Lücken mit bunten Einjährigen, z.B. Mohn, blauem Borretsch und dunklem, opalfarbenem Basilikum (*Ocimum basilicum* 'Purpurascens').

Neben einem Eingang, einem Weg oder einem Sitzplatz kommt der Duft aromatischer Kräuter voll zur Geltung. Niedrige, ausgebreitete Kräuter wie der Feldthymian (*Thymus serpyllum*), die Römische Kamille (*Chamaemelum nobile* 'Treneague') und das Kriechende Bohnenkraut (*Satureja spicigera*) eignen sich für Steingärten oder für duftende Teppiche. Diese und Kräuter von mehr aufrechtem Wuchs, z.B. Schnittlauch, geben einen schönen Rand für eine Rabatte oder einen Weg ab.

Kräuter im Gemüsegarten

Für Küchenkräuter, die in großen Mengen benötigt werden, z.B. Petersilie, ist der Gemüsegarten wohl der beste Standort. Er eignet sich auch am besten für raschwachsende Kräuter wie Kerbel und Dill, die nacheinander ausgesät werden und sich nicht gut umsetzen lassen. Die Kräuter können in geraden Reihen zwischen das Gemüse oder als hübsche Begrenzung an den Rand des Gemüsegartens gesetzt werden.

Kräuter als Topfpflanzen

Viele Kräuter gedeihen gut in Töpfen. Vom Hängekorb bis zum Brattopf ist beinahe jedes Gefäß geeignet, sofern es Abzugslöcher hat und vor der Pflanzung eine Schicht poröses Material zuunterst gegeben wird.

In kleinen Gärten oder auf Balkonen kann der ganze Kräutergarten in Töpfen untergebracht werden, die phantasievoll auf Mauern, Stufen, Regalen, Fensterbrettern und auf dem Boden gruppiert werden. Ist der Platz knapp, erweist sich ein Erdbeertopf (mit Pflanznischen) als attraktive und praktische Möglichkeit, verschiedene Pflanzen gemeinsam zu ziehen. Auch wenn Sie die Kräuter auf einer eigenen Fläche oder mit anderen Zier- und Gemüsepflanzen kultivieren, ist es oft bequemer, einige Töpfe mit den wichtigsten Kräutern neben der Tür zu haben.

Am besten eignen sich für die Topfpflanzung Kräuter wie Kerbel, Petersilie, Schnittlauch, Bergdost (*Origanum vulgare* 'Compactum'), Ysop (*Hyssopus officinalis* ssp. *aristatus*) und Thymian. Große Pflanzen wie Rosmarin und Lorbeer sehen oft als Einzelexemplare in Töpfen gut aus. Die Topfkultur leicht frostempfindlicher Kräuter wie Brautmyrte (*Myrtus communis*), Zitronenstrauch (*Aloysia triphylla*) und Rosenpelargonie (*Pelargonium graveolens*) hat den Vorteil, daß die Pflanzen im Winter nach drinnen gebracht werden können; sie eignen sich somit auch gut für den Wintergarten.

Gepflasterte Flächen und Innenhöfe

Kräuter, die gut durchlässige Böden brauchen, z.B. Thymian und Kriechendes Bohnenkraut, machen sich gut in den Spalten zwischen Pflastersteinen; lassen Sie die Pflanzen über die Steine wachsen; wenn man darauftritt, geben sie intensiven Duft ab.

Geschützte Innenhöfe sind ideal für verschiedene nicht winterharte Kräuter des Mittelmeerraums, die Schutz und Wärme benötigen. Einen Hauch von Exotik schafft man mit Pflanzen wie Zitronenbäumen, Malabarkardamom (*Elettaria cardamomum*) oder Ingwer (*Zingiber officinale*) in hübschen Gefäßen.

Hochbeete

In Hochbeeten kann man den Duft der Kräuter aus nächster Nähe genießen und die Pflanzen leicht setzen, pflegen und ernten, was v.a. für behinderte oder ältere Menschen praktisch ist. Hochbeete brauchen eine stabile Stützmauer, sollten nicht mehr als etwa 75 cm breit sein und in angenehmer Arbeitshöhe liegen (siehe auch BAULICHE ELEMENTE UND BELÄGE, »Hochbeete«, S. 507).

TOPFGARTEN
Im kleinsten Garten ist Platz für ein paar Töpfe mit aromatischen Kräutern.

WAGENRAD-BEET
Einige Kräuter lassen sich gut in einem Wagenrad-Beet ziehen.

KRÄUTER FÜR FEUCHTEN SCHATTEN

- Engelwurz (*A. archangelica*)
- Kerbel (*Anthriscus cerefolium*)
- Schnittlauch (*Allium schoenoprasum*)
- Schwarzer Holunder (*Sambucus nigra*, *S.n.* 'Aurea', *S.n.* 'Marginata')
- Sommermargerite (*Tanacetum parthenium*, *T.p.* 'Aureum')
- Melisse (*Melissa officinalis*, *M.o.* 'All Gold', *M.o.* 'Aurea', *M.o.* 'Variegata')
- Liebstöckel (*Levisticum officinale*)
- Minze (*Mentha*)
- Petersilie (*Petroselinum crispum*)
- Sauerampfer (*Rumex acetosa*)
- Süßdolde (*Myrrhis odorata*)
- Rainfarn (*Tanacetum vulgare*)
- Waldmeister (*Asperula odorata*)

Hochbeete können auch in gepflasterten Bereichen neben einer Mauer angelegt werden oder überall da, wo der Boden nicht gut durchlässig ist. Wählen Sie kleine, kompakte Kräuter, und beschränken Sie deren Ausbreitung durch regelmäßiges Schneiden und Teilen.

Planung des Kräutergartens

Jeder Kräutergarten, ob locker oder formal gestaltet, sollte so angelegt werden, daß er mit dem Stil des Gartens und des Hauses in Einklang steht. Berücksichtigen Sie die vorhandenen Möglichkeiten: Im allgemeinen sind für zwanglos gestaltete Kräutergärten weniger Vorarbeiten erforderlich als für formale, und die Routinepflege ist oft weniger zeitaufwendig, je nachdem, welche Pflanzen verwendet werden und wie groß die Anlage ist. Lockere und formale Elemente lassen sich auch kombinieren; symmetrisch angelegte Wege etwa können den Rahmen bilden für eine freie Pflanzung mit unterschiedlichen Wuchshöhen, -formen und Farben.

Lockere Anlage

Die Wirkung einer locker gestalteten Anlage beruht v.a. auf den harmonisch abgestimmten Wuchsformen und Farben der Kräuter. Panaschierte und buntblättrige Formen, z.B. goldener Dost (*Origanum vulgare* 'Aureum') und rotblühender Salbei (*Salvia officinalis* 'Purpurascens') machen sich in so einem Schema gut. Versuchen Sie beispielsweise grün- und goldblättrige oder purpur- und silberfarbene Pflanzen zu kombinieren.

Verschiedene Wuchsformen und -höhen können großzügiger eingesetzt werden als in einem formalen Schema: Hohe Pflanzen treten stark hervor, ohne Gleichgewicht und Wirkung zu zerstören, ein harmonischer Gesamteindruck und eine reiche Farbenpracht lassen mehr Freiheit für Experimente mit ungewöhnlichen Kombinationen.

Formaler Kräutergarten
Diese gut durchdachte Anlage wird durch Ziegelwege unterteilt, die den formalen Rahmen für die geometrischen Kräuterbeete bilden.

Formale Anlage

Solche Pflanzungen werden meist geometrisch angelegt und von niedrigen Hecken oder Wegen umrahmt. Jedes der kleinen Beete wird dann mit nur einer Kräuterart bepflanzt, so daß kräftige Farb- und Strukturblöcke entstehen. Die einfachste Form ist ein im Boden versenktes Wagenrad mit verschiedenen Kräutern in den einzelnen Segmenten. Diese Anlagen sehen von oben am besten aus, man sollte sie deshalb so plazieren, daß sie von einer höheren Stelle oder einem Fenster zu sehen sind. Meiden Sie hohe, wuchernde und stark ausgebreitete Pflanzen, die das Schema verwischen können.

Ein formal gestalteter Garten mit Wegen erfordert anfangs viel Arbeit, sieht aber schnell »komplett« aus und verlangt nur noch strukturierende Arbeiten. Eine von Zwerghecken umrahmte Anlage ist schon deutlich anspruchsvoller, hier muß regelmäßig geschnitten werden. Die Hecke kann nur Umrahmung sein oder auch die komplizierten Formen eines Barockgartens annehmen (siehe »Barockgärten«, S. 31). Gute Pflanzen für Zwerghecken sind Ysop, Strauchgamander *(Teucrium fruticans)*, Lavendel, Buchsbaum und Winterbohnenkraut *(Satureja montana)*, im Abstand von 20-30 cm gesetzt.

Planung

Für die Planung werden zunächst Standort und benachbarte Elemente genau vermessen und Niveauunterschiede festgehalten. Notieren Sie auch den Schattenwurf zu verschiedenen Jahres- und Tageszeiten.

Ob der Garten nun formal oder locker gestaltet wird, bedenken Sie immer, daß die Kräuter für die Ernte in Reichweite sein müssen; Beete und Rabatten im offenen Gelände benötigen einen Zugangsweg oder Trittsteine, damit der Boden nicht zusammengetreten und verdichtet wird.

Zeichnen Sie die Maße maßstabsgetreu auf kariertes Papier; um verschiedene Varianten probieren zu können, zeichnet man sie praktischerweise jeweils auf Pauspapier, das über den Grundriß gelegt wird.

Wählen Sie schließlich die Kräuter aus, wobei Kulturerfordernisse, Wuchsform, Farbe, endgültige Höhe und Ausbreitung sowie die benötigte Menge zu berücksichtigen sind, und tragen Sie sie im Plan ein. Auch Topfpflanzen können als Blickpunkte vorgesehen werden.

Planung eines formalen Kräutergartens

Es gibt die verschiedensten Gestaltungsmöglichkeiten, doch sollte man Rücksicht auf Gleichgewicht und Proportionen nehmen. Wagenrad- und Schachbrettmuster erfreuen sich großer Beliebtheit, aber auch ungewöhnliche geometrische Formen wirken interessant.

Kräuter in einem Innenhof
Mit Kräutern bepflanzte Kiesflächen oder Spalten zwischen Pflastersteinen beleben jeden Hof und mildern harte Kanten.

Verzeichnis der beliebtesten Kräuter

Schnittlauch

(Allium schoenoprasum)

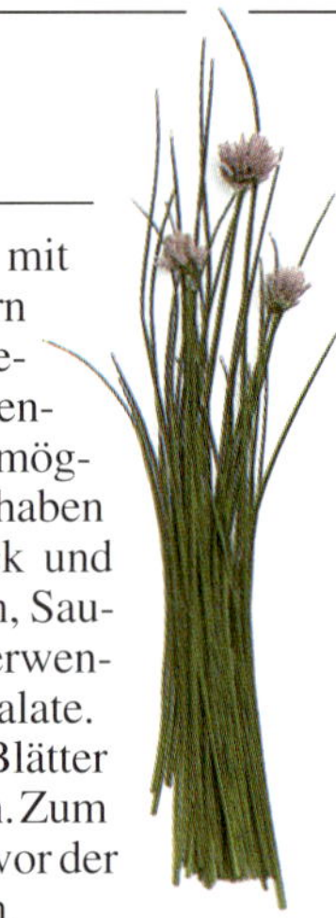

Krautige, horstbildende Staude mit dünnen, röhrchenartigen Blättern und malvenfarbenen Blüten. Geeignet als niedrige Rabattenbegrenzung. Frühtreiben für den Winter möglich (siehe S. 298). Die Blätter haben einen milden Zwiebelgeschmack und werden zum Würzen von Salaten, Saucen, Frischkäse und Suppen verwendet; die eßbaren Blüten zieren Salate.
Ernte und Lagerung Frische Blätter und Blüten nach Bedarf schneiden. Zum Einfrieren und Trocknen Blätter vor der Blüte schneiden und fein hacken.
Vermehrung Im Frühjahr durch Samen (siehe S. 162), im Herbst durch Teilung (S. 164).
Verwandte Arten und Varietäten Varietäten unterscheiden sich in Höhe, Blütenfarbe und Geschmack; Knoblauchschnittlauch *(A. tuberosum)* weist einen milden Knoblauchgeschmack auf und hat weiße Blüten.

Zitronenstrauch

(Aloysia triphylla)

Halbharter, aufrechter, laubabwerfender Strauch mit spitzen, ovalen Blättern. Pflanze kann bei Frost zurückfrieren, erneuert sich aber aus der Basis. Die Blätter verströmen einen kräftigen Zitronenduft und werden für Kräutertees, Süßspeisen und in Potpourris verwendet.
Ernte und Lagerung Die Blätter während der Wachstumsperiode frisch verwenden oder trocknen.
Vermehrung Durch krautige Stecklinge (S. 83).

Dill

(Anethum graveolens)

Aufrechte Einjährige mit flachen, grüngelben Blütenköpfen und fedrigen, blaugrünen Blättern. Nicht neben Fenchel pflanzen, denn durch Fremdbestäubung geht der charakteristische Geschmack verloren. Setzt rasch Samen an. Die Blätter oder die aromatischen Samen werden für Suppen, Saucen, Kartoffelsalat, Fischgerichte und zum Gemüseeinlegen verwendet.
Ernte und Lagerung Die Blätter im Frühjahr und Sommer vor der Blüte pflücken, die reifenden Fruchtstände im Sommer schneiden.
Vermehrung Durch Aussaat im Frühjahr und Frühsommer; läßt sich nicht gut umsetzen.

Engelwurz

(Angelica archangelica)

Zweijährige mit großen, fiederteiligen Blättern und Blütenköpfen. Stattliche Pflanze. Wenn nicht erwünscht, werden die unreifen Fruchtstände entfernt, um eine Aussaat zu verhindern. Junge Stiele können kandiert werden; die Blätter werden zum Kochen verwendet, v.a. für Obstspeisen und Fischgerichte.
Ernte und Lagerung Frische Blätter im Frühling und Sommer sammeln. Junge Stiele zum Kandieren im Frühjahr und Frühsommer schneiden. Fruchtstände vor der Reife im Sommer schneiden.
Vermehrung Durch Aussaat im Herbst; die Samen sind nach der Reife nur 3 Monate keimfähig.

Kerbel

(Anthriscus cerefolium)

Einjährige mit hellgrünen, farnähnlichen Blättern. Setzt bei heißen, trockenen Bedingungen rasch Samen an. Die Blätter haben einen feinen, zarten Geschmack nach Petersilie und Anis und werden für Eigerichte, Salate, Suppen und Saucen verwendet.
Ernte und Lagerung Blätter vor der Blüte sammeln. Vorsichtig einfrieren oder trocknen.
Vermehrung Durch Aussaat in monatlichen Abständen von Frühjahr bis Frühherbst; nicht umsetzen. Kann im Herbst auch für den Winter in Schalen unter Glas gesät werden.

Meerrettich

(Armoracia rusticana)

Winterharte Staude mit großen, groben Blättern. Ausdauernde, schwer zu entfernende Pflanze. Die starken, weißfleischigen Wurzeln haben einen scharfen Geschmack und werden gerieben in Krautsalat, Dips und Saucen gegeben.
Ernte und Lagerung Die Wurzeln im Herbst, wenn der Geschmack am stärksten ist, oder nach Bedarf ernten.
Vermehrung Durch Teilung, 15-cm-Wurzelstecklinge (S. 167) oder durch Aussaat.

Eberraute

(Artemisia abrotanum)

Halbimmergrüner Halbstrauch mit fiederschnittigen, graugrünen Blättern. Bildet auch niedrige Hecken, wird im Sommer gestutzt; hübsch in gemischten Rabatten. Bringt bei kühlem Klima kaum Blüten hervor. Die aromatischen Blätter werden für Dufttöpfe verwendet und halten Insekten fern.
Ernte und Lagerung Blätter im Sommer nach Bedarf pflücken und frisch verwenden oder trocknen.
Vermehrung Durch krautige Stecklinge im Sommer, halbausgereifte im Spätsommer oder durch Steckhölzer im Herbst (siehe S. 83-85).

Wermut

(Artemisia absinthium)

Laubabwerfender Halbstrauch mit fiederteiligen, graugrünen Blättern. Schön für Rabatten oder lockere Hecken. Im Frühjahr auf 15 cm über dem Grund zurückschneiden. Die aromatischen Blätter schmekken bitter; früher auch zum Aromatisieren alkoholischer Getränke verwendet, heute aber als giftig angesehen. Das Laub wird in Kräuter- und Blumensträußen verwendet.
Ernte und Lagerung Laub im Sommer pflücken und frisch oder getrocknet für Arrangements verwenden.
Vermehrung Durch krautige Stecklinge im Sommer oder halbausgereifte im Spätsommer (S. 85).
Varietäten 'Lambrook Silver' ist eine Sorte mit silbergrauem Laub.

Estragon

(Artemisia dracunculus)

Halbharte Staude mit aufrechten Trieben und glänzenden, schmalen Blättern. Braucht in kalten Gebieten oft Winterschutz; Frühtreiben für den Winter möglich. Die Blätter werden für Sauce béarnaise, Kräutermischungen, Sauce tartare, Ei- und Hähnchengerichte und als Essiggewürz verwendet.
Ernte und Lagerung Während der ganzen Wachstumsperiode Zweige schneiden, so daß zwei Drittel des Triebes weiterwachsen. Blätter am besten einfrieren oder trocknen.
Vermehrung Im Frühjahr durch Rhizomteilung (siehe S. 165) oder im Sommer durch Kopfstecklinge. Kein Samen erhältlich (im Handel lediglich Samen von *A. dracunculoides*).
Verwandte Arten Eine eher winterharte Art ist Russischer Estragon *(A. dracunculoides)*, der leider weniger gut im Geschmack ist.

Waldmeister

(Asperula odorata, syn. *Galium odoratum)*

Kriechende Staude mit weißen Blütensternchen über den wirtelständigen, schmalen Blättern im Frühling und Frühsommer. Ausgezeichneter Bodendecker für feuchten Schatten. Die getrockneten Blätter werden für Dufttöpfe und Kräutertees verwendet.
Ernte und Lagerung Blätter im Frühjahr sammeln, bevor sich die Blüten öffnen, und trocknen.
Vermehrung Im Herbst oder Frühjahr durch Teilung oder im Frühherbst durch Aussaat, die Keimung kann aber lange dauern.

Borretsch
(Borago officinalis)

Aufrechte Einjährige mit behaartem Laub und leuchtendblauen Blüten. Die nach Gurken schmeckenden Blätter und auch die Blüten gibt man zu kalten Getränken und Salaten. Die Blüten werden zur Tortendekoration kandiert.
Ernte und Lagerung Junge Blätter pflücken und frisch verwenden. Blüten (ohne Kelche) im Sommer sammeln und frisch verwenden, in Würfeln frieren oder kandieren.
Vermehrung Von Frühjahr bis Frühherbst durch Aussaat. In leichten Böden durch Selbstaussaat.
Varietäten Es gibt auch eine weißblühende Form, *B. officinalis* f. *alba.*

Ringelblume
(Calendula officinalis)

Buschige Einjährige mit leuchtend-orangefarbenen Blüten. Bunte Rabatten- und Topfpflanze. Entfernen verwelkter Blütenköpfe verlängert die Blüte. Kronblätter werden wegen Farbe und Geschmack zu Reis, Frischkäse und als Dekoration auf Salate gegeben. Getrocknete Kronblätter bringen Farbe in den Dufttopf.
Ernte und Lagerung Geöffnete Blüten im Sommer pflücken und Kronblätter zum Trocknen entfernen. Blätter jung sammeln.
Vermehrung Im Herbst oder Frühjahr durch Aussaat. Häufig durch Selbstaussaat.
Varietäten Viele Formen mit gefüllten Blüten in Creme-, Orange- und Bronzetönen.

Kümmel
(Carum carvi)

Zweijährige mit fedrigen Blättern und, im zweiten Jahr, flachen, winzigen, weißen Blütenköpfchen. Die aromatischen Samen werden zum Backen, für Konfekt, Käse und Fleischgerichte verwendet, die Blätter für Suppen und Salate.
Ernte und Lagerung Die Blätter noch jung sammeln. Reife Fruchtstände im Sommer abnehmen.
Vermehrung Im Herbst durch Samen.

Kamille, Römische
(Chamaemelum nobile)

Kriechende, immergrüne Staude, bildet dichte Matten aus feinen, fedrigen Blättern. Geeignet für Rabatten- und Wegränder und zwischen Pflastersteinen. Pflanzung als Zierrasen möglich (siehe S. 283). Die nach Apfel duftenden Blätter werden für Dufttöpfe verwendet, die aromatischen Blüten für Dufttöpfe und Kräutertees.
Ernte und Lagerung Blätter nach Bedarf jederzeit pflücken. Die voll geöffneten Blüten im Sommer sammeln und unzerkleinert trocknen.
Vermehrung Im Frühjahr oder Herbst durch Teilung, im Sommer durch Kopfstecklinge oder Seitensprosse (siehe S. 166).
Varietäten 'Treneague' ist eine nichtblühende Zwergform v.a. für Rasen und Spalten zwischen Pflastersteinen. *C. n.* var. *flore-pleno* hat hübsche, gefüllte Blüten.

Koriander
(Coriandrum sativum)

Einjährige mit gefiederten Blättern und kleinen, weißen oder hell malvenfarbigen Blüten. Verbreitet einen unangenehmen Geruch und sollte nicht im Haus gezogen werden. Die gelappten unteren Blätter werden für Currys, Chutneys, Saucen und Salate verwendet. Die Samen schmecken würzig-süß und werden zum Backen, für Chutneys und Wurst gebraucht.
Ernte und Lagerung Junge Blätter pflücken und frisch verwenden oder einfrieren. Fruchtstände je nach Reife ernten.
Vermehrung Aussaat im Herbst oder Vorfrühling.

Kreuzkümmel
(Cuminum cyminum)

Einjährige mit zarten Blättern und weißen oder blaßrosa Blüten. Samen benötigen zum Reifen viel Wärme. Sie werden für Currys, eingelegtes Gemüse, Joghurt und orientalische Gerichte verwendet.
Ernte und Lagerung Fruchtstände je nach Reife ernten.
Vermehrung An einem warmen Ort oder unter Glas durch Aussaat im Spätfrühling.

Fenchel
(Foeniculum vulgare)

Staude mit feinen, filigranen Blättern und gelben Blütenbüscheln. Eine hohe, graziöse Rabattenpflanze. Die Blätter und Blattscheiden werden wegen ihres Anisgeschmacks für Salate, Fleisch- und Fischgerichte verwendet, die Samen zum Backen, für Fischgerichte und Kräutertees.
Ernte und Lagerung Blätter und Blattscheiden noch jung schneiden. Die Fruchtstände dann jeweils nach Reifegrad ernten.
Vermehrung Im Frühjahr durch Aussaat oder im Herbst durch Teilung.
Varietäten 'Purpureum' ist eine hübsche, bronzefarbene Sorte; Gewürzfenchel *(F. vulgare* var. *dulce)* wird auch einjährig als Gemüse gezogen (siehe S. 350).

Ysop
(Hyssopus officinalis)

Halbimmergrüner Halbstrauch mit Ähren von kleinen, dunklen, purpurblauen Blüten. Geeignet für niedrige Hecken. Die aromatischen Blätter werden allerdings sparsam für Suppen, Bohnengerichte, Eintöpfe, Wild und Pasteten verwendet.
Ernte und Lagerung Blätter ernten und frisch verwenden; junge Blätter im Frühsommer pflücken und trocknen.
Vermehrung Im Frühjahr durch Aussaat, Teilung oder krautige Stecklinge.
Varietäten Es gibt rosa- und weißblühende Varietäten. *H. officinalis* ssp. *aristatus* ist eine besonders für Topfpflanzung geeignete Zwergform.

Florentinische Iris
(Iris 'Florentina')

Staude mit nicht reinweißen Blüten und schwertförmigen Blättern. Rhizome in voller Sonne pflanzen. Das dicke Rhizom schmeckt frisch bitter, entwickelt aber getrocknet nach längerer Lagerung einen Veilchenduft. Wird gemahlen zur Duftfixierung in Dufttöpfen und -säckchen verwendet.
Ernte und Lagerung Im Herbst mindestens 3 Jahre alte Rhizome ausgraben, schälen, spalten und trocknen, erst nach mindestens zweijähriger Lagerung mahlen.
Vermehrung Durch Rhizomteilung im Spätfrühling oder Frühherbst.
Verwandte Arten *I. pallida* wird ebenso kultiviert.

Lorbeer
(Laurus nobilis)

Immergrüner Baum oder Strauch mit dunklen, ledrigen, spitzen Blättern. Ausgezeichnet als Topfpflanze. Verträgt Formschnitt und radikalen Rückschnitt zur Wachstumsbeschränkung. Benötigt in kalten Gebieten Frost- und Windschutz. Blätter für Kräutersträußchen und zum Würzen von Brühen, Marinaden, Saucen, Fleisch- und Fischgerichten.
Ernte und Lagerung Blätter pflücken und frisch verwenden. Reife Blätter im Sommer trocknen.
Vermehrung Im Spätsommer durch halbreife Ansatzstecklinge oder Seitensprosse (siehe S. 55) oder im Sommer durch Absenker (S. 57).
Varietäten 'Aurea' hat gelb überhauchte Blätter.

Lavendel
(Lavandula angustifolia)

Immergrüner, buschiger Strauch mit schmalen, graugrünen Blättern und aufrechten, malvenfarbigen Blütenähren. Geeignet für niedrige Hecken. Die Blüten werden für Dufttöpfe, Kräutersäckchen, Kräuterkissen und Tee, aber auch zum Würzen von Öl oder Essig verwendet.
Ernte und Lagerung Blühende Triebe im Sommer ernten und lufttrocknen.
Vermehrung Im Sommer durch Stecklinge von halbreifen, nicht blühenden Trieben (siehe S. 84).

Verwandte Arten Es gibt mehrere andere Arten und Sorten mit unterschiedlichen Wuchsformen, Blättern, Blühzeiten und Blütenfarben, z.B. Sorten wie 'Hidcote' und weißblühende Formen wie 'Nana Alba'; Schopflavendel *(L. stoechas)* hat purpurne Blüten mit purpurnen Brakteen.

Liebstöckel

(Levisticum officinale)

Staude mit gefiederten Blättern und blaßgrünen Blütendolden; als hohe Pflanze für den Hintergrund einer Rabatte geeignet. Die Blätter haben einen kräftigen Geschmack, der an Sellerie und Hefe erinnert, und werden für Suppen, Brühen und Eintöpfe verwendet; junge Blätter gibt man roh zu Salaten. Die aromatischen Samen werden zum Backen und für Gemüsegerichte verwendet. Gemüsepflanzen werden im Frühling unter Töpfen gebleicht.
Ernte und Lagerung Junge Blätter im Frühling pflücken und einfrieren oder trocknen. Junge Stiele im Frühjahr ernten und kandieren. Die Stiele werden im Frühjahr nach zwei bis drei Wochen Bleichen abgeschnitten, damit nur die Mitteltriebe weiterwachsen.
Vermehrung Im Spätsommer durch Aussaat oder im Frühling oder Herbst durch Teilung.

Melisse

(Melissa officinalis)

Horstbildende Staude mit ovalen, gezähnten Blättern. Die nach Zitrone duftenden Blätter werden zu kalten Getränken, süßen und pikanten Gerichten gegeben oder für Kräutertees verwendet.
Ernte und Lagerung Blätter vor der Blüte pflücken und frisch verwenden oder trocknen.
Varietäten Es gibt gelbpanaschierte Sorten, z.B. 'Aurea', die im Teilschatten gezogen werden, damit die Blätter nicht versengen.

Minze

(Mentha spicata)

Krautige Staude mit winzigen, malvenfarbenen Blüten im Sommer. Bildet zahlreiche Ausläufer. Die Blätter werden für Minzsauce, Salate und Getränke verwendet.
Ernte und Lagerung Blätter vor der Blüte pflücken und trocknen oder einfrieren. Man kann sie auch hacken und mit Essig überbrühen.
Verwandte Arten
Es gibt zahlreiche Arten und Sorten mit leicht unterschiedlichem Laub und Duft. Manche haben panaschierte Blätter wie die Buntblättrige Minze (*M. suaveolens* 'Variegata'). Pfefferminze *(M. x piperita)* hat grün-purpurne Blätter und wird für Pfefferminztee, Sirup und Desserts verwendet, während *M.* x *piperita* 'Citrata' purpurüberhauchtes Laub und einen feinen Duft aufweist. *M.* x *villosa* 'Alopecuroides' hat gerundete Blätter mit frischem Minzearoma und purpurrosa Blüten.

Indianernessel

(Monarda didyma)

Krautige Staude mit Köpfchen aus roten, klauenförmigen Einzelblüten im Sommer. Ausgezeichnete Rabattenpflanze für feuchten Boden. Mit Tee aufgebrüht geben die aromatischen Blätter eine Art »Earl Grey«-Geschmack; sie werden auch in Sommerdrinks, Salate und Fleischgerichte gegeben. Die hübschen Blüten bringen Farbe in Salate und Dufttöpfe.
Ernte und Lagerung Blätter im Frühjahr oder im Sommer pflücken und frisch verwenden oder trocknen. Blüten im Sommer ernten.
Vermehrung Im Frühjahr durch Aussaat, im Sommer durch Triebstecklinge (S. 166) oder im Vorfrühling durch Teilung.
Verwandte Arten und Varietäten Es gibt Sorten mit roten, rosa, weißen oder purpurnen Blüten.

Süßdolde

(Myrrhis odorata)

Krautige Staude mit flachem Blütenstand aus winzigen, weißen Blütchen im Sommer. Die farnähnlichen Blätter duften nach Anis und werden u.a. verwendet, um Obstspeisen Säure zu nehmen, passen aber auch zu Salaten. Die dicke Pfahlwurzel kann roh oder gekocht als Gemüse gegessen werden.
Ernte und Lagerung Blätter im Frühjahr und Frühsommer pflücken und trocknen. Samen noch unreif im Sommer ernten und trocknen oder einlegen. Wurzeln im Herbst frisch verwenden.
Vermehrung Im Herbst durch Aussaat im Freien. Häufig durch Selbstaussaat.

Basilikum

(Ocimum basilicum)

Einjährige mit gesägten, länglich-ovalen Blättern. In kalten Gebieten muß Basilikum unter Glas oder an warmen Orten gezogen werden. Gedeiht gut in Töpfen auf einem sonnigen Fensterbrett. Die hocharomatischen Blätter werden für Salate, Essig und Nudelgerichte verwendet.
Ernte und Lagerung Junge Blätter im Sommer pflücken und einfrieren, trocknen oder für Gewürzöl oder -essig verwenden; oder Blätter in Krügen mit Öl konservieren.
Vermehrung Durch Aussaat im Spätfrühling.
Verwandte Arten und Varietäten 'Purpurascens' ist eine hübsche, purpurblättrige Sorte mit rosa Blüten. *O. minimum* ist zwar robuster, aber dafür auch weniger aromatisch.

Wilder Majoran

(Origanum vulgare)

Krautige Staude mit winzigen, weißen oder malvenfarbenen Blüten im Sommer. Braucht Wärme und volle Sonne, damit sich das Aroma entfaltet. Die aromatischen Blätter werden für zahlreiche Gerichte verwendet, v.a. für Pizza und Saucen.
Ernte und Lagerung Blätter während der Wachstumsperiode pflücken und sofort verwenden, zum Trocknen und Einfrieren erst kurz bevor sich die Blüten öffnen.
Vermehrung Im Frühjahr durch Aussaat, im Frühjahr oder Herbst durch Teilung oder im Sommer durch Wurzel- oder Triebstecklinge von nicht blühenden Trieben (S. 166-167).
Varietäten Es gibt verschiedene Arten und Sorten, die sich in Geschmack, Blüten- und Laubfarbe unterscheiden, z.B. den goldenen Majoran (*O. vulgare* 'Aureum'). Der niedrige Bergdost (*O. vulgare* 'Compactum') eignet sich ideal für Töpfe und Beetränder.

Petersilie

(Petroselinum crispum)

Zweijährige mit hellgrünen, gekrausten oder glatten Blättern und im zweiten Sommer mit flachen Köpfen von winzigen, grüngelben Blüten. Gut für Topfkultur. Die Blätter werden ganz oder gehackt zur Dekoration und für Saucen, Ei- und Fischgerichte verwendet.
Ernte und Lagerung Blätter der Pflanze im ersten Jahr pflücken und frisch verwenden oder einfrieren.
Vermehrung Durch Aussaat in Abständen zwischen Vorfrühling und Spätsommer.
Varietäten *P. crispum* 'Neapolitanum' hat glatte Blätter.

Anis

(Pimpinella anisum)

Einjährige mit fiederteiligen Blättern und zusammengesetzten Dolden aus winzigen, weißen Blüten im Spätsommer. Benötigt sonnige, geschützte Standorte, damit die Samen reifen. Die Blätter werden zu Obstsalaten gegeben, die aromatischen Samen zum Backen, für Konfekt und für süße und pikante Gerichte verwendet.
Ernte und Lagerung Die unteren Blätter im Frühling pflücken und sofort verwenden. Fruchtstände, je nach Reife, im Herbst ernten.
Vermehrung Im Frühjahr durch Aussaat am endgültigen Standort.

Rosmarin

(Rosmarinus officinalis)

Immergrüner Strauch mit dichten, nadelähnlichen Blättern und blaßblauen Blüten im Frühjahr und Sommer. Braucht unbedingt Sonne, einen windgeschützten Platz und Winterschutz. Die Blätter duften stark harzig und werden für Fleischgerichte,

v.a. Lammfleisch, und für Dufttöpfe verwendet. Die Blüten können zu Salaten gegeben werden.
Ernte und Lagerung Blätter und Blüten pflücken und sofort verwenden. Zweige zum Trocknen während der Wachstumsperiode abnehmen.
Vermehrung Geschieht im Frühjahr bei warmen Bedingungen durch Aussaat, im Spätsommer durch halbreife Stecklinge oder im Herbst durch Absenker (siehe S. 88).
Varietäten Es gibt Sorten mit Blüten in verschiedenen Blau-, Rosa- und Weißtönen. 'Severn Sea' hat hellblaue Blüten, einen gebogenen, zwergigen Wuchs und ist ideal für Topfpflanzung.

Gartensauerampfer

(Rumex acetosa)

Aufrechte Staude mit ampferähnlichen Blättern. Durch Entfernen der Blütenähren wird die Blattproduktion verlängert. Die jungen, zarten Blätter schmecken sauer und werden für Salate, Suppen und Saucen verwendet.
Ernte und Lagerung Junge Blätter vor der Blüte pflücken und frisch verwenden oder einfrieren. Kann für gekochte Gerichte auch gut eingefroren werden.
Vermehrung Im Frühjahr oder Herbst durch Teilung oder im Frühjahr durch Aussaat.
Verwandte Arten Der niedrigwachsende Römische Ampfer *(R. scutatus)* hat kleine, fein aromatische Blätter.

Raute

(Ruta graveolens)

Immergrüner Halbstrauch mit gefiedertem, graugrünem Laub und grünlichgelben Blüten im Sommer. Ausgezeichnet für Rabatten und niedrige Hecken. Das Berühren an sonnigen Tagen kann Hautausschlag verursachen. Die scharfen Blätter werden sparsam für Salate, Saucen und zum Würzen von Rahmkäse verwendet.
Ernte und Lagerung Blätter nach Bedarf pflükken und sofort verwenden (Hände an sonnigen Tagen durch Gummihandschuhe schützen).
Vermehrung Im Frühjahr durch Aussaat, im Spätsommer durch Stecklinge von halbreifen Seitensprossen (siehe S. 84).
Varietäten Es gibt Sorten mit cremefarben panaschierten und blauen Blättern, z.B. 'Variegata' und die kompakte 'Jackman's Blue'.

Salbei

(Salvia officinalis)

Immergrüner Halbstrauch mit graugrünem Laub und bläulich-purpurnen Blüten im Sommer. Ausgezeichnet für Strauchrabatten und Rosengärten. Die aromatischen Blätter werden für Füllungen, zum Abschmecken von Fleischgerichten, zum Würzen von Käse und für Kräutertees verwendet.
Ernte und Lagerung Blätter nach Bedarf pflükken und frisch verwenden. Blätter zum Trocknen ernten, bevor sich die Blüten öffnen.
Vermehrung Im Frühjahr durch Aussaat, im Sommer durch krautige Stecklinge oder im Frühherbst durch halbausgereifte Stecklinge (siehe S. 85).
Varietäten Es gibt dekorative Sorten wie den rotblühenden Gartensalbei (*S. officinalis* 'Purpurascens') mit seinen aromatischen Blättern und 'Tricolor' mit weißgeränderten, rosa überhauchten Blättern.

Zypressenkraut

(Santolina chamaecyparissus)

Immergrüner Halbstrauch mit schmalen, gefiederten, silbergrauen Blättern an aufrechten Trieben. Trägt im Sommer massenhaft gelbe Blütenköpfchen. Geeignet für niedrige Hecken, besonders für Farbkontraste im Barockgarten. Die aromatischen Blätter werden für Dufttöpfe und getrocknet zur Dekoration verwendet.
Ernte und Lagerung Blätter zum Trocknen im Frühjahr und Sommer pflücken. Blüten zum Trocknen im Sommer, wenn sie sich öffnen, ernten.
Vermehrung Im Spätsommer durch Stecklinge von halbreifen Seitensprossen (siehe S. 84).
Varietäten 'Lemon Queen' hat hellgrünes Laub und cremefarbene Blüten; die Sorte 'Nana' ist eine Zwergform mit nur 15 cm Höhe.

Bergbohnenkraut

(Satureja montana)

Immergrüner Halbstrauch mit winzigen, weißen bis rosa Blüten im Sommer und kleinen, schmalen, aromatischen Blättern. Die Blätter werden zum Würzen von Bohnen- und Käsegerichten verwendet.
Ernte und Lagerung Für Frischverzehr jederzeit. Blätter zum Trocknen und Einfrieren abnehmen, wenn sich Blütenknospen bilden.
Vermehrung Im Frühjahr durch Aussaat, im Frühjahr oder Herbst durch Teilung, zwischen Frühjahr und Vorfrühling durch krautige Stecklinge.
Verwandte Arten Kriechendes Bohnenkraut *(S. spicigera)* ist eine niedrigwachsende Art, die sich v.a. für Topfpflanzung, Ränder und Steingärten eignet.

Marienblatt

(Tanacetum balsamita)

Staude mit kleinen, gänseblümchenähnlichen Blüten im Spätsommer und ovalen, graugrünen Blättern. Die Blätter duften nach Zitrone und Minze; wird zum Kochen und für Dufttöpfe verwendet.
Ernte und Lagerung Frische Blätter im Frühjahr oder Sommer ernten und frisch verwenden oder trocknen.
Vermehrung Durch Teilung.

Mutterkraut

(Tanacetum parthenium, syn. *Chrysanthemum parthenium)*

Immergrüne Staude mit hellgrünen, chrysanthemenähnlichen Blättern; ist im Sommer und Herbst mit langlebigen, gänseblümchenähnlichen Blüten bedeckt. Eine leicht zu kultivierende, hübsche Rabatten- und Topfpflanze. Die Sommermargerite ist eine altbekannte Heilpflanze. Die starkduftenden Blätter werden auch für Mottensäckchen verwendet; die aromatischen Blüten gibt man zum Dufttopf.
Ernte und Lagerung Blätter und Blüten im Sommer ernten und trocknen.
Vermehrung Im Frühjahr oder Herbst durch Aussaat, im Herbst durch Teilung oder im Sommer durch grundständige Stecklinge (siehe S. 166). Häufig durch Selbstaussaat.

Gartenthymian

(Thymus vulgaris)

Immergrüner, niedriger Halbstrauch mit winzigen Blättern und blaßlila Blüten im Sommer. Ziert Rabattenränder und kann auch in Töpfen gezogen werden. Die aromatischen Blätter werden zu Kräutersträußchen, Füllungen, Saucen, Suppen, Brühen und Fleischgerichten gegeben.
Ernte und Lagerung Blätter jederzeit pflücken und frisch verwenden. Die blühenden Spitzen werden geerntet und getrocknet, Blätter und Blüten zieht man von den Stielen, wenn sie fast trocken sind. Frische Zweige können auch in Essig oder Öl eingelegt werden.
Vermehrung Im Frühjahr durch Aussaat oder Teilung, im Frühjahr oder Herbst durch Absenker oder im Frühsommer durch halbausgereifte Ansatzstecklinge.
Verwandte Arten und Varietäten Es gibt viele Arten und Sorten mit unterschiedlichen Wuchshöhen, Blättern und Blütenfarben. Der Feldthymian *(T. serpyllum)* ist eine niedrige, mattenbildende Pflanze mit malvenfarbigen Blüten; *T. praecox* var. *arcticus* 'Coccineus' und 'Snowdrift' haben magentarote bzw. weiße Blüten und 'Done Valley' duftendes, golden gezeichnetes Laub. *T.* x *citriodorus* hat nach Zitrone duftende Blätter und lila Blüten.

Ingwer

(Zingiber officinale)

Laubabwerfende Staude mit hohen, bambusähnlichen Trieben und lanzettlichen Blättern. Das dicke Knollenrhizom ist hocharomatisch und wird zum Backen, für Konfekt, Chutneys, Saucen und viele orientalische Gerichte verwendet.
Ernte und Lagerung Junge Rhizome schälen und frisch verwenden oder in Sirup einlegen. Zum Trocknen Rhizome ausgraben, sobald die Blätter gelb werden.
Vermehrung Durch Rhizomteilung, sobald sie zu sprießen beginnen (S. 165).

Bodenvorbereitung und Pflanzung

DER IDEALE Standort für einen Kräutergarten ist sonnig, offen aber geschützt, mit neutralem bis alkalischem Boden und guter Durchlässigkeit. Diese Bedingungen eignen sich für die meisten Gewürz- und Heilkräuter wie Lavendel, Bergbohnenkraut, Salbei, Wilder Majoran, Rosmarin und Thymian, die vorwiegend aus dem Mittelmeerraum stammen.

Standortvorbereitung

Bereiten Sie den Boden möglichst frühzeitig vor, am besten im Herbst. Entfernen Sie alle Unkräuter, v.a. die hartnäckigen ausdauernden Unkräuter wie Quecke. Graben Sie den Boden um, und lassen Sie ihn so über den Winter liegen, damit er vom Frost aufgebrochen wird.

Entfernen Sie im Vorfrühling alle noch aufgekommenen Unkräuter, arbeiten Sie gut verrottetes organisches Material (z.B. Gartenkompost) ein, und rechen Sie den Boden fein krümelig. Er sollte gut durchlässig und einigermaßen nährstoffreich sein. Stallmist oder Kunstdünger ist, speziell für Kräuter aus dem Mittelmeerraum, nicht zu empfehlen, da er Aroma und Widerstandskraft der Pflanzen schwächt.

Bei schwerem Tonboden muß vielleicht die Drainage (siehe DER BODEN UND SEINE DÜNGUNG, »Verbessern der Drainage«, S. 529) verbessert werden; oder man zieht die Kräuter in Hochbeeten oder Töpfen. Die meisten Kräuter vertragen einen leicht sauren Boden; liegt der pH-Wert jedoch unter 6,5, gibt man bei der Bodenvorbereitung Kalk zu (siehe DER BODEN UND SEINE DÜNGUNG, »Kalk«, S. 531).

Kräuter mit vielen Ausläufern

Werden Kräuter wie Minze, Rainfarn oder Waldmeister, die viele Ausläufer produzieren, im offenen Garten gepflanzt, schränkt man ihre Ausbreitung durch ein Pflanzgefäß ein. Alte Eimer oder große Töpfe sind dafür geeignet, meist müssen sie noch mit Drainagelöchern versehen werden. Am besten ist es, die Pflanzen jedes Frühjahr aufzunehmen, zu teilen, und die Teilstükke wieder mit frischem Substrat ins Gefäß zu setzen; andernfalls sind die Nährstoffe bald aufgebraucht, der Wuchs läßt nach, und die Pflanzen werden anfällig für Krankheiten.

1 *Graben Sie ein Loch für einen Topf oder einen alten Eimer. Machen Sie Drainagelöcher in das Gefäß, setzen Sie es ins Loch, und füllen Sie Erde und Substrat ein.*

2 *Pflanzen Sie das Kraut (hier Minze), und drücken Sie die Erde an; kaschieren Sie den Topfrand mit Substrat, und wässern Sie gründlich. Jedes Frühjahr wird neu gepflanzt und das Substrat ersetzt.*

Kräuter im Winter

Kräuter werden zwar hauptsächlich im Frühjahr und Sommer geerntet, einige können aber das ganze Jahr über frisch zur Verfügung stehen.

Kerbel, Koriander und Petersilie werden im Spätsommer oder Frühherbst ausgesät und wachsen frostgeschützt im Kalten Kasten oder Folientunnel den ganzen Winter über. Sie gedeihen auch in Töpfen auf einem sonnigen Fensterbrett.

Krautige Stauden, die im Winter absterben, wie Schnittlauch, Estragon und Minze, erhält man im Winter durch Frühtreiben. Nehmen Sie im Frühherbst reife Pflanzen auf, teilen Sie sie, und setzen Sie sie in Gefäße mit lehmiger Topferde. An einem hellen Ort, der vor Frost und Luftzug geschützt ist, bringen sie den ganzen Winter über frische Triebe hervor und können regelmäßig geerntet werden. Im Frühjahr gibt man sie weg oder pflanzt sie aus; werden sie ausgepflanzt, läßt man ihnen eine Saison Zeit zur Erholung, bevor man wieder Blätter erntet.

Immergrüne Kräuter wie Winterbohnenkraut, Thymian und Rosmarin können ganzjährig geerntet werden, im Winter jedoch nur sparsam, da jahreszeitlich bedingt kein neuer Wuchs produziert wird.

In Töpfen gezogene Kräuter

In Töpfe können Kräuter das ganze Jahr über gepflanzt werden, im Frühling wachsen sie aber am schnellsten ein. Waren sie im Winter in einem beheizten Gewächshaus, muß man sie vor dem Auspflanzen langsam in einem Kalten Kasten abhärten.

Wässern Sie vor der Pflanzung gründlich, da ein trockener Ballen im Boden nur schwer anzufeuchten ist. Damit die Erde im Beet nicht festgetreten und verdichtet wird, stellt man sich beim Anpflanzen am besten auf ein Brett. Verteilen Sie die Kräuter noch in den Töpfen laut Pflanzplan, und überprüfen Sie, ob jede Pflanze soviel Platz hat, wie es ihrer Wuchsgeschwindigkeit und Ausbreitung entspricht.

Wässern Sie unabhängig vom Wetter nach der Pflanzung gründlich, damit sich der Boden um die Pflanzen setzt und die neuen Wurzeln gleichmäßig mit Feuchtigkeit versorgt. Nach der Pflanzung werden die Spitzen von horstbildenden Pflanzen ausgeknipst, und strauchige Kräuter werden zurückgeschnitten, damit sie neue Seitensprosse und einen kräftigen, buschigen Wuchs entwickeln.

FRISCHE KRÄUTER FÜR DEN WINTER

1 *Nehmen Sie an einem trockenen Tag im Frühherbst einen Horst (hier Schnittlauch) auf.*

2 *Teilen Sie ihn mit der Hand oder mit Gabeln in kleinere Stücke. Schütteln Sie möglichst viel Erde von den Wurzeln.*

3 *Setzen Sie die Teilstücke in Töpfe oder Schalen mit Topferde; wässern Sie gründlich, und schneiden Sie den oberirdischen Wuchs zurück.*

4 *Stellen Sie die Pflanzen an einen hellen, frostfreien Platz. Sobald sie ca. 10 cm hoch sind, kann regelmäßig geerntet werden.*

Sorgfältig geplanter Kräutergarten

Ob es sich um eine streng formale oder um eine zwanglos gestaltete Anlage handelt, sorgfältige Planung – auf dem Papier wie vor Ort – ist Voraussetzung für den Erfolg. Beginnen Sie frühzeitig mit der Planung: für eine Frühjahrspflanzung bereits im Winter oder sogar schon im Sommer, wenn Sie die Pflanzen selbst ziehen.

Wie bei jeder Pflanzung muß der Boden gründlich vorbereitet werden, werden Unkräuter entfernt und die Pflanzfläche fein krümelig gerecht (siehe auch »Standortvorbereitung«, S. 298).

Sobald Anlage und Pflanzschema auf dem Papier festgelegt sind, markiert man den Grundriß des Kräutergartens, auch die Wege, vor Ort. Erwünschte Änderungen des Plans sollten Sie jetzt vornehmen. Am besten verwenden Sie beim Planen Topfpflanzen, die leicht auf der Fläche zu verteilen sind, wobei das Arrangement vor der Pflanzung noch einmal überprüft werden kann.

Rasensoden oder schwere Materialien wie Pflastersteine, Ziegel oder Steine werden praktischerweise vor der Pflanzung verlegt, leichte, lose, wie Kies oder Rindenschnitzel, nachher. Bei Kieswegen verhindern Randleisten oder Randsteine, daß das Material in die Beete gelangt.

1 Bereiten Sie zunächst den Boden vor. Markieren Sie den Grundriß für den Kräutergarten, auch Wege oder gepflasterte Flächen, vor Ort mit Schnur und Holzstäben oder mit Kies.

2 Verteilen Sie die Pflanzen in den Töpfen, um die Aufteilung und den Gesamteindruck zu prüfen. Ist Kies für die Wege vorgesehen, werden sie mit Leisten abgegrenzt.

3 Ist der Plan fertig, werden die Kräuter eingepflanzt; um schnell eine gute Wirkung zu erzielen, pflanzt man etwas dichter.

4 Verteilen Sie den Kies zwischen den Leisten gleichmäßig; glätten Sie die Oberfläche.

5 Halten Sie den Kräutergarten unkrautfrei. Knipsen Sie die Spitzen der Pflanzen aus, um buschigen Wuchs zu fördern.

Pflanzplan eines Kräutergartens

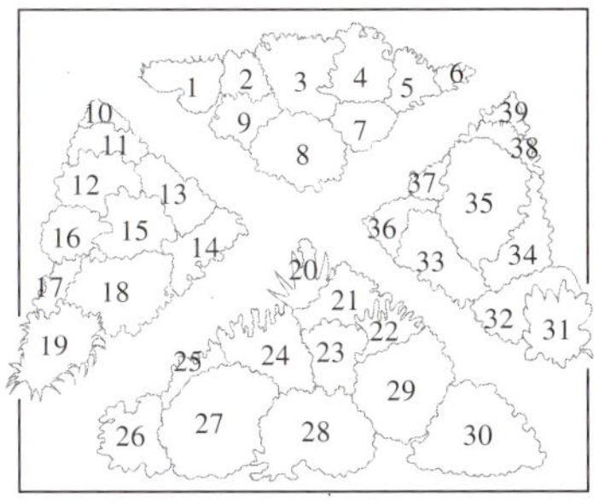

1 Schnittlauch *(Allium schoenoprasum)*
2 Bergdost *(Origanum vulgare* 'Compactum'*)*
3 Indianernessel *(Monarda didyma)*
4 Wermut *(Artemisia absinthium)*
5 Ysop *(Hyssopus officinalis)*
6 Feldthymian *(Thymus serpyllum)*
7 Gartenthymian *(Thymus vulgaris* 'Silver Posie'*)*
8 Wilder Majoran *(Origanum vulgare)*
9 Buntblättrige Minze *(Mentha suaveolens* 'Variegata'*)*
10 Röm. Kamille *(Chamaemelum nobile)*
11 Röm. Ampfer *(Rumex scutatus)*
12 Estragon *(Artemisia dracunculus)*
13 Buntblättriger Echter Salbei *(Salvia officinalis* 'Icterina'*)*
14 Petersilie *(Petroselinum crispum)*
15 Süßdolde *(Myrrhis odorata)*
16 Heiligenkraut *(Santolina chamaecyparissus)*
17 Kriechendes Bohnenkraut *(Satureja spicigera)*
18 Melisse *(Melissa officinalis* 'Aurea'*)*
19 Knoblauchschnittlauch *(Allium tuberosum)*
20 Florent. Iris *(Iris* 'Florentina'*)*
21 Borretsch *(Borago officinalis)*
22 Ysop *(Hyssopus officinalis)*
23 Rotblüh. Echter Salbei *(Salvia officinalis* 'Purpurascens'*)*
24 Lavendel *(Lavandula* 'Loddon Pink'*)*
25 Gartenthymian *(Thymus vulgaris)*
26 Basilikum *(Ocimum basilicum* 'Purpurascens'*)*
27 Rosmarin *(Rosmarinus officinalis)*
28 Bohnenkraut *(Satureja hortensis)*
29 Eberraute *(Artemisia abrotanum)*
30 Majoran *(Origanum majorana)*
31 Marienblatt *(Tanacetum balsamita)*
32 Gelbes Mutterkraut *(Tanacetum parthenium* 'Aureum'*)*
33 Kerbel *(Anthriscus cerefolium)*
34 Ringelblume *(Calendula officinalis)*
35 Fenchel *(Foeniculum vulgare* 'Purpureum'*)*
36 Waldmeister *(Asperula odorata)*
37 Heiligenkraut *(Santolina chamaecyparissus* 'Lemon Queen'*)*
38 Gartensauerampfer *(Rumex acetosa)*
39 Zitronenthymian *(Thymus x citriodorus)*

In diesem kleinen Garten findet sich eine Vielzahl von aromatischen und Küchenkräutern; sie wurden nach Farben in Beeten gruppiert, die durch Wege getrennt sind. Die streng formale Wirkung wird durch die lockeren Pflanzengruppen in den Beeten gemildert.

Laufende Pflege

DIE MEISTEN Kräuter gedeihen nach der Aufbauphase fast von alleine. Die Pflege beschränkt sich v.a. darauf, die Pflanzen zur Förderung gesunden Wuchses im Frühjahr und Sommer zurückzuschneiden und sie während der winterlichen Ruhepause ordentlich zu halten. Topfpflanzen müssen während der Wachstumsperiode regelmäßig gewässert und gedüngt, gelegentlich auch umgetopft und gemulcht werden. Bei günstigen Wachstumsbedingungen werden kaum Schädlinge oder Krankheiten aufkommen; diese müßten gegebenenfalls je nach Befall bekämpft werden (siehe PFLANZENSCHÄDEN, S. 545-577), die Kräuter dürfen dann aber erst wieder nach ein bis zwei Wochen verwendet werden.

Rückschnitt

Kräuter, bei denen man das frische, junge Laub nutzt, werden zurückgeschnitten, damit dieses immer wieder nachwachsen kann. Entfernen Sie beim Sauerampfer laufend die blühenden Triebe; bei Schnittlauch und Majoran beläßt man sie bis nach der Blüte, da die hübschen Blüten auch zum Würzen verwendet werden können; panaschierte Formen von Majoran, Minze und Melisse bringen helle, neue Blätter hervor, wenn die Pflanze kurz vor der Blüte, wenn sie an Farbe verliert, kräftig zurückgeschnitten wird.

Kräuter mit vielen Ausläufern müssen regelmäßig überprüft werden: Auch in Pflanzgefäßen produzieren sie an der Oberfläche Ausläufer, die zu entfernen sind, bevor sie sich zu stark ausbreiten. Entfernen Sie bei panaschierten Kräutern alle zurückschlagenden Sprosse, sobald sie erscheinen.

Rückschnitt und verwelkte Blütenköpfe

Wird der Samen nicht benötigt, entfernt man verwelkte Blütenköpfe, damit die Kraft dem Wachstum zugute kommt. Bei Einjährigen wie Borretsch wird dadurch die Blütezeit verlängert. Kräuter wie z.B. Engelwurz säen sehr stark aus; sie werden rasch zu einer Plage, wenn man sie Samen ansetzen läßt.

Lavendel und Thymian werden am besten nach der Blüte mit der Schere leicht zurückgeschnitten. Ein radikaler Rückschnitt im Frühjahr fördert die Entwicklung von Seitentrieben und neuem Wuchs von der Basis aus; Thymian wird sparsam, aber während der Wachstumsperiode öfters geschnitten.

Mulchen

Gemulcht werden sollten nur aufgebaute Kräuter, die in feuchten Böden gedeihen, z.B. Minze und Indianernessel. Im Sommer wird nach Regen gemulcht, um die Feuchtigkeit zu halten und den Boden zu verbessern. Um südländische und graublättrige Pflanzen in schweren Böden geben Sie eine anorganische Mulchschicht aus Kies, damit sie nicht verrotten.

Die Herbstarbeit

Wieweit die Kräuter im Herbst zurückgeschnitten werden, ist Geschmacksache. In kalten Regionen werden krautige Stauden durch das abgestorbene Laub bis zum Frühling vor Frost und Wind geschützt. Entfernen Sie jedoch abgestorbene Blätter, die auf Thymian u.a. niedrigwachsende, immergrüne Kräuter fallen, um Infektionen vorzubeugen.

Winterschutz

Bei kaltem Wetter müssen nicht winterharte Kräuter entweder nach drinnen gebracht oder auf andere Weise geschützt werden (siehe »Wind- und Frostschutz«, S. 520-521). Im Frühjahr werden sie zurückgeschnitten und wieder ausgepflanzt oder durch Stecklinge vermehrt. Die Winterhärte einiger Kräuter, z.B. Salbei und Lavendel, ist je nach Art oder Sorte verschieden; achten Sie beim Kauf darauf.

LAVENDEL SCHNEIDEN

1 *Im Spätsommer bis Frühherbst werden trockene Blütenstiele mit der Gartenschere abgeschnitten und der Strauch zurechtgestutzt.*

2 *Zu Frühlingsbeginn werden die Triebe um mindestens 2,5 cm des vorjährigen Wuchses gekürzt, so daß noch etwas grüner Wuchs zurückbleibt.*

NEUPFLANZEN IM ERDBEERTOPF

1 *Die Kräuter in einem Erdbeertopf werden jedes Frühjahr ersetzt oder geteilt und neu eingepflanzt, wenn sie zu groß geworden sind oder erneuert werden müssen.*

2 *Heben Sie die Pflanzen aus dem Topf, holen Sie das Substrat heraus, und nehmen Sie die Pflanzen aus den Nischen. Kippen Sie das Substrat aus; erneuern Sie die Drainageschicht.*

3 *Füllen Sie den Topf bis zur untersten Nische mit frischem Substrat. Teilen oder ersetzen Sie die alten Pflanzen. Geben Sie in jede Nische eine Pflanze, und ziehen Sie das Laub durchs Loch.*

4 *Füllen Sie um die Wurzeln das Substrat auf bis zur nächsten Nische, drücken Sie es jeweils gut an. Wässern Sie gründlich.*

Kräuter als Topfpflanzen

Die meisten Kräuter können leicht in Töpfen gezogen werden und erfordern wenig Pflege; sie trocknen jedoch leichter aus als im Freien, bei heißem Wetter ist die Bodenfeuchtigkeit daher täglich zu überprüfen. Während der Wachstumsperiode erhalten die Kräuter in Töpfen alle zwei Wochen Flüssigdünger.

In Kälteperioden bringt man die Kräuter in einen hellen Raum. Frostbeständige Töpfe können draußen bleiben, werden aber zum Schutz der Wurzeln mit Sackleinen umhüllt.

Umtopfen

Achten Sie regelmäßig darauf, daß die Kräuter nicht im Topf festsitzen. Anzeichen sind Wurzeln, die durch die Drainagelöcher wachsen, rasches Austrocknen, blasses Laub und schwacher neuer Wuchs. Topfen Sie zur Förderung des Wurzelwachstums während der Wachstumsperiode um.

Vermehrung

KRÄUTER können je nach Pflanzentyp und den benötigten Mengen durch verschiedenste Methoden vermehrt werden. Aussaat ist eine einfache und preiswerte Methode, viele Pflanzen zu ziehen, sie ist bei Ein- und Zweijährigen unentbehrlich, kann aber auch für andere Pflanzengruppen verwendet werden. Stecklingsvermehrung wird bei verschiedenen Stauden sowie Sträuchern und Bäumen praktiziert, während Vermehrung durch Teilung für einige Stauden, Absenken für strauchige Kräuter geeignet ist. Näheres über die Vermehrung einzelner Arten und Sorten finden Sie im »Verzeichnis der beliebtesten Kräuter«, S. 294-297.

Aufzucht aus Samen

Die meisten Kräuter sind leicht aus Samen zu ziehen; ausgesät wird in Gefäßen oder, bei größeren Mengen, in Saatrillen im Freien. Der Samen kann auch direkt in die Spalten zwischen Pflastersteinen gesät werden, da Pflanzen hier nur schwer einzusetzen sind. Für Sämlinge, die aus dem Gefäß ins Freie umgesetzt werden, bereiten Sie ein feines Saatbeet vor. Die beste Zeit für die Aussaat ist im allgemeinen der Frühling, einige einjährige Kräuter können allerdings auch im Frühherbst gesät werden.

Ein- und Zweijährige

Einjährige wie Borretsch und Ringelblume können im Frühjahr oder – damit sie im nächsten Frühjahr blühen – im Herbst ausgesät werden. Zweijährige wie Kümmel und Engelwurz werden im Spätsommer oder Frühherbst gesät, damit sie im nächsten Sommer blühen. Dünnen Sie die Sämlinge zweimal aus: einmal nach der Keimung, so daß sie jeweils zu zweit oder dritt stehen, und dann nochmals nach einigen Wochen, damit nur die kräftigsten Pflänzchen bleiben.

Kurzlebige, winterharte Kräuter, die häufig verwendet werden, z.B. Petersilie, Koriander und Kerbel, sät man zwischen Vorfrühling und Frühherbst in Abständen von 3-4 Wochen. So kann das ganze Jahr über geerntet werden, allerdings ist in den meisten Regionen Frostschutz durch eine Folie erforderlich. Einjährige Kräuter aus der Familie der Doldengewächse – z.B. Kerbel und Dill – lassen sich schwer umsetzen und werden gleich an Ort und Stelle gesät.

Basilikum ist nur schwer aus Samen zu ziehen. In kalten Gebieten wird Basilikum sehr dünn im Spätfrühling ausgesät und bei einer Temperatur von mindestens 13°C gehalten. Sobald die Sämlinge groß genug sind, werden sie pikiert, bleiben aber an einem sonnigen, gut belüfteten Platz. Unter kalten, feuchten Bedingungen neigt Basilikum zu Umfallkrankheit (S. 568) und Botrytis (S. 557). Die Sämlinge werden ausgepflanzt, sobald die Frostgefahr vorüber ist, oder bleiben, bei schlechtem Sommerwetter, im Gefäß und im Haus. In warmen Regionen kann Basilikum direkt im Freien in ein Saatbeet gesät werden (siehe auch EINJÄHRIGE UND ZWEIJÄHRIGE, »Aussaat im Freien«, S. 181).

Stauden

Stauden werden im Frühjahr unter warmen Bedingungen gesät und die Sämlinge in Töpfen weiterkultiviert, bis sie groß genug sind, um abgehärtet und ausgepflanzt zu werden. Pflanzung und Pflege erfolgen dabei auf die gleiche Weise wie bei den in Töpfen gezogenen Kräutern (siehe dazu S. 298).

Die meisten Stauden fallen bei der Aufzucht aus Samen nicht entsprechend den Elternpflanzen aus und müssen daher durch Stecklinge oder Absenken vermehrt werden; eine Ausnahme macht hierbei die Buntblättrige Raute (*Ruta graveolens* 'Variegata').

Nichtblühende Formen der Römischen Kamille (*Chamaemelum nobile* 'Treneague') können nicht aus Samen gezogen, sie sollten durch Stecklinge oder Teilung vermehrt werden.

Ablegen durch Anhäufeln

Die Methode eignet sich v.a. zur Vermehrung von Sträuchern wie Salbei, Rosmarin, Lavendel und Thymian, deren Basis und Mittelteil leicht verholzen und keinen neuen Wuchs mehr hervorbringen. Im Frühjahr wird durchlässige Erde über die Basis der Pflanze gehäufelt, bis nur noch die Spitze freiliegt. Dadurch regt man die Bewurzelung neuer Sprosse an (siehe auch im Kapitel ZIERSTRÄUCHER, S. 89).

Die Erde bleibt, bis sich im Spätsommer oder Herbst neue Wurzeln gebildet haben; was der Regen ausschwemmt, wird immer wieder ergänzt. Dann werden die Sprosse von der Mutterpflanze abgetrennt und genauso wie bewurzelte Stecklinge behandelt.

PETERSILIE IN GEFÄSSEN SÄEN

1 *Weichen Sie die Samen einige Stunden in warmem Wasser ein, trocknen Sie sie ab. Streuen Sie sie aufs Substrat. Sieben Sie etwas Substrat darüber.*

2 *Sobald die Sämlinge groß genug sind, werden Sie mit einem Pflanzholz vorsichtig gehoben; dabei hält man sie immer an den Blättern.*

3 *Pikieren Sie die Sämlinge einzeln in die vorbereiteten Fächer oder Schalen mit angedrücktem Substrat. Sobald sie 5-6 cm hoch sind, setzt man sie ins vorbereitete Beet im Freien.*

ANHÄUFELN VON STRAUCHIGEN KRÄUTERN

1 *Um die Bewurzelung anzuregen, häufelt man 7-12 cm sandigen Lehm über die Wurzelkrone der Pflanze (hier Thymian), so daß nur die Triebspitzen zu sehen sind.*

2 *Sobald die Triebe neue Wurzeln haben, werden sie mit einem Messer oder einer Gartenschere abgetrennt und einzeln getopft oder ausgepflanzt.*

ABLEGERBILDUNG BEI KRÄUTERN DURCH ANHÄUFELN

- Heiligenkraut *(Santolina chamaecyparissus, S. pinnata, S. rosmarinifolia)*
- Ysop *(Hyssopus officinalis)*
- Lavendel *(Lavandula angustifolia, L. stoechas)*
- Rosmarin *(Rosmarinus officinalis* 'Prostratus')
- Salbei *(Salvia lavandulifolia, S. officinalis)*

Salvia officinalis

- Eberraute *(Artemisia abrotanum)*
- Thymian *(Thymus cilicicus, T. x citriodorus* und Sorten, *T. vulgaris* and strauchige Sorten)
- Bergbohnenkraut *(Satureja montana)*
- Wermut *(Artemisia absinthium)*

Ernten und Konservieren

DER GESCHMACK der Kräuter hängt von den Kulturbedingungen, der Jahreszeit und sogar der Tageszeit ab. Da der Anteil der ätherischen Öle abhängig von Licht und Temperatur schwankt, müssen Kräuter unbedingt zur richtigen Zeit geerntet werden, um eine optimale Qualität zu bekommen. Es gibt verschiedene Konservierungsmethoden, damit Duft und Geschmack lange Zeit erhalten bleiben. Näheres zu den einzelnen Kräutern finden Sie im »Verzeichnis der beliebtesten Kräuter«, S. 294-297.

Ernte

Kräuter werden an einem schönen, trockenen Tag geerntet, sobald der Tau abgetrocknet ist, und bevor die Sonne intensiv scheint und die ätherischen Öle entweichen. Ernten Sie immer so, daß die Form und Wüchsigkeit der Pflanze nicht verlorengehen: Wählen Sie sparrige oder überlange Triebe, und nehmen Sie bei horstbildenden Kräutern wie Schnittlauch und Petersilie die äußeren Blätter, damit aus der Mitte neuer Wuchs entsteht. Ernten Sie nur diejenigen Triebe und Blätter, die frei von Schäden und Insekten sind.

Blätter und Sprosse können während der ganzen Wachstumsperiode gepflückt werden, am besten vor der Blüte. Immergrüne Kräuter kann man auch im Winter ernten, aber nur in Maßen. Behandeln Sie die aromatischen Blätter vorsichtig, damit keine ätherischen Öle verlorengehen. Verwenden oder konservieren Sie daher die gepflückten Kräuter möglichst rasch nach der Ernte.

KRÄUTER LUFTTROCKNEN

1 *Pflücken Sie, noch bevor in der Tageshitze die ätherischen Öle abgegeben werden, gesunde Triebe oder Blätter (hier Salbei).*

2 *Bündeln Sie die Triebe, und hängen Sie sie an einem warmen Platz auf; nach dem Trocknen zupfen Sie die Blätter ab und lagern sie dunkel.*

Blüten, Samen und Wurzeln

Blüten werden an einem warmen, trockenen Tag gepflückt, sobald sie ganz geöffnet sind. Für Samen schneidet man die ganzen Fruchtstände im Sommer oder Frühherbst ab, wenn sie sich bräunlich verfärben, aber noch nicht ganz reif sind und die Samen abgeben. Wurzeln können zu jeder Jahreszeit aufgenommen werden, der Geschmack ist im Herbst jedoch am intensivsten.

Konservieren

Die wichtigsten Konservierungsmethoden sind Trocknen und Einfrieren. Einige Kräuter eignen sich außerdem zum Würzen von Essig und Öl, andere zum Kandieren und Dekorieren von Torten und Süßspeisen. Lagern Sie getrocknete Kräuter in dunklen Glas- oder Keramikbehältern, da unter Lichteinwirkung das Aroma rascher verlorengeht.

Lufttrocknen

Um dem Schimmel vorzubeugen, waschen Sie die Kräuter nicht. Hängen Sie sie in Bündeln an einem warmen, trockenen Platz auf, z.B. in einem Trockenschrank. Oder legen Sie die Blätter, Blütenköpfe oder Kronblätter in einer Lage auf einen mit Mull, einem Netz oder mit Küchenkrepp belegten Rost. Lagern Sie sie an einem warmen, dunklen, gut belüfteten Platz, bis sie trocken sind.

Trocknen in der Mikrowelle

Die Kräuter werden gewaschen und trockengetupft, dann gibt man eine Lage Zweige oder Blätter auf Küchenkrepp in die Mikrowelle und trocknet sie dort etwa 2-3 Minuten, wobei man sie alle 30 Sekunden kontrolliert und ggf. umdreht, damit sie gleichmäßig trocknen. Abkühlen lassen, zerkleinern und lagern wie oben.

KRÄUTER IN EISWÜRFELN EINFRIEREN

Frieren Sie Borretschblüten und Minzeblätter für Getränke einzeln in Eiswürfelbehältern ein. Frische Kräuter wie Petersilie oder Schnittlauch werden gehackt und in Eiswürfelbehälter gegeben, zu 1 TL Kräuter gibt man einen TL Wasser.

Fruchtstände trocknen

Fruchtstände werden im Sommer oder Frühherbst geschnitten, sobald sie braun werden, und in eine Papiertüte gegeben oder mit Mull umhüllt und verkehrt aufgehängt. Lassen Sie sie an einem warmen, trockenen Platz weiterreifen; die trockenen Samen werden ausgelöst und gelagert. Samen für die Aussaat sollte trocken und frostfrei gelagert werden.

Wurzeln trocknen

Die meisten Wurzeln werden frisch verwendet, manche auch getrocknet und gemahlen. Sie werden zunächst gründlich gewaschen, dann geschält, gehackt oder in Scheiben geschnitten und auf ein Stück saugfähiges Papier gelegt. Man trocknet sie im kalten Backofen oder in einem Trokkenschrank bei 50-60°C, bis sie spröde werden, dann werden sie zerstampft oder gemahlen und gelagert.

FRUCHTSTÄNDE TROCKNEN

Umhüllen Sie die Fruchtstände mit Mull oder Papierbeuteln, die Sie mit einer Schnur festmachen, und hängen Sie sie verkehrt herum an einem warmen Platz auf.

Gefriertrocknen

Weichblättrige Kräuter wie Petersilie und Basilikum verlieren beim Einfrieren weniger an Farbe und Geschmack als beim Trocknen. Geben Sie ganze Zweige in beschriftete Plastikbeutel, und frieren Sie sie ein; die gefrorenen Kräuter zerbröseln von selbst. Für längere Lagerung werden die Kräuter blanchiert, indem man sie zuerst in kochendes, dann in eiskaltes Wasser taucht, dann trockentupft und einfriert.

Als Eiswürfel

Kräuter können auch mit Wasser eingefroren werden, so daß Eiswürfel entstehen; auf diese Weise lassen sich Borretschblüten und Minzeblätter zum Dekorieren von Getränken konservieren; das Eis schützt die Kräuter auch vor Lagerschäden. Küchenkräuter sollten vor dem Einfrieren gehackt werden, da das nach dem Auftauen nur mehr schwer möglich ist. Geben Sie die Eiswürfel auf ein Sieb, und lassen Sie die Kräuter vor Verwendung abtropfen.

Kräuteröl und -essig

Estragon, Thymian, Oregano, Lavendel u.a. behalten ihren Geschmack, wenn sie in Öl oder Essig eingelegt werden.

Für Kräuteröl füllt man einen Glaskrug locker mit frischen Kräutern, gießt gutes Öl ohne Eigengeschmack darüber und verschließt den Krug; für süßes Öl, etwa mit Lavendel, verwendet man Mandelöl. Stellen Sie den Krug für 2 Wochen in die Sonne, und rühren Sie täglich um. Gießen Sie das Öl durch ein Sieb, und füllen Sie es in eine Flasche.

Kräuteressig wird aus Wein- oder Apfelessig ähnlich hergestellt, dazu sollten die Kräuter vorher am besten leicht zerdrückt werden.

14

Der Gemüsegarten

Immer mehr Leuten bereitet es tiefe Befriedigung, sich ihr eigenes Gemüse heranzuziehen. Das hat mehrere Gründe: Manche genießen die Frische und den guten Geschmack, den gekauftes Gemüse selten hat, andere nützen die Gelegenheit, exotische Pflanzen oder ungewöhnliche Sorten, die sonst kaum erhältlich sind, zu ziehen. Ein weiteres Motiv ist für Freunde des organischen Gartenbaus die Gewißheit, daß das Produkt nicht mit allerlei zweifelhaften Chemikalien in Berührung gekommen ist. Es gibt aber auch Gärtner, die einen gepflegten Gemüsegarten mit seinem vielfarbigen Blattwerk und den abwechslungsreichen Strukturen ebenso schön finden wie eine Zierpflanzen-Rabatte. Neu erarbeitete, moderne Anbaumethoden sowie die ausgezeichnete Wüchsigkeit und Krankheitsresistenz vieler unserer Gemüsesorten machen es möglich, daß selbst Anfänger schon bald Erfolgserlebnisse haben; sie empfinden Freude und Befriedigung, weil das frische Gemüse auf ihrem Tisch im eigenen Garten gesät, gepflegt und geerntet wurde.

Gestaltung eines Gemüsegartens

Ein geeigneter Platz für den Gemüseanbau findet sich in jedem Garten; das kann eine große, besonnte Fläche, es können aber auch ein paar Töpfe im Innenhof sein. Gemüse läßt sich in einem eigenen Nutzgarten oder zwischen Blumenbeeten ziehen.

Gute Kulturbedingungen sind die Voraussetzung dafür, daß die Qualität des Gemüses stimmt. Eigentlich kann jeder Standort entsprechend verbessert werden, ein exponierter etwa durch einen Windfang, ein anderer durch Verbesserung der Bodenfruchtbarkeit und -durchlässigkeit. Das alles geht nicht über Nacht, aber nach 1-2 Jahren sind bereits zufriedenstellende Ergebnisse zu erzielen.

Standortwahl

Gemüse hat meist ein kurzes Dasein, muß in dieser Zeit aber verwöhnt werden. Der ideale Standort ist warm, sonnig, geschützt, hat nährstoffreichen, durchlässigen Boden und eine gute Wasserversorgung. Er sollte offen, aber nicht exponiert und auch nicht von Bäumen oder Hauswänden beschattet sein.

Windschutz
Windschutz ist eine wichtige Maßnahme im Gemüsegarten; auch schwacher Wind verringert den Er-

Ein wohlgeplanter Garten
Dieser Gemüsegarten ist gut geplant und ebenso gepflegt, er liegt offen, aber trotzdem nicht exponiert.

Jedes Gemüse hat sein eigenes Beet, die Wege erleichtern den Zugang.

DER IDEALE GEMÜSEGARTEN

Ein Gemüsegarten im Hochsommer: Im Westen und Osten von einem Maschendrahtzaun als Windfilter begrenzt und geschützt, im Norden eine Ziegelmauer mit der nach Süden weisenden Rabatte davor. Hier wachsen sonnenliebende Pflanzen wie Tomaten und Zucchini. Im Süden finden sich Reihen von Topinambur, die im Sommer und Herbst als Hecke oder Windschutz fungieren. Die 4 langen Beete sind nur 1,25 m breit, so daß die Mitte jedes Beetes leicht von den Wegen zu erreichen ist. Jedes ist mit Gemüse aus einer der 4 Hauptgruppen besetzt. Vom erntereifen Frühlingskohl bis zu den Raukensämlingen sind die Beete so geplant, daß die Ernten aufeinanderfolgen. Am Südende des Gartens haben ausdauernde Gemüse wie Rhabarber und Spargel ihren festen Platz.

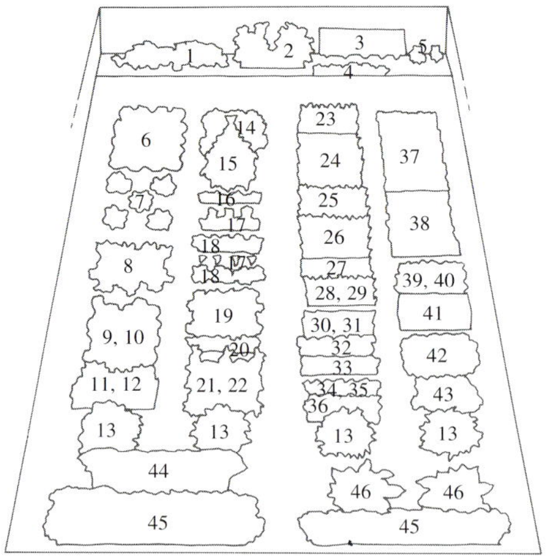

1 Zucchini
2 Gurken
3 Tomatenspaliere
4 Buschtomaten
5 Paprika
6 Frühlingskohl
7 Sommerblumenkohl
8 Brokkoli
9 Rosenkohl
10 Salate (als Haupternte)
11 Sproßbrokkoli
12 Feldsalat
13 Artischocken
14 Dicke Bohnen
15 Feuerbohnen
16 Zwergfeuerbohnen
17 Mangold
18 Erbsen
19 Buschbohnen
20 Rote Bete
21 Zuckermais
22 Namenia-Stielmus
23 Knoblauch
24 Zwiebeln (für Herbstanbau)
25 Schalotten
26 Zwiebeln (für Frühjahrsanbau)
27 Frühlingszwiebeln
28 Lauch (für Herbsternte)
29 Sommerportulak
30 Lauch (für Winterernte)
31 Winterportulak
32 Krausblättrige Winterendivie
33 Rauke
34 Pak choi
35 Blattsalate
36 Spinat
37 Kartoffeln (frühe)
38 Kartoffeln (Haupternte)
39 Pastinaken
40 Radies
41 Möhren
42 Stangensellerie
43 Knollensellerie
44 Spargel
45 Topinambur oder Erdbirne
46 Rhabarber

trag um 20-30 Prozent, starker Wind aber wirkt fatal. In Gärten an der Küste kann das Gemüse von austrocknendem, salzigem Sprühregen geschädigt werden.

Windfang
In Windlagen sollte ein Windfang errichtet werden, der zu etwa 50 Prozent durchlässig ist, so daß der Wind gefiltert wird. Bei undurchlässigen Barrieren entstehen auf der anderen Seite Turbulenzen (siehe auch WIND- UND FROSTSCHUTZ, S. 520-521, und KLIMA UND GARTEN, »Wind«, S. 518).

Ein wirkungsvoller Windfang ist entweder ein lebender Zaun, z.B. eine Hecke, oder ein Zaun aus speziellem Maschendraht. Hecken sind attraktiv, bauen sich aber erst langsam auf; sie müssen gepflegt werden, brauchen dazu Platz und verbrauchen Erde, Wasser und Pflanzennährstoffe, eignen sich daher nur für große Gärten (Näheres unter HECKEN, S. 60-62). Bäume kommen nur für sehr große Gärten in Frage. Für kleinere Gärten sind Zäune, Hürden oder an Pfosten befestigter Maschendraht praktischer.

Ein Windfang schützt die Pflanzen etwa in einem Bereich, der seiner fünffachen Höhe entspricht. Ein stark exponierter Garten benötigt oft einen 2 m hohen Windfang. In diesem Fall müssen Pfosten und Maschendraht sehr robust sein, da sie bei starkem Wind großen Belastungen ausgesetzt sind. Oder man errichtet niedrigere Windfänge für kleinere Bereiche jeweils zwischen den Reihen oder Beeten; ein höchstens 45 cm hoher und in einem Abstand von 3-4 m angebrachter Maschendraht ist sehr wirkungsvoll. Lenken Bäume oder Gebäude den Wind durch den Garten, errichtet man eine Barriere, die auf jeder Seite 1 m über diesen »Windkanal« hinausreicht. Die Lücke kann mit laubabwerfenden Sträuchern oder einer Hecke bepflanzt werden, ein künstlicher Windfang aber schützt die Pflanzen während des Aufbaus dieser Hecke.

Abhänge
Die Arbeit an einem Hang ist besonders schwer; auch kann die Bodenerosion durch Regen bei steilen Abhängen zum Problem werden; hier hilft es, die Beete quer anzulegen. Ein Südhang ist bei kühl-gemäßigtem Klima von Vorteil, weil er sich im Frühling rasch erwärmt. In heißen Klimabereichen legt man die Beete besser an einem Nordhang an, wo sie Schutz vor starker Sonne finden.

Ausrichtung
Die Ausrichtung der Gemüsebeete spielt bei Freilandpflanzen keine große Rolle, aber Gewächshäuser und Kästen müssen richtig ausgerichtet werden. Überlegen Sie z.B. den Standort für Stangenbohnen sehr genau: Im gemäßigten Klima dürfen sie niedrigen Pflanzen nicht die Sonne nehmen, bei heißem Klima sollten sie etwas Schatten werfen.

Am Fuß einer Mauer
In gemäßigten und nördlichen Klimazonen findet sich am Fuße einer südseitigen Gartenmauer ein warmer, geschützter Platz für frühe Frühjahrs- und späte Herbstpflanzen und Sonnenliebhaber wie Tomaten und Auberginen. Halten Sie diese Beete nährstoffreich und gut feucht, so daß der Boden nicht austrocknet. Nordseitige Mauern bieten Pflanzen wie Salat und Erbsen, die unter hohen Temperaturen leiden würden, etwas Schatten.

RAUMAUFTEILUNG
In diesem Garten wurde jedes Element so plaziert, daß das Gemüse optimale Bedingungen vorfindet. Gewächshaus und Kasten haben maximalen Lichteinfall, durch die Hecke wird der Wind gefiltert, hohe Pflanzen werfen keinen Schatten auf niedrigere.

Die Fruchtbarkeit erhalten

Krümeliger Lehmboden ist ideal für Gemüse, da er reich an Pflanzennährstoffen ist und Regenwürmer und Mikroorganismen aufweist, die organisches Material verarbeiten. Er hat eine gute Struktur und ist auch unter ungünstigen Bedingungen gut zu bearbeiten. Bei nassem Wetter wird er nicht klebrig und bei Trokkenheit nicht staubig, bleibt vielmehr krümelig und gut belüftet. Das ist sowohl für die Bodenorganismen als auch für die Pflanzenwurzeln wichtig. Der Boden sollte im Idealfall gut durchlässig und feuchtigkeitsspeichernd sowie leicht sauer (pH-Wert 6-6,5) sein. In solchem Boden wachsen die meisten Gemüse zufriedenstellend und müssen kaum gedüngt werden.

Bodentypen
Gemüse gedeiht auf verschiedenen Böden. Poröse, sandige Böden z.B. erwärmen sich im Frühjahr rasch und sind ideal für Frühgemüse. Allerdings werden Nährstoffe rasch ausgewaschen, daher muß häufig gedüngt werden.

Schwere Tonböden sind von Natur aus klebrig und kalt (manchmal staunaß), erwärmen sich im Frühjahr nur langsam, sind aber nährstoffreich und, sobald die Struktur durch organisches Material (und ggf. eine Drainage) verbessert wurde, fruchtbar und feuchtigkeitsspeichernd. Nährstoffhungrige Gemüse wie Kopfkohlarten gedeihen gut auf Tonböden (siehe dazu »Die Struktur des Bodens«, S. 522-523).

In der Praxis hat man es meist mit Mischböden zu tun; sie können aber durch regelmäßiges Einarbeiten von organischem Material durchaus noch verbessert werden.

Organisches Material
Gemüse entzieht dem Boden ständig Nährstoffe. Bei fast allen Böden muß die Fruchtbarkeit durch Zugabe von organischem Material erhalten werden. Dieses steht v.a. als

ABWECHSELNDE REIHEN
Wenn der Boden fruchtbar erhalten wird, kann der Ertrag maximiert werden, indem man rasch- und langsamwachsendes Gemüse (hier verschiedene Salate und Kohlarten) abwechselnd in Reihen anordnet. Der raschwachsende Salat ist bereits geerntet, bis der Kohl heranreift.

GEMÜSE IN RUNDEN BEETEN
Rundbeete ermöglichen einen leichten Zugang und sind zugleich Teil der Gartengestaltung; sie können auch Zierpflanzen und Gemüse optisch verbinden. Hier ist Rhabarber von Salatpflanzen umgeben, die später durch andere Einjährige ersetzt werden.

Stallmist (mit möglichst hohem Strohanteil und wenig Sägespänen oder Holzschnitzeln), Pilzkompost oder selbsterzeugter Gartenkompost zur Verfügung.

Bodenstruktur und Fruchtbarkeit sollten durch die jährliche Gabe einer 8-10 cm dicken Schicht organischen Materials erhalten werden. Sie kann an der Oberfläche verteilt oder in den Boden eingearbeitet werden. Wird das organische Material im Herbst aufgebracht, kann man den Rest der Arbeit den Regenwürmern überlassen. Leichte Böden, deren Nährstoffe von schwerem Winterregen ausgewaschen werden, profitieren davon besonders. Im Frühjahr wird das restliche organische Material mit der Gabel eingearbeitet. Gut verrottetes organisches Material ist auch als Mulchschicht während der Wachstumsperiode immer nützlich.

Arbeiten Sie organisches Material bei schweren Böden im Herbst, bei leichten im Frühjahr möglichst gleichmäßig und tief ein (siehe auch »Mulchen«, S. 312).

Gründüngung
Auch Gründüngungspflanzen verbessern die Bodenfruchtbarkeit. Im Gemüsegarten kann Gründüngung zwischen den Ernten oder über den Winter gegeben und eingearbeitet werden, damit so der Boden mit Pflanzennährstoffen angereichert wird und nicht brach liegt (siehe DER BODEN UND SEINE DÜNGUNG, »Gründüngung«, S. 531).

Drainage
Eine gute Drainage ist entscheidend; in Problemfällen sollten sogar Drainagekanäle gelegt werden (siehe DER BODEN UND SEINE DÜNGUNG, »Die Drainage verbessern«, S. 529). Meist kann die Durchlässigkeit des Bodens durch organisches Material verbessert werden, das Regenwürmer anlockt, die den Boden auflockern.

FLICKENTEPPICH
In diesen quadratisch angelegten Beeten sind die Gemüsereihen leicht zu bearbeiten. Hier können verschiedene Gemüse nebeneinander gezogen werden, und der Fruchtwechsel ist einfach.

Erhaltung der Bodenstruktur
Die gute Bodenstruktur kann leicht durch mechanische Schäden zerstört werden, etwa durch häufiges Betreten oder Bearbeiten des sehr nassen oder sehr trockenen Bodens oder durch schwere Regenfälle. Schmale Beete werden weniger oft betreten (siehe »Das Beetsystem«, rechts), und auch Mulchen trägt zur Erhaltung der Bodenstruktur bei.

Planung eines Gemüsegartens

Bei der Planung eines Gemüsegartens sind Größe, Form und Anlage des Gartens sowie die Anforderungen des Haushalts zu berücksichtigen. Welche Arten und Mengen von Gemüse gezogen werden, hängt von den jeweiligen Wünschen und Erwartungen ab. Soll der gesamte Bedarf aus dem Garten gedeckt werden, will man Gourmetgemüse und ungewöhnliche Sorten ziehen, Vorratshaltung betreiben oder vor allem Geld sparen?

Im folgenden finden Sie Hinweise zu den wichtigsten Punkten.

Ein Platz für Stauden
Die meisten Gemüse werden als Einjährige jedes Jahr an einer anderen Stelle gezogen. Einige ausdauernde Gemüse, wie Rhabarber, Spargel und Artischocken, sollten in einem Dauerbeet an einem Ende des Gartens plaziert werden.

Gemüse als Topfpflanzen
Wer nur eine Terrasse, einen Hof oder Innenhof, Dachgarten oder Balkon zur Verfügung hat, kann Gemüse in Töpfen ziehen. Es gedeiht darin zwar nicht so gut wie Zierpflanzen, das Ergebnis kann aber ebenso hübsch wie lohnend sein. Stellen Sie die Gefäße auf Wege und niedrige Mauern, um den vorhandenen Platz auszunützen, und bepflanzen Sie sie mit zwergwüchsigen und dekorativen Sorten. Als Gefäße eignen sich Terrakottatöpfe und -wannen ebenso wie spezielle Pflanzsäcke.

Reihenkultur
Ein traditioneller Gemüsegarten besteht aus rechteckigen, jeweils mehrere Meter breiten Flächen, in denen in Reihen Gemüsepflanzen gezogen werden. Die einzelnen Reihen sind gut zugänglich.

Das Beetsystem
Gemüsegärten werden zwar immer noch traditionell angelegt, der Trend geht aber zu kleineren, schmaleren Beeten, wo die Pflanzen gleichmäßig in alle Richtungen verteilt werden. Das wird als »Beetsystem« bezeichnet. In der Praxis können die Beete jede beliebige Form und Größe haben: quadratisch, rund oder halbmondförmig, solange die Mitte leicht vom Weg zu erreichen ist, damit Aussaat, Pflanzung, Pflege und Ernte ohne Betreten des Beetes möglich sind. Die Wege zwischen den Beeten können aus nackter Erde, Rasen, Rinde, Steinen, Ziegeln u.a. dafür geeigneten Materialien angelegt werden.

Der Hauptvorteil schmaler Beete ist, daß die Bodenstruktur bewahrt bleibt, weil man auf den Wegen zwischen den Beeten geht und diese nicht betritt. Außerdem werden organisches Material und Mist dort konzentriert, wo sie den Pflanzen zugute kommen und also somit nicht auf Wege und Arbeitsflächen verschwendet.

Hohe Erträge erzielt man mit schmalen Beeten, wenn die Pflanzen in gleichen Abständen stehen, so daß der vorhandene Platz optimal genützt und die Konkurrenz zwischen Pflanzen reduziert wird. Gleichmäßige Verteilung unterdrückt auch Unkraut, weil breitblättrige Gemüse den Boden mit ihren Blättern bedecken.

Ein Platz für Kräuter
Kräuter sollten möglichst nahe der Küche stehen und leicht vom Weg aus zu erreichen sein. Kompakte Kräuter wie Schnittlauch, Majoran und Petersilie sind zugleich eine

hübsche Umrahmung für ein Gemüsebeet; größere Stauden wie Minze, Salbei und Rosmarin werden am besten in einem eigenen Beet untergebracht (Näheres unter DER KRÄUTERGARTEN, »Wo kultiviert man Kräuter«, S. 292).

Gemüse im Blumenbeet
Da viele Gärten heute zu klein sind, als daß man einen eigenen Gemüsegarten anlegen könnte, wird Gemüse immer öfter im Blumenbeet oder in gemischten Beeten untergebracht.

Man wählt die Gemüsesorten auch nach ihrem Zierwert aus und ordnet sie wirkungsvoll an. Der Phantasie des Gärtners sind bei solchen Arrangements für Auge und Magen kaum Grenzen gesetzt. Wichtig ist nur, daß die Fruchtbarkeit des Bodens dem jeweiligen Gemüse entspricht.

Klimafaktoren

Die meisten Gemüse gedeihen im Freien nur, wenn die durchschnittliche Tagestemperatur zwischen Frühjahr und Herbst über 6°C liegt. Die Anzahl der »Kulturtage« mit geeigneter Tagestemperatur hängt von solchen Faktoren wie Breitengrad, Höhenlage, Exponiertheit ab und bestimmt, was wo gezogen werden kann.

Temperaturerfordernisse
Gemüse werden nach ihren Bedürfnissen, v.a. hinsichtlich der Temperatur, in solche für kalte und solche für warme Jahreszeiten eingeteilt. Die meisten Kohlarten und manche Zwiebel- und Stengelgemüse vertragen keine starke Hitze, kälteempfindliche Gemüse wie Tomaten dagegen halten Temperaturen unter dem Gefrierpunkt nicht aus. Einige Gemüsesorten wurden auf Kältebeständigkeit gezüchtet, und die Wachstumsperiode kann bei vielen durch eine schützende Abdeckung (siehe S. 315) verlängert werden (Näheres darüber beim betreffenden Gemüse).

WIRKUNG UND ERTRAG
In diesem Küchengärtlein ranken sich Kürbisse an einem Bogen empor, darunter die gelbe und rote Farbenpracht von Kapuzinerkresse. Alle gedeihen in warmen, sonnigen Bedingungen.

Tageslänge
Die Tageslänge ändert sich mit dem Breitengrad und mit der Jahreszeit, und Gemüsesorten sprechen in all den verschiedenen Wachstumsphasen unterschiedlich auf die Tageslänge an. Kurztagpflanzen wachsen und blühen nur, wenn die Tageslänge weniger als 12 Stunden beträgt; Langtagpflanzen nur, wenn sie länger als 12 Stunden dauert.

Dies wirkt sich auf den Zeitpunkt der Aussaat aus, v.a. bei Pflanzen wie Bohnen, die wegen der Samen kultiviert werden; andere müssen vor der Blüte geerntet werden. Zwiebeln sind beispielsweise natürliche Langtagpflanzen: Wenn die Tageslänge 16 Stunden oder mehr beträgt, stellen Sie das Blattwachstum ein und entwickeln eine Zwiebel. Je mehr Blattwuchs bis dahin produziert wurde, desto größer wird die Zwiebel sein; Zwiebeln sollten daher früh gesät werden, damit die Pflanzen besonders viel Blattwuchs entwickeln können, ehe die Tageslänge zunimmt.

Es gibt Sorten, die an kurze oder lange Tage angepaßt wurden oder die tageslängenneutral sind. Beispiele finden Sie bei den einzelnen Gemüsen; am günstigsten ist es, die für das jeweilige Gebiet empfohlenen Sorten zu wählen.

GEMÜSE UND KRÄUTER
In diesem zwanglos angelegten Garten tummeln sich zwischen dem Gemüse allerlei Kräuter. Feuerbohnen klettern empor, Blattsalate sind von Petersilie und Schnittlauch umgeben. Zwischen fedrigem Dill wächst Zuckermais.

Fruchtwechsel

Unter Fruchtwechsel versteht man, daß bestimmte Gemüse jedes Jahr in einem anderen Gartenabschnitt gezogen werden.

Vorteile des Fruchtwechsels
Der wichtigste Grund für den Fruchtwechsel ist, pflanzenspezifische Schädlinge und Krankheiten im Boden zu vermeiden. Wird dieselbe Frucht jährlich im selben Boden gezogen, nehmen ihre Schädlinge und Krankheiten rapide zu und werden oft zum Problem; ist diese Frucht nicht mehr vorhanden, sterben sie allmählich auch. Verschiedene Typen von Kartoffel- und Tomatenälchen (Nematoden), Kohlhernie bei fast allen Kohlarten und Zwiebelweißfäule sind häufige Schäden, die durch Fruchtwechsel gemildert werden.

GEMÜSE IM BLUMENKASTEN
Gemüse gedeiht auch auf kleinstem Raum wie in diesem Fensterkasten. Flachwurzelnde Salate, junger Kohl, Tomaten und Erdbeeren bereichern nicht nur den Speisezettel, sie sehen auch noch hübsch aus.

Nachteile des Fruchtwechsels
Ein Schwachpunkt dieser Methode ist, daß ein wirklich wirksamer Fruchtwechsel über weitaus längere Zeit erfolgen müßte als die üblichen 3-4 Jahre: Kohlhernie und Weißfäule bleiben bis zu 20 Jahren im Boden. Ein Fruchtwechsel dieses Ausmaßes kommt aber für kleine Gärten nicht in Frage. Ein weiterer Nachteil ist, daß in der Praxis die Beete keinen so großen Abstand haben, daß ihn Bodenschädlinge und -krankheiten nicht überwinden könnten.

Planung des Fruchtwechsels
Trotzdem ist Fruchtwechsel sinnvoll; einer Frucht sollte deshalb stets eine aus einer anderen Gruppe folgen.

Legen Sie eine Liste der wichtigsten Gemüse, die Sie ziehen möchten, mit ungefähren Mengenangaben an. Mit Gemüse, das für das gegebene Klima nicht geeignet ist, sind kaum gute Ergebnisse zu erzielen, v.a. in kleinen Gärten. Auch hat es keinen Sinn, Gemüse zu ziehen, das man zur Erntezeit billig kaufen kann. Machen Sie sich eine Aufstellung der Gemüsebeete. Ordnen Sie die gewählten Gemüse nach Gruppen für den Fruchtwechsel (z.B. alle Hülsenfrüchte oder alle Kohlarten), mit einer eigenen Kategorie für Gemüse außerhalb der Hauptgruppen (siehe dazu auch »Fruchtwechsel bei Gemüse«, rechts).

Planung von Monat zu Monat
Machen Sie eine Tabelle mit einer Spalte für alle Kalendermonate, und tragen Sie in Ihrer Liste für jedes Gemüse die Monate ein, wann es im Boden sein wird. Bedenken Sie, daß diese Zeit verkürzt ist, wenn Pflanzen in Töpfen herangezogen (siehe »Aussaat in Gefäßen«, S. 311) und später umgesetzt werden, oder verlängert, wenn Pflanzen zu Saisonbeginn und -ende durch eine Abdekkung geschützt sind (siehe »Kultur in Gewächshäusern und unter Folie«, S. 315). Manche Früchte werden nur einmal im Jahr gesät, andere, wie Salate und Radies, mehrmals, damit sie immer verfügbar sind.

Planung der Bepflanzung
Ordnen Sie jedes Beet (oder auch mehrere) einer anderen Gemüsegruppe zu, und tragen Sie die wichtigste Frucht ein. Suchen Sie anhand der Monatstabelle geeignete Früchte, die vorher oder nachher gezogen werden. Wenn Rosenkohl zur Frühjahrsmitte abgeerntet ist, kann er von Möhren, Salat oder Erbsen gefolgt werden. Gehen Sie davon aus, daß die meisten Böden nur 2 Gemüse pro Jahr zur Reife bringen. Verwenden Sie diesen Grundplan auch für die folgenden Jahre, nur jeweils für andere Beete. Betrachten Sie ihn aber nur als generelle Richtlinie. Über Erfolg oder Mißerfolg entscheiden viele Faktoren – nicht zuletzt das unberechenbare Wetter.

Aufzeichnungen
Jeder Gemüsegarten ist einmalig – was den Standort und was die Bedürfnisse des jeweiligen Haushalts angeht. Genaue Aufzeichnungen über die gezogenen Sorten (mit Datum der Aussaat und Pflanzung), Behandlung, Probleme und Erträge sind von großem Wert und sorgen für jährlich besser werdende Ergebnisse.

Mischkultur

Um in einem bestimmten Bereich optimale Ergebnisse zu erzielen, können verschiedene Gemüse auch in einem Beet kombiniert werden. Eine raschwachsende Frucht, etwa Radies, und eine langsamwachsende, z.B. Pastinaken, werden gleichzeitig gepflanzt. Ein Schachbrettsystem sichert hier guten Erfolg; aber auch wechselnde Reihen führen zum Ziel. Raschwachsende Pflanzen reifen heran, bevor die langsamwachsenden den Platz benötigen. Achten Sie aber darauf, daß die raschwachsenden Pflanzen nicht von langsamer reifenden beschattet werden.

Bei der Mischkultur wird eigentlich nur nachgeahmt, was die Natur uns vormacht, daß Pflanzen besonders gut in bestimmten Gemeinschaften wachsen. Traditionell wurde in den alten Bauerngärten der Anbau in Mischkultur gepflegt. Er war meist kein reiner Nutzgarten, sondern eine bewußte Mischung aus Gemüse und Blumen.

Wie in der Natur gibt es auch unter Pflanzen gute und schlechte Nachbarn. Manche Gemüsearten fördern sich im Wachstum, vertragen sich, oder stoßen einander ab. So mögen sich Erbsen und Tomaten nicht und ebensowenig Erbsen und Buschbohnen, Lauch und Stangenbohnen oder Kartoffeln und Tomaten. Günstig ist die Nachbarschaft von Sellerie und Tomaten, aber auch von Zwiebeln und Erdbeeren sowie von Roten Beten und Gurken. Nicht nur im Wachstum beeinflussen sich die genannten Pflanzen positiv, es wehren auch die einen die Schädlinge von den anderen ab. Dafür verantwortlich sind bestimmte Wurzelausscheidungen sowie Duftstoffe von Blättern und Blüten. Die empfohlenen Kombinationen sind zwar nicht in allen Fällen wissenschaftlich belegt, doch stützen sie sich auf langjährige Beobachtungen. So schützen sich Möhren und Zwiebeln gegenseitig vor der Zwiebel-, bzw. Möhrenfliege, und eine Kombination von Salat und Kohlarten soll die Kultur vor Erdflohbefall bewahren. Außerdem werden die Nährstoffe im Boden besser genutzt, wenn Tiefwurzler neben Flachwurzlern, Starkzehrer neben Schwachzehrern stehen.

MISCHKULTUR
Salat und Zuckermais wurden gleichzeitig gepflanzt, reifen aber zu verschiedenen Zeiten. Der Salat ist abgeerntet, bevor der Mais heranreift.

Aussaat und Pflanzung

DIE GÄNGIGSTE Vermehrungsmethode bei Gemüse ist die Aussaat. Es gibt mehrere Möglichkeiten der Aussaat im Freien oder unter Abdeckungen; wählen Sie die für die jeweilige Sorte und den vorhandenen Platz am besten geeignete. Sorgfältige Pflege in der Anfangsphase sichert gesünderes, ertragreicheres Gemüse. Die Sämlinge werden vereinzelt oder an ihren endgültigen Platz im Beet, Gewächshaus oder Gefäß gesetzt, bevor sie zu dicht stehen.

Auswahl des Saatgutes

Früher wurde nur gewöhnlicher, »nackter« Samen gesät, nun gibt es ihn in den verschiedensten Formen, die die Aussaat und Keimung erleichtern. Auch vorgekeimter Samen ist überall erhältlich.

Kauf des Saatgutes
Kaufen Sie nur hochwertiges Saatgut, möglichst vakuumverpackt, damit die Keimfähigkeit erhalten bleibt. Viele der besten Sorten sind F1-Hybriden aus einer Kreuzung zwischen 2 ausgewählten Elternpflanzen. Sie sind teurer, aber wüchsig und ertragreich. Gemüsesamen unterscheiden sich in ihrer Keimfähigkeit: Verwenden Sie keinen Samen, der älter als 3 Jahre ist, oder machen Sie erst eine Probeaussaat.

Präpariertes Saatgut
Pilliertes Saatgut wird einzeln mit Hüllmasse überzogen, so daß winzige Bällchen entstehen, die leichter zu säen sind als nackte Samen. Das ist v.a. bei kleinen Samen, z.B. bei Möhren, nützlich. Pillierte Samen werden einzeln in die Saatrille gelegt, was ein späteres Umsetzen spart. Die Hüllmasse darf bis nach der Keimung nicht austrocknen.

Samen ist auch in Form von Saatbändern erhältlich; hier ist er gleichmäßig in Papierstreifen eingebettet, die sich nach der Aussaat im Boden auflösen. Sie werden in die Rille gelegt und mit Erde bedeckt wie gewöhnlicher Samen. Die Umhüllung schützt den Samen anfänglich und erspart das Vereinzeln.

Manchmal wird Saatgut auch als Gel in kleinen Behältern angeboten, wo es das Sämlingsstadium erreicht. Es kann dann in einen Topf oder sofort in die Erde pikiert werden.

Vorgekeimter Samen
Vorgekeimter Samen wird gleich nach der Keimung gekauft und ausgesät, wenn sich die erste Wurzel bildet. Er wird in kleinen Plastikbehältern verschickt; der Gärtner setzt jeden Samen vorsichtig in einen Topf oder eine Saatschale. Diese Methode ist hilfreich, wenn der Samen unregelmäßig keimt oder solche Temperaturen benötigt, die ohne Vermehrungskasten mit Bodenheizung kaum zu erreichen sind.

Für frühe Keimung kann Samen auch im Haus vorgekeimt werden. Das hat sich in kaltem Boden bewährt, wo Samen nur langsam keimt und oft schon vor der Keimung verrottet. Legen Sie die Samen auf feuchtem Küchenkrepp an einem warmen Platz aus. Halten Sie sie bis zur Keimung feucht, und säen Sie sie dann vorsichtig in dafür vorbereitete Töpfe oder ins Freiland.

Aussaat im Freien

Gemüse wird entweder direkt am endgültigen Standort gesät, oder in ein Anzuchtbeet, von wo es dann an den endgültigen Platz kommt. Direktaussaat empfiehlt sich für Pflanzen, die jung geerntet werden, z.B. Frühlingszwiebeln und Radies, oder für Gemüse, das sich schlecht verpflanzen läßt, z.B. Möhren und Pastinaken. Andere werden in Reihen mit 15 cm Abstand voneinander in ein Anzuchtbeet gesät.

Für eine erfolgreiche Freilandaussaat ist ein warmer, gut vorbereiteter Boden unentbehrlich. Die Keimung erfolgt bei den meisten Gemüsen, sobald die Temperatur über 7°C steigt, säen Sie also nicht in kalten Boden. In einigen Fällen, z.B. bei Salat, ist eine Keimung bei hohen Temperaturen ungünstig. Die Temperaturerfordernisse sind bei den einzelnen Gemüsen angegeben. Die Bodentemperatur kann mit einem Bodenthermometer gemessen werden, aber meist kann auch schon der Hobbygärtner selbst abschätzen, ob der Boden für die Keimung warm genug ist.

Bodenvorbereitung
Der Boden wird vor der Aussaat umgegraben und krümelig gerecht, Steine und Erdklumpen werden entfernt. Rechen Sie nur, wenn der Boden weder sehr naß und schwer noch ganz trocken ist. Bleibt Erde an den Schuhen haften, warten Sie besser etwas länger, bis der Boden ein wenig abtrocknet.

Wird bei nassem Boden gesät, stellt man sich auf ein Brett, um die Bodenstruktur nicht zu schädigen. Dies entfällt beim Beetsystem (siehe S. 306), wo vom Weg aus gesät werden kann.

RILLENSAAT

1 *Markieren Sie die Rille mit einer gespannten Schnur. Ziehen Sie mit der Ecke einer Hacke oder Kelle eine Rille von erforderlicher Tiefe.*

2 *Streuen Sie die Samen dünn und gleichmäßig in die Rille. Stellen Sie sich dabei auf ein Brett, das parallel zur Rille liegt, damit der Boden nicht verdichtet wird. Bedecken Sie die Samen mit Erde.*

ALTERNATIVEN

NASSE BEDINGUNGEN
Ist der Boden wenig durchlässig oder sehr schwer, streut man eine Schicht Sand in die Rille, sät und schließt die Rille.

TROCKENE BEDINGUNGEN
Man wässert den Grund der Rille und drückt die Samen leicht hinein, bevor man sie mit trockener Erde zudeckt.

Richtlinien für die Aussaat
Samen werden, je nach Größe, verschieden tief gesät. Wenn nicht anders angegeben, sät man kleinen Samen, z.B. Zwiebeln, ca. 1 cm tief, Kohl 2 cm, Erbsen und Zuckermais etwa 2,5 cm und Bohnen bis zu 5 cm tief. Wichtig ist, daß dünn gesät wird, damit die Sämlinge nicht zu dicht stehen. In der Folge werden verschiedene Saatmethoden beschrieben; wichtig ist in jedem Fall die Oberflächenfeuchtigkeit. Bedecken Sie deshalb bei trockenem Wetter den Boden nach der Aussaat mit Folie. Entfernen Sie die Abdeckung, sobald die ersten Sämlinge erscheinen.

Rillensaat
Sie ist die übliche Saatmethode für Gemüse. Markieren Sie mit einer Schnur eine Reihe, und ziehen Sie eine gleichmäßige Rille in der erforderlichen Tiefe. Streuen Sie den Samen in der Rille aus. Verteilen Sie die Körnchen entweder gleichmäßig oder in Gruppen von 3-4, die später auf einen Sämling vereinzelt werden. Wird direkt gesät, beträgt der Abstand zwischen den Gruppen die Hälfte des Abstands zwischen reifen Pflanzen, für den Fall, daß einige Samen nicht keimen; die Gruppen können enger stehen, wenn später umgesetzt wird. Sie könnten raschwachsende Pflanzen wie z. B. Radieschen in Gruppen zwischen langsamwachsende wie Pastinaken säen: Die Radieschen sind dann abgeerntet, noch bevor die Pastinaken den Platz dazwischen benötigen.

AUSSAAT IN BREITE RILLEN

1 *Machen Sie mit der Ziehhakke parallele, 15-20 cm breite, unten flache Rillen.*

2 *Säen Sie die Samen im erforderlichen Abstand in die Rille.*

3 *Ziehen Sie mit der Hacke Erde über die Samen, ohne sie zu verrücken.*

4 *Schützen Sie sie mit Maschendraht vor Vögeln und anderen saatfressenden Tieren.*

Nach der Aussaat zieht man mit einer Hacke oder einem Rechen vorsichtig Erde über die Samen, drückt sie leicht an und wässert mit einer feinen Brause. Muß bei nassen Bedingungen gesät werden, gibt man vor der Aussaat trockenes, leichtes Material wie Sand oder Vermikulit in die Rille. Bei großer Trockenheit wässert man die Rille vor der Aussaat, drückt jeden Samen leicht in die Erde und bedeckt sie mit trockener Erde. So wird die Verdunstung reduziert, und die Samen bleiben bis zur Keimung wie gewünscht feucht.

Breite Rillen
Machen Sie für Pflanzen, die eng kultiviert werden, wie Erbsen, frühe Möhren und Sämlinge, bis zu 25 cm breite Rillen in der erforderlichen Tiefe. Verteilen Sie die Samen gleichmäßig in der Rille, und bedecken Sie sie anschließend sorgfältig.

Große Samen
Bohnen und Kürbisse können einzeln gesät werden, indem man mit dem Pflanzholz ein kleines Loch in die Erde macht. Achten Sie darauf, daß jeder Samen auf dem Grund des Loches liegt und Bodenkontakt hat. Empfindliche Pflanzen wie Patissonkürbisse können nach der Aussaat mit Glaskrügen oder durchgeschnittenen Plastikflaschen abgedeckt werden, die man entfernt, sobald Sämlinge erscheinen.

Breitwürfiges Säen
Bei dieser Methode wird der Boden zunächst krümelig gerecht; dann streut man den Samen aus der Hand oder der Packung so gleichmäßig wie möglich aus. Rechen Sie den Boden nachher nochmals, um die Samen leicht zu bedecken.

BREITWÜRFIGES SÄEN

1 *Rechen Sie den Saatbereich in einer Richtung fein krümelig. Streuen Sie die Samen danach dünn und gleichmäßig an der Oberfläche aus.*

2 *Rechen Sie nun vorsichtig quer dazu, damit die Samen bedeckt werden, und wässern Sie gründlich mit einer feinen Brause.*

Nachwachsende Gemüse
Viele Blatt- oder Salatgemüse werden als Sämlinge geerntet, wenn sie am nahrhaftesten sind. Sie sprießen nach dem Schnitt wieder und können noch ein- oder zweimal geerntet werden. Auf diese Weise läßt sich eine kleine Fläche sehr ertragreich verwenden; solche Pflanzen sät man am besten zwischen langsamer reifende.

Sämlingsgemüse wird entweder breitwürfig oder in breite Rillen oder Reihen mit 8 cm Abstand gesät; die Sämlinge müssen nicht vereinzelt und können oft schon nach wenigen Wochen geschnitten werden.

Folgeaussaat
Raschwachsendes Gemüse, das bald den Höhepunkt erreicht hat und schießt, z.B. Salat, wird in kleinen Mengen und öfter gesät. Man wartet mit der nächsten Aussaat, solange bis die erste aufläuft.

Vereinzeln

Damit die Sämlinge nicht zu dicht stehen, müssen sie vereinzelt werden. Das sollte nicht auf einmal geschehen, falls noch einige durch Schädlinge oder Krankheit verlorengehen; jeder Sämling muß frei stehen. Nach Direktaussaat wird vereinzelt, bis die korrekten Abstände für reife Pflanzen erreicht sind. Sehr kleine Sämlinge knipst man knapp über dem Boden ab, damit die Wurzeln der Nachbarpflanzen nicht beeinträchtigt werden. Entfernen Sie die ausgedünnten Pflänzchen, da ihr Geruch Schädlinge anlockt. Bei Pflanzen wie Salat, Kopfkohl und Zwiebeln können die Sämlinge nach dem Vereinzeln umgesetzt werden; um die noch verbliebenen Sämlinge wird der Boden angedrückt.

SÄMLINGE VEREINZELN

Kleine Sämlinge werden auf Bodenhöhe abgezwickt, damit die Wurzeln der verbleibenden Sämlinge nicht beeinträchtigt sind.

Pflanzung

Setzen Sie Gemüsepflanzen möglichst jung an ihren endgültigen Platz. Eine Ausnahme bilden Pflanzen, die in Gefäßen oder Multitopfplatten aufgezogen wurden (siehe S. 311). Wurzelgemüse dürfen nicht mehr umgesetzt werden, wenn sich bereits

SÄMLINGE UMSETZEN

Nehmen Sie die Sämlinge so auf, daß möglichst viel Erde an den Wurzeln haftet. Geben Sie sie in durchsichtige Plastikbeutel, um die Feuchtigkeit zu bewahren.

PFLANZTIEFE

Setzen Sie Gemüsesämlinge so, daß sich die untersten Blätter knapp über dem Boden befinden. Wird nicht tief genug gepflanzt, kann der Stengel das Gewicht nicht tragen.

Pfahlwurzeln bilden; das würde zu Verwachsungen führen.

Bevor man die Pflanzen aus dem Anzuchtbeet nimmt, gießt man die Wurzeln; auch das neue Beet wird bei Trockenheit leicht gewässert. Fassen Sie die Pflänzchen beim Umpflanzen an den Blättern, nicht an Trieben und Wurzeln an. Machen Sie das Pflanzloch etwas größer als die Wurzeln sind, und setzen Sie die Pflanze hinein; füllen Sie es mit Erde, bis die unteren Blätter gerade darüber stehen. Drücken Sie die Pflanze rund um den Stiel fest. Wässern Sie und beschatten Sie die Sämlinge bei Hitze, bis sie aufgebaut sind. Halten Sie den Boden noch für einige Tage nach der Pflanzung feucht.

Abstände
Gemüsepflanzen benötigen unterschiedliche Abstände, die oft ihre spätere Größe bestimmen. Es gibt Empfehlungen für Pflanzen- und Reihenabstand.

Bei der sog. Viereckpflanzung haben die Pflanzen nach allen Seiten gleich viel Abstand – den Durchschnitt zwischen den empfohlenen Pflanzen- und Reihenabständen; statt 15 cm zwischen den Pflanzen und 30 cm zwischen den Reihen, kann der Abstand auch nach allen Richtungen 23 cm betragen. So bekommen die Pflanzen gleich viel Licht, Luft, Feuchtigkeit und Bodennährstoffe und bilden mit der Zeit ein Blätterdach, das Unkraut unterdrückt. In weit voneinander entfernten Reihen kann Gemüse auch eng stehen.

Aussaat in Gefäßen

Sie können Gemüse im Haus, im Kalthaus oder auf dem Fensterbrett vorziehen. Das ist bei kühlem Klima mit kurzen Sommern für Gemüse mit entsprechend langer Wachstumsperiode wichtig.

Saatschalen
Säen Sie in kleine Saatschalen mit Vermehrungserde (Näheres lesen Sie unter EINJÄHRIGE UND ZWEIJÄHRIGE, »Aussaat in Töpfen oder Schalen«, S. 182). Sobald die Sämlinge 2-3 kleine Blätter haben, werden sie mit einem Abstand von 2,5-5 cm in eine Saatschale mit Topferde pikiert. Sämlinge brauchen meist ein wenig Wärme. An einem hellen, zugfreien Platz wachsen sie rasch und gleichmäßig. Setzen Sie größere Pflanzen vor dem Auspflanzen einzeln in Töpfe.

Multitopfplatten und kleine Gefäße
Multitopfplatten sind Platten mit eingepreßten Topfhöhlungen, in denen Pflanzen gesät und bis zu dem Auspflanzen herangezogen werden. Die Sämlinge haben hier keine Konkurrenz und entwickeln einen gesunden Wurzelballen, der das Auspflanzen an den endgültigen Platz gut übersteht. Allerdings brauchen sie anfangs mehr Platz und Substrat als Sämlinge in Schalen.

Es gibt viele verschiedene Multitöpfe, die billigsten aus Plastik oder Styropor. Andere kleine Gefäße sind abbaubare Töpfe aus Preßtorf und aus komprimierter Erde.

Geben Sie in jede Einheit 2-3 Samen und vereinzeln Sie später auf den jeweils kräftigsten Sämling. In manchen Fällen werden mehrere Samen zusammen gesät und aufgezogen, gemeinsam mit größeren Abständen ausgepflanzt und so bis zur Reife kultiviert.

Abhärten
In Gefäßen gezogene Pflanzen müssen sich erst an niedrigere Temperaturen und Wind gewöhnen, bevor man sie ins Freie pflanzt. Härten Sie sie im Kalten Kasten über 10-14 Tage ab, steigern Sie die Belüftung erst tagsüber und dann auch nachts, bis sie ganz entfallen kann.

AUSSAAT UND UMSETZEN

1 *Füllen Sie die Multitopfplatte mit Vermehrungserde, und machen Sie in jedes Fach ein 5 mm tiefes Loch. Legen Sie 1-2 Samen in jedes Fach; mit Erde bedecken und wässern.*

2 *Nehmen Sie die Pflanzen einzeln heraus. Machen Sie ein Pflanzloch für den Wurzelballen, setzen Sie die Pflanze ein – die unteren Blätter knapp über der Erde; andrücken und wässern.*

Vegetative Vermehrung

Einige Gemüse vermehrt man vegetativ, also durch Ausläufer, Knollen, Zwiebeln oder Stecklinge, weil sie kaum Samen ansetzen, bei der Aufzucht aus Samen variieren oder die vegetative Vermehrung rascher ist (Näheres unter den einzelnen Gemüsen, S. 317-358).

Gemüse in Töpfen und Kästen

Pflanzgefäße eignen sich für die Gemüsekultur, wo der Platz beschränkt ist oder der Garten sich in einen gepflasterten Bereich erstreckt. Sie werden auch im Gewächshaus verwendet, v.a. wenn der Boden infiziert ist und nur schwer sterilisiert oder ersetzt werden kann. Gemüse braucht ein nährstoffreicheres Substrat und erfordert regelmäßigeres Wässern als Blumen; es muß daher in Gefäßen sorgfältiger gepflegt werden.

Auswahl der Pflanzen
Am besten eignen sich kompakte, raschwachsende Pflanzen wie Salate, Radies und Rote Bete, oder robuste, anspruchslose Blattgemüse wie Schnittmangold; aber auch Fruchtgemüse wie Paprika und Tomaten gedeihen. Raschwachsende Sämlingspflanzen machen sich ebenfalls gut. Niedrige Sorten sind ideal, da sie nicht gestützt werden müssen. Wählen Sie keine tiefwurzelnden, langsam reifenden, sehr hohen, großen oder nährstoffhungrigen Gemüse wie Kohlarten, Pastinaken oder Stangensellerie. Ziehen Sie die Pflanzen in Multitöpfen an; säen Sie nachwachsende Sämlingspflanzen direkt in die Gefäße.

Vorbereiten der Gefäße
Je größer das Gefäß ist und je mehr Erde es faßt, desto besser. Große und nährstoffhungrige Gemüse, z.B. Kartoffeln und Tomaten, brauchen ein mindestens 25 cm tiefes und breites Gefäß. Für große und kopflastige Pflanzen muß das Gefäß stabil sein.

Gute Drainage ist entscheidend. Machen Sie notfalls mehrere, mindestens 1 cm große Drainagelöcher in den Topfboden, die Sie mit Topfscherben abdecken, damit sie sich nicht verstopfen. Befolgen Sie bei Pflanzsäcken immer die Anweisungen des Herstellers; Drainagelöcher sind hier übrigens nicht üblich, denn durch sie könnten Krankheiten aus infiziertem Boden eindringen.

Das Substrat sollte leicht und gut belüftet sein, da es sich durch häufiges Wässern verdichtet. Lokkern Sie Gartenerde mit gut verrottetem Kompost, der mit grobem Sand und Torf gemischt wird.

Bei heißem und windigem Wetter trocknen Gefäße durch Oberflächenverdunstung und, außer bei Plastik, an den Seiten rapide aus. Man stellt sie daher möglichst nicht an exponierte Stellen oder unten an eine sehr warme Mauer. Legen Sie Tontöpfe mit Plastikfolie mit Drainagelöchern aus.

Niedrige, dicke Bohnen

Rasch reifende, kompakte Salate

Stabiler Kunststofftopf hält die Feuchtigkeit

Mit Reisern gestützte Erbsen

Laufende Pflege

DAS BESTE Gemüse erhält man, wenn die Pflanzen unter optimalen Kulturbedingungen wachsen. Halten Sie sie unkrautfrei, und wässern Sie gründlich je nach Bedarf. Eine Mulchschicht hält die Feuchtigkeit im Boden und unterdrückt Unkraut. Die Pflanze muß, solange sie wächst, immer ausreichend Nährstoffe zur Verfügung haben.

Wässern

Die meisten Gemüsepflanzen brauchen relativ feuchten Boden, verbrauchen jedoch unterschiedlich viel Wasser und das zu verschiedenen Zeiten (siehe »Wässern in kritischen Phasen«, unten). Ein Übermaß führt bei Tomaten und Möhren zu Geschmacksverlust, bei Wurzelgemüse kommt es zu Blattwachstum auf Kosten der Wurzeln.

Wie wird gewässert

Es ist günstiger, selten, aber stark zu wässern als oft und wenig; nur sehr junge Pflanzen sollten leicht und häufig gewässert werden. Leichte Wassergaben verdunsten rasch, ohne an die Wurzeln zu gelangen. Sie fördern eine Bewurzelung dicht unter der Oberfläche; die Pflanze braucht aber tiefe Wurzeln, um Trockenzeiten zu überstehen. Gießen Sie stets an der Pflanzenbasis und wässern Sie abends, wenn die Verdunstung geringer ist, so daß die Pflanzen vor der Nacht noch abtrocknen.

Ausrüstung

Für junge Pflanzen benötigt man eine Kanne mit feiner Brause. Im kleinen Garten reicht meist eine Gießkanne; für größere Gärten verwendet man einen Schlauch, bei dem sich der Wasserstrahl regulieren läßt.

Praktisch für einen Gemüsegarten ist ein Sickerschlauch oder einfach ein »poröser« Schlauch zwischen den Pflanzen (siehe auch WERKZEUGE UND GERÄTE, S. 469). Das Wasser dringt durch die Löcher oder Poren und wässert meist einen etwa 30 cm breiten Streifen. Der Anschluß ist mobil; es gibt auch Schläuche, die flach im Boden verlegt werden.

Wässern in kritischen Phasen

Im Lebenszyklus der Gemüsepflanzen gibt es Phasen, in denen sie Wasser besonders nötig haben: Sie sind je nach Pflanze verschieden. Bei anhaltender Trockenheit wird nur in diesen Phasen gewässert.

Keimende Samen, Sämlinge und neu umgesetzte Pflanzen dürfen niemals austrocknen, wässern Sie sie also häufig und leicht.

Blatt- und Salatgemüse muß häufig gewässert werden. Die kritische Phase liegt zwischen 10 Tagen und 3 Wochen vor der Reife; in dieser Phase wird – nur bei großer Trockenheit – einmal mit 20 l/m² gründlich gewässert. Außerhalb dieser Phase gibt man bei trockenem Wetter wöchentlich die halbe Menge.

Bei Fruchtgemüse wie Tomaten, Paprika, Bohnen, Zucchini, Gurken und Erbsen ist die Zeit der Blüten- und Früchte- oder Schotenbildung entscheidend. Sind die Bedingungen dann sehr trocken, wässert man wöchentlich wie bei Blattgemüse (oben). Wässern Sie vor dieser Phase nicht zu stark, damit der Blattwuchs nicht auf Kosten der Früchte gefördert wird.

Wurzelgemüse wie Möhren, Radies und Rote Beten müssen in der Wachstumsperiode mäßig gewässert werden. Geben Sie zunächst 5 l/m², wenn der Boden trocken ist. Erhöhen Sie diese Menge aufs Vierfache, sobald die Wurzeln anzuschwellen beginnen, und wässern Sie bei anhaltender Trockenheit etwa alle 2 Wochen.

Minimales Wässern

Um die Bodenfeuchtigkeit zu erhalten, wird, v.a. in trockenen Gebieten, tief umgegraben und organisches Material zur Verbesserung der Bodenstruktur und Feuchtigkeitsspeicherung sowie zur Förderung tiefer Wurzeln eingearbeitet. Mulchen Sie die Oberfläche und entfernen Sie Unkräuter, die Feuchtigkeit wegnehmen. Hacken Sie nie bei trockenem Wetter. Errichten Sie gegen austrocknende Winde einen Windfang (siehe »Windschutz«, S. 303). Vergrößern Sie in trockenen Gebieten die Pflanzabstände, damit sich die Wurzeln weiter ausbreiten und mehr Feuchtigkeit erhalten.

WÄSSERN MIT SICKERSCHLAUCH

Wässert man mit einem Sickerschlauch zwischen Reihen, dringt das Wasser bis zu den Pflanzenwurzeln und tief in den Boden ein.

Unkrautbekämpfung

Im Gemüsegarten haben Unkräuter nichts zu suchen. Sie nehmen dem Gemüse Wasser, Nährstoffe und Licht, ersticken es und begünstigen Schädlinge und Krankheiten (siehe PFLANZENSCHÄDEN, »Unkraut«, S. 573-577).

Ausdauernde Unkräuter

Säubern Sie einen Gemüsegarten möglichst schon vor der Aussaat von ausdauernden Unkräutern. Graben Sie tiefwurzelnde und ausgebreitete Unkräuter aus, so daß keine Wurzelreste zurückbleiben, die neu sprießen. Im Extremfall erstickt man das Unkraut unter einer undurchlässigen Mulchschicht, z.B. einer dicken, schwarzen Kunststoffolie. Dabei sterben die meisten (bis auf sehr ausdauernde) nach 6-12 Monaten ab. Erst die letzte Möglichkeit kann ein biologisches Unkrautbekämpfungsmittel sein. Entfernen Sie ausdauernde Unkräuter auch beim Heranwachsen der Gemüse regelmäßig.

Einjährige Unkräuter

Sie keimen und wachsen sehr rasch und werden zu einer echten Plage, wenn man sie im Gemüsegarten aussamen läßt. Bekämpfen Sie sie in den ersten 3 Wochen nach der Keimung sorgfältig, da das Gemüse nun am meisten unter der Konkurrenz leidet. Jäten Sie das Unkraut von Hand oder hacken Sie es flach aus, um nicht tieferliegende Unkrautsamen an die Oberfläche zu bringen. Entfernen Sie das Unkraut, damit es nicht wieder zu wurzeln beginnt.

Weniger Unkraut

Während der Wachstumsperiode kann das Unkraut durch eine Mulchschicht und durch Viereckpflanzung (siehe »Abstände«, S. 311) stark reduziert werden. Sobald das Gemüse eine gewisse Größe erreicht hat, bildet es eine dichte Decke über dem Boden, die Unkraut unterdrückt.

Unkraut auflaufen lassen

Frühjahrsaussaaten oder -pflanzungen leiden am meisten unter einjährigem Unkraut. Wurde der Boden längere Zeit nicht kultiviert, kann er voller Unkrautsamen sein; lassen Sie die erste Unkrautsaat auflaufen, und hacken Sie sie vor der Aussaat oder Pflanzung ab (siehe auch DER BODEN UND SEINE DÜNGUNG, »Unkraut auflaufen lassen«, S. 526).

Mulchen

Mulch ist eine Schicht organisches oder anorganisches Material, die rund um die Pflanzen aufgebracht wird, und die die Kulturarbeit verringert oder sogar erspart.

Organischer Mulch

Durch voluminösen organischen Mulch erhält der Boden Nährstoffe und eine bessere Struktur. Das kann gut verrotteter Stallmist mit hohem Strohanteil, Gartenkompost, Pilzkompost oder getrocknetes Rasen-

BEWAHREN DER BODENFEUCHTIGKEIT

Die Feuerbohne wirft ihre Blüten ab, wenn der Boden um die Wurzeln austrocknet. Wässern Sie gründlich, und arbeiten Sie mit der Gabel Mulch ein. Mulch verhindert die Verdunstung und isoliert den Boden, unterdrückt das Unkraut und schützt die Oberfläche gegen starken Regen und Erosion.

schnittgut sein. Verwenden Sie keine Sägespäne oder Rindenschnitzel, die nicht mindestens 2 Jahre alt sind, da der Zerfallsprozeß Bodenstickstoff verbraucht.

Organischen Mulch gibt man dem wachsenden Gemüse am besten im Frühling und Frühsommer bei feuchtem Boden. Er hält Temperatur und Feuchtigkeit konstant, daher mulcht man am besten, wenn sich der Boden im Frühling erwärmt hat, aber bevor er austrocknet. Mulchen Sie niemals bei kaltem, nassem oder sehr trockenem Boden. In Gebieten mit viel Regen und schweren Böden wird am besten im Herbst gemulcht, damit die Regenwürmer den Mulch einarbeiten.

In der Praxis ist es oft am einfachsten, organischen Mulch bei der Pflanzung zu geben, eventuell nach dem Angießen. Oder man mulcht die jungen Setzlinge nach der Pflanzung, wenn sie bereits 5 cm hoch sind. Die Mulchschicht kann 2,5-7 cm dick sein; tragen Sie den Mulch dicker auf, wenn dadurch Unkraut niedergehalten werden soll.

Mulchen mit Plastikfolie

Die Plastikfolie kann schwarz, weiß oder durchsichtig sein, je nachdem, ob damit die Bodentemperatur erhöht, Unkraut unterdrückt, Wärme auf die reifenden Früchte reflektiert oder Fruchtgemüse sauber und frei von Erdspritzern gehalten werden soll. Glänzende Folien halten auch fliegende Schädlinge fern.

Schwarze Folie wird v.a. zur Unkrautbekämpfung verwendet, erhöht aber auch die Bodentemperatur. Frühe Kartoffeln werden – statt Anhäufeln (siehe »Kartoffeln«, S. 357) – auch unter schwarzer Folie gezogen.

Weiße Folie reflektiert Licht und Wärme auf reifende Früchte wie Tomaten und Melonen. Manche Folien sind an der Unterseite schwarz, damit sie auch Unkraut unterdrükken. Diese schwarzweißen Folien erhöhen die Bodentemperatur um etwa 7°C mehr als schwarze Folien. Durchsichtige Folien werden im allgemeinen verwendet, um den Boden im Frühling zu erwärmen.

Die Folie läßt sich leichter vor der Pflanzung oder Aussaat verlegen. Legen Sie eventuell zuerst poröse oder Sickerschläuche an, und bedekken Sie dann die Erde mit Folie. Machen Sie rund um das Beet 7-10 cm tiefe Einstiche in den Boden, und stecken Sie die Folie darin mit dem Spaten fest (siehe »Folienmulch«, S. 532). Das ist bei leicht gewölbten Beeten einfacher. Man schneidet dann Kreuze in die Folie und macht Pflanzlöcher in die Erde darunter; dann setzt man die Pflanzen durch die Einschnitte hinein, und drückt die Erde an. Für große Samen wie Zuckermais macht man Löcher in die Folie und steckt die Samen durch. Sobald Sämlinge erscheinen, führt man sie durch die Löcher heraus.

Wässern Sie bei Bedarf gründlich durch die Pflanzlöcher. Die Folie kann Schnecken anziehen: heben Sie sie an den Rändern vorsichtig hoch und entfernen Sie die Schädlinge.

PFLANZUNG DURCH EINE SCHWARZWEISSE PLASTIKFOLIE

1 Ziehen Sie um den Pflanzbereich einen seichten Graben, legen Sie die Folie mit der weißen Seite nach oben aus, und machen Sie die Ränder im Boden fest.

2 Schneiden Sie die Folie im erforderlichen Abstand kreuzweise ein, und graben Sie darunter ein Loch für den Wurzelballen.

3 Nehmen Sie die Pflanze (hier eine Tomate) aus dem Topf, und setzen Sie sie ins Loch. Drücken Sie das Substrat um den Wurzelballen an, und wässern Sie.

Düngen

In nährstoffreichem Gartenboden, der regelmäßig organisches Material bekommt, gedeiht das meiste Gemüse auch ohne zusätzliche Düngung. Da die Bodenfruchtbarkeit sich über mehrere Jahre aufbaut, ist ergänzendes Düngen jedoch bei schlechten Böden oder zum Ausgleich von Nährstoffmangel nötig.

Bodennährstoffe

Pflanzen brauchen verschiedene Nährstoffe; die 3 wichtigsten für Gemüse – und zugleich jene, die am häufigsten fehlen – sind Phosphor (P), Stickstoff (N) und Kalium (K) (siehe dazu »Bodennährstoffe und Düngemittel«, S. 530-531).

Ausreichend Phosphor und Kalium erhält man durch eine jährliche Gabe von 2-5 kg Gartenkompost oder 5,5 kg Stallmist pro m². Oder verwenden Sie Mineraldünger, z.B. Triphosphat oder Superphosphat (für P) und schwefelsaures Kali (für K), wie vom Hersteller empfohlen, oder in Form von kombinierten Mehrnährstoffdüngern mit N, P und K.

Kalium wird nur langsam aus dem Boden gewaschen, es reicht bis in die nächste Saison hinein. Phosphor wird nicht ausgewaschen, kann aber oft von den Pflanzen nicht aufgeschlossen werden; zeigt die Bodenanalyse, daß zuwenig Phosphor im Boden ist, müssen die Reserven erneuert werden. Stickstoff wird laufend ausgewaschen und muß regelmäßig gegeben werden, entweder in Form von organischem Material (bei dessen Abbau Stickstoff freigesetzt wird) oder als Mineraldünger.

Gemüse braucht unterschiedlich viel Stickstoff (Näheres dazu unter »Stickstoffbedarf«, S. 314). Hier ist der ungefähre Stickstoffbedarf verschiedener Gruppen für einen Dünger mit 21 Prozent Stickstoffanteil angegeben. Die Dosierung ändert sich daher mit dem verwendeten Dünger; Stickstoffdünger enthalten Ammoniumnitrat und Kaliumnitrat.

Anwendung

Dünger gibt es in trockener Form (Pulver, Granulat und Pillen) und als konzentrierte Flüssigkeit (siehe »Arten von Dünger«, S. 530). Er kann entweder vor der Aussaat oder Pflanzung als Grunddüngung oder zur Wachstumsförderung als Kopfdüngung gegeben werden.

Mit Stickstoff wird im Frühling, einen Monat vor Aussaat oder Pflanzung, gedüngt; weitere Gaben können später in der Wachstumsperiode erfolgen. Verwenden Sie Stickstoffdünger niemals im Herbst, er wird aus dem Boden gewaschen, noch bevor die meisten Gemüse gepflanzt werden. Phosphat- und Kalidünger können jederzeit oder, wenn sie als Mehrnährstoffdünger verabreicht werden, so wie der Stickstoff im Frühjahr gegeben werden.

Organische Düngung

Verwenden Sie langsamer wirkende organische Dünger, wenn eine zusätzliche Düngung erforderlich ist. Dazu gehören Fisch-, Blut- und Knochenmehl als Allgemeindünger für Grund- oder Kopfdüngung und getrocknetes Blut (relativ rasch wirkend) und Huf- und Hornmehl (langsamer wirkend), beides Stickstofflieferanten.

Es gibt verschiedene flüssige Marken- und Mehrzweckdünger, einige davon auf Stallmistbasis, andere aus Seetangextrakten. Sie werden entweder beim Wässern oder als Blattdüngung verabreicht.

Topfkultur

Topfsubstrat trocknet bei heißem Wetter rapide aus. Um es feucht zu halten, bedeckt man die Oberfläche mit 5 cm Mulch aus organischem Material, Steinen oder Folie. Wässern Sie eventuell jeden zweiten Tag.

Gelegentlich ist eine Düngung erforderlich; verwenden Sie verdünnten organischen oder Mineraldünger wie angegeben. Erneuern Sie die oberste Substratschicht im Frühjahr und ersetzen Sie das Substrat alle 2-3 Jahre ganz, wenn es verdichtet und weniger ertragreich wird.

Schädlinge und Krankheiten

Gesunde Pflanzen werden mit den meisten Schädlingen und Krankheiten fertig. Eine gute Pflege der Pflanzen reduziert daher die Probleme auf ein Minimum. Lernen Sie, die wichtigsten Schädlinge und Krankheiten im Garten zu erkennen, und beugen Sie so weit wie möglich vor. Vermeiden Sie den Einsatz von Chemikalien im Gemüsegarten nach Möglichkeit. Sie bergen nicht nur die Gefahr von Rückständen im Boden und auf den Pflanzen, sie töten oft auch die natürlichen Feinde vieler Schädlinge. Wenn eine Bekämpfung unumgänglich ist, versuchen Sie zumindest, biologische Insektizide zu verwenden. Nicht selten ist eine Bekämpfung durch den natürlichen Feind eines Schädlings möglich (Näheres über Schädlinge und Krankheiten siehe unter Pflanzenschäden, S. 545-577).

Vorsorgemaßnahmen

Probleme lassen sich weitgehend vermeiden, wenn man den Boden fruchtbar und durchlässig hält, reichlich organisches Material einarbeitet und Fruchtwechsel praktiziert (siehe S. 307). Wählen Sie nach Möglichkeit für das Klima geeignetes Gemüse und Sorten mit hoher Schädlings- und Krankheitsresistenz oder -toleranz (empfohlene Sorten bei den einzelnen Gemüsen, S. 317-358), und kaufen Sie immer gesunde Pflanzen. Ziehen Sie die Pflanzen möglichst in Multitöpfen, und härten Sie im Haus gezogene Pflanzen ab. Unter Abdeckungen verwendet man nur saubere Saatschalen und Töpfe sowie sterilisierte Topferde.

Schädlinge

Gemüse wird gelegentlich von Hasen, Mäusen, Maulwürfen und Tauben heimgesucht. Zäune oder ein Netz über dem Gemüse bieten einen gewissen Schutz. Bei feuchtem Klima sind Schnecken wohl das größte Problem. Sie kommen v.a. in der Nacht – sammeln Sie sie bei Kunstlicht in der Dunkelheit auf, und vernichten Sie sie. Bodenschädlinge wie Schnecken und Eulenraupen gehen sehr gern auf junge Pflanzen und fressen den Wurzelhals ab. Die Gefahr ist bei frisch kultiviertem Boden meist größer. Gründliches Umgraben macht sie für Vögel sichtbar. Viele Bodenschädlinge kommen in der Nacht und können mit der Taschenlampe aufgespürt werden.

Manche Pflanzengruppen, z.B. Tomaten, werden von mikroskopisch kleinen Schädlingen wie Nematoden befallen. Sorgen Sie durch Fruchtwechsel dafür, daß der Schädling sich nicht etablieren kann, und ziehen Sie möglichst resistente Sorten.

Saugende Insekten, etwa Blattläuse sowie Möhrenfliege, Kohlfliege und Blasenfüße, saugen den Saft einiger Pflanzen aus; sie können dabei auch Viruskrankheiten übertragen. Kennt man die Eigenheiten des Schädlings, kann man ihm leichter beikommen – etwa durch spätere Aussaat. Verwenden Sie klebrige, gelbe Fallen für Blattläuse, Manschetten (siehe »Manschetten für Sämlinge«, S. 317) gegen Kohlfliegen und Folienbarrieren gegen die Möhrenfliegen (S. 354). Starker Befall kann durch chemische oder organische Sprühmittel bekämpft werden.

Verschiedenste Pflanzen werden von Raupen befallen. Sammeln Sie sie ab, oder verwenden Sie zur biologischen Bekämpfung *Bacillus thuringiensis* oder organische Sprühmittel. Ein feines Netz über dem Gemüse verhindert, daß die Schmetterlinge oder Motten Eier auf die Pflanzen legen. Kleine Käfer, wie Erdflöhe, knabbern die Blätter der Kohlsämlinge an. Sie können durch Sprühmittel bekämpft werden, oder die Pflanzen werden mit einem feinen Netz geschützt. Befall durch große Käfer wie den gefürchteten Kartoffelkäfer ist ein echtes Problem.

Bei hohen Temperaturen unter Glas können sich Schädlinge rapide vermehren. Gefährlich sind Weiße Fliege und Spinnmilbe, die verschiedenste Pflanzen befallen. Sie sind sogar schon gegen die üblichen chemischen Sprühmittel resistent. Vorbeugen kann man durch gute Belüftung und Erhöhung der Luftfeuchtigkeit.

Sobald Sie einen Befall feststellen, versuchen Sie, ihn durch biologische Bekämpfung in Grenzen zu halten (siehe dazu auch »Biologische Bekämpfung«, S. 546).

Gesunde Kulturbedingungen

Halten Sie Gemüsebeete (hier mit Zierkohl und Möhren) und Wege frei von Unkraut und Abfällen; entfernen und verbrennen Sie kranke Pflanzenteile. Wässern und düngen Sie sorgfältig – zuviel ist genauso schädlich wie zuwenig. Vereinzeln Sie früh, damit die Pflanzen nicht zu dicht stehen. Sorgen Sie für rasche Keimung, indem Sie drinnen säen, wenn die Bedingungen im Freien ungünstig sind.

Krankheiten

Krankheiten werden meist durch Pilze, Bakterien und Viren ausgelöst. Die infizierten Pflanzen weisen eine Reihe von Symptomen auf, oft nur Verwachsungen, manchmal sterben sie sogar ab. Die Umfallkrankheit etwa befällt und tötet junge Sämlinge; entfernen und verbrennen Sie erkrankte Pflanzen.

Unter für sie günstigen Bedingungen können sich Krankheiten rasch ausbreiten und sind dann nur schwer zu bekämpfen. Vorbeugende Maßnahmen und gute Hygiene helfen, Krankheiten zu verhindern. Bauen Sie möglichst krankheitsresistente Sorten an.

Kohlhernie ist eine gefürchtete Bodeninfektion bei Kohlarten. Hier hilft oft eine Erhöhung des pH-Wertes durch Kalk (siehe »Kalk«, S. 531) und das separate Heranziehen wüchsiger Pflanzen in Multitöpfen mit steriler Erde.

Physiologische Probleme

Manche Probleme im Gemüseanbau gehen auf besonders ungünstige Kulturbedingungen zurück, z.B. vorzeitiges Schossen, das durch plötzliche niedrige oder hohe Temperaturen, Trockenheit oder Aussaat zum falschen Zeitpunkt ausgelöst wird. Schlechter Fruchtansatz kann auf mangelnde Bestäubung, unregelmäßiges Wässern oder gar Trockenheit zurückgehen. Besteht im Boden Nährstoffmangel, wächst Blumenkohl manchmal nicht (Angaben über geeignete Kulturbedingungen siehe bei den einzelnen Gemüsen, S. 317-358).

Stickstoffbedarf (Dünger mit 21% Stickstoffanteil)

Sehr niedrig 12g/m²	Niedrig 25–35g/m²	Mittelhoch 45–55g/m²	Hoch 70–100g/m²	Sehr hoch 110g/m²
Möhren	Spargel	Amarant	Rote Beete	Kohlarten (Frühling, Sommer, Winter)
Knoblauch	Bohnen (sämtl.)	Auberginen	Rosenkohl	Chines. Brokkoli
Radies	Sellerie	Brokkolitriebe	Stangensellerie	Chinakohl
	Chicoree (sämtl.)	Kohl (für Vorratsh.)	Malabarspinat	Spinatsenf
	Zucchini	Brokkoli	Lauch	Ind. Senf
	Gurken	Blumenkohl	Kartoffeln (Haupternte)	Komatsuna
	Endivien	Taro	Schnittmangold	Pak choi
	Fenchel	Pfefferschoten	Melonen	Rhabarber
	Einlegegurken	Topinambur	Mangold	
	Artischocken	Grünkohl		
	Kohlrabi	Blattsalate		
	Squash	Frühkartoffeln		
	Neuseeländer Spinat	Riesenkürbis		
	Okra	Rhabarber (jung)		
	Zwiebeln	Spinat		
	Pastinaken	Sproßbrokkoli		
	Erdnüsse	Zuckermais		
	Haferwurzeln	Paprika		
(Erbsen brauchen keine zus. Stickstoffangabe)	Schwarzwurzeln	Süßkartoffeln		
	Kohlrüben	Wassermelonen		
	Tomaten	Wunderbeeren		
	Weiße Rüben			

Kultur in Gewächshäusern und unter Folie

IN KLIMAZONEN mit kurzer Wachstumsperiode kann der Ertrag eines Gemüsebeets durch Kultur unter Abdeckung für den gesamten oder einen Teil des Vegetationszyklus stark erhöht werden. Je kürzer die Wachstumsperiode, desto stärker sollte die Abdeckung sein.

Darunter sind Luft- und Bodentemperatur höher, und das Gemüse ist vor kalten Winden geschützt. So wird die Vegetationszeit um bis zu 2 Monaten verlängert, Qualität und Ertrag vieler Gemüse sind besser.

Auf diese Weise kann Gemüse vorgezogen und ins Freie gesetzt werden, sobald die Temperaturen steigen. Empfindliches Sommergemüse, das im Freien innerhalb der Wachstumsperiode nicht reifen würde, kommt unter Abdeckung zur Reife; bei kühlem Klima gedeihen z.B. Okra und Auberginen nur unter Glas oder Folie. Viele Gemüse können bis in den Winter hinein geerntet werden; Salat, Erbsen, orientalische Blattkohlgemüse (siehe S. 323) und Spinat stellen im Freien das Wachstum ein, wachsen unter Abdeckungen aber weiter.

Eine Abdeckung ist nur wirksam, wenn die Erde darunter nährstoffreich und frei von Unkraut ist. Gemüse muß hier mehr gewässert werden; allerdings reduziert eine Mulchschicht den Wasserbedarf. Unter Abdeckungen gezogene Pflanzen erleiden einen Schock, wenn sie plötzlich Wind und Wetter ausgesetzt werden. Härten Sie sie langsam ab.

Gewächshaus und Kasten

Eine Abdeckung kann vom Gewächshaus bis zum Kalten Kasten oder Folientunnel alles sein (Einzelheiten dazu unter GEWÄCHSHÄUSER UND FRÜHBEETKÄSTEN, S. 474-491).

Gewächshäuser
Ein festes, verglastes Gewächshaus bietet ausgezeichnete Kulturbedingungen. Es ist leicht zu belüften und hält nachts die Wärme besser als Kunststoffolie. Werden mehrere Jahre hintereinander Tomaten gezogen, entstehen Bodenkrankheiten, und die Erde muß ausgetauscht oder sterilisiert oder das Gemüse in Gefäßen gezogen werden. Empfindliches kletterndes Gemüse braucht daher besonders kräftige Stützen.

Begehbare Folientunnel
Sie werden aus besonders fester, transparenter Plastikfolie und Metallstützen hergestellt, sind billiger und leichter zu errichten als ein Gewächshaus und können auch versetzt werden. Die Belüftung des Folientunnels ist jedoch schwer zu steuern, deshalb erhöht sich bei plötzlichem Temperaturanstieg das Schädlings- und Krankheitsrisiko; im Sommer kann man Löcher in die Folie schneiden, die man im Winter zuklebt. Die Folie muß alle 2-3 Jahre erneuert werden.

Niedrige Folientunnel
Diese sind relativ billig, dazu beweglich und flexibel; die leichte Plastikfolie kann zum Belüften und Wässern zurückgeschlagen werden. Solche Tunnel bieten Windschutz und eignen sich für die meisten Gärten, v.a. für das letzte Abhärten von Sämlingen und als Schutz gegen launisches Frühlings- und Herbstwetter. Ihre Schwächen sind die geringe Höhe und das dünne Material; vor niedrigen Temperaturen bieten Sie kaum Schutz.

NIEDRIGER FOLIENTUNNEL

Stecken Sie Drahtbügel im Abstand von 90 cm in den Boden; die Folie an jedem Ende an einer Stütze befestigen. Schnur über die Folie ziehen und sie am Grund jedes Bügels festmachen.

Gartenkästen
Kästen sind relativ klein und daher v.a. für Gärten geeignet, in denen ein Gewächshaus oder ein Folientunnel keinen Platz finden. Manche sind auch tragbar. Sie sind leicht zu belüften und durch Heizdrähte im Boden heizbar. Zum Anziehen und Abhärten von Sämlingen eignen se sich besonders gut; wegen der geringen Höhe können nur bestimmte Gemüse gezogen werden, obwohl bei weniger empfindlichen Pflanzen der Deckel zur Zeit der Reifung abgenommen werden kann. Kästen können zum Frühtreiben, etwa von Witloof-Chicoree und Endivien, abgedunkelt werden.

Abdeckhauben
Eine Haube deckt zwar nur einen kleinen Bereich ab, mehrere nebeneinander aber eine ganze Reihe. Am besten verwendet man sie nacheinander für mehrere Gemüse; z.B. zum Schutz von Salat über den Winter oder zum Frühtreiben von Kartoffeln oder Zwergbohnen im Frühjahr.

Wachsende Folien

Dabei handelt es sich um perforierte Kunststoffolien, feine Gittervliese und ungewebte Faservliese. Alle können wie beim Folientunnel auf gebogene Eisenstäbe oder nach Aussaat oder Pflanzung direkt auf das Gemüse gelegt und einfach festgemacht werden. Die Folie wächst mit.

Wachsende Folien sorgen für höhere Temperaturen, Windschutz und teilweisen Schutz vor Insekten. Die Belüftung ist bei all diesen Folien besser als bei nicht perforierten. Entfernen Sie vor dem Anbringen der Folie alle Unkräuter, denn ein späteres Abnehmen der Folie ist viel zu umständlich.

Perforierte Kunststoffolien
Sie sind mit winzigen Schlitzen perforiert und werden meist für die frühen Kulturphasen verwendet. Nachteile sind Überhitzen bei heißem Wetter, geringer Frostschutz und Scheuergefahr. Um die Pflanzen zu »entwöhnen«, schneidet man die Folie wenige Tage vor dem Abnehmen in der Mitte auf.

Gittervlies
Feines Gittervlies ist stabil und hält mehrere Jahre. Es ist gut belüftet und kann meist bis zur Reife auf den Pflanzen bleiben. Es verändert die Temperatur kaum, schützt aber vor Wind und manchen Insekten.

Faservlies
Dieses leichte, weiche, ungewebte Material hält meist nur eine Saison. Je nach Gewicht schützt es vor Frost und vor fliegenden Insekten; Vlies ist speziell licht- und luftdurchlässiger als viele Kunststoffe. Viele Gemüse können somit fast bis zur Reife unter Vlies gezogen werden.

VERWENDUNG WACHSENDER FOLIEN

PERFORIERTE KUNSTSTOFFOLIE
Die wachsende Folie wird über das Beet mit den Setzlingen gelegt und an den Rändern in der Erde festgesteckt, so daß sie locker genug ist, um mitzuwachsen. Perforierte Folie schützt die Setzlinge und läßt Luft durch.

GITTERVLIES
Dieses schützt die Pflanzen vor Insekten und Windschäden.

FASERVLIES
Es schützt bei Frost und hält Insekten fern.

Ernte und Lagerung

Wie und wann Gemüse geerntet wird, ob man es frisch verwendet oder lagert, hängt vom Gemüse und vom Klima ab. Je kürzer die Wachstumsperiode und je strenger der Winter, desto mehr Gemüse wird man als Vorrat anlegen, entweder naturbelassen oder tiefgekühlt (Näheres bei den einzelnen Gemüsen, S. 317-58, und unter »Gemüse, das sich gut einfrieren läßt«, unten.)

Ernte

Dazu befolgen Sie die Angaben zu den einzelnen Gemüsearten. Die meisten werden nach der Reife geerntet, manche, v.a. Blattgemüse und Kohlarten, können in verschiedenen Reifephasen geschnitten werden und wachsen auch wieder nach.

Gemüse, das sich gut einfrieren lässt

Spargel 1
Auberginen 1 2
Rote Beete 1 3
Dicke Bohnen 1
Brokkoli-Triebe 1
Rosenkohl 1
Brokkoli 1
Möhren 1 3
Blumenkohl 1 2
Kohlarten 1 2
Sellerie 2
Chines. Brokkoli 1
Chinakohl 1 2
Zucchini 1
Helmbohnen 1
Gartenbohnen 1
Pfefferschoten 1 2
Grühnkohl 1
Kohlrabi 1 2
Mondbohnen 1
Squash 1 2
Neuseeländer Spinat 1
Okra 1
Pastinaken 1 3
Erbsen 1
Kartoffeln (kleine und neue) 1
Gartenkürbis 2
Rhabarber 2
Feuerbohnen 1
Spinat 1
Schnittmangold 1
Frühlingszwiebeln 2
Sproßbrokkoli 1
Kohlrüben 1 2
Zuckermais 1
Paprika
Mangold 1
Tomaten 1
Weiße Rüben 1 2 3
Wunderbeeren 1

Schlüssel
1 *Blanchieren*
2 *Würfel, Scheibe, Püree, Schnitzel*
3 *Nur jung einfrieren*

Nachwachsendes Gemüse ernten

Diese Methode eignet sich für Gemüse, das nach der ersten Ernte erneut sprießt, so daß es über längere Zeit frisch zur Verfügung steht. Geerntet werden Sämlinge, halbreife oder reife Pflanzen.

Sämlinge schneidet man ca. 2 cm über dem Boden, sobald sie 5-10 cm hoch sind. Manche, z.B. Rauken und Kresse können mehrere Male geschnitten werden (siehe auch »Nachwachsende Gemüse«, S. 310).

Einige halbreife oder reife Gemüse wachsen nach, wenn man sie 2,5-5 cm über dem Boden schneidet, und produzieren nach einigen Wochen wieder Blätter (siehe »Kultur orientalischer Blattkohlgemüse«, S. 323.)

Diese Methode eignet sich für bestimmte Salatarten, Endivien, Zuckerhut, Chicorée, orientalische Kohlarten und Mangold. Bei kühlem Klima ist sie im Herbst und Frühwinter besonders nützlich, da Pflanzen auf diese Weise tiefere Temperaturen vertragen als sonst und v.a. unter Abdeckungen sehr ertragreich sind.

Lagerung

Wie lange man Gemüse lagern kann, hängt von den Lagerbedingungen und von der Art oder Sorte ab. (Näheres unter den einzelnen Gemüsen.) Hauptursache für abnehmende Qualität ist Wasserverlust, versuchen Sie also, diesen herabzusetzen. Lagern Sie keine beschädigten oder kranken Pflanzen.

Gemüse läßt sich oft gut einfrieren; es muß fast immer kurz blanchiert und dann rasch abgekühlt und eingefroren werden. Die einzige Ausnahme bilden Paprika, die unbehandelt tiefgefroren werden.

Blattgemüse und Kohlarten

Blattgemüse und verschiedene Kohlarten, z.B. Brokkoli und Blumenkohl, haben einen so hohen Wassergehalt, daß sie sich kaum lagern lassen. Eine Ausnahme ist Spätkohl, der hängend in Netzen oder auf Stroh in einem frostfreien Schuppen oder in einem Kalten Kasten gelagert wird. Einige der Kohlarten lassen sich gut einfrieren: Manche Sorten wurden sogar eigens dafür gezüchtet.

ZWIEBELN FLECHTEN
Flechten Sie das trokkene Zwiebellaub zu einem Zopf. Dieser kann bei warmem Wetter draußen zum Trocknen aufgehängt und dann für die Lagerung an einen frostfreien Platz gebracht werden.

Fruchtgemüse

Tomaten, Auberginen und Gurken haben meist eine optimale Erntezeit, die Früchte können aber auch unreif geerntet werden. Für die Vorratshaltung werden sie am besten konserviert oder tiefgekühlt.

Paprika halten sich viele Wochen gut, wenn man die ganze Pflanze ausreißt und an einem trockenen, frostfreien Platz aufhängt. Patisson-Kürbisse lassen sich mehrere Monate lagern. Man pflückt die Frucht erst, wenn sie reif ist; sie wird dann der Sonne ausgesetzt, damit die Schale hart wird und die Frucht somit vor Wasserverlust schützt. Man lagert sie dann immer nur an einem trockenen, frostfreien Platz (siehe auch »Kürbisse«, S. 335).

Zwiebeln

Einige Zwiebel-, Schalotten- und Knoblauchsorten halten sich monatelang. Sie werden reif oder fast reif aufgenommen und in der Sonne getrocknet, bis die Außenhaut wie Papier wird. Lagern Sie sie geflochten oder in Netzen hängend oder in Schalen ausgelegt an einem gut belüfteten, frostfreien Ort (siehe auch »Zwiebeln lagern«, S. 345).

Wurzel- und Knollengemüse

Möhren und Kartoffeln können entweder jung geerntet und sofort gegessen oder nach der Reife aufgenommen und gelagert werden. Einige, z.B. Pastinaken, sind absolut winterhart und bleiben, außer bei strengen Wintern, bis zum Verbrauch im Boden.

Bereiten Sie das Gemüse für die Lagerung sorgfältig vor, entfernen Sie das Laub, das verrotten würde. Kellern Sie nur gesunde, nicht gequetschte Exemplare ein. Kartoffeln sind frostempfindlich; sie werden in lichtundurchlässigen Säcken an einem frostfreien Ort gelagert.

Wurzelgemüse wie Rote Bete und Möhren verlieren rasch Feuchtigkeit, man lagert sie deshalb schichtweise in Kisten mit feuchtem Sand oder Torf in einem Schuppen oder im Keller (siehe »Möhren lagern«, S. 354). Sie können allerdings auch in Mieten im Freien gelagert werden: Man legt sie auf Stroh und bedeckt sie wieder mit Stroh, in kalten Gegenden sollte noch eine zusätzliche Erdschicht als Frostschutz darüber verteilt werden (siehe auch »Errichten einer Miete«, S. 353).

ROTKOHL LAGERN

Rotkohl lagert man auf strohbedeckten Brettern an einem kühlen, luftigen, frostfreien Platz. Legen Sie die Köpfe nicht zu dicht nebeneinander, damit die Luft zirkulieren kann.

Heimische Kohlarten

DAZU GEHÖREN Grünkohl, Blumenkohl, Kopfkohl, Rosenkohl, Brokkoli, Stielmus, Brokkoli-Triebe, Kohlrabi, Kohlrüben und Weiße Rüben. Zu Kohlrabi, Kohlrüben und Weißen Rüben siehe jeweils die S. 350, 352 und 353.

Diese Kohlarten sind eigentlich zweijährig, werden aber für den Ertrag von Blättern und Wurzeln einjährig kultiviert, für Blütenköpfe und Triebe zweijährig. Die Typen sind ziemlich unterschiedlich, oft gibt es für verschiedene Jahreszeiten eine Reihe von Sorten. Sie werden meist gekocht, manche roh gegessen. Die meisten Kohlarten eignen sich für gemäßigtes Klima und sind unterschiedlich frostverträglich; sie gedeihen bei hohen Temperaturen nicht gut, bei gemäßigtem Klima kann man sie über sehr lange Zeit halten.

Manschetten für die Sämlinge

Droht Gefahr durch die Kohlfliege, legt man Manschetten um die Sämlinge. Sie müssen flach auf dem Boden aufliegen, damit die Fliegen keine Eier am Stengelgrund ablegen können.

Standort

Diese Kohlarten brauchen nährstoffreichen, durchlässigen Boden. Verhindern Sie durch Fruchtwechsel (siehe S. 307) die Entstehung von Kohlhernie. Besteht Gefahr, bringt man zur Vorbeugung den pH-Wert des Bodens mit Kalk auf 6,5-7. Die meisten unserer Kohlarten benötigen reichlich Stickstoff, sollten aber nicht in frisch gemisteten Boden gesetzt werden, denn dieser fördert üppigen Blattwuchs, der für Schädlinge anfällig und weniger winterhart ist. Vor der Pflanzung kann eine Grunddüngung aufgetragen werden (siehe »Anwendung«, S. 313).

Aussaat und Pflanzung

Heimische Kohlarten mögen festen Boden; sie können nach einem anderen Gemüse gepflanzt werden, ohne daß der Boden gelockert wird. Säen Sie direkt oder in ein Anzuchtbeet oder in Multitöpfe im Haus. Ist der Boden mit Kohlhernie infiziert, sät man in Multitöpfe und setzt die Pflanzen vor dem Auspflanzen für einen gesunden Anlauf in Töpfe, wo sie leichter ohne Infektion reifen. Hohe Kohlarten wie Rosenkohl und Sproßbrokkoli sollten 10 cm tief gepflanzt werden. Häufeln Sie den Strunk immer wieder an, bis ein etwa 10 cm hoher Erdhügel entsteht; in windigen Lagen bekommt er eine Stütze. Kohlarten müssen fest eingepflanzt werden, wobei die unteren Blätter knapp über dem Boden sind. Bis zu einem gewissen Grad kann durch den Abstand die Größe des Kohls gesteuert werden. Bei großen Abständen lohnt es sich Salatsämlinge oder Radies dazwischen zu setzen.

Kultur

Nach der Pflanzung wird gemulcht, um das Unkraut zu unterdrücken, bei trockenem Wetter gewässert (siehe »Wässern in kritischen Phasen«, S. 312). Tragen Sie während des Wachstums Stickstoffdünger auf.

Erdflöhe (S. 548), Schnecken (S. 548), Umfallkrankheit (S. 548), Kohlfliege (S. 564), Weißer Rost (S. 550) und Fadenblättrigkeit (S. 556) und Eulenraupe (S. 564) befallen junge Pflanzen. Raupen (S. 549), Weiße Fliege (S. 550), Blattläuse (S. 550), Kohlhernie (S. 553) treten in allen Wachstumsstadien auf.

Grünkohl *(Brassica oleracea* Acephala-Gruppe)

Grünkohl wird je nach Typ einjährig oder zweijährig gezogen. Er bildet kräftige, verdickte, hohe Haupttriebe (Strünke), an denen die Blätter gleichmäßig verteilt sind. Niedrige Formen werden 30-40 cm hoch bei einer Ausbreitung von 30 cm, hohe Arten bis zu 90 cm bei einer Ausbreitung von 60 cm. Die Blätter des Grünkohls werden im nord- und westdeutschen Raum als Wintergemüse geschätzt. Grünkohl ist die frostbeständigste Kohlart, er verträgt mitunter bis zu −15°C. Er braucht nährstoffreichen, durchlässigen Boden mit mittelhohem Stickstoffgehalt (siehe S. 314).

KRAUSBLÄTTRIGER GRÜNKOHL

Aussaat, Pflanzung und Pflege

Säen Sie Sommerkohl im Vorfrühling, Herbst- und Winterkohl im Spätfrühling. Säen Sie direkt oder in Anzuchtbeete oder Saatschalen; niedrige Formen benötigen 30-45 cm, hohe Formen 75 cm Abstand.

Winterkohl erhält im Frühjahr eine stickstoffhaltige Kopfdüngung, die das Wachstum fördert. In strengen Wintern werden niedrige Sorten unter Hauben oder Folientunneln gezogen. Grünkohl ist meist nicht anfällig für Schädlinge und Krankheiten.

Kultur unter Glas

Früher, frostempfindlicher Grünkohl wird im Vorfrühling in Reihen mit 15 cm Abstand oder in breite Rillen gesät. Geerntet werden entweder die großen Sämlinge, oder man vereinzelt diese auf 7 cm Abstand und schneidet die Pflanzen 15 cm hoch, die Stümpfe sprießen neu.

Ernte und Lagerung

Manche Sorten reifen 7 Wochen nach der Aussaat, können aber lange im Boden bleiben. Ernten Sie die Blätter im Herbst und Winter je nach Bedarf, so daß neuer Wuchs gefördert wird. Im Frühling pflückt man etwa 10 cm lange Sprosse, bevor sich die Blüten öffnen. Grünkohl ist ein Gemüse, das sich bestens zu konservieren eignet; es läßt sich gut vorbereitet problemlos einfrieren.

Zierkohl

Zierkohl wird hauptsächlich als winterlicher Gartenschmuck oder für die Salatdekoration gezogen. Die Blätter können grün, rot, weiß oder purpurn panaschiert sein.

Blumenkohl *(Brassica oleracea* Botrytis-Gruppe)

Blumenkohl wird ein- oder zweijährig kultiviert und bildet Köpfe (»Blumen«) von ca. 20 cm Durchmesser; die Pflanzen werden 45-60 cm hoch bei einer Ausbreitung von bis zu 90 cm. Sie werden nach der Jahreszeit ihrer Verwendung meist in Winter-, Frühsommer- und Sommer/Herbst-Formen eingeteilt; die Gruppen überschneiden sich. Blumenkohl hat meist cremeweiße oder weiße »Blumen«, es gibt aber auch interessant schmeckende Typen mit grünen oder purpurroten Blumen. Die Kohlröschen werden gekocht gegessen oder roh für Salate verwendet. Kleinere Blumen, Mini-Blumenkohl, mit etwa 5 cm Durchmesser können aus Frühsommersorten gezogen werden.

Blumenkohl gedeiht gut in gemäßigtem Klima, weniger in Gebieten mit hohen Sommertemperaturen. Mehrere Sorten sind winterhart, ganzjährige Ernte ist aber nur in Gebieten mit frostfreien Wintern möglich (zu Boden und Standort siehe »Standort«, S. 317). Blumenkohl braucht im Winter im Freien geschützte Plätze, er bleibt meist nicht bis zur Reife abgedeckt. Alle Blumenkohlformen benötigen Boden mit hoher Wasserhaltekraft, mittelhohem Stickstoffgehalt (siehe S. 314) und einem pH-Wert von 6,5-7,5.

Aussaat und Pflanzung

Der Erfolg hängt davon ab, ob die geeignete Sorte zur richtigen Zeit gesät wird, und ob die Pflanze sich ohne Verzögerungen (etwa durch Umsetzen oder trockenen Boden) entwickeln kann. Sind die Sommer eher trocken, zieht man besser Frühjahrstypen, die vom Herbstregen profitieren, oder rasch reifenden Mini-Blumenkohl.

Zu den Saatzeiten und Abständen siehe Tabelle unten. Blumenkohl wird meist in Saatschalen, Multitöpfe oder ein Anzuchtbeet gesät und umgesetzt, kann aber auch direkt gesät und auf die richtigen Abstände vereinzelt werden. Im allgemeinen gilt, je später die Pflanzung erfolgt, desto größer wird der Blumenkohl und desto größer muß der Abstand sein. Der Samen keimt bei einer Temperatur von 21°C am besten.

Für die Ernte zu Sommerbeginn sät man im Herbst in Multitöpfe oder Saatschalen und setzt die Sämlinge in kleine Töpfe, die man über den Winter in einen gut belüfteten Kasten oder unter Glas stellt. Oder man sät direkt in Kästen und vereinzelt auf 5 cm. Härten Sie die Sämlinge vor dem Auspflanzen im Frühjahr ab. Für die spätere Ernte sät man im Vorfrühling bei mäßiger Wärme im Haus und pikiert in kleine Töpfe.

Bei der Sommer/Herbst- und der Wintergruppe wird die erste Ernte im Haus in Saatschalen oder Multitöpfe oder direkt in Kästen oder unter Hauben gesät. Folgeaussaaten können in ein Anzuchtbeet im Freien oder in Multitöpfe erfolgen.

Für Mini-Blumenkohl eignen sich Frühsommersorten, die im Frühjahr oder Frühsommer gesät werden; säen Sie im Abstand von 15 cm jeweils mehrere Samen auf einmal und vereinzeln Sie nach dem Auflaufen auf einen Sämling. Für eine längere Versorgung Ihres Haushaltes mit dem wohlschmeckenden Gemüse empfehlen sich Folgeaussaaten.

Laufende Pflege

Blumenkohl muß während der Wachstumsperiode regelmäßig gewässert werden. Bei Trockenheit gibt man alle 2 Wochen 20 Liter/m². Bei Winterblumenkohl darf der Stickstoffgehalt bei der Pflanzung nicht hoch sein, sonst wird die Pflanze zu empfindlich für kühles Wetter. Stickstoffhaltiger Dünger oder organischer Flüssigdünger kann im Frühjahr gegeben werden.

Damit sich die weißen Blumen durch die Sonne nicht verfärben, bindet man die Blätter darüber zusammen. So kann auch Winterblumenkohl im Winter und Frühjahr vor Wind und Wetter geschützt werden; die Blätter vieler moderner Sorten bedecken die Blume von selbst.

Schädlinge und Krankheiten

Zu Schädlingen und Krankheiten bei Blumenkohl siehe »Kultur«, S. 317. Auch Blütenstecher (S. 561) befallen Blumenkohl.

Ernte und Lagerung

Die Zeit zwischen Aussaat und Reife liegt zwischen ca. 16 Wochen für Sommer/Herbst-Blumenkohl und ca. 40 Wochen für Winterblumenkohl. Schneiden Sie die Blumen, solange sie fest sind. Der hübsch aussehende Mini-Blumenkohl reift etwa 15 Wochen nach der Aussaat und sollte gleich geerntet werden, da er sich nicht lange hält. Blumenkohl läßt sich gut einfrieren.

SCHUTZ DER BLUME

1 *Im Winter und Vorfrühling muß reifer Winterblumenkohl oft vor strengen Frösten geschützt werden.*

2 *Schlagen Sie die Blätter um die Blume hoch, und machen Sie sie mit einer weichen Schnur fest.*

MINI-BLUMENKOHL

PURPURROTER BLUMENKOHL

EMPFOHLENE BLUMENKOHLSORTEN

Winter
'Aprilex'
'Asmer Snowcap'
'Vilna'
'Walcheren Winter Armado April'
'Walcheren Winter Maystar'

Frühsommer
'Alpha Paloma'
'Erfurter Zwerg'
'Opal'

Sommer/Herbst
'Barrier Reef'
'Neckarperle'
'Canberra'
'Plana'
'White Rock'

'Barrier Reef'

Grüne Sorten
'Alverde'
'Minaret'
'Romanesco'

Purpurne Sorten
'Purple Cape'
'Purple Queen'
'Rosalind'

BLUMENKOHL

GRUPPE	AUSSAAT	PFLANZZEIT	ZWISCHENRÄUME	ERNTEZEIT
Winter (frostfreie Lage)	Spätes Frühjahr	Sommer	70 cm	Winter/sehr früher Frühling
Winter	Spätes Frühjahr	Sommer	63 cm	Vorfrühling
Frühsommer	Herbst/Vorfrühling (unter Glas)	Frühjahr	52 cm	Früher - Mitte Sommer
Sommer/Herbst	Mitte - später Frühl.	Frühsommer	55–63 cm	Spätsommer - Spätherbst

Kopfkohl *(Brassica oleracea* Capitata-Gruppe)

Kopfkohl wird meist einjährig kultiviert. Die Pflanzen sind 20-25 cm hoch mit einer Ausbreitung von bis zu 70 cm. Der Kopf hat durchschnittlich 15 cm Durchmesser.

Kopfkohl wird nach dem Zeitpunkt der Reife eingeteilt, die Gruppen überschneiden sich jedoch. Die Blätter sind dunkel- oder hellgrün, blaugrün, weiß oder rot und glatt oder gekräuselt (Wirsing). Die Köpfe sind spitz oder rund und unterschiedlich dicht. Schon früh kann man die Blätter lockerblättriger Sorten, oder von gewöhnlichem Frühjahrskohl vor der Kopfbildung, ernten. Kohlblätter werden gekocht oder roh und feingeschnitten als Salat gegessen. Sie können auch gesäuert werden. Manche Formen von Winterkohl lassen sich gut lagern.

Kopfkohl gedeiht am besten bei 15-20°C. Pflanzen Sie nicht bei Temperaturen über 25°C. Frostbeständige Sorten vertragen für kurze Zeit Temperaturen bis zu –10°C. Kopfkohl wird meist nicht unter Abdeckungen gezogen.

Er gedeiht gut auf humosem, nährstoffreichem Boden mit hoher Wasserhaltekraft und einem pH-Wert über 6. Frühjahrs-, Sommer- und frischer Winterkohl benötigt einen sehr hohen, Winterkohl für die Lagerung einen mittelhohen Stickstoffgehalt (siehe S. 314). Geben Sie bei

REIFER FRÜHJAHRSKOHL

Frühjahrskohl vor der Pflanzung keine Stickstoffgrunddüngung, da der Stickstoff meist über den Winter ausgewaschen wird; eine Kopfdüngung im Frühjahr ist vorzuziehen.

Aussaat und Pflanzung

Säen Sie die gewählte Sorte zu der der Gruppe entsprechenden Zeit (siehe »Kohl«, unten). Säen Sie in Anzuchtbeete oder Multitöpfe, und setzen Sie die Sämlinge nach ca. 5 Wochen an den endgültigen Standort. Der Pflanzabstand ist je nach Typ unterschiedlich (siehe Tabelle unten) und beeinflußt auch die Kopfgröße. Als Schutz gegen die Kohlfliege erhält jeder Sämling beim Umsetzen eine Manschette (siehe auch »Manschetten für die Sämlinge«, S. 317). Halten Sie junge Sämlinge ausreichend feucht, bis sie genügend aufgebaut sind.

Für grünen Frühjahrskohl wählt man entweder eine grüne Sorte mit 25 cm Pflanzabstand oder einen Frühjahrskopfkohl mit 10-15 cm Pflanzabstand. Er wird jung als lokkerblättriger Grüner geschnitten; bei Kopfkohl läßt man eventuell jede

HERBSTKOHL

SOMMERROTKOHL

WIRSING

KOHL

GRUPPE (REIFEZEIT)	BESCHREIBUNG	HAUPTAUSSAAT	ZWISCHENRÄUME
Frühjahr	Kleine, spitze od. runde Köpfe	Ende Sommer	30 cm
	lockerblättriger Grüner	Ende Sommer	25 cm
Früher Sommer	Große, meist runde Köpfe	Sehr frühes Frühjahr (unter Glas)	35 cm
Sommer	Große, runde Köpfe	Frühes Frühjahr	35 cm
Herbst	Große, runde Köpfe	Spätes Frühjahr	50 cm
Winter (f. Vorratshaltung)	Weiche, weißblättrige, winterweiße	Frühjahr	50 cm
Winter (f. Frischverzehr)	Blaue, grüne und wirsingblättrige	Spätes Frühjahr	50 cm

EMPFOHLENE KOHLSORTEN

Frühjahr
'Avoncrest'
'Dorado'
'Duncan'
'Durham Early'
'Greensleeves' (nur grüne)
'Offenham 1 – Myatt's Offenham Compacta'

'Prospera'

'Prospera' F1
'Spring Hero'

Frühsommer
'Frühkopf'
'Hispy' F1
'Wivoy' F1 (Wirsing)

'Wivoy'

Sommer
'Castello'
'Minicole' F1
'Mohrenkopf' (rot)
'Ruby Ball' F1 (rot)
'Spitfire'

'Spitfire'

Herbst
'Autoro' F1
'Braunschweiger'
'Marner Julico' F1
'Winnigstadt'

Winter (für Vorratshaltung)
'Hidena'
'Holland Winter White'
'Jupiter' F1
'Polinius'

Winter (für Frischverzehr)
'Aquarius'
'Celtic' F1

'January King Hardy Late Stock 3'

'Ice Queen' F1 (Wirsing)
'January King Hardy Late Stock 3'

Grünen Frühjahrskohl ernten

Pflanzen Sie Frühjahrskohl mit 15 cm Abstand. Bevor sich ein festes Herz bildet, wird jede zweite Pflanze am Grund abgeschnitten und als grüner Frühjahrskohl verwendet.

Für die zweite Ernte

1 Um eine zweite Ernte von Blättern zu erhalten, schneidet man nach der Ernte des Kohlkopfes den Strunk kreuzförmig ein.

2 Nach einigen Wochen sollten sich mehrere kleine Köpfe gebildet haben, die wieder geerntet werden können.

zweite oder dritte Pflanze in Ruhe jeweils einen Kopf ausbilden.

Laufende Pflege

Winterkohl wird angehäufelt, damit er fester steht. Schützen Sie Frühjahrskohl durch Abdeckhauben oder wachsende Folien, und geben Sie im Frühjahr Flüssigdünger oder eine stickstoffhaltige Kopfdüngung; düngen Sie andere während der Wachstumsperiode. Halten Sie wachsenden Kohl immer feucht (siehe »Wässern in kritischen Phasen«, S. 312).

Schädlinge und Krankheiten

Zu Schädlingen und Krankheiten bei Kohl siehe »Kultur«, S. 317. Auch Stecklingsfäule (S. 558) kann bei Kohlkopfsorten auftreten.

Ernte und Lagerung

Nicht alle Frühjahrs- und Sommersorten können länger im Boden bleiben, wenn der Kopf reif ist. Meist wird die Pflanze nach dem Schneiden des Kopfes ausgegraben, Frühjahrs- und Frühsommersorten können jedoch nachwachsen, wenn nach dem Schneiden ein 10 cm hoher Strunk im Boden zurückbleibt. Schneiden Sie den Strunk mit einem scharfen Messer oben flach kreuzförmig ein, um neuen Wuchs zu fördern. Bei nährstoffreichem, feuchtem Boden können sich an einem Strunk bis zu 3 Köpfe entwickeln.

Kohl für die Lagerung (Winterweißkohl und geeigneter Rotkohl) wird vor dem ersten strengen Frost aufgenommen. Man gräbt ihn aus, entfernt die losen äußeren Blätter und legt ihn auf Latten oder auf eine Strohschicht auf dem Boden eines Schuppens, oder man hängt ihn in Netzen auf. Lagern Sie die Köpfe knapp über dem Gefrierpunkt bei relativ hoher Luftfeuchtigkeit (siehe auch »Rotkohl lagern«, S. 316). Kopfkohl hält sich an einem geeigneten Lagerplatz für mehr als 4-5 Monate.

Kohl für die Lagerung vorbereiten

Entfernen Sie für die Lagerung sorgfältig lose oder verfärbte äußere Blätter, ohne den Kopf zu beschädigen (siehe Nebenbild). Sehen Sie regelmäßig nach dem gelagerten Kohl, und entfernen Sie angefaulte Blätter.

Rosenkohl *(Brassica oleracea* Gemmifera-Gruppe)

Diese zweijährige Pflanze wird einjährig kultiviert und erreicht eine Höhe zwischen 35 cm bei niedrigen und 75 cm bei hohen Formen mit einer Ausbreitung von bis zu 50 cm. Rosenkohl wird entsprechend seiner Reifezeit in frühe, mittelfrühe und späte Gruppen eingeteilt. Die frühen Formen sind meist niedriger und weniger winterhart. Moderne F1-Hybriden sind besser als ältere, natürlich bestäubte; sie gedeihen auf nährstoffreichen Böden besser, fallen weniger leicht um und haben kompaktere, gleichmäßigere Röschen. Die dicht sitzenden Röschen am Strunk können gekocht oder feingehackt auch roh für Salate verwendet werden. Auch die reifen Blätter am oberen Ende der Pflanze werden gegessen.

Zwergform des Rosenkohls

Rosenkohl eignet sich für gemäßigtes Klima; einige winterharte Sorten vertragen Temperaturen bis zu –10°C. Durch Folgeaussaaten kann man vom Frühherbst bis zum Spätfrühling ernten. Kurz vor der Pflanzung sollte eine Grunddüngung gegeben werden; ein hoher Stickstoffgehalt des Bodens ist erforderlich (siehe S. 314). Frisch mit Stallmist gedüngter Boden führt zur Bildung von großen, lockeren Röschen anstelle von festen (zu Boden- und Standortansprüchen siehe »Standort«, S. 317).

Rosenkohl anhäufeln

Rosenkohl wird etwa 1 Monat nach dem Auspflanzen angehäufelt, damit er fester steht. In exponierten Lagen kann zu diesem Zeitpunkt auch gestützt werden.

Aussaat und Pflanzung

Säen Sie von Mitte bis Ende des Frühlings, wenn sich der Boden erwärmt, zuerst die frühreifenden Sorten. Für eine sehr frühe Ernte sät man im Vorfrühling unter einer Abdeckung bei mäßiger Wärme. Säen Sie entweder in Saatschalen, in ein Anzuchtbeet oder direkt ins Freie.

Im Frühsommer wird ca. 4-5 Wochen nach der Aussaat vereinzelt. Pflanzen Sie niedrige Sorten mit ca. 45 cm, hohe Sorten mit ca. 60 cm Abstand. Bei kleineren Abständen erntet man kleinere, gleichgroße Röschen, bei weiteren Abständen große Röschen, die nach und nach reifen und über längere Zeit Ernte bringen. Große Abstände verbessern auch die Luftzirkulation und halten die Pflanzen gesund und krankheitsfrei. Pflanzen Sie hohe Sorten tief, und häufeln Sie die Strünke während des Wachstums an. Halten Sie junge Pflanzen feucht, bis sie gut aufgebaut sind.

Da Rosenkohl langsam wächst, kann man in den ersten Monaten raschreifendes Gemüse dazwischensetzen.

BLÄTTER ENTFERNEN

Gelbe und kranke Blätter werden sofort abgebrochen, damit sich Pilzerkrankungen nicht über das ganze Gemüse ausbreiten. Auch die Luftzirkulation wird so verbessert.

Laufende Pflege
Man hält natürlich die Beete unkrautfrei. Bei großen Pflanzabständen muß nur bei sehr trockenem Wetter zusätzlich gewässert werden, und zwar wie bei Blattgemüse (siehe »Wässern in kritischen Phasen«, S. 312). Im Spätsommer kann eine stickstoffhaltige Kopfdüngung oder organischer Flüssigdünger gegeben werden, wenn die Pflanzen wenig wüchsig sind. Entfernen Sie daher welkende oder kranke Blätter sofort (siehe auch links).

Will man die Röschen tiefgefrieren, wählt man eine frühe Sorte, die im Herbst reift, und schneidet im Spätsommer die Spitzenknospe (Vegetationspunkt) ab, wenn die unteren Röschen etwa 1 cm Durchmesser haben. So reifen alle Röschen gleichzeitig.

Schädlinge und Krankheiten
Ein Problem sind Wolläuse (S. 550), die die einzelnen Röschen befallen können, und Falscher Mehltau (S. 550). Weitere Krankheiten des Rosenkohls finden Sie unter »Kultur«, S. 317.

Ernte und Lagerung
Rosenkohl kann ca. 20 Wochen nach der Aussaat geerntet werden. Der Geschmack wird durch das Aussetzen während einer kurzen Phase des Frostes besser. Ernten Sie zuerst die untersten Röschen durch Abbrechen am Grund ab; die oberen entwickeln sich noch. Sollen die Röschen eingefroren werden, pflückt man sie, bevor die äußeren Blätter durch Winterwetter beschädigt sind. Frieren Sie nur gute Exemplare ein. Die oberen Enden können zum Saisonende abgeschnitten werden.

Nach der Ernte gräbt man die Pflanzen aus und zerhackt die Strünke. So kann einer Ausbreitung von Kohlkrankheiten vorgebeugt werden, und die kompostierten Strünke zerfallen auch rascher.

In strengen Wintern werden die ganzen Pflanzen ausgegraben, bevor der Boden friert, und an einem kühlen Platz aufgehängt; die Röschen bleiben so mehrere Wochen frisch.

F1-HYBRIDEN UND NATÜRLICHE BESTÄUBUNG

Moderne F1-Hybriden bringen kompaktere, gleichmäßigere und einheitlichere Röschen hervor. Traditionelle Sorten nach natürlicher Bestäubung produzieren eher große, stark unterschiedliche Röschen.

EMPFOHLENE ROSENKOHLSORTEN

Frühe
'Oliver' F1
'Peer Gynt' F1
'Trimmer'

'Peer Gynt'

Mittlere
'Evesham Special'
'Mallard' F1
'Roger' F1

Späte
'Fortress' F1
'Hilds Ideal' F1

Sproßbrokkoli *(Brassica oleracea* Italica-Gruppe)

Diese große, zweijährige Pflanze erreicht eine Höhe von 60-90 cm und eine Ausbreitung von 60 cm. Es gibt purpurrote und weiße Formen; die purpurroten sind ertragreicher und winterhärter. Die im Frühjahr blühenden Sprosse werden gekocht. Sproßbrokkoli, dieses winterharte Gemüse (bis –12°) wird v.a. auf den Britischen Inseln kultiviert. Das langsam reifende Gemüse bleibt bis zu einem Jahr im Boden, dieser muß daher nährstoffreich sein und einen mittelhohen Stickstoffgehalt haben (siehe S. 314). Meiden Sie flache und sandige Böden und exponierte, dem Wind ausgesetzte Standorte.

PURPURROTER SPROSSBROKKOLI

Aussaat, Pflanzung und Pflege
Säen Sie im Frühling in ein Anzuchtbeet oder in Multitöpfe. Die Sämlinge werden vom Früh- bis zum Hochsommer mit mindestens 60 cm Abstand und wegen der späteren Standfestigkeit besonders tief gesetzt.

Im Herbst müssen die Pflanzen vielleicht gestützt werden. Werden die Blätter von Ringeltauben (S. 549) angefressen, deckt man die Pflanzen über den Winter mit einem Netz ab. Zur weiteren Kultur siehe »Kultur«, S. 317.

Schädlinge und Krankheiten
Sproßbrokkoli könnte von den üblichen Kohlschädlingen befallen werden, aber sie sind ziemlich problemlos. Blütenstecher (S. 561), die die blühenden Triebe schädigen, treten in manchen Gegenden vermehrt auf.

EMPFOHLENE SPROSSBROKKOLI-SORTEN
'Minaret'
'Nine Star Perennial'
'Purple Sprouting'

'Purple Sprouting'

'White Sprouting'

Ernte und Lagerung
Die Sprosse werden vom Vor- bis Spätfrühling gebrochen, wenn sie etwa 15 cm lang sind und die Knospen noch nicht aufblühen. Durch regelmäßige Ernte wird die Produktion neuer Sprosse angeregt; die Ernte kann sich über 2 Monate erstrecken.

Brokkoli *(Brassica oleracea* Italica-Gruppe)

Brokkoli hat viel Ähnlichkeit mit Blumenkohl und reift zu kompakten Pflanzen von etwa 45 cm Höhe bei selten mehr als 38 cm Ausbreitung heran. Es gibt frühe, mittelfrühe und späte Sorten, wobei die frühesten am raschesten reifen. F1-Hybriden sind ertragreicher als die ursprünglichen Sorten. Der feste Blütenstand bzw. Haupttrieb und die jungen Seitentriebe schmecken mit Biß gekocht am besten.

Brokkoli gedeiht im gemäßigten Klima und sollte nicht kultiviert werden, wenn das Temperaturmittel über 15°C liegt. Junge Pflanzen vertragen etwas Frost, nicht aber die sich entwickelnden Köpfe. Brokkoli braucht einen offenen Standort und einen die Feuchtigkeit haltenden, recht nährstoffreichen Boden mit mittelhohem Stickstoffgehalt (siehe S. 314).

BROKKOLI-ERNTE

1 *Kurz bevor sich die Blütenknospen öffnen, schneidet man den mittleren Haupttrieb ab.*

2 *Dadurch entwickeln sich Seitentriebe; wenn diese geerntet worden sind, sprießen weitere Seitentriebe.*

EMPFOHLENE BROKKOLISORTEN

Frühe
'Emperor' F1
'Juwaprim'

'Emperor'

'Green Belt'
'Green Comet' F1
'Mercedes' F1

Mittlere
'Citation' F1
'Stolto' F1

Späte
'Corvet' F1
'Shogun' F1

Aussaat und Pflanzung

Am günstigsten sind Folgesaaten vom Frühjahr bis zum Frühsommer, um im Sommer und Herbst zu ernten. Brokkoli läßt sich nicht gut umsetzen, säen Sie also entweder jeweils 2-3 Samen zusammen direkt ins Freiland oder in Multitöpfe, aus denen die Sämlinge möglichst ohne Beeinträchtigung der Wurzeln umgesetzt werden. Für eine frühe Ernte wird im Haus gesät; diese Pflanzen neigen aber nach dem Umsetzen zum Schossen.

Brokkoli bringt den höchsten Ertrag bei 20 cm Pflanzabstand in jeder Richtung oder bei 15 x 30 cm Reihenabstand. Bei kleineren Abständen werden die Endtriebe zwar kleiner, reifen aber gleichzeitig und können gut eingefroren werden.

Laufende Pflege

Halten Sie das Beet unkrautfrei. Für einen guten Ertrag braucht Brokkoli reichlich Wasser – 10 Liter/m² alle 2 Wochen. Bei großer Trockenheit wird gewässert wie bei Blattgemüse (siehe »Wässern in kritischen Phasen«, S. 312). Nach dem Schneiden der Haupttriebe kann eine stickstoffhaltige Kopfdüngung oder organischer Flüssigdünger gegeben werden, um die Bildung weiterer Seitentriebe anzuregen.

Schädlinge und Krankheiten

Zu Schädlingen und Krankheiten bei Brokkoli siehe »Kultur«, S. 317. Auch Blütenstecher (S. 561) und Falscher Mehltau (S. 550) können zum Problem werden.

Ernte und Lagerung

Brokkoli reift rasch und kann 11-14 Wochen nach der Aussaat geerntet werden. Der Haupttrieb wird geschnitten, wenn er 7-10 cm Durchmesser hat, noch fest ist, und bevor sich die Blütenknospen öffnen. In der Folge entwickeln sich die Seitentriebe, die man schneidet, wenn sie etwa 10 cm lang sind.

Blattstielgemüse *(Brassica rapa)*

Seit Jahrhunderten verwendet man verschiedene Rübchenarten noch vor der Reife als raschwachsendes grünes Gemüse. Am häufigsten werden Stielmus (*Brassica rapa* Rapifera-Gruppe) und ein Blattstielgemüse verwendet, das man unter den italienischen Namen *cime di rapa, rapini* und *broccoletti* (*Brassica rapa* Utilis-Gruppe) kennt.

Sie werden mit einem Trieb kultiviert, der bis zu 30 cm hoch wird. Die Blätter, die jungen Triebe und die süß schmeckenden jungen Blütenköpfe werden gekocht gegessen oder roh für Salat verwendet.

BLATTSTIELGEMÜSE

Die Blattstielgemüse gedeihen im gemäßigten Klima. Eigentlich sind alle Rübensorten als Blattstielgemüse geeignet; angeboten werden Samen für 'Mairübstiel' und 'Herbstrübstiel'. Sie wachsen in nährstoffreichem, die Feuchtigkeit haltendem Boden mit mittelhohem Stickstoffgehalt (siehe S. 314).

STIELMUS

Aussaat, Pflanzung und Pflege

Säen Sie dünn breitwürfig oder in Reihen mit etwa 10 cm Abstand. Vereinzeln Sie nur bei größeren Pflanzen auf 15 cm. Für frühe Ernte in kühlen Regionen wird das erste Mal im Vorfrühling im Haus gesät. Danach brauchen die Pflanzen nur wenig Pflege.

Ernte und Lagerung

Geerntet wird 7-8 Wochen nach der Aussaat. Schneiden Sie, sobald die Pflanzen reichlich Blätter haben und 10 cm hoch sind, oder warten Sie, bis unreife blühende Sprosse erscheinen und die Pflanze 20-25 cm hoch ist. Schneiden Sie etwa 2,5 cm über dem Boden. Bei kühlem Wetter sprießen die Pflanzen innerhalb von 4-5 Wochen noch 2-3mal. Geerntet wird, solange die Triebe zart sind. Blattstielgemüse muß frisch verbraucht werden.

Orientalische Blattkohlgemüse

MAN FINDET auch bei uns immer mehr orientalische Blattkohlgemüse. Sie haben mit den bei uns üblichen Kohlarten vieles gemeinsam, wachsen aber meist rascher und sind vielseitiger verwendbar. Unter günstigen Kulturbedingungen sind sie sehr ertragreich.

Bei diesen Gemüsen werden v.a. die Blätter und die Blattstiele, aber auch die jungen, süßschmeckenden blühenden Triebe verwendet. Es gibt die unterschiedlichsten Blattformen und -farben, von den glänzenden, weißgerippten Blättern einiger Pak-Choi-Sorten und den fedrigen grünen Blättern des Namenia-Stielmus bis zum Purpurgrün des Indischen Senfs. Orientalische Blattkohlgemüse sind nahrhaft, saftig und knackig bei mildem bis scharfem Geschmack. Sie werden schonend gegart, junge Blätter und Sprosse auch roh als Salat gegessen.

Orientalische Blattkohlgemüse eignen sich gut für Regionen mit kühlen Sommern und milden Wintern. Die meisten vertragen leichten Frost, v.a. wenn sie halbreif als nachwachsendes Gemüse (siehe S. 316) geerntet werden. Einige orientalische Blattkohlgemüse, wie Komatsuna und einige Senfarten, sind sogar extrem winterhart.

Im gemäßigten Klima gedeihen diese Gemüse am besten im Spätsommer und Herbst. Wo die Temperaturen im Winter einige Grad unter den Gefrierpunkt fallen, können sie unter Abdeckungen als Wintergemüse gezogen werden; wird im Spätsommer gepflanzt, kann von Herbst bis Frühling geerntet werden, obwohl das Wachstum bei niedrigen Temperaturen aussetzt.

Die orientalischen Blattkohlgemüse benötigen ähnliche Bedingungen wie heimische Kohlarten (siehe »Standort«, S. 317), da sie aber rasch wachsen und reichlich Nährstoffe und Wasser verbrauchen, muß der Boden viel organisches Material enthalten, nährstoffreich sein und gute Wasserhaltekraft besitzen. In schlechtem, trockenem Boden kümmern sie. Die meisten brauchen viel Stickstoff im Boden (siehe S. 314).

Aussaat und Pflanzung von Blattkohlgemüse

Eigentlich funktionieren alle gängigen Aussaatmethoden; wo die Gefahr besteht, daß die Pflanzen frühzeitig schossen, wird in Multitöpfe oder direkt gesät. Viele neigen zum Schossen, wenn die Tage länger werden, speziell bei mildem Frühlingswetter. In diesen Fällen wartet man in nördlichen Breitengraden mit der Aussaat bis zum Hochsommer; es gibt allerdings auch schoßfeste Sorten. Bei hartnäckigem Schossen zieht man die Blattkohlgemüse als Sämlinge und erntet die Blätter vor dem Schossen.

Durch ihr schnelles Wachstum sind sie ideale Zwischenfrüchte für langsamer reifende Arten, v. a. als nachwachsendes Gemüse, das noch dazu hervorragend schmeckt.

Kultur orientalischer Blattkohlgemüse

Generell sind diese Blattkohlarten Flachwurzler und müssen regelmäßig gewässert werden. Bei sehr trokkenem Wetter wird wie bei Blattgemüse verfahren. Die Beete brauchen auch eine Mulchschicht.

Im allgemeinen treten die gleichen Schädlinge und Krankheiten auf wie bei unseren gängigen Kohlarten (siehe »Kultur«, S. 317). Solche mit zarten Blättern sind sehr anfällig für Schnecken (S. 548), Raupen (S. 549) und Erdflöhe (S. 548). Ein feines Netz bietet einigen Schutz.

Ernte und Lagerung

Die meisten Blattkohlarten reifen 2-3 Monate nach der Aussaat. Sie können in 4 Stadien, vom Sämling bis zur ausgereiften Pflanze, geerntet werden: Im Sämlingsstadium gelten sie als nachwachsendes Gemüse (siehe »Nachwachsendes Gemüse ernten«, S. 316); einige Wochen später können sie halbreif geerntet werden; die ausgereifte Pflanze wird entweder ganz geerntet oder 2,5 cm über dem Boden abgeschnitten, damit sie wieder für eine zweite Ernte sprießt; und auch die blühenden Sprosse an den reifen Pflanzen, die von selbst herauskommen, können geerntet werden, bevor sich die Blüten öffnen.

Bei uns werden orientalische Blattkohlgemüse fast ausschließlich frisch verzehrt, obwohl die meisten sich im Kühlschrank einige Tage halten. Im Orient pflückt und trocknet man die Blätter, und Chinakohl zum Beispiel wird als Vorrat angelegt.

Indischer Senf *(Brassica juncea)*

Senfpflanzen sind eine vielfältige Gruppe von Ein- und Zweijährigen, oft sehr groß und grobblättrig. Die Blattstruktur kann glatt, genoppt oder tief gekraust sein. Manche Sorten haben purpurfarbene Blätter. Senf ist von Natur aus robust und weniger anfällig für Krankheiten und Schädlinge als die meisten orientalischen Kohlarten. Einige, darunter der grünpurpurne 'Miike Giant' und 'Osaka Purple', vertragen bis zu –10°C. Der charakteristische Geschmack ist bei manchen Sorten pikant und wird stärker, wenn die Pflanze Samen ansetzt. Die Blätter werden gekocht, junge auch roh als Salat gegessen.

Um vom Herbst bis zum Frühling ernten zu können, sät man in gemäßigten Klimabereichen vom Hoch- bis zum Spätsommer. Die Samen sind klein und werden flach unter der Oberfläche direkt ins Freiland oder in Multitöpfe gesät. Die Sämlinge sind auf 15 cm Abstand zu vereinzeln oder auszupflanzen, wenn sie jung geerntet werden sollen, größere Pflanzen auf 35 cm. Unter Abdeckungen im Herbst gepflanzte sind zarter, setzen aber früher Samen an.

Indischer Senf reift je nach Sorte innerhalb von 6-13 Wochen. Schneiden Sie einzelne Blätter nach Bedarf.

PURPURBLÄTTRIGER INDISCHER SENF

Chinesischer Brokkoli
(Brassica rapa var. *alboglabra)*

Dieses einjährige Gemüse bringt gedrungene, bis zu 45 cm hohe Pflanzen mit dicken, blaugrünen Blättern hervor. Die saftigen, feinschmeckenden, bis zu 2 cm dicken, blühenden Triebe werden meist gekocht.

Chinesischer Brokkoli verträgt höhere Sommertemperaturen als viele andere Kohlarten und leichten Frost. In gemäßigten Klimabereichen wird vom Spätfrühling bis zum Spätsommer gesät. Für frühe Ernte sät man im Frühjahr unter einer Abdekkung und pflanzt später aus. Für frühes Wintergemüse wird im Herbst unter einer Abdeckung gepflanzt. Bei kühlem Klima wartet man mit der Aussaat bis zum Hochsommer, um Schossen zu vermeiden.

Säen Sie direkt oder in Multitöpfe. Kleine Pflanzen, die man ganz erntet, sobald blühende Sprosse erscheinen, werden mit 12 cm Abstand und 10 cm Reihenabstand gezogen. Große Pflanzen, die man über längere Zeit ernten möchte, brauchen in jeder Richtung 30 cm Abstand. Schneiden Sie den Haupttrieb zuerst wie bei Brokkoli (siehe S. 322); es bilden sich weitere Seitensprosse, die man später erntet. Große Pflanzen reifen in 9-10 Wochen.

CHINESISCHER BROKKOLI

Pak-Choi
(Brassica rapa var. *chinensis)*

Pak-Choi ist eine zweijährige Pflanze, die meist einjährig kultiviert wird, mit einem lockeren Kopf aus ziemlich steifen Blättern mit breiten Mittelrippen. Es gibt viele Typen, am häufigsten findet man weiß- oder grüngerippte als F1-Sorten 'Joi Choi' (weiß) und 'Shanghai' (grün). Die niedrigen Formen werden ca. 10 cm, große ca. 45 cm hoch. Pak-Choi ist saftig und mild im Geschmack, er wird roh oder gekocht gegessen.

Er gedeiht am besten bei kühlen Temperaturen von 15-20°C. Die meisten Sorten vertragen im Freien etwas Frost, unter Abdeckungen als nachwachsendes Wintergemüse aber niedrigere Temperaturen.

Bei gemäßigtem Klima wird während der ganzen Wachstumsperiode gesät. Bei Frühjahrssaat besteht Schoßgefahr, sie eignet sich also nur für nachwachsendes Sämlingsgemüse. Säen Sie direkt oder in Multitöpfe. Der Abstand hängt von der Sorte und der gewünschten Pflanzengröße ab und liegt zwischen 10 und 45 cm für die besonders großen Pflanzen. Im Spätsommer setzt man Pak-Choi für die Herbsternte am besten unter eine Abdeckung.

Pak-Choi kann in jedem Stadium, vom Sämling bis zu den jungen blühenden Trieben der reifen Pflanze, geerntet werden, Sämlingsblätter schon nach etwa 3 Wochen. Schneidet man sie 2,5 cm über dem Boden, sprießen sie neu. Auch reife Pflanzen sprießen noch einmal neu, wenn sie etwas höher geschnitten werden.

PAK-CHOI

SÄMLINGE ERNTEN

Pak-Choi kann als Sämling geerntet werden. Schneidet man ihn 2,5 cm über dem Boden, sprießen neue Blätter.

Namenia-Stielmus *(Brassica rapa* var. *nipposinica)*

Je nach klimatischen Bedingungen als Ein- oder Zweijährige hat das Namenia-Stielmus dunkelgrüne, glänzende, tiefgesägte, beinahe fedrige Blätter und schlanke, weiße, saftige Stiele, die eine Rosette von bis 45 cm Durchmesser und ca. 25 cm Höhe bilden. Es ist sehr dekorativ, v.a. als Randpflanzung oder in Blöken angeordnet. Namenia-Stielmus wird gekocht oder, wenn die Blätter noch jung und zart sind, roh gegessen. Das Gemüse ist sehr anpassungsfähig und verträgt sowohl hohe Sommer- als auch frostige Wintertemperaturen (bis –10°C).

Gesät wird während der ganzen Wachstumsperiode. Die Pflanzen schossen nicht leicht, daher kann je nachdem in Saatschalen, Multitöpfe, in ein Anzuchtbeet oder direkt ins Freie gesät werden.

Junges Wintergemüse wird am besten im Spätsommer gesät und unter eine Abdeckung gesetzt. Setzen Sie kleine, jung zu erntende Pflanzen mit 10 cm, große mit bis zu 45 cm Abstand. Namenia-Stielmus ist eine gute Zwischenfrucht, wenn bereits die Sämlinge geerntet werden. Es reift 8-10 Wochen nach der Aussaat, und man kann in allen Stadien ernten; Sämlinge sind schon nach 2-3 Wochen zu verwenden (siehe »Ernte und Lagerung orientalischer Blattkohlgemüse«, S. 323). Die Pflanzen sind wüchsig und können nach dem ersten Schneiden noch mehrmals neu sprießen.

NAMENIA-STIELMUS

Chinakohl *(Brassica rapa* var. *pekinensis)*

Es gibt einjährige oder zweijährige Pflanzen. Der Chinakohl ist bei uns einjährig. Er bildet einen dichten, aufrechten Kopf. Die Blätter haben hervortretende, weiße Rippen, die breiten Mittelrippen überlappen sich an der Basis ähnlich wie beim Pak-Choi. Gedrungene Formen werden ca. 25 cm hoch, zylindrische bis zu 45 cm. Die Blattfarbe variiert von Dunkelgrün bis beinah Cremeweiß, insbesondere in der Mitte der Pflanze. Es gibt auch hübsche lockerblättrige Formen. Chinakohl ist mild im Geschmack und knackig; er wird als Salat, gekocht oder milchsauer vergoren gegessen.

Zu den bevorzugten klimatischen Bedingungen siehe »Pak-Choi« (links). Die meisten Kopfformen schossen, wenn sie im Frühjahr gesät werden und die Temperatur nicht für die ersten 3 Wochen des Wachstums bei 20-25°C gehalten wird. Man verlegt die Aussaat daher besser in den Frühsommer. Einige lokkerblättrige Arten können im Frühjahr gesät werden. Wenn sie schossen, behandelt man sie wie nachwachsendes Gemüse. Säen Sie in Multitöpfe oder direkt; vereinzeln oder pflanzen Sie auf 30 cm Abstand. Reichlich Feuchtigkeit während des Wachstums ist wichtig. Chinakohl hat weiche Blätter, die anfällig für Krankheiten sind (siehe »Kultur orientalischer Kohlsorten«, S. 323).

Chinakohl reift 8-10 Wochen nach der Aussaat und kann in jedem Stadium geerntet werden, da er sowohl nach der Ernte der Köpfe wie auch als halbreife Pflanze in der Wachstumsphase wieder nachwächst.

EMPFOHLENE CHINAKOHLSORTEN

'Jade Pagoda' F1
(zylindrisch)
'Kasumi' (ovalrund)
'Tip Top' F1
(ovalrund)

'Jade Pagoda'

CHINAKOHL ERNTEN

1 *Schneiden Sie Chinakohl (hier eine lockerblättrige Sorte) etwa 2,5 cm über dem Boden.*

2 *Nach wenigen Wochen können die Blätter geerntet werden. Die Stümpfe sprießen oft mehrmals.*

Komatsuna *(Brassica rapa* var. *perviridis)*

Die Gruppe der Komatsuna, auch als Spinatsenf bezeichnet, ist sehr vielfältig; sie umfaßt große, ertragreiche, robuste, gesunde Pflanzen, oft mit glänzenden, bis zu 30 cm langen und 18 cm breiten Blättern. Die Blätter schmecken ähnlich wie Kohl, ein wenig wie Spinat. Man ißt sie gekocht oder geraspelt roh zum Salat.

Komatsuna-Pflanzen vertragen unterschiedliche Temperaturen bis zu –12°C. Die Pflanzen schossen nach Frühlingsaussaat weniger leicht als die meisten orientalischen Kohlarten und vertragen Trockenheit besser. Zu Aussaat und Pflanzabstand siehe »Namenia-Stielmus« (links). Komatsuna gedeiht unter einer Abdeckung gut als praktisches Wintergemüse. Die Blätter können in jedem Stadium geerntet werden (siehe »Orientalische Blattkohlgemüse«, »Ernte und Lagerung«, S. 323). Die Pflanzen reifen meist etwa 8 Wochen nach der Aussaat.

KOMATSUNA

Blatt- und Salatgemüse

Diese Gemüse werden wegen der großen Vielfalt ihrer Blätter gezogen, die roh und fein geschnitten, als Salat oder gekocht gegessen werden. Frisch gepflückt schmecken die Blätter vorzüglich und sind dazu noch sehr nahrhaft. Durch die unterschiedlichen Blattfarben sehen sie auch hübsch aus. Die sorgfältige Wahl der Sorte und richtige Kulturbedingungen garantieren eine ganzjährige Versorgung. Durch Folgesaaten kann vermieden werden, daß zuviel Gemüse gleichzeitig reift. Wegen des hohen Wassergehaltes der Blätter halten sich manche zwei bis drei Tage.

Amarant *(Amaranthus-Arten)*

Diese rapide wachsende Einjährige erreicht eine Höhe von etwa 60 cm und eine Ausbreitung von 30-40 cm. *Amaranthus cruentus* und einige andere Arten werden v.a. in südlichen Ländern als Spinatersatz angebaut. *A. cruentus* hat ovale, hellgrüne Blätter; die meisten Amarant-Sorten sind nur örtlich verbreitet. *A. tricolor*, auch Chinesischer Spinat genannt, hat rote, gelbe oder grüne Blätter und grünlichweiße Blüten. *A. caudatus* hat blaßgrüne Blätter und wird auch bei uns wegen der leuchtendroten Blütenzöpfe als Zierpflanze gezogen. Man bezeichnet die Amarant-Arten auch als Afrikanischen oder Indischen Spinat. Die Blätter und die unreifen Blütenknospen werden gekocht und wie Spinat gegessen.

Die Amarant-Arten sind tropische und subtropische Pflanzen, die für einen guten Ertrag eine Temperatur von 22-30°C und mehr als 70 Prozent Luftfeuchtigkeit brauchen. Sie können im gemäßigten Klimabereich, im Gewächshaus oder an einem sehr sonnigen, geschützten Platz im Freiland gezogen werden. Mäßig tiefer, durchlässiger, nährstoffreicher Boden mit einem pH-Wert von 5,5-7 sowie mittelhohem Stickstoffgehalt

Amaranthus cruentus

(siehe dazu S. 314) ist Voraussetzung für die Kultur.

Aussaat und Pflanzung

Säen Sie im Frühling im Freien, sobald die Temperatur hoch genug ist, in Reihen mit 20-30 cm Abstand. Vereinzeln Sie die etwa 5-7 cm hohen Sämlinge auf 10-15 cm Abstand. Schützen Sie die jungen Pflanzen, bis sie aufgebaut sind.

In kühlen Gebieten oder für frühere Ernte kann in Schalen im Gewächshaus gesät werden; wenn die Sämlinge groß genug sind, werden sie in Töpfe pikiert. Mit 7 cm Höhe kommen sie ins Freie.

Laufende Pflege

Halten Sie die Beete unkrautfrei, und wässern Sie regelmäßig. Geben Sie alle 2-3 Wochen ausgewogenen Dünger oder organischen Flüssigdünger. Bei weniger fruchtbaren Böden gibt man zusätzlich alle 3 Wochen Stickstoff und Kalium. Halten Sie die Pflanzen am Grund durch eine organische Mulchschicht feucht und warm. Sobald die Pflanzen 20 cm hoch sind, wird der Vegetationspunkt ausgeknipst, um Seitensprosse anzuregen und den Ertrag zu erhöhen.

Schädlinge und Krankheiten

Falscher Mehltau (S. 550), Echter Mehltau (S. 550), ferner Raupen (S. 549) und Blattläuse (S. 550) befallen Pflanzen im Freien, Blasenfüße (S. 551) und Umfallkrankheit (S. 568) unter Glas.

Kultur unter Glas

Sobald die Sämlinge 7-10 cm hoch sind, setzt man sie in 20-cm-Töpfe, Kultursäcke oder in Beete mit einem Pflanzabstand von 40-50 cm in jeder Richtung. Halten Sie die Temperatur auf mindestens 22°C. Wässern Sie, und sorgen Sie bei heißem Wetter für 70 Prozent Luftfeuchtigkeit.

Ernte und Lagerung

Amarant kann 8-10 Wochen nach der Aussaat geerntet werden. Schneiden Sie mit einem scharfen Messer junge Sprosse bis zu 10 cm lang, sobald die Pflanzen etwa 25 cm hoch sind; sie bringen mehrere Monate lang neue Sprosse hervor. Ernten Sie nach Bedarf. Amarant wird am besten frisch gegessen.

Amaranthus tricolor

Malabar-Spinat *(Basella alba)*

Diese auch als Indischer Spinat bezeichnete, sehr kurzlebige, windende Staude wird üblicherweise bis zu 4 m hoch. Var. *alba* hat dunkelgrüne Blätter; var. *rubra* hat rote Blätter und Triebe. Die ovalen oder runden Blätter werden gekocht gegessen und sind schmackhaft.

Diese tropische und subtropische Pflanze, die eine Temperatur von 25-30°C benötigt, hat bei uns nur Liebhaberwert. Bei niedrigeren Temperaturen wächst sie langsamer, und die Blätter sind kleiner. Größere Blätter wachsen jedoch in leichtem Schatten. Durchlässiger, nährstoffreicher Boden ist die Voraussetzung für gutes Gedeihen dieser Pflanze.

Aussaat und Pflanzung

Säen Sie bei entsprechender Temperatur in Saatschalen oder kleine Töpfe. Sobald die Sämlinge 10-15 cm hoch sind, werden sie mit 40-50 cm Abstand in jeder Richtung in gut vorbereitete Beete gesetzt.

Laufende Pflege

Stützen Sie die Pflänzchen, oder binden Sie die Triebe an einem Spalier fest. Halten Sie die Pflanzen unkrautfrei, und wässern Sie bei Bedarf. Mulchen Sie mit organischem Material. Geben Sie während der Wachstumsperiode alle 2-3 Wochen ausgewogenen Dünger oder Flüssigdünger. Sobald die Sämlinge

Malabar-Spinat stützen

Malabar-Spinat kann mit einem waagrechten Spalier 30 cm über dem Boden gestützt werden. Die Triebe sollten nicht zu dicht stehen und gleichmäßig über das Spalier verteilt werden.

45 cm hoch sind, knipst man den Vegetationspunkt aus, um die Verzweigung zu fördern. Blühende Triebe werden zur Förderung der Blattbildung entfernt.

Man vermehrt die Pflanzen durch 10-15 cm lange Stecklinge, die man zur Bewurzelung in kleine Töpfe steckt und dann wie beschrieben als Sämlinge umtopft.

Schädlinge und Krankheiten

Malabar-Spinat kann von Wurzelgallenälchen (S. 564), Blattläusen (S. 550),Weißer Fliege (S.550) und Roter Spinne (S. 550) befallen werden.

Kultur unter Glas

Setzen Sie die Sämlinge in Kultursäcke oder in 20-cm-Töpfe. Entfernen Sie den Vegetationspunkt, sobald sie 30 cm hoch sind, um die Verzweigung zu fördern, und halten Sie die Luftfeuchtigkeit hoch. Befestigen Sie nachwachsende Sprosse.

Ernte und Lagerung

Schneiden Sie 10-12 Wochen nach dem Umsetzen junge, 15-20 cm lange Endtriebe; dadurch entwickeln sich über Monate weitere Sprosse. Das Gemüse, dessen Nährwert verhältnismäßig hoch ist, wird ähnlich wie Spinat zubereitet.

Mangold und Schnittmangold *(Beta vulgaris* Cicla-Gruppe)

Diese spinatähnlichen Blattgemüse gehören wie alle Rüben zur Familie der Gänsefußgewächse. Mangold bildet große Pflanzen mit glänzenden Blättern, die bis zu 45 cm lang und 15 cm breit werden. Die Mittelrippen verbreitern sich zu breiten Blattstielen, die weiß, rot, cremefarben oder rosa sein können. Die Blattfarbe ist je nach Sorte unterschiedlich, von Tiefgrün ('Grüner Schnitt') bis Grünlichgelb ('Lukullus') und Rötlichgrün ('Rhubarb-Roter Rhabarbermangold'). Die Blätter und Mittelrippen werden meist gekocht; letztere haben eine längere Kochzeit und werden oft als eigenes Gemüse betrachtet. Schnittmangold hat kleinere Blätter mit schmalen, grünen Blattstielen. Er wird leicht gekocht oder roh gegessen.

MANGOLD MIT WEISSEN MITTELRIPPEN

Mangold und Schnittmangold eignen sich gut für gemäßigte Klimabereiche und Temperaturen von 16-18°C, sie vertragen aber höhere Sommertemperaturen, ohne zu schossen, und Wintertemperaturen bis zu –14°C. Sie können in verschiedenen nicht sauren Böden gezogen werden, wenn diese nährstoffreich sind, gutes Wasserhaltevermögen besitzen und reichlich organisches Material enthalten. Die Pflanzen bleiben bis zu 12 Monaten im Boden und brauchen daher viel Stickstoff (siehe S. 314).

Aussaat und Pflanzung

Für eine Dauerversorgung sät man im Frühjahr (die Pflanzen reifen bis zum Spätfrühling des nächsten Jahres) und dann wieder im Hoch- bis Spätsommer (für die Ernte im nächsten Sommer). Säen Sie direkt in Reihen mit 35 cm Abstand für Schnittmangold bzw. mit 45 cm für Mangold; vereinzeln Sie die Sämlinge früh auf 30 cm.

MANGOLD MIT ROTEN MITTELRIPPEN

Oder Sie säen in Saatschalen oder Multitöpfe und setzen um. Die Keimung erfolgt meist rasch. Als nachwachsendes Sämlingsgemüse kann Schnittmangold eng gesät werden (siehe S. 310).

Laufende Pflege

Mangold und Schnittmangold erfordern kaum Pflege. Eine organische Mulchschicht unterdrückt Unkraut und hält die Feuchtigkeit; geben Sie während der Wachstumsperiode stickstoffhaltigen Dünger oder organischen Flüssigdünger, wenn die Pflanzen nicht gut wachsen.

Schädlinge und Krankheiten

Die Sämlinge werden mitunter von Vögeln (S. 561) angefressen. Auch Blattfleckenkrankheit (S. 552) und Falscher Mehltau (S. 550) können bei zu engem Stand zum Problem werden.

Kultur unter Glas

Bei kühlem Klima sind Mangold und Schnittmangold unter Abdeckungen ein ausgezeichnetes Wintergemüse. Säen Sie im Spätsommer in Multitöpfe, und setzen Sie im Frühherbst unter eine Abdeckung um, oder säen Sie Schnittmangold als nachwachsendes Gemüse breitwürfig. Oft kann im Winter und Vorfrühling geerntet werden.

Ernte und Lagerung

Die Blätter sind 8-12 Wochen nach der Aussaat erntereif. Zuerst schneidet man die äußeren Blätter und erntet weiter nach Bedarf; oder man schneidet die Blätter der ganzen Pflanze 2,5 cm über dem Boden ab. Sie bringt an der Basis noch viele Monate neue Blätter hervor. Sowohl Mangold als auch Schnittmangold lassen sich einfrieren.

Endivie *(Cichorium endivia)*

EMPFOHLENE ENDIVIENSORTEN

Krausblättrige
(früh u. Sommer)
'Goldherz'
'Pancaliere'
'Ruffec' **üw**
'Wallonne' **üw**

Ganzblättrige
(Sommer u. Herbst)
'Bubikopf' **üw**
'Full Heart Italian' **üw**
'Golda'

'Golda'

SCHLÜSSEL
üw *Zugedeckt überwintern*

Die schon bei Griechen und Römern bekannte Kulturpflanze bildet eine flache oder halbaufrechte Blattrosette von 20-40 cm Durchmesser. Die beiden ausgeprägtesten Formen sind die geschlitzt- oder krausblättrige und die ganzblättrige Endivie oder Escariol, es gibt aber auch Zwischenformen. Die äußeren Blätter sind dunkel- bis hellgrün, die zarteren Innenblätter cremegelb. Die Endivie schmeckt leicht bitter und wird deshalb gebleicht. Sie wird zerkleinert v.a. für Salate verwendet oder auch gekocht.

Die Endivie gedeiht am besten im gemäßigten Klima bei Temperaturen von 10-20°C, sie verträgt auch leichten Frost; winterhärtere Sorten vertragen –9°C. Durch hohe Temperaturen wird sie meist bitterer. Einige krausblättrige Formen sind ziemlich hitzeverträglich, Escariol-Formen tolerieren mehr Kälte. Fällt die Temperatur nach Frühlingsaussaat für längere Zeit unter 5°C, besteht die Gefahr des Schossens. Endivien gedeihen auch bei spärlichem Licht und sind daher ein gutes Wintergemüse fürs Gewächshaus.

Zu Boden und Standort siehe »Gartensalat«, S. 328. Die Endivie kann im Sommer in leichtem Schatten kultiviert werden; ziehen Sie Herbstgemüse immer auf durchlässigem Boden, um Fäulnis zu vermeiden. Endivien brauchen wenig Stickstoff (siehe S. 314).

Aussaat und Pflanzung

Wählen Sie für jede Jahreszeit eine geeignete Sorte. Sommergemüse wird im Spätfrühling, Herbstgemüse im Sommer gesät, und zwar direkt oder in Multitöpfe oder Saatschalen. Vereinzeln oder pflanzen Sie die Sämlinge auf 25-40 cm Abstand. Krausblättrige Formen können als nachwachsendes Gemüse (S. 310) gesät werden, am besten im Spätfrühling und Spätsommer.

Laufende Pflege

Zum Bleichen wählt man fast reife Pflanzen mit trockenen Blättern und bleicht jeweils nur wenige, da sie sich danach nicht lange halten.

Für vollständiges Bleichen bedeckt man jede Pflanze mit einem Eimer. Bei Escariol-Formen werden die Blätter zusammengebunden. Schützen Sie die Pflanzen bis zur Ernte nach etwa 10 Tagen vor Schnecken. Im Herbst werden die Pflanzen für das Bleichen aufgenommen, bevor sie durch schlech-

ENDIVIEN BLEICHEN

1 *Prüfen Sie, ob die Endivie trocken ist; stülpen Sie einen Teller über die Mitte.*

2 *Nach etwa 10 Tagen sollte die Mitte weiß und reif zum Ernten sein.*

tes Wetter Schaden nehmen; man setzt sie in einen abgedunkelten Kasten und bleicht wie bei Chicorée (siehe unten).

Schädlinge und Krankheiten
Am häufigsten treten Schnecken (S. 548) und Blattläuse (S. 550) auf. Zu anderen Schädlingen und Krankheiten bei Endivien siehe »Gartensalat«, S. 328.

Kultur unter Glas
Unter Abdeckungen kann man ganzjährig Endivien ziehen. Für den Winter und Vorfrühling setzt man im Frühherbst Sämlinge aus Saatschalen oder Multitöpfen unter die Abdeckung. Nachwachsendes Sämlingsgemüse wird im Frühling für die frühe und im Frühherbst für die späte Ernte gesät.

Ernte und Lagerung
Ernten Sie Endivien 7-13 Wochen nach der Aussaat, je nach Sorte und Jahreszeit. Pflücken Sie einzelne Blätter nach Bedarf, oder schneiden Sie die ganze Pflanze über der Krone ab, damit sie neu sprießt. Reife Pflanzen wachsen gut nach (siehe »Nachwachsendes Gemüse ernten«, S. 316). Endivienblätter sollten frisch gegessen werden.

Chicorée *(Cichorium intybus)*

Es gibt viele Arten von Chicorée, alle mit charakteristischem, leicht bitterem Geschmack. Diese Langtagspflanzen sind fast alle gute Wintergemüse. Die vielfältigen Farben machen sich gut in Salaten, manche Formen werden auch gekocht. Alle Formen haben einen geringen Stickstoffbedarf (siehe S. 314).

Witloof oder Belgischer Chicorée

Diese zweijährigen Pflanzen erinnern ein wenig an Löwenzahn und haben spitze, ca. 20 cm lange Blätter und eine Ausbreitung von ca. 15 cm. Ihre Schoßtriebe (die weißen, kompakten Austriebe, die man durch Treiben und Bleichen erhält) werden roh oder gekocht gegessen. Auch die grünen, bitteren Blätter können verwendet werden.

EMPFOHLENE CHICORÉE-SORTEN

Witloof (Weißlaub)
'Normato'
'Witloof Zoom' F1

Radicchio
'Cesare' (früher)
'Rossano' (früher)
'Roter Veroneser'
'Roter von Treviso'

'Cesare'

Zuckerhutsalat
'Bianca di Milano'
'Biondissima di Trieste'
'Jupiter'
'Poncho'
'Sperlings Kristallkopf'

Witloof gedeiht am besten bei ca. 15-19°C. Er wird für den Winter meist getrieben. Ziehen Sie die Pflanzen an einem offenen Standort mit nährstoffreichem – aber nicht frisch gemistetem – Boden.

Die Pflanzen brauchen eine lange Wachstumsperiode. Säen Sie direkt im Freien im Frühling oder Frühsommer in Reihen mit 30 cm Abstand. Vereinzeln Sie die Sämlinge auf 20 cm. Halten Sie die Pflanzen unkrautfrei. Wässern Sie sie bei Bedarf, so daß der Boden nicht austrocknet.

In leichten Böden und Gebieten mit mildem Winter kann Witloof im Freien getrieben werden. Schneiden Sie die grünen Blätter im Frühwinter etwa 2,5 cm über dem Boden ab. Bedecken Sie die Stümpfe etwa 15 cm hoch mit Erde; die Schoßtriebe werden durchwachsen.

Ist der Gartenboden schwer, sind die Winter zu streng, oder soll früh geerntet werden, wird nicht im Freien getrieben. Graben Sie die Pflanzen im Spätherbst aus. Kürzen Sie die Blätter auf 2,5 cm und die Wurzeln auf ca. 20 cm; meiden sie sehr dünne Rüben. Die Wurzeln können sofort getrieben oder gelagert und nacheinander im Winter und Vorfrühling zum Treiben verwendet werden. Man lagert sie in flachen Kisten mit feuchtem Sand zwischen den Lagen in einem frostfreien Schuppen oder im Keller.

Setzen Sie mehrere vorbereitete Wurzeln in einen großen Topf oder eine Kiste mit Substrat oder Gartenerde, und decken Sie einen zweiten Topf oder eine Kiste derselben Größe verkehrt darauf. Verschließen Sie die Drainagelöcher. Halten Sie den Boden feucht und die Temperatur bei 10-18°C. Die Wurzeln können auch unter einen Gewächshaustisch gesetzt werden. Spannen Sie schwarze Plastikfolie über einen Drahtreifen oder über eine Holzstütze, und dunkeln Sie den Bereich damit ab. Witloof ist gewöhnlich frei von Schädlingen und Krankheiten.

Im Freien getriebener Witloof wird nach 8-12 Wochen geerntet, wenn er etwa 10 cm hoch ist, indem man die Erde wegnimmt und die Triebe 2,5 cm über der Wurzelkrone abschneidet. Im Haus getriebene Pflanzen sind nach 3-4 Wochen erntereif. Die Rüben können nochmals kleinere Sproßtriebe hervorbringen. Bewahren Sie Witloof eingewickelt oder im Kühlschrank auf.

CHICORÉE TREIBEN UND BLEICHEN

1 *Die reife Pflanze wird im Spätherbst oder Frühwinter vorsichtig aufgenommen. Zarte Mittelblätter können gegessen werden.*

2 *Schneiden Sie die Blätter 2,5 cm über der Krone ab, nehmen Sie den untersten Teil und die Seitenwurzeln der Rübe ab, daß ein ca. 20 cm langes Stück bleibt.*

3 *Geben Sie in einen 24-cm-Topf eine Schicht feuchte Topf- oder Gartenerde. Setzen Sie 3 beschnittene Rüben aufrecht hinein, füllen Sie den Topf bis auf 2,5 cm unter dem Rand und drücken Sie die Erde an, die Krone bleibt frei.*

4 *Legen Sie einen zweiten Topf mit Alufolie oder schwarzem Plastik aus, und setzen Sie ihn lichtdicht über die Wurzeln. Halten Sie die Temperatur auf 10-18°C. Sproßtriebe werden nach 3-4 Wochen knapp über der Erde abgeschnitten.*

Radicchio

Dieses Zichoriengewächs ist eine italienische Spezialität. Der typische Radicchio, eine niedrigwachsende Pflanze, hat bittere, rötlichgrüne Außenblätter und ein kompaktes Herz. Er wird roh als Salat oder gekocht gegessen.

Radicchio verträgt ganz unterschiedliche Temperaturen und Bodenbedingungen, wird aber v.a. für die kühle Jahreszeit gezogen. Die Sorten sind unterschiedlich frosthart. 'Roter von Treviso' ist besonders winterhart; er kann wie Witloof getrieben werden (siehe S. 327). Neue F1-Hybriden haben festere Köpfe als traditionelle Sorten. Säen Sie im Früh- und Hochsommer direkt oder in Saatschalen. Pflanzen Sie je nach Sorte mit 25-35 cm Abstand. Setzen Sie im Sommer gesäten Radicchio im Herbst unter eine Abdeckung.

8-10 Wochen nach der Aussaat werden einzelne Blätter oder die ganze Pflanze geerntet. Radicchio kann nach der Reife lange im Boden bleiben; bei kaltem Klima wird er im Spätherbst durch niedrige Tunnel geschützt, damit die Köpfe fester werden.

Zuckerhutsalat

Zuckerhut hat grüne Blätter und spitz zulaufende, fest geschlossene Köpfe. Die Innenblätter sind von Natur aus gebleicht und schmecken leicht süß. Zu Verwendung, Klima, Boden und Kultur siehe »Radicchio« (links).

Zuckerhut oder Fleischkraut kann im Frühjahr als nachwachsendes Sämlingsgemüse (siehe S. 310) gesät werden; die Sämlinge werden geerntet, bevor die Temperaturen steigen und die Blätter grob werden. Für reife Pflanzen vereinzelt man die Sämlinge auf 25 cm Abstand, geerntet wird ab Spätsommer. Die Pflanzen vertragen leichten Frost und können unter Abdeckung im Winter draußen bleiben.

Schneiden Sie die Blätter oder die reifen Köpfe. Die Köpfe halten sich einige Wochen an einem kühlen, trockenen, frostfreien Ort (siehe auch »Miete für Kohlrüben«, S. 353).

ZUCKERHUTSALAT

Gartensalat *(Lactuca sativa)*

Gartensalat ist eine einjährige, niedrigwachsende Pflanze; er hat meist grüne Blätter, manche Sorten auch rote oder rötlichgrüne.

Es gibt unterschiedliche Formen. Binde- oder Kochsalat hat lange, große, wohlschmeckende Blätter und ein ziemlich lockeres Herz; kurzblättriger Bindesalat ist kleiner und hat süße, knackige Blätter. Buttersalat hat weiche, glatte Blätter und ein rundes, kompaktes Herz; auch die knackigen Blätter des Eissalats bilden ein Herz. Die lockerblättrigen Gartensalate, die »Blattsalate«, schossen, weil sie kein Herz ausbilden, weniger leicht und können über längere Zeit geerntet werden; sie haben oft gezähnte, sehr dekorative Blätter. Diese sehr nahrhaften Gartensalate können auch als nachwachsendes Gemüse gezogen (siehe S. 310) werden.

Gartensalate haben zwischen 10 cm und mehr als 30 cm Ausbreitung. Bindesalat ist etwa 25 cm hoch, andere etwa 15 cm. Gartensalate werden in erster Linie für Salate verwendet, äußere oder ältere Blätter können auch gekocht werden.

Gartensalat gedeiht am besten im gemäßigten Klima bei Temperaturen von 10-20°C. Kühle Nächte sind für guten Ertrag wichtig. Manche Sorten sind hitze- oder frostverträglich. Bei Temperaturen über 25°C keimen die Pflanzen schlecht, sie schossen rapide und werden bitter, Blattsalate allerdings weniger als andere Formen.

Sie gedeihen an offenen Standorten, bei praller Sonne brauchen sie etwas Schatten. Für Gartensalate sollte der Boden nährstoffreich sein und die Feuchtigkeit gut halten; sie gehören zwar beim Fruchtwechsel keiner

BLATTSALATE ('LOLLO ROSSA')

Gruppe an, man zieht sie aber besser nicht 2 Jahre hintereinander am selben Platz, um Pilzkrankheiten vorzubeugen. Der Stickstoffbedarf ist mittelhoch (siehe S. 314).

Aussaat und Pflanzung

Die gesäten Sorten müssen der Jahreszeit entsprechen. Um in kühlen Klimazonen ganzjährig ernten zu können, sät man vom Vorfrühling bis zum Spätsommer in Abständen von 2-3 Wochen. Im Frühherbst werden winterharte Sorten im Freien gesät, für eine Ernte bereits im Frühjahr brauchen sie eine Abdeckung. Bei warmem Klima sollten im Sommer nur hitzeverträgliche Sorten gesät werden.

Man sät direkt, in ein Anzuchtbeet oder in Schalen oder Multitöpfe, im Sommer am besten direkt, da die Sämlinge beim Umsetzen leicht welken. Bei hohen Temperaturen tritt oft eine Keimruhe ein; man vermeidet sie, indem man den Boden durch Wässern kühlt, Saatschalen oder Multitöpfe zur Keimung an einen kühlen Platz stellt oder erst spät am Nachmittag sät.

Setzen Sie Gartensalat bei feuchter Luft um, wenn er 5-6 Blätter hat, wobei die Blätter knapp über dem

BLATTSALATE ERNTEN

Blattsalate werden 2,5 cm über dem Boden geschnitten. Der Stumpf sprießt neu.

EMPFOHLENE KOPFSALATSORTEN

Römischer Bindesalat
'Kasseler Strünkchen'
'Lobjoits Green Cos'
'Valmaine'
'Winter Density'

'Winter Density'

Kurzblättriger Bindesalat
'Bubbles'
'Jewel'
'Little Gem'

Buttersalat
'Dolly'
'Maikönig'
'Sabine'
'Valdor' **üw**

Schnitt-/Pflücksalat
'Lollo Rossa'
'Marvel of Four Seasons'
'Salad Bowl'

'Salad Bowl'

Eissalat
'Lake Nayah'
'Laibacher Eis'
'Malika'
'Minetto'
'Saladin'

'Lake Nayah'

SCHLÜSSEL
üw *Zugedeckt überwintern*

Boden stehen sollten. Bei heißem Wetter werden die jungen Pflanzen beschattet, bis sie aufgebaut sind. Setzen Sie kleine Sorten mit 15 cm, große mit 30 cm Abstand.

Säen Sie winterharte Sorten, die im Freien überwintern, in Kästen; vereinzeln Sie im Herbst auf etwa 7 cm und im Frühjahr auf den vollen Abstand. Gibt man im Frühjahr wachsende Folie oder eine Abdeckhaube über die Pflanzen, wird die Qualität besser, und sie reifen früher.

Die meisten Gartensalate können als nachwachsendes Gemüse geerntet werden, v.a. die Blattsalate, darunter einige traditionelle »Schnitt«-Salate, und einige Bindesalate (siehe »Nachwachsende Gemüse«, S. 310).

Laufende Pflege

Halten Sie die Salatbeete unkrautfrei. Bei langsamem Wachstum gibt man Stickstoffdünger oder organischen Flüssigdünger. Bei trockenem Wetter werden Pflanzen mit 20 Liter/m^2 pro Woche gewässert. Die kritische Phase beim Wässern liegt etwa 7-10 Tage vor der Reife (siehe auch S. 312). Im Spätherbst schützt man das Gemüse mit Hauben, um die Qualität zu verbessern und die Ernte noch bis in den Winter hinein zu verlängern.

Schädlinge und Krankheiten

Es treten grüne und Wurzelläuse (siehe »Blattläuse«, S. 550), Erdeulenraupen (S. 559), Schnakenlarven (S. 564), Schnecken (S. 548), Mosaikvirus (siehe »Virus«, S. 553), Falscher Mehltau (S. 550), Bormangel (S. 558) und Grauschimmel (S. 557) auf; Sämlinge werden von Vögeln angefressen (S. 561). Manche sind blattlausresistent, andere vertragen bis zu einem gewissen Grad das Mosaikvirus und den Falschen Mehltau.

SÄMLINGE SCHÜTZEN

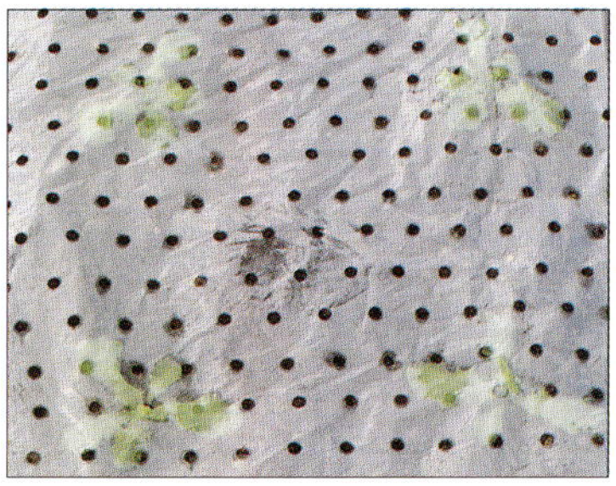

Werden die Sämlinge durch perforierte Folie geschützt, reifen sie zu Saisonbeginn rascher.

Kultur unter Glas

Bei kühlem Klima erreicht man eine frühe Salaternte, wenn man im Vorfrühling ins Kalthaus, unter Hauben, perforiertes Faservlies oder in den Kalten Kasten sät oder pflanzt. Manche Sorten können für die Frühjahrsernte auch im Winter unter Glas gezogen werden; soll mitten im Winter geerntet werden, ist mäßige Wärme erforderlich.

Ernte und Lagerung

Blattsalate sollten ca. 7 Wochen nach der Aussaat erntereif sein, Buttersalat nach 10-11 und Binde- und Eissalat nach 11-12 Wochen. Binde-, Butter- und Eissalat werden bald nach der Reife geschnitten, damit sie nicht schossen. Sie können einige Tage im Kühlschrank gelagert werden. Ernten Sie die Blätter der Blattsalate nach Bedarf, da sie sich nicht gut halten, oder schneiden Sie die Pflanze 2,5 cm über dem Boden, sie treibt innerhalb weniger Wochen neu aus.

Spinat *(Spinacia oleracea)*

Die raschwachsende einjährige Pflanze erreicht eine Höhe von 15-20 cm und eine Ausbreitung von ca. 15 cm. Die Blätter sind je nach Sorte glatt oder gekräuselt, rund oder spitz. Sie werden kurz gekocht, besonders junge auch roh als Salat gegessen.

Spinat gedeiht im gemäßigten Klima bei 16-18°C am besten. Kleine Pflanzen und Sämlinge vertragen auch Minusgrade. Wählen Sie für Ihre Region empfohlene Sorten; viele neigen im Langtag zum Schossen, v.a. nach kühlem oder bei heißem, trockenem Wetter. Empfohlene Sorten, die als Sämlinge oder reife Pflanzen verwendet werden, sind u.a. 'Hermes', 'Matador' und 'Symphonie'. Spinat verträgt im Sommer leichten Schatten und braucht mittelhohen Stickstoffgehalt (siehe S. 314). Zu Boden siehe auch »Mangold und Schnittmangold«, S. 326.

Aussaat und Pflanzung

Säen Sie nicht in der heißen Jahreszeit, denn Spinat keimt nicht bei Temperaturen über 30°C. Säen Sie direkt, und legen Sie die Samen einzeln mit 2,5 cm Abstand in Reihen von ca. 30 cm Abstand. Durch Folgesaaten, sobald die Sämlinge erscheinen, erreicht man eine regelmäßige Versorgung. Vereinzeln Sie wie bei Mangold (siehe S. 326) früh auf ca. 7 cm bei jungen oder 15 cm bei großen Pflanzen.

Spinat kann für Salat auch als nachwachsendes Sämlingsgemüse gezogen werden (siehe S. 310). Säen Sie im Vorfrühling und Frühherbst unter Abdeckungen, im Freien überwinternde Pflanzen im Spätsommer. Zu Laufender Pflege, Schädlingen und Krankheiten und Kultur unter Glas siehe »Mangold und Schnittmangold«, S. 326.

Ernte und Lagerung

Geerntet wird 5-10 Wochen nach der Aussaat, sobald die Pflanzen etwa 5 cm hoch sind. Schneiden Sie entweder Blätter oder ganze Pflanzen ca. 2,5 cm über dem Boden, damit sie neu sprießen; oder reißen Sie die ganze Pflanze aus. In warmen Gebieten wird früh geerntet, bevor die Pflanzen Samen ansetzen. Verwenden Sie die Blätter frisch nach dem Pflücken, oder frieren Sie sie ein.

SPINAT

Neuseeländer Spinat *(Tetragonia tetragonioides*, syn. *T. expansa)*

Neuseeländer Spinat ist eine halbharte, kriechende einjährige Gemüsepflanze. Sie hat zarte, fleischige, ca. 5 cm lange Blätter und eine Ausbreitung von 90-120 cm. Die Blätter werden wie Spinat verwendet.

Neuseeländer Spinat verträgt hohe Temperaturen und Trockenheit, aber keinen Frost. Er gedeiht am besten an einem offenen Standort mit nährstoffreichem, aber stickstoffarmem Boden, der gut Feuchtigkeit hält (siehe S. 314). Die Pflanze neigt dabei jedoch weniger zum Schossen als Spinat.

Die Samen werden vor der Aussaat 24 Stunden ins Wasser gelegt. In kühleren Regionen sät man im Haus und pflanzt mit 45 cm Abstand in jeder Richtung aus, sobald die Frostgefahr vorüber ist. Man kann aber auch nach dem letzten Frost ins Freie säen und nach und nach vereinzeln. Halten Sie die Sämlinge unkrautfrei. Schädlinge und Krankheiten sind bei diesem Gemüse selten.

Junge Blätter und Triebspitzen werden 6-7 Wochen nach der Aussaat geerntet. Durch häufiges Pflükken wird über 3-4 Monate junger Wuchs angeregt. Neuseeländer Spinat sollte sofort verwendet oder eingefroren werden.

NEUSEELÄNDER SPINAT PFLÜCKEN

Pflücken Sie die jungen Blätter und Triebspitzen des Neuseeländer Spinats, bevor sich Fruchtstände bilden. Die Pflanzen bringen immer wieder neuen Wuchs hervor, es kann bis zu den ersten Frösten geerntet werden.

Weitere Salatgemüse

Es gibt viele weniger bekannte Blattgemüse, aus denen sich allein oder mit anderen schmackhafte Salate bereiten lassen. Sie eignen sich v.a. für kleine Gärten und Topfkultur. Die nährstoffreichen Blätter haben einen ausgeprägten Geschmack. Abgesehen von Sommerportulak und Eiskraut vertragen alle einige Frostgrade, wenn der Boden durchlässig und der Platz windgeschützt ist. Bei rauhem Klima deckt man im Winter ab. Die meisten Salatpflanzen wachsen rasch und werden bei stickstoffreichem Boden besonders üppig. Viele sollte man wie nachwachsendes Gemüse behandeln (siehe S. 310). Sie sind im allgemeinen frei von Schädlingen und Krankheiten.

Barbenkraut *(Barbarea verna)*

Diese niedrige Zweijährige mit einer Ausbreitung von 15-20 cm hat glänzende, tiefgrüne Blätter und einen kräftigen Geschmack. Sie wird wie Brunnenkresse – roh oder gekocht – verwendet. Barbenkraut bleibt im Winter grün. Es gedeiht am besten im Schatten; bei Hitze setzt es rasch Samen an und wird scharf. Es kann zwischen höheres Gemüse oder an den Beetrand gepflanzt werden.

Die Pflanze wird für den Frühsommer im Frühling, für Herbst und Winter im Spätsommer gesät; sie braucht nährstoffreichen Boden mit guter Wasserhaltekraft. Im Winter kann sie im Kalthaus gezogen werden. Säen Sie direkt, und vereinzeln Sie auf 15 cm, oder säen Sie in Saatschalen. 7 Wochen nach Aussaat werden die 7-10 cm langen Blätter gepflückt. Läßt man einige Pflanzen Samen ansetzen, säen sie sich im Frühjahr von selbst aus; die Sämlinge können dann nach Bedarf umgesetzt werden. Junge Pflanzen werden gern von Erdflöhen (S. 548) befallen.

BARBENKRAUT

Weißer Senf *(Brassica hirta)*

Senf und Kresse haben ähnliche Wuchsformen und werden oft gemeinsam kultiviert. Die scharf-würzigen Sämlingsblätter des Weißen Senfs werden roh zu Salaten gegeben. Er gedeiht im gemäßigtem Klima und neigt bei Hitze zum Schossen; in Gebieten mit viel Regen werden die Blätter leicht rauh.

Bei gemäßigtem Klima wird am besten im Frühjahr und Herbst direkt ins Freie gesät, und zwar mit einer der für nachwachsende Gemüse empfohlenen Methoden (siehe S. 310).

Senf kann wie Kresse vom Herbst bis zum Frühling unter Abdeckungen gezogen werden. Er wird entweder auf feuchten Küchenkrepp gesät und in einer Schale aufs Fensterbrett gestellt, oder in eine Keimbox; man kann auch in eine Saatschale mit Topferde säen. Die Aussaat ist das ganze Jahr über möglich. Senf keimt rascher als Kresse, sollte also bei gemeinsamer Kultur 2-3 Tage später gesät werden. Durch regelmäßige Folgesaaten alle 7-10 Tage ist eine vitaminreiche Dauerversorgung möglich.

Schneiden Sie Senf nach Bedarf, sobald die Sämlinge 3,5-5 cm hoch sind. Er setzt rascher Samen an als Kresse und wird selten öfter als 2-3mal geschnitten.

WEISSER SENF

Salatraps *(Brassica napus)*

Diese Einjährige mit hellgrünen Blättern und mildem Geschmack wird oft zusammen mit Kresse anstelle von Senf angeboten. Sie ist raschwachsend, setzt aber später Samen an als Senf oder Kresse. Die Sämlingsblätter werden roh, größere Blätter gekocht verwendet.

Salatraps verträgt eine Temperatur bis –10°C. Die Pflanzen wachsen fast überall. Im gemäßigten Klima wird im Vorfrühling und Spätherbst unter Glas, später bis zum Frühherbst im Freien gesät. Salatraps zieht man wie Senf auf dem Fensterbrett. Im Freien wird er breitwürfig oder in Reihen oder breiten Rillen gesät. Nach 10 Tagen wird erstmals geschnitten; sobald die Pflanzen 60 cm hoch sind, erntet man monatelang die kleineren Blätter.

SALATRAPS ERNTEN

Schneiden Sie die Blätter des Salatraps zwischen der Sämlingsphase und 7 cm Länge. Bei guten Bedingungen sind 3 Ernten möglich.

Rauke *(Eruca vesicaria)*

Diese winterharte, würzige Pflanze aus dem Mittelmeerraum wird für Salate verwendet. Sie gedeiht am besten bei kühlem Wetter in Böden mit guter Wasserhaltekraft; bei gemäßigtem Klima wächst sie im Winter gut unter einer Abdeckung als nachwachsendes Gemüse. Werden Sämlinge verwendet, sät man breitwürfig oder in Reihen, für größere Pflanzen vereinzelt man auf 15 cm. Die Sämlinge können nach 3 Wochen geerntet werden. Rauke wird von Erdflöhen (S. 548) befallen.

RAUKE

Gartenkresse *(Lepidium sativum)*

Bei dieser raschwachsenden Pflanze werden die Sämlingsblätter roh verwendet. Es gibt eine fein- und eine breitblättrige Form. Gartenkresse ist nur mäßig winterhart, bei heißem Wetter setzt sie bald Samen an, wenn sie nicht in leichtem Schatten gesät wird. Bei gemäßigtem Klima gedeiht sie im Winter auch unter Glas. Bei Kälte stockt oft das Wachstum, setzt aber wieder ein, wenn die Temperaturen steigen. Gut als Zwischenfrucht und Unterpflanzung.

Außer in sehr kühlen Regionen wird Kresse am besten im Frühjahr und Spätsommer gesät, aber nie bei heißem Wetter. Säen Sie für eine frühe Ernte entweder auf feuchtes Papier in einer Schale auf dem Fensterbrett oder in eine Keimbox; für mehrere Ernten sät man in eine Saatschale mit leichtem Substrat oder in den Boden, und zwar breitwürfig, in einzelnen Reihen oder in breiten Rillen. 10 Tage nach der Aussaat, wenn die Sämlinge 5 cm hoch sind, wird geschnitten. Bei Aussaat in den Boden kann bis zu viermal geerntet werden.

BREITBLÄTTRIGE GARTENKRESSE

Eiskraut *(Mesembryanthemum crystallinum)*

Eiskraut wird bei uns als nicht winterharte Einjährige gezogen, hat kriechende, sukkulente Triebe und fleischige, von glitzernden Papillen bedeckte Blätter. Blätter und junge Triebe schmecken erfrischend und leicht salzig. Sie werden roh als Gewürzkraut für Salate oder gekocht wie Spinat verwendet.

Eiskraut braucht einen sonnigen Standort und leichten, durchlässigen Boden. Bei gemäßigtem Klima wird im Frühjahr im Haus gesät; nach dem letzten Frost setzt man auf 30 cm Abstand um. Sämlinge werden gern von Schnecken (S. 548) befallen. Die Pflanzen können durch Stecklinge (siehe STAUDEN, »Kopfstecklinge«, S. 166) vermehrt werden. Junge Blätter und zarte Triebe können ca. 4 Wochen nach der Pflanzung gepflückt werden. Ernten Sie regelmäßig, um neuen Wuchs zu fördern, und entfernen Sie Blüten. Blätter und Triebe halten sich mehrere Tage.

EISKRAUT

Winterportulak *(Montia perfoliata)*

Diese winterharte Einjährige hat herzförmige Blätter und zierliche, blühende Triebe. Die mildwürzigen Blätter, Triebe und blühenden Triebe werden roh für Salate verwendet. Winterportulak gedeiht bei kühlem Wetter. Er mag durchlässige Böden. Die eingewachsene Pflanze sät bald aus; unerwünschte Sämlinge sind leicht zu entfernen.

Die Hauptaussaat erfolgt im Freien im Spätsommer für die Ernte im Herbst bis Frühwinter. Für die Sommerernte wird im Frühjahr gesät. Winterportulak wird entweder breitwürfig als nachwachsendes Sämlingsgemüse in Reihen oder in 10 cm breiten Rillen gezogen; gesät wird direkt oder in Saatschalen. Die Sämlinge müssen auf 15-25 cm Abstand umgesetzt oder vereinzelt werden. Ernten Sie 12 Wochen nach der Aussaat, und lassen Sie die Pflanze neu austreiben.

WINTERPORTULAK

Sommerportulak *(Portulaca oleracea)*

Diese halbharte, niedrige Pflanze hat leicht sukkulente Blätter und Triebe, die roh oder gekocht verwendet werden. Es gibt grün- und gelbblättrige Formen; erstere ist wüchsiger, hat dünnere Blätter und schmeckt auch besser; die goldgelbe Form sieht in Salaten besonders hübsch aus. Die Pflanzen mögen warme, geschützte Standorte mit leichtem, durchlässigem Boden.

Sommerportulak zieht man als nachwachsendes Gemüse oder als einzelne Pflanzen. Bei kühlem Klima sät man im Spätfrühling in eine Saatschale und pflanzt nach dem letzten Frost auf 15 cm Abstand aus. Säen Sie im Früh- und Spätsommer nachwachsendes Gemüse unter eine Abdeckung. Die Sämlinge oder jungen Sprosse einzelner Pflanzen werden 4-8 Wochen nach der Aussaat geerntet. Schneiden Sie regelmäßig, lassen Sie immer 2 grundständige Blätter stehen, und entfernen Sie alle Blüten.

GOLDENER SOMMERPORTULAK

Brunnenkresse *(Nasturtium officinale)*

Brunnenkresse ist eine winterharte, ausdauernde Wasserpflanze mit nahrhaften, scharf-würzigen Blättern, die für Salate und Suppen verwendet werden. Sie wächst in fließenden, leicht alkalischen Gewässern bei Temperaturen um 10°C.

Als Wurzelstecklinge legt man Triebe ins Wasser; sie wurzeln rasch und können im Frühjahr mit 15 cm Abstand an einen Gewässerrand gesetzt werden. Brunnenkresse gedeiht in feuchtem Gartenboden, leichter aber in 15-20-cm-Töpfen. Geben Sie in jeden Topf eine Schicht Kies oder Moos und darüber nährstoffreiche Erde, und stellen Sie ihn in ein Gefäß mit kühlem, sauberem Wasser. Setzen Sie 3-4 bewurzelte Stecklinge hinein, und geben Sie das Gefäß an einen hellen Platz. Wechseln Sie das Wasser bei Hitze täglich.

BRUNNENKRESSE ALS TOPFPFLANZE

Löwenzahn *(Taraxacum officinale)*

Löwenzahn ist eine winterharte, ausdauernde Wiesenpflanze mit einer Ausbreitung von bis zu 30 cm. Von Wild- wie Kulturformen werden die jungen Blätter roh gegessen. Kulturformen sind größer und setzen weniger rasch Samen an. Der leicht bittere Geschmack ist durch Bleichen zu mildern. Löwenzahn braucht durchlässigen Boden.

Säen Sie im Frühling in Saatschalen oder direkt mit 35 cm Abstand. Gebleicht wird ab dem Spätsommer, indem man mit einem großen Eimer abdeckt. Für Treib- und Freilandkultur empfiehlt sich 'Lyonel'. Die Blätter werden geerntet, wenn sie lang und gelbgrün sind. Löwenzahn stirbt im Winter ab, erscheint aber im Frühling wieder.

LÖWENZAHN BLEICHEN

Pflanzen mit mehreren Blättern werden mit einem 30 cm hohen Eimer abgedeckt. Die Ernte erfolgt nach einigen Wochen.

Feldsalat *(Valerianella locusta)*

Diese winterharte Einjährige bildet kleine Pflanzen mit mildem Geschmack und wird bei kühlem Klima als Herbst- und Wintersalat gezogen. Von Feldsalat, auch Rapunzel oder Lämmersalat genannt, gibt es 2 Formen: die lockere, großblättrige und die kleinere, aufrechte, die winterhärter sein soll. Feldsalat verträgt die verschiedensten lockeren Böden. Bei kaltem Klima zieht man ihn im Winter unter einer Abdeckung, um üppigere und zartere Pflanzen zu erhalten. Feldsalat wächst gut zwischen und unter anderen Gemüsen.

Man kann ihn als nachwachsendes Sämlingsgemüse oder als einzelne Pflanzen ziehen. Gesät wird ab dem Hochsommer direkt und breitwürfig, in Reihen oder breiten Rillen. Halten Sie die Samen bis zur Keimung feucht. Vereinzeln Sie auf 10 cm Abstand. Feldsalat wächst langsam, er reift oft erst nach 12 Wochen. Schneiden Sie einzelne Blätter oder die ganze Pflanze ab, so daß sie ein zweites Mal sprießt.

GROSSBLÄTTRIGER FELDSALAT

Fruchtgemüse

ZUM Fruchtgemüse gehören in erster Linie wärmebedürftige Pflanzen. Viele – z.B. Tomaten, Paprika, Auberginen und Melonen – stammen aus den Tropen oder Subtropen; sie benötigen in kühleren Gebieten meist Abdeckungen oder einen warmen Platz. In unseren Klimaregionen müssen manche im Haus keimen und dürfen erst nach den letzten Frösten ausgepflanzt werden. Alle brauchen warme, geschützte Standorte, damit die Früchte überhaupt zur Reife kommen und die Bestäubung gelingt.

Paprika *(Capsicum annuum* Grossum-Gruppe)

Dieses Nachtschattengewächs hat einen buschigen Wuchs und erreicht bis 75 cm Höhe bei einer Ausbreitung von 45-60 cm. Seine Früchte, die jedermann bekannten milden oder scharfen »Schoten«, sind grün, gelb, orange, rot oder dunkel purpurfarben. Sie werden gekocht oder roh gegessen.

Paprika sind tropische und subtropische Pflanzen und benötigen eine Mindesttemperatur von 20°C und eine Luftfeuchtigkeit von 70-75 Prozent. Temperaturen über 30°C reduzieren den Fruchtansatz und lassen Knospen und Blüten abfallen. In gemäßigtem Klima können die Pflanzen unter einer Abdeckung – im Freien nur an einem sonnigen, geschützten Standort – gezogen werden. Sie benötigen mäßig tiefe, nährstoffreiche, durchlässige Erde mit mittelhohem Stickstoffgehalt (siehe S. 314).

Aussaat und Pflanzung
Säen Sie im Frühjahr im Gewächshaus in Schalen mit Erde, die einen pH-Wert von 5,5 bis 7 hat. Pikieren

GEMÜSEPAPRIKA

Sie die Sämlinge in 6-9-cm-Töpfe und pflanzen Sie 10-12 Wochen nach der Aussaat mit 45-50 cm Abstand in jeder Richtung in gut vorbereitete Beete. Im gemäßigten Klima werden die Sämlinge umgetopft und erst nach dem letzten Frost ausgepflanzt.

Laufende Pflege
Knipsen Sie den Endtrieb der aufgebauten Pflanzen aus, um buschigen Wuchs zu fördern, und stützen Sie über 60 cm hohe Sorten. Wässern Sie regelmäßig, damit Blätter und Knospen nicht abfallen, und mulchen Sie mit organischem Material. Geben Sie während der Wachstumsperiode alle 2 Wochen ausgewogenen oder Flüssigdünger. Schützen Sie die Pflanzen im Freien mit einer Haube.

Schädlinge und Krankheiten
Die Pflanzen werden mitunter von Blattläusen (S. 550) befallen, unter Abdeckungen auch von Roter Spinnmilbe (S. 550), Weißer Fliege (S. 550), Fruchtfäule (siehe Kalkmangel, S. 562) und Blasenfüßen (S. 551).

Kultur unter Glas
Gesät wird wie oben im Vorfrühling. Sobald die Sämlinge 8-10 cm hoch sind, werden sie in 21-cm-Töpfe, in Kultursäcke oder in vorbereitete Gewächshausbeete umgesetzt.

REIFENDE PAPRIKA

Die Früchte sind zunächst grün, dann rot, gelb oder dunkelpurpurn und werden immer süßer.

Der Pflanzabstand muß mindestens 50 cm betragen, höhere Sorten werden gestützt. Halten Sie durch regelmäßiges Spritzen die empfohlene Temperatur und eine Luftfeuchtigkeit von 70-75 Prozent.

Ernte und Lagerung
Paprika wird 12-14 Wochen nach dem Umsetzen, bei Freilandkultur vor dem ersten Frost, geerntet. Bei manchen Sorten verwendet man die Früchte am besten grün, bei anderen läßt man sie noch 2-3 Wochen reifen, bis sie rot oder cremegelb werden. Schneiden Sie die Paprika einzeln; sie können unter kühlen, feuchten Bedingungen bei 12-15°C 14 Tage und länger gelagert werden.

PAPRIKA ERNTEN

Manche Paprika erntet man am besten grün; andere läßt man rot oder gelb werden. Schneiden Sie den Stiel etwa 2,5 cm über der Frucht.

EMPFOHLENE GEMÜSEPAPRIKA-SORTEN

'Bell Boy' F1
'Canape' F1
'Carnival'
'Clio' F1

'Canape'

'Giallo 2000'
'Gypsy' F1
'Gold Star'
'Liebesapfel'

'Giallo 2000''

'Pusztagold'
'Sperlings Merit'
'Szegediner'
'Yellow Bell' F1
'Yolo Wonder'

Chillies *(Capsicum annuum* Longum-Gruppe)

Diese Form von *Capsicum annuum* hat spitze, bis zu 9 cm lange Früchte. Beliebte Sorten sind 'Chili Serrano', 'Hot Gold Spike' und 'Red Chili'.

Die Gewürzpflanzen werden genauso kultiviert wie Paprika (siehe oben), bevorzugen jedoch hohe Temperaturen. Sie können in jedem Stadium verwendet werden, wenn die Farbe zwischen grün und rot ist. Bei Freilandkultur muß vor dem ersten absehbaren Frost geerntet werden.

Der scharfe Geschmack wird mit zunehmender Reife der Frucht stärker und stammt vom weißen Mark und den Samen im Inneren. Ist der Geschmack zu scharf, können Mark und Samen entfernt werden.

REIFENDE CHILLIES

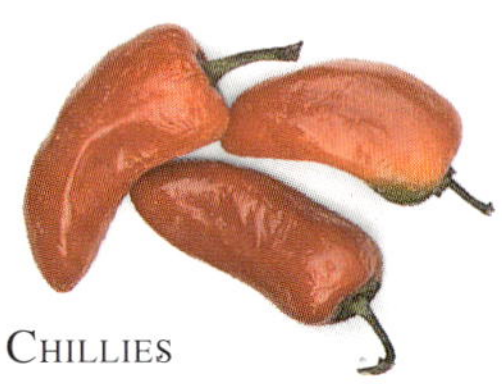

ROTE CHILLIES

Peperoni *(Capsicum frutescens)*

Diese auch als Cayennepfeffer bekannten Pflanzen sind verzweigte, bis 1,5 m hohe Stauden, die kleine, schmale, orangefarbene, gelbe oder rote Früchte tragen; je nach Sorte hängen die Schotchen von den Zweigen oder stehen aufrecht. Sie sind sehr scharf und werden für Saucen und zum Würzen verwendet.

Peperoni sind tropische Pflanzen, vertragen daher keinen Frost. Sie benötigen in jeder Richtung 60 cm Pflanzabstand und werden wie Gemüsepaprika kultiviert, obwohl sie im allgemeinen mehr Wasser brauchen. Stützen ist gewöhnlich nicht erforderlich.

Peperoni brauchen eine lange Wachstumsperiode, die ersten Früchte erhält man meist 15-18 Wochen nach der Pflanzung. Sie sollten vollreif geerntet werden und lassen sich gefroren oder getrocknet mehrere Monate lagern.

PEPERONI

EMPFOHLENE PEPERONI-SORTEN

'Cayenne Long Slim'
'Halblanger Wiener'
'Hungarian Yellow Wax Hot'
'Pfeffer de Cayenne'
'Red Cherry Small'
'Super Cayenne' F1

'Super Cayenne'

Wassermelonen *(Citrullus lanatus)*

Wassermelonen sind tropische oder subtropische, kriechende Einjährige mit 3-4 m langen Trieben. Die Früchte sind rund oder walzenförmig, grün oder cremefarben, gestreift oder gesprenkelt und werden 5-20 kg schwer; man ißt sie roh. Die Pflanzen benötigen eine Temperatur von 25-30°C und können nur in sonnigen, geschützten Gebieten im Freien, ansonsten unter Abdeckungen gezogen werden. Sie brauchen durchlässigen, sandigen Lehmboden mit mittelhohem Stickstoffgehalt und einem pH-Wert von 5,5-7. Arbeiten Sie vor der Pflanzung gut verrotteten Mist und Allzweckdünger in den Boden.

WASSERMELONE

Aussaat und Pflanzung
Gesät wird im Vorfrühling unter einer Abdeckung in Schalen oder 6-9-cm-Töpfen bei einer Temperatur von 22-25°C. Sobald die Sämlinge 10-15 cm hoch sind, werden sie abgehärtet. Sie werden nach dem letzten Frost mit mindestens 1 m Abstand ausgepflanzt und durch Plastik vor Wind und kaltem Wetter geschützt.

Laufende Pflege
Halten Sie die Feuchtigkeit durch eine Mulchschicht, und geben Sie bis zum Fruchtansatz alle 2 Wochen ausgewogenen oder Flüssigdünger. Knipsen Sie den Vegetationspunkt der Haupttriebe aus, wenn diese 2 m lang sind, und führen Sie Seitentriebe zwischen andere Pflanzen in der Reihe. Zur Unterstützung des Fruchtansatzes werden die Blüten von Hand bestäubt (siehe S. 336). Beschränken Sie die Schübe der Seitentriebe auf 2-3 Blätter, sobald sich Früchte entwickeln, und legen Sie unter jede Frucht trockenes Gras.

Schädlinge und Krankheiten
Feuchtigkeit von mehr als 75 Prozent begünstigt Echten Mehltau (S. 550) und Mosaikvirus (siehe S. 553). Auftreten können auch Blattläuse (S. 550), Wurzelgallenälchen (S. 564) und Obstmaden (S. 563).

Kultur unter Glas
Wassermelonen sind sehr wüchsig und werden meist nicht im Gewächshaus gezogen. Sie können mit 1 m Abstand unter Folien kultiviert werden; zur Blütezeit entfernt man die Abdeckung, um die Feuchtigkeit zu reduzieren und die Insektenbestäubung zu fördern.

Ernte und Lagerung
Ernte 11-14 Wochen nach der Aussaat; reife Früchte klingen hohl, wenn man darauf klopft. Bei 10-12°C werden sie 2-3 Wochen gelagert.

EMPFOHLENE WASSERMELONEN

'Black Sugar Baby' F1
'Dixie Queen' F1

'Dixie Queen'

'Golden Midget'
'Royal Charleston' F1
'Sugar Jade'
'Yellow Doll' F1

Zuckermelonen *(Cucumis melo)*

Diese kletternde Einjährige wird meist als Kordon erzogen; sie erreicht eine Höhe bis 2 m und eine Reichweite von 60 cm. Die 3 wichtigsten Varietäten sind Kantalupe, Kassaba oder Wintermelone und Netzmelone. Kantalupen haben eine graugrüne, dicke, rauhe Schale mit Rillen; die einzelnen Früchte wiegen bis 750 g. Wintermelonen sind glattschalig, gelb oder gelbgrün gestreift, sie wiegen bis zu 1 kg. Netzmelonen sind unterschiedlich groß, meist aber kleiner als Kantalupen und Wintermelonen und haben eine oft mit einem feinen Geflecht überzogene, glatte Schale. Wintermelonen und einige Kantalupensorten können im Gewächshaus gezogen werden.

NETZMELONE

Zuckermelonen sind tropische Pflanzen, die zur Keimung eine Mindesttemperatur von 18°C benötigen, die während der Wachstumsperiode auf 25°C ansteigt. In unserem gemäßigten Klima werden sie im Kalten Kasten oder Gewächshaus gezogen. Sie benötigen gut durchlässigen, nährstoffreichen Boden mit einem pH-Wert von 6,5-7, hohem Humusanteil und viel Stickstoff (siehe S. 314). Geben Sie Allzweckdünger und gut verrotteten Kompost oder Mist zu.

Aussaat und Pflanzung
Säen Sie unter Abdeckungen im Vorfrühling in Schalen oder 6-9-cm-Töpfen (2 Samen pro Topf, der schwächere Keimling wird entfernt). Nach etwa 6 Wochen, wenn die Frostgefahr vorüber ist, werden die Sämlinge abgehärtet und mit 1 m Abstand und 1-1,5 m Reihenabstand ausgepflanzt. Setzen Sie jeden Sämling auf eine kleine Erhebung, und schützen Sie die jungen Pflanzen durch Folientunnel, bis sie aufgebaut sind.

EMPFOHLENE ZUCKERMELONEN-SORTEN

'Alaska' F1
'Blenheim Orange'
'Charentais'

'Charentais'

'Classic' F1
'Honigtopf'
'No Name'
'Ogen'
'Romeo' F1
'Sweet Dream'

'Sweet Dream'

'Sweetheart' F1
'Sweet 'n Early'
'Zuckerkugel'

ZUCKERMELONEN ENTSPITZEN

Lassen Sie pro Seitentrieb eine Blüte Frucht ansetzen, und knipsen Sie dann den Vegetationspunkt 2-3 Blätter hinter der Frucht aus.

Laufende Pflege
Sobald sich 5 Blätter entwickelt haben, wird die Vegetationsspitze zur Förderung weiterer Triebe ausgeknipst. Diese werden, sobald sie gut entwickelt sind, auf 4 reduziert. Leiten Sie 2 Triebe auf jede Seite, zwischen die Nachbarpflanzen. Entfernen Sie die Abdeckung, wenn die Blüte beginnt, um die Insektenbestäubung zu fördern. Bestäuben Sie eventuell von Hand (siehe »Gartenkürbis«, S. 336).

Dünnen Sie auf eine Frucht pro Trieb aus, sobald die Früchte 2,5 cm Durchmesser haben, und entspitzen Sie alle Schübe der Seitentriebe 2-3 Blätter hinter der Frucht. Knipsen Sie die Haupttriebe aus, wenn sie 1-1,2 m lang sind, und entfernen Sie alle neuen Sublateralen. Legen Sie zum Schutz trockenes Gras oder ein Stück Holz unter die Früchte.

Wässern Sie regelmäßig, und geben Sie alle 10-14 Tage Flüssigdünger, sobald sich Früchte entwickeln; wenn diese reifen, wird weniger gewässert und gedüngt.

Schädlinge und Krankheiten
Blattläuse (S. 550) und Echter Mehltau (S. 550) können auftreten. Unter Abdeckungen werden die Pflanzen auch von Spinnmilbe (S. 550), Weißer Fliege (S. 550) und *Verticillium*-Welke (S. 557) befallen.

Kultur unter Glas
In einem Kalten Kasten setzt man die Sämlinge einzeln in die Mitte und leitet die 4 Seitentriebe zu den Ecken. Mit der Zeit erhöht man die Belüftung und reduziert die Feuchtigkeit. Sobald sich Früchte bilden, nimmt man die Fenster ab und legt sie nur noch nachts und bei kaltem Wetter auf. Bei heißem Wetter wird leicht schattiert.

Zuckermelonen können im Gewächshaus gezogen werden, wenn es vom Boden der Seitenwände bis zum First mindestens 2 m hoch ist. Setzen Sie die Sämlinge auf gut vorbereitete Hügelchen (siehe »Gurken«, unten). Sie werden an bis zum First an waagrechten Drähten befestigten Bambusstäben als Einzel- oder Doppelkordons erzogen. Der Pflanzabstand beträgt bei Einzelkordons ca. 35 cm, bei Doppelkordons 60 cm. Auch eine Kultur in Kultursäcken oder 25-cm-Töpfen auf Gewächshaustischen ist möglich.

Für einen Einzelkordon wird der Vegetationspunkt ausgeknipst, sobald der Haupttrieb 2 m lang ist, um Seitentriebe zu fördern. Seitentriebe werden bei 5, Sublaterale bei 2 Blättern nach der Frucht entspitzt. Für einen Doppelkordon knipst man den Haupttrieb aus und läßt 2 Triebe senkrecht wachsen, die wie oben erzogen werden. Stützen Sie die Früchte mit am First befestigten Schnüren. Spritzen Sie während der Blüte nicht, um Bestäubung zu ermöglichen. Halten Sie die Temperatur nachts auf 24°C, tagsüber auf 30°C.

Ernte und Lagerung
Geerntet wird 12-20 Wochen nach Aussaat. Reife Zuckermelonen duften süß; die Fruchtstiele brechen. Lösen Sie die Früchte vorsichtig von den Stielen. Sie lassen sich 14-50 Tage bei 10-15°C lagern.

Gurken *(Cucumis sativus)*

Diese meist rankenbildenden Einjährigen werden 1-3 m hoch; es gibt auch buschige Sorten. Die unreifen Früchte werden roh eingelegt.

Freilandgurken haben eine rauhe Schale, Stacheln und werden 10-15 cm lang. Moderne Sorten, die meist aus Japan stammen, sind glatter, bis zu 30 cm lang und resistenter gegen Kälte und Krankheiten. Sie werden meist im Freien oder in Kästen gezogen; die Bestäubung erfolgt durch Insekten. Einlegegurken erntet man jung bei einer Länge von 5-7 cm. Schmorgurken sind runde, gelbschalige Freilandgurken mit bis zu 6 cm Durchmesser. Gewächshausgurken sind glatt und über 30 cm lang. Sie benötigen zum Fruchtansatz keine Bestäubung, können durch Bestäubung sogar bittere Früchte bilden; verwenden Sie moderne, rein weibliche Sorten, um eine Bestäubung zu vermeiden.

Gurken gedeihen in warmen Klimazonen bei einer mittleren Temperatur von 18-30°C. Sie vertragen keinen Frost, die meisten leiden unter Temperaturen unter 10°C. In nördlichen Breiten bringen Freilandgurken zu Saisonbeginn oft nur männliche Blüten hervor; die weiblichen Blüten und dann die Früchte entwickeln sich später. Ziehen Sie Gurken an einem geschützten Standort in nährstoffreichem, humosem, durchlässigem Boden mit guter Wasserhaltekraft; die Wurzeln dürfen nicht austrocknen. Sehr saure Böden erhalten Kalk. Die Pflanzen benötigen nur einen geringen Stickstoffgehalt. Achten Sie bei Gewächshausgurken auf den Fruchtwechsel.

Gewächshausgurken brauchen in der Nacht mindestens 20°C und hohe Luftfeuchtigkeit. Ziehen Sie Freilandgurken niemals im selben Gewächshaus wie rein weibliche Sorten, damit keine Fremdbestäubung erfolgt.

EINLEGEGURKEN

AUSSAAT UND PFLANZUNG

1 *Füllen Sie einen 5-cm-Topf bis 2,5 cm unter den Rand mit Vermehrungserde. Legen Sie 2-3 Samen seitlich hinein, bedecken Sie sie etwa 2 cm hoch mit Erde, dann wässern und beschriften Sie die Töpfe.*

2 *Machen Sie ein 30 cm breites und 30 cm tiefes Pflanzloch, füllen Sie es mit gut verrottetem Kompost, und bedecken Sie es mit einem 15 cm hohen Erdhügel. Setzen Sie die Gurke in diesen Hügel. Andrücken und wässern.*

Aussaat und Pflanzung
Gurken lassen sich schlecht umsetzen, daher werden Freilandgurken nach dem letzten Frost direkt ausgesät oder auch in kleine Töpfe oder Multitöpfe. Für die Direktaussaat gräbt man mindestens 30 cm breite und tiefe Löcher, in die man beim Zuwerfen reichlich gut verrotteten Kompost oder Dünger einarbeitet, und bedeckt sie mit kleinen, etwa 15 cm hohen Hügeln aus gemisteter Erde, um eine gute Drainage zu gewährleisten. Legen Sie in jeden Topf oder Hügel jeweils zwei oder drei Samen seitlich, etwa 2 cm tief.

Der Samen keimt bei einer Mindestbodentemperatur von 20°C. Vereinzeln Sie die Sämlinge nach der Keimung. Nach Topfaussaat ist eine nächtliche Mindesttemperatur von 16°C erforderlich, bis die Sämlinge ca. 4 Wochen nach der Aussaat ausgepflanzt werden. Kletternde Formen brauchen etwa 45 cm Pflanzabstand, buschige und liegende etwa 75 cm. Bei kühlem Klima werden die Pflanzen nach der Pflanzung durch Abdeckhauben oder Faservlies geschützt.

Laufende Pflege
Leiten Sie rankende Formen an Zäunen oder Schnüren hoch. Kappen Sie den Vegetationspunkt, sobald sich 5-6 Blätter entwickelt haben, und leiten Sie in der Folge die kräftigeren Triebe an der Stütze hoch, sie müssen vielleicht befestigt werden. Sobald diese Triebe das Ende der Stütze erreichen, werden die 2 Blätter nach einer Blüte gekappt; es entstehen Seitentriebe, die weitere Früchte her-

BUSCHGURKEN

vorbringen. Während des Fruchtansatzes wird alle 2 Wochen kalireicher Dünger oder entsprechender Flüssigdünger gegeben. Regelmäßiges Wässern ist während der Wachstumsperiode unerläßlich, vor allem nach dem Umsetzen und während des Blüten- und Fruchtansatzes der Gurken (siehe auch »Wässern in kritischen Phasen«, S. 312).

Schädlinge und Krankheiten
Gurken werden von Schnecken (S. 548), Blattläusen (S. 550), Echtem Mehltau (S. 550), Eulenraupen (S. 559), Spinnmilbe (S. 550), Weißer Fliege (S. 550), Gurken-Mosaikvirus (S. 553) und Stamm- und Wurzelfäule (S. 558) befallen.

Kultur unter Glas
Die Kultur erfolgt mit entsprechenden Sorten wie im Freiland – rein weibliche sind empfehlenswert. Kappen Sie den Haupttrieb jeder Pflanze am oberen Ende der Stütze und die Seitentriebe nach dem ersten Blatt.

Ernte und Lagerung
Ernten Sie die Gurken ab etwa 12 Wochen nach der Aussaat regelmäßig, sobald die Früchte etwa 15-20 cm lang sind. Einlegegurken werden mit 2,5-7 cm Länge geerntet.

RANKGURKEN

EMPFOHLENE GURKENSORTEN

Freilandgurken
'Burpless Tasty Green' F1
'Bush Champion' F1

'Bush Champion'

Glatte Sorten
'Brunex' F1
'Diana'
'Pepita' F1

Japanische Gurken
'Tokyo Slicer' F1
'Kyoto'

Einlegegurken
'Conda' F1
'Hokus'
'Ilonka Mix' F1
'Mepram' F1

'Hokus'

Kürbisse *(Cucurbita maxima, C. moschata, C. pepo)*

Diese vielfältige Gruppe von Einjährigen bringt Früchte von 450 g bis zu über 30 kg hervor. Die Schale kann glatt, warzig oder gerippt, grün, cremefarben, blaugrün, gelb, orangenfarben, rot oder gestreift sein, wobei sich die Farbe oft während der Reifung ändert. Die Formen sind sehr unterschiedlich und reichen von rund, lang, flach bis zu einer zweiteiligen »Turban«-Form. Die meisten bringen sehr große, rankende Pflanzen mit riesigen Blättern hervor; manche sind kompakt und buschig. Sowohl junge als auch reife Früchte werden gekocht gegessen, entweder frisch oder nach Lagerung. Einige Sorten haben eßbare Samen.

ZIERKÜRBISSE AN EINEM DREIBEIN

Zu Klima, Standort und Bodenvorbereitung siehe »Gurken«, S. 334. Kürbisse brauchen einen mittelhohen bis hohen Stickstoffgehalt (siehe S. 314).

Aussaat und Pflanzung
Zur Beschleunigung der Keimung kann der Samen über Nacht eingeweicht werden. Gesät wird wie bei Gurken (siehe S. 334). Der Pflanzabstand beträgt je nach Sorte ca. 2-3 m. Für große Sorten gräbt man bis zu 45 cm tiefe und 60 cm breite Löcher. Geben Sie als Markierung ein Bambusstäbchen in den Boden, damit Sie beim Wässern die Pflanzenmitte finden. Schützen und mulchen Sie die Pflanze.

Laufende Pflege
Bald nach der Pflanzung gibt man eine allgemeine Kopfdüngung. Die Triebe können in Kreisen am Boden erzogen und mit Draht niedergehalten oder an Stützen hochgezogen werden. Benötigt man nur wenige große Früchte, werden alle jungen Früchte bis auf 2-3 entfernt.

Notfalls wird von Hand bestäubt wie beim Gartenkürbis (siehe auch S. 336). Kürbisse wurzeln tief, werden daher nur bei sehr trockenem Wetter gewässert.

Schädlinge und Krankheiten
Ein Problem sind v. a. Schnecken (S. 548) in den Anfangsphasen und das Gurken-Mosaikvirus (siehe »Viren«, S. 553).

Ernte und Lagerung
Blätter, die Schatten auf die Früchte werfen, werden entfernt. Geerntet wird 12-20 Wochen nach der Pflanzung, für die Vorratshaltung läßt man Kürbisse länger an der Pflanze. Schneiden Sie die Früchte mit möglichst langen Stielen vor dem ersten Frost ab.

Geerntete Kürbisse sollten vor der Lagerung noch 10 Tage in der Sonne liegen, damit die Schale härter und so der Wasserverlust reduziert wird. Droht Frostgefahr, werden sie nachts abgedeckt oder für 4 Tage in einen warmen Raum mit 27-32°C gelegt.

'Acorn' kann auch ohne diese Nachreifung gelagert werden. Später lagern Sie Kürbisse an einem luftigen Ort bei ca. 10°C und 95 Prozent Luftfeuchtigkeit. Sie halten sich 4-6 Monate, manche Sorten sogar auch noch länger.

EMPFOHLENE KÜRBISSE

'Acorn'
'Buttercup'
'Butternut' F1
'Gelber Zentner'
'Hubbard'
'Queensland Blue'

'Queensland Blue'

'Red Kuri'
'Spirit' F1
'Sweet Dumpling'
'Table Ace'
'Triple Treat' (eßbare Samen)
'Turk's Cap'

'Sweet Dumpling'

NACHREIFE

Der reife Kürbis wird mit einem möglichst langen Stiel von der Pflanze geschnitten und für etwa 10 Tage in die Sonne gelegt, damit die Schale härter wird.

Gartenkürbisse *(Cucurbita pepo)*

Gartenkürbisse sind einjährige Gemüsepflanzen, die sich über mehrere Meter ranken oder kompakte Pflanzen mit 90 cm Ausbreitung bilden. Sie haben meist zylindrische Früchte mit etwa 30 cm Länge und 12 cm Durchmesser. Zucchini sind jung geerntete Gartenkürbisse mit Gurkenform; dafür eignen sich nur zartschalige Sorten. Gartenkürbisse sind meist rankend, Zucchini dagegen buschig. Die Schale der Gartenkürbisse kann grün, gelb, weiß oder gestreift sein. Patisson-Kürbisse haben flache Früchte mit gewellten Rändern. Es gibt auch Sorten mit verdickten Früchten und gebogenem Hals oder mit runden Früchten. Spaghetti-Kürbisse sind Gartenkürbissen ähnlich, haben aber eine harte Schale; das gekochte Fleisch sieht aus wie Spaghetti. Alle Früchte werden im allgemeinen gekocht.

Gartenkürbisse gedeihen in warmem Klima bei Temperaturen von 18-27°C. Zu Frostverträglichkeit, Boden und Bodenvorbereitung siehe Gurken (S. 334). Sie benötigen geringen Stickstoffgehalt (siehe S. 314).

Bestäubung von Hand

Gartenkürbisse werden gewöhnlich durch Insekten bestäubt; bleibt bei kühlem Wetter der Fruchtansatz aus, kann die Bestäubung von Hand erfolgen. Weibliche Blüten haben eine kleine Verdickung (den Fruchtembryo) unter den Kronblättern (siehe unten); man kann sie deshalb leicht unterscheiden.

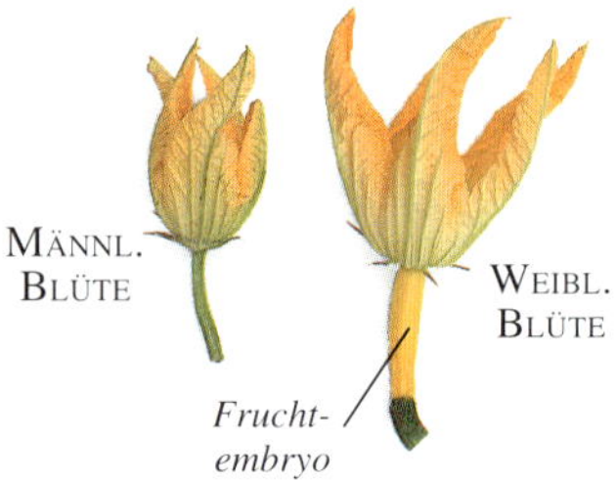

Zur Handbestäubung entfernt man alle Kronblätter der männlichen Blüte und drückt sie gegen die weibliche. Oder man überträgt Pollen mit einem Pinsel von den Staubblättern der männlichen Blüte auf die Narbe der weiblichen.

Aussaat und Pflanzung

Gesät wird wie bei Gurken (siehe S. 334), sobald die Bodentemperatur mindestens 15°C beträgt. Geben Sie jeden Samen etwa 2,5 cm oder etwas tiefer in leichten Boden. Säen Sie direkt, wenn keine Frostgefahr mehr besteht, oder in Töpfen im Haus. Setzen Sie buschige Formen mit 90 cm Abstand, rankende mit etwa 1,2-2 m. In kühlen Gebieten werden die jungen Pflanzen mit Folientunnels oder wachsenden Folien geschützt. Mulchen Sie nach der Pflanzung.

GARTENKÜRBIS

Laufende Pflege

Rankende Formen können an starken Stützen emporwachsen. Die Triebe können auch kreisförmig erzogen und mit Draht im Boden festgesteckt werden. Gegen Ende der Saison kappt man die Triebenden. Düngen und wässern Sie genauso wie bei Gurken.

Schädlinge und Krankheiten

In den Anfangsphasen treten Schnekken (S. 548) auf; auch Gurken-Mosaikvirus (siehe »Viren«, S. 553) und Blütenstecher (S. 561) kommen vor.

Kultur unter Glas

Diese ist nur bei kühlem Klima für eine sehr frühe Ernte angezeigt. Verwenden Sie hierzu Buschsorten.

Ernte und Lagerung

Ernten Sie Gartenkürbisse 7-8 Wochen nach der Pflanzung. Manche Formen halten sich bei guter Belüftung, 10°C und 95 Prozent Luftfeuchtigkeit mehrere Wochen. Spaghetti-Kürbisse können sogar einige Monate gelagert werden. Zucchini erntet man, wenn sie 10 cm lang sind, mit einer Blüte an der Frucht als Zeichen der Frische. Triebe schneidet man von den obersten 15 cm; es bildet sich rasch neuer Wuchs. Bei Blüten nimmt man männliche, sobald die weiblichen Früchte ansetzen.

ZUCCHINI-ERNTE

Schneiden Sie Zucchini, wenn sie 10 cm lang sind, mit einem kurzen Stiel. Behandeln Sie die Früchte vorsichtig. Durch regelmäßiges Ernten wird der Fruchtansatz gefördert.

EMPFOHLENE SQUASH- UND ZUCCHINI-SORTEN

Squash
'All Green Bush'
'Butterstick'
'Custard White'
'Long Green Trailing'

'Custard White'

'Sperlings Ufo'
'Tender and True'
'Tiger Cross' F1

'Vegetable Spaghetti'

'Tivoli' F1
'Zebra Cross' F1

Spaghetti-Kürbis
'Sperlings Bologneser'
'Vegetable Spaghetti'

Zucchini
'Ambassador' F1
'Brimmer'
'Cocozelle'
'Diamant'
'Early Gem' F1
'Elite' F1
'Gold Rush' F1
'Zucchini' F1

Artischocken *(Cynara scolymus)*

Die ausdauernde Pflanze hat blaugraue Blätter und distelähnliche Blüten. Artischocken werden 1-1,5 m hoch und haben eine Ausbreitung von 90 cm. Eßbar sind der untere, fleischige, verdickte Teil (»Herzen«) der äußeren Schalen und der Blütenboden der grünen und purpurnen Blütenknospen; die Herzen werden gekocht oder eingelegt. Eine Sorte ist 'Große von Laon'.

Artischocken wachsen am besten in kühlem Klima bei 13-18°C und vertragen leichte Fröste. Sie brauchen einen offenen, nicht exponierten Standort mit nährstoffreichem, durchlässigem Boden, der reichlich mit Kompost oder gut verrottetem Stallmist gedüngt wurde, und geringem Stickstoffgehalt (siehe S. 314).

Aussaat und Pflanzung

Artischocken werden meist durch Teilung vermehrt. Teilen Sie gesunde, kräftige Pflanzen im Frühling mit 2 kleinen Gabeln; jedes Teilstück muß mindestens 2 Triebe mit Blättern und ein gutes Wurzelsystem aufweisen. Pflanzen Sie die Teilstücke mit ca. 70 cm Abstand, und kürzen Sie die Blattspitzen auf 12 cm. Artischocken können im Frühling im

ARTISCHOCKEN TEILEN

Im Frühling wird eine aufgebaute Pflanze aufgenommen und mit 2 Gabeln geteilt. Jedes Teilstück soll mindestens 2 Triebe und kräftige Wurzeln haben.

Haus oder im Garten aus Samen gezogen werden; die Sämlinge werden auf einigen Abstand ausgedünnt oder ausgesetzt. In den folgenden Jahren teilt man die ertragreichsten Pflanzen. Um Wüchsigkeit und Ertrag zu erhalten, werden die Pflanzen alle 3 Jahre ersetzt.

Laufende Pflege
Halten Sie den Pflanzbereich unkrautfrei und mulchen Sie ihn. Lassen Sie die Artischockenwurzeln im Sommer nicht austrocknen und im Winter nicht staunaß werden. Vor einem starken Frost wird der Grund jeder Pflanze angehäufelt und dick mit Stroh bedeckt; entfernen Sie die Abdeckung im Frühjahr.

Schädlinge und Krankheiten
Wurzelläuse (siehe »Blattläuse«) können zum Problem werden.

Ernte und Lagerung
Bei günstigen Bedingungen werden bereits im Spätsommer der ersten Saison einige Köpfe geschnitten. In der zweiten Saison gibt es bereits mehr blühende Triebe. Geerntet wird die feste Knospe, bevor sich die Schalen öffnen. Vor dem Einfrieren entfernt man Staubgefäße und Stengel; die Herzen können eingelegt werden.

ARTISCHOCKE

Tomaten *(Lycopersicon esculentum)*

Dieses Nachtschattengewächs aus dem subtropischen Südamerika gehört heute bei uns zu den beliebtesten Gemüsearten. Der Haupttrieb unbegrenzt wachsender Formen wird bei warmem Klima über 2 m hoch und hat wüchsige Seitentriebe. Die niedrigeren Formen und die Buschformen hören früher zu wachsen auf und schließen mit einem Fruchtstand ab. Kompakte Zwergformen werden bis zu 25 cm breit und hoch.

Die reifen Früchte sind meist rot, gelb oder orangenfarben, dazu rund, flach, pflaumen- oder birnenförmig. Die winzigen Johannisbeertomaten (*Lycopersicon pimpinellifolium*) haben 1 cm Durchmesser, Cherry-Tomaten 2,5 cm, gerippte Marmande- und die großen Fleischtomaten bis zu 10 cm. Alle werden roh und gekocht gegessen.

Tomaten gedeihen am besten bei 20-24°C, nicht unter 16°C oder über 27°C und vertragen keinen Frost. Sie brauchen ganztägig volle Lichtstärke. Bei kühlem Klima werden sie an einem geschützten Standort im Freien oder unter Abdeckungen gezogen; Topfkultur ist häufig. Tomaten bevorzugen nährstoffreiche, durchlässige Böden mit einem pH-Wert von 5,5-7; sehr saure Böden brauchen zusätzlich Kalk, Fruchtwechsel ist notwendig (siehe S. 307).

Arbeiten Sie in den Boden zumindest 30 cm tief gut verrotteten Stallmist oder Kompost ein, da Tomaten tief wurzeln und viele Nährstoffe brauchen. Geben Sie vor der Pflanzung eine Grunddüngung: Tomaten brauchen hohen Phosphor- (siehe »Bodennährstoffe«, S. 313), aber niedrigen Stickstoffgehalt (S. 314).

Aussaat und Pflanzung
Bei warmem Klima wird im Frühling direkt gesät und auf den korrekten Abstand vereinzelt. Bei kühlem

BUSCHTOMATEN

Klima sät man 6-8 Wochen vor dem letzten Frost 2 cm tief bei etwa 15°C in Saatschalen oder Multitöpfe. Mit 2-3 Blättern werden die Sämlinge in 5-6-cm-Töpfe umgesetzt; sorgen Sie für gute Belüftung, Platz und Licht. Die Pflanzen können kurzfristig niedrige Temperaturen vertragen, wenn die Tageswärme ausreicht. Sobald die Nachttemperaturen über 7°C oder die Bodentemperatur über 10°C liegen, wird abgehärtet. Gepflanzt wird, sobald am unteren Fruchtstand Blüten sichtbar werden.

Spaliere Erziehen Sie unbegrenzt hohe und niedrigere (halbdeterminante) Formen an Spalieren mit 35-45 cm Abstand zwischen den Pflanzen in einfachen Reihen mit 45 cm Abstand oder in Doppelreihen mit 90 cm dazwischen.

Busch- und Zwergformen Buschformen breiten sich am Boden aus; der Abstand beträgt je nach Sorte 30-90 cm, bei Zwergformen auch weniger. Decken Sie sie anfangs mit Abdeckhauben oder wachsender Folie ab. Buschtomaten wachsen gut unter Folie.

Laufende Pflege
Tomaten müssen gründlich gewässert und gemulcht werden, sobald sich der Boden erwärmt. Bei trokkenen Bedingungen gibt man wöchentlich 10 Liter Wasser pro Pflanze. Topfpflanzen werden öfter gewässert. Übermäßiges Wässern und Düngen beeinträchtigt allerdings den Geschmack.

Spaliere Befestigen Sie Spaliertomaten regelmäßig an Bambusstäben oder Drähten, und entfernen Sie alle Seitensprosse bei einer Länge von 2,5 cm. Im Spätsommer wird der Endtrieb 2 Blätter über einem Blütenstand gekappt, damit die verbliebenen Früchte vor dem ersten Frost reifen. Bei kühlem Klima nimmt man zu Saisonende die Stützen weg, biegt die Pflanzen

SPALIERTOMATEN ERZIEHEN

1 *An Spaliertomaten werden regelmäßig die Seitentriebe entfernt, damit die Pflanze ihre Energie auf die Früchte konzentrieren kann.*

2 *Sobald die Pflanze im Spätsommer die gewünschte Höhe erreicht hat, kappt man den Haupttrieb 2 Blätter über dem obersten Blütenstand.*

EMPFOHLENE TOMATENSORTEN

Spalier
'Gardener's Delight' (kirschrot)
'Golden Sunrise' (gelb)
'Hellfrucht'
'Hildares'
'Mirabelle'

'Mirabelle'

'Shirley' F1 (halbrund)
'Sungold' F1
'Supermarmande' F1

Busch
'Hoffmanns Rendita'
'Ida Gold'
'Plumito'

'Plumito'

'Sleaford Abundance' F1
'Tornado' F1
'Totem' F1

TOMATEN REIFEN UNTER EINEM FOLIENZELT

Bei kühlem Klima reifen Tomaten nach Saisonende weiter, wenn sie von der Stütze losgemacht, waagrecht auf ein Beet mit sauberem, trockenem Stroh gelegt und mit einem Folienzelt abgedeckt werden. Die Wurzeln bleiben im Boden.

auf eine Strohschicht am Boden und bedeckt sie mit dem Folientunnel, damit sie reifen (siehe oben).

Schädlinge und Krankheiten
Freilandtomaten werden als Sämlinge von Umfallkrankheit (S. 564), von Blattflöhen (S. 551), Wurzelälchen (S. 570) und Kraut- und Braunfäule (S. 562) befallen. Unter Abdeckungen treten Weiße Fliege (S. 550), Kartoffel-Mosaikvirus (siehe »Viren«, S. 553), Blattschimmel (S. 552), Grauschimmel/Botrytis (S. 562), Bormangel (S. 558), Magnesiummangel (S. 555), Stecklingsfäule (S. 558), Stamm- und Wurzelfäule (S. 565) und Fruchtfäule (siehe »Kalkmangel«, S. 562) auf. Verwenden Sie möglichst resistente Sorten. Die Kombination mit der Studentenblume hilft gegen die Weiße Fliege.

Kultur unter Glas
Bei kühlem Klima können Tomaten in Gewächshäusern oder Folientunneln gezogen werden. Die Pflanzen können auch in Töpfen (mit Substrat gefüllte Töpfe ohne Boden auf Kiesunterlage) kultiviert werden. Sorten lassen sich auch auf krankheitsresistente Unterlagen veredeln. Ab dem ersten Fruchtansatz wird wöchentlich kalireicher Dünger oder organischer Flüssigdünger gegeben.

Ernte und Lagerung
Tomaten werden reif geerntet, frühe Buschtomaten bereits 7-8 Wochen nach der Pflanzung; sie können vor dem Frost mit den Wurzeln ausgerissen und im Haus verkehrt herum aufgehängt werden. Spaliertomaten entfernt man nach 10-12 Wochen.

KULTURSÄCKE

Tomaten können im Freien oder im Gewächshaus in Kultursäcke gepflanzt werden. Dadurch vermeidet man die Infektion mit Bodenkrankheiten.

Wunder- oder Sonnenbeeren *(Solanum* x *burbankii)*

Diese Einjährigen erreichen eine Höhe bis zu 1 m und eine Ausbreitung von 60 cm. Es gibt mehrere Kulturformen der Wunderbeeren; alle haben ovale, hellgrüne Blätter und runde, purpurfarbene Beeren mit bis zu 1 cm Durchmesser. Blätter und junge Triebe werden wie Spinat verwendet. Unreife Früchte enthalten ein giftiges Alkaloid, genießbar sind nur reife Beeren, die lange genug gekocht sein müssen.

Wunderbeeren sind tropische und subtropische Pflanzen, die eine Temperatur von 18-25°C und feuchte Luft (mindestens 70 Prozent) brauchen. Sie gedeihen bei uns im gemäßigten Klima nur im Gewächshaus und brauchen nährstoffreichen, durchlässigen Boden mit einem pH-Wert von 5,5-7 und mittelhohem Stickstoffgehalt (siehe S. 314).

Aussaat und Pflanzung
Säen Sie im Frühling in Saatschalen im Gewächshaus. Pikieren Sie die Sämlinge, sobald sie groß genug sind, in 6-9-cm-Töpfe. Sobald sie 8-10 cm hoch sind, werden sie abgehärtet und mit 40-50 cm Pflanzabstand und 60 cm Reihenabstand umgesetzt.

Laufende Pflege
Wunderbeeren brauchen eine hohe Bodenfeuchtigkeit; mulchen Sie gründlich, und wässern Sie regelmäßig. Geben Sie während der Wachstumsperiode alle 10-14 Tage Allzweckdünger. Knipsen Sie den Vegetationspunkt aus, sobald die Pflanze 30 cm hoch ist, um Seitentriebe zu fördern, und stützen Sie Pflanzen über 60 cm. Halten Sie den Boden um die Pflanzen unkrautfrei.

Schädlinge und Krankheiten
Blattläuse (S. 550) sind das größte Problem. Unter Abdeckungen kommen auch Rote Spinnmilben (S. 550) und Blasenfüße (S. 551) vor.

Kultur unter Glas
Sobald die Sämlinge 10-15 cm hoch sind, setzt man sie mit ca. 50 cm Abstand in 20-cm-Töpfe oder Kultursäcke oder mit 50-60 cm Abstand in jeder Richtung in vorbereitete Gewächshausbeete. Reduzieren Sie die Luftfeuchtigkeit während der Blüte, um die Bestäubung zu fördern.

Ernte und Lagerung
Ernten Sie die Triebe 9-11 Wochen nach dem Umsetzen; entfernen Sie regelmäßig die 10-15 cm langen Triebe, um Seitentriebe anzuregen. Wer Beeren ernten will, entfernt die Triebe nicht, sondern läßt die Pflanze buschig werden und blühen. Die Früchte werden etwa 14-17 Wochen nach der Aussaat büschelweise mit einem scharfen Messer abgeschnitten. Reife Beeren halten sich bei ca. 10-15°C ca. 14 Tage.

WUNDERBEEREN

Auberginen *(Solanum melongena)*

Auberginen oder Eierfrüchte sind kurzlebige Stauden, die meist einjährig kultiviert werden, sie wachsen zu 60 cm hohen und 60 cm breiten Büschen heran. Die Sorten unterscheiden sich in Form, Größe und Farbe der Früchte, die 200-500 g wiegen. Es gibt ovale, birnenförmige oder runde, dunkelpurpurne, gelblichgrüne oder weiße Auberginen. Die Früchte werden in Scheiben geschnitten und gegart.

Auberginen sind tropische und subtropische Pflanzen, die eine Temperatur von 25-30°C und eine Luftfeuchtigkeit von 75 Prozent benötigen. Unter 20°C stellen sie das Wachstum ein, viele Sorten gedeihen jedoch bei gemäßigtem Klima in Gewächshäusern oder im Freien an einem gut geschützten, sonnigen Standort.

Auberginen brauchen einen tiefen, nährstoffreichen, durchlässigen Boden mit mittelhohem Stickstoffgehalt (siehe S. 314).

Aussaat und Pflanzung
Im Frühjahr wird unter Glas in Saatschalen mit leichtem, etwas saurem (pH-Wert 6-6,5) Substrat gesät: Weichen Sie den Samen zuvor 24 Stunden in warmem Wasser ein. Pikieren Sie in 6-9-cm-Töpfe. Sobald die Sämlinge 8-10 cm hoch sind, werden sie bei warmem Klima

EMPFOHLENE AUBERGINENSORTEN

'Black Beauty'
'Black Prince' F1
'Easter Egg'
'Lange Violette'
'Negro' F1
'Sperlings Blacky'

'Easter Egg'

AUBERGINEN

mit 60-75 cm Abstand in vorbereitete Beete pikiert. Den Vegetationspunkt ausknipsen, um buschigen Wuchs zu fördern. Bei gemäßigtem Klima werden sie einzeln in 15-cm-Töpfe gesetzt; wenn die Frostgefahr vorüber ist, wird ausgepflanzt. Schutz vor starkem Regen, Wind und Kälte ist erforderlich.

Laufende Pflege
Über 60 cm hohe Sorten werden gestützt. Wässern Sie sorgfältig, damit die Pflanze nicht Blätter und Knospen abwirft, und mulchen Sie. Geben Sie während der Wachstumsperiode alle 2 Wochen ausgewogenen Flüssigdünger. Schneiden Sie reife Pflanzen zurück, um das Wachstum anzuregen. Um große Früchte zu erhalten, wird deren Zahl pro Pflanze auf 5-6 beschränkt.

Schädlinge und Krankheiten
Auberginen werden von Blattläusen befallen. Unter Glas können Spinnmilbe (S. 550), Wollaus (S. 550), Raupen (S. 549), Blasenfüße (S. 551) und Mehltau auftreten.

Kultur unter Glas
Säen Sie im Vorfrühling bei 20-30°C. Sobald die Sämlinge 8-10 cm hoch sind, setzt man sie in 20-cm-Töpfe oder Kultursäcke und knipst die Spitzen aus. Halten Sie die Temperatur über dem während der Wachstumsperiode erforderlichen Minimum.

Ernte und Lagerung
Geerntet wird 16-24 Wochen nach der Aussaat, sobald die Früchte stark farbig und glatt sind. Schneiden Sie die Stiele nahe am Trieb ab. Auberginen halten sich bis zu 2 Wochen.

AUBERGINEN ERNTEN

Man schneidet Auberginen, wenn ihre Haut noch purpurn ist; sobald sie den Glanz verliert, schmeckt das Fleisch bitter. Schneiden Sie die Frucht mit kurzem Stiel ab.

Zuckermais *(Zea mays)*

Zuckermais ist eine Einjährige mit 0,75-1,7 m Höhe und einer Ausbreitung von ca. 45 cm. Die männlichen Blütenrispen und weiblichen Kolben befinden sich auf derselben Pflanze. Die Kolben sind golden, weiß oder weiß und gelb und werden gekocht oder jung auch roh gegessen. Es gibt neue, extrasüße Sorten.

Zuckermais benötigt eine Wachstumsperiode von 70-110 frostfreien Tagen nach der Pflanzung und Temperaturen von 16-35°C, bei heißen, trockenen Bedingungen ist die Bestäubung aber schlecht. Bei warmem Klima wird er an einem offenen Standort gezogen, bei kühlem Klima zieht man frühreifende Sorten an einem frostfreien Platz. Zuckermais wurzelt flach und gedeiht auf nährstoffreichen, durchlässigen Böden.

ZUCKERMAIS IN BLÖCKEN GEPFLANZT

Männliche und weibliche Blüten sitzen an derselben Pflanze. Die männlichen Blütenrispen (Nebenbild oben), die den Pollen abgeben, werden bis 40 cm lang. Die weiblichen Blüten (Nebenbild unten) bestehen aus seidigen Fäden, unter denen sich der Kolben bildet. Die klebrigen Fäden nehmen den Pollen auf. Die Bestäubung erfolgt durch den Wind, daher pflanzt man für eine gute Bestäubung besser in Blöcken als in Reihen.

EMPFOHLENE ZUCKERMAIS-SORTEN

Früh
'Aztec' F1
'Earliking' F1
'Sunrise' F1

'Sunrise'

Spät
'Florida Stay Sweet' F1
'Reward' F1
'Silver Queen'
'Sundance' F1

Extrasüß
'Candle' F1
'Sweet 77' F1 (spät)
'Sweet Nugget' F1
'Tasty Sweet' F1

Aussaat und Pflanzung
Der Samen keimt nicht, wenn die Bodentemperatur unter 10°C liegt. Bei warmem Klima wird im Frühling direkt 2,5 cm tief und mit 7 cm Abstand gesät, nach der Keimung wird auf korrekte Abstände vereinzelt. Bei kaltem Klima sät man in Multitöpfe im Haus und pflanzt aus, sobald die Bodentemperatur auf 13°C steigt, oder man sät nach dem letzten Frost direkt. Für nasse Böden verwendet man vorbehandelten Samen, der nicht verrottet.

Um eine gute Bestäubung und volle Kolben zu erreichen, setzt man Mais in Blöcken zu mindestens 4 Pflanzen auf jeder Seite. Der durchschnittliche Abstand beträgt 30 cm, für kleine Sorten weniger, für große mehr. Bei kühlem Klima wird nach der Aussaat oder Pflanzung mit wachsender Folie oder Folientunnel abgedeckt, die man bei 5 Blättern abnimmt. Feinmaschige Folien schützen die Pflanzen vor Maisfliegen. Extrasüße Formen benötigen höhere Temperaturen zum Keimen und Wachsen und sollten nicht mit anderen Formen kombiniert werden, da die Süße durch Fremdbestäubung verlorengeht. Mini-Mais erhält man, wenn man frühe Sorten mit 15 cm Abstand pflanzt und die Kolben mit 7 cm Länge erntet.

Laufende Pflege
Damit die Wurzeln nicht geschädigt werden, darf nur flach gejätet werden. In exponierten Lagen werden die Stengel für mehr Stabilität 12 cm hoch angehäufelt. Gewässert wird – außer bei großer Trockenheit – erst , wenn die Blüte einsetzt und wenn die Körner anschwellen. Geben Sie etwa 20 l/m².

Schädlinge und Krankheiten
Die größten Probleme bringen Mäuse, Schnecken und Vögel. Die Sämlinge werden am Grund von den Larven der Maisfliege angegriffen, die Vegetationspunkte welken und sterben ab. Ziehen Sie die Sämlinge in Töpfen oder unter feinen Netzen, bis sie 5-6 Blätter haben.

Ernte und Lagerung
Eine Pflanze bringt gewöhnlich 1-2 Kolben hervor, die man kurz vor dem Verzehr pflückt, da die Süße rasch verlorengeht.

ÜBERPRÜFEN DER REIFE

Sobald die Fäden braun werden, schält man die Hüllblätter ab und drückt mit dem Fingernagel gegen ein Maiskorn. Erscheint milchige Flüssigkeit, ist der Kolben reif; bei Unreife ist sie wäßrig, bei Überreife zäh.

Hülsenfrüchte

Alle Gemüse dieser Gruppe tragen Hülsen. Bei manchen werden die Hülsen selbst gekocht und ganz gegessen, bei anderen holt man die Samen aus den Hülsen. Bei einigen können die Samen getrocknet werden. Hülsenfrüchte sind nicht nur nützlich, sondern auch hübsch anzusehen und werden als Hecke oder an einem Bogen gezogen. Sie brauchen einen geschützten Platz und bestimmte Temperaturen für die Bestäubung; sie bevorzugen nährstoffreichen Boden, in den vor der Pflanzung reichlich organisches Material eingearbeitet wurde.

Okra *(Abelmoschus esculentus)*

Raschreifende Sorten dieser nicht winterharten Einjährigen erreichen eine Höhe von bis zu 1 m und eine Ausbreitung von 30-40 cm; die (v.a. in den Tropen gezogenen) langsamreifenden werden bis zu 2 m hoch.

Okra

Die Hülsen sind 10-25 cm lang und weiß, grün oder rot. Unreife Hülsen werden gekocht als Gemüse gegessen; reife können auch getrocknet und zu einem Gewürz gemahlen werden.

In warm-gemäßigtem und subtropischem Klima kann diese tropische Nutzpflanze nur bei sehr günstigen, sonnigen Bedingungen im Freien kultiviert werden. Sie keimt erst bei Bodentemperaturen von mindestens 16°C; nach der Keimung ist eine gleichbleibende Temperatur von 20-30°C erforderlich. Die meisten modernen Sorten sind tageslängenneutral (siehe »Tageslänge«, S. 307). Man pflanzt sie in durchlässigen Boden mit reichlich organischem Material. Okrapflanzen brauchen niedrigen bis mittelhohen Stickstoffgehalt.

Aussaat und Pflanzung

Den Samen sollte man vor der Aussaat 24 Stunden einweichen. Sobald die Bodentemperatur auf 16-18°C steigt, wird direkt mit 60-70 cm Abstand zwischen den Reihen und 20-30 cm zwischen den Pflanzen gesät. Bei warm-gemäßigtem Klima sät man im Frühling bei mindestens 20°C unter einer Abdeckung in Schalen oder 9-cm-Töpfen. Sobald die Sämlinge 10-15 cm hoch sind, werden sie abgehärtet und in vorbereitete Beete gesetzt.

Laufende Pflege

Hohe Pflanzen werden gestützt und eventuell mit Plastik vor starken Winden geschützt. Entfernen Sie das Unkraut, wässern Sie regelmäßig, und tragen Sie organischen Mulch auf. Die Vegetationspunkte knipst man aus, sobald die Sämlinge etwa 60 cm hoch sind, um die Verzweigung zu fördern. Für rasches Wachstum alle 2 Wochen Allzweckdünger geben. Zuviel Stickstoff verzögert die Blüte.

Schädlinge und Krankheiten

Die Pflanzen werden häufig von Blattläusen, Raupen (S. 549) und Echtem Mehltau befallen; unter Abdeckungen treten auch Weiße Fliege (S. 550), Spinnmilbe (S. 550), Blasenfüße (S. 551) und Blattfleckenkrankheit (S. 552) auf.

Kultur unter Glas

Die Sämlinge können in vorbereitete Beete im Gewächshaus oder in Kultursäcke gesetzt werden; der Abstand bei den Jungpflanzen beträgt ca. 40 cm. Halten Sie die Temperatur über 20°C und die Luftfeuchtigkeit über 70 Prozent. Besprühen Sie die Pflanzen, um Schädlingen und Krankheiten vorzubeugen, und geben Sie organischen Dünger.

Ernte und Lagerung

Eine Pflanze bringt 4-6 Hülsen hervor. Sie können je nach Sorte etwa 8-11 Wochen nach der Aussaat geerntet werden. Schneiden Sie die hellgrünen Hülsen mit einem scharfen Messer von der Pflanze; überreife Hülsen werden fasrig. Die Hülsen können in luftdurchlässigen Beuteln bei 7-10°C bis zu 10 Tagen gelagert werden.

Erdnüsse *(Arachis hypogaea)*

Diese nicht winterharten Einjährigen stammen aus Bolivien und werden bei uns kaum kultiviert. Sie erreichen eine Höhe von 60 cm und die eher aufrechten Spanischen Valencia-Formen eine Ausbreitung von 30 cm, die kriechenden Virginia-Formen bis zu 1 m. Bei den Spanischen Valencia-Formen unterscheidet man Spanische mit 2 Samen pro Hülse und hellbrauner Samenschale und Valencia-Formen mit bis zu 4 Samen und dunkelroter Samenschale. Virginia-Formen haben 2 Samen pro Hülse und dunkle, braune Samenschalen.

Die befruchteten Blüten bringen sproßähnliche Gebilde hervor, die in den Boden vordringen, wo sich die unreifen Früchte zu Erdnüssen entwickeln. Die Nüsse werden aus den Hülsen genommen und frisch oder geröstet gegessen oder zum Kochen verwendet.

Die tropischen Pflanzen benötigen eine Durchschnittstemperatur von 20-30°C und eine relative Luftfeuchtigkeit von 80 Prozent, obwohl manche Formen auch in den wärmeren Subtropen gedeihen. Wichtig ist ein frostfreier Standort. Regen während der Blüte ist ungünstig.

Erdnußsorten sind meist tageslängenneutral. Sie ziehen sandigen, durchlässigen Lehmboden mit einem pH-Wert von 5,5-6,5 und mit Kalk, Kalium und Phosphor vor und benötigen geringen Stickstoffgehalt.

Aussaat und Pflanzung

Der Samen wird aus der Hülse genommen und im Frühling bei Bodentemperaturen von über 16°C direkt gesät. Bei gemäßigtem Klima sät man unter Abdeckungen in Schalen oder 9-cm-Töpfen und hält die Temperatur über 20°C.

Wenn die Sämlinge 10-15 cm hoch sind, werden sie abgehärtet und in vorbereitete Beete gesetzt. Sowohl bei Direktaussaat als auch beim Umsetzen muß der Abstand etwa 15-30 cm zwischen den Pflanzen und 60-70 cm zwischen den Reihen betragen. Schützen Sie sie bei Bedarf durch Folientunnel.

Laufende Pflege

Häufeln Sie die Wurzeln an, sobald die Pflanzen 15 cm hoch sind, und lockern Sie den Boden regelmäßig, damit die befruchtete Blüte eindringen kann. Entfernen Sie Unkraut, und wässern Sie bei Trokkenheit gründlich, jedoch nicht während der Blüte.

Spanische Valencia-Erdnuß

Schädlinge und Krankheiten

Die Pflanzen werden von Blattläusen, Blasenfüßen (S. 551) und Raupen (S. 549) befallen; unter Abdekkungen treten Spinnmilbe (S. 550) und Weiße Fliege (S. 550) auf. Auch

Blattfleckenkrankheit (S. 552), Stamm- und Wurzelfäule (siehe »Stecklingsfäule«, S. 558) und Rosettenvirus (siehe »Viren«, S. 553) können zum Problem werden.

Kultur unter Glas
Säen Sie wie oben beschrieben. Setzen Sie die 10-15 cm hohen Sämlinge in Kultursäcke oder vorbereitete Gewächshausbeete. Halten Sie die Temperatur über 20°C, reduzieren Sie die Luftfeuchtigkeit während der Blüte zur Förderung der Bestäubung.

Ernte und Lagerung
Ernten Sie die Hülsen bei aufrechten Formen 16-20 Wochen, bei kriechenden 3-4 Wochen nach der Aussaat. Virginia-Formen, brauchen von der Aussaat bis zur Ernte ca. 25 Wochen. Überprüfen Sie die Reife an 1-2 Hülsen; sie halten sich mehrere Monate. Trocknen Sie die Hülsen in der Sonne, nehmen Sie die Erdnüsse heraus, und lagern Sie sie bei kühlen, trockenen Bedingungen.

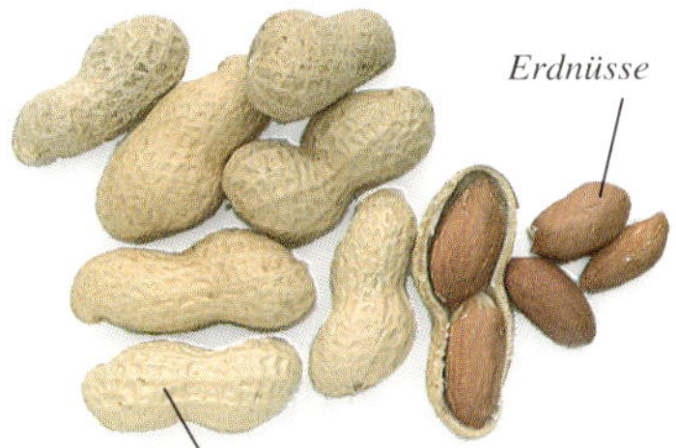

Helmbohnen *(Dolichos lablab)*

Helm- oder Faselbohnen sind zwergige oder kletternde, kurzlebige, nicht winterharte Stauden. Es gibt kurz- und langhülsige Sorten. Kletternde Formen werden 4-6 m hoch, zwergige etwa 1 m mit einer Ausbreitung von ca. 60 cm. Die Farbe der Hülsen reicht von Grün bis Purpur. Junge Hülsen und reife Samen werden gekocht (lange Kochzeit!) gegessen. Im Dunkeln gezogene junge Sämlinge sind als Bohnenkeimlinge zu verwenden.

In subtropischen und warm-gemäßigten Gebieten können Helmbohnen an sehr begünstigten, sonnigen Standorten geschützt kultiviert werden. Die Pflanzen benötigen eine Temperatur von 18-30°C und eine Luftfeuchtigkeit von mindestens 70 Prozent; kühles Wetter beeinträchtigt die Bestäubung, da weniger Insekten unterwegs sind. Es gibt tageslängenneutrale Sorten (siehe »Tageslänge«, S. 307).

Für Helmbohnen eignen sich die meisten Böden, v.a. wenn sie reichlich organisches Material enthalten und gut durchlässig sind. Helmbohnen wollen nur niedrigen Stickstoffgehalt (siehe S. 314).

HELMBOHNEN

Aussaat und Pflanzung
In gemäßigten Klimazonen wird unter Abdeckungen in Schalen oder 9-cm-Töpfen 2,5 cm tief gesät. Sobald die Sämlinge 10-15 cm hoch sind, werden sie abgehärtet und in vorbereitete Beete gesetzt. Kletternde Sorten brauchen 30-45 cm Abstand zwischen den Pflanzen und 75-100 cm zwischen den Reihen; Zwergsorten 30-40 cm zwischen den Pflanzen und 45-60 cm zwischen den Reihen.

Laufende Pflege
Kletternde Sorten sollten mindestens 2 m hohe Stützen erhalten. Wässern Sie regelmäßig, und mulchen Sie, um die Feuchtigkeit zu halten. Schützen Sie die Pflanzen nach Bedarf mit Windfängen oder Abdeckungen, und entfernen Sie das Unkraut. Geben Sie bis zur Blüte alle 10-14 Tage Allzweck- oder Flüssigdünger. Knipsen Sie den Vegetationspunkt bei Zwergsorten aus, damit sie buschig werden; die Sprosse der kletternden Sorten müssen an den Stützen hochgeführt oder angeheftet werden.

Schädlinge und Krankheiten
Blattläuse, Blasenfüße (S. 551), Raupen (S. 549), Wurzelgallenälchen (S. 564), Echter Mehltau (S. 550), Blattfleckenkrankheit (S. 552) und einige Viren (S. 553) können zum Problem werden; unter Glas treten auch Weiße Fliege (S. 550) und Spinnmilbe (S. 550) auf.

Kultur unter Glas
Setzen Sie die Sämlinge in Kultursäcke oder mit mindestens 50-60 cm Abstand in gut vorbereitete Gewächshausbeete. Sie können auch in 20- oder 25-cm-Töpfen (in den größeren jeweils 2) gezogen werden. Halten Sie die Temperatur über 20°C, und reduzieren Sie während der Blüte die Luftfeuchtigkeit durch bessere Belüftung, um die Bestäubung zu fördern. Helmbohnen können durch krautige Stecklinge (siehe GRUNDLAGEN DER VERMEHRUNG, »Triebstecklinge«, S. 538) vermehrt werden, die man zu Beginn der Wachstumsperiode abnimmt und die bei hoher Luftfeuchtigkeit rasch wurzeln.

Ernte und Lagerung
Ernten Sie die jungen Hülsen 6-9 Wochen nach der Aussaat, wenn sie ausgewachsen sind, aber bevor sich Samen entwickeln; reife Hülsen mit Samen kann man nach 10-14 Wochen ernten, bevor sie fasrig sind. Sind die Pflanzen nach der Ernte noch gesund, werden die Triebe um die Hälfte zurückgeschnitten, um eine zweite Ernte anzuregen. Helmbohnen lassen sich einfrieren.

Feuerbohnen *(Phaseolus coccineus)*

FEUERBOHNEN

Dieser kletternde Schmetterlingsblütler wird in gemäßigtem und kühlem Klima einjährig gezogen. Feuerbohnen werden über 3 m hoch bei einer Ausbreitung von ca. 30 cm; einige von Natur aus zwergige Sorten bilden etwa 40 cm hohe Büsche. Sie haben rosa, rote, weiße oder zweifarbige Blüten.

Die ca. 25 cm langen, 2 cm breiten Hülsen werden gekocht gegessen; auch unreife Samen und reife, getrocknete Samen werden gekocht. Bei einigen Sorten muß man die »Fäden« an den Hülsen entfernen.

Feuerbohnen vertragen keinen Frost. Sie benötigen eine Wachstumsperiode von ca. 100 frostfreien Tagen und wachsen am besten bei 15-30°C. Bei höheren Temperaturen, v.a. wenn auch die Luftfeuchtigkeit hoch ist, bleibt oft der Fruchtansatz aus, falls die Pflanze nicht leichten Schatten hat. Wählen Sie bei kühlem Klima einen geschützten Standort, um die Bestäubung durch Insekten zu fördern. Die Pflanzen wurzeln tief und benötigen nährstoffreichen Boden mit guter Wasserhaltekraft. Heben Sie zur Bodenvorbereitung einen spatentiefen, etwa 60 cm breiten Graben aus, und arbeiten Sie verrottetes Stroh oder Kompost ein. Feuerbohnen verlangen Fruchtwechsel (siehe S. 307) und wollen nur wenig Stickstoff im Boden (S. 314).

Aussaat und Pflanzung
Für kletternde Formen bringt man vor der Pflanzung kräftige, mehr als 2,5 m lange Stützpfähle an, die an einem waagrechten Pfahl oder für

EMPFOHLENE FEUERBOHNEN-SORTEN

Standard
'Crusader'
'Enorma'
'Preisgewinner'

Niedrige
'Gulliver'
'Hammond's Dwarf Scarlet'
'Pickwick'

Fadenlose
'Butler'
'Desirée'
'Polestar'

ein »Wigwam« aneinander befestigt werden. Die Pflanzen können auch an Schnüren oder im Boden befestigten Drähten hochgeführt werden. Säen Sie direkt und 5 cm tief, wenn kein Frost mehr droht und die erforderliche Bodentemperatur von mindestens 12°C erreicht ist. Bei kühlem Klima wird im Haus in Saatschalen gesät und vor dem Auspflanzen abgehärtet. Pflanzen Sie Kletterer in Doppelreihen mit 60 cm Abstand oder in runden »Wigwams« mit 15 cm Abstand zwischen den Pflanzen. Buschformen werden in Gruppen mit demselben Abstand gezogen. Mulchen Sie nach der Keimung bzw. nach dem Auspflanzen gründlich.

BOHNENSTÜTZEN

Es gibt mehrere Methoden, Kletterbohnen zu stützen, je nachdem, wieviel Platz vorhanden ist. Die reifen Pflanzen kaschieren die Stütze.

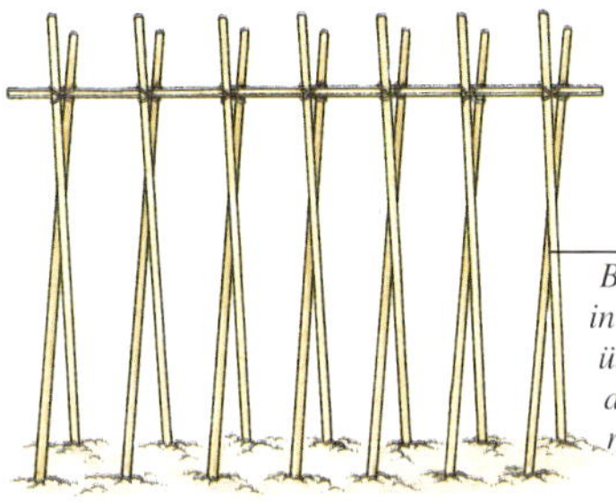

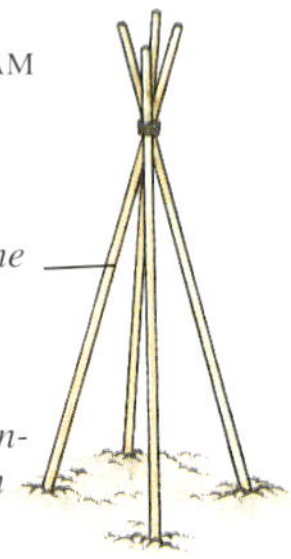

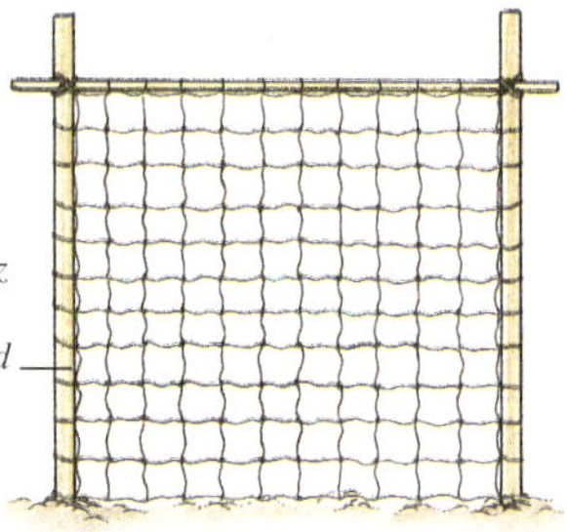

FEUERBOHNEN AN EINEM WIGWAM

Laufende Pflege
Schützen Sie die Sämlinge durch Folienzelte oder wachsende Folie. Knipst man die Triebe bei 25 cm Höhe aus, werden Kletterer zu Buschformen. Dadurch wird die Ernte verfrüht, aber der Ertrag geringer.

Wässern ist v.a. wichtig, wenn Blütenknospen und Hülsen erscheinen (siehe »Wässern in kritischen Phasen«, S. 312). In dieser Phase wird zweimal wöchentlich mit 5-10 l/m² gewässert.

Schädlinge und Krankheiten
Zum Problem werden können Schnecken (S. 548) in der Anfangsphase, Blütenstecher (S. 561), Bohnenfliege (S. 570), Blattfleckenkrankheit (S. 552), Stamm- und Wurzelfäule (S. 558), Braunfleckigkeit (S. 552), Stecklingsfäule (S. 558) und Viren (S. 553).

Ernte und Lagerung
Geerntet wird nach 13-17 Wochen, wenn die Hülsen mindestens 15 cm lang und zart sind, und dann laufend über eine längere Zeit. Feuerbohnen lassen sich gut einfrieren.

Mondbohnen *(Phaseolus lunatus)*

ZWERGIGE MONDBOHNEN

Mond- oder Limabohnen sind nicht winterharte Einjährige und kurzlebige Stauden. Es gibt rankende und buschig wachsende Formen. Rankende Sorten werden 3-4 m hoch, niedrige 90 cm bei einer Ausbreitung von 40-45 cm. Die jungen Hülsen und reifen Samen werden gekocht gegessen; die Samen können auch getrocknet oder im Dunkeln gekeimt und als Keimlinge verwendet werden.

Die Mondbohne ist eine tropische Pflanze, die zur Keimung eine Mindesttemperatur von 18°C benötigt. Temperaturen über 30°C wirken sich ungünstig auf die Pollenbildung aus. In warm-gemäßigten Gebieten ist eine Kultur im Freien nur in voller Sonne möglich, die noch nicht aufgebauten Pflanzen sind durch Windfang oder Abdeckung zu schützen. Kleinsamige Sorten blühen nur bei kurzen Tageslängen von etwa 12 Stunden, großsamige Sorten sind aber meist tageslängenneutral (siehe »Tageslänge«, S. 307). Die meisten Sorten gedeihen in verschiedensten Böden, ein durchlässiger Lehmboden mit einem pH-Wert von 6-7 ist günstig. Mondbohnen benötigen niedrigen bis mittelhohen Stickstoffgehalt. Zu Aussaat, Pflanzung, Laufende Pflege und Kultur unter Glas siehe »Helmbohnen« (S. 341).

Schädlinge und Krankheiten
Blattläuse, Blasenfüße (S. 551), Raupen (S. 549), Weiße Fliege (S. 550) und Spinnmilbe können zum Problem werden. Krankheiten sind Echter Mehltau, Blattfleckenkrankheit (S. 552) und Viren (S. 553).

EMPFOHLENE MONDBOHNEN-SORTEN

Rankende
'Challenge'
'Florida Butter'
'Wilber'

Niedrige
'Fordhook 242'
'Henderson'

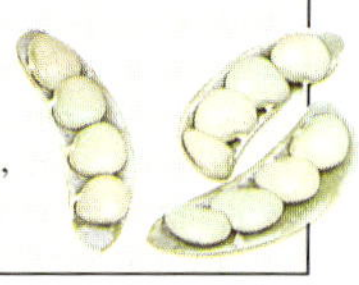

'Fordhook 242'

Ernte und Lagerung
Ernten Sie ganze Hülsen jung, reife Samen etwa 12-16 Wochen nach der Aussaat. Beide lassen sich bei über 4°C und 90 Prozent Luftfeuchtigkeit bis zu 2 Wochen lagern.

Gartenbohnen *(Phaseolus vulgaris)*

Bei dieser alten Kulturpflanze unterscheidet man Buschbohnen, Hochbüsche und Stangenbohnen. Zu Höhe und Ausbreitung siehe Feuerbohnen (S. 341). Die Hülsen werden 7-30 cm lang. Sie können rund, flach oder gewunden sein; der Durchmesser liegt zwischen Bleistiftstärke (bei Filetbohnen) und etwa 2 cm; sie können grün, gelb, purpurn, rot oder grün und purpurgesprenkelt sein. Die gelben Wachsbohnen haben eine wachsige Konsistenz und schmekken ausgezeichnet. Die Hülsen sind bei einigen Sorten fadenlos. Essen Sie die Hülsen niemals roh; die Samen enthalten Giftstoffe, die erst beim Erhitzen unwirksam werden. Verwenden Sie unreife Hülsen, halbreife, geschälte Samen (Flageolettbohnen) oder getrocknete, reife Samen (Weiße Bohnen). Für Trockenkochbohnen gibt es spezielle Sorten.

Gartenbohnen gedeihen unter ähnlichen Bedingungen wie Feuerbohnen (siehe S. 341), benötigen zur Keimung aber mindestens 12°C. Die optimale Temperatur für die Kultur ist 16-30°C; die Sämlinge vertragen keine Temperaturen unter 10°C. Die Pflanzen bestäuben sich selbst und wachsen am besten in nährstoffreichem, leichtem Boden, der durchlässig sein muß, damit die Wurzeln nicht faulen. Arbeiten Sie vor der Pflanzung reichlich gut verrotteten Kompost oder Mist in den Boden, und verzichten Sie nie auf den Fruchtwechsel (siehe S. 307). Gartenbohnen gedeihen auch in mäßig stickstoffhaltigen Böden (siehe S. 314).

Aussaat und Pflanzung
Der Samen kann vorgekeimt werden. Gesät wird 4 cm tief und direkt

GARTENBOHNEN VORKEIMEN

1 Legen Sie die Bohnen auf feuchten Küchenkrepp in eine Schale ohne Abzugslöcher. Halten Sie sie feucht bei mindestens 12°C.

2 Sobald die zarten Sprosse erscheinen, und noch bevor sie grün werden, topft man die Bohnen vorsichtig ein oder sät sie direkt ins Freie.

oder im Haus wie bei Feuerbohnen (siehe S. 341). Folgeaussaaten sind den ganzen Sommer über möglich. Eventuell wird der Boden vorher durch Folienzelte angewärmt. Stangenbohnen benötigen soviel Abstand wie Feuerbohnen. Buschbohnen werden am besten mit 22 cm Abstand auf allen Seiten in versetzten Reihen gesät. Bei kaltem Klima benötigt man nach der Pflanzung schützende Folienzelte; auch wachsende Folien sind zu empfehlen.

Laufende Pflege
Stangenbohnen werden wie Feuerbohnen gestützt; Hochbüsche stützt man mit Reisern. Die Triebe können auch zur Unterstützung angehäufelt werden. Mulchen Sie, und lassen Sie die Pflanzen nie ganz austrocknen; bei anhaltender Trockenheit während der Blüte kann zusätzliches Wässern mit 20 l/m² erforderlich sein.

Schädlinge und Krankheiten
Gartenbohnen werden von Schnekken (S. 548), Bohnenfliegen (S. 570), Wurzel- und Bohnenläusen (siehe »Blattläuse«, S. 550), Blattfleckenkrankheit (S. 552), Stamm- und Wurzelfäule (S. 558), Braunfleckigkeit (S. 552) und Viren (S. 553) befallen.

Kultur unter Glas
In kalten Klimabereichen reifen Buschbohnen auch in einem Gewächshaus, Folientunnel oder Folienzelt heran. Der Abstand ist so groß wie bei Freilandkultur.

ANHÄUFELN

Pflanzen Sie die Bohnen mit 15 cm Abstand; sobald sie mehrere Blattpaare aufweisen, werden sie angehäufelt, um sie zu stützen.

Ernte und Lagerung
Junge Bohnen werden nach 7-13 Wochen laufend gepflückt; gelagert werden sie am besten in einem luftdichten Behälter.

TROCKENKOCHBOHNEN

Bei feuchtem Klima werden die Pflanzen ausgerissen und an den Wurzeln an einem trockenen, frostfreien Platz aufgehängt.

EMPFOHLENE GARTENBOHNEN-SORTEN

Buschbohnen
'Aramis' (franz. Filetbohnen)
'Chevrier Vert' (als Flageolettbohnen und getrocknet)
'Delinel' (franz. Filetbohnen)
'Dufrix' (fadenlos)
'Dutch Brown' (zum Trocknen)
'Loch Ness' (fadenlos)
'Pros' (fadenlos)
'Purple Teepee' (blauhülsige)
'Tendergreen' (fadenlos)
'Wachs Goldetta' (Wachsbohne)

'Purple Podded'

Stangenbohnen
'Blauhilde'
'Juvagold'
'Purple Podded'

Erbsen *(Pisum sativum)*

Erbsen sind Einjährige, die eine Höhe von 45 cm bis über 2 m und eine Ausbreitung von ca. 25 cm erreichen. Sie halten sich mit ihren Ranken an Stützen fest; moderne, halbblattlose Formen stützen sich beinahe von selbst. Erbsen werden nach der Dauer der Reifung eingeteilt. Frühe Erbsen sind niedriger und weniger ertragreich. Die Hülsen sind meist grün, manchmal auch purpurn.

Bei Palerbsen verwendet man die frischen Erbsen in den Hülsen; manche werden getrocknet. »Petit pois« sind kleine Erbsen mit feinem Geschmack. Markerbsen sind meist süßer, aber weniger winterhart als Palerbsen. Erbsen mit eßbaren Hülsen (zarthülsige, Zuckererbsen) werden unreif verwendet. Zarthülsige Erbsen haben flache Hülsen, man ißt sie mit Vorliebe jung, die rundhülsigen Zuckererbsen halbreif. Erbsen und Hülsen werden meist gekocht, können aber roh gegessen werden. Erbsen gedeihen bei kühlem Klima und am besten bei 13-18°C. Blüten und Hülsen vertragen keinen Frost. Der Standort sollte offen, der Boden einigermaßen nährstoffreich und bei guter Wasserhaltekraft durchlässig sein;

HALBBLATTLOSE ERBSEN

Erbsen vertragen weder Kälte noch nassen Boden oder Zugluft. Arbeiten Sie vor der Pflanzung reichlich gut verrotteten Kompost in den Boden ein. Fruchtwechsel ist erforderlich (siehe S. 307). Die Pflanzen haben für die Stickstoffaufnahme Knöllchen an den Wurzeln und brauchen daher keine zusätzlichen Stickstoffgaben.

Aussaat und Pflanzung
Die erste Freilandaussaat erfolgt bei einer Bodentemperatur von 10°C. Tiefere Temperaturen verzögern die Keimung. Zuerst können unter Folienzelten oder wachsender Folie Zwergsorten gesät werden, in der Folge sät man im Abstand von 14 Tagen oder man nimmt Sorten mit unterschiedlicher Reifezeit, damit sie nacheinander reifen. Säen Sie in warmen Gebieten nicht im Hochsommer, da hohe Temperaturen die Keimung beeinträchtigen. Werden frühe Erbsen spät gesät, müssen die Hülsen bis zum ersten Frost noch mindestens 10 Wochen Zeit zum Reifen haben.

Säen Sie Erbsen 3 cm tief in kleinen Gruppen mit jeweils 5-7 cm Abstand zwischen den Erbsen, damit die Pflanzen sich gegenseitig stützen. Oder machen Sie eine flache, bis 20 cm breite Rille, der Saatabstand beträgt in jeder Richtung 5 cm (siehe »Breite Rillen«, S. 310), der Abstand zwischen den Rillen 60-90 cm, für hohe Sorten mehr. Es kann auch in Doppelreihen mit 20 cm Abstand zwischen den Reihen und 1 cm zwischen den Samen gesät werden.

Laufende Pflege
Schützen Sie die Sämlinge durch Vliesauflage vor Vögeln. Sobald sich Ranken entwickeln, nimmt man das Vlies ab und bringt beiderseits Stüt-

zen aus Maschendraht, Netzen oder Reisig an. Halbblattlose und Zwergformen müssen kaum gestützt werden. Sobald die Erbsen mehrere Blätter haben, hält man die Wurzeln durch eine Mulchschicht kühl.

Während der Blüte und der Hülsenbildung wird wöchentlich mit 20 l/m² gewässert (wenn es nicht stark regnet).

Schädlinge und Krankheiten
Häufig richten Eichelhäher (S. 563), Ringeltaube (S. 549) und Erbsenblasenfüße (S. 563) Schaden an; Mäuse (S. 566) fressen die Samen. Gelegentlich kommen Umfallkrankheit (S. 564), Stamm- und Wurzelfäule (S. 558), Stecklingsfäule (S. 558) und *Fusarium*-Welke (S. 558) vor.

Kultur unter Abdeckungen
Im Vorfrühling und Spätherbst kann unter Abdeckungen gesät werden; Zwergsorten reifen für die frühe Ernte oder in milden Wintern unter Folienzelten.

ERBSEN STÜTZEN

Sobald die Sämlinge Ranken haben, steckt man rund um jede Gruppe Haselreiser möglichst aufrecht in den Boden (oben). Bald schlingen sich die Ranken um die Reiser, und die Erbsen wachsen daran hoch (rechts).

Ernte und Lagerung
Frühe Sorten erntet man 11-12 Wochen nach der Aussaat, andere nach 13-14 Wochen. Pflücken Sie eßbare Hülsen, sobald sich in den Hülsen unreife Erbsen bilden, Palerbsen und »Sugar Snap«-Formen, wenn die Hülsen schwellen.

EMPFOHLENE ERBSENSORTEN

Frühe
'Douce Provence'
'Feltham First'
'Frühes Wunder'
'Rheinperle'

Haupternte
'Dark-skinned Perfection'
'Kelvex'
'Progress Nr.9'
'Tristar'

Zucker- und zarthülsige Erbsen
'Carouby de Maussane'
'Oregon Sugar Pod'
'Sugar Bon' ('Denise')
'Rheinische Zucker'

'Sugar Bon'

'Sugar Rae'
'Sugar Snap'

Dicke Bohnen *(Vicia faba)*

Diese uralte Kulturpflanze wird auch Puff- oder Saubohne genannt. Die einzelnen Pflanzen werden zwischen 30 cm bei Zwergsorten und 1,5 m hoch und haben eine durchschnittliche Ausbreitung von 45 cm. Die Hülsen sind bis zu 2,5 cm breit und 7-15 cm lang und haben weiße oder rosarote, ca. 2 cm lange Samen. Die unreifen Bohnen, die jungen Hülsen und die Sproßspitzen werden gekocht. Die geschälten Bohnen lassen sich gut einfrieren.

Dicke Bohnen wachsen bei kühlem Klima, sie keimen nur bei Temperaturen unter 15°C. Manche Sorten sind sehr winterhart, sie vertragen unreif bei durchlässigem Boden bis zu −10°C. Säen Sie im Frühjahr und Frühsommer an einem offenen, im Herbst zum Überwintern an einem geschützten Standort mit relativ nährstoffreichem, gut gedüngtem Boden. Fruchtwechsel ist erforderlich (siehe S. 307). Die Pflanzen brauchen einen geringen Stickstoffgehalt, da die Wurzelknöllchen Stickstoff aus der Luft aufnehmen.

Aussaat und Pflanzung
Säen Sie im Frühjahr und Frühsommer direkt, sobald der Boden bearbeitet werden kann. Die Keimung erfolgt bei ziemlich niedrigen Temperaturen. Für die frühe Ernte sät man im Spätherbst bis Frühwinter des Vorjahres – die Pflanzen müssen vor dem Winter nur 2,5 cm hoch sein.

NIEDRIGE DICKE BOHNEN

In sehr kalten Gebieten kann im Winter im Haus gesät und im Frühling, wenn die Frostgefahr vorüber ist, ausgepflanzt werden.

Säen Sie etwa 4 cm tief mit 20 cm Abstand in jeder Richtung. Legen Sie entweder Doppelreihen mit 90 cm Abstand an, oder verteilen Sie den Samen in Blöcken gleichmäßig über das Beet. Bei höheren Sorten umgibt man die Reihen oder Blöcke mit Stangen, zwischen denen Draht gespannt wird. Niedrige Sorten können auch mit Reisern gestützt werden, damit die Hülsen über dem Boden bleiben. Überwinternde und im Vorfrühling gesäte Bohnen werden anfangs durch Folienzelte oder wachsende Folie geschützt.

Laufende Pflege
Lassen Sie die Pflanzen nicht austrocknen; wässern Sie wie bei Gartenbohnen (siehe S. 342). Sobald die Blüte einsetzt, knipst man den Vegetationspunkt aus, um die Hülsenbildung zu fördern, und um die Bohnenlaus zu bekämpfen. Schützen Sie überwinternde Pflanzen durch Anhäufeln vor Wind und Wetter.

Schädlinge und Krankheiten
Dicke Bohnen werden von Mäusen (S. 566), Eichelhähern (S. 563), Ringeltauben (S. 549), tropischer Wurzelfäule (S. 565), Bohnenfliege (siehe »Blattläuse«, S. 550), Bohnenrost (S. 553) und Stamm- und Wurzelfäule (S. 558) befallen.

AUSKNIPSEN

Sobald die Bohnen blühen, knipst man an jeder Pflanze den Vegetationspunkt aus. Das vertreibt die Bohnenlaus, und die Pflanze konzentriert ihre Energie auf die Bohnen.

Ernte und Lagerung
Bei Frühjahrsaussaat erntet man Dicke Bohnen nach 12-16 Wochen, bei Herbstaussaat nach 28-35 Wochen. Man pflückt sie, solange die Hülsen noch dick und die Bohnen milchig sind, bevor sie ledrig werden. Sie können eingefroren oder zu Saisonende für die Wintermonate wie Gartenbohnen getrocknet werden (siehe S. 342).

EMPFOHLENE DICKE-BOHNEN-SORTEN

Niedrige
'Bonny Lad'
'Osnabrücker Markt'

'Red Epicure'

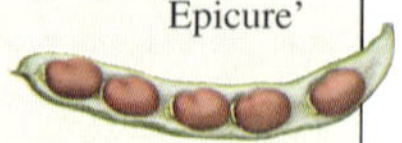

Frühe
'Con Amore'
'Express'
'Red Epicure'
'Witkiem Major'

'Witkiem Major'

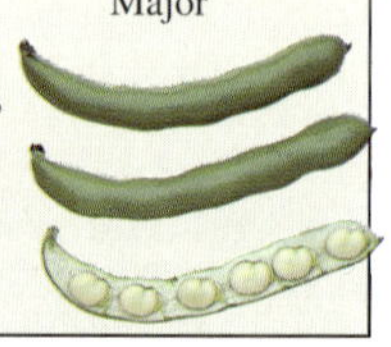

Späte
'Hylon'
'Jubilee Hysor'
'Relon' (langhülsig)

Wurzel-, Knollen- und Zwiebelgemüse

DIE MEISTEN Gemüse dieser Gruppe sind Zwiebeln, sie umfaßt aber auch andere Pflanzen, die mit Ausnahme des Knollenfenchels meist winterhart sind und langsam reifen. Knollensellerie, Kohlrabi und Knollenfenchel bilden knapp über dem Boden verdickte Stammteile, eigentlich keine echten Knollen. Zwiebeln sollten beim Fruchtwechsel als Gruppe betrachtet werden; andere Gruppen siehe S. 307. Sowohl Spargel als auch Rhabarber sind ausdauernde Gemüse, die in speziell vorbereitete Langzeitbeete kommen.

Speisezwiebeln *(Allium cepa)*

Die Speise- oder Küchenzwiebel ist eine unserer ältesten Kulturpflanzen. Zwiebeln können rund, flach oder lang und torpedoförmig sein. Sie haben meist braune oder gelbe Schalen und weißes Fleisch, manche auch rote Schalen und rosaweißliches Fleisch. Das Laub wird 15-45 cm lang. Unreife wie reife Zwiebeln werden roh oder gekocht gegessen. Manche Sorten lassen sich lagern. Vereinzelte grünbelaubte Zwiebeln verwendet man als Frühlingszwiebeln (siehe S. 346).

Speisezwiebeln gedeihen am besten bei 13-24°C, und vertragen Frost. Sie benötigen in der Anfangsphase kühle Temperaturen. Die Sorten bilden die Zwiebeln bei unterschiedlichen Tageslängen aus; Langtagsformen eignen sich für nördliche, Kurztagformen für südliche Breitengrade (siehe auch »Tageslänge«, S. 307).

Zwiebeln brauchen einen offenen Standort mit nährstoffreichem, mittelschwerem bis leichtem, durchlässigem Boden. Arbeiten Sie im Herbst reichlich gut verrotteten Stallmist ein, pflanzen Sie aber nie in frischgemisteten Boden. Vor der Aussaat kann das Anzuchtbeet eine Grunddüngung erhalten. Der Stickstoffbedarf ist gering (siehe S. 314).

Aussaat und Pflanzung

Zwiebeln können aus Samen oder Steckzwiebeln gezogen werden. Samen ist preiswerter, braucht aber länger; Steckzwiebeln sind leichter zu kultivieren, meist aber nur für bestimmte Sorten erhältlich. Speisezwiebeln brauchen eine lange Wachstumsperiode, v.a. wenn sie groß werden sollen.

Säen Sie im Frühling, sobald der Boden zu bearbeiten ist, in ein Anzuchtbeet 1 cm tief und sehr dünn in Reihen mit 25-30 cm Abstand. Vereinzeln Sie in Etappen. Gute Erträge sind bei mittelgroßen Zwiebeln mit 4 cm Abstand zu erzielen; für größere Zwiebeln vereinzelt man die Sämlinge auf 5-10 cm.

Um die Wachstumsperiode zu verlängern, sät man in nördlichen Breitengraden von Spätwinter bis Vorfrühling unter Abdeckung in Saatschalen oder Multitöpfe bei Temperaturen von 10-15°C. Die Sämlinge werden abgehärtet und im richtigen Abstand ausgepflanzt, wenn sie 2 Blätter haben. Man kann auch in jedes Fach der Multitopfplatte 5 Samen geben und diese als Gruppe mit 25 cm Abstand zur nächsten auspflanzen (siehe auch »Lauch umsetzen«, S. 347). Für eine frühe Ernte werden bestimmte Sorten im Sommer oder Herbst gesät und überwintert. Bei strengen oder nassen Wintern ist davon abzuraten, da die Samen leicht verrotten. Sommersaaten sind ziemlich winterhart, sie können im Spätsommer direkt gesät und im Herbst auf 2,5 cm, bis zum Frühling auf den endgültigen Abstand vereinzelt werden. Auch Japanische Winterzwiebeln werden zu dieser Zeit gesät; sie sind winterhärter als andere Speisezwiebeln, aber ungeeignet für die Lagerung.

Steckzwiebeln werden meist im Vorfrühling gesetzt, und zwar im oben angegebenen Abstand in flachen Furchen, so daß die Spitzen gerade aus dem Boden schauen.

Laufende Pflege

Halten Sie den Standort unkrautfrei, v.a. solange die Zwiebeln jung sind und keine Konkurrenz vertragen. Zwiebeln wurzeln ziemlich flach und brauchen nach dem Aufbau nur wenig Wasser, außer bei großer Trockenheit. Winterzwiebeln können im Frühling bei Bedarf Stickstoff- oder organischen Flüssigdünger erhalten.

Schädlinge und Krankheiten

Zwiebeln werden häufig von Zwiebelfliege (S. 567), Bohnenfliege (S. 570), Zwiebelweißfäule (S. 567), Falschem Mehltau und während der Lagerung von Zwiebelfäule (S. 567) befallen.

Ernte und Lagerung

Im Frühjahr gesäte Speisezwiebeln reifen in 12-18 Wochen; im Sommer gesäte in bis zu 42 Wochen. Sie werden nach Bedarf geerntet und frisch verwendet.

Für die Lagerung wartet man, bis das Laub einzieht (man tritt es nicht nieder) und nimmt dann vorsichtig alle Zwiebeln auf. Bei sonnigem Wetter läßt man sie etwa 10 Tage in Netzen aufgehängt oder auf einer festen Unterlage bei guter Belüftung trocknen. Bei nassem Wetter werden sie ins Gewächshaus oder unter ein schützendes Dach gehängt. Die äußeren Schalen und das Laub müssen vor der Lagerung ganz trocken sein.

Behandeln Sie Zwiebeln vorsichtig, schon kleinste Verletzungen können zu Fäulnis führen. »Dickhälse« werden nicht gelagert, sondern möglichst rasch verbraucht. Lagern Sie Zwiebeln entweder in Netzen oder zu Zöpfen geflochten (siehe »Zwiebeln flechten«, S. 316) oder lagenweise in Kisten bei 0-7°C und geringer Luftfeuchtigkeit (unter 40 Prozent). Sie halten sich je nach Sorte 3-6 Monate.

EMPFOHLENE ZWIEBELSORTEN

Zwiebeln für Herbsternte
'Giant Fen Globe'
'Hyskin' F1
'Rijnsburger Markant' F1
'Stuttgarter Riesen'

Rote Zwiebeln (frisch/gelagert)
'Braunschweiger Dunkelblutrote'
'Long Red Florence'
'Piroska'

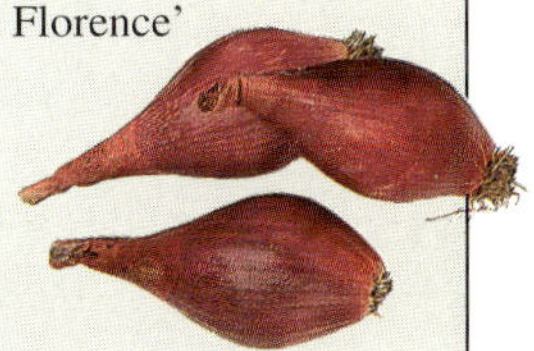
'Long Red Florence'

'Mammoth Red Onion'
'Red Baron'

Traditionelle und Japanische Winterzwiebeln
'Express Yellow'
'Imai Early Yellow'
'Kaizuka Extra'
'Reliance'
'Southport Red Globe'

Für Herbstanbau
'Unwin's First Early'

DAS EINLAGERN VON ZWIEBELN

Bereiten Sie die Zwiebeln für die Lagerung sorgfältig vor. »Dickhälse« (Zwiebeln mit verdickten Hälsen, ganz rechts) werden aussortiert. Vermeiden Sie jede Verletzung der Zwiebeln, da sie zu Fäulnis führt. Legen Sie sie lagenweise in eine Kiste, und bringen Sie diese an einen luftigen, frostfreien Platz.

Frühlingszwiebeln

Bei europäischen Frühlingszwiebeln handelt es sich meist um Speisezwiebelsorten, die jung verwendet werden können, wenn sie 15 cm hoch sind, einen weißen Schaft und eine kleine Zwiebel haben. Zu Klima, Bodenansprüchen und Schädlingen und Krankheiten siehe S. 345. Saurer Boden braucht zusätzlich Kalk.

Im Frühling wird direkt, dünn in Reihen mit 10 cm Abstand oder 7 cm breiten Streifen mit 15 cm Abstand gesät. Durch dreiwöchentliche Folgeaussaaten im Sommer erreicht man eine lange Ernte. Für den Vorfrühling können im Spätsommer überwinternde Sorten gesät werden, die man im Winter mit Folienzelten schützt. Wässern Sie bei Trockenheit. Frühlingszwiebeln können nach 2 Monaten geerntet werden.

FRÜHLINGSZWIEBELN VEREINZELN

Bei dicht gesäten Frühlingszwiebeln erntet man so viele Sämlinge, daß verbleibende mit 2,5 cm Abstand stehen. Sie wachsen weiter und werden nach Bedarf geerntet.

Silberzwiebeln

Diese Speisezwiebelsorten bringen in nördlichen Breitengraden kleine, weiße Zwiebelchen hervor. Sie können, sobald sie daumennagelgroß sind, frisch oder zum Einlegen verwendet werden. Sorten sind 'Barletta', und 'Paris Silver Skin'. Sie bevorzugen fruchtbaren, kommen aber auch mit eher nährstoffarmem Boden zurecht. Zu Klima, Pflege sowie Schädlingen siehe S. 345.

Im Frühling wird direkt entweder breitwürfig oder in etwa 10 cm breiten Streifen mit 1 cm Saatabstand gesät. Vereinzelt wird nur für größere Zwiebeln. Die Ernte beginnt nach 8 Wochen, wenn das Laub eingezogen ist; die Zwiebeln werden frisch verwendet oder getrocknet und bis zum Einlegen gelagert wie Speisezwiebeln.

SILBERZWIEBELN

Schalotten *(Allium cepa* Aggregatum-Gruppe)

Schalotten haben einen charakteristischen Geschmack und bilden Büschel zu etwa einem Dutzend Zwiebeln. Es gibt gelb- und rotschalige Formen; sie können frisch oder gelagert, roh oder gekocht gegessen werden. Blätter junger Schalotten kann man frisch verwenden.

Klima und Bodenansprüche, Pflege und Schädlinge und Krankheiten siehe Speisezwiebeln (S. 345). Schalotten sind sehr winterhart. Kaufen Sie virusfreie Steckzwiebeln am besten mit 2 cm Durchmesser. Pflanzen Sie im Vorfrühling wie bei Speisezwiebeln (siehe S. 345) mit etwa 18 cm Abstand auf jeder Seite. Jede Steckzwiebel bildet einen Busch und reift bis zum Frühsommer. Um früh grünes Laub ernten zu können, pflanzt man kleine Steckzwiebeln im Herbst mit 2,5 cm Abstand im Boden oder in Saatschalen unter Glas.

Ernten Sie kein grünes Laub, wenn sie größere Zwiebeln möchten. Nehmen Sie die Zwiebeln auf, sobald das Laub eingezogen ist, und trocknen Sie sie für die Lagerung wie andere Speisezwiebeln (S. 345); gute Schalotten halten sich 1 Jahr.

SCHALOTTEN PFLANZEN

Ziehen Sie eine 1 cm tiefe Rille. Setzen Sie die Steckzwiebeln mit etwa 18 cm Abstand hinein, so daß die Spitzen gerade über dem Boden sichtbar sind.

SCHALOTTEN

Europäische Winterheckzwiebeln *(Allium fistulosum)*

Diese Gewürz- und Gemüsepflanzen sind winterhart. Sie haben bis zu 45 cm lange, hohle Blätter und wachsen in Büscheln von ca. 20 cm Durchmesser; die Blattbasis ist an und unter der Bodenoberfläche verdickt. Das Laub bleibt das ganze Jahr grün, auch bei Temperaturen von –10°C, daher sind diese Zwiebeln ein gutes Wintergemüse. Laub und Zwiebelchen können roh und gekocht gegessen werden.

Klima und Bodenansprüche, Pflege, Kultur sowie Schädlinge und Krankheiten siehe Speisezwiebeln (S. 345). Säen Sie im Frühling oder im Sommer in Reihen mit ca. 30 cm Abstand. Vereinzeln Sie die Sämlinge etappenweise auf etwa 25 cm Abstand, oder vermehren Sie sie durch Teilung der Büschel und Umsetzen der jüngeren, äußeren Teile im angegebenen Abstand. Das Laub kann 24 Wochen nach der Aussaat geerntet werden; man schneidet einzelne Blätter nach Bedarf oder reißt ein ganzes Büschel aus. Sie werden sehr dicht und sollten alle 2-3 Jahre geteilt werden. Winterheckzwiebeln lassen sich nicht lagern.

WINTERHECKZWIEBELN

Orientalische Bundzwiebeln

Sie stammen von den Europäischen Winterheckzwiebeln ab, werden meist zweijährig kultiviert und können in jedem Stadium vom Sämling bis zur großen Pflanze geerntet werden. Reife Pflanzen haben einen verdickten, weißen, 15 cm hohen Schaft mit 2,5 cm Durchmesser. Alle Teile sind eßbar. Es gibt Sorten für ganzjährige Pflanzung und Ernte und für verschiedenste klimatische Bedingungen.

Zu Bodenansprüchen siehe »Speisezwiebeln« (S. 345). Säen Sie im Frühling und Sommer direkt in Reihen mit 30 cm Abstand. Vereinzeln Sie etappenweise auf bis zu 15 cm Abstand, je nachdem, wie groß die Zwiebeln werden sollen. Es kann auch in Saatschalen gesät und dann ausgepflanzt werden. Die winterharte Jakobszwiebel treibt alljährlich frisch aus und liefert im Frühjahr noch vor dem Schnittlauch grüne Schlotten. Junge Blätter erhält man bereits 4 Wochen nach der Aussaat.

ORIENTALISCHE BUNDZWIEBELN

Lauch *(Allium porrum)*

Der Lauch ist eine einjährig kultivierte Zweijährige mit ca. 45 cm Höhe und 15 cm Breite. Gegessen wird der süß schmeckende, dicke, weiße Schaft, der sich unter den langen, blaugrünen Blättern bildet. Er kann durch Anhäufeln oder tiefes Pflanzen gebleicht werden. Alle Formen werden gekocht als Gemüse oder für Suppen verwendet.

Lauch gedeiht in kühlem Klima, am besten bei Temparaturen unter 24°C, verträgt aber auch höhere Temperaturen, wenn man ihn feucht hält. Die Sortenvielfalt reicht von früh und mäßig winterhart bis spät und sehr winterhart. Er wird an offenen Standorten mit nährstoffreichem, gut Wasser haltendem Boden gezogen, dem man, falls nötig, ausreichend Stallmist oder Kompost und Stickstoffdünger (hoher Stickstoffgehalt erforderlich; siehe S. 314) zuführt. Meiden Sie verdichtete Böden. Fruchtwechsel ist erforderlich.

Aussaat und Pflanzung

Lauch benötigt eine lange Wachstumsperiode; man beginnt mit den Aussaaten möglichst früh. Säen Sie 1 cm tief in einem Anzuchtbeet im Freien, und pflanzen Sie bei 20 cm Höhe um. Oder säen Sie direkt in Reihen mit 30 cm Abstand. Sämlinge mit 3 Blättern werden auf 15 cm Abstand vereinzelt oder umgesetzt. Kleinere Pflanzen brauchen weniger Abstand. Zum Bleichen macht man die Pflanzlöcher 15-20 cm tief. Wässern Sie vorsichtig, und lassen Sie den Boden um die wachsende Pflanze einsinken. Gebleicht werden kann auch durch wiederholtes Anhäufeln (5 cm hoch).

Für eine längere Wachstumsperiode sät man unter Abdeckungen wie bei Speisezwiebeln (siehe S. 345). Lauch läßt sich gut in Gruppen von 4 Samen in Multitöpfe säen. Pflanzen Sie die Sämlingsgruppen mit 25 cm Abstand aus.

LAUCHPFLANZEN

AUSSAAT IN MULTITÖPFEN

Füllen Sie die Fächer bis 1 cm unter den Rand mit Vermehrungserde. Legen Sie in jedes Fach 4 Lauchsamen. Geben Sie eine dünne Erdschicht darüber, und wässern Sie.

Laufende Pflege

Wässern Sie gründlich, bis der Lauch gut aufgebaut ist, dann nur noch bei großer Trockenheit. Halten Sie die Beete unkrautfrei. Die Bodenfeuchtigkeit erhält man durch eine Mulchschicht.

Schädlinge und Krankheiten

Älchen (S. 556), Zwiebelfliege (S. 567), Rost (S. 552) und Zwiebelweißfäule (S. 567) können zum Problem werden.

LAUCH UMSETZEN

Jedes Fach der Multitopfplatte kann als Ganzes ausgepflanzt werden; der Abstand beträgt 25 cm.

EINZELNE SÄMLINGE

Nach Freilandaussaat wird Lauch an seinem endgültigen Standort in 15-20 cm tiefe Löcher mit 10-15 cm Abstand umgesetzt.

Ernte und Lagerung

Lauch kann 16-20 Wochen nach der Aussaat geerntet werden oder auch viele Monate im Boden bleiben. Ernten Sie ab dem Sommer nach Bedarf; winterharte Sorten können, außer bei sehr strengen Wintern, den ganzen Winter über bis zum Frühling geerntet werden. Anders läßt sich Lauch kaum lagern. Wird das Beet benötigt, nimmt man den Lauch auf und schlägt ihn anderswo ein.

LAUCH EINSCHLAGEN

Für die Lagerung im Freien nimmt man den Lauch auf und lehnt ihn gegen die Seite eines V-förmigen Grabens. Dann bedeckt man die Wurzeln und weißen Schäfte mit Erde.

EMPFOHLENE LAUCHSORTEN

'Blaugrüner Winter – Alaska' **s**
'Cortina' **m**
'Früher Sommer - Pancho' **f**
'Gennevilliers – Splendid' **f**
'Herbstriesen - Argenta' **s**
'Herbstriesen - Goliath' **m, s**
'King Richard' **f**
'Swiss Giant – Pancho' **f**
'Tilina' **f**
'Zorba' **f**

SCHLÜSSEL
f *früh*
m *Saisonmitte*
s *spät*

'Zorba'

Knoblauch *(Allium sativum)*

Diese Gewürz- und Heilpflanze ist eine einjährig kultivierte Zweijährige, die eine Höhe von 60 cm und eine Ausbreitung von 15 cm erreicht. Sie bringt eine unterirdische Zwiebel mit bis zu 5 cm Durchmesser hervor. Es gibt rosa- und weißschalige Formen und Selektionen für verschiedene klimatische Bedingungen. An Knoblauch schätzt man vor allem die würzigen Zehen, die die Zwiebel bilden; er läßt sich auch für ein ganzes Jahr lagern. Die einzelnen Zehen verwendet man entweder frisch oder nach Lagerung zum Würzen oder ißt sie gekocht oder roh.

Knoblauch verträgt unterschiedliches Klima, manche Varianten sind extrem winterhart; verwenden Sie die für Ihr Gebiet empfohlenen. Knoblauch gedeiht am besten an einem offenen, sonnigen Standort mit leichtem Boden, der nicht zu nährstoffreich ist. Entscheidend sind Durchlässigkeit und hoher Stickstoffgehalt.

Aussaat und Pflanzung

Trennen Sie für die Pflanzung einzelne Zehen mit mindestens 1 cm Durchmesser von der reifen Zwiebel ab. Nehmen Sie immer gesunde, virusfreie Pflanzen. Um große Zehen zu bilden, benötigt der Knoblauch eine lange Wachstumsperiode, pflanzen Sie also möglichst im Herbst. In sehr kalten Gebieten und bei schweren Böden wartet man bis zum Vorfrühling oder setzt die Zehen über den Winter einzeln in Multitöpfe, die an einen geschützten Platz im Freien gestellt werden, damit sie die erforderliche Kälteperiode durchmachen. Ausgepflanzt wird, sobald die Pflänzchen im Frühling zu sprießen beginnen. Pflanzen Sie die Zehen aufrecht,

KNOBLAUCHZEHEN IN MULTITÖPFE PFLANZEN

Setzen Sie in jeden Abschnitt eine Knoblauchzehe 2,5 cm tief. Geben Sie Erde darüber.

mit dem flachen Zwiebelkuchen nach unten, etwa doppelt so tief, wie sie hoch sind. Der Abstand beträgt in jeder Richtung 18 cm oder 10 cm zwischen den Zehen und 30 cm zwischen den Reihen. Die Zwiebeln wandern während des Wachstums nach oben.

Laufende Pflege
Knoblauch erfordert recht wenig Pflege, die Beete müssen nur von Unkräutern freigehalten werden. Zu Schädlingen und Krankheiten bei Knoblauch siehe »Speisezwiebeln«, S. 345.

Ernte und Lagerung
Knoblauch reift je nach Variante und Pflanzzeit in 16 bis 36 Wochen. Graben Sie ihn aus, sobald die Blätter abzusterben beginnen, damit die Zwiebeln nicht neu sprießen; diese sind während der Lagerung viel anfälliger für Fäulnis.

Trocknen Sie sie nach dem Aufnehmen sorgfältig wie Speisezwiebeln (siehe S. 345). Gelagert werden sie, in Bündeln oder Zöpfen aus trockenen Blättern oder locker in Schalen ausgelegt, bei trockenen Bedingungen und 5-10°C. Knoblauch hält sich bis 10 Monate.

KNOBLAUCH LAGERN

Nach der Ernte wird das Laub lose mit Raphiabast zusammengebunden oder geflochten, und man hängt die Knoblauchknollen an einem kühlen, trockenen Ort auf.

Stangensellerie *(Apium graveolens)*

Stangensellerie ist eine zweijährige Gemüsepflanze, die 30-60 cm hoch wird und 30 cm Ausbreitung erreicht. Bleichsellerie hat gewöhnlich große, weiße, rosa oder rote Stiele, die vor der Verwendung gebleicht werden. Selbstbleichende Formen haben cremegelbe Stiele, die teilweise gebleicht werden. Grüner Stangensellerie hat grüne Stiele. Stangensellerie wird roh oder gekocht gegessen, die Blätter verwendet man zum Würzen und Dekorieren.

Stangensellerie gedeiht bei gemäßigtem Klima, am besten bei 15-21°C. Je nach Sorte und Bedingungen verträgt er leichten bis mäßigen Frost; Bleichsellerie mit roten Stielen ist am winterhärtesten. Manche Sorten schossen weniger leicht. Stangensellerie bevorzugt einen offenen Standort mit nährstoffreichem, durchlässigem Boden, der gut Wasser hält; saurer Boden braucht Kalk (siehe S. 531). Fruchtwechsel ist erforderlich, meiden Sie aber die Nähe von Pastinaken, da beide für die

EIN BLOCK VON SELLERIESÄMLINGEN

Selleriefliege anfällig sind. Arbeiten Sie vor der Pflanzung reichlich organisches Material in den Boden. Für Bleichsellerie hebt man im Herbst vor der Pflanzung einen 35 cm breiten und 30 cm tiefen Graben aus, arbeitet Stallmist oder Kompost ein. Sellerie braucht viel Stickstoff.

Aussaat und Pflanzung
Säen Sie im Frühjahr nach dem letzten Frost direkt oder höchstens 10 Wochen vor dem voraussichtlich letzten Frost im Haus in Saatschalen oder Multitöpfe bei 15°C. Zur Vorbeugung gegen die Blattfleckenkrankheit verwenden Sie mit Fungizid behandeltes Saatgut, das Sie auf das Substrat streuen oder ganz dünn bedecken, da es zum Keimen Licht braucht. Säen Sie nicht zu früh; fällt die Temperatur unter 10°C, neigen die Pflanzen zum Schossen.

Sämlinge mit 4-6 endgültigen Blättern werden vereinzelt, im Haus gesäte ausgepflanzt, wenn die Frostgefahr vorüber ist. Sortieren Sie Pflanzen mit fleckigen Blättern aus. Selbstbleichende Formen pflanzt man mit 25 cm Abstand in Blökken, die den natürlichen Bleichvorgang verstärken. Junge Pflanzen können mit Folienzelten oder wachsender Folie abgedeckt werden, die man nach einem Monat abnimmt. Pflanzen Sie Bleichsellerie mit 35 cm Abstand in einzelnen Reihen, Gräben oder auf Bodenniveau.

STANGENSELLERIE BLEICHEN

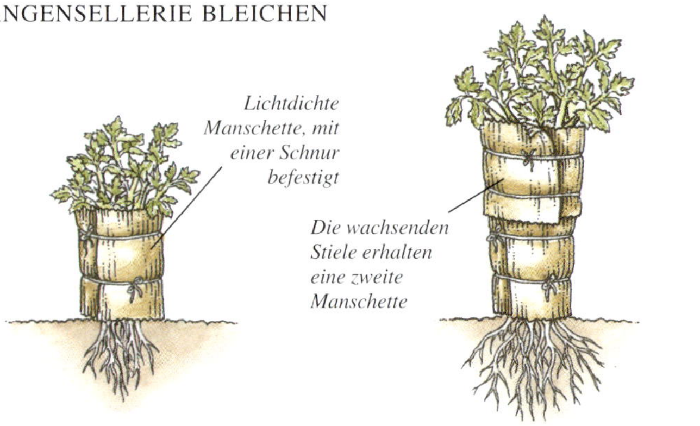

1 *Sobald der Sellerie etwa 30 cm hoch ist, umhüllt man die Stiele locker mit lichtdichtem Papier, so daß die Blätter noch Licht haben.*

2 *Wenn die Stiele gewachsen sind, kann eine zweite Manschette angelegt werden, um auch den neuen Wuchs zu bleichen.*

Laufende Pflege
Stangensellerie muß zügig wachsen, ohne Stockung durch Wassermangel oder Temperaturstürze. Geben Sie etwa einen Monat nach der Pflanzung Stickstoffdünger oder organischen Flüssigdünger. Die aufgebauten Pflanzen werden dann mit 20 l/m^2 wöchentlich gewässert.

Zur Geschmacksverbesserung kann man selbstbleichende Formen bei 20 cm Höhe mit einer dicken Schicht losem Stroh umgeben. Bei Bleichsellerie in Gräben werden die Triebe locker mit weicher Schnur zusammengebunden und der Graben nach und nach gefüllt, so daß die wachsenden Triebe angehäufelt werden. Bei Pflanzung auf Bodenniveau legt man spezielle Manschetten um die Triebe, sobald die Pflanzen 30 cm hoch sind.

EMPFOHLENE SELLERIESORTEN

Bleichsellerie (selbstbleichend)
'Celebrity'
'Ivory Tower'
'Lathom's Self Blanching'

Bleichsellerie
'Giant Pink'
'Martine' (rot)
'White Pascal'

Grüner Stangensellerie
'Hopkins Fenlander'
'Tall Utah'

'Tall Utah'

SELLERIE AUFNEHMEN

Nehmen Sie selbstbleichenden Sellerie vor dem ersten Frost auf. Entfernen Sie das Stroh, und heben Sie die ganze Pflanze mit der Gabel heraus.

Schädlinge und Krankheiten
Schnecken (S. 548), Selleriefliege (S. 551), Möhrenfliege (S. 564), Bormangel (S. 558), Blattfleckenkrankheit (S. 552) und Selleriescorf (S. 565) treten häufig auf.

Ernte und Lagerung
Ernten Sie Sellerie 11-16 Wochen nach der Pflanzung, Bleichsellerie im Spätherbst. An einem kühlen Platz halten sie sich mehrere Wochen.

Knollensellerie *(Apium graveolens* var. *rapaceum)*

Diese Zweijährige erreicht eine Höhe von etwa 30 cm und eine Ausbreitung von 38 cm. Die Sproßrübe wird gekocht oder roh als Salat gegessen, das Laub zum Würzen und Garnieren verwendet.

Knollensellerie gedeiht bei kühlem Klima und verträgt –10°C, wenn die Krone mit Stroh geschützt wird. Bei feuchtem Boden toleriert er leichten Schatten. Zu Bodenansprüchen siehe »Stangensellerie«, S. 348. Er benötigt geringen Stickstoffgehalt (S. 314).

Knollensellerie aus Multitöpfen auspflanzen

Pflanzen Sie Knollensellerie aus Multitöpfen aus, sobald er 8-10 cm hoch ist und 6-7 Blätter hat. Der Pflanzabstand beträgt 30-40 cm; die Krone bleibt über dem Boden.

Aussaat und Pflanzung

Knollensellerie benötigt eine Wachstumsperiode von 6 Monaten, damit sich die Knolle entwikkelt. Er keimt unregelmäßig. Säen Sie im Vorfrühling im Haus, am besten in Multitöpfe. Bei Saatschalen werden die Sämlinge auf 5-7 cm Abstand pikiert oder einzeln in kleine Töpfe oder Multitöpfe gesetzt. Härten Sie die jungen, 7 cm hohen Pflanzen vor dem Auspflanzen ab. Der Pflanzabstand beträgt 30-40 cm, die Krone bleibt über der Bodenoberfläche.

Laufende Pflege

Nach dem Pflanzen wird gemulcht und, v.a. bei Trockenheit, gründlich gewässert. Während der Wachstumsperiode kann gedüngt werden (siehe »Stangensellerie«, S. 348). Gegen Ende des Sommers entfernt man einige grobe, äußere Blätter, um die Krone freizulegen und die Entwicklung der Knolle zu fördern. Die Kronen werden zum Frostschutz 10-15 cm dick in Stroh eingepackt.

Kultur und Pflege des Knollensellerie

1 *Wenn sich Ende des Sommers der verdickte Stengelgrund zur Knolle entwickelt, entfernt man einige äußere Blätter.*

2 *Vor dem ersten Frost gibt man zum Schutz eine 15 cm dicke Strohschicht um die Kronen der Pflanzen.*

Schädlinge und Krankheiten

Es können die gleichen Probleme auftreten wie bei Stangensellerie.

Ernte und Lagerung

Knollensellerie kann von Spätsommer bis Frühling geerntet werden.

Geschmack und Haltbarkeit sind besser, wenn die Wurzeln über den Winter im Boden bleiben. In Gegenden mit strengen Wintern nimmt man die Pflanzen im Frühwinter auf, und lagert sie in Kisten mit feuchter Erde an einem kühlen Platz.

Empfohlene Knollensellerie-Sorten

'Bergers Weiße Kugel'
'Marble Ball'
'Monarch'
'Snow White'
'Tellus'

'Monarch'

Spargel *(Asparagus officinalis)*

Spargel ist eine ausdauernde Pflanze, die bis zu 20 Jahre ertragreich bleibt. Sein helles, farnähnliches Laub wird über 90 cm hoch und erreicht eine Ausbreitung von 45 cm. Verwendet werden die zarten, unterirdischen Stangen, die im Frühjahr aus dem Rhizom wachsen. Es gibt männliche und weibliche Pflanzen, die weiblichen tragen Beeren. Männliche Pflanzen sind ertragreicher; es gibt heute bereits sehr ertragreiche, rein männliche F1-Hybriden. Spargel wird meist gekocht gegessen.

Er gedeiht gut bei Temperaturen von 16-24°C in Gebieten mit kühlen Wintern, wo er die benötigte Winterruhe durchmachen kann. Wählen Sie einen offenen Standort, meiden Sie exponierte und Frostlagen. Spargel toleriert mäßig nährstoffreiche Böden; saure Böden brauchen zusätzlich Kalk. Gute Durchlässigkeit ist unerläßlich. Legen Sie ein Spargelbeet nicht zweimal an derselben Stelle an, da Bodenkrankheiten erhalten bleiben. Entfernen Sie alle ausdauernden Unkräuter, graben Sie den Boden um, und arbeiten Sie Stallmist oder Kompost ein. Spargel kann für eine bessere Drainage auch in Hochbeeten gezogen werden. Er braucht nur wenig Stickstoff.

Spargel pflanzen

Heben Sie einen 30 cm breiten, 20 cm tiefen Graben mit einem kleinen, 10 cm hohen Damm in der Mitte aus. Setzen Sie die Jungpflanzen mit etwa 35 cm Abstand auf den Wall. Breiten Sie die Wurzeln gleichmäßig aus, und geben Sie bis an die Kronen etwa 5 cm Erde darüber.

Aussaat und Pflanzung

Bei Spargel pflanzt man üblicherweise im Frühling einjährige Jungpflanzen. Diese fleischigen Jungpflanzen dürfen bis zur Pflanzung auf keinen Fall austrocknen.

Sie werden etwa 10 cm tief und mit 35 cm Abstand entweder in einfachen oder doppelten Reihen mit 30 cm Reihenabstand gepflanzt. Heben Sie zunächst einen flachen Graben mit einem kleinen Damm in der Mitte aus. Breiten Sie die Wurzeln gleichmäßig über den Damm, und bedekken Sie sie bis an die Kronen mit Erde. Füllen Sie den Graben erst im Verlauf des Wachstums auf, so daß immer 8-10 cm der Triebe freiliegen. Spargel aus Samen aufzuziehen ist preiswerter, aber nicht so sicher. Säen Sie im Frühling direkt und 2,5 cm tief, und vereinzeln Sie auf 7 cm. Die größten Pflanzen werden im nächsten Frühling ausgepflanzt. Oder Sie säen im Vorfrühling bei 13-16°C im

Empfohlene Spargelsorten

Traditionelle
'Giant Mammoth'
'Huchels Leistungsauslese'
'Ruhm von Braunschweig'
'Schwetzinger Meisterschuß'

Vorw. männl. Sorten
'Angela'
'Cito'
'Franklin'
'Lukullus'
'Spaganiva'

'Lukullus'

Haus in Multitöpfe. Die Sämlinge wachsen rasch und können im Frühsommer an ihren endgültigen Platz gepflanzt werden.

Laufende Pflege
Abgesehen von der Unkrautbekämpfung erfordert Spargel wenig Pflege. Hacken Sie nur flach, um die Wurzeln nicht zu beschädigen. Wenn im Herbst das Laub gelb wird, schneidet man die Triebe auf etwa 2,5 cm über dem Boden zurück.

Schädlinge und Krankheiten
Am gefährlichsten sind Schnecken (S. 548) in der Anfangsphase und Spargelkäfer (S. 548) bei reiferen Pflanzen. Der Wurzelfäule (S. 565) fallen Pflanzen in langjährigen Spargelbeeten zum Opfer.

Ernte und Lagerung
Bevor der Spargel zur Frühjahrsmitte hin gestochen wird, muß er sich zu einer kräftigen Pflanze entwickeln können. Bei guten, modernen Sorten kann schon in der 2. Saison etwas gestochen werden. Im folgenden Jahr wird die Ernte auf eine Periode von 6 Wochen beschränkt; danach kann von gut gedeihenden Pflanzen 8 Wochen lang gestochen werden. Ernten Sie Spargel, wenn er etwa 15 cm hoch und ziemlich dick ist, und stechen Sie schräg. Die verbleibenden Triebe wachsen weiter. Spargel läßt sich gut einfrieren.

SPARGEL ZURÜCKSCHNEIDEN

Schneiden Sie die Triebe im Herbst mit der Gartenschere auf 2,5 cm über dem Boden zurück.

SPARGEL ERNTEN

Sobald der Spargel 12-15 cm hoch ist, schneidet man die Stangen einzeln 2,5-5 cm unter dem Boden ab.

Kohlrabi *(Brassica oleracea* Gongylodes-Gruppe)

Diese Einjährige aus der Kohlfamilie wird wegen der weißfleischigen, rübenähnlichen, verdickten Sproßteile oder »Knollen«, die sich über dem Boden bilden, kultiviert. Kohlrabi wird 30 cm hoch und erreicht eine Ausbreitung von ca. 30 cm. Die äußere Schale ist hellgrün oder blau. Die Knollen sind nahrhaft und schmecken gut; sie werden gekocht oder roh gegessen.

Kohlrabi gedeiht bei kühlem Klima, am besten bei 18-25°C. Bei Temperaturen unter 10°C neigen junge Pflanzen zum Schossen. Zu Bodenansprüchen siehe »Heimische Kohlarten«, S. 317. Kohlrabi gedeiht am besten in leichtem Boden und verträgt Trockenheit besser als andere Kohlarten. Es braucht nur wenig Stickstoff (S. 314).

Aussaat und Pflanzung
Bei mildem Klima sät man im Freien in Folgeaussaaten von Frühling bis Spätsommer, für spätere Aussaaten nimmt man winterhärtere, blaue Formen. Säen Sie direkt in Reihen mit etwa 30 cm Abstand, und vereinzeln Sie die Sämlinge auf 15 cm, oder legen Sie die Samen mit 25 cm Abstand in jeder Richtung aus. Unter Abdeckungen wird bei mäßiger Wärme früher in Schalen oder Multitöpfe gesät. Ausgepflanzt wird spätestens, wenn die Sämlinge 5 cm hoch sind. Schützen Sie frühe Freilandaussaaten mit Folienzelten oder wachsender Folie.

HELLGRÜNER KOHLRABI

Laufende Pflege
Kohlrabi reift rasch; außer Unkrautbekämpfung ist kaum Pflege erforderlich.

Schädlinge und Krankheiten
Erdflöhe (S. 548), Kohlfliege (S. 564) und Kohlhernie (S. 564) können auftreten. Siehe auch »Kultur«, S. 317.

Ernte und Lagerung
Je nach Sorte und Jahreszeit reift Kohlrabi 5-9 Wochen nach der Aussaat. Traditionelle Sorten sollten nicht mehr als Tennisballgröße erreichen, sonst werden sie holzig; verbesserte, moderne Sorten sind mit 10 cm Durchmesser noch zart.

Spätere Ernten bleiben im Boden, bis Frost droht, da der Geschmack nach dem Aufnehmen verlorengeht. In kalten Gebieten wird im Herbst aufgenommen. Lassen Sie an jeder Knolle die mittleren Blätter stehen, damit sie frisch bleibt; lagern Sie sie bis zu 2 Monaten in feuchtem Sand.

EMPFOHLENE KOHLRABISORTEN

Traditionelle
'Wiener Blaue'
'Wiener Weiße'

'Wiener Blaue'

Moderne
'Kolpak'
'Rowel'

Knollenfenchel *(Foeniculum vulgare* var. *dulce)*

Knollenfenchel wird einjährig kultiviert. Die Pflanzen werden bis 60 cm hoch und haben eine Ausbreitung von etwa 45 cm. Die nach Anis schmeckende, flache »Knolle« aus schuppenartig sich überlappenden Blattansätzen wird gekocht oder roh gegessen. Das hübsche, farnähnliche Laub kann zum Würzen und Garnieren verwendet werden.

Knollenfenchel verträgt unterschiedliches Klima, von gemäßigt bis subtropisch. Er gedeiht bei warmen, gleichmäßigen Temperaturen, große Pflanzen vertragen leichten Frost. Der Standort sollte offen sein und nährstoffreichen Boden haben, der die Feuchtigkeit hält. Knollenfenchel gedeiht gut auf leichten Böden. Er braucht nur wenig Stickstoff.

Aussaat und Pflanzung
In kühlen, nördlichen Breiten wird vom Früh- bis zum Hochsommer gesät; traditionelle Sorten schossen leicht nach Frühlingsaussaat, verwenden Sie also für die frühe Aussaat moderne, schoßfeste Sorten. Bei wärmerem Klima wird im Frühjahr für den Sommer und dann im Spätsommer für den Herbst gesät. Knollenfenchel läßt sich nicht gut umsetzen und kann bei Stockungen schossen, säen Sie also entweder direkt oder in Multitöpfe, aus denen Sie Sämlinge mit höchstens vier Blättern auspflanzen. Der Pflanzabstand beträgt in jeder Richtung 30 cm. Frühe und späte Ernten können durch Folienzelte oder wachsende Folie vor Frost geschützt werden.

Laufende Pflege
Fenchel braucht wenig Pflege; halten Sie das Beet unkrautfrei. Er muß feucht gehalten, also gemulcht und gut gewässert werden. Sobald sich Knollen bilden, häufelt man sie auf halbe Höhe an, damit sie weiß und süß werden.

KNOLLENFENCHEL

KNOLLENFENCHEL ERNTEN

1 *Schneiden Sie die Fenchelknolle etwa 2,5 cm über dem Boden ab, die Basis bleibt drin.*

2 *Gewöhnlich sprießen aus dem Stumpf innerhalb einiger Wochen fedrige Blätter.*

Schädlinge und Krankheiten
Schädlinge oder Krankheiten sind selten. Bei Wassermangel, Temperaturschwankungen oder nach dem Umsetzen kommt es leicht zum Schossen.

Ernte und Lagerung
Ernten Sie die Knollen etwa 15 Wochen nach der Aussaat oder 2-3 Wochen nach dem Anhäufeln, wenn sie schön gerundet sind. Reißen Sie sie ganz aus, oder schneiden Sie die Knolle 2,5 cm über dem Boden ab. Aus dem Stumpf sprießen kleine Zwiege von farnähnlichem Laub, das zum Würzen und Dekorieren verwendet werden kann. Knollenfenchel läßt sich schlecht lagern.

EMPFOHLENE FENCHELSORTEN

'Cantino' **sf**
'Herald'
'Perfektion'
'Sirio'
'Süßer Bologneser'
'Zefa Fino' **sf**

'Zefa Fino'

SCHLÜSSEL
sf *schoßfest*

Rhabarber *(Rheum* x *cultorum)*

Die Staude wird bei guten Bedingungen über 20 Jahre alt und erreicht eine Höhe von über 60 cm bei einer Ausbreitung von bis zu 2 m. Die Blätter können 45 cm breit werden. Die blaßgrünen oder rosaroten Blattstiele, die bis zu 60 cm lang werden, werden jung geerntet und gekocht gegessen.

Rhabarber gedeiht bei gemäßigtem Klima, nicht aber bei hohen Temperaturen; die Wurzeln vertragen mindestens –15°C. Empfehlenswerte Sorten sind 'Holsteiner Blut' und 'The Sutton'. Er wächst auf nährstoffreichen, durchlässigen Böden. Vor der Pflanzung arbeitet man reichlich Stallmist oder Kompost ein. Junger Rhabarber benötigt mittelhohen Stickstoffgehalt, die reife Pflanze dagegen sehr hohen (siehe S. 314).

Aussaat und Pflanzung
Rhabarber wird meist durch etwa 10 cm dicke Teilstücke fleischiger Wurzelstöcke mit mindestens einer Knospe vermehrt. Sie werden während der Ruheperiode im Herbst bis Frühjahr gepflanzt. Kaufen Sie ein virusfreies Teilstück, oder teilen Sie eine gesunde, 2-3 Jahre alte Pflanze, sobald die Blätter abgestorben sind, indem Sie sie aufnehmen und die Krone durchschneiden; pflanzen Sie die Mutterpflanze wieder ein. Bei leichten Böden muß die Knospe am Teilstück mit 2,5 cm Erde bedeckt sein, bei schweren oder nassen Böden steht sie knapp über dem Boden. Der Pflanzabstand beträgt 90 cm.

Rhabarber kann auch aus Samen gezogen werden, gedeiht aber nicht verläßlich. Säen Sie im Frühling in einem Anzuchtbeet im Freien 2,5 cm tief in Reihen mit 30 cm Abstand. Vereinzeln Sie die Sämlinge auf 15 cm, und setzen Sie die kräftigsten im Herbst oder im nächsten Frühling an ihren endgültigen Standort.

Laufende Pflege
Mulchen Sie gründlich, und wässern Sie bei Trockenheit. Tragen Sie jeden Herbst oder Frühling eine dicke Schicht Stallmist oder Kompost auf und im Frühling Stickstoff. Entfernen Sie blühende Triebe.

Durch Frühtreiben im Dunkeln erhält man sehr zarte Stiele. Decken Sie die ruhenden Kronen im Spätwinter mit einer Strohschicht ab, dann mit einem mindestens 45 cm hohen Treibtopf; diese Abdeckung bleibt so lange darüber, bis die Stiele groß genug sind (ca. 4 Wochen).

Schädlinge und Krankheiten
Die Pflanzen werden von Hallimasch (S. 565), Kronenfäule (S. 569) und Viren (S. 553) befallen.

Ernte und Lagerung
Geerntet wird im Frühling und Frühsommer. Wurden Teilstücke gepflanzt, kann im ersten Jahr danach sparsam geerntet werden; nach Aussaat wartet man bis zum 2. Jahr. In den folgenden Jahren erntet man kräftig, bis die Qualität im Sommer nachläßt. Nach Frühtreiben kann 3 Wochen früher geerntet werden.

RHABARBER TEILEN

1 *Die Krone wird freigelegt und mit einem Spaten vorsichtig durchgeschnitten, so daß jedes Teilstück mindestens 1 große Knospe aufweist.*

2 *Die Teilstücke werden mit 75-90 cm Abstand gepflanzt, die Wurzeln mit Erde bedeckt, so daß die Knospe knapp über der Oberfläche ist.*

RHABARBER FRÜHTREIBEN

Um zarte Triebe früher zu ernten, bedeckt man die ruhenden Knospen (Nebenbild oben) im Winter mit Stroh oder Blättern und einem Treibtopf oder einem großen, lichtdichten Gefäß. Die Pflanze bringt nach einigen Wochen zarte, rosa Triebe hervor (Nebenbild unten).

RHABARBER ERNTEN

Die reifen Rhabarberstiele werden geerntet, indem man jeden einzelnen unten faßt, dreht und nach außen und oben wegzieht.

Wurzel- und Knollengemüse

Wurzelgemüse sind aus keinem Gemüsegarten wegzudenken. Wie der Name sagt, werden sie meist wegen der verdickten Wurzeln oder Knollen gezogen. Bei einigen, etwa Weißen Rüben, Roten Beten und Taro, verwendet man auch die jungen Blätter. Für eine regelmäßige Versorgung zieht man verschiedene Wurzelgemüse, die nacheinander reifen; viele lassen sich leicht für den ganzen Winter lagern, oft sogar noch im Boden. Haferwurzel und Schwarzwurzel läßt man überwintern und im Frühjahr blühende Sprosse hervorbringen.

Rote Beten *(Beta vulgaris* ssp. *vulgaris)*

Dieses zweijährige, ca. 15 cm hohe Wurzelgemüse wird einjährig kultiviert. An der Bodenoberfläche bildet sich eine verdickte Wurzel, die runde, flache oder zylindrische Rübe. Sie hat ca. 5 cm Durchmesser und mißt bei langen Formen ca. 10 cm. Das »Fleisch« ist meist rot, kann aber auch gelb oder weiß sein oder konzentrische rosa und weiße Ringe haben. Auch die Schale ist rot, gelb oder weiß. Die süßlichen Rüben werden vorwiegend gekocht, entweder frisch oder nach Lagerung, können aber auch eingelegt werden. Auch die frischen, jungen Blätter sind eßbar.

Rote Beten wachsen optimal bei kühlen, gleichmäßigen Temperaturen um 16°C. Sie bevorzugen offene Standorte und nährstoffreichen, leichten, stickstoffreichen Boden (siehe S. 314). Die Hälfte des nötigen Stickstoffs gibt man vor der Aussaat. Saure Böden erhalten Kalk.

Sämlinge vereinzeln

Sobald die Sämlinge 3-4 Blätter haben, vereinzelt man zu dicht stehende auf den erforderlichen Abstand, indem man die obersten grünen Blätter am Boden abreißt, ohne die anderen Sämlinge zu beschädigen.

Aussaat und Pflanzung

Die »Samen« enthalten jeweils 2-3 Samenkörner, deren Sämlinge früh vereinzelt werden müssen. Einige Sorten, z.B. 'Cheltenham Mono' und 'Rote Kugel', haben einfache Samen, die kaum vereinzelt werden müssen.

Man legt den Samen vor der Aussaat für 30 Minuten in warmes Wasser. Manche Sorten schossen, wenn sie zu früh gesät werden; wählen Sie also für frühe Aussaaten schoßfeste Sorten.

Säen Sie im Frühjahr im Freien und direkt, sobald der Boden zu bearbeiten ist und mindestens 7°C hat. Säen Sie 1-2 cm tief, der Abstand hängt vom Rübentyp und der gewünschten Größe ab. Bei großen Rüben beträgt der Reihenabstand 30 cm, vereinzelt wird auf 7-10 cm. Für Einlegerüben mit etwa 2,5 cm Durchmesser braucht man 7 cm Reihenabstand und vereinzelt auf 6 cm.

Für frühe Ernte sät man im Vorfrühling unter Folienzelten, in Kästen oder im Haus in Saatschalen oder Multitöpfe und pflanzt die 5 cm hohen Sämlinge aus. Legen Sie in jedes Fach (siehe »Multiplatten und kleine Gefäße«, S. 311) 3 einfache oder normale Samen, und vereinzeln Sie bei Bedarf. Frühe Sorten benötigen reichlich Platz, pflanzen Sie sie daher mit 20 cm Reihenabstand, und vereinzeln Sie auf 9 cm. Um laufend junge Rüben ernten zu können, sät man den ganzen Sommer alle 2-3 Wochen. Sorten für die Lagerung werden im Spätsommer, mindestens 10 Wochen vor dem ersten starken Frost, gesät.

Rote Bete ernten

Die Blattstiele fassen und die Rübe ausreißen; sie wurzelt flach und sollte sich leicht lösen. Verletzungen der Rübe sind zu vermeiden, damit sie nicht »ausblutet«.

Laufende Pflege

Wässern Sie mit 10 l/m² alle 2 Wochen, damit der Boden nicht austrocknet. Geben Sie den restlichen Stickstoffdünger im Verlauf des Wachstums.

Schädlinge und Krankheiten

Zum Problem können Sperlinge (siehe »Vögel«, S. 561), Eulenraupen (S. 559), Blattläuse (S. 550), Umfallkrankheit (S. 564), Blattfleckenkrankheit und Bormangel werden.

Ernte und Lagerung

Rote Beten können in jeder Phase, von den kleinen, unreifen (2,5 cm) bis zu vollausgereiften Rüben, geerntet werden, also 7-13 Wochen nach der Aussaat – je nach Sorte, Jahreszeit und gewünschter Größe. In milden Klimazonen können sie unter einer bis 15 cm dicken Strohschicht in meist durchlässigem Boden überwintern, werden aber dann doch ziemlich holzig. Ansonsten nimmt man sie vor starken, anhaltenden Frösten auf.

Drehen Sie die Blätter ab (Schneiden führt zu »Bluten«), und lagern Sie die Wurzeln in feuchtem Sand an einem frostfreien Ort. Rote Beten halten sich gewöhnlich einwandfrei bis zur Frühjahrsmitte.

Empfohlene Rote-Bete-Sorten

'Ägyptische Plattrunde'
'Boltardy' **sf**
'Bull's Blood'

'Burpee's Golden'

'Burpee's Golden' (gut zu lagern) **sf**
'Cheltenham Mono' (gut zu lagern) **sf**
'Chioggia Detroit – Little Ball'
'Forono' (gut zu lagern)
'Rote Kugel'
'Rote Bete Detroit-Rubidus' **sf**

Schlüssel
sf *schoßfest*

Kohlrüben *(Brassica napus* Napobrassica-Gruppe)

Dieses zweijährige Wintergemüse gehört zur Kohlfamilie und wird einjährig kultiviert. Kohl- oder Steckrüben werden 25 cm hoch bei einer Ausbreitung von ca. 38 cm. Das »Fleisch« ist meist gelb, manchmal auch weiß, die Schale im allgemeinen purpurrot oder hellbraun. Die großen, unregelmäßigen unterirdischen Wurzeln, die bis zu 10 cm dick und lang werden, schmecken süßlich und werden gekocht verwendet. Dieses winterharte Gemüse gedeiht bei kühlem Klima und auf leichtem, nährstoffreichem Boden mit geringem Stickstoffgehalt (siehe S. 314). Zu Klima und Bodenansprüchen siehe »Standort«, S. 317.

Aussaat und Pflanzung

Zur vollen Reife brauchen Kohlrüben eine Wachstumsperiode von 26 Wochen. Säen Sie vom Vor- bis Spätfrühling direkt in 2 cm tiefe Rei-

Empfohlene Kohlrübensorten

'Acme'
'Devon Champion'
'Marianne'
'Weseler'

'Marianne'

hen mit 40 cm Abstand, und vereinzeln Sie frühzeitig und etappenweise auf 25 cm Abstand zwischen den Sämlingen.

Laufende Pflege

Halten Sie die Beete unkrautfrei, wässern Sie bei Trockenheit mit 10 l/m².

Schädlinge und Krankheiten

Kohlrüben werden von Falschem Mehltau, Echtem Mehltau (S. 550), Bormangel (S. 566) und Schorf (S. 565) befallen. Manche Sorten sind mehltauresistent. Zu anderen Problemen siehe »Kultur«, S. 317.

Ernte und Lagerung

Kohlrüben reifen gewöhnlich im Herbst und können, da sie winterhart sind, bis Jahresende im Boden bleiben; dann sollte man sie vorsichtig aufnehmen; außer bei extrem kaltem Klima sind sie durch eine Strohschicht bis zum Aufnehmen ausreichend geschützt.

MIETE FÜR KOHLRÜBEN

Wählen Sie einen geschützten Platz mit guter Drainage, und legen Sie die Rüben pyramidenförmig auf eine 20 cm dicke Strohschicht, wobei der Rübenhals nach außen weist. Geben Sie Stroh darüber. In sehr kalten Gegenden kommt noch eine 10 cm dicke Erdschicht darüber.

Weiße Rüben *(Brassica rapa* Rapifera-Gruppe)

Dieses zweijährige Wurzel- und Blattgemüse wird einjährig kultiviert. Die Weißen oder Speiserüben werden ca. 25 cm hoch und breiten sich ebenso weit aus; ihre unterirdischen Wurzeln haben 2,5-7 cm Durchmesser und sind rund, ziemlich flach oder lang. Das »Fleisch« kann weiß oder gelb und die Schale weiß, rosa, rot oder gelb sein. Die jungen Blätter können als Stielmus gegessen werden (siehe »Stielmus und Brokkolitriebe«, S. 322). Die Wurzeln werden entweder frisch oder nach Lagerung und gewöhnlich gekocht verwendet.

Weiße Rüben gedeihen am besten bei etwa 20°C. Sie sind einigermaßen winterhart und vertragen leichten Frost. Zu Klima und Bodenansprüchen siehe »Standort«, S. 317. Sie bevorzugen feuchten Boden und neigen bei Trockenheit zum Schossen. Frühe Typen, die klein, schmackhaft und meist weiß sind, wachsen sehr rasch und eignen sich bestens für eine Ernte im Vorfrühling und Sommer; winterhärtere Typen werden im Sommer und Winter frisch verwendet und gelagert.

Weiße Rüben brauchen als Standort einen niedrigen bis mittelhohen Stickstoffgehalt des Bodens (siehe S. 314).

WEISSE RÜBEN ERNTEN

Ziehen Sie Weiße Rüben einfach am Laub aus dem Boden. Wenn sie zu lange im Boden bleiben, werden sie holzig.

Aussaat und Pflanzung

Säen Sie frühe Typen im Frühjahr, sobald der Boden zu bearbeiten ist, oder unter Abdeckungen. Sorgen Sie bis zum Frühsommer alle 3 Wochen für Folgesaaten. Für die Haupternte sät man vom Hoch- bis Spätsommer direkt und 2 cm tief. Frühe Typen benötigen 25 cm Reihenabstand, die Sämlinge werden auf 10 cm vereinzelt; solche für die Haupternte brauchen 30 cm Reihenabstand und werden auf 15 cm vereinzelt.

Laufende Pflege

Halten Sie die Beete unkrautfrei, wässern Sie bei Trockenheit mit 10 l/m².

Schädlinge und Krankheiten

Die Sämlinge können von Erdflöhen (S. 548) befallen werden; weitere Probleme sind Schorf (S. 565) und Bormangel (S. 566). Gallenkäfer verursachen hohle Schwellungen an den Wurzeln; befallene Pflanzen werden vernichtet.

Ernte und Lagerung

Frühe Rüben werden nach ungefähr fünf Wochen, andere, später reifende Sorten nach sechs bis zehn Wochen geerntet, bevor sie holzig werden. Weiße Rüben für die Lagerung nimmt man vor dem ersten Frost auf.

EMPFOHLENE WEISSE-RÜBEN-SORTEN

'Goldball'
'Green Top Stone'
'Manchester Market'
'Orange Perfection'
'Purple Top Milan'
'Schneeball'
'Tokyo Cross' F1

'Goldball'

Taro *(Colocasia esculenta)*

Die krautige, frostempfindliche Staude wird bis zu 1 m hoch und breitet sich 60-70 cm weit aus. Die Pflanzen haben große, langstielige Blätter, die grün oder grünlich-purpurn sein können. Bei Taro werden die großen, stärkereichen Knollen gekocht gegessen. Auch die jungen Blätter und Sprosse sind eßbar und können gekocht werden.

TAROPFLANZE

Taro sind tropische und subtropische Pflanzen, die eine Temperatur von 20-25°C und über 75 Prozent Luftfeuchtigkeit benötigen. In gemäßigten Gebieten brauchen sie einen geschützten, sonnigen Standort oder werden unter Abdeckungen kultiviert. Taro sind auf kurze Tage von etwa 12 Stunden ausgerichtet (siehe »Tageslänge«, S. 307); sie bilden selten Blüten aus. Manche Formen vertragen leichten Schatten. Wichtig ist feuchtigkeitspeichernder Boden, da viele Formen auf Bodentrockenheit empfindlich reagieren. Sie brauchen nährstoffreichen Boden mit organischem Material und leicht saurem pH-Wert von 5,5-6,5; dazu einen mittelhohen bis hohen Stickstoffgehalt (siehe S. 314).

Aussaat und Pflanzung

Samen ist kaum erhältlich, daher werden Taro meist aus vorhandenen Knollen vermehrt. Pflanzen Sie reife Knollen oder Teilstücke mit ruhenden Knospen direkt in vorbereitete Beete. Der Abstand beträgt 45 cm zwischen den Knollen, 90 cm zwischen den Reihen.

Taro lassen sich auch durch Stecklinge vermehren. Schneiden Sie den obersten Teil der Knolle waagrecht ab; jeder Steckling sollte mehrere 10-12 cm lange Blätter, in der Mitte einen Vegetationspunkt und ein kleines Stück Knolle aufweisen. Setzen Sie die Stecklinge im angegebenen Abstand an ihren endgültigen Platz; liegt die Temperatur unter den optimalen 20°C, setzt man sie in Einheitserde in 21-25-cm-Töpfe unter Glas, bis es wärmer ist.

Laufende Pflege

Für gute Erträge müssen Taro ständig mit Wasser versorgt sein. Durch eine organische Mulchschicht wird die Feuchtigkeit gehalten. Alle 2-3 Wochen brauchen die Pflanzen einen Allzweckdünger. Halten Sie die Beete unkrautfrei. Die aufgebauten Pflanzen sollten um die Triebe angehäufelt werden, damit sich die Knollen entwickeln.

Schädlinge und Krankheiten

Bei Freilandkultur gibt es kaum Probleme, doch können Blattläuse, Blasenfüße (S. 551), Spinnmilbe (S. 550) und Blattfleckenkrankheit (S. 552) den Ertrag schmälern. Unter Abdeckungen sind Taro für dieselben Schädlinge und Krankheiten anfällig wie im Freiland; auch die Weiße Fliege (S. 550) kann die Pflanzen befallen.

Kultur unter Glas

Vermehrt wird durch Teilstücke. Sobald diese bewurzelt sind, setzt man sie in vorbereitete Gewächshausbeete, in 21-30-cm-Töpfe oder in Kultursäcke; die Wurzeln dürfen nicht beschädigt werden.

Wässern und düngen Sie regelmäßig, halten Sie die Temperatur auf 20-25°C und die Luftfeuchtigkeit durch Sprühen über 75 Prozent. Unter Glas werden die Knollen meist kleiner als im Freiland.

Ernte und Lagerung

Taro wachsen und reifen nur langsam. Ernten Sie die Knollen etwa 16-24 Wochen nach der Pflanzung, sobald sich die Blätter gelb färben und die Pflanzen absterben. Freilandpflanzen nimmt man vorsichtig mit einer Gabel auf, Gewächshauspflanzen hebt man aus dem Topf oder Kultursack. Beschädigte Knollen faulen leicht!

Gesunde Knollen können etwa 8-12 Wochen bei einer Temperatur von 10-12°C und einer Luftfeuchtigkeit von 85-90 Prozent gelagert werden.

TAROKNOLLEN

Möhren *(Daucus carota)*

Möhren oder Karotten sind einjährig kultivierte Zweijährige. Ihre verdickten, orangenfarbenen Pfahlwurzeln werden am Hals bis zu 5 cm dick und bis zu 20 cm lang. Das fedrige, grüne Laub wird mehr als 20 cm hoch und breitet sich ca. 15 cm breit aus. Möhren sind gewöhnlich lang und zylindrisch, manchmal auch rund. Es gibt viele Formen: Frühe sind meist klein und schlank und werden jung verwendet. Möhren der Haupternte sind größer; man ißt sie frisch oder lagert sie. Die Wurzeln werden gekocht und roh gegessen.

Möhren gedeihen bei kühlem Klima und vertragen dieselben Temperaturen wie Rote Beten. Sie brauchen einen offenen Standort mit leichtem, nährstoffreichem Boden, tiefwurzelnde Formen möglichst tiefen Boden ohne Steine. Arbeiten Sie, am besten im Herbst vor der Aussaat, organisches Material ein. Der nährstoffreiche, lockere Boden von Hochbeeten eignet sich gut für die Möhrenkultur. Rechen Sie den Boden vor der Aussaat fein krümelig. Fruchtwechsel ist erforderlich (siehe S. 307). Möhren brauchen sehr wenig Stickstoff (siehe S. 314).

Aussaat und Pflanzung

Säen Sie frühe Formen im Frühjahr direkt, sobald der Boden zu bearbeiten ist und sich auf 7°C erwärmt hat. Frühere Aussaaten erfolgen unter Folienzelten, in Kästen oder unter wachsenden Folien, die man nach wenigen Wochen abnimmt. Für die Haupternte wird von Spätfrühling bis Frühsommer gesät. Eine zweite Aussaat früher Möhren kann im Spätsommer erfolgen, sie wird durch Folienzelte geschützt.

Säen Sie sparsam und etwa 1-2 cm tief, entweder breitwürfig oder in Reihen mit 15 cm Abstand. Vereinzeln Sie frühe Möhren auf 7 cm; die Haupternte wird bei mittelgroßen Möhren auf 4 cm vereinzelt, bei größeren auf mehr. Möhren lassen sich nur aus Multitöpfen gut umsetzen; säen Sie tiefwurzelnde Sorten einzeln, runde Formen zu mehreren. Karotten müssen in Multitöpfen nicht vereinzelt werden, man pflanzt sie in Gruppen mit etwas größeren Abständen als für die Haupternte aus.

Laufende Pflege

Entfernen Sie Unkraut regelmäßig, sobald die Möhren keimen, bis das Laub keines mehr aufkommen läßt. Wässern Sie alle 2-3 Wochen mit 16-20 l/m².

Schädlinge und Krankheiten

Die Möhrenfliege (S. 564) kann zum ernsten Problem werden. Der Duft des Möhrenlaubs zieht die erwachsenen, eierlegenden Fliegen an; vereinzeln Sie abends, zwicken Sie die überschüssigen Sämlinge auf Bodenhöhe ab, und entfernen Sie das Pflanzenmaterial. Wurzel- und Blattläuse (siehe »Blattläuse«, S. 550), Viruskrankheit (siehe S. 553), Schorf (S. 565) und Bormangel (S. 566) treten ebenfalls auf.

Ernte und Lagerung

Ernten Sie frühe Sorten 7-9 Wochen nach der Aussaat, die Haupternte erfolgt nach 10-11 Wochen. Ziehen Sie die Wurzeln heraus, oder heben Sie sie mit der Gabel, bevor starker Frost einsetzt. Das Laub wird abgedreht; gesunde Wurzeln können bis zu 5 Monaten in Kisten an einem kühlen, trockenen Platz gelagert werden.

EMPFOHLENE MÖHRENSORTEN

Frühe

'Amsterdamer Treib – Amstel'

'Amsterdamer Treib – Amstel'

'Amsterdamer Treib – Sweetheart'
'Early French Frame' (runde)
'Gonsenheimer Treib'

'Early French Frame'

'Nanco' F1
'Nandor' F1
'Nantaise – Express'
'Nantaise – Tip Top'
'Pariser Markt' (runde)
'Parmex' (runde)
'Sperlings Suko'

Haupternte

'Autumn King – Vita Longa'
'Lange rote stumpfe ohne Herz'

'Favourite'

'Cardinal' F1
'Chantenay Red Cored Supreme'
'Favourite'
'Juwarot'
'Narman'

SCHUTZ VOR DER MÖHRENFLIEGE

Umgeben Sie junge Möhren mit einer 60-90 cm hohen schützenden Abgrenzung. Diese kann aus einem feinen Netz oder aus steifem, durchsichtigem Plastik bestehen, das auch die Bodenerwärmung begünstigt.

SPARSAME AUSSAAT

Säen Sie mit etwa 2,5 cm Abstand, damit die Sämlinge später nur wenig vereinzelt werden müssen. Der Samen sollte 1-2 cm tief liegen.

JUNGE ERNTE

Frühe Sorten können sehr jung geerntet werden. Man zieht sie mit 8-10 cm Länge bündelweise aus.

MÖHREN LAGERN

Drehen Sie das Laub ab; legen Sie sie in eine Kiste in Sand. Geben Sie eine Schicht Sand darüber und dann wieder Möhren.

Topinambur *(Helianthus tuberosus)*

Diese ausdauernde Pflanze wird auch als Erdbirne oder Jerusalemartischocke bezeichnet. Die Pflanzen werden bis zu 3 m hoch. Die 5-10 cm langen, ca. 4 cm dicken und oft knotigen Knollen sind ein wichtiges Diätgemüse. Empfohlene Sorten sind 'Bianka', 'Waldspindel' und 'Topinaka'. Topinambur gedeihen im gemäßigten Klima am besten und sind winterhart. Sie vertragen verschiedenste stickstoffhaltige Böden.

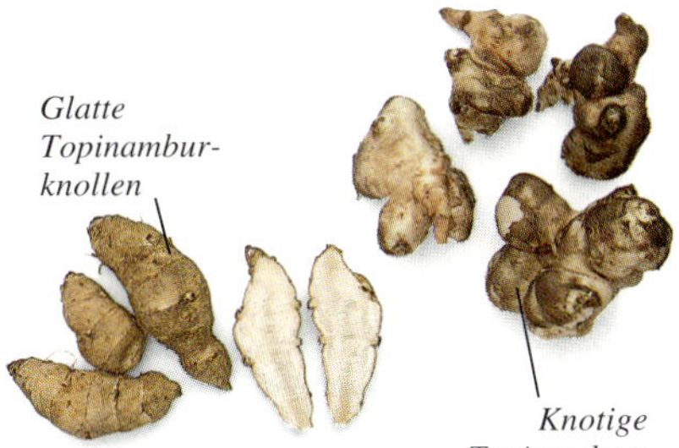

Glatte Topinamburknollen

Knotige Topinamburknollen

Aussaat und Pflanzung

Pflanzen Sie die Knollen im Frühling, sobald der Boden zu bearbeiten ist. Hühnereigroße Knollen können ganz gepflanzt werde, größere schneidet man in Stücke mit jeweils mehreren Knospen. Gepflanzt wird in eine Rille, 12 cm tief und mit 30 cm Abstand. Die Knollen werden mit Erde bedeckt.

Laufende Pflege

Sobald die Pflanzen etwa 30 cm hoch sind, häufelt man die Triebe für mehr Standfestigkeit bis auf halbe Höhe an. Im Spätsommer werden sie auf 1,5 m zurückgeschnitten und gleichzeitig alle Blütenköpfe entfernt. In exponierten Lagen werden die Triebe gestützt.

Wässern Sie reichlich im Sommer bei großer Trockenheit. Sobald die Blätter gelb sind, werden die Triebe bis knapp über den Boden zurückgeschnitten.

PFLANZUNG

Ziehen Sie eine 10-15 cm tiefe Rille. Setzen Sie die Knollen mit 30 cm Abstand hinein, so daß die Hauptknospe nach oben zeigt. Bedekken Sie sie vorsichtig.

RÜCKSCHNITT

Gegen Sommerende werden die Triebe auf etwa 1,5 m zurückgeschnitten, damit die Pflanze nicht unter dem Wind leidet; die Knollen entwickeln sich ungestört weiter.

Ernte und Lagerung

Ernten Sie die Knollen ab 16-20 Wochen nach der Pflanzung nach Bedarf, da sie sich im Boden am besten halten. Bewahren Sie einige Knollen für die Neupflanzung auf, oder lassen Sie sie fürs nächste Jahr im Boden. Auch kleine Knollen werden entfernt, da die Pflanzen sich sehr rasch ausbreiten. Bei strengen Wintern und schweren Böden nimmt man die Knollen im Frühwinter auf und lagert sie im Keller oder in Mieten im Freien.

Süßkartoffeln *(Ipomoea batatas)*

Dieses nicht winterharte Windengewächs wird einjährig kultiviert. Seine kriechenden Triebe werden 3 m und länger. Die Sorten unterscheiden sich beträchtlich in Blattform und Knollengröße, Gestalt und Farbe. Die Knollen werden wie Kartoffeln gekocht gegessen, die Blätter wie Spinat verwendet (siehe S. 329).

Süßkartoffeln oder Bataten sind tropische und subtropische Pflanzen und benötigen eine Temperatur von 24-26°C. Im gemäßigten Klimabereich werden sie unter Abdeckungen gezogen, doch sind die Knollen dort weniger ertragreich. Die meisten Sorten sind Kurztagpflanzen (siehe »Tageslänge«, S. 307).

Günstig ist ein nährstoffreicher, schwach saurer Boden, der sandiglehmig sein sollte; die Pflanzen brauchen relativ viel Stickstoff.

Aussaat und Pflanzung

Im gemäßigten Klima pflanzt man Süßkartoffeln im Frühling. Legen Sie Wälle mit etwa 75 cm Abstand dazwischen an, und setzen Sie die Knollen 5-7 cm tief und mit 25-30 cm Abstand hinein. Oder nehmen Sie 20-25 cm lange Triebstecklinge von reifen Pflanzen, und legen Sie sie bis zur halben Länge knapp unter den Scheitel des Walles.

Auch mit aus Samen gezogenen Sorten lassen sich gute Ergebnisse erzielen. Säen Sie im Haus in Schalen oder 20-25-cm-Töpfen bei einer Temperatur von mindestens 24°C. Sobald die Sämlinge 10-15 cm hoch sind, werden sie ausgepflanzt.

Laufende Pflege

Regelmäßiges Wässern, Unkrautjäten und eine Mulchschicht zur Bewahrung der Feuchtigkeit sind notwendig. Verteilen Sie die Triebe gleichmäßig um die Pflanze. Geben Sie alle 2-3 Wochen Allzweckdünger, bis sich Knollen gebildet haben. Sorgen Sie für Windschutz.

Schädlinge und Krankheiten

Süßkartoffeln werden von Blattläusen, Raupen (S. 549), Wurzelgallenälchen (S. 564), Blattfleckenkrankheit (S. 552), Fusarium-Welke (S. 565), Stecklingsfäule (S. 558) und verschiedenen Viren (S. 553) befallen.

Kultur unter Glas

Säen Sie wie oben beschrieben, und setzen Sie die Sämlinge in Kultursäcke oder vorbereitete Beete. Oder nehmen Sie Stecklinge, und setzen Sie jeweils 3-4 in 15-cm-Töpfe. Halten Sie die Temperatur über 25°C und durch regelmäßiges Spritzen die Luftfeuchtigkeit über 70 Prozent. Sobald sich Wurzeln entwickeln, setzt man die Pflanzen in Warmhausbeete oder Kultursäcke. Wässern Sie regelmäßig, und entfernen Sie die Vegetationspunkte der über 60 cm langen Triebe, damit sich Seitensprosse bilden. Halten Sie die Temperatur unter 28°C, und sorgen Sie für gute Belüftung.

Ernte und Lagerung

Geerntet wird 12-16 Wochen nach der Pflanzung, wenn die Triebe und Blätter gelb werden. Bei Aussaat reifen die Pflanzen 3-4 Wochen später. Nehmen Sie die Knollen mit einer Gabel vorsichtig auf, ohne sie zu beschädigen. Vor der Lagerung müssen Süßkartoffeln noch 4-7 Tage bei Temperaturen von 28-30°C und 85-90 Prozent Luftfeuchtigkeit nachreifen (siehe »Riesenkürbis«, S. 335).

SÜSSKARTOFFELPFLANZE

TRIEBSTECKLINGE FÜR DIE KULTUR UNTER GLAS

1 *Wählen Sie gesunde, wüchsige Sprosse, und schneiden Sie sie mit der Gartenschere von der Mutterpflanze.*

2 *Entfernen Sie die unteren Blätter, und kürzen Sie jeden Sproß unter einem Knoten auf 20-25 cm. Ziehen Sie sie in Töpfen unter Glas.*

EMPFOHLENE SÜSSKARTOFFELSORTEN

'Centennial' (orangefleischig)
'Eland' ✻ (orangefleischig)
'Gem' (weißfleischig)
'Gold-rush' (orangefleischig)
'Jewel' (weißfleischig)
'Nemagold' ✻ (orangefleischig)

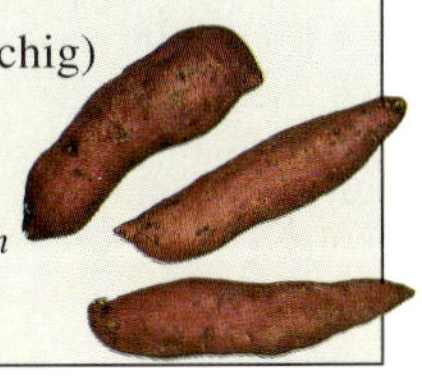

SCHLÜSSEL
✻ *Resistent gegen Wurzelknollen-Nematoden*

Pastinaken *(Pastinaca sativa)*

Pastinaken sind einjährig kultivierte Zweijährige mit großen Blättern. Die eßbaren Pfahlwurzeln erreichen am Hals 5 cm Durchmesser und bei kurzen Formen etwa 10 cm Länge, bei langen mehr als 20 cm. Die Wurzeln werden gekocht gegessen.

Pastinaken sind winterharte Pflanzen, die bei kühlem Klima gedeihen und leichte, tief kultivierte Böden ohne Steine brauchen. Auf flachen Böden kultiviert man kürzere Formen. Sehr saure Böden erhalten Kalk; Fruchtwechsel ist erforderlich. Pastinaken brauchen nur wenig Stickstoff.

EMPFOHLENE PASTINAKENSORTEN

'Avonresister' (kurz)
'Halblange Weiße'
'Gladiator' (lang)
'Tender and True' (lang)
'White Diamond'
'White Gem' (lang)

'White Gem'

Aussaat und Pflanzung

Säen Sie nur frischen Samen. Pastinaken benötigen eine lange Wachstumsperiode und sollten gesät werden, sobald der Boden im Frühling zu bearbeiten ist. Säen Sie direkt und 2 cm tief mit 30 cm Reihenabstand. Vereinzeln Sie die Sämlinge für große Wurzeln auf 10 cm, für kleinere auf 7 cm. Rasch keimende Pflanzen wie Radies können dazwischen gesät werden; dafür sät man die Pastinaken in kleinen Grüppchen mit 10 cm Abstand und vereinzelt auf jeweils einen Sämling. Für eine frühere Ernte sät man bei mäßiger Wärme unter Abdeckung in Multitöpfe und setzt die Sämlinge um, bevor sich die Pfahlwurzel entwickelt.

Laufende Pflege

Halten Sie die Beete unkrautfrei. Bei großer Trockenheit wird gewässert wie bei Möhren (siehe S. 354).

Schädlinge und Krankheiten

Pastinaken werden von der Selleriefliege (siehe auch »Minierfliegen«, S. 551), Wurzelläusen (siehe »Blattläuse«, S. 550) und Möhrenfliege (S. 564) befallen. Wählen Sie möglichst Sorten, die gegen Pastinakenkrebs (S. 565) resistent sind; von den empfohlenen sind alle bis auf 'Tender and True' resistent.

Ernte und Lagerung

Pastinaken reifen in etwa 16 Wochen. Ihr Geschmack wird durch Frost besser, sie können, außer bei sehr kaltem Klima, den Winter über im Boden bleiben. Die Blätter sterben im Winter ab, markieren Sie deshalb die Reihenenden mit Stäben, damit Sie die Pflanzen leichter finden. In sehr strengen Wintern bedeckt man die Reihen mit Stroh, damit der Boden nicht friert und die Ernte leichter ist. Junge Pastinaken können eingefroren werden.

ZWISCHENSAAT

Legen Sie in die vorbereitete Rille alle 10 cm 3 Pastinakensamen, und säen Sie dazwischen Radies mit etwa 2,5 cm Abstand.

PASTINAKEN SCHÜTZEN

Bei kaltem Wetter schützt man mit einer dicken Strohschicht, die mit Drahtbügeln befestigt wird. Markieren Sie die Reihen.

Radies und Rettich *(Raphanus sativus* und *Raphanus sativus* Longipinnatus-Gruppe)

Es gibt sowohl ein- als auch zweijährige Formen von Radies und Rettich; alle werden wegen der verdickten Wurzeln kultiviert. Kleine, runde Formen haben Rübchen mit bis zu 2,5 cm Durchmesser; kleine, lange Formen werden bis 7 cm lang. Das Laub beider Formen wird ca. 12 cm hoch. Zu den großen Formen gehören die japanischen Rettichhybridsorten und der große, überwinternde Winterrettich. Die Wurzeln großer, runder Sorten können bis 20 cm Durchmesser haben, die großer, langer Sorten 30 cm und länger sein, wobei die Pflanzen 30-40 cm hoch werden und sich 45 cm ausbreiten.

Die Wurzeln sind außen rot, rosa, weiß, purpurfarben, schwarz, gelb oder grün; das »Fleisch« ist meist weiß. Frische, kleine Wurzeln werden roh verwendet, große roh oder gekocht, frisch oder nach Lagerung.

Radies und Rettich gedeihen bei kühlem Klima, manche Sorten vertragen ganz unterschiedliche Bedingungen. Diverse japanische Hybridsorten und alle überwinternden Formen sind frostverträglich. Sie benötigen einen offenen Standort, Hochsommerpflanzen vertragen jedoch auch leichten Schatten. Der Boden sollte leicht, nährstoffreich, durchlässig und möglichst für die Vorfrucht gedüngt worden sein. Die Pflanzen brauchen wenig Stickstoff. Fruchtwechsel ist erforderlich.

Aussaat und Pflanzung

Säen Sie gewöhnliche kleine Formen während der Wachstumsperiode im Freien, sobald der Boden zu bearbeiten ist, mit Folgeaussaaten alle 14 Tage. Sehr frühe und späte Aussaaten können mit eigens dafür gezüchteten, kleinblättrigen Sorten unter Abdekkungen erfolgen. Bei den meisten japanischen Hybridsorten wartet man mit der Aussaat bis zum Sommer, damit sie nicht schossen. Schoßfeste Sorten können früher gesät werden, überwinternde im Sommer.

Radies und Rettich werden meist direkt gesät. Kleine Formen wachsen sehr rasch und eignen sich für Zwischensaaten (siehe »Pastinaken«, oben). Säen Sie sehr dünn breitwürfig oder 1 cm tief in Rillen mit 15 cm Abstand. Vereinzeln Sie die Sämlinge auf ca. 2,5 cm, sie dürfen niemals zu dicht stehen. Oder legen Sie die Samen mit 2,5 cm Abstand aus, damit Sie nicht vereinzeln müssen. Große Formen werden 2 cm tief und mit 23 cm Reihenabstand gesät, vereinzelt wird je nach Sorte auf 15-20 cm. Die Sämlingsblätter kleiner Formen können als nachwachsendes Gemüse verwendet werden (siehe »Nachwachsende Gemüse«, S. 310).

Laufende Pflege

Radies und Rettich dürfen niemals austrocknen. Bei Trockenheit wird täglich mit 10 l/m² gewässert. Ein

ERNTE

Radies können 3-4 Wochen nach der Aussaat geerntet werden. Wurden sie als Zwischenfrucht verwendet, zieht man sie vorsichtig aus, ohne die Wurzeln von anderen Sämlingen zu beschädigen.

EMPFOHLENE RADIES- UND RETTICHSORTEN

Klein
'Cherry Belle'
'French Breakfast'

'French Breakfast'

'Eiszapfen'
'Pink Beauty'
'Prinz Rotin'
'Sparkler'

Für Aussaat unter Folie
'Boy'
'Robino'
'Saxa'

Schmale japan. Hybridsorten
'April Cross' F1 (bei später Saat nicht schossend)
'Minowase Summer Cross' F1

'Runder Schwarzer Winter'

Für Überwinterung
'Runder Schwarzer Winter'
'Cherokee' F1
'China Rose'

Zuviel fördert jedoch das Blatt- auf Kosten des Wurzelwachstums.

Schädlinge und Krankheiten

Radies und Rettich werden oft von Erdflöhen (S. 548), Kohlfliege (S. 564) und Schnecken (S. 548) befallen.

Ernte und Lagerung

Kleine Formen reifen in 3-4 Wochen nach der Aussaat, die meisten großen in 8-10 Wochen. Ernten Sie kleine Formen bald nach der Reife, da sie holzig werden, wenn sie zu lange im Boden bleiben. Große Formen können problemlos wochenlang im Boden stehen. Überwinternde Formen werden nur nach Bedarf aufgenommen, außer bei sehr kaltem Winterwetter oder bei schweren Böden. In diesem Fall nimmt man sie auf und lagert sie 3-4 Monate in Kisten mit feuchtem Sand an einem frostfreien Platz oder in Mieten im Freien (siehe »Errichten einer Miete«, S. 353). Wird der Samen zur Vermehrung benötigt, läßt man einige Pflanzen Samen ansetzen. Die Fruchtstände werden jung und grün geerntet, getrocknet, und der Samen wird abgenommen.

Schwarzwurzeln *(Scorzonera hispanica)*

Diese winterharte Staude wird meist einjährig kultiviert. Die bis 90 cm hohe Pflanze hat gelbe Blütenköpfe. Die schwarzummantelten, weißfleischigen Wurzeln, bekannt als »Spargel des Winters«, sind ca. 20 cm lang. Sie haben einen ungewöhnlichen Geschmack und werden gekocht gegessen. Häufig verarbeitet man sie zu Konserven. Zu Boden, Klima und Düngung siehe »Möhren«, S. 354. Damit sich die Wurzeln gut entwickeln, ist nährstoffreicher, tiefer, leichter Boden notwendig. Schwarzwurzeln brauchen nur wenig Stickstoff.

SCHWARZWURZELPFLANZE

Aussaat und Pflanzung

Säen Sie frischen Samen im Frühling direkt, etwa 1 cm tief und in Reihen mit etwa 20 cm Abstand, vereinzeln Sie die Sämlinge auf 10 cm. Wässern Sie bei Trockenheit mit 15-20 l/m². Zur laufenden Pflege siehe »Möhren«, S. 354.

Ernte und Lagerung

Die Wurzeln brauchen für die Entwicklung mindestens 4 Monate. Sie können den ganzen Winter im Boden bleiben oder aufgenommen und bei kühlen Bedingungen in Kisten gelagert werden. Schwarzwurzeln werden von Herbst bis Frühjahr geerntet. Sind sie nur bleistiftstark, läßt man die übrigen Wurzeln für die Ernte im folgenden Herbst dicker werden.

Um die ebenfalls eßbaren Triebe zu erhalten, bedeckt man die Pflanzen im Vorfrühling 12 cm hoch mit Stroh oder Blättern. Die jungen, gebleichten Blätter durchstoßen diese Schicht und werden mit etwa 10 cm Höhe geschnitten. Für Blütenknospen läßt man einige Wurzeln über den Winter ohne Abdeckung im Boden; diese werden im nächsten Frühling oder Frühsommer blühen. Pflücken Sie die Knospen ungeöffnet und mit etwa 8 cm Stiel.

SCHWARZWURZELN

Haferwurzeln *(Tragopogon porrifolius)*

Die winterharte Zweijährige mit purpurfarbenen Blüten wird wegen ihres Geschmacks auch als »Austernpflanze« bezeichnet. Sie ähnelt der Schwarzwurzel in Aussehen und Verwendung und hat dieselben Klima-, Boden-, Kultur-, Ernte- und Lagererfordernisse. Haferwurzeln müssen im ersten Winter gegessen werden.

HAFERWURZELN

Die Blütenknospen der überwinternden Wurzeln können im nächsten Frühling gegessen werden. Pflücken Sie sie möglichst am Morgen vor dem Aufblühen.

Kartoffeln *(Solanum tuberosum)*

Kartoffeln sind nicht winterharte Stauden, die bis 60 cm hoch und etwa ebenso breit werden. Es gibt zahlreiche Sorten mit unterschiedlichen Knollen.

Eine ausgereifte Kartoffelknolle ist durchschnittlich 7 cm lang und 4 cm breit, hat eine weiße oder rosarote Schale und weißliches »Fleisch«; es gibt auch gelb- und blaufleischige Sorten, die gern für Salat verwendet werden. Kartoffeln werden frisch oder nach Lagerung gegessen.

Sie gedeihen bei kühlem Klima, am besten bei 16-18°C. Weder Pflanzen noch Knollen vertragen Frost. Je nach Sorten benötigen sie eine Wachstumsperiode von 90-140 frostfreien Tagen. Man spricht von früher, zweiter früher und Haupternte, je nachdem, wie lange sie zur Reife brauchen. Die frühen wachsen am schnellsten, liefern aber meist geringere Erträge. Kartoffeln brauchen während der Saison etwa 500 mm Regen oder Bewässerung. Sie benötigen einen offenen, frostfreien Standort mit durchlässigem, nährstoffreichem, mindestens 60 cm tiefem Boden, der reichlich organisches Material enthält. Kartoffeln vertragen zwar verschiedenste Böden, ziehen aber sauren Boden (pH-Wert 5-6) vor.

Kartoffeln können von Bodenkrankheiten und -schädlingen befallen werden, daher ist häufiger Fruchtwechsel (siehe S. 307) wichtig. Arbeiten Sie zur Vorbereitung reichlich organisches Material in den Boden. Vor der Pflanzung kann Allzweckdünger gegeben werden. Frühe Kartoffeln brauchen mittelhohen, die Haupternte benötigt hohen Stickstoffgehalt (siehe S. 314).

Pflanzung

Wählen Sie für Ihr Gebiet empfohlene Sorten. Pflanzen Sie kleine Knollen (sog. »Saatkartoffeln«), die speziell gezogen und als krankheitsfrei ausgewiesen wurden. In nördlichen Breitengraden mit kurzer Wachstumsperiode werden Kartoffeln (v.a. frühe) geschützt vorgekeimt, damit sie etwa 6 Wochen vor der Pflanzung austreiben. Legen Sie die Knollen mit den Augen oder Knospen nach oben in eine flache Schale in einem kühlen, aber frostfreien Raum mit gleichmäßigem Licht. Die Pflanzung ist am einfachsten, wenn die Triebe ca. 2 cm lang sind. Für große frühe Kartoffeln beläßt man nur 3

VORGEKEIMTE SAATKARTOFFELN

Saatkartoffeln werden zum Keimen in eine Kiste oder Schale gelegt, die meisten Augen sollten nach oben weisen. Geben Sie sie an einen hellen, luftigen und frostfreien Platz, bis die Triebe ca. 2 cm lang sind.

Triebe pro Pflanze. Je mehr Triebe eine Knolle aufweist, desto höher der Ertrag. Ausgepflanzt wird, sobald die größte Frostgefahr vorüber und die Bodentemperatur auf 7°C gestiegen ist. Machen Sie 7-15 cm tiefe Rillen oder einzelne Löcher, setzen Sie die Knollen aufrecht mit den Augen oder Trieben oben hinein, und bedecken Sie sie mit 2-3 cm Erde. Frühe Kartoffeln werden mit 35 cm Abstand und ca. 45 cm Reihenabstand gepflanzt, zweite frühe und Haupternte mit 40 cm Abstand und 70 cm Reihenabstand.

In kühlen Gebieten werden frühe Kartoffeln mit Folienzelten, durchsichtigen Plastikfolien oder wachsenden Folien (siehe S. 315) abgedeckt. Sobald Sprosse erscheinen, schneidet man Löcher in die Folie, durch die man die Blätter herausführt. Entfernen Sie die Folie etwa 1 Monat später, nachdem Sie sie zuvor in der Mitte aufgeschnitten haben, damit sich die Kartoffeln einige Tage an die kühleren Bedingungen gewöhnen können. Frühe Kartoffeln können auch unter schwarzer Plastikfolie, die das Licht abhält und das Anhäufeln ersetzt, gepflanzt werden; für die Haupternte ist das nicht zu empfehlen, da das Wässern schwierig ist. Legen Sie die Folie auf den Boden, machen Sie die Ränder im Boden fest, und pflanzen Sie die Kartoffeln durch kreuzförmige Einschnitte in der Folie. Oder Sie legen die Kartoffeln, geben die Folie darüber, machen Einschnitte und ziehen die Triebe hervor, wenn sie gegen die Folie drücken.

Laufende Pflege

Wenn nach der Blattbildung Frostgefahr besteht, deckt man die Pflanzen nachts mit einer Schicht Stroh oder Zeitungspapier ab. Gewöhnlich erholen sich die Pflanzen von leichten Frostschäden. Wenn Kartoffeln nicht unter schwarzer Folie gezogen werden, müssen sie angehäufelt werden, damit die Knollen an der Oberfläche nicht grün, ungenießbar und mitunter sogar giftig werden. Sobald die Pflanzen ca. 25 cm hoch sind, zieht man mit der Hacke um die Triebe ca. 12 cm hoch Erde an. Dies kann etappenweise geschehen.

Bei Trockenheit werden frühe Kartoffeln alle 12 Tage mit 15 l/m² gewässert. Warten Sie bei der Haupternte mit dem Wässern, bis die Kartoffeln Murmelgröße haben – kratzen Sie unter einer Pflanze etwas Erde weg, um nachzusehen –, wässern Sie dann einmal mit mindestens 20 l/m². Kartoffeln können während des Wachstums organischen Flüssigdünger oder eine Stickstoff-Kopfdüngung erhalten.

Schädlinge und Krankheiten

Kartoffelkäfer, Eulenraupen (S. 564), Schnecken (S. 548), Kartoffelälchen (S. 570), Tausendfüßler (S. 548), Schwarzstengeligkeit (S. 568) und Kartoffelschorf (S. 565) können zum Problem werden. Näheres über Kraut- und Knollenfäule (auch resistente Sorten) und andere Kartoffelkrankheiten und -schädlinge lesen Sie auf S. 566.

Ernte und Lagerung

Ernten Sie frühe Kartoffeln, wenn oder kurz bevor sich die Blüten öffnen. Die schwarze Folie wird einfach abgenommen, und die Kartoffeln sollten freiliegen. Lassen Sie die Haupternte möglichst lange im Boden; schneiden Sie das Kraut der Pflanzen im Herbst auf 5 cm über dem Boden, und warten Sie mit dem Aufnehmen noch eine Woche, damit die Schale hart wird.

Ernten Sie Kartoffeln für die Lagerung an einem trockenen, sonnigen Tag, und lassen Sie sie 2 Stunden in der Sonne liegen; lagern Sie sie in dunklen Papiersäcken an einem kühlen, frostfreien Ort. Kartoffeln können auch bis zu 6 Monate in Mieten (siehe S. 353) gelagert werden. Um im Winter neue Kartoffeln zu haben, legt man ein paar Knollen im Hochsommer und bedeckt sie im Herbst mit Folien.

EMPFOHLENE KARTOFFELSORTEN

Frühe
'Atica'
'Christa'
'Epicure'
'Foremost'
'Gloria'
'Pentland Javelin'
'Premiere'
'Sieglinde'

'Kondor'

Zweite frühe Ernte
'Estima'
'Irmgard'
'Kondor'
'Nadine'
'Stroma'
'Wilja'

Haupternte
'Cara'
'Datura'
'Desirée'
'King Edward'
'Kingston'
'Maritta'
'Romano'
'Sante'

'Pink Fir Apple'

Salatkartoffeln
'Kipfler'
'Linzer Delikatesse'
'Pink Fir Apple'
'Rattle'
'Sieglinde'

KARTOFFELN PFLANZEN

1 *Machen Sie mit einer Zughacke eine 7-15 cm tiefe Rille. Kartoffeln für die Haupternte setzt man mit den Trieben nach oben mit 40 cm Abstand hinein. Bedecken Sie sie vorsichtig.*

2 *Ziehen Sie Erde um die Triebe, sobald das Kraut ca. 25 cm hoch ist. Durch dieses Anhäufeln wird verhindert, daß die Knollen an der Oberfläche grün und ungenießbar werden.*

ALTERNATIVE

1 *Bei Pflanzung unter schwarzer Folie breitet man diese aus und befestigt die Ränder am Boden. Für die Pflanzung schneidet man Kreuze in die Folie und legt jede Knolle 10-12 cm tief in die Erde.*

2 *Nachdem das Kraut geschnitten wurde, kann die Folie weggezogen werden, und die Kartoffeln liegen griffbereit an der Oberfläche.*

KARTOFFELERNTE

Schneiden Sie das Kartoffelkraut im Herbst knapp über dem Boden ab. Lassen Sie die Kartoffeln bis zum Ausnehmen noch 2 Wochen im Boden.

Haferwurzeln *(Tragopogon porrifolius)*, siehe Schwarzwurzeln, S. 357

15

Der Obstgarten

Zu den großen Freuden eines Gartens gehört zweifellos die Ernte von eigenem Obst. Ein gepflegter Obstgarten ist zugleich schön und nützlich: Manche seiner Gehölze haben hübsche, duftende Blüten oder interessantes Laub, und in vielen Fällen sind die Früchte ebenso dekorativ wie schmackhaft; die Palette reicht vom leuchtenden Rot der Kirschen bis zum zartgelben Flaum der Pfirsiche. In den meisten Gebieten können vielerlei Früchte gezogen werden; in kühleren Regionen erreicht man nur durch Kultur unter Glas eine größere Vielfalt. In einem großen Garten kann dem Obst ein eigener Bereich vorbehalten sein – entweder mit wohlgeordneten Reihen von Bäumen und Büschen, die von Fächern oder Kordons begrenzt werden, oder als fröhliche Obstwiese. In kleinen Gärten werden Obstgehölze einfach integriert, z.B. in Form von Beetumrandungen aus Erdbeeren oder als Pergola mit Weintrauben; sogar im Innenhof können Zitronenbäumchen in Töpfen oder als Spalier gezogene Apfel- oder Birnbäumchen Platz finden.

Planung des Obstgartens

Obst hat im Garten schon immer eine große Rolle gespielt; heute gibt es viele angepaßte Sorten und Zwergformen für den Durchschnittsgarten, und es findet sich immer eine Züchtung, die unter den gegebenen Klima- und Kulturbedingungen gedeiht, wenn auch die meisten einen guten Lehmboden und sonnige Standorte brauchen. In warmen Klimabereichen lassen sich ganz verschiedene Früchte im Freien heranziehen, nur solche, die vor der Blüte eine Kälteperiode durchmachen müssen, sind dort nicht unbedingt geeignet.

Einige wenige Pflanzen wird man vielleicht lieber im Ziergarten als im Obstgarten ziehen; viele Obstbäume eignen sich für Einzelstellung auf Rasenflächen. Wo nur wenig Platz zur Verfügung steht, können die meisten auch freistehend oder gestützt in Kübeln kultiviert werden.

Für eine große Zahl von Pflanzen legt man jedoch am besten einen eigenen Obstbereich innerhalb des Gartens an; so können Früchte mit ähnlichen Bedürfnissen gemeinsam kultiviert und z.B. gegen Vögel und Frostschäden geschützt werden. Das ist sogar in einem kleinen Garten möglich, sofern man eine geeignete Unterlage wählt und die Bäume entsprechend erzieht. Als Spaliere, Fächer oder Kordons liefern Obstbäume nicht nur frisches Obst sondern auch eine hübsche Umrahmung für den Garten. Durch sorgfältige Planung, überlegte Sortenwahl und geeignete Erziehungsmethoden erhält man jeweils über mehrere Monate frisches Obst, durch Lagerung und Einfrieren hat man es sogar das ganze Jahr hindurch.

In kühleren Klimabereichen ist die Bandbreite der kultivierbaren Früchte sogar noch größer, wenn Schutzvorrichtungen zur Verfügung stehen. Pfirsiche, Nektarinen, Feigen, Trauben oder frostempfindlichere Früchte können im Gewächshaus gezogen werden; allerdings benötigt schon ein einziger Baum viel Platz. Im Freien müssen viele von ihnen durch geeignete Maßnahmen geschützt werden.

Breite Auswahl

Die verschiedenen Pflanzengruppen können nach Bau, Wuchsform, Fruchtansatz und Winterhärte eingeteilt werden.

Zum Baumobst gehören Äpfel, Birnen und Feigen. Diese Bezeichnung umfaßt sowohl Kernobst (das ein Gehäuse mit Kernen aufweist, z.B. Äpfel, Birnen und Mispeln) als auch Steinobst (Früchte mit Steinen, z.B. Kirschen, Pfirsiche und Pflaumen) und noch einige andere, wie Maulbeeren und Persimonen.

Pfirsichbaum an einer Mauer
Eine sonnige, südliche Gartenmauer ist der ideale Platz für einen als Fächer erzogenen Pfirsichbaum, da sie unter warmen, geschützten Bedingungen viele Früchte auf wenig Raum reifen läßt.

Unter »Reben« versteht man verholzte, fruchttragende Kletterpflanzen wie Weinreben und Kiwis; in manchen Ländern wird der Ausdruck nur für *Vitis vinifera*, die Weinrebe, verwendet.

Zum Beerenobst werden Strauchobst, Ruten und die krautigen Erdbeeren gerechnet. Strauchobst bildet kompakte Büsche, kann aber auch anders erzogen werden. Schwarze, rote und weiße Johannisbeeren sowie Stachelbeeren sind das bekannteste Strauchobst; Ruten haben lange, rutenähnliche, fruchttragende Triebe; Himbeeren und Brombeeren gehören zu dieser Gruppe. Bei den meisten entwikkeln sich die Ruten in einem Jahr und tragen schon im nächsten Früchte, während sich bereits die Ruten fürs folgende Jahr bilden.

Manches Obst verträgt keinen Frost und braucht warme, subtropische Temperaturen, damit es sich voll entwickeln und ausreifen kann; es wird als nicht winterhart eingestuft; dazu gehören Zitrusfrüchte, Granatäpfel, Ananas, Baumtomaten und Feigenkaktus. Andere Früchte sind zwar Baumobst, werden aber als nicht winterhart eingeordnet, da sie konstant warme Temperaturen benötigen.

Zu den Nüssen gehören alle Früchte mit einer harten äußeren Schale um ein eßbares Inneres, z.B. Haselnüsse, Mandeln und Pekannüsse.

FRÜCHTE FÜR FROSTFREIES KLIMA
Orangen gedeihen nur in warmen, frostfreien Klimaregionen, in den Mittelmeerländern, Südafrika, Kalifornien. Sie fruchten oft zweimal pro Jahr und blühen mitunter zu der Zeit, in der andere Orangen reifen.

BAUMFORMEN

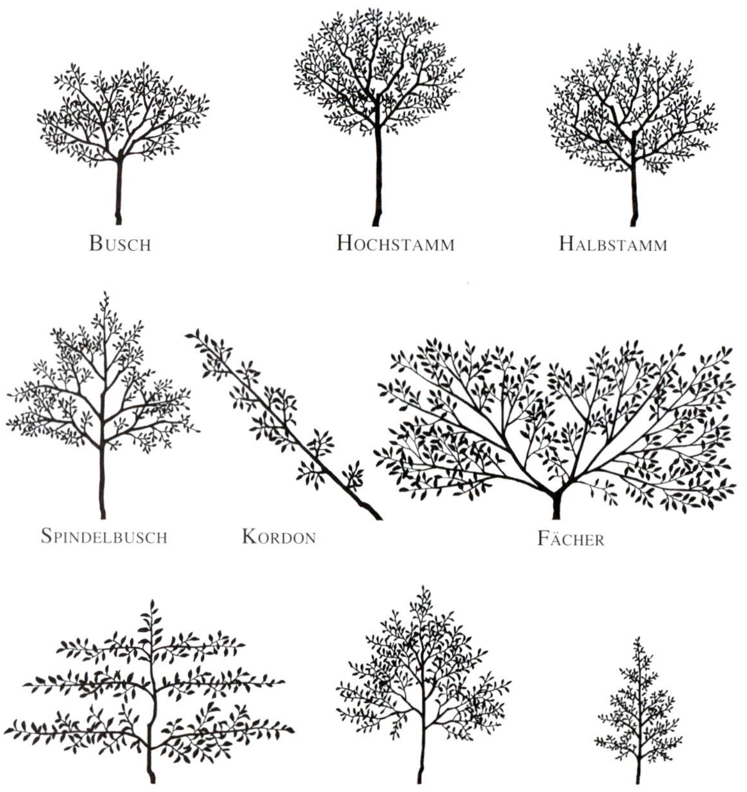

Freiwachsende und erzogene Formen

Viele Obstgewächse, v.a. Baumobst und bis zu einem gewissen Grad auch Reben und einige Beerenfrüchte, können in verschiedenen Formen erzogen werden. Bei der Auswahl der Form müssen der verfügbare Platz, eine leichte Ernte und der für Schnitt und Erziehung erforderliche Aufwand in Betracht gezogen werden. Auch die Unterlage des Obstbaums wirkt sich auf die endgültige Größe aus (siehe »Unterlage und Baumhöhe«, S. 363).

Mit entsprechenden Methoden können Bäume und Sträucher beinahe beliebig erzogen werden. Es kommt darauf an, daß die jungen, noch biegsamen Triebe in die gewünschte Form getrimmt werden; durch regelmäßigen Grundschnitt behalten die Äste dann diese Form.

Freiwachsende Baumformen
Diese Formen entwickeln sich bei nur sparsamem Schnitt ähnlich wie ein natürlicher Baum; dazu gehören Busch, Hochstamm, Halbstamm und Spindelbusch. Busch und Spindelbusch sind kompakter als Hoch- und Halbstamm und eignen sich für kleine Gärten.

Ein Busch hat einen bis zu 90 cm hohen Stamm, die Äste entspringen im oberen Drittel. Er ist in der Mitte offen, so daß die Äste ein Maximum an Licht bekommen und genügend Platz haben. Büsche sind klein bis mittelgroß, d.h. 1,5-4 m hoch.

Der Halbstamm ähnelt dem Busch, nur mißt der Stamm 1-1,5 m, die Gesamthöhe beträgt 4-5 m. Der Hochstamm hat eine ähnliche Form, aber einen 1,5-2,2 m hohen Stamm und eine Gesamthöhe von 5 m oder mehr.

Der Spindelbusch ist ein kleiner, ca. 2 m hoher Baum, dessen Äste in einem stumpfen Winkel vom Mitteltrieb ausstrahlen. Er hat weniger Äste als andere sparsam geschnittene Formen, aber jeder Ast soll maximalen Ertrag bringen. Der unterste Ast befindet sich meist 45 cm über dem Boden.

Formobst
Manche Obstgehölze können erzogen werden. Mögliche Formen sind Kordon, Fächer und Spalier. Sie müssen anfangs sorgfältig erzogen und dann durch einen regelmäßigen Sommerschnitt zur Beschränkung des vegetativen Wuchses und einen minimalen Winterschnitt erhalten werden. Die meisten benötigen Stützdrähte, die zwischen freistehende Pfähle gespannt oder an einer Mauer oder einem Zaun befestigt werden. Bei gemäßigtem Klima sind Mauern für Obstarten wie Pfirsiche günstig, da die Früchte maximale Sonne erhalten und von der Wärmeabstrahlung der Mauer profitieren. Alle erzogenen Formen sind ideal für kleine Gärten, da so verschiedenste Früchte auf beschränktem Raum kultiviert werden können. Für die Erziehung werden meist Heister auf Zwergunterlagen veredelt.

Ein Kordon wird auf einen einzigen, 1,5-2 m langen Trieb beschränkt, der das Fruchtholz trägt und auf kleinem Raum hohe Erträge bringt. Er steht gewöhnlich in einem Winkel von 45°, kann aber auch senkrecht oder waagrecht gezogen werden. V.a. für Äpfel und Birnen wird er verwendet, ist aber auch für Johannisbeeren und Stachelbeeren geeignet. Doppelte, Dreifach- oder Mehrfachkordons erhält man, wenn man einen Heister durch Schnitt 2 oder mehr parallele Triebe ausbilden läßt. Kordons mit mehr als einem Trieb werden meist senkrecht erzogen.

Beim Fächer entspringen die Hauptäste fächerartig von einem 25 cm langen Stamm, er eignet sich daher besonders für Bäume an Mauern und Zäunen.

KORDONERZIEHUNG
Dieser Zaun wird durch die Apfelkordons gut genützt und von Erdbeeren gesäumt.

Beim Spalier werden vom Mitteltrieb in regelmäßigen Abständen beiderseits Äste waagrecht weggeführt. Jeder Ast trägt kurzes Fruchtholz. Die Zahl der Astpaare hängt vom Platz und von der Wüchsigkeit des Baumes ab. Diese Methode eignet sich v.a. für Äpfel und Birnen an Mauern und Zäunen.

Die Pyramidenform ist freistehend, ihre Äste gehen strahlenförmig vom Mittelstamm aus; durch regelmäßigen Sommerschnitt wird der Baum auf kleine bis mittlere Größe beschränkt und in die charakteristische Form gebracht. Zwergpyramiden sind ähnlich, nur werden sie auf zwergige Unterlagen veredelt.

Obstgewächse als Teil des Gartens

Obst kann in einem eigenen Bereich oder zusammen mit Zierpflanzen kultiviert werden; entscheidend sind die Platzverhältnisse, persönliche Vorlieben und die gewünschten Früchte. Auch die Auswirkungen der später einmal ausgewachsenen Obstgehölze auf die Pflanzungen rundum müssen bedacht werden. Die Planung des Standortes ist um so wichtiger, als Obstgewächse langlebig sind und gute Kulturbedingungen verlangen, damit sie viele Jahre gedeihen und gut fruchten; zudem lohnt es sich, außer bei einigen Früchten wie beispielsweise Erdbeeren, meist nicht, sie umzusetzen.

Der geplante Obstgarten

Wenn viele verschiedene Früchte kultiviert werden sollen, kann dies gut in einem gemeinsamen Bereich erfolgen. Ziehen Sie bei der Planung des Obstgartens die speziellen Kulturbedingungen der verschiedenen Obstarten und die empfohlenen Pflanzabstände in Betracht; plazieren Sie die Bäume so, daß sie möglichst wenig Schatten auf benachbarte Sträucher werfen. Geben Sie jeder Pflanze soviel Platz, wie sie braucht, damit sie ihre natürliche Größe erreichen kann.

Pflanzen mit ähnlichen Kulturansprüchen können eine Gruppe bilden, wodurch Kulturmaßnahmen wie Düngen einfacher werden: Rote Johannisbeeren und Stachelbeeren brauchen z.B. mehr Kalium als andere Früchte. In solchen Gruppen sind die Pflanzen auch leichter vor Vögeln und Windschaden zu schützen. Eine Art Obstrabatte schafft man durch eine Reihe von erzogenen Bäumen; Kordons und Zwergpyramiden sind dafür besonders geeignet, weil sie kaum gestützt werden müssen und relativ wenig Platz einnehmen. Bei Obstbäumen (v.a. Äpfeln, Birnen, Süßkirschen und einigen Pflaumen) müssen Sie darauf achten, daß selbststerile Sorten nahe bei einer Sorte stehen, mit der Fremdbefruchtung möglich ist.

Attraktive Trennwand
Apfelspaliere bilden hier eine dichte Wand mit wunderschönen Blüten im Frühling, auf die im Herbst die leuchtenden Äpfel folgen.

Plan für einen grossen Obstgarten
Auf diesem großen Gartenstück von 11 x 17 m finden die verschiedensten Obstarten Platz. Hier tragen die gewählten Apfel- und Birnensorten lange Zeit Früchte, das Beerenobst ist möglichst pflegeleicht angeordnet. Pfirsiche und Trauben wachsen im sog. Anlehnhaus.

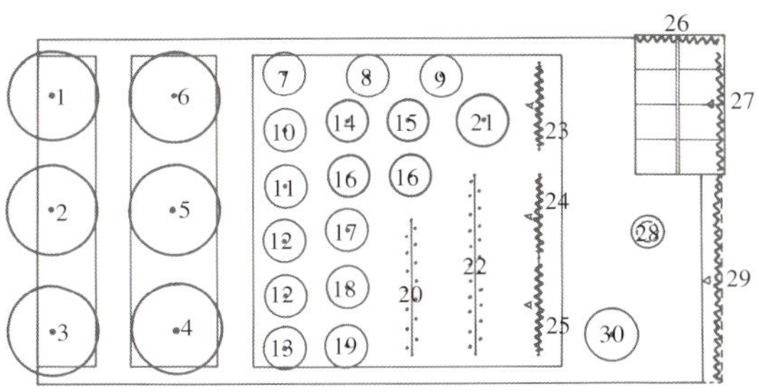

1 Apfel 'Discovery' (auf 'M6'/'MM106')
2 Apfel 'Epicure' (auf 'M6'/'MM106')
3 Apfel 'St Edmund's Pippin' (auf 'M6'/'MM106')
4 Apfel 'Sunset' (auf 'M6'/'MM106')
5 Apfel 'Cox Orange' (auf 'M6'/'MM106')
6 Apfel 'Ashmead's Sämling' auf 'M6'/'MM106')
7 Zwetsche 'The Czar' (auf 'Pixy')
8 Zwetsche 'Victoria' (auf 'Pixy')
9 'Nancy-Mirabelle' (auf 'Pixy')
10 Birne 'Onward' (auf 'Quitte A')
11 Birne 'Concorde' (auf 'Quitte A')
12 'Sommer-Dechantsbirne' (auf 'Quitte A')
13 Birne 'Josephine von Mecheln' (auf 'Quitte A')
14 Schw. Johannisbeere 'Rosenthals Langtraubige Schwarze'
15 Schw. Johannisbeere 'Ben Lomond'
16 Schw. Johannisbeere 'Ben Sarek'
17 Rote Johannisbeere 'Red Lake'
18 Stachelbeere 'Weiße Triumph'
19 Stachelbeere 'Invicta'
20 Himbeere 'Autumn Bliss'
21 Sauerkirsche 'Morellenfeuer'
22 Himbeere 'Malling Jewel'
23 Loganbeere (dornenlos)
24 Taybeere
25 Brombeere 'Nessy'
26 Rebsorte 'Rote Gutedel'
27 Pfirsich 'Peregrine'
28 Erdbeere 'Elsanta'
29 Kirsche 'Stella' (auf 'Colt')
30 Feige 'Brown Turkey'

Bei vielen Obstarten gibt es eine reiche Auswahl an Sorten, die zu unterschiedlichen Zeiten reifen; bei guter Planung folgen diese aufeinander und werden nicht alle auf einmal geerntet. Manche Früchte, z.B. späte Äpfel und Birnen, lassen sich gut lagern; man sollte ihnen daher mehr Platz einräumen als frühen Sorten.

Obst im kleinen Garten

Es gibt verschiedene Möglichkeiten, auf kleinem Raum hohe Erträge und auch ein schönes Erscheinungsbild zu erreichen. Wählen Sie möglichst Bäume, die auf schwachwachsende Unterlagen (siehe S. 363) veredelt wurden, und Erziehungsmethoden, die den vorhandenen Platz optimal ausnützen. Ziehen Sie Obstbäume und Beerenobst wie rote Johannisbeeren und Stachelbeeren besser als Kordons an Haus- oder Gartenmauern und nicht als Sträucher, da ein Kordon bei gleichem Ertrag weniger Platz braucht als Fächer oder Spaliere. Kultivieren Sie Weinreben als dekoratives Element an einer stabilen Pergola oder einem hübschen Bogen. Auch Ruten werden je nach Platzverhältnissen erzogen. Erdbeeren können in senkrechtstehenden Kultursäcken an einer Stütze oder einem Zaun wachsen.

Ist nur für einen Baum Platz, muß es eine selbstfertile Sorte sein (siehe »Fremdbefruchtung«, S. 363). Es empfiehlt sich auch, Sorten mit einer langen Ernteperiode auszusuchen, wenn man keine Lager- oder Konservierungsmöglichkeiten hat.

Gemischte Pflanzung

Handelt es sich in erster Linie um einen Ziergarten, oder ist für einen Obstgarten zu wenig Platz, kann Obst auch zwischen andere Pflanzen gesetzt werden. Ein oder mehrere Obstbäume im Rasen oder in Kübeln auf der Terrasse oder im Innenhof können sehr hübsch aussehen. Kordons und Zwergpyramiden geben eine attraktive und ertragreiche Trennwand ab, die im Frühjahr Blüten und im Spätsommer bis Herbst reifende Früchte trägt. Strauch- oder Baumformen können auf verschiedensten Konstruktionen und Einrichtungen wie Pergola, Zaun oder Schuppen gezogen werden, wenn die Lage günstig ist.

Wird Obst zusammen mit Zierpflanzen kultiviert, müssen die Bedürfnisse aller Pflanzen übereinstimmen. Obst, das durch Netze vor Vögeln geschützt werden muß, schränkt eventuell das Wachstum der Nachbarpflanzen ein und wirkt fehl am Platz. V. a. ist darauf zu achten, daß benachbarte Pflanzen nicht durch Pflanzenschutzmittel zu Schaden kommen.

Erdbeeren werden oft gemeinsam mit anderen Pflanzen kultiviert, und zwar im Gemüsegarten oder am Rand einer Rabatte oder eines Hochbeetes.

Kleiner Obstgarten

In diesem kleinen, eingezäunten Gartenabschnitt wachsen 17 Obstarten, die von Frühsommer bis Herbst reichlich Früchte tragen. Die Fläche mißt nur 4 x 9 m und wird von einem 2 m hohen Zaun umgeben; durch die sorgfältige Wahl der Sorten und Unterlagen sowie durch entsprechende Erziehung der Bäume finden viele verschiedene Obstgehölze Platz; v.a. die Apfel- und Birnenkordons bringen auf wenig Raum gute Erträge.

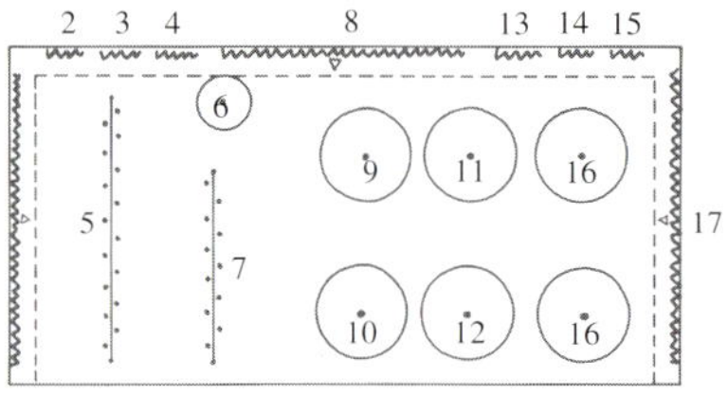

1 Kirsche 'Stella' (auf 'Colt')
2 Birne 'Beth' (auf 'Quitte C')
3 Birne 'Concorde' (auf 'Quitte C')
4 'Sommer-Dechantsbirne' (auf 'Quitte C')
5 Himbeere 'Schönemann'
6 Zwetsche 'Victoria' (auf 'Pixy')
7 Himbeere 'Autumn Bliss'
8 Pfirsich 'Red Haven' (auf 'St Julien A')
9 Stachelbeere 'Weiße Triumph'
10 Stachelbeere 'Invicta'
11 Weiße Johannisbeere 'Werdavia'
12 Rote Johannisbeere 'Red Lake'
13 Apfel 'Epicure' (auf 'M9')
14 Apfel 'Lord Lambourne' (auf 'M9')
15 Apfel 'Sunset' (auf 'M9')
16 Schwarze Johannisbeere 'Ben Sarek'
17 Sauerkirsche 'Morellenfeuer' (auf 'Colt')

Standortwahl

Ideal ist ein geschützter, sonniger Standort, wo die Pflanzen qualitativ hochwertige Früchte tragen. Ein Platz mit leichtem Schatten kommt auch in Frage, bietet aber weniger Reifestunden, eignet sich also am besten für Beerenobst oder frühreifende Apfel-, Birnen- und Pflaumensorten. Auf einem Südhang tragen Pflanzen früher Früchte als in anderen Lagen, sie blühen aber auch früher und kommen leichter durch Frost zu Schaden.

An einer Stütze

Mauern, Zäune, Pergolen und Bögen sind ideal für Formobst, v.a. wenn sie ein Maximum an Sonne erhalten. Durch solche Vorrichtungen wird der vorhandene Platz optimal genutzt, und das Obst kann sich gut entwickeln und reifen; es ist außerdem leichter vor Vögeln und Frost zu schützen als im offenen Garten. Mauer oder Zaun müssen für das spezielle Obst hoch genug sein: 1,2 m reicht für Beerenobst oder Äpfel und Birnen in Kordons und Spalieren, mindestens 2 m Höhe und Breite sind jedoch für Fächererziehung bei Äpfeln, Birnen, Kirschen, Pflaumen oder Pfirsichen erforderlich. Pergolen und Bögen bieten meist eine ausreichende Höhe, achten Sie aber darauf, daß die reifende Pflanze sich auch ausbreiten kann. Die Vorrichtung muß die beträchtliche Last der Früchte tragen können.

Frost und Wind

Meiden Sie Frostlagen, denn sowohl Blüten wie auch Knospen und kleine Früchte sind frostempfindlich. Die kälteste Luft sammelt sich am tiefsten Punkt, daher entstehen Frostlagen an der Talsohle oder am Fuße eines Hangs. Schattige Bereiche haben länger Frost als sonnige – die Dauer des Frostes ist oft ebenso entscheidend wie die Strenge.

Windlagen werden von bestäubenden Insekten gemieden und lassen den Ertrag sehr unregelmäßig werden. Starke Winde können auch an den Früchten beträchtlichen Schaden anrichten. Zugige Stellen, etwa zwischen zwei Gebäuden, sind nicht zu empfehlen, ein gut plazierter Windschutz kann den Wind jedoch ablenken oder filtern und die Bedingungen verbessern. Bäume oder große Sträucher sind starren Einrichtungen vorzuziehen, da sie den Wind filtern und nicht nur über die Barriere hinweg lenken, so daß er die Pflanzen auf der anderen Seite schädigt (siehe auch Klima und Garten, »Wie ein Windschutz funktioniert«, S. 519).

Zitronenbaum in der Rabatte
Die kompakte, rundliche Form eines Zitronenbaums belebt diese zwanglose Rabatte und steht in reizvollem Kontrast zur bunten Pracht der Rosen und Gänseblümchen. In warmen Regionen trägt das Bäumchen auch noch Früchte.

BOGENKORDON
Werden Obstbäume als senkrechte Kordons über Bögen gezogen, ergibt das nicht nur schöne strukturelle Effekte, sondern bringt auch reichlich Früchte. Die Bögen müssen so stabil sein, daß sie die Last der Bäume auch im Herbst, wenn sie voll mit Obst sind, tragen können.

Kultur unter Glas

In warmen Klimazonen beheimatetes Obst wie Pfirsiche, Nektarinen und Weintrauben braucht bei kühlerem Klima ein Gewächshaus, es muß dort aber fachgerecht und sorgsam behandelt werden, damit es gedeiht und fruchtet. Soll Obst zusammen mit anderen Pflanzen im Gewächshaus gezogen werden, müssen Temperatur-, Feuchtigkeits- und Lüftungsansprüche übereinstimmen. Wichtig ist, daß das Gewächshaus möglichst viele Seiten- und Dachklappen hat, damit die Luft zirkuliert. Wie im offenen Garten muß der Boden nährstoffreich und gut durchlässig sein.

Nicht winterharte Früchte wie Baumtomaten und Granatäpfel lassen sich gut unter Glas kultivieren; da sie aber selbst hier wenig Ertrag bringen, werden sie in gemäßigtem Klima als Zierpflanzen gezogen.

Erziehung

Geeignetes Baum- und Beerenobst kann auch im Gewächshaus erzogen werden. Achten Sie darauf, daß die ausgewählte Sorte ausreichend Platz hat und daß bereits vor der Pflanzung geeignete Stabilisierungsvorrichtungen für die Erziehung angebracht werden.

Obst in Kübeln

Wenn Erdbeeren in Töpfen im Gewächshaus oder unter einem Zelt gezogen werden, bringen sie früher reife Früchte als im Freiland; man hat eine sehr lange Ernteperiode, falls beide Kulturmethoden kombiniert werden. Frostempfindliche Obstbäume wie Zitronenbäume können in Kübeln wachsen, die im Sommer draußen stehen.

Obst in Topfkultur

Topfkultur für Obst ist angebracht, wenn nur wenig Platz zur Verfügung steht. Die Kübel werden an sonnigen, geschützten Plätzen aufgestellt und können sogar gepflasterte Innenhöfe zieren. Auf diese Weise lassen sich auch Wurzelwachstum und Wüchsigkeit von Pflanzen wie Feigen beschränken, die im gemäßigten Klima oft zuviel vegetativen Wuchs auf Kosten des Ertrags produzieren.

Die meisten Obstpflanzen wachsen gut in einem Kübel, einem Halbfaß oder einem anderen Behälter mit mindestens 30 cm Durchmesser. Erdbeeren können entweder einzeln in 10-cm-Töpfen oder in Erdbeertöpfen (Gefäße mit Pflanznischen an den Seiten) gezogen werden. In Töpfen erfordern die Pflanzen mehr Pflege als im Freiland, v.a. inbezug auf Wässern und Düngen, da die Wurzeln nur beschränkt Platz haben und leicht austrocknen können.

Auswahl der Pflanzen

Ob man nun einen ganzen Obstgarten plant oder nur 2-3 Bäume auswählt, wichtig ist, daß die Pflanzen unter den vorgegebenen Klimaverhältnissen und Bodenbedingungen gedeihen, ohne sich übermäßig auszubreiten.

Achten Sie bei verschiedenen Sorten darauf, ob eine Fremdbefruchtung möglich ist, bevor Sie sich für eine entscheiden (siehe »Befruchtung«, S. 364). Schließlich sollten auch der gewünschte Ertrag und Zeitpunkt der Ernte berücksichtigt werden.

Unterlage und Baumhöhe

Die Größe des Baums hängt v.a. davon ab, auf welche Unterlage er veredelt wurde. Die Wüchsigkeit der Unterlage sollte dem Pflanzbereich oder dem für die Erziehung verfügbaren Platz entsprechen. Apfelbäume auf schwachwachsenden Unterlagen, z.B. 'M27' oder 'M9', eignen sich wohl für die meisten Gärten; ihre relativ geringe Größe erleichtert Arbeiten wie Pflücken, Schneiden und Besprühen. Wird ein großer Baum gewünscht, wählt man einen mit wüchsigerer Unterlage (Näheres dazu auf S. 364 und S. 375).

Fremdbefruchtung

Viele Apfel-, Birnen-, Süßkirschen- und einige Pflaumensorten sind nicht ausreichend selbstfruchtbar, sie müssen neben eine oder mehrere gleichartige Sorten gesetzt werden, die etwa zur selben Zeit blühen, damit alle Bäume durch Insekten bestäubt werden können. So müssen etwa die Apfelsorten 'Cox Orange', 'Bramley's Seedling' und 'Lord Lambourne' nebeneinander gepflanzt werden, damit alle befruchtet werden. Bei der Planung eines Obstgartens ist auch zu bedenken, wie viele Bäume mindestens für eine erfolgreiche Befruchtung erforderlich sind; passende Sorten werden nebeneinander gepflanzt, damit der Ertrag zufriedenstellend ausfällt.

Ertrag und Erntezeit

Abgesehen vom vorhandenen Platz bestimmt auch der gewünschte Ertrag die Anzahl der Pflanzen, wobei zu beachten ist, daß dieser von Jahr zu Jahr schwankt. Wieviel Obst zum Verzehr gebraucht wird, hängt auch von den Lager- und Konservierungsmöglichkeiten ab. Günstig ist, von jeder Obstsorte frühe, mittelfrühe und spätreifende Sorten zu ziehen, damit sich die Ernte über einen längeren Zeitraum erstreckt.

Frühe Äpfel und Birnen halten sich nicht länger als 1-2 Tage, ziehen Sie davon also nicht mehr, als bald verzehrt werden können: 1-2 Kordons mit 3-5 kg pro Baum sollten reichen. Steht genügend Lagerraum zur Verfügung, pflanzt man mehr spätreifende Sorten, die sich gut lagern lassen. Auch Pflaumen reifen meist auf einmal und müssen rasch verbraucht werden, es sei denn sie werden eingefroren oder sonstwie haltbar gemacht.

Bei der Sortenwahl spielt auch das Klima eine Rolle: So eignen sich spätreifende Äpfel oder Birnen nicht unbedingt für Gebiete mit kurzen Sommern oder für schattige Lagen, da das Obst zu wenig Zeit oder zu wenig Sonne zum Reifen hat.

BLÄTTERDACH MIT TRAUBEN
Die Weinrebe gedeiht im warmen, aber luftigen Wintergarten oder Gewächshaus. Achten Sie darauf, daß die Sonne die reifenden Trauben nicht versengt.

Standort, Bodenvorbereitung und Pflanzung

OBST gedeiht nur auf nährstoffreichem Boden mit sehr guter Struktur und entsprechender Durchlässigkeit. Bereiten Sie vor der Pflanzung daher einen geeigneten Standort so vor, daß er die richtigen Bedingungen bietet.

Standortvorbereitung

Beginnen Sie mindestens 2 Monate vor der Pflanzung. Entfernen Sie Unkraut, v.a. das ausdauernde, bevor Sie den Boden bearbeiten.

Bodentypen

Lehmboden ist ideal, bringt hohe Erträge und erste Qualität. Auch Tonböden können bei guter Drainage ertragreich sein, erwärmen sich im Frühling aber nur langsam; Wachstum und Ernte verzögern sich daher. Bei Sandböden setzt das Wachstum früher ein, da sie sich im Frühjahr rasch erwärmen. Die Wärme geht jedoch ebenso rasch verloren, was die Frostgefahr erhöht; Sandboden trocknet leicht aus und ist meist weniger fruchtbar als andere, was sich auf Qualität und Geschmack der Früchte auswirken kann.

Bei Kalkböden kann es durch Mangan- und Eisenmangel (siehe S. 355) zu Kalkchlorose kommen, die die Blätter gelb werden läßt und auch die Qualität der Früchte und den Ertrag beeinträchtigt. In Extremfällen können bestimmte Früchte kaum kultiviert werden; Birnen und Himbeeren sind v.a. gefährdet. Eine jährliche Mulchschicht aus Stallmist oder Kompost enthält einige der benötigten Spurenelemente und kann Abhilfe schaffen.

Bodenverbesserung

Bei Beerenobst arbeitet man zur Verbesserung der Wasserhaltekraft und Fruchtbarkeit des Bodens gut verrotteten Stallmist oder Gartenkompost und Dünger ein. Wird Baumobst gepflanzt, gibt man bei schlechten, nährstoffarmen Böden nur Dünger, um nicht übermäßigen vegetativen Wuchs auf Kosten des Fruchtholzes zu begünstigen.

Schlechte Durchlässigkeit

Dieses Problem tritt zwar häufiger bei schweren Tonböden auf, kommt aber auch bei anderen Böden vor. Verbessern Sie nach Möglichkeit die Bodenstruktur (siehe »Bodenstruktur und Wassergehalt«, S. 526), und legen Sie notfalls eine Drainage an (siehe S. 529). Ist dies nicht möglich, setzt man die Obstpflanzen in Hochbeete (siehe »Hochbeete«, S. 507).

Der richtige pH-Wert

Ein pH-Wert von 6-6,5 ist ideal für alle Früchte außer Blaubeeren, die sauren Boden mit einem pH-Wert von 4-5,5 benötigen. Böden mit einem pH-Wert unter 5,8 brauchen Kalk (siehe S. 531). Bei Böden mit einem pH-Wert über 7 gibt man regelmäßig eine Kopfdüngung mit Ammoniumsulfat und mulcht mit saurem Kompost, um den pH-Wert kurzfristig zu senken.

Stützen für die Erziehung von Obstbäumen oder -sträuchern

Soll ein Obstbaum oder -strauch an einer Mauer oder einem Zaun erzogen werden, spannt man horizontale Drähte mit Ringschrauben und Spannschlössern, damit sie straff bleiben, wenn sich die Früchte entwickeln. Die parallel verlaufenden Drähte werden von den Ringschrauben in 10-15 cm Entfernung von den Stützen gehalten, damit Luft um die Äste und Blätter zirkulieren kann. Die Abstände zwischen den Drähten hängen von der Obstart ab. Für freistehende Stützen werden die Spanndrähte fest an den Pfählen befestigt. Kurz vor der Pflanzung macht man an den Drähten Bambusstäbe im geeigneten Winkel fest und bindet die jungen Pflanzen zunächst an diese.

Kauf der Pflanzen

Wählen Sie immer Obstarten, die in Ihrem Garten gut gedeihen können. Achten Sie darauf, daß die endgültige Ausbreitung der Pflanze oder des Baums dem vorhandenen Platz entspricht und daß genug Platz für die gewünschte Erziehung bleibt. Auch die Befruchtung muß bei der Auswahl berücksichtigt werden.

Am besten kauft man in spezialisierten Baumschulen. Sie bieten bewährte alte und neue Sorten an und können auch geeignete Unterlagen empfehlen. Kaufen Sie möglichst Pflanzen, die als virusfrei ausgewiesen werden.

Wählen Sie junge Pflanzen, die sich rasch etablieren und nach Ihren Vorstellungen geformt und erzogen werden können. Die Pflanzen sind wurzelnackt oder als Containerware erhältlich. Containerpflanzen gibt es das ganze Jahr über, wurzelnackte nur im Spätherbst und Winter, wenn die Pflanzen ruhen und gefahrlos aufgenommen werden können. Meiden Sie Pflanzen, die im Topf festsitzen, sie entwickeln sich selten gut. Bei wurzelnackten Pflanzen dürfen die Wurzeln nicht ausgetrocknet sein; kaufen Sie solche mit gleichmäßig vielen Haupt- und Faserwurzeln.

Prüfen Sie die Pflanzen sorgfältig und nehmen Sie nur völlig einwandfreie, gesunde, schädlingsfreie Ware von robustem Wuchs und mit gleichmäßiger Beastung (falls die Pflanzen bereits 2-3 Jahre alt sind).

KAUF VON OBSTBÄUMEN

WURZELNACKT

CONTAINERPFLANZE

Befruchtung

Beeren- und Baumobst ist meist selbstfruchtbar, das heißt es braucht zur Befruchtung keine andere Sorte. Äpfel, Birnen, fast alle Süßkirschen und einige Pflaumen sind jedoch nicht ausreichend selbstfertil. Für guten Ertrag ist bei selbststerilen Sorten eine Fremdbefruchtung durch andere Sorten derselben Obstart nötig. Meist reicht eine Sorte, aber einige Äpfel und Birnen müssen mit 2 anderen Sorten kombiniert werden, um gute Erträge hervorzubringen.

Damit eine Fremdbefruchtung erfolgt, müssen sich die Blütezeiten zumindest überlappen. Man teilt die Sorten daher nach der Blüte in frühe bis späte Gruppen ein. In den einzelnen Abschnitten wird die Gruppe durch Zahlen angegeben. Für eine Fremdbefruchtung muß die Sorte derselben, der vorangehenden oder der nachfolgenden Gruppe angehören. Zu einer Sorte der Gruppe 3 würde man also solche der Gruppen 2, 3 und 4 auswählen.

Bei manchen Obstsorten tritt trotz gleicher Blütezeit keine Fremdbefruchtung ein. Bei Süßkirschen und Birnen werden diese in Unverträglichkeitsgruppen erfaßt und in den Listen angeführt. Informieren Sie sich im Zweifelsfalle. Einige Kirschensorten bestäuben alle gleichzeitig blühenden Sorten; sie werden als Universalbefruchter bezeichnet.

UNTERLAGE

Die Veredlungsstelle, an der Unterlage und Edelreis verbunden sind, erkennt man an einem Knick im Stamm ca. 10-30 cm über der Bodenmarke, v.a. bei jungen Obstbäumen. Achten Sie darauf, daß sich die Veredelungsstelle über der Bodenoberfläche befindet.

Wahl der Unterlage

Viele der angebotenen Baumobstarten sind bereits auf eine passende Unterlage veredelt, da sie durch Samen nicht sortenecht und durch Stecklinge nicht zuverlässig vermehrt werden können. Die Unterlage bestimmt die Wuchsgeschwindigkeit und auch die Größe des ausgewachsenen Baums, das Edelreis entscheidet, welche Obstsorte er hervorbringt. Es gibt schwachwachsende Unterlagen (für kleine Gärten), die früh Früchte tragen. Manche Unterlagen sind gegen bestimmte Krankheiten resistent.

Auswahl der Obstbäume
Junge Obstbäume sind in verschiedenen Wachstumsstadien erhältlich. Ein- oder zweijährige Veredlungen (mit Seitentrieben) brauchen mindestens ein Jahr länger als andere Formen, bis sie erzogen sind und fruchten. Einjährige Veredlungen werden von erfahrenen Gärtnern geschätzt, da sie durch ihre Seitentriebe schon früh erzogen werden können. Zweijährige Bäume fruchten rascher, und gute Exemplare lassen sich leicht erziehen. Dreijährige erzogene Bäume sind teurer und etablieren sich oft schwerer.

Pflanzung im Freiland

Containerware kann zu jeder Jahreszeit gepflanzt werden, nur nicht bei gefrorenem oder staunassem Boden oder bei Trockenheit. Pflanzen Sie wurzelnackte Pflanzen vom Spätherbst bis zum Vorfrühling während der Ruheperiode; die Wurzeln werden vor der Pflanzung ins Wasser gestellt.

Obstbäume pflanzen
Werden mehrere Bäume gepflanzt, vermißt man den Standort und markiert die Positionen. Graben Sie die Pflanzlöcher um mindestens ein Drittel größer als das jeweilige Wurzelsystem; die Erde am Grund des Pflanzlochs wird etwas angedrückt und in der Mitte leicht angehäufelt.

Stecken Sie 7-8 cm von der Mitte eine Stütze ins Loch, da der wachsende Stamm an Umfang gewinnt. Die Höhe der Stütze hängt von der gewünschten Erziehungsform des Baumes ab. Obstbäume auf schwachwachsenden Unterlagen müssen ständig gestützt werden; bei anderen Unterlagen entfernt man die Stütze nach 3 Jahren.

Setzen Sie den Baum ins Loch, so daß die Bodenmarke am Stamm sich auf Bodenhöhe befindet, und breiten Sie die Wurzeln auseinander. Die Veredlungsstelle darf nicht bedeckt sein, da das Edelreis sonst wurzelt.

Nun wird das Loch nach und nach zugeworfen, während ein Helfer den Baum aufrecht hält und ihn immer wieder vorsichtig schüttelt, damit sich die Erde zwischen den Wurzeln setzt. Drücken Sie die Erde an; sobald das Loch fast zugefüllt ist, lockert man den Boden an den Rändern, um über einen größeren Bereich eine einheitliche Bodenfestigkeit zu erreichen. Befestigen Sie den Baum an der Stütze mit einem weichen Baumband so, daß sich der Stamm nicht am Pfahl reibt. Schützen Sie den Stamm mit Maschendraht vor Hasen u.a. Tieren.

Obstbäume an Mauern oder Zäunen müssen einen Abstand von 15-20 cm haben, wobei die Äste leicht nach innen abfallen.

Beerenobst und Weinreben
Büsche und Ruten werden wie Bäume gepflanzt, benötigen aber keine Stütze. Sie dürfen nicht unter der Bodenmarke gepflanzt werden, damit das Wachstum nicht behindert wird. Bei Weinreben muß das Pflanzloch so breit sein, daß die Wurzeln ganz ausgebreitet werden können, die Reben werden an einer Stütze erzogen.

Pflanzung in Gefäßen

Wässern Sie die Pflanzen gründlich vor der Pflanzung. Verwenden Sie feuchte Topferde, und lassen Sie einen 2,5 cm tiefen Gießrand. Wässern Sie nach der Pflanzung nochmals, und halten Sie die Erde bis zum Beginn des Wachstums feucht.

KORDONS PFLANZEN

IM FREILAND
Pflanzabstand 75 cm (oben). Machen Sie an den Spanndrähten einen Bambusstab im Winkel von 45° fest (links unten); daran jeweils einen Baum (rechts unten).

AM ZAUN
Spannen Sie die Drähte wegen Wuchs der Bäume und Luftzirkulation im Abstand von 10-15 cm vom Zaun, ebenso die Bäume mit 15-20 cm Abstand.

BÜSCHE PFLANZEN

1 *Heben Sie eine Pflanzgrube aus, in der die Wurzeln ausgebreitet Platz finden. Legen Sie einen Stab übers Loch, und prüfen Sie, ob die Bodenmarke sich auf Bodenhöhe befindet.*

2 *Werfen Sie die Grube zu; treten Sie die Erde vorsichtig an, damit es keine Lufteinschlüsse gibt. Ziehen Sie die Oberfläche leicht mit einem Rechen glatt.*

OBSTBÄUME PFLANZEN

1 *Graben Sie das Pflanzloch ein Drittel größer als das Wurzelsystem. Treiben Sie ca. 7 cm vom Mittelpunkt einen Baumpfahl 45 cm tief in den Boden.*

2 *Häufeln Sie den Grund des Loches leicht an, und setzen Sie den Baum darauf. Überprüfen Sie mit einem Stab, ob sich die Bodenmarke am Stamm auf Bodenhöhe befindet.*

3 *Breiten Sie die Wurzeln aus, und füllen Sie nach und nach die Erde auf. Treten Sie sie leicht an, damit der Baum gut verankert ist und es keine Lufteinschlüsse gibt.*

4 *Befestigen Sie ein Baumband mit Abstandhalter oben am Pfahl und am Baum so, daß der Puffer dazwischen ist (Nebenbild). Verstellen Sie ihn bei Bedarf.*

Laufende Pflege

Die meisten Obstpflanzen bedürfen regelmäßiger Pflege, damit sie gesund bleiben und hochwertige Früchte hervorbringen. Die laufenden Arbeiten sind je nach Fruchttyp, Wachstumsbedingungen und Jahreszeit verschieden.

Früchte ausdünnen

Bei Baumobst, vor allem bei Äpfeln, Birnen und Pflaumen, muß oft ausgedünnt werden, damit die Früchte in Größe und Qualität entsprechen. Dadurch wird auch die Verteilung der Früchte gleichmäßiger und dem Astbruch vorgebeugt. Außerdem läßt sich eine Alternanz (zu der manche Obstarten neigen) vermeiden.

Dünnen Sie zunächst mit der Hand oder Schere mißgestaltete Früchte aus; pflücken Sie später nochmals durch, damit die Früchte für ihre Entwicklung viel Platz, Sonne und Luft erhalten. (Einzelheiten bei den jeweiligen Obstsorten.)

Wie man Obst ausdünnt

1 *Früchte müssen ausgedünnt werden, damit Größe und Qualität stimmen; unterläßt man das Ausdünnen, bleiben die Früchte meist klein und schmecken nicht gut.*

2 *Entfernen Sie zunächst kranke oder mißgestaltete Früchte, dünnen Sie dann die übrigen, je nach Obstart, auf 5-8 cm Abstand aus.*

Düngen, Mulchen und Wässern

Geben Sie bei Bedarf Stallmist oder Dünger, achten Sie auf die Fruchtentwicklung und auf Blattverfärbung, die Nährstoffmangel anzeigt. In heißen, trockenen Sommern muß meist gewässert werden; die sparsamste Methode ist ein Tropfsystem (siehe auch S. 469).

Pflege von Baumobst

Mulchen Sie neugepflanzte Bäume und solche, die nicht gut gedeihen, im Vorfrühling mit Stallmist oder Kompost. Überprüfen Sie vorher, ob nicht Schädlinge oder eine Krankheit die Ursache sind; in diesem Fall verfahren Sie, wie unter Pflanzenschäden, S. 545-577, empfohlen. Sobald die Bäume Blühgröße erreichen, gibt man im Vorfrühling ausgewogenen Dünger in einer Dosierung von 100-140 g/m^2. Düngen Sie nicht zu stark, v.a. mit Stickstoff, um nicht weichen, krankheitsanfälligen Wuchs zu fördern.

Fehlen bestimmte Nährstoffe, wird gezielt gedüngt: Kaliumsulfat bei Kaliummangel; Ammoniumnitrat bei Stickstoffmangel; Superphosphat als Phosphorquelle. Tragen Sie sie im Frühling mit 35 g/m^2 auf, nur Superphosphat wird in der dreifachen Dosis alle 3-4 Jahre gegeben. Magnesiummangel (S. 555) kann man ausgleichen, indem man das Laub nach der Blüte mit Epsomsalzlösung besprüht. Auch andere Mangelerscheinungen, v.a. Mangan- und Eisenmangel (S. 555), können auftreten. Besteht der Verdacht auf Zink-, Kupfer- u.a. seltenere Mängel, konsultieren Sie besser einen Fachmann.

Tragen Sie den Dünger gleichmäßig knapp über die Reichweite der Äste hinaus auf. Stehen die Bäume auf einer Grasfläche, mäht man das Gras regelmäßig und läßt das Schnittgut liegen; es verrottet und führt dem Boden Nährstoffe zu, was v.a. dem Kaliummangel vorbeugt.

Pflege von Beerenobst

Geben Sie bei Beerenobst jedes Frühjahr eine Mulchschicht aus verrottetem Stallmist. Düngen Sie, wie bei Baumobst angegeben; Stickstoff und Kalium sind die wichtigsten Nährstoffe. Tragen Sie den Dünger über den ganzen Bereich auf; bei Himbeeren auf beiden Seiten der Reihe mindestens 60 cm weit. Bei Erdbeeren arbeitet man den Dünger vor der Pflanzung in den Boden.

Obstbäume düngen

Ziehen Sie mit einer Schnur einen kreisrunden Bereich, der etwas über die Reichweite der Äste hinausgeht. Auf dieser Fläche – der gesamten Reichweite des Wurzelsystems – wird Dünger aufgetragen.

Kultur in Töpfen und Kübeln

Obwohl Topferden schon Nährstoffe enthalten, sollten die Pflanzen während der Wachstumsperiode gedüngt werden, um die verbrauchten Nährstoffe zu ersetzen; v.a. Stickstoff und Kalium sind oft nötig. In Töpfen müssen Obstpflanzen häufiger gewässert werden als im Freiland. Prüfen Sie das Substrat regelmäßig und halten Sie es feucht.

Obstbäume und -sträucher in Topfkultur erhalten jeden Winter eine Kopfdüngung oder werden umgetopft. Für die Kopfdüngung entfernt man die obersten 2,5 cm Substrat mit einer Gabel und ersetzt sie durch frisches. Jeden zweiten Winter wird, wenn möglich, umgetopft. Nehmen Sie die Pflanze aus dem Kübel, und streifen Sie mit einer kleinen Gabel oder einem Holzstäbchen vorsichtig etwas Erde vom Wurzelballen. Schneiden Sie grobe Wurzeln heraus, ohne die Faserwurzeln zu beschädigen, und setzen Sie die Pflanze in einen größeren, sauberen Behälter (siehe S. 365).

Stützen und Bänder

Stützen und Bänder freistehender und erzogener Obstgehölze müssen öfters überprüft werden. Sind die Bänder bereits abgenützt, kann der Baum an der Stütze reiben, wodurch sich bei Äpfeln *Nectria*-Krebs (S. 568), bei Steinobst bakterieller Krebs (S. 569) entwickeln kann. Achten Sie darauf, daß die Stütze nicht an der Basis verrottet und bei starkem Wind gleich mit dem Baum umfällt, v.a. wenn dieser schwer mit Obst behangen ist. Bei erzogenen Bäumen dürfen die Äste nicht zu straff am Gerüst festgebunden werden, damit das Wachstum nicht eingeschränkt wird. Lockern Sie die Bänder nach Bedarf.

Schwere Äste abstützen

Machen Sie eine Stange am Stamm fest, und binden Sie mehrere Schnüre daran. Diese werden mit einem Nagel befestigt. Jeder zu schwere Ast wird dann aufgebunden.

Äste abstützen
Bei freistehenden Obstbäumen müssen oft die Äste gestützt werden, an denen der Baum besonders viele Früchte trägt, auch wenn korrekt ausgedünnt wurde. Sind nur einige wenige Äste betroffen, stützt man sie mit einer Gabelstütze oder bindet sie an stärkere Äste. Wenn mehrere Äste abzubrechen drohen, befestigt man eine stabile Stütze am Stamm oder an der Hauptstütze und bindet jeden Ast mit einer Schnur oben an der Stütze fest.

Schutz der Pflanzen

Obstgehölze benötigen bei ungünstiger Witterung oft Wind- oder Frostschutz. Auch Schutz vor Vögeln u.a. Tieren kann nötig sein.

Windschutz
Sorgen Sie für ständigen Windschutz (siehe S. 519); schützende Bäume oder Sträucher werden zurückgeschnitten, um dichten Wuchs anzuregen. Sie sollen nicht zu durchlässig werden. Kontrollieren Sie die Stützpfähle des Maschendrahts oder Zauns und reparieren Sie sie gegebenenfalls.

Frostschutz
Frostschaden tritt meist im Frühling auf, wenn Knospen, Blüten oder junge Früchte über Nacht Schaden nehmen. Extremer Frost im Winter läßt mitunter die Rinde platzen und den Baum absterben; pflanzen Sie deshalb in Gebieten mit tiefen Wintertemperaturen Sorten, die winterhart genug sind. Decken Sie kleine, gefährdete Bäume und Sträucher notfalls mit Folie ab.

Leichter Frost richtet kaum schweren Schaden an: Der kritische Punkt liegt oft bei –2°C. Die Dauer des Frostes spielt oft eine größere Rolle als die niedrige Temperatur selbst: –3°C über eine Viertelstunde sind kaum gefährlich, über 3 Stunden können jedoch bedeutende Schäden entstehen.

Wurde Frost angekündigt, bedeckt man Erdbeeren, Sträucher und kleine Bäume ganz mit alten Vorhängen, Bettlaken oder mehreren Lagen Zeitungspapier. Entfernen Sie die Abdeckung täglich, sobald die Temperatur über den Gefrierpunkt steigt (Näheres unter »Wind- und Frostschutz«, S. 520-521).

Schutz vor Vögeln
Dompfaffen und Meisen fressen im Winter das Innere der Fruchtknospen an und lassen die äußeren Schalen fallen. Dieser Schaden ist weit gefährlicher als der Verlust reifer Früchte, da ganze Äste für immer kahlgefressen werden, so daß nur noch ein Rückschnitt hilft, um junge Triebe zu fördern, die allerdings erst nach 2 oder mehr Jahren fruchten. Den besten Schutz bieten Netze. Ist mit Schnee zu rechnen, stützt man das Netz oder nimmt es vorübergehend ab, da die Äste unter der Schneelast brechen können.

Auch reifende Früchte müssen oft vor Vögeln geschützt werden; kleinere Bereiche können vorübergehend mit Netzen abgedeckt werden, für größere kann man einen Käfig errichten. Große Obstbäume sind nur schwer zu schützen, bei Formobst läßt sich eventuell ein Netz an der Stütze befestigen. Das Netz muß so feinmaschig sein, daß es auch winzige Vögel fernhält. Erdbeeren werden oft vorübergehend durch einen niedrigen Käfig geschützt.

Schädlinge, Krankheiten und Unkraut bekämpfen

Eine wöchentliche Kontrolle der Pflanzen auf erste Anzeichen von Schädlingen und Krankheiten wäre anzuraten; so können diese rechtzeitig behandelt werden (siehe PFLANZENSCHÄDEN, S. 545-577). Besteht der Verdacht auf Viruskrankheiten (S. 553 und S. 563), läßt man sich das durch einen Fachmann bestätigen; Erdbeeren, Himbeeren, Loganbeeren, Brombeeren und schwarze Johannisbeeren sind besonders anfällig. Die einzige effektive Gegenmaßnahme besteht darin, befallene Pflanzen mit den Wurzeln auszugraben und zu verbrennen, damit sich das Virus nach Möglichkeit nicht ausbreitet.

Pflanzen unter Glas

Bei kaltgemäßigtem Klima müssen manche Obstsorten unter einer Abdeckung kultiviert werden. Dazu gehören alle nicht winterharten Früchte und einige andere, deren Blüten entweder leicht durch Frühjahrsfrost Schaden nehmen oder die eine lange Reifezeit benötigen; Pfirsiche und viele spätreifende Traubensorten gedeihen nur im milden Weinbauklima im Freien.

Für Pflanzen, die eine ganzjährige Abdeckung brauchen, eignen sich Gewächshäuser am besten; begehbare Folientunnel sind begrenzt tauglich, da Temperatur und entsprechende Belüftung darin nur schwer aufrechtzuerhalten sind (siehe auch »Wahl des Gewächshauses«, S. 476-479).

Besonderes Augenmerk muß im Gewächshaus auf die freie Luftzirkulation um die Pflanzen gelegt werden, um Krankheiten vorzubeugen, die durch hohe Temperaturen und Luftfeuchtigkeit begünstigt werden. Stützdrähte für die Erziehung sind mit mindestens 30 cm Abstand von der Glas- oder Kunststoffwand des Gewächshauses zu befestigen.

Verfahren Sie bei Schädlings- und Krankheitsbekämpfung und bei der Düngergabe so, wie in den einzelnen Kapiteln empfohlen wurde (Näheres zum Schnitt bei Gewächshauskultur finden Sie in »Schnitt im Gewächshaus«, S. 370).

Nicht winterharte Früchte (z.B. Zitrusfrüchte, Guaven, Granatäpfel und Oliven) können bei Topfkultur im Bedarfsfall leicht nach drinnen gebracht werden. In kühlen Gebieten stellt man frostempfindliche Pflanzen im Frühjahr an einen sonnigen Platz im Freien und bringt sie im Herbst wieder ins Haus. Sie überwintern am besten in einem Gewächshaus bei mindestens 10-15°C.

SCHUTZ VOR VÖGELN UND ANDEREN TIEREN

ABGEFRESSENE KNOSPEN
Wo Vögel im Winter die Knospen von den Ästen fressen, entsteht Schaden durch nicht fruchtendes Holz.

NETZ FÜR ERDBEEREN
Errichten Sie einen 1,2 m hohen Rahmen, und bespannen Sie ihn rundum mit 2-cm-Maschendraht. Befestigen Sie die Basis, so daß Vögel u.a. Tiere nicht unten durchschlüpfen können.

KÄFIG
Obststräucher und kleine Obstbäume können durch einen Käfig aus Metallstützen und Maschendraht oder Kunststoffnetz vor »Mitessern« geschützt werden.

ERZOGENE BÄUME
Obstbäume an Spanndrähten lassen sich durch 2-cm-Maschendraht schützen, den man oben festmacht und gut an der Stütze befestigt.

Schnitt und Formierung

Obstbäume und -sträucher benötigen einen regelmäßigen Schnitt und in vielen Fällen Formierungsmaßnahmen, um eine gute Ernte zu bringen. Maß und Methode hängen von der angestrebten Baumform sowie dem Ertragstermin und der speziellen Obstart ab. Relativ begrenzte Schnittmaßnahmen sind z. B. für Büsche mit Hohlkronen erforderlich, während umfassende Formierungsmaßnahmen für Fächer- und Spalierbäume nötig sind, um eine symmetrische Verzweigung von gut gezogenen Ästen zu erzielen.

Ziele des Schnitts und der Formierung

Anfangs sollten junge Gehölze einen Formierungs- und Erziehungsschnitt erhalten, um die gewünschte Form, z.B. einen Kordon, zu bekommen und um ein ausgeglichenes Astsystem zu erreichen. Bei voll entwickelten Pflanzen gilt es, mit dem regelmäßigen Schnitt die Gesundheit und den Aufbau der Pflanze zu erhalten und einen guten Ertrag zu sichern.

Schnitt
Man schneidet unerwünschte Schosse und Zweige heraus, weil sie entweder den Kronenaufbau der Pflanze stören oder weil sie unproduktiv sind. Ein sachgemäßer Schnitt ergibt eine offene, lockere Kronenstruktur, um den Früchten eine gute Belichtung zu bieten und um Pflanzenschutzmaßnahmen und die Ernte zu vereinfachen. Dieser Schnitt schließt auch die Entfernung von totem, krankem, beschädigtem oder altem Holz ein. Bei jungen Pflanzen kann der Schnitt mit Formierungsarbeiten verbunden sein, um eine bestimmte Baumform zu bekommen. Unerwünschte Schosse werden entfernt und die verbliebenen Triebe zurückgeschnitten, um die Entwicklung von Seitentrieben anzuregen. Der voll entwickelte Baum oder Strauch wird geschnitten, damit das Gleichgewicht zwischen Triebwachstum und Fruchtansatz erhalten bleibt.

Formierung
Die Auswahl und in vielen Fällen das Binden von Trieben, um eine bestimmte Form zu erreichen, nennt man Formieren. Kronenformen, die dem natürlichen Aufbau ähnlich sind, z.B. ein Busch, erfordern weniger Formierungsarbeit als z.B. eine Fächerform, die man nur erreicht, wenn man sorgfältig bestimmte Triebe in entsprechenden Abständen auswählt und dann an ein Gerüst bindet.

Zuviel und zuwenig Schnitt
Man muß darauf achten, nicht zuviel oder zuwenig zu schneiden, da hierdurch die Fruchtmenge gemindert und u.U. Krankheiten gefördert werden. Wiederholter starker Schnitt führt zu verstärktem vegetativem Wachstum und geringem Fruchtansatz. Dies wirkt sich v.a. negativ bei einer Pflanze aus, die ohnehin sehr wüchsig ist. Zu wenig Schnitt ergibt verdichtete Kronen, die weniger Sonnenlicht, das für die Reifung der Früchte notwendig ist, durchlassen. Die Wunden durch das Scheuern dichter Zweige sind ein Risiko für Infektionen durch Krebs oder Rotpustelkrankheit. Wenn ein junger Baum zu wenig geschnitten wird, kann dies zu übermäßigem Ertrag führen, was verkümmertes Wachstum und Astbruch zur Folge haben kann.

Wann geschnitten wird

Der Schnittermin hängt von der angestrebten Baumform und von der Obstart ab. Bei den hier und den einzelnen Obstarten beschriebenen Schnittmaßnahmen bedeutet 1. Jahr die ersten 12 Monate nach der Pflanzung, 2. Jahr die nächsten 12 Monate usw. Winterschnitt ist übliche Praxis bei allen natürlichen Baumformen von Äpfeln, Birnen, Quitten und Mispeln, auch bei Weintrauben, Johannisbeeren, Stachelbeeren und Heidelbeeren. Der Schnitt natürlicher Baumformen bei Steinobst (Pflaumen, Kirschen, Pfirsichen, Nektarinen und Aprikosen) sollte für junge Bäume erst im Frühjahr oder für herangewachsene im Sommer durchgeführt werden, um das Risiko einer Bleiglanzinfektion zu mindern. Sommerschnitt ist für alle Kunstformen von Obstbäumen, für Weinreben, Johannisbeeren und Stachelbeeren nötig. Hierdurch wird eine Wuchsminderung erreicht und zugleich der Fruchtansatz stark angeregt. Empfindliche Obstarten schneidet man gleich nach der Ernte.

Wie geschnitten wird

Für das Maß des Schnitts ist immer die Wüchsigkeit des einzelnen Triebes und des ganzen Baumes zu berücksichtigen. Starkwüchsige Pflanzen sollten aus diesem Grund mäßig geschnitten werden, das bedeutet, daß ein gewisser Prozentsatz der Triebe ganz weggeschnitten wird und die restlichen ungeschnitten bleiben. Schwachwüchsige Pflanzen erfordern einen stärkeren Schnitt. Vorher muß man prüfen, ob Krankheiten den Kümmerwuchs verursachen.

Unsachgemässer Schnitt

Zu schwacher Schnitt
Ein Baum, der nur schwach oder falsch geschnitten wird, entwickelt eine zu dichte Krone, die nicht genug Licht zur Ausreife der Früchte durchläßt. Auch können sich die Zweige scheuern.

Zu starker Schnitt
Wird ein Obstbaum extrem stark geschnitten, löst das die Entwicklung vieler wüchsiger vegetativer Triebe aus. Diese setzen kaum Blütenknospen an, so daß es nur eine spärliche Ernte gibt.

Wo muss der Schnitt angesetzt werden?

Schnitt an einer Knospe
Man schneidet schräg über einem Auge im Winkel von 45° vom Auge abfallend nicht zu dicht an der Knospe und nicht zu weit, da sonst der Trieb abstirbt.

Schnitt an einem Ersatztrieb
Wie beim Knospenschnitt setzt man den Schnitt in einem Winkel zum Ersatztrieb an.

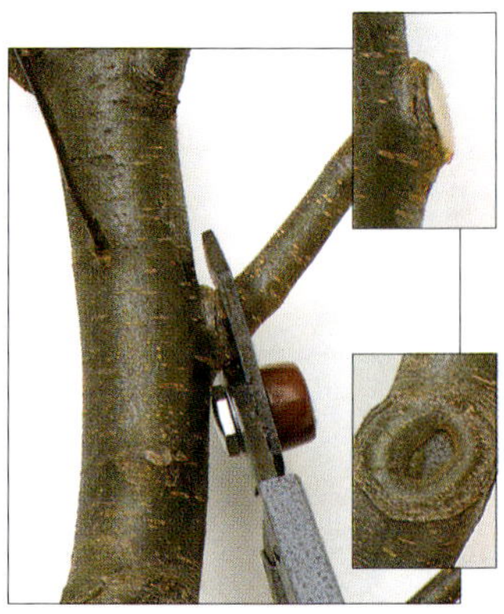

Rückschnitt zu einem Haupttast
Sauberer Schnitt und belassener Astring (kleines Bild oben). So ist der Baum weniger anfällig für Krankheiten, die Wunde heilt schneller (unten).

Entfernen eines Astes

1 Man macht den ersten Schnitt ca. 30 cm vom Stamm entfernt. Sägt von unten den Ast im rechten Winkel etwa bis zu einem Viertel des Durchmessers an.

2 Den zweiten Schnitt setzt man auf der Oberseite an, und zwar etwas weiter außen als den ersten. Jetzt kann der Schnitt ganz durchgeführt werden. Bricht der Ast, reißt die Rinde nur bis zum ersten Schnitt.

3 Beim abschließenden Schnitt darf man den Astring nicht beschädigen. Eventuell beginnt man den Schnitt von der Unterseite und dann von oben.

4 Dann werden die Wundränder glattgeschnitten. Die freie Schnittfläche wird schneller zuwachsen, wenn der Rindenrücken nicht eingerissen ist. Man verwendet keine Wundverschlußmittel, da sonst eine eventuell schon vorhandene Infektion versiegelt wird.

Wo geschnitten wird
Wichtig ist, immer mit einem glatten, sauberen Schnitt über einer gesunden Knospe zu schneiden. Ein Schnitt in der Mitte zwischen 2 Knospen könnte zum Zurücktrocknen führen. Wenn ein Trieb entfernt werden soll, muß er bis zum Ansatz zurückgenommen werden, dabei sollte jedoch der Astring erhalten bleiben.

Um ein Ausreißen des Zweiges oder der Borke zu vermeiden, schneidet man den Zweig erst von unten an und dann endgültig von oben. Man schneidet bis zum Ansatzpunkt oder bis zu einem geeigneten und gesunden Zweig. Auch läßt man keinen Stummel stehen, da dieser abstirbt und die Wunde nicht heilt. Den Wundrand schneidet man mit einem scharfen Messer glatt.

Fruchtholzbildung

Süßkirschen fruchten v.a. an Buketttrieben, am zweijährigen oder noch älteren Holz. Daher müssen viele der älteren Triebe erhalten bleiben. Sauerkirschen fruchten am einjährigen Holz. Man schont beim Schnitt also die jungen Triebe, entfernt aber altes, unproduktives Holz.

Erziehung einer Baumform

Der junge Baum wird meist als einjährige Veredlung mit vorzeitigem Seitenholz gekauft. Beim ersten Schnitt werden die Triebe, die bleiben sollen, ausgewählt und bei Bedarf eingekürzt, ungeeignete entfernt. Falls ein junger Baum als einjährige Veredlung ohne Seitenholz gekauft wird, sollte er nach der Pflanzung auf ein Auge zurückgeschnitten werden. Die Anschnitthöhe hängt von der angestrebten Baumform ab. Hierdurch wird die Entwicklung von Seitentrieben angeregt. Nachdem diese entwickelt sind, der Baum ist jetzt 2 Jahre alt, entspricht er einer einjährigen Veredlung mit Seitenholz. In den nächsten 2-3 Jahren ist ein weiterer Schnitt nötig, bis die gewünschte Form erreicht ist.

Förderung der Fruchtbarkeit

Die Fruchtbarkeit von Trieben kann beeinflußt werden, indem man ausgewählte Seitenzweige herunter- oder

Schnitt einer einjährigen Veredlung

Winter 1. Jahr
Um kräftige Seitentriebe an einer unverzweigten Veredlung zu erzielen, schneidet man sie mit einem Schrägschnitt unmittelbar über einem Auge in der gewünschten Höhe ab.

Winter 2. Jahr
Bis zum nächsten Winter hat sich eine Anzahl von Seitentrieben unterhalb des Rückschnitts entwickelt.

Formerziehung mit Holzstäben

1 Die Wüchsigkeit der Seitentriebe von Formbäumen kann durch Veränderung des Astwinkels beeinflußt werden. Diese Technik kann ungleichmäßigen Wuchs korrigieren.

2 Man bindet einen starken Seitentrieb zu Beginn des Sommers herunter, um die Wuchsstärke zu bremsen, und richtet einen Seitentrieb auf, um Wachstum anzuregen.

3 Zum Sommerende sollten die Zweige wieder in die ursprüngliche Position gebracht werden. Der Längenunterschied wird ausgeglichener sein.

aufwärts bindet. Horizontal wachsende Triebe setzen eher Blütenknospen an als aufrecht wachsende. Wenn also ein Seitentrieb fast waagerecht gebunden wird, setzt er mehr Früchte an. Falls ein Trieb weniger wüchsig als ein anderer und mehr Seitenholz erforderlich ist, kann man durch Hochbinden vegetatives Wachstum anregen. Für ein ausgewachsenes Gehölz ist der Schnitt wichtiger als das Formieren. Auch bei nicht streng formierten Bäumen sollten weniger fruchtende oder Triebe aus einer nicht ausgeglichenen Krone im Sommer herabgebunden werden.

Reduzierung extremer Wuchsstärke

Für Bäume mit sehr starkem vegetativem Wachstum zu Lasten des Fruchtertrags ist ein Wurzelschnitt von Vorteil. Bei Äpfeln und Birnen kann auch das Ringeln der Rinde als letzte Möglichkeit angewendet werden (siehe S. 377). Beide Methoden induzieren die Bildung von Blütenknospen, so daß der Nutzeffekt 1-2 Jahre später zu sehen ist.

Wurzelschnitt
Bei Bäumen kann im Ruhezustand (Winter) ein Wurzelschnitt vorgenommen werden. Bei einem jungen Baum gräbt man diesen rundum frei und holt ihn heraus. Anschließend entfernt man sorgfältig den Boden von den Faserwurzeln, ohne diese zu verletzen. Dann werden einige dicke Wurzeln zurückgeschnitten – der Baum wieder eingepflanzt und mit einem Baumpfahl versehen. Bei großen Bäumen muß der Wurzelschnitt *im Stand* durchgeführt werden, indem eine Seite des Wurzelsystems in einem Winter, die andere ein oder zwei Jahre später geschnitten wird. Man macht einen Graben von 45 bis 120 cm Weite, je nach Größe des Baumes, um die Hauptwurzeln freizulegen. Diese sollten gelöst und ein Teil jeder Wurzel entfernt werden. Dann füllt man den Graben wieder zu und mulcht die Wurzelscheibe. Oft ist ein stützender Pfahl zu empfehlen.

Schnitt im Gewächshaus

Im Gewächshaus schneidet man Zweige und Triebe von Pflanzen so zurück, daß diese das Glas nicht berühren, weil sie sonst leicht Verbrennungen erleiden. Richtiger Schnitt ermöglicht auch besseres Licht für die Früchte und fördert die Reife.

Wurzelschnitt zur Verbesserung des Fruchtansatzes

1 Markieren Sie mit einer Schnur, wo der Graben verlaufen soll. Er muß rundum den gleichen Abstand vom Stamm haben, und zwar bis zum Rand der äußersten Äste.

2 Werfen Sie einen Graben um den Stamm entlang der Markierung aus, er sollte wenigstens 45 cm breit und ca. 60 cm tief sein.

3 Man sollte eine Grabgabel verwenden, um den Boden rund um die dickeren Wurzeln zu entfernen, damit die Faserwurzeln nicht beschädigt werden.

4 Die verholzten Wurzeln trennt man auf beiden Seiten des Grabens mit einer Baumsäge ab und wirft sie weg; die Faserwurzeln läßt man ungeschnitten.

5 Man füllt den Graben wieder und bedeckt die Baumscheibe mit einer Mulchschicht, um die Feuchtigkeit zu halten und das Weiterwachsen zu erleichtern.

Verjüngungsschnitt

Bei Steinobst sollte ein Verjüngungsschnitt im Frühjahr oder Sommer, bei Äpfeln, Birnen und anderem Kernobst im Winter durchgeführt werden. Man schneidet tote, beschädigte oder kranke Äste und die, die den Boden berühren, wenn sie mit Früchten behangen sind, weg; ebenso zu dichte und sich kreuzende Äste und Zweige, weil sie heranwachsende Früchte beschatten und falls sie aneinander scheuern, durch Krankheiten gefährdet sind. Bei einem wüchsigen Baum ist es ratsam, diesen Schnitt über mehr als ein Jahr zu verteilen. Ein zu kräftiger Schnitt auf einmal führt nur zu verstärktem vegetativem Triebwachstum. Wenn dieser erste Auslichtungsschnitt einmal ausgeführt wurde, ist (später) ein genauerer Schnitt erforderlich.

Verjüngung eines ungepflegten Baumes

1 Dichte, sich scheuernde oder kreuzende Zweige entfernen, indem man sie bis zum Ansatzpunkt oder zu einem wüchsigen Trieb, der in die gewünschte Richtung wächst, absägt.

2 Jeder Trieb, der beschädigt oder durch eine Krankheit (hier Krebs) befallen ist, sollte weg- oder bis zu einem gesunden Trieb zurückgeschnitten werden.

Ernte und Lagerung

Bei richtiger Ernte und Lagerung sind Früchte aus dem eigenen Garten noch lange nach der Ernte verfügbar. Die meisten schmecken zwar frisch am besten, einige behalten aber auch nach längerer Lagerzeit ihren Geschmack. Näheres über Ernte und Lagerung finden Sie in den Textabschnitten über die einzelnen Früchte.

Ernte

Zum Frischverzehr werden die meisten Früchte vollreif geerntet. Für die Lagerung erntet man sie meist etwas früher, wenn sie ausgereift, aber nicht vollreif und noch fest sind. Da nicht alle Früchte eines Baums oder Strauchs gleichzeitig reifen, wird meist über einen längeren Zeitraum geerntet; so bekommt man immer wieder frisches Obst.

Bei Kernobst wie Äpfeln und Birnen überprüft man die Reife, indem man die Frucht in die Hand nimmt, sie etwas anhebt und dreht. Ist sie reif, löst sie sich leicht mit dem Stengel, andernfalls läßt man sie noch ein oder zwei Tage reifen.

Bei der Ernte wirft man beschädigtes oder krankes Obst sofort weg, da es leicht fault und während der Lagerung andere Früchte ansteckt.

Beeren- und Steinobst muß bei der Ernte ganz trocken sein, andernfalls beginnt es zu faulen, wenn man es nicht sofort verwendet. Regelmäßige Ernte, zumindest jeden zweiten Tag, ist für Erdbeeren, Himbeeren, Brombeeren und Hybridbeeren zu empfehlen. Achten Sie darauf, daß die Pflanze nicht beschädigt wird – etwa durch heftiges Abreißen der Früchte. Manche Früchte werden besser abgeschnitten, um Schäden an der Pflanze zu vermeiden.

Lagerung

Obst kann auf verschiedene Weise aufbewahrt werden: durch kühles Lagern, Einfrieren und Haltbarmachen. Welche Methode die geeignetste ist, hängt von der Frucht ab. Manche, z.B. Äpfel, Aprikosen und Feigen, die hohe Säure- und Zuckergehalte haben, können bei 50-60°C im Backofen getrocknet werden, was zu Hause nicht immer optimal gelingt. Obst muß bei der Vorbereitung zur Lagerung vorsichtig behandelt werden, damit es nicht angeschlagen wird. Man lagert verschiedene Sorten in getrennten Behältern, die frei von Rückständen und störenden Gerüchen sind.

Kühles Lagern

V. a. Äpfel und Birnen halten sich unter geeigneten Bedingungen (konstant kühl, dunkel und leicht feucht) mehrere Wochen oder sogar Monate. Zitronen können auch gelagert werden, halten sich aber meist nicht so lange, während Nüsse ohne Schaden einige Monate überdauern. Beeren- und Steinobst kann nicht auf diese Weise gelagert werden. Die Früchte haben unterschiedliche Temperatur- und Feuchtigkeitsansprüche, die meisten müssen in Steigen oder Behälter gelegt werden, in denen die Luft frei zirkulieren kann. Manche Apfel- und Birnensorte wird leicht runzelig und hält sich in durchsichtigen Plastikbeuteln besser. Prüfen Sie das unverpackte Obst regelmäßig, und entfernen Sie Früchte mit Anzeichen von Krankheit oder Fäulnis.

Tiefgefrieren

Diese Konservierungsmethode eignet sich für die meisten Beerenfrüchte außer Erdbeeren sowie für manches Kernobst. Kleine Früchte wie Himbeeren werden ganz eingefroren, Äpfel vorher in Scheiben geschnitten, damit sie gleichmäßig und gut gefrieren. Entfernen Sie die Stengel (auch die Blütenreste der Stachelbeeren), und frieren Sie die ganzen Früchte offen auf Schalen ein. Wenn sie – nach 2-3 Stunden – gefroren sind, kommen sie mit möglichst wenig Luft in Plastikbehälter oder -beutel und bleiben bis zur Verwendung gefroren. Erdbeeren und Steinobst wie Pflaumen werden gern vor dem Einfrieren zu Mus verarbeitet.

Einkochen und Einlegen

Alle Beerenfrüchte und manches Steinobst können auf diese Weise konserviert werden. Meist verwendet man ganze Früchte, nur einige, wie Trauben und Brombeeren, werden passiert verarbeitet.

Zitrusfrüchte, Ananas und das meiste Steinobst, z.B. Kirschen, können auch in Zuckersirup und Alkohol eingelegt werden. Die Schale der Zitrusfrüchte läßt sich kandieren oder trocknen.

Beerenobst einfrieren

Beerenfrüchte wie Himbeeren legt man einzeln in Schalen, so daß sie sich nicht berühren, und friert sie so ein. Die gefrorenen Früchte kommen in geeignete Behälter und bleiben bis zur Verwendung tiefgefroren.

Äpfel lagern

1 Wickeln Sie jeden Apfel in Pergamentpapier, damit er nicht zu faulen beginnt.

2 Umhüllen Sie ihn vorsichtig mit dem Papier, ohne ihn zu fest zu drücken und zu beschädigen.

3 Legen Sie die eingewickelten Äpfel mit dem gefalteten Ende nach unten in eine Holzsteige oder einen anderen Behälter mit guter Luftzirkulation; sie sollen kühl stehen.

Alternative

Sorten, die rasch runzelig werden, lagert man in Plastikbeuteln. Machen Sie Löcher in den Beutel, und füllen Sie ihn mit höchstens 3 kg Obst. Locker verschließen.

Früchte, die sich gut einfrieren lassen

- Äpfel **As**
- Aprikosen **As**
- Damaszenerpflaumen (mit oder ohne Stein) **St**
- Heidelbeeren **St**
- Himbeeren **St**
- Kirschen (sauer) **St**
- Kirschen (süß) **St**
- Nektarinen **As**
- Pfirsiche **As**
- Pflaumen **St, As**
- Reineclauden **St, As**
- Rote Johannisbeeren **St**
- Schwarze Johannisbeeren **St**
- Stachelbeeren **St**
- Weintrauben **St**
- Weiße Johannisbeeren **St**

Schlüssel
St *Stiele entfernen (ggf. entsteinen)*
As *Aufschneiden, Kernhaus oder Stein entfernen, notfalls schälen*

Vermehrung

Obstbäume, ausgenommen Feigen, werden durch Veredlung vermehrt; Feigen, Weinreben und viele Weichfrüchte durch Steckholz. Einige Obstgehölze entwickeln Ableger, Trieb- oder Wurzelausläufer. Alle diese Möglichkeiten können zur Gewinnung neuer Pflanzen genutzt werden. Verschiedene empfindliche Obstarten und einige Nüsse können auch durch Aussaat vermehrt werden, aber Sämlinge hartschaliger Samen werden selten echt.

Augenveredlung

Chip-Veredlungen und T-Schnitt-Okulation werden zur Vermehrung von Obstbäumen angewandt. Hier wird ein neuer Baum aus einem einzigen Auge gezogen. Diese Veredlungen sollten ca. Mitte des Sommers durchgeführt werden. Dabei nimmt man eine eingewurzelte Unterlage. Ein Auge der Mutterpflanze wird von einem ausgereiften Trieb der diesjährigen Vegetationsperiode geschnitten und in einen Schnitt an der Unterlage eingesetzt.

Chip-Veredlung

Man wählt ein gesundes Edelreis aus und entnimmt sorgfältig ein Auge (Knospe bzw. Augen-Chip), achtet aber darauf, daß das Kambiumgewebe nicht beschädigt wird. Nun entfernt man ein Stückchen Rinde mit Holz von der Unterlage, setzt den Chip auf das freigelegte Holz der Unterlage, so daß die Kambiumgewebe aufeinanderliegen, und verbindet den Chip fest mit der Unterlage. Wenn Edelauge und Unterlage miteinander verwachsen sind, beginnt

Chip-Veredlung

1 Einen ausgereiften Trieb der diesjährigen Vegetationsperiode als Veredlungsreis auswählen. Er soll etwa bleistiftdick sein und gut entwickelte Augen haben.

2 Man hält das Edelreis fest und entfernt mit einem scharfen Messer die weiche Triebspitze und alle Blätter.

3 Erst macht man ca. 2 cm unterhalb eines Auges einen Schnitt ins Edelreis, ca. 0,5 cm tief, indem das Messer schräg im Winkel von ungefähr 45° angesetzt wird.

4 Dann macht man einen zweiten Einschnitt ca. 4 cm oberhalb des ersten und führt den Schnitt unterhalb des Auges bis zum ersten Einschnitt.

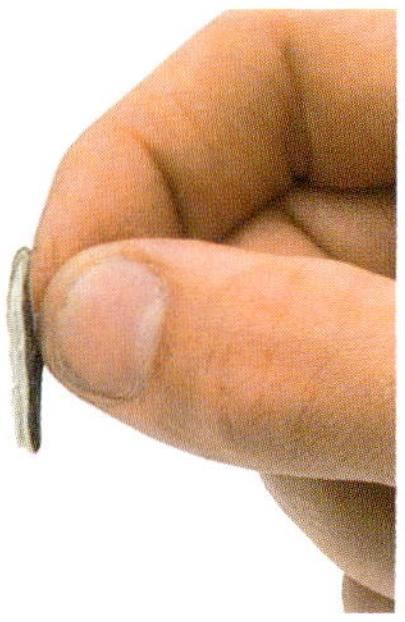

5 Nun wird der Augen-Chip entfernt; man hält ihn am Auge und gibt ihn in einen Folienbeutel, damit er nicht austrocknet.

6 In dieser Pose entfernt man mit einem scharfen Messer alle Triebe und Blätter am Stamm bis auf 30 cm über dem Boden.

7 Man macht in die Unterlage einen flachen Schnitt und entfernt ein Stück Rinde, um das Kambium offenzulegen, am unteren Ende des Schnittes bleibt ein Sattel.

Augen-Chip in der Position an der Unterlage.

8 Der Augen-Chip wird auf den vorbereiteten kleinen Sattel gesetzt. Die beiden Kambiumschichten müssen sich berühren und zusammenpassen.

9 Den Augen-Chip mit einem Plastikband fest an die Veredlungsunterlage binden, bis das Auge nach einigen Wochen mit der Veredlungsunterlage verwachsen ist.

10 Ende des nächsten Winters entfernt man den oberen Teil der Unterlage mit einen sauberen, schrägen Schnitt knapp über dem veredelten Auge.

11 Im Sommer wird aus dem veredelten Auge ein Trieb – eine einjährige unverzweigte Veredlung (siehe »Auswahl von Obstbäumen«, S. 365).

das Auge zu schwellen und der Verband kann entfernt werden. Im nächsten Winter wird die Veredlungsunterlage abgeschnitten.

T-Schnitt-Okulation
Hier werden Veredlungsunterlage und Edelreis in ähnlicher Weise wie bei der Chip-Vermehrung vorbereitet, mit der Ausnahme, daß an der Unterlage 2 Schnitte gemacht werden, um ein T zu bilden. So kann die Rinde der Unterlage leicht gelöst und das Edelauge dahinter geschoben werden. Wenn man das Edelauge mit dem zugehörigen Blattstiel schneidet, kann man damit einfacher arbeiten; der Stiel wird entfernt, bevor verbunden wird. Die Unterlage muß im nächsten Winter zurückgeschnitten werden.

Kopulation mit Gegenzunge

Sie ist eine gebräuchliche Vermehrungsmethode und eine Alternative zur Augenveredlung (Okulation); allerdings ist sie bei Kernobst erfolgreicher als bei Steinobst. Man verwendet gut eingewurzelte Unterlagen, die 1-2 Winter vor der Veredlung gepflanzt wurden. Das Edelreis sollte mindestens 3 Augen haben und im Winter von einem gesunden Trieb der vorangegangenen Vegetationsperiode geschnitten werden (bis zur Veredlungszeit wird es eingeschlagen). Ausgangs des Winters oder im zeitigen Frühjahr werden an der Unterlage Triebspitze und alle Seitentriebe abgeschnitten. Nun wird ein Schrägschnitt am oberen Ende des verbleibenden Stammes der Unterlage gemacht und ein weiterer leichter Gegenschnitt in die Schnittfläche, um eine Zunge zu bekommen. Dann kürzt man das Edelreis mit einem Schrägschnitt auf eine Länge von 3-4 Augen ein; dabei sollte sich auf der gegenüberliegenden Seite ein Auge befinden. Dann macht man einen weiteren leichten Einschnitt entsprechend dem am Edelreis und schiebt die

T-Schnitt-Okulation

1 Man wählt einen ausgereiften, diesjährigen Trieb als Edelreis, entfernt die Blätter, nimmt ein Auge durch unterhalb geführten Schnitt.

2 Etwa 22 cm über dem Boden macht man einen T-förmigen Schnitt und löst die Rindenflügel.

3 Man schiebt das Auge hinter die Rindenflügel, schneidet das Schildchen in Höhe des horizontalen Schnitts ab, und verbindet.

Kopulation mit Gegenzunge

1 Im Winter nimmt man gesunde, ausgereifte Triebe von der Mutterpflanze und kürzt sie auf 22 cm Länge, mit einem Schnitt über einem Auge.

2 In geschütztem, durchlässigem Boden schlägt man die Reiserbündel zu 5-6 so ein, daß 5-8 cm aus der Erde schauen, sie sollen in Vegetationsruhe bleiben.

3 Ende des Winters oder im zeitigen Frühjahr, unmittelbar vor Triebbeginn, schneidet man die Unterlage auf 20-25 cm über dem Boden zurück.

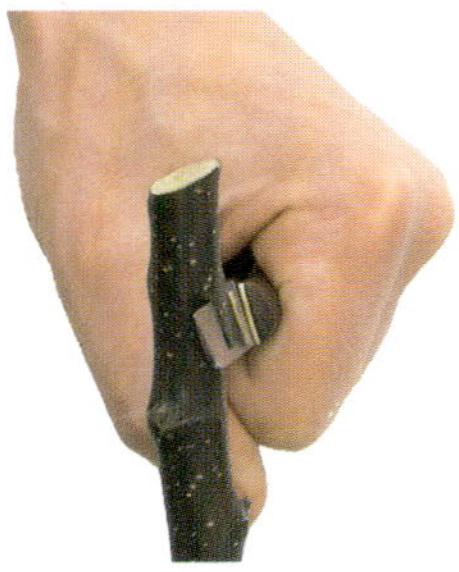

4 Man entfernt alle Seitentriebe, dann führt man an einer Seite einen 3,5 cm langen Schnitt aufwärts für das Edelreis.

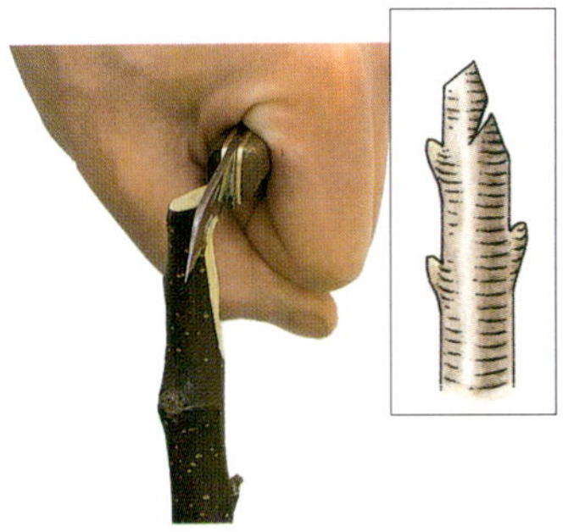

5 Auf etwa einem Drittel des ersten Schnitts ist jetzt ein Gegenschnitt um 1 cm für eine Gegenzunge zu machen, in die das Edelreis eingeführt wird.

6 Die Reiser aus dem Einschlag werden auf 3-4 Augen eingekürzt. Am unteren Ende macht man einen Schrägschnitt von ca. 5 cm Länge.

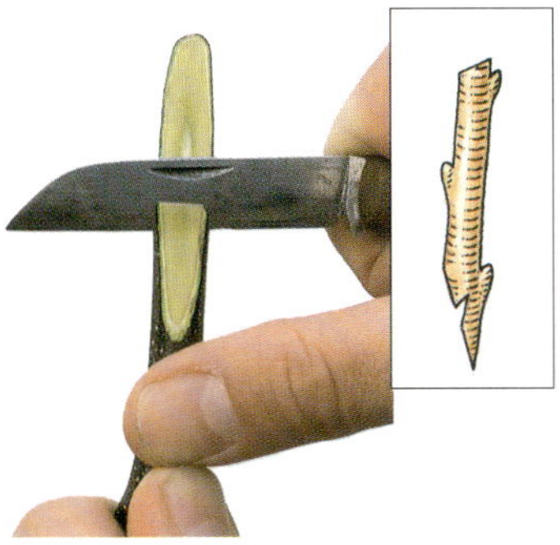

7 Ohne die Schnittfläche zu berühren, macht man an dem Reis einen Gegenschnitt, um es dem Schnitt an der Veredlungsunterlage anzupassen.

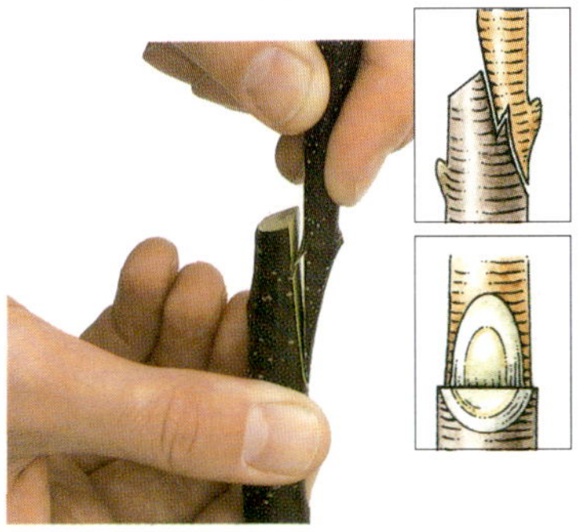

8 Dann fügt man das Reis in die Zunge der Schnittfläche der Unterlage und kontrolliert, ob das bogenförmig angeschnittene Kambium der Schnittflächen zusammenpaßt.

9 Man verbindet die Unterlage und das Edelreis mit einem Plastikband. Wenn die Schnittflächen mit der Kallusbildung beginnen, wird der Verband entfernt.

Schnittflächen ineinander (die Kambiumschichten müssen aufeinanderliegen), und jetzt verbindet man die Veredlung. Wenn sich rund um den Veredlungsschnitt Kallus gebildet hat, wird der Verband entfernt.

Mit Frühlingsanfang beginnen die Augen des Veredlungsreises zu treiben. Nun wählt man den am besten geeigneten Trieb für die Entwicklung einer einjährigen unverzweigten Veredlung aus. Die anderen Triebe werden eingekürzt.

Stecklinge und Steckhölzer

Bei bestimmten Obstgehölzen werden Steckhölzer, Stecklinge oder Blatt-Augenstecklinge genommen. Das Material sollte von gesunden, gut fruchtenden Bäumen sein.

Steckhölzer

Feigen, Weinreben, Johannisbeeren und Stachelbeeren werden durch Steckholz, das im Herbst geschnitten wird, vermehrt. Man wählt einen ausgereiften, diesjährigen Trieb und schneidet die Blätter sowie die weiche Triebspitze ab. Dann entfernt man einige bzw. die meisten der Augen, je nach Obstart, und schneidet Kopf- und Fußende korrekt. Behandlung und Länge der Stecklinge sind unterschiedlich. Einzelheiten sind bei den jeweiligen Obstarten beschrieben.

Bei gutem, nicht zu schwerem Kulturboden werden die Steckhölzer in einen schmalen Spalt in den offenen Boden gesteckt. Ist dieser zu schwer, steckt man die Steckhölzer in Töpfe mit feuchtem, sandigem Substrat. 1-2 Jahre später können die Steckhölzer verpflanzt werden.

Krautige Stecklinge

Granatäpfel, Baumtomaten und Blaubeeren werden durch krautige Stecklinge vermehrt. Man schneidet Stecklinge im Hochsommer und steckt sie in Töpfe mit Stecklingssubstrat (siehe S. 418). Bevor die jungen Pflanzen zu ihrem Standort kommen, müssen sie abgehärtet sein.

Blatt-Augenstecklinge

Bestände von Brombeeren und Hybridsorten können schnell durch Blatt-Augenstecklinge vermehrt werden (siehe S. 412). Man entnimmt die Stecklinge im späten Sommer, teilt den Sproß in kurze Teilstücke (jedes mit einem Auge und dem zugehörigen Blatt), steckt sie so in das Substrat, daß das Auge gerade über der Oberfläche ist. Wenn die Stecklinge bewurzelt sind, können sie getopft oder ausgepflanzt werden.

Sproßausläufer, Absenker und Abrisse

Einige Obstgehölze entwickeln Sproßausläufer, Absenker oder Abrisse, die an den Knoten Wurzeln bilden, solange sie mit den Elternpflanzen verbunden sind. Dieser Prozeß kann für die Vermehrung genutzt werden.

Sproßausläufer

Erdbeeren (nicht alle Monatserdbeeren) entwickeln horizontal kriechende Sprosse, die da, wo sie mit dem Boden in Berührung kommen, Wurzeln bilden. Wenn sich Ausläufer entwickelt haben, breitet man sie gleichmäßig aus und läßt sie Wurzeln bilden. Später rodet man und trennt sie von der Mutterpflanze (siehe S. 410).

Absenker

Brombeeren und Hybridbeeren vermehrt man durch Absenker; auch wenn Hybriden sich nur langsam bewurzeln. Die Triebspitze wird zur Bewurzelung angeregt, indem sie in den Boden oder einen Topf mit Vermehrungssubstrat gesteckt wird. Ein Jahr später, wenn die Spitze bewurzelt ist und Triebe entwickelt hat, kann sie von der Elternpflanze getrennt und verpflanzt werden.

Wurzelausläufer

Beerenobst vom Typ der Himbeeren bildet Wurzelausläufer, die meist abgehackt werden. Bewurzelte Ausläufer können im Herbst gerodet und abgetrennt werden, wenn sich die Pflanzen im Ruhestadium befinden, der Boden aber noch warm ist. Man verpflanzt Wurzelausläufer direkt an den endgültigen Standort.

Samen

Vermehrung durch Aussaat ist die übliche Methode bei vielen empfindlichen Gehölzen, z.B. Avocado (siehe S. 426). Die Monatserdbeere ist eines der wenigen harten Obstgewächse, das sich durch Aussaat vermehren läßt. Haselnußsorten, Walnüsse und Edelkastanien können ebenfalls mit Erfolg aus Samen herangezogen werden.

STECKHÖLZER

1 Man gräbt einen Spalt von ca. 15 cm Tiefe. Hat der Boden einen hohen Tonanteil, streut man etwas Sand in den Spalt.

2 Von einem ausgereiften, diesjährigen Trieb (hier ein Feigenbaum) schneidet man Längen von wenigstens 30 cm flach am Haupttrieb ab.

3 Nun entfernt man alle Blätter und die Triebspitze und kürzt auf ca. 25 cm ein: über dem oberen Auge mit schrägem, unter dem Basisauge mit geradem Schnitt.

4 Die Steckhölzer steckt man etwa mit zwei Dritteln ihrer Länge im Abstand von 10-15 cm in den vorbereiteten Spalt, tritt den Boden an und etikettiert.

5 Die Steckhölzer benötigen einige Monate zur Bewurzelung. Bis zum Ende der folgenden Wachstumsperiode haben sie normalerweise neues kräftiges Wachstum entwickelt.

6 Nach dem Laubfall im Herbst rodet man die bewurzelten Steckhölzer sorgfältig und wickelt die Wurzeln in eine Plastikfolie, um ein Austrocknen zu verhindern. Die Steckhölzer werden für die weitere Entwicklung an ihren endgültigen Standort gepflanzt.

Baumfrüchte

Die in dieser Gruppe behandelten Früchte stammen von den größten Pflanzen im Obstgarten. Man kann sie in 2 Kategorien einteilen: Kernobst wie Äpfel und Birnen, die Kerngehäuse haben, und Steinobst wie Kirschen und Aprikosen mit je einem Stein in der Mitte. Außerdem gibt es noch ein paar andere Früchte in dieser Gruppe, die nicht in die genannten Kategorien passen, z.B. Feigen, Maulbeeren und Dattel- oder Kakipflaumen.

Die Kultur von Obstbäumen braucht viel Zeit, deshalb muß man in diesem Bereich besonders sorgfältig planen. Größe und Form der Bäume sind zu bedenken; viele würden für den normalen Garten schnell zu groß. Deshalb hat man kleinere Formen auf Zwergunterlagen gezüchtet. Obstbäume können als Spaliere, Fächer oder Kordons erzogen werden und an einer Mauer oder einem Zaun wachsen; sie kommen mit einem Minimum an Platz aus.

Auch die Zahl der Obstbäume muß bedacht werden. Viele sind mit sich selbst unfruchtbar und brauchen wenigstens einen anderen Baum ihrer Art zur Bestäubung. Und sogar mit sich selbst fruchtbare Bäume tragen besser, wenn andere Bäume in der Nachbarschaft stehen.

Manche Früchte wie z.B. Feigen brauchen eine lange, warme Vegetationsperiode und gedeihen in kühlen Klimabereichen nicht; wenn man sie im Gewächshaus zieht, sind Ernte und Früchte größer, und auch der Geschmack ist besser.

Der schließlich ausgewählte und gepflanzte Baum muß nach der richtigen Methode geschnitten werden. Durch korrekten Schnitt baut man nicht nur ein starkes Gerüst von Ästen auf, sondern sorgt auch für reiche Ernten über viele Jahre.

Äpfel *(Malus sylvestris* var. *domestica)*

Äpfel gehören zu den am meisten angebauten frostunempfindlichen Obstarten; sowohl Tafel- als auch Kochäpfel bieten eine reiche Vielfalt in Aussehen und Geschmack.

Seitdem schwachwüchsige Unterlagen erhältlich sind, kann die Größe eines Baumes beträchtlich reduziert werden. So lassen sich heute eine große Zahl verschiedener Apfelsorten in kleinen Gärten anbauen, wo früher nur ein einziger großer Baum Platz fand. Apfelbäume kann man in fast jede Form erziehen.

Die große Auswahl an Sorten deckt einen langen Genußreife-Zeitraum vom Hochsommer bis zum Winter ab. Bei guten Lagerbedingungen halten manche Sorten bis zum Frühjahr. Es gibt Züchtungen und Unterlagen, die sich für die meisten Klimazonen eignen, einschließlich jenen mit sehr tiefen Wintertemperaturen. Um zu blühen, muß das Kältebedürfnis der Bäume von mindestens 900 Stunden unter 7 °C erfüllt sein. In tropischen Gebieten können Äpfel nicht angebaut werden, da sie keine ausreichende Kälteperiode durchlaufen.

Standort und Pflanzung

Beim Pflanzen sollte man darauf achten, daß jeder Baum ausreichend Platz hat, um sich zur vollen Größe entwickeln zu können. Wählen Sie die für Ihren Garten am besten geeignete Größe des Baumes. In den meisten Fällen ist mehr als ein Apfelbaum für die Bestäubung erforderlich.

Standort
Für einen gleichbleibend guten Ertrag braucht man einen sonnigen, geschützten Platz. Spalierbäume an Wänden sollten in voller Sonne stehen. Für schattige Gärten oder Gärten in Gegenden mit kurzen Sommern und kühlen Temperaturen wählt man Sorten, die früh reifen. Wo Spätfröste auftreten, nimmt man besser spätblühende Sorten. Äpfel wachsen am besten in gut durchlüfteten Böden, die ausreichend vorbereitet sind (siehe »Vorbereitung des Standortes«, S. 364). Je schwachwüchsiger die Unterlage ist, desto nährstoffreicher sollte der Boden sein.

Unterlagen
Die Wahl der Unterlage hängt von der gewünschten Baumgröße und vom Boden ab. Apfelunterlagen haben die Buchstaben M oder MM vorangestellt, die für Malling bzw. Malling Merton stehen, Forschungsanstalten, in denen die Unterlagen gezüchtet wurden. Ein großes Angebot von Unterlagen ist erhältlich, von 'M 27', die sehr schwachwüchsig ist, bis zur starkwachsenden 'M 25'. Für normale Gartenzwecke wird 'M 9' für Zwergbäume, 'M 26' für größere und 'MM 106' für mittelgroße Bäume empfohlen (siehe Pflanzabstände, S. 376). Sorten auf 'M 27' tragen innerhalb von 3 Jahren nach der Veredlung Früchte, verlangen aber gute Bedingungen, um hohe Erträge zu garantieren. Bei mageren Böden sollte man zum Ausgleich eine kräftigere Unterlage verwenden. Wo ein Zwergbaum gewünscht wird, sollte man 'MM 106' verwenden. Die Wuchskraft der gewählten Edelsorte bestimmt auch die Ausmaße des ausgewachsenen Baumes. Triploide werden größer als Diploide.

Bestäubung
Keine Apfelsorte ist zuverlässig selbstfruchtbar: Diploide müssen nahe einer zweiten geeigneten Sorte gepflanzt werden; triploide, die andere Sorten nicht bestäuben, erfordern 2 passende Sorten in der Nähe, um sie zu bestäuben. Apfelsorten werden nach ihrer Blütezeit in Gruppen eingeteilt; eine Sorte der einen Gruppe kann von einer anderen derselben Gruppe befruchtet werden, und wenn sich die Blütezeiten überschneiden, auch von einer Sorte aus der Gruppe davor oder danach. Einige Sorten passen nicht zueinander. Wenn man hinsichtlich der Bestäubung nicht sicher ist, fragt man bei einer Baumschule um Rat.

UNTERLAGEN

Pflanzung
Bäume ohne Erdballen werden in der Vegetationsruhe gepflanzt, möglichst im Herbst, wenn der Boden noch warm ist; sie können bis zum späten Winter gepflanzt werden (außer bei Frost), müssen aber im Frühjahr feuchtgehalten werden, um sich gut zu entwickeln. Containerpflanzen können jederzeit gesetzt werden, außer wenn der Boden gefroren oder sehr naß ist. Wässern Sie die Bäume vor dem Pflanzen. Mit den Bodenspuren als Anhaltspunkt pflanzen Sie jeden Baum in seiner ursprünglichen Pflanztiefe.

Wenn der Baum am Spalier erzogen werden soll, bringen Sie vor dem Pflanzen die Stützen und das Drahtgerüst an. Für alle nicht am Spalier gezogenen Bäume sind Pfähle beim Pflanzen erforderlich. Bäume auf schwachwachsender Unterlage benötigen ständig einen Pfahl. Die Pflanzabstände (siehe S. 376) hängen vom Standort und von der Wuchskraft der gewählten Unterlage und Sorte ab.

Empfohlene Tafeläpfel

'George Cave'

Frühe
'Discovery' **Bg 3**
'Epicure' **Bg 3, Kf, ***
'George Cave' **Bg 2, Kf**
'Irischer Pfirsichapfel'
'Katy' **Bg 3, Kf**
'Tydeman's Early Worcester' **Bg 3, Lf**
'Schöner von Bath' **Bg 2, Kf**

Mittelfrühe
'Charles Ross' **Bg 3, Kf**
'Cox Orange; Cox Orangenrenette' **Bg 3, Kf**
'Egremont Russet' **Bg 2, Kf, ***
'Ellison's Orange' **Bg 4, Kf**
'Fortune' **Bg 3, A, Kf, ***
'Golden Delicious' **Bg 4, Kf**
'Goldparmäne' **Bg 5, Kf**
'Greensleeves' **Bg 3, Kf**
'James Grieve' **Bg 3, Kf**
'Jester' **Bg 4, Kf**
'Lord Lambourne' **Bg 2, Kf**
'Mutterapfel' – 'Lavanttaler Bananenapfel' **Bg 5, Kf, ***
'Ribston Pepping' **Bg 2, T, Kf, ***
'St Edmund's Pippin' **Bg 2, Lf, ***
'Spartan' **Bg 3, Kf**
'Sunset' **Bg 3, Kf, ***
'Worcester Pearmain' **Bg 3, Lf**

'Worcester Pearmain'

Späte
'Ashmeads Sämling' **Bg 4, Kf, ***
'Chivers Delight' **Bg 4, Kf**
'Claygate Parmäne' **Bg 4, Kf, ***
'Cornwalliser Nelkenapfel'
'Herzog von Devonshire' **Bg 4, Kf**
'Fiesta' **Bg 3, Kf**
'Gala' **Bg 4, Kf**
'Idared' **Bg 2, Kf**
'Jonagold' **Bg 4, T, Kf, sw**
'Jupiter' **Bg 3, T, Kf, sw**
'Kidd's Orange Red' **Bg 3, Kf, ***
'Laxtons Superb' **Bg 4, A, Kf**
'Pixie' **Bg 4, Kf ***
'Reinette von Orleans' **Bg 4, Kf, ***
'Rosemary Russet' **Bg 3, Kf**
'Sturmer Pippin' **Bg 3, Kf**
'Suntan' **Bg 5, T, Kf, sw, ***
'Tydeman's Late Orange'
'William Crump' **Bg 5, Kf, ***
'Winston' **Bg 4, Kf**
'Winter Ribston' **Bg 4, Kf ***

Schlüssel
Bg *Blütengruppe (Zahlen bezeichnen die Blütenperiode)*
T *Triploid (ungeeignet als Bestäuber)*
A *Alternanz (unregelmäßig fruchtend)*
Kf *An Kurztrieben fruchtend*
Lf *Auch an Langtrieben fruchtend*
sw *Stark wachsend*
***** *Gut im Geschmack*

Laufende Pflege

Sorgen Sie für regelmäßige Pflege, damit die Bäume gesund bleiben und gut tragen. Düngen Sie in periodischen Abständen, und bringen Sie eine Mulchschicht aus. Der jährliche Schnitt sichert gute Erträge.

Ausdünnen von Blüten und Alternanz
Manche Sorten wie 'Laxtons Superb' neigen dazu, nur jedes zweite Jahr eine reiche Ernte zu bringen mit wenigen oder gar keinen Blüten in den dazwischenliegenden Jahren. Dies nennt man Alternanz. Durch Ausdünnen der Blüten kann dies weitgehend korrigiert werden. Man entfernt 9 von 10 Blütenbüscheln vorsichtig durch Abknipsen. Der Baum trägt dann weniger, doch sein Stoffwechsel wird dahingehend beeinflußt, daß er Blütenknospen fürs folgende Jahr anlegt, während er sonst im nachfolgenden Jahr nicht gefruchtet hätte. Bei großen Bäumen ist Ausdünnen nicht möglich. Die Alternanz kann dadurch reguliert werden, daß man nur an ein paar Ästen die Blüten ausdünnt. Wenn Bäume, die normalerweise regelmäßig tragen, nur alle 2 Jahre zu fruchten beginnen, kann der Grund dafür der Verlust von Blüten durch Frost sein. Das kann dazu führen, daß der Baum im folgenden Jahr zu reichlich trägt. Der Baum hat dann nicht mehr genügend Reserven für ausreichenden Blütenansatz im dritten Jahr, und der Alternanzrhythmus ist in Gang gesetzt. Krankheiten oder starker Schädlingsbefall können ähnliche Auswirkungen haben.

Fruchtausdünnung
Ausdünnen ist bei reichem Fruchtbehang erforderlich, um Fruchtgröße, Qualität und Geschmack zu verbessern und um zu verhindern, daß Äste unter der Last brechen. Bei jungen Bäumen belastet überreicher Fruchtbehang die Reserven und verlangsamt die Entwicklung neuer Knospen. Es ist möglich, frühzeitig einen Teil der jungen Früchte auszudünnen, doch ist es einfacher, die ganze Arbeit im Frühsommer auszuführen; am besten nach dem Junifall, wenn der Baum von Natur aus schwache Früchte abwirft.

Benützen Sie eine Gartenschere, um die Frucht in der Mitte aus jedem Büschel zu entfernen; dann schneiden Sie beschädigte Früchte heraus. Etwa Mitte des Sommers dünnen Sie die Büschel nochmals aus, so daß 1 gute Frucht pro Büschel hängenbleibt. Die Früchte von Tafelsorten sollten 15 cm voneinander entfernt hängen, die von Kochsorten 20 cm.

Pflanzabstände

Baumform	Unterlage	Abstand zwischen Bäumen	Abstand zwischen Reihen
Busch	'M27'	1,2-2 m	2 m
	'M9'	2,5-3 m	3 m
	'M26'	3-4,75 m	5 m
	'MM106'	3,5-5,5 m	5,5 m
Halbstamm	'MM111'	7,5-9 m	7,5-9 m
Hochstamm	'MM111', 'M25' (oder Sämling)	7,5-10,5 m	7,5-10,5 m
Spindelbusch	'M9' oder 'M26' (Triploide auf 'M27')	2-2,2 m	2,5-3 m
	'MM106'	2-2,2 m	3,5 m
Kordon	wie Busch	75 cm	2 m
Fächer/Spalier	'M9'	3 m	
	'MM106'	4,75 m	
	'MM111'	5,5 m	
Zwergpyramide	'M27'	1,2 m	2 m
	'M9' oder 'M26'	1,5 m	2-2,2 m
	'MM106'	2 m	2,2 m

Düngen, Gießen und Mulchen
Gießen Sie bei anhaltend heißem und trockenem Wetter ausgiebig, düngen Sie jedes Jahr, und mulchen Sie, wenn es erforderlich ist (siehe »Pflege von Obstbäumen«, S. 366). Läßt das Wachstum dennoch zu wünschen übrig, dann bringen Sie im Frühjahr schwefelsauren Ammoniak aus, und zwar 35 g/m^2.

Pfähle und Bindematerial
Überprüfen Sie die Pfähle und das Bindematerial regelmäßig, und vergewissern Sie sich, daß sie nicht an der Rinde der Bäume scheuern und daß das Bindematerial nicht zu lose ist. Auf schwachwachsenden Unterlagen stehende Bäume wie 'M 9' und 'M 26' haben schwaches Wurzelwerk und brauchen ständig einen Pfahl als Stütze.

Schädlinge und Krankheiten
Häufige Schädlinge, die lästig sein können, sind Vögel (S. 561), Wespen (S. 563), Apfelwickler (S. 563) und Spinnmilben (S. 550). Krankheiten, die bei Äpfel auftreten können, sind Schorf (siehe S. 562), Echter Mehltau (S. 562), Monilia (S. 562), Stippe (siehe Kalziummangel, S. 562) und Nectria-Krebs (S. 568).

Ausdünnen der Äpfel

1 Ausdünnen ist erforderlich, wenn der Apfelbaum überreichlich trägt. Nach dem Junifall müssen die verbleibenden Früchte nochmals ausgedünnt werden, falls der Fruchtbehang immer noch stark ist.

2 Entfernen Sie kleine Äpfel (alle, die mißgebildet oder sehr klein sind), und lassen Sie zwischen den einzelnen Früchten einen Abstand von 10-15 cm und nur 1 Apfel pro Büschel.

Schnitt- und Erziehungstechnik

Apfelbäume tragen Blüten und Früchte v.a. am zweijährigen und älteren Holz und dessen Kurztrieben. Das zweijährige Holz trägt große Blütenknospen und auch kleine, spitze Holzknospen. Blütenknospen bringen Blütenbüschel und dann Früchte hervor, während Holzknospen sich zu Blütenknospen fürs folgende Jahr oder zu Fruchtspießen entwickeln. Auch einjährige Triebe können Blütenknospen tragen, aber sie blühen später als die am älteren Holz. Sorten, die ihre Früchte auch an Langtrieben entwickeln, bilden weniger Kurztriebe.

Nachdem sich einmal das Kronengerüst gebildet hat, müssen streng erzogene Spalierbäume geschnitten werden (hpts. im Sommer), um die Form beizubehalten, das Triebwachstum zu bremsen und die Bildung von Blütenknospen zu fördern. Freistehende Bäume benötigen einen mäßigen Schnitt im Winter.

Blütenknospen und Blattknospen

Große Blütenknospen entwickeln sich am 2jährigen und älteren Holz. Die Blattknospen sind kleiner und befinden sich v.a. an Langtrieben.

Kerben

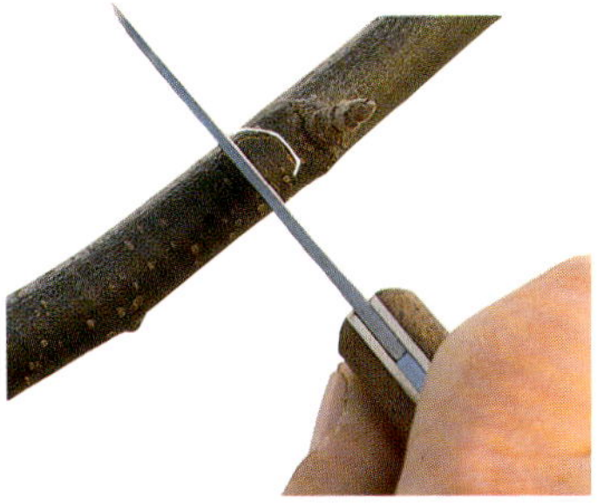

KERBEN UNTER EINER KNOSPE
Um den Austrieb zu schwächen, machen Sie eine Kerbe knapp unterhalb der Knospe.

KERBEN ÜBER EINER KNOSPE
Um den Austrieb anzuregen, machen Sie eine Kerbe unmittelbar über der Knospe.

An Langtrieben und an Kurztrieben fruchtende Sorten

Einzelne Sorten unterscheiden sich in der Art, wie sie den größten Teil ihrer Früchte tragen. Die auch an Langtrieben fruchtenden tragen einen Großteil der Früchte an den Triebspitzen, während nur an Kurztrieben fruchtende Sorten ihre Früchte an seitlich der Langtriebe gebildeten Kurztrieben entwickeln.

Vorwiegend an Langtrieben fruchtende Sorten bereiten mehr Mühe bei der Erziehung als Kordon, Spalier oder Fächer, da sie zu Verkahlungen neigen, was die Ertragskapazität des Baumes herabsetzt.

Kerben unter einer Knospe und über einer Knospe

Manchmal ist es notwendig, das Gleichgewicht des Astgerüsts von einem Spalierbaum zu korrigieren. Dies kann durch Kerben unter einer Knospe, was das Wachstum einer bestimmten Knospe schwächt, oder durch Kerben über einer Knospe, das den Austrieb anregt, erreicht werden. Kerben über einer Knospe kann auch angewendet werden, um die Produktion von Seitentrieben an kahlen Astbereichen anzuregen.

Kerben ist im Frühjahr am wirkungsvollsten, weil dann der Saft steigt. Man macht mit einem scharfen Messer einen kleinen Einschnitt knapp unterhalb einer Knospe, um das Wachstum zu hemmen. Um neues Wachstum anzuregen, wird über einer Knospe eingekerbt.

Ringeln

Bei sehr kräftigen Apfel- und Birnbäumen (nicht bei Steinobst), die schlecht tragen, kann Ringeln als letztes Mittel angewendet werden, um das Triebwachstum zu bremsen und die Fruchtbarkeit zu erhöhen. Entfernen Sie im späten Frühjahr in etwa 1 m Höhe einen schmalen Rindenstreifen rund um den Stamm bis zur Kambiumschicht. Das verlangsamt den Strom von Nährstoffen und Hormonen zurück zu den Wurzeln, so daß sie im oberen Teil des Baumes konzentriert sind.

Ringeln muß sorgfältig ausgeführt werden, sonst kann der Baum absterben. Messen Sie zuerst die Breite des Streifens aus, die nur 3 mm bei einem kleinen Baum und bis zu 1 cm bei einem sehr großen Baum betragen darf. Anschließend ritzen Sie den Streifen mit einem Messer ein.

Ringeln

1 *Kleben Sie ein Band um den Stamm als Markierung für 2 parallele Schnitte. Der Ring kann 0,3-1 cm breit sein, je nach Alter und Größe des Baumes.*

2 *Die Schnitte sollten durch die Rinde und durch die Kambiumschicht gehen. Lösen Sie den Rindenstreifen mit der stumpfen Seite der Messerklinge heraus.*

3 *Wickeln Sie ein wasserundurchlässiges Band um den Ring, ohne daß es die Kambiumschicht berührt. Entfernen Sie das Band, wenn die Wunde geheilt ist.*

Empfohlene Kochäpfel

Frühe
'Früher Viktoria-Apfel' **Bg 3, A, Kf**
'George Neal' **Bg 2, Kf, ***
'Katzenkopf' **Bg 3, Kf**
'Lord Grosvenor' **Gb 3, Kf**
'Lord Suffield' **Bg 1, Kf, ***

Mittelfrühe
'Arthur Turner' **Bg 2, Kf**
'Bismarckapfel' **Bg 2, Kf**
'Cox Pomona' **Bg 4, Kf**
'Gelber Edelapfel **Bg 4, Lf, ***
'Goldrenette von Blenheim' **Bg 3, T, Kf, sw, ***
'Grahams Jubiläumsapfel' **Bg 5, Kf**
'Lord Derby' **Bg 4, Kf**

'Rev. W. Wilks'

'Peasgoods Sondergleichen' **Bg 3, Kf, ***
'Rev. W. Wilks' **Bg 2, Kf, ***
'Schöner von Norfolk' **Bg 2, Kf**
'Warners Königsapfel' **Bg 2, T, Kf**

Späte
'Annie Elizabeth' **Bg 4, Kf**
'Bountiful' **Bg 3, Kf, ***
'Bramley's Seedling' **Bg 3, Lf, T, sw**
'Crawley Beauty' **Bg 7, Kf**
'Edward VII' **Bg 6, Kf**

'Edward VII'

'Encore' **Bg 4, Kf, ***
'Howgate Wonder' **Bg 4, Kf, sw**
'Monarch' **Bg 4, A, Kf, ***
'Newton Wonder' **Bg 5, A, Kf, sw**
'Prinz Albert' **Bg 3, Kf**
'Wellington' **Bg 4, Kf, ***
'Woolbrook Russet' **Bg 4, Kf**

Schlüssel
Bg *Blütengruppe*
T *Triploid (ungeeignet als Bestäuber)*
A *Alternanz*
Kf *An Kurztrieben fruchtend*
Lf *Auch an Langtrieben fruchtend*
sw *Stark wachsend*
***** *Gut im Geschmack*

Schneiden Sie durch die Rinde und die Kambiumschicht, und lösen Sie die Rinde innerhalb des ringförmigen Streifens bis zum Hartholz heraus. Verschließen Sie die Wunde sofort mit mehreren Lagen wasserundurchlässigem Klebeband, ohne die Kambiumschicht zu berühren.

Winterschnitt
Es gibt 3 Haupttechniken für den Winterschnitt, von denen jede neues Wachstum anregt. Fruchtholzschnitt und Auslichten sollten nur bei Sorten durchgeführt werden, die viel Quirlholz bilden, nicht bei Sorten, die an Langtrieben tragen. Der Erneuerungsschnitt ist bei Spindelbüschen und Sorten, die an Langtrieben tragen, angebracht. Der Erhaltungsschnitt eignet sich bei Sorten, die von Natur aus sehr kräftig sind, v.a. Triploide wie 'Goldrenette von Blenheim' und 'Jonagold'.

Man muß unter Umständen den Grad und die Art des Schnitts von Jahr zu Jahr variieren, je nach Umfang des Wachstums, der Erntemenge und dem Alter des Baumes.

Beim **Fruchtholzschnitt** werden die Astverlängerungen und die jungen Seitentriebe zurückgeschnitten, um das Wachstum von Fruchttrieben anzuregen. Das Ausmaß des erforderlichen Schnitts hängt von der Stärke des Baumes ab – je kräftiger der Baum, desto maßvoller der Schnitt.

Kürzen Sie Astverlängerungen von kräftigen Bäumen um nicht mehr als ein paar Knospen, aber die von schwächeren auf bis zu einem Drittel. Dies regt die Bildung von Neutrieben an. Kürzen Sie junge Seitentriebe bei gutem Wuchs auf 3 oder 6 Knospen, aber auf 3 oder 4 Knospen bei schwächeren Bäumen, so daß sich Spieße bilden. Bei einem stärkeren Baum brauchen Triebe bis zu 15 cm Länge nicht geschnitten zu werden.

Auslichten ist erforderlich, wenn der Baum älter wird, um zu verhindern, daß die Früchte zu dicht stehen. Wenn man nicht auslichtet, wachsen die Triebe ineinander und tragen minderwertiges Obst. Mit der Zeit kann es erforderlich werden, ganze Quirlholzpartien abzusägen. Dies schafft Platz für Neuwuchs.

Erneuerungsschnitt bedeutet das jährliche Zurückschneiden eines Teils der älteren abgetragenen Triebe bis zu ihrer Basis. Dadurch wird das Wachstum neuen, jungen Holzes angeregt. Halten Sie die Mitte eines Buschbaumes offen, indem Sie alle starken Zweige entfernen, die andere Triebe kreuzen, so daß alle Äste genügend Platz haben. Entfernen Sie nur ein kleines Stück von der Spitze der Astverlängerungen und nichts bei starkwachsenden Bäumen.

WINTERSCHNITT

FRUCHTHOLZSCHNITT

1 *Schneiden Sie junge Seitentriebe auf 3-6 Knospen des augenblicklichen Wuchses zurück.*

2 *Schneiden Sie den Neuzuwachs an Leitästen um ein Viertel bis zu einem Drittel zurück.*

AUSLICHTEN VON FRUCHTHOLZ

Auf alten Bäumen kann das Quirlholz zu dicht werden. Entfernen Sie schwaches und unter den Ästen wachsendes Fruchtholz.

ERNEUERUNGSSCHNITT

Schneiden Sie den Großteil der älteren Triebe heraus, die bereits getragen haben (links), dies regt die Entwicklung neuer Triebe an (rechts).

ÜBERWACHUNGSSCHNITT

Auf diesem Baum ist der Wuchs viel zu dicht. Entfernen Sie alle Äste, die sich kreuzen oder einander berühren. Lichten Sie alle Neutriebe oder Konkurrenztriebe aus, die zu dicht stehen.

Der **Überwachungsschnitt** besteht darin, Triebe und manchmal große Partien von zu dichten oder sich kreuzenden Ästen zu entfernen, v.a. im Kroneninneren. Entfernen Sie altes Holz, um Raum für junge Triebe zu schaffen. Die Spitzen von Leitästen werden nicht gekürzt.

Sommerschnitt
Er wird ausgeführt, um erzogene Bäume nicht zu groß werden zu lassen. Dabei wird jeden Sommer ein großer Teil des Neuzuwachses entfernt, was das Wachstum bremst.

Der variierte **Lorette-Schnitt** ist die Standardmethode des Sommerschnitts in gemäßigten Klimazonen mit kühlen und unberechenbaren Sommern. Er wird durchgeführt, sobald die Jungtriebe an der Ansatzstelle verholzt sind. Seitentriebe, die mehr als ca. 25 cm lang sind und direkt vom Stamm oder Leitast abzweigen, sollten bis auf 3 Blätter über der Blattrosette gekürzt werden. Schneiden Sie aus Seitentrieben

SOMMERSCHNITT (VARIIERTER LORETTE-SCHNITT)

Schneiden Sie, wenn das untere Drittel verholzt ist.

Seitentriebe auf 3 Blätter über der Blattrosette schneiden.

Blattrosette

VOR DEM SCHNITT

Alle Seitentriebe auf ein Blatt stutzen.

NACH DEM SCHNITT

und aus Fruchtspießen treibende Ersatztriebe auf ein Blatt über der Blattrosette zurück.

Um zu verhindern, daß sich Seitentriebe oder Johannistriebe hinter den Schnittstellen entwickeln, läßt man einige der längeren Triebe ungeschnitten. Binden Sie diese an andere Zweige, so daß sie ungefähr waagrecht sind. Sie sollen den Wachstumsschub auffangen. Kürzen Sie erst nach dem Fruchten. Im Herbst schneiden Sie dann alle Johannistriebe bis auf eine Knospe zurück.

Normaler Lorette-Schnitt sollte in wärmeren Klimazonen angewendet werden. Schneiden Sie neue Konkurrenztriebe auf etwa 5 cm zurück, und wiederholen Sie das Einkürzen in Abständen den Sommer hindurch. Kürzen Sie die Seitentriebe auf 2 cm, wenn sie an der Basis verholzt sind. Schneiden Sie im Spätsommer alle Johannistriebe.

Buschbaum

Der Buschbaum mit Hohlkrone ist verhältnismäßig einfach zu erziehen. Er ist ideal für größere Gärten.

Aufbauschnitt

Beginnen Sie mit einem gut »garnierten« Baum (einjährige Veredlung mit Seitentrieben); die Seitentriebe bilden sich zu künftigen Leitästen. Nach dem Pflanzen, während der Winterruhe, schneiden Sie die Stammverlängerung auf einen starken Seitentrieb 60-75 cm über dem Boden zurück. Lassen Sie mindestens 2-3 Leitäste darunter stehen. Sie sollten etwas auseinander liegen und strahlenförmig verteilt sein. Diese Äste bilden die Basis des Kronensystems. Kürzen Sie sie um zwei Drittel, und zwar auf eine nach oben gerichtete Knospe. Alle anderen Seitentriebe entfernen Sie.

Wenn eine unverzweigte Veredlung oder ein schlecht garnierter Jungbaum benützt wird, der wenig Seitentriebe hat, schneiden Sie den Mitteltrieb im Winter auf eine starke Knospe 60-75 cm von der Basis zurück. Dann machen Sie eine Kerbe unter die 2 obersten Knospen. Dies unterdrückt ihr Wachstum und regt Triebe von den unteren Knospen zum Wachsen an. Entfernen Sie unerwünschte Seitentriebe.

Bis Ende des folgenden Sommers sollten sich 3-4 starke Seitentriebe entwickelt haben, so daß der Baum einem geschnittenen, garnierten Jungbaum gleichwertig ist.

Im folgenden Sommer wird sich ein starkes Wachstum ergeben. Wächst ein Seitentrieb schneller als die anderen, binden Sie ihn in eine nahezu waagrechte Lage. So verlangsamt sich sein Wachstum.

Wählen Sie im zweiten Winter mehrere auseinanderliegende Triebe, um das Kronengerüst aufzubauen. Kürzen Sie sie um die Hälfte auf nach außen gerichtete Knospen. Bis zum dritten Winter sollte sich das endgültige Astgerüst mit 8-9 Leitästen und mehreren Seitenästen herausgebildet haben.

Routineschnitt

Der Schnitt hängt vom Neuwuchs des Baums ab und davon, ob es sich um eine Sorte handelt, die vorwiegend an Langtrieben bzw. um eine Sorte, die nur an Kurztrieben trägt. Ein an Langtrieben fruchtender Baum benötigt einen Erneuerungsschnitt, bei einer an Kurztrieben fruchtenden Sorte muß das Quirlholz ausgelichtet werden.

Hoch- und Halbstamm

Es dauert 2-3 Jahre, bis man einen guten Stamm von 1,2-1,5 m für einen Halbstamm beziehungsweise 2-2,2 m für einen Hochstamm erzogen hat. Nachdem man eine garnierte oder eine unverzweigte Veredlung gepflanzt hat, bindet man zunächst den Leittrieb an einen Stab und schneidet im Winter alle Seitentriebe auf 2,5 cm zurück. Im Frühjahr und Sommer knipsen Sie regelmäßig alle vorzeitigen Triebe bis auf ein paar Blätter ab. Entfernen Sie im folgenden Winter die meisten der Seitentriebe, und schneiden Sie den Leitast entweder auf die Höhe für einen Halbstamm oder einen Hochstamm zurück. Hat der Baum nicht die Höhe erreicht, lassen Sie ihn ein drittes Jahr weiterwachsen. Dann sollten sich Seitentriebe unterhalb der Schnittstelle entwickeln. Wählen Sie davon 3-4 Seitentriebe aus, die sie stehenlassen und die dann das eigentliche Kronengerüst bilden.

APFELBUSCH

1. JAHR, WINTERSCHNITT

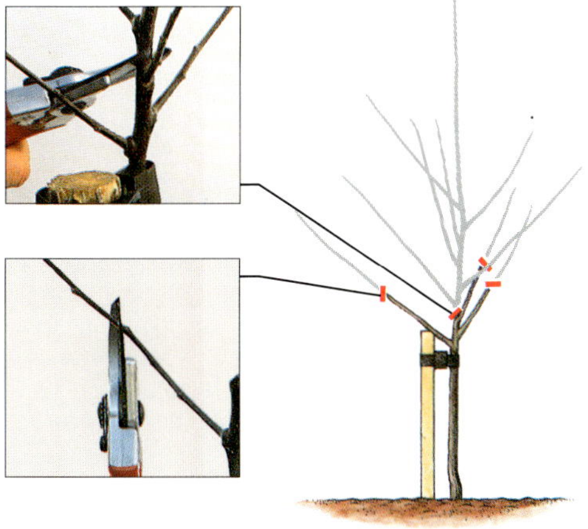

Schneiden Sie den Leittrieb bis zu einem geeigneten Seitenast zurück und belassen Sie 2 oder 3 Seitentriebe.

Schneiden Sie jeden dieser Seitentriebe um zwei Drittel auf eine nach oben gerichtete Knospe zurück, alle anderen entfernen.

2. JAHR, WINTERSCHNITT

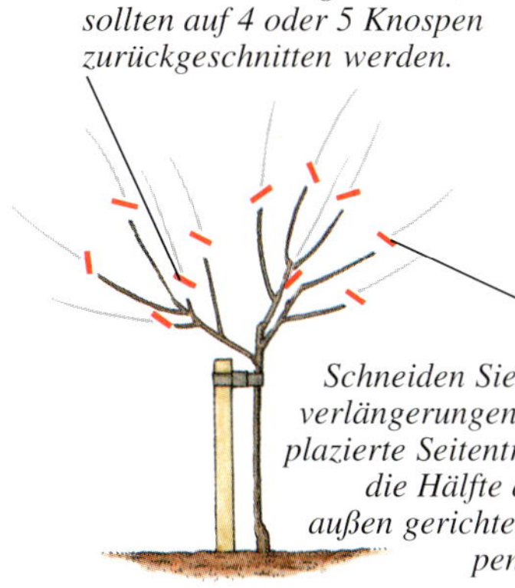

Seitentriebe, die nicht für Seitenäste benötigt werden, sollten auf 4 oder 5 Knospen zurückgeschnitten werden.

Schneiden Sie Leitastverlängerungen und gut plazierte Seitentriebe um die Hälfte auf nach außen gerichtete Knospen zurück.

AUSGEWACHSENER BUSCHBAUM, FRUCHTHOLZSCHNITT IM WINTER

Schneiden Sie Leitastverlängerungen kräftig zurück, wobei Sie zwei Drittel des letztjährigen Zuwachses stehenlassen. Schwächere Leittriebe sollten um zwei Drittel zurückgeschnitten werden.

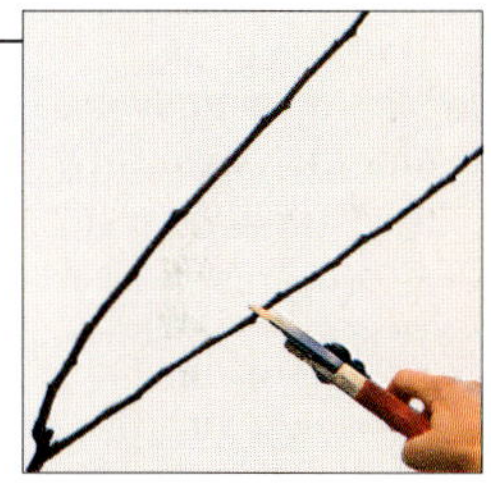

Schneiden Sie alle jungen Seitentriebe von Ästen auf 5-6 Knospen zurück, damit sich Fruchtspieße bilden können.

AUSGEWACHSENER BUSCHBAUM, ERNEUERUNGSSCHNITT IM WINTER

Lichten Sie dichtstehende Seitentriebe aus, um die Mitte des Baumes offen zu halten.

Schneiden Sie einen Teil der älteren abgetragenen Fruchttriebe bis zur Basis zurück, um neues Wachstum anzuregen.

Spindelbusch

Ein Spindelbusch wird in die Form einer Pyramide oder eines Kegels zu einer Höhe von 2,2 m erzogen. Wenn er ausgewachsen ist, sind nur der Erneuerungs- und der Formschnitt erforderlich.

Erziehungs- und Aufbauschnitt
Pflanzen Sie einen gut garnierten Jungbaum, und stützen Sie ihn mit einem 2 m langen Pfahl. Schneiden Sie den Leitast im Winter auf ca. 1 m zurück. Falls der oberste Seitentrieb länger ist, schneiden Sie so, daß er diesen knapp überragt. Wählen Sie in 60-90 cm Höhe 3-4 kräftige, um den Mitteltrieb verteilte Seitentriebe aus. Schneiden Sie sie um die Hälfte auf eine nach unten gerichtete, gesunde Knospe zurück, und entfernen Sie alle anderen Seitentriebe.

Ist das Wachstum stark, binden Sie im Spätsommer alle senkrechten Seitentriebe nach unten, um das Wachstum zu bremsen und den Baum zum Fruchten anzuregen. Ist das Wachstum schwach, brauchen die senkrechten Konkurrenztriebe nicht vor dem nächsten Sommer nach unten gebunden zu werden.

Binden Sie die Konkurrenztriebe mit Schnüren nach unten. Dazu werden rund um den Baum kurze Holzpflöcke schräg in den Boden getrieben. Schlagen Sie oben in jeden Pflock eine U-förmige Klammer, in der Sie die Schnur verknoten. Das andere Ende der Schnur befestigen Sie lose an einem der betreffenden Äste, so daß er in einem Winkel von 30° hinuntergezogen wird.

Entfernen Sie alle übermäßig kräftigen Triebe, die von der Mitte oder von Seitentrieben nach oben wachsen. Erziehen Sie die Stammverlängerung vertikal, indem Sie sie an den Pfahl binden.

Kürzen Sie im zweiten Winter nach dem Pflanzen die Stammverlängerung um ein Drittel des Zuwachses, wobei Sie auf eine Knospe auf der gegenüberliegenden Seite des Schnitts vom vorhergehenden Winter schneiden. Dies trägt dazu bei, den geraden Wuchs des Stammes zu halten. Achten Sie darauf, daß die Schnüre die nach unten gebogenen Triebe nicht einengen. Wenn die Triebe einmal genügend verholzt sind, werden sie in einer mehr oder weniger waagrechten Position bleiben, und die Schnüre können entfernt werden. Binden Sie im folgenden Sommer einige senkrechte Triebe nach unten. Entfernen Sie all jene ganz, die besonders kräftig sind oder sich zu nahe am Stamm befinden.

Im dritten Winter sollten sich Seitentriebe weiter oben im Baum entwickelt haben und müssen nach unten gebunden werden, um eine weitere Etage zu bilden.

Im dritten Sommer trägt der Baum normalerweise zum ersten Mal Früchte. Binden Sie im Spätsommer neue Seitentriebe nach unten und entfernen Sie alle übermäßig starken Triebe.

Routineschnitt
Vom 4. oder 5. Jahr an ist im Winter ein Erneuerungsschnitt (siehe S. 378) notwendig. Kürzen Sie einen Teil des alten Fruchtholzes. Einige der Triebe, v.a. jene, die sich höher am Baum befinden, sollten bis nahe zum Stamm zurückgeschnitten werden.

Wenn der Mitteltrieb zu kräftig wird, kann er auf einen schwächeren Seitentrieb zurückgeschnitten werden. Schneiden Sie im Sommer auch alle übermäßig kräftigen und stark nach oben wachsenden Triebe heraus.

Kordon/Schnurbaum

Ein gut garnierter Jungbaum, d.h. eine Veredlung mit Seitentrieben, kann als Kordon an Drähten erzogen werden, die an Pfählen, einer Wand oder einem Zaun befestigt sind. Ziehen Sie 3 waagrechte Führungsdrähte im Abstand von ca. 60 cm; der unterste Draht sollte 75 cm vom Boden entfernt sein. Befestigen Sie die Drähte in etwa 10-15 cm Abstand von der Stützwand oder dem Zaun, um eine freie Luftzirkulation zu gewährleisten. Bringen Sie einen Stab im Winkel von 45° an den Drähten an, und pflanzen Sie den garnierten Jungbaum entsprechend daneben (S. 365). Binden Sie die Hauptachse an den Stab.

Erziehungsschnitt
Kürzen Sie im ersten Winter unmittelbar nach dem Pflanzen alle Seitentriebe, die mehr als 10 cm lang sind, auf 3-4 Knospen. Bei auch an Langtrieben fruchtenden Sorten kürzen Sie die Stammverlängerung um etwa ein Drittel; schneiden Sie den Schnurbaum nicht stärker.

Schneiden Sie vom ersten Jahr an den ganzen Sommer hindurch die neuen Triebe, sobald sie an der Basis verholzt sind. Nicht alle Triebe verholzen gleich schnell, so daß sich das

APFELSPINDELBUSCH

1. JAHR, WINTERSCHNITT

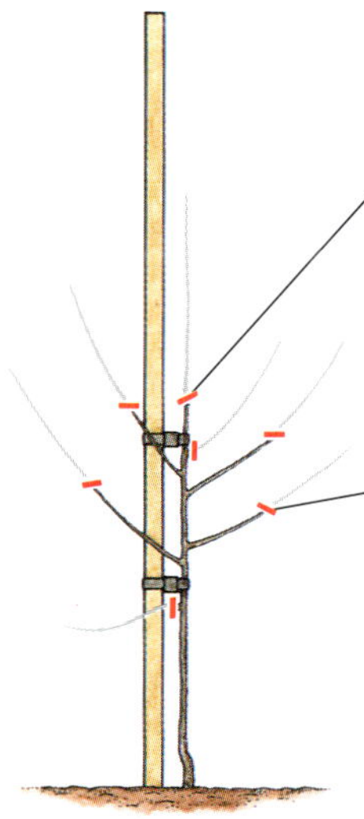

Schneiden Sie den Leittrieb, etwa 1 m vom Boden mit einenm schrägen Schnitt über einer geeigneten Knospe.

Schneiden Sie 3-4 starke Seitentriebe um die Hälfte auf nach unten gerichtete Knospen zurück; entfernen Sie die anderen.

1. JAHR, SOMMERSCHNITT

Binden Sie jeden der 3-4 Seitentriebe an Pflöcke im Boden, so daß die Äste in einem Winkel von 30° stehen.

Schneiden Sie alle kräftigen, nach oben gerichteten Seitentriebe oder Neutriebe heraus.

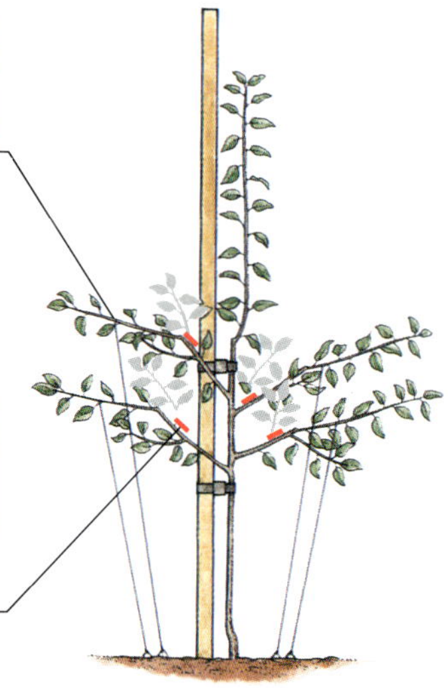

2. JAHR, SOMMERSCHNITT

Wiederholen Sie den Sommerschnitt wie im ersten Jahr, und konzentrieren Sie sich dabei auf das Entfernen aller aufrechten Triebe.

AUSGEWACHSENER SPINDELBUSCH, WINTERSCHNITT

Schneiden Sie Neutriebe an den unteren 4 permanenten Ästen, wenn sie unfruchtbar sind, sich kreuzen oder nach innen wachsen.

Schneiden Sie große, alte, obere Äste mit einer Gartenschere auf eine Knospe zurück.

Schneiden über mehrere Wochen hinzieht. Wenden Sie den variierten Lorette-Schnitt oder den normalen Lorette-Schnitt an (siehe »Sommerschnitt«, S. 378-379).

Routineschnitt
Der Winterschnitt dient dazu, den Baum auszulichten. Kürzen Sie vergreistes Quirlholz, und entfernen Sie alle Triebe ganz, die zu dicht stehen. Wenn der Kordon nicht genügend gut verteilte Seitentriebe hervorbringt, kürzen Sie die Stammverlängerung um etwa ein Viertel, um den Wuchs anzuregen.

Wenn der Kordon über den obersten Spanndraht hinausgewachsen ist, senken Sie ihn weiter ab, um Platz zur Ausdehnung für den Leitast zu schaffen. Wenn der Leittrieb den obersten Spanndraht erreicht, schneiden Sie ihn im späten Frühjahr auf 1 Blatt des Zuwachses zurück. Ist die Mitte zu kräftig, schneiden Sie sie im späten Frühling auf 1 Seitentrieb zurück. Schneiden Sie weiter nach dem variierten oder dem normalen Lorette-System. Bei einem ausgewachsenen Kordon bedeutet das, die Seitentriebe auf 1 Blatt zurückzuschneiden.

U-Form
Garnierte Jungbäume und unverzweigte Veredlungen können als U-Form erzogen werden. Das Vorgehen ist bei beiden ähnlich, außer daß die unverzweigten Jungbäume Seitentriebe bilden müssen, bevor die Erziehung beginnen kann.

Bei einem garnierten Jungbaum schneiden Sie die Mitte auf 2 Seitentriebe gleichen Wuchses, einen auf jeder Seite, in etwa 25 cm Höhe. Dies sollte im Winter sofort nach dem Pflanzen geschehen. Binden Sie die Seitentriebe an Stäbe im Winkel von 35°. Erziehen Sie den Neuwuchs im Sommer, wenn er noch biegsam ist, nach oben, mit mindestens 45 cm Abstand zwischen den senkrechten Armen der U-Form. Jeder Arm wird anschließend wie ein Einzelkordon behandelt.

Fächer

Wählen Sie eine Sorte auf einer schwachwüchsigen Unterlage, so daß er bequem auf dem zur Verfügung stehenden Raum untergebracht werden kann. Befestigen Sie waagrechte Stützdrähte im Abstand von ca. 15 cm und beginnen Sie in 40 cm Höhe. Der anfängliche Aufbau des Kronengerüsts ist der gleiche wie für Pfirsiche (siehe S. 393). Wenn der Fächerbaum erst ausgewachsen ist, sollte der variierte Lorette-Schnitt angewendet werden (siehe S. 378), wobei

APFELKORDON

1. JAHR, WINTERSCHNITT

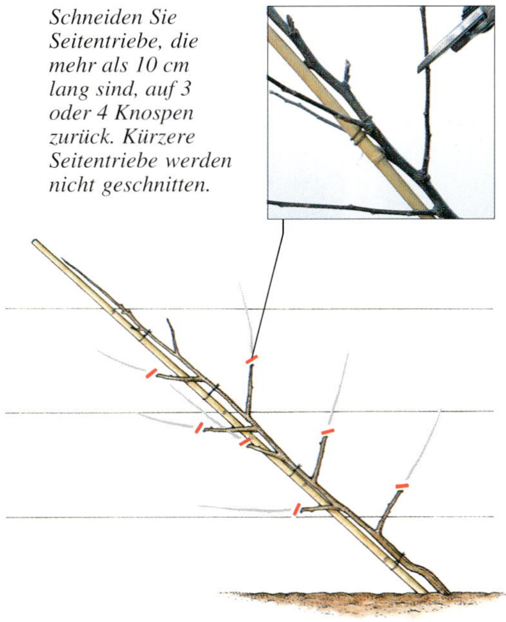

1. JAHR, SOMMERSCHNITT

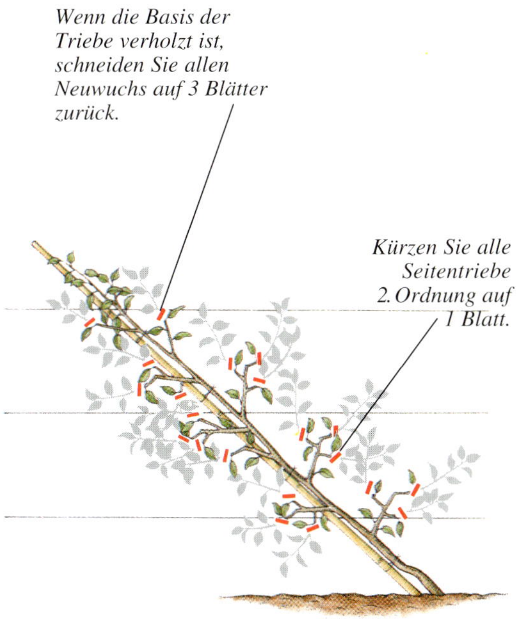

AUSGEWACHSENER KORDON, WINTERSCHNITT

ERWACHSENER KORDON, SOMMERSCHNITT

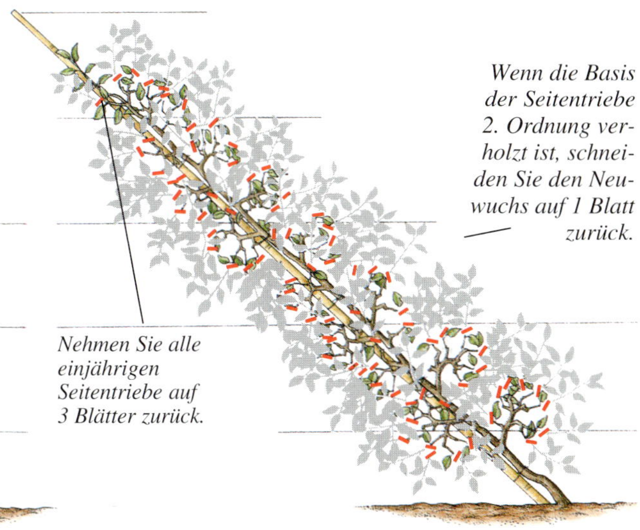

Bildung einer U-Form

Um eine unverzweigte Veredlung in eine U-Form zu erziehen, schneiden Sie sie im ersten Winter etwa auf 25 cm über dem Boden zurück. Lassen Sie je eine starke Knospe auf beiden Seiten unterhalb des Schnitts. Wenn sich im folgenden Sommer Triebe gebildet haben, binden Sie die beiden obersten an Stäbe im Winkel von 45°. Senken Sie sie später im Jahr auf 30° ab. Wenn der Abstand zwischen den Spitzen dieser Triebe mindestens 45 cm beträgt, erziehen Sie sie durch Anbinden an senkrecht stehende Stäbe nach oben.

Wenn sich die U-Form gebildet hat, werden die senkrechten Arme wie ein Einzelkordon geschnitten.

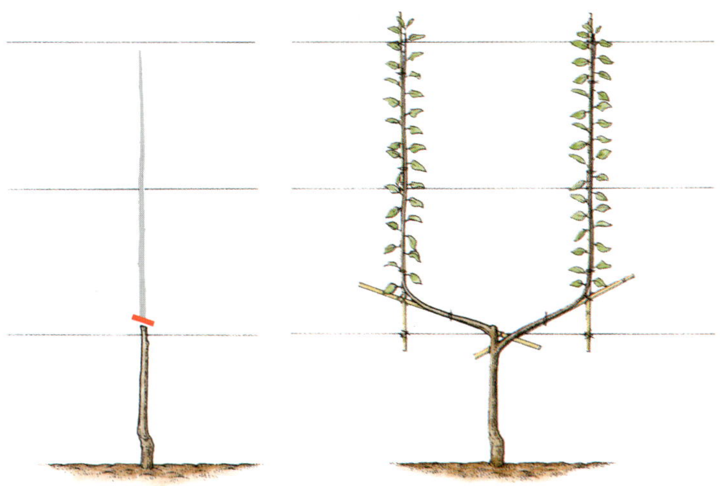

jeder Arm wie ein Einzelkordon geschnitten wird. Dies regt die Entwicklung von Fruchtholz an den Armen an.

Spalier

Für diese Baumform werden ein oder mehr Paare von gegenüberliegenden Trieben im rechten Winkel zum Stamm an Stützdrähten, die im Abstand von 35-40 cm gespannt wurden, gezogen. Ein Spalier hat gewöhnlich 2-3 Etagen, bei wuchskräftigen Bäumen sind auch mehr möglich. Wenn eine einjährige unverzweigte Veredlung verwendet wird, kann die Etage einfacher auf der erwünschten Höhe erzogen werden.

Erziehungsschnitt

Nach Pflanzung einer einjährigen unverzweigten Veredlung schneiden Sie den Leitast auf eine Knospe knapp oberhalb des untersten Spanndrahts zurück. Erziehen Sie im folgenden Sommer den obersten Trieb senkrecht als neue Verlängerung. Wenn sich die 2 stärksten Seitentriebe darunter entwickeln, binden Sie jeden an einen Stab in einem Winkel von 45°, um die 1. Etage aufzubauen. Alle anderen darunterliegenden Triebe schneidet man auf 2-3 Blätter zurück. Gegen Ende der ersten Wachstumsperiode binden Sie die Seitentriebe der 1. Etage in eine waagrechte Position. Falls sich die beiden Arme ungleichmäßig entwickeln, senken Sie den kräftigeren Arm ab, um das Wachstum zu bremsen, und heben den schwächeren Arm zur Wuchsförderung an. Sobald ein ausgeglichenes Verhältnis herrscht, binden Sie sie wieder waagrecht (siehe S. 369).

Entfernen Sie im folgenden Winter sämtliche Seitentriebe, die sich außer den beiden Hauptarmen gebildet haben. Um die 2. Etage zu schaffen, sucht man nach 2 starken Knospen ca. 35-40 cm über der 1. Etage und schneidet die Stammverlängerung auf die Knospe darüber zurück. Dann kürzt man die ersten Arme um ein Drittel auf eine nach unten gerichtete Knospe. Bei kräftigem Wachstum läßt man die Arme ungeschnitten.

Aus der Knospe, auf die jeder Arm zurückgeschnitten wurde, entwickelt sich ein Trieb, der während des zweiten Sommers nach dem Pflanzen waagrecht erzogen werden sollte. Schneiden Sie andere Neutriebe nach dem variierten Lorette-System zurück (siehe S. 378). Wenn sich das zweite Armpaar bildet, sollte es auf die gleiche Weise wie das erste Paar erzogen werden. Wiederholen Sie diesen Vorgang,

APFELSPALIER

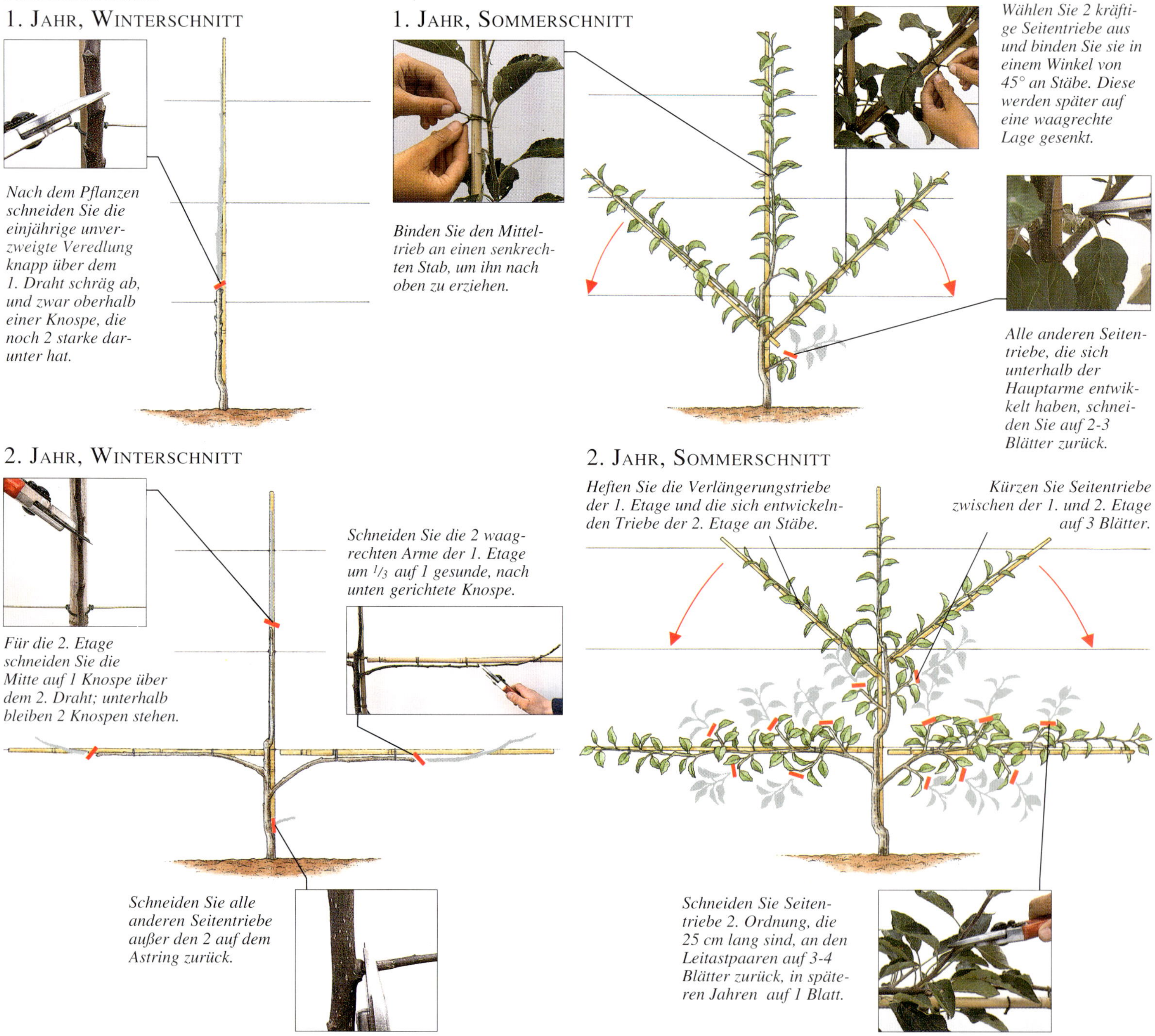

Nach dem Pflanzen schneiden Sie die einjährige unverzweigte Veredlung knapp über dem 1. Draht schräg ab, und zwar oberhalb einer Knospe, die noch 2 starke darunter hat.

Binden Sie den Mitteltrieb an einen senkrechten Stab, um ihn nach oben zu erziehen.

Wählen Sie 2 kräftige Seitentriebe aus und binden Sie sie in einem Winkel von 45° an Stäbe. Diese werden später auf eine waagrechte Lage gesenkt.

Alle anderen Seitentriebe, die sich unterhalb der Hauptarme entwikkelt haben, schneiden Sie auf 2-3 Blätter zurück.

Für die 2. Etage schneiden Sie die Mitte auf 1 Knospe über dem 2. Draht; unterhalb bleiben 2 Knospen stehen.

Schneiden Sie die 2 waagrechten Arme der 1. Etage um 1/3 auf 1 gesunde, nach unten gerichtete Knospe.

Schneiden Sie alle anderen Seitentriebe außer den 2 auf dem Astring zurück.

Heften Sie die Verlängerungstriebe der 1. Etage und die sich entwickelnden Triebe der 2. Etage an Stäbe.

Kürzen Sie Seitentriebe zwischen der 1. und 2. Etage auf 3 Blätter.

Schneiden Sie Seitentriebe 2. Ordnung, die 25 cm lang sind, an den Leitastpaaren auf 3-4 Blätter zurück, in späteren Jahren auf 1 Blatt.

PFLÜCKEN

Nehmen Sie einen Apfel in die Handfläche und drehen Sie ihn leicht. Wenn er mühelos vom Trieb abgeht, ist er pflückreif.

bis die gewünschte Anzahl von Etagen erreicht ist.

Routineschnitt
Wenn die Arme der obersten Etage gut entwickelt sind, schneiden Sie im Winter die Stammverlängerung knapp über dieser Etage zurück. Im Sommer sollte dann das Spalier nach dem normalen oder dem variierten Lorette-System geschnitten werden (siehe S. 378-379).

Zwergpyramide

Die Zwergpyramide ist eine kompakte Baumform, die sich für kleine Gärten oder als Topfbaum eignet. Sie braucht eine Stütze, wenn sie auf eine 'M 27' oder 'M 9' Unterlage veredelt wurde. Sonst benötigt sie 4-5 Jahre lang einen Pfahl.

Neuaustriebe entwickeln sich oft nach dem Sommerschnitt. Diese unerwünschten Triebe hemmen die Bildung von Blütenknospen. Falls sich zu viele Neuaustriebe bilden, führen Sie den Baumschnitt 2-3 Wochen später als gewöhnlich aus, um ihr Wachstum zu verhindern.

Ernte und Lagerung

Früh reifende Äpfel sollten geerntet werden, bevor sie genußreif sind, sonst werden sie bald mehlig. Spät reifende Sorten jedoch dürfen nicht zu früh gepflückt werden, da sie sonst beim Lagern schrumpeln. Wickeln Sie die Früchte einzeln in Pergamentpapier, und lagern Sie sie in Obstkisten oder Körben an einem kühlen Ort, und zwar getrennt nach Sorten (siehe S. 371). Früchte von jungen oder starkwachsenden Bäumen lassen sich schlechter aufbewahren als die von älteren Bäumen.

Vermehrung

Apfelbäume können im Sommer durch Chip-Veredlung oder Okulation vermehrt werden (siehe S. 372 und 373), oder im zeitigen Frühjahr durch Kopulation mit oder ohne Gegenzungen (siehe S. 373).

Umveredeln

Die Umveredlung ist eine Technik, die angewendet wird, um eine ausgewählte Sorte auf einen ausgewachsenen Apfel- oder Birnbaum zu veredeln, der die ursprüngliche Sorte ersetzen soll. Man pfropft gewöhnlich um, wenn man einen neuen Pollenspender für in der Nähe stehende Bäume braucht oder eine neue Sorte ausprobieren will.

Kronenveredlung
Als erstes muß man im Frühjahr die meisten der Leitäste auf 60-75 cm vom Stammansatz zurückschneiden. Lassen Sie 1-2 kleinere Äste als Zugäste ungeschnitten, um die Zahl der Neutriebe, die sich rund um die Schnittstellen bilden können, zu reduzieren. Schneiden Sie die Schnittstellen an abgesägten Ästen nach. 2 oder 3 Edelreiser werden pro Ast eingesetzt, aber nur den kräftigsten läßt man wachsen. Die beiden anderen tragen anfangs dazu bei, daß sich auf der Schnittoberfläche kein Krebs bildet. Man kann das Rindenpfropfen oder das Geißfußpfropfen anwenden.

Für das Rindenpfropfen nehmen Sie ruhende Edelreiser vom vorjährigen Wuchs der gewünschten Apfelsorte. Machen Sie einen schrägen Schnitt oben und einen langen, glatten Kopulationsschnitt unten. Schneiden Sie ein kleines Rindenstück an der gegenüberliegenden Seite des Kopulationsschnitts weg, um zu verhindern, daß die Rinde beim Einsetzen der Reiser in den Ast beschädigt wird. Wenn Sie Äste von etwa 2,5 cm Durchmesser veredeln, plazieren Sie 2 Reiser einander gegenüber. Bei größeren Ästen kann man 3 in gleichem Abstand verteilte Reiser nehmen. Machen Sie für jedes Edelreis einen Längsschnitt in der Rinde des vorbereiteten Astes. Heben Sie die Rindenflügel vorsichtig an, und schieben Sie die Edelreiser dazwischen. Binden Sie das Pfropfreis in dieser Lage fest, und versiegeln Sie die Schnittoberfläche mit Baumwachs. Die Edelreiser wachsen sehr schnell, und es ist wichtig, das Bindematerial nicht zu spät zu lösen.

Das kräftigste Edelreis läßt man stehen, die anderen werden entfernt. Häufig entwickelt sich mehr als 1 Trieb aus dem gewählten Edelreis. Lassen Sie den kräftigsten davon als Basis für den neuen Ast wachsen. Kürzen Sie alle anderen, wenn sie kräftiger als der zurückbehaltene Trieb sind, aber entfernen Sie sie vollständig, falls sie von gleicher Wuchskraft sind. Nach 3-4 Jahren sollte die neue Sorte zu tragen beginnen. Von da an schneiden Sie den neuen Ast der Baumform entsprechend.

DAS RINDENPFROPFEN

1 Im beginnenden Frühjahr schneiden Sie die meisten der Leitäste bis auf 60 -75 cm vom Stamm entfernt ab. Lassen Sie 1-2 Äste als Zugäste stehen.

2 Machen Sie einen Längsschnitt von 2,5 cm. Bei einem Astdurchmesser von 2,5 cm machen Sie 2, bei stärkeren 3 gleich weit auseinanderliegende Schnitte.

3 Benützen Sie den Messerrücken, um die Rinde behutsam von der Kambiumschicht zu lösen.

4 Versehen Sie Edelreiser mit 3 Knospen mit Schrägschnitt oben und langem Kopulationsschnitt unten. Mit diesem setzen Sie die Reiser ein.

5 Die Edelreiser binden Sie mit einer Schnur oder Bast fest. Winden Sie die Schnur rund um den Ast, um die Edeltriebe in dieser Stellung zu halten.

6 Bestreichen Sie die Wundflächen mit Wachs. Wenn sich die Edelreiser mit dem Ast verbunden haben, lassen Sie nur den kräftigsten stehen.

Birnen *(Pyrus communis* var. *sativa)*

Birnen haben durchweg einen höheren Wärmebedarf als Äpfel, um zuverlässig zu tragen. Spätreifende Sorten brauchen den ganzen Spätsommer und Frühherbst hindurch vorwiegend trockene und warme Bedingungen.

Birnen können etwa wie Äpfel erzogen werden. Buschbäume, Zwergpyramiden, Kordons und Spalierformen sind für kleine Gärten am geeignetsten. Sie werden meist auf Quittenunterlagen, weniger auf Birnenunterlagen veredelt, da dies kleinere Bäume gibt.

EMPFOHLENE TAFELBIRNEN

'Beth'

Frühe
'Amanlis Butterbirne' **Bg 2, T, Kf**
'Beth' **Bg4, Kf,***
'Clapps Liebling' **Bg 4, Kf**
'Dr Jules Guyot' **Bg3, Kf**
'Jargonelle' **Bg3, T, Lf**
'Marguerite Marillat' **Bg2, Kf**
'Williams Christbirne' **Bg3, Ug1, Kf**

Mittelfrühe
'Abbé Fetel' **Bg3, A, Kf**
'Belle Guerandaise' **Bg2, Kf**
'Belle Julie' **Bg3, Kf**
'Boscs Flaschenbirne' **Bg3, Kf**
'Bristol Cross' **Bg4, Kf**
'Comte de Lamy' **Bg4, Kf**
'Conference' **Bg3, Kf**
'Cosica' **Bg3, Kf**
'Diels Butterbirne' **Bg2, T, Kf**
'Esperens Herrenbirne' **Bg3, Ug 1, Kf ***

'Conference'

'Fertility' **Bg3, Kf**
'Gellerts Butterbirne' **Bg3, Kf,***
'Gute Luise' **Bg2, Ug 1, Kf**
'Hochfeine Butterbirne' **Bg3, Kf**
'Marie Louise' **Bg4, Kf**
'Merton Pride' **Bg3, T, Kf**

SCHLÜSSEL
Bg *Blütengruppe (die Zahlen bez. die Blüteperiode)*
Ug *Unverträglichkeitsgruppe (Birnen innerh. jeder Gruppe bestäuben sich nicht gegenseitig)*
T *Triploid (ungeeig. als Bestäuber)*
A *Alternanz (periodisches Tragen)*
Kf *Nur an Kurztrieben fruchtend*
Lf *Auch an Langtrieben fruchtend*
* *Gut im Geschmack*

Standort und Pflanzung

Birnen blühen früher als Äpfel und können so durch Spätfröste geschädigt werden. Birnen sind nicht voll selbstfruchtbar; sie bedürfen der Fremdbestäubung, um gut zu tragen.

Standort
Birnen brauchen einen warmen, geschützten und sonnigen Standort. Der Boden sollte Feuchtigkeit zurückhalten, aber es darf keine Staunässe auftreten. Dies gilt v.a. für Bäume auf Quittenunterlage. Birnen vertragen feuchtere Standorte als Äpfel. Bäume auf kargen oder sandigen Böden bringen Früchte von minderem Geschmack, während solche auf kalkreichen Böden an Chlorose leiden können.

Unterlagen
Das Veredeln von Birnen auf Quittenunterlagen bringt relativ kleine Bäume, bewirkt aber frühes Tragen. Die 'Quitte A' ist schwachwachsend, 'Quitte C' wächst noch etwas schwächer. Einige Sorten vertragen sich jedoch nicht mit Quittenunterlagen und müssen eine Zwischenveredlung haben (siehe S. 386).

Bestäubung
Man sollte immer Vorsorge für Fremdbestäubung treffen und 2 geeignete Sorten pflanzen. Einige Sorten sind triploid, und ein paar wenige liefern keine fruchtbaren Pollen. Diese benötigen 2 Bestäuber in der Nähe.

Pflanzung
Pflanzen Sie Birnen im Herbst, wenn der Boden noch warm ist, oder spätestens bis Mitte des Winters. So können die Bäume anwachsen, bevor sie in die Vegetationsphase kommen, was in einem milden Frühjahr sehr früh sein kann. Die Pflanzabstände hängen von der Wahl der Unterlage ab und von der Form, zu der die Bäume erzogen werden.

UNTERLAGEN

'Quitte C' 'Quitte A'

Laufende Pflege

Die regelmäßigen Pflegearbeiten einschließlich Ausdünnen der Früchte, Düngung, Gießen und Überprüfen auf Schädlings- und Krankheitsbefall sind etwa die gleichen wie für Äpfel (siehe S. 376).

Ausdünnen der Früchte
Nach dem Fruchtfall im Juni dünnen Sie auf 1 Frucht pro Fruchtstand bei starkem und auf 2 bei schwächerem Fruchtbehang aus.

Düngen, Gießen und Mulchen
Gießen und düngen Sie die Bäume nach Bedarf (siehe S. 366). Besonders wichtig ist, Birnen genügend Stickstoff zuzuführen. Geben Sie im Frühjahr kleinere Gaben Ammoniumsulfat von bis zu 35 g/m², um eine gleichbleibende Versorgung während der Wachstumsperiode zu gewährleisten. Mulchen Sie im Frühjahr rund um neugepflanzte Bäume.

Schädlinge und Krankheiten
Schaden anrichten bei Birnen können Vögel (S. 561), Kaninchen und Hasen (S. 570), Wespen (S. 563), Blattläuse (S. 550), Frostspannerraupen (S. 549), Feuerbrand (S. 553), der Birnblattsauger (S. 562), Schorf (S. 553) und Monilia (S. 562). Birnenpockenmilben verursachen Auftreibungen auf den Blättern. Entfernen und vernichten Sie befallene Blätter im Sommer. Einige Birnensorten können bei ungenügender Befruchtung mißgebildete Früchte entwikkeln. Sorgen Sie daher für einen geeigneten Bestäuber und eine geschützte Lage, um mehr Insekten zum Bestäuben anzulocken.

PFLANZABSTÄNDE

BAUMFORM	UNTERLAGE	ABSTAND ZWISCHEN BÄUMEN	ABSTAND ZWISCHEN REIHEN
Busch	'Quitte C'	3,5 m	5,5 m
	'Quitte A'	4,75 m	5,5 m
Kordon	'Quitte A' oder 'C'	75 cm	2 m
Spalier	'Quitte C'	3,5 m	
	'Quitte A'	4,75 m	
Fächer	wie Spalier	wie Spalier	
Zwergpyramide	'Quitte C'	1,2 m	2 m
	'Quitte A'	1,5 m	2 m

Schnitt und Erziehung

Die Erfordernisse und Techniken beim Schneiden sind etwa die gleichen wie die für Äpfel, aber Birnen vertragen einen stärkeren Rückschnitt, sobald sie fruchten. Früchte bilden sich vorwiegend auf zweijährigem und älterem Holz. An Birnbäumen entwickelt sich gewöhnlich weit mehr Quirlholz als an Apfelbäumen. Es sollte auf ausgewachsenen Bäumen regelmäßig ausgelichtet werden. Nur wenige Birnensorten fruchten auch an Langtrieben.

Die Erziehung und der Schnitt für einen Kordon oder ein Spalier sind dieselben wie für Äpfel. Sie werden in gemäßigten Klimazonen nach dem variierten Lorette-System, in wärmeren Klimazonen nach dem normalen Lorette-System geschnitten (siehe: »Äpfel, Sommerschnitt«, S. 378). Ein Fächer wird auf dieselbe Weise wie für Pfirsiche gezogen (siehe S. 393), schneiden Sie ihn aber nach dem Ausfüllen des Standraums wie einen Apfelfächer (siehe S. 381). Birnen werden normalerweise 2-3 Wochen früher als Äpfel, schon Anfang August, geschnitten. Wenn übermäßiger Wuchs auf Kosten des Ertrags auftritt, kann unter Umständen ein Wurzelschnitt (siehe S. 370) oder als letzter Ausweg Ringeln (siehe S. 377) versucht werden.

Buschform
Die anfängliche Erziehung eines Buschbaums ist wie beim Apfel (siehe S. 379). Mehrere Birnensorten (z. B. 'Vereinsdechant') wachsen von Natur aus steil in die Höhe. Wenn Sie die Leittriebe bei diesen Sorten schneiden, kürzen Sie auf eine nach außen gerichtete Knospe. Als Teil des anfänglichen Erziehungsprozesses mit dem Ziel, das Baumvolumen zu vergrößern, sollten steile Triebe nach unten gebunden werden, bevor sie an der Basis verholzen. Bei sehr starkwüchsigen Bäumen sollte nach dem zweiten Jahr viel weniger geschnitten werden. Bei schwachwachsenden Bäumen kürzen Sie neue Seitentriebe auf 5-6 Knospen.

Die wenigen auch an Langtrieben fruchtenden Sorten brauchen einen Erneuerungsschnitt, wie er für Äpfel beschrieben ist (siehe S. 378). Bei ausgewachsenen, an Kurztrieben fruchtenden Sorten muß das Quirlholz kräftig gekürzt und ausgelichtet werden. Auch sollten im Winter gelegentlich die Äste etwas gelichtet werden.

Zwergpyramide

Schneiden Sie den Leittrieb eines garnierten Jungbaums nach dem Pflanzen auf 50-75 cm vom Boden zurück. Kürzen Sie alle Seitentriebe auf 15 cm, und entfernen Sie schwache Seitentriebe. Schneiden Sie im ersten Sommer den Neuwuchstrieb an den Zweigen und alle neuen Seitentriebe auf 5-6 Blätter auf nach unten weisende Knospen. Dies regt waagrechtes Wachstum an und führt zu früher Fruchtbildung. Schneiden Sie die Neutriebe auf 3 Blätter zurück. Im folgenden Winter kürzen Sie den Leittrieb, wobei Sie 25 cm des Neuwuchses stehenlassen. Schneiden Sie auf eine Knospe auf der gegenüberliegenden Seite des letztjährigen Schnitts. In den Folgejahren schneiden Sie den Leittrieb auf Knospen an wechselnden Seiten. Wenn die Stammverlängerung die erforderliche Höhe erreicht hat, schneiden Sie im späten Frühjahr zurück; lassen Sie eine Knospe des Neuwuchses stehen.

Birne, Zwergpyramide

1. Jahr, Winterschnitt

Kürzen Sie den Leittrieb knapp über einer Knospe mit einem Schrägschnitt, 50-75 cm vom Boden.

Kürzen Sie jeden der Seitentriebe auf eine nach unten gerichtete Knospe bis auf 15 cm vom Stamm.

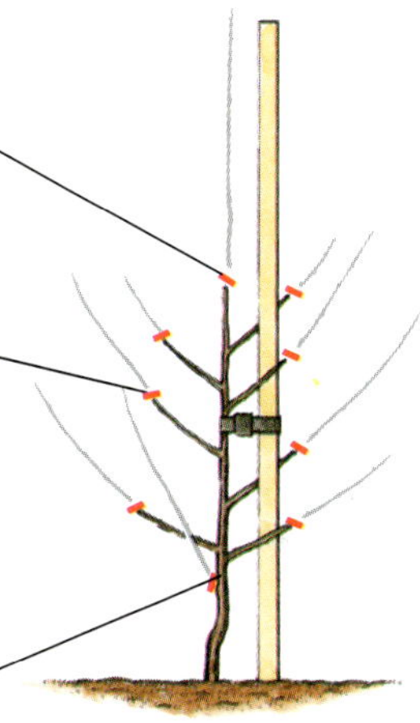

Entfernen Sie alle unteren Triebe am Stamm.

1. Jahr, Sommerschnitt

Schneiden Sie den Verlängerungstrieb der vom Stamm ausgehenden Seitenzweige auf 5-6 Blätter zurück.

Schneiden Sie neue Seitentriebe, die direkt aus dem Stamm wachsen, auf 5-6 Blätter zurück.

Schneiden Sie alle Seitentriebe 2.Ordnung, die an den Leitästen wachsen, auf 3 Blätter zurück. Diese werden dann für den folgenden Sommer Fruchtholz bilden.

2. Jahr, Winterschnitt

Kürzen Sie den Zuwachs des vergangenen Jahres am Leitast auf etwa 25 cm.

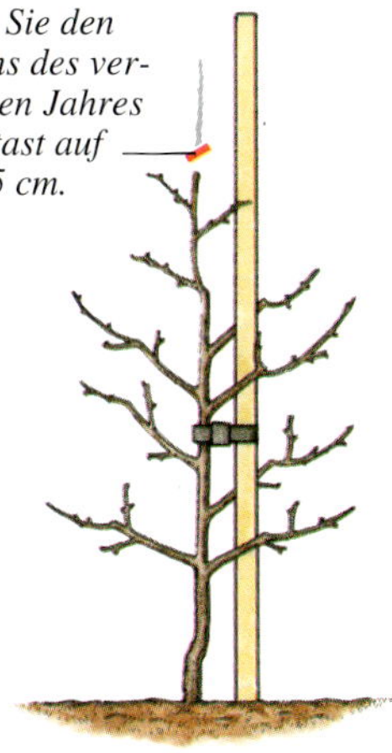

2. Jahr, Sommerschnitt

Schneiden Sie Seitentriebe 2. Ordnung und Kurztriebe auf 1 Blatt über der Rosette.

Schneiden Sie die Verlängerungstriebe der Leitäste auf 5-6 Blätter zurück.

Schneiden Sie Seitentriebe, die aus den Leitästen wachsen, auf 3 Blätter zurück.

Erwachsene Zwergpyramide, Winterschnitt

Wenn die Stammverlängerung ihre Höhe erreicht hat, schneiden Sie sie auf 1 Knospe des letztjährigen Zuwachses.

VORHER
Das Fruchtholz am dunkleren Holz an der Basis steht zu dicht und muß ausgelichtet werden.

NACHHER
Lichten Sie aus, indem Sie alle unfruchtbaren oder übereinanderstehenden Kurztriebe wegnehmen. Schneiden Sie überschüssige Blütenknospen weg. Lassen Sie jeweils nur 2-3 Knospen pro Kurztrieb stehen.

Empfohlene Tafelbirnen (Forts.)

Mittelfrühe (Forts.)
'Onward' **Bg 4, Ug 2, Kf, ***
'Packhams Triumph' **Bg 2, Kf**
'Pitmaston' **Bg 4, T, Kf**
'Santa Claus' **Bg 4, Kf**
'Seckle **Bg 2, Ug 1, Kf, ***
'Thompson's' **Bg 3, Kf**

Späte
'Edelcrassane' **Bg 2, Kf**
'Glou Morceau' **Bg 4, Kf**
'Josephine von Mecheln' **Bg 3, Lf**
'Olivier de Serres' **Bg 3, Kf**
'Winterdechantsbirne' **Bg 2, Kf**
'Rote Herbstbutterbirne' **Bg 2, Kf**
'Winternelis' **Bg 4, Kf, ***

'Josephine von Mecheln'

Haushaltsbirnen

Mittelfrühe
Clairgeaus Butterbirne **Bg 2, Kf**

Späte
'Gestreifte Winterbirne **Bg 2, Kf**
'Black Worcester' **Bg 3, Kf**
'Großer Katzenkopf' **Bg 4, T, Kf**
'Double de Guerre' **Bg 4, Kf**
'Uvedale's St Germain' **Bg 2, T, Kf**

'Großer Katzenkopf'

Schlüssel
Bg *Blütengruppe (die Zahlen bez. die Blüteperiode)*
Ug *Unverträglichkeitsgruppe (Birnen innerh. jeder Gruppe bestäuben sich nicht ggs.)*
T *Triploid (ungeeig. als Bestäuber)*
A *Alternanz (periodisches Tragen)*
Kf *Nur an Kurztrieben fruchtend*
Lf *Auch an Langtrieben fruchtend*
***** *Gut im Geschmack*

Sobald sich das Kronengerüst gebildet hat, schneidet man vorwiegend im Sommer. Es ist wichtig, daß die Triebe an ihrer Basis verholzt sind, bevor sie geschnitten werden. Der Rückschnitt geht deshalb über 3-4 Wochen, und manchen Trieb kann man erst im Frühherbst schneiden. Kürzen Sie keine Triebe, die 15 cm oder kürzer sind. Schneiden Sie die Leittriebe auf 6 Blätter des Neuwuchses zurück, und stutzen Sie alle Neutriebe auf ein Blatt oberhalb der basalen Blattrosette. Triebe, die direkt aus den Leitästen wachsen, sollten auf 3 Blätter gekürzt werden.

Die einzige größere Maßnahme für den Winterschnitt ist das bereits beschriebene Kürzen des Mitteltriebs, und später noch das Auslichten und Kürzen des Quirlholzes. Wenn man das Quirlholz zu dicht wachsen läßt, verliert der Baum an Vitalität, trägt viele, aber kleine Früchte.

Ernte und Lagerung

Die Pflückzeit ist äußerst wichtig, v.a. bei Sorten, die im Spätsommer oder Frühherbst reifen. Wenn die Früchte zu lange am Baum hängen, werden sie teigig und innen braun. Pflücken Sie sie beim ersten Anzeichen einer Veränderung der Grundfarbe auf der Schale von Dunkelgrün zu einem leicht helleren Grün. Im Zweifelsfall heben und drehen Sie eine Frucht vorsichtig: Geht sie leicht ab, ist sie fast reif und hat ein paar Tage später ihren optimalen Geschmack. Wenn der Stiel abbricht, warten Sie noch einige Tage. Man erntet mehrmals, da nicht alle Früchte gleichzeitig reif werden. Früchte von spätreifenden Sorten und solchen, die in einem kühleren Klima wachsen, müssen auf dem Baum bleiben, bis sie ausgereift sind.

Lagern Sie die Birnen in Lattenkisten an einem kühlen Ort. Wickeln Sie sie nicht ein, da sich sonst das Fruchtfleisch verfärbt. Die Früchte von späten Sorten sollten vor dem Verzehr nachreifen. Lagern Sie sie für 1-2 Tage bei Zimmertemperatur, und essen Sie sie, wenn das Fruchtfleisch nahe beim Stiel unter leichtem Druck nachgibt.

Vermehrung

Für die meisten Sorten ist die Kopulation mit oder ohne Gegenzungen oder die Okulation auf 'Quitte A'- oder 'Quitte C'-Unterlage geeignet (siehe »Veredlung«, S. 372). Man kann auch umveredeln, wenn man eine andere, bessere Sorte auf einem vorhandenen Baum haben will.

Zwischenveredlung von Birnensorten

Die wenigen Birnensorten, die mit Quittenunterlagen unverträglich sind, müssen zwischenveredelt werden. Eine Sorte, die sowohl mit einer Quittenunterlage als auch mit der gewählten Edelsorte verträglich ist, wird als Zwischenveredlung verwendet. Dazu wird die Sorte 'Gellerts Butterbirne' am häufigsten eingesetzt. Weitere Sorten zur Zwischenveredlung sind 'Pastorenbirne', 'Pitmaston' und 'Amanlis Butterbirne'. Folgende Sorten benötigen eine Zwischenveredlung: 'Dr Jules Guyot', 'Marguerite Marillat', 'Williams Christbirne, 'Marie Louise', 'Packhams Triumph' und 'Thompson's'. Zwei Methoden der Zwischenveredlung sind möglich: doppelte Chip-Veredlung und Doppel-Kopulation.

Doppeltes Chip-Veredeln macht es erforderlich, das Chip-Veredeln 2 Jahre hintereinander durchzuführen. Im ersten Jahr wird ein Edeltrieb der Zwischenveredlung auf eine Quittenunterlage aufgetragen. Im zweiten Jahr wird ein Edelauge der gewählten Sorte auf die Zwischenveredlung an der gegenüberliegenden Seite veredelt (siehe auch Chip-Veredeln, S. 372).

Für die Doppel-Kopulation folgt man demselben Prinzip. Pfropfen Sie im zeitigen Frühjahr die Zwischenveredlung auf die Quittenunterlage, wobei Sie eine Kopulation mit Gegenzunge durchführen (siehe S. 373). Schneiden Sie im späten Winter oder zeitigen Frühjahr die gepfropfte Zwischenveredlung zurück, und pfropfen Sie die unverträgliche Edelsorte auf die Zwischenveredlung.

DOPPELTE CHIP-VEREDLUNG
Setzen Sie das Auge 5 cm oberhalb und dem ersten Pfropf gegenüber ein. Hat sich das Edelreis entwickelt, kappen Sie darüber die Zwischenveredlung. Entfernen Sie alle Triebe auf der Zwischenveredlung.

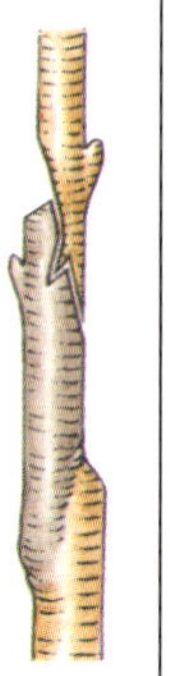

DOPPEL-KOPULATION
Schneiden Sie die Zwischenveredlung 1 Jahr nach dem Pfropfen zurück, und pfropfen Sie den Edeltrieb auf. Lassen Sie 5 cm Abstand zwischen den Pfropfreisern. Bringen Sie das Edelreis auf der gegenüberliegenden Seite des vorhergehenden an.

Quitten *(Cydonia oblonga)*

Quitten werden 3,5-5 m hoch; sie können auch als Fächer erzogen werden. Die Früchte sind apfel- oder birnenförmig und mit einem weißgrauen Filz überzogen. Die beliebtesten Sorten sind 'Riesenquitte von Leskovac' und 'Vranja'. Quittenbäume brauchen eine Kälteperiode von 100-450 Stunden unter 7°C.

Standort und Pflanzung
Der Standort sollte einigermaßen sonnig sein. In kalten Gebieten ist eine schützende Mauer von Vorteil. Quitten ziehen feuchtigkeitsspeichernde, saure Böden vor; auf deutlich alkalischen neigen sie zu Kalkchlorose.

Als Unterlage dient gewöhnlich 'Quitte A'. Wächst der Baum unveredelt auf den eigenen Wurzeln, bildet er schwer zu bekämpfende Ausläufer. Quitten sind durchwegs selbstfertil, Fremdbefruchtung soll aber den Ertrag spürbar verbessern. Wurzelnackte Quitten werden im Herbst oder Winter, Containerpflanzen das ganze Jahr über gepflanzt, der Pflanzabstand beträgt etwa 4-4,5 m.

Laufende Pflege
Die aufgebaute Pflanze erfordert wenig Aufmerksamkeit (siehe »Pflege von Baumobst«, S.366). Gelegentlich kann eine Düngung in der üblichen Dosierung erforderlich sein, v.a. bei nährstoffarmen Böden, auch Wässern und Mulchen ist nötig. Quitten sind relativ leicht zu kultivieren, nur die Blattfleckenkrankheit (S.552) kann zum Problem werden.

Schnitt und Erziehung
Quitten tragen ihre Früchte an Kurztrieben und an der Spitze des vorjährigen Holzes. Büsche können sich zu mehrstämmigen Bäumen entwickeln oder in der Anfangsphase wie Apfelbüsche mit offener Mitte und gleichmäßigem Astgerüst geschnitten werden (siehe S. 379).

Aufgebaute Bäume werden nur sparsam geschnitten, im Winter wird gelegentlich alter, übermäßig dichter Wuchs ausgedünnt. Es sollte jedoch nicht jeder Seitentrieb geschnitten werden, damit nicht zu viele Fruchtknospen verlorengehen.

Ernte und Lagerung
Im Herbst sind die Früchte pflückreif. Man lagert sie in Kisten an einem kühlen, luftigen, dunklen Ort. Wickeln Sie die Früchte nicht ein: in Plastikbeuteln verfärben sich Quitten im Inneren. Sie sollten aufgrund ihres kräftigen Aromas separat gelagert werden, damit dieses nicht von anderen Obstsorten angenommen wird. Quitten werden oft zu Konserven verarbeitet.

Vermehrung
Quitten werden entweder im Sommer durch Okulation auf die Unterlage 'Quitte A' (siehe S. 372) oder im Herbst durch Steckhölzer (siehe S. 374) vermehrt.

QUITTENBAUM
Eine grasfreie Baumscheibe um den jungen Quittenbaum trägt dazu bei, daß dieser alle Nährstoffe erhält und nicht unter der Konkurrenz des Grases leidet.

Mispeln *(Mespilus germanica)*

Mispeln sind attraktive Bäume mit goldenen Herbstfarben und großen, weißen oder rosaweißen Blüten in der zweiten Frühjahrshälfte. Mispelbäume werden meist als Büsche oder Halbstämme kultiviert. Sie sind selbstfertil und benötigen eine Kälteperiode von 100-450 Stunden unter 7°C. Die Früchte sind apfelförmig, etwas abgeflacht und haben vorstehende, verhornte Kelche. Ihr Geschmack ist etwas eigenwillig; sie werden meist zu Konserven verarbeitet.

REIFENDE MISPELN
Die kleinen, braunen Früchte kommen im Herbst zur Reife und werden 2,5-5 cm groß.

Standort und Pflanzung
Der Standort sollte sonnig und geschützt, kann aber auch teilweise schattig sein. Mispeln gedeihen auf verschiedensten Böden mit Ausnahme von stark kalkhaltigen oder schlecht durchlässigen. Ausreichend Feuchtigkeit ist für den guten Wuchs und eine gute Ernte unerläßlich.

Kommt es auf die Fruchtqualität an, nimmt man meist 'Quitte A' als Unterlage für die Veredlung, es gibt jedoch auch Halbstämme mit Birnensämlingen als Unterlage. Mispelbäume werden am besten im Spätherbst oder Winter gepflanzt. Halbstämme benötigen 8 m Pflanzabstand, Büsche 4,5 m.

Laufende Pflege
Die Kultur erfolgt im allgemeinen wie bei Äpfeln (siehe S. 376). Mispeln werden gelegentlich von Blattraupen (S. 549) und Blattfleckenkrankheit (S. 552) befallen.

Schnitt und Erziehung
Büsche werden wie Äpfel erzogen (siehe S. 379). Der Halbstamm wird zunächst wie beim Apfel geschnitten. Sobald das Grundgerüst steht, werden die Äste im Winter gelegentlich ausgedünnt, damit das Gerüst offenbleibt; zu dichter oder kranker Wuchs wird entfernt.

Ernte und Lagerung
Die Früchte läßt man möglichst lange am Baum. Pflücken Sie sie im Spätherbst, sobald sich die Stiele leicht vom Baum lösen, vorzugsweise bei trockenem Wetter. Unmittelbar nach der Ernte sind die Früchte ungenießbar, sie müssen zunächst gelagert werden. Tauchen Sie die Stiele in eine starke Salzlösung, und lagern Sie die Früchte mit den Kelchen nach unten auf einem Lattenrost, ohne daß sie sich berühren.

MISPELN

Vermehrung
Die Vermehrung erfolgt durch Okulation (siehe S. 372 und 373) oder durch Kopulation mit Gegenzungen (siehe S. 373).

Pflaumen, Zwetschen, Mirabellen, Reneklоden *(Prunus domestica)*

Verschiedene Pflaumenarten werden als Frischfrüchte und für Verwertungszwecke angebaut. Die Gruppe enthält die Europäischen Pflaumen und Zwetschen *(Prunus domestica* - Selektionen*)*, Renekloden *(P. domestica* und *P. insititia)*, Mirabellen, Haferschlehen und Zibarden *(P. insititia)*, Kirschpflaumen *(P. cerasifera)* und die Japanischen oder Salicinapflaumen *(P. salicina)*.

Europäische Pflaumen sind für kühl-gemäßigte Klimagebiete besser geeignet als die wärmeliebenden, frühblühenden Japanischen Pflaumen. Generell sind aber alle Pflaumenarten wärmeliebend, dankbar für ausreichende Besonnung und nicht zu hohe Niederschlagsmengen. Kirschpflaumen oder Myrobalanen werden als Frucht- und Ziergehölze sowie als starkwachsende Unterlagen für andere Pflaumenarten und -sorten verwendet.

Das Sortenspektrum ist heute sehr umfangreich und für unterschiedliche klimatische Bedingungen geeignet. Auf schwachwachsende Unterlagen veredelt, eignen sich Pflaumen und Zwetschen auch für kleine Gärten. Empfehlenswerte Kronenformen hierfür sind pyramidalgespindelte und kleine Buschbäume. Europäische Pflaumen und Zwetschen haben einen Kältebedarf von 700-1000 Stunden unter 7°C, Japanische Pflaumen von 500-900 Stunden.

Standort und Pflanzung

Pflaumen brauchen warme, windgeschützte Standorte für Blütenbildung und Befruchtung. Die Befruchtungsverhältnisse sind bei den einzelnen Sorten verschieden. Manche Sorten sind ausreichend selbstfertil, d.h., sie können sich mit eigenen Pollen befruchten, während andere auf Fremdbefruchtung angewiesen sind, so daß eine weitere Sorte im Nahbereich stehen muß. Bei der Pflanzung ist der Standraumbedarf des vollentwickelten Baums zu beachten.

Standort
Alle Pflaumen blühen im zeitigen Frühjahr, wobei die Japanischen und die Kirschpflaumen deutlich vor den Europäischen Pflaumen blühen. Die Blüte fällt so in eine frostgefährdete Zeit. Deshalb sind frost- und windgeschützte Standorte vorzuziehen. Die Böden sollten gut drainiert und abzugsfähig sein. Stauende Nässe ist zu vermeiden. Auf sehr leichten und sandigen Böden ist eine langfristige Qualitätsverbesserung durch Mulchen und Bewässerung anzustreben.

Unterlagen
'Pixy' (schwachwüchsig) und 'St Julien A' (mittelstarkwachsend) sind geeignete Unterlagen für kleine bis mittelgroße Bäume (2-4 m). 'Myrobalan', 'Brompton' und 'Marianna' sind starkwachsend. Die Bäume erreichen auf den genannten Unterlagen eine Höhe von 4,5 m. 'Marianna' ist auch für Japanische Pflaumen geeignet. Die Selektion 'Marianna GF8-1' ist mit allen Sorten Europäischer und Japanischer Pflaumen recht gut verträglich.

Pflaumenbäume haben mit zunehmendem Alter die Neigung zur verstärkten Wurzeltriebbildung. Bei den genannten Unterlagen ist diese Eigenschaft reduziert.

UNTERLAGEN

Befruchtung
Die europäischen Pflaumen- und Zwetschensorten können selbstfruchtbar, eingeschränkt selbstfruchtbar und selbstunfruchtbar sein. Verbreitete Sorten wie z.B. 'Victoria', 'Hauszwetsche' oder 'Bühler Frühzwetsche' sind selbstfruchtbar. Im Nahbereich zugepflanzte Befruchtersorten verbessern in ungünstigen Jahren durch Fremdbefruchtung den Ertrag. Bei selbstunfruchtbaren Sorten muß die Möglichkeit der Fremdbefruchtung durch das Zupflanzen weiterer Sorten gegeben sein. Kirschpflaumen sind ausreichend selbstfruchtbar. Japanische Pflaumen

PFLANZABSTÄNDE

BAUMFORM	UNTERLAGE	ABSTAND ZWISCHEN BÄUMEN	ABSTAND ZWISCHEN REIHEN
Busch	'St Julien A'	4-5 m	5,5 m
Halbstamm	'Brompton' oder 'Myrobalan B'	5,5-7 m	7 m
Hecke	'St Julien A'	5-5,5 m	
Pyramide	'St Julien A', 'Pixy'	2,5-4 m	4-6 m

Empfohlene Sorten

Frühsorten
'Cacaks Frühe' **P, EF, Ff**
'Early Laxton' **Z, EF, Ff, Vf, ***
'Ersinger Frühzwetsche' **Z, EF, Ff, Vf**

'Opal'

'Herman' **P, EF, Ff, Vf**
'Jalomita' **P, EF, Ff, Vf**
'Katinka' **Z, F, Ff, Vf**
'Lützelsachser' **Z, EF, Ff,Vf, ***
'Opal' **R, F, Ff, Vf, ***

'Oullins Reneklode'

'Ruth Gerstetter' **P, F, Vf** ('Achertaler Goldkrone')
'Sanctus Hubertus' **P, EF, Ff, Vf**
'The Czar' **P, F, Ff, Vf**
'Zwinschers Frühe' **Z, EF, Ff, Vf**

Mittelfrühe Sorten
'Auerbacher' ('Köpfli-Zwetschge') **Z, F, Ff, Vf, ***
'Bühler Frühzwetsche' **Z, F, Ff, Vf**
'Cacaks Beste' **P, EF, Ff, Vf**
'Cacaks Schöne' **P, EF, Ff, Vf**
'Centenar' **P, EF, Ff, Vf**

'Victoria'

'Czernowitzer' **Z, EF, Ff, Vf**
'Graf Althans' **R, U, Ff, ***
'Julia' **P, EF, Ff, Vf, ***
'Nancy-Mirabelle' **M, F, Ff, Vf, ***
'Ontario' **R, F, Ff**
'Oullins Reneklode' **R, F, Ff**
'Pitestean' **P, EF, Ff, Vf**
'Victoria' **P, F, Ff**
'Wangenheims Frühzwetsche' **Z, F, Ff, Vf**
'Zimmers Frühzwetsche' **Z, EF, Ff, Vf**

'Große Grüne Reneclaude'

Schlüssel
EF *Eingeschränkt selbstfruchtbar*
Ff *Frischfrucht*
F *Selbstfruchtbar*
M *Mirabelle*
P *Pflaume*
R *Reneklode*
U *Selbstunfruchtbar*
Vf *Verarbeitungsfrucht*
Z *Zwetsche*
***** *Gut im Geschmack*

sind überwiegend selbstfruchtbar, doch wirkt sich auch bei ihnen eine Fremdbefruchtung ertragsverbessernd aus.

Pflanzung
Pflanzung von Spätherbst bis Frühwinter bei frostfreiem Wetter hilft den Bäumen zu einem besseren Start im Frühjahr als späteres Pflanzen. Für die ersten beiden Jahre benötigen Bäume einen Pfahl, die mit einer schwachwüchsigen Unterlage (z.B. 'Pixy') brauchen ihn auf Dauer. Der Pflanzabstand bzw. der Standraumbedarf bei Einzelbäumen ist abhängig von der Erziehungsweise und der Unterlage.

Laufende Pflege

Durch sachgerechte Bewässerung und Düngung sowie durch die Überprüfung von möglichem Krankheits- und Schädlingsbefall ist ein gutes Anwachsen der Bäume gewährleistet.

Fruchtregulierung
Ein zu hoher Fruchtansatz sollte durch fruchtregulierende Maßnahmen gemildert werden. Zu hohe Erträge wirken sich qualitätsmindernd aus. Zudem besteht die Gefahr des Astbruchs und des Ertragsausfalls im Folgejahr. Eine Fruchtausdünnung per Hand oder mit der Schere erfolgt dann, wenn der natürliche Fruchtfall abgeschlossen ist und die Steinhärtung eingesetzt hat (ca. Anfang Juni). Als Orientierungsgrößen gelten die Abstände von Frucht zu Frucht (kleinfrüchtige Sorten 5 cm, großfrüchtige 8 cm) oder ein Blatt-Frucht-Verhältnis von 2-4:1.

Ernährung, Bewässerung, Bodenbedeckung
Pflaumen benötigen eine stickstoffbezogene und ausgeglichene Ernährung. Notwendige Düngergaben sollten im Frühjahr verabreicht werden. Mulchabdeckungen oder das Auftragen von gut verrottetem Kompost sollten jährlich erfolgen. In langen Trockenperioden sind zusätzliche Wassergaben notwendig, v.a. wenn die Bäume auf Böschungen oder Hügeln stehen.

Schädlinge und Krankheiten
Pflaumen sind vielerlei Schädlingen ausgesetzt: Hasen und Kaninchen, Wespen, Blattläusen sowie Frostspannern u.a. Raupen. Häufige Krankheiten sind Bleiglanz, Bakterienkrebs, Monilia-Rindenfäule und weitere Pilzkrankheiten. Die Scharkakrankheit ist eine Virose, die zu Fruchtdeformationen führt. Stark geschädigte Bäume sollten gerodet und verbrannt werden. Pflaumen zeigen auch häufig physiologische Störungen in Form von Gummifluß an Stamm, Ästen und Früchten. Dieser Ausfluß gummiartiger Substanzen ist eine Reaktion des Baums auf Krankheiten, ungünstige Bodenbedingungen oder Beschädigungen. Auch Windbelastung und Übererträge können die Ursache sein.

Im Winter bis Frühjahr picken oft Vögel die Knospen ab (v.a. Blütenknospen).

Schnitt und Erziehung

Je nach Sorte tragen Pflaumen an Langtrieben oder an den Kurztrieben des mehrjährigen Holzes. Ein Erziehungsschnitt zum Kronenaufbau ist notwendig, um die gewünschte Form zu erhalten. Der Schnitt in den Folgejahren sollte mäßig ausfallen und zur Beruhigung des Baumes führen. Überflüssige Triebe, Äste und Wasserschosse entfernt man im Sommer nach der Ernte. In kühlen und niederschlagsreichen Gebieten sollten Schnitteingriffe in den Sommermonaten erfolgen, um den Befall durch Bleiglanz zu verhindern. Krankhafte Stellen an Stamm und Ästen sind bis

Pflaumenbusch

1. Jahr, Schnitt im zeitigen Frühjahr

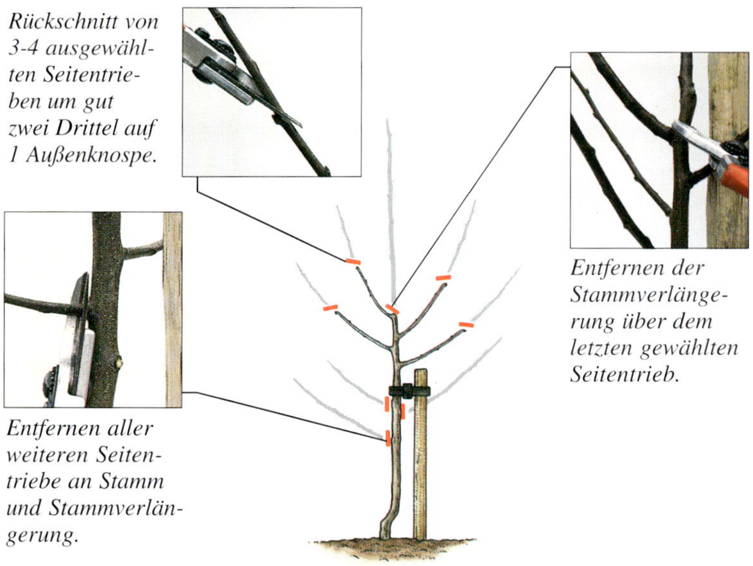

Rückschnitt von 3-4 ausgewählten Seitentrieben um gut zwei Drittel auf 1 Außenknospe.

Entfernen aller weiteren Seitentriebe an Stamm und Stammverlängerung.

Entfernen der Stammverlängerung über dem letzten gewählten Seitentrieb.

2. Jahr, Schnitt im zeitigen Frühjahr

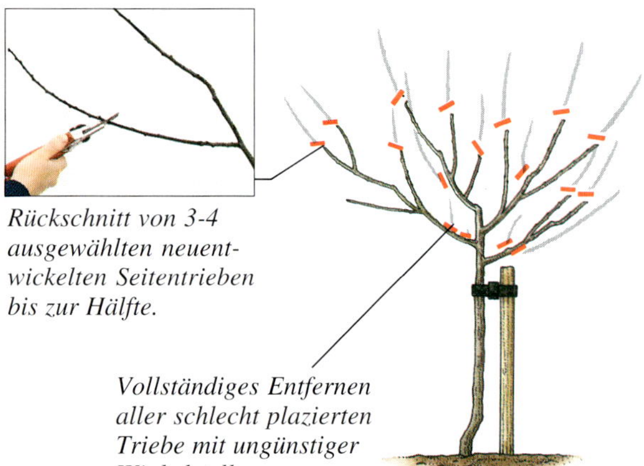

Rückschnitt von 3-4 ausgewählten neuentwickelten Seitentrieben bis zur Hälfte.

Vollständiges Entfernen aller schlecht plazierten Triebe mit ungünstiger Winkelstellung.

Schnitt eines Buschbaums

Entfernen beschädigter oder abgestorbener Triebe und Äste im Sommer. Rückschnitt bis zur Stelle, an der Neutrieb gewünscht wird.

zum gesunden Holz auszuschneiden und mit einem Wundverschlußmittel zu verstreichen. Kranke und deformierte Äste und Triebe sind unbedingt zu entfernen.

Buschbaum
Der Pflanzschnitt erfolgt im Frühjahr bei Austriebsbeginn. Zur Bildung der Baumkrone werden 3-4 starke, nicht zu steile Seitentriebe ausgewählt und mindestens bis zur Hälfte auf eine Außenknospe zurückgeschnitten. Der oberste Trieb sollte ca. 90 cm über der Erde stehen. Überzählige Seitentriebe werden an der Basis entfernt. Diese Seitentriebe bilden das spätere Kronengerüst des Baumes. Soll der Baum als Hohlkrone erzogen werden, ist die Stammverlängerung über dem letzten Seitenast zu entfernen. Soll die Mittelachse erhalten bleiben, ist sie etwa 10 Knospen oberhalb des letzten Seitenastes abzuschneiden.

Im darauffolgenden zweiten Jahr werden 2-3 neugebildete Triebe der vorjährig angeschnittenen ausgewählt und zur Hälfte zurückgeschnitten. Auf eine gute räumliche Anordnung ist zu achten. Überflüssige Triebe werden entfernt. Das gleiche erfolgt mit 3-4 Trieben, die sich neu an der Stammverlängerung gebildet haben. Im dritten Jahr werden bei den meisten Sorten Kurztriebe mit Blüten gebildet, die den Ertrag einleiten. Ein leichter Überwachungsschnitt ist nun erforderlich.

Halbstamm
3-4 räumlich gut angeordnete Seitenäste werden belassen. Die Stammverlängerung ist über dem letzten Seitenast, ca. 1,35 m über dem Boden, zu entfernen. Die Seitenäste sind etwa um die Hälfte einzukürzen. Nicht benötigte Seitenäste sind an der Mittelachse zu entfernen. Die Schnittführung in den Folgejahren entspricht der des Buschbaums.

Spindelbusch
Der Spindelbusch hat eine pyramidale Grundform (siehe S. 390). Er unterscheidet sich nur gering von der bei Äpfeln beschriebenen Erziehungsform (S. 380). Steil aufrechte Triebe werden in eine waagrechte Position gebunden. Zu starke Triebe

Empfohlene Sorten (Forts.)

Späte Sorten
'Anna Späth' **P, EF, Ff, Vf**
'Black Amber' **J, EF, Ff, ***
'Cacaks Fruchtbare' **Z, F, Ff, Vf, ***
'Chrudimer' **Z, EF, Ff, Vf**
'Elena' **Z, F, Ff, Vf, ***
'Fellenberger Zwetsche' **Z, U, Ff, Vf, ***

'President'

'Große Grüne Reneklode' **R, EF, Ff**
'Hanita' **Z, F, Ff, Vf, ***
'Hauszwetsche' ('Deutsche Hauszwetsche', 'Bauernpflaume') **Z, F, Ff, Vf, ***
'Ortenauer' **Z, EF, Ff, Vf** ('Borzami Szilva')
'President' **P, EF, Ff**

'Chrudimmer'

'Stanley' **Z, F, Ff, Vf**
'TOP' **Z, F, Ff, Vf, ***
'Valjevka' **Z, EF, Ff, Vf, ***
'Valor' **P, EF, Ff, Vf, ***

Schlüssel
EF *Eingeschränkt selbstfruchtbar*
Ff *Frischfrucht*
F *Selbstfruchtbar*
Vf *Verarbeitungsfrucht*
***** *Gut im Geschmack*
(siehe auch Schlüssel S. 388)

Entwickelter Baum in Heckenerziehung

Frühjahrsschnitt

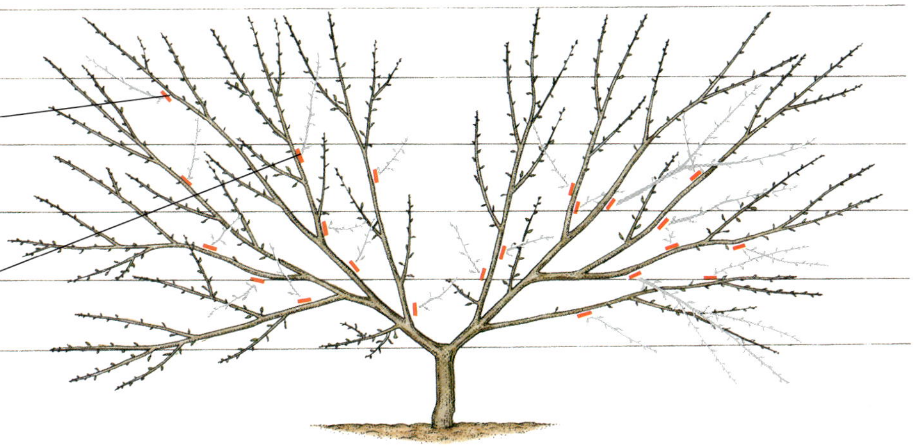

Dünne, neue Seitentriebe auf 10 cm zurückschneiden.

Wegschnitt aller steilen oder verdichtenden Seitentriebe.

Sommerschnitt

Binden und Heften von Seitentrieben an die Spanndrähte.

Rückschnitt nicht benötigter Triebe auf das 5.oder 6. Blatt.

Rückschnitt und Wegschnitt zu steiler, räumlich ungünstiger oder konkurrierender Triebe.

Nach der Ernte

Herbstbehandlung nach der Ernte mit Rückschnitt der Triebe auf das 3. Blatt, die im Sommer auf das 5. oder 6. Blatt eingekürzt wurden.

im Kopfbereich werden entfernt, untergeordnete, waagrechte Triebe zur raschen Fruchtproduktion belassen. Die pyramidale Grundform mit systematischer Verjüngung nach oben ist über die gesamte Lebensdauer des Baumes zu erhalten.

Hecke – Spalier
Die Grunderziehung wird beim Pfirsich erläutert (siehe S. 393). Die Leitäste werden längsformiert und an Spanndrähte geheftet. Untergeordnete Seitentriebe füllen den Raum zwischen den Spanndrähten. Nicht benötigte Triebe werden auf eine Knospe zurückgeschnitten. Bei einem etablierten, mehrjährigen Spalier werden im zeitigen Frühjahr ausladende und in die Breite wachsende Triebe entfernt oder eingekürzt. Ebenso erfolgt eine Begrenzung der Höhe. Verdichtungen und sehr dünne Triebe werden weggenommen. Wasserschosse sind schon nach der Ernte zu entfernen, dünne Triebe über dem 3. Blatt abzuschneiden.

Pyramide – Spindel
Gepflanzt werden seitenverzweigte ein- oder zweijährige Veredlungen mit Pfahl. Die Stammverlängerung wird bei 1,5 m angeschnitten. Alle Seitentriebe unter 45 cm Bodenhöhe werden entfernt. Seitentriebe über 20 cm Länge werden um die Hälfte zurückgeschnitten. Neu entstehende Triebe werden bei einsetzender Verholzung der Basis im Sommer auf 20 cm zurückgeschnitten, die Triebe 2. Ordnung auf 15 cm. Starke und senkrecht wachsende Triebe sind zu entfernen. Die Stammverlängerung wird mehrfach am Pfahl festgemacht und bei schwachwüchsigen Unterlagen ('Pixy') auf 2 m, bei mittelstarkwachsenden Unterlagen ('St Julien A') auf 2,5 m begrenzt. Starke Achsen- und Knospentriebe werden, soweit nicht benötigt, während der Vegetationsperiode entfernt. Wie bildlich dargestellt, muß die pyramidale Grundform mit leichtem Holz über die gesamte Lebensdauer des Baumes erhalten bleiben.

Ernte und Lagerung

Die Früchte werden bei voller Reife und Aromabildung geerntet. Zum Einfrieren und Einmachen sollten sie noch fest sein. Bei feuchtem Wetter ist auf Fäulnis zu achten, gleichfalls bei starkem Wespenbefall. Viele Sorten neigen bei regnerischem Wetter zum Platzen. Trocken gepflückte und unbeschädigte Früchte können in kühlen und dunklen Räumen mehrere Tage, in Kühlräumen bei 0-4°C mehrere Wochen gelagert werden.

Vermehrung

Sommerokulation bzw. Chip-Okulation ist die gebräuchlichste Vermehrungsart für Pflaumen. Pfropfungen in Form von Kopulation und Geißfuß sind zwar etwas problematischer, werden aber von Fachleuten gleichfalls praktiziert (siehe S. 372 und 373).

ZWETSCHENPYRAMIDE - SCHLANKE SPINDEL

1. JAHR, SCHNITT IM ZEITIGEN FRÜHJAHR

Rückschnitt der Stammverlängerung auf eine Außenknospe in 1,5 m Höhe.

Halbieren der Seitentriebe auf eine nach unten positionierte Knospe.

Wegschnitt aller Seitentriebe unterhalb von 45 cm.

1. JAHR, SOMMERSCHNITT

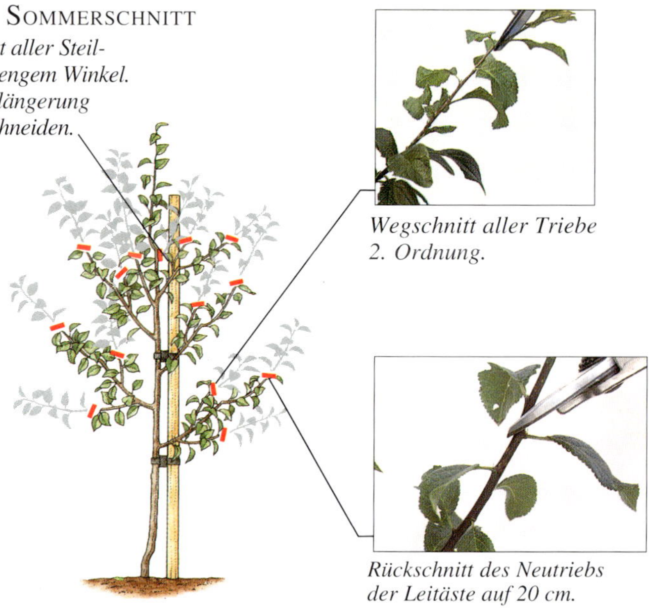

Wegschnitt aller Steiltriebe mit engem Winkel. Stammverlängerung nicht anschneiden.

Wegschnitt aller Triebe 2. Ordnung.

Rückschnitt des Neutriebs der Leitäste auf 20 cm.

2. JAHR, SCHNITT IM ZEITIGEN FRÜHJAHR

Einkürzen der Stammverlängerung um zwei Drittel vor Knospenaufbruch.

ERWACHSENE PYRAMIDE, SOMMERSCHNITT

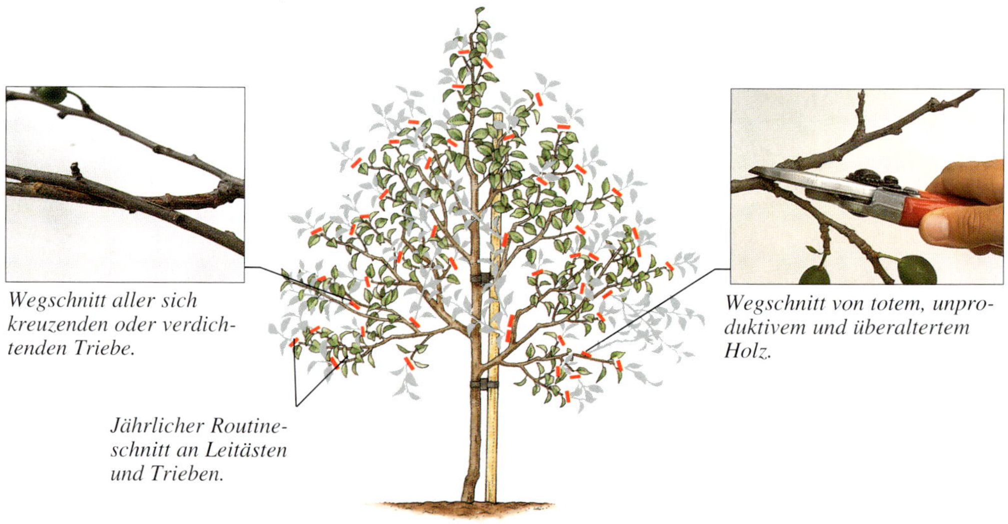

Wegschnitt aller sich kreuzenden oder verdichtenden Triebe.

Wegschnitt von totem, unproduktivem und überaltertem Holz.

Jährlicher Routineschnitt an Leitästen und Trieben.

Pfirsiche und Nektarinen *(Prunus persica* und *P.p.* var. *nectarina)*

Pfirsiche und Nektarinen wachsen in gemäßigten Klimagebieten. Es gibt gelb-, rosa- und weißfleischige Sorten. Bei den einen ist das Fleisch mit dem Stein verwachsen, andere sind steinlösend. Die Nektarine ist eine glattschalige Form des Pfirsich und erfordert eine ähnliche Behandlung, verlangt jedoch wärmere Bedingungen.

Pfirsiche und Nektarinen werden meist in Buschform gezogen, in mäßig warmem Klima eignet sich besser die Fächerform, da diese den Früchten ein Maximum an Sonnenlicht bietet.

Standort und Pflanzung

Pfirsiche sind Frühblüher, sie müssen daher vor Frost geschützt werden. Ideale Lagen sind Südwände.

Standort

Viel Sonne in geschützter Lage sagt Pfirsichen bestens zu. In kühleren Klimagebieten wird zumindest eine Südwand oder ein Gewächshaus benötigt. Pfirsiche in regenreichen Gebieten sind durch die Blattfall-Krankheit (S. 555) gefährdet. Tiefgründige, fruchtbare, leicht saure Böden (pH-Wert 6,5-7) sind ideal. Auf Sandböden benötigen Pfirsiche zusätzliche Düngung und Bewässerung; auf flachgründigen und kalkhaltigen Böden tritt oft Kalkchlorose auf.

Unterlagen

Die Pflaumenunterlage 'St. Julien A' eignet sich für mäßig stark wachsende Bäume; 'Brompton' wird verwendet, wenn mehr Wuchskraft gewünscht wird. Auch Pfirsichsämlinge nimmt man als Unterlagen, wobei starkwachsende und gegen Wurzelkropf-Nematoden resistente Selektionen bevorzugt werden.

Bestäubung

Fast alle Edelsorten sind selbstfruchtbar. Nur 'J. H. Hale' benötigt einen Pollenspender in der Nähe, der zur selben Zeit blüht (beim Einkauf beraten lassen). In Gebieten mit feuchtem oder unsicherem Wetter kann die Pollenübertragung mangelhaft sein; hier kann man durch Handbestäubung nachhelfen.

Handbestäubung

Sobald sich die Blüten geöffnet haben, überträgt man mit einem weichen Pinsel an einem warmen Tag die Pollen einer Blüte auf die Narbe einer anderen.

Pflanzung

Pfirsichbäume sollten in unseren Breiten im Herbst oder Frühjahr gepflanzt werden. Buschbäume bekommen für die ersten beiden Jahre einen Pfahl. Die Pflanzabstände sind nach Baumform und Unterlagenwahl verschieden.

Laufende Pflege

Einzelheiten, Pflege und Kulturarbeiten siehe »Pflege von Baumobst«, S. 366. Kalkchlorose kann zu Mangan- und Eisenmangel (siehe S. 555) führen, der möglichst früh behandelt werden muß. Bei Fächer-Erziehung können die sich entwickelnden Blätter gegen Kräuselkrankheit und Spätfrost bis zu einem gewissen Grad durch eine Polyäthylenfolie im Winter und im frühen Frühjahr geschützt werden.

Schutz für Fächer

Beim Laubfall wird der Baum mit einer Folie geschützt. Die Enden des Tunnels sind offen, so bleiben die Blattknospen trocken, und die Sporen der Kräuselkrankheit können nicht wachsen.

Fruchtausdünnung

Fruchtausdünnung ist erforderlich, um gesunde große Früchte zu bekommen. Sobald die Früchte haselnußgroß sind, dünnt man so aus, daß pro Büschel noch eine Frucht verbleibt. Bei Walnußgröße und nach dem natürlichen Fruchtfall wird weiter auf einen Abstand von 15-20 cm ausgedünnt. In warmen Regionen reichen kürzere Abstände.

Ernährung, Bewässerung und Mulchen

In Trockengebieten ist zusätzliche Bewässerung erforderlich, um

Empfohlene Pfirsichsorten

Alle Sorten bevorzugen mildes Weinbauklima und geschützte Standorte

'Earliglo'

Frühe 1
- 'Alexander' **wfl-gfl**
- 'Amsden' **wfl**
- 'Dixired' **gfl, stl**
- 'Earliglo' **gfl**
- 'Früher Roter Ingelheimer' **wfl, stl, ***
- 'Madame Rogniat' **wfl, stl**
- 'Starking Delicious' **gfl, stl, ***

Hauptsaison 2
- 'Cumberland' **wfl, stl, ***
- 'Hale Berta Giant' **gfl**
- 'Peregrine' **wfl**
- 'Red Haven' **gfl, stl, ***

Späte 3
- 'Fair Haven' **gfl, stl**
- 'Red Wing' **gfl, stl**
- 'Rekord aus Alfter' **gfl-wfl, stl**
- 'Roter Ellerstadter' **wfl, stl**
- 'South Haven' **gfl, stl**

'Peregrine'

Schlüssel

1	*Mitte Juli-Anfang Aug.*
2	*Mitte-Ende Aug.*
3	*Anfang-Ende Sept.*
gfl	*Gelbfleischig*
stl	*Steinlösend*
wfl	*Weißfleischig*
*	*Geeignet für Hausgärten*

Unterlagen

Pflanzabstände

Baumform	Unterlage	Abstand zwischen Bäumen	Abstand zwischen Reihen
Busch	'St Julien A'	5-5,5 m	5,5 m
	'Brompton' od. Pfirsichsämling	5,5-7,5 m	7,5 m
Fächer	'St Julien A'	3,5-5 m	

Fruchtausdünnung

1 *Pfirsiche so ausdünnen, daß pro Büschel eine Frucht verbleibt. Erst die Früchte zur Wand hin entfernen.*

2 *Später nochmals ausdünnen, damit alle 15-20 cm nur eine Frucht verbleibt.*

EMPFOHLENE NEKTARINENSORTEN

Frühe
'Ferrina'
'Miracosa'
'Nectared 4' **gfl**

Hauptsaison
'Crimson Gold' **gfl**
'Elruge'
'Fantasia' **gfl**
'Fusalode' **gfl-wfl**
'Nectared 5' **gfl**

Späte
'Nectarose' **wfl, ***

'Elruge'

SCHLÜSSEL
gfl/wfl *Gelb- bzw. weißfleischig*
* *Geeignet für Hausgärten*

Wachstum und Fruchtbildung zu unterstützen. Sobald sich der Boden im Frühjahr erwärmt hat, trägt Mulchen dazu bei, die Bodenfeuchtigkeit zu erhalten. Angemessene Stickstoff-Versorgung ist für das Triebwachstum und den Ertrag wichtig, und Kali fördert (Frost-)Härte und Fruchtqualität.

Schädlinge und Krankheiten
Pfirsiche können von Läusen (S. 550), Roter Spinne (S. 550), Ohrwurm (S. 548) und Wurzelkropf-Nematoden (S. 564) befallen werden. Krankheiten umfassen Pfirsich-Kräusel-Krankheit (S. 555), bakteriellen Krebs (S. 569), Gummifluß und Grauschimmel (S. 550).

Kultur unter Glas

Pfirsiche unter Glas werden am besten in Fächerform erzogen, so bekommen die Früchte ein Maximum an Sonne. Das Gewächshaus sollte eine Spannweite von mindestens 2,75 m haben. Wichtig ist fruchtbarer Boden mit genügend hohem Wasserhaltevermögen. Ein fertig erzogener Baum sollte an einem Gerüst stehen, an dem die Drähte 40 cm über dem Boden beginnen und jeweils im Abstand von 15 cm folgen. Die Drähte sollten ca. 20 cm Abstand vom Glas haben. Den Winter über muß voll gelüftet werden, damit die entsprechenden Frosttemperaturen erreicht werden.

Um den Wachstumsprozeß anzuregen, ist das Lüften im frühen Frühjahr zu reduzieren – nicht zu früh, wenn das Gewächshaus keine Heizung hat. Die Temperatur sollte bis zu 2 Wochen bei 8-10°C liegen und dann auf 20°C ansteigen.

Bäume unter Glas wachsen recht schnell; sie sind stets gut zu düngen und zu wässern.

Schnitt und Erziehung

Pfirsich- und Nektarinenbäume fruchten an vorjährigen Trieben. Die ersten Früchte entwickeln sich meist im 3. Jahr nach der Pflanzung. Der Schnitt hat zum Ziel, neues Wachstum anzuregen und Ersatztriebe zu schaffen, damit ein ausgewogenes Astwerk gebildet wird, das die Krone im Gleichgewicht hält.

Es gibt drei Arten von Knospen: dicke Fruchtknospen, kleine, spitze Triebknospen und Dreifachknospen mit einer runden Triebknospe in der Mitte und Fruchtknospen an jeder Seite (gemischte Knospe). Triebe, deren Größe und Wuchskraft einen Rückschnitt erfordern, sind bis auf eine Triebknospe oder wenn eine solche nicht vorhanden ist, bis auf eine gemischte Knospe zurückzuschneiden.

PFIRSICHBUSCH

1. JAHR, WINTERSCHNITT

3-4 starke Seitentriebe um zwei Drittel auf eine nach außen stehende Knospe kürzen.

Nicht benötigte Triebe schneidet man bis zum Stamm zurück.

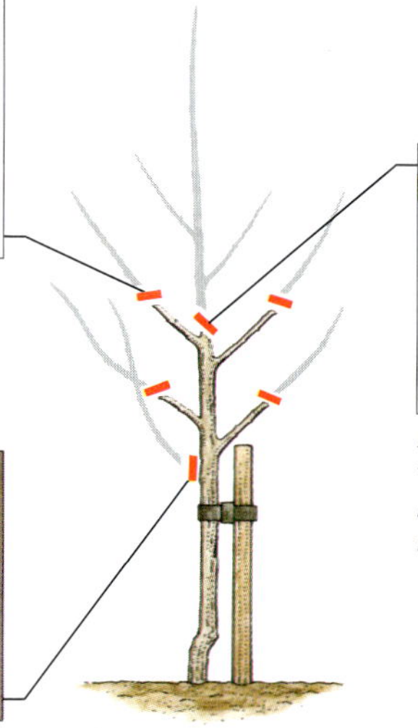

Den Mitteltrieb (Stammverlängerung) bis zum höchststehenden Seitentrieb zurückschneiden.

1. JAHR, SOMMERSCHNITT

Alle am Stamm sprießenden Seitentriebe unterhalb der Leittriebe wegschneiden.

Alle Triebe, die nach innen oder unten wachsen, herausschneiden.

2. JAHR, WINTERSCHNITT

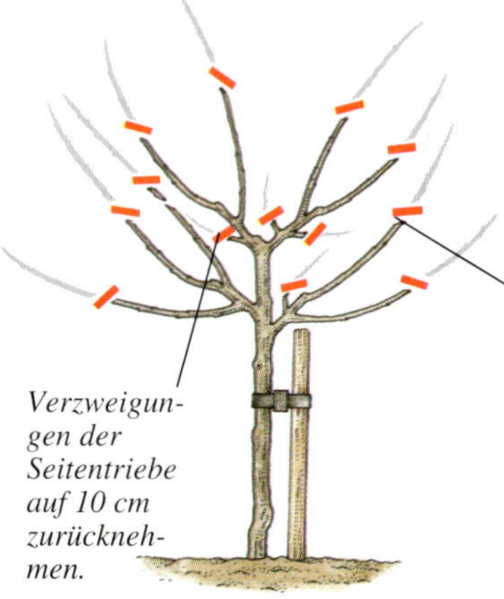
Verzweigungen der Seitentriebe auf 10 cm zurücknehmen.

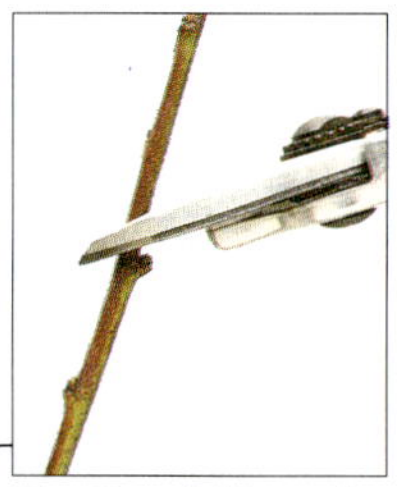
Zur Entwicklung der Leitäste vor Knospenaufbruch stärkste Seitentriebe (mit Verzweigungen) auf die Hälfte kürzen.

ERWACHSENER BUSCH, FRÜHER SOMMERSCHNITT

Rückschnitt auf eine Ersatzknospe oder einen Ersatztrieb an einem Viertel der abgetragenen Triebe.

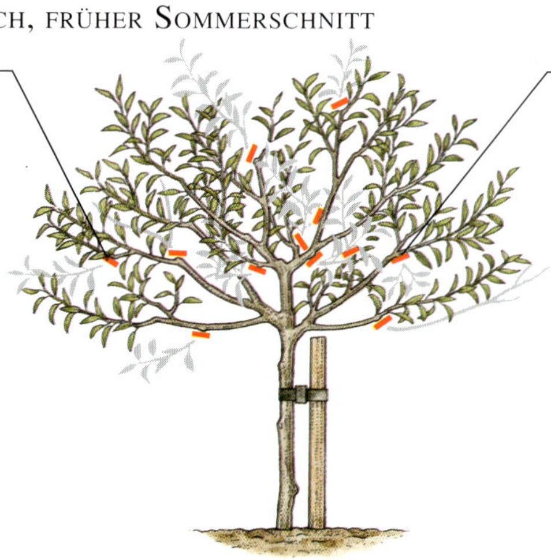

Altes, unproduktives Holz ebenso wie überzählige und sich kreuzende Triebe entfernen.

Busch

Man pflanzt ein verzweigtes Bäumchen im Herbst oder Frühjahr. Im zeitigen Frühjahr werden 3-4 starke, gleichmäßig um das Stämmchen verteilte Seitentriebe ca. 75-90 cm über dem Boden ausgewählt. Der Mitteltrieb wird unmittelbar über dem obersten ausgewählten Seitentrieb abgenommen. Jeder der ausgewählten Seitentriebe wird um zwei Drittel seiner Länge eingekürzt, alle übrigen werden ganz entfernt. Während des Sommers nimmt man auch sich entwickelnde oder ungünstig und zu tief stehende Triebe weg. Im folgenden Frühling, noch vor Knospenaufbruch, werden starke Seitentriebe und deren Verzweigungen für den Gerüstaufbau der Krone ausgewählt. Diese werden um etwa die Hälfte ihrer Länge auf eine Triebknospe zurückgeschnitten, alle übrigen Verzweigungen auf 10 cm.

Sobald die Krone voll aufgebaut ist, kommt es darauf an, jeden Sommer das Kroneninnere durch Rückschnitt einiger älterer, abgetragener Fruchttriebe offen zu halten. Vorkommende Wasserschosse entfernen.

Fächer

Ein Drahtgerüst wie für Apfelfächer (siehe S. 381) ist erforderlich. Nach der Pflanzung eines verzweigten Jungbaums (einjährige Veredlung) sind 2 seitliche Leittriebe ca. 30 cm über dem Boden auszuwählen und ist der Mitteltrieb unmittelbar darüber abzuschneiden. Die beiden ausgewählten Triebe werden auf ca. 40 cm zurückgeschnitten, um daraus die ersten 2 Arme zu formieren, indem sie im Winkel von 40° an Stützen befestigt werden. Alle übrigen Seitentriebe werden auf ein Auge – als Reserve, bis sich die beiden Arme zufriedenstellend entwickelt haben – zurückgeschnitten.

Im Laufe des Sommers werden die Leitäste und ausgewählte Seitentriebe so, wie sie sich entwickeln, an Stäbe geheftet, und damit wird der Aufbau des Fächers begonnen. An jedem Leitast werden gleich weit von der Mitte entfernt auf der Oberseite 2 und auf der Unterseite 1 Trieb ausgewählt und in die gewünschte Richtung gebunden. Die anderen Triebe am Stamm schneidet man auf ein Blatt zurück; alle übrigen Triebe an den Leitästen, die ungünstig stehen, werden entfernt. Vor dem Knospenaufbruch im 2. Frühling sind die beiden Leitäste um ca. ein Drittel ihrer Länge auf gut ausgebildete Knospen zurückzuschneiden, um Austrieb und Fächeraufbau zu fördern.

Im Frühsommer ist das Heften der Triebe fortzusetzen. Schwache Triebe werden zurückgeschnitten, zu starke, steil oder in falscher Richtung stehende sind zu entfernen.

Im folgenden frühen Frühling werden die neuen Triebe um ein Viertel gekürzt. Während des 3. Sommers sind weitere Triebe für die Garnierung der Leitäste des Fächers auszuwählen und zu heften. Der freie Raum in der Mitte der Baumkrone wird bald von Seitentrieben ausgefüllt sein. Dünne, aus den Hauptästen entspringende Seitentriebe sind im Frühjahr auf 10-15 cm einzukürzen. Dabei sind die Triebe zu schonen, die von Natur aus in der Ebene des Fächers wachsen, während die nach außen oder innen zur Wand wachsenden zurückzuschneiden sind. Die verbleibenen Triebe sind anzubinden, denn sie sollen im folgenden Jahr fruchten. Sich kreuzende Zweige sind auf 4-6 Blätter zurückzunehmen.

Routineschnitt

Ziel des Frühjahrsschnitts ist, jährlich eine Ergänzung von günstig stehenden jungen Trieben zu erreichen. An der Basis eines jeden Blütentriebes, der im kommenden Sommer Früchte tragen wird, stehen gewöhnlich 2 Knospen oder junge Triebe. Eine Knospe (Trieb) sollte entfernt werden, damit zu starkes Wachstum vermieden wird. Die verbliebene Knospe (Trieb) wird im Jahr darauf Früchte bringen. Eine zweite Knospe etwa in der Hälfte des Triebes kann als Reserve verbleiben für den Fall, daß die andere Knospe geschädigt wird. Nach der Ernte wird das abgetragene Fruchtholz herausgeschnitten, und junge Ersatztriebe aus der Basis der herausgeschnittenen werden in das Gerüst eingebunden. Der Vorgang ist jährlich zu wiederholen. Wenn im Astgerüst Platz genug ist, können auch 2 Ersatztriebe eingebaut werden. Ohne Schnitt würde ein Pfirsichbaum bald von altem, unfruchtbarem Holz durchwachsen sein.

PFIRSICHFÄCHER

1. JAHR, WINTERSCHNITT

Nach jeder Seite einen Seitentrieb auswählen (30 cm über dem Boden), um daraus die Hauptarme zu erziehen. Mitteltrieb abschneiden.

Jeden Arm auf ca. 40 cm an einer gut ausgebildeten Knospe abschneiden, damit die Bildung von Seitentrieben angeregt wird.

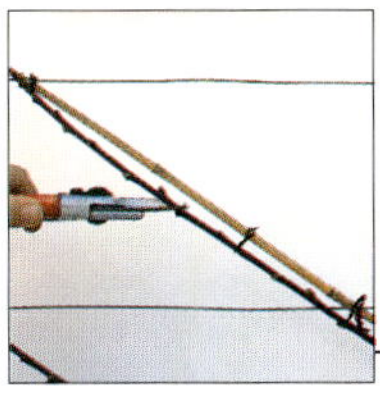

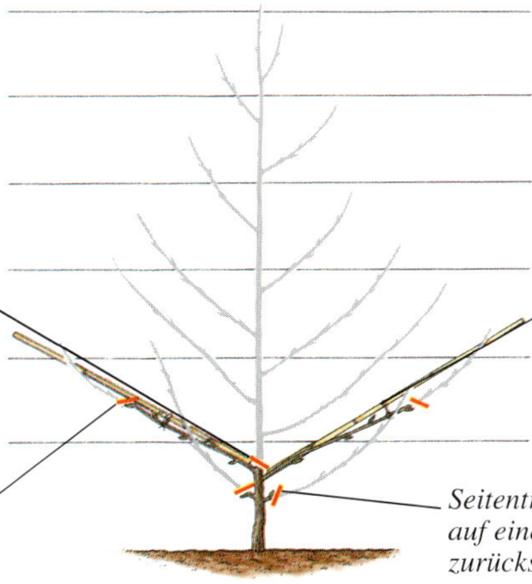

Seitentriebe darunter auf eine Knospe zurückschneiden.

Jeden Hauptarm an einen Bambusstab binden, der am Draht befestigt ist.

1. JAHR, SOMMERSCHNITT

2 Seitentriebe an der Spitze jedes Hauptarms und einen darunter an die Stäbe binden. Weitere Triebe auf 1 Blatt zurückschneiden.

2. JAHR, WINTERSCHNITT

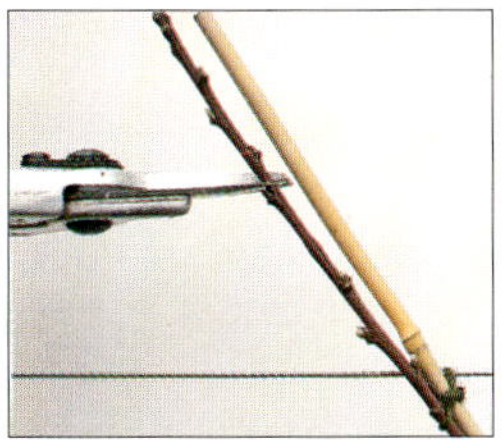

Im frühen Frühjahr Zuwachs beider Hauptarme um ein Drittel auf gut ausgebildete, nach außen zeigende Knospen zurückschneiden.

2. JAHR, SOMMERSCHNITT

Seitentriebe durch Anheften an Stäbe ins Gerüst einordnen.

Falsch wachsende Seitentriebe an der Basis entfernen, alle Triebe unterhalb der Hauptarme ebenso.

3. JAHR, WINTERSCHNITT

Jeden der Hauptäste um ein Viertel zurückschneiden, um weiteres Wachstum zum Aufbau des Astgerüsts anzuregen.

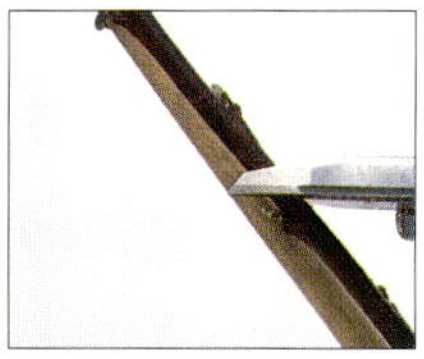

3. JAHR, FRÜHER SOMMERSCHNITT

Dünne, junge Seitentriebe werden auf 10-15 cm gekürzt. Entspitzen Sie alle Triebe, die in falscher Richtung (zur Wand oder zum Zaun hin) wachsen.

3. JAHR, SOMMERSCHNITT

Jeder Trieb, der die Hauptäste kreuzt, wird auf 4-6 Blätter zurückgeschnitten.

Seitentriebe, die sich ins Astgerüst einbauen lassen, werden angeheftet. Diese Triebe sollen im nächsten Jahr fruchten.

ERWACHSENER FÄCHER, SCHNITT NACH DER ERNTE

Alles abgetragene Fruchtholz bis zu einem passenden Ersatztrieb an der Basis zurückschneiden.

Den Ersatztrieb ins Astwerk einbinden, um die Lücke zu füllen. Diese Triebe sollten gleichmäßig über den ganzen Fächer verteilt werden.

Ernte und Lagerung

Pfirsiche müssen zur Ernte ganz reif sein. Die Frucht wird in der Handfläche gehalten und mit mäßigem Druck durch den Daumen in der Nähe des Stiels abgenommen. Läßt sich das Fruchtfleisch durch leichten Druck eindrücken, ist die Frucht pflückreif. Wegen des vorzüglichen Aromas werden Pfirsiche und Nektarinen sobald wie möglich nach der Ernte verzehrt. Wenn notwendig, können sie einige Tage in einem mit weichem Material ausgelegten Behälter gelagert werden.

Vermehrung

Pfirsiche und Nektarinen werden gewöhnlich durch Chip- oder T-Schnitt-Okulation im Sommer (siehe S. 372 und 373) vermehrt. Sämlinge (unveredelt) sind in ihrer Qualität sehr unterschiedlich.

Aprikosen *(Prunus armeniaca)*

Aprikosen sind schwieriger zu kultivieren als viele andere Obstarten. Nicht alle Edelsorten gedeihen in jedem Gebiet; bei der Auswahl der Bäume läßt man sich am besten beraten. Das Kältebedürfnis der Aprikose liegt bei 350-900 Stunden unter 7°C. Die meisten Edelsorten blühen sehr früh im Frühjahr.

Auch in trockenen, sonnenreichen Lagen kann ein zugiger Standort Ursache für erheblichen Knospenfall sein. In kühlen Klimagebieten können Aprikosen unter Bedeckung oder als Spalier vor einer warmen Wand gezogen werden.

Standort und Pflanzung

Aprikosenbäume sollten in sonnigen, geschützten, frostfreien Lagen gepflanzt werden. In kühlen Gebieten kann man sie vor einer sonnigen Wand oder im Gewächshaus ziehen, um die Blüten vor Frost und tiefen Temperaturen im Spätwinter und frühen Frühjahr zu schützen. Tiefgründiger, leicht alkalischer Lehmboden ist ideal für Aprikosen. Weniger gut gedeihen sie in sandigen und kalkhaltigen Böden. Es empfiehlt sich, auf schwerere Böden auszuweichen. Als Unterlagen werden meist Aprikosen- oder Pfirsichsämlinge verwendet. Pfirsichsämlinge vertragen feuchte Standorte besser als Aprikosensämlinge und bleiben als Bäume kleiner. Die häufig verwendete Pflaumenunterlage 'St Julien A' wächst mäßig stark.

Aprikosen sind selbstfertil; in kühlen Gegenden sollten die Blüten von Hand bestäubt werden.

Die Pflanzung erfolgt im Spätherbst oder im Vorwinter (siehe »Pflanzabstände«, S. 395) vor Knospenaufbruch. Buschbäume sollten in den ersten beiden Jahren einen stützenden Pfahl bekommen.

PFLANZABSTÄNDE

BAUMFORM	UNTERLAGE	ABSTAND ZWISCHEN BÄUMEN	ABSTAND ZWISCHEN REIHEN
Busch	'St Julien A'	4,5-5,5 m	5,5 m
	Pfirsich- oder Aprikosensämling	5,5-7 m	7 m
Fächer (Spalier)	'St Julien A'	4,5-5,5 m	

Laufende Pflege

In warmen Regionen, wo meist hohe Erträge zu erwarten sind, kann das Ausdünnen der Blüten erforderlich werden, um der Alternanz entgegenzuwirken (siehe S. 376). Ungünstig stehende Fruchttriebe schneidet man zurück; die Fruchtausdünnung erfolgt, sobald Früchte von selbst abgefallen sind bzw. die Steine sich auszubilden beginnen. Es soll nur eine Frucht je Büschel verbleiben und ca. 7 cm Abstand zwischen den Früchten sein.

In kühlen Gebieten kommt es häufig zum Absterben ganzer Zweige. Befallene Triebe sind sogleich bis in das gesunde Holz zurückzuschneiden. Vögelschäden (S. 561), Ohrwürmer (S. 548), Bakterienkrebs (S. 569), Wurzelbräune (S. 562) und Gummifluß (vgl. Pflaume, Krankheiten und Schädlinge, S. 388) können auftreten.

Schnitt und Erziehung

Früchte bilden sich sowohl an einjährigen Trieben wie auch an älteren Seitentrieben. Der Schnitt dient der Erhaltung der Form des Baumes und der Entfernung alten Holzes. Falls junge Bäume zu stark wachsen kann ein Wurzelrückschnitt erfolgen (S. 370). Schnitt und Erziehung eines Aprikosenbuschs entsprechen dem einer Pflaume (S. 388).

Die Anfangs-Erziehung entspricht der eines Pfirsichfächers. An einem fertig aufgebauten Fächer sind die jungen Triebe auf einen Abstand von 10-15 cm zurückzuschneiden, ebenso Triebe, die nach unten, ins Kroneninnere oder zur Wand hin wachsen. Konkurrenztriebe sind auf 6 Blätter zu kürzen; alle Seitentriebe werden im Spätsommer auf ein Blatt zurückgenommen. Nach der Ernte Konkurrenztriebe auf 3 Blätter einkürzen.

Ernte

Die Ernte erfolgt, sobald die Früchte voll reif sind und sich leicht vom Stiel lösen. Aprikosen sollten sofort verbraucht werden.

Vermehrung

Aprikosen können durch Chip-Veredlung oder durch T-Okulation vermehrt werden (siehe S. 372 u. 373), wobei Pfirsichsämlinge oder 'St Julien A' als Unterlagen dienen.

EMPFOHLENE APRIKOSENSORTEN
(Alle Sorten bevorzugen warmes Klima und geschützte Lagen)

Frühe 1
'Ambrosia' **gr, stl**
'Aprikose von Breda' **mgr, stl**
'Mombacher Frühe'
'Priana' **mgr, stl**

'Orangered'

Hauptsaison 2
'Hargrand'
'Marena' **gr, stl**
'Orangered'
'Temporao de Vila Franca' **mgr, stl**
'Wahre Große Frühaprikose' **gr, stl**

Späte 3
'Nancy Aprikose' **gr, stl**
'Polonaise'
'Ungarische Beste' **mg, stl**

SCHLÜSSEL
1 *Mitte-Ende Juli*
2 *Ende Juli-Anfang Aug.*
3 *Anfang-Mitte Aug.*
gr *Große Frucht*
mgr *Mittelgroße Frucht*
stl *Steinlösend*

ERWACHSENER APRIKOSENFÄCHER, FRÜHER SOMMERSCHNITT

Sobald die jungen Seitentriebe zu verholzen beginnen, werden sie ins Astwerk eingebunden.

Triebe, die nach unten, zur Wand oder zum Drahtgerüst wachsen, werden weggeschnitten.

Nicht als Ersatztriebe benötigte Seitenzweige werden auf 5-6 Blätter zurückgenommen.

FREISCHNEIDEN

Junge Triebe auf einen Abstand von 10-15 cm auslichten und an das Drahtgerüst heften.

SPÄTER SCHNITT

Die im Frühjahr auf 6 Blätter zurückgesetzten Seitentriebe nach der Ernte auf 3 Blätter einkürzen.

Süßkirschen *(Prunus avium)*

Süßkirschen können eine Höhe und Breite von 7,5 m und mehr erreichen. Da die meisten Sorten selbststeril sind, müssen 2 Bäume verschiedener Sorten in der näheren Umgebung vorhanden sein. Bis jetzt sind keine Unterlagen bekannt, die zuverlässig schwachwachsende Bäume erzeugen (siehe S. 396), deshalb passen Süßkirschen wegen ihres starken Wuchses besser in größere Gärten. Für den Hausgarten sollte eine selbstfruchtbare Sorte gewählt werden, am besten als Fächer an einer Wand, weil dadurch der Wuchs vermindert wird und es leichter ist, die Bäume vor Vögeln und vor Regen (Platzen der Früchte) zu schützen. Süßkirschen haben einen Kältebedarf von 800-1200 Stunden unter 7°C. Von Hybridkirschen nimmt man an, daß sie Kreuzungen zwischen Süß- und Sauerkirschen sind. Allerdings sind sie wenig verbreitet. Wo sie aber gewählt worden sind, stellen sie ähnliche Anforderungen an Pflege und Pflanzabstände wie Süßkirschen.

Standort und Pflanzung

Süßkirschen brauchen einen warmen, geschützten Standort, um eine gute Ernte zu bringen. Wichtig ist, Sorten zu wählen, die sich untereinander befruchten können.

UNTERLAGEN

'Colt' 'Malling F12/1'

EMPFOHLENE SÜSSKIRSCHENSORTEN

Frühe
'Burlat' **mfr, 1.-2. Kw, Ub**
'Early Rivers' **fr, 1. Kw, Ub**
'Moreau' **mfr, 1.-5. Kw, Ub**

Mittelfrühe
'Merton' **mfr, 4. Kw, Ub**
'Starking Hardy Giant' **mfr, 4.-5. Kw, Ub**
'Van' **mfr, 4.-5. Kw, Ub**

Späte
'Hedelfinger' **sp, 4.-5. Kw, Ub**
'Lapins' **msp, sf, 4.-5. Kw**
'Napoleon' **msp, 4.-5. Kw, Ub**
'Regina' **sp, 7.-8. Kw, Ub**

'Hedelfinger'

SCHLÜSSEL
fr *Früh*
mfr *Mittelfrüh*
msp *Mittelspät*
sp *Spät*
sf *Selbstfruchtbar*
Kw *Kirschwoche (1. Kw ist im allg. 1. Juniwoche)*
Bs1 *Befruchtersorte 1*
Ub *Universalbefruchter*

Standort
Wählen Sie einen sonnigen und geschützten Standort. Wenn die Kirschen als Fächer gezogen werden, muß das Gerüst wenigstens 2,5 m hoch und 5 m breit sein. Voraussetzung ist tiefgründiger und wasserdurchlässiger Boden; Bäume auf flachgründigen, nährstoffarmen Böden tragen nur kleine Früchte und sterben früher ab.

Unterlagen
'Colt', eine halb-schwachwachsende Unterlage, ist für Buschbäume, Fächer und kleine Gärten geeignet. 'Malling F 12/1', die sehr starkwachsend ist, nimmt man, wo Platz genug zur Verfügung steht. Die neuen schwachwachsenden Unterlagen, wie 'Inmil', 'Camil', 'Weiroot' u.a. sind noch im Versuchsstadium.

Befruchtung
Die Befruchtungsverhältnisse bei Süßkirschen sind kompliziert. Die Mehrzahl der Sorten ist selbstunfruchtbar, viele gehören zu Gruppen, innerhalb derer jede Kombination unfruchtbar ist. Falls man nicht eine selbstfruchtbare Sorte gekauft hat, ist es wichtig, 2 Bäume zu wählen, die aus verschiedenen Gruppen stammen und die zur gleichen Zeit blühen. Einige Süßkirschen sind Universal-Befruchter.

Pflanzung
Süßkirschen mit offenen Wurzeln können im Herbst oder im frostfreien Winter gepflanzt werden oder zu jeder Zeit, wenn sie in Containern gezogen wurden. Die notwendigen Gerüste für Fächer sollten vor der Pflanzung errichtet werden. 5-5,5 m Zwischenraum zwischen Fächern sowie zwischen schwachwachsenden Bäumen reichen aus.

Laufende Pflege

Fruchtausdünnung ist nicht nötig. Neben Mulchen ist keine oder nur wenig Düngung notwendig. Süßkirschen benötigen an trocknen Standorten kräftige Bewässerung. Plötzliche Bewässerung nach Trockenheit kann Platzen der Früchte hervorrufen. Wenn die Früchte beginnen, Farbe zu bekommen, müssen sie vor Vögeln durch Überspannen der Spaliere mit Netzen geschützt werden.

Die häufigsten Schädlinge und Krankheiten, die Süßkirschen befallen, sind Vögel (S. 561), die Schwarze Kirschenblattlaus (S. 550), Frostspanner (S. 549), Monilia Spitzendürre (S. 562), Bleiglanz (S. 551), Bakterienkrebs (S. 569) und Kirschfruchtfliege. Zweige mit Zeichen von Bleiglanz oder Bakterienkrebs sollten entfernt werden.

Schnitt und Erziehung

Süßkirschen fruchten an Fruchtspießen am zweijährigen oder am älteren Holz. Erwachsene Bäume sollten im Sommer geschnitten werden, um das vegetative Wachstum zu hemmen und die Bildung von Fruchtknospen anzuregen. Halbstämme wie Pflaumenbüsche schneiden (siehe S. 388).

Fächer
Fächer für Süßkirschen werden wie für Pfirsiche erstellt (siehe S. 393). Wenn jedoch an einem fächerförmigen einjährigen Trieb passend plazierte Seitenzweige vorhanden sind, so ist es besser 4 als 2 Seitentriebe zu wählen, um den Aufbau des Spaliers zu beschleunigen. Man bindet diese Seitentriebe an Stöcke, die so an den Drähten befestigt sind, daß sie im Winkel von 35-45° zum Stamm stehen. Im Frühjahr, das der Pflanzung folgt, schneidet man die ausgewählten Triebe auf 45-60 cm zurück und entfernt alle anderen Seitentriebe.

Während des Sommers wählt man 2-3 gut plazierte Triebe von jedem Zweig und bindet sie dazwischen, um den vorhandenen Raum zu füllen. Die übrigen werden entfernt. Alle Zweige am jungen Baum sollten beim Aufbrechen der Knospen (nie früher) entspitzt werden, um das Risiko des Befalls mit Bleiglanz und Bakterienkrebs zu vermindern.

An älteren Fächern können die Kurztriebe im Frühjahr ausgedünnt oder eingekürzt (siehe S. 378) und die Leitäste auf niedriger stehende Seitenäste zurückgeschnitten werden, um die Höhe zu reduzieren. Im Sommer kneift man alle Triebe nach der Ernte auf 6, später auf 3 Blätter weg, soweit sie nicht für das Gerüst benötigt werden. Aufrechter oder sehr kräftiger Wuchs sollte entfernt oder waagrecht gebunden werden.

Ernte und Lagerung

Die Früchte werden vollreif und mit Stiel gepflückt und unmittelbar verzehrt oder gekocht. Festfleischige werden eingefroren.

Vermehrung

Chip-Veredlung oder Okulation mit T-Schnitt sind die häufigsten Arten der Veredlung (siehe S. 372 u. 373). Die Unterlage 'Colt' ist mit allen Sorten verträglich.

ERWACHSENER SÜSSKIRSCHFÄCHER, SOMMERSCHNITT

Festbinden der Seitentriebe, die benötigt werden, um altes Holz zu ersetzen oder Lücken zu schließen.

Jeder Neuzuwachs, der nicht benötigt wird, um das Zweiggerüst des Fächers aufzubauen, wird auf 5-6 Blätter zurückgeschnitten.

NACH DER ERNTE

Nach der Ernte alle Seitentriebe, die im Frühsommer auf 6 Blätter zurückgeschnitten wurden, auf 3 Blätter zurücknehmen.

Sauerkirschen *(Prunus cerasus)*

Sauerkirschbäume, die kleiner als Süßkirschbäume und dazu auch meist selbstfruchtbar sind, eignen sich besser für den Hausgarten. Auch die Art des Fruchtansatzes unterscheidet sich von der der Süßkirschen. Der Fruchtbehang wächst meist an den im vorjährigen Sommer entstandenen einjährigen Trieben heran.

Standort und Pflanzung

Standort- und Bodenansprüche sind etwa die gleichen wie für Süßkirschen (siehe S. 395), nur daß Sauerkirschen auch an nach Norden oder Osten zeigenden Wänden oder Zäunen gezogen werden können.

Die empfohlene Unterlage ist 'Colt', wie für Süßkirschen. Die weitverbreitete Sorte 'Schattenmorelle' sollte von einer guten Baumschule bezogen werden, da es schlechte, weniger fruchtbare Herkünfte gibt. Bäume, die als Büsche oder Fächer gezogen werden, sollten mit 4-5 m Abstand gepflanzt werden. Für Fächer ist eine Mindesthöhe von 2 m notwendig.

UNTERLAGEN

'Colt'

Laufende Pflege

Sauerkirschen haben die gleichen Kulturansprüche wie Süßkirschen (siehe S. 395). Größere Beachtung der Düngung, v.a. mit Stickstoffgaben, kann nötig sein. Es darf aber nicht überdüngt werden. An trockenen Standorten ist Bewässerung notwendig. Um die Früchte vor Vögeln zu schützen, sind sie einzunetzen (S. 367).

Schnitt und Erziehung

Sauerkirschen werden nach einem System geschnitten, durch das die ständige Nachlieferung von einjährigen Trieben angeregt werden soll, an denen der größte Teil der Früchte wächst. Durch Schnitt der Bäume im Frühjahr oder Sommer wird das Risiko von Bleiglanz verringert.

Fächer
Er wird wie ein Pfirsichfächer erzogen. Um neues Wachstum anzuregen, ist wegen des begrenzten Platzes ein Erneuerungsschnitt notwendig, sobald die Ernte begonnen hat. Im Frühjahr müssen an einem fertigen Fächer schlecht plazierte oder zu dicht stehende neue Triebe abgekniffen und die restlichen auf 10 cm Abstand ausgedünnt werden. Diese werden mit zunehmendem Wachstum an den Stützdrähten befestigt. 1 oder – wo es der Platz erlaubt – 2 der sich entwickelnden Triebe werden unten an jedem Fruchttrieb zurückbehalten. Einer von diesen beiden wird angebunden, um jeden Fruchttrieb zu ersetzen, der nach der Ernte abgeschnitten wird. Der zweite Trieb kann benutzt werden, wenn der erste beschädigt wurde oder um eine Lükke zu füllen. Um ältere Fächer zu verjüngen, wird am besten im Frühjahr oder Herbst auf passende junge Triebe an älterem Holz zurückgeschnitten.

SAUERKIRSCHSORTEN

'Ludwigs Frühe' **sf, 2.-3. Kw**
'Morellenfeuer' **mfr, sf, 5.-6. Kw**
'Schattenmorelle' **sp, sf, 6.-7. Kw**

›Morellenfeuer‹

SCHLÜSSEL
mfr *Mittelfrüh*
sp *Spät*
sf *Selbstfruchtbar*
Kw *Kirschwoche*

ERWACHSENER SAUERKIRSCHFÄCHER

FRÜHJAHRSSCHNITT

Alle schlecht plazierten jungen Triebe werden dicht am Holztrieb entfernt.

Die jungen, sich entwickelnden Triebe werden auf 10 cm Abstand ausgedünnt.

SOMMERSCHNITT NACH DER ERNTE

Jeder abgetragene Trieb wird auf einen passenden Ersatztrieb zurückgeschnitten.

Nachwachsende Triebe werden so gebunden, daß sie gleichmäßig verteilt sind. Sie fruchten im nächsten Jahr.

Alle schlecht verteilten Triebe, die sich entwickelt haben und nicht im Sommer weggenommen wurden, direkt am Holz entfernen.

FERTIGER SAUERKIRSCHBAUM, SCHNITT NACH DER ERNTE

Ein Viertel der abgetragenen Triebe wird auf Ersatztriebe ihrer Basis entfernt.

Jedes Jahr werden ältere oder unproduktive Seitentriebe zurückgeschnitten.

Buschbaum
Der Buschbaum wird ähnlich gestaltet, wie beim Pfirsich angegeben (S. 393). Nach dem 3.-4. Jahr, sobald der Busch fertig herangewachsen ist, wird Erziehungsschnitt notwendig. Im frühen Herbst, nach der Ernte, wird ein Viertel der abgetragenen Zweige entfernt, vorzugsweise zugunsten von einjährigen Trieben. Gleichzeitig wird altes Holz entfernt. Versäumt man den Schnitt, wird der Fruchtansatz nachlassen und sich auf die Außenhülle des Baumes begrenzen.

Ernte

Die Stiele werden mit der Schere abgeschnitten, da das Pflücken von Hand die Zweige beschädigen und Infektionen verursachen kann.

Vermehrung

Üblich sind Chip-Veredlung oder Okulation mit T-Schnitt. Alle Sorten sind mit 'Colt' und 'Malling F12/1' Unterlagen verträglich.

ERNTE DER SAUERKIRSCHEN

Bei der Ernte wird jeder Stiel am Seitentrieb abgeschnitten. Durch Pflücken von Hand könnte die Rinde beschädigt werden (Bakterienkrebs).

Persimonen *(Diospyros kaki)*

Persimonen sind laubabwerfende, langsamwachsende Bäume, die eine Höhe von 10-15 m und eine Ausbreitung von etwa 10 m erreichen. Die Früchte sind kugelförmig und nach der Reife gelb, orangefarben oder rot; manche Sorten haben samenlose Früchte.

In subtropischen Gebieten mit einer Mindesttemperatur von 10°C ist Freilandkultur möglich; Temperaturen um 16-22°C im Herbst sind ideal für Persimonen.

Die meisten Sorten benötigen eine Kälteperiode von nur 100-200 Stunden unter 7°C; zum Fruchten brauchen sie 1400 Stunden Sonne während der Wachstumsperiode.

Standort und Pflanzung
Der Standort sollte geschützt und sonnig sein. Wichtig ist durchlässiger, nährstoffreicher Boden mit einem pH-Wert von 6-7; reife Bäume vertragen Trockenheit relativ gut, müssen aber bewässert werden, wenn es in der Wachstumsperiode zu wenig regnet.

PERSIMONEN

Wüchsige Sämlinge von *Diospyros kaki* eignen sich als Unterlagen, am häufigsten wird dafür aber *D. virginiana* verwendet.

Bei den meisten Persimonensorten trägt ein Baum zwar männliche und weibliche Blüten, bei einigen aber nur die einen oder die anderen. Die beliebtesten Sorten haben nur weibliche Blüten; diese bringen auch ohne Befruchtung Früchte hervor, allerdings nur kleine, saure. Daher muß für Fremdbefruchtung eine Sorte mit männlichen Blüten danebenstehen. Meist reicht ein Befruchter für 8-10 Pflanzen mit weiblichen Blüten.

Tiefen Sie in den gut gedüngten Boden Pflanzlöcher; geben Sie organisches Material und Allzweckdünger zu. Der Pflanzabstand beträgt etwa 5 m.

Laufende Pflege
Tragen Sie alle 3-4 Monate rund um die Bäume Dünger auf, und zwar eine Allzweckmischung mit mittelhohem Stickstoffgehalt. Eine organische Mulchschicht hält die Feuchtigkeit im Boden, bei Trockenheit muß regelmäßig gewässert werden. Halten Sie den Boden um die Bäume unkrautfrei.

Die wichtigsten Schädlinge bei Freilandkultur sind Blasenfüße (S. 551), Wolläuse (S. 550), Schildläuse (S. 552) und Obstmaden (S. 563). Häufig sind auch die Rutenkrankheit (S. 559) sowie Anthracnose und andere Blattfleckenkrankheiten (S. 552).

Unter Glas können auch Schädlinge wie die Spinnmilbe (S. 550) und die Weiße Fliege (S. 550) zum Problem werden.

Kultur unter Glas
Im Gewächshaus werden Persimonen in vorbereitete Beete oder in Kübel von mindestens 35 cm Durchmesser gesetzt; verwenden Sie sehr nährstoffreiches Substrat, und arbeiten Sie Allzweckdünger mit mittelhohem Stickstoffgehalt ein. Halten Sie die Temperatur auf mindestens 16°C und die Luftfeuchtigkeit auf 60-70 Prozent. Wässern Sie während der Wachstumsperiode regelmäßig, und geben Sie alle 3-4 Wochen Allzweckdünger.

Für einen guten Fruchtansatz müssen die Blüten von Hand bestäubt werden (siehe »Handbestäubung«, S. 391). Im Sommer bringt man Topfpflanzen ins Freie und beläßt sie dort bis in den Herbst.

Schnitt und Erziehung
Die verschiedenen Sorten sind unterschiedlich im Wuchs. Zwerge und halbzwergige Sorten werden meist wie Spindelbüsche beim Apfel erzogen (siehe S. 380). Schneiden Sie die Bäume in den ersten 3 Jahren während der Ruheperiode, damit sich ein Astgerüst bildet. Danach wird eher sparsam geschnitten: Entfernen Sie zu dicht stehende, über Kreuz wachsende oder wenig fruchtende Äste, und schneiden Sie Leitäste jährlich um etwa ein Drittel des neuen Wuchses zurück.

Ernte und Lagerung
Schneiden Sie die reifen Früchte mit dem Kelch und einem kurzen Stiel.

EMPFOHLENE PERSIMONENSORTEN

'Fuyu'
'Gailey' (Befruchtersorte)
'Hachiya'

'Hanafuyu'

'Hanafuyu'
'Hayakume'
'Jiro'
'Tamopan'
'Zenjimaru' (Befruchtersorte)

In Folie verpackt halten sie bei 0°C 2 Monate.

Vermehrung
Persimonen können durch Samen, durch Veredlung, durch Stecklinge oder durch bewurzelte Ausläufer vermehrt werden.

Der Samen der reifen Früchte wird direkt in Töpfe gesät; bei 28°C keimt er meist in 2-3 Wochen. Nach 12 Monaten eignen sich die Sämlinge für die Veredlung.

Sorten werden durch Okulation (S. 372-373) oder durch Kopulation mit Gegenzungen (siehe S. 373) vermehrt. Krautige Stecklinge (siehe S. 55) schneidet man im Sommer, behandelt sie mit Bewurzelungshormon und gibt sie in einen bodenwarmen Vermehrungskasten mit Sprühnebel.

Bewurzelte Ausläufer trennt man von der Basis der Mutterpflanze ab.

Feigen *(Ficus carica)*

Die Feige ist eine der ältesten in Kultur befindlichen Obstarten und gehört zur Familie der Maulbeergewächse. Sie braucht eine Kälteperiode von 100-300 Stunden unter 7°C und gedeiht nur in Gebieten mit langer, heißer Wachstumsperiode.

Standort, Pflanzung

Feigen brauchen einen sonnigen Standort und in kühleren Gebieten schützende, wärmende Mauern oder Zäune. Sie gedeihen in leicht alkalischem, tiefem, nährstoffreichem Boden mit guter Wasserhaltekraft. Das Klima soll warm und trocken sein. Kühlere, feuchtere Bedingungen führen zu übermäßigem Wuchs und schlechten Erträgen. Liegt der pH-Wert unter 6, wird aufgekalkt.

Damit der Baum klein bleibt, beschränkt man die Ausbreitung der Wurzeln durch einen unterirdischen Schacht aus Beton oder Ziegeln. Dieser Schacht sollte 60 cm im Quadrat messen und 25-30 cm hoch mit Ziegel- oder Steinbrocken gefüllt sein; so ist die Drainage gesichert, ohne daß Wurzeln nach unten wachsen.

In gemäßigtem Klima können Feigen in Kübeln gezogen werden, die man an einen sonnigen, geschützten Platz stellt und bei kühlen, frostfreien Bedingungen überwintert. Der Behälter sollte einen Durchmesser von 30-40 cm und große Abzugslöcher haben; das Substrat soll lehmig sein.

Es gibt noch keine bestimmten Unterlagen, die Bäume wachsen auf ihren eigenen Wurzeln. Moderne Sorten sind selbstfertil.

Wählen Sie 2 Jahre alte Topfpflanzen, und pflanzen Sie sie im Winter, wobei Sie zuvor die Wurzeln vorsichtig aus dem Ballen herausziehen. Unbeschränkt wachsende Bäume brauchen 6-8 m Pflanzabstand, in einen Schacht gesetzte die Hälfte.

Laufende Pflege

Um die Fruchtembryos vor Frost zu schützen, bindet man eine dicke Schicht Stroh um die Äste. Entfernen Sie gleichzeitig auch unreife Früchte aus dem Vorjahr.

ANORDNUNG DER FRÜCHTE

Düngen, Wässern und Mulchen
Normalerweise muß nur im Frühjahr eine Mulchschicht aus gut verrottetem Stallmist aufgetragen werden; Bäume mit eingeschränktem Wurzelwachstum brauchen zusätzliche Nährstoffe. Sie können in Form eines wohl ausgewogenen Düngers (70 g/m^2) gegeben und im Sommer durch Flüssigdünger ergänzt werden. Überdüngung schadet!

Bei heißem, trockenem Wetter ist das Wässern wichtig, v.a. bei eingeschränktem Wurzelwachstum. Topfpflanzen müssen während der ganzen Wachstumsperiode regelmäßig gewässert werden. Umtopfen und Wurzelschnitt erfolgen alle 2 Jahre.

Schädlinge und Krankheiten
In Freilandkultur sind Feigen meist problemlos, nur Wespen (S. 563) und Vögel (S. 561) fressen die Früchte manchmal an. Unter Glas können Spinnmilben (S. 550), Wolläuse (S. 550), Weiße Fliegen (S. 550), Wespen (S. 563), Mäuse (S. 566) und *Nectria*-Krebs (S. 568) auftreten.

Kultur unter Glas

In kühlen Gebieten können Feigen in Fächererziehung unter Glas kultiviert werden, wo die Erträge besser sind als im Freiland. Das Wurzelwachstum muß beschränkt werden. Sobald das Wachstum einsetzt, wird regelmäßig gewässert, bis die Früchte zu reifen beginnen, dann weniger, damit sie nicht platzen. Geschnitten wird wie bei Freilandkultur, aber mehr mit offener Mitte, damit Blätter und Früchte möglichst viel Licht erhalten.

Schnitt und Erziehung

Bei warmem Klima müssen Feigen nur leicht geschnitten werden, und sie werden meist als Büsche gezogen. 2 Ernten pro Saison sind die Regel, die erste besteht aus Embryofeigen (etwa erbsengroß), die noch aus der letzten Saison stammen, die Haupternte bildet sich und reift im selben Sommer. Inzwischen entwickeln sich bereits wieder die nächsten Fruchtembryos.

Bei kühlem Klima werden Feigen als offene Büsche oder Fächer erzogen. Nur die erste Ernte aus den Fruchtembryos kann heranreifen.

ERWACHSENER FEIGENBUSCH

FRÜHJAHRSSCHNITT

Schneiden Sie frostge-schädigte Triebe auf gesundes Holz zurück, und dünnen Sie ungünstig wachsende aus.

Einen Teil der Triebe oder Äste auf 1 Knospe zurückschneiden, um Wuchs anzuregen.

SOMMERSCHNITT

Knipsen Sie die Spitze jedes neuen Triebs aus, sobald sich 5-6 Blätter gebildet haben.

Büsche
Kaufen Sie einen Baum mit 3-4 Ästen, die ca. 60 cm über dem Grund entspringen. Schneiden Sie diese im ersten Winter auf die halbe Länge zurück, so bilden sich weitere Äste, und ein Grundgerüst entsteht. Topfpflanzen sollten sich 35 cm über dem Grund verzweigen, damit sie kompakt und nicht kopflastig werden.

Der Schnitt aufgebauter Bäume hängt vom Klima ab. Im warmen Klima kürzt man ausladende Äste im Frühjahr auf mehr senkrechte Triebe und beläßt einigen Wuchs in der Mitte des Baumes, damit die Sonne die Rinde nicht versengt. Bei kühlerem Klima entfernt man alle dichten, sich überkreuzenden oder vom Frost beschädigten Äste und hält die Mitte offen, indem man alle aufrechten Triebe wegnimmt und auf Knospen an der Unterseite der Äste zurückschneidet.

Kahles Holz wird auf eine Knospe zurückgeschnitten, um neuen Wuchs zu fördern. Im Sommer knipst man für den Fruchtansatz neue Triebe oder Seitentriebe auf 5-6 Blätter aus.

Fächer
Pflanzen Sie einen zweijährigen Baum mit 2-3 kräftigen Trieben. Binden Sie die 2 am besten geeigneten wie beim Pfirsichfächer (siehe S. 393) nach unten, und kürzen Sie die Spitze leicht. Bäume ohne geeignete Seitentriebe werden auf etwa 40 cm zurückgeschnitten, um den seitlichen Wuchs zu fördern. Nun wird der Fächer wie bei Pfirsichen geformt, nur mit mehr Abstand zwischen den Ästen, da die Blätter der Feigen größer sind.

Beim aufgebauten Fächer wird im Vorfrühling altes Fruchtholz, frostgeschädigtes oder störendes Holz entfernt, das jüngere Holz bleibt. Kürzen Sie auch einen Teil der jüngeren Triebe auf eine Knospe, damit sich nahe den Ästen neuer Wuchs

EMPFOHLENE FEIGEN

Frühe Sorten
'Black Ischia' *
'St Johns' *
'White Marseilles' *

Mittelfrühe
'Brown Turkey'
'Brunswick'
'Negro Largo' *

'Brown Turkey'

Späte
'Bourjasotte Grise'

SCHLÜSSEL
* *Gut im Geschmack*

bildet. Füllen Sie Lücken möglichst durch ungeschnittene Sprosse, und entfernen Sie alle übrigen. Knipsen Sie die Spitzen neuer Triebe im Hochsommer auf 5 Blätter aus. Die entstehenden jungen Triebe sollten die überwinternden Fruchtembryos hervorbringen.

Ernte und Lagerung

Pflücken Sie die Früchte, wenn Sie voll ausgereift sind; sie hängen dann nach unten, fühlen sich weich an und haben oft leichte Risse. Feigen werden am besten frisch, aber auch getrocknet gegessen.

Vermehrung

Bei Aufzucht aus Samen ist die Fruchtqualität recht unterschiedlich. Verwenden Sie Steckhölzer vom einjährigen Holz ausgewählter Sorten. Schneiden Sie sie 30 cm lang, und stecken Sie sie in den vorbereiteten, gut durchlässigen Boden. Als Frostschutz dient ein Folienzelt.

ERWACHSENER FEIGENFÄCHER

FRÜHJAHRSSCHNITT

Nach dem letzten Frost schneidet man alle beschädigten Triebe auf den Ansatz zurück.

Schneiden Sie einen Teil der jungen Triebe auf 1 Knospe zurück; die neuen Triebe werden die Fruchtembryos bilden.

Binden Sie die Triebe gleichmäßig über den ganzen Fächer verteilt ein.

Schneiden Sie ungünstig wachsende Triebe auf den Ansatz oder einen passenden Trieb 2. Ordnung zurück.

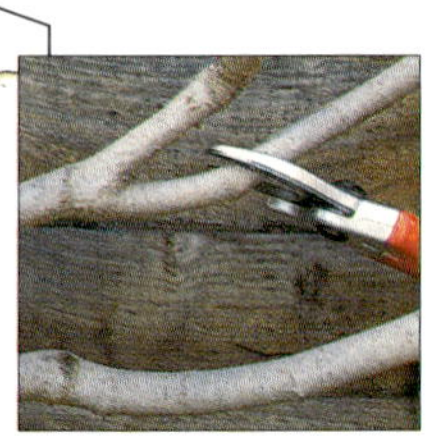

Kürzen Sie einen Teil des alten, kahlen Holzes auf 1 Knospe oder 1 Knoten, um jungen Wuchs zu fördern.

SOMMERSCHNITT

Knipsen Sie junge Triebe auf 5 Blätter aus, damit sich in den Blattachseln Fruchtembryos bilden.

Maulbeeren *(Morus nigra)*

Schwarze Maulbeeren werden meist 6-10 m hoch und als Obstbäume gezogen. Sie benötigen eine lange Kälteperiode, das Wachstum setzt erst spät ein.

Standort und Pflanzung
Bevorzugt werden feuchte, leicht saure Böden. Maulbeeren wachsen meist auf den eigenen Wurzeln und sind selbstfertil. Gepflanzt wird im Spätherbst oder Frühjahr mit Abständen von 8-10 m.

Laufende Pflege
Die Kultur erfolgt ähnlich wie bei Äpfeln (siehe S. 376). Mulchen und wässern Sie bei Trockenheit. Schädlinge und Krankheiten sind selten.

Schnitt und Erziehung
Maulbeeren werden als Halb- oder Hochstämme gezogen. Geschnitten wird leicht, bis sich ein kräftiges Gerüst aus 4-5 Ästen entwickelt hat, danach entfernt man nur noch störende oder zu dicht stehende Äste. Die Bäume müssen im Winter, also in der Ruheperiode, geschnitten werden, da sowohl Triebe als auch Wurzeln zwischen Vorfrühling und Herbst nach Schnitt oder Beschädigung stark bluten. Tritt eine Blutung auf, sind die Wunden möglichst rasch mit einem heißen Schürhaken oder anderem Metallgegenstand auszubrennen.

Ernte und Lagerung
Pflücken Sie die vollreifen Früchte im Spätsommer, oder schütteln Sie sie auf ein Stück Plastikfolie, die Sie unter dem Baum ausbreiten. Maulbeeren werden frisch gegessen.

Vermehrung
Maulbeeren können durch Absenken oder Abmoosen (siehe S. 88) oder durch Steckhölzer (ca. 15 cm lang) vermehrt werden, die man mit Keil abnimmt (S. 85).

SCHWARZE MAULBEERE

Wein

WEIN verlangt warme, geschützte Standorte, damit er zum Fruchten kommt und die Trauben ausreifen. Wein (Tafeltrauben) gehört zu den Früchten, die in kühlen Regionen eine geschützte Umgebung oder eine Glasüberdachung haben müssen. Er fruchtet an langen, biegsamen Ruten des einjährigen Holzes; jährlich muß nach der Lese geschnitten werden, um das Wachstum neuer Triebe anzuregen. Diese wachsen sehr schnell und werden sorgfältig so an das Gerüst angeheftet, daß sie möglichst viel Licht und Luft bekommen.

Weintrauben *(Vitis vinifera)*

Seit Jahrhunderten gehören Weintrauben zu den beliebtesten Früchten für den Frischgenuß und für die Weinbereitung. Den »Europäer-Reben« *(Vitis vinifera)* und ihren Abkömmlingen (Edelsorten) wird allgemein die höchste Qualität zugesprochen. Die »Amerikaner-Reben« *(V. labrusca)* gedeihen auch noch bei rauherem Klima, und sie wurden mit *V. vinifera* eingekreuzt, um auch Tafel- und Weintrauben-Edelsorten für kühlere Gebiete zu bekommen. Viele Edelsorten sind als Tafel- und als Weintrauben nutzbar.

Die Früchte brauchen einen heißen, trockenen Sommer für die Reife. Zahlreiche Edelsorten gedeihen nur in warmen Gebieten; viele können auch in kühleren Gegenden angebaut werden, aber nur in geschützten Lagen. Pergolen, Bögen oder andere Gerüste können als Unterstützung dienen. Die Schnitt- und Erziehungsmethoden variieren: Tafeltrauben werden so geschnitten, daß sie einen geringeren, aber qualitativ höheren Ertrag bringen; Trauben für die Weinbereitung werden mehr auf Quantität hin geschnitten.

Tafeltrauben

Es ist vergleichsweise einfach, in warmen Gebieten Tafeltrauben von guter Qualität zu erzeugen. In kühleren Gebieten müssen sie zumindest vor einer sonnigen, warmen Wand gezogen werden.

Tafeltrauben werden meist in »saftig-süße«, »mit Muskat-Geschmack« und »weinige« Gruppen unterteilt. Die »saftig-süßen« Sorten reifen am frühesten; »Muskat-Trauben« verfügen über etwas weniger Aroma, wachsen stark und reifen spät. Weintrauben sind normalerweise selbstfertil und werden durch den Wind bestäubt.

Standort

Eine warme geschützte, sonnige, während der Blüte frostfreie Lage ist ideal. Wein braucht einen mäßig fruchtbaren, gut durchlässigen Boden mit einem pH-Wert von 6-7,5. Sehr nährstoffreiche Böden eignen sich weniger, da diese übermäßig starkes Wachstum auf Kosten der Fruchtbildung fördern. Gründliche Drainage ist wichtig, da Wein keine Staunässe verträgt.

Für die Kultur an einer Wand eignen sich frühe Sorten, sie können bis zum Spätsommer gut ausreifen. Die Weinranken müssen an horizontal gezogenen Drähten befestigt werden, die 2,5-5 cm vor der Wand verlaufen.

Weintrauben werden meist auf eigener Wurzel gezogen, außer in Gebieten, wo Rebläuse vorkommen. In dem Fall sollte man sich beraten lassen, welche Unterlage geeignet ist. Die Verwendung von veredelten Reben kann aber auch andere Vorteile bringen wie bessere Verträglichkeit eines hohen pH-Wertes, einer hohen Bodenfeuchtigkeit oder die Vermeidung übermäßigen Wuchses.

Pflanzung

Vor der Pflanzung ist der Boden gründlich zu lockern. Mageren und sandigen Böden fügt man Torf am Fuß des Pflanzgrabens zu; ebenso gut verrotteten Stallmist oder Kompost; dann tritt man den Boden fest und wässert gründlich. Der Boden vor einer Wand ist oft trocken, eine Aufbereitung mit reichlich organischer Masse ist meist notwendig, um den Wasserhaushalt zu verbessern. Reben ohne Ballen werden im Herbst oder Frühling gepflanzt, Containerpflanzen zu jeder Jahreszeit. Einarmige Spaliere pflanzt man 1,2 m auseinander, doppelte oder U-Formen haben den doppelten Abstand. Die Arme mehrfacher Kordons sollten 60 cm Abstand haben.

Laufende Pflege

Während des Wachstums ist bei Trockenheit gründlich zu wässern; zur Zeit der Fruchtreife jedoch ist das Wässern einzustellen. V.a. verdienen Rebstöcke an Mauern Beachtung, denn sie stehen oft im Regenschatten. Mulchen erhält die Bodenfeuchtigkeit. Sobald sich kräftige, junge Triebe entwickeln, düngt man alle 2-3 Wochen mit Kalidünger; wenn das Wachstum zu wünschen übrig läßt, gibt man statt dessen Stickstoff. Die Düngung wird eingestellt, sobald die Trauben zu reifen beginnen.

Falls nach dem Kordon-System erzogen wird, beläßt man nicht mehr als eine Traube auf 30 cm an einem vertikalen Ast, um die Qualität zu fördern. Überzählige Trauben sollen möglichst früh weggeschnitten werden. Fruchtausdünnung bringt wohlgeformte Trauben und große, gleichmäßige Beeren und vermindert den Mehltau.

Schädlinge und Krankheiten

Weintrauben werden v. a. von schalenschädigenden Insekten (S. 552), Wein-Rüsselkäfern (S. 549), Wespen (S. 563), Falschem Mehltau (S. 550) und Botrytis (S. 562) befallen.

Die Reblaus *(Phylloxera)* ist eine ernste Gefahr in warmen Klimagebieten, wo dieses Insekt die Wurzeln der »Europäer-Reben« angreift. Auch an den Blättern können sich Gallen bilden. Der Befall verursacht Wachstumsstockungen und wirkt sich oft schlimm aus. Es gibt kaum Bekämpfungsmöglichkeiten, obwohl die Verwendung resistenter Unterlagen und resistenter Hybriden mit »Amerikaner-Reben« die Ausbreitung stark reduziert hat. Weintrauben können gegen Vogelfraß mit Netzen überspannt werden.

Schnitt und Erziehung

Die übliche Methode, Tafeltrauben zu kultivieren, sind die einfachen oder doppelten (U-)Kordons, an denen laufend Fruchtruten mit Zapfen erzogen werden. Diese bringen qualitativ hochwertige Früchte.

Wein trägt am diesjährigen Holz. Der Frühjahrs- und Sommerschnitt ist daher darauf ausgerichtet, das Wachstum so zu lenken, daß sich aus jedem Zapfen (Seitentrieb) nur ein Trieb mit Trauben entwickelt. (Geiztriebe sind im Laufe des Sommers mehrmals auszubrechen). Der Schnitt beschränkt also auch das Blattwachstum so weit, daß der sich entwickelnde Fruchtstand der Sonne ausgesetzt ist. In warmen Gebieten allerdings muß man dafür sorgen, daß kein Sonnenbrand auftritt. Der Winterschnitt sollte zum Ausgang des Winters (ca. erste Märzhälfte) ausgeführt werden. Wenn zu früh geschnitten wird und ein stärkerer Frost eintritt, können die wenigen nach dem Schnitt verbliebe-

TRAUBEN AUSDÜNNEN

1 Die Trauben werden auf einen Abstand von 30 cm gestellt; das Ausdünnen der Trauben richtet sich nach dem Wachstum der Beeren. Luftzirkulation ist wichtig.

2 Zum Ausschneiden benützt man ein gegabeltes Stöckchen und eine Weinschere. Die ausgedünnte Traube sollte sich von oben nach unten verjüngen.

EMPFOHLENE TAFELTRAUBEN

Frühe
'Auguste Luise' **g, ss**
'Früher Blauer Burgunder' **bl, ss**
'Früher Malinger' **g, ss**
'Früher Muskat von Courtiller' **g, m**
'Früher roter Malvasier' **rtl, ss**
'Gelbe Seidentraube' **g-gr, ss**
'Grüne Seidentraube' **gr, ss**
'Irsai Olivér' **g**
'JP 15' **bl, ss**

'Foster's Seedling'

'Königin der Weingärten' **g, m**
'Königl. Magdalenentraube' **g, ss, m**
'Madeleine Angevine' **g, m**
'Madeleine Celine' **g, we**
'Ortega' **g, we**
'Perle von Csaba' **g, m**
'Royal Muscadine' **g, gr**

Mittelfrühe
'Blauer Portugieser' **bl, ss**
'Bouviertraube' **gr, we**
'Dornfelder' **bl, we**
'Foster's Seedling' **gr, ss**
'Golden Champion' **g, ss**
'Kadarka' **bl, ss**
'Muskat St. Laurent' **g, m**
'Roter Gutedel' **rtl, m**
'Roter Silvaner' **rtl, m**
'Weißer Gutedel' **g, m**
'Würzburger Muskattraube' **g, m**

Späte
'Barbarossa' **bl, we**
'Black Alicante' **bl, we**

'Black Alicante'

'Blauer Muskateller' **bl, m**
'Blaues Ochsenauge' **r-bl, ss**
'Gelber Muskateller' **g-gr, m**
'Michelsrebe' **g, we**
'Muscat of Alexandria' **w, m**
'Muskat-Gutedel' **g, m**
'Trollinger' **r-bl, we**

SCHLÜSSEL
bl *Blau*
g *Gelb*
gr *Grün*
r *Rot*
rtl *Rötlich*
m *Muskat-Geschmack*
ss *Saftig-süß*
we *Weinig, z.T. etwas herb*

'Muscat of Alexandria'

nen Knospen geschädigt werden, so daß größere Kahlstellen an den Armen entstehen und Ertragsausfälle eintreten.

Einarmiger Kordon. Nach der Pflanzung in der Winterruhe wird der Stamm auf 1 gut entwickelte Knospe einige Zentimeter über dem Boden zurückgeschnitten. Im Laufe des Sommers wird 1 Leittrieb senkrecht an einem Holzstab hochgezogen und jeder Seitentrieb an diesem Leittrieb auf 5-6 Blätter eingekürzt. Alle (aus Beiaugen entstehenden) Geiztriebe und Verzweigungen der Seitentriebe sind auf ein Blatt einzukürzen. Ebenso werden aus der Basis der Pflanze entspringende Triebe sofort nach der Entstehung entfernt.

Im zweiten Winter wird der Leittrieb wieder um etwa zwei Drittel der Länge des Zuwachses in gut ausgereiftes Holz und werden die Seitentriebe auf ein Auge reduziert. Im zweiten Sommer wird der Leittrieb auf seiner ganzen Länge an den Holzstab geheftet. Seitentriebe sind auf 5-6 Blätter und deren Verzweigungen auf 1 Blatt einzukürzen, wie im ersten Sommer. Alle Blütenansätze werden entfernt. Wein sollte nicht vor dem dritten Standjahr fruchten. Im dritten Winter sind der Leittrieb wieder um zwei Drittel seines Jahreszuwachses und die Seitentriebe auf 1 gut ausgebildetes Auge zurückzunehmen, um daraus Kurztriebe zur Fruchtbildung zu gewinnen.

Regelmäßiger Schnitt wird ab dem dritten Jahr ausgeführt. Im Frühjahr läßt man 2 Triebe an jedem Zapfen stehen, alle anderen zwickt man heraus. Der stärkere von beiden bleibt als Fruchtträger erhalten, der schwächere wird auf 2 Blätter eingekürzt und als Reservetrieb erhalten für den Fall, daß der Fruchttrieb ausbricht. Im Sommer, sobald sich die Blütenstände entwickeln, wird der schwächere herausgeschnitten, so daß nur 1 Trieb pro Seitenzweig bleibt. Seitenzweige werden auf 2 Blätter über dem ausgewählten Blütenstand reduziert. Nicht fruchtende Seitentriebe sind auf 5 Blätter einzukürzen und Geiztriebe auf 1 Blatt.

Im jedem Winter sind zwei Drittel des Leittriebzuwachses wegzuschneiden. Hat der Leittrieb jedoch die Höhe des Pfahles erreicht, ist er jährlich auf 2 Knospen einzukürzen. Seitentriebe schneidet man auf eine starke Knospe zurück. Wenn der Kordon später zu dicht wird, ist ein Teil des Leittriebs mit der Säge zu entfernen. Die Seitentriebe sollten

TAFELTRAUBEN, EINARMIGER KORDON

1. JAHR, WINTERSCHNITT

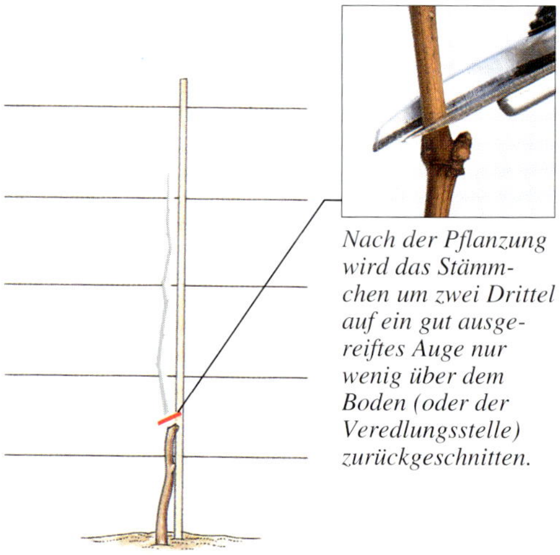

Nach der Pflanzung wird das Stämmchen um zwei Drittel auf ein gut ausgereiftes Auge nur wenig über dem Boden (oder der Veredlungsstelle) zurückgeschnitten.

1. JAHR, SOMMERSCHNITT

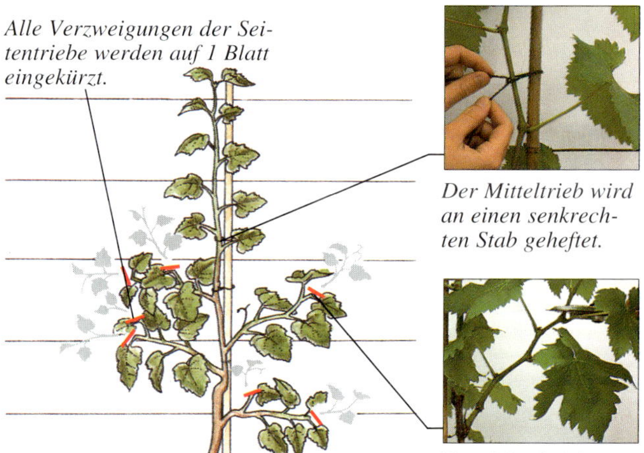

Alle Verzweigungen der Seitentriebe werden auf 1 Blatt eingekürzt.

Der Mitteltrieb wird an einen senkrechten Stab geheftet.

Vom Mitteltrieb ausgehende Seitentriebe auf 5-6 Blätter zurücksetzen.

2. JAHR, WINTERSCHNITT

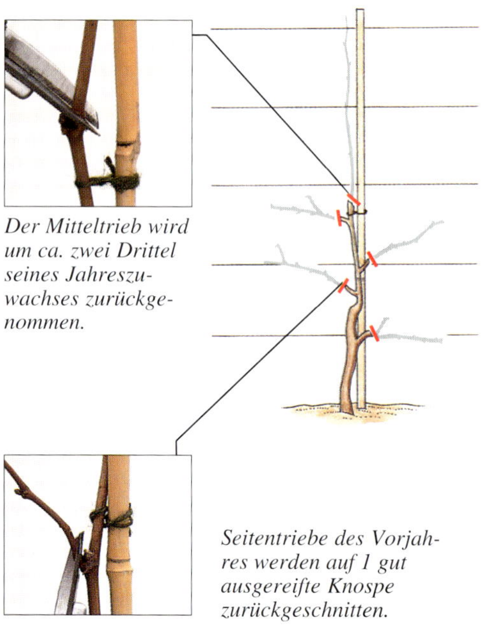

Der Mitteltrieb wird um ca. zwei Drittel seines Jahreszuwachses zurückgenommen.

Seitentriebe des Vorjahres werden auf 1 gut ausgereifte Knospe zurückgeschnitten.

2. JAHR, SOMMERSCHNITT

Alle Verzweigungen der Geiztriebe (Seitentriebe) werden auf 1 Blatt eingekürzt.

Alle Gescheine (Blütenstände), die sich an Seitentrieben bilden, werden entfernt.

Seitentriebe werden auf 5-6 Blätter eingekürzt.

25-30 cm voneinander entfernt stehen. Der Mitteltrieb sollte im Winter für einige Wochen von obenher um die Hälfte seiner Länge vom Haltedraht gelöst und etwa in die Waagrechte gebunden werden; so wird die Entwicklung von Seitentrieben im folgenden Frühjahr stimuliert. Vor dem Austrieb bindet man ihn wieder in die Vertikale.

Doppelte Kordons werden gezogen, indem man im ersten Sommer 2 Triebe horizontal bindet. Im folgenden Winter wird jeder der Triebe auf 60 cm zurückgeschnitten. Im nächsten Jahr zieht man die zuwachsende Verlängerung senkrecht. Auf diese Weise werden 2 vertikale Arme formiert, wobei jeder wie ein selbständiger Kordon gezogen wird.

Mehrfache Kordons sind im ersten Sommer aus 2 Trieben (siehe »Doppelte Kordons«) zu erziehen, die im Winter auf 60 cm Länge zurückzusetzen sind. Die daraus wachsende Verlängerung wird wieder horizontal gebunden, und im Abstand von 60 cm voneinander wird je 1 starker Trieb ausgewählt, um daraus die gewünschte Anzahl vertikaler Arme zu ziehen. Die nach einiger Zeit etablierten Arme werden jeweils wie einzelne Kordons behandelt.

Weitere Schnittmethoden

Es gibt Edelsorten, die bei Anwendung des Zapfenschnitts nicht genügend Fruchtruten aus der verbliebenen Basalknospe bilden. In diesen Fällen müssen beim Winterschnitt längere Triebe vom ausgereiften Holz am Stock verbleiben, damit für die nächste Saison Fruchttriebe gebildet werden können. Andere Stöcke müssen auf 3-4 Knospen geschnitten werden, um neues, starkes Fruchtholz zu bilden, das im folgenden Winter das alte, abgetragene Fruchtholz ersetzt. Dieser Vorgang muß sich jährlich wiederholen.

Ernte und Lagerung

Zur besseren Sonnenbestrahlung sind die reifenden Früchte freizustellen. Reife Trauben werden mit einem kurzen Stück des Rebholzes – dem Henkel – geschnitten und in einen mit weichem Futter ausgelegten Korb gegeben, so daß die Früchte nicht beschädigt und ihr Duft nicht abgewischt wird.

Trauben können 1-2 Wochen lang bei normaler Zimmertemperatur gelagert werden, wenn längere Henkel an der Traube verbleiben, die so in enghalsige Wasserbehälter ge-

ERNTE VON TAFELTRAUBEN

Die Früchte möglichst nicht berühren, so bleibt die Beduftung auf den Beeren. Jede Traube sollte mit einem Henkel (5 cm des verholzten Triebes) geschnitten werden.

3. JAHR, WINTERSCHNITT

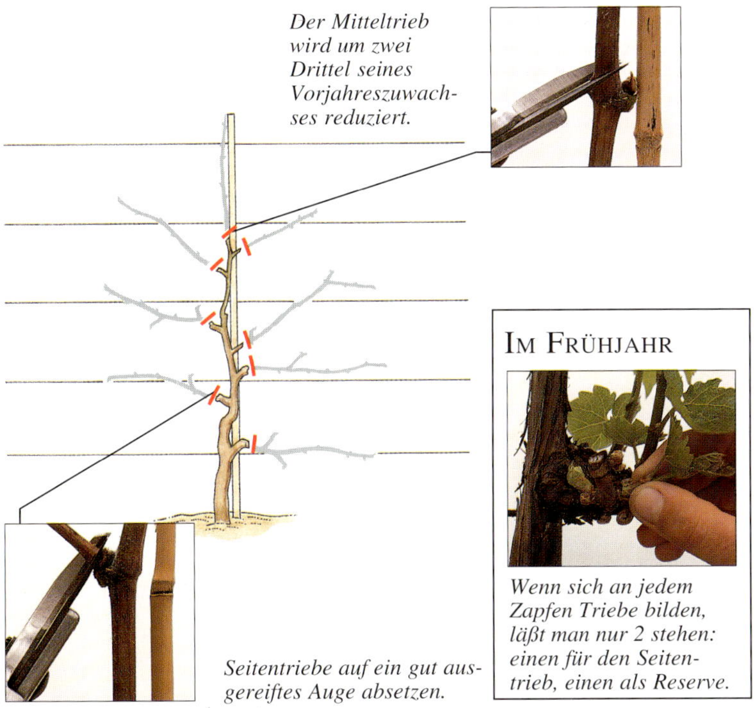

Der Mitteltrieb wird um zwei Drittel seines Vorjahreszuwachses reduziert.

Seitentriebe auf ein gut ausgereiftes Auge absetzen.

IM FRÜHJAHR

Wenn sich an jedem Zapfen Triebe bilden, läßt man nur 2 stehen: einen für den Seitentrieb, einen als Reserve.

EINARMIGER KORDON, SOMMERSCHNITT

Nicht fruchtende Seitentriebe sind auf 5-6 Blätter einzukürzen.

Alle Fruchttriebe sind auf 2 Blätter über dem Blütenstand einzukürzen.

Schwache Blütenstände entfernen; pro Seitentrieb einen stehenlassen.

Die an den Seitentrieben sich bildenden Geiztriebe kürzt man auf 1 Blatt ein.

ERWACHSENER EINARMIGER KORDON, WINTERSCHNITT

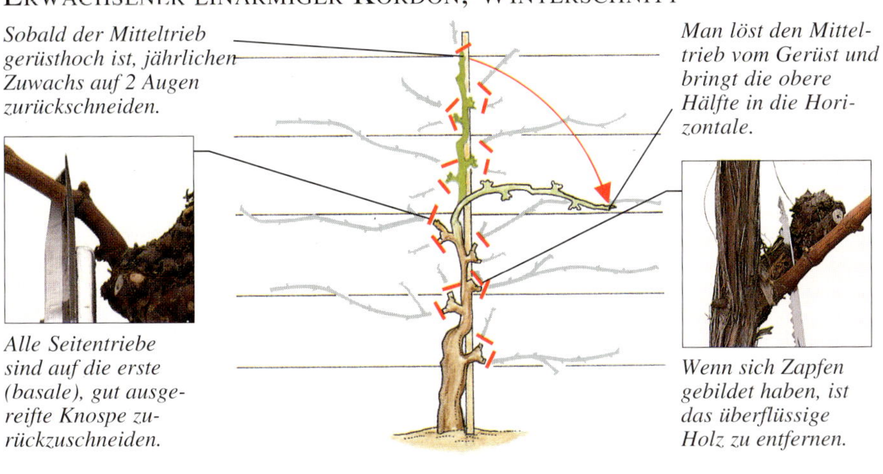

Sobald der Mitteltrieb gerüsthoch ist, jährlichen Zuwachs auf 2 Augen zurückschneiden.

Man löst den Mitteltrieb vom Gerüst und bringt die obere Hälfte in die Horizontale.

Alle Seitentriebe sind auf die erste (basale), gut ausgereifte Knospe zurückzuschneiden.

Wenn sich Zapfen gebildet haben, ist das überflüssige Holz zu entfernen.

MEHRARMIGER KORDON

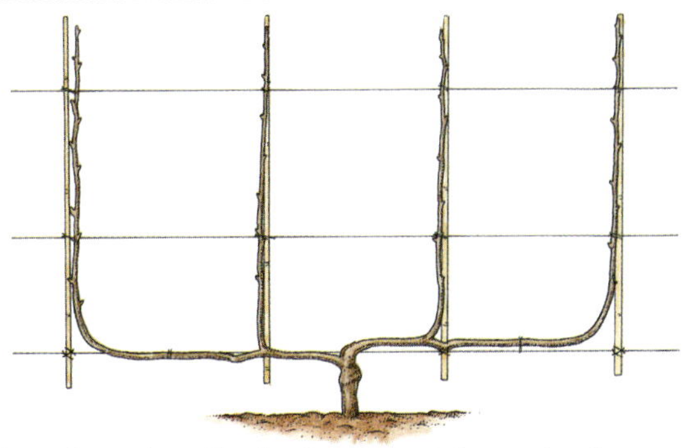

Ein mehrarmiger Kordon kann mit vielen senkrechten Ästen gezogen werden. Ist die Pflanze aufgebaut, wird jeder Arm wie ein einzelner Kordon behandelt.

EMPFOHLENE WEINTRAUBEN

Frühe
'Blauer Portugieser' **bl**
'Huxelrebe' **g**
'Neuburger' **g**
'Nobling' **gr-g**
'Ortega' **g**
'Siegerrebe' **rtl**

'Siegerrebe'

Mittelfrühe
'Bacchus' **g**
'Dornfelder' **bl**
'Grüner Veltliner' **gr**
'Grüner Silvaner' **gr**
'Kerner' **gr-g**
'Merlot' **bl**
'Morio-Muskat' **gr-g**

'Müller Thurgau'

'Müller-Thurgau' **g-gr**
'Müllerrebe' **bl** ('Schwarzriesling')
'Muskat-Ottonel' **g**
'Rieslaner' **g** ('Riesling Silvaner')
'Ruländer' **r-bl**
'Scheurebe' **g-gr**
'Schönburger' **rtl**
'Weißer Gutedel' **g-gr**
'Zweigelt' **rtl-bl**

Späte
'Blauer Spätburgunder' **bl**
'Blaufränkisch' **r-bl**
'Cabernet Franc' **bl**

'Trollinger'

'Chardonnay' **g**
'Furmint' **g-gr**
'Gewürztraminer' **rtl**
'Kadarka' **bl**
'Muskateller' **g, rtl**
'Riesling' **g**
'Sauvignon Blanc' **gr**
'Trollinger' **r-bl**
'Weißer Burgunder' **gr**
'Welschriesling' **g**
'Zierfandler' **rtl**

SCHLÜSSEL
bl *Blau*
g *Gelb*
gr *Grün*
r *Rot*
rtl *Rötlich*

steckt werden, daß die Früchte an den Außenseiten der Gefäße herunterhängen.

Vermehrung
Trauben können durch Steckholz oder durch Veredlung vermehrt werden (Einzelheiten siehe S. 406, und unter »Veredlung«, S. 372).

Weintrauben

Weintrauben können in Gebieten mit langen, trockenen, sonnigen Sommern und auf Böden mit ausreichender Feuchtigkeit kultiviert werden. In kühleren Klimaten bringen frühe und mittelfrühe Sorten an warmen Wänden oder unter Glas gute Ergebnisse.

Standort und Pflanzung
Gut drainierte Böden mit einem pH-Wert von 6-7,5 bieten sich an. Unkräuter müssen vor der Pflanzung beseitigt werden. Die Unterlagen sind die gleichen wie bei Tafeltrauben (S. 401). Blüten der Weinrebe sind normalerweise selbstfertil und werden windbestäubt. Vor der Pflanzung ist eine Reihe von Unterstützungspfosten anzubringen; daran ist ein einzelner Draht in 40 cm Höhe über dem Boden und je ein Doppeldraht in 75 cm und 1,25 m zu befestigen. Jeder der Doppeldrähte wird um die Pfosten gewunden, so daß eine 8 entsteht. Im Winter werden ein- oder zweijährige Reben mit einem Abstand von 1,5-2 m und einem Reihenabstand von 2 m gepflanzt.

Laufende Pflege
Das Unkraut ist laufend zu beseitigen. Auf trockenen Standorten fördert Wässern junge Pflanzen beim Anwachsen; im Ertrag stehende Weintrauben werden nur in Trokkenzeiten bewässert. Zuviel Wasser kann die Traubenqualität mindern. Jährlich gibt man eine kleine Frühjahrsdüngergabe mit ausgewogenen Nährstoffen, und in jedem zweiten Jahr verabreicht man Kalisulfat. Magnesium-Mangel wird durch eine Magnesium-Sulfat-Blattspritzung (siehe S. 555) korrigiert. In jedem zweiten, bei armen Böden auch in jedem Jahr, sollte man mit gut verrottetem Kompost mulchen. Da die Fruchtgröße für die Qualität des Weins nicht von Bedeutung ist, wird Fruchtausdünnung nur in kühlen Kli-

WEINTRAUBE, DOPPEL-GUYOT-ERZIEHUNG

1. JAHR, WINTERSCHNITT

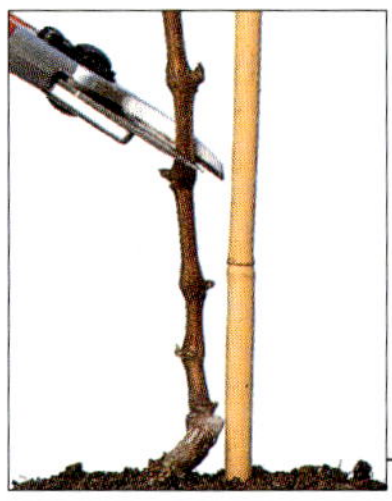

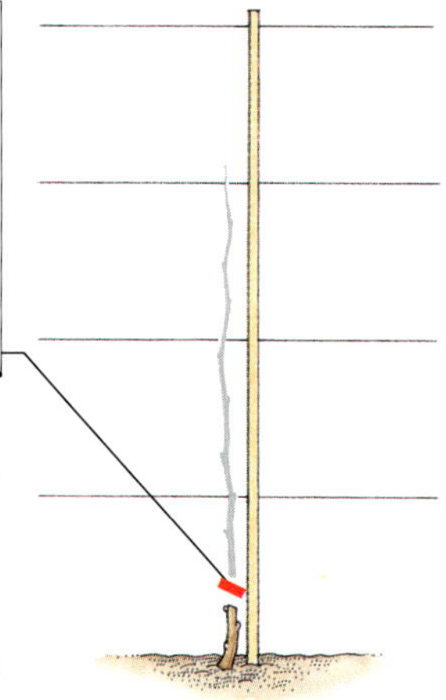

Nach der Pflanzung wird der Rebstock auf etwa 15 cm über dem Boden (bzw. der Veredlungsstelle) abgesetzt. Es sollen 2 gut ausgereifte Knospen stehenbleiben.

1. JAHR, SOMMERSCHNITT

Entsprechend dem Wachstum wird der Mitteltrieb mit einer liegenden 8 lose an den senkrechten Pfahl geheftet.

Alle Seitentriebe (aus dem Mitteltrieb) auf 5 Blätter zurückschneiden.

Alle Konkurrenztriebe aus der Basis des Mitteltriebes werden entfernt.

2. JAHR, WINTERSCHNITT

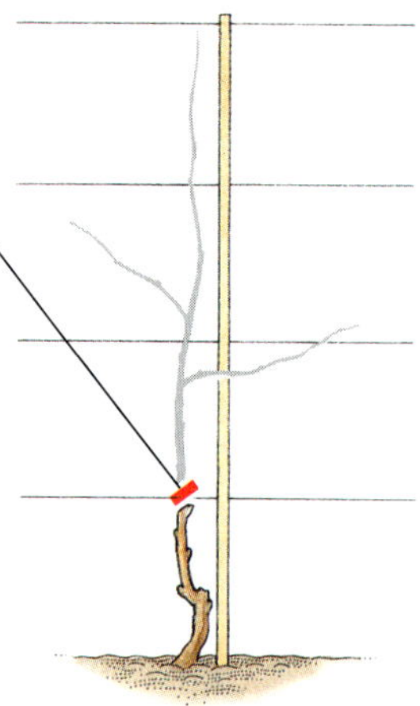

Mitteltrieb auf 35 cm über dem Boden (bzw. der Veredlungsstelle) zurückschneiden. Er endet unterhalb des unteren Drahtes und soll 3 kräftige Knospen aufweisen.

2. JAHR, SOMMERSCHNITT

Alle weiteren Triebe sind am Stamm glatt wegzuschneiden.

Nur 3 Haupttriebe dürfen sich entwickeln. Diese sind lose um den senkrechten Pfahl zusammenzubinden.

maten erforderlich, um den Zuckergehalt zu erhöhen.

Schnitt und Erziehung
Einige Edelsorten brauchen den Zapfenschnitt (siehe S. 402). Viele benötigen jedoch einen jährlichen Rückschnitt des alten Holzes, um regelmäßig zu fruchten.

Das Guyot-System wird häufig bei Weintrauben angewandt, da es eine reiche Ernte auf begrenztem Raum ermöglicht. Es besteht aus jährlichem Waagrechtbinden von Ruten, auf denen senkrechte Fruchtruten gezogen werden. Bei der Doppel-Guyot-Erziehung werden an jeder Pflanze 2 Ruten, beim Einzel-Guyot-System wird nur 1 Rute auf diese Art gezogen. Um eine Rebe nach dem Doppel-Guyot-System zu formieren, schneidet man sie im ersten Winter auf 2 starke Knospen über dem Boden bzw. über der Veredlung zurück. Im ersten Sommer läßt man nur einen Trieb sich entwickeln und bindet ihn an einen senkrechten Stab oder Draht. Tiefer stehende Triebe werden entfernt, Seitentriebe sind auf 5 Blätter einzukürzen. Im zweiten Winter schneidet man bis unter den niedrigsten Draht zurück, vorausgesetzt, es bleiben 3 gut ausgebildete Knospen übrig.

Im nächsten Sommer läßt man 3 starke Triebe wachsen und bindet sie

3. Jahr, Winterschnitt

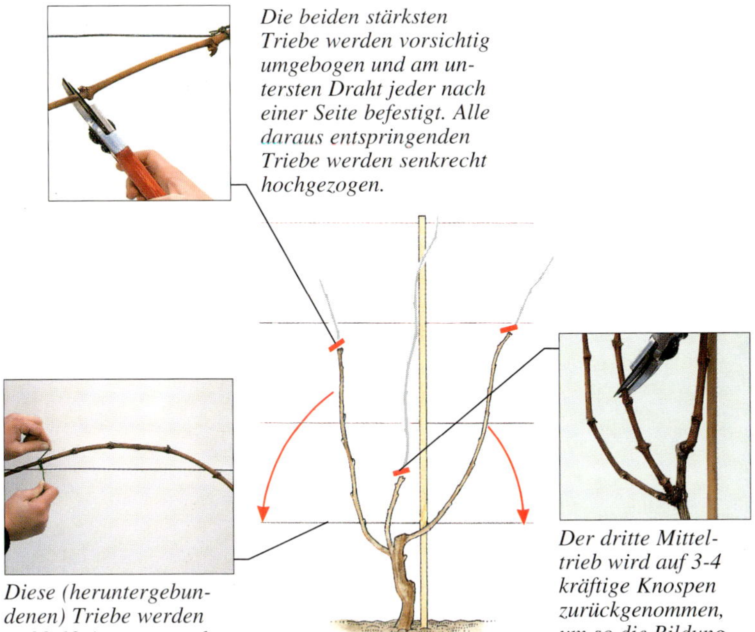

Die beiden stärksten Triebe werden vorsichtig umgebogen und am untersten Draht jeder nach einer Seite befestigt. Alle daraus entspringenden Triebe werden senkrecht hochgezogen.

Diese (heruntergebundenen) Triebe werden auf 8-12 Augen zurückgeschnitten, so daß etwa 60 cm der kräftigen Rute stehenbleiben.

Der dritte Mitteltrieb wird auf 3-4 kräftige Knospen zurückgenommen, um so die Bildung von neuen Trieben im folgenden Sommer zu fördern.

3. Jahr, Sommerschnitt

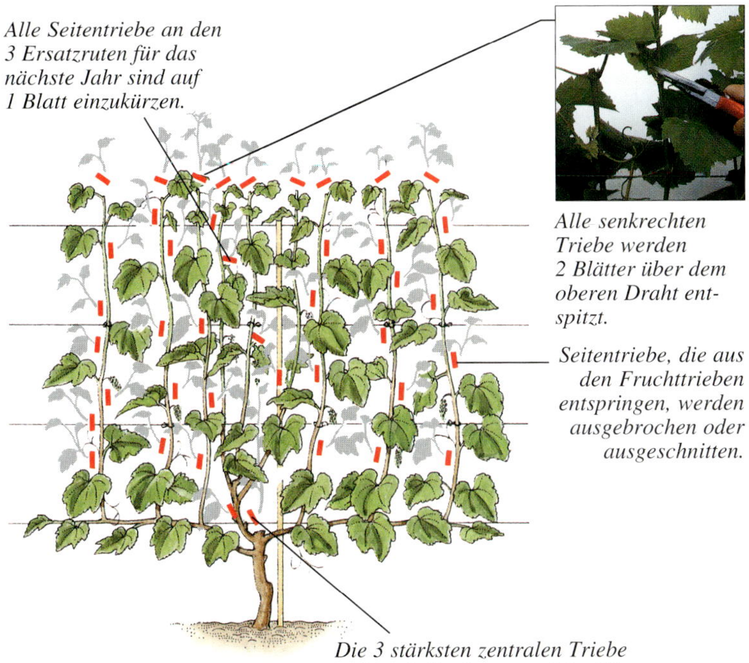

Alle Seitentriebe an den 3 Ersatzruten für das nächste Jahr sind auf 1 Blatt einzukürzen.

Alle senkrechten Triebe werden 2 Blätter über dem oberen Draht entspitzt.

Seitentriebe, die aus den Fruchttrieben entspringen, werden ausgebrochen oder ausgeschnitten.

Die 3 stärksten zentralen Triebe werden als Ergänzungstriebe (für das nächste Jahr) ausgewählt; alle anderen werden entfernt.

Doppel-Guyot, fertig erzogen, Winterschnitt

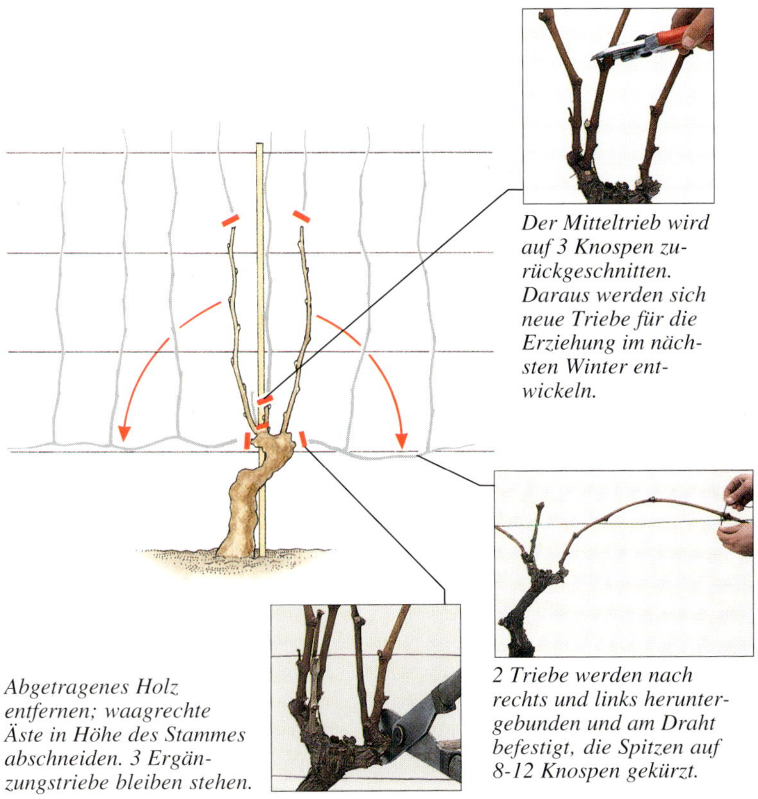

Der Mitteltrieb wird auf 3 Knospen zurückgeschnitten. Daraus werden sich neue Triebe für die Erziehung im nächsten Winter entwickeln.

Abgetragenes Holz entfernen; waagrechte Äste in Höhe des Stammes abschneiden. 3 Ergänzungstriebe bleiben stehen.

2 Triebe werden nach rechts und links heruntergebunden und am Draht befestigt, die Spitzen auf 8-12 Knospen gekürzt.

Doppel-Guyot, fertig erzogen, Sommerschnitt

2 Blätter über dem obersten Draht werden die vertikalen Fruchttriebe entspitzt.

Austriebe der 3 vertikalen Ergänzungs- bzw. Erneuerungstriebe sind auf 1 Blatt einzukürzen.

Zu dicht stehende Triebe, die Früchte beschatten oder als Erneuerungstriebe nicht gebraucht werden, entfernen.

Alle Verzweigungen an Fruchtruten (Geiztriebe) sind auszubrechen.

vertikal; tiefer stehende Austriebe entfernt man ganz. Im dritten Winter werden 2 (der 3) Triebe horizontal nach jeder Seite an den unteren Draht geheftet. Sie werden auf 8-12 Knospen zurückgesetzt, aus denen im folgenden Sommer Fruchttriebe wachsen. Den dritten Trieb kürzt man auf 3-4 Augen ein, um daraus Ergänzungstriebe zu gewinnen, mit denen sich der ganze Vorgang wiederholen läßt. (Beim einfachen Guyot-System bleiben nur 2 Triebe stehen, von denen einer heruntergebunden, einer zurückgeschnitten wird.)

Im dritten Sommer wählt man die 3 stärksten zentral stehenden Triebe aus und befestigt sie locker an einem Stab; weitere schwächere, innen stehende Triebe werden entfernt. Alle Verzweigungen aus den 3 verbliebenen Ruten setzt man auf 1 Blatt zurück. Die aus den waagrecht gebundenen Armen entspringenden Triebe werden durch die parallel verlaufenden Drähte gesteckt oder festgebunden. Bei kräftigem Wachstum kann man bereits einen geringen Fruchtertrag zulassen. Sehr lange Triebe werden auf 2 Blätter über dem obersten Draht eingekürzt; Seitentriebe an den Fruchtruten werden entfernt.

ENTFERNEN VON BLÄTTERN

Während der Fruchtentwicklung sind Blätter, die die Früchte beschatten, wegzuschneiden. Doch müssen auch Blätter erhalten bleiben, damit an den Trauben kein Sonnenbrand entsteht.

WEINLESE

Die Ernte von Weintrauben erfolgt ganz einfach durch Abschneiden der Stiele mit einer Baumschere.

Regelmäßiger Schnitt

Beim Winterschnitt wird das ganze alte, abgetragene Fruchtholz herausgeschnitten; nur 3 Ersatztriebe bleiben stehen. 2 davon werden waagrecht nach je einer Seite gebunden und wie im dritten Winter eingekürzt. Der dritte Trieb ist auf 3 starke Augen zu schneiden. Der Sommerschnitt und die Formierung der Ersatztriebe entsprechen dem des dritten Sommers. Alle überzähligen, die Früchte beschattenden Triebe werden entfernt; ebenso werden Blätter, die den Trauben Licht wegnehmen, etwa 6 Wochen vor der erwarteten Erntezeit herausgeschnitten.

Ernte

Die Trauben werden mit der Baumschere vom Stock geschnitten; sie sollten vollreif und trocken sein.

Vermehrung

Die Vermehrung erfolgt durch Steckholz, das beim Winterschnitt gewonnen wird. Man verwendet dazu einjähriges Holz aus der gut ausgereiften Triebbasis. Für die Vermehrung im Freiland nimmt man Triebstücke von ca. 20 cm Länge, die ober- und unterhalb einer Knospe geschnitten und dann ca. 15 cm tief in sandige Erde gesteckt werden.

Unter Glas können 1-2 Knospen lange Steckhölzer verwendet werden. Diese steckt man einzeln in 9-cm-Töpfe oder zu je 5 in 21-cm-Container. Die Töpfe sind kühl zu stellen. Im folgenden Sommer werden die bewurzelten Steckhölzer einzeln getopft.

STECKHÖLZER

Steckhölzer werden auf 20 cm geschnitten, schräg über einer Knospe oben und flach unter einer Knospe; zu zwei Dritteln ihrer Länge werden sie in sandige Erde gesteckt.

ZWEI-KNOSPEN-STECKHÖLZER

1 Bei den Schnittarbeiten zur Zeit des Laubfalls werden lange Ruten von gut ausgereiftem Holz des laufenden Jahres reserviert. Blätter und Ranken daran werden entfernt.

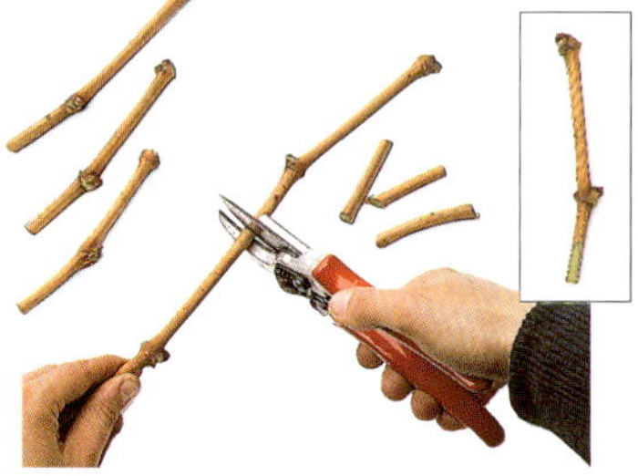

2 Stücke mit je 2 Knospen schneiden: über der Spitzenknospe schräg und gerade zwischen 2 Augen unten. Auf ca. 1 cm Länge über dem basalen Schnitt Rinde abschälen.

3 Das Steckholz wird so in ein Gemisch von 2 Teilen Torf, 1 Teil Lehm und 1 Teil Sand gesteckt, daß die untere Knospe knapp unter der Erdoberfläche steht.

4 Die bewurzelten Steckhölzer werden zur Weiterkultur einzeln in 10-cm-Töpfe umgetopft.

Kiwi *(Actinidia deliciosa)*

Kiwis sind laubabwerfende Schlingpflanzen mit bis zu 9 m langen Trieben. Die Früchte haben eine behaarte, braune *(A. chinensis)* oder eine glatte grüne *(A. arguta)* Schale und grünes Fruchtfleisch mit kleinen, schwarzen Samen.

Während der Wachstumsperiode sollten die Bedingungen warm und feucht sein, Temperaturen von 5-25°C sind optimal. Die ruhende Pflanze verträgt jedoch strengen Frost und benötigt eine Kälteperiode von mindestens 400 Stunden unter 7°C, damit sie Blüten ansetzt.

Standort und Pflanzung

Im Freiland bevorzugen Kiwis sonnige, geschützte Standorte, da sie während des Wachstums empfindlich auf ungünstiges Wetter reagieren. Robuster ist die *Arguta*-Sorte 'Weiki'. Kiwis brauchen belüfteten, tiefen Boden mit einem pH-Wert von 6-7. Arbeiten Sie pro Pflanze 50-110 g Allzweckdünger in den Boden.

Kiwis sind zweihäusig, die Pflanze trägt nur weibliche oder männliche Blüten. 1 männliche auf 8-9 weibliche Pflanzen reicht für eine sichere Befruchtung.

Errichten Sie aus Pfählen und Drähten mit 30 cm Abstand eine Stütze. Pflanzen Sie entweder bewurzelte Stecklinge oder veredelte Pflanzen mit 4-5 m Abstand bei 4-6 m Reihenabstand; die Triebe müssen gestützt werden, bis sie die Drähte erreichen.

Laufende Pflege

Tragen Sie eine dicke Mulchschicht und phosphat- und kalireichen Allzweckdünger auf. Wässern Sie regelmäßig, v.a. bei Trockenheit. Halten Sie die Reihen unkrautfrei. Ausdünnen ist selten nötig.

EMPFOHLENE KIWI-SORTEN

'Abbot' **bk**
'Allison' **bk**
'Bruno' **bk**
'Hayward' **bk**
'Jenny' **bk**
'Kokuwa' **bk**
'Weiki' **gk**

'Bruno'

SCHLÜSSEL
bk *Braune Kiwis*
gk *Grüne Kiwis*

Wie werden Kiwis gestützt

Häufig findet man die Pflanzen als Spaliere an waagrechten Drähten mit 2 Seitenästen pro Pflanze und Fruchttrieben im Abstand von etwa 50 cm.

Bei Freilandkultur werden Kiwis von Wurzelfäule (siehe *Phytophthora*-Wurzelfäule, S. 565), unter Glas von Blasenfüßen (S. 551) und Wurzelgallenälchen (S. 564) befallen. Wurden die Blütenkronblätter infiziert, werden die Früchte von Fruchtfäule erfaßt und fallen ab. Die Ausbreitung der Krankheit wird durch hohe Luftfeuchtigkeit begünstigt. Abhilfe schafft ein Besprühen der Blüten mit einem zugelassenen Fungizid, wenn die Kronblätter abfallen.

Kultur unter Glas

Sie ist aufgrund der langen, schlingenden Triebe der Pflanzen problematisch; in exponierten Lagen können die Pflanzen bei Freilandkultur jedoch durch leichte Kunststoffabdeckungen vor starkem Wind und Hagel geschützt werden.

Wenn das Umfeld stimmt, können Kiwis unter begehbaren Folientunneln gezogen werden. Bodenvorbereitung und Kultur erfolgen wie bei Freilandkultur.

Schnitt und Erziehung

Kommerziell werden Kiwis oft an T-Pfosten oder Pergolen gezogen. Häufig findet man sie auch als Spaliere an waagrechten Drähten: Dabei entspringen bei jeder Pflanze 2 Seitenäste aus dem Stamm und fruchtende Äste im Abstand von 50 cm. (Näheres siehe auch unter »Baumfrüchte«, Äpfel: Spalier, S. 382).

Nur das einjährige Holz trägt Früchte, daher werden alle fruchtenden Seitentriebe während der Ruheperiode auf 2-4 Knospen eingekürzt.

Ernte und Lagerung

Kiwis setzen 3-4 Jahre nach der Pflanzung Früchte an. Diese werden, wenn sie weich werden, mit dem Kelch vom Ast gebrochen oder geschnitten und kühl gelagert. In Plastikfolie verpackt, halten sie sich bei 0°C einige Monate.

Vermehrung

Sowohl krautige Stecklinge als auch Steckhölzer bewurzeln sich leicht. Krautige Stecklinge werden im Frühjahr geschnitten, auf 10-15 cm gekürzt und in Vermehrungssubstrat gesteckt (siehe S. 374). Steckhölzer schneidet man im Spätsommer ca. 20-30 cm lang und steckt sie in sandiges Substrat (siehe S. 374).

Ausgewählte Sorten können auch auf wüchsige Sämlinge veredelt werden; die beliebtesten Methoden sind Okulieren und Kopulieren mit Gegenzungen (siehe S. 373).

Passionsfrucht (*Passiflora* sp.)

Passifloren sind Kletterpflanzen, deren Triebe viele Meter lang werden. Die rundlichen Früchte sind nach der Reife purpurfarben oder gelb und haben bis zu 7 cm Durchmesser. Als Obstpflanzen werden am häufigsten *P. edulis* f. *flavicarpa* mit gelben Früchten und *P. edulis* mit purpurfarbenen Früchten kultiviert.

Optimale Temperaturen für die Passionsfrucht sind 20-28°C. Die Form *flavicarpa* gedeiht bei über 24°C gut und verträgt keinen Frost; die purpurfarbenen tolerieren kurze Fröste. Eine mäßige bis hohe Luftfeuchtigkeit kommt der Pflanze sehr entgegen.

Standort und Pflanzung

Gut geeignet sind sonnige, windgeschützte Standorte und durchlässige Böden mit einem pH-Wert um 6.

Gewöhnlich erfolgt die Fremdbestäubung durch Bienen, bei feuchtem Wetter muß sie vielleicht von Hand durchgeführt werden.

Passionsfrüchte benötigen ein stützendes Drahtspalier. Schlagen Sie vor der Pflanzung in Abständen von 4 m in jeder Richtung robuste, 3 m lange Pfähle senkrecht in den Boden. Verbinden Sie diese reihenweise mit Spanndrähten.

Die Pflanzlöcher sind sorgfältig vorzubereiten, geben Sie sowohl organisches Material als auch Allzweckdünger mit mittelhohem bis hohem Stickstoffgehalt zu. Setzen Sie die Pflanzen mit 3-4 m Abstand in jeder Richtung, bei weniger Pflanzen reicht ein geringerer Abstand. Bei gelben Passionsfrüchten beträgt er meist 3 m.

Laufende Pflege

Man gibt pro Pflanze jährlich etwa 0,5-1 kg Allzweckdünger mit mittelhohem bis hohem Stickstoffgehalt, und zwar möglichst zu gleichen Teilen in Abständen von 3-4 Monaten. Im Frühjahr trägt man eine organische Mulchschicht auf und bekämpft damit zugleich das Unkraut; bei Trokkenheit wird gewässert.

Sowohl in Freilandkultur als auch unter Glas können Obstmaden (S. 563), Blattläuse, Spinnmilben (S. 550) und verschiedene Schildläuse (S. 552) auftreten. Das Gurkenmosaikvirus (siehe »Viren«, S. 563) wird durch Blattläuse übertragen und verursacht »Holzigwerden«. Da die Pflanzen anfällig für Älchen und verschiedene Welkekrankheiten sind, ersetzt man sie alle 5-6 Jahre durch gesunde Sämlinge, bewurzelte Stecklinge oder durch veredelte Pflanzen.

Kultur unter Glas

Diese ist bei gemäßigtem Klima möglich, Früchte erscheinen aber nur, wenn für optimale Temperaturen und Bedingungen gesorgt ist; außerdem ist im allgemeinen Handbestäubung notwendig. Die Pflanzen benötigen Stützen wie im Freiland. Ziehen Sie sie entweder in vorbereiteten Beeten oder in Kübeln mit mindestens 35 cm Durchmesser. Verwenden Sie durchlässiges, nährstoffreiches Substrat mit hohem organischem Anteil, und arbeiten Sie vor der Pflanzung Allzweckdünger ein. Halten Sie die Temperatur auf mindestens 20°C und die Luftfeuchtigkeit auf 60-70 Prozent. Geben Sie monatlich Flüssig- oder Allzweckdünger, und wässern Sie regelmäßig.

PASSIONSFRUCHT

Schnitt und Erziehung

Führen Sie für das Gerüst 2 Haupttriebe an den Spanndrähten entlang. Wenn diese bei 60-90 cm Länge noch keine Seitentriebe entwickelt haben, knipst man die Spitzen aus. Lassen Sie die Seitentriebe, die sich im Frühjahr entwickeln und die Früchte tragen werden, hinunterhängen, aber kürzen Sie sie stets auf mindestens 15 cm vom Boden.

Sobald die Pflanze aufgebaut ist, schneidet man jeden Winter das Fruchtholz der letzten Saison zurück, da es keine Früchte mehr tragen wird.

Ernte und Lagerung

Die Früchte werden gepflückt, sobald sie sich von Grün zu Purpur oder Gelb verfärben. Sie sollten je nach Sorte 8-12 Wochen nach dem Fruchtansatz reifen. Bei einer gleichmäßigen Temperatur von 6-7°C und bei konstanter Luftfeuchtigkeit von 85-90°C lassen sie sich bis zu drei Wochen lagern.

Vermehrung

Die Passionsfrucht wird meist durch Aussaat oder Aufzucht aus Stecklingen, aber auch durch Okulieren vermehrt.

Der Samen wird aus der reifen Frucht gewonnen, 3-4 Tage fermentiert, gewaschen und getrocknet. Gesät wird unter Glas in Schalen oder 6-9-cm-Töpfe mit Vermehrungserde; halten Sie die Temperatur auf mindestens 20°C. Sobald die Keimlinge 20-35 cm hoch sind, werden sie abgehärtet und ins Freiland gesetzt oder unter der Abdekkung weiterkultiviert.

15-20 cm lange Stecklinge werden in eine Schale oder einen Topf mit Vermehrungserde gesteckt und mit Bodenwärme und Sprühnebel zur Bewurzelung gebracht.

Näheres über Okulieren lesen Sie auf S. 372. Nach Okulation werden die gesunden Pflanzen mit etwa 15 cm Höhe ausgepflanzt.

Besteht die Gefahr von Nematoden oder Welkekrankheit, können purpurfarbene Sorten auf resistente Unterlagen veredelt werden. Dafür werden meist wüchsige Sämlinge gelber Sorten verwendet.

Beerenobst

Alle üblicherweise angebauten Beerenobstarten gehören zum Strauchobst, nur die Erdbeeren sind Stauden. Strauchbeerenobst nennt man Heidelbeeren, Stachelbeeren, schwarze, rote und weiße Johannisbeeren; Brombeeren, Himbeeren und Hybridbeeren bilden Ruten. Alle liefern Früchte, die frisch verzehrt oder konserviert werden können. Die meisten Beerenobstarten gedeihen im kühlen Klima. Sie lieben gut drainierte, frische, fruchtbare Böden. Eine sonnige Lage fördert die Fruchtqualität, meist reicht aber auch leichter Halbschatten. Fast alle Sorten sind selbstfertil. Die Schnittmethoden richten sich danach, ob die Früchte am ein- oder mehrjährigen Trieb bzw. Fruchtholz gebildet werden.

Erdbeeren *(Fragaria x ananassa)*

Erdbeeren sind niedrigwachsende, krautige Pflanzen, die in den meisten Gärten gedeihen, sowohl im Freiland als auch in Töpfen oder Blumenkästen. Man unterscheidet einmaltragende, remontierende und Monatserdbeeren. Bei einmaltragenden Sorten reifen die Früchte während einer zwei- bis dreiwöchigen Ernteperiode im Sommer. Einige liefern noch eine kleine Herbsternte. Die remontierenden Sorten fruchten nur kurze Zeit im Sommer und pausieren dann ca. zwei Monate, bringen aber noch laufend Früchte im Herbst. Gut gedeihen sie in Gebieten mit mildem Herbst. Monatserdbeeren liefern kleinere Früchte mit Walderdbeeraroma.

Die Temperatur und die im Jahreslauf wechselnde Tageslänge beeinflussen bei den meisten Sorten die Blütenknospenbildung, daher wähle man Sorten, die der geographischen Lage des Gartens angepaßt sind.

Standort und Pflanzung

Erdbeeren gedeihen am besten, wenn die Junganlagen regelmäßig auf neuem Land gepflanzt werden, denn Ertrag und Fruchtgröße lassen nach dem dritten Standjahr deutlich nach. Wenn man genug Platz hat, sollte man ein-, zwei- und dreijährige Pflanzen in Folge kultivieren; jährlich Jungpflanzen in frisches Land setzen und die älteren Pflanzen roden.

Standort
Sonnige, warme Lagen liefern die aromatischsten Früchte. Leichte, sandige Böden bringen frühe Ernten, Lehm- und gut drainierte, schwere Böden hohe Erträge und gutes Aroma; Kalkböden sind weniger günstig. Leicht saure Bedingungen (pH-Wert 6-6,5) sind ideal. Eine gute Wasserführung im Boden ist unerläßlich zur Vorbeuge gegen bodenbürtige Wurzelkrankheiten. Pflanzung von Erdbeeren nach Kartoffeln ist riskant, da der Boden mit *Verticillium*-Welke infiziert sein könnte.

Um die Reifezeit zu verlängern, kann man die Beete verteilen und eine warme, geschützte Lage für die früheste Ernte wählen, sonniges, offenes Land für die Haupternte und eine weniger sonnige Stelle für spätreifende Früchte.

Befruchtung
Die meisten Sorten sind selbstfruchtbar. Nur für 'Pandora' benötigt man einige Pflanzen einer anderen, gleichzeitig blühenden Sorte in der Nähe.

Pflanzung
Bei Erdbeeren hängt die Pflanzzeit von der geographischen Lage ab. Im gemäßigten Klima ist die Pflanzung im Juli oder August am besten und führt zu um so höheren Ernten im nächsten Sommer, je früher sie erfolgt. Bei späterer Pflanzung sollte man im Frühling die Blüten ausbrechen, damit sich die Pflanzen kräftig entwickeln können, bevor sie tragen.

Man sollte möglichst anerkanntes Hochzuchtpflanzgut verwenden und auf frisches Land pflanzen, auf dem mindesten 3 Jahre keine Erdbeeren gestanden haben. Alle 2-3 Jahre sind die Anlagen zu ersetzen. Dabei sollten auch alle alten Pflanzen in der Nähe ausgegraben und verbrannt werden, um einer Virusinfektion vorzubeugen. Alles Unkraut ist zu beseitigen und reichlich gut verrotteter Stallmist einzubringen, wenn nicht von der Vorkultur her noch viel davon übrig war. Auf armen Sand- oder Kalkböden sollte man noch kurz vor der Pflanzung ca. 100 g/m² Mehrnährstoffdünger einharken. Gepflanzt wird mit Standweite 75 x 45 cm auf leicht erhöhte Reihen, damit das Regenwasser ablaufen kann. Dabei soll das Herz der Pflanzen (»Krone«) nicht mit Erde bedeckt werden, sondern seine Basis in Höhe der Bodenoberfläche stehen. Die Wurzeln sind fest einzupflanzen und gut zu wässern. An nassen Standorten sollte man in Hochbeete pflanzen (siehe Bauliche Elemente und Beläge, »Hochbeete«, Seite 507).

So sieht eine gesunde Jungpflanze aus

So pflanzt man Erdbeeren in Mulchfolie

1 *Auf feuchtem Boden wird mit 2 Schnüren ein 90 cm breites Beet markiert, die Erde zur Beetmitte hochgeharkt und 1,2 m breit mit Mulchfolie bedeckt.*

2 *An beiden Seiten des Beetes wird ein flacher Graben ausgehoben, in den die Folienränder eingelegt und mit Erde fixiert werden.*

3 *Im Abstand von 45 cm werden Kreuzschnitte eingeschnitten (links oben) und die Erdbeeren dort hineingepflanzt.*

4 *Rings um die Kronen der Pflanzen wird die Folie nach unten gefaltet. Die Erdbeerreihe sollte etwas erhöht stehen, damit das Regenwasser abläuft.*

Man kann Erdbeeren auch in sog. Mulchfolie pflanzen, die Unkraut unterdrückt, Bodenfeuchtigkeit erhält und zu früherer Reife führt. Die Folie ist an den Rändern fest einzugraben, dann fügt man in den vorgesehenen Abständen Kreuzschnitte ein und pflanzt die Erdbeeren hinein.

Laufende Pflege

Erdbeeren brauchen regelmäßig Wasser. Die Früchte sollten nicht auf dem Boden aufliegen, damit sie auch bei Regen sauber bleiben. Unkraut und überflüssige Ausläufer werden entfernt, und ständig wird kontrolliert, ob Schädlinge und Krankheiten auftreten. Notfalls sind die Blüten mit Zeitungspapier gegen Frühjahrsfrost zu schützen.

Schutz der Früchte
Noch bevor sich die Fruchtstände entwickelt haben, werden sie mit Stroh oder Matten unterlegt, damit sie nicht verschmutzen. Das ist unnötig bei Pflanzen in Mulchfolie. Die Früchte sollten später mit geeigneten Netzen gegen Vogelfraß geschützt werden (siehe S. 367).

So bleiben die Früchte sauber

In der Blütezeit zu Beginn der Fruchtentwicklung wird eine dicke Lage Stroh unter und zwischen den Pflanzen ausgebreitet. So liegen die Früchte trocken und sauber.

Alternative

Dem gleichen Zweck dienen Folien oder Matten, die vorsichtig um die Pflanzen herumgelegt werden.

Entfernen der Ausläufer

Nicht benötigte Ausläufer werden nahe an der Mutterpflanze abgekniffen, ohne die Pflanze zu verletzen.

Pflücken der Früchte

Für den Frischverzehr wird geerntet, indem man mit dem Daumennagel den Stiel abknipst.

Behandlung der Ausläufer
Sobald sie sich bilden, werden die Ausläufer ausgekniffen, wenn sie nicht zur Bildung dichter Reihen benötigt werden.

Wasserversorgung und Jäten
Erdbeeren sind während der ganzen Vegetationszeit reichlich mit Wasser zu versorgen. Besonders wichtig ist das im Frühling während der Fruchtentwicklung und im Herbst zur Förderung der Blütenknospenbildung für das Folgejahr. Die Beete sollten immer unkrautfrei sein.

Schädlinge und Krankheiten
Erdbeeren werden von Vögeln (S. 561) und Schnecken (S.548) angefressen und sind anfällig für Blattläuse (S. 550), Nematoden, Viruskrankheiten (S. 563), Grauschimmel (S. 562), Weißfleckenkrankheit (S. 552) und Spinnmilben, v.a. Rote Spinne (S. 550). Kranke oder zwergwüchsige Pflanzen sollte man daher ausgraben und verbrennen. Rote Wurzelfäule und Rhizomfäule sind leider schon recht verbreitet und sehr ernst zu nehmen. Es handelt sich um bodenbürtige Pilzkrankheiten, die v. a. in schweren Böden auftreten und zu Wuchshemmungen, Welken und Absterben der Pflanzen führen. Einziges wirksames Gegenmittel ist ein Standortwechsel.

Kultur unter Glas

Im geheizten Gewächshaus reifen Erdbeeren ca. 1 Monat eher als im Freiland, haben aber weniger Aroma. Die Jungpflanzen sollten so früh wie möglich in 5-cm-Töpfen mit Aussaaterde bewurzelt werden (siehe S. 410). Bevor sie die Ballen ganz durchwurzelt haben, werden sie in 15-cm-Töpfe mit Komposterde umgetopft. Sie bleiben zunächst, geschützt gegen starken Regen, im Freien und kommen erst Mitte Januar bis Ende Februar ins Gewächshaus auf eine gut belichtete Fläche. Sobald sich neue Blätter bilden, sind nachts mindestens 7°C und tagsüber 10°C nötig. Die Lüftung ist so zu regeln, daß diese Temperaturen eingehalten werden.

Durch häufiges Wässern und Sprühen, also hohe Luftfeuchtigkeit, beugt man dem Befall mit Roter Spinne vor. Sobald die Blütenstände sich zu entwickeln beginnen, wird die Temperatur um 3°C abgesenkt, aber während der Blütezeit wieder angehoben und das Sprühen eingestellt. Die Blüten sind mit einem Pinselchen von Hand zu bestäuben, am besten mittags an einem hellen Tag. Spät entwickelte Blütenknospen werden entfernt.

Im Freiland kann die Ernte durch Schutzhauben, die im Spätwinter über die Pflanzen gestülpt werden, ca. 3 Wochen vorverlegt werden, mit Folientunneln um 1-2 Wochen (siehe S. 490). An warmen Tagen ist gut zu lüften. Unter Hauben oder Tunneln können »verdichtete Reihen« die Pflanzabstände verringern und damit den Ertrag steigern. Ein Teil der Ausläufer wird dabei stehengelassen. Nach dem ersten Ertragsjahr sollte man wieder auf die übliche Standweite zurückgehen, weil sonst die Fruchtqualität sinkt.

Ernte und Lagerung

Für den Frischverzehr erntet man Erdbeeren vollreif mit Kelch und ißt sie möglichst bald. Für die Marmeladenbereitung sollen sie reif, aber noch etwas fest gepflückt werden. Beschädigte oder kranke Früchte sind mit abzupflücken. Erdbeeren

Empfohlene einmaltragende Sorten

Frühe
'Elvira'
'Favette' *
'Gorella'

'Elvira'

'Honeoye' *
'Karola'

Mittlere Reifeperiode
'Korona'
'Elsanta' *
'Tenira' *

'Elsanta'

'Sengena' *
'Tamella' *

Späte
'Domanil'
'Ferma' *
'Peltata' *
'Rigensa'

Sehr späte
'Bogota'
'Pandora' **Ms**

'Domanil'

Empfohlene remontierende Sorten

'Aromel' *
'Gento' *
'Ostara'
'Rapella'
'Rimona'

Empfohlene Monatserdbeeren

'Alexandria'
'Baron Solemacher'
'Bianca' (gelbweiß)

Schlüssel
Ms *(Männlich steril) Benötigt andere Sorte als Bestäuber*
* *Gut im Geschmack*

können auch zu Saft verarbeitet oder eingekocht werden. Tiefgefroren verlieren sie mehr oder weniger ihre Struktur und werden weich.

Nach der Erntezeit rodet man nicht benötigte Ausläufer, jätet die Beete und entfernt das Stroh. Anfang September wird ein ausgewogenes Düngergemisch gegeben und bei trockenem Boden eingeregnet.

Vermehrung

Man kauft jährlich einige Jungpflanzen aus virusfreiem Hochzuchtpflanzgut und setzt sie in reichlichem Abstand von Ertragsanlagen auf ein Vermehrungsbeet. Alle Blütenknospen sind zu entfernen; unbedingt auf Blattläuse achten! Man gewinnt so bis zu 2 Jahre lang gesunde Jungpflanzen und beginnt dann wieder von neuem mit anerkanntem Pflanzgut.

ENTFERNEN DES LAUBS NACH DER ERNTE

Nach der Ernte schneidet man das alte Laub über den jungen Blättern und den Kronen ab, läßt aber die alten Blattstiele ca. 10 cm lang stehen. Laub und Stroh sind auszuharken, um die Verbreitung von Krankheiten einzuschränken.

VERMEHRUNG DURCH AUSLÄUFER

1 *Hochzuchtpflanzgut wird auf Vermehrungsbeete gepflanzt. Sobald sich Ausläufer bilden, werden sie verteilt.*

2 *Wenn eine Jungpflanze bewurzelt ist und kräftig wächst, wird sie ausgegraben, ohne die Wurzeln zu beschädigen.*

3 *Die bewurzelte Jungpflanze wird von der Mutterpflanze getrennt und auf ein Anzuchtbeet verpflanzt.*

Monatserdbeeren

Monatserdbeeren *(Fragaria vesca)* haben kleine, süß-aromatische Früchte und eignen sich für hübsche Einfassungen von Blumenrabatten oder Gemüsebeeten. Sie vertragen kühleres Klima als die meisten Gartenerdbeeren und bevorzugen in warmen Lagen leichten Halbschatten. Von Sommer bis Spätherbst bringen sie ständig Früchte.

Nach etwa 2 Jahren läßt die Leistung der Pflanzen nach. Deshalb empfiehlt es sich, aus Samen oder Ausläufern Nachzucht anzuziehen.

Zur Samengewinnung läßt man Früchte eintrocknen und zerreibt sie. Die Samen werden in Töpfe mit Aussaaterde ausgesät und bei 18-24°C gehalten. Die Sämlinge pikiert man, sobald sie 2 Laubblätter haben, die fertigen Jungpflanzen kommen im Frühsommer ins Freiland.

MONATSERDBEEREN

ANZUCHT AUS SAMEN

1 *Getrocknete Früchte werden über einer sauberen Schale leicht zwischen Daumen und Zeigefinger gerieben, um die Samen abzulösen.*

2 *Ein 6-cm-Topf wird mit Aussaaterde gefüllt, die Samen werden gleichmäßig darauf verteilt (mit einer dünnen Schicht Kompost und Feinsand bedecken).*

Brombeeren und Hybridbeeren *(Rubus fruticosus* und *Rubus*-Hybriden)

Bei angebauten Brombeeren und Hybridbeeren wie Loganbeeren und Boysenbeeren reifen die Früchte im Spätsommer an einjährigen Ruten. Hybriden sind Kreuzungen verschiedener *Rubus*-Arten oder -Sorten.

Standort
Vor der Pflanzung sollte der Boden gut vorbereitet und gedüngt werden (wie bei Himbeeren, siehe S. 412). Die Pflanzen bezieht man aus anerkannten Qualitätsbaumschulen, die einwandfreies Pflanzmaterial garantieren. Dornenlose Sorten sind meist weniger wüchsig als bedornte. Alle Brombeeren und *Rubus*-Hybriden sind selbstfruchtbar und können deshalb allein stehen. Sie brauchen eine sonnige oder nur zeitweilig beschattete Lage und sollten nicht an exponierte Standorte gepflanzt werden.

Zur Unterstützung der Ruten sind Spaliere nötig, v.a. bei starkwüchsigen Sorten. Pfosten von 3 m Länge werden 60 cm tief in den Boden eingelassen, daran werden 3-4 horizontale Spanndrähte in 80, 120, 160 und 200 cm (80/140/200 cm) Höhe befestigt. V. a. auf leichten Böden sind die Endpfosten gut zu verankern und durch diagonale Streben auszusteifen, sonst werden sie unter dem Gewicht der Ruten nach innen gezogen.

Pflanzung
Gepflanzt wird im Spätherbst oder Winter, bei sehr kaltem Wetter auch im zeitigen Frühjahr. Einige *Rubus*-Hybriden sind nicht frosthart. Man sollte sich deshalb beraten lassen. Die Wurzeln werden gut ausgebreitet und flach eingepflanzt, dann wird der Boden ringsum festgetreten. Der Pflanzabstand beträgt für starkwüchsige Sorten 4-5 m, für schwächer wachsende genügen 2,5-3 m. Nach dem Pflanzen müssen die Ruten auf etwa 20-25 cm zurückgeschnitten werden.

Laufende Pflege
Sie ist die gleiche wie bei Himbeeren (siehe S. 412).

EINE GESUNDE BROMBEER-JUNGPFLANZE

ERZIEHUNGSMETHODEN

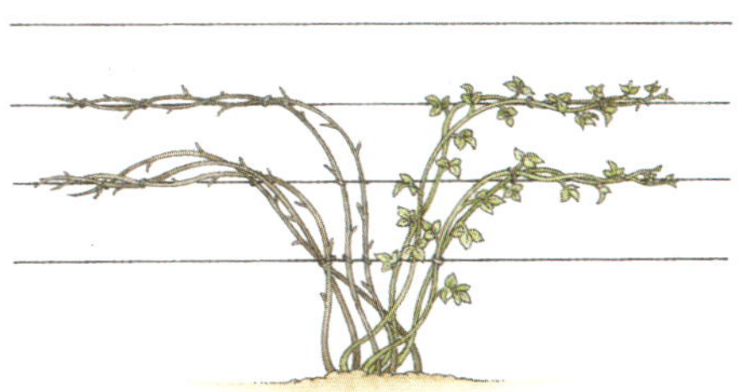

PALMETTE (JÄHRL. SEITENWECHSEL)
Im jährlichen Wechsel werden die Jungruten auf die eine, die Fruchtruten auf die andere Seite am Spalier angebunden.

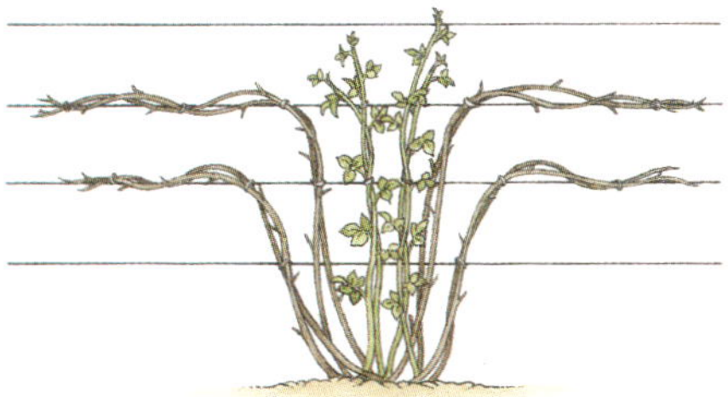

BÜNDELUNG
Fruchtruten werden in Bündeln an den mittleren Drähten befestigt, Jungruten senkrecht dazwischen.

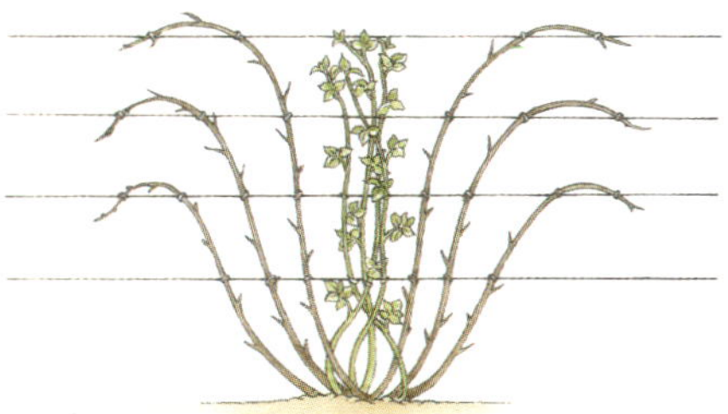

FÄCHER
6-8 Fruchtruten werden als Fächer aufgebunden und 20 cm über dem obersten Draht gekappt. Die Jungruten führt man gerade hoch.

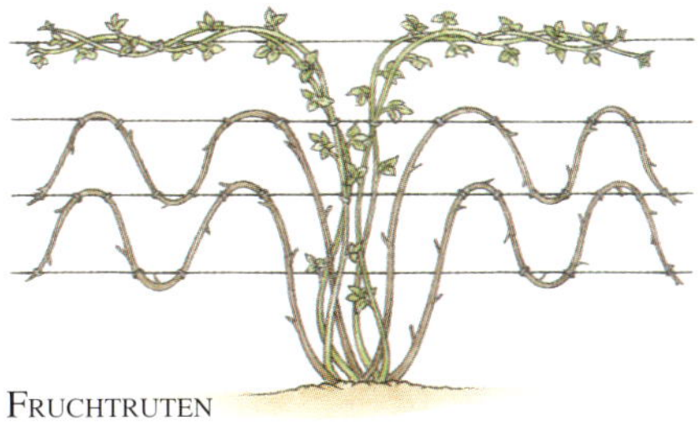

FRUCHTRUTEN
Die Fruchtruten werden um die unteren Drähte gewunden (Schlingwand).

EMPFOHLENE BROMBEERSORTEN

Frühe
'Theodor Reimers'
(bedornt!)
'Nessy'

'Theodor Reimers'

Mittlere bis Späte
'Thornless Evergreen'
'Black Satin'
'Black Thornfree'

EMPFOHLENE HYBRIDBEEREN

Boysenbeere ❄
Taybeere
Sunbeere

Taybeere

SCHLÜSSEL
❄ *Nicht winterhart*

SCHNITT ERWACHSENER BROMBEERPFLANZEN
NACH DER ERNTE

Alle abgetragenen Fruchtruten werden bis zur Basis entfernt.

Die Jungruten bindet man je nach dem gewählten Erziehungssystem an die Spanndrähte.

SCHNITT FROSTGESCHÄDIGTER RUTEN

Im Frühjahr werden die Ruten auf Frostschäden kontrolliert und ggf. bis ins gesunde Holz zurückgeschnitten.

Schädlinge und Krankheiten
Gelegentlich gibt es Probleme mit dem Himbeerkäfer (S. 562), Vögeln (S. 561) und Grauschimmel (S. 562).

Schnitt und Erziehung
Die Pflanzen tragen an einjährigen Ruten. Deshalb müssen am Spalier die Jungruten von den einjährigen Fruchtruten getrennt werden. Für kleine Gärten ist das Bündeln oder Fächern der Fruchtruten am besten (siehe Abb. oben rechts und unten links). Die Palmette mit jährlichem Seitenwechsel (oben links) und die Schlingwand (darunter rechts) benötigen weitere Pflanzabstände und mehr Platz, aber die Schlingwand eignet sich gut für starkwüchsige Sorten, falls diese biegsame Ruten haben. Nach der Ernte werden die alten Fruchtruten bis zum Boden entfernt. An ihre Stelle treten die Jungruten, die am Spalier hochgebunden werden; alle schwachen oder beschädigten entfernt man. Im zeitigen Frühjahr schneidet man die Triebspitzen bis ins gesunde Holz zurück, falls sie Frostschäden aufweisen.

Ernte und Lagerung
Die Früchte werden im Abstand von 2-3 Tagen gepflückt, wobei der weiße Zapfen in der Frucht bleibt. Man kann sie zu Fruchtsaft verarbeiten, einkochen oder einfrieren.

Vermehrung
Jungpflanzen lassen sich durch Absenker gewinnen (siehe S.411). Im

VERMEHRUNG DURCH ABLEGER

1 *Die Spitze einer gesunden Rute in eine 10 cm tiefe Erdmulde legen, mit Erde bedecken und gut festklopfen.*

2 *Sobald sich die Triebspitze im Spätherbst oder Winter bewurzelt hat, wird sie von der Mutterpflanze getrennt und getopft oder im Frühjahr ins Freiland gepflanzt.*

Sommer wird eine Triebspitze zum Boden hinuntergebogen und in einer flachen Mulde mit Erde bedeckt. Sobald sie im Herbst oder Winter bewurzelt ist, wird sie von der Mutterpflanze getrennt und eingepflanzt. Braucht man eine größere Zahl von Pflanzen, werden von 30 cm langen Jungtrieben Stecklinge mit je einem Blatt und einem Stück Trieb geschnitten. Mehrere von ihnen kommen in einen 15-cm-Topf und werden in einen Raum mit hoher Luftfeuchtigkeit oder in einen Kalten Kasten gestellt. Sie sollten sich dort in 6-8 Wochen bewurzeln. Nach dem Abhärten werden sie im Spätherbst oder in sehr winterkaltem Klima im zeitigen Frühjahr aufgeschult und sind ein Jahr später fertig zum Auspflanzen im Freiland.

VERMEHRUNG DURCH BLATTSTECKLINGE

1 Eine kräftige, gesunde Jungrute von mindestens 30 cm Länge mit reichlichem Besatz an Blattknospen für diese Vermehrungsart auswählen.

2 Man setzt den Schnitt 1 cm über einem Auge an, mit dem man dieses und ein Stück des Triebes von 2,5 cm Länge zusammen mit dem Blatt abtrennt.

3 Man steckt 3 Stecklinge schräg in einen 15-cm-Topf (Augen noch über dem Boden). Nach dem Angießen Töpfe in einen Kalten Kasten stellen.

Himbeeren *(Rubus idaeus)*

Einige Himbeersorten stammen aus der Kreuzung der europäischen Waldhimbeere *(Rubus idaeus)* mit der amerikanischen Himbeere *(Rubus idaeus* var. *strigosus)* und der amerikanischen schwarzen Himbeere *(Rubus occidentalis)*. Himbeeren sind dankbar für kühles Klima bei reichlicher Wasserversorgung. Ihre Fruchtfarbe variiert von Dunkelrot bis Gelb. Es gibt 2 Sortengruppen: einmaltragende mit kurzer Reifeperiode und hohen Erträgen im Hochsommer und remontierende (herbsttragende) Sorten mit ausgedehnter Reifezeit von Juli bis zu den ersten Frösten.

Standort und Pflanzung

Der Boden muß vor der Pflanzung gut vorbereitet werden, denn Himbeeren gedeihen nicht an ungünstigen Standorten und bei Unkrautkonkurrenz. Sie sind selbstfruchtbar.

Standort
Himbeeren gehören in geschützte, sonnige Lagen. Sie vertragen Halbschatten. Geeignet ist humusreicher Boden, der Wasser hält, aber auch gut drainiert und durchlüftet ist, denn Himbeeren vertragen keine Staunässe. Sandige, kalkreiche und arme, steinige Böden müssen jährlich mit Humusdünger versorgt und regelmäßig gewässert werden. Himbeeren auf kalkreichen Böden neigen zu Chlorosen (siehe S. 555).

Pflanzvorbereitung
Dauerunkräuter sind vor der Pflanzung zu jäten, da sie später extreme Probleme verursachen. Die Pflanzstreifen von wenigstens 90 cm Breite werden reichlich mit gut verrottetem Stallmist versorgt. Dann baut man stabile Spaliere. An Pfosten im Abstand von 3 m befestigt man straff gespannte Drähte in 0,75 m, 1,1 m und 1,5 m Höhe und bindet die Ruten daran fest, damit sie sich nicht im Wind am Draht reiben (Standardmethode).

Das weniger gebräuchliche »Gittersystem« erfordert 2 Pfostenreihen im Abstand von 0,75 m. Zwei Paare paralleler Drähte werden in 0,75 m und 1,5 m Höhe befestigt und zwischen ihnen ein Netz von weiteren Drähten gespannt, das die Ruten ausreichend stützt, ohne daß sie angebunden werden müssen.

Auch für das »skandinavische System« werden 2 Reihen Pfosten benötigt, die in 90 cm Abstand stehen. In nur 90 cm Höhe wird je ein Spanndraht befestigt, um den man die Ruten herumschlingt. Für die Jungruten bleibt Platz in der Mitte zwischen den Fruchtruten. Ähnlich ist das weit verbreitete V-Spalier, bei dem die beiden Pfostenreihen nicht senkrecht, sondern V-förmig eingesetzt und mit je 2 Spanndrähten in 0,75 und 1,5 m Höhe versehen werden, an denen man die Fruchtruten fixiert, während die Jungruten in der Mitte ungestört hochwachsen können.

Man sollte nur anerkanntes, virusfreies Pflanzgut verwenden. Falls dieses nicht erhältlich ist, kann man ausweichen auf Ausläufer aus erkennbar gesunden Beständen.

Pflanzung
Im Spätherbst oder Winter werden die Ruten im Abstand von 40-45 cm

ERZIEHUNGSMETHODEN AM SPALIER

Die einreihige Standardmethode eignet sich gut bei wenig Platz. Das Gittersystem bietet den Ruten viel Raum. Das skandinavische System braucht viel Platz. Die Ruten werden dabei nicht angebunden, sondern um die 90 cm hohen Drähte gewickelt. Besser ist das ähnliche, aber 1,5 m hohe V-System, bei dem die Ruten an beiden Schenkeln des Spaliers angebunden werden.

SKANDINAVISCHES SYSTEM

STANDARDMETHODE

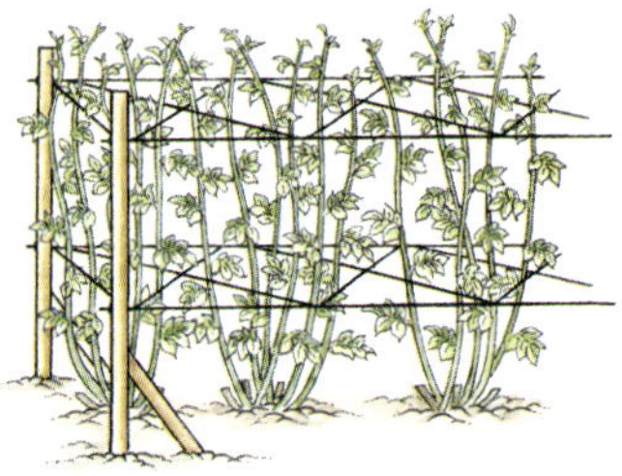

GITTERSYSTEM

PFLANZEN VON HIMBEEREN

1 Zuerst wird ein 5-8 cm tiefer Graben in gedüngtem Boden vorbereitet; dann pflanzt man die Himbeeren im Abstand von 40-45 cm ein; die Wurzeln ausbreiten und mit Erde bedecken.

2 Der Boden um die Ruten herum wird festgedrückt, damit sie senkrecht stehen; anschließend bis auf ein Auge in ca. 25 cm Höhe zurückschneiden und den Boden leicht harken.

bei 2 m Reihenabstand gepflanzt. Die Wurzeln werden gleichmäßig in 5-8 cm Tiefe verteilt, fest mit Erde bedeckt und die Ruten anschließend auf 25 cm Höhe zurückgeschnitten.

Laufende Pflege

Im Frühjahr deckt man den Boden mit verrottetem Stallmist auf beiden Seiten, ohne die Jungruten zu bedekken. Ersatzweise verwendet man ein Düngergemisch (S. 366) und mulcht mit Kompost, Laub oder Schreddermaterial zur Erhaltung der Bodenfeuchtigkeit.

In der Blütezeit treten in der Regel keine Nachtfröste mehr auf. Wichtig sind Unkrautbekämpfung und Wässern. Damit die Pflanzreihe nicht mehr als 40 cm breit wird, sind die äußeren Ruten zu entfernen.

Schädlinge und Krankheiten
Himbeerkäfer (S. 562) und Vögel (S.561) sind die wichtigsten Schädiger. Auch Grauschimmel (S. 652), Triebsterben (S.557) und Viruskrankheiten (S. 563) können auftreten.

Schnitt und Erziehung

Sobald die Jungruten sich im Sommer gut entwickelt haben, werden die beim Pflanzschnitt zurückgeschnittenen Altruten entfernt. Bei einmaltragenden Himbeeren sind nach der Ernte alle abgetragenen Ruten bis zum Boden wegzuschneiden. Die Jungruten werden am Spalier in Abständen von 8-10 cm befestigt. Dabei werden beschädigte oder schwache Ruten entfernt, damit die verbleibenden Licht und Luft bekommen. Lange Ruten sind oben umzubiegen und festzubinden, um Windschäden vorzubeugen.

Bei remontierenden Sorten werden im Winter alle Ruten entfernt. Die Jungruten fruchten dann im selben Jahr bis in den Herbst hinein.

Im nächsten Frühjahr werden alle Ruten bis auf 15 cm über dem obersten Spanndraht zurückgeschnitten. Ebenso schneidet man tote, kranke oder zu dicht stehende Ruten weg und sorgt für schmale Reihen.

Ernte und Lagerung

Die Früchte sind im festreifen Zustand für Verarbeitung und Tiefgefrieren, vollreif für den Frischgenuß

Entfernen unerwünschter Ruten

Wenn die Ruten zu dicht oder zu weit außen stehen, werden sie mit der Grabgabel angehoben und von der Mutterpflanze getrennt.

Schnitt nach dem ersten Standjahr

1 *Im Hochsommer entfernt man die beim Pflanzschnitt eingekürzten alten Ruten.*

2 *Die stärksten Jungruten werden an die Spalierdrähte gebunden, sobald sie 90 cm lang sind. Schwache und zu weit außen wachsende Ruten werden entfernt.*

Empfohlene einmaltragende Himbeersorten

Früh
'Malling Promise'
'Glen Clova' **Pv**
'Glen Moy' *

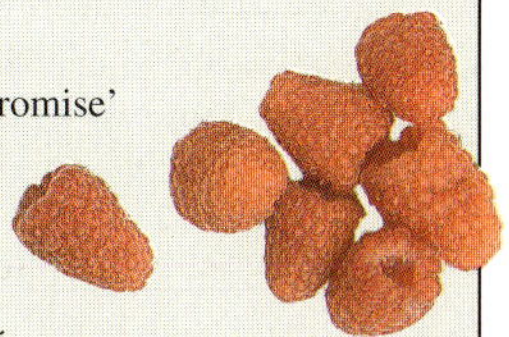

'Malling Promise'

Mittel
'Zefa 2' *
'Malling Jewel' *
'Rutrago'

Spät
'Schönemann' *
'Malling Joy' *

Empfohlene remontierende (herbsttragende) Sorten

'Zefa Herbsternte' *

'Autumn Bliss'

'Autumn Bliss'
'Korbfüller' *

Schlüssel
Pv *Partiell virusanfällig (nicht mit* 'Malling Jewel' *oder* 'Malling Promise' *zusammenpflanzen*
* *Gut im Geschmack*

Nachernteschnitt in Ertragsanlagen

1 *Nach der Ernte werden alle abgetragenen Ruten bis zum Boden abgeschnitten.*

2 *Die kräftigsten Jungruten in 10 cm Abstand voneinander an die Spanndrähte binden, sobald sie 90 cm hoch sind.*

3 *Am Ende der Vegetationszeit werden zu lange Triebe umgebogen und ihre Enden am obersten Spanndraht befestigt.*

Frühjahrsschnitt

Vor dem Austrieb schneidet man alle Ruten auf ein gesundes Auge bis etwa 15 cm über dem obersten Spanndraht zurück.

zu ernten, möglichst an jedem zweiten Tag. Sie werden vorsichtig vom Zapfen getrennt und nur für Ausstellungszwecke mit Kelch gepflückt. Beschädigte oder kranke Früchte sind sofort zu vernichten.

Vermehrung

Im Spätsommer werden starke Jungruten am Rande der Reihen ausgegraben und aufgepflanzt, solange sie in Winterruhe sind. Es ist sicherzustellen, daß sie nur von kräftigen, gesunden und ertragreichen Mutterpflanzen stammen. Im Zweifelsfall ist virusfreies Markenpflanzgut vorzuziehen.

DURCH AUSLÄUFER

Unterirdische Ausläufer vorsichtig ausgraben, von der Mutterpflanze trennen, anhaftende Blätter entfernen. Nur gesunde Pflanzen vermehren und nach dem Umpflanzen gründlich wässern.

Herbsttragende Himbeeren

Remontierende Himbeeren gehören an sonnige, geschützte Plätze, wo sich die Pflanzen nach dem Austrieb kräftig entwickeln und die Früchte schnell reifen. Sie sitzen am oberen Teil der im gleichen Jahr gewachsenen Ruten.

Pflanzung und Pflege erfolgen auf gleiche Weise wie bei sommertragenden Sorten. Im Spätwinter werden abgetragene Ruten bis zum Boden entfernt, damit die neuen Ruten schon im Herbst tragen.

SCHNITT IM SPÄTWINTER
Vor dem Austrieb alle Ruten entfernen. Die Früchte entwickeln sich bis zum Herbst an den neuen Jungruten.

Schwarze Johannisbeeren *(Ribes nigrum)*

Schwarze Johannisbeeren gedeihen nur im kühl-gemäßigten Klima. Die frühblühenden Sträucher sind in rauhen Lagen frostgefährdet. Sie fruchten im Juni/Juli. Die Kultur der Jostabeeren (Kreuzung von Schwarzen Johannisbeeren und Stachelbeeren) ist dieselbe.

Standort und Pflanzung

In Vorbereitung der Pflanzung ist das Unkraut zu beseitigen und verrotteter Stallmist einzugraben, um gute Voraussetzungen für die Neubildung von Fruchttrieben zu schaffen.

Standort
Man sollte einen sonnigen, windgeschützten Platz wählen, etwas Schatten wird vertragen. Notfalls müssen die Pflanzen gegen Blütenfröste geschützt werden (siehe FROST- UND WINDSCHUTZ, S. 520-521). Schwarze Johannisbeeren sind zwar anpassungsfähig an den Standort, aber tiefgründiger Boden mit hoher Wasserhaltekapazität ist am besten geeignet. Staunässe ist zu vermeiden. Ein pH-Wert zwischen 6,5 und 7 ist am günstigsten, sehr saure Böden sind aufzukalken. Schwarze Johannisbeeren sind selbstfruchtbar.

Pflanzung
Man pflanzt nur gesunde Jungpflanzen aus anerkannten Beständen, die meist 2 Jahre alt sind; auch einjähriges Pflanzgut ist geeignet. Gepflanzt wird im Spätherbst oder bei offenem Wetter im Winter. Die Pflanzen sind vorsichtig zu behandeln, damit die basalen Augen nicht ausbrechen. Der Pflanz- und Reihenabstand beträgt 1,2-1,5 m. Beim Pflanzschnitt muß man alle Triebe auf ein Auge zurückschneiden, um einen kräftigen Austrieb zu erreichen.

Laufende Pflege

Im Frühjahr wird mit gut verrottetem Stallmist gemulcht, Stickstoff- und Kalidünger (35 g/m²) gegeben. Wo Stallmist fehlt, ist stärker zu düngen (siehe »Pflege von Beerenobst«, S.366) und rund um die Sträucher eine Mulchdecke von Kompost oder Lauberde auszubreiten, damit der Boden feucht bleibt.

Bei Trockenheit wird gewässert, aber nicht während der Fruchtreife, weil dann die Früchte platzen können. Gegen Vogelfraß kann man die Sträucher einnetzen.

Schädlinge und Krankheiten
Blattläuse (S. 550) und Gallmilben (S. 556), v. a. Johannisbeergallmilben (S. 559) und Vögel können Schwarze Johannisbeeren schädigen. Grauschimmel (S. 562), Mehltau (S. 562) und die Blattfallkrankheit (S. 552) sind gelegentlich lästig.

Schnitt und Erziehung

Ertragssicherheit erfordert regelmäßigen Schnitt. Die meisten Früchte werden am vorjährigen Holz gebildet, Schnitt und Düngung regen die Bildung kräftiger Jungtriebe an.

Beim Pflanzschnitt werden die Triebe auf ein Auge über dem Boden zurückgesetzt. Im folgenden Jahr sind schwache oder nach unten geneigte Triebe zu entfernen. Im Winter werden die Sträucher so geschnitten, daß ein Drittel bis ein Viertel der vorjährigen Triebe und älteres, schwaches Holz bis zum Boden entfernt wird. Triebspitzen sind nicht einzukürzen. Junge Triebe haben die Farbe hellen Tees, zweijährige sind grau und alte schwarz.

Will man alte Sträucher verjüngen, ist eine größere Zahl der alten

JUNG- UND FRUCHTTRIEBE

Triebe zu entfernen, nur die Zweige bleiben stehen, die starkes junges Seitenholz gebildet haben. Ist der Strauch gesund, hat aber wenig Trieb gemacht, kann man im Winter die ganze Pflanze bis kurz über den Boden zurückschneiden. Fast alle Sträucher verjüngen sich gut, wenn sie gedüngt und gemulcht werden, aber man verzichtet ein Jahr auf den Er-

SCHWARZER JOHANNISBEERSTRAUCH

1. JAHR, PFLANZSCHNITT

Unmittelbar nach dem Pflanzen sind alle Triebe auf ein Auge über dem Boden zurückzuschneiden.

2. JAHR, WINTERSCHNITT

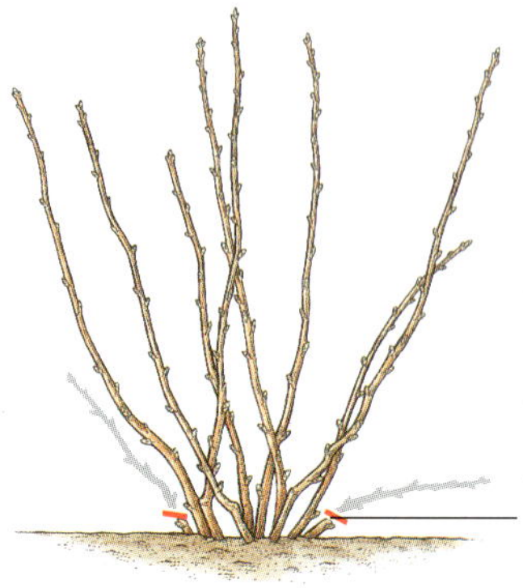

Der Strauch soll 7-8 neue Triebe entwickeln. Schwache oder am Boden wachsende Triebe werden bis auf 5 cm über der Erde zurückgeschnitten, um den Neuaustrieb von unten anzuregen.

Nachernteschnitt am erwachsenen Strauch

Altes Holz und ein Viertel bis ein Drittel der zweijährigen Triebe werden entfernt, um den Neutrieb anzuregen.

Schwache, beschädigte oder bodennah wachsende Triebe werden direkt am Haupttrieb entfernt.

trag. Die reiche Neutriebbildung erfordert ein Auslichten, wobei die stärksten Triebe geschont werden. Sind die Sträucher 10 Jahre alt, ist meist eine Ersatzpflanzung angebracht.

Ernte und Lagerung

Die Früchte hängen an Trauben und sollten geerntet werden, wenn sie trocken und reif, aber noch fest sind. Gepflückt werden ganze Trauben. Frühreifende Sorten neigen zum vorzeitigen Rieseln, spätreifende halten die Früchte länger.

Vermehrung

Schwarze Johannisbeeren werden durch Steckholz vermehrt (S. 374), das von gesunden Sträuchern im Herbst geschnitten wird.

Steckhölzer

20-25 cm lange Steckhölzer eingraben, (2 Augen über dem Boden).

Empfohlene schwarze Johannisbeeren

Frühe
'Silvergieters Schwarze'
'Rosenthals Langtraubige Schwarze' ('Boskoop Giant')
'Tsema'

Mittelfrühe
'Ben Lomond'

'Ben Lomond'

'Ben Nevis'
'Wellington XXX'
'Titiana'

Späte
'Baldwin'
'Ben Sarek'

'Ben Sarek'

Sehr späte
'Jet'
'Daniels' September'

Rote und weiße Johannisbeeren *(Ribes sativum)*

Rote Johannisbeeren und ihre weiße Farbvariante stellen die gleichen Ansprüche, lieben kühles Klima und fruchten im Sommer.

Standort und Pflanzung

Rote und weiße Johannisbeeren brauchen Sonne, tolerieren aber etwas Schatten, der in heißem Klima sogar nötig sein kann. Windschutz ist vorteilhaft.

Vor der Pflanzung ist der Boden sorgfältig vorzubereiten. Mittelschwere, frische und gut drainierte Böden eignen sich am besten. Auf sehr leichten Sandböden kann Kaliummangel auftreten. Alle Sorten sind selbstfruchtbar.

Jungpflanzen sollten von gesunden, ertragreichen Mutterpflanzen stammen und im Herbst oder Winter gepflanzt werden. Der Pflanzabstand ist für Büsche 1,2-1,5 m, für eintriebige Kordons 0,3 m und für Fächer 1,6 m.

Laufende Pflege

Die Pflegeanweisungen gleichen denen bei Schwarzen Johannisbeeren. Auf reichliche Kaliumversorgung ist zu achten, wobei chloridhaltige Kalidünger zu vermeiden sind.

Schädlinge und Krankheiten
Vögel können im Winter großen Schaden an den Knospen anrichten, was zum Einnetzen der Sträucher zwingen kann. Blattläuse, Johannisbeergallmilben, Spinnmilben und die Blattfallkrankheit führen ebenfalls zu Schäden.

Schnitt und Erziehung

Meist erzieht man Johannisbeeren als Busch, aber auch als ein- oder zweitriebige Kordons bzw. als Fächer am Spalier.

Busch
Ein einjähriger Busch sollte 1-2 kräftige junge Triebe haben, die ausgangs des Winters auf die Hälfte einzukürzen sind. Seitentriebe, die tiefer als 10 cm hoch angesetzt sind, werden entfernt. Im nächsten Winter schneidet man die neuen Triebe um die Hälfte auf ein Außenauge zurück, um kräftige Haupttäste zu erziehen. Nach innen oder unten wachsende Seitentriebe werden bis auf ein Auge entfernt. Auch bei älte-

Johannisbeerbusch
1. Jahr, Winterschnitt

Alle tiefer als 10 cm über dem Boden stehenden Seitentriebe werden entfernt, damit ein kurzer Stamm entsteht.

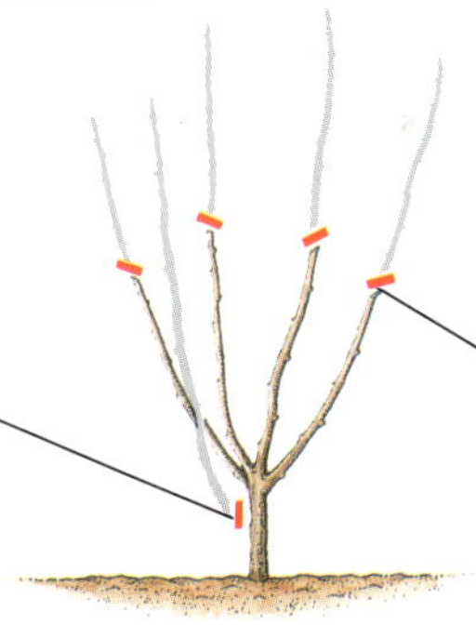

Jeder Ast wird auf ein Außenauge um die Hälfte zurückgeschnitten.

2. Jahr, Winterschnitt

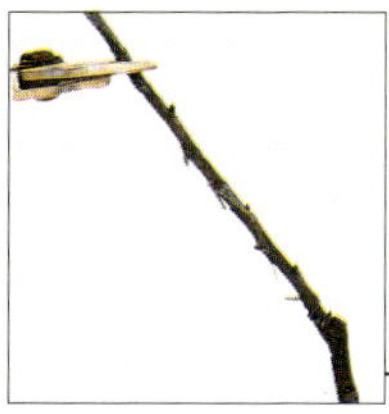

Zur Kronenerziehung werden alle Hauptäste und Seitentriebe um die Hälfte des Jahrestriebes auf ein Außenauge zurückgeschnitten.

Alle nach innen oder unten wachsenden Seitentriebe kürzt man auf ein Auge ein.

WINTERSCHNITT AM ERWACHSENEN STRAUCH

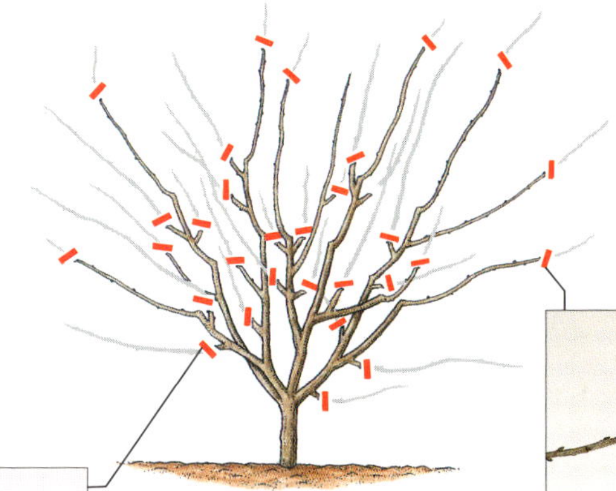

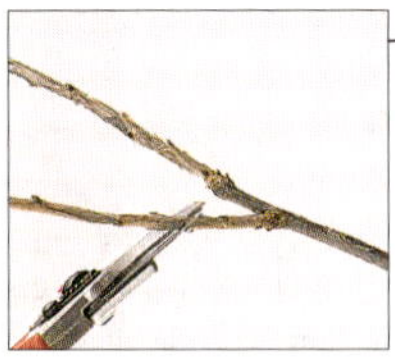

Seitentriebe werden auf ein Auge eingekürzt.

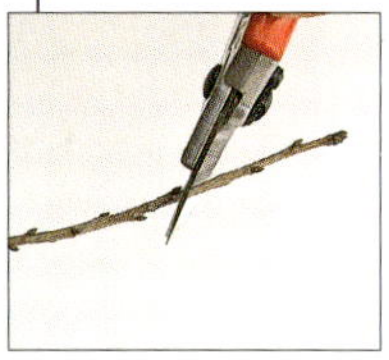

Die Spitzen der Haupttäste werden 5-7 cm zurückgeschnitten.

ren Sträuchern schneidet man die Seitentriebe auf ein Auge zurück und entspitzt die Haupttäste.

Kordon
Eintriebige Kordons erzieht man meist senkrecht. Die Spanndrähte befestigt man in 0,6 und 1,2 m Höhe. Der Haupttrieb einer einjährigen Pflanze wird ausgewählt, an einen Stab hochgebunden, um die Hälfte eingekürzt; alle anderen Triebe werden auf ein Auge zurückgeschnitten. Im Sommer kürzt man die Seitentriebe auf 5 Blätter, im folgenden Winter auf ein oder zwei Augen ein. Die Stammverlängerung nimmt man um ein Viertel des Neutriebs zurück, sobald sie das Ende des Stabes erreicht hat, wird sie gekappt. Zweitriebige Kordons werden aus 2 im Winkel von etwa 30° gespreizten Trieben entwickelt, die in 30 cm Abstand an Stäbe gebunden und dann ebenso erzogen werden wie eintriebige.

Fächer
Als Fächer erzogene Johannisbeeren werden wie Pfirsiche am Spalier erzogen (siehe S. 393) und jeder einzelne Trieb wird wie ein Kordon behandelt.

Ernte und Lagerung

Die Ernte erfolgt wie bei Schwarzen Johannisbeeren. Die Früchte werden zu Saft oder Kompott verarbeitet oder eingefroren.

Vermehrung

Im Frühherbst werden Steckhözer geschnitten. Dazu nimmt man 30 cm lange Jungtriebe und entfernt die Seitenknospen bis auf die obersten 3-4, um Pflanzen mit einem kurzen Stamm zu erhalten. Die Steckhölzer werden bis zur Mitte in feuchten, fruchtbaren Boden eingegraben. Sobald sie bewurzelt sind, pflanzt man sie an ihren endgültigen Standort.

EMPFOHLENE ROTE UND WEISSE JOHANNISBEER-SORTEN

Frühe
'Jonkheer van Tets' (rot)
'Heros' (rot)
Mittelfrühe
'Red Lake' (rot)
'Rondom' (rot)
'Rotet' (rot)
'Stanza' (rot)
'Weiße Versailler' (weiß)
'Werdavia' (weiß)
Späte
'Rovada' (rot)
'Heinemanns rote 'Spätlese' (rot)

'Jonkheer van Tets'

'Weiße Versailler'

STECKHÖLZER

Ein Steckholz ist 30 cm lang und behält nur die oberen Knospen.

JOHANNISBEERKORDON
1. JAHR, WINTERSCHNITT

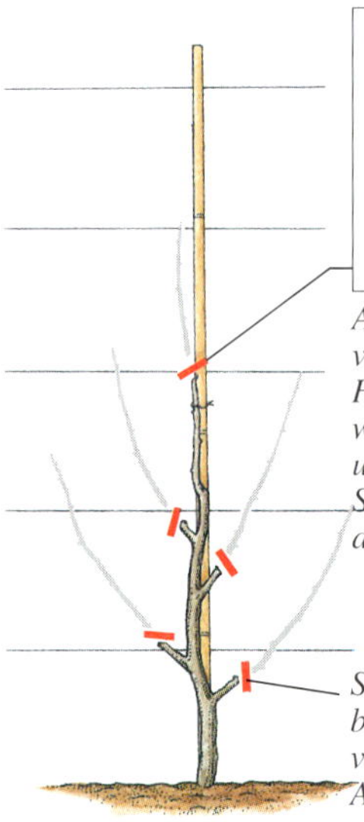

An der Stammverlängerung die Hälfte des Jahreszuwachses entfernen, um die Bildung von Seitentrieben anzuregen.

Seitentriebe, die schon beim Pflanzen vorhanden sind, auf ein Auge zurückschneiden.

1. JAHR, SOMMERSCHNITT

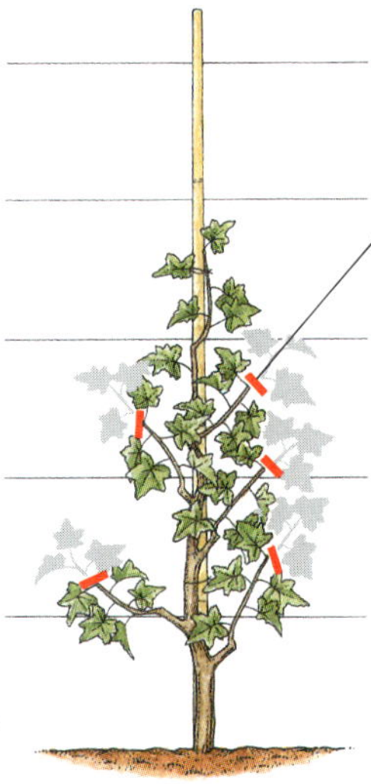

Im gleichen Jahr gebildete Seitentriebe auf 5 Augen kürzen.

WINTERSCHNITT AM ERWACHSENEN KORDON

Hat die Stammverlängerung den obersten Spanndraht erreicht, kürzt man sie um ein Viertel des Neutriebs.

Alle Seitentriebe auf 12 Augen kürzen, um die Fruchtholzbildung am Stamm anzuregen.

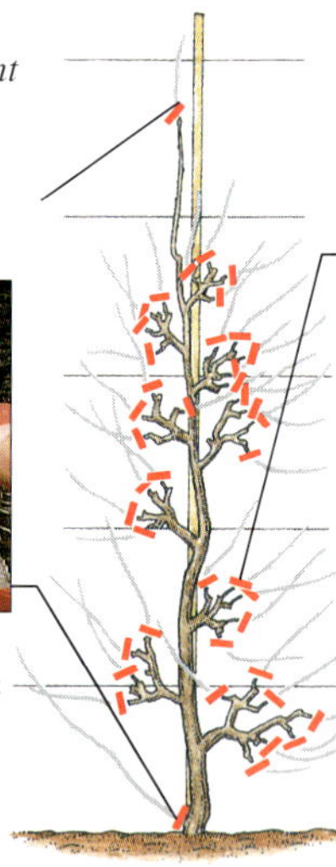

Seitentriebe, die tiefer als 10 cm über dem Boden stehen, bis zum Ansatz entfernen.

Stachelbeeren *(Ribes uva-crispa)*

Stachelbeeren sind leicht anzubauen, benötigen aber kühles Klima und bei hohen Sommertemperaturen etwas Schatten. Je nach Sorte sind die reifen Früchte gelb, rot, weiß oder grün. Die Methoden der Kultivierung, des Schnitts sowie die allgemeinen Pflegemaßnahmen entsprechen im großen und ganzen denen bei roten und weißen Johannisbeeren *(Ribes sativum)*.

Standort und Pflanzung
Standortansprüche und Standweiten entsprechen denen von roten und weißen Johannisbeeren (S. 415). Es gibt wenig anerkanntes Pflanzgut, aber Spezialbaumschulen führen ein gutes Angebot.

Laufende Pflege
Wie Johannisbeeren brauchen auch Stachelbeeren reichlich Kalium und Bodenbedeckung, am besten mit verrottetem Stallmist. Jungtriebe sind ziemlich bruchempfindlich und brauchen in rauhen Lagen unbedingt einen zuverlässigen Windschutz. Bei besonders starkem Fruchtansatz sollte im späten Frühling großzügig ausgedünnt werden.

Schädlinge und Krankheiten
Wo Vögel im Winter die Knospen stark schädigen, sollte man die Sträucher einnetzen. Stachelbeeren können unter Mehltaubefall leiden, der die Triebspitzen und Früchte befällt (S.562), sowie unter den Raupen der Stachelbeerblattwespe und unter Blattfallkrankheit.

Schnitt und Erziehung
Die jungen Pflanzen können als Büsche, Kordons und Fächer erzogen werden wie rote und weiße Johannisbeeren. Bei einigen Sorten mit hängendem Wuchs schneidet man am besten auf nach oben gerichtete Augen, vor allem in der Jugend.
Büsche Pflanzschnitt wie bei Johannisbeeren (S. 415). Man strebt einen Busch mit offener Mitte und 10-15 cm hohem Stamm an. Bei älteren Büschen kann man im Winter einen Überwachungs- oder einen scharfen Fruchtholzschnitt ausführen. Beim einfacheren Überwachungsschnitt entfernt man die tief angesetzten, zu dicht stehenden, alten und unproduktiven Triebe und wählt kräftige Jungtriebe zu deren Ersatz. Fruchtholzschnitt ist dagegen sehr arbeitsintensiv. Alle Seitentriebe werden auf ein geeignetes Auge in rund 8 cm Abstand vom Gerüstast eingekürzt und die Langtriebe müssen etwas zurückgenommen werden.
Stammformen Zur Erziehung von Halb- oder Hochstämmen werden Stachelbeeren auf Unterlagen von *Ribes odoratum* oder *R. divaricatum* veredelt. Man wählt einen Unterlagentrieb aus, zieht ihn senkrecht hoch und hält die Seitentriebe kurz. Wenn nach 2-3 Jahren die gewünschte Stammhöhe erreicht und der Trieb stark genug ist, werden alle Seitentriebe entfernt, und die ausgewählte Sorte wird veredelt. Das Edelreis verzweigt sich im folgenden Sommer und wird später geschnitten wie ein Busch.
Heckenerziehung (Kordon und Fächer) Der Schnitt ist der gleiche wie bei roten Johannisbeeren (siehe S.416). Im Sommer werden die Seitentriebe auf 5 Augen, im Winter bis auf 8 cm zurückgeschnitten, die Leittriebe werden entspitzt.

Ernte und Lagerung
Stachelbeeren für Kompott sollten wegen des besseren Geschmacks und der guten Zubereitung schon grün gepflückt werden. Dessertsorten läßt man zur vollen Farb- und Aromaentwicklung ausreifen, muß sie aber oft vor Vögeln schützen. Sie lassen sich gut einfrieren.

Vermehrung
Steckholz schneidet man im Frühherbst. Die oft schlechte Bewurzelung der Stecklinge wird erleichtert, wenn man alle Augen zunächst am Steckholz beläßt und erst nach erfolgter Bewurzelung die tief angesetzten Augen sowie die Seitentriebe entfernt.

STACHELBEER-HALBSTAMM

EMPFOHLENE STACHELBEERSORTEN

Frühe
'Hönings Früheste' (gelb)
'Weiße Neckartal'
'Rixanta' (gelb)

'Invicta'

Mittelfrühe
'Weiße Triumph'
(Syn. 'Whitesmith', weißgrün)
'Rote Triumph'
(Syn. 'Winham's Industry', rot)
'Invicta' (grün) **Rm**
'Rolanda' (rot) **Rm**

'Whinham's Industry'

Späte
'Reflamba' (rotbraun) **Rm**
'Lancashire Lad' (rot) **Rm**

SCHLÜSSEL
Rm *Resistent gegen Mehltau*

STACHELBEERBUSCH

1. JAHR, WINTERSCHNITT

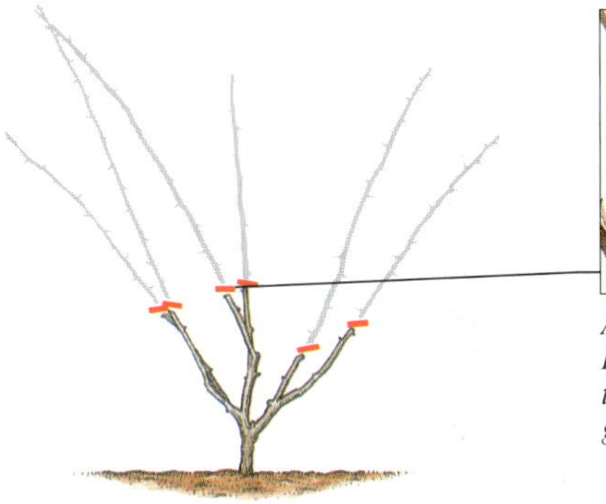

Alle Triebe um die Hälfte bis Dreiviertel auf ein Außenauge zurückschneiden.

ERWACHSENER BUSCH, ÜBERWACHUNGSSCHNITT IM WINTER

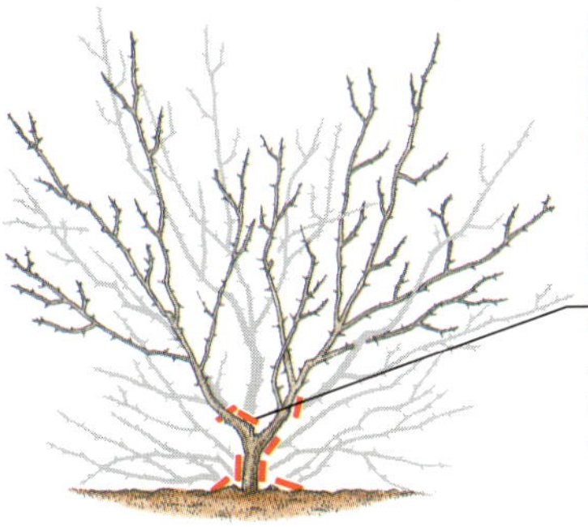

Alte Äste entfernen, um die Krone auszulichten.

Der Busch soll v. a. junge, gut verteilte, nach oben und außen gerichtete Äste haben.

ERWACHSENER BUSCH, FRUCHTHOLZSCHNITT IM WINTER

Alle neuen Seitentriebe werden auf ein ca. 8 cm vom Gerüstast entferntes Auge zurückgeschnitten.

Gerüstäste bis auf 3-4 Augen des Neutriebs zurückschneiden, um die Fruchtholzbildung anzuregen.

STECKHÖLZER

1 *Im Frühherbst von gut ausgereiften Jungtrieben 30-40 cm lang schneiden – mit einem Schrägschnitt über dem obersten Auge und einem geraden Schnitt an der Basis. Mit dem unteren Ende eingraben.*

2 *Im kommenden Herbst gräbt man die bewurzelten Steckhölzer aus, entfernt die Augen und Seitentriebe an den unteren 10 cm und setzt die Jungpflanzen ins Freiland.*

Heidelbeeren *(Vaccinium corymbosum)*

Die angebauten Heidelbeeren stammen von amerikanischen Wildformen ab. Sie tragen dicke Trauben von dunkelblauen, hellgrau überhauchten Früchten und brauchen kühles, feuchtes Klima mit 700-1200 Stunden unter 7°C und sauren Boden (pH-Wert 3-5). Sie erreichen eine Höhe von 1,3-2 m, werfen im Winter das Laub ab, haben im Mai attraktive weiße Blüten und im Herbst goldrotes Laub.

In den USA und Australien werden ähnliche Arten angebaut, die weniger saure Böden und wärmeres Klima vertragen *(Vaccinium ashei)*.

Der Ertrag ist in den ersten 5-6 Jahren gering, steigt aber später auf 6-8 kg je Busch und Jahr an. Alle Sorten sind selbstfruchtbar.

HEIDELBEERBUSCH

WINTERSCHNITT AM ERWACHSENEN BUSCH

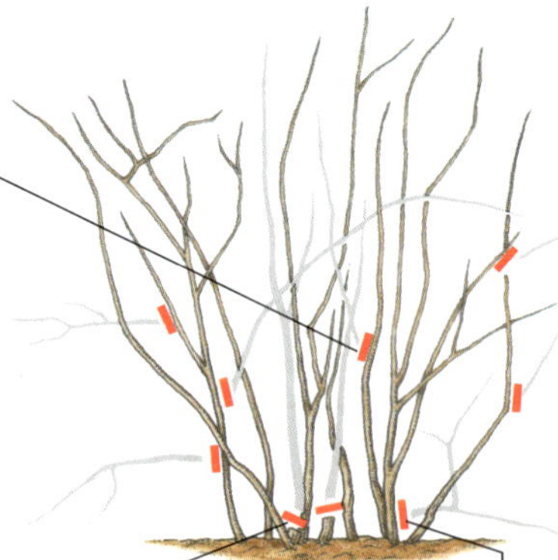

Schwache Triebe zurückschneiden (zur Bildung neuer Seitentriebe).

Altes, unfruchtbares Holz wird bis zum Boden herausgeschnitten, um den Neutrieb anzuregen.

Tiefstehende oder nach unten wachsende Triebe werden entfernt.

Standort und Pflanzung

Heidelbeeren lieben Sonne und vertragen nur wenig Schatten. Der Boden muß gut wasserdurchlässig sein. Vor der Pflanzung sind alle Wurzelunkräuter zu entfernen. Ist der Boden neutral oder gar etwas alkalisch, ist eine etwa 15 cm starke Schicht Torfmull mit dem vorhandenen Boden zwei Spatenstich tief zu vermischen. Alternativ kann man auch 50-120 g Schwefelblüte in den Boden einarbeiten.

Die Kultur von Heidelbeeren ist auch in Kübeln von 35-40 cm Durchmesser in Torfmull möglich, allerdings nicht sehr empfehlenswert.

Gepflanzt wird gewöhnlich im Spätherbst oder auch im Winter, und zwar in 1,2-1,5 m Abstand. Die Wurzeln werden 2,5-5 cm hoch mit Boden bedeckt, und darüber wird eine Mulchschicht aus saurem Kompost, Torfmull oder Lauberde gebreitet.

Laufende Pflege

Zur Förderung von Wuchs und Ertrag und zur Erhaltung der sauren Bodenreaktion gibt man im Frühjahr pro Quadratmeter 25-35 g Ammoniumsulfat, 25-35 g Kaliumsulfat und etwa 100 g Knochenmehl. Wichtig ist eine ständige Bodenbedeckung mit Torfmull, Rindenkompost oder Schreddermaterial. Bei der Unkrautbekämpfung ist Vorsicht geboten, denn die Wurzeln liegen flach.

Schädlinge und Krankheiten

Abgesehen von möglichen Schäden durch Vögel (einnetzen!) treten kaum Krankheiten oder Schädlinge auf.

Schnitt und Erziehung

Heidelbeeren fruchten am 2- und 3jährigen Trieb. In den ersten 2-3 Jahren sind nur schwache und niedrigwachsende Triebe zu entfernen, um einen kräftigen Aufbau zu erreichen. Später schneidet man wie bei Schwarzen Johannisbeeren alljährlich einige der ältesten Äste heraus, um die regelmäßige Neubildung von Bodentrieben zu fördern.

Ernte und Lagerung

Die Früchte reifen während einer Periode von mehreren Wochen. Nur die reifen Früchte werden gepflückt, die sich leicht aus den Trauben lösen lassen. Heidelbeeren lassen sich sehr gut im Kühlschrank frisch halten, einkochen und einfrieren, aber auch zu Saft verarbeiten.

Vermehrung

Im Sommer werden ca. 10-15 cm lange Stecklinge geschnitten, ihre Basis wird in ein Pulver mit Bewurzelungshormonen getaucht und anschließend in ein Torf-Sand-Gemisch gesteckt. Bis sie bewurzelt sind, bleiben die Stecklinge im Vermehrungskasten unter Glas oder Folie und werden dann getopft. Bevor sie ins Freiland kommen, sind sie abzuhärten.

EMPFOHLENE HEIDELBEERSORTEN

Frühe
'Bluetta'
'Earliblue'
'Patriot'
'Spartan'

Mittelfrühe
'Berkeley'
'Bluecrop'
'Goldtraube 71'

Späte
'Coville'
'Darrow'
'Elisabeth'
'Jersey'

'Bluetta'

HEIDELBEERSTECKLINGE

1 Von geeigneten Jungtrieben werden Stecklinge von mindestens 10 cm Länge geschnitten, und zwar direkt über einem Blattansatz.

2 Unter einem Blattknoten wird mit scharfem Messer nachgeschnitten. Die Blätter im unteren Drittel werden entfernt und die Stecklingsbasis in Bewurzelungspulver getaucht.

3 Im Topf werden die Stecklinge so weit in das Torf-Sand-Gemisch gesteckt, daß die untersten Blätter gerade über dem Boden stehen. Nach dem Angießen stellt man sie unter Glas.

Südfrüchte

Die meisten als »Südfrüchte« bezeichneten Arten stammen aus tropischen und subtropischen Breiten, wo sie in warmen, meist trockenen Gebieten wachsen. Abgesehen von Oliven, deren Bitterstoffe durch geeignete Behandlung entfernt werden müssen, können die meisten dieser Früchte vom Baum weg oder höchstens nach kurzer Nachreifung genossen werden.

Einige der Zitrusfrüchte, z.B. Zitronen und Limetten, sind zu sauer zum unmittelbaren Verzehr, sie werden zur Saftgewinnung oder als Rohstoff für Saft, Konfitüre und Marmelade angebaut. Da die Südfrüchte in warmen Klimaten kultiviert werden, kann Nährstoffmangel auftreten; entsprechend ist der Standort vorzubereiten: 110-180 g eines langsam wirkenden Düngers im Pflanzloch können das Anwachsen erleichtern.

Auch in kühlerem Klima können einige Arten angebaut werden, etwa in Gefäßen oder unter Schutzvorrichtungen, solange für die passende Temperatur und Feuchtigkeit gesorgt ist. Einige Früchte reifen zwar nicht aus, sind aber sehr dekorativ.

Ananas *(Ananas comosus)*

Ananas ist eine tropische Staude mit endständigen Früchten, die aus etwa 200 samenlosen Einzelfrüchten (Beeren) bestehen. Für gute Entwicklung brauchen sie volle Sonne und Temperaturen um 18-30°C bei relativer Luftfeuchte von 70/80 Prozent. Man unterscheidet Cayenne-, Queen- und Spanish-Gruppen.

Standort und Pflanzung

Ein sonniger, windgeschützter Standort und ein sandiger, mittelschwerer Lehmboden mit einem pH-Wert von 5-6,5 sind ideal. Die Ablegerpflanzen setzt man in Reihen von ca. 60 cm Abstand auf eine Entfernung von 30 cm oder in der Quadratpflanzung zu 50 x 50 cm.

Laufende Pflege

Ein normaler Volldünger mit mittlerem Kaliumgehalt und hohem Stickstoffniveau wird alle 2-3 Monate verabreicht, etwa 50 g pro Pflanze. Eventueller Eisen- oder Zinkmangel ist mit einer Spritzung von 2 Prozent Eisen- oder Zinksulfat leicht zu beheben. Wässern bei trockenem Wetter und Abdecken der Bodenoberfläche mit lockerem organischem Material ist zu empfehlen.

Schädlinge und Krankheiten

Bei Ananas können Blutlaus (S. 550), Wurzelknollen-Nematoden (S. 564), Schildläuse (S. 552), Spinnmilben (S. 550) und Thrips (S. 551) auftreten.

Am gefährlichsten ist die offene Herzfäule, verursacht durch *Phytophthora cinnamoni* und *P. parasitica*, Pilzkrankheiten, die unter feuchten Anbaubedingungen auftreten. Da die offene Herzfäule kaum zu bekämpfen ist, müssen die Pflanzen gegen Infektion geschützt werden: Alle gewonnenen Ausläuferpflanzen (oder Seitenschosse) sollten in Fungizidbrühe oder -puder getaucht werden, da der Pilz durch Wunden eindringt. Nach Möglichkeit resistente Sorten verwenden.

Kultur unter Glas

Man pflanzt bewurzelte Ausläufer oder Stecklinge in Beete mit guter Drainage oder in 30-cm-Töpfe. Kompost mit hohem Anteil an organischer Masse und eine Flüssigdüngung alle 3-4 Monate sind empfehlenswert. Die Temperatur ist auf mindestens 20°C zu halten, die Feuchte bis 70 Prozent. Beim Anwachsen sind die Pflanzen gut zu wässern.

Ernte und Lagerung

Man erntet die Frucht, wenn sie sich von Grün auf Gelb umzufärben beginnt. Der Stamm wird 2,5-5 cm unterhalb der Fruchtbasis geschnitten. Ananas können bei 8°C und 90 Prozent Feuchte bis zu 3 Wochen gelagert werden.

Vermehrung

Der terminale Sproß kann als Steckling verwendet werden, wenn man ihn mit ca. 1 cm Fruchtfleisch abschneidet. Ananas können auch aus Ausläufern vermehrt werden, die aus den Blattachseln wachsen. Sie werden mit einem Messer abgenommen. Die Schnittflächen taucht man in Fungizid und läßt sie einige Tage abtrocknen. Man entfernt die unteren Blätter und setzt die Stecklinge in Töpfe mit sandiger Komposterde. Sobald sie bewurzelt sind, werden sie in 15-cm-Töpfe umgetopft.

Vermehrung von Ananas durch Ausläufer

Man trennt basale Triebe oder Ausläufer ab und läßt die Schnittstelle abtrocknen. Dann setzt man sie ins Vermehrungssubstrat.

Ananas

Vermehrung aus dem Kopftrieb

1 *Kopftrieb einer Ananas mit einem Messer herausschneiden (tief genug schneiden und Triebbasis nicht verletzen!), die Schnittfläche in Fungizid tauchen und einige Tage trocknen lassen.*

2 *Steckling in Vermehrungserde pflanzen und für eine Temperatur von mindestens 18°C sorgen. Der Steckling dürfte in wenigen Wochen bewurzelt sein und kann dann getopft werden.*

Empfohlene Ananas-Sorten

Cayenne-Gruppe
'Baronne de Rothschild'
'Smooth Cayenne'
'Sugar Baby'

Queen-Gruppe
'Natal Queen'
'Ripley Queen'

Spanish-Gruppe
'Red Spanish'
'Singapore Spanish'

Papaya oder Baummelone *(Carica papaya)*

Papayas sind meist einstämmige tropische Bäume, die ca. 4-5 m hoch und in der Krone 1-2 m breit werden. Die Früchte werden bis 20 cm lang. Eine Temperaturspanne von 22°C bis 28°C und eine Luftfeuchtigkeit um 60/70 % sind optimal; einige Sorten können niedrigere Temperaturen vertragen (15°C), aber der Fruchtansatz wird gering sein.

Standort und Pflanzung

Ein warmer, sonniger Standort mit Windschutz ist günstig. Der Boden soll nährstoffreich und gut drainiert sein, der pH-Wert bei 6-7 liegen. Die Bäume sind staunässeempfindlich.

> **EMPFOHLENE PAPAYASORTEN**
>
> 'Bluestem' **e**
> 'Fairchild' **z**
> 'Graham' **z**
> 'Guinea Gold' **e**
> 'Higgins' **e**
>
> 
>
> 'Higgins'
>
> 'Hortus Gold' **z**
> 'Sunny Bank' **z**
> 'Solo' **e**
>
> **SCHLÜSSEL**
> **e** *Einhäusig*
> **z** *Zweihäusig*

Viele Sorten sind zweihäusig, tragen männliche und weibliche Blüten auf getrennten Pflanzen, aber es gibt auch einhäusige. Ein männlicher Baum befruchtet 5-6 weibliche Bäume. Die Bestäubung erfolgt über Insekten oder durch den Wind. Der Pflanzabstand beträgt 2,5-3 m.

Laufende Pflege

Ein normaler Volldünger mit 1 kg/Baum im Jahr, auf 2-3 Einzelgaben in der Hauptwachstumszeit aufgeteilt, reicht aus. In Trockenzeiten wässert man regelmäßig; Abdeckung des Bodens mit organischem Mulch hilft, Bodenfeuchtigkeit zu erhalten. Papayas werden oft nach 3-4 Jahren von Virosen und Nematoden heimgesucht. Dann müssen sie durch Bäume oder Sämlinge ersetzt werden.

Schädlinge und Krankheiten

Erwähnt wurden bereits die Wurzelknollen-Nematoden (S. 564); Anthracnose (siehe Blattfleckenpilze, S. 552), Bündelspitzen-Virus (Virosen, S. 553) und Umfallkrankheit (S. 568) bei Sämlingen sind gefährliche Krankheitsbilder. Papaya unter Glas werden von Blattläusen, Thrips (S. 551), Weißen Fliegen (S. 550) und Wolläusen (S. 550) heimgesucht.

Kultur unter Glas

Bei ausreichend Licht und hohen Temperaturen können Papayas in gemäßigten Zonen unter Glas oder Folie angebaut werden. Sämlinge oder Stecklinge werden angezogen wie unten beschrieben. Sie werden auf Beete verpflanzt, sobald sie 25-35 cm hoch sind, oder in 35-cm-Töpfe getopft. Man verwendet nährstoffreiche Komposterde, der ein langsam wirkender Dünger beigegeben wird. Die Temperatur ist bei mindestens 22°C zu halten, die Luftfeuchte bei 60-70 Prozent. Eine Flüssigdüngung oder kleine Düngergaben mit mittlerem bis hohem N-Gehalt sollten alle 3-4 Wochen ausgebracht werden. Die Pflanzen müssen regelmäßig gewässert werden.

Schnitt und Erziehung

Seitenzweige entfernt man, sie sind nicht fruchtbar. Nach der Ernte schneidet man die Bäume auf 30 cm über dem Boden zurück, und von den sich entwickelnden Neutrieben wird der kräftigste belassen; alle anderen werden entfernt.

Ernte und Lagerung

Geerntet wird, wenn die Früchte orangerote Farbe zeigen. Bei 10-13°C und 70 Prozent relativer Feuchte bleiben sie 14 Tage frisch.

Vermehrung

Man vermehrt v.a. durch Aussaat. Die Samen werden in Saatschalen oder gut durchlässigen 9-cm-Töpfen ausgelegt. Die Sämlinge müssen sorgfältig behandelt werden, ihre

PAPAYABAUM

Wurzeln sind sehr empfindlich. Man härtet sie etwas ab und pflanzt sie am besten aus, wenn sie eine Höhe von 30-45 cm erreicht haben. Um sicherzustellen, daß man genügend weibliche Pflanzen erhält, setzt man die Sämlinge zu 3-4 zusammen und beläßt zum Beginn der Blütezeit jeweils 1 weibliche Pflanze. Einhäusige Sämlinge können auch einzeln gepflanzt werden.

Stecklinge gewinnt man, indem Bäume auf 30-40 cm Höhe abgesetzt werden und die entstehenden Neutriebe als Stecklinge geschnitten werden. Ihre Basis kann mit Bewurzelungshormonen behandelt werden; sie werden unter Glas kultiviert.

Zitrusgewächse *(Citrus* sp.)

Zur Gattung *Citrus* gehören Apfelsinen, Zitronen und eine Reihe anderer eßbarer Arten (siehe S. 421). Sie bilden niedrige, weitverzweigte Bäume auf Stämmen mit 50-60 cm Umfang, die Höhen von 3-10 m und Kronendurchmesser von 5-8 m erreichen. Limetten sind die kompaktesten, Grapefruits die größten und kräftigsten. Zitronen wachsen aufrechter als die anderen Arten. Auch Kumquat wird hier mit beschrieben, der früher der Gattung *Citrus*, neuerdings aber *Fortunella* zugeordnet wird. Seine Kulturansprüche entsprechen denen von *Citrus*.

Citrus ist eine subtropische Gattung. Alle Arten und ihre Hybriden sind immergrün und haben aromatische Blätter. Zum optimalen Wachstum benötigen sie Temperaturen um 15-30°C, auch wenn die meisten von ihnen kurze Perioden von 0°C überstehen. Die Blütezeit ist nicht jahreszeitlich festgelegt, sondern tritt ein in warmen Perioden mit regelmäßigem Niederschlag, wobei Blüte und Fruchtreife zusammenfallen können. Viele Zitrusarten ergeben hervorragende Kübelpflanzen für die Kultur im gemäßigten Klima unter zeitweiligem Schutz.

Standort und Pflanzung

Zitrusarten bevorzugen Sonne und brauchen Windschutz in rauhen Lagen. Sie vertragen sehr unterschiedliche Standorte, gedeihen aber am besten in fruchtbaren, gut drainierten, leicht sauren Böden (pH-Wert 6-6,5). Junge Pflanzen sind dankbar für hohe Bodenfruchtbarkeit.

Unterlagen

Als Unterlagen können Apfelsinensämlinge dienen, da sie mit allen weit verbreiteten Zitrusarten und -sorten verträglich sind. Zitronen als Unterlage führen zu frühtragenden, starkwüchsigen Bäumen, die zwar gegen das Tristeza-Virus resistent sind, aber deren Früchte dann dickschalig sind und wenig Säure und Zucker enthalten.

Für kühlere Klimaregionen eignet sich die dreiblättrige Orange als schwachwüchsige Unterlage, die ziemlich resistent gegen Nematoden, aber unverträglich mit einigen Zitronensorten ist. Auch die Cleopatra-Mandarine und die Rangpur-Limette dienen als Unterlagen. Sämlingsunterlagen kommen ebenfalls in Frage (siehe »Vermehrung«, S. 421).

Bestäubung

Die meisten Zitrusarten einschließlich der Apfelsinen sind selbstfertil, weshalb normalerweise kein Pollenspender erforderlich ist. Viele Apfelsinen bilden samenlose Früchte.

Pflanzung

Die Pflanzabstände liegen zwischen 5 und 10 m in beiden Richtungen je nach Wüchsigkeit der gewählten Art und Sorte. Da Zitrusarten empfindlich gegen Staunässe sind, sollten sie

APFELSINENBÄUME

an nicht ausreichend drainierten Standorten auf 5-7 cm hohe Hügel gepflanzt werden, damit das Wasser leichter seitlich abläuft.

Laufende Pflege

In den ersten Jahren sollten Zitrusbäume alljährlich 1 kg Mehrnährstoff-Dünger mit hohem Stickstoff- und mittlerem Kaliumanteil erhalten. Der Dünger wird zu 2 oder 3 Terminen während der Wachstumsperiode auf die Baumscheibe verteilt. Nach 5 Jahren wird die Gabe verdoppelt. Bodenbedeckung hilft, die Bodenfeuchtigkeit zu erhalten.

Unkraut in Stammnähe sollte entfernt, und es sollte regelmäßig und durchdringend gewässert werden, v.a. während der Blüten- und Fruchtentwicklung. Fruchtausdünnung ist nicht erforderlich, aber alle Wurzelschosse sind zu entfernen.

Schädlinge und Krankheiten
Verschiedene Blut- und Schildläuse (S.550 und 552), Thripsarten (S.551), Rote Spinne (S.552), Blattläuse (S.550), Wurzel- und Kronenfäulen (siehe »*Phytophthora*-Wurzelfäule«, S.558), Anthracnose (siehe »Pilzschäden an Blättern«, S. 552) und Schorf (S.562) können die Zitrusarten im Freiland und unter Glas befallen. In einigen Böden führen Nematoden, die Wurzelknollen verursachen, zu erheblichen Schäden, in den Tropen und Subtropen werden oft Fruchtfliegen zum Problem. Viele Zitrusarten und -sorten sind anfällig gegen Tristeza-Virus, das durch Blattläuse übertragen wird und Stammflecken bei Grapefruit, Limetten und Zitronen verursacht. Befallene Bäume büßen ihre Wuchskraft ein und bilden kleine Früchte. Anfällig sind v.a. Sorten auf Unterlagen von Bitterorange. Vorbeugen ist möglich durch Blattlausbekämpfung und Verwendung anderer Unterlagen.

Kultur unter Glas

Im gemäßigten Klima können verschiedene Sorten von Apfelsinen, Tangerinen, Zitronen und Limetten wie auch Bitterorangen (Pomeranzen) und Kumquat unter Glas kultiviert werden, obwohl sie dann nicht zuverlässig fruchten. Man bereitet den Boden sorgfältig vor oder füllt große Kübel (Durchmesser mindestens 60 cm) mit nährstoffreichem Substrat. Die Pflanzen sollten bei mindestens 20°C und über 75 Prozent Luftfeuchte gehalten sowie regelmäßig gewässert werden. Sobald die Jungpflanzen eingewurzelt sind, werden sie monatlich gedüngt.

Schnitt und Erziehung

Im ersten Jahr werden die Haupttriebe der jungen Bäume um ein Drittel eingekürzt. Das fördert den seitlichen Austrieb und führt zu einer runden Form. Nach dem Fruchten werden nur noch tote, kranke und einander reibende Triebe entfernt sowie jene, die sich auf den Boden neigen. Man kann auch Hoch- und Halbstämme erziehen, v. a. bei Verwendung als Zierpflanzen (S. 379).

Ernte und Lagerung

Vom Fruchtansatz bis zur Reife können Zitrusfrüchte abhängig vom Klima 6-8 Monate oder mehr benötigen. In sonnenscheinarmen Gebieten bleiben auch reife Früchte manchmal grün.

Sie werden im reifen Zustand mit einem scharfen Messer am Stiel abgeschnitten oder mit leichter Drehung abgepflückt. Unbeschädigte Früchte können bei 4-6°C einige Wochen gelagert werden.

Vermehrung

Einige Arten können aus Samen angezogen werden. Bei den meisten Zitrussamen entwickeln sich Nucellarembryonen mit der Folge, daß die Sämlinge der Muttersorte völlig gleichen. Bei Sorten ohne diese Eigenart ist die Fruchtqualität bei den Sämlingsnachkommen sehr unterschiedlich. Deshalb werden Kultursorten üblicherweise durch Okulation vermehrt.

Bei der Aussaat legt man frische Samen 3-5 cm tief in Aussaatschalen oder in Töpfe mit Aussaaterde. Wichtig sind regelmäßiges Gießen und eine Temperatur von 25-32°C. Sobald die Sämlinge groß genug dafür sind, werden sie in 10- oder 12-cm-Töpfe pikiert; haben sie dann eine Höhe von 20-30 cm erreicht, pflanzt man sie in 21- bis 30-cm-Töpfe oder nach Abhärtung ins Freiland. Alternativ kann man sie auch in 25- oder 38-cm-Töpfe umtopfen und ins Freie pflanzen, wenn sie 60-90 cm hoch sind.

Übliche vegetative Vermehrungsmethode ist bei *Citrus* die Okulation (S. 373) unter Verwendung von Sämlingsunterlagen mit 1 cm Stammdurchmesser. Nach 3 Wochen löst man den Veredlungsbast. Die Unterlage wird oberhalb der Veredlungsstelle zurückgeschnitten und später völlig entfernt, sobald das Edelauge einen 2,5 cm langen Austrieb bildet.

REIFE APFELSINEN

Zitrusarten

Limetten *(Citrus aurantiifolia)*
Bei Limetten unterscheidet man 2 Hauptgruppen. Eine schmeckt sauer, die andere ist recht süß und wird oft als Veredlungsunterlage verwendet. Eine der verbreitetsten Sorten aus der sauren Gruppe, 'Westindische', hat kleine, runde, dünnschalige Früchte mit wenigen Samen; Schale und Fleisch sind grün. Limetten werden meist durch Aussaat vermehrt, können aber auch auf Zitronenunterlagen veredelt werden.

Bitterorangen, Pomeranzen *(Citrus aurantium)*
Bitterorangen dienen v.a. als Unterlagen. Die Früchte, die vorwiegend zu Orangenkonfitüre verarbeitet werden, haben etwa 7 cm Durchmesser, sind rund, dickschalig und mit Ausnahme einiger Formen ziemlich sauer, aber aromatisch.

Zitronen *(Citrus limon)*
Die meisten Zitronensorten bilden samenhaltige Früchte, die selbst im reifen Zustand eher grün bleiben. Zum erfolgreichen Anbau ist eine Höhenlage von 300-500 m nötig bei mindestens 20°C und möglichst geringen Temperaturschwankungen. Eine interessante Hybride zwischen Zitrone und Limette ist die »Lemonime«, die im Freiland in den Subtropen oder als Zierpflanze im gemäßigten Klima unter Glas kultiviert werden kann.

Zitronatzitronen *(Citrus medica)*
Früchte dieser Zitronenart sind eiförmig und gelb mit sehr dicker und rauher Schale. Sie werden bis 15 cm lang; das Fruchtfleisch ist sauer und gewöhnlich wenig saftig. Es gibt keine speziellen Sorten. Zitronatzitronen werden wegen ihrer Schale angebaut, die kandiert als Zitronat im Handel ist. Die Pflanzen sind sehr dekorativ.

EMPFOHLENE ZITRUSARTEN

Limetten
'Persische Limette', syn. 'Tahiti' (süß)
'Westindische Limette', syn. 'Mexikanische' (sauer)

'Persische Limette'

Bitterorangen, Pomeranzen
'Bouquet de Fleurs'
'Chinotto'

'Primafiori'

Zitronen
'Eureka'
'Femminello'
'Lisbon'
'Meyers Lemon'
'Primafiori'

Grapefruits
'Duncan' (rosa Fleisch)
'Foster' (rosa Fleisch)
'Marsh Seedless' (weißes Fleisch)

'Thompson'

'Star Ruby' (rotes Fleisch)
'Thompson', syn. 'Pink Marsh', 'Red Blush' (rosa Fleisch)

Mandarinen
'Clementine'
'Dancy'
'King'

'Clementine'

Tangelos
'Minneola'
'Orlando'

Apfelsinen
'Hamlin' (Valencia)
'Jaffa' (Valencia)
'Malta Blood' (Blut)
'Moro' (Blut)
'Robertson' (Navel)
'Ruby' (Blut)

'Jaffa'

'Valencia' (Valencia)
'Washington' (Navel)

Grapefruits *(Citrus paradisi)*
Die Früchte der Grapefruits sind groß, flachrund, gelb und haben einen Durchmesser von 10-15 cm. Die meisten Sorten sind gut an Standorte auf Seehöhe oder wenig darüber angepaßt, vorausgesetzt, daß die Temperatur 25°C überschreitet. Es gibt zwei Hauptgruppen, die weiß- und die rosafleischigen Grapefruitsorten, darunter findet man in beiden Fällen sowohl samentragende wie samenlose.

Mandarinen und Tangerinen
(Citrus reticulata)
Mandarinen oder Tangerinen benötigen im allgemeinen Temperaturen über 18°C, zu große Hitze kann allerdings zu verminderter Fruchtqualität führen. Zwischen den Bäumen kommt es oft zur Fremdbestäubung, was zu Früchten mit zahlreichen Samen führt. Die überall am häufigsten angebaute Gruppe sind die Satsumas. Deren Früchte sind leicht abgeplattet und samenlos, orangefarben und mit süßaromatischem Geschmack. Einige Sorten haben einen »Nabel«, eine Miniaturfrucht am Ende der Fruchtachse. Außerdem gibt es die Cleopatra-Gruppe, die als Veredlungsunterlage weit verbreitet ist, aber selbst ungenießbare Früchte hat, dann die King-Gruppe sowie die der gewöhnlichen Mandarinen, zu denen auch die Sorte 'Clementine' gehört.

Tangelos
(Citrus reticulata x *C. paradisi)*
Diese Kreuzung aus Mandarine und Grapefriut verbindet einige Eigenarten beider Eltern: Die orangefarbenen Früchte sind größer als Mandarinen, haben aber eine dünne, leicht lösende Schale. Im gemäßigten Klima können sie unter Glas kultiviert werden und dabei gelegentlich auch Früchte tragen.

Apfelsinen, Orangen
(Citrus sinensis)
Die meisten Apfelsinen einschließlich der weitverbreiteten 'Jaffa' gehören zur Valencia-Gruppe. Ihre Früchte sind mittel bis groß, rund bis eiförmig und enthalten keine oder höchstens wenige Samen.

Apfelsinen werden meist durch Samen angezogen, nur einige spezielle Sorten vermehrt man vegetativ durch Okulation. Apfelsinensämlinge dienen auch in großem Umfang als Unterlagen für die Veredlung anderer *Citrus*-Arten. Die Apfelsinensorten teilt man meist in 3 Gruppen ein: Navel-, Blut- und Valencia-Apfelsinen. Die Navelapfelsinen haben eine kleine Sekundärfrucht am Ende der Fruchtachse und sind meist samenlos. Sie gedeihen gut in etwas kühlerem Klima, schälen und trennen sich leicht und haben vorzügliches Aroma. Das gilt weitgehend auch für Blutapfelsinen, aber deren Fruchtfleisch, Saft und Schale sind rot (wenn sie nicht bei hohen Temperaturen gewachsen sind).

Auf einem Baum können gleichzeitig 2 »Ernten« von Früchten in unterschiedlich weit entwickeltem Zustand hängen.

Kumquats
(Fortunella japonica, F. margarita)
Die in China heimischen Kumquats sind frosthärter als die oben beschriebenen *Citrus*-Arten und überstehen kurzfristig Temperaturen bis –5°C. Die Früchte, die auch ungeschält gegessen werden können, sind klein und gelb. Die Früchte von *F. japonica* sind rund, die von *F. margarita* eiförmig.

Die **Calamondinen** *(x Citrofortunella microcarpa)* sind durch Kreuzung von Mandarine mit Kumquat entstanden. Sie werden als Zierpflanzen im gemäßigten Klima kultiviert.

Baumtomate oder Tamarillo *(Cyphomandra betacea)*

Diese subtropischen Bäume (auch »Tamarillo« genannt) von 3-5 m Höhe und 1,5-2,5 m Ausbreitung gedeihen am besten bei 20-28°C und 70 Prozent Luftfeuchte. Die roten, orangefarbenen oder gelben Früchte sind eiförmig und werden 7,5 cm lang. Unter der dünnen Haut verbirgt sich das bittersüße, im Geschmack leicht an Tomaten erinnernde Fruchtfleisch, daß man roh ißt. Der Bittergeschmack wird durch eine Prise Zucker oder durch Überbrühen gemildert.

Reife Baumtomaten

Standort und Pflanzung
Baumtomaten brauchen einen sonnigen Standort und an ausgesetzten Stellen Windschutz. Nährstoffreicher Lehm ist der geeignetste Boden. Ein Pflanzabstand von mindestens 3 m sollte eingehalten werden.

Laufende Pflege
Ein Volldünger mit mittlerem bis hohem N-Anteil ist alle 2-3 Monate mit ca. 100 g pro Baum zu verabreichen. In Trockenzeiten ist gut zu wässern, und durch Abdeckung mit organischem Mulchmaterial ist die Baumscheibe feucht zu halten.

Schädlinge und Krankheiten
Im Freiland werden Baumtomaten von Blattläusen befallen (S. 550). Auch Gurkenmosaik-Virus und Kartoffelvirus »y« (siehe Virosen S. 553 und 563) können auftreten, ebenso *Phytophthora palmivora* und *P. infestans* (siehe Tomaten-/ Kartoffel-Welke, S. 553). Unter Glas oder Folie kommen Thrips (S. 551), Weiße Fliege (S. 550) und Spinnmilben (S. 550) vor.

Kultur unter Glas
Baumtomaten können in Containern oder in gut vorbereiteten Beeten kultiviert werden. Nährstoffreiche Komposterde mit Volldünger versetzt ist ein geeignetes Substrat. Temperatur und Luftfeuchte sind sorgfältig einzustellen, regelmäßiges Wässern und eine Flüssigdüngung alle 3-4 Wochen wird empfohlen.

Ernte und Lagerung
Baumtomaten fruchten 1-2 Jahre nach dem Pflanzen. Man nimmt die Früchte mit einem scharfen Messer ab, sobald sie sich zu färben beginnen. Sie bleiben bis zu 2 Wochen bei 4-6°C frisch.

Baumtomaten

Vermehrung
Die Aussaat der Baumtomaten erfolgt unter Glas. Die Sämlinge werden, sobald sie 3-5 cm groß sind, in 10-cm-Töpfe getopft; mit 15-25 cm härtet man sie ab und pflanzt sie dann aus. Auch durch Grünstecklinge sind Baumtomaten zu vermehren: Sprosse von 15 cm werden in sandige Komposterde gesteckt, die aber nicht sauer sein darf. Weiterer Verlauf wie bei Blaubeeren (siehe auch S. 418).

Loquat oder Japanische Mispel *(Eriobotrya japonica)*

Dieser bis 7 m hohe und ca. 5 m breite Baum gehört zur Familie der Rosengewächse und ist im subtropischen Klima zu Hause. Die Japanische Mispel braucht mindestens 15°C, um zu blühen und Früchte anzusetzen. Sie wird im Mittelmeerraum häufig angepflanzt. Auch im kühleren Klima kann sie mit etwas Schutz gedeihen, denn sie hält kühlerer Temperatur für kurze Zeit stand. Einige Sorten haben ein geringes Kältebedürfnis.

Japanische Mispeln oder Wollmispeln haben duftende, cremefarbene Blüten und gelbe Früchte. Die Früchte sind 3-8 cm groß und haben weiches, süßes Fruchtfleisch.

Als Unterlage kann man Quitten oder Weißdorn verwenden. Kräftige arteigene Sämlinge sind jedoch ebensogut geeignet. Die meisten Sorten sind selbstfruchtbar.

Standort und Pflanzung
Ein warmer, sonniger Standort mit Windschutz und Schutz vor Austrocknung ist von Vorteil. Genaugenommen toleriert die Japanische Mispel eine weite Bandbreite von Böden, aber ein gut durchlässiger, nährstoffreicher Lehmboden ist für diese Gewächse am günstigsten. Man pflanzt die Bäume am besten in einem Abstand von 4-5 m in jeder Richtung.

Laufende Pflege
Volldünger (450 g pro Baum) sollte alle 3-4 Monate gestreut werden. Der Baum muß regelmäßig gewässert werden, um die Wurzeln gleichmäßig feucht zu halten. Eine Abdekkung mit organischem Mulchmaterial hilft, die Feuchtigkeitsverluste einzuschränken. Die Baumscheibe ist unkrautfrei zu halten.

Um große Früchte zu erzeugen, dünnt man die Büschel in einem frühen Stadium etwas aus. Alle schwach entwickelten bzw. beschädigten Früchte werden dabei entfernt.

Schädlinge und Krankheiten
Im Freiland gibt es wenig Schädlinge, aber im Anbau unter Glas können Thrips (S. 551), Blutlaus (S. 550), Spinnmilben (S. 550) und Weiße Fliege (S. 550) auftreten.

Kultur unter Glas
Junge Sämlingspflanzen können in Containern oder auf gut vorbereiteten Beeten ausgepflanzt werden, wenn sie ca. 45 cm groß sind. Ein Substrat auf Lehmbasis unter Zugabe eines langsam wirkenden Düngers wird empfohlen. Die Temperatur sollte im Sommer stets über 18°C gehalten werden. Man wässert regelmäßig und verabreicht monatlich Flüssigdünger.

Schnitt und Erziehung
Die Japanische Mispel benötigt fast keinen Schnitt; übermäßig kräftige Triebe und nach innen wachsende Zweige, sich kreuzendes Holz, abgestorbene oder beschädigte Zweige entfernt man.

Ernte und Lagerung
Wenn die Früchte beginnen, weich zu werden und sich gelb oder orange zu färben, kann man sie ernten. Eine kurzfristige Lagerung bei 5-10°C ist möglich.

Vermehrung
Japanische Mispeln werden durch Saat vermehrt: Man legt die großen Kerne 2-3 cm tief in sandige Komposterde und hält sie bei mindestens 18°C. Sämlinge pflanzt man bereits auf ihren endgültigen Standort, wenn sie 7-10 cm hoch sind.

REIFE LOQUATS

LOQUATBAUM

Andere mögliche Methoden sind auch noch die Okulation mit T-Schnitt (S. 373), seitliches Anplatten (S. 58) und die sogenannte Marcottage (»Abmoosen«, S. 456).

Mango *(Mangifera indica)*

Mangos sind immergrüne, tropische Bäume, die oft 30 m hoch werden, wenn sie als kräftige Sämlinge am endgültigen Standort aufgezogen wurden. Bei schwachwachsenden Unterlagen und Kompakt-Klonen kann die Höhe auf 7-10 m begrenzt werden.

Mangofrüchte können 5-30 cm lang und 1-2 kg schwer werden. Ihre ledrige Haut kann orange, gelb, grün oder rot sein, je nach Sorte. Der Samen macht bis 25 Prozent des gesamten Fruchtvolumens aus. Die Sorten gedeihen in subtropischen Gebieten in Temperaturbereichen um 20-25°C und bei Luftfeuchte von über 60 Prozent. Für guten Blüten- und Fruchtansatz benötigen Mangos hohe Lichtintensität und Trockenzeit.

MANGOBAUM

Standort und Pflanzung
Ein warmer und sonniger Standort ist erwünscht. Falls nötig, muß man für Windschutz sorgen, denn ein starker Feuchtigkeitsverlust beeinträchtigt das Wachstum des Baums. Geringe Feuchte führt zu Blattverbrennungen, Abortieren von Samenanlagen und Fruchtfall.

Der Bodentyp ist weniger entscheidend, sowohl sandiger Lehm als auch mittelschwerer Tonboden sind geeignet, vorausgesetzt sie sind durchlässig. Mangos gedeihen bei einem pH-Wert von 5,5-7,5.

Schwachwachsende Unterlagen sind zunehmend im Handel. Vielerorts sind sie für den kleinen Garten besser geeignet als nichtselektierte Lokalsorten.

Die Bestäubung ist nur bei recht trockenem Wetter erfolgreich, relative Feuchte und starker Regen schränken die Befruchtung ein (die Blüte beginnt gewöhnlich nach einer Zeit kühlen oder trockenen Wetters). Eine Kalinitratlösung als Spritzung eingesetzt, kann das Blühen fördern. Die Bestäubung erfolgt vor allem durch Insekten, aber einige Mangosorten sind auch selbstfruchtbar.

Kompakt- und Zwergsorten kann man auf 8 x 8 m setzen, stärker wachsende Sorten benötigen Abstände von bis zu 12 m.

Laufende Pflege
Ein Volldünger mit mittlerem Kalium- und hohem Stickstoffanteil in der Größenordnung von etwa 1-1,5 kg/Baum und Jahr wird empfohlen. Dieser Dünger sollte aber auf 3-4 Gaben in der Hauptwachstumszeit verteilt werden. Nach dem vierten Jahr ist diese Menge zu verdoppeln.

Mangos müssen in Trockenzeiten gut gewässert werden, v.a. in den ersten 3 Jahren, denn für die Entwicklung des Wurzelwerks ist eine ständige Durchfeuchtung des Bodens wichtig. Eine organische Mulchabdeckung erhält die Feuchte und unterdrückt die Unkräuter.

Schädlinge und Krankheiten
In den Tropen gibt es viele Fruchtfliegen (S. 563) sowie Wolläuse (S. 550), aber auch diverse Schildläuse können Schwierigkeiten machen. An Krankheiten im Freilandanbau sind Anthracnose (S. 552) und Mehltau hervorzuheben. Mangos unter Glas leiden unter Blattlausbefall (S. 550), Weißen Fliegen (S. 550), Thripsen (S. 551), Spinnmilben, Mehltau (S. 550).

Kultur unter Glas
Aus Samen gezogene Mangobäume sind für den Anbau unter Glas zu kräftig, doch auf schwachwachsenden Unterlagen veredelte Mangos wachsen zu schönen Zwerggehölzen heran. Sie können in Großgefäßen oder auf gut vorbereiteten Beeten aufgepflanzt werden. Im gemäßigten Klima wird die Blüte unter Glas erst gegen Ende der Saison eintreten, und auch nur dann, wenn für optimale Bedingungen gesorgt worden ist. Ein Fruchtansatz kann aber nicht garantiert werden, er hängt auch von einer erfolgreichen Bestäubung ab.

MANGOS

Junge Pflanzen setzt man, wenn sie etwa 1 m groß sind. Sie erfordern eine Komposterde und die Zugabe eines langsam wirkenden Düngers mit mittlerem Kalium- und hohem Stickstoffanteil. Die Temperatur sollte 21-25°C betragen, und die günstigste Luftfeuchte liegt bei 75 Prozent. Mangos unter Glas müssen regelmäßig gewässert und monatlich flüssig gedüngt werden.

Schnitt und Erziehung
Der Schnitt beschränkt sich auf das Entspitzen des Leittriebs, wenn er

EMPFOHLENE MANGOS

'Alphonso'
'Bennett'
'Haden'
'Irwin'
'Kent'
'Tommy Atkins'
'Zill'

'Tommy Atkins'

ungefähr 1 m erreicht hat, um die Seitenverzweigung anzuregen. Zu starkes Triebwachstum wird in den ersten Jahren so vereinzelt, daß der Baum eine schöne, gleichmäßige, runde Krone bildet. Ist der Baum formiert, bleibt eigentlich nur das gelegentliche Entfernen kranker, abgestorbener, sich kreuzender oder zu dichter Zweige zu tun übrig.

Ernte und Lagerung

Mangos beginnen 3-4 Jahre nach der Pflanzung zu fruchten. Bei Beginn des Verfärbens werden die Früchte geerntet und müssen dann vorsichtig behandelt werden, um keine Druckstellen zu bekommen. Früchte, die noch leicht unreif sind, können bei 10°C für 2-4 Wochen aufbewahrt werden. Dabei muß die Feuchtigkeit um 90-95 Prozent betragen. Die Früchte reifen nach.

Vermehrung

Aussaat ist eine Vermehrungsmethode für polyembryonische Sorten, auch verschiedene Veredlungsmethoden sind geläufig. Für die Anzucht aus Samen entfernt man zunächst das Fruchtfleisch, dann weicht man den Samen 48 Stunden in Wasser ein und entfernt vorsichtig die Samenhaut. Der Same wird dann im Beet oder im Container ausgelegt (mit seiner konvexen Seite nach oben) und mit sorgfältig bereitetem Substrat leicht abgedeckt und sanft bewässert.

Die entstehenden Sämlinge können polyembryonisch sein und entsprechen dann dem Mutterbaum, aber sie sind dann auch sehr wüchsig und brauchen 5-8 Jahre, bis sie tragen. Die Früchte sind zudem nicht von gleich guter Qualität. Ein Mango-Samen bringt meist einen solchen Sämling aus Selbst- oder Fremdbefruchtung hervor, der ausgeschieden werden sollte. Die übrigen Sämlinge können nach 6-8 Wochen in 15-cm-Töpfe getopft werden und als Unterlagen Verwendung finden. Man kann sie auch zum Fruchtertrag nutzen.

Mangos können ebenso vegetativ vermehrt werden, wenn auch Stecklinge in der Bewurzelung zu wünschen übrig lassen. Die Methode des »Ablaktierens« ist eine empfohlene Alternative: Man nimmt einen etwa einjährigen Sämling im Container und setzt ihn in die Nähe des zum Aufveredeln gewünschten Triebs, der noch nicht vom Mutterbaum abgetrennt ist. Mit einem scharfen Messer nimmt man mit glattem Schnitt je einen 5-6 cm langen Streifen von der Unterlage und der aufzuveredelnden Sorte, um die Kambiumschichten anzuschneiden. Man paßt die Schnittflächen aufeinander und bindet die beiden Triebe fest zusammen. Nach 2-3 Monaten dürften sie zusammengewachsen sein. Dann entfernt man den oberhalb der Vereinigung stehenden Teil der Unterlage und trennt das Reis von dem Mutterbaum ab.

Andere bewährte Methoden sind die Okulation mit dem T-Schnitt (S. 373) und die Marcottage bzw. das Abmoosen (S. 456).

Oliven *(Olea europaea)*

Oliven sind immergrüne Bäume, die eine Höhe von 9-12 m und einen Durchmesser von 7-9 m erreichen. Die Früchte werden gesammelt, wenn sie noch grün sind oder aber im vollreifen Zustand, nachdem sie sich schwarz gefärbt haben. Sie können bis zu 4 cm lang werden.

Oliven gedeihen gut in subtropischen Gebieten mit einer Temperaturspanne von 5°C bis 25°C. Sie benötigen lange, heiße Sommer zum vollen Ausreifen der Früchte, aber Winter mit ausreichend niedrigen Temperaturen, um den Kältebedarf der jeweiligen Sorten zu befriedigen. Andererseits können tiefe Wintertemperaturen zu Frostschäden führen, weshalb jeweils die örtlichen Erfahrungen bei der Sortenwahl zu berücksichtigen sind. Heiße, trockene Winde wie auch kühles, regnerisches Wetter zur Blütezeit vermindern den Fruchtansatz. Im gemäßigten Klima gedeihen Oliven gelegentlich in geschützten Gärten als Ziergehölze, blühen oder fruchten aber nur selten. An günstigen Standorten können die Bäume ein sehr hohes Alter erreichen.

EMPFOHLENE OLIVEN

Europäische Sorten
'El Greco'
'Manzanillo'
'Mission'
'Sevillano'
'Verdale'

Subtropische Sorten
'Allegra'
'Oblonga'

Schwarze, vollreife Früchte

Standort und Pflanzung

Vielerlei Böden eignen sich zum Anbau, doch geringe bis mittlere Fruchtbarkeit ist am günstigsten, weil sehr nährstoffreiche Böden zu übermäßigem vegetativem Wachstum führen. Der Standort muß gut drainiert sein. Oliven gedeihen auf alkalischen Böden, auch solchen mit hohem Salzgehalt, solange der pH-Wert 8,5 nicht überschreitet. In rauhen Lagen ist Windschutz zu empfehlen.

Die meisten Sorten sind selbstfruchtbar, aber in kühlerem Klima können Pollenspender nötig sein, um den Ertrag zu steigern. Oliven werden durch Insekten und Wind bestäubt, doch hohe Luftfeuchtigkeit verhindert die Befruchtung.

Der Pflanzabstand variiert zwischen 7 und 12 m in beiden Richtungen je nach Sortenhabitus. Zur Vermeidung von Windschäden sollte man Jungbäume an Pfähle binden. Bei sehr enger Standweite kann man jeden zweiten Baum entfernen, sobald die Kronen beginnen, ineinanderzuwachsen.

Laufende Pflege

Ein Mischdünger mit mittlerem bis hohem Stickstoffgehalt wird mit 0,5-1 kg/Baum und Jahr in 2-3 Gaben während der Wachstumsperiode der Bäume ausgebracht. Zusätzliche Gaben von Kalium und eventuell Bor können auf einigen Böden nötig werden. In Trockenperioden sind Oliven regelmäßig zu wässern, v.a. in den ersten 2-3 Standjahren. Auch Mulchen mit organischem Material ist vorteilhaft, und man sollte die Pflanzung unkrautfrei halten.

OLIVENBAUM

OLIVEN

Fruchtausdünnung kann nötig werden, um zu verhindern, daß die Bäume nur in jedem zweiten Jahr tragen. In der Regel wird von Hand ausgedünnt.

Schädlinge und Krankheiten

Im Freiland können Oliven von mehreren Schildlausarten (S.552) und Wurzelnematoden befallen werden (S.564). Zu den Olivenkrankheiten gehört auch die *Verticillium*-Welke (S.557). Im geschützten Anbau können Weiße Fliege, Rote Spinne (S.550) und Thrips (S.551) auftreten.

Kultur unter Glas

Bewurzelte Stecklinge oder okulierte Pflanzen sollten in Vermehrungsbeeten oder in mindestens 30-35 cm großen Containern angezogen werden. Dazu benützt man reifen Kompost mit Zusatz eines langsam wirkenden Düngers mit mittlerem Stickstoff- und Kaliumgehalt. Alle 3-4 Wochen wird flüssig nachgedüngt. Im Sommer muß die Temperatur über 20°C liegen, im Winter dagegen möglichst tief. In Kübeln gehaltene Oliven können im Sommer ins Freiland gestellt werden.

Schnitt und Erziehung

An Jungbäumen wird die Stammverlängerung entfernt, wenn sie etwa 1,5 m lang ist. 3-4 kräftige Seitentriebe werden ausgewählt als Grundgerüst für die Krone. Der anschließende Schnitt beschränkt sich auf das Entfernen älterer Zweige, um nachwachsende Jungtriebe zu begünstigen, denn die Früchte werden am einjährigen Holz v.a. an der Außenseite der Krone gebildet.

Ernte und Lagerung

Im Freiland blühen und fruchten Oliven meist 3-4 Jahre nach der Pflanzung. Die Ernten steigen im allgemeinen an, bis die Bäume etwa 15 Jahre alt sind, und bleiben dann etwa konstant.

Oliven werden verarbeitet, um sie zu entbittern. Für die Fermentation sollten Früchte geerntet werden, wenn sie voll reif, aber noch grün sind. Sollen sie dagegen ohne Fermentation verzehrt werden, erntet man sie, wenn sie schwarz und fest sind und legt sie in trockenes Salz ein. Nach völligem Entwässern werden sie in Öl eingelegt. Früchte für die Ölgewinnung bleiben bis zur Vollreife am Baum. Geerntet werden sie durch Schütteln, so daß sie auf Tücher oder enge Netze unter der Krone fallen.

Vermehrung

Oliven werden meist durch Stecklinge vermehrt, aber ausgewählte Sorten auch durch Okulation. Man schneidet entweder Steckholz von ein- oder zweijährigen Trieben oder weiche, halbausgereifte Stecklinge vom Jahrestrieb.

Das Steckholz wird im Winter geschnitten und sollte etwa 30 cm lang sein. Man entfernt die Blätter von der unteren Hälfte und stellt die Triebbasis 24 Stunden lang in eine Lösung mit Bewurzelungshormon. Anschließend steckt man die Steckhölzer bis zu ihrer Mitte in das Vermehrungssubstrat und läßt sie bei einer Temperatur um 13-21°C etwa einen Monat lang bewurzeln. Dann werden sie in Einzeltöpfe umgesetzt und unter Gewächshausbedingungen weiterkultiviert.

Ebenso kann man halbausgereifte, 10-15 cm lange Stecklinge verwenden (siehe auch ZIERGEHÖLZE, S. 55). Besondere Olivensorten können auch durch Okulation (S. 373) auf kräftige Sämlingsunterlagen von Oliven veredelt werden.

Opuntie, Kaktusfeige *(Opuntia ficus-indica)*

Diese zu den Kakteen gehörende Pflanze wird v.a. in den Subtropen angebaut. Obwohl die meisten ihrer Formen ziemlich schwachwüchsig in Höhe und Ausbreitung sind, können einige von ihnen doch 2 m hoch werden. Opuntien vertragen semiaride Bedingungen bei Temperaturen um 18-25°C; sie überstehen auch niedrigere Temperaturen bis mindestens 10°C. Volle Sonne ist aber auf jeden Fall nötig für ihre befriedigende Entwicklung.

Opuntienstämme bestehen meist aus 30-50 cm langen, flachen, elliptischen Gliedern, die bei Wildformen sehr zahlreiche Stacheln haben, während viele kultivierte Formen fast frei davon sind.

Die Kaktusfeigen, die auf der oberen Seite der Stammglieder entstehen, sind im reifen Zustand purpur- bis orangerot und etwa 5-10 cm lang. Sie enthalten eine weiche, saftige Pulpe mit zahlreichen Samen. Die Bestäubung erfolgt durch Insekten.

OPUNTIE, KAKTUSFEIGE

Standort und Pflanzung

Opuntien wachsen in subtropischen Gebieten, wo sie auch längere Trokkenperioden überstehen können. Gegen Staunässe oder hohen Salzgehalt im Boden sind sie jedoch empfindlich und bevorzugen leichte, gut durchlüftete Böden mit einem pH-Wert von 5,5-7.

Bewurzelte Stammglieder werden im Abstand von 2-2,5 m bei Reihenabständen von 2-3 m gepflanzt.

Laufende Pflege

Düngung ist nicht erforderlich, wenn der Boden nicht sehr nährstoffarm ist. Die Pflanzung sollte unkrautfrei gehalten werden. Krankheiten sind relativ selten. Einige Formen von *Pythium* können Opuntien jedoch an feuchten Standorten befallen.

Kultur unter Glas

Benötigt wird ein sandiges Substrat mit Zusatz von etwas langsam wirkendem Dünger. Die Temperatur ist bei 18-25°C zu halten und die Luftfeuchtigkeit bei 60 Prozent oder darunter. Wenn die Pflanzen gut eingewurzelt sind, brauchen sie nur noch wenig Wasser.

Ernte und Lagerung

Opuntien fruchten 3-4 Jahre nach der Pflanzung. Die Früchte werden vorsichtig mit einem scharfen Messer von den Stammgliedern abgetrennt und am besten wenige Tage danach verzehrt, nötigenfalls können sie für kurze Zeit kühl aufbewahrt werden.

Vermehrung

Ganze Stammglieder werden von der Mutterpflanze getrennt und horizontal halbiert, wenn sie sehr groß sind. Einige Tage läßt man sie an einem sonnigen, geschützten Platz Kallus bilden, bevor man sie mit ihrer Basis in sandiges Substrat steckt. Wenn sich nach 3-4 Monaten Wurzeln gebildet haben, können sie in 15- bis 20-cm-Töpfe oder gleich an ihren Standort umgepflanzt werden. Bis sie sich etabliert haben, sollte man sie regelmäßig gießen.

VERMEHRUNG VON OPUNTIEN AUS STAMMGLIEDERN

1 *Mit scharfem Messer wird ein ganzes Stammglied von der Mutterpflanze geschnitten. Da die Stacheln die Haut reizen, sollte man Handschuhe tragen.*

2 *Schnittwunden einige Tage antrocknen lassen, die Stammglieder dann fest in sandigen Kompost stecken. In 2-3 Monaten haben sich Wurzeln gebildet.*

Avocado *(Persea americana)*

Avocado ist ein subtropischer immergrüner Baum, der 10-15 m hoch und etwa ebenso breit wird. Seine Früchte sind birnenförmig mit einem großen, rundlichen Samen im Inneren. Fruchtgröße und Beschaffenheit der Haut können je nach Sorte variieren, und die Schalenfarben reichen von Grün über Violett bis Rost. Avocados gibt es in 3 Gruppen: guatemaltekische, mexikanische und westindische.

Der Temperaturbereich für Wachstum und Fruchtentwicklung liegt bei 20-28°C, mit einer relativen Luftfeuchte von über 60 Prozent. Mexikanische und guatemaltekische Sorten können Temperaturen bis zu 10-15°C vertragen, aber eine Blütenanlage unterbleibt dann.

Standort und Pflanzung

Der Avocadobaum kann in den Subtropen im Freiland angebaut werden. Die Zweige sind recht spröde, deshalb ist Windschutz wichtig.

Der Baum braucht einen vollsonnigen Platz. Der Boden muß besonders gut drainiert sein. Mittelschwerer Lehm mit einem pH-Wert von 5,5-6,5 ist zu bevorzugen, aber auch sandiger und toniger Lehm werden vertragen, sofern die Durchlässigkeit gegeben ist (S. 364).

Werden veredelte Pflanzen gewählt, dann sollten sie auf Unterla-

EMPFOHLENE AVOCADOSORTEN

'Ettinger' (Mexiko x Guat.)
'Fuerte' (Mexiko x Guat.)
'Hass' (Guat.)
'Lula' (Guat.)
'Nabal' (Guat.)
'Pollock' (Westind.)
'Waldin' (Guat.)

'Lula'

AVOCADOBAUM

gen stehen, die sowohl kräftig wachsen als auch unempfindlich gegenüber der Wurzelfäule sind. Eine Selbstbefruchtung ist zwar möglich, aber die besten Erträge werden erzielt, wenn wenigstens zwei Sorten in der Anlage beisammen stehen. Die Blütenzeiten müssen natürlich übereinstimmen. Als Pflanzabstand wählt man wenigstens 6 x 6 m.

Laufende Pflege
Ein Volldünger mit mittlerem Kalium- und Stickstoffgehalt wird gestreut, wenn die Bäume aktiv wachsen. 1,5-2 kg pro Baum, aufgeteilt in 2-3 Gaben, sind günstig. Bei Abdeckung der Baumscheibe mit organischem Mulch sollte ein Kreis von 25 cm Radius um den Stamm freigehalten werden. In Trockenzeiten wässert man, v.a. in den ersten 3 Standjahren, wenn die Bäume den Boden durchwurzeln. Auch von Unkraut muß die Stammbasis freigehalten werden, damit die Wurzelfäule keine Chancen hat.

Schädlinge und Krankheiten
Avocados werden besonders von der Wurzelfäule *(Phytophthora cinnamoni)* heimgesucht, ebenso von der Blattfleckenkrankheit *Cercospora*. Weiße Fliege, Thrips, Spinnmilben und Wolläuse können auftreten.

Kultur unter Glas
Junge Bäume pflanzt man entweder in Beeten oder in Container mit mindestens 20 cm Durchmesser. Eine Temperatur um 20-28°C und Luftfeuchtigkeit von 70 Prozent sind wichtig. Für eine dauernde Container-Kultur wird ein Gefäß von mindestens 30 cm Durchmesser gewählt; beim Verpflanzen dürfen keine Wurzeln beschädigt werden. Containerpflanzen werden regelmäßig gewässert und brauchen alle 2-3 Wochen eine Düngergabe mit mittlerem Kalium- und Stickstoffgehalt oder Flüssigdüngung. Im gemäßigten Klima ist bei Kultur unter Glas ein Blüten- und Fruchtansatz selten, weil die Tageslänge nicht stimmt und die Lichtintensität unzureichend ist.

Schnitt und Erziehung
Avocados brauchen nur noch wenig Schnitt, wenn der Baum bereits ein gleichmäßig verteiltes Astwerk und eine runde Krone hat. Nur kranke, beschädigte oder über Kreuz wachsende Äste und Zweige müssen dann noch entfernt werden.

Ernte und Lagerung
Aus Samen gezogene Bäume beginnen mit 5-7 Jahren, Früchte zu tragen. Okulierte oder gepfropfte Pflanzen tragen schon nach 3-5 Jahren. Die Früchte können bis zu 18 Monaten ohne weiterzureifen auf dem Baum bleiben, aber sie reifen schnell nach, wenn sie geerntet sind. Man schneidet die Früchte mit der Schere ab. Sie müssen vorsichtig gelegt werden, um Druckstellen zu vermeiden. Aufbewahrung und Transport sollten bei Temperaturen über 10°C und bei einer Luftfeuchtigkeit von 60 Prozent erfolgen. Beschädigte Früchte sind auszusortieren.

Vermehrung
Avocadobäume lassen sich leicht aus Samen ziehen, sie gleichen dann dem Mutterbaum. Gesunde, unbeschädigte Samen werden 30 Minuten in heißes (40-52°C) Wasser gelegt, um eine Infektion mit Wurzelfäule zu vermeiden. Vom spitzen Ende schneidet man ein Scheibchen ab und taucht dann die Schnittfläche in

REIFE AVOCADOFRÜCHTE

ein Fungizid. Den Samen legt man in sandigen Kompost, so daß die geschnittene Oberfläche gerade über der Bodenoberfläche steht; bis zur Keimung dauert es ca. 4 Wochen. Der Sämling wird in einem Pflanzgefäß kultiviert, bis er 30-40 cm hoch ist, dann wird er an seinen endgültigen Standort gepflanzt. Zur Vermehrung echter Sorten wird auf krankheitsresistente Unterlagen durch seitliches Anplatten oder Sattelpfropfen (S. 90) veredelt (siehe auch GRUNDLAGEN DER VERMEHRUNG, S. 542).

AVOCADOS AUS SAMEN ZIEHEN

1 *Man taucht den Samen in heißes Wasser und schneidet etwa 1 cm von der Spitze mit einem scharfen Messer glatt ab. Die Wunde in ein Fungizid tauchen.*

2 *Den Samen in einen mit Komposterde gefüllten 15-cm-Topf so hineinsetzen, daß die Schnittfläche gerade über der Oberfläche des Topfsubstrats liegt.*

3 *Einige Wochen später wird der Samen gekeimt und einen Trieb und Wurzeln gebildet haben.*

Guave *(Psidium guajava)*

Guavenbäume werden bis 8 m hoch und 7 m breit. Man baut sie ausschließlich in tropischen und subtropischen Gebieten an; die Bäume gedeihen bei Temperaturen von 22°C bis 28°C. Die Luftfeuchtigkeit sollte bei etwa 70 Prozent, eher etwas darunter liegen. Ist sie höher, leidet die Fruchtqualität.

Guavenfrüchte sind 5-10 cm dick, ihr Fleisch ist weiß oder rosa. Die Blüten werden meist von Insekten bestäubt.

Standort und Pflanzung
Die Bäume brauchen geschützte Lagen, notfalls Windschutz. Guaven vertragen unterschiedliche Böden, am besten ist Lehm mit guter Wasserführung. Der pH-Wert kann zwischen 4,8 und 8 liegen, am günstigsten ist 6.

Jungbäume sollten im allseitigen Abstand von 5 m gepflanzt und in Windlagen sorgfältig an Pfähle gebunden werden, damit sie nicht zu Schaden kommen.

Laufende Pflege
Guaven sind dankbar für Gaben von Mehrnährstoff-Düngern mit mittleren Gehalten an Stickstoff und Kalium. Pro Jahr gibt man 1-2 kg pro Baum, verteilt über 2-3 Gaben. Die Baumscheibe ist unkrautfrei zu halten und gut zu wässern, wobei eine Mulchschicht günstig ist.

Schädlinge und Krankheiten
Schädlinge werden nur selten zum Problem; im Freiland sollte man auf

GUAVEN

GUAVENBAUM

Blattläuse, Fruchtfliegen (S. 563) und Schildläuse (S. 552) achten. Unter Glas können auch Weiße Fliege (S. 550) und Thrips (S. 551) auftreten.

Kultur unter Glas
Guaven können entweder in gut vorbereiteten Beeten oder großen Behältern mit mindestens 30-35 cm Durchmesser in einem nährstoffreichen Spezialsubstrat mit Zusatz von langsam wirkendem Dünger kultiviert werden. Nötig sind eine Temperatur von mindestens 22°C und 70 Prozent Luftfeuchtigkeit. Die Pflanzen sind regelmäßig zu wässern und sollten alle 3-4 Wochen flüssig gedüngt werden. Zur Erhöhung des Fruchtansatzes ist Handbestäubung empfehlenswert. Während der Zeit der Blüte ist relativ trockene Luft vorteilhaft.

Schnitt und Erziehung
Wenn die Jungbäume etwa 1 m hoch sind, werden die Stammverlängerungstriebe um etwa zwei Drittel eingekürzt, um den seitlichen Austrieb zu fördern. Anschließend kann sich der Schnitt auf das Entfernen von toten, kranken, sich kreuzenden oder auf den Boden hängenden Ästen beschränken.

Ernte und Lagerung
Im Freiland fruchten Guaven je nach Sorte und Standort in der Regel nach 1-3 Jahren. Etwa 5 Monate nach der Befruchtung reifen die Früchte und können gepflückt werden, wenn ihre Farbe nach Gelb umschlägt.

Wegen der Druckempfindlichkeit sind sie vorsichtig zu behandeln. Bei 7-10°C und 75 Prozent Luftfeuchte können sie 3-4 Wochen gelagert werden.

Vermehrung
Guaven werden gewöhnlich durch Samen angezogen, die Vermehrung besonderer Sorten kann aber auch durch Abmoosen (S. 537), Stecklinge oder Okulation erfolgen.

Der Samen wird in fruchtbarem, sterilem Kompost in Saatschalen oder 6-cm-Töpfen ausgesät und keimt innerhalb von 2-3 Wochen. Nur die kräftigsten Sämlinge werden ausgewählt und in 15-cm-Töpfe gepflanzt, wenn sie etwa 20 cm hoch sind. Nach dem Abhärten werden sie verpflanzt, sobald sie 30 cm lang sind.

Ausgewählte Guavensorten können durch Chip-Okulation (S. 372) auf starkwachsende Sämlingsunterlagen von Guaven veredelt werden, die einen Durchmesser von mindestens 5 mm haben müssen. Es sind keine bestimmten Unterlagen erforderlich, sondern man sollte einfach kräftige, gesunde Pflanzen als Mutterbäume auswählen, die möglichst selbstbefruchtet sein sollten.

Auch die Vermehrung durch Stecklinge von 12-16 cm Länge ist möglich (S. 538). Diese aus Okulation oder Stecklingen gewonnenen Jungpflanzen werden ausgepflanzt, wenn sie etwa 30 cm hoch sind. Im Freien kann man Guavenbäume auch einfach durch Ableger oder Abmoosen (siehe ZIERBÄUME, S. 57 und zusätzlich S. 456) vermehren. Bei der letztgenannten Methode erhöht der kontrollierte Zusatz eines Pulvers mit Bewurzelungshormonen im umhüllten Bereich den Erfolg.

EMPFOHLENE GUAVENSORTEN

'Beaumont' (rosa Fleisch)
'Malherbe' (rosa Fleisch)
'Miami White' (weißes Fleisch)
'Parker's White' (weißes Fleisch)

'Parker's White'

'Patillo' (rosa Fleisch)
'Patnagola' (weißes Fleisch)
'Pink Acid' (rosa Fleisch)
'Red Indian' (rosa Fleisch)
'Ruby' (rosa Fleisch)
'Supreme' (weißes Fleisch)

Granatapfel *(Punica granatum)*

Granatäpfel bilden kleine Gehölze oder Büsche von 2-3 m Höhe und ca. 1,5 m Breite. Sie sind immergrün in den Subtropen, aber laubabwerfend in kühlerem Klima. Die fast kugelförmigen Früchte erreichen Durchmesser bis 10 cm und haben eine lederartige gelbe oder rote Schale. Das Temperaturoptimum liegt bei 18-25°C, aber für kurze Zeit wird auch leichter Frost vertragen. Trockenes und heißes Wetter, am besten etwa 35°C, sind erforderlich für den Fruchtansatz. Im gemäßigten Klima werden Granatäpfel meist nur wegen ihrer orangeroten Blüte im Sommer oder wegen der Herbstfärbung angebaut; eine schwachwüchsige Art, *Punica granatum* var. *nana*, fruchtet im gemäßigten Klima unter Glas.

GRANATAPFELBLÜTE UND -FRUCHT

Standort und Pflanzung
Wichtig sind eine sonnige, windgeschützte Lage, schwerer Boden mit guter Wasserführung und einem pH-Wert von ca. 7. Die meisten Sorten sind selbstfruchtbar. Sämlinge, bewurzeltes Steckholz oder Ausläufer werden in 4-6 m Abstand gepflanzt.

Laufende Pflege
Wenn die Pflanze gut eingewurzelt ist, wird alle 2-3 Monate ein Mehrnährstoff-Dünger gegeben, und zwar 100 g pro Baum und Jahr. Die Baumscheibe ist zu mulchen und unkrautfrei zu halten, alle Ausläufer sind zu entfernen und die Bäume bei trockenem Wetter regelmäßig zu wässern.

Schädlinge und Krankheiten
Granatäpfel im Freiland sind im allgemeinen problemlos, unter Glas können sie von Weißer Fliege (S.550), Blattläusen, Roter Spinne (S.550) und Thrips befallen werden.

Kultur unter Glas
Granatäpfel werden in gut vorbereitete Beete oder in Kübel von mindestens 35 cm Durchmesser gepflanzt. Der Boden soll nährstoffreich sein (eventuell etwas langsam wirkenden Dünger zusetzen). Die Temperatur ist bei 18-25°C, die Luftfeuchtigkeit bei 60-70 Prozent zu halten. Die Pflanzen sind regelmäßig zu wässern und alle 3-4 Wochen flüssig nachzudüngen. Kübelpflanzen können im Sommer im Freien stehen.

Schnitt und Erziehung
3-4 Hauptäste werden ausgewählt, um das Kronengerüst zu bilden; alle zu eng stehenden, sich kreuzenden und kranken Äste werden entfernt. Alle Wurzelschosse, die nicht für die Vermehrung gebraucht werden, sind wegzuschneiden.

Ernte und Lagerung
Die Fruchtbarkeit setzt 2-3 Jahre nach der Pflanzung ein. Wenn die Früchte gelb oder rot werden, sind sie ernte-reif. Sie können dann einige Wochen lang bei 4-6°C gelagert werden.

Vermehrung
Granatäpfel vermehrt man durch Steckholz oder Wurzelschosse. Steckholz wird in sandigen Kompost gesteckt und erhält Bodenheizung bis zur Wurzelbildung. Grünstecklinge (siehe »Heidelbeerstecklinge«, S. 418) brauchen Bodenheizung und Sprühnebel. Man steckt sie in ein neutrales (pH-Wert 7) Torfmull-Sand-Gemisch in 10- bis 15-cm-Töpfe. Wurzelschosse sind vorsichtig von der Mutterpflanze abzutrennen und aufzuschulen.

GRANATAPFELBAUM

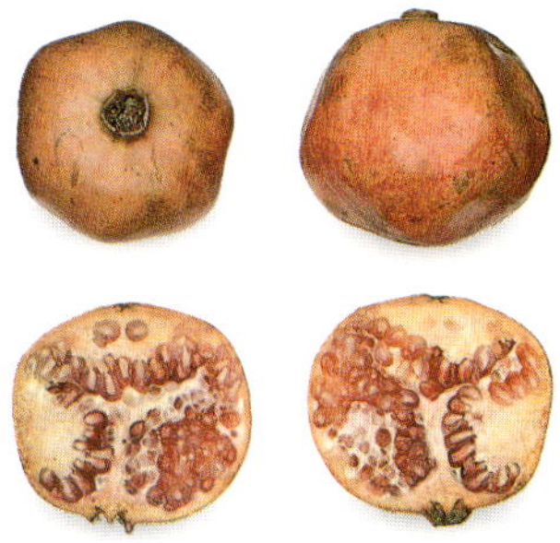

GRANATÄPFEL

Nüsse

FÜR DEN Garten eignen sich einige Nußbäume und -sträucher; sie ziehen sonnige, offene Standorte vor. Edelkastanien und Walnüsse etwa werden mit der Zeit zu großen Bäumen und hübschen Solitären. In einem kleinen Garten sieht ein Mandelbaum hübsch aus, Mandeln trägt er aber nur im Weinbauklima. Hasel- und Lambertsnüsse können in einem Obstgarten durch Schnitt zu kompakten Büschen erzogen werden oder im naturnahen Garten in lockeren Gruppen stehen. Die meisten Nüsse (außer Mandeln) sind einhäusig.

Pekannüsse *(Carya illinoensis)*

Pekannußbäume sind laubabwerfend und werden bis 30 m hoch mit einer Ausbreitung von 15-20 m, eignen sich also nur für große Gärten. Sie gedeihen auch nur in warm-gemäßigtem Klima zufriedenstellend. Temperaturen von mehr als 38°C führen zu Rindenschäden und minderwertigen Nüssen; die Blüten leiden, wenn die Temperatur unter 1°C fällt. Pekannußbäume benötigen eine Kälteperiode von 150-200 Stunden unter 7°C, um Blüten anzusetzen.

Pekannußbäume sind zwar einhäusig, die männlichen Blüten öffnen sich aber oft vor den weiblichen, man zieht also besser 2 oder mehr Sorten nahe beieinander. Da die Bestäubung durch den Wind erfolgt, leidet sie unter Regen während der Blüte. Die Nüsse sind länglich, 2-2,5 cm lang und relativ dünnschalig.

Standort und Pflanzung

Wählen Sie Sorten, die auf Pekansämlingen veredelt wurden, da die Qualität der Früchte nach Aufzucht aus Samen nicht immer befriedigend ist. Pekannußbäume entwickeln sehr rasch lange Pfahlwurzeln und werden daher jung gepflanzt: ältere Topfpflanzen mit dichtgedrängten Wurzeln gedeihen selten. Der Standort muß vor starkem Wind geschützt sein, der Boden fruchtbar mit einem pH-Wert von 6-6,5.

Pflanzen Sie die Bäume während der Ruheperiode mit 8 m Abstand.

Laufende Pflege

Geben Sie jährlich eine Kopfdüngung von ausgewogenem Dünger in

PEKANNÜSSE

einer Dosierung von 70-140 g/m². Halten Sie den Standort unkrautfrei, und wässern Sie bei Trockenheit, bis die Bäume aufgebaut sind. Pekannußbäume sind wenig anfällig für Trockenheit, brauchen aber in den ersten 2-3 Jahren nach der Pflanzung und später in den Sommermonaten reichlich Wasser.

Schädlinge und Krankheiten sind selten, mitunter treten *Phytophthora*-Wurzelfäule (S. 565) und Blattläuse auf.

Schnitt und Erziehung

Pekannußbäume werden anfangs mit Mittelleittrieb (siehe »Hochstämme mit Mittelleittrieb«, S. 48) erzogen. Sobald sie aufgebaut sind, entfernt man nur noch sich überkreuzende und zu dicht wachsende Äste und abgestorbenes Holz.

Ernte und Lagerung

Die ersten Nüsse kann man nach 5 Jahren erwarten; volle Erträge erhält man nach 15-20 Jahren. Die Nüsse werden meist von Hand geerntet und lassen sich bei kühlen, trockenen, luftigen Bedingungen mehrere Monate lagern.

Vermehrung

Die häufigste Vermehrungsmethode ist die Kopulation mit Gegenzungen mit ausgewählten Sorten auf wüchsige Pekansämlinge (siehe S. 373). Die Sämlinge für die Unterlagen sollten in tiefen Töpfen gezogen werden, da die langen Pfahlwurzeln beim Umsetzen leicht Schaden nehmen.

EMPFOHLENE EDELKASTANIENSORTEN

- 'Doré de Lyon' (Syn. 'Marron de Lyon')
- 'Noire Precoce'
- 'Nouzillard'
- 'Paragon'
- 'Precoce de Vannes'
- 'Aspleniafolia'

Edelkastanien *(Castanea sativa)*

Edel- oder Eßkastanien sind laubabwerfende, sommerblühende Bäume mit einer Höhe bis zu 30 m und einer Ausbreitung von 15 m. Bei manchen Sorten ist Fremdbefruchtung nötig. Die besten Erträge erhält man in Gebieten mit kalten Wintern und warmen Sommern. Gewöhnlich bilden sich 2-3 Kerne, bei manchen Sorten, z.B. bei 'Paragon', nur einer.

Standort, Pflanzung, Pflege

Günstig ist nährstoffreicher, die Feuchtigkeit haltender Boden mit pH-Wert 6; der Pflanzabstand beträgt 10-12 m. Wässern Sie junge Bäume, halten Sie den Standort unkrautfrei. Wurde der Standort gut vorbereitet, ist keine Düngung nötig.

Schnitt und Erziehung

Die Erziehung erfolgt als Hochstamm mit Mittelleittrieb (siehe S. 48). Nach dem Aufbau entfernt man nur noch zu dichte, sich überkreuzende und abgestorbene Äste.

EDELKASTANIEN

Ernte und Lagerung

Nüsse erscheinen nach etwa 4 Jahren. Sie werden im Herbst geerntet, geschält, 48 Stunden eingeweicht, alle eingedunkelten aussortiert, getrocknet und an einem kühlen, luftigen Ort gelagert.

Vermehrung

Die Vermehrung erfolgt durch Okulieren oder Gegenzungen-Kopulation (siehe S. 372, 373).

Hasel- und Lambertsnüsse *(Corylus avellana* und *C. max.)*

Hasel- und Lambertsnüsse werden wegen ihrer Kätzchen im Winter und wegen der Nüsse geschätzt. Ohne Schnitt erreichen sie eine Höhe und Ausbreitung von 4-5 m. Sie sind laubabwerfend, einhäusig und bringen bei kühlen, feuchten Sommern die besten Erträge. Die Kälteperiode muß 800-1200 Stunden unter 7°C betragen. Die männlichen Blüten (Kätzchen) leiden bei Wintertemperaturen von unter –10°C, die weiblichen sind weniger empfindlich. Bei der Haselnuß umschließt die Hülle oder der Kelch die Nuß nicht ganz. Bei der Lambertsnuß ist dagegen die Hülle länger als die Nuß. Hasel- und Lambertsnüsse sind Windbestäuber und oft selbstfertil. Empfohlene Haselnuß-Sorten sind 'Bergers Zellernuß', 'Cosford', 'Englische Zeller' und 'Hallesche Riesennuß'; von der

HASELNÜSSE

LAMBERTSNÜSSE

Lambertsnuß sind 'Lambert Filbert', 'Nottingham Fruchtbare' und 'Webbs Preisnuß' zu empfehlen. Hasel- und Lambertsnüsse sind eiförmig.

Standort und Pflanzung
Ideal ist ein teilschattiger, geschützter Standort mit pH-Wert 6; üppiger Boden führt zu übermäßigem vegetativem Wuchs auf Kosten des Ertrages. Wichtig ist ausreichende Feuchtigkeit bei guter Durchlässigkeit. Gepflanzt wird im Herbst oder Frühwinter mit 4,5 m Abstand.

Laufende Pflege
Unkrautbekämpfung und Mulchen sollten regelmäßig erfolgen, Wässern nur bei Trockenheit. Schlechter Boden erhält im Frühjahr 100 g/m² ausgewogenen Dünger. Probleme sind selten.

Schnitt und Erziehung
Hasel- und Lambertsnüsse werden gewöhnlich als Büsche mit offener Mitte mit je einem 45-cm-Stamm und 8-12 Hauptästen gezogen. Bei jungen Pflanzen kürzt man die Leittriebe im Winter auf 50 cm; so sollten sich gute Seitentriebe entwickeln. Entfernen Sie alle Triebe im unteren Teil des Stammes und alle bis auf die günstigsten, kräftigsten Sprosse für das Gerüst. Kürzen Sie diese im Winter um ein Drittel. Im folgenden Winter entfernt man alle übermäßig starken, aufrechten Triebe und eventuell die Spitze der Seitensprosse, damit ein ausgewogenes Gerüst entsteht.

Aufgebaute Büsche bringen höhere Erträge, wenn sie im Spätsommer »gebrochen« werden. Brechen Sie die längeren Seitensprosse in der Mitte, und lassen Sie sie herabhängen. Dadurch wird der Busch offener, es bilden sich mehr weibliche Blüten. Im Winter, wenn die Kätzchen den Pollen entlassen, kürzt man die gebrochenen Sprosse auf 3-4 Knospen; entfernen Sie alte oder zu dichte Sprosse.

Ernte und Lagerung
Nüsse erscheinen nach 3-4 Jahren, sie werden geerntet, sobald die Hülle gelb wird, getrocknet und gelagert.

Vermehrung
Zur Vermehrung können Wurzelausläufer der Bäume verwendet werden. Man nimmt sie im Winter jeweils mit Wurzelballen ab und setzt sie in ein Anzuchtbeet. Bäume können auch im Herbst durch Absenken (siehe S. 88) vermehrt werden.

HASELNÜSSE BRECHEN

Im Spätsommer werden kräftige diesjährige Sprosse von etwa 30 cm Länge gebrochen und hängen gelassen. Dadurch entwickeln sich mehr Blütenknospen.

Walnüsse *(Juglans regia)*

Walnüsse sind laubabwerfende Bäume mit einer Höhe von bis zu 18 m und ebenso großer Ausbreitung; sie eignen sich nur für große Gärten. Als Obstbäume sollten stets definierte Sorten gewählt werden, da Sämlinge oft minderwertige Nüsse hervorbringen. Walnüsse sind einhäusig und Windbestäuber. Die meisten sind selbstfertil. In jedem Fall pflanzt man für die Fremdbefruchtung eine verläßliche Pflanze wie die alte französische Sorte 'Franquette' in der Nähe. Walnüsse benötigen eine Kälteperiode von 500-1000 Stunden unter 7°C. Die gefurchten Nüsse entwickeln sich in grob strukturierten Schalen.

Standort, Pflanzung, Pflege
Am besten eignet sich durchlässiger, feuchtigkeitsspeichernder Boden. Walnüsse ziehen einen pH-Wert von 6,5-7 vor, tolerieren aber leicht alkalische Böden. Meiden Sie kalte Standorte, da Blüten und junge Triebe frostempfindlich sind. Walnüsse haben eine lange Pfahlwurzel, wählen Sie also besser junge Pflanzen als ältere Topfpflanzen mit dichtgedrängten Wurzeln. Pflanzen Sie im Herbst oder Winter mit 12-18 m Abstand. Walnußbäume wachsen nur langsam ein; nach 2-3 Jahren, sobald das Wurzelsystem gut entwickelt ist, setzt jedoch stärkeres Wachstum ein. Bakterielle Braunfleckigkeit und Bakterienbrand können auftreten.

Schnitt und Erziehung
Walnußbäume sollten als Hochstämme mit Mittelleittrieb erzogen werden (siehe S. 48). Geschnitten wird zur Wintermitte, da die Bäume während der Ruhezeit nicht bluten. Entfernen Sie alle kräftigen Sprosse, die spitzwinklig vom Stamm entspringen, so daß ein ausgewogenes, gleichmäßig verteiltes Astgerüst entsteht. Danach müssen nur noch im Winter zu dicht stehende und sich überkreuzende Triebe und bei Bedarf abgestorbene Äste entfernt werden.

Ernte und Lagerung
Walnußbäume tragen oft erst nach vielen Jahren Nüsse. Walnüsse zum Einlegen erntet man im Sommer, bevor Hüllen und Schalen hart werden. Im Frühherbst platzt die Hülle und entläßt die Nuß noch in der Schale. Sammeln Sie diese auf, bevor sich die Schalen verfärben. Die Nüsse werden gereinigt, vorsichtig getrocknet und bei kühlen, luftigen, leicht feuchten Bedingungen gelagert.

Vermehrung
Üblicherweise werden Sorten durch Kopulation mit Gegenzungen (siehe S. 373) oder Okulieren (siehe S. 372) auf Schwarznußsämlinge (*Juglans nigra*) veredelt. Bei kühlem Klima bleibt der veredelte Baum bis zum Anwachsen unter Glas und wird dann in einem Topf an einen geschützten Standort im Freien gebracht. An den endgültigen Standort kommt der junge Baum im Herbst oder Winter.

WALNÜSSE

EMPFOHLENE WALNÜSSE

- 'Esterhazy II'
- 'Klon Nr. 26'
- 'Klon Nr. 120'
- 'Klon Nr. 139'
- 'Klon Nr. 1247'
- 'Mayette'
- 'Weinsberg I'
- 'Buschmandel'

Mandeln *(Prunus dulcis)*

Ohne Schnitt erreichen Mandeln eine Höhe von 5-6 m und eine ähnliche Ausbreitung. Regelmäßige Erträge bringen sie nur in Gebieten mit warmen, trockenen Sommern und milden Wintern. Die Kälteperiode muß 300-500 Stunden unter 7°C betragen. Bei kühlerem Klima werden sie oft als Zierpflanzen gezogen. Die Bestäubung erfolgt durch Insekten. Die meisten Sorten sind z.T. selbstfertil, nach Fremdbefruchtung sind die Erträge jedoch höher. Die Früchte sind länglich-eiförmig, 4-5 cm lang, graugrün, samtartig behaart.

MANDELN

Standort, Pflanzung, Pflege
Mandeln benötigen geschützte, möglichst frostfreie Standorte und durchlässigen Boden mit einem pH von 6,5. Der Pflanzabstand beträgt 6-7 m.

Mandeln werden wie Pfirsiche kultiviert (siehe S. 391). Gelegentlich treten Kräuselkrankheit (S. 555) und bakterieller Krebs (S. 569) auf.

Schnitt und Erziehung
Mandeln werden meist wie Pfirsiche als Büsche geschnitten und erzogen (siehe S. 392). Die Nüsse erscheinen am einjährigen Holz. Im Sommer entfernt man bei aufgebauten Bäumen ein Viertel des alten Fruchtholzes, um jungen Wuchs zu fördern.

Ernte und Lagerung
Nüsse erscheinen nach 3-4 Jahren. Sie werden geerntet, sobald die Hüllen platzen, gereinigt, getrocknet und gelagert.

Vermehrung
Mandeln werden meist durch Okulieren (siehe S. 372) vermehrt. Die Unterlage richtet sich nach dem Bodentyp: für trockene Gebiete verwendet man oft Mandelsämlinge, für schwere Böden Pfirsichsämlinge.

EMPFOHLENE MANDELN

- 'Dürkheimer Krach- und Riesenmandel'
- 'Ferranges'
- 'Geisenheim IV'
- 'Perle der Weinstraße' ('Weinstraßenmandel')

16

ZIMMERPFLANZEN

*W*ILL MAN DEN GARTEN *trotz so mancher Wetterkapriolen ungestört genießen, dann verlegt man ihn einfach ins Haus, in den Wintergarten, ins Gewächshaus. Blühende Topfpflanzen prangen als Tischschmuck in einem Weidenkorb, ein sonniges Fensterbrett wird zum Miniaturgarten, der Wintergarten wird zu einem grünen, üppigen Dschungel. Die Palette der Blatt- und Blütenfarben, der Formen und Strukturen ist bei den Gewächsen fürs Zimmer so reich wie bei Freilandpflanzen draußen in den Gärten. Manche Pflanzen im Hause dienen in ihrer schönsten Erscheinungsform als gestalterische Elemente und werden einfach ersetzt, wenn sie abgeblüht sind, während andere wiederum über lange Zeit, manchmal sogar über Jahrzehnte, liebevolle Pflege erfahren. In kalten Wintern hellen die immergrünen Blätter und exotischen Blüten tropischer und subtropischer Pflanzen, die bei uns im Freien nicht gedeihen könnten, auch den trübsten Tag mit ihrer ständig wechselnden Pracht auf.*

Gestaltung mit Zimmerpflanzen

DAS SORTIMENT der Zimmer- und Treibhauspflanzen hat eine Fülle von Formen, Farben und Strukturen zu bieten. Man wählt eine Pflanze wegen ihrer hübschen Blätter oder schönen Blüten; das Angebot reicht von den kräftigen Farbtönen der *Bougainvillea* bis zur eleganten Kühle einer *Zantedeschia aethiopica*. An anderen wieder, z.B. *Solanum capsicastrum*, schätzt man die leuchtenden Früchte.

Für welche Pflanze man sich entscheidet, hängt davon ab, ob sie auf Dauer oder nur vorübergehend aufgestellt werden soll; interessante Formen und Blätter eignen sich für eine ganzjährige Verwendung, *Cyclamen persicum* aber bringt für kurze Zeit bunte Farbtupfer ins Zimmer.

Pflanzen können den Stil der Wohnung unterstreichen, sie passen in eine bäuerliche Küche wie in den eleganten Salon. Sie können hübsche Nischen schaffen oder einfach erfreuliche Details einbringen. Welche Wirkung Sie auch erzielen möchten, wählen Sie nur Pflanzen, die am gewünschten Standort gedeihen.

Laub und Form

Pflanzen mit hübschem Laub sind für Langzeitarrangements unentbehrlich. Sie können riesige Blätter haben wie *Fatsia japonica* oder viele zierliche wie *Soleirolia soleirolii*. Manche Blätter haben auffallende Muster und Farben, wie z.B. bei *Calathea*-Arten; interessante Formen bietet etwa das Fensterblatt *(Monstera deliciosa)*.

Das Laub hat ganz unterschiedliche Oberflächenstrukturen, die Möglichkeiten reichen vom Hochglanz des Gummibaums *(Ficus elastica)* bis zur genoppten *Pilea involucrata* und dem weichen Samt von *Gynura aurantiaca*. Bei manchen Pflanzen besticht v.a. die Form, ob es sich um stachelige Bromelien, graziöse Palmen und Farne oder Lebende Steine handelt.

Pflanzengruppen

Bei der Planung eines Arrangements sollten Pflanzen mit auffallenden Blüten oder Blättern sorgfältig aufeinander abgestimmt werden. Prüfen Sie die Kontrastwirkung vor dem Kauf, indem Sie die Pflanzen im Geschäft oder Gartencenter nebeneinanderstellen.

Pflanzen wie Palmen sehen in Einzelstellung oder als Blickfang einer Gruppe sehr gut aus. Kleinere Pflanzen wirken, wenn mehrere auf einem Blumenständer angeordnet werden, können aber auch einzeln Akzente setzen. Eine größere Gruppe gleicher Pflanzen, z.B. eine ganze Schale mit weißen Hyazinthen, fällt besonders ins Auge.

EIN GARTENZIMMER
Gelbe Abutilon, *blaue* Agapanthus, *purpurfarbene und weiße* Streptocarpus *und das üppige Laub machen diesen Raum zu einer Oase der Ruhe.*

KONTRAST MARKANTER FORMEN
Panaschierter Efeu (Hedera), Dieffenbachia, Fatsia japonica *und die gelappten Blätter von* Platycerium bifurcatum *ergänzen blaßblaue* Plumbago.

Bedingungen für Zimmerpflanzen

Wo man sie aufstellt, hängt v.a. von den Licht- und Temperaturansprüchen der jeweiligen Pflanzen ab (siehe »Verzeichnis der Zimmerpflanzen«, S. 435). Entsprechen die Bedingungen nicht den Bedürfnissen der Pflanze, wird sie bald eingehen. Neugekaufte Pflanzen sind besonders empfindlich, da sie bis dahin optimal versorgt waren.

Temperatur

Die meisten Wohnungen werden zwar tagsüber geheizt, nachts aber sinkt die Temperatur deutlich ab – was sich für viele Zimmerpflanzen tropischer Herkunft ungünstig auswirkt. Stellen Sie diese so auf, daß sie vor Zugluft und vor Temperaturschwankungen geschützt sind. Lassen Sie empfindliche Pflanzen nachts nicht am Fenster stehen, und stellen Sie sie auch nicht direkt über einen heißen Heizkörper. Zimmerpflanzen brauchen zwar Wärme, aber keine hohen Temperaturen.

Licht

Die meisten Pflanzen gedeihen gut bei hellem, gefiltertem Sonnenlicht oder an einem hellen Platz ohne direkte Sonne. Pflanzen mit panaschierten Blättern brauchen allerdings mehr Licht als solche mit grünen Blättern, unter direkter Sonne leidet das Laub jedoch. Blütenpflanzen wie *Hippeastrum* benötigen genügend Licht, um schön zu blühen; zuviel Licht verkürzt die Blütezeit. Es gibt nur wenige Zimmerpflanzen, die direktes Sonnenlicht vertragen.

Lichtmangel führt zu blassen, kümmernden Blättern und langen, schwachen Trieben. Manche panaschierten Pflanzen bringen dann einfarbige Blätter hervor, die nach einiger Zeit gelb werden und abfallen. Die geschwächte Pflanze ist besonders anfällig für Schädlinge und Krankheiten.

Der natürliche Lichteinfall in einem Raum hängt von der Zahl, Größe, Höhe und Ausrichtung der Fenster ab. Mit zunehmender Entfernung vom Fenster ist die Lichtmenge stark reduziert. Im Winter ist das natürliche Licht viel schwächer als im Sommer, daher müssen manche Pflanzen u.U. zu jeder Jahreszeit einen anderen Platz bekommen; ein Pflanzenwagen ist dann besonders praktisch.

Beginnen die Pflanzen ungleichmäßig zum Licht hin zu wachsen, dreht man sie beim Gießen immer ein wenig. Reicht das Licht für gesundes Wachstum nicht aus (die meisten Pflanzen brauchen 12-14 Stunden Tageslicht), helfen Pflanzenleuchten.

Anordnung der Pflanzen

Bei etwas Überlegung und Planung findet sich für fast jeden Platz der Wohnung eine hübsche Pflanze.

Plazierung der Pflanzen

Überlegen Sie bei Ihren Arrangements, ob die Proportionen stimmen. Eine winzige Topfpflanze wirkt in einem großen Raum verloren. Richten Sie Ihre Aufmerksamkeit auf den Hintergrund. Vor hellen Wänden kommen blühende Pflanzen gut zur Geltung.

Blumenampeln und -borde eignen sich gut für Hängepflanzen, Pflanzen mit zarten Blüten und Blättern wirken in Augenhöhe am schönsten. Ziehen Sie Kletterpflanzen wie *Cissus antarctica, Philodendron scandens* und Efeu *(Hedera)* als Raumteiler an einem Spalier oder einer Stütze hoch.

Pflanzen beleben leere Ecken und Flächen, z.B. einen ungenützten Kamin oder Ofen. Große Pflanzen oder Pflanzengruppen haben als Raumteiler oder Verbindung zum Garten eine wichtige gestalterische Funktion.

Unterschiedliche Lichtverhältnisse

Helle, sonnige Plätze eignen sich für Sukkulenten und Pflanzen mit wolligen, wächsernen oder grauen Blättern. *Hoya carnosa*, Pelargonien und *Ananas comosus* 'Variegatus' lieben ebenfalls direkte Sonne. An einem Platz mit indirektem oder gefiltertem Licht wachsen Blattbegonien wie *Begonia rex*, epiphytische Orchideen, z.B. *Phalaenopsis* und *Spathiphyllum* mit auffallenden weißen Hüllblättern.

In weit vom Fenster entfernte Ecken stellt man Farne und hartblättrige Pflanzen wie *Chamaedorea, Fatsia japonica* und Efeu. Bringen Sie die Pflanzen aber hin und wieder für ein paar Tage in etwas helleres Licht.

Küche und Bad

Besonders in kleinen Küchen und Bädern schwanken Temperatur und Luftfeuchtigkeit, wählen Sie also Pflanzen, die Extreme vertragen. Vor den glatten, harten Flächen im Bad heben sich die weichen, fedrigen Formen von Farnen und Gräsern und einiger *Cyperus*-Arten wunderschön ab. Bäder haben oft wenig Licht und sind daher ideal für *Episcia, Nephrolepis* oder *Pilea*. Bringen Sie im oberen Bereich des Bads Hängepflanzen wie *Philodendron scandens* unter. Stellen Sie jedoch keine Hängepflanzen auf Küchenschränke, da sich die Schranktüren dann schlecht öffnen lassen. In der Nähe des Küchenfensters lassen sich in Ampeln Kräuter oder winzige Tomatensorten wie 'Tumbler'(F1-Hybride) ziehen. Kräuter eignen sich auch bestens fürs Küchenfensterbrett.

Vielseitige Pflanzen

Attraktive Blattpflanzen für verschiedenste Bedingungen sind u. a. *Aspidistra, Chlorophytum, Cissus antarctica* und *Sansevieria*. Blütenpflanzen sind anspruchsvoller, aber Topfchrysanthemen (siehe S. 152-154) oder frühgetriebene Zwiebelgewächse (siehe S. 223) bringen vorübergehend Farbe in den Raum.

TÜCKEN DER FENSTERBANK

Zuviel Sonne, zuviel Wärme von der Heizung und Zugluft gefährden Zimmerpflanzen auf der Fensterbank.

WECHSELNDE LICHTSTÄRKEN IM RAUM

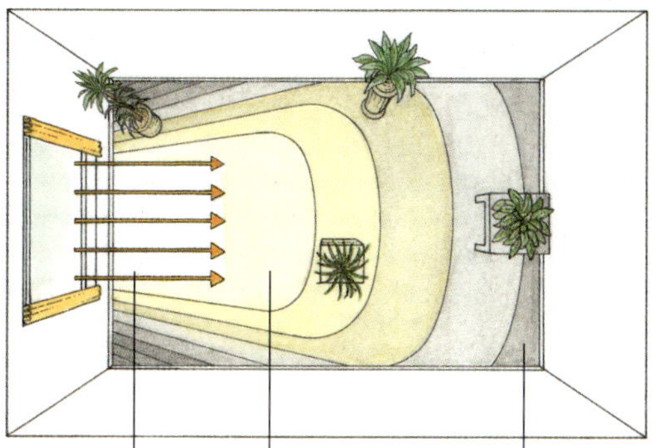

Je weiter eine Pflanze vom Fenster entfernt steht, desto weniger natürliches Licht erhält sie. Beträgt der Abstand 2 m, so hat sie nur noch 20 Prozent des Lichts im Vergleich zum Platz am Fenster. Pflanzen, die seitlich des Fensters stehen, erhalten kaum Licht, besonders dann, wenn die Fensterbank zudem sehr breit ist.

EIN HÄNGENDER GARTEN
Diese kurzlebige Pflanzung ist vom ersten Moment an hübsch anzusehen.

Pflanzgefäße

Wählen Sie einen Behälter, der in Material, Farbe und Form zum Dekor paßt und die jeweilige Pflanze oder Gruppe gut zur Geltung bringt. Die Auswahl von Töpfen aller Stilrichtungen und Materialien ist riesengroß. Es gibt Plastikbehälter mit eingebautem Wassertank, die das Wässern erleichtern; andere werden speziell für Hydrokulturen angefertigt (siehe »Topf für Hydrokultur im Querschnitt«, S. 449).

Hängekörbe

Hängekörbe und Ampeln hat man gerne auf der Veranda, im Innenhof, auf dem Balkon und der Terrasse, sie sind aber auch für Zimmerpflanzen eine interessante Möglichkeit. Eine Ampel im Treppenhaus, an einem Holzbalken, am Fenster oder an einer freistehenden Stütze braucht kaum Platz und wirkt als wahres Schmuckstück. Eine Gruppe unterschiedlich langer Hängekörbe sieht besonders dekorativ aus.

Leicht gebogene Farnwedel, Epiphytenrosetten und viele hängende Blattpflanzen eignen sich für Ampeln und Körbe. Eine im Laufe des Jahres wechselnde Bepflanzung berücksichtigt die verschiedenen Jahreszeiten. Im Winter sorgt der Weihnachtskaktus *(Schlumbergera bridgesii)* für Farbenpracht, im Sommer verschiedene Fuchsien. Auch Topfpflanzen können vorübergehend in einem Korb Platz finden, müssen aber jedes Jahr umgetopft werden.

Gefäße für Hängepflanzen

Es gibt Gefäße in verschiedenen Materialien und Ausführungen. Bei der Auswahl und Anbringung ist zu bedenken, daß die meisten Pflanzen oft gewässert werden müssen. Mit Kunststoff ummantelte Drahtkörbe sind nur in Räumen mit gefliesten Böden möglich; manche Kunststoffgefäße haben praktische Wasserreservoirs. Es gibt auch hübsche, aber ziemlich schwere Ton- und Terrakottatöpfe und hölzerne oder schmiedeeiserne Ampeln oder Weidenkörbe.

Terrarien und Flaschengärten

Terrarien sind abgeschlossene, dekorative Glaskästen für kleine Zimmerpflanzen. Sie waren im 19. Jh. beliebt, weil sie das geeignete Mikroklima für Farne boten, aber jede langsamwachsende Zierpflanze, die hohe Luftfeuchtigkeit liebt, gedeiht in einem Terrarium. Am besten wirkt eine Auswahl von Pflanzen mit hübschen Blättern und kontrastierenden Farben – verzichten Sie auf Blütenpflanzen, da abgestorbene Blüten durch die Feuchtigkeit schnell verrotten. Terrarien können ständig an einem Fenster stehen und eignen sich dann auch für üppigere Arrangements.

In Flaschen lassen sich Miniaturlandschaften aus Blattpflanzen anlegen. Wichtig ist, daß der Flaschenhals breit genug ist, um die Pflanze einführen und pflegen zu können, ansonsten ist jede Form oder Farbe möglich; denken Sie aber daran, daß manches farbige Glas nur wenig Licht durchläßt.

Raumbeleuchtung

Pflanzen können durch normales Licht oder durch Punktstrahler gut zur Geltung kommen, mit Beleuchtung von oben oder von unten kann man interessante Licht- und Schatteneffekte erzielen. Stellen Sie die Pflanze nicht zu nahe an die Lichtquelle, da die Hitze schadet. Normale Glühbirnen haben keinen spürbaren Einfluß auf Photosynthese oder Wachstum.

Pflanzen im Büro

Pflanzen machen das Büro nicht nur freundlicher, sie dämpfen auch Geräusche, verbessern die Luft und sorgen für eine angenehme Atmosphäre. In modernen, klimatisierten, voll verglasten Büros ist die Luft relativ sauber, sind die Temperaturen konstant und ausreichend Licht und Raum vorhanden – beinahe optimale Wachstumsbedingungen. In älteren Gebäuden mit kleinen Fenstern und ohne Klimatisierung ist die Sache schon schwieriger.

Verwenden Sie Gefäße mit automatischer Bewässerung, besonders wenn die Pflanzen neben elektrischen Geräten stehen, oder setzen Sie mehrere Pflanzen in einen großen Behälter. Wenn kein Pflegedienst beauftragt ist, muß die Verantwortung für die Pflege genau geregelt werden.

Geeignete Pflanzen

Immergrüne Pflanzen mit glänzenden Blättern sind im Büro genauso robust und pflegeleicht wie zu Hause. Zur beliebten Gattung *Ficus* gehören Pflanzen jeder Form und Größe, vom großartigen *F. lyrata* mit den riesigen Blättern (er braucht viel Platz für sich allein) bis zum kriechenden *F. deltoidea* mit kleinen, ledrigen Blättern.

Eine andere große, eindrucksvolle Gattung mit hübschen Blättern ist *Philodendron* mit kletternden und nicht kletternden Arten. Das robuste, langlebige Fensterblatt *(Monstera deliciosa)* klettert langsam, erreicht aber schließlich mehrere Meter Höhe und Ausbreitung.

Gartenzimmer und Wintergarten

Mit einem Wintergarten kann man sich den Garten ins Haus holen, ob man ihn als Wohnraum mit vielen Topfpflanzen ausstattet oder den gesamten Raum für Pflanzen reserviert. In gemäßigten Klimazonen finden Topfpflanzen, die die Sommermonate im Freien verbringen, hier ein schützendes Winterquartier; der Wintergarten kann auch tropischen und subtropischen Pflanzen die nötige Wärme und Luftfeuchtigkeit bieten.

Durch den starken Lichteinfall im Wintergarten nehmen farbige Blätter intensive Farbtöne an, und die Blüten entwickeln sich gut. Duftende Blütenpflanzen wie *Jasminum polyanthum* sind auf kleinem Raum besonders willkommen, weil ihr Duft in alle Winkel dringt.

Achten Sie darauf, daß Lage und Temperaturen des Wintergartens den Pflanzen entsprechen, und bedenken Sie, daß Glasbauten im Winter Heizkosten verursachen und im Sommer sehr heiß werden.

Nutzen Sie den verfügbaren Platz optimal aus: in erhöhten und Grundbeeten, in Töpfen auf dem Boden, auf der Fensterbank, in Regalen und

FARBEN DER SAISON
Hier bringen ein weißer Weihnachtsstern (Euphorbia pulcherrima), *eine karminrote Azalee* (Rhododendron) *und die orangefarbene Calamondine* (x Citrofortunella microcarpa) *Winterstimmung ins Dauergrün der Blattpflanzen.*

KÜHLER WINTERGARTEN

Die hier genannten Blatt- und Blütenpflanzen gedeihen im kühlen, aber frostfreien, ans Haus angelehnten Wintergarten und bieten von der Wohnung aus ein schönes Bild.

1 *Plumbago auriculata* (syn. *P. capensis*)
2 *Chlorophytum comosum* (syn. *C. capense* Gartenform)
3 *Campanula isophylla*
4 *Saxifraga stolonifera* 'Tricolor' (syn. *S. sarmentosa*)
5 *Pelargonium* 'Rote Mini-Cascade'
6 *Camellia japonica*
7 *Sedum morganianum*
8 *Streptocarpus* 'Heidi'
9 *Ceropegia woodii*
10 *Callistemon citrinus* 'Splendens'
11 *Correa pulchella*
12 *Calceolaria* 'Sunshine'
13 *Nierembergia hippomanica* var. *violacea* 'Purple Robe'
14 *Prostanthera rotundifolia*
15 *Polygala myrtifolia* 'Grandiflora'
16 *Rehmannia elata*
17 x *Citrofortunella microcarpa* (syn. *Citrus mitis*)

AUF MEHREREN EBENEN *Bänke, Regale und Boden werden in diesem kühlen Gewächshaus optimal genützt. Die Blüten von Fleißigen Lieschen* (Impatiens), *Bleiwurz* (Plumbago) *und* Streptocarpus *werden durch verschiedene Blattpflanzen, darunter Efeu* (Hedera), *Duftpelargonien,* Hypoestes, Pellaea *und* Tolmiea *ergänzt.*

Ampeln. Große tropische oder subtropische Pflanzen und freistehende Kletterer lassen sich gut an Spalieren oder Drähten an der Wand erziehen; Weinreben verkleiden Mauer und Dach. Wählen Sie Pflanzen, die zur Bepflanzung des Gartens passen; so ergibt sich eine optische Verbindung zwischen drinnen und draußen und zugleich ein Gefühl der Weite.

Wasser im Haus

In einem Teich oder Halbfaß können auch tropische Seerosen oder andere nichtwinterharte Wasser- und Uferpflanzen untergebracht werden. Ein eleganter Wasserspeier sorgt für leises Plätschern im Hintergrund und erhöht die Luftfeuchtigkeit (siehe 244-261).

Gewächshauskultur

Licht, Temperatur und Luftfeuchtigkeit werden im Gewächshaus geregelt; so können dort wesentlich mehr Pflanzen gezogen werden als im frostgefährdeten Garten. Die Blüte- und Erntezeit erstreckt sich hier vom Vorfrühling bis in den Spätherbst oder sogar übers ganze Jahr.

Verwendung des Gewächshauses

Ein Gewächshaus ist besonders in Gegenden nützlich, wo es starke Fröste, viel Wind oder schwere Regenfälle gibt; man kann darin vielerlei Pflanzen ziehen, die im Freien nicht winterhart sind. Oder man kultiviert darin Salate, Frühgemüse oder sogar Obst. Viele Pflanzen gedeihen hier rascher, blühen und fruchten besser als im Freien. Halbwinterharte Pflanzen können in Töpfen im Freien kultiviert und bei Bedarf vorübergehend ins schützende Gewächshaus gebracht werden.

Das Gewächshaus kann einer speziellen Pflanzengruppe vorbehalten sein, z.B. Alpenpflanzen (siehe S. 214-216), Kakteen (siehe S. 262-275), Farnen (siehe S. 158-159) oder Orchideen (siehe S. 442-445). Oder man hält darin das ganze Jahr über eine Mischung von Blatt- und Blütenpflanzen, die unter ähnlichen Bedingungen gedeihen.

Einrichtung des Gewächshauses

Zur Ausstattung eines freistehenden Gewächshauses gehört traditionell ein Mittelgang mit Tischen oder Bänken an den Seiten und am Ende; breitere Häuser haben manchmal auch Tische in der Mitte. In jedem Fall sind solche Tische unerläßlich (siehe S. 487); auch wenn sie im Sommer Rabatten Platz machen müssen, können sie zu anderen Jahreszeiten für Sämlinge, Stecklinge oder Topfpflanzen Verwendung finden. Für Töpfe werden meist Tische aus Latten oder Drahtgeflecht bevorzugt, damit sich keine Pfützen bilden und die Luft besonders im Winter frei zirkulieren kann.

Zusätzlichen Platz schafft man durch abgestufte Bänke, Bankbeete oder Bodenrabatten. Wenn die Verglasung bis zum Boden reicht, können Farne und andere Schatten liebende sowie ruhende Pflanzen unter die Bänke oder Tische gestellt werden. Erhöhte Beete eignen sich gut für kleine Alpenpflanzen und Kakteen, die direkt ins Beet gesetzt oder in Töpfen in Kies oder Sand eingeschlagen werden.

Zierpflanzen im Gewächshaus

Obwohl ein Gewächshaus meist eher funktionell ist als ein Wintergarten, kann zumindest ein Teil davon zur Präsentation von Zierpflanzen genutzt werden. Gruppen sind meist attraktiver als verstreute Einzelpflanzen. Entscheiden Sie sich für eine Gattung, z.B. *Streptocarpus*, oder eine Mischung verschiedener Pflanzen, und ordnen Sie die Pflanzen beliebig oder als Miniatur-Landschaft an. Kontraste der Blattformen, -größen und -strukturen sind besonders reizvoll. Stimmen Sie Blüten- und Laubfarben harmonisch aufeinander ab.

Ein Anlehnhaus an einer Hauswand kann gleichzeitig Wintergarten sein. Nützen Sie die Rückwand für Kletterpflanzen, die nur ein 30 cm breites Beet benötigen. Eine weiße Wand reflektiert Licht und sorgt für interessante Kontraste.

Bedingungen im Gewächshaus

Unerläßlich sind eine gut funktionierende Belüftung und Heizung sowie Schattierung im Sommer; Wasser- und Stromanschluß im Haus sind günstig. Die Temperatur im

EIN ÜBERDACHTER GARTEN
Wo es der Platz erlaubt, kann im Gewächshaus eine naturgetreue Landschaft entstehen. Hier bilden Blattpflanzen wie Cordyline, Eucomis, Justicia *und* Phormium *einen üppigen Rahmen, von dem sich die leuchtenden Blüten von blauem* Agapanthus, *rosa Fuchsien und weißen und lachsfarbenen Pelargonien abheben.*

Gewächshaus hängt von seiner Verwendung ab; es gibt 4 Möglichkeiten: kalt oder ungeheizt, kühl oder frostfrei, mäßig-warm, warm. (Näheres finden Sie unter GEWÄCHSHÄUSER UND FRÜHBEETKÄSTEN, S. 481-485; siehe auch »Verzeichnis der Zimmerpflanzen«, S. 435.)

Das Kalthaus

Ein ungeheiztes Gewächshaus schützt vor extremem Wind und Regen und ist auch im Sommer deutlich wärmer als der offene Garten. Es verlängert die Wachstumsperiode, indem es den Pflanzen einen künstlichen Vorfrühling und Spätherbst bietet.

Die meisten winterharten Ein-, Zweijährigen und Sträucher können im Kalthaus überwintern, halbwinterharte Einjährige, Zwiebelpflanzen und Sträucher werden hier weiterkultiviert, bis sich der Boden erwärmt hat und kein Frost mehr droht, und dann ausgepflanzt. Ein Kalthaus bewährt sich auch für die Anzucht aus Samen; Obst und Gemüse bekommen so einen zeitlichen Vorsprung. Als Alpinhaus entspricht es den besonderen Bedürfnissen von Alpen- und Steingartenpflanzen in Töpfen (siehe S. 214-216).

Ein Kalthaus kann Frost nicht länger als 1-2 Stunden abhalten, eignet sich also nicht zum Überwintern empfindlicher Pflanzen. Tagsüber steigen die Temperaturen, aber nachts sind sie kaum höher als im offenen Garten. Bei gemäßigtem Klima sind die Bedingungen im Kalthaus an einer warmen Hausmauer ähnlich wie im kühlen Gewächshaus (siehe unten); es kann aber empfindliche Pflanzen bei tagelangem strengem Frost nicht ausreichend schützen.

Das kühle Gewächshaus

Bei frostfreien Bedingungen gedeihen hier mehr Pflanzen, außerdem ist die Pflege einfacher, da Schutzmaßnahmen entfallen. Bei Temperaturen von 5-10°C tagsüber und mindestens 2°C nachts entfalten hier Zierpflanzen ihre Pracht das ganze Jahr über.

In einem kühlen Treibhaus blühen winterharte Zwiebelgewächse – besonders solche mit empfindlichen Blüten, die man im Freien gar nicht bemerkt – früher und bringen Farbe im Spätwinter. Hier können nichtwinterharte Pflanzen für den Innenhof gezogen und überwintert werden; Zimmerpflanzen kommen hierher zur Erholung oder in der warmen Jahreszeit zur Vermehrung; in Bankbeeten oder Töpfen wachsen Winterblüher wie die duftende *Prostanthera.* Chrysanthemen und remontierende Nelken *(Dianthus)* bringen viele Schnittblumen hervor, während winterharte Einjährige, die im Spätsommer gesät werden, bereits früh zu blühen beginnen.

Die Heizung des kühlen Treibhauses muß Frost verhindern und die Mindesttemperatur bei jedem Wetter sichern (siehe GEWÄCHSHÄUSER UND FRÜHBEETKÄSTEN, S. 482). Auch wenn nicht das ganze Gewächshaus beheizt wird, ermöglicht ein geheizter Anzuchtkasten im Frühjahr die vorzeitige Anzucht junger Pflanzen.

Das mäßig-warme Gewächshaus

Erhöht man die Temperatur auf 10-13°C und nachts auf mindestens 7°C, gibt es noch mehr Nutzungsmöglichkeiten. Im mäßig-warmen Gewächshaus kann man auch bei rauherem Klima Pflanzen aus frostfreien Regionen (z.B. aus dem Mittelmeerraum) halten. Da sind auch *Brunfelsia, Jacaranda* und *Strelitzia* sowie Orchideen wie *Cymbidium*-Arten und -Hybriden kein Problem. Zonalpelargonien blühen bei 9°C das ganze Jahr über.

Das Warmhaus

Bei 13-18°C Mindesttemperaturen können in einem Warmhaus subtropische und tropische Pflanzen kultiviert werden. Vermehrung und Zurschaustellung blühender Pflanzen sind das ganze Jahr über möglich. Hier bringt man empfindliche Pflanzen wie viele Bromelien (siehe S. 436-437) und einige Orchideen (siehe S. 442-445) unter, bis man sie in voller Blüte ins Haus holt.

Das Warmhaus braucht das ganze Jahr eine geregelte Beheizung, in kühleren Gebieten auch im Sommer. Dadurch fallen im gemäßigten Klimabereich beträchtliche Kosten an. Vorrichtungen wie Thermostate, Doppelverglasung, Ventilatoren, automatische Belüftungs-, Bewässerungs- und Sprühsysteme sowie Schattierung helfen bei der Pflege der Schützlinge. Billiger kommt ein warmer Bereich in einem kühlen Gewächshaus; eine weitere Möglichkeit ist ein warmer Wintergarten.

SCHMUCKSTÜCKE
Ein Warmhaus kann einer bestimmten Pflanzengruppe, z.B. Orchideen oder Kakteen, gewidmet sein. Tropische Pflanzen wie diese Urwaldkakteen gedeihen in der Wärme und hohen Luftfeuchtigkeit des Treibhauses prächtig. Die kräftigen Farbtöne der Blüten und die kühlen, fleischigen Blätter von Epiphyllum, Heliocereus, Pfeiffera *u.a. leuchten in sommerlicher Pracht.*

Verzeichnis der Zimmerpflanzen

Warmhaus

(Minimum 13–18°C)

Blütenpflanzen
Aeschynanthus ❄ ◎
Anthurium ❄
Aphelandra ❄ ◎
Brunfelsia ❄ ◎
Columnea ❄ ◎
Euphorbia fulgens ❄,
E. pulcherrima ❄
Hibiscus rosa-sinensis ❄
Hoya bella ❄
Justicia ❄
Kohleria ❄ ◎
Medinilla ❄ ◎
Pachystachys ❄
Ruellia ❄ ◎
Saintpaulia ❄ ◎

Sinningia 'Red Flicker'

Sinningia ❄ ◎
Smithiantha ❄ ◎
Spathiphyllum ❄ ◎

Blattpflanzen
Aechmea ❄ ◎ (und die meisten Bromelien)
Aglaonema ❄ ◎
Begonia rex ❄ ◎ (und andere Arten)
Calathea ❄ ◎
Chamaedorea ❄ ◎ (und die meisten Palmen)
Codiaeum ❄ ◎
Dieffenbachia ❄ ◎
Dracaena ❄ ◎
Ficus, einige ❄
Fittonia ❄ ◎
Maranta ❄ ◎
Peperomia ❄ ◎
Philodendron ❄ ◎
Tradescantia, einige ❄,◎

Mässig warmes G.-Haus

(am Tag 10–13°C; nachts min. 7°C)

Blütenpflanzen
Achimenes ❄
Begonia ❄ ◎
Catharanthus ❄
Cyclamen, einige ❄,◎
Exacum ❄ ◎
Haemanthus ❄
Impatiens, einige ❄,◎

Impatiens, Novette Series 'Red Star'

Schlumbergera ❄ ◎
Strelitzia ❄
Streptocarpus ❄ ◎

Blattpflanzen
Asparagus, einige ❄
Coleus ❄ ◎
Jacaranda ❄

Kühles Gewächshaus

(am Tag 5–10°C; nachts min. 2°C)

Blütenpflanzen
Abutilon, einige ❄
Bougainvillea ❄
Browallia ❄
Calceolaria, einige ❄,◎
Callistemon, einige ❄
Cestrum, einige ❄
Chrysanthemum, einige ❄,◎
x *Citrofortunella* ❄
Cuphea ❄
Datura, einige ❄
Freesia ❄
Fuchsia, einige ❄
Gerbera ❄
Hippeastrum, einige ❄
Hoya ❄
Jasminum, einige ❄
Lachenalia ❄
Lantana ❄
Lapageria ❄
Nerium ❄
Passiflora ❄
Pelargonium ❄
Plumbago, einige ❄
Primula, einige ❄
Schizanthus ❄
Senecio, einige ❄

Senecio articulatus 'Variegatus'

Sprekelia ❄
Streptosolen ❄
Tibouchina ❄ ◎
Veltheimia ❄
Zantedeschia, einige ❄
Zephyranthes, einige ❄

Blattpflanzen
Aspidistra ❄
Chlorophytum ❄
Cissus rhombifolia ❄
Rhoicissus ❄
Ricinus ❄

Kalthaus

Blütenpflanzen
Agapanthus (winterharte Arten)
Anemone
Antirrhinum (winterharte Arten)
Camellia (winterharte Arten)
Cheiranthus (winterharte Arten)
Crocus
Cyclamen (winterh. Minipflanzen)
Dicentra
Erica
Hyacinthus
Jasminum (winterh. Arten)
Narcissus
Rhododendron (winterh. Azaleen im beschatteten Gewächshaus)

Blattpflanzen
Adiantum ◎ (winterharte Arten)
Euonymus
Fatsia ◎
Hedera ◎ (winterharte Arten)
Laurus nobilis
Phormium
Tolmiea

Zimmerpflanzen, die direktes Licht mögen

Warme Räume (18°C und darüber)
Ananas ❄ ◎
Bougainvillea ❄
Euphorbia pulcherrima ❄
Hibiscus rosa-sinensis ❄
Hippeastrum, einige ❄
Justicia ❄
Opuntia, einige ❄
Senecio, einige ❄
Solanum capsicastrum ❄ ◎

Kühle Räume (5–18°C)
Billbergia ❄
Browallia ❄
Campanula isophylla ❄ ◎
Capsicum ❄ ◎
Chlorophytum ❄
Clivia ❄
Coleus ❄ ◎
Crassula, einige ❄
Cyclamen, einige ❄,◎
Cyrtanthus ❄
Echeveria ❄
Gerbera ❄
Hyacinthus
Jasminum, einige ❄
Kalanchoe ❄
Nerine, einige ❄

Pelargonium 'Caligula'

Pelargonium ❄
Streptocarpus ❄ ◎
Veltheimia ❄

Zimmerpflanzen, die indirektes Licht mögen

Warme Räume – mittleres Licht (18°C und darüber)
Adiantum, einige ❄,◎
Aechmea ❄ ◎ (u. alle Bromelien)
Caladium ❄
Codiaeum ❄ ◎
Cryptanthus ❄ ◎
Dieffenbachia ❄ ◎
Howea ❄
Hypoestes ❄
Kohleria ❄ ◎
Mandevilla ❄ ◎
Maranta ❄ ◎
Neoregelia ❄ ◎
Peperomia ❄ ◎
Pilea ❄ ◎
Saintpaulia ❄ ◎
Sansevieria ❄
Schefflera ❄
Sinningia ❄ ◎
Spathiphyllum ❄ ◎
Stephanotis ❄ ◎
Streptocarpus ❄ ◎
Syngonium ❄ ◎
Thunbergia ❄
Tradescantia, einige ❄,◎

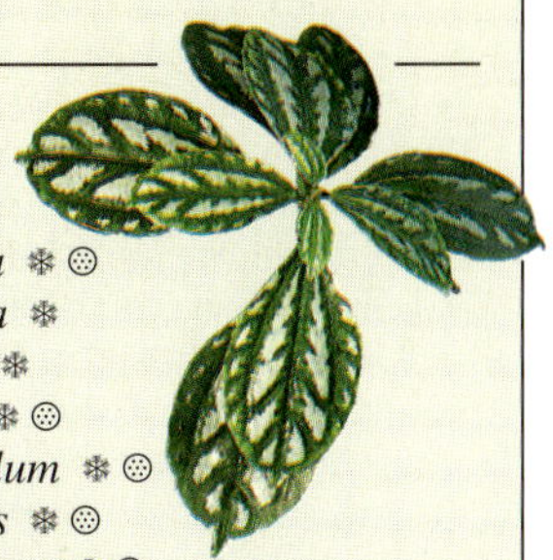
Pilea cadierei

Warme Räume – wenig Licht (18°C und darüber)
Asplenium, einige ❄
Calathea ❄ ◎
Chamaedorea ❄ ◎
Cissus ❄
Dracaena ❄ ◎
Episcia ❄ ◎
Fittonia ❄ ◎
Hedera, einige ❄,◎
Philodendron ❄

Kühle Räume – mittleres Licht (5–18°C)
Epiphyllum ❄ ◎
Epipremnum ❄
Fatsia ◎
Grevillea ❄ ◎
Monstera ❄
Platycerium ❄ ◎
Primula malacoides ❄, *P. obconica* ❄
Schefflera ❄ ◎
Sparmannia ❄ ◎

Kühle Räume – wenig Licht (5–18°C)
Aspidistra ❄
x *Fatshedera* ◎
Hedera, einige ❄,◎
Pteris ❄ ◎
Rhoicissus ❄

Hydrokultur

Anthurium ❄
Chamaedorea ❄ ◎
Cissus ❄
Codiaeum ❄ ◎
Dieffenbachia ❄ ◎
Dracaena ❄ ◎
Euphorbia milii ❄
Ficus benjamina ❄
Hedera, einige ❄,◎
Monstera ❄
Nephrolepis ❄ ◎
Saintpaulia ❄ ◎
Schefflera ❄
Spathiphyllum ❄ ◎
Streptocarpus ❄ ◎
Yucca, einige ❄

Schlüssel
❄ *Nicht winterhart*
◎ *Braucht viel Feuchtigkeit*

Bromelien

MIT IHREN mehr als 2000 Arten sind die Bromeliazeen eine der vielgestaltigsten unter den exotischen Pflanzenfamilien. Viele ihrer Arten sind herrliche und interessante Pflanzen für die Wohnung, fürs Gewächs- oder Tropenhaus. Die meisten sind Epiphyten, die sich in der Natur mit ihren Wurzeln an Ästen von Bäumen oder sogar an Felsen klammern. Sie ernähren sich direkt aus der Luft, indem ihre Blätter Feuchtigkeit und Nährstoffe aus Nebel und tiefhängenden Wolken aufnehmen. Andere wachsen im Erdboden, sind also terrestrisch. Fast alle Bromelien bilden Blattrosetten, oft aus farbigen Blättern, und haben dazu noch leuchtendrote Blütenstände. Das reicht vom Spanischen Moos, *Tillandsia usneoides*, bis zur imponierenden *Puya alpestris*, die ihre mächtigen Blütenstände voll schlanker, metallisch blauer Blüten hoch über die Blattrosetten aus herabgebogenen, stechenden Blättern hebt.

BEFESTIGUNGSMÖGLICHKEITEN

ANBINDEN MIT TORFMOOS
Die Wurzeln kräftiger Pflanzen (hier Tillandsia purpurea*) werden in gut durchfeuchtetes Sphagnum eingepackt und mit Bast oder Draht an die Unterlage gebunden. Das Torfmoos regelmäßig feucht halten.*

ANKLEBEN
Klebstoff auf die betreffende Stelle des Astes geben und die Wurzeln vorsichtig gegen die Unterlage drücken, bis sie haften (Tillandsia argentia *oben,* T. ionantha *Nebenbild).*

Unterbringen von Epiphyten

Die meisten Epiphyten gedeihen am besten, wenn sie an einem Ast befestigt werden; dies entspricht ihrer Situation in der Natur, und so wird auch das Risiko, daß die Wurzeln faulen, vermieden.

Bau eines Bromelienbaumes
Man befestigt ein möglichst bizarres Stück eines kräftigen Astes in einem tiefen Gefäß zwischen Steinen und Erde, oder man zementiert es ein. Für einen kleinen »Baum« genügt auch eine Rolle aus Drahtgeflecht, das mit Rinde umkleidet wird. Nun nehmen Sie junge Pflanzen, die sich leichter anbringen lassen und auch schneller anwachsen als größere, schütteln Erdreste aus den Wurzeln, packen diese in feuchtes Sphagnum, Torfmoos, und binden sie mit Bast oder Draht an die Unterlage. Kleine Pflanzen lassen sich, ohne daß man sie anbinden muß, einfach in Lücken zwischen das Moos drücken. Dann besprühen Sie Moos und Pflanzen und stellen den »Baum« halbschattig und mäßig warm auf. Auf diese Weise lassen sich viele Epiphyten kultivieren, v.a. Arten aus den Gattungen *Aechmea*, *Catopsis*, *Guzmania*, *Neoregelia*, *Nidularia*, *Tillandsia* und *Vriesea*.

Alternative für Tillandsien
Nicht nur auf Rinde, sondern auch auf Stein, sogar auf Glas kann man Tillandsien montieren, und zwar mit Klebstoff, der auf Unterlage und Wurzeln, nicht aber auf den Grund der Blattrosette gestrichen wird, um die Bildung von Wurzeln nicht zu behindern. Drücken Sie die Wurzeln vorsichtig an, und umkleben Sie die Stelle zur Sicherung noch mit einem elastischen Band, Bast oder Draht, bis die Pflanzen fest sitzen.

Epiphyten als Topfpflanzen
Eine große Zahl epiphytischer Gattungen, v.a. die mit farbigen Blättern sowie Arten und Züchtungen von *Aechmea*, *Billbergia*, *Neore-*

FÜR DIE KULTUR IN INNENRÄUMEN GEEIGNETE BROMELIEN

***Ananas bracteatus* 'Tricolor'**

Tillandsia stricta

Tillandsia caput-medusae

Neoregelia carolinae* f. *tricolor

Bromelia balansae

Aechmea fasciata

Cryptanthus bivittatus

Guzmania lingulata

Guzmania lingulata* var. *minor

Vriesea splendens

gelia, *Nidularium* und *Vriesea* können auch als Topfpflanzen kultiviert werden, vorausgesetzt sie werden in die richtige Erdmischung gepflanzt. Diese muß bei hohem Humusanteil locker, porös und kalkfrei sein.

Geeignet ist eine Mischung aus grobem Sand oder Perlit und Torf (1:1). Damit überschüssige Feuchtigkeit leicht abziehen kann, kommen ein paar Bröckchen halb kompostierter Baumrinde in diese Mischung.

Terrestrische Bromelien

Von ihnen gibt es einige Hunderte in den Gattungen *Abromeitiella*, *Ananas*, *Dyckia*, *Hechtia*, *Portea* und *Puya*. In warmen Klimazonen, wo die Temperatur nie unter 7-10°C sinkt, werden viele von ihnen im Freien gehalten. *Fascicularia bicolor* verträgt sogar 0°C ohne Schaden. Obwohl Arten dieser Gattungen mit ihren interessanten Formen Blickfänge bilden, sind sie wegen ihrer Größe und der steifen, stechenden Blätter besser fürs Gewächshaus geeignet. In unsere Gärten fügen sie sich weder räumlich noch ästhetisch ein.

Laufende Pflege

Da die meisten Bromelien aus dem tropischen Regenwald stammen, bedürfen sie, um gut zu gedeihen, hoher Luftfeuchtigkeit und großer Wärme. Aber unter 14°C darf die Temperatur nie sinken. Sind diese Bedingungen erfüllt, lassen sie sich sehr gut in unseren Innenräumen halten.

Bewässern

Da Epiphyten Feuchtigkeit aus der Luft aufnehmen, müssen sie regelmäßig, mindestens aber zweimal täglich, besprüht werden, bei großer Wärme öfter, und zwar mit weichem, temperiertem Wasser. Das gilt v.a. für die Kalkhasser *Aechmea*, *Neoregelia*, *Nidularium*, *Tillandsia* und *Vriesea*.

Man kocht das Wasser ab oder hängt einen Gazebeutel mit 50 g Torf einige Stunden in 10 Liter Wasser. Es gibt auch Enthärter für Gießwasser zu kaufen, z.B. Aquisal. Zur Wachstumszeit, von April bis Ende August, wird alle 4-5 Wochen gedüngt. Dafür gibt man flüssigen Orchideendünger in einem Viertel der auf der Flasche angegebenen Verdünnung zum Sprühwasser.

TEILUNG DES WURZELSTOCKS

Ableger vorsichtig von der alten Pflanze lösen oder abschneiden, ohne die Wurzeln zu beschädigen (hier Billbergia nutans*).*

Bei den Bromelien des Regenwaldes soll in den trichterförmigen Blattrosetten immer Wasser stehen, das nie ganz verdunsten darf, vor allem aber nicht bei großer Wärme oder Trockenheit.

Gelegentlich sollte das Wasser ausgewechselt werden, um dadurch Fäulnis zu verhüten. Gedüngt wird in die Blattrosette.

Vermehrung

Vegetative und generative Vermehrung sind bei diesen Pflanzen möglich. Die vegetative bietet sich geradezu an, weil die vielen epiphytischen Bromelien Ableger bilden, die nur zu entfernen und einzeln neu einzutopfen sind. Die terrestrischen Arten werden am Beginn der Wachstumsperiode geteilt und auf diese Weise vermehrt.

Ableger der Epiphyten

Viele epiphytische Arten sterben nach dem Abblühen, in der Natur nach dem Fruktifizieren, ab, sie sind monocarp, also einmal fruchtend, nicht ohne vor dem Blühen rings um sich Jungpflanzen, »Kindel«, gebildet zu haben. Haben diese ca. ein Drittel der Größe der Mutterpflanze erreicht, werden sie mit der Hand oder einem scharfen Messer dicht an der alten Pflanze abgetrennt, und gerade nur so tief eingetopft, daß sie fest stehen (siehe »Epiphyten als Topfpflanzen«, S. 436); man stellt sie leicht beschattet bei 21°C auf und besprüht sie täglich mit temperiertem Wasser, um dadurch die Wurzelbildung anzuregen.

Ableger von nichtmonocarpen Arten behandelt man ebenso. Falls sie keine Wurzeln haben, umgibt man den Grund der Ableger mit etwas Sphagnum.

Ableger von terrestrischen Arten

Einige terrestrische Arten, zum Beispiel aus den Gattungen *Ananas* und *Hechtia*, haben einen Wurzelstock mit Ausläufern, die auch Ableger bilden. Bei Wachstumsbeginn topft man die Pflanzen aus, trennt die Jungpflanzen ab und gibt sie in eine Erdmischung aus zerkleinertem Torf, Laubkompost und scharfem Sand, und zwar im Verhältnis 1:1:3.

Vermehrung durch Aussaat

Bei den meisten Bromelienarten ist Vermehrung durch Aussaat möglich. Die Samen keimen leicht, nur verlieren sie ihre Keimkraft rasch; sie müssen deshalb immer frisch sein.

Eine wenig bekannte Methode ist das Säen von Tillandsien auf ein Bündel Koniferenzweige, z.B. auf Thuja. Gleich lange Zweige werden zusammengebunden, mit Sphagnum umwickelt und mit Bast befestigt; man streut den Samen dünn und gleichmäßig über das Bündel und hängt es senkrecht an einem luftigen, aber nicht zugigen Platz bei 27°C auf. Bei gleichbleibender Temperatur und täglichem Besprühen werden die Samen nach drei oder vier Wochen keimen. Sind die Sämlingspflanzen groß genug, kommen sie auf die passende Unterlage.

VERMEHRUNG DURCH AUSSAAT

1 *Zwischen Thujazweige durchfeuchtetes Sphagnum legen, die Zweige mit Bast oder Draht zu einem Bündel binden.*

2 *Die Samen dünn und gleichmäßig über das Bündel streuen, wo sie im Moos leicht haften.*

3 *Das Bündel senkrecht aufhängen (siehe Nebenbild) und durch regelmäßiges Besprühen feucht halten.*

VERMEHRUNG DURCH ABLEGER

1 *Haben die Ableger ca. ein Drittel der Größe der Mutterpflanze erreicht, werden sie mit einem Messer abgetrennt (hier* Aechmea*); Wurzeln schonen.*

2 *Jeden Ableger einzeln in eine Mischung aus zerkleinertem Torf, gut kompostierter Lauberde und scharfem Sand nur so tief einsetzen, daß er fest steht.*

Bodenvorbereitung und Pflanzung

VORAUSSETZUNG für den Erfolg sind kräftige, gesunde, für die jeweiligen Raumbedingungen geeignete Pflanzen. Da Topfpflanzen nur wenig Erde zur Verfügung haben, muß geeignetes Substrat verwendet und dessen Nährstoffgehalt durch Düngen erhalten werden.

Pflanzenkauf

Zimmerpflanzen werden meist in Töpfen angeboten. Achten Sie darauf, daß Sie möglichst frisch gelieferte Pflanzen kaufen. Jede Pflanze sollte mit Namen und Pflegehinweisen versehen sein.

Nehmen Sie robuste Pflanzen mit kräftigen Trieben, gesundem Laub und wüchsigen Vegetationspunkten; schwacher Wuchs, abgestorbene Triebe oder verfärbtes, welkes Laub sind Krankheitszeichen. Jüngere Pflanzen passen sich neuen Bedingungen leichter an. Kaufen Sie keine Pflanzen, die im Topf festsitzen oder mit trockenem, bemoostem Substrat; diese haben zuwenig Nährstoffe erhalten und erholen sich kaum noch. Achten Sie darauf, daß Vegetationspunkte und Blätter frei von Schädlingen und Krankheiten sind.

Blütenpflanzen sollten viele Knospen haben, die gerade erst Farbe annehmen. Kletterpflanzen müssen richtig geschnitten und erzogen sein. Kaufen Sie im Winter keine tropischen Pflanzen, die unter plötzlichen Temperaturschwankungen gelitten haben könnten.

AUSWAHL EINER ZIMMERPFLANZE

Standort

Plazieren Sie die Pflanzen entsprechend ihrem Wärme-, Luftfeuchtigkeits- und Lichtbedarf. Blühende Zimmerpflanzen subtropischen oder tropischen Ursprungs blühen schlecht oder gar nicht, wenn sie zu kühl oder dunkel stehen, während viele Blattpflanzen kühle, schattige Bereiche tolerieren. Kakteen brauchen helle, luftige und trockene Bedingungen; Pflanzen wie *Begonia rex* benötigen höhere Luftfeuchtigkeit. Wenn die Bedingungen in Ihrer Wohnung für eine bestimmte Pflanze nicht geeignet sind, kommt vielleicht eine andere Sorte derselben Gattung in Frage.

Topfsubstrate

Verwenden Sie für Zimmerpflanzen stets hochwertige Substrate. Meist eignen sich die auf Lehmbasis, da sie auf Dauer mehr Nährstoffe enthalten, langsamer austrocknen und leichter zu befeuchten sind als solche auf Torfbasis. Sie sind schwerer und bieten großen Pflanzen mehr Halt.

Substrate auf Torfbasis werden oft für kurzlebige Pflanzen wie *Primula malacoides* verwendet. Sie enthalten weniger Nährstoffe und müssen sorgfältig gedüngt werden; auch verlieren sie ihre Struktur, es entstehen Probleme bei Durchlüftung und Wässern.

Kalkfliehende Pflanzen wie Kamelien brauchen kalkfreies oder Rhododendronsubstrat. Auch andere Pflanzengruppen wie die Orchideen (siehe S. 442-445) verlangen spezielle Erden (siehe DER BODEN UND SEINE DÜNGUNG, S. 533-534).

Pflanzengruppen

Pflanzen sind leichter zu pflegen, wenn man sie zu Gruppen mit ähnlichen Ansprüchen bezüglich Wasser, Luftfeuchtigkeit, Temperatur und

Stützen

Für Zimmerpflanzen gibt es ganz verschiedene Stützen; sie müssen der Wuchsart, der Wachstumsgeschwindigkeit und endgültigen Größe der Pflanzen entsprechen.

Pflanzen mit Luftwurzeln wachsen gut an einer Moossäule hoch; binden Sie die Triebe fest, bis die Wurzeln sich festhaken; halten Sie das Moos durch Besprühen feucht. Kletterpflanzen mit mehreren Trieben können an Drahtringen erzogen werden. Nehmen Sie je nach Wüchsigkeit der Pflanze einen oder mehrere Ringe. Eine Ballonform mit bis zu acht Ringen sieht hübsch aus und sorgt für gute Belüftung und Lichteinfall.

Viele Kletterpflanzen halten sich durch Windesprosse, Blattstiele oder Ranken fest und wachsen leicht an Bambusstäben hoch; anfangs müssen sie festgebunden werden. Einstämmige Pflanzen brauchen nur einen Bambusstab, den man vor der Pflanzung hineinsteckt (siehe S. 472).

MOOSSÄULE
Legen Sie die Triebe mit Luftwurzeln um eine Säule, und befestigen Sie sie am Moos.

DRAHTRING
Stecken Sie die Drahtringe in das Substrat, und führen Sie die Triebe daran entlang. Binden Sie sie regelmäßig fest, und fügen Sie eventuell neue Ringe hinzu.

STÜTZE
Stecken Sie vor der Pflanzung einen Bambusstab ins Substrat. Befestigen Sie den Stamm daran.

DREIBEIN AUS BAMBUS
Machen Sie die Triebe oder Ranken der Kletterpflanze fest, damit sie um die Stäbe wachsen.

Licht zusammenfaßt. Werden Sie in ein einziges, großes Gefäß gesetzt, muß auch das Substrat allen entsprechen. Für Langzeitarrangements wählt man Pflanzen mit ähnlicher Wuchsgeschwindigkeit, damit empfindliche Exemplare nicht von wüchsigeren Nachbarn verdrängt werden.

Topfpflanzen einschlagen
In großen Behältern können die Pflanzen auch in Einzeltöpfen in wasserspeicherndem Material, z.B. Blähton, eingeschlagen werden, wodurch der Wasserverlust reduziert und die Luftfeuchtigkeit in diesem Bereich erhöht wird. (Ton kann bis zu 40 Prozent seines Eigengewichts Wasser aufnehmen, verwenden Sie also ein wasserdichtes Übergefäß.) Jede nicht mehr so schöne oder zu große Pflanze ist leicht zu entfernen. Oder man teilt sie (siehe »Vermehrung durch Teilung«, S. 451) und pflanzt sie neu.

Auch Kokosfaser, Rindenmulch und Torf werden zum Einschlagen verwendet, Pflanzen, die darin wurzeln, sind allerdings schwer zu entfernen. Torf wird durch übermäßiges Wässern staunaß und läßt die Wurzeln verfaulen. Wann die Pflanzen Wasser brauchen, läßt sich bei Töpfen mit Wasserreservoir und Schwimmstab leicht feststellen.

Bepflanzen eines Hängekorbs

Für Balkon, Wintergarten oder Gewächshaus verwendet man kunststoffummantelte Drahtkörbe aus 5-cm-Maschendraht. Setzen Sie die Pflanzen von den Seiten so hinein, daß eine Kugel aus Blüten und Laub entsteht. Im Haus, wo Tropfwasser vermieden werden sollte, verwendet man feste Gefäße mit eingebautem Wasserreservoir oder gebraucht ein Übergefäß ohne Abzugslöcher. Wässern Sie in diesem Fall vorsichtig, um Staunässe zu vermeiden.

Setzen Sie das Gefäß zum Bepflanzen auf einen Eimer oder großen Topf. Drahtkörbe trocknen sehr rasch aus, eine Schicht aus grünem Steckschaum oder Kunststoffolie reduziert den Feuchtigkeitsverlust. Sie sieht zunächst nicht schön aus, wird aber von den wachsenden Pflanzen rasch kaschiert. Oder Sie legen den Korb mit Sphagnum aus; eine Untertasse zwischen Moos und Substrat bildet ein kleines Feuchtigkeitsreservoir. Geeignet sind Vielzwecksubstrate auf Lehm- oder Torfbasis, Lehmsubstrate lassen sich leichter wiederbefeuchten.

Bepflanzen Sie den Korb etappenweise von unten nach oben. Schnei-

PFLANZEN IN EINEN GROSSEN BEHÄLTER EINSCHLAGEN

Füllen Sie den Behälter etwa zur Hälfte mit Blähton, und setzen Sie die Pflanzen in den Töpfen an die Oberfläche. Füllen Sie zwischen den Töpfen mit Blähton auf, bis jeder bis zum Rand eingeschlagen ist.

WIE BEPFLANZT MAN EINE BLUMENAMPEL

1 Geben Sie unten in den Korb eine dichte, ca. 3 cm dicke Schicht aus feuchtem Sphagnum. Darüber kommt ca. 5 cm feuchte, lehmige Topferde; gut andrücken.

2 Führen Sie die Wurzelballen der Pflanzen von außen durch den Korb, so daß der Ballen mit dem Substrat abschließt. Geben Sie Substrat um die Wurzeln, und drücken Sie an.

3 Füllen Sie weiter Sphagnum und Substrat ein, und setzen Sie in verschiedenen Höhen Pflanzen hinein. Drücken Sie immer wieder an, bis das Substrat 2,5-5 cm unter den Rand reicht.

4 Legen Sie den oberen Rand mit Sphagnum aus. Setzen Sie oben Pflanzen mit aufrechtem Wuchs hinein. Geben Sie Substrat zu, und drücken Sie es an, so daß es zur Mitte hin leicht abfällt.

5 Wässern Sie den bepflanzten Korb gründlich. Geben Sie ihn für 4-6 Wochen ins Treibhaus. Frostempfindliche Pflanzen dürfen erst ins Freie, wenn keine Frostgefahr mehr besteht. Dann hängt man die Ampel an eine stabile Stütze.

Empfohlene Pflanzen für Terrarien

Acorus gramineus 'Pusillus'
Adiantum raddianum ❋
Asparagus densiflorus 'Sprengeri' ❋
Asplenium nidus ❋
Begonia 'Tiger Paws' ❋
Callisia ❋
Chamaedorea elegans ❋
Cissus discolor ❋
Codiaeum ❋
Cryptanthus acaulis ❋, *C. bivittatus* ❋, *C. bromelioides* ❋, *C. zonatus* ❋
Dracaena sanderiana ❋
Episcia ❋
Ficus pumila ❋
Fittonia verschaffeltii ❋
Hedera (Minipflanzen)
Hypoestes phyllostachya ❋
Maranta leuconeura ❋
Nertera granadensis
Pellaea rotundifolia ❋
Pellionia daveauana ❋
Peperomia caperata ❋
Pilea cadierei ❋, *P. spruceana* ❋
Plectranthus oertendahlii ❋
Pteris cretica ❋
Saintpaulia (Minipflanzen) ❋
Sansevieria trifasciata 'Hahnii' ❋
Schefflera elegantissima (Sämlinge) ❋
Selaginella ❋
Soleirolia soleirolii
Strobilanthes dyerianus ❋
Syngonium hoffmannii ❋
Tradescantia cerinthoides ❋, *T. fluminensis* ❋, *T. spathacea* ❋

Fittonia verschaffeltii

den Sie die Folie eventuell ein, um von der Seite Pflanzen hineinzusetzen; die Pflanzen werden dabei oben schützend mit Papier umwickelt. Bepflanzte Körbe sind schwer, Ketten, die sie tragen, und Haken müssen daher stark und robust sein. Durch eine Kardanaufhängung wird der Korb drehbar, wodurch die Pflanze gleichmäßig viel Licht erhält.

Pflanzen im Terrarium

Vor der Bepflanzung wird das Terrarium gründlich gesäubert, denn in abgeschlossenen, feuchten Räumen treten häufig Algen und Pilzkrankheiten auf. Nehmen Sie ein paar hohe, aufrechte und einige kleinere, kriechende Pflanzen, und überlegen Sie sich zuvor die Anordnung.

Da ein Terrarium ein abgeschlossenes System ist, muß es eine Schicht Drainagematerial enthalten, z.B. Blähton oder Kies sowie etwas Holzkohle, die entstehende Gase absorbiert und das Substrat frisch hält. Das beste Pflanzsubstrat ist leichte, gut durchlässige, die Feuchtigkeit haltende Topferde. Zur besseren Belüftung kann Torf beigegeben werden.

Setzen Sie junge Pflanzen mit gesundem Wurzelsystem ein, die noch klein sind, so daß sie sich leicht in der dünnen Substratschicht etablieren können. Sie werden vor der Pflanzung gründlich durchfeuchtet; abgestorbenes Laub wird entfernt. Setzen Sie die Pflanzen so ins Substrat, daß sie noch Platz zum Wachsen haben. Kann man in das Terrarium mit der Hand nicht hinein, befestigt man das Pflanzholz an einem Stab und einen Korken zum Andrücken an einem andern. Leere Flächen werden mit Moos oder Kieseln bedeckt, damit das Substrat nicht austrocknet.

Ein eingewachsenes Terrarium muß kaum noch gewässert werden (siehe S. 447). Beschlägt das Glas, lüftet man ein wenig, bis sich morgens nur noch eine ganz feine Kondensschicht zeigt.

Bepflanzen eines Terrariums

1 Höhere Pflanzen werden entweder im Hintergrund oder in der Mitte untergebracht, je nachdem, ob man das Terrarium von vorn oder allen Seiten anschaut. Folgende Pflanzen wurden hier verwendet:

2 Bedecken Sie den Boden des Terrariums 2,5-5 cm dick mit Kieseln und einigen Holzkohlestückchen. Darüber kommen 2,5 cm feuchte Topferde.

3 Nehmen Sie die Pflanzen aus dem Topf, schütteln Sie lockere Erde ab. Ziehen Sie vorsichtig die Wurzeln aus dem Ballen, damit die Pflanze leichter anwächst.

4 Machen Sie mit einem Pflanzholz Löcher, in die Sie die Pflanzen mit etwas Abstand für weiteres Wachstum setzen.

5 Geben Sie noch feuchtes Substrat zwischen die Pflanzen, und drücken Sie die Oberfläche mit einem Korken am Stiel an.

6 Geben Sie mit einer Pinzette Moos (oder Kiesel) auf kahle Stellen zwischen den Pflanzen. So kann das Substrat nicht austrocknen.

7 Besprühen Sie Pflanzen und Moos mit Wasser, und legen Sie den Deckel auf. Das Terrarium ist fertig.

KULTUR IN EINEM BANKBEET

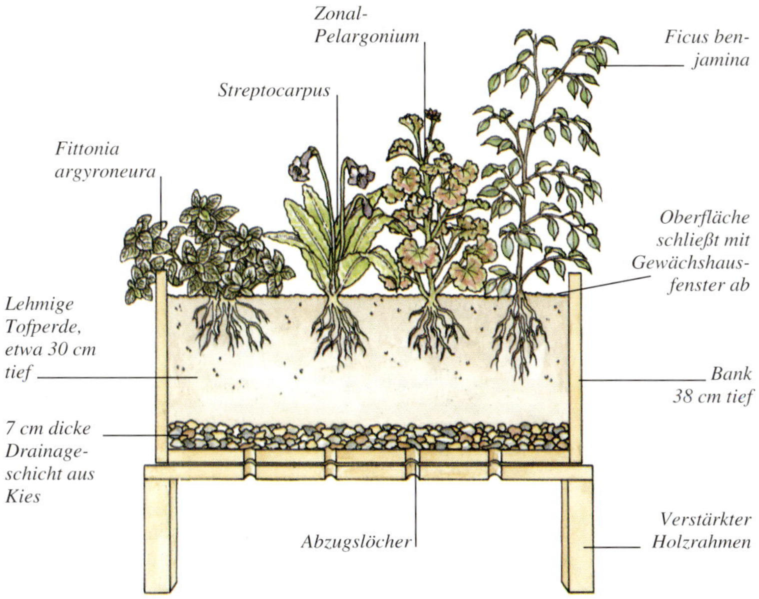

Geben Sie vor der Pflanzung eine Drainageschicht unten ins Bankbeet, und füllen Sie es mit lehmiger Topferde auf. Setzen Sie eine hübsche Gruppe von Zierpflanzen hinein.

Bodenvorbereitung und Pflanzung im Gewächshaus

Im Wintergarten oder im Gewächshaus lassen sich die Bedingungen regeln, deshalb kann man dort auch bei gemäßigtem oder kühlem Klima viel mehr Pflanzen kultivieren.

Boden- und Bankbeete

Zierpflanzen können im Wintergarten oder Gewächshaus in Töpfen, aber auch in Rabatten am Boden gezogen werden, darunter Kletterpflanzen und Sträucher. Bei einem neuen Wintergarten überlegt man bereits in der Planungsphase, ob Grundbeete benötigt werden. Erhöhte Grundbeete mit guter Drainage bieten ein besonders hübsches Bild. Sie müssen gut vorbereitet werden, da die Zierpflanzen mehrere Jahre darin bleiben. Das geschieht ca. 4 Wochen vor der Pflanzung, damit sich die Erde setzen kann. Die Beete brauchen auf einer Drainageschicht von 8-15 cm mindestens 30-45 cm guten Boden.

Bankbeete sind meist hüfthohe, auf stützenden Säulen oder Gerüsten erhöhte Beete von geringer Tiefe, die sich gut zur Vermehrung und Anzucht von Pflanzen und für spezielle Pflanzengruppen eignen. Sie sind ideal für kleine Pflanzen und können mit Heizkabeln, Sprühnebeleinheiten (siehe S. 488) und automatischer Bewässerung (siehe S. 485) ausgerüstet werden. Nützen Sie das einfallende Licht optimal.

Bankbeete werden meist aus Aluminium oder Holz hergestellt und mit Maschendraht oder perforiertem Kunststoff ausgelegt. Sie sollten mindestens 15-22 cm tief und zur Erleichterung der Pflegearbeiten nicht breiter als 1 m sein. 7 cm Drainagematerial reichen aus.

Substrate für Gewächshäuser

Verwenden Sie für Grundbeete gut durchlässiges Substrat auf Lehmbasis, das mit organischem Material in einer Dosis von etwa 10 l/m² angereichert ist. Gartenerde sollte immer sterilisiert sein, denn sie könnte sonst Schädlinge, Krankheiten und Unkräuter enthalten.

Verwenden Sie im Treibhaus generell lehmige Substrate, da sie eigene Nährstoffe und Spurenelemente enthalten, die sich nicht so leicht auswaschen wie bei weniger nährstoffreichem Torfsubstrat; lehmige Substrate sind außerdem leichter wiederzubefeuchten.

Wichtig ist, daß für spezielle Zwekke und für Pflanzengruppen mit speziellen Bedürfnissen das richtige Substrat gewählt wird. Die meisten Topfpflanzen brauchen hochwertiges, lehmiges Substrat von guter Durchlässigkeit und etwa neutralem pH-Wert. Tropische Pflanzen ziehen humose, laubhaltige Erden vor, arbeiten Sie also zusätzlich Laubkompost in das Substrat, bevor Sie Töpfe oder Gefäße damit füllen. Die meisten Farne, Eriken und viele Lilien *(Lilium)* brauchen Rhododendronerde, ebenso Hortensien, damit sie statt rosa Blüten blaue hervorbringen.

Bepflanzen eines Flaschengartens

Flaschengärten sind eine interessante Möglichkeit, sehr kleine, langsamwachsende Pflanzen in einem abgeschlossenen Mikroklima zu ziehen. Geeignet sind viele der kleineren Pflanzen für Terrarien (siehe »Empfehlenswerte Pflanzen für Terrarien«, S. 440).

Geeignet ist jede saubere, farblose oder leicht getönte Glasflasche, sofern der Hals breit genug ist, um die Pflanzen einzuführen. Kann man mit der Hand nicht hinein, bastelt man sich für Pflanzung und laufende Pflege kleine Werkzeuge aus Stäben, Drahtschlaufen und allerlei Haushaltsgerät wie Kuchengabeln oder Teelöffeln.

Mit Hilfe eines breiten Trichters oder einer Papprolle füllt man eine 3 cm dicke Drainageschicht aus Blähton in die Flasche und gibt eine Handvoll Holzkohle dazu, damit das Substrat nicht sauer wird. Darüber kommen 5-7 cm feuchtes Topfsubstrat auf Torfbasis. Ist die Flasche von vorn zu sehen, sollte das Substrat nach hinten ansteigen. Betrachtet man sie von allen Seiten, wird es glattgezogen.

Bepflanzt wird vom Rand zur Mitte. Nehmen Sie die Pflanzen aus den Töpfen, und schütteln Sie überschüssige Erde ab. Setzen Sie sie vorsichtig mit einer Pinzette, Zange oder Drahtschlinge in die Pflanzlöcher. Der Abstand muß gut 3 cm sein, damit die Pflanzen wachsen können. Bedecken Sie die Wurzeln mit Substrat, und drükken Sie es mit einem Korken an.

Gießen Sie langsam einen Becher Wasser über die Innenwände der Flasche, damit die Erde durchfeuchtet wird, und decken Sie leere Stellen mit Sphagnum ab. Säubern Sie die Innenseite des Glases mit einem Schwamm an einem Stab oder festen Draht. Bleibt der Flaschengarten nach der Pflanzung unverschlossen, muß gelegentlich gewässert werden.

Zierpflanzen in Rabatten bekommen jedes Jahr im Frühling ausgewogenen Dünger in einer Dosierung von 85 g/m² und eine Mulchschicht aus verrottetem Kompost, damit sie zufriedenstellend wachsen. Muß die Pflanzung nach einigen Jahren erneuert werden, vermehrt man die Pflanzen und entfernt sie danach. Geben Sie gut verrotteten Kompost oder Dünger sowie Langzeitdünger oder eine Grunddüngung in die Erde, bevor Sie neu pflanzen.

Bei Zierpflanzen werden die Beete selten so stark von Schädlingen oder Krankheiten befallen, daß die Erde ausgewechselt oder sterilisiert werden muß. Nutzpflanzen zieht man besser in Pflanzsäcken oder -gefäßen, bei denen man die Erde einfach wegwirft, wenn Probleme auftreten. Achten Sie stets darauf, daß Gefäße mit Abzugslöchern nicht in Berührung mit der Erde in den Rabatten kommen. So können Schädlinge und Krankheiten nicht übertragen werden.

Pflanzung

Wählen Sie Pflanzen, die im gegebenen Temperaturbereich gut wachsen (siehe »Verzeichnis der Zimmerpflanzen«, S. 435). Zwischen den Zier- oder Nutzpflanzen muß genügend Abstand sein, damit die Luft frei zirkulieren kann und die Ausbreitung von Schädlingen und Krankheiten verhindert wird. Setzen Sie die Pflanzen so, daß sie ein Maximum an Licht und Luft erhalten.

Orchideen

Zur Familie der Orchideen zählen ca. 750 Gattungen, an die 20.000 Arten und Tausende Hybriden. Dank ihrer exotischen und betörenden Blüten sind diese Pflanzen für geschlossene Räume sehr begehrt, obwohl es wunderschöne Erdorchideen gibt, die auch winterhart sind. Da die Auswahl groß ist, sollte man sich auf jene beschränken, deren Bedürfnisse man erfüllen kann.

Terrestrische Orchideen

Diese Orchideen unterschiedlicher Herkunft wachsen auf dem Erdboden. Die aus kühlen und temperierten Gegenden sterben nach der Blüte langsam ab und überwintern als Knollen oder andere unterirdische Speicherorgane. Diese winterharten oder halbharten Erdorchideen treiben unzählige, winzige Blüten an langen Stielen und eignen sich v.a. für Steingärten oder Alpinum (siehe S. 214-216). Einige Erdorchideen der Familie *Paphiopedilum* (Frauenschuh) bewohnen den Waldboden wärmerer Regionen. Da sie nie extremer Witterung ausgesetzt sind, bleiben sie immergrün, müssen aber bei uns im Gewächshaus kultiviert werden.

Epiphytische Orchideen

Epiphytische Orchideen sind in Liebhabersammlungen zahlreich vertreten und unterscheiden sich nach Struktur und Wuchsgewohnheit. Sie leben in tropischen Wäldern auf Bäumen.

Orchideen sind keine Schmarotzer oder Parasiten, sondern harmlose Aufsitzer, die sich von Nährsalzen, die der Regen anschwemmt, und vermodernden Pflanzenteilen, die die Wurzeln umgeben, ernähren. Einige Orchideen, sog. Lithophyten, wachsen in ähnlicher Weise auf Steinen. In gemäßigten Klimazonen müssen Epiphyten im Gewächshaus kultiviert werden.

Sympodial und monopodial wachsende Orchideen

Bei den Epiphyten gibt es zwei Wuchsformen, die monopodiale und die sympodiale. Sympodial wachsende Orchideen, wie *Cattleya*- und *Odontoglossum*-Arten und deren Züchtungen, haben kriechende Rhizome. Pro Vegetationsperiode erscheint ein Neutrieb aus dem Auge des letzten Sprosses, der sich zur Pseudobulbe auswächst. Blütenstände sympodial wachsender Arten erscheinen an den unterschiedlichsten Stellen der Pseudobulben, z.B. an der Basis, aber auch seitlich oder an der Bulbenspitze.

Der Stamm monopodial (einachsig) wachsender Orchideen bildet in unregelmäßigen Abständen neue Blätter aus der Spitze. Die aufregendsten Blüten findet man unter den monopodial wachsenden Gattungen, z.B. bei *Phalaenopsis* und *Vanda*. In den tropischen Regionen der Welt beheimatet, finden sie ihren Weg durch das dichte Laubdach der Dschungelvegetation ans Licht. Ihre Blütenstände werden seitlich am Stamm aus den Blattachseln gebildet. Luftwurzeln erscheinen unregelmäßig am Stamm, versorgen die Pflanze mit Nährstoffen und geben ihr zusätzlichen Halt.

Pflanzenauswahl

Als Anfänger wählt man Pflanzen aus einer Orchideengärtnerei. Hier wird man die nötige Beratung und Anleitung erhalten und Pflanzen bekommen, die sich für die Bedingungen v.a. auf der Fensterbank eignen. Orchideenzüchtungen sind in der Regel am leichtesten zu kultivieren und schnellwachsend. Botanische Arten gedeihen in einer ihrem natürlichen Standort nachempfundenen Umgebung am besten. Diese Bedingungen sind nicht immer leicht zu erfüllen.

Empfohlene Orchideen-Sorten

Dendrobium nobile

***Cymbidium* Strath Kanaid**

***Vanda* Rothschildiana**

Paphiopedilum callosum

Cattleya bowringiana

Miltonia candida* var. *grandiflora

Durch den Einsatz technischer Hilfsmittel und der daraus resultierenden Massenproduktion sind heute fast alle Orchideen für jedermann erschwinglich. Preisgekrönte Pflanzen sind teuer, am günstigsten sind Jungpflanzen, die man noch einige Jahre bis zur Blüte liebevoll pflegen muß. Das Ergebnis ist ungewiß, aber vielleicht zieht man sich einen künftigen Preisträger heran.

Kulturanleitung

Die ungewöhnliche Vegetationsform der Epiphyten ist verantwortlich für die herkömmliche Meinung, Orchideen seien schwierige Pfleglinge. Wenn man sich jedoch an ein paar Grundregeln hält, sind die meisten Probleme zu lösen.

Orchideensubstrat

Obwohl die meisten epiphytischen Orchideen in Töpfen kultiviert werden können, sind ihre Wurzeln doch für ein Leben auf Bäumen oder Steinen eingerichtet. Daher erweisen sich die üblichen Substrate als ungeeignet. Orchideenpflanzstoffe müssen wasserdurchlässig sein, da stauende Nässe die empfindlichen Wurzeln zerstören würde. Gut geeignet sind zerkleinerte Kiefern- oder Tannenrindenstückchen. Um eine Übersäuerung zu vermeiden, werden noch andere Materialien zugesetzt. Eine bewährte Mischung wäre z.B. 3 Teile staubfreie, mittelgroße Rindenstückchen, 1 Teil grober Blähton oder Kiesel, 1 Teil Holzkohlestücke, 1 Teil getrocknetes Laub oder faserreicher Torf. Solche Mixturen sind in Orchideengärtnereien erhältlich. Erdorchideen benötigen ein durchlässigeres Substrat als die meisten anderen Pflanzen. Am günstigsten ist ein Gemisch aus 3 Teilen fasrigem Torf, 3 Teilen Grit, 1 Teil Blähton und 1 Teil Holzkohle.

Umpflanzen

Sobald die Pflanze den Topf ausfüllt, muß umgepflanzt werden. Bei der Wahl des neuen Gefäßes sollte eine ca. 2jährige Wachstumsperiode berücksichtigt werden. Das

Substrate für epiphytische Orchideen

Diese verschiedenen Anteile ergeben ein ideales Gemisch. Rinde und Torf erhalten die Feuchtigkeit, Grit fördert die Drainage, während Holzkohle die Übersäuerung verhindert.

Wurzelsystem muß gut hineinpassen, ohne zuviel Spielraum zu lassen, da sonst eine Stagnation des Wachstums eintreten kann. Für eine gute Drainage wird das untere Viertel des Topfes mit Grit oder Tonscherben gefüllt. Das zusätzliche Gewicht verhindert, daß Plastiktöpfe umkippen. Die Pflanzhöhe sollte knapp unter dem Topfrand liegen. Vorsichtig wird das möglichst trokkene Substrat eingefüllt und festgedrückt und darauf geachtet, daß Neutriebe und Wurzeln nicht abgedeckt bzw. abgebrochen werden. Nach dem Umtopfen wird angegossen, dann sollte die Pflanze, insbesondere sollten die Wurzeln nicht mehr gestört werden.

Manche epiphytischen Orchideen verlangen mehr Luft im Wurzelbereich. Einige treiben ihre Blütenstände geradewegs nach unten, z.B. Arten der Gattung *Stanhopea*. Für diese nimmt man offene Körbe aus Draht oder Holz. Beim Umtopfen sympodial wachsender Orchideen kann man zwecks Vermehrung die letzten 3 blattlosen Pseudobulben (Rückbulben) entfernen. Dieses Rückstück wird mit der ältesten Bulbe an den Topfrand gepflanzt, so bleibt genügend Raum für den Neutrieb.

Das Aufbinden von Orchideen
Viele Orchideen bringen lange Blütenstände mit großen, schweren Blüten hervor, die aufgebunden oder gestützt werden müssen. Draht- oder Holzstäbe werden beim Erscheinen des Blütentriebs angebracht. Diese einmal eingenommene Wuchsrichtung sollte nun nicht mehr verändert werden.

Das Aufpflanzen von Orchideen
Orchideen, die sich in Pflanzgefäßen nicht wohlfühlen, sollten auf Baumfarnbrettchen oder Korkeichenrinde aufgepflanzt werden. Die Wurzeln werden mit Sphagnum umgeben (bei Baumfarnbrettchen nicht erforderlich) und mit einer Nylonschnur festgebunden. Diese Art des Kultivierens verlangt nach ständiger Luftfeuchte, eventuell durch Einnebeln. Bald zeigen sich neue Luftwurzeln, die die Pflanze auf der Unterlage verankern.

Laufende Pflege

Um Orchideen erfolgreich zu kultivieren, müssen die Bedürfnisse der unterschiedlichen Gattungen berücksichtigt werden.

Temperaturen
Winterharte, terrestrisch wachsende Orchideen, z.B. *Cypripedium*, können in Steingärten oder Alpinum untergebracht werden. Andere, die als bedingt winterhart gelten, können in ungeheizten Räumen milder Regionen gehalten werden. Zu dieser Gruppe zählen u.a. *Pleione* und *Bletilla*, die frostfrei überwintern müssen.

Im kühlen Gewächshaus, das im Winter Nachttemperaturen von 10°C aufweist, trifft man viele verschiedene Orchideen der Gattungen *Brassia*, *Coelogyne*, *Cymbidium*, *Dendrobium*, *Laelia*, *Odontoglossum*, *Oncidium*, *Paphiopedilum* und deren Züchtungen.

Das temperierte Gewächshaus mit Nachttemperaturen von 13-15°C im Winter bietet gute Bedingungen für *Cattleya* und nahe Verwandte, *Odontoglossum* und *Paphiopedilum*, deren Hybriden und viele andere schöne Orchideen.

Die Minimumtemperatur im Warmhaus beträgt in Winternächten 18°C. Das sind ideale Bedingungen für Arten und Züchtungen der Gattungen *Phalaenopsis* und *Vanda* sowie deren Verwandte. Außerdem sind wärmeliebende Dendrobien und ihre Züchtungen sowie eine Reihe anderer Orchideen der heißen und luftfeuchten tropischen und subtropischen Niederungen hier am besten aufgehoben.

Gießen und Luftfeuchtigkeit
Sicherlich sind dies die wichtigsten Faktoren für eine Orchideenkultur. Man sollte oft genug gießen, um das Austrocknen der Pflanzen zu verhindern, aber niemals dürfen die Pflanzen stauender Nässe ausgesetzt sein. Als Regel gilt: 1-2 mal wöchentlich gießen. Ausnahmen bilden die Sommermonate, in denen u.U. tägliches Gießen erforderlich ist, während im kalten Winter Wassergaben alle 2-3 Wochen genügen. Am besten geeignet ist abgestandenes Regenwasser, aber trinkbares Leitungswasser ist auch akzeptabel.

Man sollte immer am frühen Morgen gießen, damit die Blätter bald abtrocknen können. Schnell sind nasse Blätter verbrannt, wenn sie der Sonne ausgesetzt werden. Das Substrat sollte gleichmäßig feucht, bis zum nächsten Gießvorgang aber nahezu abgetrocknet sein. Während der Vegetationszeit benötigen Orchideen viel Luftfeuchtigkeit. Um dies zu erreichen, werden früh am Morgen Wege, Bänke und

WIE EPIPHYTISCHE ORCHIDEEN WIRKEN

Die meisten epiphytischen Orchideen eignen sich für Topfkultur, gedeihen aber auch in Körben oder auf Holzbrettchen aufgebunden. Sie benötigen konstante Luftfeuchtigkeit.

TOPFKULTUR
Der Topf sollte den Zuwachs von 2 Jahren aufnehmen. Das untere Viertel wird mit Tontopfscherben oder Kieseln gefüllt, das Substrat fest um die Wurzeln gedrückt (hier Zygopetalum mackayi).

ORCHIDEENKÖRBE
Der Korb wird mit Sphagnum ausgelegt, die Pflanze in Orchideensubstrat gepflanzt. Die Blütenstände mancher Orchideen (hier Stanhopea tigrina) *treiben durch das Substrat nach unten.*

KULTUR AUF HOLZBRETTCHEN
Die Wurzeln werden mit feuchtem Moos umgeben, die Pflanze mit einer Nylonschnur befestigt (Dendrobium *'Happiness'*).

Platten oder das Erdreich im Gewächshaus kräftig gegossen. Mit aufsteigender Sonne entwickelt sich sodann die benötigte Luftfeuchte. Nur an kühlen, regnerischen Tagen wird dieser Prozeß unterbrochen. Allerdings könnte bei eingeschalteter Heizung das Gewächshaus zu trocken werden und das Einnebeln trotz Kälte erforderlich machen.

Werden Orchideen auf der Fensterbank kultiviert, sollten nur Arten ausgewählt werden, die auch bei niedriger Luftfeuchtigkeit gedeihen. Auch hier ist es ratsam, Pflanzengemeinschaften in Orchideenschalen zusammenzustellen, um ein günstiges Mikroklima zu schaffen. Aus den mit Blähton und Wasser gefüllten Schalen steigt Feuchtigkeit auf und verhindert das Austrocknen der Pflanzen.

Düngergaben

Da moderne Orchideensubstrate wenig Nährstoffe enthalten, müssen Orchideen während der Vegetationsperiode gedüngt werden. Am besten eignet sich flüssiger Dünger, der dem Gießwasser beigemischt wird. Jeder gängige Zimmerpflanzendünger kann verwendet werden. Da Orchideen »kleine Esser« sind, empfiehlt es sich, die vom Hersteller angegebenen Düngemengen um die Hälfte zu reduzieren. In der Vegetationszeit, von Frühling bis Herbst, wird alle 3 Wochen gedüngt, während der Wintermonate alle 6 Wochen, falls dies überhaupt erforderlich ist.

Luftbewegung

Die meisten Orchideen, v.a. die beliebten Arten des kühlen Gewächshauses, benötigen ständige Luftbewegung. Sie darf aber nicht mit kalter Zugluft verwechselt werden, die verlangsamtes Wachstum sowie Knospenabwurf zur Folge haben kann. Die Lüftungsschlitze sollten an kühlen, sonnigen Frühlingstagen nur teilweise geöffnet sein, und am Nachmittag, bei fallenden Temperaturen, sich schließen. Sobald die Tage wärmer werden, läßt man die Lüftungsklappen weiter und länger offen. Durch geöffnete Klappen geht die Luftfeuchtigkeit allerdings schnell verloren, und mehrmaliges Nebeln der Pflanzen und Gießen des Bodens wird erforderlich.

Schattieren

Obwohl Orchideen unterschiedliche Ansprüche an Licht und Schatten stellen, vom schattenliebenden *Paphiopedilum* bis hin zu den Sonnenanbetern, den Laelien und deren Hybriden, wird man immer etwas schattieren müssen, um empfindliche Neutriebe vor der brennenden Sonne, und das Gewächshaus vor Überhitzung zu schützen. Am billigsten dürfte weißer Gewächshausanstrich sein, da er die Sonnenstrahlen reflektiert. An trüben Regentagen wird Weiß (anders als Grün) fast transparent und somit lichtdurchlässig. Effektiver, aber teurer, sind automatische oder manuell bedienbare Jalousien aus Holzleisten oder Kunststoff.

Ruhezeiten

Die Ruhezeit nach abgeschlossener Wachstumsphase ist ein wichtiger Teil des »Lebenszyklus« vieler Orchideen. Mit Ausnahme der durchzukultivierenden Arten ruhen manche Orchideen während dieser Zeit lediglich 3 Wochen, andere einige Monate. Jetzt werden, wenn überhaupt, nur kleinste Mengen Wasser benötigt, um das Schrumpfen von Bulben und Blättern zu verhindern.

Obwohl die Bedürfnisse der Orchideen sehr verschieden sind, kann man sagen, daß Arten, die ihre Blätter abwerfen, bis zum Erscheinen des Neutriebs völlig trocken gehalten werden. Das Gießen wird allmählich, mit dem Größerwerden des Neutriebs gesteigert. Orchideen, die ihr Blätterkleid behalten, werden in der Ruhezeit nur so wenig gegossen, daß die Pseudobulben und Blätter nicht schrumpfen.

DURCH ADVENTIVPFLÄNZCHEN VERMEHREN

1 Sobald sich aus einem Blattknoten ein Pflänzchen mit Luftwurzeln gebildet hat, trennt man es mit einem scharfen Messer von der Mutterpflanze ab.

2 Der ausgewählte Neutrieb sollte gesunde Blätter und ein regelmäßig entwickeltes Wurzelsystem haben.

3 In einem 5-cm-Topf wird die Jungpflanze in Topfrandhöhe eingesetzt. Die Wurzeln liegen nur knapp unter dem Substrat.

Vermehrung

Für den Orchideenliebhaber ist die vegetative Vermehrung am leichtesten zu erlernen. Auf diese Art und Weise erhält er Pflanzen, die mit der Mutterpflanze identisch sind. Mit anderen Worten: Das Ergebnis ist voraussehbar.

VERMEHRUNG DURCH TRIEBSTECKLINGE

1 Mit einem Messer wird von der Pflanzenbasis oder über einem Blattknoten ein 25 cm langes Stammstück abgeschnitten.

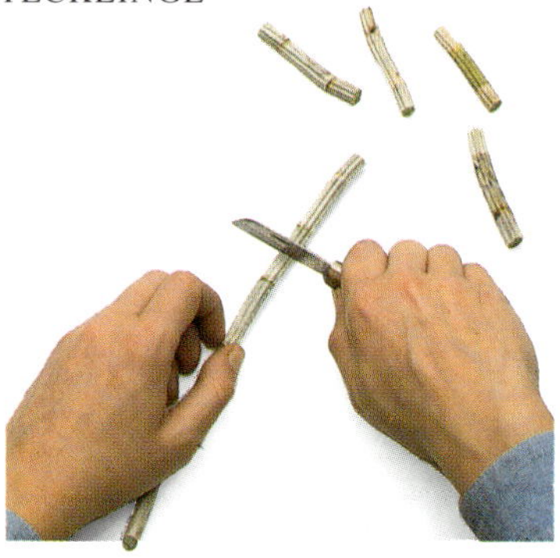

2 Dieses wird in Teile von etwa 7 cm (zwischen den Blattknoten) geschnitten. Jedes Teilstück muß mindestens ein Nodium haben.

3 Die Teilstücke werden in eine Schale mit feuchtem Moos gelegt und kommen an einen luftfeuchten Platz ohne Sonne.

4 Nach einigen Wochen haben sich aus den ruhenden Augen Jungpflanzen entwickelt, die eingepflanzt werden können.

Vermehrung durch Adventivpflanzen

Die einfachste, jedem Orchideenzüchter bekannte Methode ist die Vermehrung durch »Keikis« (Kindel). Diese Jungpflanzen erscheinen an den Nodien monopodial wachsender Orchideen. Unter den sympodial wachsenden bilden einige *Dendrobium-* und *Epidendrum-*Arten mit ihren rohrartigen Pseudobulben auch Kindel. Sobald diese Pflänzchen einige kräftige Luftwurzeln entwickelt haben, werden sie mit einem scharfen Messer von der Mutterpflanze abgetrennt und in Orchideensubstrat gepflanzt. Anfangs gießt man vorsichtig, allerdings sollten die Blätter häufig besprüht werden, bis die Wurzeln sich umgestellt und die Pflanzen sich an die neuen Bedingungen gewöhnt haben.

Stecklinge

Einige der *Dendrobium-* und *Epidendrum-*Arten werden durch Stecklinge vermehrt. Mit einem scharfen Messer schneidet man bis zu 30 cm lange Stammteile, die dann nochmals in 7,5-10 cm große Stücke zurechtgeschnitten werden. Jedes dieser Stücke muß mindestens ein ruhendes Auge haben. Diese Teilstücke legt man auf feuchtes Moos, hält sie schattig und luftfeucht. Sobald die Pflänzchen, die aus den ruhenden Augen treiben, Wurzeln entwickeln, trennt man sie vorsichtig ab und pflanzt sie ein.

Vermehrung durch Teilung

Die Vermehrung sympodial wachsender Orchideen, wie z.B. *Cattleya*, *Cymbidium*, *Odontoglossum*, erfolgt durch Teilung. Das Rhizom zwischen den Pseudobulben wird mit einem scharfen Messer durchtrennt, wobei an jedem Teilstück mindestens 3 gesunde Pseudobulben und ein ruhendes Auge, das den Neutrieb gewährleistet, verbleiben.

Eine andere Form der Vermehrung bieten Rückbulben, z.B. bei *Cymbidien*. Die älteste bewurzelte Bulbe wird vom Rhizom abgetrennt, in Kies, scharfen Sand oder Orchideensubstrat gepflanzt und kühl, schattig und feucht gehalten. Innerhalb von etwa 3 Monaten erscheinen Jungpflanzen, die nach Wurzelbildung eingepflanzt werden.

Kommerzielle Vermehrungstechniken

Die Vermehrung von Orchideen aus Samen erfordert Spezialwissen und technische Hilfsmittel. Aus Samen gezüchtete Orchideen werden unter Laborbedingungen in speziellen Nährlösungen herangezogen. Zuweilen wird auch die Meristemvermehrung angewandt.

Hier werden mikroskopisch kleine Pflanzengewebeteile unter strikter Laborkontrolle zum Wachsen angeregt, um massenweise Duplikate der Mutterpflanze zu erhalten. So können Züchtungen zu vernünftigen Preisen hergestellt werden. Beide Vermehrungstechniken sind nur Labors vorbehalten.

VERMEHRUNG DURCH TEILUNG

1 Sobald eine Pflanze über den Topfrand gewachsen ist und einige blattlose Bulben hat, kann man sie teilen (hier Cymbidium*).*

2 Man nimmt die Orchidee vorsichtig aus dem Topf und durchschneidet das Rhizom. Jedes Stück sollte mindestens 3 gesunde Pseudobulben haben.

3 Bei der Teilung können blattlose, feste Pseudobulben entnommen und separat gepflanzt werden. Vertrocknete Bulben werden weggeworfen.

4 Abgestorbene Wurzeln jedes Teilstücks werden abgeschnitten; das alte Substrat wird aus dem Wurzelwerk vorsichtig entfernt.

5 Die ältesten Pseudobulben hält man in Pflanzhöhe hinten an den Topfrand und verteilt das Substrat gleichmäßig. Das neue Wachstum wird sich vorn im Topf entwickeln.

VERMEHRUNG DURCH RÜCKBULBEN

1 Ausgewählte Rückbulben werden einzeln in 5-cm-Töpfe gepflanzt. Die Bulbe wird an den Topfrand gesetzt, um Platz für den Neutrieb zu haben.

2 In 2-3 Monaten hat sich aus der Rückbulbe ein gesunder Neutrieb entwickelt.

VERMEHRUNG IN FLASCHEN

Unter sterilen Bedingungen gedeihen Meristemkulturen. Mikroskopisch kleine Pflanzengewebeteile werden in Flaschen auf Agar-Agar-Nährböden kultiviert und werden zu Jungpflanzen.

Laufende Pflege

ANDERS als Freilandpflanzen sind Zimmerpflanzen nicht den Extremen der Jahreszeiten ausgesetzt und brauchen daher weniger Pflege. Sie müssen nur gewässert, gedüngt und einmal im Jahr umgetopft werden, damit sie in Schuß bleiben.

Wässern und Luftfeuchtigkeit

Schädlich für Zimmerpflanzen ist übermäßiges Wässern. Im allgemeinen wird gegossen, wenn das Substrat fast trocken ist. Vorsicht bei Kokosfasersubstraten: Sie trocknen an der Oberfläche aus, wenn das Innere noch feucht ist.

Während der Wachstumsphase müssen die Pflanzen häufiger gewässert werden, im Winter seltener – zweimal im Monat oder noch weniger reicht schon. Durchfeuchten Sie das Substrat gründlich, aber lassen Sie den Topf nicht im Wasser stehen. Bei einigen Pflanzen, z.B. dem Alpenveilchen, faulen die Wurzeln leicht; hier stellt man nur die Töpfe in etwas Wasser, bis das Substrat dunkel und feucht ist. Bei hartem Leitungswasser sollte man für kalkfliehende Pflanzen abgekochtes oder Regenwasser verwenden.

Pflanzen in Räumen leiden oft unter schlechter Belüftung und trockener Luft. Erhöhen Sie die Luftfeuchtigkeit, indem Sie Gruppen von Topfpflanzen in Schalen mit feuchtem Kies oder auf Kapillarmatten (siehe S. 448) stellen.

Elektrische und keramische Luftbefeuchter sind überall erhältlich; auch eine Schüssel mit Wasser hilft. Pflanzen, die hohe Luftfeuchtigkeit brauchen, können mit weichem Wasser besprüht werden. Vorsicht bei Pflanzen mit behaarten Blättern!

Sauberkeit

Entfernen Sie abgestorbene Blätter und Blüten sofort, damit keine Krankheiten oder Schädlinge auftreten. Auf den Blättern darf sich kein Staub ansammeln, der die Poren verstopft; säubern Sie die Blätter mit einem weichen Pinsel. Besprühen Sie die Pflanzen ab und zu gründlich, damit sie sauber und frisch bleiben, Kakteen oder Pflanzen mit behaarten Blättern allerdings nur, wenn es so warm ist, daß überschüssiges Wasser verdunstet, damit die Blätter nicht faulen. Verwenden Sie Blattglanz nur bei Pflanzen mit glänzenden Blättern, falls ihn die Art verträgt.

Düngen

Topfpflanzen wachsen in relativ wenig Erde und verbrauchen die Nährstoffe rasch. Durch häufiges Wässern werden die Nährstoffe zusätzlich ausgewaschen, die Pflanzen können also ohne regelmäßige Düngergaben während der Wachstumsperiode nicht leben.

Ausgewogenen Dünger gibt es in verschiedenen Formen: wasserlöslich oder flüssig (sehr praktisch für Zimmerpflanzen), gekörnt oder fest. Halten Sie sich genau an die Anweisungen des Herstellers, und geben Sie Dünger niemals auf trockene Erde, da er sich so nicht gleichmäßig verteilt.

Entspitzen

Viele hängende Zimmerpflanzen sehen besser aus, wenn man frühzeitig die Vegetationsspitze ausknipst, damit sich mehr Seitentriebe bilden. Dadurch wird das Laub dichter und es treiben mehr Blütenknospen. Entspitzt werden die Pflanzen nur während des aktiven Wachstums.

LUFTFEUCHTIGKEIT FÜR TOPFPFLANZEN

Schaffen Sie für Zimmerpflanzen ein angenehmes Mikroklima mit ausreichend Luftfeuchtigkeit. Füllen Sie ein flaches Gefäß locker mit Blähton oder Kies und mit Wasser. Setzen Sie Topfpflanzen darauf. Füllen Sie immer wieder Wasser nach, so daß Kies oder Blähton feucht bleiben.

PFLANZENHYGIENE

GLATTE BLÄTTER REINIGEN
Wischen Sie jedes Blatt (hier panaschierter Ficus elastica*) mit einem sauberen, feuchten Tuch ab.*

ABGESTORBENE BLÄTTER ENTFERNEN
Knipsen Sie abgestorbene Blätter und Triebe am Grund der Pflanze (hier Nephrolepis exaltata*) ab.*

Vernachlässigte Pflanzen

Mit Ausnahme von Orchideen und Palmen bringen alle schwachen Pflanzen gesunden Wuchs hervor, wenn man sie im Vorfrühling radikal auf ein gesundes Auge oder einen Ansatz zurückschneidet. Ein vernachlässigter Farn wird bis auf die Krone zurückgeschnitten; halten Sie den Wurzelballen feucht und mäßig hell, damit das Wachstum einsetzt.

Pflanzen, die leicht wurzeln, werden am besten durch Stecklinge erneuert, andere durch Abmoosen (siehe S. 456). Kümmernde Pflanzen werden umgetopft oder für einige Zeit in ein schattiges Gewächshaus gestellt. Eine zu stark gewässerte Pflanze rettet man, indem man das durchweichte Substrat vom Wurzelballen entfernt, faulende Blätter und Wurzeln abschneidet und die Pflanze in frisches Substrat setzt. Eine zu wenig gewässerte Pflanze wird in einen Topf mit Wasser getaucht, bis keine Luftblasen mehr aufsteigen; lassen Sie das Wasser abtropfen.

Umtopfen und Kopfdüngung

Zimmerpflanzen müssen regelmäßig umgetopft werden, damit sie im neuen Substrat wieder wachsen können. Sitzt eine Pflanze im Topf fest, wächst sie kaum noch und das Wasser fließt sofort durch den Topf ab. Lassen Sie es nicht soweit kommen, damit die Entwicklung der Pflanze ungestört verläuft. Einige wenige, z. B. *Hippeastrum*, stehen gern eng und werden nicht umgetopft.

Beste Zeit zum Umtopfen ist der Beginn einer Wachstumsperiode. Weil raschwachsende Pflanzen oft auch mehrmals in einer Saison umgetopft werden müssen, verspätet sich die Blüte mitunter, da die Pflanze ihre Energie auf das Wurzelwachstum konzentriert. Ruhende Pflanzen werden nicht umgetopft.

ERNEUERN DER OBERSTEN SCHICHT

HIPPEASTRUM

1 *Entfernen Sie mit einem Pflanzholz die obersten 2,5-5 cm des alten Substrats, ohne die Wurzeln zu beschädigen.*

2 *Ersetzen Sie es durch frisches, feuchtes Substrat mit etwas Dünger. Drücken Sie das Substrat um die Krone gut an, und wässern Sie.*

Ein größerer Topf
Der Wurzelballen muß ganz durchfeuchtet sein, damit er aus dem Topf rutscht, ohne daß die Wurzeln leiden. Drehen Sie den Topf um, und lassen Sie die Pflanze in Ihre Hand gleiten. Ist der Topf groß und schwer, fahren Sie mit einem Messer am Innenrand entlang und legen ihn dann auf die Seite. Drehen Sie den Topf unter leichtem Klopfen mit einem Stück Holz, damit sich das Substrat vollständig löst, bevor Sie die Pflanze herausnehmen.

Geben Sie frische Topferde in den neuen Topf, bis die Pflanze so hoch steht wie zuvor und noch ein Gießrand bleibt. Die Wurzeln müssen ausgebreitet, die Pflanze muß in der Mitte sein. Füllen Sie mit Substrat auf. Wässern Sie, aber düngen Sie nun 4-6 Wochen nicht, damit die Pflanze zur Nährstoffsuche neue Wurzeln hervorbringt.

Derselbe Topf
Wenn eine Pflanze bereits im größten Topf und ausgewachsen ist oder sehr langsam wächst, setzt man sie wieder in denselben Topf, aber in frisches Substrat. Nehmen Sie die Pflanze aus dem Topf, und entfernen Sie möglichst viel altes Substrat. Kranke Wurzeln abschneiden.

Kopfdüngung
Pflanzen, die sehr empfindliche Wurzeln haben oder gern eng stehen, topft man nicht um, man ersetzt nur zu Beginn jeder Wachstumsperiode das alte Substrat an der Oberfläche durch frisches, das man mit ausgewogenem Dünger mischt.

Hängekörbe

Körbe müssen sorgfältig gepflegt werden. Lassen Sie das Substrat nie austrocknen. Wässern Sie gründlich; bei sehr warmem Wetter bedeutet das morgens und abends. Welkt die Pflanze, taucht man den Korb in eine große Schüssel mit Wasser.

Geben Sie den Pflanzen regelmäßig ausgewogenen Flüssigdünger. Entfernen Sie verwelkte Blütenköpfe, kürzen Sie überlange Triebe und dünnen Sie unordentlichen, wirren Wuchs aus. Abgestorbene Pflanzen werden entfernt und ersetzt.

Pflege von Terrarien und Flaschengärten

Ein geschlossener Behälter braucht kaum Wasser; wenn nötig, wird mit einer Kanne mit langem Hals so gewässert, daß das Wasser langsam

Umtopfen einer Zimmerpflanze

1 *Eine Stunde vor dem Umtopfen muß der Wurzelballen der Zimmerpflanze (hier* Dracaena sanderiana*) gründlich durchfeuchtet werden. Der neue Topf sollte etwas größer und peinlich sauber sein (durch Waschen, Desinfizieren, oder neu), damit keine Krankheiten übertragen werden. Frisches Topfsubstrat verwenden.*

2 *Den Topf umdrehen und mit dem Rand gegen eine harte Fläche klopfen, damit sich der Wurzelballen löst. Die herausgleitende Pflanze stützen.*

3 *Die Wurzeln vorsichtig mit den Fingern aus dem Ballen ziehen. Feuchte Topferde unten in den neuen Topf geben.*

4 *Die Pflanze so hineinsetzen, daß die Bodenmarke am unteren Ende des Topfrands ist. Bis 1,5 cm vom Rand mit Substrat auffüllen, andrücken, wässern.*

Pflege im Jahreslauf

Sobald die Frostgefahr vorüber ist, schlägt man winterblühende Topfpflanzen in ihren Töpfen für die sommerliche »Ruhepause« im Garten ein. Wählen Sie einen kühlen Ort mit indirektem Licht, und wässern Sie mit weichem (kalkfreiem) Wasser. Ende des Sommers werden sie umgetopft (oder erhalten eine Kopfdüngung), ins Haus gebracht und regelmäßig gedüngt, sobald Knospen erscheinen. Alpenveilchen nach der Blüte nicht wässern, bis neuer Wuchs einsetzt, dann werden alte Wurzeln entfernt, die Pflanze kommt in frische, lehmige Topferde; die Zwiebelknolle muß mit der Oberfläche abschließen.

Winterblühende Topfpflanzen
Im Spätfrühling schlägt man die Pflanzen, hier Azaleen, im Halbschatten draußen ein. Jeder Topf soll bis zum Rand in unkrautfreier Erde oder geeignetem Einschlag stehen. Die Pflanzen brauchen Platz zum Wachsen. Vor den ersten Frösten holt man sie ins Haus und stellt sie kühl, bis sich die Knospen öffnen.

Alpenveilchen
Nach der Blüte läßt man die Blätter absterben. Die Pflanze im Topf unter ein Bankbeet oder in einen Kalten Kasten legen.

NEUPFLANZEN EINES TERRARIUMS

1 *Sind die Pflanzen zu groß geworden, nimmt man sie vorsichtig heraus, teilt sie oder setzt neue, kleine Pflanzen. Das Substrat sollte möglichst unberührt bleiben.*

2 *Die verbleibenden Pflanzen werden mit einer Schere gestutzt. Das Moos an der Oberfläche dünnt man eventuell mit einer Pinzette aus; Nachbarpflanzen dabei mit Korken und Stäbchen festhalten.*

3 *Teilen Sie niedrigwachsende Pflanzen. Setzen Sie die Teilstücke und neue Pflanzen mit einem Pflanzholz ein (siehe Nebenbild). Drücken Sie sie mit dem Korken mit etwas frischem Substrat fest.*

4 *Langsam Wasser über die Innenseite des Glases gießen, bis das Substrat gerade feucht ist.*

über die Innenseite des Glases fließt, damit das Substrat intakt bleibt. Geben Sie nur so viel Wasser, daß das Glas sauber und die Oberfläche feucht wird. Ist das Glas ständig beschlagen, ist das Substrat zu feucht – nehmen Sie den Deckel oder Stöpsel ab, bis es wieder klar ist. Kondenswasser oder Algen an der Innenseite entfernt man mit einem kleinen Schwamm an einem Stäbchen. Schützen Sie den Behälter vor direkter Sonne, und stellen Sie ihn gelegentlich anderswo hin, besonders wenn er im Winter im Schatten steht.

Stutzen Sie die Pflanzen ab und zu, damit jede genug Platz und Licht hat. Bei engen Flaschengärten ist eine Rasierklinge an einem Stäbchen ein gutes Schneidewerkzeug. Sobald eine Pflanze andere überwuchert, ersetzt man sie entweder durch kleinere oder bepflanzt den ganzen Behälter neu.

Pflanzen im Gewächshaus

Sie brauchen Pflege, auch wenn das Gewächshaus automatische Regelsysteme hat. Wässern, Belüftung, Sprühen und Düngen sind im Sommer besonders wichtig, Heizen im Winter und entsprechende Hygiene das ganze Jahr über. Die Pflege bei Topfpflanzen sowie Düngen und Umtopfen (siehe S. 446-447) erfolgt ähnlich wie bei Zimmerpflanzen.

Wässern

Im Gewächshaus, dem geschlossenen System, ist richtiges Wässern entscheidend. Der Bedarf hängt von Jahreszeit und Wetter ab. Im Sommer wässert man an sonnigen Tagen mehr. Verwenden Sie in einem großen Gewächshaus einen Schlauch mit schwachem Wasserdruck, damit das Substrat nicht von den Wurzeln gespült wird. Eine Gießkanne ist ideal für ein kleines oder gemischtes Gewächshaus, wo die Pflanzen unterschiedliche Bedürfnisse haben: Manche Topfpflanzen müssen an heißen Tagen mehrmals gewässert werden. Stellen Sie die Kanne ins Treibhaus, bis die Wassertemperatur der Raumtemperatur entspricht. Wässern Sie, besonders im Winter, nicht zuviel, da nasse Erde zu Fäulnis führt. Auch Vorratsbewässerung ist praktisch; das Wasser im äußeren Gefäß wird von einem Docht ins Substrat im Gefäß angesogen.

Luftfeuchtigkeit

Pflanzen brauchen feuchte, aber nicht abgestandene Luft. Bei heißem, sonnigem Wetter besprüht man den Boden, besonders die Steine oder die Fliesen, sowohl morgens als auch abends, bei sehr heißem Wetter sogar noch öfter. Dadurch bleibt die Luft feucht und wird vorübergehend abgekühlt. (Der Erdboden hält mehr Feuchtigkeit, Fliesen- oder Betonböden trocknen sehr schnell.) Ist die Luft zu feucht, können die Pflanzen über die Blätter keinen Wasserdampf zur Kühlung abgeben, sie überhitzen sich daher und welken; lüften

Versorgung von Zimmerpflanzen im Urlaub

Auch wenn man auf Reisen geht, kann man sicherstellen, daß die Zimmerpflanzen nicht austrocknen. Man stellt sie schattig und wässert sie folgendermaßen: Bei einer Kapillarmatte legt man die Matte auf eine umgekehrte Schale oder einen Untersetzer, stellt die Töpfe darauf und läßt die Matte in eine andere Schale oder die Spüle mit Wasser hängen. Löcher in Plastiktöpfen lassen Wasser durch, Tontöpfe müssen vorher gewässert werden. Oder Sie stellen große oder einzelne Töpfe auf Dochte, die das Wasser aus einem Vorratsbehälter ins Substrat ziehen. Oder Sie wässern die Pflanzen gründlich, lassen sie abtropfen und stecken sie in einen verschlossenen Plastikbeutel, um Feuchtigkeitsverlust zu vermeiden.

KAPILLARMATTE
Stellen Sie Topfpflanzen auf ein Ende einer nassen Matte. Lassen Sie das andere in einen Wasserbehälter hängen. Die Pflanzen müssen höher als das Wasser stehen, damit sie es ansaugen können.

PLASTIKBEUTEL
Einen Plastikbeutel mit Stäben von den Blättern weghalten. Den Beutel verschließen oder das Ende unter den Topf stecken.

Sie also regelmäßig, damit die Luft trockener wird.

Bei naßkalter Luft treten häufig Pilzerkrankungen auf. Im Winter hält man die Luft, wenn es das Wetter erlaubt, durch Lüften trocken.

Temperaturregelung
Steuern Sie die Temperatur im Gewächshaus durch Lüftung, und vermeiden Sie starke Schwankungen. Zuviel Lüften verzögert das Wachstum; zuwenig läßt die Temperatur ansteigen. An windigen Tagen lüftet man an der windabgewandten Seite, um Zugluft zu vermeiden.

Hygiene
Halten Sie das Gewächshaus frei von Abfällen, in denen sich Schädlinge ausbreiten könnten, und entfernen Sie abgestorbene Blätter und Blüten. Jeden Herbst holt man alle Pflanzen aus dem Gewächshaus und reinigt es. Wählen Sie dafür einen ruhigen, warmen Tag, so daß sich die veränderten Bedingungen möglichst wenig auswirken.

Frostschutz
Decken Sie die Pflanzen mit Plastikfolie, Faservlies oder Zeitungspapier ab, die Beete mit Stroh. Packen Sie die Basis von Sträuchern und Kletterpflanzen mit wärmedämmenden Material ein. Kleine Töpfe werden in Sand eingeschlagen.

Schädlinge und Krankheiten

Kontrollieren Sie Knospen, Vegetationspunkte und Blattunterseiten regelmäßig. Vernichten Sie stark befallene Pflanzen, und isolieren Sie weniger stark befallene Exemplare, bis die Gefahr vorüber ist. Stellen Sie neugekaufte Pflanzen 2 Wochen für sich; bringen Sie sie erst mit anderen zusammen, wenn sie frei von Schädlingen und Krankheiten sind. Besondere Probleme bereiten Blattrandkäferlarven (S. 564) und rote Spinnmilbe (S. 550), besonders bei trockener Zentralheizungsluft im Winter.

Bei warmen, feuchten Gewächshausbedingungen breiten sich Schädlinge und Krankheiten wie Grauschimmel/Botrytis (S. 557) und Echter Mehltau (S. 550), Blattläuse (S. 550) und daher Viren (S. 553) sowie Weiße Fliege (S. 550) rapide aus. Bei der jährlichen Großreinigung (siehe S. 491) entfernt man für Chemikalien anfällige Pflanzen, räuchert das Treibhaus aus und bekämpft Schädlinge oder Krankheiten, bevor man die Pflanzen wieder hineinbringt (siehe auch S. 545-577).

Hydrokultur

Bei der Hydrokultur stehen die »Wasserwurzeln« (die sich leicht von den Erdwurzeln einer Pflanze unterscheiden) in einem geschlitzten Topf mit Tongranulat, die Nährstoffe werden dem Wasser in einem wasserdichten Übergefäß beigegeben. Der Schwimmer in dem durchsichtigen Röhrchen zeigt den Wasserstand an.

Hydrokultur bietet mehrere Vorteile: Die Pflanzen werden genau und bedarfsgerecht mit Luft, Wasser und Nährstoffen versorgt; das Haltesubstrat ist sauber, durchlässig, geruchlos, nicht übersäuert oder anfällig für Unkraut, Schädlinge und Krankheiten; und die Pflanzen wachsen oft schneller und besser als in Erde. Zwiebeln und Knollen, Kakteen, Orchideen und viele »Büropflanzen« gedeihen bestens in Hydrokultur-Gefäßen (siehe auch »Verzeichnis der Zimmerpflanzen«, S. 435).

Die Pflanzen vorbereiten
Man bezieht die Pflanzen am besten von Spezialbetrieben oder zieht sie aus Stecklingen; manche lassen sich auch aus Erde umsetzen. Nehmen Sie zwischen Vorfrühling und Frühherbst eine gesunde, junge Pflanze aus dem Topf. Tauchen Sie den Wurzelballen für eine halbe Stunde in zimmerwarmes Wasser, bis sich die Erde von den Wurzeln löst, und spülen Sie die Wurzeln vorsichtig ab.

Pflanzung
Eine Düngebatterie wird vor der Pflanzung am Boden des Kulturgefäßes befestigt. Man wäscht und durchfeuchtet etwas Blähton und füllt den Topf zur Hälfte damit, setzt die Pflanze mit ausgebreiteten Wurzeln darauf und füllt den Topf vorsichtig bis zum Rand mit Blähton. Dann kommt der Wasserstandsanzeiger hinein, und man stellt das Gefäß entweder für sich oder zusammen mit anderen in wasserdichte Behälter; durchsichtiges Glas ist ungeeignet, weil es Licht an die Wurzeln läßt. Gewässert wird bis zur Marke »Optimum«. Die Temperatur soll 18-25°C betragen. Pflanzen aus Erdkultur werden mit einem Plastikbeutel bedeckt, damit sie nicht austrocknen, bis sich Wasserwurzeln bilden.

WURZELN SÄUBERN

Spülen Sie Erdreste unter kühlem Wasser von den Wurzeln (hier Dieffenbachia*).*

HYDROKULTUR IM QUERSCHNITT

Im Kulturgefäß befinden sich Pflanze und Haltesubstrat (hier Blähton), es wird in einen wasserdichten Behälter gestellt.

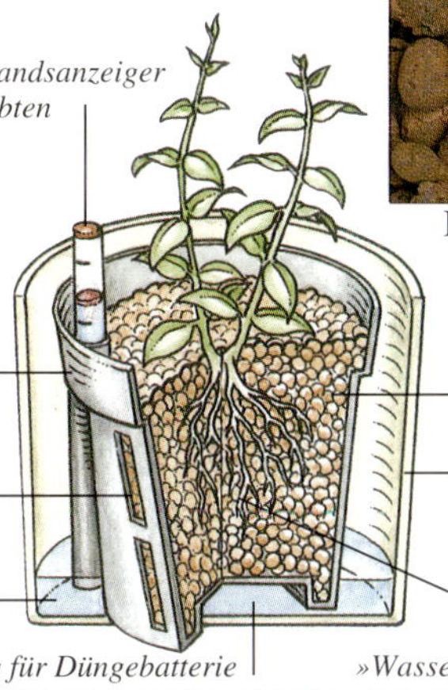

BLÄHTON

TISCHSCHMUCK

Stellen Sie verschiedene Pflanzen in einer Hydrokultur zusammen.

Wässern
Die Wurzeln werden durch die Kapillarwirkung des porösen Haltesubstrats feucht gehalten und sind nicht gerne zu lange im Wasser; daher wässert man erst wieder, wenn der Anzeiger auf »Minimum« steht. Läßt man ihn gelegentlich 2-3 Tage auf »Minimum«, werden neue Wurzeln gebildet. Halten Sie ihn niemals länger als 2 Wochen auf »Optimum«. Vor dem Urlaub füllt man die Gefäße bis »Maximum«, oder man stellt die Kulturgefäße in eine Schale, die man 3 cm hoch mit Wasser und Nährstoffen füllt.

Düngen
Es gibt verschiedene lösliche Dünger. Die Mineralstoffe im Leitungswasser reagieren mit dem Dünger und geben Nährstoffe ab, die von der Pflanze aufgenommen werden.

Vermehrung durch Stecklinge
Bereiten Sie die Stecklinge vor und lassen sie sich in etwas Wasser bewurzeln oder setzen sie direkt in kleine Kulturgefäße. Sie werden 3-4 cm tief in 2-4 mm feinen Blähton gesteckt. Um die Verdunstung zu reduzieren, stellt man sie für 2 Wochen bei indirektem Licht in einen Plastikbeutel oder eine Vermehrungseinheit. Sobald sich neuer Wuchs zeigt, die Abdeckung entfernen. 2 Wochen nach der Pflanzung wird erstmals gewässert oder gedüngt.

VERSCHIEDENE DÜNGER

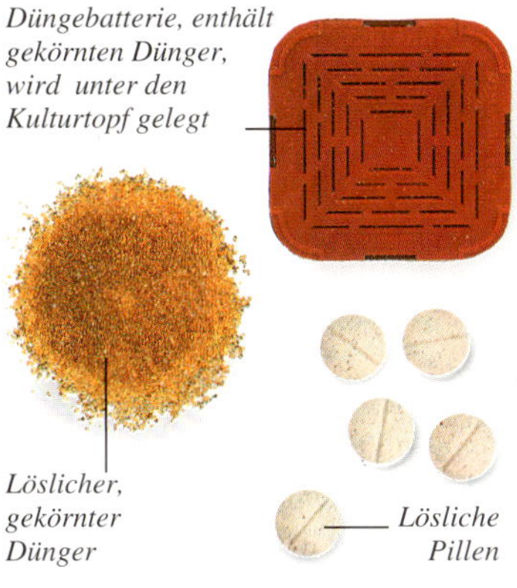

Dünger für Hydrokultur sind auf verschiedene Härtegrade des Wassers ausgelegt.

Schnitt und Erziehung bei Zimmerpflanzen

FÜR SCHNITT und Erziehung von Zimmer- und Gewächshauspflanzen gelten dieselben Regeln wie für Freilandpflanzen, nur müssen längere Blütezeiten und räumliche Beschränkungen berücksichtigt werden. Kletterpflanzen, die fürs Freiland zu empfindlich sind, lassen sich gut im Haus kultivieren. Wenn sie richtig geschnitten werden, nützen sie den verfügbaren Platz optimal und spenden anderen Pflanzen Schatten.

Stützen

Gestützt werden müssen Zierkletterer, einige Sträucher, Einjährige, Fruchtgemüse, Obstbäume und Weinreben *(Vitis)*. Echte Kletterpflanzen wachsen allein an der Stütze hoch (siehe »Kletterformen und Stützen«, S. 94), während Sträucher, die als Kletterpflanzen an einer Mauer hochwachsen sollen, befestigt werden müssen.

Manche Reben benötigen eine ständige, am Holzgerüst eines Gewächshauses oder an den Verglasungsschienen eines Aluminiumrahmens befestigte Stütze. Horizontal an den Wänden des Gewächshauses gespannte Drähte eignen sich gut zur Erziehung aller Kletterpflanzen. In Anlehnhäusern spannt man die Drähte zwischen Ringschrauben an der Rückwand, damit das Licht ungehindert einfällt. Oder man schraubt Holzlatten senkrecht an die Wand und befestigt die Drähte daran. Halten Sie die Drähte durch Spannschlösser am Ende gespannt. Die Abstände zwischen den Drähten müssen gleichmäßig sein: bei Reben 25 cm, bei Obstbäumen 38-45 cm. Binden Sie die Triebe der Kletterpflanzen mit weichem Band an die waagrechten oder senkrechten Stützdrähte.

Auch am Rahmen des Gewächshauses befestigte Netze können als Stützen dienen. Kunststoffnetze halten nur 1-2 Jahre, eignen sich also nicht für Stauden. Verwenden Sie besser kunststoffummantelten Draht.

Es gibt auch recht praktische Gerüste aus Maschendraht und verschiedene hölzerne Spaliere: Man befestigt sie an Latten an der Treibhauswand. Ziehen Sie die wachsenden Pflanzen vorsichtig am Netz entlang, und befestigen Sie sie mit weichem Band.

Einjährige Zierkletterer oder Fruchtgemüse wie Tomaten können mit weichem Band an waagrechten Bambusstäben in ca. 15-30 cm Abstand befestigt werden. Oder man macht einige starke Schnüre am Dach fest und läßt sie bis zur Basis der Pflanze hängen, bindet die Schnur locker unter dem ersten endgültigen Blatt und führt sie um den Trieb gewunden wieder zum Rahmen hoch. Die Schnur darf nicht zu eng um die Pflanze liegen. Näheres über die Behandlung einzelner Pflanzen lesen Sie in den Abschnitten über Schnitt und Erziehung der einzelnen Kapitel.

STÜTZENDES GERÜST

Spannen Sie zwischen den Ringschrauben Drähte. Befestigen Sie kräftige Triebe, und schneiden Sie sie auf ein nach unten weisendes Auge zurück, um waagrechten Wuchs zu fördern.

KLETTERPFLANZEN FÜR INNENRÄUME

Schnitt nach der Blüte
- *Allemanda cathartica* 'Hendersonii' ❄ ◎
- *Bougainvillea* ❄
- *Clerodendrum thomsoniae* ❄ ◎
- *Distictis buccinatoria* ❄
- *Jasminum*, einige ❄
- *Kennedia rubicunda* ❄
- *Mandevilla splendens* ❄ ◎
- *Pandorea jasminoides* ❄
- *Passiflora* ❄
- *Senecio*, einige ❄
- *Solanum wendlandii* ❄ ◎
- *Stephanotis floribunda* ❄ ◎
- *Thunbergia* ❄

Mandevilla splendens

Schnitt nach Bedarf
- *Agapetes macrantha* ❄
- *Hoya* ❄
- *Asarina erubescens* ❄
- *Cissus* ❄
- *Cobaea scandens* ❄
- *Gynura aurantiaca* ❄ ◎
- *Ipomoea horsfalliae* ❄

SCHLÜSSEL
❄ *Nicht winterhart*
◎ *Braucht viel Feuchtigkeit*

Zimmerpflanzen schneiden

Wie Freilandpflanzen müssen auch viele Zimmerpflanzen regelmäßig geschnitten werden, damit sie wüchsig bleiben und blühen. Andere werden einfach zu groß für den verfügbaren Raum oder brauchen einen Rückschnitt zur Erhaltung eines attraktiven, ausgewogenen Gerüsts. Durch Schnitt, Rückschnitt oder Ausknipsen können die meisten Pflanzen erzogen und geformt werden. Ein radikaler Schnitt ist nur erforderlich, um alte zu entfernen oder vernachlässigte zu erneuern.

Verwenden Sie nur Schneidewerkzeuge mit scharfen Klingen, damit verbleibende Triebe nicht beschädigt werden, und schneiden Sie schräg nach unten über einem Auge, um neuen Wuchs anzuregen. Für weiche Triebe ist ein scharfes Messer ideal, für verholzte eine Gartenschere.

Wann und was schneidet man

Der Zeitpunkt hängt von der Blütezeit der Pflanze und vom Alter des blühenden Holzes ab. Manche Pflanzen blühen nur an diesjährigen Trieben, bei ihnen kann alter Wuchs bedenkenlos im Frühjahr zurückgeschnitten werden, ohne daß die Blüte darunter leidet. Andere blühen an älteren Trieben, sollten daher erst nach der Blüte geschnitten werden. (Einzelheiten zu Ziersträuchern S. 75-82, Kletterpflanzen S. 104-107, Weinreben S. 401-407, Obstbäumen S. 375-400.)

RÜCKSCHNITT NACH DER BLÜTE

Schneiden Sie abgeblühte Triebe auf zwei oder drei Augen zurück. Dadurch wird die Produktion der nächsten Blütentriebe angeregt, die waagrecht an den Drähten befestigt werden.

Wachstumsbeschränkung

Im Gewächshaus ist der Platz für Sträucher und Kletterpflanzen immer zu wenig. Man sucht zwar die Pflanzen nach der Größe des Gewächshauses aus, das Wachstum muß aber trotzdem oft gebremst werden, damit der Lichteinfall nicht reduziert ist. Im Boden wurzelnde Kletterer müssen streng beschränkt werden, sobald sie die gewünschte Größe erreicht haben, da sie andere Pflanzen leicht überwuchern.

Von den Sträuchern und Zierkletterern, die im Gewächshaus kultiviert werden, blühen nur wenige am alten Holz (vorher überprüfen), daher ist meist ein ziemlich starker Rückschnitt nach der Blüte ratsam und unbedenklich; die Blütezeit ist nicht nur von Art zu Art verschieden, sondern hängt auch von Temperatur und Lage ab.

Manche Pflanzen blühen im Gewächshaus fast das ganze Jahr, müssen aber durch Schnitt beschränkt werden. Bei reifen *Abutilon*-Hybriden werden im Vorfrühling die vorjährigen Triebe entfernt, bei *Coronilla* und *Hibiscus* zurückgeschnitten. *Hoya*-Arten und -Sorten blühen an vorjährigen Trieben, die daher nicht entfernt werden. Auch *Agapetes* blüht am alten Holz, muß aber oft zurückgeschnitten werden.

Ausknipsen

Um eine schönere Form und mehr blühende Triebe zu bekommen, knipst man bei jungen, hängenden oder erzogenen Sträuchern die Spitzen der neuen Sprosse während der ganzen Wachstumsperiode aus.

Das bewährt sich besonders bei Sträuchern wie Fuchsien, *Abutilon*, *Brunfelsia*, *Centradenia*, *Hibiscus*, *Reinwardtia* und *Tibouchina*.

WACHSTUMSBESCHRÄNKUNG DURCH HERBSTSCHNITT

Im Herbst werden schwächere Triebe entfernt und dichter Wuchs ausgedünnt; so gelangt viel Licht ins Blattwerk, was die Ausbildung eines robusten Gerüstes aus kräftigen Trieben begünstigt.

Vermehrung

DURCH Vermehrung von Zimmerpflanzen läßt sich auf preiswerte Weise der Pflanzenbestand vergrößern, und alte Exemplare können durch junge, wüchsigere ersetzt werden. Um damit Erfolg zu haben, muß man dreierlei bieten: Wärme, Licht und genügend Luftfeuchtigkeit.

Die einfachste und schnellste Art der Vermehrung ist die Teilung, wobei natürlich verhältnismäßig wenige neue Pflanzen entstehen. Eine größere Anzahl von Pflanzen erreicht man durch Schnittlinge und durch Aussäen. Einige Arten können auch durch Ausläufer vermehrt werden.

Vermehrung durch Teilung

Viele Pflanzen bilden Jungpflanzen, Ableger, Ausläufer, Knollen, Zwiebeln, die sich bewurzeln und die man nur abzutrennen und lediglich neu einzutopfen braucht.

Teilung von Wurzelstöcken

Zunächst werden die Pflanzen gründlich gegossen, dann reißt man krautige und vielblättrige Pflanzen vorsichtig auseinander oder schneidet sie so in Stücke, daß jedes Teilstück Wurzeln hat, und pflanzt die Teile neu ein. Kräftige Teilstücke in jungem Wuchs mit Faser- und Saugwurzeln behält man zurück, entfernt lange und beschädigte Wurzeln, bestäubt die Wundstellen mit einem Fungizid und pflanzt jedes Teil einzeln in die gleiche Erdmischung, aus der es kam. Natürlich müssen die Töpfe vorher gereinigt werden. Dann gießt man leicht an und stellt die Pflanzen an einen hellen Platz.

Vermehrung durch Abtrennung von Kindeln

Es gibt Arten, die durch Bildung von Jungpflanzen an ihren Blättern, Stengeln, Ausläufern oder Blütenständen für ihre Vermehrung sorgen. Sind diese Kindel groß genug, entfernt man sie mitsamt einem 3 cm großen Stück der Unterlage, auf der sie sitzen, gibt sie in torfhaltige Erde, die bis zur Basis der kleinen Pflanzen reicht. Dann wie immer angießen, mit Plastikbeutel oder mit Glas bedecken. Innerhalb von 3 Wochen werden sich Wurzeln bilden; nach 5 Wochen sind die Pflanzen groß genug zum Eintopfen.

Vermehrung durch Ausläufer

Saxifraga stolonifera, Episcia u.a. bilden Ausläufer, Stolone, die man nur einzeln in Töpfen auf der Erdmischung mit einer Drahtspange zu befestigen braucht, bis sie sich bewurzelt haben und von den Ausläufern getrennt werden können.

Vermehrung durch Knollen

Manche Pflanzen bilden Jungknollen auf ihren Blattspreiten oder

ZIMMERPFLANZEN, DIE SICH TEILEN LASSEN

Ableger/Ausläufer
Chlorophytum ❄
Cryptanthus ❄ ⊚
Haworthia ❄
Saxifraga stolonifera ❄ ⊚

Maranta leuconeura var. *kerchoviana*

Wurzelstock
Adiantum ❄ ⊚
Anthurium ❄
Aspidistra ❄
Calathea ❄ ⊚
Cyperus ❄
Maranta leuconeura ❄ ⊚
Microlepia strigosa ❄
Phlebodium aureum ❄ ⊚
Phyllitis ❄ ⊚
Pteris cretica ❄ ⊚
Stromanthe ❄ ⊚

SCHLÜSSEL
❄ *Nicht winterhart*
⊚ *Braucht viel Feuchtigkeit*

WIE ZIMMERPFLANZEN DURCH TEILUNG VERMEHRT WERDEN

1 *Eine Stunde vor dem Teilen gießt man die Pflanze* (Calathea) *gründlich; dann schlägt man den Topf gegen eine harte Fläche und topft die Pflanze aus.*

2 *Durch Schütteln oder mit den Händen entfernt man überflüssige Erde, damit man die Wurzeln fassen kann.*

3 *Der Wurzelballen wird in Teile getrennt, ohne die Haupt- und die Faserwurzeln zu beschädigen.*

4 *Um den Wurzelballen zu verkleinern, schneidet man einige dicke Wurzeln zurück, schont aber die Saugwurzeln.*

5 *Teile mit gesunden, jungen Trieben (siehe Nebenbild) werden einzeln in Töpfe mit feuchtem, lehmhaltigem Substrat gepflanzt, gegossen und beschriftet.*

VERMEHRUNG DURCH AUSLÄUFER

1 *Die Ausläufer einzeln in 6-cm-Töpfe biegen und auf feuchter Vermehrungserde mit Haarnadeln festklammern; die Töpfe gut gießen.*

2 *Nach wenigen Wochen kann man die bewurzelten Jungpflanzen (hier* Saxifraga stolonifera) *von den Ausläufern trennen. Topf beschriften.*

in Blattwinkeln. Die »Bulben« werden abgelöst und zur Bewurzelung in lehmhaltige, feuchte Topferde gegeben (siehe auch LILIEN, »Vermehrung durch oberirdische Brutzwiebeln«, S. 243).

Vermehrung von Zimmerpflanzen durch Aussaat

Nur der Samen artenreiner Pflanzen vermehrt sich in der von ihnen bekannten Weise arttypisch, das Verhalten vieler Hybriden ist nicht voraussehbar. Trotzdem kann man durch Züchtung oder zumindest bei Hybriden der ersten Generation (F1-Hybriden) von Ein- und Zweijährigen und bei einigen Mehrjährigen wie Cyclamen und Pelargonien gleichmäßige und befriedigende Resultate erhalten.

Aussaaterde und Aussaatgefäße

Benutzen Sie die Komposterde, die speziell für Aussaaten vorbereitet worden ist (siehe DER BODEN UND SEINE DÜNGUNG, »Vermehrungserden«, S. 534). Sie sollte besonders wasserdurchlässig sein und eine lokkere Struktur haben, die einerseits die Feuchtigkeit speichert, andererseits nicht zu durchnäßt wird oder eine harte Oberflächenkruste bildet.

Aussaatgefäße, vor allem aus Kunststoff, werden im Handel in den verschiedensten Formen und Größen angeboten, auch für Einzelsamen.

Saatzeit

Das Frühjahr ist für die meisten Pflanzen die Hauptsaatzeit, Frühlingsblüher aber werden im Herbst gesät. Bei Einjährigen hat man vom Frühjahr bis zum frühen Sommer Zeit, sie noch zur Vollblüte zu bringen. Exoten werden sehr bald nach ihrer Samenreife gesät.

Vorbereitung der Samen

Manche Samen brauchen eine spezielle Keimungshilfe; Samen mit harten Schalen müssen in warmem Wasser eingeweicht werden, 10 Minuten bei *Cordyline australis*, aber 72 Stunden bei Bananen. Andere hartschalige Samen keimen nicht, wenn ihre Schale nicht mit einem Messer oder einer Feile angeritzt wird, z. B. die von *Caesalpinia pulcherrima*. Sehr kleine Samen reibt man am besten zwischen Sandpapier.

Die Aussaat

Die Gefäße werden bis zum Rand mit Aussaaterde gefüllt und leicht aufgestoßen, damit die Erde sich setzt. 1 cm Topfrand sollte frei bleiben. Dann wird die Erde gut durchgefeuchtet; nachträgliches Gießen kann die Saat zusammenschwemmen. Die Samen müssen dünn und gleichmäßig ausgestreut werden; kleine Samen mischt man mit Sand, große sollten weit genug gesteckt werden, damit die Sämlingspflanzen ausreichend Platz haben. Sehr große Samen legt man am besten einzeln. Als Saattiefe gilt der kleine Durchmesser der Samen. Winzige Samen und die von Lichtkeimern streut man obenauf, läßt sie also unbedeckt. Dann wie immer mit einer Plastikhaube oder einem Glasgefäß bedecken, warm und hell aufstellen, aber nicht direktem Sonnenlicht aussetzen.

Keimtemperaturen

Die Samen keimen im allgemeinen bei einer Temperatur, die um 5°C höher ist, als die niedrigste, die die Pflanze zum Wachsen braucht. Als Richtschnur gelten 15-18°C als geeignet. Da für die einzelnen Arten die richtigen Temperaturen aber sehr unterschiedlich sein können, sollten Sie den Anweisungen auf den Samentüten folgen. Pflanzen, die in abgeschlossenen Räumen aufgezogen werden, um später im Freien weiterzuwachsen, benötigen Temperaturen um 10°C oder weniger. Viele tropische oder subtropische Pflanzen brauchen 24-26°C, um zu keimen. Wenn Sie diese Temperaturen im Hause nicht gewährleisten können, sollten Sie ein beheizbares Vermehrungsgefäß benutzen.

Nachbehandlung der Aussaat

Wischen Sie eventuell auftretendes Kondenswasser von den Abdeckungen, um Pilzbefall zu vermeiden. Nach 7-10 Tagen sollten Sie täglich nachsehen, ob sich Anzeichen von Keimen zeigen. Sobald die Keimblätter sichtbar sind, entfernen Sie die Abdeckungen. Die Keimzeiten sind unterschiedlich lang, größere Samen können mehrere Monate zum Keimen brauchen. Halten Sie die Komposterde in dieser Zeit gleichmäßig feucht. Für besonders empfindliche Sämlinge benutzen Sie dazu einen Nebel-Sprüher.

Wenn der Kompost bereits einen gewissen Zusatz an Nährstoffen besitzt, ist Düngung nicht vonnöten. Sämlinge, die längere Zeit im Aussaatgefäß bleiben werden, sollten während des Wachstums ab und zu mit flüssigem Dünger behandelt werden. Wenn die Keimblätter zum Licht ziehen, sollte man das Gefäß einmal am Tag drehen und es durch Pappe oder Stoff abschatten, falls die Gefahr des Austrocknens durch zu intensive Sonnenbestrahlung besteht.

Herausheben der Sämlingspflanzen

Sind die Pflänzchen 1 cm groß, werden sie verpflanzt, nicht ohne vorher gründlich gewässert worden zu sein, damit sich die Erdmischung besser vom Topf löst. Mit einem flachen Holzspan löst man die Sämlinge vorsichtig aus dem Gefäß und voneinander.

Im neuen Gefäß sollten Sie mit dem Pflanzholz Löcher in den Kompost bohren. Setzen Sie die Sämlinge ebenso tief wie vorher in die Erde. Streuen Sie zusätzlichen Kompost um die Wurzeln, und drücken Sie die Pflänzchen vorsichtig fest. Kleine Sämlingspflanzen sollten 2,5 cm, große 5 cm Abstand vom Gefäßrand haben. Bedächtig wässern. Sämlinge, die einzeln in abgeteilten Gefäßen ausgesät worden sind, werden mitsamt der Erde umgetopft.

BLÜTENPFLANZEN, DIE AUS SAMEN GEZOGEN WERDEN

Alonsoa ❄
Begonia (mit Faserwurzeln und Knollen) ❄ ◎
Browallia ❄
Caesalpinia pulcherrima ❄
Campanula ❄ ◎
Clitoria ❄
Cobaea ❄
Cuphea ❄
Cyclamen, einige ❄ ◎
Exacum affine ❄ ◎
Impatiens ❄ ◎
Jacaranda mimosifolia ❄
Pelargonium (moderne, vielblütige Hybriden) ❄
Primula x *kewensis* ❄ ◎,
P. malacoides ❄ ◎,
P. obconica ❄ ◎,
P. sinensis ❄ ◎

Primula malacoides

Salpiglossis ❄
Schizanthus ❄
Senecio x *hybridus* ❄
Sinningia ❄ ◎
Thunbergia ❄
Torenia ❄

SCHLÜSSEL
❄ *Nicht winterhart*
◎ *Braucht viel Feuchtigkeit*

ZIMMERPFLANZEN AUS SAMEN ZIEHEN

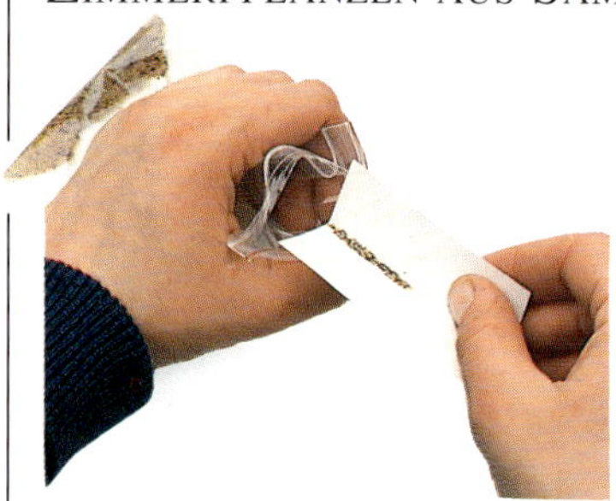

1 *Um staubfeine Samen gleichmäßig säen zu können, mischt man sie in einer Tüte mit feinkörnigem, trockenem Sand.*

2 *Die Mischung mit Hilfe eines geknickten Papiers dünn auf feuchte Saaterde säen, die Töpfe beschriften und in einen Vermehrungskasten stellen.*

3 *Sind die Sämlingspflanzen so groß, daß man sie fassen kann, hebt man sie mit einem Hölzchen heraus und verpflanzt sie gemeinsam in feuchtes Substrat.*

4 *Sind sie dort gut eingewurzelt, setzt man sie zum Weiterwachsen einzeln in die vorbereiteten Töpfe, gießt und beschriftet sie sodann.*

Das Umtopfen

Wenn die Wurzeln der Pflanzen die Gefäße ganz ausfüllen, müssen sie umgetopft werden (siehe S. 446). Das neue Gefäß sollte groß genug sein, um einen Abstand von 2,5 cm um den Wurzelballen herum zum Gefäßrand zu erlauben. Setzen Sie die Pflanze so ein, daß das Ende des Stils auf der Höhe der Oberfläche der Komposterde steht. Die Erde leicht andrücken und die Pflanze vorsichtig wässern.

Wenn die Pflanzen so weit sind, daß sie in herkömmlicher Komposterde wachsen können, kann man sie als ausgereift behandeln. Trotzdem sollte das richtige Milieu für die Pflanze beachtet werden. Die verschiedenen Zimmerpflanzen haben eine große Variationsbreite an Bedürfnissen.

Vermehrung durch Stecklinge

Die meisten zarten Zimmerpflanzen lassen sich schon durch Grünstecklinge vermehren, die in Wasser oder Erde Wurzeln austreiben, oder durch Blattknospen oder Blattsetzlinge. Sträucher, die im Zimmer wachsen, vermehrt man durch halbreife oder verholzte Stecklinge. Zu beachten sind die richtige Schnittzeit, Hygiene, Wärme und Luftfeuchtigkeit.

Halbreife Stecklinge

Nehmen Sie im Sommer halbreife Stecklinge vom diesjährigen Trieb nach der schnellen Frühlings-Hauptwachstumsphase, bevor die Verholzung einsetzt. Das geeignete Material zeichnet sich durch Stärke und Biegsamkeit aus und bietet einen gewissen Widerstand, wenn man es biegt. Pflanzen, die unter der Erde wachsen, erhalten die dafür nötige Reife manchmal erst später, daher sollten Sie sie vom Frühsommer an beobachten.

Stecklinge von Trieben mit Knospen

Arten wie *Ficus* und *Hoya* werden durch Stecklinge von Trieben mit Knospen vermehrt, eine Variation der Vermehrung durch halbreife Stecklinge. Schneiden Sie 2,5-5 cm lange Stengel ab – jeden mit einem Blatt und einer Knospe in der Blattachsel –, und pflanzen Sie diese in Töpfe mit Vermehrungserde. Die Töpfe stellen Sie in ein heizbares Vermehrungsgefäß bei einer Temperatur von 15-18°C.

Grünstecklinge

Im Frühjahr sucht man neue Seitentriebe aus, die nur wenige Knoten haben, und schneidet sie mit einem sauberen, scharfen Messer glatt ab, ohne Stumpfen an den Stengeln zu hinterlassen. Tauchen Sie die Schnittstellen in hormonhaltiges Bewurzelungspulver, und benutzen Sie ein Pflanzholz oder einen Bleistift, um danach mehrere Stecklinge in einen Topf mit herkömmlicher Vermehrungserde einzupflanzen. Die Stecklinge dürfen nicht so dicht zusammenstehen, daß sich ihre Blätter berühren. Sie können sie auch rings um den Rand des Topfes verteilen.

Stellen Sie den Topf in ein Vermehrungsgefäß, oder decken Sie ihn mit einer Haube aus Plastik ab, um ein Austrocknen zu verhindern. Stellen Sie den Topf in eine helle und warme Umgebung, vermeiden Sie aber direktes Sonnenlicht. Kontrollieren Sie alle ein bis zwei Tage, und entfernen Sie das Kondenswasser, indem Sie das Vermehrungsgefäß öffnen oder die Haube für einige Zeit abnehmen.

Vermehren durch Grünstecklinge

1 *Einen 13-cm-Topf mit feuchter Vermehrungserde füllen und diese fest andrücken.*

2 *Mit einer Schere oder einem scharfen Messer junge, kurzknotige, 10-15 cm lange Triebe dicht unter einem Knoten abschneiden (hier* Gynura aurantiaca*).*

3 *Die Stecklinge bis auf 1 Knoten kürzen und die unteren Blätter entfernen. Um Fäulnis zu vermeiden, dürfen an den kahlen Stengeln keine Reste bleiben.*

4 *Die Stecklinge mit hormonalem Bewurzelungspulver bestäuben und sie bis zum Grund der Blattspreite einpflanzen.*

5 *Die Pflanzen beschriften und in einen Vermehrungskasten setzen, dessen Temperatur 18-20°C beträgt.*

Zimmerpflanzen, die durch Grünstecklinge vermehrt werden

Abutilon, einige ❄
Acalypha ❄ ◎
Aeschynanthus ❄ ◎
Alloplectus ❄ ◎
Bougainvillea ❄

Brunfelsia pauciflora

Brunfelsia pauciflora ❄ ◎
Callisia ❄
Catharanthus ❄
Cissus ❄
Codiaeum ❄ ◎
Coleus blumei ❄ ◎
Columnea ❄ ◎
Crassula, einige ❄, ◎
Crossandra ❄ ◎
Epiphyllum ❄ ◎
Epipremnum ❄
Euphorbia pulcherrima ❄
Ficus benjamina ❄
Fittonia ❄ ◎
Gardenia ❄ ◎
Gynura ❄ ◎
Hibiscus, einige ❄

Hibiscus rosa-sinensis 'The President'

Hoya ❄
Impatiens repens ❄ ◎
Iresine ❄ ◎
Ixora coccinea ❄ ◎
Jasminum mesnyi ❄
Justicia ❄
Kalanchoe ❄
Mandevilla splendens ❄ ◎
Pachystachys ❄
Passiflora ❄
Pelargonium ❄
Pellionia ❄
Pentas lanceolata ❄
Peperomia ❄ ◎
Pilea ❄ ◎
Plumbago auriculata ❄
Polyscias ❄ ◎
Rhipsalidopsis gaertneri ❄, *R. rosea* ❄
Rhipsalis ❄ ◎
Rhoicissus capensis ❄
Ruellia ❄ ◎
Schlumbergera ❄ ◎
Sonerila ❄ ◎
Sparmannia ❄ ◎
Stephanotis ❄ ◎
Streptosolen ❄
Syngonium ❄ ◎
Tibouchina ❄ ◎
Tradescantia, einige ❄, ◎

Schlüssel
❄ *Nicht winterhart*
◎ *Braucht viel Feuchtigkeit*

Für gewöhnlich dauert es vier bis sechs Wochen, bis sich Wurzeln ausgebildet haben. Sobald sich Blattwachstum zeigt, sollten die Stecklinge in einzelne Töpfe mit torf- oder lehmhaltiger Erde umgetopft werden. Die jungen Pflanzen sollten an einem warmen und halbschattigen Ort weiterwachsen, bis sie voll ausgereift sind.

Vermehrung von Grünstecklingen in Wasser
Sie ist die einfachste Art, Grünstecklinge zum Bewurzeln zu bringen. Sie werden geschnitten und behandelt wie oben beschrieben. Die unteren Blätter werden entfernt, die Stengel in eine möglichst enghalsige Flasche in Wasser gesteckt oder in ein weites Gefäß durch ein Drahtnetz. Haben sich genug Wurzeln gebildet, pflanzt man die Stecklinge vorsichtig in 6-cm-Töpfe in sandigen Kompost.

Vermehrung durch Blätter

Einige Pflanzen lassen sich leicht durch ganze oder Teile von Blättern vermehren. Während man in einigen Fällen die Blätter nur in Wasser legen oder in Kompost stecken muß, ist es bei anderen Pflanzen nötig, die Blätter einzuritzen oder zu zerteilen, bevor man sie in den Kompost steckt oder flach in die Oberfläche eindrückt. Jedes Blatt erzeugt an den Schnittstellen der Blattrippen eine Anzahl von Jungpflanzen.

Ganze Blätter
Bestimmte Pflanzen, meistens solche mit fleischigen Blättern, die rosettenförmig wachsen, wie afrikanische Veilchen *(Saintpaulia)* und Gloxinien *(Sinningia speciosa)* sowie auch Rex-Begonien und Wurzelstock-Begonien, darüber hinaus auch einige Sukkulenten (siehe S. 271), können durch Blattstecklinge vermehrt werden.

Wählen Sie für die Schnittlinge gesunde, unbeschädigte und ausgewachsene Blätter aus, und schneiden Sie diese am Grund ihrer Stiele ab. Kürzen Sie jedes Blatt ca. 3 cm unterhalb der Blattspreite, und pflanzen Sie diese einzeln in dafür vorbereitete Töpfe mit einem Gemisch halb aus Sand und halb aus Torf, beschriften und gießen Sie die Pflanzen dann an. Stellen Sie die Töpfe in ein Vermehrungsgefäß, oder bedecken Sie jeden mit einer durchsichti-

VERMEHRUNG DURCH GRÜNSTECKLINGE IN WASSER

1 *Mit einem sauberen, scharfen Messer von einer gesunden, kräftigen Pflanze (hier* Coleus) *kurzgliedrige, 10-15 cm lange Triebe direkt über einem Knoten abschneiden.*

2 *Die Triebe bis auf 1 Knoten kürzen, die unteren Blätter entfernen, so daß der Stengel kahl und glatt ist.*

3 *Stengel durch ein Drahtgeflecht in ein Glas mit Wasser stecken und dafür sorgen, daß es stets gefüllt ist.*

4 *Natürlich muß das untere Ende jedes Stecklings im Wasser sein, damit sich dort die Wurzeln entwickeln.*

5 *Sind die Schnittlinge gut bewurzelt, werden sie einzeln in 6-cm-Töpfe mit sandigem Substrat gepflanzt.*

SCHNITTLINGE AUS BLATTHÄLFTEN

1 *Ein Blatt halbieren (hier* Streptocarpus), *die Mittelrippe herausschneiden.*

2 *Die Hälften plissieren, die Kanten einschneiden, die Blatthälften in die Erde stecken.*

VERMEHRUNG VON ZIMMERPFLANZEN DURCH BLATTSCHNITTLINGE

1 *Von einer kräftigen Mutterpflanze (hier Usambaraveilchen) gesunde Blätter abschneiden und bis zum Grund der Blattspreite in kleine Töpfe mit Substrat setzen.*

2 *Die Töpfe gießen und beschriften, eine Plastiktüte darüberstülpen und sie an einen hellen, warmen Platz, aber nicht in direktes Sonnenlicht stellen.*

3 *Sobald jedes Blatt mehrere Jungpflanzen gebildet hat, die Umhüllung entfernen; die Pflanzen im Topf lassen, bis sie groß genug sind zum Umpflanzen.*

gen Plastikhaube oder einer Glasglocke (siehe S. 454). Sobald die Schnittlinge Pflänzchen ausgetrieben haben, entfernen Sie die Abdeckungen. Lassen Sie den Jungwuchs so lange wachsen, bis die Jungpflanzen groß genug sind, um einzeln umgetopft werden zu können. Bei Pflanzen mit langstieligen Blättern kann man die Wurzelbildung auch im Wasser bewirken, hierbei benötigt man für die Wurzelentstehung allerdings mehr Zeit als bei der Methode mit Kompost.

Vermehrung durch Blatteile
Pflanzen mit kräftigen Nerven, Rex-Begonien und Arten der Gesneriazeen, z. B. *Streptocarpus*, bilden an allen Schnittstellen ihrer Nerven junge Pflanzen, ob wir die Blätter nun halbieren, vierteln oder in 2 cm große Stücke teilen. Wie auch immer, sie gehören bei 18-24°C unter Glas. Einige Sukkulenten, darunter *Sansevieria* und *Epiphyllum (Zygocactus)* mit seinen blattartigen, abgeflachten Sprossen, können ebenfalls durch »Blatteile« vermehrt werden (siehe auch KAKTEEN UND ANDERE SUKKULENTEN, »Vermehrung durch Sproßteile«, S. 272).

VERMEHRUNG DURCH EINGESCHNITTENE BLÄTTER

1 Auf der Unterseite eines gesunden Blatts (hier Rex-Begonie) mit scharfem Messer 1 cm breite Einschnitte durch die kräftigsten Adern machen.

2 Das Blatt mit der angeschnittenen Unterseite auf Vermehrungssubstrat legen, die Adern festklammern und das Gefäß in einen Vermehrungskasten stellen.

3 Eventuell statt dessen in Folie packen und warm stellen. Haben sich Jungpflanzen gebildet, diese vorsichtig isolieren und einzeln verpflanzen.

BLATTAUSSCHNITTE

1 Briefmarkenkleine Stücke über den kräftigsten Blattadern herausschneiden.

2 Teilstück mit der Unterseite auf feuchtes Substrat legen, festklammern, wie Blattabschnitte behandeln.

Vermehrung von Knollenbegonien

Wenn die Knollen der Begonien im Herbst die Triebe absterben lassen, belassen Sie sie im Winter in ihrem Topf bei 5-10°C an einem trockenen Platz. Sie können die Knollen auch herausnehmen, säubern, die Kronen mit Fungizid bestäuben und in Schachteln mit trockenem Sand, Torfersatz oder Torf lagern.

Zu Beginn der Wachstumsphase legen Sie die Knollen in eine Schale mit feuchtem, sandigem Kompost (1 Teil scharfer Sand, 1 Teil Torfersatz oder Kompost auf Torfbasis). Verwahren Sie sie bei einer Temperatur von mindestens 13-16°C. Wenn sich eindeutig neue Knospen zeigen, schneiden Sie die Knollen in Einzelteile, wobei jedes Teil mindestens eine Knospe und etwas Wurzelwerk aufweisen muß. Bestäuben Sie die Teile mit einem Fungizid, und lassen Sie sie einige Stunden trocknen.

Haben die Schnittstellen Kallus gebildet, wird in eine lehmhaltige Erdmischung eingetopft, ohne zu gießen, um Fäulnis zu vermeiden. Es ist aber auch möglich, die Knollen erst zu teilen, wenn sie schon Triebe entwickelt haben, die man 2 cm tief ringsum in den Topf einpflanzt.

1 Im Herbst die Knollen aus der Erde nehmen, reinigen, mit einem Fungizid bestäuben und trocken überwintern.

2 Im Frühjahr mit der flachen Seite nach oben 2,5 cm tief und 5 cm voneinander in feuchte, sandige Erde legen.

3 Sobald Triebe erscheinen, die Knollen zwischen den Sprossen teilen, mit Fungizid bestäuben, trocknen lassen.

4 Die Abschnitte einzeln so in 13-cm-Töpfe pflanzen, daß sie gerade mit Erde bedeckt sind, dann gießen.

5 Die Töpfe warm stellen, bis sich die neuen Pflanzen kräftig entwickelt haben.

BASALSTECKLINGE

5-cm-Stücke mit kleinem Teil der Knolle samt Knollenauge abschneiden und entsprechend weiterkultivieren.

Vermehrung durch Absenken

Dabei schneidet man den Stiel einer Pflanze an und bewegt sie dadurch, Wurzeln zu bilden. Danach trennt man den Stiel mit den Wurzeln ab. Diese Methode ist deshalb so erfolgreich, weil der Ableger, während er sich entwickelt, von der Mutterpflanze noch die Nährstoffe erhält.

Abmoosen
So lassen sich alte oder beschädigte Zimmerpflanzen ersetzen, z.B. der Gummibaum *(Ficus elastica)* und seine Verwandten. Die Spitze der Pflanze oder die Spitze eines Zweiges wird angeregt, neue Wurzeln zu entwickeln und wird dann von der Mutterpflanze abgelöst.

Wählen Sie einen neugewachsenen Abschnitt des Stammes aus, der gerade, ungefähr 10 cm lang und mindestens von Bleistiftdicke ist. Schneiden Sie den Boden eines durchsichtigen Plastikbeutels auf, und stülpen Sie den Beutel wie eine transparente Manschette um den Zweig. Ist das wegen zu großer Blätter nicht möglich, umhüllen Sie den Stamm mit durchsichtiger Plastikfolie, und binden Sie diese mit Selbstklebeband am Saum ab.

Machen Sie mit einem scharfen Messer einen flachen, nach oben gerichteten Einschnitt in die Rinde des Stammes, und treiben Sie einen Keil feuchten Sphagnum-Mooses in die geöffnete Zunge der Rinde. Bei besonders holzigen Pflanzen kerbe man, als zweite Möglichkeit, zwei Ringe im Abstand von 1-2 cm rund um den Stamm. Die Kerben sollten tief genug sein, um die Rinde zu durchdringen, allerdings ohne das Holz zu beschädigen. Schälen Sie die Rinde zwischen den Ringen ab, ohne das Kambium zu verletzen.

In beiden Fällen muß man die Stelle mit hormonalem Wachstumspulver pudern. Füllen Sie die Manschette mit feuchtem Moos aus, und versiegeln Sie diese, damit die Stelle nicht austrocknen kann.

Es kann mehrere Monate dauern, bis sich Wurzeln zeigen. Wenn das Moos auszutrocknen beginnt, öffnen Sie die Versiegelung, fügen Sie etwas Wasser hinzu und verschließen Sie die Stelle wieder. Wenn sich die Wurzeln gebildet haben, trennen Sie den Absenker von der Mutterpflanze, und topfen Sie ihn in Kompost auf Torfbasis. Gießen Sie die Jungpflanze mäßig, bis sie angesetzt hat.

Einfache Absenker
Kletternde und windende Pflanzen werden in neue Erde abgesenkt, während sie noch in Verbindung mit der Mutterpflanze sind. Wählen Sie einen langen und kräftigen Trieb aus, binden Sie ihn an einen Pflock in einem Topf mit feuchtem Vermehrungskompost. Nach drei bis vier Wochen beginnen sich Wurzeln im Kompost zu bilden, und es zeigen sich neue Triebe. Der verwurzelte Absenker kann dann von der Mutterpflanze vorsichtig abgetrennt werden.

EINFACHE ABSENKER

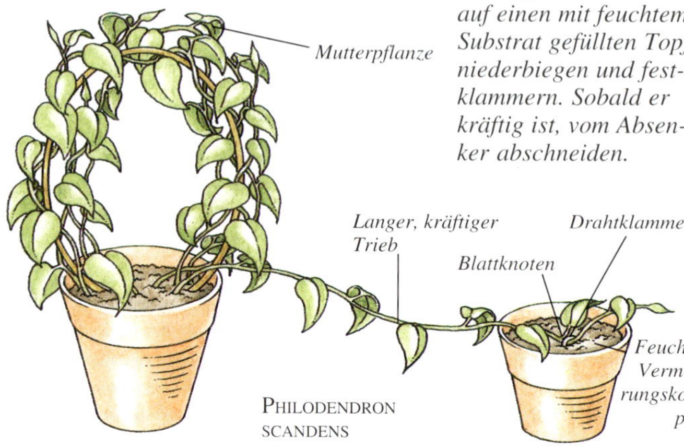

Einen gesunden Trieb auf einen mit feuchtem Substrat gefüllten Topf niederbiegen und festklammern. Sobald er kräftig ist, vom Absenker abschneiden.

VERMEHRUNG DURCH ABMOOSEN

1 *An einem Haupttrieb beläßt man einige obere Blätter, um den entblätterten Teil wickelt man eine Klarsichtfolie.*

2 *Von unten nach oben die Rinde 2 mm breit und 5 cm lang zungenförmig einschneiden (Kambium nicht verletzen).*

3 *Hormonelles Bewurzelungspulver auf die Wunde streuen, Sphagnum in den Spalt drücken, am besten mit einer Messerklinge.*

4 *Die Folie nach oben über den Einschnitt ziehen und mit feuchtem Torfmoos füllen.*

5 *Wenn die Folie gefüllt ist, diese oben mit einem elastischen Band am Zweig festbinden.*

6 *Sind genügend Wurzeln sichtbar, den Zweig dicht unter der Verpackung durchschneiden.*

7 *Die Plastikhülle entfernen, den Wurzelballen lockern und den gewonnenen Absenker in lehmhaltige Vermehrungserde setzen; leicht andrükken, um die jungen Wurzeln nicht zu beschädigen. Abstand vom Wurzelballen zur Topfwand: 5 cm. Dann wird gegossen, beschriftet und schattig aufgestellt.*

TEIL 2

PFLEGE DES GARTENS

Nach welchen Gesichtspunkten man Gartenwerkzeug und -zubehör auswählt, wie man den Garten mit baulichen Elementen gestaltet, den Gegebenheiten von Klima und Boden Rechnung trägt, Schädlinge und Krankheiten bekämpft

1

Werkzeug und Gartenzubehör

Einen Garten das ganze Jahr hindurch in gutem, möglichst gepflegtem Zustand zu haben, erfordert einen gewissen Aufwand, der in Routinearbeiten wie Rasenmähen, Harken und gelegentlich anfallenden Tätigkeiten wie Heckenscheren und Umgraben besteht. Es ist zwar unnötig, sich das komplette Angebot an Gartengeräten zuzulegen, aber gutes und zweckentsprechendes Werkzeug erleichtert die Arbeit zweifellos und führt zu professionelleren Resultaten. Außer der Grundausstattung, wie Spaten, Rechen und Grabgabel, die fast ständig in Gebrauch sind, gibt es andere wichtige Werkzeuge und Zubehör, ohne die man kaum auskommen wird. Dazu können je nach individuellen Erfordernissen eine Schubkarre für den Transport von Gartenerde und Abfällen, ein Rasensprenger oder ein Vorrat an Saatgefäßen gehören. Am besten überlegt man erst einmal, welche Arbeiten im eigenen Garten anfallen, und wählt dann die Gerätschaften entsprechend aus. Wichtig ist, daß alles funktional, haltbar, bequem zu benutzen und effektiv ist.

Kauf und Benutzung von Geräten

Die meisten modernen Gartengeräte basieren auf traditionellen Formen, die nur in wenigen Fällen verbessert oder variiert wurden. Es gibt aber auch einige ganz neue Werkzeuge. Häcksler und Rasentrimmer z.B. waren bis in die 80er Jahre kaum bekannt; heute haben sie sich durchgesetzt, weil sie Anforderungen genügen, die mit herkömmlichen Geräten nicht zu bewältigen wären.

Beim Kauf ist es v.a. wichtig, auf die Zweckmäßigkeit der Geräte zu achten; sie sollen exakt die Aufgabe erfüllen, für die sie gedacht sind. Überlegen Sie deshalb genau, wofür und wie oft Sie das Werkzeug benötigen werden. So genügt z.B. eine einfache, preiswerte Gartenschere, wenn Sie nur einmal im Jahr ein paar Rosensträucher schneiden wollen; bei ausgiebigerer Benutzung jedoch empfiehlt sich ein hochwertiges, belastbareres Modell. Prüfen Sie daher immer, ob das jeweilige Gerät

- seine Funktion optimal erfüllt,
- in Größe und Ausführung Ihren Bedürfnissen entspricht,
- bequem zu handhaben ist.

Ziehen Sie für große Gärten und besonders aufwendige Arbeiten auch motorgetriebene Werkzeuge in Betracht; da sie teuer und nicht ganz ungefährlich in der Handhabung sind, müssen sie aber wirklich unerläßlich für Ihre Gartenarbeit sein.

Wichtig ist auch die sorgfältige Pflege der Geräte. Reinigen Sie sie sofort nach Gebrauch von Erde, Gras oder sonstigen Pflanzenrückständen, und reiben Sie Metallteile mit einem Öllappen ab; Schneidewerkzeug muß außerdem regelmäßig geschliffen werden. Gartengeräte, die im Winter nicht benötigt werden, sollte man besonders gut einfetten und bis zur nächsten Saison an einem trockenen Platz aufbewahren.

Weiterhin sind Kosten und Lagerraum zu berücksichtigen: Ein Gerät, das nur selten gebraucht wird, könnte man eventuell auch ausleihen, statt es zu kaufen, v.a. wenn es relativ teuer und sperrig ist.

Gartengerät ausleihen

Wenn Sie ein Gerät ausleihen wollen, bestellen Sie es rechtzeitig, besonders in Zeiten, in denen die Nachfrage voraussichtlich groß ist, und erkundigen Sie sich, ob die Verleihfirma es auch anliefert und wieder abholt.

Überprüfen Sie den Zustand der Geräte, weil ihre Handhabung, v.a. wenn sie motorgetrieben sind, gefährlich sein kann. Deshalb sollten Sie stets:

- Im Zweifelsfall ein Werkzeug ablehnen, bei dem anscheinend Teile fehlen oder lose sind.
- Stark vibrierende Geräte auf gelockerte Teile hin untersuchen.
- Motorgetriebene Geräte starten und darauf achten, ob sie nicht übermäßig laut sind oder vibrieren.
- Prüfen, ob elektrische Geräte die richtige Spannung haben oder ob gegebenenfalls ein Transformator mitgeliefert wird. Achten Sie, auch wenn das Werkzeug funktioniert, auf ausgefranste, beschädigte oder freiliegende Kabel.
- Bei Viertaktmotoren auch Öl und Getriebe überprüfen.
- Sich Geräte, mit denen Sie noch nie gearbeitet haben, vorführen und erklären lassen; das gilt besonders für gefährliche Werkzeuge wie Kettensägen.
- Eventuell Schutzkleidung kaufen oder ausleihen (z.B. Brille, Handschuhe, Ohrenschützer).
- Etwaige Mängel auf dem Lieferschein oder Vertrag vermerken, bevor Sie unterschreiben.

Sicherheitsmaßnahmen

Wenn Sie sich über die Handhabung eines Geräts nicht ganz sicher sind, holen Sie beim Kauf oder beim Ausleihen genaue Erkundigungen ein. Achten Sie auch auf das Gewicht und die Länge der Arbeitswerkzeuge, sonst wird die Arbeit zu mühsam, und Sie bekommen möglicherweise Rückenschmerzen. Befolgen Sie etwaige Sicherheitsvorschriften unbedingt (meist Hinweise in den Gebrauchsanweisungen). Achten Sie in Ihrem eigenen Interesse darauf, daß Netzgeräte einen Erdschlußschutz haben, der die Stromzufuhr bei Verluststrom in Mikrosekunden unterbricht.

Richtiges Umgraben
Mit geradem Rücken umzugraben, zu hacken oder zu rechen, führt nicht so leicht zu Rückenschmerzen.

Motorgetriebene Geräte
Seien Sie im Umgang mit ihnen besonders vorsichtig, und tragen Sie immer Schutzkleidung.

Geräte zur Bodenbearbeitung

Welche Werkzeuge Sie zur Bodenbearbeitung brauchen, hängt vom Typ Ihres Gartens ab. Wenn Sie hauptsächlich Gemüse ziehen oder einen neuen Garten anlegen, werden in erster Linie Grabwerkzeuge benötigt. In einem fertig angelegten, eingewachsenen Garten mit Rasen und Blumenrabatten sind Geräte wie Hacken wichtiger.

Spaten

Der Spaten ist für Bodenarbeiten unentbehrlich. Er dient zum Umgraben und Ausheben von Pflanzlöchern für Gehölze. Es gibt zwei Haupttypen: den normalen Gärtnerspaten und den kleineren Junior- oder Damen-Spaten. Manche Hersteller bieten noch eine Zwischengröße an, die ebenfalls zum Umgraben geeignet, aber leichter als der Gärtnerspaten ist.

Manche Spaten haben einen Auftritt, mit dem man das Blatt leichter in die Erde treiben kann und das das Schuhwerk schont; sie sind allerdings schwerer und teurer. Für sehr aufwendige Grabarbeiten empfiehlt sich eventuell ein noch größerer Spaten mit einer Blattgröße von 30 x 20 cm.

Wenn Ihnen das Graben zu anstrengend ist, kann sich auch die Anschaffung eines mechanischen Spatens lohnen – auch den gibt es bereits.

STANDARD-SPATEN
Er ist gut geeignet für das Ausheben größerer Mengen Erde, allerdings schwer und deshalb für manchen leicht unbequem. Das rechteckige Blatt mißt 28 x 19 cm.

EDELSTAHLBLATT
Es erleichtert das Umgraben, weil die Erde nicht daran haften bleibt, und rostet nicht.

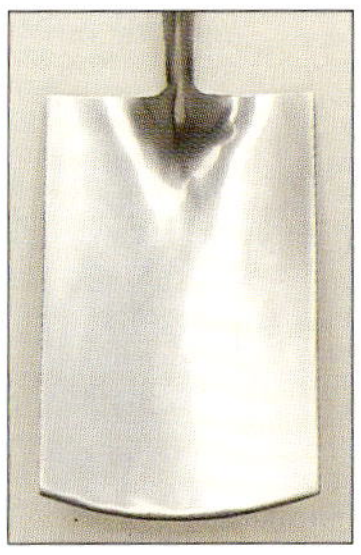

MECHANISCHER SPATEN
Mit seinem Feder-und-Hebel-System wirft er die Erde auf, ohne daß man sich bücken muß. Er ist teuer, aber gut für Behinderte oder Leute mit Rükkenproblemen.

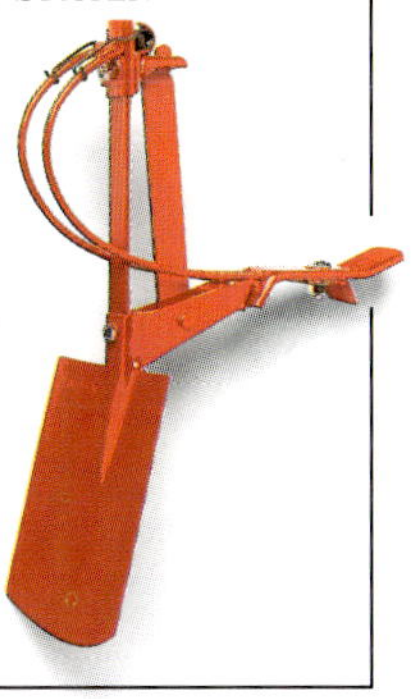

DAMEN-SPATEN
Mit seinem nur 23 x 13 cm großen Blatt ist er zum Graben auf beschränktem Raum, etwa in einer Rabatte, aber auch für andere leichte Arbeiten geeignet.

Grabgabeln

Grabgabeln sind vielseitig verwendbar, z.B. für das Ausnehmen von Hackfrüchten (die durch einen Spaten leicht beschädigt werden), den Transport von Dung und Kompost. Sie haben meist vier im Querschnitt quadratische Zinken und sind allgemein in Standard- und Kleinformat erhältlich. Weniger üblich ist hier eine Zwischengröße.

Gelegentlich findet man auch andere Varianten. Eine Kartoffelgabel z.B hat breitere, flache Zinken, die normalerweise auch länger sind als bei einer Standardgabel. Beim Umgraben von schwerem Boden ist sie manchmal leichter zu handhaben als ein Spaten.

Blatt und Tülle einer Grabgabel sollten aus einem Stück bestehen. Der Stiel ist durch eine lange Fassung mit der Tülle verbunden. Bei Gabeln mit kürzerer Tülle ist das Blatt mit zwei langen Metallzungen am Stiel festgemacht. Sie sind jedoch nicht so haltbar und deshalb inzwischen kaum noch üblich.

GRABGABEL
Diese Gabel dient zum Umgraben von schwerem Boden, zum Herausheben von Gemüse und zum Transport von Lasten, wird aber gelegentlich als schwer handhabbar empfunden. Die eigentliche Gabel mißt ca. 30 x 20 cm.

KARTOFFELGABEL
Sie ist mit ihren flachen Zinken zum Aufnehmen von Kartoffeln gedacht, kann jedoch auch zum Graben benutzt werden.

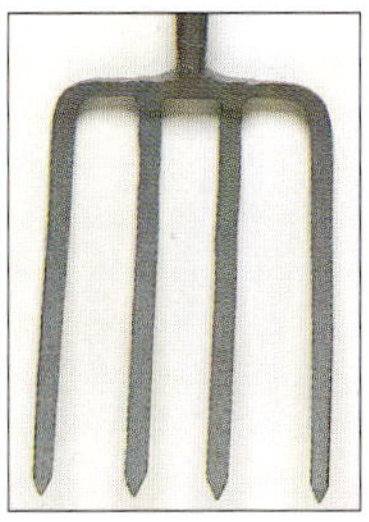

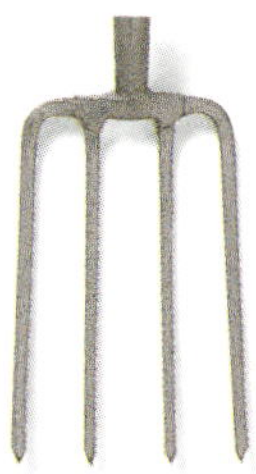

DAMEN-GRABGABEL
Sie ist wegen ihres kleinen Formats – das Blatt mißt 23 x 14 cm – und ihres geringen Gewichts v.a. zum Graben auf beschränktem Raum gut geeignet.

Welches Metall?

Für die meisten Gartengeräte wird gehärteter Stahl verwendet, der, wenn man das Werkzeug nach Gebrauch reinigt und einfettet, nicht rostet und geschliffen werden kann. Edelstahl ist teurer und läßt sich nicht schleifen, erleichtert jedoch das Graben, weil die Erde nicht am Blatt haftet. Geräte mit einer »haftfreien« Beschichtung erleichtern zwar die Arbeit, aber die Beschichtung kann sich nach längerem Gebrauch abnutzen.

Stiele und Griffe

Spaten und Grabgabel sollten die richtige, d.h. dem Benutzer angepaßte Länge haben, um keine Rückenschmerzen zu verursachen. Die Standardlänge eines Stiels ist 70–75 cm; ein längerer Stiel von bis zu 95 cm wird für jemanden, der über 1,70 m groß ist, bequemer sein.

Stiele bestehen aus Holz oder Metall, letzteres manchmal mit Kunststoff beschichtet. Beide sind im allgemeinen stabil, doch selbst Metallstiele können brechen, wenn sie zu stark belastet werden, und lassen sich im Gegensatz zu Holzstielen nicht ersetzen. Außerdem liegen sie kälter in der Hand. Fassen Sie das Gerät an, und stellen Sie fest, welches sich für Sie am besten und angenehmsten anfühlt.

»D«-GRIFF
Der verbreitetste Typ; kann aber für Menschen mit großen Händen unbequem zu halten sein.

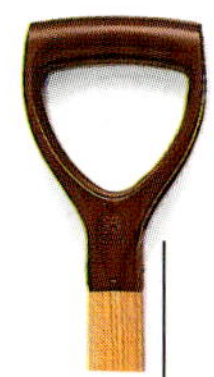

»Y«-GRIFF
Er ähnelt dem »D«-Griff, ist jedoch nicht so stabil, weil er durch Spalten des Stiels gefertigt wurde.

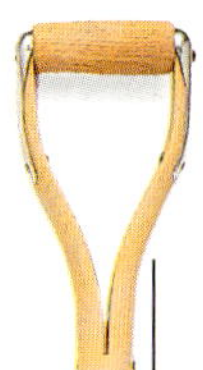

»T«-GRIFF
Er besteht aus einem Querholz am oberen Ende des Stiels. Manche Gärtner arbeiten gern damit, aber er ist nicht überall erhältlich.

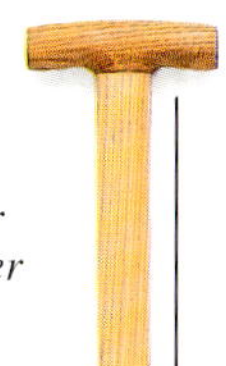

Hacken

Hacken sind ideal zum Jäten und Lockern des Bodens; mit manchen Typen kann man auch Saatfurchen ziehen. Am vielseitigsten verwendbar ist wahrscheinlich der Schuffel, der sich ideal zum Jäten eignet. Außer Zieh-, Schlag- und Zwiebelhakken sind für diverse Verwendungszwecke Spezialhacken erhältlich.

ARBEITEN MIT DEM SCHUFFEL
Schuffel so halten, daß die Schnittkante parallel zur Erdoberfläche liegt.

SCHUFFEL
Diese Stoßhacke ist hervorragend zum Jäten geeignet. Sie erfaßt flachwurzelndes Unkraut, ohne die Wurzeln anderer Pflanzen zu beschädigen.

KOMBINATIONSHACKE
Damit entfernt man Unkraut und lockert den Boden. Mit den Zinken können Sie Saatfurchen ziehen.

DREIECKSHACKE
Die Spitze dient zum Ziehen einer V-förmigen Furche, die flache Seite zum Jäten auf engem Raum.

SCHLAGHACKE
Diese Hacke mit den meißelartigen Messern führt man mit hin- und herschwingenden Bewegungen durch den Boden.

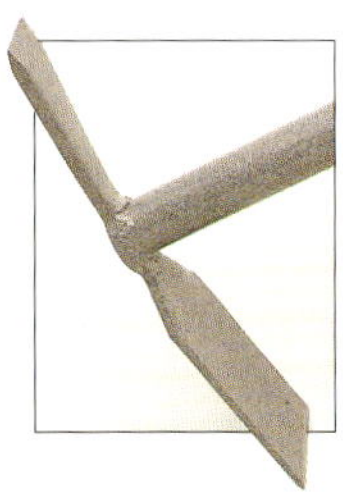

Kurzstielige Hacke für kleine Flächen

ZWIEBELHACKE
Diese kleine Hacke (oben), auch Hand- oder Steingartenhacke genannt, dient zum Jäten zwischen Zwiebeln und anderen dichtwachsenden Pflanzen, wo eine normale Hacke Schaden anrichten könnte. Sie ist die kurzstielige Version einer Ziehhacke und wird im Knien oder Hocken benutzt.

Die Einkerbungen gewährleisten einen sicheren Griff.

ZIEH- ODER BLATTHACKE
Mit dieser Hacke (rechts) kann man jäten, den Boden lockern sowie flache, mit der Ecke auch V-förmige Furchen ziehen.

Aufgrund des geschwungenen Halses werden die Pflanzen nicht so leicht beschädigt, wenn man zwischen ihnen hackt.

Harken

Mit Harken zerkrümelt und glättet man den Boden vor der Aussaat und recht Gartenabfälle zusammen. Neben der Gärtnerharke gibt es noch den Fächerbesen (siehe »Rechen und Vertikutierer«, S. 467).

Die Harke aus einem Stück ist stabiler als die genietete, und je mehr Zähne sie hat, desto schneller ist die Arbeit getan; 12 sind angemessen, 16 oder mehr für große Flächen empfehlenswert. Hier ist auch eine 1 m breite Holzharke nützlich.

Kopfenden und Stiele

Die meisten Kopfenden von Harken und Hacken bestehen aus gehärtetem Stahl; Edelstahl ist teurer, aber besser, weil er leichter zu säubern ist und nicht rostet. Manche Harken haben eine »haftfreie« Beschichtung.

Die Stiele bestehen aus Holz, Aluminium oder kunststoffüberzogenem Metall. Wichtig ist die Länge: Man sollte beim Hacken oder Harken aufrecht stehen können. 1,50 m reichen meist aus, aber es sind auch längere Stiele erhältlich.

GÄRTNERHARKE
Diese Harke hat kurze, breite, abgerundete Zähne und dient zum Begradigen und Zerkrümeln des Bodens sowie für Säuberungsarbeiten im Garten.

GENIETETE HARKE
Diese billigere Harke hat nagelartige, angenietete Zähne.

Handspaten und -gabeln

Ein Handspaten dient dazu, Löcher für kleine Pflanzen und Zwiebeln auszuheben. Eine Hand- oder Unkrautgabel benutzt man zum Jäten, zum Herausnehmen kleinerer Gewächse und zum Einpflanzen.

Blätter und Zinken sind meistens aus rostfreiem, beschichtetem (d.h. verchromtem) oder gehärtetem Stahl. Rostfreier Stahl ist leichter zu reinigen als gehärteter, dafür aber teurer. Beschichtungen nutzen sich mit der Zeit ab. Manche Handspaten haben zur besseren Hebelwirkung bis zu 30 cm lange Griffe. Mit 1,20 m langen Handgabeln muß man sich nicht bücken, wenn man den hinteren Teil einer Rabatte jätet. Holz-, Kunststoff- und kunststoffbeschichtete Metallgriffe liegen gut in der Hand; Griffe aus purem Metall werden leicht kalt.

HANDGABEL
Damit hebt man kleine Pflanzen aus dem Boden und lockert die Erde beim Jäten. Besonders gut eignet sie sich für schweren Boden.

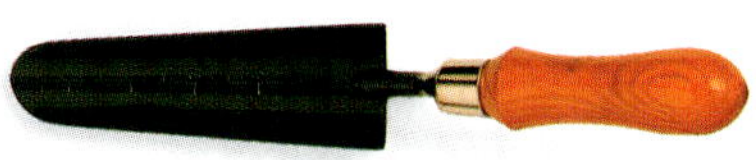

SCHMALER HANDSPATEN
Ein ideales Werkzeug für Arbeiten auf sehr engem Raum wie auch für viele Tätigkeiten beim Umpflanzen.

BREITER HANDSPATEN
Mit ihm werden Zwiebeln und Beetpflanzen sowie andere kleine Gewächse z.B. in Töpfe und Blumenkästen gepflanzt.

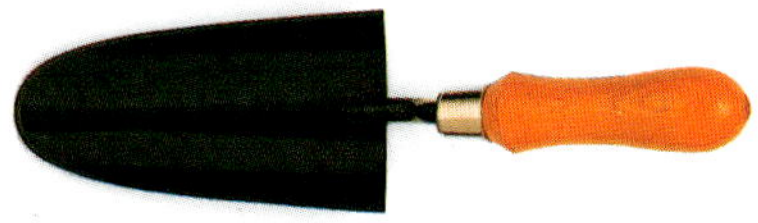

Jätwerkzeuge

Zum Jäten zwischen Steinen oder Ziegeln ist der Fugenkratzer mit seinem schmalen, gekrümmten Blatt ideal. Der »Gänseblümchen-Stecher« hat ein längliches, gegabeltes Blatt, mit dem man Unkraut aus dem Rasen aussticht.

SPEZIELLES JÄTWERKZEUG
Einen Fugenkratzer (rechts) verwendet man in schmalen Ritzen. Mit dem Unkrautstecher (rechts außen) entfernt man zwischen Gras wachsendes Unkraut.

Manuelle Kultivatoren

Ein Kultivator dient dazu, die Oberfläche des Bodens oder auch die Wurzeln von Unkraut zu lockern. An einem langen Stiel sitzen drei oder fünf Zinken oder Scharen aus Metall, die man, gewöhnlich im Stehen, durch die Erde zieht. Es gibt auch verstellbare Modelle.

Für bestimmte Arbeiten bieten sich Spezialkultivatoren an. Das Gartenwiesel z.B. zerbröselt die Erde in feine Krumen und ist deshalb gut geeignet, ein Beet aussaatfertig zu machen.

VERSTELLBARE MODELLE
Kultivatoren, bei denen sich die mittleren Zinken herausnehmen lassen, dienen dazu, beiderseits einer Setzlingsreihe zu hacken. Ein abnehmbarer Stiel kann für andere passende Werkzeugaufsätze, etwa eine Harke oder Hacke, verwendet werden.

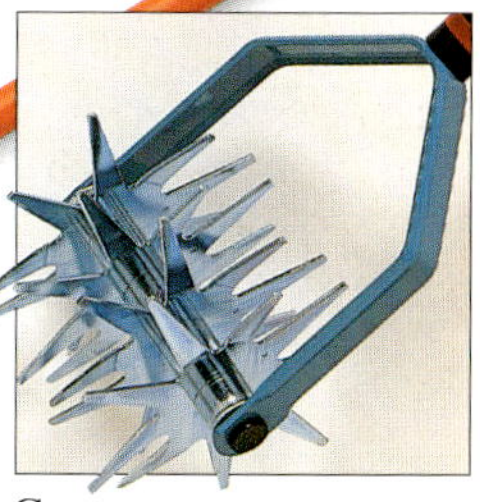

GARTENWIESEL
Damit wird die Erde fein zerkrümelt.

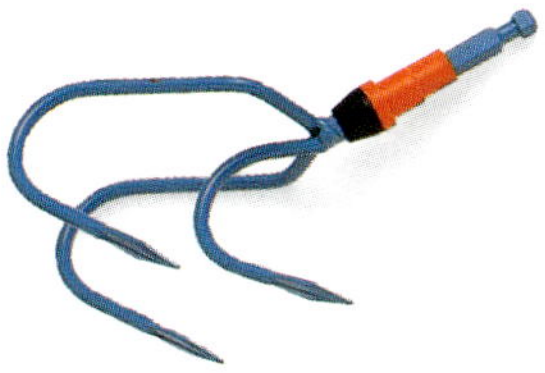

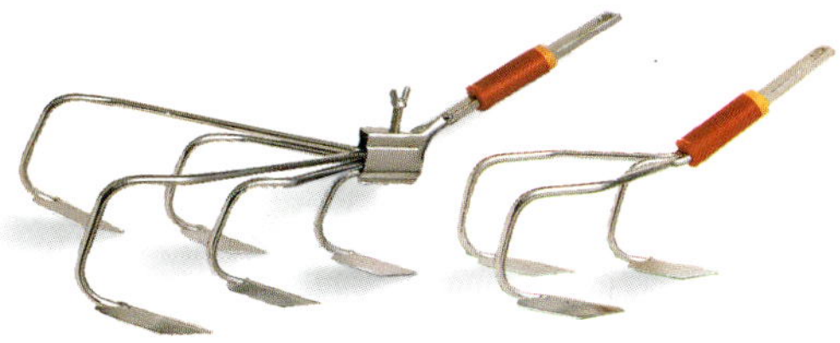

ABNEHMBARE ZINKEN
Wenn man auf sehr engem Raum arbeitet, kann es zweckmäßig sein, einige Zinken herauszunehmen.

Motorgetriebene Kultivatoren

Mit einem motorgetriebenen Kultivator bewältigt man aufwendige und schwere Arbeiten wie das Umgraben und Durchpflügen stark vernachlässigter Böden. Er lockert die festgewordene Erde und zerkleinert sie so fein, daß man darin säen und pflanzen kann. Allerdings eignet er sich nicht für dichtbepflanzte Flächen. Kultivatoren mit Benzinmotor sind leistungsfähig und werden mit viel Zubehör angeboten, erfordern jedoch mehr Pflege als elektrische, die sich wiederum für kleinere Flächen empfehlen. Sie sind einfacher zu manövrieren, leiser und billiger als benzingetriebene, aber schleifende Kabel können problematisch sein.

Bei den meisten dieser Geräte ist die Grifflänge verstellbar. Manche haben auch einen drehbaren, seitlich einrastenden Griff, so daß man neben der Maschine hergehen kann, ohne den soeben gelockerten Boden gleich wieder festzutreten.

Es gibt drei Haupttypen:
Kultivatoren mit Frontantrieb haben hinter den Antriebsrädern Rotoren. Sie sind leicht zu lenken, aufgrund ihrer Gewichtsverteilung aber nicht für tiefe Grabarbeiten geeignet.
Kultivatoren mit Mittelantrieb werden eher von den Rotoren als den Rädern angetrieben. Das kann die Lenkung erschweren, ermöglicht aber tieferes Graben als mit dem frontgetriebenen Typ.
Kultivatoren mit Heckantrieb lassen sich an schwierigen Stellen am besten manövrieren und pflügen tief. Die Rotoren sind vorn an einem Ausleger angebracht. Das Lenken der Maschinen kann anstrengend sein.

KARTOFFELAUFNEHMER
Dieses Zusatzteil holt die Kartoffeln aus der Erde, so daß man sie leicht aufsammeln kann.

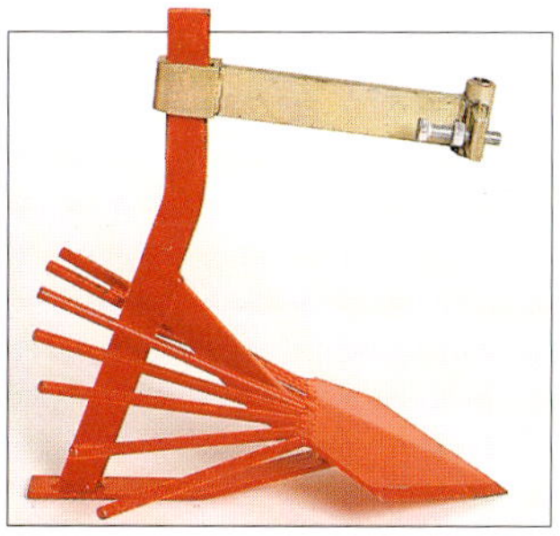

KULTIVATOR MIT FÜNF GÄNSEFUSS-SCHAREN
Abstand und Höhe der Scharen sind bei diesem Zubehörteil verstellbar.

MOTORGETRIEBENER PFLUG
Dieses benzingetriebene Modell mit Frontmotor ist stabil und einfach zu bedienen, zwar teuer, aber hervorragend für die Bearbeitung großer Flächen geeignet.

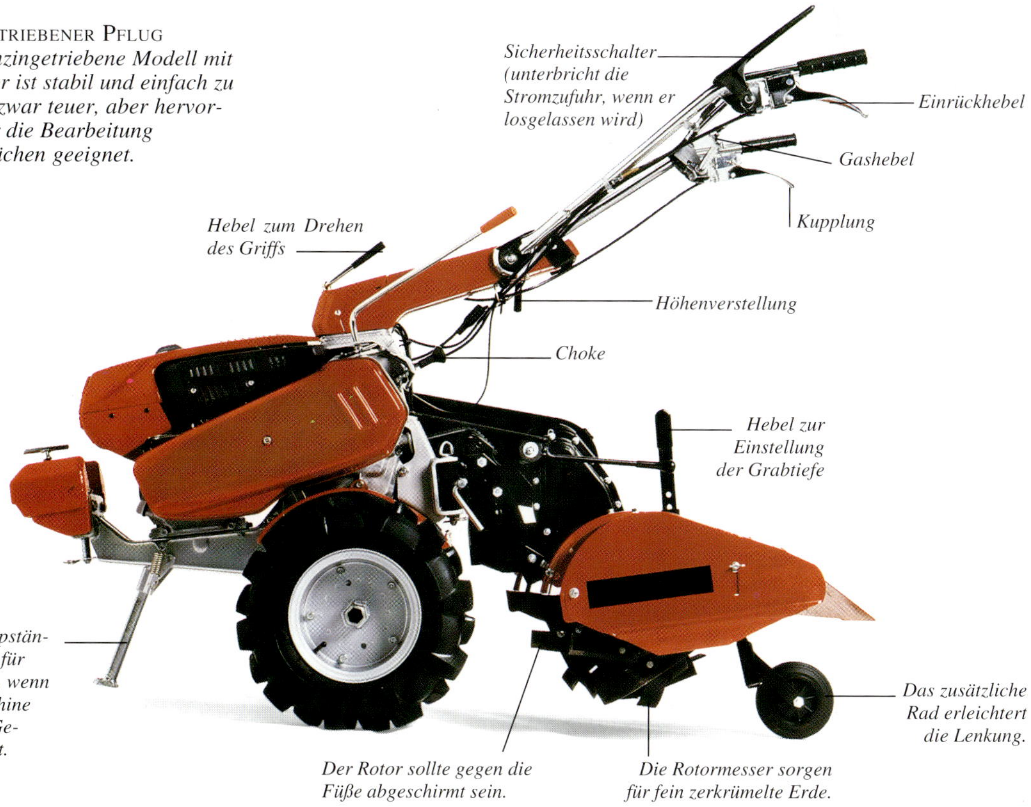

Schneidewerkzeuge

Beim Pflanzenschnitt ist es besonders wichtig, das richtige Werkzeug zu benutzen, das scharf genug sein muß, um damit mühelos saubere und glatte Schnitte durchzuführen. Durch stumpfe Klingen können schartige Wunden entstehen, die die Pflanze für Infektionen anfällig machen. Seien Sie besonders vorsichtig im Umgang mit elektrischen Geräten (siehe auch »Sichere Elektrik«, S. 464).

Bypass-Rosenschere
Diese Schere hat oben eine konvexe, scharfe Schneide aus Stahl, die auf einen abgeplatteten unteren Schenkel trifft.

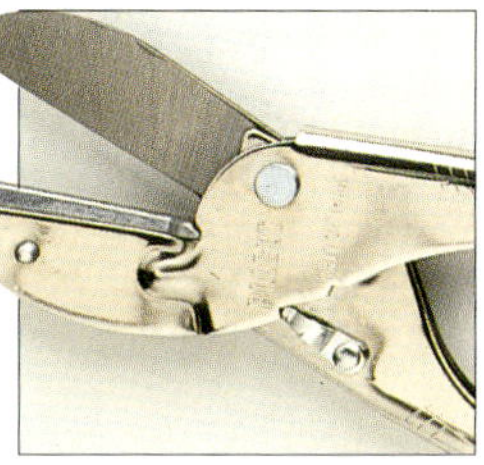

Amboss-Schere
Wenn sie nicht scharf geschliffen ist, wird der Zweig abgequetscht statt abgeschnitten.

Schnabelschere
Sie macht einen sauberen Schnitt, aber man sollte keine mehr als 1 cm dicken Zweige mit ihr schneiden.

Rosen-Greifschere
Der Blumenstengel wird nach dem Abschneiden festgehalten.

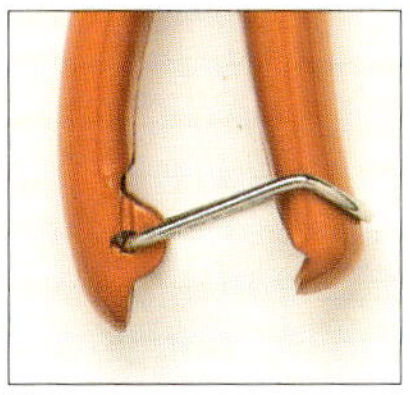

Verriegelung
Zum Zusammenhalten der Griffe.

Ratsche
Erleichtert das Durchtrennen dicker Äste.

Rosenscheren

Mit Rosenscheren schneidet man bis zu 1 cm dicke, verholzte Stiele sowie krautige Stengel und Triebe beliebiger Dicke; auch Stecklinge lassen sich damit abknipsen. Man kann sie mit einer Hand benutzen, und sie sind leichter und ungefährlicher zu handhaben als ein Messer, vor allem von weniger erfahrenen Gärtnern.

Es gibt drei Haupttypen von Rosenscheren: Bypass-, Schnabel- und Amboßscheren. Bypass- und Schnabelscheren schneiden ähnlich wie normale Scheren, Amboßscheren haben oben eine Klinge mit gerader, scharfer Schnittkante, die unten auf einen abgeplatteten Schenkel trifft. Bei manchen Modellen sind die Klingen parallel gelagert, wodurch ein Wegrutschen des Zweigs verhindert wird.

Zum Schneiden weicher Stengel reicht eine leichte, preiswerte Schere. Für holzige, bis zu 1 cm dicke Zweige von Obstbäumen und Sträuchern sollte man ein leistungsfähigeres Modell wählen.

Prüfen Sie, falls möglich, ob die Rosenschere einfach und bequem zu bedienen ist; Material und Form des Griffs, Öffnungsweite der Klingen und Spannung der Feder können sehr unterschiedlich sein. Metallgriffe fühlen sich oft kalt an, aber die meisten Griffe sind heutzutage aus Kunststoff oder kunststoffbeschichtetem Metall. Jede Schere hat eine Verriegelung, mit der man sie schließt. Probieren Sie, ob sie gut mit einer Hand zu halten ist und nicht etwa wegrutscht.

Die Klingen von Rosenscheren können aus Edelstahl, gehärtetem oder beschichtetem Stahl bestehen. Beschichtete sind leicht zu säubern, aber nicht so haltbar wie die anderen, die länger scharf bleiben. Achten Sie beim Kauf einer hochwertigen Schere darauf, daß sich die Klingen ohne Spezialwerkzeug zum Schleifen herausnehmen bzw. durch neue ersetzen lassen.

Manche Modelle haben eine ratschenartige Vorrichtung, mit der man einen Zweig in Etappen schneiden kann. Das macht die Arbeit weniger anstrengend, doch sie dauert länger.

Rosen-Greifscheren halten den Stengel der Blume nach dem Abschneiden fest. Ihr Kauf lohnt sich nur, wenn man sie oft benutzt, sonst reicht eine normale Schere zum Rosenschneiden.

Pflege

Reinigen Sie die Klingen von Schneidewerkzeugen nach Gebrauch mit einem Öllappen oder einer Drahtbürste, und fetten Sie sie danach ein. Ziehen Sie die Klingen von Gartenscheren ab und zu an, damit sie wirklich gut funktionieren.

Meist sind Schneidegeräte einfach zu schleifen. Nehmen Sie sehr stumpfe oder beschädigte Klingen heraus, und schleifen oder ersetzen Sie sie.

Stangenscheren

Eine langstielige Astschere dient zum Schnitt von 1-2,5 cm dicken, verholzten Stengeln oder Zweigen sowie von dünneren Zweigen, die mit einer Rosenschere schwer zu erreichen sind.

Der lange Griff verbessert die Hebelwirkung und erleichtert so das Schneiden. Er besteht oft aus Holz, kunststoffüberzogenem Stahlrohr oder Aluminium. Die Klingen sind aus Edelstahl, beschichtetem oder gehärtetem Stahl.

Achten Sie darauf, daß die Astschere nicht zu schwer ist, um sie mühelos längere Zeit mit ausgestrecktem Arm oder über dem Kopf halten zu können.

Die meisten Astscheren haben einen sog. Bypass-Mechanismus, andere sind Amboßscheren. Für welchen Typ man sich entscheidet, ist Sache des persönlichen Geschmacks. Gelegentlich findet man Modelle mit Ratsche, die nützlich beim Durchschneiden sehr dicker oder zäher Zweige sind, weil sie nicht so viel Kraftanstrengung verlangen.

Regelmäßige Pflege ist erforderlich, um die Astschere in gutem Zustand zu erhalten.

Langstielige Bypass-Astschere
Mit ihr schneidet man Zweige, die höher sitzen und zu zäh oder zu dick für eine normale Rosenschere sind.

Amboss-Astschere
Zum Ästeschneiden sind die Schenkel weit zu öffnen.

Baummesser

Mit einem Baummesser schneidet man bis zu 2,5 cm dicke Zweige, die anders nicht zu erreichen sind. Das Schneidegerät sitzt am Ende einer meist 2-3 m langen Stange, die aber auch bis zu 5 m messen kann. Die Klinge wird über einen Hebel oder eine Schnur in Betrieb gesetzt; beide Systeme sind effizient, allerdings ist der Hebel beliebter. Bei manchen Modellen mit Schnur ist die Stangenlänge verstellbar. Einige Baummesser haben zusätzliche Vorrichtungen zum Sägen oder Obstpflücken.

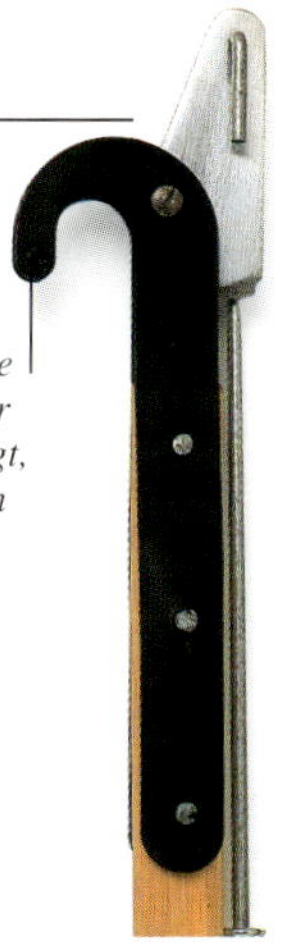

BAUMMESSER

Das gekrümmte Ende wird über den Ast gehängt, der geschnitten werden soll.

Gartensägen

Gartensägen eignen sich vor allem dafür, mehr als 2,5 cm dicke Äste zu entfernen. Da das Sägen auf engem Raum zwischen den anderen Zweigen in oft ungünstigem Winkel schwierig sein kann, werden verschiedene Typen angeboten. Am weitesten verbreitet sind: Allzwecksägen, Rebsägen, Klappsägen und Bügelsägen. Unter Umständen ist für unterschiedliche Arbeiten die Anschaffung mehrerer Sägen erforderlich. Die Rebsäge ist für den Freizeitgärtner besonders praktisch.

Alle Gartensägen sollten spezialgehärtete, hitzebehandelte Zähne haben, die länger scharf bleiben als die bei einer normalen Säge. Sie müssen vom Fachmann geschliffen werden.

Die Griffe sind aus Kunststoff oder Holz; entscheiden Sie, welches Material sich für Sie am besten anfühlt und sicherer in der Hand liegt. Kerben Sie den Ast an der Stelle ein, wo Sie die Säge ansetzen wollen, um das Risiko zu vermindern, daß sie abrutscht.

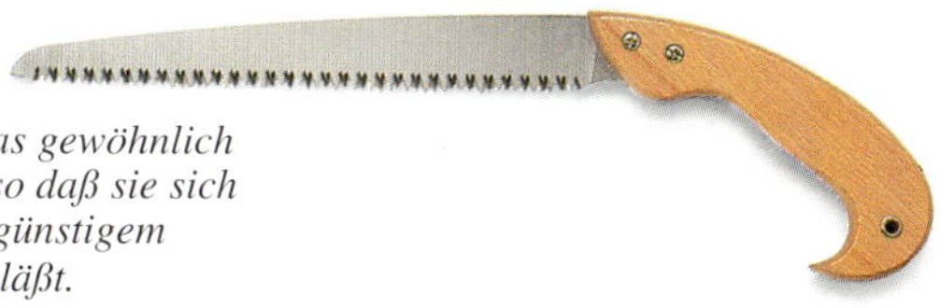

ALLZWECK-GARTENSÄGE
Diese Säge hat ein Blatt, das gewöhnlich nicht länger als 45 cm ist, so daß sie sich auf engem Raum und in ungünstigem Winkel einfach handhaben läßt.

REBSÄGE
Mit ihrem gekrümmten Blatt ist sie gut geeignet für Arbeiten auf engem Raum. Außerdem sägt sie nur beim Ziehen, wobei sich, wenn nur begrenzt Platz ist, mehr Druck ausüben läßt als beim Schieben.

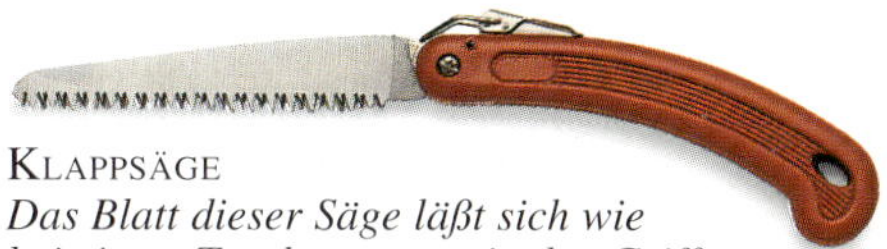

KLAPPSÄGE
Das Blatt dieser Säge läßt sich wie bei einem Taschenmesser in den Griff klappen. Man kann mit ihr nur kleine Zweige abtrennen, da sie schließlich in eine Tasche passen soll.

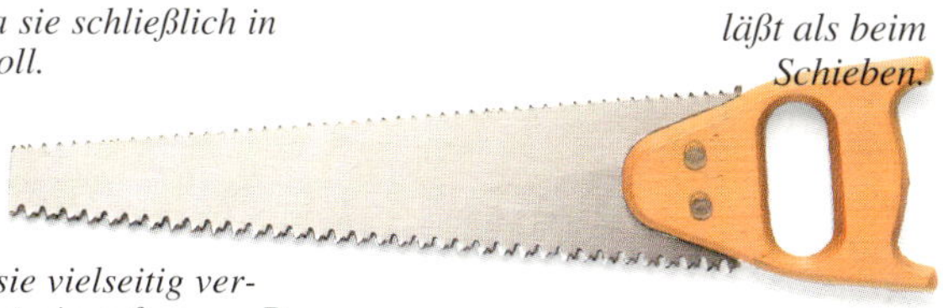

ZWEISCHNEIDIGE GARTENSÄGE
Mit ihrer Grob- und Feinzähnung ist sie vielseitig verwendbar, schwierig ist, sie auf engem Raum zu handhaben, ohne Nachbarzweige zu beschädigen.

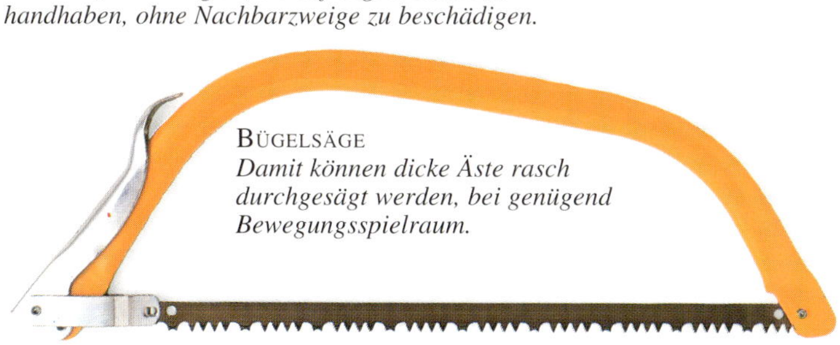

BÜGELSÄGE
Damit können dicke Äste rasch durchgesägt werden, bei genügend Bewegungsspielraum.

Gartenmesser

Gartenmesser verwendet man für Schneidearbeiten, für die man keine Rosenschere benötigt. Außerdem schneidet man damit Stecklinge ab, bereitet Pflanzen zur Veredlung vor und erntet Gemüse.

Es gibt unterschiedliche Modelle, darunter Allzweck-Gartenmesser, Stecklings- und Okuliermesser sowie Hippen. Die meisten haben eine Klinge aus gehärtetem Stahl, die entweder feststeht oder in den Griff einzuklappen ist. Achten Sie bei einem Klappmesser darauf, daß es sich leicht öffnen läßt, die Klinge aber dennoch nicht locker ist. Reinigen Sie die Klingen nach jedem Gebrauch und wischen Sie sie mit einem Öllappen ab. Schleifen Sie sie regelmäßig in derselben Richtung.

Viele Gärtner ziehen ein Messer mit Plastik- oder Holzgriff einem mit Metallgriff vor, der sich oft unangenehm anfühlt.

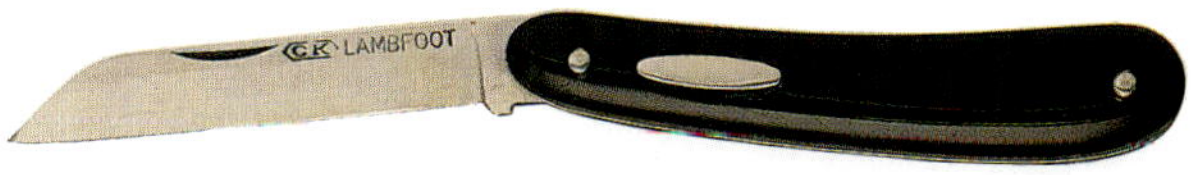

ALLZWECK-GARTENMESSER
Dieses Messer kann man für zahlreiche Tätigkeiten benutzen.

MEHRZWECK-GARTENMESSER
Es gibt unterschiedliche Modelle. Das hier abgebildete hat eine große Klinge für vielerlei Zwecke, eine kleine Okulierklinge sowie einen Löser.

STECKLINGSMESSER
Die gerade Klinge ist für generelle Auslichtungsarbeiten und beim Pfropfen einzusetzen.

OKULIERMESSER
Mit dem vorspringenden Teil der Klinge wird beim Okulieren die Rinde gelöst.

HIPPE
Mit der nach unten gebogenen Klinge lassen sich kontrollierte Schnitte ausführen.

Gartenscheren

Die Heckenschere dient hauptsächlich zum Schnitt von Hecken, ist aber auch auf kleinen oder schwer zugänglichen Flächen gut zum Schneiden von langem Gras (siehe auch »Geräte zur Rasenpflege«, S. 466-467) und für andere Arbeiten zu gebrauchen. Für Hecken mit vielen dicken Zweigen muß natürlich ein stabiles Modell angeschafft werden.

Überprüfen Sie vor dem Kauf, ob die Schere richtig zentriert und nicht zu schwer ist, weil sonst das Schneiden mit ihr zu sehr anstrengt.

Die meisten Scheren haben gerade, einige auch gewellte Schnittkanten, die starkes Holz leicht durchtrennen und verhindern, daß die Zweige beim Zusammendrücken der Klingen wegrutschen. Sie sind jedoch schwer zu schleifen (siehe auch »Pflege«, S. 462).

STANDARDSCHERE
Ein Schenkel ist meist eingekerbt, um den Zweig festzuhalten.

EINHAND-GARTENSCHERE
Diese Modelle haben einen Federmechanismus, der das Schneiden mit einer Hand erlaubt. Bei manchen lassen sich die Schenkel drehen – praktisch beim Kantenschneiden. Sie eignen sich für Gras oder weiche Stengel.

Motorgetriebene Heckenscheren

Für Gärten mit längeren Hecken lohnt sich die Anschaffung einer motorgetriebenen Heckenschere, da sie im Vergleich mit der manuellen Zeit und Kräfte spart.

Je länger das Messer, desto schneller kann die Hecke geschnitten werden und desto einfacher ist es, ihre Oberkante oder darüber hinaus ihre Rückseite zu erreichen. Heckenscheren mit überlangem Messer sind jedoch schwer und haben oft eine ungünstige Gewichtsverteilung. Im Normalfall genügt eine Länge von 40 cm; für große Heckenflächen sind 60 cm Messerlänge zeitsparender. Die Messer können ein- oder zweischneidig sein; mit letzteren läßt sich zwar noch schneller arbeiten, aber sie sind nicht ganz leicht unter Kontrolle zu halten.

Wie mühelos die Arbeit vonstatten geht, hängt auch von der Funktionsweise der Messer ab. Die meisten Gärtner ziehen Modelle vor, bei denen die Messer gegenläufig arbeiten. Heckenscheren mit einem beweglichen und einem feststehenden Messer vibrieren stark, deshalb ist ihre Handhabung anstrengend.

Sind die Messer sehr eng gezähnt, produziert man damit einen glatten, ebenmäßigen Schnitt; sind die Abstände größer, können dicke Zweige besser erfaßt werden, aber der Schnitt wird gröber.

SCHUTZKLEIDUNG
Tragen Sie Schutzkleidung, also eine Brille, Ohrenschützer und dicke Gartenhandschuhe (siehe auch S. 471), wenn Sie mit motorgetriebenen Geräten arbeiten.

MOTOR-HECKENSCHERE
Damit geht die Arbeit schneller vonstatten als mit einer Standard-Heckenschere. Elektrische Modelle sind leicht und einfach zu handhaben, benzingetriebene aber leistungsfähiger und nicht durch schleifende Kabel behindert.

Benzin oder Strom?

Heckenscheren gibt es mit Benzinmotor oder einem Elektromotor, der entweder über Netz oder Batterie gespeist wird. Benzingetriebene Modelle lassen sich überall einsetzen; sie sind leistungsstark und relativ vibrationsfrei, jedoch lauter, schwerer, teurer und aufwendiger zu warten als elektrische, die sich besser für Freizeitgärtner und kleinere Flächen eignen. Ihr geringeres Gewicht erleichtert die Handhabung; außerdem sind sie umweltfreundlicher und wesentlich billiger in der Anschaffung.

Heckenscheren mit Netzanschluß bieten sich für Hecken an, die nicht mehr als 30 m von der Stromquelle entfernt sind. Wie bei anderen elektrischen Geräten können schleifende Kabel störend und sogar gefährlich sein, und die Maschine darf nicht bei Nässe eingesetzt werden. Sicherheitsvorkehrungen sind bei der Benutzung dieses Werkzeugs äußerst wichtig: Ein Erdschlußschutz sollte immer vorhanden sein (siehe »Sichere Elektrik«, unten).

Batteriegeräte sind gut für Hekken in entlegenen Teilen des Gartens geeignet, wo kein Netzanschluß verfügbar ist. Meist werden sie mit einer Autobatterie betrieben. Ist diese voll aufgeladen, sind sie einigermaßen leistungsstark, aber es kann lästig sein, die Batterie überallhin mitzuschleppen und immer wieder neu aufzuladen. Batteriegetriebene Modelle sind teurer als Netzgeräte.

Wiederaufladbare Heckenschere

Heckenscheren mit aufladbarer Batterie haben keine Kabel, sind leicht zu manövrieren und relativ preiswert. Sie eignen sich bestens zum Trimmen kurzer, regelmäßig geschnittener Hekken, sind für dicke Zweige jedoch nicht leistungsfähig genug. Wegen des fehlenden Kabels gibt es bei diesen Modellen weniger Sicherheitsrisiken als bei Netzgeräten. Sie können mit einem speziellen Ladegerät wiederaufgeladen werden.

Buschhacker

Mit dem zusätzlichen Griff ist das Gerät besser auszubalancieren.

Mit einem Buschhacker schneidet man durch dichtes Unkraut, Unterholz und überlanges Gras. An dem rotierenden Kopf sitzt ein Metallmesser oder ein feingezähntes Blatt. Man kann mit ihm schwierigere Arbeiten erledigen als mit einem Rasentrimmer (siehe »Geräte zur Rasenpflege«, S. 466–67), dafür ist er mühsamer zu handhaben. Manche Modelle haben Plastikblätter, die jedoch nicht so haltbar sind. Einige sind zusätzlich mit einem Nylonfadenkopf ausgestattet.

Da sie leistungsstark sein müssen, haben die meisten Buschhacker einen Benzinmotor. Elektrisch betriebene Modelle sind nicht so schwer und laut, außerdem pflegeleichter, aber weniger effizient.

Kettensägen

Kettensägen werden zum Abtrennen dicker Äste und zum Baumfällen gebraucht. Da sie mit einer sehr schnell laufenden, gezähnten Kette arbeiten, können sie gefährlich sein und sollten mit größter Vorsicht benutzt werden; am besten läßt man sich darin unterweisen.

Elektrische Kettensägen sind für kleinere Arbeiten geeignet und billiger als benzingetriebene; aber auch hier sind strenge Sicherheitsvorkehrungen notwendig (siehe rechts).

Modelle mit Benzinmotor sind leistungsfähiger, dafür jedoch lauter und schwer. Außerdem erzeugen sie Abgase.

ELEKTRISCHE KETTENSÄGE
Eine elektrische Kettensäge eignet sich für die meisten Sägearbeiten; sie ist leichter und einfacher zu handhaben als ein benzingetriebenes Modell und erfordert im allgemeinen weniger Pflege.

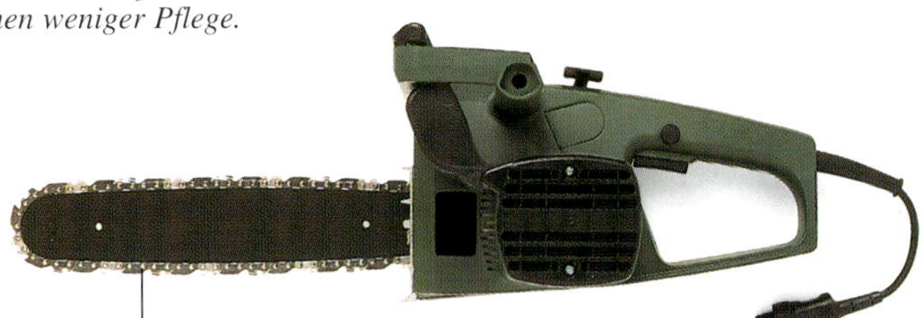

Gezähnte Kette

Sichere Elektrik

- Schleifende Kabel sind gefährlich, weil sie beim Arbeiten durchgeschnitten werden können, und sollten deshalb so kurz wie möglich gehalten werden.
- Lassen Sie daher draußen im Garten an geeigneten Plätzen von einem Fachmann Steckdosen installieren.
- Wenn das Gerät geerdet ist und Sie ein Verlängerungskabel benutzen, achten Sie darauf, daß es ebenfalls geerdet ist.
- Falls das Gerät nicht schon geschützt ist, bringen Sie einen Stecker mit Reststromableiter an, oder kaufen Sie einen entsprechenden Adapter, den Sie zwischen Stecker und Steckdose schalten.
- Benutzen Sie elektrische Geräte nicht, wenn es regnet oder kurz danach.
- Ziehen Sie immer den Stecker aus der Steckdose, bevor Sie das Gerät reinigen oder inspizieren.
- Berühren Sie ein beschädigtes Kabel nie, ohne vorher den Stecker aus der Dose zu ziehen.

Rasenmäher

Wählen Sie den Rasenmäher entsprechend der Größe Ihres Rasens und dem gewünschten Schnitt. Für kleine Flächen sollte ein Handmäher ausreichen. Motorgetriebene Modelle gibt es als Spindel-, Sichel- und Luftkissenmäher: Mit Spindelmähern gelingt der feinste Schnitt, Sichelmäher eignen sich besser für langes Gras, und Luftkissenmäher sind am einfachsten zu manövrieren.

Da der Rasen im Sommer kürzer gemäht werden sollte als im Herbst und Spätherbst, achten Sie darauf, daß die Schnitthöhe zu verstellen ist (siehe auch DER RASEN, »Häufigkeit und Höhe des Schnitts«, S. 285). Wenn das Mähgut nicht liegenbleiben soll, wählen Sie ein Modell mit Grasfangkorb (siehe auch »Grasfangkörbe«, S. 285).

Handmäher

Handmäher sind relativ preiswert und leise, sie haben keine störenden Kabel und erfordern wenig Pflege.

Es gibt zwei Typen: Mäher, die auf Rädern laufen, und solche, die von einer über eine schwere Walze gespannten Kette angetrieben werden. Mäher mit Rädern sind leicht zu schieben, können aber an den Rasenkanten Schwierigkeiten bereiten: Wenn die Räder keinen Kontakt mit dem Gras haben, drehen sich die Messer nicht. Außerdem bekommt der Rasen kein Streifenmuster. Mit dem Walzenmodell lassen sich die Kanten gut mähen.

Motorgetriebene Mäher

Motorgetriebene Mäher gibt es als Spindel- und als Sichel- oder Luftkissenmäher (die beide nach demselben Prinzip arbeiten). Sie haben Benzin- oder Elektromotoren. An steilen Hängen können sie gefährlich sein, da sie für ebene Flächen konzipiert sind.

Spindelmäher sind entweder mit selbstdrehenden oder motorgetriebenen Messern ausgestattet; letztere können mühsam zu manövrieren sein. Meist haben sie hinten eine Walze, durch die ein Streifenmuster entsteht; je schwerer sie ist, desto ausgeprägter das Muster.

Benzingetriebene Spindelmäher sind oft breiter als elektrische. Das verkürzt die Mähzeit, bewirkt aber ebenfalls Schwierigkeiten beim Manövrieren. Modelle zum Aufsitzen und Lenken sind nur für sehr ausgedehnte Rasenflächen zu empfehlen.

Sichel- und Luftkissenmäher haben herausnehmbare Metall- oder Kunststoffblätter, die das Gras beim Rotieren wie eine Sense horizontal durchschneiden. Sichelmäher laufen meistens auf Rädern, nur selten über eine Walze. Beide Typen eignen sich besser als Spindelmäher für leicht unebene Flächen oder längeres Gras, aber nur wenige Modelle können das Gras richtig kurzschneiden.

Welche Energiequelle?

Elektrizität ist bequemer und sauberer als Benzin, reicht aber für Hochleistungsmotoren nicht aus. Bei überlangem Gras oder auf sehr ausgedehnten Flächen kann sich ein Elektromäher überhitzen. Auch der Faktor Sicherheit muß berücksichtigt werden. Bei Netzanschluß können schleifende Kabel ein Risiko sein. Elektrische Mäher darf man nicht auf nassem Gras benutzen.

Benzingetriebene Mäher benötigen keine Kabel, sind aber teurer in der Anschaffung und Wartung. Eventuell starten sie nur, wenn sie eine elektrische Zündung haben.

Sicherheit

- Die Messer müssen so gesichert sein, daß sie nicht mit den Füßen des Benutzers in Kontakt kommen können. Tragen Sie beim Mähen auf jeden Fall festes Schuhwerk.
- Die Bremse muß die rotierenden Messer spätestens fünf Sekunden nach dem Abschalten anhalten.
- Der Mäher sollte eine Schaltersperre haben, so daß zwei Handgriffe erforderlich sind, um den Motor anzulassen, und Kinder ihn nicht versehentlich anschalten.
- Das Gerät sollte einen Sicherheitsschalter haben, der den Motor abstellt, wenn man ihn losläßt.

Pflege

- Nach dem Gebrauch den Stekker herausziehen, dann Motor und Messer reinigen.
- Stumpfe Messer ersetzen.
- Regelmäßig schmieren.
- Den Mäher einmal im Jahr warten lassen.
- Prüfen, ob Zündkerzen sauber und richtig eingestellt sind.
- Filter und Ansaugrohr benzingetriebener Mäher regelmäßig reinigen.
- Bei Viertaktmotoren ab und zu den Ölstand überprüfen.
- Benzin ablassen, bevor Sie den Mäher einlagern.

DEN RASENMÄHER AUSWÄHLEN

HANDMÄHER MIT WALZE
Mit diesem Mäher kann man gut bis zur Rasenkante oder darüber hinaus mähen, da die Spindelmesser von einer Walze bewegt werden.

MOTORGETRIEBENER SPINDELMÄHER
Dieser Mäher liefert einen feinen Schnitt und ist für einen hochwertigen Rasen vermutlich das Geeignetste. Die Spindelmesser werden von einer Walze bewegt.

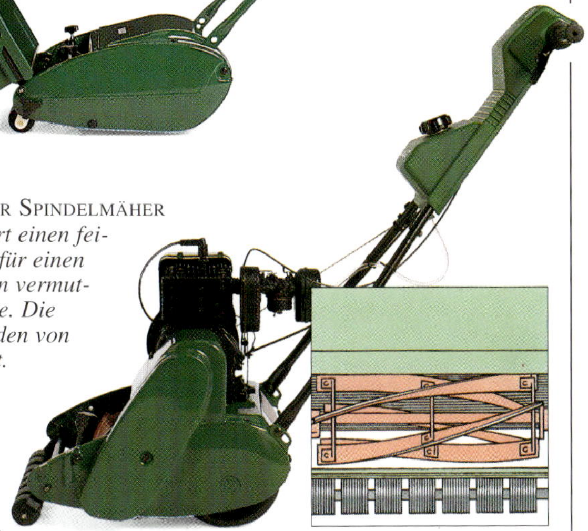

SPINDELMESSER
Die Messer sind schräg zur Achse des rotierenden Trommelkäfigs befestigt.

KUNSTSTOFFSCHEIBE
Die als billiges Ersatzteil erhältliche Scheibe schneidet das Gras durch horizontales Rotieren.

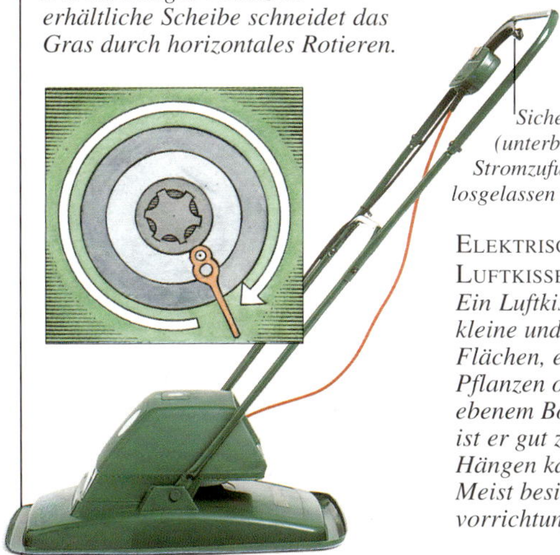

Sicherheitsschalter (unterbricht die Stromzufuhr, wenn er losgelassen wird)

ELEKTRISCH BETRIEBENER LUFTKISSENMÄHER
Ein Luftkissenmäher ist ideal für kleine und schwer zugängliche Flächen, etwa unter überhängenden Pflanzen oder an Wegrändern. Auf ebenem Boden und leichtem Gefälle ist er gut zu manövrieren, auf steilen Hängen kann er jedoch kippen. Meist besitzt er keine Grasfangvorrichtung.

BENZINGETRIEBENER SICHELMÄHER
Mit seinem leistungsfähigen Motor bietet er sich für große Flächen sowie hartes und langes Gras an. Das auswechselbare Messer schneidet horizontal und eignet sich deshalb nicht gut für unebenen Boden.

Der große Grasfangbehälter muß nicht so oft geleert werden.

Geräte zur Rasenpflege

Neben dem Rasenmäher dienen weitere Geräte zur Erhaltung eines gesunden und gepflegten Rasens. Für große Flächen bieten sich motorgetriebene Modelle an, weil die Arbeit mit ihnen schneller und weniger mühsam vonstatten geht.

Kantenschneider

Durch eine saubere Kante, die den Umriß eines gutgemähten Rasens betont, erhält er seinen letzten Schliff (siehe auch »Kantenschneiden«, S. 286). Dafür stehen hauptsächlich zwei Werkzeuge zur Verfügung: der Halbmond-Kantenstecher und die Kantenschere; außerdem auch noch motorgetriebene Geräte wie der Rasentrimmer.

Der Stiel einer Kantenschere ist in jedem Fall aus einem stabilen Material, das man nach persönlichem Bedarf auswählen kann.

LANGSTIELIGE KANTENSCHERE
Mit der Kantenschere schneidet man das überstehende Gras an den Rasenrändern. Der Griff sollte so lang sein, daß man sich nicht bücken muß. Ist er zu kurz oder die ganze Schere zu schwer, ist sie anstrengend zu handhaben.

HALBMOND-KANTENSTECHER
Mit diesem Gerät sticht man durch Hin- und Herbewegen des Stiels ausgefranste oder überstehende Rasenränder ab oder kleine Stücke Rasen zum Reparieren aus. Das scharfe, halbrunde Metallblatt ist an einem langen Holz- oder Metallstiel befestigt.

Das Messer ist mit einem Dorn sicher am Stiel angebracht.

Raseneinfassungen

Um zu vermeiden, daß die Rasenfläche immer kleiner wird, wenn man sie zum Beispiel mit dem Kantenstecher regelmäßig begradigt, fassen Sie sie mit Ziegeln, Pflastersteinen, Metall- oder Kunststoffstreifen ein. So kann sich das Gras auch nicht auf Wege und Rabatten ausbreiten. Eine Umrandung aus Ziegeln oder Steinen ermöglicht bei Mähern mit Rädern oder Luftkissen außerdem den Schnitt bis ganz zur Kante.

Randstreifen aus Kunststoff, die gewöhnlich grün sind, beschädigen die Messer der Mäher nicht so leicht wie metallene und sind preiswerter.

Rasentrimmer

Der Rasentrimmer dient zum Grasschnitt an Stellen, die für den Mäher schwer zugänglich sind. Man kann damit auch krautige Bodendecker oder weichstieliges Unkraut schneiden, obwohl man für sehr dichtes Gestrüpp wohl einen Buschhacker benötigt (siehe S. 464). Da der Nylonfaden flexibel und leicht zu erneuern ist, kann man mit dem Gerät an eine Mauer, einen Baum oder an Pflaster stoßen, ohne es zu beschädigen. Tragen Sie aber trotzdem immer eine Schutzbrille, denn aufgewirbelte Steinchen oder Stengelstücke können gefährlich sein.

Auch Rasentrimmer gibt es mit Elektro- oder Benzinmotor, und was Sicherheit, Bequemlichkeit und Gewicht betrifft, gelten ähnliche Überlegungen wie bei schon beschriebenen Geräten. Elektrische Modelle sind verbreiteter und eignen sich für kleinere Flächen. Sie sind einfach zu handhaben, sollten aber mit einem Sicherheitsschalter und Erdschlußschutz ausgestattet sein. Unter keinen Umständen dürfen sie auf nassem Gras benutzt werden (siehe auch »Sichere Elektrik«, S. 464).

Ein benzingetriebener Rasentrimmer ist ideal für größere Gärten und Stellen, wo es keinen Stromanschluß gibt. Er ist teurer und erfordert mehr Pflege als der elektrische. Außerdem ist er schwerer und daher mühsamer zu manövrieren. Aus Sicherheitsgründen sollte der Motor einfach und schnell abzuschalten sein.

Gartenwalzen

Mit einer Gartenwalze, die aus Metall oder Kunststoff mit Wasserfüllung bestehen kann, wird der Boden geebnet, bevor man Gras aussät oder Rasen verlegt. Außerdem glättet sie den Boden im Umkreis junger Grassämlinge. Auf fertigem Rasen wird ihre Verwendung allerdings nicht mehr empfohlen; bei schwerem Boden verdichtet sie den Rasen und beeinträchtigt die Drainage, was zu Moosbefall und schlechtem Wachstum des Grases führen kann.

TRIMMER
Der flexible Nylonfaden rotiert mit hoher Geschwindigkeit und mäht dabei Gras und andere Pflanzen mit weichen Stengeln um. Manche Modelle haben einen in die Vertikale verstellbaren Kopf, mit dem man auch Rasenränder trimmen kann.

Mit zusätzlichem Griff ist das Gerät leicht zu manövrieren.

Die Schutzvorrichtung schirmt den Benutzer gegen den Nylonfaden ab.

FÜHRUNGSVORRICHTUNG
Dadurch bleibt der Nylonfaden so hoch über dem Boden, daß er das Gras gleichmäßig und nicht zu kurz schneidet.

Langstielige Rasenscheren

Mit langstieligen Rasenscheren schneidet man Gras an schwer zugänglichen Stellen, etwa unter überhängenden Pflanzen oder Ästen, an Bäumen, Steinen oder Mauern, sowie einzelne Halme, die beim Mähen stehengeblieben sind. Die Schnittschenkel werden parallel zum Boden angesetzt, nicht vertikal wie beider Kantenschere. Obwohl sich Rasenscheren gut für kleine Flächen eignen, sind sie inzwischen meist von Rasentrimmern abgelöst worden, die schneller und vielseitiger einsetzbar, dafür allerdings auch schwerer und teurer sind, da sie von einem Motor angetrieben werden.

LANGSTIELIGE RASENSCHERE
Sie kann sich für kleine, schwer zugängliche Flächen als nützlich erweisen.

Rechen und Vertikutierer

Geräte zum Zusammenrechen und zum Lockern stark verfestigter Erde tragen dazu bei, den Rasen in gutem Zustand zu erhalten.

Mit Gartenrechen harkt man in erster Linie Blätter zusammen, entfernt aber z.B. auch Moos. Es gibt drei Typen: den Fächerbesen, den flachzinkigen Rechen und den Vertikutierrechen. Außerdem sind Motorrechen erhältlich, die sich für große Rasenflächen eignen.

Vertikutierer dienen zum Aufnehmen von Gartenabfällen und Belüften des Bodens, um ein gutes Wachstum der Wurzeln zu ermöglichen. Bei einem kleinen Rasenstück reicht eine Grabgabel, bei größeren Flächen sollte man einen Motorvertikutierer benutzen.

Fächerbesen
Damit entfernt man Moos, Stroh und kleine Steine und belüftet den Rasen. Der leichte Kopf hat lange, flexible, nach unten gekrümmte Drahtzinken.

Flachzinkiger Rechen
Mit seinen langen, flexiblen, abgeflachten Zinken aus Plastik oder Metall und dem geringen Gewicht ist er bestens für das Zusammenharken von Laub geeignet, weil er auch neuen Rasen kaum beschädigt.

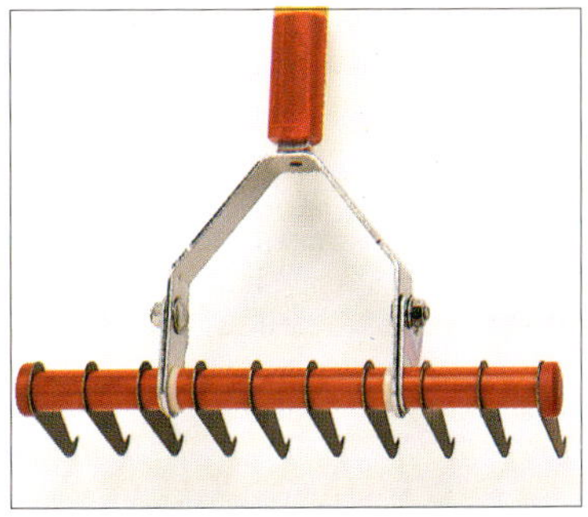

Messeregge
Ihre starren Metallzinken mit den scharfen Spitzen dringen tief in die Grasnarbe ein. Da die Arbeit mit ihr anstrengend sein kann, empfiehlt sich womöglich ein Modell mit Stützrädern.

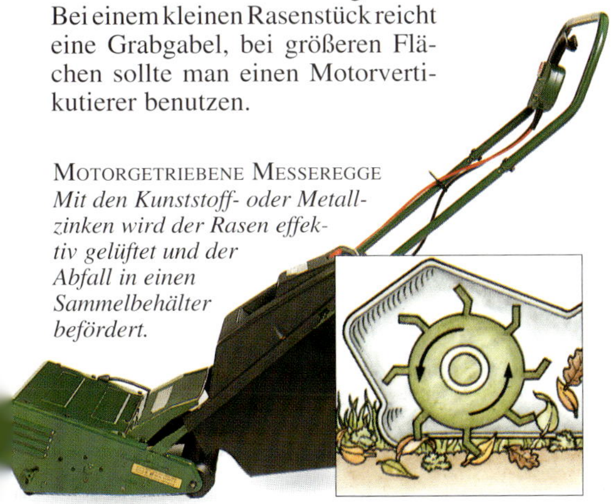

Motorgetriebene Messeregge
Mit den Kunststoff- oder Metallzinken wird der Rasen effektiv gelüftet und der Abfall in einen Sammelbehälter befördert.

Fräse
Damit wird der Rasen schneller gelüftet als mit einem Vertikutierer, doch wenn der Boden hart ist, dringt sie womöglich nicht tief genug ein.

Vertikutierer
Dieser motorgetriebene Vertikutierer dringt tief in die Grasnarbe ein. Mit seinen Hohlzinken entfernt er Erdkrumen und lockert verdichteten Rasen auf.

Kehr- und Laubsammelgeräte

Das einfachste Kehrwerkzeug ist der Reisigbesen, mit dem man Blätter und kleine Abfälle zusammenkehrt; er ist für Wege und kleinere Flächen im Garten gut geeignet.

Bei einer großen Rasenfläche jedoch spart eine speziell zum Kehren konstruierte Maschine Zeit und Arbeit. Die Blätter werden mit rotierenden Bürsten aufgenommen und in einen Sack befördert, den man anschließend leicht entleeren kann.

Motorgetriebene Laubsauger und -puster können sich auf sehr großen Flächen als nützlich erweisen, sind aber teuer in der Anschaffung und meist ziemlich laut.

Einige motorgetriebene Modelle haben auch abnehmbare Zusatzgeräte, mit denen man besser zwischen Blumenbeete und andere schwer zugängliche Stellen des Gartens gelangt.

Reisigbesen
Mit diesem preiswerten Besen fegt man Blätter und kleine Steine zusammen.

Laubkehrer
Mit den rotierenden Bürsten nimmt der Laubkehrer Blätter auf und befördert sie in einen großen Sack. Er ist leicht, einfach zu schieben und leise.

Motorgetriebener Laubpuster
Statt die Blätter aufzusaugen, bläst dieses Gerät sie zu einem Haufen zusammen. Es eignet sich nur für große Gärten, da es laut, sperrig und für kleine Flächen, wo Säuberungsarbeiten leicht mit der Hand oder einfacheren Werkzeugen zu erledigen sind, unnötig ist.

Streuwagen

Mit diesem Gerät kann man verschiedene Düngemittel und Grassamen präzise verteilen. Es ist eine Art Trichter auf Rädern mit langem Griff. Prüfen Sie, ob die Streudichte verstellbar und der Streuvorgang beim Wenden abzuschalten ist. Testen Sie zunächst auf einer kleinen Fläche, ob Sie die richtige Streudichte gewählt haben (siehe »Dünger auftragen«, S. 531).

Mit einem Schlauchanschluß kann man das mit Wasser verdünnte Düngemittel auf den Rasen bringen (s. »Schlauchendstücke«, S. 468).

Streuwagen
Damit lassen sich Düngemittel so gleichmäßig verteilen, daß das Gras nicht verätzt wird.

Bewässerungsgeräte

Wenn man Pflanzen ziehen will, die mehr Wasser benötigen, als der Regen ihnen liefert, oder die drinnen oder im Gewächshaus wachsen, muß man sie zusätzlich wässern. Mit einem Schlauch oder Regner geht das einfach und schnell.

Gießkannen

Eine Gießkanne benutzt man drinnen, im Gewächshaus oder für kleine Flächen im Garten. Wählen Sie ein Modell, das nicht zu schwer wird, wenn es mit Wasser gefüllt ist. Die Öffnung muß groß genug sein, um die Kanne mühelos zu füllen, und die Kanne selbst sollte sich bequem handhaben lassen. Ein Sieb in der Tülle verhindert, daß im Wasser schwimmende Abfälle die Brause verstopfen.

Wassertonnen

In einer Wassertonne sammelt und speichert man Regenwasser, das vom Dach abläuft; sie ist eine wertvolle Hilfe in Trockenperioden und zum Wässern kalkfliehender Pflanzen. Sie sollte einen Wasserhahn und einen Deckel haben, der vor Verschmutzung schützt. Stellen Sie die Tonne so auf, daß eine Kanne unter den Hahn paßt. Manche Tonnen leiten das Wasser auch zurück ins Abflußrohr, wenn sie voll sind.

GARTENGIESSKANNEN
Sie sollten genug Fassungsvermögen haben, daß man sie nicht ständig nachfüllen muß. Für die meisten Zwecke reicht eine 10-Liter-Kanne.

KUNSTSTOFF ODER METALL?
Heutzutage bestehen die meisten Gießkannen aus Kunststoff, aber auch herkömmliche Modelle aus verzinktem Metall, die schwerer und teurer sind, erhält man noch; beide Typen sind robust und haltbar.

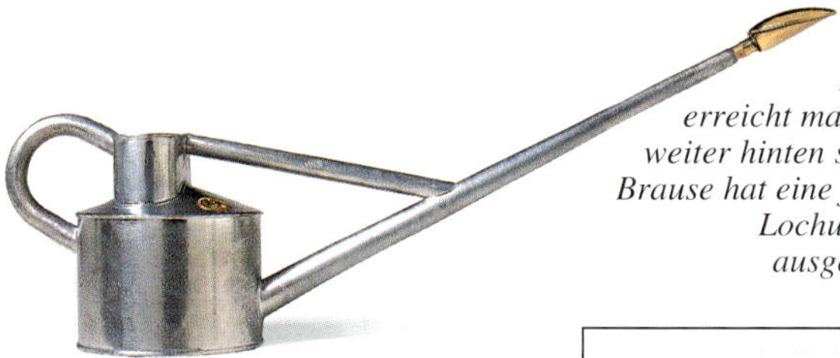

GEWÄCHSHAUS-GIESSKANNE
Mit der langen Tülle erreicht man auch Pflanzen, die weiter hinten stehen. Die drehbare Brause hat eine feine und eine grobe Lochung für Sämlinge und ausgewachsene Pflanzen.

ZIMMER-GIESSKANNE
Sie sollte eine lange Tülle haben, damit man Blumentöpfe und -kästen gut erreicht und den Wasserfluß kontrollieren kann.

Vorsicht mit Unkrautvertilgern

Benutzen Sie für flüssigen Unkrautvertilger – wenn Sie so etwas überhaupt verwenden – eine andere Kanne als zum Blumengießen. Versehen Sie sie mit einem Tröpfelstab.

Welche Brause?

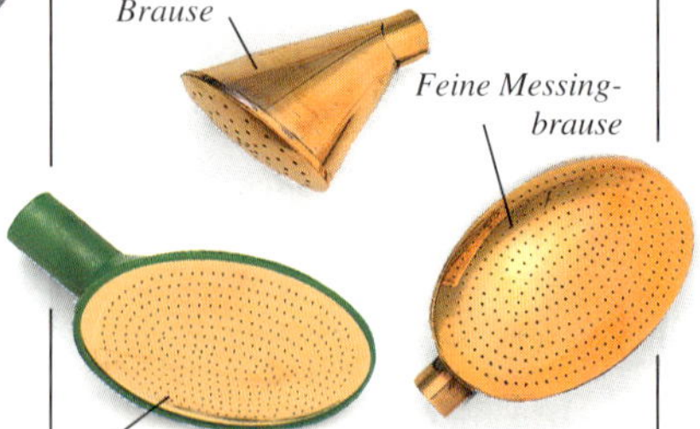

Grobgelochte Brause

Feine Messingbrause

Feingelochte Brause aus Kunststoff und Messing

Eine feine Brause ist für Samen und Sämlinge am günstigsten, weil man sie damit nicht beschädigt oder Erde und Kompost wegspült. Für größere Pflanzen ist eine gröbere Brause, die das Wasser schneller durchläßt, besser geeignet.

Brausen gibt es aus Messing, Kunststoff mit Messingvorderseite oder ausschließlich aus Kunststoff. Letzterer ist weniger haltbar und billiger als Messing, reicht aber meistens aus. Metallbrausen sprühen im allgemeinen feiner.

Wenn man die Kanne mit einem Tröpfelstab versieht, kann man die Flüssigkeit gleichmäßiger verteilen als mit einer Brause. Zudem treibt das Sprühgut nicht so leicht weg.

Schläuche

Ein Schlauch ist beim Wässern entlegener und ausgiebig zu gießender Partien des Gartens unverzichtbar. Die meisten Schläuche sind aus PVC, aber unterschiedlich verarbeitet oder verstärkt. Das hat Auswirkungen auf Flexibilität und Knickfestigkeit. Knicke unterbrechen den Wasserfluß und beschädigen eventuell die Schlauchwand. Doppelwandige und verstärkte Schläuche sind knickfest, jedoch relativ teuer. Achten Sie immer darauf, daß der Schlauch lang genug ist, um in alle Winkel zu gelangen, oder sich verlängern läßt.

Flachschläuche haben als festes Zubehör eine Rolle, von der man sie abwickeln muß, um sie zu benutzen. Auch Kupplungs- und Endstücke werden mitgeliefert. Manche knicken leicht, wenn sie nicht gerade liegen, und sind schwer wieder aufzurollen, da zuvor alles Wasser abgelassen werden muß.

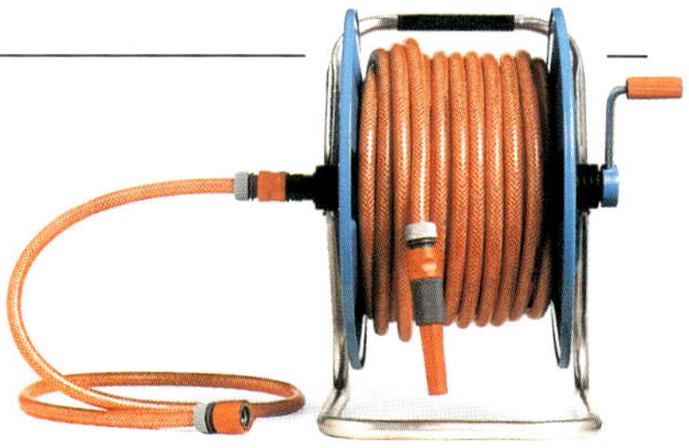

SCHLAUCHWAGEN
Mit Griff oder Rädern läßt er sich im Garten gut hin- und herschieben. Bei manchen Schläuchen fließt das Wasser auch dann, wenn sie aufgerollt sind.

FLACHSCHLAUCH
Aufgerollt, nimmt der flache Schlauch wenig Platz weg.

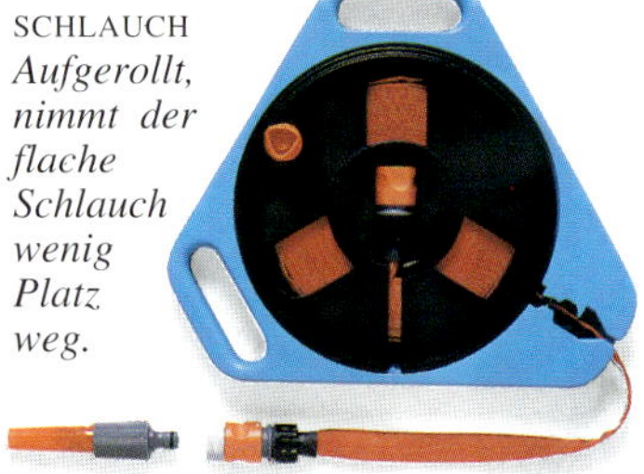

Zerstäuber

Mit Zerstäubern, die entweder tragbar oder an Schläuche angeschlossen sind, können Sie gelöste Düngemittel verteilen oder Pflanzen wässern. Kompressionsmodelle, die vor Gebrauch aufgepumpt werden, sind dafür gut geeignet; mit kleinen Handzerstäubern besprüht man auch Zimmerpflanzen. Für große Flächen bietet sich eine Rückenspritze an.

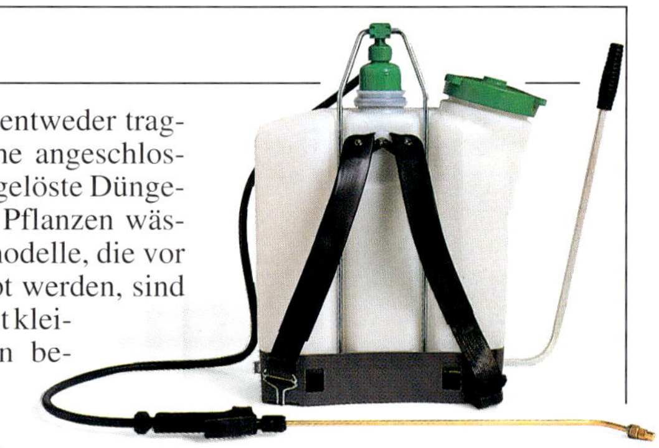

RÜCKENSPRITZE
Mit Hilfe eines Handhebels wird dieser für große Flächen geeignete Zerstäuber aufgepumpt.

IMPULSSPRITZE

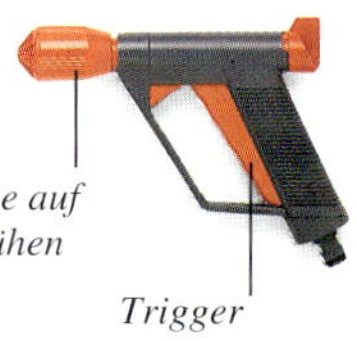

Man kann die Düse auf Spritzen oder Sprühen stellen.

Trigger

DÜNGEMITTELSPRITZE

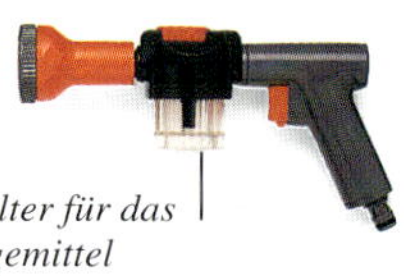

Behälter für das Düngemittel

SCHLAUCHENDSTÜCKE UND VORSATZGERÄTE
Man schließt sie an einen Schlauch an, um damit Pflanzen zu besprühen. Manche haben eine Impulsspritze, die meisten sind verstellbar. Mit einem speziellen Zusatzteil kann man gleichzeitig Düngemittel und Wasser verteilen.

Sprinkleranlagen

Eine Sprinkleranlage versorgt einen bestimmten Bereich automatisch mit Wasser und ist deshalb zeit- und arbeitssparend. Außerdem dringt das Wasser bei längerem Sprengen besser in den Boden ein, als wenn man ihn mit Hilfe einer Kanne oder mit dem Schlauch wässert. Meist ist die Sprinkleranlage an einen Schlauch oder ein Wasserrohr angeschlossen.

Es gibt verschiedene Typen: Manche eignen sich eher für den Rasen, andere für Blumen- oder Gemüsebeete. In seiner einfachsten Form ist der Regner feststehend und versorgt meist eine begrenzte kreisförmige Fläche mit Wasser. Man kann ihn für den Rasen verwenden, wo er allerdings leicht Pfützen erzeugt, deshalb muß man ihn ab und zu umstellen. In einem Beet wird der Sprühvorgang oft durch Blätter behindert, aber einige Modelle sind mit einem spitzen Stab versehen, der über die umstehenden Pflanzen hinausreicht.

Mit anderen Varianten, bei denen der Wasserdruck den Sprinklerkopf zum Rotieren bringt, erzielt man eine gleichmäßigere Verteilung des Wassers. Kreis- und Impulsregner sprühen im großen Kreis; Pendelmodelle bewässern durch eine hin- und herschwingende Stange mit Löchern eine rechteckige Fläche.

Ein sog. »Wanderregner« bietet sich für sehr große, ebene Rasenstücke an, ist jedoch teuer. Er besprüht ebenfalls eine rechteckige Fläche, während er durch den Wasserdruck auf gerader Strecke (gewöhnlich einer Schlauchleitung) vorwärtsgetrieben wird. Seine Geschwindigkeit und Reichweite hängen von der Stärke des Wasserdrucks ab.

REGNERTYPEN

FESTSTEHENDER REGNER
Feststehende Regner sind in erster Linie zum Rasensprengen gedacht und meist mit einem Spieß versehen, den man in die Erde senkt. Normalerweise bewässern sie eine kreisförmige, manchmal aber auch eine halbrunde, rechteckige oder fächerförmige Fläche.

KREISREGNER
Dieser Typ ist für Rasen, Beete und Rabatten geeignet, deckt eine große, kreisförmige Fläche ab und verteilt das Wasser gleichmäßig. Es kommt aus Düsen, die auf einem Drehgelenk sitzen, das vom Wasserdruck zum Rotieren gebracht wird. Für die Bewässerung von Beeten und Rabatten sind Modelle mit langen Armen am besten.

IMPULSREGNER
Zum Bewässern großer, kreisförmiger Flächen im Garten ist dieser Regner von unschätzbarem Wert. Auf einem zentralen Drehgelenk sitzt eine Düse, die impulsartig rotiert und dabei einen Wasserstrahl abgibt. Außer auf den Rasen wird der Kopf meist auf einen hohen Ständer montiert, um eine noch größere Fläche zu erreichen.

PENDELREGNER
Dieser Typ ist nicht für Standorte geeignet, wo Nachbarpflanzen den Sprühvorgang behindern. Das Wasser kommt aus den Messingdüsen des Schwenkarms. Der Regner verteilt es gleichmäßig über eine rechteckige Fläche, deren Größe man leicht einstellen kann.

Unterirdische Sprinkleranlagen
Diese dauerhaft installierten Systeme sind ideal zum Bewässern von Rasen und Steingärten, unauffällig und einfach zu bedienen und sollten gleich bei der Anlage des fraglichen Geländes eingebaut werden, möglichst von einem Fachmann. Die PVC-Rohre werden gitterförmig unter der Rasenfläche verlegt und führen das Wasser an mehreren Stellen nach oben, wo dann Schläuche oder Berieselungsköpfe angeschlossen werden.

Wässern Sie den Boden immer so lange, bis er gründlich und gleichmäßig durchnäßt ist. Dieser Anlagentyp ist normalerweise am teuersten und erfordert Anti-Siphon-Ventile, um den amtlichen Vorschriften zu genügen, eventuell einen Wasserzähler und, für ambitionierte Gartenfreunde, weiteres Spezialzubehör.

Sprühschläuche

Mit Sprühschläuchen bewässert man Rasen oder Pflanzenreihen. Sie bestehen aus Kunststoff oder Gummi und sind auf einer Seite der ganzen Länge nach perforiert. Weist diese Seite nach oben, ergießt sich ein feiner Sprühregen über eine rechteckige Fläche. Zeigt sie nach unten, so läuft das Wasser direkt in den Boden – ideal für Gemüse und andere in Reihen wachsende Pflanzen. Achten Sie darauf, daß die Löcher im Schlauch nicht zu klein sind, sonst sickert das Wasser nur heraus, statt zu sprühen.

Sickerschläuche sind eine Variante der Sprühschläuche. Aus einem Netzwerk perforierter Schläuche dringt das Wasser langsam in den Boden ein. Sie eignen sich vor allem für neu bepflanzte Beete und Rabatten. Man kann sie je nach Bedarf unterschiedlich zusammenschließen und neu verlegen oder sie auch als permanentes Bewässerungssystem 10-15 cm tief in den Boden eingraben.

Berieselungssysteme

Sie sind für Pflanzen gedacht, die individuell bewässert werden müssen bzw. stärker als die umstehenden. Das Wasser tröpfelt sacht in die Erde neben ihnen, ohne die Wurzeln zu schädigen. Ein solches System eignet sich gut für Strauchrabatten, Hecken oder Gemüsereihen. In kleinerem Maßstab ist es ideal für Gewächse in Behältern, etwa Blumenkästen. Wenn es nicht mit einer Zeitschaltuhr ausgestattet ist, wird allerdings leicht Wasser verschwendet. Außerdem muß man Rohre und Berieselungsköpfe regelmäßig von Algen und Sandpartikeln säubern.

BERIESELUNGSSYSTEM
An den Schlauch wird ein Zusatzteil angeschlossen, das das Wasser filtert und den Druck reduziert. Anschließend fließt es durch ein Netz von Röhren, die mit Spießen in die Erde gesteckt werden. Man kann diese Systeme mit zusätzlichen Berieselungsköpfen und Röhren beliebig ausbauen.

Zeitschaltuhren

Zeitschaltuhren kann man an einfache wie auch an kompliziertere Bewässerungsanlagen anschließen, und zwar zwischen Wasserhahn und Schlauch bzw. Rohr. Die meisten schalten das Wasser nach einer festgelegten Zeit ab. Anspruchsvollere Modelle schalten es auch ein. Manche sind mit einem Feuchtigkeitsdetektor verbunden, der das Programm abbricht, wenn der Boden naß genug ist.

COMPUTERGESTEUERTE ZEITSCHALTUHR
Damit lassen sich Beginn und Dauer der Bewässerung für Zeiten programmieren, in denen man anderweitig beschäftigt oder im Urlaub ist.

ZEITSCHALTUHR
Man kann damit eine Bewässerungsdauer von etwa 5 Minuten bis zu 2 Stunden festlegen.

Sonstiges Gartenzubehör

Außer den vorgestellten Geräten zur Bearbeitung und Pflege des Gartens gibt es weiteres Zubehör, das, je nach Ihren Bedürfnissen, etwa zum Transportieren oder als Pflanzhilfe nützlich sein kann.

Schubkarren

In Schubkarren können Pflanzen, Erde, Kompost und Gartenabfälle befördert werden. Sie bestehen aus Metall oder Kunststoff, wobei erstere natürlich haltbarer sind. Lackiertes Metall rostet, wenn der Lack absplittert; auch verzinktes Blech rostet irgendwann. Plastikkarren sind leichter, sie können aber platzen.

Eine Karre mit Kugelrad ist stabiler als ein Standardmodell und daher einfacher auf frisch umgegrabenem Boden zu manövrieren. Für schwere Transporte eignet sich am besten eine Maurerschubkarre, deren aufblasbarer Gummireifen die Last gut abfedert. Karren mit zwei Rädern und einer Art Kinderwagengriff sind standfest und leicht zu be- und entladen, auf unebenem Boden jedoch nicht so leicht zu schieben.

Schubkarrentypen

Traditionelle Schubkarre
Die meisten Karren haben ein einziges Hartgummirad und eine flache Ladefläche, die bei einigen Modellen aber auch tiefer sein kann.

Schubkarre mit Kugelrad
Wenn man sehr schwere Lasten transportieren muß oder die Karre auf unebenem Boden benutzt, ist ein Modell mit aufblasbarem oder Kugelrad leichter zu schieben als eins mit Hartgummirad. Allerdings kann es wie ein Autoreifen Löcher bekommen.

Tücher und Beutel

Tragetücher oder -taschen bieten sich für den Transport leichter, aber sperriger Gartenabfälle, etwa abgeschnittener Zweige, an. Sind sie nicht in Gebrauch, nehmen sie wenig Platz

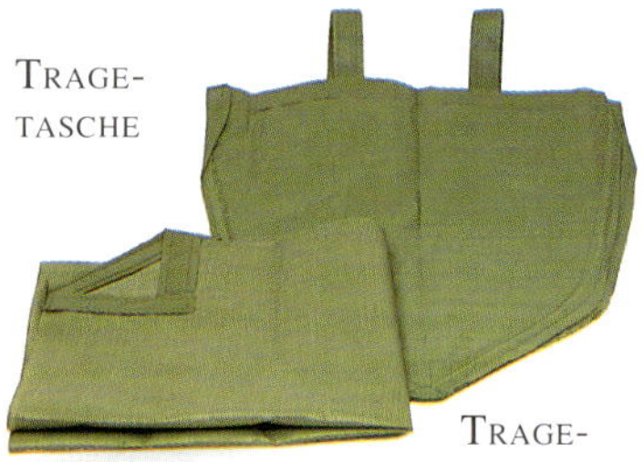

Tragetasche

Tragetuch

Korb

weg. Sie sollten stabile Griffe haben und aus robustem Material, zum Beispiel Kunststoffgewebe, sein. Körbe lassen sich gut zum Tragen von Blumen und Obst und anderen Kleinigkeiten benutzen.

Plastiktüten

Durchsichtige Plastiktüten sind vielseitig verwendbar: Sie verhindern das Austrocknen von Stecklingen oder können über eingetopfte Setzlinge gestülpt werden, um die Feuchtigkeit besser zu halten. Die meisten Haushalts- und Gefrierbeutel eignen sich zu diesem Zweck, wenn sie nicht zu dünn sind.

Kniehocker und -kissen

Mit einem gepolsterten, mit wasserdichtem Material bezogenen Kniehocker oder -kissen lassen sich bestimmte Tätigkeiten, z.B. das Jäten, bequemer erledigen. Kniekissen werden einfach angeschnallt; oft sind sie nur in einer Größe erhältlich, deshalb achten Sie vor dem Kauf darauf, ob sie passen. Auf Kniehokkern kniet man ein Stück über der Erde und kann sich beim Hinknien und Aufstehen an seitlichen Griffen abstützen. Wenn man sie umgekehrt aufstellt, lassen sie sich, etwa im Gewächshaus, auch als Schemel benutzen.

Kniehocker
Diesen leichten Kniehocker (unten) kann man umgedreht als Schemel benutzen. Ein Kissen (davor) schützt die Knie gegen feuchte und harte Erde.

Kompostbehälter

Kompostbehälter sollten Dekkel haben, leicht zugänglich sein und ein Fassungsvermögen von mindestens 1 m^3 besitzen, damit sich genügend Wärme entwickelt, um den Fäulnisprozeß zu beschleunigen. Modelle aus Maschendraht oder weit auseinanderstehenden Latten sind nicht zu empfehlen, weil sie die Wärme entweichen lassen.

Hölzerne Kompostbehälter sind als Bausätze erhältlich und ganz einfach selbst zu montieren. Behälter aus Plastik halten die Feuchtigkeit besonders gut. Es gibt Plastikmodelle, die rotieren und damit den Kompost wenden, aber sie sind nicht unbedingt effektiver als traditionelle Kompostbehälter. Siehe auch »Bau eines Komposthaufens«, S. 533.

Verbrennungsöfen

In Öfen kann man Abfälle rascher und sauberer verbrennen als auf offenem Feuer, obwohl viele Gärtner sie heutzutage lieber zerkleinern und kompostieren. In Drahtöfen, die sich zum Teil nach Gebrauch zusammenfalten lassen, verbrennt man dürre Zweige und Blätter; mülleimerähnliche Modelle eignen sich für langsam brennendes holziges Material. Beide Typen müssen gut belüftet sein.

Häcksler

Komposthäcksler zerkleinern holzige oder zähe Gartenabfälle, etwa Rosenkohlstrünke und abgeschnittene Zweige, so fein, daß sie sich auf dem Komposthaufen schnell zersetzen. Normalerweise sind sie elektrisch angetrieben und sollten nicht draußen stehenbleiben, wenn man sie nicht benutzt. Da sie schwer zu bewegen sind, wählen Sie lieber ein Modell mit Rädern.

Verwenden Sie ein Fabrikat, bei dem sich der Strom automatisch abschaltet, wenn der Einfülltrichter abgenommen wird (siehe auch S. 464). Auf die Messer im Innern sollte man keinen Zugriff haben.

Die Stromzufuhr sollte unterbrochen werden, wenn der Einfüllstutzen abgenommen wird.

Drei stabile Beine garantieren Standfestigkeit.

Umgang mit dem Häcksler
Der Einfüllstutzen sollte nicht direkt zu den Messern führen. Tragen Sie eine Brille und Handschuhe, um sich gegen umherfliegende Steine und dornige Zweigreste zu schützen.

Geräte zum Pflanzen und Säen

Oft werden einfach irgendwelche Haushaltsgegenstände als Pflanz- und Sähilfen benutzt; mit einem Stöckchen oder Bleistift kann man zum Beispiel ein Loch in die Erde bohren. Einige lästige Arbeiten sind jedoch mit Spezialgeräten leichter und schneller zu erledigen.

Sähilfen

Sähilfen erleichtern die präzise und gleichmäßige Aussaat. Die vier wichtigsten sind: Säbecher, Säkolben, Särollen und Säbretter.

Mit **Säbechern** schüttelt man den Samen in vorbereitete Saatrillen. Es erfordert Geschicklichkeit, ihn gleichmäßig zu verteilen.

Säkolben bzw. Einzelkorn-Sämaschinen führen jedes Samenkorn einzeln in die Erde ein.

Säroller eignen sich gut zur gleichmäßigen Aussaat in Freilandbeete. Mit einem langen Griff kann man sie im Stehen bedienen, was weniger anstrengend ist.

Das **Sä- oder Dibbelbrett** ist aus dünnem Kunststoff oder Holz und hat unten Ausbuchtungen. Wenn man damit auf das Saatbeet drückt, glätten sie die Erde und machen Löcher für die Aussaat.

Hohlpflanzer

Hohlpflanzer sind für das Setzen einzelner Blumenzwiebeln gedacht. Man sticht damit einen Erdpfropfen aus, der nach dem Einpflanzen, bei manchen Modellen durch Pressen des Griffs, wieder auf die Zwiebel gedrückt wird.

Gartenhandschuhe

Gartenhandschuhe dienen verschiedenen Zwecken: Manche halten nur die Hände sauber, andere bieten auch Schutz, z.B. gegen Dornen.

Handschuhe aus Leder und Stoff sollte man tragen, wenn man zum Beispiel Rosen zurückschneidet. Dabei ist darauf zu achten, daß das Leder die ganze Handfläche bedeckt. Handschuhe, die nur aus Leder bestehen, schützen besonders gut, können bei Hitze aber zu warm sein. Modelle mit Stulpen bedecken außerdem die Handgelenke und einen Teil der Unterarme.

Handschuhe aus Stoff und Vinyl sind entweder mit Vinyl imprägniert oder haben eine Griff-Fläche aus Vinyl. Sie eignen sich für die meisten Tätigkeiten und halten die Hände sauberer als Stoff allein. Vinylbeschichtete Handschuhe empfehlen sich etwa beim Zementmischen, sind aber zu dick und klobig, wenn man mit Gefühl arbeiten muß.

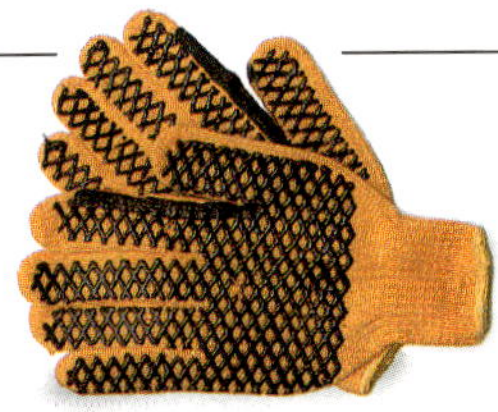
STOFF MIT GRIFF-FLÄCHE AUS VINYL

WILDLEDERSTULPEN

WILDLEDER UND STOFF

BAUMWOLLE

Pflanzhölzer und -kellen

Mit dem bleistiftförmigen Pflanzholz sticht man Löcher in die Erde. Benutzen Sie ein kleines, wenn Sie Stecklinge um- oder einpflanzen, und ein großes für Gemüse wie Lauch, der aufgrund seines stärkeren Wachstums eine breitere Aushöhlung benötigt. Mit einer Pflanzkelle kann man Sämlinge und Setzlinge so ausheben, daß ihre Wurzeln möglichst wenig beschädigt werden.

Gartenschnur

Die Gartenschnur benutzt man hauptsächlich im Gemüsebeet zum Anlegen gerader Reihen, aber sie ist auch sonst nützlich, etwa zum Markieren von Teilbereichen während der Planung, beim Pflanzen einer Hecke oder beim Bau einer Mauer oder Terrasse.

GARTENSCHNUR
Meist ist sie auf beiden Seiten an Stäben befestigt, die man in die Erde steckt. Mit Hilfe der Einkerbungen kann man dazwischen Rillen ziehen.

Siebe

Gartensiebe haben im allgemeinen eine Maschenweite von 3-12 mm und dienen zum Aussondern der groben Bestandteile von Erde oder Kompost. Wählen Sie ein weitmaschiges Sieb, um die Erde von Zweigen und Steinen zu befreien, und ein engmaschigeres, wenn Sie feine Saat mit Erde abdecken wollen. Geflechte aus Draht sind meist haltbarer als solche aus Kunststoff.

DRAHTSIEB

SIEB MIT FEINEM KUNSTSTOFFGEFLECHT

Thermometer

Für Garten und Gewächshaus ist am besten ein Maximum-Minimum-Thermometer geeignet, da es die jeweils höchsten und niedrigsten Temperaturen anzeigt. Dadurch kann man die wärmsten und kältesten Teile des Gartens ermitteln und so den Standort bestimmter Pflanzen festlegen. An einem Bodenthermometer läßt sich die günstigste Zeit für die Aussaat ablesen.

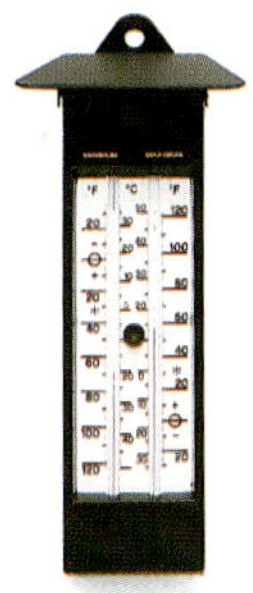
MAXIMUM-MINIMUM THERMOMETER

GEWÄCHSHAUS-THERMOMETER

Niederschlagsmesser

Mit Niederschlagsmessern kann man unter anderem feststellen, welche Teile des Gartens im Regenschatten liegen. Sie sollten deutliche Markierungen und innen eine glatte, leicht zu säubernde Oberfläche haben. Oft sind sie unten mit einem kurzen Spieß versehen.

Die Markierungen sind deutlich, so daß der Wasserstand gut abzulesen ist.
Spieß, den man in die Erde steckt
NIEDERSCHLAGSMESSER AUS KUNSTSTOFF

PFLANZ- UND SÄGERÄTE

KLEINER PFLANZSTOCK/PIKIERHOLZ

GARTEN-PFLANZHOLZ

HOHLPFLANZER

PFLANZKELLE

PFLANZSTOCK AUS METALL

SÄROLLER

Anbinder und Stützen

Anbinder und Stützen dienen im Garten vor allem der Befestigung von Kletter- und Schlingpflanzen und der Sicherung von Gewächsen gegen den Ansturm von Regen und Wind. Anbinder müssen fest sitzen, ohne einzuengen; wählen Sie für weiche Stengel leichtes Material wie Zwirn oder Bast.

Die verschiedenen Anbinder
Gartenschnur oder Dreifachzwirn ist für die meisten Zwecke ausreichend. Raphiabast, der sich gut zum Verbinden von Pfropfstellen eignet, oder Jutefaser können sich nach etwa einem Jahr auflösen. Klebeband ist hervorragend beim Pfropfen zu verwenden; man kann auch spezielle Gummibänder nehmen. Teerimprägnierte Schnur und Nylonfaden sind wetterfeste Materialien, müssen aber eventuell jährlich neu gebunden werden.

Kunststoffüberzogenen Draht kann man, da er mehrere Jahre hält, der Pflanze immer wieder anpassen. Auch Etiketten und Stützstäbe lassen sich damit befestigen. Manchmal ist er auf einer Rolle mit eingebautem Schneidewerkzeug erhältlich.

Pflanzenringe
Pflanzenringe sind aus Draht mit oder ohne Kunststoffbeschichtung erhältlich. Sie dienen dazu, eine Pflanze an ihrer Stütze zu befestigen und sollten sich leicht öffnen und auch schließen lassen.

Baumgurte
Mit stabilen, haltbaren Baumgurten aus Gummi befestigt man einen jungen Baum an einem Stützpfahl. Sie sollten einfach zu verstellen sein, damit sie den dicker werdenden Stamm nicht einengen, und möglichst ein Polster oder die Form einer Acht haben, so daß der Pfahl am Stamm nicht scheuert (siehe auch »Baumbänder«, S. 41).

Wandbefestigungen
Mit speziellen Klebestreifen lassen sich Kletterpflanzen direkt an einer Wand oder sonstigen Stütze befestigen. Bleikopfnägel sind stabiler; sie haben einen weichen Sporn, den man um den Pflanzenstengel oder einen dünnen Zweig biegen kann.

Durch Stahlösen spannt man einen Draht, an dem Pflanzen hochranken können. Für Mauerwerk nehmen Sie flache, für Holz solche mit Gewinde und rundem Kopf.

Stäbe und Stangen
Bambusstäbe eignen sich für einstielige Pflanzen, splittern und verfaulen aber irgendwann. Haltbarer, aber auch teurer sind PVC- und kunststoffbeschichtete Stahlstäbe. Stützen Sie Pflanzenpolster mit passenden Metallgestellen ab (siehe STAUDEN, »Stützen«, S. 156). Für Bäume und freistehende Rosen sind robuste Holzpflöcke zu empfehlen.

Schilder und Etiketten

Etiketten im Garten sollten haltbar, wetterbeständig und groß genug sein, um alle Informationen aufzunehmen, die man notieren will. Plastikbeschilderungen sind billig und wiederverwendbar; was man mit Bleistift darauf schreibt, müßte eine Saison über lesbar bleiben. Meistens bleichen sie mit der Zeit aus und werden brüchig, aber sie sind ideal zur Markierung von Samen und Stecklingen. Etiketten, die man am Pflanzenstiel festbinden kann, sind angebracht, wenn man sie auf Augenhöhe ablesen will.

Dauerhaftere Markierungen erhält man, wenn man Schildchen benutzt, die aus weißem Plastik und schwarz beschichtet sind; man ritzt die Beschriftung darauf ein, kann sie allerdings nicht wiederverwenden. Teurere Aluminiumschilder halten nahezu ewig, aber es kann sein, daß man sie alle paar Jahre neu beschriften muß.

STÜTZEN UND ANBINDER

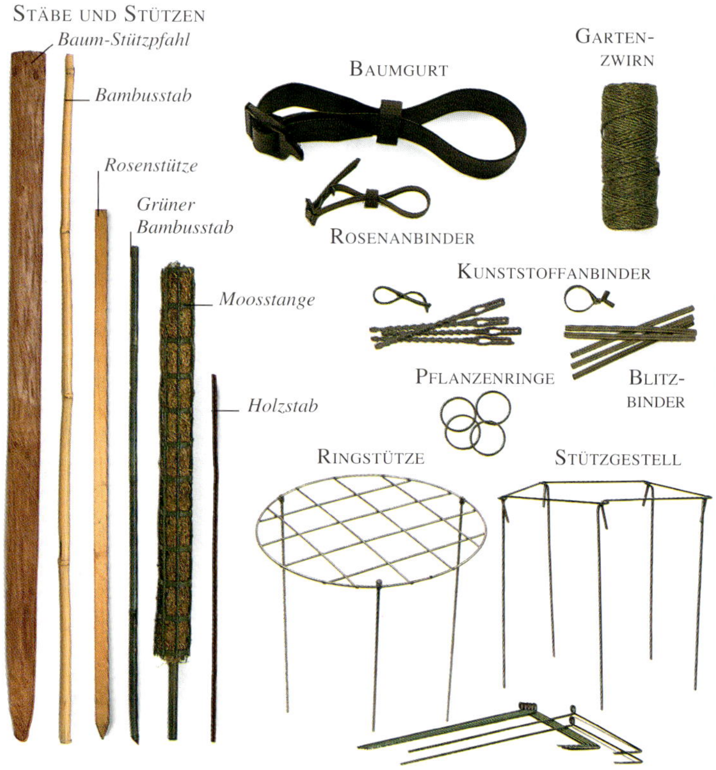

Maschengeflecht

Maschengeflecht gibt es in verschiedenen Materialien und Maschenweiten. Es dient dazu, Pflanzen zu stützen, Obst vor Vögeln zu schützen und lichtempfindliche Treibhausgewächse zu beschatten (siehe auch »Schattierung«, S. 484).

Wählen Sie für ein Pflanzengerüst eine Maschenweite von 2 cm oder mehr, sonst sind die Stengel schwer zu entwirren. Für Gewächse wie Wicken reicht ein dünner, flexibler Kunststoffdraht; für robustere Pflanzen braucht man natürlich wesentlich steifere Geflechte.

Um Obst gegen Vögel zu sichern, sollte man eine Maschenweite von 1-3 cm, für Setzlinge und Wintergemüse 2,5 cm wählen.

Mit Einfassungen aus Metalldraht hält man Tiere wie Kaninchen von Pflanzen fern. Er eignet sich auch zum Verstärken von Beton, wenn man einen Teich anlegt.

Schirmen Sie freistehende, empfindliche Gewächse mit Windschutzmatten ab. Plastikgeflecht hält etwa vier Jahre, gegossener Kunststoff mindestens doppelt so lange. Wenn nur ein zeitweiliger Windschutz benötigt wird, spielt die Haltbarkeit keine so große Rolle.

WANDBEFESTIGUNGEN

MASCHENGEFLECHT

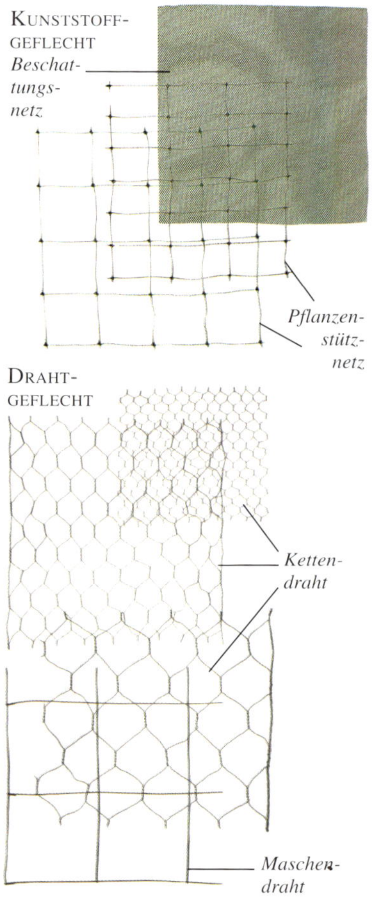

Töpfe und Schalen

Töpfe und Schalen

In Töpfen und anderen Gefäßen wie Trögen und Schalen werden Pflanzen drinnen und draußen kultiviert und zur Schau gestellt. Die kleineren Behälter sind zur Anzucht junger Gewächse geeignet.

Töpfe sind in allen möglichen Größen und zwei Grundformen erhältlich: rund und quadratisch. Letztere können mit gleichem Durchmesser mehr Substrat aufnehmen als die herkömmlichen runden Gefäße und lassen sich enger zusammenstellen. Bei runden Töpfen bezeichnet die Größenangabe den Innendurchmesser von Rand zu Rand, bei quadratischen eine Kantenlänge. Die meisten Töpfe verjüngen sich nach unten, so daß man die Pflanze leicht herausnehmen kann.

Sie bestehen aus Ton (Terrakotta) oder Kunststoff. Ton ist das traditionelle Material, Kunststoff aber verbreiteter. Sehr oft handelt es sich um Polypropylen, das bei Kälte zerfällt. Eine Mischung aus Polypropylen und Polyäthylen wird nicht so leicht brüchig und ist deshalb für Pflanzen im Freien vorzuziehen. Gefäße aus reinem Polyäthylen sind am billigsten, aber am wenigsten belastbar; sie lassen sich zusammenfalten.

Standardtöpfe sind ebenso hoch wie weit; sie findet man am häufigsten. Bei Saatschalen beträgt die Tiefe nur ein Drittel, bei Halbtöpfen die Hälfte bis drei Viertel ihres Durchmessers. Erstere dienen zur Anzucht von Jungpflanzen, letztere werden oft kommerziell für Gewächse mit relativ kleinen Wurzelballen, etwa immergrüne Azaleen, verwendet. Für sehr tief wurzelnde Setzlinge benutzt man Wickenröhren oder – wenn sie einige Zeit in dem Gefäß bleiben sollen – Hochtöpfe. Ringtöpfe sind für die Anzucht von Tomaten (siehe »Tomaten: Kultur unter Glas«, S. 338) gedacht.

Weitere Spezialgefäße sind Gittertöpfe, Hydrokultur-Töpfe (in der Form von Doppeltöpfen) und besondere Anzuchthauben, die man über Pflanzen stülpt, um das Licht von ihnen fernzuhalten.

Gefäße aus organischem Material

Diese Behälter eignen sich gut für Gewächse mit empfindlichem Wurzelwerk, da sie einfach mit ins Beet gepflanzt werden können. Die Wurzeln wachsen dann weiter durch sie hindurch in den Boden. Meist bestehen sie aus gepreßtem Torf und anderen Fasern (oft Torfmoos und Holz, manchmal getränkt mit Pflanzendünger).

Torfkugeln, in denen man Samen ziehen und Ableger wurzeln lassen kann, müssen zuerst mit Wasser aufgeschwemmt werden. Manche Gärtner basteln sich aus Zeitungspapier ihre eigenen Gefäße.

Untersetzer

Wenn man Untersetzer verwendet, kann man die Pflanze von unten wässern bzw. überschüssiges Wasser darin auffangen, das man dann jedoch immer wegschütten sollte. Sie sind passend zum Topf in Ton oder Kunststoff erhältlich.

Saatschalen

Statt der herkömmlichen Holzschalen gibt es seit langem Kunststoffmodelle, die leichter zu säubern, aber oft zerbrechlicher sind. Sehr dünne Exemplare sind billig und flexibel, halten jedoch kaum länger als eine Saison. Schalen aus stabilerem Kunststoff sind teurer; sie können mit der Zeit brüchig werden, dürften aber, wenn sie dunkel gelagert werden, mehrere Jahre halten.

Welches Material?

Kunststofftöpfe sind:
- leicht und deshalb ideal für bestimmte Standorte (z.B. Fensterbänke oder Balkons);
- preiswert;
- einfach zu säubern;
- haltbar, obwohl sie irgendwann splittern oder brechen können;
- nahezu wasserdicht, so daß die Erde langsamer austrocknet als in Tontöpfen;
- gut für Kapillar-Bewässerungs-Systeme (siehe S. 485) geeignet;
- in vielen Farben erhältlich.

Tontöpfe sind:
- schwer und stabil, also passend für große Pflanzen, die in einem Plastiktopf oberlastig wären;
- teuer, aber dekorativ, deshalb gut für Pflanzen geeignet, die man besonders hervorheben will;
- schwierig zu säubern;
- zerbrechlich und können, falls nicht frostbeständig, splittern;
- porös, so daß die Erde nicht so gut die Feuchtigkeit hält, die Pflanzen also öfter gegossen werden müssen;
- hervorragend für Steingartenpflanzen, da sie das Wasser gut ableiten;
- einigermaßen gut geeignet für Kapillar-Bewässerungs-Systeme (S. 485).

Multitöpfe

Wenn man Sämlinge aus Multitopfplatten an ihren endgültigen Standort verpflanzt, werden die Wurzeln nicht beschädigt, weil die Pflanzen jeweils in separaten Mulden sitzen. Bei den Polystyrolplatten wird die Erde durch einzelne Vertiefungen isoliert und das Wachstum gefördert. Sie eignen sich gut für die Anzucht von Jungpflanzen und sind ebenso teuer wie Saatschalen aus Polypropylen, aber nicht so haltbar.

Saatschalen und Multitöpfe
Diese Gefäße benutzt man, um Samen auszusäen, Stecklinge zu setzen und Jungpflanzen zu ziehen. In eine Schale kann man dünnwandig unterteilte Einsätze aus Kunststoff stellen. Die Unterteilung erleichtert das spätere Auspflanzen.

Hochtopf
Für tiefwurzelnde Pflanzen, für die ein Standardtopf zu klein wäre.

Ringtopf
Dieser Topf ohne Boden hält die Topferde über den Pflanzen.

Wickenröhren
Sie sind für Sämlinge gedacht, die sehr schnell lange Wurzeln entwickeln.

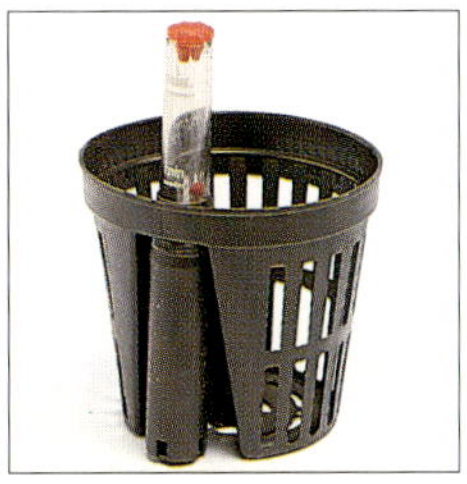

Hydrokulturtopf
In den äußeren Behälter kommt das Wasser, in den inneren Bims- oder Basaltkies.

Abbaubare Torftöpfe
Geeignet zur Anzucht von Pflanzen mit sehr empfindlichen Wurzeln.

Gittertopf
Für Wasserpflanzen, mit Nessel ausschlagen gegen das Ausschwemmen der Erde.

2

Gewächshäuser und Frühbeetkästen

Viele Leute lehnen Gewächshäuser in der irrigen Meinung ab, sie seien zu teuer oder es erfordere zuviel gärtnerische Sachkenntnis, sie richtig zu nutzen. Das ist keineswegs der Fall. Das Gewächshaus ist der ideale Platz, um bei jedem Wetter alle möglichen Arbeiten zu erledigen, die das ganze Jahr hindurch anfallen, und außerdem eine kostensparende Investition, die eine preiswerte Anzucht von vielerlei Pflanzen erlaubt. Und Frühbeetkästen, die nur wenig Platz einnehmen, erweisen sich als wahres Geschenk für den Gärtner. Auf einem großen Grundstück kann man Gewächshäuser und Frühbeetkästen vom eigentlichen Garten durch Sträucher, Kletterpflanzen oder Bäume abschirmen. Ist das Gelände kleiner, sollte das Gewächshaus so integriert werden, daß es optisch nicht zu stark hervortritt und störend wirkt. Gärtnern unter Glas und Folie eröffnet dem Gartenfreund jedenfalls eine ganz neue Dimension im Umgang mit Pflanzen, und die Ergebnisse sind so befriedigend, daß sie bestimmt für den anfänglichen Aufwand entschädigen.

Gärtnern unter Glas und Folie

Gewächshäuser, Frühbeetkästen und Folienhauben sind nützliche Ergänzungen für jeden Garten und, je nach verfügbarem Platz, in verschiedenen Größen erhältlich. Jedes dieser Elemente hat seine spezifische Funktion, aber am günstigsten ist es, wenn man alle drei Elemente miteinander kombiniert.

Kalthäuser

Kalthäuser dienen in erster Linie dazu, die Wachstumsperiode winter- und halbwinterharter Pflanzen vorzuverlegen oder zu verlängern. Kalte Kästen erfüllen einen ähnlichen Zweck, werden aber auch oft zur Abhärtung im Gewächshaus gezogener Pflanzen und als Winterquartier für Kübelpflanzen genutzt. Folienhauben stülpt man an Ort und Stelle über die Gewächse.

Warmhäuser

Ein Warmhaus ist wesentlich vielseitiger als das Kalthaus oder Frühbeet und erlaubt die Anzucht vieler verschiedener Pflanzen. Dazu gehören zahlreiche frostempfindliche Spezies, die im gemäßigten oder kalten Klima ohne Schutz nicht gut gedeihen können. Außerdem ist ein Warmhaus die optimale Umgebung zur Vermehrung.

Gewächshausformen *Dieses Gewächshaus im traditionellen Stil ist gut in diesen Garten integriert, der bis an seine Wände heranreicht. Hecken und Bäume bieten Schutz, stehen aber nicht so dicht, daß sie den Lichteinfall wesentlich beeinträchtigen. Das Gerüst muß jährlich einmal mit Holzschutzmittel behandelt werden, damit es den Wetterunbilden standhält; sonst ist jedoch wenig Pflege erforderlich.*

ELEGANTES DESIGN
Gewächshäuser mit kunststoffbeschichtetem Gerüst können ebenso attraktiv wie funktionell sein. Dieses hier wirkt ausgesprochen dekorativ.

AUFSTELLEN DES GEWÄCHSHAUSES

Wird das Gewächshaus vorwiegend im Sommer benutzt, sollte die Längsachse in Nord-Süd-Richtung verlaufen. Ist jedoch gutes Licht im Frühjahr wichtig, wenn die Sonne noch tief steht, stellt man es in Ost-West-Richtung auf.

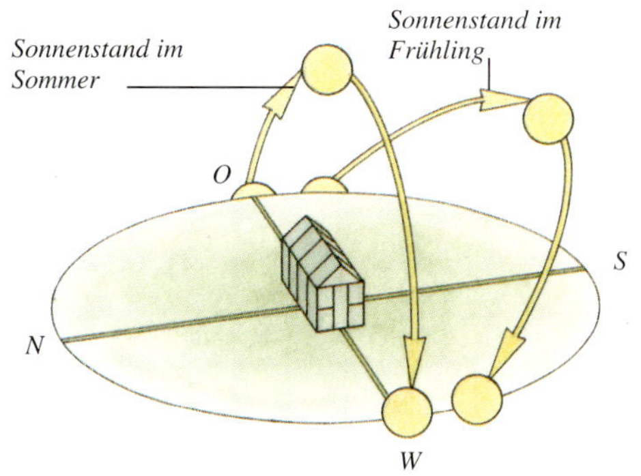

Standortwahl

Das Gewächshaus sollte so aufgestellt werden, daß es zusammen mit dem Garten eine harmonische Einheit bildet. Außerdem muß es geschützt liegen, gleichzeitig aber genügend Licht bekommen: Zuviel Schatten bedeutet weniger Vielfalt an Pflanzen, während ein dem Wind ausgesetzter Standort zu hohen Heizkosten oder unzureichendem Schutz für die Gewächse führt.

Rechtzeitige Planung
Es lohnt sich immer, sicherzustellen, daß man den richtigen Platz gewählt hat, bevor man das Gewächshaus kauft. Notieren Sie möglichst im Winter oder Frühling, wo Nachbarhäuser, Garagen, Bäume usw. im Garten Schatten werfen, damit Sie das Gewächshaus dort aufstellen, wo es nicht mehr als ein paar Stunden täglich im Schatten liegt. Bei Nord-Süd-Ausrichtung wird das Licht im Sommer optimal genutzt. Zur Anzucht von Pflanzen im Frühjahr oder zur Überwinterung frostempfindlicher Gewächse ist der Lichteinfall bei Ost-West-Ausrichtung günstig.

Wenn die Möglichkeit besteht, daß Sie das Gewächshaus später ausbauen oder ein zweites errichten, sehen Sie von Anfang an genug Platz vor.

Freistehendes Gewächshaus
Für ein freistehendes Gewächshaus ist ein geschützter, heller Standort in einiger Entfernung von Gebäuden und hohen Bäumen am günstigsten. Notfalls dient eine Hecke oder ein Zaun als Windschutz, der jedoch keinen Schatten auf das Gewächshaus selbst werfen sollte; er muß nicht hoch sein – 2,5 m reichen aus und bieten bis in 12 m Entfernung Schutz.

Stellen Sie ein freistehendes Gewächshaus nicht neben oder zwischen andere Bauwerke, denn dadurch kann sonst ein Windkanal entstehen, der Gewächshaus und Pflanzen möglicherweise schadet. Auch Standorte am Fuß eines Hanges oder neben Mauern, Hecken oder Zäunen an einem Hang sind nicht günstig, weil sich dort Kaltluft sammeln kann (siehe KLIMA UND GARTEN, S. 515).

Anlehnhaus
Wählen Sie für den Anbau eine Mauer, auf die Sonne und Schatten fällt. Wenn die Sonne fast den ganzen Tag auf das Gewächshaus scheint, kann es sich im Sommer überhitzen, sogar bei Schattierung und guter Belüftung.

Zugang
Achten Sie darauf, daß das Haus leicht zugänglich ist. Der Standort sollte nicht zu weit vom Haus liegen. Sorgen Sie außerdem für einen freien Platz vor der Tür zum Be- und Entladen. Zum Gewächshaus führende Wege müssen besonders eben sein. Sie sollten möglichst eine harte, federnde Oberfläche haben und breit genug für eine Schubkarre sein.

Anschlüsse
Wählen Sie einen Standort, der möglichst sowohl über einen Wasser- wie über einen Stromanschluß verfügt. Strom ist zum Heizen nicht unbedingt erforderlich, aber praktisch für die Beleuchtung, für thermostatische Kontrollgeräte und Zeitschaltuhren. Ein Wasseranschluß erleichtert die Bewässerung, besonders bei einer automatischen Anlage, und man muß nicht meterweise Schläuche durch den Garten ziehen.

STANDORTWAHL

Eine offene, aber geschützte Lage ist am günstigsten, das Haus darf nicht in einem Windkanal liegen. Notfalls braucht man eine Windschutz-Vorrichtung.

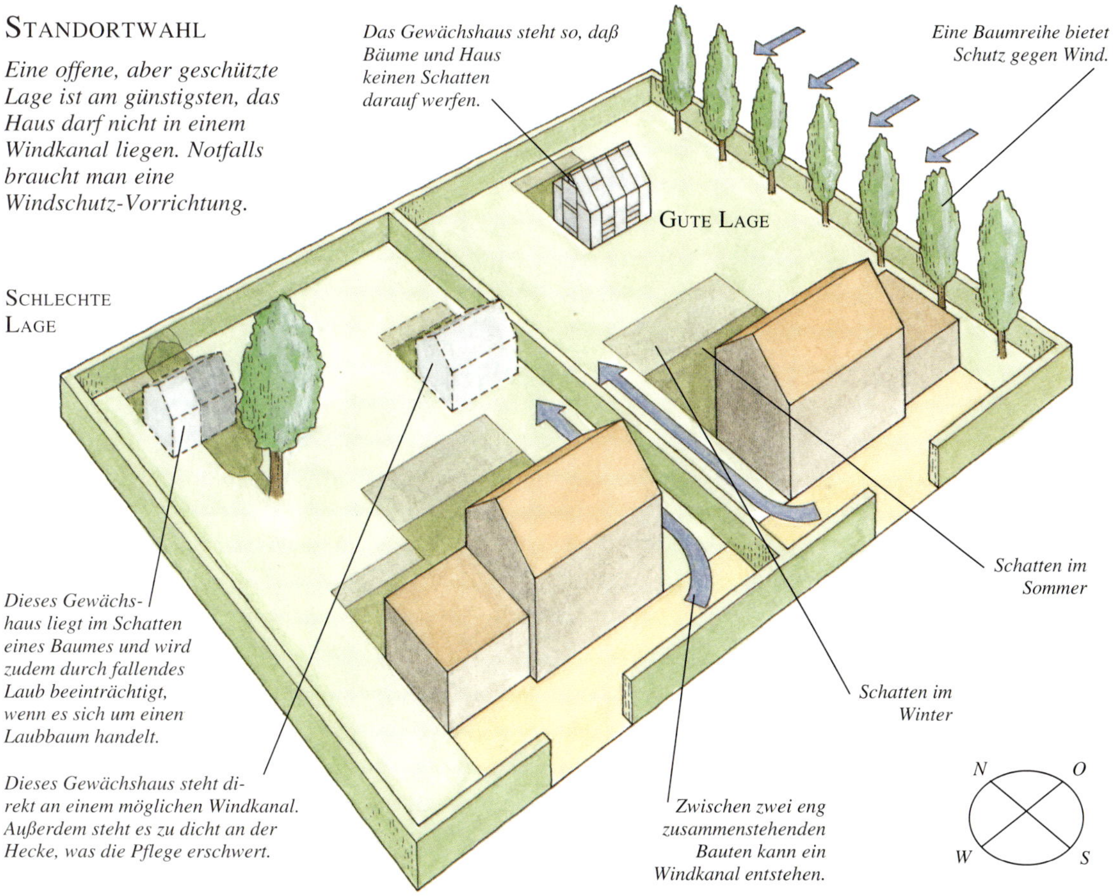

Die Wahl des Gewächshauses

Überlegen Sie vor dem Kauf eines Gewächshauses genau, wofür Sie es benutzen wollen, damit Stil, Größe und Material möglichst gut zum Garten passen. Soll es auch als Aufenthaltsraum dienen, wird es ganz anders aussehen als ein rein funktionales. Wenn Sie tropische und subtropische Pflanzen ziehen wollen, empfiehlt sich ein besonders attraktives Treibhaus, das in der Mitte eventuell eine Stellage zur Präsentation der Pflanzen hat.

Manche Gewächshäuser bieten besonders viel Platz oder optimale Belüftung, andere speichern Hitze gut oder erlauben eine bessere Versorgung mit Licht. Sobald die Prioritäten klar sind, ist eigentlich nur noch der persönliche Geschmack entscheidend.

HERKÖMMLICHES SATTELDACHHAUS

HOLLÄNDERHAUS

Konventionelle Gewächshäuser

Die konventionellen Gewächshaustypen, also das herkömmliche Satteldachhaus, das Holländerhaus, das Giebelanlehnhaus, das Anlehnhaus und das Mansardenhaus, eignen sich für viele Pflanzen. Als Gerüst dient ein Aluminium- oder ein Holzskelett, und die Wände bestehen ganz oder teilweise (außer beim Holländerhaus) aus Glas. Außerdem enthalten sie Zubehör wie Stellagen und Tische.

Herkömmliches Satteldachhaus
Die Wände und Schrägen des Satteldachhauses sind so gestaltet, daß es zur Anzucht von Setzlingen besonders praktisch und hoch genug zum Hin- und Hergehen ist. Der verfügbare Raum kann bei geringstem Kostenaufwand optimal genutzt werden.

Holländerhaus
Die schrägen Wände dieses Gewächshaustyps lassen ein Maximum an Licht ein, so daß diese Form gut für Beetpflanzen geeignet ist, insbesondere niedrigwachsende wie Salat. Die Glasscheiben sind wegen ihrer Größe – als Standard 145 x 77 cm – teuer. Sie werden in das Gerüst geschoben und mittels verzinkter Nägel mit Querleisten daran befestigt.

Die Dachscheiben sind leicht überlappend angeordnet, um Regen abzuhalten und das Bauwerk zu stabilisieren. Eine zu lockere Anordnung kann allerdings zu Wärmeverlust führen.

GIEBELANLEHNHAUS

ANLEHNHAUS

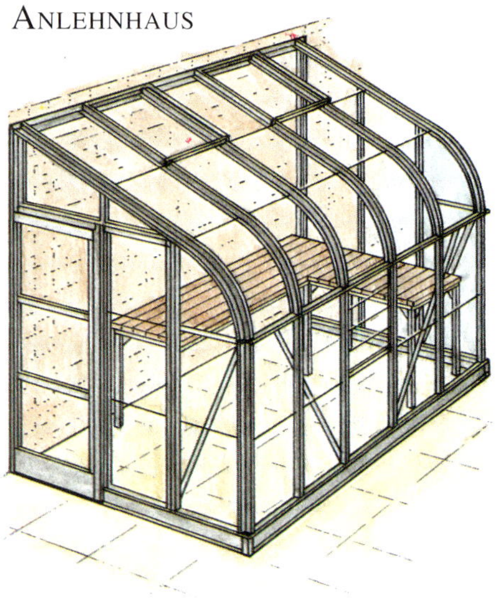

MANSARDENHAUS

Giebelanlehnhaus
Dieser Gewächshaustyp ist mit einer Seite an eine Mauer angelehnt. Dadurch fällt weniger Licht ein als in ein freistehendes Modell, deshalb sollte die Mauer in der Sonne liegen, obgleich man dann im Sommer eventuell schattieren muß. Die Mauer bedeutet für das Gewächshaus zusätzliche Wärme und Isolierung, vor allem wenn es eine Hauswand ist (siehe auch »Anlehnhaus«, rechts).

Anlehnhaus
Wo für ein freistehendes Gewächshaus nicht genug Platz ist, bietet ein Anlehnhaus die passende Alternative, v.a. wenn es mehr dekorativen Zwecken dienen soll.

Oft ähnelt es äußerlich einem Wintergarten und kann als Aufenthaltsraum genutzt werden. Wenn es an eine Hauswand stößt, ist die Installation von Strom, Gas oder Wasser billiger und einfacher, als wenn man Kabel oder Rohre zu einem weiter entfernten Gewächshaus verlegen muß. Außerdem ist der Heizbedarf meist geringer; Ziegelmauern speichern die Sonnenwärme (v.a. wenn sie nach Süden liegen) von außen und die Heizungswärme von innen und geben sie ans Gewächshaus ab.

Überdies isoliert eine Backsteinmauer so gut, daß aus einem Anlehnhaus im Vergleich zu anderen Typen von Gewächshäusern nicht viel Hitze entweicht.

Mansardenhaus
Das Mansardenhaus hat schräge Seiten und Dachflächen, die maximalen Lichteinfall gewährleisten. Den vollen Nutzen zieht man daraus jedoch nur, wenn es nicht im Schatten umstehender Gebäude oder Bäume liegt. Es eignet sich im besonderen für Pflanzen, die auch im Winter, wenn es nicht so lange hell ist und die Sonne wesentlich niedriger steht, ein Optimum an Lichtfülle brauchen.

GEWÄCHSHAUS-KUPPELN

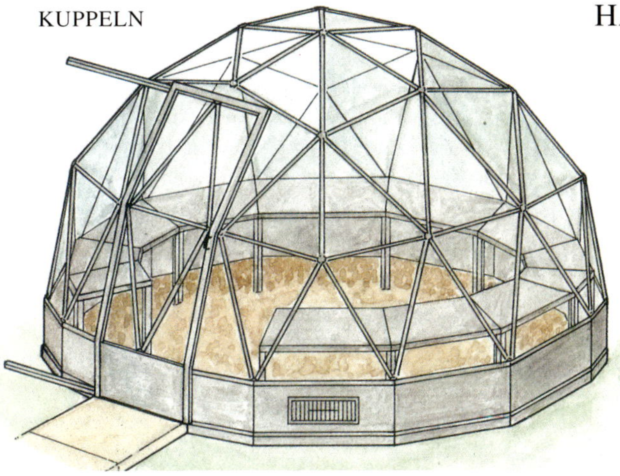

POLYGONALES HAUS

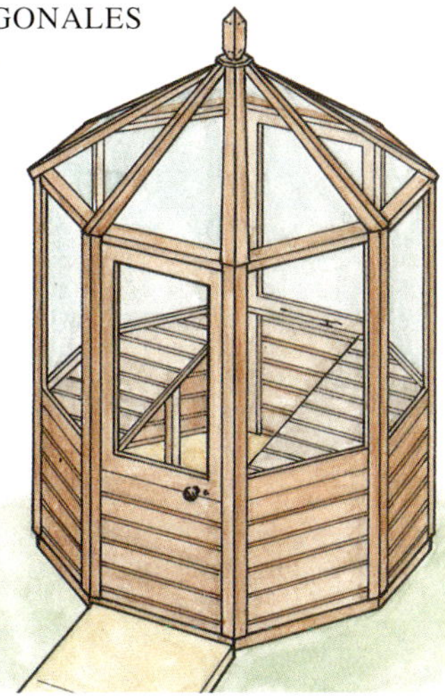

ALPINHAUS

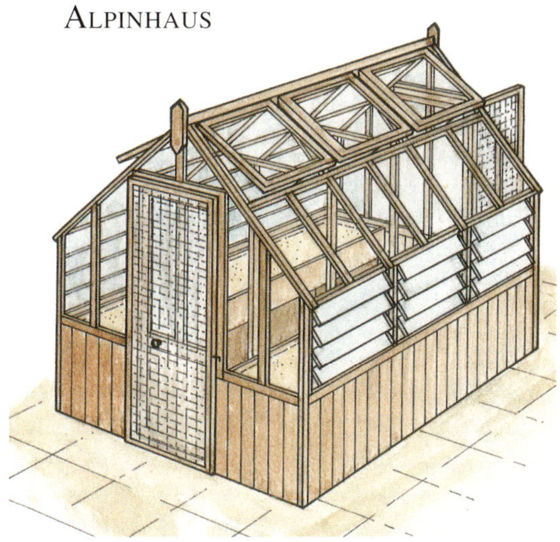

Spezielle Gewächshäuser

Spezielle Gewächshaustypen, darunter kuppelförmige, polygonale, Alpin-, Energiespar- und Minihäuser, sowie Folientunnel unterscheiden sich deutlich von den konventionellen Modellen. Manche sind eher als dekorative Elemente im Garten gedacht, andere dagegen besonders kostengünstig oder für bestimmte empfindliche Pflanzen geeignet.

Gewächshauskuppeln
Dieses elegante Design bietet sich vor allem für exponierte Lagen an, da das Haus standfest und windschnittiger ist als herkömmliche Gewächshäuser. Der Lichteinfall ist wegen der vieleckigen Glasscheiben im Aluminiumskelett optimal. Allerdings bieten Kuppeln nicht so viel Bewegungsspielraum, so daß manche Pflanzen schwer zu erreichen sind. Ein Anbau ist meist nicht möglich, und passendes Zubehör wird oft nur vom Hersteller angeboten.

Polygonales Haus
Achteckige und andere vieleckige Formen werden häufig gewählt, wenn das Gewächshaus schön aussehen und ein Blickfang im Garten sein soll. Meist sind sie teurer als herkömmliche Gewächshäuser vergleichbarer Größe, und die Auswahl an Zubehör ist nicht selten relativ begrenzt. Außerdem bietet die unregelmäßige Form weniger Platz für die Pflanzen. Auch das Einpassen von Ersatzscheiben ist schwieriger als bei einem traditionellen Gewächshaus.

Alpinhaus
Dieser Gewächshaustyp hat traditionell ein Holzgerüst und zur optimalen Belüftung Lamellenfenster. Meist wird er nicht beheizt und nur bei kältestem Winterwetter ganz geschlossen, muß also nicht isoliert werden. Er eignet sich nicht für empfindliche Pflanzen, sondern für solche, die Helligkeit und viel Luft benötigen, von oben aber gegen Feuchtigkeit und Regen geschützt werden müssen. Seine Form ist ähnlich wie die des herkömmlichen Gewächshauses.

ENERGIE-SPARHAUS

MINI

FOLIENTUNNEL

Energiesparhaus
Dieses Gewächshaus hat Spezialvorrichtungen, um möglichst viel Energie zu sparen. Deshalb ist es meist teurer als andere Modelle vergleichbarer Größe. Die Dachschräge gewährleistet optimalen Lichteinfall, und im Innern wird das Licht zusätzlich durch Spiegel reflektiert. Das Haus ist auch serienmäßig mit einer Doppelverglasung aus Plastik und einem speziellen Material zur Isolierung ausgestattet.

Mini-Gewächshaus
Das Mini-Gewächshaus ist eine preiswerte Möglichkeit für Anfänger. Meist hat es ein Aluminiumgerüst und wird an eine Mauer oder einen Zaun gestellt. Es sollte möglichst nach Südosten oder Südwesten liegen, um maximalen Lichteinfall zu garantieren, und bietet sich an, wenn man nur wenige Pflanzen ziehen will. Auch unter der Stellage ist oft auch noch Platz. Allerdings ist es nicht so leicht zugänglich, man muß überall von außen hineinreichen. Die Belüftung kann unzureichend sein, und es gibt größere Temperaturschwankungen. Schattierung ist daher im Sommer unerläßlich, wenn die Pflanzen nicht verdorren sollen.

Folientunnel-Gewächshaus
Wo das Aussehen keine Rolle spielt – etwa bei einem Gemüsebeet – bietet ein Folientunnelhaus viele Vorteile. Er besteht aus einem tunnelförmigen Gerüst, das mit schwerer, transparenter Folie bedeckt ist und wird für Pflanzen benutzt, die Schutz benötigen, aber nicht die Wärme eines herkömmlichen Gewächshauses. Folientunnel halten die schlimmste Winterkälte ab und dienen das ganze Jahr als Windschutz. Da sie relativ leicht auf- beziehungsweise abzubauen sind, werden sie oft bei Fruchtwechsel verwendet.

Bei einer großen Anbaufläche sind Folientunnel eine preiswerte Investition, für einen kleinen Garten dagegen eignen sich traditionelle Formen meist besser. Manche Modelle enthalten Stellagen, aber die meisten sind in erster Linie für Gewächse gedacht, die direkt in die Erde oder in Töpfe oder Kompostsäcke in Bodenhöhe gepflanzt werden können.

Die Belüftung durch die Tür ist einigermaßen effizient, besonders bei längeren Tunnelmodellen mit Öffnungen an beiden Enden, und manche Typen lassen sich seitlich aufrollen. Die Folie sollte alle ein bis zwei Jahre erneuert werden. Danach wird sie nämlich mit der Zeit deutlich trüber und der Lichteinfall ist dadurch reduziert.

Optimale Größe

Ist das Gewächshaus mit Pflanzen gefüllt, wirkt es fast immer zu klein, deshalb kaufen Sie möglichst eines, das sich ausbauen läßt. Ein großes Gewächshaus ist zwar teurer zu beheizen, aber man kann im Winter auch einen Teil abtrennen und ungeheizt lassen (siehe »Wärmeblenden«, S. 482).

Platzüberlegungen

Ein Gewächshaus, das hauptsächlich für Zierpflanzen benutzt wird, sollte viel Platz für Stellagen haben, die man stufenweise anordnen kann, und möglichst einen Tisch in der Mitte oder am Ende. Zur Anzucht von Pflanzen muß man eventuell Raum abteilen oder einen Frühbeetkasten verwenden.

Länge, Breite und Höhe

Eine Länge von 2,5 m und Breite von 2 m sind das Minimum für ein herkömmliches Mehrzweckgewächshaus. Ein kleinerer Raum schränkt die Pflanzenauswahl zu stark ein und erschwert die Kontrolle der Umweltbedingungen; meist sind Zugluft und im Sommer Hitzestaus in kleineren Häusern ein Problem, das zu plötzlichen Temperaturschwankungen führen kann. In mehr als 2 m breiten Räumen erreicht die Frischluft eventuell nicht die hintersten Töpfe auf den Stellagen. Bei einer Stellagenbreite von höchstens 60 cm auf beiden Längsseiten bleibt ein Mittelgang von derselben Breite frei.

Für die Anzucht von Pflanzen ist ein 2,5 m breites Gewächshaus mit jeweils bis zu 1 m breiten Beeten günstig; das gilt auch, wenn man für einen Rollstuhl oder eine Schubkarre einen breiteren Gang benötigt.

Viele kleine Gewächshäuser haben niedrige Traufen und einen relativ niedrigen Dachfirst. Dann ermüdet langes Arbeiten über Beeten oder Tischen. Um mehr Höhe zu gewinnen, stellen Sie das Haus auf einen Steinsockel oder graben innen den Weg tiefer.

Wahl des Baumaterials

Gewächshäuser gibt es aus verschiedenen Materialien. Die entscheidenden Kriterien bei der Auswahl von Gerüst und Verglasung sind Funktionalität, Kosten und Instandhaltungsaufwand. Auch das Aussehen kann dabei natürlich eine wichtige Rolle spielen.

BEIM KAUF DES GEWÄCHSHAUSES

Halten Sie sich an folgende Richtlinien, um sich spätere Enttäuschungen zu ersparen.

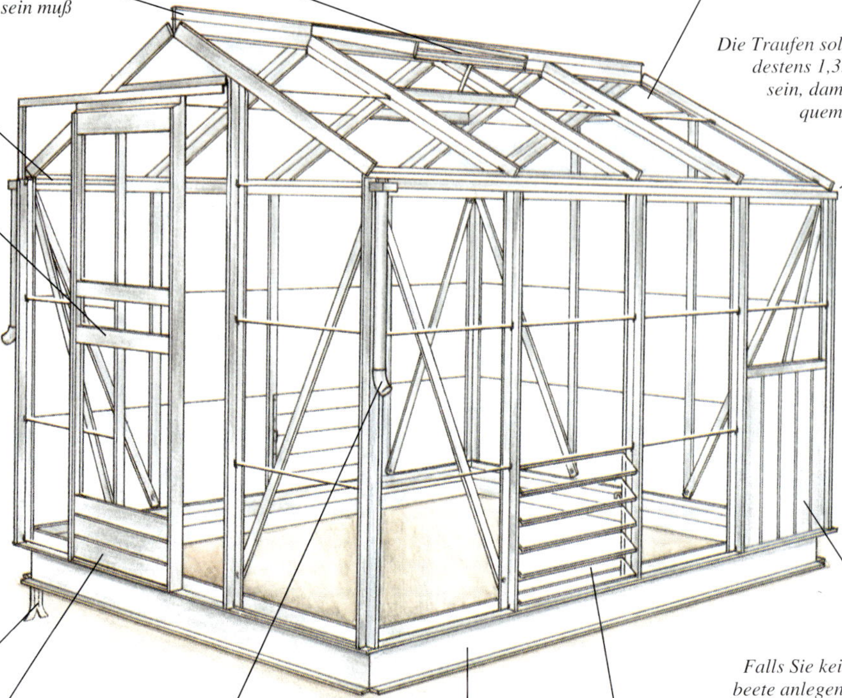

Der First sollte mindestens 1,7 m hoch sein; denken Sie daran, daß noch Platz für die vorspringenden Dachöffnungen sein muß

Meist werden nicht genügend Lüftungsklappen mitgeliefert; die Lüftungsfläche sollte insgesamt ein Sechstel der Grundfläche betragen. Eventuell brauchen Sie zusätzliche Belüftung.

Glasscheiben sind leicht zu ersetzen, wenn Sie Standardgrößen (60 x 60 cm oder 60 x 45 cm) nehmen. Die großen Scheiben von Holländerhäusern sind teuer. Ziehen Sie eine Doppelverglasung in Betracht, wenn Sie ständig viel Wärme benötigen, obwohl sie erheblich mehr kostet.

Die Querstreben müssen bei einem Gewächshaus aus Aluminium so stabil sein, daß sie das Gerüst ausreichend versteifen.

Die Traufen sollten mindestens 1,35 m hoch sein, damit Sie bequem arbeiten können.

Türen sind mit Angeln versehen oder zu schieben und müssen mindestens 60 cm breit sein (für Rollstühle oder Schubkarren breiter). Schiebetüren lassen sich zum Belüften besser verstellen und schlagen bei Wind nicht so leicht zu. Überprüfen Sie, ob die Tür gut schließt, damit es nicht zieht.

Verankern Sie das Bauwerk im Boden, wenn es nicht auf einem Ziegelsteinsockel steht.

Eine Trittleiste am unteren Türende mindert das Risiko, daß die Scheibe springt.

Abflußrinnen und -rohre verhindern, daß das Wasser in Strömen vom Dach hinabstürzt und nahe Pflanzen beschädigt.

Eventuell wird auf Wunsch ein Sockel mitgeliefert; denken Sie beim Preisvergleich daran, denn die meisten Holzgewächshäuser benötigen einen. Manchmal hat er eine Stufe, die den Zugang mit Rollstuhl oder Schubkarre erschwert.

Seitliche Belüftung erlaubt gute Luftzirkulation. Lamellenfenster müssen dicht schließen, damit möglichst wenig Wärme entweicht.

Falls Sie keine Randbeete anlegen, verkleiden Sie das Gewächshaus unten, um den Wärmeverlust im Winter zu reduzieren.

Das Gerüst

Das herkömmliche Material, das außerdem am besten aussieht, ist Holz. Allerdings ist es teuer und nicht leicht aufzubauen. Wählen Sie möglichst haltbares Hartholz. Zedernholz eignet sich am besten. Es verrottet nicht, verzieht sich nicht so leicht und behält, wenn es alle 1-2 Jahre mit einem speziellen Präparat behandelt wird, auf lange Zeit seine Farbe.

Gewächshäuser aus Kiefernholz sind billiger, sollten aber, bevor man sie montiert, mit einem Schutzmittel behandelt und regelmäßig gestrichen werden (siehe auch »Holzgerüste«, S. 491).

Gewächshäuser mit einem Skelett aus Aluminiumlegierungen sind nahezu wartungsfrei. Sie halten die Wärme nicht ganz so gut wie Holzgerüste, aber der Unterschied ist minimal und fällt kaum ins Gewicht.

BAUSTOFFE

HOLZ
Holz ist das traditionelle Material für ein Gewächshaus. Hartholz erfordert wenig Pflege.

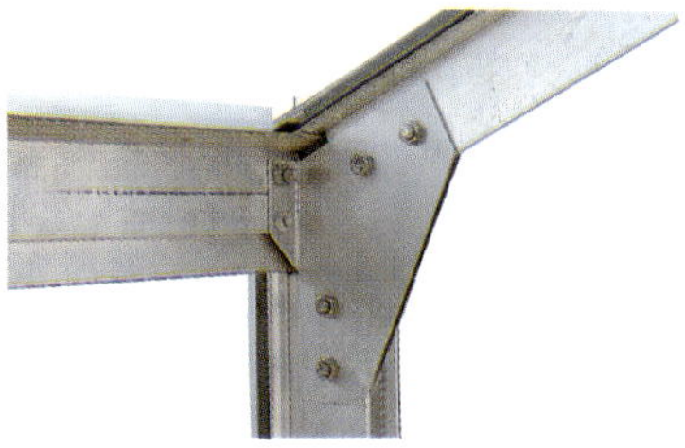

ALUMINIUM
Aluminium ist leicht, aber äußerst stabil und erfordert nur minimalen Pflegeaufwand.

STAHL
Kunststoffbeschichteter Stahl ist sehr robust, muß aber regelmäßig gegen Rost geschützt werden.

Verzinkter Stahl wird ebenfalls für Gewächshausgerüste verwendet. Er ist leicht, einfach zusammenzusetzen und äußerst stabil, überdies preiswerter als Holz oder Aluminium, muß jedoch in regelmäßigen Abständen gestrichen werden (siehe »Metallgerüste«, S. 491).

Aluminium- und Stahlrahmen sind schmaler als die aus Holz und ermöglichen deshalb größere Glasscheiben und mehr Lichteinfall.

Verglasung

Gartenklarglas ist für ein Gewächshaus besonders geeignet. Seine Lichtdurchlässigkeit ist optimal, und es hat innen eine genörpelte Oberfläche. Es ist leicht zu säubern, verfärbt sich nicht und hält die Wärme besser als Kunststoff. Glas ist andererseits nicht so robust wie Kunststoff, doch bei immer wieder auftretenden Bruchstellen und Sprüngen müssen die Scheiben wegen des rasch einsetzenden Wärmeverlustes schnell ersetzt werden.

Kunststoffscheiben

Kunststoff ist generell teurer und weniger haltbar als Glas; er verfärbt sich eher und wird mit der Zeit zerkratzt, was unansehnlich wirkt und, wichtiger noch, die Lichtdurchlässigkeit beeinträchtigt, wenn die Trübung stark ist.

Mit Acrylglas wird oft die gerundete Traufe eines Gewächshauses verkleidet, weil es sich gut zu eleganten Formen biegen läßt. Auf seiner Oberfläche sammelt sich das Kondenswasser leichter als auf einer Glasscheibe. Auch starre Polykarbonatscheiben verwendet man für Gewächshäuser. Sie sind einfach zu handhaben, leicht, praktisch unzerbrechlich und isolieren gut. Allerdings zerkratzen sie relativ schnell und können sich verfärben.

Doppelwandige Hohlraumplatten aus Polykarbonat haben besonders gute Isoliereigenschaften, sind aber wegen des verminderten Lichteinfalls problematisch.

Zuschneiden

Die meisten Glasereien an Ihrem Ort schneiden Ihnen das Glas für wenig Geld zu. Wichtig ist nur, daß die von Ihnen angegebenen Ausmaße penibel genau stimmen; kalkulieren Sie bei der Berechnung überdies auch genügend Spielraum ein, um das zu kaufende Glas in das vorgesehene Gerüst einzupassen. Kunststoff ist normalerweise in Platten erhältlich, die man in der Regel auch als Laie mit einem scharfen Messer und Lineal zuhause mühelos jederzeit selbst zuschneiden kann.

Verglasungsmaterial

Starrer Kunststoff wie dieses doppelwandige Polykarbonat, das gut isoliert, ist leicht und einfach einzusetzen.

Aufbau des Gewächshauses

Ein Gewächshaus erfordert weniger Wartung und hält länger, wenn es von vornherein richtig aufgebaut wird. Die nachfolgenden Informationen können naturgemäß nur allgemeiner Art sein, da sie zu viele verschiedene Typen und Formen betreffen. Halten Sie sich im Einzelfall immer an die Anleitung des Herstellers. Falls Sie Zweifel haben, erfahren Sie Details beim Händler oder Hersteller.

Es gibt Hersteller, die das Gewächshaus auch aufbauen, aber davon ausgehen, daß der Boden zuvor geebnet und ein eventuell nötiger Steinsockel (siehe unten rechts) bereits errichtet worden ist.

Vorbereitung des Standorts

Stellen Sie ein Gewächshaus immer auf festen, ebenen Boden, sonst kann sich das Gerüst verziehen und das Glas springen. Das Gelände muß von Unkraut gesäubert werden, da es sehr schwer zu entfernen ist, wenn das Gewächshaus erst einmal steht. Falls es vor kurzem umgegraben wurde, sollte man den Boden ein paar Wochen ruhenlassen und dann mit einer schweren Walze glätten.

Fundamente

Aluminiumgewächshäuser, die kleiner als 2 x 2,5 m sind, brauchen meist kein dickes Betonfundament. Graben Sie einfach an jeder Ecke ein etwa 25-45 cm tiefes Loch, verkeilen Sie darin die Verankerung (siehe S. 480) mit Kies, und gießen Sie es zur sicheren Befestigung mit einer Betonmischung aus.

Wird ein stabileres Fundament benötigt, heben Sie einen etwa 25 cm tiefen Graben aus und füllen Sie ihn 15 cm hoch mit Schotter. Befestigen Sie die Ankerbolzen, und schließen Sie das Ganze mit gegossenem Beton oder Steinplatten zu einer ebenen Fläche ab.

Ziegelsteinsockel

Ein Ziegelsteinsockel muß genau den vom Hersteller angegebenen Maßen entsprechend auf einem etwa 12 cm tiefen Betonunterbau errichtet werden (siehe »Wie man einen Betonsockel herstellt«, S. 504). Er sollte in Bodenhöhe oder darunter abschließen.

Gewächshäuser mit Holzgerüst

Die Holzteile werden meist fertig geliefert und müssen nur noch montiert und auf dem Fundament befestigt werden.

Fundament

Als Fundament dienen ineinandergreifende Betonblöcke, oder man errichtet es aus Stampfbeton oder Ziegelsteinen (siehe »Fundamente« und »Ziegelsteinsockel«, oben).

Seiten, Giebelwände und Dach

Prüfen Sie, bevor das Gewächshaus kommt, welche Schrauben oder Winkel erforderlich sind, und ob sie mitgeliefert werden. Montieren Sie zunächst die Seiten und Giebelwände. Befestigen Sie das Gerüst auf dem Sockel oder Fundament, und folgen Sie den Anweisungen des Herstellers. Das Gerüst hat unten eventuell Vorrichtungen zum Verankern. Montieren Sie erst etwaige Innenwände und dann die einzelnen Teile des Daches.

Bei manchen Holzgewächshäusern sind die Glas- oder Kunststoffscheiben noch nicht in die Rahmen eingesetzt, sondern werden getrennt geliefert. Bereits verglaste Gerüstteile sind ziemlich schwer; man braucht daher zum Tragen zwei oder mehr Personen.

Ist das Holz nicht imprägniert, sollten Sie es in diesem Stadium, nämlich vor dem Verglasen, streichen.

Verglasen

Wenn dafür Kitt nötig ist, wird er meist mitgeliefert. Tragen Sie ihn auf die Sprossen auf, und setzen Sie das Glas vorsichtig ein. Die Scheiben werden im allgemeinen mit Stiften aus verzinktem Stahl oder Messing gesichert; falls sie nicht mitgeliefert werden, bekommen Sie sie in jedem Eisenwarenladen.

Bei einem Trockenverglasungssystem (also ohne Kitt) befolgen Sie die Instruktionen des Herstellers.

Verglasen Sie in jedem Fall die Seiten und Giebelwände zuerst, wobei die Scheiben 1 cm überlappen sollten. Verwenden Sie biegsame Metallklammern, um die Scheiben zusammenzuhalten.

Bau eines Ziegelsteinsockels

Bauen Sie den Ziegelsteinsockel für Ihr Gewächshaus als erstes und legen Sie zuerst ein richtiges Fundament. Vergewissern Sie sich noch einmal, daß die Maße stimmen.

Betonfundament

Heben Sie zunächst den Maßen des Gewächshauses entsprechend einen Graben aus, den Sie dann mit Schotter und einer Betonschicht auffüllen.

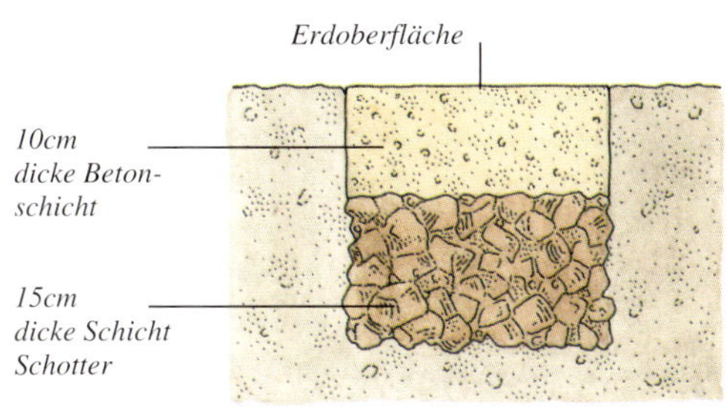

SPROSSEN UND CLIPS IN METALLGEWÄCHSHÄUSERN

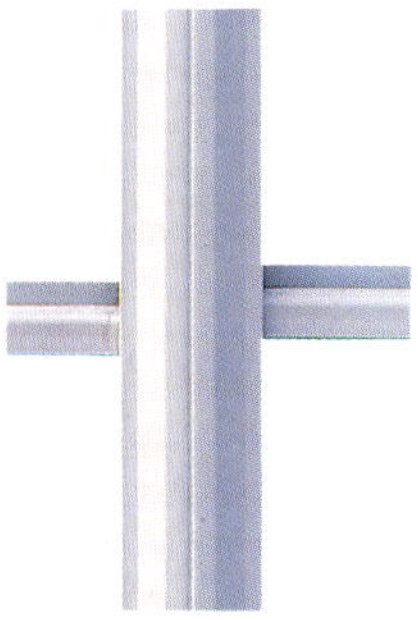

SPROSSEN
Sie bilden das Gerüst des Gewächshauses.

W-FÖRMIGE DRAHTCLIPS
Mit diesen Clips werden Glas und Plastikscheiben sicher befestigt.

FEDERNDE CLIPS
Man kann Scheiben auch in den Rahmen spannen.

Lüftungsklappen und Tür
Lüftungsklappen sind bereits in die Bauteile eingesetzt, also werden sie in der bestellten Anzahl gleich mitgeliefert. Schrauben Sie Türen mit Angeln an, und setzen Sie Schiebetüren in die Laufschienen.

Gewächshäuser mit Metallgerüst

Metallgewächshäuser werden als Bausatz geliefert, der aus den einzelnen Gerüstteilen – Sockel, Seiten, Giebelwände und Dach – besteht. Diese wiederum gliedern sich in mehrere Elemente, die Sie zusammenfügen müssen.

Sockel
Montieren Sie zunächst den Sockel und achten Sie darauf, daß er vollkommen gerade und rechteckig ist, damit das Gerüst sich nicht verzieht; messen Sie jeweils zwischen den zwei diagonalen Ecken – der Abstand muß derselbe sein. Verankern Sie den Sockel gut.

Wenn Sie ein Betonfundament haben, verwenden Sie die mitgelieferten Ankerbolzen, ansonsten lassen Sie die Verankerung an jeder Ecke des Sockels in Kies und Beton ein.

VERANKERUNG

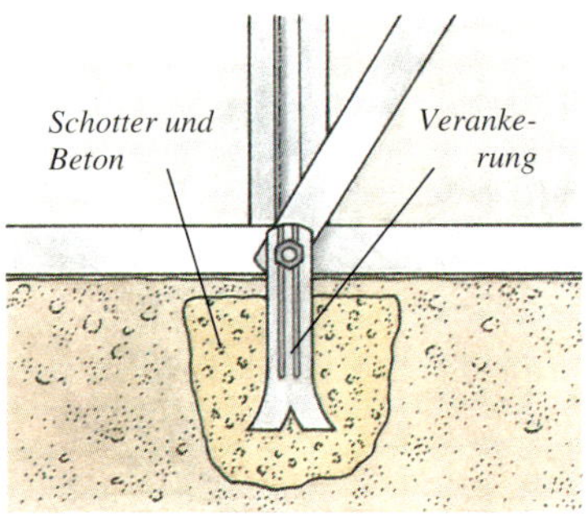

Kleine Gewächshäuser sichert man durch Verankerung im Boden. Verkeilen Sie sie zunächst in Kies, bevor Sie den Beton darüberschütten.

Seiten, Giebelwände und Dach
Montieren Sie alle Teile in der Reihenfolge, die in den Anweisungen des Herstellers empfohlen wird. Meist setzt man die Seitenwände als erste zusammen.

Vergewissern Sie sich, daß nichts fehlt, und legen Sie dann alle Stücke in ihrer richtigen Position zueinander auf den Boden. Schrauben Sie sie zu Seiten- und Giebelwänden zusammen. Entscheiden Sie, wo die Luftklappen hinkommen sollen, und lassen Sie entsprechende Lücken. Ziehen Sie die Muttern nicht an, bis alle Teile komplett montiert und lose zusammengesetzt sind.

Schrauben Sie die Teile aneinander und an den Sockel, und montieren Sie dann die Dachsparren und die Firstbalken.

Lüftungsklappen
Die Lüftungsklappen werden separat zusammengesetzt und dann an Dach und Seitenwände montiert. So ist man hinsichtlich der Anzahl und Position flexibler als bei einem Holzgewächshaus. Die Scharniere der Dachlüftungsklappen passen meist in eine Nut im Gesims.

Verglasen
Für Metallgewächshäuser werden normalerweise Glaserstreifen verwendet. Schneiden Sie sie in entsprechender Länge zu, und drücken Sie sie in die dafür vorgesehenen Rillen der einzelnen Sprossen am Skelett.

Verglasen Sie zunächst die Seiten des Gewächshauses, und lassen Sie dabei etwa 3 mm Abstand zu den Sprossen, um die Scheiben mit Klammern befestigen zu können.

Strom, Gas- und Wasserleitungen

Einen Stromanschluß im Freien zu errichten, ist nichts für den Laien. Man überläßt das am besten einem Elektriker, obwohl man natürlich erheblich sparen kann, wenn man in der Lage ist, den Graben für das Kabel selbst auszuheben und nach Beendigung der Arbeit wieder aufzufüllen. Das Kabel kann auch aufgehängt werden, falls es nicht unansehnlich ist und sich das Gewächshaus nahe am Wohnhaus befindet; Ihr Elektriker wird Sie entsprechend beraten. Aus Sicherheitsgründen sollten Panzerkabel und wasserdichte Kupplungen benutzt werden.

Der Stromanschluß im Gewächshaus dient vielen Zwekken: zur Heizung, fürs Licht, für Vermehrungskästen, Zeitschaltuhren, Bodenheizkabel und elektrisch betriebene Gartengeräte aller Art.

Auch mit einem Gasanschluß kann man das Gewächshaus beheizen, obwohl von Gasflaschen gespeiste Öfen häufiger sind. Erkundigen Sie sich beim Fachmann über Möglichkeiten und Kosten einer Installation. Auch hier können Sie Geld sparen, wenn Sie die Grabarbeiten selbst erledigen.

Wenn Sie draußen bereits einen Wasserhahn haben, können Sie von dort vielleicht ohne zu großen Aufwand einen Anschluß ins Gewächshaus verlegen. Das Rohr muß je nach Gegend mindestens 60 cm tief liegen, und die oberirdischen Teile sollten sehr gut isoliert sein.

Die oberen Glasscheiben sollten etwa 1 cm überstehen. Sichern Sie sie mit entsprechenden Klammern, das sind S-förmige Metallstücke, die über die untere Scheibe gehakt werden und die obere festhalten.

Befestigen Sie jetzt die Scheiben mit Klammern an den Sprossen. Sie müssen etwas Druck anwenden, um die Klammern zwischen Scheibe und Sprossen zu schieben.

Verglasen Sie die Giebelwände und das Dach des Gewächshauses auf die gleiche Weise.

Einsetzen der Tür
Metallgewächshäuser haben meist Schiebetüren. Sie müssen zusammengeschraubt und dann in die Laufschiene des Gerüsts gesetzt werden. Anschließend wird eine Sperrvorrichtung angebracht, die verhindert, daß die Tür beim schnellen Öffnen aus der Schiene rutscht. Verglasen Sie die Tür, nachdem Sie sie eingesetzt haben.

Anbringen der Stellagen

Die vom Hersteller mitgelieferten Stellagen werden an das Gerüst geschraubt oder mit Bolzen befestigt. Das sollte gleichzeitig mit dem Aufbau des Gewächshauses geschehen, besonders wenn es achteckig oder kuppelförmig ist, weil solche Regale speziell darauf zugeschnitten sind. Wenn die Flächen durchgängig sind, lassen Sie zur besseren Belüftung einige Zentimeter Luft zwischen Wand und Stellage.

EINSETZEN EINER SCHEIBE

Klemmen Sie die Clips unten an die Scheibe. Heben Sie die Scheibe mit Handschuhen an, und drücken Sie sie oben vorsichtig hinein, bevor Sie sie an die untere Scheibe haken. Sichern Sie sie mit Clips (siehe Kasten), indem Sie sie sacht andrücken, bis sie in den Rahmen greifen.

Günstige Bedingungen

Das A und O einer erfolgreichen Gewächshauskultur sind gleichmäßig günstige Bedingungen für die Pflanzen.

Bei empfindlichen Pflanzen ist die Temperatur entscheidend. Wählen Sie ein möglichst effizientes, zuverlässiges und sparsames Heizungssystem. Achten Sie auf ein ausgewogenes Verhältnis von Isolierung und Belüftung. In den meisten Gewächshäusern muß im Sommer schattiert werden; siehe auch Grundlagen der Vermehrung, S. 542.

Die Luftfeuchtigkeit sollte dem Bedarf der jeweiligen Pflanzen entsprechen. Automatische Bewässerungsanlagen erhöhen sie normalerweise, so daß zusätzliche Luftbefeuchter vielleicht gar nicht nötig sind. Jedoch eine Spezialbeleuchtung kann oft sinnvoll sein, um das Wachstum der Pflanzen günstig zu beeinflussen.

Temperatur

Die Wahl der zu kultivierenden Pflanzen hängt weitgehend von der Temperatur ab, die man im Gewächshaus konstant halten kann (siehe »Bedingungen im Gewächshaus«, S. 433). Es gibt vier Abstufungen: nämlich kalt, kühl, gemäßigt und warm. Die Temperatur wird bei jedem Haustyp etwas anders kontrolliert.

Kalt

Ein Kalthaus wird überhaupt nicht beheizt. Doch ist Isolierung (siehe S. 482) erforderlich, um die schlimmste Winterkälte abzuhalten, und im Sommer muß man schattieren (siehe S. 484). Gründliche Belüftung ist das ganze Jahr über wichtig.

Ein Kalthaus kann zur Anzucht von Sommergemüse, zum Überwintern empfindlicher Pflanzen oder zur Vermehrung von Topfpflanzen dienen (obgleich mit Vermehrungskästen bessere Erfolge zu erzielen sind; siehe S. 488). Es erlaubt außerdem die frühe Zurschaustellung von winterharten Pflanzen und Frühlingszwiebeln.

Kalthäuser eignen sich auch für Alpinpflanzen, manche sind speziell dafür gedacht (siehe »Alpinhaus«, S. 477), aber man kann eigentlich jedes Gewächshaus mit seitlichen Lüftungsklappen für diesen Zweck verwenden.

Kühl/frostfrei

Ein kühles Gewächshaus ist gerade so weit beheizt, daß kein Frost eindringt. Das bedeutet am Tag eine Mindesttemperatur von 5-10°C; nachts darf sie nicht unter 2°C sinken.

Um dies zu gewährleisten, ist eine Heizung nötig, die im Winter einen beträchtlichen Temperaturanstieg bewirkt, falls die Außentemperatur weit unter Null fällt. Am geeignetsten ist dafür wohl eine elektrische Heizung mit Thermostat (siehe S. 482). Isolierung, gute Belüftung und Schattierung sind hier genauso wichtig wie im Kalthaus.

Im frostfreien Gewächshaus kann man dieselben Pflanzen kultivieren wie im Kalthaus. Außerdem dient es zur Überwinterung frostempfindlicher Pflanzen und zur Anzucht von Sommergemüse und Topfblumen. Samen brauchen zum Keimen einen Vermehrungskasten. Setzlinge gedeihen besser unter dem zusätzlichen Licht einer Pflanzenlampe (siehe S. 485).

Gemäßigt

Ein etwas wärmeres Gewächshaus mit Tagestemperaturen von mindestens 10-13°C am Tag und 7°C in der Nacht eignet sich zum Kultivieren zahlreicher winterharter, halbharter und frostempfindlicher Topfpflanzen sowie von Gemüse.

Zum Antreiben im Frühjahr ist zusätzliche Wärme nötig, entweder in einem Vermehrungskasten oder durch Erhöhen der Normaltemperatur für den erforderlichen Zeitraum. Auch eine Pflanzenlampe kann nützlich sein. Schattierung und gute Belüftung sind besonders im Sommer wichtig.

Warm

Im warmen Gewächshaus herrschen tagsüber mindestens 13-18°C und nachts 13°C. Derart hohe Temperaturen erlauben dem Amateurgärtner das Kultivieren einer großen Zahl von Gewächsen, auch tropischer und subtropischer Zierpflanzen, Früchte und Gemüse. Ein Warmhaus eignet sich auch zum Antreiben von Pflanzen und zur Anzucht von Setzlingen ohne Spezialvorrichtungen, obwohl eine Pflanzenlampe auch hier sinnvoll ist.

Sehr gute Belüftung, möglichst automatisch, effiziente Schattierung und hohe Luftfeuchtigkeit (siehe S. 484) sind bei heißem und trockenem Wetter unerläßlich.

Der »Treibhauseffekt«

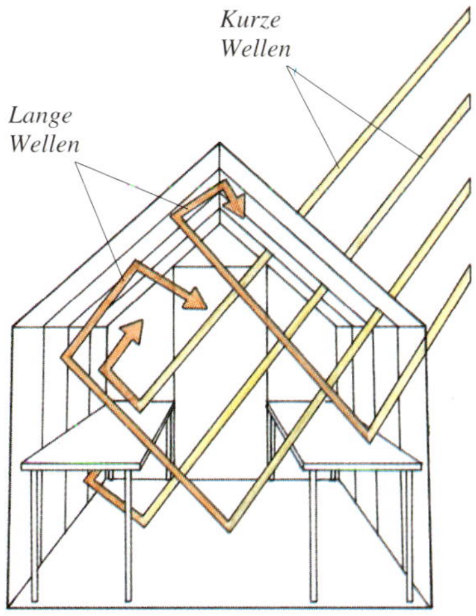

Das Licht fällt in kurzwelligen Strahlen ein und erwärmt das Innere einschließlich Fußboden, Stellagen, Erde und Pflanzen. Die Wärme strahlt in langen Wellen zurück, die das Glas nicht durchdringen können und so zu einem Hitzestau im Gewächshaus führen.

Ausgewogene Bedingungen im Gewächshaus

	Heizung (siehe S. 482)	Isolierung (siehe S. 482)	Belüftung (siehe S. 483)	Schattierung (siehe S. 484)	Luftfeuchtigkeit (siehe S. 484)	Bewässerung (siehe S. 485)	Beleuchtung (siehe S. 485)
Kalt Keine Mindesttemperatur	Keine	Gegen starke Kälte, Zugluft, Feuchtigkeit und Nebel isolieren.	Gründliche Belüftung ist unerläßlich, um im Winter feuchte, abgestandene Luft zu vermeiden.	Empfindliche Pflanzen im Sommer mit Schattierfarbe, Rollos, Geflecht, Stoff oder Platten schützen.	Im Sommer wahrscheinlich kein Problem. Erzeugen Sie im Winter »Trockenheit« durch Lüften.	Im Winter von Hand gießen. Im Sommer Sprühschlauch, Kapillar- oder Berieselungssystem benutzen.	Pflanzenlampen sind für die hier kultivierten Gewächse sicher überflüssig.
Kühl Mindesttemperatur 2°C	Ein thermostatgesteuerter Elektroofen ist am besten, aber ein Gas- oder Ölofen tut es auch. Frostalarm empfiehlt sich, wenn empfindliche Pflanzen kultiviert werden.	Im Winter wie im Kalthaus. Im Frühjahr ist gute Isolierung sehr wichtig, wenn frostempfindliche Pflanzen gezogen werden.	Gut lüften, besonders bei Gas- oder Ölofen, damit Wasserdampf und Abgase abziehen.	Das sommerliche Schattieren zur Temperaturkontrolle geschieht am wirksamsten mit Schattierfarbe oder Rollos. Nehmen Sie möglichst automatische Rollos.	Im Sommer ist eine Raumbefeuchtung anzuraten.	Wie im Kalthaus, im Sommer kann man auch eine Sprinkleranlage verwenden.	Pflanzenlampen können sinnvoll sein, vor allem für Jungpflanzen im Frühjahr, wenn das natürliche Licht nicht reicht.
Mässig warm Mindesttemperatur 7°C	Eine Heizung (möglichst elektrisch) mit Thermostat ist erforderlich. Ebenso wichtig ist Frostalarm.	Wie im kalten und kühlen Gewächshaus. Im Frühjahr sind Wärmeblenden für die Anzucht sinnvoll.	Wie im kühlen Gewächshaus. Im Sommer sind automatische Öffner praktisch.	Wie im kühlen Gewächshaus.	Im Frühjahr und Sommer ist hohe Luftfeuchtigkeit notwendig, vor allem für Stecklinge und Sämlinge.	Eine automatische Bewässerungsanlage ist das ganze Jahr über nützlich.	Im Winter und Frühjahr bieten sich Pflanzenlampen an.
Warm Mindesttemperatur 13°C	Wie im mäßig warmen Gewächshaus.	Gute Isolierung ist das ganze Jahr über unerläßlich, um Heizkosten zu sparen.	Automatische Öffnungsvorrichtungen an mehreren Stellen vereinfachen die Temperatursteuerung.	Im Sommer sind automatische Rollos empfehlenswert.	Hohe Luftfeuchtigkeit ist das ganze Jahr erforderlich.	Wie im mäßig warmen Gewächshaus.	Wie im mäßig warmen Gewächshaus.

Heizung

Es ist wichtig, daß im Gewächshaus für die Pflanzen, die Sie darin ziehen wollen, immer die richtige Temperatur herrscht. Wählen Sie eine Heizung, die leistungsstark genug ist, um die erforderliche Minimaltemperatur konstant zu halten. Andere Kriterien für die Auswahl sind Bequemlichkeit, Installations- und laufende Kosten.

Elektrische Heizung
Sie ist für das Gewächshaus am zuverlässigsten, effizientesten und bequemsten, obwohl dafür Strom notwendig ist (siehe »Strom, Gas und Wasserleitungen«, S. 480). Meist ist sie thermostatgesteuert, so daß keine Wärme vergeudet wird, und sie braucht nicht regelmäßig nachgefüllt oder gewartet zu werden. Außerdem geben Elektroheizungen weder Abgase noch Wasserdampf an die Umwelt ab.

Sie sind in verschiedenen Ausführungen erhältlich. Dazu gehören Heizlüfter und wasserdichte Röhrensysteme, die beide das Gewächshaus ausreichend beheizen. Konvektoren verteilen die Wärme nicht so gut. Heizungsröhren müssen an den Seitenwänden direkt über dem Boden angebracht werden. Es gibt auch mobile Geräte.

Elektrische Heizlüfter sind besonders praktisch, weil sie die Luftzirkulation begünstigen, die für gleichmäßige Temperatur sorgt und die Verbreitung von Krankheiten reduziert. Bei warmem Wetter können sie auch zur Kühlung dienen, wenn man das Heizelement abschaltet.

Gasheizung
Gasheizungen werden aus einem Hauptanschluß (siehe »Strom, Gas und Wasserleitungen«, S. 480) oder aus Gasflaschen gespeist. Sie sind weniger bequem als Elektroheizungen; ihr Thermostat hat meist keine Feineinstellung, so daß man erst mit der richtigen Einstellung experimentieren muß.

Wenn Sie Gasflaschen benutzen, halten Sie immer zwei bereit, die durch ein automatisches Umschaltventil verbunden sind für den Fall, daß eine leer wird. Propangas erzeugt beim Verbrennen Rauch und Wasserdampf, deshalb ist gute Belüftung wichtig. Bewahren Sie die Gaszylinder an einem sicheren Ort auf, und lassen Sie sie regelmäßig überprüfen.

Ölöfen
Hinsichtlich des Brennstoffs sind sie nicht so effizient wie Elektro- oder Gasheizungen, weil sie keinen Thermostat haben. Wenn konstant hohe Temperaturen erzielt werden müssen, können sie teuer im Verbrauch sein, da viel Energie verschwendet wird. Allerdings sind sie billig in der Anschaffung, und die Installationskosten entfallen.

Bei Ölöfen ist eine gründliche Belüftung erforderlich, weil bei der Verbrennung schädliche Abgase und Wasserdampf frei werden und feuchte, stickige Luft zur Verbreitung von Krankheiten führen kann. Ein weiterer Nachteil ist, daß man den Brennstoff heranschaffen und lagern und täglich Ölstand und Docht überprüfen muß (um sicherzugehen, daß er sauber brennt).

Warmwasserheizungen
Kohlebeheizte Warmwassersysteme werden kaum in Gewächshäusern verwendet. Mit Öl oder Gas beheizte Anlagen kommen manchmal vor, aber selten in einem kleinen Amateur-Gewächshaus.

Die Wärmeleitung durch Rohre ist zwar gut, aber oft werden nur etwa 50 Prozent der Energie genutzt, der Rest entweicht durch die Glaswände. Die Notwendigkeit, das Feuer regelmäßig zu schüren und den Heizraum zu säubern, macht Kohle als Brennstoff ungeeignet.

Thermometer und Frostalarm
Wenn die Heizung in einem Gewächshaus nicht thermostatgesteuert ist, überprüfen Sie am besten mit einem Maximum/Minimum-Thermometer den jeweils tiefsten Stand der Nachttemperatur.

In Regionen, in denen es sehr kalt wird, ist ein Frostalarm sinnvoll, wenn im Gewächshaus empfindliche Pflanzen stehen. Falls die Temperatur plötzlich gegen 0°C absinkt, etwa durch Strom- oder Heizungsausfall, läutet eine Alarmglocke (die sich sinnvollerweise in der Wohnung befindet) und ermöglicht, die Pflanzen rechtzeitig an einen frostsicheren Platz zu bringen.

FROSTALARM

Installieren Sie einen Frostalarm, wenn Pflanzen durch Temperatursturz beschädigt werden könnten.

ISOLIERMATERIAL

Luftpolsterfolie eignet sich gut zum Isolieren eines Gewächshauses, da sie den Wärmeverlust erheblich mindert. Schneiden Sie sie passend zu, und befestigen Sie sie am Gerüst.

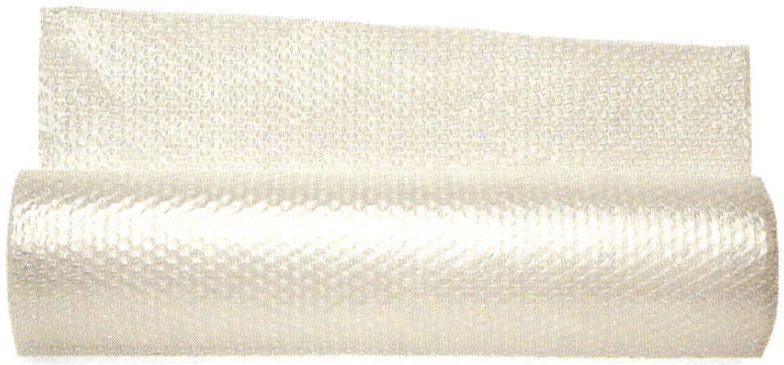

Isolierung

Die Isolierung des Gewächshauses kann die Heizkosten erheblich senken; ist etwa eine Mindesttemperatur von 7°C erforderlich, macht sie sich in ein paar Jahren bezahlt, in besonders kalten Gegenden sogar schon in einem Winter. Je höher die gewünschte Temperatur und je kälter die Region, desto kostensparender wirkt sich eine Isolierung aus. Das Material muß allerdings sorgfältig ausgewählt werden, da es den Lichteinfall mindern kann.

2-Scheiben-Isolierglas
Die wirksamste Methode der Isolierung eines ganzen Gewächshauses ist Doppelverglasung. Man läßt sie am besten gleich beim Aufbau einbauen. Natürlich ist sie eine teure Angelegenheit, aber die Vorteile können enorm sein.

Isolierung aus flexiblem Kunststoff
Luftpolsterfolie, die aus 2-3 Lagen transparentem Kunststoff mit Luftblasen dazwischen besteht, ist ein wirklich effizientes Isoliermaterial. Einfache Plastikplanen dämmen den Wärmeverlust nicht so gut ein, sind aber billiger und nehmen nicht soviel Licht weg. Im Winter kann man sie als eine Art Zweitverglasung verwenden. Benutzen Sie zum Befestigen der Planen Saugknöpfe oder Klammern, die in die Gewächshausrahmen passen.

Wärmeblenden
Hier handelt es sich um lichtdurchlässige Platten aus Kunststoff oder einem Material wie laminiertem Stoff, die auf Draht gespannt und abends waagerecht zwischen die Traufen des Gewächshauses gezogen werden. Dadurch steigt die Wärme nachts nicht so weit auf, sondern bleibt mehr im Bereich der Pflanzen.

Mit vertikalen Wänden aus Plastik läßt sich das Gewächshaus in einen beheizten und einen unbeheizten Teil trennen. In dem beheizten Teil können Pflanzen überwintern und Setzlinge gezogen werden.

Es gibt spezielle Bausätze zur Anfertigung von Wärmeblenden; man kann aber auch Kunststoffplatten und das notwendige Zubehör separat kaufen.

Wandverkleidung
Durch eine Wandverkleidung im Bodenbereich bei ganz aus Glas bestehenden Gewächshäusern reduziert man den Wärmeverlust beträchtlich. Stellen Sie zur besseren Isolierung im Winter Polystyrolplatten innen gegen die Glasscheiben und entfernen Sie sie, wenn Sie die ersten Beetpflanzen setzen.

WÄRMEBLENDEN

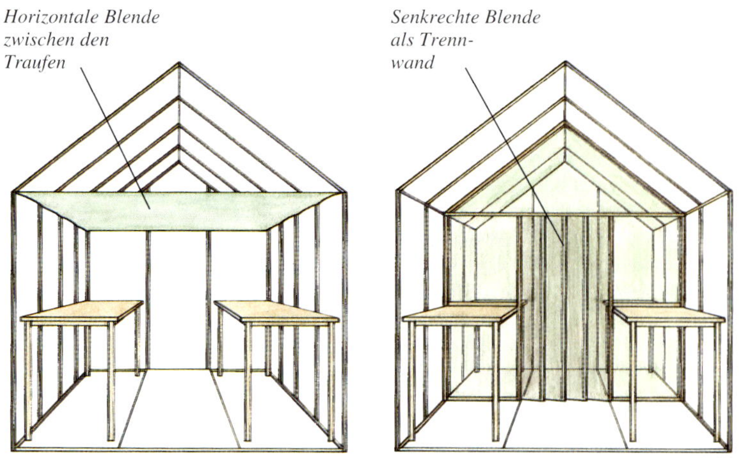

Man kann Wärmeblenden horizontal zwischen die Traufen spannen. Sie können auch als Wand dienen, mit der man einen Teil des Gewächshauses abtrennt, der stärker beheizt werden muß.

Belüftung

Gute Belüftung ist wichtig in einem Gewächshaus, auch im Winter, damit sich nicht stickige oder feuchte, abgestandene Luft ansammelt, aber auch zur Temperatursteuerung. Die Lüftungsfläche sollte mindestens ein Sechstel der Grundfläche betragen.

Zusätzliche Lüftung
Da nur wenige Gewächshäuser serienmäßig mit genügend Ventilatoren ausgestattet sind, bestellen Sie von vornherein zusätzliche Lüftungsvorrichtungen. Das ist besonders wichtig bei Holzgewächshäusern, wo der nachträgliche Einbau schwierig ist.

Eine zusätzliche Belüftung empfiehlt sich vor allem, wenn mit Ölöfen oder Flaschengas geheizt wird, damit sich nicht zuviel Wasserdampf und Abgase ansammeln können.

Das Windstoßprinzip
Luftaustausch findet in einem Gewächshaus statt, wenn äußere Luftbewegungen, verursacht durch Windstöße, die warme, feuchte Luft im Innern durch Frischluft ersetzen. Wenn Seitenwände und Dach mit versetzt angeordneten Öffnungen versehen sind, zirkuliert die Luft im Raum; liegen die Lüftungsklappen sich genau gegenüber, bläst der Wind einfach nur gerade hindurch.

Zur besseren Belüftung kann man im Sommer auch die Tür auflassen; man sollte jedoch ein Drahtgeflecht über den Eingang spannen, um Vögel und Haustiere fernzuhalten.

Das Schornsteinprinzip
Der Schornsteineffekt beruht darauf, daß warme, feuchte Luft durch Öffnungen im Dach entweicht und durch Frischluft ersetzt wird, die mit Hilfe weiter unten angebrachter Lüftungsklappen angesogen wird; sie können ober- oder unterhalb der Stellagen installiert sein.

Das Ventilatorprinzip
Der mechanisch betriebene Ventilator zieht in Kopfhöhe oder kurz darüber die Luft aus dem Gewächshaus und saugt aus niedriger und meist am entgegengesetzten Ende gelegenen Öffnungen Frischluft an.

Lüftungsklappen
Sie sollten an den Seiten oder am Dach des Gewächshauses angebracht sein und sich praktischerweise in einem Winkel von etwa 45° öffnen lassen. Das erlaubt maximale Belüftung und verhindert doch, daß der Wind direkt hineinbläst und eventuell die Pflanzen oder sogar das Haus selbst beschädigt.

VERSCHIEDENE LÜFTUNGSARTEN

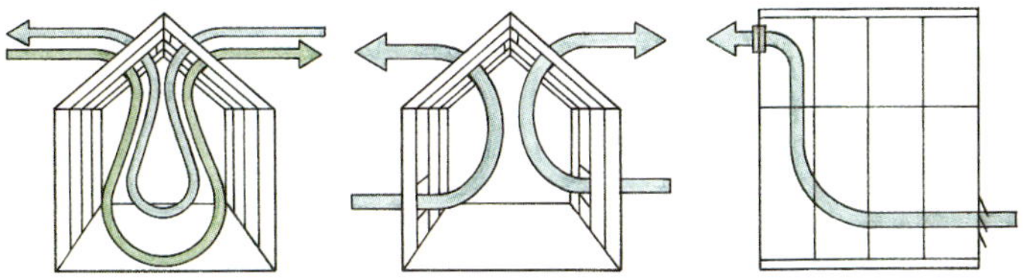

WINDEFFEKT
Frischluft gelangt ins Gewächshaus, zirkuliert und entweicht durch eine Öffnung auf der gegenüberliegenden Seite.

SCHORNSTEINEFFEKT
Warme Luft steigt hoch, tritt durch Öffnungen im Dach aus und zieht dabei frische, kühlere Luft von unten nach.

VENTILATOREFFEKT
Die Luft wird durch einen oben angebrachten Ventilator ins Freie geblasen und durch Öffnungen unten angesogen.

Lamellenfenster
Lamellenfenster werden meist unterhalb der Stellagen eingebaut und eignen sich besonders gut, um den Luftaustausch im Winter zu kontrollieren, wenn durch Lüftungsklappen im Dach womöglich zuviel Wärme entweicht. Sie müssen jedoch so dicht schließen, daß sie jede Zugluft fernhalten.

Automatische Luftklappenöffner
Automatische Öffnungsvorrichtungen erleichtern die Temperatursteuerung im Gewächshaus erheblich, weil sie sich öffnen, sobald eine bestimmte Temperatur erreicht ist. Sehr nützlich sind sie, wenn die Heizung keinen Thermostat hat.

Wenigstens einige Lüftungsklappen oder Lamellenfenster sollten mit einer automatischen Öffnungsvorrichtung ausgestattet sein; der Hersteller liefert dazu entsprechende Anleitungen.

Die Vorrichtung kann auf verschiedene Temperaturen eingestellt werden; achten Sie aber darauf, daß Sie ein System wählen, das im Rahmen des in Ihrem Gewächshaus erforderlichen Temperaturrahmens funktioniert. Am besten stellen Sie es auf eine Temperatur ein, die direkt unterhalb des Optimums für Ihre Pflanzen liegt. Dann öffnen sich die Klappen, und das Gewächshaus wird belüftet, bevor die Innentemperatur zu hoch wird.

Es gibt ganz unterschiedliche automatische Öffner. Manche Modelle basieren auf Ausdehnung und Kontraktion eines Wachsstöpsels in einem Metall- oder Plastikzylinder, der mit Hilfe eines Kolbens die Klappe öffnet und schließt. Andere haben Metallstäbe, die bei steigender und sinkender Temperatur ihre Form verändern und dadurch den Öffnungsmechanismus aktivieren.

Absaugventilator
Dieser Ventilatortyp, der in erster Linie für Küche und Bad gedacht ist, eignet sich auch fürs Gewächshaus. Ein zusätzlicher Vorteil besteht darin, daß er meist eine Thermostatsteuerung hat, was für das Gewächshaus sehr wichtig ist.

Wählen Sie einen Ventilator, dessen Leistungsfähigkeit der Größe Ihres Gewächshauses entspricht; die Absaugmenge wird normalerweise in Kubikmeter pro Stunde angegeben. Ein 2 x 2,5 m großes Gewächshaus erfordert ein Gerät mit einer Kapazität von 300 m^3 pro Stunde, aber auch ein kleineres Modell kann ausreichen, wenn andere Lüftungssysteme hinzukommen.

Ein Lamellenfenster an der gegenüberliegenden Wand – und zwar etwas tiefer angebracht – liefert die Frischluft, die die vom Ventilator angesogene abgestandene Luft ersetzt.

Kaufen Sie einen Ventilator, dessen Flügel sich schließen, wenn er nicht arbeitet, damit es nicht zieht. Um seine Lebensdauer zu verlängern, sollte der Motor nicht auf höchsten Touren laufen müssen; besser ist ein Modell, das etwas leistungsstärker ist als für das Gewächshaus unbedingt notwendig.

LAMELLEN

Sie werden an der Seite des Gewächshauses direkt über dem Boden angebracht, um die Luftzirkulation zu verbessern. Man öffnet sie mit einem Hebel, der einfach zu betätigen ist.

LÜFTUNGSKLAPPEN

Lüftungsklappen befinden sich meist im Dach des Gewächshauses. Achten Sie darauf, daß sie sich weit öffnen und gut feststellen lassen.

AUTOMATISCHER ÖFFNER

Dieser Öffner basiert darauf, daß sich bei steigender und sinkender Temperatur Wachs in einem Zylinder ausdehnt bzw. zusammenzieht.

Schattierung

Durch Schattierung steuert man die Temperatur, falls die Lüftung unzureichend ist. Man schützt damit außerdem empfindliche Pflanzen vor direkter Sonne, die Blätter verdorren läßt und Farben ausbleicht. Soll in erster Linie die Wärme kontrolliert werden, empfiehlt sich eine Schattierung an der Außenseite des Gewächshauses; Innenschattierung reduziert die Temperatur nur unwesentlich.

Wieviel Schattierung notwendig ist, hängt von der Jahreszeit und den Pflanzen ab. In den heißesten Monaten sollte in einem Gewächshaus mit gemischter Bepflanzung der Lichteinfall um 40-50 Prozent reduziert werden. Farne gedeihen bei um 75 Prozent gefiltertem Licht, während die meisten Kakteen und andere Sukkulenten sehr wenig beziehungsweise gar keine Schattierung benötigen.

Schattierfarben

Bei dieser effektiven Methode der Wärmereduzierung wird zugleich genügend Licht für gesundes Pflanzenwachstum eingelassen. Streichen oder sprühen Sie die Farbe zu Beginn der sonnigen Jahreszeit von außen auf das Glas, und waschen Sie sie im Spätsommer wieder ab.

Schattierfarben sind preiswert, aber das Auftragen und Entfernen kann eine schmuddelige Angelegenheit sein, und in einem kleinen Garten, wo das Gewächshaus stark hervortritt, wirken sie manchmal unattraktiv. Manche Farben werden bei Feuchtigkeit, also an regnerischen oder trüben Tagen, lichtdurchlässiger.

Rollos

Rollos werden meist außen am Gewächshaus angebracht und ermöglichen eine wirksame Temperaturregulierung. Sie sind flexibler einzusetzen als Schattierfarben, da sie sich je nach gewünschtem Lichteinfall hochziehen und herabrollen lassen. Sie können auch zur Teilschattierung dienen. Allerdings erfordern sie ständige Bereitschaft. Automatische Vorrichtungen, die das Rollo in Gang setzen, sobald die Temperatur eine bestimmte Höhe erreicht, sind bequemer, aber recht teuer.

Maschendraht und Stoff

Auch biegsames, ganz engmaschiges Drahtgewebe eignet sich zur Schattierung von innen oder außen. Es ist nicht so variabel wie Rollos, weil es in den meisten Fällen die ganze Zeit über fixiert ist, und nicht so praktisch zur Kontrolle des Pflanzenwachstums wie Schattierfarbe.

Mit Stoff kann man das Gewächshaus ebenfalls von innen und außen schattieren. Wie sehr er den Lichteinfall vermindert, hängt vom jeweiligen Stoff ab, aber die Lichtmenge reicht meist für befriedigendes Pflanzenwachstum aus, wenn auch die Temperatur nicht wesentlich gesenkt wird.

BIEGSAMES GEFLECHT

Kunststoffgeflecht kann man passend zuschneiden und das Gewächshaus damit von innen oder außen schattieren.

SCHATTIEREN DES GEWÄCHSHAUSES

Schattierfarbe wird außen auf das Gewächshaus aufgetragen, damit die Temperatur innen nicht zu hoch wird, aber immer noch genug Licht einfällt. Man entfernt sie erst wieder im Herbst.

ROLLOS

Mit Rollos kann man die Schattierung eines Gewächshauses flexibel handhaben. Sie sollten robust sein, damit sie lange halten.

Laminierter Stoff und Plastikgeflecht empfehlen sich nur für eine Schattierung von innen.

Auch getönte Luftpolsterfolie läßt sich verwenden. Sie reduziert den Lichteinfall um ca. 50 Prozent, die Temperatur aber nur wenig.

Starre Platten

Starre (meist getönte) Polykarbonatplatten dienen manchmal ebenfalls zur Schattierung. Je nach Empfehlung des Gewächshausherstellers werden sie innen oder außen montiert. Sie sind recht effektiv, aber wenn sie nicht weiß sind, ist der Lichteinfall für die Pflanzen häufig unzureichend.

Luftfeuchtigkeit

Die Luftfeuchtigkeit bezeichnet den Anteil von Wasserdampf in der Luft. Sie beeinflußt die Geschwindigkeit, mit der Pflanzen transpirieren; die Transpiration ist der Mechanismus, mit dem sie das Wasser (plus Nährstoffe) aus den Wurzeln in die Blätter aufnehmen, aus denen es durch Poren entweicht. Bei diesem Prozeß wird die Pflanze abgekühlt.

Ermitteln Sie die Feuchtigkeit, die Ihre Pflanzen bevorzugen, und kontrollieren Sie die Luftfeuchtigkeit genau. Sie läßt sich durch verschiedene Methoden steigern (siehe »Luftbefeuchter«, unten) und durch Belüftung senken (siehe S. 483).

Was Pflanzen brauchen

Hohe Luftfeuchtigkeit reduziert die Möglichkeit der Transpiration auf ein Maß, das für manche Pflanzen schädlich ist und Überhitzung verursachen kann, wenn man nicht kühlere Luft zuführt. Viele tropische Pflanzen aus feuchten Klimazonen gedeihen dabei jedoch gut; sie würden trockene Luft keinesfalls überleben.

Bei trockener Luft transpirieren Pflanzen schneller und verlieren dabei oft viel Feuchtigkeit. Wenn sie nicht an geringe Luftfeuchtigkeit gewöhnt sind, verwelken sie, wenn die Wurzeln kein zusätzliches Wasser aufnehmen können. Häufig haben Pflanzen aus trockenen Klimazonen spezielle Eigenschaften, die die Transpiration bei Dürre mindern (siehe KLIMA UND GARTEN, »Wassermangel«, S. 517).

Feuchtigkeitsmessung

Die Luftfeuchtigkeit im Gewächshaus hängt bis zu einem gewissen Grad von der Temperatur ab; warme Luft kann mehr Feuchtigkeit aufnehmen als kalte, bevor sie gesättigt ist. Relative Luftfeuchtigkeit mißt in Prozenten das Verhältnis der absoluten Luftfeuchtigkeit zu der, die man bei mit Wasserdampf gesättigter Luft hat. »Feuchte« Luft hat eine relative Luftfeuchtigkeit von ca. 75 Prozent, »trockene« eine von ca. 35 Prozent.

Zur Messung der relativen Luftfeuchtigkeit kann man ein Thermometer in Verbindung mit hygrometrischen Tabellen benutzen. Hygrometer mit einer Skala, die Temperatur und Luftfeuchtigkeit anzeigt, sind ebenfalls erhältlich. Allgemein gilt, daß relative Luftfeuchtigkeit zwischen 40 und 75 Prozent für die meisten Gewächshauspflanzen während der Wachstumsperiode günstig ist; bei über 80 Prozent können Krankheiten wie Grauſäule/*Botrytis* und Mehltau ein Problem werden.

Im Winter sollte die Feuchtigkeit reduziert werden, doch das hängt von den Pflanzen und der Temperatur im Gewächshaus ab.

Luftbefeuchter

Im Sommer kann das Gewächshaus befeuchtet werden, indem man – vor allem auf Fußboden und Stellagen – mit Gießkanne oder Schlauch Wasser spritzt. Dadurch steigt die Luftfeuchtigkeit spürbar. Eine automatische Sprühvorrichtung vereinfacht die Regulierung in beträchtlichem Maße, besonders bei Pflanzen, die sehr viel Feuchtigkeit brauchen. In einem kleinen Gewächshaus reicht meist das Besprühen von Hand oder das Aufstellen einer Schale mit Wasser, das langsam verdunstet.

Bewässerung

Die gute, alte Gießkanne ist immer noch ein unentbehrliches Gerät zum Wässern verschiedener Pflanzen in einem kleinen Gewächshaus. Da man den Wasserfluß gut steuern kann, wird sichergestellt, daß jede Pflanze ihr individuelles Quantum erhält.

Im Sommer ist allerdings eine automatische Bewässerungsanlage nützlich; wenn das Gewächshaus oft unbeaufsichtigt bleibt, ist sie fast unerläßlich, da manche Topfpflanzen bei großer Hitze mehrmals am Tag gegossen werden müssen.

Kapillarsysteme

Oft findet man in Gewächshäusern Bewässerungsanlagen, die mit Kapillarsystem arbeiten.

Man kann Topfpflanzen auf eine 25 cm dicke Schicht sauberen Sand stellen, mit dem man die Stellage bedeckt und der permanent feuchtgehalten wird. Nasser Sand ist jedoch ziemlich schwer, so daß eine stabile Unterlage notwendig ist. Schützen Sie eine Holzstellage außerdem mit Plastik oder Alufolie vor Nässe, damit sie nicht verrottet. Sie können den Sand auch in eine Aluminiumschale füllen.

Setzen Sie ein Stück Plastikrinne an den Rand der Pflanzenbank, und sorgen Sie dafür, daß sie immer mit Wasser gefüllt ist. Das kann entweder von Hand geschehen oder automatisch durch einen Tank, der an die Wasserleitung angeschlossen ist und von einem Schwimmerventil gesteuert wird.

Kapillarmatten, die man meterweise kaufen und gut auf die erforderliche Größe zuschneiden kann, sind leichter, einfacher sauberzuhalten und ebenso effektiv wie Sand. Damit sie ständig feucht bleiben, muß man sie mit dem Rand in einen Wasserbehälter hängen. Das Wasser wird wie oben manuell oder automatisch nachgefüllt.

Damit das Kapillarsystem wirksam wird, muß genügend Kontakt zwischen Pflanzenerde und Feuchtigkeitsquelle bestehen. Plastiktöpfe gewährleisten normalerweise, daß ausreichend Wasser an die Wurzeln der Pflanzen gelangt. Tontöpfe dagegen brauchen eventuell einen Docht, den man aus dem Rest einer Kapillarmatte zuschneidet und in das Abflußloch des Topfes steckt, um gegebenenfalls etwaige Abstände zwischen Erde und Matte zu überbrücken.

Verwenden Sie im Winter keine Kapillarsysteme im Gewächshaus, da die meisten Pflanzen dann in der Dormanz sind oder nur langsam wachsen und weniger Wasser benötigen. Der ständig nasse Sand oder Mattenbelag kann außerdem die Luftfeuchtigkeit auf ein für die Pflanzen ungünstiges Maß erhöhen (siehe dazu auch »Luftfeuchtigkeit«, S. 484).

Deckenleitungen

An der Decke verlaufende Rohre mit Düsen, aus denen Wasser auf die darunter befindlichen Pflanzen gesprüht wird, sind in kommerziellen Gewächshäusern verbreitet, wo eine große Anzahl von Pflanzen im gleichen Wachstumsstadium bewässert werden muß. Für kleine Amateur-Gewächshäuser eignen sie sich nicht. Außerdem ist ihre Installation teuer, und sie erzeugen im Winter zuviel Luftfeuchtigkeit.

Sprühschläuche

Man verwendet sie oft im Garten, aber auch im Gewächshaus zur Bewässerung von Beetpflanzen oder Befeuchtung von Kapillarmatten. Bei sehr heißem Wetter reichen sie jedoch zur Versorgung der Pflanzen womöglich nicht aus.

Berieselungssysteme

Diese Anlagen bestehen aus einer Reihe dünner Rohre, jedes mit verstellbarer Düse, die in die einzelnen Töpfe oder Pflanzsäcke oder neben Pflanzen im Gewächshausbeet gesteckt werden. Sie speisen sich meist aus einem Behälter, der wiederum von einem mit der Wasserleitung verbundenen Schlauch nachgefüllt wird. Man kann sie aber auch direkt an die Leitung anschließen.

Die Wassermenge muß immer sorgfältig kontrolliert und dem Bedarf der Pflanzen angepaßt werden; dieser variiert je nach Jahreszeit und den Launen des Wetters.

Beleuchtung

Wenn bereits ein Stromanschluß vorhanden ist (siehe »Strom, Gas und Wasserleitung«, S. 480), kann man jederzeit Leuchtkörper anbringen, die außerdem für zusätzliche Wärme sorgen. Normale Neonröhren liefern genügend Helligkeit für bequemes Arbeiten.

Pflanzenlampen

Die speziellen Eigenschaften von Pflanzenlampen sind günstig, falls man zu bestimmten Zwecken im Frühjahr und Winter, wenn der Lichteinfall sehr gering ist, den Tag künstlich verlängern will (siehe DER GEMÜSEGARTEN, »Tageslänge«, S. 307).

BEWÄSSERUNGSSYSTEME

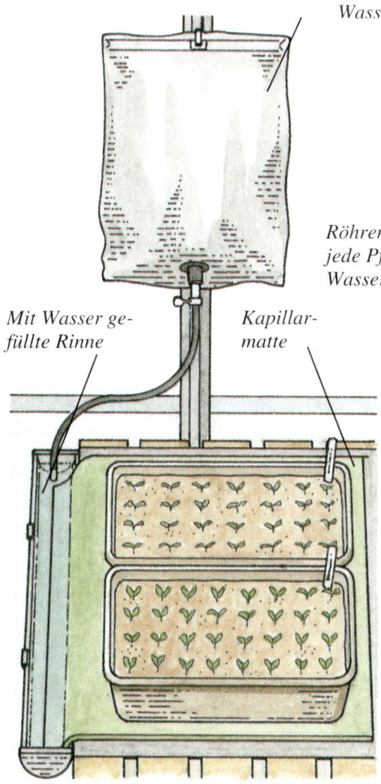

KAPILLARBEWÄSSERUNG
Wasser fließt in eine an der Stellage befestigte Rinne. Die Matte saugt das Wasser auf, das dann von der Erde absorbiert wird.

BERIESELUNG
Eine Berieselungsanlage speist jeden Topf mittels Röhren, die an einen Tank angeschlossen sind, direkt mit Wasser.

Leuchtstoffröhren, die das Pflanzenwachstum fördern, gibt es im Aquariumhandel oder Gartencenter. Sie erzeugen wenig Hitze, so daß man sie in Pflanzennähe anbringen kann. Sie haben Reflektoren, die das Licht nach unten lenken, wo es am meisten benötigt wird. Am effektivsten sind sie, wenn man sie 25-30 cm über dem Blattwerk montiert. Auch Quecksilberdampflampen eignen sich gut zur Unterstützung des Pflanzenwachstums.

Halogenlampen sind die besten, wenn auch teuersten Leuchtkörper für Pflanzen, da ihr Licht dem natürlichen am nächsten kommt. Sie erhellen eine große Fläche, allerdings kreisförmig, was in einem kleinen Gewächshaus ungünstig sein kann, da die Ecken nicht gut ausgeleuchtet werden.

Die meisten Pflanzenlampen, die man im Gewächshaus verwenden kann, benötigen wegen der hohen Luftfeuchtigkeit eine Spezialausrüstung. Fragen Sie im Zweifelsfall einen fachkundigen Elektriker.

Luxmeter

Für Pflanzen, bei denen die Beleuchtung eine wichtige Rolle spielt, sind eventuell Luxmeter zu empfehlen, da sie wesentlich genauer aufzeichnen, als es das menschliche Auge vermag.

Meist werden Informationen über den Helligkeitsgrad mitgeliefert, den viele der üblicherweise kultivierten Pflanzen bevorzugen, deshalb sollten Sie diese Hinweise genau befolgen.

PFLANZENLAMPE

Sie liefert zusätzliches Licht und sollte möglichst direkt über den Pflanzen angebracht sein.

Nutzung des Raums

Um ein Gewächshaus optimal nutzen zu können, planen Sie die Einrichtung sorgfältig. Erhöhte Beete, Randbeete, auf dem Boden liegende Pflanzsäcke oder Gefäße, Regale und Borde bieten sich an; oft ist eine Kombination verschiedener Elemente am besten.

Erhöhte Beete

Man benutzt sie hauptsächlich für Alpinpflanzen, die eine gute Drainage benötigen. Aus neuen Ziegeln sind sie recht teuer, aber man kann auch gebrauchte verwenden. Lassen Sie reichlich Abstand zwischen Beet und Gewächshauswand, damit die Luft zirkulieren kann und die Feuchtigkeit des Substrats nicht in die Mauer dringt. (Details dazu im Kapitel BAULICHE ELEMENTE UND BELÄGE, »Erhöhte Beete«, S. 507).

Beete, die so hoch sind wie eine normale Pflanzenbank, eignen sich nur für Anlehnhäuser oder Häuser mit hohem Backsteinsockel. Für kleine Pflanzen, bei denen die Erde nicht tief sein muß, empfiehlt sich ein Steintrog auf »Beinen« aus Ziegeln. Man kann aber auch Metall- oder Steinplatten auf Ziegelpfeiler legen, die Wände aus Ziegeln aufschichten und innen mit Butylgummi auskleiden. In das Gummi sollte man ein paar Löcher bohren, damit das Beet gut entwässert wird.

Erhöhte Beete für größere Pflanzen müssen nicht so hoch sein. Meist werden sie, mit Abflußlöchern versehen, direkt auf dem Boden errichtet und einfach mit Erde gefüllt.

Beete und Pflanzsäcke

Wenn man Pflanzen am Rand des Gewächshauses ziehen will, muß das Glas bis zum Boden reichen, damit sie genug Licht bekommen. Ist das Haus 2,5 m breit, können die Randbeete eine Breite von 1 m haben, sollten jedoch, falls man Pflanzentische darüberstellt, breiter sein, so daß man ganz bis nach außen greifen kann. Auch Trogpflanzen lassen sich statt auf einer Stellage auf dem Beet unterbringen, wenn man will.

Wenn in den Randbeeten jahrelang dieselben Pflanzen wachsen, kann die Erde mit Krankheitserregern infiziert sein. Ist dies der Fall, oder ist der Gewächshausboden betoniert, kann man Pflanzsäcke verwenden. Sie eignen sich gut zur Kultivierung, da sie Feuchtigkeit halten. Man braucht die Erde darin

DAS GEWÄCHSHAUS VON INNEN

Ordnen Sie die einzelnen Elemente so an, daß Sie den Raum optimal nutzen. Hier sehen Sie die gut durchdachte Einrichtung eines Anlehnhauses.

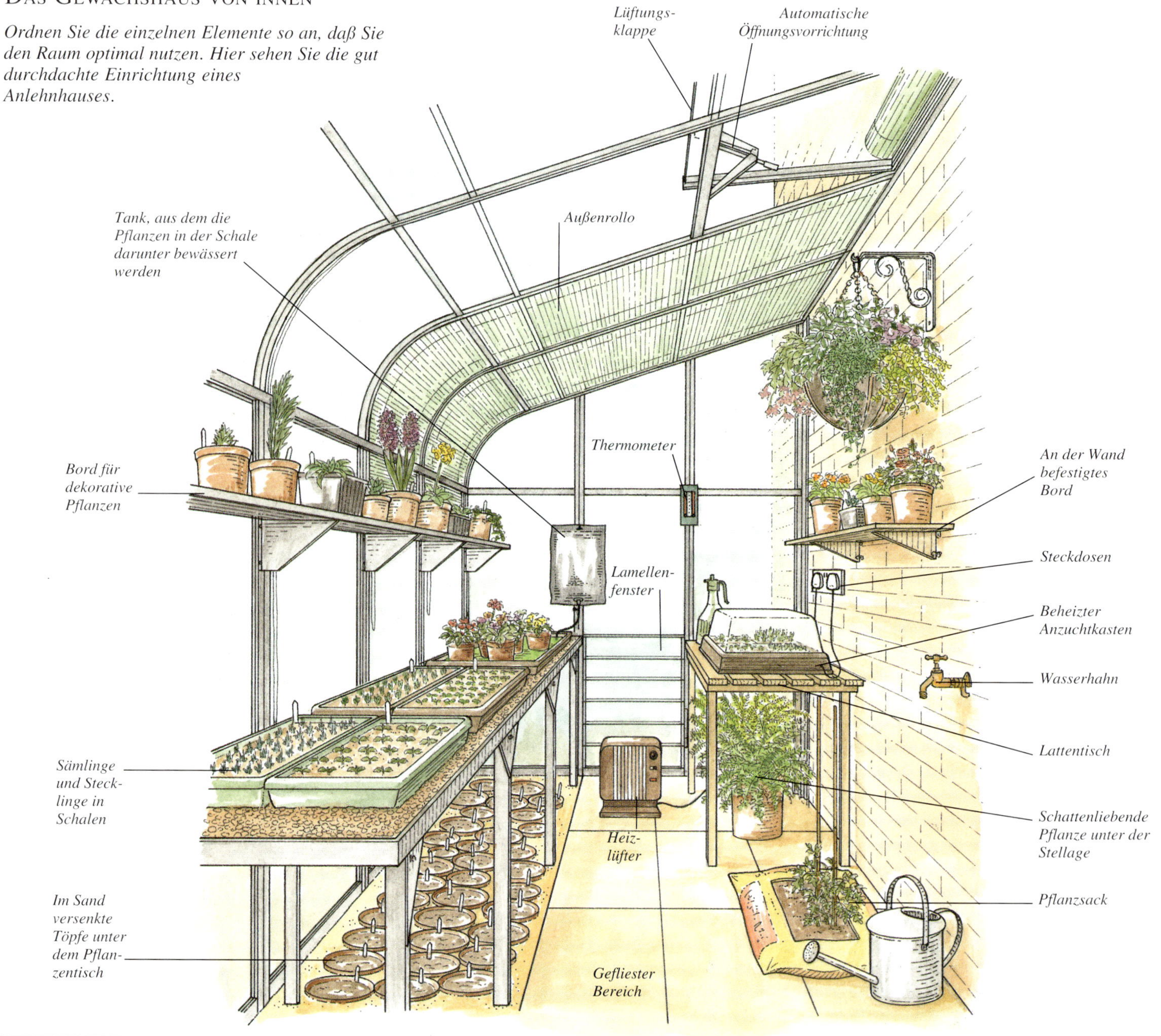

PRÄSENTATION DER PFLANZEN

Die Pflanzen im Gewächshaus sollten möglichst zu attraktiven Arrangements zusammengestellt werden. Ist das Haus beheizt, kann man das ganze Jahr über eine Vielfalt an Blüten und schönem Laub präsentieren. Stellen Sie »ruhende« Pflanzen unter die Tische, um für solche Platz zu machen, die jetzt besonders schön anzusehen sind.

FEST EINGEBAUTE STELLAGEN

Die meisten Hersteller liefern Stellagen mit, die aus demselben Material bestehen wie das Gewächshaus und fest eingebaut werden. Man bringt sie am besten gleich an, wenn man das Gewächshaus aufstellt.

vor dem Bepflanzen nicht zu bearbeiten und zu düngen. Die meisten Nährstoffe im Substrat werden im Laufe einer Saison verbraucht, deshalb sollte man jedes Jahr frische Beutel benutzen.

Stellagen

Stellagen sind für jeden Gewächshaustyp geeignet; die Pflanzen stehen näher am Licht und gedeihen besser. Selbst wenn sie für die sommerliche Beetbepflanzung entfernt werden müssen, sind sie unerläßlich zur Vermehrung und Anzucht von Jungpflanzen.

Anbringen von Stellagen
In einem kleinen oder gemischten Gewächshaus ist ein Mittelgang zwischen Stellagen zu beiden Seiten und eventuell an einer Schmalseite günstig. Die Hälfte der Regale kann zur Beetbepflanzung notfalls herausgenommen werden; auf denen, die im Gewächshaus bleiben, werden Zierpflanzen präsentiert. Dauerstellagen sollten sich dort befinden, wo sie am wenigsten Schatten auf die Beetpflanzen werfen.

Stellagen in der Mitte
In größeren Gewächshäusern, die vor allem als Schauräume dienen, kann man in der Mitte eine Stellage anbringen. Eventuell besteht sie aus zwei Rücken an Rücken plazierten Bänken und ist in der Mitte gestuft, so daß die Pflanzen noch besser zur Geltung kommen.

Größe und Höhe
Die meisten Stellagen sind 45-60 cm breit. In größeren Gewächshäusern sind breitere Bänke sinnvoll, aber man soll noch hinüberreichen können. Eine Stellage muß stabil sein, um das erhebliche Gewicht von Pflanzen, Gefäßen und Erde tragen zu können. Lassen Sie immer reichlich Abstand zur Gewächshauswand, damit die Luft zirkulieren kann.

Sehr oft werden Amateur-Gewächshäuser auch zum Eintopfen gebraucht. Will man eine Stellage bequem als Arbeitsfläche nutzen, sollte sie 75-90 cm hoch sein, niedriger, wenn im Sitzen gearbeitet wird.

Freistehende Stellagen
Manchmal sind Stellagen nützlich, die sich abmontieren und irgendwo verstauen lassen und nur zeitweise im Gewächshaus sind, etwa für die Aufzucht von Sämlingen im Frühjahr. Vielleicht passen sie nicht so gut wie fest eingebaute Stellagen und sind auch nicht so attraktiv, dafür aber zum Gebrauch praktisch. Sie müssen leicht zusammenzusetzen und stabil sein, weil sie viele Jahre benutzt werden sollen. Wenn überwiegend Beetpflanzen kultiviert werden, empfiehlt sich ein Tisch aus Metallgeflecht, der sich an die Gewächshauswand klappen läßt.

Anbaustellagen kann man stufenweise anordnen, so daß sie sich gut zur Präsentation von Pflanzen eignen. Man bekommt sie aus Latten, Metallgeflecht und anderen Materialien.

FREISTEHENDE STELLAGE

Mobile Bänke bieten viele Möglichkeiten, weil man sie da aufstellen kann, wo es für die Pflanzen gerade günstig ist.

Einbaustellagen
Fest eingebaute Stellagen und Borde können das Gerüst stark belasten, besonders, wenn es aus Aluminium besteht. Wird Kies oder Sand verwendet, kommt zusätzliches Gewicht hinzu. Kaufen Sie möglichst Stellagen, die eigens für diesen Zweck gebaut sind; erkundigen Sie sich im Zweifelsfall vorher beim Gewächshaushersteller.

Latten und Metallgeflecht
Für Alpinpflanzen oder Kakteen und Sukkulenten sind Tische aus Latten oder Metallgeflecht vorzuziehen, weil die Belüftung besser ist. Wenn man zur Bewässerung Kapillarsysteme verwendet, eignen sie sich jedoch nicht.

Wählen Sie für ein Holzgewächshaus Stellagen mit Holzlatten; zu einem Gerüst aus Aluminium oder Stahl passen besser Bänke mit Draht- oder Kunststoffgeflecht.

Durchgehende Platten
Auf durchgehende Platten kann man mehr Töpfe stellen als auf Latten (weil sie nicht so leicht in die Zwischenräume rutschen), aber eventuell benötigen sie mehr Belüftung.

Wenn Sie mit einem Kapillarsystem bewässern, nehmen Sie Stellagen mit durchgehender Aluminiumoberfläche für die Matten oder den Sand. Manchmal sind sie zu wenden: Eine Seite ist eben, die andere hat Vertiefungen für Sand oder Kies.

Borde

Borde im Gewächshaus nutzt man zum Abstellen und zur Präsentation. Oft werfen sie einen Schatten auf die Pflanzen darunter, deshalb empfehlen sich Klappborde, die man im Frühjahr verwendet, wenn der Raum knapp ist, und später anderswo verstaut.

Auch Rankgewächse können auf Borden stehen, wenn oben nicht genügend Platz für Hängekörbe ist.

LATTENTISCHE

Lattentische aus Holz wirken immer ansehnlich. Durch die Schlitze kann die Luft besser zirkulieren als bei durchgehenden Flächen, aber sie eignen sich nicht für eine Kapillarbewässerung, es sei denn, man stellt die Töpfe in Schalen.

Anzuchthilfen

Die Anzucht vieler Pflanzen erfordert höhere Temperaturen, als sich im Gewächshaus aufrechterhalten lassen. Um Heizkosten zu sparen, liefern deshalb oft Anzuchthilfen die zusätzliche Wärme. Sie können auch zu besserem Erfolg führen, wenn man aus Samen oder Wurzelabschnitten vermehrt. Nehmen Sie einen Anzuchtkasten, der mindestens 3 Saatschalen in Standardgröße aufnehmen kann.

Für beheizte Anzuchtkästen, Sprühnebelkästen oder Bodenheizkabel ist ein Stromanschluß erforderlich. Sprühnebelkästen brauchen außerdem einen Wasseranschluß.

Unbeheizte Anzuchtkästen sind im Gewächshaus nicht sehr praktisch, bieten aber im Sommer den Stecklingen genügend Feuchtigkeit.

Beheizte Anzuchtkästen

Das Heizelement eines Anzuchtkastens sollte im Winter und zu Beginn des Frühjahrs, wenn die Außentemperaturen unter Null fallen können, die Erde auf mindestens 15°C erwärmen.

Falls tropische Pflanzen kultiviert werden, muß es so leistungsfähig sein, daß es eine Temperatur von 24°C halten kann. Der Anzuchtkasten sollte möglichst einen Thermostat besitzen, der einem größere Möglichkeiten gibt.

Nehmen Sie einen Deckel aus starrem Kunststoff, der die Wärme besser hält als dünneres Material. Regulierbare Ventilatoren sind nützlich, weil sie verhindern, daß die Luftfeuchtigkeit im Innern des Anzuchtkastens allzu hoch wird.

Anzuchtkästen für die Wohnung

Es gibt auch heizbare Modelle, die speziell für die Fensterbank gedacht sind. Da sie meist nur 2 Saatschalen fassen, sind sie fürs Gewächshaus zu klein; oft haben sie auch keinen Thermostat. In einem kalten oder kühlen Gewächshaus erzeugen sie womöglich nicht genug Wärme, da das Heizelement auf die Innenräume ausgelegt ist.

Heizbare Unterlagen

Sie sind für ungeheizte Anzuchtkästen oder normale Saatschalen gedacht, die man auf die beheizte Unterlage stellen kann. Darüber kommt eine Plastikabdeckung, damit Wärme und Feuchtigkeit gehalten werden. Heizbare Unterlagen sind nicht so effizient wie heizbare Anzuchtkästen (siehe unten) und fassen nur 1-2 Saatschalen.

Heizbare Anzuchtschalen

Sie haben ein unabhängig arbeitendes Heizelement und sind besonders praktisch, wenn sie mit einem verstellbaren Thermostat ausgerüstet sind.

Sprühnebelkästen

Stecklinge wurzeln oft schneller und zahlreicher in einem Sprühnebelkasten als bei konventionellen Methoden. Sprühnebelkästen sind bequem, da man die Stecklinge nicht ständig wässern muß.

Am günstigsten sind in sich abgeschlossene Einheiten mit Heizelement, Thermostat, transparentem Deckel und Sprühkopf. Die durch den Sprühkopf erzeugte konstante Luftfeuchtigkeit fördert die schnelle Bewurzelung der Stecklinge, da das zu vermehrende Material ständig mit einem Wasserfilm überzogen ist. Auch Wärmeverlust durch Verdunstung und das Risiko des Pilzbefalls sind geringer, weil die meisten Sporen aus der Luft und von den Blättern gespült werden, wenn der Sprühkopf in Aktion ist und die Pflanzen darum gar nicht erst infizieren. Einen ähnlichen Effekt erzielt man in kleinerem Maßstab, wenn man einen Topf mit Stecklingen in einen durchsichtigen Plastikbeutel hüllt.

Für eine größere Anzahl Pflanzen sind aber Sprühnebelkästen praktischer. Manche haben keinen Deckel und werden im Gewächshaus offen auf den Tisch gestellt. Man verwendet sie in Verbindung mit Bodenheizkabeln und braucht dann aber eine spezielle Stellage. Wenn sie in einem Gewächshaus mit gemischter Bepflanzung stehen, kann sich die hohe Luftfeuchtigkeit, die sie erzeugen, jedoch als ungünstig für bestimmte Pflanzen erweisen. In diesem Fall ist ein geschlossener Sprühnebelkasten vorzuziehen.

SPRÜHNEBELKASTEN

Ein Thermostat kontrolliert die Temperatur der Erde, die durch Heizkabel erwärmt wird. Den Sprühkopf steuert ein (an einen Schaltmagnet angeschlossener) Fühler, der neben den Stecklingen angebracht ist. Wird die Luft zu trocken, geht der Sprühkopf in Betrieb.

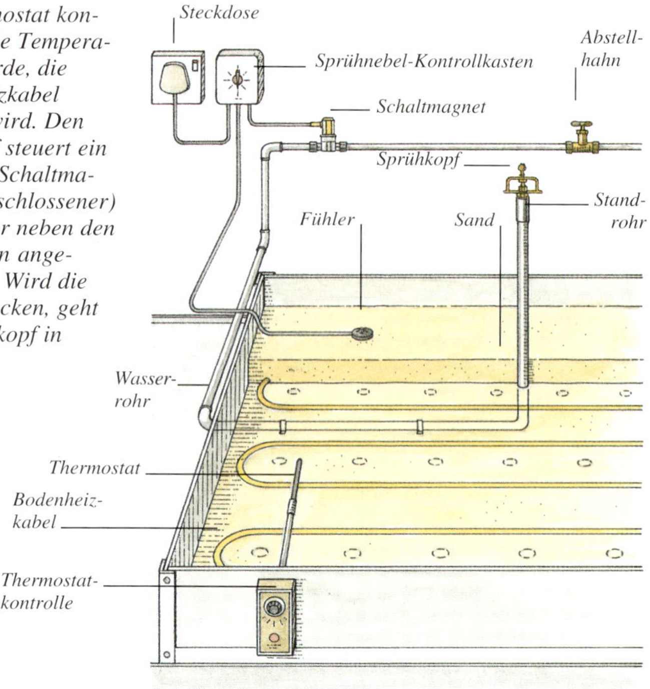

Bodenheizkabel

Bodenheizkabel, die in erster Linie für konventionelle Anzuchtkästen oder Beete in einem Gewächshaus gedacht sind, eignen sich auch zur Erwärmung der Luft in einem selbstgebauten Frühbeet oder Vermehrungskasten. Am sichersten ist ein Kabel mit fest verdrahtetem Thermostat, das mit einer Isoliersteckdose verbunden ist. Kaufen Sie ein Panzerkabel; das ist ungefährlicher, wenn es zufällig durchschnitten wird.

Bodenheizkabel sind immer in einer bestimmten Länge erhältlich. Ein 75-Watt-Kabel z. B. mißt 6 m und liefert in einem Gewächshaus, das bereits beheizt ist, ausreichend Wärme für eine Fläche von 0,7m². Für eine vergleichbare Fläche in einem Kalthaus oder Frühbeetkasten, der sich draußen befindet, benötigt man natürlich Kabel mit einer höheren Wattleistung.

Das Kabel sollte 5-8 cm tief in S-förmigen Schlaufen (die sich nicht berühren dürfen) in feuchtem Sand verlegt werden.

BODENHEIZKABEL

In diesem Anzuchtkasten erwärmen Heizkabel Erde und Luft. Jedes Kabelsystem hat einen Thermostat, der dafür sorgt, daß die Temperatur nie unter einen bestimmten Stand fällt.

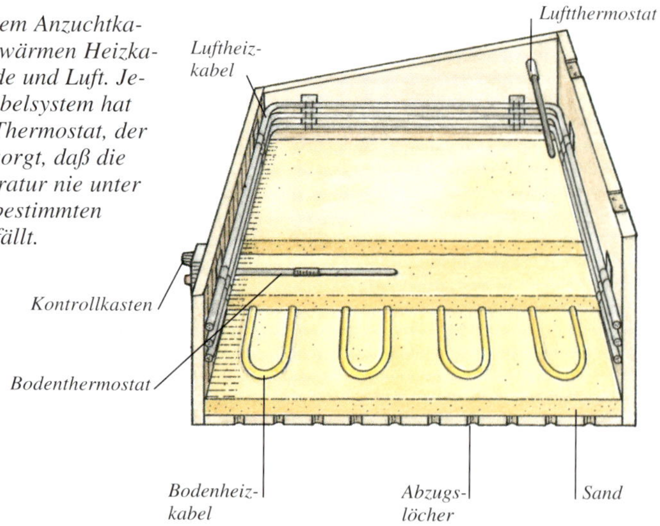

ANZUCHTKASTEN FÜR DIE FENSTERBANK

Für Fensterbänke gedachte Anzuchtkästen sollte man im Gewächshaus nur im Sommer benutzen, wenn es warm ist.

Frühbeetkästen und Hauben

Frühbeetkästen und Hauben entlasten das Gewächshaus, sind aber auch als eigenständige Elemente nützlich. Am intensivsten werden sie wohl im Frühling genutzt, wenn man darin im Gewächshaus gezogene Setzlinge abhärtet, aber auch sonst gedeihen dort alle möglichen Pflanzen. In den kälteren Monaten dienen sie zum Schutz von Winterblumen, zur Überwinterung im Herbst ausgesäter Einjähriger und schirmen empfindliche Alpinpflanzen gegen Nässe ab.

Frühbeetkästen

Die beliebteste Form hat Wände aus Glas (oder durchsichtigem Kunststoff) sowie Glasfenster (holzgerahmte Abdeckungen mit Glasscheiben), wobei manchmal auch Holz und Ziegel verwendet werden. Wenn das Glas bis zum Boden reicht, haben sie meist ein Metallgerüst.

Frühbeetfenster

Wählen Sie einen Kasten mit abnehmbarem oder verschiebbarem Fenster; bei manchen ist auch die Vorderseite beweglich, was für zusätzliche Belüftung sorgt. Klappfenster, die man mit Lufthölzchen hochstellt, schützen vor starkem Regen, Schiebefenster dagegen werden oft tagsüber ganz abgenommen, und die Pflanzen bleiben ungeschützt. Leichte Aluminiumkästen können bei aufgeklapptem Fenster durch Windböen gefährdet sein, deshalb ist ein Modell günstig, das sich sicher feststellen läßt.

Holzkästen

Herkömmliche Holzkästen sind kaum noch erhältlich und meist teuer, können aber preiswert selbst gebaut werden. Holzwände halten die Wärme gut. Es ist auch nicht schwierig, innen Bodenheizkabel (siehe S. 488) anzubringen, die zusätzliche Wärme liefern. Imprägnieren Sie das Holz zur besseren Haltbarkeit mit für Pflanzen unschädlicher Beize.

Kästen aus Aluminium

Dieser Typ ist weit verbreitet und relativ billig. Es gibt unterschiedliche Varianten, die fast alle zum Transport flach zusammengelegt und erst vor Ort montiert werden. Aluminiumkästen lassen mehr Licht ein als Holz- oder Ziegelkästen, isolieren jedoch nicht so gut und sind weniger robust. Wenn sie sehr leicht sind, muß man sie eventuell im Boden verankern.

Verwendung von Frühbeeten

Pflanzen im Kasten
Man kann die Pflanzen im Kasten ziehen, wenn man will. Geben Sie zuunterst eine dicke Drainageschicht, etwa Tonscherben oder groben Kies, bevor Sie mit 15 cm guter Gartenerde auffüllen.

Pflanzenschutz
Hier wurde das Frühbeet direkt im Gemüsebeet errichtet. Die Pflanzen wachsen durch die Schlitze einer auf den Boden gelegten Mulchfolie (siehe S. 534).

Belüftungsmethoden für Frühbeete

Klappfenster
Man stellt sie an warmen Tagen hoch, damit die Luft im Kasten nicht überhitzt wird.

Schiebefenster
Sie vertragen plötzliche Windstöße besser, schützen die Pflanzen aber nicht gegen starken Regen.

Backsteinkästen

Man findet sie heute nicht mehr oft, kann sie aber selbst bauen, wenn gerade alte Ziegel verfügbar sind und man Fenster dafür hat. Backsteinkästen sind recht warm und gegen Zugluft geschützt.

Die richtige Größe

Die für einen Frühbeetkasten praktische Mindestgröße ist 1,2 m x 0,6 m. Oft muß man sich jedoch mit dem Platz begnügen, der vorhanden ist (möglichst nahe am Gewächshaus), also wählen Sie den größten dorthin passenden Kasten.

Die Höhe ist wichtig, wenn er für Topfpflanzen oder hochwachsende Gemüse benutzt werden soll. Notfalls setzt man ihn vorübergehend auf einen Sockel aus Ziegeln.

Isolierung

Die Zahl der Pflanzen, die man im Frühbeet überwintern kann, steigt bei guter Isolierung. Es darf keine Zugluft hineinkommen; zwischen Glas und Rahmen sollten deshalb keine Lücken sein, die Abdeckung und etwaige verschiebbare Vorderseiten müssen paßgenau sein.

Ganz aus Glas oder Kunststoff bestehende Kästen benötigen bei Kälte eventuell eine zusätzliche Isolierung aus Polystyrol. Schneiden Sie die Platten zu, und stellen Sie sie an die Innenwand.

In kalten Nächten, in denen es womöglich Frost gibt, wird der Kasten auch von außen geschützt: Dekken Sie ihn mit Sackleinen oder einem alten Teppich ab, den Sie festbinden oder mit Holzstücken beschweren. Tagsüber muß diese Schutzhülle entfernt werden, sonst bekommen die Pflanzen zu wenig Licht. Wenn man allerdings dicke, transparente Plastikplanen benutzt, können sie auch am Tage liegenbleiben, weil sie den Lichteinfall nicht so stark reduzieren.

Belüftung

Gute Lüftung ist bei warmem Wetter unerläßlich. Meist stellt man die Fenster mit Hölzchen hoch, damit frische Luft hineinkommt, oder sie lassen sich verschieben und schließlich ganz abnehmen, wenn Jungpflanzen abgehärtet werden.

Licht

Einen Kasten aus Aluminium kann man dahin stellen, wo das Licht gerade am besten ist. Ein ortsfester Kasten (also aus Ziegeln oder Holz) sollte so plaziert werden, daß er im Winter und Frühling möglichst viel Licht bekommt, vorausgesetzt, der Platz ist windgeschützt.

Ein möglichst lichtdurchlässiger Kasten eignet sich am besten, auch wenn er im Sommer Schattierung braucht.

Material für die Scheiben

Gartenklarglas ist für Frühbeetkästen am geeignetsten; es läßt Licht und Wärme gut durch und hält sie besser als Kunststoff. Ein weiterer Vorteil ist: Das Gerüst wärmt sich schnell auf. Zerbrochene oder gesprungene Scheiben sollte man so rasch wie möglich ersetzen; deshalb sind Kästen mit mehreren Einzelscheiben günstig. Manche werden mit Glasklammern eingesetzt oder lassen sich in den Rahmen schieben, was eine Erneuerung relativ einfach macht.

Wo Glas eine potentielle Gefahr für Kinder oder Haustiere darstellen könnte, oder wo man einfach nicht soviel Geld ausgeben will, kann man selbstverständlich auch Kunststoffscheiben verwenden.

Hauben

Hauben sind in unterschiedlichen Formen und Materialien erhältlich; wählen Sie die Form, die zu Ihren Pflanzen paßt. Oft werden sie hauptsächlich im Gemüsegarten verwendet, aber sie eignen sich ebenso gut für Zierpflanzen oder Sämlinge, die noch etwas zusätzliche Wärme benötigen.

Materialien

Glas ist das beste Material, wenn die Hauben das ganze Jahr über benutzt und immer wieder woanders aufgestellt werden. Es läßt das Licht so gut durch, daß das Beet sich in der Sonne schnell erwärmt. Durchsichtiger Kunststoff (unterschiedlicher Dicke) ist eine Alternative; er ist generell preiswerter als Glas, aber nicht ganz so lichtdurchlässig und hält die Wärme weniger gut.

Einfache Plastikplanen isolieren am schlechtesten, sind aber billig und durchaus brauchbar, wenn keine hohen Temperaturen erforderlich sind. Kunststoffe, die UV-stabilisiert wurden, sind besonders haltbar. Außerhalb der Saison sollten sie an einem dunklen Ort gelagert werden.

PVC ist dicker und steifer und besitzt ähnliche Eigenschaften wie Polypropylen (siehe dazu weiter unten). Gegossenes PVC und starre PVC-Planen müßten mindestens fünf Jahre oder noch länger halten, wenn sie entsprechend stabilisiert sind.

Hauben aus doppelwandigem Polykarbonat isolieren gut und sollten 10 Jahre oder länger halten. Polypropylen gibt es als Spritzgußhauben und gewellte Platten; es bewahrt Wärme besser als Folie, aber nicht so gut wie Glas oder doppelwandiges Polykarbonat. Gegen UV-Strahlen stabilisiert, hält es 5 Jahre oder länger.

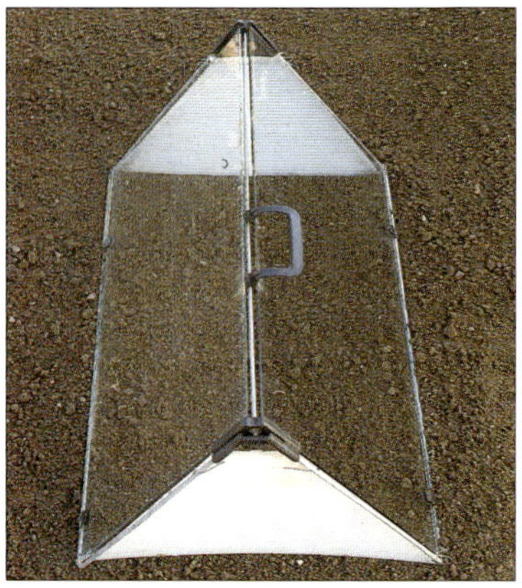

Glaszelt

Scheunenhaube

Endstücke

Sie sind ein besonders wichtiger Teil, ohne sie kann eine Haube zum Windkanal werden und die Pflanzen im Innern beschädigen. Sie sollten gut schließen, um Zugluft abzuhalten, aber zur zusätzlichen Belüftung leicht zu öffnen sein.

Glaszelt

Ein Glaszelt konstruiert man preiswert und einfach, indem man zwei Glasscheiben aneinanderstellt. Darunter keimen Samen, werden Setzlinge im Frühjahr geschützt und gedeihen niedrige Pflanzen.

Folientunnel

Ein Folientunnel kann aus steifem oder flexiblem Kunststoff bestehen. Im allgemeinen werden durchgehende Tunnel für Pflanzen wie Erdbeeren und Frühkarotten benutzt. Die Folie wird über Drahtbügel gespannt, die man über dem Beet in die Erde steckt. Wählen Sie zum Bespannen nur UV-stabilisiertes Material.

Starre Folientunnel sehen meist besser aus, sind jedoch teurer. Man kann sie leichter versetzen, da sie nicht auseinandergenommen werden müssen.

Es gibt auch die Möglichkeit, Loch- oder Schlitzfolie zu verwenden (siehe rechts).

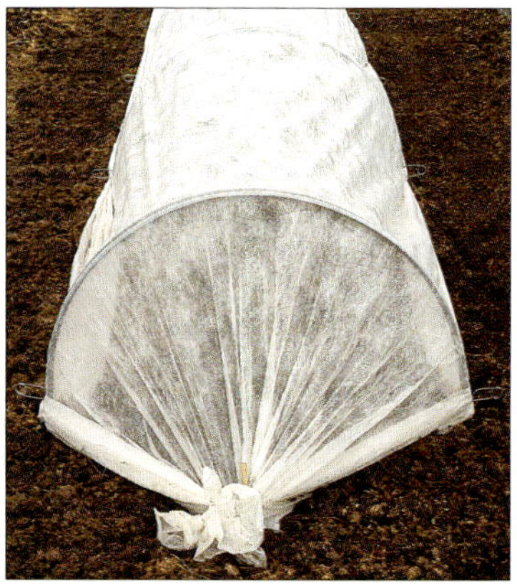

Folientunnel

Scheunenhaube

Die fast senkrechten Seitenwände tragen eine schräg zulaufende Abdeckung. Aufgrund seiner Höhe ist dieser Typ gut für große Pflanzen geeignet, aber deutlich teurer als ein Glaszelt.

Bei manchen Modellen aus Glas oder starrem Kunststoff kann man die Abdeckung anheben oder entfernen. Dadurch wird auch das Jäten, Gießen und Ernten einfacher.

Manche Scheunenhauben bestehen aus flexiblem PVC, aber sie sind meist niedriger und daher nicht so vielseitig verwendbar, wenn man die Abdeckung nicht abnehmen oder hochstellen kann.

Kuppel

Sie besteht aus starrem Kunststoff und ist leicht zu bewegen, aber teurer als Glaszelt oder Folientunnel. An den Rändern bietet sie mehr Platz, obwohl sie insgesamt nicht unbedingt höher ist.

Lochfolie

Das Gießen der Pflanzen unter einer Haube ist schwierig und zeitaufwendig, wenn man die Abdekkung anheben oder entfernen muß.

Durch eine Haube aus Lochfolie tröpfelt das Regenwasser allmählich auf die Pflanzen, oder es kommt aus Röhren, die an einen Schlauch angeschlossen sind.

Lochfolie

Mitwachsende Folie

Eine »mitwachsende« Folie (auch Schlitzfolie genannt) besteht aus geschlitztem Plastik oder Polypropylenvlies und wird locker über das Beet gelegt.

Sie ist durchlässig, so daß Regenwasser bis auf den Boden gelangt. Das ist ein großer Vorteil, da man nicht so häufig gießen muß. Aufgrund der Schlitze kann sich die Folie etwas dehnen, während die Pflanzen unter ihr wachsen. Das Vlies ist so leicht, daß es von den wachsenden Pflanzen angehoben wird. Beide Materialien erlauben einen freien Luftaustausch und isolieren außerdem gut; Polypropylenvlies schützt die Pflanzen sogar vor leichtem Frost. Weitere Informationen dazu schlagen Sie bitte im Kapitel Der Gemüsegarten, S. 315 nach.

Die Folien oder Vliese sollte man an den Rändern gut mit Erde, Steinen oder Hölzern beschweren. Man kann ganze Beete mit mitwachsender Folie abdecken oder sie stückweise über kleinere Flächen oder einzelne Pflanzen legen.

Einzelhaube

Meist deckt man damit einzelne Jungpflanzen ab, aber man kann sie auch für andere empfindliche Pflanzen zum Schutz gegen schlechtes Wetter, etwa Frost, hohen Schnee, starken Regen und Sturm, verwenden.

Aus gewachstem Papier oder abgeschnittenen Plastikbehältern sind solche Abdeckungen leicht selbst herzustellen und viel billiger als gekaufte, aber eventuell sehen sie nicht so gut aus.

Einzelhaube

Wasserwand

Dieses ungewöhnliche Modell eignet sich für Einzelpflanzen und besteht aus einem Kreis durchsichtiger Plastikröhren, in die man Wasser gießt. Abhängig vom Wasserstand verändert die Wand ihre Form. Wenn die Röhren halbvoll sind, knicken sie oben nach innen ein und schützen so die Pflanze von oben und auf den Seiten.

Wasserwand

Instandhaltung

Regelmäßige Pflege ist nötig, um Gewächshäuser, Frühbeete und Hauben sauberzuhalten. Meist bietet sich der Herbst für Instandhaltungsarbeiten an; wenn man dann das Gewächshaus samt Zubehör reinigt und desinfiziert, können Schädlinge und Krankheiten kaum überwintern.

Man sollte die Arbeit an einem milden Tag erledigen, also bevor die große Kälte einsetzt. Dann kann man empfindliche Pflanzen zwischenzeitlich ins Freie stellen.

Reinigung zwischen den Scheiben

Um den Schmutz zwischen überstehenden Scheiben im Gewächshaus zu entfernen, lockern Sie ihn zunächst mit einem dünnen Spatel, bevor Sie ihn mit Wasser abspritzen.

Außenarbeiten

Wählen Sie dafür einen trockenen, windstillen Tag. Legen Sie sich zunächst alle notwendigen Materialien und Geräte zum Reinigen, Reparieren und Streichen bereit.

Säubern von Glas- und Kunststoffscheiben

Für die Reinigung von Glas reichen Wasser aus einem Schlauch und eine langstielige Bürste. Wenn es sehr verschmutzt ist, gießt man am besten einen Schuß Essig in einen Eimer Wasser und wäscht damit die Scheiben ab.

Ein Fensterputzmittel wird tiefsitzenden Schmutz kaum beseitigen. Zwischen überstehenden Scheiben sammelt sich ebenfalls oft Schmutz. Lösen Sie ihn mit einem dünnen Kunststoffspatel, und spritzen Sie dann mit dem Schlauch nach. Schattierfarben reibt man am besten mit einem Tuch ab.

Reparatur von Scheiben

Gesprungene Glas- und Kunststoffscheiben kann man vorübergehend mit durchsichtigem Klebeband reparieren. Sind sie allerdings zerbrochen, sollte man sie sobald wie möglich ersetzen, damit keine Pflanzen beschädigt werden.

Bei einem Aluminiumgewächshaus entfernt man dazu die Clips sowie notfalls die angrenzende Scheibe und setzt dann mit Hilfe der alten Clips (siehe S. 480) die neue Scheibe ein.

Sind die Scheiben verkittet (wie es in vielen älteren Holzgewächshäusern noch der Fall ist), nehmen Sie die Haltestifte und die Scheibe vorsichtig heraus. Kratzen Sie den Kitt mit einem Spatel ab, damit die Sprossen glatt werden. Säubern Sie sie dann mit Schleifpapier.

Tragen Sie auf ungestrichene oder ungebeizte Holzsprossen Grundierung auf. Achten Sie dabei besonders auf Astknoten, durch die Nässe eindringen könnte. Wenn die Farbe trocken ist, setzen Sie die neue Scheibe in eine Schicht Kitt oder Mastix und befestigen sie mit Haltestiften.

Rinnen und Abflußrohre

Überprüfen Sie den Zustand von Rinnen und Abflußrohren. Reinigen Sie sie mit einem Schlauch. Kleine Löcher kann man mit Mastix oder einem anderen Dichtungsmittel versiegeln, größere Schäden erfordern eine Teilerneuerung.

Metallgerüst

Aluminiumgerüste brauchen nur minimale Pflege. Sie verlieren zwar ihren Glanz, aber die graue Patina, die sich bildet, schützt das Metall bei schlechtem Wetter.

Stahlbauteile müssen auf Rost überprüft und gegebenenfalls mit Rostentferner behandelt werden. Streichen Sie sie alle paar Jahre.

Holzgerüst

Schneiden Sie verrottete Stellen aus und ersetzen Sie sie. Behandeln Sie sie mit für Pflanzen unschädlichem Holzschutzmittel, und erneuern Sie notfalls rostige Scharniere. Weichholz muß regelmäßig gestrichen werden. Kratzen und waschen Sie die alte Farbe ab, und tragen Sie Grundierung und eine geeignete Farbe auf. Hartholz ist widerstandsfähiger und erfordert nur alle 1-2 Jahre einen Anstrich mit umweltfreundlichem Holzschutzmittel.

Lüftungsöffnungen

Fenster und Ventilatoren sollten auf ihre Funktionstüchtigkeit überprüft, Verschleißteile notfalls geölt, Glas oder Kunststoff gesäubert werden.

Pflege des Gewächshauses

Die alljährliche Inspektion im Herbst genügt, um Ihr Gewächshaus in gutem Zustand zu erhalten.

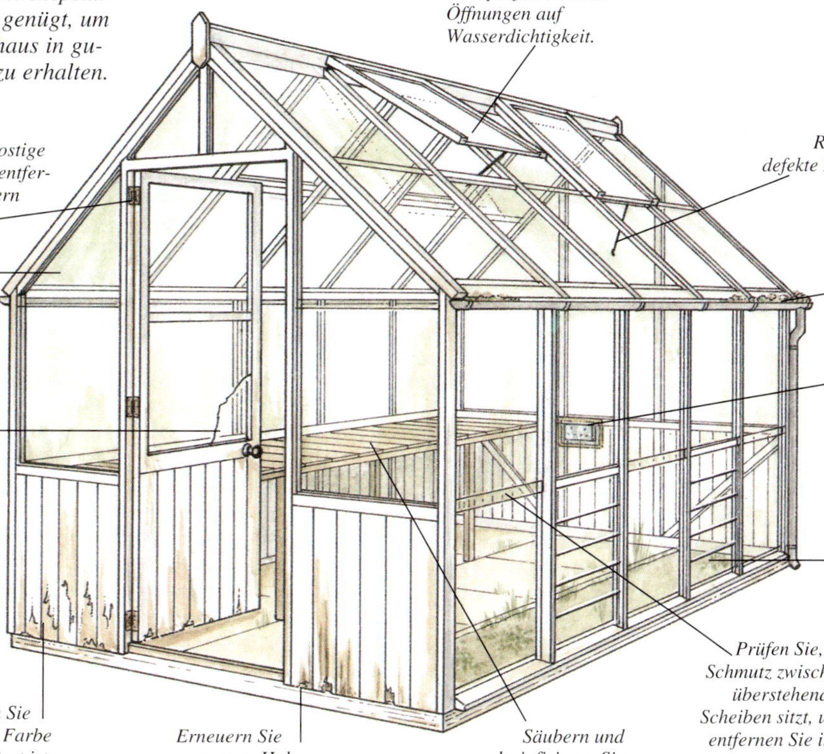

Innenarbeiten

Bevor Sie ein Gewächshaus oder den Frühbeetkasten von innen reinigen und desinfizieren, stellen Sie den Strom ab, decken die Steckdosen ab und bringen die Pflanzen an einen geschützten Platz.

Säubern und desinfizieren

Glas- und Kunststoffteile sollten, wie bei »Außenarbeiten« beschrieben, gereinigt werden. Reiben Sie die Sprossen mit einer Desinfektionslösung ab; dazu können Sie Drahtwolle nehmen (nicht für eloxiertes, »farbiges« Aluminium).

Wischen Sie Mauerwerk und Wege mit einem Garten-Desinfektionsmittel ab, und waschen Sie mit klarem Wasser nach. Verdünnen Sie es gemäß den Anweisungen des Herstellers und sterilisieren Sie damit Stellagen und Borde. Benutzen Sie dazu einen Pinsel oder Spray, und tragen Sie beim Sprühen Handschuhe, Gesichtsmaske und Brille.

Ausräuchern

Holen Sie die Pflanzen wieder in das Gewächshaus, und räuchern Sie den Raum mit einem für Pflanzen unschädlichen Pilz- und Insektenvertilgungsmittel aus. Schließen Sie alle Öffnungen, bevor Sie es entzünden. Atmen Sie den Rauch nicht ein, und gehen Sie erst wieder hinein, wenn er sich verzogen hat.

3

Bauliche Elemente und Beläge

Die baulichen Elemente *und Beläge eines Gartens geben den Rahmen vor, den die verschiedenen Pflanzen je nach Jahreszeit ausfüllen. Pergolen, Zäune und Spaliere ermöglichen den Pflanzen, die sich an sie anlehnen, die Ausdehnung in die Höhe und bewirken zugleich Sichtschutz und Abgeschiedenheit. Wege führen den Betrachter so durch den Garten, daß sich seine Pracht Stück für Stück enthüllt; eine Terrasse am Haus ist der perfekte Frühstücksplatz, und in einer lauschigen Ecke genießt man die Wärme der Nachmittagssonne. Bauliche Elemente und Beläge haben nicht nur praktische Funktion, sie sind oft auch selbst attraktive Blickfänge und Anziehungspunkte des Gartens. Sie sollten mit den Pflanzen harmonieren und verschmelzen oder einen Kontrast zu ihnen bilden: Die strenge Form eines kreisrunden Innenhofs steht in bemerkenswertem Gegensatz zu den sanften Linien üppig wachsender Pflanzen, ein rustikaler Bogen erweist sich dagegen als passende Ergänzung zu Kletterrosen.*

Gestaltung mit baulichen Elementen und Belägen

Bauliche Elemente und Einrichtungen sind ein sehr wesentlicher Faktor in der Gartengestaltung, sie können ebenso dekorativ wie praktisch sein. In einem neuen Garten etwa wirken eine Terrasse oder eine Pergola bereits interessant, während die Pflanzen noch heranwachsen. Später sind sie dann die stimmige Ergänzung für einen Rasen oder eine Rabatte und verleihen dem Garten das ganze Jahr über Struktur und Substanz.

Behalten Sie bei der Planung eines Objekts und bei seiner Ausführung immer die Gesamtanlage im Auge. Es sollte in Material, Stil, Größe und Form zum Haus und zum Ensemble des Gartens passen. Eine Terrasse oder Mauer direkt neben dem Haus wirkt oft besser, wenn dieselben Baustoffe verwendet werden; sie schlagen dann gleichsam eine Brücke zwischen Haus und Garten. Im allgemeinen sind heimische Materialien vorzuziehen, weil sie sich harmonischer einfügen. Ob der Garten streng geplant und genau nach Plan angelegt ist, spielt ebenfalls eine Rolle: Dafür wäre z. B. eine Mauer aus mattgetönten Ziegeln ideal, während zu einem zwanglos angelegten Bauerngarten ein Staketen- oder Flechtzaun besser passen würde.

Mit baulichen Elementen kann man einzelne Teile des Gartens verbinden, hervorheben oder trennen. Ein sanft gewundener Pfad lenkt den Blick so durch den Garten, daß er verbindend wirkt, ein breiter, gerader Weg trennt, teilt ihn in zwei Bereiche. Stufen grenzen verschiedene Ebenen voneinander ab, bilden aber zugleich auch eine optische Verbindung. Falls sie an eine Terrasse stoßen, sehen sie vielleicht am besten aus, wenn sie aus demselben Material und in ähnlichem Stil gehalten sind – so würde z.B. eine geschwungene Treppe gut zu einem runden Sitzplatz passen.

Gartengestaltung mit festen Belägen
Hier bilden die baulichen Elemente den prägenden Rahmen für die Gestaltung des Gartens. Sie wirken schon interessant, während die Pflanzen erst noch heranwachsen, und sie geben einen guten Hintergrund für deren weiche, fließende Formen ab. Der gewundene Pfad hat etwas Beschwingtes, und die phantasievolle Verwendung unterschiedlicher Materialien erzeugt wirkungsvolle strukturelle Kontraste.

In welcher Reihenfolge die Bauarbeiten stattfinden, hängt von Ihren eigenen Prioritäten und den Erfordernissen des Geländes ab. So kann es etwa notwendig sein, als erstes eine Mauer zu errichten, die ein erhöhtes Beet abstützen soll; in einem anderen Garten legt man zunächst einen Weg an, um den rückwärtigen Teil des Grundstücks gut mit dem Schubkarren erreichen zu können.

In diesem Kapitel werden ausschließlich Projekte behandelt, die sich auch vom Nichtfachmann ausführen lassen, z.B. Terrassen, Innenhöfe und Wege, aber auch Mauern und Zäune und schließlich Hochbeete und Pergolen. Mit sonstigen baulichen Elementen beschäftigen wir uns ausführlich in anderen Kapiteln: In Der Wassergarten, S. 250-254, finden Sie Details über die Anlage von Teichen und Wasserläufen, in Der Steingarten, S. 196-206, geht es um Felsengärten, Tröge für Alpenpflanzen und Torfbeete.

Terrassen und Innenhöfe

Ein gestalteter Innenhof ist ebenso dekorativ wie funktionell; er bietet Platz für Mahlzeiten, Entspannung und gesellige Runden, für Beet- oder Topfpflanzen und eventuell einen kleinen Teich. Eine offene, gepflasterte Fläche mit Geländer oder Mauer bezeichnet man eher als Terrasse. Sitzecken und Terrassen sind meist gefliest, obwohl in manchen Ländern auch Holzbeläge (siehe S. 499-500) populär sind.

Die Wahl des Geländes

Normalerweise liegen Sitzecken und Terrassen dicht beim Haus, oft mit direktem Zugang durch eine Fenster- bzw. Balkontür. Das ist praktisch wegen des Stromanschlusses für Licht und sonstige Geräte; doch wenn das Gelände nicht warm und geschützt ist, wählt man besser eine andere Ecke. Ein Platz, den man in einem Winkel von 45° zum Haus anlegt, bekommt eventuell mehr Sonne. Man kann ihn auch dort errichten, wo man einen besonders schönen Blick über den Garten hat.

Zwei oder mehr kleine Sitzecken können sinnvoller sein als eine einzige große Fläche. Eine liegt dann beispielsweise frei in der Sonne, die andere vielleicht an einer schattigen Stelle, an die man sich an Sommertagen gern zurückzieht.

Schutz und Abgrenzung
Eine warme, geschützte Terrasse kann man früher und später im Jahr nutzen. Ist das Gelände einsehbar oder starkem Wind ausgesetzt, bietet z.B. ein Spalier mit Kletterpflanzen Schutz und Abgrenzung. Eine Pergola (siehe S. 511-512) mit Spalierdach schirmt die Terrasse auch nach oben ab. Vermeiden Sie es, sie in der Nähe hoher Bäume anzulegen: Sie werfen zuviel Schatten, der Regen tropft noch von ihnen, lange nachdem er aufgehört hat. Ihre Wurzeln könnten den Belag schädigen, auch könnten Insekten und fallende Blätter störend sein.

Die richtige Größe
Bei einer Terrasse, die nur ein Bindeglied zwischen Haus und Garten ist, spielt die Größe keine solche Rolle wie bei einer Sitzecke, die ein »Zimmer im Grünen« sein soll. Sie muß den Dimensionen des Gartens angepaßt sein. Rechnen Sie als Faustregel etwa 3,3 m^2 pro Benutzer. Für eine vierköpfige Familie wären also rund 13 m^2 angemessen.

Die Wahl des Belags

Wenn Gartenmöbel, Kletter- und Trogpflanzen auf der Terrasse stehen, sollte der Boden unauffällig sein. Bunte Beläge könnten dann leicht unruhig wirken und sich mit der Zeit auch verfärben. Abwechslung erzielt man am besten mit unterschiedlichen Strukturen: Ziegel oder Kies zwischen Steinplatten, Eisenbahnschwellen mit Ziegel- oder Tonplatten, Kopfsteinpflaster mit Steinfliesen.

Überlegen Sie auch, was der Belag aushalten muß; und er darf bei Nässe auf keinen Fall glitschig werden. Sie können zwischen Beton (S. 494), Steinplatten (S. 495), Naturstein (S. 496), Fliesen (S. 496), Ziegeln (S. 497), Granit und Kopfsteinpflaster (S. 499) wählen.

Fundamente

Sitzecken, Wege und Auffahrten (siehe S. 501) brauchen einen festen Untergrund, damit der Belag gut hält. Auch die Belastbarkeit sollte man in Betracht ziehen: Bei Terrassen muß sie sicher nicht so groß sein, aber Auffahrten benötigen eine kompaktere Bettung, weil sie eventuell auch von schweren Fahrzeugen benutzt werden. Das Klima ist ein weiterer wichtiger Faktor: In Gegenden mit langen Trockenzeiten können Betonfundamente springen, wenn sie nicht tief genug angelegt sind; holen Sie sich notfalls bei Nachbarn oder im örtlichen Fachhandel Rat.

Erkundigen Sie sich vor Grabungsarbeiten bei Behörden oder Versorgungsunternehmen, wo auf Ihrem Grundstück Rohre und Kabel verlaufen.

Wasserabfluß
Damit das Regenwasser abfließen kann, sollte die Terrasse eine leichte Schräge haben; ein Gefälle von 2,5 cm reicht meist aus. Addieren Sie die Dicke von Unterboden und Belag, und markieren Sie sie auf mehreren Nivellierpflöcken von oben mit einem Strich. Stecken Sie eine Reihe Pflöcke am Anfang des Gefälles so in die Erde, daß der Strich gerade noch zu sehen ist (bis hierher soll später der Belag reichen). Eine zweite Reihe Pflöcke wird in 2 m Abstand am Ende des Gefälles in den Boden gesteckt. Legen Sie dann auf den ersten, unteren Pflock ein 2,5 cm dickes Holzstück und darüber eine Latte, die bis zum ersten, oberen Pflock reicht. Justieren Sie den unteren Pflock mit Hilfe einer Wasserwaage, bis die Latte gerade liegt. Wiederholen Sie dasselbe mit den anderen Pflöcken. Rechen Sie die Erde so, daß sie überall genauso hoch ist wie die Pflockmarkierungen. Boden und Oberfläche der fertigen Konstruktion sollten dabei in jedem Fall parallel sein.

Vorbereitungsarbeiten
Entfernen Sie alle Pflanzenreste einschließlich der Baumwurzeln, und heben Sie die lockere Erde ab, bis Sie festen Grund erreicht haben. Verdichten Sie den Boden zusätzlich mit dem Rüttler. Wenn sie keine schweren Lasten tragen müssen (siehe S. 494), genügt für die meisten Terrassen und Wege fester Boden oder eine 10 cm dicke, mit 5 cm Sand aufgefüllte Schicht Schotter als Untergrund. Nehmen Sie notfalls mehr Schotter, um die gewünschte Höhe zu erzielen.

DRAINAGEGEFÄLLE

Markieren Sie Nivellierpflöcke, und schlagen Sie sie im Abstand von 2 m in den Boden – den ersten am Haus. Legen Sie einen 2,5 cm dicken Klotz auf den unteren Pflock. Nivellieren Sie die beiden Pflöcke. Wiederholen Sie das Ganze.

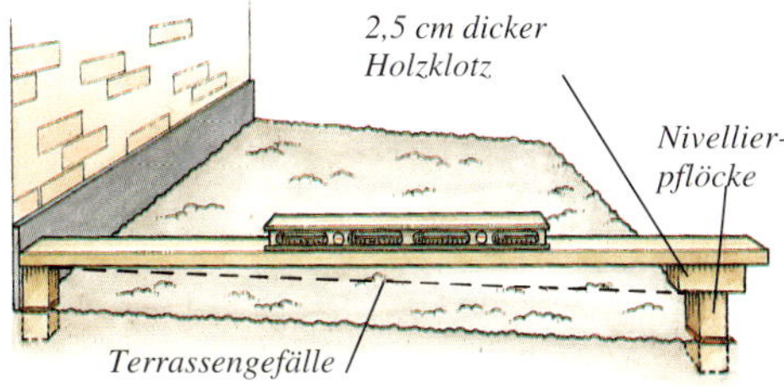

FUNDAMENT FÜR TERRASSEN UND WEGE

1 *Markieren Sie die Fläche so mit Pflöcken und Schnur, daß die Schnur auf der Höhe der Terrasse oder des Wegs verläuft. Nehmen Sie ein Winkelmaß, damit die Ecken rechtwinklig werden.*

2 *Heben Sie die lockere Erde ab, und verdichten Sie den Boden mit der Rüttelplatte. Rechnen Sie 10 cm Schotter, 5 cm Sand plus die Dicke des Belags.*

3 *Schlagen Sie alle 2 m Nivellierpflöcke ein. Sehen Sie für eine Terrasse ein Gefälle vor, damit Wasser abfließen kann. Kontrollieren Sie die Ebenflächigkeit von Pflöcken und Schnur.*

4 *Schütten Sie 10 cm hoch Schotter auf, verdichten Sie ihn, und planieren Sie die Fläche mit Hilfe der Pflöcke als Anhaltspunkte. Fügen Sie ggf. Sand hinzu, und walzen Sie das Ganze.*

WIE MAN BETONIERT

1 Nachdem die Fläche markiert ist, heben Sie sie 20 cm tief aus. Schlagen Sie im Abstand von 1 m an der Schnur Pflöcke in den Boden. Bringen Sie sie mit Brett und Wasserwaage auf gleiche Höhe.

2 Entfernen Sie die Schnur, und nageln Sie Bretter von innen an die Pflöcke, so daß sie an den Ecken aneinanderstoßen. Dieser Rahmen begrenzt den Beton, während er härtet.

3 Teilen Sie große Flächen mit Hilfe von Brettern in höchstens 4 m lange Abschnitte auf. Schütten Sie 10 cm hoch Schotter auf, und walzen Sie ihn.

4 Gießen Sie den Beton in das erste Feld, und verteilen Sie ihn gleichmäßig, auch in die Ecken des Rahmens.

5 Verdichten Sie den Beton, indem Sie mit einer Nivellierlatte gleichmäßig darauf klopfen. Ziehen Sie die Latte dann über die Fläche, und planieren Sie sie so.

6 Füllen Sie etwaige Löcher mit frischem Beton, und ziehen Sie die Fläche erneut ab.

7 Legen Sie eine wasserdichte Abdeckung, z.B. eine Plastikplane, über den Beton, bis er hart geworden ist. Entfernen Sie anschließend den Rahmen.

Auf instabilem Untergrund wie Torfboden oder schwerem Lehm (der bei Trockenheit schrumpfen kann) brauchen Sie 15 cm gewalzten Schotter als Unterlage. Darauf kommt Sand oder Kies.

Lasttragende Flächen
Bereiche wie Auffahrten, die schwere Lasten (z.B. Autos) tragen müssen, benötigen ein Fundament aus mindestens 10 cm gewalztem Schotter und weiteren 10 cm Beton. Der Beton kann als Belag dienen oder als Fundament für andere Materialien, wie Asphalt oder in Mörtel verlegte Platten. Bringen Sie bei instabilem Boden oder sehr schwerer Belastung notfalls auch eine 15 cm dicke Betonschicht auf. Wie Sie den Beton selbst mischen, ist weiter unten beschrieben. Wenn es sich um größere Flächen handelt, lassen Sie Dehnungsfugen (siehe S. 502).

Beton

Beton ist relativ schnell und einfach zu verlegen und ein dauerhafter, haltbarer Belag. Durch zusätzliche Oberflächenbehandlung (siehe S. 502) kann er attraktiver wirken.

Beton bestellen
Mit bereits gemischtem Beton läßt es sich natürlich leichter und rascher arbeiten. Geben Sie dem Lieferanten die entsprechenden Maße, und teilen Sie ihm mit, wofür Sie den Beton verwenden wollen, damit er die richtige Menge und Mischung anfertigt und bringt, oder lassen Sie den Beton an Ort und Stelle mischen. Das spart Geld, erfordert aber einige Vorbereitung und meist ein paar Helfer, da Sie dann sofort mit der Arbeit beginnen müssen.

Beton- und Mörtelmischungen
Folgende Beton- und Mörtelmischungen sind für die meisten Projekte geeignet. Auf S. 499 werden die Begriffe erläutert.

Mauerfundamente, Fundamente für Auffahrten und Plattenbeläge
1 Teil Zement
2 ½ Teile scharfer Sand
3 ½ Teile 20-mm-Zuschlag (oder 5 Teile kombinierter Zuschlag auf 1 Teil Zement und kein Sand)

Vor Ort gegossener Betonbelag
1 Teil Zement
1 ½ Teile scharfer Sand
2 ½ Teile 20-mm-Zuschlag (oder 3 ½ Teile kombinierter Zuschlag auf 1 Teil Zement und kein Sand)

Betonmörtel (zum Einbetten und Verfugen von Platten- und Ziegelbelägen)
1 Teil Zement
5 Teile scharfer Sand

Maurermörtel (für Ziegelmauern im Garten)
1 Teil Maurerzement
3 Teile weicher Sand
Alle Angaben beziehen sich auf Volumen, nicht auf Gewicht. Die erforderliche Konsistenz der Mischung ist in jedem Fall unterschiedlich. Nehmen Sie zu Anfang nur einen halben Teil Wasser auf einen Teil Zement. Dadurch wird die Mischung sehr zähflüssig. Fügen Sie dann mehr Wasser hinzu, bis Sie schließlich die gewünschte Konsistenz erreicht haben.

In Gegenden mit heißem Klima ist für Beton- und Mörtelmischungen eventuell ein chemisches Verzögerungsmittel gegen Erstarrung nötig, bei kaltem Klima muß vielleicht ein Antifrostmittel hinzugefügt werden. Lassen Sie sich im Zweifelsfall beraten. Arbeiten mit Beton und Mörtel führt man besser nicht aus, wenn die Temperatur nahe 0°C oder über 32°C beträgt.

Betonieren

Markieren Sie zunächst die Fläche, die betoniert werden soll, mit einer Schnur, und heben Sie 20 cm tief die Erde aus, bis Sie festen Grund erreicht haben. Stecken Sie in Abständen von 1 m entlang der Schnur Holzpflöcke in den Boden. Nageln Sie von innen Bretter dagegen, die einen mindestens 20 cm hohen Rahmen bilden, der den Beton während des Abbindens begrenzt.

Teilen Sie größere Flächen ebenfalls mit Brettern in höchstens 4 m lange Abschnitte auf. Geben Sie eine 10 cm dicke Schicht gewalzten Schotter auf den Grund. Gießen Sie den frisch zubereiteten Beton abschnittweise 10 cm hoch in die Rahmen, und verteilen Sie ihn gut bis zum Rand. Drücken Sie ihn mit ei-

Inspektionsöffnungen

Inspektionsöffnungen, an denen Strom-, Gas- und Wasserleitungen im Boden überprüft werden, darf man nie fest überdecken. Es gibt spezielle Metallschalen, in die man Steinplatten, Ziegel oder andere Materialien betten kann. Mit ihnen deckt man die unansehnlichen Löcher ab und hebt sie bei Bedarf einfach wieder heraus. Wenn der Belag ein bestimmtes Muster hat, muß man die Abdeckung eventuell für die Schale passend zuschneiden. Man kann selbstverständlich auch Rasen oder Pflanzen in die Abdeckschalen setzen.

ner Nivellierlatte, die quer über den Rahmen reicht, an, und ziehen Sie dann damit die Oberfläche des Betons ab.

Plattenbelag

Betonplatten sind ein beliebter Belag für Terrassen, Wege und Auffahrten. Sie sind in verschiedenen Größen, Strukturen und Farben erhältlich und leicht zu verlegen. Gartencenter und Baumärkte haben fertiggegossene Platten vorrätig. Bestimmte Muster gibt es vielleicht nicht überall. Große Anbieter geben meist Kataloge heraus und liefern in aller Regel auch direkt.

Größen und Formen
Die meisten Platten messen entweder 45 x 45 cm oder 45 x 60 cm. Je nach Verlegungsmuster gibt es auch kleinere Formate, die dazu passen. Nicht immer sind sie auf Stoß gearbeitet; eine halbe Platte ist möglicherweise weniger als halb so groß wie eine ganze, damit Platz zum Verfugen bleibt.

Runde Platten eignen sich nur als Trittsteine und für kleine Flächen mit lockerem Material, etwa Kies, dazwischen. Mit sechseckigen Platten entsteht ein Muster ohne regelmäßige parallele Linien; mit halben Platten gestaltet man eine gerade Kante. Bei manchen Platten »fehlt« ein Stück von der Ecke, an der Stelle kann man Pflanzen setzen.

Mengen
Wenn Sie verschiedene Größen oder Farben verwenden, zeichnen Sie einen Plan auf Millimeterpapier, um zu sehen, wie viele Platten Sie von jeder Sorte brauchen; kalkulieren Sie dabei 5% Bruch ein (vor allem wenn viel zugeschnitten werden muß, siehe S. 496).

Das Verlegen der Platten

Wenn Sie eine Terrasse bauen, legen Sie eine gerade Linie fest, und achten Sie darauf, daß ein leichtes Gefälle besteht. Eine Hauswand ist ein guter Ausgangspunkt für die Terrasse, aber man könnte auch zwischen Wand und Belag Platz für eine Bepflanzung vorsehen. Die Oberfläche des Belags muß mindestens 15 cm unterhalb der Schutzschicht des Bauwerks liegen. Markieren Sie die zu pflasternde Fläche mit Pflöcken und Schnur. Wählen Sie eine Plattengröße, die möglichst wenig Zuschnitte erfordert. Wenn Sie die Platten nicht auf Stoß legen wollen, rechnen Sie mit einem Erfahrungswert von 0,5 cm für die Fugen.

Vorbereitungsarbeiten
Säubern Sie das Gelände, und bereiten Sie den Boden oder die Schotterunterlage vor (siehe S. 493). Zum Verfugen brauchen Sie 1 cm dicke Abstandshölzchen.

Das eigentliche Verlegen
Verlegen Sie von einer Ecke aus in beide Richtungen eine Reihe Platten mit Stäbchen dazwischen. In diesem Stadium kann man die Maße noch leicht korrigieren. Geben Sie mit einer Maurerkelle Mörtel an die Ränder der Platte. Wenn ihre Seitenlänge 45 cm oder mehr beträgt, füllen Sie dieses Feld mit einem Mörtelkreuz. Der Mörtel sollte 3-5 cm hoch sein. Die »Feld-und-Kreuz«-Methode kombiniert Stabilität mit guter Justierbarkeit. Legen Sie die Platte hin, und klopfen Sie sie mit dem Stiel des Gummihammers fest. Überprüfen Sie mit der Wasserwaage, ob die Oberfläche gerade ist. Verlegen Sie weitere Platten, stecken Sie Stäbchen dazwi-

BETONPLATTENTYPEN

STRUKTUR
Die Oberfläche kann glatt, genoppt, gekerbt oder grobkörnig sein.

SECHSECKIGE PLATTEN
Eine reizvolle Alternative zu Rechtecken oder Quadraten. Mit halben Platten gestaltet man die Ränder.

VERWITTERTE PLATTEN
Soll der Belag natürlicher wirken, kann man eine »verwitterte« Oberfläche wählen.

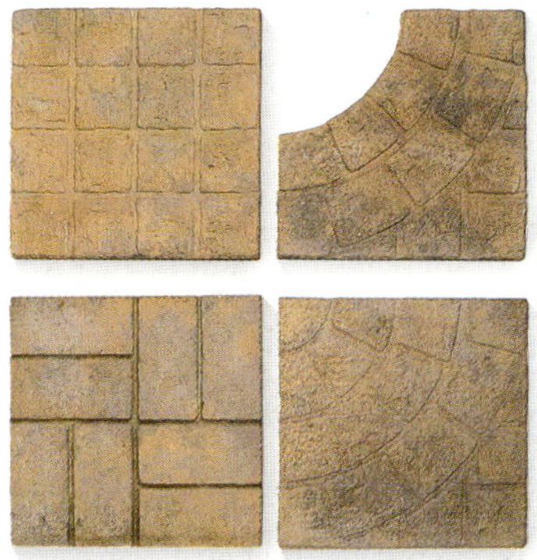

GERIPPTE PLATTEN
Manche Platten haben effektvolle Rippenmuster. Wenn eine Ecke »fehlt«, kann man in die Lücken Pflanzen setzen.

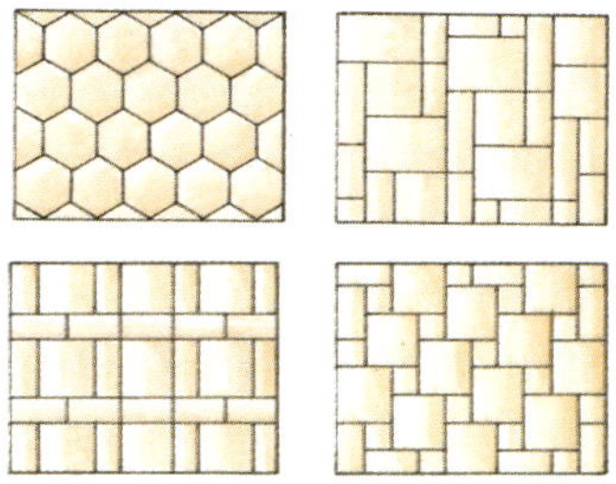

GEMUSTERTE BELÄGE
Mit unterschiedlichen Plattengrößen und -formen lassen sich hübsche Muster kreieren.

GUSS- UND PRESSBETON
Gußbeton (abgeschrägte Ränder) kann nur mäßig belastet werden. Preßbeton (gerade Ränder) ist leichter, aber stabiler.

WIE MAN PLATTEN VERLEGT

1 *Markieren Sie die Fläche, und bereiten Sie das Fundament vor. Legen Sie Mörtelstreifen zu Quadraten, die kleiner sind als die Platten. Für große Platten eignet sich ein Mörtelkreuz.*

2 *Legen Sie die Platte hin, und drücken Sie sie an. Mit der Wasserwaage auf Ebenflächigkeit kontrollieren. Beim Verlegen der nächsten Platten Fugen mit 1 cm dicken Hölzchen markieren.*

3 *Abstandshölzchen entfernen, bevor der Mörtel hart ist. Die Fugen nach ca. 2 Tagen bis 2 mm unter der Oberfläche mit dickflüssigem Mörtel füllen. Die Platten säubern.*

MIT SCHABLONE ARBEITEN
Die Schablone hat einen Schlitz in der Mitte, den man genau über die Fuge legt. So kann man den Mörtel verstreichen, ohne die Platten zu verschmieren.

schen, und kontrollieren Sie die Reihe alle drei bis vier Platten auf Ebenflächigkeit. Entfernen Sie die Stäbchen, ohne auf das Pflaster zu treten, bevor der Mörtel erstarrt. Wenn Sie es vorher betreten müssen, stellen Sie sich auf Bretter.

Abschlußarbeiten
Füllen Sie die Fugen nach einigen Tagen mit einer zähflüssigen Mörtelmischung (sie kann fast »krümeln«, damit sie den Belag nicht verschmiert). Zum Glätten ziehen Sie ein rundes Stück Holz über die Fuge. Diese sollte 2 mm tiefer liegen als das Pflaster. Sie können die Fugen auch mit Trockenmörtel aus 1 Teil Zement und 3 Teilen Sand füllen. Bürsten Sie den Belag gut ab. Sprühen Sie die Fugen mit Wasser ab. Nehmen Sie überschüssigen Mörtel auf, bevor er die Platten verschmiert.

PLATTEN SCHNEIDEN

1 *Legen Sie die Platte auf eine feste, ebene Unterlage, und ziehen Sie mit einem Meißel auf beiden Seiten und Kanten der Platte eine Furche entlang der Schnittlinie.*

2 *Vertiefen Sie diese Schnittlinie vorsichtig mit Meißel und Vorschlaghammer.*

3 *Legen Sie ein Brett so unter die Platte, daß es mit dem Rand genau unter der Furche liegt. Klopfen Sie mit einem Hammergriff kräftig auf die Platte, bis sie bricht.*

Platten zuschneiden

Wenn Sie viele Platten schneiden müssen, leihen Sie sich am besten einen Winkelschleifer. Ansonsten verwenden Sie einen breitkantigen Hartmeißel und einen Vorschlaghammer. Tragen Sie bei der Arbeit immer eine Schutzbrille. Markieren Sie die Schnittlinie mit dem Meißel, und meißeln Sie dort eine 3 mm tiefe Rille. Eventuell müssen Sie den Vorgang mehrmals wiederholen. Wenn die Platte sehr eng eingepaßt werden soll, schneiden Sie etwa 6 mm mehr ab als nötig, damit auch genügend Platz ist, wenn die Kanten schartig werden.

Legen Sie die Platte auf eine feste Unterlage, und heben Sie den kleineren Teil, der abgebrochen werden soll, auf eine Holzleiste. Schlagen Sie mit dem Hammergriff auf die Schnittlinie, bis ein Spalt entsteht. Glätten Sie etwaige schartige Stellen sorgfältig mit dem Meißel.

Mosaikpflaster

Mosaikpflaster wirkt zwanglos. Man kann es auf Sand betten und zwischen den Steinen Pflanzen wachsen lassen oder auf Mörtel geben; füllen Sie in diesem Fall die Fugen mit Mörtel aus.

Die Randbegrenzung
Markieren Sie mit einer Schnur die zu pflasternde Fläche, und bereiten Sie den Untergrund (siehe S. 493); wenn nötig, sehen Sie ein Gefälle zur Entwässerung vor (siehe »Wasserabfluß«, S. 493). Verlegen Sie ein paar Meter Randmaterial, indem Sie bei einer Terrasse von einer Ecke, bei einem Weg von den beiden Seiten ausgehen. Das können große Mosaiksteine mit mindestens einer geraden Kante sein, starke Holzleisten, Ziegel oder Betonstreifen. Falls Sie Steinplatten als Begrenzung nehmen, verlegen Sie sie auf Mörtel, auch wenn Sie die anderen in Sand betten.

Das Verlegen des Pflasters
Legen Sie auf einer Fläche von etwa 1 m² die Steine mit kleinen Abständen wie bei einem Puzzle locker zusammen. Eventuell müssen Sie sie manchmal beschneiden. Nehmen Sie ab und zu ein großes Stück, und füllen Sie die Zwischenräume mit kleineren auf. Betten Sie die Steine mit Hilfe einer Wasserwaage jetzt auf Sand oder Mörtel. Klopfen Sie sie mit einem Stück festem Holz und einem Hammer fest. Nehmen Sie sie wieder heraus, und korrigieren Sie die Sand- oder Mörtelunterlage, bis sie ebenflächig ist.

Das Verfugen
Wenn Sie das Pflaster auf Sand verlegt haben, bürsten Sie trockenen Sand in die Fugen. Ansonsten rühren Sie sehr zähflüssigen Mörtel an und verfugen mit einer Kelle (siehe »Abschlußarbeiten«, oben). Fügen Sie bei dunklem Stein wie Schiefer ein Färbemittel hinzu, damit die Fugen nicht zu auffällig hervortreten. In trockenem Zustand sieht die Farbe anders aus, deshalb probieren Sie sie erst auf einer kleinen Fläche aus, bevor Sie die endgültige Menge hinzugeben.

Naturstein

Naturstein ist attraktiv, aber teuer und nicht leicht zu verlegen. Manche Arten, etwa Sandstein, gibt es in Standardgrößen und mit gerader Kante. Behauener Stein wirkt natürlicher; er ist gleichmäßig zugeschnitten und hat eine reizvoll unebene Oberfläche.

Verlegen Sie Natursteine ebenso wie Betonplatten, wobei Sie Mörtel hinzugeben oder wegnehmen, um Ebenflächigkeit zu erreichen. Bruchsteine sind unregelmäßig in Form und Dicke und haben keine geraden Kanten. Man kann sie als Mosaikpflaster verlegen; sie sehen besser aus als Betonplattenbruch.

Fliesenbelag

Mit Tonfliesen, die bei sehr hohen Temperaturen gebrannt werden, kann man gut Innen- und Außenbereiche verbinden – z. B. da, wo der Belag eines Wintergartens ins Freie übergeht. Glasierte Keramikfliesen sind sehr dekorativ und können einem Innenhof eine mediterrane Atmosphäre verleihen, erweisen sich aber oft als nicht frostbeständig. Vergewissern Sie sich beim Kauf stets, daß Sie die Fliesen auch draußen verlegen können. Sie sind schwierig zu schneiden, v. a. die nicht rechteckigen. Deshalb sollten Sie darauf achten, daß Sie möglichst nur ganze verwenden.

WIE MAN MOSAIKPFLASTER VERLEGT

1 *Markieren Sie mit Schnur und Pflöcken die Höhe des Belags, und bereiten Sie das Fundament vor (siehe S. 493). Setzen Sie die Randsteine zuerst ein (die geraden Kanten nach außen legen).*

2 *Füllen Sie die Fläche mit großen und zwischendurch kleinen Steinen auf. Kontrollieren Sie, ob die Platten ebenflächig sind, und klopfen Sie sie mit Brett und Vorschlaghammer fest.*

3 *Streichen Sie nahezu trockenen Mörtel oder Sand in die Fugen. Schrägen Sie den Mörtel mit einer Kelle etwas ab, damit das Wasser von den Platten abfließen kann.*

Fliesen legen
Da Fliesen dünn und manchmal spröde sind, brauchen sie eine Betonunterlage (siehe »Lasttragende Flächen«, S. 494). Steinfliesen kann man auch auf Mörtel verlegen (siehe S. 499). Weichen Sie die Fliesen ein paar Stunden vor der Verarbeitung in Wasser ein, damit sie nicht zuviel Feuchtigkeit vom Mörtel absorbieren.

Glasierte Keramikfliesen klebt man am besten mit einem geeigneten Fliesenkleber (im Baustoffhandel erhältlich), den man den Anleitungen entsprechend auf die Rückseite aufträgt, auf ein Fundament aus Beton.

Streichen Sie zum Schluß eine Vergußmasse (im Baustoffhandel erhältlich) in die Fugen, eventuell in einer passenden oder kontrastierenden Farbe.

WIE MAN ZIEGEL VERLEGT

1 *Bereiten Sie zunächst das Fundament vor (siehe S. 493). Verlegen Sie mit Hilfe von Schnur und Pflöcken die Kantenziegel in der gewünschten Höhe.*

2 *Verfugen Sie die Kantenziegel, verlegen Sie die anderen Steine im geplanten Verband, und klopfen Sie sie fest. Kontrollieren Sie sie ab und zu auf Ebenflächigkeit.*

3 *Streuen Sie eine Schicht trokkenen Mörtel auf die Fläche, und streichen Sie ihn in die Fugen. Feuchten Sie ihn an, damit er härtet, und säubern Sie die Steine.*

Ziegel und Pflastersteine

Ziegel und Pflastersteine aus Ton oder Beton wirken auf kleinen Flächen am besten; größere Bereiche sollte man mit anderen Materialien wie Kies oder Eisenbahnschwellen auflockern.

Für eine Terrasse neben einem Backsteinhaus ist z.B. Ziegelbelag ein gutes optisches Bindeglied zwischen Haus und Garten. Ziegel und Pflastersteine ermöglichen außerdem eine wesentlich flexiblere Gestaltung als große Stein- oder Betonplatten, da sie sich zu unterschiedlichen Mustern legen lassen.

Die Auswahl von Ziegeln
Die Auswahl an Ziegeln ist groß genug, um einen Typ zu finden, der zu Innenhöfen oder Terrassen jeder Stilrichtung paßt.

Wenn Sie sehr viele Ziegel benötigen, setzen Sie sich mit einer Ziegelei in Verbindung, die vielleicht direkt liefert. Im Baustoffhandel sind Ziegel in jeder Form und jeder Menge erhältlich. Vergewissern Sie sich vor dem Kauf, daß sie im Freien zu verwenden, d.h. nässe- und frostbeständig sind.

Die Auswahl von Pflastersteinen
Pflastersteine aus Ton sind ebenso attraktiv wie Ziegel und meist in verschiedenen Rottönen erhältlich. Sie sind dünner als Betonfliesen oder Ziegel. Betonfliesen wirken vielleicht nicht so warm wie Ziegel, sind aber praktisch. Es gibt sie im allgemeinen in Grau, Blaugrau oder Ocker und auch in unterschiedlichen Formen.

Ziegel verlegen

Bereiten Sie zunächst den Unterbau vor (siehe S. 493). Ziegel sollten möglichst in Mörtel gebettet sein. Verlegen Sie nun die Randeinfassung auf Beton, und verfugen Sie mit Mörtel. Präparieren Sie eine 2,5 cm hohe Mörtelschicht, und verlegen Sie die Ziegel gleichmäßig, wobei Sie, eventuell unter Zuhilfenahme von dünnen Pappestückchen oder Holzstäbchen, Platz für die Fugen lassen müssen. Bürsten Sie Trockenmörtel über die fertige Fläche. Um Luftblasen zu entfernen, drücken Sie den Mörtel mit einem Holzstab in die Fugen. Beschleunigen Sie bei trockenem Wetter den Härtungsprozeß, indem Sie Wasser über die Ziegel spritzen.

Muster aus Ziegeln

Man kann Ziegel auf unterschiedlichste Art zu reizvollen Mustern zusammensetzen; hier sehen Sie drei Beispiele.

KORBMUSTER

SCHACHTELMUSTER

FISCHGRÄTMUSTER

Ziegeltypen

Ziegel sind in verschiedenen Stilformen, Strukturen und Farben erhältlich, und sie ergeben auch für diesen Zweck ein attraktives und praktisches Baumaterial; wählen Sie einen Typ, der am besten für das geplante Vorhaben geeignet ist und gut zum Haus und anderen baulichen Elementen paßt.

HARTBRANDZIEGEL
Hartbrandziegel sind sehr haltbar. Wenn Sie sie als Belag verwenden, achten Sie darauf, daß die Oberfläche rutschfest ist. Sie kosten mehr als normale Ziegel.

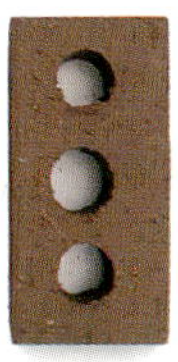

LOCHZIEGEL
Die schmaler als üblichen Lochziegel kann man zum Verlegen von Randstreifen benutzen, doch für große Flächen eignen sie sich nicht.

KLINKERZIEGEL
Mit Klinkerziegeln werden Gebäude »verkleidet«, damit sie attraktiver aussehen. Sie sind in verschiedenen Farben erhältlich, mit rauher oder glatter Oberfläche. Sie können als Beläge ungeeignet sein, weil sie womöglich starken Witterungseinflüssen nicht standhalten.

ZIEGEL MIT MULDEN
Ziegel mit Mulden kann man auch als Belag verwenden, wenn man sie auf die Kante stellt oder die Mulden nach unten weisen.

Ziegel und Pflastersteine schneiden

Ziegel und dicke Pflastersteine können schwer zu schneiden sein. Am einfachsten geht es mit hydraulischen Geräten, die man ausleihen kann und die mit einem Hebel bedient werden. Steine sind damit ohne große Probleme schnell und sauber zuzuschneiden.

Man kann Ziegel und Pflastersteine aber auch mit Meißel und Vorschlaghammer in die gewünschte Form bringen (siehe »Platten zuschneiden«, S. 496).

Pflastersteine verlegen

Pflastersteine werden mit schmalen Zwischenräumen mit Hilfe einer Rüttelplatte auf Sand gebettet. Da man sie hochnehmen und neu verlegen kann, wird dieser Belag auch »flexibles Pflaster« genannt. Für den Garten sind 6-6,5 cm dicke Steine geeignet.

Das Gelände vorbereiten und die Kantenstreifen verlegen
Stellen Sie zunächst einen 7,5 cm hohen Unterbau aus gewalztem Schotter auf verdichtetem Boden her (siehe S. 493). Wo keine festen Randbegrenzungen existieren (etwa Mauern), verlegen Sie Kantstreifen. Sie sind als Spezialformate im Handel erhältlich und müssen einbetoniert werden. Sie können aber auch kresolbehandelte Kanthölzer in den Maßen 100 x 38 mm verwenden, die mit mindestens 5 cm langen Holznägeln befestigt werden.

Große Flächen sollte man mit Latten provisorisch in kleinere Segmente von etwa 1 m² Größe unterteilen. Streuen Sie eine ungefähr

Pflaster, Fliesen, Kopfsteine

Pflastersteine gibt es in vielen verschiedenen Größen, Farben und Dicken. Auch ihre Oberfläche variiert, so daß sie je nach Struktur und Form, die geometrisch oder ungleichmäßig sein kann, sehr viel zum Stil des Gartens beitragen. Auffällige Effekte erzielt man mit Terrakottafliesen, Granitwürfeln, »Belgiern« oder Kopfsteinpflaster.

TONFLIESEN
Diese roten Steine kann man als »Läufer«, das heißt längs, oder als »Binder«, also quer, verlegen.

TONTRITTSTEINE
Tontrittsteine sind geschliffen und an allen Seiten aufgerauht, wodurch der Belag besonders rutschfest wird.

VERBUNDSTEINE
Mit diesen Steinen aus Ton oder Beton kann man ungewöhnliche Muster erzeugen. Die zu Blöcken gepreßten Steine (rechts außen) sind in mehreren Farben erhältlich.

TERRAKOTTAFLIESEN
Terrakottafliesen bestehen wie Ziegel aus Ton, sind aber luftgetrocknet. Sie sind porös und brechen leicht, wenn sie Frost ausgesetzt sind.

GRANITWÜRFEL
Dieser aus hartem Granit gehauene Belag ist äußerst haltbar. Wie Kopfsteinpflaster wirkt er mit seiner aufgerauhten Oberfläche sehr natürlich.

»BELGIER«

GRANITIMITAT
Diese nachgemachten Pflastersteine sind leichter und billiger als Granit. »Belgier« wirken leicht verwittert.

KOPFSTEINPFLASTER
Kopfsteine (unten) sind große, abgerundete Steine. Sie können so in Mörtel verlegt werden, daß der Belag eine interessante Struktur aufweist, aber es geht sich unbequem darauf, und man sollte sie deshalb nur für kleine Flächen oder in Verbindung mit anderen Materialien verwenden. Als Einfassung für mit Kopfsteinpflaster belegte Flächen dienen in Beton gebettete Ziegel oder Betonstreifen.

WIE MAN FLEXIBLES PFLASTER VERLEGT

1 *Fassen Sie, nachdem das Fundament vorbereitet ist (siehe S. 493), die Fläche mit Beton- oder Hartholzrändern ein. Klopfen Sie sie mit dem Vorschlaghammer (Wasserwaage verwenden!) ebenflächig fest.*

2 *Unterteilen Sie große Flächen mit Leisten in Quadrate von 1 m². Schütten Sie 5 cm hoch Sand auf. Streichen Sie den Sand mit einer Latte glatt. Entfernen Sie die Leisten, und füllen Sie die Zwischenräume mit Sand.*

3 *Verlegen Sie das Pflaster, von einer Ecke ausgehend, im gewünschten Muster. Nehmen Sie zunächst nur ganze Steine, bis Sie zum Schluß eventuell welche zuschneiden müssen.*

4 *Planieren Sie den Belag mit der Rüttelplatte oder mit Vorschlaghammer und Brett. Fegen Sie trockenen Sand über die Fläche, und gehen Sie mit der Rüttelplatte noch 2- oder 3mal darüber.*

5 cm hohe Schicht scharfen Sand auf. Er sollte etwa 4,5 cm unter der Oberfläche des fertigen Pflasters liegen, wenn Sie 6 cm dicke Steine nehmen, oder 5 cm bei 6,5 cm dikkem Belag.

Das Verlegen und Einbetten der Steine
Treten Sie nicht auf den Sand, während Sie die Steine verlegen, und halten Sie ihn trocken. Gehen Sie beim Verlegen von einer Ecke aus. Knieen Sie sich beim Weiterarbeiten auf ein Brett. Verlegen Sie möglichst viele ganze Steine, und füllen Sie dann etwaige Zwischenräume mit Teilstücken aus.

Wenn etwa 5 m² Pflaster verlegt sind, betten Sie es in den Sand ein. Das geht am einfachsten mit der Rüttelplatte, aber kommen Sie dabei der unfertigen Kante nicht zu nahe. Ist die Fläche nur klein, können Sie die Steine auch mit einem schweren Vorschlaghammer und einem Stück Holz, das Sie quer über das verlegte Pflaster legen, festklopfen. Wenn Sie alle Steine verlegt und eingebettet haben, bürsten Sie trockenen Sand in die Fugen, und gehen Sie anschließend mit der Rüttelplatte darüber.

Die Mähkante
Fassen Sie den Rasen, wo er schwierig zu mähen ist, mit Ziegeln, Pflastersteinen oder Betonplatten ein. Betten Sie sie so in Mörtel, daß sie ein kleines Stück unter dem Gras liegen, damit der Mäher nicht beschädigt wird.

KOMBINATION VERSCHIEDENER EFFEKTE
Die Mischung unterschiedlicher Materialien, darunter quadratische Steinplatten, Mosaikpflaster und Ziegel, paßt gut zu dieser zwanglosen Bepflanzung.

Kopfsteine

Betten Sie Granitwürfel oder -imitate auf 5 cm Betonmörtel (siehe S. 494), und streichen Sie dickflüssigen Mörtel in die Fugen (siehe »Abschlußarbeiten«, S. 496). Spritzen Sie den Belag mit Wasser ab.

Auf Kopfsteinen läuft es sich unbequem, deshalb sollte man sie nur für kleine Flächen oder kombiniert mit anderen Materialien verwenden. Die Ränder gestaltet man mit Ziegeln oder Beton. Man bettet das Pflaster in 3,5 cm Mörtel über einem 7,5 cm hohen Unterbau aus gewalztem Schotter.

Fachbegriffe

Beton ist ein stark härtender Baustoff aus Zement, Zuschlag, Sand und Wasser.
Bettung ist kombinierter Zuschlag.
Betonmörtel wird beim Verlegen von Pflastersteinen verwendet. Er enthält scharfen Sand.
Maurerzement wird nur für Mörtel verwendet.
Mörtel ist eine Mischung aus Zement, Sand und Wasser, die beim Mauern als Bindemittel verwendet wird.
Portlandzement ist Zement aus Kalkstein und Kalkmergel. Normalen Portlandzement kann man zum Betonieren, aber auch für Mörtel verwenden.
Sand wird nach Korngröße unterschieden. Scharfer Sand ist grobkörnig; für Mörtel verwendeter weicher Sand ist gleichmäßiger gekörnt.
Schotter besteht aus Steinschlag und Ziegelbruch und bildet den Unterbau von Betonfundamenten.
Trockenmörtel ist eine zähflüssige Masse zum Verfugen.
Zement ist ein graues Pulver aus Kalkstein und nach Erhärten wasserbeständiges Bindemittel für Beton und Mörtel.
Zuschlag ist Steinschlag oder Kies. 20-mm-Zuschlag eignet sich für Betonierarbeiten. Kombinierter Zuschlag enthält Sand.

Holzplattformen

Holzbeläge sind in warmen, trockenen Klimazonen beliebt. Man kann sie jedoch überall verwenden, wenn man kesseldruckimprägniertes Material verwendet.

Am besten baut man eine Plattform auf ebenem oder nur sanft abfallendem Gelände. Bei stark abschüssigen Grundstücken empfiehlt es sich, den Rat eines Spezialisten einzuholen, da Planung und Ausführung in dem Fall kompliziert sind.

In einigen Ländern gibt es Bauvorschriften, nach denen Holzplattformen ein bestimmtes Mindestgewicht tragen müssen. Manchmal benötigt man auch eine Baugenehmigung und muß die Plattform behördlich abnehmen lassen. Erkundigen Sie sich im Zweifelsfall bei Ihrer örtlichen Baubehörde. Für einfaches Parkett (siehe S. 500), das auf Kies und Sand verlegt wird, dürfte keine Erlaubnis erforderlich sein.

HOLZPLATTFORM
Eine Holzterrasse oder -veranda, von der man über den Garten blickt, wirkt sehr eindrucksvoll, v. a. wenn sie von einer Pergola beschattet ist. Holzplattformen müssen allerdings sehr sorgfältig konstruiert werden, was man am besten dem Fachmann überläßt. Bauelemente wie Geländer, Stufen und Holzstützen erfordern regelmäßige Pflege (siehe S. 500).

Holzbeläge

Zedernholz ist wegen seiner natürlichen Resistenz gegen Fäulnis gut geeignet, und regelmäßige Behandlung mit einem Holzschutzmittel garantiert eine noch längere Lebensdauer. Andere Hölzer müssen kesseldruckimprägniert sein. Der Händler wird Sie entsprechend beraten. Kurze Holzplättchen kann man zu Platten zusammensetzen, die verschiedene reizvolle Muster ergeben.

SCHACHBRETT — FISCHGRÄT — PARALLELLAMELLEN — SCHRÄGES SCHACHBRETT — PARALLEL-VERSETZTE LAMELLEN

Bretterplattformen

Eine Bretterplattform eignet sich gut für ebenes oder auch leicht abfallendes Gelände. Sie ist einfach zu bauen und erfordert wenig Spezialzubehör.

Soll sie neben dem Haus gebaut werden, machen Sie ein Betonfundament (siehe *Wie man betoniert*, S. 494) mit vom Haus wegführendem, leichtem Gefälle zur Entwässerung. Setzen Sie darauf mit Mörtel im Abstand von einer Ziegelbreite eine Reihe Ziegel im rechten Winkel zur Bretterrichtung. Verlegen Sie im Abstand von 40 cm weitere Ziegelreihen. Überprüfen Sie sie auf Ebenflächigkeit.

Legen Sie 75 x 50 mm dicke Balken über die Ziegelreihen; zwischen Ziegeln und Balken jeweils eine Plastikplane oder anderes wasserdichtes Material. Wenn Sie mehrere Balken aneinanderfügen, achten Sie darauf, daß ein Ziegel unter der Nahtstelle liegt, und verschrauben Sie die Balken. Kontrollieren Sie die Ebenflächigkeit der Balken mit einer Wasserwaage. Verlegen Sie 25 x 2,5 cm dicke Bretter quer über die Balken. Lassen Sie dazwischen jeweils 1-cm-Fugen als Wasserabfluß und Bewegungsspielraum für das Holz frei. Achten Sie darauf, daß die Nahtstellen der Bretter versetzt sind und über einem Balken liegen. Befestigen Sie die Bretter mit Senkschrauben aus Messing oder anderem rostfreien Material. Streichen Sie ein Füllmittel in die Löcher, das farblich zum Holz paßt.

Schließen Sie die Ränder sauber mit einer Ziegel- oder Steinkante ab, und sägen Sie die Bretter so ab, daß sie 5 cm überstehen. Sie können auch ein Kantholz dagegenschrauben oder -nageln.

HOLZPLATTFORMEN ALS TRITTFLÄCHEN
Aus kleinen Holzplattformen kann man einen ungewöhnlichen »Trittstein«-Pfad über einen Teich bauen. Wenn sie nach ästhetischen Kriterien verlegt werden, sind sie eine stilvolle geometrische Ergänzung für lockere Pflanzenarrangements und das zarte Spiel des Lichts auf der Wasseroberfläche. Hier bestehen sie aus parallel verlaufenden Latten, die abwechselnd längs und quer angeordnet sind.

Parkettbelag

Parkettartige Tafeln aus Holzstäbchen, die eigentlich für Wege gedacht sind, kann man genausogut für Plattformen benutzen oder selbst anfertigen. 1 m² ist eine praktische Größe. Kaufen Sie 10 x 5 cm dickes, imprägniertes Holz, sägen Sie es in 1 m lange Stücke, und schleifen Sie die Enden glatt. Zwei gegenüberliegende Stücke bilden die Träger der Tafel, die anderen werden darüber quer als Stäbchen verlegt. Befestigen Sie sie an den Enden mit je zwei Nägeln. Machen Sie auf festem Untergrund ein Fundament aus 7,5 cm verdichtetem Kies und 7,5 cm Sand, und planieren Sie es. Verlegen Sie die Tafeln abwechselnd in beide Richtungen. Nageln Sie sie notfalls zusammen, damit sie nicht verrutschen, und schlagen Sie die Nägel dabei schräg ein.

Beizen

Zedernholz färbt sich bei Nässe auffallend rot. Man kann ihm aber jede Farbe geben, die zur Umgebung paßt. Am besten verwendet man mikroporöse Beize, bei der alle Feuchtigkeit aus dem Holz austreten kann; unter einer undurchlässigen Farbschicht würde es den Anstrich irgendwann abstoßen. Das zu beizende Holz sollte trocken und sauber sein. Halten Sie sich beim Anrühren der Beize an die Hinweise des Herstellers, und tragen Sie sie mit einem Malerpinsel in Richtung der Maserung auf. Streichen Sie sorgfältig aber nicht zu dick, sonst wird es ungleichmäßig. Warten Sie, bis die Beize trocken ist, bevor Sie die nächste Schicht auftragen.

Pflege

Holzbeläge brauchen regelmäßige Pflege. Kontrollieren Sie sie einmal jährlich auf Splitter oder Risse. Beschädigte Hölzer müssen Sie erneuern. Überprüfen Sie auch, ob eventuell Krampen, Schrauben, Winkel oder Nägel verrostet sind. Wenn verzinkte Metallteile verkratzen, kann die Schutzschicht beschädigt werden und Rost auftreten. Nichtrostendes Messing ist bei Holzplattformen vorzuziehen. Wo die Beize abgenutzt ist, säubern Sie das Holz und erneuern die Schutzschicht. Gelegentlich kommt auch Pilzbefall vor. Man kann Fungizide dagegen verwenden, doch schrubbt man den Pilz auch mit einer harten Bürste und Chlorkalklösung ab.

UNTERBAU FÜR HOLZPLATTFORMEN

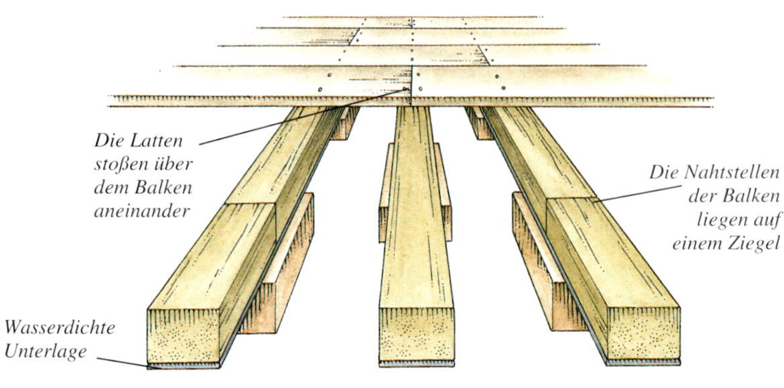

Wenn Sie zwei Balken als Träger aneinanderfügen, achten Sie darauf, daß die Nahtstelle auf einem der Ziegel liegt. Verlegen Sie die Latten quer zu den Balken, und zwar mit den Verbindungsstellen über den Trägern.

Wege und Stufen

Wege und Stufen spielen bei der Gartengestaltung eine wichtige Rolle. Sie stecken sozusagen den Rahmen ab, verbinden verschiedene Bereiche miteinander und lenken den Blick auf bestimmte Punkte. Wege kann man auch schräg, asymmetrisch oder einer indirekten Route folgend anlegen. Mit Stufen überbrückt man Höhenunterschiede und erzeugt je nach Form, Breite und Verlauf ganz besondere Effekte.

Praktische Erwägungen

Wege zu Schuppen oder Gewächshäusern sollten breit genug für eine Schubkarre sein und einen möglichst trockenen, stabilen Belag haben. Wo sie zur Haustür oder durch den Garten führen, müssen sie so breit sein, daß zwei Personen nebeneinander gehen können: etwa 1-1,2 m.

Material und Gestaltung

Durch Materialien und Formgebung kann man den Stil eines Gartens prägen. Besonders attraktiv können bei einem Weg Kombinationen, etwa aus Platten und Kopfsteinpflaster, Ziegeln und Kies oder Beton und Backsteinen, wirken.

Trittplatten-Wege kann man überall im Garten anlegen. Sie bieten sich zum Beispiel dort an, wo Sie einen Rasen nicht unterteilen wollen, werden bei Nässe aber leicht schmutzig. Legen Sie die Platten zunächst lokker auf den Boden, um den richtigen Abstand – etwa eine Schrittlänge – auszutarieren. Im Rasen sollte man sie so einbetten, daß sie nicht vom Mäher erfaßt werden.

Wo es im Winter relativ trocken ist, kann man auch Holz für Trittplatten verwenden, entweder in Form von Baumscheiben als Trittflächen oder mehreren Lattenquadraten, wie sie in »Parkettbelag« (gegenüberliegende Seite) beschrieben sind.

Auf abschüssigem Gelände sind Stufen ein Teil des Weges. Sie sollten mit ihrer Umgebung harmonieren: Zu einem Gartenstück mit großem Baumbestand etwa passen niedrige Setzstufen aus Baumstämmen und Trittstufen aus Kies, zu einer modernen Gartenanlage besser Ziegel als Setzstufen und Betonplatten besser als Trittstufen.

Zufahrten

Die Zufahrt kann das Gesamtbild einer Anlage prägen, v. a. in einem kleinen Garten. Oft hat man kaum eine Wahl, wo sie anzulegen ist, es sei denn, die Garage wird gleichzeitig gebaut; dennoch kann sie gut aussehen, wenn man den geeigneten Belag auswählt und dekorative Pflanzen zuordnet.

SUBTILITÄT IN STEIN
Hier wird das gesprenkelte Muster des Steinwegs durch Alchemilla mollis *ergänzt und von Moospolstern eingefaßt.*

BAUMSCHEIBEN
In Scheiben gesägtes Stammholz als Trittflächen durch einen Garten mit Baumbestand verschmelzen perfekt mit der Umgebung.

Asphalt

Asphalt nimmt man am besten für Auffahrten und Wege, die nicht attraktiv sein müssen. Man kann damit auch beschädigten Beton überziehen. Asphalt ist in Schwarz sowie in Rot und Grün erhältlich. Mit Feinkies verleiht man der Oberfläche Struktur. Am besten verlegt man Asphalt bei warmem Wetter. Er kann nach ein paar Jahren brechen, deshalb lohnt es sich, stark genutzte Flächen wie Auffahrten vom Fachmann legen zu lassen.

Vorbereitungsarbeiten

Man kann Asphalt auf jede feste Oberfläche wie Beton oder Kies gießen. Nackte Erde oder Schotter eignen sich nicht, weil sie auf Dauer nicht eben bleiben. Schütten Sie notfalls eine 5-8 cm dicke Schicht aus Kies und Sand auf verdichteten Boden oder Schotter. Wenn ein alter Weg den Untergrund bildet, streichen Sie etwaige Löcher oder Risse zunächst mit Bitumenemulsion (Teerfarbe) und warten etwa 20 Minuten, bevor Sie sie mit Makadam füllen. Um gute Entwässerung zu gewährleisten, sollte ein Fahrweg von der Mitte aus nach beiden Seiten ein Gefälle haben.

Am Rand bricht Asphalt leicht aus, deshalb sehen Sie eine feste Kante aus Betonblöcken, Ziegeln oder kresolbehandeltem Holz als Begrenzung vor.

Das Auftragen

Rühren Sie Bitumenflüssigkeit gut um, gießen Sie sie auf den Untergrund, und verteilen Sie sie mit einer harten Stielbürste. (Waschen Sie die Bürste danach in heißem Seifenwasser aus.) Wenn die Flüssigkeit schwarz ist, harken Sie das Makadam gleichmäßig zu einer etwa 2 cm dicken Schicht auf.

Schlagen Sie mit der Rückseite eines Rechens darauf, um Luftblasen zu entfernen, und fahren Sie mehrmals mit einer schweren Gartenwalze darüber. Die Walze muß man feucht halten, damit das Makadam nicht daran kleben bleibt. Füllen Sie Vertiefungen auf, und walzen Sie erneut. Streuen Sie eventuell Feinkies darüber, und walzen Sie ihn ein.

BACKSTEINWEGE
Ein Backsteinweg kann, indem er dem Eingang zu einem Garten Struktur und Farbe verleiht, zu einem ganz besonderen Gestaltungselement werden. Hier korrespondiert das sanfte Rosa der Ziegel mit den umliegenden Pflanzen und lenkt den Blick auf den rosenumrankten Bogen und die Rasenfläche dahinter.

Ziegel und Pflastersteine

Aufgrund ihrer warmen Farbe sind Ziegel und Tonsteine bestens für Gartenwege geeignet. Da sie recht handlich sind, kann man mit ihnen gut Höhenunterschiede ausgleichen und sogar Kurven legen. Je nachdem, wie man sie kombiniert, lassen sich die unterschiedlichsten Effekte erzeugen (siehe »Muster aus Ziegeln«, S. 497).

Aufbau

Markieren Sie den geplanten Verlauf des Weges mit Pflöcken und Schnur, und berücksichtigen Sie dabei etwaige scharfe Kurven. Wenn der Weg stark beansprucht wird, bereiten Sie ein Betonfundament vor (siehe »Lasttragende Flächen«, S. 494). Für selten genutzte Wege reicht eine 8 cm dicke Unterlage aus verdichtetem und planiertem Schotter.

Verlegen Sie zunächst den Rand (siehe S. 502) an einer Seite des Wegs, dann den Weg selbst in etwa 1 m langen Teilstücken. Steine sollten in eine 5 cm dicke Schicht trockenen Sand gebettet werden (siehe »Pflastersteine verlegen«, S. 498), Ziegel in 2,5 cm Mörtel (siehe »Ziegel verlegen«, S. 497). Klopfen Sie die Ziegel oder Pflastersteine fest, und überprüfen Sie sie mit einer Wasserwaage auf Ebenflächigkeit. Legen Sie zum Abschluß des Teilstücks den Rand auf der anderen Seite. Wiederholen Sie den Vorgang, bis die ganze Wegstrecke fertig ist.

Fegen Sie bei Pflastersteinen anschließend trockenen Sand in die Fugen, bei Ziegeln Trockenmörtel (siehe »Abschlußarbeiten«, S. 496), und achten Sie darauf, daß keine Luftblasen entstehen. Drücken Sie den Mörtel notfalls mit einem runden Holzstab oder einem Fugeneisen an. Befeuchten Sie den Mörtel mit einer Gießkanne mit feiner Brause, und säubern Sie die Steine.

Beton

An Ort und Stelle gegossener Beton ist praktisch und verschleißfest und bietet sich v. a. für breite Wege und Zufahrten an. Durch Oberflächenbehandlung (siehe unten) wirkt er attraktiver. Man kann ihn auch tönen, indem man der Mischung spezielle Farben zufügt. Da diese im trockenen Zustand oft anders ausfallen, sollte man zunächst eine Probe machen und damit nur ein kleines Teilstück färben.

Unterbrechen Sie einen Betonweg durch Ziegelreihen oder breite Hölzer, die gleichzeitig der Verschönerung dienen. Es ist dann auch nicht mehr notwendig, Dehnungsfugen dazwischenzulegen.

Vorbereitungsarbeiten
Bereiten Sie das Fundament vor (siehe »Vorbereitungsarbeiten«, S. 493). Bauen Sie dann den Rahmen, in dem der Beton härtet. Nehmen Sie dazu 2,5 cm dicke Hölzer, die mindestens das Breitemaß haben müssen, wie die Betonschicht hoch ist. Befestigen Sie den Rahmen mit Pflöcken von 5 x 5 cm in Abständen von höchstens 1 m. Mehrere Hölzer nageln Sie von außen mit einer kurzen Leiste zusammen.

Kurven anlegen
Markieren Sie den Verlauf, und schlagen Sie dicht nebeneinander Pflöcke in den Boden. Feuchten Sie weiches Holz gut an, bis es sich biegen läßt, und nageln Sie es an die Pflöcke. Scharfe Kurven gestaltet man ähnlich, nur muß man zusätzlich in der Innenkurve das Holz halb durchsägen, um seine Flexibilität zu erhöhen. Man kann statt Holz auch starke Pappstreifen verwenden.

Dehnungsfugen
Beton kann reißen, wenn er nicht so verlegt wurde, daß er Platz zum Ausdehnen hat. Unterteilen Sie die Fläche mit provisorisch eingesetzten Trennbrettern in Abschnitte von höchstens 4 m Länge. Falls Sie fertig gemischten Beton benutzen, der auf einmal gegossen werden muß, verwenden Sie Pappstreifen, die Sie erst wieder herausnehmen, wenn der Beton gehärtet ist.

Betonieren
Mischen Sie den Beton (siehe S. 494), und gießen Sie ihn in den Rahmen. Wenn Sie abschnittweise arbeiten, füllen Sie jedes zweite »Feld«, entfernen Sie die Trennbretter, wenn der Beton hart ist, und füllen Sie die restlichen Felder. Planieren Sie die Oberfläche mit einer Nivellierlatte, die Sie von der Mitte zu den Nahtstellen ziehen. Wenn der Weg breit ist, empfiehlt sich dafür ein Helfer. Der Beton ist jetzt etwas aufgerauht. Wenn er glatt sein soll, bearbeiten Sie ihn sanft mit dem Holzreibbrett. Mit dem Stahlreibbrett wird die Oberfläche noch glatter.

Oberflächenbehandlung

Ein Weg aus vor Ort gemischtem Beton kann durch Oberflächenbehandlung verschönert werden. Führen Sie sie nur auf Teilabschnitten oder abwechselnd in verschiedenen Varianten aus, um interessante Effekte zu erzielen. Freiliegender Kies (Waschbeton) macht den Beton rutschfester. Streuen Sie vor dem Erhärten Kiesel oder Bruchstein darüber und klopfen Sie ihn fest. Säubern Sie, wenn der Beton hart ist, mit nasser Bürste die Kieseloberfläche gründlich.

Auch die Oberfläche aufzurauhen, ist einfach. Nachdem der Beton etwas angestampft wurde, zieht man einen weichen Besen darüber und erhält so ein leichtes Rippenmuster; soll es ausgeprägter sein, verwendet man einen harten Besen, wenn der Beton schon zu erstarren beginnt. Man kann den Besen auch kreisförmig oder in Wellenlinien ziehen.

Mit speziellen Geräten oder Gegenständen wie Backformen oder Muscheln lassen sich Muster aufprägen. Das ist eine Technik, die aber kleinen Flächen vorbehalten sein sollte. Große Blätter von Ahorn oder Kastanie eignen sich für reizvolle Abdrücke. Pressen Sie sie mit einer Kelle in die Oberfläche, und bürsten Sie sie anschließend ab, wenn der Beton sodann gehärtet ist.

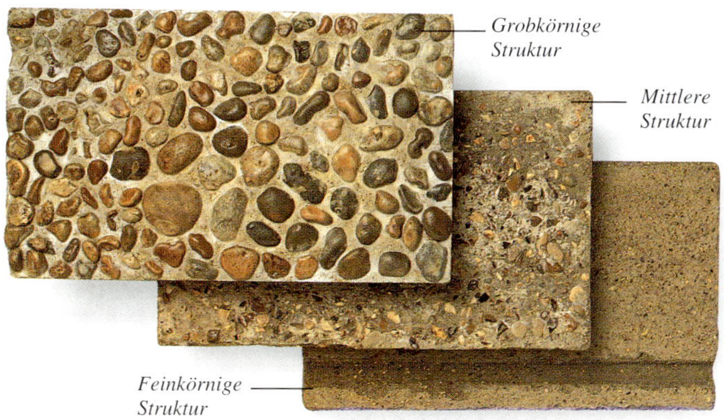

Betonplatten

Betonplatten gibt es in vielen Farben, Formen und in unterschiedlicher Qualität. Sie lassen sich einfacher verlegen als Beton, in Kurven aber schwieriger als Ziegel oder Pflastersteine. Man kann sie gut mit anderen Materialien kombinieren, etwa Kopfsteinpflaster am Rand oder Kiesstreifen zwischen den einzelnen Platten. Das ist v.a. bei gewundenen Wegen zu empfehlen, weil es die ungleichmäßigen Fugen weniger auffallen läßt. Details entnehmen Sie S. 495.

Gras

Graspfade bieten sich als Verbindung mehrerer Rasenflächen oder als Wege zwischen Beeten an. Sie sollten möglichst breit sein, sonst sind sie der ständigen Benutzung nicht gewachsen. Legen Sie Graswege an wie Rasen – Details unter S. 283.

Kies

Kies ist einfach zu verlegen, auch auf gewundenen Wegen, und nicht teuer. Allerdings hat er einige Nachteile: Wenn er nicht gut eingebettet und begrenzt ist, gerät er leicht auf benachbarte Flächen; das Gehen auf Kies kann unbequem und laut sein, auch ist es nicht leicht, Schubkarren oder Rollstühle darauf zu schieben.

Der Boden sollte so tief ausgehoben werden, daß 10 cm verdichteter Schotter, 5 cm Sand, mit grobem Kies gemischt, und 2,5 cm Kies hineinpassen. Den Abschluß bildet Feinkies.

In einem formal angelegten Garten kann man als Begrenzung einen Betonstreifen vorsehen; zu anderen Rasenanlagen passen Ziegel- oder Holzbegrenzungen vielleicht besser. Die Holzbegrenzung sollte im Abstand von 1 m mit Pflöcken verankert werden. Tragen Sie den Kies in mehreren Schichten auf, und harken und walzen Sie ihn so, daß von der Mitte nach außen ein leichtes Gefälle entsteht. Um die Verdichtung zu fördern, sollten Sie ihn beim Walzen ab und zu gründlich wässern.

WIE MAN EINEN KIESWEG ANLEGT

1 Koffern Sie 18 cm tief die Erde aus, und setzen Sie an den Rändern Kanthölzer ein. Walzen Sie den Boden. Schlagen Sie im Abstand von 1 m Pflöcke ein, um die Kanthölzer zu verankern.

2 Ist der Weg von Rasen begrenzt, graben Sie 2,5 cm tiefer, damit er unterhalb des Rasens liegt (Bild oben). Schütten Sie nacheinander Schotter, Sand, groben Kies und Feinkies auf, und planieren Sie den Weg.

Wegränder

Es gibt Randstreifen aus Plastik vom Meter, die einen Weg aus Ziegeln oder Pflastersteinen unsichtbar begrenzen. Legen Sie Rasen über die obere Kante des Streifens, um ihn zu verdecken. Imprägniertes Holz, das man mit Pflöcken im Boden befestigt, ist ebenfalls geeignet. Man kann es auch provisorisch einsetzen, während man den Weg anlegt, und in die Fugen dann Beton gießen. Ziegel verlegt man längs oder quer zum Weg und bettet sie in etwas Mörtel ein.

Stufen bauen

Um die Zahl der benötigten Stufen auszurechnen, dividieren Sie die Höhe des Gefälles durch die Höhe einer Setzstufe (einschließlich Trittplatte und Mörtel). Eventuell muß die Höhe der Stufen der des Gefälles angepaßt werden. Markieren Sie die Position der Setzstufen mit Pflökken, und tragen Sie dann die Erde entsprechend ab.

Errichten Sie einen Betonsockel (siehe S. 504) für die Antrittstufe, und lassen Sie ihn härten. Bauen Sie aus mit Mörtel verfugten Ziegeln oder Steinen die Setzstufe (siehe S. 494). Kontrollieren Sie ferner die Ebenflächigkeit, und hinterfüllen Sie mit gestampftem Schotter oder Sand und Kies.

Verlegen Sie die erste Trittstufe in einem Mörtelbett; sie sollte ein klein wenig nach vorn geneigt sein, damit Regenwasser abfließen kann, und die Setzstufe um 2,5-5 cm überragen. Markieren Sie die Position der nächsten Setzstufe, und bauen Sie sie auf.

Verhältnis Tritt- zu Setzstufe

Die Breite der Trittstufe und die Höhe der Setzstufe müssen im richtigen Verhältnis zueinander stehen. Die Trittstufenbreite und das Doppelte der Setzstufenhöhe sollten zusammen etwa 65 cm ergeben. Entscheiden Sie sich zunächst für die Höhe, und ziehen Sie das Doppelte davon von 65 ab, um die Breite der Trittstufe zu ermitteln. 2,5-5 cm kommen dann noch für den Überhang hinzu.

Aus Sicherheitsgründen sollten die Trittstufen mindestens 30 cm tief sein. Die Höhe der Setzstufen liegt normalerweise zwischen 10 und 18 cm.

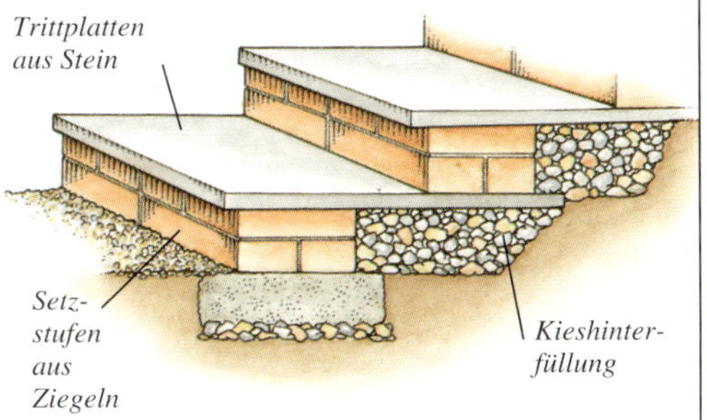

STUFEN AUS HOLZ UND KIES
Hier bilden Eisenbahnschwellen mit einer Füllung aus Kies eine sanft ansteigende Treppe; die harten Kanten werden durch die Pflanzen gemildert.

WIE MAN EINE TREPPE BAUT

1 Messen Sie die Höhe des Hangs, um festzustellen, wie viele Stufen Sie benötigen (siehe links). Schlagen Sie dazu oben einen Pflock und unten einen Pfosten in die Erde. Spannen Sie dazwischen eine Schnur, und messen Sie den Abstand zwischen Boden und Schnur.

2 Markieren Sie den seitlichen Verlauf und dann die Vorderkante der Trittstufen. Heben Sie die Erde stufenförmig ab, und verdichten Sie sie.

3 Errichten Sie für die Antrittsstufe einen 15 cm tiefen Sockel in doppelter Ziegelbreite. Füllen Sie 7 cm Schotter mit Beton auf.

4 Wenn der Beton hart ist, verlegen Sie die erste Setzstufe. Kontrollieren Sie mit Schnur und Pflöcken, ob die Ziegel gerade und plan liegen.

5 Hinterfüllen Sie die Ziegel mit Schotter, und stampfen Sie ihn fest. Verlegen Sie die Trittplatten mit einer kleinen Fuge dazwischen auf 1 cm Mörtel.

6 Die Platten sollten 2,5-5 cm vorstehen und ganz leicht nach vorn geneigt sein. Markieren Sie die Position der zweiten Setzstufe auf den Platten, und mauern Sie sie aus Ziegeln auf. Hinterfüllen Sie sie, und verlegen Sie die Trittplatten. Bauen Sie die restlichen Stufen. Verfugen Sie die Trittplatten.

Mauern

Begrenzungsmauern waren lange ein fester Bestandteil von Gärten und im letzten Jahrhundert auf großen Anwesen weit verbreitet. Heute sind hohe Mauern eher unüblich, preiswertere Zäunen oder Hecken haben sie abgelöst.

Oft sind Gartenmauern ebenso dekorativ wie praktisch. Wenn man sie bepflanzen kann, wirken niedrige Mauern besonders reizvoll und sind auch, da sie kein tiefes Fundament und kaum Stützpfeiler erfordern, nicht allzu kostspielig und leicht zu bauen.

Materialien

Begrenzungsmauern können aus so unterschiedlichem Material wie Ziegeln und, wenn sie niedrig sind, Betonblöcken bestehen. Gittersteinmauern (gegenüber) sind eine praktische und reizvolle Alternative zu massiven Mauern und eignen sich gut als Trennelemente. Sie sind speziell zur Verwendung im Freien gedacht. Bei Ziegeln sollten Sie sich stets vergewissern, daß sie frostbeständig und von allen Seiten wasserfest sind.

Sie können auch mehrere Materialien kombinieren, z. B. Ziegel mit heimischem Stein wie Flint verkleiden. Hohe, schlichte Mauern kann man auf der Gartenseite mit einer Wandfarbe (meist mit Weiß oder einem anderen helleren Ton) streichen. So reflektiert sie das Licht und kontrastiert gut mit Sträuchern und anderen Pflanzen.

Wie hoch?

Prüfen Sie vor dem Bau, ob die Höhe von Mauern durch Grundstücksauflagen oder örtliche Bauvorschriften eingeschränkt ist. Eine niedrige Gittersteinmauer ist ein ausgesprochener Do-it-yourself-Job, bei über 1 m hohen Ziegel- und Betonblockmauern dagegen sollte man sich schon vom Fachmann beraten lassen. In dem Fall muß man nämlich bereits alle 2,5 m einen Verstärkungspfeiler einsetzen.

VERSCHIEDENE MATERIALIEN
Hier verbinden sich Backstein und Flint zu einer attraktiven Gartentrennwand. Das Nebeneinander von geraden und geschwungenen Linien betont das harmonische Arrangement. Auf diese Weise können unterschiedliche Materialien sich wirkungsvoll ergänzen.

Betonfundament für Mauern

Die Breite des Fundaments sollte das Zwei- bis Dreifache der Mauerbreite betragen. Für weniger als 1 m hohe Mauern sind tiefe, starke Fundamente nicht nötig. Heben Sie für eine Ziegelmauer von der Breite eines Steins einen 38 cm tiefen Graben in der Länge der Mauer aus. Schütten Sie 13 cm hoch Schotter hinein, und stampfen Sie ihn fest. Gießen Sie nun 4 cm Beton darüber. Lassen Sie ihn ein paar Tage härten, bevor Sie die Steine darauf setzen. Für eine Mauer

Baumaterial für Mauern

Am beliebtesten sind Ziegel, aber man kann auch Imitate aus Beton verwenden. Wenn Ihre Mauer genau zum Mauerwerk existierender Gebäude passen soll, erkundigen Sie sich eventuell nach gebrauchten Ziegeln, die es in vielen Farben und Formen gibt.

GLATTE VERBLENDZIEGEL
Glatte Ziegel eignen sich am besten zum Verblenden einer Mauer. Sie sind in mehreren Farben erhältlich.

GESPRENKELTE HARTBRANDZIEGEL
Sie wirken besonders markant und sind außerdem von allen Ziegeln die härtesten.

VORGEGOSSENE BETONBLÖCKE
Hier ist der Zuschlag von mittlerer Körnung.

BETONBLÖCKE MIT STEINVERBLENDUNG
Das Ziegelrot der Oberfläche erinnert an Ton. Manchmal ist sie auch wie Sandstein eingefärbt.

GLATTE STEINE
Diese Betonblöcke passen zu einem modernen Design.

WIE MAN EIN BETONFUNDAMENT HERSTELLT

1 *Markieren Sie die Grundfläche mit Pflöcken und Schnur, und heben Sie danach den Graben in der erforderlichen Tiefe aus.*

2 *Kontrollieren Sie, ob der Boden eben und die Seiten senkrecht sind. Setzen Sie Pflöcke bis auf die Tiefe des Betons ein. Bringen Sie sie mit der Wasserwaage auf eine Ebene.*

3 *Tränken Sie den Graben mit Wasser. Füllen Sie 13 cm Schotter auf, und stampfen Sie ihn fest. Gießen Sie Beton darüber, und verteilen Sie ihn so mit dem Spaten, daß keine Luftblasen entstehen.*

4 *Klopfen Sie mit einer Holzlatte auf den Beton, bis er zur Oberkante der Pflöcke reicht. Die Oberfläche bleibt als Unterlage für den Mörtel der ersten Ziegelschicht rauh.*

Wie man eine durchbrochene Mauer baut

1 Stellen Sie die Steine neben das Fundament. Schlagen Sie die Eisenstäbe in das Fundament, bevor es gehärtet ist, und lassen Sie so viel davon stehen, daß sie die Mitte des obersten Pfeilersteins erreichen.

2 Betten Sie den Stab 1 cm hoch in Mörtel ein. Stülpen Sie den Pfeilerstein darüber, und nivellieren Sie ihn mit der Wasserwaage. Füllen Sie dann das Innere des Pfeilersteins mit Beton.

3 Streichen Sie an beiden Enden Mörtel für den ersten Block auf das Fundament.

4 Stellen Sie je einen Block an die beiden Enden des ersten Teilstücks. Schlagen Sie Pflöcke ein, und spannen Sie zum Ausrichten eine Schnur dazwischen.

5 Stellen Sie den nächsten Block auf, und klopfen Sie ihn sacht mit dem Griff der Kelle fest. Wiederholen Sie die Prozedur bis zum Ende, und prüfen Sie mit der Wasserwaage auf Ebenflächigkeit.

6 Beginnen Sie mit der zweiten Schicht, indem Sie die Pfeilersteine wie zuvor aufstellen und mit Beton füllen. Verlegen Sie die Blöcke, wobei Sie Maschendraht in den Mörtel einarbeiten.

7 Betten Sie die Pfeilerkappen und Mauerkronen in Mörtel. Überprüfen Sie auf Ebenflächigkeit, säubern Sie die Fugen, und begradigen Sie den Mörtel am Mauersockel mit der Kelle.

von zweifacher Ziegelbreite oder eine doppelte Mauer mit einer Mulde für Pflanzen muß der Graben 5 cm tiefer und die Betonschicht 5 cm höher sein. Bei einer Ziegel- oder Betonblockmauer soll die Oberkante des Fundaments 15 cm, bei Gittersteinmauern nur eben unter dem Erdboden liegen, wenn Eisenstäbe zur Verstärkung benutzt werden. In schwerem Lehm oder kalten Gegenden muß das Fundament bis unter die Frostgrenze reichen. Bei höheren Mauern ist ein Spezialist hinzuzuziehen.

Gittersteinformen

Für den Bau von Gartenmauern sind Gittersteine in vielen verschiedenen geometrischen und Phantasieformen erhältlich.

Blatt

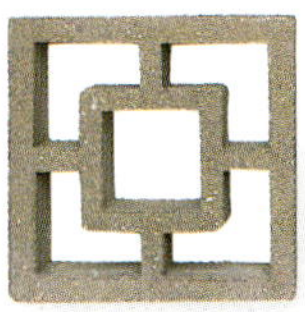

Quadrat

Geschwungene Raute

Das Mauern

Damit die erste Steinschicht gerade wird, spannen Sie zwei Schnüre parallel zum Fundament im Abstand der Mauerbreite. Streichen Sie eine 10 mm hohe Mörtelschicht auf das Fundament. Der erste Stein wird ohne Mörtel gelegt, der zweite auf einer Seite mit Mörtel bestrichen und dagegengedrückt. Überprüfen Sie immer wieder mit der Wasserwaage, ob die Steine gerade liegen. Klopfen Sie sie notfalls mit dem Kellengriff sacht an, oder streichen Sie mehr Mörtel darunter. Achten Sie außerdem darauf, daß alle Fugen 10 mm breit sind.

Wiederholen Sie den Vorgang bei den nächsten Schichten. Lassen Sie bei Mauern mit Pflanzenmulden in der ersten Schicht, die komplett über dem Erdboden verläuft, die Fugen zur Entwässerung unvermörtelt. Schrägen Sie, bevor der Mörtel trokken ist, die Fugen mit einer Spitzkelle sauber ab. Bei vertikalen Fugen sollte die Schräge immer in dieselbe Richtung, bei horizontalen leicht nach unten weisen.

Ziegelverbände

Es gibt viele verschiedene Ziegelverbände. Wenn Sie Anfänger im Mauern sind, empfiehlt sich einer, der leicht und ohne viele Zuschnitte zu verlegen ist. Der einfachste ist der Läuferverband, in dem alle Ziegel längs vermauert werden.

Gittersteinmauern

Wo eine Mauer aus Ziegelsteinen zu massiv wäre, sind vielleicht durchbrochene Betonsteine (siehe links und oben) das Richtige. Derartige Mauern müssen an beiden Enden und zwischendurch in Abständen von 2,5-3 m durch Pfeiler aus hohlen Blöcken gestützt werden. Man verstärkt sie normalerweise durch ins Fundament eingelassene Eisenstäbe und eine Füllung aus Mörtel oder Beton. Trotzdem sollte man bei Mauern über 2 m fachmännischen Rat einholen.

Beliebte Verbände

Den Läuferverband benutzt man bei Mauern in Ziegelbreite; im gotischen und Blockverband sind Läufer und Binder (längs und quer) zu einer doppelt so dicken Mauer verlegt.

Läuferverband

Gotischer Verband

Blockverband

VERSCHIEDENE MAUERKRONEN

DEKORATIVER ABSCHLUSS
Senkrecht in Mörtel gebettete Steine als Abschluß der Trockenmauer aus Kalkstein.

ZIEGELKRONE
Diese Mauer im gotischen Verband wird von »Bindern« gekrönt – Ziegel, die quer zum Mauerwerk verlegt sind.

STEINKRONE
Große Steinplatten bilden den soliden Abschluß einer schichtweise vermörtelten Mauer aus Flintsteinen.

AUFLOCKERNDE WIRKUNG
Die kantigen Linien der Mauer werden durch farbenfrohe kriechende Pflanzen gemildert, die sie wie ein Vorhang bekleiden. Die Spalten im Trockenmauerwerk bieten den idealen Platz für flachwurzelnde Steingartengewächse.

Mauerkronen

Die Mauerkrone, der obere Abschluß einer Mauer, verhindert Frostschäden durch in die Fugen einsickerndes Regenwasser. Sie gibt ihr überdies erst ein »fertiges« Aussehen.

Es gibt spezielle Wölbziegel, die aber oft nur so breit sind wie die Mauer, so daß Regentropfen direkt an ihr herablaufen. Breitere Beton- oder Steinplatten werden für Ziegel wie für Betonblockmauern als Abschluß benutzt. Soll die Krone aus normalem Backstein bestehen, legen Sie eine doppelte Schicht flacher Dachziegel unter die oberste Reihe. Eine Mauerkrone ist besonders wichtig bei Gittersteinmauern, weil sie die Steine zusammenhält.

Trockenmauern

Trockenmauern werden im allgemeinen auf einem Fundament aus Beton (siehe S. 504) oder Schotter gebaut. Man kann sie mit Steingartengewächsen bepflanzen (siehe S. 204), und besonders gut sieht es aus, wenn sie oben eine Mulde für rankende Pflanzen haben.

Heben Sie einen Graben aus, und legen Sie ein Fundament aus gestampftem Schotter. Die Mauer sollte eine oder zwei Steinschichten tief in den Boden reichen. Setzen Sie sie aus großen und kleineren Steinen zusammen. Eine Trockenmauer muß unten dicker sein als oben. Damit die Schräge stimmig wird, fertigen Sie sich einen Holzrahmen in der Form des gewünschten Mauerquerschnitts an. Eine Verjüngung um 2,5 cm auf 60 cm ist meist ausreichend. Sorgen Sie mit einer Wasserwaage dafür, daß der Rahmen im Lot bleibt. Den krönenden Abschluß können flache oder hochkant gestellte Steine (eventuell vermörtelt) bilden.

Stützmauern

Mit Stützmauern werden Höhenunterschiede überbrückt, oder man begrenzt damit ein erhöhtes Beet (siehe S. 507). Sie können aus Trockenmauerwerk, Betonblöcken oder Ziegeln bestehen. Lassen Sie sich vom Fachmann beraten, wenn die Stützmauer höher als 75 cm werden oder an einem sehr steilen Hang liegen soll, weil sie dann womöglich verstärkt werden muß, um dem Druck von Erde und Wasser standzuhalten. Oft ist es sinnvoller, statt einer hohen mehrere niedrige Stützmauern zu bauen. Mancherorts sind für hohe Stützmauern Baugenehmigungen erforderlich, und möglicherweise muß man sie eigens von einem Bauunternehmer aus Beton errichten lassen.

Ziehen Sie eine Drainage (siehe »Die Drainage verbessern«, S. 529) auf der Rückseite der Mauer, und hinterfüllen Sie die untere Mauerhälfte mit Kies oder Schotter. Für Ziegel- oder Betonblockmauern sehen Sie ein Betonfundament vor (siehe S. 504) und lassen zur Entwässerung die Fugen zwischen jedem zweiten oder dritten Stein in den unteren Schichten unvermörtelt. Trockenmauern sind hier gut geeignet, weil an ihnen Polster- und Steingartenpflanzen wachsen können. Setzen Sie die Trockenmauer auf ein Fundament aus Beton oder gestampftem Schotter, und bauen Sie sie so auf, daß sie sich alle 30 cm um 2,5-5 cm verjüngt. Auf der Innenseite sollte die Mauer senkrecht sein (siehe DER STEINGARTEN, *Wie man eine Trockenmauer baut*, S. 204). Wenn die Mauer nicht bepflanzt wird, kann man sie zur Verstärkung auch verfugen (siehe »Das Mauern«, S. 505); ansonsten packen Sie zur zusätzlichen Stabilisierung Gartenerde zwischen die Steine.

Bau einer Stützmauer

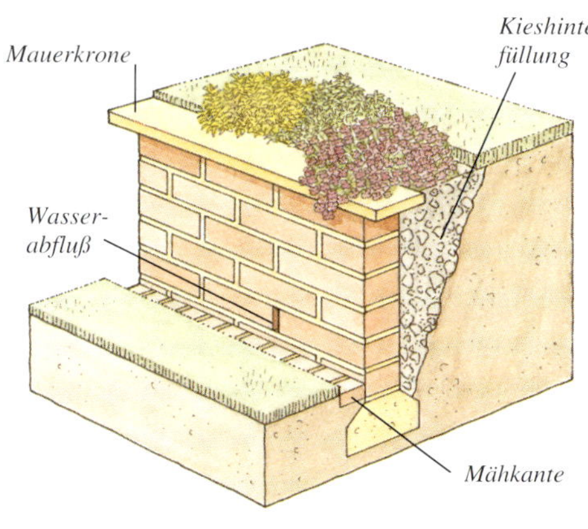

AUFBAU
Links der Teil einer Ziegelmauer mit einer vertikalen Fuge ohne Mörtel, die als Wasserabfluß dient, rechts eine aus Betonhohlblöcken errichtete Mauer (siehe unten). Die Höhlungen kann man mit nassem Beton oder Pflanzerde füllen.

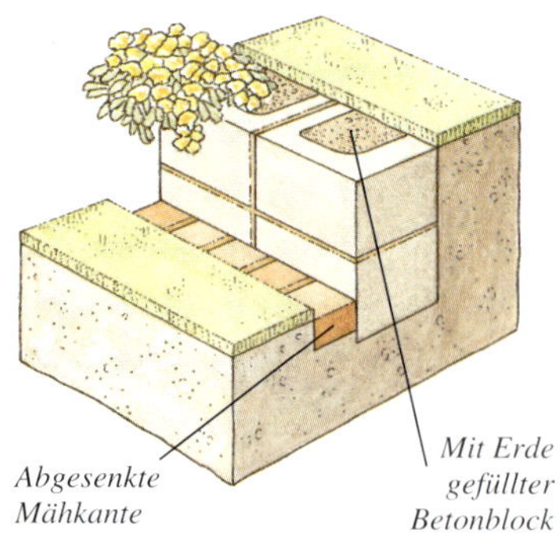

Jede Mauer, die Erde an einem Hang abstützen soll, muß sehr stabil sein, und zwar je höher, desto stabiler. Denken Sie außerdem daran, daß nasse Erde schwerer ist als trockene und daß das Wasser durch Drainschlitze im unteren Teil der Mauer abfließen muß. Wenn die einzelnen Bauelemente groß sind, ist die Stützmauer noch widerstandsfähiger, als wenn sie aus vielen kleinen Steinen besteht.

VERSTÄRKUNGSSTÄBE
Die Stabilität einer Mauer aus Betonhohlblöcken erhöht sich beträchtlich, wenn in das Betonfundament gekrümmte Stäbe eingelassen werden. Weitere Verstärkungen, die nach oben durch die Blöcke führen, können hinzukommen.

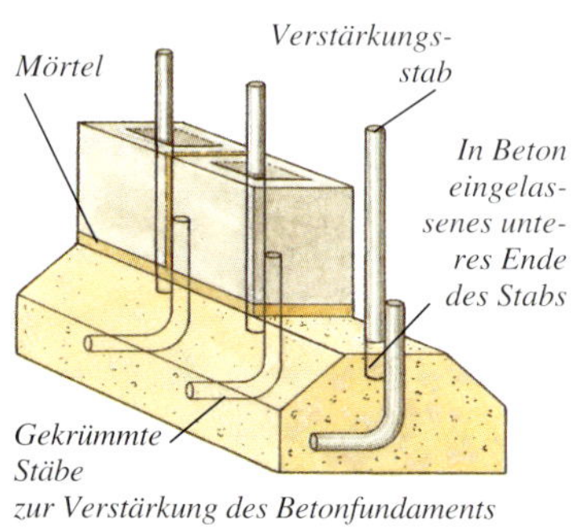

Erhöhte Beete

Baustoffe für erhöhte Beete

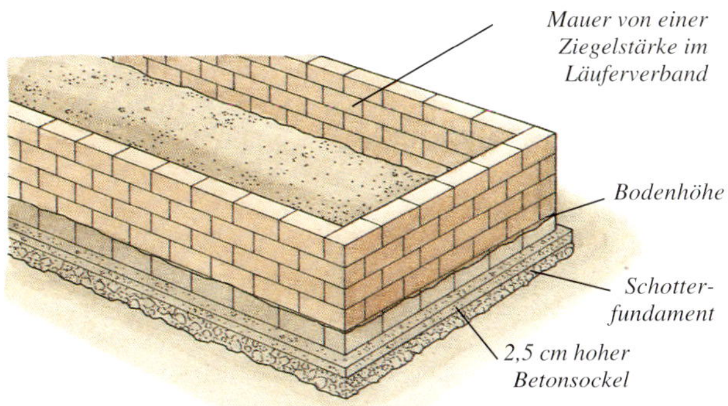

Backsteinbeet
Idealerweise sollten die Steine frostbeständig sein. Nachdem das Betonfundament hergestellt ist, verlegen Sie die erste Steinreihe unter Bodenhöhe. Zur Stabilisierung die Ziegelreihen versetzen.

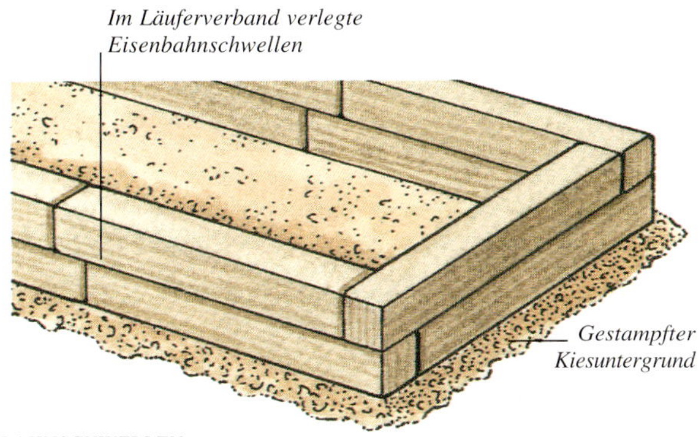

Eisenbahnschwellen
Eisenbahnschwellen eignen sich für niedrige Hochbeete besonders gut, da sie ein Fundament überflüssig machen. Sie dürfen nicht mit einem für Pflanzen schädlichen Mittel imprägniert sein.

Erhöhte Beete sind als Einfassung eines abgesenkten Gartens oder zur Überbrückung von Höhenunterschieden ein wichtiges Gestaltungselement. In kleinen Gruppen oder Reihen passen sie ideal in eine Anlage, die überwiegend gepflastert ist, einzelne Beete eignen sich gut für Solitärpflanzen.

Ist die Gartenerde schlecht oder ungeeignet für bestimmte Pflanzen, sind erhöhte Beete sehr nützlich: Man kann sie z. B. trotz alkalischer Bodenbeschaffenheit im Garten mit saurer Erde füllen. Überdies haben Pflanzen in ihnen mehr Platz und brauchen weniger Pflege als in Kübeln oder anderen Gefäßen, in denen die Erde schnell austrocknet.

Erhöhte Beete haben den Vorteil, daß man sie auch im Sitzen erreichen kann. Eine sinnvoll geplante Reihe von Hochbeeten ermöglicht das Gärtnern auch älteren, behinderten oder gebrechlichen Menschen. Die Höhe des Beets muß auf die Bedürfnisse des jeweiligen Benutzers zugeschnitten und das Beet selbst so schmal sein, daß man gut hineinlangen kann. Die Beete sollten durch Wege (siehe S. 501-502) miteinander verbunden sein.

Materialien
Hochbeete kann man aus vielerlei Material bauen: aus verfugten Ziegeln (siehe »Ziegeltypen«, S. 497), Betonblöcken (siehe »Baumaterial für Mauern«, S. 504), Naturstein (siehe »Trockenmauern«, S. 506), Eisenbahnschwellen oder Baumstämmen. Ziegel oder Betonblöcke erhalten vielleicht eine Mauerkrone (siehe S. 506), auf der man auch sitzen kann.

Ziegelbeete

Ein großes, rechteckiges Ziegelbeet ist einfach zu bauen, wirkt aber leicht phantasielos. Mehrere kleinere Beete unterschiedlicher Höhe sind optisch interessanter; dasselbe gilt für das Rundbeet. Verwenden Sie stets frostbeständige Ziegel; normale Mauerziegel könnten ungeeignet sein – erkundigen Sie sich beim Händler. Eine Mauer von einer Ziegelbreite ist meist stabil genug.

Rechteckige Beete
Bauen Sie ein so tiefes Fundament (siehe *Wie man ein Betonfundament herstellt*, S. 504), daß die erste Steinschicht noch unter Bodenniveau liegt. Wenn es hart ist, mauern Sie die Ziegel mit Maurermörtel (siehe S. 494) auf (siehe »Das Mauern«, S. 505). Die Ecken bilden dann rechtwinklig verlegte Steine.

Rundbeete
Für ein rundes Beet sollten die Ziegel idealerweise entsprechend zugeschnitten sein, aber man kann auch ganze verwenden: Legen Sie sie zunächst zu einem lockeren Kreis, der so groß ist, daß außen keine breiten Lücken klaffen. Verlegen Sie, nachdem das Fundament hart ist, die Ziegel so, daß sie sich an der Innenseite der Mauer fast berühren. Streichen Sie von außen Mörtel in die keilförmigen Fugen. Legen Sie die Steine versetzt, wie üblich, und nehmen Sie für die oberste Schicht Halbziegel.

Heidepflanzen
Wenn im Hochbeet Pflanzen wachsen sollen, die saure Erde verlangen, verkleiden Sie die Wände von innen mit Butylkautschuk oder machen sie mehrere wasserbeständige Anstriche mit Bitumen. So gelangt kein Kalk aus dem Mörtel ins Beet.

Betonblockbeete

Betonblöcke eignen sich gut für erhöhte Beete, wenn andere Elemente und Beläge im Garten aus dazu passendem Material bestehen. Für runde Beete sind sie wohl zu groß, für rechteckige ideal. Sie werden ganz ähnlich aufgemauert wie Ziegelbeete.

Naturstein

Auch Naturstein kann man für Hochbeete verwenden. Gehen Sie vor wie bei anderen Trockenmauern (siehe »Trockenmauern« und »Stützmauern«, S. 506), aber halten Sie die Beete niedrig und klein.

Bei über 60 cm hohen Beeten empfiehlt es sich, Mörtel in die Fugen zu streichen. Für niedrigere ist er eventuell an den Ecken ebenfalls nötig.

Eisenbahnschwellen

Ausgediente Eisenbahnschwellen, die sich den meisten Pflanzen und Gartenbelägen unauffällig anpassen, sind ideal für große, niedrige Hochbeete, aber schwer zu handhaben: Die Wände sollten nicht mehr als drei Schwellen hoch sein. Sägen Sie die Schwellen mit der Kettensäge auf Maß, aber verwenden Sie zum Bauen nur ganze und halbe Schwellen, damit Sie nicht soviel sägen müssen.

Ein Fundament ist nicht nötig, da die Schwellen aufgrund ihrer Länge und ihres Gewichts sehr stabil sind. Verlegen Sie sie wie Ziegel auf einem Untergrund aus gestampftem Kies, und befestigen Sie sie, wenn es mehr als zwei Schichten sind, mit Metallstäben im Boden: bohren Sie dafür entweder Löcher in die Schwellen, oder verklammern Sie damit das Beet von außen.

Die Schwellen dürfen nicht mit einem für Pflanzen schädlichen Mittel imprägniert sein; erkundigen Sie sich beim Händler danach.

Abgesägte Baumstämme

Baumstämme sind attraktive Begrenzungen in Anlagen mit großem Baumbestand und für sehr niedrige, zwanglos gestaltete Beete. Für höhere sollte man Stämme gleicher Form und Dicke verwenden, die aber oft nicht leicht erhältlich sind. Auch mit den Ecken kann es Probleme geben. Wahrscheinlich ist es einfacher, sich dafür einen fertigen Bausatz zu kaufen.

Wässern

In einem Hochbeet trocknet die Erde schneller aus als sonst im Garten. Deshalb ist es wichtig, die Pflanzen häufiger zu wässern. Besonders dort, wo die Erde unmittelbaren Kontakt zur Mauer hat, tendiert sie zum Austrocknen und Schrumpfen. Im schlimmsten Fall werden dadurch die Pflanzenwurzeln nahe am Beetrand freigelegt und Frost, Hitze oder Zugluft ausgesetzt. Je nach Art der Pflanzen kann es auch nötig sein, der Erde mehr Humus hinzuzufügen, damit sie die Feuchtigkeit besser hält (siehe Der Boden und seine Düngung, »Bodenzusätze verwenden«, S. 527).

Zäune

Zäune werden üblicherweise zur Grundstücksbegrenzung verwendet, aber sie können auch innerhalb des Gartens als Windschutz oder dekoratives Element dienen. Sie sind schneller aufzustellen und billiger als Mauern und haben deshalb den Vorteil, daß sie fast sofort Schutz und Abschirmung bieten. Im allgemeinen erfordern sie jedoch mehr Pflege als eine Mauer. Zum dekorativen Element werden sie, wenn man sie mit Kletterpflanzen berankt oder zusätzlich ein Spalier anbringt.

Als erstes markiert man den Verlauf des Zauns mit einer haltbaren Schnur. Wenn er die Grundstücksgrenze bilden soll, muß er sich einschließlich der Pfosten auf Ihrer Seite befinden. Siehe auch »Gesetze über Zäune«, S. 510.

Paneelzäune

Einer der einfachsten Zauntypen ist der Paneelzaun. Er kann Holz- oder Betonpfosten haben. Bei Betonpfosten werden die Paneele in seitliche Auskehlungen gesteckt. Details finden Sie unter *Wie man einen Paneelzaun baut* auf der nächsten Seite. Beton hat außerdem den Vorteil, daß er nicht verrottet.

Wenn Sie Holzpfähle vorziehen, müssen die Paneele angeschraubt oder -genagelt werden. Schützen Sie die Pfosten unten mit Metallhalterungen oder einbetonierten »Sporen« (siehe nächste Seite). Das sind kurze Stangen, die in ein Betonfundament gebettet werden. Sie haben bereits zwei Löcher, durch die man die Pfähle direkt über dem Boden an den Sporn schraubt.

Bei einem Holzpfostenzaun graben Sie ein Loch für den ersten Pfahl und spannen eine Schnur, damit er gerade wird. Für einen 2 m hohen Zaun brauchen Sie 2,75 m lange Hölzer für die Pfosten; die Löcher sollten also 75 cm tief sein. Füllen Sie sie 15 cm hoch mit Schotter, geben Sie den Pfahl hinein, und stabilisieren Sie ihn mit nachgefülltem Schotter. Kontrollieren Sie mit einer Wasserwaage, ob er gerade steht.

Bohrer

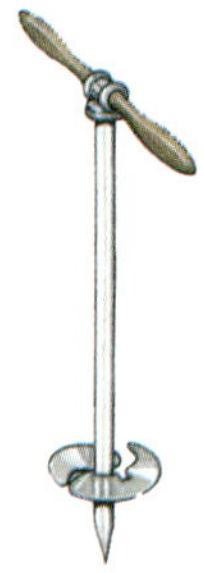

Wenn mehrere Löcher für Zaunpfähle benötigt werden, leihen Sie sich einen Erdbohrer aus. Das Gerät ist relativ leicht zu bedienen – drehen Sie einfach den Griff, und bohren Sie mit sanftem Druck saubere, tiefe Löcher. Es gibt auch motorgetriebene Modelle, aber sie sind schwer und am Anfang nicht ohne Mühe zu handhaben.

Zauntypen

Verflochtene Holzzäune gibt es meist als Paneele in verschiedenen Höhen. Die dünnen Kiefern- oder Lärchenholzlatten sind an einem Weichholzrahmen befestigt. Sie bieten guten Sichtschutz, sind aber nicht sehr stabil.

Geschlossene Zäune bestehen aus Latten mit einseitig zugespitzter Kante, meist aus Weichholz, die, einander überlappend, senkrecht an zwei Querhölzer genagelt werden. Dabei liegen die dicken über den dünnen Kanten. Sie können an Ort und Stelle zusammengebaut werden, sind aber auch (wie hier abgebildet) als Paneele erhältlich. Sie gehören zu den stabilsten Zäunen und bieten Schutz und Geborgenheit.

Fehlkantige Zäune aus einander waagerecht überlappenden Brettern werden als Paneele angeboten (siehe auch S. 513). Auch sie bieten ausreichend Schutz.

Schindelzäune bestehen aus Zedernschindeln (hölzernen »Fliesen«), die, an einen Holzrahmen genagelt, einen stabilen, soliden Zaun bilden. Je nach Höhe bieten sie guten Sichtschutz und sorgen für Abschirmung.

Bei **Pfahl- oder Staketenzäunen** sind die »Pfähle« im Abstand von rund 5 cm senkrecht an Querhölzern befestigt. Sie sind mehr dekorativ als funktionell. Es gibt auch Modelle aus Kunststoff, die weniger Pflege erfordern als traditionelle Holzzäune. Beide Arten bieten wenig Sicht- und Windschutz.

Ranchzäune bestehen aus dünnen Brettern, die horizontal an stabilen Pfosten befestigt sind. Das Holz ist gestrichen oder nur imprägniert. Auch wenig dekorative Plastikmodelle dieses Zauntyps werden angeboten, die weniger Pflege benötigen, aber beide Versionen bieten kaum Schutz.

Lattenzäune sind einfache, dünne Holzstäbe, im Abstand von etwa 7,5 cm vertikal angeordnet und mit verzinktem Draht zusammengehalten. Sie eignen sich nur als vorübergehende Einfriedung.

Pfostenzäune bestehen aus Pfählen und zwei oder mehr horizontalen Brettern oder grob zugesägten Querhölzern. Sie dienen als preiswerte Grundstücksbegrenzung.

Verzahnte Zäune sind waagerechte, abwechselnd auf beiden Seiten der Pfosten angeordnete Bretter. Sie bieten in jedem Fall besseren Windschutz als geschlossene Zäune, daneben mäßigen, wenn auch keinen totalen Sichtschutz.

Flechtzäune sind relativ dünne Gebilde z.B. aus Weidenruten. Wir zeigen hier zwei Beispiele. Sie werden vor Ort zusammengesetzt oder als fertige Paneele bezogen. Sie sind mit kräftigen Pfählen versehen und besonders nützlich, wenn Hecken noch jung sind; in der Zwischenzeit sorgen sie für Abschirmung und Schutz gegen große und kleine Tiere. Es kann jedoch sein, daß sie schnell ausgefranst und unansehnlich wirken; außerdem ist ihre Instandhaltung und Reparatur recht aufwendig.

Jäger- oder Kreuzzäune bestehen aus gesägtem Holz oder Astwerk. Sie ähneln großen, rautenförmig gemusterten Spalieren. Als zwanglose Begrenzung eignen sie sich gut, aber sie bieten kaum Sichtschutz.

Kettendraht- bzw. Drahtmaschenzäune bestehen aus einem Drahtgeflecht, das meist an Beton-, Holz- oder Eisenpfählen befestigt ist. Verzinkter Draht hält zehn Jahre, kunststoffbeschichteter länger. Diese Zäune sind dort gut geeignet, wo Tiere gehalten werden.

Schweißdrahtzäune sind ein weitmaschiges Geflecht, das an hölzerne Pfosten und Querstangen getackert wird. Sie sollen in erster Linie das Eindringen größerer Tiere verhindern.

Bei **Pfosten- und Kettenzäunen** sind die an Holz-, Beton- oder Kunststoffpfosten befestigten Ketten aus Metall oder Plastik. Sie dienen dort zur Einfriedung, wo massivere Zäune nicht erlaubt sind.

Betonzäune bestehen meist aus durchbrochenen Paneelen, die in Betonpfosten eingesetzt werden. Sie sind nicht schön, aber haltbar wie Mauern und erfordern viel weniger Pflege als ein Holzzaun.

Graben Sie, indem Sie sich an der Schnur orientieren, im Abstand des Paneels ein zweites Loch. Verlegen Sie zwischen Pfosten und Loch auf ebenem Boden ein Grundbrett aus Holz (oder Beton); es soll verhindern, daß das Paneel mit der Erde in Kontakt kommt und fault. Ein hölzernes Grundbrett befestigen Sie mit verzinkten Nägeln am ersten Pfosten. Das Paneel wird mit 75 mm langen, verzinkten Nägeln durch vorgebohrte Löcher am Pfahl festgenagelt oder mit Metallwinkeln angeschraubt. Stecken Sie den zweiten Pfahl in das Loch, vergewissern Sie sich, daß er senkrecht steht und dicht am Paneel anliegt; befestigen Sie Grundbrett und Paneel wie soeben beschrieben. Wiederholen Sie den Vorgang in der ganzen Länge des Zauns.

Sägen Sie die Pfosten oberhalb der Paneele notfalls auf gleiche Höhe ab. Behandeln Sie die abgesägten Enden mit Holzschutzmittel, und bedecken Sie alle Pfähle mit einer spitzen Holzkappe.

Verkeilen Sie die Pfosten unten fest mit Holzstücken und Schotter, und überprüfen Sie, ob sie auch wirklich senkrecht stehen. Gießen Sie eine dickflüssige Betonmischung auf das Loch, und schrägen Sie dann die Oberfläche ab, damit der Regen ablaufen kann.

Wie man einen Paneelzaun baut

1 Graben Sie ein 75 cm tiefes Loch, und füllen Sie es 15 cm hoch mit Schotter. Stellen Sie den ersten Betonpfosten hinein, und passen Sie ihn in der Höhe dem Paneel an.

2 Füllen Sie Schotter um den Pfosten, und gießen Sie Beton darüber. Stampfen Sie ihn fest. Fügen Sie mehr Beton hinzu, und stampfen Sie erneut. Der Pfosten muß senkrecht stehen.

3 Legen Sie ein Paneel auf den Boden. Spannen Sie eine Schnur, und graben Sie dann das nächste Loch.

4 Setzen Sie ein Grundbrett zwischen die Pfostenlöcher. Planieren Sie den Boden. Kontrollieren Sie mit der Wasserwaage.

Betonsporen

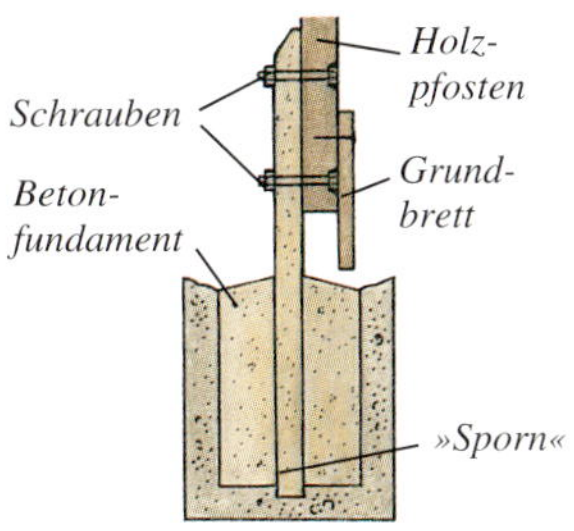

Damit Holzpfähle in feuchter Erde nicht verrotten, schrauben Sie sie an »Sporen«, die in ein Betonfundament eingelassen sind.

5 Stecken Sie das Paneel in die Nut des ersten Pfostens. Stellen Sie den nächsten Pfosten auf. Nageln Sie eine Abschlußleiste auf die Oberkante des Paneels.

Metallhalterungen

Statt Löcher für die Zaunpfähle zu graben, kann man auch Metallhalterungen in die Erde schlagen und die Pfosten aufstecken. Die Pfosten können in diesem Fall kürzer sein, sie kommen nicht mit Erde in Berührung und haben eine längere Lebensdauer. Am besten verwenden Sie für bis zu 1,2 m hohe Zäune 60 cm und für bis zu 2 m hohe Zäune 75 cm lange Halterungen aus Metall.

Bevor Sie sie in den Boden schlagen, stecken Sie einen kleinen Holzklotz in den Hohlraum; der verhindert Beschädigungen. Die meisten Hersteller liefern ein Zusatzteil mit, das einfach auf den Holzklotz gesetzt wird.

Kontrollieren Sie, ob die Spitze senkrecht in den Boden stößt. Halten Sie eine Wasserwaage nacheinander an die vier Seiten des Hohlraums. Um den Pfahl darin zu befestigen, spannen Sie die Klammern im Hohlraum; falls keine vorhanden, sind, treiben Sie Nägel oder Schrauben durch die Schlitze. Zur weiteren Verstärkung können die Metallstützen auch ein stabiles Fundament aus Schotter und Beton erhalten.

Aufbau eines Zauns mit Metallhalterungen

1 Stecken Sie einen Holzklotz in den Hohlraum der Halterung, und setzen Sie das Zusatzteil darauf. Schlagen Sie die Halterung in den Boden.

2 Vergewissern Sie sich, daß die Halterung senkrecht steht. Halten Sie die Wasserwaage von allen vier Seiten dagegen.

3 Stecken Sie den Zaunpfahl in den Hohlraum der Halterung, und nageln Sie ihn fest. Manche Hohlräume sind auch mit Klammern ausgestattet.

4 Hämmern Sie an einer gespannten Schnur entlang weitere Halterungen in den Boden. Nageln Sie den Zaun an die Pfosten.

QUERHÖLZER

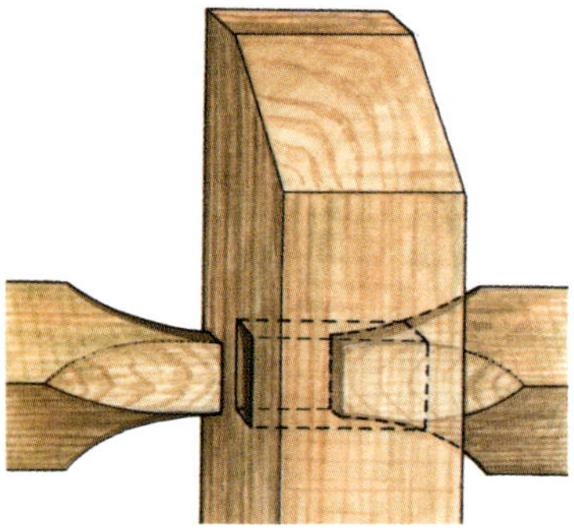

Die Enden der Querhölzer sind so gehobelt, daß sie in die Zapfenlöcher der Pfosten passen. An die Rückseite werden zugespitzte Bretter genagelt.

Geschlossene Zäune

Die sich überlappenden, vertikalen Bretter eines traditionellen, geschlossenen Zauns werden an zwei Querhölzer, die meist dreikantig sind, genagelt. Dazu gibt es Pfosten mit Zapfenlöchern für die Querhölzer, die man aber auch selbst bohren kann. Die Querhölzer werden meist 30 cm unter der Oberkante des Zauns und 30 cm über dem Boden angebracht. Schneiden Sie sie so zu, daß sie in die Zapfenlöcher passen, und behandeln Sie die Enden mit Holzschutzmittel.

Stellen Sie die Pfosten auf wie bei Paneelzäunen (siehe S. 508). Machen Sie den ersten Pfosten gut mit Schotter fest, stellen Sie dann den zweiten locker auf. Stecken Sie die ersten beiden Querhölzer in die Zapfenlöcher, und zwar so, daß ihre flache Seite dorthin weist, wo später die Bretter hinkommen. Kontrollieren Sie mit der Wasserwaage, ob auch der zweite Pfosten senkrecht steht und die Querhölzer gerade liegen. Eventuell müssen Sie den Pfosten etwas anheben oder tiefer setzen. Wenn alles stimmt, stampfen Sie ihn mit Schotter fest.

Montieren Sie die restlichen Pfosten und Querhölzer ebenso, und nageln Sie sie zusätzlich fest. Zementieren Sie die Pfosten unten ein. Verlegen Sie die Grundbretter (siehe »Paneelzäune«, S. 508). Nageln Sie als Träger für diese Bretter kleine Holzklötze unten an die Zaunpfähle, oder nageln Sie die Bretter an in die Erde geschlagene Pflöcke.

Stellen Sie das erste Brett auf das Grundbrett und befestigen Sie es an den Querhölzern, indem Sie Nägel durch die dickere Kante schlagen. Legen Sie dann die dickere Kante des nächsten Bretts so auf die zugespitzte des ersten, daß sie sich um etwa 1,2 cm überlappen, und nageln Sie beide Bretter an die Querhölzer. Messen Sie nach, ob die Überlappung bei allen Brettern tatsächlich einheitlich ist.

Hanggrundstücke

Bei Hanggrundstücken gibt es zwei Möglichkeiten: Der Zaun wird abgestuft gesetzt, oder er verläuft in derselben Schräge wie das Gelände. Wofür Sie sich entscheiden, hängt weitgehend von der Art des geplanten Zauns ab.

Abgestufter Zaun

Paneelzäune, die sich nicht gut zuschneiden lassen, sollten abgestuft angelegt werden. Die Pfosten müssen länger sein als auf ebenem Gelände; um wieviel, hängt vom Maß der Paneele und vom Gefälle ab. Die Lücke unter jedem Paneel füllt man mit Stufen aus Ziegeln, auf denen die Paneele stehen. Man kann aber auch die Grundbretter passend zuschneiden.

HANGGRUNDSTÜCKE

ABGESTUFTER ZAUN
Der Paneelzaun wurde gebaut wie auf ebenem Boden, nur die Pfosten müssen um die Höhe des Backsteinsockels länger sein.

SCHRÄGER ZAUN
Der Zaun verläuft parallel zum Gefälle; Pfosten und Zaunlatten haben dieselbe Länge wie auf ebenem Boden.

Schräger Zaun

Um einen schrägen Zaun zu bauen, stellen Sie provisorisch die beiden Eckpfosten auf und spannen dazwischen eine Schnur. Wählen Sie einen Zauntyp mit einzelnen senkrechten Brettern (etwa einen geschlossenen oder Lattenzaun). Statt horizontal verlaufen die Querhölzer hier parallel zum Gefälle. Schrägen Sie die Bretter unten entsprechend an, stellen Sie sie auf ein Grundbrett, und befestigen Sie sie an den Querhölzern.

Holzschutzmittel

Wenn möglich, kaufen Sie Holz, das schon in der Fabrik kesseldruckimprägniert wurde, da die Mittel, die man selbst, meist nur mit einem Pinsel, aufträgt, die Oberfläche des Holzes nicht wirklich durchdringen.

Falls das Holz nicht von Natur aus weitgehend fäulnisresistent ist, wie etwa Eiche oder Zeder, muß es regelmäßig mit Holzschutzmittel behandelt werden. Hierfür tragen Sie auf Kresol oder Wasser basierende Produkte alle vier, auf Lösungsmittel basierende alle zwei bis drei Jahre neu auf.

Kresol ist ein weit verbreitetes und wirkungsvolles Mittel, um Zäune zu imprägnieren. Sein starker Geruch ist jedoch vielen Leuten unangenehm. Tragen Sie beim Streichen Schutzkleidung, denn es ist giftig, wenn es geschluckt, eingeatmet oder von der Haut absorbiert wird. Für pflanzenberankte Zäune empfiehlt sich Kresol allerdings nicht. Organische Substanzen können ebenfalls effektiv sein. Es gibt sie in mehreren Farben.

Auf Wasser basierende Produkte sind angenehmer in der Anwendung und weniger schädlich für Pflanzen. Sie lassen das Holz besser aussehen und schützen vor Schimmel, meist aber nicht so gut gegen Fäulnis.

Alle Substanzen müssen auf trokkenes Holz aufgebracht werden. Tränken Sie abgesägte Enden 24 Stunden mit einem Holzschutzmittel, bevor Sie den Zaun aufbauen. Stellen Sie die Mittel nicht in Pflanzennähe, und tragen Sie stets Handschuhe bei der Arbeit.

Ebenfalls erhältlich sind Lacklasuren, die eine wasserabweisende Schicht bilden und das Holz so zu trocken für Bakterien machen.

Instandsetzung

Beschädigte Zaunpfosten machen oft Probleme. Ist die Schadstelle in Bodennähe, kann man zur Reparatur einen Betonsporn (siehe dazu S. 509) benutzen. Das ist ein Pfostenstück in Beton, das man neben den schadhaften in den Boden senkt, um ihn daran zu befestigen.

Graben Sie um den beschädigten Pfosten ein 45-60 cm tiefes Loch, und sägen Sie den morschen Teil ab. Streichen Sie das Ende mit Holzschutzmittel. Stecken Sie den Sporn daneben in das Loch, und stabilisieren Sie ihn mit Schotter. Stecken Sie Schrauben durch die Löcher im Sporn, und schlagen Sie gerade stark genug darauf, daß sie einen Abdruck auf dem Holzpfosten hinterlassen. Nehmen Sie Schrauben und Sporn heraus, und bohren Sie Schraublöcher in den Pfahl. Verschrauben Sie Sporn und Pfosten, wobei Sie die Muttern von der Spornseite anziehen, damit der Pfahl nicht beschädigt wird.

Vergewissern Sie sich, daß Sporn und Pfosten senkrecht stehen. Füllen Sie nun das Loch mit einer ziemlich dickflüssigen Betonmischung (siehe »Beton- und Mörtelmischungen«, S. 494), und stampfen Sie sie gut fest. Nach etwa einer Woche, wenn der Beton völlig abgebunden hat, können Sie etwa überstehende Schraubenenden absägen.

Zerbrochene Querhölzer lassen sich mit Metallwinkeln leicht reparieren. Manche sind speziell auf schadhafte Mittelstücke zugeschnitten, andere auf die Enden der Querhölzer, mit denen sie im Pfosten stecken. Beide Typen werden einfach angeschraubt.

Gesetze über Zäune

Es ist immer ratsam, sich mit den Nachbarn zu besprechen, bevor man einen Zaun setzt. Manchmal erweist es sich auch als notwendig, bei der zuständigen Baubehörde gemäß den Planungsvorschriften eine Genehmigung einzuholen: Bauämter geben Höhe und Art des Zauns vor und kontrollieren, ob er sich ins Bild der angrenzenden Gärten einfügt.

Bauliche Elemente, die entlang einer Straße verlaufen, müssen bestimmten Sicherheitsvorschriften genügen. Eventuell ist eine Genehmigung einzuholen. Für Tore, Mauern, Zäune und Hecken gibt es Vorschriften, über die man sich in aller Regel bei den örtlichen Bauordnungsämtern informieren kann.

Rankgitter

Rankgitter, meist aus Holz gefertigt, sind sowohl praktisch als auch dekorativ. Man kann sie auf Zäune oder Mauern setzen oder sie daran befestigen. Doch auch als freistehende Trennwände können Rankgitter dienen. Aus geschwungenen und kunstvoll gestalteten Spalieren lassen sich ganze Laubengänge bauen. Rankgitter gibt es in vielen Formen und Mustern, wobei Rauten und Quadrate am häufigsten sind. Fischgrätmuster eignen sich besonders gut für Trennwände.

Mit Vorliebe werden Spaliere als Kletterhilfen für Pflanzen benutzt. Wenn sie frei stehen, müssen sie sehr stabil sein, v. a. wenn es sich um üppige, schwere Kletterer handelt; der Rahmen sollte mindestens 2,5 cm dick sein. Ist das Gitter oben auf einem Zaun oder einer Mauer angebracht, kann es leichter sein. Achten Sie beim Kauf darauf, daß das Holz kesseldruckimprägniert ist, und behandeln Sie abgesägte Enden mit Holzschutzmittel (siehe S. 510). Kletterhilfen sind auch aus Draht oder Kunststoff erhältlich.

Aufbau eines Spaliers

Freistehende Rankgitter befestigt man an Pfählen wie Zaunpaneele (siehe »Paneelzäune«, S. 508). Sollen es Aufsätze für einen Zaun mit Holzpfosten werden, so nehmen Sie deren Kappe ab und stülpen eine Metallverlängerung über den Pfahl. Stecken Sie ein Stück Pfosten der gewünschten Länge hinein, und bedecken Sie es mit der Kappe. Wenn ein leichtes Spalier eine Mauer krönen soll, befestigen Sie seitlich lange, 5 x 2 cm dicke Latten daran und schrauben sie in die Mauer. Soll es als Wandspalier dienen, lassen Sie zwischen Wand und Gitter mindestens 2,5 cm frei, damit die Luft zirkulieren kann. Klappvorrichtungen ermöglichen Instandsetzungsarbeiten (siehe KLETTERPFLANZEN, »Spaliere an einer Wand befestigen«, S. 100).

RANKGITTER

Rankgitter sind sowohl architektonische Ergänzungen für die baulichen Elemente, an denen sie befestigt werden, als auch Kletterhilfen für Pflanzen. Sie sind aus geglättetem Hartholz oder, preiswerter, aus gesägtem Weichholz erhältlich. Fest verbundene Gitter sind wesentlich stabiler als harmonikaartige.

GITTERSPALIER

RAUTENGITTER

WEITMASCHIGES GITTER

Pergolen und Gerüste aus Rundhölzern

Der Begriff Pergola bezeichnete ursprünglich einen Laubengang. Heute wird jede Konstruktion aus Ständern, die horizontale Balken stützen, so genannt.

Früher wurden Pergolen aus Rundhölzern gebaut, aber oft eignet sich zugeschnittenes Holz besser, besonders dort, wo die Pergola mit einer Holzplattform kombiniert ist oder das Haus eine der Stützen bildet. Zugeschnittene Hölzer kann man in Verbindung mit Backsteinpfeilern oder farbig gestrichenen Rundhölzern verwenden. Oft wird für Pergolen Hartholz, etwa Eiche, genommen, aber Weichholz reicht völlig aus, wenn es kesseldruckimprägniert ist.

Der Aufbau der Pergola

Zeichnen Sie Ihren Entwurf auf Millimeterpapier, um festzustellen, wieviel Material Sie benötigen, aber kaufen Sie etwas mehr, da Sie beim Aufbauen womöglich Ihre Meinung ändern. Die Pergola muß mindestens 2,5 m hoch sein, wenn Pflanzen darüber ranken sollen, damit unter ihnen genug Platz zum Gehen bleibt. Wenn sie sich über einen Weg spannt, sollten die Stützen so weit auseinander stehen, daß auf beiden Seiten Pflanzen wachsen können.

Stützen

Stellen Sie Holzstützen in ein mit Schotter und Beton gefülltes, mindestens 60 cm tiefes Loch (siehe »Paneelzäune«, S. 508), oder benutzen Sie Metallhalterungen (siehe S. 509). Für eine Pergola über einem Innenhof sind spezielle Metalleinsätze erhältlich, die in Beton eingelassen werden. Will man einen bestehenden Beton- oder Pflasterbelag nicht aufbrechen, so kann man einen Backsteinsockel für den Pfosten bauen (siehe *Verbindungen und Stützen*, S. 512).

Die tragenden Eck- und Außenpfosten sollten 10 x 10 cm dick sein. Nimmt man die schwereren Rundhölzer, müssen sie in Beton gebettet werden. Sind große Gewichte zu tragen, bauen Sie Pfeiler aus Ziegeln oder Betonblöcken auf stabilen Fundamenten (siehe »Das Mauern«, S. 505).

Querbalken

Nehmen Sie für die Querbalken dasselbe Holz wie für die Stützen oder 5 x 15 cm dicke Bretter. Sie sind manchmal bereits so vorgesägt und

HOLZPERGOLA AUF BACKSTEINGEPFLASTERTEM INNENHOF
Diese Pergola besteht aus wenigen, schlichten Elementen, ist aber äußerst dekorativ. Hinter die viereckigen Backsteinpfeiler, welche die Balken stützen, wurde ein großes, quadratisches Spalier gespannt.

VERBINDUNGEN UND STÜTZEN

HOLZPERGOLA
Das Ausgangselement der meisten Pergolen ist ein simpler Bogen.

BACKSTEINSOCKEL
Der Backsteinsockel mit Metalleinsatz steht auf einer geraden Fläche, etwa aus Beton.

PERGOLEN AUS BACKSTEIN UND HOLZ
Backsteinpfeiler tragen einen Balken aus Holz.

EINSEITIGE PERGOLA
Der Holzbalken wird auf einer Seite von einem Gerüstbaum gestützt und auf der anderen von einem Trägerschuh.

VERDÜBELUNG
Einen Holzbalken befestigt man auf einem Backsteinpfeiler mit einem Holzdübel, der in den Stein eingelassen wird.

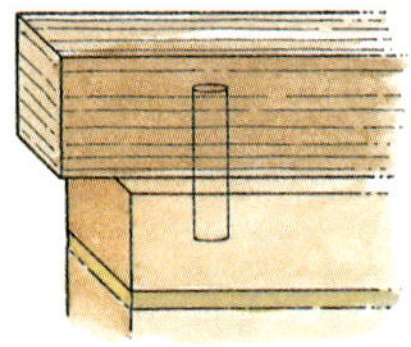

ÜBERLATTUNG
So liegt der Holzbalken paßgenau auf dem Ständer.

KREUZWEISE ÜBERLATTUNG
Sich kreuzende Querbalken kann man so gut verbinden.

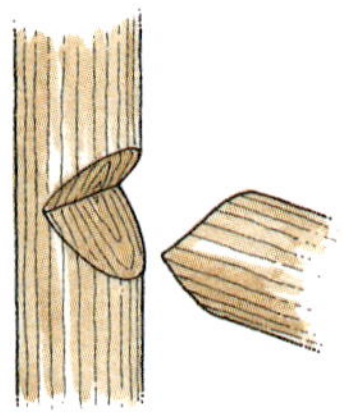

VERKLAUUNG
So kann man Rundhölzer waagrecht mit Stützen verbinden.

BETONGEHÄUSE
Umkleiden Sie metallene Ständer mit einem Betongehäuse.

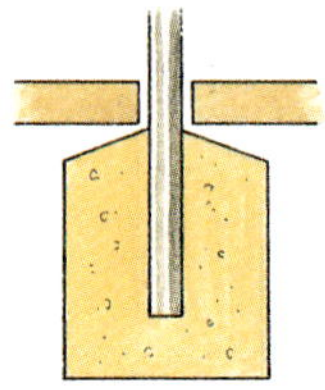

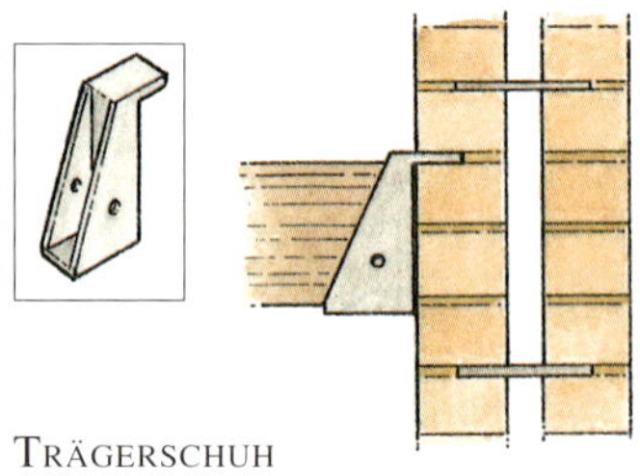

TRÄGERSCHUH
Ein Trägerschuh bietet genügend Halt für einen leichten Balken. Für schwere Balken braucht man eventuell eine Fußpfette.

-gekerbt, daß sie oben auf die Ständer passen. Leichtere Hölzer kann man als dekorative Sparren zwischen den Balken verlegen.

Verbindungen zwischen Balken und Stützen

Das Gerüst läßt sich natürlich mit verzinkten Winkeln und Schrauben zusammenbauen, aber haltbarer und attraktiver wird es mit Schreinerverbindungen (siehe oben). Um einen Balken am Ständer zu befestigen, kerben Sie ihn einfach ein. Das bietet sich besonders an, wenn er über die Stütze vorspringen soll – zum Beispiel zum Aufhängen von Gefäßen und Hängekörben.

Streichen Sie die gesägten Flächen mit Holzschutzmittel (siehe S. 510), bevor Sie sie zusammennageln. Schlagen Sie die Nägel im schrägen Winkel ein; die Verbindungen halten dann besser, wenn sich das Gerüst im Wind biegt. Verschrauben Sie die Verbindung zwischen Stütze und Balken eventuell mit einem T-Winkel.

Wenn Sie Rundhölzer als Ständer benutzen, können Sie in die Balken runde Vertiefungen vom selben Durchmesser bohren. Sie sollten eine halbe Balkendicke tief sein.

Oft werden Pergolen von einer Hauswand abgestützt. Um einen Holzbalken daran zu befestigen, brauchen Sie einen metallenen Trägerschuh, den Sie in den Mörtel des Mauerwerks setzen. Wenn die Stützen Backsteinpfeiler sind, werden die Hölzer mit Dübeln befestigt, die man in die Ziegel einläßt (siehe oben).

Vielleicht wollen Sie die Pergola mit einem Netz aus Sparren überziehen. Sind sie gleich dick, bieten sich dafür kreuzweise Überlattungen an.

Oft dienen Streben in den Ecken zwischen Balken und Stützen zur zusätzlichen Verstärkung der Pergola. Die Hölzer hierfür sollten etwa 5 x 5 cm dick sein und so präzise wie möglich in entsprechende Kerben in den Balken eingepaßt werden.

Sägen Sie die Streben auf die erforderliche Länge zu, und halten Sie sie an das Gerüst, um ihre Position und die Form der Kerben zu markieren. Machen Sie die Kerben mit Bohrer und Meißel. Nachdem die notwendigen Korrekturen durchgeführt sind, imprägnieren Sie alle abgesägten Flächen mit Holzschutzmittel, dann nageln Sie die Streben in die Kerben.

Gerüste aus Stämmen und Rundhölzern

Man kann im Garten auch Gerüste bauen, die statt aus zugesägtem Holz aus Stämmen und Astwerk (meist Lärche oder Fichte) bestehen. Bögen, Trennwände und Pergolen lassen sich gut aus diesem dekorativen Material gestalten. Man bekommt das Holz geschält oder mit Rinde, was sehr reizvoll wirken kann; allerdings sollte man bedenken, daß sich unter der Rinde leicht Schädlinge einnisten können.

Die Stützen, die die Gesamtkonstruktion tragen, sollten einen Durchmesser von etwa 10 cm haben. Man kann sie in Beton betten (siehe »Paneelzäune«, S. 508) oder einfach in die Erde einlassen, dann aber 45-60 cm tief, um Stabilität zu gewährleisten. Wenn die Rinde bleiben soll, schälen Sie sie nur von unten her bis 2,5 cm über Bodenhöhe ab. Weichen Sie, ob mit Rinde oder ohne, die Enden über Nacht in Holzschutzmittel ein. Stellen Sie die Stützen auf. Die Balken und Eckstreben, die das Gerüst vervollständigen, können Sie anbringen, nachdem der Beton (falls Sie welchen verwenden) gehärtet ist.

Die Hölzer, die Sie für Balken und Streben benutzen, sollten einen Durchmesser von ungefähr 7 cm haben; für die dekorativen Sparren reichen dünnere Hölzer aus.

Sie können Teile des Gerüsts auch montieren, indem Sie sie entsprechend Ihrem Entwurf auf den Boden legen, die Stützen zusägen und die nötigen Verbindungen herstellen. Sägen Sie die Querbalken einzeln zu, um sicherzugehen, daß jeder auch tatsächlich genau paßt.

Beim Zusammenbauen einer Pergola oder eines Bogens aus Rundhölzern kann man alle möglichen Verbindungen benutzen. An den Schnittstellen von Balken bieten sich kreuzweise Überlattungen (siehe oben) an. An einem Ständer befestigt man den Balken am besten mit einer Verklauung (siehe oben). Alle abgesägten Enden müssen vor der Montage mit Holzschutzmittel gestrichen werden.

Wie bei Bauholz empfiehlt es sich auch hier, die Nägel an den Verbindungsstellen schräg einzuschlagen.

Sonstige Kletterhilfen

Außer Spalier oder Pergola kommen auch andere Dauer-Kletterhilfen für Pflanzen in Frage. Mit relativ einfachen Mitteln lassen sich wirkungsvolle Effekte erzielen.

Dreifüße

Ein rustikaler Dreifuß eignet sich gut, um Kletterpflanzen in eine Rabatte zu integrieren. Geschältes Astwerk ist in diesem Fall besser, da Rinde zu leicht Schädlinge anzieht. Nehmen Sie für große Pflanzen Äste mit einem Durchmesser von etwa 15 cm. Wenn der Dreifuß in einem Beet steht, lassen Sie ihn in kiesgefüllte Löcher ein.

Pfeiler

Strenger wirkt eine Reihe von Pfeilern aus Ziegeln oder behauenem Stein, die etwa eine Rabatte oder einen Weg säumt. Die Pfeiler sollten fest in den Boden einbetoniert werden. Befestigen Sie ein kunststoffummanteltes, großmaschiges Drahtgeflecht an den Pfeilern, damit die Pflanzen eine zusätzliche Kletterhilfe haben.

Gartenschuppen

Schuppen sind praktisch zum Abstellen von Gartengeräten und anderem Zubehör. Sie können auch Werkzeuge, verschiedene Ersatzteile, Sportgeräte und Fahrräder beherbergen, größere sogar als Werkstatt dienen. Auch in einem einfachen Schrank lagern Dinge trocken und sauber, aber ein Schuppen mit Platz für eine Werkbank ist eine durchaus sinnvolle Investition.

Formen

Schuppen gibt es in den verschiedensten Formen; mit Giebeldach, Pultdach (das sich nur in eine Richtung neigt) oder Flachdach.

Schuppen mit Giebeldach sind in der Mitte höher als die mit Flachdach, ein Vorteil, wenn darin eine Werkbank stehen soll.

Beim Pultdachschuppen sind Tür und Fenster meist an der höheren Seite gelegen. Hier bietet es sich an, die Werkbank unters Fenster zu stellen und die Geräte auf der anderen Seite des Raums zu lagern. – Flachdächer sind eigentlich nur auf Schuppen aus Beton üblich.

Material

Ein Gartenschuppen kann aus ganz verschiedenen Materialien bestehen – Holz, Beton, Stahl, Aluminium oder Glasfiber. Woraus man ihn baut, hängt ganz davon ab, wie lange er halten und wie teuer und pflegeleicht er sein soll.

Holz

Die meisten Schuppen bestehen aus Holz; es harmoniert gut mit Pflanzen, vor allem, wenn es nach einiger Zeit etwas verwittert ist. Am haltbarsten sind Schuppen aus Zedernholz, das von Natur aus fäulnisresistent ist. Die meisten Schuppen werden allerdings aus Weichholz gebaut, weil es wesentlich preiswerter ist. Wählen Sie ein Modell aus, das kesseldruckimprägniert und nicht nur gestrichen wurde. Behandeln Sie es mit Holzschutzmittel, und zwar regelmäßig. Holzschuppen sollten mit wasserdichter Tapete (aus dem Baustoffhandel) ausgekleidet werden, damit weniger Feuchtigkeit eindringt und die Werkzeuge nicht rosten.

Beton

Schuppen aus Beton sind robust und haltbar, aber nicht gerade schön; sie werden am besten neben dem Haus und nicht auffällig mitten im Garten aufgestellt. Die oft aus Fertigteilen bestehenden Dächer sind meist flach; viele haben Kunststoffeinsätze als Oberlichter. Betonschuppen müssen auf einem festen Betonfundament (siehe S. 494) stehen. Außen sind sie manchmal aus Waschbeton oder mit Backsteinimitat verkleidet. Im gestrichenen Zustand geben sie dann einen guten Hintergrund für Kletterpflanzen und Sträucher ab.

Metall

Stahlblechschuppen sind sehr beständig, wenn sie bereits in der Fabrik gegen Rost behandelt wurden. Normalerweise sind sie grün, aber man kann sie auch anstreichen; sie haben oft keine Fenster.

Auch Schuppen aus Aluminiumplatten sind erhältlich. Die meisten haben eine Schiebetür, manche Acryleinsätze als Fenster. Sie sind klein, in erster Linie für Geräte gedacht und erfordern praktisch keine Pflege.

Glasfiber

Glasfiberschuppen kann man leicht selbst montieren. Auch sie sind pflegeleicht, aber so klein, daß sie sich nur zum Aufbewahren von Werkzeug eignen.

Beim Kauf eines Holzschuppens

Die Lebensdauer von Holzschuppen hängt von der Qualität der Konstruktion und des Holzes ab. Vergleichen Sie sie möglichst im aufgebauten Zustand – die meisten Händler haben eine Auswahl vorrätig. Achten Sie v.a. auf die hier angegebenen Einzelheiten.

Verschalungsarten

GESPUNDETE SCHALUNG
Diese Art der Verschalung bietet guten Witterungsschutz.

ÜBERLAPPENDE SCHALUNG
Diese Schalung kann sich verziehen, wenn sie nicht dick genug ist.

GEFALZTE VERSCHALUNG
Sie ist dichter als die überlappende Schalung.

SCHIFFSPLANKENSCHALUNG
Diese Schalung ist nicht nur haltbar, sondern auch attraktiv.

FEHLKANTIGE VERSCHALUNG
Diese Art der Verschalung ist unter Umständen nicht allzu wetterfest.

4

KLIMA UND GARTEN

*D*AS KLIMA *hat einen wesentlichen Einfluß auf das Pflanzenwachstum und, vielleicht wichtiger noch, auf das Gärtnern selbst. Für den Gärtner kann es besonders befriedigend sein, den Herausforderungen des Wetters zu begegnen und es zum eigenen Vorteil zu nutzen. Die Wahl von Pflanzen, die im jeweiligen Klima gedeihen, ist maßgeblich für den Erfolg; obwohl manche nur in ihrer natürlichen Heimat gut gedeihen, sind doch viele auch anpassungsfähig und lassen sich anderswo ziehen, wenn man für geeignete Bedingungen sorgt. Die Wirkung des Klimas auf die Pflanzen ist sehr komplex, weil das Wetter sich ständig ändert und es oft zu Interaktionen zwischen zwei oder mehr Elementen kommt. Die Reaktion einer Pflanze auf klimatische Gegebenheiten hängt von ihrem Standort im Garten, ihrem Alter sowie der Dauer und Intensität ungünstiger Witterung ab. Mit einigen Kenntnissen über das Wetter kann man als Gärtner leichter gesunde, schöne und wohlschmeckende Pflanzen kultivieren.*

Klimazonen

Das Klima auf der Erde läßt sich grob vier unterschiedlichen Zonen zuordnen: Wüsten, tropischen, gemäßigten und polaren Gebieten.

Für tropische Zonen sind hohe Temperaturen, starke, manchmal saisonale Niederschläge und üppige immergrüne Vegetation typisch. Wüsten haben durchschnittliche Tagestemperaturen von über 38° C, aber oft sehr kalte Nächte und jährliche Niederschläge von unter 25 cm; hier gedeihen nur angepaßte Pflanzen wie die Kakteen. In den gemäßigten Regionen ist das Wetter wechselhaft, der Niederschlag aber meist gleichmäßig übers Jahr verteilt. Die Temperaturen sind weniger extrem als in den Tropen oder Wüsten, und laubabwerfende Pflanzen sind verbreiteter als immergrüne. In den Polargebieten herrschen extreme Kälte, starke Winde und geringe Niederschläge vor, so daß dort praktisch keine Pflanzen gedeihen.

Außer diesen vier Groß-Zonen gibt es Zwischenklimate, darunter die subtropischen und mediterranen.

Regionale Klimate

Das Wetter in den einzelnen Klimazonen wird bestimmt durch den Längen- und Breitengrad sowie durch die Entfernung vom Meer; in Küstennähe gibt es mehr Niederschläge und gemäßigtere Temperaturen.

Das europäische Festland

Die großen Unterschiede zwischen Sommer- und Wintertemperatur im Nordosten und manchen Teilen Mitteleuropas werden durch die Breitengrade und die kontinentale Landmasse bewirkt. Atlantik und Mittelmeer sind zu weit entfernt, um im Winter, wenn die kalten Landmassen Asiens bestimmend sind, die Temperaturen zu mildern.

Weiter südlich bewirken das Meer und die relative Nähe zum Äquator ein mediterranes Klima mit milden, niederschlagsarmen Wintern und heißen, trockenen Sommern.

Die Britischen Inseln

Das milde Klima der Britischen Inseln kommt durch die warmen Luftströmungen und Niederschläge von den umliegenden Meeren zustande. Besonders der Westen profitiert vom wärmenden Einfluß des Golfstroms; hier sind die Winter milder als auf dem Festland und längere Frostperioden selten.

Das nordamerikanische Festland

Nordamerika ist klimatisch sehr vielfältig. In der Region von Saskatchewan bis Labrador im Norden des Kontinents liegt die durchschnittliche Tiefsttemperatur z. B. zwischen –50° C und –35° C, von Arizona bis Virginia im Süden zwischen 5° C und 10° C.

FRÜHJAHRSFROST
Das Spiel des Lichts auf den frostüberhauchten Blättern und Blüten verleiht dem Garten ein besonderes Flair. Da er im Einklang mit dem Klima ist, wird er das ganze Jahr über schön sein.

Klimafaktoren

Die Klimafaktoren, die Pflanzen und Kultivierungsmethoden direkt beeinflussen, sind Temperatur, Frost, Schnee, Regen, Luftfeuchtigkeit, Sonne und Wind. Für Gärtner und Gartenbesitzer ist die Temperatur meist am wichtigsten: Sie bestimmt die Auswahl der Pflanzen und die Länge ihrer Wachstumsperiode.

Temperatur

Pflanzliche Vorgänge wie Photosynthese, Transpiration, Respiration und Wachstum hängen wesentlich von der Temperatur ab. Für jede Pflanzenart gibt es eine Tiefst- und eine Höchsttemperatur, jenseits derer diese Vorgänge nicht ablaufen können. Bei den meisten Pflanzen liegt die Höchsttemperatur um 35° C; die Mindesttemperatur ist sehr variabel. Bei extrem niedrigen Temperaturen kann das Pflanzengewebe zerstört werden (siehe »Frieren und Tauen«, unten).

Luft- und Bodentemperatur spielen die wichtigste Rolle für Beginn und Ende der Ruheperiode von Pflanzen, welche wiederum die Länge ihrer Wachstumsperiode bestimmt.

Lufttemperatur

Sonnenschein erzeugt Strahlungsenergie, die die Lufttemperatur deutlich erhöht. In gemäßigten und kühleren Klimaten können an einem geschützten Standort, der voll von dieser Auswirkung profitiert, Pflanzen aus wärmeren Regionen gezogen werden, die dort sonst nicht gedeihen würden.

Eine große Rolle spielt die Höhenlage: Auf demselben Breitengrad ist es im Bergland kälter als in den Ebenen – alle 300 m sinkt die Temperatur um 0,5° C. Also sind in Hochlagen die Wachstumsperioden kürzer, was zusammen mit den niedrigeren Temperaturen eine viel geringere Pflanzenvielfalt zuläßt.

Bodentemperatur

Die Bodentemperatur ist wichtig für gesundes Wurzelwachstum und beeinflußt die Geschwindigkeit, mit der die Pflanze Wasser und Nährstoffe aus dem Boden aufnimmt. Wie gut Samen keimen und Sprosse sich entwickeln, hängt ebenfalls von der richtigen Bodentemperatur ab (siehe GRUNDLAGEN DER VERMEHRUNG, »Keimbedingungen«, S. 536).

Wie schnell sich der Boden erwärmt und wie lange er die Temperatur hält, ist vom Bodentyp und der Lage des Grundstücks abhängig. Sandige Böden erwärmen sich rascher als Lehm, und gut drainierte, fruchtbare Erde bleibt länger warm als verdichtete oder nährstoffarme (siehe »Bodentypen«, S. 522).

Sanft nach Süden abfallende Gelände erwärmen sich im Frühjahr schneller, weil sie mehr Sonne bekommen als ebene oder nach Norden weisende Grundstücke. Sie sind daher ideal für Frühgemüse. Nach Norden geneigte Hänge dagegen bleiben relativ kühl und eignen sich nur für entsprechende Pflanzen.

Ruheperiode

Die Winterruhe hat den Sinn, Pflanzen nur begrenzt dem Winterwetter auszusetzen; die meisten legen zumindest eine kurze absolute Ruheperiode ein. Viele verholzte Pflanzen werfen ihre Blätter im Herbst ab, um übermäßige Transpiration zu vermeiden, während die meisten krautigen und Zwiebelgewächse sich im Winter völlig unter die Erde zurückziehen.

Boden- und Lufttemperatur spielen die wichtigste Rolle für den Beginn und das Ende der Ruheperiode. Diese Tatsache kann man nutzen, indem man Pflanzen durch Kaltlagerung im Zustand der Ruhe hält – etwa Stecklinge, die man zum Pfropfen aufbewahrt, bis der Saft in den Wurzeln steigt, oder Sträucher, die man erst einpflanzt, wenn die Erde warm genug ist.

In Töpfen gezogene Zwiebeln und winterblühende Azaleen dagegen kann man aus der Winterruhe »aufwecken« und zur frühen Blüte bringen, wenn man sie ins warme Gewächshaus stellt.

Frost

Frost ist eine große Gefahr für den Gartenbesitzer und ein wichtigerer Faktor als die durchschnittliche Tiefsttemperatur. Ein unerwarteter Frosteinbruch kann unangenehme Folgen haben; selbst winterharte Pflanzen reagieren darauf empfindlich, v. a. wenn sie im Frühling schon neue Triebe produziert haben.

Frost tritt auf, wenn die Temperatur eine Zeitlang unter Null liegt, und nimmt verschiedene Formen an: bei Rauhreif bilden sich in der Luft aus Wasser Eiskristalle; trockener Frost schwärzt die Blätter und Stengel von Pflanzen. Zu Bodenfrost kommt es, wenn die Bodentemperatur unter Null sinkt; wie tief er reicht, hängt von seiner Intensität und Dauer ab. Klare Nächte, in denen die kalte Luft sich direkt über dem Boden sammelt, sind besonders gefährlich, v. a. für Bäume, Sträucher und Kletterpflanzen, deren holziges Gewebe noch nicht genügend ausgereift (hart) ist, weil es im Herbst zuwenig Sonne und Wärme gegeben hat.

FROSTSENKEN

Da kalte Luft schwerer ist als warme, sammelt sich Frost immer am niedrigsten Punkt eines Geländes. Täler und Mulden sind deshalb am anfälligsten für Frost, und Pflanzen, die hier wachsen, haben darunter zu leiden. Hinter dichtgepflanzten Hecken und Zäunen oder Mauern sammelt sich Frost ebenfalls.

Auch das Risiko von Frühjahrsfrösten ist groß; von ihnen hängt es nämlich ab, wann man empfindliche Gewächse wie Bohnen, Tomaten, Dahlien und halbharte Beetpflanzen gefahrlos aussäen oder pflanzen kann. Der Beginn der Herbstfröste bestimmt das Ende der Wachstumsperiode. Will man Pflanzen fürs nächste Jahr behalten, muß man sie hereinholen oder auf geeignete Weise schützen (siehe FROST- UND WINDSCHUTZ, S. 520-521).

Frostsenken und Frostschäden

Wo kalte Luft nach unten fließt, bildet sich oft Frost; Täler und Mulden sind daher potentielle Frostsenken. Die Kaltluft sammelt sich in der Senke und vergrößert den möglichen Frostschaden noch, wenn sie den Hang wieder hinaufströmt.

Barrieren in Form von dichten Bäumen oder Hecken an Berghängen können zwar den Durchzug von Kaltluft verhindern, doch dann bilden sich die Frostsenken vor ihnen. Das Problem läßt sich lösen, indem man die Bäume oder Hecken ausdünnt, damit kalte Luft durchziehen kann.

Bei gefrorenem Boden gelangt kein Wasser mehr zu den Pflanzenwurzeln. Tiefwurzelnden Bäumen macht auch starker Frost nichts aus, da ihre Wurzeln bis unter die Frostgrenze im Boden reichen, andere Pflanzen jedoch, etwa kleine, immergrüne Sträucher, können die Feuchtigkeit eventuell nicht in dem Maß ersetzen, wie sie durch fortgesetzte Transpiration verlieren. Junge und flachwurzelnde Pflanzen »heben« sich bei starkem Frost oft aus dem Boden; sie müssen vorsichtig angetreten oder angedrückt werden, sobald es zu tauen beginnt.

Die Gefahr von Frostschäden läßt sich auf mancherlei Art reduzieren. Details sind dem Abschnitt FROST- UND WINDSCHUTZ, S. 520-521, zu entnehmen.

Frieren und Tauen

Frost selbst schadet Pflanzen nicht immer, wohl aber abwechselndes Frieren und Tauen. Der gefrorene Zellsaft dehnt sich beim Tauen aus, zerstört die Zellwände und kann empfindliche Pflanzen vernichten. Auch Blüten, Triebe, Knospen und Blätter widerstandsfähigerer Gewächse können beim Tauen Schaden leiden, manchmal sogar die Wurzeln. Bei starkem Frost kommt es vor, daß die Rinde reißt.

Wiederholte starke Fröste, gefolgt von schnellem Tauen, bei dem sich die Erde mit Wasser vollsaugt, schädigen Wurzeln am meisten. Spätfröste im Frühjahr sind besonders gefährlich; sie können neue Blätter schwärzen und Knospen und Blüten schädigen.

Frostdauer

Auch die Dauer des Frosts ist entscheidend für die Größe des Schadens: So macht eine Viertelstunde mit –3° C nichts aus, während drei Stunden bei dieser Temperatur zu erheblichen Verlusten unter den Pflanzen führen können.

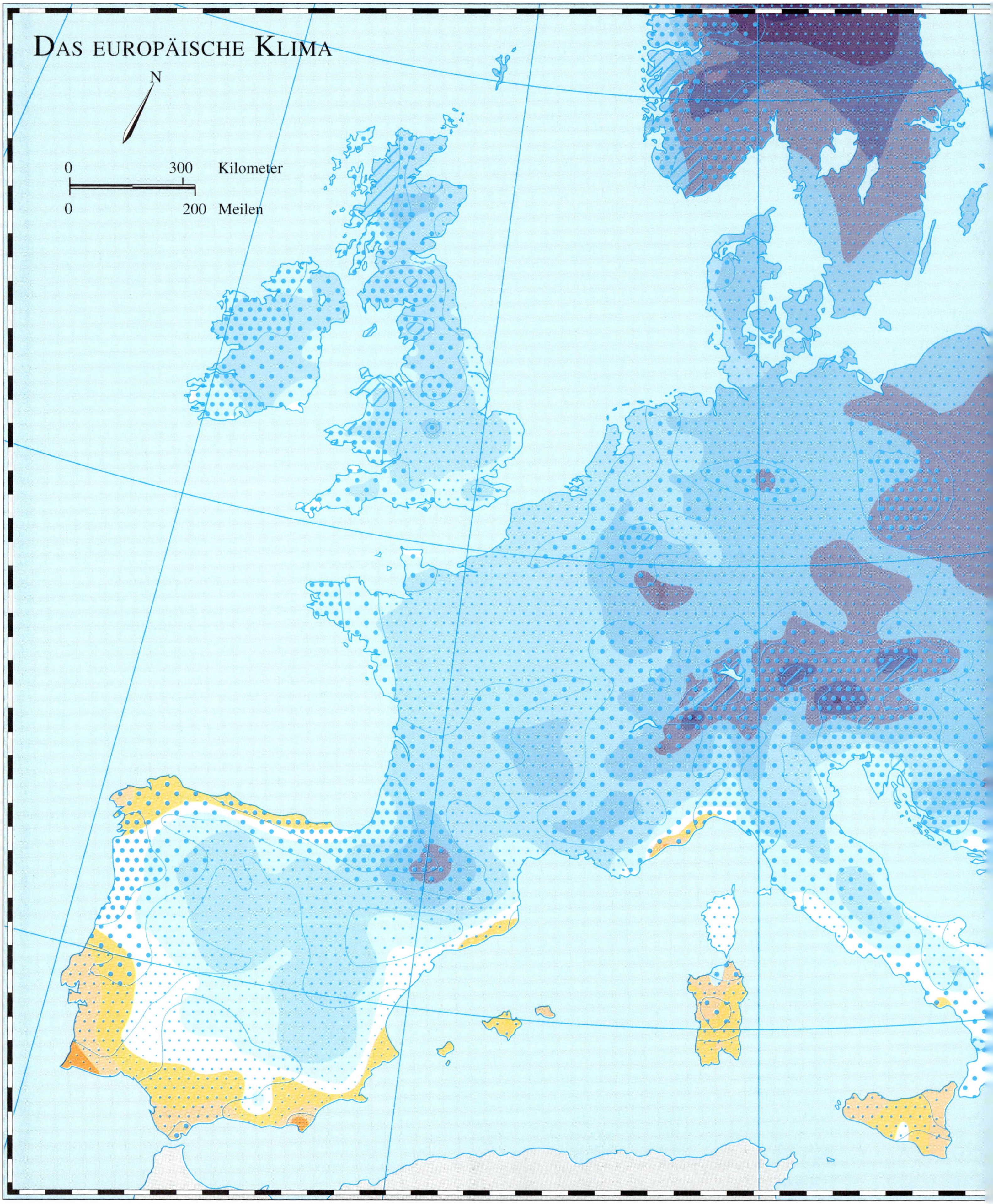
Das europäische Klima
N
0
300
Kilometer
0
200
Meilen

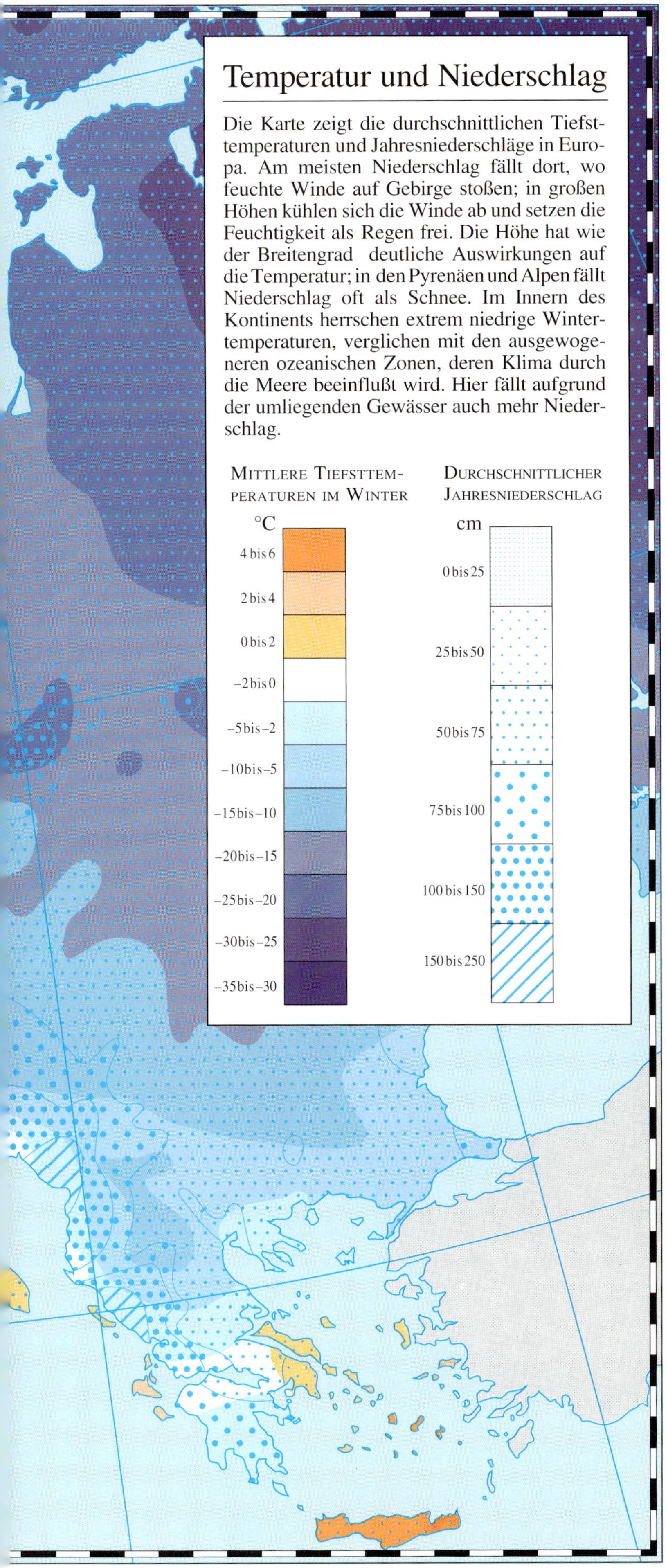

Temperatur und Niederschlag

Die Karte zeigt die durchschnittlichen Tiefsttemperaturen und Jahresniederschläge in Europa. Am meisten Niederschlag fällt dort, wo feuchte Winde auf Gebirge stoßen; in großen Höhen kühlen sich die Winde ab und setzen die Feuchtigkeit als Regen frei. Die Höhe hat wie der Breitengrad deutliche Auswirkungen auf die Temperatur; in den Pyrenäen und Alpen fällt Niederschlag oft als Schnee. Im Innern des Kontinents herrschen extrem niedrige Wintertemperaturen, verglichen mit den ausgewogeneren ozeanischen Zonen, deren Klima durch die Meere beeinflußt wird. Hier fällt aufgrund der umliegenden Gewässer auch mehr Niederschlag.

Auswirkungen von Schnee

SCHNEESCHADEN
Mit beträchtlichem Gewicht kann eine dicke Schneedecke auf Hecken oder immergrünen Sträuchern und Bäumen lasten, wenn sie zu lange liegenbleibt. Entfernen Sie sie deshalb sofort.

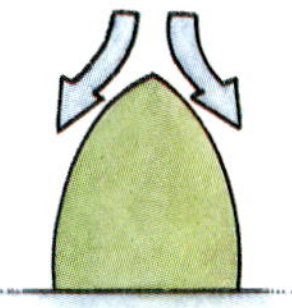

ZUGESPITZTE HECKE
Die Hecke ist so geformt, daß kein Schnee darauf liegen bleibt.

SCHÜTZENDER SCHNEE
Schnee schützt in hohen Lagen Pflanzen vor dem Erfrieren.

Frost als Hilfsmittel
Trotz seiner Gefahr für Pflanzen kann Frost im Garten auch hilfreich sein. Das Bodenwasser dehnt sich bei Frost zum Beispiel aus und zerkrümelt dabei die Erde in kleinere Partikel (Frostgare); das ist v. a. bei Lehmböden nützlich, die sonst womöglich kaum zu kultivieren wären. Außerdem dezimieren niedrige Bodentemperaturen die Schädlinge.

Schnee

Wenn die Lufttemperatur in die Nähe von Null (aber nicht tiefer) sinkt, gefrieren Wassertröpfchen in Wolken oder Regen und fallen als Schnee.

Schnee ist nützlich als Wasserlieferant und ein gutes Isoliermaterial für Pflanzen; eine Schneedecke verhindert, daß die Erde darunter kälter als 0°C wird, selbst wenn die Lufttemperatur unter den Gefrierpunkt sinkt. Heftiger Schnee, gefolgt von starkem Frost, kann jedoch Triebe und Zweige schädigen. Entfernen Sie dicke Schneeschichten, v. a. von zarten Pflänzchen, aber auch von Gehölzen.

Regen

Wasser ist der Hauptbestandteil des Zellsafts und entscheidend für die Photosynthese, bei der sich Kohlendioxyd und Wasser in lebendes Pflanzengewebe umwandeln. Sie ist wiederum Voraussetzung für die Transpiration, durch die bei einer Pflanze Nährstoffe befördert werden. Respiration, Keimung und nachfolgende Entwicklung von Wurzeln, Trieben, Blättern, Blüten und Früchten hängen ebenfalls von einer guten Wasserversorgung ab.

Regen ist für Pflanzen im Freien die Hauptwasserquelle. Viel davon geht durch Verdunstung und Abfluß verloren, aber alle Feuchtigkeit, die in den Boden sickert, wird von Erdpartikeln absorbiert oder bildet um sie einen dünnen Film. Durch Wurzelfasern werden dann das Wasser und wichtige Nährstoffe, die sich darin lösen, aufgesogen.

Zu optimalem Wachstum benötigen Pflanzen ständige Wasserzufuhr. Regen fällt jedoch in wechselnder Häufigkeit und Menge.

Wasserstau
In schlecht drainierten Böden kann es zum Wasserstau kommen. Die meisten Pflanzen überstehen einen gelegentlichen Wolkenbruch, aber bei längerem Wasserstau können Wurzeln ersticken, außer bei speziell angepaßten Pflanzen wie Sumpfzypressen *(Taxodium distichum)* und Weiden *(Salix)*. Auf mit Wasser vollgesogenem Gelände gedeihen nur wenige Pflanzen, wenn man nicht drainiert (siehe DER BODEN UND SEINE DÜNGUNG, S. 529).

Wassermangel
Pflanzliches Wachstum wird öfter durch zuwenig als durch zuviel Wasser beeinträchtigt. Im Sommer, wenn Temperatur und Sonne ihren Höchststand erreichen, ist Wassermangel ein verbreitetes Problem. Als erstes welken die Pflanzen; ihre Funktionen verlangsamen sich, bis mehr Wasser verfügbar ist, und der Wasserverlust durch Transpiration wird durch ein teilweises Schließen der Stomata auf der Blattoberfläche reduziert.

Pflanzen aus Regionen mit wenig Niederschlag sind mit haarigen, klebrigen, glänzenden, dornigen, schmalen oder fleischigen Blättern speziell dafür ausgerüstet. Kakteen und andere Sukkulenten, die wasserspeicherndes Gewebe besitzen, überleben lange Dürreperioden.

Der Boden
In Gebieten mit wenig Niederschlag kann man mit verschiedenen Methoden die Wassermenge im Boden

Regenschatten

Auf die Leeseite (gestrichelte Fläche) einer Mauer oder eines massiven Zauns fällt weniger Regen als auf die windzugewandte Seite, die Mauer bildet einen Regenschatten.

steigern, etwa durch Jäten (siehe S. 573-577), Mulchen und Erhöhung des Humusanteils durch Hinzufügen von Kompost (siehe Der Boden und seine Düngung, »Mulchen«, S. 532, und »Verwendung von Bodenzusätzen«, S. 527). Außerdem sollte man darauf achten, daß Pflanzen nicht im Regenschatten von Gebäuden, Zäunen und Bäumen stehen.

Wolkenbrüche können die Bodenstruktur schädigen, aber auch dann verhindert man das Schlimmste durch gute Entwässerung. Sie läßt sich eventuell durch tiefes Umgraben oder künstliche Drainierhilfen verbessern (siehe Der Boden und seine Düngung, »Rigolen«, S. 526, und »Drainagen legen«, S. 529).

Luftfeuchtigkeit

Die Luftfeuchtigkeit wird bestimmt durch den Anteil von Wasserdampf in der Atmosphäre und den Feuchtigkeitsgehalt des Bodens.

Wann die Luft wassergesättigt ist, hängt von Sonnenstrahlung, Temperatur und Wind ab. Die Luftfeuchtigkeit wird normalerweise als »relative« angegeben, als die Menge Wasserdampf, die die Luft enthält und die in Prozenten ihres Sättigungsgrades ausgedrückt wird.

Auswirkungen der Luftfeuchtigkeit

In Gebieten mit viel Niederschlag ist die Luftfeuchtigkeit hoch. Manche Pflanzen gedeihen hier besonders gut – z. B. Farne und Moose. Notfalls kann man die Luftfeuchtigkeit künstlich steigern (siehe Gewächshäuser und Frühbeetkästen, »Luftbefeuchter«, S. 484). Das ist auch sinnvoll, wenn man Pflanzen vermehrt, um den Wasserverlust durch Transpiration zu reduzieren.

Hohe Luftfeuchtigkeit kann aber auch ungünstig sein: Pilzerkrankungen wie Graufäule verbreiten sich dabei allzu schnell.

Sonne

Die Strahlung der Sonne erhöht die Temperatur und Feuchtigkeit von Boden und Luft und spielt so eine wichtige Rolle für das pflanzliche Wachstum.

Die meisten Pflanzen entwickeln in der Sonne am stärksten neue Triebe, Blüten und Früchte. Ein sonniger Sommer führt überdies dazu, daß Pflanzen vermehrt Nährstoffe speichern und schützendes Gewebe ausbilden; das bedeutet, daß besseres Zuchtmaterial produziert wird.

Tageslänge

Die Dauer des Tageslichts innerhalb eines 24-Stunden-Zeitraums (Tageslänge) hängt von Breitengrad und Jahreszeit ab und beeinflußt bei manchen Pflanzen, etwa Erdbeeren, *Kalanchoe* und Chrysanthemen, Blüte und Frucht. »Kurze« Tage haben weniger als 12 Stunden Tageslicht, »lange« Tage mehr. Durch Kunstlicht oder Verdunkelung können die Blütezeiten von tageslängensensiblen Pflanzen, falls erforderlich, manipuliert werden. Keimung und Anzucht von Jungpflanzen lassen sich auf dieselbe Art beeinflussen (siehe Gewächshäuser und Frühbeetkästen, »Pflanzenlampen«, S. 485).

Sonne und Schatten

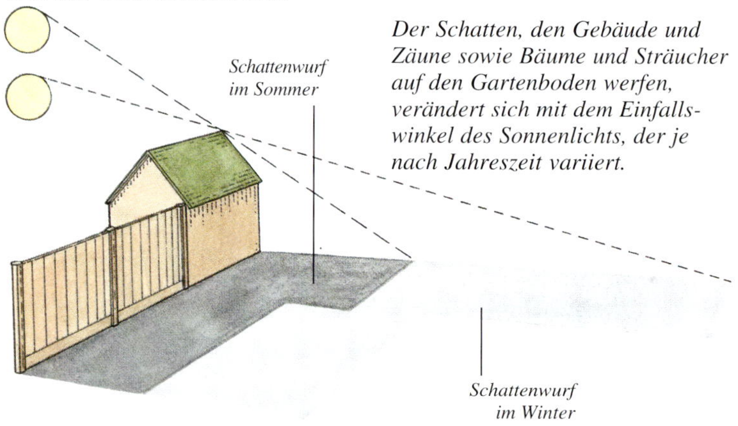

Der Schatten, den Gebäude und Zäune sowie Bäume und Sträucher auf den Gartenboden werfen, verändert sich mit dem Einfallswinkel des Sonnenlichts, der je nach Jahreszeit variiert.

Windturbulenzen

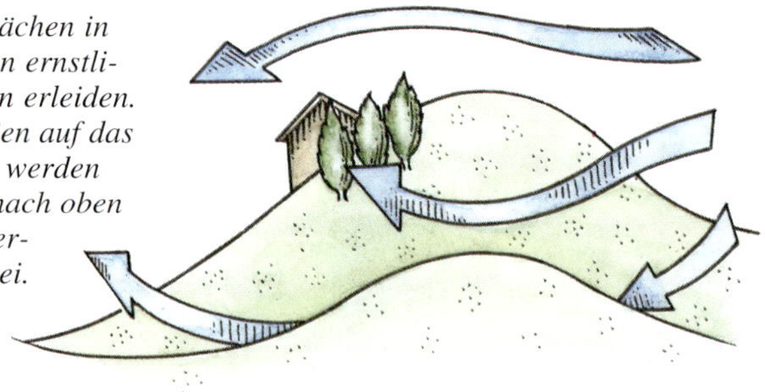

Ungeschützte Flächen in Hanglage können ernstliche Windschäden erleiden. Wenn die Luftböen auf das Gelände stoßen, werden sie seitlich und nach oben abgelenkt und verstärken sich dabei.

Windkanäle

Ein Windkanal, der zwischen Gebäuden und Bäumen entsteht, kann auf seinem Weg an Pflanzen großen Schaden anrichten, da die Luft mit hoher Geschwindigkeit hindurchweht. Will man hier trotzdem etwas anpflanzen, sollte ein Windschutz aufgestellt werden.

Wie Pflanzen auf Sonne reagieren

Pflanzen wachsen immer in Richtung Sonne: Ein Strauch, der dicht an einer Mauer steht, wird mehr Triebe und Blätter auf der von der Mauer entfernten Seite entwickeln. Ebenso bekommen Pflanzen, deren Lichtquelle unzureichend oder begrenzt ist, lange, bleiche Triebe. Die Intensität des Sonnenlichts bestimmt bei manchen Pflanzen den Zeitpunkt, zu dem sich die Blüten öffnen: *Ornithogalum umbellatum* erblüht z. B. nur unter günstigen Lichtbedingungen.

Sonne oder Schatten

Die meisten Laubpflanzen benötigen zum optimalen Wachstum die maximale Lichtmenge. Einige Gartengewächse gedeihen in direktem, starkem Sonnenlicht, andere nicht. Halbharte Pflanzen, das meiste Obst und Gemüse, Rosen und Pflanzen aus dem Mittelmeerraum wachsen am besten in voller Sonne. Viele Rhododendren haben lieber etwas Schatten, Efeu *(Hedera)* und Immergrün *(Vinca)* wünschen sich ganz schattige Plätze.

Zuviel Sonne

Starkes Sonnenlicht kann Blüten und Blätter versengen, v. a. wenn die Pflanzen kurz zuvor gewässert wurden. Es kann auch Früchte oder Rinde spalten. Um das zu vermeiden, wählen Sie passende Standorte, und sehen Sie für Ihre empfindlichen Pflanzen im Sommer eine Schattierung vor, besonders in Gewächshäusern und in Frühbeeten (siehe Gewächshäuser und Frühbeetkästen, »Schattierung«, S. 484).

Wind

Wind beschädigt oft Pflanzen und ihre Umgebung, hat aber auch Vorteile: Er spielt eine wichtige Rolle bei der Verbreitung von Pollen und Samen und dient der Abkühlung von Pflanzen, vorausgesetzt, sie haben genug Wasser, um nicht auszutrocknen. Eine leichte Brise verhindert die Entstehung von stickiger Luft und damit von Krankheitskeimen.

Andererseits kann Wind nützliche Insekten vertreiben und die Kontrolle über Schädlinge und Unkraut erschweren: Spritzen bei Wind ist gefährlich, weil man nicht zielgerichtet vorgehen kann. Auch ernsthaftere Probleme können durch Wind verursacht werden; es gibt jedoch Möglichkeiten, Pflanzen dagegen zu schützen.

Windschäden

Sind Bäume ständig starkem Wind ausgesetzt, bekommen sie mit der Zeit eine schiefe Wuchsform. Überdies können die äußeren Triebe beschädigt oder »versengt« werden. Bei Bäumen, die auf Bergen oder an der Küste stehen, ist das oft der Fall.

Stürme und Böen

Je höher die Windgeschwindigkeit, desto größer der Schaden, den Wind verursacht. Bei Sturm können Zweige und Stengel brechen, bei Orkanen sogar Bäume entwurzelt werden. Starker Wind kann auch Zäune, Gewächshäuser u. a. bauliche Elemente im Garten beschädigen. Bei sandiger oder torfiger Erde führt er zu Erosion.

Verbrennungen und Erfrierungen

Starker Wind bewirkt bei hoher Temperatur, daß die Pflanzen noch schneller Wasser verlieren und ihre Blätter und Triebe austrocknen. Schon mäßiger Wind kann ungünstig sein und ein optimales Wachstum von Pflanzen verhindern. Wo die Temperaturen niedrig sind und ständig Wind weht, kommt es zu Frostschäden (siehe S. 515).

Auswirkungen der Topographie

Die Stärke des Windes hängt weitgehend von der Topographie ab. An der Küste gibt es oft keinen Schutz gegen salzhaltige Winde vom Meer. Auch Hügelgrundstücke sind dem Wind mehr ausgesetzt, der hier noch zusätzliche Turbulenzen verursachen kann.

Windkanäle entstehen häufig durch Luftzug zwischen Berghängen, Baumgruppen und auch benachbarten Gebäuden. Sie verstärken Geschwindigkeit und Kraft des Windes erheblich, deshalb sollte man an den Stellen nichts anpflanzen. Mit künstlichen Barrieren wie Zäunen oder Mauern oder natürlichen, also Hecken aus Bäumen oder Sträuchern, kann man sich effektiv gegen Wind schützen.

Wie ein Windschutz funktioniert

Welche Art Windschutz man auch verwendet, er sollte zu ungefähr 50 Prozent durchlässig sein. Massive Widerstände lenken den Wind nach oben, was einen Unterdruck auf ihrer Rückseite bewirkt, durch den Luft angesogen wird und Turbulenzen entstehen.

Zäune oder Mauern müssen zum maximalen Schutz als Garteneinfriedung bis zu 4 m hoch sein, aber für niedrigwachsende Pflanzen wie Gemüse und Erdbeeren reichen schon 0,5 m. Auf großen Flächen sollten Windschutzvorrichtungen in regelmäßigen Abständen – der in etwa dem Zehnfachen ihrer Höhe entspricht – aufgestellt werden.

WINDSCHUTZ

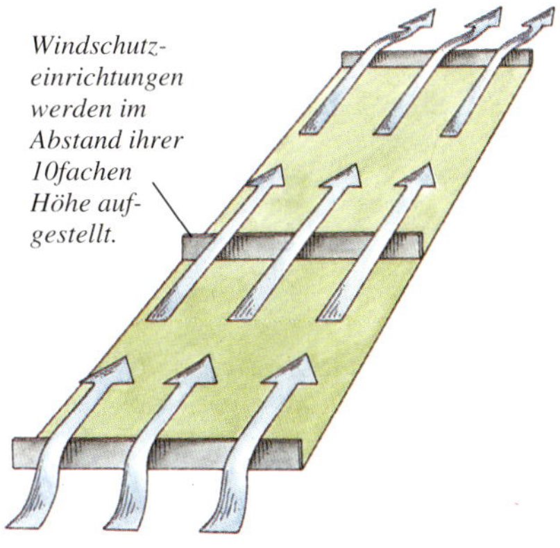

MEHRERE WINDSCHUTZBLENDEN
Stellen Sie auf einer großen, ebenen Fläche mehrere halb durchlässige Zäune oder Mauern auf, um die Kraft des Windes zu drosseln.

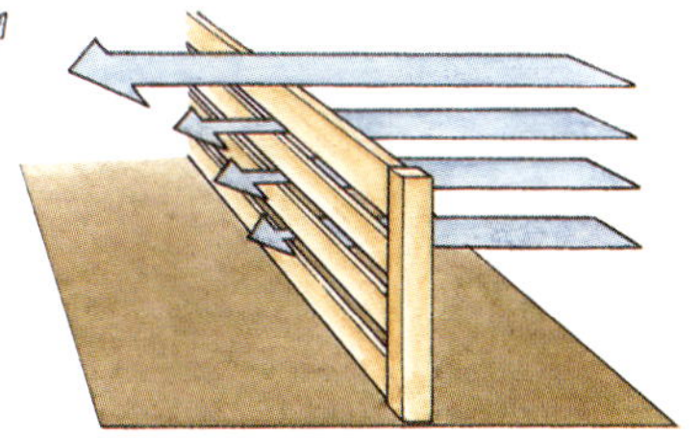

ABBREMSEN DES WINDES
Ein Windschutz sollte halb durchlässig sein, so daß noch Luft durchkommt, aber mit verminderter Geschwindigkeit.

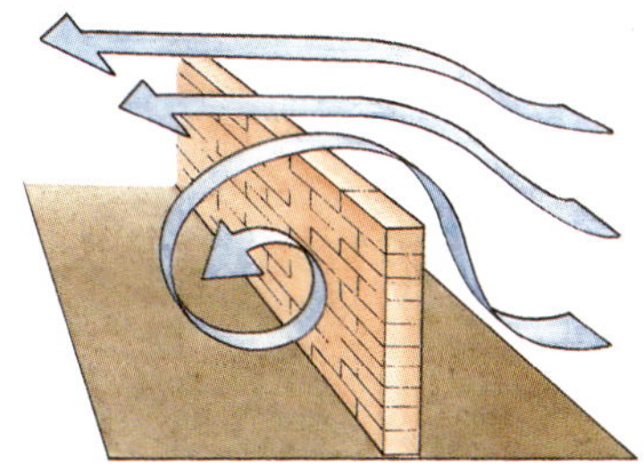

UNDURCHLÄSSIGER WINDSCHUTZ
Eine massive Mauer ist ineffektiv. Die Luft wird nach oben gelenkt und dann nach unten gesogen.

Mikroklima

Unterschiede in der Topographie bedeuten oft, daß das Klima eines Geländes von dem des umliegenden Gebiets abweicht. In einer Senke kann es relativ warm sein, wenn sie windgeschützt ist; liegt sie dagegen im Schatten, ist sie eher kühl. Die Niederschläge in Gärten auf der Leeseite einer Anhöhe können erheblich geringer sein als auf der windzugewandten Seite.

Der Garten und seine Pflanzen beeinflussen und verändern das örtliche Klima und bewirken Besonderheiten, aus denen ein spezifisches Mikroklima entsteht, das sich deutlich von dem der Umgebung unterscheiden kann.

Nutzung des Mikroklimas

Um das Mikroklima eines Gartens zu verändern, muß der Gärtner gestalterisch eingreifen. Hoch- oder Hangbeete, die der Sonne zugewandt sind, erwärmen sich etwa im Frühling schnell und sind damit ideal für Frühgemüse oder Blumen. Ist die Erde gut drainiert, eignet sich derselbe Platz für Pflanzen, die Trockenheit lieben. Nach Süden liegende Zäune und Mauern sind gute Standorte für Kletterer, Sträucher und Obstbäume, da sie viel Sonne bekommen; außerdem absorbieren sie einen großen Teil der Hitze, die dann an die Pflanzen abgegeben wird und ihr Wachstum fördert.

Windschutz

Eine Baumreihe oder ein Zaun bietet Schutz für Pflanzen, die sonst durch den Wind Schaden nehmen könnten. Die Wachstumsbedingungen sind auf beiden Seiten unterschiedlich: Auf den Boden der Leeseite fällt wenig Regen, so daß er eventuell auch gegen Sonne abgeschirmt werden muß.

Schattige Plätze

Schattige Stellen im Garten, die unter Bäumen, Hecken oder hohen Sträuchern liegen, empfangen dieselbe Art Licht wie in einem Wald und eignen sich daher für entsprechende Pflanzen. Soll es noch schattiger sein, setzt man sie an nordwärts gewandte Mauern, obwohl es dort eventuell zu kalt sein kann.

Ein Sumpfgarten

Die Ränder eines Teiches oder Baches oder einen niedrig gelegenen Teil des Gartens kann man mit feuchtigkeitsliebenden Gewächsen bepflanzen.

Gewächshäuser und Frühbeete

Mit Gewächshäusern, Frühbeeten und Folien kann man den Wetterunbilden entgegenwirken und auf kleinstem Raum verschiedene Mikroklimate schaffen (Näheres dazu siehe S. 474-491).

DAS MIKROKLIMA EINES GARTENS

Selbst auf kleinstem Raum kann man unterschiedliche klimatische Bedingungen schaffen. Natürliche Gegebenheiten erzeugen ihr eigenes Mikroklima, und bestimmte Einrichtungen können so genutzt oder manipuliert werden, daß sie Pflanzen aus unterschiedlichsten Regionen Lebensraum bieten.

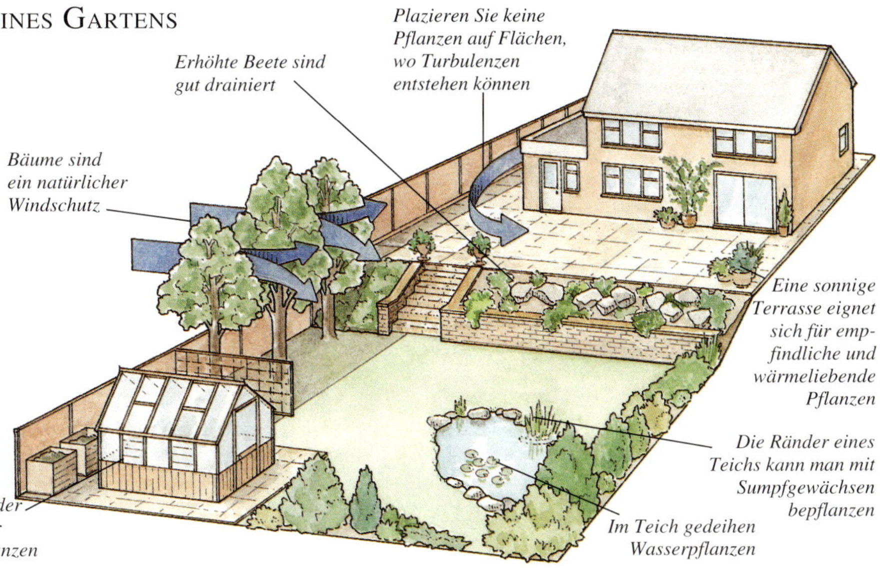

Frost- und Windschutz

WÄHLEN Sie Pflanzen, die im gegebenen Klima gedeihen; versuchen Sie nicht, die Bedingungen zu verändern, denn das Kultivieren empfindlicher Arten in kaltem Klima wird fast immer mit einer Enttäuschung enden. Für Pflanzen, die an einem Standort normalerweise gut wachsen, harte Winter aber nicht vertragen, ist Schutz gegen Frost und Wind eine vernünftige Maßnahme. Effizienter Frostschutz ermöglicht das Heranziehen vieler verschiedener Pflanzen und bietet sich v. a. für große Pflanzen an: für Gewächse, die nicht leicht abzudeken sind, und für Frühblüher, die empfindlicher auf Frost reagieren als spätblühende Arten. Auch gegen starken Wind, der Zweige knickt und zarte Pflanzen beschädigt, braucht man Schutz; außerdem können salzhaltige Winde vom Meer das Laub bräunen.

Präventivmaßnahmen

Die schlimmsten Schäden kann man vermeiden, indem man empfindliche Arten nicht in Frostsenken, sondern z. B. vor eine warme Mauer oder eine sonnige Böschung pflanzt. Zarte Kletterer können an

SCHUTZ KLEINER BÄUME UND STRÄUCHER

ISOLIERUNG AUS FARN ODER STROH
Binden Sie Zweige zusammen, errichten Sie 30 cm um den Baum ein an drei Stäben befestigtes Drahtgeflecht. Packen Sie Farn hinein, schließen Sie den Kreis mit einem 4. Stab. Decken Sie alles mit Stroh und Plastikfolie ab.

STROHHÜLLE
Packen Sie Stroh zwischen zwei Drahtgeflechte um die Pflanze, füllen Sie Lücken auf und binden Sie das Ganze fest.

SACKLEINENSTREIFEN
Binden Sie die Zweige zusammen, und rollen Sie Sackleinenstreifen drum. Schützen Sie den unteren Teil des Stamms mit Stroh.

SACKLEINEN UND STROH
Packen Sie von unten nach oben Stroh um die Zweige des Strauchs. Umhüllen Sie den Schutz locker mit Sackleinen.

AUF RAHMEN GESPANNTER STOFF
Schützen Sie an Mauern gezogene Obstbäume während der Blüte nachts mit einem über Stäbe geführten Nylonstoff gegen Frost.

STROH UND DRAHTGEFLECHT FÜR KLETTERER
Packen Sie Stroh oder Farn hinter die Zweige eines rankenden Gehölzes. Befestigen Sie oben und unten an der Mauer ein Drahtgeflecht, und hinterfüllen Sie es mit Stroh.

ERDE ANHÄUFELN
Schützen Sie Strauchrosen gegen extreme Kälte, indem Sie ca. 12 cm hoch Erde anhäufeln.

ROSEN EINGRABEN

1 *Lockern Sie den Wurzelballen, und heben Sie daneben ein Loch aus; es soll ca. 30 cm tiefer sein als der Strauch breit ist.*

2 *Kleiden Sie das Loch mit Stroh aus, und legen Sie den Strauch hinein. Packen Sie Stroh um und über die Zweige.*

3 *Stecken Sie Stäbe in die Erde, und spannen Sie eine Schnur dazwischen, um den Strauch 30 cm unten zu halten. Füllen Sie über dem Strauch Erde auf.*

einer Hauswand hochranken (die wärmer ist als eine Gartenmauer) oder in Gefäßen, die sich leicht an einen geschützten Ort stellen lassen. Sämlinge, Sommerzwiebeln und Knollengewächse sollte man erst auspflanzen, wenn keine Frostgefahr mehr droht, und Rosen u. a. Sträucher im Spätsommer nicht düngen, weil so angeregte neue Triebe durch Herbstfröste Schaden nehmen könnten.

Wenn krautige Pflanzen auf natürliche Weise absterben, schützen ihre Blätter und Stengel im Winter die Wurzelhälse; eine Mulchschicht aus sich langsam zersetzendem, organischem Material schützt alle Pflanzenwurzeln. Kontrollieren Sie die Pflanzen im Winter regelmäßig, und setzen Sie diejenigen wieder fest ein, die sich durch Frost gelokkert haben.

Frostschutz

Manche Pflanzen müssen vor den Extremen von Frieren und Tauen dadurch geschützt werden, daß man die Temperaturen konstant hält.

Isolierung

Pflanzen kann man wirkungsvoll schützen, indem man sie mit Sackleinen, einer alten Decke oder Zeitungspapier abdeckt. Warme Luft, die aus der Erde entweicht, wird unter der Abdeckung zurückgehalten und wirkt isolierend. Sackleinen verlangsamt den Erwärmungsprozeß beim Tauen, so daß die Pflanze auch bei mildem Wetter im Winter im Ruhezustand bleibt. Farn oder Stroh, das man unter das Sackleinen um die Pflanze packt, isoliert zusätzlich und eignet sich für an Mauern gezogene Ziergehölze, Kartoffeln, Erdbeeren, kleine Obstbäume und -sträucher. Sobald die Temperatur über 0° C steigt, kann die Abdeckung entfernt werden. Rankgewächse sollten möglichst von der Kletterhilfe abgenommen und die Stengel zusammengebunden werden, bevor man sie zum Schutz umwickelt.

Kleine Bäume und Sträucher umgibt man mit einem lockeren Drahtgeflecht, das man mit trockenen Blättern oder Stroh füllt. Das Geflecht wird mit einer Plastikplane umhüllt, die das Isoliermaterial trocken hält. Das Stroh kann auch zwischen und hinter die Zweige gepackt und dann mit Plane abgedeckt werden.

Abdecken mit Mulch oder Erde

Decken Sie bei ausdauernden Pflanzen, die bis zum Wurzelhals absterben, mit Mulch oder Blättern ab und legen Sie Farn oder Nadelholzzweige darüber. Rosen und andere holzige Gewächse schützt man, indem man rundherum Erde anhäufelt oder sie eingräbt. In sehr kalten Gegenden sollte darüber noch Stroh gelegt werden. Wurzelgemüse schützt man ebenso; man kann es dann sogar in Frostperioden ernten.

Hauben

Wenn nur einzelne Pflanzen Schutz benötigen, ist die beste Lösung eine Haube, die wie ein Mini-Gewächshaus funktioniert, die Erde wärmt und eine gleichmäßige Temperatur hält. Triebe von frostempfindlichen Pflanzen wie Spargel kann man mit nahezu jedem beliebigen Gefäß abdecken: einem Eimer, einem großen Blumentopf, einem stabilen Pappkarton. Durchsichtige Plastikfolie eigens für diesen Zweck ist im Handel erhältlich. Dauerhafter schützen Glasglocken, Polyäthylenscheiben, Folientunnel oder Frühbeete (siehe GEWÄCHSHÄUSER UND FRÜHBEETKÄSTEN, S. 474-491).

Windschutz

Durch Windschutz soll der Wind gebremst werden, bevor er die Pflanzen erreicht, damit ihre Zweige und Stengel nicht geknickt werden und sie nicht zuviel Wasser verlieren. Für empfindliche Gewächse empfiehlt sich als Standort die Leeseite einer dichten Hecke. Eine 1,5 m hohe Hecke reduziert noch im Abstand von 7,5 m die Windgeschwindigkeit um 50 Prozent (siehe HECKEN, S. 60-62).

Gehölze vertragen Wind unterschiedlich gut. Am unempfindlichsten sind Arten mit kleinen, dicken, dornigen bzw. ledrigen Blättern wie x *Cupressocyparis leylandii*, *Escallonia* und Stechpalme *(Ilex)*, bei den laubabwerfenden Gehölzen Erle *(Alnus)*, Eberesche *(Sorbus aucuparia)*, Weide *(Salix)*, Holunder *(Sambucus nigra)* und Weißdorn *(Crataegus monogyna)*. Eine Vorrichtung aus Rohr und Geflecht dient als Windschutz, solange die Hecke wächst.

WINDSCHUTZBLENDEN

DRAHTGEFLECHT
Schützen Sie Pflanzen durch ein flexibles, doppellagiges Geflecht, das an Stäben befestigt ist, gegen Wind.

SPEZIALWINDSCHUTZ
Dieser Spezialwindschutz ist an stabilen Pfählen befestigt.

FLECHTZÄUNE
Stellen Sie zwischen den Pflanzen in regelmäßigen Abständen quer zur Windrichtung Flechtzäune auf, um starke Böen abzulenken.

ABDECKUNGEN GEGEN FROST UND SCHNEE

HAUBE
Schützen Sie Sämlinge, empfindliche Stauden oder junge Sträucher mit einer eckigen Haube. Schließen Sie die offenen Enden mit Glas oder Plastik ab.

FOLIENTUNNEL
Schützen Sie niedrigwachsende Pflanzen wie Erdbeeren mit einem über Drahtbügeln gespannten Folientunnel. Zur Belüftung sollte er tagsüber geöffnet werden.

ZEITUNGSPAPIER
Schützen Sie junge Kartoffeln und andere empfindliche Pflanzen gegen Nachtfrost mit Zeitungspapier, das an den Rändern mit Erde beschwert wird.

SCHNEESCHUTZ
Schützen Sie Sträucher wie Wacholder (Juniperus) *mit Sperrholzdächern, die mit einer Querstrebe versteift sind, gegen starken Schneefall.*

5

Der Boden und seine Düngung

Böden sind *komplexe und dynamische Naturkörper, die sich aus winzigen Partikeln verwitterter Gesteinsarten und angereichertem organischem Material, bekannt als Humus, sowie aus pflanzlichen und tierischen Organismen bis hin zu den Kleinstlebewesen zusammensetzen. Ein gesunder Gartenboden ist Voraussetzung für erfolgreiches Pflanzenwachstum: Physikalisch ist er Träger der Pflanzen, versorgt sie mit Wasser, Luft und allerlei Nährelementen. Wenn die Bodenqualität in Ihrem Garten schlecht ist, so gibt es verschiedene Möglichkeiten, sie zu verbessern: Im Grunde genommen kann jeder Boden mit etwas Zeitaufwand und Mühe verbessert werden. Man kann z. B. den Boden drainieren, wenn er staunaß ist, seine Struktur und sein Wasserhaltevermögen verbessern, indem man organisches Material (z. B. Gartenkompost, gut verrotteten Stallmist) einarbeitet. Zusätzliche Nährstoffe werden dem Boden einfach mit Düngemitteln zugeführt, und aufgekalkt wird, um saure Böden alkalischer zu machen. Eine Mulchdecke und Bodendünger fördern das Pflanzenwachstum, weil Unkrautsamen am Keimen gehindert werden und der Wasserverlust eingeschränkt wird; manchmal dient Mulchen auch zur Verschönerung.*

Die Struktur des Bodens

Die meisten Böden werden nach ihrem Ton-, Schluff- und Sandgehalt klassifiziert. Größenordnung und Proportion dieser mineralischen Bestandteile beeinflussen die chemischen und physikalischen Eigenschaften des Bodens.

Bodenarten

Lehmböden haben die gleichen Anteile an mineralischen Korngrößen, 8-25 % Tongehalt, was einen guten Wasserabzug und hohes Wasserhaltevermögen bei zugleich hoher Bodenfruchtbarkeit garantiert.

Tonböden sind schwere Böden, die langsam abtrocknen und sich nur allmählich erwärmen, aber sie sind oft sehr fruchtbar. Allerdings neigen sie zur Verdichtung und können bei Austrocknung verhärten.

Sand- und Schluffböden haben beide einen geringen Anteil an Tonpartikeln, weshalb sie viel weniger Wasser speichern können. Sandböden sind locker und wasserdurchlässig, sie müssen regelmäßig bewässert und gedüngt werden; im Frühjahr erwärmen sie sich rasch und sind leicht mit organischer Substanz zu verbessern. Schluffböden speichern das Wasser besser und sind fruchtbarer als Sandböden, neigen aber zu Verdichtung.

Bodeneigenschaften

Tonböden haben einen Anteil von über 25 % Ton, sie sind naß und klebrig. Böden, die weniger als 8 % Ton enthalten, werden als Schluff- oder Sandboden eingestuft, je nachdem, ob Schluff- oder Sandteilchen überwiegen. Torf bildet sich, wo aufgrund nasser, saurer Bedingungen der vollständige Abbau der organischen Substanz, die deshalb auf oder nahe der Bodenoberfläche zurückbleibt, verhindert wird. Kreideboden ist alkalisch, wasserdurchlässig und ermöglicht einen raschen Abbau der organischen Substanz.

Sandboden
Er ist wasserdurchlässig und leicht zu bearbeiten, aber recht unfruchtbar.

Torfboden
Reich an organischer Substanz, von dunkler Farbe und hat gutes Wasserspeichervermögen.

Ton
Schwerer Boden mit geringer Wasserdurchlässigkeit, meist mit hohem Nährstoffgehalt.

Kreideboden
Hell, flachgründig und steinig; Kreideböden sind sehr wasserdurchlässig und mäßig fruchtbar.

Schluff
Schluff hält die Feuchtigkeit gut, ist fruchtbar, aber neigt zu Verdichtung.

Organische oder Torfböden sind naß und sauer; Pflanzen wachsen darin aber gut, wenn sie entwässert, gedüngt und aufgekalkt werden.

Kreide- oder Kalksteinböden sind flachgründig, sehr wasserdurchlässig, alkalisch und mäßig fruchtbar.

Das Bodenprofil

Böden lassen sich in 3 Schichten gliedern: in Oberboden, Unterboden und eine Schicht, die aus dem Ausgangsgestein entstanden ist. Der Oberboden enthält die meisten Bodenorganismen und viele Nährstoffe. Meist ist er dunkel, da er organische Substanz enthält, welche nicht natürlich oder natürlich durch Laubfall zugeführt wird. Der Unterboden ist meist heller; ist er weiß, so ist das Ausgangsgestein wahrscheinlich Kreide oder Kalkgestein. Wenn es nur geringe oder keine Farbunterschiede zwischen Ober- und Unterboden gibt, kann der Oberboden an organischer Substanz verarmt sein.

Unkräuter und Wildpflanzen vermögen die Bodenart in einem Garten und bestimmte Bodeneigenschaften anzuzeigen, obwohl ihre Anwesenheit nur ein Hinweis ist. Birke, Heidekräuter, Fingerhut und Stechginster sind Indikatoren für einen sauren Boden, so wie es viele Gartenpflanzen, z.B. die Rhododendren, sind. Buche und Esche zeigen an, daß der Boden wahrscheinlich alkalisch ist. Wildpflanzen können auch die chemischen Eigenschaften des Bodens anzeigen: Brennessel und Ampfer z.B. weisen auf einen nährstoffreichen Boden mit hohem Phosphorgehalt hin, während Klee als Anzeiger für einen Boden mit niedrigem Stickstoffgehalt gilt.

BODENPROFIL

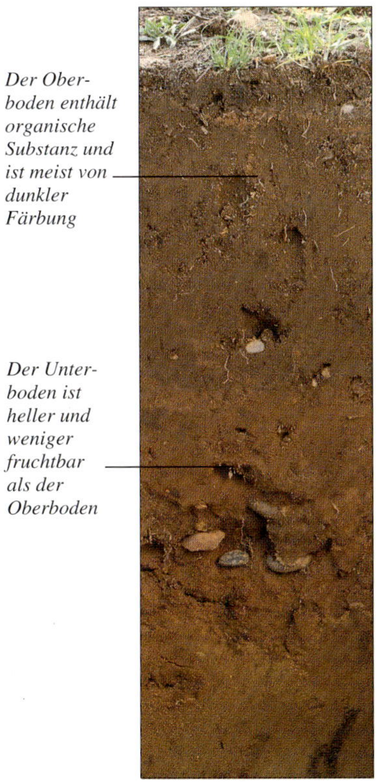

Boden besteht in der Regel aus dem Ober- und Unterboden und einer unteren Schicht, die aus dem darunterliegenden Gestein entstanden ist. Die Dicke der Schichten schwankt.

So bestimmen Sie Ihren Boden

Zerreiben Sie feuchtes Bodenmaterial zwischen den Fingern. Sandiger Boden fühlt sich ziemlich körnig an, wird nicht kleben oder einen Klumpen bilden, sandiger Lehm ist etwas bindiger. Schluffboden fühlt sich seidig oder seifig an. Schluffiger Lehm kann Abdrücke aufweisen, wenn er mit einem Finger gedrückt wird. Lehmiger Tonboden haftet gut zusammen und ist geschmeidig. Schwerer Tonboden bildet einen glänzenden Streifen, wenn er geglättet wird. Alle Tonböden fühlen sich klebrig und etwas schwer an.

SANDBODEN
Sandiger Boden fühlt sich körnig an, wenn man ihn zwischen den Fingern zerreibt. Die Sandkörner kleben nicht zusammen.

TONBODEN
Tonboden fühlt sich feucht-klebrig an und kann zu einem verformbaren Klumpen zusammengedrückt werden.

Bodenacidität und -alkalität

Der pH-Wert des Bodens gibt dessen saure oder basische Wirkung an – die Skala reicht von 1-14. Bei einem pH-Wert unter 7 ist der Boden sauer, während ein pH-Wert über 7 einen basischen Boden anzeigt. Neutrale Böden haben einen pH-Wert von 7.

Der pH-Wert des Bodens wird eigentlich von seinem Kalziumgehalt bestimmt. Kalzium ist ein basisch wirkendes Element, das in fast allen Böden durch Auswaschung verlorengeht. Kalkreiche Böden auf Kreide oder Kalkstein sind davon kaum betroffen; andere Böden, v.a. Sandböden, versauern allmählich.

Die Bodenalkalität kann durch Kalkung (siehe S. 531) oder Zufuhr von kalkreichem Material wie Pilzsubstrat angehoben werden.

Zur pH-Messung kann man elektronische pH-Meter und Bodentestsätze verwenden. Es sind mehrere Untersuchungen quer durch den Garten zu machen, da der pH-Wert oft schwankt. Messungen nach dem Aufkalken sind unzuverlässig.

Wirkung des pH-Werts
Der pH beeinflußt v.a. die Löslichkeit der Bodenminerale und folglich ihre Pflanzenverfügbarkeit. Saure Böden neigen zu Phosphormangel und enthalten manchmal viel Mangan und Aluminium. Alkalische Böden führen zu Mangel an Mangan, Bor und Phosphor.

Der optimale pH-Wert
Der pH-Bereich für gutes Pflanzenwachstum liegt zwischen 5,5-7,5. Ein pH von 6,5 ist meist optimal, was von den jeweiligen Kulturpflanzen abhängig ist. Moorböden haben ein pH-Optimum von 5,8. Die höchsten Gemüseerträge erhält man auf neutralen Böden, die meisten Zierpflanzen tolerieren einen weiten pH-Bereich. Kalkliebende und kalkfliehende Pflanzen sind an extreme pH-Bereiche angepaßt und verkümmern, wenn sie auf Böden mit falschem pH-Wert gepflanzt werden.

DIE BESTIMMUNG DES pH-WERTS
Testsätze zur Bodenuntersuchung bestehen aus einer chemischen Lösung, die sich verfärbt, wenn man sie im Teströhrchen mit etwas Boden mischt. Die Farben werden verglichen.

Bodenorganismen

Bestimmte Bodenlebewesen sind für die Bodenfruchtbarkeit unentbehrlich. Nützliche Bakterien und Pilze bevorzugen gutdurchlüftete Böden und tolerieren meist einen großen pH-Bereich, Pilze bevorzugen allerdings saure Bedingungen. Eine Gruppe von Pilzen lebt in Gemeinschaft mit Pflanzenwurzeln (Mykorrhiza) und verbessert die Nährstoffaufnahme aus dem Boden.

Kleine Bodenlebewesen (z.B. Milben) spielen eine große Rolle beim Abbau der organischen Substanzen. Mikroskopisch kleine Würmer und Nematoden tragen zur Bekämpfung von Schadorganismen bei – obwohl einige selbst Schädlinge sind.

Größere Bodentiere, v.a. Regenwürmer, machen die Erde krümelig und verstärken die Durchlüftung.

NÜTZLICHE BODENORGANISMEN

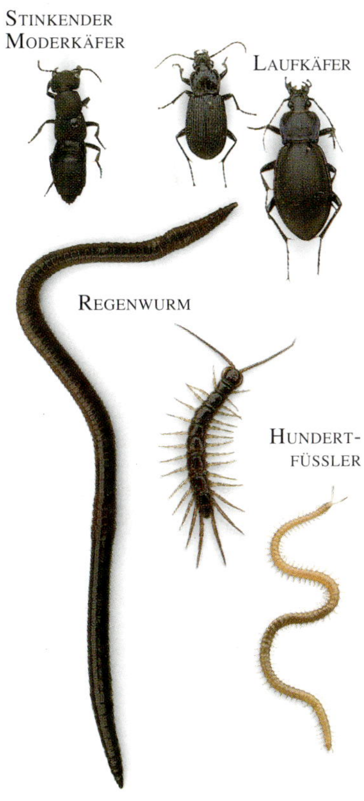

Gesunder Boden enthält viele Regenwürmer u.a. Lebewesen, die für die Durchlüftung des Bodens sorgen und organische Substanz abbauen.

Bodenbearbeitung

Die richtigen Bodenbearbeitungsmethoden mit Unkrautbekämpfung und Zufuhr von Bodenverbesserungsmitteln sind unabdingbar für erfolgreiches Pflanzenwachstum.

Säuberung eines verwilderten Gartens

Vernachlässigte, verwilderte Gartengrundstücke können mit Hilfe von Geräten, im Extremfall durch den Einsatz chemischer Mittel, freigemacht werden (siehe auch PFLANZENSCHÄDEN, »Unkrautbekämpfung«, S. 574).

Das Roden mit Maschinen

Es sind so viele oberirdische Triebe wie möglich mit einer Astschere mit Nylonseil, einem Buschmesser oder einer Sense abzuräumen. Mit einem Kreiselmäher schneidet man dann alle verbliebenen Pflanzen so niedrig wie möglich ab, ehe man den restlichen Bewuchs der Fläche ausgräbt und beseitigt.

Alternativ verwendet man eine Bodenfräse, um den Boden aufzureißen und die Unkräuter zu zerkleinern. Es ist mehrmals zu fräsen, um die verfilzte Pflanzendecke aufzureißen. Beim Zerkleinern durch die Zinken werden Wurzeln von Dauerunkräutern in Stücke geschnitten, die rasch nachwachsen. Nach dem Fräsen ist es daher wichtig, die Parzelle abzurechen und alle verbliebenen Unkräuter manuell zu entfernen.

Roden mit chemischen Mitteln

Im Extremfall spritzt man ein Herbizid mit translozierender Wirkung, wobei die Gebrauchsanleitung des Herstellers genau befolgt werden muß, läßt es wirksam werden und schneidet dann die Triebe ab.

Abgestorbene Pflanzen werden entfernt oder in den Boden eingearbeitet. Die meisten Gärtner ziehen es vor, die gesamte Fläche zum Pflanzen vorzubereiten, aber Bäume, Sträucher u.a. kräftige Zierpflanzen können auch direkt in Pflanzlöcher, die man in die abgestorbene Pflanzendecke gräbt, gepflanzt werden.

Auf Sandböden werden viele Herbizide rasch ausgewaschen, weshalb man nur Kontaktherbizide, die sich erst bei Bodenkontakt abbauen, ausbringen sollte. Immer mehr Freizeitgärtner meiden chemische Mittel. Sie sollten mechanische oder andere Verfahren zur Unkrautbekämpfung anwenden, z.B. das Mulchen (siehe S. 532) und alternative Anbaumethoden wie die Anlage eines tiefen Pflanz- bzw. Saatbeetes (siehe S. 534).

UNKRAUTBEKÄMPFUNG

HERBIZIDE VERWENDEN
Ein vernachlässigtes oder verunkrautetes Grundstück muß vor dem Bepflanzen gründlich gesäubert werden, im Extremfall mit einem Unkrautbekämpfungsmittel.

UNKRÄUTER AUSGRABEN
Wurzeln großer Unkräuter werden ausgegraben und ausgezogen; indem der Haupttrieb nahe am Boden gefaßt wird, kann das ganze Wurzelstück entfernt werden.

Unkrautbekämpfung

In allen Gartenböden sind Unkrautsamen und Wurzelstücke von Dauerunkräutern vorhanden. Samen werden auch von Nachbargrundstücken mit dem Wind in den Garten gebracht, oder gelangen durch gekaufte Pflanzen in den Boden. Durch Bodenbearbeitung wird der Boden naturgemäß gestört und oft gelangen dadurch Unkrautsamen an die Bodenoberfläche, wo sie keimen können (siehe »Die flache Saatbettbereitung«, S. 526). Durch Kultivierungsarbeiten können aber auch kleine Wurzelstücke von ausdauernden Unkräutern nachwachsen.

Es ist also fast unmöglich, einen Boden vollständig von Unkräutern freizumachen, regelmäßiges Jäten ist die beste Bekämpfungsmethode. Obwohl sehr ermüdend, ist das Jäten mit einer kleinen Handgrabgabel schon deshalb die wirksamste Methode, weil man sich vergewissern kann, daß die ganze Pflanze aus dem Beet entfernt wird. Außerdem werden wertvolle Pflanzen dadurch am wenigsten geschädigt.

Hacken

Hacken benützt man zum Entfernen einjähriger Unkräuter und man verwendet sie auch, um den Boden zu belüften (siehe S. 460). Wenn man mit ihnen jedoch nicht sorgfältig umgeht, können die flachen Wurzeln und die Triebe von Nachbarpflanzen beschädigt werden. Hacken lockert hauptsächlich die obere Bodenschicht und geht selten tief genug, um die Wurzeln von Dauerunkräutern zu erreichen; diese sollten mit der Hand herausgezogen werden.

Bodenentseuchung

Einige Bodenschädlinge und Krankheiten, z.B. der Hallimasch und die Nematoden, sind so aggressiv und hartnäckig, daß die einzig wirksame Behandlung für ihre Abtötung die Bodenentseuchung ist.

Chemische Bodenentseuchungsmittel sind hochgiftig und dürfen nur von einem geschulten Fachmann ausgebracht werden.

Umgraben mit Spaten und Grabgabel

Die Bodenbearbeitung mit Spaten und Grabgabel schafft günstige Wachstumsbedingungen, weil dadurch der Boden durchlüftet und eine verdichtete Oberfläche aufgerissen wird. Gleichzeitig kann man z.B. organische Substanz und Dünger ein-

DAS FRÄSEN DES BODENS

1 Für großflächige Bodenbearbeitung lohnt es sich, eine Fräse auszuleihen. Das Gestänge ist auf eine bequeme Höhe einzustellen und die Handgriffe sind so hinunterzudrücken, daß die Fräsmesser den Boden bis zur vollen Krumentiefe bearbeiten.

2 Nach dem Fräsen recht man zusammen und entfernt alle Reste der Dauerunkräuter, andernfalls werden sie sich erholen und erneut wachsen.

BODENENTSEUCHUNG

Bodenentseuchung ist manchmal die letzte Möglichkeit. Den entseuchten Boden mit Folie abdecken, die mit Erde beschwert wird. Dafür verwendete Erde entsorgen.

arbeiten. Auf stark verdichtetem Boden hilft das Umgraben, die Bodenstruktur und die Entwässerung des Bodens zu verbessern.

Nachteile des Umgrabens
Umgraben beschleunigt allerdings den Abbau der organischen Substanz, v.a. auf sandigen Böden, was auf längere Sicht zur Minderung der Bodenfruchtbarkeit führt. Zwar wird die Bodenstruktur durch Bodenbearbeitung vorübergehend verbessert, aber nach einer Weile setzt sich der Boden ab und verdichtet sich.

Wann wird umgegraben
Wenn möglich, sollte im Herbst umgegraben werden. Der Boden ist dann Winterfrösten ausgesetzt, wodurch die groben Schollen zerbrechen und sich die Bodenstruktur v.a. bei schwerem Boden, verbessert.

Von Wintermitte bis zum frühen Frühjahr ist der Boden meist naß und gefroren und kann nicht bearbeitet werden. Schwerer Boden darf niemals umgegraben werden, wenn er naß ist, da dies zu dauerhaften Schäden führt.

Eine Grabgabel verwenden
Umgraben heißt, den Boden hochheben und wenden. Grabgabeln, die leicht in den Boden eindringen, eignen sich gut dafür, den Boden aufzubrechen und zu lockern – aber nicht um ihn hochzuheben. Das Graben mit der Grabgabel schädigt die Bodenstruktur weniger als wenn man einen Spaten verwendet, weil dabei die Erdklumpen eher längs der natürlichen Bruchstellen als längs der künstlich geschaffenen Schnittflächen aufgerissen werden.

Mit der Grabgabel kann man den Boden grob umgraben und wenden, aber nicht einen feinkrümeligen Boden bereiten (siehe S. 526). Es ist auch sinnvoll, Unkräuter aus dem Boden zu entfernen, z.B. Dauerunkräuter wie Quecke.

Umgraben mit der Grabgabel

Am besten, wenn der Boden feucht, aber nicht naß ist. Systematisch arbeiten: Mit der Gabel in den Boden stechen, sie dann umdrehen (Nebenbild), um den Boden aufzubrechen.

Das einfache Umgraben
Beim Umgraben heben viele Gärtner bloß einen Spatenvoll Erde hoch, wenden sie, lassen sie in die ursprüngliche Lage fallen und zerschlagen sie. Diese Methode bezeichnet man als »einfaches Umgraben«. Es ist eine schnelle und ziemlich leichte Bodenbearbeitungsmaßnahme. Sie eignet sich, um die Bodenoberfläche von Pflanzenresten (nicht ausdauernden Unkräutern) zu säubern, und gleichzeitig kleine Mengen Stallmist und Mineraldünger einzuarbeiten oder einen feinkrümeligen Boden zu bereiten. Wenn man in einem ungleichmäßig geschnittenen Beet oder nah bei Pflanzen gräbt, ist das einfache Umgraben angebracht.

Einen Spatenstich tief umgraben
»Einen Spatenstich tief« bezeichnet eine systematische und arbeitswirtschaftliche Bodenbearbeitung, d.h. daß eine Fläche vollständig gleichmäßig und einen Spaten tief umgegraben worden ist.

Die Fläche, die bebaut werden soll, wird mit einer Schnur abgesteckt; dann werden, an einem Parzellenende beginnend, spatentiefe Furchen, ca. 30 cm breit ausgehoben. Die Erde der ersten Furche wirft man vor diese. Es wird rückwärts gearbeitet, wobei die Erde jeweils von der hinteren in die davorliegende Furche geworfen wird.

Diese Methode wählt man für Grundstücke mit regelmäßiger Form und in Fällen, wo gleichmäßig ebene Flächen wichtig sind – z.B. in Gemüse- und Schrebergärten. Flaches Umgraben ist auch dort zweckmäßig, wo große Mengen organischer Substanz untergegraben werden müssen.

Man sollte die Gelegenheit nützen, um Kalk (wenn erforderlich) und Dünger in die Furche zu streuen, ehe sie mit Erde aufgefüllt wird. Unkräuter, insbesondere tiefwurzelnde Dauerunkräuter, sollten beseitigt werden.

Zwei Spatenstich tief umgraben
»Zwei Spatenstich tief umgraben« wird auch Holländern genannt. Man sollte die Methode anwenden, wenn der Boden vorher noch nicht bearbeitet war oder wenn die Drainage verbessert werden muß. Auf Grünflächen können Grassoden abgehoben, in die Furche geworfen und mit dem Spaten zerkleinert werden, ehe man auffüllt. Kalk und

Einfaches Umgraben

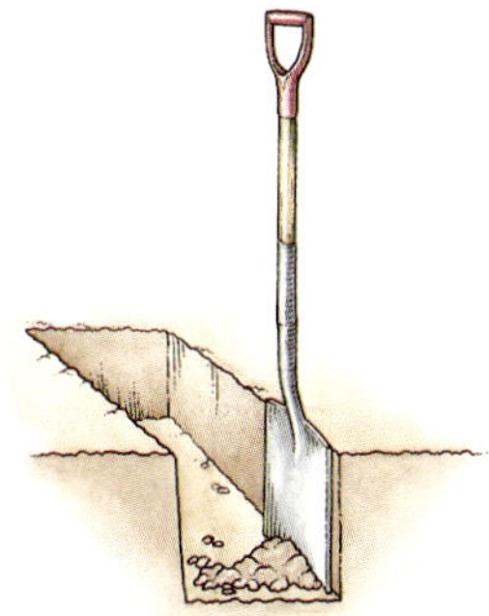

Das Spatenblatt ist meist 25 cm lang. So tief wird die Furche, wenn spatentief umgegraben wird.

1 Man stößt den Spaten senkrecht bis zur vollen Länge des Blattes in den Boden, indem man mit dem Fußballen fest auf den oberen Spatenrand tritt.

2 Beim Herausziehen Erde auf das Spatenblatt nehmen; Knie und Ellbogen beim Hochheben des Spatens beugen. Nicht zuviel ausheben, v.a. dort, wo der Boden schwer ist.

3 Den Spaten drehen, um den Boden zu wenden. So wird der Boden belüftet und der Abbau der organischen Substanzen gefördert.

Spatentiefes Umgraben

Das Beet abstecken und eine durchgehende Furche graben, dabei rückwärts gehen, damit der Boden nicht festgetreten wird. Die Erde aus jeder Furche umgekehrt nach vorn in den Graben werfen.

1 Die Furche einen Spaten tief und ca. 30 cm breit ausheben. Die Erde nach vorne auf den Boden werfen.

2 Die zweite Furche ausheben und die Erde nach vorn in die erste Furche werfen. Beim Wenden einjährige Unkräuter und Unkrautsamen untergraben.

Düngemittel sollten, wenn nötig, auch eingearbeitet, Dauerunkräuter beseitigt werden.

Beim Holländern ist wichtig, daß der Unterboden nicht mit dem Mutterboden gemischt wird. Auf Flächen, wo der Mutterboden keine 2 Spatenstiche tief ist, sollte man das normale Holländern anwenden, weil so gewährleistet ist, daß der Boden vom oberen und unteren Spatenstich getrennt bleibt. Die untere Bodenschicht muß nicht ausgehoben werden – sie kann an Ort und Stelle mit der Grabgabel gelockert oder aufgegraben werden –, obwohl auch sie, wenn eine tiefere Bodenlockerung erforderlich ist, gewendet werden sollte.

Auch hier ist die Fläche zuerst mit Hilfe einer Schnur abzustekken. Dann hebt man die Erde des oberen und unteren Spatenstichs der ersten Grabefurche und des oberen Spatenstichs der zweiten aus und legt sie auf 3 getrennte, deutlich gekennzeichnete Erdhaufen ab. Der untere Spatenstich aus der zweiten Furche wird dann auf die Grabesohle der ersten Furche geworfen und mit dem oberen Spatenstich der dritten Furche wird die erste Furche aufgefüllt. So bleiben Mutterboden und Unterboden getrennt. Die weiteren Furchen werden auf dieselbe Art gegraben. Am Ende des Beets ist der Aushub der ersten beiden Furchen zu verwenden, um mit den entsprechenden Schichten die 2 letzten Furchen aufzufüllen. Ist der Mutterboden mehr als 2 Spatenstiche tief, ist es nicht erforderlich den oberen vom unteren Spatenstich zu trennen. Also kann das Erdreich aus einer Furche einfach in die vordere Furche geworfen werden.

FEINKRÜMELIGE OBERE BODENSCHICHT

Ein krümeliger, gleichmäßig strukturierter Boden stellt ein gutes Saatbett für die Samenkeimung dar. Er hat ein gutes Wasserhaltevermögen, ist aber dennoch wasserdurchlässig.

ZWEI SPATEN TIEF UMGRABEN

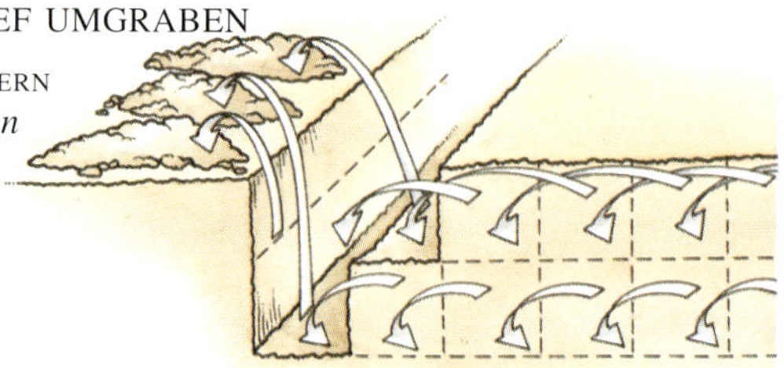

NORMALES HOLLÄNDERN
2 Spaten tiefe Furchen werden ausgehoben. Die Erde daraus wird in die Furchen nach vorn geworfen; niemals Boden vom oberen und unteren Spatenstich mischen.

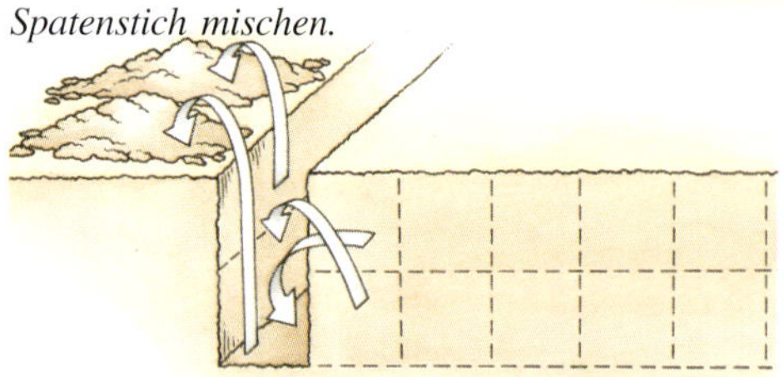

HOLLÄNDERN AUF TIEFGRÜNDIGEM MUTTERBODEN
Hier kann der Boden vom oberen mit dem vom unteren Spatenstich gemischt werden. Man hebt 2 Spatenstiche aus der ersten Furche aus. Dann wirft man den Boden vom oberen Spatenstich der zweiten Furche auf die Grabesohle der ersten. Mit der Erde vom unteren Spatenstich der zweiten Furche wird die erste Furche aufgefüllt usw.

Ein feinkrümeliges Beet herrichten

Stabile Krümelstruktur besitzt eine feine Ackerkrume, was für das Auflaufen der Samen vorteilhaft ist. Sie besteht größtenteils aus kleinen, gleichen Bodenteilchen, hält gleichmäßig die Feuchtigkeit und ist eben. Eine feinkrümelige Ackerkrume sorgt für guten Kontakt zwischen Samen und Boden, so daß die Feuchtigkeit aufgenommen werden kann.

Einen Monat vor der Aussaat ist das Saatbett herzurichten. Man gräbt um und überläßt den Boden der Witterung. Vor dem Säen zerschlägt man die Erdklumpen mit dem Rechen und zieht den Boden glatt.

Bodenstruktur und Wassergehalt

Damit Pflanzen über Jahre wachsen und blühen, muß der Boden eine gute Struktur besitzen. V.a. auf mittleren und schweren Böden hängt das Pflanzenwachstum von der Bodenstruktur ab.

Auf gut strukturiertem Boden bilden die Bodenpartikel Krümel. Daraus besteht z.T. das miteinander in Verbindung stehende Porensystem, in dem Wasser-, Nährstoff- und Luftaustausch stattfinden. Die Bodenstruktur beeinflußt also Wasserspeicherungsvermögen, Wasserdurchlässigkeit und Fruchtbarkeit des Bodens. Schlecht strukturierter Boden kann zu rasch entwässert oder staunaß werden, die Nährstoffe gehen durch Auswaschung verloren.

BODENSTRUKTUR VERBESSERN

Je nach Bodenzustand wird organisches Material, z.B. gut verrotteter Stallmist oder Kompost, eingearbeitet.

Boden mit schlechter Struktur
Boden mit mangelhafter Struktur ist im Winter oft zu naß, im Sommer zu trocken. Das Wasser läuft eher von der Oberfläche ab als tief einzudringen, und wenn der Boden einmal feucht ist, dann fließt das Wasser nur langsam ab. Solche Böden sind schwer zu bearbeiten; im Sommer werden sie hart. Folglich haben es die Pflanzenwurzeln schwer, in den Boden einzudringen, das Pflanzenwachstum wird beeinträchtigt.

Die flache Saatbettbereitung

Bei dem Verfahren wird der Boden durch flaches Graben aufgebrochen, um die Unkrautsamen an die Bodenoberfläche zu bringen. Alle Unkräuter werden gleichzeitig beseitigt. Die Unkrautsamen können dann keimen und die Sämlinge werden durch flaches Hakken beseitigt – hier wird der Boden so wenig wie möglich gelockert. Das Saatgut kann dann in den unkrautfreien Boden gesät werden. Weitere Unkrautsamen keimen zwangsläufig während der Wachstumsperiode, da aber der erste Unkrautwuchs vernichtet wurde, ist die spätere Unkrautbekämpfung einfach.

1 *Als Versuch wurde der Boden rechts umgegraben, während der Boden links nicht bearbeitet wurde.*

2 *Nach einigen Wochen waren die Unkrautsamen auf dem bearbeiteten Boden aufgelaufen, auf dem unbearbeiteten kaum.*

Bearbeitet man schweren Boden bei nasser Witterung, kann das zu Verdichtungen führen. Werden Bodenpartikel zusammengepreßt, verringert sich der Luftgehalt, und der Abfluß des Wassers ist behindert.

Das Betreten des feuchten Bodens schädigt die Struktur der oberen Schicht – Bodenkrümel zerbrechen, und die feinen Bodenteilchen bilden eine Kruste. Diese setzt die Durchlüftung stark herab, wodurch die Sauerstoffversorgung an den Pflanzenwurzeln eingeschränkt ist. Die Kruste unterbindet auch das Auflaufen der Samen. Man nennt das »verschlämmen«, und bestimmte Böden, v.a. Schluffböden, können nach schweren Regenfällen oder wenn der Boden zu stark beregnet worden ist davon betroffen sein.

Die Bodenstruktur verbessern

Zur Verbesserung der schlechten Struktur wird 2 Spaten tief umgegraben (ohne die obere mit der unteren Bodenschicht zu mischen). Dabei werden organische oder anorganische Zusätze eingearbeitet. Das trägt dazu bei, daß Durchlüftung und Wasserhaltevermögen verbessert werden. Auf staunassen Flächen muß ein Drainagesystem angelegt werden (siehe S. 529).

Bodenzusätze verwenden

Welche Zuschlagstoffe verwendet werden, ist von der Bodenart abhängig. Die meisten können auf der Bodenoberfläche ausgebracht oder in den Boden eingearbeitet werden. Organisches Material wie Stallmist und Gartenkompost verbessern die Struktur jeder Bodenart und liefern wertvolle Nährsoffe. Stallmist fördert auch die Regenwurmtätigkeit, wodurch wieder die Bodenstruktur verbessert wird (siehe »Bodenorganismen«, S. 523).

Leichter, sandiger Boden kann durch geringe Mengen Ton (Mergeldüngung) verbessert werden, aber große Kies- oder Sandmengen würden nötig sein, um einen schweren Boden aufzulockern.

Auf verdichtetem Boden und auf Tonböden setzt man Mist, Kompost und/oder Kalk (nicht für säureliebende Pflanzen) zu, um seine Struktur zu verbessern. Auf Schluffböden setzt man zur Strukturverbesserung geringe Mengen Ton zu und verwendet Mist und Kompost, um die Krümelbildung zu unterstützen.

Welche Zusätze nötig sind, hängt vom Bodenzustand ab; eine grobe Faustregel besagt, daß eine etwa 5-10 cm dicke Schicht mit grobfaserigem Material aufzubringen ist. Einige Stoffe, v.a. anorganische Präparate und wasserspeichernde Gels, sollten in viel geringerer Menge zugesetzt werden (Anweisungen des Herstellers befolgen).

Nebeneffekte der Bodenzusätze

Zuschlagstoffe regulieren auch den Luft- und Wasserhaushalt im Boden. Mit Sand, Kies und grobfaserigem organischem Material kann man in schluffreichen, verdichteten Böden und schweren Tonböden die Drainage verbessern. Mit Sand oder Kies sollten Rinnen im Boden verfüllt werden; ein Durchlaß für das Wasser sollte dabei offenbleiben. Einige Zusätze, z.B. Torf, gut verrotteter Stallmist und wasserspeichernde Gels dienen als »Schwämme« und können zur Verbesserung des Wasserhaltevermögens in durchlässigen Sandböden eingesetzt werden. Auf verdichtetem Boden sind wasserspeichernde Gels nützlich, um das Wasserhaltevermögen zu verbessern, ohne dadurch die Durchlüftung herabzusetzen.

Das Aufbringen von Ton verbessert die Fruchtbarkeit eines ausgelaugten Bodens. Ton, Torf und im gewissen Maß Rinde vermögen die Nährstoffe zu speichern, die sonst durch Auswaschung verlorengehen könnten.

Probleme mit den Zuschlagstoffen

Manche Zusätze sollten bei bestimmten Bodenverhältnissen nicht verwendet werden. Feiner Sand z.B., den man in kleinen Mengen auf einen schweren Boden aufbringt, kann dessen geringe Durchlässigkeit noch verschlechtern, weil die Bodenporen verstopfen. Besser sind hier Kies oder grober Sand.

Aus frischem Mist entweicht Ammoniak, und es werden daraus manchmal andere, für Pflanzen möglicherweise schädliche Substanzen freigesetzt. Wenn es nicht möglich ist, den Stallmist zu kompostieren oder ihn, bis er gut verrottet ist, zu lagern, wird er im Herbst auf die Bodenoberfläche ausgebracht, und der Boden bleibt den Winter über unbearbeitet. Der Mist wird allmählich verrotten, und er wird durch die Regenwürmer in den Boden eingearbeitet.

Frisches Stroh, Blätter und Rinde binden beim Abbauprozeß Stickstoff, was eventuell zu Stickstoffmangel im Boden führt, wenn dem Boden nicht gleichzeitig Stickstoff zugesetzt wird.

Für die Kompostierung (siehe S. 533) niemals virenverseuchte Pflanzenabfälle oder Pflanzenmaterial, das ausdauernde Unkräuter enthält, verwenden.

BODENZUSÄTZE

Die Zufuhr von Kompost, gut verrottetem Stallmist oder von Torfersatzprodukten verbessert die Bodenstruktur, trägt dazu bei, Feuchtigkeit im Boden zu halten. Pilzsubstrate sind alkalisch und sollten nicht bei Pflanzen verwendet werden, die saure Bedingungen benötigen. Kalk (auch alkalisch) verklebt die Tonpartikel im Boden zu Krümel; der Vorgang wird Flockung genannt.

PILZSUBSTRAT

STALLMIST

KALK

KOKOSFASER

BÖDEN VERGLEICHEN

GUTER BODEN
Er ist strukturstabil und hat eine krümelige, feuchte Struktur mit einem Porensystem, das mit Luft und Wasser gefüllt ist. Die Bodenkrümel bilden keine harte Kruste.

SCHLECHTER BODEN
Seine Oberfläche ist verdichtet und hart; kann kaum bearbeitet werden. Seine Wasserdurchlässigkeit ist gering. Bei Austrocknung zeigen sich Risse im Boden.

BODENSCHÄDEN

VERDICHTUNG
Hier sind die Poren zwischen den Bodenteilchen stark zusammengepreßt worden, was zu langsamer Drainage und schlechter Durchlüftung führt.

UNTERBODENVERDICHTUNG
Hier liegt eine fast undurchlässige, verdichtete Bodenschicht vor. Das Wasser kann nicht abfließen; der Verdichtungshorizont muß aufgebrochen werden.

BLAUFLECKIGKEIT
Sie weist auf stagnierende Staunässe hin; der Boden muß drainiert werden. Blaufleckiger Boden kann unangenehm riechen. Unterbodenverdichtung.

BODENVERSCHLÄMMUNG
»Oberflächige Verschlämmung« bildet sich, wenn die Bodenkrümel der obersten Schicht z.B. durch Regen oder Begehen nassen Bodens zerstört werden.

Wasser

Voraussetzung für Pflanzenwachstum ist eine gute Wasserversorgung; die notwendige Wassermenge hängt z.T. von der Pflanze selbst, aber auch von der Bodenart, der Bodenstruktur und von der Bewässerungsmethode ab.

Das Bodenwasser

In einem gut strukturierten Boden wird das Wasser in feinen Kapillarporen gehalten, die größeren Poren sind mit Luft gefüllt; deshalb kann man solche Böden als »feucht und auch als gut drainiert« bezeichnen.

Aus Poren mit den größten Durchmessern ist das Wasser meist sogleich pflanzenverfügbar. Wenn die Poren kleiner werden, wird es für die Pflanzen immer schwieriger, Wasser daraus aufzunehmen, d.h., daß ein gewisser Anteil des Bodenwassers stets nicht verfügbar ist.

Tonböden
Tonböden speichern viel Wasser, haben aber einen hohen Anteil feiner Kapillarporen, so daß die Pflanzen daraus nicht immer ihren Bedürfnissen entsprechend Wasser aufnehmen können.

Sandböden
Grobporen treten in Sandböden auf. Das darin festgehaltene Wasser ist deshalb leichter aufnehmbar. Sandböden haben aber eine hohe Durchlässigkeit, die Bewegung des Kapillarwassers seit- oder aufwärts ist darin gering.

Lehmböden
In Lehmböden ist der Anteil von groben und ziemlich feinen Poren

SO GIESST MAN NICHT

Nicht mit scharfem Strahl wässern! Die Bodenoberfläche verschlämmt, das Wasser läuft ab und schwemmt den Boden aus.

BEWÄSSERUNGSMETHODEN

GIESSEN IN MULDEN
Rund um die Pflanze eine Mulde bilden und mit Wasser füllen.

GIESSEN IN TÖPFE
Einen Blumentopf mit Abflußloch nahe der Pflanze eingraben und den Topf langsam mit Wasser füllen.

meist ausgeglichen – die Grobporen ermöglichen rasches Abfließen des Wassers, während die feineren Poren es eher zurückhalten, so daß es von Pflanzen bei Trockenheit aufgenommen werden kann.

Der Grundwasserspiegel
Durch kapillaren Aufstieg aus dem Grundwasser gelangt das Wasser an die Bodenoberfläche. Schwere Tonböden können bis 2 m über dem Grundwasserstand mit Wasser gesättigt sein, und Pflanzenwurzeln können noch 3,5 m über dem Wasserspiegel etwas Wasser aufnehmen. Schluff- und die meisten Tonböden sind bis zu 1,5 m wassergesättigt, wobei den Wurzeln 2,5 m über dem Grundwasserstand Wasser zur Verfügung steht. Die Zahlen für feinen Sand betragen 1,5 m bzw. 2,4 m und für gröberen Sand 0,3 bzw. 1 m. Auf Kiesböden gibt es keinen Wasseraufstieg.

Bewässerungsmethoden

Ziel der Bewässerung ist, den Boden ausreichend mit Wasser zu versorgen und einen Vorrat zu schaffen, der bis zum nächsten Gießen oder Regen reicht. Wichtig ist, gründlich zu gießen, damit das Wasser tief in den Boden eindringen kann. Häufig, aber wenig gießen, nützt kaum, da ein großer Teil des Wassers gleich an der Bodenoberfläche verdunstet, ehe es bis zu den Pflanzenwurzeln eindringen kann.

Wasseraufnahme
Die Versorgung einer Pflanze mit Wasser ist von der Größe ihres Wurzelsystems abhängig. Wird, wenn nötig, die Drainage verbessert und durch 2 Spaten tiefes Umgraben verdichteter Boden gelockert, können die Wurzeln sich gut verzweigen und tiefer in den Boden eindringen.

Wichtig ist die Aufnahmekapazität des Bodens. Im Durchschnitt dringt Wasser in der Stunde nur etwa 8 mm tief in den Boden ein. Wird dem Boden mehr Wasser zugeführt, als er aufzunehmen vermag, sammelt es sich an der Oberfläche in einer Mulde, bis die Fläche, die bedeckt wird, ausreicht, um alles darin aufzunehmen. Nach dem Gießen bei trockenen Bedingungen lohnt es sich, den Boden mit einem Bohrstock zu überprüfen. Wenn der Boden um die Pflanzenwurzeln noch trocken ist, sollte die Fläche mehrmals hintereinander und immer wenn das Wasser versickert ist, bewässert werden.

Damit weniger Wasser abfließt, kann man den Boden durch Terrassierung oder »Napfbildung« so verändern, daß um jede Pflanze herum eine Mulde entsteht, die sicherstellt, daß das Wasser die Wurzeln erreicht. Das Gießen in Töpfe (siehe oben), mit Gartenregner (siehe S. 469) und Tropfbewässerung (siehe S. 469) sind wirksame Verfahren, da die Wurzeln mehrere Stunden lang mit Wasser versorgt sind.

Das Wasser im Boden halten
Mulchen (siehe S. 532) verbessert das Eindringen des Regenwassers in den Boden und mindert die Verdunstung. Eine wirksame Unkrautbekämpfung ist die Garantie dafür, daß das Bodenwasser nicht an unerwünschte Pflanzen vergeudet wird.

Wassermangel

Wenn eine Pflanze zu welken beginnt, hat sich ihr Wachstum bereits verlangsamt. Auf vielen Flächen ist während des Sommers der Wasserverbrauch größer als die -nachlieferung, so daß der Boden einen Nettowasserverlust erleidet. Das Einarbeiten von Zusätzen, z.B. Mist, verbessert die Struktur und erhöht das Wasserhaltevermögen; so wird kein Wassermangel auftreten, es sei denn, ein sichtbarer Mangel wird nicht durch Beregnung behoben, und der Boden trocknet allmählich immer mehr aus. Regelmäßiges Gießen ist daher sehr wichtig.

Lokale Wetterstationen besitzen Daten über den monatlichen Wasserverlust des Bodens und den der Blätter durch Transpiration, außerdem über die durchschnittliche Niederschlagsmenge im Monat. Diese Zahlen sind für die Berechnung der zu ersetzenden Wassermenge nützlich. Besser als die Durchschnittszahlen sind eigene monatliche Messungen.

Der jahreszeitliche Wasserbedarf
Ab welchem Zeitpunkt das Wachstum durch Wassermangel beeinträchtigt wird, hängt von den Pflanzen ab. Ertragreiche Pflanzen brauchen meist mehr Wasser. Bei manchen Pflanzen gibt es kritische Wachstumsphasen, in denen die Wasserversorgung besonders wichtig ist: die erste Hälfte des Sommers ist z.B. für junge, blühende Bäume wichtiger als die zweite. Obstbäume brauchen viel Wasser, wenn die Früchte anschwellen, ebenso die Kartoffeln, und Hochstämme müssen wahrscheinlich das ganze erste Jahr hindurch bewässert werden, da ihr Triebwachstum häufig in keinem Verhältnis zu ihrer Wurzelmasse steht.

Wichtig ist die Bewässerung auch für neugepflanzte oder umgepflanzte Gewächse, für Pflanzen auf flachgründigen Böden und in Gefäßen. Auch bei Sämlingen ist eine zuverlässige Wasserversorgung lebensnotwendig.

Trockenperioden
Auch gut eingewachsene Pflanzen leiden unter langer Trockenheit, obwohl eine Zeitlang kein Schaden sichtbar ist. Eine leichte Trockenperiode kann jedoch auch den Geschmack einiger Früchte und Gemüse, z.B. von Tomaten, verbessern.

In Gebieten mit wenig Niederschlägen besteht ein zunehmendes Interesse an Pflanzen, die an die Trockenheit gut angepaßt sind: *Cistus*, Lavendel und *Phlomis* ebenso wie viele grau- und silbrigblättrige Pflanzen sind gute Beispiele dafür.

Rasen verträgt anhaltend trockenes Wetter ebenfalls; obwohl der Rasen braun werden kann, erholt er sich schnell, sobald es regnet. Rasen im Sommer regelmäßig zu gießen ist also nicht nötig.

Staunasser Boden

Staunässe tritt auf, wenn mehr Wasser in den Boden eindringt als abfließen kann. Betroffen sind v.a. Böden mit hohem Grundwasserspiegel oder verdichtete, schlecht strukturierte Böden. In staunassem Boden sind die Wurzelfunktionen beeinträchtigt (nicht bei Sumpfpflanzen), und die Wurzeln können absterben, wenn die Drainage nicht verbessert wird. Nasser Boden ist meist nährstoffarm (v.a. an Stickstoff), folglich kann Nährstoffmangel zum Problem werden. Da ein nasser meist auch ein kalter Boden ist, wachsen die Pflanzen darin möglicherweise im Frühjahr langsam. Ebenso werden Krankheiten, z.B. Kohlhernie, auf staunassem Boden gefördert. Binsen, Seggen und Moos auf dem Gelände zeigen an, daß der Boden staunaß ist. Auch eine scharfe Trennlinie zwischen torfhaltigem Ober- und Unterboden weist auf schlechte Drainage hin. Wassergesättigte Tonböden können einen modrigen Geruch haben.

Mangelnde Drainfähigkeit ist leicht nachzuweisen, indem man in ein ca. 30-60 cm tiefes Loch Wasser gießt. Bleibt das Wasser stunden- oder gar tagelang stehen, muß der Boden drainiert werden. Gräbt man tiefer oder versucht man, einen dicken Metallstock in den Boden zu senken, und stößt dabei auf Widerstand, deutet das auf Unterbodenverdichtung hin (siehe »Bodenschäden«, S. 527).

Die Drainage verbessern

Wo es nur zuviel Oberflächenwasser gibt, kann dies vom Grundstück abgeleitet werden. Dabei wird die Gartenfläche so gestaltet, daß das Wasser in Draingräben fließen kann. Um die Entwässerung auf Grundstücken mit hohem Grundwasserspiegel zu verbessern, sollte ein Drainsystem im Unterboden angelegt werden. Dies überläßt man einem Fachmann. Existieren bereits Drainagen, so sind die Gräben auf ihre Funktion hin zu prüfen.

Entwässerungsgräben

Ein offenes Grabennetz ist das beste Verfahren, um überschüssiges Wasser abzuleiten. Die Gräben können bis 1 m tief sein und schräge Wände haben. Genauso wirksam, aber weniger auffallend sind sog. »französische« Drains. Diese Entwässerungsgräben sind mit Kieselsteinen gefüllt und oben mit umgedrehter Grasnarbe und Oberboden abgedeckt.

Drainsysteme und Sickerschächte

Ein Sickerschacht ist ein mit Kies verfüllter Schacht, in den überschüssiges Wasser über unterirdische Drainrohre oder -gräben abfließen kann. Dieses Verfahren hat sich bewährt, weil damit jede verdichtete Bodenschicht durchbrochen wird. Für den Bau eines Sickerschachtes wird ein etwa 1,5 m breiter und bis zu 2 m tiefer Graben ausgehoben. Man verfüllt ihn mit Schotter, darüber mit einer Kiesschicht und bringt ganz oben Grasnarbe oder ein Gitter auf. Ca. 60 cm unter dem Boden werden Rohre verlegt, die von der benachbarten Fläche bis zum Schacht verlaufen.

Flächen zur Wasserspeicherung

Alternativ kann man auf einer Fläche Wasser speichern, wo das Wasser sich in einem kleinen Teich oder großen Behälter sammelt und allmählich versickert. Ein Teich kommt der Tier- und Pflanzenwelt zugute, sein biologisches Gleichgewicht hängt jedoch davon ab, wie viele Sedimente das Drainwasser enthält – zu viele reichern den Teich mit Nährstoffen an, er neigt zum Verschlammen und zu Algenwachstum.

VERLEGEN VON DRAINROHREN IM FLACHEN GELÄNDE

Der Querschnitt des Entwässerungsgrabens zeigt ein Tondrainrohr, das auf einer Schotterschicht aufliegt, darüber befinden sich die oben beschriebenen Schichten.

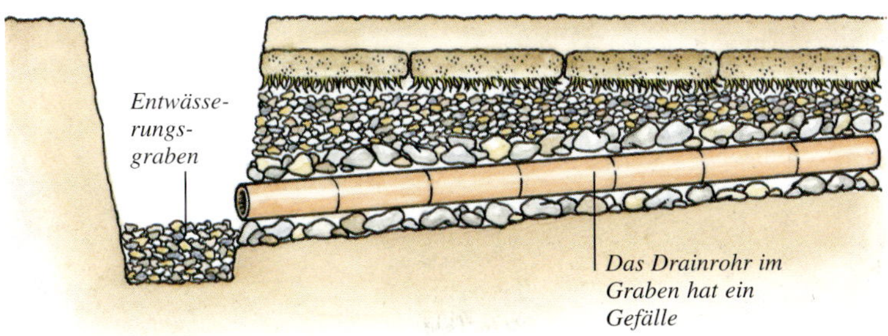

Auf einem flachen Gelände sollten die Drainrohre ein Gefälle aufweisen. So kann sich das Wasser darin sammeln und in einen Graben oder Sickerschacht, der in einem anderen Teil der Fläche liegt, fließen.

Verlegen der Rohre

Ein Drainnetz aus geschlitzten Kunststoff- oder Tonrohren, in fischgrätenartiger Anordnung verlegt, ergibt eine wirksame Entwässerung. Die Rohre in den Gräben werden auf ein Kiesbett gelegt. Dann bedeckt man sie mit einer Schicht aus Kies und Sand, ehe man den Graben mit dem Oberboden verfüllt. Wasser aus angrenzendem Gelände kann durch den Kies in die Rohre sickern, die es dann in einen Entwässerungsgraben oder Sickergraben abführen. Auf ebenem Boden ist ein Gefälle der Rohre wichtig. Die Entwässerungsrohre sollten, wenn möglich, vor dem Pflanzen verlegt werden, da bei dieser Arbeit beträchtliche Erdbewegungen stattfinden. Sie sollten mit dem Projekt einen Fachmann beauftragen.

ENTWÄSSERUNGSSYSTEM AN EINEM HANG

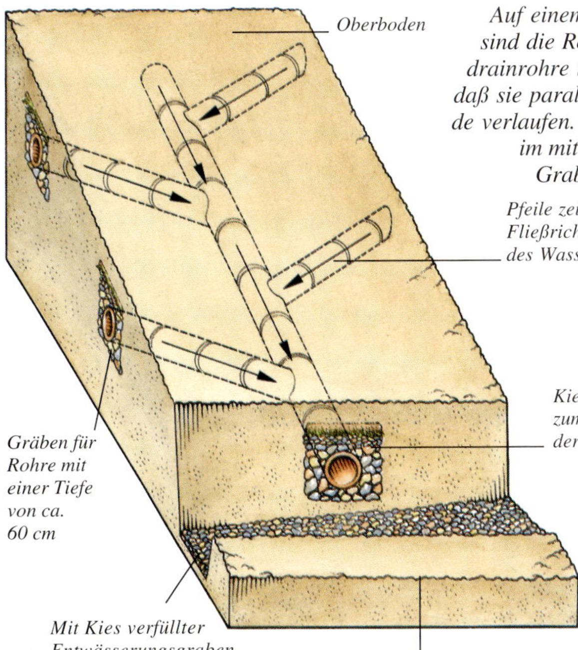

Auf einem Hanggelände sind die Rohre oder Tondrainrohre so zu verlegen, daß sie parallel zum Gelände verlaufen. Man steckt sie im mit Kies verfüllten Graben ineinander.

Bodennährstoffe und Düngemittel

Die von den Pflanzen benötigten Nährstoffe bestehen aus anorganischen Nähr-Ionen, die von den Wurzeln gelöst aus dem Boden aufgenommen werden und woraus mit Kohlendioxid und Wasser Nahrung aufgebaut wird. Zu den Hauptnährelementen zählen Stickstoff (N), Phosphor (P), Kalium (K), Magnesium (Mg), Kalzium (Ca) und Schwefel (S); sie werden in größeren Mengen von den Pflanzen benötigt.

Mikro- oder Spurennährelemente sind ebenso wichtig; sie umfassen Eisen (Fe), Mangan (Mn), Kupfer (Cu), Zink (Zn), Bor (Bo), Molybdän (Mb) und Chlor (Cl).

Der Mehrzahl der Böden müssen nur Stickstoff, der für kräftiges Wachstum sorgt, Phosphor (Phosphat), der die Wurzelbildung fördert, und Kalium (Kali), das das Blühen und Fruchten verbessert, regelmäßig zugeführt werden. Die häufigsten Nährstoff-Mangelsymptome bei Pflanzen werden durch Stickstoff- oder Kalimangel verursacht.

Mineralische und organische Düngemittel

Wie viele und welche Düngemittel ausgebracht werden sollen, ist für viele schwer zu abzuschätzen. Wenn man die organische und mineralische Düngung begreift, so kann das Gärtnern produktiver und vielleicht auch umweltfreundlicher werden.

Schwer zersetzbare organische Düngemittel

Nach Gewicht liefern schwer zersetzbare organische Düngemittel weniger Nährstoffe als Mineraldünger. Die Tonne Stallmist z.B. enthält ca. 6 kg Stickstoff, 1 kg Phosphor und 4 kg Kalium; die gleiche Nährstoffmenge in chemischer Form liefern 30 kg mineralischer Dünger.

Wirtschaftseigene Dünger sind für den organischen Landbau wichtig, weil das organische »Abfall«-Material, das sie so schwer zersetzbar macht, größeren Nutzen bringt als es eine Düngung aufgrund einer Nährstoffanalyse vermag. Wirtschaftseigene Dünger enthalten normalerweise viele Spurenelemente und stellen langfristig Stickstoff zur Verfügung, obwohl sie in ihrer Qualität sehr verschieden sein können; manchmal sind sie sogar nährstoffarm. Organische Düngemittel schaffen auch Bedingungen, in denen sich die Regenwürmer vermehren. Stallmist verbessert Struktur und Wassergehalt der meisten Böden, das fördert das Wurzelwachstum, und so nehmen die Pflanzen vermehrt Nährstoffe auf.

Konzentrierte Düngemittel

Im Handel angebotene Mischungen aus Blut, Fisch und Knochen sind z.B. konzentrierte organische Dünger; sie sind leicht zu handhaben und sichern konstante Nährstoffverhältnisse, können aber kostspielig sein.

Nährstoffgehalt der Düngemittel

	% Stickstoff (N)	% Phosphat (P_2O_5)	% Kali (K_2O)
Organischer Dünger			
Stallmist	0.6	0.1	0.5
Gartenkompost	0.5	0.3	0.8
Knochenmehl	3.5	20	–
Fisch-, Blut-, Knochenmehl	3.5	8	–
Huf- und Hornmehl	13	–	–
Algendünger	2.8	0.2	2.5
Pilzsubstrat	0.7	0.3	0.3
Steintopfasche	5	8	10
Steinphosphat	–	26	12
Holzasche	0.1	0.3	1
Kakaoschalen	3	1	3.2
Mineraldünger			
Volldünger	7	7	7
Ammonsalpeter	35	–	–
Triple-Superphosphat	–	44	–
Kaliumchlorid	–	–	60
Kalisulfat	–	–	49

Lösliche mineralische Dünger

Lösliche mineralische Dünger enthalten ihrem Gewicht nach hohe Prozentzahlen eines bestimmten Nährstoffs, und die meisten sind leicht zu transportieren, von einigen abgesehen leicht zu handhaben und auszubringen. Bezogen auf den Reinnährstoffgehalt sind sie am billigsten. Sie stellen den Pflanzen sofort Nährstoffe zur Verfügung, und zwar durch die zeitliche Steuerung dem jeweiligen Bedarf angepaßt. Allerdings kann ein beträchtlicher Teil des löslichen Düngers auf sandigen Böden infolge Auswaschung verlorengehen. Verwendet man lösliche Düngersalze, sollte man darauf achten, welche anorganischen Nähr-Ionen auf dem Boden ausgebracht werden. Rote Johannisbeeren z.B. reagieren empfindlich auf Chlorsalze (z.B. Kaliumchlorid), so daß in dem Fall sulfathaltiger Dünger verwendet werden sollte. Bei häufiger Ausbringung mancher Düngersalze steigt der Salzgehalt im Boden, das kann nützlichen Bodenorganismen schaden.

Depotdünger

Diese komplexen Düngerformulierungen sind so beschaffen, daß sie die Nährstoffe nach und nach freisetzen. Manche lösen sich langsam im Boden auf, andere nehmen so lange Wasser auf, bis das Granulat anschwillt und aufplatzt. Viele haben Membranen, durch die aus einem Depot im Innern Nährstoffe nachgeliefert werden. Indem man diese Membrane unterschiedlich dick macht, stellt man ein Mischgut her, das den Pflanzen über Monate oder sogar über Jahre Nährstoffe zur Verfügung stellt.

Langzeitdünger sind teuer, aber ihre Vorteile überwiegen im Vergleich zu löslichen Düngersalzen. Eine Düngung von in Behältern gezogenen Pflanzen ist damit weniger arbeitsintensiv, denn es muß nicht jedesmal beim Gießen gedüngt werden. Die Mobilisierung der in Langzeitdüngern vorhandenen Nährstoffe kann nicht genau vorhergesagt werden, besonders bei sehr langanhaltend wirkenden Depotdüngern, da die Freisetzung vom pH-Wert wie auch von der Feuchtigkeit und der Temperatur des Bodens abhängig ist.

Gründüngungspflanzen

Es sind Pflanzen, die nur angebaut werden, um sie wieder in den Boden

Vergleich der Düngemittel

Gartenkompost — Pilzsubstrat — Kakaoschalen — Fisch-, Blut- und Knochenmehl

Hier wird jeweils die Menge der unterschiedlichen Düngemittel gezeigt, die nötig ist, um etwa die gleiche Nährstoffmenge zu bekommen.

Wasserlöslicher Mineraldünger

LANGZEITDÜNGER

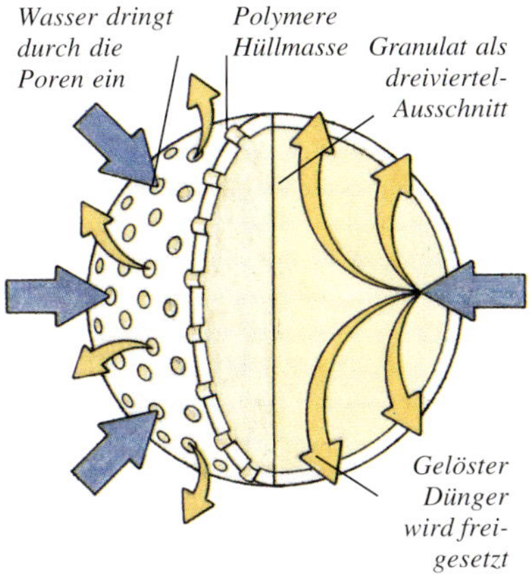

Durch die Poren der polymeren Hüllmasse dringt Wasser ins Düngergranulat ein; durch den Druck im Innern platzen die Granulate.

einzuarbeiten und diesem organische Substanzen zuzuführen, womit man die Bodenfruchtbarkeit erhöht. Man baut sie auf Flächen an, die sonst brachliegen würden, und man bewahrt zugleich die Nährstoffe im Boden vor Auswaschung. Wuchernde Pflanzen sollten jedoch nicht als Gründüngungspflanzen angebaut werden.

Borretsch *(Borago officinalis)*, Deutsches Weidelgras *(Lolium perenne)* und Beinwell *(Symphytum officinale)* sind hervorragende einjährige Gründüngungspflanzen. Auch Mischungen aus schnellwüchsigen, einjährigen Pflanzen werden verwendet. Erbsen und einjährige Lupinen haben stickstoffbindende Bakterien in den Wurzelknöllchen, die ihnen ermöglichen, Stickstoff aus der Bodenluft zu binden.

Das Ausbringen von Dünger

Dünger können über der Bodenoberfläche verteilt oder um einzelne Pflanzen gestreut werden. Einige Düngemittel sind auch in flüssiger Form erhältlich, die auf die Bodenoberfläche oder als Blattdünger direkt auf die Blätter ausgebracht werden.

Beim Ausbringen von Dünger sollten Handschuhe getragen und keine Stäube und Dämpfe, die von ihnen entweichen, eingeatmet werden. Es sind nur die empfohlenen Mengen auszubringen.

Breitwürfige Flächendüngung
Wenn der Dünger breitwürfig gestreut und gleichmäßig auf dem Boden verteilt wird, besteht keine Gefahr, daß man Pflanzen durch Überdüngung schadet. Bei trockener Witterung jedoch kann die Aufnahme bestimmter Nährstoffe, v.a. unbeweglicher Nährstoffe, z.B. Phosphat, gefährdet sein; man sollte deshalb Phosphat möglichst in den Boden einarbeiten.

Bei breitwürfig ausgebrachtem Dünger sollten die Blätter der Pflanzen damit nicht in Kontakt kommen, weil Verätzungsgefahr besteht.

Plazierte Düngung
Wenn man den Dünger um die Pflanzenbasis herum verteilt, ist dies ein wirkungsvolles Verfahren, weil die Pflanzenwurzeln die gedüngte Fläche rasch durchdringen.

Flüssigdünger
Dünger vor der Ausbringung in Wasser aufzulösen ist eine sehr wirksame Methode, Pflanzen Nährstoffe zuzuführen, v.a. wenn der Boden trokken ist. Ist Regen angesagt, sollten flüssige Dünger nicht ausgebracht werden, da die Lösung abgewaschen werden könnte. Die beste Zeit für Flüssigdüngung ist früh am Tag, um mögliche Verbrennungen durch Sonneneinstrahlung zu vermeiden.

Blattdünger
Flüssige Dünger werden auf die Blattoberflächen gespritzt. Sie können eingesetzt werden, um Nährstoffmangelsymptome, die durch bestimmte Bodenverhältnisse, z.B. hohen pH-Wert, hervorgerufen werden, zu beheben. Bei tiefwurzelnden Pflanzen (z.B. Obstbäumen) kann Blattdünger verwendet werden, um Mangelerscheinungen zu beseitigen.

Kalkdüngung

Kalkung oder die Zufuhr von kalkreichem Material (etwa Pilzsubstrat) verstärkt die basische Wirkung des Bodens. Dies ist erwünscht, um z.B. die Erträge auf dem Gemüsebeet zu steigern; bei Zierpflanzen lohnt sich das kaum.

Kalkdüngemittel
Obwohl er langsam wirkt, ist die Verwendung von kohlensaurem Kalk (Calciumcarbonat) ratsam, denn er ist leicht zu handhaben und ziemlich ungefährlich bei der Anwendung. Branntkalk (Calciumoxid) ist wirksamer bei der Anhebung des pH-Wertes, aber da er ätzend ist, kann er pflanzliches Material verbrennen; auch besteht bei Branntkalk die Gefahr einer Überkalkung. Gelöschter Kalk (Calciumhydroxid) entsteht durch Ablöschen von Branntkalk; er ist zwar weniger wirksam als Branntkalk, aber auch nicht so ätzend und leichter zu handhaben.

Die Anwendung von Kalk
Kalk kann zu jeder Jahreszeit gestreut werden, aber er sollte soweit wie möglich vor der Pflanzung ausgebracht und gründlich eingearbeitet werden. Man wählt dazu einen windstillen Tag und trägt bei der Arbeit eine Schutzbrille. Jedes Jahr darf der Boden nicht gekalkt werden, weil Überversorgung zu Nährstoffmangelerscheinungen führen kann. Erst sind auf möglichst verschiedenen Stellen des Gartens die pH-Werte zu ermitteln, weil bei ungleichmäßiger

KALKDÜNGUNG

Mit dem Spaten über die Bodenoberfläche streuen und mit dem Rechen verteilen (Nebenbild). Erst nach 1 Monat sollte gepflanzt oder gesät werden.

Abbaurate vorübergehende örtlich begrenzte Schäden auftreten können. Folgende Tabelle gibt die durchschnittliche Kalkmenge (in g/m²) an, die für eine spezielle Bodenart mit bekanntem pH erforderlich ist, um einen ph-Wert von 6,5 zu erreichen:

pH-WERT ZU BEGINN	SAND (g/ m²)	LEHM (g/ m²)	TON (g/m²)
4,5	190g	285g	400g
5,0	155g	235g	330g
5,5	130g	190g	260g
6,0	118g	155g	215g

Zur raschen Anhebung des pH-Wertes führt man Kalk beim Umgraben u.a. Kulturarbeiten zu. Bei eingewachsenen Pflanzen kann Kalk als Kopfdüngung verabreicht und eingewaschen werden.

Kalk darf nicht gleichzeitig mit Stallmist ausgebracht werden, weil Kalk mit dem stickstoffreichen Mist reagiert, wobei Stickstoff in Form von Ammoniak freigesetzt wird. Das kann Pflanzen schädigen, und Stickstoff geht dadurch verloren. Wenn nötig, sollten Kalk und Stallmist abwechselnd jedes zweite Jahr ausgebracht werden.

GRÜNDÜNGUNG

Gründüngungspflanzen werden auf unbebaute Flächen gesät. Wenn sie ca. 20 cm hoch sind, schneiden und nach 1-2 Tagen untergraben.

WIE BRINGT MAN DEN DÜNGER AUS

BREITWÜRFIG
Zur genauen Dosierung sollte das Grundstück in Quadratmeter eingeteilt werden. Die empfohlene Düngermenge wird in einen Eimer gegeben und gleichmäßig auf die abgesteckte Parzelle gestreut; mit den anderen Parzellen wird ebenso verfahren.

PLAZIERT DÜNGEN
Den Dünger um die Pflanzenbasis streuen; Blätter und Stengel müssen verschont bleiben.

Bodendünger und Mulch

Als Bodendünger und zum Mulchen dienen Materialien, die auf die Bodenoberfläche aufgebracht werden. Sie verbessern das Pflanzenwachstum.

MATERIALIEN ZUR BODENDÜNGUNG BZW. -ABDECKUNG

BODENDÜNGER ALS ZUSATZSTOFF
Torf und gut verrotteter Kompost werden um die Pflanzen herum ausgebracht, um ihnen Humus zuzuführen und eine gleichmäßige Nährstoffversorgung sicherzustellen. Sand, mit Lehm oder Torf vermischt, wird zur Belüftung von Rasenflächen verwendet.

Sand

OPTISCHE ABDECKUNGEN
Schotter und Grit werden auf das Substrat in den Gefäßen oder auf die Bodenoberfläche einer Rabatte oder eines Beetes, v.a. um niedrige Pflanzen (z.B. Steingartenpflanzen), aufgebracht. Sie verbessern die Oberflächenentwässerung.

Schotter

Torf

Kompost

Grit

Spezialkies aus Cornwall

Bodendünger bzw. Abdeckmaterial

Hier handelt es sich um die Ausbringung löslichen Düngers auf den Boden um die Pflanzen herum. Außerdem geht es um Zusätze, die auch auf die Bodenoberfläche aufgebracht werden, etwa auf Rasen. Eine Rasenfläche kann z.B. mit Sand oder feinem organischem Material bedeckt werden, das mit dem Regen eingewaschen wird.

Grit oder Kies werden auch als Abdeckung in Beeten und Pflanzgefäßen verwendet, um ein rasches Abfließen des Wassers von den »Pflanzenhälsen«, die empfindlich auf übermäßige Feuchtigkeit reagieren, zu gewährleisten. Die Abdeckung wirkt wie eine Mulchdecke und verhindert Moos- und Flechtenbildung auf der Bodenoberfläche. Auch aus optischen Gründen können Pflanzen mit Grit oder Kies abgedeckt werden.

Mulchdecke

Zum Mulchen eignen sich organische und anorganische Stoffe. Mulch wirkt regulierend auf die Bodentemperatur (die Pflanzenwurzeln werden im Winter warm, im Sommer kühl gehalten), mindert den Wasserverlust und kann das Keimen der Unkrautsamen unterbinden.

Ehe gemulcht wird, sind einjährige Unkräuter zu beseitigen; sie würden sonst zum Nachteil der Pflanzen aus der Mulchschicht ihren Nutzen ziehen. Wenn der Boden naß oder gefroren ist, sollte nicht gemulcht werden, der Isoliereffekt könnte sich nachteilig auswirken, der Boden würde kalt bleiben.

Organisches Mulchmaterial

Um Nutzen zu bringen, sollte das organische Mulchmaterial sich nur langsam zersetzen und darf vom Regen nicht leicht weggespült werden. Die Mulchschicht sollte eine lockere Struktur besitzen, damit das Wasser darin rasch versickern kann.

Rindenmulch ist eines der brauchbarsten Materialien, weil er das Keimen der im Boden befindlichen Unkrautsamen verhindert; die Unkräuter, die aufwachsen, lassen sich leicht ausziehen.

Gartenkompost und Torfersatzprodukte (oder Torf) haben nicht ganz die Wirkung, da sie ein ideales Milieu für die Keimung von Unkrautsamen sind und sich rasch mit dem Boden vermischen, wenn auch als Folge davon die Bodenstruktur verbessert wird.

Anorganische Materialien

Spezialpapiere, dünne Kunststofffolien oder Faservliese legt man flach auf den Boden auf und macht sie mit Metallklammern fest. Die Flachabdeckung mit Kunststoffolien führt zu leichter Erhöhung der Bodentemperatur und wird gern beim Anbau von Nutzpflanzen verwendet. Ein Nachteil des Folienmulchs ist, daß wenn er einmal ausgelegt wurde, kein organisches Material mehr in den Boden eingearbeitet werden kann; es baut sich auch unter einer Folienabdeckung langsamer ab. Wenn nötig können durch die Löcher, die mit einem Pflanzholz in die Folie gemacht wurden, zusätzlich Nährstoffe zugeführt und eingewaschen werden. Bei nicht gelochter Folie verdunstet fast kein Bodenwasser, und Niederschläge können nicht eindringen; deshalb sollten Folien nicht auf trockene oder sehr nasse Böden ausgelegt werden.

Dehnbare Flachabdeckungen sind leichte Kunststoffolien oder Faservliese, die wie Folienhauben verwendet werden – mit dem Wachstum der Pflanzen dehnt sich das elastische Material aus. Dehnbare Flachabdeckungen sind oft gelocht oder wasser- und luftdurchlässig.

EINE LOCKERE MULCHSCHICHT

MULCHEN
Eine lockere Mulchschicht (10-15 cm hoch) wirkt ausgleichend auf die Bodentemperatur, erhält die Bodenfeuchtigkeit und unterdrückt Unkrautwuchs.

WELCHE FLÄCHE WIRD GEMULCHT?
Bei niedrigen und mittelhohen Pflanzen mulcht man bis zur vollen Ausdehnung des Blätterdachs.

FOLIENMULCH

Durch das Abdecken mit Folie werden Unkräuter großflächig wirksam bekämpft, und die Bodentemperatur wird leicht erhöht. Die Folie wird befestigt, indem man mit dem Spaten die Ränder in 5 cm tiefe, in den Boden gegrabene Schlitze versenkt.

Kompost und Komposterde

Gartenkompost besteht aus zersetzter organischer Substanz und dient zur Bodenverbesserung. Topf- und Vermehrungserde (»Komposterde«) ist aus einer genauen Mischung von (vorwiegend) organischem Material hergestellt und wird zur Pflanzenanzucht in Gefäßen und bei der Vermehrung verwendet.

Gartenkompost

Kompost trägt viel zur Aufrechterhaltung der Fruchtbarkeit eines Gartens bei. Er sollte auf den Boden aufgebracht werden, wenn die Zersetzung des organischen Materials abgeschlossen ist.

Die Kompostierung

Beim Aufsetzen eines Komposthaufens wird eine Mischung aus stickstoffreichem Material (Rasenschnitt) und kohlenstoffreichem Material (z.B. Rinde, zerkleinertes Papier), am besten im Verhältnis 1:2, aufgeschichtet. Fast alle Gemüseabfälle können kompostiert werden, Fleisch und gekochte Speise sollte man nicht verwenden, da diese Ungeziefer anlocken. Rasenschnitt darf nicht in dicken Schichten aufgebracht werden, weil dadurch der Luftaustausch unterbunden wird. Gehölzschnitt kann zerkleinert verwendet werden. Nur junge Unkräuter sollten kompostiert werden.

Zusätze zum Kompost

Viele Materialien lassen sich zufriedenstellend kompostieren, gibt man aber zusätzlich Stickstoff, so wird der Rotteprozeß beschleunigt. Stickstoff kann als Mineraldünger, als käuflicher Kompoststarter oder am besten als Stallmist, er enthält viele Bodenorganismen, zugegeben werden. Wenn nötig, sollte er auf den Komposthaufen aufgebracht werden, so daß abwechselnd organisches Material und Mist aufgeschichtet sind. Wird das Material im Komposthaufen zu sauer, ist die Tätigkeit der Mikroorganismen eingeschränkt – durch Kalk wird es alkalischer.

Der Rotteprozeß

Bei der Kompostierung kommt es zur Wärmeentwicklung. Dadurch wird der natürliche Abbau der organischen Substanz gefördert, Unkrautsamen sowie Schädlinge und Krankheitserreger werden abgetötet. Damit ein Komposthaufen sich genügend erhitzt, sollte er mindestens 1 m³, besser aber 2 m³ fassen können. Der Kompost erreicht nach 2-3 Wochen seine maximale Temperatur und reift in ca. 3 Monaten. Setzt man den Komposthaufen um, so wird der Rotteprozeß beschleunigt und eine vollständige Zersetzung ist gewährleistet. Tritt Ammoniakgeruch auf, enthält der Kompost zuviel Stickstoff; riecht er nach faulen Eiern, deutet das auf Luftmangel hin.

Langsames Verrotten

Auch mit geringem Aufwand kann kompostiert werden. Haufen aus feuchtem Laub z.B. verrotten schließlich, sogar wenn sie nicht in einem Behälter sind. Es wird kein Kompoststarter zugesetzt, und der Haufen wird auch nicht umgesetzt. Hier bleibt allerdings Material übrig, das nicht vollständig verrottet – es muß erneut kompostiert werden.

Topferden

Topfpflanzen brauchen ein Kultursubstrat mit guter Luftführung, hoher wasserhaltender Kraft sowie mit stabiler Struktur, die es bei zu starker Bewässerung vergießfest machen. Um Erfolge zu haben, sollte man immer den Typ verwenden, der sich für den jeweiligen Zweck am besten eignet. Es gibt standardisierte sog. Einheitserden mit Mischungen aus Ton, Torf und Zusatzstoffen.

Topferden auf Lehmbasis

Sie sollten qualitativ hochwertigen Lehm enthalten. Den Lehm verschafft man sich, indem man Grassoden ca. 6 Monate lang stapelt. Er sollte sterilisiert werden, um Schädlinge und Krankheitskeime abzutöten.

Erden auf Lehmbasis bieten Pflanzen langfristig bessere Wachstumsbedingungen als solche ohne Lehm. Sie stellen ständig Nährstoffe zur Verfügung, sind wasserdurchlässig und besitzen eine hohe Luftkapazität sowie eine stabile Struktur. Sie trocknen nicht so rasch aus wie Erden auf Torfbasis, und die Gefahr der Vernässung ist gering. Pflanzen daraus wachsen auch leichter an, wenn sie in den Gartenboden verpflanzt werden.

Topferden ohne Lehm

Sie sind leicht und in der Verwendung einfach. Bei vielen ist das Ausgangsmaterial Torf, der Wasser speichert, gleichzeitig für gute Belüftung sorgt und auch ziemlich strukturstabil und beständig ist. Torf enthält wenig Nährstoffe und speichert diese auch nicht so gut wie Substrate auf Lehmbasis, so daß die Pflanzen öfter nachgedüngt werden müssen. Pflanzen, die in Erden ohne Lehmzusatz kultiviert werden, passen sich auch nicht so leicht an, wenn sie in Gartenboden kommen. Topferden ohne Lehmzusatz zersetzen sich rasch, so daß sich das Volumen verringert, und beim übriggebliebenen Material

EINEN KOMPOSTBEHÄLTER BAUEN

1 Um die erste Wand herzustellen, legt man 2 Latten im Abstand von ca. 1 m auf den Boden. Darüber die Bretter nageln, die an den Kanten zusammenstoßen. Oben und unten 8 cm freilassen.

2 Nun die zweite Wand zimmern; zum Stabilisieren oben Latten darüber befestigen; Rückwand annageln.

3 Innen an jedem Pfosten zum Dazwischenschieben der vorderen Bretter 2 Hölzer befestigen. Ein Holzstück unten als Sperre.

4 Auf der Vorderseite für besseren Stand – auch bei Entfernen der vorderen Bretter – oben und unten ein Brett annageln.

5 Überprüfen, ob sich die Bretter leicht zwischen die Leisten schieben lassen. Wenn nötig, die Enden etwas absägen.

DEN KOMPOST AUFSETZEN

Am Boden bringt man eine dicke Lage aus sperrigem Material auf; den Komposthaufen mit 15 cm dicken Schichten aufbauen, wobei auf jede Schicht etwas Stallmist gestreut wird.

geht die Struktur verloren. Für Pflanzen, die lange in Gefäßen kultiviert werden, bedeutet das, je faserreicher das Substrat, desto besser für sie. Substrate ohne Lehmzusatz trocknen rasch aus und sind schwer wiederzubefeuchten. Andererseits vernässen sie bei übermäßigem Wässern.

Torfersatzprodukte
Die Verwendung von Topferden auf Torfbasis bringt Probleme in Ländern mit sich, wo Moore einen gefährdeten Lebensraum darstellen. Es gibt andere Substrate, z.B. solche auf der Grundlage von Kokosfaser und Rinde, die gegenwärtig noch getestet werden.

Standardisierte Topferden
Topferde kann als Grundstoff entweder Lehm oder Torf enthalten. Viele Erdmischungen enthalten Lehm als Ausgangsmaterial. Für ihre Herstellung verwendet man 7 Teile (auf das Volumen bezogen) hochwertigen und sterilisierten Lehm, 3 Teile Torf und 1 Teil Sand. Zu jedem Kubikmeter werden 600 g gemahlener Kalkstein oder 1,2 kg Huf- und Hornmehl, 1,2 kg Superphosphat und 600 g Kalisulfat zugemischt.

Die Düngermenge in den im Handel erhältlichen Topferden kann verschieden sein. Es werden Einheitserden (Typ O, Typ P, Typ T) für unterschiedliche Zwecke angeboten.

Universalerden
Ihre physikalischen Eigenschaften und Nährstoffgehalte liegen zwischen denen der Aussaat- und Topferden. Sie haben daher einen weiten Anwendungsbereich.

Spezialerden
Man verwendet sie für Pflanzen mit speziellen Kulturansprüchen. Orchideensubstrate sind wasserdurchlässig und enthalten oft Holzkohle und feine Rinde. Erden für Steingartenpflanzen und Kakteen sind wasserdurchlässig und manchmal schwach gedüngt, um den Ansprüchen der Pflanzen gerecht zu werden. Eriken-Substrate sind sauer und eignen sich für kalkfliehende Pflanzen.

Preßtopferden
Sie bestehen aus Torf und werden naß zusammengepreßt bzw. zu Anzuchttöpfen und Saattöpfchen geformt. Man kann die Töpfchen direkt in den Boden pflanzen, so daß die Pflanzenwurzeln wenig beeinträchtigt werden.

Faserreiche Blumenzwiebelerde
Man stellt sie aus nicht zersetztem Sphagnum her, das eine lockere Struktur aufweist und das man zur Blumenzwiebelkultur in Gefäßen ohne Abflußlöcher verwendet. Es verbessert die physikalischen Eigenschaften und speichert Wasser ziemlich gut. Sein Mangel an Nährstoffen ist unwichtig, da Zwiebeln Nährstoffreserven besitzen.

Vermehrungserden

Wenn Samen (insbes. feine) ausgesät und Stecklinge bewurzelt werden, so ist die Erfolgsrate mit Vermehrungssubstraten höher.

Standardisierte Aussaaterde
Feinsämereien brauchen zum Keimen guten Kontakt mit dem Substrat und sollten in für diesen Zweck hergestellte Aussaaterde gesät werden. Sie ist fein strukturiert, wasserspeichernd und nährstoffarm, weil Salze die empfindlichen Sämlinge schädigen könnten.

Standardisierte Aussaaterde stellt man aus 2 Teilen (auf das Volumen bezogen) sterilisiertem Lehm, 1 Teil Torf und 1 Teil Sand her. Zu jedem Kubikmeter gibt man 1,2 kg Superphosphat und 600 g gemahlenen Kalkstein dazu.

Standardisierte Stecklingserde
Erdmischungen zur erfolgreichen Stecklingsbewurzelung sind wasserdurchlässig und gestatten eine Verwendung in sehr feuchter Umgebung. Ihre Ausgangsmaterialien sind Rinde, Perlite oder Mischungen, die einen hohen Anteil an grobem Sand enthalten. Stecklingssubstrate sind nährstoffarm, so daß die Stecklinge, sobald sie bewurzelt sind, gedüngt werden müssen. Ein gut ausgewogenes, standardisiertes Stecklingssubstrat enhält normalerweise Sand und Torf im Verhältnis 1:1. Auf jeden Kubikmeter gibt man außerdem: 4,4 kg Dolomitkalk, jeweils 1,5 kg Huf- und Hornmehl oder Blutmehl, Superphosphat und kohlensauren Kalk und 150 g Kalisalpeter und Kalisulfat. Fehlt Lehm, so bedeutet dies, daß spezielle Spurennährstoffdünger zugemischt werden sollten.

Alternative Wirtschaftsweisen

Organisch-biologische Anbaumethoden haben oft auch zum Ziel, die Bodenbearbeitung auf ein Mindestmaß zu reduzieren, um die natürliche Fruchtbarkeit des Bodens zu erhalten und den Unkrautbesatz zu verringern. Materialien wie Stallmist u.a. organische Düngemittel sind dabei unerläßlich.

Auf Umgraben verzichten
Bei der Bodenbearbeitung schafft man paradoxerweise Bedingungen, unter welchen Unkräuter gut wachsen, und u.U. verschlechtert sich auch die natürliche Bodenstruktur. Nicht umzugraben ist eine Sonderform der Bodenbearbeitung, bei der, um die Bodenstruktur zu erhalten und Nährstoffverluste zu vermeiden, nur sehr flach umgegraben und bevorzugt gemulcht wird. Bei dieser Methode müssen z.B. Kartoffeln nicht in den Boden, sondern können auch unter einer dicken Mulchschicht auf die Bodenoberfläche gelegt werden.

DIE TIEFE SAAT- BZW. PFLANZBETTBEREITUNG

1 Den Boden tief bearbeiten, organische Masse einarbeiten. Beim Herrichten des Beets die Oberfläche anhäufeln; Mutterboden von der benachbarten Fläche verwenden.

2 Das Beet sollte nicht mehr als 1,5 m breit sein. Bei verbessertem Bodenzustand ist es möglich, so dicht wie im herkömmlichen Beet zu pflanzen.

Die tiefe Saat- bzw. Pflanzbettbereitung

Bei dieser Methode wird die Bodenstruktur durch intensive Bearbeitung bis zur erforderlichen Tiefe verbessert (siehe S. 525f.). Dabei werden große Mengen an organischer Substanz eingearbeitet, und danach sollte nicht mehr umgegraben werden. Wenn man Bodenverdichtungen durch unnötiges Betreten der Beete vermeidet, so ist eine weitere Bodenbearbeitung überflüssig. Es bildet sich eine natürliche Bodenschichtung, die durch die organische Substanz und den starken Wurmbesatz belebt wird. Zusätzliche organische Masse wird nur durch Mulchmaterial und Bodendünger zugeführt. Da in die Oberfläche einzig beim Pflanzen störend eingegriffen wird, bleiben Unkrautsamen im Boden in Keimruhe.

OHNE UMGRABEN

1 Beim Kartoffelanbau legt man die Knollen auf den Boden und bedeckt sie mit einer 15 cm dicken Mulchschicht.

2 Nun kommt schwarze Folie darüber, die man am Rand befestigt und mit Schlitzen für die wachsenden Triebe versieht.

6

Grundlagen der Vermehrung

Die Vermehrung von Pflanzen *durch den Gärtner geschieht oft einfach nach dem Gefühl, z. B. wenn er zu große Stauden- oder Zwiebelhorste teilt. Hierbei handelt es sich um eine natürliche Vergrößerung des Pflanzenbestandes. Die Vermehrung von Pflanzen ist nicht schwierig, wenn man erst das Grundprinzip verstanden hat, nach dem man den Pflanzenbestand im Garten erweitern kann. Darüber hinaus hat man auch die Möglichkeit, Pflanzenmaterial mit anderen Gärtnern zu tauschen und kann damit die Vielfalt der kultivierten Pflanzen noch bereichern. Zu den komplizierten Techniken gehört auch die Hybridisierung, bei der Pflanzen mit neuen Merkmalen, etwa unterschiedlicher Wuchshöhe oder Blütenfarbe, gezüchtet werden. Für viele ist das Heranwachsen einer Pflanze aus dem Samenkorn, die Entwicklung aus einem scheinbar leblosen Steckholz zu einem kräftigen Baum oder die Bildung einer jungen Pflanze aus einem Blattstück ein faszinierender Vorgang. Wer die hier vorgestellten Methoden verstanden hat, wird durch die Freude und Befriedigung belohnt, die ihm die erfolgreiche Vermehrung seiner Pflanzen bescheren wird.*

Saatgut

Das Aussäen ist die natürlichste Art und Weise, wie sich Blütenpflanzen in der Natur vermehren. Als geschlechtliche Vermehrung bringt sie immer die Möglichkeit zahlreicher genetischer Kombinationen mit sich, so daß die so entstehenden Sämlinge ganz verschieden sein können. Aufgrund dieser Variationsbreite ist es den Pflanzen möglich, sich an ihre Umgebung anzupassen, außerdem wird die Züchtung und Selektion von Sorten mit neuen Kombinationen wünschenswerter Merkmale ermöglicht.

Die Nachkommenschaft kann mehr oder weniger gleich sein, häufiger aber spaltet sie sich innerhalb einer Art beträchtlich auf. Im Gartenbau gilt das Aufspalten als Nachteil, wenn die gezogenen Pflanzen ihre Eigenschaften beibehalten sollen. Doch ist es von Vorteil, wenn nach neuen, besseren Merkmalen gesucht wird.

Vermehrungsorgane einer Rosenblüte

Teile einer Blüte, die der Vermehrung dienen, sind die Staubblätter – der männliche Teil, der den Pollen trägt – und die Fruchtblätter – der weibliche Teil, der aus ein oder mehreren Narben, dem Griffel und dem Fruchtknoten besteht.

Wie entwickeln sich Samen?

Die meisten Pflanzen sind Zwitter – d.h. jede Blüte trägt männliche und weibliche Teile. Ist die Blüte reif, wird der Pollen auf die Narben der gleichen Blüte (Selbstbestäubung) oder auf eine Blüte einer anderen Pflanze derselben Art (Fremdbestäubung) durch Insekten, Vögel, Wasser oder Wind übertragen. Die Pollenkörner bilden Pollenschläuche, die im Griffel nach unten bis zu den Samenanlagen im Fruchtknoten wachsen; die Befruchtung tritt ein, wenn die männlichen und weiblichen Kerne verschmelzen. Daraus werden die Keimlinge, die, weil das angrenzende Samennährgewebe ihre Versorgung gewährleistet, in der Lage sind, ganz neue Pflanzen zu bilden.

Saatguternte und -aufbewahrung

Der Samen einer Pflanze sollte geerntet werden, sobald er reif ist. Man bewahrt ihn an einem trockenen, kühlen Ort bei 1-5°C bis zur Verwendung auf. Bestimmte Samen stellen jedoch spezielle Anforderungen. Manche sind sehr kurzlebig und sollten möglichst schnell ausgesät werden. Andere wiederum können über lange Zeiträume bei niedrigen Temperaturen aufbewahrt werden, ohne ihre Keimfähigkeit zu verlieren. Fleischige Früchte sollte man in Wasser ein- und aufweichen, die Samen vom Fruchtfleisch trennen und dann bei 10-20°C an der Luft trocknen. Ehe sie trocken sind, müssen jedoch die Samen von fast allen Steinobstarten (z.B. Kirsche) und auch die einiger Beerensträucher (z.B. *Berberis* und *Cotoneaster*) stratifiziert werden (siehe S. 536).

Wie die Keimruhe gebrochen wird

Samen mancher Pflanzen besitzen innere Mechanismen, die den Zeitpunkt der Keimung zu steuern vermögen; viele Samen keimen z.B. nicht im späten Herbst, wenn die Keimbedingungen ungünstig sind, sondern verbleiben in Keimruhe, bis Temperatur und andere Faktoren die Keimung begünstigen. Die Keimruhe hat verschiedene Ursachen, etwa das Vorhandensein chemischer Hemmstoffe im Samen oder die Hartschaligkeit des Samens, der angerottet bzw. angeritzt werden muß, ehe er keimen kann. Hinzu kommt das Bedürfnis der Samen, abwechselnd kalte und warme Perioden durchlaufen zu müssen. Im Gartenbau sind Methoden entwikkelt worden, um diese natürliche Keimruhe zu brechen, so daß die Samen schneller keimen.

Schalenritzung
Ziel ist, die harte Samenschale wasserdurchlässig zu machen, um auf diese Weise die Keimung zu beschleunigen.

SCHALENRITZUNG

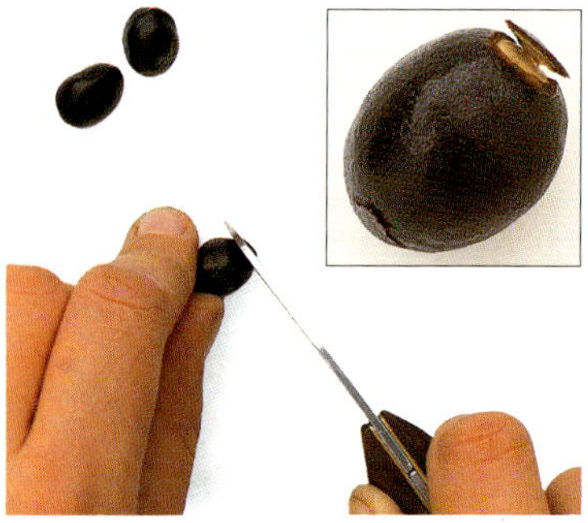

Vor der Aussaat die harte Samenschale, hier Paeonia lutea, *vorsichtig mit einem sauberen, scharfen Messer einritzen, damit der Samen Wasser aufnehmen kann.*

Große, hartschalige Samen wie die der Leguminosen können mit einem Messer eingeschnitten werden. Kleinere Samen schüttelt man in einem Gefäß, das mit Schmirgelpapier ausgekleidet ist.

Warmstratifikation
Man benutz sie bei hartschaligen Samen vieler Gehölzarten. Dazu gibt man die Samen in eine Plastiktüte, die zu gleichen Teilen mit Sand und Lauberde oder mit Torf und Sand gefüllt ist, und bewahrt sie 4-12 Wochen bei 20-25°C auf. Daran schließt sich eine Periode der Kaltstratifikation an, ehe die Samen ausgesät werden.

Kaltstratifikation
Die Samen werden bis zu 24 Stunden eingeweicht; dann gibt man die Samen z.B. mit einem feuchten Torf-Sand-Gemisch in eine Plastiktüte.

Die Samen werden bei 1-5°C etwa 4-12 Wochen lang gekühlt, bis die Keimung einsetzt. Alternativ kann man die Samen in einer gelochten Konservendose lagern, die mit Saatgut und feuchtem Sand im Verhältnis 1:3 gefüllt ist, und die Dose dann im Freien 60 cm tief für ein oder zwei Winter eingraben. In regelmäßigen Abständen sollte kontrolliert werden. Bei beginnender Keimung wird sofort ausgesät.

KALTSTRATIFIKATION

Lupinensamen ist nach 24stündigem Einweichen in Wasser leicht gequollen und zur Kältestratifikation geeignet.

Keimbedingungen
Zum Keimen benötigt ein Samen Wasser, Sauerstoff, Wärme und, bei einigen Arten, Licht. Das Vermehrungssubstrat sollte fein und humusreich sein, damit das Wasser zu den Keimlingen, die dicht an der Erdoberfläche liegen, aufsteigen kann. Um diesen kapillaren Aufstieg zu unterstützen, wird das Substrat mit einem Brett angepreßt. Ohne dieses Anpressen bilden sich Luftlöcher, und die Wassersäulen sind unterbrochen. Das humusreiche Substrat darf jedoch nicht verdichtet oder so feucht sein, daß keine Luft mehr zirkulieren kann. Aussaaterden haben nur ungefähr $^1/_4$ des Nährstoffgehaltes der Erden zum Topfen und enthalten häufig ein Fungizid, um Keimlingskrankheiten zu verhindern (S. 568). Die Keimtemperatur der meisten Samen sollte zwischen 20 und 30°C liegen.

Der Lichtbedarf während der Keimung ist unterschiedlich: manche Samen brauchen Licht andere wieder werden durch Licht gehemmt. Es gibt keine Möglichkeit, Dunkelkeimer von Lichtkeimern durch physikalische Prüfung zu unterscheiden; wenn der Hell-Dunkel-Bedarf nicht bekannt ist, hält man die Aussaat zuerst im Dunkeln.

Aussaat und Pflege

Nach dem Aussäen in Gefäße oder auf Anzuchtbeete darf die Erde weder austrocknen noch zu naß sein; Gefäße sind mit Glas oder Plastikfolie abzudecken und in einer geeigneten Umgebung aufzustellen (siehe »Das Mikroklima bei der Vermehrung«, S. 542). Erstes Anzeichen einer Keimung ist das Heraustreten der Keimwurzel, der bei epigäischer Keimung die Keimblätter folgen, die die Nährstoffreserven für den Anfang bereitstellen.

Wenn die Keimlinge groß genug sind, sollten sie pikiert werden (siehe EINJÄHRIGE UND ZWEIJÄHRIGE, »Das Pikieren«, S. 183), andernfalls ist schwaches Wachstum die Folge, da die dichtstehenden Sämlinge um Licht und Nährstoffe konkurrieren und leicht an pilzlichen Infektionen erkranken. Sind die Sämlinge umgepflanzt, sollten sie erneut unter Bedingungen wie beim Keimen aufgestellt werden, um sich zu regenerieren; dann werden sie allmählich abgehärtet, indem man sie kälteren Bedingungen aussetzt (siehe »Abhärten«, S. 543). Ein ungeheizter Frühbeetkasten, den man zuerst geschlossen hält und dann allmählich zu immer längeren Zeiten öffnet, sorgt für ein geeignetes Klima zum Abhärten der jungen Pflanzen.

WIE SAMEN KEIMT

Bei hypogäischer Keimung (rechts) bleiben die Keimblätter unter der Erdoberfläche, während sie bei der epigäischen Keimung (ganz rechts) über der Erde erscheinen.

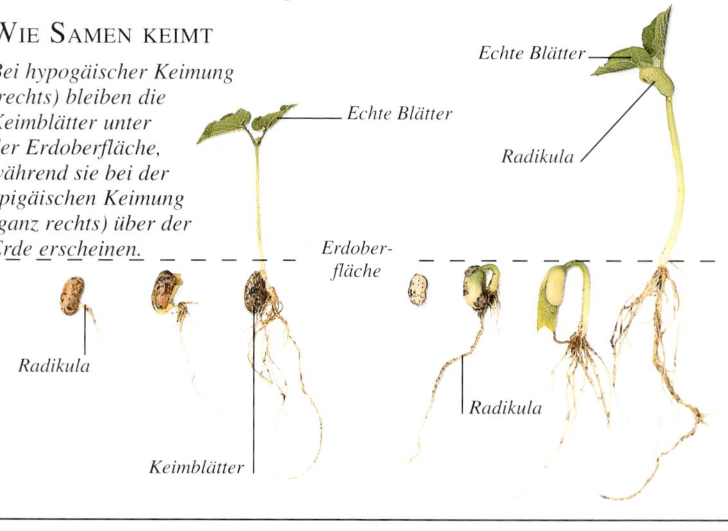

SÄMLINGSWACHSTUM

GESUNDE SÄMLINGE
Kräftige Kressesämlinge im richtigen Abstand, die unter Glas heranwachsen und jetzt verpflanzt werden sollten.

SCHWÄCHLICHE SÄMLINGE
Wenn die Sämlinge nicht rechtzeitig pikiert werden, sind sie hell, stehen zu eng und vergeilen.

ECHTE BLÄTTER

Wenn die Keimblätter absterben, übernehmen die echten Blätter allmählich die Assimilation.

Erzeugen von Hybridpflanzen

Wenn Hybriden gebildet werden sollen, ist es wichtig, Selbstbestäubung zu verhindern. Für kontrolliertes Fremdbestäuben werden Blütenblätter, Kelch- und Staubblätter aus den Blüten des vorgesehenen weiblichen Elternteils entfernt. Man schützt die kastrierten Blüten mit Papier- oder Plastiktüten vor Insekten, bis die Narben auf der weiblichen Pflanze klebrig und aufnahmefähig sind. Pollen, den man vorher von luftgetrockneten Staubblättern gewonnen hat, wird dann auf die Narben gebracht. Die Blüten müssen bis zur erfolgten Befruchtung von Insekten abgeschirmt werden. Hybridsamen entwickeln sich im Fruchtknoten und sollten reif geerntet werden (siehe auch DER ROSENGARTEN, »Hybridisierung«, S. 134).

F1- und F2-Hybriden
Dem Gärtner, der nach Einheitlichkeit oder Perfektion strebt, steht für ein begrenztes Pflanzensortiment (vorwiegend für einjährige Pflanzen) F1- und F2-Hybridsaatgut zur Verfügung. Solches Saatgut erfordert eine komplizierte Zuchttechnik.

Die erste Generation entsteht aus der Kreuzung zweier beständiger, genetisch ingezüchteter Pflanzen derselben Art. Sie wird als »erste Tochtergeneration« oder F1-Hybride bezeichneet. Dieses Verfahren verknüpft die Vorteile größerer Einheitlichkeit mit der Vitalität, die eine Folge der Hybridisierung sein kann. F1-Hybriden haben meist mehr Vitalität als ihre Eltern und sind einheitlich in den Blütenmerkmalen, z.B. Farbe und Form, was bei fremdbefruchtetem Samen selten der Fall ist. Manchmal werden zwei kontrollierte Kreuzungen von vier selektierten Linien benutzt, um eine »zweite Tochtergeneration« zu erhalten. Diese F2-Generation behält zwar nur wenig von der Vitalität und Einheitlichkeit ihrer Ausgangseltern bei, weist aber oft andere positive Merkmale auf.

Absenken und Ablegen

Das Absenken und Ablegen ist eine natürliche Vermehrungsmethode: Die Wurzelbildung wird gefördert, indem man einen Trieb mit Erde bedeckt, während er noch mit der Mutterpflanze verbunden ist. Das bewurzelte Triebstück kann dann von der Mutterpflanze abgetrennt und weiterkultiviert werden. Der Trieb wird oft vor dem Absenken und Ablegen eingekerbt, geringelt oder in sich gedreht, um so den Strom von Wuchsstoffen und Kohlehydraten teilweise zu unterbrechen, die die Wurzelbildung fördern. Das Gewebe über der Verengungsstelle braucht wenig Wasser, und auch das beeinflußt die Bewurzelung positiv. Des weiteren wird die Wurzelbildung angeregt, wenn der Trieb kein Licht erhält: bei Lichtmangel werden Zellen dünnwandig, was die Bewurzelung beschleunigt. Damit die Wurzelbildung zusätzlich angeregt wird, sollte ein Bewurzelungshormon an der Basis des Ablegers und Absenkers aufgebracht werden.

Vermehrung durch Absenken und Ablegen

Dabei unterscheidet man drei Methoden: 1. ein Trieb wird in die Erde abgelegt; 2. er wird mit Erde angehäufelt; 3. beim Abmoosen umgibt man den Pflanzentrieb mit Erde.

Das einfache Absenken

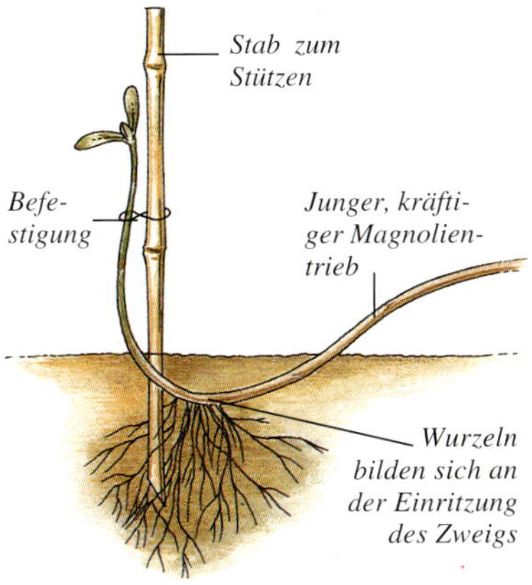

Diese Vermehrungsart wendet man am besten von Herbst bis Frühjahr an. Die Mutterpflanze sollte jung und im Jahr vorher stark zurückgeschnitten worden sein, damit kräftige, biegsame Triebe wachsen. Sie werden in die Erde abgesenkt und bewurzeln sich rasch. An der Unterseite des Absenkers wird ein schräger Einschnitt gemacht. Man befestigt den Trieb an dieser Stelle im Boden. Die Triebspitze wird an einen in den Boden gesteckten Stab gebunden. Im kommenden Herbst, wenn der Absenker bewurzelt ist, kann er von der Mutterpflanze auch abgeschnitten werden.

Wellenförmiges Ablegen

Das wellenförmige Ablegen

Diese abgewandelte Form des Absenkens wird für Pflanzen mit biegsamen Trieben, z.B. *Clematis*, benutzt. Lange, junge Triebe werden leicht mit Erde bedeckt. Die Knospen bleiben dabei freigelegt, damit sich Luftschößlinge bilden.

Einige Wochen später erscheint ein neuer Trieb an der Spitze; die junge Pflanze kann von der Mutterpflanze getrennt werden. Der bewurzelte Absenker wird weiterkultiviert und im kommenden Frühjahr verpflanzt.

Natürliche Ableger (Ausläufer)

Einige Pflanzen entwickeln zum Zweck der natürlichen Vermehrung zahlreiche kräftige Ausläufer. Diese bilden dann später an einem Knoten Wurzeln, und es entsteht eine neue Pflanze.

Das Einlegen von Triebspitzen

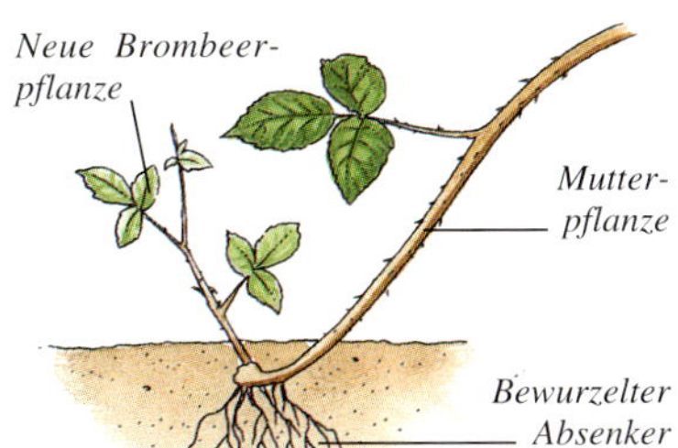

Diese Methode eignet sich für Sträucher und Kletterpflanzen, deren Triebspitzen sich bewurzeln; ein Beispiel in der Natur ist die Brombeere. Im Sommer wird eine junge, kräftige Triebspitze in den Boden eingegraben und zwar in eine Vertiefung von 7-10 cm.

Abrisse nach Anhäufeln

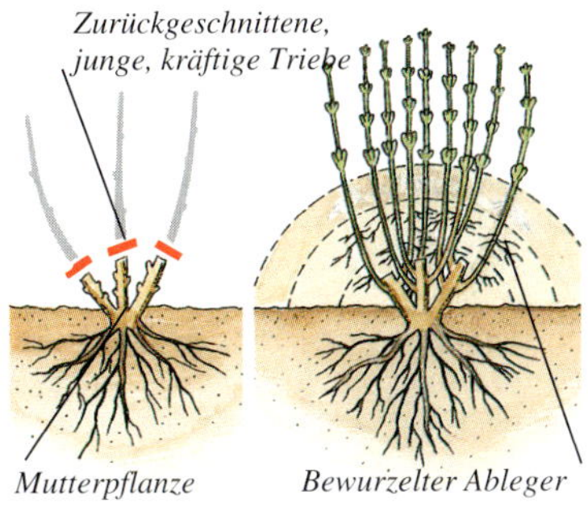

Obwohl die Vermehrung durch Anhäufeln (Abrisse) im Erwerbsanbau zur Gewinnung von Unterlagen wichtig ist, wird sie von Hobbygärtnern nur bei wenigen holzigen Pflanzen vorgenommen. Man schneidet die Triebe einer jungen Mutterpflanze im Winter oder Frühjahr bis auf 8 cm über dem Boden zurück. Wenn die jungen Triebe ungefähr 15-20 cm lang sind, werden sie mit Erde angehäufelt; man wiederholt das Anhäufeln bis zum Sommer noch zweimal. Bei Pflanzen mit rascher Wurzelbildung, z.B. Salbei, braucht man die Triebe vor dem Anhäufeln nicht zurückzuschneiden. Bis zum Herbst haben sich an den Trieben Wurzeln gebildet.

Ablegen in Gräben

Die Vermehrung durch Ablegen in Gräben oder »Etiolierung« wird hpts. bei Obstunterlagen vorgenommen. Man pflanzt die Mutterpflanze in einem bestimmten Winkel, so daß ihre Triebe in einem Graben festgehakt und mit Erde bedeckt werden können. Die bewurzelten Triebe lassen sich von der Mutterpflanze abtrennen.

Ablegen in einen Graben

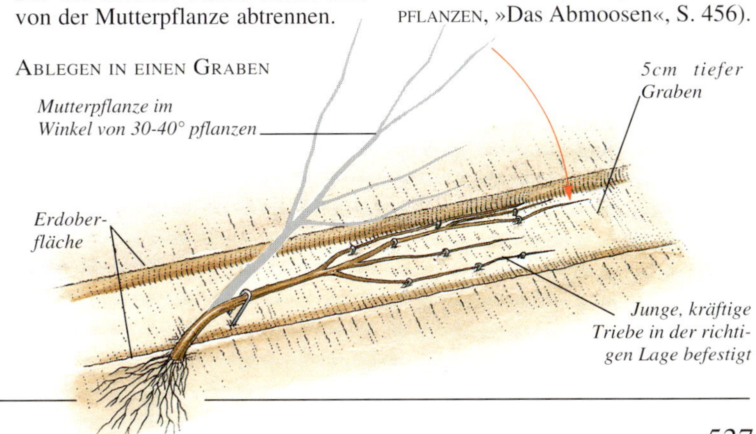

Das waagrechte Ablegen

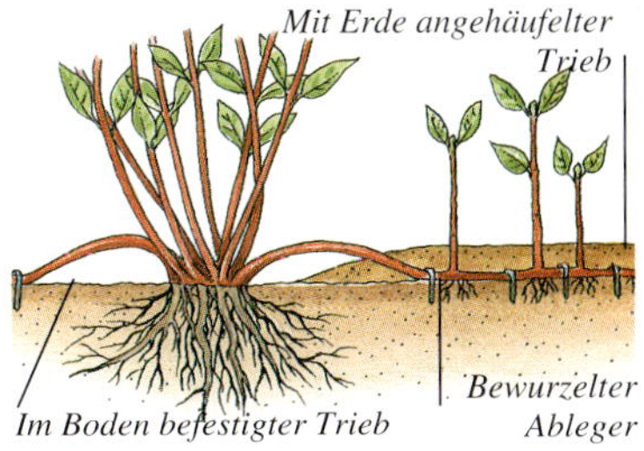

Die Vermehrung durch waagrechtes Ablegen oder zusammenhängende Ableger ist eine abgewandelte Methode der Ablegervermehrung durch Anhäufeln. Im späten Winter werden junge Triebe der Mutterpflanze am Boden befestigt und dann alle Jungtriebe bis 15 cm hoch mit Erde angehäufelt. Diese neuen Triebe sollten bis zum Herbst bewurzelt sein.

Abmoosen

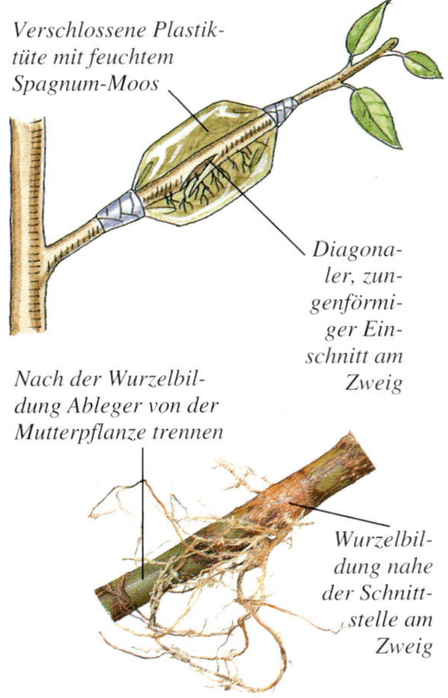

Das Abmoosen (auch: Markottage) wird bei einigen Bäumen, Sträuchern und Zimmerpflanzen angewandt. Im Frühjahr oder Sommer ritzt man einen Luftableger ein und packt die Zunge mit Sphagnum-Moos ein; bis zur Wurzelbildung wird er umwickelt (siehe Vermehrung eines Strauches durch Abmoosen, S. 89, und Zimmerpflanzen, »Das Abmoosen«, S. 456).

Stecklinge

Die Vermehrung durch Stecklinge ist die am häufigsten angewandte vegetative Vermehrungsmethode. Es gibt überwiegend drei Formen: den Trieb-, den Blatt- und den Wurzelsteckling. Triebstecklinge entwickeln unmittelbar aus dem Trieb selbst oder aus dem an der Basis gebildeten dünnwandigen Wundgewebe (Kallus) Wurzeln. Diese werden Adventivwurzeln genannt. Einige große Blätter können als Stecklingsmaterial verwendet werden und entwickeln nahe ihren Blattadern Adventivwurzeln. Von kräftigen, jungen Wurzeln können Stecklinge geschnitten werden; die Vermehrung durch Wurzelschnittlinge ist eine einfache und wirtschaftliche Methode. Geeignete Arten bilden sowohl Adventivknospen als auch Adventivwurzeln.

Wie bilden sich Wurzeln?

Adventivwurzeln entwickeln sich oft aus jungem Gewebe, das vom Kambium gebildet wird. Das Kambium ist eine Gewebeschicht, die ständig neue Zellen bilden kann und von der das Dickewachstum ausgeht. Die Wurzeln befinden sich normalerweise nahe am nährstoff- und wasserführenden Gewebe, das sie während ihrer Entwicklung ernährt.

Die Adventivwurzelbildung wird auch durch natürliche Hormone unterstützt, die sich an der Basis eines Stecklings anreichern. Ergänzt werden können sie durch synthetische Wuchsstoffe, die es u.a. als Puder gibt. Sie fördern die Bewurzelung, wenn sie an der Basis der Stecklinge aufgebracht werden. Wuchsstoffe dürfen nur in kleinen Mengen verwendet werden, da zu hohe Dosierung das nicht ausgereifte Gewebe schädigen kann.

Bewurzelungshormone sind in niedriger Konzentration einer wirksamen Substanz für weiche Stecklinge erhältlich und in höherer Konzentration für verholztes Material; einige enthalten ein Fungizid, das Wundinfektionen am Steckling verhindern hilft.

KALLUSGEWEBE

Schwer bewurzelbare Pflanzen (hier Choisya ternata*) bilden verstärkt Kallus aus Wundmeristem, und zwar an der Basis eines Triebstecklings, wo sie von der Mutterpflanze abgetrennt wurden.*

GRÜNSTECKLINGE

Der weiche, grüne Trieb an einem Grünsteckling (hier Hydrangea macrophylla*) färbt sich bei der Reife meist braun und entwickelt sein Wurzelsystem.*

Triebstecklinge

Stecklinge werden je nach Reifegrad ihres Gewebes als weiche, noch grüne, halbharte, harte (oder verholzte) Stecklinge klassifiziert. Die Unterscheidung ist nützlich, wenn auch ungenau, da sich das Gewebe während der Vegetationsperiode selbstverständlich ständig weiterentwickelt.

Grünstecklinge
Sie werden im Frühjahr abgenommen, wenn die neuen Triebe der Mutterpflanze fast vollständig entwickelt sind und gerade zu verholzen beginnen. Solche Stecklinge nimmt man meist von den Triebspitzen (Kopfstecklinge), aber auch die jungen Basistriebe (grundständige Stecklinge) von krautigen Stauden werden verwendet: (siehe STAUDEN, »Grundständige Stecklinge«, S. 166). Da bei jungem Material die Wurzelbildung rasch einsetzt, bieten Grünstecklinge oft die beste Möglichkeit, um schwer zu vermehrende Arten zu bewurzeln. Sie verlangen jedoch eine warme und feuchte Umgebung, da sie Wasser abgeben und rasch welken (siehe »Das Mikroklima bei der Vermehrung«, S. 542).

Stecklinge mit noch grünem Holz
Man gewinnt sie von Frühsommer bis Sommermitte von etwas reiferem Holz, wenn sie ihr Wachstum einzustellen beginnen. Sie bilden weniger rasch Wurzeln, lassen sich aber leichter heranziehen als Grünstecklinge, obwohl sie ebenfalls entsprechende Kultureinrichtungen benötigen. Dort wachsen sie zu neuen Pflänzchen heran, ehe sie abgehärtet werden.

Halbreife Stecklinge
Die im späten Sommer geschnittenen, halbreifen Stecklinge sind weniger welkeempfindlich, da das Pflanzengewebe härter ist (siehe ZIERSTRÄUCHER, »Halbreife Stecklinge«, S. 84). Arten mit großen Blättern, z.B. *Ficus* und Kamelie, können leichter vermehrt werden, indem man ein kurzes Stück eines halbreifen Triebes knapp über und unter einem Blattauge abschneidet und ein einziges Blatt stehen läßt (siehe ZIERSTRÄUCHER, »Blattaugenstecklinge«, S. 85).

Verholzte Stecklinge
Ausgereifte, harte (oder verholzte) Stecklinge werden am Ende der Vegetationsperiode (von Herbst bis Frühjahr) geschnitten, wenn die Triebe ganz ausgewachsen sind. Es ist nicht schwer, sie gesund zu erhalten, aber sie bilden oft nur sehr langsam Wurzeln. Es gibt zwei Gruppen verholzter Stecklinge: Blattlose Stecklinge von sommergrünen und breitblättrige Stecklinge von immergrünen Laubgehölzen. Die zu Vegetationsbeginn noch jungen Triebe vieler glänzendblättriger, immergrüner Laubgehölze, wie Stechpalme und Rhododendron, welken rasch, da sich ihre schützende Wachsschicht erst langsam bildet; diese Gehölze werden deshalb am besten durch halbreife oder verholzte Stecklinge vermehrt (siehe auch ZIERBÄUME, »Steckhölzer«, S. 54; KLETTERPFLANZEN, »Vermehrung durch verholzte Stecklinge«, S. 113; und DER ROSENGARTEN, »Verholzte Stecklinge«, S. 131).

HALBREIFE STECKLINGE

Der grüne Trieb (hier Weigela*) hat eine dunklere, stärker verholzte Basis.*

BLATTAUGENSTECKLINGE

Halbreifes Sproßstück (hier Kamelie*) versorgt Blattaugensteckling mit Nährstoffen, da er die Nährstoffe z.T. mit seinem Blatt bildet.*

STECKHÖLZER

Steckhölzer (hier Salix alba*) sind besonders lange Triebstecklinge, weil sie reichlich Reservestoffe benötigen, während sie langsam ihre Wurzeln bilden.*

Zeitpunkt der Vermehrung durch Stecklinge

Es ist nicht genau festzulegen, wann man Stecklinge von einzelnen Arten schneiden soll. Bewurzeln sich die im

KNOTENSTECKLING

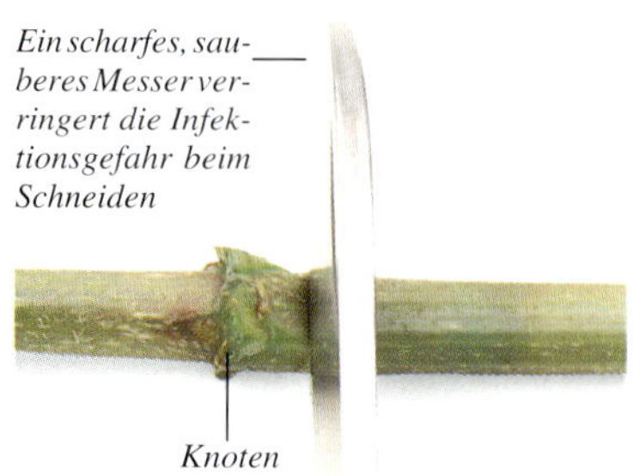

Die meisten Stecklinge bilden ausreichend Wurzeln und sollten knapp unter einem Knoten geschnitten werden.

Internodienstecklinge

Internodienstecklinge (hier Clematis montana*) sind bei Mangel an Vermehrungsmaterial besonders sparsam.*

Frühjahr geschnittenen Stecklinge nicht, so kann man später im Jahr weitere Stecklinge gewinnen und sie entsprechend ihrem Reifegrad behandeln.

Pflanzen, deren Stecklinge sich nur schwer bewurzeln, werden am besten möglichst früh vermehrt. Da die Bildung von Hormonen beeinträchtigt wird, schneidet man, wo immer dies möglich ist, Stecklinge ohne Blütenknospen.

Schnitt der Stecklinge

Normalerweise werden Triebstecklinge hergerichtet, indem man unmittelbar unter einem Knoten oder einem Blattansatz schneidet. Dort ist das Kambium besonders aktiv. Einige leicht wurzelnde Stecklinge, z.B. Weiden, besitzen Wurzelanlagen an den Knoten. Diese fangen an auszutreiben, sobald der Trieb von der Mutterpflanze abgeschnitten wird.

Die Länge des Stecklings richtet sich nach der Pflanzenart, aber die übliche Länge beträgt 5-12 cm oder 5-6 Knoten in der Länge. Die unteren Blätter werden abgestreift, damit man einen glatten Trieb zum Stecken bekommt. Um die Wurzelbildung zu fördern, werden halbreife und verholzte Steck-

Das Verwunden

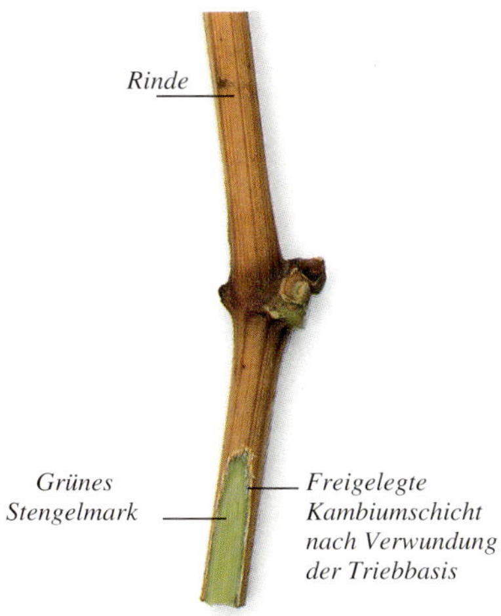

Wichtig ist ein scharfes, sauberes Messer, um einen flachen, abwärts geführten Schnitt an der Basis verholzter Stecklinge ausführen zu können.

Stecklinge herrichten

Um bei Blattstecklingen den Stress durch Wasserverlust zu verringern (hier Rhododendron) sollten Blätter entfernt und die restlichen eingekürzt werden.

linge oft »verwundet«. Dazu entfernt man einen 2,5 cm langen Rindenstreifen an der Stecklingsbasis.

Außer den blattlosen, verholzten Triebstecklingen, die noch von der vorherigen Wachstumsperiode Reservestoffe enthalten, sind nur wenige Stecklinge imstande, ohne Stoffgewinn durch Assimilation Wurzeln und Triebe zu bilden. Aktive Blätter geben jedoch Wasser durch ihre Spaltöffnungen ab, was nicht leicht zu ersetzen ist. Bei zu großem Wasserverlust stirbt der Steckling ab. Damit das Verhältnis zwischen Assimilationsfläche und Verdunstungsfläche ausgeglichen ist, werden bis auf 3 alle ausgewachsenen und die nicht vollständig entwickelten Blätter entfernt.

Blattstecklinge

Bei manchen Pflanzen können als Steckling ganze Blätter (mit und ohne Blattstiele) oder Blattstücke verwendet werden. Man steckt sie in das Substrat oder befestigt sie darauf. Bei ganzen, flach ausgelegten Blättern sollten die Adern in gewissen Abständen

Große Blätter

Große Blätter von Pflanzen können in Stücke geteilt werden. Jedes Teilstück bildet an einer durchtrennten Ader Kallus und dann Adventivwurzeln.

durchschnitten werden, denn an den Schnittstellen großer Blattadern bilden sich neue Pflänzchen. Vermehrt werden Pflanzen wie *Sinningia* und *Streptocarpus*, indem man voll entfaltete, unbeschädigte Blätter in Stücke schneidet.

Wurzelschnittlinge

Wurzelschnittlinge werden während der Vegetationsruhe geschnitten. Dazu verwendet man bei Gehölzen kräftige, etwa bleistiftstarke Wurzeln. Wurzeln von krautigen Pflanzen, wie z.B. Phlox, sollten dünner sein.

Länge der Wurzelstücke

Sie ist davon abhängig, an welchem Platz die Wurzelschnittlinge herangezogen werden: je wärmer die Umgebung ist, desto schneller bilden sich Triebe; dann können auch kürzere Wurzelstücke, die weniger Reservestoffe enthalten, mit Erfolg angetrieben werden; kürzer als 2,5 cm sollten sie nicht sein. 2,5-5 cm lange Wurzelschnittlinge werden am besten im Gewächshaus, über 5 cm lange am besten im Kalten Kasten herangezogen. Von *Ailanthus* und Flieder, deren Vermehrung an geschützter Stelle draußen erfolgt, sollte man 10-15 cm lange Schnittlinge verwenden.

Stecken der Wurzelschnittlinge

Es ist wichtig, Wurzelschnittlinge so in die Erde zu stecken, daß sich die neuen Wurzeln am distalen Ende (von der Mutterpflanze am weitesten entfernt) bilden. Die Schnittlinge sollten senkrecht gesteckt werden, damit das der Mutterpflanze am nächsten gelegene Wurzelende leicht mit Erde bedeckt ist; krautige Schnittlinge werden häufig waagrecht ausgelegt (siehe dazu auch STAUDEN, »Wurzelschnittlinge«, S. 167).

Vermehrungssubstrat

Stecklinge brauchen ausreichend Luft (um Sauerstoff zur Verfügung zu haben) und Wasser in ihrem Vermeh-

Kleine Blätter

Um die Bildung von Kallus anzuregen und Wurzelbildung zu erreichen, können kleine Blätter (z.B. Peperomia*) an den Ecken eingekürzt werden.*

Wurzelschnittlinge

Zur Markierung beider Enden ist beim Schneiden der Wurzelstücke (hier Acanthus*) ein schräger bzw. gerader Schnitt zu machen.*

Schutzeinrichtung

Blattstecklinge wachsen am besten in gespannter Luft, z.B. unter einer Plastiktüte, die über den Blumentopf gestülpt ist; die Folie darf die Blattflächen nicht berühren.

rungssubstrat. Ist das Substrat zu naß, faulen die Stecklinge. Das klassische Vermehrungssubstrat ist daher lockerer als Erden auf Lehmbasis zum Topfen. Zudem sollte das Substrat warm sein, um die Wurzelbildung zu beschleunigen: Temperaturen im Bereich von 18-25°C sind ideal für Pflanzen aus kühlem, gemäßigtem Klima und bis 32°C für solche aus warmen Klimazonen. Eventuell ist eine Bodenheizung nötig (siehe S. 542).

Behandlung der Stecklinge

Nach dem Stecken hält man die Blattstecklinge in feuchtigkeitsgesättigter Luft turgeszent, z.B. im geschlossenen Vermehrungskasten, in einer Sprühnebelanlage oder einem Zimmergewächshaus. Stecklinge ohne Blätter, die im Freiland je nach Eignung entweder direkt in den Boden oder in einen Behälter gepflanzt wurden, sollten z.B. durch einen durchsichtigen Plastiktunnel geschützt werden.

Speicherorgane

Zu den ganz verschieden strukturierten Speicherorganen zählen z. B. Knollen, Rhizome, Wurzel- und Sproßknollen sowie die Winterknospen. Die meisten Pflanzen mit Speicherorganen vermehren sich auf natürliche Art, indem sie Brutzwiebeln bzw. -knollen bilden. Diese sollten aufgenommen und geteilt werden, damit sie nicht zu dicht stehen. Pflanzen aus Brutzwiebeln bzw. -knollen blühen früher als die aus Samen herangezogenen und sind mit der Mutterpflanze identisch, während die generativ vermehrten im Aussehen variieren können.

Die wichtigste Vermehrungsmethode ist, abgesehen von der Teilung, die Speicherorgane in Stücke zu schneiden und sie anzuregen, an der Wundstelle Brutzwiebeln bzw. -knollen auszubilden.

Zwiebeln

Schalenzwiebeln

Schuppenzwiebeln

Zwiebeln können durch Zwiebelstücke, Teilung von Tochterzwiebeln sowie ober- und unterirdischen Brutzwiebeln, durch Zwiebelschuppen, Doppelschuppen und durch Aushöhlen und Einkerben vermehrt werden. Der Gärtner weiß, welche Vermehrungsart für die jeweilige Zwiebel oder Knolle die die beste ist.

Vermehrung durch Zwiebelstücke
Zwiebeln mit einer dünnhäutigen, äußeren Schale, z.B. Schneeglöckchen, die sich von selbst nur langsam vermehren, können mit kleineren Zwiebelstücken rasch vermehrt werden. Bei dieser Methode wird jede Zwiebel je nach

Zwiebelstücke

Brutzwiebeln entwickeln sich z.B. beim Schneeglöckchen zwischen den Schalen an einem Zwiebelstück bei Temperaturen bis 25°C.

Größe in bis zu 20 Stücke zerschnitten. Jedes Einzelstück, das sich allgemein aus 3 oder mehreren Zwiebelschalen und einem Zwiebelkuchenstück zusammensetzt, wird dann in ein Fungizid getaucht oder mit einem Fungizid besprüht. Die Zwiebelschalenstecklinge können warm aufgestellt oder in einen Behälter gesetzt werden, der mit einem Gemisch aus Torf und Perlit (Verhältnis 1 : 1) gefüllt ist.

Teilung von Tochterzwiebeln
Zwiebeln haben lockere, fleischige Schalen. An ihrem Zwiebelboden erscheinen winzige Brutzwiebeln, die von selbst größer werden und Tochterzwiebeln bilden. Nimmt man die Zwiebeln

Tochterzwiebeln

Sorgfältig wird jede Tochterzwiebel (hier Narcissus*) weggebrochen.*

am Ende der Vegetationsperiode auf, kann man sie abtrennen und einzeln auspflanzen.

Ober- und unterirdische Brutzwiebeln
Bulbillen entspringen einem Blütenstand oder auch einem Stengel, Brutzwiebeln entspringen aus der Zwiebel selbst oder aus Wurzelsprossen. Beide können entfernt und ausgepflanzt werden, damit neue Zwiebeln heranwachsen (siehe Lilien, »Achsel- und Stengelbulben«, S. 243).

Achsel- und Stengelbulben

Manche Lilien, z.B. Lilium lancifolium, *bilden oberirdisch kleine, bulbenähnliche Gebilde, sog. Achselbulben in den Blattachseln aus. Andere Arten, z.B.* L. longiflorum, *können Brutzwiebeln an der Zwiebel selbst oder am unterirdischen Stengelteil ausbilden.*

Zwiebelschuppen

Brutzwiebeln an der Basis jeder einzelnen Schuppe bei Zwiebeln mit locker aufeinandersitzenden Schuppen.

Doppelschuppen

Bei Schalenzwiebeln (hier Narcissus*) verwendet man 2 Schuppenknospen und ein Stück des Zwiebelbodens*

Vermehrung mit Zwiebelschuppen
Dabei trennt man Schuppen von der Zwiebel, die dann zur Brutzwiebelbildung angeregt werden. Diese Art der Vermehrung verwendet man z.B. bei Kaiserkronen *(Fritillaria)* und Lilien, deren Zwiebelschalen ziemlich locker aufeinanderliegen. Man bricht einzelne Schuppen vom Zwiebelboden einer ausgereiften Zwiebel und legt sie in einen mit feuchtem Vermiculit oder einem Torf-Sand-Gemisch gefüllten Plastikbeutel, der an einem warmen, feuchten Platz aufbewahrt wird.

Vermehrung mit Doppelschuppen
Schalenzwiebeln mit dünner äußerer Haut, wie bei Narzissen und Schneeglöckchen, können durch doppelte Zwiebelschuppen vermehrt werden. Dabei schneidet man die Zwiebel senkrecht in 8-10 Teilstücke, jedes mit einem Schuppenknospenpaar.

Aushöhlen und Einkerben
Einige Zwiebeln (z.B. Hyazinthen) können durch Aushöhlen oder Einkerben der Zwiebel vermehrt werden. Dadurch entwickelt sich Kallusgewebe, das die Bildung von Brutzwiebeln fördert. Beim Aushöhlen schneidet man

Einkerben

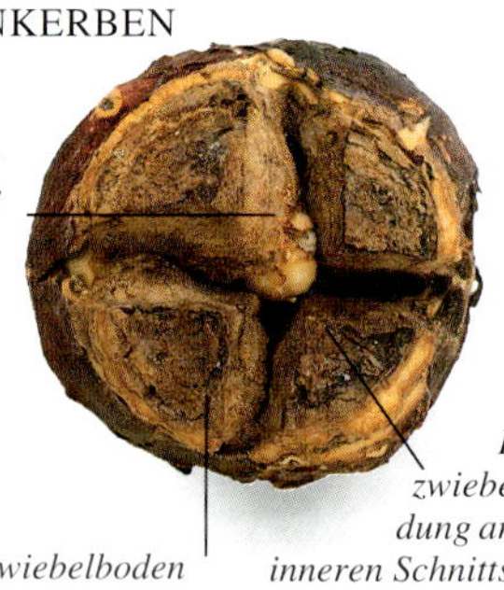

Bei einigen Zwiebeln wird die Bildung von Brutzwiebeln durch flache Kerben im Zwiebelboden angeregt.

den Zwiebelboden einer reifen Zwiebel in der Mitte so aus, daß nur der Wurzelkranz (der äußere Teil des Zwiebelbodens) stehenbleibt; beim Einkerben werden 2 flache Schnitte im rechten Winkel in den Zwiebelboden gemacht. Die Zwiebel wird dann warm und dunkel gelagert, bis sich Brutzwiebeln entwickelt haben, die abgelöst und einzeln weiterkultiviert werden.

Stengelknollen

Gladiolenknolle

Stengelknollen sind verkürzte, unterirdisch wachsende Stengel mit einer festen inneren Struktur. Die meisten Stengelknollen bilden nahe der Basis Brutknollen aus; aus jeder bildet sich eine neue Stengelknolle. Kleine Knollen

Brutknollen

Im Herbst die neue Knolle und Brutknollen von der Mutterknolle trennen.

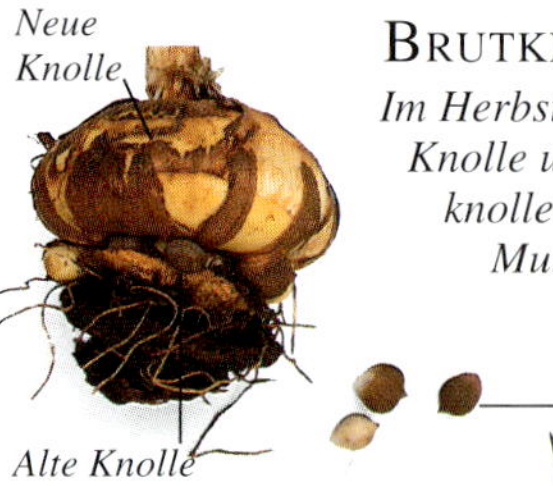

Entwicklung einer Brutknolle

Brutknollen brauchen bis zu 3 Jahre, ehe sie die blühfähige Größe erreicht haben. Unten ihre Entwicklung im ersten Jahr.

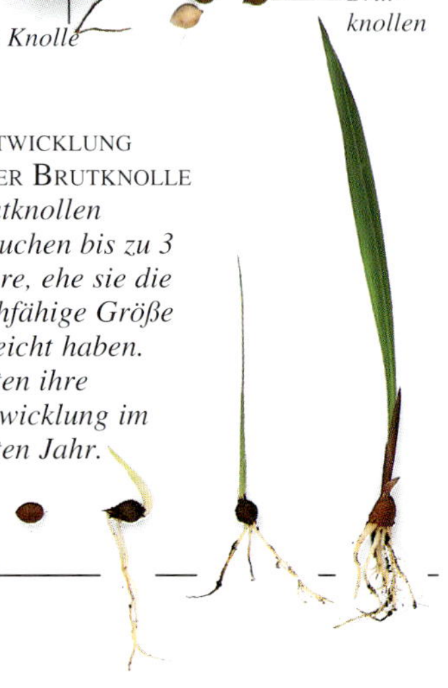

oder Brutknollen werden als Ausläufer zwischen alter und neuer Knolle während der Vegetationsperiode gebildet (siehe ZWIEBEL- UND KNOLLENPFLANZEN, »Brutknollen an Gladiolen«, S. 237). Größere Knollen können künstlich vermehrt werden, indem man sie kurz vor Beginn der Wachstumsperiode halbiert; jedes Stück muß aber eine Brutknospe besitzen.

Rhizome

IRIS-RHIZOM

Diese bestehen aus einem horizontal kriechenden Sproß, der meist unter der Erde, manchmal auch an der Bodenoberfläche kriecht. Vermehrt werden Rhizome durch junge, gesunde Teilstücke, die jeweils mit einem oder mehreren Augen geschnitten und einzeln aufgepflanzt werden (siehe auch »Teilung von Pflanzen mit Rhizomen«, S. 165; »Aushöhlen und Einkerben bei *Trillium*«, S. 242; ORCHIDEEN, S. 445).

Wurzelknollen

DAHLIE

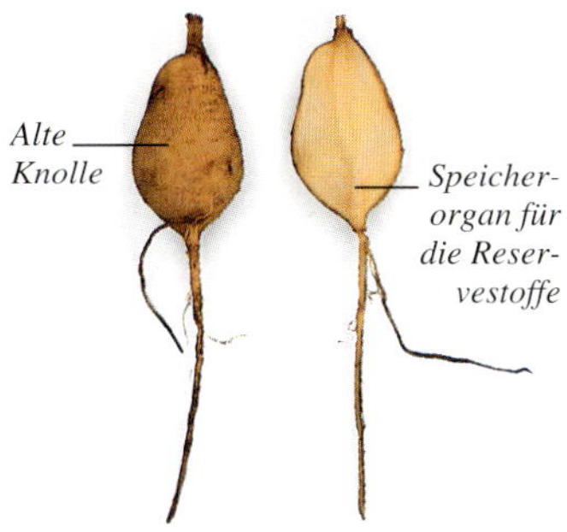

Eine Wurzelknolle bildet sich an der Sproßbasis aus einem Wurzelstück, das während des Sommers anschwillt und in ein Speicherorgan umgewandelt wird. Solche Pflanzen kann man im Frühjahr vermehren, indem man die Knollenbündel in Einzelstücke, jedes mit einer entwicklungsfähigen Knospe, teilt (siehe auch »Das Zerschneiden von Zwiebeln und Knollen zur Vermehrung«, S. 241). Wurzelknollen können auch durch grundständige Stecklinge im Frühling vermehrt werden (siehe S. 227).

Sproßknollen

Die Sprosse mancher Pflanzen (z.B. Kartoffeln und Topinambur) bilden Knollen, die als Speicherorgane dienen. Knollenbegonien etwa bilden an ihrer Sproßbasis ausdauernde Knollen, die sich jedes Jahr vergrößern. Im Frühling kann man sie in Teilstücke mit jeweils einer Triebknospe schneiden. An jedem Teilstück bilden sich grundständige Triebe, die als Stecklinge dienen können oder weiterkultiviert werden, damit sie neue Knollen bilden (siehe »Die Vermehrung von Knollenbegonien«, S. 455).

TOPINAMBUR

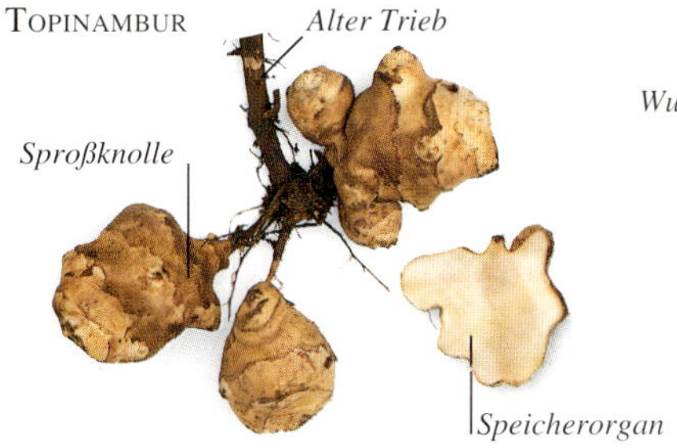

Andere Arten von Speicherorganen

Pflanzen wie *Saxifraga granulata* und einige *Kalanchoe*- und Zierspargelarten bilden an den Achseln ihrer Sprosse runde, zwiebelähnliche Brutkörper aus. Diese Brutknospen können entfernt und einzeln wie Brutzwiebeln oder -knöllchen herangezogen werden (siehe S. 540).

Bei einigen Wasserpflanzen wie *Hydrocharis* und *Myriophyllum* bezeichnet man die knospenähnlichen Gebilde als »Turionen«. Wenn sie reif sind, fallen sie von der Mutterpflanze ab und wachsen zu neuen Pflanzen.

Reiser- und Augenveredlung

Bei vielen verholzten und einigen krautigen Pflanzen wird ein Edelauge oder Edelreis auf eine Unterlage einer anderen Art oder Sorte übertragen, um eine Pflanze mit besseren Eigenschaften zu bekommen. Die meisten Apfel-, Birnen- und Steinobstbäume werden so vermehrt. Die Unterlage kann resistenter gegenüber Wurzelkrankheiten oder für eine bestimmte Region besser geeignet sein. Oft wird die Unterlage (hpts. bei Obstbäumen), die die Wuchsstärke des Edelreises beeinflußt, ausgewählt, um einen zwergwüchsigen oder besonders wüchsigen Baum heranzuziehen. Manchmal pfropft man das Edelreis einer Sorte, die durch Stecklinge schwer zu vermehren ist, auf eine leichtwurzelnde Unterlage. Die Unterlage beeinflußt auch Ertragsbeginn, Fruchtgröße – schwachwachsende Unterlagen bewirken meist frühzeitigere Fruchtbarkeit. Auch die Reaktion auf einen bestimmten Boden kann durch die Wechselbeziehungen zwischen Edelsorte und Unterlage beeinflußt werden.

Das Edelreis kann ein einziges Auge an einem kurzen Zweigstück (gewöhnlich als Okulation bezeichnet) oder mehrere Augen an einem längeren Trieb besitzen.

Zeit der Veredlung

Veredlungen werden v.a. vom späten Winter bis zum frühen Frühjahr durchgeführt, wenn das Kambium besonders aktiv ist; warme Bedingungen begünstigen das Wachstum des Kallusgewebes. Wärmere Witterung könnte die dünnwandigen Zellen des Wundgewebes austrocknen.

Die Okulation mit T-Schnitt wird dagegen oft im Spätsommer ausgeführt, wenn gut entwickelte Edelaugen zur Verfügung stehen und das junge Unterlagenmaterial die passende Stärke hat. Eine erfolgreiche Okulation setzt voraus, daß die Unterlage im Saft steht und sich die Rinde vom Holz gut lösen läßt, damit das Auge eingesetzt werden kann. Chip-Veredlung kann über einen längeren Zeitraum vorgenommen werden, da das Auge mit einem Holzspan dicht auf die Unterlage aufgesetzt und nicht unter die Rinde geschoben wird.

Wie veredelt man?

Durch die Schnitte bei der Veredlung werden Pflanzenzellen geschädigt, und die dünnwandigen Zellen an der Veredlungsstelle sind zudem anfällig für Pilz- und Bakterienbefall. Daher müssen die Messer steril und so scharf sein, daß ein einziger Schnitt genügt.

Sobald Unterlage und Reisermaterial ausgesucht und je nach Veredlungsmethode passend zurechtgeschnitten sind, werden die zwei Stücke sorgfältig in die richtige Lage gebracht, so daß die Kambiumschichten eng aufeinanderliegen. Wenn Reiser und Unterlage

KAMBIUMSCHICHT

Bei der Veredlung müssen sich die Kambiumschichten von Edelreis und Unterlage berühren.

unterschiedlich stark sind, sollte sichergestellt sein, daß das Edelreis wenigstens auf einer Seite Kambiumkontakt bekommt. Das wichtigste bei der Veredlung ist, daß das Kambiumgewebe – eine schmale Schicht dünnwandiger Zellen zwischen Rinde und Holzteil – aktiv ist. Dieses Gewebe bildet ständig neue Zellen. In den Tagen nach der Veredlung sollte sich der Bereich zwischen Unterlage und Edelreis mit dünnwandigen Kalluszellen füllen. Die Kambiumzellen an Unterlage und Edelreis, die an das junge Kallusgewebe anschließen, beeinflussen die Nachbarzellen, so daß eine vollständige Kambiumbrücke zwischen beiden entsteht. Weil sich dieses neue Kambiumgewebe weiter teilt, bildet sich ein wasser- und nährstoffführendes Gewebe als Verbindung zwischen Edelreis und Unterlage.

Reiser werden herkömmlich mit Raphiabast verbunden und mit Baumwachs überzogen, um ein Austrocknen zu verhindern. Heute ersetzt man Raphiabast durch Kunststoffbänder, die die Propfstelle besser verschließen, und verzichtet auf Veredlungswachs. In Behältern gezogene Pflanzen brauchen, sobald sie veredelt sind, eine geschützte Umgebung.

Chip-Veredlung

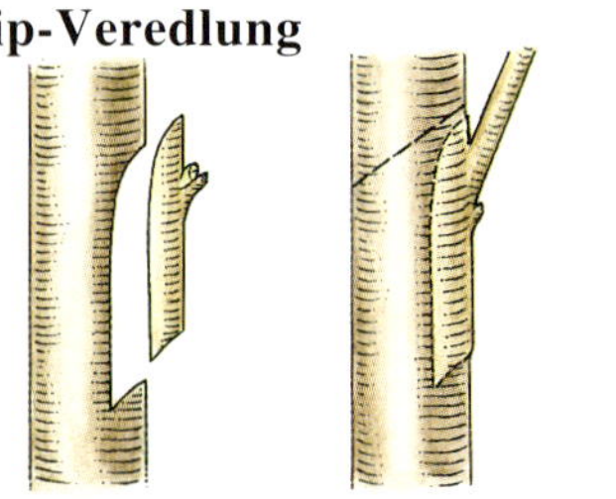

Man schneidet ein reifes Holzstück aus der Unterlage und setzt einen Holzspan gleicher Stärke und mit einem Auge ein, der von einem Reis oder einem Holzstück mit Knospe stammt (siehe S. 372).

Okulation mit T-Schnitt

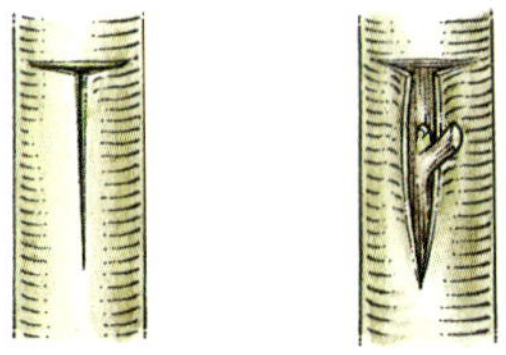

Bei dieser Technik wird nur ein Edelauge in die Unterlage eingesetzt. Dabei wird ein »T« in die Rinde der Unterlage geschnitten, um das Auge dort einzuführen (siehe S.132).

Seitliches Anplatten

Zunächst wird ein kurzer Schnitt nach unten durch das Kambium geführt; es folgt ein schräger Schnitt zum unteren Ende des ersten Schnitts. Das Holzstück wird entfernt und durch das angepaßte Edelreis ersetzt (siehe ZIERBÄUME, »Seitliches Anplatten«, S. 58, und ZIERSTRÄUCHER, »Seitliches Anplatten«, S. 90).

Seitliches Einspitzen

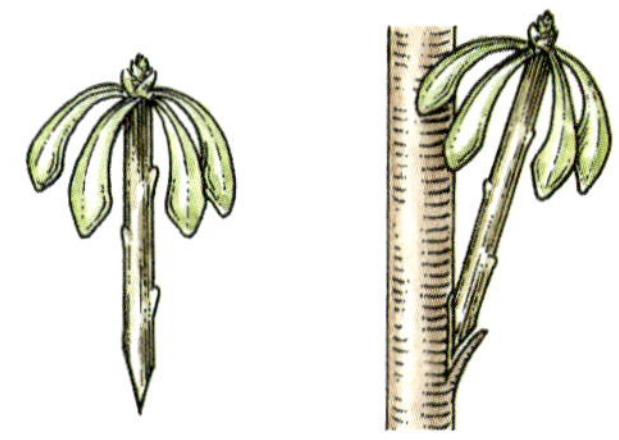

Ein nach unten, leicht nach innen gerichteter Schnitt wird seitlich in die Unterlage gesetzt. Das an der Basis keilförmig zugeschnittene Edelreis wird dann in den Einschnitt der Unterlage eingefügt, so daß das Kambium aufeinanderliegt.

Pfropfen in den Spalt

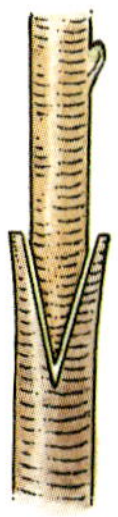

Die Unterlage wird flach abgeschnitten und ein Holzkeil aus der Mitte herausgeschnitten. In diesen Spalt wird das Edelreis dann eingeschoben (siehe ZIERSTRÄUCHER, »Pfropfen in den Spalt«, S. 91).

Sattelpfropfen

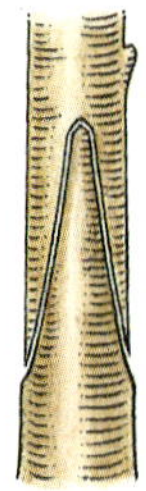

Die Unterlage wird sattelförmig zugespitzt. Dann schneidet man das Edelreis so zu, daß es genau auf den Sattel der Unterlage paßt (siehe ZIERSTRÄUCHER, »Sattelpfropfen«, S. 90).

Kopulation

Die Unterlage erhält einen 5-8 cm langen Schrägschnitt. Das Edelreis wird passend zugeschnitten. Ist es dünner, wird die Unterlage erst schräg, dann gerade geschnitten.

Waagrechtes Pfropfen

Unterlage und Edelreis werden beide waagrecht abgeschnitten (siehe »Waagrecht Pfropfen«, S. 275).

Kopulation mit Gegenzungen

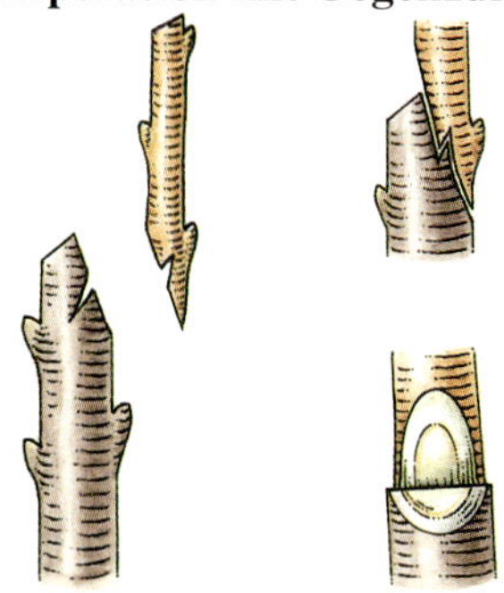

Unterlage und Edelreis erhalten aufeinanderpassende Schrägschnitte. Dann schneidet man längs der Schrägschnitte flache Zungen heraus. Edelreis und Unterlage sind so fester zusammengefügt.

KOPULATION MIT GEGENZUNGEN
Unterlage und Edelreis verwachsen allmählich miteinander.

Das Mikroklima bei der Vermehrung

Bei der Vermehrung sind Pflanzen sehr empfindlich, daher ist die Umgebung für den Erfolg von entscheidender Bedeutung; sie aber hängt von der jeweiligen Vermehrungsmethode und Reife des Pflanzenmaterials ab. Bei der Vermehrung von Blattstecklingen zum Beispiel ist eine geeignete Umgebung wichtiger als für blattlose Stecklinge.

Gewächshäuser

Wichtig ist, daß das Gewächshaus die richtige Lüftung und in der Wachstumsperiode geeignete Schattiereinrichtungen hat (siehe »Die richtige Klimagestaltung«, S. 481). Im Hochsommer ist zwei Monate lang Schattierfarbe außen auf das Glas aufzubringen, damit die vermehrten Pflanzen nicht durch extreme Witterungsbedingungen beeinträchtigt werden (siehe »Schattierfarben«, S. 484). Zusätzlich kann eine schützende Schattierung montiert werden, indem man ein Schattiergewebe an Drähten, die quer oder längs zum Tischbeet oder im Gewächshaus verlaufen, befestigt. Das Schattiermaterial kann bei trübem Wetter zurückgeschoben werden.

Abdecken der Blattstecklinge

Da Blattstecklinge anfangs keine Wurzeln haben und durch ihre geringe Wasseraufnahme das von den Blättern abgegebene Wasser nicht ersetzen können, brauchen sie im Gewächshaus zusätzlichen Schutz.

Eine durchsichtige Folie oder eine Plastiktüte, die über eine Schale mit Stecklingen gestülpt und darunter eingeschlagen wird, genügt, wenn entsprechende Schattierung zur Verfügung steht. Der auf der Folieninnenseite kondensierende Wasserdampf schützt die Stecklinge vor dem Austrocknen. Weiche Stecklinge können absterben, wenn die Folie aufliegt; man steckt daher ein Gerüst aus Bambusstäben oder Draht in das Substrat, um die Folie auf Abstand zu halten. In geschlossenen Systemen können unter sehr heißen Bedingungen aber extrem hohe Lufttemperaturen entstehen.

Zimmergewächshäuser aus Kunststoff müssen aufgrund ihrer Plastikabdeckhauben in ähnlicher Weise schattiert werden. Die Luft ist darin meist trockener, da Wasserdampf durch die Lüftungsöffnungen entweichen kann. Man hält diese so lange geschlossen, bis die Stecklinge bewurzelt sind und abgehärtet werden können.

Eine Sprühnebelanlage ist ideal für die Sommervermehrung. Für die Vermehrung zu anderen Jahreszeiten sollte sie aber mit einer Bodenheizung ausgestattet sein. Im Idealfall bringt die Sprühnebelanlage einen dauerhaften Wasserfilm auf die Blattoberflächen aus; etwas Wasser geht noch durch Transpiration der Blätter verloren, das aber durch das »aufgebrachte« Wasser beim Sprühvorgang reichlich ersetzt wird. Da das Besprühen in Intervallen durchgeführt wird, schwankt die Luftfeuchte im Gewächshaus, und so ist der Wasserfilm auf jedem Blatt nicht immer gleich, und ein geringer Wasserverlust tritt ein. Komplette Sprühnebelanlagen bestehen aus Rohrleitungen, dem Wasserfilter, Düsen sowie einem Magnetventil mit Sensor, um die Sprühzeiten zu regeln (siehe »Sprühnebelanlagen«, S. 488).

Für Grünstecklinge, die rasch welken, ist es am besten, eine flache, durchsichtige Folie tunnelartig knapp über den Sprühdüsen anzubringen. Damit erreicht man eine höhere Luftfeuchte in den Sprühintervallen.

ZIMMERGEWÄCHSHAUS
Da in einem Zimmergewächshaus eine sehr hohe Luftfeuchte herrscht, bleiben die Stecklinge turgeszent, wurzeln daher wahrscheinlich rascher und bleiben gesünder.

Die Bodenheizung

Die meisten biologischen Vorgänge werden durch höhere Temperaturen beschleunigt. Ist das Substrat wärmer, keimen die Samen meist schneller, und die Stecklinge bewurzeln sich rascher.

Heizkabel und Heizmatten sind für kleine Gewächshäuser sehr praktisch (siehe »Vermehrungshilfen«, S. 488).

SCHATTIEREN DER GEWÄCHSHÄUSER (Gemäßigtes Klima)

Um die Gewächshäuser bei der Vermehrung vor Überhitzung zu schützen, legt man je nach Witterungsbedingungen und Jahreszeit eine oder mehrere Lagen Schattiergewebe auf. Gewächshäuser in freien, sonnigen Lagen sind besonders überhitzungsgefährdet.

		FRÜHLING	SOMMER	HERBST	WINTER
TRÜBE TAGE	Kalkanstrich		███ (ab Mitte)	███ (bis Mitte)	
SONNIGE TAGE	Schattiergewebe	███ (ab Mitte)	███	███	███ (Anfang)
	Schattiergewebe (2fach)	███ (ab Ende)	███	███	
	Kalkanstrich		███ (ab Mitte)	███ (bis Mitte)	

BODENWÄRMEEFFEKT

Beheizte Vermehrungseinrichtungen

Die in sich geschlossenen Anlagen sind sehr nützlich, um die Vermehrungssaison in sonst unbeheizten Gewächshäusern zu verlängern. Da diese Vermehrungseinrichtungen sehr hohe Wärmeleistungen erreichen, müssen sie mit wirksamen Thermostaten ausgestattet sein, da sonst bei sonnigem Wetter gefährlich hohe Temperaturen entstehen können.

LUFTZIRKULATION IM UNGEHEIZTEN FRÜHBEETKASTEN

Da sich kalte Luft ausdehnt und beim Erwärmen aufsteigt, muß der Deckel des Kastens bei warmem Wetter offen sein, damit etwas Luft ausströmen kann und der Kasten kühl bleibt.

Ungeheizte Frühbeetkästen

Ungeheizte Frühbeetkästen leisten wertvolle Dienste in bezug auf Boden- und Lufttemperatur bei gleichzeitig hoher Luftfeuchte. Auch steht in ihnen ausreichend Licht für eine erfolgreiche Jungpflanzenanzucht zur Verfügung. Benutzt werden sie für frühzeitige Sämlingsanzucht, als Schutz für Edelreiser und zur Vermehrung von blattlosen und belaubten Stecklingen. Sie können auch mit Bodenheizung ausgerüstet sein (siehe S. 542).

Da solche einfachen Konstruktionen kein großes Volumen haben, werden sie bei sonniger Witterung schnell zu warm, wenn nicht gelüftet und richtig schattiert wird (siehe »Ungeheizte Frühbeetkästen«, S. 489). Umgekehrt müssen Kästen bei Temperaturen unter –5°C zur Isolierung mit Matten abgedeckt werden, um Frostschäden am Pflanzenmaterial zu verhindern.

Abdeckungen und Folientunnel im Freien

Abdeckungen aus Glas, Klarsichtfolie und Folientunnel werden sehr oft verwendet, um Sämlingen zu einem zeitigen Start im Gemüsegarten zu verhelfen. Leichtwurzelnde Stecklinge fühlen sich wohl in solcher Umgebung (siehe S. 490). Bei strahlender Sonne ist zusätzliches Schattieren mit Schattiergewebe notwendig.

Die Kultur der vermehrten Pflanzen

Pflanzenvermehrung setzt voraus, daß der Gärtner das Material entsprechend vorbereitet und die jungen Pflanzen in entsprechender Umgebung sorgfältig heranzieht, bis sie sich so weit entwickelt haben, daß sie im Garten weiterwachsen können. Im Anfangsstadium sterben oft durch fehlende Sachkenntnis oder Sorglosigkeit sogar gut bewurzelte Pflanzen ab.

Pflegemaßnahmen

Da bei den meisten Vermehrungsmethoden Teile der zu vermehrenden Pflanzen geschnitten werden, ist das Pflanzengewebe besonders anfällig für Infektionskrankheiten. Es ist daher wichtig, für hygienische Verhältnisse im Vermehrungsbereich zu sorgen.

Geräte und Stelltische sollten regelmäßig gereinigt (wenn nötig desinfiziert), abgestorbenes oder beschädigtes Pflanzenmaterial sollte entfernt werden. Topferden müssen sauber und keimfrei sein. Ebenso kann man durch Überbrausen mit einer Fungizidlösung Sämlinge und Blattstecklinge schützen. Anweisungen des Herstellers beachten!

Wenn man Töpfe oder Schalen mit Erde füllt, ist das Substrat mit einem Brett leicht anzudrücken, v.a. an den Ecken der Gefäße. Das Wasser steigt durch Kapillarwirkung im Substrat auf. Bei zu lockerem Erdreich würden Luftlöcher entstehen und die Wassersäulen, die für den kapillaren Aufstieg unentbehrlich sind, wären unterbrochen. Eine auf Lehmbasis hergestellte

ANDRÜCKEN DER ERDE

Wichtig ist, daß die Aussaaten in einer gleichmäßig angedrückten und geglätteten Erde keimen, damit der kapillare Aufstieg und damit das Sämlingswachstum nicht durch Luftlöcher in der Erde beeinträchtigt wird.

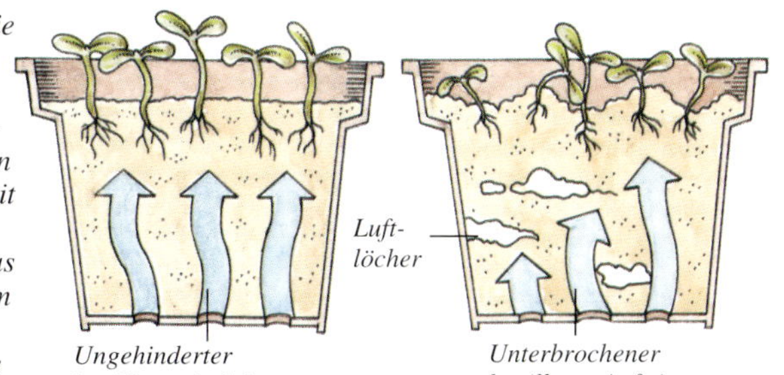

Erde darf allerdings nicht angedrückt werden, denn das Substrat muß gut durchlüftet sein und eine lockere Struktur haben.

Vermehrungserden sollten immer feucht, nie naß sein. In zu nassem Substrat steht zu wenig Sauerstoff zur Verfügung, und die Wurzeln sterben ab. Auch das richtige Mikroklima ist wichtig, bis die jungen Pflanzen kräftig genug sind, um abgehärtet zu werden (siehe »Mikroklima bei der Vermehrung«, S. 542). Die Sämlinge sind zu pikieren, um zu engen Stand zu vermeiden; denn wenn die Luft nicht frei um die jungen Pflanzen zirkulieren kann, staut sie sich, und es kommt zu Umfallkrankheiten (S. 564). Abgefallene Blätter und vertrocknetes Material müssen entfernt werden.

Die meisten organischen Erdmischungen sind sauer, haben also einen pH-Wert unter 7; der ideale Wert für eine organische Erdmischung liegt bei 5-5,5. Es gibt einfache Testgeräte, um den pH-Wert zu messen. Ein Substrat mit basischer Wirkung verringert die pflanzenverfügbare Menge an Phosphat, Eisen, Mangan und Bor, während ein zu saurer Boden die Kalzium- und Magnesiumversorgung gefährden kann. Zur Düngung ist ein geeigneter Flüssigdünger gemäß den Vorschriften des Herstellers zu verwenden.

UMFALLKRANKHEIT

Bei zu engem Stand ist es sehr wahrscheinlich, daß Sämlinge von Keimlingskrankheiten befallen werden, vor allem wenn sie feucht stehen und zuwenig belüftet sind.

Abhärten

Beim Abhärten der vermehrten Pflanzen werden die Jungpflanzen an die Temperatur im Freien gewöhnt. Das soll nicht zu schnell geschehen, denn die natürliche Wachsschicht der Blätter braucht einige Tage, um Form und Dicke zu verändern, damit der Wasserverlust verringert wird. Auch die Spaltöffnungen der Blätter müssen sich erst den ungünstigeren Verhältnissen anpassen. Zuerst wird die Heizung im Anzuchtkasten oder in der Sprühnebelanlage abgeschaltet, dann sollte man tagsüber zunehmend lüften. Zum Schluß kann man die Abdeckungen entfernen. Wenn die Pflanze im Gewächshaus herangewachsen ist und ausgepflanzt werden soll, empfiehlt es sich, sie zunächst in einen Kalten Kasten zu stellen. Das Abhärten kann 2-3 Wochen dauern.

Anzuchtbeete im Freien

Ein Anzuchtbeet im Freien kann den herangezogenen Jungpflanzen beste Bedingungen bieten. Dort werden die jungen Sämlinge in Töpfen u.a. Behältern weiterkultiviert, sobald sie abgehärtet worden sind. Das Anzuchtbeet kann beliebig groß sein. Zuerst planiert man eine Fläche und umgibt sie mit einer 8 cm hohen Einfassung aus Brettern. Es gibt Beete, die mit wasserdurchlässigem Gewebe ausgelegt sind, und Sandbeete.

MIT WASSERDURCHLÄSSIGEM GEWEBE AUSGEKLEIDETES BEET

Zum Einfrieden des Anzuchtbeetes verwendet man einen Holzrahmen und legt direkt auf dem Boden ein wasserdurchlässiges Gewebe aus.

SANDBEET

Bei diesem Anzuchtbeet werden die Behälter direkt oben auf den Grobsand gestellt.

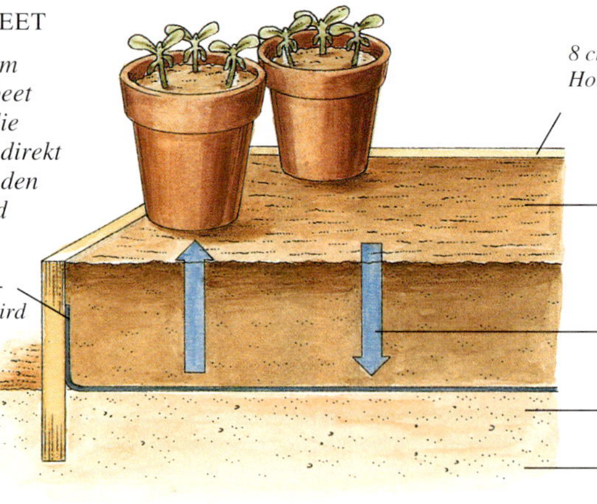

Mit wasserdurchlässigem Gewebe ausgekleidete Beete
Bei der einfacheren Ausführung werden die mit Holzrahmen versehenen, hergerichteten Bodenbeete mit schwarzer Polypropylen- oder Mulchfolie ausgelegt. Diese Kunststoffmaterialien unterdrücken Unkrautwuchs und verhindern, daß die darauf stehenden Pflanzen von bodenbürtigen Krankheitserregern befallen werden. Solch ein wasserdurchlässiges Beet verhindert auch Staunässe in den Behältern, dennoch können die Pflanzen durch kapillaren Aufstieg dem Boden Wasser entnehmen. Wenn der Boden nicht ausreichend drainiert oder wenn die hergerichtete Bodenoberfläche uneben ist, sollte man etwas Sand daraufgeben, ehe die Folie ausgelegt wird.

Sandbeete
Das Sandbeet hat gegenüber dem mit Folie ausgekleideten Beet den Vorteil, daß die Bewässerungsmenge reduziert werden kann. Eine übergroße, doppelte Kunststoffolie wird auf dem hergerichteten Bodenbeet bis über den Holzrahmen ausgebreitet. Auf die Plastikfolie ist grober Sand bis 2,5 cm unter dem Holzrahmenrand aufzubringen. Dann schneidet man die Folie auf Sandhöhe ab. Bis zum Rand des Holzrahmens wird erneut Sand aufgefüllt und geglättet, indem man mit einer Latte den überschüssigen Sand abstreift. Man stellt die Behälter direkt auf den Sand. Die von der Folie umhüllte Sandschicht dient als Wasserspeicher; auf diese Weise muß weniger oft gegossen werden.

Neuere Vermehrungsmethoden

Seit Mitte unseres Jahrhunderts hat man im Erwerbsgartenbau viele neue Vermehrungsmethoden eingeführt. Bisher werden sie vorwiegend in speziell eingerichteten Gewebelabors unter Einsatz moderner Techniken angewendet. Neue Entwicklungen haben für einige Sparten des Erwerbsgartenbaues große Bedeutung.

Gewebekultur

Bei der Gewebekultur verwendet man Explantate oder winzige Teile jungen Pflanzenmaterials. Jedes Explantat wird in einem Reagenzglas herangezogen, und zwar auf einem Nährmedium, das organische Nährstoffe, Mineralsalze und Wuchsstoffe enthält. Man hält es unter streng kontrollierten, sterilen Laborbedingungen. Das Explantat vermehrt sich und bildet Sprosse oder vollständige Pflänzchen, die als Mikrostecklinge bewurzelt oder, wenn sie bewurzelt sind, an Gewächshausbedingungen gewöhnt werden. Sterile Bedingungen sind in jedem Stadium lebensnotwendig, und besonders kritisch ist das Überführen mikrovermehrter Pflanzen ins Gewächshaus.

Die Mikrovermehrung verwendet man v.a. bei wirtschaftlich wichtigen Pflanzen, etwa zur raschen Einführung neuer Sorten und bei Pflanzen, die mit anderen Methoden schwer zu vermehren sind.

GEWEBEKULTUR

Unter Laborbedingungen wird einer Pflanze ein mikroskopisch kleines Gewebestück steril entnommen. Dieses Segment oder Explantat wird dann geteilt (rechts) und im Reagenzglas weiterkultiviert (ganz rechts). Sobald die winzigen Pflänzchen groß genug sind, können sie erneut geteilt oder weiterkultiviert werden.

Gentechnologie

Man kann jetzt einzelne Gene einer Pflanzenzelle identifizieren und sie sogar extrahieren, um diese in andere Zellen, die nicht unbedingt von der gleichen Art stammen müssen, zu übertragen. Unter Verwendung solcher Methoden wurden bestimmte Pilz-, Virus- und Krankheitsresistenzen auf andere anfällige Arten übertragen. So kann z.B. bei einigen Salat-, Tomaten- und Paprikasorten, die für das Gurkenmosaikvirus anfällig sind, ein Gen eingeführt werden, das sie weniger anfällig macht. Bei Petunien und Tabak kann bereits eine Resistenz gegen bestimmte Herbizide übertragen werden.

Die Möglichkeiten der Gentechnik sind immens, v.a. was die Züchtung landwirtschaftlicher Nutzpflanzen (etwa Reis u.a. Gemüsearten) betrifft. Weitere Beispiele sind:

Kartoffeln für die Chips-Produktion, die nach Einwirken niedriger Temperaturen nicht süß schmecken sollen; Rapssamen, der genetisch so verändert wurde, daß die Ölausbeute höher ist.

Fortschritte bei der Samenvermehrung

Es sind auch neue Methoden entwickelt worden, um die Keimschnelligkeit und das gleichmäßige Auflaufen des Samens zu verbessern. Samen werden in Salzlösungen oder in Polyäthylenglykollösungen vorgequollen und zum Keimen stimuliert; kurz vor dem Austritt der Keimwurzel trocknet man sie und verpackt sie zum Verkauf.

Das Flüssigdrillen und die Pillierung des Samens sind entwickelt worden, um den Samen gleichmäßig ablegen zu können. Beim Flüssigdrillen wird das stimulierte Saatgut in ein Trägergel eingeschlossen, das dann mit einer Sämaschine ausgebracht wird. Beim pillierten Saatgut ist der vorgekeimte Samen von einer Hüllmasse umgeben, der Fungizide, Nährstoffe und/oder ein fluoreszierender Farbstoff beigemischt sein können. Die Samen können folglich einzeln abgelegt und gleichmäßiger ausgesät werden. Pilliert werden v.a. kleine, feine Samen von Beetpflanzen und von einigen Gemüsearten.

Künstlich hergestelltes Saatgut

Das Blütengewebe einiger Pflanzen bildet, wenn man es auf ein spezielles flüssiges Nährmedium gibt, zahlreiche Embryonen (jeder gleicht dem Embryo in einem Samen). Trennt man diese vom Medium und umgibt sie mit einer synthetischen Hüllmasse, so kann künstliches Saatgut hergestellt werden. Dieser Vorgang wird auch als somatische Embryogenese bezeichnet. Damit kann schließlich die Herstellung von zahlreichen, genetisch einheitlichen, sog. »Samen« erreicht werden.

Hydrokultur

Anstelle von Erde werden zur Aussaat und Stecklingsvermehrung Nährlösungen oder chemisch inaktive Substrate, die zur Abstützung der Pflanzen dienen (z.B. Sand, Kies, Blähton oder mit Nährlösung gewässerte Steinwolle), verwendet (siehe auch »Hydrokultur«, S. 449). Diese Technik setzt man in Gebieten ein, wo man geeignete Erden nicht ohne weiteres erhält.

7

PFLANZENSCHÄDEN

SOGAR UNTER DER HAND *des erfahrensten Gärtners können Schäden auftreten, die durch Pflanzenkrankheiten und nichtparasitäre Krankheiten, durch übermäßigen Schädlingsbefall sowie durch Unkräuter als Konkurrenten verursacht werden. Werden alle in diesem Buch gegebenen Ratschläge beachtet, können diese Pflanzenschäden gering gehalten werden. Gelegentlich wird es sich aber bei schweren Krankheitsfällen als notwendig erweisen, die mögliche Schadursache zu bestimmen und dann über den Einsatz geeigneter Maßnahmen zu entscheiden, um den Schaden zu beheben. Die Auswahl der Verfahren schließt stets eine Vielzahl von kulturtechnischen und biologischen Maßnahmen sowie den Einsatz chemischer Mittel ein. Richtige Kulturführung im Garten setzt voraus, daß man lernt, das Auftreten von Pflanzenschäden zu verhindern und, wenn das nicht gelingt, sie in einem frühen Stadium zu erkennen.*

Schädlinge, Krankheiten und physiologische Störungen

Die meisten Krankheitssymptome sind leicht zu erkennen. Ein Baum, ein Strauch, eine Pflanze können welken bzw. sich verfärben, oder sie treiben keine Blätter oder Blüten. Insekten, die das Pflanzenwachstum schwächen, sind an allen Stellen der Pflanze zu finden. Eine Schädigung an den Wurzeln kann manchmal erst durch Symptome auf den Blättern erkannt werden. In diesem Kapitel können Sie daher detaillierte Angaben über die Verhütung und Bekämpfung von Schädlingen, Krankheiten sowie physiologischen Störungen finden.

Was ist ein Schädling?

Schädlinge sind tierische Schaderreger, die Kulturpflanzen schädigen. Einige davon, wie Nacktschnekken und Kaninchen, sind weithin bekannt; die meisten aber sind kleine, wirbellose Tiere (z.B. Milben, Nematoden, Asseln), die gelegentlich als Pflanzenschädlinge auftreten. Die größte Gruppe in dieser Klasse sind die Insekten. Schädlinge können jeden Pflanzenteil oder sogar die ganze Pflanze schädigen oder zerstören; durch Saugtätigkeit, Minierfraß, Kahlfraß und durch Bohrfraß in Stengeln, Wurzeln oder Früchten. Manchmal verursachen sie Gewebewucherungen, die sog. Gallen. Indirekt schädigen sie die Pflanzen, indem sie Virosen und Pilzkrankheiten übertragen, andere bedecken die Pflanzen mit zuckerhaltigem Kot, der das Wachstum von Schwärzepilzen fördert.

Was ist eine Krankheit?

Eine Pflanzenkrankheit ist jeder krankhafte Zustand, der durch Organismen wie Bakterien, Pilze oder Viren verursacht wird. Am häufigsten treten pilzliche Erkrankungen auf, Bakteriosen sind seltener. Die Schadbilder, die diese Lebewesen hervorrufen, variieren beträchtlich. Fast immer ist das Wachstum oder die Gesundheit der Pflanze beeinträchtigt; bei starkem Befall kann die Pflanze sogar absterben. Auf die Infektionsrate haben verschiedene Faktoren Einfluß. Manchmal wird das Lebewesen, das die Krankheit verursacht (Pathogen), durch einen Vektor (z.B. eine Blattlaus) verbreitet. Das Pathogen ist zuweilen als Verfärbung an der Pflanze erkennbar. Symptome wie Farb- und Formveränderungen oder Welken sind Kennzeichen einer Pilzinfektion.

WIE MAN KRANKHEITSSYMPTOME ERKENNT

Sind die Blätter von einem Schädling durch Fraß zerstört worden, schlägt man im Abschnitt »Fraßschäden an den Blättern« nach, um die Ursache herauszufinden.

Wenn Krankheitsbilder sichtbar sind, schaut man im Abschnitt, der sich mit der ganzen Pflanze beschäftigt, oder bei den entsprechenden Schadbildern nach.

Was ist eine nichtparasitäre Krankheit?

Nichtparasitäre Krankheiten werden meist durch Ernährungs- oder Kulturfehler, aber auch durch unsachgemäße Lagerung verursacht. Ungeeignete Temperaturen, unzureichende Wasser- und Nährstoffversorgung, zuwenig Licht oder ungünstige Witterung – all das kann zu physiologischen Störungen führen.

Durch Witterung, Anbau- oder Bodenbedingungen können bei vielen Pflanzen Krankheiten entstehen. Die Schäden werden durch Krankheitserscheinungen wie verfärbte Blätter oder Welken der Triebe sichtbar. Eine Pflanze, die unter Wasser- bzw. Nährstoffmangel leidet oder ungünstigen Umweltbedingungen ausgesetzt ist, zeigt schwächlichen Wuchs und ist anfälliger für Schädlingsbefall durch Insekten oder für Pilz-, Virus- und Bakterieninfektionen. Auch wenn die Schadursachen richtig behandelt werden, können befallene Pflanzen absterben.

Anwendung dieses Kapitels

Dieser Teil des Buches soll Ihnen ermöglichen, Pflanzenschäden zu erkennen und zu behandeln. Das Kapitel ist, je nachdem wo der Schaden auftritt (z.B. Mißbildungen an Blüten oder Verfärbungen der Blätter), in Abschnitte (Blätter, Triebe, Blüten, Früchte, Wurzeln und Knollen, Zwiebeln etc.) gegliedert. In den Hauptabschnitten werden die Schäden nach ihren Krankheitsbildern eingeordnet (z.B. findet man alle gelben Blattflecken beisammen).

Um einen Schaden zu bestimmen, sollte man im passenden Abschnitt nachschlagen. Der Querverweis am Ende des Abschnitts führt zu den befallenen Pflanzen, den Symptomen, Schadursachen und ihrer Bekämpfung. Auf S. 572 werden Wirkstoffe und Pflanzenschutzmittel aufgelistet (Aktuelles im Fachhandel).

Die Verhütung von Krankheiten und Schädlingen

Man sollte nur kräftige, gesunde Pflanzen kaufen, keine mit verfärbten Trieben, deren Blätter eine für die Jahreszeit ungewöhnliche Färbung zeigen, verwelkt oder verkrüppelt sind; Pflanzen mit Schädlingsbefall oder Krankheitssymptomen natürlich ebenfalls nicht. Bei in Containern gezogenen Pflanzen ist zu prüfen, ob sie nicht in einem zu kleinen Topf stehen oder schwache Wurzelbildung aufweisen.

Ferner ist zu beachten, daß sich die Pflanze für den vorgesehenen Standort eignet; hierbei sind Bodenart, -beschaffenheit und der pH-Wert, die örtliche Lage und die Frostgefährdung eines Gewächses zu berücksichtigen. Es muß sorgfältig gepflanzt werden. Dabei sollte man sich versichern, daß der Boden gut vorbereitet ist und genügend Wurzeln vorhanden sind. Jede Pflanzenart hat verschiedene Wasser- und Nährstoffbedürfnisse und benötigt, wo erforderlich, bestimmte Schnittmaßnahmen. Wenn eine Pflanze schwer erkrankt oder stark von Schädlingen befallen ist, wird sie sich kaum mehr erholen; man sollte sie dann entfernen.

Natürlicher Pflanzenschutz

Beim natürlichen Pflanzenschutz werden Methoden angewandt, die dazu beitragen, daß Pflanzen einer Erkrankung erfolgreicher widerstehen und sich davon schneller erholen können.

Natürliche Pflanzenschutzmittel und Schädlingsfallen

Es gibt einige chemische Mittel pflanzlicher Herkunft; Pyrethrum z. B. wird aus Chrysanthemenblüten gewonnen. Andere natürliche Pflanzenschutzmittel sind Derrisstaub, Schmierseife und Stäubeschwefel. Sie sind als gebrauchsfertige Stäubemittel oder flüssige Pflanzensprays im Handel und lassen sich einfach und gezielt ausbringen – so werden Spritzschäden nicht zum Problem. Diese Mittel bauen sich rasch ab und sind nur bei Kontakt mit dem Schädling oder Krankheitserreger wirksam; deshalb ist eine regelmäßige und gründliche Anwendung notwendig. Schädlingsfallen sind einfach zu bauen. Drahtwürmer z. B. gehen auf alte Kartoffeln oder Möhren, die auf einen Stab gesteckt und im Boden eingegraben werden. In Gewächshäusern können Weiße Fliegen mit einer gelben, mit Leim bestrichenen Farbtafel gefangen werden.

MISCHKULTUR
Die Studentenblume (Tagetes patula) *lockt Schwebfliegen an, die sich von Blattläusen ernähren.*

LOCKFALLE FÜR OHRWÜRMER

Ein mit Holzwolle gefüllter Blumentopf lockt Ohrwürmer (S. 548) an. Man kann den Topf mit den Ohrwürmern an einen Obstbaum hängen, dort werden sie sich der Läusejagd widmen.

Mischkultur

Bestimmte Pflanzengemeinschaften können in Mischkultur das Auftreten von Schädlingen reduzieren. Einige stark duftende Pflanzen wie Pfefferminze und Knoblauch z. B. wirken auf Schädlinge, die durch Gerüche angelockt wurden, abweisend. Auf diese Weise schützen sie Nachbarpflanzen. Das bewußte Anpflanzen von Feindpflanzen kann Schädlinge von anderen Pflanzen fernhalten oder Räuber anlocken, die sich von den Schädlingen ernähren: Da die Kapuzinerkresse *(Tropaeolum)* für Blattlausbefall anfällig ist, sollte man Studentenblumen *(Tagetes patula)* daneben pflanzen; sie locken Schwebfliegen an, die sich von den Blattläusen ernähren.

Anbau resistenter Pflanzen

Einige Pflanzen sind gegen Befall von Schaderregern resistent. Pflanzenzüchter haben daraus ihren Nutzen gezogen und züchteten Sorten mit einer erhöhten Durchschnittsresistenz gegen einige Schädlinge und Krankheitserreger. Zu den widerstandsfähigen Kulturpflanzen zählen einige Kopfsalatsorten, die selten von der Salatwurzellaus befallen werden. Als krankheitsresistent gelten einige Tomatensorten, die für Samtfleckenkrankheit nicht anfällig sind, und die Kletterrose 'Maigold', die nicht so empfindlich für Echten Mehltau, Rost und Schwarzfleckigkeit ist.

Auch resistente Pflanzen können von einer bestimmten Krankheit befallen werden, wenn z. B. die Wachstumsbedingungen nicht optimal sind oder andere Faktoren, z. B. die Witterung, die Pflanze schwächen. Vor dem Kauf von Pflanzen sollte man prüfen, ob es bereits resistente Sorten gibt.

Die Hygiene im Garten

Eine der wichtigsten Maßnahmen gegen Schädlinge und Krankheiten ist, bei gleichzeitig guter Kulturführung im Garten Ordnung zu halten. Es sind gesunde, kräftige Pflanzen auszuwählen und für sie optimale Wachstumsbedingungen zu schaffen. Die Pflanzen sollten regelmäßig kontrolliert werden, um jeden neu auftretenden Schaden möglichst bald zu erkennen. Denn schon bestehende Infektionen oder ein fortgeschrittener Schädlingsbefall sind natürlich schwerer zu bekämpfen als beginnende Schäden.

Das regelmäßige Entfernen und Vernichten kranker Pflanzenteile und mancher Schädlinge, z.B. der Kohlweißlingsraupen, minimiert die Infektionsquellen. Kranke oder von Schädlingen befallene organische Abfallstoffe müssen verbrannt werden, andernfalls könnte der Schädling oder das Pathogen überdauern, überwintern und im Frühjahr die Pflanze erneut befallen. Gartenabfälle sollten vernichtet oder (nur bei Eignung!) kompostiert werden.

Fruchtfolge

Ein Fruchtwechsel bei Gemüsepflanzen, meist mit einer drei- oder vierjährigen Anbaupause, kann die Anreicherung bodenbürtiger Schadorganismen bis zu einer schädigenden Befallsstärke verhindern (siehe auch DER GEMÜSEGARTEN, »Fruchtfolge«, S. 307). Obwohl bei Gemüse eine genaue, planmäßige Fruchtfolge im allgemeinen eingehalten wird, ist auch bei Einjahrsblumen sowie Zwiebel- und Knollengewächsen ein Fruchtwechsel, wo er durchführbar ist, sinnvoll. Dadurch wird die Anreicherung von Krankheitserregern vermindert (z.B. Wurzel- und Stengelgrundfäule bei *Viola*-Arten und Tulpenfeuer).

Wenn man eine spezielle Pflanzenart mehrere Jahre am gleichen Ort kultiviert, kann das ebenso zu Schäden führen (z.B. Bodenmüdigkeit bei Rosen, siehe S. 122). Wenn eine Krankheit, z.B. die Wurzel- und Stengelgrundfäule bei Stiefmütterchen, sichtbar wird, dann sind alle Pflanzen zu entfernen und andere, botanisch nicht verwandte Arten, die dafür nicht anfällig sind, anzupflanzen.

Biologische Pflanzenschutzmaßnahmen

Unter diesem Begriff faßt man Maßnahmen zusammen, die durch bewußten Einsatz natürlicher Feinde (z.B. Räuber, Parasiten, Krankheitserreger) den Befall durch Schadorganismen begrenzen helfen. Im Gewächshaus, wo Schaderreger gegen chemische Mittel Resistenzen entwickelt haben, ist dies oft die einzige Möglichkeit, sie zu bekämpfen.

SCHÄDLING	NÜTZLING
Spinnmilben	Raubmilben *(Phytoseiulus persimilis)*
Weiße Fliegen	Schlupfwespen *(Encarsia formosa)*
Schmierfliegen	Marienkäfer *(Cryptolaemus montrouzieri)*
Schildläuse	Schlupfwespen *(Metaphycus helvolus)*
Gallmückenlarven	räuberische Gallmückenlarven *(Aphidoletes aphidimyza)*
Thripse	Raubmilben *(Amblyseius* sp.)
Larve des Dickmaulrüßlers	räuberische Nematoden *(Heterorhabditis* sp.)
Schmetterlingsraupen	pathogene Bakterien *(Bacillus thuringiensis)*

Biologische Verfahren sind im Garten unter relativ unkontrollierten Bedingungen weniger anwendbar, vor allem wenn Pestizide zum Einsatz kommen, da diese sowohl Nützlinge als auch Schädlinge vernichten können. Nicht alle Schadorganismen lassen sich durch biologische Bekämpfung gezielt eindämmen; es könnten weitere Maßnahmen eingesetzt werden, wenn man über die Ökologie von Schaderregern mehr wüßte.

Pflanzenschutz im Gewächshaus

Bei der biologischen Bekämpfung im Gewächshaus werden Nützlinge eingesetzt, die bei speziellen Lieferanten bezogen werden können. Die Nützlinge sind

NÜTZLINGE UND SCHÄDLINGE

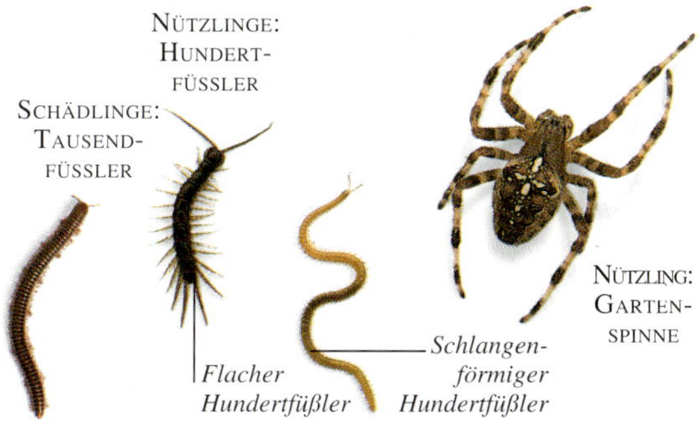

einzusetzen, ehe die Pflanzen stark befallen sind, da sie erst nach einigen Wochen wirksam werden. Die meisten Räuber und Parasiten benötigen am Tag Temperaturen von mindestens 21°C und hohe Lichtintensität, damit sie sich rascher als die Schädlinge vermehren. Der Einsatz chemischer Mittel ist einzuschränken, da die meisten den Nützlingen schaden; ausgenommen sind Präparate auf der Basis von Pirimicarb gegen Blattläuse und Seifen mit insektizider Wirkung gegen viele kleine Insekten und Milben. Einige Schädlinge, v.a. Spinnmilben, Weiße Fliegen und die Larven des Dickmaulrüßlers, haben eine so starke Resistenz gegen chemische Mittel entwickelt, daß nur biologische Bekämpfung hilft.

Nützliche Tiere im Garten

Insekten u. a. Lebewesen, die man im Garten finden kann, sind keineswegs alle schädlich. Viele sind nicht nur nützlich für die Pflanzen, sondern für ihr Überleben notwendig; z.B. sind viele Obst- und Gemüsearten sowie Blumen auf Bestäubung durch Insekten angewiesen; diese tragen den Pollen von einer Blüte zur anderen, damit die Befruchtung stattfinden kann. Auch läßt sich durch verschiedene natürliche Räuber manch größerer Schädlingsbefall vermindern. Daher sollte die Besiedlung des Gartens mit nützlichen Arten gefördert werden.

Igel, Spitzmäuse, Frösche und Kröten ernähren sich von vielen im Boden lebenden Pflanzenschädlingen. Vögel können im Garten zwar auch Schäden verursachen, der Nachteil wird aber durch das Vertilgen von schädlichen Insekten bei weitem ausgeglichen. Einige wirbellose Tiere (z.B. Hundertfüßler) leben von schädlichen Bodenbewohnern. Es ist möglich, Hundertfüßler von den ähnlichen Tausendfüßlern (oft schädlich) zu unterscheiden, und zwar durch die Anzahl der Beinpaare, die jedes Körpersegment aufweist: Hundertfüßler haben nur ein Beinpaar pro Körpersegment, Tausendfüßler hingegen zwei.

BIOLOGISCHE BEKÄMPFUNG
Von den Schlupfwespen parasitierte Larven der Weißen Fliege färben sich schwarz und sterben.

Auch Spinnen sind nützliche Verbündete, da sie in ihren Netzen unzählige Insekten fangen. Einige Insekten sind im Garten besonders nützlich. Marienkäfer sind ein bekanntes Beispiel in vielen Ländern; sowohl Larven als auch die adulten Käfer ernähren sich von gefährlichen Schädlingen wie den Blattläusen. Ameisen und Wespen, die durch Fraß einige Pflanzen schädigen können, unterstützen den Gärtner, indem sie andere schädliche Insekten vertilgen.

Chemische Maßnahmen

Unter chemischem Pflanzenschutz versteht man die Bekämpfung von Schäden und Krankheiten durch Ausbringung chemischer Mittel. Auch wenn derzeit die biologische Bekämpfung stärker im Vordergrund steht, spielt der verantwortungsbewußte und sparsame Einsatz chemischer Mittel eine Rolle.

Pestizide und Fungizide

Die meisten Pestizide und Fungizide, die zur Bekämpfung pilzlicher Krankheitserreger eingesetzt werden, wirken, wenn sie mit dem Schädling oder dem Krankheitserreger in Berührung kommen.

Kontaktpestizide vernichten Schädlinge, wenn diese über eine behandelte Oberfläche kriechen oder wenn sie direkt durch das chemische Mittel beispielsweise besprüht werden. Kontaktfungizide können die Sporenkeimung bei Pilzen hemmen und weitere Infektionen verhindern, wirken aber kaum, wenn schon eine Infektion besteht.

Systemische Pflanzenschutzmittel werden in das Pflanzengewebe aufgenommen. Fungizide dieser Art töten Pilze im Pflanzengewebe ab. Systemische Mittel gegen tierische Schädlinge werden vorwiegend gegen saugende Insekten eingesetzt und sind weniger wirksam gegen beißende.

Beim Einsatz von Pflanzenschutzmitteln ist wichtig, daß die befallenen Pflanzen, vor allem die Blattunterseiten, gründlich besprüht werden. Manchmal können allerdings Populationen auftreten, die aufgrund häufiger Behandlung gegen Pflanzenschutzmittel resistent sind.

Die Zusammensetzung chemischer Präparate

Die Aktivsubstanz eines Pflanzenschutzmittels tötet die Schadorganismen ab. Die Zubereitungsart des Präparates bestimmt seine Wirksamkeit und seine Ausbringung. Schädlingsbekämpfungsmittel und Fungizide sind als konzentrierte Spritzmittel, Stäubemittel, Spritzpulver (ihnen kann ein Netzmittel zugesetzt werden, damit eine bessere Aufnahme des Wirkstoffes gewährleistet ist), Räuchermittel, Ködermittel und als gebrauchsfertige, flüssige Zubereitungen zur unverdünnten Ausbringung im Handel. Die heute zugelassenen Präparate sind zwar weitgehend unbedenklich für Gärtner und Umwelt, man sollte aber grundsätzlich den nichtgiftigen Mitteln den Vorzug geben.

Sicherer Umgang mit Pflanzenschutzmitteln

Bei genauer Befolgung der Gebrauchsanleitungen wirken Pflanzenschutzmittel mit geringem Risiko für Anwender und Umwelt. In einigen Ländern ist es verboten, sie anders als vom Hersteller vorgeschrieben auszubringen. Folgende Vorsichtsmaßnahmen sind stets zu beachten:

- das Präparat sorgfältig auswählen;
- das Mittel in der angegebenen Konzentration und Häufigkeit anwenden;
- niemals verschiedene Präparate zusammenmischen, es sei denn, es wird vom Hersteller empfohlen;
- alle Sicherheitsmaßnahmen beachten;
- nicht bei Wind spritzen, um Schäden an Nachbarpflanzen zu vermeiden;
- am frühen Vormittag oder gegen Abend (an heißen Tagen wegen Verbrennungsgefahr gar nicht) spritzen;
- Berührung von Haut und Augen vermeiden;
- Stäube-, Räucher- und Spritzmittel nicht einatmen;
- Präparate von Nachbargärten fernhalten;
- Haustiere und Kinder fernhalten;
- niemals beim Ausbringen eines Pflanzenschutzmittels essen, trinken und rauchen;
- Restmengen ordnungsgemäß entsorgen, die Geräte gründlich reinigen;
- die Geräte nur für chemische Mittel benutzen;
- Pflanzenschutzmittel so aufbewahren, daß sie für Kinder und Tiere nicht zugänglich sind;
- die Pflanzenschutzmittel in ihren Originalgebinden lassen.

Phytotoxizität

Fungizide und Insektizide haben bei manchen Pflanzen eine schädigende Wirkung. Dies bezeichnet man als Phytotoxizität. In der Gebrauchsanweisung sind Arten, die nicht behandelt werden sollten, aufgeführt. Ein solches Verzeichnis kann jedoch nicht vollständig sein, da die Reaktion vieler Zierpflanzen auf bestimmte chemische Mittel bis jetzt nicht bekannt ist. Hat man Zweifel, ob ein Präparat angewendet werden darf, sollte man das Fungizid oder Schädlingsbekämpfungsmittel erst auf einer kleinen Pflanzenfläche testen, um die mögliche Wirkung zu beurteilen. Wenn eine größere Menge derselben Pflanzenart gemeinsam kultiviert wird, probiert man das Mittel an einer Pflanze aus.

Auch andere Faktoren, z.B. das Wachstumsstadium und die Umweltbedingungen der Pflanze, können die Gefahr, daß eine Pflanze durch chemische Mittel geschädigt wird, erhöhen. So reagieren junge Sämlinge, Stecklinge und Blütenblätter in der Regel viel empfindlicher als ausgereifte Blätter auf veränderte Wachstumsbedingungen und können deshalb durch die Ausbringung einiger Präparate ungünstig beeinflußt werden. Auch sollten Pflanzen, die irgendwie gestreßt sind, nicht mit chemischen Mitteln behandelt werden.

Um Probleme zu vermeiden, sollte man niemals in der Mittagszeit oder wenn Pflanzen sehr trocken stehen spritzen – auch nicht bei zu großer Hitze oder besonders niedrigen Temperaturen.

Schäden an den Blättern

Fraßschäden an den Blättern

Nackt- und Gehäuseschnecken

Befallene Pflanzen: Alle Sämlinge, Kletterpflanzen, Stauden, niedrige Einjährige, Zwiebel- und Knollenpflanzen, Gemüse, auch Kartoffeln (siehe auch »Nacktschnecken«, S. 566) und Erdbeeren.
Schadbild: Lochfraß ist an Blättern sichtbar, die Stengel können ganz abgefressen sein; glänzende Schleimspuren auf Blättern. An Zwiebeln, Knollen und unterirdischen Trieben sind außen kleine Lö-

Nacktschnecken

Löcher im Blatt

Schleimspuren

Kahlgefressene Stengel

cher zu sehen, im Innern haben sie Hohlräume.
Ursache: Nacktschnecken (z.B. *Milax*, *Arion*) und Gehäuseschnecken (z.B. *Helix aspersa*), die v.a. nachts oder nach Regen fressen.
Bekämpfung: Der Boden ist regelmäßig zu bearbeiten, um die Eier bloßzulegen, das Ausbringen organischer Dünger und das Mulchen sollte man unterlassen. Schneckenkorn zwischen die Pflanzen streuen.

Ohrwürmer

Befallene Pflanzen: Sträucher, Stauden, einjährige Pflanzen, v.a. Dahlien, Chrysanthemen, Clematis.
Schadbild: Befressene junge Blätter im Sommer. Weitere Schadbilder siehe S. 561.
Ursache: Der Ohrwurm *(Forficula auricularia)*, gelbbraunes, 15 mm langes Insekt mit einer gebogenen Zange. Frißt nachts!
Bekämpfung: Zwischen gefährdeten Pflanzen plaziert man Blumentöpfe, an Stöcken befestigt und mit dem offenen Teil nach unten, und füllt sie mit Holzwolle; Ohrwürmer suchen dort tagsüber Schutz und können dann entfernt werden. Auf Obstbäumen jagen sie nachts Blattläuse, und im Blumentopfversteck sind sie vor Vögeln sicher.

Ohrwürmer

Befressenes Blatt

Asseln

Befallene Pflanzen: Sämlinge und weiche Pflanzenteile, auch Erdbeeren.
Schadbild: Lochartige Fraßstellen an den Keimlingen und auf Blättern nahe der Sproßspitze. Im allgemeinen gelten Asseln nicht als Schädlinge; sie fressen v.a. verwesendes Pflanzenmaterial, und man findet sie häufig an Pflanzen, die bereits von anderen Schädlingen und Krankheiten geschädigt sind.
Ursache: Asseln (z.B. *Oniscus* und *Armadillidium* sp.), auch Mauer-, Keller- oder Rollasseln genannt, sind grau oder braungrau, auch weiß oder gelb gebändert, bis 1 cm lang, haben verhärtete Körpersegmente. Sie fressen nachts, verstecken sich tagsüber.
Bekämpfung: Pflanzliche Abfälle immer beseitigen, für Ordnung und Sauberkeit in den Gewächshäusern sorgen, um keine Schlupfwinkel zu bieten. Die Keimlinge sind mit Lindanstaub zu schützen.

Tausendfüßler

Befallene Pflanzen: Weiche Pflanzenteile, Erdbeeren und Kartoffeln.
Schadbild: Fraßschäden an Sämlingen und v.a. an weichen Pflanzenteilen, durch Schnecken verursachte Fraßlöcher an Knollen und Zwiebeln sowie Kartoffeln vergrößern sich. Der Schaden kann beträchtlich sein.

Gemeiner Tausendfüßler

Ursache: Tausendfüßler (z. B. *Blaniulus*, *Brachydesmus* und der Gemeine Tausendfuß *Cylindroiulus* sp.), graue, braune oder cremeweiße Tiere, die sich unter oder über der Erdoberfläche ernähren. Sie haben einen verhärteten, segmentierten Körper mit je zwei Beinpaaren pro Körpersegment. Der getüpfelte, schlangenförmige Tausendfuß *(Blaniulus guttulatus)* verursacht die meisten Schäden. Sein schlanker, cremeweißer Körper ist bis 2 cm lang und zeigt seitlich je eine Reihe roter Flecke. Tausendfüßler entwickeln sich v.a. stark in Böden mit einem hohen organischen Gehalt.
Bekämpfung: Der Boden ist gründlich zu bearbeiten, und Hygienemaßnahmen sind unumgänglich. Auf Flächen, wo Tausendfüßler zum Problem werden, sollten eher mineralische als organische Dünger verwendet werden. Tausendfüßler sind schwer zu bekämpfen, Lindanstaub kann gelegentlich eine gewisse Wirkung haben.

Erdflöhe

Befallene Pflanzen: Sämlinge von Kohlgewächsen, Blattgemüse, Radieschen, Levkojen.
Schadbild: Herausgefressene kleine Löcher und Vertiefungen auf der Blattoberseite.

Ursache: Kleine, schwarze oder metallicblaue Käfer (z.B. *Phyllotreta* sp.), manchmal mit längsverlaufenden, gelben Streifen auf jeder Flügeldecke; gewöhnlich 2 mm lang und mit verdickten Hinterbeinen ausgerüstet, damit sie bei Gefahr fortspringen können. Sie überwintern auf Pflanzenresten.
Bekämpfung: Pflanzliche Abfälle sind zu beseitigen, v.a. im Herbst. Auf warmen Boden aussäen und die Sämlinge regelmäßig gießen, um sie rasch über das Stadium größter Anfälligkeit hinwegzubringen. Das Saatgut ist vor der Aussaat mit Lindan zu beizen, oder die aufgelaufenen Sämlinge sind mit Lindan, Actellic oder Pyrethrum zu stäuben.

Spargelhähnchen

Befallene Pflanzen: Spargelsorten
Schadbild: Befressenes Spargelkraut, die Epidermis wird von den Trieben entfernt, der obere Teil des Sprosses trocknet ein und verfärbt sich braun. Der Schaden tritt vom späten Frühjahr bis Herbst auf.

Ausgew.

Larve

Ursache: Spargelhähnchen *(Crioceris asparagi)* und seine Larven. Die adulten Käfer sind 7 mm lang, tragen gelbe und schwarze Flügeldecken und ein rotes Halsschild, Larven sind gelbgrau.
Bekämpfung: Bei leichtem Befall die Schädlinge absammeln.

Schneeballblattkäfer

Befallene Pflanzen: *Viburnum*-Arten
Schadbild: Lochfraß in Blättern; der Schaden tritt zuerst im Frühsommer auf, da werden die Blätter bis auf die Blattrippen abgefressen, und dann noch einmal im August/September.
Ursache: Der Schneeballblattkäfer *(Pyrrhalta viburni)*. Der erste Schaden im Frühsommer wird durch die bis zu 7 mm langen cremeweißen und schwarzgebänderten Larven verursacht. In der zweiten Generation, die im Spätsommer auftritt, schädigen die adulten graubraunen Käfer.
Bekämpfung: Mit Ambush, Pyrethrum oder Actellic spritzen, und zwar sobald die ersten Larven sichtbar werden.

Lilienhähnchen

Befallene Pflanzen: Zwiebel- und Knollenpflanzen, v.a. Lilien und Kaiserkronen *(Fritillaria)*.
Schadbild: Fraßschäden an Blättern und Blüten vom Frühjahr bis zum Herbst.
Ursache: Adulte und Lar-

ven des Lilienhähnchens *(Lilioceris lilii)*. Ausgewachsene Käfer sind 8 mm lang und leuchtendrot, die rotbraunen Larven mit den schwarzen Köpfen sind mit schwarzem Kot bedeckt.
Bekämpfung: Ist schwierig zu bekämpfen, da Eiablage und Erscheinen über einen langen Zeitraum erfolgen. Einsammeln der Schädlinge, ansonsten mit Ambush oder Actellic spritzen.

Gefurchter Dickmaulrüßler

Dickmaulrüßler

Unregelmäßiger Fraß am Blattrand

Befallene Pflanzen: Oft Sträucher, v.a. Rhododendren, Hortensien, Euonymus und Kamelien; auch Rebstöcke, Erdbeeren u.a. krautige Pflanzen.
Schadbild: Bogenförmig befressene Blattränder, oft in Bodennähe, von Frühjahrs- bis Herbstmitte.
Ursache: Der Gefurchte Dickmaulrüßler *(Otiorhynchus sulcatus)*, grauschwarz, 9 mm lang mit kurzem Rüssel und geknieten Antennen. Er frißt während der Nacht und bleibt tagsüber versteckt.
Bekämpfung: Schäden treten über einen langen Zeitraum auf, die Bekämpfung ist schwierig; durch Hygienemaßnahmen und Entfernung pflanzlicher Abfälle beseitigt man mögliche Schlupfwinkel. Ältere Pflanzen können Schäden ertragen, bei starkem Befall in der Dämmerung mit Ambush, Lindan oder Actellic spritzen (siehe auch S. 570).

Blindwanzen

Befallene Pflanzen: Sträucher, mehrjährige Pflanzen (v.a. Chrysanthemen, Fuchsien, Hortensien, *Caryopteris*, Dahlien), Einjährige selten, Gemüse und Obst.
Schadbild: Verkrüppelte, löchrige Blätter und Triebspitzen. (Weitere Schadsymptome siehe S. 561.) Die Schäden treten den ganzen Sommer über auf.
Ursache: Blindwanzen, grüne oder braune, 6 mm lange Insekten, die den Saft aus den Triebspitzen saugen. Ihr toxisches Speichelsekret läßt das Pflanzengewebe absterben, so daß die Blätter aufreißen.
Bekämpfung: Im Winter Pflanzenreste beseitigen; bei ersten Anzeichen mit Insektenspritzmittel Roxion, Actellic oder Pyrethrum spritzen.

Blattschneiderbienen

Befallene Pflanzen: V.a. Rosen, aber auch andere Sträucher und Bäume.
Schadbild: Rautenförmige oder kreisrunde, gleichmäßig große Fraßstellen an Blatträndern.
Ursache: Blattschneiderbienen *(Megachile* sp.), die mit den Blattstücken ihr Nest bauen. Bis 1 cm lang mit rötlichgelben Haaren auf der unteren Seite ihres Abdomens.
Bekämpfung: Blattschneiderbienen sind als Bestäuber nützlich; wenn die Pflanzen nicht stark geschädigt werden, ist eine Bekämpfung nicht erforderlich. Werden sie zur Plage, sollte man sie zerdrücken.

Blattwespenlarven

Fressende Blattwespenlarven

Abgefressene Blätter

Befallene Pflanzen: Bäume, Sträucher, Stauden, Zwiebel- und Knollenpflanzen, Obst. Befallen werden Koniferen, Weiden, *Aruncus dioicus*, *Geum*, *Aquilegia*, Salomonssiegel *(Polygonatum)*, Rosen, Stachel- und Johannisbeere.
Schadbild: Kahlgefressene Pflanzen.
Ursache: Larven verschiedener Blattwespenarten (z.B. *Nematus*, *Pristiphora* und *Diprion* sp.); raupenähnliche, bis 3 cm lange Larven, meist grün, mit schwarzen Flecken. Die Larven der Salomonssiegelblattwespe (*Phymatocera aterrima*) sind grauweiß. Die meisten Larven halten sich am Blattrand fest und bewegen ihren Körper s-förmig, wenn man sie stört (bei Larven an Salomonssiegel tritt dies nicht auf).
Bekämpfung: Möglichst Schädlinge einsammeln; bei starkem Befall mit Pyrethrum, Ambush oder Actellic spritzen.

Frostspannerraupen

Befallene Pflanzen: Viele Laubbäume, Obstbäume und Rosen.
Schadbild: Befressene Blätter zu Beginn der Blüte bis zum Spätfrühling. Auch Blüten und junge Früchte können stark geschädigt sein.
Ursache: Hellgrüne, bis 2,5 cm lange Raupen des Kleinen Frostspanners *(Operophtera brumata)*.
Bekämpfung: Anbringen von ca. 15 cm breiten Leimringen am Baumstamm in der Herbstmitte, so kommen die flugunfähigen Weibchen nicht zur Eiablage auf die Zweige. Zu Blühbeginn mit Pyrethrum spritzen; zur biologischen Bekämpfung sind alternativ *Bacillus-thuringiensis*-Präparate einzusetzen.

Kohlraupen

Befallene Pflanzen: V. a. verschiedene Brassica-Arten, einschließlich Kohl, Blumenkohl und Rosenkohl, auch einige Stauden und Sommerblumen, wie Kapuzinerkresse.
Schadbild: Lochfraß an Blättern vom späten Frühjahr bis Frühherbst. Raupen im Innern und auf den Blättern der Kohlarten.
Ursache: Raupen des Großen Kohlweißlings *(Pieris brassicae)*, die gelb und schwarz sowie deutlich behaart sind; die Raupen des Kleinen Kohlweißlings *(P. rapae)* sind hellgrün und fein samtig behaart und die der Kohleule *(Mamestra brassicae)* gelbgrün oder braun und fein behaart.
Bekämpfung: Die jungen Raupen einsammeln. Bei starkem Befall Pyrethrum oder Actellic als Gegenmittel anwenden oder *Bacillus-thuringiensis*-Präparate einsetzen.

Ringeltauben

Befallene Pflanzen: Kohlarten und Beerensträucher, v.a. schwarze Johannisbeeren; die Samen von Erbsen, Bohnen u.a. Gemüsearten.
Schadbild: Befressene Blätter von Kohlarten; aus dem Boden gerupfte junge Pflanzen; bei schwarzen Johannisbeeren sind Knospen, Blätter und Früchte abgefressen; die Samen werden aufgefressen.
Ursache: Ringeltauben
Bekämpfung: Das Abdecken mit Netzen ist die einzig wirksame Maßnahme. Abschreckungsmaßnahmen, z.B. vom Tonband ausgesandte Angstschreie, Vogelscheuchen oder Stanniolstreifen, wirken nur vorübergehend; Vögel gewöhnen sich an solche Abwehrmaßnahmen. Spritzmittel mit abschreckender Wirkung müßten sehr häufig eingesetzt werden, wenn sie die Tauben abwehren sollen.

Schmetterlingsraupen

Befallene Pflanzen: Zahlreiche Gartenpflanzen.
Schadbild: Abgefressene Blätter, gelegentlich auch Blüten.
Ursache: Raupen verschiedener Schmetterlings- und Nachtfalterarten; in den Gärten am häufigsten der Kleine Frostspanner und der Kohlweißling (siehe links), Gespinstmotten- (S. 551) und Wicklerraupen (S. 552).
Bekämpfung: Raupen absammeln, wo es durchführbar ist; bei starkem Befall mit Actellic spritzen.

Kaninchen und Hasen

Befallene Pflanzen: Gewächse mit niedrigem Wuchs, junge Bäume.
Schadbild: Abgefressene Blätter, abgenagte Rinde bei jungen Bäumen, v.a. bei Kälte und Schnee.
Ursache und Bekämpfung: Angaben siehe S. 570.

Wild

Befallene Pflanzen: Die meisten Gartenpflanzen, v. a. Bäume, Sträucher und krautige Pflanzen.
Schadbild: Abgefressene Triebe und Blätter; abgeriebene, abgefegte, im Winter abgeschälte Rinde.
Ursache und Bekämpfung: Angaben siehe S. 570.

Siehe auch »Gespinstmotten«, S. 551; »Wickler«, S. 552; »Bakterielle Blattfleckenkrankheiten«, S. 552; »Schrotschußkrankheit«, S. 552; »Erdraupen«, S. 559; »Vögel«, S. 561.

Verfärbungen und Welkerscheinungen an den Blättern

Blattläuse

Schwarze Läuse am Trieb

Blasiges Blatt

Befallene Pflanzen: Bäume, Sträucher, Kletterpflanzen, Stauden, Einjährige, Zwiebel- und Knollenblumen, Gemüse und Obst.
Schadbild: Vom Honigtau (Ausscheidung der Blattläuse) klebrige, blasig aufgetriebene oder durch Rußtaupilze schwarz gefärbte Blätter; befallene Triebe und Knospen (siehe auch S. 555).
Ursache: Blattläuse (einschließlich der grünen, schwarzen oder Pflanzenläuse, die in Massen an den Trieben und auf der Unterseite der Blätter auftreten und Pflanzensaft saugen); einige befallen Wurzeln. Sie sind bis 5 mm lang, geflügelt oder ungeflügelt, grün, gelb, braun, rosa, grau oder schwarz; einige von ihnen sind von weißen Wollflocken bedeckt.
Bekämpfung: Im Winter können an Obstbäumen und Sträuchern mineralölhaltige Spritzbrühen angewendet werden, um die Blattlauseier zu vernichten. Andere Pflanzen sind, ehe starker Befall auftritt, mit Actellic, insektiziden Seifen, Pyrethrum zu spritzen, oder man setzt systemische Insektizide wie Pirimor-Granulat ein.

Weiße Fliegen

Weiße Fliegen

Larven

Befallene Pflanzen: Zimmerpflanzen und Pflanzen im Gewächshaus, auch einige Gemüsearten und Früchte.
Schadbild: Klebriger Honigtau (Ausscheidung) und Rußtau an Blättern. Kleine, weiße Insekten fliegen von den Pflanzen weg, wenn man sie stört.
Ursache: Weiße Fliegen; 2 mm lange aktive Insekten mit weißen Flügeln, die unter jungen Blättern ausharren; auch die nicht ausgewachsenen, schildlausähnlichen, unbeweglichen Nymphen; sie sind weißgrün (abgestorben schwarz), flach und oval. Von den verschiedenen Arten tritt am häufigsten die Weiße Fliege der Gewächshäuser *(Trialeurodes vaporariorum)* auf. Im Freiland werden Kohlarten von der Kohlmottenschildlaus *(Aleyrodes proletella)* befallen.
Bekämpfung: Die Schlupfwespe *Encarsia formosa* eignet sich – frühzeitig eingesetzt – zur wirksamen biologischen Bekämpfung im Gewächshaus. Gegen Weiße Fliegen im Gewächshaus und Mottenläuse im Garten kann man mit Ambush, Pyrethrum oder insektiziden Seifen mit 3-4 Anwendungen in Intervallen von 5 Tagen spritzen; im Gewächshaus können auch resistente Populationen auftreten.

Schmierläuse

Befallene Pflanzen: Zimmer- und Gewächshauspflanzen, Kakteen u.a. sukkulente Pflanzen, Weinreben, einige weiche Früchte, *Citrus.*
Schadbild: Weiße Wollflocken in Blattachseln und an Sproßverzweigungen. Die Pflanzen sind vom Honigtau klebrig und von den Rußtaupilzen schwarz. Auch die Wurzeln können befallen werden.
Ursache: Verschiedene Schmierlausarten (z.B. *Pseudococcus* und *Planococcus*); weichhäutige, grauweiße, ungeflügelte, bis zu 5 mm lange Insekten, oft mit weißen Wachsfäden.
Bekämpfung: In der warmen Jahreszeit durch Einsatz des Marienkäfers als biologisches Bekämpfungsverfahren. Wenn das nicht funktioniert, mit Actellic oder insektizider Seife mehrmals in zweiwöchigen Intervallen spritzen.

Weißer Rost

Befallene Pflanzen: Vertreter aus der Familie der Kreuzblütler, gewöhnlich Kohlarten, Silberling *(Lunaria)*, *Arabis* und *Alyssum*.
Schadbild: Glänzendweiße Pilzsporenpusteln, oft in konzentrischen Kreisen angeordnet, auf der Blattunterseite. Starker Befall der Blätter; Kohlarten können verkrüppelt sein.
Ursache: Der Pilz *Albugo candida*, der v.a. bei Pflanzen mit zu engem Stand zum Problem wird.
Bekämpfung: Befallene Blätter entfernen, verbrennen. Fruchtfolge einhalten und nicht zu eng pflanzen.

Echter Mehltau

Befallene Pflanzen: Bäume, Sträucher, Rosen, Stauden, Einjährige, Zwiebel- und Knollenblumen, Gemüse, Obst und Zimmerpflanzen.
Schadbild: Meist weißer, mehlartiger Pilzbelag auf den Blättern; an Rhododendren ist das Pilzmyzel lederfarben und filzig. Eine purpurne Verfärbung kann auftreten. Die Blätter werden gelb und fallen frühzeitig ab. Befallen werden auch Blüten und Früchte (siehe S. 562).
Ursache: Verschiedene Pilze, einschließlich Arten von *Sphaerotheca*, *Oidium* und *Uncinula*, entwickeln sich auf Pflanzen, die auf trockenem Boden wachsen. Manche haben einen begrenzten Wirtskreis, andere befallen unterschiedliche Pflanzen. Die Sporen werden durch Wind und Regen verbreitet; der Pilz kann auf Wirtspflanzen überwintern.
Bekämpfung: Das Heranziehen schwächlicher Pflanzen auf trockenen Standorten vermeiden, regelmäßig gießen und, wenn nötig, mulchen. Hält der Befall an, mit einem Fungizid, z.B. Du Pont Benomyl, Schwefel oder Pilzfrei Saprol Neu spritzen.

Falscher Mehltau

Befallene Pflanzen: Stauden, Einjährige, Zwiebel- und Knollenblumen, Gemüse, einschließlich Kohlarten, einige Obstarten, Levkojen *(Matthiola)*, Salatpflanzen und Sämlinge.
Schadbild: Flockiges oder mehlartiges, weißes Pilzmyzel auf der Blattunterseite, die Oberseite ist braun oder gelb gefleckt; am stärksten befallen sind ältere Blätter. Das Wachstum ist gehemmt, die Pflanze anfällig für Sekundärinfektionen.
Ursache: Verschiedene Arten von *Peronospora* und *Bremia*; die Pilze treten verstärkt bei feuchten Bedingungen auf.
Bekämpfung: Dünn aussäen und nicht zu dicht pflanzen; Belüftung, Luftzirkulation und Drainage verbessern; nicht von oben wässern. Befallene Blätter entfernen und die Pflanzen mit Dithane spritzen.

Grauschimmel/*Botrytis*

Befallene Pflanzen: Bäume, Sträucher, Stauden, Einjährige, Zwiebel- und Knollenpflanzen, Gemüse, Obst und Zimmerpflanzen. V.a. sind weichblättrige Pflanzen dafür anfällig.
Schadbild: Flaumiger, grauer Pilzrasen auf den Blättern, wodurch sie sich verfärben und rasch absterben; die Infektion kann sich dann weiter auf den wichtigsten Teil der Pflanze ausbreiten.
Weitere Schadbilder siehe S. 557, 560 und 562.
Ursache und Bekämpfung: Details auf S. 557.

Spinnmilben

Befallene Pflanzen: Bäume, Sträucher, Stauden, Einjährige, Kakteen u.a. sukkulente Pflanzen, Gemüse und Obst. Bohnen, Gurken, Melonen, Äpfel und Pflaumen sind vor allem anfällig.
Schadbild: Blätter werden fahl, allmählich gelb, wenn sich die kleine, blasse Milbe auf der Oberfläche entwickelt; sie fallen vorzeitig ab, und die Pflanze ist mit einem feinen Spinngewebe überzogen.
Ursache: Spinnmilben, die kleiner als 1 mm sind und 8 Beine haben. Sie sind gelbgrün mit schwarzer Zeichnung, können aber im Herbst orangerot gefärbt sein. Es gibt mehrere Arten, die wichtigste ist die Gemeine Spinnmilbe oder Rote Spinne *(Tetranychus urticae)* im Gewächshaus, die mit 2 Punkten versehen ist.
Bekämpfung: Die rasche Vermehrung und das Auftreten resistenter Stämme machen die Bekämpfung schwierig. Zur Vorbeugung im Gewächshaus Blattunterseiten mit Wasser besprühen und die Luftfeuchte hoch halten; eine wirksame biologische Bekämpfung von *T. urticae* ist mit der Raubmilbe *Phytoseiulus persimilis* möglich, allerdings nur ehe schwererer Befall auftritt. Nichtresistente Spinnmilben können mit 3-4 Spritzungen (Actellic, Perfekthion-Pflanzenspray oder insektizide Seifen) im Intervall von 5 Tagen bekämpft werden.

Thripse

Befallene Pflanzen: Sträucher, Stauden, Einjährige, Zwiebel- und Knollenpflanzen, Gemüse, Früchte und Zimmer- sowie Gewächshauspflanzen. Gladiolen, Liguster, Flieder, Geißblatt sowie Erbsen und Zwiebeln.
Schadbild: Silbrigweiße Flecken mit schwarzen Pünktchen auf der Blattoberfläche. Weitere Schadbilder siehe S. 560.
Ursache: Verschiedene Arten von Thripsen (Blasenfüße) wie *Thrips simplex*, *T. tabaci* u.a., das sind braunschwarze, schlanke, bis zu 2 mm lange Insekten, manchmal sind sie hell gebändert. Die unreifen Larven sind blaß gelborange, ansonsten ähneln sie den Adulten. Adulte wie Larven saugen an der Blattoberfläche. Heiße, trockene Bedingungen begünstigen ihr Auftreten.
Bekämpfung: Die Pflanzen regelmäßig mit Wasser besprühen und die Temperatur im Gewächshaus durch Schattieren und Lüften absenken. Mit Ambush, Pyrethrum, Actellic oder Perfekthion-Pflanzenspray spritzen, sobald die ersten Schäden sichtbar werden.

Bleiglanz

Befallene Pflanzen: Breitblättrige Bäume und Sträucher, v.a. Vertreter aus der Familie der Rosaceen; häufig werden Pflaumen und Kirschen befallen.
Schadbild: Bleigraue Verfärbung der Blätter, die oft an einem einzigen Zweig beginnt und sich dann ausbreitet. Die Zweige sterben nach und nach ab; die befallenen Baumteile sind innen dunkel gefärbt.
Ursache: Der Pilz *Chondrostereum purpureum*, der oft auch auf gefällten Bäumen zu finden ist. Die Sporen werden in schmalen, ledrigen Fruchtkörpern, die an der Rinde wachsen, gebildet. Oberseits ist der Fruchtkörper hellgrau und leicht filzig, unterseits violett und glatt. Die Sporen können über frische Wunden eindringen.
Bekämpfung: Die Pflanzen nicht verletzen. Anfällige Bäume im Sommer schneiden, wenn die Infektion weniger wahrscheinlich ist; Wundverschlußmittel anwenden. Die befallenen Baumteile bis auf 15 cm unter Holzbräunung zurückschneiden.

Zwergzikaden

Gesprenkelte Blätter

Adulte Zwergzikaden

Befallene Pflanzen: Bäume, Sträucher, Stauden, Einjährige, Gemüse und Früchte. Vor allem Rhododendren, Rosen, Pelargonien, Primeln und Tomaten sind gefährdet.
Schadbild: Grobe, blasse Sprenkel auf der Blattoberfläche, außer bei Rhododendren, wo sich der Schaden auf die Rhododendron-Knospenfäule beschränkt (siehe S. 560).
Ursache: Zwergzikaden, wie Rosenzikade *(Edwardsiana rosae)* und Gewächshauszikade *(Hauptidia maroccana)*; grüne oder gelbe, 2-3 mm lange Insekten, die bei Berührung von der Pflanze wegspringen. Ihr Körper ist hinter dem Kopf am breitesten und verjüngt sich nach hinten. Die Rhododendronzikade *(Graphocephala fennahi)* ist türkisgrün und orange und mißt 6 mm. Die cremeweißen, nicht ausgewachsenen Larven sind weniger aktiv.
Bekämpfung: Die Blätter von unten her mit Actellic, Ambush oder Pyrethrum spritzen, sobald ihre Saugtätigkeit sichtbar wird.

Birnen- und Kirschblattwespe

Befallene Pflanzen: Birne und Pflaume; auch Süß- und Sauerkirsche sowie Zierkirsche *(Prunus)*, *Chaenomeles*, Weißdorn (*Crataegus*).
Schadbild: Wo die Larven die Oberfläche abfressen, zeigen die Blätter weißbraune Flecken.
Ursache: Die Birnen- und Kirschblattwespe *(Caliroa cerasi)*, und zwar das Larvenstadium dieser schlanken, schwarzen Sägewespe. Die bis zu 10 mm langen Larven sind am Kopfende am breitesten. Von einer schwarzen, schleimigen Substanz bedeckt, ähneln sie Schnecken. Sie fressen v.a. an der Blattoberhaut. Es treten zwischen Frühsommer und Frühherbst 2-3 Generationen auf.
Bekämpfung: Gründliche Spritzungen mit Pyrethrum oder Actellic, wenn Larven sichtbar sind.

Blattsauger, Blattflöhe *(Psyllidae)*

Befallene Pflanzen: Lorbeer *(Laurus nobilis)*, Buchs *(Buxus)* und Birnen.
Schadbild: Die Blattränder von Lorbeer sind gelb, verdickt und gekräuselt; Buchsblätter sind verkrüppelt; die Birnenblätter werden vom Honigtau (Ausscheidung) klebrig und von den Rußtaupilzen schwarz. Der Schaden tritt im Sommer auf. Weitere Schadbilder siehe S. 555.
Ursache: Blattsauger und Blattflöhe (z.B. *Trioza alacris* und *Psylla pyricola*) sowie die flachen Larven von kleinen, blattlausähnlichen, geflügelten Insekten, letztere sind 2 mm lang und gewöhnlich grau oder grün.
Bekämpfung: Befallene Triebe sofort ausschneiden und verbrennen. Die Pflanze gründlich mit Rogor und Actellic spritzen, entweder im Frühjahr oder sobald man erste Schäden entdeckt.

Blatt- und Knospenälchen

Dunkle Flecken

Befallene Pflanzen: Einjährige und meist krautige Stauden. V.a. werden befallen Begonien, Chrysanthemen und Margeriten, außerdem *Anemone* x *hybrida*.
Schadbild: Braunschwarze Flecken auf den Blättern in Form kleiner Inseln oder Keile zwischen den Hauptadern.

Keilförmige Flecken

Ursache: Mikroskopisch kleine Nematoden *(Aphelenchoides)*, die in großer Zahl in den befallenen Blättern saugen.
Bekämpfung: Befallene Blätter verbrennen oder die ganze Pflanze vernichten.
Bei den Chrysanthemen sollten die schlafenden Wurzelschößlinge für 5 Minuten in sauberes, auf 46°C gehaltenes Wasser getaucht werden, um schädlingsfreie Stecklinge zu erhalten.

Minierfliegen

Geradlinige Miniergänge

Verfärbung

Befallene Pflanzen: Bäume, Sträucher, Stauden und Gemüse, v.a. Flieder, Stechpalme *(Ilex)*, Obstbäume wie Apfel und Kirsche, Chrysanthemen und Sellerie.
Schadbild: Weiße oder braune Flächen in den Blättern, häufig charakteristisch geformt; je nach Minierfliegenart geradlinig, kreisförmig oder unregelmäßig.
Ursache: Larven verschiedener Fliegen, z.B. der Sellerieflieg e *(Euleia heracleii)* und der Chrysanthemen-Minierfliege *(Phytomyza syngenesiae)*; Miniermotten, z.B. die Schlangenminiermotte an Apfelblättern *(Lyonetia clerkella)*; Käfer, wie der Buchenspringrüßler *(Rhynchaenus fagi)*; Blattwespen, z.B. Himbeerminierwespe *(Fenusa pusilla)*.
Bekämpfung: Befallene Blätter entfernen und vernichten, wenn die Pflanze leicht befallen ist. Befallene Pflanzen mit Actellic oder Rogor spritzen.

Gespinstmotten

Befallene Pflanzen: Bäume, Sträucher, Stauden und Einjährige, aber v.a. Obstbäume, Weiden, Euonymus, Wacholder, Weißdorn *(Crataegus)* und Cotoneaster.
Schadbild: Kahlgefressene Triebe, die Fraßstelle ist mit grauweißem Gespinst bedeckt.
Ursache: Die Raupen verschiedener Nachtfalter, etwa des Goldafters *(Euproctis chrysorrhoea)*, des Ringelspinners *(Malacosoma neustria)*, der Apfelgespinstmotte *(Yponomeuta* sp.), der Weißdornmotte *(Scythropia crataegella)* und der Wacholdergespinstmotte *(Dichomeris marginella)*. Raupen beider letztgenannten Arten sind bis 2 cm, die übrigen bis 5 cm lang und oft behaart.
Bekämpfung: Aufspüren und Vernichten kleiner Befallsherde durch Ausschneiden. Bei starkem Befall die Pflanzen mit Ambush, Pyrethrum oder dem *Bacillus-thuringiensis*-Präparat spritzen.

Wickler

Befallene Pflanzen: Bäume (Ziergehölze und Obstbäume), Sträucher, Stauden, Einjährige und Knollen- und Zwiebelblumen.
Schadbild: Blätter können mit feinen Seidenfäden zusammengesponnen sein, oder in ähnlicher Weise klebt ein Blatt an einer Frucht bzw. ein Blatt rollt sich ein. Braune, eingetrocknete, skelettartige Flecken auf den Blättern.
Ursache: Die Raupen der Wickler (z.B. *Cacoecimorpha pronubana*), die an den Blattunterseiten fressen. Sie sind bis zu 2 cm lang und meist dunkelgrün mit braunem Kopf. Die Raupen schlängeln sich rasch rückwärts, wenn sie gestört werden.
Bekämpfung: Die zusammengesponnenen Blätter zusammendrücken, um die Raupen oder Puppen zu vernichten. Pheromonfallen sind für den Einsatz gegen *C. pronubana* im Handel; diese locken die Männchen an, und die Wahrscheinlichkeit einer erfolgreichen Paarung mit dem Weibchen wird verringert. Bei starkem Befall mit Ambush spritzen.

Schildläuse

Weiche Schildläuse

Eiablagerungen

Befallene Pflanzen: Bäume, Sträucher, Kakteen und andere sukkulente Pflanzen, Obstbäume und Zimmerpflanzen und Pflanzen im Gewächshaus.
Schadbild: Die Blätter sind vom Honigtau (Ausscheidung) klebrig und von den Rußtaupilzen schwarz. Es können Wachstumsstockungen auftreten. Weiße Ablagerungen, in denen sich Eier befinden, sind zu finden. Siehe auch S. 557.
Ursache: Schildläuse, etwa die Weiche Schildlaus *(Coccus hesperidum)*, die Kommaschildlaus *(Lepidosaphes ulmi)* u.a. Sie sind gelb, braun, dunkelgrau oder weiß, bis 6 mm lang, flach oder gewölbt, birnenförmig oder oval und sitzen an Blattunterseiten und Trieben.
Bekämpfung: Obstbäume im Winter mit mineralölhaltigen Spritzbrühen behandeln. Andere Pflanzen können mit Actellic gespritzt werden, wenn die jungen Larven erscheinen, d.h. bei Pflanzen im Gewächshaus das ganze Jahr, sonst von Früh- bis Hochsommer.

Bakterielle Blattfleckenkrankheiten

Flecken

Vergilbung

Befallene Pflanzen: Bäume, Sträucher, Rosen, Stauden, Einjährige, Zwiebel- und Knollenpflanzen, Gemüse, Obst.
Schadbild: Verschiedene Flecken und Nekrosen an Pflanzen. Diese können wäßrig aussehen und sind oft mit einem gelben Rand oder Ring versehen (Fettfleckenkrankheit). Schwarzfleckigkeit tritt an Rosen- und Rittersspornblättern auf.
Ursache: *Pseudomonas*-Bakterien, die durch Insekten, Regentropfen oder Samen übertragen werden.
Bekämpfung: Alle befallenen Blätter entfernen; mit kupferhaltigen Mitteln, Rosen mit Du Pont Benomyl oder Tarsol neu bespritzen.

Schwarzfleckigkeit

Rostkrankheiten

Kleine, braune Sporen

Helle Verfärbung

Blatt mit Rostbefall

Befallene Pflanzen: Bäume, Sträucher, Stauden, Einjährige, Gemüse, Obstbäume und Zimmerpflanzen.
Schadbild: Kleine, orangefarbene oder braune Flekken auf der Blattunterseite und eine entsprechende gelbe Verfärbung auf der Blattoberseite. Die Sporen an der Blattunterseite können in konzentrischen Ringen oder als Pusteln auftreten, manchmal sind sie hellbeige. Auch dunkelbraune oder schwarze Wintersporen werden manchmal gebildet. Die Blätter können auch bald abfallen. Weitere Schadbilder siehe S. 557.
Ursache: Pilze, oft *Puccinia-* und *Melampsora*-Arten, die durch hohe Luftfeuchte gefördert werden. Die Sporen werden durch Regentropfen und Zugluft verbreitet. Einige Rostpilze sind systemisch.
Bekämpfung: Befallsherde beseitigen, Luftzirkulation durch stärkeres Lüften und weiteren Pflanzenstand verbessern; üppiges Pflanzenwachstum wo möglich verhindern. Mit Rost befallene Pflanzen sollten möglichst mit einem Fungizid (Wirkstoffe: Propiconazol oder Mancozeb) gespritzt werden.

Pulverschorf

Befallene Pflanzen: Kakteen und andere Sukkulenten, v.a. *Opuntia* und *Epiphyllum.*
Schadbild: Korkartige oder braune, dabei unregelmäßig geformte Flecken; diese Flächen sind später eingesunken.
Ursache: Extrem hohe Luftfeuchte oder außerordentlich hohe Lichtintensität.
Bekämpfung: Maßnahmen zur Verbesserung der Bedingungen. Im Extremfall die Pflanze wegwerfen, nachdem sie, falls gewünscht, noch vermehrt wurde.

Schrotschußkrankheit

Befallene Pflanzen: Kirsche und Zierkirsche *(Prunus)*, Pfirsich, Nektarine, Pflaume, Reneklode u.a. Bäume, Sträucher und mehrjährige, holzige Pflanzen.
Schadbild: U.a. verfärbte Flecken auf den Blättern (meist braun); das abgestorbene Blattgewebe fällt später heraus, und es bleiben Löcher zurück. In schweren Fällen gehen große Blattflächen verloren.
Ursache: Meist löst der Pilz *Clasterosporium carpophilum* die Krankheitserscheinungen aus, gelegentlich sind auch andere Pilze und Bakterien daran beteiligt. Schwächliche Pflanzen zeigen am ehesten die Symptome der Schrotschußkrankheit.
Bekämpfung: Wachstumsbedingungen und Gesamtzustand der befallenen Pflanzen verbessern. Hält der Schaden an, kann die gründliche Spritzung mit einem kupferhaltigen Fungizid Abhilfe schaffen.

Pilzliche Blattflecken

Befallene Pflanzen: V. a. Bäume, Sträucher, Stauden, Einjährige, Zwiebel- und Knollenpflanzen, Gemüse, Obstbäume u. Zimmerpflanzen.
Schadbild: Einzelne Flecken auf den Blättern; bei näherer Betrachtung sind nadelstichähnliche Fruchtkörper von Pilzen zu erkennen. Die Flecken können viele Farben haben. Bei schwerem Befall gehen sie ineinander über; manchmal ist der größte Teil der Blattoberfläche dunkel verfärbt. Blätter können frühzeitig abfallen. Die als Anthraknose bekannte Erscheinung verursacht auch Brennflecken an den Trieben.
Ursache: Eine Vielzahl von Pilzen.
Bekämpfung: Befallene Pflanzenteile entfernen und verbrennen. Anschließend mit einem kupferhaltigen Fungizid spritzen.

Samtfleckenkrankheit

Befallene Pflanzen: Fast ausschließlich Gewächshaustomaten.
Schadbild: Auf der Blattunterseite bildet sich ein grau-violett schimmernder, samtartiger Pilzbelag; dazu blattoberseits entsprechende gelbe Flecken. Die Blätter welken und sterben ab, bleiben aber an der Pflanze. Die unteren Blätter werden zuerst befallen.
Ursache: Der Pilz *Fulvia fulva*, der sich in warmer, feuchter Umgebung ausbreitet, wird mit seinen Sporen durch Insekten, Werkzeuge oder durch Luftzug übertragen. Sie überwintern auf abgestorbenem Pflanzenmaterial und an der Gewächshauskonstruktion.
Bekämpfung: Befallene Blätter entfernen, Belüftung und Luftzirkulation verbessern. Krankheitsresistente Sorten beim Anbau bevorzugen. Mit geeignetem Fungizid (z.B. Du Pont Benomyl oder Mancozeb) spritzen; tritt die Krankheit gegen Ende der Anbauzeit auf, ist Behandlung nicht mehr möglich.

Schokoladenfleckenkrankheit

Befallene Pflanzen: Akkerbohnen
Schadbild: Schokoladenbraune Flecken oder Streifen an den Blättern und Stengeln, manchmal fließen sie ineinander und bedecken das ganze Blatt. In schwerwiegenden Fällen stirbt die Pflanze ab.
Ursache: *Botrytis fabae*, ein Pilz, der sich bei nasser Witterung im Frühjahr rasch ausbreitet. Anfällig sind Pflanzen, die auf sehr saurem Boden wachsen und die zu weiche, verlängerte Triebe haben.
Bekämpfung: Dünn aussäen, den Boden mit schwefelsaurem Kali düngen, zu hohe Stickstoffdüngergaben vermeiden. Befallene Pflanzen nach der Ernte verbrennen. Mit Du Pont Benomyl spritzen.

Schorf

Brauner Belag

Befallene Pflanzen: Birne, *Citrus*, Feuerdorn und *Malus*, sowohl Zier- wie Nutzarten.
Schadbild: Dunkle und grünbraune Flecken auf dem Laub, die schorfig und manchmal blasig sind. Alle befallenen Blätter können vorzeitig abfallen. Weitere Schadbilder siehe S. 562.
Ursache: Die Pilze *Venturia inaequalis*, *V. pirina*, *Spilocaea pyracanthae* und *S. eriobotryae*, die sich bei feuchter Witterung ausbreiten. Sie überwintern auf infizierten Blättern oder Trieben.
Bekämpfung: Die Pflanzen sollten durch Schnitt eine offene Krone behalten, alle mit Schorf befallenen Triebe und Früchte entfernen, und das Fallaub einsammeln und verbrennen. Die Pflanzen mit einem passenden Fungizid, wie Aatiram oder Du Pont Benomyl, spritzen. Keine befallenen Früchte lagern.

Dunkle Flecken

Grauschimmelkrankheit

Befallene Pflanzen: Lilien, v.a. *Lilium candidum* und *L.* x *testaceum*.
Schadbild: Dunkelgrüne, wäßrig durchscheinende Flecken auf den Blättern, später färben sie sich hellbraun; das Laub welkt, fällt aber nicht ab. Dringt das Pathogen in eine Blattachsel ein, fault der Stengel. Schwarze Sklerotien können sich auf abgestorbenem Gewebe bilden.
Ursache: Der Pilz *Botrytis elliptica*, der sich bei feuchter Witterung stark vermehrt. Sporen werden durch Regentropfen und Wind verbreitet.
Bekämpfung: Auf gut drainiertem Boden kultivieren; befallenes Pflanzenmaterial vernichten. Mit kupferhaltigen Mitteln oder Du Pont Benomyl zu Kulturbeginn spritzen.

Virosen

Gelbe Streifen

Ringflecken

Befallene Pflanzen: Alle Gewächse.
Schadbild: Winzige, deformierte Blätter, sie zeigen Rosettenbildung. Typisch sind Gelbfärbungen in verschiedenen Mustern (Mosaik, Ringfleckung, Scheckung). Weitere Schadbilder finden Sie auf S. 560 und 563.
Ursache: Eine Vielzahl von Viren, einige mit großem Wirtskreis. Submikroskopische Virenpartikel, die sich im infizierten Pflanzensaft befinden, können auf gesundes Pflanzengewebe durch saftsaugende Schädlinge (z.B. Blattläuse, S. 550), durch Nematoden u.a. bodenbürtige Krankheitserreger, bei Kulturarbeiten oder beim Schnitt bzw. bei der Vermehrung übertragen werden; einige Viren sind samenbürtig.
Bekämpfung: Möglichst zertifizierte Pflanzen kaufen. Potentielle Überträger, z.B. Blattläuse, im Zaum halten und sicherstellen, daß die Anbaufläche unkrautfrei ist. Befallene Pflanzen verbrennen; verdächtige Pflanzen nach den gesunden bearbeiten.

Tulpenfeuer

Befallene Pflanzen: Tulpenarten und -sorten.
Schadbild: Blätter sind mit einem hellbraunen Pilzrasen bedeckt; Blätter und Triebe sind verkrüppelt und im Wachstum gehemmt, später von einem dichten, grauen, sporentragenden Pilzmyzel und schwarzen Sklerotien bedeckt. Auf den Zwiebeln zeigen sich eingesunkene, braune Verletzungen und kleine, schwarze Sklerotien. Weitere Schadbilder siehe S. 560.
Ursache: Der Pilz *Botrytis tulipae*, dessen Entwicklung v.a. in der feuchten Jahreszeit begünstigt ist; die Sporen werden durch Wind und Regen verbreitet. Die Sklerotien überdauern im Boden und keimen dann, wenn Tulpen erneut auf der gleichen Fläche gepflanzt werden.
Bekämpfung: Befallene Blätter und Triebe (oder die ganze Pflanze) verbrennen. Zwiebeln am Ende der Saison aufnehmen und trocknen; die mit Sklerotien ausscheiden und die restlichen Zwiebeln in eine geeignete Fungizidlösung tauchen. Frühestens nach 2 Jahren die Fläche wieder mit Tulpen bepflanzen.

Kohlhernie

Befallene Pflanzen: Vertreter der Kreuzblütlerfamilie, v.a. Kohlarten (Kopfkohl, Rosenkohl, Kohlrübe), Rettich. Auch Zierpflanzen wie Levkoje (*Matthiola*), Schleifenblume (*Iberis*) und Goldlack (*Cheiranthus*).
Schadbild: Im Wachstum gehemmte und verfärbte Pflanzen; bei heißem Wetter welken die Blätter (siehe auch S. 564).
Ursache: Der Schleimpilz *Plasmodiophora brassicae*; kommt auch auch im Mist und Kompost vor. Er wird leicht mit den Schuhen oder Werkzeugen verbreitet; die Sporen überdauern bis zu 20 Jahre, sogar ohne Wirtspflanze. Hirtentäschel und Hederich können die Infektionsquelle sein.
Bekämpfung: Befallene Pflanzen verbrennen. Die Anbaufläche unkrautfrei halten, wo möglich, die Drainage verbessern und den Boden kalken. Jungpflanzen in Kultursubstraten heranziehen, damit ihre Wurzeln beim Auspflanzen gut entwickelt sind. Zugelassene chemische Mittel zum Tauchen bei Bedarf im Auspflanzen anwenden.

Kraut- und Knollenfäule

Befallene Pflanzen: Tomaten (im Freiland, gelegentlich am Haus bzw. unter Folie), Kartoffeln.
Schadbild: Braunverfärbte Flecken an den Blattspitzen und -rändern; unter feuchten Bedingungen wird oft gleichzeitig ein weißes Pilzmyzel sichtbar. Das Gewebe stirbt dort ab, und wo die Flecken ineinanderfließen, können alle befallenen, kleinen Blätter absterben. Weitere Schadbilder siehe S. 562 und 566.
Ursache: Der Pilz *Rhytophthora infestans*, der sich unter warmen, feuchten Bedingungen optimal entwickeln kann. Sporen, die sich auf Tomaten- und Kartoffelblättern bilden, werden durch Wind und Regen von Pflanze zu Pflanze getragen, sie werden dann in den Boden eingewaschen und können die Kartoffelknollen infizieren.
Bekämpfung: Gießen von oben vermeiden. Kartoffeln hoch anhäufeln, um die Knollen gegen herunterfallende Sporen zu schützen. Resistente Sorten wie 'Kondor', 'Romano', 'Cara' und 'Wilja' auswählen. Tomaten und Kartoffeln in feuchten Jahren vorbeugendgegen die Kraut- und Knollenfäule spritzen; Tomaten spritzt man am besten, sobald sie ausgegeizt worden sind.

Feuerbrand

Befallene Pflanzen: Vertreter der Rosaceenfamilie, die Kernobst tragen, v.a. Birne, Apfel, einige *Sorbus*-Arten, *Cotoneaster* und Weißdorn.
Schadbild: Im allgemeinen schwarzbraun verfärbte Blätter, die vertrocknen und absterben; sie bleiben an den Trieben haften; bei einigen *Sorbus*-Arten und beim Weißdorn färben sie sich gelb und fallen ab. Schleimige Geschwüre auf den Zweigen, und der gesamte Baum kann schließlich absterben. Weitere Schadbilder siehe S. 569.
Ursache: Das Bakterium *Erwinia amylovora*, das sich im kranken Gewebe vermehrt, dringt über die Blüte ein. Die Übertragung erfolgt durch Wind, Regentropfen, Insekten und den Pollen.
Bekämpfung: Befallene Pflanzen beseitigen oder Befallsstellen mindestens 60 cm über die erkrankte Fläche hinaus ausschneiden; daran denken, daß z.B. die Säge desinfiziert werden muß.

Wurzel- und Stengelfäule

Befallene Pflanzen: Veilchen und Stiefmütterchen.
Schadbild: Die Blütenblätter und Blätter verfärben sich zunehmend und welken, der Stengelgrund fault ab. Auch die Wurzeln sind anfällig für einen Befall und können schließlich ganz locker im Boden stecken.
Ursache: Mikroskopisch kleine Pilze (v.a. *Pythium violae* und *Aphanomyces euteiches*), die bodenbürtig sind. Es werden Oosporen (Dauerorgane der Pilze) gebildet, und eine Infektion kann mehrere Jahre vom Boden ausgehen.
Bekämpfung: Sobald der Schaden festgestellt wurde, alle befallenen Pflanzen verbrennen. Anfällige Pflanzen jedes Jahr auf einer neuen Fläche anbauen.

Phytophthora-Fäule

Befallene Pflanzen: Primeln
Schadbild: Blätter vergilben, welken und sterben ab; die Pflanzen stehen locker im Boden, da die Wurzeln von den Spitzen her abfaulen.
Ursache und Bekämpfung: Angaben siehe S. 565.

Schäden durch Spritzmittel

Betroffene Pflanzen: Einige Zimmer- und Freilandpflanzen.
Schadbild: Einzelne Tüpfel oder Flecken, oft gebleicht oder versengt, werden auf den Blättern, die abfallen können, sichtbar; in der Regel überstehen die Pflanzen den Schaden.
Ursache: Ein Mittel ist in Überkonzentration oder aus zu geringer Distanz gespritzt oder bei heißem, sonnigem Wetter ausgebracht worden. Einige Pflanzen werden auch bei richtiger Anwendung durch Fungizide oder Insektizide geschädigt.
Verhütung: Nur zugelassene Mittel anwenden.

Schäden durch Kontaktherbizide

Betroffene Pflanzen: Alle Pflanzen.
Schadbild: Fahle Flecken auf den kontaminierten Blättern, manchmal färben sie sich braun, und an den Stengeln bilden sich kleine Höcker. Zwiebeln bzw. Knollen, die Kontaktherbiziden ausgesetzt waren, ehe die Blätter abgestorben waren, zeigen in der kommenden Saison eine helle Blattfarbe; in schwerwiegenden Fällen können die Pflanzen geschwächt sein und sogar absterben. Meist wachsen die Pflanzen aus diesem krankhaften Zustand wieder heraus.
Ursache: Spritzmittelabdrift durch Wind oder sorgloses Ausbringen der Herbizide. Schlecht gereinigte Spritzgeräte und Gießkannen können ebenfalls zu einer Kontamination führen.
Verhütung: Gebrauchsanweisungen befolgen.

Dürreschäden

Betroffene Pflanzen: Alle Pflanzen, v.a. junge oder Containerpflanzen, auch solche auf leichtem Boden.
Schadbild: Die Herbstfärbung erscheint frühzeitig, Laubfall setzt ein, manchmal folgt das Absterben. Die Pflanzen welken. Weitere Schadbilder siehe S. 561 und 568.
Ursache: Anhaltender oder wiederholter Wassermangel, der auf trockene Böden, hohen Wasserverlust durch die Blätter an exponierten Lagen, verletzte oder eingeengte Wurzeln und auf Bodenverdichtung zurückzuführen ist. Pflanzen in kleinen Behältern sind bei heißer Witterung dafür anfälliger.
Verhütung: Pflanzen regelmäßig wässern. Eventuell mulchen, damit die Feuchtigkeit besser erhalten bleibt. Es ist leichter, Hitzeschäden zu vermeiden, als sie zu beheben; Pflanzen, die lang bzw. anhaltend unter Wassermangel leiden, erholen sich, auch wenn sie nachträglich ausreichend versorgt werden, schlechter als die, die kurzzeitig zuwenig Wasser haben.

Hitzeschäden

Betroffene Pflanzen: Vor allem Pflanzen mit fleischigen Blättern und Blüten, die hinter Glasscheiben stehen, sowie Sämlinge; auch Bäume, Sträucher, Stauden, Einjährige, Knollen- und Zwiebelpflanzen, Gemüse, Obst und Zimmerpflanzen.
Schadbild: Die Blätter welken, werden gelb oder braun, vertrocknen und rollen sich ein, sie sterben ab; Spitzen und Ränder sind oft zuerst betroffen. In schweren Fällen sterben die Stengel ab. Verbrennungen verursachen braune Flecken auf den exponierten Pflanzenteilen. Die Blätter können vollständig zerstört werden. Auch versengte Blütenblätter färben sich braun, trocknen und rollen sich ein; Rosen bilden einen »runden Kopf«. Auch Früchte sind davon betroffen (siehe S. 562).
Ursache: Sehr hohe oder wechselnde Temperaturen in geschützter Umgebung (z.B. Gewächshaus); Verbrennungen durch intensives Sonnenlicht. Die Schäden werden verstärkt, wenn Blätter und Früchte naß sind. Auch fehlerhaftes Glas neben den Pflanzen erhöht die Sonneneinstrahlung. Äpfel können sich verfärben, wenn sie zu früh gepflückt oder bei nicht ausreichender Belüftung gelagert werden.
Verhütung: Gewächshäuser schattieren, für entsprechende Belüftung sorgen, die Pflanzen von den Stellen mit fehlerhaftem Glas entfernen. Bei sonnigem Wetter möglichst nicht von oben wässern.

Kälte- und Frostschäden

Betroffene Pflanzen: Bäume, Sträucher, Stauden, Einjährige, Zwiebel- und Knollengewächse, Gemüse, Früchte, Zimmerpflanzen; sehr empfindlich sind Sämlinge und sehr junge Pflanzen.
Schadbild: Blätter, v.a. von Sämlingen, sind manchmal hell und braun gefärbt, es bilden sich Nekrosen; Blätter von immergrünen Pflanzen können vollständig braun werden. Frostschäden zeigen sich als Blattkräuselung, -welke oder -verfärbung, und blattunterseits löst sich die Epidermis ab, was Blättern ein silbriges Aussehen verleiht. Faulstellen entwickeln sich auf den Blütenblättern, v.a. an den exponierten Blütenköpfen. Frostschaden verursacht welke oder verfärbte Blütenblätter, auch kann die gesamte Pflanze absterben. Weitere Schadbilder siehe S. 557.
Ursache: Niedrige Temperatur oder starke Temperaturschwankungen. Pflanzen in exponierten Lagen oder in Kaltluftseen sind v.a. betroffen.
Verhütung: Winterschutz für junge Pflanzen.

Stickstoffmangel

Betroffene Pflanzen: Bäume, Sträucher, Stauden, Einjährige, Zwiebel- und Knollenpflanzen, Gemüse, Obst und Zimmerpflanzen.
Schadbild: Blätter werden hellgrün und verfärben sich manchmal gelb oder rosa. Das gesamte Wachstum ist eingeschränkt, schließlich wird die ganze Pflanze ziemlich lang und dünn.
Ursache: Die Pflanzen stehen auf mageren, leichten Böden oder haben einen begrenzten Standraum.
Behandlung: Gründüngung auf betroffenen Flächen anwenden oder hohe Stickstoffdüngung geben, z.B. Ammoniumsulfat, Kalksalpeter oder Blutmehl.

Kalimangel

Betroffene Pflanzen: Pflanzen mit eßbaren bzw. Zierfrüchten, v.a. Johannisbeere, Apfel und Birne.
Schadbild: Bläulich, gelb oder violett verfärbte Blätter; sie zeigen eine Braunfärbung entweder als Flekken oder an den Blattspitzen bzw. -rändern. Manche Blätter rollen sich ein; sind ziemlich weich, daher anfällig für den Befall mit Krankheitserregern. Das Wachstum der Pflanze ist stark reduziert.
Ursache: Die Pflanzen wachsen auf Böden mit lokkerer Struktur oder hohem Kalk- bzw. Torfgehalt.
Behandlung: Die Bodenstruktur verbessern, kalibetonten Dünger verabreichen.

Phosphatmangel

Betroffene Pflanzen: Vermutlich können alle Pflanzen daran leiden, aber dieses Mangelsymptom tritt im Garten kaum auf.
Schadbild: Das Pflanzenwachstum ist eingeschränkt, und die jungen Blätter sehen matt und vergilbt aus.
Ursache: Das Auswaschen von Phosphat in sauren Böden und in Gebieten mit hohem Niederschlag. Pflanzen, die in schweren Lehmböden oder in tiefgründigen Moorböden wachsen, ebenso die auf eisenhaltigem Boden sind gefährdet.
Behandlung: Knochenmehl oder Superphosphat.

Mangan-/Eisenmangel

Betroffene Pflanzen: Bäume, Sträucher, Stauden, Einjährige, Zwiebel- und Knollenpflanzen, Gemüse, Obst und Zimmerpflanzen.
Säureliebende Pflanzen, die auf alkalischen Böden stehen, sind oft betroffen.
Schadbild: Das Vergilben oder Verbräunen beginnt an den Blatträndern und breitet sich zwischen den Blattadern aus. Das ganze Blatt kann gelb sein.
Ursache: Anbau auf ungeeigneten Böden oder Substraten; v.a. säureliebende Pflanzen sind nicht in der Lage, aus alkalinen Böden ausreichende Spurenelemente aufzunehmen. Bewässerung mit sehr hartem Wasser, das Eingraben von Bauschutt und Regenwasser, das den Mörtel von den Wänden ablaufen läßt.
Behandlung: Der Bodenart angepaßte Pflanzen auswählen, die Fläche von Bauschutt säubern; empfindliche Pflanzen mit Regenwasser gießen. Saures Mulchmaterial ausbringen. Mikronährstoffe in Chelat- oder Frittenform und Eisenchelat ausbringen.

Magnesiummangel

Betroffene Pflanzen: Bäume, Sträucher, Stauden, Einjährige, Zwiebel- und Knollenpflanzen, Gemüse, Obst; auch Zimmerpflanzen.
Schadbild: Deutlich verfärbte Flächen, gewöhnlich gelb, auch rot oder braun zwischen den Blattadern; die betroffenen Blätter fallen frühzeitig ab.
Ursache: Saure Böden; durch zu starkes Gießen oder Regenfälle wird Magnesium ausgewaschen, oder es ist bei zu hohem Kaliumgehalt nicht verfügbar. Anfällig sind Pflanzen, die kalibetont gedüngt werden, um zu blühen und zu fruchten.
Behandlung: Die Pflanzen und/oder den Boden im Herbst mit Epsomer Bittersalz behandeln; entweder bringt man es unverdünnt mit einer Menge von 25 g/m^2 auf den Boden auf, oder man verabreicht eine Blattspritzung mit einer Aufwandmenge von 210 g pro 10 l Wasser unter Zusatz eines Netzmittels.

Nässeschäden

Betroffene Pflanzen: Praktisch alle Pflanzen.
Schadbild: Blätter werden gelb, die Pflanze welkt.
Ursache: Zuviel Wasser im Boden, aufgrund schwacher Drainage oder durch zu vieles Gießen.
Behandlung: Bodenstruktur und Drainage verbessern (siehe auch S. 564 und 568).

Siehe auch: »Wasserversorgungsmängel«, »Wassersucht«, »Pfirsichkräuselkrankheit«, »Hormonschäden durch Herbizide«, »Mycoplasmen«; »Ohrläppchenkrankheit an Azaleen«, S. 556; »Brandpilze««, S. 556; »Verticillium-Welke«, S. 557; »Fusarium-Welke«, S. 558; »Phytophthora-Wurzelfäule«, S. 558; »Stengelgrund- und Wurzelfäulen«, S. 558; »Etiolierung«, S. 559; »Blütenfäule«, S. 560; »Möhrenfliegen«, S. 564; »Zwiebelfliegen«, S. 567; »Schwarzbeinigkeit«, S. 568; »Zypressensterben«, S. 568; »Clematiswelke«, S. 569; »Weidenanthraknose«, S. 570.

Blattverformungen

Wasserversorgungsmängel

Betroffene Pflanzen: Praktisch alle Gartenpflanzen, v.a. bei Containerkultur.
Schadbild: Blätter und Blüten werden gekräuselt und verkrüppelt; Pflanzen sind kleinblättrig. Weitere Schadbilder siehe S. 557 und 563.
Ursache: Unregelmäßige Wasserversorgung führt zu Wachstumsanomalien und damit folglich zu Verformungen in den oberen Pflanzenteilen.
Verhütung: Regelmäßiges und ausreichendes Gießen, v.a. bei heißem und windigem Wetter; den in Behältern gezogenen Pflanzen besondere Aufmerksamkeit schenken. Wo es angebracht ist, regelmäßig mulchen, denn das hilft dem Boden, die erforderliche Feuchtigkeit zu erhalten.

Wassersucht

Betroffene Pflanzen: Praktisch alle Pflanzen, v.a. Pelargonien, Kamelien, Eukalyptus und sukkulente Pflanzen.
Schadbild: Wulstartige, warzige Schwellungen auf den Blättern, anfangs in der Blattfarbe, später braun.
Ursache: Extrem hohe Feuchtigkeit in der Luft und im Substrat, so haben die Pflanzenzellen einen ungewöhnlich hohen Wassergehalt. Die kleinen Zellgruppen schwellen an, so daß sich daraus Auswüchse entwickeln, die später aufreißen, wodurch braune Flecken auf den Blättern zurückbleiben.
Verhütung: Durch stärkeres Lüften und nicht zu engen Stand die Luftzirkulation zwischen den Pflanzen verbessern. Die Wasserzufuhr einschränken und, wenn möglich, die Drainage verbessern. Die von dieser Störung betroffenen Blätter sollten niemals abgepflückt werden.

Pfirsichkräuselkrankheit

Befallene Pflanzen: Pfirsich, Nektarine, Mandel und verwandte Zierarten *(Prunus)* im Freiland.
Schadbild: Deformierte, blasig aufgetriebene und manchmal angeschwollene Blätter, die sich später dunkelrot färben; auf der Blattoberseite findet sich dann ein weißes Pilzmyzel. Die Blätter fallen ab, aber ein zweiter, späterer Austrieb bleibt gesund.
Ursache: Der Pilz *Taphrina deformans*, der durch kühles, feuchtes Wetter begünstigt wird.
Bekämpfung: Befallene Blätter, ehe sie sich weiß färben, abpflücken. Die Pflanzen schützen, so daß die Sporen sich nicht festsetzen können; ein auf einer Seite offener Holzrahmen, der mit fester Plastikfolie bedeckt ist, ist günstig. Um Infektionen zu verhindern, Blätter mit einem kupferhaltigen Fungizid spritzen und zwar zwischen Wintermitte und Spätwinter, nach 14 Tagen wiederholen.

Schäden durch Herbizide

Verformte Blätter

Blattschäden

Betroffene Pflanzen: Breitblättrige Pflanzen, u.a. Rosen, Tomaten, Weintrauben und Koniferen.
Schadbild: Kleinere, schmalere, oft verdickte Blätter mit hervorstehenden Adern. Sie können becherartig verformt und stark verkrüppelt sein. Die Blattstiele sind gekrümmt; auf den Stengeln können kleine Beulen erscheinen. Weitere Schadbilder siehe S. 563.
Ursache: Kontamination durch Wachstumsregulatoren oder Herbizide, oft aus großer Entfernung; winzige Mengen können extremen Schaden verursachen. Der Schaden ist überwiegend auf Spritzmittelabdrift und auf Verwendung schlecht gereinigter Spritzgeräte oder Gießkannen zurückzuführen.
Verhütung: Herbizide immer der Gebrauchsanweisung gemäß anwenden. Nur ein Sprühgerät oder eine Gießkanne für das Ausbringen von Herbiziden benützen. Herbizide in Originalverpackung, fern von Erden, Düngemitteln und Pflanzen lagern. Die Krankheitssymptome wachsen sich meist aus.

Blattläuse

Befallene Pflanzen: Bäume, Sträucher, Kletterpflanzen, Stauden, Einjährige; Zwiebel- und Knollenpflanzen, Gemüse und Obst.
Schadbild: Verkrüppelte und deformierte Blätter.
Ursache und Bekämpfung: Angaben siehe S. 550.

Blattsauger, Blattflöhe

Befallene Pflanzen: Lorbeer *(Laurus nobilis)*, Buchs *(Buxus)* und Birnen.
Schadbild: Die Blattränder beim Lorbeer sind vergilbt, verdickt und gekräuselt; Buchs hat verkrüppelte Triebe und schalenförmige, leicht verformte Blätter. Schadbilder bei Birnen auf S. 551.
Ursache und Bekämpfung: Angaben siehe S. 551.

Mycoplasmen

Befallene Pflanzen: Bäume, Sträucher, Stauden, Einjährige, Zwiebel- und Knollenpflanzen, Gemüse und Obst (v.a. Erdbeeren) und Zimmerpflanzen.
Schadbild: Kleinblättrigkeit, Blattdeformationen und -verfärbungen mit bestimmtem Muster: An Erdbeeren äußert sich die Krankheit, die auch als Blütenvergrünung bezeichnet wird, darin, daß die jungen Blätter schmal, unregelmäßig geformt und gelb sind; zudem verfärben sich die älteren Blätter deutlich rot, wenn die Blüte vorüber ist. Weitere Schadbilder siehe S. 560.

Ursache: Mycoplasmen hält man für bakterienähnliche Lebewesen. Viele Mycoplasmen werden durch Blattläuse (s. S. 550) von Pflanze zu Pflanze getragen, aber die Blütenvergrünung bei Erdbeeren wird viel häufiger durch Blattsauger (s. S. 551) übertragen, die sich an kleeartigen Pflanzen infizieren.
Bekämpfung: Alle erkrankten Pflanzen vernichten, nur zertifizierte Obstunterlagen kaufen; sowohl Schaderreger, die potentielle Überträger (Blattläuse und Blattsauger) sind, als auch Unkräuter bekämpfen.

Gallmilben

Befallene Pflanzen: Bäume und Sträucher, einschließlich Pflaume, Birne, Walnuß, Weinrebe, Ahorn, Linde, Ulme, Weißdorn, Eberesche, Ginster *(Cytisus/Genista)*, Buche und schwarze Johannisbeere.

Helle Blattflecken

Verkrüppelte Blätter

Schadbild: Je nach Gallmilbenart sehr verschieden. Es umfaßt: weißgrüne oder rote Pocken oder Stacheln auf den Blättern (Ahorn, Ulme, Linde und Pflaume), cremeweiße oder rosa Härchen blattunterseits (Ahorn, Linde und Buche), blasig aufgetriebene Blattoberflächen und fahle Härchen blattunterseits (Walnuß und Wein); verdickte, gekräuselte Blattränder (Buche und Weißdorn); helle Blattflecken, die sich später braunschwarz verfärben (Eberesche und Birne), und verkrüppelte Blätter (Ginster).
Ursache: Mikroskopisch kleine Gallmilben aus der Familie *Eriophydae*.
Bekämpfung: Alle erkrankten Blätter und Triebe entfernen.

Gallmücken

Befallene Pflanzen: Viele Gartenpflanzen, v.a. Veilchen, *Gleditsia* und schwarze Johannisbeere.
Schadbild: Die Veilchenblätter sind verdickt und können sich nicht entfalten. Die Blättchen der *Gleditsia* schwellen an und falten sich zusammen. Bei den schwarzen Johannisbeeren können sich die Blätter an der Triebspitze nicht richtig entfalten, und die Triebspitzen sterben schließlich ab.
Ursache: Weißorangefarbene, bis zu 2 mm lange Mücken; 3-4 Generationen treten pro Sommer auf. Es sind die Larven von drei Mückenarten: *Dasineura affinis, D. gleditchiae, D. tetensi*. Die Adulten sind winzige, graubraune Fliegen.
Bekämpfung: Erkrankte Blätter entfernen und vernichten. Die Larven sind in den Gallen recht geschützt, aber das Spritzen im späten Frühjahr mit Aadimethoat oder Actellic, wenn die Gallen erst entstehen, kann den Schaden etwas eindämmen.

Gallwespen

Befallene Pflanzen: Eiche und Rosen.
Schadbild: An Eichen im Herbst blattunterseits flache Scheiben; kugelförmige, holzige Wucherungen (Deutsche Gallen) oder markgefüllte Eichenäpfel im Frühjahr auf den Trieben; gelbgrüne oder rote Bündel von rosinenähnlichen Gallen auf den Palmkätzchen und gelbgrüne »Knospengallen« auf Ahornbäumen. Blattsauger an Wildrosenspezies und an Hybriden von Spezies verursachen im Spätsommer Anschwellungen, die von gelbrosafarbenen, moosartigen Blättern verdeckt sind.
Ursache: Die Larven der Gallwespe, die chemische Substanzen mit ihrem Speichel absondern.
Bekämpfung: Eine Behandlung ist nicht notwendig.

Ohrläppchenkrankheit

Befallene Pflanzen: Rhododendron und Azalee, v.a. *Rhododendron simsii,* die als Zimmerpflanzen kultiviert werden.
Schadbild: Fleischige, hellgrüne Schwellungen auf Blättern und Blüten, sie färben sich später weiß.
Ursache: Der Pilz *Exobasidium japonicum*, der durch hohe Luftfeuchtigkeit in seiner Entwicklung begünstigt wird.
Bekämpfung: Die Gallen, ehe sie sich weiß färben, entfernen. Wenn die Krankheit andauert, die Pflanzen mit kupferhaltiger Brühe spritzen.

Peitschstielerkankung (Molybdänmangel)

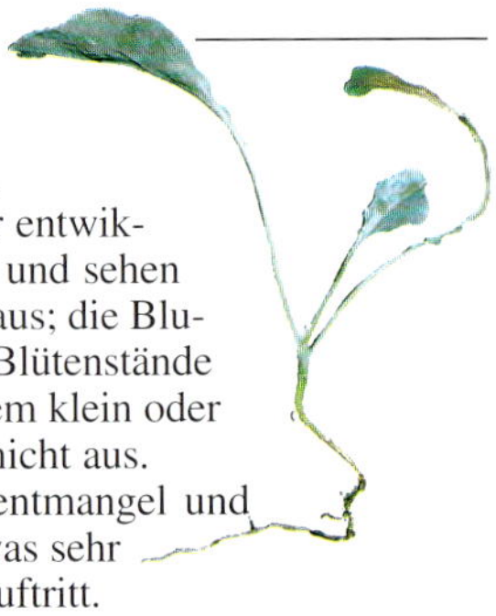

Befallene Pflanzen: Kohlarten, v.a. Blumenkohl und Brokkoli.
Schadbild: Die Blätter entwikkeln sich nicht normal und sehen schmal und gebändert aus; die Blumenkohlköpfe und die Blütenstände des Brokkoli sind extrem klein oder bilden sich überhaupt nicht aus.
Ursache: Spurenelementmangel und zwar von Molybdän, was sehr oft auf sauren Böden auftritt.
Behandlung: Den pH-Wert des Bodens durch Kalken anheben. Vor dem Aussäen oder Auspflanzen anfälliger Pflanzen in den Boden Molybdän einarbeiten.

Zwiebelschalenmilben

Befallene Pflanzen: *Hippeastrum*, v.a. die drinnen gezogen werden, und Narzissen.
Schadbild: Wachstumshemmungen, die Blätter sind gebogen, und an den Blatträndern und Blütentrieben beginnen sich sägeförmige Deformationen zu bilden.
Ursache: Die mikroskopisch kleine, weiße Zwiebelschalenmilbe *(Steneotarsonemus laticeps)*, die sich in der Zwiebelspitze aufhält.
Bekämpfung: Erkrankte Zwiebeln wegwerfen. Nur befallsfreies Pflanzenmaterial kaufen.

Rosenblattrollwespen

Befallene Pflanzen: Rosenarten und -sorten.
Schadbild: Die Fiederblätter der Rose rollen sich nach unten ein und bilden von Spätfrühjahr bis zum frühen Sommer feste aufgerollte Röhren.
Ursache: Die Rosenblattrollwespe *(Blennocampa pusilla)*. Die Weibchen legen ihre Eier in die Blättchen, worauf es zum Einrollen der Blätter kommt. Die hellgrünen, schmetterlingsähnlichen Larven fressen dann im Innern der Blattrollen.
Bekämpfung: Eingerollte Blätter verbrennen. Alternativ gründlich mit Actellic spritzen.

Brandpilze

Befallene Pflanzen: Anemone, *Trollius*, Veilchen und Winterling *(Eranthis hyemalis)*.
Schadbild: Runde oder elliptische Schwellungen, die oft hellgrün und schmutzigweiß sind, auf den Blättern. Sie brechen auf und entlassen ein schwarzes Sporenpulver; ernsthaft erkrankte Blätter welken und sterben ab.
Ursache: Pilze, z.B. *Urocystis* und *Ustilago*; die Sporen werden durch Regentropfen und Luftströmung verbreitet.
Bekämpfung: Befallene Pflanzen verbrennen.

Älchen

Befallene Pflanzen: Phlox und *Allium*,' also auch Zwiebeln.
Schadbild: Blätter sind gesprenkelt mit kleinen, rauhen, gelben Flecken, werden als Nadelstiche bezeichnet. Phlox ist im Wachstum gehemmt, und die Blätter an den Triebspitzen sind verschmälert; das Zwiebellaub ist angeschwollen und weich. Bei starkem Befall können die Pflanzen absterben.
Ursache: Mikroskopisch kleine Älchen oder Nematoden *(Ditylenchus dipsaci)*, die im Gewebe saugen.
Bekämpfung: Erkrankte Pflanzen verbrennen. Wo infizierte Zwiebeln standen, zwei Jahre lang keine anfälligen Gemüsearten anpflanzen.

Siehe auch »Echter Mehltau«, S. 550; »Blatt- und Knospenälchen«, S. 551; »Schorf«, S. 553; »Virosen«, S. 553; »Tintenfleckenkrankheit«, S. 567; »Weidenanthraknose«, S. 570.

Schäden an Stamm, Stengel, Zweig und den Blattknospen

Stamm-, Stengelverfärbungen oder mit sichtbaren Schädlingen

Kälte- und Frostschäden

Betroffene Pflanzen: Bäume, Sträucher, Stauden, Einjährige, Zwiebel- und Knollenpflanzen, Gemüse, Obst und Zimmerpflanzen; v.a. weichstengelige und junge Pflanzen.
Schadbild: Braune, eingetrocknete Flekken am Stamm – v.a. bei *Acer*. Der Stamm färbt sich schwarz, trocknet ein und wird rissig oder platzt auf, so daß verschiedene Schadorganismen eindringen können. Die Risse werden größer, wenn sich Wasser darin ansammelt und es dann friert. Dies führt zum Absterben der ganzen Pflanze. Weitere Schadbilder siehe S. 554.
Ursache: Niedrige Temperaturen oder starke Temperaturschwankungen. Pflanzen, die in exponierten Lagen stehen, sind am ehesten betroffen.
Bekämpfung: Jungen und zarten, aber auch den in exponierten Lagen angebauten Pflanzen Frost- und Windschutz geben.

Verticillium-Welke

Befallene Pflanzen: Viele Garten- und Gewächshauspflanzen.
Schadbild: Die Gefäße im Stengel und in der Wurzel sind schmutzig verfärbt, was längliche, braune Streifen hervorruft. Holzige Pflanzen kümmern über einige Jahre und sterben ab.
Ursache: Einige Arten des Pilzes *Verticillium*, die sich im Boden oder auf Pflanzenresten befinden, oder eine neue Unterlage ist damit verseucht.
Bekämpfung: Alle befallenen Pflanzen und den Boden in unmittelbarer Nachbarschaft der Wurzeln beseitigen. Schnittwerkzeuge nach dem Einsatz an kranken Pflanzen gründlich reinigen. Unkräuter strikt bekämpfen und anfällige Pflanzen nicht auf befallenen Flächen anbauen.

Schleimfluß/nasses Holz

Betroffene Pflanzen: Bäume, Sträucher und holzige Pflanzen, v.a. die Clematis ist gefährdet.
Schadbild: Der Stamm stirbt ab, und ein rosa, gelber oder schmutzigweißer Schleim fließt aus der Basis. Er ist oft dickflüssig und riecht unangenehm.
Ursache: Rindenverletzungen (z.B. durch Frost oder Verwundung), wenn der Saftdruck hoch ist, bevor die Blätter austreiben. Der Saft, der aus der Wunde fließt, hat einen hohen Zuckergehalt und wird von Mikroorganismen heimgesucht (v.a. Hefen, Bakterien und Pilzen), die die Schwellung und Verfärbung bewirken.
Verhütung: Stammverletzungen vermeiden, v.a. bei empfindlichen Pflanzen. Erkrankte Stammpartien beseitigen, wenn nötig bis ins gesunde Holz zurückschneiden. Wird dann ausreichend gedüngt und gewässert, bildet die Pflanze mehr Triebe aus.

Rutenkrankheit/Rutensterben

Befallene Pflanzen: Himbeere. Rutenkrankheit tritt auch bei Loganbeere auf.
Schadbild: Es bilden sich im Spätsommer violette Flächen um die Nodien; sie vergrößern sich und färben sich silbergrau. Zahlreiche winzige, schwarze Fruchtkörper des Pilzes entstehen in der Mitte eines jeden Fleckens. Die Knospen oder die neuen Triebe sterben ab. Bei der Rutenkrankheit beginnt die Erkrankung genau an der Bodenoberfläche, da der Pilz durch Verletzungen eindringt und an der Basis der Rute dunkle Verfärbungen hervorruft, so daß sie spröde wird. Das Laub vertrocknet. Geschwächte Pflanzen sind anfälliger als starke Exemplare.
Ursache: Die Pilze *Didymella applanata* (Rutenkrankheit) und *Leptosphaeria coniothyrium* (Rutensterben).
Bekämpfung: Die Pflanzen gut kultivieren. Beim ersten Anzeichen einer Rutenerkrankung, befallene Ruten bis unter die Erdoberfläche herausschneiden.

Schildläuse

Halbkugelige Schildläuse (oben)
Kommaschildläuse (rechts)

Befallene Pflanzen: Zimmer- und Gewächshauspflanzen, Bäume, Sträucher, Obstbäume.
Schadbild: Der Stamm ist vom Honigtau klebrig und von Rußtaupilzen schwarz gefärbt. Stark infizierte Pflanzen zeigen auch Wachstumsstockungen. Wächserne Ablagerungen, in denen sich die Eier befinden, sind gelegentlich auch auf dem Stamm zu finden.
Ursache und Bekämpfung: Angaben siehe S. 552.

Rostkrankheiten

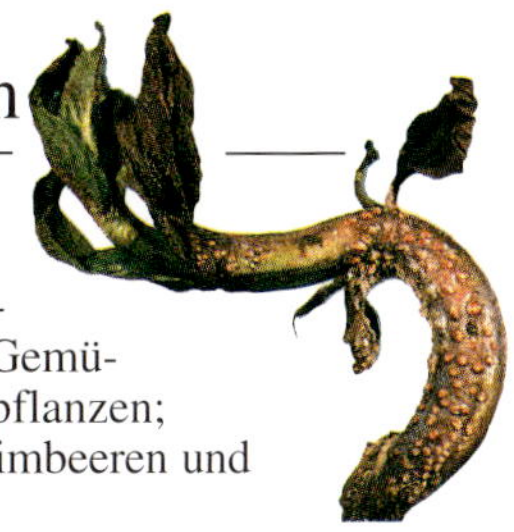

Befallene Pflanzen: Bäume, Sträucher, Stauden, Einjährige, Zwiebel- und Knollenpflanzen, Gemüse, Obst und Zimmerpflanzen; Pfefferminze, Rosen, Himbeeren und Brombeeren.
Schadbild: Pusteln, die orangefarbene oder dunkelbraune Sporen enthalten, bilden sich entweder am Trieb oder werden dort beim Aufplatzen von innen heraus sichtbar. Bei manchen Pflanzen zeigen sich gallertige Ausstülpungen. Bei starkem Befall ist der Trieb deformiert und aufgerissen.
Ursache: Pilze, deren Entwicklung durch hohe Luftfeuchte begünstigt wird. Die Sporen werden durch Regentropfen und mit der Luftströmung verbreitet.
Bekämpfung: Befallene Teile beseitigen und die Luftzirkulation durch Lüften und weiteren Pflanzenstand verbessern. Mit einem geeigneten Fungizid, z.B. Dithane, spritzen.

Grauschimmelpilz/*Botrytis*

Befallene Pflanzen: Bäume, Sträucher, Stauden, Einjährige, Zwiebel- und Knollenpflanzen, Gemüse, Obst und Zimmerpflanzen, v.a. weichblättrige.
Schadbild: Abgestorbene und verfärbte Flecken auf Trieben und Blättern. Die Krankheit greift schnell um sich, dadurch sterben die oberen Triebteile ab. Die Pilzsporen entwickeln sich auf faulendem Pflanzenmaterial. Weitere Schadbilder siehe S. 560 und 562.
Ursache: Die Pilze *Botrytis cinerea* und an Schneeglöckchen *B. galanthina*, die unter feuchten Bedingungen und bei schlechter Durchlüftung wachsen. Die Pilzsporen werden mit dem Luftstrom oder durch Regentropfen verbreitet; Infektion findet v.a. an beschädigten Pflanzenteilen statt. Auch Früchte werden infiziert. Krustenartige, schwarze, unverwüstliche Sklerotien (Dauerkörper des Pilzes), die sich auf abgestorbenem Pflanzenmaterial bilden, fallen zu Boden und infizieren weiter.
Bekämpfung: Pflanzenverletzungen vermeiden, abgestorbenes Pflanzenmaterial beseitigen, eine gute Luftzirkulation sicherstellen (richtiger Pflanzenabstand). Erkrankte Pflanzenteile verbrennen (bei Schneeglöckchen die ganze Gruppe). Mit Derosal flüssig oder Du Pont Benomyl spritzen.

Wasserversorgungsmängel

Betroffene Pflanzen: Alle Gewächse, v.a. die in Containern.
Schadbild: Die äußere Gewebeschicht von Trieben oder Stämmen bekommt Risse oder platzt auf. Weitere Schadbilder siehe S. 555 und 563.
Ursache: Schwankungen in der Wasserversorgung. Ist nach längeren Trockenperioden aufgrund klimatischer Bedingungen plötzlich wieder Wasser vorhanden, erfolgt ein rasches Anschwellen, so daß Triebe bzw. der Stamm aufreißen und aufplatzen können.
Verhütung: Regelmäßig und gleichmäßig bewässern, v.a. bei heißer Witterung und Wind. Den Pflanzen nach längerer Trockenheit nicht plötzlich zuviel Wasser geben. Wo es angebracht ist, mulchen, um die Feuchtigkeit im Boden zu erhalten.

Ulmensterben

Gekrümmte Zweige

Befallene Pflanzen: Ulme und *Zelkova*.
Schadbild: Einkerbungen an der Astgabel, junge Zweige sind gekrümmt. Dunkelbraune Längsstreifen bilden sich unter der Rinde. Die Blätter in der Krone welken, vergilben und fallen ab. Der Baum

stirbt binnen zwei Jahren.
Ursache: *Ceratocystis ulmi*, ein Pilz, der oft durch Borkenkäfer der Ulme verbreitet wird. Einmal befallene Bäume können die Krankheit auf gesunde Gehölze übertragen.
Bekämpfung: Kranke Bäume beseitigen.

Längsstreifen

Blutläuse

Befallene Pflanzen: Apfel, *Cotoneaster*, Feuerdorn.
Schadbild: Ein flockiger, schimmelähnlicher Belag erscheint im Frühjahr an der Rinde. Ausgehend von den älteren Zweigen breitet er sich auf junge Triebe aus, wo sich leichte Erhebungen bilden
Ursache: Die Blutlaus *(Eriosoma lanigerum)*, ein kleines, grauschwarzes Insekt, das Saft aus der Rinde saugt und weiße Wachsfäden ausscheidet.
Bekämpfung: Pflanzen mit Aadimethoat oder Rogor spritzen, sobald der Schädling auftritt.

Schaumzikaden

Befallene Pflanzen: Gehölze, Stauden, viele Einjährige.
Schadbild: Ein kleines Insekt, von Schaumkügelchen umgeben, erscheint im Frühsommer auf Trieben und Blättern. Dort frißt der Schädling an den Triebspitzen.
Ursache: Die saftsaugenden Larven der Schaumzikade (z.B. *Philaenus spumarius*), die einen schützenden Schaum über sich selbst ausscheiden. Die bis zu 4 mm langen adulten Tiere sind dunkler und leben offen auf der Pflanze.
Bekämpfung: Die Larven einsammeln oder mit Aadimethoat spritzen.

Fichtenläuse

Befallene Pflanzen: Koniferen, v.a. Tanne, Kiefer, Fichte, *Pseudotsuga menziesii* und Lärche.
Schadbild: Ein flockiger, schimmelähnlicher Belag auf den Blättern und Trieben. Knotige Schwellungen entwickeln sich auf Tannen, auf den jungen Fichtentrieben erscheinen verdickte Triebspitzen.
Ursache: Fichten- oder Koniferenläuse (z.B. *Adelges* sp.), kleine, grauschwarze blattlausähnliche Insekten, die den Saft aus der Rinde oder den Blättern saugen. Die Rinden- oder Blattsauger scheiden weiße Wachsfäden aus.
Bekämpfung: Ältere Bäume können den Schaden überstehen, junge Bäume an einem milden, trockenen Tag von Mitte bis Ende des Winters mit Lindan spritzen.

Fusarium-Welke

Befallene Pflanzen: Stauden, Einjährige, Gemüse und Obst; häufig befallen werden Sommerastern (*Callistephus*), Nelken, Gartenwicken *(Lathyrus odoratus)*, Bohnen und Erbsen.
Schadbild: Auf Trieben und Blättern bilden sich schwarze Flecken – manchmal mit weißem oder hellrosa Pilzmyzel bedeckt. Die Wurzeln färben sich schwarz und sterben ab.
Ursache: Verschiedene Arten des mikroskopisch kleinen Pilzes *Fusarium*, die sich im Boden oder auf Pflanzenresten befinden oder manchmal auch samenbürtig sind. Sie reichern sich im Boden an, wenn auf derselben Fläche über Jahre hinweg die gleiche Pflanzenart angebaut wird.
Bekämpfung: Für erkrankte Pflanzen gibt es keine Behandlungsmethode. Sie und der benachbarte Boden sind zu entfernen, die Pflanzen müssen vernichtet werden. Anfällige Pflanzen auf dieser Fläche nicht anbauen. Nur gesunde Unterlagen verwenden.

Phytophthora-Wurzelfäule

Befallene Pflanzen: Bäume, Sträucher und holzige Pflanzen; Ahorn, *Chamaecyparis*, Apfel, Eibe, Rhododendron, Himbeere und Erika erkranken am häufigsten daran.
Schadbild: Abgestorbene Gewebestücke werden am Trieb oder Stamm sichtbar, und das darunterliegende Gewebe ist bläulichschwarz verfärbt; das Laub ist spärlich und chlorotisch; es kann absterben, ebenso die ganze Pflanze. Weitere Schadbilder siehe S. 565.
Ursache: Verschiedene Arten des Pilzes *Phytophthora*, der sich häufig in nassen Böden befindet. Die Wurzeln werden durch bewegliche Sporen, die im Boden und an infizierten Pflanzenresten keimen, befallen.
Bekämpfung: Übermäßiges Gießen vermeiden, die Drainage im Boden verbessern. Alle erkrankten Pflanzen ausgraben und verbrennen. Nur Pflanzen mit einwandfreier Qualität kaufen und solche Pflanzen auswählen, die tolerant oder resistent gegen *Phytophthora* sind. Es gibt für den Hobbygärtner keine wirksame chemische Bekämpfungsmethode.

Stengelgrundfäule

Befallene Pflanzen: Viele Pflanzen, v.a. Petunien u.a. Beetpflanzen, Tomaten, Gurken, Erbsen, Bohnen.
Schadbild: Die Stengelbasis verfärbt sich und schnürt sich ein, dadurch sterben die oberen Pflanzenteile ab; die unteren Blätter zeigen die Schadsymptome zuerst. Die Wurzeln färben sich schwarz, brechen ab und faulen (siehe S. 565).
Ursache: Eine Vielzahl von im Boden oder Wasser lebenden Pilzen, die sich bei unzureichenden hygienischen Bedingungen vermehren. Sie werden z.B. bei Verwendung nicht sterilisierter Erden und unreinen Wassers übertragen und reichern sich im Boden an, v.a. wenn anfällige Pflanzen wiederholt auf derselben Fläche angebaut werden.
Bekämpfung: Die Fruchtfolge einhalten. Strikte Hygiene beachten und nur frisch aufbereitete, sterilisierte Erden und einwandfreies Wasser verwenden. Erkrankte Pflanzen beseitigen, Boden erneuern.

Keimlings-, Wurzelbrand

Befallene Pflanzen: Viele Gemüsearten, die im warmen Klima herangezogen werden, u.a. Bohnen, Erbsen, Kohlarten, Süßkartoffeln und Tomaten.
Schadbild: Die Sämlinge zeigen die Symptome der Umfallkrankheit. Der Wurzelhals oder Stengel der älteren Pflanzen fault in der Höhe der Bodenoberfläche, und die Stengel vergilben und welken.
Ursache: Das Eindringen des Pilzes *Sclerotium rolfsii* über die Pflanzenbasis; Nematoden- und Insektenwunden begünstigen die Infektion. Pflanzen in lockerem, sandigem Boden und übermäßig mit Wasser versorgte sind am meisten gefährdet.
Bekämpfung: Erkrankte Pflanzen verbrennen. Pflanzen auf verseuchten Flächen möglichst nicht anbauen. Das Saatgut mit Aatiram beizen.

Bormangel

Betroffene Pflanzen: Nelken, Salat, Sellerie und Tomaten; auch sämtliche Früchte (vorwiegend Birnen, Pflaumen und Erdbeeren).
Dieser Mangel tritt ziemlich selten auf.
Schadbild: Die Triebspitzen sterben ab, so daß die Pflanzen verkrüppelt und buschig wachsen. Auf den Blattstielen von Sellerie bilden sich Querrisse, und die aufgerissenen Gewebepartien färben sich braun; Kopfsalat bildet keinen Kopf. Die Birnen sind deformiert und eingedellt, das Fruchtfleisch ist braun, gefleckt (das Schadbild kommt dem der Steinfrüchtigkeit sehr nahe), Pflaumen sind verformt und zeigen gummiartige Ausscheidungen. Erdbeeren sind kleinfrüchtig und schwach gefärbt. Weitere Schadbilder siehe S. 566.
Ursache und Verhütung: Angaben siehe S. 566.

Clematiswelke

Befallene Pflanzen: *Clematis*, v.a. die großblütigen Hybriden, z.B. 'Jackmanii', und *C. montana*.
Schadbild: Die Endknospen welken, ausgehend von den sehr jungen Trieben, und die Blattstiele färben sich dunkel. Alle Pflanzenteile können davon befallen werden und absterben (siehe auch S. 569).
Ursache: Der Pilz *Ascochyta clematidina*, der Fruchtkörper auf den älteren Trieben bildet, woraus Sporen entlassen werden. Andere, nichtpathogene Welkeursachen (z.B. Trockenheit, schlechte Drainage) werden oft für diese Krankheit gehalten.
Bekämpfung: Befallene Triebe bis ins gesunde Gewebe, wenn nötig, bis unter die Bodenoberfläche zurückschneiden. Neues Laub mit Bordeaux-Brühe oder Du Pont Benomyl spritzen.

Siehe auch: »Schmierläuse«, S. 550; »Echter Mehltau«, S. 550; »Schokoladenfleckenkrankheit«, S. 553; »Grauschimmelkrankheit«, S. 553; »Schäden durch Kontaktherbizide«, S. 554; »Brandpilze«, S. 556; »Etiolierung«, S. 559; »Holzschwämme«, S. 559; »Schäden durch Blitz«, S. 559; »Engerlinge«, S. 564; »Schnakenlarven«, S. 564; »Auflaufkrankheiten«, S. 568; »Schwarzbeinigkeit«, S. 568; »Rotpustelkrankheit«, S. 569; »Das Absterben von Rosen«, S. 569; »Feuerbrand«, S. 569; »Larven des Gefurchten Dickmaulrüßler«, S. 570.

Stamm-/Stengeldeformation und Wachstumsanomalien

Etiolierung

Betroffene Pflanzen: Von allen Gartenpflanzen die Sämlinge und weichstielige Pflanzen.
Schadbild: Die Triebe sind vergeilt, oft blaß, und die Pflanze wächst zur Lichtquelle hin, also schief. Die Blätter sind chlorotisch, die Blüte verringert sich oft.
Ursache: Lichtmangel; oft wegen schlechtem Standort oder weil die Pflanze von angrenzenden Gewächsen, Gebäuden etc. beschattet wird. Zu dicht stehende Pflanzen.
Verhütung: Sorgfältige Pflanzen- und Standortwahl. Sämlingen, sobald die Keimung erfolgt ist, ausreichende Belichtung sichern. Leicht erkrankte Pflanzen erholen sich, wenn die Bedingungen verbessert werden.

Erdraupen

Befallene Pflanzen: Niedrigwachsende Stauden, Einjährige, Wurzelgemüse und Salate.
Schadbild: Stengelgrund und Blätter niedrigwachsender Pflanzen sind sichtbar angefressen, auch die Wurzeln können befallen sein. Die Pflanzen wachsen langsam, welken und sterben ab.
Ursache: Die Raupen verschiedener Eulenschmetterlinge, die gewöhnlich cremigbraun gefärbt und 4,5 cm lang sind.
Bekämpfung: Erdraupen aufspüren und vernichten. Empfindliche Pflanzen mit Actellic spritzen; alternativ den Boden mit Loxiran behandeln.

Schäden durch Herbizide

Betroffene Pflanzen: Breitblättrige Pflanzen (v.a. Rosen, Tomaten, Trauben) und Koniferen.
Schadbild: Auf den Trieben kleine Höcker. Die Blätter sind verkrüppelt, die Blattstiele gewunden oder spiralförmig (siehe auch S. 555 und 563).
Ursache: Kontamination durch Wachstumsregulatoren oder Herbizide, oft aus großer Entfernung; auch sehr kleine Mengen können extrem schädigen. Die Schadensursache sind Spritzmittelabdrift und die Verwendung verunreinigter Geräte. Die geschädigten Pflanzen wachsen gewöhnlich aus diesen Krankheitssymptomen heraus.
Verhütung: Herbizide gemäß der Gebrauchsanweisung anwenden und die Nachbarpflanzen dabei abschirmen. Nur ein Sprühgerät oder eine Gießkanne benützen und bevorzugt einen Gießbalken verwenden. Unkrautbekämpfungsmittel fern von Erden, Düngemitteln und Pflanzen lagern.

Blättrige Gallen

Befallene Pflanzen: Außer Sträuchern, Stauden und Einjährigen, v.a. Dahlien, Chrysanthemen und Pelargonien.
Schadbild: Sehr kleine, verkrüppelte Sprosse und Blätter entstehen am Stengel, an oder nahe der Bodenoberfläche.
Ursache: *Corynebacterium fascians*, ein bodenbürtiges Bakterium, das durch kleine Wunden in die Wirtspflanze eindringt; wird mit Geräten oder durch Vermehrung infizierter Pflanzen übertragen.
Bekämpfung: Erkrankte Pflanzen vernichten, Erde austauschen. Kranke Pflanzen nicht für die Vermehrung verwenden. Strikte Hygiene einhalten.

Wurzelkropf, Bakterienkrebs

Befallene Pflanzen: Bäume, Sträucher (v.a. Beerenobst und Rosen) und holzige Pflanzen.
Schadbild: Unregelmäßige, runde, oft holzige Wucherungen am Stamm, sie reißen dort auch auf, aber der Allgemeinzustand der Pflanzen ist nicht ernsthaft davon betroffen. Weitere Schadbilder siehe S. 565.
Ursache: *Agrobacterium tumefaciens*, das in nassen Böden vorkommt und durch Verletzungen eindringt.
Bekämpfung: Pflanzen möglichst nicht verletzen und die Bodendrainage verbessern.

Gallenbildung an Forsythie

Befallene Pflanzen: Forsythie
Schadbild: Rauhe, holzige, runde Gallen an den Trieben. Sie überdauern über Jahre hinweg, zeigen aber kaum ungünstige Auswirkungen.
Ursache: Möglicherweise bakterielle Infektion.
Bekämpfung: Keine Direktmaßnahme ist notwendig; die Triebe mit Gallen entfernen. Verhütung kaum möglich.

Holzschwämme

Befallene Pflanzen: Bäume, verholzte Pflanzen, Sträucher.
Schadbild: Pilzliche Fruchtkörper, oft konsolenartig geformt, erscheinen meist unten am Stamm, aber auch auf oberen Teilen oder in der Krone. Je nachdem ob kurz- oder langlebig, zeigen sie unterschiedliches Aussehen. Das Wachstum ist verlangsamt, und der Baum bildet übermäßig viel abgestorbenes Holz und eine schwache Krone.
Ursache und Bekämpfung: Angaben S. 565.

Hexenbesen

Befallene Pflanzen: Bäume, v.a. Birke und Hainbuche, Sträucher, holzige Pflanzen.
Schadbild: Dichte Büschel kleiner Triebe erscheinen auf sonst normalen Zweigen. Die Blätter bleiben klein und verfärben sich frühzeitig.
Ursache: Pilze (v.a. *Taphrina*) und Milben (z.B. *Eriophyes*), die die Mutation hervorrufen.
Bekämpfung: Befallene Zweige abschneiden.

Knospengallmilben

Befallene Pflanzen: V.a. Haselnuß, Eibe, Ginster *(Cytisus/Genista)* und schwarze Johannisbeere.
Schadbild: Die Knospen sind ungewöhnlich angeschwollen, und ein Austrieb unterbleibt.
Ursache: Mikroskopisch kleine Gallmilben, die in den Knospen saugen. Befall der Haselnuß durch *Phytoptus avellanae*, des Ginsters durch *Eriopyes genistae*, der Eibe durch *Cecidophyopsis psilaspis* und der schwarzen Johannisbeere durch *C. ribis*. Die zahlreichen Gallmilben an den Knospen der schwarzen Johannisbeere können Atavismus übertragen.
Bekämpfung: Befallene Knospen im Winter entfernen und verbrennen. Eibe und Haselnuß sind ziemlich tolerant, aber stark befallene schwarze Johannisbeeren und Ginster sollten beseitigt werden. Es gibt keine wirksame Bekämpfungsmaßnahme.

Schäden durch Blitz

Gefährdete Pflanzen: Hohe Bäume, v.a. wenn sie einzeln stehen.
Schadbild: Die Rinde kann aufgerissen sein, und eine tiefe Furche wird auf einer Seite nach unten sichtbar, an die oft eine spiralförmige Linie anschließt. Der Holzkern kann zerstört sein, was den Baum schwächt. Abgestorbenes Holz in der Krone tritt vermehrt auf, und die obere Krone kann zerstört sein.
Ursache: Blitzschlag
Verhütung: unmöglich

Mechanische Verletzungen

Betroffene Pflanzen: Praktisch alle Pflanzen.
Schadbild: Eine deutlich begrenzte Verwundung ist auf dem Stamm oder der Rinde sichtbar. Der Saft an dieser verletzten Stelle kann sich in eine Schleimfäule umwandeln. Es bleibt eine Narbe zurück.
Ursache: Unachtsamer Gebrauch von Gartengeräten und -werkzeugen.
Verhütung: Ernsthaft beschädigte Sprosse oder Stämme beseitigen.

Mäuse

Befallene Pflanzen: Sträucher und junge Bäume.
Schadbild: Stamm- und Wurzelrinde ist benagt.
Ursache: Mäuse
Bekämpfung: Fallen sind die wirksamste Lösung. Siehe auch »Mäuse«, »Wühlmäuse«, S. 566.

Siehe auch: »Spargelhähnchen«, S. 548; »Gefurchter Dickmaulrüßler«, S. 549; »Älchen«, S. 556; »Rostkrankheiten«, S. 557; »Wasserversorgungsmängel«, S. 557; »Verbänderung«, S. 561; »Eichhörnchen«, S. 563; »Obstbaumkrebs«, S. 568; »Zypressensterben«, S. 568; »Hallimasch«, S. 569; »Fruchtfolgekrankheiten«, S. 569; »Weidenanthraknose«, S. 570; »Kaninchen«, S. 570.

Schäden an den Blüten

Blütenverfärbungen

Grauschimmelpilz

Pilzliches Flecken

Befallene Pflanzen: Bäume, Sträucher, Stauden, Einjährige, Zwiebel- und Knollenblumen, Gemüse, Obst.
Schadbild: Ein flaumiger, grauer Pilzbelag – als Flecken auf den Blüten sichtbar –, der zum Absterben führt. Später breitet er sich auf die Stengel und die ganze Pflanze aus (siehe auch S. 557 und 562).
Ursache: Die Pilze *Botrytis cinerea* oder *B. galanthina*.
Bekämpfung: Verletzungen an Pflanzen vermeiden, abgestorbenes Material beseitigen und für gute Belüftung sorgen. Mit einem Fungizid wie Derosal flüssig oder Cercobin FL spritzen.

Völliges Absterben

Virosen

Befallene Pflanzen: Fast alle blühenden Pflanzen, v.a. Zwiebel- und Knollenblumen sowie Wohlriechende Wicken.
Schadbild: Die Blüten sind klein und verkrüppelt und zeigen Streifen und Aufhellungen (siehe auch S. 553 und 563).
Ursache: Die submikroskopischen Viruspartikel, die im infizierten Pflanzensaft vorhanden sind, werden durch Blattläuse, Nematoden u.a. Schädlinge bei Berührung oder mit Gartengeräten auf gesundes Gewebe übertragen.
Bekämpfung: Zertifiziertes Pflanzgut kaufen. Überträger, z.B. Blattläuse, bekämpfen und Unkräuter ausmerzen, kranke Pflanzen vernichten; mit verdächtigen Pflanzen erst nach den gesunden hantieren und sie nicht vermehren. Für Ersatzpflanzen neue Fläche benutzen.

Thripse

Befallene Pflanzen: Stauden, oft *Achimenes*, *Primula obconica*, *Sinningia*, *Streptocarpus*, Usambaraveilchen *(Saintpaulia)*, Chrysanthemen, *Cyclamen*, Rosen, Gladiolen, Pelargonien.
Schadbild: Weiße Flecke auf den Blütenblättern. Bei schwerem Befall vertrocknen die Blütenknospen. Die Blätter verfärben sich silbrigweiß.
Ursache: Verschiedene Thripsarten, z.B. der Gladiolenblasenfuß *(Thrips simplex)*, der Rosenthrips *(T. fuscipennis)* im Garten und im Gewächshaus der Kalifornische Blütenthrips *(Frankliniella occidentalis)*. Sie sind Pflanzensaftsauger, die in geschlossene Blütenknospen eindringen. Die bis zu 2 mm langen ausgewachsenen Tiere sind schlank, braun oder schwarz, die unreifen Larven sind cremegelb. Sie vermehren sich v.a. unter heißen, trockenen Bedingungen.
Bekämpfung: Pflanzen regelmäßig gießen und im Gewächshaus für kühle, feuchte Luft sorgen. Actellic oder Dimethoat spritzen.

Blütenfäule

Befallene Pflanzen: Apfel, Birne, Kirsche und Quitten.
Schadbild: Blüten färben sich braun, faulen, bleiben aber am Trieb hängen. Benachbarte Blätter färben sich braun und sterben ab; in schweren Fällen kann der Zapfen stark beschädigt sein. Massenweise erscheinen winzige, lederfarbene Sporenlager; im Winter bilden sich Pusteln an der Rinde.
Ursache: *Sclerotinia*-Arten, die v.a. durch feuchte Bedingungen gefördert werden. Verbreitet werden die Sporen mit der Luftströmung, die Infektion findet über die Blüten statt.
Bekämpfung: Im Sommer alle befallenen Teile vernichten, mit kupferhaltigem Fungizid spritzen.

Tulpenfeuer

Befallene Pflanzen: Tulpenarten und -sorten.
Schadbild: Bleiche, oft längliche Flecken auf den Blütenblättern; stark befallene Blüten können faulen. Einige der Blütenknospen bleiben fest geschlossen und sind von einem dichten, grauen Pilzmyzel bedeckt. Schadbilder erkrankter Blätter siehe S. 553.
Ursache: Der Pilz *Botrytis tulipae*, der v.a. in der nassen Jahreszeit auftritt, da die Sporen durch Wind und Regen verbreitet werden. Die Sklerotien überdauern im Boden.
Bekämpfung: Erkrankte Blätter und Sprosse verbrennen. Zu Saisonende die Zwiebeln aufnehmen, abtrocknen lassen (die mit Sklerotien ausscheiden) und sie dann in eine geeignete Fungizidlösung tauchen. Erst nach 2 Jahren diese Fläche erneut mit Tulpen bepflanzen. Vom frühen Winter an pflanzen.

Mycoplasmen

Befallene Pflanzen: Bäume, Sträucher, Stauden, Einjährige, Zwiebel- und Knollenpflanzen, Gemüse, Obst (v.a. Erdbeeren) und Zimmerpflanzen.
Schadbild: Vergrünte, sehr kleine und deformierte Blüten. Sie bilden nicht ihre normale Farbe aus, folglich ist ihr Blütenflor auch vergrünt. Die Schadsymptome an *Clematis* sind Frostschäden ähnlich. Bei Erdbeeren wird diese Erscheinung als Blütenvergrünung bezeichnet (siehe auch S. 555).
Ursache: Mycoplasmen – bakterienähnliche Lebewesen. Die meisten werden durch Blattläuse (siehe S. 550) verbreitet; Blütenvergrünung bei Erdbeeren wird oft durch Zwergzikaden (siehe S. 551) übertragen, die sich meist an kleeartigen Pflanzen, die unter Phylloidie leiden, infizieren.
Bekämpfung: Kranke Pflanzen wegwerfen, nur zertifizierte Obstunterlagen kaufen und sowohl Schädlinge (potentielle Überträger) als auch Unkräuter (die die Krankheit in sich tragen) bekämpfen.

Rhododendron-Knospenfäule

Befallene Pflanzen: Rhododendron und Azalee.
Schadbild: Die Blütenknospen bilden sich aus, öffnen sich aber nicht. Sie färben sich braun, vertrocknen, manchmal glänzen sie silbergrau; im Frühjahr bedeckt mit schwarzen Pilzhyphen. Die befallenen Knospen werden nicht abgeworfen.
Ursache: Der Pilz *Pycnostysanus azaleae*, der durch die Rhododendronzikade *(Graphocephala fennahi)* übertragen wird.
Bekämpfung: Alle kranken Knospen vor Sommermitte, wenn die Zwergzikaden gehäuft vorkommen, vernichten; gegen Zwergzikaden spritzen (s. S. 551).

Kaliummangel

Betroffene Pflanzen: Fruchttragende Pflanzen, v.a. Johannisbeere, Apfel und Birne.
Schadbild: Das Blühen, folglich auch das Fruchten und das allgemeine Wachstum sind verringert. Über weitere Schadsymptome siehe S. 554.
Ursache: Böden mit lockerer Struktur oder hohem Kalk- bzw. Torfgehalt.
Verhütung: Bodenstruktur verbessern. Mit einem Dünger mit hohem Kaligehalt düngen.

Apfelblattsauger

Befallene Pflanzen: Apfel
Schadbild: Braun verfärbte Blüten; auf den Blütentrieben sind kleine, grüne Insekten zu sehen.
Ursache: Larven des Apfelblattsaugers *(Psylla mali)*, flache, hellgrüne, bis 2 mm lange Insekten. Bei starkem Befall sterben die Blüten ab, und der Fruchtansatz bleibt aus.
Bekämpfung: Mineralölhaltige Spritzbrühen im Winter ausbringen. Alternativ mit Aadimethoat oder Ambush spritzen, und zwar im Stadium, wenn die grünen Knospenbüschel anschwellen, ehe die Blütenblätter Farbe zeigen.

Siehe auch: »Echter Mehltau«, S. 550; »Hitzeschäden und Verbrennungen«, S. 554; »Kälte- und Frostschäden«, S. 554; »Ohrläppchenkrankheit an Azaleen«, S. 556; »Herbstastermilben«, S. 561; »Feuerbrand«, S. 569.

Blütendeformation und -fraßschäden

Dürreschäden

Betroffene Pflanzen: Alle Pflanzen, v.a. die in lockeren Sandböden oder Behältern.
Schadbild: Knospen können sich nicht voll entwickeln, Blüten bleiben klein und wenige an der Zahl (siehe auch S. 554 und 568).
Ursache: Trockenheit. Pflanzen in kleinen Gefäßen oder zu stark ausgetrocknetem Torfkultursubstrat sind bei Hitze besonders gefährdet. Eingetrocknete, braune Knospen, z.B. Kamelien und Rhododendron sind auf Wassermangel im vorhergegangenen Jahr während der Knospenanlage zurückzuführen.
Verhütung: Pflanzen regelmäßig gießen und die in heißen oder sonnigen Lagen häufig kontrollieren. Wo es angebracht ist, mulchen, um das Wasserrückhaltevermögen zu verbessern. Pflanzen, die dauerhaft zu wenig Wasser erhalten, erholen sich viel langsamer als die, die nur kurz unter Wassermangel leiden.

Blindwanzen

Befallene Pflanzen: Sträucher, Stauden und Einjährige, v.a. Dahlien, Fuchsien, Hortensien, Chrysanthemen, *Caryopteris*.
Schadbild: Blüten einseitig ausgebildet mit winzigen Strahlenblüten. Fuchsienblüten verkümmern.
Ursache und Bekämpfung: Angaben siehe S. 549.

Ohrwürmer

Befallene Pflanzen: Sträucher, Stauden und Einjährige, v.a. Chrysanthemen, Dahlien, *Clematis*. Aprikosen- und Pfirsichbäume.
Schadbild: Angefressene Blütenblätter im Sommer (siehe auch auf S. 548).
Ursache: Der Ohrwurm *(Forficula auricularia)*, ein 15 mm langes, gelbbraunes Insekt.
Bekämpfung: An Holzstäben verkehrt befestigte, mit Holzwolle gefüllte Blumentöpfe zwischen den Pflanzen aufstellen; Ohrwürmer verstecken sich darin und können weggebracht werden.

Verbänderung

Befallene Pflanzen: Alle Pflanzen, v.a. Rittersporn, Forsythie, *Daphne* und *Prunus subhirtella* 'Autumnalis'.
Schadbild: Eigenartige, breite, abgeflachte Blütenstände. Auch die Haupttriebe sind breit und abgeflacht.
Ursache: Eine frühere Verletzung des Vegetationspunktes durch Insekten, Schnecken oder Frost; auch durch eine bakterielle Infektion oder genetische Störung.
Bekämpfung: Verbänderung schadet nicht; betroffene Partien kann man abschneiden.

Durchwachsung

Befallene Pflanzen: V.a. Rosen, hpts. ältere Arten, gelegentlich auch andere Zier- und fruchtende Pflanzen.
Schadbild: Der Blütentrieb wächst durch die Mitte einer vorhandenen Blüte. Manchmal stehen einige Blütenknospen zusammen und sind von einem Blütenkranz umgeben.
Ursache: Frühzeitige Beschädigung des Vegetationspunktes, z.B. durch Frost oder Insektenbefall. Wo der Schaden sich wiederholt, kann ein Virus (siehe S. 560) die Ursache sein.
Bekämpfung: Öfter befallene Pflanzen, die virusinfiziert sind, sollten vernichtet werden.

Blütenfleckenkrankheit

Befallene Pflanzen: Chrysanthemen u.a. Vertreter der Korbblütlerfamilie und Anemone. Diese Krankheit ist selten.
Schadbild: Braune oder wassergetränkte, ovale Flecke auf den Blütenblättern; ist der gesamte Blütenkopf davon befallen, welkt er und stirbt ab. *Botrytis cinerea* kann die kranke Blüte besiedeln und das ursprüngliche Schadsymptom überdecken.
Ursache: Der Pilz *Itersonilia perplexans*, der empfindliche Pflanzen befällt, v.a. im Gewächshaus.
Bekämpfung: Erkrankte Blüten vernichten.

Herbstastermilben

Deformierte und gesunde Blüten

Befallene Pflanzen: V.a. Herbstastern, besonders *Aster novi-belgii*.
Schadbild: Pflanzen blühen wenig; manche Blüten sind zu Rosetten, bestehend aus kleinen Blättern, umgebildet. Graubraune Narben bilden sich auf den verkümmerten Trieben.
Ursache: Die mikroskopische Herbstastermilbe *(Tarsonemus pallidus)*, die in den Blütenknospen und Triebspitzen saugt.
Bekämpfung: Befallene Pflanzen wegwerfen und sie durch weniger anfällige ersetzen. Es gibt keine wirksame chemische Bekämpfung.

Hemerocallis-Gallmücke

Befallene Pflanzen: *Hemerocallis*
Schadbild: Abnorm angeschwollene Blütenknospen, die sich nicht öffnen. Der Schaden tritt von Spätfrühling bis Sommermitte auf.
Ursache: Die Hemerocallis-Gallmücke *(Contarinia quinquenotata)*, die ihre Eier in die sich entwickelnden Blütenknospen legt. In befallenen Knospen kann man weiße, bis zu 2 mm lange Larven entdecken.
Bekämpfung: Vergallte Knospen verbrennen. Spätblühende Sorten werden nicht geschädigt.

Glanzkäfer

Befallene Pflanzen: Rosen, Wicken, Narzissen, Kürbis, Feuerbohnen u.a. Gartenpflanzen.
Schadbild: Schwarze Käfer, die man im Frühjahr und von Mitte bis Ende des Sommers in den Blüten finden kann.
Ursache: Glanzkäfer *(Meligethes* sp.); 2 mm lange, schwarze Käfer, die sich vom Pollen ernähren, ansonsten wenig Schaden an den Blüten verursachen.
Bekämpfung: Glanzkäfer können in Gärten nicht bekämpft werden, da sehr viele von den Rapsfeldern, wo sie sich vermehren, zufliegen. Insektizide sollte man nicht einsetzen – sie könnten nützliche Bestäuber, z.B. Bienen, schädigen. Schnittblumen können von den Käfern befreit werden, indem man sie z.B. in einen Nebenraum mit einer Lichtquelle stellt, die die Käfer anfliegen.

Vögel

Schaden durch Dompfaffen

Schaden durch Spatzen

Befallene Pflanzen: Obstbäume und Ziergehölze, v.a. Forsythien, Kirschen *(Prunus)*, Mandeln und *Amelanchier*, Krokusse, Primeln *(Primula vulgaris)* und P.-Hybriden.
Schadbild: Blütenknospen werden von Bäumen und Sträuchern gepickt; die äußeren Knospenschuppen liegen verstreut am Boden. Krokus- und Primelblüten sind zerfetzt. Bei Gemüse, v.a. bei Erbsen und Bohnen, werden Früchte, Samen oder Sämlinge herausgepickt.
Ursache: Viele Vögel, Dompfaff (Bäume, Sträucher und Früchte) und Haussperling (Krokusse und Primeln) mit eingeschlossen.
Gemüse, Obst und Sämlinge werden angepickt oder aufgefressen z.B. von Ringeltauben (S. 549), Amseln, Staren (S. 563) und Eichelhähern (S. 563).
Bekämpfung: Das Zudecken mit Netzen ist die einzige wirksame Maßnahme. Abschreckungsmaßnahmen, z.B. vom Tonband ausgesandte Angstschreie, Vogelscheuchen, sind nur vorübergehend wirksam. Spritzmittel mit abschreckender Wirkung müßten häufig ausgebracht werden, um ihre Wirksamkeit zu erhalten.

Siehe auch: »Raupen«, S. 549; »Kälte- und Frostschäden«, S. 554; »Wasserversorgungsmängel«, S. 555; »Ohrläppchenkrankheit an Azalee«, S. 556; »Etiolierung«, S. 559; »Virosen«, S. 560; »Thripse«, S. 560; »Mycoplasmen«, S. 560.

Schäden an Früchten, Beeren und Samen

Hitzeschäden, Verbrennungen

Betroffene Pflanzen: Weiche Früchte, wie Weintrauben, Tomaten, Äpfel, besonders Früchte mit grüner Schale.
Schadbild: Verfärbte Flecken bilden sich auf der Schale, v.a. auf Früchten, die sehr hoch hängen und der Sonne ausgesetzt sind.
Ursache und Verhütung: Angaben siehe S. 554.

Grauschimmelfäule/ *Botrytis*

Befallene Pflanzen: Obstbäume, Sträucher, Stauden, Einjährige und Zimmerpflanzen; auch dünnschalige Früchte, z.B. Erdbeeren, Himbeeren, Weintrauben, Tomaten.
Schadbild: Normalerweise ein grauer, flaumiger Pilzrasen auf einer Faulstelle. Der Schaden breitet sich rasch aus, und die ganze Frucht fault. Auf unreifen Tomaten entstehen »Geisterflecke«, wobei sich ein hellgrüner Ring auf der Schale bildet, ansonsten ist die Tomate normal ausgefärbt und fault nicht; nicht befallene Partien sind genießbar.
Ursache und Bekämpfung: Angaben siehe S. 557.

Echter Mehltau

Befallene Pflanzen: Die meisten Früchte, v.a. Weintrauben, Pfirsiche und Stachelbeeren.
Schadbild: Weißgrauer Pilzbelag auf der Schale von Früchten, der sich oft bei der Reife braun färbt. Trauben werden hart, sind aufgesprungen und können nicht mehr ihre endgültige Größe erreichen; Sekundärbefall durch Pilze tritt dann auf. Bei Stachelbeeren kann der Belag abgerieben werden.
Ursache und Bekämpfung: Siehe S. 550. Stachelbeeren anbauen, die eine gewisse Resistenz besitzen, z.B. 'Invicta', 'Lancashire Lad'.

Monilia Fruchtfäule

Befallene Pflanzen: Angebaute Früchte, v.a. Äpfel, Pflaumen, Pfirsiche, Nektarinen und Birnen.
Schadbild: Braune Faulstellen auf der Schale, die ins Fruchtfleisch übergehen. Dann bilden sich, beginnend auf der Oberfläche, in konzentrischen Ringen cremeweiße Sporenlager aus. Befallene Früchte fallen ab, trocknen aus oder werden schrumpelig und bleiben am Baum hängen.
Ursache: Der Pilz *Sclerotinia*. In den Schimmelpolstern werden Sporen ausgebildet, die durch Wind oder Insekten auf andere Früchte übertragen werden; die Infektion erfolgt über Wunden an den Früchten.
Bekämpfung: Verletzungen an Früchten (z.B. durch Schädlinge) vermeiden, Früchte verbrennen.

Braunfäule

Befallene Pflanzen: Tomaten, v.a. im Freiland, aber auch im Gewächshaus.
Schadbild: Früchte verfärben sich braun und beginnen dann zu schrumpeln und zu faulen. Sogar Früchte, die beim Pflücken gesund aussehen, können innerhalb weniger Tage rasch zu faulen beginnen.
Ursache und Bekämpfung: Angaben siehe S. 553.

Himbeerkäfer

Befallene Pflanzen: V.a. Himbeeren, aber auch Brombeeren und Beerenobsthybriden.
Schadbild: Früchte trocknen ein und sind am Stengelende braun; die Larven sind in den Früchten.
Ursache: Der Himbeerkäfer *(Byturus tomentosus)*; seine Weibchen legen ihre Eier in die Blüten. Braunweiße, ca. 6 mm lange Larven schlüpfen 2 Wochen später. Erst fressen sie am Stengelende, dann dringen sie ins Fruchtinnere ein.
Bekämpfung: Nur chemische Spritzbehandlungen stellen eine wirksame Bekämpfung dar. Sobald sich die Frucht leicht rosa färbt, ist bei Himbeeren z.B. mit Ambush zu spritzen; Loganbeeren spritzt man, wenn 80 % der Blütenblätter abgefallen sind, und Brombeeren, sobald sich die ersten Blüten geöffnet haben. Eine zweite Spritzung kann bei Himbeeren und Loganbeeren zwei Wochen nach der ersten notwendig werden. In der Dämmerung spritzen.

Schorf

Betroffene Pflanzen: Birne, Feuerdorn, *Citrus*, *Malus*.
Schadbild: Schwarzbraune, schorfige Flekken auf der Fruchtschale, bei starkem Befall sind die Früchte klein und verkrüppelt. In einigen Fällen entstehen Risse, die die Frucht für Sekundärinfektionen anfällig machen.
Ursache und Bekämpfung: Angaben siehe S. 553.

Kalziummangel

Stippigkeit

Betroffene Pflanzen: Äpfel (hier als Stippigkeit bekannt), in Behältern kultivierte Tomaten und Paprika (Blütenendfäule).
Schadbild: Das Fruchtfleisch der Äpfel ist braun gefleckt und schmeckt bitter; die Schale zeigt manchmal eingesunkene Stellen. Stippigkeit an Früchten kann am Baum oder im Lager auftreten. Tomaten und Paprika bilden am Blütenende eingesunkene, schwarzbraune Stellen aus.

Fruchtschade an Tomaten

Ursache: Kalziummangel, der auf eine unregelmäßige oder unzureichende Wasserversorgung der Wurzeln zurückzuführen ist, wodurch eine ausreichende Kalziumaufnahme verhindert wird.
Verhütung: Keine zu sauren Kultursubstrate verwenden. Regelmäßig gießen und mulchen. Apfelbäume alle zehn Tage von Frühsommer bis zur Ernte mit Kalziumnitrat spritzen.

Gallmücke

Befallene Pflanzen: Birnen
Schadbild: Die kleinen Früchte färben sich schwarz und fallen ab. Kleine Mücken sitzen in den kleinen Früchten.
Ursache: Die Birnengallmücke *(Contarinia pyrivora)*. Die Adulten legen ihre Eier auf die ungeöffneten Blütenknospen; daraus schlüpfen später orangeweiße, 2 mm lange Mücken, die sich von den Früchten ernähren, sie schwarz werden und faulen lassen.
Bekämpfung: Beschädigte Früchte aufsammeln und verbrennen, ehe die Mücken auf den Boden fallen, um sich zu verpuppen. Mit Actellic spritzen, wenn die Blüte sich im weißen Knospenstadium befindet.

Stielfäule der Rebe

Befallene Pflanzen: Ausschließlich Weintrauben *(Vitis vinifera)*.
Schadbild: Die Beerenstiele welken. Die Weinbeeren schmecken wäßrig oder sauer; blaue Sorten färben sich rot, weiße sind durchsichtig. Sie bleiben an der Traube, werden aber runzelig und sind anfällig für Krankheiten.
Ursache: Ein zu starker Fruchtansatz, über- oder unterversorgt mit Wasser oder Staunässe im Boden.
Verhütung: Verdorrte Weintrauben herausschneiden und regelmäßig eine Blattspritzung durchführen. Die Ernte einige Jahre niedrig halten und versuchen, die Bodenbedingungen zu verbessern.

Blaufäule an Zitrusfrüchten

Befallene Pflanzen: *Citrus*-Arten, v.a. Orangen.
Schadbild: Runde Faulstellen, meist mit einer Vertiefung in der Mitte, sind auf der Schale sichtbar und breiten sich aus; Blaufärbung stellt sich ein.
Ursache: Der Pilz *Penicillium italicum*, der durch Verletzung, an Wund- oder Fraßstellen eindringt.
Bekämpfung: Früchte in ein geeignetes Fungizid, z.B. Du Pont Benomyl (1:1000) tauchen.

Wassermangel

Betroffene Pflanzen: Alle fruchttragenden Pflanzen.
Schadbild: Deformierte, nicht voll entwickelte Früchte; und steht plötzlich Wasser zur Verfügung, reißen Fruchtschale und -fleisch auf, und die Früchte werden für Krankheiten, die Fäulen verursachen, anfällig.
Ursache und Verhütung: Angaben siehe S. 555.

Virosen

Befallene Pflanzen: Birnen, Gurken, Melonen, Kürbisse, Tomaten, Erdbeeren; Himbeeren.
Schadbild: Nicht voll entwickelte, deformierte Früchte; sie sind in Rosetten angeordnet. Das Gurkenmosaikvirus führt zu warzenartigen, verformten Gurken, Melonen und Kürbissen, und sie sind dunkelgrün und gelb gefleckt; das Birnensteinfrüchtigkeitsvirus läßt deformierte Birnenfrüchte mit abgestorbenen Steinzellen entstehen.
Ursache und Bekämpfung: Angaben siehe S. 553.

Hormonschäden durch Herbizide

Betroffene Pflanzen: Alle Früchte, v.a. Tomaten.
Schadbild: Tomaten sind pflaumenförmig. Obwohl sie normal ausreifen und zu essen sind, schmecken sie unangenehm und sind hohl. Früchte, die sich vor der Kontamination ausgebildet haben, sind davon gewöhnlich nicht betroffen. Weitere Schadbilder siehe S. 555.
Ursache und Verhütung: Angaben siehe S. 555.

Fruchtfliegen

Befallene Pflanzen: Tropische u. subtr. Früchte.
Schadbild: In die Früchte gebohrte Löcher; Sekundärinfektion durch Pilze und Bakterien.
Ursache: Fruchtfliegenmaden *(Dacus-* und *Ceratitis-*Arten*)*, die Mittelmeerfruchtfliege *(C. capitata)*.
Bekämpfung: Sie sind mit Zuckerlösung zu ködern.

Wespen

Befallene Pflanzen: Weintrauben, Pflaumen, Birnen und Äpfel.
Schadbild: Große Aushöhlungen werden im Spätsommer in die reifen Früchte gefressen.
Ursache: Wespen, die von beschädigten Früchten angezogen werden.
Bekämpfung: Schutz der Früchte, indem Beutel aus Nylongewebe an den Fruchtständen befestigt werden. Wespennester zerstören.

Amseln und Stare

Befallene Pflanzen: Bäume und weiche Früchte.
Schadbild: Herausgepickte Stellen auf reifen Früchten, wodurch sie für Moniliafruchtfäule anfällig werden (siehe S. 562).
Ursache: Amseln, Stare u.a. Vögel (siehe S. 561).
Bekämpfung: Zur Zeit der Fruchtreife Netze über Bäume und Früchte spannen.

Apfelwickler

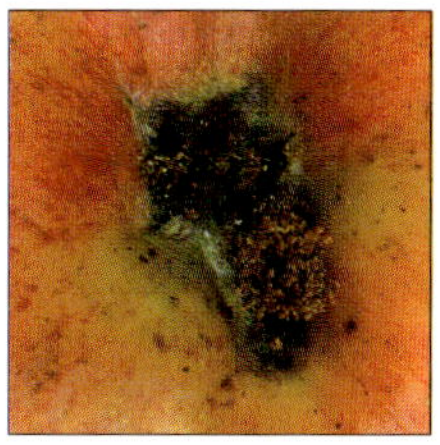

Befallene Pflanzen: Äpfel und Birnen.
Schadbild: Fraßgänge in reifen Früchten.
Ursache: Raupen des Apfelwicklers *(Cydia pomonella)* im Kerngehäuse; ausgewachsen macht jede Raupe einen mit Kot gefüllten Gang nach außen.
Bekämpfung: Vom späten Frühjahr bis Sommermitte Pheromonfallen in die Bäume hängen, um den männlichen Wickler einzufangen, so wird die Befruchtung der Eier reduziert. Durch den Einsatz von Fallen wird auch sichtbar, wann die Männchen fliegen, so daß Spritzbehandlungen gegen die Raupen zeitlich genauer abgestimmt werden können, wenn sie schlüpfen. Mit Ambush oder Actellic im frühen Sommer und nochmal 3 Wochen später spritzen.

Pflaumenwickler

Befallene Pflanzen: Alle Pflaumenarten.
Schadbild: Die Früchte reifen vorzeitig und fallen ab. Eine rosa Raupe und ihr Kot im Inneren der Frucht.
Ursache: Der Pflaumenwickler *(Cydia funebrana)*, der seine Eier im Frühsommer auf die kleinen Früchte ablegt. Diese entwickeln sich zu ca. 12 mm langen Raupen, zu Pflaumenmaden.
Bekämpfung: Mit Ambush oder Actellic im Frühsommer und noch einmal 3 Wochen später spritzen. Die im späten Frühjahr in die Bäume gehängten Pheromonfallen fangen die angelockten Männchen, so daß der Spritzmitteleinsatz genauer bestimmt werden kann. Fallen, die unabhängig davon eingesetzt werden, können eine Begattung der Weibchen reduzieren.

Apfelsägewespe

Befallene Pflanzen: Äpfel
Schadbild: Junge Früchte sind mit Fraßgängen durchsetzt und fallen ab. Beschädigte Früchte bleiben am Baum hängen und reifen aus, sind aber deformiert und haben eine bandförmige Narbe auf der Schale.
Ursache: Die Larven der Apfelsägewespe *(Hoplocampa testudinea)*, weiße, ca. 1 cm lange, schmetterlingsähnliche Insekten mit braunem Kopf.
Bekämpfung: Mit Ambush oder Actellic innerhalb von 7 Tagen nach Abfall der Blütenblätter spritzen. Wegen der Bienen erst bei Einbruch der Dämmerung spritzen.

Erbsenblasenfuß

Befallene Pflanzen: Erbsensorten
Schadbild: Die Hülsen färben sich silbrigbraun und bleiben am Stengelende flach.
Ursache: Der Erbsenblasenfuß *(Kakothrips pisivorus)*, ein schlankes, schwarzbraunes, saftsaugendes, ca. 2 mm langes Insekt; nicht ausgewachsene Larven sind orangegelb. Beide, die adulten Tiere und die Larven, saugen an den Pflanzen; sie vermehren sich v.a. unter heißen, trokkenen Bedingungen.
Bekämpfung: Wo der Schaden auftritt, die Pflanzen regelmäßig gießen und mit Pyrethrum, Dimethoat oder Actellic spritzen.

Erbsenwickler

Befallene Pflanzen: Erbsensorten
Schadbild: Die Erbsen in den Hülsen sind von den Raupen befressen.
Ursache: Der Erbsenwickler *(Cydia nigricana)*, der seine Eier auf blühende Erbsen ablegt. Die Raupen sind cremeweiß mit braunem Kopf und bis zu 1 cm lang.
Bekämpfung: Pheromonfallen aufstellen, um die Männchen einzufangen; oder die Pflanzen 7-10 Tage nach Blütenbeginn mit Ambush oder Actellic spritzen. Bei früh- oder spätgesäten Erbsen nicht spritzen.

Eichelhäher

Betroffene Pflanzen: Erbsen und Puffbohnen.
Schadbild: Keimende Erbsen werden herausgepickt, die Samen werden aufgefressen.
Ursache: Eichelhäher
Bekämpfung: Die einzige wirksame Schutzmaßnahme ist das Ausbringen von Netzen. Abschreckungsmaßnahmen sind nur vorübergehend wirksam.

Eichhörnchen

Betroffene Pflanzen: Junge Bäume, Früchte und Nüsse.
Schadbild: Die Rinde ist angenagt; Knospen, Früchte und Nüsse werden gefressen.
Ursache: Eichhörnchen
Bekämpfung: Kaum möglich.

S. auch »Asseln«, S. 548; »Tausendfüßler«, S. 548; »Frostspannerraupen«, S. 549; »Ringeltauben«, S. 549; »Kaliummangel«, S. 560; »Vögel«, S. 561; »Bormangel«, S. 566; »Dürreschäden«, S. 568.

Schäden an Wurzeln und Knollen

Staunässe

Betroffene Pflanzen: Alle Gewächse.
Schadbild: Einige Wurzeln faulen vollständig ab; die übrigen sind häufig schwarz, und das äußere Wurzelgewebe löst sich ab. Erste Anzeichen sind welkende Blätter.
Ursache: Schlechte Bodenstruktur (wegen Bodenverdichtung, fehlender Drainage), überhöhter Wasserspiegel.
Verhütung: Bodenstruktur und -drainage verbessern, und, wenn nicht möglich, Pflanzen auswählen, die in nassen Bedingungen überleben können. Überprüfen, ob die Abzugslöcher zur Entwässerung bei den Containerpflanzen groß genug sind, und daß der Abfluß nicht behindert ist. Blattdüngungen während der Wachstumsperiode können dazu beitragen, daß das Wachstum angeregt wird, so daß durch Nässe geschädigte Wurzeln ersetzt werden.

Auflaufkrankheiten

Befallene Pflanzen: Sämlinge aller Pflanzen.
Schadbild: Erkrankte Wurzeln färben sich dunkel und faulen, der Sämling fällt um und stirbt ab. Die Krankheit beginnt oft an einem Ende der Saatschale und breitet sich rasch aus. Ein flaumiges Pilzmyzel ist auf dem Substrat und auch an den abgestorbenen Sämlingen.
Ursache: Verschiedene Pilze – v.a. *Pythium ultimum* und *Phytophthora*-Pilze – , die boden- und wasserbürtig sind und die über die Wurzeln oder den Stengelgrund eindringen. Sie vermehren sich unter feuchten, unhygienischen Bedingungen.
Bekämpfung: Es gibt keine wirksame Bekämpfungsmethode. Dünn aussäen und die Lüftung verbessern; strikte Hygiene einhalten und übermäßiges Gießen vermeiden. Nur sterile Substrate und saubere Töpfe verwenden.

Wurzelgallenälchen

Befallene Pflanzen: Viele Gartenpflanzen, u.a. Bäume, Gemüse und Zierpflanzen. Auch im Gewächshaus angebaute Gewächse.
Schadbild: An Wurzeln oder Knollen bilden sich Gallen oder Schwellungen. Das Wachstum ist gehemmt, und die Pflanzen können welken, sich gelb verfärben, auch absterben.
Ursache: Wurzelgallen-Nematoden (*Meloidogyne* sp.), die schlank, transparent und nur 0,5 mm lang sind. Die Larven dringen in die Wurzeln ein.
Bekämpfung: Befallene Pflanzen verbrennen. Fruchtfolge einhalten; resistente Pflanzen auswählen.

Dickmaulrüßlerlarven

Befallene Pflanzen: Sträucher, Stauden, Einjährige, Zwiebelblumen, Zimmerpflanzen; v.a. Begonien, Alpenveilchen, Fuchsien, *Impatiens*, Primeln (einschließl. der Polyantha-Gruppe), *Sedum* und Erdbeeren. Anfällig sind auch Containerpflanzen.
Schadbild: Die äußere Gewebeschicht von holzigen Sämlingen und Stecklingen ist am Stengelgrund und an den Wurzeln unter der Bodenoberfläche abgenagt. Die Pfanzen bleiben im Wachstum zurück, neigen zum Welken, zum Schluß fallen sie um und sterben ab.
Ursache und Bekämpfung: Einzelheiten siehe S. 570.

Engerlinge

Befallene Pflanzen: Junge, einjährige Pflanzen, Zwiebel- und Knollenblumen, Gemüse.
Schadbild: Löcher im Wurzelgemüse; der Stengelgrund ist angefressen, kleine Pflanzen welken und können absterben.
Ursache: Die an Wurzeln fressenden, cremeweißen Käferlarven, z.B. des Feldmaikäfers *(Melolontha melolontha)* und des Gartenlaubkäfers *(Phyllopertha horticola)*. Sie sind plump, ca. 2 cm lang, haben braune Köpfe und drei Beinpaare.
Bekämpfung: Larven suchen und vernichten. Anfällige Pflanzen mit Actellic angießen oder den Boden mit Loxiran behandeln.

Erdraupen

Befallene Pflanzen: Niedrigwachsende Stauden, Einjährige, Wurzelgemüse, Salate.
Schadbild: Löcher im Wurzelgemüse; abgefressene Pfahlwurzeln; die Pflanzen welken und sterben ab. Weitere Schadbilder siehe S. 559.
Ursache: Raupen verschiedener Eulenschmetterlinge (z.B. *Noctua* und *Agrotis*), cremeweiß, bis 4,5 cm lang. Sie fressen an Wurzeln und am äußeren Gewebe des Stengelgrunds.
Bekämpfung: Erdraupen suchen und vernichten. Anfällige Pflanzen mit Actellic angießen oder den Boden mit Loxiran behandeln.

Schnakenlarven

Befallene Pflanzen: Junge, einjährige Pflanzen, Zwiebel- und Knollengewächse, verschiedene Gemüsearten.
Schadbild: Befressene Wurzeln, an der Bodenoberfläche abgefressene Stengel; die Pflanzen welken und können auch ganz absterben.
Ursache: Larven der Schnaken (z.B. *Tipula*), die an Wurzeln und Stengeln fressen; sie sind bis zu 3,5 cm lang, haben einen langgestreckten, graubraunen Körper und sind beinlos.
Bekämpfung: Wird ein Schaden an den Pflanzen sichtbar, muß man die Schnakenlarven absuchen und vernichten. Empfindliche Pflanzen mit Actellic angießen. Schäden durch Schnakenlarven treten v.a. auf Flächen auf, die neu in Kultur genommen wurden, verringern sich aber innerhalb weniger Jahre.
Siehe auch Rasenschäden (S. 571).

Möhrenfliegen

Befallene Pflanzen: V.a. Karotten, Pastinaken, Petersilie und Sellerie.
Schadbild: Rostbraune Fraßgänge unter der Oberhaut reifer Wurzeln. An kleinen Pflänzchen verfärbt sich das Laub und kann auch absterben.
Ursache: Die Larven der Möhrenfliege *(Psila rosae)*, die in der Wurzelrinde größerer Möhren fressen; im Herbst bohren sie tiefer. Die cremegelben Maden sind schlank, beinlos und ca. 1 cm lang.
Bekämpfung: Gefährdete Pflanzen mit einer mindestens 60 cm hohen Barriere aus durchsichtiger Kunststoffolie vor der Möhrenfliege schützen. Saatreihen mit Loxiran behandeln; die heranwachsenden Pflanzen schützt man vor der 2. Larvengeneration, indem man sie in der Sommermitte mit Actellic gießt. Möhren für die Lagerung im Herbst aus dem Boden nehmen.

Kohlfliegen

Befallene Pflanzen: Kopfkohl, Blumenkohl, Rosenkohl, Speiserüben, Kohlrüben, Rettich.
Schadbild: Die Pflanzen wachsen langsam und welken; Sämlinge und umgesetzte Pflanzen sterben ab; sichtbare Fraßgänge im Wurzelgemüse.
Ursache: Die an den Wurzeln fressenden Larven der Kleinen Kohlfliege *Delia radicum*, weiße, beinlose, ca. 9 mm lange Maden. Mehrere Generationen treten von Frühjahr bis Herbst auf.
Bekämpfung: Streifen von Kartonpapier (ca. 12 cm im Durchmesser) um den Wurzelhals von verpflanzten Kohlarten legen, um die weiblichen Fliegen an der Eiablage in den Boden zu hindern. Verpflanzte Kohlarten und die Saatreihen können auch mit Actellic behandelt werden.

Kohlhernie

Befallene Pflanzen: Die Kreuzblütler-Familie, v.a. bestimmte Kohlarten (z.B. Kopfkohl, Rosenkohl, Kohlrüben) und Rettiche, auch Zierpflanzen (etwa Schleifenblumen, Goldlack, Levkojen).
Schadbild: Geschwollene und deformierte Wurzeln; die Pflanzen sind im Wachstum gehemmt, oft verfärbt; Welke bei heissem Wetter. Weitere Schadbilder siehe S. 553.
Ursache: Der Schleimpilz *Plasmodiophora brassicae*, der sich auf schlecht drainierten, sauren Böden vermehrt und auch in Stallmist und Pflanzabfällen zu finden ist. Er wird an Schuhen und Werkzeugen übertragen, die Sporen können 20 und mehr Jahre überdauern, sogar ohne Wirtspflanze. Unkräuter gelten als Infektionsquelle.
Bekämpfung: Erkrankte Pflanzen vernichten; benutzte Flächen unkrautfrei halten, die Drainage verbessern und den Boden aufkalken. Jungpflanzen in Kultursubstraten heranziehen, um die Wurzelentwicklung zu fördern.

Violetter Wurzeltöter

Befallene Pflanzen: Gemüse, v.a. Möhren, Pastinaken, Spargel, Kohl- und Speiserüben, Kartoffeln, Sellerie.
Schadbild: Wurzeln, Knollen u.a. unterirdische Teile sind mit einem dichten, verflochtenen, dunkelvioletten Pilzmyzel bedeckt, an dem Bodenteilchen hängen bleiben. Die oberen Pflanzenteile kümmern und sind verfärbt. Es kann Sekundärfäule auftreten.
Ursache: Der Pilz *Helicobasidium purpureum*, der sich durch Myzelwachstum von Pflanze zu Pflanze ausbreitet und in einigen Unkräutern überdauert; saure und staunasse Böden begünstigen ihn.
Bekämpfung: Infizierte oder verdächtige Pflanzen vernichten. Gefährdete Pflanzen mindestens 4 Jahre lang nicht auf befallenen Flächen anbauen.

Phytophthora-Wurzelfäulen

Befallene Pflanzen: Bäume, Sträucher und holzige Pflanzen; meist Ahorn, Eibe, Apfel, Rhododendron, Himbeere und Erika.
Schadbild: Die größeren Wurzeln am Trieb oder Stamm sterben ab, wobei die kleinen noch völlig gesund aussehen; befallene Wurzeln färben sich meist schwarz. Weitere Schadbilder siehe S. 558.
Ursache: Verschiedene Arten des Pilzes *Phytophthora*, der oft in staunassen Böden zu finden ist. Die Wurzeln werden von den beweglichen Sporen, die sich sowohl im Boden wie im abgestorbenen Pflanzenmaterial entwickeln, befallen.
Bekämpfung: Übermäßiges Gießen vermeiden und die Drainage verbessern. Infizierte Pflanzen beseitigen. Pflanzen nur von anerkannten Betrieben kaufen und resistente aussuchen. Eine chemische Bekämpfung ist für den Hobbygärtner nicht möglich.

Wurzelfäule

Befallene Pflanzen: Zahlreiche Pflanzen, v. a. Petunien und andere Beetpflanzen, Tomaten, Gurken, Erbsen, Bohnen und junge, in Containern gezogene Pflanzen.
Schadbild: Die Wurzeln färben sich schwarz und brechen ab oder faulen. Einzelheiten und weitere Schadbilder siehe S. 558.
Ursache: Im Boden oder Wasser befindliche Pilze, die sich v.a. bei nicht hygienischen Wachstumsbedingungen vermehren. Sie reichern sich im Boden an, wenn gefährdete Pflanzen wiederholt auf derselben Fläche angebaut werden.
Bekämpfung: Fruchtfolge einhalten. Strikte Hygiene, frisch aufbereitete, gedämpfte Erden und sauberes Wasser anzuraten. Befallene Pflanzen entfernen und den Boden in Wurzelnähe austauschen.

Tropische Wurzelfäule

Befallene Pflanzen: Ein- und mehrjährige Kulturpflanzen des gemäßigten oder tropischen Klimas, auch Puffbohnen, Gartenbohnen, Gurken, Melonen und Kürbisse.
Schadbild: Mitten in der Erntezeit zeigt sich an einjährigen Pflanzen eine Welke, wobei der Stengelgrund und der Wurzelhals faulen; auf infiziertem Gewebe entstehen Läsionen, es färbt sich rot, ehe es verfault. Die Blätter werden chlorotisch, und an jungen Sämlingen machen sich Anzeichen der Auflaufkrankheit bemerkbar (siehe S. 564). Das infizierte Gewebe mehrjähriger Kulturen färbt sich violett, und die Pflanzen welken.
Ursache: Verschiedene Formen des bodenbürtigen Pilzes *Fusarium solani*. Die Krankheit überdauert im Boden und in infizierten Pflanzenresten; Kulturen auf schlecht drainierten, sauren Böden sind v.a. gefährdet. Hohe Bodentemperaturen begünstigen die Wurzelfäule an Erbsen (*F. solani* f. *pisi*).
Bekämpfung: Eine weite Fruchtfolge einhalten. Saatgut mit 55°C heißem Wasser 15 Minuten lang behandeln. Bodendrainage verbessern.

Wurzelkropf

Befallene Pflanzen: Bäume, Sträucher (v.a. Beerenobst, Rosen) und holzige Pflanzen.
Schadbild: Wucherungen an den Wurzeln, gelegentlich ist das ganze Wurzelsystem zu einem einzigen, großen Tumor deformiert. Weitere Schadbilder siehe S. 559.
Ursache: Das Bakterium *Agrobacterium tumefaciens*, das in nassen Böden vorkommt; es dringt durch Wunden an der Oberfläche in die Pflanze ein und verursacht Zellwucherungen.
Bekämpfung: Pflanzen möglichst nicht verletzen und die Bodendrainage verbessern. Kranke Triebe ausschneiden und vernichten.

Hallimasch

Befallene Pflanzen: Bäume, Sträucher, Kletterpflanzen und einige holzige Pflanzen; häufig sind Liguster, Rhododendron und *Wisteria* befallen.
Schadbild: Im Herbst bilden sich die Fruchtkörper oft büschelweise an den Wurzeln, am Stammgrund und gelegentlich knapp über der Bodenoberfläche; nach dem ersten Frost sterben sie ab. Die befallene Pflanze ist geschwächt und stirbt schließlich ab. Weitere Schadsymptome auf S. 569.
Ursache: Der Pilz *Armillaria* (v.a. *A. mellea*), der sich entweder durch Rhizomorphe von einer infizierten Pflanze oder einem Baumstumpf oder durch Wurzelkontakt ausbreitet.
Bekämpfung: Befallene Pflanzen, Baumstümpfe und soviel wie möglich von den Wurzeln ausgraben und verbrennen. Gefährdete Pflanzen nicht anpflanzen, sondern resistente, z.B. die Eibe (*Taxus baccata*), *Cornus*, Buche und Hebe, auswählen.

Holzschwämme

Befallene Pflanzen: Meist Bäume, v.a. ausgewachsene oder überalterte Exemplare, aber auch Sträucher und holzige Pflanzen.
Schadbild: Pilzliche Fruchtkörper, oft konsolenförmig, erscheinen über dem Boden, wobei sie in Richtung der Wurzeln wachsen; sie sind mit diesen durch winzige Pilzhyphen verbunden. Ihr Aussehen variiert, ist oft von der Witterung abhängig. Die Wurzeln werden löchrig und sterben ab, so daß der Baum nur noch locker im Boden steht.
Ursache: Verschiedene Pilze, z.B. *Meripilus* oder *Ganoderma*.
Bekämpfung: Ratschläge vom Fachmann beachten, v.a. wenn der Baum eine Gefahr darstellt. Das Entfernen der Fruchtkörper hält die Zerstörung nicht auf, vermindert aber die Infektionsgefahr.

Pastinaken-Wurzelfäule

Befallene Pflanzen: Pastinaken
Schadbild: Die »Schultern« befallener Pastinaken verfärben sich und faulen; auch der Kopf, die seitlichen Triebe und die Wurzeln des Rübenkörpers können faulen, das Laub ist fleckig. Diese Erscheinung tritt v.a. im Herbst und Winter auf.
Ursache: Verschiedene Pilzarten, in erster Linie *Itersonilia pastinaceae*. Manche sind Bodenbewohner, bei anderen werden die gebildeten Sporen aus Blattverletzungen in den Boden ausgewaschen.
Bekämpfung: Fruchtfolge einhalten. Verletzungen an Pastinaken vermeiden, v.a. solche, die durch Möhrenfliegenlarven verursacht werden. Spät und eng säen, um kleine Rübenkörper zu produzieren, die weniger anfällig sind; die Reihen anhäufeln, um die Sporen aus verletzten Blättern am Eindringen zu hindern. Befallene Pflanzen beseitigen. Pastinaken in tiefgründigen Lehmboden mit hohem pH-Wert anbauen.

Verticillium-Welke

Befallene Pflanzen: Eine Vielzahl von Garten- und Gewächshauspflanzen.
Schadbild: Die Wurzeln sind schwach und sterben ab; wenn man sie im frühen Stadium ihrer Schädigung längs aufschneidet, so sind in der Mitte die Gefäßbündel verbräunt.
Ursache und Bekämpfung: Angaben siehe S. 557.

Fusarium-Welke

Befallene Pflanzen: Stauden, Einjährige, Gemüse und Obst; häufig werden auch Sommerastern (*Callistephus*), Nelken, Gartenwicken (*Lathyrus odoratus*), Bohnen und Erbsen befallen.
Schadbild: Die Wurzeln befallener Pflanzen färben sich schwarz und sterben ab.
Ursache und Bekämpfung: Angaben siehe S. 558.

Phytophthora-Wurzelhalsfäule

Befallene Pflanzen: Primeln
Schadbild: Die Wurzeln faulen ab, und die Pflanzen stehen locker im Boden; die Blätter vergilben, welken und fallen ab. Die Blüten welken.
Ursache: Die Pilzart *Phytophthora primulae*, die viele Jahre im Boden überdauern kann.
Bekämpfung: Kranke Pflanzen ausgraben und verbrennen. Neue Primeln anderswo anbauen.

Mäuse, Wühlmäuse

Befallene Pflanzen: Junge Gehölze, Krokusbrutknollen, Erbsen- und Bohnensämlinge, Samen, gelagertes Gemüse, Obst.
Schadbild: Die äußere Gewebeschicht von Trieben und Wurzeln ist abgenagt. Samen, Sämlinge, Brutknollen, Gemüse sind aufgefressen.
Ursache: Mäuse, Wühlmäuse.
Bekämpfung: Fallen sind die beste Lösung; auch Giftköder können eingesetzt werden.

Bormangel

Betroffene Pflanzen: Möhren, Pastinaken, Kohlrüben, Speiserüben und Rote Rüben.
Schadbild: Die Rüben sind nicht typisch geformt, haben eine schlechte Struktur und gräuliche Färbung. Sie können der Länge nach aufplatzen, manchmal sind Hohlräume ausgebildet. Eine Braunverfärbung (»Herzbräune«) entsteht in den innersten Gewebepartien; wird v.a. bei Speiserüben und Kohlrüben festgestellt, sie sind dann fasrig, und ihr Geschmack ist wenig ausgeprägt. Rote Rüben verfärben sich im Inneren und bekommen oft krebsartige Wunden. Weitere Schadbilder siehe S. 558.
Ursache: Bormangel im Boden, oder die Aufnahme von Spurenelementen in die Pflanzen ist bei ungünstigen Wachstumsbedingungen blockiert. Häufig auf sehr kalkhaltigen Böden, wenn sie sehr trocken sind oder wo Bor ausgewaschen worden ist. Im Gewächshaus selten.
Bekämpfung: Den Boden angemessen feucht halten und übermäßiges Kalken vermeiden. Ehe man empfindliche Pflanzen auf einer Problemfläche plaziert, sollte man Borax streuen (35g/20 m²), das zur leichteren Ausbringung mit Sand zu mischen ist.

Siehe auch: »Blattläuse«, S. 550; »Schmierläuse«, S. 550; »Wurzel- und Stengelgrundfäule bei *Viola*-Arten«, S. 554; »Zwiebelfliegen«, S. 567; »Wurzelfliegen an Bohnen«, S. 570.

Schäden an Kartoffelknollen

Nacktschnecken

Befallene Pflanzen: Kartoffeln
Schadbild: Ausgefressene, runde Löcher auf den Kartoffelknollen, im Inneren entstehen im Spätsommer größere Hohlräume.
Ursache: Nacktschnecken
Bekämpfung: Weniger gefährdete Sorten anbauen und die Knollen ernten, sobald sie reif sind. Siehe auch auf S. 548, Schäden an den Blüten bei »Nackt- und Gehäuseschnecken«.

Drahtwürmer

Befallene Pflanzen: Kartoffeln u.a. Hackfrüchte, Sämlinge, Stauden, Einjährige sowie Zwiebel- und Knollenpflanzen.
Schadbild: In Wurzel- und Knollenfrüchte gebohrte Gänge mit einem Durchmesser von bis zu 3 mm, die Schneckenfraßgängen ähnlich sind. Bei anderen Pflanzen sind die unterirdischen Teile geschädigt. Kleine Pflanzen welken und sterben ab.
Ursache: Die schmalen, gelborangefarbenen Larven der Schnellkäfer (z.B. *Agriotes* sp.); sie sind ca. 2,5 cm lang, haben 3 Paar kurze Brustbeine und einen stiftähnlichen Fortsatz unten am Rückenende. Sie fressen an Wurzeln und am Stengelgrund; der Schaden tritt v.a. nach Wiesenumbruch auf.
Bekämpfung: Wo Schäden bemerkt werden, nach den Drahtwürmern suchen und sie vernichten. Knollen- und Wurzelfrüchte herausnehmen, sobald sie ausgewachsen sind. Empfindliche Pflanzen mit Actellic angießen.

Braunfäule

Befallene Pflanzen: Kartoffeln
Schadbild: Erst dunkle, eingesunkene Flecke auf der Schale, dann im Fleisch rotbraune. Die Knollen zeigen erst Trockenfäule und können sekundär von bakterieller Weichfäule befallen werden. Schadbilder der Blätter siehe auf S. 553.
Ursache: Der Pilz *Phytophthora infestans*, der sich v.a. unter feuchtwarmen Bedingungn vermehrt. Sporen, die sich auf dem Laub und den Kartoffelstengeln bilden, werden durch Wind und Regen auf weitere Pflanzen übertragen und können in den Boden eingewaschen werden, wo sie die Kartoffelknollen infizieren.
Bekämpfung: Nicht von oben gießen, Kartoffeln hoch anhäufeln, um die herunterfallenden Sporen am Eindringen zu hindern, resistente Sorten, z.B. ›Kondor‹, ›Romano‹, ›Cara‹, ›Wilja‹ anbauen.

Gewöhnlicher Kartoffelschorf

Befallene Pflanzen: Kartoffeln
Schadbild: Korkige Flecken auf der Kartoffelschale. Der Schaden kann oberflächlich sein, aber in einigen Fällen zeigt die Knolle starke Risse und ist verformt. Das »Fleisch« ist meist nicht beschädigt.
Ursache: *Streptomyces scabies*, ein bakterienähnlicher Organismus, der aber ein Myzel ausbildet und der auf sandigen und leichten Böden mit hohem Kalkgehalt vorkommt; auch neu in Kultur genommene Böden sind gefährdet. Die Krankheit entsteht meist während des heißen, trockenen Sommers.
Bekämpfung: Die Bodenstruktur verbessern und Aufkalken vermeiden; regelmäßig gießen. Kartoffeln nicht auf Böden setzen, auf denen vor kurzem Kohlarten angebaut worden sind. Resistente Sorten anbauen.

Bakterielle Fäulen

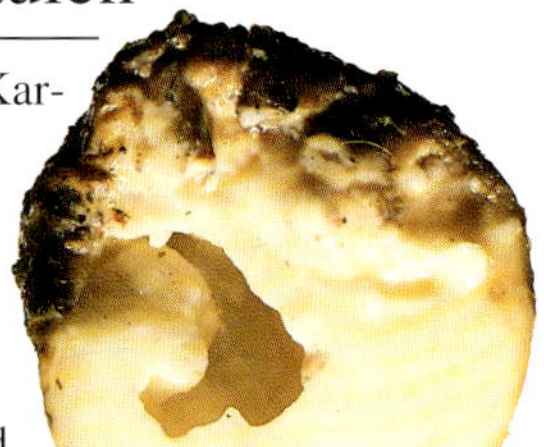

Befallene Pflanzen: Kartoffeln
Schadbild: Die Knolle wird rasch in eine schleimige Masse verwandelt, die streng riecht, und zwar beim Anbau oder während der Lagerung.
Ursache: Bakterien dringen durch Wunden oder infektiöse Beschädigungen in die Knolle ein.
Bekämpfung: Gute Wachstumsbedingungen schaffen, Kartoffeln sorgfältig ernten.

Eisenfleckigkeit

Befallene Pflanzen: Kartoffeln.
Schadbild: Im Fleisch der Knollen entstehen rostbraune Flecken.
Ursache: Anbau auf sandigen, sauren Böden mit niedrigem Humusgehalt oder auf Böden, die nährstoffarm sind.
Bekämpfung: Vor dem Pflanzen organische Substanzen in den Boden einarbeiten und im Frühjahr einen Mehrnährstoffdünger ausbringen. Regelmäßig gießen. Kartoffeln anbauen, die dagegen etwas resistent sind, z.B. ›King Edward‹.

Propfen

Befallene Pflanzen: Kartoffeln
Schadbild: Braune, bogenförmige Verfärbung, manchmal mit einer korkartigen Struktur, im Inneren der oft deformierten Knolle. Diese Schadsymptome zeigen nur Kartoffeln, aber die Viren (S. 553) können auch *Nicotiana*, Sommerastern *(Callistephus)*, Gladiolen, Tulpen, Hyazinthen und *Capsicum* infizieren.
Ursache: Viren, die durch Nematoden übertragen werden.
Bekämpfung: Kartoffeln auf immer neuen Flächen anbauen.

Ringfäule

Befallene Pflanzen: Lagerkartoffeln
Schadbild: Die Gefäßbündel der Knollen werden weich und faulen. Die Krankheit kann sich schließlich auf der Knollenoberfläche ausbreiten, wodurch neben den Augen Risse entstehen und eine Sekundärfäule entstehen kann.
Ursache: *Corynebacterium sependonicum*, das durch infizierte Saatkartoffeln übertragen wird.
Bekämpfung: Keine verdächtigen Knollen einlagern und darauf achten, daß die Lagerbehälter sauber sind. Nur befallsfreie Knollen setzen.

Siehe auch: »Schwarzbeinigkeit an Kartoffeln«, S. 568; »Kartoffelzystenälchen«, S. 570.

Schäden an Zwiebeln, Knollen und Rhizomen

Lagerfäulen

Befallene Pflanzen: V.a. Zwiebeln und Knollen, die beschädigt oder falsch gelagert wurden.
Schadbild: Verfärbte, manchmal eingesunkene Flecken auf der Zwiebel oder unter den äußeren Schuppen. Auf den Flecken entsteht ein Pilzmyzel, das sich in der Zwiebel ausbreitet, so daß sie mit der Zeit locker und trocken wird.
Ursache: Eine Vielzahl von Pilzen. Die Infektion beschränkt sich oft auf wenige, nah verwandte Zwiebel- oder Knollenpflanzen, sie kann im Freiland und im Winterlager erfolgen. Begünstigt wird diese Krankheit durch zu niedrige oder zu hohe Temperaturen, auch durch feuchtwarme Bedingungen.
Bekämpfung: Nur gesunde Zwiebeln pflanzen und einlagern, Verletzungen vermeiden. Beim ersten Anzeichen von Fäulnis Zwiebel entfernen.

Narzissenfliegen

Befallene Pflanzen: Narzissen, *Hippeastrum*, Schneeglöckchen, *Cyrtanthus purpureus, Sprekelia* u.a.
Schadbild: Zwiebeln treiben nicht aus oder bilden nur ein paar grasähnliche Blätter aus; Maden setzen sich in den Zwiebeln fest.
Ursache: Die Große Narzissenfliege *(Merodon equestris)*, die gesunde Zwiebeln befällt, und die Kleine Narzissenfliege (*Eumerus* sp.), die in beschädigte Zwiebeln eindringt. Die Große Narzissenfliege legt ihre Eier im Frühsommer an den Zwiebeln ab. Die Adulten ähneln kleinen Hummeln; die Larven sind braunweiß, etwa 2 cm lang, hinterlassen im Zwiebelinnern Kot. Larven der Kleinen Narzissenfliege sind nie länger als 8 mm.
Bekämpfung: Das Auspflanzen auf geschützten, warmen Plätzen, wo die ausgewachsenen Fliegen angelockt werden, vermeiden. Die Eiablage verhindern, indem der Boden um den Zwiebelhals herum, wenn die Zwiebeln einziehen, festgedrückt wird.

Tintenfleckenkrankheit

Befallene Pflanzen: Zwiebelbildende Iris, *Crocosmia, Lachenalia*.
Schadbild: Auf den Zwiebeln entstehen tintige Flecken und gelbe Punkte oder schwarze Krater auf den fleischigen Schuppen. Fleckige Blätter.
Ursache: Der Pilz *Myriosporium adustum*, der sich über den Boden ausbreitet.
Bekämpfung: Befallene Zwiebeln vernichten.

Zwiebelfäule

Befallene Pflanzen: Narzissenarten und -sorten.
Schadbild: Nach einer Lagerdauer von etwa einem Monat wird der Zwiebelboden weich, färbt sich braun und fault. Der Befall geht auf die inneren Schuppen über; dann bildet sich ein hellrosa, flaumiger Pilzbelag zwischen den Schuppen und am Zwiebelboden. Die Zwiebel trocknet aus und stirbt ab. Zwiebeln, die im Boden infiziert werden, verfaulen, wenn man sie nicht aufnimmt. Manchmal treten die Schadsymptome an den Blättern zuerst auf.
Ursache: Der bodenbürtige Pilz *Fusarium oxysporium* f. *narcissi*, der die Zwiebeln befällt; begünstigt wird er durch hohe Bodentemperaturen. Entfernt man die infizierte Zwiebel nicht, werden die benachbarten Exemplare befallen. Gelagerte Zwiebeln, die infiziert sind, aber keine Schadsymptome zeigen, stellen auch eine Infektionsquelle dar.
Bekämpfung: Zwiebeln aufnehmen, ehe die Bodentemperatur ansteigt, und in eine Lösung (Derosal flüssig) tauchen. Zwiebeln gründlich auf Anzeichen eines Befalls untersuchen.

»Ringelkrankheit«

Befallene Pflanzen: Narzissen, *Hyacinthoides non-scripta* und Schneeglöckchen.
Schadbild: Schneidet man die Zwiebeln quer durch, zeigen sich braune, konzentrische Ringe. Das Pflanzenwachstum ist gehemmt, und die Pflanzen sind deformiert. Befallene Zwiebeln faulen.
Ursache: Das Narzissenälchen *(Ditylenchus dipsaci)*; mikroskopisch kleine Nematoden, die in den Zwiebeln und im Laub saugen. Wo Zwiebeln sich eingebürgert haben, wird die Befallsfläche jedes Jahr größer, da der Schädling sich über den Boden ausbreitet.
Bekämpfung: Befallene Pflanzen und alle, die im Umkreis von 1 m davon stehen, ausgraben und verbrennen. Das Einweichen ruhender Narzissenzwiebeln für 3 Stunden in Wasser von 44°C tötet die Älchen ab, ohne die Zwiebeln zu schädigen (ohne spezielle Einrichtung schwierig). Das Bepflanzen befallener Flächen mit gefährdeten Pflanzen sollte mindestens 2 Jahre lang unterbleiben.

Bakterielle Rhizomfäule

Befallene Pflanzen: Iris
Schadbild: Die Basis der äußeren Blätter fault, und die Fäulnis greift auf das Rhizom über. Die jüngsten Pflanzenteile werden zuerst befallen und gehen dann in eine ekelhaft riechende Masse über.
Ursache: Das Bakterium *Erwinia carotovora* var. *carotovora*; es vermehrt sich v.a. in staunassem Boden und dringt durch Wunden in die Rhizome ein.
Bekämpfung: Vor dem Pflanzen die Rhizome auf etwaigen Befall kontrollieren und sorgfältig mit ihnen umgehen, um eine Verletzung zu vermeiden. Die Rhizome flach und auf guten, drainierten Boden pflanzen. Maßnahmen gegen die Schnecken (siehe S. 566), die die Verletzungen an den Rhizomen hervorrufen, ergreifen. Das sofortige Entfernen der Fäulnisherde kann dazu beitragen, daß der Schaden eingedämmt wird.

Mehlkrankheit der Zwiebel

Befallene Pflanzen: V.a. Zwiebeln, Lauch und Knoblauch.
Schadbild: Der Zwiebelboden und die Wurzeln sind mit einem flaumigen, weißen Pilzmyzel bedeckt, in dem harte, schwarze Sklerotien gebildet werden.
Ursache: Der Pilz *Sclerotium cepivorum*. Die Sklerotien können im Boden 7 Jahre lang überdauern; wenn sie dann erneut stimuliert werden, keimen sie wieder und verursachen Neuinfektionen.
Bekämpfung: Kranke Pflanzen ausgraben und verbrennen. Gefährdete Kulturen mindestens 8 Jahre nicht auf Befallsflächen anbauen.

Zwiebelhalsfäule

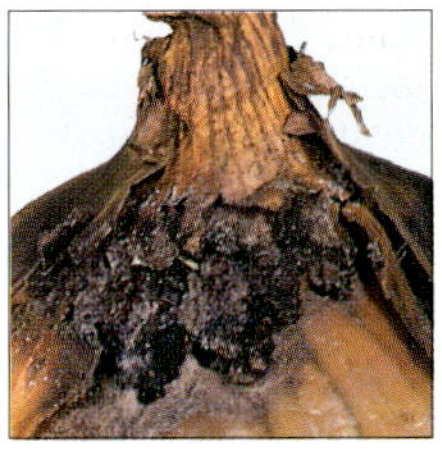

Befallene Pflanzen: V.a. Zwiebeln und Schalotten.
Schadbild: Die Schuppen am Zwiebelhals werden weich und verfärben sich; ein dichtes, flaumiges, graues Pilzgeflecht entsteht auf der befallenen Fläche, und es bilden sich schwarze Sklerotien. Bei schwerem Befall trocknet die Zwiebel ein. Die Schadsymptome treten häufig erst im Lager auf.
Ursache: Der Pilz *Botrytis allii*, der v.a. über samenbürtige Pilzsporen und die Sklerotien an Pflanzenresten verbreitet wird.
Bekämpfung: Steckzwiebeln und Samen aus dem Fachhandel beziehen. Harte, gut ausgereifte Zwiebeln anbauen; nach Sommermitte nicht mehr düngen, hohe Stickstoffdüngergaben vermeiden und regelmäßig gießen. Nach der Ernte den Zwiebelhals so rasch wie möglich abtrocknen lassen. Unter kühlen, trockenen Bedingungen die gesunden Exemplare bei guter Belüftung lagern und beschädigte Zwiebeln aussortieren.

Zwiebelfliegen

Befallene Pflanzen: V.a. Zwiebeln, manchmal Schalotten, Knoblauch, Lauch.
Schadbild: Schlechtes Wachstum, die äußeren Blätter werden gelb; Maden in der Zwiebel.
Ursache: Die Larven der Zwiebelfliege *(Delia antiqua)*, die an den Wurzeln und Zwiebeln fressen; weiße, bis zu 9 mm lange Maden.
Bekämpfung: Befallene Pflanzen verbrennen. Den Boden mit zugelassenen Stäubemitteln behandeln. Sämlinge sind gefährdeter als Steckzwiebeln.

Siehe auch: »Nackt- und Gehäuseschnecken«, S. 548; »Tausendfüßler«, S. 548; »Lilienhähnchen«, S. 548; »Tulpenfeuer«, S. 553; »Mäuse, Wühlmäuse«, S. 566.

Schäden, die die gesamte Pflanze betreffen

Dürreschäden

Betroffene Pflanzen: Alle Pflanzen, v.a. junge, in Gefäßen oder auf leichtem, sandigem Boden gezogene.
Schadbild: Herbstfärbung wird frühzeitig sichtbar, Laubfall und anschließendes Absterben tritt auf. Die Pflanzen welken, und die Entwicklung ist gehemmt. Blüte und Fruchtansatz verringern sich, die Früchte sind klein, manchmal deformiert.
Ursache: Anhaltender oder wiederholter Wassermangel aufgrund unzureichender Bodenfeuchtigkeit; übermäßiger Wasserverlust durch die Blätter in exponierten Lagen; verletzte oder eingeengte Wurzeln oder Bodenverdichtung. Pflanzen in kleinen Gefäßen sind bei heißer Witterung anfälliger, und Torfkultursubstrate, die stark austrocknen, lassen sich nur schwer wieder befeuchten. Trockene, braune Knospen sind auf Wassermangel bei der letztjährigen Blütenknospenanlage zurückzuführen.
Verhütung: Regelmäßig gießen und Pflanzen in heißen oder trockenen Lagen häufig kontrollieren. Mulchen, wo es angebracht ist, um die Feuchtigkeit besser im Boden zu halten. Im Gegensatz zu Gewächsen, die nur kurzzeitig Wassermangel haben, erholen sich Pflanzen, die dauernd unter Wassermangel leiden, kaum mehr.

Kälte- und Frostschäden

Betroffene Pflanzen: Bäume, Sträucher, Stauden, Einjährige, Zwiebel- und Knollenpflanzen, Gemüse, Obst, Zimmerpflanzen; v.a. Sämlinge und junge Pflanzen.
Schadbild: Die Blätter werden manchmal bleich und bekommen braune, trockene Flecken; immergrünes Laub wird braun. An den Blütenblättern, v.a. an exponierten Blütenköpfen, bilden sich Faulstellen. Bei Frostschaden kräuseln sich die Blätter, die Blütenblätter welken und verfärben sich.
Ursache und Verhütung: Angaben siehe S. 554.

Staunässe

Betroffene Pflanzen: Alle Pflanzen.
Schadbild: Blätter werden gelb, die Pflanzen neigen zur Welke. Die Rinde schält sich von den Ästen, Wurzeln können faulen. Diejenigen, die übrig bleiben, beginnen sich schwarz zu färben, und das äußere Wurzelgewebe läßt sich leicht ablösen.
Ursache: Überhöhter Wasserspiegel am Standort durch schlechte Bodenstruktur, Bodenverdichtung, fehlende Drainage.
Verhütung: Wo möglich, die Bodenstruktur und -drainage verbessern, wenn nötig, Pflanzen auswählen, die nasse Bedingungen tolerieren. Kontrollieren, ob die Löcher für den Wasserabzug bei Containerpflanzen groß genug sind und ob der Abfluß funktioniert. Regelmäßige Blattdüngungen in der Wachstumsperiode stimulieren, so daß durch Nässe geschädigte Wurzeln ersetzt werden.

Auflaufkrankheiten

Befallene Pflanzen: Sämlinge aller Pflanzen.
Schadbild: Die Sämlinge fallen um und sterben ab, während sich die Wurzeln dunkel färben und ebenfalls absterben; die Krankheit befällt oft Sämlinge in einer Ecke der Saatschale und breitet sich dann aus. Ein flaumiges Pilzmyzel entsteht auf der Erde und auf allen abgestorbenen Sämlingen.
Ursache: Verschiedene Pilze (v.a. *Pythium ultimum* und *Phytophthora*-Pilze), die boden- und wasserbürtig sind und über die Wurzeln oder den Stengelgrund eindringen. Sie vermehren sich v.a. unter feuchten und unhygienischen Bedingungen.
Bekämpfung: Wenn die Krankheit ausgebrochen ist, gibt es keine Behandlung, allein vorbeugen hilft. Dünn aussäen, Belüftung der Sämlinge verbessern, strikte Hygiene, außerdem übermäßiges Gießen vermeiden. Sterile Substrate, einwandfreies Wasser und saubere Anzuchtschalen verwenden.

Schwarzbeinigkeit

Befallene Pflanzen: Stecklinge, v.a. von Pelargonien.
Schadbild: Stengel werden schwarz, eingefallen, weich und faul; die Pflanze verfärbt sich und stirbt ab.
Ursache: Mikroorganismen, z.B. *Pythium* und *Rhizoctonia*, die oft bei der Vermehrung unter unhygienischen Bedingungen verbreitet werden. Nicht sterile Substrate, verschmutzte Anzuchtschalen und Werkzeuge sowie die Verwendung von unsauberem Waser.
Bekämpfung: Durch Hygiene vorbeugen.Saubere Geräte, entseuchte Erden und gutes Wasser verwenden. Stecklinge vor dem Stecken in fungizidhaltigen Wurzelpuder tauchen. Kranke Stecklinge sofort entfernen.

Kartoffel-Schwarzbeinigkeit

Befallene Pflanzen: Kartoffeln
Schadbild: Stengel kippen um, werden schwarz und faulen am Grund. Die Blätter verfärben sich. Die Krankheit tritt meist am Ende der Vegetationszeit auf; auch die Knollen können faulen.
Ursache: Das Bakterium *Erwinia caratovora* var. *atroseptica*, das an leicht infizierten Saatkartoffeln, die beim Pflanzen noch keinerlei Schadsymptome zeigen, verschleppt wird. Der größte Teil der Kultur bleibt gesund.
Bekämpfung: Befallene Pflanzen entfernen. Bei der Ernte genau kontrollieren und verdächtige Knollen nicht lagern. Die Bakterien erreichen im Boden keine schädigende Dichte, so können wieder Kartoffeln auf die Fläche gesetzt werden.

Schlechter Schnitt

Betroffene Pflanzen: Holzige Pflanzen, Sträucher und Bäume.
Schadbild: Die Pflanze hat eine unnatürliche oder ungleichmäßige Form. Die Wüchsigkeit läßt nach, und die Blüte ist verringert. Aststümpfe oder ganze Äste können absterben.
Ursache: Zu naher oder zu weit entfernter Astschnitt vom Hauptast oder Stamm. Ein bündiger Schnitt, bei dem kein Aststummel bleibt, läßt eine große Wunde und, was noch wichtiger ist, keinen Astring (die Fläche, die am raschesten Kallus ausbildet, damit die Wunde ausheilt) zurück. Andererseits fördert ein zu langer Aststummel das Absterben.
Verhütung: Den Baum- oder Strauchschnitt immer in der richtigen Jahreszeit durchführen. Scharfe Schnittwerkzeuge verwenden und keine Aststummel oder bündigen Schnittflächen produzieren. Wenn nötig, einen Baumchirurgen hinzuziehen.

Obstbaumkrebs

Befallene Pflanzen: Holzige Pflanzen, Sträucher, Bäume, v.a. Apfel, Zierapfel *(Malus)*, Buche, Pappel, *Sorbus*, Maulbeerbaum und Weißdorn.
Schadbild: Kleine Rindenstücke, oft nahe einer Knospe oder Wunde, färben sich dunkel und sinken ein; die Rinde reißt auf und bildet schuppige, konzentrische Ringe. Größere Wucherungen behindern Nährstoff- und Wasserfluß, Triebe und Blätter sterben ab. In schwerwiegenden Fällen besteht der Sproß nur aus solchen Ringen und stirbt ab. Im Sommer werden weiße, im Winter rote Pusteln gebildet.
Ursache: Sporen des Pilzes *Nectria galligena* dringen über Wunden ein, die durch Schnittmaßnahmen, Frost und Blutläuse verursacht werden.
Bekämpfung: Kranke Äste abschneiden oder an dickeren Ästen die Krebswunden ausschneiden; Wundverschlußpaste aufbringen. Befallene Bäume mit einem geeigneten Fungizid spritzen. Anfällige Sorten, z.B. bei Apfel 'Cox Orange' und 'James Grieve', möglichst nicht anbauen.

Zypressensterben

Befallene Pflanzen: Koniferen, v.a. Zypressen *(Cupressus)*, davon *C. macrocarpa* und *C. sempervirens* und x *Cupressocyparis leylandii*.
Schadbild: Vereinzelt zeigen Zweige eine matte Blattfärbung. Später färben sich die Blätter gelb und sterben ab, sie werden braun und fallen ab. Es kann Zweigbrand mit Gummifluß entstehen, und die Zweige sind mit ananasförmigen, schwarzen Fruchtkörpern bedeckt. Wenn die krebsartigen Wucherungen

einen Ast erst vollständig umgürten, stirbt er ab.
Ursache: Luftbürtige Sporen, die aus den Fruchtkörpern des Pilzes *Coryneum cardinale* stammen, dringen an Schnittstellen, durch feine Rindenrisse, Blattschuppen und an Astgabelungen in die Bäume ein. Die Infektion erfolgt meist in der Ruheperiode.
Bekämpfung: Befallene Zweige herausschneiden, bei starkem Befall den Baum beseitigen.

Bakterienkrebs

Befallene Pflanzen: V.a. Apfel und *Prunus*, hpts. Kirsche und Pflaume.
Schadbild: Flache oder eingesunkene, krebsartige Wucherungen an Trieben; aus den Befallstellen tritt gelbbrauner Gummifluß aus. Der Zweig beginnt abzusterben, Laub und Blüten welken und sterben ab, und die Knospen treiben nicht aus. Die Blätter zeigen Schadsymptome wie bei der Schrotschußkrankheit (siehe S. 552).
Ursache: Die Bakterien *Pseudomonas syringae* und *P. mors-prunarus*.
Bekämpfung: Erkrankte Zweige entfernen, die Schnittstelle besonders sorgfältig mit Wundverschlußsalbe behandeln.

Rotpustelkrankheit

Befallene Pflanzen: Breitblättrige Bäume und Sträucher, v.a. *Elaeagnus*, Ulme, Buche, Ahorn, Magnolie und Johannisbeeren.
Schadbild: Befallene Sprosse sterben ab, und die abgestorbene Rinde ist von orangerosafarbenen Pusteln mit ca. 1 mm Durchmesser bedeckt. Die Krankheit befällt sowohl abgestorbene wie auch gesunde Triebe.
Ursache: Der Pilz *Nectria cinnabarina*. Die von den Pusteln entlassenen Sporen werden durch Regentropfen und mit Schnittwerkzeugen verbreitet. Sie dringen in die Wunden über beschädigte oder eingetrocknete Stellen ein und infizieren von da aus die Pflanze.
Bekämpfung: Alle Holzabfälle beseitigen. Erkrankte Zweige deutlich unter der sichtbaren Befallstelle abschneiden.

Hallimasch

Myzel unter Rinde

Fruchtkörper

Befallene Pflanzen: Bäume, Sträucher, Kletterpflanzen und einige holzige Pflanzen; v.a. Rhododendron, Liguster und *Wisteria*.
Schadbild: Unter der Rinde am Stammgrund oder an der Stengelbasis entsteht ein weißes Myzel, manchmal breitet es sich auch weiter nach oben aus; es bilden sich schwarze Pilzstränge. Im Herbst wachsen die Fruchtkörper in Büscheln und sterben nach dem ersten Frost ab. Gummi- oder Harzfluß aus den Rissen der Koniferenrinde. Die Pflanzen sind geschwächt und sterben schließlich ab; davor kommt es zu starker Blüte und überreichem Fruchtbehang. Auch die Wurzeln sind befallen.
Ursache: Der Pilz *Armillaria* (v.a. *A. mellea*), der sich entweder durch Rhizomorphe von einer infizierten Pflanze oder einem Baumstumpf oder durch Wurzelkontakt ausbreitet.
Bekämpfung: Befallene Pflanzen, Baumstümpfe oder die Wurzeln ausgraben und verbrennen. Auf anfällige Pflanzen verzichten (siehe dazu S. 565).

Wurzelhals-, Kragenfäule

Befallene Pflanzen: V.a. Stauden und Zimmerpflanzen; auch Bäume, Sträucher, Einjährige, Zwiebelpflanzen, Gemüse und Obst.
Schadbild: Die Pflanzen faulen an der Basis, und es tritt ein unangenehmer Geruch auf; sie welken und sterben ab.
Ursache: Bakterien und Pilze, die in den Sproß durch Wunden eindringen; zu tiefes Pflanzen.
Bekämpfung: Verletzungen am Stengelgrund vermeiden und den Wurzelhals frei von Pflanzenresten halten; Mulchmaterial nicht bis zur Pflanze hin ausbringen. Die richtige Pflanztiefe einhalten. Die befallene Erde vollständig entfernen.

Fruchtfolgekrankheiten

Befallene Pflanzen: V.a. Rosen, meist die auf der Unterlage von *Rosa canina*; Obstbäume.
Schadbild: Die Wuchskraft ist eingeschränkt, die Wurzeln verkümmern und werden schwärzlich.
Ursache: Verschiedene Faktoren, z.B. bodenbürtige Nematoden und Viren, die Bodenpilze übertragen; auch der Mangel an Nährstoffen.
Verhütung: Pflanzen nicht auf Anbauflächen pflanzen, die vorher mit derselben oder einer nahverwandten Art bestellt worden sind. Den Boden bis zu einer Tiefe von 45 cm und in der Breite um einiges mehr, als sich die Wurzeln ausbreiten, austauschen.

Rosenmüdigkeit

Befallene Pflanzen: Rosenarten und -sorten.
Schadbild: Die Pflanzen verfärben sich und verkümmern. Ein Pilzmycel kann entstehen. Die Beeinträchtigung ist in Einzelfällen extrem.
Ursache: Schlechter Boden, unzureichende Pflege oder Kulturbedingungen. Fröste; auch Blattkrankheiten oder Pilzbefall können Ursache sein.
Verhütung: Rosen richtig pflanzen, düngen und gießen. Schnittmaßnahmen durchführen. Krankheiten bekämpfen. Totes Holz entfernen.

Feuerbrand

Befallene Pflanzen: V.a. Pflanzen aus der Familie der Rosaceen, die Früchte tragen, u.a. Birne, Apfel, *Cotoneaster*, Weißdorn *(Crataegus)* und *Sorbus*-Arten.
Schadbild: Die Blüten welken, und benachbarte Triebe verfärben sich. Das Laub wird schwarzbraun, vertrocknet und stirbt ab, bleibt aber an den Trieben haften. An den Zweigen bilden sich grünbraune Geschwüre, worin sich ein gelbbrauner bis weißer Bakterienschleim bildet. Das Innere der Rinde und das Holz darunter kann braun gefleckt sein. Befallene Äste sterben ab. Weitere Schadbilder siehe S. 553.
Ursache: Das Bakterium *Erwinia amylovora*, das sich im erkrankten Gewebe vermehrt und über die Blüte eindringt. Die Übertragung erfolgt durch Wind, Regentropfen, Insekten und den Pollen.
Bekämpfung: Kranke Pflanzen entfernen oder die befallenen Flächen 60 cm über die Befallsstelle hinaus abschneiden; die Säge desinfizieren, ehe sie an einem anderen Baum verwendet wird.

Clematiswelke

Befallene Pflanzen: *Clematis*, v.a. die großblumigen Hybriden.
Schadbild: Die Endknospen welken, ausgehend von den jüngsten Blättern; wo sie mit der Blattscheide verbunden sind, beginnen sich die Blattstiele dunkel zu färben. Alle Pflanzenteile können schließlich absterben.
Ursache: Der Pilz *Ascochyta clematidina*, der an den älteren Trieben Fruchtkörper bildet, die Sporen entlassen. Andere, nicht pathogene Welkeursachen (z.B. Dürre, schlechte Drainage, falsches Veredeln) werden irrtümlich für diese Krankheit angesehen.
Bekämpfung: Die befallenen Triebe bis ins gesunde Gewebe zurückschneiden. Alles neue Laub, das später im Jahr austreibt und das im kommenden Frühjahr erscheint, mit Bordeaux-Brühe oder Du Pont Benomyl spritzen.

Pfingstrosenwelke

Befallene Pflanzen: Pfingstrosen *(Paeonia)*.
Schadbild: Befallene Triebe welken und werden braun. Meist beginnt die Infektion am Stengelgrund, der von einem grauen, flaumigen Pilzmyzel bedeckt wird. Auf und in den befallenen Stengeln bilden sich kleine, harte, schwarze Sklerotien.
Ursache: Der Pilz *Botrytis paeoniae*. Die Sklerotien fallen auf die Erde und überleben solange, bis die Infektionsbedingungen (z.B. nasse Jahre) günstig sind.
Bekämpfung: Kranke Triebe von krautigen Pfingstrosen bis unter Bodenniveau herausschneiden und mit Bordeaux-Brühe stäuben; zu dicht stehende Pflanzen ausdünnen.

Weidenanthraknose

Befallene Pflanzen: Weide *(Salix)*; v.a. *S.* x *sepulcralis* 'Chrysocoma'.
Schadbild: Dunkle, aufgerauhte Krebsgeschwüre, ca. 6 mm lang, bilden sich auf den Trieben; sie gehen ineinander über, und stark befallene Sprosse sterben ab. Auf den Blättern entstehen dunkle Flecke, dann färben sich die Blätter gelb, rollen sich ein und fallen ab. Die Krankheit führt selten zum Absterben.
Ursache: Der Pilz *Marssonina salicicola*, dessen Entwicklung durch mildes, warmes Wetter begünstigt wird.
Bekämpfung: Befallene Blätter verbrennen und, wenn möglich, alle Sprosse mit Krebsgeschwüren herausschneiden. Mit Bordeaux-Brühe spritzen – möglichst schon im Frühjahr bei Blattaustrieb.

Kartoffelzystenälchen

Zysten an Wurzeln

Befallene Pflanzen: Kartoffeln und Tomaten.
Schadbild: Die Pflanzen vergilben und sterben, ausgehend von den unteren Blättern, ab; Kartoffeln bleiben klein. An den Wurzeln gerodeter Pflanzen befinden sich viele 1 mm große, weiße, gelbe oder braune Zysten.

Vergilbte Blätter

Ursache: Wurzelälchen, die die notwendige Wasser- und Nährstoffaufnahme unterbinden. Reife Weibchen schwellen an, und ihre Körper (sogenannte Zysten) brechen durch die Wurzelwände. In den Zysten sind an die 600 Eier; sie überdauern Jahre. Die Zysten des Kartoffelzystenälchens *(Globodera rostochiensis)* färben sich von Weiß über Gelb nach Braun; die des Weißen Kartoffelzystenälchens *(G. pallida)* direkt von Weiß nach Braun.
Bekämpfung: Fruchtwechsel mindert die Gefahr eines Schadens. Manche Kartoffelsorten sind gegen das Weiße Kartoffelzystenälchen resistent, z.B. Frühkartoffeln 'Pentland Javelin' und 'Revelino' oder 'Kingston' als Hauptkultur; andere, z.B. 'Cara' und 'Sante', sind gegenüber dem Weißen Kartoffelzystenälchen auch tolerant.

Dickmaulrüßlerlarven

Befallene Pflanzen: V.a. Sträucher, Stauden, Einjährige, Zwiebel- und Knollenpflanzen sowie Zimmerpflanzen; auch Fuchsien, Begonien, *Cyclamen*, *Impatiens*, *Sedum*, Primeln und Erdbeeren. Containerpflanzen sind ebenfalls anfällig.
Schadbild: Die Pflanzen wachsen langsam, welken, kippen um und sterben ab. Die äußere Gewebeschicht von holzigen Sämlingen und Stecklingen ist am Stengelgrund unter der Bodenoberfläche abgenagt.
Ursache: Die weißen Larven des Käfers *Otiorhynchus sulcatus*; sie sind ca. 1 cm lang, leicht gekrümmt, braunköpfig und beinlos. Die Käfer legen ihre Eier im Frühjahr und Sommer, der Schaden tritt von Herbst bis Frühjahr auf.
Bekämpfung: Für Sauberkeit sorgen, um keine Schlupfwinkel für die adulten Tiere zu schaffen. Der Einsatz von Nematoden zur Bekämpfung ist möglich; im Spätsommer sollte die Blumenerde gründlich bewässert werden, da dies die Larven abtötet; eine feuchte, durchlässige Erde mit einer Temperatur von 10-21°C ist erforderlich. Alternativ empfindliche Pflanzen mit Actellic in der Sommermitte und noch einmal einen Monat später angießen. Die älteren Larven sind gegen Schädlingsbekämpfungsmittel resistent (siehe auch S. 549).

Echte Stechmücke

Befallene Pflanzen: Pflanzen, die im Gewächshaus oder unter Folie angebaut werden; v.a. Sämlinge und Stecklinge.
Schadbild: Sämlinge und Stecklinge bleiben im Wachstum zurück; graubraune Mücken auf der Substratoberfläche oder zwischen den Pflanzen. Larven sind zu sehen.
Ursache: Die Larven der Stechmücken an Pilzen oder der Trauermücken (z.B. *Bradysia* sp.), die sich hpts. von abgestorbenen Wurzeln und Blättern ernähren, aber auch junge Wurzeln benagen; schlanke, glasigweiße, bis zu 6 mm lange Larven mit schwarzem Kopf. Die adulten Mücken sind fast gleich lang. Sie verursachen keinerlei Schäden.
Bekämpfung: Gewächshäuser sauber halten, abgestorbene Blätter und Blüten vom Boden entfernen. Gelbtafeln über den Pflanzen aufhängen, um die adulten Mücken anzulocken. Wenn nötig, die Erde mit Ambush angießen.

Wurzelfliegen an Bohnen

Befallene Pflanzen: Busch-, Stangen-, Feuerbohnen.
Schadbild: Samen keimen nicht oder erscheinen mit zerstörtem Vegetationspunkt.
Ursache: Die Larven der Fliege *Delia platura*, weiße, beinlose, bis 9 mm lange Larven, die den auflaufenden Samen und die Sämlinge befressen.
Bekämpfung: Nicht aussäen, wenn der Boden kalt und naß ist (um rasches Auflaufen zu gewährleisten), oder die Samen vor der Aussaat vorkeimen. Wenn der Schaden sich wiederholt, dann die Samen in Töpfe oder Schalen auslegen, im Gewächshaus aufstellen und die Sämlinge, sobald sie aufgelaufen sind, verpflanzen.

Ameisen

Befallene Pflanzen: Einjährige Pflanzen und niedrigwachsende Stauden.
Schadbild: Die Pflanzen wachsen langsam und neigen zum Welken. Ameisenhaufen sind sichtbar.
Ursache: Verschiedene Arten von schwarzen, gelben oder rotbraunen Ameisen (z.B. *Lasius* und *Formica* sp.), die die Wurzeln unterminieren, wenn sie ihre Nester bauen. Sie fressen normalerweise nicht an Pflanzen, und so sind die Schäden doch verhältnismäßig gering.
Bekämpfung: Ameisen treten oft in großer Zahl auf und sind schwer auszurotten; soweit wie möglich sollten sie geduldet werden. Wenn der Schaden gravierend ist, die Pflanzen mit Actellic gießen. Siehe auch Rasenschäden auf S. 572.

Kaninchen und Hasen

Betroffene Pflanzen: Junge Bäume, niedrigwachsende Pflanzen.
Schadbild: Die Rinde wird abgenagt, v.a. während Kälteperioden. Niedrigwachsende Pflanzen werden abgefressen.
Ursache: Kaninchen und Hasen.
Bekämpfung: Die Nager aus dem Garten mit mindestens 1 m hohen Drahtnetzen, die bis 30 cm unter Bodenniveau eingegraben sind, aussperren. Oder eine weniger aufwendige Umzäunung um gefährdete Einzelpflanzen aufstellen. Die Baumstämme mit Drahthosen oder Wildschutzspiralen schützen. Verschiedene Vergällungsmittel oder Pfefferstaub geben nur begrenzt Schutz und müssen häufig angewendet werden, damit sie überhaupt eine Wirkung haben.

Wild

Abgefressene Rosen

Betroffene Pflanzen: Die meisten Pflanzen, v.a. Bäume, Sträucher (einschl. Rosen) und krautige Pflanzen.
Schadbild: Befressene Sprosse und Blätter; die Rinde ist abgerieben, abgefegt, abgefressen.
Ursache: V.a. Reh und Hirsch, die an Trieben, Blättern und der Rinde fressen. Die Rinde wird abgeschält, wenn die männlichen Tiere mit ihren Duftdrüsen die Bäume markieren oder wenn der Bast abgefegt wird.

Wildschaden

Bekämpfung: Schutz der Anbauflächen mit mindestens 2 m hohen Maschendrahtzäunen oder um die Triebe und Baumstämme Drahthosen aufstellen.

Siehe auch: »Kohlhernie«, S. 553; »Schleimfluß/nasses Holz«, S. 557; »Rutenkrankheit/Rutensterben«, S. 557; »Grauschimmelpilz«, S. 557; »Ulmensterben«, S. 557; »Fusarium-Welke«, S. 558; »Phytophthora-Wurzelfäulen«, S. 558; »Erdraupen«, S. 559; »Wurzelkropf, Bakterienkrebs«, S. 559; »Holzschwämme«, S. 559; »Schäden durch Blitz«, S. 559; »Mechanische Verletzungen«, S. 559; »Blütenfäule«, S. 560; »Wurzelgallenälchen«, S. 564; »Engerlinge«, S. 564; »Schnakenlarven«, S. 564; »Möhrenfliegen«, S. 564; »Kohlfliegen«, S. 564.

Rasenschäden

Dürreschäden

Betroffene Pflanzen: Rasen u.a. begrünte Flächen.
Schadbild: Gelbbraune, strohähnliche Flecken auf dem Rasen; in Extremfällen verfärbt sich die gesamte Fläche. Der Schaden tritt meist im späten Frühjahr oder Sommer auf.
Ursache: Trockene Witterung und unzureichende Wasserzufuhr. Leicht durchlässige, sandige Böden sind v.a. gefährdet.
Verhütung: Am frühen Abend regelmäßig gießen, daß mit genügend Wasser in tiefere Schichten eindringen kann. Um Trockenheit besser zu überstehen, regelmäßig düngen, das geschnittene Gras auf dem Rasen liegen lassen, wenn Dürre vorhergesagt wird; den Rasen im Herbst vertikutieren und sanden. Das Gras bis zum Schnitt ziemlich lang wachsen lassen und zu kurzes Mähen vermeiden.

Katzen und Hunde

Betroffene Pflanzen: Rasen, Sämlinge, Gartenpflanzen.
Schadbild: Gärten, v.a. Rasen u.a. begrünte Flächen, sind mit Kot verschmutzt; das Gras und das Laub sind vom Urin versengt, und neu bepflanzte Flächen sind zerscharrt.
Ursache: Katzen und Hunde. Katzen bevorzugen trockenen Boden und neu angelegte Flächen.
Verhütung: Wo Hunde anderer Leute zum Problem werden, sollte man die Pflanzen von den öffentlichen, am meisten zugänglichen Gartenflächen entfernt anpflanzen. Flächen, die ständig von Katzen aufgesucht werden, sollten regelmäßig bewässert werden.

Talerflecke

Befallene Pflanzen: Rasen u.a. begrünte Flächen, v.a. solche, auf denen feinblättrige Straußgräser und der Ausläufer-Rotschwingel wachsen.
Schadbild: Kleine, strohfarbene Flecken bilden sich im Frühherbst. Zunächst haben sie einen Durchmesser von 2,5-7,5 cm, aber sie fließen ineinander und bilden größere Flächen. Mit der Zeit färben sie sich dunkel.
Ursache: Der Pilz *Sclerotinia homeocarpa*, der sich v.a. auf verdichteten Böden und bei hohem pH-Wert ausbreitet; auf alkalischen und aufgekalkten Böden tritt der Schaden am ehesten auf.
Bekämpfung: Die Bodenbelüftung verbessern und das eingetrocknete Gras entfernen.

Kümmerwuchs

Befallene Pflanzen: Rasen u.a. begrünte Flächen.
Schadbild: Das Gras ist dünn, ungleichmäßig und meist ziemlich blaß; es ist von Moos und Unkräutern durchwachsen oder von Schadorganismen befallen. Das Wachstum des Grases ist eingeschränkt.
Ursache: Wenig oder nicht geeignete Düngergaben.
Bekämpfung: Den Rasen im Frühjahr und bevorzugt im Sommer oder Herbst düngen.

Schneeschimmel

Befallene Pflanzen: Rasenflächen, v.a. mit großem Anteil von Einjährigem Rispengras *(Poa annua)*.
Schadbild: Gelbe Flecken im Rasen, oft ineinander übergehend. Bei feuchtwarmer Witterung entsteht ein weißes Pilzmyzel, so daß die Grashalme zusammenkleben. Im Spätherbst und Winter tritt dies besonders häufig auf, v.a. auf Rasenflächen, die betreten wurden, während sie mit Schnee bedeckt waren.
Ursache: Vorwiegend der Pilz *Fusarium nivale*; tritt v.a. bei schlechter Bodendurchlüftung und bei Stickstoffüberdüngung auf.
Bekämpfung: Pflege verbessern, den Rasen regelmäßig vertikutieren. Zu hohe Stickstoffdüngergaben im Spätsommer und Frühherbst vermeiden. Befallene Rasenflächen mit Du Pont Benomyl behandeln.

Schleimpilze

Befallene Pflanzen: Vorwiegend Gräser.
Schadbild: Die Grashalme sind von beigen, orangefarbenen oder weißen Fruchtkörpern bedeckt. Daraus werden die Sporen entlassen, die den Schleimpilzen ein graues Aussehen verleihen; das Gras sieht unansehnlich aus, ist aber nicht beschädigt. V.a. im späten Frühjahr und im Frühherbst.
Ursache: Schleimpilze, die sich gern in Regenperioden vermehren.
Bekämpfung: Befallene Stellen mit dem Gartenschlauch abspritzen.

»Red-Thread«-Krankheit

Befallene Pflanzen: Rasenflächen, v.a. die mit feineren Gräsern.
Schadbild: Winzige, rote, gallertige Myzelstränge, die sich verzweigen, entstehen auf kleinen Flecken, die später ausbleichen. Selten stirbt der Rasen vollständig ab.
Ursache: Der Pilz *Corticium fuciforme*, der meist nach Regenfällen auftritt. Böden mit Stickstoffmangel oder schlechter Belüftung werden befallen.
Bekämpfung: Rasenpflege verbessern und, wenn nötig, vertikutieren und düngen. Auf gepflegtem Rasen sollten Fungizide nicht eingesetzt werden; wo der Schaden gravierend ist, müßte man Derosal flüssig zur Schadensbekämpfung anwenden.

Hundsflechten

Befallene Pflanzen: Rasen u.a. begrünte Flächen in schlechtem Zustand.
Schadbild: Im Rasen erscheint ein grünschwarzes, gekräuseltes oder blättriges Pilzgeflecht mit darunterliegender, cremeweißer Schicht.
Ursache: Die Flechte *Peltigera canina*, die schlecht drainierte, schlecht durchlüftete oder beschattete Grünflächen befällt.
Bekämpfung: Die Flechten herausrechen und geeignete chemische Mittel einsetzen. Die Belüftung des Rasens und, wenn möglich, die Drainage verbessern. Das Gras regelmäßig düngen und sanden.

Algen und Flechten

Gallertartiger Fleck

Befallene Pflanzen: Rasen u.a. begrünte Flächen.
Schadbild: Schlüpfrige, grüne oder grünschwarze Flecken am Rasen.
Ursache: Gallertartige Flechten und Algen, die sich auf schlecht drainierten, schlecht belüfteten oder verdichteten Stellen ansiedeln.
Bekämpfung: Die Drainage verbessern und den Rasen belüften. Äste, die über das Gelände hängen, so daß gewisse Flächen stark beschattet oder feucht sind, herausschneiden. Biologische Markenprodukte für die Rasenpflege anwenden.

Grüner Algenschleim

Schnakenlarven

Befallene Pflanzen: Rasen u.a. begrünte Flächen.
Schadbild: Zur Sommermitte werden im Rasen braune Flecken sichtbar, und manchmal kann man die Larven sehen.
Ursache: Larven der langbeinigen Wiesenschnake (z.B. *Tipula* sp.), die Wurzeln befressen. Sie haben einen graubraunen, langgestreckten Körper, sind beinlos und bis zu 3,5 cm lang.
Bekämpfung: Befallene Flächen mit Wasser durchfeuchten und einen Tag lang mit schwarzer Folie bedecken, damit die Schnakenlarven an die Oberfläche kommen; dann kann man sie entfernen und abtöten. Ist der kommende Herbst feucht, so sind die Schäden sehr schlimm. Nach den Schnakenlarven auf den Pflanzen suchen und sie zerstören.

Engerlinge

Befallene Pflanzen: Rasen u.a. begrünte Flächen.
Schadbild: Rasenstücke sind von Vögeln, Füchsen oder Dachsen aufgerissen, da sie sich von den Engerlingen ernähren. Der Schaden tritt im Herbst auf, kann sich aber während eines milden Winters fortsetzen und wird v.a. auf sandigen Böden, wo der

Graswuchs kümmerlich ist, besonders sichtbar.
Ursache: Die an Wurzeln fressenden Larven bestimmter Käfer, v.a. des Maikäfers *(Melolontha melolontha)* und des Gartenlaubkäfers *(Phyllopertha horticola)*. Die Larven sind plump, »C«-förmig und können bis zu 2 cm lang sein. Sie haben einen weißen, braunköpfigen Körper und drei Beinpaare.
Bekämpfung: Den Rasen, wenn nötig, düngen und wässern, um den Graswuchs zu fördern. Bei ernsthaftem Schaden den Rasen mit einem zugelassenen biologischen Mittel spritzen, und zwar möglichst genau zu dem Zeitpunkt, wenn die adulten Käfer ihre Eier ablegen.

Ständerpilze

Befallene Pflanzen: Rasen u.a. begrünte Flächen.
Schadbild: Pilzliche Fruchtkörper, manchmal in sog. Hexenringen, oft auf eingegrabenen Holzabfällen. Sie verursachen meist nur geringen Schaden, aber Hexenringe verunstalten den Rasen. Es bilden sich zwei ineinanderliegende Kreise mit saftiggrünem Gras, manchmal mit mehreren Metern Durchmesser, und das Gras dazwischen stirbt ab; am Außenrand dieser Mittelzone wachsen dann Ständerpilze. In diesem Ring wächst im Boden ein weißes Pilzmyzel.
Ursache: Verschiedene Pilze, einschließl. *Coprinus*, *Mycena* und *Marasmius oreades*, der die Hexenringe bildet: Sie alle haben ein unterirdisches Myzel, und neue Flächen werden durch windbürtige Sporen infiziert.
Bekämpfung: Sobald Pilze zu sehen sind, sollte man sie entfernen, ehe sie Sporen bilden. Pilze auf abgestorbenem Holz sind zu beseitigen.

Ameisen

Befallene Pflanzen: Rasen u.a. begrünte Flächen.
Schadbild: Auf dem Rasen bilden sich hauptsächlich im Sommer kleine Häufchen aus feiner Erde.
Ursache: Ameisen (z.B. *Lasius flavus*), meist gelbbraun, die Bodenpartikel an die Bodenoberfläche bringen, um ihre unterirdischen Nester zu erweitern.
Bekämpfung: Sobald der Boden abgetrocknet ist, die Hügel entfernen. Die Fläche, in der sich die Nester befinden, mit Pyrethrum behandeln.

Regenwürmer

Befallene Pflanzen: Rasenflächen
Schadbild: Ganz kleine, schmutzige Erdhäufchen auf dem Rasen im Frühjahr und Herbst.
Ursache: Regenwürmer, die sich in der Bodenoberfläche aufhalten, v.a. die *Allolobophora*-Arten.
Verhütung: Die trockene Losung verteilen.

Maulwürfe

Betroffene Pflanzen: Rasen, Sämlinge, junge Pflanzen.
Schadbild: Auf dem Rasen und den Anbauflächen erscheinen Erdhaufen (Maulwurfshügel). Die Wurzeln junger Pflanzen und Sämlinge sind abgerissen.
Ursache: Der Maulwurf mit seiner Wühltätigkeit.
Bekämpfung: Am wirksamsten wird der Maulwurf mit Fallen bekämpft.

Pflanzenschutz

Alternativer Pflanzenschutz und ökologisches Gleichgewicht
Pflanzenschutz wird in der öffentlichen Diskussion leider oft nur auf die Anwendung von chemischen Pflanzenschutzmitteln reduziert. Daß der Begriff viel mehr ist und schon vor der Saat oder dem Pflanzen einsetzt, daß er alle Kulturmaßnahmen umfaßt, die der Pflanze in ihrer Entwicklung helfen und sie gesund erhalten, das konnte der Leser der Enzyklopädie in allen bisherigen Kapiteln erfahren.

Den besten Schutz gegen Schadorganismen bietet ein möglichst vollkommenes ökologisches System im Garten. Dies wird besonders im integrierten Pflanzenschutz verwirklicht, wo alle möglichen gartenbaulichen Maßnahmen ergriffen werden, um die Widerstandskraft der Pflanzen zu fördern.

Gerade im Hausgarten sollte man auf chemische Pflanzenschutzmittel so weitgehend wie möglich verzichten, weil man dort geringere Erträge oder schlechtere Qualitäten leichter in Kauf nehmen kann. Die erste Regel des biologischen Pflanzenschutzes besagt, daß man Gemüse nur am optimalen Standort anbaut und die Wachstumsbedingungen so günstig wie möglich gestaltet. Dazu gehören Licht, Temperatur, Wasser, Nährstoff- und Humusversorgung, Fruchtfolge, Anbautermine, Sortenwahl u.a. Einflußfaktoren.

Es gibt heute bereits eine Reihe resistenter oder weniger krankheitsanfälliger Sorten und robustere Arten von Gemüse und Blumen, deren Saatgut allerdings etwas teuerer ist. Das Abdecken mit Folie oder Vlies hält im Frühjahr Kohl-, Rettich- und Zwiebelfliegen von den Pflanzungen fern. Auch das Anlegen von Schutzmanschetten an Kohlpflanzen verhindert, daß Kohlfliegen ihre Eier ablegen können. Das Einsammeln von Raupen und Käfern vom befallenen Obst, das Abschneiden und Entfernen kranker Pflanzenteile, das Desinfizieren von benutzten Gartengeräten, aber auch von Bohnen- und Tomatenstangen oder das Feuchthalten der Beete, damit Erdflöhe keinen Schaden anrichten - all das sind mechanische Maßnahmen, die den Anbau im Garten problemloser machen.

Aktiver Pflanzenschutz heißt auch, das ökologische Gleichgewicht im Garten erhalten oder es durch artenreiche Gartengestaltung wiederherzustellen, denn damit werden die natürlichen Kreisläufe unterstützt. Dazu gehören der Schutz und die gezielte Förderung aller Lebewesen, die unseren Gartenpflanzen helfen, mit Gefahren, die ihnen von ungebetenen Gästen drohen, besser fertig zu werden. Allen tierischen Helfern im Garten sollte man Unterschlupf und Brutstätten anbieten, damit sich das nützliche Getier in kürzester Zeit erheblich vermehren kann.

Wenn es gar nicht anders geht, muß man auf chemische Mittel zurückgreifen; dabei setzt man Präparate ein, die eine möglichst kurze Wartezeit haben und selektiv wirken, nicht bienengefährlich und für Warmblüter wenig giftig sind. Nur bei überlegter, sachgemäßer und äußerst sparsamer Anwendung erhält sich der Gärtner seinen natürlichen Lebensraum, den gesunden Garten.

Auswahl der zum Pflanzenschutz verwendeten Wirkstoffe und Mittel
Verzeichnisse der amtlich zugelassenen Pflanzenschutzmittel werden jährlich neu herausgegeben. Darin erscheinen sowohl neue Mittel wie auch die Anwendungsverbote und zeitlichen Beschränkungen früher zugelassener Präparate. Daraus folgt, daß eine langfristig gültige Zusammenstellung von zugelassenen Pflanzenschutzmitteln nicht möglich ist. Jedem Freizeitgärtner sei deshalb angeraten, sich vor dem Einsatz chemischer Pflanzenschutzmittel, v.a. von Herbiziden und Insektiziden, im Fachhandel, beim zuständigen Pflanzenschutzamt oder bei den örtlichen Behörden zu informieren.

Ammoniumsulfat (Dünger)
Bendiocarb Ameisenstop, Fisons Ameisenstaub
Benomyl Du Pont Benomyl, Benlate
Borax Borocil (Dünger)
Bordeaux-Brühe (Kupferkalkbrühe zum Spritzen gegen zahlreiche Pflanzenkrankheiten)
Carbendazim Decarol flüssig, Derosal flüssig, Drawisal flüssig
Chlorpyrifos Garten-Loxiran
Difenacoum Mäusekorn Neudorff, Ratak Detia-Mäuse-Fraßköder, frunax-Mäuseköder
Dimethoat Compo Insektenvernichter, Dimethoat blau, Perfekthion Pflanzenspray, Insektenspritzmittel Roxion, Prometan, Rogor
Eisenchelatdünger
Epsomer Bittersalz (Dünger)
Gartenkalk (Dünger)
Gips (Dünger)
Insektizide Seifen (Fettsäuren): Neudosan, Pflanzenparal Sprühschutz für Obst und Gemüse
Kalidünger
Kalisulfat (Dünger)
Kalkammonsalpeter (Dünger)
Knochenmehl (Dünger)
Kupferhaltige Fungizide (mit dem Wirkstoff Kupferoxychlorid): Kupferspritzmittel Schacht u.a.
Leimringe Neudorff Raupenleimring fix-fertig, Record Raupenleimring
Lindan Etisso Pflanzenschutz spezial, Hortex Pflanzenspray
Malathion Detia Malathion-Emulsion und Neudorff Malathion-Konzentrat
Mancozeb Dithane
Metaldehyd Compo Schneckenkorn, Antischneck-Schneckenkorn, Pro Limax u.a.
Methiocarb Schneckenkorn Mesurol
Mikronährstoffe Chelat/Frittenform
Molybdän (Dünger)
Permethrin Ambush, Compo Insektenmittel
Phoxim Baythion
Pirimicarb Pirimor-Granulat
Pirimiphos-methyl Actellic
Propiconazole Desmel
Pyrethrum Spruzit (flüssig, Staub, Gartenspray, Zimmerpflanzenspray), Etisso Pflanzenschutz, Parexan Pflanzenspray
Schwefel Netzschwefel, Schwefelit
Superphosphat (Dünger)
Thiophanat-methyl Cercobin FL
Thiram Aatiram, Aapirol
Triforin Pilzfrei Saprol Neu, Tarsol Neu
Triplephosphat (Dünger)

Unkräuter

Bei Unkräutern handelt es sich um Pflanzen, die an Stellen wachsen, wo sie unerwünscht sind. Sie haben gemeinsame Merkmale: wachsen meist sehr rasch und wuchern, wobei sie mit den Kulturpflanzen um Nährstoffe und Wasser konkurrieren; außerdem können sie beinah auf jedem Boden und jedem Platz existieren und sind oft auch schwer zu bekämpfen. Unkräuter treten fast überall im Garten auf.

Nutzpflanzen sind unter gewissen Umständen den Unkräutern gleichzusetzen, was von ihrem Habitus abhängt. Wenn sie für ihren Standort zu üppig wachsen und ihre Nachbarn überwuchern oder sich überall im Garten von selbst aussäen, dann sind sie eigentlich wie »Unkraut« zu behandeln.

Klassifizierung der Unkräuter

Die einjährigen Unkräuter vollenden ihren Lebenszyklus innerhalb eines Jahres. Sie setzen Samen an, die reichlich keimen; gelegentlich können in der Wachstumsperiode sogar mehrere Generationen auftreten. Daher ist es wichtig, einjährige Unkräuter bereits im Keimlingsstadium zu beseitigen, ehe sie Samen ansetzen können.

Ausdauernde Unkräuter hingegen überdauern von Jahr zu Jahr. Manche vermehren sich durch Samen, wie die einjährigen Unkräuter, meist überdauern sie aber mit Hilfe von Speicherorganen, z.B. Rhizomen, Zwiebeln, Bulbillen, Knollen und Pfahlwurzeln. Sie können sich vermehren, weil beim Umgraben oder Fräsen kleine Rhizom- und Wurzelstücke im Boden bleiben.

Unkrautbekämpfung

Es gibt zwei Möglichkeiten, Unkräuter zu bekämpfen: entweder sie werden durch den Einsatz guter Gartenbautechniken in ihrer Entwicklung gehemmt oder man entfernt sie manuell bzw. mit mechanischen oder chemischen Maßnahmen. Für welche Methode man sich entscheidet, hängt nicht zuletzt vom Habitus der Pflanzen ab.

Pflanzen, die wie Unkraut wachsen

Hornkraut
Fast jede Pflanze kann zu einem Unkraut werden, wenn sie andere Pflanzen dominiert. Die Wuchskraft von Cerastium tomentosum *kann für einen Steingarten zu üppig werden.*

Schlingenknöterich
Oft gepflanzt, um unschöne Ecken zu kaschieren, kann Fallopia baldschuanica, *eine starkwüchsige Kletterpflanze, zierlichere Gewächse bald überwuchern.*

Einjährige Unkräuter

Wie andere Annuelle wachsen, blühen, fruchten und sterben einjährige Unkräuter innerhalb eines Jahres ab. Sie treten häufig auf regelmäßig bearbeiteten Flächen auf, z.B. auf Gemüsebeeten oder in Sommerblumenrabatten, wo durch wiederholtes Umgraben die ausdauernden Arten ausgerottet werden. Weil sie so rasch wachsen, sind sie in Kulturen, die aus Samen an Ort und Stelle herangezogen werden, schädlich; sie beeinträchtigen langsamer wachsende Pflanzen, weil sie mit ihnen um Wasser, Nährstoffe und Licht konkurrieren.

Die Notwendigkeit ihrer Bekämpfung

Es ist wichtig, die einjährige Unkrautflora vor dem Samenansatz zu bekämpfen, da die leichten Samen mit dem Wind verbreitet werden und prompt keimen. Bei rasch abreifenden Arten, z.B. dem Hirtentäschel, können in einer Vegetationsperiode mehrere Generationen auftreten. Die Vogelmiere ist ebenfalls ein sehr stark wucherndes Unkraut, das bereits im Keimlingsstadium bekämpft werden sollte. Ihre Samen keimen bereits im Herbst, setzen im milden Winter ihr Wachstum fort und bilden dichte Matten.

Sobald sie einmal abgefallen sind, können viele Samen in tiefere Bodenschichten gelangen und verharren dort Jahre, bis sie durch Bodenbearbeitung wieder an die Bodenoberfläche gebracht werden. Dann keimen sie und wachsen rasch.

Bekannte einjährige Unkräuter

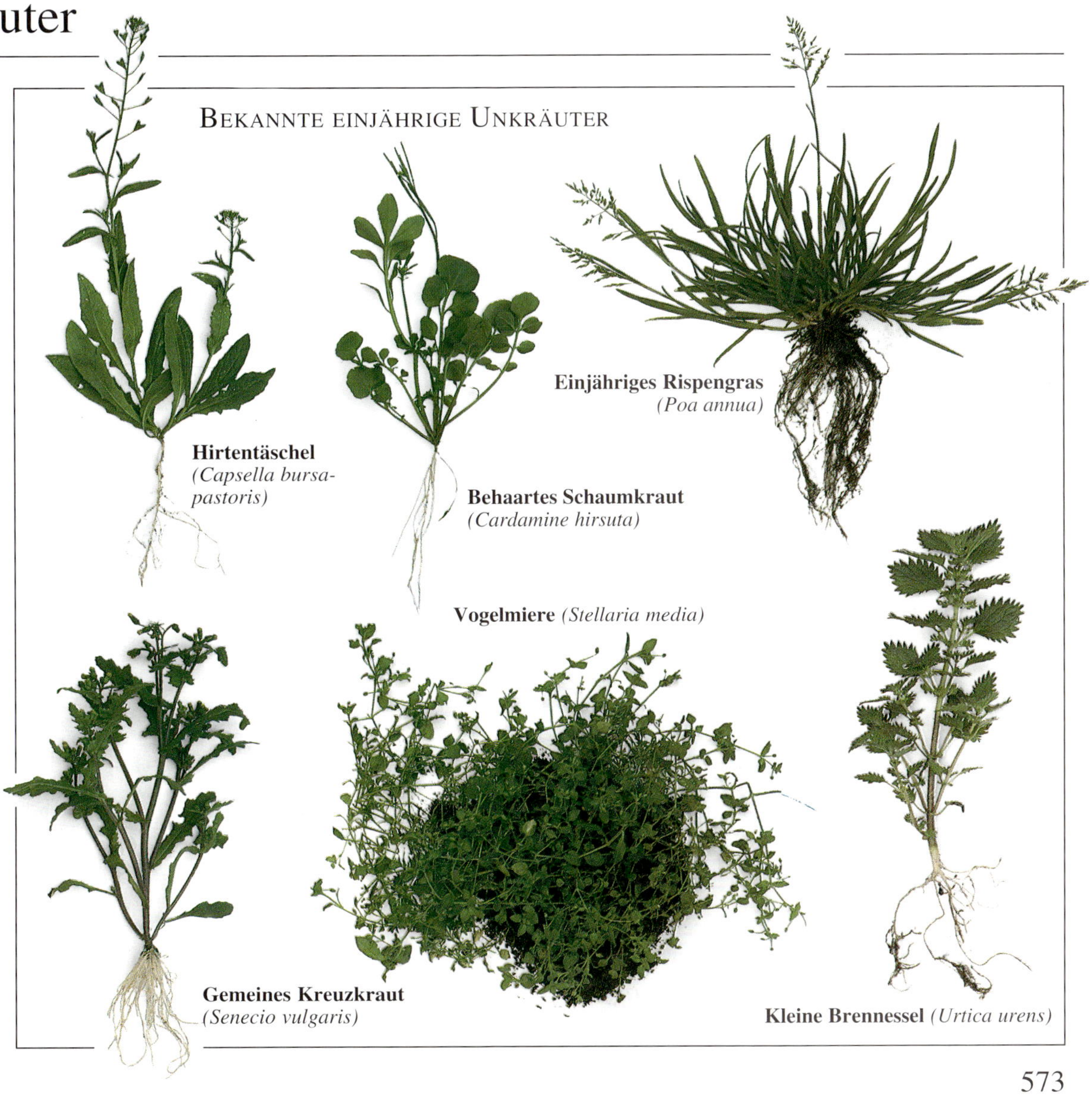

Hirtentäschel *(Capsella bursa-pastoris)*

Behaartes Schaumkraut *(Cardamine hirsuta)*

Einjähriges Rispengras *(Poa annua)*

Vogelmiere *(Stellaria media)*

Gemeines Kreuzkraut *(Senecio vulgaris)*

Kleine Brennessel *(Urtica urens)*

Ausdauernde Unkräuter

Ausdauernde Unkräuter überdauern von Jahr zu Jahr, weil sie Winterkälte und Sommerhitze überstehen, Ruhepausen einlegen können und weil sie in ihren Wurzeln, Zwiebeln, Rhizomen oder Knollen Nahrungsreserven gespeichert haben.

Man teilt sie in krautige Pflanzen und Arten mit holzigen Trieben. Krautige ausdauernde Arten sterben im Herbst oberirdisch ab. Sie überdauern den Winter durch Nahrungsreserven in den Wurzeln und treiben im Frühjahr wieder aus. Die Brennessel, der Stumpfblättrige Sauerampfer *(Rumex obtusifolius)* und die Ackerwinde sind die besten Beispiele. Zu dieser Gruppe gehören auch die stengellosen ausdauernden Unkräuter; ihre Blätter wachsen direkt aus der Wurzel oder dem Rhizom, Beispiele sind Löwenzahn und Giersch.

Ausdauernde Unkräuter mit holzigen Trieben, z.B. Schwarzer Holunder und Brombeere, überdauern den Winter durch Nahrungsreserven in Trieben und Zweigen. Auch der immergrüne Efeu mit seinen holzigen Trieben kann ein wucherndes Unkraut sein.

Ausdauernde Unkräuter haben fleischige unterirdische Wurzeln, Rhizome u.a. Speicherorgane, die schwer zu bekämpfen sind. Das Hacken und Graben sowie die maschinelle Bodenbearbeitung tragen dazu bei, daß Wurzeln und Rhizome in Stücke zerteilt überdauern und weiterwachsen. Bei den meisten ausdauernden Unkräutern ist der Herbizideinsatz die wirksamste Methode.

Unkraut verhindern

Beide, die einjährigen wie die ausdauernden Unkräuter können an ihrer Ausbreitung gehindert werden.

Bodenbearbeitung

Vor dem Auspflanzen ist die Fläche entweder manuell oder im Extremfall mit chemischen Mitteln unkrautfrei zu machen. Unkräuter sind oft schwer zwischen den eingewachsenen Pflanzen herauszureißen; sie müssen dann aufgenommen und die Unkräuter aus dem ausgeschüttelten Wurzelballen herausgezogen werden.

Durch Aufkalken sehr saurer Böden werden einige Rasenunkräuter, z.B. Hainsimse *(Luzula campestris)*, unterdrückt.

Anbau gesunder Pflanzen

Kräftige, gesunde Pflanzen können mit den Unkräutern viel erfolgreicher konkurrieren als schwache oder kranke. Pflanzen mit ausladenden Blättern beschatten den Boden, so daß durch die Bodenbedeckung Unkraut am Keimen gehindert wird.

Einige Gemüsearten, z.B. Kartoffeln, unterdrücken einjährige Unkräuter, und man kann sie anbauen, um eine unkrautfreie Fläche für Folgekulturen zu bekommen (siehe Der Gemüsegarten, »Fruchtwechsel«, S. 307).

Bodendecker

Manche Pflanzen bilden dichte Teppiche, wodurch die Keimung der Unkrautsamen unterdrückt wird. Sie sind gut für Gartenstücke, wo wegen Beschattung oder sehr nassem bzw. trokkenem Boden sich die Unkrautflora kräftig entwickelt. Bodendecker sind sorgfältig auszusuchen, denn einige Pflanzen wuchern.

Mulchen

Im Frühjahr ist eine 2,5-5 cm dicke, unkrautfreie Mulchschicht aus organischem Material, z.B. Lauberde, Torfersatzprodukte oder kompostierte Rinde, auszubringen, die die Keimung der Unkrautsamen verhindern und Unkrautsämlinge unterdrücken hilft. Gartenkompost oder ungenügend verrotteter Mist ist dazu weniger geeignet, da sich darin oft Unkrautsamen befinden.

Vorhandene Dauerunkräuter können durch die Mulchschicht wachsen, aber da sie im lockeren Material ihre Wurzeln bilden, kann man sie leicht ausziehen.

Schwarze Mulchfolie

Schwarze Kunststoffolie, direkt auf den Boden gelegt, verhindert das Aufkommen einjähriger Unkräuter. Sie kann auch gegen ausdauernde Unkräuter eingesetzt werden: Ackerschachtelhalm und Ackerwinde werden stark dezimiert, wenn die Fläche mindestens zwei Vegetationsperioden damit bedeckt bleibt. Die Folie sollte aus optischen Gründen mit Rindenmulch abgedeckt werden. Schwarze Mulchfolie ist v.a. im Obst- und Gemüsegarten gut einsetzbar; man versieht sie mit Schlitzen, durch welche die Kulturpflanzen wachsen können.

Unkrautbekämpfung

Sobald einmal Unkräuter vorhanden sind, kann man sie auf dreierlei Weise ausrotten: durch Jäten, durch mechanische und chemische Bekämpfung: Es gibt drei verschiedene Arten von Herbiziden. die einen wirken auf die Blätter, andere auf den Boden und manche auf spezielle Pflanzenarten.

Ausdauernde Unkräuter

Unkräuter mit Rhizomen und Stolonen

Giersch *(Aegopodium podagraria)*

Zaunwinde *(Calystegia sepium)*

Ackerdistel *(Cirsium arvense)*

Ackerwinde *(Convolvulus arvensis)*

Huflattich *(Tussilago farfara)*

Weidenröschen *(Epilobium* sp.*)*

Quecke *(Elymus repens)*

Schachtelhalm *(Equisetum arvense)*

Wilde Sumpfkresse *(Rorippa sylvestris)*

Unkrautjäten und Hacken

Unkrautjäten und Hacken sind oft die einzige mögliche Unkrautbeseitigung in Blumenbeeten, im Gemüsegarten und auf kleinen Gartenstücken, wo Herbizide nicht ausgebracht werden sollen.

Kleine Flächen mit ausdauernden Unkräutern, z.B. Giersch oder Quekke, sollte man tief hacken. Dabei muß man darauf achten, daß im Boden keine Rhizom-, Wurzelstücke oder Bulbillen zurückbleiben, die erneut austreiben. Nach ca. einem Monat erneut kontrollieren und jeden Neuaustrieb entfernen.

Wenn möglich, bei trockener Witterung Unkraut jäten oder hacken, damit das Unkraut leicht aus dem Boden entfernt werden kann. Bei nassem Wetter das herausgerissene Unkraut vom Boden entfernen, damit es nicht wieder anwurzelt. Ganz vorsichtig sollte man um die angebauten Pflanzen herumhacken, damit die Wurzeln nahe der Oberfläche nicht beschädigt werden.

Blattherbizide

Blattherbizide dringen über die Blätter oder grüne Sproßteile in die Unkräuter ein und werden mit einem Spritzgerät oder einer Gießkanne und einer feinen Brause oder einem Gießbalken ausgebracht. Es gibt zwei verschiedene Typen. Der eine wirkt durch Translokation der Wirkstoffe von den Blättern in die Wurzeln, so daß beide, einjährige und ausdauernde Unkräuter vernichtet werden. Der zweite Typ besitzt Kontaktwirkung und vernichtet die Unkräuter nur bei direkter Berührung, tötet aber nicht die Wurzeln der ausdauernden Unkräuter. Einige Herbizide wirken sowohl über die Blätter als auch über die Wurzeln.

Bodenherbizide

Diese werden auf den Boden aufgebracht und von den Wurzeln der Unkräuter aufgenommen. Von da werden sie in die grünen Pflanzenteile transportiert und töten die Unkräuter ab, indem sie in ihren Stoffwechsel eingreifen. Sie bleiben lange im Boden aktiv und vernichten die Unkräuter, sobald die Samen keimen. Sie töten bereits vorhandene einjährige Unkräuter ab und können auch viele lästige Dauerunkräuter vernichten oder unterdrücken. Wenn man beabsichtigt, mit Bodenherbiziden behandelte Flächen zu nutzen, sollte man die Hinweise des Herstellers genau beachten und nicht aussäen oder pflanzen, ehe die empfohlene Wartezeit vergangen ist.

Selektive Herbizide

Die meisten selektiven Herbizide töten breitblättrige Unkräuter ab und schaden schmalblättrigen Gräsern nicht. Demgegenüber vernichtet Alloxydim-Natrium die meisten Gräser, wirkt aber nicht auf die nicht grasartigen Zierpflanzen.

Die chemischen Wirkstoffe

Glufosinate-Ammonium (Kontaktwirkung) und **Paraquat** mit **Deiquat** (Kontaktwirkung) zeigen rasche Wirkung und vernichten einjährige, breitblättrige Unkräuter. Sie sind gegen einjährige Unkräuter, die überwintert haben, einzusetzen, ehe im Frühjahr ausgesät oder gepflanzt wird. Sie bauen sich im Boden rasch ab.

Glyphosat (Translokation, Blattherbizid) ist eines der brauchbarsten Herbizide, um Dauerunkräuter zu bekämpfen. Es ist ein Blattherbizid mit Translokation in die Wurzeln, das auch schwer bekämpfbare Unkräuter abtötet oder in ihrer Entwicklung stark hemmt. Es besitzt keine selektive Wirkung und sollte daher von allen Freilandpflanzen ferngehalten werden. Bei den meisten Unkräutern wirkt es sehr gut, wenn das Wachstum weit fortgeschritten ist, in der Regel etwa ab Sommermitte (die Anweisungen der Hersteller sind genau zu befolgen!). Da der Wirkstoff im Boden rasch abgebaut wird, ist es ungefährlich, gleich nach dem Absterben der Unkräuter Pflanzen anzubauen.

Alloxydim-Natrium (Aufnahme über die Blätter) ist ein selektives Herbizid, das die meisten ausdauernden »Ungräser« vernichtet, ohne daß nicht grasartige Zierpflanzen davon betroffen werden. Es ist v.a. bei der Bekämpfung von Quecke in Rabatten und Steingärten brauchbar.

Ammonium-Sulphamat (Wirkung über das Blatt und den Boden) bekämpft mehrjährige Unkräuter mit holzigen Trieben, z.B. Brombeere und Sämlinge von Bäumen. Wo sie nicht leicht herausgegraben werden können, schneidet man sie so zurück, daß ein kurzer Stummel übrigbleibt. Dann benetzt man die neue Schnittfläche und den gesamten Stummel bis zum Boden mit einer Ammonium-Sulphamat-Lösung. Das Abfließen in den Boden, wo sich möglicherweise die Wurzeln benachbarter Freilandpflanzen befinden, sollte man vermeiden.

Dichlobenil (ein granuliertes Bodenherbizid) wird vor Wachstumsbeginn auf den Boden ausgebracht, um eingewachsene Obstbäume und -sträucher, einige Ziersträucher (auch Rosen) und eine Reihe von Unkräutern (z.B. Giersch) zu bekämpfen oder zu unterdrücken und um auflaufende Unkrautsamen zu vernichten. Es bleibt im Boden zurück und wirkt über mehrere Monate.

Amitrol (Blattherbizid, Translokation) wird in der Regel mit Kontakt- und Bodenherbiziden gemischt, um Unkräuter zu vernichten, die sich in Schlitzen und Spalten auf gepflasterten Flächen ausgebreitet haben.

Unkräuter mit Knollen und fleischigen Wurzeln

Zaunrübe *(Bryonia dioica)*

Sauerklee *(Oxalis corymbosa* und *O. latifolia)*

Scharbockskraut *(Ranunculus ficaria)*

Unkräuter mit tiefgehenden Wurzeln

Knöterich *(Polygonum japonicum,* syn. *P. cuspidatum* und *Fallopia japonica)*

Brombeere *(Rubus fruticosus)*

Ampfer *(Rumex* sp.)

Große Brennessel *(Urtica dioica)*

Bei Herbizid-Einsatz beachten

- Beim Mischen und Ausbringen Schutzkleidung tragen, z.B. Gummihandschuhe, alte Kleidungsstücke.
- Bei windigem Wetter keine Herbizide ausbringen; Gefahr der Abdrift; Nachbarkulturen können Schaden erleiden.
- Herbizide nur den Empfehlungen des Etiketts entsprechend einsetzen, z.B. nicht ein zur Bekämpfung von Unkräutern auf Wegen zugelassenes Herbizid im Rosenbeet verwenden.
- Lösliche Herbizide nur nach Gebrauchsanweisung des Herstellers verdünnen.
- Herbizide mit vorgeschriebener Dosierung (Etikett!) ausbringen.
- Herbizide immer in der Originalpackung belassen und sicherstellen, daß die Etiketten gut befestigt sind, damit der Inhalt erkennbar ist.
- Verdünnte Herbizide nie für späteren Gebrauch aufbewahren.
- Stets außerhalb der Reichweite von Kindern und Tieren aufbewahren, bevorzugt in einem verschließbaren Schrank im Geräteraum.

Rasenunkräuter

Zu den unangenehmsten Rasenunkräutern zählen: Ehrenpreis *(Veronica filiformis)*, Hainsimse *(Luzula campestris)* und Rispengras *(Poa annua)*. Diese hartnäckigen Unkräuter sprechen auf Rasenherbizide nicht an, und es bedarf anderer Bekämpfungsmaßnahmen.

Unkrautwuchs und Moos verhindern

Gute Rasenpflege ist eine wirksame Vorbeugemaßnahme. Hat man viele Unkräuter im Rasen, so ist das ein Zeichen dafür, daß der Graswuchs nicht kräftig genug ist. Fehlende oder unregelmäßige Düngergaben und Dürre zählen zu den häufigsten Ursachen für schlechten Wuchs. Bodenverdichtung, zu kurzer und zu häufiger Rasenschnitt kann auch dazu führen, daß sich Moos darin ausbreitet. (Näheres zu richtiger Rasenpflege siehe S. 285-290.)

Derbe Ungräser (z.B. *Holcus lanatus*) können zum Problem werden. Die Horste oder damit verunkrautete Flächen müssen aus- oder umgestochen und mit Rasensoden bedeckt bzw. begrünt werden, auch Neuaussaat kann erforderlich sein. Auch das Ausharken vor dem Mähen und das Herausziehen der kriechenden Triebe hindert ausläuferbildende Unkräuter wie Klee, Ehrenpreis und Ampferarten an der Ausbreitung.

Rasenunkräuter bekämpfen

Wenn Unkräuter bereits im Rasen vorhanden sind, gibt es je nach Unkrautbesatz zwei Bekämpfungsmethoden. Wenn sie nur vereinzelt auftreten, können sie manuell entfernt werden. Ansonsten sind sie mit einem geeigneten Herbizid zu bekämpfen.

Das Unkrautjäten

Jäten mit der Hand ist eine wirksame Methode, um vereinzelt auftretende Rosetten-Unkräuter wie Gänseblümchen, Löwenzahn und Spitzwegericharten zu entfernen. Um die Unkräuter herauszuziehen, benützt man einen Krümmer oder eine Handgabel, danach tritt man die lockere Grasnarbe wieder fest.

Bekämpfung von Moos

Zur Bekämpfung von Moos kann man Mittel gegen Moosbildung oder Rasensand verwenden. Dies ist jedoch nur eine vorübergehende Lösung, wenn nicht die Ursachen für die Moosbildung herausgefunden und beseitigt werden.

Chemische Unkrautbekämpfung

Herbizide, die speziell für die Anwendung im Rasen bestimmt sind, wirken durch Translokation – die Wirkstoffe werden von den Blättern in die Wurzeln transportiert. Die Unkräuter fangen einige Tage nach der Anwendung an, sich einzudrehen und zu verwelken. Es sind selektive Mittel, die bei Einhaltung der Konzentration Rasengräser nicht schädigen, aber man sollte sie nicht vor Ablauf von 6 Monaten nach der Keimung auf Grassämlingen ausbringen.

Chemische Wirkstoffe

Zugelassene Rasenherbizide setzen sich meist aus mehreren Wirkstoffen zusammen, um ein breiteres Spektrum von Unkräutern und Ungräsern zu bekämpfen.

2,4-D, ein selektives Herbizid, ist v.a. gegen breitblättrige Rosetten-Un-

RASENUNKRÄUTER

Schafgarbe *(Achillea millefolium)*

Gemeines Hornkraut *(Cerastium fontanum*, syn. *C. vulgatum)*

Kleines Habichtskraut *(Hieracium pilosella)*

Hainsimse *(Luzula campestris)*

Breitwegerich *(Plantago major)*

Kleine Brunelle *(Prunella vulgaris)*

Kriechender Hahnenfuß *(Ranunculus repens)*

Kleiner Sauerampfer *(Rumex acetosella)*

Niederliegendes Mastkraut *(Sagina procumbens)*

Kleiner Klee *(Trifolium dubium)*

Weißklee *(Trifolium repens)*

Faden-Ehrenpreis *(Veronica filiformis)*

kräuter wirksam, z.B. Wegerich und Gänseblümchen.
Mecoprop vernichtet verschiedene, schwer bekämpfbare, kleinblättrige und kriechende Unkräuter, z.B. Klee und Schafgarbe. Es ist in der Regel mit 2,4-D kombiniert.
Dichlorophen vernichtet Moos im Rasen. Es wirkt sehr rasch.
Eisensulfat ist der Wirkstoff im Rasensand; es wird zur Bekämpfung von Moos verwendet.
MCPA, ein selektives Mittel, wird sowohl bei Mischverunkrautung als auch als Rasenherbizid eingesetzt, um Unkräuter zu bekämpfen, die sich gegen andere Wirkstoffe als resistent erwiesen haben.
Dicamba wird gewöhnlich in Mischungen mit 2,4-D oder MCPA angewendet, um ein breiteres Unkrautspektrum zu erfassen.
Kalk kann man als leichte Winterdüngung auf sehr saure Böden in Form von kohlensaurem Kalk mit 50g/m^2 ausbringen, um den Wuchs von Ampfer und Hainsimse einzudämmen. Durch mehrmaliges Behandeln mit 2,4-D-Präparaten können Ampferarten ebenso bekämpft werden, aber Hainsimse ist gegen alle Rasenherbizide resistent.

Der Einkauf von Herbiziden

Rasenherbizide werden in der Regel als flüssige Konzentrate verkauft und müssen nach Gebrauchsanweisung verdünnt werden.

Das Ausbringen von Herbiziden

Zu Beginn der Vegetationsperiode sollte man den Rasen ausreichend düngen. Zwei oder drei Wochen später, wenn Gräser und Unkräuter kräftig wachsen, ist dann das Herbizid auszubringen.

Fahrbare Spritzgeräte sollten nur auf großen Flächen eingesetzt werden; eine Gießkanne mit einer feinen Brause oder einem Gießbalken eignet sich für kleine Rasenflächen besser. Man teilt den Rasen mit Hilfe zweier Gartenschnüre in Streifen ein, um sicherzustellen, daß das Gras ganz gleichmäßig versorgt wird.

Nach dem Mähen sollte man noch zwei oder drei Tage abwarten, ehe man das Herbizid ausbringt, damit die Unkräuter noch neue Blattflächen ausbilden können, um die Wirkstoffe aufzunehmen. 2-3 Tage nach dem Spritzen sollte der Rasen nicht gemäht werden, damit die Herbizide während dieser Zeit wirken und sich in die Wurzeln verlagern können.

Wie oft sollte man sie anwenden?

Einige Rasenunkräuter, z.B. Gänseblümchen und Wegerich, werden mit ein- oder zweimaliger Herbizidanwendung vernichtet; andere, z.B. Kleearten, benötigen im Abstand von vier bis sechs Wochen 2-3 Anwendungen. Der Ehrenpreis z.B. kann auch mehrere Spritzbehandlungen überstehen.

Falls ein Unkraut bei wiederholter Anwendung verschiedener Herbizide keine Reaktion zeigt, dann ist die einzige Lösung, es manuell abzutragen. Das bedeutet dann, entweder die verunkrauteten Flächen abzutragen und erneut zu begrünen oder den Rasen zu düngen, zu vertikutieren und zu ärifizieren, um so den Graswuchs zu verstärken und das Unkraut zu schwächen.

Vernachlässigte Stellen

Je nachdem wie lange die Fläche vernachlässigt worden und wie stark der Unkrautwuchs ist, müssen verschiedene Maßnahmen ergriffen werden, die sich sogar über mehrere Vegetationsperioden erstrecken können.

Kurzzeitige Vernachlässigung

Auf Flächen, die nur ein Jahr nicht bearbeitet wurden, wachsen meist nur einjährige Unkräuter. Sie sollten im Frühjahr oder Sommer mit 1-2 Kontaktherbizidbehandlungen (Wirkstoffe: Paraquat + Deiquat oder Glufosinate-Ammonium) abgetötet werden. Dies hat noch den Vorteil, daß alle jungen Dauerunkräuter, die bereits ausgetrieben haben, entblättert und geschwächt werden; vernichtet werden sie nicht. Man sollte sie 2-3 Wochen nach der Anwendung, wenn sie wieder ausgetrieben haben und identifiziert werden können, ausgraben.

Wenn irgendwelche Unkrautsämlinge in der Zwischenzeit sichtbar werden, sollte man sie untergraben.

Unkrautbeseitigung im Winter

Wenn eine Fläche im Winter von Unkräutern freigemacht wird, sollten bei einjährigen Unkräutern die überwinternden Triebspitzen mit einem Kreiselmäher entfernt werden. Dann sind alle mehrjährigen Unkräuter, möglichst vor der Bearbeitung der Fläche, mit der Hand auszugraben.

Vernachlässigung über längere Zeit

Nach einem zweiten Jahr ohne Anbau konkurrieren die Dauerunkräuter schon mit den einjährigen Unkräutern. Wenn die Fläche noch ein weiteres Jahr brach bleibt, wird die Unkrautpopulation in der Regel sehr groß sein, und die Vegetation nur aus ausdauernden Unkräutern bestehen. Hier ist es zweckmäßig, Herbizide einzusetzen, die durch Translokation oder über den Boden wirken. Dafür verwendet man eine Wachstumsperiode, damit die Behandlung greift.

Das Abschneiden der Unkräuter

Wenn man im Frühjahr mit der Säuberung beginnt, sollte man die Unkräuter mit holzigen Trieben, z.B. Brombeeren oder Holunder, bis auf 30-45 cm über dem Boden abschneiden. Darauf ist die ganze verunkrautete Fläche mit Ammonium-Sulphamat zu spritzen. Mit dem Einsatz dieses Herbizids verfolgt man zwei Ziele: es tötet nicht nur holzige Unkräuter ab, sondern ist auch gegen derbere Ungräser und breitblättrige Dauerunkräuter wirksam. Die Wirkung im Boden hält ca. 3 Monate an, was ein Nachteil ist; da es sehr leicht löslich ist, verteilt es sich rasch im Boden. Aus dem Grund sollte man es nicht einsetzen, wo man Wurzeln von Gehölzen vermutet oder wo es in Kulturflächen eindringen und sich dort auf das Pflanzenwachstum auswirken kann.

Alle Unkräuter, die die Behandlung mit Ammonium-Sulphamat überstehen und im Spätsommer erneut wachsen, können dann mit Glyphosat behandelt werden.

Spritzen im Sommer

Eine andere Methode ist, im Frühjahr das Unkraut abzumähen und es bis zur Sommermitte unkontrolliert wachsen zu lassen; dann spritzt man die Fläche mit Glyphosat. Von diesem Präparat werden die nach dem Frühjahrsschnitt kräftig wachsenden jungen Triebe besonders gut erfaßt. Das Herbizid, das durch Translokation wirkt, braucht drei bis vier Wochen bis sich eine Wirkung zeigt; es bleiben keine schädlichen Rückstände im Boden, und sobald die Unkräuter abgestorben sind, kann die Fläche bearbeitet und darauf gepflanzt werden. Bei sehr hartnäckigen Unkräutern, wie Schachtelhalm und Winde, sind lokale Nachbehandlungen mit Glyphosat nötig, möglicherweise über 2-3 Vegetationsperioden.

Brachliegendes Land

Soll früher kultiviertes Land brach bleiben und ist es frei von Dauerunkräutern, dann kann man die Fläche durch regelmäßige, leichte Bearbeitung periodisch das ganze Jahr über mit einer Hacke oder einem Rotorkrümler offen halten. Alternativ können Unkräuter nach dem Auflaufen periodisch durch Kontaktherbizide mit den Wirkstoffen Paraquat + Deiquat oder Glufosinate-Ammonium bekämpft werden.

UNKRAUTBESEITIGUNG VON HAND
Dauerunkräuter von einer nur kurz vernachlässigten Fläche entfernt man von Hand. Wenn man im Frühjahr oder Sommer die Fläche freimacht, sollten die Unkräuter mit einem Herbizid entblättert werden. Dann wartet man einige Wochen, ehe man die Unkräuter auszieht. Im Winter sind die nach dem Fräsen verbliebenen Unkräuter zu entfernen.

Unkräuter in Fugen und Spalten

Unkräuter in Fugen, auf Wegen und im Mauerwerk sind schwer mit der Hand zu beseitigen, so daß in der Regel eine chemische Behandlung erforderlich ist.

Herbizide auf Wegen

Frühzeitig im Frühjahr sollte ein für die Anwendung auf Wegen zugelassenes Herbizid ausgebracht werden. Solche Mittel sind eine Mischung aus Kontakt- und Bodenherbiziden, letzteres verbleibt gewöhnlich über mehrere Monate aktiv.

Ausdauernde Unkräuter auf Wegen lassen sich durch Punktbehandlung bekämpfen oder sind mit Glyphosat, wenn der Neuaustrieb sehr kräftig ist, zu besprühen. Dichlobenil-Granulat wird vorsichtig in die Pflastersteinfugen gestreut.

8

Grundlagen der Botanik

Botanik – *die Wissenschaft von den Pflanzen - umfaßt mehrere Wissenszweige. Die Kenntnis der botanischen Grundlagen hilft dem Gärtner, die den Gartenbautechniken zugrundeliegenden Prinzipien zu verstehen, die Pflanzen gesund zu halten, damit sie hübsch aussehen beziehungsweise hochwertige Nahrungsmittel liefern, und passendes Pflanzenmaterial für die Fortpflanzung zu erhalten. Die Kenntnis der inneren Pflanzenstrukturen (Anatomie) und des äußeren Aufbaus (Morphologie) ermöglicht zum Beispiel, erfolgreich zu veredeln oder Schnitte zu machen, die schnell heilen. Physiologie ist die Wissenschaft vom pflanzlichen Stoffwechsel. Mit ihrer Hilfe erkennt man den Wasser- und Lichtbedarf einer Pflanze, die Rolle der Nährstoffe beim Pflanzenwachstum, versteht Photosynthese, Transpiration und Respiration. Taxonomie - das Erkennen und die Einteilung der Pflanzen - kann enge Beziehungen zwischen Gattungen und Arten aufzeigen, die oft ähnliche Bedürfnisse haben.*

Pflanzenvielfalt

Es gibt über 250.000 Arten samentragender Pflanzen: Einjährige, die in einem Jahr oder noch kürzerer Zeit blühen, Samen bilden und absterben; Zweijährige, die im 1. Jahr aus dem Samen aufwachsen, im 2. blühen, Samen bilden und absterben; und Ausdauernde, die mehrere bis viele Jahre leben. Bei Kräutern und Stauden spricht man von Ausdauernden, während Bäume und Sträucher als Gehölze bezeichnet werden. Pflanzen haben Wurzeln, Stengel, Blätter und Blüten sowie Früchte; sie können für bestimmte Zwecke und Umgebungen modifiziert sein.

Wurzeln

Sie verankern Gewächse im Boden und nehmen Wasser und Mineralsalze auf, aus denen die Pflanze ihre Nahrung erzeugt. Fleischige Pfahlwurzeln dringen senkrecht nach unten und bilden spärliche, feinverzweigte Seitenwurzeln. Faserwurzeln enthalten ein Netzwerk von fadendünnen Wurzeln, die vom Grund des Stengels oder bei einigen Pflanzen aus Pfahlwurzeln entspringen. Die Wurzelspitzen tragen zarte Wurzelhaare; sie halten die Verbindung zum Boden, aus dem sie Wasser und Mineralstoffe aufnehmen. Wurzeln können zu Speicherorganen werden, z.B. bei vielen Erdorchideen, oder zu verdickten Pfahlwurzeln wie bei Karotten.

Stengel

Pflanzenstengel bilden das oberirdische Gerüst der Pflanze, sind Stützen für Blätter, Blüten und Früchte. Einige Zellen des Stengels haben die Aufgabe, ein starkes Gerüst auszubilden;

Teile einer Pflanze

Polyanthus (Primula)

Wurzelsysteme

Alle Wurzeln saugen Wasser und Mineralstoffe auf und verankern die Pflanze; manche speichern Nährstoffe.

Faserwurzeln
Das sind Adventivwurzeln, sie entspringen direkt einem Rhizom (hier Bartiris).

Pfahlwurzel

Verdickte Pfahlwurzel

Stengeltypen

Krautige Stengel
Diese einjährigen Stengel sterben im Herbst bis auf einen überwinternden Wurzelstock ab. Sie (hier Sedum spectabile*) werden durch verdicktes Stützgewebe meist unter der Epidermis verstärkt.*

Holzige Stengel
Die stabile Struktur der Stämme und Zweige von Gehölzen (hier Platanus x acerifolia*) bildet sich aufgrund sekundären Dickenwachstums – ein Vorgang, der neues Leitgewebe mit ligninhaltigen Zellen bildet.*

Zwiebel
Dieser abgewandelte Stengel dient als unterirdisches Speicherorgan; die Pflanze (hier Narcissus*) kann ruhen, solange die Bedingungen für das Wachstum ungünstig sind. Die Zwiebel besteht aus Zwiebelkuchen und fleischigen, abgewandelten Blättern oder Blattblasen in Form von Schuppen.*

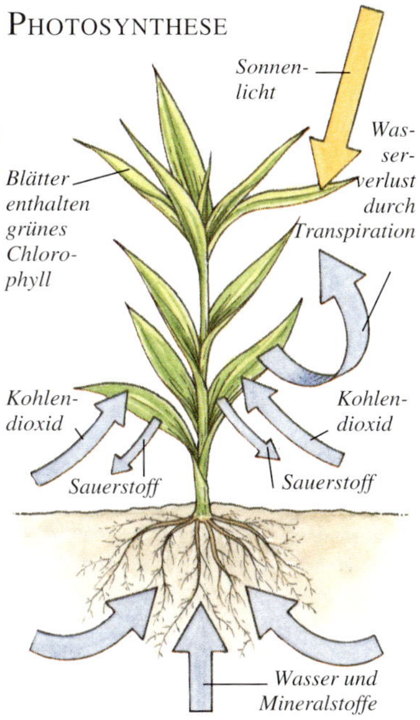

Wasser und Kohlendioxid werden in Kohlenhydrate und Sauerstoff umgewandelt; dabei wird die Energie des Sonnenlichts genutzt, die das Chlorophyll in den Blättern auffängt.

andere leiten Wasser und Mineralstoffe (das Xylem) oder Nährstoffe (das Phloem) von den Blättern zu allen Teilen der Pflanze. Oft sind Stengel für andere Zwecke modifiziert. Knollen und Rhizome sind verdickte, unterirdische, für die Nährstoffspeicherung spezialisierte Stengel; die oft verdickten Stengel der Kakteen enthalten wasserspeicherndes Gewebe.

Blätter

Die Form der Blätter ist mannigfaltig; sie können auch zu Dornen oder Blattranken umgebildet sein. Blätter sind die Verarbeitungszentren der Pflanze. Sie enthalten den grünen Farbstoff Chlorophyll, der die Energie des Sonnenlichts aufnimmt, um durch die Photosynthese Kohlendioxid aus der Luft und Wasser aus dem Boden in Kohlenhydrate umzuwandeln. Das Nebenprodukt, der Sauerstoff, ist für jedes Leben unerläßlich. Die Energie, die den Pflanzenstoffwechsel antreibt, stammt aus der Respiration, durch die Kohlenhydrate in Energie, Kohlendioxid und Wasser zerlegt werden. Blätter haben meist eine große Oberfläche, um möglichst viel Licht aufnehmen zu können; sie sind dünn genug, um das Licht in die chlorophyllhaltigen Zellen eindringen zu lassen und den Gasaustausch zu fördern. Ihre Oberflächen enthalten Spaltöffnungen (Stomata), durch die Sauerstoff und Kohlendioxid aus- und eintreten können. Die Stomata regeln auch die Wasserverluste durch Transpiration. Starkes Verdunsten von Wasserdampf durch die Blätter und zu geringer Nachschub über die Wurzeln sind Ursachen für das Welken. Obwohl nur 1 Prozent des Frischgewichts der Pflanzen aus Mineralien besteht, sind diese lebenswichtig. In gelöster Form sind sie direkt am Wasserhaushalt der Zellen beteiligt und helfen, den Stoffaustausch zwischen den Zellen zu regulieren. Sie halten den richtigen pH-Wert auf entsprechendem Niveau und sind unentbehrliche Bestandteile des Chlorophylls und der Enzyme, beides biologische Katalysatoren.

Früchte und Samen

Mit Hilfe ihrer Samen pflanzen sich blühende Pflanzen fort. Jeder Samen entwickelt sich aus einer befruchteten Eizelle, eine Frucht enthält einen oder mehrere Samen. Früchte verbreiten ihre Samen auf verschiedene Weise. Bei einigen keimen die Samen schnell und ohne Behandlung, bei anderen müssen sie vorbehandelt werden (siehe S. 535).

Schoten und Kapseln sind Öffnungsfrüchte, sie springen an den Nähten auf und streuen die Samen aus, z.B. Akelei und Veilchen. Schließfrüchte wie Haselnuß und Eßkastanie, bei denen ein einzelner Same von einer harten Schale umschlossen wird, springen nicht auf. Diese großen Samen enthalten viel Feuchtigkeit und Fett und verderben bald, wenn man sie nicht gleich aussät oder kühl und feucht lagert. Bei Rosen sind viele kleine Schließfrüchte, von denen jede einen Samen enthält, in der Hagebutte enthalten. Die einzelnen Samen (eigentl. Früchte) müssen vor der Aussaat herausgenommen werden. Zu den fleischigen Früchten, bei denen der Samen von Fruchtfleisch umschlossen ist, gehören Beerenfrüchte, die viele Samen haben, Steinfrüchte mit einem Samen in Form eines Steinkerns, und Apfelfrüchte, die sich aus Teilen der Blüte und den Fruchtblättern entwickeln. Bei allen sollte der Samen vor der Aussaat aus dem Fruchtfleisch genommen und gereinigt werden.

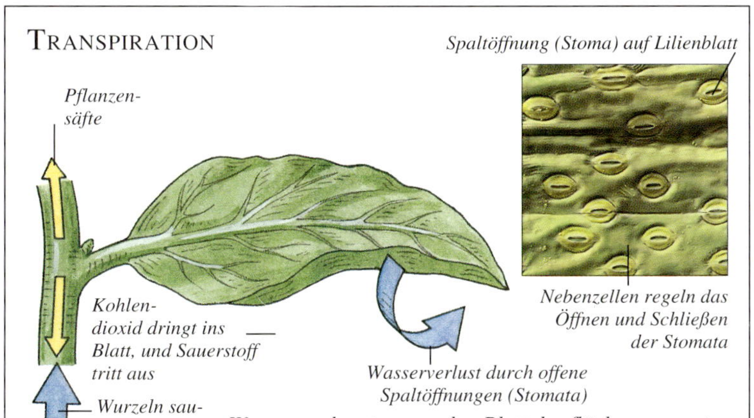

Wasserverdunstung an den Blattoberflächen erzeugt einen stetigen Strom aus Wasser und Nährstoffen von den Wurzeln zu den Blättern (»Transpirationsstrom«).

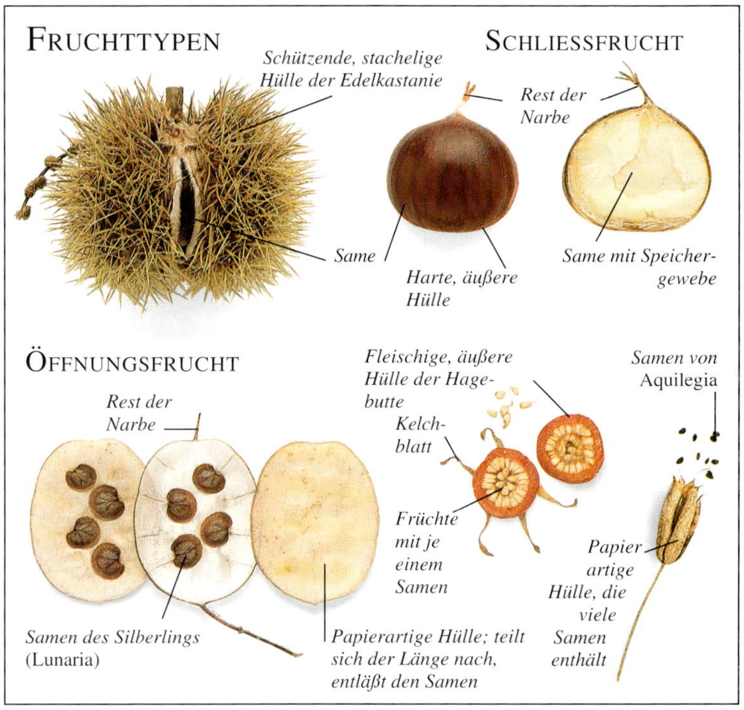

Blüten

Blüten, ebenfalls wesentliche Bestandteile der Pflanzen, sind sehr vielfältig in Farbe, Duft und Form und können sich um ihrer Fortpflanzung willen vielen Bedingungen anpassen. Außer auffälligen Einzelblüten (Tulpen) oder vielblütigen Ähren *(Kniphofia)* gibt es Trauben (Hyazinthe), Rispen *(Gypsophila)*, Dolden *(Agapanthus)* oder Köpfchen aus vielen kleinen Einzelblüten (Dahlien).

Eine Blüte besteht im wesentlichen aus vier Teilen: Petalen (Kronblätter) oder Tepalen, Sepalen (Kelchblätter), Staubblättern und ein oder mehreren Fruchtblättern, die zusammen Stempel genannt werden. Auffallend sind vor allem die Kronblätter, die über einem Quirl von Kelchblättern stehen.

Die männlichen Fortpflanzungskerne liegen in den Pollenkörnern innerhalb der an Staubfäden sitzenden Staubbeutel – das ganze wird Staubblätter genannt; diese variieren in der Anzahl von 3 (Krokus) bis 30 oder mehr (Hahnenfußgewächse). Die Fruchtblätter umschließen die weiblichen Samenanlagen und haben einen vorspringenden Griffel, an dessen Spitze die Narbe Pollenkörner aufnimmt. Diese keimen auf der Narbe, und ein Pollenschlauch, der die männlichen Kerne enthält, wächst durch das Gewebe des Griffels und verschmilzt mit den weiblichen Kernen (Befruchtung); so bilden sich Samen.

Viele Pflanzen tragen getrennte weibliche und männliche (eingeschlechtige) Blüten auf einer Pflanze, zum Beispiel Birke und Haselnuß. Sie sind als einhäusige Pflanzen bekannt. Zweigeschlechtige oder zwittrige Pflanzen haben männliche und weibliche Teile in jeder Blüte.

Einige Pflanzen tragen eingeschlechtige und zweigeschlechtige Blüten, man nennt sie polygame Pflanzen. Bei den zweihäusigen Pflanzen gehören alle Blüten einem Geschlecht an, zum Beispiel viele Stechpalmenarten, *Garrya* und einige *Skimmia*-Varianten. Männliche und weibliche Pflanzen müssen gemeinsam gezogen werden, wenn sie Samen bilden sollen; das ist vor allem wichtig, wenn man sie wegen der dekorativen Beeren kultiviert.

Unterschiedliche Arten kreuzen sich, selbst wenn sie verwandt sind, normalerweise nicht, weil sie sich in den Standortbedingungen, Blühzeiten und Blütenmerkmalen unterscheiden.

Bei der Züchtung können solche Hindernisse überwunden werden, und man schafft die sogenannten Hybriden (siehe »Erzeugung von Hybridpflanzen«, S. 536). Blühende Pflanzen der Abteilung Bedecktsamer bilden Samen, die in einem Fruchtknoten stekken; sie unterscheiden sich von den Nacktsamern, also Pflanzen mit freiliegenden Samen. Man teilt die Bedecktsamer in Ein- und Zweikeimblättrige, je nachdem, ob im Samen 1 oder 2 Keimblätter (Kotyledonen) enthalten sind.

Einkeimblättrige haben Blätter mit (meist) parallelen Blattadern, die Blütenteile sind dreizählig oder ein Vielfaches davon, und sie haben oft verhältnismäßig schlanke, unscheinbare und nicht verholzte Stengel. Zweikeimblättrige haben Blätter mit einem weiten Netzwerk von Blattadern, die Kron- und Kelchblätter stehen in einem Vielfachen von 2, 4 oder 5; und die Stengel sind verdickt (bei Bäumen und Sträuchern verholzt), da sie aus einer besonderen Zellschicht (Kambium) im Stengel entstehen. Die Stengel der Einkeimblättrigen dagegen haben keine Kambiumschicht und sind deshalb auch meist dünner.

Teile einer Blüte

Geschlecht der Blüten

Bei zweihäusigen Pflanzen müssen Pflanzen beider Geschlechter nahe beieinander stehen, um Samen zu bilden. Einhäusige Pflanzen tragen männliche und weibliche Blüten auf derselben Pflanze. Zweigeschlechtliche Blüten enthalten männliche (Staubblätter) und weibliche (Fruchtblätter) Fortpflanzungsorgane in derselben Blüte.

ZWEIHÄUSIG *(Skimmia japonica)*

EINHÄUSIG *(Begonia)*

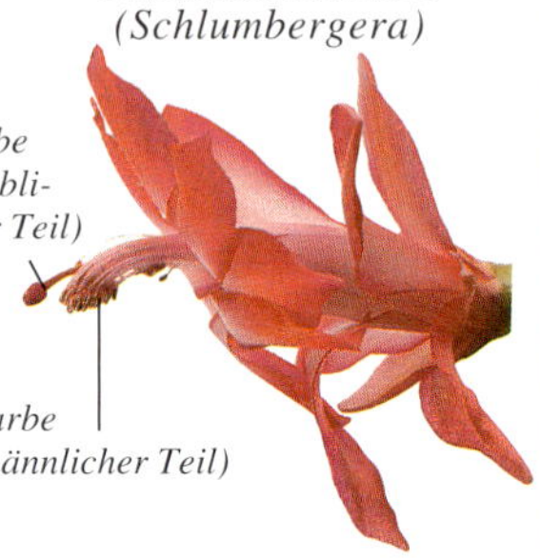

ZWEIGESCHLECHTIG *(Schlumbergera)*

Blütenklassen

Blühende Pflanzen werden in 2 Klassen eingeteilt: Einkeimblättrige und zweikeimblättrige

ZWEIKEIMBLÄTTRIGE *(Ranunculus repens)*

EINKEIMBLÄTTRIGE *(Lilium)*

Blattadern

Blattadermuster bei Einkeimblättrigen sind in der Regel parallel, bei Zweikeimblättrigen netzartig.

Mutation

Mutation oder Sport ist eine natürliche oder induzierte genetische Veränderung, die man gärtnerisch nutzen kann, indem man die mutierten Pflanzen vermehrt, um eine neue Sorte zu schaffen. Mutationen können in allen Teilen der Pflanze vorkommen; von gärtnerischem Interesse sind v.a. Farbmutanten, gefüllte Blüten oder gefleckte Sprosse, die auf einer normalerweise grünblättrigen Pflanze auftreten.

Chrysanthemensorten bilden oft Mutationen; eine Blüte in einem Blütenstand kann beispielsweise anders gefärbt sein.

Einteilung und Benennung

Pflanzen werden wissenschaftlich mit 2 Namen bezeichnet, die kursiv gedruckt werden. Der erste Name, immer groß geschrieben, bezeichnet die Gattung, der zweite die Art (oder einen bestimmten Beinamen): z.B. *Rosa canina*. In der Natur zeigen die Arten oft geringe Abweichungen; sie bekommen einen dritten Namen, mit vorangestelltem »subsp.« oder »ssp.« (Subspecies, Unterart), »var.« (Varietas, Varietät) oder »f« (Forma, Form): also *Rhododendron rex* subsp. *fictolacteum*. Die Sorte einer bestimmten Pflanze wurde entweder aus wildwachsenden oder Gartenpflanzen ausgewählt und dann kultiviert. Die Sortennamen solcher Pflanzen werden mit großem Anfangsbuchstaben und zwischen einfachen Anführungszeichen geschrieben: also *Choisya ternata* 'Sundance'.

Gartenkalender

SCHLÜSSEL
- ♂ *Bodenvorbereitung und Pflanzung*
- ✿ *Laufende Pflege*
- ✂ *Schnitt und Erziehung*
- ❀ *Vermehrung*

DIESE ÜBERSICHT auf der Grundlage des ersten Teils listet stichwortartig die wichtigsten Gartenarbeiten auf und gibt den günstigsten Zeitpunkt dafür an. Es handelt sich natürlich um ungefähre Termine. In kalten Regionen muß manches später erfolgen, in warmen beginnt man früher damit. Jeder Garten ist einmalig: Lage (geschützt oder exponiert) und Bodentyp (naß oder trocken, schwer oder leicht) wirken sich auf das Wachstum aus und geben den Zeitpunkt für verschiedene Arbeiten vor. Viele der ständig wiederkehrenden Aktivitäten (Bekämpfung von Schädlingen, Krankheiten, Unkraut, Stecklinge schneiden u.a.) sind hier nicht gesondert angeführt. Genaueres über die einzelnen Arbeiten und Handgriffe findet der Leser in den jeweiligen Kapiteln.

Frühling

ZIERBÄUME

♂ Bäume in den vorbereiteten Boden oder in Kübel setzen, wenn die Bedingungen es erlauben. ✿ Mineraldünger geben. Neugepflanzte Bäume und Topfpflanzen wässern. Mulchen. Stützen und Bänder im Vorfrühling überprüfen. Alle Wildlinge entfernen. Topfpflanzen erhalten eine Kopfdüngung oder werden jetzt umgetopft. ✂ Im Vorfrühling abgestorbenes, krankes oder beschädigtes Holz entfernen; bei eingewachsenen Bäumen wenn nötig Wurzelschnitt vornehmen. Erziehungsschnitt, Kappen und Entwipfeln in der 1. Frühjahrshälfte. Im Spätsommer blühende laubabwerfende Bäume (die nicht stark bluten) nach Bedarf schneiden. Mit dem Formschnitt beginnen. Immergrüne Hecken zur Frühjahrsmitte erneuern.
❀ Krautige Stecklinge schneiden. Säen. Abmoosen, im Vorfrühling absenken.

ZIERSTRÄUCHER

♂ Bei günstiger Witterung alle Sträucher in den vorbereiteten Boden oder in Kübel setzen, wenn die Bedingungen es erlauben.
✿ Im Vorfrühling eingewachsene Sträucher düngen und mulchen. Im Spätfrühling vorsichtig abgeblühte Köpfe, Wildlinge und zurückschlagende Sprosse entfernen. Laubabwerfende Sträucher umsetzen. Kopfdüngung oder Umsetzen bei Topfpflanzen.
✂ Am diesjährigen Holz blühende Sträucher, Hortensien schneiden. Wurzelschnitt bei wüchsigen Sträuchern, Topfpflanzen. Im Vorfrühling laubabwerfende Sträucher erneuern. Pflanzen mit attraktivem Sommerlaub oder Wintertrieben kappen oder entwipfeln. Zur Frühjahrsmitte Erziehung, Schnitt; Immergrüne schneiden, erneuern. Im Spätwinter blühende Sträucher im Spätfrühling schneiden.
❀ Krautige Stecklinge schneiden, später Grünstecklinge. Nichtwinterharte Sträucher unter Glas säen. Absenken, Einlegen, Abrisse.

KLETTERPFLANZEN

♂ Kletterer zur Frühjahrsmitte in vorbereiteten Boden oder in Kübel setzen, wenn es die Bedingungen erlauben.
✿ Im Vorfrühling eingewachsene Pflanzen düngen und mulchen. Junge Pflanzen nach Bedarf wässern. Bei remontierenden Arten verwelkte Blütenköpfe entfernen, wenn Samen nicht erwünscht sind. Umtopfen oder Kopfdüngung bei Topfpflanzen (Ausnahme: Frühjahrsblüher).
✂ Im Vorfrühling Erziehungs- und Verjüngungsschnitt; am diesjährigen Holz blühende, laubabwerfende und immergrüne Kletterer zurückschneiden. Im Spätfrühling nach der Blüte Arten, die im Frühjahr am vorjährigen Holz blühen, schneiden.
❀ Halbharte und einjährige Kletterer säen. Im Vorfrühling absenken. Im Spätfrühling krautige Stecklinge schneiden.

DER ROSENGARTEN

♂ Topfpflanzen in den vorbereiteten Boden setzen, wenn es die Bedingungen erlauben. In kalten Gegenden im Vorfrühling wurzelnackte Rosen pflanzen.
✿ Neugepflanzte Rosen wässern. Nach dem Schnitt Unkraut entfernen, etablierte Rosen düngen, mulchen. Ab dem Spätfrühling gegen Schädlinge und Krankheiten spritzen. Umtopfen oder Kopfdüngung für Topfpflanzen.
✂ Großblumige, büschelblütige, Miniatur-, Bourbon-, hochstämmige, immerblühende und neugepflanzte Rosen schneiden. Wildrosen und Rosen an Säulen zurückschneiden.
❀ Im Vorfrühling bewurzelte Ausläufer von nicht veredelten Rosen abnehmen.

STAUDEN

♂ Winterharte Stauden ab Vorfrühling setzen.
✿ Eingewachsene Pflanzen düngen, mulchen. Neue Pflanzen wässern. In der 1. Frühjahrshälfte bei halbharten Pflanzen abgestorbenen Wuchs entfernen, ausdauernde Sträucher zurückschneiden. In der 2. dichte Sprosse ausdünnen, abstützen. Im Spätfrühling junge Sprosse entspitzen. Halbharte Pflanzen umsetzen. Topfpflanzen umtopfen oder kopfdüngen.
❀ Im Herbst abgenommenen Samen aussäen. Pflanzen mit fleischigen Wurzeln teilen. Grundständige Stecklinge und erste Kopfstecklinge schneiden.

EINJÄHRIGE UND ZWEIJÄHRIGE

♂ **und Aussaat** Alle Zweijährigen, winterharten Einjährigen und einjährig kultivierten Pflanzen in vorbereiteten Boden oder in Kübel setzen, wenn das Wetter es erlaubt. Halbharte und winterharte Einjährige und im Spätfrühling winterharte Zweijährige im Freien aussäen.
✿ Regelmäßig wässern. Kletterer und hohe Pflanzen stützen. Ab dem Spätfrühling Pflanzen nach Bedarf entspitzen.

DER STEINGARTEN

♂ Steingartenpflanzen im Vorfrühling in vorbereiteten Boden oder in Tröge setzen.
✿ Winterschutz bei Alpenpflanzen entfernen. Eingewachsene Pflanzen düngen. Deckschicht ergänzen. Zu wüchsige, sparrige Pflanzen und abgestorbenen Wuchs im Vorfrühling zurückschneiden; Steingartensträucher und verholzte Stauden schneiden. Abgestorbene Rosetten ausschneiden. Zur Frühjahrsmitte krautige Pflanzen und Sträucher umtopfen. Alpenpflanzen und Zwergzwiebeln nach der Blüte einschlagen.
❀ Blatt- und grundständige Stecklinge abnehmen. Matten- und horstbildende Pflanzen im Vorfrühling teilen. Im Spätfrühling krautige Stecklinge schneiden.

ZWIEBEL- UND KNOLLENPFLANZEN

♂ In der 1. Frühjahrshälfte Schneeglöckchen und Sommerblüher in vorbereiteten Boden unter Glas oder in Töpfe setzen.
✿ Etablierte Pflanzen düngen, wässern. Abgestorbene Blütenköpfe regelmäßig entfernen. Hohe Pflanzen stützen. Umsetzen oder Kopfdüngung für Topfpflanzen. Zwiebelkästen nach der Blüte wieder abdecken.
❀ Bei frühblühenden Pflanzen Samen abnehmen. Im Vorfrühling bei Dahlien und Begonien grundständige Stecklinge nehmen. Dahlienknollen teilen.

DER WASSERGARTEN

♂ Im Spätfrühling Standorte vorbereiten und erste Wasser-, Ufer-, feuchtigkeitsliebende, Sumpf- sowie Tiefwasserpflanzen setzen.
✿ Zur Frühjahrsmitte Schraubenalgen entfernen. Sauerstoffbildende Pflanzen ausdünnen. Zu dicht stehende Wasser- und Sumpfpflanzen teilen und neu pflanzen. Verkrautete Teiche im Spätfrühling ausputzen.
❀ Tropische Wasserlilien säen. Bei sauerstoffbildenden Pflanzen krautige Stecklinge abnehmen. Im Spätfrühling Uferpflanzen teilen und Winterknospen abnehmen.

KAKTEEN UND ANDERE SUKKULENTEN

♂ Sukkulenten in der 2. Frühjahrshälfte in Hochbeete setzen.
✿ Ab Vorfrühling düngen und wässern. Noch blühende Epiphyten feucht halten und nach Bedarf umtopfen.
❀ Bis Spätfrühling unter Glas säen. In der ersten Frühjahrshälfte Blatt- und Triebstecklinge oder Teilstücke nehmen. Mit waagrechtem und Seitenpfropfen beginnen.

DER RASEN

♂ **und Aussaat** Die Fläche mindestens einen Monat vor dem Säen oder Verlegen in der 2. Frühjahrshälfte vorbereiten.
✿ Vom Frost gehobenen Rasen vor dem Mähen walzen. Schadhafte Stellen zur Frühjahrsmitte reparieren. In der 2. Frühjahrshälfte leicht skarifizieren und Dünger oder, bei Moosbefall, Rasensand auftragen. Rasen u.U. mit Wurmmittel behandeln. Mit dem Mähen beginnen.

DER KRÄUTERGARTEN	Wenn möglich, Containerpflanzen in vorbereiteten Boden oder in Pflanztröge setzen. **und Ernte** Neugepflanzte Kräuter wässern und düngen. In kalten Gebieten krautige Pflanzen zurückschneiden, bevor das Wachstum einsetzt. Bei Topfpflanzen Umsetzen oder Kopfdüngung im Vorfrühling; ab Spätfrühling wässern und düngen. Blätter entsprechend ernten. Sträucher radikal zurückschneiden. Ausdauernde Kräuter säen. Bei häufig verwendeten Ein- und Zweijährigen Folgesaaten. Im Spätfrühling krautige Stecklinge nehmen. Bei Sträuchern Ablegen durch Anhäufeln.
DER GEMÜSEGARTEN	Im Vorfrühling ausdauerndes Gemüse in vorbereiteten Boden oder Behälter setzen, einjährige Gemüse notfalls unter Folienhauben. Neugepflanztes Gemüse wässern. Stützen für Erbsen und Kletterbohnen errichten. Rhabarber und Chicorée frühtreiben. Im Spätfrühling gepflanztes Gemüse mulchen. Nichtwinterhartes Gemüse drinnen, winterhartes draußen (in kalten Gebieten unter Glas) säen. Nichtwinterhartes Gemüse ab Spätfrühling draußen säen.
DER OBSTGARTEN	Wenn möglich, Erdbeerausläufer in vorbereiteten Boden setzen. Mit Düngen und Mulchen beginnen. Nach Bedarf wässern. Blüten vor Frost schützen. Bei Pfirsich- und Nektarinenfächern unter Glas junge Früchte ausdünnen. Netze, Stützen und Bänder überprüfen. Pfirsich- und Nektarinenblüten und Erdbeeren unter Abdeckungen bestäuben; Bestäubung bei Reben fördern. Bei Reben neue Sprosse ausknipsen und abknospen. Steinobstfächer unter Glas abknospen/schneiden. Junge Steinobstbäume, Sauerkirschen, Blaubeeren, Haselnüsse, Lambertsnüsse, Feigen und Leitäste bei erzogenen Bäumen sowie Pflaumenpyramiden schneiden. Zu wüchsige Apfel- und Birnbäume ringeln. Walderdbeeren säen. Obstbäume veredeln.
ZIMMERPFLANZEN	Treibhausbeete und -tische vorbereiten, Zierpflanzen setzen. Terrarien, Flaschengärten und Blumenampeln bepflanzen. Junge Hängepflanzen im Vorfrühling entspitzen. Bei eingewachsenen Pflanzen nach Bedarf umtopfen oder Kopfdüngung. Zu düngen beginnen und mehr wässern, wenn das Wachstum einsetzt; feuchtigkeitsliebende Pflanzen fein besprühen. Abgestorbene Blätter und Blüten, wenn kein Samen erwünscht ist, entfernen. Winterblühende Pflanzen draußen einschlagen. Schwachen oder schadhaften Wuchs und am diesjährigen Holz blühende Sträucher und Kletterer schneiden. Ganzjährig wachsende im Vorfrühling schneiden. Erste Einjährige säen. Im Vorfrühling krautige und Blattstecklinge sowie Blattstücke abnehmen. Teilen und absenken.

Sommer

ZIERBÄUME	Topfpflanzen im Frühsommer bei Bedarf ausreichend wässern. Nach Bedarf wässern. Wildlinge entfernen. Frühjahrsblühende Bäume im Frühsommer schneiden. Stark blutende laubabwerfende Bäume und reife Flechthecken im Hochsommer schneiden. Junge Flechthecken im Spätsommer schneiden; bei Immergrünen kranke oder abgestorbene Äste entfernen. Formschnitte nach Bedarf. Spanveredlung im Hochsommer. Im Spätsommer halbreife Stecklinge schneiden.
ZIERSTRÄUCHER	Bei Bedarf Containerpflanzen setzen. Ziergefäße im Spätsommer bepflanzen. Boden für Herbstpflanzung vorbereiten. Wenn nötig, wässern. Abgestorbene Blütenköpfe entfernen, wenn kein Samen erwünscht ist; Wildlinge entfernen. Topfpflanzen düngen. Bei Hochstämmen Seitensprosse ausknipsen. Am alten Holz blühende Sträucher, reife Hochstämme und natürliche Hecken nach der Blüte schneiden. Stark blutende laubabwerfende Sträucher im Hochsommer schneiden. Halbreife und Achselstecklinge von Hoch- bis Spätsommer; erste Blattaugenstecklinge. Spanveredlung und Seitenpfropfen laubabwerfender Sträucher im Spätsommer.
KLETTERPFLANZEN	Nach Wunsch Topfpflanzen setzen. Wenn nötig, wässern. Verwelkte Blütenköpfe entfernen, wenn kein Samen erwünscht ist. Neue Sprosse an Stützen befestigen. Im Sommer am alten Holz blühende Kletterer schneiden. Im Spätsommer erfolgt die erste Schnittphase bei *Wisteria.* Krautige Stecklinge nehmen. Halbreife Stecklinge im Hoch- bis Spätsommer.
DER ROSENGARTEN	Containerpflanzen setzen. Wässern. Verwelkte Blütenköpfe entfernen, falls kein Samen erwünscht. Wildlinge und Blindtriebe entfernen. Im Spätsommer düngen. Gallica-Rosen ausdünnen, neue Sprosse bei Kletter- und Schlingrosen festmachen, im Spätsommer nach der Blüte schneiden. Verjüngungsschnitt bei nicht remontierenden Strauch-, Wild- und Bodendeckerrosen. Bourbon-Rosen und immerblühende Hybriden feststecken. Im Spätsommer halbreife Stecklinge nehmen; okulieren, absenken, kreuzen.
STAUDEN	Topfpflanzen setzen. Wässern. Verwelkte Blütenköpfe entfernen. Sprosse entspitzen und an Stützen befestigen. In der ersten Sommerhälfte Samen frühblühender Stauden abnehmen und säen. Kopfstecklinge schneiden.
EINJÄHRIGE UND ZWEIJÄHRIGE	**und Aussaat** Ein-, Zweijährige und einjährig Kultivierte setzen. Alle Ein- und Zweijährigen bis zum Hochsommer säen. Im Spätsommer winterharte Ein- und Zweijährige für Herbstpflanzung in Töpfe säen. Wenn nötig, wässern. Verwelkte Blütenköpfe entfernen, wenn kein Samen erwünscht ist. Hohe Pflanzen und Kletterer stützen. Reifen Samen abnehmen.
DER STEINGARTEN	Alpen- und Steingartenpflanzen setzen. Nach Bedarf wässern. Verwelkte Blütenköpfe entfernen, wenn kein Samen erwünscht ist. Alte Rosetten ausschneiden. Frühjahrsblühende Pflanzen nach der Blüte entsprechend zurückschneiden. Alpinhäuser nach Bedarf belüften und schattieren. Frischen Samen säen. Grundständige, »Irische« und Blattstecklinge nehmen. Im Frühsommer Grünstecklinge; ab Hochsommer halbreife und ab Spätsommer verholzte Stecklinge.
ZWIEBEL- UND KNOLLENPFLANZEN	Im Hochsommer Boden vorbereiten, alle Herbstblüher bis Spätsommer pflanzen. Topfpflanzen auspflanzen, sobald das Laub eingezogen ist. Verwelkte Blütenköpfe entfernen. Hohe Pflanzen an Stützen binden. Frühblühende Zwiebelgewächse aufnehmen, einschlagen; ggf. teilen und neu pflanzen. Sommerblühende Zwiebelgewächse in Töpfen und unter Glas wässern; bei Bedarf düngen und sprühen. Oberirdische Brutzwiebeln sammeln, unterirdische abnehmen; eintopfen. Reifen Samen abnehmen. Ab dem Spätsommer Lilien und andere Zwiebelgewächse durch Zwiebel- und Doppelschuppen vermehren.
DER WASSERGARTEN	Bis zum Hochsommer Wasser- und Ufer-, bis zum Spätsommer Tiefwasserpflanzen setzen. Teiche von Schraubenalgen säubern. Im Hochsommer Wasserlilien düngen. Im Hochsommer säen; krautige Stecklinge abnehmen. Reifen Samen ernten, unter Glas säen. Krautige Stecklinge von sauerstoffbildenden und Uferpflanzen abnehmen. Wasserlilien im Frühsommer teilen.
KAKTEEN UND ANDERE SUKKULENTEN	Nach Bedarf umtopfen. Regelmäßig wässern und düngen; Zimmerpflanzen fein besprühen, Sukkulenten im Garten oder Gewächshaus abspritzen. Im Hochsommer nach Bedarf in den Schatten stellen. Veredeln. Im Frühsommer Ableger von horstbildenden und von Pflanzen mit Wurzelknollen abnehmen.
DER RASEN	**und Aussaat** Rasensoden verlegen. Nach Aussaat gründlich wässern. Rasen mähen. Im Frühsommer oder im Hochsommer düngen. Bei Bedarf gründlich wässern. Strapazierte Bereiche belüften.

Der Kräutergarten	Bei Bedarf Topfpflanzen setzen. **und Ernte** Neugepflanzte und Kräuter in Töpfen düngen und wässern. Feuchtigkeitsliebende Kräuter mulchen. Verwelkte Blütenköpfe entfernen, Blätter, Blüten und Samen ernten. Krautige Pflanzen vor oder nach der Blüte, Sträucher ab Spätsommer zurückschneiden. Ein- und Zweijährige ab Frühsommer säen. Ab Hochsommer halbreife, krautige und Triebstecklinge abnehmen. Für Winter- und Frühjahrsernte im Spätsommer säen.
Der Gemüsegarten	Winterkohl, Salatgemüse, einjährige Topfpflanzen, nichtwinterhartes Gemüse in vorbereiteten Boden setzen. **und Ernte** Bei Bedarf wässern. Setzlinge mulchen. Kartoffeln im Frühsommer anhäufeln; Spaliertomaten stützen und festmachen. Kletterer im Hochsommer erziehen. Tomaten entspitzen, Zwiebeln im Spätsommer aufnehmen und trocknen. Gemüse ernten, lagern. Folgesaaten bei Sommergemüse. Außerdem frühe orientalische Kohlsorten und Wintergemüse aussäen.
Der Obstgarten	Neue Erdbeerpflanzen setzen. **und Ernte** Mulchschicht ergänzen, Flüssigdünger geben. Junge Früchte bei Pflaumen, Äpfeln u.a. ausdünnen. Sommererdbeeren zurückschneiden. Sprosse bei Steinobstfächern ausknipsen und erziehen. Neue Feigensprosse ausknipsen. Wassertriebe bei erzogenen Bäumen entfernen. Neue Seitensprosse bei Lamberts- und Haselnüssen brechen. Sommerhimbeeren schneiden, neue Ruten anbinden. Sauerkirschen schneiden. Erster Sommerschnitt bei erzogenen Birnen, im Spätsommer bei erzogenen Äpfeln, Birnen und Pflaumenpyramiden. Bewurzelte Erdbeerausläufer umsetzen. Obstbäume okulieren: Hybrid- und Brombeeren Spitzen absenken, Blattaugenstecklinge nehmen.
Zimmerpflanzen	Regelmäßig düngen und wässern. Bei Bedarf umtopfen oder obere Bodenschicht erneuern. Feuchtigkeit durch Sprühen, Gewächshaus bei Bedarf spritzen. Abgestorbene Blätter und Blüten entfernen, wenn kein Samen erwünscht ist. Vegetationspunkte nach Bedarf ausknipsen. Am alten Holz blühende Kletterer schneiden. Zweijährige säen, Einjährige im Frühsommer. Halbreife und Triebstecklinge schneiden.

Herbst

Zierbäume	Containerpflanzen setzen. Wurzelnackte und Ballenpflanzen zur Herbstmitte in vorbereiteten Boden setzen. Mulch auftragen. Stützen und Bänder prüfen. Etablierte Bäume umsetzen. Nichtwinterharte Pflanzen im Spätherbst schützen. Bei laubabwerfenden Bäumen (außer stark blutenden) und Hecken jährlicher Erziehungs- und Verjüngungsschnitt. Reife Flechthecken in Form schneiden. In der 1. Herbsthälfte halbreife Stecklinge nehmen, Steckhölzer später.
Ziersträucher	Sträucher in vorbereiteten Boden setzen. Mulchen. Etablierte Sträucher zur Herbstmitte umsetzen. Nichtwinterharte Sträucher im Spätherbst schützen; in kalten Gegenden Topfpflanzen ins Haus bringen. Laubabwerfende Sträucher (außer stark blutenden) schneiden, verjüngen. Blütensprosse des Spätsommers in windigen Lagen kürzen. Immergrüne Hecken im Frühherbst schneiden. Im Spätherbst abgestorbenes, krankes oder beschädigtes Holz bei Bedarf entfernen. Blattaugenstecklinge im Frühherbst, Steckhölzer zur Herbstmitte schneiden. Bei winterharten Sträuchern reifen Samen abnehmen, im Freien aussäen. Absenken. Sträucher teilen.
Kletterpflanzen	Kletterer in vorbereiteten Boden setzen. Mulchen. Topfpflanzen umtopfen oder obere Erdschicht erneuern. Nichtwinterharte Kletterer im Spätherbst abdecken. Winterharte Kletterer säen. Halbreife und verholzte Stecklinge abnehmen. Absenken.
Der Rosengarten	Im Frühherbst Boden vorbereiten. Später Rosen und Unterlagen für Okulation pflanzen. Abfälle entfernen. Zur Herbstmitte höhere großblumige und büschelblütige Rosen zurückschneiden. Stützen und Bänder prüfen. Im Spätherbst in kalten Gegenden Winterschutz. Großblumige und büschelblütige Busch-, Miniatur-, hochstämmige, neugepflanzte Rosen und Kletterrosen schneiden. Erziehungsschnitt für Wildrosen. Neue Sprosse erziehen. Steckhölzer nehmen. Im Spätherbst reifen Samen abnehmen und säen.
Stauden	Winterharte, wurzelnackte und Containerpflanzen in vorbereiteten Boden setzen. Mulchen. Verwelkte Blütenköpfe (außer dekorative) entfernen, wenn Samen nicht erwünscht ist. Stützen und Abfälle entfernen; winterharte Pflanzen bis auf den Grund (nicht in kalten Gebieten) zurückschneiden. Eingewachsene Pflanzen umsetzen. In kalten Regionen nichtwinterharte Pflanzen und Kübelpflanzen ins Winterquartier bringen. Reifen Samen abnehmen, säen. Pflanzen mit Faserwurzeln teilen. Kopfstecklinge nehmen.
Einjährige und Zweijährige	**und Aussaat** Zweijährige auspflanzen. Im Freien überwinternde, winterharte Einjährige säen. Verwelkte Blütenköpfe entfernen, wenn Samen nicht erwünscht sind. Zweijährig kultivierte Stauden ganz zurückschneiden. Einjährig kultivierte Stauden eintopfen.
Der Steingarten	Kleine Zwiebelgewächse im Frühherbst in Töpfe oder in den Steingarten setzen. Sträucher und Koniferen zur Herbstmitte pflanzen. Deckschicht bei Steingärten, Geröllbeeten und Trögen nach Bedarf erneuern. Abgestorbene Rosetten ausschneiden. Sträucher und verholzte Stauden schneiden. Freilandpflanzen nach Bedarf Winterschutz geben. Temperatur in Alpinhäusern erhöhen. Zur Herbstmitte säen. Grundständige, Wurzel- und verholzte Stecklinge abnehmen. Matten- und horstbildende Pflanzen teilen.
Zwiebel- und Knollenpflanzen	Frühjahrsblüher in vorbereiteten Boden setzen, Zwiebeln zum Frühtreiben in Töpfe. Bei Bedarf wässern und sprühen. Ruhende Zwiebeln, frühgetriebene und solche unter Glas wieder wässern. Nach den ersten Frösten Dahlien aufnehmen und lagern. Sommerblüher in Töpfen nach drinnen bringen oder aufnehmen und lagern. Säen. Vermehrung durch Abschnitte.
Der Wassergarten	Abgestorbenen Wuchs sowie Samenkapseln stark wuchernder Pflanzen entfernen. Teiche gegen fallende Blätter mit Netzen abdecken. Frostempfindliche Kronen in der 2. Herbsthälfte schützen. Nicht winterharte Schwimmpflanzen an frostfreien Platz bringen. Wasserpumpe warten und reinigen. Im Frühherbst sauerstoffbildende Pflanzen ausdünnen. In der 2. Herbsthälfte Blätter der Uferpflanzen und üppigen Wuchs bei Unterwasserpflanzen zurückschneiden. Im Frühherbst eingewachsene Gruppen von Ufer- und Sumpfpflanzen teilen.
Kakteen und andere Sukkulenten	Pflanzen bis zur Herbstmitte regelmäßig wässern, dann immer weniger. Wüstenpflanzen austrocknen lassen, bei Epiphyten den Boden aber feucht halten. Im Wachstum befindliche Pflanzen ab Herbstmitte düngen.
Der Rasen	**und Aussaat** Rasensoden verlegen oder in vorbereiteten Boden säen. Rasen entsprechend mähen. Im Frühherbst düngen und bei Bedarf wässern. Eventuell Moos bekämpfen. Belüften und absanden. Ab Herbstmitte abgefallenes Laub entfernen.
Der Kräutergarten	Alle Kräuter pflanzen, solange es möglich ist. Reife Pflanzen im Frühherbst für den Winter aufnehmen, teilen und eintopfen. **und Ernte** Bei krautigen Stauden abgestorbenes Laub zurückschneiden (außer in kalten Gebieten). Im Spätherbst abgefallenes Laub von niedrigwachsenden, immergrünen Kräutern entfernen. Nichtwinterharte Kräuter und Topfpflanzen schützen. Wurzeln und Fruchtstände ernten. Sträucher im Frühherbst zurückschneiden. Ein- und Zweijährige im Frühherbst säen. Steckhölzer und halbreife Stecklinge abnehmen. Horst- und rhizombildende Kräuter teilen. Sträucher ablegen.

DER GEMÜSEGARTEN	Überwinternde Knollen- und Zwiebelgemüse in den vorbereiteten Boden setzen. Im Frühherbst Wintersalat und orientalische Kohlarten unter Glas pflanzen. Leere Beete ab Herbstmitte umgraben, Stallmist einbringen. **und Ernte** Winterkohl im Frühherbst bei Bedarf stützen und anhäufeln. Gemüse ernten und lagern. Ab Herbstmitte Pflanzen zum Frühtreiben aufnehmen. Nichtwinterhartes Gemüse, Stauden und Wurzelgemüse im Boden schützen. Salatgemüse im Frühherbst unter Glas säen. Winterharte, überwinternde Gemüse zur Herbstmitte säen.
DER OBSTGARTEN	Erdbeerausläufer fürs Gewächshaus im Frühherbst pflanzen. Im Spätherbst Baum-, Strauchobst, Ruten und Trauben in vorbereiteten Boden setzen. Baumobst umsetzen. **und Ernte** Neugepflanzte Erdbeeren wässern. Gras mähen. Baumobst einlagern. Ausgeknipste Sprosse bei Pflaumen-, Aprikosen- und Süßkirschenfächern einkürzen. Bei Hybrid- und Brombeeren alte Ruten entfernen; junge Ruten befestigen. Pfirsich- und Nektarinenfächer nach dem Fruchten schneiden. Ab Spätherbst Winterschnitt bei Äpfeln, Birnen und Strauchobst. Walderdbeeren säen. Steckhölzer von Johannisbeeren und Stachelbeeren ins Freiland setzen. Bewurzelte Ausläufer von Himbeeren, Hasel- und Lambertsnüssen trennen.
ZIMMERPFLANZEN	Im Frühherbst Winterblüher ins Haus holen, umtopfen oder obere Erdschicht erneuern. Andere Pflanzen weniger düngen und wässern, wenn das Wachstum nachläßt. Lange Sprosse bei Sträuchern und Kletterern kürzen. Frühblühende Pflanzen säen. Begonienknollen ins Winterquartier bringen.

Winter

ZIERBÄUME	Container-, laubabwerfende, wurzelnackte und Ballenpflanzen setzen, wenn das Wetter günstig ist. Saatbeete vorbereiten. Mulchen, wenn es die Bedingungen erlauben. Laubabwerfende Bäume umsetzen. Nichtwinterharte Bäume im Frühwinter schützen. Im Spätwinter Topfpflanzen umtopfen oder obere Erdschicht erneuern. Abgestorbenes, beschädigtes Holz entfernen. Im Frühwinter Erziehungsschnitt und Verjüngung bei laubabwerfenden Bäumen und Hekken. Ab Spätwinter kappen und entwipfeln. Steckhölzer schneiden. Keilpfropfen, Sattelpfropfen, seitliches Anplatten. Bäume im Spätwinter für Absenken im Frühjahr vorbereiten.
ZIERSTRÄUCHER	Sträucher pflanzen, wenn das Wetter danach ist. Wenn möglich, mulchen. Junge Sträucher bei Bedarf umsetzen. Nichtwinterharte Sträucher im Frühwinter schützen. Abgestorbenes und beschädigtes Holz entfernen. Erziehungs- und Verjüngungsschnitt bei laubabwerfenden Sträuchern. Steckhölzer schneiden. Zur Wintermitte bewurzelte Stecklinge. Samen abnehmen und säen. Absenken, Keilpfropfen, Sattelpfropfen und seitliches Anplatten. Ab Spätwinter Heidekraut schneiden. Sträucher teilen.
KLETTERPFLANZEN	Bei entsprechendem Wetter Containerpflanzen in vorbereiteten Boden setzen. Mulchen. Nichtwinterharte Kletterer schützen. Im Frühwinter Zierwein schützen. Zur Wintermitte 2. Schnittphase bei *Wisteria*; laubabwerfende Kletterer in Form schneiden. Im Spätwinter Erziehungsschnitt und Erziehung; die winterharten, laubabwerfenden, am neuen Holz blühenden Pflanzen schneiden. Bänder und Stützen überprüfen. Im Frühwinter Steckhölzer und Wurzelstecklinge schneiden. Absenken.
DER ROSENGARTEN	Bei entsprechendem Wetter Rosen pflanzen. Im Spätwinter vom Wind gelockerte Sprosse bei Kletter- und Schlingrosen festmachen. Eingewachsene Pflanzen bei Bedarf umsetzen. Verjüngungsschnitt für remontierende Strauchrosen. Bei wärmerem Klima durch Schnitt künstliche Ruheperiode einleiten. Okulierte Unterlagen im Spätwinter zurückschneiden. Gekreuzten Samen säen.
STAUDEN	Im Spätwinter bei entsprechendem Wetter winterharte Stauden pflanzen. Stützen und Pflanzenabfälle entfernen. Nichtwinterharte Pflanzen schützen. Bei günstigem Wetter etablierte Pflanzen umsetzen. In Töpfen aussäen. Wurzelstecklinge schneiden. *Gypsophila*-Sorten, deren Stecklinge nicht wurzeln, veredeln.
DER STEINGARTEN	**und Errichtung** Hoch- und Geröllbeete sowie Steingärten anlegen, wenn das Wetter günstig ist. Alpinhäuser schützen. Deckschicht ergänzen. Zur Wintermitte im Alpinhaus auf Anzeichen von Blattläusen achten, entsprechend bekämpfen. Fertig säen, mit Ausnahme von nicht- oder halbwinterharten Pflanzen. Wurzelstecklinge schneiden, rosettenbildende Pflanzen aushöhlen.
ZWIEBEL- UND KNOLLENPFLANZEN	Zur Wintermitte Boden für Sommerblüher, die im Frühjahr gepflanzt werden, vorbereiten. Frühgetriebene Zwiebelgewächse und solche unter Glas bei Bedarf wässern. Dahlienknollen für Stecklinge oder Teilstükke unter Glas treiben.
DER WASSERGARTEN	Erhöhte Teiche mit Brettern oder Kunststoffabdeckung schützen; bei strengem Frost ganz abdecken. Mit Heizstab oder schwimmendem Ball dafür sorgen, daß mindestens eine Stelle den ganzen Winter über eisfrei bleibt.
KAKTEEN UND ANDERE SUKKULENTEN	Boden feucht halten, wenn Epiphyten Knospen ansetzen. Andere Pflanzen trocken halten. Im Spätwinter unter Glas säen.
DER RASEN	Standort für neuen Rasen vorbereiten. Bei günstigem Wetter Rasensoden verlegen. Eingewachsenen Rasen nur bei Bedarf und gutem Wetter mähen. Abgefallenes Laub entfernen. Rasenmäher und andere Geräte warten.
KRÄUTERGARTEN	Boden für Frühjahrspflanzung vorbereiten.
DER GEMÜSEGARTEN	Leere Beete umgraben und Stallmist einarbeiten. Unter Schutz ins Freiland pflanzen, sobald das Wetter günstig ist. Saatbeete für die Frühjahrspflanzung vorbereiten. **und Ernte** Chicorée und Rhabarber frühtreiben. Starkem Wind ausgesetztes Gemüse stützen und schützen. Gemüse ernten und lagern. Zur Wintermitte drinnen säen. Im Spätwinter Kartoffeln drinnen antreiben lassen.
DER OBSTGARTEN	Baum-, Strauchobst und Ruten sowie Weinreben in vorbereiteten Boden pflanzen. Im Spätwinter düngen. Kopfdüngung für Weinrabatten; alte Rinde von Reben abkratzen. Stützen und Bänder prüfen. Nichtwinterharte Früchte im Freien schützen. Topfpflanzen umtopfen oder obere Erdschicht erneuern. Pfirsiche unter Glas bestäuben. Winterschnitt. Herbsthimbeeren und junge Baumwurzeln schneiden. Sommerhimbeeren, Brombeeren und Hybridbeeren pinzieren. Bewurzelte Ausläufer von Himbeeren, Hasel- und Lambertsnüssen trennen. Im Spätwinter Steckhölzer von Weinreben in durchlässigen Boden ins Freie setzen.
ZIMMERPFLANZEN	Seltener wässern. Luft um die Pflanzen durch Belüftung oder Entfeuchtung ziemlich trocken halten. Pflanzen im ungeheizten Gewächshaus fast trocken halten, damit die Wurzeln nicht frieren; Pflanzen bei Bedarf mit Folie abdecken oder kleine Töpfe in Sand einschlagen.

GLOSSAR

Das Glossar erklärt die in diesem Buch gebrauchten botanischen Fachausdrükke. Kursiv gesetzte Wörter weisen auf das entsprechende Stichwort hin.

Abhärten: Allmähliches Gewöhnen von Pflanzen an Freilandbedingungen nach Kultur im Frühbeet oder aber im Gewächshaus.
Abknospen: Das Entfernen überschüssiger Knospen, um hochwertige Blüten oder Früchte zu erhalten.
Ablegen durch Anhäufeln: siehe *Ableger*
Ableger, Absenker: Vermehrungsmethode, bei der man einen *Sproß* dazu bringt, *Wurzeln* zu bilden, während er noch Verbindung zur Mutterpflanze hat. Die Grundform ist das Bilden von Selbstablegern, was bei einigen Pflanzen natürlich vorkommt. Verschiedene Methoden, z.B. Luftablegerverfahren bzw. Abmoosen, *Anhäufeln* (siehe DER KRÄUTERGARTEN, »Anhäufeln«, S. 301), Absenken in Wellenlinien und Absenken der Spitzen (Einzelheiten siehe unter GRUNDLAGEN DER VERMEHRUNG, »Ableger«, S. 537).
Acarizid: Ein *Pestizid* zur Bekämpfung von Milben (siehe auch *Insektizid*).
Achselknospe: siehe *Knospe*
Achselsproß: Ein aus einer Achselknospe entspringender Sproß.
Ackerkrume, Bodengare: Eine feine, krümelige Oberflächenschicht des Bodens, die durch Kultivierung entstanden ist.
adventiv: (morphologisch) An Stellen entspringend, wo normalerweise kein Wachstum stattfindet (Adventivwurzeln können aus dem Sproß entspringen); pflanzengeographisch: Adventivpflanzen sind in fremde Gebiete eingeschleppt (Samentransport durch Vögel; Schiffsverkehr etc.) und verdrängen einheimische Pflanzen, z.B. Agaven, Opuntien auf den Kanaren, Goldrute aus Kanada.
Adventivknospe: siehe *Knospe*
Ährchen: Eine kleine Ähre; Teil eines zusammengesetzten Blütenstandes; oft bei Gräsern und Seggen, bei denen der Blütenstand aus mehreren Blütchen mit basalen Brakteen besteht.
Ähre: siehe *Blütenstand*
alpine Pflanze: Pflanze, die über der Waldgrenze im Gebirge wächst; auch für Steingartenpflanzen verwendet, die in relativ geringer Höhenlage angepflanzt werden.
Alpinhaus: Ungeheiztes, gut durchlüftetes Gewächshaus für alpine Pflanzen und Zwiebelpflanzen.
Alternanz: Hervorbringen einer reichen Obsternte alle zwei Jahre, doch keine oder wenige Blüten und Früchte in den Jahren dazwischen.
anerkannt: Pflanzen, die vom Landwirtschaftsministerium für frei von bestimmten Krankheiten und Schädlingen erklärt wurden.
Anhäufeln: Erde um eine Pflanze herum aufschichten, um sie vor *Windwurf* zu schützen, die Stengel zu bleichen oder die Stammbewurzelung zu fördern.
anorganisch: Chemische Verbindung, die keinen Kohlenstoff enthält. Anorganische Dünger werden aus natürlich vorkommenden Chemikalien gewonnen oder künstlich hergestellt (siehe auch *organisch*).
Anplatten: siehe *Veredeln*
Anritzen, Anreißen, Samenritzung: Abschürfen oder chemische Behandlung eines Samenmantels, um die Wasseraufnahme zu beschleunigen und die Keimung auszulösen.
Ansatzsteckling: siehe *Steckling*
Anzuchtbeet, Pflanzbeet: Fläche zum Keimen von Samen oder zum Anpflanzen junger Pflanzen, bevor man sie an ihren endgültigen Standort setzt.
Anthere: siehe *Staubbeutel*
apikal: siehe *terminal*
Apikalknospe: siehe *Knospe*
aquatische Pflanze: Im Wasser lebende Pflanze; sie kann frei im Wasser treiben, ganz untergetaucht sein oder am Grund wurzeln und Blätter und Blüten über dem Wasserspiegel tragen.
Art: Eine Kategorie in der systematischen Einteilung der Pflanzen; niederste grundlegende Rangstufe unterhalb der *Gattung* (umfaßt nahe verwandte, sehr ähnliche Individuen).
arttypisch: Pflanzen, die nach *Selbstbestäubung* Nachkommen hervorbringen, die ihren Eltern ähneln.
Astgerüst: Die bleibende Aststruktur eines Baumes oder Strauches; die Hauptäste, die seine endgültige Form bestimmen.
Astring: Der Teil eines Baumes, wo ein Hauptast am Stamm (oder ein Seitenast am Hauptast) sitzt.
Auge: 1) Eine ruhende latente Knospe, z.B. Stengelknospe bei Kartoffeln oder Wurzelknospen bei Dahlienknollen. 2) Die Mitte einer Blüte, v.a. wenn diese anders gefärbt ist als die Kronblätter.
Augensteckling: siehe *Steckling*
Augenveredlung: siehe *Veredeln*
Ausdünnen: Das Entfernen von Sämlingen, Sprossen, Blüten oder Fruchtknospen, um das Wachstum und die Qualität der verbleibenden verbessern zu können.
Ausgeizen, Ausknipsen: Entfernen der Sproßspitze (mit Finger und Daumen), um die Bildung von Seitensprossen oder von Blütenknospen auszulösen.
Auslaugung, Auswaschen: Der Verlust löslicher Nährstoffe aus der Bodenkrume durch Versickern.
Ausläufer: Seitensprosse, die sich bewurzeln und neue Pflanzen bilden; oberirdisch bei Erdbeere, unterirdisch bei Quecke und Giersch.
Auslichten: Das jährliche Zurückschneiden von Bäumen und Sträuchern, um kräftige Sprosse zu bekommen; muß sehr differenziert geschehen, um die Struktur der betreffenden Pflanze erhalten zu können.
Auspflanzen: Sämlinge einzeln in Töpfe setzen.
Auswaschen: siehe *Auslaugung*
Auxine: Natürlich vorkommende oder künstlich hergestellte Pflanzenwuchsstoffe, die das Sproßwachstum, die Wurzelbildung u.a. physiologische Prozesse in den Pflanzen regeln.
Ballen: siehe *Wurzelballen*
Ballenlose Pflanzen: Pflanzen, die ohne Erde an den Wurzeln verkauft werden.
Ballenpflanzung: Beim Ausheben von Gehölzen werden Wurzelballen in Ballenleinen oder ein anderes Material gehüllt, um das Wurzelwerk während des Umpflanzens unversehrt zu erhalten.
Bart: Gefurchter Aufwuchs, oft auf *Perigon*blättern, bei Orchideen und einigen Iris-Arten.
basisch: Mit *pH-Wert* über 7 (siehe auch *sauer* und *neutral*).
Bastverband: Band zum Schutz einer *Veredlungsstelle* während der Heilung.
Baumteer, Baumwachs, Wundwachs: Spezialanstrich, der auf eine Wunde nach dem Schnitt aufgetragen wird.
becherförmig: (Tubus von Blüten) Kugelig bis zylindrisch geformt mit etwas verengter Öffnung.
Beetpflanzen: Ein- und Zweijährige (oder als solche gezogene) Pflanzen, die fast bis zur Reife gezogen und dann ausgepflanzt werden, oft in großen Gruppen zu zeitweiliger Ausstellung.
Befruchtung: Verschmelzung des Kerns eines *Pollen*korns (männlich) mit einer *Samenanlage* (weiblich), woraus sich ein fertiler *Samen* bildet.
Belüften (Boden): Lockern mit Hilfe mechanischer Mittel, damit Luft (Sauerstoff und Kohlendioxid) eindringen kann.
Bestäuber: 1) Das Mittel, durch welches die Bestäubung ausgeführt wird. 2) Im Obstbau: Sorte, die benötigt wird, um den Fruchtansatz an einer anderen, ganz oder teilweise selbststerilen Sorte sicherzustellen.
Bestäubung: Die Übertragung von *Pollen* von *Staubbeuteln* auf *Narben* (siehe auch *Fremdbestäubung* und *Selbstbestäubung*).
Bewässerung: 1) Allgemein für das Geben von Wasser. 2) Verwendung eines Systems von Becken, Gräben oder Berieselungsanlagen, um die Pflanzen geregelt mit Wasser zu versorgen.
Bewässerungsmatte: Matte aus synthetischen Fasern zur Bewässerung von Topfpflanzen auf Kapillarbeeten oder Tabletten, die Wasser durch Kapillarwirkung heraufzieht.
Bewurzelungshormon: Chemische Verbindung in Pulver- oder flüssiger Form, die in niedriger Konzentration zur Anregung der Wurzelbildung verwendet wird.
Blatt: In Form und Farbe variables Pflanzenorgan, meist flach und grün und an einem Blattstiel; dient der *Photosynthese*, *Respiration* und *Transpiration* (siehe auch *Blattformen*).
Blattachsel: Winkel zwischen Blatt und Sproß, zwischen Stengel und *Braktee* (siehe auch *Knospe*).
Blattformen: Die zahlreichen Blattformen lassen sich grob in ungeteilte und geteilte Formen gliedern. Beispiele für UNGETEILTE BLÄTTER sind u.a.: nadelförmige (Erika); lineare (Nelke), elliptische (Vergißmeinnicht); lanzettliche (Kornblume); eiförmige (Breitwegerich); umgekehrt eiförmige (Schwarzerle); runde (Kapuzinerkresse); nierenförmige (Sumpfdotterblume); herzförmige (Veilchen). Beispiele für GETEILTE BLÄTTER sind u.a.: handförmig-gefingerte (Roßkastanie); dreiteilige (Erdbeere); fiederspaltige (Distel); paarig gefiederte (Rote Heckenkirsche); unpaarig gefiederte (Himbeere).
Blatthumus: Faseriges, blättriges, aus abgebauten Blättern gewonnenes Material; dient als Bestandteil von Topfsubstraten und zur Bodenverbesserung.
Blattknospe: siehe *Knospe*
Blattknospensteckling: siehe *Steckling*
Blattsteckling: siehe *Steckling*
Bleichen: Licht von sich entwickelnden Blättern oder Stengeln abhalten, um das pflanzliche Gewebe weich und wohlschmeckend zu erhalten.
Blindheit: siehe *Steckenbleiben*
Bluten: Verlust von Zellsaft durch einen Schnitt oder eine Wunde an der Pflanze; entsteht durch »Wurzeldruck«, der das Wasser hochpreßt, bis der Grad der Lösungen im Wasser des Bodens und in den Zellen ausgeglichen ist.
Blütenhülle, Perianth: (Sammel-) Name für Kelch und Krone.
Blütenstand: Eine Menge kleiner Einzelblüten, die zusammen eine einzige Blüte zu bilden scheinen. Die häufigsten Blütenstände sind: ÄHRE, hängend (Birke, Erle) oder stehend (Roggen); TRAUBE, aufrecht allseitswendig (Lupine), einseitswendig (Maiglöckchen), hängend (Goldregen); DOLDE, vom Ende der Achse gehen lange Blütenstiele aus, gewölbte Dolde (Kerbel) mit gleich langen Blütenstielen, flache Dolde (Möhre) mit längeren äußeren Strahlen; BLÜTENKOPF, kleine, gleich lange Blüten an der Spitze der Achse (Wiesenklee); BLÜTENKORB, Spitze der Achse gestaucht und scheibenförmig verbreitert oder kolbenförmig erhöht, umgeben von mehreren Reihen von Brakteen, im Korb nur kleine gelbe Röhrenblüten (Unechte Kamille), im Korb Röhren-, am Rand Zungenblüten (Rudbeckie), im Korb nur unterschiedlich lange Zungenblüten (Löwenzahn).
Bodendecker: Meist niedrige Pflanzen, die rasch die Bodenoberfläche bedecken und Unkraut unterdrücken.
Bodengare: siehe *Ackerkrume*
Braktee, Deckblatt: Ein umgewandeltes, oft schützendes Blatt unter der eigentlichen Blüte. Brakteen können wie normale Blätter aussehen, sie können aber auch klein und schuppenartig oder groß und leuchtend gefärbt sein.
Brassica: Kohlarten; zur Kohl-*Familie* (Brassicaceae) gehörig.
Breitsaat: Samen oder Düngemittel gleichmäßig über den Boden ausstreuen, nicht in Furchen oder Rillen geben.
Bromelie: Zur *Familie* der Bromeliaceae gehörig.

Brutknöllchen: Kleine *Sproßknolle*; entwickelt sich außerhalb der Schale der Sproßknolle, wie bei Gladiolus.
Brutknospe, Bulbille: Kleines, *zwiebel*-ähnliches oder knollenartiges Organ; entspringt oft einer *Blattachsel*, gelegentlich einem Stengel oder einem *Blütenstand*, z.B. bei Dentaria bulbifera, sie lösen, bewurzeln sich und bilden neue Pflanzen (vgl. *Brutzwiebel*).
Brutzwiebel: Kleine *Zwiebel*, die sich aus dem *Zwiebelkuchen* einer Mutterzwiebel außerhalb der *Tunica* bildet, z.B. bei Tulpen und Narzissen (vgl. *Brutknospe*; *Ausläufer*).
Bulbille: siehe *Brutknospe*
chinesisches Absenken: Anderer Name für *Abmoosen* (siehe auch *Ableger*).
Chlorophyll: Eine wäßrige organische Lösung, gebunden an kleine Partikel in den Zellen aller grünen Teile der Pflanzen; ergrünt erst im Licht, braucht Spuren von Eisen. C. wirkt als Katalysator, das heißt, bei seiner Anwesenheit werden durch Lichtenergie chemische Stoffe in organische umgesetzt *(Photosynthese)*. Das Kohlendioxyd (CO_2) der Luft wird gespalten in Kohlenstoff (C) und Sauerstoff (O_2), der der Atmung, auch der von Pflanzen, dient; C. wird zur Bildung von Stärke gebraucht. So entstehen Zucker- und Eiweißarten sowie Fette (Assimilation).
Die Pflanzen ermöglichen mit ihrem Chlorophyll überhaupt erst die Existenz von Tier und Mensch.
Compositae: Familie der Köpfchenblütler (z.B. Astern, Gänseblümchen); siehe auch *Blütenstände*.
Corolla: siehe *Krone*
Cultivar: Sorte (aus dem engl. Begriff 'cultivated variety' zusammengezogen, mit cv. abgekürzt (siehe auch *Varietät*).
diploid: Mit 2 Chromosomensätzen.
distales Ende (Stecklinge): Das Ende, das ursprünglich am weitesten vom *Wurzelanlauf* der *Mutterpflanze* entfernt war.
Dolde: siehe *Blütenstand*
Domblatt: Eines der drei inneren und oft aufrechten Perianthsegmente einer Irisblüte.
Doppelkordon: siehe *Kordon*
Dormanz: Zustand, in dem das Wachstum teilweise aufhört und andere Vorgänge in der ganzen Pflanze verlangsamt sind; in der Regel im Winter.
Drainage, Entwässerung: Das Fließen von überschüssigem Wasser durch den Boden; auch für Entwässerungssysteme zum Abtransport überschüssigen Wassers.
Durchwurzelungsradius: Die Bodenfläche, bis zu der Pflanzenwurzeln sich erstrecken können.
Edelauge: Von einem Baum geschnittener Sproß, der ein *Edelreis* zum *Okulieren* werden soll.
Edelreis: Von einer Pflanze geschnittener *Sproß* oder eine *Knospe*, die auf die *Unterlage* einer anderen Pflanze aufgepfropft wird.
einfach (Blatt): ungeteilt (siehe auch *gefiedert, zusammengesetzt*).
einfach (Blüte): siehe *Blüte*
einhäusig: Männliche und weibliche Blüten befinden sich auf derselben Pflanze.
einjährig: Eine Pflanze, die ihren Lebenskreislauf (Keimen – Blüten – Samenbildung – Absterben) in einer Wachstumsperiode vollendet.
einkeimblättrig: Blütenpflanze mit nur einem *Kotyledon* im Samen; hat schmale Blätter mit parallelen Adern, Blütenteile zu dreien oder in Vielfachen von drei. Ausnahmen z.B. Einbeere.
Einschlagen: Locker in Erde geben, bevor die Pflanze an ihren endgültigen Standort gebracht werden kann.
einwärtsgebogen: *Kronblätter* von Blüten und *Einzelblüten*, die sich nach innen biegen und so eine kompakte, abgerundete Form erzeugen. Einwärtsgebogene Blütenköpfchen sind weniger kompakt und haben eher locker angeordnete, aber doch einwärtsgebogene Einzelblüten.
Einzelblüte: Kleine Blüte in einem vielblütigen *Blütenstand*.
Einzelkordon: siehe *Kordon*
Entspitzen: siehe *Ausgeizen*
Entwipfeln: siehe *Schnitt*
epigäisch: Keimungsart, bei der der Samen durch die Verlängerung des *Hypokotyl* über die Erdoberfläche gehoben wird.
epikormische Sprosse: Sprosse, die sich am Stamm eines Baumes an Blättern, an Wurzeln, nicht an Sproßspitzen oder in Blattwinkeln entwickeln; bilden sich erst nach Verwundung (siehe auch *Wasserreiser*)
Epiphyt: Pflanze, die auf einer anderen Pflanze lebt, ohne parasitisch zu sein; erhält Wasser und Nährstoffe aus der Atmosphäre, ist nicht in der Erde verwurzelt.
Erica: Pflanzen der Familie Ericaceae, in der Regel kalkfliehend (nicht Erica carnea), benötigen Boden mit *pH-Wert* 6,5 oder weniger.
Erziehungsschnitt: Schnittmethode an jungen Bäumen und Sträuchern, um die grundlegende Aststruktur der erwünschten Gestalt zu entwickeln.
Explantat: Ein kleines Stück einer Pflanze, das präpariert und zum Zweck der Fortpflanzung durch *Gewebekultur* in ein aseptisches Kulturmedium gegeben wird.
F1-Hybriden: Erste Generation aus der Kreuzung von zwei ausgewählten, reinerbigen Elternpflanzen, um einheitliche, kräftige und auch ertragreiche Nachkommen zu erhalten: Samen von F1-Hybriden entwickeln sich nicht *arttypisch*.
F2-Hybriden: Pflanzen, die aus der *Selbst-* oder *Fremdbefruchtung* der F1-Hybriden hervorgehen; sie sind weniger einheitlich als ihre Elternpflanzen.
Fahne: Das größte, obere *Kronblatt* einer Blüte der Familie Papilionaceae (Erbsen und Bohnen) der Ordnung Leguminosae.
Familie: Eine Kategorie in der systematischen Einteilung der Pflanzen; Anordnung von verwandten *Gattungen*, z.B. umfaßt die Familie Rosaceae u.a. die Gattungen Rosa, Sorbus, Rubus, Prunus und Pyracantha; die Familie Iridaceae umfaßt u.a. die Gattungen Iris, Crocus, Dierama, Crocosmia, Freesia, Gladiolus.
fasrig: *Lehm*, der Fasern aus (toten) Graswurzeln enthält.
Faserwurzeln: Dünne, oft verzweigte und dichte *Wurzeln*.
fertil: Pflanze, die lebensfähige Samen hervorbringt; auch blütentragende *Sprosse* werden im Gegensatz zu nichtblühenden (*sterilen*) als fertil bezeichnet.
Fiederblättchen: Teilblatt eines gefiederten Blattes.
Flaum: Wachsartiger, weißer oder bläulichweißer Belag auf Stengel, Blatt oder Frucht.
Flechtmustergarten: Beete in geometrischen, oft komplizierten Mustern, aus Zwerghecken und gestutzten Kräutern.
Forma (f.): Eine Variante innerhalb einer *Art*, unterscheidet sich von ihr nur durch geringfügige Merkmale: Clematis montana f. grandiflora ist eine größerblütige, stärkere Form von C. montana; wird auch ungenau für jede *Varietät* einer *Art* verwendet.
Formschnitt: Die Kunst, Bäume und Sträucher zu verschiedenen, meist komplizierten, geometrischen oder phantasievollen Formen zu schneiden und zu erziehen.
Fortpflanzung: In Kultur Vermehrung von Pflanzen durch *Samen* (geschlechtlich) oder durch vegetative Methoden.
Fremdbefruchtung: Die *Befruchtung* der Samenanlagen einer Blüte als Ergebnis der *Fremdbestäubung*.
Fremdbestäubung: Die Übertragung von Blütenstaub (*Pollen*) vom *Staubbeutel* einer Blüte der einen Pflanze auf die *Narbe* einer Blüte der anderen Pflanze; oft ungenau verwendet für *Fremdbefruchtung*.
Frucht: Der befruchtete, reife *Fruchtknoten* einer Pflanze; enthält einen bis viele Samen, z.B. Beeren, Hagebutten, *Kapseln* und Nüsse (siehe auch *Fruchtformen*).
Fruchtauge, Tragknospe: siehe *Knospe*
Fruchtblatt, Karpell: Teile der Fruchtknotenwand bergen die Samenanlagen.
Fruchtformen: 1. Trockene Einzelfrüchte, die sich meist öffnen: Balgfrucht, aus einem Fruchtblatt, springt an der Spitze auf (Löwenmaul); Hülsenfrucht, aus einem Fruchtblatt, springt an Rücken- und Bauchnaht auf (Erbse, Goldregen); Schote, aus 2 Fruchtblättern mit Scheidewand, öffnet sich mit 2 Längsspalten (Goldlack); *Kapsel*, aus mehreren Fruchtblättern, öffnet sich auf verschiedene Weise (Springkraut). 2. Geschlossenbleibende Einzelfrüchte: Nuß, mit harter (Walnuß) oder pergamentener Schale (Buchecker). 3. Sammel- oder Scheinfrüchte: Erdbeere, Fleisch aus verdickter Blütenachse, »Kerne« sind Nüsse; Hagebutte, Fleisch aus krugförmiger Achse; Himbeere, Brombeere, jedes Fruchtblatt wird zu einzelner *Steinfrucht*; Apfel, Sammelfrucht aus 5 ledrigen Einzelfrüchten oder »Spelzen« (bei allem Kernobst).
Fruchtknoten: Der untere Teil des *Stempels*; enthält eine oder mehrere Samenanlagen, kann sich nach der Befruchtung zu einer *Frucht* entwickeln (siehe auch *Fruchtblatt*, *Karpell*).
Frühtreiben: Auslösen des Pflanzenwachstums (meist bei Blüten, aber auch bei Früchten) durch Beeinflussung ihrer Umgebung, normalerweise durch Erhöhen der Temperatur.
Fungizid: Chemikalie, die Pilze tötet, v.a. jene, die verschiedene Pflanzenkrankheiten verursachen.
Gattung (Genus, Genera): Eine Kategorie in der systematischen Einteilung der Pflanzen, zwischen *Familie* und *Art*. Eine Gruppe von verwandten Arten, die durch eine Reihe von gemeinsamen Merkmalen verbunden sind; z.B. werden alle Arten der Roßkastanie zur Gattung Aesculus gestellt (siehe auch *Familie*, *Unterfamilie*, *Varietät*, *Form* und *Hybride*).
gebändert: Dianthus-Sorten, bei denen die *Kronblätter* ein schmales, farbiges Band auf dazu kontrastierender Grundfarbe haben.
gefiedert, zusammengesetzt: In 2 oder mehrere *Fiederblättchen* eingeteiltes Blatt; paarig oder unpaarig gefiedert, auch nur mit einem Fiederpaar (z.B. Trifolium), mit vielen (z.B. Rhus); siehe auch *Blattformen*.
gefranst: Pflanzenteil mit gefranstem Rand; Pflanzenorgane mit Haarfransen werden als bewimpert bezeichnet.
gegenständig: Zwei Blätter oder andere Pflanzenorgane stehen einander auf gleicher Höhe auf entgegengesetzten Seiten des Stengels oder einer anderen Achse gegenüber (vergleiche auch *wechselständig*).
Geröllhalde: Hang mit Felsstücken, die sich durch das Verwittern von Felsen gebildet haben; in Gärten nachgeahmt als Steinbeete für alpine Pflanzen, die gute *Drainage* brauchen.
geschlechtliche Fortpflanzung: Fortpflanzung durch *Befruchtung*; es entstehen *Samen*.
geschlossen: Blütenstand, bei dem die Achse mit einer Terminalblüte endet, so daß sie sich nicht mehr verlängern kann (siehe auch *Trugdolde*).
Gewebekultur (Pflanzen): Das Ziehen von Pflanzen unter sterilen Bedingungen in künstlichen Substraten.
Glasglocke (Frühbeetfenster): Kleine, in der Regel tragbare Konstruktion aus durchsichtigem Plastik oder Glas, mit Holz- oder Metallrahmen; zum Schutz von Frühernten im Freien und um den Boden vor dem Anpflanzen zu erwärmen (siehe auch *wachsende Folie*).
Grabenbewässerung: Art der Bewässerung, bei der Erde um die Pflanzen herum ausgegraben oder zu einem Wulst geformt wird, wodurch eine Mulde entsteht, in die hinein bewässert wird.
Granne: Scharfe Spitze oder Borste auf der mittleren Spelze (Deckspelze) eines Gras-Blütenstandes, groß in dem Blütenstand des Hafers.
Griffel: Verbindungsglied zwischen *Fruchtknoten* und *Narbe*; nicht immer vorhanden (z.B. nicht bei Mohnblüten).
Griffelsäule: Säule aus verwachsenen Griffeln; oft bei Fabacea, z.B. bei Lupinen, Hornklee, Hauhechel.
Grunddüngung, Krumendüngung: Aufbringen oder Eingraben von Düngemitteln oder *Humus* (Dünger, Kompost etc.) auf oder in den Boden, bevor man sät oder pflanzt.
Gründüngung: Schnellwüchsige, blattreiche Pflanzen wie Senf werden zur Anreicherung wieder in den Boden eingegraben.

Grünsteckling: siehe *Steckling*
halbhart: Pflanzen, die in einer bestimmten Klimazone keinen Frost vertragen; sie halten im allgemeinen tiefere Temperaturen aus als frostempfindliche Pflanzen.
halb-immergrün: siehe *immergrün*
Halbstamm: Baum oder Strauch mit 1-1,5 m Stammlänge zwischen dem Boden und den untersten Ästen.
Halbstrauch: Pflanze, die am Grund *holzig*, oben *krautig* ist; dieser Teil stirbt am Ende der Vegetationsperiode ab.
Halm: Stengel der Gräser, hohl, mit Querwänden bei den Knoten; an diesen sitzen die Blätter als Scheiden, die den Stengel nach oben umschließen.
Hängeblätter: Die hängenden oder waagrecht liegenden *Tepalen* oder *Kronblätter* von Iris und einigen verwandten Pflanzen.
Hauptkultur (Gemüse): Sorten, die während der Hauptwachstumszeit Erträge bringen und zwar über längere Zeit als die frühen und späten Sorten.
Heideerde: Komposterde mit dem für *Erica*-Pflanzen geeigneten *pH-Wert.*
Herbizid: Chemikalie, um Unkräuter zu bekämpfen und zu vertilgen.
Heterosis: Verbesserung von Wachstum und Ertrag bei einigen *Hybriden*, wichtig bei Züchtung von Nutzpflanzen.
Holländern: Methode, bei der der Boden bis zur Tiefe von 2 *Spatenstichen* bearbeitet wird.
holzig: Ein Ausdruck für Stämme, die nicht weich und biegsam, sondern hart und verdickt sind, z.B. bei Sträuchern; auch der Grund mancher Kräuter ist verholzt.
Holzknospe: siehe *Knospe*
Hülse (Legume): siehe *Fruchtformen*
Humus: Die chemisch vielfältigen, organischen Abbauprodukte pflanzlicher Substanzen im Boden. Auch oft für teilweise abgebaute Substanzen wie Blatthumus oder Kompost verwendet.
Hybride: Nachkommen durch Kreuzung genetisch verschiedener Eltern. Hybriden zwischen *Arten* derselben *Gattung* heißen interspezifische Hybriden; jene zwischen verschiedenen, aber für gewöhnlich nahe verwandten Gattungen intergenerische Hybriden (siehe auch *F1-Hybriden* und *F2-Hybriden*).
Hybridisierung: Der Vorgang, durch den *Hybriden* gebildet werden.
Hydrokultur: Die Kultivierung von Pflanzen in mit Nährstoffen angereichertem Wasser; manchmal mit sterilem Füllsubstrat (siehe auch *Hydroponik*).
Hydroponik: Die Kultivierung von Pflanzen in wässrigen Nährlösungen. Wird ungenau für alle Kulturen ohne Erde verwendet.
hypogäisch: Keimungsart, bei der Samen und Keimblätter unterhalb der Bodenoberfläche bleiben, während der junge Sproß sich darüber erhebt, z.B. bei Erbse, Eiche, Roßkastanie.
Hypokotyl: Keimachse zwischen Wurzelhals und Keimblatt.
immergrüne Pflanzen: Pflanzen, die ihre Blätter über eine Wachstumsperiode hinaus behalten; HALB-IMMERGRÜNE Pflanzen behalten nur einen kleinen Anteil ihrer Blätter über mehr als eine Wachstumsperiode.
Infloreszenz, Blütenstand: Gruppe von Blüten auf einer Achse (Stengel).
Insektizid: *Pestizid* zur Vernichtung von Insekten.
Instandhaltungsschnitt, Überwachungsschnitt: Das übliche Zurückschneiden von holzigen Pflanzen durch *Auslichten* muß differenziert geschehen, um die Form des Strauches nicht zu verderben; Kappen ist meist falsch.
Intergenerische Hybriden: siehe *Hybriden*
intermediär: Hybriden, deren Merkmale in der Mitte zwischen denen ihrer Eltern liegen.
Internodium: Teil des Stengels zwischen zwei *Knoten*; deutlich bei Gräsern.
Interspezifische Hybriden: siehe *Hybriden*
John-Innes-Kompost: *Kompost* auf Lehmbasis, entwickelt vom John Innes Horticultural Institute in Norwich, England, und zu einer einheitlichen Formel gemacht.
Kaktus: Zur Familie Cactaceae gehörig, mit fleischigem, wasserspeicherndem Gewebe in den Stengeln, aus dem sich dann die Stacheln, Blüten und Sprosse entwickeln.
Kalk: Kalziumverbindung; der Kalkgehalt im Boden entscheidet darüber, ob er *basisch*, *sauer* oder *neutral* ist.
kalkfliehend: Pflanze, die nicht auf alkalischem Boden wächst, z.B. Azaleen, Rhododendron, Ericaceae, außer *Erica* carnea der Alpen.
kalkliebend: Pflanze, die auf *alkalischem* Boden gedeiht.
Kallus: Schutzgewebe, das Pflanzen über einer Wunde bilden; v.a. bei holzigen Pflanzen, aber auch am Grund von Stecklingen (siehe auch *Meristem*).
Kalter Kasten: Verglaste, kistenartige Konstruktion aus Ziegeln, Holz oder Glas, mit einem aufklappbaren oder abnehmbaren Deckel (aus Glas oder durchsichtigem Plastik), um die Pflanzen vor zu großer Kälte zu schützen.
Kambium: Teilungsfähiges Gewebe bei *Zweikeimblättrigen* und Nadelbäumen, nicht bei *Einkeimblättrigen*; zwischen den und um die Leitungsstränge in den Stämmen bildet es eine Zylinderform, die nach innen und außen laufend neue Zellen und so Dickenwachstum erzeugt; sekundär bildet es nach außen korkige, nach innen grüne Rinde (Palmen z.B. haben kein Kambium, also kein Dickenwachstum, ihre »Stämme« sind deshalb Scheinstämme).
Kamm: Gefurchter Auswuchs, im allgemeinen bei Farnwedeln und an den *Infloreszenzen* von Celosia oder an Kaktusstengeln.
Kappen: Entfernung von verwelkten Blüten oder Blütenständen.
Kapsel: Trockene Samenhülle; öffnet sich, wenn sie reif ist, um die Samen zu entlassen (siehe auch *Fruchtformen*).
Karpell: siehe *Fruchtblatt*
Kastration: Entfernung der *Staubbeutel*, bevor der *Pollen* ausgestreut wird, um eine *Selbstbestäubung* und daher Selbstbefruchtung zu verhindern.
Kätzchen: Hängender, ährenförmiger Blütenstand, mit auffälligen *Brakteen* in ihren kleinen, oft eingeschlechtlichen Blüten ohne Blütenblätter oder dreiblütige Trugdolden (siehe auch *Blütenformen*).
Keimblatt: siehe *Kotyledon*
Keimruhe: Nichtkeimen von Samen trotz günstiger Bedingungen für die Keimung, bedingt durch physikalische, chemische oder andere innere Faktoren im Samen; DOPPELTE KEIMRUHE: Nichtkeimen von Samen, bedingt durch 2 innere Faktoren im Samen (siehe auch *Dormanz*).
Keimung: Physikalischer und chemischer Prozeß, der stattfindet, wenn *Samen* zu wachsen beginnt, und sich zu einer Pflanze entwickelt.
Kelchblätter (Sepalen): Der äußere *Wirtel* der *Blütenhülle* einer Pflanze; meist klein und grün, aber manchmal gefärbt und kronblattähnlich.
Kernfrucht: Eine feste, fleischige Frucht; entstanden aus der Verwachsung des Fruchtknotens mit dem Hypanthium (Blütenbecher; verschmolzene Basis von Kelch und Krone), z.B. Birne (siehe auch *Fruchtformen*).
Kletterpflanze, Klimmer: Pflanze, die andere Pflanzen oder Gegenstände auf unterschiedliche Weise als Stütze benützt. 1. Die verholzte Achse windet sich empor (Wisteria); 2. die verholzte Achse klammert sich ziemlich locker an mit Stacheln; 3. mit stammbürtigen Wurzeln klettert Efeu; 4. mit Haftscheiben an den verzweigten Sprossen klettert Wilder Wein; 5. mit krautigen Stengeln um die Stützen gewunden (Duftwicke oder Kapuzinerkresse); 6. mit dem modifizierten Endfiederblättchen rankt die Linse; 7. mit den Mittelrippen des 1. Fiederpaares und des Endfiederblättchen rankt sich die Kronwicke empor.
Klon: Gruppe von Pflanzen, die genetisch identisch sind und durch die vegetative Vermehrung eines Individuums gewonnen werden.
Knolle: Ein verdicktes, von einem Stengel (bei Kartoffel) oder einer Wurzel (bei Dahlie) stammendes, meist unterirdisches Organ zur Speicherung von Nährstoffen.
Knospe: Rudimentärer oder verkürzter Sproß, der Anlagen von Blättern oder Blüten beinhaltet: ACHSELKNOSPE: aus einer Blattachsel entspringende Knospe; ADVENTIVKNOSPE: eine an ungewöhnlicher Stelle entspringende Knospe, z.B. aus dem Stengel anstatt aus einer Blattachsel; BLATTKNOSPE: Knospe, aus der sich Blätter entwickeln; HOLZKNOSPE: Knospe, aus der sich ein Trieb entwickelt; TRAGKNOSPE, FRUCHTAUGE: Knospe, aus der sich Blüten (gefolgt von Früchten) entwickeln; SCHEITELKNOSPE, ENDKNOSPE: oberste Knospe eines Stengels.
Knoten: Abschnitt des Stengels, an dem Blätter, Sprosse, Zweige oder Blüten entspringen (siehe auch *Halm*).
Kompost: Humusreiches, organisches Material aus zersetzten Pflanzenresten u.a. organischen Substanzen zur Bodenverbesserung und zum Mulchen.
Komposterde: Topferde aus einer Mischung aus *Lehm*, Sand, *Torf*, Blatthumus u.a. Bestandteilen.
Koniferen (Nadelgehölze, Zapfenträger, Nacktsamer): Gymnospermen, in der Regel immergrüne Bäume und Sträucher (Lärchen, Sumpfzypressen und Metasequoia werfen ihre Nadeln ab). Von den Blütenpflanzen (Angiospermen) unterscheiden sie sich durch die freiliegenden *Samenanlagen*, die nicht in einem *Fruchtknoten* eingeschlossen sind; der *Zapfen* ist der vergrößerte, verholzte weibliche Blütenstand.
Kontaktwirkung: Wirkung eines *Pestizides* oder Unkrautvertilgungsmittels, das Schädlinge oder Unkraut durch direkten Kontakt tötet oder schädigt.
Kopfbildung: Das Stadium, in dem Gemüsepflanzen wie Salat oder Kohl dichte »Herzen« aus den inneren Blättern bilden.
Köpfchen: Dichte *Infloreszenz*; siehe *Blütenstände.*
Kopfdüngung: Das Auftragen von löslichen Düngemitteln, frischer Erde oder Kompost auf die Bodenoberfläche um eine Pflanze oder auf den Rasen, um die Nährstoffe wieder zu ersetzen.
Kopulieren: siehe *Veredeln*
Kordon, Schnurbaum: Eine gezogene Pflanze (v.a. im Obstbau), die durch rigorosen Schnitt meist auf einen Hauptstamm beschränkt wurde. Ein Einzelkordon hat einen Hauptstamm, ein Doppelkordon oder »U«-Kordon hat 2 und ein Gabelspalier 3 oder mehr Hauptstämme.
Kotyledon: Ein Keimblatt; erstes Blatt oder erste Blätter, die nach dem Keimen aus dem Samen erscheinen, oft ausgesprochen verschieden von den reifen Blättern. Blütenpflanzen (Angiospermen) werden in Monokotyledonen (eins) und Dikotyledonen (zwei) eingeteilt, je nachdem, wie viele Keimblätter im reifen Samen vorhanden sind. Bei den Gymnospermen (*Koniferen*) stehen sie oft in *Wirteln*. Keimblätter haben Nährstoffe für die Keimlinge gespeichert.
Kraut: 1) Wegen ihrer medizinischen und Gewürzeigenschaften oder ihrer duftenden Blätter gezogene Pflanze. 2) Botanisch: eine *krautige* Pflanze.
krautig: Nichtholzige Pflanze, bei der die oberen Teile am Ende der Wachstumsperiode bis auf die Wurzeln absterben. V.a. verwendet für ausdauernde Pflanzen, botanisch auch für *einjährige* und *zweijährige* Pflanzen.
Kronblatt, Petalum: Ein modifiziertes, oft leuchtend gefärbtes Blatt; Teil der *Krone* einer meist *zweikeimblättrigen* Blüte (siehe auch *Tepalum*).
Krone, Corolla: Innerer *Wirtel* der *Blütenhülle*, besteht aus getrennten oder verwachsenen Blütenblättern (Petalen).
Kurztrieb: Kurzer Zweig mit Blütenknospen, wie bei Obstbäumen; mit Blättern bei Laub- und Nadelbäumen.
Lamina: Blattspreite; meist flach, enthält nicht die *Petiole* (den Blattstiel).
Lehm: Boden mittlerer Textur, oft leicht zu bearbeiten, enthält mehr oder weniger gleiche Anteile von Sand, Schluff und Ton; meist reich an Humus. Wenn der Anteil eines Bestandteiles hoch ist, kann man ihn als schluffigen Lehm, tonigen oder sandigen Lehm bezeichnen.
leicht: Boden mit hohem Gehalt an Sand und mit wenig Ton.
Leittrieb: 1) Der meist zentrale, aufrechte Hauptstamm eines Baumes. 2) Der Terminalsproß einer Pflanze.
Lithophyt: Pflanze, die auf Felsen (oder in sehr steinigem Boden) wächst und die meisten ihrer Nährstoffe sowie ihr Wasser in der Regel aus der Atmosphäre bezieht.

löffelförmig: Blüten von Chrysanthemen (und einigen anderen Blumen), bei denen die Einzelblüten an den Spitzen sich löffelförmig erweitern.
Luftablegerverfahren: siehe *Ableger*
Luftwurzel: Über dem Boden wachsende *Wurzel* zur Verankerung der Pflanze, bei *Epiphyten*, um Luftfeuchtigkeit aufzunehmen. Sie bilden sich u.a. an Zweigen bei Ficus-Arten. Haben sie den Boden erreicht, wurzeln sie und bilden Sekundärstämme.
Mark (Stengel): Das weiche pflanzliche Material im Inneren eines Stengels.
Markottage: Anderer Name für *Luftablegerverfahren*; siehe *Ableger*.
Meriklon: Genetisch identische Nachkommen, die durch *Meristem*kultur erzielt werden.
Meristem: Dauernd teilungsfähiges Gewebe, erzeugt in Vegetationskegeln an Trieb- und Wurzelspitzen Längenwachstum, an den Achsen Verzweigungen und Blätter. Ohne Meristem keine Okulierung und Pfropfung. Sekundär wird es gebildet, wo Wunden entstanden sind; bildet Wundverschluß.
Miete: Lagermethode für Wurzelgemüse im Freien: das Gemüse wird aufgehäuft und durch Schichten von Stroh und Erde vor Frost geschützt; ein strohgefüllter »Kamin« ermöglicht die nötige Belüftung.
Mikronährstoffe: Chemische Elemente, z.B. Kupfer, Mangan, Bor, die für die Pflanzen lebenswichtig sind, aber nur in sehr kleinen Mengen benötigt werden; auch als Spurenelemente bekannt; ihr Fehlen erzeugt Krankheiten (siehe auch *Nährstoffe*).
Mischkultur: Nebeneinandersetzen von Pflanzen, von denen man weiß, daß sie eine günstige Wirkung auf die Nachbarpflanzen haben, indem sie Krankheiten und Schädlinge abhalten und das Wachstum verbessern.
Mittelrippe: Die wichtigste, meist zentrale Ader eines Blattes.
mittelschwer (Boden): Zwischen *schwer* und *leicht* (siehe auch *Lehm*).
monokarpisch: Pflanzen, die nur einmal blühen und fruchten, bevor sie absterben; brauchen mehrere Jahre, bis sie Blühgröße erreichen.
monopodial: Die Spitze der Hauptachse wächst weiter, die Seitensprosse bleiben zurück (siehe auch *sympodial*).
Moorpflanze: Pflanze, deren natürlicher Standort dauernd feucht ist oder die unter solchen Bedingungen gedeiht.
Mulch: Schicht aus organischem Material; wird auf die Bodenoberfläche aufgetragen, um das Unkrautwachstum zu vermindern, die Feuchtigkeit zu bewahren und eine kühle, gleichmäßige Wurzeltemperatur beizubehalten. Zusätzlich zu organischen Materialien wie Stallmist, Rinden- und Gartenkompost können auch Polyäthylen, Folien und Kiesel verwendet werden (siehe auch *wachsende Folie*).
Mutation: Absichtlich herbeigeführte oder spontane genetische Veränderung von Eigenschaften, ergibt u.a. Blüten, die anders gefärbt sind als die der Mutterpflanze. Eine Mutation wird auch als Sport bezeichnet.
Mutterpflanze: Pflanze, von der Fortpflanzungsmaterial, sowohl *Samen* als auch *vegetatives* Material, gewonnen wird.
Mykorrhiza: Bodenpilze, die mit Pflanzenwurzeln zum beiderseitigen Vorteil zusammenleben, v.a. bei Waldbäumen (siehe auch *Wurzelknöllchen*).
Nährstoffe: Mineralien (Mineralionen), um Proteine u.a. Verbindungen zu bilden, die für das Pflanzenwachstum nötig sind.
Narbe: Apikaler Teil eines *Fruchtblattes* oder mehrere Fruchtblätter, meist an der Spitze eines *Griffels*; nimmt den *Pollen* vor der *Befruchtung* auf.
Naturalisieren: Einbürgern und gedeihen wie wildwachsende Pflanzen.
Nektar: Zuckerige Flüssigkeit, die von einem *Nektarium* abgesondert wird; wirkt stark anziehend auf bestäubende Insekten.
Nektarium: Drüsiges Gewebe, das meist in Blüten vorkommt, v.a. im *Sporn* von Blüten (z.B. bei Veilchen), aber manchmal auch auf Blättern oder Stengeln; sondert *Nektar* ab.
Nematizid: *Pestizid* zur Vernichtung von Nematoden (Fadenwürmer und Älchen).
neutral (Boden): Mit *pH-Wert* 7, d.h. weder *sauer* noch *basisch*.
nichtremontierend: Nur einmal während der Wachstumsperiode blühend oder fruchtend (siehe auch *remontierend*); beides bei Rosen.
Niederstamm, Busch: Obstbaum mit einem Stamm von 90 cm oder weniger; bei Obststräuchern wie Johannisbeeren oder Stachelbeeren.
Nuß: siehe *Fruchtformen*
Oberboden, Ackerkrume: Die oberste, meist fruchtbare Bodenschicht.
Oberflächendüngung: Dünger, der auf die Erdoberfläche um eine Pflanze herum aufgetragen wird (siehe auch *Kopfdüngung*).
offen: *Blütenstand*, der nicht durch eine einzelne Blüte abgeschlossen wird und in der die Hauptachse weiterwächst, wenn sich die unteren Blüten öffnen (z.B. eine Traube wie etwa bei Rittersporn).
Öffnungsfrucht: siehe *Fruchtformen*
Okulieren, Augenveredlung: Eine Methode des Veredelns (siehe auch *Veredeln*).
organisch: 1) Chemische Verbindungen, die Kohlenstoff enthalten; dieser stammt aus abgebauten Organismen von Pflanzen oder Tieren. 2) Ungenauer Begriff für Mulch, Kompost oder ähnliche, von Pflanzen stammende Materialien. 3) Auch verwendet für Land- und Gartenbau ohne künstliche oder anorganische Stoffe.
Parthenokarpie: Das Hervorbringen von Früchten, ohne daß eine *Befruchtung* stattgefunden hat.
Parterre: Ebene Fläche mit Zierbeeten, oft mit niedrigwüchsigen Pflanzen und von Einfassungen umgeben.
Pathogene: Mikroorganismen, die Krankheiten verursachen.
Pedunculus: Der *Stiel* einer Blüte.
perennierend: Genaugenommen jede Pflanze, die mindestens 3 Wachstumsperioden lebt; allgemein für krautige Pflanzen und holzige perennierende (d.h. Bäume und Sträucher) verwendet.
Perianth: siehe *Blütenhülle*
Perigon: aus (meist) gleichgeformten und gleichfarbigen Blütenhüllblättern (Kelch nicht vorhanden), bei Mono-*Kotyledonen*.
Perlit: Kleine Körnchen vulkanischer Minerale, die man dem Substrat beifügt, um die Belüftung zu verbessern.
Pestizid: Meist künstlich hergestellte chemische Substanz zum Vertilgen von Schädlingen wie Insekten (*Insektizide*), Milben (*Acarizide*) und Nematoden (*Nematizide*).
Petalum: siehe *Kronblatt*
Petiole: Der *Stiel* eines Blattes.
Pfahlwurzel: Die größte und wichtigste, senkrecht nach unten wachsende Wurzel einer Pflanze (v.a. eines Baumes), auch allgemein für jede starke, abwärts wachsende *Wurzel* verwendet.
Pfanne: Für Wasser und Sauerstoff undurchdringliche Bodenschicht, die Wurzelwachstum und Entwässerung behindert. Pfannen (Verdichtungshorizonte) können auf Ton oder eisenreichen Böden natürlich vorkommen. Auch Böden, die durch starken Regen, zuviel Bewässerung oder den andauernden Gebrauch von landwirtschaftlichen Maschinen verkrustet sind (siehe auch *Verkrustung*), werden als Pfannen oder Verdichtungshorizonte bezeichnet.
Pflanzbeet: siehe *Anzuchtbeet*
Pflanzgut: Eine kleine Zwiebel, Schalotte oder Kartoffelknolle, die zum Anpflanzen ausgewählt wurde.
Pfropfen: siehe *Veredeln*
Pfropfkopf: Wo die Pfropfreisknospe mit der *Unterlage* verbunden ist (siehe auch *Veredlungsstelle*).
Pfropfstelle: siehe *Veredlungsstelle*
Pfropfunterlage: siehe *Unterlage*
Photosynthese: Die Erzeugung der für das Pflanzenwachstum nötigen organischen Verbindungen. Entsteht durch einen komplizierten Vorgang unter Mitwirkung von Chlorophyll, Lichtenergie, Kohlendioxid und Wasser (siehe auch *Chlorophyll*).
pH-Wert: Maß für den Gehalt an Säuren oder Basen (bezieht sich im Gartenbau auf den Boden). Die Skala reicht von 1 bis 14; pH 7 ist neutral, über 7 ist basisch und unter 7 sauer (siehe auch *sauer*, *basisch* und *neutral*).
Pikieren, Vereinzeln: Junge Sämlinge von dort, wo sie gekeimt haben, in Beete oder Töpfe übertragen, wo sie genug Platz zum Weiterwachsen haben.
Pinzieren: Zurückschneiden, einkürzen der wachsenden Sproßspitze, um Seitentriebe anzuregen oder um beschädigte Zweige zu entfernen.
Plumula: siehe *hypogäisch*
Pollen: Die männlichen Zellen einer Pflanze; sie bilden sich im *Staubbeutel*.
Polyembryonie: Mehr als einen Embryo in einer Samenanlage oder einem Samen enthaltend.
Pompon: Kleine, meist kugelförmige *Blütenstände* aus zahlreichen Einzelblüten.
proximales Ende (Stecklinge): Das Ende, das ursprünglich am nächsten zum Wurzelanlauf der Mutterpflanze gelegen war (vgl. *distales* Ende).
Pseudobulben, Scheinknollen: Verdickte, zwiebelartige Stengel einer *sympodialen* Orchidee; entspringt von einem (manchmal sehr kurzen) *Rhizom*.
Quirl: siehe *Wirtel*
Radicula: *Wurzel* des Keimlings, wird bei Nacktsamern und *Zweikeimblättrigen* zur *Pfahlwurzel*; bei *Einkeimblättrigen* stirbt sie ab und wird durch Nebenwurzeln ersetzt.
Ranke: Modifizierter Zweig, *Stengel* oder *Blatt*, in der Regel fadenförmig (lang und schlank) und in der Lage, sich an einer Stütze festzuhalten (siehe auch *Kletterpflanze*).
Regenschatten: Fläche in der Nähe einer Mauer oder eines Zauns, die vor den vorherrschenden Winden geschützt ist und daher weniger Regen bekommt als das offene Gelände.
Reihensaat, Rillensaat: *Samen* einzeln oder in kleinen Gruppen in bestimmten Abständen in Reihen oder Saatrillen aussäen.
remontierend: Pflanze, die mehr als einmal während der Wachstumsperiode blüht (oft bei Rosen und Erdbeeren; siehe auch *nichtremontierend*).
Respiration: Die Freigabe von Energie aus zusammengesetzten organischen Molekülen als Ergebnis chemischer Veränderungen.
Rhizom: Ein spezialisierter, in der Regel horizontal kriechender, verdickter oder schlanker, unterirdischer *Stengel*; wirkt als Speicherorgan und bringt an seiner Spitze und entlang des Sprosses oberirdische Triebe hervor.
Rille, Saatrille: Schmale, gerade Furche im Boden, in die *Samen* gesät und *Sämlinge* gesetzt werden.
Rillensaat: siehe *Reihensaat*
Rinde: Die äußere Schicht eines Baumes oder Strauches außerhalb des *Kambiums*.
Ringelung: Ringförmiges Entfernen der Rinde vom Stamm oder von den Ästen bestimmter Obstbäume, um starkes Wachstum zu reduzieren und den Obstertrag zu steigern.
Rispe: Offener, verzweigter *Blütenstand*, besteht oft aus mehreren traubigen Zweigen.
Rosette: Büschel von *Blättern*, die von etwa demselben Punkt ausstrahlen, oft in Bodennähe auf einem sehr kurzen *Stengel*.
Rückschnitt: Die wichtigsten Zweige von Bäumen oder Sträuchern um mehr als die Hälfte zurückschneiden.
Saatbeet: Verschiedene Typen von Containern, v.a. solche für das Aussäen von Samen und das *Pikieren* von *Sämlingen*.
Saatschale (Multitopfplatte): Unterteiltes Kästchen, in dem einzelne Samen und Sämlinge gezogen werden.
Samen: Reife, befruchtete Samenanlage; enthält einen ruhenden Embryo, der imstande ist, sich zu einer Pflanze zu entwickeln.
Samenanlage: Teil des *Fruchtknotens*, der sich nach *Bestäubung* und *Befruchtung* zum *Samen* entwickelt.
Samenritzung: siehe *Anritzen*
Sämling: Eine aus einem *Samen* entstandene junge Pflanze.
sauer (Boden): Mit *pH-Wert* unter 7 (siehe auch *basisch* und *neutral*).
Sauerstofferzeuger: Untergetauchte Wasserpflanze, die Sauerstoff ins Wasser freisetzt.
Schäften: Anderer Ausdruck für Kopulieren (siehe *Veredeln*).

Schaupflanze: Eine auffallende Pflanze, in der Regel ein Baum oder Strauch in hervorragendem Zustand, die an einem Standort steht, wo sie gut gesehen werden kann.
Schießen: Vorzeitiges Hervorbringen von Blüten und Samen.
Schild (Keil): Ein kleines Stück Rinde oder Holz, das am Grund eines *Stecklings* bleibt, wenn er vom Stamm weggenommen wird (Ansatzsteckling).
schildförmig (Blätter): Der Blattstiel mündet unterhalb der Mitte der Blattspreite, manchmal auch außerhalb der Mitte, z.B. bei Kapuzinerkresse.
Schließfrucht: Frucht, die sich nicht öffnet, um ihre Samen zu entleeren (siehe auch *Fruchtformen*).
Schnitt, Entwipfeln: Das regelmäßige Zurückschneiden der Hauptäste bis auf den Hauptstamm oder ein *Astgerüst*, meist bis zu einer Höhe von 2 m.
Schnurbaum: siehe *Kordon*
Schößling: Ein junger Baum; ein *Sämling* oder jeder junge Baum, bevor das Holz hart wird.
Schote: siehe *Fruchtformen*
schwer (Boden): Mit einem hohen Anteil an Ton.
Seitenpfropfen: siehe *Veredeln*
Seitensproß: Trieb, der an einem Hauptsproß seitlich entspringt.
Seitentrieb: Seitlich aus einem Sproß oder einer Wurzel wachsender Trieb.
seitliches Keilpfropfen: siehe *Veredeln*
Selbstableger: siehe *Ableger*
Selbstaussaat: Verbreiten *fertiler* Samen, die um die Mutterpflanze herum *Sämlinge* hervorbringen.
Selbstbestäubung: Die Übertragung von *Pollen* von den *Staubbeuteln* auf die *Narbe* derselben Blüte oder einer anderen Blüte derselben Pflanze (siehe auch *Fremdbestäubung*).
selbstfertil: Pflanze, die nach Befruchtung mit ihrem eigenen *Pollen* lebensfähige *Samen* hervorbringt (siehe auch *Befruchtung*, *Bestäubung*, *Selbstbestäubung* und *selbststeril*).
selbststeril: Pflanze, die nach *Selbstbefruchtung* keine lebensfähigen Samen bilden kann; sie braucht einen anderen *Bestäuber*, damit Befruchtung stattfinden kann. Auch als »selbstinkompatibel« bekannt - unfähig zur Selbstbefruchtung.
Selektion: Pflanze, die aufgrund besonderer Merkmale ausgewählt wird; wird normalerweise vermehrt, um diese Merkmale zu bewahren.
Sepalum: siehe *Kelchblätter*
Skarifizieren: Entfernen von Moos und Stroh von einem Rasen durch einen Skarifikator oder mit dem Rechen.
Sorte: Gruppe von Pflanzen (oder eine Pflanze in so einer Gruppe), die sich durch ein oder mehrere Merkmale unterscheiden lassen und deren Unterscheidungsmerkmale nach *geschlechtlicher* oder *ungeschlechtlicher* Vermehrung beibehalten werden; gebräuchlich vor allem im Zierpflanzenbau.
Spalierpflanze: Pflanze mit vertikalem Hauptstamm und (meist) 3 oder mehr Reihen von Ästen, die auf beiden Seiten in einer Ebene stehen; häufig werden Obstbäume so gezogen.
Spaltpfropfen: siehe *Veredeln*
Spatenstich: Die Tiefe eines Spatenblattes, meist 25-30 cm.
Spelze: Spreuartige, trockenhäutige *Braktee* in den Blütenständen von Gräsern und Seggen.
Sphagnum: Moose, die in Mooren gedeihen; durch ihre Fähigkeit, Wasser zu speichern, werden sie als Bestandteil von Kultursubstraten geschätzt, z.B. bei der Kultivierung von Orchideen.
Sporangium (Farn): Behälter, in dem *Sporen* entstehen.
Spore: Winzige Fortpflanzungsstruktur blütenloser Pflanzen, wie Farne, Pilze und Moose. Bei Farnen entstehen sie auf den Unterseiten der Wedel in den Sporangien; reife Sporen fallen auf den Boden, bilden zweierlei blattartige Gewebe, die einen mit weiblichen, die anderen mit männlichen Zellen. Nach der Befruchtung entsteht der Wedel (*vegetative* Generation).
Sporn: Hohler Fortsatz eines *Kronblattes*, z.B. bei Veilchen, Akelei, Leinkraut; erzeugt oft Nektar.
Sport: siehe *Mutation*
Spritzen: Befeuchten des Gewächshausbodens und der Wände mit Wasser, um die Feuchtigkeit zu erhöhen, v.a. bei sehr heißem Wetter.
Sproß: Ein Ast, *Stengel* oder Zweig.
Sproßknolle: Zwiebelähnlicher, unterirdischer, verdickter Stengel oder eine Basis, oft von einer papierartigen Hülle umgeben. Eine Sproßknolle wird jedes Jahr durch eine neue Sproßknolle ersetzt, die sich aus einer End- beziehungsweise Seitenknospe entwickelt, z.B. bei Narzissen.
Sproßranke: siehe *Kletterpflanze*
Spurenelement: siehe *Mikronährstoffe*
Stammanlauf: siehe *Wurzelanlauf*
Stammbasis: Der Teil einer Pflanze, wo *Wurzeln* und *Stengel* sich treffen.
Standard: Ein Baum mit mindestens 2 m Stamm unter den ersten Ästen (siehe auch *Halbstamm*).
Staubbeutel, Anthere: Pollenproduzierender Teil eines *Staubblattes*; entspringt normalerweise einem *Staubfaden*.
Staubblatt: Das männliche Fortpflanzungsorgan einer Pflanze, mit pollenerzeugendem *Staubbeutel*, der normalerweise vom Filament oder *Stiel* getragen wird.
Staubfaden: Stiel eines Staubblattes, trägt den *Staubbeutel.*
Stecken: *Stecklinge* in ein Nährmedium geben.
Steckenbleiben: Bei einer Blüte, die sich nicht richtig öffnet und schon als Knospe verfault.
Steckling: Von einer Pflanze abgetrennter Teil *(Blatt*, *Sproß*, *Wurzel* oder *Knospe)*, aus dem eine neue Pflanze herangezogen werden soll; ANSATZSTECKLING: mit einem Stückchen Rinde (Keil) oder reifem Holz an der Basis; AUGENSTECKLING: von knapp unterhalb eines Auges oder eines Knotens geschnitten; BLATTKNOSPENSTECKLING: besteht aus einem kleinen Stückchen Stengel und einem oder zwei Paaren von Knospen oder Blättern; BLATTSTECKLING: aus einem abgetrennten Blatt oder Teil eines Blattes; GRÜNSTECKLING LAUBABWERFENDER GEHÖLZE: aus jungen, unreifen Trieben während der Wachstumsperiode; GRÜNSTECKLING VON IMMERGRÜNEN LAUBGEHÖLZEN: von den weichen Spitzen junger Zweige, nachdem das Frühjahrswachstum abgeflaut ist (etwas härter und holziger als Grünstecklinge laubabwerfender Gehölze); KOPFSTECKLING: von der Spitze eines Sprosses (manchmal auch für Grünstecklinge verwendet); STAMMSTECKLING: aus einem beliebigen Teil des Stammes; STECKHOLZ: aus dem reifen Holz sowohl laubabwerfender als auch immergrüner Pflanzen am Ende der Wachstumsperiode; WURZELSTECKLING: aus einem Teil einer halbreifen oder reifen Wurzel.
Steinfrüchte: Früchte mit einem oder mehreren Samen (»Steine«), die von fleischigem, meist eßbarem Gewebe umgeben sind; auch als »Drupa« bekannt; bei der Gattung Prunus (Aprikose, Pflaume, Kirsche) und auch einigen anderen Pflanzen, wie Mangos, welche holzige *Schließfrüchte* hervorbringen (siehe auch *Fruchtformen*).
Stempel: Das weibliche Fortpflanzungsorgan der Blütenpflanzen, bestehend aus Fruchtknoten, Griffel und Narbe.
Stengel: Krautige Hauptachse einer Pflanze, meist über dem Boden; trägt Blätter, Blüten und Früchte.
steril: 1) Bringt keine Blüten oder lebensfähigen Samen hervor (vgl. auch *fertil*). 2) Blüten ohne funktionsfähige *Staubbeutel* und *Stempel* (siehe auch *Fruchtblatt*).
Stiel: Allgemeiner Ausdruck für den Stengel eines Blattes oder einer Blüte (*Petiole*, *Pedunculus*).
Stolon, Ausläufer: Sich waagrecht ausbreitender Stengel; wurzelt an den Enden und bildet neue Pflanzen. Oft mit *Wurzelausläufer* verwechselt.
Strangulierung: Das Entfernen von Rinde um einen Stamm oder Ast, verursacht durch tierische oder physische Beschädigung oder durch eine Einschnürung; Wasser und Nährstoffe gelangen nicht in den oberen Teil der Pflanze, so daß schließlich alles Gewebe oberhalb dieser Stelle abstirbt.
Stratifizieren: Lagern von Samen unter warmen oder kalten Bedingungen, um die *Keimruhe* zu überwinden und die *Keimung* zu unterstützen.
Strauch: Nur wenige Meter hohes Holzgewächs, vom Boden an verzweigt in gleichwertige Achsen.
sublateral: Seitentrieb aus einem lateralen Trieb oder Zweig.
Substrat: *Kompost*, Erdmischung oder ein anderes Material, in dem Pflanzen gezogen oder fortgepflanzt werden können.
Sukkulent: Pflanze mit dicken, fleischigen Blättern und/oder Stengeln, die dem Speichern von Wasser angepaßt sind; Blattsukkulenten sind u.a. Agaven, Aloe, Phyllocactus, Sansevieria, Sedum; Stammsukkulten sind Kakteen (ca. 400 Gattungen).
sympodial: Festgelegtes Wachstum eines *Sprosses*, der in einem *Blütenstand* endet oder abstirbt; das Wachstum wird durch laterale *Knospen* fortgesetzt (vgl. auch *monopodial*).
systemisch: *Pestizid* oder *Fungizid*, das aufgenommen und durch die ganze Pflanze verteilt wird, wenn es auf den Boden oder die Blätter aufgetragen wird.
taub: Eine Pflanze, die keine Blüten hervorbringt; oder ein Stengel, an dem der Vegetationspunkt beschädigt wurde.
Taxon (Mz. Taxa): Eine Gruppe von Organismen beliebiger Rangstufe; wird verwendet für Pflanzen oder Gruppen, die bestimmte, deutliche Merkmale gemeinsam haben.
Teilung: Vermehrungsart für Pflanzen; man teilt sie in Stücke, von denen jedes ein Wurzelsystem und einen oder mehrere *Sprosse* (oder Ruheknospen) hat.
Tepalum: Einzelner Abschnitt eines *Perigons*, kann nicht klar als Kelch- oder Kronblatt charakterisiert werden wie bei allen *Einkeimblättrigen* (d. h. Monocotyledonen).
Teppichbeet: Gruppen von eng gepflanzten, niedrigen, farbenfreudigen Beetpflanzen in verschiedenen Mustern.
terminal: An der Spitze eines *Stengels* oder Zweigs; bezieht sich meist auf eine *Knospe* oder Blüte.
Terminalknospe: siehe *Knospe*
Terrarium: Geschlossener Behälter aus Glas oder Plastik, in dem Pflanzen kultiviert werden.
terrestrisch: Auf dem Boden wachsend, eine Landpflanze (siehe auch *Epiphyt* und *aquatische Pflanze*).
Topferde: Eine Mischung aus *Lehm*, *Torfersatz* (oder *Torf*), Sand und Nährstoffen in verschiedenem Verhältnis. Erdlose Komposte enthalten keinen Lehm, sondern v.a. Torf mit beigefügten Nährstoffen.
Torf: Teilweise zersetzte Pflanzenteile auf mit Wasser vollgesogenem Boden, sehr humusreich. BRAUNMOOSTORF oder SPHAGNUMTORF stammt v.a. von teilweise zersetztem *Sphagnum*moos und wird für Torfkompost verwendet. SEGGENTORF stammt von Seggen, Moosen und Heidekraut; er ist gröber als Braunmoostorf und weniger für Torfkompost geeignet.
Torfbeet: Aus Torfstücken gebaute und mit sehr torfhaltiger Erde gefüllte Beete; für säureliebende Pflanzen, v.a. in Böden mit hohem *pH-Wert*.
Torfersatz: Eine Vielzahl von verschiedenen organischen Materialien, z.B. Kokosfasern, die anstelle von *Torf* für Topfkomposte und zur Bodenverbesserung verwendet werden.
Torftopf: Topf aus abbaubarem Material wie zusammengedrücktem Torf.
Tragknospe, Fruchtauge: siehe auch *Knospe*
translozierend (gelöste Nährstoffe oder Unkrautvernichtungsmittel): Sich innerhalb des Gefäßsystems (Leitgewebe) einer Pflanze bewegend.
Transpiration: Wasserverlust durch Verdunsten aus den Blättern und Stengeln der Pflanzen.
Traube: siehe *Blütenstand*
triploid: Mit 3 Chromosomensätzen; solche Pflanzen sind normalerweise *steril* (siehe auch *diploid*).
Trugdolde: Ein für gewöhnlich oben flacher, geschlossener *Blütenstand*, in dem sich die Terminalblüte zuerst öffnet (siehe auch *Blütenstand*).
T-Schnitt: siehe *Veredeln*
Tuffstein: Poröser Kalkstein, der Feuchtigkeit aufnimmt und behält; wird zum Kultivieren alpiner Pflanzen verwendet, die in Gartenerde nicht gedeihen.
Tunica: Die faserigen Membranen oder die papierartige äußere Haut von *Zwiebeln* und *Sproßknollen*.

»U«-Kordon: Ein Doppelkordon (siehe *Kordon*).
Umgraben: Grabungsmethode, bei der die Bodenkrume bis zur Tiefe eines *Spatenstichs* gewendet wird.
Umpfropfen (bei Obstbäumen): Schneiden aller Seitentriebe bis zum *Astgerüst* und Pfropfen mit *Edelreisern* einer anderen *Sorte*.
ungeschlechtliche Vermehrung: Form der Vermehrung ohne *Befruchtung*; benötigt zur Fortpflanzung oft mechanische Methoden (siehe auch *vegetative Fortpflanzung*).
Unterart: Die Unterteilung einer *Art*, auf höherer Rangstufe als *Varietät* oder *Form*.
Unterfamilie: Eine Kategorie in der systematischen Einteilung der Pflanzen; Gruppe innerhalb der *Familie*.
Untergrund, Unterboden: Die Bodenschichten unterhalb der Ackerkrume; sie sind meist weniger fruchtbar und von schlechterer Struktur und Textur als die Ackerkrume.
Unterlage: Eine Pflanze, die verwendet wird, um das Wurzelsystem für ein *Edelreis* zu liefern.
Unterpflanzung: Niedrigwüchsige Pflanzen werden unter hochwüchsige gepflanzt.
variabel: Unterscheidet sich in seinen Merkmalen vom Typus; v.a. bei aus *Samen* gezogenen Pflanzen, deren Merkmale sich von denen der *Mutterpflanze* unterscheiden.
Varietät: 1) Botanisch: eine natürlich vorkommende Variante (Varietas - var.) einer wildwachsenden *Art* (Species), zwischen den Rangstufen *Unterart* (Subspecies) und *Form* (Forma - f.). 2) Allgemein, aber ungenau verwendet für jede Variante einer Pflanze (siehe auch *Sorte*).
vegetative Fortpflanzung: Die Vermehrung von Pflanzen durch ungeschlechtliche Methoden, wobei fast immer genetisch identische Individuen entstehen.
vegetatives Wachstum: Nicht blühend, meist Blattwuchs.
Verdichtungshorizont: siehe *Pfanne*
Veredeln, Pfropfen: Vermehrungsmethode, bei der ein *Edelreis* von einer Pflanze mit der *Unterlage* von einer anderen künstlich verbunden wird, so daß sie schließlich als eine Pflanze fungieren. Es gibt verschiedene Methoden, z.B. Spaltpfropfen, Kopulieren, Okulieren (einschließl. Okulieren in T-Form), Anplatten, Sattelschäften, Seitenpfropfen (siehe S. 275), seitliches Keilpfropfen und Veredeln mit Gegenzungen (Einzelheiten siehe S. 541-542).
Veredlungsstelle: Die Stelle, an der *Edelreis* und *Unterlage* miteinander verbunden sind.
Vereinzeln: siehe *Pikieren*
Verjüngungsschnitt: Verfahren, bei dem die Seitentriebe regelmäßig zurückgeschnitten werden, um durch die dadurch angeregten jungen Seitentriebe ersetzt zu werden; nicht immer anwendbar, kann die Struktur des Individuums verderben.
Verkrustung: Kruste, die sich auf der Erdoberfläche nach Beschädigung durch Verdichtung, starken Regen oder zu starke Bewässerung bildet.
Vermehrungsbeet: Konstruktion, die eine feuchte Atmosphäre für die Aufzucht von Samen, das Bewurzeln von Stecklingen oder sonstige Vermehrung von Pflanzen ermöglicht.
Vermiculit: Ein leichtes, glimmerähnliches Material; ermöglicht gute Wasserspeicherung und Durchlüftung.
Viertelstamm: Strauch, der so gezogen wird, daß er unter den ersten Zweigen 1-1,2 m Stammlänge hat.
wachsende Folie: Leichtes Tuch, meist aus verwobenem Polypropylen; wird über Pflanzen gelegt, die es in die Höhe heben, wenn sie wachsen. Es schützt etwas vor Frost, läßt aber Wasser und Licht eindringen.
Wasserreiser: Meist für *epikormische Sprosse*, die oft nahe an Pfropfwunden auf Stämmen oder Zweigen entspringen, durch Absterben großer Äste, durch plötzliches Freistellen von Waldbäumen.
wechselständig (Blätter an Stengeln, Zweigen, Ästen): Nacheinander auf verschiedenen Höhen auf den entgegengesetzten Seiten eines Stengels wachsend, meist spiralig stehend.
Wedel: 1) Blattähnliches Organ eines Farns. Einige Farne bilden sowohl *sterile* als auch *fertile* Wedel, letztere tragen *Sporen* (z.B. Straußfarn). 2) Auch verwendet für große, fächerförmige Blätter einer Gruppe der Palmen.
Wildling: Bei veredelten Pflanzen jeder *Sproß*, der unterhalb der *Veredlungsstelle* entspringt.
Winde: siehe *Kletterpflanze*
Windschutz: Struktur, die Pflanzen schützt und starken Wind abbremst; meist eine Hecke, Galerie von Bäumen, Zaun oder Mauer.
Windwurf: Das Destabilisieren von Pflanzenwurzeln durch starken Wind.
Winterfeuchtigkeit: Übermäßig hohe Wassermengen, die sich im Boden während der Wintermonate ansammeln.
winterhart: Erträgt die klimatischen Bedingungen des ganzen Jahres, einschließlich Frost, ohne Schutz.
Wirtel, Quirl: Anordnung von 3 oder mehr Pflanzenorganen, die aus demselben Punkt entspringen.
Wundwachs: siehe *Baumteer*
Wurzel: Der in der Regel unterirdische Teil der höheren Pflanzen; verankert die Pflanze und nimmt Wasser und in ihm gelöste Nährstoffe auf (vergleiche auch *Luftwurzel*).
Wurzelanlauf, Stammanlauf: Teil einer krautigen Pflanze auf Bodenniveau, wo Wurzeln und Stengel aneinandergrenzen und von wo neue *Sprosse* gebildet werden.
Wurzelausläufer: Sich horizontal ausbreitender, normalerweise schlanker *Sproß*, der über dem Boden verläuft; bildet an jedem *Knoten* Wurzeln für die Bildung neuer Pflanzen. Oft mit *Ausläufer* verwechselt.
Wurzelballen: Wurzeln und damit verbundene Erde oder Kompost, die beim Herausnehmen der Pflanze sichtbar werden.
Wurzelknollen: Ruhende, alte *Pseudobulben* ohne Blätter (bei Orchideen).
Wurzelknöllchen: Durch Bakterien erzeugte Knollen, die Luftstickstoff binden. Wenn die Bakterien sich auflösen, entsteht Pflanzennahrung (viel bei Leguminosen).
Wurzelschößling: Eine Anzahl von mehr oder weniger gleichförmigen *Sprossen*, die an der Basis einer Pflanze entspringen, z.B. bei einigen Sträuchern, die regelmäßig zurückgeschnitten werden, um Fortpflanzungsmaterial zu bekommen.
Wurzelsproß: *Adventiv*sproß, der unterirdisch aus Wurzeln oder aus einem unterirdischen Sproß entspringt.
Wurzelsteckling: siehe *Steckling*
Zapfen: 1) Die in dichten Ähren mit *Brakteen* an der Basis stehenden Blüten und Früchte der *Koniferen* und einiger Blütenpflanzen (z.B. bei Liriodendron); oft als verholzte, samentragende Strukturen bei Koniferen. 2) Kleiner Stumpf oder ausgeschleißtes Ende nach fehlerhaftem Schnitt.
Zellsaft: Wäßriger Inhalt der zentralen Vakuole einer Zelle. Saft einer Pflanze, der in den Zellen und im Stranggewebe enthalten ist (Zytoplasma).
Zungenblüte: Blüte im äußersten Ring eines Blütenkörbchens der Korbblütler.
zurückgebogen: Kronblätter, die in einem Winkel von über 90° scharf zurückgebogen sind. Ungenau auch für alle Blüten, bei denen die *Kronblätter* zurückgekrümmt sind.
Zurückschlagen: Zum ursprünglichen Zustand zurückkehren, z.B. wenn eine buntblättrige Pflanze ein rein grünes Blatt hervorbringt.
zusammengesetzt: siehe *gefiedert*; gefingert und handförmig bei Roßkastanie, bei Azaleen.
zweihäusig: Männliche und weibliche Fortpflanzungsorgane sitzen auf verschiedenen Pflanzen.
zweijährig: Eine Pflanze, die in der zweiten Wachstumsperiode nach der Entwicklung abstirbt.
zweikeimblättrig: Blütenpflanzen mit 2 Keimblättern im Samen; gekennzeichnet auch durch die (meist) netznervigen Blätter, durch *Kambium* und dadurch, daß die Blütenblätter und *Kronblätter* in Vielfachen von 2, 4 oder 5 stehen (siehe auch *einkeimblättrig*).
Zwergstrauch: Niedrigwüchsige, zur Gänze holzige Pflanze, unter einem halben Meter; Heidel-, Preisel-, Moosbeere, *Erica*-Arten.
Zwiebel: Umgewandelter *Stengel*, der als Speicherorgan fungiert; besteht vor allem aus fleischigen, mehr oder weniger getrennten oder eng gepackten Schuppenblättern (modifizierte Knospe) auf einem sehr verkürzten Stengel (*Zwiebelkuchen*).
Zwiebelkuchen: Komprimierter Stengel, Teil der Zwiebel.
Zwischenfruchtbau: Anbau von schnellreifenden Pflanzen zwischen langsamer wachsenden.

Register

A

Aadimethoat 556, 558
Abdeckmaterial 532
Abdeckungen 208
optische Abdeckungen
Grit *532*
Schotter *532*
Spezialkies aus Cornwall *532*
Abelia 68, 83
Abelia floribunda 68
Abeliophyllum distichum 68
Abelmoschus esculentus 340, siehe auch Okra
Abhärten 543, 585
Abies 41, 49, 58
Abies grandis 42
Abies magnifica 37
Abies procera 37
Abknospen 585
Ablegen 537
durch Anhäufeln 585
in einen Graben *537*
in Gräben 537
waagerechtes Ablegen *537*
wellenförmiges Ablegen 537, *537*
Ableger 89, 585
bewurzelter *537*
Ableger (Ausläufer)
natürliche Ableger 537
Abmoosen 57, 537
Abrisse
nach Anhäufeln 537
Abromeitiella 437
Absaugventilator 483
Absenken 57, 83, 537
chinesisches Absenken 586
der Spitzen 585
einfaches Absenken 537
in Wellenlinien 585
Absenker 89, 585
Abutilon 68, 76, 83, *430*, 435, 453
Schnitt
Sprosse ausknipsen 450
Abutilon-Hybride
Entfernen der vorjährigen Triebe 450
Acacia baileyana 68
Acacia dealbata 34, 37, 42, 68
Acaena caesiiglauca 197
Acaena microphylla 197
Acalypha 453
Acantholimon glumaceum *193*, 194, 195
Acanthus 16, 143, 167, *167*, *539*
Acanthus hungaricus 143
Acanthus mollis *138*, 143
Acanthus spinosus 23, 142, 143, 148, 149
Acarizid 585
Acer 26, 27, 28, *32*, 34, 35, 47, 57, 58, 76, siehe auch Ahorn
Acer calamus 246, 247, 260, *260*
Acer campestre 41
Acer capillipes *35*, 37
Acer cappadocicum 55
Acer davidii 37
Acer dealbata 37
Acer griseum *35*, 37
Acer grosseri var. *hersii* 37
Acer japonicum 25
Acer lobelii 41
Acer negundo 37, 41, 42
Acer negundo 'Variegatum' 34
Acer palmatum 25, 33, 37, 67, 68, 87, 91, *245*
Acer palmatum 'Dissectum Atropurpureum' *36*
Acer palmatum 'Senkaki' 37
Acer pensylvanicum *35*, 37
Acer pensylvanicum 'Erythrocladum' 37, 50
Acer platanoides 37, 41, 42
Acer pseudoplatanus 37
Acer rubrum 37
Acer rubrum 'Columnare' 33
Acer saccharinum 37
Acer 'Silver Vein' 37
Achillea 137, 143, 148, 149, 165
Achillea ageratifolia 212
Achillea clavennae
Laub 192
Achillea filipendulina 'Golden Plate' 149
Achillea millefolium 576
Achillea 'Moonshine' 138
Achillea x *kellereri* 193, 197
Achimenes 435
Achselbulben 540
Achselsproß 585
Ackerdistel 574, siehe auch *Cirsium arvense*
Ackerkrume 585, 588
feinkrümelige 526
Ackerschachtelhalm 574
Ackerwinde 574, 574, siehe auch *Convolvulus arvenis*
Aconitum 149, 162, 165
Aconitum carmichaelii 143
Aconitum carmichaelii var. *wilsonii* 141
Aconitum napellus 143
Acorus calamus 'Variegatus' 247
Acorus gramineus 247
Acorus gramineus 'Pusillus' 440
Acorus gramineus 'Variegatus' 247
Actellic 548, 549, 551, 556, 559, 562, 563
Actinidia 105, 112, 115
Actinidia arguta
Fruchtfleisch 406
Samen 406
Schale 406
Actinidia arguta 'Weiki'
robust in Freilandkultur 406
Actinidia chinensis 100, 111
Früchte 406
Actinidia deliciosa 406, 407
Actinidia deliciosa 'Abbot' 406
Actinidia deliciosa 'Allison' 406
Actinidia deliciosa 'Bruno' 406, 406
Actinidia deliciosa 'Hayward' 406
Actinidia deliciosa 'Jenny' 406
Actinidia deliciosa 'Kokuwa' 406
Actinidia deliciosa 'Weiki' 406
Actinidia kolomikta 95, 97, 98, 102, 113, 113
Adelges sp. 558
Adenium obesum 266
caudiciforme Sukkulenten 262
Sproß 262
Adenophora 165, 210
Adiantum 451
Adiantum capillus-veneris 448
Adiantum fritzluthii 159
Adiantum raddianum 440
Adiantum-Arten 158
Adimethoat 563
Adlumia fungosa 101
Adonis 162
Adonis amurensis 162, 195
Adromischus 272
Adromischus cooperi 271
Adromischus festivus 271
adventiv 585
Adventivknospe 538, 585
Adventivwurzelbildung 538, 538
Adventivwurzeln 538, 539, 539, 578
Aechmea 435, 436, 437
als Topfpflanzen
Erdmischung 436
Kalkhasser 437
Kultivieren am „Baum“ 436
Aechmea fasciata 436
Aegopodium podagraria 574
Ährchen 585
Ähre 585
vielblütige Ähren 580
Älchen 167, 347, 407
befallene Pflanzen 556
Bekämpfung 556
Aeonium 272
Aeonium arboreum 266, 271
Aeonium arboreum 'Schwarzkopf' 264
Aeonium nobile 266
Äquator 514
Ärifizieren 577
Aeschynanthus 435, 453
Aesculus 22, 35, 36, 41, 47, 50, 56, 58, siehe auch Roßkastanie
Aesculus hippocastanum 37
Aesculus indica 'Sydney Pearce' *58*
Aesculus parviflora *63*
Aethionema 197
Aethionema grandiflorum *191*
Aethionema pulchellum 195
Aethionema 'Warley Rose' 195, 197
Afrika 262, 278
Afrikanischer Spinat 325, siehe auch Amaranth
Afrikanisches Bermudagras 278, siehe auch *Cynodon transvaalensis*
afrikanisches Veilchen siehe auch *Saintpaulia*
Vermehrung durch Blattstecklinge 454
Agapanthus 138, 142, 143, 218, 223, *276*, *430*, *434*, 435
Agapanthus 'Dorothy Palmer' *219*
Agapanthus-Arten
Blütezeit 222
Agapanthus-Hybride 218
'Headbourne-Hybride' 218
Agapanthus-Kreuzungen
Blütezeit 222
Agapetes 99, 100, 101, 112
Blüte am alten Holz 450
Rückschnitt 450
Agapetes macrantha 450
Agar-Agar 180
Agar-Agar-Nährboden *445*
Agavaceae
Arten
monokarpische Arten 263
Rosette 263
Samen 263
Tochterpflanzen 263
Agave 68, 273, 274
Agave americana *263*, 266
Kulturarten 263
Rosette 263
Agave americana 'Variegata' *262*, *265*
Agave attenuata *262*, 266
Agave filifera 263, *263*, 266
Blätter *264*
Agave lophantha 266
Agave parryi 266
Arten
Rosetten 264
Agave parviflora 266
Agave stricta 266
Agave utahensis 266
Agave victoriae-reginae 266
Ageratum 173, 177
Ageratum 'Blue Danube' *173*
Ageratum houstonianum 180
Aglaonema 435, *448*
Agonis flexuosa 42
Agriotes sp. 566
Agrobacterium tumefaciens 559, 565
Agropyron cristatum 279
Agropyron repens 279
Agropyron smithii 279
Agrostemma 181, 182
Agrostemma githago 'Milas' 177
Agrostis 169, 278, siehe auch Straußgras
Saatmenge 284
Agrostis castellana 278
Agrostis tenuis 278
Agrotis 564
Ahorn 28, *32*, 34, 47, 76, siehe auch *Acer*
Ahornbaum 35
Ailanthus 539
Ajuga 157
Ajuga pyramidalis 195
Ajuga reptans 140, 195
Ajuga reptans 'Atropurpurea' 150
Akebia 112, 115
Akebia quinata 97, 99, 100, 102, *115*
Akebie *100*
Akelei 579
Alba-Rose 117, siehe auch *Rosa alba*
Albuca 223
Albuca humilis 223
Albugo candida 550
Alcea *121*, 173, 187
Alcea rosea 27
Alcea rosea, syn. *Althaea rosea* 177
Alchemilla 148, 162
Alchemilla alpina 212
Alchemilla ellenbeckii 212
Alchemilla mollis 119, 140, 140, 143, 501
Alexanderpalme *33*, siehe auch *Archontophoenix alexandrae*
Aleyrodes proletella 550
Alge 571
Algen 246, 255, 258, 259, 261
Entfernen *258*
Reduktion der Algen 258
Schraubenalge 255, 258
Algendünger 530
Algenschleim, grüner *571*
Algenvermehrung *259*
Algenwachstum 529
Alisma lanceolatum 247
Alisma parviflora 247
Alisma plantago-aquatica 247
Allemanda 99 ,112
Allemanda cathartica 99, 105, 107
Allemanda cathartica 'Hendersonii' *112*, 450
Allium 25, *25*, *125*, 196, *219*, 223, *234*, 237, 536
Zwergarten 223
Allium aflatunense 219
Allium cepa 345, siehe auch Speisezwiebel
Allium cepa Aggregatum-Gruppe 346, siehe auch Schalotte
Allium cepa 'Barletta' 346
Allium cepa 'Braunschweiger dunkelblutrote' 345
Allium cepa 'Express Yellow' 345
Allium cepa 'Giant Fen Globe' 345
Allium cepa 'Hyskin' F1 345
Allium cepa 'Imai Early Yellow' 345
Allium cepa 'Kaizuka Extra' 345
Allium cepa 'Long Red Florence' 345, *345*
Allium cepa 'Mammoth Red Onion' 345
Allium cepa 'Paris Silver Skin' 346
Allium cepa 'Piroska' 345
Allium cepa 'Red Baron' 345
Allium cepa 'Reliance' 345
Allium cepa 'Rijnsburger Markant' F1 345
Allium cepa 'Southport Red Globe' 345
Allium cepa 'Stuttgarter Riesen' 345
Allium cepa 'Unwin's First Early' 345
Allium christophii 223
Allium fistulosum 346, siehe auch Europäische Winterheckzwiebel
Allium giganteum *174*, *219*, *222*, 223
Allium moly 231
Allium porrum 347, siehe auch Lauch
Allium porrum 'Blaugrüner Winter - Alaska' 347
Allium porrum 'Cortina' 347
Allium porrum 'Früher Sommer - Pancho' 347
Allium porrum 'Gennevilliers - Splendid' 347
Allium porrum 'Herbstriesen - Argenta' 347
Allium porrum 'Herbstriesen - Goliath' 347
Allium porrum 'King Richard' 347
Allium porrum 'Swiss Giant - Pancho' 347
Allium porrum 'Tilina' 347
Allium porrum 'Zorba' 347, *347*
Allium sativum 347, 348
Allium schoenoprasum 292, 294, *299*, siehe auch Schnittlauch
Allium sikkimense 212
Allium sphaerocephalon *217*
Allium tuberosum 294, *299*
Allium-Arten
Ableger 237
Allolobophora 572
Alloplecius 453
Alloxydim-Natrium 575
Alluaudiopsis 275
Allzweck-Gartensäge 463, *463*
Alnus 17, 27, 521
Alnus cordata 37
Alnus glutinosa 37, 247
Alnus incana 247
Aloe 262, 273, 274
Aloe arborescens 266, *269*
Aloe aristata 266
Aloe barbadensis 264, 266
Aloe 'Black Gem' *268*
Aloe brevifolia 266
Aloe distans 266
Aloe humilis 266
Aloe longistyla 266
Aloe rauhii 266
Aloe spinosissima 266
Aloe variegata 266, *274*
Aloe-Art *263*
Aloinopsis 273
Alonsoa 452
Aloysia 76, 83
Aloysia triphylla 294
Topfkultur 292
Alpen 517
Alpengartenpflanzen
Arten 190
Blüte 190
geeignete Pflanzen 190
Hybriden 190
Wuchsformen 190
Alpennelke 194, siehe auch *Dianthus deltoides*
Alpenpflanzen 175, 189, *189*, *191*, 192, 193, *194*, 197, 205, 243
abgestorbene Blätter
Entfernen 207
abgestorbene Blüten
Entfernen 207
abgestorbene Rosetten *208*
abgestorbener Wuchs *207*
Alpenpflanzen
aus Knollen 189
aus Stengelknollen 189

aus Zwiebeln 189
für draußen *214*
für drinnen *214*
im Hochbeet 204, *205*
Alpenpflanzen in Töpfen
Deckschicht 215
Kunststofftöpfe 215
Substrat 215
Tontöpfe 215
Alpinhaus 214
Aufzucht aus Samen
Ernte und Lagerung des Samens 209
hartschalige Samen 209
Keimung 209
Sämlinge 209
Stratifizieren des Samens 209
Trennen des Samens 209
Vorbehandlung hartschaliger Samen 209
Auswählen der Alpenpflanzen *196*, 196
benötigtes durchlässiges Substrat 215
Bepflanzen
einer senkrechten Spalte *201*
eines Trogs *203*
Blüte 214
Blütezeit 196
Boden 189, 207
Deckschicht 207
Erneuern der Deckschicht 207
Düngen 207
einjährige Alpenpflanzen 189
Fruchtstände
Entfernen 207
Hochbeet
Standort 204
holzige Alpenpflanzen 189
immergrüne Alpenpflanzen 189
Kästen 214
kissenbildende Alpenpflanzen 191
Reaktion auf Wasser 215
Kissenbildung bei Alpenpflanzen 189
Krankheiten 207, 215
krautige Alpenpflanzen 189
Umtopfen 215
kriechende Alpenpflanzen 191
Laub
Entfernen von welkem Laub *216*
wasserempfindliches Laub 207
laubabwerfende Alpenpflanzen 189
laufende Pflege 207
Belüftung 216
Düngen 216
Mattenbildung bei Alpenpflanzen 189
mit Kunststuff beschichtetes Becken *202*
Pflanzbehälter 207
Pflege nach der Blüte *214*
Rosetten ausschneiden 213, *213*
Ruheperiode 216
Schädlinge 207, 215
Schneiden 207
Rückschnitt 207
Rückschnitt nach der Blüte *208*
Schnittlinge
Auswahl 213
Eintopfen bewurzelter Schnittlinge 213
Stecken 213
Wässern 213
Schutz 207
Alpinhaus 194
Schutz durch Glas 194
Überwintern 194
Schutz blühender Alpenpflanzen *214*
Vorsorge 208
spezielle Alpenpflanzen 190
Steingarten
Bepflanzung während des Anlegens 199
strauchige Alpenpflanzen
Umtopfen 215
Stützen 207
Stutzen 207
Transport *216*
Trockenmauer 204
Tröge
Bepflanzen eines Trogs 208
Umtopfen
Wässern 215
Unkraut 196
Unkrautbekämpfung
Laub 207
Vegetationsperiode der Alpenpflanzen 189
Vermehrung
durch Teilung 212,*212*
durch Wurzelschnittlinge 212, *213*
Vorbereitung
der Pflanzung 196
für die Ausstellung 216, *216*
Wässern 207
weitere Pflege 201
Winterpflege 216
Winterschutz
Abdeckungen 205
Wuchs der Alpenpflanzen 189
Wuchseigenschaften 202
Wurzelkronen 207
Wurzeln 196
Schützen der Wurzeln 190
Wurzelsystem bei Alpenpflanzen 189
Alpenveilchen 27, 230, *447*, siehe auch *Cyclamen*
Alpenveilchen mit Wurzeln 228
alte Wurzeln entfernen 447
Bedingungen
Sommerbedingungen 220
Behandlung nach der Blüte 447
Düngen 230
Einpflanzen bewurzelter Alpenveilchen *230*
Knollen 228, 229
setzen 230
Samen *239*
Vegetationspunkte 241
winterharte Alpenveilchen
Knollen 239
Sämlinge 239
Samen 239
Wuchs 447
Wurzeln faulen leicht 446
Zwiebelknolle 447
Alpenveilchen-Arten
Knollen 218
Kombinationen 220
Alpenzwiebeln
Schutz vor Winternässe 208
Alpingartenpflanzen in Töpfen 434
Alpinhaus 194, 222, 223, *477*, 585
Belüftung
Klappen 216
Lamellenfenster 477
Erhöhte Beete 215
Helligkeit 477
Hygiene
Krankheiten 216
Schädlinge 216
Präsentation der Pflanzen 214
Ruheperiode 216
Standort für ein Alpinhaus 214
Temperatur
Heizung 216
Luftfeuchtigkeit 216
Schattierung 216
Verwendung eines Alpinhauses 214, *214*
Wässern 216
Winterpflege 216
Alpinhäuser
Alpen- und Steingartenpflanzen in Alpinhäusern
Wässern 207
Alpinpflanzen 433
Alpinum 189, 442
Orchideen kultivieren 442
Alstroemeria 143, 223, 237
Keimung 239
Ligtu-Hybriden *222*
Alternanthera philoxeroides 247
Alternanz 585
Altmodische Wicke *178*
Aluminium 523
Alyssum 197, 536
Alyssum montanum 195
Amarant
Ausbreitung 325
Aussaat
im Freien 325
im Gewächshaus 325
Boden 325
Ernte 325
Höhe 325
Krankheiten 325
Kultur unter Glas 325
Lagerung 325
laufende Pflege
Dünger 325
Mulchschicht 325
Wässern 325
Pflanzung 325
pH-Wert 325
Sämlinge
Pikieren der Sämlinge in Töpfe 325
Schädlinge 325
Standort 325
Stickstoffbedarf 314
Stickstoffgehalt im Boden 325
Temperatur 325
Amarant-Sorten 325
Amaranthus 173, 177
Amaranthus caudatus 175, 176, 177, 325
Amaranthus cruentus 325, *325*
Amaranthus tricolor 177, 325, *325*
Amaranthus-Arten 325
Amaryllis
Saat fleischiger Samen
Sämlinge 239
Amaryllis belladonna 219, 223
Amblyseius sp. 546
Ambush 549, 551, 562, 563, 570
Ameise 208, 547, 570, 572
Amelanchier 69, 76, 87, 89
Amelanchier canadensis 90
Amelanchier lamarckii 37
Amerika 262
Amerikaner-Rebe siehe auch *Vitis labrusca*
Einkreuzung mit Weintrauben 401
Klima 401
amerikanische Himbeere 412, siehe auch Himbeere
amerikanische schwarze Himbeere 412, siehe auch Himbeere
Amerikanische Wildlilie 243
Amitrol 575
Ammoniak 531
Ammonium-Sulphamat 575
Ammoniumsulfat 554, 572
Kopfdüngung mit Ammoniumsulfat 364
Ammonsalpeter 530
Amoniak 527
Ampeln 432, 433
Ampelopsis 99, 112, 115
Ampelopsis brevipedunculata 102
Ampelopsis brevipedunculata var. *maximowiczii* 97
Ampfer 169, 280, 523, *575*, 577, siehe auch umex
Regeneration aus kleinen Wurzelstöcken 280
Regeneration aus Rhizomstücken 280
Ampferarten 576
Amphibien
am natürlichen Teich 246
Amsel 561, 563
Amsonia tabernaemontana, syn. *Amsonia salicifolia 140*
Anacyclus depressus 193, 205, 212
Ananas 360, 419, *419*, 437
Anbau unter Glas 419
Feuchte 419
Pflanzung bewurzelter Ausläufer 419
Pflanzung von Stecklingen 419
Temperatur 419
Aufbewahrung 419
Boden und ph-Wert 419
Eisenmangel 419
empfohlene Ananas-Sorten
Cayenne-Gruppe 419
Queen-Gruppe 419
Spanish-Gruppe 419
Ernte 419
Früchte 419
Gruppen
Cayenne-Gruppe 419
Queen-Gruppe 419
Spanish-Gruppe 419
Krankheiten 419
Infektionsrisiko offene Herzfäule 419
resistente Sorten 419
Lagerung
in Alkohol oder Sirup einlegen 371
Schädlinge 419
Standort 419
Temperaturen 419
Vermehrung
aus Ausläufern 419, *419*
aus dem Kopftrieb *419*
durch terminalen Sproß als Steckling 419
Wässern 419
Wurzelstock mit Ausläufern 437
Zinkmangel 419
Ananas bracteatus 'Tricolor' *436*
Ananas comosus 419
Ananas comosus 'Baronne de Rothschild' 419
Ananas comosus 'Natal Queen' 419
Ananas comosus 'Red Spanish' 419
Ananas comosus 'Ripley Queen' 419
Ananas comosus 'Singapore Spanish' 419
Ananas comosus 'Smooth Cayenne' 419
Ananas comosus 'Sugar Baby' 419
Ananas comosus 'Variegatus' 431
Anaphalis 143
Anaphalis margaritacea, syn. *Anaphalis yedoensis 138*
Anaphalis nubigena 118
Anatomie 578
Anbau
resistenter Pflanzen 546
Anbaumethoden
organisch-biologische Anbaumethoden 534
Anbaupause 546
Anbauverfahren
alternative Anbauverfahren 534
Anbinder 472, *472*
Anchusa 149, 167
Anchusa azurea 167
Anchusa caespitosa 191, 192, 195, 205, 210
in Geröllbeeten 192
Anchusa capensis 180, 181
Andromeda 71, 85, 88, 90
Andromeda polifolia 'Compacta' *192*
Androsace 195, 211
Androsace benötigen ein extrem durchlässiges Substrat 200
Androsace carnea 191, 205
Androsace carnea ssp. *laggeri* 205
Selbstaussaat 192
Androsace chamaejasme 194
Androsace lanuginosa 191, 195, *195*, 205
Androsace pubescens 203
Androsace pyrenaica 205
Androsace sarmentosa 195
Androsace sempervivoides 195
Androsace villosa 205
Androsace, Sektion *Aretia*
besondere Bedingungen 190
Krankheiten 215
Schädlinge 215
Substrat 215
Andrücken der Erde *543*
Anemone 162, 209, 223, 435
Boden 220
Anemone apennina 223, 231
Anemone biflora 232
Anemone blanda 218, 223, 231
Rhizome 218
Wurzeln 218
Anemone hupehensis 143, 149, 165, 167
Anemone magellanica 197
Anemone nemorosa 28, 142, 223, 228
Rhizome 218
Anemone nemorosa 'Robinsoniana' *192*
Anemone pavonina 231
Anemone ranunculoides 223
Anemone rivularis 247
Anemone tschernjaewii 232
Anemone x *hybrida* 143, 149, 167
Anemone x *lipsiensis 192*
Anemone, De-Caen-Serie 223
Anemone, St.-Brigid-Serie 223
Anemonella thalictroides 192
Anemopaegma 99, 112
anerkannt 585
Anethum graveolens 294
Angelica archangelica 143, 182, 291, 292, 294, 300, 301
Anhäufeln 585
Anigozanthos manglesii 149, *149*
Anis 294
Blätter 296
Blüten 296
Dolden 296
Ernte und Lagerung
Blätter 296
Fruchtstand 296
Samen 296
Standort 296
Vermehrung
durch Aussaat 296
Anisodontea 166
Anlehnhaus *361*, 433, *476*
Hauswand
Backsteinmauer 476
Ziegelmauer 476
Installation
Gas 476
Strom 476
Wasser 476
Annuelle 175, 184, 573
Anomatheca 223
Anomatheca laxa 223
anorganisch 585
Anplatten 585
seitliches Anplatten 90, 542
Anredera 99
Anredera cordifolia 99, 101, 105, 107, 112
Anreißen 585
Anritzen 585
Ansatzsteckling 585
Antennaria dioica 195, 212
Antennaria dioica 'Minima' 194, 195
Anthemis 210
Anthemis tinctoria 166
Anthemis tinctoria 'E.C. Buxton' *166*
Anthere 585, 589
Anthracnose 398, 423, 552
bei Zitrusfrüchten 421
Anthriscus cerefolium 292, 294, *299*
Anthurium 435, 451
Anthyllis 149, 162
Anthyllis montana 191
Anti-Siphon-Ventil 469
Antigonon 112
Antigonon leptopus 99, 105, 107
Antirrhinum 172, 174, 177, 185, 188, 435
Antirrhinum glutinosum 195
Antirrhinum majus 180, 182
Antirrhinum majus, Princess-Serie *177*
Antirrhinum molle 195
Antirrhinum sempervirens 195
Anubias barteri 247
Anzucht 474

Anzuchtbeet 237, 318, 319, 320, 321, 345, *544*, 585
Einfrieden des Anzuchtbeetes *544*
im Freien 543
Anzuchthilfen
beheizter Anzuchtkasten 488
Bodenheizkabel 488
heizbare Anzuchtschale
Anzuchtschale mit Thermostat 488
heizbare Unterlage
für normale Saatschalen 488
für ungeheizte Anzuchtkästen 488
Sprühnebelkasten 488
unbeheizter Anzuchtkasten 488
Anzuchtkasten 55, 536
für die Fensterbank 488, *488*
für die Wohnung
heizbares Modell für die Fensterbank 488
geheizter Anzuchtkasten 434
mit regulierbaren Ventilatoren 488, *488*
mit Thermostat 488, *488*
Apfel 359, 375 - 383, *375*, siehe auch Apfelbäume und Apfelsorte, vgl. auch *Malus sylvestris* var. *domestica*
Äpfel an Mauern 361
Äpfel an Zäunen 361
an einem Bogen 362
an einer Pergola 362
Früchte ausdünnen 366
frühe Sorten
am Kordon 363
geringe Haltbarkeit 363
frühreifende Sorten 362
Höhe für Fächererziehung 362
Kombination mit anderen Sorten 364
Krankheiten 376
Lagerung *371*
Haltbarmachen 371
in Scheiben geschnitten einfrieren 371
kühles Lagern 371
Nectria-Krebs 366
nicht hinreichende Selbstfertilität 364
Reduzierung extremer Wuchsstärke
Ringeln der Rinde 370
Wurzelschnitt 370
Schädlinge 376
Schnitt
Winterschnitt 368
Schutz
durch eine Mauer 362
durch einen Zaun 362
selbststerile Sorten
Fremdbefruchtung 361
später Apfel 362
Lagerung 362
spätreifende Sorten
Lagerraum 363
Reifung 363
ungeeignet für Gebiete mit kurzen Sommern 363
ungeeignet für schattige Lagen 363
Verjüngungsschnitt
im Frühjahr 370
im Sommer 370
Apfel 'Ashmead's Sämling' *361*
Apfel 'Cox Orange' *361*
Apfel 'Discovery' *361*
Apfel 'Epicure' *361*, *362*
Apfel 'Lord Lambourne' *362*
Apfel 'St Edmund's Pippin' *361*
Apfel 'Sunset' *361*, *362*
Apfel-Sorten
Lagerung
in durchsichtigen Plastikbeuteln 371
Apfelbäume 359, 375, 376
Ausdünnen der Äpfel *376*
Bäume auf schwachwachsender Unterlage 376
Besprühen 363
Pfahl als Stütze 376
Pflücken 363
Schneiden 363
Wurzelwerk 376
Bestäubung 375
Blattknospen *377*
Blüten 376
Blütenknospen 377, *377*
Boden 375
einjährige Triebe 377
Ernte
früh reifende Äpfel 383
spät reifende Äpfel 383
Pflücken *383*
Erziehung 375
Erziehungsschnitt
Einkürzen 379
Ersatztriebe 379
Fruchtspieße 379
Johannistriebe 379
Jungtriebe 378
Neuzuwachs 378
normaler Lorette-Schnitt 379
variierter Lorette-Schnitt 378
Seitentriebe kürzen 378
Sommerschnitt 378
Überwachungsschnitt 378, *378*
Wachstumsschub 379
Erziehungstechnik 376
an Kurztrieben fruchtende Sorten 377
an Langtrieben fruchtende Sorten 377
Buschform 377
Erneuerungsschnitt 377
Fächer 377
Halbstamm 377
Hochstamm 377
Kordon 377
Spalier 377
Fächer
Aufbau des Kronengerüsts 382
schwachwachsende Unterlagen 382
Stützdrähte 382
variierter Lorette-Schnitt 382
freistehende Bäume 377
Früchte 376
Fruchtspieße 377
Halbstamm
Erziehung 379
Hochstamm
Erziehung 379
Holz 377
Holzknospen 377
Kälteperiode 375
Kordon/ Schnurbaum
abgewandelter Lorette-Schnitt 381
an Langtrieben fruchtende Sorten kürzen 381
Auslichten 381
Bildung einer U-Form 381, *381*
Erziehung an Drähten 380
Erziehungsschnitt 381
Luftzirkulation 380
normaler Lorette-Schnitt 381
Quirlholz 381
Routineschnitt 381
Seitentriebe 381
Sommerschnitt *381*
Stützwand 380
Winterschnitt *381*, 381
Krankheiten 376
Kronengerüst 377
Kurztriebe 377
Lagerung
getrennt nach Sorten 383
Langtriebe 377
laufende Pflege
Abknipsen von Blütenbüscheln 376
Alternanz 376
Alternanzrhythmus 376
Ausdünnen von Blüten 376
Bindematerial 376
Düngen 376
Fruchtausdünnung 376
Fruchtbehang 376
Gießen 376
Junifall 376
Mulchen 376
Mulchschicht 376
Pfähle 376
Wachstum 376
Pflanzabstand
Baumabstand 376
Baumform 376
Busch 376
Fächer 376
Halbstamm 376
Hochstamm 376
Kordon 376
Reihenabstand 376
Schnurbaum 376
Spalier 376
Spindelbusch 376
Unterlage 376
Zwergpyramide 376
Pflanzung 375
Bäume auf schwachwachsender Unterlage 375
Bäume ohne Erdballen pflanzen 375
Containerpflanzen 375
Pfähle beim Pflanzen 375
Pflanzabstand 375
Pflanztiefe 375
Spalier-Erziehung 375
Wässern 375
Quirlholz 378
Schädlinge 376
Schnitt 376
Schnittechnik
Absägen ganzer Quirlholzpartien 378
an Kurztrieben fruchtende Sorten 377
an Langtrieben fruchtende Sorten 377
Astverlängerungen 378
Auslichten von Fruchtholz 378, *378*
Bildung von Neutrieben 378
Bildung von Spießen 378
Erhaltungsschnitt 378
Erneuerungsschnitt *378*
Erntemenge 378
Fruchtholz 378
Fruchtholzschnitt 378, *378*
Gleichgewicht des Astgerüsts 377
Haupttechniken 378
Kerben 377, *377*
Kerben unter einer Knospe *377*
Kerben über einer Knospe *377*
Produktion von Seitentrieben 377
Ringeln *377*
Wachstum 378
Winterschnitt 378, *378*
Sorten 377
an Langtrieben tragend 378
Spalier
abgewandeltes Lorette-System 382
Erziehungsschnitt 382
Etagen 382
Hauptarme 382
normales Lorette-System 382
Routineschnitt 382
Seitentriebe 382
Sommerschnitt *382*
Stammverlängerung 382
Stützdrähte 382
variiertes Lorette-System 382
Wachstumsperiode 382
Winterschnitt *382*
Wuchsförderung 382
Spalierbäume 377
Standort 375
Spindelbusch 378
Anregung von Ersatztrieben 380
Aufbauschnitt 380
Erneuerungsschnitt 380
Erziehung 380
Erziehungsschnitt 380
Etagenbildung 380
Formschnitt 380
Fruchtholz 380
Früchte 380
Kegel 380
Konkurrenztriebe abbinden 380
Pyramide 380
Routineschnitt 380
Sommerschnitt *380*
Triebe entfernen 380
Winterschnitt *380*
Triebwachstum 377
Triploide 378
Umveredeln
Edelreiser einsetzen 383
Geißfußpfropfen 383
Kopulationsschnitt 383
Kronenveredlung 383
neue Sorten 383
Rindenpfropfen 383, *383*
Umpfropfen 383
Unterlage für einen Apfelbaum 375, *375*
Angebot an Unterlagen 375
empfohlene Unterlagen 375
Vermehrung
durch Chip-Veredelung 383
durch Kopulation 383
durch Okulation 383
Zwergpyramide 383
Bildung von Blütenknospen 383
Neuaustriebe 383
Sommerschnitt 383
Apfelblattsauger 560, siehe auch *Psylla mali*
Apfelbusch
Aufbauschnitt
Kronensystem 379
Leitäste 379
Seitentriebe 379
Verlangsamung des Wachstums 379
Buschbaum 379
Erneuerungsschnitt im Winter *379*
Fruchtholzschnitt im Winter *379*
mit Hohlkrone erziehen 379
Pflanzung 379
Routineschnitt 379
Erneuerungsschnitt 379
Quirlholz 379
Sorten 379
Winterruhe 379
Winterschnitt *379*
Apfelessig 302
Apfelgespinstmotte 551, siehe auch *Yponomeuta* sp.
Apfelkordon *360*
Apfelminze 292, siehe auch *Mentha suaveolens* 'Variegata'
Apfelsägewespe 563, siehe auch *Hoplocampa testudinea*
Apfelsine *419*, 421, 422, siehe auch Orange
Anbau unter Glas 421
Anzucht durch Samen 422
empfohlene Sorten 421
Hauptgruppen der Apfelsinensorten
Blut-Apfelsine 422
Navel-Apfelsine 422
Valencia-Apfelsine 422
samenlose Früchte 420
Unterlage für die Vermehrung anderer Citrus-Arten 422
Vermehrung
durch Okulation bei speziellen Sorten 422
durch Samen bei den meisten Sorten 422
Apfelsinenbäume *420*
Apfelsinensämlinge 422
Apfelsorte 'Bramley's Seedling'
Befruchtung durch Fremdbestäubung 363
Apfelsorte 'Cox Orange'
Befruchtung durch Fremdbestäubung 363
Apfelsorte 'Lord Lambourne'
Befruchtung durch Fremdbestäubung 363
Apfelsorten *361*
Bestäubung
diploide Sorten 375
triploide Sorten 375
Gruppen-Einteilung nach Blütezeit 375
nicht selbstfruchtbare Sorten 363
Apfelspaliere *361*
Apfelwickler 376, 563, siehe auch *Cydia pomonella*
Aphanomyces euteiches 554
Aphelandra 435
Aphelenchoides 551
Aphidoletes aphidimyza 546
apikal 585
Apikalknospe 585
Apikaltrieb 62
Apium graveolens 348, siehe auch Stangensellerie
Apium graveolens 'Celebrity' 348
Apium graveolens 'Giant Pink' 348
Apium graveolens 'Hopkins Fenlander' 348
Apium graveolens 'Ivory Tower' 348
Apium graveolens 'Lathom's Self Blanching' 348
Apium graveolens 'Martine' 348
Apium graveolens 'Tall Utah' 348, *348*
Apium graveolens 'White Pascal' 348
Apium graveolens var. *rapaceum* 349, siehe auch Knollensellerie
Apium graveolens var. *rapaceum* 'Bergers Weiße Kugel' 349
Apium graveolens var. *rapaceum* 'Marble Ball' 349
Apium graveolens var. *rapaceum* 'Monarch' 349, *349*
Apium graveolens var. *rapaceum* 'Snow White' 349
Apium graveolens var. *rapaceum* 'Tellus' 349
Apocynaceae-Familie 262
Aponogeton 246
Aponogeton crispus 247
Aponogeton distachyos 247, *257*, 260, 261
Aponogeton madagascariensis 247
Aponogeton undulatus 261
Aporocactus 272
Aporocactus flagelliformis 265, 266, 275, *275*
Aprikose 375, 394, 395
als Spalier 394
Aprikosenbusch
Erziehung 395
Boden 394
Buschbäume 394
empfehlenswertes Aprikosensortiment
frühe Sorten 395
Sorten für die Hauptsaison 395
späte Sorten 395
Ernte 395
Freischneiden des Aprikosen-Fächers *395*
im Gewächshaus 394
Lagerung
im Backofen trocknen 371
zum Einfrieren geeignet 371
laufende Pflege
Ausdünnen der Blüten 395
Fruchtausdünnung 395
Pflanzabstand 395
Baumabstand 395
Busch 395
Fächer 395
Reihenabstand 395
Unterlage 395
Schnitt
im Frühjahr/ Sommer 368
Sommerschnitt am fertiggezogenen Fächer *395*
später Schnitt am Aprikosen-Fächer *395*
Wurzelrückschnitt 395
Selbstfertilität 394
Standort 394
Unterlagen für Aprikosen
Aprikosen-Sämling 394

Pfirsich-Sämling 394
Pflaumen-Unterlage 'St Julien A' 394
Vermehrung
durch Chip-Veredlung 395
durch T-Okulation 395
Pfirsichsämlinge als Unterlagen 395
Unterlage 'St Julien A' 395
vor einer sonnigen Wand 394
Aquarien 261
Algenbildung 249
Aquarienpflanzen 255
Boden 249
chemisches Gleichgewicht 249
Filter 249
künstliche Beleuchtung 249
Süßwasseraquarium *249*
Aquilegia 143, 162, *579*
Aquilegia alpina 191
Aquilegia 'Crimson Star' 162
Aquilegia discolor 195
Aquilegia flabellata 193, 195
Aquilegia vulgaris 143
Arabis
Rückschnitt nach der Blüte 208
Arabis ferdinandi-coburgi 'Variegata' 197
Arachis hypogaea 314, 340, 341
Aralia 69
Aralia elata 91
Aralia elata 'Aureo-variegata' 68
Araujia 99, 112
Araujia sericifera 97
Arbutus 71, 87
Arbutus menziesii 37, 41
Arbutus unedo 68, 91
Arbutus x *andrachnoides* 37
Archontophoenix alexandrae 33
Arctostaphylos 71, 85, 192
Arctostaphylos alpinus 196
Arctostaphylos uva-ursi 68
Arctostaphylos uva-ursi 'Point Reyes' *192*
Arctotis 166
Arctotis stoechadifolia 177
Arctotis stoechadifolia var. *grandis 173*
Ardisia 68
Ardisia japonica 68
Arenaria balearica 205
Arenaria montana 193, 197, 212
Arenaria purpurascens 193, 195, 212
Argemone mexicana 177, 180
Argyranthemum 166, 181
Argyranthemum 'Chelsea Girl' 140
Argyranthemum frutescens 156
Argyreia 99
Argyroderma 274
Arimillaria 565
Arimillaria mellea 565
Arion 548
Arisaema 223
Aristolochia 105, 107, 112
Aristolochia durior 101
Aristolochia elegans 99
Arizona 514
Armadillidium 548
Armeria 148
Armeria juniperifolia 191, 193, 195, 197, 211
Armeria maritima 119, 189
Armillaria 569
Armillaria mellea 569
Armoracia rusticana 294, siehe auch Meerrettich
Arnebia 167
Aronia 76, 90
Aronia arbutifolia 69
Art 585
Artemisia abrotanum 294, *299*, 301
Artemisia absinthium 143, 294, *299*, 301, siehe auch Wermut
Artemisia dracunculoides 294
Artemisia dracunculus 294, *299*
Artemisia frigida 119
Artemisia glacialis
Laub 192
Artemisia gnaphalodes 119
Artemisia lactiflora 143
Artemisia 'Lambrook Silver' 294
Artemisia 'Powis Castle' *149*
Artemisia schmidtiana 'Nana' 197, 212
Arten 436
Arthropodium 164
Artischocke *304*, 336, 337, *337*
Ausbreitung 336
Aussaat 336
Blätter 336
Blüten 336
Boden 336
Ernte 337
Herzen 336
Klima 336
Kompost 336
Krankheiten 337
Lagerung 337
laufende Pflege 337
Pflanzung 336
Sämlinge 337
Schädlinge 337
Sorten 336
Standort 336
Stickstoffbedarf 314
Stickstoffgehalt des Bodens 336
Vermehrung durch Teilung 336, *337*
Wurzeln 337
arttypisch 585
Arum 162, 165, 223, 237
Arum italicum 223
Arum italicum 'Marmoratum' 143
Arum italicum 'Pictum' 223
Aruncus dioicus 143, 148
Aruncus dioicus 'Kneiffii' 247
Aruncus sylvester 143
Arundo donax 'Macrophylla' 143
Arundo donax 'Variegata' 143, 247
Arzneien
Herstellung von Arzneien
Kräuter 291
Asarina 101, 112
Asarina antirrhiniflora 102
Asarina erubescens 99, 450
Asarina procumbens 194
Asclepiadaceae 262
Asclepiadaceae-Familie
Blühreife 274
Blüten 274
Pfropfen 274
Asclepiadaceen
besondere Unterlagen für Vermehrung 275
Schnittstelle
Austritt von milchigem Saft 272
Ascochyta clematidina 558, 569
Asien 262, 278, 514
Asparagus
als Zimmerpflanze 435
Asparagus densiflorus 'Sprengeri' *439*, 440, *440*, *448*
Asparagus officinalis 349, 350, siehe auch Spargel
Asparagus officinalis 'Angela' 349
Asparagus officinalis 'Cito' 349
Asparagus officinalis 'Franklin' 349
Asparagus officinalis 'Giant Mammoth' 349
Asparagus officinalis 'Huchels Leistungsauslese' 349
Asparagus officinalis 'Lukullus' 349, *349*
Asparagus officinalis 'Ruhm von Braunschweig' 349
Asparagus officinalis 'Schwetzinger Meisterschuß' 349
Asparagus officinalis 'Spaganiva' 349
Asperula odorata 292, *299*
Asperula odorata, syn. *Galium odoratum* 294
Asperula suberosa 195
Asphalt 501
Asphodeline lutea 148
Aspidistra 431, 435, 451
Asplenium 158, 435
Asplenium bulbiferum 158, 159
Asplenium nidus 440, *441*
Asseln 545
befallene Pflanzen 548
Bekämpfung 548
Assimilation 539
Assimilationsfläche 539
Aster 141, 143, *148*, *155*, *156*, 162, 164, 165
Aster albescens 90
Aster ericoides 140
Aster frikartii 'Mönch' *219*
Aster novae-angliae 'Harrington's Pink' *165*
Aster novi-belgii-Sorten 157
Aster thomsonii 'Nanus' *140*
Aster tongolensis 147
Aster turbinellus 140
Asteranthera 99, 112, 115
Asteranthera ovata 99, 101
Astgerüst 585
Astilbe 140, 143, 148, 165, 246
Astilbe chinensis 247
Astilbe simplicifolia 143, 247
Astilbe x *arendsii* 247
Astilboides tabularis 247
Astrantia 143, 162, 165
Astrantia major 143
Astrantia major var. *involucrata 140*
Astring 585
Astrophytum 275
Astrophytum myriostigma 266, *266*
Astrophytum ornatum 266
Astschere *76*, *77*, 79, 104, 127
Griffe
aus Aluminium 462
aus Edelstahl 462
aus Holz 462
aus kunststoffüberzogenem Stahlrohr 462
Klingen
aus beschichtetem Stahl 462
aus Edelstahl 462
aus gehärtetem Stahl 462
Asyneuma 210
Atavismus 559
Athyrium 158
Atlantik 514
Atriplex halimus 86
Aubergine 305, 308, 316, *332*, 338, 339, *339*
Aussaat 338
Blätter 339
Boden 338
Dünger 339
Ernte 339, *339*
Form 338
Früchte 338
Klima 338
Knospen 339
Krankheiten 339
Kultur unter Glas 339
Lagerung 339
laufende Pflege 339
Mulchen 339
Pflanzung 338
Sämlinge 339
Schädlinge 339
Sorten 338
empfohlene Auberginen-Sorten 338
Standort 338
Stickstoffbedarf 314
Stickstoffgehalt des Bodens 338
Temperatur 338, 339
Wachstum unter Glas oder Folie 315
Wachstumsperiode 339
wärmebedürftige Pflanzen 332
Wässern 339
zum Einfrieren geeignet 316
Aubrieta 190, 195, 197, 210
Rückschnitt nach der Blüte 208
Aubrieta deltoidea 195
Aubrieta deltoidea 'Argenteo-variegata' *210*
Aubrieta 'Joy' *191*
Aubrieta, Arten und Sorten 210
Aucuba 68, 69, 80, 85, 88
Aucuba japonica 71, 86
Aucuba japonica 'Variegata' *449*
Aufkalken 523
Auflaufen 577
der Samen 526, 527
des Samens 544
Auflaufkrankheit 564, 565, 568
Aufsitzer 442
Orchideen 442
Aufstellen des Gewächshauses *475*
Aufstieg
kapillarer Aufstieg 528, 536, *543*
unterbrochener kapillarer Aufstieg *543*
ununterbrochener kapillarer Aufstieg *543*
Wassersäulen 536
Auge 542, 585
Augen
gegenständige Augen 538
Augensteckling 585
Augenveredelung 541, 585, 588
Aurikel 142
Aurinia 210
Rückschnitt nach der Blüte 208
Aurinia saxatilis 195
Aurinia saxatilis 'Citrina' 195
Aurorafalter *169*
ausdauernde Gemüse *304*
Ausdünnen 585
Ausgangsgestein 523
Ausgeizen 585
Aushöhlen 540
Auskehlung, seitliche 508
Ausknipsen 585
Ausläufer 585, 589
Auslaugung 585
Auslichten 585
Auspflanzen 585
Aussaat 83
Aussaaterde 536
standardisierte 534
Aussäen 535
Ausstellungsblumen 161
Ausstellungsblüten *154*
Austernpflanze 357, siehe auch Haferwurzel
Australien 262, 418
Austrocactus 275
Austrocedrus 55
Austrocknung 522
Auswaschen 585
Auswaschung 526, 530
Auxine 585
Avena sterilis 177
Avocado *419*, 425, 426, siehe auch *Persea americana*
Aufbewahrung
Luftfeuchtigkeit 426
Temperaturen 426
Transport 426
Avocado aus Samen ziehen *426*
Avocadobaum *426*
Blütezeiten 426
Boden 425
empfohlene Avocado-Sorten 425
Ernte 426
Fruchtgröße 425
Früchte 425
Früchte der Avocado *426*
geschützter Anbau
Düngen 426
Fruchtansatz im gemäßigten Klima selten 426
Luftfeuchtigkeit 426
Pflanzen in Beeten 426
Pflanzen in Containern 426
Temperatur 426
Wässern 426
Gruppen
guatemaltekische Avocados 425
mexikanische Avocados 425
westindische Avocados 425
Krankheiten 426
laufende Pflege 426
Luftfeuchte 425
Pflanzabstand 426
pH-Wert 425
Reife 426
Schädlinge 426
Schalenfarben 425
Schnitt 426
Selbstbefruchtung möglich 426
Standort 425
Temperaturen 425
Unterlagen
braucht kräftig wachsende Unterlagen 426
gegenüber Wurzelfäule unempfindliche Unterlagen 426
Vermehrung
durch Aufzucht aus Samen 426, *426*
durch Aussaat 374
Keimung 426
seitliches Anplatten auf krankheitsresistente Unterlagen 426
Veredlung durch Sattelpfropfen 426
Axonopus
Blätter 278
Gräser für pflegeleichten Rasen 278
Saatmenge 284
Azalee *432*, siehe auch Rhododendron
Azara 68, 85
Azolla caroliniana 246, 247, 261
Azolla filiculoides 247
Azorella trifurcata 211
Aztekium 275

B

Babiana 223
Bach 244, 519
Bacillus thuringiensis 314, 546
Bacillus-thuringiensis-Präparat 549
Bacopa monnieri 247, 260
Bänke, mobile *487*
Bäume 23, 35, 277, 291, 301, 305, 359
Absenker 54
Abstandhalter *41*
Äste, 35, 47
Entfernen eines Astes 47
überkreuzende Seitenäste 48
Anpflanzen *40*, *41*
Arten 54, 56
Astgerüst 48
Astring 47, *47*
Augen 47, *47*
Avocadobaum 425
Baumbänder 41
Baumchirurgen 50
Baumtomate 422
Beeren 34, 35
Blätter 34
Blüten 34, 37
Böden
Bäume für Kübel 36, 37
Bäume für lehmige Böden 42
Bäume für sandige Böden 42
Bäume für saure Böden 41
Bäume für stark alkalische Böden 41
Bäume in Containern 39
Bodenvorbereitung 39, 41
Bäume mit Hohlkrone 49
Bäume über mehrere Jahreszeiten schön 37
Containerpflanzen 42, 43
Pflanzvorgang *42*
Einpflanzen 46
Einschlagen 41, *41*
Entwipfeln 49, 50, *50*

Erziehung 47, 51
Gerüst 51
Fällen 45, *45*
Familie der Rosengewächse 422
Flechthecke *51*
Früchte 35
ganzjährige Bäume 37
Gartengestaltung mit Bäumen 32
Gerüst *51*
Granatapfelbaum *427*
Gruppen 34
Guavenbaum 426
Heister *51*
Hochstamm 48, 50, *51*
mit Hohlkrone 48
Hohlkrone 50
Hybriden 54, 56
im Jahresverlauf 35
immergrüne Bäume 35, 36, 41, 295, 423, 424, 425
industriefeste Bäume 37
Japanische Mispel 422
Kallus 47
Kappen 49, *49*, 50, *50*
Klima 39
Kübelpflanzen 43
Laub 34, 35, 37
laubabwerfende Bäume 35, 36, 40, 41, 47, 49, 59, 142, 398, 428, 429
Leittrieb 48, *48*, *49*, 51, *51*
Loquatbaum 422, *423*
Mango 423
nicht winterharte Bäume 37, 39
Olivenbaum *424*
Pflanzung 39, 41, 43
Pflanzzeit 41
Rinde 34, 35, 37
dekorative 35
Routinepflege 45
Samen 54, 56
Schädlinge 45
Schnitt 47, 50
Formschnitt 36, 52
Schnitt an einem Trieb *47*
Wurzelschnitt 49
Schößlinge 50, *50*, 51
Seitensprosse 47
Seitentriebe 51
Sommerschnitt *51*
Sorten 54, 56
Spalierbaum 48
Stammschoner 43
Standorte 37
Standortwahl 39
Steckhölzer 54
Stecklinge 54
subtropische Bäume 422, 425
Treibbeet 59
tropische Bäume 420, 423
Umsetzen 46, *46*
Umtopfen *44*
Unkrautvertilgungsmittel 45
veredelbare Bäume 58
Veredeln 54, 57
Verjüngung 50, *50*
Vermehrung 54
durch Absenker 57
durch Stecklinge 55
Verzeichnis der Bäume 37
Wachstum 45
Wachstumsgeschwindigkeit 32
Wassertriebe 45, *45*, 50
Wildlinge 45, 50
entfernen *45*
winterharte Bäume 41
Wuchshöhe 32
Wundverschlußmittel 47
Wurzelballen *39*, 40, *41*, *43*
Wurzeln 45
Wachstum 46
Wurzelschößlinge 59
Wurzelsystem *39*, 40, 45
Bahiagras siehe auch *Paspalum notatum*
Saatmenge 284
bakterieller Krebs 366, 392
Bakterien 314, 523
pathogene 546, siehe auch *Bacillus thuringiensis* 546
stickstoffbindende 531
Bakterienkrebs 388, 396, 559, 569
bei der Sauerkirsche *398*
Baldellia ranunculoides 249, 261
Balkon 29, 142, 264, 292, 306, 432, 439
Balkonkästen
Pflanzen für Balkonkästen 176
Ballen 585
Ballenpflanzung 585
Ballota pseudodictamnus 197
Bambus 30, 61, 144, 165
als Windschutz 144
Ausbreitung *145*
Düngung 145
immergrüner
in Einzelstellung 144
krautiger 144
Rhizomteilung *145*
Umsetzen 145
Vermehrung 145
Wachstum 145
winterharter 145
Wurzeln 145
Bambusoideae 144
Bambusstab 472, *472*
Bananen
Vermehrung
spezielle Keimungshilfe 452
Bankbeet *447*
Kultur in einem Bankbeet 441, *441*
Banksia 68
Banksia serrata 42
Baptisia 162
Barbarea verna 330, siehe auch Barbenkraut
Barbenkraut 330, *330*
Ausbreitung 330
Aussaat 330
Blätter 330
Boden 330
Samen 330
Selbstaussaat 330
Barockgarten 174, 293, 297
Bart 585
Bartiris 146, *146*, *578*, siehe auch Iris
Bartlose Iris 146, siehe auch Iris
Bartnelke *182*, siehe auch *Dianthus barbatus*
Basalt 197
Basella alba 325, 326, siehe auch Malabarspinat
Basella alba var. *alba* 325
Basella alba var. *rubra* 325
Basilienkraut *299*, siehe auch *Ocimum basilicum* 'Purpurascens'
Basilikum 291, 292
Aufzucht aus Samen 301
Aufzucht in kalten Gebieten unter Glas 296
Aussäen 301
Blätter 296
Einfrieren 302
Ernte und Lagerung
Blätter 296
Geschmack 302
Saatbeet 301
Sämlinge pikieren 301
Temperatur 301
Trocknen 302
Varietäten 296
Vermehrung
durch Aussaat 296
verwandte Arten 296
basisch 585
Bast 472, 570
Bastardzypresse 60, siehe auch Cupressocyparis leylandii
Bastverband 585
Batate 355, siehe auch Süßkartoffel
Baubehörde 499
Bauliche Elemente und Beläge 492 - 513
Gestaltung mit baulichen Elementen und Belägen 492
Baum-Stütz-Pfahl *472*
Baumchirurgen 50
Baumformen
Busch *360*
Fächer *360*
Halbstamm *360*
Hochstamm *360*
Kordon *360*
Pyramide *360*
Spalier *360*
Spindelbusch *360*
Zwergpyramide *360*
Baumgurt *472*
aus Gummi 472
Baumheide 79
Baummelone 420 siehe auch Papaya
Baummesser 463, *463*
Baumobst
Apfel 359
Arten 364
Birne 359
Edelreis 364
Obstsorten 364
Erziehung 360
Erziehung im Gewächshaus
Platz 363
Sorten 363
Stabilisierungsvorrichtungen 363
Feige 359
Früchte 360
ausdünnen 366, *366*
Kernobst 359
Mulchen 366
nährstoffarme Böden
Dünger 364
Fruchtholz 364
nicht sortenechtes 364
keine zuverlässige Vermehrung durch Stecklinge 364
nicht winterhartes Baumobst 360
Selbstfruchtbarkeit 364
Steinobst 359
Veredelung 364
passende Unterlage 364
Baumscheiben 501, *501*
für einen Backsteinweg 501, *501*
für Zufahrten 501
Gestaltung
als Lattenquadrat 501
als Setzstufen 501
als Trittstufen 501
Baumschulen 122
Baumschulware 41
Baumteer 585
Baumtomate 360, *422*, 422
Anbau unter Glas
Dünger 422
Luftfeuchte 422
Temperatur 422
Ausbreitung 422
Baumtomaten als Containerpflanzen
Dünger 422
Luftfeuchte 422
Temperatur 422
Bittergeschmack 422
Boden 422
Ernte 422
Ertrag 363
Frischhaltung 422
Fruchtfarben 422
Fruchtfleisch 422
Fruchtformen 422
Geschmack 422
Krankheiten 422
laufende Pflege 422
Luftfeuchtigkeit 422
reife Baumtomaten *422*
Schädlinge 422
Standort 422
unter Glas kultivieren 363
Vermehrung
durch Aussaat unter Glas 422
durch Grünstecklinge 422
durch krautige Stecklinge 374
Sämlinge umsetzen in Töpfe 422
Wuchshöhe 422
Baumwachs 585
Baumwürger 96
Beaumontia 99, 105, 112, 115
Beaumontia grandiflora 98, 99, 100, 101
becherförmig 585
Becken
Wässsern von Alpen- und Steingartenpflanzen in Becken 207
Bedecktsamer 580
Bedingungen
sterile Bedingungen 544
Beeren 35, 56, 67, *86*, 142
Beerenfrüchte
Erziehung 360
Lagerung
Einkochen 371
Tiefgefrieren 371
Beerenobst *361*, 362, 408 - 418
Böden 408
Büsche pflanzen 365
Stützen 365
Wachstum 365
Ernte 371
Erziehung im Gewächshaus
Platz 363
Sorten 363
Stabilisierungsvorrichtungen 363
Fruchtholz 408
Fruchtqualität 408
frühreifende Sorten 362
Klima 408
krautige Erdbeeren 360
Lagerung
in Steigen oder Behältern 371
Pflege 366
Dünger 366
Mulchschicht 366
Nährstoffe 366
Ruten 360, 408
Ruten pflanzen 365
Stützen 365
Wachstum 365
Schnittmethoden 408
Schutz
durch eine Mauer 362
durch einen Zaun 362
selbstfertile Sorten 408
Selbstfruchtbarkeit 364
Stauden 408
Strauchobst 360, 408
Triebe 408
Vermehrung
durch Wurzelausläufer 374
Wasserhaltekraft des Bodens 364
Dünger 364
Beerensträucher *19*
Beet
feinkrümeliges 526
Flechtmusterbeet 26
Wagenrad-Beet *292*
Beete 20, 27, 29, 31, 138, 139, 142, 149, 155, 156, 172, 174, 184, 188, 205, 235, 245, 293, *304*, 309, 313, 323, 340, 441, 449, 486
abgedeckte Beete 232
Anlegen 139
Anzuchtbeet 311, 318 - 320
ausgekleidete Beete 544
Beete mit Einjährigen 172
Beetränder 296
Blütezeiten 141
Blumenbeet 277, 303, 307
Dauerbeet 306
erhöhte Beete 263, 486, 507, 519
Abfluß 216
Substrat 216
Erneuern eines alpinen Beetes *208*
formal gestaltete Beete
mit Zwiebel- und Knollengewächsen 218
formale Beete 30, *299*
gemischte Beete 222, 307
Gemüse in runden Beeten *306*
Gemüsebeet *314*, 315
Geröllbeet
Einplanen 192
Pflanzen 192
Gewächshausbeet 232
große Beete
Wässern 205
Grundbeete 441
Hochbeet 193, 298, 354
Inselbeet 138, *138*
Pflanzbeet
Bepflanzung 251
Gefäße für die Bepflanzung 251
Präsentationsbeete 214
quadratisch angelegte Beete *306*
Rosenbeete 123
schmale Beete 306
Schnittblumen in Beeten 224
Tischbeet *214*
Torfbeet *192*
Standort 192
Substrat 192
Tulpen für Beete 224
Unterwasserbeet 248
Warmhausbeet 355
Zwiebelbeet 232
Beete, erhöhte
Baustoffe
Betonsockel 507
Eisenbahnschwellen 507
Kiesuntergrund 507
Schotter 507
Ziegelstärke 507
Beetpelargonie 176
Beetpflanzen 93, 118, 170, 180, 185, 186, 585
Beetrose 127
Pflanzabstand 123
Befallsstärke 546
Befruchtung 585
Begonia 435, *446*, 452, 536, *580*
Begonia incana 271
Begonia 'Non-Stop' 177
Begonia rex 431, 435, *439*
höhere Luftfeuchtigkeit 438
Begonia semperflorens 177
Begonia 'Tiger Paws' 440
Begonia venosa 271
Begonie *29*, 175, *176*, 180, 182, 183, *185*, 188, 539, siehe auch *Begonia*
Knollenbegonien vermehren 242
Sämlinge
Auspflanzen 184
halbharte Sämlinge 184
Überwintern 222
Behälter 432, 439
Teich im Behälter *246*
Beiname 580
Beinwell 531, siehe auch Symphytum officinale
Beizen
Anrühren 500
Beize, mikroporöse 500
Farbschicht 500
Maserung 500
Streichen 500
Trocken 500
Bekämpfung, biologische 547
Belamcanda chinensis 223
Beleuchtung 485
„Belgier" 498, *498*
Belgischer Chicorée 327, siehe auch Witloof
Bellevalia 223, 232
Bellis perennis 174
Belüften 585
Belüftung 483, 532
Bendiocarb 572
Benennung 580
Benomyl 547, 550, 552, 557, 558, 562, 569, 571, 572
Bepflanzen eines Terrariums 440, *440*
Bepflanzung
epiphytische Bepflanzung
Halbschatten 265
nicht-epiphytische Bepflanzung
Licht 265
Bepflanzung das ganze Jahr über *138*
Berberidopsis 99, 112
Berberidopsis corallina 99, 101
Berberis 68, 69, 85, 535
Berberis buxifolia 90
Berberis darwinii 61, 71, 80
Berberis empetrifolia 69
Berberis sargentiana 61
Berberis temolaica 68
Berberis thunbergii 60, 61
Berberis x *stenophylla* 'Corallina Compacta' *191*, 195

Berchemia 112
Bergbohnenkraut 297, 298, 301
Blätter 297
Blüten 297
Ernte und Lagerung
Blätter 297
Halbstrauch 297
Pflanzabstand bei Zwerghecken 293
Pflanzen für Zwerghecken 293
Vermehrung
durch Aussaat 297
durch krautige Stecklinge 297
durch Teilung 297
verwandte Arten 297
Bergdost *299*, siehe auch *Origanum vulgare* 'Compactum'
Topfpflanzung 292
Bergenia 142, 143, 149, *151*, 165, 247
Bergenia 'Ballawley' *138*, 143, 151
Bergenia cordifolia 143
Bergenia cordifolia 'Purpurea' *174*
Bergenia purpurascens 140, 142
Bergenia-Arten 139, 142
Bergenia-Hybriden 139
Bergenia-Sorten *157*
Bergerocactus 272
Bergtroddelblume 169, siehe auch *Soldanella montana*
Berieselungssystem *469*, 485
Berieselungsköpfe 469
Berieselungskopf *469*
Filter *469*
Reduktion des Wasserdrucks *469*
Reinigungswerkzeug *469*
Rohranschluß *469*
Schlauchkupplung *469*
Spieß *469*
Berkheya 149
Bermudagras 278, 279, siehe auch *Cynodon dactylon*
Afrikanisches Bermudagras 278
Arten 278
Bradley-Bermudagras 278
gemeines Bermudagras 278
Magennis-Bermudagras 278
Saatmenge 284
Sorten 278
warmes Klima 278
Beschorneria 68
Beschorneria yuccoides 263, *263*
Besprühen
in Intervallen 542
Bestäuber 585
Bestäubung 585
von Hand 334
Beta vulgaris Cicla-Gruppe 326, siehe auch Mangold und Schnittmangold
Beta vulgaris Cicla-Gruppe 'Grüner Schnitt' 326
Beta vulgaris Cicla-Gruppe 'Lukullus' 326
Beta vulgaris Cicla-Gruppe 'Rhubarb-Roter Rhabarbermangold' 326
Beta vulgaris 'Ruby Chard' 173
Beta vulgaris subsp. 352, siehe auch Rote Beete
Beta vulgaris subsp. *vulgaris* 'Ägyptische Plattrunde' 352
Beta vulgaris subsp. *vulgaris* 'Boltardy' 352
Beta vulgaris subsp. *vulgaris* 'Bull's Blood' 352
Beta vulgaris subsp. *vulgaris* 'Burpee's Golden' *352*, 352
Beta vulgaris subsp. *vulgaris* 'Cheltenham Mon' 352
Beta vulgaris subsp. *vulgaris* 'Chioggia Detroit - Little Ball' 352
Beta vulgaris subsp. *vulgaris* 'Forono' 352
Beta vulgaris subsp. *vulgaris* 'Rote Beete Detroit - Rubidu' 352
Beta vulgaris subsp. *vulgaris* 'Rote Kugel' 352
Beton 499
Beton bestellen
richtige Menge und Mischung 494
Betonieren
abschnittsweise 502
Holzreibbrett 502
Mischen 502
Planieren 502
Stahlreibbrett 502
Betonmischung
Betonmörtel (zum Einbetten und Verfugen von Platten- und Ziegelbelägen) 494
Mauerfundament 494
vor Ort gegossener Betonbelag 494
Dehnungsfugen
Trennbrett 502
Kurven anlegen
den Verlauf markieren 502
Innenkurven 502
scharfe Kurven 502
lasttragende Flächen
Ausfahrt 494
Dehnungsfugen 494
Mörtelmischung
Fundamente für Anfahrten und Plattenbeläge 494
Maurermörtel (für Ziegelmauern im Garten) 494
Oberflächenbehandlung
Abdrücke 502
feinkörnige Struktur 502, *502*
grobkörnige Struktur 502, *502*
Kieseloberfläche 502
mittlere Struktur 502, *502*
Muster 502
Rippenmuster 502
Waschbeton 502
Wellenlinie 502
Tönen 502
Vorbereitungsarbeiten
Fundament 502
Rahmen 502
Betonblockbeet 507
Betonfundament 504
Betonieren
Abschnitte 494
Markieren 494
Nivellierlatte 495
Rahmen 494
Betonmörtel 499
Betonplatten
Farben 502
Formen 502
mit anderen Materialien 502
Betonplattentypen
gemusterte Platten *495*
gerippte Platten *495*
Guß- und Preßbeton *495*
sechseckige Platten *495*
Strukturplatten
gekerbt *495*
genoppt *495*
glatt *495*
grobkörnig *495*
verwitterte Platten *495*
Betonschuppen 513
Bettung 499
Betula 16, 26, 28, 47, 50, 55, 57, 58, 142
Betula albo sinensis var. *septentrionalis* 37
Betula ermanii 37
Betula 'Jermyns' 37
Betula nana *192*, 195
Betula papyrifera *19*
Betula pendula 27, 37, 42
Betula pendula 'Dalecarlica' 37
Betula pubescens 37
Betula utilis var. *jacquemontii* *34*, *35*, 35, 37
Beutel 470
Bewässerung 485, 585
automatische 441
Bewässerungsgeräte 468 - 469
Bewässerungsmatte 585
Bewässerungsmethoden
Gießen
in Mulden *528*
in Töpfe *528*
Wasser im Boden halten durch Mulchen 528
Bewässerungssystem 485
Bewurzelungshormon 537, 538, 585
Bewurzelungssubstrat 84
Biarum 223
Bidens ferulifolia 177
Biene 150, 291
Bestäubung bei Passionsfrucht 407
Bignonia 105, 112
Bignonia capreolata 95
Billardiera 101, 112
Billardiera longiflora 97, 105
Billbergia 436
Bindesalat *325*, 328, 329, siehe auch Gartensalat
Ernte 329
Lagerung 329
Binsen 144, *244*, 529
laufende Pflege 145
Birke 16, 26, 28, 47, 50, 58, 142, siehe auch *Betula*
Papierbirke *19*, siehe auch *Betula papyrifera*
Birnbaum 359
Birnblattsauger 384
Birne 359, 375, *375*, 384 - 386, siehe auch *Pyrus communis* var. *sativa*
an einem Bogen 362
an einer Pergola 362
auf Kalkböden 364
Bestäubung 384
Fremdbestäubung 384
Triploide 384
Birne an Mauern 361
Birne an Zäunen 361
Buschform 384
Erneuerungsschnitt 384
Erziehung 384
Quirlholz lichten 384
Buschpyramiden 384
Düngen 384
Stickstoffzuführung 384
Wachstumsperiode 384
Ernte
Pflückzeit 386
Erziehung 384
Fächer 384
Kordon 384
normales Lorette-System 384
Spalier 384
variiertes Lorette-System 384
Fremdbefruchtung 364
Unverträglichkeitsgruppen 364
Früchte ausdünnen 366
frühe Sorten
am Kordon 363
geringe Haltbarkeit 363
frühreifende Sorten 362
Gießen 384
Haushaltsbirne 385
Höhe für Fächererziehung 362
Kombination mit anderen Sorten 364
Kordon 384
Krankheiten 384
Lagern
an kühlem Ort 386
in Lattenkisten 386
Nachreifen später Früchte 386
Pflückzeit 386
Temperatur zum Nachreifen 386
laufende Pflege 384
Ausdünnen der Früchte 384
Düngung 384
Gießen 384
Überprüfen auf Schädlings- und Krankheitsbefall 384
Mulchen 384
nicht hinreichende Selbstfertilität 364
Pflanzung 384
Erziehung 384
Pflanzabstände 384
Unterlagen 384
Vegetationsphase 384
Pflanzabstände 384
Abstand zwischen Bäumen 384
Abstand zwischen Reihen 384
Busch 384
Fächer 384
Kordon 384
Spalier 384
Unterlage 384
Zwergpyramide 384
Reduzierung extremer Wuchsstärke
Ringeln der Rinde 370
Wurzelschnitt 370
Routine-Sommerschnitt an der Zwergpyramide *385*
Schädlinge 384
Schnitt 384
Holz 384
Quirlholz 384
Ringeln 384
Rückschnitt 384
Techniken 384
Winterschnitt 368
Wurzelschnitt 384
Schutz
durch eine Mauer 362
durch einen Zaun 362
selbststerile Sorten
Fremdbefruchtung 361
'Sommer-Dechantsbirne' *361*, *362*
Sommerschnitt an der Zwergpyramide *385*
Sorten *361*
Doppel-Kopulation 386, *386*
doppelte Chip-Veredlung 386, *386*
Lagerung in durchsichtigen Plastikbeuteln 371
Methoden der Zwischenveredlung 386
nicht selbstfruchtbare Sorten 363
Zwischenveredlung von Birnensorten 386
späte Birne 362
Lagerung 362
spätreifende Sorten
Lagerraum 363
Reifung 363
ungeeignet für Gebiete mit kurzen Sommern 363
ungeeignet für schattige Lagen 363
spätreifende Sorten 384
Spalierformen 384
Standort 384
Blüte 384
Boden 384
Spätfröste 384
feuchte Standorte 384
Steilwachstum
Leittriebe schneiden 384
Tafelbirne 385
Unterlagen 384
'Quitte A' 384
'Quitte C' 384
Veredeln auf Quittenunterlagen 384
Zwischenveredlung 384
Veredelungen 384
auf Birnenunterlagen 384
auf Quittenunterlagen 384
Verjüngungsschnitt
im Frühjahr 370
im Sommer 370
Vermehrung
Kopulation 386
Okulation 386
Umveredeln 386
Unterlage 386
Wärmebedarf 384
Winterschnitt
an der ausgewachsenen Zwergpyramide *385*
an der Zwergpyramide *385*
Zwergpyramide 384
Auslichten 386
Fruchtbildung 385
Kronengerüst 386
Leittrieb 385
Neuwuchs 386
Quirlholz 386
Rückschnitt 386
Stammverlängerung 385
Winterschnitt 386
Zwischenveredlung 386
Birne 'Beth' im kleinen Obstgarten *362*
Birne 'Concorde'
im großen Obstgarten *361*
im kleinen Obstgarten *362*
Birne 'Josephine von Mecheln' im großen Obstgarten *361*
Birne 'Onward' im großen Obstgarten *361*
Birnenblattwespe 551
befallene Pflanzen 551
Bekämpfung 551
Birnengallmücke 562, siehe auch *Contarinia pyrivora*
Birnenpockenmilben 384
Birnensteinfrüchtigkeitsvirus 563
Bitterorange siehe auch Orange
als Unterlage zur Veredlung 421
Anbau unter Glas 421
empfohlene Sorten 421
Früchte 421
vorwiegend für Orangenkonfitüre 421
Bitumenemulsion 501
Asphalt
Auftragen 501
Begrenzung 501
Bitumenemulsion 501
Makadam 501
Teerfarbe 501
Vorbereitungsarbeiten 501
Pflastersteine
Aufbau 501
Betonfundament 501
Ebenflächigkeit 501
Luftblasen 501
Verlegen 501
Ziegelsteine 501
Blaniulus 548
Blaniulus guttulatus 548
Blasenfuß 157, 161, 227, 314, 325, 332, 338, 339, 340, 342, 353, 398, 407, 423, 546, 551, 560
befallene Pflanzen 551
Bekämpfung 551
Blätter 579
Blätter, echte *536*
Blätter, verformte 555
Bläuling 150
Blatt 585
Blatt, echtes *536*
Blattachsel 585
Blattachseln *540*
Blattader 580
Blattadermuster *580*
Blattadern 538, *580*
Blattälchen
befallene Pflanzen 551
Bekämpfung 551
Blattauge 538, *538*
Blattaugensteckling *538*
Blattbegonien 431, siehe auch *Begonia rex*
Blattblasen *578*
Blattdeformation 555
Blattdünger 531
Blattfallkrankheit 391
Blattflecken siehe auch Anthracnose
befallene Pflanzen 552
Bekämpfung 552
Blattflecken bei Nelken 161
Blattfleckenkankheiten
bakterielle Blattfleckenkrankheit 552
befallene Pflanzen 552
Bekämpfung 552
Blattfleckenkrankheit 326, 340, 341, 342, 343, 348, 352, 353, 355, 386, 387, 398, 426
Blattflöhe 551, 555 siehe auch *Psyllidae*
befallene Pflanzen 551
Bekämpfung 551
Blattformen 585
breitförmig *579*
doppelt gefiederter Blattwedel *579*

fiederspaltiges Blatt *579*
fingerförmig gefiedertes Blatt *579*
gefiedert *579*
linealisches Blatt *579*
schuppenförmig *579*
Blattgemüse 310, 311, 316, 325 - 331, 353
Blätter 325
Folgesaaten 325
Kulturbedingungen 325
nachwachsendes Gemüse ernten 316
Sorten 325
Blattglanz 446
Blatthacke *460*
Blattherbizid 575
Blatthumus 585
Blattknospe 585
Blattknospensteckling 585
Blattkräuselung 554
Blattläuse
befallene Pflanzen 550
Bekämpfung 550
Schwarze Läuse *550*
Blattlaus 45, 74, 109, 126, 157, 161, 178, 188, 208, 227, 243, 259, 314, 317, 325, 326, 327, 329, 332, 333, 334, 335, 338, 339, 340, 341, 342, 352, 353, 354, 355, 384, 388, 407, 421, 422, 427, 449, 546, 555
Überträger des Tristeza-Virus bei Zitrusfrüchten 421
Blattlausbefall 423
Blattlauseier 550
Blattpflanzen 432
Blattrandkäfer 93
Blattrandkäferlarve 449
Blattranken *100*
Blattraupe 387
Blattrollen 556
Blattsalat *304*, *307*, 328, 329, siehe auch Gartensalat
Blattsalat 'Lollo Rossa' *328*
Ernte 329
Ernten *328*
Lagerung 329
Stickstoffbedarf 314
Blattsauger 551, 555
befallene Pflanzen 551
Bekämpfung 551
Blattschäden 548 - 556, *555*
Blattschimmel 338
Blattschneiderbienen 549, siehe auch *Megachile* sp.
befallene Pflanzen 549
Bekämpfung 549
Blattsteckling 539, *539*, 542, 585
Streß durch Wasserverlust 539
Blattstielgemüse 322, *322*, siehe auch *Brassica rapa*
Aussaat 322
Blätter 322
Blütenköpfe 322
Boden 322
Ernte 322
Klima 322
Lagerung 322
Pflanzung 322
Pflege 322
Standort 322
Stickstoffgehalt im Boden 322
Trieb 322
Blattsukkulenten 262
Blattverformungen 555, 556
Blattwespe 551
Blattwespenlarven 549
befallene Pflanzen 549
Bekämpfung 549
fressende *549*
Blaubeere siehe auch Heidelbeere
optimaler ph-Wert des Bodens 364
Vermehrung
durch krautige Stecklinge 374
Blaue Douglasfichte *33*, siehe auch *Pseudotsuga menziesii* var. *glauca*
Blaufäule
an der Zitrusfrucht 562
Blaustern 34, siehe auch *Scilla sibirica*
Blausternchen 220, siehe auch *Hyacinthoides hispanica*
Blechnum-Arten 158
Bleichen 585
Bleichsellerie 348, siehe auch Sellerie
Bleiglanz 388, 396, 397
befallene Pflanzen 551
Bekämpfung 551
Bleiglanzinfektion
im Obstgarten 368
Bleiglanzkrankheit 50
Bleikopfnagel mit Sporn *472*
Bleiwurz *433*, siehe auch *Plumbago*
Blennocampa pusilla 556
Bletilla 443
frostfreies Überwintern 443
Blindheit 585
Blindwanze 561
Blindwanzen
befallene Pflanzen 549
Bekämpfung 549
Blitzbinder *472*
Blitzschlag 559
Blockverband 505
Bloomeria crocea 223
Blossfeldia 275
Blumenampel 431
Bepflanzen *439*
Blumenarrangements 222
Blumenbeete 277, 303, 307
Blumengarten 291
Blumenhartriegel 34
Blumenkohl *304*, 308, 316 - 318, 322, siehe auch *Brassica oleracea Botrytis*-Gruppe
Abstand der Pflanzen
Tabelle 318
Ausbreitung 318
Aussaat
Folgeaussaaten 318
Sämlinge in kleine Töpfe pikieren 318
Blumenkohl 'Barrier Reef' *318*
Boden 318
Bodenfeuchtigkeit 318
Einteilung 318
empfohlene Blumenkohlsorten
Frühsommer 318
grüne Sorten 318
purpurne Sorten 318
Sommer/Herbst 318
Winter 318
Ernte 318
Reife 318
Schneiden 318
Klima 318
Krankheiten 318
Kultivieren von Blumenkohl
einjährige Kultivierung 318
zweijährige Kultivierung 318
Köpfe 318
Lagerung
Einfrieren 318
Probleme durch hohen Wassergehalt 316
Mini-Blumenkohl 318, *318*
Abstand der Pflanzen 318
Folgeaussaaten 318
Reife 318
Säen 318
Vereinzeln 318
pH-Wert des Bodens 318
purpurroter Blumenkohl *318*
Routinepflege
Dünger 318
Stickstoffgehalt 318
Wachstumsperiode 318
Wässern 318
Saatzeiten
Tabelle 318
Samenkeimung 318
Schädlinge 318
Schutz der Blume *318*
Sorten
Frühsommersorten 318
winterharte Sorten 318
Standort 318
Stickstoffbedarf 314
Stickstoffgehalt des Bodens 318
Umsetzen 318
Vereinzeln 318
Winterblumenkohl 318
Winterschutz 318
Blumenlauch 25, *25*, siehe auch *Allium*
Blumenreiche Grasmischungen
Saatmenge 284
Blumenwiese 276, 277, 279
Schnitt 285
Wildblumenwiese
Mähen 234
Zwiebeln in der Blumenwiese 234
Blumenzwiebelerde, faserreiche aus nicht zersetztem Sphagnum 534
Blumenzwiebeln 119
Blutbuche 32
Bluten 585
Blutlaus 419, 421, 558, siehe auch *Eriosoma lanigerum*
Blutmehl 534, 554
Blüte 153
Teile einer Blüte *580*
Blüten 580
Geschlecht der Blüten 580
kastrierte Blüten 536
männliche *580*
weibliche *580*
zweigeschlechtliche *580*
Blütendeformation 561
Blütenfäule 560
Blütenfleckenkrankheit 561
Blütenfraßschäden 561
Blütenhülle 585
Blütenklassen
einkeimblättrige *580*
zweikeimblättrige *580*
Blütenpflanzen 438
Blütenstand 585, 587
Blütenstecher 318, 321, 322, 336, 342
Blütenstiel *580*
Blütenverfärbungen 560
Blütenvergrünung 555, 556
Boden 69, 305, 523
alkalischer 523
Bestimmen des Bodens 523
blaufleckiger 527
Fräsen des Bodens 524
guter *527*
lehmiger Tonboden 523
mit schlechter Struktur 526
neutraler 523
sandiger Boden 523
sandiger Lehm 523
saurer 523
schlechter *527*
schluffiger Lehm 523
schwerer Tonboden 523
stark verdichteter 525
staunasser 529
Struktur des Bodens 522 - 523
Boden und Düngung 522 - 534
Bodenacidität 523
Bodenalkalität 523
Bodenarten
Kreideboden *522*
Sandboden *522*
Schluff *522*
Ton *522*
Torfboden *522*
Bodenbearbeitung 524 - 526
Bodendecker 25, 26, 27, *29*, 34, 38, 65, 66, *66*, 97, *97*, 108, 110, 118, 119, 125, 137, 142, 144, 150, *150*, 151, 155, 218, 224, 263, 279, 294, 574, 585
Absenker 150
Ausläufer 150
Auswahl 150
Einjährige Bodendecker *175*
Kombinationen 150
Laub 150
Pflanzabstand *150*
Pflanzung 151
Schnitt
Rückschnitt 151
Standort 150
Vermehrung
durch Stecklinge 151
Wuchs 150
Zweijährige Bodendecker 175
Zwiebelgewächse 220
Bodendecker-Rose 'Max Graf' *121*
Bodendeckerrosen 118, 120, 129, 133
Bodendünger 532
als Zusatzstoff
Kompost *532*
Sand *532*
Torf *532*
Bodeneigenschaften
chemische 522
physikalische 522
Bodenentseuchung 524, *524*
Bodenentseuchungsmittel
chemische 524
Bodenerreger 188
Bodenfräse 524
Bodenfruchtbarkeit 531
Bodengare 585
Bodenheizkabel 488, *488*, 489
Abzugslöcher 488, *488*
Bodenthermostat 488, *488*
hohe Wattleistung 488
Kontrollkasten 488, *488*
Luftheizkabel 488, *488*
Luftthermostat 488, *488*
mit fest verdrahtetem Thermostat 488
75-Watt-Kabel 488
Bodenheizung 542, 543
Bodenherbizide 575
granulierte 575
Bodenkrankheiten 308, 349
Bodenkrümel 527
Bodenlebewesen 523
Bodenminerale
Löslichkeit der Bodenminerale 523
Bodennährstoffe 530
Bodenorganismen 523, 530
nützliche *523*
Bodenpartikel 526
Bodenprofil *523*
Ausgangsgestein 523
Oberboden 523
Unterboden 523
Bodenqualität 522
Bodenschäden
Blaufleckigkeit *527*
Bodenverschlämmung *527*
Unterbodenverdichtung *527*
Verdichtung *527*
Bodenschädlinge 308, 314
Bodenschicht, feinkrümelige *526*
Bodenstruktur 526, *526*
Porensystem 526
Verbesserung 527
Bodentemperatur 309, 532
Bodentyp 515
Wurzelwachstum 515
Bodentestsätze 523
Bodenuntersuchung 523
Bodenverbesserung 533
Bodenverdichtung 534
Bodenwärme
Auswirkung der Bodenwärme *542*
Bodenwasser 532
in Lehmböden 528
in Sandböden 528
in Tonböden 528
Bodenzusätze
Nebeneffekte 527
Böschung 277
Bogen 401, 512
Höhe 362
Kordon *363*
Tragfähigkeit 362
Bohne *304*, 310, *311*
Aussaat
Klimafaktoren 307
Zeitpunkt 307
Saattiefe 309
Samen 307
Stickstoffbedarf 314
Wässern in kritischen Phasen 312
Bohnenfliege 342, 343, 344, 345
Bohnenkraut *299*
Bohnenlaus 343, 344, *344*
Bohnenrost 344
Bohnenstützen *342*
Bohrfraß 545
Bohrstock 528
Bolax gummifera 195, 205, 211
Bolivien 340
Bomarea andimarcana 101
Bomarea caldasii 99, *99*
Bongardia 232
Bongardia chrysogonum 223
Bor (Bo) 424, 523, 530, 543
Borago officinalis 177, 181, 182, 292, 295, *299*, 301, 531
Blätter *302*
Blütezeit 300
eßbare Blüten 291
Konservieren 302
Borago officinalis f. *alba* 295
Borax 566, 572
Borde 487
Bordeaux-Brühe 558, 569, 570, 572
Borkenkäfer 558
Bormangel 558, 566
bei Gartensalat 329
bei Kohlrüben 353
bei Möhren 354
bei Roten Beeten 352
bei Sellerie 348
bei Tomaten 338
Boronia 83, 85
Borretsch 292, *299*, 301, 531, siehe auch *Borago officinalis*
Botanik 578 - 580
Grundlagen der Botanik 578 - 580
Botrytis 93, 171, 213, 243, 338, 401, 449
Botrytis allii 567
Botrytis cinerea 557, 560, 561
Botrytis elliptica 553
Botrytis fabae 553
Botrytis galanthina 557, 560
Botrytis paeoniae 569
Botrytis tulipae 553, 560
Bougainvillea *94*, 95, 98, 99, 100, 105, 106, 112, 113, 430, 435, 450, 453
Bougainvillea 'Miss Manila' *105*
Bourbon-Rose 120, 126, 130, 133, vgl. auch Rosa und Rose
Blütenproduktion 129
Bouvardia 68
Boysenbeere *408*, siehe auch Brombeere
nicht winterhart 410, 411
Brachycome iberidifolia 177, 180
Brachydesmus 548
Brachyglottis 68, 85
Bradley-Bermudagras 278, siehe auch *Cynodon incompletus* var. *hirsutus*
Bradysia sp. 570
Braktee 585
Brandpilz
befallene Pflanzen 556
Bekämpfung 556
Branntkalk 531, siehe auch Calciumoxid
Brassia 443
Brassica 585
Brassica hirta 330, siehe auch Weißer Senf
Brassica juncea 323, siehe auch Indischer Senf
Brassica juncea 'Miike Giant' 323
Brassica juncea 'Osaka Purple' 323
Brassica napus 330, siehe auch Salatraps
Brassica napus Nopobrassica-Gruppe 352, 353
Brassica napus Nopobrassica-Gruppe 'Acme' 352
Brassica napus Nopobrassica-Gruppe 'Devon Champion' 352
Brassica napus Nopobrassica-Gruppe 'Marianne' 352, *352*
Brassica napus Nopobrassica-Gruppe 'Weseler' 352
Brassica oleracea Acephala-Gruppe 317, siehe auch Grünkohl
Brassica oleracea Botrytis-Gruppe 318, siehe auch Blumenkohl

Brassica oleracea Botrytis-Gruppe 'Alpha Paloma' 318
Brassica oleracea Botrytis-Gruppe 'Alverde' 318
Brassica oleracea Botrytis-Gruppe 'Aprilex' 318
Brassica oleracea Botrytis-Gruppe 'Asmer Snowcap' 318
Brassica oleracea Botrytis-Gruppe 'Barrier Reef' 318, *318*
Brassica oleracea Botrytis-Gruppe 'Canberra' 318
Brassica oleracea Botrytis-Gruppe 'Erfurter Zwerg' 318
Brassica oleracea Botrytis-Gruppe 'Minaret' 318
Brassica oleracea Botrytis-Gruppe 'Neckarperle' 318
Brassica oleracea Botrytis-Gruppe 'Opal' 318
Brassica oleracea Botrytis-Gruppe 'Plana' 318
Brassica oleracea Botrytis-Gruppe 'Purple Cape' 318
Brassica oleracea Botrytis-Gruppe 'Purple Queen' 318
Brassica oleracea Botrytis-Gruppe 'Romanesco' 318
Brassica oleracea Botrytis-Gruppe 'Rosalind' 318
Brassica oleracea Botrytis-Gruppe 'Vilna' 318
Brassica oleracea Botrytis-Gruppe 'Walcheren Winter Armado April' 318
Brassica oleracea Botrytis-Gruppe 'Walcheren Winter Maystar' 318
Brassica oleracea Botrytis-Gruppe 'White Rock' 318
Brassica oleracea 'Cabbage Cherry Sundae' (F1) 177
Brassica oleracea Capitata-Gruppe 319, 320, siehe auch Kopfkohl
Brassica oleracea Capitata-Gruppe 'Aquarius' 319
Brassica oleracea Capitata-Gruppe 'Autoro' F1 319
Brassica oleracea Capitata-Gruppe 'Avoncrest' 319
Brassica oleracea Capitata-Gruppe 'Braunschweiger' 319
Brassica oleracea Capitata-Gruppe 'Castello' 319
Brassica oleracea Capitata-Gruppe 'Celtic' F1 319
Brassica oleracea Capitata-Gruppe 'Dorado' 319
Brassica oleracea Capitata-Gruppe 'Duncan' 319
Brassica oleracea Capitata-Gruppe 'Durham Early' 319
Brassica oleracea Capitata-Gruppe 'Frühkopf' 319
Brassica oleracea Capitata-Gruppe 'Greensleeves' 319
Brassica oleracea Capitata-Gruppe 'Hidena' 319
Brassica oleracea Capitata-Gruppe 'Hispy' F1 319
Brassica oleracea Capitata-Gruppe 'Holland Winter White' 319
Brassica oleracea Capitata-Gruppe 'Ice Queen' F1 (Wirsing) 319
Brassica oleracea Capitata-Gruppe 'January King Hardy Late Stock 3' 319, *319*
Brassica oleracea Capitata-Gruppe 'Jupiter' F1 319
Brassica oleracea Capitata-Gruppe 'Marner Julico' F1 319
Brassica oleracea Capitata-Gruppe 'Minicole' F1 319
Brassica oleracea Capitata-Gruppe 'Mohrenkopf' (rot) 319
Brassica oleracea Capitata-Gruppe 'Offenham 1 -Myatt's Offenham Compacta' 319
Brassica oleracea Capitata-Gruppe 'Polinius' 319
Brassica oleracea Capitata-Gruppe 'Prospera' *319*
Brassica oleracea Capitata-Gruppe 'Prospera' F1 319
Brassica oleracea Capitata-Gruppe 'Ruby Ball' F1 (rot) 319
Brassica oleracea Capitata-Gruppe 'Spitfire' 319, *319*
Brassica oleracea Capitata-Gruppe 'Spring Hero' 319
Brassica oleracea Capitata-Gruppe 'Winnigstadt' 319
Brassica oleracea Capitata-Gruppe 'Wivoy' *319*
Brassica oleracea Capitata-Gruppe 'Wivoy' F1 (Wirsing) 319
Brassica oleracea Formen 173, 175
Brassica oleracea Gemmifera-Gruppe 320, 321, siehe auch Rosenkohl
Brassica oleracea Gemmifera-Gruppe 'Evesham Special' 321
Brassica oleracea Gemmifera-Gruppe 'Fortress' F1 321
Brassica oleracea Gemmifera-Gruppe 'Hilds Ideal' F1 321
Brassica oleracea Gemmifera-Gruppe 'Mallard' F1 321
Brassica oleracea Gemmifera-Gruppe 'Oliver' F1 321
Brassica oleracea Gemmifera-Gruppe 'Peer Gynt' *321*
Brassica oleracea Gemmifera-Gruppe 'Peer Gynt' F1 321
Brassica oleracea Gemmifera-Gruppe 'Roger' F1 321
Brassica oleracea Gemmifera-Gruppe 'Trimmer' 321
Brassica oleracea Gongylodes-Gruppe 350, siehe auch Kohlrabi
Brassica oleracea Gongylodes-Gruppe 'Kolpak' 350
Brassica oleracea Gongylodes-Gruppe 'Rowel' 350
Brassica oleracea Gongylodes-Gruppe 'Wiener Blaue' 350, *350*
Brassica oleracea Gongylodes-Gruppe 'Wiener Weiße' 350
Brassica oleracea Italica-Gruppe 321, siehe auch Brokkoli und Sproßbrokkoli
Brassica oleracea Italica-Gruppe 'Citation' F1 322
Brassica oleracea Italica-Gruppe 'Corvet' F1 322
Brassica oleracea Italica-Gruppe 'Emperor' *322*
Brassica oleracea Italica-Gruppe 'Emperor' F1 322
Brassica oleracea Italica-Gruppe 'Green Belt' 322
Brassica oleracea Italica-Gruppe 'Green Comet' F1 322
Brassica oleracea Italica-Gruppe 'Juwaprim' 322
Brassica oleracea Italica-Gruppe 'Mercedes' F1 322
Brassica oleracea Italica-Gruppe 'Minaret' 321
Brassica oleracea Italica-Gruppe 'Nine Star Perennial' 321
Brassica oleracea Italica-Gruppe 'Purple Sprouting' 321, *321*
Brassica oleracea Italica-Gruppe 'Shogun' F1 322
Brassica oleracea Italica-Gruppe 'Stolto' F1 322
Brassica oleracea Italica-Gruppe 'White Sprouting' 321
Brassica oleracea 'Kale Red and White Peacock' (F1) 177
Brassica rapa 322, siehe auch Blattstielgemüse
Brassica rapa 'Herbstrübstiel' 322
Brassica rapa 'Mairübstiel' 322
Brassica rapa Rapifera-Gruppe 353, siehe auch Weiße Rüben
Brassica rapa Rapifera-Gruppe 'Goldball' 353, *353*
Brassica rapa Rapifera-Gruppe 'Green Top Stone' 353
Brassica rapa Rapifera-Gruppe 'Manchester Market' 353
Brassica rapa Rapifera-Gruppe 'Orange Perfection' 353
Brassica rapa Rapifera-Gruppe 'Purple Top Milan' 353
Brassica rapa Rapifera-Gruppe 'Schneeball' 353
Brassica rapa Rapifera-Gruppe 'Tokyo Cross' F1 353
Brassica rapa Utilis-Gruppe 322, siehe auch Broccoletti
Brassica rapa var. *alboglabra* 323, siehe auch Chinesischer Brokkoli
Brassica rapa var. *chinensis* 324, siehe auch Pak choi
Brassica rapa var. *chinensis* 'Joi Choi' 324
Brassica rapa var. *chinensis* 'Shanghai' 324
Brassica rapa var. *nipposinica* 324, siehe auch Namenia-Stielmus
Brassica rapa var. *pekinensis* 324, siehe auch Chinakohl
Brassica rapa var. *pekinensis* 'Jade Pagoda' 324, *324*
Brassica rapa var. *pekinensis* 'Kasumi' 324
Brassica rapa var. *pekinensis* 'Tip Top' F1 324
Brassica rapa var. *perviridis* 324
Braunfäule 562, 566
Braunfleckigkeit 342, 343
Braunmoostorf 589
Brausen
Brause aus Kunststoff 468
Brause aus Messing 468
feingelochte Brause *468*
grobgelochte Brause *468*
Tröpfelstab 468
Brautmyrte, siehe auch *Myrtus communis*
Topfkultur 292
Breitsaat 585
Aussaat im Freien *181*
Breitwegerich *576*, siehe auch *Plantago major*
Bremia 550
Brennessel 523, 574
Große Brennessel *575*
Kleine Brennessel *573*
Bretterplattformen
Betonfundament 500
Bretterrichtung 500
Ebenflächigkeit 500
Nahtstellen 500
Ziegelreihen 500
Brille *464*
Britische Inseln 321, 514
Briza maxima 177
Briza minor 177
Broccoletti 322, siehe auch *Brassica rapa* 'Utilis Gruppe'
Brodiaea 222, 223
Zwiebelknollen 218
Brodiaea-Arten
Ruheperiode 223
Brokkoli *304*, 308, 317, *317*, 322
Ausbreitung 322
Aussaat
in Multitöpfe 322
ins Freiland 322
Blütenknospen *322*
Blütenstand 322
Boden 322
empfohlene Brokkoli-Sorten
frühe Sorten 322
mittlere Sorten 322
späte Sorten 322
Ernte 322, *322*
F1-Hybriden 322
Frost 322
Haupttrieb 322
Höhe 322
Krankheiten 322
Lagerung
Einfrieren 322
durch hohen Wassergehalt Probleme bei der Lagerung 316
Pflanzung
für eine frühe Ernte 322
Pflanzabstand 322
Sämlinge 322
Routinepflege
Düngen 322
Wässern 322
Schädlinge 322
Seitentriebe *322*
Standort 322
Stickstoffbedarf 314
Stickstoffgehalt im Boden 322
Temperaturen 322
Triebe 317
Stickstoffbedarf 314
zum Einfrieren geeignet 316
Brombeere 26, 360, *408*, 410 - 412, 536, 574, 575, *575*, siehe auch *Rubus fruticosus*
anfällig für Viruskrankheiten 367
dornenlose Sorten
weniger wüchsig als bedornte 410
empfohlene Brombeersorten 411
frühe 411
mittlere bis späte 411
empfohlene Hybridbeeren 411
Ernte 411
durch Abschneiden 371
regelmäßige Ernte 371
Erziehung
alte Tragruten entfernen 411
am Spalier 411
Bündelung *411*
Fächer 411, *411*
Fruchtruten *411*
Methoden *411*
Palmette *411*
mit jährlichem Seitenwechsel 411
Pflanzabstände 411
Ruten 411
Jungpflanze *410*
Krankheiten 411
Lagerung
zum Einkochen passieren 371
laufende Pflege 410
Pflanzabstand 410
Pflanzmaterial 410
Pflanzung
nicht an exponierten Standorten 410
Spaliere zur Unterstützung der Ruten 410
Rubus-Hybriden 410
nicht frostharte 410
Schädlinge 411
Schnitt
frostgeschädigter Ruten *411*
nach der Ernte *411*
selbstfruchtbar 410
Standort 410
Vermehrung
durch Ableger *411*
durch Absenker 374, 411
durch Blattstecklinge *411*
durch bewurzelte Stecklinge 411
durch krautige Blatt-Augenstecklinge 374
Vorratshaltung 411
Wurzeln 410
Brombeere 'Nessy' *361*
Bromelia balansae 436
Bromeliazeen 436, siehe auch Bromelie
Bromelie 430, 434, 585
Bromelien 436, 437
Arten 437
Befestigungsmöglichkeiten *436*
Bromelienbaum
Bau eines Bromelienbaumes 436
Sphagnum 436
Torfmoos 436
für die Innenräume geeignete Bromelien *436*
kalkhassende Bromelien
Düngen 437
Enthärter für Gießwasser 437
Kultur 436
laufende Pflege
Besprühen 437
Bewässern 437
Düngung in die Blattrosette 437
große Wärme 437
in den Blattrosetten immer Wasser 437
Luftfeuchtigkeit 437
Temperatur 437
Wasser 437
terrestrische Bromelien
Erdmischung 437
Gattungen 437
Größe 437
Klimazonen 437
stechende Blätter 437
Temperatur 437
Vermehrung
durch Ableger 437, *437*
durch Aussaat 437, *437*
Keimkraft 437
Samen 437
Teilen 437
Teilung des Wurzelstocks *437*
Browallia 435, 452
Browallia speciosa 177
Bruckenthalia 85
Brunelle, Kleine *576*, siehe auch *Prunella vulgaris*
Brunfelsia 434, 435
Schnitt
Sprosse ausknipsen 450
Brunfelsia pauciflora 453, 453
Brunnen 244, 254, 277, 279
Brunnenkresse 330, 331, *331*
Blätter 331
Boden 331
Brunnenkresse in Töpfen 331
Wurzelstecklinge 331
Brunnera 149
Brunnera macrophylla 143
Brutknöllchen 586
Brutknolle *540*, 541
Brutknospe 586
Brutzwiebel 586
Brutzwiebeln 232, 235
bewurzelte Brutzwiebeln *540*
oberirdische Brutzwiebeln 540
unterirdische Brutzwiebeln 540
Bryonia dioica 575
Bucharischer Schlingknöterich 104, siehe auch *Fallopia baldschuanica*
Buche 26, 34, 36, 60, 523, siehe auch *Fagus*
Buchenspringrüßler 551, siehe auch *Rhynchaenus fagi*
Buchsbaum *19*, 26, 31, *31*, 52, *52*, 53, 60, *159*, 174, siehe auch *Buxus*
Pflanzabstand bei Zwerghecken 293
Pflanzen für Zwerghecken 293
Buchsbaumhecke *21*, 118, 292
Buddleja 14, 86
Buddleja alternifolia 68, 78
Buddleja crispa 68
Buddleja davidii 68, 71, 76, 77
Erziehungsschnitt 77
Schnitt *77*
Buddleja globosa 76
Bügelsäge *463*
Büsche 53, 359
immergrüne 427
laubabwerfende 427
mit Hohlkronen
Schnittmaßnahmen 368
Buiningia 275
Bulbille 586
Bulbillen 540, 575
Bulbine frutescens 266
Bulbine latifolia 266
Bulbine mesembryanthemoides 266
Bulbocodium vernum 223
Buntblättrige Minze 296, *299*, siehe auch *Mentha suaveolens* 'Variegata'

Buntblättrige Raute 301, siehe auch *Ruta graveolens* 'Variegata'
Buntblättriger Echter Salbei *299*, siehe auch *Salvia officinalis* 'Icterina'
Buphthalmum 165
Bupleurum 85
Bupleurum fruticosum 68
Busch 588
  kompakte Büsche 428
Busch-Levkoje 'Großblumige Prachtmischung' 176
Buschbohne *304*, 342, 343
  Pflanzabstand 343
  unverträglich in Mischkultur mit Erbsen 308
Buschfuchsie 92
Buschgurken *335*
Buschhacker
  elektrisch betriebene Buschhacker 464
  mit Benzinmotor betriebene Buschhacker 464
  sichere Elektrik
    Adapter 464
    Kabel 464
    Reststromableiter 464
    Steckdose 464
Buschrose *118*, 119, 121, 123, *123*, 124, 127, 130, 132, 133, 136
  Miniatur-Buschrose 117, 121, 128
  Okulieren *132*
  Pflanzung 123
  Schneiden der Buschrose *128*
  Schnitt *127*
  Veredlungsstelle 123
  Wildlinge *125*
  wurzelnackte Buschrose *122*, *123*
  Zwergbuschrose 117, 128
Buschtomaten *304*
Buschwicke *178*
Buschwindröschen 142, siehe auch *Anemone nemorosa*
Butomus 148
Butomus umbellatus 247, 260
  Vermehrung
  durch Brutzwiebeln 260
  durch Teilung 260
Buttersalat *325*, 328, siehe auch Gartensalat
  Ernte 329
  Lagerung 329
Butylkautschuk
  Torfbeet
    Abdeckung 206
Buxus 19, 26, 31, *31*, 52, *52*, 53, 60, 71, 80, 86, *159*, 174, siehe auch Buchsbaum
Buxus sempervirens 21, *52*, 68, 90, 292
  Buchsbaumhecke *21*, 118, 292
  Pflanzabstand bei Zwerghecken 293
  Pflanzen für Zwerghecken 293
Buxus sempervirens 'Suffruticosa' 60
Byturus tomentosus 562

C

Cabomba caroliniana 247, 260
Cacoecimorpha pronubana 552
Caesalpinia pulcherrima 452
  Vermehrung
    spezielle Keimungshilfe 452
Calamondine 422, *432*
  als Zierpflanzen 422
  Kreuzung von Mandarine mit Kumquat 422
Calathea 435, 451, *451*
Calathea-Arten
  Blätter 430
  Farben 430
  Muster 430
Calceolaria 435, 536
Calceolaria integrifolia 166
Calceolaria pavonii 99
Calceolaria 'Sunshine' *433*
Calceolaria 'Walter Shrimpton' *192*, 205
Calceolaria, Bikini-Serie, gelbe Form *141*
Calciumcarbonat 531
Calciumhydroxid 531
  Anwendung 531
Calciumoxid 531
Calciumversorgung 543
Calendula 27, 177, 180, 188
Calendula Callistephus 177
Calendula officinalis 180, 182, 295, *299*, siehe auch Ringelblume
Calendula 'Orange King' *173*
Calirodcerasi 551
Calla palustris 247, *247*, 260
  Knospe 260
  Pflanzen 260
  Teilen 260
Callianthemum anemonoides 195
Callisia 440, 453
Callistemon 68, 85, 435
Callistemon citrinus 'Splendens' *433*
Callistephus chinensis 180
Callitriche autumnalis 247
Callitriche hermaphroditica 247, 260
Calluna 38, 66, 71, 79, 83, 108
Calluna vulgaris 68, 69
Calocedrus 55
Calochone 99
Calochortus 222, 223, 232
Calochortus luteus 232
Calochortus tolmiei 239
Calochortus-Arten
  Vermehrung durch Brutzwiebeln
    Brutzwiebeln an der Zwiebelbasis 237
Caltha 148
Caltha leptosepala 247
Caltha palustris 169, 247, *255*, *256* 260
Caltha palustris 'Alba' 247
Caltha palustris 'Flore Plena' 247, *260*
Caltha-Arten
  Boden 246
Calycanthus 78
Calycanthus occidentalis 68
Calystegia sepium 574
Camassia 223, 231
Camassia leichtlinii 'Alba' 219
Camellia 68, 71, 85, 87, 435
Camellia japonica 68, *85*, *433*, *579*, siehe auch Kamelie
Camellia japonica 'Mathotiana' 65
Camellia reticulata 91
Camellia sasanqua 68, 91
Camellia x *williamsii* 'Donation' *64*
Camellia x *williamsii* 'Wilber Foss' *71*
Campanula 119, 162, 165, 167, 197, *201*, 210, 452
Campanula 'Birch-Hybride' *193*
Campanula carpatica 212
Campanula cochlearifolia 191, 192, 195, 212
Campanula garganica 195
Campanula glomerata 169
Campanula isophylla 433, 435
Campanula lactiflora 143, 149
Campanula lactiflora 'Prichard's Variety' *219*
Campanula pilosa 216
Campanula piperi 195
Campanula portenschlagiana 195
Campanula poscharskyana 195
Campanula pyramidalis 177
Campanula raineri 195
Campanula zoysii 194, 195
  Anfälligkeit für Schnecken 208
Campsis 101, 105, 112, 115
Campsis radicans 97, 99
Campsis x *tagliabuana* 107
Campsis x *tagliabuana* 'Mme Galen' 102
Canarina canariensis 99
Canna 223
  Überwintern 222
Canna indica 141
Cantua 85
Capsella bursa-pastoris 280, *573*, siehe auch Hirtentäschel
Capsicum 177, 435
Capsicum annuum Grossum-Gruppe 332, siehe auch Paprika
Capsicum annuum Grossum-Gruppe 'Bell Boy' F1 332
Capsicum annuum Grossum-Gruppe 'Canape' *332*
Capsicum annuum Grossum-Gruppe 'Canape' F1 332
Capsicum annuum Grossum-Gruppe 'Carnival' 332
Capsicum annuum Grossum-Gruppe 'Clio' F1 332
Capsicum annuum Grossum-Gruppe 'Giallo 2000' 332, *332*
Capsicum annuum Grossum-Gruppe 'Gold Star' 332
Capsicum annuum Grossum-Gruppe 'Gypsy' F1 332
Capsicum annuum Grossum-Gruppe 'Liebesapfel' 332
Capsicum annuum Grossum-Gruppe 'Pusztagold' 332
Capsicum annuum Grossum-Gruppe 'Sperlings Merit' 332
Capsicum annuum Grossum-Gruppe 'Szegediner' 332
Capsicum annuum Grossum-Gruppe 'Yellow Bell' F1 332
Capsicum annuum Grossum-Gruppe 'Yolo Wonder' 332
Capsicum annuum Longum-Gruppe 332, siehe auch Chilis
Capsicum annuum Longum-Gruppe 'Chili Serrano' 332
Capsicum annuum Longum-Gruppe 'Red Chili' 332
Capsicum frutescens 333, siehe auch Peperoni
Capsicum frutescens 'Cayenne Long Slim' 333
Capsicum frutescens 'Halblanger Wiener' 333
Capsicum frutescens 'Hungarian Yellow Wax Hot' 333
Capsicum frutescens 'Pfeffer de Cayenne' 333
Capsicum frutescens 'Red Cherry Small' 333
Capsicum frutescens 'Super Cayenne' *333*
Capsicum frutescens 'Super Cayenne' F1 333
Caragana 76, 87
Caragana arborescens 91
Caragana arborescens 'Walker' 91
Caralluma 272, 273, 274
Caralluma europaea 266
Carbendazim 572
Cardamine hirsuta 196, *573*
Cardamine pratensis 148, 247
Cardiocrinum 223
  Samen 238
  Wachstumsperiode 238
Cardiocrinum giganteum 223
Carduncellus rhaponticoides 212
Carex acuta 144
Carex elata 'Aurea' 144, 247
Carex elata 'Bowles' Golden' *142*
Carex pendula 247
Carex riparia 144, 247
Carica papaya 420, siehe auch Papaya
Carica papaya 'Bluestem' 420
Carica papaya 'Fairchild' 420
Carica papaya 'Graham' 420
Carica papaya 'Guinea Gold' 420
Carica papaya 'Higgins'420, *420*
Carica papaya 'Hortus Gold' 420
Carica papaya 'Solo' 420
Carica papaya 'Sunny Bank' 420
Carlina acaulis 195
Carmichaelia 85
Carpenteria 85, 88
Carpinus 51, 58
Carpinus betulus 37, 41, 60, 62
Carpinus betulus 'Fastigiata' *33*
Carpobrotus 274
Carpobrotus acinaciformis 266
Carpobrotus edulis 266
  kriechender Wuchs 263
Carruanthus 273
Carum carvi 295
Carya 57
Carya illinoensis 428, siehe auch Pekannüsse
Caryopteris 68, 83
Caryopteris x *clandonensis* 76, 119
Caryopteris x *clandonensis* 'Arthur Simmonds' 65
Cassinia 85
Cassinia fulvida 68
Cassiope 85, 88, 192, 195, 196, 210
Cassiope 'Edinburgh' *192*
Cassiope hypnoides 90
Cassiope lycopodioides 192
Castanea sativa 42, 428
Castanea sativa 'Aspleniafolia' 428
Castanea sativa 'Doré de Lyon', syn. 'Marron de Lyon' 428
Castanea sativa 'Noire Precoce' 428
Castanea sativa 'Nouzillard' 428
Castanea sativa 'Paragon' 428
  Kern 428
Castanea sativa 'Precoce de Vannes' 428
Castanospermum australe 42
Catalpa 55, 58
Catalpa bignonioides 35, 37
Catalpa bignonioides 'Aurea' 37
Catananche 143, 149, 162
Catananche caerulea 167
Catananche caerulea 'Major' *167*
Catharanthus 435, 453
Catopsis 436
  Kultivieren am „Baum" 436
Cattleya 443, 445
  Vermehrung durch Teilung 445
Cattleya bowringiana 442
Cattleya-Arten
  kriechende Rhizome 442
  Pseudobulbe 442
caudiciforme Sukkulenten
  Caudex 262
  Sproß 262
  Wurzelstöcke 262
Cayennepfeffer 333, siehe auch Peperoni
Ceanothus 67, 68, 77, 80, 81, 83, 85
  Schnitt bei *Ceanothus 81*
Ceanothus 'Autumnal Blue' 76
Ceanothus 'Gloire de Versailles' 76
Ceanothus impressus 71
Ceanothus thyrsiflorus 69
Cecidophyopsis psilaspis 559
Cecidophyopsis ribis 559
Cedrus 33, 37, 58
Cedrus atlantica f. *glauca* 37
Cedrus libani 41
Celastrus 96, 99 111, 112, 114, 115
Celastrus orbiculatus 97, *107*
Celastrus scandens 101, 102
Celmisia coriacea 191, *192*
Celmisia walkeri 191
Celosia 177
Celosia cristata 173
Celtis australis 42
Celtis occidentalis 55
Centaurea 143, *156*, 162
Centaurea cyanus 169, *173*, 176, 177, 180, 181, 182
Centaurea dealbata 143, 165
Centaurea hypoleuca 143
Centaurea macrocephala 143
Centaurea moschata 177, 181
Centaurea pindicola 212
Centradenia
  Schnitt
    Sprosse ausknipsen 450
Centranthus 149
Centranthus ruber 143, 148
Cephalaria 143
Cephalaria gigantea 143
Cephalocereus 272
  aufrechter Wuchs 265
Cephalocereus senilis 264, 266
Cerastium fontanum 576
Cerastium tomentosum 573
Ceratitis capitata 563
Ceratitis-Arten 563
Ceratocystis ulmi 557
Ceratophyllum demersum 247, 260
Ceratopteris cornuta 261
Ceratopteris pteroides 247
Ceratopteris thalictroides 247
Ceratostigma 83
Ceratostigma plumbaginoides 90
Ceratostigma willmottianum 65, 76
Cercidiphyllum 57
Cercidiphyllum japonicum 37, 41
Cercis 58
Cercis canadensis 'Forest Pansy' 34
Cercis siliquastrum 35, 37, 41, 42, siehe auch Judasbaum
Cercobin FL 547, 560
Cercospora 426
Cereus 272
Cereus chalybaeus 266
Cereus forbesii 266
Cereus jamacaru 266
Cereus peruvianus 266, *268*
Ceropegia 101, 112, 272
  Knollen der *Ceropegia*
    als Unterlagen für Vermehrung 275
  Wurzelknollen 273
    Ruhezeit 273
Ceropegia haygarthii 266
Ceropegia sandersonii 94
Ceropegia woodii 266, *433*
  in Hängekörben 263
Cestrum 68, 83, 435
Cestrum elegans 73, 80, 81
Ceterach officinarum 158
Chaenomeles 66, 68, 78, 88
Chaenomeles japonica 63
Chaenomeles x *superba* 69
Chaenomeles x *superba* 'Nicoline' *69*
Chamaecyparis 55, *55*
Chamaecyparis lawsoniana 41, 60
Chamaecyparis lawsoniana 'Lanei' 37
Chamaecyparis lawsoniana 'Pembury Blue' 37
Chamaecyparis lawsoniana 'Stewartii' 37
Chamaecyparis lawsoniana 'Winston Churchill' 37
Chamaecyparis obtusa 'Intermedia' 195
Chamaecyparis obtusa 'Nana Aurea' *38*, *579*
Chamaecyparis obtusa 'Nana Pyramidalis' 191, 194
Chamaecyparis pisifera 'Filifera' *25*
Chamaedorea 37, 431, 435
Chamaedorea elegans 440, *449*
Chamaemelum nobile 295, *299*, siehe auch Kamille
Chamaemelum nobile 'Treneague' 279, 283, 292, 295
  nichtblühende Formen
    Vermehrung durch Samen nicht möglich 301
    Vermehrung durch Stecklinge 301

Vermehrung durch Teilung 301
Chamaemelum nobile var. *flore-pleno* 295
Chamaerops 68, 71
Chamaerops humilis 37, 67
Cheiranthus 27, 137, 173, 175, 177, 188, 435, siehe auch Goldlack
Cheiranthus cheiri 177, 180
Chelidonium majus 'Flore Pleno' *169*
Chenopodium album 280
Cherry-Tomate 337, siehe auch Tomate
Chiastophyllum oppositifolium *191*, 195, 212
Chicorée 316, *325*, siehe auch *Cichorium intybus*
empfohlene Chicorée-Sorten 327
Radicchio 327
Witloof 327
Zuckerhutsalat 327
Stickstoffbedarf 314
Chicorée-Arten 327
Chillis 332
beliebte Sorten 332
'Chili Serrano' 332
'Red Chili' 332
Früchte 332
Mark 332
reifende Chillis *332*
rote Chillis *332*
Samen 332
Temperaturen 332
Chimonanthus 76
China 30
China-Rose 118, 126, siehe auch *Rosa* und Rose
Chinakohl 324
Aussaat 324
Blätter 324
Blattfarbe 324
empfohlene Sorten 324
Ernte 324, *324*
Klima 324
Kopf 324
Krankheitsanfälligkeit 324
Kultivierung
einjährige 324
Pflanzung 324
Stickstoffbedarf 314
zum Einfrieren geeignet 316
Chinesische Hüte *136*
Chinesischer Brokkoli 308, 323, *323*, siehe auch *Brassica rapa* var. *alboglabra*
Abstand der Pflanzen 323
Blätter 323
Ernte 323
Klima 323
Stickstoffbedarf 314
Temperaturen 323
Triebe 323
zum Einfrieren geeignet 316
Chinesischer Liguster 36, siehe auch *Ligustrum lucidum*
Chinesischer Spinat 325, siehe auch *Amaranthus tricolor*
Chinesischer Wacholder 38
Chionanthus 88
Chionanthus retusus 57
Chionodoxa 119, 218, 220, 223
Chionodoxa forbesii 231
Chionodoxa forbesii, syn. *Chionodoxa luciliae hort.* *138*
Chionodoxa-Arten 220
Chip-Veredelung 541, 542
Chlor (Cl) 530
Chlorophyll 579, 586
Chlorophytum 431, 435, 451
Chlorophytum comosum, syn. *Chlorophytum capense* *433*
Chlorose 384
Chlorpyrifos 572
Chlorsalz 530
Choisya 'Aztec Pearl' 68
Choisya ternata 68, 71, 80, *538*
Choisya ternata 'Sundance' 66
Chondrostereum purpureum 551
Christrose 142, 156, 162, 220, siehe auch Helleborus
Chrysantheme 141, 152 - 154, 434, 518, siehe auch *Chrysanthemum*
Abknospen 152
Bewurzelung 154
Blüten 153
Blütenformen *152*
Blütezeit 152
für die Ausstellung 154
Bodenvorbereitung 152
Doldenrispe 154, *154*
Düngen 153, 154
Einteilung 152
Entknospen 153, *153*
Entspitzen 152, 153, *153*
frühblühende Chrysanthemen 152, 154
Hybriden 152
Krankheiten 153
laufende Pflege 153, 154
Pflanzung 152, 153
Schädlinge 153
Schmuckchrysantheme *154*
Seitentriebe 152, 153, *153*
spätblühende Chrysanthemen 152, 154
Stecklinge 153, 153
Überwintern 153, *153*, 154
Vermehrung
durch Stecklinge 152
Wurzeln 153
Chrysanthemen-Minierfliege 551, siehe auch *Phytomyza syngenesiae*
Chrysanthemum 166, *166*, 435
Chrysanthemum 'Alison Kirk' *152*
Chrysanthemum carinatum 177
Chrysanthemum coronarium 177
Chrysanthemum 'Dorridge Dream' *154*
Chrysanthemum 'Green Satin' *152*
Chrysanthemum 'Hazy Days' *152*
Chrysanthemum hosmariense *193*, 197
Chrysanthemum 'Lilac Prince' *154*
Chrysanthemum 'Maria' *152*
Chrysanthemum 'Morning Star' *154*
Chrysanthemum 'Pennine Jewel' *152*
Chrysanthemum 'Pennine Oriel' *152*
Chrysanthemum 'Primrose Gem' *173*
Chrysanthemum 'Primrose West Bromwich' *152*
Chrysanthemum 'Rose Yvonne Arnaud' *152*
Chrysanthemum 'Ryflash' *154*
Chrysanthemum 'Rytorch' *152*
Chrysanthemum segetum 177, 180, 182
Chrysanthemum 'Skater's Waltz' *152*
Chrysanthemum 'Wendy' *152*
Chrysanthemum 'Win' *153*
Chrysanthemum x *superbum* 137, *163*
Cichorium endivia *304*, 315, 316, 326, 327
Cichorium endivia 'Bubikopf' 326
Cichorium endivia 'Full Heart Italien' 326
Cichorium endivia 'Golda' 326, *326*
Cichorium endivia 'Goldherz' 326
Cichorium endivia 'Pancaliere' 326
Cichorium endivia 'Ruffec' 326
Cichorium endivia 'Wallonne' 326
Cichorium intybus 327
Cichorium intybus 'Bianca di Milano' 327
Cichorium intybus 'Biondissima di Trieste' 327
Cichorium intybus 'Cesare' 327, *327*
Cichorium intybus 'Jupiter' 327
Cichorium intybus 'Normato' 327
Cichorium intybus 'Poncho' 327
Cichorium intybus 'Rossano' 327
Cichorium intybus 'Roter Veroneser' 327
Cichorium intybus 'Roter von Treviso' 327
Cichorium intybus 'Sperlings Kristallkopf' 327
Cichorium intybus 'Witloof Zoom' F1 327
Cime di rapa 322
Cimicifuga americana 247
Cimicifuga racemosa 247
Cinnamomum 37, 55
Cirsium arvense *574*
Cissus 99, 100, 112, 115, 435, 450, 453
Cissus antarctica 431
als Raumteiler 431
Cissus discolor 440
Cissus rhombifolia 435
Cistus 38, 64, 68, 71, 528
Cistus x *corbariensis* 150
Cistus x *cyprius* 69, *69*
Cistus x *skanbergii* 150
Citrofortunella 435
x *Citrofortunella microcarpa* 422, *432*
Citrofortunella microcarpa, syn. *Citrus mitis* *433*
Citrullus lanatus 333, siehe auch Wassermelone
Citrullus lanatus 'Black Sugar Baby' F1 333
Citrullus lanatus 'Dixie Queen' F1 333, *333*
Citrullus lanatus 'Golden Midget' 333
Citrullus lanatus 'Royal Charleston' F1 333
Citrullus lanatus 'Sugar Jade' 333
Citrullus lanatus 'Yellow Doll' F1 333
Citrus 68, 69, 80, 89, 420 - 422, 562, siehe auch Zitrusgewächse
Anbau unter Glas 421
aromatische Blätter 420
Arten 420
Bestäubung 420
Blüte und Fruchtreife 420
Blütezeit 420
Böden und ph-Wert 420
Ernte 421
Gattung
Apfelsinen 420
Grapefruit 420
Kumquat 420
Limetten 420
Zitronen 420
Hybriden 420
immergrün 420
Krankheiten
im Freiland 421
unter Glas 421
Kronenerziehung
bei Verwendung als Zierpflanzen 421
Halbstämme erziehen 421
Hochstämme erziehen 421
Kultur als Kübelpflanzen 420
Lagerung 421
laufende Pflege
Blütenentwicklung 421
Dünger 421
Fruchtentwicklung 421
Wachstumsperiode 421
Pflanzung
Pflanzabstände 420
Schädlinge 421
im Freiland 421
unter Glas 421
Schnitt
Haupttriebe einkürzen 421
Selbstfertilität 420
Standorte 420
Temperaturen 420
Unterlagen
Apfelsinensämlinge 420
Cleopatra-Mandarine 420
dreiblättrige Orange 420
Rangpur-Limette 420
Sämlingsunterlagen 420
Zitronen 420
Vermehrung 421
Anzucht aus Samen 421
aus Nucellarembryonen 421
Kultursorten durch Okulation vermehren 421
Okulation unter Verwendung von Sämlingsunterlagen 421
Sämlinge 421
Sämlinge in Töpfe pikieren 421
Wachstum 420
Citrus aurantiifolia 421, siehe auch Limette
Citrus aurantiifolia 'Persische Limette', syn. 'Tahiti' 421, *421*
Citrus aurantiifolia 'West Indische' 421
Citrus aurantiifolia 'Westindische Limette', syn. 'Mexikanische' 421
Citrus aurantium 421
Citrus aurantium 'Bouquet de Fleurs' 421
Citrus aurantium 'Chinotto' 421
Citrus limon 421, siehe auch Zitrone
Citrus limon 'Eureka' 421
Citrus limon 'Femminello' 421
Citrus limon 'Lisbon' 421
Citrus limon 'Meyers Lemon' 421
Citrus limon 'Primafiori' 421, *421*
Citrus medica 37, 421, siehe auch Zitronatzitrone
Citrus 'Meyer's Lemon' 68
Citrus paradisi 422, siehe auch Grapefruit
Citrus paradisi 'Duncan' 421
Citrus paradisi 'Foster' 421
Citrus paradisi 'Marsh Seedless' 421
Citrus paradisi 'Red Blush' 421
Citrus paradisi 'Star Ruby 421
Citrus paradisi 'Thompson', syn. 'Pink Marsh' 421, *421*
Citrus reticulata 422, siehe auch Mandarine und Tangerine
Citrus reticulata 'Clementine' 421, *421*
Citrus reticulata 'Dancy' 421
Citrus reticulata 'King' 421
Citrus reticulata x *Citrus paradisi* 422, siehe auch Tangelo
Citrus reticulata x *Citrus paradisi* 'Minneola' 421
Citrus reticulata x *Citrus paradisi* 'Orlando' 421
Citrus sinensis 422
Citrus sinensis 'Hamlin' 421
Citrus sinensis 'Jaffa' 421, *421*
Citrus sinensis 'Malta Blood' 421
Citrus sinensis 'Moro' 421
Citrus sinensis 'Robertson' 421
Citrus sinensis 'Ruby' 421
Citrus sinensis 'Valencia' 421
Citrus sinensis 'Washington' 421
Citrus-Sorten
Unterlagen von Bitterorange anfällig gegen Tristeza-Virus 421
Cladrastis lutea 37
Clarkia 175, 177, 181
Clarkia amoena 180, 182
Clasterosporium carpophilum 552
Claytonia 210
Cleistocactus 272
aufrechter Wuchs 265
Cleistocactus strausii 263, 264, 266
Clematis *19*, *22*, 29, 94, 99, 101, 102, 105, 107 - 110, *111*, 112, 113, 115, 120, 165, 537, siehe auch Waldrebe
Absenker 110
Arrangement auf Kletterrosen 108
Erziehung 109
frühblühende Arten 109
Gruppen 108
Hybriden 108
Pflege 109
Schnitt 109, 110
spätblühende Arten 110
Stammstecklinge 110
Standort 108
Stecklinge 110
Stützpflanzen 110
Teilung 110
Vermehrung 110
Clematis alpina 99, 109, 210
Clematis alpina 'Frances Rivis' *108*
Clematis armandii 25, 95, 99, 108, 109, *109*, 110
Clematis 'Barbara Jackman' 110
Clematis 'Carnaby' 110
Clematis cirrhosa 96, 108, 109
Clematis 'Comtesse de Bouchaud' 110
Clematis 'Daniel Deronda' 110
Clematis 'Duchess of Albany' 110
Clematis 'Duchess of Edinburgh' 110
Clematis 'Edith' 108
Clematis 'Elsa Späth' *99*, 110
Clematis 'Ernest Markham' 97, *108*, 110
Clematis florida 110
Clematis 'General Sikorski' 110
Clematis 'Gipsy Queen' 110
Clematis 'Hagley Hybrid' 110
Clematis 'Henryi' *108*, 110
Clematis heracleifolia 149
Clematis heracleifolia var. *davidiana* 108
Clematis integrifolia 108
Clematis 'Jackmanii' 97, 108, *108*, 110
Clematis 'Lady Betty Balfour' 110
Clematis 'Lasurstern' 110
Clematis macropetala 98, 99, 109
Clematis macropetala 'Markham's Pink' *108*
Clematis 'Marie Boisselot', syn. *Clematis* 'Mme Le Coultre' 110
Clematis montana 96, 97, 99, 100, 105, 109, *539*
Clematis montana 'Elizabeth' 97
Clematis montana var. *rubens* *108*, *109*
Clematis 'Mrs N. Thompson' 110
Clematis 'Nelly Moser' *108*, 110
Clematis 'Niobe' 110
Clematis orientalis 108, 109
Clematis 'Perle d'Azure' 110, 110
Clematis 'Proteus' 108
Clematis recta 108, 149
Clematis rehderiana 108
Clematis tangutica 108, 109, 110
Clematis texensis 108
Clematis 'The President' *108*, 110
Clematis var. *grandiflora* 109
Clematis 'Ville de Lyon' 110
Clematis viticella 97, 108, 110
Clematis viticella 'Abundance' *97*
Clematis viticella 'Etoile Violette' 97, *97*
Clematis viticella 'Mme Julia Correvon' *108*
Clematis viticella 'Venosa Violacea' *109*
Clematis 'Vyvyan Pennell' 108, 110, *110*
Clematis x *cartmanii* 'Joe' 210
Clematis x *jouiniana* 108
Clematiswelke 558, 569
Cleodendrum bungei 90
Cleome *14*, 175
Cleome hassleriana 177
Clerodendrum 112
Clerodendrum splendens 99
Clerodendrum thomsoniae 99, 105, 107, 450
Clethra 71, 76

Clethra alnifolia 69
Clethra alnifolia 'Paniculata' 68
Clianthus 105, 113
Clianthus puniceus 101
Climatistrieb *537*
Clitoria 112, 452
Clivia 223
Rhizome 264
Zwiebeln 264
Clytostoma 99, 105, 113
Clytostoma callistegioides 99, 107
Cobaea 111, 452
Cobaea scandens 99, *173*, 175, 177, 450
Cobaea scandens f. *alba 99*
Coccus hesperidum 552
Cocos 68
Codiaeum 435, 440, 453
Codonopsis 112, 209
Codonopsis convolvulacea 97, 99
Coelogyne 443
Colchicum 223, 232, 234
Zwiebelknollen 218
Colchicum autumnale 169, 231
Colchicum byzantinum 220
Colchicum speciosum 231
Colchicum-Arten
herbstblühende 228
Colchicum-Hybriden
herbstblühende Arten 228
Coleus 173, 177, 183, 435, *438*, *454*
Coleus blumei 453
Colletia 85
Colletia armata 'Rosea' 68
Collinsia bicolor 181, 182
Colocasia esculenta 247, 260, 353, 354, siehe auch Taro
Colquhounia 68, 76
Columnea 435, 453
Combretum grandiflorum 99
Compo Schneckenkorn 548
Compositae 586
Conicosia communis 266
Conicosia muirii 266
Conophytum 273
Vermehrung durch Tochterpflanzen 273
Consolida 176
Consolida ambigua 177, 181, *182*, siehe auch Rittersporn
Container
Pflanzung eines Strauchs *70*
Containerpflanzen 69, 70, 71, 122, 139, 147, 148, 149, 158, 160, 364, 375, 386
Tafeltrauben 401
Containerstauden 157
Contarinia pyrivora 562, siehe auch Birnengallmücke
Contarinia quinquenotata 561
Convallaria majalis 142, 143, 220
Convolvulaceae-Familie 262
Convolvulus 112
Convolvulus arvensis 574
Convolvulus boissieri 210
Convolvulus cneorum 68
Convolvulus 'Royal Ensign' *173*
Convolvulus sabatius 210
Convolvulus tricolor 99, 175, 177
Copiapoa 273
Coprinus 572
Coprosma 68, 85
Cordyline 55, 68, 80, *434*, siehe auch Keulenlilie
Cordyline australis 37
spezielle Keimungshilfe 452
Cordyline australis 'Purpurea' *439*
Coreopsis tinctoria 180
Coreopsis verticillata 140, 165
Coreopsis, Early-Sunrise-Serie 177
Coreopsis-Serien 177
Coriandrum sativum 295
Cornus 26, 64, 67
Cornus alba 23, *67*, 86, 90, 247
Cornus alba 'Aurea' 79
Cornus alba 'Elegantissima' 79
Cornus alba 'Flaviramea' 79
Cornus alba 'Kesselringii' 79
Cornus alba 'Sibirica' *25*, 67, 69, 79
Cornus alba 'Spaethii' 79
Cornus alba stolonifera 86
Cornus alba 'Variegata' 79
Cornus alternifolia 'Argentea' 76
Cornus canadensis 68, 71, 90, *90*
Cornus 'Eddie's White Wonder' 68
Cornus florida 34
Cornus kousa 37
Cornus kousa var. *chinensis* 37
Cornus mas 'Variegata' 68
Cornus nuttallii 41
Cornus stolonifera 68, 79, *79*, 90
Cornus stolonifera 'Flaviramea' *25*, 64
Corokia 76, 85
Corolla 586, 587
Coronilla 87
Rückschnitt der vorjährigen Triebe 450
Coronilla varia 149
Correa pulchella 433
Cortaderia selloana 137, 142, 143, *144*, 145, siehe auch Pampasgras
Cortaderia-Arten 144
Corticium fuciforme 571
Corydalis 209, 223, 232
Kapseln 238
Knollen 218
Trieb 229
Samen
Lagern 238
Corydalis ambigua 221
Corydalis cashmeriana 196
Corydalis flexuosa 196
Corydalis lutea 149
Corydalis solida 228
Corydalis solida 'George Baker' *192*
Corydalis solida 'Transsylvanica' 205
Corylopsis 71, 76, 88, 218
Corylus 57
Corylus avellana 61, 428
Corylus avellana 'Contorta' 50, 68
Corylus colurna 37
Corylus maxima 'Purpurea' 79, *79*
Corylus maximus 428
Corynebacterium fascians 559
Corynebacterium sependonicum 566
Coryneum cardinale 569
Coryphantha 273
Cosmos 141, *174*, 175, 177, 180
Cosmos atrosanguineus 141, 143
Cotinus 76, 142
Cotinus coggygria 55, 64, 79, 89
Cotinus coggygria 'Flame' 68
Cotinus 'Grace' 79
Cotoneaster 35, 68, 69, 71, 78, 83, 85, 87, 535
Cotoneaster 'Autumn Fire' 65
Cotoneaster conspicuus 68, 151
Cotoneaster 'Cornubia' 64
Cotoneaster dammeri 150
Cotoneaster 'Firebird' *85*
Cotoneaster horizontalis 68, *150*
Cotoneaster 'Hybridus Pendulus' 91
Cotoneaster lacteus 61
Cotoneaster 'Rothschildianus' 67
Cotoneaster x *watereri* 86
Cotula
Bedingungen 279
Blätter 279
Triebe 279
Cotula coronopifolia 247
Cotyledon 272
Cotyledon ladismithiensis 271
Cotyledon teretifolia 266
Cotyledon undulata 266, 271
Crambe cordifolia 26, 118, 140, 143, 165
Crassula 265, 272, 273, 453
Crassula falcata 264, 266
Crassula ovata 266, *267*, *268*, 271
Crassula perfoliata 271
Crassula rupestris 266
Crassula sarcocaulis 266
Crassula sarmentosa 266
Crassula socialis 266
Crassula-Arten 263
Vermehrung
durch Blattstecklinge 271
Wachstum 271
Crataegus 22, 28, 35, 36, 37, 41, 58, 60, 62, 63, *66*, 67, 80, *81*, 142, siehe auch Feuerdorn
Crataegus laevigata 33, 42
Crataegus laevigata 'Paul's Scarlet' 37
Crataegus monogyna 37, 60, 61
Crataegus x *lavallei* 37
Crataegus x *lavallei* 'Carrierei' 37
Crepis incana 195
Crinum 219, 223, 237, *237*
Überwintern 222
Vermehrung durch Ableger 237
Crinum x *powellii* 218, *219*, 223
Crioceris asparagi 548
Crithmum maritimum 266
Crocosmia 139, 219, 223
Zwiebeln
Teilstücke 241
Vegetationspunkt 241
Crocosmia 'Lucifer' 142, *222*
Crocus 223, 223, 232, 237, 435
Crocus biflorus 231
Crocus chrysanthus 231
Crocus 'Cream Beauty' *191*
Crocus dalmaticus 191
Crocus flavus 231
Crocus laevigatus 'Fontenayi' 190
Crocus nudiflorus 231
Crocus ochroleucus 231
Crocus pulchellus 231, *231*
Crocus 'Snow Bunting' 150
Crocus speciosus 169, 231
Crocus tommasinianus 138, 220, 231
Crocus 'Zwanenburg Bronze' 150
Crocus, Holländische Hybriden 231
Crossandra 453
Cryptanthus 451
Cryptanthus acaulis 440
Cryptanthus bivittatus 436, 440
Cryptanthus bromelioides 440
Cryptocereus 275
Cryptocereus anthonyanus 266
Cryptocoryne ciliata 247, 260
Cryptogramma-Arten 158
Cryptolaemus monstrouzieri 546
Cryptomeria 41
Cryptomeria japonica 35, siehe auch Japanische Zeder
Cryptomeria japonica 'Vilmoriniana' 195
Cryptostegia 112
Cucumis melo 333, 334, siehe auch Zuckermelone
Cucumis melo 'Alaska' F1 333
Cucumis melo 'Blenheim Orange' 333
Cucumis melo 'Charentais' 333, *333*
Cucumis melo 'Classic' F1 333
Cucumis melo 'Honigtopf' 333
Cucumis melo 'No Name' 333
Cucumis melo 'Ogen' 333
Cucumis melo 'Romeo' F1 333
Cucumis melo 'Sweet Dream' 333, *333*
Cucumis melo 'Sweet'n Early' 333
Cucumis melo 'Sweetheart' F1 333
Cucumis melo 'Zuckerkugel' 333
Cucumis sativus 334, 335, siehe auch Gurke
Cucumis sativus 'Brunex' F1 335
Cucumis sativus 'Burpless Tasty Green' F1 335
Cucumis sativus 'Bush Champion' F1 335, *335*
Cucumis sativus 'Conda' F1 335
Cucumis sativus 'Diana' 335
Cucumis sativus 'Hokus' 335, *335*
Cucumis sativus 'Ilonka Mix' F1 335
Cucumis sativus 'Kyoto' 335
Cucumis sativus 'Mepram' F1 335
Cucumis sativus 'Pepita' F1 335
Cucumis sativus 'Tokyo Slicer' F1 335
Cucurbita maxima 335, siehe auch Kürbis
Cucurbita moschata 335, siehe auch Kürbis
Cucurbita pepo 335, 336, siehe auch Gartenkürbis
Cucurbita pepo 'All Green Bush' 336
Cucurbita pepo 'Ambassador' F1 336
Cucurbita pepo 'Brimmer' 336
Cucurbita pepo 'Butterstick' 336
Cucurbita pepo 'Cocozelle' 336
Cucurbita pepo 'Custard White' 336, *336*
Cucurbita pepo 'Diamant' 336
Cucurbita pepo 'Early Gem' F1 336
Cucurbita pepo 'Elite' F1 336
Cucurbita pepo 'Gold Rush' F1 336
Cucurbita pepo 'Long Green Trailing' 336
Cucurbita pepo 'Sperlings Bologneser' 336
Cucurbita pepo 'Sperlings Ufo' 336
Cucurbita pepo 'Tender and True' 336
Cucurbita pepo 'Tiger Cross' F1 336
Cucurbita pepo 'Tivoli' F1 336
Cucurbita pepo 'Vegetable Spaghetti' 336, *336*
Cucurbita pepo 'Zebra Cross' F1 336
Cucurbita pepo 'Zucchini' F1 336
Cucurbitaceae-Familie 262
Cultivar 586
Cuminum cyminum 295
Cuphea 162, 166, 435, 452
x *Cupressocyparis* 55
x *Cupressocyparis leylandii* 39, 41, 60, *60*, 521
Cupressocyparis leylandii 'Castlewellan Gold' 37
Cupressus 22, 55, 58
Cupressus glabra 41, 42
Cupressus glabra 'Pyramidalis' 37
Cupressus macrocarpa 'Goldcrest' 37
Cupressus sempervirens 37, 52
Cyananthus microphyllus 205
Cyathodes colensoi 192
Cycas revoluta 68
Cyclamen 209, 223, 232, 435, 452
für Frühlingspflanzung 221
für Herbstpflanzung 221
F1-Hybriden
Vermehrung durch Aussaat 452
Cyclamen coum 217, *220*, 223
Cyclamen coum subsp. *coum* und *coum* 'Album' *191*
Cyclamen hederifolium 191, 195, 223, *228*
Cyclamen persicum 430
Cyclamen purpurascens 192, 195
Cyclamen repandum 223
Cydia funebrana 563
Cydia nigricana 563
Cydia pomonella 563
Cydonia oblonga 386, siehe auch Quitte
Cydonia oblonga 'Riesenquitte von Leskovac' 386
Cydonia oblonga 'Vranja' 386
Cylindroiulus sp. 548
Cymbidium 443, 445, *445*
Vermehrung
durch Rückbulben 445
durch Teilung 445
Cymbidium Strath Kanaid 442
Cymbidium-Arten 434
Cymbidium-Hybriden 434
Cynanthus 196
Cynara 143
Cynara cardunculus 140, 143, *143*
Cynara scolymus 143, 336, 337
Cynara scolymus 'Große von Laon' 336
Cynodon dactylon 278
Afrikanisches Bermudagras 278
Arten 278
Bradley-Bermudagras 278
gemeines Bermudagras 278
Magennis-Bermudagras 278
Saatmenge 284
Sorten 278
warmes Klima 278
Cynodon incompletus var. *hirsutus* 278
Cynodon transvaalensis 278
Cynodon x *magennisii* 278
Cynoglossum amabile 181
Cyperaceae 144
Cyperus 451
Cyperus 'Haspan' 247
Cyperus involucratus 247
Cyperus longus 247
Cyperus papyrus 247
Cyperus papyrus 'Nanus'
Zwergform des Echten Papyrus
Abtrennen 261
Blütenköpfe 261
Eintopfen 261
Tochterpflanzen 261
Cyperus-Arten 431
Cyphomandra betacea 422, siehe auch Baumtomate und Tamarillo
Cypripedium 443
im Alpinum 443
in Steingärten 443
Cypripedium reginae 149
Cyptanthus zonatus 440
Cyrtanthus
Rhizome 264
Zwiebeln 264
Cyrtanthus 435
Cyrtanthus purpureus 223
Cyrtomium 158
Cytisus 38, 64, 71, 83, 85, 87
Cytisus ardoinii 205
Cytisus battandieri 68
Cytisus scoparius 69
Cytisus x *beanii* 197

D

Daboecia 38, 66, 79, 83, 108
Dach 433, 513
Dachgärten 142, 306
Dachpappe 513
Dachrinne 513
Dactylopsis 273
Dactylorrhiza 220, 222, 442
Knollen 218
Dactylorrhiza fuchsii 231
Dactylorrhiza maculata 231
Dacus-Arten 563
Dahlia
Dahlienblüten
anemonenblütig *226*
Balldahlie *226*
Cactusdahlie *226*
einfach *226*
Halskrausendahlie *226*

Pompondahlie *226*
Schmuckdahlie *226*
Seerosen-Dahlie *226*
Semi-Cactus-Dahlie *226*
Dahlia 'Comet' *226*
Dahlia 'Early Bird' *222*
Dahlia 'Easter Sunday' *226*
Dahlia 'Frank Hornsey' *226*
Dahlia 'Majestic Kerkrade' *226*
Dahlia 'Monk Marc' *218*
Dahlia 'Small World' *226*
Dahlia 'So Dainty' *226*
Dahlia 'Vicky Crutchfield' *226*
Dahlia 'Wootton Cupid' *226*
Dahlia 'Yellow Hammer' *226*
Dahlie *31*, 141, 155, 226, 227, *541*, siehe auch *Dahlia*
Abknospen 226, *227*
Auswahl der Pflanzen *226*
Blüten 226, 227
Boden 226
Cactusdahlie
Unterteilung der Gruppe nach Größe 226
Düngen 227
Einteilung 226
Entspitzen 226, *227*
Knollen 226
Lagern der Knollen 227
Pflanzen *226*
Krankheiten 227
Pflanzung
nach einer Topfkultur 226
Wässern 226
Schädlinge 227
Schmuckdahlie 226
Standort 226
Stecklinge
bewurzelte Stecklinge 226
Topfpflanzung 226
Überwintern *227*
Vermehrung
Auspflanzen der Knollen 227
durch bewurzelte Stecklinge 226
durch Frühtreiben 227
durch grundständige Stecklinge 227, *227*
durch Knollen 226
Knollenteilung 227
nach Topfkultur 226
zwergige Beetdahlien 226
Damasonium alisma 247, 260
Damaszenerpflaumen
Lagerung
zum Einfrieren geeignet 371
Damaszenerrose 118, 119, 126, 129, 133
Schnitt *129*
Danae racemosa 90
Daphne 76, 85, 87, 210
Daphne arbuscula 91, *192*, 195, 205
Daphne bholua 65, 68, 91
Daphne blagayana 66, 88, 195
Daphne cneorum 68, *191*, 195, 205
Daphne jasminea 210
Daphne laureola 68
Daphne mezereum 65, *76*
Daphne odora 68
Daphne petraea 91
Daphne petraea 'Grandiflora' 195, 205
Daphne retusa 195
Daphne sericea 195
Daphne x *burkwoodii* 83
Daphne x *burkwoodii* 'Somerset' 64, *190*
Darlingtonia 149
Dasineura affinis 556
Dasineura gleditchiae 556
Dasineura tetensi 556
Dattelpflaume 375
Datura 68, 76, 435
Daucus carota 354, siehe auch Möhre
Daucus carota 'Amsterdamer Treib - Amstel' 354, *354*
Daucus carota 'Amsterdamer Treib - Sweetheart' 354
Daucus carota 'Autumn King - Vita Longa' 354
Daucus carota 'Cardinal' F1 354
Daucus carota 'Chantenay Red Cored Supreme' 354
Daucus carota 'Early French Frame' 354, *354*
Daucus carota 'Favourite' 354, *354*
Daucus carota 'Gonsenheimer Trieb' 354
Daucus carota 'Juwarot' 354
Daucus carota 'Lange rote stumpfe ohne Herz' 354
Daucus carota 'Nanco' F1 354
Daucus carota 'Nandor' F1 354
Daucus carota 'Nantaise - Express' 354
Daucus carota 'Nantaise - Tip Top' 354
Daucus carota 'Narman' 354
Daucus carota 'Pariser Markt' 354
Daucus carota 'Parmex' 354
Daucus carota 'Sperlings Suko' 354
Dauerunkraut 524, *524*, 574, 575
junges 577
Davidia 57
Decaisnea 76
Deckblatt 585
Deckenleitung 485
Decodon verticillatus 247, 260
Decumaria 113
Decumaria sinensis 99, 105
Dehnungsfugen 502
Deiquat 575, 577
Delia platura 570
Delia radicum 564
Delosperma 273, 274
Delphinium *119*, 143, 162, 166
Delphinium 'Blue Nile' 141
Dendrobium 443
Dendrobium 'Happiness' *443*
Dendrobium nobile *442*
Dendrobium-Arten
Pseudobulben
Kindel 445
Vermehrung
durch Stecklinge 445
Dendromecon rigida 68
Depotdünger 530
Derosal 560, 567, 571
Derosal flüssig 557
Derrisstaub 546
Desfontainia spinosa 71
Desinfektionsmittel 215
Deutsche Gallen 556
Deutsches Weidelgras 278, 279, 531, siehe auch *Lolium perenne*
bevorzugter pH-Wert 280
Saatmenge 284
Deutzia 64, 71, 78, 85
Deutzia longifolia *19*, 86
Deutzia longifolia 'Veitchii' *86*
Deutzia scabra 86
Deutzia x *elegantissima* 'Rosealind' 86
Deutzia x *rosea* 86
Dianthus *19*, 27, 148, 149, 160, 161, 166, 180, *189*, *190*, 195, 197, 210, 434, vgl. auch Nelke
Dianthus alpinus *191*, 193 - 195, 205
Dianthus anatolicus 195
Dianthus barbatus 177, *182*
Dianthus 'Bombadier' 193
Dianthus 'Brympton Red' 143
Dianthus carthusianorum 195, 197
Dianthus chinensis 177
Dianthus deltoides 194, 195, 197
Dianthus echinacea 195
Dianthus freynii 195
Dianthus glacialis 195
Dianthus 'Grey Dove' *161*
Dianthus 'Hannah Louise' *161*
Dianthus 'La Bourboule' *203*, 205
Dianthus 'Manon' *160*
Dianthus microlepis 194
Dianthus 'Mrs Sinkins' *174*
Dianthus 'Old Clove Red' 143
Dianthus pavonius 205
Dianthus 'Richard Pollak' *160*
Dianthus, Knight-Serie 177
Dianthus, Riesen-Chabaud-Nelke 177
Dianthus-Arten 193
Diascia 166, 210
Diascia cordata 195
Diascia rigescens *191*
Diascia 'Ruby Field' 195
Diascia vigilis *219*
Dibbelbrett 471
Dicamba 577
Dicentra 143, 435
Dicentra cucullaria *192*
Dicentra eximia 143
Dicentra formosa 143, *174*
Dicentra spectabilis f. *alba* *140*
Dichlobenil 575
Dichlobenil-Granulat 577
Dichlorophen 577
Dichomeris marginella 551
Dichondra 279
Temperatur 279
Dicke Bohne *304*, 308, *340*, 344, siehe auch *Vicia faba*
Aussaat 344
Blüte 344
Vegetationspunkt auskniipsen 344, *344*
Boden 344
empfohlene Sorten 344
frühe Sorten 344
niedrige Sorten 344, *344*
späte Sorten 344
Ernte 344
Fruchtwechsel 344
Hülsen 344
Keimung 344
Klima 344
Krankheiten 344
Lagerung 344
laufende Pflege 344
Pflanzung 344
Samen 344
Schädlinge 344
Standort 344
Stickstoffgehalt im Boden 344
Temperatur 344
Wässern 344
winterharte Sorten 344
Wurzelknöllchen 344
zum Einfrieren geeignet 316
Zwergsorten 344
Dickmaulrüßler 549, *549*, siehe auch *Otiorhynchus sulcatus*
befallene Pflanzen 549
Bekämpfung *549*
gefurchter Dickmaulrüßler 549
Larve des Dickmaulrüßlers 546, 547, 564, 570
Dictamnus albus 143
Didymella applanata 557
Dieffenbachia *431*, 435, *449*
Dierama 223
Dierama pendulum
für Wassergärten 221
Diervilla lonicera 90
Difenacoum 572
Digitalis *26*, 27, 175, 188, siehe auch Fingerhut
Excelsior-Serie 188
Digitalis grandiflora 143
Digitalis lutea 143
Digitalis purpurea 119, *174*, 177, 182
Digitalis purpurea f. *alba* *173*
Dill 292, 294, *307*, siehe auch *Anethum graveolens*
Aussäen 292
Blüten 294
Blätter 294
einjährige Pflanze 294
Ernte
Fruchtstände im Sommer schneiden 294
Pflücken der Blätter vor der Blüte 294
Säen 301
Samen 294
Umsetzen 292, 301
Vermehrung durch Aussaat 294
Dimethoat 572
Dimorphotheca, Sunshine-Hybriden *173*
Dinteranthus 273
Dionysia aretioides *216*
Dionysia 210, *214*
Dioscorea 113
Dioscorea discolor 99
Diospyros kaki 398, *398*, siehe auch Persimone
Diospyros kaki 'Fuyu' 398
Diospyros kaki 'Gailey' Befruchtersorte 398
Diospyros kaki 'Hachiya' 398
Diospyros kaki 'Hanafuyu' 398, *398*
Diospyros kaki 'Hayakume' 398
Diospyros kaki 'Jiro' 398
Diospyros kaki 'Tamopan' 398
Diospyros kaki 'Zenjimaru' Befruchtersorte 398
Diospyros virginiana
als Unterlage für Persimonen 398
Dipelta 78
Dipelta yunnanensis 68
diploid 586
Diprion sp. 549
Dipteronia 57
Disanthus 76, 88
Discocactus 275
Distictis 99, 101, 105, 112, 113
Distictis buccinatoria 100, *100*, 107, 450
Distylium racemosum 55
Dithane 550, 557
Ditylenchus dipsaci 556, 567
Dodecatheon 'Red Wings' *192*
Dodecatheon 148, 209
Dolde 586
Dolden 580
Doldengewächse 301
Säen 301
Umsetzen 301
Doldenrispe *154*
Dolichos lablap *98*, 341, siehe auch Helmbohne
Dolomitkalk 534
Domblatt 586
Dompfaff 367, 561
Doppelkordon 586, 587
Doppelschuppen 540
Dormanz 586
Doronicum 141, 143, 149, 165
Dorycnium hirsutum 195
Dost 293, siehe auch *Origanum vulgare* 'Aureum'
Draaena 435
Draba 197, 210, 211
Draba aizoides *203*
Draba bryoides 195
Draba mollissima 195
Draba polytricha 195
Draba rigida *191*, 205
Dracaena 68, 435
Dracaena reflexa-Sorte *448*
Dracaena sanderiana 440, *441*, *447*
Dracocephalum moldavicum 143
Dracophilus 273
Draht, kunststoffüberzogener 472
Drahtgeflecht 472, *472*
Drahthose 570
Drahtringe für Buschwicken *178*
Drahtsieb *471*
Drahtwurm 546, 566
Drainage 70, 586
Drainage verbessern 529
Drainageschicht 489
Draingraben 529
Drainierhilfen 518
Drainnetz
aus geschlitzten Kunststoff- oder Tonrohren 529
Drains, französische 529
Drainsystem 529
Drainung 527, 529
Dreieckshacke *460*
Dreifachzwirn 472
Dreifuß 512
Drillingsblume 106, siehe auch *Bougainvillea*
Drimys 85
Drimys winteri 55
Drosera 149
Dryas 211, *211*
Dryas octopetala 'Minor' 195
Dryas octopetala *192*, 195, *211*
Dryopteris 158
Dryopteris filix-mas *579*
Dudleya ingens 271
Dudleya rigida 271
Düngemittel 530
konzentriertes
aus Blut 530
aus Fisch 530
aus Knochen 530
mineralische 530
organische 530
schwer zersetzbare 530
Vergleich
Fisch-, Blut- und Knochenmehl *530*
Kakaoschalen *530*
Kompost *530*
Mineraldünger *530*
Pilzsubstrat *530*
Dünger 72, 73, 313, 317, 530, 531
Ausbringen 531
Dämpfe 531
Stäube 531
Dünger als Flüssigkeit 313
Dünger in trockener Form 313
Flüssigdünger 72, 73
genaue Dosierung *531*
Grunddüngung 317
löslicher mineralischer 530
Mischdünger
feingekörnter Mischdünger 281
gekörnter Mischdünger 281
Nährstoffgehalt der Dünger 530
organischer 313, 530
plaziert düngen *531*
Schnelldünger 72
sulfathaltiger 530
Superphosphat 281
wirtschaftseigener 530
Düngerformulierungen
komplexe 530
Granulat 530
Membran 530
Düngersalz
lösliches 530
Düngung
Blattdüngung 313
Grunddüngung 313
Grunddüngung für Rosenkohl 320
Kopfdüngung 44, 61, 73, *73*, 313, 319
mineralische 530
organische 530
plazierte 531
Dürreschäden 554, 568, 571
Duftdrüse 570
Duftpelargonie 170, *170*, 171, *433*, siehe auch *Pelargonium* 'Royal Oak'
Duftsteinrich 173, *173*, 174, 188, siehe auch *Lobularia maritima*
Dufttopf 291, 294, 295, 297
Duftwicke 25, *27*, *178*, siehe auch *Lathyrus odoratus*
Dunkelkeimer 536
Durchlüftung 523, 527
Durchschnittsresistenz 546
Durchwachsung 561
Durchwurzelungsradius 586
Duvalia 273, 274, 275
Dyckia 437

E

Ebenflächigkeit *493*, *495*
Eberesche 22, 33, 35, 521, siehe auch *Sorbus aucuparia*
Eberraute 292, *299*, 301, siehe auch *Artemisia abrotanum*
Blüten 294
Blätter 294
Ernte und Lagerung
Blätter 294
Verwendung 294
Halbstrauch 294
Hecken 294
Vermehrung
durch halbausgereifte Stecklinge 294
durch krautige Stecklinge 294
durch Steckhölzer 294
Ebracteola 273
Eccremocarpus scaber 98, 99, 102, 105, *173*, 175, 177, *187*
Lebensdauer im Freien 188
Echeveria 262, 265, *265*, 272
als polsterbildende Pflanzen 264
Blüten *264*
gruppenbildende Arten 264
rasenbildende Arten 264
Rosetten 262, *264*
Vermehrung durch Blattstecklinge 271
Wachstum 271
Echeveria agavoides 266, 271
Echeveria cuspidata 266
Echeveria derenbergii 266
Echeveria elegans 266, 271
Echeveria gibbiflora 266
Echeveria pilosa 266
Echeveria pubescens 266
Echidnopsis 273
Echinacea purpurea *137*
Echinacea purpurea 'Robert Bloom' *219*
Echinocactus 262, *265*
Echinocactus grusonii 266
Formen 263
Echinocereus 273
Echinocereus blanckii 266
Echinocereus chloranthus 266
Echinocereus engelmannii 266
Echinocereus enneacanthus 266
Echinocereus pentalophus 266, *266*
Echinocereus triglochidiatus 266
Echinocereus viereckii 266
Echinocereus viridiflorus 266
Echinodorus bleheri 247
Echinodorus maior 247
Echinops 167
Echinops bannaticus 143
Echinops ritro 143
Echinops ritro 'Veitch's Blue' 148, *148*
Echinopsis 273, 275
als Unterlage für Vermehrung 275
Echinopsis aurea 266
Echinopsis eyriesii 266
Echinopsis kermesina 266
Echinopsis multiplex 266
Echinopsis oxygona 266
Echium 'Blue Bedder' *173*
Echium vulgare 177
Echte Kletterpflanzen
Stützen 450
Echter Jasmin 96, siehe auch *Jasminum officinale*
Echter Mehltau 109, 126, 157, 325, 333, 334, 335, 340, 341, 342, 353, 376, 449
Echter Papyrus
Zwergformen des Echten Papyrus, siehe auch *Cyperus papyrus* 'Nanus'
Abtrennen 261
Blütenköpfen 261
Eintopfen 261
Tochterpflanzen 261
Echtes Labkraut 169, siehe auch *Galium verum*
Edelauge 541, 542, 586
Edelcanina 124
Edeldistel *21*, siehe auch *Eryngium*
Edelgamander 31, siehe auch *Teucrium chamaedrys*
Edelkastanie 428, *428*, *579*, siehe auch *Castanea sativa*
Boden und ph-Wert 428
Düngung 428
empfohlene Edelkastanien 428
Ernte 428
nach etwa vier Jahren 428
Erziehung 428
Fremdbefruchtung bei einigen Sorten 428
Kerne 428
Lagerung 428
optimale Erträge 428
Vermehrung 428
Gegenzungen-Kopulation 428
durch Samen 374
Okulieren 428
Wässern 428
Edelpelargonie 170, *170*, 171, siehe auch *Pelargonium*
Edelreis 49, 58, *58*, 59, 90, 91, 133, 168, 541, *541*, *542*, 586
Edelrose 118
Edelweiß 189, siehe auch *Leontopodium*
Edithcolea 275
Edraianthus dinaricus 195
Edraianthus graminifolius 195
Edraianthus pumilio 195, 205
Edraianthus serpyllifolius 205
Efeu 22, 31, 34, 52, *52*, 94 - 98, *100*, *103*, *114*, 151, 175, *176*, 222, *245*, 431, *433*, *439*, 518, siehe auch *Hedera*
Gerüst *52*
immergrüner 574
Lichtverhältnisse 431
Efeupelargonie 170, *170*, *171*, 176, *176*, siehe auch *Pelargonium peltatum*
Egeria densa 247, 260
Ehrenpreis 290, 576, 577 siehe auch *Veronica filiformis*
Eibe 22, 31, 52, *52*, 53, *53*, 60, 62, *62*, *96*, 118, *118*, siehe auch *Taxus baccata*
Eibenhecke 33, 141
Eiche 16, 27, 34, 56, 510, *578*, siehe auch *Quercus*
Sämlinge 56
Eichelhäher 344, 561, 563
Eichenäpfel 556
Eichhornia azurea 247
Eichhornia crassipes 244, 247, 261
Eichhörnchen 220, 563
Eierfrüchte 339, siehe Aubergine
einfach 586
Einfassung 472
Einfriedung 508
Einfüllstutzen *470*
Einhand-Gartenschere 463, *463*
einhäusig 586
einjährig 586
Einjährige *16*, *19*, 25, 26, 27, *29*, 31, 65, 67, 138, 139, 142, 150, 172 - 188, 189, 218, 221, 222, 291, 292, 294, 295, 300, 301, *306*, 325, 330, 331, 333, 334, 335, 336, 338, 339, 340, 343, 350, 356
Abhärten
Abhärten im Kalten Kasten 184
Abhärten im Treibhaus 184
als Füllpflanzen 175
als Schnittblumen 176, 187
als Topfpflanzen 184
als Trockenblumen 176, 187
Anordnung der Pflanzen 173
Aufzucht
Aufzucht aus Samen 180
Ausknipsen 185
Auspflanzen im Freien *184*
Auspflanzen kletternder Einjähriger *186*
Aussaat 180 - 186, 188
Aussaat in Schalen *183*
Aussaat in Torftöpfen *183*
Aussaat in Töpfen oder Schalen 182
Aussaat im Freien
Breitsaat 181
Rillensaat 181
Beetpflanzen
halbharte 186
Sämlinge 186
Wurzeln 186
Wurzelsystem 185
besondere Erfordernisse 183
Blätter 295
Blattpflanzen 173
Blattwachstum 181
Blüte 177, 295
welke Blütenköpfe 188
Blütezeit 173, 181, 185, *188*, 300
Blütezeit verlängern 300
Sommerblüher *172*
Böden 181, 187
Einjährige für alkalische Böden 180
Einjährige für sandige Böden 180
Düngen 187
Einjährige in Töpfen 176
einjährige Kletterer 186
Einjährige mit Pfahlwurzeln
Samen 181
Entspitzen 185
Ernte und Lagerung
Blüten 295
Blätter 295
F1- und F2-Hybriden 176
Samen 180
F1-Hybriden
Vermehrung durch Aussaat 452
Feldpflanzen 28
Form 173
Fruchtstände *188*
Gartensorten
Blüheigenschaften 188
Wuchseigenschaften 188
Gestaltung mit Einjährigen 172 - 176
halbharte 172, *173*, 176, 180, 181, 184
im Kalthaus weiterkultivieren 434
Keimung 180
Überwintern 180
harte 180
Herbstputz *188*
hohe Einjährige abstützen *187*
hängende Einjährige *175*
Kapseln *188*
Kauf von einjährigen Beetpflanzen *185*
Keimung 172, 181
kletternde Einjährige 175
Abstützen *187*
Krankheiten 188
Laub 295
laufende Pflege 187
nicht winterharte 177, 180
Pflanzen
nach Muster pflanzen 186
Pflanzung 180 - 186
Pflanzung in Gefäßen 185
Saatgut 185
Gele 180
Kauf des Saatguts 180
pilliertes Saatgut 180
präpariertes Saatgut 180
Saatbänder 180
Saatgele 180
Säen
Direktsaat 181
Hauptsaatzeit 452
pillierte Samen 182
Wässern 182
Sämlinge
Abstand 181, 182
Ausdünnen 182, *182*
Auspflanzen 183, 184
Keimblätter 180
kleine Sämlinge 180
Pikieren 180, 183
Sortensämlinge 180
Sämlinge im Keimlingsstadium 180
Schützen 182
Stützen 182
Umsetzen 182, 183
Wurzeln 180
Sämlinge in eine Saatschale pikieren *183*
Samen 188, *188*
Ernten 188
Kapseln 188
Pikieren 184
Samenproduktion 172
Schädlinge 188
Selbstaussaat 174, 175, 188
Senfpflanzen 323
Spreizklimmer
Leittriebe 187
nicht windende Spreizklimmer 187
Standort 177
Stauden 172
Stiele
Stützen schlanker Stiele 187
Struktur 173
Stützen 450
Unkrautbekämpfung 187
Verzeichnis der Einjährigen 177
wichtigste Gartenarbeiten
im Frühling 581
im Sommer 582
im Herbst 583
winterharte 172, *173*, 434
Samen 180
Wässern 184, 187
Varietäten 295
Vermehrung
durch Aussaat 295
durch Selbstaussaat in leichten Böden 295
Hybriden durch Samen vermehren 176
einkeimblättrig 586
Einkeimblättrige 580, *580*
Einkerben 540
Einlegegurken *334*, 334, 335, siehe auch Gurke
Stickstoffbedarf 314
Einschlagen 586
Einspitzen, seitliches 542
Einteilung 580
einwärtsgebogen 586
Einzelblüte 586
Einzelblüten 580
Einzelkordon 586, 587
Einzelkorn-"Sämaschinen" 471
Einzeltöpfe 439
Eisen (Fe) 530, 543
Eisenbahnschwellen
Bepflanzung von Eisenbahnschwellen 205
Eisenchelatdünger 572
Eisenfleckigkeit 566
Eisenmangel 555
Eisenmangel bei Pfirsichen 391
Eisenmangel im Obstgarten 364, 366
Eisensulfat 577
Eiskraut 331, *331*, siehe auch *Mesembryanthemum crystallinum*
Abstand 331
Blätter 331
Boden 331
Frost 330
Klima 331
Standort 331
Stecklinge 331
Triebe 331
Eissalat 328, siehe auch Gartensalat
Ernte 329
Lagerung 329
Elaeagnus 68, 85
Elaeagnus commutata 68
Elaeagnus x *ebbingei* 'Gilt Edge' 68
Elettaria cardamomum
Elettaria cardamomum in Gefäßen 292
Elodea canadensis
Jungpflanzen 261
Elymus repens *574*
Embothrium coccineum 41
Embryogenese, somatische 544
Encarsia formosa 546, 550
Ende
distales 539, *539*, 586
proximales Ende 588
Endivie *304*, 315, 316, 326, 327, siehe auch *Cichorium endivia*
Aussaat
in Multitöpfe 326
in Saatschalen 326
Blattrosette 326
Boden 326
empfohlene-Endivien-Sorten
ganzblättrige Sorten 326
krausblättrige Sorten 326
Ernte 327
Klima 326
Krankheiten 327
Lagerung 327
laufende Pflege
Bleichen 326, *327*
Pflanzung
Abstand der Sämlinge 326
Pflanzung von Sämlingen 326
Schädlinge 327
Standort 326
Stickstoffbedarf 314
Stickstoffgehalt im Boden 326
Temperaturen 326
winterhärtere Sorten 326
Überwintern 326
Energiesparhaus *477*
Energie 477
Isolierung
Doppelverglasung 477
Licht
Spiegel 477
Lichteinfall 477
Engelwurz 292, 301, siehe auch *Angelica archangelica*
Aussaat 294
Blütenkopf 294
Blätter 294
Ernte 294
Fruchtstände im Sommer vor der Reife schneiden 294
Stiele im Frühjahr und Frühsommer schneiden 294
Fruchtstände 294
Lagerung
Blätter im Frühling und Sommer sammeln 294
Samen 300
Stiele 291
Vermehrung
durch Aussaat 294
durch Samen 294
zweijährige Pflanze 294
Engerling 564, 571
England 31, 33
Englisches Raigras
Saatmenge 284
Enkianthus 71, 76, 83
Entspitzen 586
Entwipfeln 586, 589
Entwässerung 529, 586
Entwässerungsgraben
mit Kieselsteinen gefüllt 529
mit umgedrehter Grasnarbe 529
Querschnitt *529*
Entwässerungssysteme
an einem Hang *529*
Enzian 162, 169, 192, siehe auch *Gentiana*
Keimung 162
Enzyme 579
Eomecon 148
Epicactus 266
Epidendrum-Arten
Pseudobulben
Kindel 445
Vermehrung
durch Stecklinge 445
Epidermis 554, *578*
Epigaea 88
Epigaea gaultherioides 196
Epigaea repens 196
epigäisch 586
Epilobium 165
Epilobium canum 166

Epilobium sp. *574*
Epilobium 27
Epimedium 143
Epimedium x *rubrum* 150
Epimedium x *youngianum* 'Niveum' *150*
Epiphyllum 272, *272*, 435, 453
  blattartige Triebe 272
  Vermehrung durch „Blatteile" 455
Epiphyllum cartagense 266
Epiphyllum oxypetalum 266
Epiphyllum oxypetalum-Hybriden 266
Epiphyllum-Arten
  Hybriden mit Arten von *Echinopsis* 265
  Hybriden mit Arten von *Heliocereus* 265
  Hybriden mit Arten von *Hylocereus* 265
  Hybriden mit Arten von *Nopalxochia* 265
Epiphyt 586
Epiphyten 432, 442
  Ableger der Epiphyten 437
  als Topfpflanzen 436
  Arten
    Abblühen 437
    Ableger von nichtmonocarpen Arten 437
    Fruktifizieren 437
    Jungpflanzen („Kindel") 437
    monocarp 437
    Wurzelbildung 437
    Wurzeln 437
  Blätter
    Feuchtigkeit 436
  Blattrosetten 436
  Blüten 263
  Blütenstände 436
  in der Natur 436
  monopodiale 442
  Nährstoffe 436
  Ruheperiode 269
  sympodiale 442
  terrestrische 436
  Unterbringen von Epiphyten
    Befestigen 436
  Vegetationsform 442
  Wuchsformen 442
epiphytische Orchideen 431
Epipremnum 99, 435, 453
Epipremnum aureum 99
Episcia 435, 440
  Vermehrung durch Ausläufer 451
Epithelantha 273, 275
Epsomer Bittersalz 555, 572
Equisetum arvense 574
Eranthis 223
Eranthis hyemalis 218, 231
Erbse *304*, 308, 310, *311*, *340*, 343, 344, 531, siehe auch *Pisum sativum*
  Abstand 343
  Ausbreitung 343
  Aussaat 343
  Blüte 344
  Boden 343
  Ernte 344
  Formen 343
    „Sugar-Snap"-Formen 344
  Fruchtwechsel 343
  halbblattlose Erbse *343*, 344
  Hülsen 343
  Hülsenbildung 344
  Höhe 343
  Keimung 343
  Klima 343
  Knöllchen an den Wurzeln 343
  Krankheiten 344
  Kultur unter Abdeckungen 344
  Lagerung 344
  laufende Pflege 343
  Markerbse 343
  Mulchschicht 344
  Palerbse 343, 344
  „Petit pois" 343
  Pflanzung 343
  Ranken 343, *344*
  Reifung 343
  Saattiefe 309
  Schädlinge 344
  Sorten
    empfohlene Sorten 344
  Standort 343
  Stickstoffaufnahme 343
  Stickstoffbedarf 314
  Stützen 343, *344*
  Temperaturen 305
  unverträglich in Mischkultur mit Tomaten 308
  Wachstumsperiode verlängern unter Folie 315
  Wurzeln 344
  Wässern 344
    Wässern in kritischen Phasen 312
  zarthülsige Erbse 343
  Zuckererbse 343
  zum Einfrieren geeignet 316
  Zwergformen 344
  Zwergsorten 343
Erbsenblasenfuß 344, 563, siehe auch *Kakothrips pisivorus* 563
Erbsenreiser *178*, 182, *182*
Erbsenwickler 563, siehe auch *Cydia nigricana*
Ercilla 113, 115
Ercilla volubilis 101
Erdbeere *291*, 308, 359, *360*, 361, 408 - 410, *408*, 518, *537*, siehe auch *Fragaria* x *ananassa*
  Abdeckung bei Frost 367
  Befruchtung 408
  Blütenknospenbildung 408
  Böden 408
  Dünger 366
  empfohlene einmaltragende Sorten 409
  empfohlene Monatserdbeeren 409
  empfohlene remontierende Sorten 409
  Erdbeere in Kultursäcken 362
  Erdbeeren am Rand einer Rabatte 362
  Erdbeeren am Rand eines Hochbeets 362
  Erdbeeren im Gemüsegarten 362
  Ernte 371, 409, *409*, *410*
    durch Abschneiden 371
    Entfernen des Laubs nach der Ernte *410*
    Pflücken der Früchte *409*
    regelmäßige Ernte 371
    Vorverlegen durch Abdeckungen 409
  geographische Lage des Gartens bei Freilandkultur 408
  gesunde Jungpflanze *408*
  Gruppen
    Monatserdbeeren 408
    einmaltragende 408
    remontierende 408
  Krankheiten 409
    anfällig für Viruskrankheiten 367
    Standortwechsel 409
    Wurzelkrankheiten 408
  krautige Erdbeeren 360
  Kultur im Freiland 408
    unter Folientunneln 409
    unter Schutzhauben 409
  Kultur im geschützten Anbau
    Aroma 409
    Handbestäubung 409
    im geheizten Gewächshaus 409
    Temperaturen 409
    Umtopfen 409
  Kultur in Blumenkästen 408
  Kultur in Töpfen 408
  Kultur in Töpfen im Gewächshaus
    Ernteperiode 363
  Kultur unter einem Zelt
    Ernteperiode 363
  Lagerung
    ungeeignet zum Tiefrieren 371
    vor dem Einfrieren zu Mus verarbeiten 371
  laufende Pflege 409
    Behandlung der Ausläufer 409
    Entfernen der Ausläufer *409*
    Früchte sauber halten *409*
    regelmäßiges Wässern 409
    Schutz gegen Frühjahrsfrost 409
    Schutz gegen Vogelfraß 409
    ständige Kontrolle auf Schädlinge und Krankheiten 409
    Wasserversorgung und Jäten 409
  Monatserdbeeren *410*
    Anzucht aus Samen *410*
    Früchte 410
    in Blumenrabatten 410
    in Gemüsebeeten 410
    Klima 410
    Nachzucht aus Samen oder Ausläufern 410
  Netz als Schutz *367*
  Pflanzgut
    anerkanntes Hochzuchtpflanzgut 408
  Pflanzung
    Infektionsrisiko bei Pflanzung nach Kartoffeln 408
    in Mulchfolie *408*, 409
    Verlängerung der Reifezeit 408
  Pflanzzeit
    geographische Lage 408
    Klima 408
  ph-Wert des Bodens 408
  Schädlinge 409
  Standort 408
  Temperatur 408
  Vermehrung
    durch Ausläufer *410*
    durch Sproßausläufer 374
    Pflanzabstand 410
    Pflanzgut 410
    Vermehrungsbeet 410
Erdbeere 'Elsanta' *361*
Erdbeerpflanze *537*
Erdbeertopf 292, *300*, 363
Erdbirne *304*, 355, siehe auch Topinambur
Erdbohrer 508
Erden ohne Lehmzusatz 533
Erdeulenraupe 329
Erdflöhe
  befallene Pflanzen 548
  Bekämpfung 548
Erdfloh 308, 314, 317, 323, 330, 350, 357
Erdflohbefall
  Schutz durch Mischkultur von Salat mit Kohlarten 308
Erdkirsche 308
Erdnuß 340, *340*, 341, *341*, siehe auch *Arachis hypogaea*
  Bestäubung 341
  Blüte 340
  Blüten 340
  Boden 340
  Ernte 341
  Hülsen 340, *341*
  Krankheiten 340
  Kultur unter Glas 341
  Lagerung 341
  laufende Pflege 340
  Pflanzabstand 340
  ph-Wert des Bodens 340
  Sämlinge 341
  Samen 340
  Schädlinge 340
  Spanische Valencia-Formen 340, *340*
    Samen pro Hülse 340
  Stickstoffbedarf 314
  Stickstoffgehalt des Bodens 340
  Temperatur 340
  Virginia-Formen 340
    Samen pro Hülse 340
  Wässern 340
Erdorchidee 220, 222, siehe auch *Dactylorrhiza*
  halbharte Erdorchideen 442
Erdraupe 559, 564
Eremochloa ophiuroides
  Blätter
  Gräser für pflegeleichten Rasen 278
  Saatmenge 284
Eremurus 25, 140, 149
Erepsia 273
Erica 38, 64, 66, 71, 79, 83, 88, 90, *97*, 108, 210, 221, 435, 441, 586
Erica arborea var. *alpina* 69
Erica carnea 68
Erica carnea 'December Red' *150*
Erica carnea 'Vivellii' 65
Erica cinerea 69
Erica lusitanica 68
Erica x *williamsii* 'P.D. Williams' *64*
Erigeron 143
Erigeron karvinskianus 195
Erinacea anthyllis 195, 210
Erinacea pungens 205
Erinus alpinus 193, 195
Erinus alpinus 'Dr. Haenele' 193
Eriobotrya japonica 68, 422, 423
Eriocereus bonplandii 266
Eriogonum ovalifolium 210
Eriophorum angustifolium 247, 260
Eriophorum latifolium 247
Eriophydae 556
Eriophyes 559
Eriophyllum lanatum 210
Eriopyes genistae 559
Eriosoma lanigerum 558
Erle 17, 27, 521, siehe auch *Alnus*
Ernteplanung *304*
Erodium 167, 210, *211*
Erodium chamaedryoides 195
Erodium corsicum 193
Erodium guttatum 195, 197
Erosion 519
Eruca vesicaria 330, siehe auch Rauke
Erwerbsgartenbau 544
Erwinia amylovora 553, 569
Erwinia caratovora var. *atroseptica* 568
Erwinia carotovora var. *carotovora* 567
Eryngium 21, 140, 143, 149, 167, 195
Eryngium tripartitum 148
Eryngium variifolium 143
Eryngium x *oliverianum 140*
Erysimum 166
Erysimum helveticum 197
Erythronium 223, 228, *239*, 241
Erythronium dens-canis 169, 231
Erythronium hendersonii 192
Erythronium oregonum 192, *228*
Erythronium 'Pagoda' *192*
Erythronium revolutum 231
Erythronium 'White Beauty' *192*, 231
Erziehung
  Grundsätze 75
Erziehungsschnitt 75, 586
Escallonia 60, 61, 68, 80, 85, 521
Escallonia 'Donard Seedling' 80
Escallonia 'Langleyensis' *60*
Escariol 326
Esche 40, 523, siehe auch *Fraxinus*
Eschscholzia 175, 177, 188
Eschscholzia californica 180, 181, *181*, 182, *182*
Eschscholzia 'Monarch Art Shades' *173*
Escobaria 273
Espe 34, siehe auch *Populus tremula*
Espostoa lanata 266, *267*
Espostoa melanostele 266
Essig
  Apfelessig 302
  Kräuteressig 302
  Weinessig 302
  Würzkräuter 302
Eßkastanie 579
Estragon *299*
  Blätter 294
  Einlegen in Öl und Essig 302
  Ernte und Lagerung
    Blätter 294
    Zweige 294
  Frühtreiben 294, 298
  Staude 294
  Triebe 294
  Vermehrung
    durch Kopfstecklinge 294
    durch Rhizomteilung 294
    durch Samen 294
  verwandte Arten 294
  Winterschutz 294
Etagenprimel 17, *23*, siehe auch *Primula*
Etiketten 472
Etiolierung 537, 559
Eucalyptus 39, 79
Eucalyptus coccifera 37
Eucalyptus dalrympleana 35, 37, 50
Eucalyptus ficifolia 37, 42
Eucalyptus globulus 50
Eucalyptus gunnii 50
Eucalyptus niphophila 35, 37
Eucalyptus pauciflora 37, 50
Eucomis 219, 222, 223, *434*
Eucryphia 55, 57
Eucryphia glutinosa 37
Eucryphia lucida 55
Eucryphia milliganii 64
Eucryphia x *nymansensis* 'Nymansay' 37, *55*
Eueryphia 76
Euleia heracleii 551
Eulenraupe 314, 317, 335, 352, 358
Eulenschmetterling 559
Eumerus sp. 567
Euonymus 71, 87, 113
Euonymus alatus 63, 64
Euonymus fortunei 66, *67*, 68, 80, 90, 99, 151
Euonymus fortunei 'Emerald Gaiety' *72*
Euonymus fortunei 'Emerald'n Gold' *72*
Euonymus fortunei 'Gold Spot' 151
Euonymus fortunei 'Silver Queen' *25*, 66, *96*, 101
Euonymus japonicus 68, 80
Eupatorium 15
Eupatorium purpureum 247
Euphorbia 25, 162, 195, 272
  Schnittstelle
    Austritt von milchigem Saft 272
  Vermehrung
    durch Sproßstecklinge 272
Euphorbia amygdaloides 143
Euphorbia amygdaloides 'Purpurea' 142
Euphorbia amygdaloides ssp. *robbiae 138*, 143
Euphorbia canariensis 262
Euphorbia candelabrum 264, *264*
Euphorbia characias 143
Euphorbia characias subsp. wulfenii *25*, 139
Euphorbia flanaganii 266
Euphorbia fulgens 435
Euphorbia milii 266, 435, *449*
Euphorbia myrsinites 191, 195
Euphorbia obesa 266
Euphorbia palustris 247
Euphorbia polychroma 219
Euphorbia pulcherrima 432, 435, 453
Euphorbia-Arten 262
  Vermehrung durch Sproßabschnitte 272
Euphorbiaceae 262
Euproctis chrysorrhoea 551
Europa 262
Europäer-Rebe
  Abkömmlinge 401
  Edelsorten 401
  Wurzelschädling Reblaus 401
Europäische Pflaume 387, siehe auch *Prunus domestica*
  Blüte 387
  Klima 387
  Kühlbedarf 387

Europäische Winterheckzwiebel 308, 346, *346*, siehe auch *Allium fistulosum*
Bodenansprüche 346
Klima 346
Krankheiten 346
Kultur 346
Laub 346
Pflege 346
Schädlinge 346
Europäische Zwetsche 387, siehe auch Europäische Pflaume und *Prunus domestica*
Euryale ferox 247, 261
Euryops 166
Euryops acraeus 68, *191*, 195, 205
Euryops pectinatus 68, *141*
Evansia-Iris 146
Exacum 435
Exacum affine 177, 452
Exobasidium japonicum 556
Exochorda 78
Exoten
Hauptsaatzeit nach der Samenreife 452
Explantat *544*, 586

F

F1-Hybriden 536, 586
Vermehrung von Ein- und Zweijährigen
durch Aussaat 452
F1-Hybridsaatgut 536
F2-Hybriden 586
F2-Hybridsaatgut 536
Faden-Ehrenpreis *576*, siehe auch *Veronica filiformis*
Fadenblättrigkeit 317
Fächer 359
Fächerbäume 49
Formierungsmaßnahmen 368
Fächerbesen *288*, 467
Fäulen
bakterielle Fäule 566
Fäulnis 236
Fagus 26, 34, 36, 57, 58, 60, 523
Fagus grandiflora 41
Fagus sylvatica 41, 60
Fagus sylvatica 'Dawyck Gold' 37
Fahne 586
Fallopia, syn. *Polygonum* 99, 113, 115
Fallopia aubertii 96, 100, 102, 104
Fallopia baldschuanica 96, 102, 104, *573*
Fallopia japonica 575
Falscher Mehltau 157, 321, 322, 325, 326, 329, 345, 353, 401
Familie 586
Familie der Orchideen 442
Farbstoff, fluoreszierender 544
Farn 15, 26, 27, 142, 158, 159, 220, 244, *244*, 245, 430, 431, 432, 433, 441, 520, 521
Alpinhaus 194
Lichtverhältnisse 431
Rhododendronerde 441
als Zimmerpflanze
hin und wieder in helleres Licht versetzen 431
Aufzucht aus Sporen 159
Auspflanzen 159
Aussaat der Sporen 159
Böden 158
Brutknospen 159
Farnkraut 26
Kapseln 159
Kultivierung 158
Prothalien 159
Sporangien 159
Sporen 159
tropische Farne 158
Vermehrung
durch Brutknospen 158, 159
durch Sporen 158, 159, *159*
vernachlässigter Farn
Rückschnitt bis auf die Krone 446
Vorkeime
Auspflanzen 159
Pikieren 159
Wedel 24, 158, 159
Brutknospen an Wedeln 159
winterharter 158
Zygote 159
Fascicularia bicolor 437
Faselbohnen 341, siehe Helmbohnen
faserig 586
Faservlies 334, 449, 532
perforiertes Faservlies 329
Faserwurzel 578
Faserwurzeln 101, 168, *578*, 586
x *Fatshedera* 435
Fatsia 435
Fatsia japonica *19*, 63, 66, 68, *431*
Lichtverhältnisse 431
riesige Blätter 430
Fatsia japonica 'Variegata' 151, *439*
Faucaria 273, 274
Faucaria felina 266
Faulstellen 562
Federnelken 160, 161, *161*
Stecklinge 160, 161
Feige 359, 375, 399, 400, siehe auch *Ficus*
Boden 399
Bäume
Schnitt 399
Büsche
Erziehung 399
Schnitt 399
Drainage 399
Düngen 399
empfohlene Feigen
frühe Sorten 399
mittelfrühe Sorten 399
späte Sorten 399
Ernte 400
Fächer
Erziehung 399
Fächererziehung unter Glas 399
Schnitt 399
Feigenbaum 35, *374*
Feigen in Kübeln ziehen 399
Frostschutz 399
Frucht-Anordnung 399
Fruchtembryos 399
Früchte
Anordnung *399*
Fruchtembryos *399*
reifende *399*
Klima 375, 399
Kälteperiode 399
Krankheiten 399
Lagerung 400
im Backofen trocknen 371
laufende Pflege
Fruchtembryos vor Frost schützen 399
reifende Früchte 399
Mulchen 399
Pflanzabstand 399
pH-Wert des Bodens 399
Schädlinge 399
Schnitt
Frühjahrsschnitt am aufgebauten Feigenfächer *400*
Frühjahrsschnitt am Busch *399*
Sommerschnitt am Busch *399*
Sommerschnitt *400*
Selbstfertilität moderner Sorten 399
Standort 399
Unterlagen 399
Vegetationsperiode 375
Vermehrung
durch Aufzucht aus Samen 400
durch Steckhölzer vom einjährigen Holz 400
durch Steckholz 372, 374
Wässern 399
Wachstumsperiode 399
Wüchsigkeit 363
Wurzelausbreitung
Beschränkung durch unterirdischen Schacht 399
Wurzelwachstum
Platz 363
Feige 'Brown Turkey' *361*
Feigenkaktus 360
Feindpflanzen 546
Feinschnecke
Seerosenblätter 257
Feldmaikäfer 564
Feldsalat *304*, 331, *331*, siehe auch *Valeria nella locusta*
Boden 331
Formen 331
Feldskabiose 169
Feldthymian 292, 297, *299*, siehe auch *Thymus serpyllum*
Felicia 166
Felsbruch
Steingarten 200
Fenchel 22, 137, 291, *291*, 292, 294, 295, *299*, siehe auch *Foeniculum vulgare*
Blätter 295
Ernte und Lagerung
Blätter 295
Blattscheiden 295
Fruchtstände 295
Samen 295
Staude 295
Stickstoffbedarf 314
Varietäten 295
Vermehrung
durch Aussaat 295
durch Seitensprosse 295
durch Teilung 295
Fenestraria 274
Fenestraria aurantiaca 271
Fensterbank 442, 444
Orchideen auf der Fensterbank 442, 444
Fensterblatt 430, 432, siehe auch *Monstera deliciosa*
Fensterbrett 268, 298, 311, 430
Fensterkästen 222
Fenusa pusilla 551
Ferocactus 267
Ferocactus acanthodes 266
Ferocactus latispinus 266
Ferocactus setispinus 263
fertil 586
Ferula communis 140, 143
Festuca 169, 278
Festuca glauca 138, 143
Festuca rubra var. *commutata* 278, 279
Festuca rubra var. *rubra* 278
Saatmenge 284
Fett 579
Fettfleckenkrankheit 552
Feuchtigkeitsmesser 286
Feuchtigkeitsmessung 484
Feuerbohne 176, *304*, *307*, *312*, *340*, 341, *341*, 342, siehe auch *Phaseolus coccineus*
Ausbreitung 341
Auspflanzen 342
Aussaat 341
Blüten 341, 342
Boden 341
Büsche 341
Buschformen 342
Ernte 342
Fruchtwechsel 341
Hülsen 341
Keimung 342
Kletterer 342
Klima 341
Krankheiten 342
Lagerung 342
laufende Pflege 342
Mulchen 342
Pflanzung 341
Samen 341
Schädlinge 342
Sorten
empfohlene Feuerbohnen-Sorten 341
fadenlose 341
niedrige 341
Standard 341
Standort 341
Stickstoffgehalt des Bodens 341
Stützen *342*
an einem Wigwam *342*
Temperaturen 341
Wachstumsperiode 341
Wässern 342
zum Einfrieren geeignet 316
zwergige Sorten 341
Feuerbrand 74, 384, 569, siehe auch *Crataegus monogyna*
befallene Pflanzen 553
Bekämpfung 553
Feuerdorn 22, 60, 63, *66*, 67, 80, *81*, 142
Fichte 49, 56, siehe auch *Picea*
Fichtenlaus 558
Ficus 55, 57, 89, 432, 435, 538, siehe auch Feige
Vermehrung
durch Stecklinge von Trieben mit Knospen 453
Ficus benjamina 37, 435, *441*, 453
Ficus benjamina 'Reginald' *439*
Ficus benjamina 'Variegata' *37*, *438*
Ficus carica 399, 400
Ficus carica 'Black Ischia' 399
Ficus carica 'Bourjasotte Grise' 399
Ficus carica 'Brown Turkey' *398*, 399
Ficus carica 'Brunswick' 399
Ficus carica 'Negro Largo' 399
Ficus carica 'St Johns' 399
Ficus carica 'White Marseilles' 399
Ficus deltoidea 432
Ficus elastica 446
Oberflächenstrukturen des Laubs 430
Vermehrung durch Abmosen 456
Ficus lyrata 432
Ficus pumila 115, 440
Ficus pumila 'Variegata' *440*, *448*
Fiederblättchen 586
Filetbohne
'Aramis' 343
'Delinel' 343
Durchmesser 342
Filipendula palmata 140
Filipendula rubra 143, 247
Filipendula ulmaria 143, 169, 247
Filipendula ulmaria 'Aurea' 141, 148
Fingerhut 26, *26*, 27, *174*, 175, 188, 523, siehe auch *Digitalis*
Fingerhut der *Excelsior*-Serie 175
Fisch-, Blut-, Knochenmehl als Dünger 530
Fische 246, 247, 249, 255, 256, *257*, 258
Einsetzen von Fischen
Richtlinien 257
Fische ansiedeln
Mindesttiefe 252
Schwarmfische 249
Winter
Methangas 259
Fittonia 435, 453
Fittonia argyroneura 441
Fittonia verschaffeltii 440, *440*, *448*
Flachdach 513
Flächenabdeckungen, dehnbare 532
Flächendüngung
breitwürfige 531
Flageolettbohne 342
'Chevrier Vert' 343
Flammenblume 137, 167, 190, siehe auch *Primula denticulata*
Wurzelschnittlinge 167
Flaschen 432
Flaschengarten 432, 441, 447
Algen 448
Kondenswasser 448
Stützen der Pflanzen 448
Substrat 448
Wässern 448
Flaum 586
Flechte 571
Flechthecken 51
Flechtmustergarten 586
Flechtzaun 521
Fleck, gallertartiger *571*
Fleckenkrankheit 290
Fleischkraut 328, siehe auch Zuckerhutsalat
Fleischtomate 337, siehe auch Tomate
Fleißiges Lieschen *172*, 173, 175, *175*, 176, 181, 183, *185*, 188, *433*, siehe auch *Impatiens*
Fleus pumila 'Variegata' *448*
Flieder 32, 63, 66, 72, *82*, 89, siehe auch *Syringa*
Fliegen
befallene Pflanzen 550
Bekämpfung 550
Weiße Fliege 550, *550*
Larven *550*
Fliesen, hölzerne 508
Fliesen legen
Betonunterlage 497
Fliesenkleber 497
glasierte Keramikfliesen 497
Steinfliesen 497
Vergußmasse 497
Fliesenbelag
frostbeständiger Fliesenbelag 496
glasierte Keramikfliesen 496
Tonfliesen 496
Fliesensteine 498
Flint 504
Florentinische Iris *299*, siehe auch *Iris*
Blätter 295
Blüten 295
Ernte und Lagerung
Rhizome ausgraben 295
Rhizome lagern 295
Rhizome 295
Staude 295
Vermehrung durch Rhizomteilung 295
verwandte Arten 295
Flüssigdrillen 544
Flüssigdünger 531
Foeniculum vulgare 22, 137, 143, 295, siehe auch Fenchel
Foeniculum vulgare 'Purpureum' 292, 295, *299*
Foeniculum vulgare var. *dulce* 295, 350, 351
Foeniculum vulgare var. *dulce* 'Cantino' 351
Foeniculum vulgare var. *dulce* 'Herald' 351
Foeniculum vulgare var. *dulce* 'Perfektion' 351
Foeniculum vulgare var. *dulce* 'Sirio' 351
Foeniculum vulgare var. *dulce* 'Süßer Bologneser' 351
Foeniculum vulgare var. *dulce* 'Zefa Fino' 351, *351*
Folgekulturen 574
Folie 44, 87, 244, 245, 251, 252, 255, 301, 309, 337, 474, 519
durchsichtige Folien 313
gelochte Folie 532
glänzende Folie
Abhalten fliegender Schädlinge 313
Kunststoffolie 44, 312, 315
perforierte Folie *329*
perforierte Kunststoffolie 315, *315*
Plastikfolie *151*, *313*, 315

  reflektierende Folie 244
  Reparatur einer Teichfolie *258*
  schwarze Folie
    Bodentemperatur erhöhen mit schwarzer Folie 313
    Unkrautbekämpfung mit schwarzer Folie 313
  schwarze Unterseite bei manchen Folien 313
  Teichfolie 250, *250*, *252*, 256, 258
    Ausmessen 250
    Bau des Teiches 250
  unterirdische Folie 245
  Verlegen von Folien vor der Aussaat und Pflanzung 313
  wachsende Folie 590
  weiße Folie
    Verwendung weißer Folie 313
Folienabdeckung 532
Folienhaube 532
Folienmulch *532*
  Nachteil des Folienmulchs 532
Folientunnel 184, *184*, 208, 298, 317, 333, 336, 338, 339, 340, 343, 367, *477*, 490, 521
  Belüftung 477
  Folie 477
  Gerüst 477
  Lichteinfall 477
  niedriger Folientunnel *315*
  Stellagen 477
Folienzelt *338*, 342, 343, 346, 348, 350, 352, 354, 358, 400
Fontinalis antipyretica 247
Forficula auricularia 548, 561
Forma 586
Formica sp. 570
Formieren 52
Formobst 360
  am Bogen 362
  am Zaun 362
  an der Mauer 362
  an der Pergola 362
Formschnitt 52, 53, 75, 586
Forsythia 61, 69, 71, 76, 83, 86
Forsythia suspensa 66
Forsythia x *intermedia* 'Spectabilis' 61
Forsythie 67, 218, 559
Fortpflanzung 586
  geschlechtliche 586
  vegetative 590
Fortpflanzungskerne 580
Fortunella japonica 422
Fortunella margarita 422
Fothergilla 71, 76, 88
Fräse 467, *467*, *524*
Fräsen 524, *524*
Fräsmesser *524*
Fragaria x *ananassa* 291, 359 - 363, 366, 367, 371, 374, 408 - 410, 518, 537, siehe auch Erdbeere
Fragaria x *ananassa* 'Alexandria' 409
Fragaria x *ananassa* 'Aromel' 409
Fragaria x *ananassa* 'Baron Solemacher' 409
Fragaria x *ananassa* 'Bianca' 409
Fragaria x *ananassa* 'Bogota' 409
Fragaria x *ananassa* 'Domanil' 409, *409*
Fragaria x *ananassa* 'Elsanta' 409
Fragaria x *ananassa* 'Elvira' 409, *409*
Fragaria x *ananassa* 'Favette' 409
Fragaria x *ananassa* 'Ferma' 409
Fragaria x *ananassa* 'Gento' 409
Fragaria x *ananassa* 'Gorella' 409
Fragaria x *ananassa* 'Honeyoe' 409
Fragaria x *ananassa* 'Karola' 409
Fragaria x *ananassa* 'Korona' 409
Fragaria x *ananassa* 'Ostara' 409
Fragaria x *ananassa* 'Pandora' 409
  nicht selbstfruchtbar
Fragaria x *ananassa* 'Peltata' 409
Fragaria x *ananassa* 'Rapella' 409
Fragaria x *ananassa* 'Rigensa' 409
Fragaria x *ananassa* 'Rimona' 409
Fragaria x *ananassa* 'Sengena' 409, *409*
Fragaria x *ananassa* 'Tamella' 409
Fragaria x *ananassa* 'Tenira' 409
Frailea 275
Frangipani 35
Frankliniella occidentalis 560
Frankreich 29
Fraßgänge 563
Fraßschäden
  an den Blättern 548 - 549
Frauenschuh 442, siehe auch *Paphiopedilum*
  im Gewächshaus kultivieren 442
  immergrüne Pflanzen 442
Fraxinus 37, 40, 42, 58, 523
Fraxinus excelsior 37, 41
Fraxinus excelsior 'Pendula' 49
Fraxinus ornus 41
Fraxinus oxycarpa 'Raywood' 37
Freesia 223, 435
Freesia 'Everett' *222*
Freesie 222
  Verwendung als Schnittblume 222
Freilandgurken 334, 335, siehe auch Gurke
  Blüten 334
Freilandpflanzen 575
Fremdbefruchtung 586
Fremdbestäuben
  kontrolliertes Fremdbestäuben 536
Fremdbestäubung 586
  durch Insekten 535
  durch Vögel 535
  durch Wasser 535
  durch Wind 535
Fremontodendron 68
Frieren
  Zellsaft 515
Frieren und Tauen 521
Frithia 274
Fritillaria, 223, *234*, 238, *238*, *239*, 241
  einjährige Sämlinge *238*
  Eintopfen der Sämlinge *239*
  Keimung
    in Plastikbeuteln 239
  Zwergarten 223
Fritillaria acmopetala *221*, 237
Fritillaria camschatcensis 223
Fritillaria cirrhosa 223
Fritillaria crassifolia 237
Fritillaria imperialis 223
Fritillaria imperialis 'Lutea' *219*
Fritillaria meleagris 220, 231
Fritillaria michailovskyi 221
Fritillaria persica 223
Fritillaria pudica 237
Fritillaria pyrenaica 231
Fritillaria recurva 237
  Brutzwiebeln 236
  unregelmäßige Blüte 236
Fritillaria roylei 223
Fritillaria thunbergii 237
  Brutzwiebeln 236
  unregelmäßige Blüte 236
Fritillaria uvavulpis *216*
Fritillaria whittallii 221
Fritillaria-Arten 218
  Brutzwiebeln 236, 240
  getrennte Schalen 218
  Ruheperiode 223
  unregelmäßige Blüte 236
Frosch 244, 246, 547
Frost
  als Hilfsmittel
    Frostgare 517
    Schädlinge 517
  Bodenfrost 515
  Frühjahrsfröste 515
  Herbstfröste 515
Frostalarm 482, *482*
Frostdauer 515
Frostgrenze 515
Frostschäden 554, 557, 568
  flachwurzelnde Pflanzen 515
  tiefwurzelnde Bäume 515
Frostschutz 39, 45, 400, 520, 521
  Abdecken mit Mulch oder Erde
    Erde anhäufeln 521
  Abdeckungen gegen Frost und Schnee
    Folientunnel *521*
    Haube *521*
    Schneeschutz *521*
    Zeitungspapier *521*
  für kleine Bäume und Sträucher
    auf Rahmen gespannter Stoff *520*
    Isolierung aus Farn oder Stroh 520, *520*
    Sackleinen und Stroh *520*
    Sackleinenstreifen *520*
    Stroh und Drahtgeflecht für Kletterer *520*
    Strohhülle *520*
  Hauben 521
  Isolierung
    alte Decken 521
    Drahtgeflecht 521
    Farn 521
    Plastikplanen 521
    Sackleinen 521
    Stroh 521
    Zeitungspapier 521
  Präventivmaßnahmen
    an einer Hauswand 521
    in Gefäßen 521
    Mulchschicht 521
    sonnige Böschung 520
    warme Mauer 520
  Rosen eingraben
    Erde anhäufeln *520*
  Umweltbedingungen 520
Frostsenken *515*
  Kaltluft 515
  niedrigste Punkt 515
Frostspanner 388, 396
  befallene Pflanzen 549
  Bekämpfung 549
  Kleiner Frostspanner 549, siehe auch *Operophtera brumata*
Frostspannerraupe 384
  befallene Pflanzen 549
  Bekämpfung 549
Frucht 586
Fruchtauge 586, 589
Fruchtblatt 586
Fruchtblätter 579, 580
Fruchtfäule 332, 338
Fruchtfleisch 579
Fruchtfliege 421, 423, 563
Fruchtfliegenmade (*Dacus*- und *Ceratitis*-Arten) 563
Fruchtfolge 546, 586
Fruchtfolgekrankheit 569
Fruchtformen 586
Fruchtgehölze 387
  Kirschpflaume 387
  Myrobalane 387
Fruchtgemüse 311, 313, 316, 332 - 339
  Stützen 450
Fruchtknoten 535, *535*, 536, 586
Fruchtschäden
  an der Tomate *562*
Fruchttypen
  Öffnungsfrucht *579*
  Schließfrucht *579*
Fruchtwechsel *306*, 546
Früchte 56, 67, 579
Frühbeet 474, 519, 521
  Belüftungsmethoden
    Klappfenster 489, *489*
    Schiebefenster 489, *489*
Frühbeetkästen 214, 474 - 491
  Backsteinkasten 489
  Belüftung 489
  Frühbeetfenster
    abnehmbare Fenster 489
    verschiebbare Fenster 489
  Frühbeetkästen mit „Holländerfenster"
    Töpfe im Frühbeetkasten 214
    Verwendung von Frühbeetkästen 214
  Größe
    Höhe 489
    Mindestgröße 489
  Holzkasten 489
  Isolierung
    Abdeckung 489
    Isolierung aus Polystyrol 489
    Schutzhülle 489
    transparente Plastikplanen 489
  Kasten aus Aluminium 489
  Licht 489
  Scheiben
    Gartenklarglas 489
    Glasklammern 489
    Kunststoffscheiben 489
    Material für die Scheiben 489
  unbeheizter Frühbeetkasten 543
  Verwendung von Frühbeeten 489
Frühbeetkästen und Hauben 489 - 490
frühe Kartoffeln *304*
Frühgemüse 433
Frühjahrsblüher
  Austrieb 228
Frühjahrsfrost *514*
Frühkartoffel
  Stickstoffbedarf 314
Frühlingsblüher
  Hauptsaatzeit 452
Frühlingsgemüse 305
Frühlingskohl *304*
Frühlingszwiebel *304*, 308, 309, 345, *345*, 346 siehe auch Speisezwiebel
  Abstand 346
  Aussaat 346
  Boden 346
  Bodenansprüche 346
  Ernten 346
  Klima 346
  Krankheiten 346
  Sämlinge vereinzeln *346*
  Schädlinge 346
  Sorten 346
  Wässern 346
  zum Einfrieren geeignet 316
frühreifende Apfelsorten 362
frühreifende Birnensorten 362
frühreifende Pflaumensorten 362
Frühtreiben 586
  Hyazinthe
    Kauf 233
Fuchsia 36, 76, 83, *93*, *172*, 264, 432, *434*, 435, siehe auch Fuchsie
Fuchsia 'Celia Smedley' *92*
Fuchsia 'Estelle Marie' *92*
Fuchsia 'fulgens' *92*
Fuchsia 'Lady Thumb' *92*
Fuchsia magellanica *60*, 61, 68, *68*, 69
Fuchsia 'Thalia' *92*
Fuchsia 'White Ann' *92*
Fuchsie 36, 76, 83, *93*, *172*, 264, 432, *434*, 435
  Arten 92
  Aufzucht aus Wurzelschnittlingen 92
  Blattstecklinge 92, *92*
  Busch 92
  Dünger 92, 93
  Erziehung 92,*92*
    Steckling *93*
    zum Hochstämmchen *93*
  Fuchsien als Topfpflanzen 93
  Gartenfuchsie 93
  Hochstämme 92, 93
  laufende Pflege 93
  nicht winterharte Fuchsien *92*, 93
  Pflanzung 93
  Schnitt
    Sprosse ausknipsen 450
  Sorten 92
  Stecklinge *92*
    krautige Stecklinge 92
  Überwintern 93, *93*
  Vermehrung durch Stecklinge 92
  winterharte Fuchsien *92*, 93
Füllpflanzen 174
Fuge 495
Fugenkratzer 461, *461*
Fulvia fulva 552
Fungizid 536, 538, 540, 547, 586
Fungizid, kupferhaltiges 572
Funkie 24, 26, *28*, 137, 147, 148, 155, *157*
  Teilen 164, 165
Furche 525
  dritte Furche 526
  erste Furche 526, *526*
  zweite Furche 526, *526*
Fusarium 558
Fusarium nivale 571
Fusarium oxysporium f. *narcissi* 567
Fusarium solani 565
Fusarium solani f. *pisi* 565
Fusarium-Welke 344, 355, 558, 565
Fußpfette *512*

G

Gabelspalier 587
Gänseblümchen 173, 174, 282, 290, *362*, 576, 577, siehe auch *Bellis perennis*
Gänsefußgewächse 326
Gärtnerharke *460*
Gärtnern
  unter Folie 474, 475
  unter Glas 474, 475
Gagea 223
Gaillardia 141, 167, 173
Gaillardia pulchella 177
Gaillardia x *grandifl.* 148
Galanthus 25, 28, 223, 237, 241, siehe auch Schneeglöckchen
Galanthus 'Atkinsii' *138*
Galanthus caucasicus 231
Galanthus elwesii 231
Galanthus 'Magnet' *138*
Galanthus nivalis 223, 231
Galanthus nivalis 'Flore Pleno' *169*
Galanthus nivalis 'Lutescens' *192*
Galanthus nivalis 'Scharlockii' *191*
Galax aphylla 195
Galax urceolata 196
Galega 149, 162, 165
Galega x *hartlandii* 143
Galium odoratum 143
Galium verum 169
Gallen 545, 559
  blättrige 559
Gallenbildung
  an der Forsythie 559
Gallica-Rose 119, 126, 129, 133, siehe auch *Rosa gallica*, vgl. auch *Rosa* und Rose
  Schnitt 129, *129*
Gallmilben
  befallene Pflanzen 556
  Bekämpfung 556
Gallmücke 562
  befallene Pflanzen 556
  Bekämpfung 556
Gallmückenlarve 546
  räuberische 546, siehe auch *Aphidoletes aphidimyza*
Gallwespen
  befallene Pflanzen 556
Galtonia 218, *219*, 223
  Ruhezeit 236
  Wachstum im Sommer 228
  Wässern 236
Galtonia candicans *219*
Ganoderma 565
Gardenia 453
Garrya 68, 69, 85, 580

Garrya elliptica 61
Garrya elliptica 'James Roof' *60*, 65
Garten
abgesenkter Garten 31
alpiner Garten 189
Alpinhaus 214
Alpinum 189
Bäume im Garten *32*
Barockgarten 60, 61, 174, 293
Bauerngarten 27
Bepflanzung 20, 21, 22, 23, 31
Bepflanzungsprinzip *26*
Farbmischungen *24*
Hintergrund 21, 22
Wirkung auf Dauer 25
Blumengarten 291
Blumenwiese 28
Boden 15
Dachgarten 29, 306
Bepflanzung 29
Felsengarten 17, 22
Figurenschnitt 30
Flaschengarten 447, 448
Abstand 441
Bepflanzen eines Flaschengartens 441
Drainageschicht 441
Substrat 441
Wässern 441
Flechtgarten 31
frostfreier Garten
geeignet für Mischpflanzungen 264
Gartentypen 14
Gemüsegarten 303 - 359
Kräuter 292
Gestaltung 12 - 31, 94 - 98
mit Bäumen 33, 35
mit festen Belägen *492*
mit Kletterpflanzen 94 - 98
großer Garten 277, 428, 429
Hausgarten 397
Hecken 60
Heidegarten 38
historischer Garten
Restaurieren 31
Innenhöfe 29
Inseln 138, 139
italienischer Garten 29
japanischer Garten 30, *30*
klassischer Garten 29, 30, *30*
kleiner Garten *35*, 36, 142, 147, 193, 194, 217, 246, 292, 305, 359, 360, 384, 411
Apfelbäume 383
Apfelsorten 375
Bäume für kleine Gärten 37
erzogene Brombeeren 411
Fruchtwechsel 308
Mangos 423
Obst im kleinen Garten 359, 362
Pflaumen für den kleinen Garten 387
Kräutergarten 291 - 303
ländlicher Garten 142
Mikroklima 15
Miniaturgarten 430
naturbelassener Garten 33
Naturgarten 27
naturnaher Garten 28, 150, *225*, 276, 428
Wasserlauf 245
Nutzgarten 303, 308
Obstgarten 169, 276, 359 - 429
Obstgewächse als Teil des Gartens 361
offener Garten 150, 298
orientalischer Garten 30, 33
Parterres 31
Pflanzen für draußen 433
Pflanzen für drinnen 433
Pflege 16
Planung 12 - 31
Rasen im Garten 277
Roden
mit chemischen Mitteln 524
mit Maschinen 524
Rosengarten 116 - 136, 297
Säuberung eines verwilderten Gartens 524
Schalen-Garten
im Zimmer 265
schwimmender Garten *249*
Skizze 14, *17*, *19*, 20
Steingarten 17, 22, 38, 118, 189 - 216, 292, 297
Sukkulenten 269
Sumpfgarten 169
Teegarten 30
Terrassen 29
Topfgarten *292*
Waldgarten 27, 28, 142, 146
Wasser *28*
Wassergarten 26, 28, 244 - 261, *246*
Wintergarten 33
Wüstengarten 262, 264, *264*
Ziergarten 359
Garten-Himmelsschlüssel 173, 175, 176, 188, siehe auch *Primula-Eliator*-Hybriden
Garten-Kissenprimel 175, 176, siehe auch *Primula vulgaris*
Gartenbau
organischer Gartenbau 303
Gartenbohne 308, *340*, 342, 343, siehe auch *Phaseolus vulgaris*
Anhäufeln 343
Ausbreitung 342
Aussaat 343
Boden 342
Buschbohne 342
Durchmesser 342
Ernte 343
Filetbohne 342
Flageolettbohne 342
Fruchtwechsel 343
Hochbusch 342
Höhe 342
Hülsen 342
fadenlose 342
Giftstoffe 342
Samen 342
Keimung 342, *343*
Krankheiten 343
Kultur unter Glas 343
Lagerung 343
laufende Pflege 343
Mulchen 343
Pflanzabstand 343
Pflanzung 342, 343
Anhäufeln *343*
Sämlinge 342
Schädlinge 343
Selbstbestäubung 342
Sorten
empfohlene Sorten 343
Stangenbohne 342
Stickstoffgehalt des Bodens 343
Stützen 343
Temperatur 342
Trockenkochbohne 342
Wachsbohne 342
Wässern 343
Weiße Bohne 342
Wurzeln 342
zum Einfrieren geeignet 316
Gartengerät
Handhabung 458
Verleih 458
Gartenhandschuhe *464*
aus Baumwolle *471*
aus Leder 471
aus Stoff 471
aus Vinyl 471
aus Wildleder *471*
mit Grifffläche 471, *471*
mit Stulpen 471
mit Wildlederstulpen *471*
Gartenkalender 581 - 584
Gartenkalk 572
Gartenkompost 530, 533
Gartenkresse 330, *330*, siehe auch *Lepidium sativum*
Form 330
mäßig winterharte Pflanze 330
Sämlingsblätter 330
Gartenkürbis *332*, 335, siehe auch *Cucurbita pepo*
Ausbreitung 336
Aussaat 336
Boden 336
Düngen 336
Ernte 336
Fruchtembryo 336
Früchte 336
Klima 336
Krankheiten 336
Kronblätter 336
Kultur unter Abdeckungen 336
Lagerung 336
laufende Pflege 336
männliche Blüten 336
Mulchen 336
Pflanzung 336
Schädlinge 336
Schale 336
Sorten 336
empfohlene Sorten 336
Spaghetti-Kürbis 336
Squash 336
empfohlene Squash-Sorten 336
Stickstoffgehalt im Boden 336
Temperaturen 336
Wässern 336
weibliche Blüten 336
Zucchini 336
zum Einfrieren geeignet 316
Gartenlaubkäfer 564, 572
Gartenmesser 133
Allzweck-Gartenmesser 463, *463*
Hippe 463, *463*
Klappmesser 463
Mehrzweck-Gartenmesser 463, *463*
Okuliermesser 463, *463*
Reinigen 463
Schleifen 463
Stecklingsmesser 463, *463*
Gartennelken 161
Gartenpflanzen 189
Gartenpflanzholz *471*
Gartenpflege 457 - 580
Gartenregner 528
Gartenrose 116, *116*, 119, 128, 134, vgl. auch *Rosa* und Rose
Alba-Rose 117
Bodendecker-Rose 117, 118, 120, 129, 133
Bodendecker-Rose 'Max Graf' *121*
Bourbon-Rose 117
Büschelblütige Buschrose 117
Centifolia 117
Chinarose 117
Damaszenerrose 117
Floribundarose 117
Gallica-Rose 117
Großblumige Buschrose 117
Hybride
immerblühende Hybride 117
Kletterrose 117
Miniatur-Buschrose 117
Moosrose 117
Moschushybride 117
Noisette-Rose 117
Patio-Rose 117
Portland-Rose 117
Provence-Rose 117
Schlingrose 117
Sempervirens-Rose 117
Strauchrose 117
Teehybride 117
Teerose 117
Zwergbuschrose 117
Gartensäge, zweischneidige *463*
Gartensägen
Allzwecksäge 463
Bügelsäge 463
Klappsäge 463
Rebsäge *460*
Gartensalat 328, 329, siehe auch *Lactuca sativa*
Ausbreitung 328
Aussaat
Keimruhe 328
Sämlinge 328
Sämlinge schützen *329*
Wässern 328
Blätter 328
Boden 328
Düngen 329
empfohlene Kopfsalat-Sorten
Tabelle 328
Ernte
Bindesalat ernten 329
Buttersalat ernten 329
Eissalat ernten 329
Formen 328
Krankheiten 329
Kultur unter Abdeckung 329
Lagerung 329
laufende Pflege 329
Pflanzung 328
Sämlinge schützen *329*
Schädlinge 329
Standort 328
Stickstoffbedarf 328
Temperaturen 328
Wachstumsgeschwindigkeit 329
Wässern 329
Gartensauerampfer *299*, siehe auch *Rumex acetosa*
Blätter 297
Blattproduktion 297
Blüten 297
Ernte und Lagerung
Blätter 297
Staude 297
Vermehrung
durch Aussaat 297
durch Teilung 297
verwandte Arten 297
Gartenschere *77*, 79, 104, 127, 376
Gartenscheren
Einhand-Gartenschere
Federmechanismus 463, *463*
Kantenschneiden 463
Heckenschere 463
Standardschere 463, *463*
Gartenschlauch 286
Gartenschnur *471*, 472
Einkerbung 471
Gartenschuppen
aus Aluminiumplatten
Acryleinsätze als Fenster 513
aus Beton
aus Fertigteilen 513
Kunststoffeinsätze als Oberlichter 513
aus Holz
gestrichen 513
kesseldruckimprägniertes 513
Weichholz 513
Zedernholz 513
Formen
mit Flachdach 513
mit Giebeldach 513
mit Pultdach 513
Glasfieberschuppen 513
Stahlblechschuppen 513
Gartensiebe
Maschenweite 471
Sieb aus Draht 471
Sieb aus Kunststoff 471
Gartenspinne *547*
Gartenteich
Fische ansiedeln
Mindesttiefe 252
Folie
wasserdichte Folie 250
Gartenteich aus Beton 251
Bau 252
Ufersockel 252
Verschalung 252
vorgefertigter Gartenteich
Anlegen 251
Form 251
Polsterung 251
Gartenthymian *299*, siehe auch *Thymus vulgaris*
als Topfpflanze 297
Blätter 297
Blüten 297
Ernte und Lagerung
Blätter 297
Blüten 297
Stiele 297
Zweige 297
Halbstrauch 297
Varietäten 297
Vermehrung
durch Absenker 297
durch Aussaat 297
durch halbausgereifte Ansatzstecklinge 297
durch Teilung 297
verwandte Arten 297
Gartenwalzen
aus Kunststoff mit Wasserfüllung 466
aus Metall 466
Gartenwege 28, 66, 96
Gartenwiesel 461, *461*
Gartenzimmer 432
Gartenzubehör 458 - 473
Kauf und Benutzung von Geräten 458
Gartenzwirn *472*
Gasaustausch 579
Gasheizung 482
Gasleitung
Gasanschluß im Gewächshaus
Gasflaschen 480
Installation 480
Gasteria 273
Gasteria angulata 266
Gasteria batesiana 266, 271
Gasteria distichia 266
Gasteria liliputana 266
Gasteria verrucosa 266
Gattung 580, 586
Gaultheria 90
Gaultheria cuneata *192*
Gaultheria forrestii 88
Gaultheria shallon *64*, 68, *90*
Gaura 162
Gazania 162, 166, 177, 264
Gazania uniflora *141*
Gazanie 176, 181, 222
gebändert 586
Gebirgskrokus
Ruheperiode
Sämlinge 238
Wässern 238
Gefäße 309
für Hängepflanzen 432
Gefäße aus organischem Material
Gefäße aus gepreßtem Torf 473
Gefäße aus Zeitungspapier 473
mit automatischer Bewässerung 432
Torfkugel 473
gefiedert 586
gefranst 586
Gefrierbeutel 470
Gefrierpunkt 517
gegenständig 586
Gehäuseschnecke 548
befallene Pflanzen 548
Bekämpfung 548
Gehölze 31, 35, 54, 63, 75, *154*, *196*, 243, 277, 359
an Mauern 80
Herbstbedeckung 259
immergrüne 427
laubabwerfende 259, 427
Laubgehölze 23
Obstgehölze 359, 366, 367, 370
Zwerggehölze 195
Geißblatt 27, 62, 95, 98, *101*, 112, *113*, siehe auch *Lonicera*
Schnitt 107, *107*
Geißblattarten 29
Geisterflecke 562
gelbblättriger Hopfen 97, siehe auch *Humulus lupus* 'Aureus'
Gelbe Himbeeren *408*
Gelbes Mutterkraut *299*, siehe auch *Tanacetum parthenium* 'Aureum'
Gels, wasserspeichernde 527
Gemeine Esche 49, siehe auch *Fraxinus excelsior* 'Pendula'
Gemeine Kiefer 27, siehe auch *Pinus sylvestris*
Gemeines Bermudagras 278, vgl. auch *Cynodon dactylon*
Belastung 278
Hitze 278
Trockenheit 278
Gemeines Rispengras 279, siehe auch *Poa trivialis*
Gemeinschaft von Pilzen mit Pflanzenwurzeln (Mykorrhiza) 523

Gemüse
ausdauernde Gemüse *304*
Aussaat *311*
Beete 197, 315
Blattgemüse 311, 326
Erträge 315
Fruchtgemüse 316
Gemüse im Blumenkasten *307*
Gemüse in Töpfen und Kästen
Auswahl der Pflanzen 311
Drainage 311
Gartenerde 311
Kompost 311
Oberflächenverdunstung 311
Pflanzsäcke 311
raschwachsende Sämlingspflanzen 311
Substrat 311
Vorbereiten der Gefäße 311
Gemüse und Kräuter *307*
grünes Gemüse 322
Kartoffel 311
kletterndes Gemüse
Stützen 315
Klimazone 315
Kultur unter Abdeckung 315
ländlicher Garten 142
nachwachsendes Gemüse 310
Qualität 315
Sämlingsgemüse 310
Salatgemüse 330, 331
Temperatur 315
Tomate 311
Umsetzen von Gemüse *311*
Vegetationszyklus 315
Vorziehen von Gemüse 311
Wachstumsperiode 315
Wintergemüse 352
Wurzelgemüse 310, 311, 352
zum Einfrieren geeignet 316
Gemüsegarten 291, 292, 303 - 358
Abdeckhauben 315
Abdeckung
Folientunnel 315
Gewächshaus 315
Kalter Kasten 315
Abhang
Arbeit an einem Hang 305
Bodenerosion 305
Klimabereiche 305
Nordhang 305
Regen 305
Südhang 305
Anbaumethoden 303
Ausrichtung nach Himmelsrichtungen 305
Aussaat 309 - 311
Aussaat im Freien
Abdeckung 309
Abstand der Pflanzen 309
Anzuchtbeet 309
Aussaat in breite Rillen *310*
Beetsystem 309
Boden 309
Bodenstruktur 309
Bodentemperatur 309
Bodenvorbereitung 309
breitwürfiges Säen 310, *310*
Direktaussaat 309
Folgeaussaat 310
Keimung 309, 310
nasse Bedingungen bei Aussaat im Freien *309*
Richtlinien für die Aussaat 309
Rillensaat 309, *309*
Saatmethoden 309
Sämlinge 309, 310
Samen 310
Standort 309
Temperatur 309
trockene Bedingungen bei Aussaat im Freien *309*
Verdunstung 310
Vereinzeln der Sämlinge 310, *310*
Wässern 310
Aussaat in Gefäßen
Abhärten gegen Außentemperaturen und Wind 311
Abstand der Sämlinge beim Planzen 311
Auspflanzen in einzelne Töpfe 311
kleine Gefäße 311
Klima 311
Multitopfplatte 311
optimaler Platz für das Gefäß 311
Saatschalen 311
Sämlinge in Gefäßen 311
Substrat 311
Temperaturen 311
Wachstumsperiode 311
Wind 311
Aussaat unter Abdeckungen
Sämlinge 309
begehbare Folientunnel
Belüftung 315
Temperatur 315
Boden 311
Bodenfeuchtigkeit bewahren *312*
Chemikalien
Rückstände 313
Düngen
Anwendung 313
Boden 313
Bodenanalyse 313
Bodenfruchtbarkeit 313
Bodennährstoffe 313
Dosierung 313
ergänzendes Düngen 313
Fruchtwechsel 314
Grunddüngung 313
Kalium 313
Kompost 313
Kopfdüngung 313
Mehrnährstoffdünger 313
Mineraldünger 313
Nährstoffmangel 313
organische Düngung 313
organisches Material 313
Phosphor 313
schwefelsaures Kali 313
Superphosphat 313
Triphosphat 313
unter Abdeckungen 314
Vorsorgemaßnahmen 314
Wässern beim Düngen 313
Ernte 316
halbreife Pflanzen 316
in Abhängigkeit vom Klima 316
in Abhängigkeit von der Wachstumsperiode 316
reife Pflanzen 316
Sämlinge 316
Ertrag 303
Fruchtbarkeit
Bodenorganismen 305
Bodenstruktur 306
Bodentypen 305
Drainage 305, 306
Düngen 305
Gründüngung 306
Kompost 306
leichter Boden 306
Mischboden 305
Mulchen 306
Mulchschicht 306
organisches Material 305
Pflanzenwurzeln 305
pH-Wert 305
sandiger Boden 305
Tonboden 305
Verbessern des Bodens 305
Wachstumsperiode 306
Zugabe von organischem Material 305
Fruchtwechsel
Abdeckungen 308
Aufzeichnung der Aussaat 308
Aufzeichnung der Erträge 308
Aufzeichnung der Pflanzung 308
Aufzeichnung der Probleme 308
Boden 308
Fruchtwechsel bei Gemüse 308
Fruchtwechsel bei Hülsenfrüchten 308
Fruchtwechsel bei Kapseln 308
Klima 308
Krankheiten 307
Mengenangaben 308
Nachteile des Fruchtwechsels 308
Planung der Bepflanzung 308
Planung des Fruchtwechsels 308
Planung von Monat zu Monat 308
Saisonbeginn 308
Schädlinge 307
Vermeiden von Schädlingsetablierung 314
Vorteile des Fruchtwechsels 307
Gartenkästen
Abdunkeln zum Frühtreiben 315
Abhärten von Sämlingen 315
Boden 315
Frühtreiben 315
Platz 315
Gestaltung eines Gemüsegartens 303 - 308
Gewächshaus
Bodenkrankheiten 315
Tomate 315
idealer Gemüsegarten *304*
Klimafaktoren
Abdeckung 307
Aussaat 307
Tageslänge 307
Tagestemperatur 307
Temperaturerfordernisse 307
Wachstumsperiode 307
Krankheiten 312, 313
Bodeninfektionen bei Kohl 314
vorbeugende Hygiene 314
Symptome 314
Verwachsungen 314
Vorbeugen 314
krankheitsresistentere Sorten 314
Kultur in Gewächshäusern 315
Kultur unter Folie 315
Lagerung 316
Blanchieren und rasches Abkühlen 316
Blattgemüse 316
Einfrieren 316
Früchte 316
Kellern 316
Konservieren 316
Qualität in Abhängigkeit vom Wasserverlust 316
verschiedene Kohlarten 316
Vorbereiten des Gemüses für die Lagerung 316
Zwiebeln lagern 316
laufende Pflege 312 - 314
Boden 312
Bodenfeuchtigkeit bewahren 312
Mischkultur
Duftstoffe von Blättern 308
Duftstoffe von Blüten 308
empfohlene Kombinationen 308
Gemüsearten 308
Nachbarschaft von Pflanzen 308
Pflanzengemeinschaften 308
Salat und Zuckermais *308*
Schachbrettsystem 308
Wachstum 308
Wurzelausscheidungen 308
Mulch
Boden 313
Feuchtigkeit 313
Kompost 312
Mulchschicht 313
organischer Mulch 312, 313
Pflanzung 313
Temperatur 313
Unkraut niederhalten 313
niedrige Folientunnel
Abhärten von Sämlingen 315
Belüften 315
Material 315
Nachteile 315
Temperaturen 315
Wässern 315
Windschutz 315
Pflanzen am Fuße einer Gartenmauer
Boden 305
Pflanztiefe *310*
Pflanzung 309 - 311
Abstände der Pflanzen 311
Blätterdach 311
Boden 311
Empfehlungen für Pflanzen- und Reihenabstand 311
Pflanztiefe *310*
Sämlinge 311
Sämlinge umsetzen *310*
Schatten 311
Umpflanzen 311
unter Plastikfolie *313*
Viereckpflanzung 311
Wässern 311
physiologische Probleme
Aussaat und Zeitpunkt 314
Bestäubung 314
Nährstoffmangel im Boden 314
Temperaturen während der Aussaat 314
Trockenheit während der Aussaat 314
Wässern 314
Planung des Gemüsegartens
Anlage 306
Beete 306
Beetsystem 306
Bodenstruktur 306
Erträge 306
Form 306
Gemüse als Topfpflanzen 306
Gemüse im Blumenbeet 307
Größe 306
Platz für Kräuter 307
Platz für Stauden 306
Reihenkultur 306
Unkraut 306
Verteilung der Pflanzen 306
Wege 306
Raumaufteilung *305*
Saatgut
Aussaat zur Probe 309
Auswahl des Saatgutes 309
F1-Hybriden 309
Gemüsesamen unterscheiden sich in ihrer Keimfähigkeit 309
Kauf des Saatgutes 309
Keimung erleichtern durch vorgekeimten Samen 309
pilliertes Saatgut 309
präpariertes Saatgut 309
Probeaussaat 309
Saatbänder 309
Saatgut als Gel 309
Säen von „nacktem Samen“ 309
Säen von vorgekeimtem Samen 309
Temperaturen 309
Schädlinge 312, 313
Befall 314
biologische Bekämpfung 314
Bodenschädlinge 314
chemische Sprühmittel 314
Fallen 314
Folienbarrieren 314
Manschetten 314
Netz 314
organische Sprühmittel 314
Resistenz 314
Temperaturen 314
Standortwahl
Boden 303
Bodendurchlässigkeit 303
Bodenfruchtbarkeit 303
Kriterien für einen geeigneten Platz 303
Wasserversorgung 303
Windschutz 303
Substrat 311
Temperaturen 305
Unkräuter 312
Vermehrung
Aufzucht aus Samen 311
durch Ausläufer 311
durch Knollen 311
durch Stecklinge 311
durch Zwiebeln 311
vegetative Vermehrung 311
Verwendung wachsender Folien *315*
wachsende Folie
bedingter Schutz vor Insekten 315
Belüftung 315
Temperaturen 315
Unkräuter 315
Windschutz 315
Wässern 311, 312
Ausrüstung 312
Bodenstruktur 312
Feuchtigkeitsspeicherung 312
in kritischen Phasen 312
keimende Samen 312
minimales Wässern 312
mit Sickerschlauch *312*
neu umgesetzte Pflanzen 312
Pflanzabstände 312
Sämlinge 312
Trockenzeiten 312
Verdunstungsprobleme bei leichten Wassergaben 312
von Blattgemüse 312
von Fruchtgemüse 312
von Möhren 312
von Salatgemüse 312
von Tomaten 312
von Wurzelgemüse 312
wichtigste Gartenarbeiten
im Frühling 582
im Herbst 584
im Sommer 583
im Winter 584
Gemüsepaprika *332*
Gemüsepflanzen 346, 348
zweijährige 348
Gemüsetopf 292
Gemüsezwiebeln 308
Gen 544
Genera 586
Genista 38, 64, 68, 83, 85, 536
Genista delphinensis 195
Genista lydia *189*
Genista sagittalis *193*, 195
Genista tinctoria 69
Gentechnik 544
Gentechnologie 544
Gentiana 162
Gentiana acaulis 169, *192*, 195, 212, *212*
Gentiana asclepiadea 143, 162
Gentiana lutea 212
Gentiana saxosa 195, 205
Gentiana septemfida *192*
Gentiana sino-ornata *192*, 196, 212, *212*
Gentiana verna 190, *191*, 205, 212
Gentiana verna var. *angulosa* 195
Genus 586
Geräte
zum Pflanzen 471
zum Säen 471
zur Bodenbearbeitung 459 - 461
zur Rasenpflege 466 - 467
Geranie 170
Geranium 118, 119, 143, 165, 167, 170, 210
Geranium endressii 143
Geranium farreri 197
Geranium 'Johnson's Blue' *219*
Geranium pratense 149, *169*
Geranium sanguineum var. *striatum* *149*, 195
Geranium-Arten *139*, 140
Gerbera 435
gerippte Marmande-Tomate 337, siehe auch Tomate
Geröllbeet 197, 200, 201, *201*
Abschlußschicht
Dicke 201
Material 201
Anlegen des Geröllbeets
Boden 196
Bepflanzen des Geröllbeets 201, *201*
Boden
Boden für das Geröllbeet 200
Drainage 200

Geröllmischung 200
Spezialmischung 200
Standardmischung 200
Einrichten eines Geröllbeets
Drainage 201
Geröllmischung 201
Gestaltung eines Geröllbeets
Drainage 205
Standort 197
Wasserabzug 197
Geröllgarten
Erneuern der Deckschicht *207*
Unkrautjäten *207*
Geröllhalde 586
Geröllpflanzen
benötigtes Substrat 200
Geruch, modriger 529
Geriche 546
Gerüst 401
aus Rundhölzern 511
Gerüst für Pergolen
aus Rundhölzern
Montage 512
Überlattung, kreuzweise 512
Verklauung 512
aus Stämmen 512
Gesamtkonstruktion
Balken 512
Eckstreben 512
Holzschutzmittel 512
Querbalken 512
Rinde 512
Sparren 512
Stabilität 512
Streben 512
Verbindungen 512
Gerüste aus Rundhölzern 511 - 512
Geschälte Erdnüsse 340, siehe auch Erdnuß
Geschlitztblättriger Essigbaum 33
geschlossen 586
Gesneriazeen-Arten
Vermehrung
durch Blatteile 455
Gespinstmotten
befallene Pflanzen 551
Bekämpfung 551
Gestein 197
Gesteinsarten
Kalkstein *197*
Kalktuff *197*
Sandstein *197*
Getrocknete Gartenbohnen *340*, siehe auch Gartenbohne
Gewächse
kriechende 206
Gewächshaus 56, 59, 153, 154, 161, 170, 180, 183, *184*, 188, 222, 227, 233, 235, 236, 249, 298, 305, *305*, 309, 311, 315, 325, 326, 333, 334, 338, *338*, 340, 343, 345, 363, 367, 375, 391, 398, 430, *434*, 436, 437, 439, 444, 448, 474 - 491, *474*, 542
Abflußrinne *478*
Absaugventilator
Absaugmenge 483
Lebensdauer 483
Leistungsfähigkeit 483
Alpinhaus 477
Anbringen der Stellagen 480
Anlehnhaus 476, 486, *486*
Schattierung 475
Anschluß
Stromanschluß 475
Wasseranschluß 475
Arrangement mit Kakteen im Gewächshaus *265*
Atmosphäre 265
auf mehreren Ebenen *433*
Aufbau des Gewächshauses 479 - 480
Ankerbolzen 479
Beton 479
Betonsockel 479
Boden 479
Fundament 479
Gerüst 479
Giebelwände 479
Hersteller 479
Innenwand 479
Schotter 479
Sprossen 479
Steinplatten 479
Steinsockel 479
Trockenverglasungssystem 479
Verglasen 479
Ziegelsteinsockel 479
Aufstellen des Gewächshauses
Nord-Süd-Richtung 475, *475*
Ost-West-Richtung 475, *475*
Sonnenstand im Frühling 475, *475*
Sonnenstand im Sommer 475, *475*
ausgewogene Bedingungen
Beleuchtung 481
Belüftung 481
Berieselungssystem 481
Bewässerung 481
Bewässerungsanlage, automatische 481
Frostalarm 481
Gas- oder Ölofen 481
Heizung 481
Isolierung 481
Kapillarsystem 481
Luftfeuchtigkeit 481
Öffnungsvorrichtung, automatische 481
Pflanzenlampen 481
Raumbefeuchtung 481
Rollo 481
Rollo, automatisches 481
Schattierfarbe 481
Schattierung 481
Sprinkleranlage 481
Sprühschlauch 481
Temperatursteuerung 481
Thermostat 481
Wärmeblende 481
Außenarbeiten
Anstrich 491
alte Farbe 491
Clips 491
Holzgerüst 491
Holzschutzmittel 491
Lüftungsöffnungen 491
Metallgerüst 491
Reparatur von Scheiben 491
Rinnen und Abflußrohre 491
Säubern von Glasscheiben 491
Säubern von Kunststoffscheiben 491
Verschleißteile 491
automatischer Öffner
Wachs 483, *483*
Bau eines Ziegelsteinsockels
Betonfundament 479, *479*
Fundament 479, *479*
Schotter 479, *479*
Ziegelsteinsockel 479
Baumaterial 478
Baustoff
Aluminium *478*
Holz *478*
Stahl *478*
Bedingungen im Gewächshaus
Belüftung 433
Heizung 433
Schattierung 433
Stromanschluß 433
Temperatur 433
Wasseranschluß 433
Beete
Bankbeet 441
Bodenbeete 441
erhöhte Beete 486
Gewächshausbeet 232, 332, 341, 354
mit Kakteen *265*
Beleuchtung
Gewächshausanstrich 444
Neonröhre 485
Belüftung 448
Grundfläche 483
Lüftungsfläche 483
Temperatursteuerung 483
zusätzliche Lüftung 483
Berieselungssystem 485
Bewässerungssystem
automatische Bewässerungsanlage 485
Berieselung 485, *485*
Kapillarbewässerung 485, *485*
Kapillarmatte 485, *485*
Rinne 485, *485*
Röhren 485, *485*
Wassertank 485, *485*
Bodenvorbereitung im Gewächshaus 441
Borde 487
Dachklappen 363
Dachöffnung 478
Deckenleitung 485
Düngen 448
elegantes Design 475
Energiesparhaus 477
erhöhte Beete
Butylgummi 486
Drainage 486
Ziegeln 486
Feuchtigkeitsmessung
absolute Luftfeuchtigkeit 484
„feuchte" Luft 484
„trockene" Luft 484
Graufäule/Botrytis *484*
Hygrometer 484
hygrometrische Tabelle 484
Meltau 484
relative Luftfeuchtigkeit 484
First 478
Folientunnel 477
freistehendes Gewächshaus
Kaltluft 475
Windkanal 475
Windschutz 475
Frostalarm
Heizungsausfall 482
Temperatur *482*
Frostschutz
Gasheizung
Gasflaschen 482
Gaszylinder 482
Hauptanschluß 482
Propangas 482
richtige Einstellung 482
Umschaltventil, automatisches 482
gemischtes Gewächshaus 448
Gerüst
Aluminium 476, 479
Farbe 478
Gerüst aus Aluminiumlegierung 478
Hartholz 478
Holz 479
Holzskelett 476
Kiefernholz 478
verzinkter Stahl 479
Zedernholz 478
Gewächshaus mit Holzgerüst
Fundament 479
Lüftungsklappe 480
Seiten, Giebelwände, Dach 479
Tür 480
Gewächshaus mit Metallgerüst
Ankerbolzen 480
Bausatz 480
Betonfundament 480
Dach 480
Einsetzen der Tür 480
federnde Clips *480*
Giebelwand 480
Klammer 480
Laufschiene 480
Lüftungsklappe 480
Luftklappe 480
Scheibe 480
Seite 480
Sockel 480
Sperrvorrichtung 480
Sprosse 480, *480*
Verankerung 480, *480*
Verglasen 480
w-förmige Drahtclips *480*
Gewächshauskultur
abgestufte Bank 433
Ausstattung 433
Bank an den Seiten 433
Bankbeete 433, 441
Bodenrabatte 433
Einrichtung des Gewächshauses 433
erhöhte Beete 433, 486
Licht 433
Luftfeuchtigkeit 433, 449
Temperatur 433
Tisch 433
Verglasung 433, 478, *478*, 479, 480, 482
Zierpflanzen 433
Giebelanlehnhaus 476, *476*
Isolierung durch Mauer 476
günstige Bedingungen 481 - 485
Heizen 448
Heizung 482
elektrischer Heizlüfter 482
Heizlüfter 482
Heizungsröhren 482
Konvektoren 482
thermostatgesteuerte Heizung 482
wasserdichtes Röhrensystem 482
Holländerhaus 476
Hygiene 448
Entfernen abgestorbener Blätter 449
Schädlinge 449
Innenarbeiten
Ausräuchern 491
Pilz- und Insektenvertilgungsmittel 491
Säubern und Desinfizieren 491
Sterilisieren 491
Innenausstattung
Anzuchtkasten, beheizter *486*
Außenrollo *486*
Bord *486*
gefliester Bereich *486*
Heizlüfter *486*
Lamellenfenster *486*
Lattentisch *486*
Lüftungsklappe *486*
Öffnungsvorrichtung, automatische *486*
Pflanzentisch *486*
Pflanzsack *486*
Schalen *486*
Steckdosen *486*
Stellage *486*
Tank *486*
Thermometer *486*
Wasserhahn *486*
Innenraum
attraktive Arrangements *487*
Präsentation der Pflanzen 487, *487*
„ruhende" Pflanzen *487*
Instandhaltung
Pflege des Gewächshauses 491
Reinigung zwischen den Scheiben 491
Isoliermaterial
Luftpolsterfolie 482, *482*
Isolierung
Heizkosten 482
Lichteinfall 482
Mindesttemperatur 482
Isolierung aus flexiblem Kunststoff
Luftpolsterfolie 482
Plastikplanen, einfache 482
Kakteen 264, 265, *265*
Kapillarsystem
im Winter 485
Kapillarmatten 485
nasser Sand 485
Plastikrinne 485
Plastiktopf 485
Tank 485
Tontopf 485
Wasserbehälter 485
kleine Töpfe vor Frost schützen in Sand einschlagen 449
kleines Gewächshaus 448
kühles Gewächshaus 434, 435, 443
frostfreie Bedingungen 434
Temperaturen 434
warmer Bereich 434
Kultivierung im Gewächshaus 359
Feige 359
Nektarine 359
Pfirsich 359
Traube 359
Kunststoffscheiben
Acrylglas 479
Hohlraumplatten, doppelwandig 479
Isoliereigenschaften 479
Kondenswasser 479
Polykarbonatscheiben 479
Kuppel *477*
für exponierte Lagen 477
Lichteinfall 477
kuppelförmiges Gewächshaus 477
Länge, Breite, Höhe
breites Gewächshaus 478
kleines Gewächshaus 478
Stellagenbreite 478
Lamellen 483
Lamellenfenster *478*
Luftaustausch im Winter 483
Zugluft 483
Licht 265
Lüftungsarten
Schornsteineffekt *483*
Ventilatoreffekt *483*
Windeffekt *483*
Lüftungsklappe *478*, 483
Lüftungsklappen 483
maximale Belüftung 483
Luftbefeuchter
Schale mit Wasser 484
Sprühvorrichtung, automatische 484
Luftfeuchtigkeit 449
Feuchtigkeit 484
Kontrolle 484
Lüften 448
Pilzerkrankung 449
Transpiration 484
Überhitzung 484
Luftklappenöffner, automatischer
Ausdehnung und Kontraktion eines Wachsstöpsels 483
mit Hilfe eines Kolbens 483
Öffnungsmechanismus 483
Temperatursteuerung 483
Luxmeter
Helligkeitsgrad 485
Pflanzenlampe *485*
mäßig-warmes Gewächshaus 435
Nutzungsmöglichkeiten 434
Temperatur 434
Mansardenhaus 476
Miniaturwüstengarten 265
Minihaus 477
Nutzung des Raums 486, 487
Ölofen
Abgase 482
Belüftung 482
Wasserdampf 482
optimale Größe 478
Pflanzen für das Gewächshaus 265
Pflanzenlampe
Halogenlampe 485
Leuchtstoffröhre 485
Pflanzenlampe *485*
Quecksilberdampflampe 485
Reflektoren 485
Pflanzplan für Kakteen 265
Pflanzung im Gewächshaus 441
Platzüberlegung
Frühbeetkästen 478
Stellagen 478
polygonales Gewächshaus 477
Querstreben *478*
Randbeete *478*
rechtzeitige Planung 475
Lichteinfall 475
Nord-Süd-Ausrichtung 475
Ost-West-Ausrichtung 475
Regelsysteme
automatische 448
Rollo 484
Satteldachhaus, herkömmliches 476
Schattieren 484, *484*, 542
Außenseite 484
automatische Jalousie 444

biegsames Geflecht 484, *484*
gefiltertes Licht 484
Innenschattierung 484
Kunststoffgeflecht 484, *484*
laminierter Stoff 484
Luftpolsterfolie 484
manuelle Jalousie 444
Maschendraht 484
Plastikgeflecht 484
Polykarbonatplatte 484
Rollo 484
Schattierfarbe 484, *484*
starre Platten 484
Stoff 484
Wärmereduzierung 484
Schiebetür *478*
Schornsteineffekt
Öffnungen im Dach 483
Seitenklappen 363
Sockel *478*
Spannweite
Baum am Gerüst 392
Lüften 392
Temperatur 392
Sprühen 448
Sprühschlauch 485
Standortwahl
gute Lage 475, *475*
Licht 475
Schatten 475
schlechte Lage 475, *475*
Stellagen
Abstand zur Gewächshauswand 487
Aluminiumoberfläche, durchgehende 487
an einer Schmalseite 487
Anbaustellagen 487
Anbringen der Stellagen 487
Arbeitsfläche 487
Dauerstellagen 487
Draht- oder Kunststoffgeflecht 487
Einbaustellagen 487
fest eingebaute Stellagen 487
freistehende Stellagen 487
Größe und Höhe 487
Latten und Metallgeflecht 487
Lattentisch 487
Stellagen in der Mitte 487
Substrate für Gewächshäuser
auf Lehmbasis 441
Gartenerde 441
humose Erde 441
Krankheiten 441
laubhaltige Erde 441
Laubkompost 441
ph-Wert 441
Rhododendronerde 441
Schädlinge 441
Torfsubstrat 441
Unkräuter 441
Sukkulenten 264, 269
Schattierungen installieren 264
Temperatur 269
Temperatur 265
Außentemperatur 481
Erhöhung der Normaltemperatur 481
frostfreie Temperatur 481
frostfreies Gewächshaus 481
gemäßigte Temperatur 481
hohe Temperaturen 481
Isolierung 481
kalte Temperatur 481
Kalthaus 481
kühle Temperatur 481
kühles Gewächshaus 481
Lüftung 449
Mindesttemperatur 481
Pflanzenlampe 481
Schattierung 481
Tagestemperaturen 481
Temperaturregelung 449
Thermostat 481
Wachstum 449
wärmeres Gewächshaus 481
warme Temperatur 481
warmes Gewächshaus 481
Warmhaus 481
temperiertes Gewächshaus 443
Thermometer
Maximum/Minimum-Thermometer 482
Nachttemperatur 482
Topfkultur in einem ungeheizten Gewächshaus 222
Traufe *478*
Treibhauseffekt
Hitzestau 481, *481*
kurze Wellen 481
kurzwellige Strahlen 481, *481*
lange Wellen 481, *481*
Trittleiste *478*
Tür *478*
ungeheiztes Gewächshaus 434
Ventilatorprinzip 483
Verglasung
Bruchstellen 479
Doppelverglasung *478*
doppelwandiges Polykarbonat 479, *479*
Einsetzen einer Scheibe im Rahmen 480, *480*
Einsetzen einer Scheibe mit Clips 480
Gartenklarglas 479
Glasscheibe *478*
Kunststoffscheiben 479
Lichtdurchlässigkeit 479
Verglasungsmaterial 479
Wärmeverlust 479
Zuschneiden der Gläser 479
Zwei-Scheiben-Isolierglas 482
Vorbereitung des Standorts
Fundament 479
Wärmeblenden
beheizter Teil 482
horizontale Blende *482*
Kunststoffplatten 482
laminierter Stoff 482
senkrechte Blende *482*
Traufe *482*
unbeheizter Teil 482
Wässern 448
Raumtemperatur 448
Vorratsbewässerung 448
Wasserbedarf im Sommer 448
Wasserbedarf im Winter 448
Wassertemperatur 448
Warmwasserheizung
Heizraum 482
kohlebeheiztes Warmwassersystem 482
mit Gas beheizte Anlagen 482
mit Öl beheizte Anlagen 482
Windstoßprinzip
Luftaustausch 483
Öffnungen, versetzt angeordnete 483
Ziegelsteinsockel *478*
Zugang 475
Zugang mit Rollstuhl 478
zusätzliche Lüftung
Abgase 483
Ventilator 483
Wasserdampf 483
Gewächshausgurke *332*, 334, siehe auch Gurke
Bestäubung 334
Fruchtwechsel 334
Gewächshauszikade 551, siehe auch *Hauptidia maroccana*
Gewebe
wasserdurchlässiges Gewebe *544*
Gewebekultur 544, *544*, 586
Gewürze 340
Gewürzfenchel 295, siehe auch *Foeniculum vulgare* var. *dulce*
Gewürzkräuter 298
Gewürznelken 116
Gewürzpflanzen 332, 346, 347
Giebeldach 513
Giersch 574, *574*, 575, siehe auch *Aegopodium podagraria*
Gießen *71*
Gießkannen 448
Gartengießkanne 468, *468*
Gewächshausgießkanne, *468*
Brause *468*
Lochung *468*
Tülle *468*
Gießkanne aus Kunststoff 468
Gießkanne aus verzinktem Metall 468
Zimmergießkanne 468, *468*
Giftköder 566
Gilia capitata 177, 181
Ginkgo 58
Ginkgo biloba 37, 55
Ginster 64, 85, siehe auch *Cytisus*
Gips 572
Gitter, weitmaschiges *511*
Gitterspalier *511*
Gittersteinformen
Blatt *505*
geschwungene Raute *505*
Quadrat *505*
Gladiole 217, 218, 219, 222, *234*, siehe auch *Gladiolus*
Blüte 237, *237*
Brutknöllchen bei Gladiolen
Boden 237
Pflanzen 237
Laub 237, *237*
Überwintern *237*, 237
Vermehrung durch Brutknöllchen *237*
Wachstum im Sommer 228
Gladiolen-Sorten 218
Butterfly-Gruppen 218
Primulinus-Gruppen 218
Gladiolenblasenfuß 560
Gladiolenknolle *540*
Gladiolus 222, 223, 232
Zwiebeln
Teilstücke 241
Vegetationspunkt 241
Gladiolus communis subsp. *byzantinus* 231
Gladiolus 'Deliverance' *237*
Gladiolus 'Perky' *218*
Gladiolus 'Tesoro' *222*
Gladiolus, Arten 237
Gladiolus, Hybriden 237
Glanzkäfer (*Meligethes* sp.) 561
Glas 474
Glasglocke 521, 586
Glaszelt 490
Glaucidium palmatum 196
Glaucium flavum 177, 180
Gleditsia 56, 58
Gleditsia triacanthos 42
Gleditsia triacanthos 'Sunburst' 34, 37
Gleichgewicht, ökologisches 572
Globodera pallida 570
Globodera rostochiensis 570
Globularia 148
Globularia cordifolia 194, 195
Globularia meridionalis 195, 205
Globularia repens 195
Glockenblume *21*
Gloriosa 222
Gloriosa superba 101
Glottiphyllum 273, 274
Glottiphyllum linguiforme 266, 271
Gloxinie, siehe auch *Sinningia speciosa*
Vermehrung 242
Vermehrung durch Blattstecklinge 454
Glufosinate-Ammonium 575, 577
Glyceria aquatica 'Variegata' 144
Glyceria maxima 'Variegata' 247
Glyphosat 575
Glyzine 102, siehe auch *Wisteria*
Schnitt 105
Goldafter 551
Goldener Majoran 296, siehe auch *Origanum vulgare* 'Aureum'
Goldfelberich *27*, siehe auch *Lysimachia punctata*
Goldfisch 244, 247
Goldlack 27, 137, 173, 188, 218, siehe auch *Cheiranthus*
Winterlaub 175
Goldregen 35, siehe auch *Laburnum*
Golfstrom 514
Gomphrena globosa 177, 180
Gordonia 85
Gotischer Verband 505
Graben, flaches 526
Grabenbewässerung 586
Grabgabel 287, 288, *288*, 458, *459*, 467, 525
Grabgabeln
Damen-Grabgabel *459*
Kartoffelgabel 459, *459*
Kleinformat 459
Standard 459
Standardgabel
Metallzunge 459
Stiel 459
Tülle 459
Zwischengröße 459
Grabwerkzeug 459
Granatapfel 360, 427, *427*, siehe auch *Punica granatum*
Anbau unter Glas
Anbau in Kübel 427
Anbau in gut vorbereitete Beete 427
Boden 427
Dünger 427
Luftfeuchtigkeit 427
Temperatur 427
Wässern 427
Blüten 427, *427*
Boden 427
Ernte 427
Ertrag 363
Frischhaltung 427
Früchte 427, *427*
Granatapfelbaum *427*
Guave in gemäßigtem Klima 427
Kronenerziehung 427
laufende Pflege 427
Mulchen 427
pH-Wert des Bodens 427
Schädlinge 427
Schale 427
Schnitt 427
schwachwüchsige Art 427
Selbstfruchtbarkeit 427
Standort 427
Temperatur 427
Überwintern bei Topfkultur 367
unter Glas Kultivieren 363
Vermehrung
durch Grünstecklinge 427
durch krautige Stecklinge 374
durch Steckholz 427
durch Wurzelschosse 427
Wässern 427
Granit 197
Granitimitat 498, *498*
Granitwürfel 498, *498*
Granne 586
Grapefruit 420, 422, siehe auch *Citrus paradisi*
empfohlene Sorten 421
Fruchtform 422
Hauptgruppen 422
Krankheiten
Stammflecken durch Tristeza-Virus 421
Kreuzung mit Mandarine heißt Tangelo 422
Standort auf Seehöhe 422
Temperatur 422
Graptopetalum amethystinum 271
Gras 144, 156, 169, 276, 278, *278*, 279, 431, 502, siehe auch Rasen
Arten 278
Beanspruchbarkeit 279
Blumen im Gras *279*
Boden 284
Düngen
Anwendung des Düngers 286
einjährige Gräser *145*, 176
Zurückschneiden 145
Familie der Gräser 144
Farbe 278
Feuchtigkeitsaufnahme beim Wässern *286*
Gräser für gemäßigtes Klima 278
Aussaat 282
Rollrasen 282
Gräser für subtropische und tropische Gebiete
vegetative Vermehrungsmethoden 282
Gräser für warmes Klima 278
bevorzugter ph-Wert 280
Grasflächen 225, 276
Bodentyp 279
gemäßigtes Klima 279
Grasflächen mit vielen Blumen 279
Klima 279
Lage 279
naturnahe Grasflächen 230, 234
Problemzonen 279
Saatgut 279
warmes Klima 279
Grasmischung 279
Grassorten
Farbe 279
Krankheitsanfälligkeit 279
Mischung 279
Saatgut 279
Trittfestigkeit 279
Wuchs 279
Graswege *277*
Herbstblüher 220
hohes Gras 276
Horstgräser 144
Keimen 279
Konkurrenz durch Unkraut 284
kurzes Gras 277
kurzlebiges Gras 279
langes Gras 277
langsam wachsende Gräser 279
laufende Pflege 145
Lichtverhältnisse 431
Mähen 279
Mischung 278, 279
mittelhohes Gras 276
Riedgräser 144
Ruheperiode 278
Säen 278, 283
Sämlinge 284
Samen 145, 284
Mischung des Grassamens 289
schmalblättrige Gräser 575
Schnitt 276
Schnitthöhe des Grases 289
Stickstoffmangel 286
Teilung
mit Rhizomen 145
Umtopfen 145
Unkrautbekämpfungsmittel 289
Vegetationspunkt 276
Vermehrung 145
durch Teilung *145*
Wässern
Sprengen des Rasens 286
unterirdisches Beregnungssystem 286
Verdunstung 286
Wachstum
pH-Wert 280
Wuchs 278
Wurzelbildung
Boden 286
Drainage 286
Mineralstoffe 286
Wasser 286
Grasfangvorrichtung *465*
Graslilie *23*
Grasnarbe
Drainrohre verlegen im flachen Gelände *529*
umgedrehte *529*
Graspfad 502
Grassoden 533
Graufäule/*Botrytis* 484
Grauschimmel 93, 171, 329, 338, 392, 411, 413, 449
Grauschimmel/Botrytis
befallene Pflanzen 550
Grauschimmelfäule/Botrytis 562
Grauschimmelkrankheit
befallene Pflanzen 553
Bekämpfung 553
Grauschimmelpilz 560
Grauschimmelpilz/Botrytis
befallene Pflanzen 557
Bekämpfung 557
Greenovia 272, 273
Grevillea 55, 85, 435

Grevillea robusta 37
Griechenland 29
Griffe
  D-Griff 459, *459*
  T-Griff 459, *459*
  Y-Griff 459, *459*
Griffel 535, 580, 586
Griffelsäule *580*, 586
Griselinia 68, 85
Grit 532
Großblumige Rose 127, siehe auch *Rosa* und Rose
Großbritannien 128, 278
Große Brennessel 280, *575*, siehe auch *Urtica dioica*
  Regeneration aus kleinen Wurzelstöcken 280
  Regeneration aus Rhizomstücken 280
Gründüngung 554, 586
Gründüngungspflanzen 306, 530, *530*
  einjährige 531
Grüne Blattläuse 87, 93
Grüne Laus 329
Grüner Bambusstab *472*
Grüner Stangensellerie 348, siehe auch Apium graveolens
Grünkohl 308, 317, siehe auch *Brassica oleracea Acephala*-Gruppe
  Ausbreitung 317
  Aussaat
    in Anzuchtbeeten 317
    in Saatschalen 317
  Blätter 317
  einjähriger Grünkohl 317
  Ernte und Lagerung
    Einfrieren 317
    Konservieren 317
    Verbleib im Boden 317
  früher Grünkohl 317
  Krankheiten 317
  Pflanzung
    Pflanzabstand 317
  Pflege
    Kopfdüngung 317
  Sämlinge
    Ernte 317
    Vereinzelung mit neuen Sprossen 317
  Schädlinge 317
  Stickstoffbedarf 314
  Winterkohl 317
  zum Einfrieren geeignet 316
  zweijähriger Grünkohl 317
Grünpflanzen 158
Grünsteckling 538, *538*, 587
Grundbrett 510
Grunddüngung 586
Grundstücksbegrenzung 508
Grundwasser 528
Grundwasserspiegel 244, 528, 529
Guave 426, 427, *427*, siehe auch *Psidium guajava*
  Anbau unter Glas
    Handbestäubung 427
    Kultivierung in Beeten 427
    Kultivierung in Behältern 427
    trockene Luft 427
  Baum 426
  Boden 425
  Düngen 426
  empfohlene Guavensorten 427
  Ernte 427
  Erziehung
    Kronenerziehung 427
  Frischhaltung 427
  Fruchtfleisch 427
  Fruchtqualität 426
  Früchte 426
  Insektenbestäubung 426
  Kronenerziehung 427
  Luftfeuchtigkeit 426
  Mulchen 426
  pH-Wert des Bodens 425
  Schädlinge 426
  Standort 426
  Temperaturen 426
  Überwintern bei Topfkultur 367
  Vermehrung
    Anzucht aus Samen 427
    ausgewählte Sorten durch Chip-Okulation vermehren 427
    durch Ableger 427
    durch Abmoosen 427
    durch Okulation 427
    durch Stecklinge 427
    Veredelung 427
Guavenbaum *427*
Gummiband 472
Gummibaum
  Oberflächenstrukturen des Laubs 430
  Vermehrung
    durch Abmoosen 456
Gummifluß 392, 568
Gunnera chilensis 247
Gunnera magellanica 23
Gunnera manicata 139, 143, 148, 246, 247
Gunnera-Arten 137
Gurke *304*, 308, 316, 334, 335
  Aussaat 334, *334*
  Boden 334
  Buschgurken 334
  Drainage 334
  Einlegegurken 334
  Ernte 335
  Freilandgurken 334
  Früchte 334
  glatte Sorten 334
  Japanische Gurken 334
  Klima 334
  Krankheiten 334, 335
  Kultur unter Glas 335
  Lagerung 335
  laufende Pflege 334
  Pflanzung 334, *334*
  Samen 334
  Schädlinge 335
  Schmorgurken 334
  Sorten 334
  Standort 334
  Stickstoffbedarf 314
  Stickstoffgehalt des Bodens 334
  Temperatur 334
  Wachstumsperiode 335
  Wässern 335
    in kritischen Phasen 312
  Wurzeln 334
Gurken-Sorten
  Einlegegurken 335
  empfohlene Gurken-Sorten 335
  Freilandgurken 335
  Glatte Sorten 335
  Japanische Gurken 335
Gurken-Mosaik-Virus 335, 336, 407, 422, 544, 563
Gußbeton 495
Guzmania 436
  Kultivieren am „Baum“ 436
Guzmania lingulata 436, *448*
Guzmania lingulata var. *minor 436*
Gymnocalycium 273, 274
Gymnocalycium baldianum 266
Gymnocalycium bruchii 266
Gymnocalycium gibbosum 266
Gymnocalycium mihanovichii 266, 275
Gymnocalycium mihanovichii 'Red Head' *275*
Gymnocalycium-Arten 264
Gymnocalycium-Sorten 264
Gynandriris sisyrinchium 223
Gynura 99, 453
Gynura aurantiaca 99, 450, *453*
  Oberflächenstrukturen des Laubs 430
Gypsophila 137, 143, 167, 176, 181
Gypsophila aretioides 195, 210
Gypsophila cerastioides 191
Gypsophila 'Covent Garden White' *173*
Gypsophila dubia 195
Gypsophila elegans 177, 181
Gypsophila paniculata 140, 149, 168, *168*
  Sämlinge 168
Gypsophila paniculata 'Bristol Fairy' 168
Gypsophila paniculata 'Flamingo' 168
Gypsophila repens 194, 195, 197, 210
Gypsophila repens 'Dorothy Teacher' *193*

H

Haageocereus acranthus 266
Haageocereus setosus 266
Haageocereus versicolor 266
Haberica
  Substrat 215
Haberlea 211
  Blattstecklinge 210
Haberlea rhodopensis 193, 195, 196
Habichtskraut, Kleines *576*, siehe auch *Hieracium pilosella*
Habitus 573
Habranthus 223
Hacke 461
Hacken
  Beschichtung 460
  Schlaghacke 460
  Schuffel 460
  Spezialhacke 460
  Stiele
    kunststoffüberzogener Stiel 460
    Stiel aus Aluminium 460
    Stiel aus Holz 460
  Ziehhacke 460
  Zwiebelhacke 460
Hacquetia epipactis 192
Häcksler 458, *470*
  Einfülltrichter 470
  elektrisch angetriebener 470
  Messer 470
  mit Rädern 470
Haemanthus 435
Hängeblätter 587
Hängekörbe 187, 432
  für Zimmerpflanzne 447
  Pflanzen für Hängekörbe 176
Hängepflanzen 177, 431
Haferschlehe 387
Haferwurzel 352, 357, *357*
  Boden 357
  Ernte 357
  Klima 357
  Kultur 357
  Stickstoffbedarf 314
Haftscheiben 94
Haftwurzeln 94, *100*
Hagebutte 118, 119, *120*, 123, 126, 134, *134*, *579*
Hahnenfuß 587
Hahnenfuß, Kriechender *576*, siehe auch *Ranunculus repens*
Hainbuche 51, 60, 62, *62*
Hainrispengras 279, siehe auch *Poa nemoralis*
Hainsimse 114, 574, 576, *576*, 577, siehe auch *Luzula campestris*
Hakea 71
Hakea lissosperma 69
Haken, flaches 526
Hakonechloa macra 'Aureola' *142*
halb-immergrün 587
halb-laubabwerfend 587
halbhart 587
Halbstamm 587
Halbstrauch 587
Halesia 55, 57, 83
Halimodendron halodendron 68, 69
Hallimasch 45, 74, 351, 524, 565, 569
Halm 587
Hamamelis 71, *72*, 76, *76*, 89, 90, 91, 218
Hamamelis mollis 65
Hamamelis mollis 'Pallida' 68
Hamamelis virginiana 35
Hamamelis x *intermedia* 'Diane' 64
Handbestäubung beim Kürbis 335, 336
Handgabel 460, *460*, 576
Handgabeln
  Beschichtungen
    gehärteter Stahl 460
    Holzbeschichtung 460
    kunststoffbeschichteter Metallgriff 460
    Kunststoffbeschichtung 460
    rostfreier Stahl 460
    Stahlbeschichtung 460
    verchromte Beschichtung 460
  Griffe
    Holzgriff 460
    kunststoffbeschichteter Metallgriff 460
    Kunststoffgriff 460
Handgrubber 207
Handhacke *460*
Handschuhe 265, 267
Handspaten 460
  breiter *460*
  schmaler *460*
Hanggrundstück 510
Hardenbergia 99, 111, 113
Hardenbergia comptoniana 98
Harke 461
Harke, genietete *460*
Harken
  Beschichtung 460
  Gärtnerharke 460
  Holzharke 460
  Kopfende 460
  Stiele
    kunststoffüberzogener Stiel 460
    Stiel aus Aluminium 460
    Stiel aus Holz 460
Harrisia 275
  als Unterlagen für Vermehrung 275
Harrisia gracilis 266
Hartriegel 23, *25*, 26, 64, 67, *67*, 89, siehe auch *Cornus alba*
Hase 314, 365, 384, 388, 549, 570
Hasel 32
Haselnüsse 360, 428, *428*, 579, siehe auch *Corylus avellana*
  Boden 429
  empfohlene Haselnußsorten 428
  Ernte 429
  Erträge 428
  Feuchtigkeit 429
  Hülle 428
  Kälteperiode 428
  Kätzchen 428
  Mulchen 429
  Nüsse 428
  Pflanzabstand 429
  regelmäßige Unkrautbekämpfung 429
  Schnitt 429
    Büsche 429
    gebrochene Sprossen kürzen 429
    Gerüst 429
    Leittriebe kürzen 429
  selbstfertil 428
  Standort 429
  Vermehrung
    durch Absenken 429
    durch Wurzelausläufer der Bäume 429
  Wässern 429
  Windbestäuber 428
Haselnußsorten
  Vermehrung durch Samen 374
Haselreiser 187
Hasenglöckchen 220, siehe auch *Hyacinthoides non-scriptus*
Hatiora 275
Hatiora salicornioides 266
Hauben 329, 489 - 490
  Einzelhaube *490*
    aus abgeschnittenen Plastikbehältern 490
    aus gewachstem Papier 490
  Endstück 490
  Folientunnel *490*
    aus flexiblem Kunststoff 490
    aus steifem Kunststoff 490
    durchgehende Tunnel 490
    Schlitzfolie 490
    starre Folientunnel 490
  Glaszelt *490*
    Glasscheiben 490
  Kuppel
    aus starrem Kunststoff 490
  Lochfolie *490*
    Regenwasser 490
  Materialien
    einfache Plastikplanen 490
    Glas 490
    Hauben aus doppelwandigem Polykarbonat 490
    Kunststoff, durchsichtiger 490
    PVC-Planen 490
    Spritzgußhauben 490
    UV-stabilisierte Kunststoffe 490
  Mitwachsende Folie
    aus Plastik 490
    aus Polypropylenvlies 490
    Schlitzfolie 490
  Scheunenhaube *490*
    aus Glas 490
    aus flexiblem PVC 490
    aus starrem Kunststoff 490
  Wasserwand *490*
    aus Plastikröhren 490
    für Einzelpflanzen 490
Hauptkultur 587
Hauptnährelemente 530
Hausgarten 397
Haushaltsbeutel 470
Haushaltsbirne siehe auch Birne und Pyrus communis var. sativa
  Alternanz 385
  Blütengruppe 385
  empfohlene Tafelbirnen
    mittelfrühe Sorten 385
    späte Sorten 385
  fruchtend auch an Langtrieben 385
  fruchtend nur an Kurztrieben 385
  Geschmack 385
  triploide Sorten 385
  Unverträglichkeitsgruppe 385
Haussperling 561
Haustiere 282
Hauswurz 31, 194, siehe auch *Sempervivum*
  Blätter 189
Haworthia 273, 451
  als polsterbildende Pflanzen 264
  gruppenbildende Arten 264
  rasenbildende Arten 264
Haworthia attenuata 271
Haworthia cooperi 266
Haworthia limifolia 266
Haworthia planifolia 271
Haworthia reinwardtii 266
Hebe 66, 68, 71, 195, 210
Hebe buchananii 'Minor' 195
Hebe canterburiensis 191
Hebe pinguifolia 'Pagei' *190*
Hebe-Rosen 119
Hechtia 437
  Wurzelstock mit Ausläufern 437
Hecken 22, 27, 31, 45, 60, *60*, 75, 80, 147, 293 - 295, 305, *305*, *306*
  Auswahl der Pflanzen 61
  Bodenvorbereitung 61
  Deckschicht 207
  Eibenhecke 141
  Erziehung 61, 62, *389*
  Flechthecke 32, 36, 51
  Formen einer Hecke *62*
  Formschnitt 52
  freiwachsende Hecken 61, 62
    immergrüne 61
    laubabwerfende 61

Pflanzabstand 61
Schnittermin 61
Geformte Hecken 60
immergrüne Hecke 60, 66
laubabwerfende Hecken 60, 62
Leittriebe *62*
niedrige Hecken 297
Pflanzung 61, *61*
Abstand der Pflanzen 61
Pflege 62
Schnitt 53, 61, 62, *62*
Schnittzeit 60, 61
Verjüngung 62, *62*
Windschutz 60, 61
Zierhecken 60
zugespitzte *517*
Zwerghecken 61, *291*
Heckenrose 117, *121*, *123*, 132, siehe auch *Rosa* und Rose
Pflanzabstand für Heckenrosen 123
Heckenschere *62*, 104, 463
Heckenscheren
Messer 464
Messerlänge 464
mit überlangem Messer 464
motorgetriebene Heckenschere
mit Benzinmotor 464
mit Elektromotor 464
sichere Elektrik
Adapter 464
Kabel 464
Reststromableiter 464
Steckdose 464
wiederaufladbare Heckenschere
Batterie 464
Ladegerät 464
Hedera 22, 31, 34, 52, 68, 94 - 99, *100*, 101, 102, *103*, 112, 113 - 115, *114*, 151, 175, *176*, 222, *245*, 431, *431*, *433*, 435, *439*, 574
Hedera colchica 'Sulphur Heart' *103*
Hedera helix 99
Hedera helix 'Atropurpurea' *115*
Hedera helix 'Buttercup' 98
Hedera helix 'Eva' *441*
Hedera helix 'Ivalace' *52*
Hedera helix 'Parsley Crested' 98
Hedera helix 'Pedata' 98
Hederich 553
Hedychium gardnerianum 141
Heide 79
Heideerde 587
Heidekräuter 523
Heidekraut 15, 26, *38*, *66*, 97, 108, 110, siehe auch *Calluna daboecia* und *Erica*

Heidelbeere *408*, 418, siehe auch Blaubeere und *Vaccinium corymbosum*
Abstammung von amerikanischen Wildformen 418
alle Sorten selbstfruchtbar 418
Boden 418
empfohlene Heidelbeersorten
frühe 418
mittelfrühe 418
späte 418
Ernte 418
nur reife Früchte pflücken 418
Ertrag 418
Früchte 418
Heidelbeerbusch *418*
Klima 418
Krankheiten 418
Kultur in Kübeln
nicht empfehlenswert 418
Lagerung
zum Einfrieren geeignet 371
laufende Pflege 418
Pflanzung 418
Abstand 418
Mulchschicht 418
Schädlinge 418
Schnitt 418
Winterschnitt 368
Winterschnitt am erwachsenen Busch *418*
Standort 418
Unkrautbekämpfung 418
Verarbeitung 418
Vermehrung
durch Stecklinge 418, *418*
Stecklinge abhärten 418
Heiligenkraut *19*, 31, 119, *299*, 301, siehe auch Santolina chamaecyparis
Heilkräuter 298
Heilpflanzen 291, 297, 347
Heister 41, 48
Heizkabel 441
Heizung 444, 482
Helenium 143, 149, 165
Helenium-Arten 155
Helianthemum 66, 69, *189*, *190*, 195, 197, *208*, 210
Kürzen der Triebe 208
Helianthemum 'Fire Dragon' *210*
Helianthemum oelandicum 195
Helianthemum oelandicum ssp. *alpestre 203*
Helianthemum 'Wisley Pink' *191*
Helianthemum 'Wisley Primrose' *191*
Helianthemum-Arten *208*
Helianthum 142, 197
Helianthus 143, *164*, 165, 187
Helianthus annuus 27, 173, 177, *177*, siehe auch Sonnenblume
Helianthus 'Herbstschönheit' 177
Helianthus niberosus 355
Helianthus tuberosus, siehe auch Topinambur
Helianthus tuberosus 'Bianka' 355
Helianthus tuberosus 'Topinaka' 355
Helianthus tuberosus 'Waldspindel' 355
Helichrysum 19, 69, 176
Blüten
Trocknen der Blüten 187
Helichrysum bracteatum 180
Helichrysum coralloides 195, *195*
Helichrysum milfordiae 211
Helichrysum petiolare 166
Helichrysum selago 193, 205, 211
Helicobasidium purpureum 565
Helictotrichon sempervirens 144
Heliocereus 272
Heliocereus speciosus var. *superbus* 266
Heliotrop 176
Heliotropium 177
Heliotropium arborescens 177
Helipterum 177, 187
Helix aspersa 548
Hell-Dunkel-Bedarf 536
Helleborus 142, 143, 149, 156, 162, 195
Helleborus argutifolius 143
Helleborus foetidus 143
Helleborus niger 137, 143
Helleborus orientalis 137, 143, 165, *165*
Helmbohne 308, 341, *341*, siehe auch *Dolichos lablab*
Aussaat 341
Blüte 341
Boden 341
Bohnenkeimlinge 341
Dünger 341
Ernte 341
Hülsen 341
Krankheiten 341
Kultur unter Glas 341
Lagerung 341
laufende Pflege 341
Pflanzung 341
Sämlinge 341
Samen 341
Schädlinge 341
Sorten 341
Standort 341
Stickstoffgehalt des Bodens 341
Temperatur 341
Wachstumsperiode 341
zum Einfrieren geeignet 316
Zwergsorten 341
Hemerocallis 138, 143, 148, *164*, 165, 247
Hemerocallis 'Marion Vaughn' *143*
Hemerocallis 'Stella d'Oro' *141*
Hemerocallis-Gallmücke 561, siehe auch *Contarinia quinquenotata*
Hemigraphis alternata 247
Hepatica 209
Hepatica nobilis 195
Hepatica nobilis var. *japonica 192*
Hepatica transsilvanica 195
Heracleum 143
Heracleum mantegezzianum 23
Herbizid 555, 572, 587
mit translozierender Wirkung 524
Herbizid 2,4-D 576
Herbizidanwendung 577
Herbizide 559
Anwendung auf Wegen 577
Ausbringen von Herbiziden 577
Punktbehandlung 577
selektives Herbizid 575
Herbizideinsatz 574
Abdrift 575
Dosierung 575
Gebrauchsanweisung 575
Orginalpackung 575
Schutzkleidung 575
Herbstastermilbe 561
Herbstblüher 228
Herbstfärbungen
frühzeitige Herbstfärbung 554
Herbstzeitlose 169
Herzbräune 566
Hesperis matronalis 169, 177, 182
Heterorhabditis sp. 546
Heterosis 587
Heuchera 143, 149, 165
Heuchera cylindrica 'Greenfinch' *138*
Heuchera 'Palace Purple' *138*, 143, *149*
Hexenbesen 559
Hexenring 290, 572
Hibbertia 112
Hibbertia scandens 99
Hibiscus 71, 91, 453
Rückschnitt der vorjährigen Triebe 450
Schnitt
Sprosse ausknipsen 450
Hibiscus rosa sinensis 80, 85, 435, *439*
Hibiscus rosa sinensis 'The President' *453*
Hibiscus sinosyriacus 'Lilac Queen' *91*
Hibiscus syriacus 76
Hibiscus trionium 188
Hieracium pilosella 576
Himalayabirke *34*
Himbeere *19*, 360, *408*, 412 - 414, siehe auch *Rubus idaeus*
anfällig für Viruskrankheiten 367
auf Kalkböden 364
Dünger 366, 413
empfohlene Sorten
einmaltragende 414
remontierende 413
Ernte 413
durch Abschneiden 371
regelmäßige Ernte 371
Erziehung 412, 413
Erziehungsmethoden am Spalier *412*
Frischhaltung 413
Fruchtfarbe 412
herbsttragende (remontierende)
Austrieb 414
Pflanzung 414
Pflege 414
Schnitt im Spätwinter *414*
Klima 412
Krankheiten 413
Lagerung
Einfrieren in ganzen Stücken 371
Stiele entfernen 371
laufende Pflege 413
Mulchen 413
Pflanzung *412*
Dauerunkräuter vorher jäten 412
„Gittersystem" 412, *412*
Pflanzgut 412
Pflanzstreifen 412
„skandinavisches System" 412, *412*
Spaliere 412
Standardmethode 412
reichliche Wasserversorgung 412
Schädlinge 413
Schnitt 413
Entfernen unerwünschter Ruten 413
Frühjahrsschnitt *413*
nach dem ersten Standjahr *413*
Nachernteschnitt *413*
selbstfruchtbar 412
Sortengruppen
einmaltragende 412
remontierende 412
Standort
Boden 412
Chlorose auf kalkreichen Böden 412
Humusdünger 412
Probleme bei ungünstigen Standorten 412
Probleme durch Unkrautkonkurrenz 412
Wässern 412
Unkrautbekämpfung 413
Vermehrung 414
durch Ausläufer 414, *414*
durch Wurzelausläufer 374
Wässern 413
Himbeere 'Autumn Bliss' *361*, *362*
Himbeere 'Malling Jewel' *361*
Himbeere 'Schönemann' *362*
Himbeerkäfer 562
bei Brombeeren 411
bei Himbeeren 413
Himbeerminierwespe 551, siehe auch *Fenusa pusilla*
Himbeersorten
Kreuzungen 412
Hippeastrum 233, 241, *241*, 435, *446*
Arten 241
Frühtreiben
Umsetzen 236
Umtopfen 236
Wässern 236
Hybriden 241
als Zimmerpflanzen 233
in einem Gewächshaus 233
Substrat 233
Keimung 239
in Plastikbeuteln 239
Licht
Blütezeit 431
nicht umtopfen 446
Ruheperiode 239
Sämlinge 239
Vortreiben
in Töpfen 223
Wachstumsperiode 239
Zwergarten 223
Hippeastrum advenum 223
Hippophäe 69, 87
Hippophäe rhamnoides 68
Hirsch 570
Hirtentäschel 280, 553, 573, siehe auch Capsella bursa-pastoris
Hitzeschäden 554, 562
Hochbeet 137, 147, 149, 190, 192, 236, 264, 292, 293, 294, 298, 354
Alpen- und Steingartenpflanzen in Hochbeeten
Wässern 207
Bau des Hochbeets 205
Bepflanzung des Hochbeets 193
Bepflanzungsplan 205
Betonblockbeete 507
Deckschicht 207
Drainage 193, 267
Dünger 205
eingesunkene Stellen 205
Erde für das Hochbeet 205
für Heidepflanzen und saure Erde
Butylkautschuk 507
wasserbeständige Anstriche mit Bitumen 507
Gestaltung eines Hochbeets 205
Hochbeet mit Alpenpflanzen *205*
Hochbeet mit Stützmauern 206
Hochbeete aus abgesägten Baumstämmen
Bausatz 507
Stämme gleicher Form und Dicke 507
Hochbeete aus Eisenbahnschwellen
Sägen 507
Verklammern 507
Hochbeete aus Naturstein 507
Hochbeetkonstruktion *267*
Abdeckschicht *267*
Drainage *267*
Substrat *267*
Materialien 193, 205
Baumstamm 507
Betonblock 507
Eisenbahnschwelle 507
Naturstein 507
Ziegeln, verfugte 507
niedriges Hochbeet *193*
Obstpflanzen 364
Pflanzenschutz 204
Platz 267
Rasen im Hochbeet
Mähen 204
rechteckige Beete
rechtwinklig verlegte Steine 507
Rundbeet 507
Fugen, keilförmige 507
Innenseite der Mauer 507
Standort 204
Stützen
durch Steinmauern 205
Stützmauern von Hochbeeten 204, 205
Vorbereitung des Hochbeets 205
Wässern 207, 507
Wahl der Pflanzen 204
Winternässe
Schutz 208
Ziegelbeete
normale Mauerziegeln 507
Ziegel, frostbeständig 507
Zwergarten im Hochbeet 224
Zwergnarzissen 225
Zwergzwiebeln in Hochbeeten 235
'Zwiebelkasten' 222
Hochbusch 342
Stützen 343
Hochstämme 41, 69, 71, 120
Abstützen eines Hochstammes *71*
Hochstammrose 'Little White Pet' *119*
Höfe 194
Höhe, lichte 513
Hof 306
Hoheria 76
Hoheria lyallii 57
Hohllöffel 287, 288, *288*
Hohlpflanzer 471, *471*
Holboellia 99, 115
Holcus lanatus 576
Holländerfenster 214
Holländerhaus 476, *476*
Beetpflanzen 476
Dachscheiben 476
Glasscheiben 476
Licht 476
Wärmeverlust 476
Holländern 280, 525, 526, 587
auf tiefgründigem Mutterboden *526*
normales 526, *526*
Holodiscus discolor 78
Holunder 291, 577
eßbare Blüten 291
Holunder 521, siehe auch *Sambucus*

Holunder, Schwarzer 574, siehe auch *Sambucus nigra*
Holzasche 530
Holzbeläge
Hölzer, kesseldruckimprägnierte 500
Muster
Fischgrät 500, *500*
Parallellamellen 500, *500*
Schachbrett 500, *500*
Schachbrett, schräges 500, *500*
Pflege
Chlorkalklösung 500
Fungizide 500
Pilzbefall 500
Schutzschicht 500
Zedernholz 500
holzig 587
Holzknospe 587
Holzpergola *512*
Holzpflock 472
Holzplattformen 499, *499*
als Trittfläche 500
Baugenehmigung 499
Bauvorschriften 499
Geländer 499
Holzbeläge 499
kesseldruckimprägniertes Material 499
Mindestgewicht 499
Stufen 499
„Trittstein"-Pfad *500*
Unterbau für Holzplattformen *500*
Nahtstelle 500
Verbindungsstelle 500
wasserdichte Unterlage *500*
Holzreibbrett 502
Holzschuppen 513
Dach *513*
Dachpappe *513*
Dachrinne *513*
Fenster
Fenstersims *513*
Klappfenster *513*
Fußboden *513*
Kauf eines Holzschuppens *513*
lichte Höhe
Diagonalstreben *513*
Träger
kesseldruckimprägnierte Träger *513*
wasserdichte Unterlage *513*
Traufe
Überstand *513*
Tür
Metallbeschläge *513*
Verschalung
Schalbrett *513*
Holzschutzmittel
Anwendung 510
auf Kresol basierende Produkte 510
auf Lösungsmittel basierende Produkte 510
auf Wasser basierende Produkte 510
Lacklasuren 510
organische Substanzen 510
Schutzkleidung 510
Holzschwamm 559, 565
Holzstab *472*
Holzzaun 508
Honig 116
Honigmelone *332*
Honigtau 550
Hoodia 275
Hopfen 97, siehe auch *Humulus lupus*
Hoplocampa testudinea 563
Hordeum jubatum 177
Hormonschäden
durch Herbizide 563
Hornkraut *573*
Hornkraut, Gemeines *576*, siehe auch *Cerastium fontanum*, syn. *C. vulgatum*
Hornmehl 530
Horste 576
Hortensia aspera 77
Hortensia macrophylla 77, *77*
Hortensia paniculata 77
Hortensie 15, 77, 441
blaue Blüten durch Rhododendronerde 441
Düngung 77
Schnitt 77
Hosta 143, 148, *148*, 165, 247
Hosta 'Buckshaw Blue' *23*
Hosta crispula 141
Hosta fortunei 'Aurea Marginata' *150*
Hosta plantaginea var. *grandiflora* 143
Hosta sieboldiana 142, 246
Hosta sieboldiana var. *elegans* 140, 143
Hosta 'Thomas Hogg' *142*
Hottonia palustris 247, 261
Winterknospen 261
Houttuynia 148
Houttuynia cordata 247
Houttuynia cordata 'Chamaeleon', syn. *Houttuynia cordata* 'Variegata' *150*, 247
Houttuynia cordata 'Plena' 247
Howea 37, 68
Hoya 99, 105, 113, 115, 435, 450, 453
Vermehrung
durch Stecklinge von Trieben mit Knospen 453
Hoya australis 99, 266, 271
Hoya bella 266, 435
Hoya carnosa 99, 266, 271
Hoya linearis 266
Hoya polyneura 266
Hoya-Arten
Rückschnitt der vorjährigen Triebe 450
Substrat 268
Hoya-Sorten
Rückschnitt der vorjährigen Triebe 450
Hüllmasse, synthetische 544
Hülse 587
Hülsenfrüchte 308, 340 - 344
Bestäubung 340
Boden 340
Hülsen 340
Samen 340
Temperatur 340
Hülsenfrüchtler
Lagerung 180
Huernia 272, 273, 274
Huf- und Hornmehl 534
Huflattich *574*, siehe auch Tussilago farfara
Hufmehl 530
Humea elegans 177, 180
Humulus 115
Humulus lupulus 99
Humulus lupulus 'Aureus' *95*, 97, *97*, 101
Humus 532, 587
Hund 571
Hundertfüßler *523*, 547
flacher Hundertfüßler *547*
schlangenförmiger Hundertfüßler *547*
Hundsflechte 571
Hutchinsia alpina 195
Hyacinthoides hispanica *218*, 220, 231
Hyacinthoides non-scriptus 27, 220, 223
Hyacinthus 241, 435
Hyazinthe 175, 217, 221, *228*, 540
als klassische Beetpflanze 218
Blüte 233
Brutzwiebeln 242
frühlingsblühende Arten 235
Glockenhyazinthe 26
Kauf 233
Treiberei
in Gläsern 233
in einem Gewächshaus *233*
Spezialgläser 233
Wurzeln 233
Vermehrung
durch Aushöhlen *242*, 242
durch Doppelschuppen 241
Krankheit durch mangelnde Hygiene 241
Vortreiben
in Töpfen 223
Wurzelsystem 233
Hybridbeeren 410 - 412
Boysenbeeren 410
empfohlene Hybridbeeren 411
Ernte
durch Abschneiden 371
regelmäßige Ernte 371
Kreuzung verschiedener Rubus-Arten oder -Sorten 410
Loganbeeren 410
Vermehrung durch krautige Blatt-Augenstecklinge 374
Hybride 580, 587
Hybriden 54
intergenerische 587
interspezifische 587
Vermehrung von Ein- und Zweijährigen
Vermehrung durch Aussaat 452
Hybridisierung 535, 587
Hybridpflanzen
Erzeugen von Hybridpflanzen 536
Hybridsamen 536
Hydrangea 76, 83, 105, 112, 115
Hydrangea anomala subsp. *petiolaris* 99, 101, 102
Hydrangea arborescens 89
Hydrangea macrophylla *83*, *538*
Hydrangea paniculata 89, *538*
Hydrangea paniculata 'Floribunda' 79
Hydrangea paniculata 'Grandiflora' 79
Hydrangea paniculata 'Unique' 79
Hydrangea quercifolia 'Snowflake' 68
Hydrilla verticillata 260
Hydrocharis morsus-ranae 244, 247, 261, *541*
Winterknospen
Überwintern 261
Hydrocleys 246
Hydrocleys nymphoides 247, *247*
Hydrocleys parviflora 247, 260
Hydrokultur 432, 544, 587
Hydrokultur für Zimmerpflanzen 449
Hydroponik 587
Hygiene
im Garten 546
Hygrometer 484
Hygrophila difformis *249*
Hygrophila polysperma 247, 260
Hylocereus 275
als Unterlagen für Vermehrung 275
Hylocereus ocamponis 266
Hylocereus-Arten
Klima 263
Standort 265
Hylomecon japonicum 195
Hypericum 64, 71, 76
Hypericum calycinum 150, 151
Rückschnitt *151*
Hypericum x *moserianum* 86
Hypoestes *433*
Hypoestes phyllostachya 440
Hypoestes phyllostachya 'Purpurians' *441*
Hypoestes phyllostachya 'Splash' *441*, *448*
hypogäisch 587
Hypokotyl 587
Hyssopus officinalis 292, 295, *299*, 301, siehe auch Ysop
Hyssopus officinalis ssp. *aristatus* 295
als Topfpflanzung 292, 295
als Zwergform 295

I

Iberis *26*, 175, 180
Iberis amara 177
Iberis saxatilis 197
Iberis sempervirens *191*
Iberis sempervirens 'Snowflake' *138*
Iberis umbellata 177
Igel 547, *547*
Ilex *25*, 26, 33, 35, 36, 52, 55, 85, siehe auch Stechpalme
Ilex aquifolium 60, 61, *63*, 68, 80
Ilex aquifolium 'Crispa Aurea Picta' *52*
Ilex aquifolium 'Golden Milkboy' *74*
Ilex aquifolium 'Madame Briot' *60*
Ilex crenata 'Mariesii' 195
Ilex x *altaclerensis* 37, 68, 80
Ilex x *altaclerensis* 'Golden King' 37, *84*
Illicium 88
Immergrün 34, 518, siehe auch Vinca
Immergrüne 47, 48, 49, 52, 53, 59, 61, 62, 71, 80, 86, 139, 189, 191
Gerüst 80
trockenheitsresistente Immergrüne 150
immergrüne Sträucher *191*
immergrüne Zwergsträucher *191*
Impatiens 173, 175, 176, 180, 181, *433*, 435, 452, siehe auch Fleißiges Lieschen
Impatiens repens 453
Impatiens walleriana 177
Impatiens-Sorten *185*
Impulsregner 469
Indianernessel *174*, 292, *299*, 300, siehe auch *Monarda didyma*
Blätter 296
Blüten 296
Ernte und Lagerung
Blätter 296
Blüten 296
Mulchen 300
Samen 296
Staude 296
Varietäten 296
Vermehrung
durch Aussaat 296
durch Teilung 296
durch Triebstecklinge 296
verwandte Arten 296
Indigofera 76
Indischer Senf 308, 323, *323*, siehe auch *Brassica juncea*
Auspflanzen 323
Sämlinge 323
Samen 323
Sorten 323
Stickstoffbedarf 314
Vereinzeln der Sämlinge 323
Indischer Spinat 325, siehe auch Amaranth
Infektionsrate 545
Infloreszenz 587
Ingwer, siehe auch *Zingiber officinale*
Blätter 297
Ernte und Lagerung
Rhizome 297
in Gefäßen 292
Knollenrhizom 297
Staude 297
Triebe 297
Vermehrung
durch Rhizomteilung 297
Innenhöfe 29, 121, 139, 142, 176, 190, 194, 243, 244, 246, *252*, 264, 268, 279, *279*, 281, 292, 303, 306, 363, 432, 434
Drainagegefälle
Nivellierpflock 493, *493*
Nivellieren 493, *493*
Terrassengefälle *493*
Fundament
Belastbarkeit 493
kompaktere Bettung 493
Gestaltung von Innenhöfen 176
Größe
Faustregeln 493
den Dimensionen des Gartens angepaßt 493
Kräuter in einem Innenhof *293*
Schutz und Abgrenzung
Pergola mit Spalierdach 493
Spalier mit Kletterpflanzen 493
Vorbereitungsarbeiten
Untergrund 493
Verdichten 493
Wahl des Belags
bunte Beläge 493
Eisenbahnschwellen 493
Kies 493
Kopfsteinpflaster 493
mit unterschiedlichen Strukturen 493
Steinfliesen 493
Steinplatten 493
Tonplatten 493
Ziegel 493
Wasserabfluß
Gefälle 493
Insekten 157, 208, 246, 291, 292, 294
saugende Insekten 314
Schädlinge 545
Insektenbestäubung 333, 334, 336, 363, 384
Insektizide 314, 547, 572, 587
biologische Insektizide 314
Inspektionsöffnungen
Abdeckschalen *494*
Metallschalen 494
Instandhaltungsschnitt 587
intermediär 587
International Registration Authority for Roses 135
Internodienstecklinge 539, *539*
Internodium 587
Invicta 562
Ipheion 223
Ipheion uniflorum 223
Ipomoea 99, 101, 105, 112, 175, *186*
Ipomoea batatas 355, siehe auch Süßkartoffel
Ipomoea batatas 'Centennial' 355
Ipomoea batatas 'Eland' 355
Ipomoea batatas 'Gem' 355
Ipomoea batatas 'Gold-rush' 355
Ipomoea batatas 'Jewel' 355
Ipomoea batatas 'Nemagold' 355
Ipomoea horsfalliae 100, 450
Iresine 453
Iris 137, 143, 146, 165, *214*, 241, 244, 245
Absenker 146
Bartiris 146, *146*, *578*
Bartlose Iris 146
Blüte 146
Englische Iris 146
Holländische Iris 146
Hybriden 146
Holländische Hybriden 223
Japanische Iris *146*
Juno-Gruppe *146*, 237
Kammiris 146
Knospe 260
Onocyclus Gruppe 232
Reticulata-Gruppe *146*, 237
Rhizom 260, *541*
Rhizomteilung 146
Samen 146
Spanische Iris 146
Speicherwurzeln 228
Spuria-Iris 146
Standort 146
Wurzeln 260
Zwergarten 223
Zwiebeliris *146*
Iris aucheri, Juno-Gruppe *228*
Iris 'Bold Print' *146*
Iris bucharica 146, *146*
Iris 'Carnaby' *146*

Iris chrysographes 146
Iris clarkei 146
Iris confusa 146
Iris cristata 146, 195, *208*
Iris danfordiae
Brutzwiebeln 236
unregelmäßige Blüte 236
Iris 'Early Light' *141*
Iris ensata 146, 247
für Wassergärten 221
Iris 'Florentina' 295, *299*
Iris foetidissima 143
Iris foetidissima 'Variegata' *138*, 143
Iris forrestii 146
Iris fulva 146
Iris 'Fulvala' 146
Iris 'Geisha Gown' *146*
Iris gracilipes 146
Iris graminea 143, 146
Iris histrioides 'Major' 191, 217
Iris hoogiana 146
Iris innominata 146, *146*
Iris japonica 146
Iris 'Joyce' *146*, *191*
Iris laevigata 'Variegata' *23*, 146, *246*, 247
Blüten 246
Iris latifolia 223
Iris magnifica 146
Iris missouriensis 146
Iris orientalis 146
Iris pallida 295
Iris prismatica 146
Iris pseudacorus 146, *146*, *244*, 247, *259*
Iris reticulata 194, 218, 223
Iris setosa 146
Iris sibirica *15*, *140*, 146, 247
Iris spuria 146
Iris tenax 146
Iris unguicularis 137, 143
Iris verna 146
Iris versicolor 146, 247
Iris 'White City' *218*
Iris xiphium 223
Irische Stecklinge 212
Isländischer Mohn 187, siehe auch Papaver nudicaule
Isoliermaterial *482*
Isolierung 482
Italien 29
Itea ilicifolia 68, 85
Itea virginica 90
Itersonilia pastinaceae 565
Itersonilia perplexans 561
Ixia 217, 223
Ixora coccinea 453

J

Jacaranda 434, 435
Jacaranda mimosifolia 37, 452
Jacquemontia 99, 113
Jäten 524
junger Pflanzen *207*
Jätwerkzeuge
„Gänseblümchen-Stecher" 461
spezielles Jätwerkzeug 461
Jaffa
Valencia-Gruppe 422
Jahresniederschlag
durchschnittlicher 517
in Europa 517
Jakobszwiebel 346, siehe auch Orientalische Bundzwiebel
Jancaea, syn. *Jankaea* 211
Japan 30
Japanische Iris *146*
Japanische Mispel 422, 423, siehe auch Loquat und *Eriobotrya japonica*
Anbau unter Glas
Sämlinge auf gut vorbereiteten Beeten auspflanzen 423
Sämlinge in Container auspflanzen 423
Substrat 423
Temperatur 423
Wässern 423
Blüten 422
Boden 422
Düngen 423
Ernte 423
Familie der Rosengewächse 422
Frischhaltung 423
Früchte 422
Geschmack 422
Kältebedürfnis 422
Krankheiten 423
Mulchen 423
Pflanzabstand 422
Schnitt 423
Selbstfruchtbarkeit bei den meisten Sorten 422
Standort 422
Temperatur 422
Unterlagen
arteigene Sämlinge als Unterlage 422
Quitten als Unterlage 422
Weißdorn als Unterlage 422
Vermehrung
durch Aussaat 423
durch Marcottage 422
durch Okulation mit T-Schnitt 422
durch seitliches Anplatten 422
Wässern 423
Japanische Pflaume 387, siehe auch *Prunus salicina*
ausreichend selbstfruchtbar 387
Blüte 387
frühblühende Pflaumensorte 387
Kühlbedarf 387
überwiegend selbstfruchtbar
Ertragsverbesserung durch Fremdbefruchtung 388
Japanische Wildlilie 243
Japanische Winterzwiebel 345, siehe auch Speisezwiebel
Lagerung 345
Japanische Zeder 35, siehe auch *Cryptomeria japonica*
Japanischer Ahorn 26, 27, 76, 77, vgl. auch *Acer*
Japanischer Fächerahorn 33, 67, *245*, siehe auch *Acer palmatum*
Japanischer Kirschapfel 35, siehe auch *Malus floribunda*
Japanisches Rasengras, siehe auch *Zoysia japonica*
Klima 278
Japanisches Teppichgras, siehe auch *Zoysia matrella*
Klima 278
Jasmin siehe auch *Jasminum*
Jasminum 98, 105, 113, 435, 450
Jasminum beesianum 105
Jasminum humile 78
Jasminum mesnyi *102*, 453
Jasminum nudiflorum 65, 98, *104*
Jasminum officinale 96, 99, 102
Jasminum polyanthum 98, 99, 102, 432
duftende Blütenpflanzen 432
Jatropha podagrica 266
Jeffersonia dubia *192*
Jerusalemartischocke 355, siehe auch Topinambur
Johannisbeere *19*, siehe auch Schwarze Johannisbeere
rote 360
Schnitt
Winterschnitt 368
schwarze 360
Sommerschnitt
bei Kunstformen 368
Vermehrung
Vermehrung durch Steckholz 374
weiße 360
Johannisbeere, Rote 360, 530
Johannisbeertomate 337, siehe auch Tomate
John-Innes-Erdmischungen
JI-Nr.-1-Topferde 534
JI-Nr.-2-Topferde 534
JI-Nr.-3-Topferde 534
John-Innes-Kompost 587
Jostabeere
Kreuzung von Schwarzen Johannisbeeren und Stachelbeeren 414
Jovibarba 211
Jovibarba hirta *193*
Jubaea 68
Judasbaum 35, siehe auch *Cercis siliquastrum*
Juglans nigra 42, 429
als Veredelungsunterlage 429
Juglans regia 429, siehe auch Walnuß
Juglans regia 'Esterhazy II'429
Juglans regia 'Klon Nr. 26' 429
Juglans regia 'Klon Nr. 120' 429
Juglans regia 'Klon Nr. 139' 429
Juglans regia 'Klon Nr. 1247' 429
Juglans regia 'Mayette' 429
Juglans regia 'Weinsberg I' 429
Juncaceae 144
Juncus 144
Juncus effusus 247
Juncus effusus f. *spiralis* 247
Juncus effusus 'Vittatus' 247
Juncus ensifolius 247
Jungfernrebe 98, siehe auch *Parthenocissus tricuspidata*
Juniperus 41, 42, 55
Juniperus chinensis 'Aurea' 37
Juniperus communis 'Compressa' 38, 191, *191*, 194, 195, 211
Juniperus communis 'Prostrata' 23
Juniperus horizontalis 38
Juniperus sabina var. *tamariscifolia* *109*
Juniperus scopulorum 'Skyrocket' 37, *38*
Juniperus squamata 'Blue Carpet' 63, 150, *150*
Juniperus squamata 'Blue Star' *38*
Juno-Iris 146, siehe auch *Iris*
Keimung
unregelmäßige Keimung 239
Ruheperiode 223
Speicherwurzeln 218, 228
Justicia 433, *433*, 453
Jutefaser 472
Juttadinteria 273

K

Kadsura japonica 99
Käfer 314
Kälteschäden 554, 557, 568
Kältestratifikation 536
Kästen 305, 352
Alpen- und Steingartenpflanzen in Kästen
Wässern 207
Frühbeetkästen
Verwendung von Frühbeetkästen 214
Frühbeetkästen mit „Holländerfenster"
Töpfe im Frühbeetkasten 214
Präsentation der Pflanzen 214
Verwendung eines Kastens 214
Kätzchen 587
Kahlfraß 545
Kaiserkrone 217, 540, siehe auch Fritillaria
Kakaoschalen 530, 530
Kakipflaume 375
Kakothrips pisivorus 563
Kakteen 262 - 275, *264*, 425, 433, *434*, 517, 587
allgemeine Pflege 269
Boden 269
Düngen 269
Gießen 269
Hygiene 269
Licht 269
Luftzufuhr 269
Nahrung 269
Substrat 269
Temperatur 269
Umgebung 269
Umpflanzen 269
Wasser 269
als Zimmerpflanzen 262
Arten 262
Aufzucht aus Samen 270
Auswahl von Kakteen *267*
Bedingungen der Kultivierung 438
Bedingungen in der Natur 267
Behälter für draußen *264*
Bepflanzung 267, 268
Besprühen 446
Blätter 262
blühende Kakteen 263
Nachtblüher 266
Tagblüher 266
Blüten 262
Blumenkronen 262
Boden 267
Bodenaufbereitung 267, 268
Düngen
während der Wachstumszeit 269
epiphytische Kakteen 262
Blüten 263
Vermehrung durch Keilpfropfung 275
Vermehrung durch Spaltpfropfung 275
Winterblüher 263
Feuchtigkeit 266
Drainage 263
Formen 263
Gestaltung mit Kakteen 262 - 265
Ampeln 265
Container im Freien 264
Gefäße fürs Freiland 264
Gestaltung im Freiland 263
Gestaltung in Innenräumen 264
Hängekörbe 264, 265, *265*
Pflanzenauswahl 264
Standort 264, 265
Tröge 264
Haare 262
hängende Kakteen 265
Halten von Kakteen *267*
Hybriden-Produktion
Blattform 271
Blütenfarbe 271
Eigenschaften 271
Elternpflanzen 271
Hybridsamen *271*
kontrollierte Bestäubung 271
neue Hybriden durch Handbestäubung 270
im Gewächshaus 262
Kakteen auf Stützpflanzen 262
Kakteen im Wintergarten 265
Kakteen mit blattartigen Sprossen 272
Kaktusfeige 425
Klima 262, 267
Krankheiten 269
Kreuzbestäubung 271
Kultur
Gefäße auswählen 264
Luftfeuchtigkeit 265
nicht selbstfruchtbare Kakteen
Blüten 271
Kreuzbestäubung durch Insekten 271
Trocknen des Samens 271
nicht winterharte 266, 272
Opuntie 425
Pflanzen in Hydrokultur-Gefäßen 449
Pflanzenkörper 262
Platz 267
polsterbildende Kakteen
Arten 273
Pfropfen 274
Teilen 274
Tochterknollen 274
Vegetationsperiode 274
Wurzelstock 274
richtige Bedingungen
Blattverbrennungen 265
Rosetten 262
Samen
Abstand 270
Aussaat 270
Keimen 270
Substrat 270
Sämlinge pikieren *270*
säulenförmige Kakteen
Blütenknospen 263
Schatten 266
Schädlinge 269
Sprosse 262
Stacheln 262
Umpflanzen 267
Verrücken 267
Substrat 267
Temperatur 262, 266
Toleranz gegenüber Trockenperioden 262
Topfpflanzen
fürs Zimmer 265
Unterscheidung von anderen Sukkulenten
Areolen 262
Verdunsten von überschüssigem Wasser 446
Vermehrung 270 - 275
Ableger abtrennen 273
alternative Methode *274*
Aufzucht aus Samen 270
Ausläufer abtrennen 273
durch Abtrennen bei polsterbildenden Arten *273*
durch Abtrennen von Tochterknollen *273*
durch Anplatten *275*
durch Blattstecklinge 270, *271*, 271
durch Kopulieren 275, *275*
durch Pfropfung 270
durch Reiser 275
durch seitliches Anplatten 275
durch Spaltpfropfen *274*, 275
durch Sproßabschnitte 272, *272*
durch Sproßstecklinge 270, 272, *272*
durch Teilung 270
durch Teilung von Wurzelstöcken 274, *274*
Eintopfen unbeschädigter Ableger 273
Kallusbildung 272
mit Gliedabschnitten *272*
Pflege der Sämlinge 270
Pikieren 270
Substrat 272
Tochterknollen 273
über Samen *270*
Verpflanzen der Stecklinge 272
wurzellose Ableger 273
Wurzeln der Tochterknollen 273
Vermehrung aus großen Samen
Abstand *270*
Sämlinge *270*
Wachstum 271
Verzeichnis der Kakteen 266
wichtigste Gartenarbeiten
im Frühling 581
im Herbst 583
im Sommer 582
im Winter 584
Wuchseigenschaften 263
Wuchsformen 262

Wuchsgrößen 262
Wurzeln 262
Zwergkakteen 264
Kaktusfeige 425, *425*, siehe auch *Opuntia ficus-indica*
Anbau unter Glas
Dünger 425
Luftfeuchtigkeit 425
Substrat 425
Temperatur 425
wenig Wässern 425
Ausbreitung 425
Bestäubung durch Insekten 425
Boden 425
Düngung 425
Ernte 425
Feigen
Entstehung auf der oberen Seite der Stammglieder 425
Pulpe mit zahlreichen Samen 425
Formen der Kaktusfeige 425
Höhe 425
Kaktus-Pflanze 425
Krankheiten 425
kultivierte Formen
Pflanzen sind fast frei von Stacheln 425
Pflanzabstand 425
pH-Wert 425
semiaride Bedingungen 425
Stamm der Kaktusfeige 425
Standort 425
Temperaturen
volle Sonne für eine befriedigende Entwicklung 425
Vermehrung 425
ganze Stammglieder von der Mutterpflanze abtrennen 425
Wildformen
zahlreiche Stacheln bei Wildformen 425
Kaktusstachel 275, *275*
Kalanchoe 265, 272, 435, 453, 518
Kalanchoe beharensis 271
Kalanchoe blossfeldiana 266
Kalanchoe jongsmanii 266
Kalanchoe manginii 265, 266
Kalanchoe marmorata 266
Kalanchoe pumila 266
Kalanchoe tomentosa 271
Kalanchoe tubiflora 266, *266*
Kalanchoe 'Wendy' *272*
Kali (K2O) 530
Kalidünger 572
Kalifornischer Blütentrips 560
Kalimangel 554
Kalisalpeter 534
Kalisulfat 530, 534, 572
Kalium (K) 281, 286, 313, 424, 530
Kaliumchlorid 530
Kaliummangel 560
im Obstgarten 366
Kalk 252, 364, 577, 587
gelöschter (Calciumhydroxid) 531
kohlensaurer 534
Kalkammonsalpeter 572
Kalkchlorose 386, 391
im Obstgarten 364
Kalkdüngemittel 531
Kalkdüngung 531, *531*
kalkfliehend 587
Kalkgestein 523
kalkliebend 587
Kalkmenge, durchschnittliche 531
Kalkmergel 499
Kalksalpeter 554
Kalkstein 197, 499, 523, 534
gemahlener 534
Kalksteinboden 523
Kalktuff 197, *203*, 214, 216
Abstand 203
Drainage 197
Pflanzlöcher 203
Kalkung 523
Kallus 539, 587
Kallusgewebe *538*
Kalmia 71, 72, 87, 88
Kalmia angustifolia 196
Kalmia latifolia 69, *88*, 89
Kalmia polifolia 'Microphylla' 196
Kalter Kasten 54, *54*, 55, 56, 84, 86 - 88, 115, 131, 134, 153, 161, 162, 163, 167, 168, 180, 184, *184*, 209, 210, 212, 222, 225, 227, 233, *233*, 235, 239, 240, 242, 249, 298, 311, 316, 329, 333, 334, 411, *447*, 539, 543, 587
Kalthaus 222, 225, 233, 239, 240, 243, 311, 329, 330, 434, 435
als Alpinhaus 434
bei Frost 434
für Anzucht aus Samen 434
für Gemüse 434
für Obst 434
Kalter Kasten 474
Kaltlagerung 515
Kaltluft 515
Kaltstratifikation 536, *536*
Kalzium (Ca) 523, 530
Kalziumgehalt 523
Kalziummangel 376, 562
Kambium 58, 91, 538, 539, 580, 587
Kambiumbrücke 541, *541*, *542*
Kambiumgewebe 541
Kambiumkontakt 541
Kambiumschicht 514
Kambiumschnitt *541*
Kamelie 67, 85, 438, 538, siehe auch *Camellia japonica*
Kamille *279*, 283, *283*, 291, siehe auch Römische Kamille und *Chamaemelum nobile*
Blätter 279, 295
dichte Mattenbildung 295
Duft 279
Ernte und Lagerung
Blätter 295
Blüten 295
nicht blühende Sorte 283
Pflanzung 295
Varietäten 295
Chamaemelus nobile 'Treneague' 295
Chamaemelus nobile var. *flore-pleno* 295
Vermehrung
durch Kopfstecklinge 295
durch Seitensprosse 295
durch Teilung 295
Kamm 587
Kammiris 146, vgl. auch *Iris*
Kaninchen 384, 388, 545, 549, 570
Kantalupe
Schale 333
Kantenschere 286, *286*
langstielige *466*
Kantenschneidemaschine 286, *286*
Kantenschneider
Halbmond-Kantenstecher *466*
Kantenschere 466, *466*
Rasentrimmer 466
Kantenstecher 286, 289, *289*, 290
Halbmond-Kantenstecher *286*
Kapillar-Bewässerungs-System 473
Kapillarmatte 448, *448*
Kapillarporen 528
Kapillarsystem 485
Kapillarwirkung 543
Kappen 587
Kapsel 587
Kapuzinerkresse 36, 175, *307*, 546, siehe auch *Tropaeolum*
Kapuzinerkresse 'Hermine Grasshof' *175*
Karotten 354, *578*, siehe auch Möhren und *Daucus carota*
Karpell 586, 587
Kartoffel *304*, 311, *352*, 357, *357*, 528, 541, 574, siehe auch *Solanum tuberosum*
Bodenbeschaffenheit 357, 358
Bodenkrankheiten 357
Bodenschädlinge 357
Dünger 357, 358
empfohlene Sorten 358
Ernte 316, 358, *358*
Ertrag 358
Fruchtwechsel 357
frühe Kartoffel
unter schwarzer Folie 313
Frühtreiben 315
für Haupternte *304*
Kartoffelkrankheiten 357, 358
Klima 357
Knollen 357
Lagern 316, 359
Pflanzung 357, 358, *358*
Reihenabstand 358
Routinepflege 358
Salatkartoffel 358
Schädlinge 357, 358
Standort 357
Stickstoffbedarf 314
Stickstoffgehalt des Bodens 357
Triebe 358
unverträglich in Mischkultur mit Tomaten 308
Wachstumsperiode 357
Wässern 357, 358
zum Einfrieren geeignet 316
Kartoffel-Mosaikvirus 338
Kartoffel-Schwarzbeinigkeit 568
Kartoffelälchen 307, 358
Kartoffelkäfer 314, 358
Kartoffelkraut *358*
Kartoffelrose 117
Kartoffelschorf 358
gewöhnlicher Kartoffelschorf 566
Kartoffelvirus „y" 422
Kartoffelzystenälchen 570, siehe auch *Globodera rostochiensis*
Kassaba 333, siehe auch Wintermelone
Kasten 216, 233, 236, *305*, 315, 354
Belüftung
Klappen 216
Erhöhte Beete 215
Hygiene
Krankheiten 216
Schädlinge 216
Ruheperiode 216
Temperatur
Heizung 216
Luftfeuchtigkeit 216
Schattierung 216
Wässern 216
Winterpflege 216
Zwiebelkasten
Substrat für Zwiebelkästen 232
Kasten, Kalter siehe Kalter Kasten
Kastration 587
Katalysatoren
biologischer Katalysator 579
Katze 571
Katzenminze 118, *139*, siehe auch Nepeta
Kaulquappe 247
Kehrgeräte 467
Kehrwerkzeuge
motorgetriebener Laubpuster 467, *467*
motorgetriebener Laubsauger 467
Reisigbesen 467
Keilpfropfen 91, *91*
seitliches Keilpfropfen 589
Keimbedingungen 536
Keimblätter 536, *536*
Keimblatt 587
Keimfähigkeit 535
Keimlingsbrand 558
Keimlingsstadium 573
Keimruhe 535, 587
doppelte Keimruhe 587
natürliche Keimruhe 535
Ursachen
chemische Hemmstoffe 535
Hartschaligkeit 535
Keimschnelligkeit 544
Keimtemperatur 536
Keimung 536, 587
epigäische Keimung *536*
hypogäische Keimung *536*
Keimung beschleunigen 535
Zeitpunkt der Keimung 535
Kelchblätter 580, 587
Kelchblatt *579*, *580*
Kellerassel 548
Kennedia 99, 101, 113, 115
Kennedia rubicunda 99, 101, *101*, 450
Kerbel 291, 292, *299*, siehe auch *Anthriscus cerefolium*
Aussäen 292, 298, 301
Blätter 294
Ernte und Lagerung
Blätter 294
Blüten 294
Erntezeit ganzjährig 301
Frostschutz 301
Samen 294
Topfpflanzung 292
Umsetzen 292, 301
Vermehrung
durch Aussaat 294
durch Säen in Schalen unter Glas 294
im Winter 294
winterharte Kräuter 301
Kerne
männliche 535
weibliche 535
Kernfrucht 587
Kernobst 359, 375
Lagerung
Tiefgefrieren 371
Verjüngungsschnitt
im Winter 370
Vermehrung durch Kopulation mit Gegenzunge 373, *373*
Kerria 90, *78*
Kette *464*
Kettendraht *472*
Kettensäge, elektrische *464*
Kettensägen
benzinbetriebene Kettensäge 464
elektrische Kettensäge 464
Keulenlilie 80, siehe auch *Cordyline*
Kiefer *19*, 49, 56
gemeine Kiefer 27, siehe auch *Pinus sylvestris*
Kies 499
Feinkies 502
grober Kies 502
Holzbegrenzung 502
Nachteile 502
Steingarten 200
Verdichtung 502
Verlegen 502
Kiesweg
Anlegen *502*
Kirengeshoma palmata 143
Kirschblattwespen 551
befallene Pflanzen 551
Bekämpfung 551
Kirsche *36*, 47, 359, 362, 375, 535, vgl. auch *Prunus*
an einem Bogen 362
an einer Pergola 362
frühreifende Sorten 362
Höhe für Fächererziehung 362
Lagerung
Stiele entfernen 371
in Alkohol oder Sirup einlegen 371
zum Einfrieren geeignet 371
Schnitt
im Frühjahr/ Sommer 368
Kirschen-Sorten
Fremdbefruchtung 364
Universalbefruchter 364
Kirsche 'Stella' *361*, *362*
Kirschfruchtfliege 396
Kirschlorbeer 80, siehe auch *Prunus laurocerasus*
Kirschpflaume 387, siehe auch *Prunus cerasifera*
ausreichend selbstfruchtbar 387
Blüte 387
Fruchtgehölze 387
Verwendung als stark wachsende Unterlage 387
Ziergehölze 387
Kirschtomate *332*, siehe auch Tomate
Kissen *470*
Kissenprimel 34, siehe auch *Primula vulgaris*
Kiwi 360, *401*, 406, 407, siehe auch *Actinidia deliciosa*
Ausdünnen 406
Befruchtung 406
Boden und ph-Wert 406
Dünger 406
empfohlene Kiwi-Sorten 406
Frostverträglichkeit 406
Fruchtfäule 407
Fruchtfleisch 406
Früchte 406
Kälteperiode 406
Krankheiten
bei Freilandkultur 407
bei Kultur unter Glas 407
Kultur unter Glas
nur unter besonderen Bedingungen 407
unter begehbaren Folientunneln 407
unter leichten Kunststoffabdeckungen 407
laufende Pflege 406
Mulchschicht 406
optimale Temperaturen 406
Pflanzung 406
Samen 406
Schale 406
Standort 406
im Freiland 406
Stützen 406, *407*
Triebe 406
Veredelung
ausgewählter Sorten auf wüchsigen Sämlingen 408
durch Kopulieren mit Gegenzungen 407
durch Okulieren 407
Vermehrung
durch bewurzelte Stecklinge 406
durch krautige Stecklinge 407
durch Steckhölzer 407
durch veredelte Pflanzen 406
Wachstumsperiode 406
Wässern 406
zweihäusige Pflanze 406
Klappsäge *463*
Klassische Beetpflanzen
Hyazinthe 218
Tulpe 218
Klatschmohn 25, 175, siehe *Papaver*
Klebeband 472
Klee 523, 576, 577
Klee, Kleiner *576*, siehe auch *Trifolium dubium*
Kleinblättrigkeit 555
Kleinrechen
Jäten junger Pflanzen *207*
Kleintiere 246
Kletterer 29, 105, 117, 130, 138, 142, 175, 342
Aussaat *111*
Bewurzelung 113
einjährige Kletterer *98*, 175, 186
Stützen 186
Erziehung 106
freistehende Kletterer 433
immergrüne Kletterer 101, 106
Kletterer an Pergolen 106
Kletterer an Säulen 106
Kletterer für alkaline Böden 102
Kletterer für lehmige Böden 101
Kletterer für sandige Böden 101
Kletterer für saure Böden 101
krautige Kletterer 101
laubabwerfende Kletterer *98*
nicht winterharte 101, 102, 105, 107, 113
Samen 111
selbstklimmende Kletterer 95
Umtopfen der Kletterer *103*
veredelte Kletterer 102
Verjüngung 107, *107*
Vermehrung
durch Absenker 111
durch Ausläufer 111
durch Steckhölzer 113

windende Kletterer 186
winterharte Kletterer 101
Wurzelkletterer 95
Klettergewächse 29
Kletterhilfe für Pflanzen 511
Kletterhilfen, sonstige
Dauer-Kletterhilfen
Dreifuß 512
Pfeiler 512
Dreifuß
aus geschältem Astwerk 512
Pfeiler
aus Ziegeln 512
aus behauenem Stein 512
Kletterhortensie 95
Kletterpflanzen 22, 23, 25, 34, 65, 94 - 115, 127, 197, 407, 433, 438, 441, 449, 587
als Raumteiler 431
an einem Spalier 431
an einer Stütze hoch 431
an Häusern 95
an Mauern 95
an Zäunen 95
Ausläufer 114
Blattstiele 438
Blüte 105
Blüten 97, 105
Boden 100, 102
Bodendecker 97
Bodenvorbereitung 100 - 102
bunte Kletterpflanzen 97
Düngen 103
duftende Kletterpflanzen 98
einjährige 97, 98, 177
einjährige Triebe 105
Erziehung 104 - 107
an Drahtringen 438
Erziehungsschnitt *104*
Faserwurzeln 101
Formschnitt 104, *104*
fruchttragende Kletterpflanzen 360
für Innenräume 450
Gießen 103
Hybriden 111
im Haus kultivieren 450
immergrüne Kletterpflanzen 96, 106
Kletterpflanzen in Pflanzbehältern 103
Kletterpflanzen in Pflanzgefäßen 98
Kletterformen 94, 100
laufende Pflege 103
Luftwurzeln 97, 106
Mulchen 102
Nährstoffe 103
nicht winterharte 100, 112, 115
nicht winterharte Zimmerpflanzen 450
Pflanzung 100 - 102
Ranken 438
Rankende Arten 102
Sämlinge 111
Auspflanzen 111
Pikieren 111
Samen 111
schlingende Sorten 175
Schnitt 104 - 107
Grundprinzipien 104
nach Bedarf, Arten 450
nach der Blüte, Arten 450
Rückschnitt *103*
Schößlinge 104
Spaliere 94, 95
Standort 95, 102
starkwüchsige Kletterpflanzen 100
Stecklinge 112
Stützen 94, 100
Topfen
Umtopfen *103*
Veredeln 111
Vermehrung 111 - 115
Absenken 115, *115*
Bodenvorbereitung 115
durch Ausläufer 114, *114*
durch Aussaat 111
durch einfache Absenker 456
durch halbausgereifte Stecklinge 112, 113
durch halbreife Stecklinge 112
durch krautige Stecklinge 111, 112, *112*
durch Steckhölzer 113
durch Wurzelschnittlinge *114*
Verzeichnis der Kletterpflanzen 99
Wässern 102
wichtigste Gartenarbeiten
im Frühling 581
im Herbst 583
im Sommer 582
im Winter 584
Windende Arten 97, 102
linkswindende Kletterpflanzen 94
rechtswindende Kletterpflanzen 94
Windesprosse 438
winterharte Kletterpflanzen 98
Wurzelkletterer 97
Wurzeln 95
Wurzelschnittlinge
Abhärten 114
Schneiden 114
Umtopfen 114
zweijährige Triebe 105
Kletterrose *19*, 95, *95*, 101, 108, 117, 118, 121, 123, 124, *124*, 129, 130, 133, siehe auch *Rosa* und Rose
Erziehung *130*
Hochstämme 120
Schnitt *130*
Kletterrose 'Maigold' 546
Kletterrose 'Mme Alfred Carrière' 96
Kletterrose 'New Dawn' 96
Kletterrose Rosa filipes 'Kiftsgate' 97
Klima
europäisches 516
Klima für Rasen 278
Klima und Garten 514 - 519
Klimafaktoren 515 - 519
Frost 515
Luftfeuchtigkeit 518
Regen 517
Schnee 517
Sonne 518
Temperatur 515
Wind 518 - 519
Klimate
regionale
Britische Inseln 514
europäisches Festland 514
Nordamerikanisches Festland 514
Klimazonen 262, 264
gemäßigte Gebiete 514
polare Gebiete 514
tropische Gebiete 514
Wüste 514
Klimmer 187, 587
kletternde Klimmer
Rankgitter 263
Spreizklimmer
Leittriebe 187
nicht windende Spreizklimmer 187
Klon 587
Knäuelglockenblume 169, siehe auch *Campanula glomerata*
Knautia arvensis 169
Knautia macedonica 219
Kniehocker 470, *470*
Kniekissen 470
Kniphofia 137, 141, 143, 148, 149, 156, 165
Kniphofia caulescens 139, *141*, 143
Kniphofia uvaria 143
Knoblauch *304*, 308, *345*, 347, 348, 546, siehe auch *Allium sativum*
Ausbreitung 347
Aussaat 347
Ernte 348
Formen 347
Höhe 347
Klima 347
Krankheiten 348
Lagerung 347, 348, *348*
laufende Pflege 348
Pflanzung 347
in Multitöpfe pflanzen *348*
Schädlinge 348
Selektionen 347
Standort 347
Stickstoffbedarf 314
Stickstoffgehalt des Bodens 347
Varianten 347
Wachstumsperiode 347
Zehen 347
in Multitöpfe pflanzen *348*
Knoblauchschnittlauch 294, *299*
Knoblauchsorten
Lagern 316
Knochenmehl 530, 572
Knöterich *575*, siehe auch *Polygonum japonicum*, syn. *P. cuspidatum*, *Fallopia japonica*
Knolle 587
Knollen 189, 578
Alpinhaus 194
bewurzelte Knollen
Pflanzabstand 230
Pflanztiefe 230
Pflanzung 230
Frühbeetkästen
Verwendung von Frühbeetkästen 214
in Töpfen gezogene Knollen
Knollen trocken gepflanzt 229
Knollen einzeln pflanzen *229*
Knollen im Freien pflanzen *229*
Knollen in Töpfe pflanzen *232*
Knollen, feuchte
Lagerung 228
Knollen, trockene 229, 230
nicht winterharte 231, 232, 241
Pflanzen in Hydrokultur-Gefäßen 449
Pflanzung
belaubte Pflanzung 229
Pflanzabstände 229
Pflanztiefe 229
Pflanzung im Freien 229
Pflanzung in Reihen 230
richtige Pflanztiefe *229*
Ruhepause 232
Teilen
Ableger 237
Brutknollen 237
Töpfe für die Pflanzung vorbereiten *232*
Vermehrung durch Abschnitte *241*, 241
Vermehrungserde 238
Knollenbegonien 455
Vermehrung
Basalstecklinge *455*
Knollen 455
Temperatur 455
Triebe 455
Wachstumsphase 455
Knollenfenchel *345*, 350, *350*, 351, siehe auch *Foeniculum vulgare* var. *dulce*
Ausbreitung 350
Aussaat 350
Blattansätze 350
Boden 350
empfohlene Fenchel-Sorten 351
Ernte 351, *351*
Klima 350
Krankheiten 351
Lagerung 351
laufende Pflege 350
nicht winterhart 345
Pflanzung 350
Sämlinge 350
Schädlinge 351
Stammteile 345
Standort 350
Stickstoffbedarf 350
Temperaturen 350
Knollenfäule 358
Knollengemüse 352 - 358
Knollenpflanzen 138, 150, 174, 189, 217 - 243
Aussaat
Abstand 238
Auswahl gesunder Knollen *228*
Blühgröße 238
Blütezeit 217, 221, 236
Boden 217, 234
Bodentypen 228
Bodenvorbereitung 228 - 233
Duft 221
Erneuern des Substrats 236
Frühlingsblüher
Knollen 235
Lagern 235
Frühlingspflanzen 221
für Fensterkästen 222
für Schnittblumen 222
für Wassergärten 221
geschützt gezogene Knollenpflanzen 222
Gestaltung mit Knollenpflanzen 217 - 223
Heimat 217
Herbstpflanzen 221
im Alpengarten *221*
im Hochbeet 222
im Steingarten 221
im Torfbeet 221
in einem gemischten Beet 222
in Gefäßen
Blütenproduktion 235
Dünger 235
im Freien 235
in Gewächshausbeeten 222
in Kästen 222
Düngen 235
Wässern 235
in Töpfen 222, 232
in Trögen 221
Kauf 228
Klimazonen 228
Knollen
als grundständige Stecklinge 242
Knollenpflanzen in Wäldern 217
Knollenpflanzen, die keinen Sommerregen vertragen 223
Kombination mit Solitären 220
laufende Pflege 234 - 236
Neupflanzung 234
Teilung 234
Lebensräume 228
naturnahe Pflanzung *220*
nicht umgetopfte Sämlinge
Kultivieren im Topf 238
nicht winterharte 217, 221, 223
Pflanzung 228 - 233
gemischte Pflanzung 219
Pflanzung im Freien 232
Pflanzung unter Glas 232
Ton- oder Kunststofftöpfe 232
Wässern 232
Wurzelwachstum 232
Pflanzungen
Graspflanzung 220
Waldpflanzung 220
Pflege 234
Pflege der Sämlinge nach der Keimung 238
Ruheperiode 228
Ruhezeit 222
Samen
Samenkapseln 235
schattenliebende Knollenpflanzen
Aussaat 238
Sommerblüher
Überwintern 235
Standort 223, 228
Arten 217
Sorten 217
Wachstumsperiode 228
Stecklinge
Bewurzelung 242
grundständige Stecklinge 242
Stützen 234
Topfkultur 228
seltene Knollenpflanzen in Töpfen 222
Umtopfen 236
Vegetationsperiode
Düngen 238
Vermehrung 217, 237 - 243
Ruheperiode 241
durch Ableger 237, *237*, 241
durch Abschnitte 241
durch Aussaat 237
durch Samen 238, *238*
durch Teilstücke 241, *241*
Verzeichnis der Knollenpflanzen 223
Vortreiben
Vortreiben in Töpfen 223
Wachstumsperiode 234
wichtigste Gartenarbeiten
im Frühling 581
im Herbst 583
im Sommer 582
im Winter 584
Wildarten 222
winterharte 223
Überwintern 234
Knollensellerie *304*, 349
Ausbreitung 349
Aussaat 349
Blätter 349
Boden 349
Bodenansprüche 349
Düngen 349
empfohlene Knollensellerie-Sorten 349
Ernte 349
Höhe 349
Keimung 349
Klima 349
Knolle 349
Krankheiten 349
Krone 349
Kultur *349*
Lagerung 349
laufende Pflege 349, *349*
Mulchen 349
Pflanzabstand 349
Pflanzung 349
aus Multitöpfen auspflanzen *349*
Sämlinge pikieren 349
Schädlinge 349
Schatten 349
Sproßrübe 349
Stammteile 345
Stickstoffgehalt im Boden 349
Wässern 349
Wurzeln 349
Knospe 587
Knospenälchen
befallene Pflanzen 551
Bekämpfung 551
Knospengalle 556
Knospengallmilbe 559
Knoten 539, 587
Knotensteckling *538*
Kochapfel 375, 377, siehe auch Apfel und *Malus sylvestris* var. *domestica*
Alternanz 377
Blütengruppe 377
empfohlene Kochäpfel
frühe Kochäpfel 377
mittelfrühe Kochäpfel 377
späte Kochäpfel 377
fruchtend an Kurztrieben 377
fruchtend auch an Langtrieben 377
Geschmack 377
starkwachsende Kochapfelarten 377
triploide 377
Kochia scoparia f. *trichophylla* 173, 177
Kochsalat 328, siehe auch Gartensalat
Kochsorten 376
Koelreuteria paniculata 55
Königin der Nacht, siehe auch *Selenicereus grandiflorus*
Standort 265
Königslilie 119
Köpfchen 587
Kohl 27, 304, *305*
Kohlhernie 314
Saattiefe 309
Sämlinge des Kohls
Befall durch Käfer 314
Schutz vor Befall durch Käfer 314
Stickstoffbedarf 314
Kohlarten 308, 311, 317 - 322
Aussaat
Boden 317
Bodeninfektion 314
Frostverträglichkeit 317
günstige Mischkultur in

Kombination mit Salat 308
heimische Kohlarten 317 - 322
Klima 317
Kultur
Düngen 317
Mulchen 317
Unkräuter 317
Wachstumsstadien 317
nachwachsendes Gemüse ernten 316
Pflanzung
Abstand der Pflanzen 317
Anzuchtbeet 317
Kohlhernie 314, 317
Pflanztiefe 317
Sorten 316
Standort
Boden 317
Fruchtwechsel 317
Kohlhernie 317
pH-Wert 317
Schädlinge 317
Stickstoff 317
Temperaturerfordernisse 307
zum Einfrieren geeignet 316
zweijährige Kohlarten
zweijährige Arten einjährig kultivieren 317
Kohlendioxyd 517, 530, 579, *579*
Kohlenhydrat 579
Kohleria 435
Kohleule 549, siehe auch *Mamestra brassicae*
Kohlfamilie 350, 352
Kohlfliege 314, 317, *317*, 319, 357
Kleine Kohlfliege 564
Kohlhernie 307, 308, 314, 317, 350, 529, 564
befallene Pflanzen 553
Bekämpfung 553
Kohlkopf 310, 319
Ausbreitung 319
Aussaat
im Anzuchtbeet 319
im Multitopf 319
Beschreibung der Pflanzen Tabelle 319
Boden 319
empfohlene Kohlsorten 319
Frühjahr 319
Frühsommer 319
für Frischverzehr im Winter 319
für Vorratshaltung im Winter 319
Herbst 319
Sommer 319
Ernte
grünen Frühjahrskohl ernten *320*
Schneiden 320
Wuchs 320
zweite Ernte *320*
Frühjahrskohl *319*
Gruppen 319
Herbstkohl *319*
Krankheiten 320
Kultivieren
einjährige Kultivierung 319
Lagerung
Lagerung vorbereiten *320*
Rotkohl 320
Winterweißkohl 320
Pflanzung
Pflanzabstand, Tabelle 319
Sämlinge umsetzen 319
Zeitpunkt, Tabelle 319
pH-Wert des Bodens 319
Reife 319
Routinepflege
Abdeckhauben 320
Düngen 320
Frühjahrskohl schützen 320
Wachstumsperiode 320
Wässern 320
Winterkohl anhäufeln 320
Schädlinge 320
Sommerrotkohl *319*
Sorten 319
Stickstoffgehalt des Bodens 319
Temperaturen 319
Wirsing 319
Kohlmottenschildlaus 550, siehe auch *Aleyrodes proletella*
Kohlrabi 317, 350, *350*, siehe auch *Brassica oleracea* Gongylodes-Gruppe
Ausbreitung 350
Aussaat 350
Bodenansprüche 350
Durchmesser 350
empfohlene Sorten 350
moderne Sorten 350
traditionelle Sorten 350
Ernte 350
Klima 350
Knollen 350
Krankheiten 350
Lagerung 350
laufende Pflege 350
Pflanzung 350
Schädlinge 350
Schale 350
Sproßteile 350
Stammteile 345
Stickstoffbedarf 314, 350
Temperatur 350
Unkrautbekämpfung 350
zum Einfrieren geeignet 316
Kohlraupen
befallene Pflanzen 549
Bekämpfung 549
Kohlrübe 317, 352, *352*, 353, siehe auch *Brassica napus* Napobrassica-Gruppe
Ausbreitung 352
Aussaat 352
Boden 352
Bodenansprüche 352
empfohlene Kohlrüben-Sorten 352
Ernte 353
Klima 352
Krankheiten 353
Lagerung 353
laufende Pflege 353
Miete *353*
Pflanzung 352
Sämlinge 353
Schädlinge 353
Stickstoffbedarf 314
Stickstoffgehalt im Boden 352
Wachstumsperiode 352
Wurzeln 352
zum Einfrieren geeignet 316
Kohlschädlinge 321
Kohlweißling 549
Großer Kohlweißling 549, siehe auch *Pieris brassicae*
Kleiner Kohlweißling 549, siehe auch *Pieris rapae*
Kohlweißlingsraupe 546
Kolkwitzia 78, 83
Komatsuna 323, 324, *324*, siehe auch Spinatsenf
Aussaat 324
Blätter 324
Ernte 324
Gruppe 324
Pflanzung 324
Stickstoffbedarf 314
Kombinationshacke *460*
Kommaschildlaus 552, *557* siehe auch Lepodosaphes ulmi
Kompakter Chinakohl *323*
Kompost *526*, 530, 533, 587
Zusätze zum Kompost 533
Kompostbehälter
Bau eines Kompostbehälters *533*
Fassungsvermögen 470
Fäulnisprozeß 470
Kompostbehälter aus Holz 470
Kompostbehälter aus Plastik 470
Kompostbehälter füllen 533
Gartenabfälle *533*
Küchenabfälle *533*
Mist *533*
Komposterde 533, 587
Komposthäcksler 470
Komposthaufen 533
Kompostierung
Aufsetzen eines Komposthaufens 533
Gemüseabfälle 533
Rasenschnitt 533
Rinde 533
Kompoststarter 533
Konifere 21, *22*, 32, *34*, 35, 36, 39, 41, 49, 56, 58, 59, 61, 62, 69, 71, 108, 175, 194, 437, 587, siehe auch *Juniperus*
Alpinhaus 194
Stecklinge 55
Zwergkonifere 25, 32, 38
Koniferenlaus 558
Konkurrieren 573, 574
Kontaktfungizid 547
Kontaktherbizid 554
Kontaktpestizid 547
Kontaktwirkung 575, 587
Kontamination 555, 563
Kontraste, strukturelle *492*
Kopfbildung 587
Kopfdüngung 531, 587
Kopfkohl 317
Kopfkohlarten 305, 308
Kopfsalat
empfohlene Kopfsalat-Sorten
Buttersalat 328
Eissalat 328
kurzblättriger Bindesalat 328
Pflücksalat 328
Römischer Bindesalat 328
Schnittsalat 328
Kopfstecklinge 538
Kopfsteine 498, 499
Kopfsteinpflaster 498, *498*
Kopulation 542
mit Gegenzungen 542, *542*
Kopulieren 587
Korb *470*
Korbweide 60, siehe auch *Salix viminalis*
Kordon 359, 587
Kordonerziehung *360*
U-Kordon 587
Koriander, siehe auch *Coriandrum sativum*
Aussäen 298
Blätter 295
Blüten 295
Ernte und Lagerung
Blätter 295
Fruchtstände 295
Erntezeit ganzjährig 301
Frostschutz 301
Samen 295
Vermehrung durch Aussaat 295
winterharte Kräuter 301
Kornblume 169, *174*, 176, siehe auch *Centaurea cyanus*
Kornfeld 169
Kosmetika
Herstellung von Kosmetika
Kräuter 291
Kotyledon 587
Kotyledonen 580
Kräuselkrankheit bei Pfirsichen 391
Kräuter 31, 137, 142, 291, 306, *307*, 431
Ablegerbildung
durch Anhäufeln 301
Anhäufeln von strauchigen Kräutern *301*
aromatische Kräuter 291, 292, *292*, *299*
Aufzucht aus Samen
Ablegen durch Anhäufeln 301
Aussaat 301
bewurzelte Stecklinge 301
Bewurzelung 301
Einjährige 301
Keimung 301
Pflanzung 301
Pflege 301
Sämlinge in Töpfen kultivieren 301
Sämlinge umsetzen 301
Samen 301
Stauden 301
Zweijährige 301
beliebteste Kräuter 294 - 297
Blätter 292
Blattfarben 291
Blüten 292
Blütenfarben 291
Boden 292, 300
Dill 292
Düngen 300
Duft 292
Dufttöpfe 294
Ernte 292, 298, 302
ätherische Öle 292, 302, *302*
Aroma 302
Blätter 302
Blüten 302
Einfrieren 302
Einfrieren als Eiswürfel 302, *302*
Fruchtstände trocknen 302
Fruchtstand 302
Gefriertrocknen 302
Geschmack 302
abhängig von der Tageszeit der Ernte 302
Kräuteressig 302
Kräuteröl 302
Lufttrocknen 302
Samen 302
Samen für die Aussaat 302
Sprosse 302
Tau 302
Triebe 302
Trocknen 302
Trocknen in der Mikrowelle 302
Wachstumsperiode 302
Wurzeln 302
trocknen 302
trockener Samen 302
Farben 292
Förderung des Wuchses 302
frische Kräuter für den Winter *298*
getrocknete Kräuter 291
Aroma 302
Lagern 302
Gewürzkräuter 298
Heilkräuter 298
immergrüne Kräuter 300, 302
ganzjährige Erntemöglichkeit 298
in Beeten 292
in Rabatten 292
in Töpfen gezogene Kräuter
Ausbreitung 298
Ausknipsen der Spitzen 298
Bodenfeuchtigkeit 300
Dünger 330
frostbeständige Töpfe 300
Frostschutz für Wurzeln 300
Pflanzplan 298
Pflanzung 298
Pflege 300
Seitensprosse entwickeln 298
Spitzen horstbildender Pflanzen 298
Umtopfen 300
Wässern 298
Wachstumsperiode 300
Wuchs 298
Wuchsgeschwindigkeit 298
Wurzeln 298, 300
Zurückschneiden strauchiger Kräuter 298
Infektionen 300
jahreszeitlicher Einfluß auf den Geschmack 302
Kerbel 292
Konservieren 302
Konservierungsmethoden 302
Kräuter für feuchten Schatten 292
Kräuter im Garten 291
Kräuter im Haus
Düfte 291
Essenzen 291
Heilkräuter 291
Kosmetika 291
kulinarischer Gebrauch 291
Öle 291
Kräuter im Winter 298
Kräuter in einem Wagenrad-Beet *292*
Kräuter mit vielen Ausläufern
Aufnehmen der Pflanzen im Frühjahr 298
Krankheiten 298
Sprosse 300
Substrat 298
Teilen der Pflanzen im Frühjahr 298
Wuchs 298
Kräutergarten 292
Kräutertees 294 - 197
Blätter 291
Blüten 291
Samen 291
Krankheiten 300
Küchenkräuter 292, *299*, 302
im Gemüsegarten 292
Laub 292
Lebensraum 292
Lufttrocknen *302*
Mulchen 300
nicht winterharte Kräuter 292, 300
Pflege 300
Rückschnitt
zur Nutzung des Laubs 300
Ruhepause 300
Schädlinge 300
Standort 292
strauchige Kräuter 301
traditioneller Kräutergarten 292
Umtopfen 300
Vermehrung
durch Stecklinge 300
verwelkte Blütenköpfe
Samen 300
Verzeichnis der beliebtesten Kräuter 294 - 297
Wässern 300
Wildarten 291, 292
winterharte Kräuter 301
Winterschutz 300
Wuchs 300
Wuchsformen 291
Zurückschneiden im Frühjahr und Sommer 300
Kräutergarten 121, *279*, 291 - 302
Aroma 298
Bedingungen 298
Boden 298
Bodenvorbereitung 298, 299
Ernte 293
formale Anlage 293
formaler Kräutergarten *293*
Anlage 299
Boden 299
Pflanzschema 299
Planung 299
Unkräuter 299
Gestaltung mit Kräutern 291 - 293
laufende Pflege 300
lockere Anlage 293
Pflanzplan eines Kräutergartens 299
Pflanzung 298, 299
Planung des Kräutergartens 293
Planung eines formalen Kräutergartens *293*
Routinepflege 293
Schattenwurf 293
Standort 293, 298
Boden 298
Drainage 298
pH-Wert 298
Standortvorbereitung 298
Unkräuter 298
Vermehrung
durch Absenken 301
durch Aussaat 301
durch Stecklinge 301
durch Teilung 301
Methoden 301
wichtigste Gartenarbeiten
im Frühling 582
im Herbst 583
im Sommer 583
im Winter 584
Kräuterkissen 291
Kräuteröl 302
Kragenfäule 569
Krankheiten 74, 125, 235, 236, 243, 307, 313, 314, 320, 376, 545
bei Rosen 125
Krankheiten bei Teilung von

Mutterpflanze übertragen 238
nichtparasitäre 545
Viruskrankheiten 314
Krankheitserreger, pilzlicher 547
krankheitsresistent 546
Krankheitsresistenzen 544
Krankheitssymptome 545
Krausblättrige Winterendivie *304*
Krausblättriger Grünkohl *317*
Kraut 587
Kraut- und Braunfäule 338
Kraut- und Knollenfäule
befallene Pflanzen 553
Bekämpfung 553
Krautfäule 358
krautig 587
krautige Pflanzen 408
Krebs bei Apfelbäumen 383
Kreide 197, 523
Kreideboden 522, 523
Kreismäher 524
Kreisregner 469
Kresol 510
Kresse 175, 330, siehe auch *Lepidium sativum*
Schnitt 316
Kreuzkümmel 295, siehe auch *Cuminum cyminus*
Blätter 295
Blüten 295
Ernte und Lagerung
Fruchtstände 295
Samen 295
Vermehrung durch Aussaat 295
Kreuzung 536
Kriechendes Bohnenkraut 292, 297, *299*, siehe auch *Satureja spicigera*
Boden 292
Kriechwacholder 23, siehe auch *Juniperus communis* 'Prostrata'
Kröte 547
Krokus 25, 150, 169, 217, 218, 219, 220, *220*, *221*, 231, *231*, *233*, siehe auch *Crocus*-Arten
Ruheperiode 223
Austrocknen mancher Arten vermeiden 236
Blüte 223
Boden 220
frühlingsblühende Arten 235
herbstblühende Krokusse 228
Samen
Kapseln 238
Treiben in Töpfen 223
Wachstum im Gras 220
Kronblatt *580*, 587
Krone 587
Kronenfäule 351
bei Zitrusfrüchten 421
Krümel 526
Krümelbildung 527
Krümelstruktur, stabile 526
Krümmer 576
Krumendüngung 586
Krumentiefe 524
Kuckucksblume 169, siehe auch *Lychnis flos-cuculi*
Kübelpflanzen *26*, 29, 43, 67
Pflege von Kübelpflanzen 44
Schnitt bei Kübelpflanzen 49
Küchenfenster 431
Küchenkräuter
Einfrieren 302
Küchenzwiebel siehe Speisezwiebel 345
kühler Wintergarten *433*
Kümmel 301, siehe auch *Carum cervi*
Blätter 295
Blüten 295
Ernte und Lagerung
Blätter 295
Fruchtstände 295
Samen 295
Vermehrung
durch Samen 295
Kümmerwuchs 571
Kürbis 307, *307*, 310, 335, siehe auch *Cucurbita maxima, C. moschata, C. pepo*
Aussaat 335
Blätter 335
Bodenvorbereitung 335
Ernte 335
Formen 335
Früchte 335
Keimung 335
Klima 335
Krankheiten 335
Lagerung 335
laufende Pflege 335
Mulchen 335
Nachreife *335*
Pflanzabstand 335
Pflanzung 335
Samen 335
Schädlinge 335
Schale 335
Sorten 335
empfohlene Kürbis-Sorten 335
'Acorn' 335
'Buttercup' 335
'Butternut' F1 335
'Gelber Zentner' 335
'Hubbard' 335
'Queensland Blue' 335, *335*
'Red Kuri' 335
'Spirit' F1 335
'Sweet Dumpling' 335, *335*
'Table Ace' 335
'Triple Treat' 335
'Turk's Cap' 335
Standort 335
Stickstoffgehalt des Bodens 335
Zierkürbisse *335*
Kugelkakteen 265
Kultivator, verstellbarer *461*
Kultivatoren
Kartoffelaufnehmer 461, *461*
Kultivator mit fünf Gänsefußscharen 461, *461*
manueller Kultivator
Gartenwiesel 461
Scharen 461
Spezialkultivator 461
Stiel 461
verstellbares Modell 461
Zinken 461
motorgetriebener Kultivator
elektrischer 461
mit Benzinmotor 461
mit Frontantrieb 461
mit Heckantrieb 461
mit Mittelantrieb 461
Rotoren 461
Pflug, motorgetriebener *461*
Choke *461*
Einrückhebel *461*
Gashebel *461*
Griff *461*
Hebel zur Einstellung der Grabtiefe *461*
Höhenversteller *461*
Klappständer *461*
Kupplung *461*
Lenkung *461*
Rotor *461*
Rotormesser *461*
Sicherheitsschalter *461*
verstellbarer Kultivator
Stiel, abnehmbarer *461*
Vorsatzgerät *461*
Zinken, abnehmbare *461*
Kultur in einem Bankbeet 441, *441*
Kultur vermehrter Pflanzen 543
Kulturpflanzen
widerstandsfähige Kulturpflanzen 546
Kultursack *338*, 340, 341, 354, 355
Kumquat 422, siehe auch *Fortunella japonica* und *Fortunella margerita*
Anbau unter Glas 421
Temperaturen 422
Zuordnung zur Gattung Fortunella 420
Kunststoffanbinder *472*
Kunststoffgeflecht 472, *472*
Kunststoffolie 312, 532
Torfbeet
Abdeckung 206
Kunststofftopf 473
Kunsttuff *202*
Herstellung 202
Herstellung eines Kunsttuff-Trogs *202*
Tröge
Drainage 202
Kupfer (Cu) 530
Kupferammoniumcarbonat 543
Kupfermangel im Obstgarten 366
Kuppel 490
Kurzstielige Hacke *460*
Kurztrieb 587

L

Lablab purpureus 99
Laborbedingungen
sterile Laborbedingungen 544
Labrador 514
Laburnum 35, 37, 58
Laburnum x *watereri* 'Vossii' 37
Lacecap-Hortensie 77
Lachenalia 435
Lactuca sativa 328, 329
Lactuca sativa 'Bubbles' 328
Lactuca sativa 'Dolly' 328
Lactuca sativa 'Jewel' 328
Lactuca sativa 'Kasseler Strünkchen' 328
Lactuca sativa 'Laibacher Eis' 328
Lactuca sativa 'Lake Nayah' 328, *328*
Lactuca sativa 'Little Gem' 328
Lactuca sativa 'Lobjoits Green Cos' 328
Lactuca sativa 'Lollo Rossa' 328
Lactuca sativa 'Maikönig' 328
Lactuca sativa 'Malika' 328
Lactuca sativa 'Marvel of Four Seasons' 328
Lactuca sativa 'Minetto' 328
Lactuca sativa 'Sabine' 328
Lactuca sativa 'Salad Bowl' 328, *328*
Lactuca sativa 'Saladin' 328
Lactuca sativa 'Valdor' 328
Lactuca sativa 'Valmaine' 328
Lactuca sativa 'Winter Density' 328, *328*
Laelia 443
Laelien und deren Hybriden
Sonnenanbeter 444
Lämmersalat 331, siehe auch Feldsalat
Lärmschutz 36, 60
Läsion 565
Läuferverband 505
Läuse 392
Lagarosiphon major 246, 260
als Sauerstofflieferant 246
Stecklinge *257*
Lagarosiphon major, syn. *Elodea crispa* 247
Lagerfäule 567
Lagerstroemia 55, 83
Lagerstroemia indica 37
Lagurus avatus 177
Lambertsnüsse 428, *428*, siehe auch *Corylus maximus*
Boden 429
Ernte 429
Erträge 428
Feuchtigkeit 429
Hülle 428
Kälteperiode 428
Kätzchen 428
Mulchen 429
Nüsse 428
Pflanzabstand 429
regelmäßige Unkrautbekämpfung 429
Schnitt 429
Büsche 429
gebrochene Sprossen kürzen 429
Gerüst 429
Leittriebe kürzen 429
selbstfertil 428
Standort 429
Vermehrung 429
durch Absenken 429
durch Wurzelausläufer der Bäume 429
Wässern 429
Windbestäuber 428
Lamellen 483, *483*
parallelversetzte 500, *500*
Lamina 587
Lamium 143
Lamium maculatum 27, 137, 195, siehe auch Waldnessel
Lamium maculatum 'Beacon Silver' 142, *150*
Lamium maculatum 'Chequers' 143
Lamium maculatum 'Roseum' *138*
Lamium maculatum 'White Nancy' *138*, 142
Lampranthus falcatus 266
Lampranthus multiradiatus 266
Lampranthus-Arten 263
kriechender Wuchs 263
Lancashire Lad 562
Langstielige Gartenscheren
Schnittschenkel 466
Langzeitdünger 530
als Granulat *531*
polymere Hüllmasse *531*
Lantana 83, 435
Lapageria 94, 99, 105, 111, 115, 435
Lapageria rosea 99, 101
Lardizabala 99
Lardizabala biternata 96, 101
Larix 58
Larix decidua 42
Lasius 570
Lasius flavus 572
Lathyrus 111
Lathyrus grandiflorus 99, 102, *102*
Lathyrus latifolius 99, 101, 102
Lathyrus odoratus 25, *27*, 95, 99, 175 - 178, vgl. auch Wicke
Lattentisch *487*
Lattenzaun 510
Laubabwerfende Bäume 49
Laubabwerfende Pflanzen 189
Lauben 96, 120
Laubengang 511
Konstruktion 511
Lauberde 574
Laubkehrer *286*, *467*
Laubpflanzen *29*
immergrüne Laubpflanzen 246
Laubsammelgerät 467
Lauch *304*, 308, *345*, 347, siehe auch *Allium porrum*
Aussaat 347
in Multitopfplatten *347*
Bleichen 347
Blumenlauch 25
Boden 347
empfohlene Lauchsorten 347
Ernte 347
für Herbsternte *304*
für Winterernte *304*
Formen 347
Fruchtwechsel 347
Klima 347
Krankheiten 347
Lagerung 347
Einschlagen *347*
laufende Pflege 347
Mulchschicht 347
Pflanzung 347
Sämlinge *347*
Umsetzen *347*
Schädlinge 347
Schaft 347
Sortenvielfalt 347
Standort 347
Stickstoffbedarf 314
Stickstoffdünger 347
Temperaturen 347
unverträglich in Mischkultur mit Stangenbohnen 308
Wachstumsperiode 347
Wässern 347
winterharter 347
Laufkäfer *523*
Laugenblume, siehe auch *Cotula*
Bedingungen 279
Blätter 279
Triebe 279
Laurus 57, 88
Laurus 'Aurea' 295
Laurus nobilis 37, 52, *52*, 295, 435, siehe auch Lorbeer
Lavandula 24, *24*, 27, 60, 61, 64, 69, 79, 85, 292, siehe auch Lavendel
Lavandula angustifolia 295, 301
Lavandula 'Hidcote' 296
Lavandula 'Loddon Pink' *299*
Lavandula 'Nana Alba' 296
Lavandula stoechas 68, 296, 301, siehe auch Schopflavendel
Lavandula-Sorten 296
Lavatera 68, 76, 83, 166
Lavatera assurgentiflora *76*
Lavatera cachemiriana 143
Lavatera maritima 143
Lavatera thuringiaca 143
Lavatera trimestris 177, 180
Lavatera trimestris 'Mont Blanc' *173*
Lavatera trimestris 'Silver Cup' *180*
Lavendel *24*, 27, 60, 64, 79, 118, 119, 150, 174, 292, 298, *299*, 301, 528
Blätter 295
Blüte 300
Blütenähre 295
Einlegen in Öl und Essig 302
Ernte und Lagerung
Triebe 295
Hecken 295
immergrüner Strauch 295
Pflanzabstand bei Zwerghecken 293
Pflanzen für Zwerghecken 293
Schneiden *300*
Seitentriebe durch Rückschnitt im Frühjahr fördern 300
Vermehrung
durch Stecklinge 295
verwandte Arten
Arten 296
Blätter 296
Blühzeiten 296
Blütenfarben 296
Sorten 296
Wuchsformen 296
Winterhärte 300
Zurückschneiden nach der Blüte 300
Lawson-Zypresse 60
Lebende Steine 430
Lebensraum 519
Leberblümchen 209, 215
Lebermoos 147, 163
Leeseite 518, 519
Leguminosen 536
Samen 162
Lehm 523, 587
sterilisierter 534
Lehmböden 70, 522
leicht 587
Leimring 572
Leiophyllum buxifolium 196
Leittrieb 587
Lemna trisulca 247
Lemonine
Hybride zwischen Zitrone und Limette 421
Lenophyllum pusillum 271
Lenophyllum texanum 271
Leontice 223, 232
Leontopodium 189
Leontopodium alpinum 195, 197
Leontopodium nivale 195

Lepidium nanum 211
Lepidium sativum 330
Lepismium, flachstämmige Arten 275
Lepodosaphes ulmi 552
Leptospermum 85
Leptosphaeria coniothyrium 557
Leucanthemum vulgare 169
Leucanthemum x *superbum* 143
Leucocoryne 223, 232
Leucojum 223, 237
Leucojum aestivum 220, 223, 231, 247, siehe auch Sommerknotenblume
für feuchte Standorte 221
Leucojum vernum 223, 231
Leucopogon fraseri 196
Leucothoe keiskei 196
Leucothöe 71, 85
Levisticum officinale 296, 292, siehe auch Liebstöckel
Levkoje 137, 176, 185, siehe auch *Matthiola*
Brompton-Serie 176
Lewisia 197, *209*, 211
Lewisia 'George Henley' 205
Lewisia leeana 266
Lewisia tweedyi 195
Lewisia, Arten und Hybriden 195
Lewisia, Cotyledon-Hybriden 190, 195, *197*, 205, 266
Lewisia-Arten 194
Blüten 264
Lewisia-Sorten
Blüten 264
Leycesteria 68, 76
Liatris 165
Libelle 244
Libertia grandiflora 138, 143
Licht 579
Lichtkeimer 536
Lichtmangel 559
Liebstöckel 292, siehe auch *Levisticum officinale*
Blätter 296
Blüten 296
Ernte und Lagerung
Blätter 296
Stiele 296
Samen 296
Staude 296
Vermehrung
durch Aussaat 296
durch Teilung 296
Liegendes Mastkraut 196, siehe auch *Sagina procumbens*
Ligularia 139, 246
Ligularia clivorum 247
Ligularia dentata 140
Ligularia dentata 'Othello' 143
Ligularia przewalskii 143, 247
Ligularia stenocephala 140, 143
Liguster *52*, 60, siehe auch *Ligustrum*
Ligustrum 60, 62, 68, 71
Ligustrum japonicum 80
Ligustrum lucidum 36, 55
Ligustrum ovalifolium 52, 86, siehe auch Rainweide
Lilie 27, 119, 219, *219*, 222, *234*, 243, 441, siehe auch *Lilium*
Brutzwiebeln *240*
Einteilung
nach Blüten 243
nach Eltern 243
nach Sektionen 243
nach Ursprung 243
epigäische Lilie 239
Formen von Lilienblüten *243*
getrennte Schalen 218
Hybriden
amerikanischer Wildlilien 243
asiatische Arten 243
Aurelianense-Hybriden 243
Brutzwiebeln 243
japanische Wildlilien 243
Orient-Hybriden 243
Samen 243
Schuppen 243
Teilung 243
Trompetenlilien 243
hypogäische Lilie 239
Keimung
in Plastikbeuteln 239
Kombinieren
mit Rosen 243
Krankheiten 243
Lilien aus Samen aufziehen
Auspflanzen 239
Blattbildung 239
Düngen 239
Keimung 239
Pikieren 239
Überwintern 239
Umtopfen 239
Wurzelbildung 239
Lilien in Töpfen *221*
Lilienarten 243
Liliensorten 243
nicht winterharte 243
Pflanzgefäße 243
Pflanzung
Boden 243
Zwiebeln 243
Pflege
Boden 243
Stützen 243
Zwiebeln 243
Ruheperiode
Einschlagen für die Ruheperiode 235
Schädlinge 243
Vermehrung
durch Brutzwiebeln 243
durch Brutzwiebeln in den Blattachseln 237
durch oberirdische Brutzwiebeln *243*
durch Samen 243
durch Schuppen 243
durch Teilung 243
durch unterirdische Brutzwiebeln *243*
durch Zwiebelschuppen 240, *240*
Zwiebel
Erdschicht über der Zwiebel 243
Lilien-Arten 243
Lilienblatt *579*
Lilienblütige Tulpe 224
Liliengewächse
Zwiebelknollen 218
Lilienhähnchen 243, 549 siehe auch Lilioceris lilii
befallene Pflanzen 548
Bekämpfung 549
Lilienzwiebel *540*
Lilioceris lilii 549
Lilium 223, 237, 243, 441 *580*
Lilium 'Bright Star' *219*
Lilium bulbiferum
Blattläuse 243
Hybriden
Brutzwiebeln 243
Samen 243
Schuppen 243
Teilung 243
Lilium bulbiferum var. *croceum 243*
Lilium candidum 27, 243
Lilium cernuum 243
Lilium chalcedonicum 243, *243*
Lilium 'Connecticut King' *243*
Lilium davidii 243
Lilium 'Enchantment' *222*
Lilium formosanum 243
Lilium hansonii 223, 243
Lilium henryi-Kreuzungen 243
Lilium lancifolium 243, *540*
Hybriden 243
Brutzwiebeln 243
Samen 243
Schuppen 243
Teilung 243
keine Symptome bei Virenkrankheiten durch Blattläuse 243
Lilium lancifolium-Hybride 243
Lilium longiflorum 243, *540*
Lilium mackliniae 192
Lilium martagon 243, *243*
Lilium monadelphum 243
Lilium pardalinum
Vermehrung
durch Teilung 243
Lilium regale 219, 221, 243
Lilium, Sektion-IV-Hybride
Vermehrung
durch Teilung 243
Limabohne siehe Mondbohne 342
Limette *419*, 420, 421, siehe auch *Citrus aurantifolia*
Anbau unter Glas 421
empfohlene Sorten 421
Haptgruppen 421
Krankheiten
Stammflecken durch Tristeza-Virus 421
Sorten 421
Veredelung auf Zitronenunterlagen 421
Vermehrung durch Aussaat 421
zur Saftgewinnung 419
Limnanthemum lacunosum 247, 261
Limnanthes 177
Limnanthes douglasii 173, 180, 181, 182, siehe auch Sumpfblume
Limnobium spongia 247
Limnobium stoloniferum 247, 261
Limnophila heterophylla 260
Limonium 143, 176, 187
Limonium bellidifolium 195
Limonium latifolium 143, 148, 167
Limonium latifolium 'Blue Cloud' *138*
Limonium sinuatum 177, 180, *187*, siehe auch Meerlavendel
Linaria 162
Linaria alpina 195, 197
Linaria maroccana 180, 181, 182
Linaria purpurea 149
Lindan 548, 549, 572
Linde 32, 36, 51, siehe auch Tilia
Lindenflechthecke *36*
Lindera 76
Linium suffruticosum 197
Linnaea borealis 192, 196
Linum arboreum 211
Linum flavum 193
Linum grandiflorum 177, 181
Linum narbonense 149
Linum perenne 191
Linum suffruticosum subsp. *salsoloides* 'Nanum' 195
Liquidambar styraciflua 37, 55
Liriodendron tulipifera 37, *37*
Liriope muscari 137, 142
Liriope muscari 'Variegata' 143
Lithodora diffusa 196, *211*
Lithodora diffusa 'Heavenly Blue' *192*
Lithophyt 587
Lithophyten 442
Orchideen 442
Lithops 262, 265
Lithops bella 266
Lithops dorotheae 266
Lithops karasmontana 273, *273*
Lithops pseudotruncatella var. *pulmonuncula 263*
Livistona 37
Lobelia 162, *172*, *176*, *185 439*
Lobelia cardinalis 148, 165, 246, 247
Lobelia erinus 175, 176, 177
Lobelia fulgens 148, 165, 247
Lobelia 'Kristallpalast' *173*
Lobelia paludosa 247
Lobelia-Arten 181
Lobelie 174
Lobivia 273
Lobivia densispina 266
Lobivia famatimensis 266
Lobivia jajoiana 266
Lobivia pentlandii 266
Lobivia silvestri 266, 275
Lobularia maritima 173, *173*, 174, 175, 177, 180, 182, 188, siehe auch Sommersteinbrech
Lobularia maritima 'Snow Crystal' *173*
Lochfolie 490
Lochfraß 548
Lochziegel *497*
Lockerblättriger Chinakohl *323*
Lockerblättriger Salat *325*
Lockfalle
für Ohrwürmer 546
löffelförmig 588
Löwenmaul 172, 174, 176, 185, 188
Löwenzahn 169, 280, 327, 331, *331*, 574, 576
Abstand 331
Blätter 331
Bleichen 331
Kulturformen 331
Regeneration
aus kleinen Wurzelstöcken 280
aus Rhizomstücken 280
Samen 331
Wildformen 331
Loganbeere *361*
anfällig für Viruskrankheiten 367
Lolium multiflorum 279
Lolium perenne 278, 279, 531
bevorzugter ph-Wert 280
Saatmenge 284
Lonas 177
Lonicera 27, 29, 62, 69, 71, 95, 98, 101, *101*, 102, 105, 107, *107*, 112, 113, *113*, 115
Schnitt 107, *107*
Lonicera fragrantissima 65
Lonicera korolkowii 68
Lonicera nitida 52, 53, 60, 80
Lonicera periclymenum 94
Lonicera periclymenum 'Graham Thomas' 96
Lonicera periclymenum 'Serotina' 98
Lonicera pileata 68, 80
Lonicera sempervirens 99
Lonicera standishii 68
Lonicera tellmanniana 99
Lonicera x *americana* 95, 99, *115*
Lonicera x *brownii* 99
Lonicera x *heckrottii* 99
Lonicera x *purpusii* 'Winter Beauty' 68
Lonicera x *tellmanniana* 99
Lonicera-Arten 99
Lophophora 275
Loquat 422, 423, siehe auch *Eribotrya japonica*
Anbau unter Glas
Sämlinge auf gut vorbereiteten Beeten auspflanzen 423
Sämlinge in Container auspflanzen 423
Substrat 423
Temperatur 423
Wässern 423
Blüten 422
Boden 422
Düngen 423
Ernte 423
Familie der Rosengewächse 422
Frischhaltung 423
Früchte 422
Geschmack 422
Kältebedürfnis 422
Krankheiten 423
Loquatenbaum *423*
Mulchen 423
Pflanzabstand 422
reife Loquaten *423*
Schnitt 423
Selbstfruchtbarkeit bei den meisten Sorten 422
Standort 422
Temperatur 422
Unterlagen
arteigene Sämlinge als Unterlage 422
Quitten als Unterlage 422
Weißdorn als Unterlage 422
Vermehrung
durch Aussaat 423
durch Marcottage 422
durch Okulation mit T-Schnitt 422
durch seitliches Anplatten 422
Wässern 423
Lorbeer 292, siehe auch *Laurus nobilis*
Blätter 295
Ernte und Lagerung
Blätter 295
Formschnitt 295
Frostschutz 295
Rückschnitt 295
Varietäten 295
Vermehrung
durch Absenker 295
durch halbreife Ansatzstecklinge 295
durch Seitensprosse 295
Windschutz 295
Lorbeerbaum 52, *52*
Lotus berthelotii 166
Lotus corniculatus 'Plenus' 150
Loxiran 559, 564
Luckhoffia 275
Luculia gratissima 68
Ludwigia arcuata 247, 260
Lüftung, zusätzliche 483
Lüftungsarten *483*
Lüftungsklappen 483, *483*
Luft, kalte *543*
Luftablegerverfahren 585, 588
Luftbefeuchter 484
elektrische Luftbefeuchter
Schüssel mit Wasser 446
weiches Wasser 446
keramische Luftbefeuchter
Schüssel mit Wasser 446
weiches Wasser 446
Luftfeuchtigkeit 484
Auswirkung der Luftfeuchtigkeit 518
relative 518
Lufthaushalt 527
Luftkissenmäher 465
elektrisch betriebener *465*
Luftlöcher *543*
Luftschößlinge 537
Lufttemperatur
Höhenlage 515
Luftverschmutzung 37
Luftwurzel 94, 588
Luftzirkulation
im unbeheizten Frühbeetkasten *543*
Lunaria 176, 177, 182, 188, *579*
Lunaria annua 177, 182
Lunaria rediviva 143
Lungenkraut 142
Lupine *24*, 27, 141, 142, *147*, 155, 166, 531, siehe auch *Lupinus*
Lupinensamen 536
Lupinus 24, 27, 162, 166, siehe auch Lupine
Lupinus 'Schloßfrau' *162*
Luronium natans 247
Luxmeter 485
Luzula 144
Luzula campestris 576, *576*
Luzula sylvatica 'Marginata' 143
Lychnis 162, 165
Lychnis chalcedonica 149
Lychnis coronaria 140
Lychnis flos-cuculi 169
Lycopersicon esculentum 337, 338, siehe auch Tomate
Lycopersicon esculentum 'Gardener's Delight' 337
Lycopersicon esculentum 'Golden Sunrise' 337
Lycopersicon esculentum 'Hellfrucht' 337
Lycopersicon esculentum 'Hildares' 337
Lycopersicon esculentum 'Hoffmanns Rendita' 337
Lycopersicon esculentum 'Ida Gold' 337
Lycopersicon esculentum 'Mirabelle' 337, *337*
Lycopersicon esculentum 'Plumito' 337, *337*
Lycopersicon esculentum 'Shirley' F1 337
Lycopersicon esculentum 'Sleaford Abun dance' F1 337

Lycopersicon esculentum 'Sungold' F1 337
Lycopersicon esculentum 'Supermarmande' F1 337
Lycopersicon esculentum 'Tornado' F1 337
Lycopersicon esculentum 'Totem' F1 337
Lycopersicon esculentum 'Tumbler' (F1-Hybride) 431
Lycopersicon pimpinellifolium 337
Lycoris squamigera 223
Lyonetia clerkella 551
Lysichiton 148, 261
Boden 246
Lysichiton americanus 143, 247
Lysichiton camtschatcensis 247, *261*
Lysimachia 148, 165
Lysimachia nummularia *176*
Lysimachia nummularia 'Aurea' 150
Lysimachia punctata *27*
Lythrum 148, 165
Lythrum salicaria 247
Lythrum virgatum *140*

M

Macfadyena 99, 113
Macfadyena unguis-cati 99, 107
Macleaya cordata 143
Mädesüß 169
Mähen 277
Mäuse 87, 178, 559, 566
Magennis-Bermudagras 278
Magnesium (Mg) 530
Magnesiummangel 555
bei Tomaten 338
im Obstgarten 366
Magnesiumversorgung 543
Magnetventil
mit Sensor 542
Magnolia 58, 71, 88, 89, 91
Magnolia acuminata 41
Magnolia campbellii 37, 41, *41*, *57*
Magnolia campbellii 'Charles Raffill' 37
Magnolia campbellii var. *mollicomata* *34*
Magnolia 'Elizabeth' 37
Magnolia grandiflora 37, 39, 55, 57, 68, 85
Magnolia hypoleuca 57, *57*
Magnolia salicifolia 37
Magnolia sieboldii 68
Magnolia stellata *19*, *78*
Magnolia x *loebneri* 'Merrill' 37
Magnolia x *soulangeana* 78
Magnolia x *thompsoniana* 68
Magnolie 32, 34, 35, 39, 90, siehe auch *Magnolia*
Kelchblüten 220
Magnolientrieb *536*
Mahagoni 25
Mahonia 85
Mahonia aquifolium 68
Mahonia japonica 64, 68
Mahonia repens 66, 90
Mahonia x *media* 63
Mahonia x *media*-Gruppe 69
Maiglöckchen 142, 220, siehe auch *Convallaria majalis*
Maihuenia 275
Maihuenia poeppigii *263*, *266*
Maikäfer 572
Mais
Mini-Mais 339, siehe auch *Zea Mays*
Maisfliege 339
Majoran *291*, *299*, *306*, siehe Goldener Majoran 296 und Wilder Majoran 296
Blüte 300, siehe auch *Origanum majorana*
Blüten 300
Makadam 501
Malabarkardamom
in Gefäßen 292
Malabarspinat 325, *325*, *326*
Aussaat 325
Boden 325
Ernte 326
Indischer Spinat 325, siehe auch *Basella alba*
Krankheiten 326
Kultur unter Glas 326
Lagerung 326
laufende Pflege 325
Luftfeuchtigkeit 326
Pflanzung 325
Schädlinge 326
Standort 325
Stickstoffbedarf 314
Temperatur 325
Vermehrung
durch Stecklinge 326
Malacosoma neustria 551
Malathion 572
Malcolmia 177, 182
Malcolmia maritima 181
Malope trifida 177, 181
Malus *19*, 32, 35, 37, 40, 41, 42, 56, 58, 59, *59*, siehe auch Zierapfel
Malus 'Cowichan' *42*
Malus 'Crittenden' 37
Malus 'Dartmouth' 37
Malus floribunda 35, 37, siehe auch Japanischer Kirschapfel
Malus 'Golden Hornet' 35, 37
Malus 'Magdeburgensis' *33*
Malus 'Profusion' *19*
Malus sylvestris var. *domestica* 375 - 383
Malus sylvestris var. *domestica* 'Annie Elizabeth' 377
Malus sylvestris var. *domestica* 'Arthur Turner' 377
Malus sylvestris var. *domestica* 'Ashmeads Sämling' 376
Malus sylvestris var. *domestica* 'Bismarckapfel' 377
Malus sylvestris var. *domestica* 'Bountiful' 377
Malus sylvestris var. *domestica* 'Bramley's Seedling' 377, 378
Malus sylvestris var. *domestica* 'Charles Ross' 376
Malus sylvestris var. *domestica* 'Chivers Delight' 376
Malus sylvestris var. *domestica* 'Claygate Parmäne' 376
Malus sylvestris var. *domestica* 'Cornwalliser Nelkenapfel' 376
Malus sylvestris var. *domestica* 'Cox Orange' 376
Malus sylvestris var. *domestica* 'Cox Orangenrenette' 376
Malus sylvestris var. *domestica* 'Cox Pomona' 377
Malus sylvestris var. *domestica* 'Crawley Beauty' 377
Malus sylvestris var. *domestica* 'Discovery' 376
Malus sylvestris var. *domestica* 'Edward VII' 377, *377*
Malus sylvestris var. *domestica* 'Egremont Russet' 376
Malus sylvestris var. *domestica* 'Ellison's Orange' 376
Malus sylvestris var. *domestica* 'Encore' 377
Malus sylvestris var. *domestica* 'Epicure' 376
Malus sylvestris var. *domestica* 'Fiesta' 376
Malus sylvestris var. *domestica* 'Fortune' 376
Malus sylvestris var. *domestica* 'Früher Viktoria-Apfel' 377
Malus sylvestris var. *domestica* 'Gala' 376
Malus sylvestris var. *domestica* 'Gelber Edelapfel' 377
Malus sylvestris var. *domestica* 'George Cave' 376, *376*
Malus sylvestris var. *domestica* 'George Neal' 377
Malus sylvestris var. *domestica* 'Golden Delicious' 376
Malus sylvestris var. *domestica* 'Goldparmäne' 376
Malus sylvestris var. *domestica* 'Goldrenette von Blenheim' 377, 378
Malus sylvestris var. *domestica* 'Grahams Jubiläumsapfel' 377
Malus sylvestris var. *domestica* 'Greensleeves' 376
Malus sylvestris var. *domestica* 'Herzog von Devonshire' 376
Malus sylvestris var. *domestica* 'Howgate Wonder' 377
Malus sylvestris var. *domestica* 'Idared' 376
Malus sylvestris var. *domestica* 'Irischer Pfirsichapfel' 376
Malus sylvestris var. *domestica* 'James Grieve' 376
Malus sylvestris var. *domestica* 'Jester' 376
Malus sylvestris var. *domestica* 'Jonagold' 376, 378
Malus sylvestris var. *domestica* 'Jupiter' 376
Malus sylvestris var. *domestica* 'Katy' 376
Malus sylvestris var. *domestica* 'Katzenkopf' 377
Malus sylvestris var. *domestica* 'Kidd's Orange Red' 376
Malus sylvestris var. *domestica* 'Lavanttaler Bananenapfel' 376
Malus sylvestris var. *domestica* 'Laxtons Superb' 376
Blüten 376
Ernte 376
Malus sylvestris var. *domestica* 'Lord Derby' 377
Malus sylvestris var. *domestica* 'Lord Grosvenor' 377
Malus sylvestris var. *domestica* 'Lord Lambourne' 376
Malus sylvestris var. *domestica* 'Lord Suffield' 377
Malus sylvestris var. *domestica* 'Monarch' 377
Malus sylvestris var. *domestica* 'Mutterapfel' 376
Malus sylvestris var. *domestica* 'Newton Wonder' 377
Malus sylvestris var. *domestica* 'Peasgoods Sondergleichen' 377
Malus sylvestris var. *domestica* 'Pixie' 376
Malus sylvestris var. *domestica* 'Prinz Albert' 377
Malus sylvestris var. *domestica* 'Reinette von Orleans' 376
Malus sylvestris var. *domestica* 'Rev. W. Wilks' 377, *377*
Malus sylvestris var. *domestica* 'Ribston Pepping' 376
Malus sylvestris var. *domestica* 'Rosemary Russet' 376
Malus sylvestris var. *domestica* 'Schöner von Bath' 376
Malus sylvestris var. *domestica* 'Schöner von Norfolk' 377
Malus sylvestris var. *domestica* 'Spartan' 376
Malus sylvestris var. *domestica* 'St. Edmund's Pippin' 376
Malus sylvestris var. *domestica* 'Sturmer Pippin' 376
Malus sylvestris var. *domestica* 'Sunset' 376
Malus sylvestris var. *domestica* 'Suntan' 376
Malus sylvestris var. *domestica* 'Tydeman's Early Worcester' 376
Malus sylvestris var. *domestica* 'Tydeman's Late Orange' 376
Malus sylvestris var. *domestica* 'Warners Königsapfel' 377
Malus sylvestris var. *domestica* 'Wellington' 377
Malus sylvestris var. *domestica* 'William Crump' 376
Malus sylvestris var. *domestica* 'Winston' 376
Malus sylvestris var. *domestica* 'Winter Ribston' 376
Malus sylvestris var. *domestica* 'Woolbrook Russet' 377
Malus sylvestris var. *domestica* 'Worcester Pearmain' 376, *376*
Malus tschonoskii 33, 37
Malva 162
Malva alcea var. *fastigiata* 143
Malva moschata 143
Malva sylvestris 143
Malvastrum 166
Malve 27, siehe auch *Alcea rosea*
Mammillaria 264, 273, 274, 275
Vermehrung
durch Tochterpflanzen 273
Mammillaria blossfeldiana 266
Mammillaria bocasana 266
Mammillaria compressa 266
Mammillaria gracilis 266
Mammillaria hahniana 266
Mammillaria microcarpa 266
Mammillaria muehlenpfordtii *268*
Mammillaria mystax 266
Mammillaria nana 266
Mammillaria polythelle *268*
Mammillaria rhodantha 266
Mammillaria spinosissima 266
Mammillaria zeilmanniana 266
Mammillaria-Arten *265*
als polsterbildende Pflanzen 264
gruppenbildende Arten 264
rasenbildende Arten 264
Mammutbaum 32, siehe auch *Sequoia*
Mancozeb 552
Mandarine 422, siehe auch *Citrus reticulata*
'Clementine'-Sorte 422
Cleopatra-Gruppe 422
empfohlene Sorten 421
Fremdbestäubung 422
Fruchtqualität 422
Gruppen
King-Gruppe 422
Kreuzung mit Grapefruit heißt Tangelo 422
Satsumas 422
Sorten 422
Temperatur 422
Mandel 360, 428, 428, 429, *429*, siehe auch *Prunus dulcis*
als Zierpflanze 429
Bestäubung durch Insekten 429
Boden und ph-Wert 429
Ernte 429
Erziehung 429
Kälteperiode 429
Klima 429
Lagerung 429
nach Fremdbefruchtung höhere Erträge 429
Pflanzabstand 429
Schnitt 429
selbstfertil 429
Sorten 429
empfohlene Sorten 429
Standort 429
Vermehrung 429
durch Okulieren 429
mit Mandelsämlingen als Unterlage 429
mit Pfirsichsämlingen als Unterlage 429
Mandelbaum 428
Mandevilla 99, 100, 105, 113, 115
Mandevilla splendens 450, *450*, 453
Mandevilla x *amabilis* *113*
Manettia 112, 113
Manettia cordifolia 107
Manettia inflata 94, 107
Mangan (Mn) 523, 530, 543
Manganmangel 555
bei Pfirsichen 391
im Obstgarten 364, 366
Mangifera indica 423, 424
Mangifera indica 'Alphonso' 424
Mangifera indica 'Bennett' 424
Mangifera indica 'Haden' 424
Mangifera indica 'Irwin' 424
Mangifera indica 'Kent' 424
Mangifera indica 'Tommy Atkins' 424, *424*
Mangifera indica 'Zill' 424
Mango *419*, 423, *423*, 424, siehe auch *Mangifera indica*
Anbau unter Glas
Bedingungen für die Blüte 423
Blüteneintritt 423
erfolgreiche Bestäubung 423
Fruchtansatz 423
Luftfeuchte 423
Temperatur 423
veredelt auf schwach wachsenden Unterlagen 423
Zwerggehölze 423
Baumhöhe 423
Befruchtung 423
Bestäubungsbedingungen 423
Bodentyp 423
Drainage 423
empfohlene Mangos 424
Ernte 424
Frischhaltung 424
Früchte 423
immergrüner Baum 423
Kompakt-Klonen 423
Kompaktsorten 423
Krankheiten
im Freiland 423
unter Glas 423
laufende Pflege 423
Luftfeuchtigkeit 423
Mangobaum *423*
Mulchen 423
pH-Wert des Bodens 423
regelmäßiges Wässern unabdingbar 423
Schädlinge 423
Schnitt
Entspitzen des Leittriebs 423
Kronenbildung 424
zu starkes Triebwachstum vereinzeln 424
schwachwachsende Unterlagen 423
Selbstfruchtbarkeit einiger Sorten 423
Sorten 423
Standort 423
subtropischer Baum 423
Temperaturen 423
Unterlagen 423
Vermehrung
„Ablaktieren" als empfohlene Vermehrungsart 424
Anzucht aus Samen 424
Aussaat für polyembryonische Sorten 424
Okulation mit dem T-Schnitt als bewährte Methode 424
Stecklinge bilden wenig Bewurzelung 424
verschiedene Veredlungsmethoden 424
Zwergsorten 423
Mangobaum *423*
Mangold *304*, 316, 326, siehe auch *Beta vulgaris Cicla*-Gruppe
Aussaat
Abstand der Aussaat 326
Blätter 326
Blattstiele 326
Boden 326
Ernte 326
Klima 326
Krankheiten 326
Kultur unter Glas 326
Lagerung

Einfrieren 326
laufende Pflege
Dünger 326
Mulchschicht 326
Wachstumsperiode 326
Pflanzung
Abstand der Pflanzen 326
Schädlinge 326
Stickstoffbedarf 314
Stickstoffgehalt des Bodens 326
Temperaturen 326
zum Einfrieren geeignet 316
Manila-Gras
Klima 278
Mansardenhaus *476*
Lichteinfall 476
Schatten 476
Maranta 435
Maranta leuconeura 440, *440*, 451
Maranta leuconeura var. *kerchoviana 451*
Marasimius oreades 572
Margerite *276*, siehe auch *Argyranthemum frutescens*
Strauchmargerite 156
Marienblatt *299*, siehe auch *Tanacetum balsamita*
Blätter 297
Blüten 297
Ernte und Lagerung
Blätter 297
Staude 297
Vermehrung
durch Teilung 297
Marienglockenblume 181
Blüten *184*
Marienkäfer 546, 547, siehe auch *Cryptolaemus monstrouzieri*
Mark 588
Markerbse 343, siehe auch Erbse
Markottage 537, 588
Marsilea quadrifolia 261
Marssonina salicicola 570
Mascarene-Gras, siehe auch *Zoysia tenuifolia*
Klima 278
Maschendraht *472*
Maschengeflecht
Maschengeflecht *472*
Maschenweite 472
Mastkraut, Niederliegendes *576*, siehe auch *Sagina procumbens*
Matteuccia 158
Matteuccia struthiopteris 159, 246
Matthiola 185, siehe auch Levkoje
Matthiola bicornis 177
Matthiola 'Großblumige Prachtmischung' 177
Matthiola, Brompton Serie 177, 180
Matthiola incana 177, 180
Matucana aureiflora 266
Mauer 66, *66*, 120, 147, 175, 204, 263, 293, 305, 375, 504 - 506
als Hintergrund 22
als Stütze *102*
Backsteinmauer 190
Bäume an Mauern 360
Bau einer Mauer
Setzen von Pflanzen während des Baus 204
Baumaterial für Mauern
Hartbrandziegel, gesprenkelt *504*
Steine, glatte *504*
Verblendziegel, glatte *504*
vorgegossene Betonblöcke *504*
Begrenzungsmauer 504
Bepflanzen einer Trockenmauer *204*
Bepflanzung einer Mauer 204
Betonfundament für Mauern
Breite des Fundaments 504
für Gittersteinmauern 505
für Ziegel- oder Betonblockmauer 505
Mauerbreite 504
Tiefe des Grabens 504
Drainage 194
durchbrochene Mauer
Ausrichtung 505
Ebenflächigkeit 505
Fugen 505
Fundament 505
Mauerkronen 505
Pfeilerkappen 505
Pfeilerstein 505
Verlegen der Blöcke 505
Errichtung einer stützenden Trockenmauer *204*
Gartenmauer 193, 504
Gittersteinmauer 504
Höhe von Mauern
Bauvorschriften 504
Verstärkungspfeiler 504
Kletterpflanzen an einer Mauer 450
Knollen
Knollen, die Schutz einer Mauer bevorzugen 223
Material
Backstein 504
Flint 504
Wandfarbe 504
Ziegel 504
Mauern für Obstarten 360
Pfirsichbaum an einer Mauer *359*
Pflanzen
Sämlinge 204
Setzen von Pflanzen mit Pflanzholz 204
Stecklinge 204
Pflanzenauswahl 193
Pflanzung an einer Mauer 70
Rasen 278
Sträucher an einer Mauer 450
Substrat auffüllen 204
Trockenmauer *193*, 194, 205, 206
vorhandene Mauer
Bepflanzen einer vorhandenen Mauer 204
Zwiebeln
Zwiebeln, die Schutz einer Mauer bevorzugen 223
Mauerassel 548
Mauerkronen
bei Gittersteinmauern 506
Dachziegel 506
dekorativer Abschluß *506*
Steinkrone *506*
Steinplatten 506
Wölbziegel 506
Ziegelkronen *506*
Mauern (Vorgang)
erste Steinschicht 505
Fugen
horizontale Fugen 505
vertikale Fugen 505
Gittersteinmauer 505
Mörtelschicht 505
nächste Schicht 505
Ziegelverbände
Binder 505
Blockverband *505*
Gotischer Verband *505*
Läufer 505
Läuferverband 505, *505*
Mauerpfeffer 147
Mauerzement 494, 499
Maulbeere 359, 375, 400, siehe auch *Morus nigra*
Maulbeergewächse
Familie der Maulbeergewächse
Feige 399
Maulwurf 314, 572
Maulwurfshügel 572
Maus 220, 314, 339, 344
Maximum-Minimum-Thermometer 184
MCPA 577
Meconopsis 162, *162*, 209
Blüte 212
Neupflanzung 212
Meconopsis cambrica 195
Meconopsis delavayi 212
Meconopsis grandis 'Branklyn' *162*
Mecoprop 577
Medinilla 435
Meerlavendel *187*, siehe auch *Limonium sinuatum*
Meerrettich, siehe auch *Armoracia rusticana*
Ernte und Lagerung
Ernte der Wurzeln im Herbst 294
Staude 294
Vermehrung
durch Aussaat 294
durch Teilung 294
durch Wurzelstecklinge 294
Wurzeln 294
Megachile sp. 549, siehe auch Blattschneiderbiene
Mehlkrankheit
der Zwiebel 567
Mehltau 74, 120, 123, 157, 227, 339, 401, 423
befallene Pflanzen 550
Bekämpfung 550
Echter Mehltau 546, 550, 562
Falscher Mehltau 550
Sekundärbefall 562
Mehrjährige 28
F1-Hybriden
Vermehrung durch Aussaat 452
Meise 367
Melampsora 552
Melia azedarach 37, 42
Melianthus major 143
Meligethes sp. 561
Melissa officinalis 292, 296
Melissa officinalis 'All Gold' 292
Melissa officinalis 'Aurea' 292, 296, *299*
Melissa officinalis 'Variegata' 292
Melisse 291, 292, *299*, siehe auch *Melissa officinalis*
Blätter 296
Blüte 300
Ernte und Lagerung
Blätter 296
Staude 296
Varietäten 296
Zurückschneiden 300
Meloidogyne sp. 564
Melolontha melolontha 564, 572
Melone 313
Stickstoffbedarf 314
wärmebedürftige Pflanzen 332
Meltau 484
Mentha 292
Mentha aquatica 247, 261
als Sauerstofflieferant 246
Stecklinge 261
Mentha requienii 195
Mentha spicata 296
Mentha spicata-Arten 296
Mentha spicata-Sorten 296
Mentha suaveolens 'Variegata' 292, 296, *299*
Mentha x *piperita* 296
Mentha x *piperita* 'Citrata' 296
Mentha x *villosa* 'Alopecuroides' 296
Mentzelia lindleyi 180, 181
Menyanthes trifoliata 261
Menziesia 71
Menziesia ciliicalyx 90, 196
Merendera 223, 232
Mergeldüngung 527
Meriklon 588
Meripilus 565
Meristem 588
Meristemkulturen *445*
Merodan equestris 567
Merremia 99
Merremia tuberosa 101
Mertensia 167
Mesembryanthemum crystallinum 330, 331
Mespilus germanica 387
Messeregge 467, *467*
motorgetriebene 467, *467*
Messerschneider 287, 288
Metaldehyd 572
Metaphycus helvolus 546
Metasequoia 54, *54*
Metasequoia glyptostroboides 42, 55
Methiocarb 572
Metrosideros excelsa 55
Metrosideros robusta 55
Metrosideros umbellata 55
Mexiko 262
Meyerophytum 273
Michelia 41, 55
Microlepia strigosa 451
Miete 588
Mikania 105, 112
Mikania scandens 99
Mikroklima 15, 64, 441, 444, 519, 543
bei der Vermehrung 542 - 543
Mikroklima eines Gartens
erhöhte Beete *519*
Gewächshaus *519*
Teich *519*
Terrasse *519*
Turbulenzen *519*
Windschutz *519*
Nutzung des Mikroklimas
gestalterisch 519
Gewächshaus und Frühbeet 519
schattiger Platz 519
Sumpfgarten 519
Windschutz 519
Mikronährstoffe 572, 588
Mikroorganismen 305
Mikrosteckling 544
Mikrovermehrung 544
Mila 275
Milax 548
Milben 523, 545
Miltonia candida var. *grandiflora 442*
Mimulus 177
Mimulus aurantiacus 141, 166
Mimulus cardinalis 247
Mimulus cupreus 247
Mimulus guttatus 148, 247
Mimulus ringens 247
Mimulus, Calypso-Serie 177
Mimulus, Malibu-Serie 177
Mineraldünger 525, 530
wasserlöslicher 530
Mini-Gewächshaus *477*
Belüftung 477
Lichteinfall 477
Schattierung 477
Temperaturschwankungen 477
Mini-Mais siehe Mais
Miniatur-Buschrose 118, 119, 121, 123, 128, *128*, siehe auch Buschrose
Schneiden der Miniatur-Buschrose *128*
Vermehrung 131
Miniatur-Landschaft 433
Miniatur-Rose 118
Miniatur-Rose 'Surrey' *121*
Miniatur-Rosen 124
Miniatur-Seerosen *246*
Miniatur-Zonalpelargonie 170
Miniaturgarten 245, 430
Miniaturlandschaften 432
Miniatursträucher 194
Minierfliege
befallene Pflanzen 551
Bekämpfung 551
Minierfraß 545
Miniergänge
gradliniger Miniergang *551*
Miniermotte 551
Minze 291, 292, *298*, 300, *302*, 307, siehe auch *Mentha spicata*
Ausläufer 296
Blätter 296
Blüte 300
Blüten 296
Einfrieren 302
Einschränken der Ausläufer 298
Ernte und Lagerung
Blätter 296
Blüten 296
Frühtreiben 298
Geschmack 302
Konservieren 302
Mulchen 300
Staude 296
verwandte Arten 296
Buntblättrige Minze 296
Pfefferminze 296
Zurückschneiden 300
Mirabelle 387 - 390, siehe auch *Prunus domestica*
'Nancy-Mirabelle' *361*
Miscanthus 15, 143, 144, *144*
Miscanthus sinensis 143
Miscanthus sinensis 'Silberfeder' *144*
Miscanthus-Arten 145
Mischkultur 546, 588
Mischverunkrautung 577
Mispel 359, *375*, 387, *387*, siehe auch *Mespilus germanica*
Blüten 387
Boden 387
Busch 387
Ernte
nach der Ernte sind die Früchte ungenießbar 387
Erziehung 387
Fruchtform 387
Geschmack 387
Halbstamm 387
Kälteperiode 387
Lagerung
Eintauchen in eine starke Salzlösung 387
laufende Pflege 387
Pflanzabstand 387
Pflanzung 387
reifende Mispeln *387*
Schnitt 387
selbstfertile Pflanze 387
Standort 387
Unterlage für die Veredlung 387
Veredlung 387
Vermehrung
Kopulation mit Gegenzungen 387
Okulation 387
Winterschnitt 368
Zwergmispeln 38
Mist
stickstoffreicher 531
Mitchella repens 196
Mitraria 100, 113, 115
Mitraria coccinea 99, 101
Mitrophyllum 273
Mittagsblumengewächse
Blüten 263
Mittelamerika 262
Mitteleuropa 278, 514
Mittelmeer 514
Mittelmeerfruchtfliege 563, siehe auch *Ceratitis capitata*
Mittelmeerraum 292, 298, 330
Mittelrippe 588
mittelschwer 588
Mitwachsende Folie 490
Moderkäfer, stinkender *523*
Modules 534
Möhre *304*, 308, 309, 310, 312, *314*, *352*, 354, siehe auch *Daucus carota*
Abstand der Reihen 354
Aussaat 354
breitwürfige Aussaat 354
sparsame Aussaat *354*
Bodenansprüche 354
empfohlene Sorten
frühe 354
für die Haupternte 354
Ernte 316, 354
junger Möhren *354*
Formen 354
Fruchtwechsel 354
frühe Möhren vereinzeln 354
günstige Mischkultur in Kombination mit Zwiebeln 308
Klima 354
Krankheiten 354
Lagern 316, 354, *354*
Laub 354
laufende Pflege 354
Pfahlwurzeln 354
Pflanzung 354
pillierte Samen 309
Schädlinge 354
Schutz vor der Möhrenfliege *354*
Standort 354
Stickstoffbedarf 314

Temperaturen 354
Wässern
Geschmacksverlust nach Wässern in kritischen Phasen 312
zum Einfrieren geeignet 316
Möhrenfliege 308, 314, 348, 354, 356, 564
Schutz
durch Mischkultur von Zwiebeln und Möhren 308
vor der Möhrenfliege *354*
Mörtel 499
Mörtelkreuz *495*
Mohn 169, 180, 181, 188, 292, siehe auch *Papaver*
Molch 244, 246
Molinia caerulea ssp. *caerulea* 'Variegata' 144
Molucella 183
Samen
Stratifizieren 183
Moluccella laevis 177
Molybdän (Mb) 530, 556, 572
Monarda 143, 166
Monarda didyma 292, 296, *299*, siehe auch Indianernessel
Monarda didyma 'Croftway Pink' *174*
Monatserdbeere 408, 410, siehe auch Erdbeeren
Vermehrung durch Aussaat 374
Mondbohne 308, 342, siehe auch *Phaseolus lunatus*
Boden 342
Ernte 342
Formen 342
Hülsen 342
Keimlinge 342
Keimung 342
kleinsamige Sorten 342
Krankheiten 342
Lagerung 342
ph-Wert des Bodens 342
Samen 342
Schädlinge 342
Sorten 342
empfohlene Sorten 342
großsamige Sorten 342
kleinsamige Sorten 342
niedrige Sorten 342
rankende Sorten 342
Stickstoffgehalt des Bodens 342
Temperatur 342
zum Einfrieren geeignet 316
zwergige Mondbohne *342*
Monilia 376, 384
Monilia Fruchtfäule 562
Monilia Rindenfäule 388, 563
Monilia Spitzendürre 396
monokarpisch 588
monopodial 588
Monstera 99, 115, 435
Monstera deliciosa 99, 115, 430, 432, siehe auch Fensterblatt
Montia perfoliata 331, siehe auch Winterportulak
Moorboden 523
Moorpflanzen 588
Moos 147, 163, 209, 215, *220*, 285, 288, 289, 290, 529
Bekämpfung von Moos 286, 576
Moos- und Flechtenbildung 532
Moos verhindern 576
Moosrose 129, siehe auch *Rosa* und Rose
Schnitt *129*
Moosstange *472*
Mophead-Hortensie 77
Moraea 223, 232
Moraea huttonii 223
Moraea spathulata 223
Morisia 167
Morisia monanthos 191, 205, 212
Morphologie 578
Morus 55
Morus alba 'Laciniata' *55*
Morus nigra 41, 400, siehe auch Maulbeere
Mosaikpflaster 499, *499*
Randbegrenzung
Mosaikstein mit mindestens einer geraden Begrenzung 496
Steinplatten als Begrenzung 496
Verfugen
Färbemittel 496
Verlegen des Pflasters
Fläche *496*
Fugen *496*
Fundament *496*
Randstein *496*
Mosaikvirus 329, 333
Moschus 116
Moschushybriden 120, 130
Motor-Heckenschere *464*
Motorfräse 280, 281
Motorrechen 467
Motorvertikutierer 467
Motte 314
Mottenlaus 550
Mottensäckchen 297
Mucuna 115
Mulch 521, 532, 588
Mulchdecke
Isoliereffekt 532
Mulchen 53, *71*, 72
bis zur vollständigen Ausdehnung des Blätterdachs *532*
Mulchfolie 489, 544
Mulchmaterialien
anorganische Materialien
Faservlies 532
Kunststoffolie 532
Spezialpapier 532
organisches Mulchmaterial
Gartenkompost 532
Rindenmulch 532
Torfersatzprodukte 532
Mulchschicht *532*, 534, *534*
unkrautfreie Mulchschicht 574
Multitopf 311, 314, 318, 319, 321, 323, 324, 326, 328, 337, 339, 345, 347, 348, 350, 352, 354, 356
Polystyrolplatten 473
Musa basjoo 68
Muscari 220, 223, 231, 237, siehe auch Traubenhyazinthe
nicht wuchernde 223
Mussaenda 99
Mutation 580, 588
Mutisia 99, 101, 111, 113, 115
Mutisia decurrens 105
Mutisia oligodon 101
Mutterboden 526, *534*
Mutterknolle *540*
Mutterkraut siehe auch *Tanacetum parthenium*
Blätter 297
Blüten 297
Ernte und Lagerung
Blätter 297
Blüten 297
Staude 297
Vermehrung
durch Aussaat 297
durch grundständige Stecklinge 297
durch Selbstaussaat 297
durch Teilung 297
Mutterpflanze 537, *537*, 588
Mycena 572
Mycoplasmen 555, 560
Mykorrhiza 523, 588
Myosotis 25, 173, 182, 188, siehe auch Vergißmeinnicht
Myosotis alpestris
in Geröllbeeten 192
Myosotis rupicola 195
Myosotis scorpioides 148, 247, 261, siehe auch Sumpfvergißmeinnicht und Wasservergißmeinnicht
Stecklinge 261
Myosotis scorpioides 'Mermaid' 247
Myriophyllum 260, *260*
Myriophyllum aquaticum 247
Myriophyllum hippuroides 247
Myriophyllum proserpinacoides 247
Myriophyllum-Arten
raschwachsende Unterwasserpflanzen 246
Sauerstoffversorgung des Wassers 246
Myriosporium adustum 567
Myrobalane, siehe auch Kirschpflaume
Fruchtgehölze 387
Verwendung als stark wachsende Unterlage 387
Ziergehölze 387
Myrrhis odorata 292, 296, *299*
Myrte 66, siehe auch *Myrtus*
Myrtus 66
Myrtus communis 68
Topfkultur 292
Myrtus communis var. *tarentina* 68
Myrtus luma 37

N

Nachtschattengewächse 332, 337
Knollen 308
Wurzeln 308
Nacktsamer 580
Nacktschnecke 545, 548, *548*, 566
befallene Pflanzen 548
Bekämpfung 548
Nähr-Ionen
anorganische 530
Nährmedium 544
flüssiges 544
Nährstoff-Mangelsymptome 530
Nährstoffe 526, 533, 588
Nährstoffmangel 529
Symptome 531
Nässeschäden 555
Nagelwalze 287, 288
Nagetiere 182
Nahrungsreserven 574
Nahtstellen *500*
Name 580
Namenia-Stielmus *304*, 308, 324, *324*
Blätter 324
Pflanzung
Abstand der Pflanzen 324
Säen 324
Temperatur 324
'Nancy-Mirabelle' *361*, siehe auch Mirabelle
Nandina 83
Napfbildung 528
Narbe 535, 559, *579*, 580, *580*, 588
Narcissus 223, 231, 237, 241, 435, *540*, *578*
Hybriden 223
Sorten 223
Zwergarten 223
zwergige Arten und Hybriden
Cyclamineus-Hybride *225*
gefüllte Narzissen *225*
großkronige Narzissen *225*
Tazetta-Gruppe *225*
Narcissus 'Actaea' *219*
Narcissus 'Ambergate' *225*
Narcissus asturiensis 194
Narcissus atlanticus 232
Narcissus bulbocodium 231
Narcissus bulbocodium ssp. *bulbocodium 192*
Narcissus cantabricus 232
im Alpinhaus 225
in Töpfen 222
Narcissus 'Cheerfulness' *222*
Narcissus cyclamineus 192, 220, 223, 225, 231
Narcissus 'February Gold' *138*, *225*
Narcissus 'Fortune' *225*, *231*
Narcissus 'Hawera' *219*
Narcissus 'Irene Copeland' *225*
Narcissus 'Jumblie' *225*
Narcissus marvieri 232
Narcissus minor 191, 225
Narcissus nanus 231
Narcissus obvallaris 231
Narcissus 'Paper White' 233
Narcissus 'Passionale' *225*
Narcissus poeticus 231
Narcissus pseudonarcissus 169, 231
Narcissus 'Portrush' 150
Narcissus 'Pride of Cornwall' *225*
Narcissus pumilus 231
Narcissus romieuxii 225, *225*, 232
im Alpinhaus 225
Narcissus rupicola 232
Narcissus 'Tahiti' *225*
Narcissus 'Tête-à-tête' *191*, 225
Narcissus 'Thalia' 150, *219*
Narcissus triandrus 223, *225*, 231
Narcissus watieri 232, *232*
Narzisse 25, 34, 119, 141, 150, 169, 175, 217, *219*, 222, 224, 225, *225*, *228*, *230*, *232*, 234, *234*, 236, *236*, 238, *240*, 276, *277*, 540, siehe auch *Narcissus*
Ableger 237
Blütenproduktion 234
Blütezeit *225*
Boden 220, 225
Cyclamineus-Hybride 225
Düngen 234
Duft 225
Einteilung der Narzissen 225
frühlingsblühende Arten 235
Grasfläche
Hybriden 220
Halskrausennarzisse 225
Hybriden 220
im Garten 225
in der Grasfläche 220
in Pflanzgefäßen 225
in Töpfen 225
Jonquillen-Narzisse 225
Kultur 225
Laub 225
Narzissenfliege 236
natürliche Grasfläche mit Narzissen *225*
Pflanzen 225
schützende Haut 218
Tazetten-Narzisse
Blüten 225
Duft 225
Triebe 233
Trompetennarzisse 225
Tunica 218
Vermehrung 225
durch Ableger 225
durch Abschnitte 225
durch Doppelschuppen 241
Krankheit 241
Vortreiben
in Töpfen 223
Wurzeln 228
Zwergsorten
unter neugepflanzten Gehölzen 220
Narzissen-Arten 220
Ruheperiode 223
Narzissenälchen 225, 567
Narzissenfliege 236
Große Narzissenfliege 567, siehe auch *Merodan equestris*
Kleine Narzissenfliege 567, siehe auch *Eumerus* sp.
Narzissenzwiebel *540*
Nasturtium-officinale 331, siehe auch Brunnenkresse
Naturalisieren 588
Naturgärten 276
Naturstein
behauener Stein 496
Bruchstein 496
Sandstein 496
Nebelsprüher
für Nachbehandlung der Aussaat 452
Nectria cinnabarina 569
Nectria galligena 568
Nectria-Krebs 366, 376
Neillia 78
Neillia thibetica 68, *78*
Nekrose 554
Nektar 588
Nektarine 359, 363, 391 - 394, siehe auch *Prunus persica* var. *nectarina*
empfohlene Nektarinen
frühe Sorten 392
Sorten für die Hauptsaison 392
späte Sorten 392
Erziehung in Buschform 391
Erziehung in Fächerform 391
glattschalige Form des Pfirsichs 391
Klima 391
Lagerung 394
Schnitt
im Frühjahr und Sommer 368
Vermehrung
durch Chip-Okulation 394
durch Sämlinge 394
durch T-Schnitt-Okulation 394
zum Einfrieren geeignet 371
Nektarinenbaum
Astwerk 392
Busch
Rückschnitt 393
Fächer
Aufbau 393
Formschnitt 393
Frühjahrsschnitt 393
Routine-Schnitt 393
Fruchtentwicklung 392
Knospenarten
dicke Fruchtknospen 392
Dreifachknospen 392
kleine Triebknospen 392
Rückschnitt 392
Nektarium 588
Nelke *19*, 27, 137, 142, 160, 161, siehe auch *Dianthus*
Absenker 160
Beete 160
Blüte 160, 161
Düngen 160
immerblühende Nelken 160, *160*, 161, *161*
Stecklinge 161
kissenbildende Nelke 192
Krankheiten 161
remontierende Nelke 434
Samen 161
Schädlinge 161
Seitensprosse
entspitzen 160
Stecklinge 161
vorbereiten *161*
Vermehrung 161
Wässern 160
Ziehen im Gewächshaus 160
Nelumbo lutea 247
Nelumbo nucifera 260
Nelumbo nucifera 'Alba Grandiflora' 247
Nelumbo nucifera 'Alba Striata' 247
Nelumbo nucifera 'Rosa Plena' 247
Nematizid 588
Nematode, räuberische 546, siehe auch *Heterorhabditis* sp.
Nematoden 307, 314, 407, 523, 524, 545, 551
bei Zitrusfrüchten 421
Nematus 549
Neoregelia 436
Neoregelia carolinae f. *tricolor 436*
Nepenthes 149
Nepeta 118, 165, siehe auch Katzenminze
Nepeta x *faassenii* 148
Nephrolepis 158, 431, 435
Nerine 223, *235*, 237, 241, 435

Zwiebeln
an der Oberfläche sichtbare 235
Nerine bowdenii 218, *222*, *223*
Nerine-Arten
Kombinationen
mit anderen Pflanzen 222
Nerium 68, 85, 264, 435, siehe auch Oleander
Nerium oleander 67, 71, 80
Nertera granadensis 440
Nettowasserverlust 528
Netzgeräte
Erdschlußschutz 458
Verluststrom 458
Netzmelone *332*, 333, *333*
Netzwerk *580*
Neuseeländer Spinat 329, siehe auch *Tetragonia tetragonioides*
Ausbreitung 329
Aussaat 329
Blätter 329
Boden 329
Krankheiten 329
Pflücken *329*
Samen 329
Schädlinge 329
Standort 329
Stickstoffbedarf 314
Temperaturen 329
zum Einfrieren geeignet 316
neutral 588
nichtremontierend 588
Nicotiana 14, 173, siehe auch Zierkirsche
Nicotiana alata 175, 177
Nicotiana alata 'Lime Green' *173*
Nicotiana x *sanderae* 177
Nidularia 436, 437
als Kalkhasser 437
als Topfpflanze
Erdmischung 437
Kultivieren am „Baum" 436
Niederschläge 532
Niederschlagmesser
aus Kunststoff *471*
Regenschatten 471
Niederstamm 588
niedrige Hecken 297
Niedriger Bergdost 296
Nierembergia hippomanica var. *violacea* 'Purple Robe' *433*
Nierembergia rivularis 177
Nigella 173, 176, 177, 188, *188*, 536
Nigella damascena 175, 177, 182
Nigella damascena 'Miss Jekyll' *173*
Nivellierlatte 493, 494
Nivelliermaschine 289
Nivellierpflock 493, *493*
Noctua 564
Nomocharis 223
Nomocharis pardanthina 192
Nopalxochia 272, 275
Nopalxochia phyllanthoides 266
Nordamerika 279
Nordeuropa 278
Nothofagus dombeyi 55
Nothofagus obliqua 42
Nothofagus procera 37
Notholirion 223
Notocactus 275
Nützlinge 546, 547, *547*
Nuphar advena 247, 261
Nuphar lutea 247, 261
Nutzgarten 291, 303, 308
Nutzpflanzen
Abstand zwischen Zierpflanzen 441
in Pflanzsäcken oder -gefäßen 441
Krankheiten 441
Schädlinge 441
Nuß 428, 429, 588
Lagerung
Haltbarkeit 371
Inneres 360
Schale 360
Nußbäume 428
Nußsträucher 428
Nylonfaden 472
Nylonfadentrimmer 283
mit Senkrechtschnitt *286*
mit verstellbarem Kopf für Senkrechtschnitt 286
Nylonstoff gegen Frost 520
Nymphaea 247, 248, *256*, 261, siehe auch Seerose
Nymphaea alba 246
Nymphaea 'American Star' *248*
Nymphaea 'Attraction' *248*
Nymphaea 'Blue Beauty' *248*
Nymphaea 'Escarboucle' *248*
Nymphaea 'Fire Crest' *248*
Nymphaea marliacea 'Carnea' *248*
Nymphaea marliacea 'Chromatella' *248*
Nymphaea 'Missouri' 248
Nymphaea odorata
Rhizome 248
Samen 249
Nymphaea pygmaea 'Helvola' *246*, *248*
Nymphaea 'Red Flare' 248
Nymphaea tetragona
Samen 249
Nymphaea tuberosa
Rhizome 248
Nymphaea 'Virginalis' *248*
Nymphoides indica 247
Nymphoides peltata 247
Nyssa sylvatica 37

O

Oberboden 523, 588
Oberflächendüngung 588
Oberflächenentwässerung 532
Oberflächenwasser 529
Oberflächenwurzeln 155
Obst 142, 433
Auswahl 359
Bau 359
Baumobst 359, 364
Beerenobst 364
Boden 364
Ernte 371
Fruchtansatz 359
Früchte
geeignet zum Einfrieren 371
in Kombination mit Zierpflanzen 362
in Topfkultur
Düngen 363
Kübel 363
Pflege 363
Platz 363
Wässern 363
Wurzeln 363
Kernobst 359
Lagerung 371
nicht winterhartes Obst 360
Pflanzengruppen 359
Sorten 359
Standort 364
Steinobst 359
Temperaturen 360
Winterhärte 359
Wuchsform 359
Züchtung 359
Zwergformen 359
Obstarten *361*
empfindliche
Schnitt nach der Ernte 368
Sorten 362
Obstbaum 49, 59, 89, 108, *363*, 368, 429, 528
Äste abstützen *366*
an Mauern und Zäunen 365
Abstand 365
Auswahl der Form 360
Baumformen
Busch 360
freiwachsende Baumformen 360
Halbstamm 360
Hochstamm 360
sparsamer Schnitt 360
Spindelbusch 360
Busch
Äste 360
Höhe 360
Stammhöhe 360
Düngung *366*
Edelreis *364*
Einzelstellung auf Rasenflächen 359
Ernte 360, 371
frühe Ernte 371
Zeitraum 371
Erziehung 360
Abstände 364
als Fächer 375
als Kordon 375
als Spalier 375
am Zaun 364
Drähte 364
Entwicklung von Seitentrieben 369
Formerziehung mit Holzstäben *369*
freistehende Stützen 364
Rückschnitt 369
Stützen für die Erziehung 364
Triebe 369
Veredlung 369
Erziehungs-Methoden
Grundschnitt 360
Triebe in die Form trimmen 360
Formierung 368, 370
Astsystem 368
Beeinflussen der Fruchtbarkeit 369
Fächerform 368
Gesundheit 368
Hochbinden 370
Kordon 368
Kronenform 368
Seitentrieb 370
Formierungsmaßnahmen 368
freistehende Obstbäume
Äste abstützen 367
Gabelstütze 367
stabile Stützen 367
Halbstamm
Gesamthöhe 360
Stamm 360
Hochstamm
Form 360
Gesamthöhe 360
Stamm 360
Käfig als Schutz *367*
Kultur in Töpfen und Kübeln 366
Kopfdüngung 366
Nährstoffe 366
Substrat 366
Topferde 366
Umtopfen 366
Wachstumsperiode 366
Wässern 366
Lagerung 371
Einfrieren 371
Haltbarmachen 371
im Backofen trocknen 371
kühles Lagern 371
Maß des Schnitts 368
bei schwachwüchsigen Pflanzen 368
bei starkwüchsigen Pflanzen 368
Krankheiten 368
Kümmerwuchs 368
Obstbäume in Kübeln 359
Pflanzung *365*
Pflanzung in Gefäßen 365
Wachstum 365
Wässern 365
Reduzierung extremer Wuchsstärke 370
Ringeln der Rinde 370
Wurzelschnitt 370, *370*
Rückschnitt 368
zu einem Hauptast *368*
Schnitt 360, 368
an einem Ersatztrieb *368*
an einer Knospe *368*
Ansatzpunkt 369
Astbruch 368
einer einjährigen Veredlung für Fächerform *369*
Entfernen eines Astes *369*
Ernte 368
Fruchtmenge 368
im Gewächshaus 370
Krankheiten 368
Kronenaufbau 368
Schnittermin 368
Schosse entfernen 368
Seitentriebe 368
Triebe zurückschneiden 368
unsachgemäßer Schnitt *368*
verdichtete Kronen 368
verkümmertes Wachstum 368
Wachstum 368
Winterschnitt 368
Schutz vor Vögeln und anderen Tieren *367*
selbststerile Sorten
Fremdbefruchtung 361
Sommerschnitt
bei Kunstformen 368
Spindelbusch
Äste 360
Baum 360
Formen 360
Stützen 450
Unterlage des Obstbaums 360
Unterlagen *364*
Veredlungsstelle *364*
verfügbarer Platz 360
Verjüngung
eines ungepflegten Baumes *370*
Vermehrung
Edelaugen 373
Edelreis 373
durch Augenveredlung 373
durch Chip-Veredelung 372, *372*
durch Kopulation mit Gegenzunge 373, *373*
durch Okulation 373
durch T-Schnitt-Okulation 372, 373, *373*
durch Unterlagen 372
durch Veredelung 372
durch Veredlungsunterlagen 373
Obstbaumkrebs 568
Obstgarten 169, 276, *279*, 359 - 429
Auswahl der Obstbäume 365
dreijährige erzogene Bäume 365
einjährige Veredlungen 365
Veredlungen 365
Wachstumsstadien 365
zweijährige Bäume 365
Auswahl der Pflanzen
Bodenbedingungen 363
Erntezeitpunkt 363
Ertrag 363
Fremdbefruchtung 363
Klima 363
Baumfrüchte 375 - 400
Kategorien 375
Baumhöhe
Größe des Baums 363
Wüchsigkeit der Unterlage 363
Bestäubung 375
Bodenstruktur verbessern
Drainage 364
Bodentypen 364
Drainage 364
Kalkböden 364
Lehmböden 364
Mulchschicht 364
Sandböden 364
Tonböden 364
Bodenverbesserung 364
Bodenvorbereitung 364, 365
Büsche pflanzen *365*
Düngen 366
Dünger 366
Blattverfärbung 366
Blühgröße 366
Mangelerscheinungen 366
Nährstoffmangel 366
Stickstoff 366
Ernteperiode 362
Erntezeit
Sorten 363
Ertrag
Anzahl der Pflanzen 363
Konservierungsmöglichkeien 363
Lagerungsmöglichkeiten 363
Erziehung 364
Stützen für die Erziehung 364
Fächer 362
Formen
erzogene Formen 360
freiwachsende Formen 360
Formierung 368 - 370
Fremdbefruchtung 362, 364
Früchte ausdünnen 366
Astbruch 366
Verteilung der Früchte 366
Früchte für frostfreies Klima *360*
geplanter Obstgarten
Düngen 361
Gruppe 361
Kulturbedingungen der verschiedenen Obstarten 361
Pflanzabstand 361
Schatten 361
kleiner Obstgarten *362*
Beerenobst als Kordons 362
Erscheinungsbild 362
Erziehungsmethoden 362
Konservierungsmöglichkeiten 362
Lagermöglichkeiten 362
Obstbäume als Kordons 362
selbstfertile Sorten 362
Unterlagen für Obstbäume 362
Klima 375
Kordons pflanzen *365*
am Zaun *365*
im Freiland *365*
Krankheiten 366, 367
wöchentliche Kontrolle 367
Kultur unter Glas 363
Boden 363
Erziehung 363
Feuchtigkeitsansprüche 363
Kultur im Gewächshaus 363
Lüftungsansprüche 363
nicht winterharte Früchte 363
Temperaturansprüche 363
laufende Pflege 366, 367
Lehmboden 359
Mulchen 366
Obst in Kübeln 363
Orangen *360*
Pflanzung 364, 365
Pflanzung im Freiland 365
Boden 365
Bodenfestigkeit 365
Edelreis 365
Erziehungsform 365
Jahreszeit 365
Ruheperiode 365
Standort 365
Stützen 365
Unterlagen 365
Veredlungsstelle 365
wurzelnackte Pflanzen 365
Wurzelsystem 365
ph-Wert 364
Plan für einen großen Obstgarten *361*
Planung des Obstgartens 359 - 363
Richtlinien für den Kauf der Pflanzen 364, *364*
Ausbreitung 364
Baumschulen 364
Befruchtung 364
Containerware 364, *364*
Erziehung 364
gleichmäßige Beastung 364
Kauf wurzelnackter Pflanzen 364, *364*

Unterlagen 364
Wuchs 364
Schädlinge 366, 367
wöchentliche Kontrolle 367
Schnitt 368 - 370, 375
seltene Mangelerscheinungen 366
sonniger Standort 359
Spaliere 362
Standort 364, 365
Standortvorbereitung 364
Standortwahl
Frost 362
frostgefährdete Standorte 362
Frostlagen 362
in leichtem Schatten 362
sonniger Standort 362
Standort an einer Stütze 362
Südhang 362
Wind 362
Windlagen 362
Sträucher 362
Unkrautbekämpfung 367
Unterlage
Größe des Baums 363
Wüchsigkeit der Unterlage 363
Vegetationsperiode 375
Vermehrung 372 - 374
Wässern 366
wichtigste Gartenarbeiten
im Frühling 582
im Herbst 584
im Sommer 583
im Winter 584
Obstgehölze 359
Bänder lockern 366
Erziehung 360
Heister auf Zwergunterlagen veredelt 360
Fächer 360
Hauptäste 360
Stamm 360
Formen 360
Formierung 370
Frostschaden 367
Dauer des Frostes 367
winterharte Sorten 367
Kordon 360
Doppelkordons 360
Dreifachkordon 360
Erträge 360
Fruchtholz 360
für Äpfel 360
für Birnen 360
für Johannisbeeren 360
für Stachelbeeren 360
Mehrfachkordon 360
Trieb 360
Kulturbedingungen 361
Pyramidenform
Äste 361
Mittelstamm 361
Sommerschnitt 361
Schnitt 370
Sommerschnitt 360
Winterschnitt 360
Schutz der Pflanzen 367, *367*
Frostschutz 367
Fruchtknospen 367
reifende Früchte 367
Schutz vor Vögeln 367
Windschutz 367
Sommerschnitt 360
Spalier 360
Äste 361
Fruchtholz 361
Mitteltrieb 361
Standort 361
Stützdrähte 360
Stützen lockern 366
Umsetzen 361
Vermehrung
durch Abrisse 374
durch Absenker 374
durch Blatt-Augenstecklinge 374
durch Sproßausläufer 374
durch Steckhölzer 374, *374*
durch Stecklinge 374
Winterschnitt 360
Zwergpyramiden
auf Unterlagen veredeln 361
Obstgewächse
Erziehung 360
Obstmade 333, 398
bei Passionsfrüchten 407
Obstpflanzen 366
Fruchttyp 366
in Hochbeeten 364
Jahreszeit 366
Pflege 366
Wachstumsbedingungen 366
Obstpflanzung 197
Obstsorten
Fremdbefruchtung 364
Blütezeiten 364
Unverträglichkeitsgrupppen 364
frühe Gruppen 364
Pflanzen unter Glas 367
Erziehung 367
Frühjahrsfrost 367
ganzjährige Abdeckung 367
Luftzirkulation 367
nicht winterharte Früchte 367
Stützdrähte 367
späte Gruppen 364
Obststräucher
Ernte 371
frühe Ernte 371
Zeitraum 371
Formierung 368
Astsystem 368
Fächerform 368
Gesundheit 368
Hochbinden 370
Kordon 368
Kronenform 368
Seitentrieb 370
Formierungsmaßnahmen 368
Käfig als Schutz *367*
Lagerung 371
Einfrieren 371
Haltbarmachen 371
im Backofen trocknen 371
kühles Lagern 371
Maß des Schnitts 368
bei schwachwüchsigen Pflanzen 368
bei starkwüchsigen Pflanzen 368
Krankheiten 368
Kümmerwuchs 368
Rückschnitt *368*
zu einem Hauptast *368*
Schnitt 368, 369
an einem Ersatztrieb *368*
an einer Knospe *368*
Ansatzpunkt 369
Astbruch 368
Ernte 368
Fruchtmenge 368
Krankheiten 368
Kronenaufbau 368
Schnittermin 368
Schosse entfernen 368
Seitentriebe 368
Triebe zurückschneiden 368
verdichtete Kronen 368
verkümmertes Wachstum 368
Wachstum 368
Winterschnitt 368
Obstunterlagen 537
Obstwiese 359
Ocimum basilicum 296
Ocimum basilicum 'Purpurascens' 292, 296, *299*
Ocimum minimum 296
Odontoglossum 443, 445
Vermehrung durch Teilung 445
Odontoglossum-Arten
kriechende Rhizome 442
Pseudobulben 442
Öffner
automatischer *483*
Öffnungsfrucht 588
Ölofen 482
Oenothera biennis 177, 180, 182
Oenothera fruticosa 165
Oenothera missouriensis 166
Oenothera odorata 143
Oenothera tetragona 'Fireworks' *138*
offen 588
offene Herzfäule bei Ananas 419
Ohrenschützer *464*
Ohrläppchenkrankheit
befallene Pflanzen 556
Bekämpfung 556
Ohrwurm 227, 392, 546, 548, *548*, 561, siehe auch *Forficula auricularia*
befallene Pflanzen 548
Bekämpfung 548
Oidium 550
Okra 308, 340, *340*, siehe auch *Abelmoschus esculentus*
Ausbreitung 340
Aussaat 340
Boden 340
Ernte 340
Höhe 340
Hülsen 340
Keimung 340
Klima 340
Krankheiten 340
Kultur unter Glas 340
Lagerung 340
Mulchen 340
Pflanzung 340
Routinepflege 340
Samen 340
Schädlinge 340
Sorten 340
Stickstoffbedarf 314
Stickstoffgehalt des Bodens 340
Temperatur 340
Wachstum unter Glas oder Folie 315
Wässern 340
zum Einfrieren geeignet 316
Okulation 541
mit T-Schnitt 541, 542
Okulieren 588
Okuliermesser 133
Olea europaea 37, 424, 425
Olea europaea 'Allegra' 424
Olea europaea 'El Greco' 424
Olea europaea 'Manzanillo' 424
Olea europaea 'Mission' 424
Olea europaea 'Oblonga' 424
Olea europaea 'Sevillano' 424
Olea europaea 'Verdale' 424
Oleander *24*, *26*, *67*, 264, siehe auch *Nerium*
Oleania 85
Olearia 68, 69
Olearia Phlogopappa 85
Olive 424, *424*, 425, siehe auch *Olea europaea*
Alter der Bäume 424
Ausreifen der Früchte 424
Baumhöhe 424
Bitterstoffe entfernen 419
Boden 424
Dünger 424
Durchmesser 424
empfohlene Oliven
europäische Sorten 424
subtropische Sorten 424
Ernte 424, 425
Frostschaden 424
Fruchtausdünnung 424
Früchte 424
schwarze vollreife Olivenfrüchte *424*
geschützter Anbau
bewurzelte Stecklinge 424
Düngen 424
okulierte Pflanzen 424
Temperatur 424
Insektenbestäubung 424
Kältebedarf der jeweiligen Sorten 424
Krankheiten 424
Kronenerziehung 424
Lagerung 424
Einlegen in trockenes Salz 425
Entbittern von Oliven 425
Entwässern und Einlegen in Öl 425
Fermentation 425
Ölgewinnung 425
Mulchen 424
Olivenbaum *424*
Pflanzabstand 424
pH-Wert des Bodens 424
Pollenspender 424
Schädlinge 424
schwarze vollreife Olivenfrüchte *424*
Selbstfruchtbarkeit bei den meisten Sorten 424
Standort 424
Temperatur 424
Überwintern bei Topfkultur 367
Verarbeiten von Oliven
Einlegen in trockenes Salz 425
Entbittern von Oliven 425
Entwässern und Einlegen in Öl 425
Fermentation 425
Ölgewinnung 425
Vermehrung
durch arteigene Veredlung 425
durch Steckholz 425
durch Stecklinge 425
Vermehrung ausgewählter Sorten durch Okulation 425
Wachstumsperiode 424
Wässern 424
Windbestäubung 424
Windschaden 424
Windschutz 424
Ziergehölze 424
Olivenbaum *424*
Omphalodes linifolia 182
Omphalodes luciliae 195
Oncidium 443
Oncocyclus-Iris 146
Oniscus 548
Onopordum acanthium 174, 175, 177, 182
Onopordum arabicum 182
Onosma albo-roseum 193, 195
Onosma echioides 195, 197
Onosma taurica 195, 197
Oosporen 554
Operophtera brumata 549
Ophiopogon 143, 165
Ophiopogon planiscapus 'Nigrescens' *138*, 141, 143
Opuntia 272, siehe auch Kaktus
Sprosse
zur Vermehrung 272
Opuntia exaltata 266
Opuntia ficus-indica 425, siehe auch Kaktusfliege
Opuntia fragilis 266
Opuntia humifusa 263, *263*, 266
Opuntia hystricina 266
Opuntia lanceolata 266
Opuntia microdasys 266
Opuntia paraguayensis 266
Opuntia polyacantha 266
Blüten 264
Opuntia rastera 266
Opuntia robusta 266
Opuntia subulata 266
Opuntia-Arten
Flachsprosse 263
Samenhülle 270
Opuntie 425, *425*
Anbau unter Glas
Dünger 425
Luftfeuchtigkeit 425
Substrat 425
Temperatur 425
Wässern 425
Ausbreitung 425
Bestäubung durch Insekten 425
Boden 425
Düngung 425
Ernte 425
Feigen
Entstehung auf der oberen Seite der Stammglieder 425
Pulpe mit zahlreichen Samen 425
Formen der Opuntie 425
Höhe 425
Kaktus-Pflanze 425
Krankheiten 425
kultivierte Formen
fast frei von Stacheln 425
Pflanzabstand 425
pH-Wert 425
semiaride Bedingungen 425
Stamm 425
Standort 425
Temperaturen
volle Sonne für eine befriedigende Entwicklung 425
Vermehrung 425
ganze Stammglieder von der Mutterpflanze abtrennen 425
Vermehrung von Opuntien aus Stammgliedern 425
Wildformen
zahlreiche Stacheln bei Wildformen 425
Orange, siehe auch Apfelsine
Anzucht durch Samen 422
Bitterorange
als Unterlage zur Veredlung 421
Anbau unter Glas 421
empfohlene Sorten 421
Früchte 421
vorwiegend für Orangenkonfitüre 421
Hauptgruppen der Orangensorten
Blut-Orange 422
Navel-Orange 422
Valencia-Orange 422
Unterlagen für die Vermehrung anderer Citrus-Arten 422
Valencia-Gruppe 422
Vermehrung
durch Okulation bei speziellen Sorten 422
durch Samen bei den meisten Sorten 422
Orbea 273, 275
Orbea variegata 266
Orchideen 433, 434, *434*, 438, 442 - 445, 446
Aufbinden von Orchideen 443
Aufpflanzen 443
Bedingungen
sterile Bedingungen *445*
Vermehrung in Flaschen *445*
Blüten 442
Blütenstände
Aufbinden 443
Stützen 443
Wuchsrichtung 443
Calanthe-Arten 222
Dünger 444
Düngergaben
Gießwasser 444
epiphytische Orchideen 442, *442*, 443 *443*
in Töpfen kultiviert 442
Orchideenpflanzstoffe 442
Orchideensubstrat 442
Substrate 442
Wirkung *443*
Wurzeln 442
Erdorchideen 222, 442
Gattungen 442
Gießen
Gießvorgang 443
Leitungswasser 443
Regenwasser 443
Substrat 443
Hybriden 442
im Gewächshaus Kultivieren 442
Knollen 218
Kulturanleitung 442
laufende Pflege 443
Luftbewegung
Knospenabwurf 444
ständige Luftbewegung 444
Luftfeuchtigkeit 443
Vegetationszeit 443
monopodial wachsende Orchideen 442, 445
Blätter 442
Blattachseln 442
Blütenstände 442
Luftwurzeln 442
Stamm 442
Pflanzen in Hydrokultur-Gefäßen 449
Pflanzenauswahl 442
Pflanzengemeinschaften in Orchideenschalen 444
Ruhezeiten 444
Schattieren 444

spezielle Erden 438
Substrat
kalkfreies oder
Rhododendronsubstrat 438
sympodial wachsende
Orchideen 442, 443
Blütenstände 442
Pseudobulben 442, 445
Rhizom 445
Vermehrung durch Entfernen
blattloser Pseudobulben 443
Vermehrung durch Teilung
445
Temperaturen
terrestrisch wachsende
Orchideen
bedingt winterharte 443
winterharte 443
terrestrische Orchideen 442
Blüte 442
im Gewächshaus kultiviert
442
Knollen 442
Stiele 442
Überwintern 442
unterirdische Speicherorgane
442
Umpflanzen 442
Drainage 443
Vegetationsperiode 444
Vermehrung 444
aus Samen 445
durch Adventivpflänzchen
444
durch „Keikis“(Kindel) 445
durch Rückbulben 445, *445*
durch Teilung *445*
durch Triebstecklinge *444*
in Flaschen *445*
Jungpflanzen 445
kommerzielle Vermehrungs-
techniken 445
Laborbedingungen 445
Meristemvermehrung 445
Nodien-Bildung 445
winterharte Orchideen 442
Wurzelsystem 443
Luft im Wurzelbereich 443
Orchideen-Sorten
empfohlene Orchideen-Sorten
442
Orchideendünger 437
Orchideengärtnerei 442
Orchideenkörbe *443*
Orchideenzüchtung 442
Oregano
Einlegen in Öl und Essig 302
Oreocereus 272
Orfe 247
organisch 588
orientalische Blattkohlgemüse
323, 324
Aussaat
Aussaatmethoden 323
in Multitöpfen 323
Schossen 323
Wachstum 323
Blätter 323
Blattfarben 323
Blattformen 323
Blattstiele 323
Boden 323
Ernte 323
Klima 323
Krankheiten 323
Kultivierung
Mulchschicht 323
Wässern 323
Kulturbedingungen 323
Lagerung 323
Pflanzung 323
unter Abdeckungen 323
Sämlinge 323
Schädlinge 323
Standort 323
Stickstoffgehalt im Boden 323
Temperaturen 323
Triebe 323
Wachstumsperiode 323
Orientalische Bundzwiebel 308,
346, *346*
Bodenansprüche 346
Ernte 346
Jakobszwiebel 346
Pflanzung 346
orientalische Kohlarten 316
orientalisches Blattkohlgemüse
Wachstumsperiode verlängern
unter Folie 315
Origanum 197
Origanum amanum 211
Origanum 'Kent Beauty' *191*,
197, 205
Origanum majorana *299*, siehe
auch Majoran
Origanum rotundifolium 211
Origanum vulgare 296, *299*
Origanum vulgare 'Aureum'
148, 293, 296
Origanum vulgare 'Compactum'
296, *299*
Topfpflanzung 292
Origanum, Arten und Hybriden
195
Orkan 519
Ornithogalum 223, 237
Zwergarten 223
Ornithogalum narbonense *174*
Ornithogalum nutans 231
Ornithogalum umbellatum 518
Orontium aquaticum 247, 261
Orostachys 273
Orostachys chanetii *265*, 266, 271
Orostachys spinosus 266
Oroya neoperuviana *263*
Oscularia 272
Osmanthus 68, 88
Osmanthus delavayi 68
Osmunda 158
Osmunda regalis 247
Osteospermum 162, 166, 177,
181, 222
Osteospermum 'Buttermilk' *141*,
166
Osteospermum jucundum *219*
Osteospermum 'Starshine' 177
Osterglocke 217
Ostrya carpinifolia 41
Othonna dentata 271
Otiorhynchus sulcatus 549, 570,
siehe auch Dickmaulrüßler
Ourisia caespitosa 196
Ourisia coccinea 196
Ourisia 'Loch Ewe' 196
Oxalis 223
Oxalis adenophylla 195
Oxalis corymbosa *575*
Oxalis depressa *223*
Oxalis enneaphylla 195
Oxalis enneaphylla 'Minutifolia'
203
Oxalis 'Ione Hecker' 195, *203*
Oxalis latifolia *575*
Oxydendrum arboreum 41
Ozothamnus 68, 69
Ozothamnus ledifolius 68

P

Pachycereus 272
Pachycereus pringlei 266
Pachyphytum 272
Pachyphytum oviferum 271, *271*
Pachyphytum viride 271
Pachypodium geayi 266
Pachypodium lameri 266
Pachysandra 68
Pachysandra terminalis *157*
Pachystachys 435, 453
Paederia 113
Paeonia 16, 27, 87, 142, 143,
149, 156, 162, 165
Paeonia lactiflora 143
Paeonia lutea 536
Paeonia 'Sarah Bernhardt' *174*
Pagodenbaum 34
Pak choi *304*, 308, *323*, *324*,
siehe auch *Brassica rapa* var.
chinensis
Aussaat
im Frühjahr 324
unter Abdeckungen 324
Blätter 324
Ernte 324
F1-Sorten
'Joi Choi' 324
'Shanghai' 324
Pflanzung
Abstand der Pflanzen 324
Sämlinge ernten *324*
Stickstoffbedarf 314
Temperaturen 324
Palerbse 343, 344, siehe auch
Erbse
Palme 33, *33*, 34, 39, 41, 67, 80,
430, 446
Pampasgras 137, 142, *144*, siehe
auch *Cortaderia selloana*
Blätter 145
Rückschnitt *145*
Pancratium 223, 232
Pandanus 68
Pandorea 99, 113
Pandorea jasminoides 105, 450
Paneelzaun 508 - 510
Bauen
Abschlußleiste *509*
Betonpfosten *509*
Grundbrett 509, *509*
Paneel *509*
„Sporen“ *509*
Grundbrett 509
Holzschutzmittel 509
Metallhalterungen für
Zaunpfähle
Hohlraum 509
Holzklotz 509
seitliche Auskehlung 508
„Sporen“, einbetonierte 508
Panicum capillare 176
Panicum violaceum 177
Papagei-Tulpe 224, *224*
Papaver *24*, 25, 162, 169, 180,
181, 188, siehe auch Klatsch-
mohn
Papaver burseri 195, 197
Papaver lateritium 212
Papaver miyabeanum 195, 197
Papaver nudicaule 177, 187
Papaver orientale 143, 148, 167,
174
Papaver rhaeticum 195
Papaver rhoeas 175, 177, 181,
182
Papaver rhoeas, Shirley-Serie
180, *180*
Papaver somniferum *174*, 177,
180, 181, 182
Papaver, Summer-Breeze-Serie
177
Papaya 420, siehe auch *Carica*
papaya
Bestäubung 420
Boden 420
Fruchtansatz 420
Krankheiten
Virosen 420
laufende Pflege 420
Mulch 420
Volldünger 420
Wässern 420
Luftfeuchtigkeit 420
Pflanzabstand 420
Pflanzung 420
ph-Wert des Bodens 420
Schädlinge
Nematoden 420
Sorten
einhäusige 420
Verträglichkeit gegenüber
niedrigeren Temperaturen
420
zweihäusige 420
Standort 420
Temperatur 420
Papaya-Baum *420*
Paphiopedilum 442, 443, 444
schattenliebend 444
Paphiopedilum callosum *442*
Paphiopedilum-Hybriden 443
Papierbirke *19*, siehe auch *Betula*
papyrifera
Pappel 32, 39, 40, 45, siehe auch
Populus
Paprika *304*, 308, 311, 316, 332,
siehe auch *Capsicum annuum*
Grossum-Gruppe
Abstand 332
Ausbreitung 332
Aussaat 332
Düngen 332
empfohlene Gemüsepaprika-
Sorten 332
Ernte 332, *332*
Früchte 332
Gemüsepaprika *332*
Höhe 332
Klima 332
Krankheiten 332
Kultur unter Glas 332
Lagerung 332
laufende Pflege 332
Mulchen 332
Pflanzung 332
pH-Wert des Bodens 332
Pikieren der Sämlinge 332
Schädlinge 332
Standort 332
Stickstoffbedarf 314
Temperatur 332
unbehandelt einfrieren 316
Wachstumsperiode 332
wärmebedürftige Pflanzen 332
Wässern
während der Blütenbildung 312
während der Schotenbildung
312
Wuchs 332
zum Einfrieren geeignet 316
Parahebe 166
Parahebe catarractae *191*, 211
Paraquat 575, 577
Paraquilegia anemonoides 195
Parasiten 547
Paris polyphylla 196
Parkettbelag
Fundament 500
Holz, imprägniertes 500
Nageln 500
Stäbchen 500
Tafeln 500
verlegen 500
Träger 500
Parnassia palustris 205, 247
Parodia 273, 275
Parodia brevihamata 266
Parodia chrysacanthion *263*
Parodia graessneri 266
Parodia haselbergii 266
Parodia leninghausii 266
Parodia mammulosa 266
Parodia mutabilis 266
Paronychia kapela ssp. *chionaea*
208
Parterre 588
Parterres *31*, 60, 61, 174
Parthenocissus 94, 95, 99, 101,
105, 112, 113, 115
Parthenocissus quinquefolia 94,
100, *432*, siehe auch Wilder
Wein
Parthenocissus tricuspidata 98,
98, 99, 100, 102, *115*, siehe
auch Jungfernrebe
Parthenocissus tricuspidata
'Loweii' *101*
Parthenokarpie 588
Paspalum notatum
Blätter 278
Gräser für pflegeleichten Rasen
278
Saatmenge 284
Passiflora 94, 95, 96, 100, 101,
105, 107, 113, 115, 435, 450,
453
Passiflora caerulea 99, 102
Passiflora edulis
Früchte 407
Passiflora edulis f. *flavicarpa* 407
Früchte 407
Passiflora manicata 99
Passiflora spp. 407, *407*
Passiflora x *caponii* 'John Innes'
107
Passionsblume 94, *100*, siehe
auch *Passiflora*
Passionsfrucht 407, *407*, siehe
auch *Passiflora* spp.
Boden und ph-Wert 407
Ernte 407
Erziehung 407
Fremdbestäubung 407
Frostunverträglichkeit 407
Früchte 407
Handbestäubung 407
Krankheiten
bei Freilandkultur 407
bei Kultur unter Glas 407
Kultur unter Glas 407
Dünger 407
Handbestäubung 407
optimale Bedingungen 407
optimale Temperaturen 407
Stützen 407
Substrat 407
Wässern 407
Lagerung 407
laufende Pflege 407
Dünger 407
Mulchschicht 407
Stickstoffgehalt 407
optimale Temperaturen 407
Pflanzabstand 407
Pflanzung 407
Schädlinge
bei Freilandkultur 407
bei Kultur unter Glas 407
Schnitt 407
Standort 407
stützende Spaliere 407
Vermehrung
Aufzucht aus Stecklingen 407
durch Aussaat 407
durch Okulieren 407
Veredelung purpurfarbener
Sorten auf resistente
Unterlagen 407
Pastinaca sativa 356, siehe auch
Pastinake
empfohlene Sorten
'Avonresister' 356
'Gladiator' 356
'Halblange Weiße' 356
'Tender and True' 356
'White Diamond' 356
'White Gem' 356, *356*
Pastinake *304*, 308, 309, 311,
348, *352*, 356, siehe auch
Pastinaca sativa
Aussaat 356
Blätter 356
Bodenbeschaffenheit 356
empfohlene Pastinakensorten
356
Ernte 316, 356
Fruchtwechsel 356
Klima 356
Krankheiten 356
Lagerung 356
laufende Pflege 356
Pfahlwurzeln 356
Pflanzung 356
Schädlinge 356
Schutz *356*
Stickstoffbedarf 314
Stickstoffgehalt des Bodens 356
Wässern 356
winterharte 356
zum Einfrieren geeignet 316
Zwischensaat *356*
Radies als Zwischensaat 356
Pastinaken-Wurzelfäule 565
Pastinakenkrebs 356
Pathogen 545
Pathogene 588
Patio-Rose 117, siehe auch *Rosa*
und Rose
Patisson-Kürbis 310, 316
Lagern 316
Paxistima 90
Pedilanthus 272

Pediocactus 275
Pedunculus 588
Peitschstielerkrankung
(Molybdänmangel)
befallene Pflanzen 556
Behandlung 556
Pekannuß 360, 428, *428*, siehe
auch *Carya illinoensis*
Ausbreitung 428
Bestäubung durch den Wind
428
Blüten 428
Boden 428
Ernte 428
Erziehung 428
Kälteperiode 428
Klima 428
Kopfdüngung 428
Krankheiten 428
Lagerung 428
Nüsse 428
Pekansämlinge 428
Pfahlwurzeln 428
Pflanzabstand 428
ph-Wert 428
Rindenschäden 428
Schädlinge 428
Sorten 428
Standort 428
Temperaturen 428
Topfpflanzen 428
Vermehrung
Kopulation mit Gegenzungen
428
volle Erträge nach 15 - 20
Jahren
von Hand ernten 428
Wässern 428
Pelargonie 170 - 171, *170*, *172*,
174, *174*, 175, 183, *221*, *433*,
siehe auch *Perlargonium*
Aussaat
F1-Hybride 171
F2-Hybride 171
Blätter 170
Blüten 170
Düngen
Blattbildung 170
Blütenproduktion 170
Duftpelargonie 170, *170*, 171
Edelpelargonie 170, *170*, 171
Efeupelargonie 170, *170*
F1-Hybriden
Vermehrung durch Aussaat
452
F1- und F2-Pelargonie 176, 188
Keimung 183
Lagerung 170
Miniatur-Zonalpelargonie 170
Pelargonientypen 170
Pflege 171
Samen
anritzen 183
Schneiden *171*
Stecken 171
Stecklinge
Wurzeln 171
schneiden *171*
Überwintern 170, *171*
Vermehrung
durch Stecklinge 171
Wässern 170
Zonalpelargonie *170*
Blätter 170
Blüte 170
Zwerg-Zonalpelargonie *170*
Zwergpelargonie 170
Pelargonientypen *170*
Pelargonium 166, 272, 435, 452,
453, siehe auch Pelargonie
Breakaway-Serie 176
F1- und F2-Serien 177
Geranie 170
Multibloom-Serie 176
Sensation-Serie 176
Pelargonium acetosum 266
Pelargonium 'Breakaway' 177
Pelargonium 'Dolly Varden' *170*
Pelargonium echinatum 266
Pelargonium endlicherianum 170
Pelargonium 'Frank Headley'
170
Pelargonium graveolens, siehe
auch Rosenpelargonie
Topfkultur 292
Pelargonium 'Lady Plymouth'
170
Pelargonium 'Mrs. Quilter' *170*
Pelargonium 'Multibloom' 177
Pelargonium peltatum 'Ame-
thyst' *170*
Pelargonium 'Purple Emperor'
170
Pelargonium 'Rote Mini-
Cascade' *433*
Pelargonium 'Royal Oak' *170*
Pelargonium 'Sensation' 177
Pelargonium 'Summer-Showers-
Mischung' 177
Pelargonium tetragonum 266
Pelargonium 'Timothy Clifford'
170
Pelargonium zonale
Hybride F1, F2
Blüten 170
Samen 170
Pelecyphora 275
Pellaea *433*
Pellaea rotundifolia 440
Pellionia 453
Pelliona daveauana 440
Peltandra alba 247
Peltigeracanina 571
Peltiphyllum peltatum 143, 148,
247, 261
Penicillium italicum 562
Pennisetum villosum 177
Penstemon 166, *166*, 210
Penstemon 'Garnet' *141*
Penstemon newberryi 63
Penstemon newberryi f. humilior
193, 194, 205
Penstemon pinifolius *203*, 205
Penstemon 'Rich Ruby' *149*
Pentas lanceolata 453
Peperomia 435, 453
Peperomia caperata 440
Peperomia dolabriformis 271
Peperoni 333, *333*, siehe auch
Capsicum frutescens
empfohlene Peperoni-Sorten
333
Früchte 333
Pflanzabstand 333
Schotchen 333
Wachstumsperiode 333
perennierend 588
Pereskia 272
Pereskia-Arten
echte Blätter
Sproßstecklinge 272
Pereskiopsis 275
als Unterlage
für Keilpfropfung 275
für Spaltpfropfung 275
Sproßstecklinge
Wachstum 275
Pergola 96, *96*, 106, 108, 120,
130, 175, 359, 362, 401, *511*,
512, 512
Aufbau einer Pergola 511 - 512
Backsteinpfeiler *511*
Backsteinsockel 511
Entwurf 511
Fundament 511
Metalleinsätze, spezielle 511
Querbalken 511
Rundholz 511
Stützen 511
aus Rundhölzern 511 - 512
aus Ständern 511
Baumformen 362
einseitige *512*
Höhe 362
mit Backsteinpfeilern 511
mit einer Holzplattform 511
Straucherziehung 362
Tragfähigkeit 362
Verbindung zwischen Balken
und Stützen
Gerüst 512
Sparren 512
Ständer 512
Streben 512
Perianth 585, 588
Perigon 588
Periploca 99, 112, 115
Periploca graeca 101
Perlit 540, 588
Perlite 534
Permethrin 572
Pernettya 71, 90, 196
Pernettya mucronata 'Seashell'
67
Pernettya mucronata
'Wintertime' *64*
Peronospora 550
Perovskia 76, 77, 83
Perovskia atriplicifolia 119
Perovskia atriplicifolia 'Blue
Spire' 65
Persea americana 425, 426,
siehe auch Avocado
empfohlene Sorten
'Ettinger' 425
'Fuerte' 425
'Hass' 425
'Lula' 425, *425*
'Nabal' 425
'Pollock' 425
'Waldin' 425
Persimone 359, 398, *398*, siehe
auch *Diospyros kaki*
als Topfpflanze 398
Ausbreitung 398
Beete 398
Bewässerung 398
Blüten 398
Boden 398
Düngen 398
empfohlene Persimonen 398
Ernte 398
Erziehung 398
Fremdbefruchtung 398
Fruchtansatz 398
Früchte 398
Handbestäubung 398
Kälteperiode 398
Kultur unter Glas 398
Lagerung 398
laubabwerfende Bäume 398
Mulchschicht 398
Pflanzabstand 398
Schädlinge
bei Freilandkultur 398
unter Glas 398
Schnitt 398
Sorten 398
Standort 398
Stickstoffgehalt im Boden 398
Substrat 398
Temperaturen 398
Unterlage
Diospyros virginiana 398
Sämlinge von *Diospyros kaki*
398
Vermehrung
der Sorten durch Kopulation
mit Gegenzungen 398
der Sorten durch Okulation
398
durch bewurzelte Ausläufer
398
durch krautige Stecklinge 398
durch Samen 398
durch Stecklinge 398
durch Veredlung 398
Wachstumsperiode 398
Wuchs
halbzwergige Sorten 398
zwergige Sorten 398
Wuchshöhe des Baumes 398
Persimonensorten
Wuchs
halbzwergige Sorten 398
zwergige Sorten 398
Pestizid 588
Petalen 580
Petalum 587, 588
Petasites fragrans 143
Petersilie 292, 294, *299*, *302*,
306, *307*, siehe auch
Petroselinum crispum
Aussäen 298
Blätter 296
Blüten 296
Einfrieren 302
Ernte und Lagerung
Blätter 296
Ernten 302
Erntezeit ganzjährig 301
Frostschutz 301
Geschmack 302
in Gefäßen pflanzen *301*
Pikieren der Sämlinge *301*
Topfpflanzung 292
Trocknen 302
Varietäten 296
Vermehrung
durch Aussaat 296
winterharte Kräuter 301
Petiole 588
„Petit pois" 343, siehe auch
Erbse
Petrea 113
Petrea volubilis 100, 101, 107
Petrophytum hendersonii 195
Petroselinum crispum 292, 296,
299, siehe auch Petersilie
Petroselinum crispum
'Neapolitanum' 296
Petunia 36, 172, *172*, 173, 176,
177, *185*, *439*, 544
Cascade-Serie 176
Hybriden 173
Petunie 36, 172, *172*, 173, 176,
177, *185*, *439*, 544, siehe auch
Petunia
Pfahlwurzel 578, *578*, 588
verdickte Pfahlwurzel *578*
Pfanne 588
Pfefferminze 291, 296, 546, siehe
auch *Mentha* x *piperita*
Pfefferschote
Stickstoffbedarf 314
zum Einfrieren geeignet 316
Pfeiffera *434*
Pfeiler 130, 178
Pfingstrose 16, 27, 87, 137, 142,
155, 156, *156*, 162, 163, 165,
174, siehe auch *Paeonia*
Keimung
Wärme- und Kälteperioden
209
Teilen 165
Pfingstrosenwelke 569
Pfirsich 359, *361*, 363, 391 - 394,
siehe auch *Prunus persica*
an einem Bogen 362
an einer Pergola 362
an Mauern 360
Aufbau des Kronengerüsts 382
Bestäubung 391
Bewässerung 391
Boden
flachgründige Böden 391
kalkhaltige Böden 391
zusätzliche Bewässerung auf
Sandböden 391
zusätzliche Düngung auf
Sandböden 391
Buschbäume 391
Edelsorten
Selbstfruchtbarkeit 391
empfohlenes Pfirsich-Sortiment
frühe Sorten 391
Sorten für die Hauptsaison
391
späte Sorten 391
Ernährung 391
Ernte 394
Ertrag 392
Erziehung
in Buschform 391
in Fächerform 391
Erziehung unter Glas
Fächerform 392
Fächer
Fächererziehung 391
Fruchtausdünnung 391, *391*
Frühblüher 391
frühreifende Sorten 362
Handbestäubung *391*
Höhe für Fächererziehung 362
Klima 367, 391
Krankheiten 391, 392
Kultur unter Glas 359, 392
Lagerung 394
zum Einfrieren geeignet 371
laufende Pflege 391
Mulchen 391, 392
Pflanzabstand 391
Baumabstand 391
Busch 391
Fächer 391
Handbestäubung 391, *391*
Reihenabstand 391
Unterlage 391
Schädlinge 392
Schnitt
im Frühjahr 368
im Sommer 368
nach der Ernte am fertigen
Fächer *394*
Sommerschnitt
am fertig erzogenen Busch
392
am Pfirsichbusch *392*
am Pfirsichfächer *393*
am Pfirsichfächer im 3. Jahr
394
Sorten
Fleisch mit dem Stein
verwachsen 391
rosafleischige Sorten 391
steinlösende Sorten 391
weißfleischige Sorten 391
Standort 391
Stickstoff-Versorgung 392
Südwand 391
Unterlagen *391*
für mäßig stark wachsende
Bäume 391
Pfirsisch-Sämling als
Unterlage 391
resistente Selektionen 391
Vermehrung
durch Chip-Okulation 394
durch Sämlinge 394
durch T-Schnitt-Okulation
394
Winterschnitt
am Pfirsichbusch *392*
am Pfirsichfächer *393*
am Pfirsichfächer im 3. Jahr
394
Pfirsich 'Peregrine' *361*
Pfirsich 'Red Haven' *362*
Pfirsichbaum
an einer Mauer *359*
Astwerk 392
Busch
Rückschnitt 393
Fächer
Aufbau 393
Formschnitt 393
Frühjahrsschnitt 393
Routine-Schnitt 393
Fruchtentwicklung 392
Knospenarten
dicke Fruchtknospen 392
Dreifachknospen 392
kleine Triebknospen 392
Rückschnitt 392
Pfirsichkräuselkrankheit 392,
555
Pflanzbeet 585, 588
Pflanzbehälter
Wässern in Pflanzbehältern 207
Pflanzbett, tiefes 534
Pflanze mit behaarten Blättern
Besprühen 446
Verdunsten von überschüssigem
Wasser 446
Pflanzen
Alpenpflanzen 189
alpine Pflanzen 585
als Stützpflanzen 97
aquatische 585
Ausdünnen einer sauerstoff-
bildenden Pflanze *259*
ballenlose Pflanzen 585
Ballenpflanzen 69, *69*
Beetpflanzen 31
einhäusige Pflanze *580*
einstämmige Pflanzen
Bambusstab 438
epiphytische Pflanzen 265
Schatten 265
exotische Pflanzen 95
feuchtigkeitsliebende Pflanzen
256
flachwurzelnde Pflanzen 119
Formieren 52
Formschnitt 52, *52*

für sauren Boden 200
für Terrarien
empfohlene Pflanzen für Terrarien 440
Gruppen von Sukkulenten 262
Gattungen 262
halbimmergrüne 587
Heilpflanzen 291
immergrüne Pflanzen 108, 174, 587
in Behältern
umsetzen 208
in Töpfen 308
kalkfliehende Pflanzen 215
kalkliebende Pflanzen 215
kletternde Pflanzen
Vermehrung durch einfache Absenker 456
krautige Pflanzen 23 - 25, 65, 95, 151, 162, 291, 408
kriechende Pflanzen 204
Kübelpflanzen 29
laubabwerfende Pflanzen 96
Leittrieb 53
männliche Pflanzen *580*
mattenbildende Pflanzen 279
mikrovermehrte Pflanzen 544
mit Faserwurzeln
Triebe 260
Vegetationspunkt 260
mit kriechenden Wurzeln
Triebe 260
Vegetationspunkt 260
mit Luftwurzeln
wachsen gut an einer Moossäule hoch 438
mit Rhizomen 165
nicht winterharte Pflanzen im kühlen Treibhaus 434
Obstpflanzen 366
Pflanzengemeinschaften 23
Pflanzengruppen 23, 38
Pflanzensanierung *69*
Pflanzkörbe *255*
Plazierung 23
raschwachsende Zimmerpflanzen
Blüte verspätet 446
mehrmals in einer Saison umsetzen 446
Wurzelwachstum 446
resistente 546
ruhende Zimmerpflanzen
Nichtumtopfen ruhender Zimmerpflanzen 446
sauerstoffbildende Pflanzen 258
Stecklinge 257
sauerstoffbildende Unterwasserpflanzen
Ausdünnen 259
Unkraut 259
Wuchs 259
Zurückschneiden 259
Schlingpflanzen
laubabwerfende 406
Schnitt 53, *53*
Gerüst *53*
Solitärpflanzen 23
Steingartenpflanzen 189
subtropische Pflanzen 325, 430, 433, 434
Keimung im beheizbaren Vermehrungsgefäß 452
sukkulente Pflanzen 262, 263
Formen 263
hängend wachsende sukkulente Pflanzen 263
nichtsukkulente Mischpflanzen 263
rankende sukkulente Pflanzen 265
Wuchseigenschaften 263
tropische 325, 342, 430, 433, 434, *434*
Keimung im beheizbaren Vermehrungsgefäß 452
Uferpflanzen *257*
Veredeln 58
veredelte Pflanzen 59, 89
Vermehrung sukkulenter Pflanzen
durch Blattstecklinge 271
Wachstum sukkulenter Pflanzen 271
weibliche Pflanze *580*
windende Pflanzen
Vermehrung durch einfache Absenker 456
wuchernde Pflanzen
Zurückschneiden 208
Würzpflanzen 291
Zimmerpflanzen 430 - 456
Zurückschneiden
sich rasch ausbreitender Pflanzen *208*
sparriger Pflanzen *208*
zweigeschlechtige Pflanze *580*
zweihäusige Pflanze *580*
zwittrige 580
Pflanzenabfälle, virusverseuchte 527
„Pflanzenhälse" 532
Pflanzenkrankheiten 545
Pflanzenlampe 485
Pflanzenleuchte 431
Pflanzenringe *472*
aus Draht mit Kunststoffbeschichtung 472
aus Draht ohne Kunststoffbeschichtung 472
Pflanzensack 486
Pflanzensäfte *579*
Pflanzensaftsauger 560
Pflanzenschäden 545 - 572
Pflanzenschaufel 534
Pflanzenschutz 572
chemischer Pflanzenschutz
Fungizid 547
Pestizid 547
im Gewächshaus 546
natürlicher Pflanzenschutz 546
Pflanzenschutzamt 572
Pflanzenschutzmaßnahmen, biologische 546
Pflanzenschutzmittel 572
Gebrauchsanleitungen 547
natürliches Pflanzenschutzmittel 546
Sicherheitsmaßnahmen 547
systemische 547
Pflanzensprays
flüssiges Pflanzenspray 546
Pflanzenstoffwechsel 579
Pflanzenstütznetz *472*
Pflanzenverfügbarkeit 523
Pflanzenvermehrung 543
Pflanzenvielfalt 578
Pflanzenwagen 431
Pflanzerde 71
Pflanzgefäße 172, *194*, 255, 311, 432, 441
Knollengewächse 221
Zwiebelgewächse 221
Zwiebeln und Knollen 217
Pflanzgut 588
Pflanzholz 183, *301*, 310, 440, 471, 532
bei Zimmerpflanzen *448*
Pflanzkelle 471, *471*
Pflanzkörbe
Gitter *255*
Pflanzsäcke 441
Pflanzstock *471*
aus Metall *471*
Pflanztröge *194*
Pflanzung 71
gemischte Pflanzung 362, *364*
Pflanzung in Gruppen 139
Pflanzung unter Folie *151*
Waldpflanzung 220
Pflaster, flexibles
Verlegen
Fundament vorbereiten 498
große Flächen 498
Planieren 498
Pflastersteine 498
Auswahl von Pflastersteinen
aus Ton 497
in verschiedenen Rottönen 497
Verlegen von Pflastersteinen
„flexibles Pflaster" 498
Geländevorbereitung 498
Kantenstreifen verlegen 498
Mähkante 498
Randbegrenzung 498
Unterbau 498
Verlegen und Einbetten der Steine 498
Pflaume 359, 387 - 390, siehe auch *Prunus domestica*
an einem Bogen 362
an einer Pergola 362
auf Fremdbefruchtung angewiesene Sorten 387
Baum, entwickelter in Heckenerziehung *389*
Baumabstand 387
Befruchtung 387
eingeschränkt selbstfruchtbare Sorten 387
selbstfruchtbare Sorten 387
selbstunfruchtbare Sorten 387
Bewässerung 387, 388
Blüten 387
Blütenbildung 387
Blütezeit 387
Boden 387
Bodenbedeckung 388
Busch 387
Düngung 388
Einfrieren 390
Einmachen 390
Ernährung 388
Ernte 390
Erziehung 388
Buschbaum erziehen 389
entwickelter Baum in Heckenerziehung *389*
Halbstamm 389
Hecke 390
Pyramide 390
Spalier 390
Spindel 390
Spindelbusch 389
Fäulnis 390
Fremdbefruchtung
Hinzupflanzen weiterer Sorten 387
Fruchtdeformation 388
Fruchtregulierung
Fruchtausdünnung 388
natürlicher Fruchtfall 388
Orientierungsgrößen für Fruchtabstand 388
Steinhärtung 388
Früchte ausdünnen 366
frühreifende Sorten 362
Halbstamm 387
Hecke 387
Höhe für Fächererziehung 362
Klima 387
Krankheiten 388
Krankheitsbefall 388
Lagerung 390
Kernhaus aufschneiden 371
Stiele entfernen 371
zu Mus verarbeitet einfrieren 371
Mulchen 387
nicht hinreichend selbstfertil 364
Niederschlagsmenge 387
Pflanzabstand 388
Tabelle 387
Pflanzung 387, 388
Pflaumenarten
Gruppen 387
Pflegemaßnahmen 388
physiologische Störungen
Gummifluß 388
Reaktion des Baums auf Beschädigungen 388
Reaktion des Baums auf Krankheiten 388
Reaktion des Baums auf ungünstige Bodenbedingungen 388
Übererträge 388
Windbelastung 388
Pyramide 387
Reihenabstand 387
Schädlinge 388
Schädlingsbefall 388
Schnitt
des Buschbaums *388*
Erziehungsschnitt 388
im Frühjahr 368
im Sommer 368
nach der Ernte *389*
Pflanzschnitt 389
Rückschnitt 390
Stammverlängerung 390
Überwachungsschnitt 389
selbstfertile Sorten 387
selbststerile Sorten
Fremdbefruchtung 361
Sommerschnitt *389*
Sortenempfehlungen
Frühsorten 388
mittelfrühe Sorten 388
späte Sorten 389
Sortenspektrum 387
Standort 387
Unterlagen
für kleine Bäume 387
Verbrauch
Haltbarkeit 363
Vermehrung
Chip-Okulation 390
Geißfuß 390
Kopulation 390
Pfropfungen 390
Sommerokulation 390
Wespenbefall 390
Wurzeltriebbildung 387
Pflaumenmade 563
Pflaumensorten
nicht selbstfruchtbare Sorten 363
Pflaumenwickler 563, siehe auch Cydia funebrana
Pflegemaßnahmen
bei den meisten Vermehrungsmethoden 543
Pfropfen 566, 588, 590
in den Spalt pfropfen 542
Keilpfropfen 59
waagerechtes Pfropfen 542
Pfropfkopf 588
Pfropfstelle 588
Pfropfunterlage 588
Phacelia 183
Phacelia campanularia 181
Phalaenopsis 431, 442
Blätter 442
Blattachseln 442
Blütenstände 442
Luftwurzeln 442
Stamm 442
Phalaris arundinacea 247
Phalaris arundinacea var. *picta* 144
Phaseolus coccineus 176, 341, 342, siehe auch Feuerbohne
empfohlene Sorten
'Butler' 341
'Crusader' 341, *341*
'Desirée' 341
'Enorma' 341
'Gulliver' 341
'Hammond's Dwarf Scarlet' 341
'Pickwick' 341
'Polestar' 341
'Preisgewinner' 341
Phaseolus lunatus 342, siehe auch Mondbohne
empfohlene Sorten
'Challenge' 342
'Florida Butter' 342
'Fordhook 242' 342, *342*
'Henderson' 342
'Wilber' 342
Phaseolus vulgaris 342, 343, siehe auch Gartenbohne
empfohlene Sorten
'Aramis' 343
'Blauhilde' 343
'Chevrier Vert' 343
'Delinel' 343
'Dufrix' 343
'Dutch Brown' 343
'Juvagold' 343
'Loch Ness' 343
'Pros' 343
'Purple Podded' 343, *343*
'Purple Teepee' 343
'Tendergreen' 343
'Wachs Goldetta' 343
ph-Bereich 523
Pheromonfalle 552, 563
Philadelphus 64, 67, 68, 69, 71, *75*, 78, *82*, 83, *83*, 85, 86
Philadelphus 'Dame Blanche' *71*
Philaenus spumarius 558
Philesia magellanica 71
Phillyrea 68, 80
Phillyrea latifolia 41
Philodendron 99, 115, 435
kletternde Arten 432
nichtkletternde Arten 432
Philodendron scandens 99, 431, *438*, *456*
als Raumteiler 431
Phlebodium aureum 451
Phleum pratensis ssp. *bertolonii*, siehe auch Wiesenlischgras
Lage 279
Phloem 579
Phlomis 64, 69, 528
Phlomis chrysophylla 68
Phlomis fruticosa 71
Phlomis russeliana 143
Phlox 16, 143, *155*, *156*, 210, *211*, 536
Phlox bifida 197, 205
Phlox 'Camla' *191*, 205
Phlox 'Chatahoochee' *192*, 211
Phlox decussata 167
Phlox divaricata ssp. *laphamii* *192*
Phlox douglasii *203*
Phlox douglasii 'Crackerjack' *191*
Phlox drummondii 173
Phlox mesoleuca 212
Phlox paniculata 143
Phlox stolonifera 'Ariane' *192*, 205
Phlox subulata 167, 195, 211
pH-Messung 523
pH-Meter 523
Phoenix 34, 37, 68
Phoenix canariensis 42
Phoenix dactylifera 37
Phormium 68, 69, 143, 148, 165, *434*, 435
Phormium cookianum 143
Phormium tenax 142, 143, *246*
Phormium tenax 'Sundowner' *138*
Phosphat (P2O5) 530, 543
Phosphatmangel 554
Phosphor (P) 281, 286, 313, 523, 530
Phosphorgehalt 523
Phosphormangel 523
im Obstgarten 366
Photinia 85
Photinia villosa 78
Photosynthese 432, 515, 517, 578, 579, 588
Phoxim 572
Phragmites australis 247
Phragmites australis 'Variegata' 247
Phragmites communis 247
pH-Wert 523, 531, 543, 579, 588
Abbaurate 531
Anhebung des pH-Wertes 531
Bestimmung des pH-Wertes
dunkelgrün 523
gelb 523
hellgrün 523
orange 523
Testsätze *523*
optimaler pH-Wert 523
Phygelius 166
Phyllanthus fluitans 247
Phyllitis 451
Phyllodoce caerulea *192*, 196, *196*
Phyllodoce empertriformis *192*
Phyllodoce glanduliflora 196
Phyllodoce nipponica 196
Phyllopertha horticola 564, 572
Phyllostachys nigra 144
Phyllotreta sp. 548
Phylloxera 401
Phymatocera aterrima 549
Physalis alkekengi 143
Physiologie 578
Physoplexis comosa *191*, 195
Physostegia 141, 165

Phytomyza syngenesiae 551
Phytophthora 558, 564, 565, 568
Phytophthora cinnamoni 426
Phytophthora cinnamoni bei Ananas 419
Phytophthora infestans 422, 566
Phytophthora palmivora 422
Phytophthora parasitica bei Ananas 419
Phytophthora primula 565
Phytophthora-Fäule
bei Primeln 554
Phythophthora-Wurzelfäule 558, 565
bei Kiwis 407
Phytophtora-Wurzelhalsfäule 565
Phytoptus avellanae 559
Phytoseiulus persimilis 546, 550
Phytotoxizität 547
Picea 41, 49, 56, 58
Picea abies 37
Picea abies 'Clanbrassiliana' 195
Picea abies 'Gregoryana' 195
Picea breweriana 37
Picea glauca var. *albertiana* 'Conica' 65, 195
Picea mariana 'Nana' *191*
Picea omorika 37
Picea pungens 'Montgomery' *38*
Picea sitchensis 37
Pieris 66, 71, 85
Pieris brassicae 549
Pieris 'Forest Flame' 68
Pieris nana 196
Pieris rapae 549
Pikieren 588
Pikierholz 183, *471*
Pikierspatel *201*
Pilea 435, 453
Pilea cadierei 440, *446*
Pilea involucrata
Oberflächenstrukturen des Laubs 430
Pilea 'Norfolk' *449*
Pilea spruceana 440
Pileostegia 99, 105, 113, 115
Pileostegia viburnoides 99, 105
pillierte Samen
Aussaat im Freien *181*
Pillierung 544
Pilz 161
Pilze 157, 314, 523
Pilzerkrankung 259
Pilzhyphen 565
Pilzinfektion 188
Pilzkrankheiten 236, 328, 388
bei Ananas 419
Etablierung
in Alpinhäusern 208
in Kästen 208
Pilzmyzel 553
unter der Rinde *569*
Pilzrasen 550, 553
Pilzsubstrat 523, 530, 531
Pimpinella anisum 296
Pinellia 223
Pinguicula 149
Pinus 49, 58
Pinus bungeana 37
Pinus contorta 37
Pinus halepensis 37
Pinus nigra 37, 41
Pinus pinaster 42
Pinus radiata 37, 42
Pinus sylvestris 27, 37, siehe auch gemeine Kiefer
Pinus sylvestris 'Aurea' 37
Pinus sylvestris 'Gold Coin' *38*
Pinus wallichiana 37
Pinzieren 588
Pirimicarb 547, 572
Pirimiphos-Methyl 572
Pistia stratiotes 247, *247*, 261
Pisum sativum 343, 344, siehe auch Erbse
empfohlene Sorten
'Carouby de Maussane' 344
'Dark-skinned Perfection' 344
'Douce Provence' 344
'Feltham First' 344
'Frühes Wunder' 344
'Hurst Beagle' 344
'Kelvex' 344
'Oregon Sugar Pod' 344
'Progress No. 9' 344
'Rheinische Zucker' 344
'Sugar Bon' ('Denise') 344, *344*
'Sugar Rae' 344
'Sugar Snap' 344
'Tristar' 344
Pittosporum 85, 87
Pittosporum eugenioides 'Variegatum' 91
Pittosporum tobira 68
Planococcus 550
Plantago major 576
Plasmodiophora brassicae 553,564
Plastikfolie 449
durchsichtige 358
Mulchen mit Plastikfolie 313
schwarze 327, 358
Plastiktopf 448
Plastiktüten 470
Platanus 55
Platanus x *acerifolia 578*
Platanus x *hispanica* 37
Platten schneiden
Hartmeißel 496
Schnittlinie 496, *496*
Winkelschleifer 496
Plattenbelag
Form 495
Größe 495
Menge 495
Platterbsen-Arten *178*
Platycerium 435
Platycerium bifurcatum 431
Platycodon 143
Platycodon grandiflorus 140
Platystemon californicus 182
Plectranthus oertendahlii 440
Pleioblastus viridistriatus 145
Pleione 443
frostfrei überwintern 443
Pleiospilos 273
Plumbago 105, 113, 431, *433*, 435
Plumbago auriculata 99, 453
Plumbago auriculata, syn. *Plumbago capensis 433*
Plumeria rubra var. *acutifolia* 35
Plumula 588
Poa 278, siehe auch Rispengras
Poa annua 278, *573*, 576, *579*
Samen 278
Poa nemoralis 279
Poa pratensis 278, siehe auch Wiesenrispe
Saatmenge 284
Poa trivialis 279
Podocarpus 55
Podranea 99, 105, 113, 115
Polargebiete 514
Polemonium 143, 162, 165
Polemonium pulcherrimum 195
Pollen 588
Pollenkörner 535, 580
Pollenschläuche 535
von luftgetrockneten Staubblättern 536
Polyäthylenfolie 391
Polyäthylenglykollösung 544
Polyäthylenscheibe 521
Polyantharose 118, 128
Polyanthus 578, vgl. auch *Primula*
Polyembryonie 588
Polyester 252, *253*, 253
Polygala 99, 210, 211
Polygala calcarea 'Bulle's Variety' 191
Polygala chamaebuxus 192, 196, *211*
Polygala chamaebuxus var. *grandiflora 192*
Polygala myrtifolia 'Grandiflora' *433*
Polygala vayredae 196
polygonales Haus *477*
Formen 477
Polygonatum 142, 143, *148*
Polygonatum hookeri 192
Polygonum 148
Polygonum affine 'Donald Lowndes' 190
Polygonum amphibium 247
Polygonum amplexicaule 247
Polygonum aubertii 105, 107
Polygonum bistorta 247
Polygonum bistorta 'Superba' 143
Polygonum campanulatum 247
Polygonum japonicum 575
Polygonum vacciniifolium 193
Polypodium 158
Polypropylen 255
Polypropylenfolie
Steingarten 199, 201
Polyscias 453
Polystichum 158, 159
Pomeranze, siehe Bitterorange
Anbau unter Glas 421
Pompon 588
Poncirus 76
Pontederia 148
Pontederia cordata 247, 261
Pontederia lanceolata 247
Populus 32, 37, 39, 40, 42, 45, 55, siehe auch Pappel
Populus alba 41
Populus candicans 'Aurora' 50, *50*
Populus nigra 'Italica' 36
Populus tremula 34, siehe auch Espe
Populus x *canadensis* 'Serotina Aurea' 50
Portea 437
Portlandrose 119
Portlandzement 499
Portulaca 175
Portulaca grandiflora 180
Portulaca oleracea 331, siehe auch Sommerportulak
Portulak *304*
Potamogeton crispus 247, *255*, 260
Jungpflanzen 261
Potentilla 71, 83, *189*
Potentilla 'Elizabeth' 64
Potentilla fruticosa 61
Potentilla 'Nana Argentea' 195
Potentilla nitida 195
Phalaenopsis 443
Präparate
chemische Präparate
Zusammensetzung 547
Pratia pedunculata 195
Preslia cervina 247
Preßbeton 495
Preßtopferden
zu Anzuchttöpfen und Saattöpfchen geformt (Modules) 534
Primel 27, 142, 173, 220, *245*, siehe auch *Primula*
Blüte 212
Neupflanzung 212
Primor-Granulat 550
Primula 17, 23, 143, 162, 177, 195, 209, 210, 435
Primula allionii 212
Primula alpicola 247
Primula auricula 142, 195, 212
Primula boothii 196
Primula bulleyana 143, 148, *148*, *246*
Primula candelabra 244
Primula denticulata 167, 212, *213*, 247, siehe auch Flammenblume
Rosetten 213
Vermehrung
durch Wurzelschnittlinge 213
Primula edgeworthii 196
Primula farinosa 195
Primula florindae 143, 148, 246, 247
Primula gracilipes 196, 211
Primula helodoxa 247
Primula japonica 143, 247
Primula malacoides 177, 435, 452, *452*
Substrate auf Torfbasis 438
Primula marginata 195, *211*, 212
Vermehrung
durch grundständige Stecklinge 210
Primula obconica 177, 435, 452
Primula pulverulenta 143, 247
Primula rosea 148, 247
Primula scotica 194
Primula secundiflora 247
Primula sikkimensis 247
Primula sinensis 177, 452
Primula sonchifolia 196
Primula vulgaris 27, 34, 141, 173, 175, 177
Primula x *kewensis* 452
Primula-Elatior-Hybriden 173, siehe auch Garten-Himmelsschlüssel
Pristiphora 549
Propiconazol 552, 572
Prostanthera 68, 434
Prostanthera cuneata 69
Prostanthera rotundifolia 433
Provence-Rosen 126, 129, 133, siehe auch *Rosa* und Rose Schnitt *129*
Prunella vulgaris 576
Prunus 16, 33, 34, 35, 37, 45, 47, 55, 58, 85
Prunus 'Amanogawa' 37
Prunus americana 33
Prunus armeniaca 394, 395
empfohlene Sorten
'Ambrosia' 395
'Aprikose von Breda' 395
'Hargrand' 395
'Marena' 395
'Mombacher Frühe' 395
'Nancy Aprikose' 395
'Orangered' 395, *395*
'Polonaise' 395
'Priana' 395
'Temporao de Vila Franca' 395
'Ungarische Beste' 395
'Wahre Große Frühaprikose' 395
Prunus avium 27, 395, 396, siehe auch Süßkirsche
empfohlene Sorten
'Burlat' 396
'Camil' 396
'Colt' 396
'Early Rivers' 396
'Edelfinger' 396
'Inmil' 396
'Lapins' 396
'Malling F12/1' 396
'Merton' 396
'Moreau' 396
'Napoleon' 396
'Plena' 41
'Regina' 396
'Starking Hardy Giant' 396
'Van' 396
'Weiroot' 396
Prunus cerasifera 387
Prunus cerasus 397, 398
Prunus cerasus 'Colt'
als Unterlage für Sauerkirschen 397, 398
Prunus cerasus 'Malling F 12/1'
als Unterlage für Sauerkirschen 398
empfohlene Sorten
'Ludwigs Frühe' 397
'Morellenfeuer' 397
'Morello' *397*
'Schattenmorelle' 397
Prunus domestica 387 - 390, siehe auch Europäische Pflaume
empfohlene Sorten
'Achertaler Goldkrone' 388
'Anna Späth' 389
'Auerbacher' 388
'Bauernpflaume' 389
'Black Amber' 389
'Borzami Szilva' 389
'Brompton' 387, *387*
'Bühler Frühzwetsche' 388
'Cacaks Beste' 388
'Cacaks Fruchtbare' 389
'Cacaks Frühe' 388
'Cacaks Schöne' 388
'Centenar' 388
'Chrudimmer' 389, *389*
'Czernowitzer' 388
'Deutsche Hauszwetsche' 389
'Early Laxton' 388
'Elena' 389
'Ersinger Frühzwetsche' 388
'Fellenberger Zwetsche' 389
'Graf Althans' 388
'Große Grüne Reneclaude' *388*, 389
'Hanita' 389
'Hauszwetsche' 389
'Herman' 388
'Jalomita' 388
'Julia' 388
'Katinka' 388
'Köpfli-Zwetschge' 388
'Lützelsachser' 388
'Marianna' 387
'Marianna GF8-1'
'Myrobalan B' 387, *387*
'Nancy-Mirabelle' 388
'Ontario' 388
'Opal' 388, *388*
'Ortenauer' 389
'Oullins Reneklode' 388, *388*
'Pitestean' 388
'Pixy' 387, *387*, 388, 390
'President' 389, *389*
'Ruth Gerstetter' 388
'Sanctus Hubertus' 388
'St Julien A' 387,*387*, 390
'Stanley' 389
'The Czar' 388
'TOP' 389
'Valjevka' 389
'Valor' 389
'Victoria' 388, *388*
'Wangenheims Frühzwetsche' 388
'Zimmers Frühzwetsche' 388
'Zwinschers Frühe' 388
Prunus domestica-Selektionen 387
Prunus dulcis 429, siehe auch Mandel
empfohlene Sorten
'Buschmandel' 429
'Dürkheimer Krach- und Riesenmandel' 429
'Ferranges' 429
'Geisenheim IV' 429
'Perle der Weinstraße' 429
'Weinstraßenmandel' 429
Prunus glandulosa 89, 91
Prunus glandulosa 'Alba Plena' *219*
Prunus insititia 387
Prunus 'Kanzan' 33
Prunus 'Kiku-shidare' 37
Prunus laurocerasus 80, siehe auch Kirschlorbeer
Prunus laurocerasus 'Otto Luyken' 151
Prunus laurocerasus 'Schipkanensis' *85*
Prunus lusitanica 55, 80, *80*
Prunus maackii 'Amber Beauty' 37
Prunus mume 37
Prunus mume 'Beni-shi-dare' *81*
Prunus 'Okame' 37
Prunus 'Pandora' 37
Prunus persica 391 - 394, siehe auch Pfirsich
empfohlene Sorten
'Alexander' 391
'Amsden' 391
'Brompton' 391
'Cumberland' 391
'Dixired' 391
'Earliglo' 391, *391*
'Fair Haven' 391
'Früher Roter Ingelheimer' 391
'Hale Berta Giant' 391
'J. H. Hale'
'Madame Rogniat' 391
'Peregrine' 391, *391*
'Red Haven' 391
'Red Wing' 391
'Rekord aus Alfter' 391
'Roter Ellerstadter' 391

'South Haven' 391
'St Julien A' 391
'Starking Delicious' 391
Prunus persica var. *nectarina* 391 - 394, siehe auch Nektarine
empfohlene Sorten
'Crimson Gold' 392
'Elruge' 392, *392*
'Fantasia' 392
'Ferrina' 392
'Fusalode' 392
'Miracosa' 392
'Nectared 4' 392
'Nectared 5' 392
'Nectarose' 392
Prunus salicifolia 'Pendula' 37
Prunus salicina 387, siehe auch Japanische Pflaume
Prunus sargentii 37, 41, *41*
Prunus serrula 25, 35, *35*, 37
Prunus 'Shirofugen' *19*
Prunus spinosa 68
Prunus spinosa cultivars 61
Prunus 'Spire' 37
Prunus subhirtella 37
Prunus subhirtella 'Autumnalis' 35, 37
Prunus subhirtella 'Autumnalis Rosea' 37
Prunus triloba 76, 77
Prunus x *yedoensis* 37
Pseudobulben 588
Pseudococcus 550
Pseudolarix amabilis 41
Pseudolithos 275
Pseudomonas mors-prunarus 569
Pseudomonas syringae 569
Pseudomonas-Bakterien 552
Pseudotsuga 41
Pseudotsuga menziesii var. *glauca* *33*
Psidium guajava 426, 427, siehe auch Guave
empfohlene Sorten
'Beaumont' 427
'Malherbe' 427
'Miami White' 427
'Parker's White' 427, *427*
'Patillo' 427
'Patnagola' 427
'Pink Acid' 427
'Red Indian' 427
'Ruby' 427
'Supreme' 427
Psila rosae 564
Psylla pyricola 551
Psyllidae 551, siehe auch Blattflöhe
Psylliostachys suworowii 177
Ptelea 76
Pteris 435
Pteris cretica 440, 451
Pterocactus 273
Pterocarya fraxinifolia 42
Pterocephalus perennis 195
Pterostyrax 76
Puccinia 552
Pueraria lobata 98
Puffbohne 344, siehe auch Dicke Bohne
Pulmonaria 141, 142, 143, 165
Pulmonaria saccharata *138*
Pulsatilla 197, 209, 212
Pulsatilla vulgaris 167, *191*
Pulsatilla-Arten 191
Pultdach 513
Pulverschorf
befallene Pflanzen 552
Bekämpfung 552
Punica granatum 427, siehe auch Granatapfel
Punica granatum var. *nana*
schwachwüchsiger Granatapfel
Fruchtung in gemäßigtem Klima unter Glas 427
purpurroter Sproßbrokkoli *321*
Puschkinia 223
Puschkinia scilloides 231
Pustel 552
Puya 437
Puya alpestris 436
Pycnostysanus azaleae 560
Pygmaeocereus 273, 275
Pyracantha 61, 68, 69, 85
Pyracantha coccinea 65
Pyracantha 'Golden Charmer' *60*
Pyracantha 'Golden Dome' 64
Pyracantha 'Mohave' 65
Pyramidenpappel 36
Pyrenäen 517
Pyrethrum 546, 548, 549, 551, 563, 572
Pyrola rotundifolia 196
Pyrostegia 99, 113
Pyrostegia venusta 99, 105, 107
Pyrrhalta viburni 548
Pyrus 37, 41, 58
Pyrus calleryana 'Chanticleer' *19*, 37, *37*, 42
Pyrus communis var. *sativa* 384 - 386, siehe auch Birne, Haushaltsbirne und Tafelbirne
empfohlene Sorten
'Abbé Fetel' 384
'Amanlis Butterbirne' 384, 386
'Belle Guerandaise' 384
'Belle Julie' 384
'Beth' 384, *384*
'Black Worcester' 385
'Boscs Flaschenbirne' 384
'Bristol Cross' 384
'Catillac' *385*
'Clairgeaus Butterbirne' 385
'Clapps Liebling' 384
'Comte de Lamy' 384
'Concorde' 384
'Conference' *384*
'Cosica' 384
'Diels Butterbirne' 384
'Double de Guerre' 385
'Dr. Jules Guyot' 384, 386
'Edelcrassane' 385
'Esperens Herrenbirne' 384
'Fertility' 384
'Gellerts Butterbirne' 384, 386
'Gestreifte Winterbirne' 385
'Glou Morceau' 385
'Großer Katzenkopf' 385
'Gute Luise' 384
'Hochfeine Butterbirne' 384
'Jargonelle' 384
'Josephine von Mecheln' 385
'Joséphine de Malines' *385*
'Marguerite Marillat' 384, 386
'Marie Louise' 384, 386
'Merton Pride' 384
'Olivier de Serres' 385
'Onward' 385
'Packhams Triumph' 385, 386
'Pastorenbirne' 386
'Pitmaston' 385, 386
'Rote Herbstbutterbirne' 385
'Santa Claus' 385
'Seckle' 385
'Thompson's' 385, 386
'Uvedale's St. Germain' 385
'Vereinsdechant' 384
'Williams Christbirne' 384, 386
'Winterdechantsbirne' 385
'Winternelis' 385
Pythium 425, 569
Pythium ultimum 564, 568
Pythium violae 554

Q

Quecke 279, 280, 298, 525, *574*, 575, siehe auch *Elymus repens*
Regeneration
aus kleinen Wurzelstöcken 280
aus Rhizomstücken 280
Quercus 16, 27, 34, 56, *57*, 510, *578*
Quercus ilex 42, 55
Quercus myrsinifolia 55
Quercus palustris 42
Quercus robur 37, 42
Quercus rubra 27, siehe auch Roteiche
Quercus semecarpifolia 55
Querholz 508, 510
Quirl 580, 588, 590
Quisqualis 113
Quisqualis indica 99, 107
Quitte *375*, 386, siehe auch *Cydonia oblonga*
als Unterlage für Japanische Mispel 422
Bäume aus Büschen 386
Boden 386
Büsche 386
Düngung 386
Ernte 386
Erziehung 386
Fächererziehung 386
Form 386
Fremdbefruchtung 386
Früchte 386
Gesamthöhe 386
Lagerung 386
laufende Pflege 386
Mulchen 386
Pflanzabstand 386
Pflanzung 386
Quittenbaum *386*
Schnitt 386
Winterschnitt 368
selbstfertile Pflanzen 386
Sorten 386
Standort 386
Unterlage 386
Vermehrung 386
Wässern 386
Wurzeln 386
Quittenbaum *386*

R

Rabatte 22, *25*, 26, 27, 37, 98, 138, *138*, *144*, *147*, *155*, 156, 176, *178*, 180, 235, 245, 277, 291, 292, 294, 295, 296, 297, *304*, 433, 441, 532
an einer Mauer 66
Anlegen 139
Blütezeiten 141
Boden 441
einjährige 172
Farben in gemischten Rabatten *220*
gemischte Rabatte *20*, 34, 65, 66, *119*, 138, 139, *139*, 141, 146, 174, 175, *190*, *217*, 234, 277, 294
Frühjahrspflanzung 218
mit Einjährigen 175
mit Zweijährigen 175
Narzissen in gemischten Rabatten 225
Gestaltung von Rabatten 172
Hybriden 218
im offenen Gelände 293
krautige Rabatte 138, 144, 146
langlebige Rabatte
Zwiebel- und Knollengewächse 218
Lilien für Rabatte 243
Markieren einer Rabatte mit Annuellen *181*
mit Einjährigen *173*
mit Rosen 118
mit Stauden 118
mit Zierpflanzen 303
Planung einer Rabatte 65
Schnittblumen 224
Stauden 173
Staudenrabatte 139
Sträucher 64
Strauchrabatte 218, 297
Tulpen für Rabatte 224
Wildblumenrabatte *169*
Zitronenbaum in der Rabatte *362*
Zwiebelgewächse in einer gemischten Rabatte *219*
Zwiebeln in Rabatten 235
Zwiebeln und Knollen 217
Rabattennelken 160, *160*
Absenken 161, *161*
Blüte 161
Schutz der Blüte 161
Vermehrung
durch Absenken 161
Wurzeln 161
Rabattenpflanzen 292, 296
Wurzeln
Unkraut 155
Radicchio
Aussaat 328
Bodenbedingungen 328
Ernte 328
F1-Hybriden 328
Frostverträglichkeit 328
Temperaturen 328
Radicula 588
Radies *304*, 308, 309, 311, 312, 317, 356, 357, siehe auch *Raphanus sativus*
Aussaat 356
Bodenbeschaffenheit 356
einjährige und zweijährige Kultivierung 356
empfohlene Sorten
'April Cross' F1 356
'Boy' 356
'Cherokee' F1 356
'Cherry Belle' 356
'China Rose' 356
'Eiszapfen' 356
'French Breakfast' 356, *356*
'Minowase Summer Cross' F1 356
'Pink Beauty' 356
'Prinz Rotin' 356
'Robina' 356
'Runder schwarzer Winter' 356, *356*
'Saxa' 356
'Sparkler' 356
Ernte 357
Formen 356
Fruchtwechsel 356
japanische Rettichhybride 356
Klima 356
Krankheiten 357
Lagerung 357
Laub 356
laufende Pflege 356
Pflanzung 356
Radies als Zwischensaat für Pastinaken 356
Sämlinge 356
Samen zur Vermehrung 357
Schädlinge 357
Standort 356
Stickstoffbedarf 314
Stickstoffgehalt des Bodens 356
Wachstumsperiode 356
Wässern 357
Wurzeln 356
Zwischensaat für Pastinake 356
Radikula *536*
Rainfarn 292
Einschränken der Ausläufer 298
Rainweide *52*, 62, siehe auch *Ligustrum ovalifolium*
Ramonda 211
Blattstecklinge 210
Substrat 215
Ramonda myconi 195, 205, *208*
Ramonda-Arten 194
Ranke 588
Rankgitter
als freistehende Trennwand 511
als Kletterhilfe für Pflanzen 511
aus Draht 511
aus geglättetem Hartholz 511
aus gesägtem Weichholz 511
aus Holz 511
Form 511
Gitter 511
Muster
Fischgrätmuster 511
Quadrate 511
Rauten 511
Rahmen 511
Rankgurken *335*
Ranunculus 209
Ranunculus alpestris 205
Ranunculus asiaticus 223, 232
Knollen 218
Ranunculus ficaria 142, 143, 148, 223, *575*
Ranunculus flammula 148
Ranunculus lingua 261
Ranunculus lingua 'Grandiflora' 247
Ranunculus repens *576*, *580*
Raoulia australis 194, 205
Raphanus sativus 356, 357, siehe auch Radies
Raphanus sativus Longipinnatus-Gruppe 356, 357
Raphiabast 472
Rapini 322
Rapssamen 544
Rapunzel 331, siehe auch Feldsalat
Rasen 20, 29, 31, 34, 66, 142, 144, 169, 174, 189, 217, 276 - 290, *277*
abfallende Blätter vom Rasen kehren *286*
Abfluß im Rasen anlegen *281*
abgefallene Blätter entfernen 286
Absanden
mit dem Streuwagen *288*
mit Nivellierrahmen *288*
andere Unkräuter
Ehrenpreis 290
Gänseblümchen 290
Wegerich 290
Anlegen
einer Neigung *281*
eines Gefälles *281*
eines Rasens 276 - 279, 282 - 284
eines Rasens durch Aussaat *284*
eines Rollrasens *282*
Anregen von Graswuchs 287
Aufnehmen des Rasens *283*
aus anderen Pflanzen
abgestorbene Blüten 283
Aufzucht aus Samen 283
Bodenvorbereitung 283
Düngen 283
Einsetzen bewurzelter Stecklinge 283
Einsetzen von Sämlingen 283
Einsetzen von Teilstücken 283
Einsetzen von Topfpflanzen 283
Schnitt 283
aus anderen Pflanzen als Graspflanzen 279
aus Kamille *279*
Ausgleichen einer Vertiefung oder Erhebung *290*
Aussaat 282
Tabelle der Saatmenge 284
Beanspruchbarkeit verschiedener Gräser 279
Begrenzung 277
Boden 281, 284, 290
Bodenverdichtung 287, 290
Bodenvorbereitung280, 281
Bodenstruktur 280
Bodentyp 280
Drainage 280, 281
Drainagesystem 280
Dünger 280
Durchlässigkeit 280

Erhebungen 281
Gefälle im Rasen 281
Humusschicht 280
Kalkbeimischung 280
Lehm 280
Mutterboden 281
Neigung im Rasen, leichte 281
Oberfläche 280
pH-Wert 280
Planieren 280, 281
Sandanteil 280
Tonboden 280
Unterboden 280, 281
Vertiefungen 281
Drainage 287, 290
Düngen 286
Bewässerung 286
Düngermenge 287
Düngerstreuer 287
Nährstoffe 286
Niederschlagsmengen 286
Sandboden 286
Streubreite 287
Tonboden 286
Verteilung 287
Dünger
ausbringen *287*
mit Unkrautvernichtungs-
mitteln 290
Durchlässigkeit 290
Erhebung im Rasen
Ausgleichen einer Vertiefung
oder Erhebung 290
extremer pH-Wert 290
Feuchtigkeitsaufnahme *286*
Feuchtigkeitsmesser 286
Fleckenkrankheit 290
Form des Rasens 276, 277
formaler Rasen 277
Formen des Randes *283*
Fruchtbarkeit 290
Gebrauchsrasen 276, 277, *278*,
279, 282, 285, 290
Düngen 286
geeignete Gräser 278
Klima, gemäßigtes 278
Klima, warmes 278
Mähen 278
Pflege 276
Schnitt 285
Schnittgut 286
gemähter Rasen 276
Gestaltungsfunktion des Rasens
277
Grabgabel 287
Gräser für pflegeleichten Rasen
278
große Rasenflächen mähen 285
Halbmond-Kantenstecher *286*
Hexenring 290
Hohllöffel 287
immergrüne Arten 279
Cotula-Arten 279
Dichondra micrantha 279
Römische Kamille 279
Kamille im Rasen *279*
Kanten des Rasens schneiden
286
Kantenschere *286*
Kantenschneidemaschine 286,
286
Kantenstecher 286
Keimung 284
kleine Zwiebeln
große Gruppen kleiner
Zwiebeln in den Rasen
pflanzen 231
Konkurrenz durch Unkraut 284
Krankheiten 285, 286, 290
Krankheitsanfälligkeit des
Rasens 278
Krankheitsbefall 287
Lage des Rasens 276, 277
Lagerung der Rasensoden *282*
langsamwachsender Rasen 278
Laubdecke 286
Laubkehrer *286*
Licht 290
Lüften des Rasens 287
mit Messerklingen *288*
Mähen 277, 281, 284, 286
bei Frost 285
einer regelmäßigen Form *285*
einer unregelmäßigen Form
285
Erzeugen unterschiedlicher
Schnitthöhen 285
Mäher 285
Schnitthöhe 285
Sportrasen mähen 285
Streifen mähen 285
Taubürsten 285
Wetter 285
Mähstreifen 278
Marschrasen
Durchlässigkeit 282
Strapazierfähigkeit 282
maschinelles Lüften *288*
maschinelles Vertikutieren *288*
mechanisches Vertikutieren *288*
mehrere Rasenstücke 277
Messerschneider 287
Moos 289
Moosbefall mit Rasensand
bekämpfen 290
Moosbekämpfung 286
Mulchschicht 290
Mähstreifen 278
Nagelwalze 287
naturnaher Rasen 277
Neuanlage 20
Neuverlegen *283*
Nylonfadentrimmer mit
Senkrechtschnitt *286*
Pflege im Jahreslauf
Abbürsten der Blätter 287
Abharken der Abfälle 287
Absanden 288
Boden 289
Düngen 287, 288
Filz entfernen 287
großer Rasenflächen 288
Kantenschneiden 287
Krankheitsbekämpfung 287
Lüften 287
Moosbekämpfung 287
Mulchschicht 287
Neuaussaat 287
Neuverlegen 287
Schädlingsbekämpfung 287
Tabelle erforderlicher
Arbeiten im Jahreslauf 287
Unkrautbekämpfung 287
Vertikutieren 287, 288
Walzen 289
Pflegebedürfnis des Rasens 278
Planieren *281*
des Bodens *280*
Ränder 277
Rand des Rasens 278
Rasendecke 287
Rasenfilz 287, 288
Rasenkrankheiten 286
Rasensand
Eisen (Fe) 286
Rasenschulen 282
Rasensode *282*
Rasenstücke 277
Rechen 281
Regenwurm 290
Reparieren
beschädigter Kanten *289*
einer schadhaften Stelle *290*
Rollrasen 16
Rostpilze 290
Routinepflege 285 - 290
Belüften 285
Düngen 285
Klima 285
Mähen 285
Mulchen 285
Standort 285
Typ des Rasens 285
Wässern 285
Zeitaufwand 285
Saatmenge
Säen
Aussaat von Hand 284
erforderliche Saatgutmenge
284
mechanisches Säen 284
Sämlinge 284
Schaden
Reparieren von Schäden 289
schadhafte Kanten
reparieren 289
schadhafte Stelle
reparieren 290
Schädlinge 285, 287, 290
Schneeschimmel-Flecken 286,
290
Schnitt
Kantenschnitt 286
Schnitthäufigkeit
im Frühling 285
im Sommer 285
im Winter 285
Schnitthöhe 284, 289
im Frühling 285
im Sommer 285
im Winter 285
Seerasen
Durchlässigkeit 282
Strapazierfähigkeit 282
Spielrasen 277
planieren 281
Sportrasen 276
Klima, gemäßigtes 279
Klima, warmes 279
Schnitt 276
Standort
Bodenverbesserung 280
Drainage 280
Klima 280
Säubern 280
Vorbereiten 280
Strapazierfähigkeit des Rasens
278
Streifen mähen *285*
Streuwagen 287
Tau
abbürsten vor dem Mähen *285*
Typ des Rasens 276
Umsetzen des Rasens
Abschneiden 283
Aufnehmen 283
Beschneiden 283
Rasensoden 283
Unterboden 283
Wurzeln 283
ungleiche Verteilung beim
Düngen *286*
Unkraut 290
Unkrautbekämpfungsmittel 280,
289
Unkrautvernichtung
Ausgraben der Unkräuter 280
Bekämpfung durch Mähen
280
Verdunstung 287
Verfilzung des Rasens 285
Vermehrung
durch Ausläufer 284
durch Rhizome 284
durch Sämlinge 284
für warmes Klima 284
Standort 284
vernachlässigter Rasen
Erneuern eines vernachlässig-
ten Rasens 289
Vertiefung im Rasen
Ausgleichen einer Vertiefung
oder Erhebung 290
Vertikutieren *288*
von Hand mit dem Fächer-
besen *288*
Volldünger
Eisengehalt 286
Vorbereiten der Fläche *281*
Wachstum 281
Wässern 284, *286*
Sprengen des Rasens 286
Verdunstung 286
wichtigste Gartenarbeiten
im Frühling 581
im Herbst 583
im Sommer 582
im Winter 584
Wiesenrasen 282
mähen 282
präparierter Wiesenrasen 282
Wohnrasen
planieren 281
Wuchsgeschwindigkeit
verschiedener Pflanzen 279
Wurzelbildung 287
Zierrasen 276, 277, *278*, 279,
285, 290, 295
gemäßigtes Klima 278
Grasarten 278
Pflege 276, 278
Planieren 281
Schnitt 285
zu scharfes Mähen 290
Zugangswege 277
Raseneinfassungen 466
Rasenfläche
naturnahe Rasenflächen
Narzissen für naturnahe
Rasenflächen 224
unterschiedliche Schnitthöhen in
der Rasenfläche *277*
Rasengräser
Gruppen 278
klimatische Bedingungen 278
Ruheperiode 278
Rasenherbizid 576
Rasenmäher
Handmäher
auf Rädern 465
mit Walze 465, *465*
mit Grasfangkorb 465
motorgetriebene Mäher
Luftkissenmäher 465
Sichelmäher 465
Spindelmäher 465
Pflege
Ansaugrohr 465
Filter 465
Messer 465
Ölstand 465
Zündkerzen 465
Sichelmäher 285
Sicherheit
Bremse 465
Messer 465
Schaltersperre 465
Sicherheitsschalter 465
Spindelmäher 285
mit Walze 285
Wartung 465
Rasensand 576, 577
Rasenschäden 571 - 572
Rasenschere, langstielige *466*
Rasensoden 576
Rasensprenger 286, 458
Rasentrimmer 458, 464
mit Benzinmotor 466
mit Elektromotor 466
Trimmer 466, *466*
Führungsvorrichtung *466*
Nylonfaden *466*
Schutzvorrichtung *466*
Rasenunkraut 574, 576 - 577
bekämpfen 576
Raubmilbe 546, siehe auch
Amblyseius sp.
Raubmilbe 546, 550, siehe auch
Phytoseiulus persimilis
Rauhreif 515
Rauke *304*, 330, *330*, siehe auch
Eruca vesicaria
Schnitt 316
Raumbeleuchtung 432
Raupe 161, 188, 314, 317, 323,
325, 339, 340, 341, 342, 355,
388
Raute 292, 297, siehe auch *Ruta
graveolens*
Blätter 297
Blüten 297
Ernte und Lagerung
Blätter 297
Halbstrauch
immergrüner Halbstrauch 297
Hautausschlag 297
Laub 297
Varietäten 297
Vermehrung
durch Aussaat 297
durch Stecklinge halbreifer
Seitensprossen 297
Rautengitter *511*
Reagenzglas 544, *544*
Reben 360
Erziehung 360
Reblaus 401
Rebsäge *463*
Rebutia 264, 273, 274
Rebutia albiflora 266
Rebutia aureiflora 266
Rebutia heliosa 266
Rebutia marsoneri 266
Rebutia minuscula 266
Rebutia muscula *263*
Rebutia senilis 266
Rebutia-Arten *267*
Rechen 458
Fächerbesen 467, *467*
flachzinkiger Rechen 467, *467*
Gartenrechen 467
Motorrechen 467
Vertikutierrechen 467
„Red Thread"-Krankheit 571
Regelia-Iris 146
Regen
Entwässerung 518
Regenschatten 518
Wassermenge im Boden 517
Wolkenbruch 518
Regenschatten 588
Leeseite 518, *518*
Regenwald 262, 265
Regenwurm 285, 286, 290, 305,
306, 313, 523, *523*, 572
Regenwurmtätigkeit 527
Regionen, gemäßigte 514
Regner
feststehender Regner 469, *469*
Impulsregner 469, *469*
Kreisregner, *469*
Drehgelenk *469*
Pendelregner
Schwenkarm 469, *469*
Regnertypen *469*
Reh 570
Rehmannia elata *433*
Rehmannia-Arten 264
Reihensaat 588
Reineclaude siehe Reneklode
Reinwardtia
Schnitt
Sprosse ausknipsen 450
Reis 542
Reiser 541
Reiserveredelung 541
Reisigbesen *467*
Rembrandt-Tulpe 224
remontierend 588
Reneklode 387 - 390
Lagerung
zum Einfrieren geeignet 371
Reseda odorata 177
Resistenz, starke 547
Respiration 515, 517, 578,
579,588
Restaurierung 31
Reticulata-Iris 146, 218, 236,
siehe auch *Iris*
Krankheiten 236
Ruheperiode 223
Samen
Kapseln 238
Tintenkrankheit 236
Rettich 356, 357, siehe auch
Raphanus sativus Longipinatus
Gruppe
Aussaat 356
Bodenbeschaffenheit 356
einjährige und zweijährige
Kultivierung 356
empfohlene Sorten
'April Cross' F1 356
'Boy' 356
'Cherokee' F1 356
'Cherry Belle' 356
'China Rose' 356
'Eiszapfen' 356
'French Breakfast' 356, *356*
'Minowase Summer Cross' F1
356
'Pink Beauty' 356
'Prinz Rotin' 356
'Robina' 356
'Runder schwarzer Winter'
356, *356*
'Saxa' 356
'Sparkler' 356
Ernte 357
Formen 356
Fruchtwechsel 356
japanische Rettichhybride 356
Klima 356
Krankheiten 357
Lagerung 357

Laub 356
laufende Pflege 356
Pflanzung 356
Sämlinge 356
Samen zur Vermehrung 357
Schädlinge 357
Standort 356
Stickstoffgehalt des Bodens 356
Wachstumsperiode 356
Wässern 357
Wurzeln 356
Zwischensaat für Pastinake 356
Rex-Begonie *455*, siehe auch *Begonia rex*
Vermehrung
durch Blatteile 455
durch Blattstecklinge 454
Rhabarber *304*, *306*, 351, siehe auch *Rheum* x *cultorum*
Ausbreitung 351
Aussaat 351
Blätter 351
Böden 351
Ernte 351, *351*
Höhe 351
Klima 351
Krankheiten 351
Krone 351
Lagerung 351
Langzeitbeete 345
laufende Pflege 351
Mulchen 351
Pflanzabstand 351
Pflanzung 351
Frühtreiben *351*
Ruheperiode 351
Samen 351
Schädlinge 351
Sorten 351
Stickstoffbedarf 314
Stickstoffgehalt des Bodens 351
Temperaturen 351
Vereinzeln der Sämlinge 351
Vermehrung 351
durch Teilstücke fleischiger Wurzelstöcke 351, *351*
zum Einfrieden geeignet 316
Rhamnus 76
Rhamnus alaternus 68
Rhaphiolepis 91
Rhapis 37
Rheum 148, 155, 164, 165
Rheum alexandrae 247
Rheum palmatum 140, 245, 247
Rheum palmatum 'Atrosanguineum' 140, 143, 247
Rheum x *cultorum* 351, siehe auch Rhabarber
Rheum x *cultorum* 'Holsteiner Blut' 351
Rheum x *cultorum* 'The Sutton' 351
Rhipsalidopsis 275
Rhipsalidopsis gaertneri 265, 266, 453
Rhipsalidopsis rosea 265, 266, 453
Rhipsalis 272, 275, 453
Arten mit abgerundetem Stamm 275
Arten mit geripptem Stamm 275
Substrat 268
Rhipsalis cereuscula 266
Rhipsalis mesembryanthemoides 266
Rhipsalis pachyptera 266
Rhipsalis-Arten
in Hängekörben 263
Luftfeuchtigkeit 265
sehr gut für Wintergarten 265
Rhizoctonia 568
Rhizom 102, 145, *578*, 541, 579, 588
Rhizomfäule
bakterielle Rhizomfäule 567
Rhizomiris 146, *146*, 165
an Teichrändern 221
Rhizompflanzen
Knospe 260
Pflanzen 260
Teilen 260
Rhizomstück 575
Rhodiola crassipes 266
Rhodochiton atrosanguineum 175
Rhododendron 15, *24*, 27, 63, 64, *64*, 67, 71, 72, *72*, 73, *73*, 78, 80, 85, 87, 88, 89, *89*, *91*, 211, *244*, *432*, 435, 518, 523, 534, 538, 539
Rhododendron augustinii 80
Rhododendron auriculatum 68
Rhododendron 'Curlew' *192*
Rhododendron edgeworthii 68
Rhododendron 'Fragrantissima' 68
Rhododendron Ghent-Hybriden 68
Rhododendron 'Hinodegiri' 67
Rhododendron 'Homebush' *64*
Rhododendron luteum 68, *68*
Rhododendron maddenii 68
Rhododendron occidentale 68
Rhododendron 'Polar Bear' 68
Rhododendron ponticum 68, 80, 90
Rhododendron triflorum 80
Rhododendron viscosum 68
Rhododendron wardii 64
Rhododendron, Loderi-Gruppe 68
Rhododendron, Rustica-Hybriden 68
Rhododendron, Zwergarten u. -sorten 196
Rhododendron-Knospenfäule 560
Rhododendronzikade 551, 560, siehe auch *Graphocephala fennahi*
Rhodohypoxis 223
für Tröge 221
Rhodohypoxis baurii 203
Rhodohypoxis 'Douglas' *192*
Rhodohypoxis 'Margaret Rose' *192*
Rhodoleia championii 41
Rhodothamnus chamaecistus 192
Rhoicissus 99, 435
Rhoicissus capensis 453
Rhombophyllum 273
Rhus 90
Rhus typhina 33
Rhynchaenus fagi 551
Rhytophthora infestans 553
Ribes 86, 89
Ribes nigrum 414, 415
empfohlene Sorten
'Baldwin' 415
'Ben Lomond'415, *415*
'Ben Nevis' 415
'Ben Sarek' 415
'Boskoop Giant' 415
'Daniels' September' 415
'Jet' 415
'Rosenthals Langtraubige Schwarze' 415
'Silvergieters Schwarze' 415
'Titiana' 415
'Tsema' 415
'Wellington XXX' 415
Ribes sanguineum 78, *89*
empfohlene Sorte
'King Edward VII' 61
Ribes sativum 415, 416, siehe auch Rote und Weiße Johannisbeeren
empfohlene Sorten
'Heinemanns rote Spätlese' 416
'Heros' 416
'Jonkheer van Tets' 416, *416*
'Red Lake' 416
'Rondom' 416
'Rotet' 416
'Rovada' 416
'Stanza' 416
'Weiße Versailler' 416, *416*
'Werdavia' 416
Ribes uva-crispa 416, 417, siehe auch Stachelbeere
empfohlene Sorten
'Hönings Früheste' 417
'Invicta' 417, *417*
'Lancashire Lad' 417
'Reflamba' 417
'Rixanta' 417
'Rolanda' 417
'Rote Triumph', syn. 'Winham's Industry' 417, *417*
'Weiße Neckartal' 417
'Weiße Triumph', syn. 'Whitesmith' 417
Riccia fluitans 247
Ricinus 435, siehe auch Rizinus
Ricinus communis 173, *173*, 175, 177
Riedgras 144
laufende Pflege 145
Riesenklatschmohn *24*
Riesenkürbis
Stickstoffbedarf 314
Rille 588
Rillensaat 588
Aussaat im Freien *181*
Rinde 527, 588
Ringelblume 27, *174*, 180, 188, 291, 292, *299*, 301, siehe auch *Calendula officinalis*
Blüte 295
Blütenköpfe 295
Ernte und Lagerung
Blätter 295
Blüten 295
eßbare Blüten 291
Varietäten 295
Vermehrung
durch Aussaat 295
durch Selbstaussaat 295
Ringelkrankheit 567
Ringelspinner 551
Ringeltaube 321, 344, 561
befallene Pflanzen 549
Bekämpfung 549
Ringelung 588
Ringflecken *553*
Ringfleckung 553
Ringfäule 566
Ringstütze *472*
Rippenmuster 495, 502
Rispe 588
Rispen 580
Rispengras 278, 576, siehe auch *Poa annua*
bevorzugter pH-Wert 280
Blätter 278
einjähriges Rispengras 278, 285
Mähen 278
Samen 278
Rißlinge 85
Rittersporn 16, 137, 140, 141, 142, 155, 156, *156*, 166, 175, 176, *182*, 536, siehe auch *Consolida ambigua*
Rizinus 173, 175, siehe auch *Ricinus*
Robinia 37, 41, 56, 58
Robinia pseudoacacia 579
Robinia pseudoacacia 'Frisia' *26*, *35*, 37, *58*
Rodgersia 28, *158*, 143, 148
Rodgersia aesculifolia 143, 247
Rodgersia pinnata 143, 247
Rodgersia podophylla 247
Röhren *485*
Römische Kamille 292, *299*
nichtblühende Formen
Vermehrung durch Samen nicht möglich 301
Vermehrung durch Stecklinge 301
Vermehrung durch Teilung 301
Römischer Ampfer 297, *299*
Rogor 547, 551, 558
Rohre
auf einem Hanggelände *529*
Ummanteln *529*
verlegen 529
Rollassel 548
Rollo 484, *484*
Rollrasen 281, 282
Arten 282
Bedingungen 283
Deckschicht 283
Filz 282
Größen 282
Kauf 282
Klima 278
Krankheiten 282
Lagerung 282
Pflege 283
Qualität 282
Ränder 283
Rasensoden 283
Rundung 283
Schädlinge 282
spezieller Rollrasen
Gräser 282
Rollrasen frei von einjährigem Rispengras 282
Standort 282
Unkräuter 282
Unterboden 283
Verlegen 282
Wurzelung 283
Rom 29
Romneya 167
Romneya coulteri 143, 148
Romulea 218, 223, 232
Rorippa sylvestris 574
Rosa 69, 116 - 136, 211
Rosa alba 117, 126, 129, 133
Schnitt *129*
Rosa 'Albertine' 117
Rosa 'Alexander' 123
Rosa 'Aloha' 120
Rosa 'Alpine Sunset' 122
Rosa 'Amber Queen' *118*
Rosa 'Anne Harkness' 121
Rosa 'Baby Maskerade' 121
Rosa 'Bantry Bay' *120*
Rosa blanda 126
Rosa 'Bobby James' 120
Rosa 'Buff Beauty' 120
Rosa californica 126
Rosa canina 122, 124, 126, 132, 133
Rosa canina 'Céleste' *116*
Rosa canina 'Cerise Bouquet' *116*
Rosa canina 'Constance Spry' *116*
Rosa 'Charles de Mills' 121
Rosa 'Chinatown' 133
Rosa 'Climbing Shot Silk' 130
Rosa 'Complicata' 119
Rosa 'Dagmar Hastrup' 68
Rosa 'Dr. Huey' 132
Rosa 'Elina' 122
Rosa 'Europeana' 133
Rosa 'Fire Princess' 121
Rosa foetida 126
Rosa 'Fred Loads' 128
Rosa 'Friesia' *118*
Rosa gallica 121, 126, 133
Rosa gallica var. *officinalis 121*
Rosa gallica 'Versicolor' syn. *Rosa mundi 121*
Rosa glauca 117, 126
Vermehrung
Vermehrung durch Samen 131
Rosa 'Golden Showers' *118*, 130
Rosa 'Golden Wings' 123
Rosa 'Grandpa Dickson' 122
Rosa 'Hannah Gordon' *136*
Rosa 'Harkuun' *118*
Rosa 'Heidekönigin' 133
Rosa 'Heideröslein Nozomi' 121
Rosa 'Immensee' 133
Rosa 'Joseph's Coat' 130
Rosa 'Laxa' 122, 132
Rosa 'Mainzer Fastnacht' 117
Rosa 'Margaret Merril' *118*
Rosa 'Mariandel' 122
Rosa 'Max Graf' *121*
Rosa moyesii 118, *139*
Rosa moyesii 'Geranium' 68
Rosa multiflora 122, 132
Rosa mundi siehe *Rosa gallica* 'Versicolor' *121*
Rosa 'Nevada' 61, 120
Rosa omeiensis f. *pteracantha* 118
Rosa palustris 126
Rosa 'Penelope' *119*, 123
Rosa pimpinellifolia 69, 122, 133
Rosa 'Princess Michael of Kent' *134*
Rosa 'Raubritter' 121
Rosa 'Red Bells' 121
Rosa 'Roseraie de l'Hay' *60*, 61, 120
Rosa 'Rosy Cushion' 121
Rosa rugosa 71, 86, 122, 125, 126, 133
Hybriden 120, 129
Rosa 'Sally Holmes' 120
Rosa 'Scharlachglut' 119
Rosa 'Suffolk' *118*
Rosa 'Swany' *118*
Rosa 'Sweet Dream' 121
Rosa 'Valerie Margaret' *136*
Rosa virginiana 117, 126
Rosa wichuraiana 126, 129
Rosa 'Zéphirine Drouhin' 120
Rosaceae 40
Roscoea cautleoides 212
Rose 22, *25*, 27, 29, 31, 34, *119*, *127*, 142, 362, 520, 575, 579, siehe auch *Rosa*
Abknospen *136*
Absenken *133*
als Containerpflanze 122, *122*, 123
Pflanzung 123
als Topfpflanze 121, 124
Düngung 125
Aufzucht aus Samen *134*
Aussaat 135
des Samens 134
Ausstellung
Ausrüstungsgegenstände für die Ausstellung *136*
Ausstellungsrosen 136
Auswahl 116
Auswahl der Rose 122, 123
Beet 118
Bepflanzung 118
Blätter *119*
Blindtriebe 126, *126*
Blüten *119*, 136
Blütenfarbe 116
Blütenformen 117, *117*
Blütenknospe
Blindtriebe 126
Blütenköpfe 126, *126*
Bodendecker-Rose 121
Böden 122
rosenmüde Böden 122
büschelblütige Rosen 117, 128
Buschrose *123*
Düngung 125
Blattdüngung bei Ausstellungsrosen 125
Duft 116
Edelreis 133
Einteilung der Rosen 117
Erziehung 127 - 130
Floribunda 117
Gestaltung mit Rosen 116 - 121
gesunde Rose *122*
großblumige Rosen 117, *127*
Gruppen
Benennung der Rosengruppen 117
Heckenrose *123*
Hochstämme *136*
hochstämmige Rose *122*
Hybriden 116, 135,
immerblühende Hybriden 129
wildwachsende Hybriden 117
Hygiene 125
Kallus 131
Keimung 134
Krankheiten 125, 126
Kreuzung 117, 134, *134*
von Hybriden 131
Elternpflanzen 134
Lage 122
Laubfarbe 117
Mulchen 125
Okulation 122
Okulieren 132, *132*, 133
Pfingstrose 16
Pflanzung
Solitärpflanzung 119
Rosenhecken 120, 121
Rosenmüdigkeit 122
Routinepflege 125, 126
Sämlinge 134
Samen 131
Ernte 135
Schädlinge 126

Schnitt 127 - 130
Grundprinzipien 127
Herbstschnitt 126
Rückschnitt *126*
Seitentriebe 127
Stammbaum 135
Standort 122
Steckhölzer 131
Stecklinge 131
Teehybriden 117
Umsetzen 126
Unkraut
entfernen 125
Unterlage 132
Veredeln 131
Veredlungsstellen 125, 126
Vererbung 135
Vermehrung 131 - 135
aus Samen 133
Auswahl 135
durch Absenker 133
durch Steckhölzer *131*
durch Wurzelausläufer 133, *133*
Kastration 135
Wachstum 125, 127
Wässern 125
wichtigeste Gartenarbeiten
im Frühling 581
Wildlinge 125, *125*, 131, 132,
von Rosen 124
Winterschutz 126
Wurzeln 126
wurzelnackte Rose 122
Ruheperiode 123
Zwergbuschrose 117, 121, 128
Rosenanbinder *472*
Rosenbänder 124, 130
Rosenbeet 126
Rasen
als Hintergrund 118
Unterpflanzung eines Rosenbeetes 119
Rosenblattrollwespe 556, siehe auch *Blennocampa pusilla*
befallene Pflanzen 556
Bekämpfung 556
Rosengarten 116 - 136, 297
Anlage eines Rosengartens 118, *118*
Bodenvorbereitung 122
Pflanzung 122
wichtigste Gartenarbeiten
im Frühling 581
im Herbst 583
im Sommer 582
im Winter 584
Rosengewächse 35, 59
Japanische Mispel 422
Loquat 422
Rosenhecken 120, 121
Rosenkohl *304*, 308, 317, *317*, 320, 321, siehe auch *Brassica oleracea* Gemmifera-Gruppe
Anhäufeln von Rosenkohl *320*
Ausbreitung 320
Aussaat
direkt ins Freie 320
in Saatschalen 320
ins Anzuchtbeet 320
Vereinzeln der Aussaat 320
von frühreifen Sorten 320
Blätter entfernen *321*
empfohlene Sorten
frühe Sorten 321
mittlere Sorten 321
späte Sorten 321
Ernte
Schnitt zum Saisonende 321
F1-Hybriden 320, 321, *321*
Gruppeneinteilung entsprechend der Reifezeit 320
Klima 320
Krankheiten 321
Kohlkrankheiten 321
Kultivieren
einjährige Kultivierung 320
Lagerung
Ausgraben der ganzen Pflanze 321
Tiefgefrieren 321
natürliche Bestäubung *321*
Pflanztiefe 317
Pflanzung
Pflanzabstand 320
Pilzerkrankungen *321*
Röschen 320
Routinepflege
Düngen 321
Wässern 321
Schädlinge 321
Stickstoffbedarf 314
Stickstoffgehalt des Bodens 320
Temperaturen 320
winterharter Rosenkohl 320
zum Einfrieren geeignet 316
Zwergformen des Rosenkohls *320*
Rosenmüdigkeit 569
Rosenpelargonie, siehe auch *Pelargonium graveolens*
Topfkultur 292
Rosensamen 134
Rosenschere
Amboßschere 462, *462*
Bypass-Rosenschere 462, *462*
Klingen
aus Edelstahl 462
aus beschichtetem Stahl 462
aus gehärtetem Stahl 462
Plege
Reinigung 462
Schleifen 462
Ratsche *462*
Rosen-Greifschere 462, *462*
Schnabelschere 462, *462*
Verriegelung *462*
Rosenstütze *472*
Rosenthrips 560
Rosentriebe, abgefressene *570*
Rosenzikade (*Edwardsiana rosae*) 551
Rosette 588
Rosetten-Unkräuter 576
breitblättriges Rosetten-Unkraut 576
Rosettenvirus 341
Rosmarin 150, 292, 298, *299*, 301, 307, siehe auch *Rosmarinus officinalis*
Blätter 296
Blüten 296
Ernte 298
Ernte und Lagerung
Blätter 297
Blüten 297
Zweige 297
immergrüne Kräuter
ganzjährige Erntemöglichkeit 298
Strauch
immergrüner Strauch 296
Varietäten 297
Vermehrung
durch Absenker 297
durch Aussaat 297
durch halbreife Stecklinge 297
Winterschutz 296
Zweige 291
Rosmarinus 71
Rosmarinus officinalis 296, *299*
Rosmarinus officinalis 'Prostratus' 301
Rosmarinus officinalis 'Severn Sea' 297
Rosmarinus officinalis-Sorten 297
Roßkastanie 22, 35, 36, 47, 50, *579*, siehe auch *Aesculus*
Samen 56
Rost 93, 126, 161, 188, 347, 546
befallene Pflanzen 550
Bekämpfung 550
Weißer Rost 550
Rostbefall *552*
Rostkrankheit 557
befallene Pflanzen 552
Bekämpfung 552
Rostpilze 290
Rosularia modesta 266
Rotblühender Echter Salbei *299*
Rotblühender Gartensalbei 297
Rote Beete *304*, 308, 311, 312, 352, siehe auch *Beta vulgaris* subsp.
Abstand 352
Aussaat 352
Blätter 352
Boden 352
empfohlene Sorten 352
Ernte 352, *352*
Krankheiten 352
Lagerung 352
im Keller 316
in Mieten im Freien 316
laufende Pflege 352
Pflanzung 352
Rübe 352
Sämlinge vereinzeln 352, *352*
Samen 352
Schädlinge 352
Sorten 352
'Cheltenham Mono' 352
'Rote Kugel' 352
Standort 352
Stickstoffbedarf 314, 352
Temperaturen 352
Wurzel 352
zum Einfrieren geeignet 316
Rote Johannisbeere 360, *408*, 415, 416, siehe auch *Ribes sativum*
Kaliumbedarf 361
Lagerung
zum Einfrieren geeignet 371
Rote Johannisbeere 'Red Lake' *361*, *362*
Rote Speisezwiebel *345*
Rote Spinne 269, 392, 424, 427
bei Zitrusfrüchten 421
Rote Spinnmilbe 45, 74, 161, 227, 326, 332, 338, 449
Rote Tafeltraube *401*
Rote und Weiße Johannisbeeren 415, 416
Ansprüche 415
Böden 415
empfohlene Sorten 416
Ernte 416
Erziehung
als Busch 415
als ein- oder zweitriebige Kordons 415, 416
als Fächer am Spalier 415, 416
Fächer 415
Kaliummangel 415
Klima 415
Kordon 415
Krankheiten 415
laufende Pflege 415
Pflanzabstand 415
Pflanzung 415
Schädlinge 415
Schnitt
Sommerschnitt am Kordon *416*
Winterschnitt am Busch *415*
Winterschnitt am Kordon *416*
Winterschnitt am erwachsenen Kordon *416*
Winterschnitt am erwachsenen Strauch *416*
selbstfruchtbar 415
Standort 415
Verarbeitung 416
Vermehrung
durch Steckhölzer 416, *416*
Windschutz 415
Roteiche 27, siehe auch *Quercus rubra*
Rotkohl
Lagern *316*
Rotorkrümler 577
Rotpustelkrankheit 569
Rotschwingel 278, siehe auch *Festuca rubra* var. *rubra*
Saatmenge 284
Rotteprozeß
vollständige Zersetzung 533
Wärmeentwicklung 533
Roxion 549
Roystonea 37
Rubus 86, 95
Rubus biflorus 63, 67, 79
Rubus cockburnianus 79
Rubus deliciosus 78
Rubus fruticosus 410 - 412 , *575*, siehe auch Brombeere
empfohlene Sorten
'Black Satin' 411
'Black Thornfree' 411
'Nessy' 411
'Theodor Reimers' 411, *411*
'Thornless Evergreen' 411
Rubus idaeus 412 - 414, siehe auch Himbeere
epfohlene Sorten
'Autumn Bliss' 413, *413*
'Glen Clova' 413
'Korbfüller' 413
'Malling Jewel' 413
'Malling Joy' 413
'Malling Promise' 413, *413*
'Rutrago' 413
'Schönemann' 413
Rubus idaeus var. *strigosus* 412, siehe auch Himbeere
empfohlene Sorten
'Zefa 2' 413
'Zefa Herbsternte' 413
Rubus occidentalis 412, siehe auch Himbeere
Rubus thibetanus 79
Rubus tricolor 68
Rubus 'Tridel' 78
Rubus-Arten 410, siehe auch Hybridbeeren
Rubus-Hybride Boysenbeere
nicht winterhart 411
Rubus-Hybride Sunbeere 411
Rubus-Hybride Taybeere 411
Rubus-Hybriden 410 - 412
nicht winterhart 410
Rubus-Sorten 410, siehe auch Hybridbeeren
Rudbeckia 141, 143, *156*, 165
Rudbeckia hirta *177*, 180
Rudbeckia hirta (Hybriden) 177
Rudbeckia laciniata 'Goldquelle' 143, *143*
Rudbeckia 'Marmalade' *173*
Rudbeckia-Arten 155
Rübchenarten 322
Rüben 326
Rückschnitt 75, 588
Ruellia 435
Rüttelplatte *493*
Rüttler 493
Rugosa-Rose 118
Ruheperiode
„Aufwecken“ 515
Beginn und Ende 515
kurze absolute Ruheperiode 515
Rumex 169, 280, 523, 577
Arten 576
Regeneration aus kleinen Wurzelstöcken 280
Regeneration aus Rhizomstücken 280
Rumex acetosa 292, 297, *299*, siehe auch Sauerampfer
Rumex acetosella *576*
Rumex obtusifolius 574
Rumex scutatus 297, *299*
Rumex sp. *575*
Rundbeet 507
Ruschia 272, 274
Ruschia-Arten
kriechender Wuchs 263
Ruscus aculeatus 90
Russischer Estragon, siehe auch *Artemisia dracunculoides*
winterharter Estragon 294
Russischer Wein 96, siehe auch *Fallopia auberti*
Rußtaupilz 550
Ruta graveolens 68, 86, 292, 297, siehe auch Raute
empfohlene Sorten
'Jackman's Blue' 297
'Variegata' 297, 301
Ruta graveolens-Sorten 297
Ruten 360
Erziehung 362
Triebe 360
Rutenkrankheit 398, 557
Rutensterben 557

S

Saat- bzw. Pflanzbettbereitung
tiefe Saat- bzw. Pflanzbettbereitung 534, *534*
Saatbänder *180*
Saatbeet 588
tiefes 534
Saatgefäße 458, *473*
Saatgel *180*
Saatgut 535, 536
künstlich hergestelltes 544
künstliches 544
pilliertes 544
stimuliertes 544
Saatguternte 535
Saatguternteaufbewahrung 535
Saatkartoffel 357
vorgekeimte Saatkartoffel *357*
Saatrille 588
Saatschale 314, 318, 320, 326, 337, 338, 342, 345, 348, 352, 588
Holzschalen 473
Schalen aus stabilerem Kunststoff 473
Sabal 37, 68
Sackleinen 520, 521
Sackleinenstreifen 520
Säbecher 471
Säbrett 471
Sägewespe 551
Sähilfen 471
Säkolben 471
Sämlinge 59, *180*, 310, 534, 535, *536*, 588
Aussaat
im Freien 57
gesunde Sämlinge *536*
schwächliche Sämlinge *536*
Pflege 57
Pikieren 57
Sämlinggefäß *473*
Sämlingswachstum *536*
Säroller 471, *471*
Säule 106
Säulen 96
Säuleneibe 22
Säulenkaktus 272, *272*
aufrechter Wuchs 265
Vermehrung
durch Sproßstecklinge 272
Säureliebende Pflanzen
Arctostaphylos 192
Cassiope 192
Enzian 192
Vaccinium-Arten 192
Säwagen 284
Sagina boydii 205
Sagina procumbens 196, *576*, siehe auch Liegendes Mastkraut
Sagina subulata 'Aurea' 212
Sagittaria 148
Sagittaria graminea 261
Sagittaria latifolia 247
Sagittaria sagittifolia 247, 261
Sagittaria sagittifolia 'Flore Pleno' 247, 261
Saintpaulia 435, *446*
Minipflanzen 440
Saintpaulia-Sorte *441*
Vermehrung durch Blattstecklinge 454
Salat *304*, *305*, 308, 310, 311, *311*, 315, 433
günstige Mischkultur in Kombination mit Kohlarten 308
Keimung 309
Sämlinge 317
Temperaturen 305
Wachstumsperiode verlängern unter Folie 315
Salatarten 316
Salatformen
Blattsalat 328
Buttersalat 328
Eissalat 328

Kochsalat 328
Salatgemüse 310, 325 - 331
Blätter 325
Folgesaaten 325
Kulturbedingungen 325
Sorten 325
Salatpflanzen *306*
Salatraps 330, *330*, siehe auch *Brassica napus*
Blätter 330
Klima 330
Sämlingsblätter 330
Temperatur 330
Salatwurzellaus 546
Salbei 119, 292, 293, 298, 301, *302*, 307, 537, siehe auch *Salvia officinalis*
Blätter 297
Blüten 297
Ernte und Lagerung
Blätter 297
Halbstrauch 297
Laub 297
Varietäten 297
Vermehrung
durch Aussaat 297
halbausgereifter Stecklinge 297
krautiger Stecklinge 297
Winterhärte 300
Salicinapflaume 387
Salicornia europaea 266
Salix 17, 23, 27, 36, 37, 39, 42, 54, 55, 64, 68, 86, 89, 211, siehe auch Weide
Salix acutifolia 79
Salix acutifolia 'Blue Streak' 37, 50
Salix alba 37, 247, *538*
Salix alba 'Britzensis' 35, 37, 50, 79
Salix alba var. *sericea* 50
Salix alba var. *vitellina* 35, 50, siehe auch Goldweide
Salix babylonica 247
Salix caprea 69
Salix caprea 'Kilmarnock' *33*
Salix caprea 'Pendula' 49, siehe auch Salweide
Salix daphnoides 37, 79, 247
Salix daphnoides 'Aglaia' 50
Salix hastata 'Wehrhahnii' 64
Salix irrorata 50, 67, 68, 79
Salix matsudana 'Tortuosa' 33, 247, siehe auch Korkenzieherweide
Salix repens var. *argentea 29*
Salix reticulata 192
Salix viminalis 60
Salix x *boydii 192*, 195
Salix x *sepulcralis* 'Chrysocoma' 33, 37, siehe auch Trauerweide
Salix x *sepulcralis* 'Erythroflexuosa' 37, 50
Salomonssiegel 142, siehe auch *Polygonatum*
Salomonssiegelblattwespe 549, siehe auch *Phymatocera aterrima*
Salpiglossis 177, *187*, 452
Salvia 76, 162, 166, 173
Salvia confertiflora 143
Salvia farinacea 173, 177
Salvia fulgens 141
Salvia horminum 177, 180
Salvia lavandulifolia 301
Salvia nemorosa 139, 149, 165
Salvia nemorosa 'Mainacht' *219*
Salvia officinalis 297, 301, *301*
Salvia officinalis 'Icterina' *299*
Salvia officinalis 'Purpurascens' 292, 293, 297, *299*
Salvia officinalis 'Tricolor' 297
Salvia pratensis 165
Salvia sclarea var. *turkestanica* 143, 177
Salvia splendens 174, 177
Sämlinge
Auspflanzen 184
halbharte Sämlinge 184
Salvia uliginosa 143
Salvinia auriculata 247, 261, *261*
Salvinia natans 247, 261
Salweide *33*, 49, siehe auch *Salix caprea* 'Pendula'
Salzgehalt 530
Sambucus 85, 86
Sambucus nigra 292, siehe auch Holunder
Sambucus nigra 'Aurea' 292
Sambucus nigra 'Marginata' 292
Sambucus racemosa 'Plumosa Aurea' 79
Samen *86*, *180*, 534 - 536, 579, *579*, 588
Aufzucht aus Samen *163*
Aussaat *57*
in Gefäße 56, *56*
Ernte *188*
hartschaliger Samen 536
Keimruhe
Stratifizieren 56
Lagerung 56
Ritzung 56
Sämlinge 56
Stratifizieren 57
vorgekeimte Samen 544
Samenanlage 588
Samenentwicklung 535
Samennährgewebe 535
Samenritzung 585, 588
Samenvermehrung
Fortschritte 544
Samtfleckenkrankheit 546
befallene Pflanzen 552
Bekämpfung 552
Sand 499
scharfer 494, 499
weicher 494, 499
Sandbeet 163, 544, *544*
Sandbirke 32
Sandboden 522, *523*
Sandgehalt 522
Sandstein 197
Sanguinaria canadensis 195
Sanguinaria canadensis 'Multiplex' 196
Sansevieria 274, 431, 435
Vermehrung durch „Blatteile" 455
Sansevieria trifasciata 274
Sansevieria trifasciata 'Hahnii' 266, 440
Sansevieria trifasciata 'Laurentii' 266
Sansevieria-Sorten
Vermehrung
durch Teilung 274
Santolina 60, 68, 80, 151
Rückschnitt *151*
Santolina chamaecyparissus 19, 31, 79, 119, 297, *299*, 301, siehe auch Heiligenkraut und Zypressenkraut
Santolina chamaecyparissus 'Lemon Queen' 297, *299*
Santolina chamaecyparissus 'Nana' 297
Santolina pinnata 301
Santolina rosmarinifolia 301
Saponaria 149, 165
Saponaria ocymoides 193, 194, 195, 197
Saponaria x *olivana 191*, 205
Saprol 550
Sarcocaulon 272
Sarcococca 67, 68, 90
Sarcococca confusa 65
Sarcococca hookeriana var. *digyna 68*
Sarcococca humilis 80
Sarcozona 273
Sarmienta 113, 115
Sarracenia flava 149
Saskatchewan 514
Satsuma
Frucht 422
Satteldachhaus, herkömmliches 476, *476*
Schräge 476
Sattelpfropfen 90, *91*, 542
Satureja hortensis 299
Satureja montana 297, 301, siehe auch Bergbohnenkraut
Pflanzabstand bei Zwerghecken 293
Pflanzen für Zwerghecken 293
Satureja spicigera 292, 297, *299*
Saubohne siehe Dicke Bohne 344
sauer 588
Sauerampfer 292
blühende Triebe 300
Sauerampfer, Kleiner (*Rumex acetosella*) *576*
Sauerampfer, Stumpfblättriger 574
Sauerkirsche 397, 398, siehe auch *Prunus cerasus*
Arten 397
Bakterienkrebs bei der Sauerkirsche *398*
Bewässerung 397
Bleiglanz 397
Bodenansprüche 397
Busch 397
Abstand 397
Mindesthöhe 397
Buschbaum
Erziehungsschnitt 398
Fruchtansatz 398
Düngung 397
Ernte *398*
Fächer
Abstand 397
Ausdünnen der Triebe 397
Erneuerungsschnitt 397
Erziehung 397
Mindesthöhe 397
Stützdrähte 397
Fruchtansatz 397
Fruchtbehang 397
Fruchtholzbildung
Bukettriebe 369
einjähriges Holz 369
Frühjahrsschnitt am fertigen Fächer *397*
Infektionen 398
Kulturansprüche 397
laufende Pflege 397
'Morellenfeuer' *361*, *362*
Schnitt
am fertigen Buschbaum nach der Ernte *398*
Nachlieferung von einjährigen Trieben 397
Schnittsystem 397
Sommerschnitt am Fächer nach der Ernte *397*
Unterlage 'Colt' *397*
Unterlagen *397*
Sorten
Schattenmorelle 397
Bezug von einer Baumschule 397
weniger fruchtbare Herkünfte 397
Standortansprüche 397
Unterlage
empfohlene Unterlage *Prunus cerasus* 'Colt' 397
Unterlagen, die verträglich mit allen Sorten sind 398
Vermehrung
durch Chip-Veredlung 398
durch Okulation mit T-Schnitt 398
Sauerklee *575*, siehe auch *Oxalis corymbosa*, *Oxalis latifolia*
Sauerstoff 579
Sauerstofferzeuger 588
Saururus cernuus 247, 261
Saxifraga 195, *196*, 197, 211, *211*
Saxifraga burseriana 205
Saxifraga callosa 195
Saxifraga cochlearis 195
Saxifraga cochlearis 'Minor' *203*
Saxifraga cotyledon 195, *203*
Saxifraga grisebachii 'Wisley Variety' 205
Saxifraga 'Jenkinsiae' 205
Saxifraga longifolia 195
Saxifraga oppositifolia 192, 205
Saxifraga paniculata 195, *203*
Saxifraga sancta 195
Saxifraga scardica 205
Saxifraga 'Southside Seedling' *191*, 205
Saxifraga stolonifera 451, *451*
Vermehrung
durch Ausläufer 451
Saxifraga stolonifera 'Tricolor', syn. *Saxifraga sarmentosa 433*
Saxifraga 'Tumbling Waters' 190, *193*, 195
Saxifraga umbrosa 143
Saxifraga x *urbium* 139, 143
Saxifraga, Subsektion *Kabschia* 195
Scabiosa 143, 162
Scabiosa atropurpurea 181
Scabiosa caucasica 148, 165
Scabiosa caucasica 'Clive Greaves' 149, *149*
Scabiosa graminifolia 195
Schablone *495*
Schachbrettblume 220, siehe auch *Fritillaria meleagris*
für feuchte Standorte 221
Schachtelhalm *574*, 577, siehe auch *Equisetum arvense*
Schadbilder 545
Schäden
am Samen 562 - 563
am Stamm 557 - 559
am Stengel 557 - 559
am Zweig 557 - 559
an Beeren 562 - 563
an Blättern 548
an den Blattknospen 557 - 559
an den Blüten 560
an der Kartoffelknolle 566
an der Knolle 564 - 566
an der Wurzel 564 - 566
an Früchten 562 - 563
an Knollen 567
an Rhizomen 567
an Zwiebeln 567
der gesamten Pflanze 568 - 570
durch Blitz 559
durch Herbizide 555, 559
durch Kontaktherbizid 554
durch Spritzmittel 554
Schädlinge 45, 157, 235, 236, 307, 308, 313, 314, 320, 376, 545, 546, *547*
Schädlingsbefall 545
Schädlingsfallen 546
Schäften 588
Schafgarbe *576*, 577, siehe auch *Achillea millefolium*
Schale *473*
Saatschale 473, *473*
Schalen-Garten 265
Schalenritzung 535
Schmirgelpapier *536*
schalenschädigende Insekten bei Weintrauben 401
Schalotte *304*, 308, *345*, 346, *346*, siehe auch *Allium cepa*
Aggregatum Gruppe
Blätter 346
Bodenansprüche 346
Formen 346
Klima 346
Krankheiten 346
Lagern 316
Laub 346
Pflanzung 346, *346*
Pflege 346
Schädlinge 346
winterhart 346
Scharbockskraut *575*, siehe auch *Ranunculus ficaria*
Scharen 461
Scharkakrankheit 388
Schatten *475*
Schattierfarbe 484, 542
Schattierung 484, 542
flexible *484*
Schaumzikade 558
Schaupflanze 589
Schefflera 435
Schefflera arboricola 'Gold Capella' *439*
Schefflera elegantissima 440
Scheinknollen 588
Schemel *470*
Scheunenhaube 490
Schiefer 197
Schießen 589
Schild 589
Schilder
aus Aluminium 472
aus Plastik 472
schildförmig 589
Schildlaus 269, 398, 423, 546
befallene Pflanzen 552
bei Ananas 419
bei Passionsfrüchten 407
bei Zitrusfrüchten 421
Bekämpfung 552
Eiablagerung *552*
halbkugelige *557*
Weiche Schildlaus (*Coccus hesperidum*) 552, *552*
Schildlausarten 424
Schilf *27*
Schimmelpolster 562
Schinus molle 42
Schisandra 112, 113, 115
Schisandra glaucescens 106
Schizanthus 172, 177, 180, *184*, 435, 452
Schizophragma 95, 105, 112, 113, 115
Schizophragma hydrangeoides 97
Schizophragma integrifolium 95, 102
Schizostylis 148, 165, 219
Schizostylis coccinea 'Sunrise' *222*
Schlafmohn *174*
Schlaghacke *460*
Schlangenminiermotte 551
Schlauch 312, 448
doppelwandiger Schlauch 468
Endstück 468
Flachschlauch 468, *468*
Flexibilität 468
Knickfestigkeit 468
Kupplungsstück 468
Sickerschlauch *312*
Schlauchwagen *468*
Schleiche 247
Schleifenblume *26*, 175, 180, siehe auch Iberis
Schleimfuß/nasses Holz
befallene Pflanzen 557
Vorbeugung 557
Schleimpilz 553, 571
Schließfrucht 579, 589
Schlingenknöterich *573*
Schlingknöterich 104
Schlingpflanzen
Kletterformen 100
laubabwerfende 406
Schlingrose 117, 119, 120, *120*, 121, 124, 128 - 130, 133, siehe auch *Rosa* und Rose
an Bäumen 124
Erziehung *130*
Pflanzung 124
Schnitt *130*
Schluffboden 522, 527
Schluffgehalt 522
Schlumbergera 268, *271*, 272, *274*, 275, 435, 453
Substrat 268
Schlumbergera bridgesii 265, 266
Schlumbergera 'Gold Charm' *275*
Schlumbergera truncata 266
Schlumbergera truncata var. *delicata* 266
Schlumbergera truncata-Hybriden 266
Schlumbergera x *buckleyi* 266
Schlumbergera-Arten 265
in Hängekörben 263
Schlumbergera-Sorten 265
Schlupfwespe 546, 550, siehe auch *Encarsia formosa*
Schlupfwespe 546, siehe auch *Metaphycus helvolus*
Schmetterling 150, 291, 314
Schmetterlingsblütler
kletternde Schmetterlingsblütler 341
Schmetterlingsraupe 546, 549
befallene Pflanzen 549
Bekämpfung 549
Schmierfliege 546

Schmierläuse 550
Arten 550
befallene Pflanzen 550
Bekämpfung 550
Schmierseife 546
Schmorgurke 334
Schnake 564
Schnakenlarve 329, 564, 571
Schnecke 157, 188, 208, 255, 313, 314, 317, 323, 326, 327, 329, 331, 335, 336, 339, 342, 343, 348, 350, 357, 358
Schneckenfraßgänge 566
Schnee
als Isoliermaterial für Pflanzen 517
als Wasserlieferant 517
Auswirkungen von Schnee 517
Schneedecke 517
schützender *517*
Schneeballblattkäfer 548, siehe auch *Pyrrhalta viburni*
befallene Pflanzen 548
Bekämpfung 548
Schneedecke 517
Schneeglöckchen 25, 28, 119, 141, 142, 217, 220, *221*, *229*, 540, siehe auch *Galanthus*
belaubte Zwiebeln 228, 229
Kombinationen 220
Krankheit 241
mit Grün *228*
trockene Zwiebeln 228
Vermehrung
durch Doppelschuppen 241
Schneeschaden 517
Schneeschimmel 571
Schneeschimmel-Flecken 286, 290
Schneidewerkzeuge 462 - 464
Schnellkäfer 566
Schnitt 589
Erziehungsschnitt 75, *75*
Formschnitt 52
Grundsätze 75
schlechter 568
schräger 542
Schnittblumen 146, 160, 172, 177, 187, 222 - 224, 434
Schnittlauch 292, *298*, *299*, 300, *302*, 306, *307*, siehe auch *Allium schoenoprasum*
Blätter 294
Blüte 300
Blüten 294
eßbare 291
Ernte 294, 302
Frühtreiben 294, 298
Geschmack 294
Lagerung
Einfrieren 294
Trocknen 294
Staude 294
Topfpflanzung 292
Vermehrung
durch Samen 294
durch Teilung 294
verwandte Arten und Varietäten 294
Schnittmangold 311, 326, siehe auch *Beta vulgaris Cicla-Gruppe*
Aussaat
Abstand 326
Blätter 326
Blattstiele 326
Boden 326
Ernte 326
Klima 326
Krankheiten 326
Kultur unter Glas 326
Lagerung
Einfrieren 326
laufende Pflege
Dünger 326
Mulchschicht 326
Wachstumsperiode 326
Mangold mit roten Mittelrippen *326*
Mangold mit weißen Mittelrippen *326*
Pflanzung
Abstand der Pflanzen 326
Schädlinge 326
Stickstoffbedarf 314
Stickstoffgehalt des Bodens 326
Temperaturen 326
zum Einfrieren geeignet 316
Schnittsalat 329, siehe auch Gartensalat
Schnur, teerimprägnierte 472
Schnurbaum 587, 589
Schößling 51, 52, 53, 54, 55, 57, 59, *72*, 589
Schokoladenfleckenkrankheit
befallene Pflanzen 553
Bekämpfung 553
Schollen 525
Schopflavendel 296, siehe auch *Lavandula stoechas*
Schorf 353, 376, 384, 562
befallene Pflanzen 553
bei Zitrusfrüchten 421
Bekämpfung 553
Schornsteinprinzip 483
Schote 589
Schrägschnitt 542
Schotter 499
Schraubenalge 258, *258*
Schreinerverbindung 512
Schrotschußkrankheit
befallene Pflanzen 552
Bekämpfung 552
Schrägschnitt 542
Schubkarre 458, 470
aus Kunststoff 470
aus Metall 470
Mauerschubkarren 470
mit Kugelrad 470, *470*
Standardmodell 470
traditionelle *470*
Schuffel 460, *460*
Schuppen *578*
Schuppenzwiebel *540*
Schutzkleidung *464*
Schwarzbeinigkeit 568
Schwarze Johannisbeere 360, 414, 415, siehe auch *Ribes nigrum*
anfällig für Viruskrankheiten 367
Boden 414
empfohlene Schwarze Johannisbeeren 415
frühe 415
mittelfrühe 415
sehr späte 415
späte 415
Ernte 415
Ersatzpflanzung 415
Frostgefährdung 414
Fruchtreife 414
Klima 414
Krankheiten 414
Lagerung
zum Einfrieren geeignet 371
Pflanzabstand 414
ph-Wert des Bodens 414
Reihenabstand 414
Schädlinge 414
Schnitt 414
Auslichten 415
Nachernteschnitt am erwachsenen Strauch *415*
Pflanzschnitt 414, *414*
regelmäßiger 414
Verjüngungsschnitt 414
Winterschnitt 414, *414*
selbstfruchtbar 414
Standort 414
Vermehrung
durch Steckhölzer 415, *415*
Wässern 414
Schwarze Johannisbeere 'Ben Lomond' *361*
Schwarze Johannisbeere 'Ben Sarek' *361*, *362*
Schwarze Johannisbeere 'Rosenthals Langtraubige Schwarze' *361*
Schwarze Kirschenblattlaus 396
Schwarze Maulbeere 400, *400*, siehe auch *Morus nigra*
Behandlung von Blutungen 400
Boden 400
Ernte 400
Erziehung 400
Kälteperiode 400
Krankheiten 400
Lagerung 400
laufende Pflege 400
Maulbeeren als Halbstamm 400
Maulbeeren als Hochstamm 400
Mulchen 400
Pflanzung 400
Ruheperiode 400
Schädlinge 400
Schnitt 400
selbstfertil 400
Standort 400
Vermehrung
durch Abmoosen 400
durch Absenken 400
durch Steckhölzer 400
Wachstumsgeschwindigkeit 400
Wässern 400
Wuchshöhe 400
Wurzeln 400
Schwarzer Holunder 292, siehe auch *Sambucus nigra*
Schwarzfäule 269
Schwarzfleckigkeit 546, 552, *552*
Schwarznuß, siehe auch *Juglans nigra*
Sämlinge 429
als Veredelungsunterlage 429
Schwarzstengeligkeit 358
Schwarzwurzel 352, 357, *357*, siehe auch *Scorzonera hispanica*
Aussaat 357
Blätter 357
Blütenköpfe 357
Düngung 357
Ernte 357
Klima 357
Lagerung 357
Pflanzung 357
Stickstoffbedarf 314
Stickstoffgehalt im Boden 357
Wachstumsperiode 357
Wässern 357
Wurzeln 357
Schwarzwurzelpflanze *357*
Schwebfliege 546
Schwefel (S) 530, 550, 572
schwerer Boden 589
Schwertlilie *19*, *25*, 146, *165*, siehe auch *Iris*
Sibirische Schwertlilie 146, *146*
Wasserschwertlilie 146
Schwimmender Froschbiß 244
Schwimmpflanzen 256, *256*, 258
Adventivpflanzen 260
Ausläufer 260, 261
Vermehrung
durch Adventivtriebe 261
durch Ausläufer 261
durch Tochterpflanzen 261
Wasserwurzeln 261
Winterknospen 260
Schwingel 278, siehe auch Festuca
Arten 278
Boden 278
Saatmenge 284
Schnitt 278
Schwingelgras 169, 282
pH-Wert 280
Schnitt 279
Sciadopitys verticillata 41
Scilla 220, 223, 241
Boden 220
Scilla bifolia 218, 223, 231
Scilla peruviana 223
Scilla sibirica 34, 231
Scilla siberica 'Atrosoerulea' *138*, *192*
Scilla-Arten 220
Scindapsus 115
Scirpus lacustris 247
Scirpus lacustris ssp. *tabernaemontani* 'Albescens' 247
Scirpus lacustris ssp. *tabernaemontani* 'Zebrinus' 247
Sclerotinia 560, 562
Sclerotinia homeocarpa 571
Sclerotium cepivorum 567
Sclertium rolfsii 558
Scoliopus bigelovii 221
Scorzonera hispanica 357, siehe auch Schwarzwurzel
Scrophularia auriculata 148, 166
Scrophularia auriculata 'Variegata' 247
Scythropia crataegella 551
Sedimentgesteine
Schichten 197
Sedum 148, 149, 195, 197, 211, *211*, 262, 263, 272, 273
beblätterte Formen 264
Blattstecklinge 210
Vermehrung
durch Tochterpflanzen 273
Sedum acre 193
Sedum anglicum 266
Sedum cauticola 195
Sedum cyaneum 266
Sedum dasyphyllum 266
Sedum formosanum 266
Sedum hintonii 271
Sedum hispanicum 266
Sedum kamtschaticum 'Variegatum' *193*
Sedum lanceolatum 266
Sedum montanum 266
Sedum morganianum 266, *433*
in Hängekörben 265
Sedum obtusatum 193
Sedum rosulatum 266
Sedum rupestre 266
Sedum sediforme 266
Sedum sempervivoides 271
Sedum spathulifolium 'Cape Blanco' *193*, *194*
Sedum spectabile 137, *138*, 140, *141*, 143, 156, 165, 266, *578*
Sedum spectabile 'Brilliant' *138*, *263*
Sedum spurium 190
Sedum telephium 143
Sedum ternatum 266
Sedum villosum 266
Sedum-Arten 194
Seerose *19*, *245*, 246, 248, 249, *249*, *256*, 258, 259, siehe auch *Nymphaea*
Blätter 248
Blütenformen 248
Blütenschale 248
Düngen 248
gegen Algenbildung 248
in Wannen 255
Knollen
mit Faserwurzeln 248
Vermehrung durch Augenstecklinge 249
Krone 249
Kultur 248
Laub 248
Nährstoffe speichern 255
nicht winterharte Seerose 433
Samen 249
Pflanzen einer Seerose mit Knolle *248*
Pflanzung
im Pflanzgefäß 248
Pflege 248
Rhizome
Teilen des Wurzelstocks 249
Teilung 249
tropische Seerosen *248*, 433
bevorzugen seichteres Wasser 248
Düngen 248
Pflanzen 248
Samen 261
Vermehrung
durch Ableger 249
durch Augenstecklinge 249, *249*
durch Seitensprosse 249
Samen 249
Umtopfen 249
Wasserstand 249
Wachstumsperiode 248
winterharte Seerosen *248*
Keimung 249
Samen 249
Wurzeln 249
Fraß durch Koikarpfen 247
Seerosen-Sorten
Düngen 259
Seggen 529
Seggentorf 589
Seifen, insektizide 550, 572
Seitenpfropfen 589
Seitenproß 589
Seitentrieb 589
Sekundärinfektion 550
Selaginella 440
Selaginella kraussiana 441
Selaginella kraussiana 'Aurea' *440*, *448*
Selaginella martensii 440, *448*
Selbstableger 585, 589
Selbstaussaat 589
Selbstbestäubung 535, 589
selbstfertil 589
Selbstklimmer 94, *100*
selbststeril 589
Selektion 589
Selenicereen
Standort 265
Selenicereus 272, 275
als Unterlage
für Keilpfropfung 275
für Spaltpfropfung 275
Sproßstecklinge 275
Wachstum 275
Selenicereus grandiflorus 266
Standort 265
Selenicereus macdonaldiae 266
Selenicereus-Arten 263
Sellerie 296, *304*, 308, siehe auch *Apium graveolens*
Bleichsellerie 348
Stickstoffbedarf 314
zum Einfrieren geeignet 316
Selleriefliege 348, 356, 551, siehe auch *Euleia heracleii*
Sellerieschorf 348
seltene Mangelerscheinungen im Obstgarten 366
Semele 99
Semnanthe 273
Sempervivum 31, 148, 189, 194, 195, 197, *204*, 211, 263, 273
Rosetten 264
Sempervivum arachnoideum 194, *203*, 266
Sempervivum montanum 263
Sempervivum ruthenicum 266
Sempervivum tectorum 211
Sempervivum-Arten 194, 266
Senecio 68, 112, 113, 177, 272, *276*, 435, 450
Senecio articulatus 'Variegatus' 435
Senecio cineraria 177
Senecio confusus 99
Senecio fulgens 271
Senecio haworthii 266
Senecio jacobsenii 271
Senecio macroglossus 99, 266
Senecio macroglossus 'Variegatus' 98, 99, *112*
Senecio maritima 173
Senecio mikanioides 99
Senecio smithii 247
Senecio tamoides 99
Senecio vulgaris 573
Senecio x *hybridus* 177, 452
Senecio-Sorten *137*, *263*
Sommermargerite 137
Senf 330, siehe auch *Brassica hirta* und *Brassica juncea*
Blätter 323
ein- und zweijährige Pflanzen 323
Krankheiten 323
Schädlinge 323
Senfarten 323
Sepalen 580
Sepalum 589
Sequoia 32, siehe auch Mammutbaum
Sequoiadendron giganteum 37
Setaria glauca 177
Setiechinopsis mirabilis 266
Setzholz 452, 453
Setzstufenhöhe 503
Shortia soldanelloides 196

Shortia uniflora 195
Sichelmäher 283, 284, 289, 465
benzingetriebener *465*
Sichtschutz 29, 36, 60, 61, *95*, 120, 508
Sickerschacht 529, *529*
Sickerschlauch 312, *312*
Sidalcea 149, 162, 165
Sieb 471
mit feinem Kunststoffgeflecht *471*
Silberling 176, 182, 188, *579*
Silberzwiebel 308, 346, *346*
'Barletta' 346
Ernte 346
Lagerung 346
Laub 346
'Paris Silver Skin' 346
Silene 162, 212
Silene acaulis 195, 210
Silene armeria 182
Silene coeli-rosa 181
Silene schafta 194, 197
Silene vulgaris subsp. *maritima* 195
Silene vulgaris subsp. *maritima* 'Flore Pleno' 195
Silphium perfoliatum 143
Silybum marianum 177, 182
Sinningia 'Red Flicker' *435*
Sinningia 435, 452, 539
Sinningia speciosa
Vermehrung durch Blattstecklinge 454
Siringa yunnanensis 67
Sissinghurst 141
Sisyrinchium 148
Sisyrinchium 'E.K. Balls' *203*
Sisyrinchium striatum 143
Sisyrinchium striatum 'Aunt Mary' *148*
Skabiose 137
Skarifizieren 589
Skimmia 68, 85, 88
Skimmia japonica 580
Skimmia japonica 'Fragrans' 65
Skimmia japonica ssp. *reevesiana* 65
Skimmia x *confusa* 68
Skimmia-Varianten 580
Smilacina 165
Smilacina racemosa 143
Smithiantha 435
Solandra 99, 113
Solandra maxima 99, 100, 105, 107
Solanum 107, 112 - 115
Solanum capsicastrum 435
leuchtende Früchte 430
Solanum crispum 101, 102, *104*, 105, *105*, *112*
Solanum crispum 'Glasnevin' 68
Solanum jasminoides 68, 101, 105
Solanum melongena 338, 339
empfohlene Sorten
'Black Beauty' 338
'Black Prince' F1 338
'Easter Egg' 338, *338*
'Lange Violette' 338
'Negro' F1 338
'Sperlings Blacky' 338
Solanum tuberosum 357, 358
empfohlene Sorten
'Atica' 358
'Cara' 358
'Christa' 358
'Datura' 358
'Desirée' 358
'Epicure' 358
'Estima' 358
'Foremost' 358
'Gloria' 358
'Irmgard' 358
'King Edward' 358
'Kingston' 358
'Kipfler' 358
'Kondor' 358, *358*
'Linzer Delikatesse' 358
'Maritta' 358
'Nadine' 358
'Pentland Javelin' 358
'Pink Fir Apple' 358, *358*
'Premiere' 358
'Rattle' 358
'Romano' 358
'Sante' 358
'Sieglinde' 358
'Stroma' 358
'Wilja' 358
Solanum wendlandii 100, 101, 450
Solanum x *burbankii* 338, siehe auch Wunderbeere
Soldanella alpina 195, 205
Soldanella montana 169, 195
Soldanella villosa 196
Soleirolia soleirolii 440, *440*
zierliche Blätter 430
Solidago 143, 165
Solidago canadensis 143
Solitär 33, *33*, 34, 35, 38, 41, 65, 66, 119, 120, 127, 244, 428
Kombination mit Solitären 220
Solitärpflanze 277
Solitärstrauch 65, *66*
Pflanzung 66
Sollya 112
'Sommer-Dechantsbirne' *361*, *362*, siehe auch Birne
Sommerblumen 243
Sommerblumenkohl *304*
Sommergarten
Gestaltung
mit Knollenpflanzen 219
mit Zwiebelpflanzen 219
Sommerknotenblume 220, siehe auch *Leucojum aestivum*
Sommermargerite 292, 297, siehe auch *Tanacetum parthenium*
Sommerportulak *304*, 331, *331*, siehe auch *Portulaca oleracea*
Blätter 331
Boden 331
Formen 331
Frost 330
Klima 331
Standort 331
Triebe 331
Sommersteinbrech 175, siehe auch *Lobularia maritima*
Sonerila 453
Sonne
Blütenzeiten
Kunstlicht 518
Verdunkelung 518
Strahlung der Sonne 518
Tageslänge
„kurze" Tage 518
„lange" Tage 518
Sonne und Schatten
Schattenwurf
im Sommer 518
im Winter 518
Sonnenbeeren, siehe Wunderbeeren 338
Sonnenblume 27, 141, 173, *174*, 187, siehe auch *Helianthus*
Sonnenbraut *21*
Sonnenlicht
Schatten 518
starkes 518
Wachstum, optimales 518
Sonnenschutz 60
Sophora japonica 37
Sorbaria 76
Sorbus 35, 56, *56*, 57, 58
Samen 56
Sorbus aria 36, 37, 41
Sorbus aria 'Lutescens' 35
Sorbus aucuparia 22, 33, 35, 37, 521
Sorbus cashmiriana 37
Sorbus commixta 'Embley' 37
Sorbus intermedia 37
Sorbus reducta 195
Sorbus scalaris 37
Sorbus vilmorinii 37
Sorte 580, 589
Sortenname 580
Spätfrost 391
Spätkohl 316
spätreifende Trauben
Klima 367
Spaghetti-Kürbis 336
empfohlene Sorten 336
Lagerung 336
Spalier 25, 29, *29*, 108, *187*, 359, 511, *511*, 512
Aufbau eines Spaliers
Klappvorrichtung 511
Rankgitter, freistehendes 511
Wandspalier 511
Spalierbäume 49
Formierungsmaßnahmen 368
Spaliere 27, 100, 124, 179, 433
als Hintergrund 22
Spalierobelisken 96
Spalierpflanze 589
Spaliersäule 96
Spaliertomate, siehe auch Tomate
Erziehung *337*
Spaltöffnungen 579, *579*
der Blätter 543
Spaltpfropfen 589
Spanisches Moos 436, siehe auch *Tillandsia usneoidea*
Sparaxis 217, 223
Sparganium erectum, syn. *Sparganium ramosum* 247
Sparganium minimum 247
Spargel *304*, *345*, 349, 350, 521, siehe auch *Asparagus officinalis*
Abstand 349
Aufzucht aus Samen 349
Ausbreitung 349
Aussaat 349
Beeren 349
Boden 349
Drainage 349
empfohlene Sorten
traditionelle 349
vorwiegend männliche 349
Ernte 350, *350*
Jungpflanzen 349
Kompost 349
Krankheiten 350
Lagerung 350
Langzeitbeete 345
Laub 349
männliche F1-Hybriden 349
männliche Pflanzen 349
Pflanzung 349, *349*
Rhizom 349
Routinepflege 350
Zurückschneiden *350*
Schädlinge 350
Standort 349
Stangen 349
Stickstoff 349
Stickstoffbedarf 314
Temperaturen 349
Unkrautbekämpfung 350
weibliche Pflanzen 349
Wurzeln 349
zum Einfrieren geeignet 316
Spargelhähnchen (*Crioceris asparagi*) 548
ausgewachsene Larve *548*
befallene Pflanzen 548
Bekämpfung 548
Spargelkäfer 350
Sparmannia 435, 453
Sparren 512
Spartium 68
Spartium junceum 69
Spatel *204*
Spaten 458, 525
Damenspaten *459*
Gärtnerspaten 459
Juniorspaten 459
Mechanischer Spaten *459*
Feder- und Hebelsystem *459*
Standard-Spaten *459*
Auftritt *459*
Beschichtung 459
Blatt *459*
Edelstahlblatt *459*
Griff *459*
Zwischengröße 459
Spatenblatt 525
Spatenstich 589
oberer Spatenstich 526, *526*
unterer Spatenstich 526, *526*
Spathiphyllum 431, 435
Spatz 561
Speichelsekret, toxisches 549
Speicherorgane 540 - 541
Speiserübe 353, siehe auch Weiße Rübe
Speisezwiebel 345, *345*, siehe auch *Allium cepa*
Abstand 345
Aussaat 345
Boden 345
Dünger 345
empfohlene Zwiebelsorten 345
für Herbstanbau 345
für Herbsternte 345
Japanische Winterzwiebeln 345
Rote Zwiebeln 345
traditionelle 345
Ernte 345
Fleisch 345
Grunddüngung 345
Krankheiten 345
Lagerung 345, *345*
„Dickhälse" 345
Einlagern *345*
Laub 345
Laub 345
laufende Pflege 345
Pflanzung 345
Sämlinge 345
Samen 345
Schädlinge 345
Sorten 346
Standort 345
Steckzwiebeln 345
Stickstoffbedarf 345
Temperatur 345
Wachstumsperiode 345
Wurzeln 345
Spelze 589
Sperling 352
Spezialerden
Eriken-Substrate 534
für kalkfliehende Pflanzen 534
für Steingartenpflanzen 534
Orchideensubstrat 534
Sphaeralcea 166
Sphaerotheca 550
Sphagnum 89, *441*, 534, 589
Sphagnum-Moos 537, *537*
Sphagnumtorf 589
Spielplatz 276
Spilocaeapyracanthae 553
Spilocaeapyracanthae eribotryae 553
Spinacia oleracea 329, siehe auch Spinat
Spinat *304*, *325*, 329, *329*
Ausbreitung 329
Aussaat
Abstand 329
Keimung 329
Blätter 329
Boden 329
Ernte 329
Höhe der Pflanze 329
Klima 329
Lagerung
Einfrieren 329
Pflanzung 329
Sämlinge 329
Stickstoffbedarf 314
Stickstoffgehalt im Boden 329
Wachstumsperiode verlängern unter Folie 315
zum Einfrieren geeignet 316
Spinatsenf 324, siehe auch *Komatsuna*
Stickstoffbedarf 314
Spindelmäher 284, 289, 465
motorgetriebener *465*
Spindelmesser *465*
Sprinkleranlagen 469
Spinne 547
Rote Spinne 269, 550, siehe auch *Tetranychus urticae*
Spinnmilbe 87, 93, 161, 227, 314, 334, 335, 339 - 342, 353, 376, 398, 422, 423, 426, 546
befallene Pflanzen 550
bei Ananas 419
bei Passionsfrüchten 407
Bekämpfung 550
Gemeine Spinnmilbe 550
Spiraea 68, *76*, 86, *139*
Spiraea douglasii 76
Spiraea japonica 76, 90
Spiraea japonica 'Goldflame' 67
Spiraea prunifolia 78
Spiraea thunbergii 78
Spiraea x *arguta* 78
Spirogyra 258, *258*
Spitzmaus 547
Spitzwegerich 576
Sporangium 589
Spore 589
Sporen 552, *552*
einbetonierte 508
Sporn 510, 589
Sport 589
Sportplatz 276
Spreizklimmer 102
Sprekelia 435
Sprekelia-Arten
Rhizome 264
Zwiebeln 264
Springbrunnen 244, 245, 247, 248, 257
Sprinkleranlagen
Anti-Siphon-Ventil 469
unterirdische 469
Sprinklerkopf 469
Spritzen 589
Spritzmittelabdrift 555, 559
durch Wind 554
Sproß 589
Sproßbrokkoli *304*, 308, 317, siehe auch *Brassica oleracea Italica*-Gruppe
Ausbreitung 321
Aussaat
in ein Anzuchtbeet 321
in Multitöpfe 321
Boden 321
empfohlene Sorten 321
Ernte
Brechen der Sprosse 321
regelmäßige Ernte 321
Höhe 321
Krankheiten 321
Lagerung 321
Pflanztiefe 317
Pflanzung
Abstand 321
von Sämlingen 321
Purpurroter Sproßbrokkoli *321*
Schädlinge 321
Standort 321
Stickstoffbedarf 314
Stickstoffgehalt im Boden 321
winterhartes Gemüse 321
zum Einfrieren geeignet 316
Sprosse
epikormische Sprosse 586
Sproßknolle 541, *541*, 589
Sproßranke *100*, 589
Sprühintervall 542
Sprühnebelanlage 542
Sprühnebeleinheiten 441
Sprühnebelkasten *488*
Abstellhahn *488*
Bodenheizkabel *488*
Fühler *488*
geschlossener 488
mit Heizelement, Thermostat, transparentem Deckel und Sprühkopf 488
offener 488
Sand *488*
Schaltmagnet *488*
Sprühkopf 488, *488*
Sprühnebel-Kontrollkasten *488*
Standrohr *488*
Steckdose *488*
Thermostat *488*
Thermostatkontrolle *488*
Wasserrohr *488*
Sprühschlauch 485
Sickerschlauch 469
Spurenelement 530, 589
Spurennährstoffdünger, spezielle 534
Spuria-Iris 146
Squash
Stickstoffbedarf 314
zum Einfrieren geeignet 316
St. Augustine-Gras 278, 279
Arten 278

Sorten 278
Struktur 278
warmes Klima 278
Stab *472*
Stabtomate *332*
Stachelbeere 360, 362, 416, 417, siehe auch *Ribes uva-crispa*
empfohlene Sorten
frühe 417
mittelfrühe 417
späte 417
Ernte
Dessertsorten ausreifen 417
grün pflücken 417
Erziehung
als Büsche 417
als Fächer 417
als Kordons 417
von Halbstämmen 417
von Hochstämmen 417
'Invicta' *361*
Kaliumbedarf 361
Klima 416
Krankheiten 417
Lagerung
in ganzen Früchten tiefgefrieren 371
Stiele entfernen 371
laufende Pflege 416
Ausdünnen bei übermäßigem Fruchtansatz 416
Bodenbedeckung 416
reichlich Kalium 416
Windschutz 416
Pflanzung 416
Pflanzgut 416
Spezialbaumschulen 416
Standweiten 416
Schädlinge 417
Schnitt 417
Fruchtholzschnitt 417
Fruchtholzschnitt am erwachsenen Busch im Winter *418*
Pflanzschnitt 417
Überwachungsschnitt 417
Überwachungsschnitt am erwachsenen Busch im Winter *418*
Winterschnitt 368
Winterschnitt am Busch *417*
Sommerschnitt
bei Kunstformen 368
Standort 416
Temperatur 416
Verarbeitung 417
Veredlung
Unterlagen 417
Vermehrung
durch Steckhölzer 374, 417, *417*
'Weiße Triumph' *361, 362*
Stachys 149, 157
Stachys byzantina 143, 165
Stachys byzantina 'Silver Carpet' 142, 143
Stachyurus 88
Stäbe 178
Ständerpilz 572
Stäubemittel 546
Stäubeschwefel 546
Stahlöse *472*
flache *472*
Stahlreibbrett 502
Stahlstab
kunststoffbeschichteter Stahlstab 472
aus PVC 472
Stallmist 525, *526*, 527, 530, 531
Stamm- und Wurzelfäule 335, 341, 342, 343, 344
Stammanlauf 589, 590
Stammbasis 589
Stammdeformation 559
Stammfäule 74
Stammrose 118, *118*, 120, 123, 124, *124*, 126, 127, *128*, 132, siehe auch *Rosa* und Rose
büschelblütige Stammrose 128
großblumige Stammrose 128
hängende Stammrose 128
Hochstämme 118
Okulieren *132*, 133
Pflanzung 124
Schnitt 128, *128*
Wildlinge *125*
Stammsukkulenten 262
Stammverfärbungen 557 - 558
Standard 589
Standardschere 463, *463*
Standardtopf, groß *473*
Stangenbohne 305, 308, 342, 343, siehe auch Gartenbohne
'Blauhilde' 343
'Juvagold' 343
Pflanzabstand 343
'Purple Podded' 343, *343*
Stützen 343
unverträglich in Mischkultur mit Lauch 308
Stangenscheren
Amboß-Astschere 462, *462*
Bypass-Astschere, langstielige *462*
Stangensellerie *304*, 308, 311, *345*, 348, siehe auch *Apium graveolens*
Aussaat 348
Blätter 348
Bleichen 348, *348*
Bleichsellerie 348
Boden 348
Dünger 348
empfohlene Sorten
Ernte 348
Fruchtwechsel 348
Grüner Stangensellerie 348
Klima 348
Krankheiten 348
Lagerung 348
Aufnehmen *348*
laufende Pflege 348
Pflanzung 348
in Blöcken *348*
Sämlinge 348
Schädlinge 348
selbstbleichende Formen 348
Selleriefliege 348
Standort 348
Stickstoffbedarf 314, 348
Stiele 348
winterharter 348
Stanhopea tigrina 443
Stanhopea-Arten
Blütenstände 443
in offenen Körben 443
Stapelia 272, 273, 274
Sprosse
als Unterlagen für Vermehrung 275
Vermehrung
durch Sproßstecklinge 272
Stapelia-Arten 269
Krankheiten 269
Schädlinge 269
Star 561, 563
Staubbeutel 580, *580*, 589
Staubblatt *535*, 580, *580*, 589
Staubfaden 580, *580*, 589
Stauden 22, 24, 25, 31, 65, 118, 137 - 171, 142, 145, 146, 155 - 157, 174, *174*, *217*, 218, *219*, 222, 291, 307, 325, 333, 338, 341, 342, 351, 353, 357
Abstützen 156
als Topfpflanzen 142
Wässern 157
Aufnehmen 157
Aufzucht
Aufzucht aus Samen 162, *163*, 165
Vermehrung durch Absenken 301
Vermehrung durch Stecklinge 301
Ausdünnen *155*
Aussaat 162, 163
im Freien 163
in Gefäßen 162
Auswahl 147, *147*
der Stauden 137
Blätter 137
Blüte durch Rückschnitt verlängern *156*
Blüten 137, 142, 143
Ausdünnen 155
Entfernen 155
Entspitzen 155
bodendeckende 137
Bodenprobe 155
Bodenvorbereitung 147 - 149
Böden
Stauden für saure Böden 149
Stauden für stark alkalische Böden 149
Containerstauden einpflanzen *148*
Düngen 155
einjährig kultivierte Stauden 188
einjährige 177
Einschlagen 157
Einzelstellung 142
empfindliche 188
Entspitzen *155*
Formen 140
frostempfindliche 181
Fruchtbarkeit 147
gemischte 218
Gestaltung mit Stauden 137 - 142
halbharte 175
Hochbeete 149
immergrüne 142, 295
in Töpfen 149
Krankheiten 157
krautige 138, 147, 162, 165, 246, 298, 300
kriechende 295
kurzlebige 188
Lage 147
Laub 137, 140, 142, 155
laubabwerfende 218
laufende Pflege 155
Mulchen 155, *155*
nicht völlig winterharte 156
nicht winterharte 143, 148, 157, 162, 165, 166, 167
einjährig kultiviert 172
zweijährig kultiviert 172
niedrigwachsende Stauden 137
Pflanzgefäße 149
Pflanzung 147 - 149, 155, 157
Pflanztiefe 148
Pflanzzeit 147
Pflege 163, 168
Rückschnitt 156
Ruheperiode 164
Sämlinge
eintopfen 163
pikieren 163
umsetzen 149, *149*
wässern 163
Samen 162, 181
abnehmen 162
anritzen 162
einweichen 162
Keimruhe 162
Keimung 162
Samen, die nach zwei Jahren blühen 162
Stratifizieren 162
Schädlinge 157
schnellwachsende 143
Schnittlinge
stecken 167
Selbstaussaat 149
Solitär 142
Sprosse 163
Standort 143, 147, 148, 155, 157
Staudenrabatte 65, 137, *137*, 138, 197
Stecklinge 166
Basalstecklinge 166
Pflege 166, 167
Stecken 167
Triebstecklinge 165
strauchige 156, 157
Teilen 147, 157, 163, 165
Vorbereitung 164
Torfbeete 149
tropische Stauden 419
Umsetzen 156
Unkraut
entfernen 147
Unkrautbekämpfung 155
Veredeln 167, 168
Vermehrung 162 - 168
durch Kopfstecklinge *166*
durch Samen 181
durch Stecklinge 162, 166, *166*, 181
durch Veredlung 162
durch Wurzelschnittlinge 167, *167*, *169*
Verzeichnis der Stauden 143
Wachstumsperiode 155, 157
Umsetzen während der Wachstumsperiode 157
Wässern 155
wichtigste Gartenarbeiten
im Frühling 581
im Herbst 583
im Sommer 582
im Winter 584
Wurzeln 147, 164, 166
Unkraut 155
Faserwurzeln 164
fleischige Wurzeln 164
wurzelnackte 147, 149
Wurzelstock 163
Zurückschneiden kurzlebiger Stauden *188*
zweijährig kultivierte Stauden 188
Staunässe 527, 529, 544, 564, 568
Stauntonia 99, 113
Stechginster 523
Stechmücke
Echte Stechmücke 570
Stechpalme *25*, 26, 33, 35, 36, 52, *52*, 60, *63*, 521, 538, siehe auch *Ilex*
stecken 589
Steckenbleiben 589
Steckhölzer 54, *54*, 55, 59, 538, *538*
Einschlagen 54
Pflanztiefe *54*
Vorbereiten 54
Stecklinge 52, 54, 55, *55*, 83, 534, 538, 539, 589
Einschlagen 55
grundständige Stecklinge 538
halbreife Stecklinge 538, *538*
harte Stecklinge 538
Herrichten 539
krautige Stecklinge 55
Pflege 83
mit noch grünem Holz 538
Pflege 55
Schnitt 539
verholzte Stecklinge 538
blattlose Stecklinge von sommergrünen Laubhölzern 538
breitblättrige Stecklinge von immergrünen Laubhölzern 538
Vorbereiten 55
Stecklingsbewurzelung 534
Stecklingserde, standardisierte 534
Stecklingsfäule 320, 338, 342, 344, 355
Stecklingsgefäß *473*
Stecklingssubstrate, standardisierte 534
Steckrüben, siehe auch Kohlrüben 352
Steinbrech *189*, 190, 194, *204*, *208*, *214*
benötigt ein extrem durchlässiges Substrat 200
besondere Bedingungen 190
Herausschneiden abgestorbener Rosetten 208
Umtopfen *215*
Steinfrüchte 589
Steingarten 189 - 216, 196, 197, 243, 292, 297, 442
Abschlußschicht
Dicke 201
Material 201
Anlegen *196*, 196 - 206
Boden 196
Modellanfertigung 199
auf mehreren Ebenen *191*
Auflegen der Steine
Brecheisen 199
Flaschenzug 199
Hebel 199
Auslegen der Steine *198*
Auswahl der Steine 197
Becken 202
Bedingungen 190
Bepflanzen *200*
Pflanzabstände 200
Standort 202
Wässern 200
Boden 200
Drainage 200
Geröllmischung 200
Spezialmischung 200
Standardmischung 200
Bodenvorbereitung 196 - 206
Drainage *196*, *198*, 199
Erneuern der Deckschicht *207*
Gefäße 202
Geröllbeet 192
Geröllformationen 192
Gestaltung 189
Gesteinsschichtung 199
Knollen für den Steingarten 223
Lückenfüller 175
Mauer 204
Mini-Steingarten 216
im Alpinhaus 214
natürliche Schichtung des Gesteins *197*
Orchideen Kultivieren 442
Pflanzen
Auswahl 190
Standort 196
Pflanzenkauf 196
Pflanzgefäße
Auswahl der Pflanzen 194
Becken 194
Drainage 203
gute Drainage 194
Standort 203
Tröge 194
Pflanznischen 199
Pflanzung 196 - 206
in Kalktuff 203
Planung 190, 197
Problempflanzen 196
Sedimentgestein 197
Standort 190, *196*, 197, 199
Boden 199
Drainage 199
Substrat *198*
Torfbeet
Standort 192
Substrat 192
Trog 202
Unkraut jäten *207*
Unkrautbekämpfung 199
Untergrund
Rasenziegel 199
Verteilung der Steine 190
Vorbereiten
des Standorts *198*
eines Steingartens 199
Wasserabzug 197
Wasserläufe 199
wichtigste Gartenarbeiten
im Frühling 581
im Herbst 583
im Sommer 582
im Winter 584
Zwergarten 224
Zwergnarzissen 225
Zwergzwiebeln 229
in Steingärten 235
Zwiebeln für den Steingarten 223
Zwiebeln und Knollen 229
Steingartenhacke *460*
Steingartenpflanzen 193, 194, *194*, 200, 532
abgestorbene Blätter entfernen 207
abgestorbene Blüten entfernen 207
abgestorbener Wuchs *207*
Ableger 212
Alpinhaus 214
Arten 190
Ausläufer 212
Aussaat
Aussaat der Samen schützen 209
Bepflanzen einer senkrechten Spalte *201*

Bepflanzung 195
Blattstecklinge 210
Blüte 190, 214
Boden 203, 207
Deckschicht 207
Erneuern der Deckschicht 207
Düngen 207
Dünger 203
Fruchtstände
entfernen 207
für den Steingarten geeignete Pflanzen 190
für sandige Böden 197
für saure Böden 196
für stark alkalische Böden 197
Geröllgarten 195
grundständige Stecklinge *211*
Hochbeet
Standort 204
Hybriden 190
in erhöhten Beeten 195
in Töpfen 434
Kästen 214
Keimung
Standort 209
Kombination
mit Alpenpflanzen 189
Krankheiten 207
Vorsorge 208
kriechende
„Irische Stecklinge“ 212
laufende Pflege 207
nicht winterharte 195, 197, 210, 211, 212
Pflanzbehälter 207
Präsentation im Alpinhaus *214*
Rosetten ausschneiden 213, *213*
Rückschnitt 207
Sämlinge
eintopfen 209
pikieren 209, *209*
Schädlinge 207
Schneiden 207
Schnittlinge
Auswahl 213
Eintopfen bewurzelter Schnittlinge 213
Stecken 213
Wässern 213
Schutz 207
Seitentriebe
„Irische Stecklinge“ 212
Standorte 195
Stecklinge
Ausknipsen 210
Auswahl 210
Eintopfen 210
halbausgereifte Stecklinge 210
Schneiden der Stecklinge 210
Stecken 210
verholzte Stecklinge 210
von krautigen Trieben 210, *210*
von noch grünem Holz 210
Stützen 207
Stutzen 207
Substrat
Zusätze 203
Trockenmauer 204
Trogbepflanzung 195
Tuffsteinbepflanzung 195
Unkrautbekämpfung
Laub 207
Vermehrung 209 - 213
durch grundständige Stecklinge 210
durch „Irische Stecklinge“ 212
durch Samen 209
durch Stecklinge 210
durch Teilung 212, *212*
durch Wurzelschnittlinge 212, *213*
Verzeichnis der Steingartenpflanzen 195
Wässern 207
wasserempfindliches Laub 207
Wuchseigenschaften 202
Wuchsformen 190
Wurzelkronen 207
Wurzelsystem 194
Zwerggehölze 195
Steinobst 359, 375
bakterieller Krebs 366
Ernte 371
Lagerung
einkochen 371
in Alkohol oder Sirup einlegen 371
in Steigen oder Behältern 371
zu Mus verarbeitet einfrieren 371
Schnitt
im Frühjahr 368
im Sommer 368
Verjüngungsschnitt
im Frühjahr 370
im Sommer 370
Vermehrung
durch Kopulation mit Gegenzunge 373, *373*
Steinphosphat 530
Steinplatten 499, *499*
Steinschlag 499
Steintopfasche 530
Stellage 487
freistehende *487*
Stellaria media 573
Stempel 580, 589
Steneotarsonemus laticeps 556
Stengel 578, 589
holzige *578*
krautige *578*
Stengelbulben *540*
Stengeldeformation 559
Stengelfäule
befallene Pflanzen 554
Bekämpfung 554
Stengelgemüse
Temperaturerfordernisse 307
Stengelgrundfäule 558
Stengelknolle 189, 540, 541
Stengelmark *539*
Stengelverfärbungen 557 - 558
Stenotaphrum secundatum
Arten 278
Sorten 278
warmes Klima 278
Stephanandra 78, 89
Stephanotis 99, 105, 113, 435, 453
Stephanotis floribunda 99, *99*, 450
steril 589
Sternbergia 223, 241
Sternbergia lutea 191, 219, 223
Sternbergia sicula 219, 223
Sternrußtau 123, 126
Streuwagen
Schlauchanschluß 467
Streudichte 467
Stewartia 41
Stewartia pseudocamellia 37
Stickstoff (N) 281, 286, 313, 527, 530
Stickstoffdüngung 554
Stickstoffgehalt 523
Stickstoffmangel 554
im Obstgarten 366
Stiefmütterchen 27, 142, 172, 173, 174, *174*, 176, *176*, 183, 188, *188*, 222, 546, siehe auch *Viola* x *wittrockiana*
winterblühende 175
Stiel 589
Stiele
Holzstiel 459
Kunststoffstiel 459
Metallstiel 459
Stielfäule
der Rebe 562
Stielmus 317, 322, *322*
Stigmaphyllon 99, 113
Stigmaphyllon ciliatum 99, 107
Stipa pennata 177
Stippe 376
Stippigkeit 562, *562*
Stockrose *121*, 173, 187, 188, *188*, siehe auch *Rosa* und Rose
Störungen, physiologische 545
Stokesia 143
Stolon 589
Stolone
Ausläufer der *Saxifraga stolonifera* 451
Stoma *579*
Stomata 579
Schließen der Stomata 517
Stomatium 273
Storchschnabel *25*
Stoßhacke *460*
Sträucher 22, 23, 24, *29*, 32, 53, 108, 118, 119, 138, 147, 174, 205, 218, *219*, 277, *277*, 291, 301, 441, 449
Abmoosen bei Sträuchern *89*
Abrisse nach Anhäufeln *89*
Abstützen 71
als Kübelpflanzen 67
an Mauern 80
Arten 63
Aufzucht
aus Samen 86
Ausläufer
Produktion von Ausläufern 90
Aussaat
im Freien 87
in Gefäßen 87, *87*
Saaterde 87
Auswahl
der Sträucher 63
eines Strauchs *69*
beerentragende 25, 28, 67
Blüten 66, 67, 68, 72, 78, 82
Blütenproduktion 78
Blütezeit 64
Bodentypen 64
Bodenvorbereitung 69, 70
Containerpflanzen *69*
Düngen 72, 73
Dünger 72
Düngung 75
Edelreis 90
Entwipfeln 79
Erziehung 75, 79, *81*, *82*
Wachstum 75
Erziehungsschnitt 75, 76, 77
Formschnitt 52
freistehende Sträucher
Erziehung 80
Schnitt 80
freiwachsende Sträucher 75
frühblühende Sträucher 218
für alkalische Böden 71
für lehmige Böden 69
für sandige Böden 69
für saure Böden 71
Gestaltung mit Sträuchern 63, 65, 67
Grundbepflanzung 63
Halbstrauch
Eberraute 294
Gartenthymian 297
Raute 297
Salbei 297
Wermut 294
Zypressenkraut 297
halbwinterharte
im Kalthaus weiterkultivieren 434
Hybriden 63, 86
Hygienemaßnahmen 74
im Jahresverlauf 64
immergrüne 65, *65*, 67, 76, 79, 80, 82, 90, 142, *191*, 295, 296
Düngen 80
Erziehung 75
Laub 66
Mulchen 80
Schnitt 80, *80*
in Containern 69
industriefeste 68
Kappen 79
Knotenstecklinge 83
Kopfdüngung 73
Krankheiten74, 87
Wundverschlußmittel 75
krautige 83
kriechende 81
im Beet 206
Laub 68
laubabwerfende 65, *65*, 66, 67, 69, 76, 77, 82, 83, 85, 89, 90, 142, 218, 305
Astgerüst 76, 77
Blüten 78, 79
Schnitt 76, *76*, *78*, 79
Verjüngung 82
Wildlinge *82*
Laubfarben 66
laufende Pflege 72
mit unterirdischen Ausläufern 78
Mulchen 72
Mutationen 72
neugepflanzte Sträucher
Schutz 71
Obststräucher 367, 370, 371
Pflanzung 69, 70, 71, 78
Pflanzzeit 70
Pilzinfektion 84
Probleme bei Sträuchern 74
Rinde 67
Rißlinge 83, 85, 86
Rückschnitt 79
Saatgut
Lagerung 87
Sämlinge 90
pikieren 87
Samen
aus Beeren *86*
Keimung 87
Stratifikation 87
zu behandelnde Samen *87*
Samenproduktion 78
Schädlinge 74
Schnitt 75, 78, *81*, 82
Wachstum 75
Solitär 65
Sommerschnitt bei Sträuchern *78*
Sorten 63
Sprosse 89, *72*, *75*, *76*
Standorte 68
Steckhölzer
Pflege 86
Vorbereiten der Steckhölzer 86
Stecklinge 84
Eintopfen 84
Kallus 84
Pflege 84
Umsetzen 84
von noch grünem Holz 83, *83*
Vorbereiten 83
Wurzeln 84
Stützen 450
Umpflanzen 74, *74*
Umtopfen 73, 82
Unkraut 72, 151
Veredeln 72
Veredlung 90, 91
Verjüngung 82, *82*
Vermehrung 72, 83 - 91
Abrisse nach Anhäufeln 89
Achselstecklinge 85, *85*
Anhäufeln 89
Bewurzelung 301
Blattaugenstecklinge 85, *85*
durch Ablegen 88, 89
durch Abmoosen 89
durch Abrisse 89
durch Absenken 88, *88*
durch Achsel- und Blattaugenstecklinge 84
durch bewurzelte Stecklinge 301
durch halbausgereifte Stecklinge *84*, 85
durch krautige Stecklinge 83, *83*
durch Steckhölzer 86, *86*
durch Teilen 90
durch unterirdische Ausläufer 90, *90*
durch Veredeln 90
Keilpfropfen 91
Spaltpfropfen 91
veredlungsfähige Sträucher 91
Versenken 88, 89
Wurzelschnittlinge 86
Verzeichnis der Sträucher 68
Wachstumsperiode 79
Wässern 72, 73
Wildlinge 72
winterharte Sträucher
im Kalthaus Überwintern 434
Wurzelballen 70, 74
Wurzeln 69, 72, 74
wurzelnackte Sträucher 69, 70
Wurzelschnitt 82
Wurzelschnittlinge 86
Wurzelschößlinge
geteilte 90
Zurückschlagen 72
Zweige 67
Zwergsträucher 22, 66, *189*
Strangulierung 589
Stratifizieren 589
Stratiotes aloides 247, *255*, *256*, 261
Strauch 589
Pflanzung im Container *70*
Strauchgamander, siehe auch *Teucrium fruticans*
Pflanzabstand bei Zwerghecken 293
Pflanzen für Zwerghecken 293
Strauchobst 360
Erziehung 360
Strauchpäonie 67
Strauchrabatte 297
gemischte 65
Sträucher 64
Strauchrose 108, 118, 119, 120, 128, 129, 133, 520 siehe auch *Rosa* und Rose
Arten 61
Hybriden 61
Verjüngungsschnitt 128
Straußfarn 246
Straußgras 169, 278, 282, siehe auch *Agrostis*
pH-Wert 280
Saatmenge 284
Schnitt 278, 279
Strelitzia 434, 435
Streptocarpus 430, 433, *433*, 435, *441*, *446*, *454*, 539
Vermehrung durch Blatteile 455
Streptocarpus ‘Heidi’ *433*
Streptocarpus saxorum 271
Streptomyces scabies 566
Streptosolen 105, 112, 435, 453
Streptosolen jamesonii 99, 101, 105
Streuwagen 287, *467*
Strobilanthes dyerianus 440
Stroh 520
Strohblume 187, *187*
Stromanthe 451
Strombocactus disciformis 263
Stromleitung
Stromanschluß im Freien
Panzerkabel 480
wasserdichte Kupplung 480
Stromanschluß im Gewächshaus
für Bodenheizkabel 480
für Vermehrungskästen 480
für Zeitschaltuhren 480
fürs Licht 480
zur Heizung 480
Strongylodon 99, 105, 113, 115
Strongylodon macrobotrys 99, 107
Strophocactus 275
Strukturen, physiologische 545
Studentenblume, 338, 546, siehe auch *Tagetes patula*
Stützen 156, 472, *472*
für höhere Pflanzen *156*
Stützmethoden 156
Stützgestell *472*
Stützmauern
Bau einer Stützmauer
Aufbau 506
Höhlungen 506
Kieshinterfüllung *506*
Mähkante *506*
Mauerkrone *506*
Verstärkungsstab 506
vertikale Fuge 506
Wasserabfluß *506*
Drainage 506
Druck von Erde und Wasser 506
Entwässerung 506
hohe Stützmauer 506
Innenseite 506
mehrere niedrige Stützmauern 506
Stützpflanzen *186*
Stützstab 472
Stufen
aus Holz 503
aus Kies
Eisenbahnschwelle 503

Füllung 503
Bauen
Antrittstufe 503
Ebenflächigkeit 503
Setzstufe 503
Trittplatte 503
Zahl der benötigten Stufen 503
Verhältnis Tritt- zu Setzstufe
Kieshinterfüllung 503, *503*
Setzstufenhöhe 503
Trittstufenbreite 503
Überhang 503
Sturm 519
Stylophorum diphyllum 195
Styrax japonica 41
Styrax officinalis 71
Suaeda fruticosa 266
Suaeda maritima 266
sublateral 589
Substanz, organische *523*
Substanzen
organische 531
Substrat 589
auf Lehmbasis 533
Topfsubstrat
Mulchen 313
Subtropen 332, 425
subtropische Pflanzen 430
Amarant 325
Keimung im beheizbaren Vermehrungsgefäß 452
Südamerika 262, 278, 337
Südchina 278
Südfrüchte 419 - 427
Anbau
in Gefäßen 419
unter Schutzvorrichtugen 419
Dünger 419
Feuchtigkeit 419
Nährstoffmangel 419
Standort 419
Temperatur 419
Süßdolde 292, *299*
Blätter 296
Blüten 296
Ernte und Lagerung
Blätter 296
Samen 296
Wurzeln 296
Pfahlwurzel 296
Samen 296
Staude 296
Vermehrung
durch Aussaat im Herbst 296
durch Selbstaussaat 296
Süßkartoffel 308, *352*, 355, *355*
siehe auch *Ipomoea batatas*
Aussaat 355
Blätter 355
Blattform 355
Boden 355
empfohlene Süßkartoffel-Sorten 355
Ernte 355
Knollengröße 355
Krankheiten 355
Kultur unter Glas 355
Lagerung 355
laufende Pflege 355
Mulchschicht 355
nicht winterharte 355
Pflanzung 355
Schädlinge 355
Sorten 355
Stecklinge 355
Stickstoffbedarf 314
Stickstoffgehalt des Bodens 355
Temperatur 355
Triebe 355
Triebstecklinge für Kultur unter Glas *355*
Unkrautjäten 355
Wässern 355
Windschutz 355
Süßkirsche 395, 396, siehe auch *Prunus avium*
als Fächer an einer Wand 395
Befruchtung
gruppenweise unfruchtbar 396
selbstfruchtbare Sorten 396
selbstunfruchtbare Sorten in der Mehrzahl 396
Universal-Befruchter 396
Bewässerung 396
Boden 396
Büsche 396
Düngung 396
empfohlene Süßkirschen
frühe 396
mittelfrühe 396
späte 396
Ernte 396
Erziehung 396
Fächer
Gerüst 396
Fremdbefruchtung 364
Unverträglichkeitsgruppen 364
Fruchtausdünnung 396
Fruchtholzbildung
Bukettriebe 369
zweijähriges Holz 369
Halbstämme 396
Höhe des Baums 395
Kältebedarf der Süßkirschen 395
Krankheiten 396
Lagerung 396
Mulchen 396
nicht hinreichende Selbst-fertilität 364
nicht selbstfruchtbare Sorten 363
Rückschnitt der Seitentriebe nach der Ernte *396*
Schädlinge 396
Schnitt 396
selbstfruchtbare Sorten 395
selbststerile Sorten 395
Fremdbefruchtung 361
Sommerschnitt am fertigen Süßkirschfächer *396*
Standort 395
Süßkirschensorten
Unterlage 'Colt'
mit allen Sorten verträglich 396
Unterlagen 395, 396, *396*
Vermehrung
durch Chip-Veredlung 396
durch Okulation mit T-Schnitt 396
Sukkulent 589
sukkulente Pflanzen 271
Sukkulenten 262 - 275, 431, 517
allgemeine Pflege
Boden 269
Düngen 269
Gießen 269
Hygiene 269
Licht 269
Luftzufuhr 269
Nahrung 269
Substrat 269
Temperatur 269
Umgebung 269
Umpflanzen 269
Wasser 269
als Einzelexemplare 262
als Topfpflanzen
fürs Zimmer 265
als Zimmerpflanzen 262
Arten 262
Arten mit Knollenwurzeln
Topftiefe 268
Aufzucht aus Samen 270
Auswahl von Sukkulenten *267*
Behälter für draußen *264*
Bepflanzung 267, 268
Blätter 262, 267
Abwurf der Blätter 262
Transpiration 262
Blühdauer 263
blühende 263, *263*
Nachtblüher 266
nicht winterharte 266
Tagblüher 266
Blühreife 274
Blüten 262, 274
Blütenknospen 267
Blumenkronen 262
Bodenaufbereitung 267, 268
Charakteristika 262
Düngen
während der Wachstumszeit 269
epiphytische
saures Substrat 268
Erdmischung
Herstellung 267
Sterilisieren 267
feuchte Bedingungen 266
Feuchtigkeit
Drainage 263
geeignete Unterlagen zum Kopulieren 275
Gestaltung
Container im Freien 264
Gefäße fürs Freiland 264
Hängekörbe 264
im Freiland 263
in Innenräumen 264
Pflanzenauswahl 264
Standort 264
Tröge 264
Gruppen
Blattsukkulenten 262
caudiciforme Sukkulenten 262
Gruppen, die Licht brauchen 265
Epiphyten benötigen Schatten 265
Stammsukkulenten 262
Haare 262
Hängekorb mit Sukkulenten bepflanzen *268*
harte Arten 263, *263*
Hybriden-Produktion
Blattform 271
Blütenfarbe 271
Eigenschaften 271
Elternpflanzen 271
kontrollierte Bestäubung 271
Hybridsamen *271*
im Gewächshaus 262
in Gefäßen
Aufbereitung des Substrats 268
Drainage 268
Gießen 268
Hängekörbe 268
Plastikgefäße 268
Tongefäße 268
Topfgröße 268
Wasserablauf 268
in Gruppen 262
Infektion 269
kammförmige Arten 275
Kauf 267
Klima 262
Krankheiten 267
Kultur
Gefäße auswählen 264
Lebensräume 262
mäßig harte Arten 263, *263*
mit Haarbüscheln 275
mit weichen Borsten 275
mit Wurzelknollen 273
natürliche Standorte 262
neue Hybriden
Handbestäubung 270
nicht selbstfruchtbare
Blüten 271
Kreuzbestäubung durch Insekten 271
Trocknen des Samens 271
nicht winterharte 271 - 275
Pflanzen ins Beet setzen 267
Pflanzenkörper 262
Pflanzung im Freiland *267*
Pflegebedürfnisse
Nachttemperatur 269
Ruheperiode 269
Ruhezeit 269
Tagestemperatur 269
Pfropfen 274
polsterbildende Arten 273
Pfropfen 274
Teilen 274
Tochterknollen 274
Vegetationsperiode 274
Wurzelstock 274
richtige Bedingungen
Blattverbrennungen 265
Rippen 267
Rosetten 262
Sämlinge pikieren *270*
Samen
Abstand 270
Aussaat 270
Keimen 270
Substrat 270
Schädlingsbefall 267
Schale mit Sukkulenten bepflanzen *268*
Schatten 266
Sprosse 262
Stacheln 262
Stecklinge 269
Substratmischung
Herstellung 267
Sterilisieren 267
Tagblüher 263
Temperaturen 266
Toleranz gegenüber Trockenheit 262
Trockenperioden 262
Umtopfen *269*
Vermehrung 270 - 275
Ableger abtrennen 273
Anplatten 275
Aufzucht aus Samen 270
Ausläufer abtrennen 273
durch Abtrennen bei polsterbildenden Arten *273*
durch Abtrennen von Tochterknollen *273*
durch Blattstecklinge 270, 271, *271*
durch eine alternative Methode *274*
durch Kopulieren 275
durch Pfropfung 270
durch Reiser 275
durch seitliches Anplatten 275
durch Spaltpfropfen *274*, 275
durch Sproßabschnitte 272, *272*
durch Sproßstecklinge 270
durch Teilung 270
durch Teilung von Wurzel-stöcken 274, *274*
Eintopfen unbeschädigter Ableger 273
Kallusbildung 272
Kopulieren 275
mit Gliedabschnitten *272*
Pflege der Sämlinge 270
Pikieren 270
Spaltpfropfen 275
Substrat 272
Tochterknollen 273
Verpflanzen der Stecklinge 272
wurzellose Ableger 273
Wurzeln der Tochterknollen 273
Vermehrung über Samen *270*
Abstand *270*
Sämlinge *270*
Verzeichnis der Sukkulenten 266
wichtigste Gartenarbeiten
im Frühling 581
im Herbst 583
im Sommer 582
im Winter 584
Wuchsformen 262
Wuchsgrößen 262
Wurzeln 262, 267
Sulcorebutia 273, 274, 275
Sulcorebutia glomeriseta 266
Sulcorebutia Steinbachii 266
Sumpfbecken 245
Sumpfblume 173, siehe auch *Limnanthes douglasii*
Sumpfdotterblume 17, 247, siehe auch *Caltha palustris*
Sumpfgarten 169, 244, 245, *246*
Boden 245
Folie 250
Sumpfgewächse 519
Sumpfgras
Saatmenge 284
Sumpfkresse, Wilde *574*, siehe auch *Rorippa sylvestris*
Sumpfpflanzen 17, 245, *256*, 529
nach Frösten 246
Sumpfvergißmeinnicht 247, siehe auch *Myosotis scorpioides*
Sumpfzypresse 517, siehe auch *Taxodium distichum*
Sunbeere 411
Superphosphat 534, 572
Symphoricarpos 86
Symphytum 143, 165
Symphytum grandiflorum 143
Symphytum x *uplandicum* 'Variegatum' 151
sympodial 589
Syngonium 99, 435, 453
Syngonium hoffmannii 440
Syngonium podophyllum 99, *449*
Syngonium podophyllum 'Albolineatum' *448*
Syringa 32, 71, 72, 78, 88, 91, siehe auch Flieder
Syringa microphylla 'Superba' 64
systematisch 589

T

T-Schnitt 589
Tabak 544
Tabebuia chrysotricha 42, *42*
Tafelapfel 375, siehe auch Apfel und *Malus sylvestris var. domestica*
Alternanz 376
Blütengruppe 376
empfohlene Tafeläpfel
frühe 376
mittelfrühe 376
späte 376
fruchtend an Kurztrieben 376
fruchtend auch an Langtrieben 376
Geschmack 376
starkwachsende 376
triploide 376
Tafelbirne, siehe auch Birne und *Pyrus communis* var. *sativa*
Alternanz 384
Blütengruppe 384
empfohlene Tafelbirnen
frühe 384
mittelfrühe 384, 385
späte Sorten 385
fruchtend auch an Langtrieben 384
fruchtend nur an Kurztrieben 384
Geschmack 384
Sorten 376
triploide 384
Unverträglichkeitsgruppe 384
Tafeltraube 401 - 406, siehe auch *Vitis vinifera*
Drainage 401
Düngung 401
Edelsorten 401
Schnittmethoden 403
Ernte 403, *403*
Erziehung 401
Kordon-System 401
Unterstützung durch Fruchtausdünnung 401
zum doppelten Kordon 403
zum einarmigen Kordon 402
zum mehrfachen Kordon 403
Fruchtbildung 401
Gerüst 401
Glasüberdachung für Tafel-trauben in kühlen Regionen 401
Gruppen von Tafeltrauben
mit Muskat-Geschmack 401
saftig-süße 401
weinige 401
in kühlen Regionen 401

Krankheiten
Gallenbildung an den Blättern 401
resistente Hybriden 401
resistente Unterlagen 401
Lagerung 403
Mulchen 401
Pflanzung
Aufbereitung des Bodens 401
Boden 401
Containerpflanzen 401
einarmige Spaliere 401
Kordons 401
Pflanzzeit 401
Pflegearbeiten während des Wachstums 401
Spaliere mit doppelten Formen 401
Spaliere mit U-Formen 401
Reblaus 401
Rebstöcke
an Mauern
im Regenschatten stehende 401
Rote Tafeltrauben *401*
Ruten 401
Schädlinge 401
Schnitt
Blattwachstum 401
doppelte Kordons 403
einarmige Kordons 402, *402*, *403*
Frühjahrsschnitt 401
Geiztriebe 401
Geiztriebe einkürzen 402
Kurztriebe zur Fruchtbildung 402
Leittriebzuwachs 402
mehrarmige Kordons *403*
mehrfache Kordons 403
nach der Lese 401
regelmäßiger 402
Sommerschnitt 401
weitere Schnittmethoden 403
Winterschnitt 401
Zapfentriebe zur Fruchtbildung 402
selbstfertil 401
Sorten 402
frühe 402
für Kultur an einer Wand 401
mittelfrühe 402
spätreifende 402
Standort
frostfreie Lage während der Blütezeit 401
pH-Wert des Bodens 401
Unterlage 401
auf eigener Wurzel gezogen 401
Befall durch Reblaus 401
Veredlung 401
Vermehrung
durch Steckholz 404
durch Veredlung 404
Wässern 401
Weiße Tafeltraube *401*
Windbestäubung 401
Tageslänge 518
Tagetes *15*, 122, 174, 180, *183*, *184*
Tagetes 'Golden Gem' *173*
Tagetes patula 174, 546
Tagetes patula 'Naughty Marietta' *173*
Tagetes signata 174
Tagetes tenuifolia 177
Taglilie *21*
Talerflecke 571
Talinum okanoganense *203*
Tamarillo, siehe auch Baumtomate und *Cyphomandra betacea*
als Containerpflanzen
Dünger 422
Luftfeuchte 422
Temperatur 422
Anbau unter Glas
Dünger 422
Luftfeuchte 422
Temperatur 422
Ausbreitung 422
Bittergeschmack 422
Boden 422
Ernte 422
Frischhaltung 422
Fruchtfarben 422
Fruchtfleisch 422
Fruchtformen 422
Geschmack 422
Krankheiten 422
laufende Pflege 422
Luftfeuchtigkeit 422
Schädlinge 422
Standort 422
Vermehrung
durch Aussaat unter Glas 422
durch Grünstecklinge 422
Sämlinge umsetzen in Töpfe 422
Wuchshöhe 422
Tamarix 68, 69, 86
Tamarix ramosissima 76
Tanacetum argenteum *193*
Tanacetum balsamita 297, *299*
Tanacetum coccineum 165
Tanacetum densum *150*
Tanacetum parthenium 182, *182*, 292, siehe auch Sommermargerite
Tanacetum parthenium 'Aureum' 292, *299*
Tanacetum parthenium, syn. *Chrysanthemum parthenium* 297
Tanacetum vulgare 292
Tanakaea radicans 196
Tangelos, siehe auch *Citrus reticulata* x *Citrus paradisii*
empfohlene Sorten 421
Kreuzung aus Grapefruit und Mandarine 422
Kultivierung unter Glas 422
Tangerine
Anbau unter Glas 421
'Clementine'-Sorte 422
Cleopatra-Gruppe 422
Fremdbestäubung 422
Fruchtqualität 422
Gruppen
King-Gruppe 422
Satsumas
Sorten 422
Temperatur 422
Tanne 49, siehe auch *Abies*
Taphrina 559
Taphrina deformans 555
Taraxacum officinale 331
Taraxacum officinale 'Lyonel' 331
Taro 308, 352 - 354, siehe auch *Colocasia esculenta*
Abstand zwischen den Knollen 353
Aussaat 353
Blätter 352, 353
Blüten 353
Bodenansprüche 353
Dünger 353
Formen 353
Knollen 353
Krankheiten 353
Kultur unter Glas 354
laufende Pflege 353
Mulchschicht 353
Pflanzung 353
pH-Wert des Bodens 353
Schädlinge 353
Sprosse 353
Standort 353
Stickstoffbedarf 314
Stickstoffgehalt des Bodens 353
Taroknollen *354*
Taropflanze *353*
Temperatur 353
Vermehrung
durch Knollen 353
durch Stecklinge 353
Tarsol 552
Tarsonemus pallidus 561
Taube 314
Tauen
empfindliche Pflanzen 515
Tausendfüßler 358, 547, 548
befallene Pflanzen 548
Bekämpfung 548
gemeiner *548*
Tausendfuß
gemeiner 548, siehe auch *Cylindroiulus* sp.
getüpfelter, schlangenförmiger 548, siehe auch *Blaniulus guttulatus* 548
Tavaresia 275
Taxodium distichum 42, 247
Taxon 589
Taxonomie 578
Taxus 69, 80
Taxus baccata 22, 31, 33, 37, 41, 52, *52*, 53, *53*, 60, 62, *96*, *118*
Taxus baccata 'Aurea' *38*
Taxus baccata 'Fastigiata' 22
Taxus baccata 'Standishii' Washingtonia 37
Taxus x *media* 37
Taybeere 411, *361*
Tazetta-Narzisse 221
Tecoma 113
Tecomanthe 99, 113, 115
Tecomaria 99, 113, 115
Tecophilaea 223
Tecophilaea cyanocrocus 232
in Töpfen 222
Tee 116
Teich 28, 34, 36, 244, *246*, 248, 251, 277, 279, 433, 519, 529
Abdecken 253
abgeteilter Ufersockel *252*
Absaugen 258
Algenwuchs 256
Algizide 258
Anlage 244
Ausbesserung
mit Glasfaser-Reparaturset 258
Auslegen der Kunststoffolie *252*
Beete 255
Betonteiche
Abdichten 258
Absinken 258
Errichtung *252*
Frost 258
Lecks 258
Risse 258
Winterpflege 259
eleganter *245*
erhöhter *252*
Auskleiden mit Folie 252
Errichtung 252
Wände 252
Fertigteich 250
feuchtigkeitsliebende Pflanzen
Ziehen aus Samen 261
Fische 257
Fische ansiedeln
Mindesttiefe 252
Folie 258
Folienteich 252
im Behälter *246*
Insektizide 259
Kaschieren der Ränder 253
Kunstdünger 244
Mikroorganismen 255
mit Fischbesatz
Schädlinge 259
Muscheln 257
natürlicher 244, 247
Folie 250
Uferpflanzen 246
naturnaher 246
Naturteich
Beete 256
Sumpfpflanzen 256
neuangelegter 248
nicht winterharte Pflanzen
Fruchtstände 259
Überwintern 259
organisches Material im Teich 258
Pflanzen 257
Pflanznischen 255
Pflanzung
Wassertemperatur 255
pH-Wert 258
des Wassers 257
Pumpe 258
Reinigen 259
Rückschlagventil 254
Rand 256, 260
Reinigung
Algizid 259
Risse 258
in einem Betonteich ausbessern *258*
sauerstoffbildende Pflanzen
Austrocknungsgefahr 255
Einsetzen 255
Pflanzung 255
unbewurzelte Stecklinge 255
Schädlingsbekämpfungsmittel 244
Schwimmpflanzen
Wurzeln 256
streng gestalteter Teich 245
Anlage 245
Rand 245
Sumpfdeckelschnecke 257
Teichmuschel 257
Teichrand
Randsteine 250
Teichschnecke 257
Teichteile 258
Trübung 258
Überlauf 244
Uferpflanzen 256
Ufersockel 255
Umtopfen
einer Uferpflanze 259, *259*
Unkräuter 256
verschiedene Wasserlebewesen 257
vorgefertigte Teichformen *251*
vorgefertigter Teich 258
Wasser
Grünfärbung durch Algen 258
Wasserlauf 253
Wasseroberfläche 254, 258
Wasserreingung 257
Wasserverlust 258
Zierfische 257
Teilung 489
Tellima grandiflora 'Purpurea' 143
Telopea speciosissima 71
Temperatur 481
Bodentemperatur 515
Höchsttemperatur 515
Lufttemperatur 515
Mindesttemperatur 515
Tiefsttemperatur 515
Temperatur und Niederschlag 517
Tepalen 580, *580*
Tepalum 589
Tephrocactus 273
Teppichbeet 589
Teppichgras, siehe auch *Axonopus*
Saatmenge 284
terminal 589
Terminalknospe 589
Terrakottafliesen 498, *498*
Terrarium 432, 447, 589
Algen 448
Bepflanzen 440, *440*
Kondenswasser 448
Neupflanzen *448*
Stützen der Pflanzen 448
Substrat 448
Wässern 448
Terrassen 29, 194, 197, 243, 306, 432, 519
Bepflanzung
mit Rosen 119
Torfbeet *206*
Wahl des Geländes
an einer schattigen Stelle 493
Blick über den Garten 493
dicht beim Haus 493
frei in der Sonne 493
große Fläche 493
Sitzecken 493
Terrassen und Innenhöfe 493 - 498
Terrassen und Wege
Fundament für Terrassen und Wege
Ebenflächigkeit *493*
Gefälle *493*
Markieren *493*
Nivellierpflock *493*
Planieren *493*
Rüttelplatte *493*
Schotter *493*
Terrassierung 528
terrestrisch 589
Terrestrische Arten
Ableger 437
Tetragonia tetragonioides, syn. *Tetragonia expansa* 329, siehe auch Neuseeländer Spinat
Tetranychus urticae 550
Tetrapanax papyriferus 69
Tetrastigma 99
Tetrastigma voinierianum 99, 100
Teucrium chamaedrys 31
Teucrium fruticans, siehe auch Strauchgamander
Pflanzabstand bei Zwerghecken 293
Pflanzen für Zwerghecken 293
Thalia dealbata 247, 261
Thalia geniculata 247
Thalictrum 143, 165
Thalictrum flavum *139*, 143
Thelocactus 273
Thelocactus bicolor 266, *266*
Thelocactus nidulans 266
Thelypteris oreopteris 158
Thermometer
Bodenthermometer 471
Gewächshausthermometer 471, *471*
Maximum-Minimum-Thermometer 471, *471*
Thibouchina 435
Thiophanat-Methyl 572
Thiram 572
Thladiantha 105, 111, 112
Thladiantha dubia 99
Thompsonella platyphylla 271
Thripsarten bei Zitrusfrüchten 421
Thrips 419, 422, 423, 424, 426, 427, 546, 551, 560, siehe auch Blasenfuß
befallene Pflanzen 551
Bekämpfung 551
Thrips fuscipennis 560
Thrips simplex 551, 560
Thrips tabaci 551
Thuja 41, 55, 437, *437*
Thuja occidentalis 42
Thuja occidentalis 'Caespitosa' *38*
Thuja orientalis 'Aurea Nana' *38*
Thuja plicata 'Fastigiata' 60
Thuja plicata 'Zebrina' 37
Thujopsis 55
Thunbergia 107, 112, 113, 115, 435, 450, 452
Thunbergia alata 99, 175, 177, 183, *186*
Keimung 183
Thunbergia gregorii 105
Thymian 119, 174, 212, 291, 297, 298, 300, 301, *301*, *537*, siehe auch *Thymus vulgaris*
Blüte 300
Boden 292
Einlegen in Öl und Essig 302
Ernte 298
immergrüne Kräuter
ganzjährige Erntemöglichkeit 298
Seitentriebe durch Rückschnitt im Frühjahr 300
Sorten
Wuchsgeschwindigkeit 279
Thymianarten 150
Topfpflanzung 292
Zurückschneiden nach der Blüte 300
Thymus 195
Thymus caespititius 197
Thymus cilicicus 301
Thymus membranaceus 195
Thymus praecox 150
Thymus praecox var. *arcticus* 279
kriechender Thymian 279
Wuchsgeschwindigkeit 279

Thymus praecox var. *arcticus* 'Coccineus' 297
Thymus praecox var. *arcticus* 'Done Valley' 297
Thymus praecox var. *arcticus* 'Snowdrift' 297
Thymus serpyllum 292, 297, *299*, siehe auch Feldthymian
Thymus serpyllum 'Minus' 195
Thymus vulgaris 297, *299*, siehe auch Gartenthymian
Arten 297
Sorten 297, 301
strauchige Sorten 301
Thymus vulgaris 'Silver Posie' *299*
Thymus x *citriodorus* 297, *299*
Sorten 301
Tiarella 143
Tiarella cordifolia *140*, 150, *150*
Tiarella polyphylla 143
Tibouchina 453
Schnitt
Sprosse ausknipsen 450
Tiefsttemperaturen
durchschnittliche 517
mittlere 517
Tiefwasserpflanzen 258
Tiere 365, 367
nützliche 547
Tigridia 217, 232
Wachstum im Sommer 228
Tilia 36, siehe auch Linde
Tilia 'Petiolaris' 37
Tilia platyphyllos 37, 50
Tilia tomentosa 41
Tilia tomentosa 'Petiolaris' 37
Tillaea recurva 247, 260
Tillandsia 437
Kalkhasser 437
Tillandsia argentia 436
Tillandsia caput-medusae 436
Tillandsia ionantha 436
Tillandsia purpurea 436
Tillandsia stricta 436
Tillandsia usneoidea 436, siehe auch Spanisches Moos
Tillandsien 436, 437, siehe auch *Tillandsia*
Kultivieren am „Baum" 436
Montieren
auf Glas 436
auf Rinde 436
auf Stein 436
Bildung von Wurzeln 436
mit Klebstoff 436
Tintenfleckenkrankheit 567
Tintenkrankheit 236
Tipula 564
Tipula sp. 571
Titanopsis 274
Tochtergeneration
erste 536
zweite 536
Tochterzwiebel *540*
Teilung 540
Töpfe 298, *311*, 314, 354, 432, 441, *473*
Anzuchthaube 473
Doppeltopf 473
Gittertopf 473, *473*
Halbtopf 473, *473*
Hochtopf 473, *473*
Hydrokulturtopf 473, *473*
kleine Töpfe
in Sand einschlagen 449
vor Frost schützen 449
quadratische Töpfe
Kantenlänge 473
runde Töpfe
Innendurchmesser 473
Ringtopf 473, *473*
Topf aus Kunststoff *311*, 473
Topf aus Polyäthylen 473
Topf aus Polypropylen 473
Topf aus Ton (Terrakotta) 473
Standardtopf 473, *473*
Wickenröhren 473, *473*
Tolmiea 433, 435
Tomate 305, 308, 311, 313, 314, 316, 337, 338, 528, siehe auch *Lycopersicon esculentum*
Aussaat 337
Boden 337
Krankheiten 315
Buschformen 337
Düngen 337
Ernte 338
Formen 337
Fruchtstand 337
Fruchtwechsel 337
Früchte 337
Klima 337
Kompost 337
Krankheiten 338
Kultur unter Glas 338
Lagerung 338
laufende Pflege 337
Mulchen 337
Pflanzung 337
ph-Wert des Bodens 337
Phosphorgehalt des Bodens 337
Sämlinge 337
Schädlinge 338
Sorten
empfohlene 337
empfohlene Buschtomaten 337
empfohlene Spaliertomaten 337
Spaliere 337
Standort 337
über mehrere Jahre 315
Stickstoffbedarf 314
Stickstoffgehalt des Bodens 337
Temperaturerfordernisse 307
Tomatenspaliere *304*
Topfkultur 337
unverträglich in Mischkultur
mit Erbsen 308
mit Kartoffeln 308
wärmebedürftige Pflanzen 332
Wässern 337
Geschmacksverlust nach dem Wässern in kritischen Phasen 312
während der Blütenbildung 312
während der Früchtebildung 312
winzige Tomatensorten 431
zum Einfrieren geeignet 316
Zwergformen 337
Tomatenälchen 307
Ton 439
Tonboden 522, 523, *523*, 527
wassergesättigter 529
Tondrainrohr *529*
Tonfliesen 498, *498*
Tongehalt 522
Tontopf 448, 473, *473*
Tontrittsteine 498, *498*
Toona sinensis 'Flamingo' 50
Topf siehe Töpfe
Topfbäume
Apfelbäume
Zwergpyramide 383
Topfchrysanthemen 431
Topferde 589
auf Lehmbasis 533
auf Torfbasis 533
Mischungen 533
ohne Lehm 533
standardisierte 534
standardisierte Einheitserde 533
Topfgarten *292*
Topfkultur 296, 313, *443*
für Obst 363
Topfpflanzen *185*, 200, 201, 243, 259, 269, 283, 292, 293, 295, 299, 300, 306, 398, 430, 431, 432, 437, 441, *446*, 448
Brunnenkresse *331*
Einschlagen
Kokosfaser 439
Rindenmulch 439
Torf 439
in Geröllbeeten *201*
Luftfeuchtigkeit *446*
Pflege 187
unter Glas 236
Auspflanzen 236
Blätter 236
Brutzwiebeln 236
Düngen 236
Eintopfen 236
kleine Zwiebeln 236
natürliche Wachstumsperiode 236
Umtopfen 236
wasserspeicherndes Material 439
winterblühende *447*
Topfpflanzung 137, 297
Topfrosen 125
Topinambur *304*, *352*, 355, 541, *541*, siehe auch *Helianthus tuberosus*
Aussaat 355
Boden 355
empfohlene Sorten 355
Ernte 355
Klima 355
Knollen 355
glatte *355*
knotige *355*
Lagerung 355
laufende Pflege 355
Rückschnitt *355*
Triebe stützen 355
Wässern 355
Pflanzung 355, *355*
Stickstoffbedarf 314
Stickstoffgehalt des Bodens 355
winterharte Pflanzen 355
Topographie
Auswirkungen
Berghang 519
Küste 519
Torenia 452
Torenia fournieri 177
Torf 230, 589
Torfbeet *192*, 200, 589
an einem Hang
Stufen 206
Anlegen *206*
Auffüllen
Substrat 206
Auswahl der Standorte 206
Bepflanzen mit Steingartenpflanzen *206*
Boden 206
Alternativen 193
Deckschicht 207
Errichtung 206
Gestaltung 206
Markieren 206
Material 206
Pflanzen 206
Standort *206*
Torfziegel *206*
Wässern 206
Torfboden 523
Torfersatz 206, 589
Torfgarten
säureliebende Zwiebeln 229
Torfmoos *436*
Torftopf 182, 589
anbaubar *473*
Torfziegel
Einweichen 206
für ein Beet mit Stützmauer 206
Holzklötze in Stufen anordnen 206
Torfzusatzprodukte auf Kokosfaser und Rinde 534
Trachelium caeruleum 177
Trachelospermum 99, 113, 115
Trachelospermum jasminoides 102, *438*
Trachymene coerulea, syn. *Didiscus coerulens* 177
Tradescantia 435, 453
Tradescantia cerinthoides 440
Tradescantia fluminensis 440
Tradescantia 'Osprey' *140*
Tradescantia spathacea 440
Tradescantia x *andersoniana* 165
Trägerergel 544
Trägerschuh *512*
Tragetasche *470*
Tragetuch 470, *470*
Tragknospe 586, 589
Tragopogon porrifolius 357
Translokation 575, 577
translozierend 589
Transpiration 484, 515, 517, 528, 542, 578, 579, *579*, 589
Transpirationsstrom *579*
Trapa natans 246, 247, 260, 261
Traube 359, *361*, 580, 589
Lagerung
zum Einkochen passieren 371
Traubenhyazinthe 141, 220, siehe auch *Muscari*
Trauermücke 269
Trauerweide 33, siehe auch *Salix* x *sepulchris* 'Chrysocoma'
Traufe 513
Treibhaus 84, 86, 88, 90, 131, 152, 158, 161, 163, 168, 184, 188, 237, 261, *434*, 441
kühles 434
Frost 434
Heizung 434
Mindesttemperatur 434
lehmige Substrate 441
Treibhauseffekt 481
Treibhauspflanzen 430
Treibtopf 351, *351*
Trennbrett 502
Trennung
von Mutterboden und Unterboden 526
Treppe
Bauen
Antrittstufe 503
erste Setzstufe 503
Höhe des Hanges 503
restliche Stufen 503
Trittplatten 503
zweite Setzstufe 503
Trialeurodes vaporariorum 550
Trichocaulon 275
Trichocereus 275
als Unterlagen für Vermehrung 275
Trichocereus fulvilanus 266
Trichocereus pachanoi 266
Trichocereus pasacana 266
Trichocereus spachianus 266
Trichocereus terscheckii 266
Triebspitzen
Einlegen 536, 537
Triebstecklinge 539
Reifegrad
halbharte Stecklinge 538
harte oder verholzte Stecklinge 538
noch grüne Stecklinge 538
weiche Stecklinge 538
Triebsterben
bei Himbeeren 413
Trifolium dubium 576
Trifolium pratense 166
Trifolium repens 576
Triforin 572
Trillium 28, 149, 162, 195, 223, 228
Ausschneiden der Vegetationspunkte *242*
Vermehrung
Aushöhlen 242
durch Einkerben *242*
Einkerben 242
Vegetationspunkte 242
Trillium erectum 192
Trillium grandiflorum 143, *192*
Trillium rivale 192, 222
Trillium sessile 143
Trillium-Rhizom
Vermehrung 242
Trioza alacris 551
Triple-Superphosphat 530
Triplephosphat 572
triploid 589
Tripterygium 113, 115
Triteleia 222, 223
Triteleia laxa 219
Trittstufenbreite 503
Triumpf-Tulpe 224, siehe auch *Tulipa*
Trochodendron aralioides 55
Trockenblumen 172, 177, 187, *187*
Trockenkochbohne 342, *343*
spezielle Sorten 342
Trockenmauer
Fundament 506
Mauerquerschnitt 506
Schräge 506
Verjüngung 506
Trockenmörtel 499
Trockenperioden 528
Trog *473*
Alpen- und Steingartenpflanzen in Trögen
Wässern 207
Deckschicht 207
Trollius 148, 165, 167
Trollius europaeus 247, *247*
Trollius ledebourii 247
Trollius x *cultorum* 247
Trompetenblume 97, siehe auch *Campsis radicans*
Trompetenlilie 243
Tropaeolum 36, 112, 180, 536, 546
Tropaeolum majus *173*, 177, 180, 182
Tropaeolum majus 'Empress of India' 177
Tropaeolum majus, Gleam-Serie 177
Tropaeolum majus, Whirlybird-Serie 177
Tropaeolum peregrinum 99, 175
Tropaeolum polyphyllum 193
Tropaeolum speciosum 96, 97, 99
Tropaeolum tricolorum 99
Tropaeolum tuberosum 99
Tropen 332, 514
Tropenhaus 436
Tropfbewässerung 528
Tropfsystem 366
tropische Bäume
Schnitt 48
tropische Pflanzen 333, 430, *434*, 441
Amarant 325
Erden
humose 441
laubhaltige 441
Laubkompost 441
Keimung im beheizbaren Vermehrungsgefäß 452
tropische Wurzelfäule 344
Tropischer Regenwald 437
Trugdolde 589
Tsuga 55
Tsuga heterophylla 37, 41
Tsuga mertensiana f. *argentea* 37
Tücher und Beutel 470
Tuffstein 589
Tulbaghia 223
Tulipa 223, 237, siehe auch Tulpe
Darwin-Hybriden *224*
Einfache Späte *224*
Einfache, späte *224*
Gefüllte, frühe *224*
Greigii-Hybriden *224*
Kaufmanniana-Hybriden *224*
Papagei-Tulpe *224*
Viridiflora 224
Zwergarten 223
zwergige Art *224*
Tulipa 'Clara Butt' *222*
Tulipa 'Dawnglow' *224*
Tulipa 'Dreamboat' *224*
Tulipa 'Estella Rijnfeld' *224*
Tulipa 'Greuze' *224*
Tulipa 'Guiseppe Verdi' *224*
Tulipa 'Peach Blossom' *224*
Tulipa 'Queen of Night' *224*
Tulipa 'Rembrandt' 224
Tulipa sprengeri 219, 231
Zwergarten 224
Tulipa 'Spring Green' *224*
Tulipa sylvestris 223
Zwergarten 224
Tulipa tarda 224
Tulipa turkestanica 119
Tulipa 'West Point' *219, 224*
Tulipa 'White Triumphator' *219*
Tulpe *139*, 175, 217, 218, *218*, *219*, *220*, 224, *224*, 225, *228*, *233*, *235*, 238, *279*
Ableger 237
als Beetpflanze
einjährige 224
klassische 218
Arten
Ruheperiode 223
Blütenformen 224

Blütezeit *225*
Darwin-Hybriden 224
einfache *224*
Fosteriana-Tulpe 224
Blüte 224
frühe
Blüten 224
Kelchblüten 224
gefüllte *224*
Greigii-Tulpe 224
Blüte 224
Hybriden 224, *224*
Kaufmanniana-Tulpe 224
Blüte 224
Keimung
in Plastikbeuteln 239
Klassen
nach Blütenformen 224
nach Blütezeit 224
Krankheiten 228
Kultur 224
mittelfrühe 224
Papageitulpe 224, *224*
späte 224
Vermehrung 224
durch Ableger 225
Tulpensamen 225
Zwergarten 224, *224*
Tulpenfeuer 225, 560
befallene Pflanzen 553
Bekämpfung 553
Tunica *578*, 589
Turbinicarpus 275
Turbulenzen
Baumgruppe 519
benachbarte Gebäude 519
Geschwindigkeit 519
Unterdruck 519
turgeszent *542*
Turgor *578*
Turion *541*
Tussilago farfara 574
Typha 143
Typha angustifolia 247
Typha latifolia 261
Typha latifolia 'Variegata' 247
Typha minima 247
Typha stenophylla, syn. *Typha laxmannii* 247

U

U-Kordon 590
Uebelmannia 275
Überdüngung 531
Überkalkung 531
Überstand 531
Überwachungsschnitt 587
Uferböschung 276
Uferpflanze 250 - 252, 433
Ausbreitung 256
kriechende
Vermehrung durch Stecklinge 260
nicht winterharte 433
Pflanzkörbe 256
Umtopfen *259*
Vermehrung
durch Teilung 260
Wassertiefe 256
Wuchseigenschaften 260
Wuchsgeschwindigkeit
Wurzeln 256
Wuchshöhe 256
Wurzelsystem 260
Ulex 68
Ulex europaeus 69
Ulmensterben 557
Ulmus 55
Ulmus parvifolia 'Geisha' 194
Umbilicus 263
Umbilicus chloranthus 271
Umbilicus intermedius 266
Umbilicus rupestris 266
Umbilicus-Arten 266
Umfallkrankheit 56, 84, 162, 166, 171, 182, 188, 270, 284, 314, 317, 325, 338, 344, 352, 543
Behandlung 314
Schutz vor Ausbreitung 314
Umgraben 590
„einen Spatenstich tief" 525
einfaches 525, *525*
Holländern 525
mit der Grabgabel 525, *525*
Nachteile
Minderung der Bodenfruchtbarkeit 525
spatentiefes *525*
Verzicht auf Umgraben 534
Zeit 525
zwei Spaten tief *526*, 528
„zwei Spatenstich tief" 525
Umpfropfen 590
Ungräser 576, 577
Unicinula 550
Universalerden 534
Unkräuter 155, 169, 196, 281, 282, 285, 306, 313, *314*, 573 - 577
Abschneiden 577
ausdauernde 312, 573
krautige Pflanzen 574
mit holzigen Trieben 574
mit tiefen Pfahlwurzeln 280
mit unterirdischen Rhizomen 280
breitblättrige 280, 290
einjährige 125, 280, 312, 575
Behaartes Schaumkraut (*Cardamine hirsuta*) *573*
Einjähriges Rispengras (*Poa annua*) *573*
Gemeines Kreuzkraut (*Senecio vulgaris*) *573*
Hirtentäschel (*Capsella bursapastoris*) *573*
Kleine Brennessel (*Urtica urens*) *573*
Vogelmiere (*Stellaria media*) *573*
in Fugen 577
in Spalten 577
Klassifizierung 573
mehrjähriges Unkraut 575
mit fleischigen Wurzeln 575
mit holzigen Trieben 575
mit Knollen 575
mit Rhizomen 574
mit Stolonen 574
mit tiefgehenden Wurzeln 575
Regeneration
aus Rhizomstücken 280
aus kleinen Wurzelstücken 280
Unkraut 72, 118, 187, 278, 279, 289, 311, 315
ausläuferbildendes 576
einjähriges 524
Jäten 575, 576
schwer bekämpfbares 575
stengelloses, ausdauerndes 574
Unkrautsämlinge 155
verhindern
Anbau gesunder Pflanzen 574
Bodenbearbeitung 574
Bodendecker 574
Mulchen 574
schwarze Mulchfolie 574
Unkrautbekämpfung 53, 155, 576
bei Bodendeckern 150
bei Kletterpflanzen 97
biologisches Unkrautbekämpfungsmittel 312
chemische Bekämpfung 573, 574
durch Jäten 524, 574
Hacken 524
Herbizide verwenden *524*
im Gemüsegarten 312
mechanische Bekämpfung 573, 574
Mulchschicht 312
Notwendigkeit 573
Unkraut ausgraben *524*
Unkrautsaat auflaufen lassen 312
Viereckpflanzung 312
Unkrautbesatz 534
Unkrautbeseitigung
im Winter 577
von Hand 577
Unkrautflora 574
Unkrautgabel 460
Unkrautpopulation 577
Unkrautsamen 267, 574
Unkrautstecher *461*
Unkrautvernichter 290
Unkrautvertilger 468
Unkrautwuchs 576
Unterart 590
Unterboden 523, 590
Unterbodenfräse 280
Unterbodenverdichtung 529
Unterfamilie 590
Untergrund 590
Unterlage *541*, 542, *542*, 590
leichtwurzelnde 541
Okulieren 132, 133
Sattel 542
schwachwachsende 541
Unterpflanzung 590
Untersetzer
aus Kunststoff 473
aus Ton 473
Unterwasserpflanzen *259*
tropische 249
Urocystis 556
Ursinia anthemoides 180
Urtica dioica 575, siehe auch Brennessel, Große
Urtica urens 573, siehe auch Brennessel, Kleine
Urwaldkakteen *434*
USA 128, 262, 418
Usambaraveilchen *446*, *454*, 539, siehe auch *Saint-paulia*
Ustilago 556
Utricularia exoleta 247, 261
Utricularia minor 247
Utricularia vulgaris 247
Uvularia 149

V

Vaccaria hispanica 177, 182
Vaccinium 71
Vaccinium ashei
Kultivierung in den USA und Australien 418
Vaccinium corymbosum 88, 418, siehe auch Heidelbeere
Vaccinium corymbosum 'Berkeley' 418
Vaccinium corymbosum 'Bluecrop' 418
Vaccinium corymbosum 'Bluetta' 418, *418*
Vaccinium corymbosum 'Coville' 418
Vaccinium corymbosum 'Darrow' 418
Vaccinium corymbosum 'Earliblue' 418
Vaccinium corymbosum 'Elisabeth' 418
Vaccinium corymbosum 'Goldtraube 71' 418
Vaccinium corymbosum 'Jersey' 418
Vaccinium corymbosum 'Patriot' 418
Vaccinium corymbosum 'Spartan' 418
Vaccinium delavayi 196
Vaccinium myrtillus 196
Vaccinium parvifolium 64
Vaccinium uliginosum 196
Vaccinium vitis-idaea 'Minus' *192*
Vaccinium-Arten 192
Valerianella locusta 331, siehe auch Feldsalat
Vallisneria gigantea 247
Vanda 442, 443
Blätter 442
Blattachseln 442
Blütenstände 442
Luftwurzeln 442
Stamm 442
Vanda Rothschildiana 442
variabel 590
Varietät 590
Vegetation
immergrüne 514
Vegetationsebenen 23
Veilchen 119, 218, 579, vgl. auch afrikanisches Veilchen
Veltheimia 222, 435
x *Venidio-arctotis* 'Apricot' *141*
Ventilatorprinzip 483
Venturia inaequalis 553
Venturia pirina 553
Veranda 432
Verbänderung 561
Verbascum 149, 162, 167, *174*, 175, 182
Verbascum bombyciferum 177, 180
Verbascum densiflorum 177
Verbascum 'Letitia' 195
Verbena 166, 175
Verbena peruviana 141
Verbena x *hybrida* 177, 180
Verbena x *hybrida*-Sorten 176
Verbindung und Stützen
Backsteinsockel *512*
Betongehäuse *512*
Bogen *512*
Fußpfette *512*
Gerüstbaum *512*
Holzpergola
Bogen *512*
Trägerschuh *512*
Überlattung
kreuzweise *512*
Verdübelung
Holzdübel *512*
Verklauung *512*
Verbräunen 555
Verbrennungen 562
Verbrennungsofen 470
Verbundsteine 498, *498*
Verdichtung 522
Verdichtungshorizont 590
Verdunstung 528
Veredelung 59, 83, 91, 541, 590
Zeitpunkt 541
Veredlungsmethode 58, *541*, 542
Veredlungsstelle 590
Vereinzeln 588, 590
Vergilben 555
Vergilbung *552*
Vergißmeinnicht *25*, 173, 182, 188, 218, siehe auch *Myosotis*
Wachstum 180
Verhütung
von Krankheiten 546
von Schädlingen 546
Verjüngungsschnitt 590
Verkrustung 590
Verlegen von Platten
Abschlußarbeiten
Fugen 496
Glätten 496
Trockenmörtel 496
eigentliches Verlegen
Abstandshölzchen *495*
Ebenflächigkeit *495*, 496
„Feld-und-Kreuz"-Methode 495
Fugen *495*
Mörtelkreuz *495*
Mörtelstreifen *495*
Schablone *495*
Verlegen von einer Ecke aus 495
Vorbereitungsarbeiten 495
Verletzungen, mechanische 559
Vermehrung 54
Ablegen
natürlicher Ableger 537
wellenförmiges 537
durch Abmoosen 57, 88
durch Absenken 57, *57*, 88
der Spitzen 88
einfaches 537
durch seitliches Anplatten *58*
durch Spanveredlung *59*
durch Stecklinge
geschlechtliche 535
Grundlagen 535 - 544
Grundprinzip 535
Stecklinge 55
ungeschlechtliche 590
Veredlung 59
Zeitpunkt 538
Vermehrungsbeet 85, 590
Vermehrungseinrichtungen, beheizte 543
Vermehrungserde 534, 543
Vermehrungsgefäß 454
Vermehrungskasten 56, 84, 85, 90, 91, 131, 153, 154, 159, 161, 166, 183, 210, 213, 270, 309, 398
Vermehrungsmethode
neuere 544
vegetative
Blattsteckling 538
Triebsteckling 538
Wurzelsteckling 538
Vermehrungsorgane
der Rose
Blüte *535*
Blütenblätter *535*
Fruchtknoten (weiblicher Teil) *535*
Narbe *535*
Samen *535*
Staubblätter (männlicher Teil) *535*
Vermehrungssubstrat 534, 539
Vermiculit 590
Vernachlässigung
kurzzeitige 577
über längere Zeit 577
Vernässung 533
Veronica 143, 165, 190, 211, *212*
Veronica beccabunga
als Sauerstofflieferant 246
Veronica 'Crater Lake Blue' *140*
Veronica filiformis 576, *576*
Veronica gentianoides 143
Veronica peduncularis 212
Veronica spicata 143, 149, 195
Veronica virginica f. alba *140*
Verrotten, langsames 533
Verschalung 513
Verschalungsarten
fehlkantige Verschalung 513
gefalzte Verschalung 513
gespundete Schalung 513
Schiffsplankenschalung 513
überlappende Schalung 513
Verschlämmung 527
oberflächige 527
Verschlammen 529
Verstärkungsstab *506*
Verticillium 557
Verticillium-Welke 334, 424, 557, 565
Infektionsrisiko für Erdbeeren bei Pflanzung nach Kartoffeln 408
Vertikutieren 577
Vertikutierer *467*
Motorvertikutierer 467
Verwunden 539
Verwundung 559
Viburnum 68, 76, 83, 85, 86, 87
Viburnum Farreri 69
Viburnum opulus 67, 69
Viburnum plicatum 'Mariesii' *66*
Viburnum tinus 71, 80, 82
Viburnum tinus 'Eve Price' 65

Viburnum x *bodnantense* 64, 65
Vicia faba 344
Vicia faba 'Bonny Lad' 344
Vicia faba 'Con Amore' 344
Vicia faba 'Express' 344
Vicia faba 'Hylon' 344
Vicia faba 'Jubilee Hysor' 344
Vicia faba 'Osnabrücker Markt' 344
Vicia faba 'Red Epicure' 344, *344*
Vicia faba 'Relon' 344
Vicia faba 'Witkiem Major' 344, *344*
Victoria amazonica 247
Victoria regia 247
Vielstengeliges Schaumkraut 196, siehe auch *Cardamine hirsuta*
Viertelstamm 590
Vigna 115
Vigna caracalla 105
Vinca 34, 68, 143
Vinca major 'Variegata' *150*
Vinca minor 143
Vinca minor 'Atropurpurea' 150
Vinca-Arten 151
Viola 166, 182, 183, 210
Viola cazorlensis 195
Viola cornuta 212
Viola cornuta 'Minor' 195
Viola delphinantha 195
Viola 'Haslemere' *191*, *219*
Viola 'Jackanapes' *210*
Viola jooi 195
Viola labradorica 143
Viola labradorica 'Purpurea' 141
Viola odorata 143
Viola odorata 'Czar' 143
Viola tricolor *174*, 175
Viola x *wittrockiana* 27, 142, 172, 173, 175, 177, 183, 188, 222, siehe auch Stiefmütterchen
Viren 314, 341, 342, 343, 351, 355, 449
Virenpartikel, submikroskopische 553
Virginia 514
Viridiflora-Tulpe 224
Virosen 388, 560, 563
befallene Pflanzen 553
Bekämpfung 553
Viruskrankheiten 354, 367
bei Himbeeren 413
Vitaliana primuliflora 192, 195, 205
in Geröllbeeten 192
Vitex agnus-castus 37, 71
Vitis 99, 102, 105, 106, 111, 113, 115
Stützen 450
Vitis amurensis 115
Vitis coignetiae 94, 96, *96*, *98*, 99, 100, 101, 115
Vitis labrusca 401
Klima 401
Einkreuzung mit Weintrauben 401
Vitis vinifera 99, 360, 401 - 406
Vitis vinifera 'Alicante' 402, *402*
Vitis vinifera 'Appley Towers' 402
Vitis vinifera 'Auguste Luise' 402
Vitis vinifera 'Auxerrois' 404
Vitis vinifera 'Bacchus' 404
Vitis vinifera 'Black Frontignan' 402
Vitis vinifera 'Black Hamburgh', syn. 'Trollinger' 404
Vitis vinifera 'Black Monukka' 402
Vitis vinifera 'Buckland Sweetwater' 402
Vitis vinifera 'Canon Hall Muscat' 402
Vitis vinifera 'Chardonnay' syn. 'Pinot Chardonnay' 404
Vitis vinifera 'Chasselas Rose' 402
Vitis vinifera 'Chasselas Vibert' 402
Vitis vinifera 'Chenin Blanc' 404
Vitis vinifera 'Ciotat' 402
Vitis vinifera 'Dornfelder' 404
Vitis vinifera 'Dunkelfelder' 404
Vitis vinifera 'Findling' 404
Vitis vinifera 'Foster's Seedling' 402, *402*
Vitis vinifera 'Früher Blauer Burgunder' 402
Vitis vinifera 'Gamay Hatif' 402
Vitis vinifera 'Gewürztraminer' 404
Vitis vinifera 'Golden Queen' 402
Vitis vinifera 'Grizzley Frontignan' 402
Vitis vinifera 'Gros Colmar' 402
Vitis vinifera 'Himrod Seedless' 402
Vitis vinifera 'Huxelrebe' 404
Vitis vinifera 'Kernling' 404
Vitis vinifera 'King's Ruby' 402
Vitis vinifera 'Lady Hastings' 402
Vitis vinifera 'Léon Millot', syn. 'Kuhlmann' 404
Vitis vinifera 'Madeira Frontignan' 402
Vitis vinifera 'Madeleine Angevine 7972' 404
Vitis vinifera 'Madeleine Sylvaner' 404
Vitis vinifera 'Madeline Royale' 402
Vitis vinifera 'Madresfield Court' 402
Vitis vinifera 'Melon' 404
Vitis vinifera 'Mrs Pearson' 402
Vitis vinifera 'Mrs Pince's Black Muscat' 402
Vitis vinifera 'Muscat Bleu' 402
Vitis vinifera 'Muscat Hamburgh' 402
Vitis vinifera 'Muscat of Alexandria' 402, *402*
Vitis vinifera 'Müller Thurgau' 404, *404*
Vitis vinifera 'Müllerrebe' 404
Vitis vinifera 'New York Muscat' 402
Vitis vinifera 'Oliver Irsay' 402
Vitis vinifera 'Ortega' 404
Vitis vinifera 'Perle de Czaba' 402
Vitis vinifera 'Pinot Gris', syn. 'Grey Burgunder' 404
Vitis vinifera 'Pinot Meunier', syn. 'Meunier' 404
Vitis vinifera 'Pinot Noir', syn. 'Spätburgunder' 404
Vitis vinifera 'Primavis Frontignan' 402
Vitis vinifera 'Purpurea' 96
Vitis vinifera 'Quinechon' 404
Vitis vinifera 'Regner' 404
Vitis vinifera 'Reichensteiner' 404
Vitis vinifera 'Reine Olga' 402
Vitis vinifera 'Riesling' 404
Vitis vinifera 'Riesling Sylvaner' 404
Vitis vinifera 'Rivaner' 404
Vitis vinifera 'Royal Muscadine' 402
Vitis vinifera 'Ruländer' 404
Vitis vinifera 'Sauvignon Blanc', syn. 'Blanc Fumé' 404
Vitis vinifera 'Sauvignon Fumé' 404
Vitis vinifera 'Sauvignon Jaune' 404
Vitis vinifera 'Scheurebe' 404
Vitis vinifera 'Schönburger' 404
Vitis vinifera 'Schwarzriesling' 404
Vitis vinifera 'Seibel 13053', syn. 'Cascade' 404
Vitis vinifera 'Seyval Blanc', syn. 'Seyve-Villard 5276' 404
Vitis vinifera 'Siegerrebe' 404, *404*
Vitis vinifera 'St Laurent' 402
Vitis vinifera 'Syrian' 402
Vitis vinifera 'Thompson's Seedless' 402
Vitis vinifera 'Trebbiano' 402
Vitis vinifera 'Wrotham Pinot' 404
Vlies
Faservlies 315, *315*
Belüftung 315
Temperatur 315
Gittervlies 315, *315*
Belüftung 315
Temperatur 315
Vögel 182, 201, 326, 329, 339, 343, 359, 367, 376, 384, 396, 411, 413, 547, 561
Vogelfraß 284
Vogelkirsche 27, siehe auch *Prunus avium*
Vogelmiere 573
Vogelscheuche 549
Volldünger „Growmore" 530
Vriesea 436, 437
als Topfpflanze
Erdmischung 437
Kalkhasser 437
Kultivieren am „Baum" 436
Vriesea splendens 436

W

Wachholdergespinstmotte 551
Wachsbohne siehe auch Gartenbohne
Konsistenz 342
wachsende Folie 184, 336, 339, 342, 348, 350, 354, 358
Wachsschicht, schützende 538
Wachstum, vegetatives 590
Wachstumsanomalien 559
Wachstumsgeschwindigkeit 32
Wachstumsregulator 555
Wände 433
Wärmeblende 482, *482*
Wässern 53
Wahl des Gewächshauses 476 - 479
Belüftung 476
Größe 476
Hitze 476
Licht 476
Material 476
Stil 476
Wald
Laubwald 142
Waldgärten 142
Waldpflanzung *220*
Waldbäume 36
Waldblume 142
Waldhimbeere 412, siehe auch Himbeere
Waldhyazinthe 27, siehe auch *Hyacinthus non-scriptus*
Waldmeister 292, *299*, siehe auch *Asperula odorata*
Blätter 294
Blüten 294
Einschränken der Ausläufer 298
Ernte und Lagerung
Blätter 294
Blüten 294
Staude 294
Vermehrung
durch Aussaat 294
durch Keimung 294
durch Teilung 294
Waldnessel 27, siehe auch *Lamium maculatum*
Waldpflanzen 28, 192, 206, 220
Waldreben 34, 94, *95*, *97*, 98, 100, *100*, 102, 108, *109*, 112, siehe auch *Clematis*
Absenker 110
Boden 109
Bodenvorbereitung 108
Erziehung 109
Pflanzung 108, 109
Pflege 109
Schnitt 109, 110
spätblühende Arten 110
Stammstecklinge 110
Stecklinge 110
Stützpflanze 108, *109*, 110
Teilung 110
Vermehrung 110
Waldsteinia ternata 195, *195*
Waldzwiebeln
Auspflanzen *239*
Walnuß 47, 428, *428*, 429, *429*, siehe auch *Juglans regia*
Ausbreitung 429
Boden und ph-Wert 429
Ernte
Walnüsse zum Einlegen 429
erst nach vielen Jahren 429
Fremdbefruchtung durch verläßliche Pflanzen in der Nähe 429
Kälteperiode 429
Lagerung 429
minderwertige Nüsse bei bestimmten Sämlingen 429
Pflanzung 429
Pfahlwurzel 429
Topfpflanzen 429
Wurzelsystem 429
Schnitt 429
als Hochstämme mit Mittelleittrieb 429
Astgerüst 429
Ruhezeit 429
selbstfertil 429
Standort 429
Vermehrung
durch Samen 374
Kopulation mit Gegenzungen 429
Okulation 429
Windbestäuber 429
Walze 283, 289
Wand
Trennwand *361*
Wandbefestigungen *472*
Bleikopfnagel
Sporn 472
Klebestreifen 472
Stahlöse 472
Wanderregner
Geschwindigkeit 469
Reichweite 469
Warmhaus *434*, 435, 443, 474, 481
geregelte Beheizung 434
Kosten 434
Mindesttemperatur 434
Vorrichtungen
automatisches Belüftungssystem 434
automatisches Bewässerungssystem 434
automatisches Sprühsystem 434
Doppelverglasung 434
Schattierung 434
Thermostat 434
Ventilatoren 434
Warmhausbeet 355
Warmstratifikation 536
Waschbeton 502
Wasser 528 - 529
Wasseraufnahme
Aufnahmekapazität des Bodens 528
Wasseraufstieg 528
Wasserbedarf, jahreszeitlicher 528
Wasserbewegung *544*
nach oben *544*
nach unten *544*
Wasserfälle 244, 245, 248, 257
künstliche 245
Wassergarten 28, 244 - 261
Algen 257, 258
andere Wasserlebewesen 257
Anlegen
von Teichen 250 - 254
von Wasserläufen 250 - 254
Ausbesserungsarbeiten 258
Aussaat *261*
Bakterien 257
Bauweise 258
Bepflanzung 246, 255 - 258
Besatz 255 - 257
exotische Zierpflanzen 246
feuchtigkeitsliebende Pflanzen 246
Filter 257
Fischbesatz 257, 258
Fische
ansiedeln *257*
Bewegungsfreiheit 258
Gestaltung 244 - 247
Herbstarbeit 259
Knollengewächse für Wassergärten 221
Kombination von Pflanzen 246
Krankheiten 259
laufende Pflege 258, 259
Materialien 250
mobiler 246
naturnaher *244*
Pflanzbeete
wässern 256
Pflanzen 246, 258
Pflanzen auswählen *255*
Laub *255*
Triebe *255*
Unkräuter *255*
Wuchs *255*
Pflanzgefäße 255
Pflege der Pflanzen 259
Pumpen und Filter
Fische 254
Oberflächen- und Unterwasserpumpen 254
Reparatur einer Teichfolie *258*
sauerstoffbildende Pflanzen *255*
Austrocknungsgefahr 255
Einsetzen 255
Pflanzung 255
unbewurzelte Stecklinge 255
Sauerstoffmangel 257
Schädlinge 259
Schwimmpflanzen 246, *255*
alkalisches Wasser 252
sauerstoffbildende 252
Standort 258
Sumpfpflanzen 246
Teichfolie 258
Tiefwasserpflanzen 246
Tierwelt 246
treibender Ball im Winter *259*
Uferpflanzen 246, 255, *255*
Unkräuter 258
Unterwasserpflanzen 254
Zurückschneiden 259
Vermehrung 260, 261
der Schwimmpflanzen *261*
durch Adventivpflanzen 261, *261*
durch Ausläufer 261, *261*
durch Aussaat 261
durch Sämlinge in Töpfe pikiert 261
durch Stecklinge 261
durch Stecklinge von krautigen Trieben *260*
durch Teilen von Rhizompflanzen *260*
durch Teilung 261
durch Teilung fasriger Wurzelstöcke *260*
durch Winterknospen 261
im Topf 261
Wasser 258
pH-Wert 252
Wasserfälle 250
Wassergarten im Gefäß
Metallbehälter 246
Wasserläufe 250
Wasserqualität
Algen 258
Gleichgewicht zwischen Pflanzen und Tieren 258
Wasserreinigung 257
Wasserverlust 258

Wasserverschmutzung 257
wichtigste Gartenarbeiten
im Frühling 581
im Herbst 583
im Sommer 582
im Winter 584
Winterpflege 259
Zwiebelgewächse für Wassergärten 221
Wassergehalt 526
Wasserhaltevermögen 522, 526, 527, 528
Wasserhaushalt 527
Wasserhyazinthe 244
Wasserkreislauf 254
Wasserläufe
künstliche 245
Wasserlauf 244, *245*
Anlegen
Bau der Anlage 253
Markieren der Anlage 252, 253
mit Folie 252
aus Fertigteilen *254*
aus Teichfolie *253*
Fließgeschwindigkeit *253*
Folie 253
Nahtstellen 253
gewundener 253
Markieren *253, 254*
mit Kreislauf *254*
Nähte 253, *254*
Niveauunterschiede 253
Pumpe 252, *254*, 258
Rand *253*
Randbepflanzung 253
Rückschlagventil *254*
Seitenwände 253, *253*
Stufen 252
Teich 252
Teichebenen *254*
Unterwasserpumpe *254*
Verlauf 253
Wasserbehälter 253
Wasserfälle 253, *253*
Wasserkreislauf 254
Pumpe 254
Wasserstand 252
Wasserverlust 258
Wasserleitung
Anschluß im Gewächshaus legen 480
Wasserlilie 244
Blätter 248
Blüten 248
Knollen
Vermehrung durch Stecklinge 261
tropische Arten 248
winterharte Arten 248
Wasserlinse 255, 256
Wassermangel 517, 528, 563
Wassermelone 333, *333*, siehe auch *Citrullus lanatus*
Aussaat 333
unter Abdeckungen 333
Bestäubung von Hand 333
Boden 333
Dünger 333
empfohlene Sorten 333
Ernte 333
Früchte 333
Krankheiten 333
Lagerung 333
laufende Pflege 333
Pflanzung 333
Sämlinge 333
Schädlinge 333
Stickstoffbedarf 314
Stickstoffgehalt im Boden 333
Temperatur 333
Triebe 333
Wasserpflanzen 28, 244, 247, 331, 433, 519
am Brunnen 245
Ausdünnen 259
Ausläufer 261
Auswahl
Krankheiten 255
vakuumverpackte Pflanzen 255
direkte Pflanzung
in Beete 255
Düngen 255
feuchtigkeitsliebende Pflanzen
aus Samen ziehen 261
Gefäße 255
Kategorien
feuchtigkeitsliebende Pflanzen 246
sauerstoffbildende Pflanzen 246
Schwimmpflanzen 246
Sumpfpflanzen 246
Tiefwasserpflanzen 246
Uferpflanzen 246
Knollen 260
nicht winterharte 247, 260, 261, 433
Pflanzbeete 255
Pflanzkorb 255
Pflanzsubstrat
Förderung von Algenbildung 255
Pflanztiefe 255
Messen 256
Photosynthese 256
Wachstum 256
Pflege 259
Samen
Düngen 261
Keimung 261
Sämlinge 261
Substrat 261
sauerstoffbildende Unterwasserpflanzen 260
Vermehrung durch Stecklinge 261
Stecklinge *257*
Substrat 251
Teilen 259
Tiefwasserpflanzen 248, *257*
Pflanzung in Beeten 256
Pflanzung in Unterwasserbehältern 256
Photosynthese 256
Verankern von Tiefwasserpflanzen 256
Wurzeln 256
Umsetzen 259
Vermehrung
aus Samen 260
durch Grünstecklinge 260
teilbare Wasserpflanzen 260
Wachstumsbedingungen 260
Verzeichnis der Wasserpflanzen 247
als Aquarienpflanzen geeignete 247
Pflanzen für tiefes Wasser 247
Schwimmpflanzen 247
Sumpf- und feuchtigkeitsliebende Pflanzen 247
Uferpflanzen 247
Unterwasserpflanzen 247
Wachstumsperiode 255
Wassertemperatur 255
Winterknospen
überwintern 261
Wurzeln 251
Wurzelstöcke 260, 261
Wasserqualität 255
Wasserreiser 590
Wasserspeicherung 529
Wasserspeier 245
traditioneller *245*
Wasserspiegel
überhöhter 568
Wasserstau
in schlecht drainierten Böden 517
Wolkenbruch 517
Wassersäule 543
Wassersucht 555
Wassertonne 468
Wasserverdunstung
Bodendecker 150
Wasservergißmeinnicht, siehe auch *Myosotis scorpioides*
Stecklinge 261
Wasserversorgungsmängel 555, 557
Wasservögel 244, 246
Wasserwaage 281
Wasserwand 490
Watsonia 218, 222, 223
Wattakaka 99, 113
Weberocereus 275
Arten mit abgerundetem Stamm 275
wechselständig 590
Wedel 590
Wege 190
Breite 501
Material
Kombinationen 501
Schrittlänge 501
Trittplatten-Weg 501
praktische Erwägungen 501
Verlauf 501
Wegerich 290, 577
Wegränder
aus imprägniertem Holz 502
aus Ziegeln 502
Randstreifen aus Plastik 502
Weichfäule, bakterielle 566
Weichfrucht
Vermehrung
durch Steckholz 372
Weide 17, 23, 27, 28, *29*, 36, 39, 54, 64, 279, 517, 521, 539, siehe auch *Salix*
Goldweide 35, siehe auch *Salix alba* var. *vitellina*
Korkenzieherweide 33, siehe auch *Salix matsudana* 'Tortuosa'
Weidelgras, vgl. auch *Lolium perenne*
Boden 278
Schnitt 278
Weidenanthraknose 570
Weidenröschen *27*, *574*, siehe auch *Epilobium* sp.
Weigela 78, *78*, 85, 86, *538*
Weihnachtskaktus 265, 432, siehe auch *Schlumbergera bridgesii*
Schlumbergera bridgesii 432
Weihnachtsstern *432*
Wein 95, 111, 401 - 408, 539, siehe auch *Vitis*
Gerüst 401
Glasüberdachung für Wein 401
in kühlen Regionen 401
Ruten 401
Schnitt nach der Lese 401
Wein-Rüsselkäfer 401
Weinarten 96
Weinessig 302
Weingartia 273
Weingartia lanata 266
Weinmannia 55
Weinrebe 360, 362, *363*
an Stützen erziehen 365
Pflanzloch 365
Wurzeln 365
Sommerschnitt
bei Kunstformen 368
Stützen 450
Vermehrung
durch Steckholz 372, 374
Weintraube 359, 363, 401 - 406, 562
an warmen Wänden 404
Blätter entfernen *406*
Blüten 404
Boden 404
Doppel-Guyot-Erziehung *404*, *405*
Edelsorten 401
Zapfenschnitt 405
empfohlene Sorten
frühe 404
mittelfrühe 404
späte 404
Ernte 406
Ernte der Trauben *406*
Erziehung
Einzel-Guyot-System 405
Erziehungsmethoden 401
Fruchtausdünnung 404
Früchte 401
in der Regel selbstfertil 404
Klima 404
Lagerung
zum Einfrieren geeignet 371
laufende Pflege
Unkraut laufend beseitigen 404
Magnesium-Mangel 404
Mulchen 404
Pflanzung 404
pH-Wert des Bodens 404
Reifebedingungen 401
Schnitt
Entfernen der Blätter 406
Formierung der Ersatztriebe 406
Guyot-System 405
regelmäßiger 406
Rückschnitt 405
Sommerschnitt 406
Winterschnitt 368, 406
Zapfenschnitt 405
Schnittmethoden 401
Standort 404
Wässern junger Pflanzen auf trockenen Standorten 404
unter Glas 404
Unterlagen 404
Unterstützung 401
Vermehrung
durch Steckhölzer 406, *406*
durch Zwei-Knospen-Steckhölzer *406*
im Freiland durch Triebstücke 406
unter Glas 406
Wässern
junge Pflanzen auf trockenen Standorten 404
Minderung der Traubenqualität 404
Weinlese *406*
Weintrauben-Edelsorten 401
Windbestäubung 404
Zuckergehalt 405
Weißbirke 27, siehe auch *Betula pendula*
Weißblühende Glyzine 96, siehe auch *Wisteria sinensis* 'Alba'
Weißbuche *33*, siehe auch *Carpinus betulus* 'Fastigiata'
Weißdorn 36, 62, 521, siehe auch *Crataegus monogyna*
als Unterlage für Japanische Mispel 422
Weißdornhecken 28
Weißdornmotte 551
Weiße Bohne *340*, 342, siehe auch Gartenbohne
Weiße Fliege 93, 317, 326, 332, 334, 335, 338, 340, 341, 342, 353, 398, 422, 423, 424, 426, 427, 449, 546
Weiße Johannisbeere 360, 415, 416, siehe auch Rote und Weiße Johannisbeeren sowie *Ribes sativum*
Lagerung
zum Einfrieren geeignet 371
Weiße Johannisbeere 'Werdavia' *362*
Weiße Rübe 317, 352, *352*, 353, siehe auch *Brassica rapa Rapifera*-Gruppe
Abstand der Reihen 353
Aussaat 353
Blätter 352, 353
als Stielmus essen 353
Bodenansprüche 353
empfohlene Sorten 353
Ernte 353, *353*
Klima 353
Krankheiten 353
Lagerung 353
laufende Pflege 353
Pflanzung 353
Schädlinge 353
Schale 353
Stickstoffbedarf 314
Stickstoffgehalt des Bodens 353
Wurzeln 353
zum Einfrieren geeignet 316
Weiße Tafeltraube *401*, siehe auch *Vitis viniferum*
Weiße Tulpe *218*
Weißer Gänsefuß 280, siehe auch *Chaemopodium album*
Weißer Rost 317
Weißer Senf 330, *330*, siehe auch *Brassica hirta*
gemeinsame Kultur mit Kresse 330
Klima 330
Sämlingsblätter 330
Wuchsformen 330
Weißes Kartoffelzystenälchen 570, siehe auch *Globodera pallida*
Weißes Straußgras 284
Weißfäule 308
Weißklee *576*, siehe auch *Trifolium repens*
Weldenia candida 212
Welkekrankheit 109
bei Passionsfrüchten 407
Welken 545
Wellhornschnecke 255
Welsches Weidelgras, siehe auch *Lolium multiflorum*
Keimen 279
kurzlebiges Gras 279
Mähen 279
Werkzeug 458 - 473
Wermut 292, *299*, 301, siehe auch *Artemisia absinthium*
Artemisia 'Lambrook Silver' 294
Blätter 294
Ernte und Lagerung
Laub 294
Halbstrauch 294
Laub 294
Varietäten 294
Vermehrung
durch halbausgereifte Stecklinge 294
durch krautige Stecklinge 294
Wespe 376, 384, 388, 401, 547, 563
Wespennest 563
Wetter 514 - 519
Wetterstation 528
Wicke *179*
Busch 179
Grandiflora-Sorten 178
Sorten 178
Spencer-Sorten 178
Wickler
befallene Pflanzen 552
Bekämpfung 552
Wiese 28, 277
Alpenwiese 169
Aussaat 169
Blumenwiese
anlegen 169
Obstwiese 359
Pflanzung 169
Pflege 169
Zwiebeln und Knollen 217
Wiesenblume 169
Lebensraum 169
Wiesenlischgras, siehe auch *Phleum pratensis* ssp. *bertolonii*
Lage 279
Wiesenpflanzen 331
Wiesenrispe 278, siehe auch *Poa pratensis*
Saatmenge 284
Wiesenschnake, langbeinige 571
Wigginsia vorwerkiana 273, *273*
Wilcoxia 275
Wild 549, 570
Wildarten 218, 222
Wildblume 28, 142, 169, 189, 277
Habitat 169
Lebensraum 169
Standort 169
Wilder Majoran 298, *299*, siehe auch *Origanum vulgare*
Blätter 296
Blüten 296
Ernte und Lagerung
Blätter 296
Blüten 296
Staude 296
Varietäten 296
Vermehrung
durch Aussaat 296
durch Teilung 296
durch Triebstecklinge 296

Wilder Wein 94, 97, siehe auch *Parthenocissus quinquefolia*
Wildkirsche 27, siehe auch *Prunus avium*
Wildlinge 72, *72*, 590
  Entfernen *72*
Wildlingswachstum *125*
Wildrose 117, 118, 119, *120*, 123, 126, 128, 133, siehe auch *Rosa* und Rose
  Erziehungsschnitt 129
  Hybriden 117, 120
  Samen
    Stratifizierung 134
  Schnitt 129
  Vermehrung
    durch Samen 131
Wildschutzspirale 570
Wind
  Abkühlung von Pflanzen 518
  Kraft 519
  Verbreitung von Pollen und Samen 518
  Windschäden
    Erfrierung 519
    schiefe Wuchsform 518
    Stürme und Böen 519
    Verbrennung 519
Winde 577, 590
windende Pflanzen
  Vermehrung durch einfache Absenker 456
Windengewächse 355
Windfang 303
  Bereich 305
  durchlässige Barrieren 305
  Filtern des Windes 305
  künstlicher 305
  Windkanal 305
Windfilter *304*
Windkanal *475*, *518*
Windschutz 28, 29, 39, 45, 57, 60, 61, 144, 147, 303, *304*, 312, 315, 362, 472, 519, *519*, 520, 521, 590
  für Frühblüher 520
  Standort
    Leeseite 521
  vor salzhaltigen Winden 520
  Windgeschwindigkeit 521
Windschutzblenden
  Drahtgeflecht *521*
  Flechtzaun
    Windrichtung *521*
  Spezialwindschutz *521*
Windschutzmantel 472
Windschutzvorrichtungen
  Abbremsen des Windes *519*
  Windschutz, undurchlässiger *519*
  Windschutzblende *519*
Windstoßprinzip 483
Windturbulenzen *518*
Windwurf 590
Winterblüher 434
Winterblumenkohl 318
Winterbohnenkraut, siehe auch Bergbohnen
  Ernte 298
  immergrüne Kräuter
    ganzjährige Erntemöglichkeit 298
  Pflanzabstand bei Zwerghecken 293
  Pflanzen für Zwerghecken 293
Winterfeuchtigkeit 590
Wintergarten 158, 170, 188, 222, 243, 245, 265, 292, 430, 432, 433, 439
  Bankbeete 441
    für spezielle Pflanzengruppen 441
    Vermehrung und Anzucht 441
  Bodenbeete 441
  Grundbeete
    Drainageschicht 441
    erhöhte 441
  Kakteen 264
  Pflanzen für den Wintergarten 265
  Pflanzplan 265
  Planungsphase 441
  Sukkulenten 264
  warmer 434
Wintergemüse 352
winterhart 590
Winterjasmin 95, 98, siehe auch *Jasminum nudiflorum*
Winterkohl *317*
Winterling 218
Wintermelone, siehe auch Zuckermelone
  Schale 333
Winterportulak *304*, 331, *331*, siehe auch *Montia perfoliata*
  Aussaat 331
  Blätter 331
  Boden 331
  Ernte 331
  Sämlinge 331
  Triebe 331
Winterrettich 356, siehe auch Rettich
Winterruhe 515
Wirkstoffe
  chemischer Wirkstoff 575
Wirkung
  basische 523
  saure 523
Wirsing *317*, 319, *319*
Wirtel 590
Wirtschaftsweisen, alternative 534
  ohne Umgraben *534*
Wirtspflanze 553
Wisteria 96, 98, 99, 101, 102, 105, 111, 112, 115
Wisteria sinensis 94, 99, 100, 102
Wisteria sinensis 'Alba' 96, *96*, siehe auch Weißblühende Glyzine
Witloof
  Bleichen von Chicoree *327*
  Boden 327
  empfohlene Sorten 327
  Ernte 327
  Lagerung 327
  Standort 327
  Stickstoffbedarf 327
  Treiben von Chicoree *327*
  Vereinzeln der Sämlinge 327
  Wachstumsperiode 327
  Wässern 327
Witloof-Chicoree 315
Witterung 514 - 519
Witterungsbedingungen, extreme 542
Wittiocereus 275
Wohlriechende Wicke 95, 98, 175, 176, siehe auch *Lathyrus odorata*
  Absenken bei Kordons *179*
  Absenker 179
  Aufzucht
    aus Samen 178
  Ausknipsen 179
  Aussaat 178
  Blüten 178, 179
  Blütezeit 178
  Düngen 179
  Dünger 178
  Duft 178
  Erziehung 179
  Kordonerziehung 179, *179*
  Pflanzung 178
  Sämlinge
    entspitzen 178
  Samen
    Keimung 178
    pikieren 178
  Seitensprosse 179
  Standort 178
  Stützen 179
Wolffia 255
Wolffia arrhiza 247, 261
Wollaus 269, 321, 339, 398, 423, 426
Wollmispel, siehe auch Japanische Mispel und Loquat
  Blüten 422
World Federation of Rose Societies 117
Wucherblumen
  strauchige 156
Wuchshöhe 32
Wuchsstoff 544
  synthetische Wuchsstoffe
    Dosierung 538
Wühlmaus 566
Würmer 232
Würzpflanzen 291
Wüsten 514
Wüstengarten *264*
  Drainage 267
  Freiland-Wüstengarten 262
  Miniaturwüstengarten 265
  Platz 267
  Unterboden
    Wasserabzug 264
Wüstenkakteen
  empfindlich gegenüber Nässe 263
  Kandelaber 262
  Rippen 262
  Säulen 262
  Temperaturen 263
Wüstenregionen 262
Wunde 559
Wunderbeere 308, 338, *338*, siehe auch *Solanum* x *burbankii*
  Aussaat 338
  Beeren 338
  Blätter 338
  Boden 338
  Dünger 338
  Ernte 338
  Krankheiten 338
  Kultur unter Glas 338
  Kulturformen 338
  Lagerung 338
  laufende Pflege 338
  Mulchen 338
  Pflanzung 338
  ph-Wert des Bodens 338
  Sämlinge pikieren 338
  Schädlinge 338
  Stickstoffbedarf 314
  Stickstoffgehalt des Bodens 338
  Temperatur 338
  Wachstumsperiode 338
  Wässern 338
  zum Einfrieren geeignet 316
Wundgewebe (Kallus) 538
Wundmeristem *538*
Wundstelle 540
Wundverschlußmittel 551
Wundwachs 585, 590
Wurzel 590
Wurzel- und Knollengemüse
  Lagerung 316
Wurzelälchen 338
Wurzelanlauf 590
Wurzelausläufer 590
Wurzelballen 590
Wurzelbrand 558
Wurzelfäule 338, 350, 426, 565
  befallene Pflanzen 554
  bei Zitrusfrüchten 421
  Bekämpfung 554
  tropische 565
Wurzelfliegen
  an Bohnen 570
Wurzelgallenälchen 326, 333, 341, 355, 564
  bei Kiwis 407
Wurzelgemüse 310, 352 - 358
  Pfahlwurzeln
    Verwachsungen 311
  Wässern
    Blattwachstum auf Kosten der Wurzeln 312
Wurzelhaare 578
Wurzelhalsfäule 569
Wurzelknöllchen 590
Wurzelknolle 541, *541*, 590
Wurzelknollen-Nematoden bei Ananas 419
Wurzelkropf 559, 565
Wurzelkropf-Nematoden 392
Wurzellaus 269, 329, 337, 343, 354, 356
Wurzeln 578
  Faserwurzeln 168
  Luftwurzeln 94
Wurzelnematoden 424
Wurzelschnittlinge 538, *539*
  Länge der Wurzelstücke 539
  Stecken 539
Wurzelschößling 590
Wurzelsproß 590
Wurzelsteckling 590
Wurzelstock-Begonien
  Vermehrung durch Blattstecklinge 454
Wurzelstück 575
Wurzelsysteme 70, *578*
Wurzeltöter, violetter 565

X

Xeranthemum 187
Xeranthemum annuum 177, 180
Xerosicyos danguyi 271
Xiphium-Iris 146
Xylem 579

Y

Yponomeuta sp. 551
Ysop 292, *299*, 301, siehe auch *Hyssopus officinalis*
  Ähren 295
  Blätter 295
  Blüten 295
  Ernte und Lagerung
    Blätter 295
  Halbstrauch 295
  Pflanzabstand bei Zwerghecken 293
  Pflanzen für Zwerghecken 293
  Topfpflanzung 292
  Varietäten 295
  Vermehrung
    durch Aussaat 295
    durch krautige Stecklinge 295
    durch Teilung 295
  Zwergform 295
Yucca 68, 435
Yucca aloifolia 71
Yucca filamentosa 143
Yucca flaccida 143
Yucca flaccida 'Ivory' *140*
Yucca gloriosa *23*, 63

Z

Zäune 147, 305, *362*, 375, 508, 509
  als Hintergrund 22
  als Windschutz 508
  Apfelkordon am Zaun *360*
  Bäume an Zäunen 360
  Bau mit Metallhalterung
    Halterung *509*
    Hohlraum *509*
    Holzklotz *509*
  Baumformen 362
  Bauordnungsamt
  Erdbohrer
    motorgetriebene Modelle 508
  geschlossene
    Überlappung 510
  Grundbrett 510
  Hanggrundstück
    abgestufter Zaun 510, *510*
    schräger Zaun 510, *510*
  Holzklotz 510
  Instandsetzung
    beschädigte Zaunpfosten 510
    Metallwinkel 510
    morsche Teile 510
    Sporn 510
    zerbrochene Querhölzer 510
  lebende 305
  Löcher für Zaunpfähle 508
  Pflock 510
  Pfosten 510
  Planungsvorschriften 510
  Querholz 510
    Zapfenloch 510
  Sicherheitsvorschriften 510
  Straucherziehung 362
  Zapfenloch 510
  zur Grundstücksbegrenzung 508
Zantedeschia 223, 260, 435
Zantedeschia aethiopica 430
  an Teichrändern 221
Zantedeschia aethiopica 'Crowborough' *222*, 247
Zapfen 590
zarthülsige Erbse *340*, 343, siehe auch Erbse
Zaunlatten 510
Zaunrübe *575*, siehe auch *Bryonia dioica*
Zauntypen
  Betonzaun 508
  fehlkantiger Zaun 508
  Flechtzaun
    aus Weidenruten 508
  geschlossener Zaun
    aus Weichholz 508
  Jäger- oder Kreuzzaun 508
  Kettendraht- bzw. Drahtmaschenzaun 508
  Lattenzaun 508
  Pfahl- oder Staketenzaun
    Modell aus Kunststoff 508
  Pfosten- und Kettenzaun 508
  Ranchzaun 508
  Schindelzaun
    Zedernschindel 508
  Schweißdrahtzaun 508
  verflochtener Holzzaun
    Kiefernlatte 508
    Lärchenholzlatte 508
    Weichholzrahmen 508
  verzahnte Zäune 508
Zaunwinde *574*, siehe auch *Calystegia sepium*
Zauschneria 76
Zea mays 188, 339
Zea mays 'Aztec' F1 339
Zea mays 'Candle' F1 339
Zea mays 'Earliking' F1 339
Zea mays 'Florida Stay Sweet' F1 339
Zea mays 'Gracillima Variegata' 177
Zea mays 'Harlekin' 177
Zea mays 'Japonica Multicolor' 173
Zea mays 'Reward' F1 339
Zea mays 'Silver Queen' 339
Zea mays 'Sundance' F1 339
Zea mays 'Sunrise' F1 339, *339*
Zea mays 'Sweet 77' F1 339
Zea mays 'Sweet Nugget' F1 339
Zea mays 'Tasty Sweet' F1 339
Zeder 33, 510, siehe auch *Cedrus*
Zeigerpflanzen 523
Zeitpunkt, günstiger
  Frühling 581

Herbst 583
Sommer 582
Winter 584
Zeitschaltuhr *469*
Bewässerungsdauer 469, *469*
computergesteuerte *469*
Feuchtigkeitsdetektor 469
Programm 469
Zelkova carpinifolia 37
Zellsaft 590
Zellschicht 580
Zement 494, 499
Zenobia pulverulenta 64, 71
Zephyranthes 223, 435
Zephyranthes candida 223
Zerstäuber
an einen Schlauch angeschlossener 468
Düngemittelspritze *468*
Handzerstäuber 468
Impulsspritze *468*
Rückenspritze *468*
Schlauchendstück *468*
tragbarer *468*
Trigger *468*
Vorsatzgerät *468*
Zibarde 387
Zichoriengewächs 328
Ziegel 499, *499*
Verlegen
Ebenflächigkeit *497*
Fugen 497
Fundament *497*
Kantenziegel *497*
Mörtel 497
Randeinfassung 497
Unterbau 497
Ziegelbeet 507
Ziegelbruch 499
Ziegelmauer *304*
Ziegelmuster
Fischgrätmuster *497*
Korbmuster *497*
Schachtelmuster *497*
Ziegelsteine
Auswahl
frostbeständige 497
nässebeständige 497
Schneiden
mit hydraulischem Gerät 498
mit Meißel und Vorschlaghammer 498
Ziegeltypen
Hartbandziegel
mit rutschfester Oberfläche *497*
Klinkerziegel
mit glatter Oberfläche *497*
mit rauher Oberfläche *497*
Lochziegel
zum Verlegen von Randstreifen *497*
Ziegel mit Mulden *497*
Ziehhacke *460*
Zierahorn *33, 36*, siehe auch *Acer rubrum* 'Columnare'
Zierapfel *19*, 32, *33*, 40, 56, 59, siehe auch *Malus*
Zierbäume 32 - 62
Aufzucht
aus Samen 56
Boden 44
Düngen 44
Erziehung *48*
Heister *48*
Hochstamm *48*
mit Hohlkrone *48*
Mulchen 44
Pflanzung 42
Routinepflege 44
Schnitt
Erziehungsschnitt 48
Seitenäste *48*
Unkraut 44
Veredeln 58
Wässern 44
wichtigste Gartenarbeiten
im Frühling 581
im Herbst 583
im Sommer 582
im Winter 584
Zierfische 245, 246, 247
Ziergarten 359
Trennwand
Früchte an einer Trennwand 362
Kordon als Trennwand 362
Zwergpyramiden als Trennwand 362
Ziergefäße 278
Ziergehölze 387
Kirschpflaume 387
Myrobalane 387
Ziergras *140*
Zierkirsche 16, *19*, 33, 34, 35, 45, 50, siehe auch *Prunus*
Blüte 220
Zierkirsche Prunus 'Kanzan' 33
Zierkletterer
einjährige 450
Stützen 450
Zierkohl *25*, 173, 175, *314*, *317*, siehe auch *Brassica oleracea*
Zierlauch 196, siehe auch *Allium*
Ziermais 173, 188, siehe auch *Zea mays* 'Japonica Multicolor'
Kolben
mit verschiedenfarbigem Samen 173
Zierpfirsich 81
Zierpflanzen 255, 277, 291, 292, *306*, 363, 432, 433, 441, *441*
Abstand zwischen Nutzpflanzen 441
in Rabatten
Dünger 441
Krankheiten 441
Mulchschicht 441
Schädlinge 441
mit großen Blättern 245
Obst zusammen mit Zierpflanzen 361
Ziersträucher 63 - 93
Fächererziehung 81
Standort 64
wichtigste Gartenarbeiten
im Frühling 581
im Herbst 583
im Sommer 582
im Winter 584
Ziertabak *14*, siehe auch *Nicotiana*
Zierwein 106, siehe auch *Vitis*
Zigadenus 223
Zigadenus-Arten
Ruheperiode 223
Zimmerfarn 158
Zimmergewächshaus 542, *542*
Zimmerpflanzen 158, 265, 430 - 456
Ableger
Teilung durch Ableger 451
Alpenveilchen *447*
Anordnung
in Küche und Bad 431
Plazierung der Pflanzen 431
unterschiedliche Lichtverhältnisse 431
Aucuba japonica 'Variegata' *449*
Ausläufer 451
Teilung durch Ausläufer 451
Auswahl *438*
Bedingungen
Licht 431
Temperatur 431
wechselnde Lichtstärken im Raum *431*
Bepflanzen eines Hängekorbs
bepflanzte Körbe 440
den Korb mit Sphagnum auslegen 439
Drahtkorb 439
Gefäße mit eingebautem Wasserreservoir 439
Haken 440
Kardanaufhängung 440
Ketten 440
Substrate 439
Blattpflanzen 435
Blattunterseite
Isolieren befallener Pflanzen 449
Kontrollieren 449
Blütenpflanzen 435
aus Samen gezogen 452, *452*
Bodenvorbereitung 438 - 441
brauchen viel Feuchtigkeit 435
Chamaedorea elegans 449
Dieffenbachia 449
Dracaena sanderiana 447
Düngen
Düngergaben während des Wachstums 446
Wässern 446
Entspitzen
während des Wachstums 446
Erdwurzeln
Düngebatterie 449
Düngen 449
Haltesubstrat 449
Luft 449
Nährstoffe 449
Pflanzung 449
Vermehrung durch Stecklinge 449
Wässern 449
Wasser 449
Wasserstandsanzeiger 449
Erneuern der obersten Schicht *446*
Erziehung
Ausknipsen bei erzogenen Sträuchern 450
Ausknipsen bei hängenden Sträuchern 450
Ausknipsen bei jungen Sträuchern 450
Ausknipsen von neuen Sprossen 450
Ausknipsen während der Wachstumsperiode 450
durch Ausknipsen von Sträuchern 450
durch ein stützendes Gerüst *450*
durch Gerüst 450
durch Lichteinfall 450
durch radikalen Schnitt 450
durch Rückschnitt 450
Wachstumsbeschränkung 450
Euphorbia milii 449
Ficus elastica 446
Flaschengärten pflegen
Algen 448
Kondenswasser 448
Stützen der Pflanzen 448
Substrat 448
Wässern 448
Gestaltung mit Zimmerpflanzen 430 - 434
glatte Blätter reinigen *446*
Hängekörbe mit Zimmerpflanzen
Entfernen verwelkter Blütenköpfe 447
sehr sorgfältige Pflege erforderlich 447
Substrat 447
überlange Triebe ausdünnen 447
überlange Triebe kürzen 447
Wässern 447
Herbstschnitt für eine Wachstumsbeschränkung *450*
Hippeastrum 446
Hydrokultur 435, 449
als Tischschmuck *449*
im Querschnitt *449*
Wurzeln waschen *449*
im Gewächshaus 448
Knospen
Isolieren befallener Pflanzen 449
Kontrollieren 449
Kopfdüngung
bei sehr empfindlichen Wurzeln 447
Dünger 447
Substrat 446
Substrat ersetzen 447
Wachstumsperiode 447
Krankheiten
Ausräuchern des Treibhauses 449
chemikalienanfällige Pflanzen 449
Isolieren befallener Pflanzen 449
jährliche Großreinigung 449
Langzeitarrangements 439
laufende Pflege 446 - 449
Licht
direktes Licht liebende 435
indirektes Licht liebende 435
Luftfeuchtigkeit
Belüftung 446
trockene Luft 446
nicht winterharte 435, 451, 452, 453
Pflanzengruppen 438
Pflanzenhygiene *446*
Pflanzung 438 - 441
Pflanzung im Terrarium
Algen 440
Drainagematerial 440
Kondensschicht 440
Pilzkrankheiten 440
Substrat 440
Wässern 440
Pflege im Jahreslauf 447
Alpenveilchen 447
Einschlagen nach der Frostperiode 447
Kopfdüngung 447
Umtopfen 447
Wässern 447, 448
Pilea 'Norfolk' *449*
raschwachsende Pflanzen
Blüte verspätet 446
mehrmals in einer Saison umsetzen 446
Wurzelwachstum 446
Richtlinien für Pflanzenkauf
Krankheitszeichen 438
Namen 438
Pflegehinweise 438
Rückschnitt nach der Blüte *450*
ruhende Pflanzen
nicht umtopfen 446
Sauberkeit
Besprühen 446
Blattglanz 446
Krankheiten 446
Schädlinge 446
Staub 446
Verdunstung von überschüssigem Wasser 446
Schädlinge
Ausräuchern des Treibhauses 449
bei trockener Heizungsluft 449
chemikalienanfällige Pflanzen 449
Isolieren befallener Pflanzen 449
jährliche Großreinigung 449
Schnitt
Blütezeiten 450
räumliche Beschränkungen 450
Rückschnitt nach der Blüte 450
Triebe schneiden 450
Zeitpunkt für den Schnitt 450
Standort
Plazieren 438
Stecklinge
Grünstecklinge 453
mit Trieben von Knospen 453
verholzte 453
Sträucher
Vermehrung durch halbreife Stecklinge 453
Vermehrung durch verholzte Stecklinge 453
Stützen
Drahtring *438*
Dreibein aus Bambus *438*
Moossäule *438*
Stütze *438*
Wachstumsgeschwindigkeit 438
Wuchsart 438
Stützen der Zimmerpflanzen 450
Sukkulenten
Hygiene 269
Syngonium podophyllum 449
Terrarien pflegen
Algen 448
Kondenswasser 448
Stützen der Pflanzen 448
Substrat 448
Wässern 448
Topfsubstrate
auf Torfbasis 438
hochwertige 438
kalkfreies oder Rhododendronsubstrat 438
spezielle Erden 438
Umtopfen *447*
ausgewachsene Pflanze 447
bester Zeitpunkt 446
Hippeastrum 446
in einen größeren Topf 447
kranke Wurzeln abschneiden 447
Substrat 446, 447
Wachstumsperiode 446
Wurzelballen 447
Vegetationspunkte
Isolieren befallener Pflanzen 449
Kontrolle 449
Vermehrung 451 - 456
Ableger 456
arttypische Vermehrung nur bei Samen artenreiner Pflanzen 452
Aussaaterde 452
Aussaatgefäße 452
bei Lichtkeimer 452
Blattwachstum 454
Düngung 452
durch Ableger 451
durch Abmosen 456, *456*
durch Absenken 456
durch Abtrennen von Kindeln 451
durch Ausläufer 451
durch Aussaat 452
durch Bewurzelung 451
durch Bewurzelung der „Bulben“ 452
durch Blätter 454
durch Blattausschnitte 455
durch Blatteile 455
durch Blattknospen 453
durch Blattschnittlinge *454*
durch Blattsetzlinge 453
durch Blattstecklinge 454
durch einfache Absenker 456, *456*
durch eingeschnittene Blätter 455
durch ganze Blätter 454
durch Grünstecklinge 453, *453*
durch halbreife Stecklinge 453
durch Jungknollen auf Blattspreiten 451
durch Jungknollen in Blattwinkeln 452
durch Jungpflanzen 451
durch Knollen 451
durch Schnittlinge aus Blatthälften *454*
durch Stecklinge 453
durch Stecklinge von Trieben mit Knospen 453
durch Teilung 451, *451*
durch Teilung von Wurzelstöcken 451
durch verholzte Stecklinge 453
durch Zwiebeln 451
Gefäß für das Umtopfen 453
Herausheben der Sämlingspflanzen 452
Hygiene 453
Jungpflanzen 456
Keimblätter 452
Keimtemperaturen 452
Kompost 452
Komposterde für das Umtopfen 453
Luftfeuchtigkeit 453
Mutterpflanze 456
Nachbehandlung der Aussaat 452
Nährstoffe von der Mutterpflanze 456
richtiges Milieu nach dem Umtopfen 453
Richtschnur für Keimtemperaturen 452

Saattiefe 452
Saatzeit 452
Sämlinge für längere Zeit im Aussaatgefäß 452
Schattierung 452
Schnittzeit 453
Sphagnum-Moos 456
Umtopfen 453
Verhalten der Hybriden 452
Verholzung der Stecklinge 453
Vermehrungskompost 452
von Grünstecklingen durch Bewurzelung 454
von Grünstecklingen in Wasser 454, *454*
von Sukkulenten 455
Vorbereitung der Samen 452
Wärme 453
vernachlässigte Zimmerpflanzen
Abmoosen 446
radikaler Rückschnitt 446
Stecklinge erneuern 446
verschiedene Dünger für Hydrokultur *449*
Versorgung von Zimmerpflanzen im Urlaub 448
Verzeichnis der Zimmerpflanzen 435
Wässern
Kokosfasersubstrat 446
Regenwasser 446
Substrat 446
abgekochtes Wasser 446
hartes Leitungswasser 446
während der Wachstumsphase 446
übermäßiges Wässern 446
Wasserwurzeln 449
wichtigste Gartenarbeiten
im Herbst 583
im Sommer 582
im Winter 584
winterblühende Topfpflanzen
Alpenveilchen 447
Einschlagen nach der Frostperiode 447
Kopfdüngung 447
Umtopfen 447
Wässern 447, 448
Wurzeln waschen für die Hydrokultur *449*
Wurzelstock
Teilung durch Wurzelstock 451
Zingiber officinale 297, siehe auch Ingwer
in Gefäßen 292
Zink (Zn) 530
Zinkmangel im Obstgarten 366
Zinnia 177, 180
Zinnie 176
Zitronatzitrone, siehe auch *Citrus medica*
Früchte 421
wegen ihrer Schale angebaut 421
Zitrone 116, 359, *419*, 420, siehe auch *Citrus limon*
Anbau unter Glas 421
empfohlene Sorten 421
Früchte 421
Höhenlage 421
Hybride 421
Krankheiten
Stammflecken durch Tristeza-Virus 421
Lagerung
Haltbarkeit 371
Temperaturschwankungen 421
zur Saftgewinnung 419
Zitronenbaum 35
im Kübel 363
in der Rabatte *362*
in Gefäßen 292
Zitronenmelisse 291, 292, siehe auch *Melissa officinalis*
Zitronenstrauch
Blätter 294
Ernte 294
Lagerung 294
Strauch 294
Topfkultur 292
Vermehrung
durch krautige Stecklinge 294
Zitronenthymian *299*
Zitrusarten, vgl. auch *Citrus*
Apfelsinen 421
Bitterorangen 421
Calamondinen 421
Grapefruits 421
Kumquats 421
Limetten 421
Mandarinen 422
Orangen 421
Pomeranzen 421
Tangelos 421
Tangerinen 421
Zitronatzitronen 421
Zitronen 421
Zitrusfrüchte 360
Lagerung
in Alkohol einlegen 371
in Sirup einlegen 371
Schale kandieren 371
Schale trocknen 371
Überwintern bei Topfkultur 367
zur Saftgewinnung 419
Zitrusgewächse 420 - 422, siehe auch *Citrus*
Zitterpappel 34, siehe Espe
Zizania aquatica 247
Zonalpelargonie 170, *170*, 434, *441*
Zonen, tropische 514
Zoysia
Arten 278
Klima, warmes 278
Sorten 278
Zoysia japonica, siehe auch Japanisches Rasengras
Klima 278
Zoysia matrella, siehe auch Japanisches Teppichgras
Klima 278
Zoysia tenuifolia, siehe auch Mascarene-Gras
Klima 278
Zoysia-Gras 279
Arten 278
für langsamwachsenden Rasen 278
Sorten 278
warmes Klima 278
Zucchini *304*, *332*, 336, siehe auch Gartenkürbis
Blüte 336
empfohlene Sorten 336
Ernte 336
Sorten
Stickstoffbedarf 314
Wässern in kritischen Phasen 312
Wuchs 336
zum Einfrieren geeignet 316
Zuckererbse *340*, 343, siehe auch Erbse
Zuckerhut 316
Zuckerhutsalat *328*
Blätter 328
Zuckermais *304*, *307*, 313, *332*, 339, siehe auch *Zea mays*
Ausbreitung 339
Aussaat 339
Bestäubung 339
Blütenrispen 339
Böden 339
Ernte 339
Überprüfen der Reife *339*
Höhe 339
Klima 339
Kolben 339
Krankheiten 339
Lagerung 339
laufende Pflege 339
Maisfliege 339
Mini-Mais 339
Pflanzabstand 339
Pflanzung 339, *339*
in Blöcken *339*
Saattiefe 309
Schädlinge 339
Sorten 339
Standort 339
Stickstoffbedarf 314
Temperaturen 339
Wachstumsperiode 339
Wässern 339
zum Einfrieren geeignet 316
Zuckermelone, siehe auch *Cucumis melo*
Aussaat 333
Blüte 334
Boden 333
Düngen 334
empfohlene Sorten 333
Entspitzen *334*
Ernte 334
Keimung 333
Klima 333
Krankheiten 334
Kultur unter Glas 334
Lagerung 334
laufende Pflege 334
Pflanzung 333
pH-Wert des Bodens 333
Schädlinge 334
Schale 333
Stickstoffgehalt des Bodens 333
Temperatur 333
Varietäten 333
Kantalupe 333
Kassaba 333
Netzmelone 333
Wachstumsperiode 333
Wässern 334
Züchtungen 436
Zunge *541*, *542*
Zungenblüte 590
zurückgebogen 590
Zurückschlagen 590
zusammengesetzt 586, 590
Zuschlag
kombinierter Zuschlag 499
20-mm-Zuschlag 499
Zuschlagstoffe 527
Probleme 527
Zweigbrand 568
Zweigriffliger Weißdorn *33*, siehe auch Crataegus laevigata
zweihäusig 590
Zweijährige 25, 138, 139, 150, 172 - 183, 294, 295, 296, 301, 346, 347, 348, 349, 354, 356
als Füllpflanzen 175
Ausknipsen 185
Auspflanzen im Freien *184*
Aussaat 180 - 186, 188
in Schalen 182, *183*
in Töpfen 182
in Torftöpfen *183*
Aussaat im Freien
Breitsaat 181
Rillensaat 181
Aussäen 181
Beetpflanzen
halbharte 186
Sämlinge 186
Wurzeln 186
Wurzelsystem 185
besondere Erfordernisse 183
Blattwachstum 181
Blüte 181, 185
welke Blütenköpfe 188
Blüten 177
Blütezeit 173, *188*
Boden 181, 187
Düngen 187
Entspitzen 185
Fruchtstände *188*
für alkalische Böden 180
für sandige Böden 180
F1-Hybriden
Samen 180
Vermehrung durch Aussaat 452
F2-Hybriden
Samen 180
Gartensorten
Blüheigenschaften 188
Wuchseigenschaften 188
Gestaltung mit Zweijährigen 172 - 176
halbharte 180, 181
Keimung 180
Überwintern 180
halbwinterharte
im Kalthaus weiterkultivieren 434
harte 180
Herbstputz *188*
Kapseln *188*
Keimung 181
Krankheiten 188
laufende Pflege 187
nicht winterhart 177, 180
Pflanzen
nach Muster 186
Pflanzung 180 - 186
in Gefäßen 185
Saatgut
für Einjährige 185
Gele 180
Kauf 180
pilliertes 180
präpariertes 180
Saatbänder 180
Saatgele 180
Säen
pillierte Samen 182
Wässern 182
Sämlinge
Abstand 182
Ausdünnen 182, *182*
Auspflanzen 183, 184
im Keimlingsstadium 180
in eine Saatschale pikieren *183*
Keimblätter 180
kleine Sämlinge 180
Pikieren 180, 183
Schützen 182
Sortensämlinge 180
Stützen 182
Umsetzen 182, 183
Wurzeln 180
Samen 188, *188*
Ernten 188
Kapseln 188
Pikieren 184
Schädlinge 188
Selbstaussaat 174, 175, 188
Senfpflanzen 323
Spreizklimmer
Leittriebe 187
nicht windende 187
Standort 177
Stiele
Stützen schlanker Stiele 187
Unkrautbekämpfung 187
Vermehrung
Aufzucht aus Samen 180
Verzeichnis der Zweijährigen 177
Wachstumsperiode 172
Wässern 184, 187
wichtigste Gartenarbeiten
im Frühling 581
im Herbst 583
im Sommer 582
winterharte
im Freien überwintern 187
im Kalthaus überwintern 434
Säzeit 180
zweikeimblättrig 590
Zweikeimblättrige 580, *580*
Zwei-Scheiben-Isolierglas 482
Zwerg-Zonalpelargonie 170, *170*
Zwergbäume 189, *194*
Zwergbaum 194
Zwergbohne
Frühtreiben 315
Zwergbuschrose 121, 128, siehe auch *Rosa* und Rose
Zwergfächerpalme 67, siehe auch *Chamaerops humilis*
Zwergfeuerbohnen *304*
Zwerggehölze 191
Zwerghecken *291*
Abstand 293
Zwergkakteen 264
Zwergkonifere 38, *38*, 55, 67, *191*, 205
Kombination mit anderen Pflanzen 38
Rückschnitt 207
Zwergmispeln 38
Zwergnarzissen
Arten
Vermehrung 218
Hybriden
Vermehrung 218
Zwergpelargonie 176
Zwergrhododendron 196
Zwergsträucher 66, 88, 189, *189*, 191, *194*
Alpinhaus 194
Genista lydia 189
Helianthemum 189
immergrüne *191*
Potentilla 189
Rückschnitt 207
Zwergstrauch 590
Zwergtulpe 224, siehe auch *Tulipa* und Tulpe
Boden 225
Vermehrung
durch Ableger 225
durch Samen 225
Zwergwacholder *150*
Zwergwicke *178*
Zwergzikaden
adulte *551*
befallene Pflanzen 551
Bekämpfung 551
Zwergzinnien 174
Zwergzwiebeln 194, *214*
für drinnen *214*
Pflege nach der Blüte *214*
Zwetsche 387 - 390, vgl. auch *Prunus domestica*
Pyramide
schlanke Spindel *390*
Sommerschnitt *390*
vollentwickelte Pyramide *390*
Zwetsche 'The Czar' *361*
Zwetsche 'Victoria' *361*, *362*
Zwiebel *540*, *578*, 590
Stickstoffbedarf 314
Zwiebelblume 24, 25, 138, 139, 142, *174*, 175
Zwiebelfäule 345, 567
Zwiebelfliege 225, 308, 345, 347, 567, siehe auch *Delia antiqua*
Schutz durch Mischkultur von Möhren und Zwiebeln 308
Zwiebelgemüse 345 - 351
Temperaturerfordernisse 307
Zwiebelgewächse 17, 23, 26, 95, 150, 174, 189, *219*, 308
frühgetriebene 431
Pflanzung
gemischte 219
wichtigste Gartenarbeiten
im Frühling 581
im Herbst 583
im Winter 584
winterharte 434
Zwiebelhacke *460*
Zwiebelhalsfäule 567
Zwiebeliris 146
Zwiebelkasten 232, 237
Zwiebelkrankheiten 225
Zwiebelkuchen *540*, *578*, 590
Zwiebeln 189, 302, 310, 534
Alpinhaus 194
Aufnehmen *235*
Aussaat
Klimafaktoren 307
Zeitpunkt 307
Blattwachstum 307
Brutzwiebeln 241
einzeln pflanzen *229*
Flechten *316*
Fruchtwechsel 345
Frühbeetkästen
Verwendung 214
für Frühjahrsanbau *304*
für Herbstanbau *304*
Graswuchs auf Kosten der Zwiebeln 234
günstige Mischkultur in Kombination mit Möhren 308
im Freien pflanzen *229*
in Hydrokultur-Gefäßen 449
in Pflanzgefäßen
Pflanzabstände 233
Pflanztiefe 233
in Töpfe pflanzen *232*
in Töpfen
Einschlagen 233
Sommereinschlag 233
in Töpfen gezogene trocken gepflanzt 229
kleine Zwiebeln
im Hochbeet 235

im Steingarten 235
mit der Gabel pflanzen *231*
Lagern *235*, 316
Mähen 234
nicht winterharte 231, 232, 241
Pflanztiefe beim Umtopfen *236*
Pflanzung 230
belaubte 229
im Freien 229
in der Wiese *230*
in Drahtkörben 232, *232*
in Reihen 230
Pflanzabstand 229, 230
Pflanztiefe 229, 230
richtige Pflanztiefe *229*
Ruhepause 232
Samenkapseln 234
selbstaussäende 234
Tageslänge 307
Teilen
Ableger 237
Brutzwiebeln 237
zu dicht stehender Zwiebeln *235*
Teilstücke von Zwiebeln
mit Vegetationspunkten 241
Töpfe für die Pflanzung
vorbereiten *232*
Treiberei
in Schalen 233
trockene 229
Trocknen *235*
Umtopfen zu dicht stehender Zwiebeln *236*
unter Glas
Substrat 232
Vermehrung
durch Abschnitte 241, *241*
Vermehrungserde 238
wilde Zwiebeln 228
winterharte Zwiebeln
einschlagen 240
Zwiebellaub *316*
Zwiebeln, die eine Ruheperiode benötigen 232
nicht winterharte 232
Zwiebelpflanzen 25, 32, 67, 138, 141, 217 - 243, *230*, *234*, 276
abgeblühte in Grasflächen *234*
abgestorbene Blätter 235
Aussaat
Abstand 238
Auswahl der Zwiebeln *228*
Begriff
Rhizome 218
Zwiebelknollen 218
Blühgröße 238
Blüte 235, 236
Blütenknospen 236
Blütenköpfe
entfernen *234*
Blütensaison 217
Blütezeit 221
Boden 217, 234
leichter 229
schwerer 229
Bodentypen 228
Bodenvorbereitung 228 - 233
Brutzwiebeln 228, 232, 240, 241, 242
oberirdische 237
Brutzwiebeln von der Mutterpflanze
Düngen 237
Umtopfen 237
Drainage 229
Düngen 229, 234
Dünger 235, 236
Duft 221
einjährige Sämlinge *238*
Einschlag für Zwiebeln *233*
Entfernen verwelkter Blütenköpfe 234
Erneuern des Substrats 236
Ernte 234
frühblühende *233*, 234
Frühherbst 238
Frühlingsblüher
Knollen 235
Lagern 235
Zwiebeln 235
Frühlingspflanzen 221
Frühtreiben 236
für Fensterkästen 222
für Schnittblumen 222
für Wassergärten 221
geschützt gezogene 222
Gestaltung mit Zwiebelpflanzen 217 - 223
halbwinterharte
im Kalthaus weiterkultivieren 434
Heimat 217
herbstblühende 234
Herbstpflanzen 221
im Alpengarten *221*
im Hochbeet 222
im Rasen 234
im Steingarten 221
im Torfbeet 221
in einem gemischten Beet 222
in Feuchtgebieten 229
in Gefäßen
Blütenproduktion 235
Dünger 235
im Freien 235
in Gewächshausbeeten 222
in Gruppen *234*
in Kästen 222
Düngen 235
Wässern 235
in Rabatten 234
in Töpfen 222, 232
Pflanzung unter Glas 232
Ton- oder Kunststofftöpfe 232
Wässern 232
Wurzelwachstum 232
in Töpfen gezogene 229
in Trögen 221
in Wäldern 217
in Waldstücken 234
Kauf 228
Keimung in Plastikbeuteln 239
kleine Zwiebeln
im Hochbeet 235
im Steingarten 235
Klimazonen 228
Kombination mit Solitären 220
Krankheiten 229, 234, 235, 236
Übertragen 238
Laub 235
laufende Pflege 234 - 236
Neupflanzung 234
Teilung 234
Lebensräume 228
Narzissen 225
naturnahe Pflanzung *220*
nicht umgetopfte Sämlinge
im Topf kultivieren 238
nicht winterharte 217, 221, 223
Säen 239
Pflanzung 228 - 233
im Freien 229, 232
Pflanzungen
Graspflanzung 220
Waldpflanzung 220
Pflege 234
Pflege der Sämlinge
nach der Keimung 238
Probleme mit Zwiebelpflanzen 236
Reinigen 241
Ruheperiode 228, 229, 235
Ruhezeit 222
säureliebende „Wald"-Zwiebeln 229
Samen
Ernten *234*
für die Aussaat *234*
für die Lagerung *234*
mit unregelmäßiger Keimung 239
Samenkapseln 235
Samenproduktion
Samenkapseln 234
Schädlinge 235, 236
schattenliebende
Aussaat 238
seltene
in Töpfen 222
Sommerblüher
überwintern 235
spätblühende Zwiebelpflanzen *233*
Standort 217, 223, 228, 234
Sterilisieren 241
Stützen 234
Topfkultur 228
Trocknen 235
Typen von Zwiebelpflanzen
Rhizome 218
Zwiebelknollen 218
Zwiebeln 218
Überwintern 234, 235
Umtopfen 236
Vegetationsperiode
Düngen 238
Vermehrung 217, 237 - 243
Aufzucht aus Samen 238
durch Ableger 237, *237*, 241
durch Abschnitte 241
durch Aushöhlen 237
durch Aussaat 229, 237
durch Brutzwiebeln 237
durch Doppelschuppen *240*
durch Samen *238*
durch Teilstücke 241
durch Zwiebelschuppen 237, 240
Einschneiden 242
mit Teilstückchen 241
Ruheperiode 241
vegetative 229
Verzeichnis der Zwiebelpflanzen 223
Vortreiben
in Töpfen 223
Wachstumsperiode 234, 235, 236
wichtigste Gartenarbeiten
im Sommer 582
Wildarten 222
wilde Zwiebeln
Naturschutz 228
winterharte 223, 228, 236
winterharte Frühjahrsblüher
Keimung 238
Samen 238
Witterung
vertragen keinen Sommerregen 223
Wurzelwachstum 235
zeitliche Abfolge für Zwiebelpflanzen *233*
Zwergzwiebeln 229
'Zwiebelkasten' 222
Zwiebeln, feuchte
Lagerung 228
Zwiebeln, trockene
Brutzwiebeln 228
Kauf 228
Lagerung 228
Wachstumsperiode 228
Zwiebelpflanzen, die keinen Sommerregen vertragen 223
Zwiebelsaft 241
Zwiebelschalenmilbe 556
befallene Pflanzen 556
Bekämpfung 556
Zwiebelschalenstecklinge 540
Zwiebelschuppen
Vermehrung durch Zwiebelschuppen 540
Zwiebelstücke
Vermehrung durch Zwiebelstücke 540
Zwiebelweißfäule 307, 345, 347
Zwirn 472
Zwischenfruchtbau 590
Zwischenklimate
mediterrane 514
subtropische 514
Zwitter 535
Zygocactus
Vermehrung durch „Blatteile" 455
Zygopetalum mackayi *443*
Zyklame 217, vgl. auch Cyclamen
winterharte
Schatten 217
Zypresse 22, vgl. auch Cupressus
Zypressenkraut 79, siehe auch Santolina chamaecyparissus
Blätter 297
Blüte 297
Ernte und Lagerung
Blätter 297
Blüten 297
Varietäten
Zwergform 297
Vermehrung
Seitensprossen 297
durch Stecklinge von halbreifen Seitensprossen 297
Zypressensterben 568
Zyste 570
Zysten
an der Wurzel *570*

DANKSAGUNGEN

Fotonachweise

Die Position der Bilder ist von oben nach unten und auf der Seite von links nach rechts zu lesen. Die Fotografien der Pflanzenportrait-Kästen sind in der Reihe von links nach rechts, die Reihen von oben nach unten durchnumeriert. Bezieht sich der Text auf die Bilder, die die einzelnen Arbeitsschritte wiedergeben, halten wir uns an die dort beigefügte Numerierung.

ADAS Crown: 527 unten 1-6, 564 Mitte links
Ted Andrews: 178 Mitte links
Heather Angel: 547 unten links
Jane Aspden: 65 unten, 262, 263 oben links
A-Z Collection: 424 Mitte links, 428 Mitte links
Harry Baker: 360 unten, 428 unten links und rechts
B & B Photographs: 556 über unten Mitte, 564 unten rechts, 566 unten links
Gillian Beckett: 224 Bildkasten 1 und 8
Birmingham Botanical Gardens: 422 links
Boys Syndication: 95 oben links, 307 unten links
Christopher Brickell: 53 oben rechts, 206 oben aufeinanderfolgend 4
Prof. Chin: 332 unten rechts, 333 oben links, 340 Mitte links, unten rechts und Nebenbild, 419 Mitte rechts, Nebenbild und unten links, 426 unten, 427 oben links, Mitte und unten links
Trevor Cole: 197 oben
Eric Crichton: 7 oben rechts, 11, 22, 24 unten links, 25 oben links und rechts, 30 unten rechts, 31 oben, 38 oben, 61 oben, 66 unten links und rechts, 96 unten rechts, 119 unten rechts, 120 oben und unten rechts, 121 unten, 138, 139 oben rechts, 140 oben links, 142 oben, 150 unten rechts, 159 unten links, 174 unten, 189, 194 oben, 217, 218 Kasten 3, 220 unten links, 224 oben links und rechts, 225 oben links und rechts, 226 Bildkasten 2, 246 oben, 277 oben, 278 unten, 279 oben und unten, 291, 307 oben, 308, 506 oben
Geoff Dann: 194 unten
Jack Elliott: 190 oben, 221 unten links
Raymond Evison: 92 oben, 97 oben, 108 Bildkasten 7, 109 unten links
Forestry Commission: 557 unten links, 559 Mitte rechts
John Galbally: 161 über unten links und unten rechts außen
Garden Picture Library: 120 unten links, 172, 174 oben links und oben rechts, 175 oben, 193 oben, 218 Kasten 4, 245 oben rechts und unten, 64 unten links, 433 oben rechts
John Glover: 67 unten links, 95 unten rechts, 244, 474, 475 oben
Jerry Harpur: 2 (Gefälligkeit von Chris Grey-Wilson), 14 oben, 15 oben, 16 oben links, 21 unten rechts, 24 oben und unten rechts, 28 oben, 29 oben, 30 oben und unten links, 31 unten, 33 oben links, 36 oben und unten links, 94, 96 oben, 119 unten links, 139 unten, 142 unten, 146 unten, 191 unten, 276, 303, 305 oben, 359, 360 oben, 362 unten,363 unten, 430, 501 oben
Holt Studios International: 552 unten rechts, 554 Mitte, Mitte links, über Mitte rechts, unter Mitte rechts und unten rechts, 560 unten rechts, 562 oben links, 566 unten Mitte, 568 oben Mitte und unten Mitte, 569 oben rechts, 570 über Mitte links, 571 unten Mitte rechts und unten links, 575 unten links, 576 oben Mitte links
Horticultural Research International, Kirton: 242 oben aufeinanderfolgend 3, 554 unten Mitte, 558 rechts, 565 unten links
ICI Agrochemicals: 553 oben rechts
Clive Innes: 264 oben
Andrew Lawson: 13 oben links, 21 unten links, 23 oben, 25 Mitte oben rechts bis unten rechts, 26 oben rechts, 29 unten, 33 oben rechts, 67 unten rechts, 119 oben, 121 oben links, 137, 139 oben links, 218 unten, 221 oben links und unten rechts, 225 oben links, 246 unten rechts, 305 unten, 434 oben
Elvin McDonald: 264 unten rechts, 341 Mitte links und Nebenbild, 348 Mitte rechts, 398 unten
MAFF Crown: 561 Mitte, 568 Mitte
S.E. Marshall: 180 unten rechts
Silvia Martin: 499 unten
Tania Midgley: 361 oben
Graeme Moore: 277 oben links
J. Nicholas: 544 unten rechts
Oxford Scientific Films: 96 unten links, 569 unten links, 572 links
Park Seeds: 342 unten links
Photos Horticultural: 363 oben, 564 oben links, 569 oben Mitte und Mitte rechts
Royal Botanical Gardens, Kew: 423 Mitte
Royal Horticultural Society, Wisley: 306 unten, 549 oben rechts, 553 unten links und rechts, 556 unten und Mitte, 557 oben rechts und unten Mitte, 558 Mitte und unter Mitte links, 559 unten links, 560 Mitte und unten Mitte, 563 oben rechts, über Mitte links, Mitte rechts und unten rechts, 565 oben rechts, 566 oben links und über Mitte rechts, 567 Mitte, Mitte rechts und unten rechts, 570 oben links, oben rechts, Mitte links unten, unten Mitte und unten rechts
Harry Smith Horticultural Photographic Collection: 60 unten links, 173 oben links, 265, 333 Mitte links, 420 unten, 423 oben links, 424 Mitte rechts, 429 Mitte, 434 unten, 571 Mitte links
Sports Turf Research Institute: 571 über Mitte rechts
Lauren Springer: 33 Bildkasten 1
Prof. H.D. Tindall: 325 Mitte links und unten rechts, 353 unten, 355 Mitte, 407 unten, 420 oben, 421 oben, 423 oben rechts und unten, 426 oben links und rechts
Elizabeth Whiting Associates: 28 unten, 32, 35 unten, 36 unten rechts, 64 oben, 190 unten, 245 oben links, 252 oben, 293 unten links
Wildlife Matters: 428 Mitte links
Steve Wooster: 12, 15 unten, 16 unten links und rechts, 17 unten, 23 unten rechts, 25 unten links, 26 unten links, 52 unten links, 63, 98 unten links, 116, 121 oben rechts, 140 oben rechts, 144 oben, 158 oben, 220 oben, 492, 501 unten links, 503 unten links, 514
Tom Wright: 97 unten, 175 unten
Weitere Fotos von: Jane Burton, Peter Chadwick, Eric Crichton, Geoff Dann, John Glover, Jerry Harpur, Neil Holmes, Jacqui Hurst, Dave King, Andrew McRobb, Andrew Lawson, Andrew de Lory, Tim Ridley, Karl Shone und Gerry Young

Wir möchten uns bei folgenden Personen bedanken:

Für wissenschaftlichen Rat
Ted Andrews (Wohlriechende Wicke); Peter und Fiona Bainbridge (Landschaftsdesign und Bauten); Harry Baker (Obst); Dr. Bob Ellis (Listen zur Kultivierung von Gemüse); Dennis Gobbee (Rosenkreuzung); Patrick Goldsworthy, British Agrochemical Association (chemische Schädlingsbekämpfung);Ken Grapes, Royal National Rose Society; Terence und Judy Read (Listen zur Kultivierung von Trauben);Prof. S. Sansavini (Listen zur Kultivierung von Früchten); Pham van Tha (Listen zur Kultivierung von Früchten) und ganz besonders die gesamte Belegschaft des RHS Garden, Wisley, die so geduldig und großzügig ihre Zeit zur Verfügung stellten und das ganze Projekt mit Rat zu den Gartenbaumethoden unterstützten.

Für die Bereitstellung von Pflanzen oder Örtlichkeiten für die Fotografen
Mrs. Joy Bishop; Brickwall House School, Northiam; Brinkman Brothers Ltd, Walton Farm Nurseries, Bosham; Denbies, Wine Estate, Dorking; Mrs. Donnithorne; Martin Double; J.W. Elliott & Sons (West End) Limited, Fenns Lane Nursery, Woking; Elsoms Seeds Ltd, Spalding; Mrs. Randi Evans; Adrian Hall Ltd, Putney Garden Centre, London; Mr. und Mrs. Hendrickson, Hill Park Nursery, Surbiton; The Herb and Heather Centre, West Haddlesey; Hilliers Nurseries (Winchester) Ltd, Romsey; Holly Gate International Ltd, Ashington; John Humphries, Sutton Place Foundation, Guildford; Iden Croft Herbs, Staplehurst; Mr. de Jager; Nicolette John; David Knuckey, Burncoose Nursery; Mr. und Mrs. John Land; Sarah Martin; Frank P. Matthews Ltd, Tenbury Wells; Mr. & Mrs. Mead; Anthony Noel, Fulham Park Gardens, London; Andrew Norfield; Notcutts Garden Centre, Bagshot; Bridget Quest-Ritson; Royal Botanical Gardens, Kew; Royal Horticultural Society Enterprises; Lynn und Danny Reynolds, Surrey Water Gardens, West Clandon; Rolawn, Elvington; Ms. Skilton; Carole Starr; Mr. und Mrs. Wagstaff; Mrs. Wye

Für die Bereitstellung von Werkzeugen für die fotografische Darstellung
Spear and Jackson Products Ltd, Wednesbury, West Midlands; Felco secateurs supplied by Burton McCall Group, Leicester

Für ihre Unterstützung durch Ausrüstungsgegenstände
Agralan, Ashton Keynes; Bob Andrews Ltd, Bracknell; Black and Decker Europe, Slough; Blagdon Water Garden Products PLC, Highbridge; Bloomingdales Garden Centre, Laleham; Bulldog Tools Ltd, Wigan; Butterley Brick Ltd, London; CEKA Works Ltd, Pwllheli; Challenge Fencing, Cobham; J.B. Corrie & Co. Ltd, Petersfield; Dalfords (London) Ltd, Staines; Diplex Ltd, Watford; Direct Wire Ties Ltd, Hull; Robert Dyas (Ltd), Guildford; Fishtique, Sunbury-on-Thames; Fluid Drilling Ltd, Stratford-upon-Avon; Gardena UK Ltd, Letchworth Garden City; Gloucesters Wholesales Ltd, Woking; Harcros, Walton-on-Thames; Haws Elliott Ltd, Warley; Honda UK Ltd, London; Hozelock Ltd, Birmingham; ICI Garden Products, Haslemere; LBS Polythene, Colne; Merck Ltd, Poole; Neal Street East, London; Parkers, Worcester Park; Pinks Hill Landscape Merchants Ltd, Guildford; Qualcast Garden Products, Stowmarket; Rapitest, Corwen; Seymours, Ewell; Shoosmith & Lee Ltd, Cobham; SISIS Equipment Ltd, Macclesfield; Thermoforce Ltd, Maldon

Für zusätzliche Unterstützung
Sarah Ashun, Jennifer Bagg, Kathryn Bradley-Hole, Lynn Bresler, Diana Brinton, Susan Conder, Jeannette Cossar, Diana Craig, Penny David, Paul Docherty, Howard Farrell, Roseanne Hooper, David Joyce, Mary Lambert, Claire Lebas, Margaret Little, Louise McConnell, Caroline Macy, Eunice Martins, Ruth Midgley, Sarah Moule, Fergus Muir, Chez Picthall, Sandra Schneider, Janet Smy, Mary Staples, Steve Knowlden, Tina Tiffin, Roger Tritton, Anne de Verteuil, John Walker

Im Text verwendete Abkürzungen

°C	Grad Celsius	S.	Seite
cm	Zentimeter	sog.	sogenannt(e)
EL	Eßlöffel	sp.	Art
f	Forma	spp.	Arten
g	Gramm	subsp.	Unterart
kg	Kilogramm	syn.	Synonym
m	Meter	TL	Teelöffel
ml	Milliliter	v.a.	vor allem
mm	Millimeter	var.	Varietas
pl.	Plural	z.B.	zum Beispiel

Achtung: Die Gattungen der einzelnen Pflanzen werden nach der ersten Nennung in einem Satz, einer Aufzählung oder einer Liste auf den ersten Buchstaben verkürzt.